요한복음에 반하다

위대하신 하나님 아들 그리스도 예수를 증명하다

다함 은
도서출판

1. 다윗과 아브라함의 자손
 아브라함과 다윗의 자손으로, 하나님 구원의 언약 안에 있는 택함 받은 하나님 나라 백성을 뜻합니다.

2. 마음과 뜻과 힘을 다하여 하나님을 사랑하라
 구약의 언약 백성 이스라엘에게 주신 명령(신 6:5)을 인용하여 예수님이 가르쳐 주신 새 계명
 (마 22:37, 막 12:30, 눅 10:27)대로 마음과 뜻과 힘을 다해 하나님을 사랑하겠노라는 결단과 고백입니다.

사명선언문
1. 성경을 영원불변하고 정확무오한 하나님의 말씀으로 믿으며, 모든 것의 기준이 되는 유일한 진리로 인정하겠습니다.
2. 수천 년 주님의 교회의 역사 가운데 찬란하게 드러난 하나님의 한결같은 다스림과 빛나는 영광을 드러내겠습니다.
3. 교회에 유익이 되고 성도에 덕을 끼치기 위해, 거룩한 진리를 사랑과 겸손에 담아 말하겠습니다.
4. 하나님 앞에서 부끄럽지 않도록 항상 정직하고 성실하겠습니다.

요한복음에 반하다
위대하신 하나님의 아들 그리스도 예수를 증명하다

초판 1쇄 인쇄 2023년 12월 06일
초판 1쇄 발행 2024년 01월 02일

지은이 | 한병수

교 정 | 강은경
펴낸이 | 이웅석
펴낸곳 | 도서출판 다함
등 록 | 제2018-000005호
주 소 | 경기도 군포시 산본로 323번길 20-33, 701-3호(산본동, 대원프라자빌딩)
전 화 | 031-391-2137
팩 스 | 050-7593-3175
블로그 | https://blog.naver.com/dahambooks
이메일 | dahambooks@gmail.com

ISBN 979-11-90584-89-0 (04230) | 979-11-90584-17-3 (세트)

요한복음에 반하다
GOSPEL OF JOHN

한병수 지음

위대하신 하나님의 아들 그리스도 예수를 증명하다

Fall in love with Gospel of John

J

다함
도서출판

목차

추천사

이 책을 읽으면 어지럼증을 느끼게 됩니다. 우리를 하늘의 영적 비밀로 가득 찬 요한복음의 신비한 세계로 안내하기 때문입니다. 이 책은 우리를 공중으로 두둥실 끌어올려 바람에 이리저리 날아다니는 깃털처럼 요한복음의 광활한 계시의 공간을 이 끝에서 저 끝까지 비행하게 만듭니다.

본래 요한복음 자체가 현기증을 일으키는 책입니다. 육을 가졌으나 영으로 움직이신 예수 그리스도의 활동을 앞의 세 복음서와는 사뭇 다른 색채로 그려내기 때문입니다. 거기에는 시간의 시작이 되는 태초가 주제로 떠오르고, 한낱 어린양처럼 보이지만 온 세상의 죄를 지시며, 겨우 밀알 하나에 불과하지만 역사를 포괄하는 생명의 열매를 맺으시는 역설적인 분이 소개됩니다. 거기에서 우리는 물질계의 법칙을 벗어난 기적의 포도주와 시간을 초월하여 샘솟는 영생의 물을 마시며, 하늘 양식보다도 풍족한 생명의 양식과 주님이 친히 구워주신 생선을 맛봅니다. 죽음 직전에서 살아난 아이가, 불치병에서 일어난 병자가, 어둠을 걷어낸 맹인이, 무덤의 부패상태에서 걸어 나온 나사로가 거기에서 우리에게 말을 건넵니다. 한편으로는 비참한 인간들을 향하여 그리스도의 은혜가 선포되고, 한편으로는 악독한 인간들을 대하여 그리스도의 권위가 발동됩니다. 요한복음은 우리를 천상으로 세차게 낚아채어 성령님의 강한 이끌림 속에서 영적 세계의 이쪽 끝에서 저쪽 끝까지 바람처럼 활공하게 만듭니다. 은혜 위에 은혜, 지식 위에 지식, 사랑 위에 사랑, 충만 위에 충만을 경험합니다. 무한히 깊은 빛의 세계로 흡수되는 것 같은 느낌, 무한히 넓은 생명의 세계로 팽창되는 것 같은 느낌, 무한히 자애로운 은혜의 옷자락이 온몸을 감싸는 것 같은 느낌, 무한히 날카로운 진리의 검이 온 영혼을 파헤치는 것 같은 느낌을 경험합니다.

이 책은 요한복음의 현기증을 극복하기 위해 역으로 도는 어지럼증을 발동시킵니다. 때로는 우리를 이전 시간으로 데리고 가서 교부들과 개혁자들의 해석을 만나게 하고, 때로는 우리를 지금 시간으로 데리고 와서 현실 교회와 신자의 문제를 살피게 만듭니다. 어떤 때는 우리를 곧바로 본문에 내던져 산산이 부서뜨리고, 어떤 때는 에둘러 교리를 보태어 우리를 차근히 세워나갑니다. 한편으로는 성경 전체의 구석구석을 들춰내어 복음을 증명하고, 다른 한편으로는 현실의 상황을 적절하게 제시하여 진리를 설명합니다.

이 책으로 요한복음의 현기증을 해결하는 역방향의 어지럼증을 함께 경험해보시지 않으시겠습니까?

조병수 (합동신학대학원대학교 전임 총장/명예교수, 프랑스 위그노 연구소 대표)

요한복음에 대한 주석을 쓰는 방식에는 여러 가지 접근법이 있을 것입니다. 역사적 배경을 깊이 파헤칠 수도 있고, 문학적 구조를 중심으로 주해를 펼쳐갈 수도 있습니다. 한병수 교수님의 요한복음은, 교회사의 유구한 전통에 따라 교부들의 풍성하고 뿌리 깊은 통찰들을 적실하게 활용하는 장점을 보여줍니다. 사복음서 중에 가장 영적이고, 광활하며, 신학적이라 할 수 있는 요한복음에 어울리는 해석방법론일 수 있습니다.

본문의 신적 기원을 상실한 수많은 현대적 해석들에 비해, 그의 신학적 이해는 믿을만하고, 교회에 덕을 세우며, 현실 목회와 신앙의 쟁점들과도 잘 연결됩니다. 무엇보다, 주와 주의 교회를 향한 저자 자신의 뜨거운 사랑과 헌신이 배어있는 글입니다.

채영삼 (백석대 신학대학원, 신약학 교수)

저는 이 책을 읽고 큰 감동을 받았습니다. 저자가 얼마나 성경 말씀을 존중하는지를 느낄 수 있었으며, 요한이 전하고자 한 메시지가 무엇인지를 발견하고자 얼마나 노력했는지를 알 수 있었습니다. 저자는 요한이 정교한 문예적 장치들을 사용하여 복음서를 구성한 사실을 잘 파악하여 전해주고 있습니다. 그는 헬라어 원문을 분석하여 텍스트 자체가 함의하는 것을 정확하게 드러내고 있으며, 교회사를 전공한 학자답게 교부들의 해석과 통찰을 참고함으로 의미의 풍성함을 전해주고 있습니다. 그리하여 요한이 예수님을 어떻게 묘사했는지를 잘 드러내며, 요한이 예수님의 말씀을 듣는 청중들이 어떤 반응을 보였는지를 잘 묘사함으로써, 우리가 예수님을 어떤 분으로 믿어야 하고, 예수님의 말씀을 어떤 자세로 받아들여야 하는지를 가르쳐줍니다.

저자의 말대로, 요한의 복음서는 왕성한 활동가가 아니라 심오한 사색가가 복음의 비밀을 밝히려고 자신의 전부를 지성으로 전환해서 성경 전체를 관통하고 인류의 역사 전체를 관통하며 모든 만물과 우주 전체를 아우르는 복음 자체이신 예수님의 그리스도 되심과 하나님의 아들 되심을 증명하여 독자의 영혼을 황홀하게 만듭니다.

이 책은 장르 상 주석서와 설교집 중간에 위치해 있습니다. 하지만 둘 다를 만족시킨다고 생각합니다. 요한복음을 연구하려는 이들이나 요한복음의 메시지를 음미하려는 이들 모두에게 이 책은 유용할 것입니다. 필시 요한복음을 배우고자 하는 모든 분이 이 책을 꼭 참고하시기를 바랍니다. 이 책을 읽을 때 확실히 요한복음에 반할 것입니다.

황원하 (대구산성교회 담임목사, 신약학 박사)

프롤로그

우리 주변에는 사상과 인격과 삶이 훌륭한 분들이 많습니다. 그분들과 교류하면 많은 배움과 유익을 얻습니다. 그런데도 목마름이 해소되지 않으면 외국으로 눈길과 발길을 돌립니다. 언어와 문화가 다른 곳에서 만나는 분들의 색다른 경건과 사상으로 의식의 지평이 넓어지는 기쁨을 누립니다. 그런데도 여전히 목마르면 시간 여행을 떠납니다. 20세기로 떠나고 정통주의 시대와 종교개혁 시대를 거치고 중세를 지나 초대교회 시대까지 가 봅니다. 2,000년의 기독교 역사 속을 구석구석 다니면서 신앙과 인생의 거성들을 그들의 문헌들로 만납니다. 그러는 중에 많은 학자들이 전세금도 날리고 월세 보증금도 날립니다. 배고픔을 감수한 대가로, 시간과 공간 속에서 만나는 가치와 의미의 조각들을 발굴하고 수집하고 재구성해 보면 모자이크 같은 예수님의 어렴풋한 초상을 얻습니다.

16세기 초반의 네델란드 신학자 에라스무스는 "원천으로"(ad fontes) 돌아갈 것을 외치며 고전의 르네상스 시대를 연 분입니다. 걸출한 종교개혁 인물들도 그와 함께 고전발굴 및 번역 작업을 했습니다. 에라스무스가 고

전에 천착한 이유는 "그리스도의 철학"(philosophia christi) 재구성을 위한 것입니다. 모든 문화에, 모든 고전에, 모든 시대에 흩어져 있던 예수의 지혜와 지식의 모든 보화를 발굴하고 싶은 선한 욕구가 그의 지성을 고전의 바다로 빠뜨린 것입니다.

저에게도 역사라는 고서점에 흩어져 있는 예수님의 지혜와 지식의 조각들을 찾아 종합하고 싶은 욕구가 있습니다. 이는 제가 역사신학 분야를 선택한 이유입니다. 그러나 역사의 세세한 사건들과 기독교 저자들의 일대기 자체에는 관심이 작습니다. 어떠한 사건과 인물을 탐구하되 성경의 진리를 드러낸 딱 그만큼의 존중과 관심을 가지고 대합니다. 사랑은 사람을 가리지 않고 원수라 할지라도 실천해야 되겠지만, 지성은 진리가 아닌 것에 대해서는 티끌 하나라도 낭비하고 싶지 않습니다.

요한이 저술한 복음서를 읽으면 우리는 저자의 의도를 따라 예수님의 그리스도 되심과 하나님의 아들 되심이 복음의 핵심이며 성경 전체의 요약과 같다는 사실을 배웁니다. 그러나 마지막 결론에 이르면 우리가 예수님에 대해 알았다고 생각하는 순간 마땅히 알아야 할 것을 몰랐다는 사실을 또한 배웁니다. 즉 예수님은 요한복음 전체보다 크시며 성경 전체보다 크신 분입니다. 예수께서 자신을 위하여 지으신 온 우주와 모든 만물보다 크십니다. 만세 전부터 감추어진 지혜요 지혜의 모든 보화이신 예수님은 인류의 역사보다 크십니다. 예수님의 모든 말과 일을 다 기록하면 그 책은 이 세상 자체도 감당하지 못한다는 요한의 결론은 결코 과장이 아닙니다. 다른 복음서는 특정한 시간과 특정한 공간을 예수님의 시작으로 잡습니다. 그러나 요한은 예수님에 대한 이야기의 시점을 태초 이전으로 잡습니다. 예수님은 태초에도 이미 말씀으로 계셨으며 하나님과 함께 계셨으며 하나님 자신임을 요한은 첫 문장에서 선언하고 있습니다. 이러한 표현은 예수께는 시작과 끝이 없다는 말과 같습니다. 이는 영원하고 무한하신 예수를 소개하는 가장 적절한 어법이 아닐까 싶습니다.

예수님은 참으로 거대한 분입니다. 온 세상이 그를 감당하지 못합니다. 모든 시대가 버거워 했습니다. 예수님은 좁은 길이지만, 우리의 좁은 지성에 구겨 넣을 수 없는 분입니다. 예수님은 하늘과 땅의 모든 권세를 가지고 천지를 호령하는 분입니다. 만물은 모두 그에게서 나왔고 그를 위한 도구일 뿐입니다. 바울이 자신의 모든 것들을 해로운 것으로 여기고 심지어 유익한 것들도 배설물로 여기고 그런 예수님만 알기로 작정한 것은 가장 위대하고 가장 거룩한 야망을 표현한 것입니다. 그런 야망에 경건한 군침을 흘리는 사람의 동우회가 교회이면 좋겠다 싶습니다. 이는 만물 안에서 만물을 충만하게 하시는 예수의 충만이 교회라는 정의에 충실한 동우회가 될 것입니다. 예수님이 그러신 것처럼, 세상을 널리 이롭게 하고 빛과 소금의 사명에 충실한 교회가 될 것입니다.

대범하고 진솔하고 명료한 바울의 어법과는 달리 요한복음 안에는 저자의 소심함과 수줍음이 있습니다. 그런데 놀랍게도 이 복음서를 읽으면 바울의 복음보다 더 웅장하고 장구하고 위대한 규모의 복음을 만납니다. 바울의 로마서는 예루살렘, 온 유대, 사마리아 그리고 땅 끝까지 복음의 군홧발로 정복하고 예수라는 진리의 깃발을 꽂은 체험의 열기와 거부할 수 없는 도전의 파도를 일으키며 독자의 의식을 덮칩니다. 그런데 요한의 복음서는 왕성한 활동가가 아니라 심오한 사색가가 복음의 비밀을 밝히려고 자신의 전부를 지성으로 전환해서 성경 전체를 관통하고 인류의 역사 전체를 관통하고 모든 만물과 우주 전체를 아우르는 복음 자체이신 예수님의 그리스도 되심과 하나님의 아들 되심을 증명하여 독자의 영혼을 황홀하게 만듭니다. 요한복음 안에는 다른 어느 책에서도 배울 수 없는 놀라운 삼위일체 교리의 진수, 예수님의 두 본성 즉 신성과 인성의 오묘한 연합, 태초의 에덴 공동체를 훨씬 능가하는 예수 공동체 즉 교회의 비밀, 요한과 베드로가 각자의 스타일로 예수님께 달려가는 아름다운 믿음의 경주 등 참으로 기막힌 내용들이 아주 평이한 언어로 묘사되어 있습니다. 저는 바울보다 요한의 사명과 성향에 마음이 더 끌립니다.

　제가 저술한 이 책은 제가 고유하게 고민하고 분석하고 탐구하고 묵상한 결과가 아닙니다. 교부 시대, 중세 시대, 종교개혁 시대, 정통주의 시대, 근세 시대 등 다양한 시대의 탁월한 믿음의 선진들이 피땀 흘리면 결실한 요한복음 연구의 결과들을 참조하고 비교하며 그들의 기발하고 경건한 통찰들을 발굴하고 수집하고 재구성한 내용들과 제 자신의 고유한 묵상을 종합한 것입니다. 교부들 중에는 클레멘스, 이레네우스, 오리게네스, 테르툴리아누스, 아타나시우스, 아우구스티누스, 암브로시우스, 크리소스토무스, 키릴루스, 그레고리 대제, 테오도루스 등을, 중세의 인물들 중에서는 토마스 아퀴나스를, 종교개혁 인물들 중에서는 루터, 쯔빙글리, 부쩌, 버미글리, 칼뱅, 멜란히톤, 외콜람파디우스, 무스쿨루스, 에라스무스 등을, 정통주의 인물들 중에서는 베자, 브렌쯔, 크루시거, 사르케리우스, 알레시우스, 후니우스, 불링거, 아레티우스, 허치슨 등을 그리고 근세의 인물들 중에서는 메튜 헨리를, 현대의 인물들 중에서는 박윤선, 핸드릭슨, 조베스, 버리 등을 읽으며 많은 도움을 받았습니다.[1] 본문에서 이들의 이름이 거명될 때에는

1　참조한 문헌들은 조엘 C. 엘로브스키 엮음,『교부들의 성경주해: 신약성경 V, VI, 요한 복음서』(경북: 분도출판사, 2013); Origen, *Commentary on the Gospel According to John, Books 1-10* (Catholic University of America Press, 2001); Augustinus, *In Evangelium Ioannis tractatus centum viginti quatuor, Patrologia Latina* 35 (Migne, 1850); John Chrysostom, *Homilies on the Gospel of St. John*, NPNF Vol.14 (Edinburgh: T&T Clark; Grand Rapids, MI: Eerdmans,. 1885); Cyril of Alexandria, *Commentary on John, Ancient Christian Texts, Volume 1* (IVP Academic, 2013); Pope Gregory I, *Gregory the Great: Forty Gospel Homilies* (Cistercian Pub., 1990); Thomas Aquinas, *Super Evangelium S. Ioannis Lectura* (Marietti; VI Edizione, 1972); Chrystopher B. Brown et al., *Reformation Commentary on Scripture, New Testament: John* (Downers Grove: IVP, 2021); Desiderius Erasmus, *Paraphrasis in Evangelium secundum Ioannem* (Froben, 1523); Martin Luther, *Sermons on the Gospel of St. John, Luther's Works*, Vols. 22, 23, 24, 69 (Concordia Publishing House, 1968-2009); John Calvin, *Commentarius in evangelium Ioannis*, Calvini Opera XVII (Brunsvigae: C. A. Schwetschke et filium, 1880); Heinrich Bullinger, *In evangelium secundum Joannem*

각 문헌의 해당 장과 절의 주석을 참조한 것입니다. 때로는 그들의 동의할 만한 것들, 때로는 참조하면 좋을 만한 것들을 엄선해서 그대로 인용한 경우들도 있습니다. 성경은 단 한 구절의 의미도 한 사람이 감당하지 못하는 하나님의 영원한 진리를 담고 있기에 다양한 시대의 지성들에 의해 포착된 의미의 조각들을 채집하고 조합하는 작업은 불가피해 보입니다. 가르침을 주신 모든 믿음의 선배들께 진심으로 감사를 드립니다. 그런 선배들을 역사의 고비마다 심어 놓으시고 믿음의 까마득한 후배들인 우리에게 진리의 귀한 유산으로 물려 주신 하나님께 감사를 드립니다.

『요한복음에 반하다』는 자신의 시간이 1개월 남았다는 선고를 받은 아내가 호스피스 병동에 있을 때에 탈고한 책입니다. 아내는 생존에 필수적인 에너지도 아끼며 검독하고 교정하는 일에 매진을 했습니다. 하나님의 말씀을 해석하는 책에 오류로 인한 지극히 작은 긁힘도 없어야 한다는 일념으로 모든 페이지를 읽어준 아내에게 감사를 전합니다. 그리고 주님의 영광을 드러내고 교회의 유익을 위한 책이라면 손익을 따지지 않고 출간을 결정하고 손실의 아픔도 감수해 온 다함 출판사의 이웅석 대표에게 진심으로 감사를 드립니다.

---

commentariorum libri X (Tiguri ： Froschowerus, 1556); Johannes Brenz, *Evangelion quod inscribitur Secundum Ioannem, Centum Quinquagintaquatuor Homiliis explicatum* (Francoforti ： Brubachius, 1554); Wolfgang Musculus, *Commentariorum in evangelistam Ioannem* (Basilia, 1545); Philipp Melanchthon, *Annotationes in Johannem* (Secerius, 1523); Benedictus Aretius, *Commentarii in quatuor Evangelistas* (Morgia: Le Preux, 1580) 매튜 헨리, 『매튜 헨리 성서주석: 요한복음』 (서울: 기독교문사, 1975); 비슬리-머리, 『WBC 성경주석, 36 요한복음』 (서울: 솔로몬, 2001); Karen H. Jobes, *John Through Old Testament Eyes* (Grand Rapids: Kregel, 2021); 박윤선, 『성경주석 요한복음』 (서울: 영음사, 1992); 윌럼 헨드릭슨, 『헨드릭슨 성서주석: 요한복음』 (서울: 아가페, 1983).

딤 1:1

¹태초에 말씀이 계시니라 이 말씀이 하나님과 함께 계셨으니 이 말씀
은 곧 하나님이시니라

❖ ❖ ❖

¹태초에 그 말씀이 있었고 그 말씀이 하나님과 함께 있었으며 하나님
이 그 말씀이셨다

※ 독자들의 편의를 위해 대한성서공회의 개역개정역(4판, 위)과 저자의 사역(아래)을 함께 표기했습니다.

[1]태초에 그 말씀이 있었고 그 말씀이 하나님과 함께 있었으며
하나님이 그 말씀이셨다

요한복음 저자는 누구인가? 한 권의 책을 이해하기 위해서는 존재의 문서화를 시도한 저자를 이해해야 한다. 저자가 자신의 저자성을 책에서 밝히지 않는 경우에는 저자 규명이 미궁으로 빠지기 십상이다. 요한복음 저자의 경우가 그러하다. 비록 저자가 자신의 정체를 밝히지 않아서 저자의 완벽한 확증이 불가능한 일이지만 합리적인 추정은 가능하다. 조석민 박사가 잘 정리한 것처럼[1] 저자는 1) 예수의 영광을 직접 목격한 사람이다(요 1:14). 그 영광은 산에서 변화되신 예수의 모습에서 경험한 것이라고 생각한다.

---

1   조석민 외, 『요한복음 연구』 (서울: 이레서원, 2021), 13-16.

2) 요한복음 저자를 사도 요한이 아니라 장로 요한으로 이해하는 학자들이 있지만, 베드로의 경우에서 보듯이(벧전 5:1) 사도를 장로로 표현하는 것은 이상하지 않다. 3) 저자는 예수께서 사랑하는 제자(요 21:24)일 가능성이 높은데 그렇다면 저자가 예수의 "제자"라는 점은 분명하다. 4) 저자는 팔레스틴 지리에 해박하고, 유대인의 종교와 문화에도 조예가 깊은 것으로 보아 유대인일 가능성이 높다. 예수의 영광을 목격하고 예수의 제자이고 유대인 출신인 조건을 충족하는 저자는 변화산에 간 사도 베드로와 야고보와 요한 중에서 요한이 유일하다. 이는 베드로가 요한복음 안에서 사랑하는 제자와 뚜렷하게 구별되고, 야고보는 일찍 죽어서 요한복음 저작의 늦은 년도(아마도 A.D. 90-100년)와 맞지 않기 때문이다. 대부분의 교부들을 비롯한 믿음의 선배들도 사도 요한을 이 복음서의 저자로 간주했다. 가장 중요한 증인은 요한의 제자인 폴리캅을 알고 있었던 리용의 감독 이레네우스(Irenaeus, 130-177)다. "주님의 제자 요한은 그의 품에 기댄 자였으며 아시아의 에베소에 머물면서 복음서를 출판했다"(*Adv. Haer.* III,i,1). 동시대에 활동한 알렉산드리아의 클레멘스(Clemens of Alexandria, 150-215) 또한 "최후로 요한은 … 성령의 영감을 받아 하나의 영적인 복음"을 썼다고 기록한다(Eusebius, *His. Ecc.* VI,xvi,7). 이처럼 나는 요한복음 자체와 전통에 근거한 추정의 결과로서 사도 요한이 이 복음서의 저자라고 생각한다.

사실 성경에는 저자의 정확한 이름을 밝힌 책들도 있지만, 밝히지 않은 성경들도 많다. 각각의 성경책을 해석할 때에 저자가 자신의 이름을 밝혔다면 밝힌 그 저자의 의도를 존중하며 해석하고, 밝히지 않았다면 밝히지 않은 그 저자의 의도를 존중하며 해석해야 한다. 성경을 해석함에 있어서 저자의 고려에 대한 비중은 책마다 다르기 때문에 텍스트가 저자의 정체성을 드러낸 만큼의 고려 속에서 해석하면 된다. 요한복음 저자는 자신의 이름을 스스로 숨기고 있기 때문에, 숨기려는 의도를 존중해야 한다. 동시에 자신이 누구인지 독자들로 하여금 알도록 추정의 명확한 단서들을 제공하고 있다는 점도 고려해야 한다. 그러므로 요한복음 텍스트를 해석할 때에 저자의 지리적인, 역사적인, 혈통적인 독특성을 과도하게 고려하는 것은 자제해야 한다고 나는 생각한다. 이 책에서 나는 사도 요한이 이 복음서의 저자라는 추정의 적정한 고려 속에서 텍스트를 해석하려 한다.

요한복음의 주제는 무엇인가? 알렉산드리아의 클레멘스는 요한의 복음서를 "영적인 복음서"로 이해하고 오리게네스와 키릴루스는 예수의 신성을 가장 잘 설명한 책이라고 한다. 이와는 달리 크리소스토무스는 예수의 인성과 낮추심을 강조하되 하늘의 관점에서 쓰여진 책이라고 한다. 아우구스티누스는 이 복음서를 "독수리"에 비유한다. "요한은 독수리같이 땅의 안개를 뚫고 보다 높은 곳으로 날아올라 보다 침착한 눈으로 진리의 빛을 응시한다."[2] 고공을 비행하는 독수리와 같은 이 복음서의 말씀을 수용한 사람은 더 이상 땅에서의 평범한 인생을 살지 않고 천국의 높은 거실을 디디며 고품격의 삶을 살아갈 것이라는 크리소스토무스의 확신에 나는 동의한다. 이 복음서의 저자는 예수의 인성보다 신성을 더 강조한다. 그 증거로서, 저자는 예수의 출생 이야기를 생략하고 "하나님 아버지"(100번 이상)와 "하나님의 아들"이란 표현을 다른 복음서에 비해 현저히 많이 사용한다. 무엇보다 결정적인 근거는 저자 자신이 밝힌 기록의 목적 즉 예수의 그리스도 되심과 하나님의 아들 되심을 믿게 하고 그의 이름으로 생명을 얻게 한다는 언급이다(요 20:31). 사람들이 보고 듣고 만지고 동거한 진짜 인간을 누가 어떻게 하나님의 아들로 증명할 수 있겠는가! 그런데 요한의 복음서가 예수의 표적과 영광을 통해 그 "어떻게"의 진수를 보여준다.

칼뱅은 예수의 신성을 강조하는 교부들의 주된 입장을 알고 있지만 이

---

2 Augustinus, *In Evangelium Ioannis tractatus*, PL 35, XV.i: "Ioannem velut aquilam volare altius, caliginemque terrae transcendere, et lucem veritatis firmioribus oculis intueri."

복음서가 교회의 유익을 위한 책이라는 점을 더 강조한다. 예수의 성육신과 죽음과 부활로 구성된 복음이 이 복음서의 포괄적인 주제라고 생각한다. 네 복음서들 사이의 차이에 대해서는, 다른 세 복음서가 예수의 삶과 죽음에 초점을 두었다면 요한의 복음서는 예수의 직분과 그의 일대기가 의미하는 가르침에 초점을 두었다고 한다. 칼뱅이 보기에 다른 세 복음서는 예수의 몸을 보여주고, 요한의 복음서는 예수의 영혼을 보여준다. 그래서 요한복음 없이는 다른 세 복음서를 이해할 수 없기 때문에 네 복음서 중에서 가장 먼저 읽어야 할 책이라고 강조한다. 동시에 어떠한 복음서도 독립될 수 없도록 "사복음서 전체가 하나의 완전한 작품"이 되게 만드시는 하나님의 강력한 섭리가 있었다고 주장한다.[3] 칼뱅이 말한 교회를 위한 이 복음서의 강조점과 사복음서 사이의 통일성 주장에 나는 동의한다.

이 복음서의 가장 중요한 독특성을 나는 저자가 예수께서 하나님의 아들과 메시아가 되신다고 주장하되 "로고스"(λόγος) 즉 말씀으로 예수의 정체성을 풀고 있다는 사실에서 발견한다. 동일한 복음을 소개함에 있어서 요한의 이런 접근법은 다른 복음서 저자들과 구별된다. 마태는 복음서 서두에서 이스라엘 역사의 출발점과 정점인 아브라함 및 다윗의 후손으로 예수를 소개하되, 유대인의 관점으로 요셉 중심적인 예수의 인간적인 계보(γένεσις)를 주목한다. 그리고 이스라엘 역사의 혈통적인 흐름으로 예수를 소개한다. 마가는 예수의 혈통적인 족보를 생략하고 예수의 신적인 신분이 하나님의 아들임을 먼저 밝히면서 그 "복음의 시작"('Αρχὴ τοῦ εὐαγγελίου) 부터 이야기를 풀어간다. 예수의 역사적 등장이 예언의 결과라는 사실을 강조하며 이사야의 글 인용으로 복음 이야기를 시작한다. 누가는 당시 로

---

3 요한 칼빈, 박문재 옮김, 『요한복음』 (고양: 크리스찬다이제스트, 2021), 9-11.

마의 역사적인 정황을 의식하며 예수의 출생과 아담까지 포괄하는 예수의 가계도 언급으로 복음서를 시작한다. 특별히 마리아의 혈통적인 계보를 그의 남편이며 예수의 법정적 아버지인 요셉에게 이입시켜 예수의 태생을 언급하고 있다. 그리고 역사가의 관점에서 예수 사건을 둘러싼 다양한 "구설"들을 섭렵하고 예수라는 복음의 가장 객관적인 "사실"(πρᾶγμα)을 묘사하려 한다.

그러나 요한은 세 개의 복음서가 취한 역사적인 서술과는 달리 시간 이전의 태초라는 관점에서, 복음의 시간적인 시작 이전의 말씀 이야기로 진술을 시작한다. 귀납적인 방법이 아니라 연역적인 방법이며, 현상에서 원리로 소급하지 않고 원리에서 현상으로 진행하는 방식이다. 예수가 하나님의 아들 되심을 그의 생애를 중심으로 확인하지 않고 신성의 관점에서 예수의 삶을 설명하는 방식으로 확인한다. 그리스도 예수의 복음이 시간 속의 아담, 아브라함, 다윗에게 뿌리를 두지 않고 영원에 뿌리를 두었다는 요한의 이러한 관점은 우리에게 복음의 장엄한 고대성에 대한 의식의 지평을 넓혀준다.

요한의 복음서가 가진 독특성을 몇 가지만 더 살피고자 한다. 요한복음 안에는 예수의 출생, 세례, 시험, 최후의 만찬, 겟세마네 동산의 기도, 승천 및 예수의 비유가 생략되어 있다. 이는 다른 복음서와 중복되지 않는 내용의 의도적인 엄선으로 다른 복음서를 보완하기 위함이다. 예수의 사역에 대한 기록을 보더라도 다른 복음서가 갈릴리 사역을 중심으로 진술한 반면, 요한의 복음서는 예루살렘 사역을 중심으로 기술한다. 그리고 요한복음 안에는 유월절이 세 번 언급되어 있어서 예수의 공생애가 3년일 것이라는 추정을 가능하게 한다. 요한복음 안에서만 언급되는 내용들 중에는 1장에 예수의 신적인 기원과 근원, 2장에 가나의 혼인잔치, 3장에 예수를 찾아온 니고데모, 4장에 사마리아 수가성의 여인, 11장에 죽은 나사로의 회생, 13장에 제자들의 세족식, 14-16장에 보혜사 성령, 17장에 대제사장 예수의 기도, 21장에 예수와 베드로의 대화 등에 대한 이야기가 있다. 어떤 학자는 다른 세 복음서와 요한의 복음서 사이의 차이는 무려 90%에 달한다고 주장한다.

요한복음 전체의 구성은 크게 다섯 부분으로 구분된다.

구분	서론	본론			결론
범위	1장	2-12장	13-17장	18-20장	21장
핵심	예수의 존재	예수의 활동			복음서의 목적
		표적의 책 (모두에게)	영광의 책 (제자에게)		
내용	태초의 말씀, 하나님, 빛, 임마누엘, 은혜와 진리, 독생자, 어린양	예수의 7가지 표적: 포도주 만듦, 신하의 아들 치유, 38년 병자 치유, 오병이어 기적, 물 위 걸음, 소경 치유, 나사로 살림	예수의 7가지 사역: 사랑하심, 발 씻기심, 유다의 배반 예언, 새 계명, 베드로 3번 부인, 보혜사 약속, 중보기도 약속	예수의 7가지 사건: 붙잡히심, 법정에 서심, 십자가 지심, 십자가 위 죽으심, 장사되심, 부활하심, 나타나심	제자들과 베드로를 만남, 사랑의 대화, 기록의 목적

복음서의 첫 문장에서 보이듯이 요한은 "그 말씀"을 중심으로 복음 이야기를 풀어간다. "말씀" 앞에 "그"(ὁ)라는 정관사가 붙은 이유는 요한이 말하고자 하는 말씀이 고유하고 특별하기 때문이고 그 고유성과 특별함을 명시하기 위함이고 요한의 시대만이 아니라 구약도 포함한 모든 사람들이 인지하는 하나님의 말씀이기 때문이다. 교부들 중에 테르툴리아누스는 "로고스"가 "이성"(ratio)을 뜻한다고 주장한다. 그에 의하면, 하나님은 자신 안

에 이성을 가지셨고 동시에 그 이성 안에 내재된 말씀을 가지셨다.[4] 그러나 아우구스티누스는 로고스가 이성으로 번역될 수도 있겠지만 "말씀"(verbum)으로 번역하는 것이 맥락에 맞다고 주장한다. 그에게 말씀은 "형성된 형상이 아니라 모든 형성된 것들의 형상이고 불변적인 형상"(forma non formata, sed forma omnium formatorum, forma incommutabilis)이다.[5] 이 말씀은 "하나님의 생각"이 아니라고 한다. 생각은 "형성되기 전에 형성될 가능성이 있다거나 언제든지 형상을 잃을 수 있는 것"이지만, 하나님의 말씀은 그 자체로 "진정한 형상"이기 때문이다. 바실리우스는 인간의 말이 마음의 원천에서 흘러나온 시내(rivulus)라고 말하면서 하나님의 말씀은 이와 비슷한 것이라고 한다.[6]

세 교부들의 주장은 크게 다르지가 않다. 그러나 나는 로고스를 말씀으로 번역하는 아우구스티누스의 견해를 선호한다. 성경에는 하나님의 이성에 대한 언급이 없고 요한복음 내에서 로고스의 용례가 대체로 말 혹은 말씀이기 때문이다. 칼뱅은 이 교부의 입장에 동의하는 동시에 번역에 있어서는 살짝 다르게 "로고스"를 "말씀"(sermo)으로 번역한다. 저자가 하나님의 아들을 "말씀"으로 표현한 이유에 대해서는 그가 "하나님의 영원한 지혜이자 의지"(sapientia et voluntas)이기 때문이고 "하나님의 계획(consilium)을 분명하게 나타내신 형상(forma)"이기 때문이라 한다.[7] 교부들과 칼뱅의 견해처럼 나도 "로고스"를 "말씀"으로 이해한다. 그리고 이 하나님의 말씀은 성경 전체를 관통하고 있다. 성경에서 이 말씀은 태초의 창조를 가능하게 하

---

4 Tertullianus, *Adversus Praxeam*, PL 2, v.

5 Augustinus, *Sermones*, PL 38, CXVII.ii.3.

6 Basilius, *Homiliae et sermones*, PG 31:477.

7 칼빈, 『요한복음』, 13.

고 창조된 피조물의 존속을 가능하게 하고 그 존속의 방향을 좌우하고 그 방향의 종착지로 만물과 역사를 안내한다.

진실로 하나님의 말씀은 성경의 핵심인 동시에 인류의 역사 전체가 맴도는 바퀴의 중심이다. "대저 하나님의 모든 말씀은 능하지 못하심이 없느니라"(눅 1:37). 하나님의 말씀을 능가하는 어떠한 장애물도 없기 때문에 이 세상의 어떠한 것도 말씀을 거스르지 못하기에 역사의 중심이다. 역사는 말씀이 지나간 궤적이고 말씀의 성취이고 말씀의 지문이고 말씀의 현상이고 말씀의 실현이고 말씀의 심판이다. 역사의 어떠한 부분도 말씀과 무관하지 않다. 그러므로 말씀을 모르면 역사에도 무지하다. 말씀을 알면 역사가 보이고 이해된다. 누구든지 경청하고 순종하는 방식으로 하나님의 말씀을 수용하며 붙드는 자는 역사와 세계의 중심에 서 있는 사람이다.

요한이 예수의 본질적인 정체성을 말씀으로 이해하고 말씀을 복음서의 전면에 내세우는 이유는 의미 중심의 역사관 때문이다. 요한은 인류의 역사에서 일어난 일들의 세세한 내용을 주목하지 않고 각 시대의 중심을 관통하는 보편적인 진리의 굵은 줄기를 주목한다. 시간의 역사는 인간 중심적인 역사가 아니라 말씀 중심적인 역사라고 그는 생각한다. 그래서 가시적인 사건의 저변에 도도히 흐르는 비가시적 말씀의 역사를 더듬는다. 물론 요한은 가시적인 역사도 무시하지 않고 필요한 만큼의 관심을 기울인다. 때로는 사건의 내용과 상황의 구체성과 시간의 단위에 있어서 설명의 디테일이 다른 복음서를 훨씬 능가한다. 요한은 사실을 포기하지 않으면서 의미를 더 추구한다.

요한이 주목하는 말씀 중심의 역사관은 구약이 증거하고 있다. 먼저 창세기의 태초 이야기를 보라. 말씀을 중심으로 사건이 전개된다. 인류의 실패는 무엇 때문인가? 인류의 타락은 하나님의 말씀을 가감하고 왜곡하고 무시한 결과였다. 그들은 하나님의 말씀에 극미한, 그러나 치명적인 변경을 가하였다. 작은 변경이 역사의 장구한 등을 굽게 만들었다. 이처럼 하나님의 말씀을 대하는 태도가 인류의 명운을 결정한다.

태초에 하나님은 온 인류의 시조인 아담과 하와에게 온 세상의 모든 만물을, 세상의 중심에 있는 에덴을, 그 에덴에서 맺어지는 각종 열매들을 그리고 에덴의 울타리 밖에 있는 온 세상을 정복하고 다스리는 권한을 선물로 베푸셨다. 이 모든 것들보다 더 중요하고 근본적인 선물은 바로 하나님의 말씀이다. 그것은 하나님과 인간을 묶어주는 끈이기 때문이다. 인간과 자연의 관계는 누림과 다스림에 의해 형성되고, 인간과 하나님의 관계는 말씀을 중심으로 맺어진다. 말씀이 거부되면 관계가 위태롭게 된다. 인간의 경우에도 말의 소통이 마비되면 관계가 끊어진다. 하나님의 말씀은 선악을 알게 하는 나무의 열매를 먹지 말라는 명령의 형식으로 주어졌다. 하나님은 명하시고 인간은 순종하는 방식으로 둘의 관계는 유지된다.

그러나 인간은 불순종을 선택했다. 불순종은 말씀을 버리는 방식이다. 인간의 그 잘못된 선택에는 다양한 요소들이 개입되어 있다. 먼저 뱀의 형상을 취한 마귀가 등장한다. 문제의 원흉이다. 그래서 거짓의 아비라고 한다. 그래서 마귀는 진리의 말씀을 본성상 싫어하고 혐오한다. 진리는 거짓과 상극이기 때문이다. 그 마귀가 하와에게 다가와 노골적인 거짓이 아니라 은밀한 속임수를 한 방울 섞어서 질문한다. "하나님이 참으로 너희에게 동산 모든 나무의 열매를 먹지 말라 하시더냐"(창 3:1). 한 방울의 속임수는 바로 하나의 단어 "모든"(כֹּל)이다. 하나님의 명령에 이 단어가 들어가면 그분에게 매정하고 가혹하고 독재적인 절대자의 이미지가 형성된다.

하와가 마귀에게 반응한다. 나는 하와가 마귀를 대화의 파트너로 삼는 것 자체가 문제의 시초라고 생각한다. 마귀는 대화 파트너가 아니라 대적해야 할 대상이다. 마귀과 하와의 대화에서 가장 심각한 문제는 하나님이 배제되고 있다는 사실이다. 하와는 말씀의 경청자가 아니라 자신을 뱀의 대화 파트너로 의식하며 대화하고 있다. 범사에 하나님의 말씀을 의식과 사고의 기준으로 붙들지 않고 눈에 보이는 어떤 대상과 환경을 기준으로 삼은 사유는 대단히 위험하다. 마귀를 대화의 파트너로 여기면, 마귀가 주어로 있는 질문을 기준으로 생각하고 반응하게 된다. 아무리 올바르게 반응하려 해도 의식과 의지는 물음의 돌쩌귀를 따라 휘어진다. 이것은 마귀가 파놓은 보이지 않는 구조적인 함정이다. 그래서 우리는 범사에 하나님을 반응의 대상으로 간주해야 한다. 이것이 영적 전쟁의 첫 번째 싸움이다.

어떠한 대화이든 누구를 대화 파트너로 삼느냐가 중요하다. 자연을 관찰할 때에도 그것을 만드신 하나님께 반응하고, 사람을 만나서 대화할 때에도 그를 지으신 하나님을 의식하며 반응해야 한다. 그런 식으로 범사에 하나님을 인정해야 한다. 주님의 이름으로 모인 모든 모임에는 주님께서 그 가운데 계신다는 것은 주님의 확실한 약속이다(마 18:20). 이러한 약속에 근거하여 어떠한 사람을 만나도 우리가 주님의 이름으로 만난다면 주님의 임재가 있는 주님 앞에서의 대화가 가능하다. 모든 만남에서 하나님을 대화의 파트너로 인정하며 대화하는 것은 허상이나 상상력의 산물을 가정하는 것이 아니라 실재하는 하나님과 실제로 대화하는 만남이다. 아내와 남편의 만남, 상사와 직원의 만남, 주인과 종의 만남, 부모와 자녀의 만남, 친구나 동료의 만남에서 주님을 대화 파트너로 의식하며 대화하는 것, 그것이 바로 내 앞에 있는 상대방의 인격을 하나님의 형상에 준하는 수준으로 대우하는 비결이다. 그렇지 않으면 인간적인 조건들이 대화에 개입하게 된다. 재산의 크기와 교육의 정도와 외모의 상태와 가문의 배경이 대화에 은밀한 주도권을 행사하게 된다. 그러므로 우리는 땅의 조건들이 대화에 함부로 끼어들지 못하도록 모든 대화의 문맥에서 주님을 인정하고 주님 앞에서의 대화를 더더욱 도모해야 한다.

그리고 타인에 대한 이야기를 할 때에는 그 타인이 지금 같은 자리에 있다고 생각해야 한다. 그러면 해야 할 말과 하지 말아야 할 말이 무엇인지 분별된다. 논문을 작성할 때에 지도 교수님이 주신 조언이다. "비판의 대상이 지금 내 논문을 읽어가고 있다는 전제 하에 논문을 작성하라." 같은 자리에 없다고 생각하는 경우의 대화와 면전에 있다고 생각하는 경우의 대화를 비교하면, 매 순간 말의 내용과 뉘앙스와 강조점과 의도가 달라짐을 확인한다. 삼자에 대해 이야기할 어떠한 상황이든 항상 면전에 있다는 의식 속에서 대화하라. 인간문맥 안에서의 대화에서 그런 훈련을 하면 하나님에 대해서도 범사에 하나님을 의식한 만남들이 가능하게 된다.

다시 마귀와 하와의 대화로 돌아가자. 하나님이 식용을 금지하신 것은 "모든" 나무가 아니라 하나의 나무였다. 그래서 하와는 "모든" 나무를 거론하는 마귀의 질문에 발끈하며 동산의 다른 나무 열매는 먹을 수 있다고 반박한다. 하와는 마귀만이 아니라 하나님에 대해서도 발끈했다. 하나님에 대해서는 다소 가혹한 명령을 내리신 것에 대한 거부감을 표현하기 위한 것이었다. 이 거부감의 출처는 극단적인 뉘앙스가 물감처럼 섞인 마귀의 질문이다. 이제 답변의 후반부를 보라. "동산 중앙에 있는 나무의 열매는 하나님의 말씀에 너희는 먹지도 말고 만지지도 말라 너희가 죽을까 하노라 하셨느니라"(창 3:3). 이것은 하와가 마귀의 속임수에 말려든 대답이다. 이는 마귀가 던진 질문과의 상호작용 속에서 하와가 평정을 잃고 흥분하여 하나님의 말씀을 가감하여 나온 대답이다. 하나님이 아담에게 주신 본래의 말씀은 무엇인가? "선악을 알게 하는 나무의 열매는 먹지 말라 네가 먹는 날에는 반드시 죽으리라"(창 2:17). 비교해 보면 두 가지의 가감이 발견된다.

먼저 하와는 하나님의 말씀을 감하였다. 선악과 명령에서 "죽는다"는 부정사형 동사를 미완료형 동사로 바꾸어서 "반드시"의 절대적인 뉘앙스를 은근슬쩍 제거한다. 하나님의 말씀에는 "죽는다"는 동사가 두 번 사용되어(מוֹת תָּמוּת) 단호하고 필연적인 죽음을 강조한다. 그러나 하와는 "죽는다"는 단어를 하나 제거하고 "죽을까 하노라"는 표현으로 그것을 대신했다. 이는 명령의 엄중한 뉘앙스를 유화시킨 말씀의 왜곡이다. 이러한 뉘앙스의 변경 속에는 하나님의 말씀을 지켜야 한다는 원인보다 죽지 않아야 한다는 결과를 강조하는 관심사의 이동도 포착된다. 죽느냐 사느냐의 문제가 아니라 하나님의 말씀이 생명보다 더 귀하다는 판단이 우리의 순종을 가능하게 한다. 생사보다 말씀이 더 존귀하다. 그런 판단을 따라 구약의 선지자들 및 신약의 사도들은 말씀 때문에 순교자의 길을 당당히 걸어갔다.

그러나 하와의 의식은 하나님의 말씀과 그 말씀에 대한 순종이 아니라 생사의 문제에 기울어져 있다. 이것을 감지한 마귀는 곧장 그 약점을 물고 늘어진다. 먹어도 결코 죽지 않는다고 받아친다(창 3:4). 이로써 대화와 관심의 초점이 생사의 문제에 완전히 고착된다. 이는 먹어도 죽지 않는다면 하나님의 말씀을 얼마든지 거역해도 된다는 논리를 은밀하게 주입하기 위한 화법이다. 물론 죽느냐 사느냐의 문제는 인간에게 가장 중요하다. 그러나 선악과 금지령은 천하보다 귀한 인간의 생명, 그 생명보다 더 중요한 것이 하나님의 말씀이고 그것에 대한 순종임을 가르친다. 이런 가르침을 간파한 바울은 사나 죽으나 우리가 말씀이신 주님의 것이라는 사실을 강조하며 살아도 주를 위하여 살고 죽어도 주를 위하여 죽는다고 한다(롬 14:8). 자신이 죽든지 괴롭힘과 조롱을 당하든지 전파되는 것이 그리스도 예수라면 기뻐하고 또 기뻐할 것이라고 고백한다(빌 1:18). 이는 생사의 문제보다 그리스도 예수와의 연합과 그의 영광 앞에서는 삶과 죽음도 수단일 뿐이라는 고백이다. 이런 맥락에서 바울은 이 세상에 머물러서 사는 것보다 죽어서 그리스도 예수와 함께 거하는 것을 "훨씬 더 좋은 일이라"고 확신한다(빌 1:23). 그리스도 때문에 생명도 상대화된 마당에 그가 자신에게 유익한 것을 배설물로 여기는 것쯤이야 너무도 당연하다(빌 3:8). 바울의 삶에서 인류의 조상이 저지른 잘못의 회복을 목격한다. 바울의 삶이 증거하는 것처럼, 하나님의 말씀은 생명보다 소중하다.

그리고 하와는 하나님의 말씀에서 "반드시"를 감하는 동시에 "만지지도 말라"는 부분을 추가하는 일도 저질렀다. 추가된 구절은 만지기만 해도 죽는다는 의미를 가지고 있어서 하나님께 가혹한 독재자의 이미지를 덧씌운다. 동시에 '설마 죽지는 않겠지'의 타협안이 의식을 장악한다. 선악과는 주님께서 만드신 것이며 보암직도 하고 먹음직도 하고 지혜롭게 할 정도로 탐스러운 과일이다. 그런 과일을 만지지도 못하게 하시는 것은 가혹한 처사라고 판단하게 되고 그저 과식을 조심해야 한다는 상징적인 의미를 가진 것이지 죽음의 원인으로 작용하는 것은 아닐 것이라는 다소 합리적인 타협이 하와를 유혹한다. 급기야 그녀는 죽지 않을 것이라는 뱀의 주장에 동의하게 되고 불순종의 손을 뻗어 금지된 선악과를 따먹는다. 말씀을 가감하면 이처럼 필연적인 죽음의 길에 자발적인 걸음을 내딛는다. 말씀의 은밀한 가감을 통해 인류의 조상은 하나님의 말씀을 버리는 불순종의 죄를 저질렀다. 이것이 바로 인류의 실패였다. 이 실패는 말씀에 의해서만 회복된다.

족장들의 시대도 태초의 상황처럼 말씀을 중심으로 역사가 진행된다. 하나님의 택하심을 입은 믿음의 조상 아브라함 또한 말씀의 미세한 변경으로 불순종을 저지른 사람이다. 아브람의 믿음을 그의 의로 여기신 하나님은 가나안 땅을 선물로 주신다는 약속을 하셨고, 이에 아브람은 그 약속의 증거를 요청하자 하나님은 소와 염소와 양과 비둘기를 가져올 것을 명하셨다. 이에 아브람은 그 모든 것들을 가져왔다. 그러나 사소하게 보이는 불순종을 저질렀다. "아브람이 그 모든 것을 가져다가 그 중간을 쪼개고 그 쪼갠 것을 마주 대하여 놓고 그 새는 쪼개지 아니했다"(창 15:10). 새의 몸집은 작다. 그래서 그는 쪼갤 필요성을 느끼지 못했을 것이라고 나는 추정한다. 그러나 이로 인하여 믿음의 조상은 온전한 순종을 이루는 일에 실패했다. 큼직한 짐승을 쪼개는 순종의 만족감이 작은 새를 쪼개지 않은 불순종의 심각성에 대한 의식을 무디게 만들었다.

우리는 순종의 다양한 항목 중에서 과도한 포만감을 주고 다른 순종의 필요성을 제거하는 대표적인 순종의 오용을 경계해야 한다. 결국 "큰 흑암과 두려움"이 믿음의 조상에게 엄습했다. 그리고 하나님의 준엄한 심판이 그에게 내려졌다. "너는 반드시 알라 네 자손이 이방에서 객이 되어 그들을 섬기겠고 그들은 사백 년 동안 네 자손을 괴롭히리라"(창 15:13). 택하심을 받은 자들의 대표격인 믿음의 조상이 저지른 불순종의 대가는 실로 막대하고 혹독했다. 믿음의 조상이 무심결에 저지른 '사소한' 불순종은 이후의 이스라엘 역사에 치명적인 고난의 원흉으로 작용했다. 그러나 하나님이 그런 엄중한 형벌을 내리신 것은 정당했다. 두 가지의 이유 때문이다. 첫째, 믿음의 조상은 모든 믿음의 후손에게 대표성을 띠는 중요성 때문이다. 그러한 그의 구속사적 정체성 때문에 그의 불순종은 범부의 불순종과 동일하지 않다. 둘째, 모든 말씀은 하나님의 말씀이기 때문에 아무리 사소하게 보이는 말씀도 말씀이며 그것을 거역하면 하나님께 불순종한 것이기 때문이다. 사람의 눈으로 말씀의 크기를 가늠하는 것은 올바르지 않다. 말씀의 중요성은 주어가 좌우한다. 그래서 범사에 하나님을 모든 말씀의 주어로 여기는 태도가 중요하다. 믿음의 조상이 저지른 불순종의 문제도 말씀을 버렸다는 것이 핵심이기 때문에 그 해결책은 말씀의 회복이다.

율법이 주어진 모세의 시대에도 하나님의 말씀은 개인의 인생과 민족의 역사를 움직이는 열쇠였다. 이는 하나님의 말씀에 대한 모세의 확신에서 확인된다. "보라 내가 오늘 생명과 복과 사망과 화를 네 앞에 두었나니 곧 내가 오늘 네게 명령하여 네 하나님 여호와를 사랑하고 그 모든 길로 행하며 그의 명령과 규례와 법도를 지키라 하는 것이라 그리하면 네가 생존하며 번성할 것이요 또 네 하나님 여호와께서 네가 가서 차지할 땅에서 네게 복을 주실 것임이라"(신 30:15-16). 신명기의 기록에 따르면, 인간의 생사화복 일체가 하나님의 말씀에 대한 태도에 의해 결정된다. 하나님이 이스라엘 백성에게 주시기로 한 땅에서 생존하고 번성하고 행복하게 되는 근거도 말씀에 대한 순종이다. 이는 하나님의 말씀이 개인과 민족의 명운을 좌우하고 있음을 증거한다. 여호수아 시대에도 그가 세상을 떠나기 전에 그의 백성에게 하나님의 모든 말씀이 그대로 역사에 실현된 것을 이렇게 고백한다. "모든 선한 말씀이 하나도 틀리지 아니하고 다 너희에게 응하여 그 중에 하나도 어김이 없음을 너희 모든 사람은 마음과 뜻으로 아는 바라"(수 23:14). 그러나 이스라엘 백성은 모세, 여호수아, 사사들의 시대에 하나님의 말씀을 버리고 우상을 숭배했다.

태초와 족장들과 모세의 시대와 동일하게 왕들이 통치하는 시대에도 말씀이 역사를 움직였다. 하나님의 택하심을 받은 이스라엘 민족의 태조 사울 이야기가 그것을 입증한다. 그가 실패한 것도 하나님의 말씀을 버리는 불순종 때문이다. 사무엘을 통해 사울에게 전달된 하나님의 말씀이다. "지금 가서 아말렉을 쳐서 그들의 모든 소유를 남기지 말고 진멸하되 남녀와 소아와 젖 먹는 아이와 우양과 낙타와 나귀를 죽이라"(삼상 15:3). 누가 보아도 이 명령은 너무 가혹하다. 그러나 심판의 권한은 하나님께 있다. 인간이 함부로 변경을 가할 수 없는 하나님의 고유한 주권이다. 그런데 사울은 하나님의 명령을 있는 그대로 준행하지 않고 변경했다.

당시 사울은 이스라엘 역사에서 최초의 왕이었다. 어쩌면 자신의 뜻대로 행해도 반대할 자가 없고 불평할 자도 없다는 왕 의식이 작용했을 가능성이 높다. 사울이 보기에 괜찮다고 판단했던 것은 두 가지였다. 하나는 아말렉 족속의 왕이었던 아각의 생포였고, 다른 하나는 하나님께 제사를 드리기 위해 데려온 양떼였다. 첫째, 아각의 생포는 전쟁의 승리를 온 국민이 생생하게 느끼게 하는 용도로서 제격이다. 전쟁을 승리로 이끈 왕의 용맹을 나타낼 전시용 생포였을 것으로 추정된다. 두 번째는 양떼를 데려온 것이었다. 하나님의 명령에 따르면, 사울은 모든 양을 죽여야만 했다. 그런데도 양떼를 데려온 이유는 백성이 하나님께 보다 좋은 예배를 드리자는 국민적인 열망의 발로라고 사울은 해명했다. 하나님의 말씀과 백성의 소원이 충돌했을 때에 사울은 백성의 편에서 판단했다. 어쩌면 백성에게 예배의 도구를 제공하는 모양새를 취하지만 자신의 왕위를 떨치고 사람에게 잘 보이려는 욕망이 시킨 일인지도 모르겠다. 그러나 그것은 그가 민주적인 처신을 한듯 보이지만 온 백성을 하나님의 대적자로 만드는 일이었다. 아각의 생포와 양떼의 데려옴에 대해 사무엘은 "탈취"라는 표현으로 평가했다. 사울의 속내를 기준으로 평가한 결과였다. 하나님의 관점에서 본 사울의 불순종은 매우 심각했다. "왕이 여호와의 말씀을 버렸으므로 여호와께서도 왕을 버려 왕이 되지 못하게 하셨나이다"(삼상 15:23). 하나님은 왕을 세우기도 하고 폐하기도 하시며, 한 나라를 세우기도 하고 멸하기도 하신다. 그런데 그 존폐의 기준은 하나님의 말씀에 대한 순종과 불순종에 있다. 사울은 말씀을 거역했다. 사울의 불순종은 하나님의 말씀을 버린 일이었다. 말씀을 버린 것이 실패의 핵심이요 불순종의 본질이다.

사울의 실패는 이스라엘 백성의 대표성을 띤 실패였다. 왕만이 아니라 하나님의 백성인 이스라엘 민족이 멸망한 이유도 사울의 경우와 동일하게 하나님의 말씀을 버렸기 때문이다. 즉 북 이스라엘 왕국과 남 유다 왕국이 멸망한 이유는 그들이 주님께서 "그들의 조상들과 더불어 세우신 언약과 경계하신 말씀을 버리고 허무한 것을 뒤따라 허망"하게 되고 주님께서 하지 말라고 금하신 것을 행하는 방식으로 말씀을 버리는 패악을 저질렀기 때문이다(왕하 17:15-20). 개인이든 국가이든 하나님의 말씀을 떠나면 저주를 받고 실패하고 멸망한다.

말씀을 중심으로 역사의 흐름이 좌우되는 패턴은 사도들의 시대에도 확인된다. 바울과 바나바는 이방인의 사도로서 사역했다. 그런데 그렇게 된 이유에 대해서는 "하나님의 말씀을 마땅히 먼저 너희에게 전할 것이로되 너희가 그것을 버리고 영생을 얻기에 합당하지 않은 자로 자처"했기 때문에 이방인을 향해 사역하게 되었다고 설명한다(행 13:46). 이 설명에 따르면, 하나님의 말씀에 대한 유대인의 태도가 선교의 물줄기를 바꾼 계기였다. 물론 유대인의 불순종과 실족함의 근원은 구속사의 큰 그림을 그리신 하나님의 깊고 풍성하고 측량할 수 없는 섭리였다(롬 11:11). 이는 유대인의 악을 하나님이 구속사적 선의 도구로 쓰신 것을 의미한다. 그러나 유대인의 죄는 자신의 자유로운 의지를 따라 저지른 자발적인 일이었기 때문에 죄책은 그들에게 돌아간다.

베드로와 요한은 하나님 앞에서 "하나님의 말씀을 듣는 것"이 사람의 말을 듣는 것보다 옳다고 판단하며 복음을 증거했다(행 4:19). 기독교의 역사는 사람의 계획이 아니라 하나님의 말씀을 따라 흘러갔다. 누가는 기독교의 부흥을 이렇게 표현한다. "하나님의 말씀은 흥왕하여 더하더라"(행 12:24). 교회에서 하나님의 말씀이 흥왕하고 더해지면 부흥하고 세상에서 그러하면 은총의 시대로 분류된다. 하나님의 말씀이 한 시대의 의미를 좌우한다. 게다가 바울은 자신이 사도가 된 목적을 밝히면서 하나님의 말씀을 중심으로 설명한다. "내가 교회의 일꾼 된 것은 하나님이 너희를 위하여 내게 주신 직분을 따라 하나님의 말씀을 이루려 함이니라"(골 1:25). 바울은 하나님의 말씀이 성취되기 위한 도구로서 하나님께 드려진 사도였다. 바울에게 존재의 이유와 인생의 목적은 말씀의 성취였다. 내가 안수를 받은 교단(CRC)에서 목회자의 정식 명칭은 "말씀의 수종자"(the minister of the Word)다. 하나님의 말씀을 다스리고 사용하는 것이 아니라 그 말씀에 수종 드는 직분이 참된 목회자다. 하나님의 모든 사람들이 존재하고 살아가는 이유도 말씀의 성취여야 한다.

인류의 실패도 말씀의 버림 때문이고 믿음의 조상이 범한 실패의 원인도 말씀의 버림이고 개인과 민족의 흥망도 말씀에 근거하고 이스라엘 민족의 왕 사울과 백성의 실패도 말씀의 버림 때문이고 유대인의 실족함과 넘어짐도 말씀을 버린 결과였다. 이 모든 실패들을 만회하는 유일한 해답은 당연히 말씀의 회복이다. 말씀의 회복은 사람의 노력이나 능력에 의존하지 않고 오직 말씀 자체이신 그리스도 예수께 의존한다. 예수는 시간 이전부터 영원 속에 계셨던 말씀이고 그 말씀은 만물이 존재하게 된 창조의 근원이며 존재의 유지와 보존을 가능하게 하는 섭리의 원천이다. 그 말씀이 육신이 되어 우리 가운데에 거하시는 방식으로 이루어진 말씀의 회복은 바로 온 인류의 실패와 교회의 실패를 동시에 회복하는 하나님의 은혜였다. 이처럼 하나님에 의해 이루어진 말씀의 은혜로운 회복은 인생의 회복이고 교회의 회복이고 시대의 회복이고 인류의 회복이다.

요한은 이러한 말씀 중심의 역사적인 흐름을 주목하고 복음서의 운을 떼는 첫 번째 키워드로 "말씀"을 택하였다. 나는 이러한 요한의 접근법이 말씀 중심적인 사고, 말씀 중심적인 해석, 말씀 중심적인 삶으로의 초대라고 생각한다. 예수를 왕으로, 선지자로, 제사장으로, 의원으로, 선생으로 이해할 수도 있겠지만 요한은 예수를 말씀으로 이해한다. 우리도 요한의 이해를 따라 예수의 존재와 인격과 생각과 언어와 습관과 행위를 말씀 중심으로 이해해야 한다. 예수의 존재와 인생 전부가 하나님의 말씀이 맺은 결실이다. 예수처럼 모든 성도들도 존재, 인격, 생각, 언어, 습관, 행위가 모두 말씀이 맺은 열매여야 한다.

1부. 서론 　　　　　 **예수의 존재**

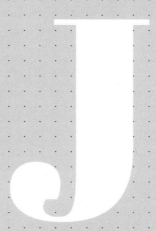

요 1:1-5

¹태초에 말씀이 계시니라 이 말씀이 하나님과 함께 계셨으니 이 말씀
은 곧 하나님이시니라 ²그가 태초에 하나님과 함께 계셨고 ³만물이 그
로 말미암아 지은 바 되었으니 지은 것이 하나도 그가 없이는 된 것이
없느니라 ⁴그 안에 생명이 있었으니 이 생명은 사람들의 빛이라 ⁵빛이
어둠에 비치되 어둠이 깨닫지 못하더라

❖ ❖ ❖

¹태초에 그 말씀이 있었고 그 말씀이 하나님과 함께 있었으며 하나님
이 그 말씀이셨다 ²그가 태초에 하나님과 함께 있었다 ³모든 것이 그를
통하여 존재하게 되었고 존재하게 된 것은 하나도 그가 없이는 존재하
게 되지 않았다 ⁴그 안에 생명이 있었으며 그 생명은 사람들의 빛이었
다 ⁵그 빛은 어둠 가운데서 비추었고 그 어둠은 그것을 알지 못하였다

01 　　　　　　　　　　　　　　말씀은 무엇인가?

1태초에 그 말씀이 있었고 그 말씀이 하나님과 함께 있었으며
하나님이 그 말씀이셨다 2그가 태초에 하나님과 함께 있었다
3모든 것이 그를 통하여 존재하게 되었고 존재하게 된 것은
하나도 그가 없이는 존재하게 되지 않았다 4그 안에 생명이 있었으며
그 생명은 사람들의 빛이었다 5그 빛은 어둠 가운데서 비추었고
그 어둠은 그것을 알지 못하였다

창세기는 태초에 하나님이 천지와 만물을 창조하신 활동 이야기로 시작된
다. 그러나 요한은 창조의 신적인 활동 이전에 창조의 주체이신 하나님과
창조의 기원인 말씀이 무엇이며 하나님과 말씀과 만물이 어떠한 관계를 가
지고 있는지에 대해 먼저 설명한다. 요한의 복음서는 창세기의 태초보다 더
태고적인 기원을 다룬다는 점에서 모든 성경 중에서 내용의 가장 장구한 고
대성을 자랑한다. 요한은 창조의 내용보다 창조자인 말씀의 정체성을 설명
하되 그 말씀 안에는 생명이 있었으며 그 생명은 사람들의 빛이라고 한다.

그 빛은 어둠과 무관하지 않고 어둠 가운데서 비추는 자비로운 존재로 소개된다. 이에 반하여 어둠은 그 빛을 알지 못하는 안타까운, 어쩌면 무례한 존재로 묘사된다. 이러한 말씀 이야기가 우리에게 주는 교훈은 무엇인가?

¹태초에 그 말씀이 있었고 그 말씀이 하나님과 함께 있었으며
하나님이 그 말씀이셨다

예수께서 하나님의 아들과 그리스도 되심을 입증하고 그를 믿는 자들이 그의 이름으로 인해 영원한 생명을 얻게 하려는 이 복음서의 목적은 요한복음 1장 1절에 고스란히 반영되어 있다. 요한은 예수의 신적인 정체성을 너무도 단백하고 웅장한 문장으로 묘사한다. 먼저 "태초에 말씀이 있었다"고 한다. 참으로 위대한 선언이다. 거대한 의미를 담는 문장은 의미를 제한하는 수식어도 적다. 길지 않고 짧으며 복잡하지 않고 단순하다.

　여기에서 "태초에"는 성경 전체의 첫 문장에 기록된 하나님의 창조 시점을 떠올리게 한다. "태초에(בְּרֵאשִׁית) 하나님이 하늘과 땅을 만드셨다"(창 1:1). 그런데 두 "태초"는 동일하지 않다. 요한 복음서의 "태초"는 말씀과 관계된 존재의 시점이고, 창세기의 "태초"는 말씀과 관계된 대외적인 활동의 시점인 동시에 피조물과 관련된 존재의 시점이기 때문이다. 복음서의 "태초"는 시작이 없는 영원한 처음이며 시간과 공간을 포함하여 만들어진 모든 것들의 존재 이전을 의미한다. 이러한 "태초"는 모든 것보다 앞서기 때문에 말씀의 우월성을 암시하고, 어떠한 것도 다가갈 수 없고 파악할 수 없기에 말씀의 초월성을 암시하고, 모든 피조물은 유한하고 어떠한 피조물도 그때에는 없었기 때문에 말씀의 무한성도 암시하며, 모든 피조물은 변하는데 그런 피조물이 없었던 때였기에 말씀의 불변성도 암시한다. 복음서의 "태초"는 이처럼 피조물과 무관하고 전적으로 말씀과 관계된 존재의 시점이다.

요한은 태초에 말씀이 "있었다"(ἦν)고 기록한다. 이 동사는 1절에 세 번 등장한다. 어떤 발언자 혹은 발화자에 대한 언급 없이 태초에 말씀이 있었다는 것은 말씀이 만들어진 것이 아니고 변형된 것도 아니고 무언가에 의존하는 것도 아니고 다른 무엇의 일부도 아니고 어떤 존재나 활동의 결과물도 아닌 스스로 존재하는 독립적인 주체라는 사실을 의미한다. 그리고 동사의 시제를 미완료로 표기한 것은 말씀이 창조된 만물처럼 과거의 어떤 시점에만 있었다는 의미가 아니라 시간의 존재 이전부터 존재하고 있었음을 나타낸다. "있었다"는 말은 존재하기 시작한 것이 아니라 시간 이전에 존재하고 있는 영원한 상태를 의미한다. 이는 말씀이 말씀으로 존재하기 시작한 시점이 없음을 가르친다. 이처럼 영원한 존재에 대해 "있었다"는 미완료 시제의 동사를 사용할 때의 의미를 이해하기 위해서는 유한한 존재에게 적용되는 그 동사의 일상적 용법을 초월하는 해석이 요구된다.

"말씀"(λόγος)은 무엇인가? 하나님의 아들이다. 인간문맥 안에서 통용되는 "말"이라는 것은 존재의 내면에 있는 무언가를 밖으로 꺼내 나타내는 현상 혹은 행위를 의미한다. 그러나 아우구스티누스는 "소리가 되어 밖으로 나오는 말은 내면에 숨겨져 있는 말의 기호" 즉 말이 아니라 "말의 소리"(vox verbi)라고 설명한다. 그에 의하면, 말의 좌소는 입이 아니라 마음(cor)이다. 나아가 교부는 "말씀"이 "아버지의 본질에서 나셨으며" 아버지 하나님의 지식과 지혜에서, 보다 명확하게 말한다면, "지식이신 아버지, 지혜이신 아버지로부터"(de Patre scientia, de Patre sapientia) 나온 것이라고 강조한다. 지혜자는 하나님이 "태초에 일하시기 전에 가지신" 지혜가 "만세 전부터, 태초부터, 땅이 생기기 전부터 세움을 입었다"고 한다(잠 8:22-23). 시인은 주님께서 만물을 "지혜로" 지었다고 노래한다(시 104:24). 이러한 언급들에 근거하여, 말씀을 하나님의 지혜와 동일한 것이라고 주장하는 사람들도 있다. 어떤 사람들은 말씀이 있기 이전에 지식이 존재해야 한다는 상식에 근거하여 말씀과 지식도 동일한 것이라고 주장한다. 나는 지혜와 지식이 말씀과 동일한 것이라는 주장을 수용하되 말씀 "안에 지혜와 지식의 모든 보화가 감추어져 있다"(골 2:3)는 바울의 표현을 선호한다.

하나님의 본질이 아니라 하나님의 입에서 나오는 "말씀"에 대한 언급(신 8:3)은 존재의 기원이 아니라 활동과 관계한다. 그러나 요한이 하나님의 아들을 말씀이라 한 이유는 그 아들이 아버지 하나님의 존재와 신성과 뜻과 관계되어 있기 때문이다. 물론 말씀으로 표현한 그 아들의 계시적인 존재성과 무관하지 않다. 아버지 하나님은 아들로 말미암지 않고서는 자신을 계시함이 없다. 그리고 그리스도 예수라는 아들로 말미암지 않고서는 누구도 아버지 하나님을 인지하지 못하며, 그에게로 나아갈 다른 길이나 가능성도 없다. 그렇지만 그 말씀은 계시의 기능을 수행하는 현상이나 행위가 아니라 고유한 존재로서 아버지 하나님과 구별된다. 요한은 말씀이 아버지 하나님이 당신을 드러내실 계시의 사건과 순간에만 존재하지 않고 계시와 무관하게 말씀 자체로서 태초부터 항상 있었다고 한다.

그런데 그 말씀과 하나님 사이의 관계는 어떠한가? 요한은 "그 말씀이 하나님과 함께 있었다"고 한다. 여기에서 "함께"를 의미하는 헬라어 "프로스"(πρός)를 대부분의 영역본과 한역본과 제롬의 벌게이트 번역본은 "곁에, 앞에" 등을 의미하는 "아푸드"(apud)로 번역했다. "~에서, 가까이에, 함께"를 의미하는 "바이"(bei)를 번역어로 선택한 루터의 독일어 번역본도 비슷하다. 그러나 어원적인 의미를 따라서는 대체로 "~을 향하여, ~을 위하여"로 번역되는 낱말이다. 어원적인 번역의 관점에서 보면, 말씀과 하나님이 함께 계시다는 것은 둘 사이에 대립이나 분열이나 분리나 혼합이 없이 서로 연합되어 있음을 의미한다. 이 연합은 정적인 상태가 아니라 계속해서 서로를 위하고 향하는 역동적인 상태를 의미한다. 비록 문장의 유형을 보면, 하나님의 아들인 그 말씀이 아버지 하나님을 향하고 그 아버지를 위하여 존재하는 것이지만, 그 역도 성립한다. 즉 서로가 서로를 향하여 존재하고 서로를 위하여 존재한다. 하나님과 말씀 사이에 서로를 향함과 위함의 관계성이 있다는 것은 우리에게 주는 시사점이 크다. 사랑은 연합의 정적인 상태가 아니라 서로가 서로를 위함과 향함이다. 사랑하면 사랑하는 대상에게 마음이 기울고 말이 기울고 시선이 기울고 몸이 기우는 현상이 나타난다. 사랑은 기울다. 그저 같은 장소에 서로 인접해 있기 때문에 발생하는 물리적인 연합은 사랑과 무관한 공간적인 밀착에 불과하다. 하나님과 말씀의 관계처럼 주님과 우리의 경우에도 온 존재가 서로를 향하고 위하는 역동적인 연합만이 진정한 사랑이다.

한 존재가 무언가를 향하는 지향성은 의지의 필연적인 성향이다. 의지는 객관적인 중립을 모르고 어딘가로, 무언가로 기울어져 있다. 강한 지향성은 열정이고 그 지향성의 절정은 사랑이다. 그래서 사랑은 방향이다. 의지가 하나님을 향할 때에는 그것이 하나님의 뜻을 이루는 순종으로 나타난다. 그래서 사랑은 순종이다. 어떤 사람을 향하면 그 사람을 기쁘게 하려고 날마다 궁리한다. 의지가 돈을 향하면 돈벌이가 인생의 대부분을 차지한다. 의지의 기울기가 인생을 좌우한다. 말씀이신 예수는 아버지 하나님을 사랑하고 그를 기쁘시게 하려고 존재하고 그를 위하여 존재한다. 그래서 그는 아버지의 뜻을 이루기 위해 살아간다. 그는 이러한 자신의 삶을 제자에게 가르친다. "내가 아버지의 계명을 지켜 그의 사랑 안에 거하는 것 같이 너희도 내 계명을 지키면 내 사랑 안에 거하리라"(요 15:10). 범사에 오매불망 주님께 존재를 기울이자.

"하나님은 그 말씀"이다. 문장이 특이하다. "하나님"을 먼저 주어처럼 언급하고 "그 말씀"을 그 다음에 술어처럼 언급하기 때문이다. 단어들의 이러한 배열을 본다면 "그 말씀이 하나님"이 아니라 "하나님이 그 말씀"이다. 그런데 한글이나 영어 번역본은 단어의 순서를 바꾸어서 "그 말씀이 하나님" 혹은 "그 말씀이 신이라"는 문장으로 번역한다. 하지만 제롬의 벌게이트 역본은 헬라어의 어순을 그대로 존중하며 "하나님이 그 말씀"이란 표현을 고수한다. 물론 헬라어 문장은 어순을 바꾸어도 의미가 변하지 않지만, 나는 여기에서

"하나님"이 제1위격의 성부이고 "말씀"은 제2위격의 성자이기 때문에 그 어순을 고수함이 좋다고 생각한다. 하나님이 그 말씀이기 때문에 '그 말씀이 그 말씀과 함께 있었다'는 표현이나 '하나님이 하나님과 함께 계셨다'는 표현도 가능할까? 하나님과 말씀을 완전히 동일시한 표현은 가능하지 않다. 자칫 두 말씀이나 두 하나님이 계시다는 오해를 유발할 수 있는 표현이기 때문이다.

"하나님은 그 말씀이다." 이 문장은 말씀의 신적인 속성을 나타내는 것이기도 하겠지만 아버지 하나님과 그 말씀의 유기적인 관계성을 설명하는 것이라고 나는 생각한다. 하나님과 그 말씀이 "~이다"라는 술어로 연결되는 것은 둘이 서로 다르지 않은 존재임을 나타낸다. 요한의 문장은 "나와 아버지는 하나"(요 10:30)라고 하신 예수의 말씀을 저자 자신의 언어로 표현한 것임에 분명하다. 권위에 있어서나, 영광에 있어서나, 신적인 속성과 성품에 있어서나, 하나님과 그 말씀은 어떠한 차이도 없이 완전히 동등하다. 그리고 하나님과 말씀 사이에는 어떠한 수식어도, 어떠한 매개물도 필요하지 않은 연합의 관계성이 있다. 사랑도 모든 매개물을 거부하고 둘 사이의 직접적인 연합을 요구한다. 사랑하는 사람들 사이에는 모든 매개물이 불순물과 방해물로 간주되며 그것이 많을수록 사랑의 상태는 더 불순하게 되고 사랑의 온도는 더 많이 떨어진다. 이처럼 "그 말씀"은 존재의 시점에 있어서 시간이 아닌 "태초"이고 존재의 방식은 독립된 홀로가 아니라 "하나님과 함께"이고 존재의 무게에 있어서는 "하나님"과 동등하다. 하나님과 그 말씀은 존재(εἰμί)에 있어서 구별됨은 있으나 분리됨은 없다. 이런 표현으로 요한은 예수가 존재에 있어서 하나님의 아들임을 증언한다.

2그가 태초에 하나님과 함께 있었다

요한은 1절을 한 문장으로 요약한다. 그 말씀이 태초에 하나님과 함께 있었다고! 만물이 창조되기 이전에 하나님과 함께 있었다는 말로써 요한은 말씀이 창조된 피조물이 아니며 그것보다 훨씬 우월한 존재이며 심지어 하나님과 동등한 분이심을 명시한다.

³모든 것이 그를 통하여 존재하게 되었고 존재하게 된 것은
하나도 그가 없이는 존재하게 되지 않았다

요한은 하나님과 관계된 말씀의 존재성을 설명한 이후에 피조물과 관계된 말씀의 활동을 주목한다. 만물이 존재하게 된 것은 그 말씀을 통한 것이라고 한다. 요한은 모든 것이 말씀을 통하여 "만들어진 것"이 아니라 "존재하게 되었다"고 기록한다. 여기에서 우리는 말씀이 창조의 수단이 아니라 존재의 근거라는 점을 주목해야 한다. 이 구절에서 우리는 창세기 1장에 나오는 창조의 사건을 다른 각도로 이해하게 된다. 창세기는 "하나님"이 주어로 나오고 "하나님이 말하셨다"(אָמַר) 방식으로 만물의 창조가 이루어진 사실을 설명한다. 요한의 기록에 따르면, 여기에서 "말하다"는 동사는 하나님의 입에서 숨이 언어를 밀어내는 발화의 역동적인 현상이 아니라 말씀의 활동으로 이해하는 것이 가능하다. 말씀으로 "말미암아" 혹은 말씀을 "통하여"(διά) 만물이 존재하게 되었다는 말의 의미는 무엇인가? 도구적인 전치사 "통하여"가 쓰인 것은 창세기에 명확하게 언급된 것처럼 창조의 주체는 "엘로힘"(אֱלֹהִים) 즉 삼위일체 하나님이고, 실질적인 활동은 말씀이 하였음을 의미한다.

히브리서 저자도 요한과 동일한 입장에서 믿음으로 말미암아 깨달은 창조의 비밀을 밝히되 우주가 하나님의 말씀으로 말미암아 온전하게 되었다고 기록한다. 그리고 "보이는 것은 나타난 것으로 말미암아 된 것이 아니라"(히 11:3)는 설명을 부연한다. 특이하게 요한은 말씀을 "로고스"로 표기

하고, 히브리서 저자는 "레마"(ῥῆμα)로 표기한다. 제롬은 요한의 "로고스"와 히브리서 저자의 "레마"를 모두 "베르붐"(verbum)으로 번역한다. 칼뱅은 "베르붐"이 "레마"의 경우에는 번역어로 적합하나, "로고스"는 에라스무스처럼 "세르모"(sermo)로 번역하는 것이 더 좋다고 주장한다. 그러나 용례를 볼 때에 "로고스"와 "레마"는 호환이 가능한 말이라고 나는 생각한다. 성경에서 로고스(338번)는 레마(64번)보다 5배 이상으로 빈번하게 사용되는 낱말이다. 다만 성자와 관계되어 사용될 때에는 요한의 "로고스"가 그의 존재에 강조점을 두고, 히브리서 기자의 "레마"가 그의 활동에 강조점을 두는 단어처럼 나타난다. 70인경은 구약에서 말씀을 의미하는 히브리어 "다바르"(דָּבָר)를 때로는 "로고스"로 번역하고 때로는 "레마"로도 번역한다. 구약이든 신약이든 "로고스"와 "레마"를 "기록된 말씀"과 "경험된 말씀"으로 너무 엄격하게 구분하는 것은 조심해야 한다.

어떤 사람들은 "말씀" 앞에 사용된 "디아"라는 도구격 전치사 때문에 아버지 하나님에 비해 말씀은 열등한 존재라고 오해한다. 물론 주체와 도구 사이에 격차가 있다고 생각하는 것은 상식이다. 그러나 요한은 이러한 인간적인 상식으로 말씀에 열등함과 종속성을 부여하는 오류가 발생하지 않도록 창조에 있어서 말씀이 아버지 하나님과 동일한 창조의 주체라는 사실을 이런 표현으로 명시한다. "아버지 품 속에 있는 독생하신 하나님"(요 1:18). 요한은 말씀이 육신이 되신 예수, 즉 하나님의 아들에게 "하나님"(θεός)이라는 호칭을 부여한다. 이러한 표현에서 우리는 창조에 있어서 도구격 전치사가 말씀을 도구로 격하하지 못한다는 점을 분명히 확인한다. 그러므로 우리가 하나님과 말씀 사이에 존재의 우열이나 서열을 매기는 것은 합당하지 않다.

3절에서 요한은 두 가지를 동시에 언급하고 강조한다. 하나는 모든 것이 하나님의 말씀을 통하여 지음을 받았다는 사실이고, 다른 하나는 말씀으로 말미암아 지음을 받은 모든 것이 말씀 없이는 계속해서 존재할 수 없다는 사실이다. 전자는 만물의 존재와 관계하고, 후자는 만물의 존속과 관계한다. 이러한 언급에 의하면, 만물의 존재와 존속은 모두 하나님의 말씀에 의존하고 있다. 이는 사도만의 독창적인 생각이 아니라 시인도 동일하게 고백하는 내용이다. "그가 말하시매 그것이 존재하고 그가 명하시매 그것이 머무른다"(시 33:9). 시인의 고백에 의하면, 말씀은 존재와 관계하고 명령은 존속과 관계한다. 히브리서 저자도 존재의 기원과 존속의 근거에 대해 "그를 통하여 우주를 만드셨고 … 그 권능의 말씀으로 모든 것을 유지하고 계신다"(히 1:2-3)고 기록한다. 인간의 창조자 의존성에 대해서는 바울도 "그 안에서 우리가 살고 기동하고 존재한다"(행 17:28)고 고백한다.

요한이 말하는 말씀으로 말미암은 "모든 것"은 인간만이 아니고 동물만이 아니고 생물만이 아니고 무생물도 포함하며 그 모든 존재들 사이에 존재하는 모든 종류의 관계와 질서까지 포함하는 모든 것을 의미한다. 어떠한 존재이든, 어떠한 관계이든, 어떠한 상태이든, 문제가 생긴다면 말씀에서 이탈하기 때문이고 말씀을 무시하기 때문이고 말씀과 대립되기 때문이다. 그러므로 모든 문제의 해결책은 말씀으로 돌아감에 있다. 종교개혁 시대는 중세 교회의 광범위한 부패를 인지하고 회복을 시도했다. 삶의 전 영역이 부패하여 어디부터 손을 대야 하는지가 난감했다. 이때 종교개혁 운동이 흔든 깃발은 성경으로 돌아가는 것이었다. 말씀으로 돌아가는 것이 개혁의 핵심이고 회복의 본질이기 때문이다. 그런데 신명기와 로마서가 말하는 것처럼, 우리는 스스로 말씀으로 돌아가지 못하기에 문제의 해결책은 인간에게 없다. 오직 그 말씀이 우리에게 가까이 와서 우리의 입에 있고 우리의 마음에 있기 때문에 그 말씀을 믿고 고백하는 자에게 그 해결책이 주어진다(신 30:14; 롬 10:8). 요한은 말씀이 세상의 모든 문제를 푸는 열쇠라는 확신 때문에 복음서를 말씀 이야기로 시작한다. 말씀이 만물의 고향이요 기원이요 질서라는 것은 온 세상에 최고의 선물로 주어진 성경 전체의 핵심적인 교훈이다. 당연히 인생의 고향과 기원과 질서도 말씀이다.

인생이 말씀에 포개어질 때에 진정한 행복과 기쁨과 만족이 주어진다. 말씀과의 포개짐은 순종을 의미한다. 그래서 전도자는 하나님의 모든 계명을 지켜 행하는 것이 "인간 전체"(כָּל־הָאָדָם)라고 선언한다(전 12:13). 이 선언은 두 가지로 해석된다. 첫째, 이것은 누구든지 하나님의 말씀에 순종하면 인간답게 되고 순종하지 않으면 인간이길 포기하는 것임을 의미한다. 순종과 인간은 동급이다. 인간이면 반드시 순종해야 하고, 인간은 순종할 때 비로소 인간답게 된다. 둘째, 이는 말씀에의 순종을 적용해야 하는 대상이 기독교 신자만이 아니라 모든 사람임을 의미한다. 하나님의 말씀에 자신의 인생을 맞추면 누구든지 행복과 기쁨과 만족의 수혜자가 된다. 이것은 우리가 땅 끝까지 이르러 모든 사람에게 말씀을 전파해야 하는 이유라고 나는 생각한다.

모든 것이 말씀으로 말미암지 않고서는 존재하지 않는다는 말은 하나님의 복에도 적용된다. 즉 하나님의 모든 복도 말씀으로 말미암지 않고서는 우리에게 주어짐이 없다. 그래서 모세는 이렇게 기록한다. "네가 네 하나님 여호와의 말씀을 청종하면 이 모든 복이 네게 임하며 네게 이르리니"(신 28:2). 이것은 말씀으로 말미암아 주어지는 복의 방식이 순종임을 확증한다. "모든 복"은 하나님의 말씀에 순종할 때에 주어진다. 말씀으로 말미암지 않고서는 어떠한 복도 우리에게 주어짐이 없다는 사실을 그 말씀이 육신으로 우리에게 와서 친히 이렇게 확증한다. "내 이름으로 무엇이든 내게 구하면 내가 행하리라"(요 14:14). 이는 말씀이 모든 복을 관장하고 있다는 선언이다. 이는 말씀이신 예수께서 시행하지 않으시면 진정한 복은 결코 우리에게 주어지지 않음을 천명한다.

존재하게 된 모든 것들을 말씀의 관점에서 보면 그것들은 말씀이 자신을 드러내는 표현이다. 바울의 어법으로 말하자면 만들어진 모든 가시적인 것들은 지어지지 않은 하나님의 비가시적 신성과 능력을 증거하는 입술이다(롬 1:20). 모든 만물은 말씀이 우리에게 말을 거는 의사소통 수단이다. 어떠한 사물도, 어떠한 사건도, 어떠한 환경도, 어떠한 상태도 말씀과 무관하지 않다. 말씀을 나타내는 다양한 언어이다. 넓게는 여행을 통해, 좁게는 산책을 통해 자연과 대화를 나누면서 하나님의 말씀을 깨닫는 것은 전혀 이상하지 않다. 유적지를 탐방하며 말씀의 흔적을 발굴하고 역사책을 펼치면서 말씀의 지문을 읽어내는 것도 바람직한 경건의 훈련이다. 말씀으로 말미암아 존재하게 된 온 우주는 말씀의 전시장과 같다. 우주 속에서 말씀을 관람하는 것은 이성적인 피조물의 특권이다.

⁴그 안에 생명이 있었으며 그 생명은 사람들의 빛이었다

요한은 말씀 안에 "생명"이 있었다고 한다. 이러한 생각을 다른 곳에서는 "태초부터 있었고 우리가 들었고 우리가 우리의 눈으로 보고 우리가 주목하고 우리의 손으로 만진 생명의 말씀"으로 표현한다(요일 1:1). 나아가 이 생명을 "그 아버지와 함께 있었고 우리에게 보여진 영원한 생명"이라 한다(요일 1:2). 유대인의 의식에 "생명"(ζωή)은 또 다시 창세기에 등장하는 에덴 중앙에 있는 생명나무를 떠올리게 하는 낱말이다. 아담과 하와는 금지된 선악과를 먹는 죄를 저지르고 타락한 이후에 생명나무 접근 금지령을 당하였다. 즉 하나님은 천사들과 화염검을 에덴의 동쪽에 두어서 그들이 접근하지 못하게 막으셨다. 천사들과 화염검이 동쪽에 위치한 이유는 아담과 하와가 동쪽으로 쫓겨났기 때문이다. 요한은 생명이 말씀 안에 있다고 함으로써 말씀과 생명의 연관성을 강조한다. 요한과는 조금 다르게 히브리서 저자는 말씀을 "살아있고 활력이 있으며 좌우에 날 선 어떤 검보다 더 예리한 것"이라고 묘사한다(히 4:12). 즉 말씀에는 생명과 역동성이 있으며 그 말씀은 가장 예리한 검보다 더 예리한 검이라고 한다. 이런 설명은 태초에 에덴에서 생명나무 지키던 화염검이 말씀에 내재되어 있다는 인상을 제공

한다. 말씀 안에 생명이 있다는 언급은 말씀과 에덴의 생명나무 사이에 대단히 긴밀한 관계가 있다는 합리적인 추론을 가능하게 한다.

나는 이 "말씀"이 태초의 생명나무 금지령을 철회하고 인류에게 생명을 주는 회복의 근거라고 생각한다. 이는 성전과 무관하지 않다. 성전에는 동쪽으로 열린 문이 있으며 예수는 자신을 양이 성전으로 들어오는 "양의 문"이라고 한다. 성전의 유일한 문이 동쪽으로 난 이유는 동쪽으로 쫓겨난 아담과 그의 허리에 있었던 온 인류가 다시 들어오게 하기 위함이다. 이제는 화염검이 동쪽을 사수하지 않고 생명의 말씀이 문을 예비하고 있다. 그리고 예수는 "문을 통하여 양의 우리에 들어가지 아니하고 다른 데로 넘어가는 자는 절도며 강도요 문으로 들어가는 이는 양의 목자"라고 했다(요 10:1-2). 예수는 양의 문(요 10:7)이면서 그 문으로 들어가는 합법적인 목자이다. 예수는 말씀이고 그 말씀 안에 생명이 있고 동시에 양의 문이어서 그 문으로 들어가는 자는 더 이상 화염검을 만나지 않고 안전하게 들어오며 말씀 안에 있는 생명의 수혜자가 된다. 성전의 휘장을 자신의 죽음으로 찢으셔서 예수라는 문으로 들어가면 아무런 제재 없이 지성소로 들어간다. 그러나 그 문으로 들어오지 않는 자는 화염검에 막혀 문 안으로 들어오지 못하며 다른 문으로 들어오려 하는 자는 그 검에 의해 사망하고 만다. 양의 목자인 예수께서 온 이유는 양으로 "생명"을 얻게 하려는 것이라고 한다. 그가 주려는 생명은 바로 말씀 안에 있는 생명이다. 죄 때문에 생명에서 배제된 아담으로 말미암아 사망이 세상에 들어오고 둘째 아담으로 말미암아 생명이 세상에 들어왔다.

그리고 "말씀 안에 생명이 있다"는 말은 '말씀 밖에는 생명이 없다'는 것을 의미한다. 놀라운 비밀의 공적인 발설이다. 나에게 생명이 있으려면 말씀이 내 안에 있어야만 한다. 요한은 다른 곳에서 이렇게 증거한다. "아들이 있는 자에게는 생명이 있고 하나님의 아들이 없는 자에게는 생명이 없느니라"(요일 5:12). 그리고 이 생명은 야고보가 말한 것처럼 "잠깐 보이다가 없어지는 안개"와 같은 인생과는 구별된다. 요한은 이렇게 기록한다. 태초부터 지금까지 하나님이 "우리에게 약속하신 것은 이것이니 곧 영원한 생명이다"(요일 2:25). 최고의 영원한 생명은 돈이 아니고, 권력이 아니고, 지위가 아니고, 명예가 아니고, 인기가 아니고, 미모가 아니고, 건강이 아니고 말씀에 있다는 이 진리는 온 세상과 모든 역사를 관통하고 있다. 이러한 진리에 대해 침묵하지 말자!

요한은 말씀 안에 있는 생명이 "사람들의 빛"(φῶς)이라고 규정한다. 이 생명이 있는 사람은 빛 가운데서 살아가고 이 생명이 없는 사람은 어둠 가운데서 살아간다. 여기에서 "빛"도 창세기의 기록을 떠올리게 한다. 태초에 하나님이 말씀을 통하여 창조하신 첫 번째 피조물은 빛이었다. 빛이 있기 이전의 상황을 이해하는 것도 중요하다. 빛의 창조 이전에 세상은 "혼돈하고 공허하고 흑암이 깊음의 표면 위에" 있었다고 모세는 기록한다(창 1:2). 이러한 세상의 상황은 빛의 필요성과 중요성과 역할을 잘 설명한다. 빛은 혼돈에 질서를 부여하고 공허를 충만으로 채우고 흑암을 단숨에 제거한다. 말씀 안에 있는 생명도 죄로 창궐하게 된 무질서와 세상의 텅 빈 공복을 의미와 희망으로 가득 채우고, 캄캄함이 덮은 세상과 만민의 눈을 뜨게 하는 혁신을 일으킨다.

창세기 1장의 빛은 태양과 달과 별이 관리하는 물리적인 빛이었다. 이 빛은 육일째 창조될 인간을 위해 마련한 최초의 선물이다. 그리고 수천 년이 지나도 소멸되지 않고 그것의 우주적인 유익이 지속되는 최고의 선물이다. 그러나 그 빛은 하나님이 주시기 원하시는 창조되지 않은 궁극적인 빛에 비하면 비유에 불과하다. 그 비유의 실체는 이사야가 예언한 "하나님"(사 60:1) 자신이며 그는 "영원한 빛"(사 60:19)이시다. 요한도 하나님을 "어둠이 조금도 없으시"고 빛 가운데에 거하시는 빛이라고 설명한다(요일 1:5). 요한복음 안에서는 말씀 안에 있는 생명이 "사람들의 빛"이라고 증거한다. 이는 예수께서 친히 자신을 "세상의 빛"이라고 한 말씀에 대한 요한의 표현이다(요 8:12, 9:5).

⁵그 빛은 어둠 가운데서 비추었고 그 어둠은 그것을 알지 못하였다

말씀 안에 있는 생명이라는 빛이 어둠 가운데서 비추었다. 이것은 태초에 "흑암이 깊음 위에 있"던 상황, 즉 만물을 창조하기 이전 상황에 대한 설명이다(창 1:2). 빛이 어둠에게 온 것은 하나님의 은총이다. 빛과 어둠이 싸우면 빛이 백전백승 한다. 그러나 그 승리는 빛의 희생에 근거한다. 빛이 어둠 가운데에 오면 자신에게 주어지는 이득이 하나도 없고 오히려 자신을 빼앗기는 손해만 발생한다. 어둠은 빛 앞에서 자신의 모든 영역을 내어준다. 뒤집어서 보면, 어둠이 빛을 차지한다. 빛이 어둠을 만나면 어둠의 단 한 조각도 가져가지 않고 오히려 자신을 어둠에게 빼앗긴다. 그런데 여기에 놀라운 역설이 있는데, 빛은 자신을 빼앗기고 손해를 보면서 어둠을 정복하고, 어둠은 빛을 다 빼앗아서 빛에게 정복된다. 그리고 빛은 만나는 모든 어둠에게 자신을 빼앗겨도 결코 바닥나지 않고 축소되지 않는다는 것은 빛의 특이한 속성이다. 이는 빛 가운데서 살아가는 인생에 대한 설명이다.

요한은 우리가 빛을 믿으면 "빛의 자녀"가 된다고 증거한다(요 12:36). 빛의 자녀들은 빛의 역설적인 속성과 무관하지 않다. "흩어 구제해도 더욱 부하게 되는 일이 있나니 과도히 아껴도 가난하게 될 뿐이니라"(잠 11:24). 여기에서 지혜자는 부의 우물에서 가난한 자들에게 구제의 물을 퍼주어도 축나지 않고 오히려 더욱 부하게 된다는 역설을 가르친다. 예수의 오병이어 사건은 나눔이 일으키는 역설의 물증이다. 타인을 자유롭게 하면 나에게 더 큰 자유가 주어지고, 타인을 윤택하게 하면 나의 인격은 더욱 큰 덕성을 구비하게 되고, 타인을 행복하게 하면 훨씬 더 큰 천상의 행복이 주어지고, 타인을 기쁘게 하면 나는 영원히 슬퍼지지 않고 천상의 영원한 기쁨을 향

유하게 된다. 빛이 어둠 가운데서 자신의 존재감이 최고조에 이르는 것처럼 부자는 가난한 자들 가운데서 부를 나누고, 식자는 무지한 자들 가운데서 지식을 나누고, 권력자는 가난한 자들 가운데서 그들을 위해 권력을 소비할 때 최고의 존재감을 획득한다. 이러한 사실은 빛의 자녀가 어디로 가서 누구를 위하여 무엇을 하며 살아야 할지에 대한 이정표를 제시한다.

빛이 어둠 가운데서 비춰지만 어둠이 그 빛을 깨닫지 못한다고 요한은 탄식한다. 여기에서 "깨닫다"(καταλαμβάνω)는 말은 "극복하다, 소유하다, 장악하다, 이기다"는 의미로도 번역된다. 헬라어를 사용하는 동방의 교부 나지안주스의 그레고리우스는 이 단어를 "이기다"는 의미로 이해했다. 그에 의하면, 요한은 지금 빛과 어둠의 대결을 묘사하고 있고 어둠에 대한 빛의 승리, 빛에 의한 어둠의 패배를 선언하고 있다. 알렉산드리아의 키릴루스는 이 단어를 "깨닫다"는 의미로 해석한다. 어둠은 스스로 빛을 알지 못하고, 빛이 그 자체를 드러낼 때에만 그 빛을 인지한다. 키릴루스가 보기에 빛의 근원인 말씀은 "지혜의 원천이며 이해의 시작이고 오감의 뿌리"이기 때문이다. 사실 사람들이 무언가를 인지하는 것은 모두 빛이 있기 때문에 가능하다. 그런데 인간은 대체로 빛의 유익만 얻고 빛 자체에 대해서는 무지하다. 빛의 본질을 규명하기 위해 물리학이 지금까지 탐구의 땀을 수천 년간 흘렸지만 그 빛의 양태나 현상만 더듬었고 빛의 비밀은 벗겨내지 못하였다. 이는 빛만이 아니라 어떠한 것이든 그 존재의 결정적인 요소인 원천과 시작과 뿌리는 우리의 눈에 가리워져 있기 때문이다. 물질의 시작과 끝, 힘의 시작과 끝, 영혼의 시작과 끝, 의식과 의지의 시작과 끝, 우주의 시작과 끝에 대해 인간은 실제로 무지하다. 이는 모든 만물의 처음과 끝으로서 말씀을 주목하게 하기 위한 하나님의 섭리라고 나는 생각한다. 만물의 시종을 섭리의 커튼으로 가리신 이유는 보호하기 위함이다.

빛을 깨닫지 못하는 "어둠"(σκοτία)은 무엇인가? 이 단어는 신약에서 16번 나오는데 13번을 요한이 사용한다. 그레고리우스가 생각하는 "어둠"은

"보이는 아담을 뻔뻔하게 덮치지만 하나님을 만나서 패하는 반대 세력"이다. 그에게 어둠은 인류를 공격하는 대적이다. 키릴루스는 어둠을 인간 바깥에 있는 어떤 존재가 아니라 "비춤을 받지 못한 본성" 즉 "원초적 본성"으로 이해한다. 그는 인간의 본성이 본래 어둠이고 그 본성에게 무언가가 주어지면 그것은 모두 빛에게서 주어지는 것이라고 한다. 그러면서 우리에게 있는 것 중에 받지 아니한 것이 하나도 없다는 바울의 기록을 인용한다(고전 4:7). 이와 유사하게 야고보는 "온갖 좋은 은사와 온전한 선물이 다 위로부터 빛들의 아버지"가 주시는 것이라고 고백한다(약 1:17). 어둠이 하나님의 반대 세력이든 인간의 원초적인 본성이든, 요한의 용례에 근거해서 본다면, 그 어둠은 존재론적 측면에서 볼 때 말씀의 없음이고(요 12:46) 실천적인 측면에서 보면 사랑의 없음이다(요일 2:9).

어둠이 빛을 깨닫지 못한다는 말은 그 역도 의미가 성립한다. 즉 빛을 깨닫지 못하는 것은 어둠이다. 요한은 생명의 말씀이 태초에 있었고, 하나님과 함께 있었고, 하나님 자신이고, 모든 만물이 말미암은 기원임을 설명했다. 이러한 생명의 말씀이요 사람들의 빛으로서 예수를 제대로 깨닫지 못하는 우리도 어둠이다. 예수를 제대로 깨닫는 것은 무엇인가? 동방에서 가장 의로운 신학자인 욥도 하나님이 땅의 기초를 놓으신 분이라는 사실에 대한 깨달음이 있느냐는 질문을 받았을 때에 한 마디도 대답하지 못하였다(욥 38:4). 물론 우리는 성경의 완성된 계시를 가지고 있기 때문에 말씀에 대한 깨달음에 있어서 욥보다 유리할지 모르겠다. 그러나 정보의 분량에 있어서는 유리할지 모르지만 실제적인 깨달음에 있어서는 우리가 욥보다 못하다고 나는 생각한다. 욥은 모든 가시적인 복이 회수된 상황에서 복을 주기도 하시고 취하기도 하시는 하나님을 고백했고 그의 이름이 찬양을 받기에 합당함을 인정하며 그를 경배했다. 우리는 어떠한가? 바울의 표현을 빌리자면, 하나님을 알아도 그에게 감사하지 않고 그를 영화롭게 하지도 않는다는 것은 보이는 만물에 분명히 보여 알게 되는 하나님의 신성과 능력의 말씀을 깨닫지 못하고 있음을 증거한다. 우리는 과연 욥처럼 범사에 하나님께 경배를 드리는가? 모든 복이 회수되어 벌거벗은 알몸이 되고 그 몸마저 악창으로 훼손되는 상황 속에서도 입술에서 찬양의 열매를 맺을 수 있겠는가?

요한은 이 복음서의 목적이 예수께서 하나님의 아들이며 우리를 구원하실 메시아 되심을 증거하고 그를 믿는 자들로 하여금 그의 이름으로 말미암아 생명을 얻게 하려는 것이라고 한다(요 20:31). 복음서의 서두에 언급되는 본문은 이러한 목적에 대단히 충실하다. 동시에 대단히 압축적인 진술이며 기독교 진리의 핵심을 다 내포하고 있다. 그 핵심은 온 세상의 모든 인류와 역사 전체가 빠진 문제의 핵심은 어둠이고, 생명의 말씀은 온 세상의 빛이라는 사실이다. 다만 이 복음서의 이러한 목적이 실현되는 방식에 대한 언급은 조금 더 기다려야 한다. 앞으로 언급될 목적 실현의 방식은 말씀이 육신이 되어 우리 가운데로 오시고 하나님의 아들과 메시아 되심을 보이시고 우리의 죄를 대신하여 죽으시고 부활하신 것으로 소개된다.

본문은 태초부터 있었고 하나님과 동등하고 만물의 창조주 되시는 예수의 위대함을 우리에게 가르치고 있는데, 이 가르침을 받은 우리의 심정은 어떠한가? 심장이 터질 것 같은 기쁨과 탄성이 봇물처럼 솟구치는 반응이 나오지 않는다면 이는 우리에게 어떤 문제가 있기 때문이다. 무슨 문제일까? 둘 중의 하나라고 생각한다. 첫째, 예수를 사랑하지 않기 때문이다. 내가 누군가를 사랑하면 그의 위대함을 알면 알수록 나는 더 기뻐지고 더 매료된다. 그러나 사랑하지 않는 관계라면 아무리 그가 위대해도 내 안에는 아무런 반응이 일어나지 않는다. 둘째, 예수의 위대함을 문자에 담긴 정보로만 알기 때문이다. 내 안에 감흥을 일으키지 못하는 데이터 덩어리로 예수를 치환하기 때문이다. 즉 내가 예수라는 빛을 제대로 알지 못하는 어둠이기 때문이다. 앎이라는 것이 단순한 문자의 수용이 아니라 믿음으로 말미암은 인격적인 교감과 연합일 때에 우리의 내면에는 건강한 격변이 일어난다.

요 1:6-14

⁶하나님께로부터 보내심을 받은 사람이 있으니 그의 이름은 요한이라 ⁷그가 증언하러 왔으니 곧 빛에 대하여 증언하고 모든 사람이 자기로 말미암아 믿게 하려 함이라 ⁸그는 이 빛이 아니요 이 빛에 대하여 증언하러 온 자라 ⁹참 빛 곧 세상에 와서 각 사람에게 비추는 빛이 있었나니 ¹⁰그가 세상에 계셨으며 세상은 그로 말미암아 지은 바 되었으되 세상이 그를 알지 못하였고 ¹¹자기 땅에 오매 자기 백성이 영접하지 아니하였으나 ¹²영접하는 자 곧 그 이름을 믿는 자들에게는 하나님의 자녀가 되는 권세를 주셨으니 ¹³이는 혈통으로나 육정으로나 사람의 뜻으로 나지 아니하고 오직 하나님께로부터 난 자들이니라 ¹⁴말씀이 육신이 되어 우리 가운데 거하시매 우리가 그의 영광을 보니 아버지의 독생자의 영광이요 은혜와 진리가 충만하더라

❖ ❖ ❖

⁶하나님에 의해 보내심을 받은 사람이 있었는데 그의 이름은 요한이다 ⁷그는 증거를 위하여 왔고 이는 그 빛에 대해 증거하여 모두가 믿게 하기 위함이다 ⁸그는 그 빛이 아니며 그 빛에 대하여 증언하러 왔다 ⁹그 빛은 세상으로 들어온 모든 사람에게 비추는 참된 것이었다 ¹⁰그가 세상에 있었고 그 세상은 그로 말미암아 존재하게 되었으나 세상은 그를 알지 못하였다 ¹¹그가 자신의 것들에게 왔으나 그 자신의 것들은 그를 영접하지 않았지만 ¹²누구든지 그를 영접하는 자들, 즉 자신의 이름을 믿는 자들에게 그는 하나님의 자녀가 되는 특권을 주셨는데 ¹³이들은 혈통이나 육정이나 사람의 뜻에서가 아니라 하나님에게서 난 자들이다 ¹⁴말씀이 육신이 되었고 우리 안에 거하였다 우리가 그의 영광을 보니 아버지로부터 유일하게 나신 자의 영광이며, [그 말씀은] 은혜와 진리가 가득하다

말씀 안에 생명의 빛이 있었는데, 그 빛을 증거하는 사람 요한이 있었다고 저자는 기록한다. 요한은 아무리 유명하고 위대한 인물이라 할지라도 빛이 아니라 빛의 증인이다. 그 빛은 세상에 비추었고 자신의 백성에게 비추었다. 그러나 그들은 알지 못하였다. 그래서 영접하지 못하였다. 그러나 그를 영접하면 하나님의 자녀가 되는 놀라운 특권을 누리고 은혜와 진리가 충만한 독생자의 영광을 목격한다. 세상과 백성이 빛을 알지 못하고 영접하지 않은 이유는 빛이 덜 밝았기 때문이 아니고 멀었기 때문이 아니라 세상과 백성의 무지와 교만 때문이다. 이를 해결하기 위해 하나님은 요한을 빛의 증인으로 보내셨다.

⁶하나님에 의해 보내심을 받은 사람이 있었는데 그의 이름은 요한이다

이 복음서의 저자는 앞에서 영원한 태초에 말씀이 하나님과 함께 있었다

고 말하고 그로 말미암아 시간과 공간을 비롯한 모든 것들이 지음을 받았으며 그것들의 존속이 가능함도 그로 말미암은 것이라고 말하였다. 이제 저자는 그 말씀이 육신으로 오심 자체보다 그 사실의 증인인 요한을 먼저 소개한다. 저자는 역사의 시간적인 순서를 존중하며 태초의 말씀, 말씀의 본질, 그 말씀의 증인, 말씀의 오심, 육신으로 오신 말씀의 활동을 순서대로 언급한다. "이오안네스 혹은 요한"(’Ιωάννης)은 히브리어 예호하난(יהוחנן) 혹은 요하난(יוחנן)의 헬라어식 이름이다. 히브리어 이름은 "여호와가 은총을 베푸신다 혹은 은총을 베푸시는 여호와"를 의미한다. 요한이 받은 은혜가 궁금하고 그를 통하여 세상에 베푸시는 하나님의 은혜도 궁금하다. 요한처럼, 모든 사람들은 특별하든 평범하든, 모두 하나님의 은총을 많든 적든 받으며 동시에 그 은총을 온 세상에 전달하는 인생을 살아간다.

요한은 하나님에 의해 보내심을 받은 사람이다. 이 복음서의 저자가 생략한 요한의 신비로운 출생에 대해서는 누가가 상세하게 기록하고 있다. 누가에 의하면, 요한은 출생이 불가능한 상황에서 기적으로 태어난 사람이다. 그의 어머니 엘리사벳은 잉태하지 못하였기 때문에 자식 없이 임신이 불가능한 나이까지 이르렀다. 그런데 하나님의 보내심을 받은 천사가 요한의 아버지 사가랴를 찾아와 그의 아내가 아들을 낳을 것인데 이름을 요한이라 하라고 지시했다. 그 아이는 어머니의 태로부터 성령의 충만함을 받을 것이라고 했다(눅 1:7-15). 실제로 그 일이 일어났다. 이처럼 요한의 출생은 그의 부모에게 근거하지 않고 그의 창조주인 하나님께 근거한다. 요한의 신비로운 출생에 대한 누가의 기록을 요한복음 저자는 요한이 하나님에 의해 "보내심을 받은"(ἀπεσταλμένος) 자라는 말로 요약한다. 이 "보내심"은 요한이 이 땅에 우연히 던져진 존재가 아니며 그가 존재하게 된 이유와 목적이 있음을 증거한다. 즉 요한이 일평생 붙들고 살아야 할 사명의 출처는 그를 보내신 하나님 자신이다. 요한은 이 세상에서 행복하게 살고 평화롭게 살고 건강하게 살고 오래 살기 위해 태어난 것이 아니라 하나님의 보내심을 받고 하나님이 맡기신 사명을 완수하기 위해 태어났고 살아가야 한다. 이 요한을 통하여 이루어질 모든 일들의 기획과 결정은 하나님의 권한이다.

우리의 출생도 사람에 의해서가 아니라 하나님에 의해 이루어진 은총이다. 우리가 존재하게 된 상황과 현장은 우리의 근원이 아니라 부르심의 수단이다. 우리의 생존과 운명은 부모나 시대의 상황에 의해 결정되지 않고 하나님에 의해 정해진다. 하나님은 우리 개개인을 모두 이 세상에 보내신 분이시다. 우리는 이 세상에서 하나님이 보내신 천국의 대사로서 살아간다. 부모가 무명하고 환경이 열악하고 미래가 암담해도 걱정하지 말라. 지으신 분이 지키신다. 보내신 분이 이끄신다. 그것도 가장 좋은 길로 이끄신다. 하나님에 의하지 않은 사람의 출생은 없으며 그분의 은총이 주어지지 않은 사람도 없으며 그분이 맡기신 사명이 없는 사람도 없다고 나는 확신한다. 혹시 그 사명을 모른다면, 지금 이루어질 수 없는 상황 속에 있다면, 인생이 의미가 되는 사명을 하나님께 알려 달라고 기도하며 기다리라. 주의 이름으로 구하는 것마다 그분이 친히 시행하실 것이라는 약속을 단단히 붙잡아라. 이러한 종류의 기도에 인생을 걸고 목숨을 동원하라. 마지막 한 방울의 에너지도 남기지 말고 기도의 기름으로 사용하라. 내 힘으로 살아가지 말고 주님의 힘으로 살아가라. 완전히 탈진한 인생을 주님은 하늘의 무한한 에너지로 채우신다. 우리는 모두 하나님의 기획과 결정으로 태어났고 보내졌다. 부모나 사장이나 대통령과 담판을 지을 필요 없이 주님께 나아가 그의 위대한 뜻을 나의 뜻으로 삼고 그분이 주시는 무한한 능력으로 위대한 일을 시도하라.

요한이 하나님의 보내심을 받아 이루어야 할 사명은 무엇인가? 저자는 요한을 빛의 증인으로 규정한다. 빛이신 예수에게 과연 증인이 필요한가? 빛은 그 자체로서 최고의 증인이다. 그래서 예수는 사람의 증거를 취하지 않는다고 했다(요 5:34). 자신을 증거하는 것은 인간이나 다른 피조물이 아니라 성령의 감동으로 자신을 가리켜 기록된 성경과 아버지 하나님과 예수 자신과 그가 행하는 일이라고 했다(요 5:36-39, 8:18, 10:25). 그런데도 저자가 요한을 예수의 증인이라고 한 이유는 예수를 위한 것이 아니라 우리를 위한 것(nostra causa)이라고 칼뱅은 설명한다. 실제로 요한의 증언은 우리에게 유익하다. 요한은 신비로운 출생의 기적을 체험한 사람이다. 그런 사람이 성령으로 잉태되신, 자기보다 더 신비로운 출생의 주인공을 증언하며 그의 길을 예비하는 것은 하나님의 섭리를 좀처럼 믿으려고 하지 않는 우리의 완고한 마음에 균열을 일으키는 철퇴로서 제격이다. 사실 이 세상에는 어떠한 의구심도 없이 무조건 믿어도 되는 신뢰의 대상이 전무하다. 부모나 선생이나 신문이나 방송이나 사장이나 대통령도 신뢰의 대상이 아니라는 사실을 우리 각자의 경험과 인류의 역사가 증언하고 있다. 그런 척박한 현실에 요한이 태어났고 그는 당대의 권력과 권위를 가진 사람들의 존경을 받았고 그들의 의식에 집단적인 경외심을 일으켰다. 요한이 역사의 무대에 오른 것은 당시의 인간문맥 안에서 신뢰의 혜성이 등장한 일이었다.

요한이 이 땅에 태어나 살아가는 이유는 모두 "증거를 위함"(εἰς μαρτυρίαν)이다. 일반적인 관점에서 보면, 대단히 낯선 인생의 목적이다. 이는 부자가 되는 것도, 장수하는 것도, 높은 지위와 큰 권력을 소유하는 것도 아니고, 자신의 행복을 추구하는 것도 그에게는 인생의 목적이 아니기 때문이다.

요한의 인생관은 자신을 향하지 않고 자신이 증거하는 대상을 중심으로 확립되어 있다. 요한이 증거하는 대상은 "빛"이었다. 사물을 있는 그대로 아는 것이 희귀한 세상에서 빛을 빛으로 인지한 요한은 남다른 사람이다. 하나님이 인간의 모습으로 우리에게 오시면 우리는 과연 그분을 알아볼 수 있을까? 지금도 주리고 목마르고 나그네 되고 헐벗고 병들고 투옥된 자들의 모습으로 오시는 예수는 자신을 알아보지 못한 자들에게 "마귀와 그 사자들을 위하여 예비된 영원한 불에 들어가라"고 명하였다(마 25:41-44). 예수는 "지극히 작은 자 하나에게 하지 아니한 것이 곧 내게 하지 아니한 것"(마 25:45)이라고 하셨는데 우리는 과연 지극히 작은 자 안에서 그 빛을 감지하고 그를 섬기는가?

요한은 "빛에 대하여 증거하는" 사람이다. 자기보다 못한 존재를 증거하는 것은 쉽지만 자기보다 위대한 존재를 증거하는 것은 쉽지 않고 간단하지 않다. 증인이 되기 위해서는 증거하는 내용과 증거되는 대상의 적절한 일치가 요구되기 때문이다. 자신의 삶 전체가 빛의 증언이기 위해 요한은 태양의 반사체인 달처럼 예수라는 거룩한 빛의 반사체로 살아가야 한다. 인격과 가치관이, 언어와 행실이 빛의 속성과 어울려야 한다. 그렇게 함으로써 태양이 시야에서 벗어나도 우리가 달을 보면서 태양이 지구 반대편에 있음을 확신하듯, 요한도 사람들로 하여금 자신을 보면서 예수께서 이 땅에서는 보이지 않지만 그가 진정한 빛이라는 사실을 확신하게 만들어야 한다. 만약 빛과 무관한 인격과 삶의 소유자가 된다면 빛의 증인이 아니라 오히려 그 빛을 가리는 장애물이 된다.

우리의 인생관은 어떠한가? 무엇이 기준인가? 우리가 이 세상에 태어나고 살아가는 이유는 과연 예수라는 빛의 증거를 위함인가? 예수께서 그의 제자들을 향해 "내 증인이 되리라"(행 1:8)고 하신 말씀은 자신을 따르는 자들의 근본적인 인생관을 선언하신 것이었다. "우리 중에 누구든지 자기를 위하여 사는 자가 없고 자기를 위하여 죽는 자도 없도다"(롬 14:7)고 한 바울의 선언은 예수의 유언을 풀어서 쓴 설명이다. 요한의 인생은 예수와 바울의 선언에 부합한 모델이다. 이는 오늘날 세상이 주목하고 선호하는 인생의 목적과 너무나도 판이하다. 세상은 너 자신을 찾으라고, 너 자신이 되라고, 어떠한 목적에도 종속되지 않는 자유의 삶을 살라고, 그것이 최고의 삶이라고 가르친다. 그러나 성경은 하나님의 부르심을 강조하고 존재의 이유가 하나님께 있으며 너 자신의 증인이 아니라 예수의 증인이 되라고 가르친다. 요한의 인생은 모든 사람이 빛에 대하여 믿게 되는 것이 그 목적이다. 이처럼 요한이 섬기는 대상은 모든 사람(πάντες)이다. 요한은 이렇게 모든 타인을 위해 존재한다. 지금까지 하나님의 말씀을 전한 선지자들 중에 이스라엘 백성과 인근의 민족들이 아닌 모든 사람들을 섬긴 선지자가 요한 외에 있었는가? 요한은 섬김의 범위에 있어서 어떠한 제한도 없는 마지막 선지자다. 우리도 비슷하다. 이는 우리가 온 천하에 다니며 만민에게 복음을 전파하는 증인으로 부르심을 받았기 때문이다. 요한은 오실 예수의 증인이고, 우리는 다시 오실 예수의 증인이다.

8그는 그 빛이 아니며 그 빛에 대하여 증언하러 왔다

요한은 대단히 위대한 인물이다. 사람들이 그를 그리스도, 엘리야, 그 선지자 등으로 오해하며 그에게 "너의 정체가 뭐냐"고 물어올 정도였다. 이에 저자는 요한이 "그 빛"이 아니라 그 빛에 대하여 증언하러 온 것이라고 명시한다. 빛의 증인은 아무리 눈부시고 화려해도 증인이다. 분수를 알지 못하면 교만의 희생물이 된다. 그런데 사람들이 그 증인에게 열광하면 그는 증인의 정체성에 만족하지 않고 빛으로 여겨지고 싶은 욕망에 휩싸인다. 사람들의 관심이 자기를 지나 빛에게로 가는 것이 속상하고 아깝게 느껴진다. 그래서 관심과 환호성의 아주 작은 부분을 욕망의 주머니에 넣으며 은밀하게 빼돌린다. 자신의 노력과 수고로 얻은 관심이기 때문에 약간의 지분을 차지하는 것은 정당한 일이라고 자위한다. 그런데 차지하는 분량이 조금씩 늘어난다. 그러다가 자신이 마치 빛인 것처럼 사람들의 인식을 조작한다. 그들의 마음이 자신에게 넘어왔다 싶으면 증인이 아니라 종교 장사꾼이 되어 빛의 이름으로 장사를 하며 명예와 돈이라는 이윤을 취득한다. 나중에 자신의 조작이 들켜도 이의를 제기하지 못하도록 위협적인 친위부대 같은 조직을 정비하고 저항하는 자들의 입을 막고 종교의 주인이 되는 수순을 밟아간다. 기독교 역사에는 빛의 증인으로 부르심을 받은 자들이 교주로 전락하는 경우가 허다하다. 심각한 타락이다. 오늘날 거대한 조직을 갖춘 대형교회 모습도 그런 타락에서 자유롭지 않다.

빛은 빛이고 증인은 증인이다. 그런데 사이비 교주만이 아니라 목사들도 빛과 증인의 구분과 경계를 때때로 무시한다. 모든 목회자는 자신이 빛이라는 착각의 선을 넘어가지 않도록 늘 주의해야 한다.

9그 빛은 세상으로 들어온 모든 사람에게 비추는 참된 것이었다
10그가 세상에 있었고 그 세상은 그로 말미암아 존재하게 되었으나
세상은 그를 알지 못하였다

저자는 요한이 증거하는 빛에 대해 설명한다. 빛을 중심으로 구약 전체의 역사를 해석한다. 아브라함 이전에는 빛에 대해 온 세상이 무지했고 이후에는 이스라엘 백성이 빛을 알고서도 영접하지 않았다고 서술한다. 먼저 저자는 빛이 "진실하다 혹은 참되다"(ἀληθινὸν)고 한다. 이는 진실하지 않고 거짓된 빛이 세상에 있음을 암시한다. 실제로 바울은 "빛의 천사"로 가장하는 거짓된 빛인 사탄이 세상을 누비고 있음을 증언한다(고후 11:14). 진실한 빛을 알아보는 것과 거짓된 빛을 분별하는 것은 서로 결부되어 있다.

빛의 참됨은 빛의 이름과 실체가 일치할 때에 확보된다. 즉 "빛"은 그 실체가 "빛"이라는 이름에 어떠한 부족함도 없이 가득 채워져서 완전히 상응하는 상태일 때에 진실하다. 참된 빛은 빛 자체이고 최고의 빛이면서 모든 빛들의 근원이다.

참 빛은 세상에 태어난 모든 사람에게 비추었다. 저자는 이 빛이 세상에 있었다고 한다. 이는 말씀이 태초에 하나님과 함께 있었다는 언급과 대비된다. 참 빛은 피조물이 아니라 그 피조물을 존재하게 만든 창조자의 다른 이름이다. 그래서 이 빛은 첫째 날에 창조된 빛과 구별되고 넷째 날에 그 빛의 관리자로 창조된 태양과 달과 별들과 같은 광명들과 구별된다. 참 빛과는 달리, 빛의 완전한 실체를 가지지 못한 태양과 달과 별은 상대적인 빛들이고 파생적인 빛들이다. 이것들은 참 빛의 비유이며 참 빛을 섬기는 사환에 불과하다. 참 빛이 세상의 모든 사람에게 빛을 주었으나 그들은 참 빛을 알지 못하였다. 이는 어둠에 빛이 비쳤으나 어둠이 빛을 알지 못했다는 말과 동일하다. 지금 저자는 어둠과 세상과 모든 사람이 마치 동의어인 것처럼 진술한다. 요한의 관점에서 보면, 타락한 이후의 모든 사람은 악인이고 그들이 사는 세상은 창조 이전에 땅을 뒤덮었던 어둠과 동일하다. 어둠과 세상과 모든 사람이 빛을 경험해도 그 빛을 알지 못한다는 것은 지금도 진행되고 있는 보편적인 현상이다.

참 빛은 태초에도 있었고 세상이 창조된 이후에도 세상에 있었고 인간이 타락한 이후에도 세상에 있었기 때문에 당연히 성육신 이후에야 비로소 세상에 있었고 세상을 비춘 것이 아니었다. 그러나 사람들은 모든 시대에 그 빛을 깨닫지 못하였다. 빛을 깨닫지 못한 대가는 혹독했다. 죄로 말미암아 세상에는 사망이 왕노릇하게 되었고, 죄악이 관영하게 되었으며, 이로 인하여 노아의 시대에는 홍수의 심판이 주어졌고, 바벨탑 사건으로 인해 언어의 혼돈과 인류의 흩어짐이 발생했다. 그러나 지혜자의 지적처럼 "악인의 길은 어둠 같아서 그가 걸려 넘어져도 그것이 무엇인지 깨닫지 못하였다"(잠 4:19). 말씀의 빛, 생명의 빛을 깨닫는 것은 더더욱 기대하기 어려운 일이었다.

[11]그가 자신의 것들에게 왔으나 그 자신의 것들은 그를 영접하지 않았지만

이제 저자는 빛이 "자신의 것들(τὰ ἴδια)에게 왔다"고 언급한다. 여기에서 "자신의 것들"은 문법적인 면에서 중성 복수이며 자신에게 구별된 소유라는 의미가 강조된 표현이다. 그리고 "자신의 것들이 그를 영접하지 않았다"고 지적한다. 여기에서 "자신의 것들"(οἱ ἴδιοι)은 남성 복수이며 자신에게 소유된 사람들을 강조하는 표현이다. 즉 "자신의 것들"은 세상의 만민 중에서 하나님이 친히 택하셔서 자신의 소유로 삼으신 이스라엘 백성을 가리킨다. 이처럼 5절과 10절과 11절은 구약 전체를 요약하되, 5절은 태초부터 만물의 창조 이전까지 어둠이 빛을 깨닫지 못했다는 것을, 10절은 창조부터 아브라함 이전까지 세상이 참 빛을 알지 못했다는 것을, 11절은 아브라함 이후부터 이스라엘 백성의 멸망까지 하나님께 속한 자들은 빛을 알고서도 영접하지 않았다는 것을 지적한다. 이로써 저자는 태초부터 이스라엘 멸망의 때까지를 요약하고 있다. 이처럼 요한복음 저자는 이렇게 긴 인류의 역사를 말씀과 관련하여 이해한다.

참 빛을 세상과 어둠과 모든 사람이 깨닫지 못하였을 때에 하나님은 그냥 내버려 두지 않으셨다. 그 빛을 깨닫게 하시려고 만민의 일부를 자신의 구별된 소유로 택하셨다. 그분은 포기를 모르신다. 포기하지 않으신다. 그러나 선택된 그들도 그 빛을 영접하지 않았다고 한다. 세상에 대해서는 요한이 "알다 혹은 깨닫다"(γινώσκω)는 단어를 썼는데 하나님의 소유된 백성에 대해서는 "영접하다 혹은 곁으로 모시다"(παραλαμβάνω)는 단어를 사용한다. 두 단어는 세상이 말씀의 빛을 알지 못하였고, 하나님의 백성은 영접

하지 않았다는 상태의 점진적인 악화를 묘사한다. "곁으로 모시다"는 단어는 하나님이 자기에게 속한 백성에게 자신을 알렸으나 그들이 하나님을 그들의 곁으로도 모시지 않았음을 고발한다. 존재의 중심으로 모시는 일은 더더욱 없었음을 암시한다. "알다"와 "영접하다"라는 두 단어는 같은 의미의 다른 표현일 가능성도 있고 참 빛을 알면 영접하게 되고 참 빛을 알지 못하면 영접할 수도 없다는 보완적인 의미를 나타내는 표현일 가능성도 있다. 나는 후자라고 생각한다. 나는 참 빛을 제대로 알고서도 영접하지 않는 경우가 없고, 제대로 알지 못하면서 영접하는 경우도 없다고 생각한다. "내 백성이 지식이 없으므로 망한다"(호 4:6)는 호세아의 기록도 같은 맥락이다. 이 기록은 구약의 시대만이 아니라 신약의 시대에도 누구든지 주님을 모르면 그를 영접할 수 없고, 그래서 그와 연합하지 않는다면 반드시 망한다는 사실을 가르친다.

12누구든지 그를 영접하는 자들, 즉 자신의 이름을 믿는 자들에게
그는 하나님의 자녀가 되는 특권을 주셨는데

여기에서 영접과 믿음은 동의어로 사용된다. 주님을 나의 존재와 인생의 주인으로 영접하는 것과 그의 이름을 신뢰하는 것은 그 의미가 동일하다. 보이지 않는 분을 영접하는 유일한 방법은 믿음이기 때문에 믿어야만 영접이 가능하다. 바울도 믿음을 그리스도 예수께서 우리의 마음에 거하시게 되는 우리 편에서의 도리라고 가르친다(엡 3:17). 주님은 인격적인 분이시다. 자신을 믿음으로 맞이하지 않는다고 해서 마음의 문을 부수시며 강제로 들어가는 분이 아니시다. 내 안에 주님께서 계시지 않다고 생각하는 분들에게 문제는 믿음의 없음이다. 그 해결책은 일시적인 믿음이 아니라 지속적인 믿음이다. 우리가 믿으면 주님은 반드시 우리 안에 거하시고 그 거

하심을 우리는 반드시 인지한다. 여기에서 사용된 단어 "영접하다"($\lambda\alpha\mu\beta\acute{\alpha}\nu\omega$)는 11절에서 "곁으로 모시다"는 의미로 사용된 단어($\pi\alpha\rho\alpha\lambda\alpha\mu\beta\acute{\alpha}\nu\omega$)와 동일하지 않다. "영접하다"는 말은 단순히 주님을 손님처럼 환대하는 것을 의미하지 않고, 공간적인 곁을 내어주는 것도 의미하지 않고, 나의 존재와 인격과 인생 안으로 모시되 그분을 존재와 인격과 인생의 주인으로 맞이하는 것을 의미한다.

말씀이 육신으로 오신 예수를 영접하는 자 즉 예수의 이름을 믿는 자에게는 어떤 일이 생기는가? 하나님의 "자녀"($\tau\acute{\epsilon}\kappa\nu o\nu$)가 되는 특권이 주어진다. 하나님의 자녀와 유사하게 되는 것이 아니라 그런 자녀가 "된다"($\gamma\epsilon\nu\acute{\epsilon}\sigma\theta\alpha\iota$)고 진술한다. 단호한 표현이다. 믿어서 부모와 자녀가 되는 특권이 주어지는 종교가 지구상에 인류의 역사 전체에서 과연 있었는가? 섬기는 주체와 섬김을 받는 대상 사이에 부모와 자녀라는 가족의 관계가 성립되는 종교는 기독교가 유일하다. 이러한 독특성 때문에 하나님을 믿는 모든 사람들은 서로에게 형제와 자매로 연결된다. 교회는 사람이 아니라 동일한 하나님을 아버지로 모신 사람들의 가족 공동체다.

육신으로 오신 말씀을 믿고 영접하여 하나님의 자녀가 된다는 것에 대한 요한과 베드로의 의견은 일치한다. 베드로도 우리가 하나님의 자녀로서 거듭나는 것은 "썩어질 씨로 된 것이 아니요 썩지 아니할 씨로 된 것이니 살아있고 항상 있는 하나님의 말씀으로 되었"다고 가르친다(벧전 1:23). 말씀은 하나님의 아들이기 때문에 그 말씀을 믿고 영접하는 사람도 하나님의 자녀가 된다는 것은 결코 이상하지 않다. 자녀로의 출생만이 아니라 하나님의 자녀답게 살아가는 것도 육신의 생명이 아니라 하나님의 말씀 안에 있는 생명에 의존한다. 그래서 시인은 말씀을 하나님의 자녀가 살아가는 길에 빛이요 발에 등이라고 고백한다(시119:105).

"권세 혹은 특권"($\dot{\epsilon}\xi o\upsilon\sigma\acute{\iota}\alpha$)은 존재의 "본질에서 비롯되는" 무엇이다. 이 특권은 어떤 존재에게 추가되는 주변적인 무엇이 아니라 본질에 변화를 일으키는 중심적인 무엇이다. 그래서 이 단어는 하나님의 자녀가 되는 것이 존재의 가장 깊은 곳에서 변화를 일으키는 최고의 은혜임을 강조한다. 이 특권으로 말미암아 사람의 자녀인 우리는 하나님의 자녀로 변화되고 하나님은 우리의 아버지가 된다. 우리와 하나님 사이에 "아빠"라고 불러도 되는 관계가 생긴다는 것은 상상만 해도 감격과 환희에 휩싸이는 사건이다. 나아가 땅에 속한 우리는 하늘에 속한 자로 변화되고 천국의 시민권을 획득한다. 하나님의 자녀는 또한 상속자가 되어 하나님의 모든 기업을 상속한다(롬 8:17). 이처럼 하나님의 자녀가 된다는 것은 상상을 초월하는 최고의 특권이다. 아파트를 얻고 자동차를 얻고 직장을 얻고 최고의 월급을 받는 외적인 복과는 비교할 수 없는 특별한 은총이다.

내 의식의 지분을 다 차지하는 인생의 대주주는 누구인가? 혈통적인 신분인가? 아니면 신앙적인 신분인가? 나의 존재와 인생을 좌우하는 것은 무엇인가? 하나님의 자녀라는 사실이 과연 나의 희로애락 전부를 좌우하는 의식의 맹주인가? 이런 하나님의 자녀가 나타나는 것을 모든 피조물이 고대하고 있다는 사실을 아는가? 믿음으로 말미암아 하늘의 이 신분을 가진다는 것은 하늘이 무너져 내려도 전혀 두렵지 않을 정도로 가슴 벅찬 사실이다. 그런데도 정작 하나님의 자녀가 된 당사자는 그저 덤덤하다. 여전히 육신적인 혈통이 준 정체성에 맞추어 살아간다. 그러나 예수를 보라. 그는 요셉과 마리아의 아들로 살아가지 않고 하나님의 아들로 말하시고 행하셨다. 육신적인 혈통은 그냥 이 세상에 출입하는 방식이고, 삶의 원리는 영적인 출생에 근거한다. 우리도 누군가의 혈통적인 자식이 아니라 하나님의 자녀로 살아감이 마땅하다.

이 "특권"을 우리에게 주어진 선택의 "기회"로 해석하는 사람들도 있다. 그들은 인간의 자유로운 의지를 강조하며 하나님의 자녀가 되는 특권은 하나님이 제안하신 것일 뿐이고 그 특권을 사용할지 말지의 선택은 인간의 권한이며 당연히 자녀됨의 여부도 인간의 결정에 달린 문제라고 주장한다.

하지만 믿음의 선배들은 이런 주장을 거부했다. 이는 우리가 예수의 이름을 믿으면 하나님의 자녀가 되는 선택의 기회 혹은 자녀가 될지 말지의 가능성이 주어지는 것이 아니라 실제로 자녀가 되는 은총 자체가 주어지는 것을 의미하기 때문이다.

하나님의 자녀가 되는 특권은 "누구든지"(ὅσοι) 믿기만 하면 모든 믿는 사람에게 주어진다. 유대인과 이방인 사이에, 남자와 여자 사이에, 자유인과 노예 사이에, 부한 자와 가난한 자 사이에, 유식한 자와 무식한 자 사이에, 어떠한 차별도 없는 특권이다. 이 특권이 공평한 것은 믿음 자체가 민족이나 성별이나 신분이나 재물이나 학력에 근거한 것이 아니기 때문에 당연하다. 이 세상에 존재하는 최고의 특권을 누림에 있어서 모든 사람에게 어떠한 차별도 없다는 사실 때문에 나는 너무도 감사하다. 내가 조금 무식해도, 조금 가난해도, 조금 실수해도, 조금 연약해도, 조금 비천해도 이 특권에서 결코 배제됨이 없다. 저자는 이런 특권의 공평성에 대한 구체적인 이유를 이어서 제시한다.

¹³이들은 혈통이나 육정이나 사람의 뜻에서가 아니라 하나님에게서 난 자들이다

이 특권의 공평성은 이 특권의 소유가 이 세상의 어떤 근거가 아니라 하나님 자신에게 근거하기 때문이다. 이 세상의 모든 자녀는 "혈통"(αἷμα)을 따라 태어난다. 혈통에서 벗어난 출생은 하나도 없으며 출생한 모든 자에게는 반드시 혈통적인 아버지와 어머니가 있다. 그리고 남자와 여자의 성적인 관계라는 과정을 거쳐야만 자녀의 출생이 가능하다. 이러한 출생에는 자발적인 의지이든 강압적인 의지이든 사람의 뜻이 어떤 식으로든 개입한다. 이것이 모든 사람의 첫 번째 출생이며 혈통적인 출생이다. 그런데 하나님의 자녀가 되는 두 번째 출생은 영적인 출생이며 혈통이나 육정이나 사

람의 뜻과는 무관하다. 이처럼 하나님의 자녀는 이중적인 출생을 경험한다.

　이중적인 출생은 무엇보다 예수의 출생에서 가장 분명하게 확인된다. 말씀이 육신으로 오신 예수는 외관상 출생의 보편적인 방식을 따라 그의 아버지 요셉과 어머니 마리아를 통해 태어난 사람의 아들이다. 그러나 동시에 성령으로 잉태된 분이어서 혈통이나 육정이나 사람의 뜻이 출생의 변수로 작용하지 않은 하나님의 아들이다. 독생자 예수의 본을 따라 우리가 하나님의 자녀가 되는 것도 인간에게 의존하지 않고 하나님께 근거한다. 이처럼 하나님의 자녀가 되는 특권이 주어지는 것은 인간의 자격이나 조건이나 행위에 근거하지 않은 하나님의 전적인 은총이다. 어떤 사람의 자녀가 되는 것도 사실 그가 뛰어난 인격을 가졌거나 무슨 노력을 했거나 선을 행하였기 때문이 아님은 자명하다. 자녀가 되기 이전에는 존재도 없는 상태인데 무슨 공로를 어떻게 제공할 수 있겠는가! 당사자의 존재나 자격이나 조건과 무관하게 누군가의 자녀로 태어난다. 이러한 출생의 원리는 하나님의 자녀가 살아가는 원리로도 작용한다. 하나님의 자녀는 이제 혈통이나 육정이나 사람의 뜻과는 무관하게 살아간다. 인생의 연료는 십자가 사랑이고 인생의 방향은 하나님의 영광이다. 물론 이 땅에서는 사람의 뜻과 하나님의 뜻 사이에서 끊임없는 갈등하며 살아간다.

　13절에 사용된 "낳다"(ἐγεννήθησαν)는 동사는 사람의 혈통적인 출생만이 아니라 하나님에 의한 영적인 출생을 표현할 때에도 사용된다. 그런데 요한은 14절에서 확인되는 것처럼 우리가 하나님의 자녀로 태어나는 출생을 성자가 성부에 의해 낳으심 받은 본질적인 출생과 구별하기 위해 믿음의 특권에 의한 것이라고 명시했다. 우리는 비록 하나님의 자녀라는 영적인 신분을 가지지만 그것은 하나님의 본질에서 나오는 출생이 아니기에 우리가 신이 된다는 신격화 혹은 신성화(deificatio) 주장은 결코 타당하지 않다.

¹⁴말씀이 육신이 되었고 우리 안에 거하였다 우리가 그의 영광을 보니 아버지로부터 유일하게 나신 자의 영광이며, [그 말씀은] 은혜와 진리가 가득하다

요한은 말씀이 육신이 "되었다"(ἐγένετο)고 기록한다. 이것은 하나님의 아들이 육신으로 "보여지게 되셨다"(ἐφανερώθη)는 바울의 말보다 어조가 더 강한 표현이다(딤전 3:16). 말씀의 성육신은 나타나는 현상이 아니라 존재의 형성에 대한 설명이다. 여기에서 "되었다"는 신자가 하나님의 자녀가 "된다"는 표현에서 사용된 동사와 동일하다. 하나님에 의한 우리의 영적인 출생이 가능하기 위해서는 하나님에 의한 말씀의 단순한 나타남이 아니라 말씀의 혈통적인 출생 혹은 신체적인 보내심이 필요하다. 이는 우리에게 맞추어진 말씀의 눈높이 출생 없이는 우리의 영적인 출생도 없기 때문이다. 여기에서 말씀이 사람의 자녀로 태어남과 우리가 하나님의 자녀로 태어남은 절묘하게 교차한다. 하나님이 사람의 자녀가 되는 것과 사람이 하나님의 자녀가 되는 것 중에 어떠한 것이 더 신비한가? 물론 둘 다 신비롭다. 이 세상에는 두 종류의 출생을 설명할 문법이 없기 때문이다. 그럼에도 불구하고 나에게는 하나님이 사람의 자녀로 태어나는 것이 더 신비롭다. 우리가 하나님의 자녀가 되는 것은 창조자가 되는 것이 아니지만 하나님이 사람의 자녀가 될 때에는 창조자인 동시에 피조물이 되는 일이기 때문이다.

　요한은 이 역사적인 사건에 있어서 생물학적 기적의 디테일한 설명을 생략한다. 기이한 현상의 희귀성에 관심이 쏠리지 않도록 말씀이 육신이 되었다는 그 단백한 본질에 집중한다. 불멸의 말씀이 사멸의 육신으로 오신 이유는 무엇인가? 인간의 죄 문제를 해결하기 위함이다. 태초부터 시작된 하나님의 언약을 이루시기 위함이다. 인간은 죄를 지었고 그 삯으로서 죽음을 지불해야 한다. 그러나 인간이 죽는다고 죄가 해결되는 것은 아니라는 딜레마가 있다. 죄인이 죽는다는 것은 죄의 의지적인 해결이 아니라

죄의 피동적인 결과이기 때문이다. 죄 문제가 해결되기 위해서는 구약에서 흠 없는 짐승의 죽음처럼 죄라는 흠이 전혀 없는 인간의 죽음이 요구된다. 피 흘림이 없이는 죄 사함이 없지만 그 피가 정결해야 한다는 조건도 충족해야 한다. 그런 거룩한 인간은 아담 이후로 육신이 된 말씀이 유일하다. 말씀은 이 세상에 죽기 위하여 육신으로 왔다. 이 죽음은 죄인의 죄를 완벽하게 죽이고 그를 구원하기 위함이다. 사망에서 생명으로 옮기시는 것만이 아니라 생명을 더 풍성하게 하시기 위함이다(요 10:10). 어떻게 풍성하게 하는가? 말씀이 육신이 되셨다는 것은 높은 자로서 낮아지고, 부한 자로서 가난하게 되고, 강한 자로서 약해지고, 산 자로서 죽으려고 오신 것을 의미한다. 이 모든 것은 우리를 위함이다. 말씀의 성육신을 통해 우리는 낮은 자로서 높아지고, 가난한 자로서 부하게 되고, 약한 자로서 강하게 되는 은총의 수혜자가 된다.

말씀이 육신이 되었다는 기록에 근거하여 예수는 로고스가 육체와 결합한 것이고 영혼은 없기 때문에 완전한 인간이 아니라는 주장이 한때 교회를 어지럽게 했다. 그러나 여기에서 "육신"(σάρξ)은 히브리어 "바사르"(בָּשָׂר)에 해당되는 말로서 남자가 아내와 합하여 한 "몸"을 이룬다는 표현에 사용된 낱말이다(창 2:24). 결혼에서 "한 몸"은 신체의 결합만이 아니라 전인적인 연합을 의미한다. 요한도 "육신"을 신체만이 아니라 영혼도 포함한 전인을 가리키기 위해 사용한다. 즉 사물의 한 부분으로 그 사물의 전체를 표현하는 제유법이 사용된 구절이다. 시편에 예언되고 히브리서 저자가 설명하는 예수는 "영화와 존귀로 관" 씌워진 "사람"(ἄνθρωπος)이다(시 8:4-5; 히 2:6-7). 그를 사람으로 표현한다. "혈과 육에 속"한 인간과 동일하게 예수도 "혈과 육을 함께 지니"신 사람이다(히 2:14).

그러나 예수도 인간의 부패한 본성을 가졌다는 오해는 금물이다. 인간과 동일한 분이시기 때문에 "모든 일에 우리와 똑같이 시험을 받으신 분"이지만 "죄는 없으시"기 때문이다(히 4:15). 이처럼 "말씀이 육신이 되었다"

는 말은 교부들의 시대에 확립된 기독교의 핵심적인 교리인 1) 그리스도 예수라는 하나의 인격 안에 완전한 신성과 인성이 있다는 사실과 2) 신성과 인성 사이에는 혼합이나 변질이나 분리나 대립이 전혀 없는 연합을 이루고 있다는 사실을 가르친다. 이 교리로써 당시의 교회는 예수가 아버지 하나님과 동일하지 않다는 주장(Arius), 그가 완전한 인간은 아니라는 주장(Apollinaris), 그의 신성과 인성은 분리되어 둘이라는 주장(Nestorius), 그의 신성과 인성이 혼합되어 있다는 주장(Eutyches)을 거부했다. 칼뱅은 요한이 "사람"이란 말 대신에 "육신"이란 표현을 사용한 것은 말씀의 확실한 비하 혹은 경멸적인 낮아짐을 표현하기 위해 적합한 단어를 선택한 것이라고 설명한다.

그 말씀이 "우리 안에 거하였다." 이것은 하나님이 우리 안에 거하심을 의미한다. 이는 "임마누엘" 즉 "우리와 함께 계신 하나님"(마 1:23)과 동일한 의미의 다른 표현이다. 하나님은 우리와 함께 계시되 우리 "안에"(ἐν) 거하신다. 여기에서 "거하다"(σκηνόω)는 말은 "장막을 가지다 혹은 장막 안에 있다"를 의미한다. 이는 예수가 하나님이 거하시는 성전이며, 동시에 인간을 자신의 성전으로 삼아 그 가운데에 거하시는 주이심을 암시한다. 하나님은 영이시기 때문에 시간과 공간에 제한되지 않으시고 천지에 충만한 분이시다. 그런데도 육신으로 오셔서 우리가 특정한 시간과 공간에 거하는 것과 같은 방식으로 우리 가운데에 거하셨다. 구약에서 장막과 성전의 방식으로 자기 백성 가운데에 실제로 거하신 것의 실체를 우리는 말씀이 육신이 되어 우리 가운데에 거하는 이 사건에서 확인한다.

참으로 놀라운 은총이다. 왜 그러한가? 인류의 죄악이 가득할 때 "그들이 육신이 되"었기 때문에 "나의 신이 영원히 사람과 함께하지 않"을 것이라는 하나님의 엄중한 징계(창 6:3)가 내려졌다. 그런데 우리 가운데에 말씀이 거하시는 것은 그 징계가 철회되는 듯한 사건이기 때문이다. 그런데 하나님 편에서 본다면, 이 사건은 대단한 희생이다. 낮은 자와 높은 자가 동거하면 누구에게 손해이고 누구에게 유익인가? 하나님은 권위의 허리를 굽히시며 자신을 낮추셨고 이로써 존재의 허리가 꺾인 죄인을 펴서 한없이 높이셨다. 즉 우리의 유익을 위해 자신의 손해를 택하신 사건이다. 이는 주께서 값없이 주셨지만 무한한 대가를 지불하신 은총이다.

그리고 요한은 "그의 영광을 보았다"고 한다. 경험 가능한 세계로 들어오신 그분을 눈으로만 본 것이 아니라 귀로도 듣고 손으로도 만졌다고 요한은 증언한다(요일 1:1-2). 이것은 대단히 놀라운 사건이다. "내가 주의 얼굴을 보지 못한다"는 가인의 저주(창 4:14)가 철회되는 듯한 사건이기 때문이다. 하나님은 그의 얼굴을 너무나도 보고 싶어한 모세에게 "네가 내 얼굴을 보지 못하리니 이는 나를 보고 살 자가 없음"이기 때문임을 밝히셨다(출 33:20). 이러한 구약에 근거하여 바울도 하나님은 "가까이 가지 못할 빛에 거하시고 어떤 사람도 보지 못하였고 또 볼 수도 없는 분"이라고 설명한다(딤전 6:16). 그런 하나님이 우리에게 가까이 오시되 우리의 형체를 입으시고 우리의 시간과 공간 속으로 보이도록 오셨기에 경이롭다. 모세의 소원이 신약에서 성취된 사건이기 때문에 은혜롭다. 우리가 모세도 보지 못한 "그의 영광"을 본다는 것은 놀라운 은총이다. 지금까지 우리 각자의 인생에서 본 최고의 영광은 무엇인가? 생각나는 것이 별로 없고, 생각난 것도 뜯어보면 별것 아니었다. 이와는 달리 우리가 시인처럼 하늘을 보면서 하나님의 영광을 선포하는 소리를 듣고 궁창의 만물을 보면서 하나님의 손으로 행하신 영광의 전시물을 본다는 것(시 19:1)은 설명이 불가능한 은총이다.

요한이 본 말씀의 영광은 무엇인가? "아버지의 독생자 같은 영광이다." 말씀 자체가 아버지의 독생자 같은 영광이다. 이 영광을 목격하지 못한 자들은 그 말씀의 증인이 될 수 없고 오히려 장애물로 살아가기 쉽다. 베드로는 요한과 동일하게 예수를 "살아계신 하나님의 아들"로 보았으나 예수가 아버지의 "유일하게 나신 자"(μονογενής)라는 것은 요한의 독특한 고백이다.

저자는 앞에서 예수를 믿고 영접하는 사람들이 하나님으로부터 "난 자들"(ἐγεννήθησαν)이라 했다. 그래서 예수와 우리가 동일한 분에게서 동일하게 난 자이기 때문에 동일한 존재라고 착각하기 쉽다. 그러나 이것이 사실이면 예수가 "유일하게 나신 자"라는 표현은 모순이다. 하지만 예수는 진실로 "유일하게 나신 자"이기 때문에 다른 모든 자녀들의 출생과 구별된다. 앞에서도 언급한 것처럼, 우리는 하나님의 자녀가 되는 특권을 받아서 그에게 양자가 되는 것이지만 예수는 신적인 본질의 출생에 의한 아버지의 영원한 아들이기 때문이다.

요한이 말씀의 영광을 본 장소는 어디인가? 예수께서 산에서 영광의 형체로 변화되신 때에 함께 올라간 베드로와 야고보와 요한은 그 영광을 분명히 목격했다. 그때 예수는 얼굴이 태양처럼 빛나셨고 그의 옷은 백색의 빛으로 눈부셨다(마 17:2). 베드로는 이 경험을 회상하며 "지극히 큰 영광"(μεγαλοπρεποῦς δόξης)에 휩싸이신 예수를 보았다고 고백한다(벤후 1:17). 그러나 말씀의 영광은 그때의 한순간만이 아니라 예수의 출생과 삶과 죽음과 부활과 승천 모두에서 나타났다. 이는 그가 한 번도 말씀이 아니신 순간이 없었기 때문이다. 하지만 성령의 강한 임재가 있기 이전에는 그의 어떠한 제자도 그 영광을 목격하지 못하였다. 그런데 요한은 지금 예수의 일생을 돌아보며 성령의 감동으로 말씀의 항구적인 영광을 깨닫고 이 책에 그 영광을 기록하고 있다. 이 책 전체에서 요한은 말씀의 영광을 예수의 죽음과 결부시켜 이해한다. 특별히 12장에서는 죽음의 순간을 "인자가 영광을 얻을 때"라는 예수의 말씀을 기록한다(요 12:23). 그리고 제자들의 대표성을 띠는 베드로가 하나님께 영광을 돌리는 방식도 "어떠한 죽음"과 결부되어 있다고 설명한다(요 21:19).

발 달린 영광이 갈릴리와 예루살렘 지역을 누비고 다녔지만 대부분의 사람들은 그 영광을 목격하지 못하였다. 예수의 영광을 보는 것은 눈의 능력이 아니기 때문이다. 성경에서 본다는 것은 믿는다는 것을 의미한다. 옥

한흠 목사님이 잘 정리하신 것처럼, 형체가 없어서 보이지 않는 것을 본다는 것은 믿는다는 것의 다른 표현이다. 히브리서 저자의 교훈처럼, 믿음은 "보이지 않는 것들의 증거"이기 때문이다. 예수께서 아버지 안에 아버지가 예수 안에 거하시는 것은 영적인 현상이기 때문에 육신의 눈에는 감추어져 있다. 그래서 빌립은 예수께 아버지의 얼굴을 보여 달라고 부탁했고 예수는 자신을 본 자는 아버지를 본 것이라고 답하셨다(요 14:9). 제자라고 할지라도 믿음이 없으면 보이지 않는 것이 아버지 하나님과 동등하신 예수의 영광이다. 그리고 보이지 않는 것들을 본다는 것은 지식을 의미한다. 말씀이 육신이 되신 예수를 보는 것과 말씀을 아는 것은 동일하다. 지금 우리는 비록 예수를 눈으로 보지 못하지만 성경에 기록된 말씀을 앎으로써 본다. 그리스도 예수를 아는 지식에서 자라가는 것은 그를 더 온전히 보겠다는 것을 의미한다.

저자는 말씀이 "은혜와 진리가 가득한" 분이라고 고백한다. 은혜와 대응되는 개념은 정죄이고 진리와 대응되는 개념은 거짓이다. 말씀이 육신이 되신 예수는 이 땅에 오셔서 세상 죄를 짊어지고 우리 대신 정죄를 당하신 은혜 그 자체이며, 이 세상에 드리운 거짓의 캄캄함을 걷어 내신 진리의 빛 자체이다. 특별히 예수께서 십자가에 달려 돌아가실 3시간은 환한 대낮인데 온 땅이 어둠으로 덮였다는 것은 그가 태양도 고개를 숙이고 숨을 정도로 절대적인 빛이심을 나타내는 증거이다. 예수는 온 세상을 구원하기 위해 자신의 생명도 희생할 정도로 놀라우신 은혜의 말씀이다. 태양도 그 앞에서는 눈을 감으며 예를 표할 정도로 눈부신, 그래서 눈에 보이는 어둠만이 아니라 보이지 않는 어둠인 거짓의 캄캄함도 소멸하신 진리의 말씀이다. 은혜와 진리가 가득하기 위해 우리도 날마다 죽으며 자신을 부인해야 한다. 매 순간 나는 죽고 그리스도 예수께서 내 안에 사시면 내가 살아도 그분의 영광으로 가득하고 내가 죽어도 동일한 영광으로 가득하게 된다.

요 1:15-28

15요한이 그에 대하여 증언하여 외쳐 이르되 내가 전에 말하기를 내 뒤에 오시는 이가 나보다 앞선 것은 나보다 먼저 계심이라 한 것이 이 사람을 가리킴이라 하니라 **16**우리가 다 그의 충만한 데서 받으니 은혜 위에 은혜러라 **17**율법은 모세로 말미암아 주어진 것이요 은혜와 진리는 예수 그리스도로 말미암아 온 것이라 **18**본래 하나님을 본 사람이 없으되 아버지 품 속에 있는 독생하신 하나님이 나타내셨느니라 **19**유대인들이 예루살렘에서 제사장들과 레위인들을 요한에게 보내어 네가 누구냐 물을 때에 요한의 증언이 이러하니라 **20**요한이 드러내어 말하고 숨기지 아니하니 드러내어 하는 말이 나는 그리스도가 아니라 한대 **21**또 묻되 그러면 누구냐 네가 엘리야냐 이르되 나는 아니라 또 묻되 네가 그 선지자냐 대답하되 아니라 **22**또 말하되 누구냐 우리를 보낸 이들에게 대답하게 하라 너는 네게 대하여 무엇이라 하느냐 **23**이르되 나는 선지자 이사야의 말과 같이 주의 길을 곧게 하라고 광야에서 외치는 자의 소리로라 하니라 **24**그들은 바리새인들이 보낸 자라 **25**또 물어 이르되 네가 만일 그리스도도 아니요 엘리야도 아니요 그 선지자도 아닐진대 어찌하여 세례를 베푸느냐 **26**요한이 대답하되 나는 물로 세례를 베풀거니와 너희 가운데 너희가 알지 못하는 한 사람이 섰으니 **27**곧 내 뒤에 오시는 그이라 나는 그의 신발끈을 풀기도 감당하지 못하겠노라 하더라 **28**이 일은 요한이 세례 베풀던 곳 요단 강 건너편 베다니에서 일어난 일이니라

❖ ❖ ❖

15요한이 그에 대한 증인이 되어 외쳐 말하였다 "'내 뒤에 오시는 분은 나의 처음으로 계셨기 때문에 나보다 앞선다'고 말한 분이 이 분입니다" **16**우리 모두가 그의 충만한 것에서 은혜 위에 은혜를 받았노라 **17**율법은 모세를 통하여 주어졌고 은혜와 진리는 예수 그리스도를 통하여 존재하게 된다 **18**어느 때이든지 하나님을 본 사람이 없었으며 아버지의 품 속에 유일하게 나신 하나님, 그분이 [하나님을] 알리신다 **19**이것은 요한의 증언이다 그때 유대 사람들이 그에게 "너는 누구냐"고 묻게 하려고 예루살렘에서 제사장들과 레위인들을 보내었다 **20**그는 고백하고 거부하지 않으면서 "나는 그 그리스도가 아니라"고 고백했다 **21**그들이 그에게 질문했다 "그럼 누구냐? 너는 엘리야냐?" 그가 말하였다 "나는 아니다" [그들이 또 질문했다] "너는 그 선지자냐?" 그가 대답했다 "아니다" **22**그러므로 그들이 그에게 말하였다 "너는 누구냐? 우리를 보낸 이들에게 대답하게 하라 너는 너 자신에 대해 무엇이라 말하느냐?" **23**그가 말하였다 "이사야 선지자가 말한 것처럼 나는 '주의 길을 곧게 하라'고 광야에서 외치는 소리이다" **24**보내어진 자들은 바리새파 출신이다 **25**그들이 그에게 물으며 그에게 말하였다 "네가 그리스도도 아니고 엘리야도 아니고 그 선지자도 아니라면 어찌하여 네가 세례를 베푸느냐?" **26**그가 그들에게 답하였다 "나는 물로 세례를 베풀지만 너희가 알지 못하는 분이 너희 가운데에 서셨는데 **27**곧 내 뒤에 오는 분이시다 나는 그의 신발끈을 풀기에도 합당하지 않다" **28**이것들은 요한이 세례를 베풀던 곳 요단 강 건너편 베다니 안에서 일어난 일이었다

15요한이 그에 대한 증인이 되어 외쳐 말하였다 "내 뒤에 오시는 분은
나의 처음으로 계셨기 때문에 나보다 앞선다'고 말한 분이 이 분입니다"

요한은 자신의 부르심에 합당하게 주님의 증인으로 살아간다. 저자는 요한
이 "증인이 되었다"는 것을 현재형 서술어로 묘사한다. 이는 요한이 죽은
이후에도 그가 수행한 사명의 효력이 지속되고 있음을 암시한다. 증인의
자격으로 그는 "외쳐 말하였다." 여기에서 "외치다"(κράζω)는 말은 마치 듣
는 귀가 뚫어질 정도로 비명을 지르듯이 부르짖는 것을 의미한다. 이 단어
는 들려지지 않으면 인생이 끝날지도 모른다는 각오로 도움을 요청할 때
에 그리고 마음의 강한 두려움이 입으로 출고되는 절규를 묘사할 때에 주
로 사용된다(마 14:30, 15:22). 이처럼 요한은 증인의 사명을 조용하고 은밀
한 속삭임이 아니라 공공연한 외침으로, 결사적인 각오로 수행한다. 그의
증거에는 어떠한 두려움과 수치심도 없고, 소심함과 애매함도 없고, 망설
임과 주저함도 없다.

요한은 예수를 "내 뒤에(ὀπίσω) 오시는 분"이라고 한다. 이것은 출생에 있어서 자신이 예수보다 먼저 태어난 것을 의미하는 동시에 역사의 무대에 자신이 그분보다 먼저 등판한 것도 의미한다. 그런데 비록 자신의 뒤에 오시는 분이지만 그를 "나의 처음"(πρῶτός μου)으로 소개한다. "처음"이라는 단어는 성경에서 "먼저, 제일, 최고, 으뜸, 근원, 첫째" 등의 의미로 사용된다. 이 단어가 예수를 설명할 때에 사용된 경우는 "나는 처음과 끝"이라고 한 말에서다(계 1:17). 요한에게 "처음"이신 예수는 존재의 근원이며 인생의 으뜸이며 가치의 첫째와 최고이며 이 세상의 그 무엇과도 바꿀 수 없는 제일이다. 그렇기 때문에 요한은 예수가 비록 자기 뒤에 오시지만 자기보다 "앞"(ἔμπροσθέν)이라고 고백한다. 사실 자기보다 늦게 태어나서 동생인 사람을 자기보다 높이고 앞세우며 그의 증인으로 살아가는 것이 민중부터 까고 생물학적 서열을 매긴 이후에 관계를 규정하는 문화권 속에서는 수용하기 대단히 힘든 교훈이다. 그러나 이 세상의 상식과 질서를 예수의 발 앞에 무릎 꿇게 하는 요한의 판단력은 예수를 증거하는 모든 자들이 본받아야 하는 증인의 근본적인 소양이다. 예수 의존적인 사색, 예수 우선적인 판단, 예수 지향적인 행위는 증인의 기본적인 덕목이다.

요한은 시간 속의 예수와 영원 전의 예수를 동시에 의식한다. 여기에서 요한은 예수께서 시간 속에서 비로소 존재한 것이 아니라 육신으로 태어나기 이전에도 계셨다는 영원한 선재성을 가르치고 있다. 선지자의 마지막 주자인 요한의 이러한 해석은 그리스도 예수를 가리켜 기록된 구약에 근거한 이해임에 분명하다. 구약을 바르게 해석하면 이런 이해에 도달한다. 예수의 증인이 되기 위해서는 성경에 철저히 근거하되 예수의 부분적인 지식이 아니라 전체적인 지식을 갖추어야 한다. 그러므로 증인은 예수를 아는 지식에서 끊임없이 자라가야 한다. 그러나 이것은 숙제가 아니라 축제이며 부담이 아니라 희열이다. 예수를 알면 알수록 다른 누구보다 먼저 나 자신이 더욱 더 기쁘고 행복한 진리의 수혜자가 되기 때문이다.

저자는 우리가 받는 은혜를 "은혜 위에 은혜"(χάριν ἀντὶ χάριτος)라고 한다. "안티"(ἀντὶ)라는 말은 "대체하다, 맞서다, 반대되다" 등의 대립적인 뉘앙스를 가졌기 때문에 "은혜를 대신하는 은혜, 은혜에 대립되는 은혜, 혹은 은혜에 맞서는 은혜"라는 번역도 가능하다. 그러나 "안티"는 동시에 새로운 은혜가 기존의 은혜보다 너무도 위대해서 비교할 수 없도록 현저히 다를 경우에도 사용된다. 그래서 아우구스티누스와 칼뱅은 이 표현을 "은혜를 위한 은혜"(gratiam pro gratia)로 번역했다. 그러나 이 이중적인 은혜의 해석에 있어서는 강조점이 달랐는데, 아우구스티누스의 해석은 이러하다. 첫 번째 은총으로 주어지는 것은 믿음이고 두 번째 은총은 그 믿음의 보상으로 주어지는 영원한 생명이다. 이 교부에 의하면, 하나님은 우리의 공로에 근거한 것이 아니라 자신의 자비로운 선물 즉 믿음에 근거하여 우리에게 상급을 베푸신다. 그런데 칼뱅은 그리스도 예수가 모든 은혜의 출처라는 사실을 강조하는 말이라고 한다. 이는 은혜의 내용보다 은혜의 원천을 중요시한 해석이다. 나는 두 분의 생각을 모두 존중한다. 나아가 요한복음 저자의 표현(요 10:10)을 빌리자면, 영원한 생명을 준 것은 은혜이고 그 생명을 더 풍성하게 하는 것은 은혜 위에 은혜라는 해석도 가능하다. 그리고 첫 번째 은혜를 일반적인 은총으로 이해하고, 두 번째 은혜를 특별한 은총으로 이해하는 입장도 나는 존중한다. 그러나 나는 문맥적인 의미를 더 존중하며 첫 번째 은혜를 구약으로 대표되는 율법의 은혜로 이해하고, 두 번째 은혜를 신약으로 대표되는 복음의 은혜로 이해하는 것이 좋다고 생각한다. 은혜 위한 은혜를 신약 위한 구약으로 이해하는 이유는 17절이 그 입장을 지지하고 있기 때문이다.

칼뱅이 강조한 것처럼 어떠한 종류의 은혜이든 그 출처가 그리스도 예수라는 사실은 너무도 중요하다. 모든 은혜는 그의 "충만한 것"(πλήρωμα)에서 강물처럼 흘러 나와 우리에게 쏟아진다. 여기에서 "충만함"은 "완성, 가득, 채움, 풍요" 등을 의미한다. 예수는 하나님의 모든 뜻을 다 이루셨고 성경의 모든 약속을 다 이루셨고 하나님과 이웃 사랑을 다 이루셨다. 예수는 존재 자체로도 우리에게 무한한 은혜의 샘이지만 그가 이루신 일도 우리에게 은혜 위에 은혜를 제공한다. 예수는 마르지 않는 은혜의 원천이다. 교회는 그런 예수의 충만이다. 예수의 충만이 은혜 위에 은혜의 원천이고 그 예수의 충만이 교회라는 사실은 교회가 예수로 충만하면 온 세상에 은혜 위에 은혜를 제공할 수 있음을 가르친다. 예수는 "만물 안에서 만물을 충만하게 하시는 분"이시고 교회를 통해 만물의 충만을 이루신다(엡 1:23). 이를 위하여 교회는 은혜와 은혜 위에 은혜를 정확히 이해해야 한다.

¹⁷율법은 모세를 통하여 주어졌고 은혜와 진리는
예수 그리스도를 통하여 존재하게 된다

저자는 "은혜 위에 은혜"의 구체적인 내용을 소개한다. 모든 선지자와 율법의 끝자락에 선 요한은 예수를 자신과 비교하며 자기보다 앞서고 뛰어난 분이라고 언급했다. 요한의 이런 언급을 인용한 이후에 저자는 예수를 모세와 비교한다. 모세는 이스라엘 백성에게 주어진 율법의 통로였다. 저자는 모세를 통해 주어진 율법이 마치 "은혜"인 것처럼 진술한다. 예수는 모든 사람에게 주어지는 은혜와 진리의 통로셨다. 저자는 예수를 통해 주어진 "은혜와 진리"를 "은혜 위에 은혜"인 것처럼 묘사한다. 왜 그러한가? 예수는 모세보다 위대하기 때문이고, 당연히 은혜와 진리는 율법보다 뛰어나기 때문이다. 물론 율법도 의롭고 선하고 거룩하다(롬 7:12). 하지만 아우구스티누스의 설명처럼, 율법은 위협하나 도움을 제공하지 않고, 명령하나 치유하지 않고, 우리의 연약함을 알리지만 강하게 만들지는 않는 제한적인 은총이다. 그러나 복음의 핵심인 은혜와 진리는 구원에 이르는 궁극적인 도움을 주고 영혼과 인생을 치유하고 속사람을 강하게 만들고 모든 결박에서 자유롭게 하는 은총이다. 이러한 복음의 은총에 비하면 율법은 그림자에 불과하다. 그 그림자의 실체는 그리스도 예수라는 복음이다(골 2:17).

비슷한 맥락에서 바울은 율법의 직분을 "정죄의 직분"으로, 영의 직분을 "의의 직분"으로 표현한다(고후 3:9). 물론 "율법 조문의 직분도 영광이 있"다고 그는 증거한다. 그러나 "영의 직분"은 영광이 더욱 넘친다고 설명한다(고후 3:7-9). 암브로시우스가 질문한 것처럼, 율법은 제사를 요구하고 복음은 자비를 베푸는데, 하나님이 원하시는 것은 무엇인가? "나는 인애를 원하고 제사를 원하지 아니하며 번제보다 하나님을 아는 것을 원하노라"(호 6:6). 하나님은 "인애"라는 은혜와 "하나님을 아는 것"이라는 진리의 인식을 원하신다. 이러한 하나님의 기호 때문에 은혜와 진리라는 복음은 율법보다 더 은혜롭고 더 위대하다.

예수가 모세보다 위대한 분이라는 사실을 설명함에 있어서 요한은 동사를 구별해서 사용한다. 즉 "주다"(δίδωμι)는 동사와 "존재하다 혹은 생기다"(γίνομαι)는 동사의 구별이다. 모세는 율법의 주체가 아니라 전달자다. 율법이 주어지는 통로에 불과하다. 그러나 예수는 은혜와 진리의 전달자인 동시에 그것들을 존재하게 만드시는 생산자다. 은혜와 진리가 주어지는 통로만이 아니라 존재의 태이기도 하다. 은혜와 진리를 다른 이에게서 받아 전달하지 않고 전달할 그것들을 산출까지 한다.

여기에서 우리가 생각해야 할 사안은 당시에 예수와 모세를 비교하며 예수를 모세보다 위대한 분으로 평가하는 것의 의미이다. 당대에 최고의 존경과 경외심을 독차지한 요한이 예수를 자신보다 위대한 분이라고 설명하는 것도 충격적인 일이지만, 저자가 예수를 유대인의 정신적인 지주이고 민족의 자존심인 모세보다 위대한 분이라고 증언하는 것은 자칫 유대 사회에서 생매장을 당할 지도 모르는 대단히 도발적인 일이었다. 그런데도 저자와 세례 요한은 어떠한 두려움의 기색도 없이 당당하게, 일말의 타협도 없이 예수의 권위를 있는 그대로 선포한다. 요한은 선지자와 율법에 속한 사람이기 때문에 예수의 복음보다 모세의 율법을 더 높이 평가하면 자신의 몸값도 올라간다. 그런데도 요한은 출세와 죽음의 기로에서 예수를 택하였다. 그러나 그런 식으로 겉사람의 죽음과 속사람의 출세를 동시에 택하였다.

18어느 때이든지 하나님을 본 사람이 없었으며
아버지의 품 속에 유일하게 나신 하나님, 그분이 [하나님을] 알리신다

저자는 이제 요한보다 뛰어나고 모세보다 뛰어난 예수를 모든 시대의 모든 사람보다 뛰어난 분이라고 설명한다. 동시에 모세가 예수보다 못하다는 근거도 제시한다. 즉 어떠한 때에도 하나님을 본 사람이 하나도 없는데 예수는 아버지 하나님의 품에 있을 정도로 늘 보셨기 때문이다. 모세는 하나님을 보고자 하였어도 거절을 당하였다. 여기에서 주목할 것은, 저자가 하나님 목격의 여부를 기준으로 탁월함의 크기를 평가하고 있다는 사실이다. 재력이나 권력이나 성품이나 가문이나 외모나 수명이나 건강이 아니라 하나님을 보느냐의 여부가 존재의 크기를 결정한다. 그런데 인류의 역사에서 하나님을 본 사람은 예수가 유일하다. 그래서 예수는 가장 위대하다. 동시에 우리와 관련하여 보면, 예수를 얼마나 본받고 닮고 따르고 있느냐가 인생의 크기를 좌우한다.

만약 누군가가 하나님을 보았다고 말한다면 이 구절에 근거하여 나는 그가 거짓말을 한다고 판단한다. 물론 나는 하나님이 자신을 친히 보이시면 우리가 하나님을 볼 가능성이 있다는 것을 인정한다. 유일하게 하나님을 보신 예수의 조언처럼 마음이 청결한 자가 하나님을 볼 가능성이 있다

(마 5:8). 그러나 마음이 온전히 청결한 자가 예수 외에 과연 누구인가? 내가 단호하게 없다고 대답하는 근거는 예레미야 선지자의 기록이다. "만물보다 거짓되고 심히 부패한 것은 마음이라"(렘 17:9). 인간적인 차원의 청결한 마음에 보여지는 하나님은 그분의 본질이 아니라 인간의 성정에 맞추어진 모습이다. 이 땅에서는 비록 야곱처럼 하나님을 보았다고 하더라도 그것은 하나님의 실체가 아니라 요한의 기준에 미치지 못할 정도로 희미하게 본 그분의 희미한 현현이다(창 32:30).

저자는 예수를 "아버지의 품 속에 유일하게 나신 하나님"이라고 고백한다. 아버지의 "품"에 계셨다는 말의 의미는 무엇인가? 첫째, 요한복음 저자는 "예수의 품에 의지하여" 대화를 나누었고 예수께서 사랑하신 제자였다(요 21:20). 이처럼 "품"의 의미를 정확하게 경험한 저자는 "아버지의 품 속"을 "완전한 사랑"의 의미로 사용했을 것이라고 나는 생각한다. 둘째, 후손을 표현할 때에 "허리에서 나오다"는 말이 사용된 것처럼(창 35:11; 출 1:5; 사 48:1; 히 7:5) 아버지 하나님과 동등한 아들 하나님이 나셨다는 의미일 가능성도 있다. 성자는 아버지 하나님의 품에서 완전한 사랑의 결정체로 유일하게 나셨지만 우리는 예수를 믿음으로 말미암아 입양된 자녀이다.

요한복음 저자의 고백을 따라 "아버지의 품 속에 유일하게 나신"(μονογενὴς) 분이라면 "하나님"이 아니라 "아들"이라 칭하는 것이 더 적합해 보이지만 저자는 "하나님"(θεὸς)을 그의 호칭으로 택하였다. 이것을 필사의 부주의로 말미암은 오탈자로 여기는 학자들도 있지만 나는 요한의 의도적인 선택이라 생각한다. 이런 선택은 요한복음 1장 1절에도 나왔지만 이후에 10장 30절과 33절과 20장 28절에서도 확인된다. 나아가 예수와 하나님을 동일시한 표현은 바울의 글에서도 확인된다(롬 9:5; 딛 2:13). 히브리서 저자도 하나님의 아들 예수와 하나님이 동일한 분이라고 기록한다(히 1:8). 하나님은 하나님 자신에 의해서만 온전한 계시가 가능하다. 즉 하나님 자신이신 예수만이 그 하나님을 나타내 보이신다. 인간이신 예수만이 그 하나님을 인간에게 온전히 알리신다. 그래서 예수는 자신으로 말미암지 않고는 누구도 아버지 하나님께 나아갈 수 없다고 선언한다(요 14:6). 하나님 되시는 예수에 의해 알려지지 않은 하나님은 참된 하나님이 아니라 인간에 의해 만들어진 우상이다. 문제는 그런 우상이 교회에 많다는 사실이다. 우리가 섬기는 하나님은 과연 말씀이 알려준 분이신가? 나의 기호가 창작해 낸 우상은 아닌가?

> ¹⁹이것은 요한의 증언이다 그때 유대 사람들이 그에게 "너는 누구냐"고
> 묻게 하려고 예루살렘에서 제사장들과 레위인들을 보내었다

저자는 요한 이야기를 다시 주목한다. 요한의 직접적인 증언을 대화체로 옮긴 부분이다. 요한은 당시에 교계의 제도권을 어지럽게 하는 변방의 권위였다. 많은 사람들이 그에게 열광했기 때문에 당시의 종교 실세들은 요한의 정체가 궁금했다. 그래서 유대인이 몇 사람의 제사장과 레위인을 파견했다. 제사장과 레위인을 움직일 정도의 권위라면 그들의 배후는 산헤드린 공회일 가능성이 높다. 이 파견에는 예루살렘 제도권과 요단강 비주류 사이의 미묘한 긴장과 견제가 스며들어 있다. 하나님이 보내신 요한과 유대교가 보낸 전령들이 대치하고 있기 때문이다. 칼뱅이 분석한 것처럼 당시의 유대인은 메시아를 고대했다. 그리고 당시의 교계는 참된 메시아가 올 때까지 거짓 메시아의 유혹에서 백성을 보호해야 했다. 그런데 파격적인 용모와 발언으로 민심을 격동시킨 요한이 등장했다. 어쩌면 그가 메시아일 수도 있겠다는 생각과, 동시에 백성의 종교심을 미혹하는 새로운 종파의 사이비 교주일 수도 있겠다는 생각에 탐색대를 요한에게 파견했다.

²⁰그는 고백하고 거부하지 않으면서 "나는 그 그리스도가 아니라"고 고백했다

요한에게 던져진 "너는 누구냐"는 질문에 대해 저자는 요한의 답변을 두 가지로 구분한다. 첫째는 자신이 누구가 아닌지에 대한 답변이고 둘째는 자신이 누군지에 대한 답변이다. 자기 부정이 앞서고 자기 긍정이 뒤따른다. 순서가 중요하다. "나는 누구냐"에 대한 질문 앞에서 우리도 잘못된 자아관과 꾸며진 이미지를 먼저 깨뜨리고 진정한 자아관을 확립해야 한다.

요한은 먼저 자신이 메시아가 아니라고 고백했다. 이는 파견된 사람들이 요한에게 던진 질문이 메시아의 여부에 관한 것임을 의미한다. 이런 질문을 한 이유는 백성들이 메시아를 갈망하며 기다렸기 때문이고 "모든 사람들이 요한을 혹 그리스도" 아닌가를 "심중에 생각"했기 때문이다(눅 3:15). 이와 동시에 메시아에 대한 질문은 종교적인 면만이 아니라 정치적인 면에서도 대단히 민감한 문제였다. 당시의 유대사회 실권은 헤롯 왕에게 있었는데 그는 메시아의 출생에 대한 이야기를 듣고 그 아기를 죽이려고 했고 실제로 "두 살부터 그 아래로 다" 살상했다(마 2:16). 이는 요한도 예수보다 6개월 정도 빠르지만 비슷한 유아였기 때문에 요한을 그 학살의 희생자로 만들 수도 있는 일이었다. 그런데도 요한은 메시아에 대한 질문을 피하지 않고 당당하게 대답했다. 자신은 메시아가 아니라고! 이것은 정치적인 생매장이 두려웠기 때문이 아니라 실제로 메시아가 아니라는 자신의 주제를 파악하고 인정했기 때문이다. 요한은 자신이 메시아 급으로 높아지는 것을 원하지 않았을 뿐더러 그 메시아의 길을 예비하는 부르심을 받았다는 의식이 뚜렷한 사람이다. 세간의 호평을 알지만 거기에 인생의 장단을 맞추지 않고 하늘의 부르심에 충실했다.

"너는 누구냐"는 물음에 대해 요한은 자신이 누구는 아니라는 인식이 확실했다. 이 문답에서 우리는 '내가 누구다'를 아는 것만이 아니라 '내가 누구는 아니다'를 아는 것도 중요함을 깨닫는다. 대부분의 사람들은 자신이 누구인지 정확하게 알지 못한 채 살아간다. 한 번도 나 자신을 안 적도 없고 되어본 적도 없다는 헤르만 헤세의 말은 진실이다. 모든 인간은 하나님의 형상을 따라 지음을 받았으며 당연히 천하의 모든 만물을 다 합한 것보다 더 고귀한 존재인데 이런 자신의 정체성에 대해 무지하다. 이러한 사실도 안타까운 일이지만 자신의 정체성에 대한 무지의 빈자리를 터무니 없는 자아관이 차지하는 것도 안타깝다. 진정한 자아를 발견하지 못하면 당연히 다른 자아로 살아간다. 어떤 사람들은 자신을 동물로 간주하고 본능에 충실한 짐승처럼 살아가고, 타인에 대해서도 짐승이나 짐승보다 못한 존재로 하대한다. 어떤 사람들은 자신을 심지어 하나님과 동급으로 여기며 하나님과 비기려고 한다. 피조물이 감히 창조자 흉내를 내며 살아간다. 우리가 인간임을 아는 것도 중요하고 신과 짐승이 아니라는 사실을 아는 것은 더더욱 중요하다. 요한은 자신의 정체성을 정확하게 인지하고, 자신의 존재 이유도 정확하게 인지하고 있다. 그래서 자신은 메시아가 아니라고 딱 잘라서 대답했다.

²¹그들이 그에게 질문했다 "그럼 누구냐? 너는 엘리야냐?" 그가 말하였다 "나는 아니다" [그들이 또 질문했다] "너는 그 선지자냐?" 그가 대답했다 "아니다"

이제 그들은 요한에게 엘리야가 아니냐는 질문으로 그의 정체성을 추궁한다. 이 질문은 말라기의 예언에 근거한다. "보라 여호와의 크고 두려운 날이 이르기 전에 내가 선지자 엘리야를 너희에게 보내리니"(말 4:5). 유대인은 엘리야가 죽지 않고 하늘로 올라갔기 때문에 말라기의 예언을 따라 다시 올 것이라고 기대했다. 그런데 요한은 자신이 엘리야가 아니라고 대답한다. 하지만 요한의 이런 답변은 "오리라 한 엘리야가 곧 이 사람"이라 하신 예수의 말씀과 상충된다(마 11:14). 예수의 말씀은 틀리지 않기 때문에 문제는 분명히 요한에게 있다. 하지만 그의 답변도 거짓말이 아니었다. 요한은 자신을 "오리라 한 엘리야"로 이해하지 않았기 때문에 진실을 말하였다. 이는 요한도 자신의 온전한 정체성을 잘 모른다는 것을 의미한다. 그가 자신을 메시아의 길 예비자로 알기는 하였으나 엘리야의 정체성도 그에게 있다는 사실에 대해서는 무지했다. 이토록 위대한 요한이 어떻게 자신의 정체성에 대해서도 부분적인 지식만 가졌을까? 나는 이런 요한을 보면서 괜히 인간미가 느껴진다. 인간은 자신의 정체성을 다 파악하지 않고서도 잘 살아간다. 때때로 주님은 우리가 교만하지 않도록 우리에게 부여된 정체성의 일부를 일부러 가리신다. 자신의 정체성을 아는 것보다 모르고 사는 게 더 경건하고 겸손하게 살 경우가 있기 때문이다. 그러나 교만하지 않으면서 하나님의 말씀에 근거한 자신의 정체성을 알면 더 잘 살아간다.

파견된 사람들은 요한에게 "그 선지자"가 맞느냐고 질문한다. 이 질문은 모세가 남긴 예언에 근거한다. "네 하나님 여호와께서 너희 가운데 네 형제 중에서 너를 위하여 나와 같은 선지자 하나를 일으키시리니"(신 18:15). 당시의 유대인은 메시아를 기다리고 있었으며 그가 엘리야나 모세와 관계되어 있을 것이라고 이해했다. 그러나 파견된 자들은 메시아와 "그 선지자"가 동일인이 아니라고 생각했다. 질문에서 율법에 대한 제사장과 레위인의 무지가 드러난다. 그들은 혹시 요한이 메시아일 지도 모른다는 생각으로 엘리야와 모세에 관계된 요한의 정체성을 질문했다. 요한의 대답은 동일했다. "아니다." 선지자와 관련된 요한의 정체성에 대해 예수는 그가 "그 선지자"는 아니지만 선지자인 동시에 "선지자보다 더 나은 자"라고 답하셨다 (마 11:9).

지금까지 파견된 자들의 질문에서 우리는 당시의 유대인이 오기를 희망하는 인물들의 순서를 확인한다. 그들은 중요도에 따라 그리스도, 엘리야, 그 선지자를 기다리고 있다. 요한은 유대인의 희망을 자극한 사람이다. 요한 때문에 유대인은 민족의 운명과 미래를 이끌어갈 메시아에 대한 의식으로 휩싸였다. 400여 년의 긴 세월 동안 하나님의 계시가 없어서 유대인의 관심사는 현실적인 문제에 사로잡혀 있고 메시아의 도래에 대한 감각이 종적을 감춘 상황에서 요한의 등장은 큰 바람을 일으키며 세태의 판을 흔들었다. 메시아에 대한 기대감이 유대인의 뇌리를 접수했다.

22그러므로 그들이 그에게 말하였다 "너는 누구냐?
우리를 보낸 이들에게 대답하게 하라 너는 너 자신에 대해 무엇이라 말하느냐?"

유대인이 파견한 사람들이 던진 그리스도, 엘리야, 그 선지자에 대한 질문에 요한은 모두 "아니라"고 답하였다. 그들은 자신들을 파견한 이들에게 대답하기 위해 질문의 마지막 카드를 사용한다. 즉 요한은 자기 자신을 누구로 의식하고 있는지에 대해 질문한다. 한 사람의 정체성을 안다는 것은 쉽지 않은 일임을 나는 여기에서 확인한다. 바울은 어떤 사람에게 속한 것을 타인들은 알지 못하고 오직 그 사람에게 있는 영만이 안다고 주장한다(고전 2:11). 타인을 온전히 안다는 것은 가능하지 않다. 사실 나 자신도 나를 제대로 알지 못하는 게 현실이다. 한 사람의 정체성을 도저히 파악할 수 없을 때에는 그나마 당사자의 직접적인 설명을 1차 자료로서 존중함이 좋다.

23그가 말하였다 "이사야 선지자가 말한 것처럼 나는 '주의 길을 곧게 하라'고
광야에서 외치는 소리이다"

요한은 자신에 대해 자기가 이해하고 있는 바를 설명한다. 엘리야와 모세와 관련된 질문을 접한 요한은 질문하는 사람들이 구약의 예언에 해박한 것을 알고 이사야의 예언으로 대답한다. 즉 요한은 "주의 길을 곧게 하라

고 광야에서 외치는 소리"이다. 이사야의 정확한 예언은 이러하다. "외치는 자의 소리여 이르되 너희는 광야에서 여호와의 길을 예비하라 사막에서 우리 하나님의 대로를 평탄하게 하라"(사 40:3). 이사야서 전체는 둘로 구분된다. 1-39장은 이스라엘 백성의 정죄와 심판이고, 40-66장은 이스라엘 백성의 구원과 영광이다. 요한이 인용한 이사야의 기록은 구원과 회복이 시작되는 부분에 등장한다. 백성을 위로하는 문맥에서 "노역의 때가 끝났고 그 죄악이 사함을 받았"다는 회복의 때를 선언하며 하신 하나님의 말씀이다. 그 회복의 때는 예수의 시대이고 그의 길을 곧고 평탄하게 예비할 것을 그의 백성에게 선포하는 것은 요한의 사명이다. 그런데 이사야의 표현에 근거해서 본다면 예수와 여호와 혹은 하나님은 동일한 분이심이 확인된다.

요한은 자신을 "광야에서 외치는 소리"라고 한다. 그가 자신을 광야의 소리로 인식한 것은 하나님의 가르침에 근거한 것이었다. 이처럼 요한은 가문이나 국적이나 성별이나 직업이나 직위가 아니라 성경에 근거하여 자신의 정체성을 확립했다. 요한은 광야의 소리였다. 실제로 요한은 광야에 있었고 하나님의 말씀이 그에게 임하였고 그는 선포했다(눅 3:2). "소리"(φωνή)의 가장 중요한 역할은 메시지의 전달이다. 그 메시지는 명료하고 정확해야 한다. 실제로 요한은 "옳다 옳다, 아니라 아니라 하라 이에서 지나는 것은 악에서 난다"(마 5:37)는 예수의 가르침을 아는 것처럼 그대로 반응했다. 즉 자신은 그리스도, 엘리야, 그 선지자가 아니며, 광야에서 외치는 소리라고 분명하게 대답했다.

요한은 비록 예수의 평가처럼 엘리야요, 선지자요, 그 이상의 사람이긴 하였으나 그런 자신의 도드라진 부분을 전혀 의식하지 않고 오직 소리의 정체성에 집중한다. 소리는 메시지만 남기고 그 존재는 공중에 흩어지고 사라지는 것이 최고의 특징이다. 사람들의 시선이 머물 수 없는 자신의 존재성을 그는 인지하고 있다. 그런데 그에게는 그런 자신의 정체성과 역할에 대해 어떠한 불만이나 불쾌함도 없다. 존재가 너무나도 쉽고 급속하게 증발하는 소리의 부르심을 받는다면 나는 어떻게 반응할까? 나는 원망을 바가지로 쏟았을 것 같은데 요한은 "각 사람은 부르심을 받은 그 부르심 그대로 지내라"(고전 7:20)는 바울의 말을 아는 듯 자신의 소명과 사명에 만족하고 충실했다.

요한의 외침을 들은 사람들은 주의 길을 곧게 하라는 메시지에 반응해야 한다. 주의 길을 곧게 하라는 외침의 실질적인 의미는 "내가 무엇이라 외칠까요"라는 이사야의 질문에 대한 하나님의 답변에서 확인된다. "이 백성은 실로 풀이로다 풀은 마르고 꽃은 시드나 우리 하나님의 말씀은 영원히 서리라 하라"(사 40:7-8). 베드로는 이 구절을 해석하며 "너희에게 전한 복음이 곧 이 말씀"이라고 확증했다(벧전 1:25). 요한은 이 복음의 대로를 평탄하게 해야 하는데 이 사명은 이사야가 들은 다음의 말씀과 연관되어 있다. "너희의 하나님을 보라 하라"(사 40:9). 하나님은 자신을 만물의 창조자로 밝히시고, 만물은 티끌과 먼지에 불과하고 심지어 텅 빈 것처럼 아무것도 아니라고 하시면서 "오직 여호와를 앙망하는 자는 새 힘을 얻을 것이라"(사 40:31)고 말하셨다. 그리고 두려워 떨며 잠잠히 "재판 자리"로 나아올 것을 명하셨다(사 41:1). 이것은 여호와 경외와 회개를 촉구하는 말씀이다. 그래서 나는 요한의 사명이 누가의 기록처럼 "죄 사함을 받게 하는 회개"(눅 3:3)의 선포라고 생각한다. 예수로 말미암아 회복되지 않은 모든 사람들은 위로가 필요한 황무지 혹은 광야였다. 주님의 대로는 공간적인 길거리가 아니라 마음의 대로였다. 그 대로를 정비하는 최고의 비결은 자신의 죄를 인정하고 용서를 구하는 회개였다. 요한의 외침은 지금도 유효하다. 발 달린 광야들이 지금도 많기 때문이고 그 광야에는 회복의 때가 왔으므로 돌이켜야 한다는 회개의 외침이 항상 필요하기 때문이다. 우리 모두는 광야에서 외치는 요한이다.

요한의 외침에서 우리는 예수께서 이 땅에 오신 이유가 스스로도 밝히신 것처럼 "의인을 부르러 온 것이 아니요 죄인을 불러 회개"하게 만들려고 오셨다(눅 5:32)는 사실을 확인한다. 우리도 믿음의 궁전에서 행복하게 잘 살아가는 사람들이 아니라 아직도 불신의 광야에서 주의 대로를 예비하지 못한 자들에게 회개를 외치는 소리여야 한다. 내가 주로 만나는 사람들은 누구이며 자주 가는 곳은 어디인가? 예수의 제자들은 모두 부활하신 주님의 대로를 준비하는 소리였다. 베드로는 백성에게 "너희가 회개하고 돌이켜 너희 죄 없이 함을 받으라"(행 3:19)는 복음의 소리였다. 사도들의 터 위에 세워진 교회도 사람들로 하여금 회개하게 만드는 복음의 나팔이다.

24 보내어진 자들은 바리새파 출신이다

복음서의 저자는 유대인이 파견한 사람들의 신분을 적시한다. 그들은 바리새파 출신이다. 이러한 소속을 밝힌 저자의 의도는 무엇인가? 그들은 예수께 가장 많은 책망을 받은 분파였다. 주님은 그들을 "잔과 대접의 겉은 깨끗이 하나 너희 속에는 탐욕과 악독이 가득"(눅 11:39)한 자라고 평하셨다. 바리새파 무리는 자신들이 다른 사람들과 구별된 거룩한 존재라고 생각한다. 그러나 예수의 평가에 의하면 그들은 존재의 껍데기만 거룩하고 속은 이루 말할 수 없을 정도로 더러웠다. 이처럼 겉으로는 깨끗하나 속으로는 더러운 자들과 겉으로는 지저분해 보이지만 속으로는 깨끗한 자가 절묘한 대비를 이루는 만남과 대화가 이어지고 있다. 이 대비는 사람을 외모로 판단할 수 없다는 극명한 사례를 제공한다. 이렇게 가식적인 바리새파 무리는 자신들의 우월성을 입증하고 드러내기 위해 문답으로 상대방을 시험하고 곤경에 빠뜨리는 기술이 뛰어나다. 요한에 대해서도 취조에 가까운 고압적인 자세로 계산된 질문들을 던지며 답변의 빈틈을 탐색하고 있다. 요한의 자평을 들은 그들은 어떤 꼬투리를 잡아 반격할까?

²⁵그들이 그에게 물으며 그에게 말하였다 "네가 그리스도도 아니고 엘리야도 아니고 그 선지자도 아니라면 어찌하여 네가 세례를 베푸느냐?"

파견된 자들은 요한의 답변을 듣고 실망했다. 어쩌면 안도했다. 자신들이 두려워할 대상이 아니었고 경쟁할 상대도 아님을 파악했기 때문이다. 그들은 광야에서 외치는 자의 소리에 불과한 요한을 다소 무시하며 잘못을 추궁하는 질문을 이어간다. 그리스도, 엘리야, 그 선지자도 아닌 주제에 감히 세례를 베푸는 것은 무슨 자격과 권한에 근거한 것이냐고 반문한다. 요한의 세례는 죄 문제의 해결을 위함이다. 파견된 제사장과 레위인이 보기에 제사를 드려서 죄를 해결하는 직무는 자신들의 몫이었다. 그래서 요한의 세례는 제사장과 레위인이 보기에 자신들을 무시하는 처사였다. 그래서 불법적인 세례라는 뉘앙스로 요한을 추궁한다. 여기에서 우리는 바리새파 사람들의 주된 관심사가 요한의 실질적인 정체성이 아니라 세례에 관한 것임을 확인한다. 사실 요한은 그의 아버지가 현직 제사장이고 그의 어머니는 아론의 자손이기 때문에 제사장 핏줄이다. 그런데 요한은 제사장 가문을 내세우며 싸울 수도 있었으나 그는 격정에 빠지지 않고 대단히 침착하다. 세례에 관한 생트집을 잡는 이들에게 불쾌한 심경을 드러내지 않고 친절하게 대답한다. 사실 핏대를 세우며 논쟁을 벌여서 이겼다고 한들 그게 무슨 소용인가! 괜히 무의미한 시간만 낭비한다. 그래서 요한은 시비에 휘말리지 않고 자신에게 주어진 사명에 집중한다.

²⁶그가 그들에게 답하였다 "나는 물로 세례를 베풀지만

너희가 알지 못하는 분이 너희 가운데에 서셨는데

²⁷곧 내 뒤에 오는 분이시다 나는 그의 신발끈을 풀기에도 합당하지 않다"

요한은 파견된 자들의 질문에 답하면서 광야에서 외치는 소리의 사명을 수행한다. 그는 물로 세례를 베푼다고 대답한다. 물로 베푸는 세례는 회개와 연관되어 있다. 이것은 "죄의 용서를 위한 회개의 세례"이고(눅 3:3) 죄를 용서하는 세례가 아니라는 점을 주의해야 한다. 회개는 죄 용서의 근거가 아니라 하나의 조건이다. 하나님은 분명히 회개의 방식으로 죄 용서를 베푸신다. 그러나 죄 용서의 주권 즉 "땅에서 죄를 사하는 권세"는 요한 뒤에 오시는 예수에게 있다(막 2:10). 요한은 그분이 유대인 가운데에 계신다고 한다. 자신은 그분의 "신발끈을 풀기에도 합당하지 않다"고 고백한다. 신발끈을 푸는 이유는 발을 씻어 주기 위함이다. 당시 발을 씻는 사람은 지극히 낮은 종이었다. 요한은 예수에 비해 너무나도 비천한 자임을 신발끈 언급으로 고백했다. 이는 "여자가 낳은 자 중에 세례 요한보다 큰 이가 일어남이 없도다"(마 11:11)는 예수의 평가에 비추어 보면 최고의 사람인 요한이 자신을 지극히 작은 자로 낮춘 것이었다.

예수를 이해하고 대하는 요한의 이러한 겸손을 통해 우리는 "예수 앞에서의 나"가 "진짜 나"임을 깨닫는다. 바울도 이런 인식 속에서 살아간 사도였다. 그는 사도들과 비교할 때에도 예수 앞에서의 자신을 생각하며 "사도 중에 가장 작은 자"이기에 "사도라 칭함 받기를 감당하지 못할 자"라고 인식했다(고전 15:9). 다른 성도들과 비교할 때에도 예수 앞에서의 자신을 떠올리며 "모든 성도 중에 지극히 작은 자보다 더 작은 나"라고 인식했다(엡 3:8). 우리가 예수를 대하는 태도는 과연 어떠한가? 예수 앞에서의 진짜 나를 찾았는가? 예수께서 자신을 낮추셔서 우리에게 형제와 친구가 되셨기 때문에 우리는 자칫 예수의 머리 꼭대기에 오르려는 방자한 교만에 빠지

기가 쉽다. 그때마다 요한의 겸손을 기억하라. 그리고 타인을 대할 때에도 예수 앞에서의 진짜 자신을 의식하며 타인을 나보다 나은 자로 존대하라.

당시에 예수에 대한 유대인의 인식은 어떠한가? 요한은 그들이 예수를 알지 못한다고 꼬집는다. 그분의 신발끈도 풀기에 합당하지 않은 요한의 유명세를 알고 일부러 찾아온 유대인이 정작 요한과 비교할 수 없을 정도로 위대하신 분이 그들 가운데에 서 계심에도 불구하고 모른다는 것이 얼마나 어리석고 부끄러운 무지인가! 유대인의 그러한 무지를 깨우치는 소리로서 요한은 회개를 외치고 물 세례를 주면서 주님의 길을 예비한다. 그들의 무지를 교묘하게 이용하여 높임을 받으려는 사회적 욕망의 단 한 조각도 그에게는 없다. 요한은 당시의 교계와 정계를 뒤흔들 정도로 주목을 받은 분이지만 예수와의 겸손한 비교로 그분을 한없이 높이는 "소리"의 직무에 충실했다. 우리도 모든 사람에게 칭찬과 존경을 받도록 진실하고 신실하고 성실해야 한다. 누군가가 우리의 정체성에 대해 묻는다면 우리도 요한처럼 자신을 높이지 말고 나보다 더 높으신 분이 계신데 그분의 신발끈을 풀기에도 합당하지 않을 정도로 위대한 분이라고 높이며 그 누군가가 주님을 영접할 회개의 대로를 예비해야 한다.

> 28이것들은 요한이 세례를 베풀던 곳 요단 강 건너편 베다니 안에서
> 일어난 일이었다

유대인이 파견한 사람들과 요한이 만나 대화를 나눈 사건은 그가 세례를 베풀던 요단 강 건너편 베다니 안에서 일어난 일이었다. 요한복음 안에서는 "베다니"라는 지명이 네 번 언급된다. 1장의 요한과 관계된 언급 외에 세 번의 언급은 모두 나사로가 사는 고장을 가리킨다(요 11:1, 18, 12:1). 이 베다니와 예루살렘 사이의 거리는 "5리" 정도라고 한다(요 11:18). 요한복음

10장에는 예수께서 나사로의 베다니에 계시지 않고 요한이 세례를 주던 곳에 계셨다는 기록(요 10:40)에 근거하면 두 베다니는 다른 장소임에 분명하다. 오리겐은 이 "베다니"를 "여울의 집 혹은 건넘의 집"이라는 의미의 "베타바라"(בית עברה)로 읽어야 한다고 확신하며 주님의 길을 예비하는 요한의 사명과도 잘 어울리는 곳이라고 주장한다. 크리소스톰과 칼뱅도 더 정확한 사본에는 "베타바라"로 표기되어 있고 베다니가 요단 강이 아니라 예루살렘 지역에 가깝다는 이유로 오리겐의 견해에 동의한다. 나는 요한이 세례를 주던 요단 강 건너편의 이름을 대부분의 사본에서 확인되는 지명인 "베다니"로 간주한다. "베다니"(Βηθανία)의 히브리어 어원(בית עני)에 근거하면 "빈민의 집 혹은 고통의 집"을 의미한다. 지명의 의미로 보건대, 베다니는 가난하고 병들고 비참한 사람들이 모여 사는 장소일 가능성이 높다. 요한은 그곳에서 회개를 선포하고 세례를 베풀었다. 화려한 로마나 종교적인 예루살렘 성읍이 아니었다.

요한이 바리새파 출신의 사람들과 대화를 나눈 곳은 광야도 아니고 강가도 아니고 베다니 성읍이다. 사회적인 약자들이 들을 수 있는 곳에서 공적인 대화를 나누었다. 그들의 귀에 예수라는 복음이 들어가게 만들었다. 어디에 있느냐가 이미 그 자체로 사명의 수행이다.

요 1:29-39

29이튿날 요한이 예수께서 자기에게 나아오심을 보고 이르되 보라 세상 죄를 지고 가는 하나님의 어린 양이로다 **30**내가 전에 말하기를 내 뒤에 오는 사람이 있는데 나보다 앞선 것은 그가 나보다 먼저 계심이라 한 것이 이 사람을 가리킴이라 **31**나도 그를 알지 못하였으나 내가 와서 물로 세례를 베푸는 것은 그를 이스라엘에 나타내려 함이라 하니라 **32**요한이 또 증언하여 이르되 내가 보매 성령이 비둘기 같이 하늘로부터 내려와서 그의 위에 머물렀더라 **33**나도 그를 알지 못하였으나 나를 보내어 물로 세례를 베풀라 하신 그이가 나에게 말씀하시되 성령이 내려서 누구 위에든지 머무는 것을 보거든 그가 곧 성령으로 세례를 베푸는 이인 줄 알라 하셨기에 **34**내가 보고 그가 하나님의 아들이심을 증언하였노라 하니라 **35**또 이튿날 요한이 자기 제자 중 두 사람과 함께 섰다가 **36**예수께서 거니심을 보고 말하되 보라 하나님의 어린 양이로다 **37**두 제자가 그의 말을 듣고 예수를 따르거늘 **38**예수께서 돌이켜 그 따르는 것을 보시고 물어 이르시되 무엇을 구하느냐 이르되 랍비여 어디 계시오니이까 하니 (랍비는 번역하면 선생이라) **39**예수께서 이르시되 와서 보라 그러므로 그들이 가서 계신 데를 보고 그 날 함께 거하니 때가 열 시쯤 되었더라

❖ ❖ ❖

29이튿날 그는 자신을 향하여 다가오는 예수를 보고 말하였다 "보라 세상의 죄를 짊어진 하나님의 어린 양이로다 **30**'내 뒤에 오는 사람인데 나의 처음으로 계셨기 때문에 나보다 앞선다'고 내가 말한 분이 이분이다 **31**나도 그를 알지 못했었다 그러나 그가 이스라엘에게 나타나게 되도록 내가 그에게로 와서 물로 세례를 베풀었다" **32**요한이 또 말하며 증거했다 "내가 보니 하늘에서 영이 비둘기 같이 내려와서 그의 위에 머물렀다 **33**나도 그를 알지 못했었다 그러나 물로 세례를 주라고 나를 보내신 분이 나에게 말하셨다 '누구 위에든지 성령이 내려와서 그 위에 머무는 것을 네가 본다면 그가 성령으로 세례를 베푸는 자니라' **34**그리고 나는 그가 하나님의 아들임을 목격하고 증거했다" **35**그리고 이튿날 요한과 자기 제자들 중의 둘이 서 있었는데 **36**걸어가는 예수를 응시하며 그가 말하였다 "보라 하나님의 어린 양이구나" **37**그 두 제자가 그의 말하는 것을 듣고 예수를 따라갔다 **38**예수께서 돌이켜 따라오는 그들을 보시며 말하셨다 "너희가 무엇을 구하느냐?" 그들이 그에게 말하였다 "랍비여 (이는 번역하여 말하면 선생이다) 당신은 어디에 머물러 계십니까?" **39**그가 그들에게 말하셨다 "너희는 와서 보라" 그래서 그들이 가서 그가 머무는 곳을 보았으며 그들도 그 날 그의 곁에 머물렀다 때가 열 시 경이었다

04 스승과 제자

요한은 성경에 근거하여 자신의 정체성을 확립하고 그것에 합당한 삶을 추구한다. 동시에 그는 자신이 소리가 되어 예비하는 길 되신 예수의 정체성도 성경에 근거하여 이해한다. 예수는 하나님의 어린 양으로서 세상의 죄를 짊어지는 분이시다. 하나님 자신이며 아버지 하나님과 동등하며 함께 거하시는 지극히 위대한 말씀이 육신이 되신 예수는 그런 존재성과 너무나도 판이하게 "어린 양"의 정체성도 가지셨다. 게다가 아름답고 귀엽고 향기로운 삶의 의미지가 아니라 세상의 모든 죄를 짊어지는 무겁고 괴롭고 어두운 사명을 수행하는 분이시다. 그런데도 요한은 그의 길을 예비하는 소리에 불과했고 요한의 두 제자는 스승의 가르침을 받고 예수의 제자로 변하였다. 이는 예수의 정체성을 제대로 목격한 자의 변화된 모습이다. 나에게 예수는 누구인가?

²⁹이튿날 그는 자신을 향하여 다가오는 예수를 보고 말하였다
"보라 세상의 죄를 짊어진 하나님의 어린 양이로다 ³⁰'내 뒤에 오는 사람인데
나의 처음으로 계셨기 때문에 나보다 앞선다'고 내가 말한 분이 이분이다

예수께서 요한에게 온다. 어떤 느낌일까? 하나님이 걸어서 자신에게 온다는 것은 온 우주가 걸어오는 것보다 더 신비롭고 가슴 벅찬 기적이다. 예수께서 우리에게 오신다면 어떻게 반응할까? 반응은 각자가 예수를 누구로 아느냐에 따라 달라진다. 요한복음 안에서 예수는 자신에 대하여 "나는 ~~이다"('Εγώ εἰμι)는 방식으로 세상의 빛, 생명의 떡, 양의 문, 선한 목자, 부활과 생명, 포도나무, 진리, 길이라고 밝히신다. 그런데 요한은 그의 제자들을 향해 예수께서 스스로 밝히시지 않은 것으로서 "세상의 죄를 짊어진 하나님의 어린 양"이라고 증거한다. 요한은 선지자와 율법의 끝이기에 그의 이 고백은 구약에 근거한 것임에 분명하다. "세상의 죄"는 무엇인가? 온 인류의 죄를 의미한다. "죄"(ἁμαρτία)는 "잘못으로 인해 지분이 없어지다, 과녁을 벗어나다 혹은 과녁에서 멀어지다" 등을 의미하는 "하마르타노"(ἁμαρτάνω)라는 동사의 파생어다. 이 동사의 히브리어 대응어는 "하타"(חָטָא)이며 이것의 반대어는 "활을 쏘아서 과녁을 맞추다"를 의미하는 동사 "야라"(יָרָה)이다. "하타"의 명사형은 "죄 혹은 벌"(חֵטְא)이고 "야라"의 명사형은 "토라"(תּוֹרָה) 즉 "율법"이다. 종합하면, 죄는 하나님의 법이라는 과녁을 벗어나는 것을 의미한다. "세상의 죄"는 온 세상이 하나님과 그의 법에서 멀어지는 것을 의미한다.

"어린 양"(ἀμνός)은 무엇을 뜻하는가? 이 단어는 신약에서 4번 사용된다(요 1:29, 36; 행 8:32; 벧전 1:19). 특별히 사도행전 안에서는 이사야서 53장 6-7절에 나오는 히브리어 "양"(שֶׂה)과 "암양"(רָחֵל)이 각각 "양"(πρόβατον)과 "어린 양"(ἀμνός)으로 번역되어 있다. 누가는 70인경의 번역을 그대로 인용했다. 신약의 "어린 양"에 대응되는 구약의 "암양"은 구약에서 4번 사용된다

(창 31:38, 32:14; 아 6:6; 사 53:7). 구약에서 "암양"은 평민을 위해 날마다 드리는 속죄제의 제물이다(레 4:27, 32). 그러므로 요한이 말한 "어린 양"을 우리는 일반적인 사람들의 죄를 해결하는 제물로 이해해도 무방하다.

예수는 "하나님의 어린 양"(ὁ ἀμνὸς τοῦ θεοῦ)이시다. 이는 이 세상의 모든 어린 양들이 하나님의 어린 양이 아니라는 다소 배타적인 표현이다. 이 표현은 성경에서 요한만 사용한다. 그리고 예수를 가리킬 때에만 사용된다. "하나님의 어린 양"은 "하나님께 속한 어린 양" 혹은 "하나님이 친히 예비하신 어린 양" 혹은 "하나님 자신이 어린 양"을 의미한다. 예수는 세상에 속한 양이 아니시고, 사람이 예비한 양이 아니시고, 사람이나 짐승이 아니라 하나님 되시는 양이시다. 구약에서 제물로 드려진 어린 양은 예수를 예시한다. 바울은 출애굽 직전에 "어린 양"(출 12:5)의 피로 집 좌우의 문설주와 인방에 발라서 이스라엘 백성을 죽음에서 구원 받게 한 그 "유월절의 양"이 예수라고 설명한다(고전 5:7). 믿음의 조상이 자신의 아들 이삭을 번제물로 바치려고 할 때에 이삭을 대신하여 번제물이 된 양도 예수를 예시한다. 이때 아브라함은 이 양에 대하여 대단히 중요한 이야기를 한다. "번제할 어린 양은 하나님이 자기를 위하여 친히 준비하시리라"(창 22:8). 구약에서 제물로 드려지는 모든 양은 하나님이 아니라 사람이 준비했다. 오직 예수만이 하나님이 자신을 위해 친히 준비하신 양이시다. 다른 모든 제물들은 하나님께 전혀 유익하지 않다. "너희의 무수한 제물이 내게 무엇이 유익하뇨"(사 1:11). 오직 자신이 준비하신 어린 양으로서 예수만이 하나님께 유효하고 유익한 제물이다.

예수는 하나님의 어린 양으로서 "세상의 죄"(τὴν ἀμαρτίαν τοῦ κόσμου)를 짊어진 분이시다. "세상의 죄"는 온 세상이 죄로 물들어 있으며 그 죄에서 자유로운 사람이 하나도 없음을 의미한다. 이 표현은 전도자의 증언처럼 "선을 행하고 전혀 죄를 범하지 아니하는 의인은 세상에 없기 때문이다"(전 7:20). 같은 의미에서, 바울은 "한 사람으로 말미암아 죄가 세상에 들어오고 … 모든 사람이 죄를 지었"다고 가르친다(롬 5:12). "세상의 죄"는 특정한 사람들의 죄만이 아니고 특정한 시대의 죄만이 아니고 특정한 종류의 죄만이 아니고 특정한 크기의 죄만이 아니라 모든 시대의, 모든 사람의, 모든 종류의, 모든 크기의 죄를 포괄하는 표현이다. 그런데 세상은 스스로 자신의 죄를 해결하지 못하기 때문에 세상의 죄를 능히 짊어지고 가실 예수가 필요하다. 여기에서 "짊어짐"(αἴρω)은 "들어 올리다"는 의미이며, 이는 죄를 자신의 어깨에 짊어져서 다른 어깨들을 짓누르지 못하도록 자신이 모든 죄의 심술과 광기를 다 당하는 것, 그런 방식으로 죄를 제거하는 것, 짊어지고 가서 더 이상 죄가 세상을 괴롭히지 못하도록, 왕 노릇하지 못하도록 만드는 것을 의미한다.

요한복음 저자는 다른 곳에서 죄를 짊어지신 예수가 "우리의 죄를 위한 화목 제물"인데 "우리만 위할 뿐 아니요 온 세상의 죄를 위"한 분이라고 풀어서 설명한다(요일 2:2). 나아가 바울은 하나님이 세상의 죄를 제거하여 하나님과 "화목하게 하는 말씀을 우리에게 부탁"(고후 5:19)하신 것에 근거하여 우리도 하나님과 세상을 화목하게 하는 직책을 받았다고 가르친다(고후 5:18). 광야에서 외치는 소리인 요한은 우리가 복음을 들고 땅 끝까지 이르러 모든 족속에게 증인이 되어야 한다는 것을 예수의 정체성에 대한 고백으로, 즉 "세상의 죄를 짊어진 하나님의 어린 양"이라는 고백으로 가르친다. 유대인의 죄만을 위한 양이 아니라 온 세상의 죄를 위한 양이니까 온 세상에 알려야만 한다. 그래서 요한의 이 고백은 기독교의 진리 전체가 담긴 고백이다. 이로 보건대, 요한은 과연 예수의 길을 제대로 예비하는 사람이다. 이는 그의 고백이 예수의 존재와 사명을 드러내고 기독교의 미래까지 예견하기 때문이다.

그리고 요한은 예수를 하나님의 어린 양으로 고백한 이후에 예수의 신적인 권위와 존재성을 다시 언급한다. 이는 예수를 이해할 때에 그의 겸손하고 비천한 인성과 고귀하고 주권적인 신성을 동시에 존중해야 함을 가르친다. 이러한 요한의 균형 잡힌 그리스도 이해는 베드로가 그대로 계승했다. 베드로는 예수를 "흠 없고 점 없는 어린 양"으로 증거한 이후에 곧장 그 예수는 "창세 전부터 미리 알린 바 되신 이나 이 말세에 너희를 위하여 나타내신 바" 되신 분이라고 고백한다(벧전 1:19-20). 바울도 예수를 증거하되 "육신을 따라서는 다윗의 혈통에서 나셨고 거룩함의 영으로는 죽은 자들 가운데서 부활하사 능력으로 하나님의 아들이라 선포되신 분"이라고 고백한다(롬 1:3-4). 이들은 예수의 인성과 예수의 신성이 서로 독립되어 있거나 별개의 주체가 아니라 한 인격임을 가르치고 있다. 이 가르침은 인생의 밥그릇과 무관한 것이지만 기독교 진리의 머릿돌과 같다.

³¹나도 그를 알지 못했었다 그러나 그가 이스라엘에게 나타나게 되도록
내가 그에게로 와서 물로 세례를 베풀었다"

요한은 자신이 이전에는 예수를 식별하지 못했다고 자백한다. 창조자가 피조물을 찾아와도, 빛이 어둠과 세상을 비추어도, 빛이 각 사람을 비추어도 알아보지 못한 것처럼 요한도 예수를 알아보지 못하였다. 여인의 소생 중에서 가장 위대한 사람의 지성이 이러했다. 그렇다면 누가 스스로 예수를 알았다고 자부할 수 있겠는가! 예수를 예수로 알아보는 것은 전적으로 하나님의 은총이다. 요한이 예수를 "하나님의 어린 양"으로 인식한 것도 인간 지성의 유능함이 아니라 하나님의 은혜였다. 이런 맥락에서 이 복음서의 저자도 예수를 믿고 영접하고 하나님의 자녀가 되는 것은 혈통이나 육정이나 사람의 뜻으로 이루어진 것이 아니라 하나님에 의한 은혜라고 설명했다(요 1:13).

그렇다면 요한은 예수의 정체를 어떻게 알았을까? 그 이유를 설명하기 이전에 알게 된 결과로서 그는 예수에게 "물로 세례"를 주었다고 한다. 바

울은 "요한의 세례"를 "회개의 세례"라고 한다(행 19:3-4). 마가와 누가도 동일하게 이해한다(막 1:4; 눅 3:3). 그러나 예수는 회개할 죄가 없으시다. 죄가 없음에도 불구하고 회개의 세례를 받는다는 것은 모순이다. 이 모순은 요한의 앞선 고백에서 해소된다. 즉 예수 자신은 죄의 어떠한 흠과 점도 없는 분이지만 세상의 죄를 짊어진 분이셔서 세상의 죄를 자신의 죄처럼 여기셨다. 스스로 뒤집어 쓰신 그 죄에 근거하여 요한의 물 세례를 받으셨다. 요한은 자신이 물로 세례를 준다고 말할 때에 그에게 찾아온 바리새파 사람들이 어떻게 이해할 것으로 여겼을까? 구약에서 "물"은 대체로 죄의 더러움을 제거하는 최고의 도구로 이해된다. 사람이든 사물이든 부정하게 되면 물에 담그거나 물로 빨아서 깨끗하게 하는 정결 규례들은 물 세례의 의미와 목적을 잘 드러낸다. 이런 규례는 신체의 더러움을 깨끗하게 하는 것으로서 무형의 죄를 제거하는 것의 상징이다. 물 자체는 죄를 실제로 제거할 수 없기 때문이다. 그리고 구약을 잘 아는 사람들이 물 세례의 언급으로 떠올리게 될 보다 강한 이미지는 홍해를 건넌 사건이다. 바울은 이 홍해도하 사건을 "우리 조상들이 다 구름 아래에 있고 바다 가운데로 지나며 모세에게 속하여 다 구름과 바다에서 세례를 받"은 사건으로 이해한다(고전 10:1-2). 바다를 건너는 것도 죄 씻음의 상징이다.

이처럼 죄를 해결하기 위한 "회개의 세례"인 요한의 물 세례는 과연 예수와 사도들이 준 세례와 동일한가? 바울의 경우를 보면, 두 세례는 동일하지 않다. 에베소에 갔을 때에 바울은 어떤 제자들을 만났는데 "요한의 세례"를 받은 이들이다. 그런데도 바울은 그들에게 "주 예수의 이름으로 세례"를 다시 베풀었다(행 19:5). 어떤 사람들은 바울이 준 이 세례에 근거하여 재세례를 주장한다. 그러나 재세례가 성립되기 위해서는 요한의 세례가 지금도 유효해야 하지만 요한의 세례가 예수의 오심 이후에는 사라졌다. 이는 요한이 예수의 길을 예비하는 자인 것처럼, 그의 물 세례는 예수의 성령 세례를 예비하는 것이기 때문이다. 예수의 성령 세례는 우리가 믿음으로 받는 것이며 그 믿음으로 "무릇 그리스도 예수와 합하여 세례를 받은 우리는 그의 죽으심과 합하여 세례를 받은" 것이며 나아가 그의 부활에도 참여하는 것을 의미한다(롬 6:3-5). 그럼 바울을 비롯한 사도들이 준 세례는 무엇인가? 믿음 이후에 주어지는 것이며 믿음으로 말미암은 성령 부으심의 공적인 상징 혹은 표시로서 주어지는 물 세례이다(행 10:47). 이처럼 요한의 세례와 사도들의 세례는 물이 도구라는 점에서는 동일하나 그 의미에 있어서는 동일하지 않다.

요한이 예수께 물로 세례를 베푼 이유는 그를 이스라엘 가운데에 나타내기 위함이다. 내가 만약 예수께 세례를 주었다면 내가 무려 예수에게 세례를 준 사람이라 떠벌리며 예수보다 나 자신을 돋보이게 하려고 애썼겠지! 지금도 대통령의 머리에 안수하며 기도한 것으로도 자신이 대단한 목회자인 것처럼 뻐기는 사람들이 많다. 그것을 무슨 훈장으로 이해한다. 그러나 요한은 세례자인 자신을 감추면서 수세인 예수를 이스라엘 백성에게 나타낸다. 여기에서 예수의 나타냄은 역사의 공적인 무대에 등판하는 것을 의미한다. 예수의 공적인 생애가 요한의 물 세례로 시작된다. 사실 요한은 예수께서 세례를 받으려고 자기에게 나아올 때에 충격을 받았었다. 그래서 요한은 자신이 그에게서 "세례를 받아야 할 터인데" 어떻게 자신에게 오느냐고 예수께 반문했다. 이에 예수는 요한의 세례를 받아서 "모든 의를 이루는 것이 합당"한 것이라고 답하셨다(마 3:15). 예수께서 요한의 세례를 받으신 것은 "모든 의"(πᾶσαν δικαιοσύνην)를 이루시기 위함이다. 여기에서 "의"는 예수에 대한 아버지의 계획과 온 세상을 향한 하나님의 뜻을 의미한다. 예수에게 이루어질 모든 일, 그 일로 말미암아 온 세상에 이루어질 모든 일이 바로 예수께서 이루고자 하시는 모든 일의 의미이다. 요한의 세례는 바로 이 모든 의의 공적인 시작과 인증이다.

³²요한이 또 말하며 증거했다

"내가 보니 하늘에서 영이 비둘기 같이 내려와서 그의 위에 머물렀다

요한이 예수께 물로 세례를 주면서 보니까 실제로 하늘에서 성령이 "비둘기 같이"(ὡς περιστερὰν) 내려와 그 위에 임하였다. "비둘기 같이" 임한 성령에 대하여 누가는 성령이 "비둘기 같은 신체적인 형태로"(σωματικῷ εἴδει) 그의 위에 임했다고 기록한다(눅 3:22). 마태는 "하늘이 열리고(ἠνεῴχθησαν οἱ οὐρανοί) 하나님의 성령이 비둘기 같이" 임했다고 표현한다(마 3:16). 묘사하는 방식이 제자마다 조금씩 다르지만, 요한이 목격한 성령의 임하심이 환영이나 착시가 아니라는 것은 분명하다. 보이지 않는 성령이 비둘기의 형태를 취하여 요한에게 자신을 나타낸 것은 인간의 제한된 지성에 자신을 낮추신 하나님의 배려였다.

"비둘기 같이" 임한 성령의 의미와 관련하여 아우구스티누스는 비둘기의 특징으로 "신음하는 것"을 강조한다. 이는 우리 안에 거하시는 성령이 말할 수 없는 탄식으로 우리를 대신하여 기도해 주신다는 바울의 고백에 근거한다(롬 8:26). 그리고 비둘기의 순수함도 강조하며 성령이 임한 사람은 교활함이 없어야 함을 강조한다. 귀한 통찰이다. 그러나 우리는 성령이 아니라 비둘기 형태에 과도한 호기심을 갖지 않도록 주의해야 한다. 우리의 관심사는 실체보다 상징물 혹은 비유물에 자석처럼 쉽게 이끌린다. 그러나 보이지 않아서 믿음으로 알아야 할 것들을 어떤 가시적인 형태와 결부시켜 인식하고, 후자에 더 의지하고 싶어하는 인간의 고약한 성향을 잘 제어해야 한다. 그리고 요한의 물 세례가 성령 임하심의 계기는 되었어도 근거는 아님을 숙지해야 한다. 만약 물 세례가 성령 임하심의 근거라면 요한은 성령 세례를 준 셈이기 때문이다. 그러나 요한은 분명히 성령으로 세례를 주는 자는 자신이 아니라 따로 계시다고 굵은 선을 그으며 고백했다. 그러므로 물질적인 비둘기가 성령을 가리지 않도록, 인간 요한이 예수를

가리지 않도록 주의해야 한다. 성령보다 비둘기를, 예수보다 요한을 앞세우는 목회자나 성도는 복음보다 자신을 앞세우는 하나님 나라의 장애물이 될 가능성이 높다.

이 복음서에 기록되어 있지는 않지만, 예수께서 세례를 받으시고 물에서 올라오실 때에 성령이 비둘기의 형체로 내려오신 것 말고도 아버지 하나님의 말씀이 하늘에서 주어졌다. "이는 내 사랑하는 아들이요 내 기뻐하는 자라"(마 3:17). 예수는 물세례로 말미암아 아들이 된 것이 아니라 이미 영원한 아들이다. 종교적인 의식으로 영적인 신분을 취득하는 것이 아님을 주의하자. 게다가 예수는 아버지가 사랑하고 기뻐하는 아들이다. 이는 자녀가 들을 수 있는 최고의 찬사라고 나는 생각한다. 이러한 격정적인 기쁨의 표현은 스바냐의 글에도 등장한다. 거기에는 기쁨을 이기지 못하실 정도로 자기 백성을 잠잠히 사랑하고 계신 아버지 하나님의 마음을 언급한다(습 3:17). 예수에 대하여 하늘에서 내려온 아버지의 말씀은 예수만이 아니라 아버지의 자녀 된 우리 모두에게 주어지는 표현이다.

> 33나도 그를 알지 못했었다 그러나 물로 세례를 주라고 나를 보내신 분이
> 나에게 말하셨다 '누구 위에든지 성령이 내려와서 그 위에 머무는 것을
> 네가 본다면 그가 성령으로 세례를 베푸는 자니라'

요한은 예수의 정체를 이전에는 몰랐으나 드디어 알게 된 경위를 설명한다. 그 경위의 핵심은 하나님의 친절한 귀띔이다. 요한은 앞에서 밝힌 것처럼 하나님의 보내심을 받은 사람이다. 그분이 요한으로 하여금 물로 세례를 주라고 명하셨다. 여기에서 우리는 요한의 물 세례가 자의적인 결정이나 율법의 요청에 의한 것이 아니라 하나님의 직접적인 명령에 따른 것임을 확인한다. 예수도 그의 물 세례를 받으셨다. 물 세례를 준다는 것 자체

가 예수의 정체를 아는 근거는 아니었다. 하나님의 설명에 의하면, 세례를 줄 때에 성령이 수세자의 머리에 임하는 것의 목격이 인식의 단초였다. 성령의 임하심이 "성령으로 세례를 베푸는 자"의 확증이다.

예수는 바로 "성령으로 세례를 베푸는 분"이시다. 예수께서 친히 밝히신 성령 세례의 의미는 무엇인가? 먼저 요한의 기록이다. "그들을 향하여 숨을 내쉬며 이르시되 성령을 받으라"(요 20:22). 이 구절은 예수께서 성령 세례의 주체라는 사실을 잘 나타낸다. 그리고 누가의 기록이다. "요한은 물로 세례를 주었으나 너희는 몇 날이 못되어 성령으로 세례를 받으리라"(행 1:5). 이것은 오순절에 이루어질 성령 세례로 말미암은 역동적인 변화를 잘 나타낸다. 물은 우리의 몸을 깨끗하게 하지만 성령은 우리의 영혼을 깨끗하게 한다. 물 세례에는 세례자와 수세자가 서로 독립되어 있다. 그러나 성령 세례에는 세례자와 수세자가 서로 결부되어 있다. 성령 세례는 우리가 예수의 죽으심에 참여하여 그와 함께 죽음에 잠겼다가 그의 부활에 참여하여 그와 함께 죽음에서 올라옴을 의미한다. 즉 세례를 베푸시는 예수와 세례를 받는 우리가 죽음과 부활에 있어서 온전히 연합한다.

바울은 성령을 "양자의 영"이라고 한다(롬 8:15). 그래서 성령으로 세례를 받으면 하나님의 자녀가 되는 변화가 일어난다. 그리고 물로 몸을 씻으면 깨끗한 몸으로 살아가고 행동하는 것처럼, 성령으로 영혼을 씻으면 자녀의 깨끗한 영혼으로 살아가고 행동한다. 또한, 물 세례를 받으면 얼마 후에 마르지만 성령 세례의 물기는 결코 증발하지 않고 세례를 받은 이후로도 그 성령은 우리와 항상 영원히 동행한다. 그래서 바울은 성령으로 세례를 받은 사람은 하나님의 자녀가 되는 동시에 성령으로 살고 성령으로 행한다고 가르친다(갈 5:25). 누가는 성령의 충만한 부으심을 받은 사람들이 입술도 변하여 "성령이 말하게 하심을 따라" 말하게 되었다고 기록한다(행 2:4). 이처럼 우리는 성령으로 말미암아 하나님의 자녀로 거듭나서 말하고 행하는 성령 의존적인 삶을 살아가게 된다. 그러면 우리의 인생에는 성령의 열매가 풍성하게 결실한다. 이 모든 것은 어떠한 사람도 가져올 수 없는 결과이며 오직 예수께서 성령 세례를 통해서만 이루신다.

³⁴그리고 나는 그가 하나님의 아들임을 목격하고 증거했다"

요한은 성령이 하늘에서 예수의 머리에 임하는 것을 "목격하고"(ὁράω) 예수가 "하나님의 아들"임을 증거했다. 여기에서 우리는 요한이 성령의 임하심을 목격하는 안목을 가졌다는 사실을 주목해야 한다. 인사가 만사인 조직에서 인재를 알아보는 것은 지도자의 필수적인 안목이다. 그러나 어떠한 인재와도 비교할 수 없는 가장 존귀한 예수를 알아보는 것은 최고의 안목이다. 예수께서 세례를 받으실 때에 그 현장에는 요한만이 아니라 걸어오는 예수께서 하나님의 어린 양이라는 그의 말을 들은 사람들도 있었지만 성령의 임하심을 목격한 사람은 요한 혼자였다. 성령의 임하심은 눈이 있다고 해서 스스로 볼 수 있는 것이 아니었다. 외부의 도움이 필요했다. 그렇다면 요한의 목격도 하나님의 은혜로 말미암은 것이지 요한의 안력이 좋았기 때문은 아니었다. 그러므로 우리는 하나님의 존재와 섭리에 대해 눈을 열어서 보게 해 달라고 기도해야 한다. 그러면 성령은 우리에게 눈으로 보지도, 귀로 듣지도, 마음으로 깨닫지도 못하는 것을 보고 듣고 알도록 영적인 시력을 제공한다. 요한은 예수의 길 예비가 존재의 이유였다. 성령이 임하여 예수의 정체를 목격하는 것에 인생을 건 사람이다. 하나님은 자신을 절박하게 찾는 자를 결코 외면하지 않으신다. 우리가 하나님을 목격하지 못함은 그분이 초상권을 아끼시기 때문이 아니라 우리에게 보려는 간절함이 없기 때문이다. 한편으로, 하나님의 영광과 섭리에 관심이 없어서 보고 싶어하지 않는 사람들도 많다.

요한은 성령의 임하심을 목격하고 예수의 증인이 되기로 결심했다. 요한이 누군가를 따르고 그의 증인이 되는 근거는 그가 성령에 사로잡혀 있느냐에 있다. 우리가 누군가를 따르는 근거는 무엇인가? 우리가 만약 아름다운 외모, 두꺼운 지갑, 높은 자리, 막강한 주먹에 끌린다면 증인의 인생과는 무관하다. 그러나 성령의 사람이면 안심하고 그와 동행하고 동역해도 된다. 그리고 요한처럼 누구든지 예수를 제대로 알아보면 그의 증인으로 살아가게 된다. 목격과 증인은 단짝이다. 아주 간단하고 확실한 사실이다. 예수의 증인이 되지 않는 이유는 아직 그의 정체를 제대로 알지 못하기 때문이다. 다시 말하지만, 예수의 정체를 제대로 아는 비결은 눈의 목격이 아니라 믿음의 목격이다. 믿음으로 예수를 아는 지식에서 자라면 자랄수록 더욱 위대한 증인으로 성장한다. 아는 만큼 증언하기 때문이다. 예수를 아는 지식의 넓이와 깊이를 모두 높이기 위해서는 말씀과 기도에 전념해야 한다.

35그리고 이튿날 요한과 자기 제자들 중의 둘이 서 있었는데
36걸어가는 예수를 응시하며 그가 말하였다 "보라 하나님의 어린 양이구나"
37그 두 제자가 그의 말하는 것을 듣고 예수를 따라갔다

요한은 자신이 목격한 예수에 대해 침묵하지 않고 가장 가까이에 있는 자들에게 예수를 소개한다. 이튿날 그는 자신의 제자들 중에 두 명과 함께 있었는데 걸어가는 예수를 보고 그 두 제자들을 향해 예수를 "하나님의 어린 양"이라고 했다. 스승의 말을 듣고 그 제자들은 예수를 따라갔다. 요한에게 많은 제자들이 있었지만 두 명만이 그의 곁에 있었다면 그들은 애제자일 가능성이 높다. 그런데 가장 아끼는 제자들이 스승을 떠나 예수에게 갔다. 스승 요한은 얼마든지 제자들에 대해 배신감을 느끼고, 예수에 대해 시기심과 경쟁심이 폭발할 수 있는 상황이다. 그러나 요한은 어떠한 불평이나

원망도 없이 평정심을 유지한다. 제자들을 예수에게 기꺼이 내보낸다.

　여기에서 우리는 요한의 위대함을 발견한다. 사제간의 관계에 있어서도 어떤 학파를 형성하고 패거리를 만들려는 욕망이 그에게는 없다. 요한은 자신의 제자들에 대해 궁극적인 스승이 아니라는 사실, 그들이 자신의 궁극적인 제자가 아니라는 사실을 의식하고 있었음에 분명하다. 우리 모두는 인간문맥 안에서 다양한 관계성을 가지지만 모두 그리스도 예수를 머리로 삼고 그분과의 직접적인 관계성을 향해 서로 연결되어 있다. 비록 내가 섬기는 양과 내가 훈련하는 제자라고 할지라도 그들이 나 자신과 동등한 형제이고 자매이며 예수의 양과 제자라는 사실을 명심해야 한다. 훌륭한 양이나 제자를 만날 때마다 우리는 자신의 이미지를 윤택하게 만들 병풍으로 여기려는 욕망을 늘 경계해야 한다. 예수를 가리켜 우리 모두의 진정한 스승이며 목자라고 당당하게 말하며 우리의 모든 관계성을 그에게로 이끌어야 한다.

　"제자"(μαθητής)는 누구인가? 예수께서 제자들을 부르신 이유에 근거해서 보면, 스승과 함께 있고 스승의 일을 계승하는 사람이다(막 3:14). 누군가의 곁에 오랫동안 머물러 있으면 그에게서 배움을 얻고 배운 것을 다시 가르치는 제자가 되는 현상은 모든 분야에서 나타난다. 혈통적인 관계이든 사회적인 관계이든 학문적인 관계이든 가르치는 스승이 되거나 배우는 제자가 됨에 있어서 어느 누구도 배제됨이 없다. 그렇다면 두 가지를 주목해야 한다. 첫째, 나의 곁은 과연 건강한가? 누구든지 내 곁에 있으면 그에게 선한 영향을 끼치는가? 그렇지 않다면 나의 곁에 아무도 없는 것이 유익이다. 둘째, 나와 함께 있는 누군가의 곁은 안전한가? 내가 곁에서 배워도 괜찮은 인격과 행실의 사람인가? 그렇지 않다면 그의 곁을 떠나는 것이 유익이다. 스승이 선한 영향을 주더라도 만약 제자를 영구히 자신의 곁에 두고 자신의 일만 계승하게 한다면 실패한 스승이다. 예수의 곁으로 가고 예수의 제자가 되도록 만들어야 진정한 인간 스승이다. 요한은 그런 스승의 모델이다. 요한이 제시하는 스승의 모델은 올바른 스승의 확립과 궁극적인 스승의 거절로 구성되어 있다. 올바른 스승은 예수를 보여주는 것으로서 확립되고, 궁극적인 스승은 그 예수에게 제자를 보내는 것으로서 거절된다.

제자와 스승의 관계만이 아니라 자녀를 대하는 부모의 모델이나 백성을 대하는 지도자의 모델도 동일하다. 이는 예수의 가르침 때문이다. "너희는 랍비라 칭함을 받지 말라 너희 선생은 하나요 너희는 다 형제니라 땅에 있는 자를 아버지라 하지 말라 너희의 아버지는 한 분이시니 곧 하늘에 계신이시니라 또한 지도자라 칭함을 받지 말라 너희의 지도자는 한 분이시니 곧 그리스도시니라"(마 23:8-10). 궁극적인 스승과 궁극적인 아버지와 궁극적인 지도자는 하늘에 계신 우리의 주님 밖에 없으시다. 그래서 이 땅의 스승과 부모와 지도자는 주님을 보여주고 가르치는 제자와 양육하는 자녀와 섬기는 백성을 모두 주님께로 이끌어야 한다.

38예수께서 돌이켜 따라오는 그들을 보시며 말하셨다
"너희가 무엇을 구하느냐?" 그들이 그에게 말하였다
"랍비여 (이는 번역하여 말하면 선생이다) 당신은 어디에 머물러 계십니까?"

예수께서 자기를 따르는 요한의 두 제자들을 보시고 물으신다. "너희가 무엇을 구하느냐?" 대단히 중요한 물음이다. 예수를 따르는 그들의 목적이 얼마나 대단한 것이길래 세상에서 가장 위대한 사람 요한까지 등졌을까! 그렇게도 위대한 요한보다 더 위대하신 예수를 따르는 것은 어쩌면 당연하다. 외콜람파디우스는 제자들이 요한을 등지고 예수께로 간 것이 우유를 마시던 단계에서 단단한 음식을 먹는 단계로, 육신의 교사에서 마음의 교사로 이동하는 것이라고 설명한다. 그런데 따르는 대상이 예수라고 할지라도 따르는 목적은 별도의 숙고가 필요하다. 예수는 자신을 따르는 우리에게 따름의 목적을 동일하게 물으신다. 우리는 왜 예수를 따르는가? 우리는 왜 그를 믿고 교회에 출석하고 예배를 드리고 성경을 읽으며 복음을 전하는가? 우리의 종교적인 선택과 활동의 목적은 과연 무엇인가? 요한의 가르침을 받은 제자들의 답변은 무엇인가?

두 제자는 예수의 질문에 직접적인 대답을 하지 않고 동문서답 같은 반문으로 답변을 대신했다. "랍비여 당신은 어디에 머물러 계십니까?" 제자들은 먼저 예수를 "랍비" 즉 "선생"으로 칭하였다. 이 호칭은 배우고자 하는 그들의 자세와 예수에 대한 그들의 이해를 잘 보여준다. 그들의 생각에 자신들은 이제 예수의 제자이고 예수는 그들의 스승이다. 어떻게 소속 전환이 이렇게도 급속할까! 이는 예수를 제대로 알면 발생하는 현상이다. 예수는 다른 상황에서 "랍비"라는 호칭을 거부하지 않으시고 "너희 말이 옳도다"고 받으셨다(요 13:13). 그들의 반문은 예수의 거처에 관한 것이었다. 거처에 대해 묻는 이유는 함께 거하기 위함이다. 이처럼 그들이 원한 것은 예수와의 동거였다. 앞에서 우리는 "제자"의 가장 중요한 요소로서 스승과의 함께 있음을 언급했다. 이것이 예수를 따르는 그들의 목적이다. 그 제자들의 목적처럼, 말씀이 육신으로 오셔서 우리 가운데 거하셨기 때문에 우리에게도 그와 동거하는 것은 예수를 따르는 자들의 너무도 합당한 목적이다. 기독교의 본질은 임마누엘 예수이고 이는 주님께서 우리와 함께 계심이고 우리가 주님과 함께 있음이다. 태초의 에덴과 모세의 성막과 솔로몬의 성전은 모두 이 본질, 하나님과 우리의 함께 있음을 가르친다. 이는 바울처럼 자신의 모든 것, 심지어 자신에게 유익하던 것조차도 배설물과 해로운 것으로 여길 정도로 우선적인 인생의 목적이다(빌 3:7-8). 이 목적은 두 제자가 최고의 스승 요한도 포기할 정도로 중요했다.

³⁹그가 그들에게 말하셨다 "너희는 와서 보라" 그래서 그들이 가서 그가
머무는 곳을 보았으며 그들도 그날 그의 곁에 머물렀다 때가 열 시 경이었다

예수는 그들의 반문을 책망하지 않으시고 존중하며 "와서 보라"고 답하셨
다. 예수는 대화에서 상대방이 주제를 벗어나면, 즉 복음의 핵심, 참된 행
복, 기쁨의 본질 등을 벗어나면 우문현답 혹은 지혜로운 질문으로 때로는
좌회전을, 때로는 우회전을 하시면서 대화를 정상적인 궤도로 이끄신다.
그런데 이번에는 요한의 제자들이 묻는 질문에 일치하는 답변을 하시면서
스승과 제자의 동거가 대단히 중요하고 본질적인 주제임을 보이셨다. 예수
의 답변을 따라 제자들은 가서 예수의 거처를 보았으며 그날부터 그의 곁
에 머물렀다. 그들의 대화가 이루어진 시점이 열 시 경이었다. 시점을 밝힌
이유는 이 대화가 꾸며낸 이야기가 아니라 역사적인 사실임을 강조하기 위
함이다.

⁴¹요한의 말을 듣고 예수를 따르는 두 사람 중의 하나는 시몬 베드로의 형제 안드레라 ⁴¹그가 먼저 자기의 형제 시몬을 찾아 말하되 우리가 메시아를 만났다 하고 (메시아는 번역하면 그리스도라) ⁴²데리고 예수께로 오니 예수께서 보시고 이르시되 네가 요한의 아들 시몬이니 장차 게바라 하리라 하시니라 (게바는 번역하면 베드로라) ⁴³이튿날 예수께서 갈릴리로 나가려 하시다가 빌립을 만나 이르시되 나를 따르라 하시니 ⁴⁴빌립은 안드레와 베드로와 한 동네 벳새다 사람이라 ⁴⁵빌립이 나다나엘을 찾아 이르되 모세가 율법에 기록하였고 여러 선지자가 기록한 그이를 우리가 만났으니 요셉의 아들 나사렛 예수니라 ⁴⁶나다나엘이 이르되 나사렛에서 무슨 선한 것이 날 수 있느냐 빌립이 이르되 와서 보라 하니라 ⁴⁷예수께서 나다나엘이 자기에게 오는 것을 보시고 그를 가리켜 이르시되 보라 이는 참으로 이스라엘 사람이라 그 속에 간사한 것이 없도다 ⁴⁸나다나엘이 이르되 어떻게 나를 아시나이까 예수께서 대답하여 이르시되 빌립이 너를 부르기 전에 네가 무화과나무 아래에 있을 때에 보았노라 ⁴⁹나다나엘이 대답하되 랍비여 당신은 하나님의 아들이시요 당신은 이스라엘의 임금이로소이다 ⁵⁰예수께서 대답하여 이르시되 내가 너를 무화과나무 아래에서 보았다 하므로 믿느냐 이보다 더 큰 일을 보리라 ⁵¹또 이르시되 진실로 진실로 너희에게 이르노니 하늘이 열리고 하나님의 사자들이 인자 위에 오르락 내리락 하는 것을 보리라 하시니라

❖ ❖ ❖

⁴⁰요한에게 듣고 그(예수)를 따라간 두 사람 중의 하나는 시몬 베드로의 형제 안드레다 ⁴¹그가 먼저 자신의 형제 시몬을 찾아가 그에게 말하였다 "우리가 메시아를 만났어" (메시아는 번역하면 그리스도다) ⁴²그가 그(시몬)를 예수께로 데려오니 예수께서 그를 보시고 말하셨다 "너는 요한의 아들 시몬이다 너는 게바라 불리리라" (게바는 번역하면 베드로다) ⁴³이튿날 예수께서 갈릴리로 가시기를 정하였다 그런데 예수께서 빌립을 찾았고 그에게 말하신다 "너는 나를 따르라" ⁴⁴빌립은 안드레와 베드로의 마을에서 온 벳새다 출신이다 ⁴⁵빌립은 나다나엘을 찾아가 그에게 말하였다 "모세가 율법에 기록하고 여러 선지자가 [기록한] 그분을 우리가 만났는데, 요셉의 아들 나사렛 예수[였다]" ⁴⁶나다나엘이 그에게 말하였다 "[어찌] 나사렛에서 무슨 괜찮은 것이 나올 수 있겠어?" 필립이 그에게 말하였다 "와서 봐" ⁴⁷예수께서 자신에게 오는 나다나엘을 보시고 그에 대하여 말하셨다 "보라 그 속에 간사한 것이 없는 참 이스라엘 [사람]이다" ⁴⁸나다나엘이 그에게 말하였다 "나를 어떻게 아십니까?" 예수께서 대답하며 말하셨다 "빌립이 너를 부르기 전에 무화과나무 아래에 있던 너를 보았노라" ⁴⁹나다나엘이 그에게 대답했다 "랍비여, 당신은 하나님의 아들이며 이스라엘 왕입니다" ⁵⁰예수께서 답하시며 그에게 말하셨다 "너는 내가 무화과나무 아래에 [있는] 너를 보았다고 말한 것을 믿는구나 이보다 더 큰 것들을 볼 것이다" ⁵¹또 그에게 말하셨다 "진실로 진실로 내가 너희에게 말하노라 너희는 열린 하늘과 사람의 아들 위에 오르락 내리락 하는 하나님의 사자들을 볼 것이다"

05   위대한 일을 기대하라

예수에 대한 요한의 증거로 안드레는 예수를 따라갔고 자신의 형제 베드로를 예수께로 이끌었다. 예수는 빌립을 찾으셨고 자신을 따르라고 명하셨다. 빌립은 다시 고향 친구인 나다나엘을 예수께로 이끌었다. 예수의 제자가 되는 방식은 다양하다. 그러나 이 모든 방식의 배후에는 주님의 주도적인 은혜가 작용한다. 특별히 저자는 예수와 나다나엘 사이의 대화를 주목한다. 예수는 나다나엘을 간사함이 없는 참 이스라엘 사람으로 평하셨다. 이에 그는 감동하며 어떻게 자신을 아느냐고 질문했다. 예수는 빌립이 자신에 대해 말하기 이전에 무화과나무 아래에 있던 그를 보았다고 답하셨다. 그는 곧장 예수를 하나님의 아들과 이스라엘 왕으로 고백했다. 이러한 고백을 들은 예수는 그에게 이보다 더 큰 것들을 보게 될 것이라는 약속을 건네셨다. 더 큰 것들은 무엇일까? 우리는 과연 예수께서 말씀하신 "더 큰 것들"을 보았는가? 보지 못했다면 사모하며 기대하라.

⁴⁰요한에게 듣고 그(예수)를 따라간 두 사람 중의 하나는
시몬 베드로의 형제 안드레다 ⁴¹그가 먼저 자신의 형제 시몬을 찾아가
그에게 말하였다 "우리가 메시아를 만났어" (메시아는 번역하면 그리스도다)

안드레는 "하나님의 어린 양"이라는 요한의 말을 듣고 예수를 따라간 두 제
자 중의 하나였다. 다른 제자는 누구일까? 많은 학자들이 사도 요한일 것
이라고 추정한다. 이는 안드레와 베드로 형제, 야고보와 요한 형제가 나란
히 언급되는 경우가 많기 때문이다(마 10:2; 막 1:16, 19; 눅 6:14). 헬라어 "안
드레"(Ἀνδρέας)는 "남성다운 사람"을 의미한다. 건장한 체구에 활달한 성격
을 가진 남자일 것으로 추정된다. 그런데 그런 안드레를 소개하는 복음서
의 저자는 그의 우람한 외모나 그 부모의 이름을 언급하지 않고 그의 형제
시몬 베드로의 이름을 안드레의 수식어로 사용한다. 이처럼 저자는 베드로
를 중요한 인물로 간주한다. 스승 요한의 가르침을 받고 예수를 따라간 안
드레는 자신이 가장 아끼는 형제 시몬 베드로를 찾아가서 자신이 메시아
를 만났다고 증거한다. 이렇게 증인의 정체성은 가까이에 있는 다른 사람
에게 전염된다. 요한이 예수를 안드레에게 전하였고, 안드레는 그를 베드
로에게 전하였다. 이러한 증인의 물결이 계속 이어져 우리에게 왔고 우리
도 그 증인의 대열에 들어섰다. 나에게서 증인의 대가 끊어지지 않도록 우
리 각자는 가까운 사람을 위해 예수의 증인으로 살아가야 한다.

안드레와 베드로는 모두 예수의 제자로 부르심을 받은 자들이다. 그런
데 안드레가 베드로를 전도했다. 칼뱅은 덜 유명한 안드레가 더 유명한 베
드로를 전도한 것에 근거하여 자신보다 부족하고 연약한 자에게서 배우는
것을 거절하지 말라고 권고한다. 내가 연약하고 부족한 경우에는 나를 통
해 참으로 위대한 사람이 예수를 알고 하나님의 나라와 의를 위하여 위대
하게 쓰임 받게 만들 수 있기에 기뻐하고 감사함이 좋다. 가난한 사람이 부
한 사람에게 예수를 증거하여 그의 인생을 바꾸고, 약한 사람이 동일한 증

거로 강한 사람의 인생을 바꾸고, 무명한 사람이 동일한 증거로 유명한 사람을 바꾸는 일은 얼마든지 가능하다. 그렇다면 증인의 관점에서 볼 때 가난하고 연약하고 무명한 사람은 부하고 강하고 유명한 사람보다 절대로 열등하지 않다.

저자는 히브리어 "메시아"(מָשִׁיחַ)를 헬라어 "그리스도"로 번역한다. "메시아"는 "기름을 부은 자"를 의미한다. 구약에서 제사장, 왕, 선지자의 임직에 기름이 사용되기 때문에 "메시아"는 대체로 이 세 직분을 암시한다. 그러나 예수의 메시아 되심은 성령의 부으심을 받았다는 점에서 구약의 기름부음 받은 이들과 구분된다. 안드레는 예수를 "메시아"로 이해했다. 이렇게 안드레는 "세상의 죄를 짊어지는 하나님의 어린 양"이라는 요한의 가르침을 넘어선다. 예수를 구약에 나타난 공적인 지위들과 사명들의 종합으로 이해한다. 안드레가 스승을 떠나 예수를 따르게 된 것은 예수의 메시아 되심에 대한 확신 때문이다. "메시아"는 복음서 저자들 중에서 요한복음 저자만 두 번 사용한다. 저자는 예수를 말씀, 하나님, 하나님의 어린 양, 하나님의 아들로 설명한 이후에 이제는 메시아로 소개한다. 이 대목에서 안드레의 안목과 고백을 인용했다. 이처럼 저자는 베드로가 이후에 고백한 예수의 정체성 즉 하나님의 아들과 그리스도 되심(마 16:16)을 이 복음서의 첫 장에서 증거한다. 글쓰기의 기법에서 두괄식이 돋보인다. 이 복음서의 끝자락에 가면 서두에 밝힌 주제가 "예수께서 하나님의 아들 그리스도" 되심을 믿게 하려는 저술 목적의 모습으로 다시 언급된다(요 20:31). 책의 주제를 처음과 나중에 배치하여 대칭을 이루는 수미상관 기법이다.

⁴²그가 그(시몬)를 예수께로 데려오니 예수께서 그를 보시고 말하셨다 "너는 요한의 아들 시몬이다 너는 게바라 불리리라"(게바는 번역하면 베드로다)

안드레는 그의 형제 시몬을 예수께로 데려왔다. 사도적인 활동이 왕성하지 않은 안드레는 주님과 베드로의 역사적인 만남을 가능하게 한 인물이다. 역사의 무대에서 에이급 선수로 뛰는 베드로의 사역도 중요하나 그런 선수를 발굴하고 그 무대에 오르도록 인도하는 안드레의 역할도 동일하게 중요하다. 예수는 베드로를 보시고 통성명도 없이 시몬의 이름을 부르시며 장차 "게바" 즉 "베드로"로 불려질 것임을 예언한다. 아직은 베드로의 됨됨이가 차오르지 않아서 "불려질 것이라"(κληθήσῃ)는 미래형이 쓰여졌다. 크리소스토무스의 말처럼 "어릴 때부터 덕행이 빛나게 된 이들은 일찍부터 이름을 받은 반면, 나중에 위대하게 될 이들에겐 나중에 이름이" 주어지나 보다. 나아가 교부는 "하나님의 아들들"과 같은 위대한 이름이 우리 모두에게 주어졌기 때문에 개별적인 개념의 경험이 없더라도 감사할 것을 촉구한다.

예수께서 한 사람을 파악하기 위해서는 타인이나 당사자의 설명이 필요하지 않다. 이름을 부른다는 것은 존재의 본질과 목적과 기능을 규정하는 분의 권위를 나타낸다. 이름을 부르는 권위의 대표적인 사례는 창세기에 기록되어 있다. 거기에서 하나님은 "모든 가축과 공중의 새와 들의 모든 짐승"을 종류대로 지으시고 질서를 부여하신 분이시고, 아담은 그 모든 생물들의 개별적인 이름을 지은 사람으로 소개된다(창 2:20).

구약에서 사람이 누군가의 이름을 정하여도 그 이름을 바꾸는 권한이 하나님께 있어서 실제로 그분은 아브람을 아브라함, 사래를 사라, 야곱을 이스라엘, 솔로몬을 여디디야 등으로 바꾸셨다. 이것은 인간의 운명이 사람에 의하지 않고 하나님에 의해 좌우됨을 확실히 보여준다. 바울은 각 족속이 각 사람의 이름을 짓더라도 궁극적인 면에서는 하나님이 "하늘과 땅에 있는 모든 족속에게 이름을 주신" 분, 모든 사람에게 각자의 고유한 운명을 주시는 분이라고 고백한다(엡 3:14-15). 이러한 신적인 권한이 예수께 주어졌다. 그래서 예수는 시몬의 이름을 베드로로 바꾸셨다. 둘째 아담이신 예수는 모든 사람들의 인생을 아시고 그들의 운명을 정하신다. 모든 사람들의 운명은 이 예수를 중심으로 갈라진다. 이 사실의 한 사례로서 시몬에게 베드로의 인생이 주어졌다.

"베드로"(Πέτρος)의 의미는 "반석"이다. 반석의 특징은 견고함에 있다. 그에게서 어떠한 풍파 속에서도 전혀 흔들리지 않는 든든한 신앙의 버팀목 역할을 기대하게 된다. 그런데 과연 그러한가? 베드로는 다소 저돌적인 성격을 소유한 사람이다. 예수께서 물 위로 걸어오실 때에 죽음을 염려하지 않고 물에 뛰어든 사람이다. 예수께서 약해진 것처럼 보이면 골목으로 데리고 가서 무례하게 꾸짖기도 했다. 그러나 그는 예수께서 십자가의 처형 판결을 받으시자 뒤로 물러섰고 배신자로 돌변했다. 거짓말과 저주를 쏟아내며 자신의 안위를 추구했다. "베드로"의 의미에 어울리지 않은 삶이었다. 그런데도 왜 예수는 그의 이름을 베드로로 바꾸어 주셨을까? 베드로의 반석다운 면모는 인간 베드로의 실력이 아니라 주님께서 그런 베드로로 만드실 때에만 가능하다. 주님은 베드로의 "믿음이 떨어지지 않기를" 구하셨다(눅 22:32). 성령의 임재를 통해 그를 반석답게 만드셨다. 그래서 베드로는 산헤드린 공회에 끌려 갔을 때에도 천하에 구원을 줄 이름은 예수 외에 다른 이름이 없다고 선포했다. 공회에 모인 모든 실세들은 베드로가 "담대하게 말함을 보고 … 학문 없는 범인으로 알았다가 이상히" 여길 정도였다(행 4:13). 사람들은 사람의 실력을 가늠할 때 가방끈의 길이를 주목한다. 지갑의 두께를 측정한다. 직위의 높이를 비교한다. 그러나 예수는 학문의 유무와 무관하게 시몬의 이름을 "베드로"로 바꾸시고 그가 "베드로"의 인생을 살아갈 수 있도록 성령으로 도우셨다. 누구든지 성령이 임하시면 그는 출처를 알 수 없는 권능이 임하여 세상이 감당하지 못하는 사람이 되고 세상에서 가장 높고 위대한 이름 예수의 증인으로 살아가게 된다. 이처럼 운명의 변화도 주님께서 행하시고 변화된 운명의 실현도 주님께서 이루신다.

> 43이튿날 예수께서 갈릴리로 가시기를 정하였다
> 그런데 예수께서 빌립을 찾았고 그에게 말하신다 "너는 나를 따르라"
> 44빌립은 안드레와 베드로의 마을에서 온 벳세다 출신이다

이튿날 예수는 갈릴리로 향하셨다. "갈릴리"는 예수께서 생의 대부분을 보낸 곳이었다. 그런데 그곳은 유명하고 화려하고 거대한 도시가 아니었다. 그렇지만 예수는 그곳을 자신의 초기 사역지로 정하시고 그쪽으로 향하셨다. 여기에서 복음서의 저자는 "정하다"(ἐθελέω)는 동사를 사용한다. 즉 예수는 갈릴리로 향하는 특별한 의도가 있으셨기 때문에 그쪽으로 동선을 잡으셨다. 예수는 단 한 걸음도 헛되지 않는 의도된 길을 걸으신다. 마음의 뜻을 이루는 방향으로 걸음을 옮기시고 예비된 장소로 가서서 계획된 만남을 가지시고 의도된 일을 이루신다. 이는 예수께서 만물과 역사의 주관자인 동시에 그 통치를 친히 이루시는 분이시기 때문이다. 우리는 예수께서 이루시는 일에 그의 수동적인 종으로, 능동적인 동역자로 살아간다. 그러나 우리가 모든 걸음과 모든 만남과 모든 일들의 기획자는 아니기 때문에 우연처럼 일어나는 일들을 많이 경험한다. 그럼에도 불구하고 우리는 모든 일의 배후에 하나님의 정하심이 있다는 사실을 기억해야 한다. 심지어 사람이 마음으로 계획을 세운 경우라도 하나님이 그의 걸음을 정하시고 이끄시는 분이시기 때문이다(잠 16:9). 주님은 자신의 걸음을 정하시는 분이시고 동시에 인간의 걸음도 정하시고 이끄신다.

예수는 갈릴리에 가서 빌립을 "찾으신다"(εὑρίσκει). 예수는 갈릴리에 가

는 길에서 빌립을 우연히 만나신 것이 아니라 그를 찾으셔서 만나셨다. 그를 찾기 위하여 갈릴리로 행하셨다. 예수의 행보에는 언제나 사람이 우선이다. 예수와의 모든 만남은 그가 먼저 누군가를 찾으셨기 때문에 성사된다. 그래서 요한은 "우리가 하나님을 사랑한 것이 아니요 하나님이 우리를 사랑하"신 것이라고 고백했고(요일 4:10), 예수는 "너희가 나를 택한 것이 아니요 내가 너희를 택하여 세웠"다고 밝히셨다(요 15:16). 비록 겉으로는 우리가 먼저 주님을 찾아가서 만나는 경우라도 섭리의 관점에서 보면 주님께서 먼저 우리를 찾으신 결과라는 사실을 기억해야 한다.

예수는 빌립에게 "나를 따르라"('Ακολούθει)고 명하신다. 이 명령은 "나를 믿으라"나 "나를 배우라"나 "나를 닮으라"는 명령과는 달리 동일한 운명의 길을 함께 걷자는 동행자의 초청이다. "따른다"는 말은 "믿는다, 안다, 이해한다, 동의한다" 등의 정적인 개념과는 달리 강한 역동성이 느껴지는 낱말이다. 그래서 예수를 따른다는 것은 우리의 지적인 측면, 도덕적인 측면, 종교적인 측면, 인격적인 측면의 기준과 방향이 그와 일치해야 하고 동시에 몸도 그에게로 움직여야 함을 의미한다. 마음만 따르거나 몸만 따르는 것은 온전한 따름과 무관하다. "나를 따르라"의 정확한 의미는 명령하신 예수 자신의 말씀에서 확인된다. "누구든지 나를 따라 오려거든 자기를 부인하고 자기 십자가를 지고 나를 따를 것이니라"(막 8:34). 여기에서 내적인 "자기 부인"과 외적인 "자기 십자가"는 예수께서 걸으시는 길의 요약이다. 빌립은 예수를 따라갔다. 칼뱅은 빌립의 즉각적인 순종을 "말씀의 효력"으로 이해한다. 예수의 말은 한 마디만 들어가도 죽은 영혼을 일깨우고 인생의 방향도 변경한다. 말씀의 효력을 인정하는 동시에 우리는 인간 편에서의 순종도 존중해야 한다. 우리는 과연 "나를 따르라"는 주님의 명령이 주어지면 빌립처럼 따를 수 있겠는가?

빌립은 안드레와 베드로의 고향 즉 벳세다에 산다. "벳세다"(Βηθσαϊδά)는 "물고기의 집"을 의미하는 마을이다. 빌립과 안드레와 베드로는 실제로 어부였다. 그런데 예수는 벳새다가 너무도 완고해서 예수께서 아무리 위대한 기적을 일으키며 하늘의 권능을 행하셔도 회개하지 않는 모습 때문에 벳새다에 재앙을 명하셨다(마 11:21). 아마도 마을이 예수에 대해 집단적인 거부감을 드러낸 것이 분명하다. 그런 마을의 분위기 속에서 빌립과 안드레와 베드로가 예수를 믿고 따른 것은 참으로 훌륭한 믿음이다. 마을 사람에게 등을 돌리는 일이었기 때문에 자신들의 마음도 아프고 마을의 집단적인 따돌림도 각오해야 했다. 그런데 믿음의 동지들이 하나라도 곁에 있으면 외롭지가 않다. 빌립은 이미 예수를 따르기로 한 두 친구의 발자취를 따라 안심하고 따라가면 된다. 뒤따라갈 발자국이 없는 신앙의 황무지를 가야 하는 사람의 삶은 고단하다. 그러나 그럼에도 불구하고 믿는 자에게는 두려움이 없다. 예수께서 친히 우리에게 길벗의 발자국이 되시기 때문이다. 주님은 광야의 초행길을 걷는 이스라엘 백성을 위하여 "밤에는 불로, 낮에는 구름으로 너희가 갈 길을 지시하신 분"이시다(신 1:33). 그러므로 우리의 곁에 안드레와 베드로 같은 벗이 없더라도 감사하자.

45빌립은 나다나엘을 찾아가 그에게 말하였다 "모세가 율법에 기록하고 여러 선지자가 [기록한] 그분을 우리가 만났는데, 요셉의 아들 나사렛 예수[였다]"

빌립은 "나를 따르라"는 예수의 부르심을 받고 곧장 따라갔다. 동시에 그는 자신의 절친인 나다나엘을 찾아가 자신이 따르는 예수를 전파했다. 빌립이 친구에게 예수를 소개한 것은 전도의 부담을 털어낸 것이 아니라 예수에 대한 그의 감격이 밖으로 표출된 것이었다. 인생의 방향을 바꾼 예수의 이름을 침묵할 입술이 어디에 있겠는가! 좋은 영화를 관람하면 그 명화의 나팔수가 된다. 그런데 모든 이름 위에 뛰어나신 예수, 창조자가 피조물이 되신 예수라는 기적을 보았는데 어찌 나의 온 존재가 그분의 홍보물이 되지 않을 수 있겠는가!

예수를 소개할 때에 빌립은 모세가 율법에 기록하고 여러 선지자가 예언한 분이라고 설명한다. 빌립은 자신의 주관적인 느낌이 예수를 평가하게 하는 그런 사람이 아니었다. 그는 예수에 대한 자신의 사사로운 감동에 머물지 않고 구약에 근거한 예수의 객관적인 진실을 증거했다. 빌립에게 구약은 그 진실의 샘이었다. 구약에 근거한 빌립의 예수 소개는 예수께서 구약을 자신에 대한 증거라고 밝히시기 전의 일이었다. 이처럼 빌립은 구약에 대해 해박하고 예수의 가르침 이전에도 구약을 정확하게 해석한 사람이다. 빌립의 경우처럼 사도들은 예수를 자신의 개인적인 체험담에 근거하지 않고 구약에 근거하여 증거했다. 바울도 "모세의 율법과 선지자의 말을 가지고 예수에 대하여" 증거했다(행 28:23). 이로 보건대, 신약은 구약에 근거한 예수 해석이다.

빌립은 예수를 "요셉의 아들 나사렛 예수"라고 표현한다. 예수 앞에 "나사렛"을 수식어로 붙인 이유는 "예수"라는 이름이 흔하여서 구별하기 위함이다. 이 표현은 구약에 근거한 것이 아니라 당시 예수에 대해 대부분의 사람들이 가진 인식의 반영이다. 빌립이 증거한 것처럼 사람들의 눈에 예수는 "요셉"의 아들이고 "나사렛" 출신이다. 이것은 예수의 외형적인 모습이다. 요셉은 평범한 목수이고 나사렛은 갈릴리 지역의 초라한 마을이다. 그래서 예수를 외모로 취하면 예수의 메시아 되심을 인지하지 못하고 그를 하나의 평범한 이스라엘 촌부로 오해하게 된다. 사실 예수의 출생지는 나사렛이 아니었다. 출생을 기준으로 보자면 예수는 베들레헴 출신이다. 이것은 미가 선지자가 기록한 예언의 성취였다(마 2:5-6; 미 5:2). 그러나 나사렛도 예수가 잉태된 곳이었고 출생 이후에 성장기를 보낸 곳이었기 때문에 예수를 나사렛 사람으로 칭하는 것도 합당하다(눅 2:4-5).

마태는 예수께서 "나사렛"에 가서 사신 것에 대해 "이는 선지자로 하신 말씀에 나사렛 사람이라 칭하리라 하심을 이루려 함"이라고 해석한다(마

2:23). 그런데 구약에는 이런 선지자의 말씀이 어디에도 없다. 다만 이사야의 글에 "나사렛"과 유사한 발음을 가졌고 "나무"라는 의미를 가진 단어 "네쩨르"(נֵצֶר)가 있다(사 11:1). "이새의 줄기에서 한 싹이 나며 그 뿌리에서 한 가지"가 날 것인데 그 "가지"에서 난 "네쩨르" 출신이 바로 나사렛 예수와 연결된다. 그래서 헬라어와 히브리어 모두를 사용하는 유대인의 귀에는 "나사렛 사람"과 이사야의 예언에 나오는 "가지"를 동일한 것으로 이해했을 것이라는 추정이 가능하다. 예수의 잉태와 출생과 생활은 이렇게 선지자의 예언과 모든 면에서 일치한다. 구약은 마치 예언자의 관점에서 예수의 처음과 나중을 아주 꼼꼼하게 기록한 자서전과 같다. 물론 이것은 믿음의 눈으로 읽을 때에만 읽혀진다.

> 46나다나엘이 그에게 말하였다 "[어찌] 나사렛에서
> 무슨 괜찮은 것이 나올 수 있겠어?" 필립이 그에게 말하였다 "와서 봐"

나다나엘은 예수의 외모 때문에 그를 오해한 사람이다. 이는 예수의 거주지 나사렛에 근거한 그의 답변에서 확인된다. 그는 나사렛이 "무슨 괜찮은 것"(τι ἀγαθὸν)이 나올 수 없는 동네라고 빌립에게 대답했다. 당연히 예수도 시시한 사람일 것이라고 그는 짐작했다. 이것은 당시의 유대인이 품고 있었던 보편적인 의문이다. 그들은 나사렛이 위치한 갈릴리 지역 전체가 후진 동네라고 인식했다. 그래서 메시아는 결코 그런 갈릴리 출신일 수 없다고 확신했다(요 7:41). 나다나엘 또한 갈릴리에 대한 당시의 부정적인 여론에 편승하여 갈릴리의 한 귀퉁이에 있는 나사렛 사람 예수를 불신했다. 이와는 달리, "나사렛 예수시란 말을 듣고 소리 질러" 외친 거지도 있었는데 그는 예수를 "다윗의 자손"이라고 부르면서 자신을 불쌍히 여겨 달라고 간청했다(막 10:47). 이 거지는 예수의 거주지를 주목하지 않고 그의 고귀한

혈통을 주목했다. 관점이 다르면 인식이 달라지고 인생도 달라진다.

루터는 나다나엘의 이 의문을 다르게 해석한다. 오만한 안나스나 가야바의 힐문과는 달리, 나다나엘은 '그렇게도 후미진 지역에서 어떻게 메시아가 나올 수 있느냐고, 그런 분은 도대체 누구냐'는 의문을 제기한 것 뿐이라고 이해한다. 루터의 이러한 이해는 나다나엘을 참 이스라엘 사람이라고 평가하신 예수의 칭찬에 근거한다. 루터는 "말씀은 화자의 마음의 소리에 귀를 기울이며 이해하고 해석해야" 들린다는 사실을 강조한다. 이는 예수께서 말의 피부가 아니라 속살을 보시고서 나다나엘을 칭찬하는 해석의 본을 보이신 것처럼 하라는 주문이다. 그러나 나는 루터의 온정적인 해석이 이 구절에는 맞지 않다고 생각한다.

나사렛에 대한 친구의 지역주의 편견 때문에 빌립은 안타깝다. 그래서 친구에게 "와서 보라"는 최후의 카드를 제시한다. 경험은 논증보다 신속하고 확실한 설명이기 때문이다. 아무리 미심쩍은 사안도 자신의 눈으로 직접 보면 의심이 가볍게 종결된다. 예수의 승천 이후에는 "와서 [예수를] 보라"는 빌립의 카드를 사용하지 못하기에 우리는 "나를 보라"는 카드를 사용해야 한다. 이를 위해서는 내가 예수의 얼굴을 보여줄 정도로 그의 형상을 온전히 본받아야 한다.

사람들은 자신이 본 것을 부인할 때에는 양심의 가책을 느끼지만 보지 못하는 것을 모른다고 할 때에는 당당하다. 나다나엘은 아직 예수를 경험하지 않았기 때문에 나사렛 출신의 괜찮은 인물은 없다고 당당하게 주장했다. 그러나 누구든지 예수를 경험하면 인식이 달라진다. 나사렛에 대한 편견부터 깨어진다. 우리가 사는 이곳은 무엇이든 언제든지 바뀔 수 있는 변동적인 세상이다. 변하지 않는 것은 하나도 없기에 고정된 관념은 금물이다. 의식의 문을 열고 변화의 수용을 늘 준비해야 한다. 그러나 세상의 평판에는 쉽게 휘둘리지 않도록 늘 주의해야 한다. 모든 사람들이 무시해도 유일하신 하나님이 인정하면 다수의 평판보다 소수의 입장을 존중함이 지혜롭다.

47예수께서 자신에게 오는 나다나엘을 보시고 그에 대하여 말하셨다
"보라 그 속에 간사한 것이 없는 참 이스라엘 [사람]이다"

예수는 빌립과 함께 걸어오는 나다나엘을 보고 그를 내면에 간사함이 없는 "참 이스라엘" 사람이라고 평하셨다. 자신에 대해 괜찮은 사람이 아니라고 평가하면 빈정이 상하는 게 정상이다. 그러나 예수는 자신에 대해 부정적인 평가를 내린 나다나엘에 대한 긍정적인 평가를 굽히지 않으셨다. 이 평가에서 우리는 예수께서 사람의 외모가 아니라 중심을 보시는 분이시고, "참 이스라엘" 사람은 몸에서 확인되는 가시적인 할례의 여부가 아니라 내면의 상태에 의해 판명되는 것임을 확인한다. 내면의 "간사함"(δόλος)은 "올무, 거짓, 간악한 속임수" 등을 의미한다. 겉과 속이 다르면 속는 현상이 발생한다. 그런데 그런 속음을 고의로 만들 때에 "간악한 속임수"가 산출된다. 이 세상에는 어떤 불순한 목적을 가지고 일부러 겉과 속을 다르게 하는 사람들이 많다. 타인을 속이려고 올무를 휴대하고 다니는 사람들도 있다. 그들에게 올무와 속임수는 돈벌이의 유용한 수단이다. 교회에도 어두운 속임수를 주머니에 넣고 만지작거리며 돈벌이를 시도하는 사람들이 많다. 그들은 고작 몇 푼의 이득을 위해 진실을 버리고 거짓과 결탁한다. 속임수와 양심을 맞바꾸는 남루한 거래에 골몰한다. 그러나 교회에는 타인을 기만하지 않는 참된 사람들도 있다.

이스라엘 중에서는 나다나엘이 참된 사람이다. 그는 인간적인 수준에서 참된 사람이 아니라 무려 예수께서 보시기에 참된 사람이다. 예수는 뭇 사람의 마음을 투명하게 뚫어 보시는 분이시다. 그런 예수의 전능한 눈으로 보기에도 나다나엘 안에 한 조각의 속임수도 없다는 것은 대단한 칭찬이다. 이것은 대부분의 사람들이 간사함이 없고 참되다면 필요하지 않을 칭찬이다. 그래서 이 칭찬은 나다나엘 외에 대부분의 사람들이 간사하고 참되지 않음을 반증한다. 실제로 요한은 자신에게 나아오는 당시의 이스라엘

백성(특별히 바리새인 및 사두개인)을 독사의 자식으로 묘사하고 아브라함 자식이란 말을 입 밖에도 꺼내지 말라고 호되게 책망했다(마 3:7-9).

> 48나다나엘이 그에게 말하였다 "나를 어떻게 아십니까?" 예수께서 대답하며 말하셨다 "빌립이 너를 부르기 전에 무화과나무 아래에 있던 너를 보았노라"

예수의 격찬을 들은 나다나엘은 놀라며 자신을 어떻게 아느냐고 질문한다. 타인을 알기 위해서는 삶을 공유하고 생각을 섞는 사귐의 오랜 시간이 필요하다. 사실 사귐의 시간이 길더라도 사람의 속은 아무도 모르는 게 인생이다. 더군다나 일면식도 없는 분에게서 자신의 정체성이 규정되고 확인되는 기묘한 경험을 하였으니, 나다나엘은 얼마나 놀랐을까! "나를 어떻게 아느냐"는 그의 질문에는 거북함과 적대감이 없다. 오히려 일종의 신비감이 그의 의식을 휘감았다. 나다나엘의 물음에 예수는 이렇게 답하셨다. 내가 너를 보았다고! 시점은 빌립이 부르기 전이었다. 상황은 그가 무화과나무 아래에 있던 상태였다.

시점과 관련하여, 빌립이 예수를 전파하기 이전에 예수께서 전도의 대상을 미리 아셨다는 말에서 우리는 우리의 전도가 예수께서 택하신 자에게 향한다는 사실을 확인한다. 예수께 나아올 자들의 명단은 우리가 작성하는 것이 아니라 그분이 정하신다. 복음 전파의 주도권은 그분에게 있다. 우리는 그가 택하신 자들에게 보냄을 받은 그의 사환이다. 그러므로 복음을 전파하고 난 이후에 생색을 내거나 전도된 사람에게 구원의 은밀한 대가를 요구하는 것은 분수를 모르는 월권이다.

상황과 관련하여, 나다나엘이 무화과나무 아래에 있었다는 말은 유대인의 관습을 따라 율법을 배우고 묵상하며 메시아의 오심을 고대하는 그의 경건한 일상을 묘사한다. 그는 평소에 하나님의 말씀을 가까이 하며 메시아를 기다려 온 참 이스라엘 사람임에 분명하다. 그러다가 그의 간절한 갈망이 예수의 레이더에 걸린 것이었다. 예수께서 "보았다"(εἶδόν)는 말은 육안으로 보았다는 뜻이기도 하고 신적인 지각으로 보았다는 뜻이기도 하다. 어떤 뜻이든지, 예수께서 당신의 사람들을 늘 주목하고 계시다는 사실만은 분명하다. 우리를 향한 주님의 시선이 한번도 멈춘 적이 없고 회수된 적도 없다는 사실은 자기 백성을 지키시는 분이 졸지도 않으시고 잠들지도 않으시는 분이라는 시인의 고백에서 확인된다(시 121:4). 진실로 주님은 "나를 눈동자 같이 지키시고 주의 날개 그늘 아래에 감추"시는 분이시다(시 17:8). 그래서 우리의 전부를 아시고 지키신다. 너무도 감사하다. 한편으로 보면, 섬뜩하다. 우리의 선함과 경건만이 아니라 악함과 경건하지 않음도 엄중한 정의의 눈동자가 CCTV처럼 24시간 쉬지 않고 촬영하고 있기 때문이다.

⁴⁹나다나엘이 그에게 대답했다
"랍비여, 당신은 하나님의 아들이며 이스라엘 왕입니다"

예수의 답변에서 나다나엘은 그의 정체성을 감지하고 고백한다. 그를 "랍비"라고 칭하면서 "하나님의 아들이며 이스라엘 왕"이라고 고백한다. 이는 평소에 메시아를 고대하던 참 이스라엘 사람의 영적인 순발력이 작성한 고백이다. 그는 예수의 정체성을 확인하기 위해 다른 설명이 필요하지 않음을 직감했다. 선수는 선수를 알아본다. 예수의 메시아 되심의 확인은 단 하나의 문장만 듣는 것으로도 충분했다. 나아가 나다나엘은 시골 나사렛 출신의 청년을 메시아로 이해하는 것에 만족하지 않고 그 메시아를 하나님의 아들과 이스라엘 왕이라고 고백했다. 당시의 상황에서 이런 고백은 그 자체로 상상을 초월하는 일이었다. 그러나 "하나님의 아들"은 요한이 예수께 세례를 줄 때에 하늘에서 내려온 음성의 내용과 일치한다. 예수를 "이스라엘 왕"이라고 고백한 것은 동방에서 온 박사들이 이스라엘 백성을 "다스릴 자가 네게서 내게로 나올 것이라"는 미가 선지자의 예언(미 5:2)에 근거한다. 메시아를 "하나님의 아들"과 "왕"으로 표현하는 나다나엘의 어법은 시인의 고백(시 2:6-7)에 근거한다. 즉 나다나엘의 고백은 선지자와 시편의 증언에 근거한 것이었다.

그래서 아우구스티누스는 그를 구약의 예언에 정통한 사람으로 평가했다. 그러나 그의 고백에는 그가 가진 민족적인 신앙의 한계가 있음을 칼뱅은 지적한다. 예수를 특정한 민족인 이스라엘 왕으로만 보았기 때문이다. 예수는 하늘과 땅의 모든 권세를 가지셨기 때문에 만민의 왕이시다. 나다나엘 신앙의 한계는 바로 민족의 테두리를 벗어나지 못한 것이었다. 크리소스톰도 베드로의 고백과 비슷한 듯하지만 살짝 다른 나다나엘 고백의 한계를 지적한다. 그 근거는 예수께서 베드로의 고백에 대해서만 그 고백의 반석 위에 자신의 교회를 세우실 것이라고 말하셨기 때문이다. 그럼에도 불구하고 나다나엘의 신앙은 참으로 훌륭하다. 그는 예수께서 죽은 자들을 살리시고 온갖 질병들을 고치시는 기적을 보지도 않았지만 예수의 말씀에서 "하나님의 아들이요 이스라엘 왕"이라는 사실을 알았기 때문이다. 다양한 기적들을 체험한 예수의 제자들과 비교할 때에도 그는 신앙에 있어서 전혀 손색이 없는 사람이다. 그가 12제자의 목록에 들지 못한 것이 오히려 이상하다. 너무 뛰어났기 때문에 적합하지 않았을까? 다른 한편으로 보면, 나다나엘은 분명히 간사함이 없는 참 이스라엘 사람으로 훌륭한 인격을 갖추었고 흔들리지 않는 믿음의 씨앗도 가졌고 성경에 대해서도 신학적 소양이 뛰어난 면모를 보였지만 예수께서 그에게 말을 거시기 전까지는 그분을 알아보지 못하였고 오히려 그분을 폄하하는 범부였다. 여기에서 우리는 신앙이 사람의 자질이나 능력으로 말미암은 것이 아니라 신적인 은혜의 결과임을 확인한다.

⁵⁰예수께서 답하시며 그에게 말하셨다 "너는 내가 무화과나무 아래에 [있는] 너를 보았다고 말한 것을 믿는구나 이보다 더 큰 것들을 볼 것이다"

나다나엘의 고백을 들은 예수는 무화과나무 아래에 있는 그를 보았다는 자신의 말을 믿은 것에 대해 칭찬한다. 여기에서 우리는 나다나엘이 무언가를 지각한 것이 아니라 믿었다(πιστεύεις)는 사실을 확인한다. 그리고 그가 믿음의 대상으로 여긴 것은 예수께서 그를 보셨다는 사건이 아니라 예수께서 하신 말씀("Οτι εἶπόν)이라는 사실을 확인한다. 사건을 파악하는 것은 인지적인 차원이고 말씀을 신뢰하는 것은 인격적인 차원이다. 삶 속에서 우리는 그 두 가지 즉 사실의 객관적인 파악에 근거하여 대화하는 사람과 말의 인격적인 신뢰에 근거하여 대화하는 사람을 경험한다. 사회에는 두 종류의 사람이 모두 필요하다. 그러나 전자의 경우에는 주로 사무적인 관계가 형성되고, 후자의 경우에는 인격적인 관계가 형성된다. 예수와 나다나엘 사이에는 인격적인 신뢰의 관계가 지금 조성되고 있다.

하나의 사건을 정확하게 파악하는 인식과는 달리, 믿음은 그 사건의 주체 및 그 주체의 많은 가능성을 알게 하는 지성의 전제이며 밑천이다. 이는 믿음이 보지 못하는 것들의 증거이고(히 11:1) 그래서 믿는 자는 만물에서 보이지 않는 하나님의 신성과 그의 능력도 분명히 볼 것이기 때문이다(롬 1:20). 이런 의미에서 히브리서 기자는 이렇게 고백한다. "믿음으로 모든 세계가 하나님의 말씀으로 지어진 줄을 우리가 아나니 보이는 것은 나타난 것으로 말미암아 된 것이 아니니라"(히 11:3). 지식은 창조의 결과를 주목한다. 그러나 믿음은 창조의 근원을 파악한다. 말씀이 바로 세상의 근원이다. 예수의 말씀 하나를 신뢰하면 그것에서 끝나지 않고 예수의 모든 말씀을 이해하게 된다. 말씀은 모든 세계를 만들었고 지금도 그 모든 세계의 모든 만물을 보존하고 있다. 그 말씀을 신뢰하면 만물의 근원과 우주의 질서를 이해하게 된다. 그래서 예수는 참 이스라엘 사람을 통찰하신 사건만이 아나라 "이보다 더 큰 것들을 볼 것"(μείζω)이라고 나다나엘에게 알리셨다.

예수는 자기 백성을 부르실 때에 각자의 신앙과 상황에 알맞은 눈높이 접근법을 취하신다. 우리가 너무 과도한 것을 보고서 압도되지 않도록 주님은 "내가 너를 창세 전부터 택하였다" 혹은 "내가 잉태되기 이전에도 너를 알았노라" 혹은 "너의 앉고 일어서고 자고 깨는 모든 것을 아노라"는 강도 높은 발언들이 아니라 "나무 아래에 있던 너를 보았다"는 정도로만 자신을 알리신다. 그러나 우리는 때때로 주님의 계시가 부실하게 느껴져 서운함과 답답함을 토로한다. 하지만 하나님은 "더 큰 것들"을 보이시기 이전에 우리 각자에게 가장 적합한 분량과 적절한 종류의 지식을 알리신다. 그리고 믿음의 경륜에 발맞추어 진리의 난이도를 서서히 높이신다. 우리 편에서는 주님의 지극히 사소하게 보이는 약속에 대해서도 그 약속의 인식만이 아니라 약속을 신뢰하는 연습이 필요하다.

51또 그에게 말하셨다 "진실로 진실로 내가 너희에게 말하노라 너희는 열린 하늘과 사람의 아들 위에 오르락 내리락 하는 하나님의 사자들을 볼 것이다"

예수는 앞으로 보게 될 "더 큰 것들"의 내용을 간략하게 밝히신다. 너무도 확실한 것이어서 "진실로 진실로"를 수식어로 붙이셨다. 이 표현의 원문은 "아멘 아멘"('Αμὴν ἀμὴν)이다. 히브리어 "아멘"(אָמֵן)의 헬라어 음역인 "아멘"은 주님의 이름으로 쓰이기도 해서 마치 자신의 이름을 걸고 하시는 말씀인 것처럼 최고의 진실성을 보증하는 표현이다. 더 큰 것들은 두 가지로 구성되어 있다. 첫째는 열린 하늘이고, 둘째는 사람의 아들 위로 오르락 내리락 하는 하나님의 사자들이다. 이것은 야곱이 벧엘에서 자다가 꿈에서 본 환상과 일치한다. 야곱이 이 환상을 본 시점은 그가 형 에서를 피해 하란으로 도망가는 중이었다. 벧엘에서 하나님은 꿈의 방식으로 야곱을 만나 그가 누웠던 가나안 땅을 그와 그의 자손에게 줄 것이고 "땅의 모든 족속이 너와 네 자손으로 말미암아 복을 받"을 것이라는 약속을 베푸셨다(창 28:14). 야곱은 감동했다. 그곳을 "하나님의 집"과 "하늘의 문"이라고 명명했다. 그러나 야곱은 떠나야만 했다. 이 떠남은 야곱의 간사함 때문이다. 그는 인간적인 속임수로 형의 장자권을 빼앗았다. 이것은 도망의 불씨였다. 결국 야곱은 생전에 약속의 땅으로 돌아가지 못하였고 꿈에서 들은 하나님의 약속도 누리지 못하였다. 나다나엘 시대도 자신의 땅을 빼앗긴 식민지 시대로서 야곱의 상황과 유사했다. 유대인의 마음에는 돌아가야 할 약속의 땅에 대한 갈망이 절정에 이르렀다. 이런 상황에서 쫓기던 야곱의 환상을 그에게 들려주신 예수의 의도는 무엇인가? 예수께서 간사함이 없는 나다나엘에게 보여줄 "더 큰 것들"이 야곱에게 준 약속의 성취 및 누림과 관련되어 있음을 알리기 위함이다. 즉 예수는 그 약속을 이루시고 우리를 궁극적인 약속의 땅으로 이끄심이 그가 보게 될 "더 큰 것들"이다.

약속을 이루실 사람의 아들 예수 그리스도 위로 천사들이 왕래했다. 하나님의 사자들이 하늘과 땅을 왕래하는 현상의 다른 표현은 하늘의 열림이다. 하늘이 열리고 천사들이 왕래하는 방식은 다양하다. 예수께서 이 세상에 육신으로 오실 때에 하늘에서 아버지 하나님의 목소리가 들린 것(마 3:17), 한 천사가 목동들을 찾아가 소식을 전하고 많은 천사들이 노래한 것(눅 2:9-14), 예수께서 광야에서 시험을 이기신 후 천사들이 그를 섬긴 것(마 4:11), 산에서 예수께서 변하시고 모세와 엘리야와 대화하실 때에 하늘에서 아버지 하나님의 음성이 들린 것(마 17:5), 천사들이 예수의 부활을 알려준 것(눅 24:23) 등을 보면 예수의 일대기 전체가 하늘이 열린 사건이고 하나님의 사자들이 사람의 아들이신 예수 위에 오르락 내리락 한 인생임을 확인한다. 예수의 출생에서 부활까지 천사들이 그분을 섬기는 이 사건들은 예수께서 과연 하나님의 아들이며 온 세상의 왕이심을 잘 보여준다. 예수 자신이 나다나엘 및 우리 모두가 보아야 할 다른 무엇보다 "더 큰 것들"이다.

나다나엘은 분명히 예수를 "하나님의 아들이요 이스라엘 왕"이라고 고백했다. 그러나 그 고백의 내용이 가진 실질적인 의미의 무게에 대해서는 무지했다. 하나님의 깊은 지혜를 경험한 욥도 자신이 기막힌 고백을 하였지만 자신에게 너무도 신비로운 것이어서 깨닫지를 못한다고 솔직하게 고백했다(욥 42:3). 믿음의 거인들도 이러한데, 정작 우리는 우리가 고백한 것을 완벽하게 안다고 착각한다. 웅장한 고백을 많이 쏟아내면 나의 신앙도 웅장한 것처럼 스스로 오해한다. 하지만 우리의 고백들도 대체로 우리가 그것들의 정확한 의미를 다 이해하지 못한 채 입술에서 출고된다. 우리의 입에서 나간 일반적인 말들 중에도 우리가 정확히 알지 못하는 것이 태반이다. 사람을 만날 때에도 그에 대한 정보의 적정한 분량이 확보되면 그를 안다고 표현한다. 그러나 아직도 그를 제대로 알지 못하면서 안다고 착각하는 경우가 허다하다.

예수를 하나님의 아들과 온 우주의 왕으로 고백하는 것은 대단하다. 그러나 그런 예수의 정체성을 제대로 알고 경험하는 것은 훨씬 더 위대하다. 예수께서 나다나엘에게 그가 지금까지 본 것과 비교할 수 없을 정도로 큰 것을 볼 것이라고 진실로 확언하신 것에 근거하여, 우리도 지금까지 알던 예수의 정체성과 비교할 수 없을 정도로 훨씬 더 위대한 것을 볼 것이라고 기대해도 좋다. 기대해야 한다. 지금까지 알아온 예수보다 더 위대하신 예수를 오늘 기대하라. 오늘보다 내일 더 위대하실 예수를 기대하라. 그를 아는 지식의 깊이와 높이와 넓이와 길이에 있어서 끊임없이 차원을 갱신하는 시도가 필요하다.

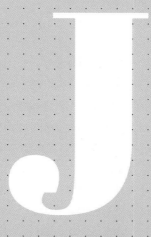

요 2:1-11

¹사흘째 되던 날 갈릴리 가나에 혼례가 있어 예수의 어머니도 거기 계시고 ²예수와 그 제자들도 혼례에 청함을 받았더니 ³포도주가 떨어진지라 예수의 어머니가 예수에게 이르되 저들에게 포도주가 없다 하니 ⁴예수께서 이르시되 여자여 나와 무슨 상관이 있나이까 내 때가 아직 이르지 아니하였나이다 ⁵그의 어머니가 하인들에게 이르되 너희에게 무슨 말씀을 하시든지 그대로 하라 하니라 ⁶거기에 유대인의 정결 예식을 따라 두세 통 드는 돌항아리 여섯이 놓였는지라 ⁷예수께서 그들에게 이르시되 항아리에 물을 채우라 하신즉 아귀까지 채우니 ⁸이제는 떠서 연회장에게 갖다 주라 하시매 갖다 주었더니 ⁹연회장은 물로 된 포도주를 맛보고도 어디서 났는지 알지 못하되 물 떠온 하인들은 알더라 연회장이 신랑을 불러 ¹⁰말하되 사람마다 먼저 좋은 포도주를 내고 취한 후에 낮은 것을 내거늘 그대는 지금까지 좋은 포도주를 두었도다 하니라 ¹¹예수께서 이 첫 표적을 갈릴리 가나에서 행하여 그의 영광을 나타내시매 제자들이 그를 믿으니라

❖ ❖ ❖

¹사흘째에 갈릴리 가나에 혼례가 있었고 예수의 어머니가 거기에 계셨으며 ²예수와 그 제자들도 혼례에 청함을 받았는데 ³포도주가 떨어졌다 예수의 어머니가 그를 향하여 말하였다 "저들에게 포도주가 없다" ⁴예수께서 그녀에게 말하였다 "여인이여, [이것이] 나와 당신에게 무슨 [상관이 있습니까?] 나의 때는 아직 이르지 않았습니다" ⁵그의 어머니가 하인들에게 말하였다 "그가 너희에게 말하는 것은 무엇이든 실행하라" ⁶거기에는 유대인의 정결 예식을 따라 돌항아리 여섯이 놓였는데 [물이] 두세 통 [들어가는] 크기였다 ⁷예수께서 그들에게 말하였다 "너희는 항아리에 물을 채우라" 그들이 그것을 아구까지 채우더라 ⁸그가 그들에게 말하였다 "이제는 떠서 연회장에게 갖다 주어라" 그들이 갖다 주었다 ⁹그 연회장은 포도주가 된 물을 마셨으나 그것이 어디에서 왔는지를 알지 못하였다 그러나 그 물을 떠 온 하인들은 알고 있었다 연회장이 신랑을 불러 ¹⁰말하였다 "모든 사람은 좋은 포도주를 먼저 주고 취한 이후에는 보다 저급한 것을 내오는데 그대는 지금까지 좋은 포도주를 두었군요" ¹¹이것은 예수께서 갈릴리 가나에서 행한 표적들의 처음이고 이것이 그의 영광을 나타냈고 그의 제자들은 그를 신뢰했다

창조의 변경

본문의 내용은 갈릴리 가나에서 열린 혼인잔치 중에 벌어진 표적이다. 이 표적으로 인해 예수의 영광이 드러났고 제자들은 그를 진심으로 신뢰했다. 요한복음 안에는 예수의 신적인 영광을 드러내는 7가지의 표적이 기록되어 있다. 첫째, 물로 포도주를 만드셨다(요 2:1-11). 둘째, 한 신하의 죽어가는 아들을 살리셨다(요 4:46-54). 셋째, 서른여덟 해 된 병자를 고치셨다(요 5:1-9). 넷째, 보리떡과 물고기로 오천 명을 먹이셨다(요 6:1-13). 다섯째, 물 위를 걸으셨다(요 6:16-21). 여섯째, 맹인의 눈을 고치셨다(요 9:1-41). 일곱째, 죽은 나사로를 살리셨다(요 11:1-44). 본문은 예수께서 갈릴리에 오셔서 행하신 첫 번째 표적이다. 이는 포도주의 결핍으로 죽어가는 잔치를 물로 살린 대단히 흥겨운 기적이다. 이 사건에서 우리는 창조의 변경을 목격한다. 이는 창조자의 고유한 권한이다. 본문의 내용은 시몬의 이름을 베드로로 바꾸어 그의 인생을 변경하신 것과 유사한 사건이다.

¹사흘째에 갈릴리 가나에 혼례가 있었고 예수의 어머니가 거기에 계셨으며
²예수와 그 제자들도 혼례에 청함을 받았는데

이 표적은 "사흘째"에 일어난 사건이다. 요한복음 안에서 "이튿날"은 다섯 번 사용되고 "사흘째"는 여기에만 한 번 사용된다. 특정한 날짜를 표기한 것은 이 사건의 역사성을 증거한다. 칼뱅은 예수께서 갈릴리 지역으로 이동한 이후 셋째 날이라고 해석한다. 첫째 날에는 안드레와 그의 형제 베드로를 만나고, 둘째 날에는 필립과 나다나엘을 만나고, 셋째 날에는 가나의 혼례식에 참석한 것이라는 해석이다. 그런데 어떤 주석가는 예수와 나다나엘 사이의 대화가 이루어진 날로부터 사흘째 되는 날이라고 이해한다. 이와는 달리, 이 날짜의 상징적인 해석을 시도하는 어떤 주석가는 예수께서 사흘째 날에 부활하신 그의 영광을 예고하는 날이라고 이해한다. 심지어 "사흘째"를 삼위일체 하나님의 신비로 이해하는 교부들도 있다. 오리겐은 예수의 세례 이후 사흘째로 이해한다. 그러나 오리겐의 주장은 예수께서 세례 이후에 40일간 주리신 것과 광야에서 시험 당하신 것을 고려할 때 수용하기 어려운 입장이다. "사흘째"의 의미에 대한 다른 해석들이 저마다 일리는 있지만 텍스트의 객관적인 증거가 없는 짐작이다. "사흘째"가 죽으신 예수께서 이후에 살아나는 사흘째의 부활을 뜻한다는 것은 앞으로 전개되는 글의 내용에서 문맥적인 타당성을 가진 주장이다. 그러나 "사흘째"의 의미와 무관하게 이 날에 예수의 영광이 드러나고 제자들의 믿음이 자라게 되었다는 것만은 분명하다.

갈릴리에 위치한 "가나"는 "갈대들이 있는 곳"을 의미한다. 갈대는 바람에 쉽게 흔들린다. 가나는 마치 제자들의 흔들리는 신앙을 고발하고 동시에 견고하게 바뀔 것 같은 지리적 배경이다. 이곳에서 혼례식이 벌어진다. 그곳에는 예수의 어머니가 있었다고 한다. 마리아를 너무도 잘 아는 이 저자가 그녀를 "예수의 어머니"로 표기한 이유는 무엇인가? 독자의 시선을

예수에게 이끌려는 의도의 반영이다. 이는 예수의 정체성을 밝히고자 하는 저자의 목적에도 충실하다. 사실 마리아가 천사를 만나 나눈 대화와 남자와의 관계도 없이 임신한 기적은 충분히 기록할 가치가 있음에도 불구하고 이 복음서의 저자는 그런 마리아의 신비로운 수태 이야기도 생략했다.

이 잔치는 마리아의 지인 집안에서 이루어진 혼례식일 가능성이 높다. 그녀가 그 집안의 시종에게 명령을 내릴 정도로 친분이 두터운 관계였을 것으로 추정된다. 여기에는 예수와 그의 제자들도 초청을 받아 참석하고 있다. 예수가 계신 곳이라면 갈대처럼 보잘것없는 가나도 역사의 중심지가 된다. 장소의 가치는 그 자체보다 누가 그곳에 있느냐에 의해 좌우되기 때문이다. 당시 우주의 중심이신 예수가 있는 가나는 세계에서 가장 중요한 마을이다. 이는 아버지 하나님이 사랑하고 기뻐하는 아들이 머무는 곳이기 때문이다. 우리 개개인도 하나님의 사랑과 기쁨의 처소이기 때문에 발 달린 우주의 중심이다. 예수께서 거하시는 가나에서 어떤 사건이 일어날 것처럼 심상치 않은 분위기가 감지된다. 작은 동네, 흥겨운 혼례, 초대받은 마리아와 예수와 제자들이 이 사건의 배경이다.

3포도주가 떨어졌다 예수의 어머니가 그를 향하여 말하였다
"저들에게 포도주가 없다"

사건의 발단은 포도주의 소진이다. 칼뱅의 지적처럼, 혼례 잔치에서 최소한 일주일 분량의 포도주를 마련하지 못한 신랑은 신중하지 못한 사람으로 치부된다. 그런데 포도주가 떨어졌다. 이는 하객들이 예상보다 많았거나 과음을 했거나 포도주의 분량 자체가 부족했기 때문이다. 포도주는 기쁨과 즐거움의 연료이기 때문에, 포도주의 소진과 함께 잔치의 흥도 바닥을 드러낸다. 잔치의 표정에 울상이 스며든 상황을 신랑보다 빨리 감지한

마리아가 발빠르게 움직인다. 이 상황을 신랑에게 알리지 않고 예수라는 교회의 신랑에게 가서 "저들에게 포도주가 없다"고 귀띔한다. 그녀의 말에는 예수에게 문제의 해결을 지시하는 듯한 뉘앙스가 다분하다. 그리고 신랑의 책임을 마치 예수에게 돌린 격이었다. 칼뱅이 잘 평가한 것처럼, 마리아의 이런 발언이 하객들의 환심에 대한 구애일지 모른다는 크리소스톰의 의심은 근거 없는 억측이다. 칼뱅은 이 상황에서 예수의 영광을 가릴 가능성이 그녀에게 있다는 점을 인정하나 그녀의 겸손과 선의를 더 주목해야 한다고 주장한다. 동시에 시간적인 인과율 때문에 앞으로 예수가 행할 기적이 그녀의 발언에 근거한 것처럼 오해될 가능성을 칼뱅은 주의해야 할 하나의 해석학적 위험으로 인지하고 있다.

4예수께서 그녀에게 말하였다 "여인이여, [이것이] 나와 당신에게
무슨 [상관이 있습니까?] 나의 때는 아직 이르지 않았습니다"

예수는 마리아의 언급에 대해 대답한다. "여자"라는 호칭이 장유유서 문화의 귀에는 거슬린다. 그러나 아우구스티누스의 이해처럼, 지금 예수는 자신과 마리아 사이의 혈통적인 관계에 근거하지 않고 자신의 신적인 위엄을 드러내기 위해 창조자 하나님과 한 여인의 관계에 근거하여 발언하고 있다. "나와 아버지는 하나"라고 한 말도 동일하게 신적인 발언이다(요 10:30). "여자"라는 칭호는 예수의 대답이 어머니의 요청에 대한 아들의 인간적인 반응이 아니라 인간의 요청에 대한 창조자의 주권적인 반응임을 잘 드러낸다. 그리고 마리아를 대하는 예수의 무례해 보이는 태도는 마리아가 숭배의 대상이 아니라 피조물일 뿐임을 확증하며 그녀가 하나님과 동급으로 여겨져야 한다는 더 무례한 주장을 따끔하게 꾸짖는다. 이 호칭은 예수가 사람의 지시나 명령을 따르는 분이 아님을 입증한다. 물론 마리아는 메

시아의 어머니로 부르심을 받았을 때에 자신을 "주의 여종"으로 여기며 자신에게 주어진 주의 모든 말씀을 받아들인 겸손과 순종(눅 1:37-38) 때문에 사람들의 존경을 받아 마땅한 여성이다. 그러나 인간적인 차원에서 존경하되 그녀가 마치 신인 것처럼 "하나님의 어머니," "예수보다 높으신 분"으로 추앙하는 것은 기독교를 빙자한 우상숭배 혹은 미신이다.

예수는 마리아의 발언에 이런 의문을 제기한다. "[이것이] 나와 당신에게 무슨 [상관이 있습니까?]" 이 의문에는 포도주의 부족이 예수와 마리아 모두에게 아무런 관계도 없다는 뉘앙스가 느껴진다. 그것은 신랑의 문제임에 분명하다. 그러나 긍휼이 많은 마리아는 자신의 문제인 것처럼 해결책을 궁구했다. 그녀가 보기에는 예수가 답이었다. 그래서 예수에게 부탁했다. 그러나 예수는 그 문제와 상관이 없다고 반문한다. 자신의 "때"가 이르지 않았다는 점을 그 반문의 이유로서 제시한다. 이러한 부정적인 반응과는 달리, 예수는 포도주의 문제를 해결한다. 그렇다면 어떻게 해석해야 하나?

크리소스톰은 부모에게 순종하는 자녀의 도리라고 해석한다. 그러나 이레니우스가 잘 지적한 것처럼 포도주의 상징적인 의미는 예수의 보혈이다. 그런데 그가 피를 흘리고 예수와 교회의 혼례가 이루어질 온전한 구원의 때는 아직 이르지 않았기 때문에 이 구절은 포도주의 문제를 지금 해결하는 것이 그런 때와는 무관함을 명시한 표현이다. 로마누스 찬가에 나오는 것처럼, 시간을 창조하고 통제하는 분이 때가 이르지 않았다고 시간을 기다리는 현상은 참으로 신비롭고 의아하다. 여기에서 나는 겸손하신 예수를 경험한다. 예수는 우리의 곁으로 다가오기 위해 자신이 창조한 시간 속에 스스로 종속된 분이시다. 예수는 자신이 정확하게 알고 있는 신적인 계획의 일정표에 맞추어 인생의 걸음을 옮기신다. 서두르지 않고 지체하지 않고 역사의 정확한 일정에 맞도록 만사를 행하신다. 우리는 비록 우리의 때를 다 알지 못하지만 우리의 모든 때를 아시는 예수를 믿는다면 어떠한 조급함과 불안함도 없이 얼마든지 평안하고 당당하게 살아가는 것이 가능하

다. 예수의 인생은 역사의 고정된 흐름에 참여하는 것이 아니라 그 역사가
맴도는 중심이기 때문이다.

5그의 어머니가 하인들에게 말하였다
"그가 너희에게 말하는 것은 무엇이든 실행하라"

마리아는 하인들을 불러 명령한다. 예수의 모든 명령을 무조건 실행하라!
예수의 답변과 마리아의 조치 사이에 문맥의 이음새가 빠진 느낌이다. 상
황의 전개가 매끄럽지 않다. 행간의 의미를 파악해야 하는 대목이다. 지금
상황은 포도주가 필요하다. 마리아가 사태를 파악하고 명령은 아니지만 예
수에게 해결을 요청한다. 그러나 예수는 마리아의 아들인 동시에 하나님의
아들이다. 창조주의 자격으로 포도주 문제를 해결하는 것은 마리아의 요청
에 대한 수동적인 반응이 아님을 "여자"라는 호칭으로 명시한다. 포도주 문
제는 인간 예수와 무관하나 오직 하나님의 아들 예수께서 특별한 은혜를
베푸시는 계기로 작용한다.

　어쩌면 이런 문맥을 감지했을 마리아는 이제 예수에게 명령하지 않고
그 집안의 하인에게 명령한다. 예수의 모든 명령을 하나도 거부하지 말고
다 듣고 행하라는 것이 명령의 내용이다. 명령하는 최고의 권한이 예수에
게 있음을 명령의 방식으로 하인에게 알린 사건이다. 마리아는 예수의 첫
번째 표적 이전에 "여자"라는 호칭으로 상처를 받은 것이 아니라 예수의
신적인 정체성을 깨달았을 가능성이 높다. 그래서 오직 하나님의 명령에
돌려야 할 인간의 절대적인 순종을 예수의 명령에도 그대로 적용한다. 예
수의 명령은 하인들이 협의할 필요도 없이, 손익을 계산함도 없이, 혹시 가
시적인 해로움이 있더라도 무조건 순종하면 복이 되는 은총이다. 그래서
마리아는 그들에게 예수의 어떠한 명령에도 토를 달지 말고, 걱정하지 말

고, 안심하고 행하라고 명하였다.

6거기에는 유대인의 정결 예식을 따라 돌항아리 여섯이 놓였는데
[물이] 두세 통 [들어가는] 크기였다

저자는 포도주 문제가 발생한 혼례에서 물을 담는 돌항아리 여섯을 언급한다. 이는 유대인의 정결 예식에 필요한 도구였다. "정결례"는 모세의 명령에 따른 신체적인 정결과 제의적인 정결과 죄에서의 정결 등을 위한 의식이다. 그런데 여기에서 저자가 "유대인의 정결례"로 표현한 것은 모세의 규정에 근거하지 않고 손님들이 손을 씻는 유대인의 문화적인 의식을 가리키기 위함이다. 항아리의 용도는 출입하는 모든 사람들의 위생적인 씻음과 불결함을 없애는 제의적인 씻음이다. 이런 항아리에 가장 깨끗한 물 이외에 다른 어떤 이물질이 들어갔을 리가 있겠는가! 유대인이 정결례에 있어서는 얼마나 깔끔한가! 유대인의 정결례 언급으로, 저자는 포도주의 찌꺼기나 포도주 분말이 항아리의 바닥에 담겨 있을지 모른다는 의구심을 확실하게 제거한다. 게다가 돌로 만들어진 항아리는 세월이 흘러도 방부제와 같아 부패하지 않기 때문에 포도주 생성과는 전혀 무관한 공간이다.

부데우스 추론에 의하면, 항아리의 크기(μετρητής)는 20~30갤런 정도가 들어갈 정도이고 그런 항아리가 여섯이기 때문에 120~180갤런 정도 (450~680리터 정도)가 들어간다. 그 정도이면, 150명 정도가 포도주를 실컷 마실 양이라고 칼뱅은 추정한다. 이러한 항아리의 규모는 옆집에서 포도주를 빌려와서 문제를 해결한 것이 아님을 증거한다. 이처럼 항아리의 정확한 개수와 크기에 대한 저자의 언급은 대단히 정교하다. 예리한 관찰자의 시점이 반영된 표현이다. 고대의 문헌에서 이런 섬세한 표현은 흔하지가 않다. 그래서 몇몇 학자들은 이것이 요한복음 문서의 과학적인 우수성과

객관적인 역사성을 가장 잘 드러낸 요소들 중의 하나라고 주장한다.

> 7예수께서 그들에게 말하였다 "너희는 항아리에 물을 채우라"
> 그들이 그것을 아구까지 채우더라 8그가 그들에게 말하였다
> "이제는 떠서 연회장에게 갖다 주어라" 그들이 갖다 주었다

예수는 하인들을 불러 놓고 그들에게 여섯 개의 항아리를 물로 채우라고 명하신다. 예수의 이러한 조치는 마리아의 지시에 대한 순응이 아니었다. 예수가 잔치의 위기를 타개할 적임자로 여긴 마리아의 인간적인 판단을 승화시켜 하늘 잔치를 펼칠 주체로서 신적인 신랑의 면모를 드러낸 조치였다. 다시 말하지만, 포도주 문제의 책임은 신랑에게 있다. 그래서 하늘의 신랑이 땅의 신랑을 대신했다. 그러나 마리아의 지시를 받은 하인들의 생각에 항아리를 채우라는 예수의 명령은 싱거웠다. 무슨 대단한 명령을 내리고 심박한 해결책을 제시할 줄 알았는데 너무도 평범한 것이었기 때문이다. 납득이 되지는 않았지만 그들은 그의 명령을 따라 항아리의 아구까지 채우며 즉각 순종했다. 예수는 그들에게 그 물을 떠서 연회장이 마시도록 퍼서 주라고 명하신다. 연회장은 잔치의 감독이고 새로운 음식을 그가 먼저 맛보고 손님에게 제공하는 것은 당시의 관례였다. 하인들은 이번에도 그 명령에 즉각 순종하여 물을 배달했다. 하인들의 즉각적인 순종은 칭찬을 받아 마땅하다. 그들은 어떠한 이의도 제기하지 않고 마리아의 지시에 순응했고 예수의 명령에 순종했다. 그러나 명령의 의미를 다 이해하고 순종한 것은 아니었다. 이후에 어떠한 일이 일어날지 전혀 모르는 상황에서 그들은 마리아와 예수를 신뢰했기 때문에 전적으로 순종했다.

순종은 이해에 근거하지 않고 권위에 근거한다. 이해는 순종자의 것이고 권위는 명령자의 것이기 때문에 이해에 근거하면 자신을 기준으로 삼

은 순종이고, 권위에 근거하면 명령자를 기준으로 삼은 순종이다. 인간문맥 안에서는 사태를 정확하게 파악한 이후에 대답하고 처신해야 한다. 그러나 하나님의 말씀, 예수의 명령에 대해서는 "예"만 있고 "아니오"는 없다. 하인들은 자신들의 이해보다 마리아와 예수의 권위를 더 중요하게 여겼기 때문에 순종했다. 사실 물을 항아리에 담는 것은 그리 어렵지 않았을 것이라고 생각한다. 그러나 그 물을 떠서 전달하는 것은 대단한 용기와 결연한 각오가 필요했다. 연회장이 그 물을 마시면서 포도주가 아니라는 사실을 안다면 자신에 대한 조롱으로 간주하고 모멸감을 느끼며 하인들을 문책했을 것이기 때문이다. 그들은 자칫 실직을 당하거나 심하게는 무서운 엄벌이나 죽음도 감수해야 했다.

9그 연회장은 포도주가 된 물을 마셨으나 그것이 어디에서 왔는지를 알지
못하였다 그러나 그 물을 떠 온 하인들은 알고 있었다 연회장이 신랑을 불러

놀라운 일이 일어났다. 하인들이 전한 물은 그냥 물이 아니었다. 연회장은 포도주가 된 물을 마셨다고 한다. 그런 물이 어디에서 왔는지를 그는 알지 못하였다. 그러나 그 물을 떠온 하인들은 안다. 예수의 명령에서 왔음을! 포도주를 누린 연회장과 그 포도주의 비밀을 알고 있는 하인들 중에 누가 더 행복할까? 세상을 누리지만 무식한 연회장이 되고 싶은가, 아니면 세상을 섬기지만 유식한 하인들이 되고 싶은가? 이 땅에서는 복의 수혜자가 되는 것보다 복의 공급자 혹은 전달자가 되는 것이 더욱 행복하다. 수혜자는 복만 알고 누리지만 공급자는 복의 근원을 알고 누리기 때문이다. 그런데도 사람들은 하인들이 아니라 연회장이 되려고 경쟁한다. 연회장이 되면 좋아하고 자랑한다. 그러나 주는 것이 받는 것보다 복되다는 진리는 가나의 혼인잔치 안에서도 확인된다. 같은 맥락에서 말씀을 들어서 받기만 하

는 자보다 성령의 가르침을 받아 성경을 알고 증거하는 자가 더 행복하다.

물이 포도주로 변한 것은 창조가 변경된 사건이다. 예수는 천하와 만물을 창조하신 분이시다. 물도 그분이 만드셨다. 부드러운 물을 무형의 가루로 바꾸기도 하시고 투명한 돌처럼 바꾸기도 하시던 그분이 평소와는 달리 이번에는 물의 범주를 벗어난 포도주로 바꾸셨다. 이것은 물의 외형적인 변경이 아니라 물의 본질적인 변화였다. 모든 창조물과 이 세상의 모든 질서에는 그것들을 만드시고 정하신 분에 의해 얼마든지 바뀌는 가변성이 있음을 나는 여기에서 확인한다. 구약에는 나무에 불이 붙었으나 소각되지 않고(출 :2-4), 나일강물이 피로 바뀌고(출 7:20), 낮은 곳으로 가는 물이 가장 낮은 바다까지 갈라지고(출 14:21), 물기가 없는 바위에서 물이 솟아나고(출 17:6), 흐르던 강물이 걸음을 중단하고(수 3:16), 태양과 달이 가던 길을 하루종일 멈추고(수 10:13), 불이 위로 올라가는 본성을 거슬러 하늘에서 내려오고 불이 가까이 할 수 없는 축축한 제물을 태우고(왕상 18:38), 전진하던 그림자가 후진하고(왕하 20:11), 신약에는 남녀의 결합 없이도 자녀가 태어나고(마 1:18), 육지가 아니라 바다 위를 걸어가고(마 14:25-29), 죽은 자가 살아나고(눅 7:14-15), 독사가 물어도 멀쩡한(행 28:5) 이야기가 있다.

예수는 물을 포도주로 바꾸셨다. 물은 싱겁지만 포도주는 달다. 맛이 느껴지지 않는 것을 감미롭게 만드신다. 성경도 그러하다. 성경을 액면가 그대로 읽으면 밋밋하다. 재미가 없고 유익이 없고 혁신이 없고 그저 지루하고 따분하고 무익하다. 그러나 예수는 성경의 물맛을 포도주의 단맛으로 바꾸신다. 예수는 구약의 물을 복음의 포도주로 바꾸신다. 성경의 모든 텍스트에 예수가 들어가면 문자가 영으로 바뀌며 살아난다. 다른 모든 것을 살리는 운동력이 생기고, 모든 것을 판단하는, 좌우에 날 선 어떠한 검보다 더 예리하게 된다. 예수는 맹물 같은 인생도 포도주 인생으로 바꾸신다.

모든 사람들은 하나님의 창조를 따라 태어난다. 누구든지 한번 어떤 존재로 태어나면 그것이 일평생의 운명이다. 외모와 성격과 적성과 재능을 아무리 성형해도 동일한 운명의 제자리 걸음이다. 오히려 퇴보한다. 하나님은 한 사람을 창조하실 때에 그의 인생 전체와 그가 더불어 살아갈 모든 공동체와 그를 통하여 이 세상에 이루실 고유한 의미와 가치가 골고루 고려된 하나의 종합적인 인격체로 만드신다. 그러나 인간은 우리 각자를 향하신 하나님의 뜻과 계획 그리고 부여하신 재능과 적성을 다 파악하지 못한 채 부분적인 변경을 시도한다. 시처럼 아름답고 음악처럼 감미롭고 소설처럼 감동적인 인생에 인위적인 변경의 칼을 대는 것을 어리석다. 당시에는 좋아 보이던 변경이 이후에는 부작용을 일으키고 무질서를 초래하며 인생의 균형과 공동체의 조화를 깨뜨린다. 그러나 예수를 만나면 모든 게 달라진다. 옛 사람이 새 사람으로 변화된다. 무질서의 첫단추가 꿰어지며 어긋나고 휘어지고 일그러진 다른 모든 무질서도 반듯하게 회복된다. 이것은 인생의 근본적인 혁신이다. 창조된 한 사람의 모든 요소들이 포도주로 변하여 최고의 기량을 발휘하고 잠재성이 최대치로 구현된다.

[10]말하였다 "모든 사람은 좋은 포도주를 먼저 주고 취한 이후에는 보다
저급한 것을 내오는데 그대는 지금까지 좋은 포도주를 두었군요"

포도주가 된 물을 마신 연회장이 신랑에게 반응한다. 그의 인식에는 좋은 포도주를 먼저 주고 취한 이후에는 질이 낮은 포도주를 주는 게 잔치의 상식이다. 이는 거래할 때에 최고의 안을 제시하여 계약이 성사되면 평범한 안으로 표정을 바꾸는 것과 일반이다. 감각이 예민할 때에는 포도주의 품질을 알지만 취하면 감각이 둔해져서 분별력도 떨어지기 때문이다. 사람들은 타인에게 칭찬과 존경을 받으려고 노력한다. 타인의 시선이 쏠리는 곳에 칭찬과 존경의 최고급 이유를 배치한다. 그러나 타인의 시선이 사라지면 그 이유를 속히 회수한다. 자신의 실상에 어울리는 대우에 만족하지 않

고 그것보다 더 좋은 대우를 기대하는 것은 욕심이다. 그런데 그 욕망을 이루기 위해 사람들은 자신의 있는 그대로를 타인에게 들키지 않으려고 거짓된 이미지를 동원하고 착시와 오판을 일으킨다. 분수에 넘치는 평가를 탐하면 이렇게 거짓과 결탁하게 된다. 등급이 다른 포도주의 영리한 제공으로 잔치의 평가를 높이려는 시도는 당시의 모든 사람에게 상식이다. 그런데 그런 상식도 예수로 말미암아 변경된다.

가나의 잔치에서 좋은 포도주가 동난 이후에 나온 포도주는 훨씬 더 좋은 것이었다. 연회장은 당시의 오래된 관례가 깨어지는 유쾌한 체험 때문에 감격한다. 연회장의 들뜬 반응을 접한 신랑의 마음은 어땠을까? 저자는 신랑의 반응에 대해 침묵한다. 그래서 독자는 추론하게 된다. 나는 이렇게 상상하고 싶다. 신랑은 연회장과 하객들이 고품질의 포도주를 마시면서 이전보다 더 기뻐하는 모습에 크게 감격한다. 그런데 자기가 지시한 일이 아니었다. 그래서 어떻게 된 일인지를 파악하기 위해 그는 하인들을 찾아간다. 항아리에 물을 채우고 퍼서 나르라는 예수의 명령이 있었음을 인지한다. 그래서 신랑은 진짜 신랑이신 예수에게 갔다. 그는 자신이 잘 아는 마리아의 아들이며 나이가 비슷한 또래였다. 그러나 그에게서 신적인 기운을 느끼고 경외심을 드러낸다. 하인들과 함께 환호성을 지르며 예수에게 영광을 돌렸음에 분명하다. 그 신랑은 진짜배기 신랑인 예수의 한 비유였다. 세상의 모든 신랑은 교회의 신랑 되시는 예수에 대한 설명이다. 신랑의 모든 권위와 정체성은 그분에게 양도하는 것이 마땅하다.

11이것은 예수께서 갈릴리 가나에서 행한 표적들의 처음이고
이것이 그의 영광을 나타냈고 그의 제자들은 그를 신뢰했다

물을 포도주로 바꾼 표적은 예수께서 갈릴리 가나에서 행한 표적들의 처

음이다. 여기에서 "표적"(σημεῖον)은 어떠한 실체의 상징 혹은 설명을 의미한다. 즉 예수의 그리스도 및 하나님의 아들 정체성을 설명하고 드러내는 표적이다. 여기에서 우리는 신비한 현상이나 기적이 그 자체로 목적인 것은 아님을 확인한다. 그리고 포도주 사건은 표적들의 처음이다. 예수의 인생에는 이전에도 놀라운 기적들이 일어났다. 처녀의 몸에서 잉태되고 태어난 것, 동방에서 별을 보고 박사들이 찾아온 것, 천사들이 목동에게 나타나 예수의 소식을 전한 것, 아버지의 음성과 성령의 비둘기 같은 임하심이 있었으나 이것들은 예수의 직접적인 행위는 아니었다. 그러나 물로 포도주를 만든 이 표적은 예수 자신의 행위였다. 그래서 표적들의 처음이다. "처음"(ἀρχή)은 시간적인 우선성을 의미하는 동시에 다른 표적들의 표본을 뜻하기도 한다.

첫 표적은 황폐한 광야가 아니고 살벌한 전쟁터가 아니며 화려하고 풍요롭고 감미로운 혼인잔치 자리에서 일어났다. 광야에서 외친 요한의 사역과는 구별된다. 이런 자리는 이미 행복으로 가득해서 주님의 기적이 존재감을 드러내기 어려운 환경이다. 그러나 주님의 기적은 포도주가 없어서 최고의 행복이 사라질 위기, 행복한 만큼의 불행이 터지기 직전의 상황에 봉착하면 오히려 최고의 존재감을 드러낸다. 결혼은 가장 아름다운 연합을 의미한다. 천국을 방불하는 행복의 출발이다. 그런데 나다나엘에게 장차 이것보다 더 큰 것도 보게 될 것이라는 말씀에 근거하여 보면, 사람의 결혼보다 더 큰 것은 하나님과 그의 백성 사이의 영적인 결혼이다. 창세기는 태초에 이루어진 에덴의 결혼을 기록하고, 모세는 하나님과 이스라엘 백성의 혼인 서약서를 기록하고, 호세아는 장차 이루어질 예수와 교회의 영적인 결혼에 대한 예언을 기록하고, 요한의 계시록은 그 결혼의 궁극적인 성취를 기록하고 있다(호 2:19). 사실상 성경 전체가 이 결혼 이야기를 기록하고 있다. 옛 언약과 새 언약은 가장 거룩한 혼인 언약이다.

가나의 첫 표적은 두 가지의 결과를 산출했다. 첫째, 예수의 영광을 나타냈다. 주님의 영광을 드러내는 것은 참된 표적의 필수적인 요건이다. 아무리 놀라운 기적도 그의 영광을 드러내지 않으면 표적이 아니라 인간의 오감만 자극하는 그저 놀라운 현상에 불과하다. 만약 그의 영광을 자신의 지갑에 빼돌리는 자가 있다면 그는 저주의 표적으로 전락할 것이다. 둘째, 제자들의 믿음이 성장했다. 우리 편에서 보면, 표적의 쓸모는 믿음의 성장이다. 이 세상에 완전한 믿음의 소유자는 없다. 제자들도 예수를 하나님의 아들로 믿었지만 완전한 믿음은 아니었다. 믿음은 계속해서 성장한다. 표적을 경험해도 예수에 대한 신뢰도가 변하지 않거나 떨어지면 참된 표적이 아니거나 표적의 오용일 가능성이 높다. 참된 표적을 분별하는 기준은 이처럼 하나님의 영광과 우리의 신앙적인 성숙이다. 이런 두 요소가 없는 기적을 경험할 때 놀라지 말고, 마귀의 현란한 희롱에 놀아나지 않도록 늘 경계해야 한다.

저자는 갈릴리 가나에서 일어난 예수의 첫 번째 표적을 통해 이 복음서의 목적 즉 예수가 하나님의 아들과 그리스도 되심을 증언한다. 포도주가 없어서 위기에 처한 혼례에서 마리아가 찾은 포도주는 예수였다. 이후에 예수는 자신의 정체성을 포도주로 밝히신다. 포도주인 예수는 최고의 혼례를 가능하게 하는 분이시다. 그분이 가는 곳에는 아무리 슬프고 외롭고 고단해도 잔치의 유쾌한 분위기가 조성된다. 최고의 행복과 기쁨과 만족은 그로 말미암아 주어짐을 저자는 첫 표적으로 증거하고 있다. 물을 포도주로 바꾸신 예수의 표적을 알고 우리는 무엇을 실천해야 하나? 물을 포도주로 바꾸는 신비한 능력의 소유자가 아니라 우리 각자가 포도주가 되도록 노력해야 한다. 예수를 나의 신랑으로 모시면 포도주 인생으로 바뀌기 때문이다. 그러면 우리가 출입하는 모든 곳에는 전쟁의 살벌한 분위기가 아니라, 초상집의 슬픈 분위기가 아니라, 혼인집의 행복한 분위기가 조성된다.

예수의 첫 번째 표적과 더불어 이제 본격적인 복음의 잔치가 펼쳐진다.

요 2:12-25

¹²그 후에 예수께서 그 어머니와 형제들과 제자들과 함께 가버나움으로 내려가셨으나 거기에 여러 날 계시지는 아니하시니라 ¹³유대인의 유월절이 가까운지라 예수께서 예루살렘으로 올라가셨더니 ¹⁴성전 안에서 소와 양과 비둘기 파는 사람들과 돈 바꾸는 사람들이 앉아 있는 것을 보시고 ¹⁵노끈으로 채찍을 만드사 양이나 소를 다 성전에서 내쫓으시고 돈 바꾸는 사람들의 돈을 쏟으시며 상을 엎으시고 ¹⁶비둘기 파는 사람들에게 이르시되 이것을 여기서 가져가라 내 아버지의 집으로 장사하는 집을 만들지 말라 하시니 ¹⁷제자들이 성경 말씀에 주의 전을 사모하는 열심이 나를 삼키리라 한 것을 기억하더라 ¹⁸이에 유대인들이 대답하여 예수께 말하기를 네가 이런 일을 행하니 무슨 표적을 우리에게 보이겠느냐 ¹⁹예수께서 대답하여 이르시되 너희가 이 성전을 헐라 내가 사흘 동안에 일으키리라 ²⁰유대인들이 이르되 이 성전은 사십육 년 동안에 지었거늘 네가 삼 일 동안에 일으키겠느냐 하더라 ²¹그러나 예수는 성전된 자기 육체를 가리켜 말씀하신 것이라 ²²죽은 자 가운데서 살아나신 후에야 제자들이 이 말씀하신 것을 기억하고 성경과 예수께서 하신 말씀을 믿었더라 ²³유월절에 예수께서 예루살렘에 계시니 많은 사람이 그의 행하시는 표적을 보고 그의 이름을 믿었으나 ²⁴예수는 그의 몸을 그들에게 의탁하지 아니하셨으니 이는 친히 모든 사람을 아심이요 ²⁵또 사람에 대하여 누구의 증언도 받으실 필요가 없었으니 이는 그가 친히 사람의 속에 있는 것을 아셨음이니라

❖ ❖ ❖

¹²이후에 그는 가버나움으로 내려갔다 자신[만이 아니라] 그의 어머니와 형제들과 그의 제자들도! 그들이 거기에 여러 날 머물지는 않았다 ¹³유대인의 유월절이 다가왔고 예수는 예루살렘으로 올라갔다 ¹⁴그는 그 성전에서 소와 양과 비둘기 파는 사람들과 돈 바꾸는 사람들이 앉아 있는 것을 발견했다 ¹⁵노끈으로 채찍을 만들어 양이나 소를 모두 성전에서 쫓으시고 돈 바꾸는 사람들의 동전들을 쏟으시고 상을 엎으셨다 ¹⁶그리고 비둘기를 파는 자들에게 말하셨다 "이것들을 여기에서 가져가라 내 아버지의 집을 장사하는 집으로 만들지 말라" ¹⁷제자들은 '당신의 집[에 대한] 열심이 나를 삼킬 것이라'는 기록이 있다는 것을 기억했다 ¹⁸이에 유대인들이 대답하며 그에게 말하였다 "네가 이런 일들을 행하는데 무슨 표적을 우리에게 보여 주겠느냐?" ¹⁹예수께서 대답하며 그들에게 말하셨다 "너희는 이 성전을 헐라 내가 사흘 동안에 그것을 세우리라 ²⁰이에 유대인들이 말하였다 "이 성전은 사십육 년 동안 지어졌다 그런데 네가 이것을 사흘만에 일으킨다?" ²¹그러나 그것은 그가 자기 몸이라는 성전에 대하여 말한 것이었다 ²²그가 죽은 자들 가운데서 살아나신 후에 그의 제자들은 이 말씀하신 것을 기억하고 성경과 예수께서 하신 말씀을 신뢰했다 ²³그가 유월절에 예루살렘 안에 계시므로 많은 사람들이 그의 행하시는 표적들을 보고 그의 이름을 믿었더라 ²⁴그러나 예수는 자신을 그들에게 의탁하지 않으셨다 이는 그가 스스로 모든 [사람들]을 아시기 때문이다 ²⁵그리고 그는 사람의 속에 있는 것을 스스로 아시기 때문에 사람에 대하여 누군가가 증언할 필요가 없[는 분이시]다

07   이 성전을 헐라

예수의 사역은 갈릴리 지역에서 예루살렘 지역으로 이동한다. 예수는 먼저 그곳에 있는 성전을 방문한다. 그러나 성전에는 돈벌이 욕망들이 자욱했다. 제물을 파는 상인과 화폐를 교환하는 환전상의 식탁들이 빼곡했다. 이에 예수는 채찍을 휘둘렀고 화폐의 놀이터인 탁자를 뒤엎었다. 아버지 하나님의 집을 장사하는 집, 강도의 굴혈로 만들지 말라는 준엄한 꾸지람을 내리셨다. 이에 제자들은 성전에 대한 그의 열심에 감동했고 대제사장 무리와 상인들은 예수의 행위를 난동으로 규정하고 메시아의 표적이나 보이라며 조롱했다. 이에 예수는 성전을 허물라고 명하셨다. 여기에서 성전은 예수의 몸이었다. 그리고 표적에 매달리는 신앙을 불쌍히 여기시고 많은 표적들을 행하셨고 많은 사람들이 그를 신뢰했다. 그러나 그들의 신앙이 복음에 뿌리를 둔 것은 아니었다.

¹²이후에 그는 가버나움으로 내려갔다 자신[만이 아니라] 그의 어머니와
형제들과 그의 제자들도! 그들이 거기에 여러 날 머물지는 않았다

예수는 가족과 제자들과 함께 가버나움 지역으로 이동한다. 그곳은 북쪽이
라 올라가야 하는데 그는 "내려갔다"(κατέβη). 유대인의 오름과 내림 개념
은 예루살렘 지역을 중심으로 정해진다. 그곳으로 가까이 가면 올라가는
것이고 멀어지면 내려가는 것으로 인식한다. 이는 대부분의 사람들이 고도
의 높낮이와 동서남북 개념을 기준으로 오름과 내림을 결정하는 것과 구
별된다. 예수의 활동은 주로 갈릴리와 예루살렘 지역으로 구분된다. 그가
공생애의 초기에는 주로 갈릴리 지역에서, 후기에는 주로 예루살렘 지역에
서 활동한다. "가버나움"(Καπερναούμ)은 "나훔의 마을 혹은 위로의 마을"을
의미한다. 이 마을의 이름은 이사야서 후반부에 등장하는 "너희는 위로하
라 내 백성을 위로하라"는 일성처럼 들려온다. 실제로 예수의 모든 사역은
자기 백성의 위로와 결부되어 있다.

가버나움 지역으로 내려간 사람들은 예수만이 아니라 그의 어머니와 형
제들과 제자들도 있다. 그들이 그곳으로 간 이유는 명확하지 않다. 저자는
그들이 그곳에 여러 날 머물지는 않았다고 한다. 예수의 짧은 가버나움 방
문에 대한 저자의 신속한 언급은 예수의 특별한 활동과 무관하게 그 지역
의 중요성을 독자의 뇌리에 서둘러 남기기 위함일 가능성이 높다. 마태의
기록에 의하면, 예수가 갈릴리 가나에서 가버나움 지역으로 이동한 이유는
"선지자 이사야를 통하여 하신 말씀을 이루려 하심"이다(마 4:14). 예수의
공생애에 있어서 가버나움 지역의 예언적인 중요성 때문에 마태는 그곳을
예수의 "본 동네"라고 칭하였고(마 9:1) 예수께서 그곳에 "가서 사셨다"(마
4:13)고 기록한다.

나사렛과 가나와는 달리, 이 지역은 국제로가 있어서 다양한 민족과 연
결되어 있고 교류가 활발했고 세관과 군대가 있었다는 사실에서 행정적인

중요성이 확인되며, 유대인과 이방인 모두가 두루 출입하는 중요한 곳이었다. 그래서 학자들은 가버나움 지역이 온 인류를 향한 회복의 소망이 퍼져가는 복음의 교두보일 것이라고 추정한다. 실제로 예수는 그곳에 있는 회당에서 복음 선포와 함께 귀신을 쫓으셨고 질병을 고치셨다(마 8:5-17; 막 1:21-27). 그럼에도 불구하고 가버나움 사람들은 예수를 거부했고 심히 교만했다(마 11:23-24; 눅 10:15). 나사렛에 선한 것이 날 수 없다는 인식이 예수의 본격적인 활동에 의해 뒤집힌다.

13유대인의 유월절이 다가왔고 예수는 예루살렘으로 올라갔다

이제 무대는 가버나움 마을에서 예루살렘 지역으로 급하게 변경된다. 저자는 예수의 예루살렘 방문이 유월절에 네 번(요 2:13, 5:1, 12:12, 18:13), 초막절에 한 번(요 7:2-10), 수전절에 한 번(요 10:22-23)이라고 기록한다. 이번이 여섯 번 중에서 첫 번째 방문이다. 예수의 첫 번째 표적 이후로 두 번째 표적이 이루어질 때까지 예수의 동선은 갈릴리 가나, 갈릴리 가버나움, 예루살렘, 유대, 사마리아, 갈릴리 가나(요 2:12-4:54) 순으로 이어진다. "유대인의 유월절"이 가까이 왔다고 언급하는 저자의 의도는 이 절기를 모르는 이방인의 이해를 돕기 위함이다. 유월절의 예루살렘 방문은 유대인의 모든 남자에게 필수였다. 예수도 유대인의 한 남자로서 그곳으로 올라갔다. 유월절을 기념하여 그곳으로 올라가는 근본적인 이유는 무엇인가? 모세를 통한 출애굽의 진정한 의미가 그리스도 예수의 구원에 있음을 알리기 위함이다. 구원의 현장인 성전의 왜곡과 오용을 고발하고 회복하기 위함이다.

¹⁴그는 그 성전에서 소와 양과 비둘기 파는 사람들과 돈 바꾸는 사람들이
앉아 있는 것을 발견했다 ¹⁵노끈으로 채찍을 만들어 양이나 소를 모두
성전에서 쫓으시고 돈 바꾸는 사람들의 동전들을 쏟으시고 상을 엎으셨다

예루살렘 방문의 초점은 "그 성전"이다. 예루살렘 지역의 특별한 가치는 세상에서 하나밖에 없는 성전이 그곳에 있다는 사실에서 확인된다. 그래서 예수의 발걸음은 성전을 향하였다. 본문은 3년 동안 세 번의 성전 방문 중에서 첫 번째로 성전을 정결하게 하신 사건을 기록한다. 성전에는 사람들이 많이 있었는데 그 일부는 예배하는 자들이 아니었다. 소와 양과 비둘기를 팔고 돈을 바꾸는 자들이다. 소와 양과 비둘기는 제사에 사용되는 제물이기 때문에 성전을 방문하는 자들에게 예배의 필수적인 요소였다. 상인들의 제물 매매는 먼 곳에서 온 사람들이 집에서 제물을 데리고 오지 않아도 되고, 데려오는 도중에 제물이 상하는 일 없이 현장에서 편리하고 안전하게 조달할 수 있는 보편화된 장치였다. 사실 제물은 가족처럼 자신이 키운 가축이 제격이다. 자신의 일부인 것 같은 가축을 제물로 바치면 마치 내가 죽는 것처럼 죄의 삯을 지불하고 죄사함의 의미를 절감하게 되겠지만 돈으로 구입한 가축을 제물로 드리면 죄 문제의 심각성 인식은 약해진다.

그리고 돈을 바꾸는 환전도 다른 화폐를 사용하는 다양한 지역 출신의 유대인이 화폐의 부적절한 형태를 걱정하지 않아도 되는 유익한 장치였다. 성전을 출입하기 위해서는 20세 이상의 남성이 성전세로 반 세겔(두 데나리온, 하루 품삯의 두 배, 약 15-20만원)을 납부해야 했다(마 17:24). 그러나 사람이나 짐승의 형상이 박힌 동전은 허용되지 않아서 은으로 만든 무형상의 주화가 필요했다. 환전상은 그런 주화와 여러 나라의 다양한 화폐를 교환하며, 때로는 환율을 조작해서 환차익을 도모했다. 제물과 돈을 거래하는 이러한 행위는 방문자의 편의와 상인 자신의 이윤을 위한 것이었고 하나님께 감사와 영광을 돌리는 성전 본연의 기능과는 무관한 세속적인 일이었다. 그러니

까 이 성전에는 인간의 욕망들이 분주하게 거래되는 곳이었다.

예수는 이런 성전의 세속적인 모습을 발견했다. 여기에서 "발견하다 혹은 보다"(εὑρίσκω)는 동사는 무언가를 찾으려는 의지적인 행위의 결과가 아니라 우연히 어쩌다가 발견한 것을 가리킨다. 성전에서 제물을 매매하고 화폐를 교환하는 행위는 흔하고 공공연한 일이었다. 주의를 기울이지 않아도 눈에 걸리는 성전의 일상화된 문화였다. 여기에 이의를 제기하는 성도도 없고 방문자도 없고 제사장도 없는 상황에서 예수는 성전의 변질과 부패를 보고 좌시할 수 없어서 특단의 조치를 취하셨다. 먼저 노끈으로 채찍을 만드셨다. 거래되고 있는 양과 소와 비둘기를 모두 성전 밖으로 쫓으셨다. 환전하는 사람들의 동전 꾸러미를 쏟으셨다. 돈이 오가는 현장인 탁자를 엎으셨다. 이것은 온유하고 인자하고 희생적인 예수의 모습과는 전혀 어울리지 않는 장면이다.

예수의 이런 행위는 사람들의 눈에 대단히 낯설고 불쾌한 일이었다. 사람을 괴롭히고 영업을 방해하고 예배를 저지하고 난동을 부리는 깡패처럼 여겨졌다. 특별히 이권이 개입된 사람들의 눈에는 아주 거슬리는 공공의 가시였다. 매매와 환전의 수익은 막대했다. 당연히 영업권을 따내는 경쟁은 치열했다. 성전을 관리하는 대제사장 무리도 이러한 경쟁의 뜨거운 열기를 감지했다. 성전 자릿세를 올려도, 웃돈을 요구해도 성전의 구석진 곳이라도 차지하고 싶어하는 사람들은 여전히 장사진을 이룬 상황이다. 성전을 관리하는 대제사장 무리와 상인들은 그렇게 이권을 중심으로 결탁되어 있었고 그곳을 출입하는 모든 사람들의 성전세는 막대한 부와 권력의 도구였다. 유대인 역사가 요세푸스의 기록이 과장된 것일 수도 있겠지만, 그는 예루살렘 방문자가 많을 때에는 2백70만 명에 육박하는 경우도 있었다고 한다(JW, II.xiv.3). 그들의 출입으로 인해 당시의 대제사장 무리가 벌어들인 재력과 권력은 막대했다. 이런 상황에서 예수는 거룩한 무질서의 원인으로 등장했다. 그런데 현장에 있었던 상인들의 집단적인 반발이 없었다는 것이 특이하다. 칼뱅의 말처럼, 그들이 예수의 '난동'을 하나님의 회초리로 여겼기 때문일까? 종교적인 양심이 찔렸기 때문일까?

이 사건은 우리로 하여금 하나님을 아는 지식의 균형을 잡으라고 가르친다. 사랑의 하나님은 동시에 정의의 하나님도 되시고, 온유하고 겸손하신 예수는 우리에게 구원을 주시는 분이지만 동시에 하늘과 땅의 모든 권세를 가지고 온 세상을 심판하는 분이시다. 사랑만 강조하고 정의를 외면하는, 혹은 구원만 강조하고 심판을 외면하는 하나님 지식은 필히 병든 기독교를 초래한다. 종교적인 호구로 전락한다. 그러나 정의와 심판의 예수는 거래의 탁자를 뒤엎고 채찍을 휘두르는 것만이 아니라 불의한 헤롯을 "여우"(눅 13:32)라고 칭하셨고, 바리새파 무리를 향하여는 "독사의 자식들"(마 12:34)로 칭하셨다. 인간적인 일을 도모하는 베드로를 향해 "사탄"이라 외치셨고(마16:23), 자칭 아브라함 후손이라 하면서도 행위에 있어서는 가식적인 유대인을 향해서는 "너희는 너희 아비 마귀에게서 났으니 너희 아비의 욕심대로 너희도 행하고자"(요 8:44) 한다는 격한 책망을 쏟으셨다. 이러한 예수의 격정적인 행위는 하나님의 영광을 한 뼘도 가리지 않고 오히려 하나님 나라의 비밀을 더욱 선명하게 드러낸다. 교회도 사랑과 자비만이 아니라 공평과 정의의 목소리도 적정한 분량 쏟아내고, 복만 강조하고 죄에 대해서 침묵하는 일이 없도록 예수의 과격한 행위를 깊이 묵상하자.

16그리고 비둘기를 파는 자들에게 말하셨다 "이것들을 여기에서 가져가라
내 아버지의 집을 장사하는 집으로 만들지 말라"

예수는 비둘기를 파는 자들에게 다가가 꾸지람을 내리셨다. 비둘기는 소와 양에 비하면 주로 가난한 유대인 고객들이 이용하는 제물이다. 왜 그들을 호통의 대상으로 삼았을까? 예수의 세례에서 성령이 비둘기의 모습으로

나타나신 것과 관련하여 해석한 아우구스티누스에 의하면, 비둘기 판매자가 성령을 판매하는 자들의 표본이기 때문이다. 나아가 제물의 거래는 그 제물이 죄 용서에 사용되는 제사의 거래와 연결된다. 이는 마술사 시몬이 성령을 팔기 위하여 성령을 돈으로 사려고 한 것과 그 맥락이 유사하다. 돈으로 성령을 구매할 수 있다는 의식을 가진 자는 판매도 하지 않겠는가! 성령도, 예배도, 예배의 제물도 사고파는 거래의 대상으로 삼는다면 그게 무슨 교회인가!

예수와 사도의 시대만이 아니라 지금도 성령을 주겠다고, 기적을 일으키는 성령의 능력을 주겠다고 떠벌리는 종교 장사꾼이 때로는 은밀하게, 때로는 대놓고 활동하고 있다. 심지어 예배를 드리거나 집회에 참석하기 위해서는 입장료를 지불해야 하고, 앞자리를 원하면 뒷돈까지 찔러 주어야 입장시켜 주는 교회들도 있다. 값없이 주어진 복음으로 사사로운 돈벌이를 하는 자들이다. 누구든지 진리가 목마른 자에게는 "물로 나아오라 돈 없는 자도 오라 너희는 와서 사 먹되 돈 없이, 값 없이 와서 포도주와 젖을 사라"(사 55:1)고 말해야 하지 않겠는가! 돈 없이 사기 위해서는 누군가의 희생적인 지불이 필요하다. 예수께서 당신의 생명을 무한한 비용으로 내셨기 때문에 아무리 많은 사람들이 진리의 물가로 나아와도 돈 없이 구입하고 마시는 것이 가능하다.

성전에서 예수께서 과격한 조치를 취하신 이유는 무엇인가? 이는 사람들이 하나님 "아버지의 집을 장사하는 집으로" 만들었기 때문이다. 예수는 성전을 "아버지의 집"으로 여기신다. 사실 "성전"은 기독교의 역사와 성경 전체를 관통하는 개념이다. 태초의 에덴은 성전과 같은 곳이었다. 예수의 개념에 의하면, 에덴은 "아버지의 집"이었다. 우주도 아버지 하나님의 집이며 넓은 의미의 성전이다. 이는 성전이 아버지 하나님이 거하시는 곳인데, 그분은 천지에 충만한 분이시기 때문이다. 그런데 아담과 하와는 아버지의 거룩한 집에서 아버지와 같아지고 싶어했고, 그러기 위해서는 하나님과 자신들 사이의 상명하복 관계를 깨뜨려야 했고, 그래서 아버지의 명령을 거부했고, 그런 식으로 아버지의 권위를 능멸했다. 그들의 죄로 말미암아 온 땅은 저주로 물들었다. 이는 거시적인 성전의 변질이고 왜곡이다. 그런데 그러지 말아야 한다고 구별하여 세워진 성전도 동일하게 부패했다. 예수께서 발견한 당시의 예루살렘 성전도 그러했다.

성전에서 장사하는 것은 왜 잘못인가? 장사의 목적은 이윤을 추구함에 있다. 즉 돈 혹은 부의 축적이다. 그런데 성전은 하나님을 만나 감사와 경배를 드리는 구별된 공간이다. 하나님께 구별된 곳이기 때문에 성전은 거룩하다. 하지만 그곳에서 장사를 하면 목적이 둘로 갈라지고 성전의 거룩함은 훼손된다. 예수는 "하나님과 재물을 겸하여 섬기지 못한다"고 분명히 밝히셨다(마 6:24). 우리에게 섬김의 대상은 장사가 지향하는 돈인가, 감사와 경배가 지향하는 주님인가? 하나님께 나아갈 때마다 출세나 형통이나 돈벌이나 승진이나 합격이나 장수를 추구하며 세속적인 거래의 냄새를 풀풀 풍기며 예배당을 출입하고 있기 때문이다. 아주 은밀한 성전의 변질이다. 여호수아 시대에 던져진 그 질문, "너희가 섬길 자를 오늘 택하라"는 질문에 우리는 반응해야 한다. 선택해야 한다. 예수는 "아버지의 집"이라는 말로 하나님 이외의 다른 선택이 없다는 굵은 선을 분명히 그으셨다. 그런데도 우리는 하나님의 성전인 우리 자신을 장사하는 집으로 변경한다.

마태와 마가와 누가는 이 사건을 조금 다르게 기록한다. 그들의 기록에 의하면, 예수는 이사야의 글(사 56:7)을 인용하며 성전을 "만민의 기도하는 집"이라고 했다(마 21:13; 막 11:17; 눅 19:46). 우리 편에서 "아버지의 집"은 그 아버지께 "기도하는 집"이기에 성전은 아버지 하나님과 우리의 만남과 대화가 펼쳐지는 현장이다. 그런데 그런 곳에서 사람들은 소위 잿밥에 눈이 어두웠다. 돈을 만나고 돈에 취하고 돈에 매달리며 성전을 "강도의 굴혈"로 만들었다. 예수께서 존재의 운명과 세상의 질서를 바꾸시면 더욱 선하게 되지만 사람이 무언가를 변경하며 무조건 악화된다. 성전의 용도를 변경한 것은 악화 중에서도 최악이다. 이는 예수께서 자신의 근력을 최대치로 사용하신 모습에서 증명된다. 이런 경우가 언제 또 있었는가! 이러한 예수의 '과격한' 처신을 지켜본 제자들의 반응은 어떠한가?

17제자들은 '당신의 집[에 대한] 열심이 나를 삼킬 것이라'는
기록이 있다는 것을 기억했다

스승의 격정적인 행동을 본 제자들의 마음에는 기록된 성경 말씀이 떠올랐다. 제자들의 기억은 성령의 은혜로 말미암아 떠올린 것임에 분명하다. 동시에 그들은 평소에 성경을 탐독하고 어떠한 상황을 경험하면 그 상황에 적합한 하나의 성구가 떠오를 정도로 성경에 대한 남다른 애착이 있었음을 보여준다. 그들이 기억한 말씀은 이것이다. "당신의 집에 대한 열심이 나를 삼키리라." 이 구절은 시편 69편 9절에 나오는 고백의 인용이다. 여기에서 "성전"이나 "집"은 건물을 의미하지 않고 하나님의 나라 전체, 하나님께 드리는 감사와 찬양과 영광 일체를 의미한다. 그 집에 대한 열심이 "나를 삼킬 것이라"(καταφάγεταί)는 말의 의미는 인용된 시편의 문맥에서 드러난다. 시인은 형제들의 눈에 낯선 객이었고 수치로 얼굴이 덮인 채 살았으며 날마다 온갖 비방의 블랙홀로 지냈으며 사람들의 입방아에 수시로 올려졌고 조롱끼 가득한 노래로 귀청은 늘 시달려야 했다. 성전을 인생의 일순위로 삼은 대가는 이처럼 가족과 명예와 안락과 존대를 모두 포기해야 하는 혹독한 삶이었다. 이런 방식으로 그의 존재가 삼켜졌다. 그럼에도 불구하고 성전에 대한 시인의 열정은 식을 줄 몰랐으며 오히려 더 뜨거운 "노래로 하나님의 이름을 찬송하며 감사로 하나님을 위대"하신 분이라고 드높였다(시 69:30). 성전에 대한 우리의 열정은 어떠한가? 어떠한 상황 속에서도 하나님이 홀로 영광을 받으셔야 한다는 생각이 나를 삼키는가? 하나님의 나라와 의를 다른 무엇보다 우선적인 것으로서 먼저 구하는가? 아

쉽게도 지금은 성전에 대한 모범적인 열정이 너무도 희귀한 시대여서 자신의 열정이 정확히 어느 정도인지 가늠하지 못하는 사람들이 우리 중에 태반이다.

성전에서 난동처럼 보인 예수의 행위는 성전과 예수의 특별한 관계성도 떠올리게 한다. 성전은 모세가 하늘에서 전달한 청사진을 따라 지어졌다. 그리고 모세는 하나님의 집에서 사환으로 섬긴 사람이다. 그런데 예수는 그 성전의 원형이다. 하나님의 집에서 아들로 섬긴 분이시다. 그래서 예수는 모세보다 클 뿐만 아니라 성전보다 큰 분이시다(마 12:6). 성전보다 큰 것만이 아니라 예수는 심지어 아버지 하나님과 하나인 분이시다(요 10:30). 그렇게 위대한 자의 자격과 권위로 예수는 성전을 깨끗하게 만드셨다. 유대인은 과연 예수의 행위에서 그의 신적인 권위와 신분을 읽었을까?

18이에 유대인들이 대답하며 그에게 말하였다
"네가 이런 일들을 행하는데 무슨 표적을 우리에게 보여 주겠느냐?"

성전에서 이루어진 예수의 행위에 대한 유대인의 평가는 매몰차다. 채찍을 휘두르고 탁자를 뒤집는 난동을 부리는 메시아가 어디에 있으며 이것이 무슨 메시아의 표적일 수 있느냐고 비웃는다. 그러나 이는 그들의 무지에서 나온 평가였다. 이 대목에서 칼뱅은 부패를 정죄하는 것은 모든 사람의 자유이지만 그 부패의 원인을 제거하려 하면 무서운 보복과 박해가 따른다고 지적한다. 지금 예수는 성전의 부패를 초래하는 원인을 건드렸다. 이에 유대인도 그냥 넘어가지 않고 반격에 들어갔다. 그들은 예수에게 표적을 요구했다. 이는 일종의 시험이며(마 16:1) 메시아의 민중을 까라는 이야기와 같다. 요한복음 안에서 저자는 예수께서 "많은 표적을 그들 앞에서 행했으나 그를 믿지 않았다"고 기록한다(요 12:37). 그들의 태도에는 자신들이 생각하는 메시아의 자질과 조건에 부합하지 않는다면 그 누구도 메시아로 인정될 수 없다는 오만함이 느껴진다. 마치 메시아의 됨됨이를 규정하고 메시아의 자질과 조건을 검증하고 메시아의 여부를 판별하고 승인하는 권한이 자신에게 있는 것처럼 표적으로 증거를 보이라고 말하였기 때문이다. 예수는 표적을 요구하는 자들을 빗대어 "너희는 표적과 기사를 보지 못하면 도무지 믿지" 않는 자라고 혼내셨다(요 4:48). 이러한 예수의 가르침을 따라 유대인의 근성을 잘 아는 바울도 그들이 십자가의 도가 아니라 외형적인 표적만 구하는 어리석은 자라고 꼬집는다(고전 1:22).

여기에서 유대인은 대제사장 무리와 성전 방문자를 포괄하는 호칭이다. 성전 방문자도 예수의 행동을 이해하지 못하고 비방한 이유는 그들도 성전의 왜곡된 개념에 길들여져 있었기 때문이다. 성전을 변질시킨 주범들이 주입한 그 개념을 당연한 것으로 수용한 방문자도 성전을 강도의 굴혈로 바꾼 공범이다. 주범과 공범에 의해 당시의 성전은 그렇게 경제적인 이해가 얽힌 곳이었다.

예수의 동일한 행동에 대한 평가가 이처럼 판이하게 갈라진다. 제자들의 눈에는 성전을 위한 열심으로 보여지고, 유대인의 눈에는 성전의 질서를 파괴하는 난동으로 해석된다. 이러한 해석의 차이는 관점과 기준의 차이 때문이다. 정확한 관찰보다 관찰의 각도가 더 중요하다. 관찰의 내용보다 관찰의 기준이 더 중요하다. 엉뚱한 기준에 근거하여 삐딱한 각도로 관찰된 내용은 아무리 정확해도 은밀한 왜곡과 거짓이기 쉽다. 거짓의 아비인 마귀는 사실에 근거하지 않은 속임수가 먹히지 않는다는 것을 알고 사실을 교묘히 이용하는 일에 능숙하다. 거짓을 가지고 속이는 것보다 사실을 가지고 속이는 것의 성공률이 높다는 점도 정확하게 안다. 마귀는 사실을 변경하지 않고 우리의 기준과 관점을 교묘하게 변경한다. 그러면 나 자신이 주체가 되어서 관찰했기 때문에 마귀에게 속았다는 혐의가 사라지고 결국 스스로 속임수에 빠지는 것이어서 불평과 원망도 못하고 내 속에서 나온 것이어서 더욱 진짜인 줄 알고 더욱 은밀하게 속는 결과가 초래된다. 마귀의 농락을 당하지 않으려면 자신을 철저히 성찰해야 한다. 자신의 관점과 기준은 무조건 괜찮다는 자만에 저항해야 한다. 자신의 생각과 행동에 십자가가 보이지 않는다면 자신을 의심해야 한다. 하나님의 영광을 드러내고, 이웃을 사랑하고, 자신의 손해가 발견되지 않는다면 관찰의 기준과 관점의 상태를 의심해야 한다. 이런 자세를 가지면 그나마 위험하지 않은 기준과 관점을 확보한다. 대상을 정확하게 관찰하는 것보다 기준과 관점의 질을 한 단계씩 높이는 것이 더 중요하다.

> ¹⁹예수께서 대답하며 그들에게 말하셨다 "너희는 이 성전을 헐라
> 내가 사흘 동안에 그것을 세우리라" ²⁰이에 유대인들이 말하였다
> "이 성전은 사십육 년 동안 지어졌다 그런데 네가 이것을 사흘만에 일으킨다?"
> ²¹그러나 그것은 그가 자기 몸이라는 성전에 대하여 말한 것이었다

표적에 대해 묻는 자들에게 주어진 예수의 답변은 충격적인 것이었다. 즉 예루살렘 성전을 허물면 자신이 사흘 동안에 세운다는 것이었다. 그들에게 성전은 유대인이 하나님의 택하심을 받고 돌보심을 받는 특별한 존재임을 보여주는 가장 명확한 증거였다. 유대인의 관점에서 보면, 성전을 허문다는 것은 자신의 정체성이 무너지는 일이었다. 그래서 유대인이 발끈했다. 게다가 그 성전은 46년 동안 건축한 것이었다. 그런데 이처럼 오랜 수고의 결과물을 3일 만에 다시 세운다는 것은 성전을 아주 가볍게 여기는 모독과 멸시였다. 이것은 유대인의 근본을 흔드는 의도적인 도발이며 우회적인 기습이 아니라 노골적인 돌직구다. "이 성전을 헐라"는 예수의 말은 그 말을 증거한 스데반을 산헤드린 공회에 고발하는 근거(행 6:14)로 작용할 정도로 유대인의 종교적인 심기를 건드리는 말이었다. 유대인의 반응에 대해 불링

거는 예수의 의도보다 그 말씀의 문자에 반응한 것이라고 유대인을 비판한다. 외콜람파디우스는 유대인의 46년 건축 기간 언급은 예수에 대한 그들의 증오심이 과장한 것이라고 질타한다. 그들의 46년 주장은 성전만이 아니라 다른 모든 건축물의 건축 기간들을 합한 것이라고 분석한다. 이처럼 증오는 기본적인 사실조차 태연하게 왜곡한다.

그러나 예수께서 허물라고 명하신 "성전"은 자신의 "몸"을 가리키는 말이었다. 예수는 말씀이, 하나님 자신이, 육신으로 거하시는 분이시다. 예수의 몸은 하나님의 신성이 거하시는 성전이다. 예수는 창조자인 동시에 피조물, 하나님인 동시에 그가 거하시는 성전이다. 마가의 기록에 의하면, "손으로 지은 이 성전" 즉 사람의 성전과 "손으로 짓지 아니한 다른 성전" 즉 하나님의 성전이 대조된다(막 14:58). 손으로 만든, 눈에 보이는 물리적인 성전은 손으로 지어지지 않은 진짜배기 성전 되시는 예수의 그림자에 불과했기 때문에 실체가 왔으니 그림자를 허물라고 명한 것이었다.

모세에게 전달된 성전의 청사진은 하늘에 있던 진짜배기 성전의 모형이다. 그 하늘의 성전은 바로 예수였고 그의 몸은 땅에 세워진 성전의 원형이다. 예수께서 사흘 만에 다시 세우실 것이라고 한 성전은 부활의 몸을 의미한다. 허무는 것과 세우는 것은 예수의 죽음과 부활을 의미한다. 교회는 승천 이후에도 땅에 머무는 예수의 부활한 몸이기 때문에 교회는 사람의 손으로 짓지 않은 하나님의 성전이다. 칼뱅이 잘 지적한 것처럼 부활을 가능하게 하는 주체는 예수 자신이다. 나아가 사도들은 아버지와 성령께서 예수를 죽은 자들 가운데서 살리신 분이라고 증거한다(행 2:24; 고전 15:15). 이러한 예수와 사도들의 가르침에 근거하여 우리는 예수의 부활을 삼위일체 하나님의 행위라고 이해해야 한다. 예수의 부활한 몸, 교회, 즉 하나님의 성전은 삼위일체 하나님의 가장 위대한 작품이다.

²²그가 죽은 자들 가운데서 살아나신 후에 그의 제자들은
이 말씀하신 것을 기억하고 성경과 예수께서 하신 말씀을 신뢰했다

다른 유대인과 동일하게 제자들도 예수의 성전 허물기와 세우기 발언을 이해하지 못하였다. 눈에 보이는 건물인 줄 알고 오해했다. 사실 제자들은 성전이 "아름다운 돌과 헌물로 꾸민 것"이라고 생각하여 높이 평가했다(눅 21:5). 그래서 예수께 "성전 건물들을 가리켜 보이려고" 적극적인 태도를 취했으며(마 24:1) 아름다운 돌들과 웅장한 건물들이 어떠냐고 묻기까지 했다(막 13:1). 그러나 예수는 예루살렘 성전이 "돌 하나도 돌 위에 남지 않고 다 무너"질 것이라고 답하셨다(마 24:2). 동일한 성전에 대한 예수와 제자들의 평가는 심히 판이하다. 제자들은 예수와 가장 밀착된 관계를 맺고 있었지만 그렇다고 해서 그들이 그의 말씀에 대한 올바른 지식을 가진 것은 아니었다. 빛과의 물리적인 밀착이 있더라도 그것과 진리의 인식은 별개인가 보다. 스승의 부활 이전에는 그들의 지성이 그와 동행한 3년 내내 어두웠다.

예수의 부활 이후에 제자들은 성전 허물기와 세우기에 대한 예수의 말씀을 기억했다. 그리고 "성경과 예수께서 하신 말씀을 신뢰했다." 여기에서 우리는 예수의 부활 전까지는 제자들이 성경과 예수의 말씀을 믿지 않았다는 사실을 확인한다. 제자들이 엉뚱한 말과 행동을 하고 예수께서 죽으시면 안 된다며 인간적인 일을 도모하고 예수의 결박과 연행과 십자가 언도가 내려지자 일제히 그를 부인하고 저주한 이유는 성경과 예수의 말씀에 대한 신뢰의 없음 때문이다. 자기를 부인하고 자기 십자가를 지고 예수를 따른다고 하면서도 제자들과 같이 성경과 예수의 말씀을 신뢰하지 않은 사람들이 우리의 시대에도 많다. 성령의 기억나게 하심과 가르치심 그리고 진리의 빛 가운데로 이끄심이 없으면 그 누구도 성경 전체에 대한 신뢰에 이르지 못한다는 사실을 명심하자. 그리고 이 구절에서 구약과 예수의 말씀에 동일한 권위를 부여한 제자들의 관점에서 보면, 구약보다 신약

에, 혹은 신약보다 구약에 더 큰 권위를 부여하는 것은 합당하지 않다.

성전 허물기와 다시 세우기는 유대인이 성전 의존적인 자신의 왜곡된 정체성을 회복하고 그리스도 중심적인 정체성의 올바른 인식을 가능하게 하는 예수의 탁월한 비유인데, 유대인은 그의 말귀를 알아듣지 못하였다. 제자들도 이해하지 못하였다. 그러나 우리는 이 비유에 근거하여 자신의 신을 모시는 인위적인 성전을 모두 허물어야 한다. 계산이 가득하고 거래의 유익에 대한 욕망이 가득한 옛사람의 "자아"라는 성전을 허물어야 한다. 비록 46년 동안 공들여서 축조한 성전이라 할지라도, 철석같이 믿었기에 그것을 허물면 자신의 존재와 인생 전체가 와해되는 것 같아서 슬프고 괴로워도 허물어야 한다. 윈스턴 처칠은 "우리가 건물을 세우지만 이후로는 그것이 우리를 만든다(We shape our buildings, thereafter they shape us)고 했다. 내가 지금까지 만들어 온 인생의 가장 소중한 집은 시간이 흐르면서 나를 속박하는 감옥으로 전환된다. 집은 우리에게 익숙함과 아늑함을 주지만 그 대가로서 성장과 변화 가능성을 압수한다.

그러므로 "성전을 헐라"는 예수의 명령에 대해서는 유대인의 발끈한 대응보다 인간의 조잡한 성전을 과감하게 철거하는 지혜로운 순응이 필요하다. 사실 자아라는 성전을 허무는 것도 인간의 결단과 노력으로 성취되는 것이 아니라 예수의 은혜가 필요하다. 그래서 예수는 예루살렘 성전을 허물되 '내가 허물 것이라'(Ἐγὼ καταλύσω)고 밝히셨다(막 14:58). 주의 은혜로 우리가 허물면 주님께서 급속하게 훨씬 더 좋은 성전으로 다시 세우신다. 옛 것은 모두 지나가고 새로운 피조물이 된다. 여기에는 어떠한 속임수도 없다. 예수는 자신의 약속을 친히 이루시기 때문이다. 그분은 새로운 성전의 머릿돌과 같다. 그래서 우리는 성전의 원형 되시는 그리스도 안에서 하나님이 거하실 처소로서 함께 지어져 가는 새로운 성전이다(엡 2:22).

²³그가 유월절에 예루살렘 안에 계시므로

많은 사람들이 그의 행하시는 표적들을 보고 그의 이름을 믿었더라

유월절이 되면 예루살렘 지역으로 많은 사람들이 운집한다. 저자는 그들이 예수의 행하시는 표적들을 보았고 그의 이름을 믿었다고 기록한다. 이것은 어떤 믿음일까? 표적을 보고 예수를 믿었다는 것은 칼뱅이 말한 것처럼 "자신을 내세우기 위한" "실재하지 않는 가면적인 믿음"은 아니지만 "마지 못해 복음에 수긍"한 것이거나 "진지한 마음의 태도가 결여된 설득이며, 냉 냉한 믿음"일 가능성이 높다. 놀라운 표적은 고정된 관념의 표면을 깨뜨리 고 예수를 향해 마음을 열어 주지만 복음에 뿌리를 내린 견고한 믿음의 소 유와는 무관하다. 이후에 이들은 예수의 예루살렘 입성 때에 그가 "주의 이 름으로 오시는 분"(막 11:9)이라는 고백까지 했으나 예수를 모함하는 분위 기가 조성되자 "십자가에 못 박으라"(요 19:6)는 소리를 높이는 황당한 배 신자가 된다. 우리의 신앙은 어떠한가?

복음이 아니라 표적에 뿌리를 둔 신앙은 하나님의 초자연적 능력에 대 한 일시적인 놀라움과 유사해서 표적의 기억과 감동이 식으면 서서히 소 멸된다. 그래서 표적 의존적인 신앙은 표적의 주기적인 복용을 요구한다. 그런데 그런 신앙이 유지되기 위해서는 이전보다 더 자극적인 표적이 필 요하다. 왜냐하면 이전보다 싱거운 표적을 경험하면 신앙의 재점화에 필요 한 감동과 자극을 받지 못하기 때문이다. 심해지면 보다 자극적인 체험을 끊임없이 요구하는 표적 중독자가 된다. 마약에 취한 사람처럼 늘 몽롱한 표정으로 표적에 허덕인다. "많은 사람들"이 예수의 표적들을 보고 믿었지 만 그들 중에 참된 믿음의 소유자는 얼마일까?

²⁴그러나 예수는 자신을 그들에게 의탁하지 않으셨다
이는 그가 스스로 모든 [사람들]을 아시기 때문이다

자신을 믿는 많은 사람들에 대한 예수의 반응은 특이하다. 그는 "자신을 그들에게 의탁하지 않으셨다." 대체로 사람은 자신을 좋아하고 믿고 따르는 팬들에게 많이 의존한다. 그래서 자신의 마음을, 자신의 생각을, 자신의 삶을 드러내고 공유한다. 그리고 그들의 긍정적인 피드백을 기다린다. 좋은 피드백이 오면 삶의 에너지가 충전된다. 이런 패턴이 반복되면 팬 의존도가 점점 높아진다. 팬들의 박수갈채, 환호성, 열광이 없으면 심장에 구멍 난 인생을 공허함 속에서 살아간다. 그러나 예수는 자신을 믿고 따르는 자들에게 자신의 감정과 행복과 기쁨을 맡기지 않으셨다. 그 이유는 무엇인가? 아우구스티누스는 그 많은 믿음의 사람들이 초신자나 입문자에 불과했기 때문이라 한다. 칼뱅은 그들이 제자가 아니라 경박한 사람들에 불과했기 때문이라 한다.

그러나 나는 예수께서 자신을 사람에게 의탁하지 않은 것은 예수의 신성과 인간의 연약함 탓이라고 생각한다. 예수는 스스로 계신 분이시기 때문에 자신을 타인에게 의탁하실 필요가 없으시다. 그리고 자신을 의탁하는 것은 자신보다 더 신뢰할 만하고 더 위대한 존재가 있다고 고백하는 것과 동일한다. 그런데 과연 누가 예수보다 미더운가? 누가 예수보다 위대한가? 하늘과 땅의 어떠한 피조물도 예수보다 미덥거나 위대하지 않다. 그런데 예수께서 덜 미덥고 덜 위대한 천사보다 더 연약한 인간에게 자신을 의탁하는 것이 어찌 가당할 수 있겠는가!

예수는 사람에게 자신을 의탁하지 않으신 이유를 스스로 밝히신다. 즉 "그가 스스로 모든 [사람들]을 아시기 때문이다." 이 구절에서 칼뱅은 "모든"(πάντας)을 문맥적인 관점으로 보아 앞 구절에서 언급된, 예수를 따르는 "많은 사람들"을 의미하는 것이라고 주장한다. 그러나 나는 "모든"이 그들에게 국한되지 않고 실제로 모든 사람들을 의미하는 것이라고 생각한다. 예수께서 성전을 깨끗하게 하는 사건과 행하신 표적들로 인하여 믿은 많은 사람들이 분명히 이 발언의 직접적인 계기는 되었으나 예수의 교훈은 인류 전체에게 적용된다. 예수는 "모든" 사람들을 아시기 때문에 그들 중의 일부인 믿는 사람들의 무리라고 할지라도 그들에게 자신을 의탁하지 않으셨다.

예수를 믿는 우리도 하나님의 자녀이기 때문에 의탁의 대상을 신중하게 선택해야 한다. 우리 주변에 능력과 권력과 재력과 정신력을 가진 많은 사람들이 있더라도 우리가 신뢰해야 하는 유일한 대상은 예수밖에 없다. 비록 우리는 주님처럼 모든 사람을 알지는 못하지만 부모나 스승이나 의사나 학자나 대통령도 우리의 존재와 인생을 의탁할 대상이 아님을 명심해야 한다. 사람에게 자신을 의탁하면 잠시는 안도할 수 있겠지만 언젠가는 실망과 배신이 돌아온다. 그럴 가능성을 배제하는 처신이 지혜롭다. 이 세상의 여정을 끝내시는 순간에 자신의 영혼을 아버지 하나님의 손에 맡기시며(눅 23:46) 그분만이 의지의 유일한 대상임을 밝히 보이신 예수의 본을 따라 우리도 언제나 아버지 하나님만 의지해야 한다. 비록 사람을 통하여 우리를 도우시는 경우에도 의지의 대상을 주에게서 사람으로 변경하지 않도록 주의해야 한다. 사람은 사랑의 대상이다. 사랑의 활성화를 위해 주님은 각 사람에게 연약함과 강함을 골고루 나누셨다. 그러나 자신의 강함으로 타인의 연약함을 감당하는 이웃 사랑은 실천하되, 타인으로 하여금 자신에게 의탁하게 만들어 주종의 관계가 생기는 일은 철저히 경계해야 한다.

²⁵그리고 그는 사람의 속에 있는 것을 스스로 아시기 때문에
사람에 대하여 누군가가 증언할 필요가 없[는 분이시]다

예수는 모든 사람들을 아시되 "사람의 속에 있는 것"(τί ἦν ἐν τῷ ἀνθρώπῳ)
까지도 아시는 분이시기 때문에 인간에 대해 어떤 타인의 증언도 필요하
지 않으시다. 모든 사람들을 아시고 "사람의 속"도 아신다는 것은 예수의
신성을 나타내는 표현이다. 예레미야 선지자의 고백에 의하면, 여호와는
"폐부와 심장을 보시는"(렘 20:12) 분이시고 "각각 그의 행위와 그의 행실대
로 보응하"(렘 17:10)는 분이시다. 인간의 내적인 마음과 외적인 행위를 정
확하게 알고 계시기에 지극히 공평하고 객관적인 보응을 내리신다. 그런데
최고의 지혜자 솔로몬은 하나님이 "각 사람의 마음을 아시"는데 "주만 홀
로(לְבַד) 사람의 마음을 다 아"시는 분이라고 증거한다(왕상 8:39). 그런데도
예수께서 인간의 안팎을 다 아신다면 이는 홀로 아시는 하나님과 그가 동
등하고 동일한 분이심을 증명한다.

우리는 자신이든 타인이든 인간에 대해 무지하다. "사람의 속"에 대해서
는 더더욱 무지하다. 바울도 고백한다. "사람의 일을 사람의 속에 있는 영
외에 누가 알리요"(고전 2:11). 옛말에도 "열 길 물 속은 알아도 한 길 사람
속은 모른다"고 했다. 솔직히 인간이 인간을 알면 얼마나 알겠는가? 자기
자신에 대해서는 또 얼마나 알겠는가? 타인을 모르기 때문에 타인을 함부
로 판단할 수 없고, 자신도 잘 모르기 때문에 자신을 함부로 판단하는 것도
지혜롭지 않다. 그래서 바울은 자신이 타인에게 판단 받는 것을 "매우 작
은 일"로 여겼으며 "나도 나를 판단하지 않는다"고 했다(고전 4:3). 피조물
이 가진 필연적인 무지 때문에 우리는 사람을 아는 지식에 있어서도 예수
의 증언이 필요하다. 예수는 인간의 세세한 정보가 아니라 인간의 보편적
인 지식을 우리에게 전하셨다. 예수의 가르침에 의하면, 인간은 남자와 여
자로 하나님의 지으심을 받았으며(마 19:4; 막 10:6), 육체와 영혼을 가지고

있어서 떡과 말씀이 필요하며(마 4:4; 눅 4:4), 인간은 모두 죄인이며(마 9:13; 요 8:7), 장차 선을 행한 자는 생명의 부활로 살아나고 악을 행한 자는 심판의 부활로 살아나되(요 5:29), 예수를 믿는 자만이 죽어도 살고 살아서 믿으면 영원히 죽지 않는다(요 11:25)고 한다. 여기에서 인간은 결코 신뢰와 의탁의 대상이 아니라는 점이 분명하게 드러난다.

본문은 "이 성전을 헐라"는 예수의 목소리가 온 땅에 들리도록 만드는 확성기와 같다. 이 복음서의 저자는 하나님을 경배하기 위해 구별된 성전의 거룩함에 대한 예수의 뜨거운 열심을 전면에 배치했다. 예배를 방해하는 모든 요소들을 제거해야 한다는 메시지를 전하시기 위해 예수는 채찍을 잡으셨고 욕망을 쫓으셨고 거래를 엎으셨다. 이는 예배의 막대한 중요성을 인지한 자의 정의로운 행위였다. 올바른 예배에 존재와 인생 전부를 드려야 한다는 교훈을 체현한 행위였다. 여호와를 경외하는 예배는 어디에 있든지 무엇을 하든지 인간의 존재와 인생의 필연적인, 궁극적인, 절대적인 목적이다. 예수의 행위는 이 사실의 격정적인 선포였다. 이 선포를 경청하고 수용하는 방법은 우리 안에 오랫동안 건축된 자아라는 옛 성전을 허무는 것이라고 나는 생각한다. 돈벌이의 욕망만이 아니라 살든지 죽든지 주의 이름만 기념되게 하겠다는 자기 정화도 필요하다. 과연 나에게서 돌 하나도 돌 위에 남지 않을 정도로 철저하게 허물어야 하는 성전은 무엇인가?

요 3:1-13

¹그런데 바리새인 중에 니고데모라 하는 사람이 있으니 유대인의 지도자라 ²그가 밤에 예수께 와서 이르되 랍비여 우리가 당신은 하나님께로부터 오신 선생인 줄 아나이다 하나님이 함께 하시지 아니하시면 당신이 행하시는 이 표적을 아무도 할 수 없음이니 이다 ³예수께서 대답하여 이르시되 진실로 진실로 네게 이르노니 사람이 거듭나지 아니하면 하나님의 나라를 볼 수 없느니라 ⁴니고데모가 이르되 사람이 늙으면 어떻게 날 수 있사옵나이까 두 번째 모태에 들어갔다가 날 수 있사옵나이까 ⁵예수께서 대답하시되 진실로 진실로 네게 이르노니 사람이 물과 성령으로 나지 아니하면 하나님의 나라에 들어갈 수 없느니라 ⁶육으로 난 것은 육이요 영으로 난 것은 영이니 ⁷내가 네게 거듭 나야 하겠다 하는 말을 놀랍게 여기지 말라 ⁸바람이 임의로 불매 네가 그 소리는 들어도 어디서 와서 어디로 가는지 알지 못하나니 성령으로 난 사람도 다 그러하니라 ⁹니고데모가 대답하여 이르되 어찌 그러한 일이 있을 수 있나이까 ¹⁰예수께서 그에게 대답하여 이르시되 너는 이스라엘의 선생으로서 이러한 것들을 알지 못하느냐 ¹¹진실로 진실로 네게 이르노니 우리는 아는 것을 말하고 본 것을 증언하노라 그러나 너희가 우리의 증언을 받지 아니하는도다 ¹²내가 땅의 일을 말하여도 너희가 믿지 아니하거든 하물며 하늘의 일을 말하면 어떻게 믿겠느냐 ¹³하늘에서 내려온 자 곧 인자 외에는 하늘에 올라간 자가 없느니라

❖ ❖ ❖

¹그런데 바리새파 출신의 사람이 있었는데 그의 이름은 니고데모, 유대인의 지도자다 ²그가 밤에 예수께로 와서 그에게 말하였다 "랍비여 우리는 당신이 하나님으로부터 오신 선생인 줄 알고 있습니다 이는 하나님이 함께하지 않으시면 당신이 행하시는 이 표적을 아무도 행할 수 없기 때문입니다" ³예수께서 대답하며 그에게 말하셨다 "진실로 진실로 내가 너에게 말하노라 어떤 이가 거듭나지 않는다면 하나님의 나라를 보는 것이 가능하지 않다" ⁴니고데모가 그에게 말하였다 "늙은 사람이 어떻게 태어날 수 있습니까? 그가 두 번째로 어머니의 태에 들어가서 [다시] 태어나는 것은 가능하지 않습니다" ⁵예수께서 답하셨다 "진실로 진실로 너에게 말하노라 누군가가 물과 성령으로 태어나지 않는다면 하나님의 나라에 들어갈 수 없다 ⁶육으로 태어난 것은 육이고 영으로 태어난 것은 영이다 ⁷내가 너에게 '너희가 거듭나야 한다'고 말하는 것에 놀라지 말라 ⁸바람은 그것이 원하는 어디로든 불고 네가 그것의 소리를 듣지만 그것이 어디에서 와서 어디로 가는지는 네가 알지 못하는 것처럼 영으로 태어난 자도 모두 그러하다" ⁹니고데모가 대답하며 그에게 말하였다 "어찌 이것이 일어날 수 있습니까?" ¹⁰예수께서 대답하며 그에게 말하셨다 "너는 이스라엘 선생인데 이것들을 알지 못하느냐 ¹¹진실로 진실로 너에게 말하노라 우리는 아는 것을 말하고 본 것을 증언한다 그러나 너희는 우리의 증언을 받지 않는구나 ¹²내가 너희에게 지상적인 것들을 말하여도 믿지 않는데 천상적인 것들을 너희에게 말하면 어떻게 믿겠느냐 ¹³하늘에서 내려온 자 곧 인자 외에는 누구도 하늘로 올라감이 없다

하늘의 증인

본문은 예수와 바리새파 출신의 유대인 지도자 니고데모 사이의 대화를 소개한다. 야밤에 예수를 찾아온 니고데모는 예수를 하늘에서 온 랍비라고 고백한다. 이 고백의 근거는 예수의 표적이다. 자신에 대한 그의 평가에 만족하지 못하신 예수는 거듭나야 하나님의 나라를 보고 그 나라에 들어갈 것이라고 가르친다. 이에 그는 영적인 거듭남을 물리적인 출생으로 이해하여 성인이 어머니의 태로 다시 들어가서 태어나는 것은 불가능한 일이라고 대답한다. 이에 예수는 육적인 출생과 영적인 출생을 구분하고 바람의 비유로 영적인 거듭남의 비밀을 설명한다. 그래도 이해하지 못하자 예수는 이스라엘 선생이 그것도 모르냐고 꾸짖는다. 그의 믿음을 촉구하기 위해 예수는 자신이 하늘에서 온 하늘의 증인임을 강조한다. 그래도 그는 자신의 이성을 선택한다. 세상이 알 수도 없고 줄 수도 없는 하늘의 계시를 땅의 논리에 가두려는 인간의 오만함이 참으로 고약하다. 그럼에도 불구하고 니고데모의 가치관에 조용한 균열이 일어난다.

¹그런데 바리새파 출신의 사람이 있었는데
그의 이름은 니고데모, 유대인의 지도자다

많은 사람들이 예수의 표적들을 보고 믿었다고 한 이후에 저자는 니고데모, 즉 유대인의 한 지도자를 소개한다. 그는 바리새파 출신이다. 바리새파 소속의 사람들은 율법 해석의 전문성에 있어서 자부심이 대단했다. 자기들만 율법의 골수를 깨달은 자라고 여기면서 자신들을 유대인 일반과는 다른 "바리새인"(Φαρισαῖος) 즉 "구별된 자"라고 생각했다. 더군다나 "니고데모"(Νικόδημος)는 "승리의 백성 혹은 백성의 승리"를 의미하는 이름이다. 그는 구별된 승리자로 유대인의 지도자가 된 유능한 사람이다. "지도자"로 번역된 "아르콘"(ἄρχων)은 다스리는 사람을 의미하기 이전에 "첫째 혹은 처음"을 가리킨다. 니고데모는 당시 으뜸가는 권위를 행사하던 산헤드린 공회의 공회원일 가능성이 높다. 물론 "아르콘"은 그 공회의 회원(눅 18:18)만이 아니라 회당장(눅 8:41), 재판관(눅 12:58), 대제사장(행 23:5) 등을 가리킬 때에도 사용된다. 그는 권력으로 백성을 다스리지 않고 율법에 대한 학식으로 백성을 지도하는 선생이다. 당시의 유대 사회에서 거리낄 것이 없는 당당한 인물이다.

²그가 밤에 예수께로 와서 그에게 말하였다
"랍비여 우리는 당신이 하나님으로부터 오신 선생인 줄 알고 있습니다
이는 하나님이 함께하지 않으시면 당신이 행하시는 이 표적을
아무도 행할 수 없기 때문입니다"

그렇게도 당당한 사람이 밝은 대낮이 아니라 어두운 야밤에 어디론가 이동한다. 예수를 만나기 위함이다. 예수 방문의 시점을 야밤으로 택한 이유는 사람들의 시선을 피하기 위함이다. 예수를 만난다는 사실을 숨겨야 하

는 이유는 무엇일까? 유대 사회를 어지럽게 하는 예수의 정체를 은밀하게 탐색하기 위함일 가능성도 있다. 그러나 내가 보기에는 성전을 허물라고 말한 예수에 대한 유대인의 반감과 그의 호감이 대립각을 세우고 있는 민감한 상황 때문이다. 니고데모는 예수의 정체성이 궁금하고 왠지 모르게 그의 관심은 예수에게 잔뜩 기울었다. 그러나 예수에 대한 호감을 사람들의 눈에 드러낼 정도로 강하지는 않았기에 밤에 움직였다. 그에게는 유대인 지도자의 사회적인 체면이 구겨지지 않는 것이 더 중요했다. 동시에 유대인의 눈에 밟혀 봉변과 따돌림을 당할지 모른다는 두려움도 대낮 행보의 목덜미를 붙들었다. 그러나 그것이 예수에게 끌리는 관심의 발목을 잡을 만큼은 아니었다. 그런 내면의 어정쩡한 상태가 그의 걸음을 움직였고 동시에 대낮이 아니라 야밤을 택하게 만들었다. 주님은 아무리 의심이 많고 인간적인 체면을 소중하게 여기는 사람도 자기를 찾는다면 결코 그를 외면하지 않으신다. 겁약한 니고데모 신앙도 은혜로 말미암아 예수의 죽음 이후에는 강해지고 결국 단단하고 아름다운 신앙으로 성장한다(요 19:39).

니고데모가 예수를 부를 때 사용한 호칭은 "랍비"(ῥαββί)였다. 이 호칭은 주로 율법의 유능한 선생을 언급할 때에 사용된다. 남부러울 것이 없는 40대쯤의 산헤드린 공회원이 30대 초반의 젊은 청년을 랍비라고 부른 것은 예수를 특별한 존재로 보고 높이 평가한 존경의 표현임에 분명하다. 그는 예수에 대하여 나사렛 출신이나 목수라는 서민의 신분과 젊은 나이라는 외모를 주목하지 않고 그의 표적을 주목했다. 당시 성경의 전문가가 보기에 예수의 표적은 술사들이 부리는 눈속임 마술이나 어설픈 잔재주가 아니었다. 니고데모는 그의 표적에 근거하여 예수를 "랍비"라고 부른 것만이 아니라 "하나님으로부터 오신 선생"으로 이해했다. 혼자만의 이해가 아니었다. "우리"의 공통적인 견해였다. 이는 실제로 예수의 표적이 바리새파, 에세네파, 사두개파 계열의 범 유대교적 규례와는 다른 것이었기 때문이다. 그러나 그가 예수를 메시아가 아니라 선생으로 이해한 것은 표적을 통해 그가 확보한 깨달음의 한계였다. 이는 사실 2장에서 예수의 표적을 보고 그를 믿게 된 많은 사람들의 보편적인 한계였다.

니고데모 입장에서 볼 때에 하나님이 보내신 "선생"의 요건은 무엇인가? 그런 선생이 되려면 하나님이 그와 함께해야 한다. 예수를 하나님이 함께하는 선생으로 이해한 이유는 예수의 표적들이 하나님이 함께하실 때에만 실현 가능한 것들이기 때문이다. 사실 하나님 없이 행하는 표적들도 있다. 예수의 말씀처럼 자칭 메시아라 하는 사람들과 "거짓 선지자가 많이 일어나 많은 사람을 미혹"하기 위하여 현란한 기술과 다양한 표적들을 구사한다(마 24:5, 11). 칼뱅은 거짓된 표적의 구현 가능성도 "하나님의 의로운 승락"에 의한 것이라고 한다. 참된 표적은 하나님의 택하심을 받은 자에게 거룩한 증거이고, 거짓된 표적은 택하심을 받지 못한 자에게 치명적인 미혹으로 작용한다.

니고데모는 예수와 그의 표적을 보는 안목이 남다른 사람이다. 많은 사람들은 예수의 표적을 보고 그에게 매달린다. 그러나 니고데모는 그 표적의 배후에 하나님의 함께 하심을 읽어낸다. 눈에 보이는 현상의 보이지 않는 배후를 읽어내는 그의 안목은 모든 성도에게 필요하다. 바울도 그런 안목을 소유했다. "보이는 것은 나타난 것으로 말미암아 된 것이 아니니라" (히 11:3). 이런 안목에 근거하여 바울은 하나님이 만드신 가시적인 만물에서 "그의 보이지 아니하는 것들 곧 그의 영원하신 능력과 신성"을 발견했다(롬 1:20). 그러나 이런 안목은 하나님의 일반적인 은총을 따라 주어지는 안목이다. 니고데모는 비록 바울과 유사한 안목을 가지고 예수의 표적에서 하나님이 함께 계시다는 사실을 읽었으나 예수의 신적인 정체성은 알지 못하였다. 예수를 하나님이 보내신 선생으로 알기는 하였으나 그 예수가 하나님의 아들이신 것은 읽어내지 못하였다.

3예수께서 대답하며 그에게 말하셨다 "진실로 진실로 내가 너에게 말하노라 어떤 이가 거듭나지 않는다면 하나님의 나라를 보는 것이 가능하지 않다"

예수의 대답에 의하면, 그가 거듭나지 않았기 때문에 무지했다. 거듭나지 않으면 하나님의 나라를 보는 것이 "어떤 이"($\tau\iota\varsigma$)에게도 가능하지 않다. 거듭남과 하나님의 나라를 아는 것은 대단히 중요하다. 그래서 예수는 앞부분에 "아멘 혹은 진실로"($\dot{\alpha}\mu\dot{\eta}\nu$)를 반복해서 언급한다. "거듭나다"($\gamma\epsilon\nu\nu\dot{\alpha}\omega$ $\dot{\alpha}\nu\omega\theta\epsilon\nu$)는 말은 두 단어로 구성되어 있다. "거듭"으로 번역된 헬라어 "아노센"($\dot{\alpha}\nu\omega\theta\epsilon\nu$)은 "위로부터, 새로이, 혹은 다시"를 의미한다. 즉 거듭남은 "위로부터 태어남, 새로이 태어남, 혹은 다시 태어남"을 의미한다. 칼뱅은 문맥에 근거하여 이 단어를 "다시"로만 이해한다. 교부들의 시대에도 어떤 사람들은 세 가지의 의미 중에 하나를 택하였다. 그러나 나는 세 가지의 의미가 그 단어에 함께 어우러져 있다고 생각한다. 어떠한 의미를 취하든지, 거듭남은 어머니의 태에서 이 세상으로 나오는 태어남과 분명히 구별된다. 위로부터 주어지는 어떤 원인에 의해 새로운 피조물로 다시 태어나는 이러한 거듭남이 없이는 하나님의 나라를 보는 것이 결코 가능하지 않다. 이것은 특정한 무리에게 적용되는 것이 아니라 남녀노소, 빈부귀천, 동서고금 등을 가리지 않고 모든 사람에게 적용된다. 당대에 유대인 사회에서 최고의 지성과 지도력을 구비한 니고데모 같은 선생에게도 동일하게 적용된다.

거듭나기 전에는 볼 수 없는 하나님의 나라는 무엇인가? 여기에서 "나라"를 의미하는 헬라어 "바실레이아"($\beta\alpha\sigma\iota\lambda\epsilon\dot{\iota}\alpha$)는 왕권, 통치, 영토 등을 의미한다. 하나님의 나라는 하나님의 주권이 나타나고 그의 다스림이 있고 그에게 소유권이 있는 영토를 의미한다. 세례 요한과 예수는 이 나라가 우리에게 가까이 왔다고 동일하게 증거했다. 칼뱅은 하나님의 나라를 "이 세상에서 믿음으로 시작되어 매일 믿음의 계속적인 향상에 따라 늘어가는 신령한 생명"으로 이해한다. 이는 하나님 나라의 역동성을 강조한 해석이다.

이 나라는 예수와 니고데모 사이의 대화에서 그 구체적인 실체가 더 잘 드러난다. 즉 이 나라를 "본다"(ἰδεῖν)는 것은 거듭난 자에게만 가능하다. 이는 거듭나지 않은 사람은 이 나라를 보지도 못함을 의미한다. 구약과 신약이 모두 가르치는 바, 하나님의 나라는 세상 사람들이 눈으로도 보지 못하고 귀로도 듣지 못하는 차원이다. 그러므로 그들이 하나님 나라의 존재를 알지 못하고 전혀 고려하지 않고 살아가는 것은 결코 이상하지 않다. 그들의 대부분은 눈에 보이는 가시적인 나라들이 세상의 전부라고 생각한다. 그런데 위로부터 다시 태어난 상당수의 사람들도 그런 생각에서 벗어나지 못하고 눈에 보이는 대로 살아간다. 이는 거듭나면 하나님 나라를 볼 수 있음에도 불구하고 믿음의 눈을 감고 살아가기 때문이다. 평소에 우리는 사회적인 국적을 둔 나라와 영적 시민권을 가진 하나님 나라 중 무엇을 더 많이 의식하고 무엇을 더 중요하게 여기는가?

4니고데모가 그에게 말하였다 "늙은 사람이 어떻게 태어날 수 있습니까? 그가 두 번째로 어머니의 태에 들어가서 [다시] 태어나는 것은 가능하지 않습니다"

예수의 답변에서 니고데모가 주목한 것은 하나님의 나라가 아니라 거듭남의 의미였다. 사실 거듭남은 하나님의 나라로 들어가는 관문이다. 하나님의 나라가 본질이다. 그러나 관문도 대단히 중요하다. 그래서 예수는 니고데모 인식의 눈높이에 맞추어 거듭남의 의미에 집중한다. 거듭나지 않으면 하나님의 나라를 볼 수도 없기 때문에 하나님 나라에 충분한 관심을 기울이지 않는 니고데모의 태도는 당연하다. 이제 그는 이미 어머니의 태에서 나와 나이가 들었고 성인이 되었는데 어떻게 태어날 수 있느냐고 반문한다. 그가 생각하는 성인의 태어남은 "두 번째로 어머니의 태에 들어가서 [다시] 태어나는 것"이었다. 이런 태어남은 결코 가능하지 않다는 게 그의 판단이다. 이는 모든 사람들이 수긍하는 합리적인 판단이다. 이런 사실은 이 세상의 상식이나 합리적인 판단의 소유자도 거듭남의 의미를 전혀 알지 못한다는 사실의 반증이다. 거듭남의 의미를 안다는 것은 죽었다가 깨어나도 일어나기 어려운 기적이다.

니고데모는 태어남의 의미를 태아가 태에서 밖으로 나오는 물리적인 현상으로 간주했기 때문에 다시 태어남을 그런 물리적인 현상의 반복, 즉 성인이 어머니의 태에 들어가고 다시 밖으로 나오는 것이라고 이해했다. 이처럼 기존의 상식적인 출생 개념이 영적인 출생의 의미를 이해함에 있어서는 장애물로 작용한다. 상식은 많을수록 좋은 것이지만 생각지 못한 역기능도 있다. 이것은 상식 자체의 문제가 아니라 상식의 한계를 인지하지 못한 우리의 무지에서 비롯된다. 반복된 경험의 축적으로 우리의 의식에 굳은살이 된 상식은 대체로 현상적인 세계에만 적용된다. 그러므로 우리는 인간의 합리적인 이해를 초월하는 말씀에 의한 세상의 창조, 홍해의 갈라짐, 해와 달의 멈춤, 강물의 끊어짐, 예수의 성육신과 부활, 불치의 병 고침 등의 기적들에 대한 상식의 과도한 활용을 주의해야 한다. 상식의 만용이 어떤 시대에는 기적이 기록된 성경 페이지를 찢어내는 방식으로 나타났다. 성경의 진리 앞에서는 우리의 상식도 쳐서 복종하는 태도가 필요하다. 그러나 하나님 나라의 비밀을 비유로 말씀하신 예수의 어법을 고려할 때에 "존재의 유비"(analogia entis) 차원에서 우리가 상식을 영적인 의미의 세계로 도약하는 디딤돌로 활용하는 것은 가능하다.

예수께서 말씀하신 거듭남 즉 두 번째 출생은 첫 번째 출생의 반복이 아니라 다른 종류의 출생이다. 첫 번째 출생은 땅에서 이루어진 출생이고 두 번째 출생은 위로부터 이루어진 출생이다. 물론 우리가 무에서 존재하게 된 첫 번째 출생인 창조도 하나님의 행위이고 그리스도 안에서 다시 태어나는 재창조도 하나님의 행위이기 때문에 주체의 관점에서 보면 모두 위로부터 난 출생이다. 그러나 분명한 차이점이 있다. 첫 번째 출생은 모든 사람에게 적용되고 두 번째 출생은 선택된 자에게만 적용된다. 첫 번째 출생으로 태어난 사람의 인생은 덧없는 안개와 같은 짧은 길이를 가지지만 두 번째 출생으로 태어난 사람의 인생은 결코 중단되지 않고 영원하다.

> 5예수께서 답하셨다 "진실로 진실로 너에게 말하노라
> 누군가가 물과 성령으로 태어나지 않는다면 하나님의 나라에 들어갈 수 없다

거듭남의 의미에 특별한 관심을 보이고 거듭남의 물리적인 가능성을 거부하는 니고데모에게 예수는 거듭남에 대해 가르친다. 이것도 너무나 중요한 사안이기 때문에 두 번의 "아멘"으로 말문을 연다. 거듭남은 "물과 성령으로 태어"남을 의미한다. 여기에서 "물과 성령"의 의미에 대한 해석은 다양하다. 어떤 사람들은 물을 세례로 이해하고 성령을 새로운 생명으로 이해한다. 교부 테르툴리아누스(Tertullianus, 155-240)는 이런 이해에 근거하여 거듭남을 위한 세례의 필수성도 주장한다. "물과 성령"에 대하여 다른 사람들은 물이 우리 안에서 역사하는 성령의 능력에 대한 설명이기 때문에 성령을 보다 강한 뉘앙스로 표현할 언어의 조합으로 이해한다. 그리고 인간은 거듭남을 가능하게 하는 어떠한 능력이나 공로도 없기 때문에 거듭남은 오로지 성령의 은혜라고 강조한다.

나는 "물"이 죽음과 부활로 구성된 "회개의 세례"라는 뉘앙스를 가지고 있으며 "우리 편에서의 회개"를 강조하는 것이라고 생각한다. "성령"은 그 회개가 물 자체나 인간의 능력으로 말미암은 것이 아니라 하나님에 의한 전적인 은혜임을 나타내는 말이라고 생각한다. 거듭남은 하나님의 은혜로 주어지며 우리의 회개로 나타나고 세례로 확인된다. 이런 맥락에서 교부 테오도루스(Theodore of Mopsuestia, 350-428)는 물은 상징이고 성령은 그 상징의 실체라고 주장한다. 나아가 자연적인 출생에서 아기가 창조주의 능력

으로 태에서 형성되고 태어나듯, 영적인 출생도 물은 태이고 성령은 출생의 "실질적인 동인"이라 한다. 어떤 사람들은 물을 죽음으로 이해하고 성령을 새로운 생명으로 이해한다. 즉 물과 성령으로 태어남은 죽음 이후의 부활을 의미한다. 사실 회개라는 것은 자신을 부인하고 죄인임을 인정하는 일종의 죽음을 의미한다. 신약의 세례가 의미하는 회개의 구약적인 형태는 홍해를 건너는 기적과 짐승을 죽여서 잘못을 인정하고 용서를 구하는 제사이기 때문에 물은 죽음과 무관하지 않다. 그래서 회개를 가리키는 물이 죽음을 뜻한다는 해석은 타당하다. 다만 그 죽음도 성령의 은혜임을 인정해야 한다. 육적인 자아, 부패한 본성을 스스로 제거하는 능력자는 없다.

물과 성령으로 태어난 자는 하나님의 나라에 들어간다(εἰσελθεῖν). 앞에서는 하나님의 나라를 "본다"고 하였으나 이제는 출입의 문제를 언급한다. "본다"와 "들어간다" 사이에는 거듭난 자가 하나님의 나라에 속한다는 동일한 의미의 다른 강조점이 포착된다. 하나님의 나라를 본다는 것은 인지적인 측면을 강조하고 하나님의 나라에 들어간다는 것은 역동적인 측면을 강조한다. 하나님 나라의 인지와 역동성의 특별한 관계는 요한복음 17장 3절에서 지식과 영원한 생명을 동일시한 것에서도 확인된다. 하나님의 나라에 들어가는 것은 존재의 거주지가 달라지는 것을 의미한다. 비록 이 땅에 발을 디디고 있지만 하나님의 영토에 들어와 있음을 의미한다. 이 사실을 모르면 땅을 거주지로 여기고 하늘을 여행지로 여기며 이 땅의 일시적인 나그네가 아니라 영원한 주민인 것처럼 착각하며 살아가게 된다. 그러나 우리는 땅에서 나그네로 살고 하늘이 우리의 본향임을 믿고 그 본향을 사모하는 인생이다. 하나님의 나라에서 살면 삶의 원리도 달라진다. 믿음으로 살고, 성령으로 산다.

⁶육으로 태어난 것은 육이고 영으로 태어난 것은 영이다
⁷내가 너에게 '너희가 거듭나야 한다'고 말하는 것에 놀라지 말라

예수는 거듭남의 구체적인 의미를 설명하기 위해 육과 영의 구분을 시도한다. 육으로 태어난 것은 육이라고 하고 영으로 태어난 것은 영이라고 한다. 사람은 육으로도 태어나고 영으로도 태어난다. 육으로 태어나는 것은 육신적인 부모에 의한 혈통적인 출생이고 영으로 태어나는 것은 영이신 하나님에 의한 신앙적인 출생이다. 거룩한 영을 의미하는 "성령"은 위격적인 차원이 아니라 실체적인 차원에서 영이신 아버지 하나님과 영이신 아들 하나님도 가리킨다. 즉 우리는 영이신 삼위일체 하나님에 의해 거듭나기 때문에 영으로 태어난 사람이다. 이러한 인간의 이중적인 출생은 서로 결부되어 있지 않고 어떠한 영향도 교류하지 않고 각각이 독립되어 있는 출생이다. 이 세상에 태어나는 모든 사람들은 육적인 존재로 태어난다. 그러나 그들이 물과 성령으로 다시 태어나면 영적인 존재로 변화된다. 예수께서 말씀하신 거듭남은 육체에 적용되지 않고 영에게 적용되는 영적인 사건이다.

우리의 육체는 우리가 물과 성령으로 거듭난 이후에도 그 모양 그대로다. 니고데모 같은 사람들이 "너희가 거듭나야 한다"는 예수의 말씀에 놀라는 이유는 그 거듭남을 육체에 적용했기 때문이다. 그들은 이미 커져버린 육체를 어머니의 태에 구겨 넣어야 한다는 물리적인 불가능성 때문에 예수의 말씀을 거부한다. 물론 육체도 마지막 날에는 부활의 형체를 가지기 때문에 거듭남이 적용된다. 그러나 이 땅에서 우리의 겉사람 즉 육신의 장막은 세월이 흐르면서 닳고 낡아지는 시간의 질서에 종속된다. 겉사람의 혁신을 기대하지 말라. 이와는 달리, 우리의 속사람 즉 영혼은 세월이 흘러도 지속적인 갱신이 가능하다(고후 4:16). 그래서 육에 속한 사람들은 늙어가는 것을 싫어하나 영에 속한 사람들은 육체의 늙음을 영혼의 익음으로 승화시켜 이해하며 좋아한다.

8바람은 그것이 원하는 어디로든 불고 네가 그것의 소리를 듣지만
그것이 어디에서 와서 어디로 가는지는 네가 알지 못하는 것처럼
영으로 태어난 자도 모두 그러하다"

영적인 거듭남의 신비를 예수는 "바람"(πνεῦμα)의 특징으로 설명한다. 바람은 그것이 원한다면 어디로든 분다. 자유롭다. 바람을 저지할 장애물이 없다. 전도자도 "바람을 주장하여 바람을 움직이게 할 사람이 없다"(전 8:8)고 가르친다. 바람은 끊임없이 어디에서 불어와 어딘가로 분다. 이토록 자유로운 바람의 행보는 어떻게 가능할까? 그것을 알려면 바람이 어디에서 왔고 어떻게 움직이며 어디로 가는지를 파악해야 한다. 바람이 있다는 것을 우리가 아는 것은 바람의 소리 때문이다. 그러나 바람 자체보다 그 바람에 의해 발생되는 공기의 부딪히는 소리가 존재의 흔적이기 때문이다. 하지만 바람의 출발지와 목적지는 가리워져 있다. 하지만 성경은 우리에게 소리로 아는 종류의 지식을 넘어 바람의 근원적인 비밀까지 계시한다. 바람의 근원은 하나님께 있다(출 15:10; 민 11:31). 그 하나님은 바람을 불게 하시며(시 147:18) 바람의 무게와 길도 정하신다(욥 28:25; 전 11:5). 나아가 바람을 "자기 사신으로" 삼으신다(시 104:4). 그런데도 그분은 "바람 가운데에" 거하지 않으시고 스스로를 감추신다(왕상 19:11). 하나님을 알지 못하면 바람의 본질에 대해서도 무지하게 된다. 형체도 없는 바람은 하나님께 뿌리를 두고 있으며 그 실상은 하나님 안에서만 알려진다.

영으로 태어난 사람도 바람과 유사하다. 영으로 태어난 자는 대단히 자유롭다. 모든 사람들에 대해서도 영으로 난 사람은 자유롭다(고전 9:19). 그의 인생은 부모나 선생이나 왕이나 목사에 의한 얽매임이 없다. 눈에 보이는 사람만이 아니라 어둠과 죄와 사망과 저주와 마귀의 권세에서도 해방되어 자유롭다. 그런데 사람들의 눈에는 영으로 출생한 사람의 기원과 종말이 가리워져 있다. 그럼에도 불구하고 우리는 영으로 난 사람의 존재를

그의 독특한 인격과 삶 때문에 분명히 인지한다. 성경은 영으로 출생한 사람의 존재만이 아니라 하나님의 자녀라는 그의 신분까지 가르친다. 그리고 하나님이 영으로 태어난 모든 사람의 처음과 나중 되신다는 사실도 가르친다. 진실로 모든 만물은 주에게로 말미암고 주에게로 돌아간다(롬 11:36). 말씀의 소리를 듣고 우리는 영으로 난 사람의 존재만이 아니라 시작과 끝도 이해한다. 바람의 경우와는 달리, 하나님은 영으로 태어난 사람들 가운데에 거하신다(마 18:20).

바람의 비유적인 용도가 특이하다. 예수께서 사용하신 바람의 긍정적인 의미와는 달리, 전도자는 바람의 부정적인 의미를 적극 활용한다. 바람은 헛됨과 무익의 대표적인 상징이다. 이 세상의 헛되고 무익한 것을 취하려는 모든 시도는 바람을 잡으려는 것으로 비유된다. 바람은 이 세상의 모든 일시적인 것들에 대한 기막힌 설명이다. 동시에 예수의 용법에서 보였듯이, 영으로 난 자들의 영적인 특성에 대해서도 동일하게 기막힌 설명이다. 바람은 물의 강이 아니라 공기의 강이라는 개념, 이 개념보다 더 정확한 바람의 의미를 우리는 성경의 다양한 비유를 통해 깨닫는다. 율법도 그 안에는 긍휼과 믿음과 정의라는 보다 중요한 의미가 있듯이(마 23:23), 자연과 사회의 모든 것들에도 보다 중요한 의미가 내포되어 있다. 그런데 성경을 읽으면 세상의 모든 만물과 사태와 사건과 상황의 보다 근원적인 실재가 읽어지고 사실이 보이고 본질이 파악된다.

9니고데모가 대답하며 그에게 말하였다 "어찌 이것이 일어날 수 있습니까?"

예수께서 바람의 비유로 영적 거듭남을 설명해도 니고데모는 여전히 납득하지 못하여 어떻게 그러한 일이 일어날 수 있느냐고 반문한다. 왜? 증언이 거짓이기 때문인가? 예수의 설명이 실패했기 때문인가? 아니면 니고데모의 부실한 이해력 때문인가? 설명의 실패는 과연 누구 때문인가? 우리는 과연 예수의 설명을 듣고 제시하신 증거에 긍정의 고개를 숙이는가? 여기에서 나는 묘한 위로를 받고 전도의 사기도 진작된다. 무려 진리 자체이신 예수께서 설명해도 상대방이 이해하지 못하고 동의하지 않는 일이 발생했기 때문이다. 그렇다면 사람이 사람을 설명으로 설득하지 못하는 것은 더더욱 당연하지 않겠는가! 설명을 했는데도 설득하지 못하고 거부를 당하고 오히려 비난과 정죄라는 역풍을 맞는다고 해도 결코 당황하지 말라. 당연한 일이기 때문이다.

인간적인 인식의 제한적인 수준을 가진 니고데모가 영적인 거듭남에 대해 예수의 설명을 듣고서도 결코 일어날 수 없는 신비라고 여기며 난색을 표한 것은 너무도 당연하다. 이는 죄 때문이다. 죄가 하나님과 우리를 가리고 있기 때문이다(사 59:2). 죄 때문에 인간은 하나님과 더불어 나누는 에덴 수준의 아름다운 대화를 상실했다. 게다가 죄의 범람으로 말미암아 하나님은 대화의 도구인 사람들의 "언어를 혼잡하게 하여 그들이 서로 알아듣지 못하게" 하셔서 사람과 사람 사이에도 소통의 심근경색 현상이 일어났다(창 11:7). 대화를 하다가 불통의 벽이 느껴지면 사람들은 그 자체를 불쾌하게 여기며 흥분하고 상대방을 공격한다. 그러나 그 불통의 원인을 이해하면 곧장 평정심이 회복된다. 하나님의 징벌적인 섭리로 인한 언어의 혼잡과 알아듣지 못함 때문에 소통이 안 되는 것은 익숙한 정상이고 잘 소통되는 것이 오히려 희귀한 기적이다. 어떠한 설명을 해도 찰떡같이 알아듣게 하려면 불통을 불평하지 말고 불통의 원인을 제거해야 한다. 그 원인인 죄를 용서하고 허물을 덮어주는 유일한 방법은 사랑이다. 사랑만이 가능하게 한다. 사랑이 불통의 반창고가 되면 사람과 사람 사이의 원활한 소통이 회복된다. 소통의 정도는 사랑의 크기에 의존한다.

¹⁰예수께서 대답하며 그에게 말하셨다
"너는 이스라엘 선생인데 이것들을 알지 못하느냐

이해하지 못하는 니고데모에게 예수는 다소 근엄한 목소리로 그의 무지를
꾸짖는다. 일반인이 이해하지 못하면 그럴 수 있다고 넘어간다. 그러나 니
고데모의 경우는 다르다. 그는 "이스라엘 선생"(ὁ διδάσκαλος τοῦ Ἰσραὴλ)이
다. 선생에게 무지는 범죄로 간주된다. 일반인이 모르는 것을 모른다고 하
는 것은 겸손이다. 그러나 가르치는 선생은 모르면 모르는 만큼 게으를 것
이고, 모르는 만큼 타인에게 민폐가 되는 직분이다. 이방인의 선생이 아니
라 하나님의 백성을 가르치는 선생은 하나님의 율법에 능하여야 하고 그
율법이 가르치는 궁극적인 주제인 구원의 비밀에 대해 해박해야 한다. 그
런데 구약의 곳곳에서 가르치는 핵심적인 교리인 거듭남의 의미도 모르고
바람의 비유로 그것의 독특성을 설명해도 이해하지 못한다면 선생의 타이
틀을 반납해야 한다. 모르면서 선생의 직분을 가지고 있는 것 자체가 이미
기만이기 때문이다.

　목회자의 직분도 이스라엘 선생의 직분과 유사하다. 목회자가 구원에
대해 무지하면 직분의 타이틀을 조속히 반납해야 한다. 목사라는 타이틀을
목에 걸고 살아가는 것 자체가 거짓이고 민폐이고 범죄이기 때문이다. 목
회자는 하나님의 말씀을 부지런히 연구해야 한다. 진리의 영이신 성령의
가르침을 구하기 위해 항상 무시로 쉬지 않고 기도해야 한다. 기도와 말씀
에 전념해도 목회자의 자질은 쉽게 성장하지 않고 제자리를 지독하게 고
수한다. 그런데도 말씀과 기도 외에 비본질적 사안에 천착하며 시간과 재
능을 허비하는 목회자가 있다면 그는 당장 성직자의 옷을 벗는 것이 마땅
하다.

11진실로 진실로 너에게 말하노라 우리는 아는 것을 말하고 본 것을 증언한다
그러나 너희는 우리의 증언을 받지 않는구나

이스라엘 선생인 니고데모에게 예수는 "아는 것을 말하고 본 것을 증언한다." 그런데도 그 증언을 받지 않고 거부한다. 거부의 근거는 거부하는 니고데모 자신이다. 만약 아는 것을 말하고 본 것을 증언하는 예수를 근거로 삼았다면 그의 증언을 받았을 것이지만 그들은 예수를 증언의 근거로 삼기 싫어했다. "증언"(μαρτυρία)은 주어가 중요하다. 권위에 있어서나 신뢰에 있어서나 정확성에 있어서나 듣는 자의 논리와 이해보다 증언의 주어가 우선이다. 거짓이 없으시고 진리 자체이신 예수를 증언의 진위 구분의 근거로 삼지 않는다면 다른 무엇이 근거가 될 수 있겠는가! 그런데도 인간은 선악을 판단함에 있어서 언제나 자신을 기준과 주체로 삼는 일에 태초부터 익숙했다.

성경은 사람들의 붓으로 기록된 하나님의 증언이다. 다양한 인물과 다양한 사건과 다양한 장소와 다양한 시대와 다양한 도구가 어우러져 있지만 그 모든 것들을 수단으로 삼아 계시하신 하나님은 한 분이시다. 그래서 성경을 읽다 보면 인간의 상식과 합리가 마비되고 상충되는 대목과 자주 마주친다. 그때마다 우리는 우리의 이성을 기준으로 삼아 그 대목을 평가한다. 이성의 검열을 통과하지 못하면 기록된 증언을 존중하지 않고 심하게는 거부한다. 역사의 상대성과 인간의 오류가 스며든 본문이기 때문에 그런 의미의 얼룩을 제거해야 증언의 뽀얀 속살이 보인다고 주장한다. 그리고는 성경을 해체하고 편집하고 변조하고 가공한다. 이는 자신의 이성에 대한 과신이 부른 참상이다.

예수의 말씀은 인간의 말과는 차원이 다른 증언이다. 예수께서 아셨다고 한다. 예수께서 보셨다고 한다. 그런 예수의 입에서 나온 증언이다. 이 이상의 어떤 고급한 증거가 필요한가! "예수께서 가라사대" 이상의 권위는

이 세상 어디에도 없다. 그래서 바울은 "하나님의 아들 예수 그리스도" 그에게는 "예 하고 아니라 함"이 없고 오직 "그에게는 예만" 되었다고 고백한다(고후 1:19). 공자가 가라사대, 테레사 수녀가 가라사대, 부처가 가라사대, 마호멧이 가라사대, 교황이 가라사대, 대통령이 가라사대, 과학이 가라사대, 목사가 가라사대 중에서 예수보다 더 큰 권위를 가진 증언이 과연 무엇인가! 그런데도 자신만은 예외라고 생각하고 예수보다 더 옳다고 생각한다. 예수의 증언을 듣고서도 진리를 여전히 알지도 못하고 그 진리를 자랑치도 않는다면, 그 문제의 원흉은 바로 인간 자신이다.

아는 것을 말하고 본 것을 증언하는 예수와는 달리, 알지도 못하고 보지도 않은 것을 증언하는 사람들도 있다. 그들은 누구일까? 사기꾼 혹은 거짓 선지자다. 하나님은 분명히 어떠한 일을 행하시기 이전에 "자기의 비밀을 그 종 선지자"가 알도록 전하신다(암 3:7). 그래서 참된 선지자는 하나님의 말씀을 들어서 아는 사람이다. 하지만 그 말씀을 듣지도 않고 그래서 알지도 못하는데 마치 듣고 아는 것처럼 자신의 생각을 하나님의 말씀인 양 전파하는 자가 있는데 그는 거짓 선지자다. 그런데도 사람들은 보고 아는 선지자와 예수와 그의 제자들이 전하는 증언을 거부하고 보지도 알지도 못하는 거짓 선지자의 증언에는 귀를 기울인다. 그리고 속아서 그들을 추종한다. 이는 과거만이 아니라 지금도 발생하는 진행형 현상이다.

12내가 너희에게 지상적인 것들을 말하여도 믿지 않는데
천상적인 것들을 너희에게 말하면 어떻게 믿겠느냐

예수는 지금까지 니고데모 및 그와 동류인 사람들을 향해 "지상적인 것들"(τὰ ἐπίγεια)에 대해 말하였다. 바울의 구분법에 의하면 이는 약한 믿음의 소유자가 섭취하는 채소에 해당한다. 그런 채소를 주어도 믿음으로 소

화하지 못한다고 예수는 지적한다. 그런데 만약에 "천상적인 것들"을 설명하면 어떻게 믿을 수 있느냐고 꾸짖는다. "천상적인 것들"(τὰ ἐπουράνια)은 "장성한 자"가 섭취하는 "단단한 음식"(히 5:14)이다. 이는 이 땅의 문법으로 해석되지 않고 오직 성령의 내적인 빛에 의해서만 깨달을 수 있는 대상이다. 예수는 "지상적인 것들"과 "천상적인 것들"을 대비한다. 여기에서 우리는 믿음의 대상이 지상적인 것들과 천상적인 것들로 구성되어 있음을 확인한다. 난이도에 있어서 천상적인 것을 믿기 이전에 지상적인 것들에 대한 믿음의 성장이 우선이다.

예레미야 선지자도 이와 비슷한 대비를 가르쳤다. "만일 네가 보행자와 함께 달려도 피곤하면 어찌 능히 말과 경주를 하겠느냐 네가 평안한 땅에서는 무사할 것이지만 요단강 물이 넘칠 때에는 어떻게 하겠느냐"(렘 12:5). 사람들은 느리게 걷는 보행자와 경주해도 엄살을 부리며 고단함을 호소한다. 그러나 그것은 본격적인 경주의 몸풀기에 불과하다. 본 경기는 말과 경주하는 것이라고 한다. 우리는 지금 누구와 경주하며 달리는가? 평안한 땅에서도 힘들다며 원망을 날마다 쏟는다면 강물이 넘칠 때에는 어떻게 견딜 수 있겠는가? 어떠한 상황에서 누구와 경주를 하더라도 그들을 보행자로 여기고 평화의 때라고 인식하자.

13하늘에서 내려온 자 곧 인자 외에는 누구도 하늘로 올라감이 없다

예수는 자신을 하늘에서 내려온 "인자"라고 소개한다. 그는 하늘의 사정을 정확하게 아는 분이시다. 아버지 하나님에 대해서도 그는 가장 정확한 지식의 소유자다. 그러므로 지상적인 것들만이 아니라 천상적인 것들도 있는 그대로를 목격한 최고의 증인이다. 그리고 유일한 증인이다. 왜냐하면 그리스도 외에 하늘에 올라간 자는 아무도 없기 때문이다. 이보다 더 위대하

고 정확하고 믿음직한 증인이 어디에 있겠는가! 그래서 아버지 하나님은 예수의 제자들을 향해 예수에 대한 증언을 보내셨다. "이는 내 사랑하는 아들이요 내 기뻐하는 자니 너희는 그의 말을 들으라"(마 17:5). 우리의 모든 귀는 예수의 입에서 나오는 모든 증언의 수납을 위해 존재한다. 예수의 증언은 인생의 귀를 행복하게 하는 최고의 양식이다. 예수의 증언에 귀를 기울이지 않는다면 귀는 거슬리는 혹에 불과하다.

하늘을 출입하기 때문에 자신을 천지의 모든 것들을 정확하게 아는 최고의 증인으로 소개하신 예수의 의도는 무엇인가? "올라감"을 언급한 이유는 그의 부활과 승천을 암시하기 위한 것이지만 문맥적인 의미에서 볼 때 그 의도는 우리의 겸손을 위함이다. 하늘에서 내려오고 올라가는 분 앞에서 입을 연다는 것 자체가 얼마나 두려운가! 그런데도 인간은 코딱지 크기의 지식만 갖고서도 산더미 수준의 교만을 분출한다. 인간은 땅에 발을 딛고 바닥에서 사는 존재인데 감히 하나님 되시고 말씀 되시고 진리 되시고 하늘의 증인 되시는 분과 맞먹으려 한다. 분수를 모르고 주제를 파악하지 못한 자의 터무니 없는 교만이다. 일찍이 전도자는 하나님 앞에서 입을 여는 인간의 태도를 이렇게 가르쳤다. "너는 하나님 앞에서 함부로 입을 열지 말며 급한 마음으로 말을 내지 말라 하나님은 하늘에 계시고 너는 땅에 있음이라 그런즉 마땅히 말을 적게 할 것이라"(전 5:2).

지식은 그 지식의 소유자를 반드시 교만하게 한다. 그게 지식의 속성이다. 그런데 지식이 있어도 교만하지 않는 유일한 방법은 마땅히 알아야 할 것을 알지 못한다는 사실의 인식이다. 이런 인식의 근거는 우리가 하늘에 계신 하나님 앞에 서 있다는 "코람데오"(Coram Deo) 정신이다. 인간의 지식이 아무리 위대하고 아무리 방대해도 하나님 앞에서는 너무도 초라한 유치원 수준의 지식일 뿐이기 때문이다. 하늘을 출입하신 예수의 지식은 땅에 있는 모든 자들의 지식에 비해 차원이 다른 양질의 지식임을 기억하고 늘 겸손해야 한다. 그 겸손의 실천은 그가 전하는 증언의 수용이다. 수용하지 않고 자신의 기준을 따라 그 증언을 불가능한 일이라고, 모순적인 말이라고, 동의할 수 없다고 거부하는 것은 자신을 예수보다 높이는 교만이다.

요 3:14-21

¹⁴모세가 광야에서 뱀을 든 것 같이 인자도 들려야 하리니 ¹⁵이는 그를 믿는 자마다 영생을 얻게 하려 하심이니라 ¹⁶하나님이 세상을 이처럼 사랑하사 독생자를 주셨으니 이는 그를 믿는 자마다 멸망하지 않고 영생을 얻게 하려 하심이라 ¹⁷하나님이 그 아들을 세상에 보내신 것은 세상을 심판하려 하심이 아니요 그로 말미암아 세상이 구원을 받게 하려 하심이라 ¹⁸그를 믿는 자는 심판을 받지 아니하는 것이요 믿지 아니하는 자는 하나님의 독생자의 이름을 믿지 아니하므로 벌써 심판을 받은 것이니라 ¹⁹그 정죄는 이것이니 곧 빛이 세상에 왔으되 사람들이 자기 행위가 악하므로 빛보다 어둠을 더 사랑한 것이니라 ²⁰악을 행하는 자마다 빛을 미워하여 빛으로 오지 아니하나니 이는 그 행위가 드러날까 함이요 ²¹진리를 따르는 자는 빛으로 오나니 이는 그 행위가 하나님 안에서 행한 것임을 나타내려 함이라 하시니라

❖ ❖ ❖

¹⁴모세가 광야에서 뱀을 들어올린 것처럼 인자도 그렇게 올려져야 한다 ¹⁵이는 그를 믿는 모든 자가 영원한 생명을 얻게 하기 위함이다 ¹⁶하나님이 세상을 이처럼 사랑하여 유일하게 나신 아들을 주셨는데 이는 그를 믿는 모든 자가 영원한 생명을 얻게 하려 하심이다 ¹⁷하나님이 그 아들을 세상에 보내신 것은 세상을 심판하기 위함이 아니라 세상으로 하여금 그로 말미암아 구원을 받게 하려 하심이다 ¹⁸그를 믿는 자는 심판을 받지 아니하나 그를 믿지 아니하는 자는 하나님의 유일하게 나신 아들의 이름을 믿지 않으므로 이미 심판을 받은 것이다 ¹⁹그 심판은 이러하다 즉 빛이 세상으로 왔으나 사람들은 자신들의 행실들이 악하여서 빛보다 어둠을 더 사랑했다 ²⁰악을 실행하는 모든 자는 빛을 미워하고 자신들의 행실들이 발각되지 않도록 빛으로 나오지 아니한다 ²¹그러나 진리를 행하는 자는 빛으로 나아온다 이는 그들의 행실들이 하나님 안에서 행해진 것임을 나타내기 위함이다"

09 기호라는 심판

거듭나지 않은 니고데모에게 예수는 땅의 일들을 친절하게 설명한다. 그에게 익숙한 모세 이야기를 통해 예수의 십자가 죽음과 부활로 말미암는 구원을 가르친다. 그 구원의 대상은 유대인을 포함한 온 세상의 모든 믿는 사람이다. 그들에게 주어지는 구원은 영원한 생명이다. 그러나 유대인과 이방인을 불문하고 믿지 아니하는 자는 누구든지 이미 심판을 받았다고 한다. 심판의 내용이 특이하다. 그들의 악한 행실들 때문에 빛을 미워하고 어둠을 사랑하는 것이 곧 그들에게 주어지는 심판이다. 미워하는 빛을 스스로 멀리하고 사랑하는 어둠 속으로 자원하여 들어가니 심판을 자초한다. 그러나 진리를 제대로 행하는 사람은 빛으로 나아온다. 이는 자신의 실력을 자랑하기 위함이 아니라 진실한 행위가 하나님 안에서 이루어진 은혜의 결과라는 사실을 드러내기 위함이다.

¹⁴모세가 광야에서 뱀을 들어올린 것처럼 인자도 그렇게 올려져야 한다
¹⁵이는 그를 믿는 모든 자가 영원한 생명을 얻게 하기 위함이다

율법에 능한 이스라엘 선생에게 예수는 모세가 광야에서 뱀을 들어올린 사건을 언급한다. 참 자상하다. 이는 이스라엘 선생의 눈높이에 맞춘 설명이기 때문이다. 이 이야기를 꺼낸 이유는 무엇인가? 영원한 생명을 얻는 구원의 비밀을 설명하기 위함이다. 모세는 왜, 무엇을 위하여 뱀을 만들어 높이 올렸을까? 당시 황폐한 광야에서 이스라엘 백성은 떠나온 애굽의 풍요로운 삶을 떠올리며 먹을 만한 양식도 없고 마실 물도 없고 만나를 "하찮은 음식"으로 여기며 불평하고 하나님을 향하여 원망했다(민 21:5). 이때 하나님은 "불뱀들을 백성 중에 보내어 백성을 물게 하시므로 이스라엘 백성 중에 죽은 자가" 이미 많은 상황에서 모세가 하나님께 엎드렸다. 그리고 불뱀들을 떠나가게 해 달라고 기도했다(민 21:7). 이에 하나님은 모세에게 "불뱀을 만들어 장대 위에 매달아라 물린 자마다 그것을 보면 살리라"(민 21:8)고 답하셨다. 그래서 모세는 놋뱀을 만들어 장대에 매달아 올리면서 하나님의 명령에 순종했다. 그런데 놀랍게도 뱀에게 물린 자들은 놋뱀을 보고 살아났다. 이스라엘 백성이든 그들과 동행한 잡족이든 놋뱀을 본 사람들은 모두 살아났다.

　광야의 놋뱀 사건은 그 의미가 오랫동안 감추어져 있었는데 예수의 발언을 통해 이제 드러났다. 그 사건은 예수의 구속적인 십자가 사건을 가리키는 은유였다. 하지만 칼뱅은 이런 해석에 반대한다. 그는 놋뱀 사건을 예수께서 종의 형체로 오신 겸손과 높이 들리셔서 만인에게 노출되게 하는 복음 전파를 암시하는 사건으로 이해한다. 이러한 두 해석은 서로 배타적인 것이 아니라고 나는 생각한다. 칼뱅의 이해도 존중하며 나는 장대에 매달린 놋뱀과 십자가에 매달리신 예수가 연결되어 있다고 생각한다. 또한 놋뱀이 장대 위로 올라간 것처럼 예수께서 무덤에서 나와 하늘로 올라가

신 부활 및 승천과도 결부된 사건으로 나는 이해한다. 이는 비슬리 머리의 지적처럼 저자가 "들어 올리다"(ὑψόω)는 단어를 인자의 죽음 및 부활과 관계하여 사용하기 때문이다(요 8:28, 12:32).

놋뱀의 의미를 살펴보자. 이스라엘 백성은 광야의 빛보다 애굽의 어둠을 더 좋아했다. 그래서 하나님을 원망하고 불평했다. 이에 하나님의 형벌이 주어졌다. 그러나 멸망을 위함이 아니라 회개와 회복을 위한 징계였다. 징계를 내리신 하나님은 그 징계를 극복할 해법도 베푸셨다. 그것이 바로 놋뱀이다. 예수의 십자가도 그 의미가 비슷하다. 아담과 하와를 비롯한 온 인류가 하나님의 진리보다 마귀의 거짓에 귀를 기울였고 그런 어두운 들음에서 마귀에 대한 신뢰가 발생했고 동시에 하나님의 명령은 거역했다. 그 이후로 빛보다 어둠을 더 사랑했다. 이에 하나님은 고단한 노동과 해산의 고통으로 형벌을 내리셨고 온 땅이 저주를 받게 하셨으나 자기 백성을 택하셔서 그의 나라를 세우셨다. 그러나 택하심을 받은 이후에도 그들은 의의 빛보다 죄의 어둠을 더 좋아했다. 이에 하나님은 그 백성에게 나라를 빼앗기는 징계를 내리셨다. 그러나 예수를 보내셔서 새로운 나라를 세우셨다. 누구든지 십자가에 달리신 예수를 믿기만 하면 구원을 받고 그 나라에 들어가는 방식으로 세우셨다. 모세가 올린 놋뱀을 바라볼 때 주어지는 구원의 유익은 대체로 이스라엘 백성을 위한 것이지만 십자가의 예수를 바라볼 때 주어지는 영원한 생명의 유익은 모든 사람에게 적용된다.

놋뱀과 예수의 관계는 어떠한가? 뱀은 구약에서 태초에 처음으로 저주를 받은 짐승으로 소개되고, 신약에서 하나님의 나라를 대적하는 마귀를 상징하는 짐승으로 언급된다. 너무도 부정적인 이미지를 가진 뱀과 지극히 고결하신 예수를 비교하는 것이 나는 심히 불쾌하다. 그러나 예수의 비밀을 알면 의문이 해소된다. 뱀의 문제는 뱀으로 해결하는 것이 정석이다. 그러나 불뱀의 문제를 해결하는 놋뱀은 진짜 뱀이 아니라 뱀의 형상이다. 인간의 문제도 인간으로 해결하는 것이 정석이다. 예수는 진짜 죄인이 아니지만 종의 형체를 입으시고 세상의 죄를 스스로 어깨에 짊어지신 죄인의 형상이다. 뱀을 바라본 사람이 뱀의 문제에서 해방된 것처럼, 죄의 형상을 취하신 예수를 바라보는 사람도 죄의 문제에서 해방된다.

여기에서 나는 죽을 사명에 대한 예수의 강한 의식을 주목하고 싶다. 그는 "인자도 그렇게 올려져야 한다"고 확신한다. 여기에 당위성을 나타내는 헬라어 단어 "데이"(δεῖ)는 모세의 놋뱀처럼 예수도 저주의 십자가에 달려 죽으심이 올바르고 합당하여 마땅히 해야 할 필연적인 일임을 가리킨다. 스스로 존재하고 온 세상을 창조하고 다스리고 심판하는 최고의 권위를 가진 분에게 필연성과 당위성이 부과되는 것도 부당한데, 게다가 아름답고 행복한 일이 아니라 아프고 괴롭고 억울한 일에 부과되는 것이 어떻게 가능한가? 그런데도 예수는 그런 십자가의 길을 반드시, 마땅히, 기꺼이 가야 할 길이라고 여기신다. 우리는 과연 십자가의 길, 고난과 순교의 삶을 어떻게 여기는가? 우리의 대부분은 할 수만 있다면 십자가를 요리조리 피하려고 한다.

죽어가는 사람들이 살아나기 위해 놋뱀을 보는 것은 그냥 고개를 드는 일이었다. 고개를 들지 못한다면 눈동자만 움직여도 되는 일이었다. 땅에 꽂혀 있는 시선을 뽑아서 하늘로 향하기만 하면 되는 일이었다. 시선의 각도를 바꾸기 위해서는 대단한 학식이나 오랜 노하우나 정밀한 기술이나 유력한 가문이나 막대한 업적이 필요하지 않다. 바라보는 것은 가난하고 연약하고 무지하고 비천하고 외롭고 고단하고 슬픈 사람들도 차별 없이 누구나 할 수 있는 일이었다. 예수를 믿음으로 바라보는 것도 이와 비슷하다. 왜 그런지에 대해 예수는 다음과 같이 설명한다.

¹⁶하나님이 세상을 이처럼 사랑하여 유일하게 나신 아들을 주셨는데
이는 그를 믿는 모든 자가 영원한 생명을 얻게 하심이다

예수는 인류의 구원에 대해 한 문장으로 요약한다. 여기에서 인류의 구원
을 이루는 주체는 하나님 자신이다. 구원에 있어서 주체를 변경하는 것은
가장 심각한 왜곡이고 불의이고 불법이다. 하나님께 돌려야 할 구원의 주
권이나 구원에 대한 감사를 어떤 사람이나 자연의 기운이나 어떤 사물에
게 돌리는 것은 모두 미신이다. 하나님이 인류를 구원하신 이유는 인간의
어떠함 때문이 아니라 하나님의 "사랑" 때문이다. 인간이 여전히 하나님께
죄인과 원수였을 때인데도 그를 구원하신 것은 그 구원의 유일한 근거가
하나님의 사랑임을 확증한다(롬 5:8). 이 구원은 인간이 죄에서 돌이켜 주
님께로 돌아왔기 때문에, 혹은 인간이 하나님과 화해했기 때문에 이루어진
것이 아니었다. 그냥 하나님의 무조건적 사랑 자체에 근거한 일이었다. 사
실 천지와 만물을 지으시고 인간을 창조하신 이유도, 타락한 인류 가운데
서 이스라엘 백성을 택하신 이유도(신 7:7-8), 택하신 백성을 구원하신 이
유도, 구원의 은혜를 망각하고 배신한 백성을 다시 돌이키게 하신 이유도,
모두 그분의 끈질기고 지독한 사랑 때문이다. 이처럼 구약과 신약 전체에
서 하나님에 의해 시작되고 이끌려온 인류의 역사는 사랑의 역사였다. 서
로 사랑하면 공동체의 역사는 올바르게 움직인다. 한 사람의 일대기도 사
랑할 때 가장 아름답게 움직인다. 사랑하지 않으면 개인이든 민족이든 역
사는 반드시 퇴행한다. 우리의 시대가 진보하지 않고 퇴보하고 있다면 옳
고 그름 따지는 일에 핏대를 세울 것이 아니라 사랑의 분량 채우기에 집중
해야 한다. 역사는 사랑을 먹고 전진하기 때문이다.

사랑의 대상은 "세상"(κόσμος)이다. 대단하다. 세상에 악하고 더럽고 불
쾌하고 불의하고 거짓되고 가증한 것들이 얼마나 많은데 어떻게 그런 자
들까지 포괄하는 의미의 세상을 사랑의 대상으로 삼는 게 가능한가? 사실

"세상"은 인간만이 아니라 다른 피조물과 자연의 질서까지 포괄하는 낱말이다. 그런데도 하나님이 자신의 아들을 보내신 이유는 부패한 인간만이 아니라 썩어짐에 종 노릇하는 모든 피조물과 허무한 것에 굴복하는 자연의 망가진 질서도 회복하기 위함이다(롬 8:20-21). 그런데 유대인이 보기에 하나님이 "세상"을 사랑의 대상으로 삼으시는 것이 불쾌하다. 그분은 유대인만 사랑해야 한다고 생각하기 때문이다. 그러나 "세상"은 유대인만 의미하지 않고 이방인만 의미하지 않고 방언과 족속과 민족과 나라와 고금과 빈부와 문화를 막론하고 온 세상에 존재했던, 존재하는, 존재할 모든 사람들을 포괄한다. 그렇기 때문에 우리도 하나님의 사랑을 본받아 온 세상을 사랑해야 한다. 우리가 누군가를 미워하고 선교의 대상에서 배제하면 하나님의 사랑을 제한하고 축소하는 결과를 초래한다. 신적인 사랑의 테두리를 변경하는 권한이 전혀 없는 인간이 자신의 주관적인 기준으로 그 사랑의 대상을 함부로 선별하는 것은 복음에 대한 역행이다. 하나님은 이 세상의 누구도 차별하지 않으시고 배제하지 않으신다(롬 3:22). 나의 옹졸한 사랑, 특정한 소수에게 국한된 사랑의 부끄러운 틀을 깨뜨리고 하나님이 보이신 사랑의 놀라운 포괄성을 나의 것으로 수용하고 사랑의 테두리를 설정하는 기준으로 삼아 복음의 규모에 합당한 사랑의 준행자로 살아가야 한다.

하나님이 세상을 "이처럼"(Οὕτως) 사랑하신 방식은 "유일하게 나신 아들"을 우리에게 주시는 것이었다. 이는 지극히 큰 사랑이고 차원이 다른 사랑의 방식이다. 우리는 고작해야 지갑을 조금 열고 위로하고 용서하는 것을 무슨 대단한 사랑의 실천인 듯 자랑한다. 실제로는 그것조차 못하는 사람들이 태반이다. 그러나 하나님의 사랑은 목숨을 건 사랑이다. 하나님이 아들을 주신다는 것은 자신을 주시는 것과 동일하다. 아니 자신을 주시는 것 이상이다. 이는 부모가 자식을 자신보다 더 사랑하기 때문이다. 아들을 주시는 것은 하나님이 믿음의 조상에게 하신 약속과 무관하지 않다. 자신을 "지극히 큰 상급"(창 15:1)으로 주신다는 약속은 하나님이 자신보다 더 소중하게 여기시는 아들을 우리에게 주시는 방식으로 성취된다. 그 약속은 바로 주님께 원수이고 죄인인 우리를 구원하기 위한 것이었다. 하나님 아버지는 그 약속의 성취를 위해 아들을 주신다는 최고의 카드를 꺼내셨다. 이 카드는 세상을 향하신 하나님의 사랑이 얼마나 큰 것인지를 가늠하는 기준이다. 하나님의 사랑은 무한히 보배로운 독생자의 생명도 아끼지 않고 원수와 죄인에게 주실 정도로 무한하다. 괜찮은 사람, 호의적인 사람, 유익한 사람이 아니라 사랑하기 가장 힘든 원수와 죄인을 사랑의 대상으로 삼으셨다. 그러니 이 사랑의 깊이와 높이와 깊이와 길이를 어찌 인간이 측량할 수 있겠는가! 그런데도 바울은 우리에게 그 사랑의 모든 차원을 일평생 측량하며 깨달아야 한다고 가르친다(엡 3:19).

하나님 편에서의 사랑을 수납하는 우리 편에서의 태도와 수단은 믿음이다. 이 믿음은 믿지 않으면 어떠한 사람도 하나님의 영원한 생명을 얻지 못하는 구원의 필수적인 수단이며 조건이다. 비록 구원의 근거와 토대는 아니지만 하나님이 정하신 조건이기 때문에 믿음 없이는 구원도 없다는 말이 가능하다. 그런데 믿음은 인간의 능력이나 노력이나 소원 이전에 은혜로 말미암아 주어지는 하나님의 선물이다. 믿음의 섭리적인 뿌리는 창세 전에 이루어진 하나님의 선택이다.

이 믿음이 왜 선물인가? 믿음은 들음에서 나기 때문이다. 들음은 생물학적 귀가 있다고 해서 그저 발생하는 것이 아니라 들을 귀가 있어야 하기 때문이다. 그런데 들을 귀는 오직 성령의 가르침을 통해서만 주어지기 때문에 믿음은 선물이다. 이 선물은 성별과 나이와 신분과 지위와 재능과 습관과 민족과 무관하게 어떠한 차별도 없이 "모든 자"(πᾶς)에게 주어진다. 모든 자에게 적용되는 구원의 조건이다. 놋뱀을 바라보는 것과 예수를 믿는 것의 상황은 차별이 없다는 점에서 동일하다.

아버지 하나님이 당신의 사랑에 근거하여 주신 아들을 믿는 모든 자에게는 영원한 생명을 베푸신다. "영원한 생명"(ζωὴν αἰώνιον)은 무엇인가? 생명의 무한한 길이를 뜻하는가? 누가에 의하면, 하나님은 모든 인간에게 생명을 주시는 분이시다(행 17:25). 그리고 예수는 생명이며 모든 생명의 근원이다(요 14:6). 그런데 주어진 생명과 생명 자체는 동일하지 않다. 주어진 생명은 영원하지 않지만 생명 자체는 영원하다. 믿는 모든 자들에게 주어지는 영원한 생명은 이 세상의 모든 사람에게 주어진 일시적인 생명과는 달리 영원하다. 신자에게 주어진 생명은 어떻게 영원한가? 그 생명을 영원히 주셨다는 의미인가? 생명 소유권의 영원한 이동을 뜻하는가? 아니면 생명 자체이신 예수께서 영원히 신자와 함께 계신다는 의미인가? 신자에게 주어진 생명은 그 자체로 영원히 존속하는 생명이 아니라 예수 의존적인 생명의 영원한 지속성을 의미한다.

모세는 하나님을 이스라엘 백성에게 "네 생명"이요 "네 장수"라고 가르친다(신 30:20). 이와 유사하게 요한의 기록에 의하면 예수는 그 자체로 "영원한 생명"이다(요일 1:2). 그런 분이 세상 끝날까지, 세상이 끝난 이후에도 영원히 우리와 함께 계신다고 하셨기에 우리의 생명은 영원하다. 그가 우리를 버리지도 않고 떠나지도 않고 항상 함께 계시는 것은 우리에게 영원한 생명을 주시는 하나님의 방식이다. 만약 예수께서 우리와 함께 계시는 임마누엘 하나님이 되시지 않는다면, 죽으신 이후에 부활이 없어서 우리와 함께하실 수 없다면 어떻게 우리에게 영원한 생명이 주어질 수 있겠는가? 그의 부활은 그의 죽음과 더불어 구원을 위한 필수적인 두 기둥이다. 이처럼 믿음의 조상에게 약속하신 것처럼 자신을 우리에게 지극히 큰 상급으로 주시는 것과 우리에게 영원한 생명을 주시기 위해 우리에게 주신 예수께서 영원히 우리의 곁에 계시는 것은 분리될 수 없는 동전의 양면이다.

17하나님이 그 아들을 세상에 보내신 것은 세상을 심판하기 위함이 아니라
세상으로 하여금 그로 말미암아 구원을 받게 하려 하심이다

여기에서 예수는 자신을 하나님의 "아들"로 간주한다. 이는 앞에서 요한과 나다나엘 고백에서 나오지만(요 1:34, 49), 자신의 입으로는 처음으로 하는 표현이다. 이 아들을 이 세상에 보내신 하나님의 주된 목적은 세상의 심판이 아니라 세상의 구원이다. 심판의 때가 있고 구원의 때가 있는데, 예수의 첫 번째 오심은 대체로 구원과 관계되어 있고 그의 두 번째 오심은 대체로 심판과 관계되어 있다. 그런데 첫 번째로 오신 예수께서 세상의 심판을 위해 오시지 않았다는 것을 스스로 밝히시는 이유는 무엇인가? 메시아에 의해 유대인은 회복되고 그 나라를 괴롭힌 이방인은 멸망해야 한다는 유대인의 왜곡된 메시아 사상을 교정하기 위함이다. 세상으로 하여금 심판의 두려움이 아니라 구원의 희망을 제공하기 위함이다. 그래서 예수는 세상이 심판의 대상이 아니라고 한다. 앞에서 사랑의 대상이 이스라엘 백성만이 아니라 온 "세상"이라 말한 것처럼, 예수는 구원의 대상도 이스라엘 백성을 포함한 온 "세상"의 모든 족속임을 이 구절에서 명시했다.

우리는 예수의 첫 번째 오심과 두 번째 오심 사이에서 살아간다. 우리처럼 두 오심 사이에 낀 세대를 살아간 바울은 "보라 지금은 은혜 받을 만한 때요 보라 지금은 구원의 날"(고후 6:2)이라고 했다. 그러므로 우리도 지금을 두려운 심판의 때가 아니라 은혜로운 구원의 때라고 여기며 주님의 구원을 기대하며 온 땅에 선포해야 한다. 그러나 바울은 동시에 하나님의 심판도 늘 의식했다(롬 2:3). 그러므로 우리도 바울처럼 다가올 심판을 의식하며 구원의 복음 선포에 더욱 가열차게 목숨마저 조금도 귀한 것으로 여기지 않을 정도로 매진해야 한다. 사실 세상의 구원을 위한 예수의 첫 번째 오심은 하늘의 심판과도 무관하지 않다. 구원과 심판은 예수의 두 번 오심 모두에서 분리됨이 없이 공존한다. 이는 예수를 믿지 않으면 그의 재림 이

후만이 아니라 이전에도 이미 심판을 받은 것이고, 예수를 믿으면 지금도 구원을 받지만 그의 재림 이후에도 고통과 슬픔과 두려움이 없는 온전한 구원에 이르기 때문이다.

> ¹⁸그를 믿는 자는 심판을 받지 아니하나 그를 믿지 아니하는 자는
> 하나님의 유일하게 나신 아들의 이름을 믿지 않으므로 이미 심판을 받은 것이다

여기에서 예수는 자신의 오심이 구원과 심판 모두와 결부되어 있다고 설명한다. 구원과 심판은 예수의 두 번째 오심 이전에도 믿음을 기준으로 갈라진다. 예수를 믿는 자는 믿음으로 말미암아 "심판을 받지 않고"(οὐ κρίνεται), 예수를 믿지 않는 자는 믿지 않음으로 인해 "이미 심판을 받은"(ἤδη κέκριται) 것이라고 예수는 가르친다. 믿는 자가 심판을 받지 않는다는 것은 현재형 동사로, 믿지 않는 자가 이미 심판을 받았다는 것은 완료형 동사로 예수는 설명한다. 믿는 자에게나 믿지 않는 자에게나 심판은 예수의 두 번째 오심에서 이루어질 것이라면 심판의 미래형 동사를 사용함이 마땅하다. 그런데 왜 현재형과 완료형이 쓰였는가? 믿는 자의 경우, 미래에 심판을 받을 가능성이 열려 있음을 뜻하는가? 그렇다면 앞으로 믿음이 변하거나 그로 말미암는 구원도 취소될지 모르니까 똑바로 살라는 경각심을 유발하기 위함인가? 이러한 해석과는 달리, 칼뱅은 히브리어 관습을 따라 미래형을 쓰는 것이 맞지만 현재형을 사용한 것은 미래만이 아니라 지금도 심판의 두려움을 갖지 않아도 된다는 확신을 주기 위한 것이라고 해석한다. 나도 동의한다.

예수는 하나님의 아들인 자신을 믿지 않는 자가 이미 심판을 받았다고 가르친다. 믿지 않는 자에게는 이미 심판이 완료된 이유가 무엇인가? 미래에는 그가 받을 심판이 없음을 뜻하는가? 칼뱅에 의하면, 그 이유는 예수

를 믿으면 영원한 생명을 받는데 믿지 않는 자에게는 그 생명이 주어지지 않아서 생명이 없는 사망의 상태에 있기 때문이다. 그렇게 사망에 거하는 것 자체가 이미 진행되고 있는 심판이다. 아우구스티누스는 자신의 역작 『삼위일체론』(De trinitate, IV.iii.5)에서 사람이 "영혼으로 죽은 것은 죄 때문이고 육체로 죽은 것은 죄벌 때문이며 그래서 몸으로도 '죄 때문에' 죽어 있다"고 설명한다. 다르게 표현하면 하나님에 대한 "불경은 영혼의 죽음이요 부패는 육신의 죽음"인데 "육체에서 영혼의 이탈이 발생하는" 것은 부패의 결과라고 설명한다. 이는 심판이 완료된 것도 있고 진행되는 것도 있다는 입장이다. 예수께서 완료형 심판을 지금 말하시는 것은 영혼의 죽음과 관계되어 있다. 나아가 이 심판에서 벗어나는 회복의 다른 방편이 전혀 없기 때문에 완료형이 쓰여졌다. 예수는 자신을 "하나님의 유일하게 나신 아들"로 소개한다. 만약 예수 외에 다른 아들이 있다면 회복의 여지가 있겠지만 하나님의 아들이 하나라면 그를 거부하는 자에게 심판은 누구도 피할 수 없고, 변경되지 않고, 너무도 확고하게 정해진 불변의 사실이다.

그래서 그들의 심판에 대해서는 완료형 동사가 합당하다. 이러한 사실 때문에 사도들은 이렇게 선포했다. "다른 이로써는 구원을 얻을 수 없나니 천하 사람 중에 구원을 받을 만한 다른 이름을 우리에게 주신 일이 없음이라"(행 4:12). 이는 또한 믿지 않는 자들의 구원을 위해 왕이나 교황이나 목사나 어떤 사람이 무슨 수를 쓰더라도 믿음의 여부에 따른 구원과 심판은 결코 변경되지 않음을 의미한다. 목사나 교황에게 대들면 받은 구원도 박탈되고 그들을 잘 떠받들면 저주 받은 사람이라 할지라도 구원의 명단에 오른다는 주장은 사악한 거짓이다. 자신을 선지자나 사도라고 주장하는 자들의 말도 모두 거짓이다. 하나님의 말씀은 참되고 영원하다. 그러나 그 말씀을 전하는 사람들은 그렇지가 않다. 어제는 사도나 선지자의 역할을 혹시 했더라도 오늘은 "사탄아 물러가라" 같은 엄한 꾸지람이 합당한 사람으로 변질되는 베드로 같은 목사나 교황이 즐비하다.

¹⁹그 심판은 이러하다 즉 빛이 세상으로 왔으나 사람들은 자신들의 행실들이
악하여서 빛보다 어둠을 더 사랑했다 ²⁰악을 실행하는 모든 자는
빛을 미워하고 자신들의 행실들이 발각되지 않도록 빛으로 나오지 아니한다

믿지 않는 자들이 이미 받은 심판의 내용을 설명한다. 그들은 세상으로 온 빛보다 어둠을 더 사랑했다. 여기에서 "사랑"은 외부의 강요나 내부의 연출이 아니라 존재의 중심이 이끌리는 자율적인 기호의 절정을 의미한다. 그런데 그런 사랑의 대상이 빛이 아니라 어둠이다. 하나님은 인간을 사랑하여 아들까지 주셨는데, 인간은 그가 보내신 생명과 구원의 빛보다 어둠을 더(μᾶλλον) 사랑했다. 하나님의 사랑과 인간의 사랑이 이렇게도 뚜렷하게 엇갈린다. 예수의 말씀에 의하면, 하나님을 사랑하지 않는 사람들의 왜곡되고 일그러진 기호 자체가 이미 그들에게 내려진 심판이다. 상식의 관점에서 보면, 기호는 행위 이전의 단계로서 무언가를 가지거나 행하고 싶은 욕구이고, 심판은 그 욕구가 잘못된 대상을 향하고 그런 방향으로 이루어진 행위의 결과에 대한 정죄를 의미한다. 기호에서 행위가 나오고 심판은 그 행위를 뒤따른다.

그러나 예수의 말씀에서 심판은 기호의 단계까지 소급된다. 무언가에 더 이끌리고 더 사랑하는 것 자체가 이미 심판의 범주에 들어간다. 이와는 달리 사람들은 대체로 누군가가 큰 상처를 받고 고통을 당하거나 손해를 입으면 그가 심판을 받은 것이라고 이해한다. 그러나 외적으로 관찰되는 신체와 삶의 상태만이 아니라 사람들의 내적인 기호를 보더라도 그들이 축복을 받고 있는지 아니면 심판을 받고 있는지가 확인된다. 빛보다 어둠을 더 사랑하고, 정의보다 불의를 더 사랑하고, 진리보다 거짓을 더 사랑하고, 진실보다 가식을 더 사랑하고, 용서보다 미움을 더 좋아하고, 인내보다 보복을 더 사랑하는 사람은 이미 심판 아래에 있음이 분명하다.

사람들이 빛보다 어둠을 더 사랑하는 이유는 "자신들의 행실들이 악하"

기 때문이다. 여기에서 악한 "행실들"은 악의 드러난 현상에 불과하다. 그러므로 우리는 그 행실들의 뿌리를 주목하고 뽑아내야 한다. 악(πονηρός)이라는 것은 무언가를 사랑하고 미워하는 사람의 기호를 좌우하는 고약한 흉물이다. 사람의 소원이나 기호가 언어와 행실의 근원적인 동인이 아님을 여기에서 확인한다. 사람이 악하면 그 악이 발각되지 않으려는 성향이 작용하고 들킬지 몰라서 두려움에 떨고 자신을 감추려는 의지가 발동한다. 이를 위하여 빛을 멀리하고 어둠 속으로 들어간다. 그 어둠이 얼굴에도 드리운다. 어두운 얼굴은 악한 행실을 색상으로 고발하는 조용한 증인이다.

악을 행하여 빛보다 어둠을 더 사랑하는 자들은 빛을 덜 사랑하는 것이 아니라 아예 빛을 미워한다(μισεῖ). 빛은 어떠한 악도 선명하게 드러내기 때문이다. 아우구스티누스의 말처럼, 사람들은 무언가가 자신들의 악행을 드러내면 그것이 진리라고 할지라도 싫어하고 미워한다. 반면에 악한 행실을 감추어 주고 아무런 문제도 아니라고 덮어주면 그것이 거짓이라 할지라도 좋아하고 사랑한다. 미움과 사랑은 온 세상의 모든 개별적인 언행만이 아니라 사회적인 움직임도 구성하고 있다. 그런데 악한 자들은 진리와 빛을 싫어하고 미워하는 감정적인 대응의 수준을 넘어선다. 요한이 간파한 것처럼, 미워하는 것은 살인하는 것과 동일하기 때문이다(요일 3:15). 그래서 빛을 미워하는 악한 자들은 빛을 싫어하고 빛에서 멀어지는 것만이 아니라 빛의 등에 칼을 꽂으려고 한다. 빛의 존재를 제거하기 위해 희미한 빛이 깃든 양심의 소리도 듣지 않으려고 영혼의 입마저 봉쇄한다.

실제로 예수라는 빛을 선포하며 인간의 추악한 죄를 드러내며 회개를 촉구한 사도들은 캄캄한 투옥을 당하였고 악행을 저지르는 자들의 사나운 칼에 순교를 당하였다. 하지만 어둠은 악한 자들에게 어떠한 악도 들키지 않을 것 같은 안식처와 같다. 그들에게 어둠은 짙을수록 좋다. 그들의 행실이 더 악할수록 더 짙은 어둠을 사랑한다. 그래서 더 깊은 어둠으로 빠져든다. 이처럼 악과 어둠에 대한 사랑은 연동되어 있다. 서로 어깨를 걸고 나란히 움직인다. 사람은 악한 행실의 뿌리인 본성의 악을 제거할 때에만 어둠에 대한 사랑에서 해방된다. 우리의 기호는 어떠한가? 무엇이 작용한 기호인가? 우리는 기호에 충실하기 이전에 그 기호의 건강부터 먼저 검진해야 한다. 악이 조성한 기호인지, 아니면 선이 주도한 기호인지 정직하게 성찰해야 한다. 기호는 결코 신뢰의 대상이 아님에도 불구하고, 자신의 기호를 존중하고 성취하는 것이 자신을 가장 존중하는 것인 양 스스로 속아 악한 기호의 희생물이 될 수 있음을 주의해야 한다.

문제의 핵심은 모든 사람들이 악하고 누구도 자신의 악을 스스로 제거할 수 없다는 사실이다. 바울은 악에게 지지 말고 선으로 악을 이기라고 한다(롬 12:21). 최고의 해법이다. 그런데 세상에는 선한 인간이 없고 인간 안에는 선이 없기 때문에 악의 극복을 위해서는 외부의 선이 필요하다. 악의 문제를 해결하는 유일한 외부의 선함은 십자가의 죽음으로 모든 악을 멸하신 예수에게 있다. 예수는 선하시다. 그는 인간인 동시에 유일하게 선하신 하나님도 되시기 때문이다. 마귀의 모든 악을 선으로 이기신 주님만이 우리를 악에서 건지신다(마 6:13). 누구든지 그 예수를 믿으면 그의 악이 제거되어 어둠보다 빛을 더 사랑하게 된다. 그러나 그가 예수를 믿지 않으면 자신의 악이 그대로 있어서 빛을 미워하고 멀리하며 어둠을 사랑하게 된다. 그러므로 악한 자들이 예수를 믿지 않고 빛이신 예수보다 어둠을 더 사랑하는 것의 원인과 책임은 예수나 그의 무능력이 아니라 그를 의지하지 않는 그들 자신에게 있다.

[21]그러나 진리를 행하는 자는 빛으로 나아온다
이는 그들의 행실들이 하나님 안에서 행해진 것임을 나타내기 위함이다"

악을 행하는 자들이 어둠을 더 사랑하고 빛으로 나아오지 않는 것과는 달리 진리를 행하는 자들은 빛으로 나아온다. 여기에서 "진리를 행한다"(ποιῶν τὴν ἀλήθειαν)는 것은 진리의 말씀에 순종하는 것을 의미한다. 그런데 과연 빛으로 나오기 이전에 진리를 행하는 것이 가능한가? 이러한 의문에 대해 아우구스티누스는 진리를 행하는 것의 시작이 우리가 얼마나 심각한 죄인이며 얼마나 많은 죄를 짓는지를 알고 그 죄들을 꾸짖고 회개하는 것이라고 설명한다. 그러나 칼뱅은 주님께서 "진실하게 행하는 자는 빛보다 더 사랑하는 것이 없음"을 말하고 싶으신 거였다고 해석한다. 하지만 나는 진실하게 행하는 그들의 "행실들이 하나님 안에서 행해진 것"이라는 예수의 언급 자체가 진리를 행한다는 것의 의미라고 생각한다. "하나님 안에서"(ἐν θεῷ) 이루어진 진리의 행실은 인간의 의지와 노력과 실력의 결과가 아니라 하나님의 은혜로 말미암아 이루어진 일을 의미한다. 뒤집어서 보면, 하나님 밖에서는 진리를 행하는 것이 가능하지 않음을 의미한다.

진리를 행하는 자가 빛으로 나오는 이유는 그들의 행실들이 "하나님 안에서 행해진 것"임을 나타내기 위함이다. 특이하다. 대부분의 사람들은 자신의 근사한 행실을 자랑하기 위하여 사람들의 눈이 활동하는 환한 광장으로 나아온다. 즉 진리를 행하는 이유는 자신의 의로움을 드러내고 사람들의 영광을 독점하기 위함이다. 그런데 예수는 다른 이유를 제시한다. 즉 하나님의 은총을 드러내기 위함이다. 진리를 행하는 자는 왜 그 행실이 하나님 안에서 이루어진 것임을 나타내려 할까? 나는 여기에서 진실한 행실의 중요한 본질을 발견한다. 즉 누군가의 행실이 진실하기 위해서는 그 목적이 자신을 향하지 않고 하나님을 향해야 한다는 사실이다. 행실의 내용보다 행실의 동기와 목적이 더 중요하다. 유대인은 비록 율법의 보다 더 중요한 정의와 신뢰와 긍휼을 버렸지만 입술로는 그 율법을 존중했다. 그리고 행위로도 율법의 궤도에서 벗어나지 않으려고 몸부림을 쳤다. 그러나 문제는 그들의 언어와 행실의 목적이다. 뜨거운 열심으로 이루어진 그들의 언어와 행실은 "하나님의 의를 모르고 자기 의를 세우려고 힘써 하나님의 의에 복종하지 않은" 것이었다(롬 10:3). 그러므로 유대인이 진리를 행하지 않았다는 평가는 정당하다.

우리의 기호는 어떠한가? 우리가 사랑하는 것은 무엇이고 미워하는 것은 무엇인가? 우리는 과연 진실을 행하는가? 우리가 빛으로 나아와서 우리의 진실한 행실을 드러내는 목적은 무엇인가? 과연 하나님 안에서 이루어진 은혜의 결과임을 나타내어 하나님을 영화롭게 하기 위함인가? 아니면 자신을 위함인가? 물론 진리를 행하는 것 자체로도 거짓을 행하는 것보다는 훨씬 더 훌륭하다. 그러나 우리가 진리를 행한다는 것 자체에 지나치게 감격하고 주님께로 가까이 나아가는 경건의 모양을 감쪽같이 취하지만 그 동기와 목적이 자신을 향하고 자신을 위한다면, 입술로는 하나님을 존경하나 마음은 하나님을 멀리 떠나 있는 유대인의 회 칠한 무덤보다 더 교묘한 가식의 소굴이다. 왜 그러한가? 유대인은 그 열심이 입술에만 고여 있고 한 손가락의 실천도 거부하나, 우리는 입술만이 아니라 행실도 가식의 도구로 사용하기 때문이다. 심지어 본인도 자신의 경건에 어떤 문제가 있다고 생각하지 못할 정도로 은밀하다. 게다가 그런 가식의 효능은 실로 대단하다. 진리를 행하고 빛으로 나아가는 경건의 번듯한 겉모양 때문에 사람들의 존경과 칭찬을 쉽게 취득한다. 대외적인 이미지의 벌이가 짭짤하다. 그래서 자신을 향한, 자신을 위한 '경건'에 만족하고 안주한다.

그러나 우리는 자신을 향하지 말고 빛으로 나아가야 한다. 빛으로 나아가는 것 자체가 나를 향하지 않고 하나님을 향하는 경건이다. 베드로가 외친 것처럼 "이스라엘 사람들아 이 일을 왜 놀랍게 여기느냐 우리 개인의 권능과 경건으로 이 사람을 걷게 한 것처럼 왜 우리를 주목"하고 있느냐며 빛을 가리켜야 한다(행 3:12). 진실한 행실, 진실한 말, 진실한 인격은 언제나 자신이 아니라 빛 되신 그리스도 예수를 지향해야 한다. 그런 방식으로 하나님을 더 사랑하지 않으면 자아라는 어둠을 더 사랑하게 된다. 나아가 하나님을 미워하게 된다. 하나님을 지우고자 한다. 아담이 에덴의 축복 속에서도 하나님을 지우고자 한 못된 기질이 흉한 모습을 다시 드러낸다. 무서운 결론에 도달한다. 그러므로 우리는 빛을 등지고 멀리하며 자신을 향하여 자신에게 나아가는 어리석은 자가 되지 말고, 무슨 수를 써서라도 자신을 등지고 멀리하며 빛을 향하고 빛으로 가까이 나아가야 한다. 세상의 빛이 더욱 찬란하게 발하려면 빛을 가까이 할 때에만 가능하다. 자신을 향하면 세상에서 잠시 돋보일 수는 있겠으나 결국에는 빛에게서 멀어져 세상에 어둠의 공급자로 살아가게 된다.

요 3:22-36

22그 후에 예수께서 제자들과 유대 땅으로 가서 거기 함께 유하시며 세례를 베푸시더라 23요한도 살렘 가까운 애논에서 세례를 베푸니 거기 물이 많음이라 그러므로 사람들이 와서 세례를 받더라 24요한이 아직 옥에 갇히지 아니하였더라 25이에 요한의 제자 중에서 한 유대인과 더불어 정결예식에 대하여 변론이 되었더니 26그들이 요한에게 가서 이르되 랍비여 선생님과 함께 요단 강 저편에 있던 이 곧 선생님이 증언하시던 이가 세례를 베풀매 사람이 다 그에게로 가더이다 27요한이 대답하여 이르되 만일 하늘에서 주신 바 아니면 사람이 아무 것도 받을 수 없느니라 28내가 말한 바 나는 그리스도가 아니요 그의 앞에 보내심을 받은 자라고 한 것을 증언할 자는 너희니라 29신부를 취하는 자는 신랑이나 서서 신랑의 음성을 듣는 친구가 크게 기뻐하나니 나는 이러한 기쁨으로 충만하였노라 30그는 흥하여야 하겠고 나는 쇠하여야 하리라 하니라 31위로부터 오시는 이는 만물 위에 계시고 땅에서 난 이는 땅에 속하여 땅에 속한 것을 말하느니라 하늘로부터 오시는 이는 만물 위에 계시나니 32그가 친히 보고 들은 것을 증언하되 그의 증언을 받는 자가 없도다 33그의 증언을 받는 자는 하나님이 참되시다는 것을 인쳤느니라 34하나님이 보내신 이는 하나님의 말씀을 하나니 이는 하나님이 성령을 한량 없이 주심이니라 35아버지께서 아들을 사랑하사 만물을 다 그의 손에 주셨으니 36아들을 믿는 자에게는 영생이 있고 아들에게 순종하지 아니하는 자는 영생을 보지 못하고 도리어 하나님의 진노가 그 위에 머물러 있느니라

❖ ❖ ❖

22이후에 예수는 그의 제자들과 유대 땅으로 왔고 거기에서 그들과 함께 머물면서 세례를 베풀었다 23그런데 요한도 살렘에 가까운 애논에서 세례를 베풀었다 이는 거기에 물이 많이 있었기 때문이다 [사람들이] 와서 세례를 받았는데 24이는 요한이 아직 감옥에 갇히지 않았기 때문이다 25정결례에 대하여 요한의 제자들에 의한 유대인과의 변론이 일어났다 26그들이 요한에게 와서 그에게 말하였다 "랍비여, 당신과 함께 요단 강 저편에 있던 분, 당신이 증언하던 분을 보십시오 그는 세례를 베풀고 모두가 그에게로 가고 있습니다" 27요한이 대답하며 말하였다 "만약 하늘에서 그에게 주어진 것이 아니라면 사람은 받을 수 없는데 심지어 하나도 [받을 수] 없느니라 28나는 그리스도가 아니요 그의 앞에 보내심을 받은 자라는 것을 나와 더불어 증언할 자는 너희 자신이다 29신부를 취하는 자는 신랑이다 서서 신랑[의 음성]을 듣는 그의 친구는 신랑의 목소리로 말미암아 크게 기뻐한다 이러한 기쁨으로 나는 충만하다 30그는 흥하여야 하고 나는 쇠하여야 한다 31위로부터 오시는 이는 만물 위에 계시고 땅에서 난 이는 땅에 속하여 땅에 속한 것에서 말하지만 하늘에서 와서 만물 위에 계시는 분 32그는 보고 들은 이것을 증언한다 그런데 그의 증언을 받으려는 자가 한 사람도 없구나 33그의 증언을 받는 자는 하나님이 참된 분이라는 사실에 날인한다 34하나님이 보내신 자는 하나님의 말씀을 말하는데 이는 그가 성령을 측량할 수 없도록 주시기 때문이다 35아버지는 아들을 사랑하여 만물을 다 그의 손에 베푸셨다 36아들을 믿는 자는 영원한 생명을 가지지만 그 아들을 믿지 아니하는 자는 생명을 보지 못하고 오히려 하나님의 진노가 그에게 머무른다"

10   흥함과 쇠함

국면이 전환된다. 세례 요한과 제자들의 대화가 등장한다. 정결례의 문제로 유대인과 논쟁을 벌인 제자들이 스승에게 와서 유대 땅에서 세례를 베푸시는 예수의 행동이 못마땅해 한 보따리의 하소연을 쏟아낸다. 예수의 등장과 활동은 세례를 요한의 전유물로 여기던 제자들이 보기에 막강한 경쟁자가 나타난 일이었고 요한을 찾던 사람들의 발걸음이 예수에게 향하는 것은 더더욱 못마땅한 일이었다. 이에 요한은 지혜롭게 제자들을 타이르며 자신의 정체성과 사명에 대해 상기시켜 주고 예수의 흥함과 자신의 쇠함에 당위성을 부여하며 예수를 극도로 높이고자 한다. 예수의 흥망이 영원한 생명과 사망으로 귀결됨을 그들에게 가르친다.

²²이후에 예수는 그의 제자들과 유대 땅으로 왔고
거기에서 그들과 함께 머물면서 세례를 베풀었다

예수의 세례 이야기가 소개된다. 유월절을 예루살렘 안에서 보낸 그는 자신의 제자들과 함께 유대 땅으로 이동했고 거기에 머물면서 세례를 베푸셨다. 성령으로 세례를 베풀어야 하실 분이 물로 세례를 베푸시는 모습이 특이하다. 그렇다면 요한의 세례와 예수의 세례는 동일한가? 바울에 의하면 세례는 그리스도 예수의 죽음에 참여하고 그의 부활에 참여하는 의식이다. 그런 의식을 통해 우리는 예수의 죽으심과 부활을 체험하고 기념한다. 그런데 예수는 죽음 이전에 자신이 직접 세례를 베푸셨다. 이러한 예수의 세례는 유대인의 정결례에 대한 논쟁을 일으켰다. 요한과 예수가 다른 장소에서 물로 세례를 베풀고 있기 때문에 정통성에 대한 논의와 함께 세례의 다양성 문제도 논의의 도마에 올랐고 공방은 치열했다. 다른 누구보다 요한의 제자들이 가장 흥분했다.

　예수가 세례를 베푸신 사건은 대단히 중요하다. 그의 세례는 그의 길을 예비하기 위해 보내심을 받은 요한의 의미를 규정하기 때문이다. 사실 당시의 유대인은 요한에게 열광했고 그의 세례에 굉장한 의미를 부여했다. 그러나 요한의 세례는 그 자체로 궁극적인 의미가 아니라 예수의 세례를 예비하는 것이었다. 예수는 성령의 불로 세례를 베푸시는 분이지만 요한이 예비한 길을 승인하는 차원에서 그와 동일하게 물로 세례를 베푸셨다. 요한의 세례를 따라했기 때문에 예수가 요한의 제자가 된 것이 아니라 요한이 예비한 물 세례의 길에 주인공이 등장하신 것이라고 이해해야 한다. 구약의 모든 인물들과 사건들과 규례들이 요한처럼 예수를 예비하는 길이었다. 예수는 구약에 자신을 구겨 넣어서 구약에 종속시킨 분이 아니라 구약이 자신의 등장을 예비한 길이었기 때문에 기록된 말씀이 응하여야 하는 방향으로 말하셨고 행하셨다. 누가 주연이고 누가 조연인가? 무엇이 본질이고 무엇이 상징인가? 본말이 전도된 성경 해석학은 늘 경계해야 한다.

> 23그런데 요한도 살렘에 가까운 애논에서 세례를 베풀었다
> 이는 거기에 물이 많이 있었기 때문이다 [사람들이] 와서 세례를 받았는데
> 24이는 요한이 아직 감옥에 갇히지 않았기 때문이다

이야기의 시점이 확인되는 구절이다. 즉 지금은 요한이 감옥에 갇히기 전의 상황이다. 요한의 종교적인 존재감이 살아있고 많은 사람들이 아직도 그를 주목하고 있다. 그는 "살렘에 가까운 애논"에서 "세례를 베풀었다"(βαπτίζων). 동사의 미완료 시제가 암시하는 것처럼, 요한은 예수에게 세례를 준 이후에도 계속해서 세례를 베풀었다. 이는 예수의 세례 이후에도 세례를 받기 위하여 여전히 요한을 찾아오는 사람들이 많았음을 의미한다. 지명의 의미를 본다면 요한이 세례를 베푼 지역은 "평화에 가까이 있는 샘들"(Αἰνὼν ἐγγὺς τοῦ Σαλείμ)이다. 평화로운 그곳에서 세례를 베푸는 이유로서 물의 많음을 저자는 지적한다. 요한은 세례에 적합한 지역을 택하였다. 예수는 유다 땅에서, 요한은 애논에서 둘 다 세례자로 활동하는 상황이 참으로 절묘하다. 구약과 신약, 그림자와 실체가 서로 다른 지역에서 세례라는 동일한 의식의 활동으로 공존하고 있기 때문이다. 실체가 이 세상에 왔지만 그림자도 여전히 활동하고 있기 때문이다.

히브리서 저자는 율법이 "장차 올 좋은 일의 그림자일 뿐이요 참 형상이 아니"라고 했다(히 10:1). 성소도 이와 비슷한 개념으로 설명한다. 즉 사람의 손으로 만들어진 성소는 "참 것의 그림자"일 뿐이라고 했다(히 9:24). 나아가 율법과 성소는 모두 "하늘에 있는 것의 모형과 그림자"일 뿐이라고 요약한다(히 8:5). 이렇게 히브리서 저자는 구약을 그림자로 설명하며 예수를 "장차 올 좋은 일"이요 "참 형상"이요 "참 것"이요 "하늘에 있는 것"이라고

소개한다. 그런데 참 성전이신 예수가 계시는 동안에도 예루살렘 성전은 있었고, 율법과 선지자의 마지막인 요한도 예수와 동시대에 공존하며 활동한다. 절묘한 바통터치 기간이다.

그런데 요한이 아직 감옥에 갇히지 않았다는 저자의 지적은 몸이 결박되기 이전까지 메시아의 길을 예비하는 소리의 사역을 중단하지 않는 그의 열정을 드러낸다. 투옥과 처형 전 삶의 마지막 순간까지 하늘의 사명에 할애하는 요한의 모습에서 여자에게 난 사람들 중에 가장 큰 자의 위엄이 느껴진다. 동시에 저자의 그 지적은 요한이라는 그림자가 이제 곧 사라질 것임을 암시한다. 사라지는 방식은 두 가지의 원인으로 구성되어 있다. 첫째는 태양보다 밝은 빛이 왔기 때문이고, 둘째는 사람들이 율법의 빛조차도 감당하지 못해 감옥에 가두었기 때문이다. 그림자인 요한의 존재는 이렇게 하늘의 빛을 준비하고 땅의 어둠을 드러낸다. 이는 율법과 선지자의 본질적인 기능이다.

²⁵정결례에 대하여 요한의 제자들에 의한 유대인과의 변론이 일어났다

예수와 요한의 세례가 다른 장소에서 동시에 행해지고 있는 상황에서 "정결례"(καθαρισμός)에 대한 논쟁이 일어났다. 요한의 제자들과 유대인 사이에 일어난 논쟁이다. 유대인이 율법의 편에 서서 변호한 것인지, 예수를 따르며 그의 편에 서서 예수의 세례를 변호한 것인지는 분명하지 않다. 문맥을 본다면 새로운 형식의 정결례인 요한의 세례와 예수의 세례 사이에서 발생한 논쟁일 가능성이 높다. 아무튼 이 복음서의 저자는 그 논쟁의 구체적인 내용에 대해서는 밝히지 않으면서 그 논쟁을 일으킨 주체에 대해서는 요한의 제자들에 의해(ἐκ) 유대인과 더불어(μετὰ) 일어난 것이라고 명시한다. 율법의 정결례에 대한 것이든, 예수의 세례에 대한 것이든 요한의 제자들이

논쟁까지 벌인 것을 보면, 그들은 스승의 세례를 가장 중요한 것으로 여기고 있으며 그의 제자가 되었다는 자부심이 대단하고 구약의 정결례나 요한의 세례를 따라하는 예수의 물 세례에 대해서는 불쾌해하는 기색이 역력하다. 이들의 태도에 대해 칼뱅은 경솔하고 잘못된 것이라고 비판한다. 비판의 이유는 그들이 세례의 참된 의미를 알지도 못하면서 논쟁을 벌였기 때문이고, 스승의 대의를 예수의 세례와 상치된 것처럼 만들었기 때문이다. 이 논쟁은 제대로 알지도 못하면서 하나님의 뜻보다 인간 요한의 인격과 가르침을 무작정 더 추종하는 제자들의 경솔함이 고스란히 드러난 사건이다.

26그들이 요한에게 와서 그에게 말하였다
"랍비여, 당신과 함께 요단 강 저편에 있던 분, 당신이 증언하던 분을 보십시오
그는 세례를 베풀고 모두가 그에게로 가고 있습니다"

요한의 제자들은 스승에게 와서 답답한 심경을 토로했다. 스승인 요한에게 세례를 받으려는 사람보다 예수에게 세례를 받으려고 하는 사람이 더 많다는 사실 때문이다. 이는 예수에 비하여 자신이 그림자와 소리에 불과한 존재라는 스승의 가르침에 전혀 귀를 기울이지 않은 듯한 제자들의 모습이다. 요한을 "랍비"라고 부르는 그들에게 예수는 다른 모든 스승들을 제치고 일 순위로 따라야 할 최고의 랍비가 여전히 아니었다. 지혜의 본체가 눈앞에 있는데도 따르기를 망설이고 나아가 예수와 그를 따르는 제자들을 마치 경쟁자인 것처럼 경계한 이유는 무엇일까? 그들이 보기에는 여전히 예수의 세례보다 요한의 세례가 더 우월하고, 예수에 대한 요한의 공적인 증언은 무명의 예수를 역사의 무대에 등판하게 만들어 준 배려인 것처럼 여겼을 가능성도 있다. 그러나 칼뱅은 하나님의 아들을 증언하는 것 자체가 요한에게 최대의 영예가 되었으며 이는 예수가 요한보다 위대한 존재임을 나타내는 것인데도 요한의 제자들은 완전히 그릇된 태도와 처신을 보였다고 비판한다.

내가 보기에는, 예수보다 요한이 유명해야 하고 더 많은 사람들이 예수보다 요한을 찾아와야 하고 그런 요한을 따르는 자신들이 예수를 따르는 자들보다 더 우월한 사회적 지위를 유지하고 누려야 한다는 그 제자들의 세속적인 이해와 욕구가 유치한 경쟁심의 배후였다. 나는 그들이 과연 요한의 인격과 사명과 가르침을 존중했기 때문에 그를 따른 것인지에 대한 의심마저 든다. 만약 스승에 대한 참된 존경이 있었다면 그의 핵심적인 주장인 주님의 길을 예비하는 소리의 정체성을 존중해야 했고 주님께로 나아가는 것이 스승의 사명을 존중하는 제자들의 마땅한 도리였기 때문이다. 그런데도 요한의 제자들 중에 소수를 제외한 대부분은 예수의 제자들이 가진 권력욕과 비슷하게 유대 사회에서 가진 요한의 권위와 명예를 의식하며 최측근 권력의 수혜자가 되려는 욕망이 가득하다. 그 권력을 축소하고 빼앗을 가능성이 발견되면 그것을 제거해야 한다는 집단적인 의식이 발동한다. 요한의 제자들과 유대인 사이의 정결례 논쟁은 그런 비뚤어진 패거리 의식이 고개를 내민 사건이다. 이로써 진영의 논리가 분별의 눈을 가려서 진리의 빛조차도 보지 못하게 된 그들의 무지와 욕망이 밖으로 드러났다. 결국 그들은 스승의 소리가 예비한 주님의 길을 선택하지 않고 여전히 소리를 잡으려고 했다.

> 27요한이 대답하며 말하였다 "만약 하늘에서 그에게 주어진 것이 아니라면
> 사람은 받을 수 없는데 심지어 하나도 [받을 수] 없느니라

요한은 어떻게 대답해야 할까? 만약 그가 제자들의 불평에 편승하여 예수와 그의 세례를 부당하게 여겼다면 예수의 메시아 되심도 부정하고 그 메

시아의 길을 예비하기 위해 보내심을 받은 자신의 사명도 부정해야 했다. 요한이 자신을 예수보다 높이는 것은 얼마든지 가능하고 자신이 베푸는 세례에 정당성과 정통성을 부여하며 두둔하는 것도 얼마든지 가능한 상황이다. 이처럼 자신의 사명을 선택해야 할지, 아니면 지금까지 누려온 기득권을 선택해야 할지에 대해 내면의 갈등이 일어났을 법도 한데, 요한은 한 뭉치의 불평을 쏟아내는 제자들을 향해 차분한 답변으로 그들의 민원을 처리한다.

먼저 인간에게 주어진 모든 것은 하늘에서 주어짐이 없으면 하나도 받지 못한다는 인식의 대전제를 깐다. 진실로 모든 것은 하늘에서 주어진다. 심지어 요한이 광야의 소리가 된 것도 하나님이 주신 소명에 근거한다. 그가 세례를 베푸는 것도 하나님의 명령에 근거한다. 요한에게 주어진 사명의 크기와 분량과 가치는 하나님에 의해 정해진 것으로서 주님의 길을 예비하는 일에 적정한 딱 그만큼이다. 더 가지려고 하면 탐욕에 빠지고 덜 가지려고 하면 나태에 빠지기 때문에 주어진 그대로 수용하고 감당하는 것이 상책이다. 그런데 요한의 제자들은 더 가지려고 했다. 그들은 스승에게 주어진 사회적인 권위와 명예가 더 지속되고 자신들도 거기에 더 오랫동안 숟가락을 얹고 싶어했다. 그러나 요한이 여인의 소생 중에서 가장 위대하다는 평가와 당대의 유대 실권자 헤롯 왕까지 경외하며 보호하려 했던 사회적 존대를 제자들과 함께 누리는 시기는 예수께서 등장하기 전까지다. 그들은 예수께서 오신 이후에는 요한의 때와는 비교할 수 없는 하늘의 존대와 영광을 누리게 됨을 깨달아야 한다. 과거에 주어진 땅의 영광에 집착하여 장차 주어질 하늘의 영광을 거부하는 자는 어리석다. 그러므로 나에게 최고의 영광은 아직 오지 않았다는 마음으로 과거의 영광과 날마다 결별하는 자가 지혜롭다.

28나는 그리스도가 아니요 그의 앞에 보내심을 받은 자라는 것을
나와 더불어 증언할 자는 너희 자신이다

요한은 제자들을 향해 자신은 역사의 주인공이 아니라고 단언한다. 메시아
는 예수이고 자신은 그의 앞에 보내심을 받은 길 예비자일 뿐이라는 사실
을 상기시켜 준다. 그렇게 요한은 하늘에서 주어지지 않은 것과 주어진 것
의 정직한 가르마를 탄다. 이처럼 공사의 구분이 뚜렷한 요한은 사람들이
자신을 마치 메시아인 것처럼 존중하고 높이는 오류를 범하지만 그 탐스
러운 오류를 이용하지 않을 뿐만 아니라 자신의 제자들이 그런 오류를 교
정하고 자신의 정체성을 정확하게 밝히는 적임자요 객관적인 증인이 되어
야 한다고 타이른다. 이런 타이름은 지금 제자들이 스승을 주의 길 예비하
는 존재로 이해하지 못했으며 메시아에 대한 갈망보다 인간 스승에 대한
정에 이끌리고 있음을 지적한다. 동시에 요한은 제자들을 향해 "너희 자
신"(αὐτοὶ ὑμεῖς)이라고 강하게 눌러서 말하며 사람들의 눈에 자신이 너무
큰 사람으로 보이지 않도록 자신의 정확한 정체성을 알고 외부에 적당히
알려야 할 최측근의 도리를 다하라고 당부한다. 요한의 이러한 태도를 본
받은 것인지는 모르지만, 뛰어난 교부 아우구스티누스도 자신의 글이 성경
처럼 인용되는 것을 극도로 자제했다. 성경과 건강한 이성에 부합하지 않
은 내용이 자신에게 있다면 가차없이 비판해 달라는 부탁까지 했다.

　이처럼 요한은 훌륭한 사람이다. 사실 대부분의 사람들은 있는 그대로
의 자신을 더 돋보이게 하려고 스스로 꾸미거나 타인의 좋은 평판을 얻으
려고 선심을 쓰거나 강력한 입술을 매수해서 자신의 그럴듯한 허상을 퍼
뜨려 객관적인 민심을 호도하려 한다. 그러나 요한은 비록 당대의 유력한
자들이 경외할 정도로 자신을 존경하고 있었지만 자신을 황량한 광야의 덧
없는 소리로 규정하며 스스로 낮추고 최측근의 입을 이용하여 이미지를 관
리하지 않고 자신의 높은 평판과 사회적 권위를 퍼뜨리는 기특한 제자들

을 오히려 엄하게 저지하며 입 단속을 주문한 아주 독특한 사람이다. 그러나 지혜로운 사람이다. 누구든지 정체성에 거품이 들어가면 진짜 자신으로 살지 못하고 부풀려진 이미지에 맞추어서 살아가야 하니 심히 피곤하고 이미지는 혹시 행복할지 몰라도 자신은 결코 행복하지 않다. 게다가 더불어 있을 때의 자아와 홀로 있을 때의 자아가 다르면 서서히 이중적인 인격으로 변하고 심해지면 심각한 정신분열 증세까지 발생한다. 그러므로 자신과 관련된 것만이 아니라 타인을 존중하며 높일 때에도 사실에 근거하지 않은 아첨이나 접대용 칭찬은 금물이다. 요한은 자신이 왜곡되는 것을 걱정하지 않고 그리스도 예수께 누가 될까봐 제자들을 타일렀다. 그래서 자신이 메시아가 아니라는 선언을 앞세웠다. 요한 자신을 위해서 입소문을 내지 말고 진정한 메시아를 위하라고 가르쳤다. 사람들의 시선이 자신에게 오지 않도록 소리에 불과한 자기 정체성의 증인이 되라고 주문했다.

²⁹신부를 취하는 자는 신랑이다 서서 신랑[의 음성]을 듣는 그의 친구는
신랑의 목소리로 말미암아 크게 기뻐한다 이러한 기쁨으로 나는 충만하다

자신을 소리라고 규정한 요한이 이제는 신랑의 "친구"라고 소개한다. 이는 요한이 누리는 기쁨의 비밀을 설명하기 위함이다. 신부를 취하는 자는 분명히 친구가 아니라 신랑 자신이다. 친구가 신랑의 신부를 취하는 것은 자신의 존재 이유에 대한 망각이고 신부와 신랑 모두에 대한 범죄이고 불법이다. 친구는 넘지 말아야 할 선을 지키며 신랑의 곁에 서 있는(ἑστηκὼς) 사람이다. 요한은 "소리"로서 신랑과 신부의 만남을 주선하고 "친구"로서 둘 사이에 끼어들지 않고 결혼식의 만찬을 즐기려고 앉아 있지 않고 결혼식의 긴급한 필요를 신속하게 채우기 위해 서서 대기하는 사람이다. 그는 신부를 맞이하는 신랑의 행복한 "목소리"(φωνὴν)를 듣고 기뻐하는 사람이다.

결혼의 주인공이 아니라 서서 지켜보는 조연으로 있지만 신랑의 목소리로 말미암아 자신에게 주어지는 기쁨은 아주 "크다"고 고백한다. 기쁨의 근거는 다른 무엇이 아니라 신랑의 목소리에 있다. 그의 기호와 정서는 건강하다. 그에게는 신랑의 등장을 알리는 목소리로 인한 자신의 존재감이 지워질지 모른다는 두려움이 없다. 교회의 신랑으로 오신 예수와의 경쟁심 때문에 속이 부글부글 끓지 않고 오히려 그는 커다란 기쁨으로 충만하다. 그는 "크다"와 "충만"으로 최고의 행복과 만족을 표현하고 있다.

영적인 결혼에서 하나님의 백성은 신부이고 예수는 그들을 취하는 신랑이다. 신랑이 아님에도 불구하고 신부를 취하는 자는 사이비 교주임에 분명하다. 그의 마음에는 예수를 제거해야 자신이 신부를 가질 수 있다는 경쟁심이 타오른다. 이단만이 아니라 교계 안에서도 결혼의 주인공이 되어서 교회라는 신부를 차지하고 하객들의 축하를 독점하기 위해 신랑의 등에 은밀한 칼을 꽂는 배신자가 있다. 교회를 섬기는 모양새를 취하지만 소리와 친구로서 섬기는 것이 아니라 주님인 것처럼 독점하고 지배하려 한다. 교회에서 주인처럼 행세하기 위해 예수의 이름까지 요긴한 도구로 삼으며 들먹인다. 자칫 예수가 교회에서 높아지면 그에게 지배력의 지분을 빼앗길지 몰라 보이지 않는 대립각을 세우고 있다가 기회가 되면 예수를 밖으로 몰아낸다. 그러나 요한의 대답에는 그와 그리스도 사이의 그런 라이벌 의식이 어디에도 없다. 오히려 신랑과 친구라는 관계성 인식이 뚜렷하다.

³⁰그는 흥하여야 하고 나는 쇠하여야 한다

나아가 요한은 예수와의 관계를 흥망의 관계로 설명한다. 예수는 흥하여야 하고 요한 자신은 쇠하여야 한다고 주장한다. 이는 영적으로 성공하는 인생의 역설적인 비결이다. "흥하다"(αὐξάνειν)는 말은 "성장하다, 증대하다,

더 위대하게 되다" 등을 의미한다. "쇠하다"($\dot{\epsilon}\lambda\alpha\tau\tauο\hat{\upsilon}\sigma\theta\alpha\iota$)는 말은 "더 열등하게 되다, 낮아지게 되다, 쇠잔하게 되다" 등을 의미한다. 나의 쇠함은 쇠함에서 끝나지 않고 예수의 흥함으로 이어지고 이는 다시 나의 온전한 흥함으로 귀결되기 때문에 놀라운 역설이다. 예수의 흥함은 우리가 그의 영광을 가리지 않을 때에 더 잘 드러난다. 그래서 요한은 예수의 흥함을 가로막지 않아야 한다는 절박함을 가지고 자신이 쇠하여야 한다는 사실에 당위성을 부여한다.

이와는 달리, 나의 흥함은 최소한 내 안에서는 예수의 쇠함으로 귀결된다. 이에 대하여 아우구스티누스는 내가 커지면 나의 악도 커진다고 한다. 내가 높아지면 거짓이 진리보다 높아진다. 내가 강해지면 죄의 영향력도 강해진다. 나아가 내가 살면 예수는 죽고, 내가 보이면 보일수록 예수는 가려지고, 내가 강하면 강할수록 예수는 약해지고, 내가 높아지면 질수록 예수는 낮아진다. 이러한 예수의 쇠함은 궁극적인 의미에서 나 자신의 쇠함이다. 우리는 예수 의존적인 인생이다. 나의 운명은 나의 운명이 아니라 예수의 운명에 의존한다. 세상은 자신이 흥하려고 하지만 올바른 가치관을 가진 기독인은 쇠하려고 한다. 이렇게 세상과 교회는 역방향을 질주한다. 그런데 오늘날 교회를 보면 세상과 나란히 같은 방향으로 질주한다. 심각한 성찰과 돌이킴이 필요한 시점이다. 자신을 낮추고 비우고 죽는 쇠함의 실질적인 방식을 찾아내야 한다. 교회의 역설적인 유능함은 잘 죽음, 잘 낮춤, 잘 비움에 있기 때문이다. 교회는 흥하고 높아지고 부해져서 예수를 가리는 것이 아니라 쇠하고 낮아지고 비워져서 예수로 채워지고 그의 길을 예비하는 공동체다.

³¹위로부터 오시는 이는 만물 위에 계시고 땅에서 난 이는 땅에 속하여 땅에 속한 것에서 말하지만 하늘에서 와서 만물 위에 계시는 분 ³²그는 보고 들은 이것을 증언한다 그런데 그의 증언을 받으려는 자가 한 사람도 없구나

이 구절은 요한이 예수의 흥함과 자신의 쇠함을 주장하는 이유에 대해 설명한다. 먼저 출신과 소속의 차이를 언급한다. 예수는 위로부터 오신 분이시고, 요한을 비롯한 모든 사람들은 땅에서 태어났다. 당연히 예수는 하늘에 속하였고, 다른 모든 인간은 땅에 속하였다. 이처럼 예수는 하늘에서 온 유일한 분이시고 하늘에 속하면서 땅에 속한 인간을 위하여 내려오신 유일한 분이시다. 이처럼 예수는 인간의 판단이나 노력과 무관하게 마땅히 흥해야 하는 분이시다. 요한은 이 사실을 인지하고 지혜롭게 받아들인 사람이다. 누구도 이의를 제기하지 못하도록 그 근거를 설명하고 있다.

땅에서 나온 인간은 "땅에 속한 자"(ἐκ τῆς γῆς ἐστιν)이지만 위로부터 오신 예수는 "만물 위에 계시는 분"(ἐπάνω πάντων ἐστιν)이시다. 여기에서 "속하다"와 "계시다"의 시제는 현재라는 사실을 주목해야 한다. 인간은 땅에서 태어나 당연히 땅에 속하지만, 위로부터 오신 예수는 비록 육신을 입고 이 땅에 계시지만 여전히 "만물 위에"도 계심을 저자는 증거한다. 이러한 이중적인 계심의 신비를 따라 예수는 승천하신 이후에도 하늘에 계시면서 우리와 이 땅에 함께 거하시는 것이 가능하다. 승천 이전에는 예수가 인성으로 땅에 계시고 신성으로 하늘에도 계셨던 것과 유사하게 승천 이후에는 그가 인성으로 하늘에 계시지만 신성으로 이 땅에도 지금 거하신다. 복음서의 저자는 요한의 표현을 잘 정리하며 예수의 신성과 인성의 교리적 균형을 유지하는 일에 능숙하다. 게다가 인간에 대해서는 "땅에 속한다"라는 말을 두 번 반복하고, 예수에 대해서는 "만물 위에 계시다"라는 말을 두 번 반복한다. 이러한 문장의 의도적인 배열을 통해 저자는 요한을 지극히 낮은 자로 낮추면서 예수를 지극히 높으신 분으로 높이고자 한다. 이는 예

수를 하나님의 아들로 증명하기 위한 의도적 필법이다. 당대에 극도로 높아진 요한의 명성은 예수의 위대한 권위와 영예를 높이는 발판이다. 혹시 우리에게 괜찮은 것이 있다면 그것도 동일한 목적을 위한 발판이다.

사람과 예수가 말하는 내용은 판이하다. 땅에 속한 사람은 땅에 속한 것을 말하지만 하늘에서 오시고 만물 위에 계시는 분은 하늘에서 "보고 들은" 하늘에 속한 것으로서 모든 인간과 만물과 역사를 아우르는 진리를 증언한다. 문제는 "한 사람"도 예수의 증언을 받으려고 하지 않는다는 사실이다. 예수와 니고데모 사이에서 언급된 예수의 말이 떠오른다. 땅의 일을 말하여도 믿지 않는데, 하늘의 것을 말하면 어찌 믿겠는가! 하늘에서 오신 분이 만물 위의 것을 증언하면 땅에 속한 자의 귀는 땅의 질서와 문법에만 길들여져 있어서 판독하지 못하기 때문에 그 증언은 의미가 아니라 그냥 공기의 무의미한 진동에 불과하다.

오늘날 교회의 성경읽기 문화에도 동일한 문제가 발견된다. 기록된 진리를 읽어도 흰 것은 종이고 까만 것은 잉크에 불과하다. 그래서 만물을 초월하는 하늘의 증언을 읽어내기 위해서는 하늘의 교사가 필요하다. 즉 성령의 가르침이 없으면 귀가 있어도 듣지 못하고, 눈이 있어도 보지 못하고, 마음으로 생각해도 깨닫지 못하는 문제가 필히 발생한다. 이는 늘 땅의 것을 생각하고 땅의 것을 말하면서 땅의 논리와 틀에 스스로 얽매이고 길들여져 있기 때문이다. 대부분의 사람들은 자신에게 익숙한 땅의 것이 옳다고 고집하기 때문에 스스로의 힘으로는 그런 인식에서 벗어나지 못하며, 어두운 무지에서 밝은 지성 가운데로 이끌어낼 성령의 도움을 받아야만 벗어난다. 혹시 하늘의 증언을 전달하며 도무지 수용하지 않는 사람들을 만나거든 이 사실을 기억하며 이상한 일 당하는 것처럼 생각하지 말라. 반대와 거절에 부딪힐 때 상대방의 깨달음을 위해 성령의 도우심을 간청하라.

³³그의 증언을 받는 자는 하나님이 참된 분이라는 사실에 날인한다

³⁴하나님이 보내신 자는 하나님의 말씀을 말하는데

이는 그가 성령을 측량할 수 없도록 주시기 때문이다

성령의 도우심을 받아 예수의 증언을 받는 자는 "하나님이 참된 분"이라고 고백한다. 그 증언이 불변적인 사실임을 도장으로 찍어서 인증한다 (σφραγίζω). 이러한 변화가 일어날 때까지 증인은 인내해야 한다. 증언을 수용하는 근거에 대해 요한은 두 가지를 언급한다. 첫째, 하나님이 보내신 자는 하나님의 말씀을 말하시기 때문이다. 둘째, 그가 성령을 측량할 수 없을 정도로 풍성하게 베푸시기 때문이다. 이 두 가지는 분리되지 않고 연결되어 있다. 예수가 전하시는 하나님의 말씀은 객관적인 진리이고, 그에게 무한히 베풀어진 성령의 가르침은 주관적인 진리이다. 예수 안에서 객관적인 진리와 주관적인 진리는 완벽하게 일치한다. 아우구스티누스가 지적한 것처럼 성령의 무한한 베푸심이 예수에게 주어졌다. 즉 예수가 하나님의 말씀을 말하는 것은 성령의 무한한 주심으로 말미암은 결과이다. 성령의 무한한 충만이 주어진 예수는 우리의 모델이다. 우리도 예수를 본받아 하나님의 말씀을 받고 말하기 위해서는 성령으로 충만해야 한다. 성령의 가르침을 통해서만 하나님의 말씀을 받고 성령의 말하게 하심을 따라서만 하나님의 말씀을 선포할 수 있기 때문이다. 객관적인 말씀과 주관적인 말씀의 일치를 가능하게 하는 수단은 믿음이다. 온전한 믿음은 온전한 진리에 이르는 관문이다. 예수의 믿음은 완전하다. 그런 믿음의 원천에서 주님은 온전한 믿음을 우리에게 선물로 베푸신다. 그래서 히브리서 저자는 예수를 우리에게 "믿는 도리의 사도"라고 고백했다(히 3:1). 그런데도 진리의 불일치가 생긴다면 그것은 우리의 잘못이다. 그러므로 진리의 불일치 문제의 원인은 우리에게 돌리고, 증언의 온전한 수용으로 말미암은 진리 일치의 공로는 하나님께 돌림이 마땅하다.

예수는 하나님의 말씀 자체이며 그의 입에서 나오는 모든 것도 하나님의 말씀이다. 왜냐하면 보내신 분에게서 "보고 들은" 것, 즉 아버지 하나님이 보이신 것과 말씀하신 것을 하나도 가감하지 않고 그대로 말하시기 때문이다. 이처럼 하나님의 말씀을 맡은 목회자도 성경에서 말씀을 빼거나 성경에 사람의 목소리를 더하지 않도록 주의해야 한다. 예수의 말씀은 진리가 아닐지도 모른다는, 하나님의 계시가 아닐지도 모른다는 추호의 의심도 없이 무조건 수용해도 되는 하나님의 말씀이다. 예수의 말씀은 참인지 아닌지의 여부를 분별하지 않고 무조건 수용하며 "예"만 하면 되기에 우리의 모든 긴장과 오류에서 완전히 자유로운 마음의 유일한 안식처가 된다. 이 얼마나 위대한 사실인가!

정보의 홍수 속에서 어느 것 하나라도 사실확인(fact-check) 없이는 도무지 믿을 수 없는 불안한 의심의 시대에 최고의 사이다는 미심쩍은 부분이 전혀 없는 예수의 말씀, 곧 하나님의 말씀이다. 말의 내용과 동기와 목적과 방식에 있어서 모두 진실하기 때문이다. 사실을 내용으로 삼아도 동기가 수상하고 목적이 불순한 경우가 많고, 선한 동기와 감동적인 목적을 명분으로 걸어 시야를 가리면서 속으로는 거짓된 정보를 생산하고 유통하는 경우가 허다하다. 그러나 예수의 말은 내용과 동기와 목적에 있어서 불순물이 제로인 하나님의 말씀이다.

성령의 주심은 그토록 순결한 하나님의 말씀을 받는 하늘의 자비로운 비결이다. 예수의 말씀을 받되 나의 머리로 깨닫기 전까지는 절대로 수용하지 않는 사람들이 있다. 이것이 몇 가지의 말씀에 대해서는 겨우 어설픈 적용이 되겠지만 다른 말씀들에 대해서는 오히려 부작용을 일으킨다. 즉 예수의 모든 말씀을 자신의 머리로 다 깨달을 수는 없고 어느 하나의 말씀도 온전히 깨달을 수는 없기 때문에 자신의 머리로 깨달아야 비로소 수용하는 버릇은 진리의 수용에 고질적인 걸림돌로 작용한다. 그러나 예수의 어떤 말씀에 대해 성령의 가르침에 의존하여 깨달으면, 그런 의존이 좋은 습관이 되어 예수의 다른 모든 말씀에 대해서도 성령의 가르침에 의존하게 된다. 예수의 증언이 하나님의 말씀이기 때문에, 성령의 가르침에 의존하여 말씀을 수용할 수 있기 때문에 말씀의 수용은 하나님의 은총이다. 하나님의 말씀이 귀에 들린다면, 마음에 담긴다면, 지성인의 자부심이 아니라 주님께 감사함이 마땅하다.

35아버지는 아들을 사랑하여 만물을 다 그의 손에 베푸셨다

아버지 하나님은 아들 예수를 너무도 사랑하여 만물을 그의 손에 모두 베푸셨다. 앞에서 요한은 예수를 "만물 위에" 계신 분이라고 했는데 그 의미 중의 하나는 만물의 소유자가 되셨다는 내용이다. 이 복음서의 저자가 소개하는 예수의 정체성이 하나 더 추가되어 그는 만물의 창조자요(요 1:3), 모든 사람들의 빛이요(요 1:4), 유일하게 나신 하나님이요(요 1:18), 하나님의 아들이요(요 1:34), 하나님의 어린 양이요(요 1:36), 메시아요(요 1:41), 하나님의 성전이요(요 2:21), 인자(요 3:13)만이 아니라 이제 만물의 소유자(요 3:35)도 된다. 만물이 예수의 손아귀에 있다는 말은 그가 만물의 주관자가 됨을 의미한다. 만물에는 사람과 사물도 포함되어 있고, 부와 권세도 포함되어 있고, 재능과 은사도 포함되어 있다. 예수는 그 모든 것 중에서 어떤 것을 어떤 이에게 주도 하고 취하기도 하며, 어떤 사람을 강하게도 하고 약하게도 하며, 나라와 민족을 세우기도 하고 허물기도 한다. 이 모든 만물의 주관은 예고에 불과하다. 아버지는 아들의 생명도 아들의 손에 맡기셨다. 예수는 자신의 생명을 취하기도 하고 버리기도 한다. 자신의 영원한 생명을 주신다는 말은 다른 모든 것도 더불어 주겠다는 표현이다.

³⁶아들을 믿는 자는 영원한 생명을 가지지만 그 아들을 믿지 아니하는 자는
생명을 보지 못하고 오히려 하나님의 진노가 그에게 머무른다"

아들의 영원한 생명은 그를 믿는 자들에게 주어진다. 믿지 아니하는 자는
생명을 보지도 못한다고 한다. 오히려 그에게는 하나님의 진노가 머무른
다. 여기에서 영원한 생명과 하나님의 진노가 대조된다. 교훈과 설득에 있
어서 당근과 채찍의 균형은 기본이다. 대부분의 사람들은 영원한 생명에
마음이 동하기도 하고 하나님의 진노에 눌리기도 한다. 이런 균형의 역사
는 태초까지 소급된다. 태초에도 하나님께 순종하면 온 땅을 정복하고 다
스려서 신적인 통치의 영광을 누린다는 당근이 제시되고 순종하지 않으면
반드시 죽는다는 채찍이 아담과 하와에게 주어졌기 때문이다. 물론 당근과
채찍은 사안과 상황에 따라 선용과 악용의 경계를 넘나든다. 때로는 선행
을 독려하기 위한 설득 차원에서, 때로는 악행을 강요하기 위한 협박 차원
에서 활용되기 때문이다. 지금도 세상에는 사람의 마음을 움직이기 위한
도구로서 다양한 종류의 당근과 채찍이 왕성하게 활용된다.

믿는 자에게 주어지는 영원한 생명은 그 가치와 효용의 크기를 이 땅에
서는 측량할 수 없는 최고의 당근이다. 믿지 아니하는 자에게 주어지는 하
나님의 진노 즉 영원한 사망도 그 엄중함과 두려움의 크기를 이 땅에서는
결코 가늠할 수 없는 최악의 채찍이다. 영원한 생명의 위대함과 영원한 사
망의 섬뜩함을 설명하기 위해 예수는 손과 발과 눈이 우리를 범죄하게 만
들어 영원한 사망에 이르는 것보다 차라리 손과 발과 눈을 제거한 채 영원
한 생명에 들어가는 것이 낫다는 비교급도 동원한다. "사람이 만일 온 천하
를 얻고도 제 목숨을 잃으면 무엇이 유익하리요 사람이 무엇을 주고 제 목
숨과 바꾸겠느냐"(마 16:26). 이는 천하의 무게보다 생명 하나의 무게가 더
크다는 예수의 교훈이다. 하나님의 진노가 주는 두려움에 대해서는 모세의
고백이 최고의 설명이다. "누가 주의 노여움의 능력을 알며 누가 주의 진노

의 두려움을 알리이까"(시 90:11). 주의 진노는 측량할 도구가 없고, 설명할 언어가 없고, 경계가 없는 인간의 상상력도 그 진노의 규모 앞에서는 맥을 추지 못한다는 설명이다.

예수의 흥함을 위한 자신의 쇠함을 강조한 요한의 마음이 이제 이해된다. 내 안에서 예수의 흥함은 영원한 생명으로 이어진다. 그러나 나의 흥함으로 말미암은 예수의 쇠함은 영원한 사망으로 이어진다. 나의 흥망이 내 인생을 좌우하지 않고 예수의 흥망이 내 인생을 좌우한다. 흥망의 진실을 요한은 우리에게 역설한다. 흥하는 인생의 비밀을 우리에게 가르친다.

요 4:1-15

¹예수께서 제자를 삼고 세례를 베푸시는 것이 요한보다 많다 하는 말을 바리새인들이 들은 줄을 주께서 아신지라 ²(예수께서 친히 세례를 베푸신 것이 아니요 제자들이 베푼 것이라) ³유대를 떠나사 다시 갈릴리로 가실새 ⁴사마리아를 통과하여야 하겠는지라 ⁵사마리아에 있는 수가라 하는 동네에 이르시니 야곱이 그 아들 요셉에게 준 땅이 가깝고 ⁶거기 또 야곱의 우물이 있더라 예수께서 길 가시다가 피곤하여 우물 곁에 그대로 앉으시니 때가 여섯 시쯤 되었더라 ⁷사마리아 여자 한 사람이 물을 길으러 왔으매 예수께서 물을 좀 달라 하시니 ⁸이는 제자들이 먹을 것을 사러 그 동네에 들어갔음이러라 ⁹사마리아 여자가 이르되 당신은 유대인으로서 어찌하여 사마리아 여자인 나에게 물을 달라 하나이까 하니 이는 유대인이 사마리아인과 상종하지 아니함이러라 ¹⁰예수께서 대답하여 이르시되 네가 만일 하나님의 선물과 또 네게 물 좀 달라 하는 이가 누구인 줄 알았더라면 네가 그에게 구하였을 것이요 그가 생수를 네게 주었으리라 ¹¹여자가 이르되 주여 물 길을 그릇도 없고 이 우물은 깊은데 어디서 당신이 그 생수를 얻겠사옵나이까 ¹²우리 조상 야곱이 이 우물을 우리에게 주셨고 또 여기서 자기와 자기 아들들과 짐승이 다 마셨는데 당신이 야곱보다 더 크니이까 ¹³예수께서 대답하여 이르시되 이 물을 마시는 자마다 다시 목마르려니와 ¹⁴내가 주는 물을 마시는 자는 영원히 목마르지 아니하리니 내가 주는 물은 그 속에서 영생하도록 솟아나는 샘물이 되리라 ¹⁵여자가 이르되 주여 그런 물을 내게 주사 목마르지도 않고 또 여기 물 길으러 오지도 않게 하옵소서

❖ ❖ ❖

¹예수께서 요한보다 더 많은 제자들을 삼고 세례 베푸시는 것을 바리새파 사람들이 들은 줄을 그가 아셨을 때 ²(그러나 예수 자신이 아니라 그의 제자들이 세례를 베푼 것이었다) ³그는 유대를 떠나 다시 갈릴리로 떠나셨다 ⁴그런데 그 자신은 사마리아를 통과해야 했다 ⁵그래서 그는 수가라고 불리는 사마리아 동네로 들어갔다 [그곳은] 야곱이 그의 아들 요셉에게 준 땅에 가까웠다 ⁶거기에는 또 야곱의 우물이 있었으며, 여행으로 피곤해진 예수는 그 우물 곁에 그대로 앉으셨다 그때가 여섯 시 정도였다 ⁷사마리아 출신의 여인이 물을 길으려고 왔다 예수께서 그녀에게 말하였다 "나에게 마실 것을 달라" ⁸이는 그의 제자들이 양식을 구하려고 그 동네에 들어갔기 때문이다 ⁹이에 사마리아 여인이 그에게 말하였다 "유대인인 당신은 어찌하여 사마리아 여자인 나에게 마실 것을 달라고 요청을 하십니까?" 이는 유대인이 사마리아 사람과는 교류하지 않았기 때문이다 ¹⁰예수께서 대답하며 말하셨다 "만일 하나님의 선물과 '나에게 마실 것을 달라'고 너에게 말하는 자가 누구인지 네가 알았다면 너는 그에게 부탁했을 것이고 그는 너에게 살아있는 물을 주었을 것이다" ¹¹그 여인이 그에게 말하였다 "주여, 두레박도 당신에게 없고 이 우물은 깊은데 그 생명수를 당신은 어디에서 얻는다는 것입니까? ¹²우리에게 이 우물을 주었고 자기와 자신의 아들들과 짐승들도 여기에서 마시게 한 우리의 조상 야곱보다 당신이 더 크십니까?" ¹³예수께서 대답하며 말하셨다 "이 물을 마시는 모든 자는 다시 목마른다 ¹⁴그러나 내가 주는 물을 마시는 자는 영원히 목마르지 않으리라 내가 그에게 주는 물은 그 안에서 솟아나는 샘물이 되어 영생에 이르리라" ¹⁵여인이 그를 향하여 말하였다 "주여 그런 물을 나에게 주셔서 목마르지 않고 여기에 물을 길으려고 오지도 않게 해 주십시오"

11 하나님의 선물

요한에게 갔던 사람들의 관심사가 예수에게 더 많이 쏠리는 상황에서 예수는 그들의 시야를 벗어나 무명의 사마리아 여인을 찾아간다. 유대인 남자가 사마리아 여인을 만나 대화하는 것은 당시의 상황에서 오랫동안 굳어진 관행을 깨는 일이었다. 그러나 예수의 마음에는 관행을 따르는 것보다 한 여인의 치유와 회복이 더 중요했다. 예수는 그녀에게 마실 것을 달라고 부탁하는 방식으로 영원히 목마르지 않게 만드는 생명의 물을 주시려고 한다. 이러한 하나님의 선물을 이해하지 못하는 여인에게 예수는 강요하지 않고 친절한 설명으로 그녀를 생수의 근원으로 초대한다. 결국 그녀는 자신에게 물을 요청하는 예수에게 자발적인 의지로 영원한 생수를 요청한다. 여기에서 우리는 하나님의 사랑과 선물이 무엇인지와 그 선물을 우리에게 주시는 특이한 방식이 어떠함을 깨닫는다.

¹예수께서 요한보다 더 많은 제자들을 삼고 세례 베푸시는 것을
바리새파 사람들이 들은 줄을 그가 아셨을 때
²(그러나 예수 자신이 아니라 그의 제자들이 세례를 베푼 것이었다)

요한은 유명한 사람이다. 일거수일투족이 관찰의 대상이다. 그의 세례에
대한 소문도 모르는 사람이 없을 정도로 널리 알려졌다. 그런데 요한의 세
례와 동일한 물세례를 다른 누군가가 베푼다면 요한의 인지도와 유명세가
그에게도 흘러갈 가능성이 있다. 그러나 실체가 소문보다 부실하면 흘러간
모든 시선과 관심이 회수되고 오히려 악평이 확산되는 부작용이 일어난다.
그런데 예수는 소문보다 더 놀라운 실체였다. 그를 만난 사람들은 헛소문
이 아님을 확인하고 그의 제자가 되기로 속히 결정한다. 그런 사람들이 요
한에게 간 사람보다 많다. 세례의 수효도 점점 늘어나서 요한의 세례보다
많아진다. 바리새파 사람들 즉 제도권 종교의 실세들이 이런 상황을 주시
하고 있다. 요한에게 가던 종교적인 거부감과 경계의 초점은 이제 예수께
로 이동한다. 요한은 너무 유명하고 헤롯도 그를 존경하기 때문에 건드릴
수 없었지만, 예수는 비록 해성처럼 등장한 자이지만 아직 덜 유명한 상황
이다. 그에게 제도권의 위협이 가해질 가능성은 농후하다. 이는 요한보다
예수에게 더 많은 사람들이 몰려드는 분위기의 전환이 바리새파 진영의 종
교적 기득권에 흠집을 낼지도 모를 일이었기 때문이다. 그들이 이러한 상
황을 파악하고 있다는 사실을 예수는 아신다고 저자는 지적한다.

　저자는 바리새파 사람들이 들은 소문의 내용을 살짝 수정한다. 제자들
을 많이 삼은 주체는 예수임에 분명하다. 그러나 세례는 "예수 자신이 아니
라 그의 제자들이 베푼 것"이라고 설명한다. 이는 예수께서 세례를 베푸시
지 않았다는 의미가 아니라 세례를 베풀기는 하셨으나 세례의 직접적인 집
례는 그의 제자들이 맡은 것이라고 이해함이 좋다. 이에 대해 아우구스티
누스는 예수가 "권능을 통해" 세례를 주셨다면 제자들은 "직책을 통해" 세

례를 주었다고 해석한다. 사실 예수는 불과 성령으로 세례를 베푸시는 분이시기 때문에 물세례를 직접 준다는 것은 그의 주된 사역과 사명에 부합하지 않다. 그러나 비록 제자들이 물세례를 준 것이라고 할지라도 이 복음서의 저자와 요한의 제자들이 예수가 세례를 베푼 것이라고 이해한 것(요 3:22, 26)은 합당하다. 세례의 권위는 인간 세례자의 권위나 자질이나 인격에 근거하지 않고 세례의 주인 되시는 예수에게 근거하기 때문이다. 이것의 의미에 대해 칼뱅은 자신의 주석에서 이렇게 설명한다. "주님께서 세상에 계실 때에 스스로 세례를 베풀지 않고 비천한 사람의 손을 의탁해 세례를 행한 것은 그렇게 해도 세례의 능력(virtute baptismi)에서 일말의 상실도 없다는 것을 모든 시대에 증거하기 위한 것이었다." 칼뱅의 주장과는 달리, 무스쿨루스는 이 구절의 해석에서 설교가 세례보다 중요한 것이라는 점을 강조한다. 이를 위하여 예수는 스스로 세례를 주지 않으시고 말씀을 전하셨고, 그를 따라 베드로도 고넬료의 집에서 스스로 세례를 베풀지 않고 세례에 대한 명령을 내렸으며 바울도 세례의 사역자가 아니라 설교의 사역자로 살았다는 세 가지의 사례를 근거로 제시한다.

세례의 효력과 관련하여 교부의 시대와 종교개혁 시대에는 집례하는 자에 의해 효력이 생긴다는 인효론(opera operantis)과 세례의 집례 자체에서 효력이 생긴다는 사효론(opera operata)이 크게 부딪혔다. 세례자의 인격과 경건이 부실하면 세례도 무효라고 말하는 사람들의 입장을 반대하는 나는 아우구스티누스와 칼뱅의 입장과 동일하게 사효론을 지지한다. 아우구스티누스는 심지어 유다가 세례를 주었다고 할지라도 예수의 명령을 따라 적법하게 주었다면 요한의 세례보다 뛰어난 것이라고 주장한다. 이는 요한의 세례는 요한의 것이지만 유다의 세례는 예수의 세례였을 것이기 때문이다. 오늘날 목회자가 다소 무지하고 연약하다 할지라도 예수의 가르침을 따라 삼위일체 하나님의 이름으로 세례를 베풀 때에 그 세례는 주님께서 친히 주시는 것이라고 이해해야 한다. 나아가 목회자는 세례의 격식만 차리는

게 아니라 예수의 명령을 따른다는 두렵고 떨리는 마음으로 적법하게 삼
위일체 하나님의 이름으로 세례를 베풀어야 한다. 동시에 예수와 동일한
권위를 가진 것처럼 자신을 높이려는 교만은 철저히 경계해야 한다. 목회
자는 세례의 근원이 아니라 세례의 주인이신 예수의 명을 수행하는 사환
이기 때문이다.

3그는 유대를 떠나 다시 갈릴리로 떠나셨다

예수는 유대를 떠나(여기에서 "떠나다"($\dot{\alpha}\phi\acute{\iota}\eta\mu\iota$)는 말은 "포기하다, 간과하다, 혹은
버리다"는 의미도 있다) 갈릴리로 다시 떠나셨다. 이는 예수께서 많은 제자들
을 삼고 세례를 베푸신 것이 요한보다 많다는 소식을 바리새파 사람들이
들었다는 것을 예수께서 아셨다는 사실과 무관하지 않다. 그렇다면 갈릴리
로 떠나심은 그들의 위협을 피하려는 도망일까? 아니면 지금은 그들과 정
면으로 충돌할 적기가 아니었기 때문일까? 아마도 다양한 요인들이 작용
한 발걸음일 것이라고 나는 생각한다. 루터는 예수께서 유대를 피해 갈릴
리로 도망을 치신 것이라고 해석하며 이것은 예수의 겸손을 증명하는 일
이라고 옳게 주장한다. 왜냐하면 루터의 말처럼 예수는 "하나님 자신이신
주님"이고 "만물을 그 손으로 붙드시는 분"이고 "모든 것을 베푸시고" "마
귀를 쫓으시고 모든 권세들을 지구에서 제거하실" 수 있으시고 "그분에게
모든 사람들은 거품에 불과하고 그 앞에서는 사망과 지옥도 떨게 만드는
분"이시기 때문이다.

　나아가 예수의 행적을 이해함에 있어서는 단편적인 이유를 넘어 여러
겹의 의미와 목적이 있음을 고려해야 한다. 사실 갈릴리는 유대에 비해 변
방이다. 갈릴리 여정은 일보 후퇴처럼 보이는 결정이다. 그러나 예수가 무
명의 사마리아 여인, 아무도 주목하지 않고 사회적인 존재감도 없고 인생

은 망가질 대로 망가진 그 여인의 처참한 현실과 직면하여 그녀를 회복하는 것이 이런 결정의 중요한 목적 중에 하나라는 것은 분명하다. 온 유대에서 사마리아 지역으로 확산되는 하나님 나라의 관점에서 보면, 예수의 사마리아 방문은 의도적인 행보였다. 유대에 머물러서 유대인과 부딪히고 불필요한 충돌과 대립으로 시간과 에너지를 소모하는 것 자체가 오히려 퇴보일 수 있는 시점이다.

4그런데 그 자신은 사마리아를 통과해야 했다

유대에서 갈릴리로 가기 위해서는 사마리아 지역을 통과해야 했다. "통과해야 했다"는 말에서 필연성을 나타내는 단어 "데이"(δεῖ)의 의미는 모호하다. 사실 사마리아 지역은 유대인이 지나가지 않으려고 먼 우회로를 선택할 정도로 통행을 꺼리던 곳이기 때문이다. 요단 강 북쪽으로 만들어진 우회로가 있기 때문에 사마리아 통과에 필연성을 부여하는 것은 합당하지 않다. 그래서 이 구절은 예수가 "통과해야 했다"가 아니라 "통과하지 말았어야 했다"는 당위성을 부여하는 것이 더 적합하다. 그럼에도 불구하고 통과에 당위성을 부여한 것은 요한복음 자체의 반복적인 어법처럼 하나님의 뜻과 섭리이기 때문일 가능성이 높다(요 3:7; 3:14, 3:30; 4:4, 4:20; 4:24, 9:4; 10:16, 12:34; 20:9, NET 참조). 예수께서 사마리아 지역을 통과해야 했던 것은 필연성을 부여할 정도로 중요했다.

그런데 여기에서 예수를 거절하고 경계하는 유대인과 유대인이 꺼리던 사마리아 지역을 통과하는 예수의 행보가 절묘하게 대비된다. 유대인이 배척한 예수를 사마리아 지역이 맞이하는 뚜렷한 대조가 펼쳐지고 있다. 크리소스톰의 지적처럼, 할례 받은 유대인을 버리고 할례 받지 않은 자들에게 가는 모양새 때문에 종교적인 비방의 빌미를 제공할 수 있는 상황이다.

무명의 사마리아 여인 하나를 위한 걸음으로 자칫 무수히 많은 유대인이 선교의 대상에서 배제될 수 있는데도, 예수는 그러한 우려와 유대인의 위협이 두려워서 사마리아 통과를 포기하는 일 없이 과감하게 단행한다. 예수의 사마리아 통과는 불가피한 혹은 우발적인 사건이 아니라 하나님의 뜻과 그의 의도적인 선택이다.

한 여인이 뭐가 그리도 소중한가! 3년의 짧은 공생애 임기에서 너무도 빠듯하고 촘촘한 일정을 소화해야 하는 메시아가 같은 민족도 출입을 꺼리는 지역에 들어가 인생이 처참하게 망가져서 뭘 기대할 수도 없는 여인을 한가하게 만나려는 행보가 일반인의 눈에는 시간과 의지의 낭비처럼 한심하게 보이는 게 사실이다. 그러나 예수의 눈에 그 여인은 다른 모든 일정을 포기하고 반드시 만나야 할 여인이다. 이는 그 여인에게 영원한 생명을 주는 것만이 아니라 그녀를 통해 모든 사마리아 주민들도 구원하기 원하시는 예수의 사랑 때문이다. 그는 자신의 제자들을 파송할 때에 이방인의 길과 사마리아 지역의 마을로 가지 말라(마 10:5)고 하셨으나 정작 자신은 이렇게 사마리아 선교의 물꼬를 트는 발걸음을 옮기셨다. 이는 낭비나 허비가 아니라 값진 사랑이다.

> 5그래서 그는 수가라고 불리는 사마리아 동네로 들어갔다
> [그곳은] 야곱이 그의 아들 요셉에게 준 땅에 가까웠다

예수는 "수가"라는 사마리아 동네로 들어갔다. "사마리아"는 예루살렘 북쪽으로 약 67km 떨어진 도시이고 "수가"는 "술에 취하다"는 의미의 동네 이름이다. 이름에서 풍기는 동네의 이미지가 개운하지 않다. 예수는 크고 화려하고 번잡하고 발달한 도시를 선호하지 않고 사람들이 외면하고 무시하는 초라하고 외진 땅도 가리지 않고 찾으신다. 수가는 "야곱이 그의 아

들 요셉에게 준 땅에 가까"운 곳이라고 한다. 이는 수가의 주민들이 요셉 지파와 무관하지 않음을 암시한다. 유대인이 절교한 사마리아 동네에도 과연 하나님의 백성이 있을까? 그곳에도 있다. 예수께서 오신 이유는 자기 백성을 저희 죄에서 구원하기 위함이다. 자기 백성이 없는 곳을 그는 출입하지 않으신다. 예수께서 복음을 전하시기 위해 사마리아 지역에도 가신 것처럼 우리도 세상의 모든 사람들이 꺼려하는 땅의 끝까지 가서라도 복음을 증거함이 마땅하다. 북한이나 중국이나 일본이나 러시아도 가리지 않고 하나님의 택하심을 받은 자들이 있는 곳이라면 어디든지 감이 마땅하다.

예수가 도착한 "수가"라는 동네 근처에 요셉에게 주어진 땅이 있다고 저자가 말한 이유는 무엇인가? 어떤 교부는 요셉에게 물려진 땅의 근본적인 소유자가 예수임을 나타내기 위한 것이라고 주장한다. 해석이 과하다는 인상을 받지만 일리가 완전히 없지는 않다고 생각한다. 이는 요셉에게 주어진 땅에 야곱의 우물이 있고 그 우물에 영원한 생명의 물을 주시는 예수께서 오셨기 때문이다. 가뭄이 심한 사마리아 지역에서 우물은 생존의 젖줄이다. 그만큼 소중하다. 그곳에 예수께서 오셨고 이어지는 이야기를 통해 자신이 영원한 생존의 궁극적인 우물임을 보이신다.

6거기에는 또 야곱의 우물이 있었으며, 여행으로 피곤해진 예수는
그 우물 곁에 그대로 앉으셨다 그때가 여섯 시 정도였다

거기에는 유서 깊은 "야곱의 우물"이 있다고 저자는 설명한다. 그런데 그곳의 우물이 왜 "야곱의 우물"일까? 구약에서 우물을 판 인물들은 아브라함, 이삭, 솔로몬 등이었다. 야곱이 우물을 팠다는 이야기는 창세기에 없다. 그런데도 우물에 그 이름을 붙인 것은 "야곱"이 이스라엘의 국호와 관련되어 있기 때문이지 싶다. 그리고 부모에게 물려 받은 우물을 야곱은 요셉에

게 그 땅과 함께 증여했기 때문이다. 비록 조상들의 불찰이 있었지만, 그들의 후손인 사마리아 사람들은 그 지역의 특성 때문에 긴 역사 속에서 민족적인 정체성이 박탈되고 국민의 명단에서 배제되는 불이익과 소외를 당하였다. 그래서 사마리아 지역의 사람들도 이스라엘 혈통임을 밝히려는 그들의 절박한 염원이 "야곱의 우물"이라는 이름에 반영된 것이라고 나는 생각한다.

예수는 여러 지역들을 순방하는 오랜 여정으로 인해 심신이 지치셨다. 야곱의 우물은 그에게 쉼터였다. 그는 우물 곁에 "그대로"(οὕτως) 앉으셨다. "그대로"는 그의 극심한 피로와 지쳐 계심을 묘사한다. 이는 예수께서 여인을 만나기 위해 이곳으로 쉬엄쉬엄 느긋하게 걸어오지 않으시고 숨이 찰 정도의 빠른 걸음으로 오셨음을 보여준다. 자세교정 없이 우물 곁 지면의 굴곡에 몸을 맡겨야 하는 고단함 속에서도 그의 관심사는 자신의 안식과 해갈이 아니라 한 여인의 영혼이다. 그녀에 대한 사랑 때문에 피곤함도 잊으셨다. 그에게 쉼을 제공하는 야곱의 우물은 곧 만나게 될 사마리아 여인의 영혼을 치유하고 그녀의 삶에 반전을 일으키는 사역지가 된다. 그리고 예수는 쉼도 섬김의 계기로 삼으신다. 먹든지 마시든지 무엇을 하든지 하나님의 뜻 성취를 멈추지 않으신다.

저자는 예수께서 우물에 도착하신 시점을 여섯 시라고 명시한다. 여섯 시는 유대식에 의하면 정오를 의미하고 로마식에 의하면 새벽 혹은 저녁 여섯 시를 의미한다. 예수의 여정이 밤보다는 낮에 이루어진 것일 가능성이 높다는 것과 여인이 물을 길으려고 나온 것과 제자들이 양식을 구하려고 동네에 들어간 것을 고려할 때에 새벽이나 정오가 아니라 저녁일 가능성이 높다. 시간에 대한 로마식 이해에 근거하여 설명하면 예수는 저녁 여섯 시에 야곱의 우물에 도착했다.

₇사마리아 출신의 여인이 물을 길으려고 왔다 예수께서 그녀에게 말하였다
"나에게 마실 것을 달라"
₈이는 그의 제자들이 양식을 구하려고 그 동네에 들어갔기 때문이다

갈증이 심한 예수는 야곱의 우물 곁에 계셨고 그곳으로 "사마리아 출신의
여인이 물을 길으려고 왔다." 우물에 와서 물 뜨는 것은 여인에게 일상이
다. 그런데 어느 날 그 일상에 기적이 찾아와 기다리고 있다. 고단한 일상
속에서도 우리는 기적의 방문 가능성 때문에 매 순간 설레는 것이 합당하
다. 예수라는 목마른 기적이 말을 그녀에게 건다. '마실 것을 달라'고 부탁
한다. 그의 제자들은 모두 양식을 구하려고 마을에 들어가서 예수가 혼자
있는 상황이다. 누군가와 더불어 있는 것도 무의미한 일이 아니지만 홀로
있는 것도 평범하지 않은 상황이다. 특별한 만남의 준비는 홀로 있음이다.
주님과의 독대를 위한 의도적인 고독도 필요하다. 대화의 파트너가 둘이면
말의 동선은 하나여서 이야기의 몰입도도 높다. 다른 사람들의 눈치를 보
지 않아도 되고, 응답의 기대감도 여러 사람에게 분산되지 않아 더 깊은 속
이야기가 가능하고 상대방의 발언에 대한 경청의 수위도 높아진다. 동시에
은밀한 이야기가 밖으로 샐 위험성은 낮아진다.

우물로 온 여인은 예수에게 먼저 다가간 셈이 되었고 예수는 그녀에게
먼저 말을 건네었다. 그 첫 마디가 부탁이다. 모든 필요를 채우시는 전능하
신 분이 목마름의 필요를 채워 달라고 연약한 여인에게 물을 부탁하는 장
면이 특이하다. 도움을 주셔야 할 분이 도움을 받으려고 한다. 물론 그의
신체적인 갈증 때문이다. 그러나 예수는 자신의 필요를 계기로 여인과의
인격적인 대화를 시도한다. 나의 눈에는 이 장면이 너무도 아름답다. 주께
서 도움을 주는 갑의 자리가 아니라 도움을 받는 을의 자리로 내려가서 말
문을 여신 것은 여인의 위축을 방지하는 자비로운 소통의 기술이다. 무언
가를 베풀면서 갑의 자리를 선점하고 대화를 시작하면 상대방은 필히 위

축된다. 은혜를 갚아야 한다는 마음의 부담감 때문에 고개 수그린 대화가 이루어질 것이 분명하다. 그러나 예수는 여인에게 도움을 구하면서 그녀를 베푸는 자로 높여 발언의 자유가 최대로 보장된 분위기 속에서 소통한다. 소통에 있어서 예술의 경지까지 이른 아주 은밀하고 자상한 주님의 배려가 감지된다.

9이에 사마리아 여인이 그에게 말하였다 "유대인인 당신은 어찌하여
사마리아 여자인 나에게 마실 것을 달라고 요청을 하십니까?"
이는 유대인이 사마리아 사람과는 교류하지 않았기 때문이다

이 구절을 이해하기 위해서는 유대인과 사마리아 사람들 사이의 적대감에 대한 역사적인 배경을 파악해야 한다. 이야기는 분열왕국 시대로 소급된다. 솔로몬의 우상숭배 문제로 이스라엘 백성은 예루살렘 지역을 수도로 한 남 유다 왕국과 사마리아 지역을 수도로(오므리 왕조 때) 한 북 이스라엘 왕국으로 나뉘었다. 이후 북 왕국이 앗수르 제국에 의해 멸망하고(B.C. 722) 통혼으로 북 왕국의 유대인을 잡족으로 만들었다. 사마리아 사람들은 벧엘과 단에서 예배를 드리며 남 왕국의 예루살렘 예배를 거부했고, 포로기 이후 예루살렘 회복의 뜨거운 열기에 찬물을 끼얹었고, 앗수르와 유대인 사이의 전쟁에서 앗수르를 편들었고, 이에 남 왕국은 그리심 산에 세워진 사마리아 성전의 소각으로 화끈한 보복을 단행했다(NET 참조). 이처럼 남과 북은 분열 이후로 멸망을 지나 포로기 이후에도, 신학적인 갈등과 정치적인 대립이 지속된 교류 단절의 역사를 이어왔다.

예수의 물 부탁을 받은 여인은 물을 떠주지 않고 반문한다. 반문의 이유는 유대인이 사마리아 여인에게 마실 것을 달라고 부탁하는 것이 희귀한 일이었기 때문이다. 앞에서 언급한 것처럼, 당시에도 유대인과 사마리아

사람 사이에는 교류하지 않는 것이 상례였다. 이러한 적대적인 분위기 속에서 예수께서 여인에게 말을 거셨다는 것은 그런 고질적인 상례를 깨뜨리는 일이었다. 예수는 과연 당시에 하나의 문화적인 관념으로 굳어진 교류의 단절을 몰랐을까? 알고서도 한 것이라면 그런 파격적인 행위의 근거는 무엇인가? 나는 유대인의 인생을 30년이나 사신 예수께서 당연히 아시고서 여인에게 말을 거셨다고 생각한다. 그런 대화의 근거는 사람들 사이에 이루어진 관행보다 한 사람의 영혼을 더 소중하게 여기시는 긍휼의 마음 때문이다. 관행의 연수가 길더라도 사람이 우선이고 사람의 존엄성을 기준으로 오래된 악습을 변경하는 것은 합당하다. 목적지가 아니라 경유지에 불과하여 그냥 지나가면 되는 동네에서 한 여인을 만나 말을 섞는 예수의 행위는 의도적인 사랑이다. 우연처럼 보이는 우물 가의 만남에서 한 여인에게 영원한 생명을 주시려는 사랑 앞에서는 아무리 딱딱하게 굳은 관례라고 할지라도 사소한 장애물에 불과했다. 그래서 가볍게 깨뜨렸다.

말을 건 유대인 남자 예수의 행위도 파격적인 일이지만 여인의 반응도 특이하다. 이는 그녀가 우물에서 물만 떠 주고 떠나면 끝나는데 유대인과 사마리아 사람이 상종하지 않는다는 관행을 알면서도 굳이 반문으로 예수의 말꼬리를 물었기 때문이다. 왜 그랬을까? 유대와 사마리아 사이의 적대적인 관계도 잘 모를 정도로 낯선 타 지역의 청년에게 어떤 호기심이 발동했기 때문일까? 아니면 지금까지 자신에게 말을 건 유대인이 하나도 없었는데 걸어 주어서 고마웠기 때문일까? 예수를 유대인 남자라고 지적하고 자신을 사마리아 여인으로 소개하는 이 정체성 확인용 반문에서, 우리는 그녀가 유대와 사마리아 사이의 관계가 상종도 하지 않을 정도의 적대적인 현실을 강하게 의식하고 있음을 확인한다. 칼뱅은 이 여인의 반문에서 냉소를 읽어낸다. 여인의 반문은, 칼뱅이 보기에, 평소에는 사마리아 사람들을 마치 종교적인 정절을 잃은 창녀인 것처럼 불순하게 여기며 사람 취급도 않더니 정작 목이 마르니까 물을 달라고 부탁하며 필요를 채우려는 예수의 이율배반적인 행위에 대한 그녀의 비웃음이 밀어낸 반문이다. 그러나 내가 보기에는 예수의 부탁에서 유대인이 사마리아 사람들을 무시하는 이런 답답한 현실에 회복의 실마리가 풀릴지도 모른다는 설렘 때문에 나온 긍정적인 반문일 가능성도 있다. 사람을 무시하고 차별하는 폐습을 타파하는 것은 모든 사람들의 조용한 바램이다. 그 타파의 기미를 그녀가 예수의 부탁에서 발견한 것은 아닐까?

10예수께서 대답하며 말하셨다 "만일 하나님의 선물과 '나에게 마실 것을 달라'고
너에게 말하는 자가 누구인지 네가 알았다면
너는 그에게 부탁했을 것이고 그는 너에게 살아있는 물을 주었을 것이다"

그래도 사마리아 여인은 예수의 부탁에 합당한 반응을 보였지만, 그녀의 반응에 대한 예수의 재반응은 동문서답 식의 엉뚱함이 엿보인다. 문맥 단절적인 재반응의 내용은 물과 생수, 물을 주는 자와 생수를 주는 자의 대비였다. 예수는 먼저 여인이 하나님의 선물을 모른다고 지적한다. 여인만이 아니라 대부분의 성도들이 하나님의 "선물"(δωρεά)에 대해 무지하다. 이는 구약과 신약 모두에서 지적하는 바다. 바울의 말처럼, "하나님이 자기를 사랑하는 자들을 위하여 예비하신 모든 것은 눈으로 보지 못하고 귀로 듣지 못하고 사람의 마음으로 생각하지도 못하였다"(고전 2:9). 이처럼 은밀하게 예비된 하나님의 선물을 대부분의 사람들이 모른다는 것은 당연하다. 그러나 예수는 여인이 그 선물을 알아야 한다고 강조한다. 알면 추구하게 된다. 그리고 하나님의 선물은 그가 사랑하는 사람에게 주어진다. 사마리아 여인은 자신을 실패한 인생으로, 하나님께 버림을 받고 전혀 돌봄을 받지 못하는 사람으로 이해했을 가능성이 높다. 그런데 예수는 그녀에게 하나님의 선물을 언급한다. 이로써 그녀를 향한 하나님의 사랑을 느끼도록 암시한

다. 그녀는 하나님께 사랑의 대상이다. 그녀를 찾아온 예수가 그 사랑의 확증이다.

그리고 예수는 "나에게 마실 것을 달라"고 부탁하는 자신이 누군지를 여인이 모른다고 지적한다. 선물을 준다는 것과 마실 것을 달라는 것이 묘하게 대조된다. 사람들은 주는 것보다 받는 것을 더 좋아한다. 선물은 좋아하고 물 부탁은 꺼려한다. 그러나 예수의 물 부탁은 하나님의 선물을 주시는 은밀한 방법이다. 하나님의 모든 계명은 하나님 사랑과 이웃 사랑으로 수렴된다. 이 사랑을 위해 하나님은 마음과 뜻과 목숨과 힘을 다하라고 우리에게 명하신다. 우리에게 가장 소중한 모든 것을 내어 놓으라는 명령이다. 마실 것만이 아니라 우리의 전부를 달라는 (부탁이 아닌) 명령 앞에서 우리는 망설인다. 이는 신이라면 우리에게 도움을 주어야지 벼룩의 간을 빼 드시려고 한다는 지독한 착취자 느낌 때문이다. 우리의 전부보다 더 많이 가지신 분이 뭐가 부족하고 아쉬워서 명령권을 발동하여 탈탈 털어서 가지려고 하시는가! 하지만 우리의 전부를 달라고 하시는 하나님의 의도를 제대로 알면 오해가 해소된다.

하나님은 취하시는 분이 아니라 늘 우리에게 베푸는 분이시다. 그런 하나님이 우리의 전부를 달라고 하시는 것은 당신의 전부를 우리에게 주시기 위함이다. 사랑은 자신의 전부를 주는 것으로 구현되고 입증된다. 그런데 하나님은 우리가 그분을 사랑하기 이전에 우리를 먼저 사랑하신 분이시다. 자신의 전부를 먼저 우리에게 지극히 큰 선물로 주셨다는 사실을 우리는 우리의 전부를 그분에게 드리면서 깨닫는다. 소유하고 향유한다. 우리의 전부를 주는 사랑이 없으면 자신의 전부를 주시는 하나님의 사랑을 알지도 못하고, 가지지도 못하고, 누리지도 못한다는 것은 하늘의 규정이다. 우리의 유한하고 연약하고 보잘것없는 전부를 주고 하나님의 거룩하고 의롭고 선하고 무한하고 위대하고 아름다운 전부를 가진다는 것은 너무나도 놀라운 은총이다. 우리의 전부는 그분의 전부에 비해 마치 없는 것처럼 초라하다. 우리에게 전부를 달라고 명하시는 것은 하나님이 손해를 보시기로 작정하신 명령이다.

이런 맥락에서 예수의 물 부탁을 이해해야 한다. 예수는 우리의 소중한 것을 착취하기 위해 오시지 않고 많은 사람들의 구원을 위한 대속물로 자신의 생명까지 주시기 위해 오신 분이시다. 예수는 생명의 물을 주시는 분이시다. 그런 예수를 안다면 여인의 태도는 완전히 달라졌을 것이고 오히려 예수에게 물을 달라고 부탁했을 것이라고 한다. 이에 예수는 그 부탁을 거절하지 않고 그냥 세상의 물이 아니라 "살아있는 물"(ὕδωρ ζῶν)을 기꺼이 주었을 것이라고 한다. "살아있는 물"이라는 표현은 세상의 물이 죽은 물임을 암시한다. 세상이 알지도 못하고 줄 수도 없지만 예수는 알기도 하시고 가지고도 있으시고 주기도 원하시는 "살아있는 물"은 어디에 고여 있어서 인간이 와서 떠먹어야 하는 것이 아니라 인간을 찾아가서 인간으로 하여금 살아있게 만드는 역동적인 물을 의미한다. 그런 물은 성령을 가리킨다.

여인의 가상적인 부탁과 그것에 대한 예수의 적극적인 응답에서 칼뱅은 우리의 기도가 결코 헛되지 않는 이유는 예수의 약속에 있다고 확신한다. "달라"는 예수의 말은 "주겠다"는 강력한 의지의 표현이다. 그가 우리에게 "달라"는 것보다 그가 우리에게 "주겠다"는 것이 더 크고 더 좋고 더 장구하고 더 위대하다. 그러므로 우리도 하나님이 무언가를 달라고 명하시면 즉시 온전히 기쁘게 드리는 게 지혜롭다. 반드시 더 크고 좋고 위대한 것을 받을 것이기 때문이다. 이러한 순종은 우리에게 달라고 하시는 분이 하나님의 아들 되신다는 사실을 알 때에만 가능하다.

칼뱅은 "하나님의 선물"과 "나에게 마실 것을 달라고 너에게 말하는 자가 누구인지" 아는 것의 관계를 후자가 전자를 설명하는 것이라고 이해한다. 즉 하나님의 선물은 물을 달라고 말하시는 예수 자신이다. 타당한 주장이다. 생명수를 주시는 예수는 죽은 자도 살리시는 하나님의 선물이다. 믿음의 조상에게 자신을 지극히 큰 상급으로 주겠다고 약속하신 하나님(창

15:1)은 예수라는 선물을 우리에게 줌으로써 그 약속을 이루신다. 대부분의 사람들이 그렇듯이 사마리아 여인도 그 약속의 성취를 목도하고 있었으나 깨닫지를 못하여 눈에 보이는 현실에 근거하여 반응한다.

> 11그 여인이 그에게 말하였다 "주여, 두레박도 당신에게 없고
> 이 우물은 깊은데 그 생명수를 당신은 어디에서 얻는다는 것입니까?

여인은 자신에게 물을 달라는 예수의 정체성이 궁금하다. 예수의 말에서 어떤 특별한 것을 느꼈는지 그녀는 이제 예수를 유대인 남자가 아니라 "주"(κύριος)라고 부르며 존대한다. 이는 낯선 남자에게 존경을 표현할 수 있는 최고 수위의 존칭이다. "생수"를 주겠다는 말에 수긍하기 어려운 몇 가지의 상식적인 근거를 제기한다. 첫째, 예수에게 두레박이 없다. 물을 주기 위해서는 물리적인 도구가 필요하다. 모두가 동의하는 상식이다. 둘째, 우물이 깊기 때문에 생명수를 주려면 다른 곳에서 조달해야 한다. 그냥 물이 아니라 생명수를 얻기 위해서는 야곱의 깊은 우물보다 더 깊고 좋은 우물이 어디에 있는지를 알아야 한다고 여인은 생각한다. 여인은 지금 인간의 보편적인 상식과 자신의 주관적인 경험을 중심으로 의문을 제기하고 있다. 이는 여인만의 특이한 모습이 아니라 대부분의 사람들이 그렇게 반응한다. 그런데 그녀가 만약 예수가 누구인지 알았다면, 예수가 하나님의 아들이라는 사실을 알았다면, 인간의 관점에 근거한 의구심을 갖지 않았을 것이다. 이 복음서의 저자는 이런 이야기를 통해 예수가 하나님의 아들인데 그런 신적인 정체성을 모르면 인간 중심적인 사고에 빠져 생명의 복음도 깨닫지 못하고 가질 수도 없다는 우려를 나타낸다.

¹²우리에게 이 우물을 주었고 자기와 자신의 아들들과 짐승들도
여기에서 마시게 한 우리의 조상 야곱보다 당신이 더 크십니까?"

여인은 이제 자신이 아는 최고의 조상과 예수를 비교한다. 야곱의 우물은
사마리아 여인을 비롯한 그곳 주민들을 생존하게 하는 물의 원천이다. 야
곱은 그녀에게 "우리의 조상"(πατρὸς ἡμῶν)이고, 야곱의 우물은 그가 자신
과 자신의 아들들과 짐승들을 위해 판 우물이고, 야곱이 그 우물을 "우리
에게" 주었다고 그녀는 고백한다. 여기에서 우리는 이 여인이 사마리아 지
역에 사는 이방인이 아니라 이스라엘 출신이며 자신의 정체성을 여전히 야
곱의 후손으로 이해하고 있음을 확인한다. 이로 보건대, 예수는 사마리아
지역으로 이방인을 찾아간 것이 아니라 이스라엘 집의 한 구성원을 찾아
간 것이었다. 예수의 행보는 지역의 위치보다 사람이 우선이다.

사마리아 여인에게 야곱은 정체성과 생존의 근원이다. 여인은 이토록
자신에게 소중하고 위대한 조상 야곱보다 예수가 더 큰 분인지에 대해 그
에게 질문한다. 그러려면 더 깊은 우물도 필요하고 그 우물에서 생명수를
뜨려면 더 좋은 두레박이 있어야 하고 그런 우물을 우리에게 주어야 하는
데, 예수의 행색을 보면 초라한 나그네에 불과해 보였기 때문에 던져진 질
문이다. 물론 독자들이 보기에는 예수가 당연히 야곱과 비교할 수 없도록
무한히 크신 하나님의 아들이다. 그러나 이 사실을 모르는 여인은 또 다른
질문으로 인식의 걸음을 옮기며 그런 예수의 정체성에 조금씩 다가간다.
이 여인처럼 우리도 때때로 예수를 우리가 아는 위대한 인물과 비교하며
존재의 무게를 가늠하려 한다. 그러나 예수의 존재감은 가늠할 수 있는 비
유나 도구가 없어서 이 땅에서는 측량이 가능하지 않다. 그래서 우리는 예
수를 외부의 평가가 아니라 믿음으로 안다. 모든 이름 위에 뛰어난 분이라
고 이해한다.

사람들은 자신에게 제공하는 유익의 크기에 따라 존재의 서열을 매기고

하나님도 그 대열에 넣어서 평가한다. 그런데 하나님은 보이지 않으시고 우리를 위한 그의 사랑과 은총도 보이지 않기 때문에 우리는 그를 그 서열의 하위권에 둔다. 이런 현상은 우리의 삶에서 누가 나에게 가장 소중하고 누구를 중심으로 사는지를 보면 쉽게 확인된다. 환란이 닥치면 하나님을 찾기보다 사람에게 먼저 달려간다. 예수보다 야곱을 찾아간다. 그러나 성경에 등장하는 믿음의 위인들은 모두 예수의 한 조각을 나타내며 예고하는 비유에 불과하다. 예수라는 실체 앞에서 야곱은 그림자에 불과하다. 그런데도 야곱을 기준으로 예수를 저울질한 이 여인처럼 우리도 우리에게 유력한 사람보다 더 큰 유익을 주느냐의 여부로 하나님의 존재감을 가늠하고 기대하던 물증이 없으면 실체보다 그림자를 더 선호한다.

13예수께서 대답하며 말하셨다 "이 물을 마시는 모든 자는 다시 목마른다
14그러나 내가 주는 물을 마시는 자는 영원히 목마르지 않으리라
내가 그에게 주는 물은 그 안에서 솟아나는 샘물이 되어 영생에 이르리라"

야곱과의 비교로 하나님의 심기를 건드린 여인에게 예수는 불쾌함을 드러내지 않고 오히려 그녀에게 최고의 선물을 주려고 생명수의 구체적인 설명을 제공한다. 사람의 경우에는 감정이 상하면 대화가 마비된다. 그러나 예수는 사람과 하나님 사이의 부당한 비교를 당했으나 자신의 감정에 충실하지 않고 여인의 영원한 복리를 앞세우며 대화를 이어간다. 예수는 세상의 물과 자신의 물을 비교한다. 사람은 이 세상에 존재하는 어떠한 물을 마셔도 반드시 다시 목마른다. 그런데 예수께서 주시는 물을 마시는 자는 영원히 목마르지 않는다고 한다. 예수의 물은 물이 아니라 마신 사람 안에서 "샘물"(πηγὴ ὕδατος)이 되어 영원한 물보충을 가능하게 하여 영원한 삶을 보증한다. 그래서 예수의 물은 죽은 자도 살리는 생명수인 동시에 영원

한 삶을 가능하게 하는 영생수다. 세상의 물은 육신의 일시적인 갈증을 해소하고 예수의 물은 영혼의 영원한 갈증을 해소한다.

물 기르는 것은 사마리아 여인에게 일상이다. 그런데 예수는 여인에게 가장 익숙한 일상의 경험을 가지고 하늘의 진리를 설명한다. 예수의 물 비교는 죽이는 문자와 살리는 영의 대조와 유사하다(고후 3:6). 이것보다 더 유사한 것은 첫째 아담이 "살아있는 혼"이고 마지막 아담이 "살려주는 영"이라는 대조이다(고전 15:45). 물의 대조는 세상과 천국의 극명한 차이와 관계성을 잘 드러낸다. 세상은 욕망의 목을 잠시 축이는 변동적인 물을 의미하고, 천국은 영혼의 목을 영원히 촉촉하게 적시는 항구적인 물을 의미한다. 세상의 모든 일시성은 천국의 영원성을 설명하는 상징이고 소망하게 하는 촉매이고 맛만 보여주는 맛보기와 같다. 그러나 사람들의 기호는 특이하여, 영원하나 보이지 않는 천국은 외면하고, 덧없지만 눈에 보이는 세상은 좋아한다. 그래서 바울이 지적한 것처럼 사람들은 "썩어지지 아니하는 하나님의 영광을 썩어질 사람과 새와 짐승과 기어 다니는 동물 모양의 우상으로" 바꾸는 일에 민첩하고 당당하다(롬 1:23).

그러나 예수는 이러한 세상 사람들이 추구하는 삶과는 완전히 다른 삶을 구하셨다. 그는 영원한 생명에 이르는 영생수를 우리에게 주시려고 몸에서 피와 물이 다 쏟아지는 갈증의 극치를 견디셨다(요 19:28). 이사야가 기록하고 있듯이 우리의 영원한 치유를 위해 영원한 성자께서 등에 사람의 채찍을 맞으셨다(사 53:5). 우리의 치명적인 허물을 덮으시기 위해 그는 인생의 옆구리를 잔혹하게 찔리셨다. 우리의 영원한 평화를 위해 십자가 처형의 무거운 징계를 받으셨다. 우리의 영속적인 죄악을 덮으시기 위해 온몸이 상하셨다. 우리의 영원한 부를 위하여 하늘과 땅의 주인이 가난하게 되셨으며 우리에게 하나님의 자녀가 되는 권세를 주시려고 하나님의 아들이 하나님과 동등한 최고의 권위를 버리시고 종의 형체를 입으셨다. 이처럼 예수의 삶과 세상 사람들의 삶은 판이하다. 오늘날 성도의 삶은 세상의 삶을 닮았는가 아니면 예수의 삶을 닮았는가?

> 15여인이 그를 향하여 말하였다 "주여 그런 물을 나에게 주셔서
> 목마르지 않고 여기에 물을 길으려고 오지도 않게 해 주십시오"

여인은 예수의 말을 듣고 그의 신비로운 물을 달라고 부탁한다. 이 부탁의 두 가지 목적을 제시한다. 첫째, 영원히 목마르지 않는 인생을 위함이다. 목마름이 반복되는 인생은 참으로 고단하다. 무엇을 마시면 갈증이 잠시 해소되는 듯하다가 곧장 새로운 목마름이 준비된다. 눈은 보아도 새로운 바라봄의 욕구가 자극되고 귀는 들어도 들음의 기갈은 점점 증폭되고 은과 금이 주머니에 들어와도 만족함이 없고 더 큰 재물의 갈증이 유발된다. 둘째, 물을 길으려고 우물에 가지 않기 위함이다. 목이 마르지 않으면 우물에 갈 필요가 없어진다. 당시에 수가라는 동네에서 야곱의 우물까지 2km 이상의 거리였다. 이런 우물을 일평생 출입해야 하는 인생은 고단하다. 상수도의 덕에 모든 가정이 휴대용 우물을 가지고 있는 우리의 시대에는 도무지 이해할 수 없는 고단함이 예수의 시대에는 만연했다. 마약에 중독되면 마약의 소굴을 출입해야 한다. 이와 유사하게 이 세상의 모든 일시적인 것에는 저마다의 중독성이 있어서 그것을 조달하기 위해 다양한 종류의 세속적인 우물에 매달려야 한다. 그런데 예수는 만능 우물이다. 어떠한 종류의 목마름도 해소해 주시기 때문이다.

　여인이 벗어나고 싶어하는 물과 우물은 세상의 인생을 요약하고 있다. 물의 갈증과 우물의 해소라는 삶의 쳇바퀴는 일평생 돌아간다. 누구도 이러한 삶의 굴레에서 배제됨이 없다. 그런데 물과 우물의 고단함은 "살아가게 하는 물" 즉 "샘물"을 주시는 예수의 선물에 의해 완전히 종식된다. 세상에서 경험하는 모든 목마름과 일시적인 해갈은 영원히 해소되지 않는 목마름의

실체를 깨닫게 하고 영원한 해갈을 가능하게 만드시는 예수를 더욱 사모하게 한다. 가지고 싶은 모든 것을 소유하고, 방문하고 싶은 모든 곳을 찾아가고, 보고 싶은 모든 것을 보고, 하고 싶은 모든 일을 다 성취해도 그 모든 것들이 바람을 잡으려는 허무하고 무익한 일이라는 사실(전 2:10-11)을 깨달은 전도자의 궁극적인 교훈도 예수의 생명수를 가리킨다. 꽃은 시들고 풀은 마르지만 말씀은 영원하고 그 말씀이 육신이 되어 우리 가운데에 오신 예수는 결코 시들거나 마르지 않는 영원한 생명의 원천이다.

다양한 상황에서 "마실 것을 달라"는 예수의 부탁이 우리를 찾아온다. 가난한 사람, 연약한 사람, 억울한 사람, 슬프고 괴로운 사람, 흠모할 만한 아름다운 것이 하나도 없는 초라한 사람이 우리에게 다가오면 그것은 분명히 예수의 물 부탁이다. 그때마다 우리는 주님께서 우리에게 무언가를 주시려는 것인 줄 알고 마음과 목숨과 뜻과 힘을 다 섬기는 지혜를 발휘하자. 우리의 전부를 주님께 다 드리면 그것과 결부된 모든 근심과 걱정과 두려움도 다 떠나간다. 그러할 때 우리의 모든 필요는 하늘에서 다 채워진다. 하나님의 선물은 이렇게 특이한 방식으로 주어진다.

요 4:16-26

¹⁶이르시되 가서 네 남편을 불러 오라 ¹⁷여자가 대답하여 이르되 나는 남편이 없나이다 예수께서 이르시되 네가 남편이 없다 하는 말이 옳도다 ¹⁸너에게 남편 다섯이 있었고 지금 있는 자도 네 남편이 아니니 네 말이 참되도다 ¹⁹여자가 이르되 주여 내가 보니 선지자로소이다 ²⁰우리 조상들은 이 산에서 예배하였는데 당신들의 말은 예배할 곳이 예루살렘에 있다 하더이다 ²¹예수께서 이르시되 여자여 내 말을 믿으라 이 산에서도 말고 예루살렘에서도 말고 너희가 아버지께 예배할 때가 이르리라 ²²너희는 알지 못하는 것을 예배하고 우리는 아는 것을 예배하노니 이는 구원이 유대인에게서 남이라 ²³아버지께 참되게 예배하는 자들은 영과 진리로 예배할 때가 오나니 곧 이 때라 아버지께서는 자기에게 이렇게 예배하는 자들을 찾으시느니라 ²⁴하나님은 영이시니 예배하는 자가 영과 진리로 예배할지니라 ²⁵여자가 이르되 메시아 곧 그리스도라 하는 이가 오실 줄을 내가 아노니 그가 오시면 모든 것을 우리에게 알려 주시리이다 ²⁶예수께서 이르시되 네게 말하는 내가 그라 하시니라

❖ ❖ ❖

¹⁶그가 그녀에게 말하셨다 "너는 가서 너의 남편을 불러 이곳으로 오라" ¹⁷여인이 대답하며 그에게 말하였다 "저에게는 남편이 없습니다" 예수께서 그녀에게 말하셨다 "너는 '저에게는 남편이 없다'고 옳게 말하였다 ¹⁸너에게는 남편 다섯이 있었고 지금 너에게 있는 이도 너의 남편이 아니기에 너는 이것을 참되게 말하였다" ¹⁹여인이 그에게 말하였다 "주여, 당신은 선지자인 것을 제가 보나이다 ²⁰우리 조상들은 이 산에서 예배를 드렸는데 당신들은 예배 드려야 할 곳이 예루살렘 안에 있다고 말합니다" ²¹예수께서 그녀에게 말하셨다 "나를 신뢰하라 여인이여 때가 이르면 이 산에서도 말고 예루살렘 안에서도 말고 너희가 아버지께 예배를 드리리라 ²²너희는 너희가 알지 못하는 것을 예배하고 우리는 우리가 아는 것을 예배한다 이는 구원이 유대인에게서 나기 때문이다 ²³참된 예배자는 아버지께 영과 진리로 예배를 드리는 때가 오는데 바로 지금이다 아버지는 자신에게 이렇게 예배하는 자들을 찾으신다 ²⁴하나님은 영이시니 그를 예배하는 자들은 영과 진리로 예배해야 한다" ²⁵여인이 그에게 말하였다 "메시아 곧 그리스도라 하는 이가 오신다는 것을 저는 알고 있습니다 그가 오시면 모든 것을 우리에게 알려줄 것입니다" ²⁶예수께서 그녀에게 말하셨다 "너에게 말하는 내가 그이니라"

12   예배다운 예배

물 문제로 힘들어하는 여인에게 자신을 생명수와 영생수의 공급자로 소개한 이후에 예수는 여인에게 남편을 데려오라 명하신다. 남편은 여인의 신분을 좌우하는 사람이다. 그런데 여인은 남편이 없다고 하였고 예수는 그녀의 말이 옳다고 평가했다. 과거에 다섯 명의 남편이 있었고 지금도 동거하는 남자가 있지만 모두 그녀의 남편이 아니라는 이유를 설명한다. 이에 여인은 당황하여 인생의 보다 근본적인 문제인 종교로 화제를 전환하며 예배의 처소에 대해 질문한다. 그러나 예수는 예배의 장소보다 예배의 대상이신 하나님을 아는 것의 중요성과 하나님의 정체성에 어울리는 예배의 방식을 제안한다. 예배는 영이신 하나님께 영과 진리로 드려져야 참된 예배라고 가르친다. 그런 방식으로 드리는 예배자를 하나님은 찾고 계신다고 설명한다. 예수와의 대화에서 자신의 모든 궁금증이 해소되자, 그녀는 메시아에 대한 자신의 목마름을 드러낸다. 그녀가 생각하는 메시아는 모든 것을 알리는 분이시다. 그녀의 말이 끝나자 예수는 자신이 바로 그라고 대답하며 대화를 끝맺는다. 메시아에 대한 여인의 관점은 훌륭하다. 우리가 예배하며 고대하는 메시아는 어떤 분이시며 기대감은 무엇인가?

16그가 그녀에게 말하셨다 "너는 가서 너의 남편을 불러 이곳으로 오라"

예수는 "물"에서 "남편"으로 화제를 전환한다. 화제의 전환은 여인의 선택이 아니라 예수께서 정하셨다. "물"은 생존에 관한 것이지만 "남편"은 인생에 관한 사안이다. 물은 삶의 길이를 정하지만, 남편은 아내의 신분과 삶의 질을 좌우한다. 남편이 노예이면 아내도 노예이고, 남편이 왕이면 아내는 왕후이고, 남편이 귀족이면 아내도 귀족이다. 당시의 이런 문화는 생존해 있는 동안에 아내를 얽매는 "남편의 법"(롬 7:2)이라는 바울의 말에서도 잘 확인된다. 이런 문화의 뿌리는 "남편은 너를 다스릴 것"이라는 창세기의 기록까지 소급된다(창 3:16). 역사가 장구하다. 아내의 정체성이 남편에게 의존하는 문화는 지금도 상당수의 나라에서 확인된다.

예수는 여인에게 남편을 불러오라는 껄끄러운 카드를 꺼내신다. 어쩌면 여인의 귀에는 불쾌한 도발이다. 이는 "남의 은밀한 일은 누설하지 말라"(잠 25:9)는 지혜자의 교훈과도 부딪힌다. 그러나 예수는 대화의 강약과 완급을 적당하게 조절하는 중이시다. 물 뜨는 고단한 인생을 영원한 생명수로 해결하신 예수는 이제 여인을 위해 전혀 새로운 차원의 인생을 주시려고 한다. 이를 위하여 여인의 치부를 건드려야 한다. 그것은 여인에게 망신과 수치심을 주기 위함이 아니라 불쾌의 일시적인 순간을 지나 망신과 수치의 영원한 해방을 주시기 위함이다. 살다 보면 예기치 않게 자신의 치부가 드러난다. 그럴 때에는 과민하게 반응하지 말고 주님의 치유를 기대하면 된다. 고름을 짜내고 환부를 도려내는 아픔은 잠깐이다. 그러나 신속한 쾌유의 기쁨은 더 크고 장구하다.

¹⁷여인이 대답하며 그에게 말하였다 "저에게는 남편이 없습니다"
예수께서 그녀에게 말하셨다 "너는 '저에게는 남편이 없다'고 옳게 말하였다
¹⁸너에게는 남편 다섯이 있었고 지금 너에게 있는 이도 너의 남편이 아니기에
너는 이것을 참되게 말하였다"

곤란한 질문에 여인은 자신에게 남편이 없다는 퉁명스런 대답으로 응수한다. 이 대답에 대해 몇몇 교부들은 그녀가 지금 남자와 동거하는 것이 죄임을 자백하고 있다고 이해한다. 그러나 내가 보기에는 자백보다 이 주제를 간단한 답변으로 무마하고 넘기려는 여인의 불편한 기색이 역력하다. 그녀의 대답에서, 없는 남편 이야기는 할 필요도 없다는 말의 차가움과 여인의 거북함이 많이 느껴진다. 이에 예수는 여인의 대답이 옳다고 평하신다. 그러나 이것은 이야기를 접자는 수긍이 아니었다. 예수의 반응은 그녀에게 남편의 물리적인 없음 때문이 아니라 진정한 남편의 없음 때문에 "남편이 없다"는 여인의 말이 옳다는 것이었다. 예수는 그녀에게 과거의 남편은 다섯이 있었고 지금도 다른 남자가 있지만 모두 진정한 남편이 아니라는 그녀의 감추고 싶은 이력도 찌르신다. 예수의 말씀에 따르면, 여인은 다섯 명의 남자들을 거쳤고 지금은 여섯 번째 남자와 동거하고 있다. 그녀가 여러 남자들과 부부처럼 살아온 구체적인 이유는 무엇일까? 그녀는 만나는 남자마다 관계성이 어떤 식으로든 틀어져 헤어졌다. 지금도 헤어질 가능성이 있는 남자와 동거하고 있다.

여섯 명의 남자를 남편으로 삼았다는 것은 그녀에게 심각한 목마름이 있었음을 의미한다. 이것을 보면, '마실 것을 달라'고 하신 예수의 목마름은 마치 여인의 보다 심각한 목마름을 건드리고 해소하기 위한 마중물과 같다. 여러 남자로도 해갈되지 않는 목마름의 정체는 무엇인가? 성적인 욕망인가, 경제적인 빈곤인가, 정치적인 지위의 낮음인가, 아니면 사회적인 신분의 천함인가? 나는 열거된 결핍들 중의 하나 또는 여럿일 수 있다고

생각한다. 그러나 하나님을 알고 경배하고 연합하는 영적인 관계의 결핍과 목마름이 그녀의 궁극적인 문제라고 생각한다. 그래서 여인은 곧장 예배에 대한 질문을 쏟아낸다. 인간은 영적인 존재이기 때문에 물질의 풍요나 사람의 인정과 땅의 영광으로 인하여는 충족되지 못하기에 세상의 무엇을 보아도 만족함이 없고 들어도 차지 아니하고 소유해도 충분함이 없다. 사마리아 여인은 6인분의 이성과 재물과 권력과 지위로도 만족함이 없었다는 사실이 이를 증명한다. 모든 결핍의 궁극적인 해소는 하나님께 있다. 시인의 고백처럼, "그가 사모하는 영혼에게 만족을 주시며 주린 영혼에게 좋은 것으로 채우신다"(시 107:9). 진실로 인간의 마음에는 이 세상의 어떠한 것으로도 채워지지 않는 빈 공간, 하나님이 만드시고 그분만이 채우실 수 있는 공간이 있다고 믿음의 선배들은 주장했다. 아우구스티누스의 약간 다른 고백이다. "우리의 마음은 당신 안에서 안식하기 전까지는 불안할 수밖에 없나이다"(*Conf.* I.i.1).

남편이 없다는 예수의 평가에서 나는 그녀가 지금까지 어떠한 남자와도 합법적인 결혼 관계를 가지지 않았다고 추정한다. 성경에서 말하는 남편과 아내의 관계는 사회법에 따른 규정도 존중하나 무엇보다 "하나님이 짝지어 주신 것"이며 사람이 나누지 못하는 것이라고 한다(마 19:6). 그럼에도 불구하고 갈라질 수 있는 이혼의 유일한 근거는 음행이다. 이는 다섯 번이나 남편이 바뀐 책임을 사마리아 여인에게 돌리는 중요한 근거로 종종 거론된다. 그러나 여성의 인권이 존중되지 않았던 고대 사회에는 음행의 이유 없이도 아내를 타인에게 팔기도 하고 다양한 이유로 버리는 경우들도 있다. 남자들과 여인의 관계가 복잡해진 이유로서 1) 여인은 그냥 그들에게 시달리며 자신의 의지와 무관하게 동거해야 했을 가능성이 있다. 2) 아니면 남자가 그녀와 동거인의 관계를 맺었으나 그녀의 성적인 문란함 때문에 이혼을 반복했을 가능성도 있다. 칼뱅은 여인의 방탕한 성생활이 문제라고 지적한다. 그러나 나는 예수께서 여인에게 부정적인 평가나 정죄하는 말을 하지 않으시고 오히려 그녀가 "참되게"(καλῶς) 말했다고 수긍하신 사실에서 여인의 문제가 아니라 남자들의 문제가 더 컸을 것이라고 생각한다. 그녀는 자신의 치부를 건드리긴 하였으나 그녀가 만난 남자들이 모두 그녀의 남편이 아니라고 말한 예수의 수긍으로 위로를 받았을 것이라고 나는 짐작한다. 아마도 당시의 다른 사람들은 그 여인이 남편을 여섯이나 바꾼 음탕한 창녀라며 비난과 조롱을 퍼부었을 가능성이 높다. 그런데 예수는 그런 비방자의 대열에 서지 않고 남편이 하나도 없었다는 평가를 내리셨다. 예수의 평가에 의하면, 여인은 지금 남편의 법에 얽매이지 않아도 되는 상황이다.

19여인이 그에게 말하였다 "주여, 당신은 선지자인 것을 제가 보나이다

여인의 표정이 다소 밝아졌다. 다시 "주"라는 깍듯한 호칭으로 화제를 전환한다. 보다 깊은 이야기로 들어가고 싶어한다. 왜냐하면 예수가 선지자로 보였기 때문이다. "선지자"(προφήτης)는 어떠한 일이 발생하기 이전에 말로써 미리 알리는 사람을 의미한다. 여인이 자신의 과거와 현재의 상황을 말하지도 않았는데 정확하게 알고 심층의 상태까지 파악하고 선하게 말하는 유대인 남자가 그녀에게 선지자로 보이는 것은 당연하다. "선지자"는 비방과 정죄를 추구하는 자가 아니라 하나님의 뜻을 전달하여 그의 나라를 이루는 하나님의 사람이다. 여인은 그에게서 어떤 신비롭고 긍정적인 기운을 느끼고 이제는 예수를 선지자의 수준으로 신뢰한다. 신뢰는 생물이다. 마음의 문은 신뢰의 크기만큼 열리는데, 지금 여인은 삶의 고단함과 인생의 기구함을 넘어 마음의 영적인 층위까지 열어 예수와 대화를 나누고자한다. 어쩌면 여인이 가장 깊이 고민하고 있을지 모르는 영적인 문제는 "선지자"와 나누는 대화의 격에 적합한 사안이다.

²⁰우리 조상들은 이 산에서 예배를 드렸는데
당신들은 예배 드려야 할 곳이 예루살렘 안에 있다고 말합니다"

이제 여인은 예배 문제를 거론한다. 여인이 가진 목마름의 실체가 하나님
과 관계된 종교적인 문제라는 사실이 확인되는 대목이다. 만족을 모르는
여인의 타는 목마름은 하나님께 온전한 예배를 드리지 못해서 그녀의 영
혼이 보내는 긴박한 신호였다. 하나님을 아는 사람에게 예배는 존재의 이
유이며 삶의 내용이며 인생의 목적이다. 예수를 선지자로 이해한 이후에
곧장 예배에 대해 질문하는 여인은 진실로 종교적인 사람이다. 선지자를
만나면 대부분의 사람들은 어떻게 하여야 하나님께 산 제사를 드리는 예
배의 삶을 사는지에 대해 질문하지 않고 자신의 미래에 대한 점괘부터 요
청한다. 어떻게 해야 복을 받고 어떻게 해야 저주를 피할 수 있는지에 대한
궁금증을 섭섭하지 않을 크기의 복채에 담아 쏟아낸다. 그리고 성공의 첩
경과 비법의 대방출을 촉구한다. 이와는 달리 선지자를 만나서 무엇보다
먼저 예배에 물음표를 다는 여인은 얼마나 기특한가!

　여인은 예배의 올바른 처소가 궁금하다. 그녀의 조상들은 수가 근처의
산에서 예배를 드렸는데 유대인은 예루살렘 안에서 예배를 드린다는 자신
의 생각을 설명한다. 여기에서 여인은 예배를 드려야만 하는 것(δεῖ)으로
이해한다. 그녀가 보기에 예배는 선택이 아니라 필수였다. 예배와 의무감
을 묶어서 이해한다. 동시에 예배가 특정한 장소에서 드려져야 한다는 필
수성도 고수한다. 여인의 말에서 나는 여인이 예배의 장소와 의무감에 집
착하고 있음을 확인한다. 예배의 본질과는 거리가 먼 집착이다. 여인의 조
상들이 예배를 드린 산은 서로 붙어 있는 그리심 산 혹은 에발 산일 가능
성이 높다. 모세의 시대에는 두 산 사이에서 하나님의 말씀이 읽혀지고 이
스라엘 백성의 절반은 축복을 위하여 그리심 산에, 다른 절반은 저주를 위
하여 에발 산에 서서 아멘으로 응답했다(신 27:12-13).

여인은 야곱을 자신의 조상으로 이해하고 있기 때문에 사마리아 동네인 "수가"는 야곱이 예배를 드린 곳이기도 하다. 그런데 구약에서 야곱은 그의 할아버지 아브람이 "여호와를 위하여 단을 쌓고 여호와의 이름을 부르"던 세겜(창 12:8)에서 동일하게 단을 쌓고 하나님의 이름을 기념했다(창 33:18-20). 여호수아 또한 아이성 전투에서 승리한 이후 단을 쌓고 하나님께 번제와 화목제를 드린 곳은 에발 산이었다(수 8:30). 이는 "수가"가 에발 산과 세겜 근처일 가능성을 시사한다. 그런데 북 이스라엘 왕국은 단과 더불어 세겜 근처에 있는 벧엘을 종교의 중심지로 삼아 금송아지 형상을 만들어 숭배했다. 이처럼 "수가"는 예배에 관한 희비가 교차하는 특이한 이력을 가진 위치의 동네였다. 아마도 여인이 기억하고 마음에 담아둔 예배지는 야곱을 중심으로 한 조상들이 하나님을 기념한 그리심 산과 에발 산 사이였을 것이라고 생각한다. 그런데 유대인은 예루살렘 안에서 하나님을 예배해야 한다고 주장한다. 유대인도 장소에 집착한다. 이처럼 여인의 마음은 예배의 장소에 대한 견해차에 사로잡고 있었으며 정답을 찾던 중에 예수라는 선지자가 그녀의 인생에 등장했다.

21예수께서 그녀에게 말하셨다 "나를 신뢰하라 여인이여 때가 이르면
이 산에서도 말고 예루살렘 안에서도 말고 너희가 아버지께 예배를 드리리라

여인의 의문에 대한 예수의 답변은 특이하다. 예수는 여인에게 자신에 대한 신뢰($\pi\iota\sigma\tau\epsilon\acute{u}\omega$)를 먼저 주문한다. 이는 여인에게 주는 예수의 교훈이 물증이나 사람 사이에 합의된 논리로는 설명될 수 없는 진리이기 때문이다. 신뢰는 증거나 논리에 근거한 사실의 인식이 아니라 권위에 근거한 인식의 방법이다. 권위가 클수록 어떠한 사실에 대한 신뢰도도 높아진다. 특정한 분야의 전문적인 내용에 대하여 일반인이 말하는 것보다 그 분야의 전

문가가 하는 말의 신뢰도가 높다. 하나님은 어떠한 분야이든 최고의 절대적인 권위를 가지셨기 때문에 그의 말씀은 어떠한 분야에 대해서든 모두가 진리라고 인정하는 것이 마땅하다. 사람의 말은 하나님의 권위에 근거한 말씀과의 유사도에 비례하여 신뢰도의 크기가 결정된다. 아무리 많은 사람들이 합의한 것도 하나님의 말씀에서 멀다면 신뢰도는 떨어진다. 예수는 그 자신이 하늘과 땅의 모든 권세를 가지고 계신 말씀이다. 무조건 신뢰해도 된다.

산과 예루살렘 중에서 택일하는 방식이 아니라 두 장소를 모두 거부하는 예상 밖의 대답이 그녀에게 돌아왔다. 대단히 파격적인 주장이다. 이 대답은 여인의 물음 자체를 해체한다. 많은 사람들이 인생에 올무와 같은 질문을 가지고 살아간다. 그 자체로 한계와 모순을 가진 질문은 그들로 하여금 무익한 답에 도달하게 만드는 위험한 안내자와 같다. 이처럼 중요하지 않은 질문에 인생을 걸고 그 질문의 답을 찾아가는 삶에 올인하는 사람에게 하나님은 질문 자체를 없애신다. 우리는 성경이 제시하는 하나님의 질문들, 인생의 가장 궁극적인, 지극히 본질적인 물음을 붙들어야 한다. 나에게는 첫째 아담에게 하신 "어디에 있느냐"와 둘째 아담이 질문한 "너희는 나를 누구라 하느냐"가 목숨을 걸고 일평생 답을 찾아가야 하는 물음이다. 첫째 물음은 나의 정체성이 머물고있는 현주소를 생각하게 하고, 둘째 물음은 보다 적극적인 것으로서 나로 하여금 인생의 닻을 예수에게 내리고 방향과 목적을 예수께로 조율하게 한다. 두 물음은 나에게 인생의 두 기둥이다.

고대에도 그렇지만 예수의 시대에도, 아니 지금도 사람들의 종교적인 의식 속에는 신과 장소가 결부되어 있어서 산에는 산신이 있고, 우물에는 우물신이 있고, 바다에는 바다신이 있다. 그런데 예수는 장소와 신의 무관성을 주장한다. 그의 답변은 사마리아 사람들과 유대인들 모두가 장소에 구애되지 않는 하나님과 그에 대한 예배의 본질을 모른다는 우회적인 지적이다. 그들은 모두 예배의 장소를 중요하게 생각했다. 물론 이러한 생각은 "여호와가 자기 이름을 두시려고 택하실 곳"에서 드리야 하고 "보이는 아무 곳에서나 번제를 드리지 말"라는 모세의 명령에 비추어 보면 타당하다(신 12:11-14). 그러나 그때에도 모세는 "너희 모든 지파 중에서"(신 12:5)란 표현으로 예배의 인격적인 장소를 규정했다. 특이한 규정이다. 이것은 예배의 처소가 물리적인 공간이 아니라 "지파"라는 공동체적 성전임을 의미한다. 예배의 장소에 집착하는 이유는 모세의 가르침에 대한 존중보다 예배의 전통에 대한 오해에서 비롯된 고정관념 때문이다.

예수는 여기서도 말고 저기서도 말고 장소와 무관하게 아버지께 예배를 드려야 할 때가 온다고 가르친다. 물론 신앙이 연약한 자에게는 예배의 좋은 환경이 열악한 환경보다 유익하다. 그러나 예배의 환경 의존성이 심해지면 근사한 건물과 아늑한 분위기와 잔잔한 음악이 있어야만 예배가 가능하게 된다. 어떤 환경에 길들여진 예배, 환경이 예배에 필수적인 요소로서 침투하는 것을 경계해야 한다. 온전한 예배는 궁전이 아니라 감옥이나 시궁창 속에서도 얼마든지 드려진다. 오히려 의존하는 외적인 요소들이 많아지면 예배를 예배되게 하는 경건의 순도는 떨어진다. 교회 안에서 예배의 형식에 대한 견해차 때문에 멱살을 잡고 얼굴을 붉히는 것은 감정의 낭비를 가져오고 관계를 위태롭게 한다. 진리를 훼손하지 않는다면 예배의 다양한 수단들과 형식들은 허용하고 양보함이 좋다. 가장 좋은 환경은 하나님만 생각하고 사모하고 집중할 수 있는 환경이다.

²²너희는 너희가 알지 못하는 것을 예배하고 우리는 우리가 아는 것을 예배한다 이는 구원이 유대인에게서 나기 때문이다

장소의 문제에 대해 신경을 끄라고 말한 이후에 예수는 사마리아 사람들

이 드리는 예배의 문제점과 유대인의 예배가 의미하는 바를 설명한다. 예배의 대상과 의미를 이해하는 것은 예배의 전제이며 본질이다. 그러나 사마리아 사람들은 자신들이 드리는 예배의 대상을 알지 못하였다. 그냥 막연한 대상이다. 미지의 대상을 예배하는 것은 사마리아 주민만이 아니라 "미지의 신"('Αγνώστῳ θεῷ)을 섬긴 아테네 시민도 그러했다(행 17:23). 예배의 장소보다 예배의 대상이신 하나님을 아는 지식이 훨씬 중요하다. 최고급 신당에서 알지도 못하는 신을 섬긴다고 한들 우리에게 무슨 소용인가! 그런데도 사람들은 장소라는 비본질적 사안에 집착하며 본질을 외면한다. 하나님을 계신 그대로 알지 못하면 미지의 신을 혹은 인간이 만들어낸 신을 숭배하는 것은 불가피한 수순이다. 예배의 대상을 모르기 때문에 신과의 인격적인 교류는 기대할 수 없으며 예배의 의미와 본질이 빠진 세속적인 효능만 강조하게 된다. 나아가 자신에게 이득만 보증해 준다면 대상을 가리지 않고, 심지어 사탄이라 할지라도 기꺼이 숭배한다.

자신들이 만들어낸 하나님을 숭배하면 사실상 자신을 숭배하는 것과 동일하다. 오늘날 "자아를 발견하라, 스스로 일어서라, 자신의 삶을 살아라, 나로서 살아라"는 인문학적 구호들은 모두 종교의 외형을 제거한 자기 숭배를 은근히 부추긴다. 그런데 미지의 신을 숭배하는 행습은 교회 안에서도 발견된다. 이는 오늘날의 기복신앙 개념과 유사하다. 교회 안에서도 하나님을 모르고 종교적인 행위라는 껍데기만 근근이 유지하는 가식적인 신앙의 소유자가 많다. 그들이 신에게 바라는 것은 복이고 복을 주는 주체의 정체성은 궁금하지 않다. 신을 알아가는 공부나 설교는 지루하고 따분하다. 세상에 통용되는 부자의 평범한 기술보다 더 쌈박한 돈벌이와 출세의 비법만 궁금하다. 교회가 그런 필요를 잘 해소하면 부흥이 보장된다. 하나님에 대해 무지하면 이런 식으로 교회도 망가진다.

예수의 말씀처럼, "아는 것"을 예배해야 한다. 알지 못하는 대상에게 드리는 예배는 예배가 아니라 일종의 무속이고 주술이다. 예수는 아는 하나님 예배와 유대인의 구원을 연결한다. 이런 이해는 17장 3절에서도 확인된다. 즉 참 하나님과 예수를 아는 것 자체가 영원한 생명이다. 그분을 알면 알수록 구원의 더 풍요로운 누림이 이 땅에서도 가능하다. "구원이 유대인에게서" 나온다는 말은 하나님이 그들에게 자신을 알리셨고 예수께서 유대인의 혈통에서 나오신 것을 의미한다. 구약에서 하나님은 자신을 아브라함, 이삭, 야곱에게 "전능의 신"으로서 알리셨고, 모세에게 "여호와"로 알리셨다(출 6:3). 그리고 신약에서 하나님은 유대인의 혈통을 따라 예수를 보내셨고 그로 말미암지 않고서는 아버지 하나님께 나아갈 수 없도록 그를 통해서만 자신을 알리셨다(요 14:6). 예수는 인간을 찾아오신 하나님, 보이는 하나님, 들리는 하나님, 만져지는 신이시다. 아버지께 나아가는 길과 진리와 생명 되시는 예수는 하나님인 동시에 하나님에 대한 최고의 지식이며, 우리에게 유일한 구원이다. 힘써 하나님을 알자. 하나님을 알면 알수록 더 좋은 예배를 드리고 더 진실한 예배자가 된다. 예배는 하나님을 아는 지식이고, 교회는 그런 지식에서 계속해서 자라가게 하는 훈육의 어머니와 같다. 예배를 드려도, 일주일이 지나도, 하나님을 아는 지식에서 한 뼘도 자라지 못한다면 그 교회에서 떠나는 게 상책이다. 교회의 목적과 무관한 공동체와 결별하라. 진정한 예배와 무관한 교회에 출석하면, 그래서 그런 교회가 부흥하면, 하나님의 나라가 왜곡된다. 사람들의 오해는 깊어진다. 그런 왜곡과 오해에 일조하게 된다.

> 23참된 예배자는 아버지께 영과 진리로 예배를 드리는 때가 오는데
> 바로 지금이다 아버지는 자신에게 이렇게 예배하는 자들을 찾으신다
> 24하나님은 영이시니 그를 예배하는 자들은 영과 진리로 예배해야 한다"

참된 예배자는 그리스도 예수의 아버지 하나님께 영과 진리로 예배를 드

리는 사람이다. 그런 예배의 시점은 바로 "지금"(νῦν)이다. 지금인 이유는 예수께서 지금 그곳에 계시기 때문이다. 아버지께 나아가는 길 되시는 예수가 계신 곳에서만 예배가 가능하다. 예루살렘 성전도 아니고 그리심 산이나 에발 산에서도 아니고 참 성전의 원형 되시는 예수가 계신 곳이라면 시간과 장소를 불문하고 참된 예배가 가능하다. 그런데 예수는 하나님의 보좌 우편으로 승천하신 이후에도 성령으로 말미암아 세상 끝날까지 우리와 항상 함께 거하시기 때문에 예배의 시점은 어느 때에든 지금이고 매 순간이다.

아버지 하나님을 "영과 진리로" 예배해야 하는 이유는 무엇인가? 하나님이 영이시기 때문이다. 알지 못하면 예배를 드리지 못하는데 예수는 하나님이 영이라는 사실을 여인에게 알려서 그녀의 예배가 가능하게 만드신다. "영"을 의미하는 헬라어 "프뉴마"(πνεῦμα)는 "숨 혹은 공기"로도 번역된다. 실제로 물질이 아니면서 존재하지 않는 것도 아닌 "영"을 표현하기 위해서는 공기보다 더 나은 유사물이 없다. 영은 보이지도 않고 냄새도 없고 색깔도 없고 온도도 없고 무게도 없고 부피도 없고 길이도 없고 위치도 없고 속도도 없는 독특한 차원의 존재를 의미한다. 이 세상의 기준과 질서와 한계를 적용하기 어려운 존재가 영이기 때문에 영과 관련된 모든 것들은 다른 가르침이 필요하다. 특별히 영이신 하나님을 섬기는 예배에 대해서는 당연히 하나님의 가르침이 필요하다. 성경에 따르면, 하나님은 공간에 제한되지 않으시고 모든 곳에 거하시며 천지에 충만한 분이시다. 시간에 제한되지 않으시기 때문에 계셨거나 계실 분이 아니라 어제도 계시고 오늘도 계시고 내일도 계시며 영원토록 계시는 분이시다. 예배의 대상이신 하나님이 영원히 변하지 않으시기 때문에 예배의 본질은 어떠한 시대와 나라와 장소와 상황 속에서도 변함 없이 동일하다.

예배의 방식은 예배자가 결정하지 않고 예배의 대상에 의해 결정된다. 하나님이 영이시면 물질적인 예배, 공간적인 예배, 시간적인 예배, 형식적인 예배는 본질에서 벗어난다. 물질의 여부, 공간의 상태, 특정한 시간, 구별된 형식은 모두 예배의 비본질적 사안이다. 하나님이 영이라는 사실은 "영과 진리로" 드려져야 하는 예배의 본질을 결정하는 기준이다. 하나님을 영으로서 알지 못한다면 예배의 본질은 필히 변질된다. 예배가 참되기 위해서는 "영과 진리 안"(ἐν πνεύματι καὶ ἀληθείᾳ)이라는 요건을 충족해야 한다. 그래서 당위성을 부여하는 동사(δέω)를 사용했다. 구약에서 예배의 방식이 달랐을 때에 얼마나 무서운 결과가 있었는가? 시내 광야에서 제사장이 된 나답과 아비후는 대제사장 아론의 아들이라 할지라도 포도주나 독주를 마시고서 "각기 향로를 가져다가" 하나님이 명하지 아니하신 "다른 불을 담아 여호와 앞에 분향"을 드린 이후에 "불이 여호와 앞에서 나와 그들을 삼키매 그들이 여호와 앞에서" 즉시 사망하는 일이 발생했다(레 10:1-2). 이는 참된 예배가 구원과 연결되어 있고, 잘못된 예배는 죽음과 연결되어 있음을 극명하게 보여준다. 예배에 목숨을 거는 이유는 목숨이 달린 문제이기 때문이다.

"영과 진리로" 예배를 드리는 방식에 있어서 "영"이란 무엇인가? 두 가지의 해석이 가능하다. 첫째, 성령을 의미한다. 예수는 자신을 하나님께 예배의 제물로 드리셨다. 참된 예배였다. 그런데 히브리서 기자는 이러한 예배가 "영원하신 성령으로 말미암아" 드려진 것이라고 기록한다(히 9:14). 성령 없이는 예수도 온전한 예배를 드리지 않으셨다. 이는 우리를 가르치기 위함이다. 그렇다면 우리는 더더욱 성령으로 말미암지 않는다면 하나님께 참된 예배를 드리지 못하지 않겠는가! 둘째, 우리의 영을 의미한다. 영은 인간의 중심이고 본질이다. 예배는 무늬가 화려한 말과 행위가 아니라 중심에서 비롯되는 여호와 경외심을 의미한다. 최고의 존재에게 드리는 예배는 존재의 중심으로, 즉 마음과 목숨과 뜻과 힘이라는 우리의 가장 소중한 것으로 최고의 상태에서 드림이 마땅하다. 특정한 공간에 출석하는 것과 순서지의 의식들을 빠뜨리지 않고 성실하게 연출하는 것으로 본질이 빠진 예배를 때우려는 것은 부당하다.

"진리"(ἀλήθεια)는 무엇인가? 이것도 두 가지의 해석이 가능하다. 첫째, 진리 자체이신 예수를 의미한다. 우리는 아는 분을 예배해야 한다. 그런데 예수만 아버지 하나님을 안다. 마태는 "아들과 또 아들의 소원대로 계시를 받는 자 외에는 아버지를 아는 자가 없다"고 기록한다(마 11:27). 그러므로 예수가 없다면 우리는 알지 못하는 우상을 숭배하게 된다. 모든 사람은 사탄에게 속아서 하나님을 자신과 맞먹어도 되는 존재로 왜곡한 아담의 죄로 말미암아 그리고 각자 자신의 죄로 말미암아 하나님을 예배하는 영광에 이르지 못하였다(롬 6:23). 예배라는 것은 마음이 만물보다 거짓되고 부패한 인간에 의해서는 결코 드려질 수 없는 최고의 영광이다. 그러나 바울은 우리가 "그리스도 안에서" "하나님께 영광을 돌리게" 되었다고 가르친다(고후 1:20). 동시에 그는 그리스도 안에서의 예배가 하나님의 영원한 계획에 기초한 것이라고 강조한다. "이는 우리가 그리스도 안에서 전부터 바라던 그의 영광의 찬송이 되게 하려 하심이라"(엡 1:12). 영이신 하나님께 영광을 드리는 예배는 오직 진리 자체이신 그리스도 안에서만 드려진다. 둘째, 진리는 우리의 진실함을 의미한다. 진리는 거짓되지 않음이다. 겉과 속의 일치를 의미한다. 예배의 겉모양과 예배자의 마음이 일치할 때에 진리 안에서의 예배가 가능하다. 겉과 속이 일치하는 예배에 대해 바울은 우리의 몸을 하나님께 드리되 마음의 새로움을 수반해야 한다고 가르친다. 그래야 하나님을 기쁘시게 한다(롬 12:1-2).

예나 지금이나 진실하지 못한 예배자가 많다. 그러나 하나님은 영과 진리로 예배하는 자를 찾으신다. 모든 사람들이, 혹은 많은 사람들이 그렇게 예배를 드린다면 그분이 찾으실 필요가 있겠는가? 하나님의 찾으심은 그런 사람이 희귀함을 암시한다. 또한 하나님이 참된 예배자를 찾고 계시기 때문에 그러한 사람의 출현과 예배의 참된 회복이 가능함도 암시한다. 참된 예배자는 구약과 신약 모두에서 희귀했다. 사마리아 여인만이 아니라 구약의 사람들은 하나님에 대한 무지 속에서 예배의 형식에 치우쳤다. 이사야에 의하면, 하나님은 자신을 주인으로 인정하지 않고 삼지도 않고 자신에게 합당한 예배도 드리지 않는 자기 백성에게 준엄한 경고를 내리셨다. "너희의 무수한 제물이 내게 무엇이 유익하뇨 … 너희가 내 앞에 보이러 오니 … 내 마당만 밟을 뿐이니라 헛된 제물을 다시 가져오지 말라 분향은 내가 가증히 여기는 바요 월삭과 안식일과 대회로 모이는 것도 그러하니"(사 1:11-13). 신약만이 아니라 구약에도 하나님을 기쁘시게 하는 예배는 짐승을 죽여서 드리는 형식적인 제사가 아니라 예배자 자신의 "상한 심령"이며 "통회하는 마음"이다(시 51:17).

이사야를 통해 하나님이 밝히신 참된 예배는 이러하다. "너희는 스스로 씻으며 스스로 깨끗하게 하여 내 목전에서 너희 악한 행실을 버리고 행악을 그치고 선행을 배우며 정의를 구하며 학대받는 자를 도와주며 고아를 위하여 신원하며 과부를 위하여 변호하라"(사 1:16-17). 하나님은 "제사와 예물과 번제와 속죄제"를 원하지도 않으셨고 기뻐하신 것도 아니었다(히 10:8). 하나님이 원하시는 참된 예배에 대해 호세아는 이렇게 기록한다. "나는 인애를 원하고 제사를 원하지 아니하며 번제보다 하나님을 아는 것을 원하노라"(호 6:6). 구약이 가르치는 예배의 본질은 예배의 대상이신 하나님을 알고 사랑의 주님을 인애의 삶으로 드러냄에 있다.

물론 하나님을 예배할 때에 그 정하신 규례를 따라 질서 속에서 드리는 것은 대단히 중요하다. 그러나 예배를 하나님 때문에 드리지 않고 규례 때문에 드린다면 참된 예배가 아니며 하나님도 그런 예배를 원하지 않으시고 받지도 않으신다. 그런 예배에 대해 이사야가 기록한 하나님의 설명이다. "주께서 이르시되 이 백성이 입으로는 나를 가까이 하며 입술로는 나를 공경하나 그들의 마음은 내게서 멀리 떠났나니 그들이 나를 경외함은 사람의 계명으로 가르침을 받았을 뿐이라"(사 29:13). 사람의 계명만이 아니라 모세의 계명으로 가르침을 받은 예배라고 할지라도 마음이 떠난 입술의 고백과 몸의 출석은 참된 예배와 무관하다. 이와는 달리 영과 진리로 드리는 예배는 지극히 자발적인 영혼의 활동이다. 이런 예배는 인간이 어떠한 상황과 환경 속에서도 얼마든지 드려진다. 이는 아무것도 할 수 없는 응급실과 중환자실 안이라고 할지라도 성령과 그리스도 때문에 영과 진리로 드리는 예배는 방해 받지 않기 때문이다. 하나님 때문에 하나님을 위하여 하나님을 예배하는 것은 어떠한 도구도 필요하지 않고 모든 상황에서 모든 자들에게 가능하다.

"예배하다"(προσκυνέω)는 말의 의미는 무엇인가? 누군가를 향하여 입을 맞추거나 존경을 표현하기 위해 무릎을 꿇거나 엎드리는 행위를 의미한다. 겸손히 자신을 낮추고 사랑하고 존경하는 마음의 자세를 가지는 것이 예배이다. 이런 예배는 성령의 도우심과 그리스도 예수의 본을 따르되 그분이 내 안에 사셔야 가능하다. 성령이 도우시면 아무리 교만한 사람도 겸손하게 된다. 아무리 차갑고 경직된 마음을 가진 냉혈한도 예수의 십자가 사랑을 경험하고 그 사랑으로 채워지면 하나님을 사랑하고 이웃을 사랑하게 된다. 예수를 알고 성령을 체험하며 하나님을 만나면 행위의 겉모습이 아니라 존재의 중심으로, 거짓되지 않고 진실하게, 억지로가 아니라 기꺼이 예배하게 된다.

25여인이 그에게 말하였다 "메시아 곧 그리스도라 하는 이가 오신다는 것을 저는 알고 있습니다 그가 오시면 모든 것을 우리에게 알려줄 것입니다"

삶의 고단함과 인생의 절망과 영혼의 문제까지 해결책을 이야기해 주신 예수에게 여인은 이제 메시아에 대한 주제로 넘어간다. 그녀는 메시아가 오실 것이라고 믿고 그를 기다리고 있다. 여인은 히브리어 "메시아"와 헬라어 "그리스도"가 호환되는 단어라는 사실을 알고 있으며, 이로 보건대 그녀는 헬라어가 주된 언어인 식민지 시대에 살면서도 이스라엘 백성의 언어적 정체성을 유지하고 있는 사람임에 분명하다. 여기에서 나는 이 여인이 성적으로 문란하고 자신의 생계를 유지하기 위해 유력한 남자들을 꼬드겨서 자기 남자로 만드는 교활한 여자가 아니라는 점을 확인한다. 그녀가 믿고 기다리는 메시아는 누구인가? 여인은 메시아를 자신에게 정치적인 해방과 경제적인 만족과 사회적인 지위와 역사적인 희망을 제공해 주시는 분으로 이해하지 않고 "모든 것"(ἅπας)에 대하여 해답을 주시는 분이라고 이해한다. 이 여인의 기호는 "준비하는 일이 많아 마음이 분주한" 마르다가 아니라 "주의 발치에 앉아 그의 말씀"을 듣던 마리아의 기호와 비슷하다(눅 10:39-40). 모르는 것을 알려주는 메시아의 답변을 사모하고 있다.

이처럼 사마리아 여인은 지성적인 목마름이 누구보다 강한 사람이다. 실패한 인생의 질곡에서 절박하게 붙잡고 있는 그녀의 희망은 성공이나 출세가 아니었다. 궁금한 모든 것을 자신에게 "알려줄"(ἀναγγελεῖ) 메시아가 오시고 그를 만나고 그에게서 인생의 답을 듣는 것이었다. 우리가 메시아를 고대하는 이유는 무엇인가? 메시아가 우리에게 신체적인 방식으로, 정치적인 방식으로, 혹은 경제적인 방식으로 행복과 기쁨과 만족을 주시는 유능한 분이라고 생각하기 때문인가? 아니면 부분적인 진리의 인식과 진리의 희미한 인식을 넘어 완전한 진리의 온전한 인식을 사모하기 때문인가? 예수는 마르다의 분주한 성실보다 마리아의 차분한 기호를 칭찬하며 마리아는 아무도 빼앗지 못하는 "좋은 편"을 택했다고 평하셨다(눅 10:42). 그렇다고 해서 성경을 공부하는 것만 좋아하고 삶의 성실한 실천을 경시하는 것은 이 평가의 잘못된 적용이다.

이제서야 예수는 "내가 그이니라" 혹은 "나다"(Ἐγώ εἰμι)라는 말로 자신의 정체성을 여인에게 밝히신다. "나다"라는 표현은 요한복음 안에서 총 8번 등장한다(요 4:26, 6:35, 8:12, 10:7, 9, 11, 11:25, 14:6, 15:1, 5). 그리고 이 표현은 구약에서 하나님이 자신을 설명하실 때에 사용하는 문구였다(시 43:10). 그러므로 예수의 이러한 자기 설명은 여인이 메시아를 맞이하고 하나님을 예배할 준비가 되어 있다는 예수의 긍정이다. 그녀는 예수의 말에서 "당신이 야곱보다 크냐"는 자신의 질문에 대한 확답을 확보했다. 당시에 많은 사람들이 예수를 메시아로 이해하지 않고 요한이나 엘리야나 예레미야 같은 선지자나 의원이나 왕이나 선생으로 이해했다(마 16:14). 메시아에 대한 잘못된 당시의 기대감이 그의 정체성을 왜곡했다. 예나 지금이나 정치적인 기대감이 예수를 왕으로, 미래에 대한 궁금증이 그를 선지자로, 건강에 대한 열망이 그를 의원으로 규정한다. 메시아에 대한 그런 개념을 가진 사람들은 예수를 만나도 하나님의 아들이나 메시아로 만나지를 못하고 삶을 개선하고 세속적인 유익을 제공하는 좋은 분으로만 인식한다.

그러나 사마리아 여인은 메시아가 모든 것을 알게 하는 최고의 계시라고 이해했다. 그런 개념을 가지고 메시아를 고대하는 자에게 예수는 자신을 메시아로 알리신다. 바울은 우리가 알아야 하고 배워야 할 모든 지혜와 지식의 보화가 그리스도 안에 있다(골 2:3)고 확신하고 자신은 그리스도 예수의 존재와 십자가 사역만 알기로 작정했다(고전 2:2). 바울의 이러한 관점에서 보면, 사마리아 여인이 알고 싶어한 "모든 것"은 메시아 자신이고 메시아는 인생과 신분과 종교에 대한 그녀의 모든 궁금증을 정확하게 대답한 후 자신의 정체성을 그녀에게 알리면서 그녀의 기대에 응하셨다. 예수 자신이 그녀에게 모든 것의 답이었다. 이제 그녀의 모든 목마름과 궁금증은 예수와의 만남으로 인해 사라졌다. 나아가 사람이 완전히 달라졌다. 샘물의 역동적인 솟아남 때문에, 절망에서 희망으로 이동했기 때문에, 잠잠할 수 없고 뭔가 기쁨과 감동의 격정적인 에너지를 닥치는 대로 분출해야 하는 상황이다. 예수를 메시아로 만나면 지극히 비참하고 가련한 무명의 여인도 인생이 완전히 달라진다.

요 4:27-38

²⁷이 때에 제자들이 돌아와서 예수께서 여자와 말씀하시는 것을 이상히 여겼으나 무엇을 구하시나이까 어찌하여 그와 말씀하시나이까 묻는 자가 없더라 ²⁸여자가 물동이를 버려 두고 동네로 들어가서 사람들에게 이르되 ²⁹내가 행한 모든 일을 내게 말한 사람을 와서 보라 이는 그리스도가 아니냐 하니 ³⁰그들이 동네에서 나와 예수께로 오더라 ³¹그 사이에 제자들이 청하여 이르되 랍비여 잡수소서 ³²이르시되 내게는 너희가 알지 못하는 먹을 양식이 있느니라 ³³제자들이 서로 말하되 누가 잡수실 것을 갖다 드렸는가 하니 ³⁴예수께서 이르시되 나의 양식은 나를 보내신 이의 뜻을 행하며 그의 일을 온전히 이루는 이것이니라 ³⁵너희는 넉 달이 지나야 추수할 때가 이르겠다 하지 아니하느냐 그러나 나는 너희에게 이르노니 너희 눈을 들어 밭을 보라 희어져 추수하게 되었도다 ³⁶거두는 자가 이미 삯도 받고 영생에 이르는 열매를 모으나니 이는 뿌리는 자와 거두는 자가 함께 즐거워하게 하려 함이라 ³⁷그런즉 한 사람이 심고 다른 사람이 거둔다 하는 말이 옳도다 ³⁸내가 너희로 노력하지 아니한 것을 거두러 보내었노니 다른 사람들은 노력하였고 너희는 그들이 노력한 것에 참여하였느니라

❖ ❖ ❖

²⁷이때에 그의 제자들이 돌아왔고 그가 여인과 말하시는 것을 이상하게 여겼으나 그럼에도 불구하고 '당신이 무엇을 구하는지 혹은 그녀와 무슨 말씀을 하는지'를 누구도 말하지 않았더라 ²⁸여인은 자신의 물동이를 내버리고 동네로 들어가서 사람들에게 말하였다 ²⁹"이곳으로 와서 내가 행한 모든 것을 나에게 말한 사람을 보십시오 이는 그리스도이지 않습니까?" ³⁰그들이 동네에서 나와 그에게로 향하였다 ³¹그러는 동안에 제자들이 말하며 그에게 청하였다 "랍비여 드십시오" ³²그러나 그는 그들에게 말하였다 "나에게는 너희가 알지 못하는 먹을 양식이 있느니라" ³³이에 제자들은 서로에게 말하였다 "누가 그에게 먹을 [것을] 가져다 드렸는가?" ³⁴예수께서 그들에게 말하셨다 "나의 양식은 나를 보내신 분의 뜻을 행하고 그의 일을 완성하는 것이니라 ³⁵너희는 네 달이 더 있어야 추수[의 때]가 온다고 말하지 않느냐? 보라 나는 너희에게 말하노라 너희는 눈을 들어 밭을 보아라 추수를 위해 이미 하얗게 되었구나 ³⁶거두는 자가 보상을 취하고 영원한 생명에 이르는 열매를 모아서 뿌리는 자와 거두는 자가 함께 기뻐하게 한다 ³⁷이로 보건대, '어떤 이는 심고 어떤 이는 거둔다'는 말은 진실하다 ³⁸나는 너희가 노력하지 아니한 것을 거두라고 보내었다 다른 이들은 수고했고 너희는 그들이 수고한 것에 참여했다"

13 　아름다운 동역

예수를 메시아로 만난 사마리아 여인은 사람이 변하였고 인생이 달라졌다.
예수라는 생명수와 영생수를 경험한 여인은 우물물 뜨는 양동이를 내던지
고 동네로 달려가 메시아를 전파했다. 여인의 말을 들은 사람들도 인생의
방향을 예수께로 돌이켰다. 그러는 동안에 제자들은 동네에서 음식을 구해
와서 예수에게 나누었다. 음식에 마음이 사로잡힌 제자들을 향해 예수는
자신의 양식이 아버지 하나님의 뜻을 행하고 이루는 것이라고 가르친다.
이는 입으로 들어가지 않고 순종으로 섭취되는 양식이다. 파종하는 시기에
예수는 하나님의 뜻을 이루는 추수의 때, 열매를 거두며 양식을 섭취하는
때가 왔다고 선언한다. 이는 추수의 때가 4개월이나 남았다는 농부의 상식
을 뒤흔드는 선언이다. 이 선언으로 말미암아 예수 이후로 모든 시대는 추
수의 때로 간주된다. 예수는 추수하는 자의 직무와 보상과 도리에 대해서
도 구체적인 지침을 제시한다.

²⁷이때에 그의 제자들이 돌아왔고 그가 여인과 말하시는 것을
이상하게 여겼으나 그럼에도 불구하고 '당신이 무엇을 구하는지
혹은 그녀와 무슨 말씀을 하는지'를 누구도 말하지 않았더라

예수와 여인의 대화가 끝나자 제자들이 돌아왔다. 타이밍이 절묘하다. 한
치의 어긋남도 없다. 대화의 내용과 길이를 조절하는 것은 소통의 기술이
다. 제자들의 걸음이 늦지도 않고 빠르지도 않게 도착한 결과가 되도록 여
인과의 대화를 적당히 조절하여 모든 사람들을 배려하는 예수의 화술도 본
받음의 대상이다. 제자들은 예수와 여인이 대화하는 것을 목격한다. 여인
이 아직 떠나가지 않고 예수와 말을 섞는 장면이 그들의 눈에 노출된 것도
섭리적인 연출이다. 유대인인 제자들의 눈에 이 장면은 대단히 이상했다.
이상하게 여긴(ἐθαύμαζον) 이유는 유대인과 사마리아 사람이 상종하지 않
는다는 관행과 랍비는 길에서 여자와 대화하지 않는다는 관행 때문이고,
무엇보다 그런 문화적인 관행에 그들도 길들여져 있었기 때문이다. 오늘날
우리의 문화와 전통에 대해서도 각자의 가치관과 판단력을 맡겨도 되는 것
인지를 우리는 늘 분별해야 한다.

　이상한 장면을 보고서도 제자들은 예수께서 사마리아 여인에게 구하시
는 것이 무엇이고 나눈 대화의 내용은 어떤 것인지에 대해 질문하지 않고
궁금증을 억눌렀다. 저자가 보기에는 그런 질문을 드렸어야 했다. 그러나
제자들이 보기에는 평소에 하나님 나라의 복음을 증거하신 예수께서 민족
적인 관행의 벽을 허물고 사마리아 사람들도 선교의 대상으로 삼으신 것
이라고 여겼을 가능성도 있다. 아니면 양식을 구해오는 제자들을 기다릴
수 없을 정도로 배고파서 여인에게 먹거리를 구하는 중이라고 여겼을 가
능성도 있다. 희박해 보이지만, 예수가 아직 미혼의 청년이기 때문에 이성
적인 파트너가 필요하고 작업을 거시는 중이라고 오해했을 가능성도 있다.
내가 보기에는 그들이 가진 궁금증의 구체적인 내용보다 그들이 예수께 여

쭙지 못했다는 사실이 더 중요하다. 그들이 말을 꺼내지 못한 것은 기존의 관행보다 예수의 관행 파기가 더 중요하고 위엄이 있다고 판단했기 때문임에 분명하다. 만약 관행이 그들에게 더 커 보였다면 관행에 어긋나는 예수의 파격적인 행동을 지적하며 그를 감히 가르치려 들었을 것이기 때문이다.

> 28여인은 자신의 물동이를 내버리고 동네로 들어가서 사람들에게 말하였다
> 29"이곳으로 와서 내가 행한 모든 것을 나에게 말한 사람을 보십시오
> 이는 그리스도이지 않습니까?"

예수를 메시아로 인지한 여인의 격정적인 반응이다. 먼저 자신의 물동이를 내던졌다. 물동이는 그녀의 생계와 인생을 대변하는 물건이다. 그토록 소중하게 고수하던 물건을 내던지고 그녀는 동네로 들어갔다. 메시아를 만나면 한몫 단단히 챙길 것이라고 기대하지 않고 오히려 자신의 것을 내던지고 타인에게 최고의 만남을 서둘러 나누고자 하는 여인의 모습이 감동이다. 그녀는 나눔의 걸음을 옮기되 느긋하게 걸어가지 않고 힘껏 뛰어갔고, 다른 일로 시간을 허비하지 않고 곧장 사람들을 찾아갔다. 우물을 찾던 여인이 사람을 찾는 것은 인생의 혁신이다. 물고기 잡던 제자들을 향해 사람을 낚는 어부가 되게 하신다는 예수의 말씀이 떠오른다.

여인은 동네 사람들 앞에서 메시아를 선포했다. 그녀의 놀람과 격정과 흥분은 그들에게 이미 보이는 언어였다. 마이클스의 지적처럼 그녀의 행동은 입보다 더 많은 것을 더 크게 말하였다. 여인의 이러한 행동은 예수의 명령이나 보내심에 의한 것이 아니라 자발적인 일이었다. 칼뱅이 잘 지적한 것처럼 믿음이 입술을 움직였기 때문이다(시 116:10). 사람은 역시 거부할 수 없는 믿음으로 산다. 진짜로 믿으면 삶의 방향이 달라지고 발걸음의 속도가 달라지

고 언어의 온도가 달라진다. 확신에 찬 여인은 잠잠할 수 없어서 메시아를 만났다고 소리쳤다. 메시아를 만난 안드레와 빌립은 한 명의 형제와 동네 친구에게 이 사실을 알렸으나 여인은 동네 사람들 전체에게 메시아를 증거했다. 그러므로 이 여인이 더 큰 칭찬과 존경을 받아 마땅하다.

메시아의 직무에는 모든 것을 알리는 계시의 사역도 있지만 인간의 죄를 제거하고 의롭게 만들어 영원한 생명의 소유자가 되게 하는 구원의 사역이 더 중요하다. 그러나 예수는 자신을 메시아로 보이시되 메시아에 대한 여인의 제한적인 이해에 설명의 눈높이를 맞추셨다. 자신이 기대하던 선지자적 메시아를 만난 그녀는 동네의 모든 사람에게 와서 보라고 강청했다. 이 강청은 메시아를 전하는 것이 자신의 생계보다 그녀에게 더 소중했기 때문에 나온 반응이다. 메시아를 만나는 우주적인 사건이 발생하면 누구든지 존재가 달라지고 인생이 달라진다. 이는 메시아를 중심으로 모든 기준이 달라지고 관점이 달라지고 초점이 달라지기 때문이다.

메시아를 만나면 생계에 대한 집착이 사라진다. 생계의 필요는 아버지 하나님이 다 아시기 때문이고 인생의 목적이 먹음과 마심에 있지 않음을 알기 때문이고 오히려 땅 끝까지 이르러 메시아를 선포하는 것이 목숨보다 더 소중한 것이라는 진리를 깨닫기 때문이다. 메시아 선포에 방해가 된다면 생계의 도구인 물동이도 과감하게 내던진다. 동네로 달려간 여인은 메시아를 알리되 그를 "내가 행한 모든 것을 나에게 말한 사람"으로 선포했다. 그다지 떳떳하게 살아오지 못한 여인의 모든 것을 말하는 사람을 타인에게 소개하는 것은 스스로 무덤을 파는 것과 일반이다. 그런데도 여인은 자신을 돋보이게 할 사람이 아니라 자신의 치부를 발설할지 모르는 사람을 타인에게 소개한다. 이는 여인이 보기에 다른 사람들이 메시아를 만나는 은총이 자신의 치부 가리는 것보다 그녀에게 더 소중했기 때문이다. 이는 자기 중심성을 벗어나 주님과 타인을 먼저 고려하는 가치관의 혁신이 그녀에게 있었음을 증거한다.

사실 메시아에 대한 여인의 인식과 이해의 정도는 그리 대단하지 않다. 그런데도 그녀의 배에서는 생수의 강이 범람하고 있다. 자신이 만난 메시아를 동네 사람들도 만나야 한다는 염원과 열정이 솟구치고 있다. 그녀의 평생에서 최고의 선물 같은 메시아를 만나 혼자만 꿀꺽하지 않고 타인과 맹렬하게 나누려는 의지가 강력하다. 그런 나눔의 삶을 자신의 생계보다 더 소중하게 생각한다. 이처럼 여인의 가치관과 실질적인 삶은 완전히 달라졌다. 사마리아 여인의 변화가 이러한데, 메시아를 더 잘 아는 사람은 어떠해야 하겠는가? 과연 우리는 메시아를 제대로 만난 사람인가? 그를 아는 지식은 올바른가? 그 지식에 상응하는 삶의 혁신을 경험하고 누리는가? 메시아를 만나면, 게으름이 성실로 바뀌고, 우매함이 지혜로 대체되고, 슬픔이 기쁨으로 변하고, 아무리 어두운 현실도 절망에서 희망으로 갈아탄다. 간절히 찾으면 메시아는 우리를 만나신다. 그러면 반드시 인생의 변화가 일어난다. 이런 변화를 우리는 갈망해야 한다.

30그들이 동네에서 나와 그에게로 향하였다

물동이를 던지고 달려온 여인의 증언을 들은 동네 사람들은 예수께로 향하였다. 동네 사람들의 긍정적인 반응이 그들을 움직이는 여인의 변화된 리더십을 증거한다. 사실 여인은 율법에 능한 신학자나 목회자가 아니었다. 그런데도 동네를 움직였다. 사회적 영향력이 달라졌다. 한 동네의 영적인 지도자로 등극했다. 여인이 그동안 살면서 과연 타인에게 이런 변화의 원인이 된 적이 있었는가? 메시아를 만난 여인은 이제 사람들의 부정적인 평판이나 가시 돋친 구설수에 휘둘리는 인생이 아니라 오히려 그들의 인생을 새롭게 바꾸어 줄 단초를 제공하는 사람으로 변하였다. 이는 생계보다 복음을 선택할 때에 달라지는 인생의 획기적인 변화상을 잘 보여준다.

"주 예수를 믿으라 그리하면 너와 네 집이 구원을 받으리라"(행 16:31). 복음의 강력한 전염성을 강조한 표현이다. 예수를 믿으면 집만이 아니라 마을이 변화된다. 수가라는 사마리아 동네에서 일어난 일이 이 말씀의 실증이다. 한 마을의 변화만이 아니라 땅 끝까지 변화된다.

31그러는 동안에 제자들이 말하며 그에게 청하였다 "랍비여 드십시오" 32그러나 그는 그들에게 말하였다 "나에게는 너희가 알지 못하는 먹을 양식이 있느니라"

돌아온 제자들은 예수에게 자신들이 동네에서 구한 양식을 드시라고 한다. 여인은 우물에서 동네로 갔고 제자들은 동네에서 우물로 왔으며, 여인은 예수라는 영혼의 양식을 전하려고 마을 사람에게 갔고 제자들은 몸의 양식을 전하려고 예수에게 왔다. 여인과 제자들의 동선과 역할이 미묘하게 교차한다. 동네에서 얻은 음식을 제공하는 제자들을 향해 예수는 자신에게 이미 "먹을 양식"이 있다는 특이한 반응을 보이신다. 게다가 자신의 양식은 그들이 "알지 못하는"(οὐκ οἴδατε) 것이라고 한다. 모르는 것이 자꾸만 언급된다. 여인과의 대화에서 예수는 사마리아 사람들이 "알지 못하는 신"에 대해 언급했고, 제자들과 나누는 대화에서 그는 그들이 "알지 못하는 먹을 양식"에 대해 언급한다. 과연 인간이 아는 것은 무엇이고 알지 못하는 것은 무엇인가?

　신은 가장 신비로운 존재이기 때문에 모르는 게 당연하다. 그러나 양식은 모르는 사람이 하나도 없을 정도로 모두에게 잘 알려진 보편적인 대상이다. 그런데 예수는 지극히 평범하든 지극히 특별하든, 지극히 친숙하든 지극히 생소하든, 지극히 가깝든 지극히 멀든 어느 하나도 인간이 제대로 아는 게 없다고 지적한다. 수십 년간 자신의 구강을 출입하던 양식의 궁극적인 실체도 제자들이 모른다고 하신 예수의 말씀으로 인해 나는 나의 일상과 상식을 돌아보게 된다. 안다고 생각한 모든 것을 의심하게 된다. 우리는 익숙한 것이 깨달음인 것처럼 가장한다. 그러나 익숙하고 친숙하면 안다는 착각을 경계해야 한다. 익숙하기 때문에 안다고 생각하는 순간, 마땅히 알아야 할 것을 알지 못한다는 바울의 통찰력을 늘 기억해야 한다.

제자들은 예수와 함께 동고동락하기에 그의 모든 일상을 인지하고 있다. 음식에 대한 예수의 기호도 다 파악하고 있다. 그런데도 그들이 모르는 양식이 자신에게 있다는 예수의 말씀에 대해 그들은 어떻게 생각하고 반응할까?

33이에 제자들은 서로에게 말하였다
"누가 그에게 먹을 [것을] 가져다 드렸는가?"

제자들은 부지런히 다니며 구해 온 양식이 스승에게 필요 없어진 상황을 직감한다. 의리도 없이 자신들이 양식 구하러 간 사이에 스승이 혼자만 배를 채웠다고 생각하여 배신감을 느끼지는 않았을까? 그렇지는 않아 보인다. 의문과 궁금증이 생겼으나 그들은 예수에게 말하지 않고 서로에게 말하였다. 예수와 제자들은 터울 없이 지내는 사이가 아직 아니었다. 이는 스승이 뭔가 이상해도, 의문이 들어도, 적당히 삭히며 즉각적인 질문을 그들이 피하거나 주저하기 때문이다. 그들이 서로에게 말한 내용은 예수에게 먹을 것을 가져다 준 '누군가가 있느냐'는 것이었다.

예수와 제자들의 관심사는 상당히 어긋난다. 예수의 관심사는 자신에게 있는 양식을 제자들이 모른다는 것이었고, 제자들의 관심사는 자신들이 그 양식은 알지만 양식 제공자는 모른다는 것이었다. 제자들은 스승의 말을 경청하지 않았으며, 양식은 자신들이 너무도 잘 아는 것이라고 섣불리 확신했다. 나중에 예수가 누룩을 주의해야 한다고 말하실 때에도 제자들은

"우리가 떡을 가져오지 않았다"는 사실을 돌려서 꾸짖으신 것이라고 오해 했다(마 16:6-7). 이에 예수는 떡의 없음이 문제가 아니라며 믿음의 적음을 지적했다(마 16:8). 제자들은 예수를 신뢰하지 않고 자신들을 기준으로 생 각하고 반응한다. 자신이 아는 것을 기준으로 상대방의 말을 이해하는 것 은 불가피한 인식의 수순이다. 하지만 하나님의 말씀을 이해할 때에는 인 식의 역순도 필요하다. 즉 나의 지식이 아니라 말씀을 생각의 시초로 삼고 말씀을 사유의 원리로 삼아 인식하는 지성의 자기 부인 연습이 필요하다. 제자들은 자신들의 관심사를 접고 예수의 말씀을 따라 자신들이 "알지 못 하는" 양식에 대해 물었어야 했다. 대화의 맥락을 존중하는 그런 물음이 예 수의 말씀을 더 잘 이해하게 만드는 최고의 준비이기 때문이다.

> 34예수께서 그들에게 말하셨다 "나의 양식은 나를 보내신 분의 뜻을 행하고
> 그의 일을 완성하는 것이니라

예수는 대화의 달인이다. 말의 맥락을 파악하지 못하여 핵심적인 내용을 질문하지 못하는 제자들을 위해 알아서 말을 이으신다. 그들이 묻지도 않 은, 그러나 물어야만 했던 사안의 핵심을 언급한다. 그들이 알지 못하는 예 수의 양식은 그를 "보내신 분의 뜻을 행하고 그의 일을 완성하는 것"이라 고 한다. "보내신 분의 뜻"과 관련하여 예수는 보내신 분이 "기뻐하는 일" 을 "항상" 하셨다고 한다(요 8:29). 아버지의 뜻은 그분이 기뻐하는 일과 일 치한다. 사람은 자신이 기뻐하는 일을 해도 행복하다. 그러나 나를 보내신 분이 기뻐하실 일을 하면 더 행복하다. 이처럼 예수의 양식은 입으로 들어 가는 음식이 아니었다. "무엇을 먹을까 무엇을 마실까"를 염려하지 말라고 하신 예수의 양식은 아버지 하나님의 뜻이었고 그것을 섭취하는 방식은 순 종의 행위였고 완성의 삶이었다. "양식"은 인생의 요약이며 안식과 누림과

유쾌와 행복의 대명사다. 수고가 아니라 축제의 다른 표현이다. 인생은 즐겁고 행복한 축제여야 한다. "보내신 분의 뜻"을 행할 때에만 궁극적인 기쁨과 행복과 만족이 주어진다. 온갖 최고급 열매가 가득한 태초의 에덴은 그런 축제의 장이었다.

그러나 에덴의 모든 양식이 사라진 이유는 열매 자체의 부족이나 소멸 때문이 아니라 아담과 하와가 하나님의 뜻을 거부하는 죄를 저질렀기 때문이다. 모든 열매는 그들이 쫓겨나는 방식으로 사라졌다. 에덴 바깥에서 그들은 축제가 아니라 노동의 땀을 흘려야만 했다. 이처럼 에덴 안에서도 풍요로운 열매 자체는 축제의 본질이 아니었다. 하나님의 뜻이 축제의 여부를 좌우하는 열쇠였다. 예수께서 하나님의 뜻이 양식의 본질임을 강조하신 것은 이런 맥락이지 않았을까! 이것은 공생애를 시작할 때부터 강조한 내용이다. 고대의 이스라엘 백성처럼, 광야에서 사십 주야를 주리시며 시험을 당하시던 예수는 사람이 떡으로만 사는 것이 아니라 하나님의 입에서 나오는 모든 말씀을 먹고 산다는 기록의 인용으로 돌덩이로 떡을 만들라는 마귀의 맹공을 무력하게 만드셨다(신 8:3; 마 4:4). 시험 이후로도 예수는 떡이 아니라 하나님의 말씀 즉 "보내신 분의 뜻"이라는 양식을 순종과 성취라는 방식으로 죽는 순간까지 일평생 섭취했다. 육신과 영혼의 필요를 채우는 떡과 말씀의 미묘한 대립은 인류의 역사와 나란히 진행되어 온 투쟁의 고단한 역사를 대변한다. 이 대립은 지금도 우리 각자의 내면에서, 나라에서, 세계에서 진행되고 있다. 대체로 떡을 선택하는 역사가 계승되고 있다.

예수는 아버지 하나님의 보내심을 받은 사람이다. 예수는 제자들을 보내셨고 제자들은 또 다른 제자들을 보내는 그런 파송의 긴 역사가 오늘날 우리에게도 이르렀다. 파송의 근원을 보면, 우리 모두는 하나님의 보내심을 받은 사람이다. 보내심을 받은 사람의 양식은 예수의 언급처럼 보내신 분의 뜻을 행하고 그의 일을 완성하는 것이어야 한다. 만약 거부하면, 양식의 섭취를 중단할 수 없는 우리는 반드시 다른 누군가의 뜻을 행하며 완성하는 다른 양식으로 연명하게 된다. 어떤 사람의 욕망이나 자신의 욕망에 순응하며 생존하게 된다. "먹는 것이 곧 나다"(I am what I eat) 라는 경구처럼, 양식이 달라지면 존재와 인생도 달라진다. 하나님의 뜻이라는 최고의 양식을 거부하는 것은 하등한 존재와 비루한 인생을 자초하는 어리석은 선택이다. 하나님의 뜻은 인생의 최고급 식단이다. 그것을 마다하는 것은 마귀의 계략으로 말미암은 입맛의 변질 때문이다. 말씀에 대한 입맛을 조속히 되찾아야 한다. 말씀이 꿀보다 더 달게 해 달라고 기도해야 한다.

35너희는 네 달이 더 있어야 추수[의 때]가 온다고 말하지 않느냐?
보라 나는 너희에게 말하노라 너희는 눈을 들어 밭을 보아라
추수를 위해 이미 하얗게 되었구나

예수는 보내신 분의 뜻을 행하고 완성하는 것을 파종과 추수로 설명한다. 대화의 시점에서 자연적인 추수의 시기는 4개월이 지나야 도래한다. 일반 사람들과 제자들은 모두 그렇게 이해하고 있다. 그러나 예수는 밭이 "이미 하얗게" 되어 추수할 때가 왔다는 이의를 제기한다. 씨앗을 심는 파종기에 곡식이 이미 누렇게 익은 추수기가 되었다는 주장은 얼마나 엉뚱한가! 사마리아 사람들은 물론이고 제자들도 예수의 이런 주장이 민망하고 부끄럽지 않았을까? 농업에 대한 초보적인 상식도 없는 목수의 헛소리로 여기지 않았을까? 그러나 예수의 말씀에서 "밭"은 하나의 단어에 두 가지 이상의 의미를 표현하는 낱말이다. 즉 중의적인 표현이다. 씨를 뿌리고 열매를 거두는 농사의 현장을 뜻하기도 하지만, 말씀의 씨를 뿌리고 하나님의 백성을 거두는 선교의 현장 즉 세상을 뜻하기도 한다. 모든 사람들이 쉽게 이해하는 농경의 상식과 모순되는 말로 그들의 의식을 화끈하게 깨우시며 하

나님 나라의 영적인 현실을 설명하는 예수의 화법은 볼수록 신비롭다.

"네 달이 더 있어야" 한다는 구절에서 "더"를 가리키는 헬라어 "에띠" ("Ἔτι)를 직역하면 때가 이르지 않았음을 가리키는 부사어 "아직"이다. 그러나 예수는 때가 이미 왔음을 가리키는 부사어 "이미"를 가리키는 헬라어 "에데"(ἤδη)를 사용한다. "아직"과 "이미"는 현상만 보는 제자들과 본질도 보시는 예수가 가진 인식의 격차와 관심사의 차이를 드러낸다. 이는 사마리아 여인과 예수의 대화에서 영과 진리로 드리는 참된 예배의 때를 여인은 미래로 생각했고 예수는 현재로 생각하신 것과 유사하다. 자연의 현상을 보면 추수의 때가 "아직"이고 섭리의 현실을 보면 "이미"라는 두 겹의 사실을 구분하는 것이 필요하다. 육안의 사실에 억류되어 믿음의 사실과 단절되는 일이 없도록 현실의 영적인 이면을 읽어내는 연습이 필요하다. "아직"의 느긋함이 아니라 "이미"의 긴박함을 가지는 게 더 현명하다. 물론 억울하고 부당한 세상의 지칠줄 모르는 불의와 거짓을 볼 때에는 "아직"을 떠올리며 장차 임할 정의로운 심판을 생각함이 좋다.

추수의 시기에 대한 예수와 제자들의 견해차는 예수의 신성 즉 하나님의 아들됨과 하나님의 섭리적인 때에 대한 인간의 무지를 동시에 드러낸다. 때와 기한은 언제나 아버지 하나님이 정하신다. 예수는 우리에게 아버지가 정하신 때와 기한을 우리에게 알리는 유일한 분이시다. 2,000년 전부터 예배의 때이고 이미 추수할 때라고 하신 예수의 알리심을 우리는 그대로 수용해야 한다. 예배와 추수의 준비는 요한의 때까지 끝났으며 지금은 준비할 때가 아니라 예배와 추수를 실행하며 천국을 침노할 때라는 사실을 명심해야 한다. 동시에 이스라엘 백성이 메시아가 오는 때를 몰랐던 것처럼, 우리도 그 메시아가 다시 오는 종말의 때에 대해 무지하다. 그렇기 때문에 그때를 맞이하기 위해 우리는 항상 깨어 준비해야 한다. 결정은 하나님의 권한이고 준비는 우리의 책임이다.

제자들의 이해와는 달리 예수의 눈에 비친 당시의 세상은 "이미 하얗게"

되어 추수의 때가 무르익은 상황이다. 그때가 그러하면 지금은 더더욱 하얗게 된 세상이다. 그런데 예나 지금이나 문제는 현실에 대한 영적인 분별력이 없다는 사실이다. 그래서 예수는 "눈을 들어 밭을 보라"고 명하신다. 이는 "눈"을 들어야 "밭"이라는 현실이 제대로 보이기 때문이다. "눈"은 가시적인 사물을 인식하는 시력만이 아니라 보이지 않는 것을 인식하는 영적인 안목도 가리킨다. "들라"(ἐπάρατε)는 "들어 올리라 혹은 위로 향하라"를 의미한다. "보라"(θεάσασθε)는 명령도 보여지는 대로 아는 수동적인 인식이 아니라 진리를 찾기 위하여 면밀히 살피는 적극적인 인식을 강조한다. 즉 보이는 것만 수용하는 것이 아니라 보이지 않는 것도 보려는 능동적인 관찰을 촉구한다. "밭"이나 "눈"이나 "들라"와 "보라"는 말은 모두 예수를 중심으로 이해해야 하는 표현이다.

우리는 눈을 들어서 예수의 기준과 관점을 확인하고 이미 하얗게 된 세상을 목도하고 추수의 때임을 파악하고 열매를 거두는 인생으로 헌신하며 살아가야 한다. 그러나 고개를 숙이고 눈을 땅의 표면에 떨구고 척박한 생존의 표면만 쳐다보면 때를 분간하지 못하고 추수와 무관한 인생을 살아가게 된다. 추수의 때는 사람마다 개인차가 있다. 누구든지 메시아를 만나면 그때가 바로 추수의 시점이다. 사마리아 여인은 메시아를 만난 직후부터 동네로 뛰어가 추수를 시작했다. 한 번의 만남으로 열정적인 추수꾼이 된 여인과는 달리, 제자들은 메시아와 날마다 동거하고 동행하고 있었지만 추수의 때를 인지하지 못하여 미지근한 인생을 살아간다. 누구의 삶이 정상인가?

36거두는 자가 보상을 취하고 영원한 생명에 이르는 열매를 모아서
뿌리는 자와 거두는 자가 함께 기뻐하게 한다

예수는 추수의 때에 추수하는 자가 되도록 제자들을 이끄신다. 노동착취

개념이 천국의 사전에는 없다. 성경에 의하면, 하나님은 일하는 자들의 입에 망을 씌우지 않으시고 행한 대로 반드시 갚으시기 때문이다. 사람만이 아니라 짐승에 대해서도 하나님은 경제적인 정의를 이루신다. 이런 맥락에서 예수는 추수하는 자에게 보상이 주어질 것임을 언급한다. "보상"의 구체적인 내용이 언급되어 있지 않지만 칼뱅은 "크고 놀라운 보상"이며 "썩지 않고 쇠하지 아니하는 보상"일 것이라고 추정한다. 그런 보상의 실체는 무엇일까? 바울이 생각하는 보상의 내용은 특이하다. "내 상이 무엇이냐 내가 복음을 전할 때에 값없이 전하고 복음으로 말미암아 내게 있는 권리를 다 쓰지 아니하는 이것이라"(고전 9:18). 복음을 값없이 전파하는 것이 보상이고, 복음 때문에 자신의 권리를 다 사용하지 아니하는 것이 보상이다. 둘 다 손해처럼 보이는데 어떻게 보상인가?

바울이 생각하고 추구하고 기대하고 받게 될 보상은 이 땅의 썩어 없어지는 돈이나 명예나 건강이 아니라 시인의 고백처럼 예수의 형상 회복이다(시 17:15). 그분을 본받는 것 자체가 보상이다. 그래서 바울은 무슨 수를 써서라도 본받음의 보상을 취하려고 한다(빌 3:10-11). 바울이 그렇게도 본받고 싶은 예수는 하늘의 비밀한 복음, 최고의 지혜와 지식을 한 푼의 강의료나 등록금도 받지 않으시고 값없이 모두에게 전하셨다. 게다가 그 복을 전파하기 위한 비용으로 자신의 생명을 지불하는 자발적인 손해까지 당하셨다. 바울이 보기에는 그런 예수의 발자취를 따라가는 것 자체가 보상이기 때문에 복음의 값없는 전파와 권한의 포기를 자신이 받는 상이라고 고백했다. 당시의 제자들은 이런 내용까지 알지는 못하였다.

보상을 언급한 예수는 거두는 자가 하는 일이 "영원한 생명에 이르는 열매를 모으는 것"이라고 설명한다. 그러나 상식에 따르면, 일이 먼저이고 보상은 나중이다. 그런데 예수는 보상을 먼저 언급한 다음에 일을 언급한다. 순서가 특이하다. 일을 하기도 전에 주어지는 보상은 무엇인가? 나는 그 보상이 예수 본받기를 넘어 예수께서 내 안에 사시는 것이라고 생각한다. 예수께서 내 안에 사시면 나의 일은 없어진다. 그러므로 내 편에서는 일을 하더라도 그 일조차 쉼이라는 보상이다. 어떻게 그러한가? 히브리서 저자는 "이미 그의 안식에 들어간 자는 하나님이 자기의 일을 쉬심과 같이 그도 자기의 일을 쉰다"(히 4:10)고 가르친다. 안식에 들어가는 것은 자신의 일을 쉬는 것이며, 그런 쉼은 내가 살지 않고 예수께서 내 안에 사실 때에만 주어진다. 그래서 "영원한 생명에 이르는 열매" 즉 복음의 열매인 하나님의 백성을 모으는 일은 내가 행하지 않고 내 안에 계신 주님께서 행하신다. 일하는 것 자체가 이미 쉼이면서 보상이다. 그래서 보상의 개념이 일보다 우선한다. 그래서 일은 보상을 얻기 위한 투자나 공로가 아니라 누림인 동시에 보상을 주신 분에 대한 감사와 예배의 표현이다.

그래서 예수는 열매를 모으는 일이 복음의 씨앗을 심는 자와 구원의 열매를 거두는 자가 "함께 기뻐하게 하는 것"(ὁμοῦ χαίρῃ)이라고 한다. 일이 기쁨과 연결된다. 그런데 함께 기뻐하게 된다는 이것도 특이하다. 거두는 자가 열매를 거두면 거두는 자만 기뻐하고 심은 자는 배가 아파야 정상이다. 그런데 뿌리는 자와 거두는 자 중 누구도 이 기쁨에서 소외됨이 없다. 기쁨은 소원하는 바가 이루어질 때에 나타나는 영혼의 미소이며 마음의 만족이다. 뿌리는 자와 거두는 자가 함께 기뻐하는 것은 그들의 소원이 자신의 고유한 역할과 무관하게 하나님의 뜻이 성취되는 하나님 나라의 확장과 완성이기 때문이다. 이런 양식을 모두가 공유하기 때문에 함께 기뻐하게 되는 것은 당연하다. 양식을 공유하는 이유는 뿌리는 것도 이 양식에 기여하고 거두는 것도 이 양식에 기여하기 때문이다. 이 양식이 협력하여 이룬 선이기 때문이다. 성령의 오순절 강림 직후에 초대교회 안에서 모든 물건을 공유하며 자신의 소유를 자기 것이라고 말하는 자가 하나도 없었던 것(행 4:32)은 이러한 공유 정신의 실현이다.

³⁷이로 보건대, '어떤 이는 심고 어떤 이는 거둔다'는 말은 진실하다

심는 이와 거두는 이는 우열이나 배제나 택일이나 갈등이나 대립의 개념이 없는 동역자다. "어떤 이는 심고 어떤 이는 거둔다"는 말은 신적인 섭리의 진실이다. 만약 심고 거두는 것을 공로로 여긴다면 이 진실은 변질된다. 심든지 거두든지 이 모든 일은 자랑이 아니라 영광이다. 태초에 하나님은 인간에게 온 땅을 정복하고 경작하고 다스리며 신의 위엄을 드러내고 신의 직무를 대리하는 영광을 베푸셨다. 경작은 심음과 거둠으로 구성된다. 심는 것과 거두는 것은 그 자체로 신적인 영광을 누리는 구체적인 방식이다. 그러나 인간은 하나님의 명령에 대한 순종의 방식이 아니라 사명을 저버리고 거역하는 방식으로 신의 위엄과 영광을 스스로 취하려고 했다. 그래서 주어진 영광도 상실했다. 그러나 이제 예수로 말미암아 심는 것과 거두는 사명이 다시 인간에게 주어졌다. 사실 하나님은 심지도 않고 거두지도 않는 새도 친히 먹이신다(마 6:26). 그러나 그것은 생존의 복일 뿐이고 하나님의 신적인 통치라는 영광의 양식은 오직 인간에게 주어졌다. 이 영광의 회복으로 인해 우리는 자랑할 것이 아니라 감사함이 마땅하다. 그래서 복음을 심고 영원한 생명을 거두는 일은 감사의 표현이다. 같은 맥락에서 바울은 자신이 이방인을 성령 안에서 하나님께 제물로 드리는 복음증거 사역을 은혜로 규정한다(롬 15:16).

나아가 심고 거두는 특권이 주어진 것에 대해 인간은 늘 겸손해야 한다. 바울은 이런 겸손의 모델이다. 그는 아볼로와 더불어 복음의 씨앗을 뿌리고 진리의 양분을 공급하는 직무를 수행했다. 생색을 내고 이권을 챙겨도 되는 막대한 수고를 하였지만 그는 이렇게 고백한다. "심는 이나 물 주는 이는 아무것도 아니로되 오직 자라게 하시는 이는 하나님 뿐이니라"(고전 3:7). 복음을 전파하고 진리를 가르치는 일은 인생에서 가장 위대한 사역이다. 그러나 인간의 공로적인 면에서는 바울처럼 자신의 땀이 묻은 사역을 아무것도 아

니라고 생각해야 한다. 그런 사역의 기회를 주신 주님께 감사하며, 그 사역의 결과로서 영원한 생명에 이르는 열매를 함께 누리며 기뻐하면 된다.

많은 사람들이 심는 사역보다 거두는 사역을 선호한다. 이는 거두어진 열매가 자신의 공로를 당당하게 내세우며 자랑해도 되는 객관적인 증거라고 생각하기 때문이다. 그래서 심는 사역을 하는 사람은 거두는 사역의 자리를 노리고 거두는 사람을 부러움의 대상으로 여기며 흠모하고 은근히 시기한다. 거두는 사람은 심는 사람을 사역의 열매가 없다고 비난하고 무시한다. 이는 심는 자와 거두는 자가 같이 기뻐하게 된다는 사실을 모르기 때문이다. 심는 자와 거두는 자는 서로에 대해 각자의 고유한 기여를 존중해야 한다. 심는 자는 거두지 못했다고 슬퍼하지 말고 거두는 자는 추수를 자신의 고유한 업적인 양 여기며 자랑하지 말라.

바울은 모든 사역자의 동등성과 보상의 성과급을 주장한다. "심는 이와 물 주는 이는 한가지이나 각각 자기가 일한 대로 자기의 상을 받으리라"(고전 3:8). 하나님은 상급을 주시되 거둔 열매의 분량에 근거하지 않고 각자가 일한 대로 갚으신다. 각자가 받는 자기의 상은 사람들 사이에 합의된 기준이 아니라 하나님이 정하신다. 노동의 종류와 강도와 길이에 근거하지 않고 노동자와 맺으신 그분의 개별적인 약속에 근거하여 갚으신다. 이런 보상 방식에 이의를 제기하는 사람들이 있다. 포도원에 일찍 고용되어 더 많은 노동력을 더 오래 사용한 품꾼은 늦게 고용된 품꾼이 자신과 동일한 삯을 받는 것을 보고 주인에게 항의했다. 이에 예수는 주인의 입을 빌려 "네 것이나 가지고 가라 나중 온 이 사람에게 너와 같이 주는 것이 내 뜻"이라고 대답했다. "내 것을 가지고 내 뜻대로 할 것이 아니냐 내가 선하므로 네가 악하게 보느냐"(마 20:15). 지극히 선하신 주인이 자신의 뜻대로 행하는 것은 지극히 순전한 선행이다. 그러므로 각자의 상을 타인과 비교하지 말고 기뻐함이 합당하다.

우리 각자의 부르심은 다양하다. 부르심에 대한 우리의 태도에 대해 바울은 이렇게 가르친다. "너희는 각각 부르심을 받은 그대로 하나님과 함께 거하라"(고전 7:24). 자신의 부르심과 타인의 부르심을 비교하지 말고 불평하지 말고 우리 각자를 구별되게 부르신 하나님과 동행하며 자신의 부르심 그대로 지내라는 것이 이 교훈의 핵심이다. 바울에 의하면, 우리 모두는 각자 선 자리에서 "하나님의 동역자"(고전 3:9)로 살아간다. 우리는 모두 서로에게 종속적인 관계나 서열과 높낮이의 관계를 가지지 않고 각자가 하나님과 동행하는 그분의 동료이며 우리 사이는 동등한 관계를 가진 대등한 지체로서 그리스도 예수의 몸을 형성하고 있다. 눈은 눈으로 살아가고, 입은 입으로 살아가고, 손은 손으로 살아가야 한다. 자신을 다른 지체와 비교하며 다른 지체의 부르심을 탐하거나 취하려고 하면 몸에 무질서가 발생한다. 지체도 아프고 몸도 고단하다. 그렇지 않기 위해 우리는 각자에게 고유한 부르심이 있고, 그 부르심에 따른 고유한 사명이 있고, 그 사명의 완수를 위한 고유한 재능과 은사가 있으며, 그 재능의 최대치를 발휘할 고유한 분야와 자리가 있음을 기억해야 한다. 예수의 말씀처럼 어떤 이는 심고 어떤 이는 거둔다는 말이 진실이기 때문이다.

> ³⁸나는 너희가 노력하지 아니한 것을 거두라고 보내었다
> 다른 이들은 수고했고 너희는 그들이 수고한 것에 참여했다"

이제 예수는 제자들을 주목하며 심음과 거둠의 원리로 그들의 부르심을 가르친다. 예수의 제자들은 거두라고 보내심을 받은 자들이다. 거두는 내용은 그들이 아니라 다른 사람들이 "수고한 것"이라고 한다. 이에 대한 부쩌의 입장은 신박하다. 그의 따르면, "수고한" 자들은 "가르침에 수고한 이방인과 유대인 모두"를 가리키고 있다. 즉 그들의 가르침이 아무리 굵은 땀방울에 젖어도 진보가 거의 없기 때문에 그들은 더욱 더 수고해야 했다. 그

런데 이들의 많은 수고가 가져온 긍정적인 결과도 있는데 그들의 가르침 안에는 신적인 의로움이 없기 때문에 그 의로움에 대한 갈증과 소망을 더욱 타오르게 했다는 사실이다. 이러한 부쩌의 생각이 약간의 일리는 있지만, 나는 수고한 자와 참여한 자를 바울과 아볼로의 사역처럼 복음을 심는 자와 복음의 열매를 거두는 자로 이해한다.

이 구절은 제자들의 거둠이 다른 사람들의 "수고한 것"에 "참여"하는 것이라고 설명한다. 즉 제자들의 거둠은 심은 자들의 수고 "속으로 들어가는 것"(εἰσέρχομαι)을 의미한다. 그러므로 약속의 성취된 열매를 수거하는 예수의 제자들은 구약의 경건한 족장들과 사사들과 선지자들 및 왕들 같이 하나님의 약속을 심은 자들에게 감사의 마음을 가지고 그들보다 자신을 높이거나 자랑하지 말고 오히려 낮추며 늘 겸손해야 한다. 그러나 우리가 경험하는 세상의 현실을 보면, 심는 사람보다 거두는 사람이 모든 수고의 열매를 독점하는 경향이 있고 거두는 사람은 그 수고가 자신의 업적인 것처럼 드러내고 싶어한다. 이를 위해서 심은 자의 수고를 감추려고 한다. 심지어 심은 자를 없애려고 한다. 이는 "참여"의 의미를 망각한 추수꾼의 광기와 오만이다.

심음과 거둠의 원리는 세상 곳곳에서 발견된다. 교회를 개척하는 사람은 심는 사람이고, 그 교회를 목회하여 건강하고 장성하게 만드는 사람은 거두는 사람이다. 학문의 새로운 분야를 발굴하는 사람은 심는 사람이고, 그 분야의 체계화와 제학문적 연관성을 확립하는 것은 거두는 사람이다. 원리를 발견하는 사람은 심는 사람이고 그 원리에 근거하여 객관적인 이론을 구축하는 것은 거두는 사람이다. 이는 성경에도 어느 정도 적용된다. 구약은 심는 성경이고 신약은 거두는 성경이다. 율법은 심음이고 복음은 거둠이다. 선지자는 심는 사람이고 사도는 거두는 사람이다. 신약은 구약의 땀을 존중하고, 사도는 선지자의 수고를 존중해야 한다. 구약이든 신약이든 의미와 가치의 편파적인 부여는 조심해야 한다. 둘 다 하나님의 말씀이기 때문에 동등하게 존중해야 한다. 이는 구약의 하나님과 신약의 하나님은 동일한 분이시기 때문이다. 구약 전문가는 신약을 무시하고 신약 전문가는 구약을 무시하는 것은 아주 부끄럽고 자기 중심적인 밥그릇 다툼이다. 각자의 부르심이 다르기 때문에 구약이든 신약이든 있는 그대로 서로를 존중해야 한다. 어리석은 권위의 서열을 매기는 것만이 아니라 구약의 신약화와 신약의 구약화도 진리의 파괴를 초래한다.

우리의 부르심은 무엇인가? 심는 사람인가 아니면 거두는 사람인가? 심기만 하고 거두지는 못하거나 열매는 그림자도 보지 못하는 사람은 예수의 말씀을 묵상하며 수고의 영광을 주신 하나님께 감사함이 좋다. 내가 아니라 후배나 후계자가 풍성한 열매를 거둔다면 그가 나의 수고에 참여하는 것이라는 진실을 알고 시기와 질투가 아니라 축복하고 환대함이 좋다. 내가 심은 것의 열매는 반드시 내가 거두어야 한다는 "본전생각", 그 고약한 의식에 저항해야 한다. 그리고 거두는 사람은 심는 사람 앞에서 겸손해야 한다. 거둔 열매를 모든 동료들과 기꺼이 기쁘게 나누어야 한다. 그래서 함께 기뻐해야 한다는 것이 예수의 말씀이다. 만약 열매를 자신의 전유물로 여긴다면 하늘의 상급은 완전히 사라진다. 이미 자기 상을 다 받았기 때문이다. 이 땅에서는 오히려 상급 없이 수고의 땀만 흘리는 것이 지혜롭다. 성전의 경우, 다윗은 심었고 솔로몬은 거두었다. 성전을 건축하기 위해 30년을 준비한 다윗과 성전을 건축한 솔로몬 중에 누구의 상이 더 클까? 다윗일 것이라고 나는 생각한다. 심음은 열등하고 거둠은 우월한 것으로 여기는 것은 착각이다. 나아가 오른손이 한 것을 왼손이 모르도록 은밀하게 수고하고 열매는 다른 사람의 손이 거두도록 배려하여 땅의 상급이 주어질 기회를 차단하는 사람은 더욱 지혜롭다. 하늘의 상급이 더 클 것이기 때문이다. 자신에게 할당되는 열매까지 타인에게 나누는 자발적인 손해의 주인공이 장차 받게 될 하늘의 상은 얼마나 크겠는가(눅 6:23)! 수고와 희생의 최종적인 보상을 이 땅에서가 아니라 하늘에서 받도록 은밀한 나눔과 양보의 지혜를 발휘하라. 그게 심는 자와 거두는 자의 아름다운 동역이다.

요 4:39-54

39여자의 말이 내가 행한 모든 것을 그가 내게 말하였다 증언하므로 그 동네 중에 많은 사마리아인이 예수를 믿는지라 **40**사마리아인들이 예수께 와서 자기들과 함께 유하시기를 청하니 거기서 이틀을 유하시매 **41**예수의 말씀으로 말미암아 믿는 자가 더욱 많아 **42**그 여자에게 말하되 이제 우리가 믿는 것은 네 말로 인함이 아니니 이는 우리가 친히 듣고 그가 참으로 세상의 구주신 줄 앎이라 하였더라 **43**이틀이 지나매 예수께서 거기를 떠나 갈릴리로 가시며 **44**친히 증언하시기를 선지자가 고향에서는 높임을 받지 못한다 하시고 **45**갈릴리에 이르시매 갈릴리인들이 그를 영접하니 이는 자기들도 명절에 갔다가 예수께서 명절중 예루살렘에서 하신 모든 일을 보았음이더라 **46**예수께서 다시 갈릴리 가나에 이르시니 전에 물로 포도주를 만드신 곳이라 왕의 신하가 있어 그의 아들이 가버나움에서 병들었더니 **47**그가 예수께서 유대로부터 갈릴리로 오셨다는 것을 듣고 가서 청하되 내려오셔서 내 아들의 병을 고쳐 주소서 하니 그가 거의 죽게 되었음이라 **48**예수께서 이르시되 너희는 표적과 기사를 보지 못하면 도무지 믿지 아니하리라 **49**신하가 이르되 주여 내 아이가 죽기 전에 내려오소서 **50**예수께서 이르시되 가라 네 아들이 살아 있다 하시니 그 사람이 예수께서 하신 말씀을 믿고 가더니 **51**내려가는 길에서 그 종들이 오다가 만나서 아이가 살아 있다 하거늘 **52**그 낫기 시작한 때를 물은즉 어제 일곱 시에 열기가 떨어졌나이다 하는지라 **53**그의 아버지가 예수께서 네 아들이 살아 있다 말씀하신 그 때인 줄 알고 자기와 그 온 집안이 다 믿으니라 **54**이것은 예수께서 유대에서 갈릴리로 오신 후에 행하신 두 번째 표적이니라

❖ ❖ ❖

39"내가 행한 모든 것을 그가 나에게 말했다"고 증언한 여인의 말로 말미암아 그녀의 동네에서 많은 사마리아 사람들이 그를 믿었더라 **40**결국 사마리아 사람들은 그에게로 와서 자기들과 함께 머물자고 청하였고 그는 거기에서 이틀을 머무셨다 **41**그의 말씀으로 말미암아 그들은 더욱 많이 믿었더라 **42**그들이 그 여인에게 말하였다 "이제 우리가 믿는 것은 너의 말로 말미암은 것이 아니니 이는 우리 자신이 듣고 그가 진실로 세상의 구주라는 것을 알기 때문이다" **43**이틀이 지나자 그는 거기에서 갈릴리로 가셨는데 **44**이는 선지자가 자신의 고향에서 존경을 받지 못한다는 증언을 예수 자신이 하셨기 때문이다 **45**그가 갈릴리로 가셨을 때 갈릴리 사람들은 그를 영접했다 이는 자기들도 명절에 갔다가 그가 명절에 예루살렘 안에서 행하신 모든 것을 보았기 때문이다 **46**결국 그는 자신이 물로 포도주를 만드셨던 갈릴리 가나로 돌아왔다 가버나움 안에는 왕의 어떤 신하가 있었는데 그의 아들은 병들었다 **47**그는 예수가 유대에서 갈릴리로 오셨다는 것을 듣고 그에게로 갔다 그리고 그는 [예수께서] 내려가서 죽음이 임박한 그의 아들을 고쳐 주시라고 청하였다 **48**그래서 예수께서 그에게 말하셨다 "너희는 표적과 이적을 보지 못하면 도무지 믿지 않겠구나" **49**왕의 신하가 그에게 말하였다 "주여 내 아이가 죽기 전에 내려가 주십시오" **50**예수께서 그에게 말하셨다 "가라 네 아들이 살아 있다" 그 사람은 예수께서 그에게 하신 말씀을 믿고 돌아갔다 **51**그런데 그가 내려가는 중에 그의 종들이 그를 만나서 그의 아들이 살아 있다고 말하였다 **52**이에 그는 그 [아이의 병세]가 호전된 때를 물었으며, 그들은 어제 일곱 시에 열기가 그 [아이]를 떠났다고 그에게 말하였다 **53**이에 그 아버지는 "네 아들이 살아 있다"고 예수께서 그에게 말하신 그때임을 알게 되었고 그와 그의 온 집이 믿으니라 **54**이것은 예수께서 유대에서 갈릴리로 다시 오셔서 행하신 두 번째 표적이다

14 　　　　　　　　　　　　　　　　　　　　　　　성장하는 신앙

본문은 성장하는 믿음을 우리에게 가르친다. 수가 동네의 사람들은 여인의 말로 예수를 믿었다가 예수의 말을 직접 듣고서 믿음이 더욱 강해졌다. 신앙의 근거가 증언에서 말씀으로 이동했다. 갈릴리의 가버나움 동네에 사는 왕의 신하도 표적과 기적에 근거한 믿음을 가졌다가, 예수의 말씀에 근거한 믿음으로 성장하고, 급기야 그의 믿음은 예수 자신에 대한 신뢰에 이르렀다. 수가 사람들과 왕의 신하는 모두 현상에서 근원으로 소급하는 신앙의 전형적인 성장을 보여준다. 표적과 기적은 말씀의 성취이고, 그 말씀의 주어는 예수이기 때문에, 예수는 신앙의 궁극적인 대상이다. 우리가 예수를 믿는다는 것은 보이지 않는 말씀이 우주라는 가시적인 기적의 근원이며, 육신으로 오신 보이는 말씀이 예수이고, 그 예수는 우리의 진정한 신랑이고, 죽어가는 자녀에게 영원한 생명을 주시는 하나님의 아들이고, 우리를 살리셔서 하나님의 아들로 만드시는 분이심을 믿는다는 고백이다. 우리의 신앙은 몇 학년인가? 예수와 우리 사이에 모든 신앙의 매개물이 전부 없어질 때까지 우리는 꾸준히 진급해야 한다.

³⁹"내가 행한 모든 것을 그가 나에게 말했다"고 증언한 여인의 말로 말미암아 그녀의 동네에서 많은 사마리아 사람들이 그를 믿었더라

여인의 말이 경건한 난리를 일으켰다. 말은 들음에서 나는 믿음을 촉발하는 수단이다. 여인의 말 즉 "로고스"(λόγος)가 말씀이신 예수에 대한 마을 사람들의 믿음을 일으키는 도구로 쓰였다는 사실에서 말의 용도를 생각하게 된다. 말에 내 생각이 담긴다면 그 영향력은 인간적일 뿐이지만 주님의 뜻이 담긴 말은 천상적인 유익을 산출한다. 말에서 주님의 뜻이 차지하는 비율이 클수록 그 유익도 증대된다. 메시아를 만나고 경험한 여인의 입에서 쏟아지는 말은 예수 투성이다. 여인의 인위적인 해석이나 느낌이나 평가가 아니라 보고 듣고 말한 예수를 그대로 쏟아낸 말이어서 순수하고 정직하고 진실하다. 음식물은 고작해야 위장까지 들어간다. 그러나 가공되지 않은 말, 과장되지 않은 말은 더 깊은 존재의 저변으로 들어가서 우리에게 긍정적인 변화를 일으킨다. 지혜자의 말처럼 제3자에 대한 말은 "별식과 같아서 뱃속 깊은 데"까지 들어간다. 무명의 목소리도 거기에 예수라는 진리가 담기면 존재의 심층을 들어가 기적에 준하는 변화를 일으킨다. 믿음은 존재의 심연에서 일어나는 위대한 현상이다. 그 심연은 산소도 들어가지 못하고 어떠한 영양분도 영향력을 행사하지 못하는 미지의 영역이다. 그런데도 말은 그곳으로 들어간다. 위장보다 더 깊은 곳, 몸 전체에서 가장 깊은 곳보다도 더 깊은 곳으로 들어간다. 이토록 침투력과 영향력이 강한 언어는 다른 무엇보다 더 집중적인 관리가 필요하다. 그래서 바울은 선한 말, 아름다운 말, 덕스러운 말, 참된 말이 성도에게 어울리는 말, 마땅히 해야 할 말이라고 가르친다 (엡 4:25, 29). 말은 겉으로만 화려한 것이 아니라 진심과의 간격이 좁을수록 좋다. 즉 진리이신 예수 함유량이 많을수록 좋다. 진실에서 동떨어진 말은 소음이고 거짓이다. 믿음이 아니라 불신을 조장한다.

⁴⁰결국 사마리아 사람들은 그에게로 와서
자기들과 함께 머물자고 청하였고 그는 거기에서 이틀을 머무셨다
⁴¹그의 말씀으로 말미암아 그들은 더욱 많이 믿었더라

예수를 믿은 사마리아 사람들은 그에게 자기들과 함께 머물자고 부탁한다. 간을 보려고 던진 부탁이 아니었다. 동사의 미완료 시제가 말해 주듯이, 그들은 계속해서 부탁했다(ἠρώτων). 집요한 부탁은 이들의 간절한 마음을 잘 나타낸다. 신뢰하면 동거하고 싶어진다. 모든 것을 다 말해주되 그 모든 말이 다 믿음직한 사람과는 오래 머물수록 좋기 때문이다. 함께 머물자는 요청은 신뢰하는 자의 좋은 영향을 받으려는 그들의 소원을 드러낸다. 함께 거하면 서로를 닮아간다. 평소에 나는 누구와 머무는가? 인생에서 가장 많은 시간을 할애하는 동거의 대상은 누구인가? 동거는 영향의 종류에 대한 선택이다. 사마리아 사람들의 감지력은 뛰어나다. 이는 그들이 예수라는 최고의 사람, 최고의 지도자, 최고의 스승, 최고의 종교인, 최고의 시민, 최고의 영향력을 동거의 대상으로 택하였고 동거를 간청했기 때문이다. 평소에 우리는 어떠한 영향을 타인에게 끼치는가? 우리 곁에 머물고자 하는 사람, 자신의 곁에 머물러 달라고 우리에게 부탁하는 사람은 있는가? 과연 우리의 곁은 타인에게 흠모의 대상인가, 혐오의 대상인가? 우리는 자신의 곁에 선한 영향력을 늘 준비하고 자신의 주변에 제공하는 당사자가 되도록 노력해야 한다.

예수는 사마리아 사람들의 요청으로 그곳에 이틀을 머무셨다. 이례적인 결정이다. 예수는 모든 요청에 응하지는 않으시기 때문이다. 자신이 사랑하던 나사로가 죽어갈 때에 빨리 와 달라는 그 동생들의 요청에 응하지 않으셨다. 오히려 계시던 곳에 요청도 없이 이틀을 더 머무셨다(요 11:6). 그런데 사마리아 사람들의 요청에는 즉각 응하셨고 이틀이나 머무셨다. 그 이유는 무엇인가? 그들의 믿음을 더욱 견고하게 하기 위함이다. 예수의 말

씀으로 그들은 그를 "더욱 많이"(πολλῷ πλείους) 믿게 되었다고 저자는 평가한다. 여기에서 "많이"는 믿은 사람들의 많음과 믿음의 성장을 포괄하는 표현이다. 더 많은 사람들이 더 강하게 믿은 이유는 여인의 전달을 통한 말씀의 간접적인 들음보다 말씀 자체에 의한 직접적인 들음의 영향력과 유익이 더 컸기 때문이다. 전달자의 말에 머물지 않고 전달된 말의 주어를 찾아가서 직접 만나는 것은 지혜롭다. 그러나 자신의 말에 대한 신뢰가 예수께로 이동하는 것을 싫어하는 전달자, 성도의 신망을 독점하고 싶어하는 말씀의 전달자가 많다. 독점을 위해 그는 예수와 성도의 직접적인 만남을 일부러 저지한다. 마치 북 이스라엘 왕이 여호와를 경배하기 위해 예루살렘 성읍으로 향하는 백성의 발걸음을 벧엘과 단의 금송아지 우상으로 저지한 것처럼 방해한다. 이는 주님의 말씀을 도구로 삼아 성도를 자신의 수하에 두고 조정하고 싶어하는 교활한 목회자의 모습이다. 전달자는 진리를 전달한 이후에 청자와 진리의 직접적인 만남에 일말의 방해도 되지 않도록 광야의 소리였던 세례 요한처럼 흔적도 없이 사라져야 한다. 더 많은 사람의 더 견고한 믿음에 훼방꾼이 되지 않도록 무대 뒤로 사라지는 처신이 현명하다.

⁴²그들이 그 여인에게 말하였다

"이제 우리가 믿는 것은 너의 말로 말미암은 것이 아니니

이는 우리 자신이 듣고 그가 진실로 세상의 구주라는 것을 알기 때문이다"

믿음의 뿌리는 목회자나 전도자의 말이 아니라 그들이 말로 전달한 진리 자체여야 한다. 사마리아 사람들은 이제 믿음의 근거가 변했다고 그녀에게 전하였다. 그들의 믿음은 이제 여인의 말에 근거하지 않고 주님의 말씀에 근거한다. 여인의 말로는 모든 것을 다 말하는 선지자의 한 사람으로 예수

를 알았지만, 그에게서 말씀을 직접 듣고서는 그를 "세상의 구주"(ὁ σωτὴρ τοῦ κόσμου)로 알았다고 한다. 여인의 말에서는 결코 감지할 수 없었던 예수의 정체성, 즉 그가 "세상의 구주"라는 사실은 예수와의 직접적인 만남과 대화에서 주어지는 놀라운 비밀이다. 사실 유대인은 자신의 하나님이 이방인의 피와 문화에 물든 사마리아 사람들의 하나님은 아니라고 주장했다. 이 주장을 사마리아 사람들도 반박하지 못하였다. 그런데 예수의 말씀을 직접 들어 보니 유대인의 말은 사실이 아니었다. 예수도 유대인의 민족적인 메시아가 아니셨다. 예수는 특정한 시대의 특정한 민족을 위한 구원자가 아니라 사마리아 사람들을 포함한 온 "세상의 구주"셨다. 모든 시대의 왕이셨다. 이는 대단히 중요한 진리의 인식이다. 이는 예수께서 수가에서 이틀이나 소비할 정도로 중차대한 열매였다.

오늘날 하나님을 교회의 전유물로 여기는 사람들이 많다. 그들은 교회 중심적인 사고로 하나님의 존재와 섭리를 제한한다. 이는 우주적인 진리의 심각한 축소와 왜곡이다. 하나님은 교회만이 아니라 세상을 다스리고 온 우주를 통치하는 신이시다. 어제와 오늘과 내일도 주관하는 분이시다. 이러한 분에게 지역의 한 교회가 하나님을 독점하려 한다거나 장로파, 회중파, 감리파, 성결파, 오순절파 등의 교파 이름으로 하나님을 전유하는 것은 얼마나 답답하고 민망한 노릇인가! 우리가 아무리 많은 진리를 알고 많이 보여주어도 기껏해야 주님의 한 부분에 대한 증인이다. 하나님을 아는 지식의 지극히 초라한 조각만 보여준다. 그러니 아무리 우리를 잘 이해하고 따르는 사람이라 할지라도 그를 우리에게 묶어 두면 하나님의 다른 지식을 가리고 그분과의 만남도 저지하는 셈이 되지 않겠는가! 그러므로 우리는 전도한 자들을 우리에게 제한하지 말고 하나님의 전부에게 인도함이 마땅하다.

예수와 직접 대화를 나눈 이후에 믿는 사마리아 사람들은 늘어났고 예수를 믿되 선지자에 대한 믿음에서 구원자에 대한 믿음으로 성장했다. 이처럼 예수를 올바르게 알면 알수록 믿는 자들의 수는 늘어나고 그들의 믿음은 강해진다. 예수를 더 올바르게 알기 위해서는 그분을 직접 만나는 것이 최상의 방법이다. 그런 만남의 비결은 주님의 말씀이다. 그의 말씀을 읽으면서, 생각과 마음을 섞으면서, 인격적인 소통을 하면 그분을 더 확실히 이해하게 된다. 말씀은 죽은 문자가 아니라 살아있고 운동력이 있어서 주님과의 직접적인 만남을 가능하게 한다. 여기에서 나는 설교를 생각한다. 설교는 기록된 말씀이 아니라 선포되는 말씀이다. 동시에 성경이 계시하는 주님에 대한 설명이다. 설명은 믿음의 근거가 아니라 안내에 불과하다. 성도는 목회자의 설교를 듣고 안주하지 말고 설교를 통해 선포되는 말씀을 듣고 기록된 말씀의 세계로 자기 발로 들어가야 한다. 목회자의 설교가 더 이상 필요하지 않을 정도로 성경에 친숙하고 능통해야 한다. 그렇지 않으면 믿음의 토대가 부실하고 뿌리가 깊지 않아서 사람에 의해 쉽게 흔들린다. 설교자는 신앙의 뿌리가 되려고 하지 말고 그 뿌리가 성경에 내리도록 지속적인 안내자의 직무에 충실해야 한다. 사람의 말이 아니라 주님의 말씀을 선포하는 나팔수가 되도록 철저히 자기를 부인해야 한다.

43이틀이 지나자 그는 거기에서 갈릴리로 가셨는데 44이는 선지자가
자신의 고향에서 존경을 받지 못한다는 증언을 예수 자신이 하셨기 때문이다

약속한 이틀이 지나자 예수는 갈릴리로 향하셨다. 왜 그곳으로 가셨을까? 예수께서 친히 선지자가 자신의 고향에서 존경을 받지 못한다는 증언을 하셨기 때문이다. 이는 네 복음서 모두에 기록된 증언이다(마 13:57; 막 6:4; 눅 4:24). 여기에서 "고향"은 정황상 갈릴리를 가리킨다. 그런데 예수의 갈릴리 행보와 그 이유로서 고향에서 홀대를 당한다는 예수의 증언은 뭔가 모순된다. 사람들은 대체로 자신을 존중하고 환대하기 때문에 어딘가로 가고,

홀대하는 곳에는 출입을 자제한다. 그런데 예수는 고향 갈릴리로 가면 존경을 받지 못한다는 사실을 알고 선포까지 하고서도 그곳으로 향하셨다. 저자는 그런 사실에 대한 증언을 예수 "자신"(αὐτὸς)이 하셨다는 점을 강조한다.

예수는 자신이 고향에서 존경을 받지 못한다는 증언으로 갈릴리 여정이 의도적인 행보임을, 그 행보를 통해 이루고자 하시는 목적이 있음을 보이셨다. 그런데 예수의 다소 모순적인 언행 때문에 이 구절에 대한 사람들의 해석은 다양하다. 첫째, 예수께서 갈릴리로 가시되 나사렛이 아니라 가나로 가셨기 때문에 홀대 당하는 고향으로 가신 것이 아니라고 주장한다. 둘째, 자신을 홀대하는 고향으로 서둘러 갈 필요가 없어서 환대하는 수가에서 이틀이나 머물게 되었다는 상황을 설명하는 것이라고 주장한다. 셋째, 예수께서 자신을 드러낼 때가 아니었기 때문에 홀대하는 곳으로 가서 자신의 높은 존재감을 일부러 감춘 것이라고 주장한다. 모두 일리가 있는 주장이다.

이 구절을 이해하기 위해, 나는 먼저 금언의 내용을 생각하고 싶다. 왜 선지자가 고향에서 존경을 받지 못하는가? 선지자를 선지자로 알아보지 못하기 때문이다. 태어날 때부터 코 흘리는 유아기와 성장기의 과정을 모두 지켜본 고향 사람들의 눈에는 선지자도 자신들과 동일한 인간에 불과해 보이기 때문에 선지자 대우의 필요성을 느끼지 못하는 것은 어쩌면 당연하다. 그러나 눈으로 보이는 한 사람의 출생과 성장이 그 사람의 정체성을 다 보여주는 것은 아니라고 나는 생각한다. 한 사람을 바르게 이해하기 위해서는 하나님을 고려해야 한다. 그를 향한 하나님의 부르심과 사명과 계획을 존중해야 비로소 이해된다. 그러나 대부분의 사람들은 보이지도 않는 그런 요소들을 무시한다. 그러나 무시한 만큼 한 사람에 대한 인식도 왜곡된다. 타인만이 아니라 자신을 이해할 때에도 보이지 않으시는 하나님 의존적인 인식이 필요하다.

예수에 대해서도 그러하다. 예수가 목수의 아들이고, 요셉과 마리아의 소생이고, 그의 형제들이 야고보와 요셉과 시몬과 유다라는 사실을 고향 사람들은 안다. 가문은 가난한 서민이고, 가족 구성원들 중에서 유력한 자가 하나도 없는 집안이다. 그래서 고향 사람들은 예수를 평범한 유대인 청년으로 이해했다. 한 명의 촌뜨기로 여기며 무시했다. 이는 하나님에 대한 고려가 빠진 인식, 가시적인 요소들만 고려된 편협한 인식이다. 하나님을 고려하여 이해된 예수는 하나님의 아들이고 모든 것을 알려주는 선지자요 모든 사람들을 구원하실 인류의 메시아로 오셨으며 모든 말과 행위는 메시아의 사역이다. 그런데도 예수를 잘 안다고 착각하는 그의 고향 사람들은 남들보다 더 많이 그를 홀대한다. 메시아를 메시아로 알아보지 못하고 배척하는 안타까운 홀대의 배후에는 그런 착각이 작용하고 있다.

안다고 생각한 고향 사람들은 마땅히 알아야 할 것을 알지 못하였기 때문에 예수를 맞이하되 존경이 아니라 더 큰 홀대를 택하였다. 그러나 고향과 집 외에서는 모든 사람들이 선지자를 존경한다. 그들은 그 선지자의 인간적인 요소를 알지 못하기 때문이다. 이는 아주 유익한 무식이다. 로마서의 경우, 바울이 자연인 예수의 인간적인 정체성에 대해서는 다윗의 혈통에서 나셨다는 말만 하고 대체로 침묵한 것은 그런 무식을 의도한 것인지도 모르겠다. 네 개의 복음서를 다 보더라도 예수의 유년기와 청소년기 및 20대에 관한 이야기가 없다. 이는 어쩌면 우리가 우리와 다르지 않은 그의 인간적인 성장 과정들을 알면 우리의 신앙에 유익보다 예수 홀대라는 부작용이 생길 것을 염려한 저자들의 의도적인 침묵일 가능성도 있다. 바울도 거듭나기 이전에는 육신적인 관점을 따라 예수를 육체로 아는 실수를 범했다고 했다(고후 5:16). 바울도 그러한데, 우리가 예수의 청소년기 생활을 알았다면 그에 대한 홀대가 얼마나 더 심했을까! 예수를 역사적인 인자로만 알고 하나님의 영원한 아들로는 알지 못하는 자들이 생기지 않도록, 저자는 이 복음서 전체를 통해 우리에게 하나님의 아들과 메시아 되심을 증거한다.

한 가지 더 생각하고 싶다. 고향과 자기 집에서 홀대를 당하신 예수는 과연 다른 곳에서는 환대를 받으셨을까? 천지와 만물을 지으시고 하늘과 땅의 모든 권세를 가지시고 하늘들의 하늘도 감당하지 못하는 위대한 정체성에 맞도록 예수를 예수답게 제대로 존대하고 환대하는 것이 과연 가능할까? 예수의 입장에서 보면 그에 대해 아무리 깍듯한 인간의 존대와 환대도 인간 편에서나 그러하지 주님 편에서는 홀대나 박대로 분류된다. 인간이 목숨과 마음과 뜻과 힘을 다하여 그를 아무리 잘 섬겨도 그분의 존재에 걸맞은 환대에는 턱없이 부족하다. 그러니 누가 "나는 주님을 제대로 예우해 드렸다"고 장담할 수 있겠는가! 나는 예수께서 어떤 자에게도, 어떤 공동체에 의해서도, 어떤 시대에도 예수답게 제대로 환대를 받은 적이 없다고 생각한다. 앞으로도 없을 것이라고 확신한다. 예나 지금이나 예수는 늘 홀대를 당하신다.

⁴⁵그가 갈릴리로 가셨을 때 갈릴리 사람들은 그를 영접했다 이는 자기들도 명절에 갔다가 그가 명절에 예루살렘 안에서 행하신 모든 것을 보았기 때문이다

예수께서 고향 갈릴리로 가셨을 때에 특이한 일이 발생했다. 그곳 사람들이 예수를 박대하지 않고 영접했다. 그 이유는 그들이 명절 즉 유월절에 예루살렘 성전으로 갔다가 그곳에서 예수의 모든 일들을 보았기 때문이다. 2장에서 저자는 예수께서 예루살렘 안에서 "표적"을 행하셨고 많은 사람들이 그의 이름을 믿게 되었다고 기록한다(요 2:23). 그때 거기에서 예수의 표적을 목격하고 믿은 사람들 중에 갈릴리 사람들도 있었는데, 그들이 지금 그 표적을 기억하고 예수를 영접한다. 이처럼 홀대하던 사람들도 예수를 체험하면 태도가 달라진다. 메시아를 경험한 사마리아 여인이 달라졌고

그 여인의 말을 따라 메시아를 경험한 그녀의 동네 사람들이 달라졌고 예수의 고향 사람들도 예루살렘 안에서 예수께서 "행하신 모든 것"을 경험하고 달라졌다. 우리 각자에 대한 사람들의 평판은 홀대와 환대 사이를 오락가락한다. 혹시 홀대를 당한다고 느낀다면 아직 나의 진가를 경험하지 못했기 때문인 줄 알고 기다림이 좋다. 홀대하고 박대하는 사람에게 분노하고, 그런 방식으로 환대와 존경을 강요하면 오히려 평판만 나빠진다. 환대에 어울리지 않고 홀대를 받아 마땅한 인격을 가졌다면 악평에 감사하며 인격 도야의 자극제로 사용하면 된다.

⁴⁶결국 그는 자신이 물로 포도주를 만드셨던 갈릴리 가나로 돌아왔다
가버나움 안에는 왕의 어떤 신하가 있었는데 그의 아들은 병들었다
⁴⁷그는 예수가 유대에서 갈릴리로 오셨다는 것을 듣고 그에게로 갔다 그리고
그는 [예수께서] 내려가서 죽음이 임박한 그의 아들을 고쳐 주시라고 청하였다

예수는 갈릴리 안에서도 가나를 방문한다. 예전에 물로 포도주를 만든 곳이었다. 그런데 여기에서 이야기의 초점은 가나가 아니라 가버나움 마을이다. 그곳에 사는 한 신하의 아들을 고친 사건은 요한복음 안에만 기록되어 있다. 가버나움 마을은 예전에 예수가 가족과 함께 며칠 머문 곳이었다(요 2:12). 그곳에는 왕의 한 신하가 있었다고 한다. "왕의 신하"(βασιλικός)는 "작은 왕"으로도 번역될 정도의 고위직을 가리키는 낱말이다. 헤롯 내각에서 요직을 맡은 신하일 가능성이 높다. 그런 유력한 사람이 가나로 예수를 찾아왔다. 가나와 가버나움 사이는 34km 정도의 거리이기 때문에 하룻길을 움직여야 했다. 어떤 문제가 생겼길래 자신의 주군인 헤롯을 찾아가지 않고 나사렛 출신의 젊은 청년인 예수를 찾았을까? 아들의 질병 때문이다. 가장 사랑하는 아들의 생명이 위험한 때, 그 신하는 자신이 아무리 성심껏

떠받들며 섬긴 이 땅의 왕이라도 자신의 그 문제를 해결해 주지는 못한다는 사실을 깨달았다. 이처럼 어려움은 우리에게 무익하지 않다. 기척도 없이 찾아오는 절망적인 환난을 통해 우리는 인생의 무력함과 오직 하나님을 의지할 수밖에 없는 인생의 본질을 깨닫기 때문이다.

예수를 찾아오기 전에 신하는 예수께서 갈릴리 가나로 오셨다는 것을 들었다(ἀκούσας)고 한다. 사마리아 사람들이 여인의 말을 듣고 메시아를 찾아간 것처럼, 신하도 누군가의 말을 듣고 가나에 머물고 계신 예수를 찾아갔다. 들음이 중요하다. 무수히 많은 목소리와 다양한 내용이 우리의 귀를 무시로 출입한다. 그러나 나에게 의미가 되는 것은 들음의 대단히 작은 분량이다. 우리의 마음에 인지된 들음만이 우리에게 의미가 되기 때문에 의미를 걸러내는 관심의 그물망을 잘 준비해야 한다. 평소에 어떤 관심을 가지고 있느냐가 좋은 의미를 걸러내는 그물망 직조의 관건이다. 치명적인 고난을 당하면 해결책에 대한 관심이 고조된다. 비본질적 사안에 할당되어 있던 자잘한 관심들을 회수하고 해결책을 제공하실 주님께 모든 관심을 투입한다. 아들의 질병은 최고의 고난이다. 부모 자신이 아픈 것보다 더 괴롭고 더 절박하다. 이는 믿음의 조상 아브라함 경우에도 확인된다. 하나님은 그에게 전적인 헌신을 요구하지 않고 그의 아들을 모리아 산에서 번제물로 바치라고 명하셨다. 부모의 심정이 어땠을까? 그는 하나님의 명령에 모든 관심과 에너지를 기울이며 온 세상에 복을 제공하는 믿음의 조상으로 준비되어 갔다. 이는 모든 믿음의 후손을 위한 최고의 준비였다.

왕의 신하가 예수를 찾은 것은 그분만이 자신의 아들을 고쳐 주실 수 있다는 믿음 때문이다. 그는 예수께 가버나움 동네로 "내려가" 아들을 고쳐 달라고 부탁했다. 이는 중풍병에 걸린 자신의 하인을 예수께서 고쳐 주시라고 부탁한 백부장의 경우와는 비교되는 신앙이다. 백부장은 예수께서 자신의 집에 들어오는 것을 감당할 수 없다고 말하며 그의 오심을 극구 사양하며 말씀만 하셔도 하인이 고침을 받는다고 고백했다(마 8:8). 이에 예수

는 이스라엘 중에서도 "이만한 믿음"은 본 적이 없다는 격찬을 쏟으셨다
(마 8:10). 백부장은 말씀의 권능을 신뢰했다. 그러나 왕의 신하는 예수께서
자신의 아들 곁으로 가야 치유하실 수 있다고 생각했다. 공간에 제약을 받
지 않으시는 말씀의 권능에 대해 그는 아직 무지했다.

그럼에도 불구하고 신하의 신앙은 훌륭하다. 예수에 대한 신뢰 때문에
휴직까지 하고 고위직의 체면도 버리고 평범한 목수를 만나려고 종일 땀
으로 길바닥을 적시며 찾아왔다. 예수를 자신의 동네로 모시고 갈 준비까
지 해왔기 때문에 여러 수행원과 교통수단까지 대동해야 해서 많은 사람
들의 눈에 띄는 일이었다. 그러나 죽음이 임박하여 사경을 헤매는 아들이
치유될 수만 있다면 체면의 구겨짐 정도는 대수롭지 않은 일이었다. 혹여
라도 예수를 찾아간 사실이 헤롯의 귀에 들어가면 신하의 직위가 박탈될
수도 있는 일이었다. 헤롯은 예수와의 첫 만남에서 군인들과 함께 그를 희
롱했다. 유대인의 왕으로 오신 예수를 배격함에 있어서는 헤롯이 평소에
원수였던 빌라도와 친구가 될 정도로 예수와는 적대적인 관계였다(눅
23:12). 이런 관계를 안다면 신하로서 눈치를 보아야 하는 상황이다. 그러나
그는 직을 걸고 인생을 걸고 죽어가는 아들의 생명을 택하였다. 희생적인
부모의 사랑이다.

48그래서 예수께서 그에게 말하셨다
"너희는 표적과 이적을 보지 못하면 도무지 믿지 않겠구나"

그러나 자신을 찾아온 신하에 대한 예수의 반응은 의외였다. 그에게 꾸지
람을 내리셨다. 즉 신하의 믿음이 표적과 이적에 근거한 것이라는 꾸중이
다. 이는 믿음의 본질과 근거에 대한 교훈이다. 주님의 예리한 지적에 신하
의 마음은 서운했고 뜨끔했다. 사마리아 여인은 남편에 대한 주님의 언급

으로 인해, 왕의 신하는 믿음의 본질에 대한 그의 언급으로 인해 대화의 심층으로 들어간다. 이처럼 주님은 사람들의 약점을 신앙의 디딤돌로 삼으신다. 표적에 근거한 신앙은 왕의 신하만이 아니었다. 대부분의 사람들이 예수를 믿는 이유도 호기심을 자극하고 유익을 주는 표적과 이적 때문이다. 자연이 설명하지 못하는 초자연적 현상을 목격하면 사람들은 신뢰의 고개를 끄덕인다. 아무리 신비로운 일이 발생해도 그것이 자신에게 피해를 주면 분노를 격발하고 유익을 주면 마음의 빗장을 제거한다. 표적과 이적에 근거한 믿음은 자기 중심적인 신앙이며 조건부 믿음이다. 표적과 이적의 주체를 믿는 것보다 표적과 이적 자체에 대한 자신의 기호와 해석에 근거한 믿음이기 때문이다. 믿음의 부모 때문에 믿어주고, 상사에게 잘 보이려고 같은 교회에 출석하고, 재앙이 두려워서 예배에 참석하고, 사업에 실패하지 않기 위하여 복채나 투자 명목으로 헌금하고, 자신과 자녀가 아프지 않도록 예수의 이름을 부르는 것은 모두 그런 신앙이다.

표적과 이적을 보지 못하면 도무지 믿지 않으려고 한다는 예수의 훈계는 표적과 이적 없이도 얼마든지 예수를 믿을 수 있다는 사실을 가르친다. 믿음의 외적인 근거들을 하나씩 제거하는 것이 신앙의 성장이다. 신앙의 외부 의존도를 낮춘다는 것은 주님을 신뢰하게 만드는 매개물의 제거를 의미한다. 예수의 꾸지람은 수치심 유발을 위함이 아니라 신하의 신앙을 자라게 하기 위함이다. 만약 이런 지적이 종교적인 잔소리로 들려서 불쾌하게 여기며 귀를 닫는다면 신앙은 정체된다. 장성한 분량의 신앙에 이르기 위해서는 오래 머물렀던 어린아이 같은 신앙과 결별하고, 낯설지만 성숙한 신앙의 세계로 연단의 걸음을 힘차게 내딛는 결단이 필요하다. 신앙의 동지들을 통해 오는 주님의 자비로운 간섭을 기꺼이 수용함이 좋다. 우리가 싫어하는 분이라도 정체된 신앙의 맥을 집고 따끔한 지적을 하며 개선책을 제시할 때에 감사한 마음으로 수용함이 좋다. 신하의 신앙이 훌륭해도 그것은 도달해야 할 믿음의 종착지가 아니라 정거장일 뿐임을 이해해야 한다.

⁴⁹왕의 신하가 그에게 말하였다 "주여 내 아이가 죽기 전에 내려가 주십시오"

신하는 예수의 훈계를 올바르게 이해하지 못하였다. 예수의 꾸중을 듣고서도 자신의 긴급한 필요를 채우는 일에 급급했다. 아들이 죽기 전에 가버나움 동네로 내려가 달라고 재차 부탁한다. 그에게는 여전히 예수에 대한 무조건적 믿음보다 아들의 문제가 우선이다. 그와는 달리 믿음의 조상은 아들 이삭의 생명보다 하나님의 명령을 더 소중하게 여겼으며 "번제할 어린 양은 하나님이 자기를 위하여 친히 준비"(창 22:8)하실 것이라고 신뢰하며 그 명령에 과감하게 순종했다. 그러나 신하는 아들의 치유보다 그리스도 신뢰를 우선하는 연단의 돌부리에 걸려 장성한 무조건적 신앙의 차원에 이르지 못하였다. 아들이 죽기 이전에 예수께서 공간적인 이동으로 그를 만나 주셔야 산다는 신념이 성장의 발목을 붙들었다. 이후에 언급되는 마르다도 이 신하와 동일한 신념에 빠져 예수께서 오빠 나사로의 곁에 계셨으면 죽지 않았을 것이라며 주님을 원망했다(요 11:32). 믿음의 성장을 위해서는 때때로 상식의 경계도 넘어가야 한다. 상식은 사람들 사이에 합의된 도덕과 질서의 평균치에 불과하기 때문이다. 물론 그 평균에도 미치지 못하는 것은 더더욱 문제지만!

⁵⁰예수께서 그에게 말하셨다 "가라 네 아들이 살아 있다"
그 사람은 예수께서 그에게 하신 말씀을 믿고 돌아갔다

예수는 신하의 아들에 대해 "살아 있다"(ζῇ)는 치유를 선언한다. 여기에 쓰인 동사의 현재형은 치유가 앞으로 일어날 것이 아니라 말씀하신 순간 기적이 진행되고 있음을 의미한다. 이로 보건대, 예수께서 표적과 기적 의존적인 신하의 연약한 믿음을 잠시 꾸짖으신 것은 정죄하기 위함이 아니라 그의 믿음이 자라도록 성장의 장애물을 제거하기 위한 것이었다. 그 장애물은 은밀하다. 기적이 그러하다. 분명 좋은 것인데 성장을 저지하기 때문이다. 기적을 바라는 신앙은 그 기적이 일어나면 만족하고 더 이상 성장을 추구하지 않고 기적의 체험에 안주한다. 다음에 동일한 일이 발생해도 그는 기적의 원인으로 소급하지 않고 기적의 발생에만 매달린다.

그러나 그렇게 성장이 더딘 사람들에 대해 주님은 성장의 속도와 양육의 눈높이를 그들에게 맞추신다. 그래서 원숙한 신앙을 강요하지 않으시고 기적을 먼저 행하셨다. 죽어가던 신하의 아들을 살리셨다. 신하의 절박한 소망이 이제는 현실이다. 그는 예수의 말씀을 믿고 자기 동네로 돌아갔다. 아들이 치유되는 소원의 성취만이 아니라 "말씀을 믿었다"는 믿음의 성장도 신하에게 주어졌다. 그는 아직 아들의 치유라는 기적을 눈으로 확인하지 않은 상황이다. 아무런 증거도 없었지만 예수의 말씀을 믿었다는 것은 믿음의 성장이다. 말씀에 대한 믿음은 화자에 근거한 믿음이고 말씀의 결과를 보고 얻은 믿음은 청자의 관찰력에 근거한 믿음이다.

진정한 믿음은 보이지 않는 것들의 증거라는 히브리서 저자의 개념으로 보면, 말씀을 신뢰한 신하의 믿음은 보이는 표적과 기적에 근거한 믿음에 비해 분명히 성장했다. 처음에 신하는 자신의 간구를 거절하는 듯한 주님의 꾸지람 때문에 상처받지 않았을까? 감정이 상하여 주님을 떠났으면 신하의 신앙과 아들의 인생은 어떻게 되었을까? 우리도 기도가 거절되는 듯한 느낌과 이따금씩 마주친다. 그때마다 우리는 절망하지 말고 지혜롭게 해석해야 한다. 오히려 주님께서 기도한 것 이상으로 더 크고 더 많은 것을 주시려는 역설적인 응답이라 해석하며 더 큰 감사를 준비함이 좋다. 물론 우리가 정욕으로 쓰려고 잘못 구할 때에 경험하는 주님의 거절은 우리의 부패한 마음에 대한 성찰의 독촉임에 분명하다. 그때에는 눈물의 회개로 더러운 욕망의 찌꺼기를 씻어냄이 좋다.

⁵¹그런데 그가 내려가는 중에 그의 종들이 그를 만나서 그의 아들이 살아 있다고 말하였다 ⁵²이에 그는 그 [아이의 병세]가 호전된 때를 물었으며, 그들은 어제 일곱 시에 열기가 그 [아이]를 떠났다고 그에게 말하였다

신하가 돌아가는 길에 그의 종들이 그를 찾아왔다. 한 명의 종이 아니라 "종들"이 왔다는 사실에서 우리는 신하가 부하고 유력한 사람임을 확인한다. 그들이 찾아온 이유는 살아난 그의 아들이 치유된 소식을 전하기 위함이다. 이렇게 예수의 말씀은 반드시 성취된다. 주님의 말씀으로 말미암아 신하의 아들이 살아난 사건은 성경에 기록된 모든 약속의 확실한 성취를 우리에게 가르친다. 에스겔의 기록과 유사하게(겔 22:14) 누가는 "주께서 하신 말씀은 반드시 이루어질 것이라"는 말씀을 믿은 마리아가 복되다고 기록한다(눅 1:45). 같은 맥락에서 선포된 모든 말씀의 온전한 성취에 대한 주님의 확언이다. "진실로 너희에게 이르노니 천지가 없어지기 전에는 율법의 일점일획도 결코 없어지지 아니하고 다 이루리라"(마 5:18). 주님의 말씀은 눈에 보이는 현실보다 더 정확한 현실이다. 말씀의 결과가 잘 파악되지 않더라도 말씀 자체가 우리에게 최고의 실재성과 확실성을 제공한다.

종들은 너무도 기뻐서 돌아오는 주인을 기다리지 못하고 서둘러 그에게 달려왔다. 그런데 신하의 반응이 특이하다. 아들의 치유 자체보다 그가 호전된 시점에 대해 물음표를 단다. 종들은 죽음의 열기가 아들을 떠난 시점이 어제 7시였다고 대답한다. 아들의 치유에 대한 종들의 격한 반응에 비해 아버지인 신하의 반응은 흥분과 감격이 아니라 다소 차분하다. 관심이 말씀으로 기울었기 때문이다. 이제 그는 지금의 상황을 아들이 아니라 예수의 말씀을 중심으로 이해한다. 기준과 관점이 달라졌다. 인생을 이해하고 살아가는 가치관이 달라졌다. 이는 신하에게 나타난 믿음의 놀라운 성장이다. 키릴루스의 설명처럼, 예수의 말씀으로 신하의 아들은 건강의 치유를 받았으나 그의 아버지는 신앙의 치유를 경험했다. 믿음의 근거가 가

시적인 "표적과 기적"에서 보이지 않는 "말씀"으로 이동했기 때문이다. 기적에 근거한 신앙은 기적의 때에만 잠시 유효하나 말씀에 근거한 신앙은 범사에 유효하다. 신앙은 말씀 이외에 다른 조건이나 매개물이 없으면 없을수록 더 강하고 순수하다.

53이에 그 아버지는 "네 아들이 살아 있다"고 예수께서 그에게 말하신
그때임을 알게 되었고 그와 그의 온 집이 믿으니라

예수께서 신하의 아들이 살았다고 말씀하신 때에 그 아이는 즉각 실제로 좋아졌다. 말씀의 놀라운 권능이다. 이를 확증하고 싶은 듯, 저자는 신하의 "아들이 살아 있다"는 말을 세 번이나 반복한다. 기적은 출고의 때를 기다린다. 말씀이 선포되는 순간 기적은 일어난다. 멀리 떨어진 곳이라도 하나님의 말씀은 시간이나 공간에 매이지 않아서 즉각적인 효력이 발생한다. 기도도 이와 비슷하다. 시공간에 매이지 않으시는 하나님께 드리는 것이기 때문이다. 우리는 오늘만이 아니라 내일을 위해서도 기도한다. 기도의 촉수는 자아에서 땅 끝까지 더듬는다. 골방에서 열방을 품는 것은 가능하다. 사실 하나님의 말씀은 창조의 근원이다. 온 세상과 모든 만물이 말씀으로 지어졌다(히 11:3). 빛이 있으라고 말하시니 없던 빛이 생겨났다. 빛을 관리하는 태양의 직무로 인한 밤낮과 계절의 변화, 풀과 나무와 새와 물고기와 짐승의 신비롭고 지속적인 성장은 모두 하나님의 말씀으로 말미암아 유지된다. 만물의 존속과 우주의 질서는 그 권능의 말씀으로 지탱되고 있다(히 1:3). 예수는 그 말씀이 육신으로 오신 분이시다. 그의 말씀은 예수 자신이다.

예수께서 말씀하신 시점과 신하의 아들이 치유된 시점이 일치함을 알고서 신하와 그의 온 집은 진실한 믿음에 이르렀다. 사마리아 여인이 예수를 메시아로 믿자 그가 속한 동네 사람들도 믿은 것처럼, 왕의 신하도 예수를

믿자 그의 온 집이 예수에 대한 믿음에 이르렀다. 믿음의 집단적인 전염성과 언약적인 공공성이 다시 확인되는 장면이다. 그런데 지금 신하가 가진 믿음의 대상은 무엇일까? 기적일까, 말씀일까, 아니면 기적과 말씀의 주체일까? 기적을 일으킨 말씀의 주어인 예수가 바로 믿음의 대상이다. 이처럼 신하의 신앙은 기적에서 말씀으로, 말씀에서 예수 자신으로 이동하는 성장을 뚜렷하게 보여준다. 이제 그는 기적이 물증으로 제시되지 않아도 주님의 말씀을 신뢰하고, 그 말씀이 우리의 이성을 초월하여 이해되지 않더라도 여전히 주님을 신뢰하는 믿음의 사람이다. 우리의 신앙도 이런 패턴으로 계속해서 성장해야 한다.

그런데 신앙은 정직해야 한다. 모든 사람은 믿음의 분량을 따라 지혜롭게 생각하고 행동해야 한다. 믿음이 없음에도 불구하고 믿음이 좋은 것처럼 꾸미는 것은 올바르지 않다. 뱁새가 황새를 쫓다가 가랑이가 찢어진다. 혹시 믿음의 거인들을 모델로 삼더라도 그들이 가진 종교적인 겉모습이 아니라 그들의 중심에서 박동하는 인격적인 신앙을 본받아야 한다. "유대의 한 제사장 스게와의 일곱 아들"은 바울처럼 예수의 이름으로 귀신을 쫓으려고 했다(행 19:14). 믿음이 없는 행위였다. 이런 행위는 사람만이 아니라 귀신도 비웃는다. "내가 예수도 알고 바울도 알거니와 너희는 누구냐"(행 19:15). 누구든지 귀신의 조롱과 횡포를 당하지 않으려면 진실한 믿음으로 살아가야 한다.

모든 사람은 믿은 만큼 알고 행하고 살아간다. 그런데 믿음도 없이 아는 척하고 착하게 행하는 척하고 올바르게 사는 척하면 믿음과의 차이만큼 죄가 그 틈새로 인생에 파고든다. "믿음을 따라 하지 아니하는 것은 다 죄"라고 바울은 단언한다(롬 14:23). 야고보는 행함이 없는 믿음은 공허하고 죽었다고 단언한다(약 2:26). 믿음보다 행위가 과하거나 행위가 믿음보다 과하면 과한 만큼을 의심이 차지하고 믿음과 행위 사이에 낀 의심의 간격만큼 죄가 개입한다. 어떤 식으로든 믿음과 행함이 분리되면 반드시 죄가 개입하고 인생은 사망으로 돌진한다. 진실로 죄의 삯은 사망이다(롬 6:23).

⁵⁴이것은 예수께서 유대에서 갈릴리로 다시 오셔서 행하신 두 번째 표적이다

신하의 아들이 말씀으로 치유를 받은 사건은 예수께서 갈릴리로 오셔서 행하신 두 번째 표적이다. "표적"은 그 자체보다 그것이 가리키는 실체의 중요성을 강조하는 낱말이다. 신하의 아들이 살아나는 하나의 사건보다 그 사건을 가능하게 한 예수의 말씀이 이 표적의 본질이다. 말씀은 그 자체로 생명인 동시에 죽어가는 자도 살리는 생명이다. "두 번째" 표적임을 밝힌 이유는 첫 번째 표적과의 연관성 때문이다. 첫 번째는 가나의 혼인잔치 중 포도주가 떨어져서 물로 포도주를 만든 표적이다. 예수는 남편과 아내의 관계를 최고급 포도주로 지극히 아름답게 만드셨고, 세상의 의원이 살릴 수 없어서 죽어가는 신하의 절망적인 아들을 살리셔서 부모와 자녀의 관계를 아름답게 만드셨다. 두 표적은 가장 친밀한 관계성을 나타내는 예수의 고향 개념에 적합한 표적이며, 저자의 신학적인 의도에 따른 배열이다. 사회의 기본적인 단위부터 우주라는 단위까지 주님은 말씀으로 고치신다.

요 5:1-16

¹그 후에 유대인의 명절이 되어 예수께서 예루살렘에 올라가시니라 ²예루살렘에 있는 양문 곁에 히브리 말로 베데스다 하는 못이 있는데 거기 행각 다섯이 있고 ³그 안에 많은 병자, 맹인, 다리 저는 사람, 혈기 마른 사람들이 누워 [물의 움직임을 기다리니 ⁴이는 천사가 가끔 못에 내려와 물을 움직이게 하는데 움직인 후에 먼저 들어가는 자는 어떤 병에 걸렸든지 낫게 됨이러라] ⁵거기 서른여덟 해 된 병자가 있더라 ⁶예수께서 그 누운 것을 보시고 병이 벌써 오래된 줄 아시고 이르시되 네가 낫고자 하느냐 ⁷병자가 대답하되 주여 물이 움직일 때에 나를 못에 넣어 주는 사람이 없어 내가 가는 동안에 다른 사람이 먼저 내려가나이다 ⁸예수께서 이르시되 일어나 네 자리를 들고 걸어가라 하시니 ⁹그 사람이 곧 나아서 자리를 들고 걸어가니라 이 날은 안식일이니 ¹⁰유대인들이 병 나은 사람에게 이르되 안식일인데 네가 자리를 들고 가는 것이 옳지 아니하니라 ¹¹대답하되 나를 낫게 한 그가 자리를 들고 걸어가라 하더라 하니 ¹²그들이 묻되 너에게 자리를 들고 걸어가라 한 사람이 누구냐 하되 ¹³고침을 받은 사람은 그가 누구인지 알지 못하니 이는 거기 사람이 많으므로 예수께서 이미 피하셨음이라 ¹⁴그 후에 예수께서 성전에서 그 사람을 만나 이르시되 보라 네가 나았으니 더 심한 것이 생기지 않게 다시는 죄를 범하지 말라 하시니 ¹⁵그 사람이 유대인들에게 가서 자기를 고친 이는 예수라 하니라 ¹⁶그러므로 안식일에 이러한 일을 행하신다 하여 유대인들이 예수를 박해하게 된지라

❖ ❖ ❖

¹이후에 유대인의 명절이 있었고 예수는 예루살렘으로 오르셨다 ²예루살렘 안에는 양의 문 곁에 히브리 말로 베데스다 불리고 행각 다섯을 가진 못이 있었는데 ³그것들 안에는 많은 병자, 맹인, 다리 저는 사람, 혈기 마른 사람들이 누워 (물의 움직임을 기다리고 있다 ⁴이는 천사들이 때를 따라 못으로 내려와 물을 움직이게 하는데 물의 움직임 이후에 처음으로 들어가는 자는 어떠한 병에 사로잡혀 있는 때에라도 건강하게 된다) ⁵거기에 자신의 병약함 중에 삼십팔 년을 지낸 어떤 사람이 있었는데 ⁶예수께서 그가 누운 것을 보시고 이미 오랜 기간을 보냈음도 아시고 그에게 말하셨다 "네가 낫게 되기를 원하느냐?" ⁷그 연약한 자가 그에게 대답했다 "주여, 물이 움직일 때 나를 못에 넣어주는 사람이 없습니다 내가 거기로 가면 다른 이가 나보다 먼저 내려갑니다" ⁸예수께서 그에게 말하셨다 "너는 일어나 네 자리를 들고 걸어가라" ⁹그 사람은 즉시 건강하게 되어 자신의 자리를 들고 걸어갔다 그런데 그날은 안식일이었다 ¹⁰유대인들이 치유된 자에게 말하였다 "안식일인데 네가 자리를 드는 것은 올바르지 않다" ¹¹그러나 그는 그들에게 대답했다 "나를 건강하게 만드신 분이 나에게 '너의 자리를 들고 걸어가라' 했습니다" ¹²이에 그들이 그에게 질문했다 "너에게 [자리를] 들고 걸어가라 한 그 사람이 누구냐?" ¹³치유된 사람은 그가 누구인지 알지 못하였다 이는 예수가 그곳에 있는 군중 속으로 피하였기 때문이다 ¹⁴이후에 예수는 성전에서 그를 찾았고 그에게 말하였다 "보라 네가 건강하게 되었으니 더 나쁜 일이 너에게 일어나지 않도록 더 이상 범죄하지 말라" ¹⁵그 사람은 유대인들에게 가서 자신을 건강하게 만든 분이 예수라고 알렸으며 ¹⁶이로 인하여 유대인들은 예수가 안식일에 이런 것을 행한다고 그를 박해했다

15   낫기를 원하느냐?

본문은 예루살렘 안에 베데스다 연못에서 일어난 기적의 기록이다. 수가에서 무명의 여인을 만난 것처럼 예수는 그 연못에서 38년 동안 질병으로 고생한 무명의 남자를 만나셨다. 예수는 자신의 무한한 능력으로 치유의 기적을 일으키기 전에 상대방의 의중을 물으셨다. "네가 낫게 되기를 원하느냐?" 너무도 달콤한 질문이다. 그 사람은 우회적인 어법으로 자신의 간절한 소원을 표현했다. 그래서 예수는 그를 고치셨다. 그런데 그는 안식일을 범한 것 때문에 유대인의 위협을 받자 예수의 이름을 제보하고 책임을 그에게 떠넘겼다. 일종의 배신이다. 유대인은 이 사건을 계기로 예수를 안식일 범법자로 규정하고 제도적인 핍박을 가하였다. 치유의 은총을 결과적인 배신으로 갚은 아주 황당한 사건이다. 이 사건에서 나는 육신의 치유보다 더 중요한 영혼과 인격의 치유가 필요함을 깨닫는다. 우리도 낫기를 원하는가? 우리의 무엇이 낫기를 원하는가?

¹이후에 유대인의 명절이 있었고 예수는 예루살렘으로 오르셨다

본문은 요한복음 안에서만 기록된 베데스다 못에서의 치유 사건을 소개하고 있다. 사건의 시점은 어떤 "이후"인데 얼마나 오래 된 "이후"일까? 정확히는 모르지만, 지금은 "유대인의 명절"이다. 그런데 이 명절은 유대인의 3대 절기인 유월절과 오순절과 초막절 중에 어떤 것인지가 분명하지 않다. 이레니우스는 유월절로 이해하고 칼뱅은 오순절로 이해한다. 나는 이 명절이 특정한 절기라는 판단을 유보하고 "명절" 자체만 주목하려 한다. "명절"(ἑορτὴ)은 그 자체로 "축제"를 의미한다. 혼자만이 아니라 많은 사람들이 함께 기뻐하는 기간이다. 예수는 이 절기를 지키기 위해 그리고 다른 목적을 위해, 예루살렘 성읍으로 오르셨다. 명절에는 제도권 안에서도 죄수를 풀어주는 관행이 있었는데(마 27:15; 막 15:6), 이번 명절에도 어떤 해방이 일어날 것 같은 기대감이 든다. 제도권이 줄 수 있는 수준의 사회적인 해방이 아니라 예수께서 주시는 영적인 해방이다. 땅에서의 해방이 주는 수준의 기쁨이 아니라 하늘에서 풀어지는 해방이 주는 최고의 기쁨을 기대해도 좋다.

²예루살렘 안에는 양의 문 곁에 히브리 말로 베데스다라 불리고
행각 다섯을 가진 못이 있었는데 ³그것들 안에는 많은 병자, 맹인,
다리 저는 사람, 혈기 마른 사람들이 누워 (물의 움직임을 기다리고 있다

기적이 일어난 장소를 소개한다. 예루살렘 안에 있는 베데스다 연못이다. "자비의 집" 혹은 물이 흐르는 "흐름의 집"을 의미하는 "베데스다"(Βηθεσγά)는 "양의 문" 곁에 위치한다. 여기에서 "양의 문"은 희생양이 그곳을 출입하기 때문에 붙여지는 성전의 문을 가리킨다. 그런 문 옆에 위치한 베데스다 연못은 희생양을 깨끗하게 씻기 위해 마련된 못이라는 추정이 가능하

다. 자신을 "양의 문"이라고 소개한 예수께서 친히 자비의 집인 베데스다 연못에 자신의 곁을 내주셨다(요 10:7). 예수는 세상의 모든 죄를 짊어지고 가는 하나님의 어린 희생양인 동시에 그 양이 들어가는 문이시다. 양의 문 곁에 있는 연못의 언급은 우리로 하여금 예수의 자비로운 활약을 기대하게 한다. 그 연못에서 세상이 씻어내지 못하는 죄가 예수로 말미암아 깨끗하게 씻어질 것을 기대해도 좋다.

그 연못에 행각이 다섯 개나 있었다는 것은 그 연못의 큰 규모를 설명하고 많은 사람들이 방문하고 머무는 곳임을 암시한다. 행각에는 많은 환자들과 맹인들과 다리 저는 사람들과 혈기 마른 사람들이 누워서 물의 움직임을 기다리고 있다. 이들을 괴롭고 슬프고 불행하게 만든 것은 쉽게 치료되는 질병이 아니라 불치의 병이었다. 칼뱅의 지적처럼, "인간적인 치료법"에 의해서는 회복의 어떠한 소망도 없는 사람들의 "처참한 광경"이 펼쳐지고 있다. 그들이 "누워" 기다리고 있다는 것은 기다림의 시간이 오래 되었음을 의미한다. 동시에 거기에 있는 사람들이 서거나 앉아서 기다리는 것이 힘들어서 누워야만 할 정도로 연약한 자들임을 암시한다. 즉 그 연못은 인류의 무거운 눈물과 절망을 다 짊어지고 살아가는 자들이 운집한 곳이었다.

연못 곁에서 절망적인 사람들이 희망의 실오라기 하나라도 잡으려고 물의 움직임을 기다리고 있다. "물의 움직임"을 기다리는 이유는 그곳에서 깨끗하게 씻긴 희생양에 의해 사람이 죄 용서를 받듯이 자신들의 몸에 붙어 있는 모든 질병들도 깨끗하게 씻겨 나가기를 소원하기 때문이다. 예수는 예루살렘 성읍으로 와서 유력한 자들보다 연약한 자들을 먼저 찾으셨다. 고통과 불행과 슬픔과 억울함을 먼저 돌보셨다. 그의 긍휼과 사랑이 그의 발걸음을 그곳으로 이끌었다. 이 상황과 기적에 대해 아우구스티누스는 연못과 물을 유대 백성으로, 다섯 행각을 모세오경으로 이해한다. 모세오경, 즉 다섯 행각은 사람을 치유하지 못했다고 한다. 교부는 천사가 일으키는 물의 움직임을 예수께서 죄인들의 마음을 흔드신 것으로 이해하고, 물의 움직임 이후에 못으로 들어가는 것은 예수의 고난을 겸손한 마음으로 믿는 것이라고 해석한다. 이 교부의 해석은 은혜롭다. 그러나 다소 비약적인 해석이다. 나는 교부의 이 해석을 본문의 의미에 대한 적용의 하나로서 수용한다.

누구도 치유할 수 없는 질병으로 하루하루 좌절의 바닥에서 살아가는 분들이 비빌 언덕은 오직 하늘에만 있다. 그래서 그들은 하늘만 바라본다. 하나님의 도우시는 얼굴을 절박하게 갈구한다. 주님은 당신을 찾는 자들을 결코 외면하지 않으신다. 그들을 건지신다. 그리고 땅에서는 일말의 소망도 없는 절망적인 사람들은 놀랍게도 이 땅의 영광을 드러내지 않고 하나님의 영광을 다른 누구보다 더 잘 드러낸다. 치명적인 질병으로 인해 이 땅에서는 세상 사람들이 포기와 단념의 고개를 젓는 환자나 연약한 사람도 하나님의 관점에서 보면 완전히 다른 존재로 간주된다. 최악의 질병은 최고의 권능을 드러내는 최상의 역설적인 환경이다. 그들은 고통과 슬픔과 좌절 속에서 하나님의 영광을 다른 누구보다 더 강력하게, 확실하게, 선명하게 드러내기 때문이다. 이들과는 달리, 부한 자들, 유력한 자들, 똑똑한 자들은 값없이 주어진 그 모든 것들로 하나님의 영광을 드러내는 것이 아니라 오히려 가리고 자신들을 드러내는 일에 분주하다. 신비로운 역설이다.

> 4이는 천사들이 때를 따라 못으로 내려와 물을 움직이게 하는데
> 물의 움직임 이후에 처음으로 들어가는 자는
> 어떠한 병에 사로잡혀 있는 때에라도 건강하게 된다)

저자는 불치의 병에 걸린 사람들이 회복되는 치유의 구체적인 방식을 설명한다. 천사들이 못으로 내려와 물을 움직인다. 물의 움직임 이후에 처음

으로 못에 들어가면 어떠한 질병에 걸린 때에라도 건강하게 된다. 천사들에 의해 움직이는 물은 그들의 몸에서 아무리 고약한 질병도 희생양의 씻김처럼 씻어내기 때문이다. 이 부분을 해석하는 칼뱅은 환자들의 치유가 천사들의 손으로 행하신 하나님 자신의 일임을 강조한다. 질병의 종류를 가리지 않고 치료하는 전능함이 오직 그에게만 있기 때문이다. 그러므로 하나님이 아니라 치유에 쓰임을 받은 천사들을 믿음과 흠모의 대상으로 여기거나 치유의 공로를 그들에게 돌리는 일이 없도록 주의해야 한다고 칼뱅은 조언한다.

천사들은 항상 내려오지 않고 특정한 "때(καιρός)를 따라" 내려온다. 이에 대해 칼뱅은 하나님이 모든 환자들을 한꺼번에 고치실 수도 있었지만 특정한 시기에만 특정한 수의 사람들을 고치신 것은 그러한 제한을 통해 기적의 목적 즉 하나님의 임재를 증거하기 위한 것이라고 해석한다. 기적이 모두가 경험하는 평범한 것으로 간주되어 하나님을 인지하고 만나는 계기가 되지 못한다면 그것은 기존의 질서에 추가되는 특이한 질서일 뿐이고 심하게는 자연적인 질서의 교란으로 간주될 것이기 때문이다. 기적의 제한성은 구약에도 있었는데 엘리사의 시대에 많은 사람들이 기근으로 죽었지만 하나의 아이가 살아났고, 흉년으로 고생한 과부들이 많았지만 엘리야가 보내심을 받은 과부는 하나였고, 엘리사의 시대에 나병으로 고생한 사람들이 많았지만 오직 나아만만 고침을 받았다는 예수의 말씀(눅 4:25-27)을 칼뱅은 증거들로 제시한다. 여기에서 대상의 선정은 오직 주님의 권한이다.

환자를 고치는 방식에 있어서 물의 움직임 이후에 남들보다 먼저 들어가는 경쟁적인 방법, 선지자가 죽은 아이의 몸 위에 자신의 몸을 포개는 방법 그리고 요단의 초라한 강물에 나병으로 문드러진 몸을 담그는 방법은 사람들의 눈에 세련되지 않고 고상하지 않다. 이에 대한 칼뱅의 해석에 의하면, 하나님이 인간의 상식과 합리와 논리가 백기를 들고 투항하게 만드는 황당한 방법을 사용하신 것은 치유된 자로 하여금 방법을 주목하지 않고 그런 방법을 사용하신 하나님을 주목하게 하기 위함이다. 광야의 놋뱀도 그러하다. 뱀에게 물려 죽어가는 사람이 모세가 만들어 올린 초라한 놋뱀을 바라보면 누구든지 살게 되었지만 그 치유의 원인이나 공로를 놋뱀에게 돌리는 것은 누가 보더라도 어리석다. 오히려 놋뱀이 아니라 그것을 만든 모세를 주목하고, 나아가 그 모세에게 그런 치유의 방법을 명하시고 친히 치유하신 하나님을 주목하는 것이 치유된 자들의 정상적인 반응이다.

예수의 시대를 살아가는 유대인은 하나님의 명시적인 계시가 주어지지 않는 수백 년의 침묵으로 인해 영혼의 기근과 갈증이 심각해진 상태였다. 그러나 하나님은 자신을 배신하고 우상을 숭배하던 자기 백성을 완전히 버리지는 않으셨다. 은밀한 방식으로 관계의 끈을 계속해서 붙드셨다. 베데스다 연못의 치유는 그중의 하나라고 나는 생각한다. 그 치유는 천사들에 의한 기적이 아니라 아무런 능력도 없는 못의 물이지만 환자의 심리적인 확신과 기대감 때문에 병세가 좋아지는 "플라시보 효과"(placebo effect)일 가능성도 있다. 긍정적인 사고의 효력도 이 효과와 비슷하다. 나는 긍정적인 사고가 나쁘지 않다고 생각한다. 상당히 많은 개인과 사회의 문제들이 이런 사고에 의해 해결되고 설명되는 경우가 많기 때문이다. 마음의 힘 때문이 아니라 하나님 때문에 항상 기뻐하고 범사에 감사하는 긍정적인 태도는 하나님의 뜻이라고 바울은 가르친다. 하지만 하나님을 모르는 세상 사람들이 그런 태도를 가지는 것 자체로도 일반은총 차원의 효력이 발휘될 수 있다고 나는 생각한다. 괄호로 묶여진 천사들의 치유 이야기는 소수의 요한복음 사본에만 등장한다. 그러나 나는 이 이야기를 후대에 추가된 부분이 아니라 성경 본문으로 인정한다. 아마도 너무 신비롭고 예수와 무관해 보이기 때문에 이 부분을 후대에 삭제한 사본들이 더 많아진 것일 수 있다고도 생각한다.

5거기에 자신의 병약함 중에 삼십팔 년을 지낸 어떤 사람이 있었는데 6예수께서 그가 누운 것을 보시고 이미 오랜 기간을 보냈음도 아시고 그에게 말하셨다 "네가 낫게 되기를 원하느냐?"

수가에 가서 한 명의 사마리아 여인을 만나신 것처럼, 예수는 이번에도 연못에 있는 많은 환자들 중에 한 사람을 주목한다. 그 사람은 그 연못에 머문 환자들 중에 가장 오래된 고참일 가능성이 높다. 그는 그곳에서 자그마치 38년 동안 심각한 질병으로 고생하고 있다. 복음서의 저자는 이 사람의 이름과 가문과 지파와 민족에 대해 침묵한다. 그 사람의 혈통적인 정체성은 이 사건에서 중요하지 않기 때문이다. 예수가 그를 만났을 때에 그는 누워 있는 상태였다. 그렇게 누워서 살아온 세월이 무려 38년이었다. 그럼에도 불구하고 포기하지 않고 치유를 고대하며 못에 들어갈 희망을 고수하고 있는 이 사람의 인내는 참으로 위대하다. 그러나 온몸을 땅에 붙이고 살아가는 38년치의 고단함과 패배감은 어떠할까? 생각만 해도 가슴이 찢어진다. 우리도 이러한데, 사람들에 대한 긍휼이 무궁하신 예수의 마음은 더더욱 괴롭지 않았을까?

누워서 살아가는 인생의 상태가 오래 되었음을 예수는 아셨다고 한다. 예수는 모든 것을 아시고, 모르시는 것이 그에게는 없다. 우리에 대해서도 그러시다. 우리의 아주 오래된 불행, 고쳐지지 않는 질병, 멈추지 않는 고통과 억울함, 수십 년간 마르지 않는 눈물, 봉합되지 않는 상처, 회복되지 않는 이별의 텅 빈 가슴을 예수는 다 아신다고 한다. 아무도 우리를 제대로 모르지만 그분만은 온전히 아신다는 것은 그 자체로 우리에게 큰 위로와 소망이다. 그분이 아신다는 것은 정보의 취득이 아니라 사랑의 준비라는 뜻이기 때문이다. 우리의 전부를 사랑하고 계신 주님은 우리의 전부를 아시고 그 전부의 회복을 원하시고 이루신다. 그래서 하나도 남김 없이 목숨과 마음과 뜻과 힘을 다하여 사랑하라 명하셨다. 우리를 향한 이 명령의 전제는 우리에게 이미 베풀어진 주님의 사랑이다.

예수께서 그에게 물으신다. "네가 낫게 되기를 원하느냐(θέλεις)?" 대개 의사들은 환자에게 질병의 종류나 증세의 중함이나 투병의 길이에 대해 먼저 질문한다. 그런데 예수는 그런 것들이 중요하지 않은 것처럼 묻지도 않으신다. 이는 못에 처음으로 들어가는 자가 어떠한 상태와 종류와 길이의 질병을 가졌어도 다 치유되는 것이 보여주는 것처럼 예수께는 고치지 못하실 질병이 없기 때문이다. 아무리 심각한 증상도 회복하실 수 있으시고, 아무리 오래된 질병도 고치실 수 있기 때문에 묻지 않으셨다. 물으실 필요가 없으셨다. 지금도 주님은 모든 필요에 대하여 우리에게 물으신다. "네가 무엇이든 낫기를 원하느냐?" "네가 누구이든 되기를 원하느냐?" "네가 무엇이든 가지기를 원하느냐?" "네가 무엇이든 행하기를 원하느냐?" "네가 어디로든 가기를 원하느냐?" 그리고 예수는 치유의 소원이 궁금해서 환자에게 질문하신 것이 아니었다. 질병에서 해방되는 것은 모든 환자들의 절박한 소원이다. 그는 소원이 아니라 치유에 대한 환자의 자발적인 의지를 물으신 것이었다. 치유는 선한 일이지만 선하다는 이유로 상대방의 자발적인 의지를 묵살하지 않으려는 주님의 세심한 배려가 이 물음에서 느껴진다.

우리는 특별히 선을 행할 때에 무례를 범하지 않도록 조심해야 한다. 선행의 공급자가 되면 자신도 모르게 갑의 자리에 서고 선행의 수혜자를 함부로 대해도 되는 특권의 소유자인 것처럼 착각하는 사람들이 많다. 자신들이 하는 일은 선하니까 군소리 말고 그냥 받으라는 언어적인 갑질과 정서적인 폭력을 대수롭지 않게 생각한다. 그렇게 선행을 빙자해서 자신의 천박함을 부끄러운 줄도 모르고 드러낸다. 선행에 있어서는 주는 자의 마음과 입장보다 수혜자의 마음과 입장을 먼저 더 섬세하게 배려해야 한다. 예수의 질문은 선행의 수혜자에 대한 배려이고 존중이다. 이는 하나님의 보편적인 섭리가 보여주는 특징이다. 하나님은 모든 것을 정하시고 친히 이루신다. 그러나 하나님은 "그래도 이스라엘 족속이 이같이 자기들에게 이루어 주기를 내게 구하여야 할지라"(겔 36:37)는 말씀으로 수혜자의 자발적인 의지를 청하신다. 이는 하나님이 모든 선을 이루어 주시지만 우리의 자율적인 소원을 존중해 주신다는 말씀이다. 하나님의 모든 약속을 우리는 일방적인 지시와 명령이 아니라 우리의 인격적인 반응, 즉 자발적인 의지와 소원을 기다리는 사랑으로 이해해야 한다.

7그 연약한 자가 그에게 대답했다 "주여, 물이 움직일 때 나를 못에 넣어주는 사람이 없습니다 내가 거기로 가면 다른 이가 나보다 먼저 내려갑니다"

환자가 대답한다. "주여!" 마음에서 우러나온 호칭이다. 아무도 다가오지 않고 말조차도 걸어주지 않는, 차가운 냉소의 눈빛만 던지고 지나가는, 그렇게 버려지고 잊혀지고 망가진 자신에게 말을 걸어준 것만으로도 충분히 고마워서 나온 감격의 호칭이다. 그는 낫기를 원한다는 직접적인 대답이 아니라 그동안 낫지 못한 이유에 대한 하소연을 쏟아낸다. 낫기를 원한다는 우회적인 대답이다. 물의 움직임 이후에 처음으로 들어가야 치유를 받는데 1) 자신을 못에 넣어주는 사람이 없다는 것과 2) 다른 사람이 자기보다 먼저 못에 들어가는 것 때문에 지금까지 행각에 누워 있었다고 대답한다. 첫째 이유에서 우리는 그가 스스로는 움직이지 못할 정도로 건강의 상태가 상당히 나쁘다는 사실을 확인한다. 그는 주변에 도움을 줄 친구가 하나도 없는 외로운 사람이다. 외부의 도움 없이는 한 걸음도 움직이지 못하는 비참한 삶을 38년이나 이어왔다. 둘째 이유에서 우리는 지금까지 다른 모든 환자들이 그보다 먼저 못에 들어갈 정도로 그는 가장 연약하고 외롭고 심각한 중증의 환자임을 깨닫는다. 그런 그가 못에 들어가는 순위에서 항상 밀리는 것은 당연하다.

이처럼 예수의 질문에 대해 이 사람은 자신의 과거 이야기로 대답을 대신했다. 그는 치료되지 못한 과거의 실패에 길들여져 있다. 자신의 실패라는 경험에 근거하여 그가 기대하고 제시하는 해법은 자신을 다른 환자보다 먼저 못에 넣어줄 사람이 있으면 된다는 것이었다. 그의 소망은 여전히 연못에 먼저 들어가는 것이었다. 이처럼 그는 예수라는 가장 완벽한 치유책이 눈앞에 있어도 다른 해법에 목마르고 그것에 매달린다. 그가 예수를 메시아로 알지 못하고 고작 자신을 못에 넣어줄 도우미로 기대하는 것은 참으로 안타깝다. 이는 안타까운 우리의 인생을 잘 보여준다. 우리도 예수 사용법에 미숙하다. 예수는 우리의 마음과 목숨과 뜻과 힘을 다 걸고 신뢰해도 되는 인생의 궁극적인 해법이고, 인간의 본질과 인생의 목적과 세계의 통치와 우주의 질서에 근본적인 답을 주시고 스스로 답이 되시는 분이시다. 그런데 우리는 예수를 병 고치는 의원으로, 먹거리를 해결하는 경제 지도자로, 국가의 주권을 회복시켜 주는 정치적인 왕 정도로 활용한다. 예수를 예수답게 존중하고 기대하자. 예수의 이름으로 국회의원 되게 해 달라고, 사장 되게 해 달라고, 유명한 연예인 되게 해 달라고 기도하지 말자. 하나님께 영광이 되고, 이웃에게 기쁨과 행복의 사도가 되게 해 달라고 기도하자. 우주의 질서와 세상의 평화에 기여하는 사람이 되게 해 달라고 기도하자.

8예수께서 그에게 말하셨다 "너는 일어나 네 자리를 들고 걸어가라"

예수는 환자가 낫기를 원한다는 사실을 확인하고 그를 고치신다. 그런데 환자가 원하는 치유의 방식은 아니었다. 그를 연못에 넣어주는 방식이 아니라 그에게 명령을 내리시는 방식이다. "일어나라"(Ἔγειρε). "들라"(ἆρον). "걸어가라"(περιπάτει). 그는 명령으로 고치신다. 아주 특이하다. 명령은 예수의 몫이었고 순종은 그 환자의 몫이었다. 38년 동안 자리에서 일어나 본적이 없는 사람에게 이 명령들은 너무도 황당하다. 조롱으로 느꼈을지도 모르겠다. 태어나서 한번도 해보지 않은 일에 대한 명령이기 때문이고, 환자가 요청한 해법과는 핀트가 완전히 어긋나는 처방이기 때문이다.

내가 경험한 적이 없는 명령에 대해, 내가 생각하는 해법과 주님께서 주시는 해법이 다를 때에, 우리는 어떤 결정을 내리는가? 대부분의 사람들은 할 수 없다고 포기한다. 그리고 주님께서 자신의 요청을 들어주지 않으신 것이라고 생각하며 불평하고 원망한다. 그러나 주님은 우리가 못하는 일을 친히 이루시고, 우리의 기대보다 더 크고 비밀한 해답을 베푸신다. 조금만 자신을 살펴보라. 놀라운 주님의 응답이 이미 주어져 있음을 확인한다. 우리는 자신이 생각하는 해법의 자리에서 일어나 주님의 해법으로 이동해야 한다. 이를 위해서는 자리에 앉아있는 익숙한 과거와의 결별이 필요하고 그 자리에서 벌떡 일어서서 새로운 삶으로 도약하는 용기가 필요하다.

예수는 그 환자를 향해 "자리"(κράββατος)를 들고 가라고 명하신다. 이 "자리"는 환자가 누워 있었기 때문에 크기가 적지 않았으며 무게도 상당했을 것으로 추정된다. 그런데 자신의 몸도 일으키지 못하는 사람에게 그런 자리를 들고 가라는 명령을 내리는 것이 과연 정상인가? 정상은 아니지만 자리를 들고 가는 것은 질병의 확실한 치유를 확인하는 증거로서 대단히 유용하다. 그런 용도만이 아니었다. 그 자리는 38년 동안 한 번도 성공하지 못한 실패의 자리였고, 38년치의 한숨이 수북이 쌓인 좌절과 낙담의 자리였고, 칭찬과 존경과 격려를 한 번도 경험하지 못한 배제와 따돌림의 자리였다. 이처럼 "자리"는 그 사람의 과거와 현재의 슬픈 주소지다. 넓게는 한 사회의 전통과 문화의 상징이다. 그래서 모두가 거기에 익숙하다. 모든 사람은 누적된 과거와 친숙한 현재라는 자리에 앉아서 살아간다. 그런데 그 자리가 미래라는 다른 자리로 진전하지 못하도록 인생의 발목을 붙드는 부작용도 일으킨다. 그 자리에 안주하기 때문이다. 타인의 동정을 구하며 연명하는 것을 안정된 삶이라고 생각하며 벗어날 필요도 느끼지 못하고 그런 삶의 자리를 떠나려는 의지마저 없는 사람들이 있다. 그들이 현실을 자각하고 벗어나기 위해서는 예수라는 외부의 충격이 필요하다.

나로 하여금 과거와 현실에 주저앉게 만드는 "자리"는 무엇인가? 처음에는 우리가 현실의 필요를 채우기 위해 자리를 만들지만 그 자리가 우리의 미래를 규정한다. 나의 질병이 머물던 그 자리, 슬픔과 불행과 고통이 새겨진 그 자리, 조롱과 멸시와 배척으로 얼룩진 그 자리, 그런데도 묘한 애증 때문에 떠나고 싶지 않은 그 자리를 과감하게 털고 일어나야 한다. 이는 우주를 주관하고 계신 예수께서 "일어나 자리를 들고 가라"는 명령을 내리셔야 가능하다. 놀랍게도 그분은 그때만이 아니라 지금도 우리에게 자리에서 일어나 떠나라고 명하신다. 명령은 이미 주어졌다. 그래서 우리는 언제든지 자리에서 일어나면 된다. 우리를 주저앉게 만든 모든 자리에서 일어나 그 자리의 노예가 아니라 그 자리의 운명을 들고 마음대로 움직이는 지배자가 되어 원하는 다른 자리를 정하고 그곳으로 걸어가면 된다.

9그 사람은 즉시 건강하게 되어 자신의 자리를 들고 걸어갔다
그런데 그날은 안식일이었다 10유대인들이 치유된 자에게 말하였다
"안식일인데 네가 자리를 드는 것은 올바르지 않다"

환자는 예수의 명령을 듣고 순종한다. "즉시 건강하게 되어" 일어났다. 예수의 선언은 그 자체로 치유의 능력이다. 예수께서 왕의 신하에게 그의 아들이 살아 있다는 선언을 하신 시점에 그 아들이 치유된 것처럼, 38년 된 이 환자도 예수의 선언과 더불어 "즉시"(εὐθέως) 치유를 경험했다. 치유의 시간이 길어지면 치유되는 동안에 다양한 요소들이 개입하기 때문에 치유의 직접적인 원인 파악이 곤란하다. 평소에 여호와 라파 하나님은 직접적인 치유의 사실을 다양한 원인들과 과정들로 숨기신다. 그러나 특정한 목

적이 있을 때에는 자신의 직접적인 치유를 일부러 쾌유의 방식으로 알리신다. 38년 된 환자의 경우, 시간적인 경과가 전혀 없는 치유의 즉각성은 하나님의 아들 예수의 신적인 능력을 증명한다. 여기에서 쓰인 "즉시"는 이 복음서 저술의 목적에 충실한 낱말이다.

저자는 이 사건이 안식일에 발생한 일임을 적시한다. 안식일 준수를 다른 무엇보다 더 중요하게 생각하는 유대인은 안식일의 규정을 따라 치유의 사건을 해석한다. 이처럼 그들의 해석학은 병들었다. 어떤 사물과 사건을 주님의 관점으로 보고 이해하는 것이 필요하다. 안식일 규정의 그물망에 걸린 불법적인 항목은 환자가 치유된 것이 아니었다. 그가 일어난 것도 아니었고 걸어간 것도 아니었다. 그들이 올바르지 않다고 정죄한 요소는 그 환자가 "자리를 든 것"이었다. 안식일에 자리를 들고 걸어가는 환자의 이동을 율법이 금지한 일로 간주했기 때문이다. 당시의 유대인은 참으로 유치하고 쫀쫀하다. 본질과 비본질의 분별력도 엉망이다. 혹시 율법에 명시되어 있더라도, 38년 동안 흑암의 오랜 세월을 누워서 보내고 이제서야 회복된 사람에게 이게 무슨 부끄러운 트집인가! 함께 기뻐하며 춤추지는 못할망정 어떻게 시커먼 재를 뿌리는가! 유대인은 영혼에 어떤 염증이 생겼길래 이토록 삭막한 감정을 보이는가! 이처럼 38년 된 환자의 치유는 그것보다 훨씬 더 오래된 유대인의 일그러진 인간관과 율법 중심적인 가치관의 실상을 드러낸다. 이들의 종교적인 질병은 다른 어떤 질병보다 더 심각하다. 38년 된 환자의 치유가 어쩌면 유대인의 더 고질적인 문제를 드러내기 위한 예수의 의도적인 도구였던 것을 아닌지도 의심된다.

이 대목에서 나는 기독교의 종교적인 질병을 보는 듯해 마음이 참으로 쓸쓸하다. 우리의 시대에도 성경의 명시적인 가르침이 아닌 교회의 전통과 문화를 사람보다 앞세우며 유치한 준법을 요구하는 한심한 목사들이 많고, 정서가 고장 나서 차갑고 메마른 교회들이 많기 때문이다. 주일이라 하더라도, 예배의 시간이라 하더라도, 아픈 사람이 있으면 그를 돌보는 것이 예배의 의식보다 우선이다. 하나님은 제사보다 인애를 원하시기 때문이다. 아프고 슬프고 괴롭고 지친 사람들의 치유는 예수께서 이 땅에 계시는 동안 쉬지 않으셨고 가는 곳마다 빠뜨리지 않은 사랑의 행위였다. 그런 치유는 예수께서 아버지 하나님께 드리는 거룩하고 향기로운 예배였다. 안식일의 인간적인 규례 따위가 정죄의 꼬투리를 잡아서는 안 되는 일이었다.

내가 보기에 치유된 환자가 자리를 드는 것이 "올바르지 않다"는 유대인의 판단은 오히려 더 올바르지 않다. 환자에게 쓰여진 "올바르지 않다"(οὐκ ἔξεστίν)는 말의 어원적인 의미는 "존재에서 나오지(ἐξ + εἰμί) 않았다"는 것이다. 자리를 드는 것은 피조물의 본성에서 나오는 행위이기 때문에 당연히 올바르다. 그런데 본성적인 일과 하나님의 계명이 충돌할 때에는 어떠한 것이 우선인가? 무엇이 더 중요한가? 유대인은 안식일을 하나님의 신적인 규정으로 이해하고 있다. 그래서 그들이 보기에 안식일 준수는 자리를 드는 본성의 정당성과 비교할 때 상위법에 해당한다. 하나님은 분명히 안식일에 "너희는 아무 일도 하지 말라"(레 23:3)고 명하셨다. 예레미야 선지자의 기록에는 "스스로 삼가서 안식일에 짐을 지고 예루살렘 문으로 들어오지 말며 안식일에 너희 집에서 짐을 내지 말라"는 짐의 운반금지 계명까지 있다(렘 17:21-22).

그래서 유대인은 환자에게 유죄를 선고했다. 그러나 우리는 안식일 규정에 대한 예수의 해석을 주목해야 한다. 예수는 "안식일이 사람을 위하여 있는 것이요 사람이 안식일을 위하여 있는 것이 아니라"(막 2:27)는 안식법의 입법 취지를 밝히셨다. 안식일에 대한 하나님의 명령은 인간을 위한 것이었다. 38년 만에 일어섬을 경험하고 걷기 시작한 환자가 자리를 들고 걸어간 것은 감사와 감격이 범람한 춤이었고 노래였고 축제였다. 사람을 위하지 않는 일이 아니었다. 어떤 사람에게 노동을 시켜 괴롭힌 것도 아니었고 돈이라는 쾌락을 추구할 목적으로 한 일도 아니었기 때문에 안식일 계명의 위반과는 무관하다. 안식일 명령만이 아니라 모든 명령이 사람의 복을 위해 주어졌다(창 1:28; 신 4:40). 그런데도 유대인은 안식일에 사람의 회복과 기쁨과 행복보다 인위적인 규례로 슬픔과 불행을 도모하고 있다.

> 11그러나 그는 그들에게 대답했다 "나를 건강하게 만드신 분이 나에게
> '너의 자리를 들고 걸어가라' 했습니다"

이에 그 환자가 그들에게 대답한다. 자신은 자신을 건강하게 하신 분의 명령에 순종한 것일 뿐이라고! 그는 안식일의 인위적인 규례에 대한 유대인의 집착을 지적하지 않고 자신을 건강하게 만드신 분을 중심으로 대답했다. 지혜로운 대답이다. 당시의 안식일 제도를 문제삼아 자리를 드는 것의 적법성 여부를 가렸다면 예수와 무관한 비본질적 논쟁을 벌이며 서로의 약점을 공격하는 분위기가 되었을 가능성이 높다. 예수와 무관한 생각과 말과 행동은 자제함이 좋다. 환자는 자신의 대답에서 예수를 자신의 치유자로 인정했다. 그리고 자리를 든 것은 예수의 명령에 순종한 것이라고 설명했다. 물론 이것은 유대인의 고압적인 추궁을 피하려는 설명이다. 그러나 치유자의 명령에 순종하는 것은 치유를 누리는 방식이기 때문에 그의 순종은 합당하고 지혜롭다. 우리도 죄에서 우리를 치유하신 주님의 명령에 순종해야 한다. 주님의 명령은 치유자의 권한이며 또 다른 은총이고 우리의 순종은 숙제가 아니라 죄에서의 치유라는 은총을 온전히 누리는 방식이기 때문이다.

12이에 그들이 그에게 질문했다

"너에게 [자리를] 들고 걸어가라 한 그 사람이 누구냐?"

환자의 답변을 들은 유대인은 그에게 자리를 들고 가라고 명령한 사람의 정체를 밝히라고 한다. 그 이유는 그 사람이 안식일에 사람을 치유하여 자신도 안식일을 범하였고 치유된 환자에게 자리를 들라고 명령하여 타인도 안식일을 범하게 만들었기 때문이다. 이에 유대인은 치유와 명령으로 안식일의 규례를 무시하여 장로들의 유전에 도전장을 내민 자를 색출하고 유대 사회에서 매장하여 따끔한 본보기로 삼으려고 한다. 그래서 그들은 치유된 사람에게 치유자의 신분을 밝히라고 추궁했다. 사람보다 전통이나 제도를 앞세우는 자들의 가치관은 무엇을 해도 삐딱한데, 그들의 질문도 지독하게 삐딱하다. 그래서 인간은 천하보다 귀하다는 가치관의 확립이 중요하다. 가치관이 반듯해야 다른 모든 것이 올바르게 돌아온다. 아쉽게도 하나님을 사람보다 앞세우는 종교를 명분으로 삼아 종교적인 의식과 규례를 사람보다 앞세우는 삐딱한 종교인은 시대마다 등장하여 사회를 어지럽게 했다.

13치유된 사람은 그가 누구인지 알지 못하였다

이는 예수가 그곳에 있는 군중 속으로 피하였기 때문이다

치유된 사람은 자신을 치유하신 예수를 알지 못하였다. 이는 그가 군중 속으로 자신의 정체를 감추었기 때문이다. 이 환자의 치유는 많은 것을 생각하게 하는 기적이다. 첫째, 예수를 몰라도 불치의 병이 치유되는 것이 가능하기 때문이다. 둘째, 예수에 대한 지식이 치유의 원인이 아니라는 것을 가르치기 때문이다. 셋째, 자신을 알지도 못하는 자에게 예수는 인생의 문제

를 해결하는 값없는 은총을 베푸시기 때문이다. 넷째, 다른 어떠한 자질이나 조건도 고려하지 않은 예수의 온전한 사랑에만 근거한 무조건적 기적이기 때문이다. 다섯째, 예수는 치유의 은총을 명분으로 자신에 대한 신뢰나 추종을 치유된 사람에게 강요하지 않으셨기 때문이다. 여섯째, 38년 동안 누구도 해결하지 못한 초유의 기적을 행하신 예수는 자신을 드러내지 않으시고 오히려 자신의 존재감을 일부러 감추셨기 때문이다. 인류의 역사에서 이런 종류의 기적이 있었는가?

14이후에 예수는 성전에서 그를 찾았고 그에게 말하였다 "보라 네가 건강하게 되었으니 더 나쁜 일이 너에게 일어나지 않도록 더 이상 범죄하지 말라"

예수를 모르는 치유는 비록 그 사람에게 육신의 복이기는 하지만 곧장 영혼의 복으로 이어진 것은 아직 아니었다. 사람의 육신은 죽었다가 살아나도 다시 죽어 흙으로 돌아가고 질병에서 고침을 받아도 다시 늙어가고 낡아진다. 육신의 치유는 이처럼 일시적인 복이고 속히 소멸된다. 그러나 영혼이 치유되는 복은 영원하다. 영혼의 복은 예수와의 인격적인 만남을 통해서만 주어진다. 그래서 예수는 성전에서 몸이 치유된 사람을 일부러 "찾으신다"(εὑρίσκει). 그가 성전으로 와 있는 것은 예수께서 강요하신 것이 아니라 그의 자발적인 행위였다. 그러나 성전 안에서의 만남은 그 사람이 예수를 찾은 것이 아니라 예수께서 그를 찾으신 결과였다. 그 사람은 영혼의 복에 대해 무지했다. 그의 최선은 감사를 표하려고 성전으로 가는 것이었다. 여기에서 "성전"(ἱερόν)은 성전 뜰을 의미한다. 주님은 자신을 찾는 자들이 성전의 뜰만 밟아도 기꺼이 만나신다. 만나시고 최고의 복을 베푸신다.

이미 몸이 치유된 사람에게 필요한 본질적인 치유의 복은 무엇인가? 죄문제의 해결이다. 그래서 "더 이상 범죄하지 말라"고 명하신다. 계속해서 죄를 짓는다면 "더 나쁜 일"이 생길 것이라고 경고한다. 여기에서 죄와 질병은 인과적인 관계로 언급된다. 질병은 죄의 결과이고 죄는 질병의 원인이다. 이런 관점에서 보면, "네가 건강하게 되었다"는 예수의 말씀은 과거의 죄가 모두 용서 받았음을 의미한다. 그러나 우리는 죄와 건강의 문제를 인과율로 이해하는 것의 과도한 보편화를 조심해야 한다. 건강이 나쁘다고 해서 그것이 반드시 죄의 결과라고 볼 수는 없기 때문이다. 맹인으로 태어난 사람의 경우, 예수는 그런 상태의 출생을 죄와 결부시켜 질문하는 제자들을 향해 "이 사람이나 그 부모의 죄로 인한 것이 아니라 그에게서 하나님이 하시는 일을 나타내"기 위한 것이라고 답하셨다(요 9:3). 건강의 상태가 죄와 연결되는 경우도 있고 연결되지 않는 경우도 있기 때문에 사안마다 분별해야 한다.

그리고 치유된 사람에게 주어진 예수의 교훈은 우리에게 주어진 것으로 간주해야 한다. 우리가 지금 건강하게 살고 있다면 그 건강을 유지하기 위해 범죄하지 않도록 늘 주의해야 한다. 죄를 범한다면 몸에 더 나쁜 일이 생긴다는 각오로 범죄의 욕구에 굴복하지 말고 저항해야 한다. 그러나 건강이 죄를 범하지 않는 궁극적인 목적이 되지는 않도록 주의해야 한다. 죄로 말미암아 건강이 나빠지는 것은 건강에 예민한 우리의 죄를 제어하기 위한 눈높이 교훈의 방식일 뿐이기 때문이다. 나아가 죄의 억제를 통하여 하나님의 진노와 심판을 예방하는 방식이다. 이처럼 건강의 문제는 죄를 억제하는 대단히 유효한 과정이고 수단이다. 목적은 우리 영혼의 영원한 행복이다. 예수께서 치유된 사람에게 치유의 은총을 베푸시고 직접 만나셔서 죄를 짓지 말라고 명하신 주된 이유는 육신의 일시적인 행복이 아니라 그의 영원한 영적 행복을 위함이다. 그러므로 그 명령은 회복된 건강을 범죄의 밑천으로 사용하지 말고 오히려 선행의 동력으로 사용해야 한다는 교훈으로 이해함이 좋다.

15그 사람은 유대인들에게 가서 자신을 건강하게 만든 분이 예수라고 알렸으며
16이로 인하여 유대인들은 예수가 안식일에 이런 것을 행한다고 그를 박해했다

치유된 사람은 스스로 유대인을 찾아갔다. 예수가 자신을 건강하게 만드신 분이라고 제보했다. 자신을 스스로 감추신 예수의 의도와 어긋나는 이런 제보를 그는 왜 하였을까? 유대인과 대화를 나누면서 협박이 있었을 가능성이 있다. 만약 안식일에 사람을 고치고 일하게 만든 자의 이름을 불지 않으면 너를 감옥에 쳐 넣겠다는 위협을 그가 받지 않았을까? 예수를 팔아넘긴 유다처럼, 예수를 향한 유대인의 적개심과 살벌한 폭력성이 자신에게 올까 두려워서 자신을 지키기 위해 예수를 유대인의 손에 넘기고자 한 것인지도 모르겠다. 태어나지 않았으면 더 좋았을 유다처럼, 치유되지 않았으면 더 좋았을 환자일까? 예수에 대한 그의 고발은 참으로 안타깝다. 38년 동안 자신을 결박한 질병에서 해방시킨 분이 자신을 유대인의 손에서도 지켜줄 것이라는 생각을 왜 못했을까! 누워서 살던 인생을 걸어가는 새로운 인생으로 바꾸어 준 최고의 은인에게 이토록 민첩한 배신을 때리는 일이 어떻게 가능할까 싶다. 신체는 치유를 받았지만 인격의 상태는 치유되지 않을 것만 같은 중증이다.

고발을 접수한 유대인은 예수를 안식일 범법자로 규정하고 제도적인 박해에 돌입한다. "이로 인하여"(διὰ τοῦτο)란 표현이 눈에 들어온다. 복음서의 저자는 치유된 사람의 고발을 예수가 당하는 핍박의 원인으로 적시한다. 유대인의 잘못은 두말할 필요도 없지만, 베데스다 연못에 와서 유일하게 치유하신 한 남자 덕분(?)에 예수는 이제 유대인의 합법적인(?) 먹잇감이 된다. 이는 예수가 수가에서 만난 사마리아 여인의 반응과 심히 대조된다. 그녀는 곧장 마을로 들어가 동네 사람들을 전도했다. 그러나 이 남자는 예수를 알고 나서 곧장 유대인을 찾아가 고발했다. 비겁하고 야비하다.

예수는 그 남자의 배신을 몰랐을까? 다 아셨지만 당하셨다. 알고 계셨

다면 아예 고쳐주지 마시지, 왜 고치셔서 그런 생고생을 당하실까? 그 이유에 대한 나의 추정은 이러하다. 치유된 환자는 예수로 말미암아 일평생 최고의 은혜를 받은 사람이다. 그런 은혜의 극치 속에서도 인간은 주님을 배신한다. 이처럼 "계명으로 말미암아 죄로 심히 죄 되게 하려 함"(롬 7:13)이었던 것처럼 은혜도 크면 클수록 그것으로 말미암아 드러나는 죄의 크기도 심히 증대된다. 그래도 무에서 존재로 만드시고 천지와 모든 만물을 만들어 선물로 주신 지극히 자비로운 하나님을 배신한 아담과 하와의 원초적인 배신에 비하면 양호한 것인지도 모르겠다. 치유된 사람의 예수 고발은 38년치의 불행과 슬픔과 고통을 멈추게 해 주어도 해결되지 않는 인간의 고질적인 죄성, 그리스도 예수의 십자가 죽음 외에는 도무지 해결되지 않는 본성적인 죄의 심각성을 역으로 고발한다.

예수는 자신을 알지도 못하는 사람에게 낫기를 원하냐고 물으셨다. 이는 그에게만 주어진 물음이 아니었다. 예수를 알기까지 하는 우리 모두에게 주어진 물음이다. 원하기만 하면 치유를 베푸실 것이라는 물음이다. 본문에서 예수는 우리가 낫기를 원하신다. 낫기를 원한다면 우리가 낫기를 원하여야 한다. 누가복음 5장에는 원함의 순서가 뒤바뀐 이야기가 기록되어 있다. "온 몸에 나병 들린 사람"이 예수에게 치유를 간구한다. "주여 원하시면 나를 깨끗하게 하실 수 있나이다"(눅 5:12). 이에 예수의 답변이다. "내가 원하노니 깨끗함을 받으라 하신대 나병이 곧 떠나니라"(눅 5:13). 이 경우는 환자가 먼저 치유를 원하였고 이후에 예수께서 그의 치유를 원하셨기 때문에 일어난 기적이다. 치유의 상황은 다양하다. 분명한 것은 주님께서 원하셔야 하고 우리도 원하여야 한다는 사실이다. 주님의 원하심은 우리가 관여할 수 없는 주님의 권한이다. 우리의 소원은 우리가 관리한다. 우리 편에서는 무조건 낫기를 원하여야 한다. 마음과 관계와 건강과 사역의 모든 질병이 낫기를 원한다고 주님께 간구해야 한다. 그리고 질병이 어떤 죄와 결부되어 있을지도 모르기 때문에 주님께 우리의 죄를 고백하고 돌이켜야 한다. 나아가 건강해진 이후에 더 나빠지지 않도록 죄를 더 이상 짓지 않겠다고 결단해야 한다. 건강은 주님께 영광을 돌리는 준비와 도구일 뿐임을 늘 기억해야 한다. 그리고 예수 때문에 불이익을 당하는 상황이 되더라도 예수를 배신하지 않도록 주의해야 한다.

요 5:17-30

¹⁷예수께서 그들에게 이르시되 내 아버지께서 이제까지 일하시니 나도 일한다 하시매 ¹⁸유대인들이 이로 말미암아 더욱 예수를 죽이고자 하니 이는 안식일을 범할 뿐만 아니라 하나님을 자기의 친 아버지라 하여 자기를 하나님과 동등으로 삼으심이러라 ¹⁹그러므로 예수께서 그들에게 이르시되 내가 진실로 진실로 너희에게 이르노니 아들이 아버지께서 하시는 일을 보지 않고는 아무 것도 스스로 할 수 없나니 아버지께서 행하시는 그것을 아들도 그와 같이 행하느니라 ²⁰아버지께서 아들을 사랑하사 자기가 행하시는 것을 다 아들에게 보이시고 또 그보다 더 큰 일을 보이사 너희로 놀랍게 여기게 하시리라 ²¹아버지께서 죽은 자들을 일으켜 살리심 같이 아들도 자기가 원하는 자들을 살리느니라 ²²아버지께서 아무도 심판하지 아니하시고 심판을 다 아들에게 맡기셨으니 ²³이는 모든 사람으로 아버지를 공경하는 것 같이 아들을 공경하게 하려 하심이라 아들을 공경하지 아니하는 자는 그를 보내신 아버지도 공경하지 아니하느니라 ²⁴내가 진실로 진실로 너희에게 이르노니 내 말을 듣고 또 나 보내신 이를 믿는 자는 영생을 얻었고 심판에 이르지 아니하나니 사망에서 생명으로 옮겼느니라 ²⁵진실로 진실로 너희에게 이르노니 죽은 자들이 하나님의 아들의 음성을 들을 때가 오나니 곧 이 때라 듣는 자는 살아나리라 ²⁶아버지께서 자기 속에 생명이 있음 같이 아들에게도 생명을 주어 그 속에 있게 하셨고 ²⁷또 인자됨으로 말미암아 심판하는 권한을 주셨느니라 ²⁸이를 놀랍게 여기지 말라 무덤 속에 있는 자가 다 그의 음성을 들을 때가 오나니 ²⁹선한 일을 행한 자는 생명의 부활로, 악한 일을 행한 자는 심판의 부활로 나오리라 ³⁰내가 아무 것도 스스로 할 수 없노라 듣는 대로 심판하노니 나는 나의 뜻대로 하려 하지 않고 나를 보내신 이의 뜻대로 하려 하므로 내 심판은 의로우니라

❖ ❖ ❖

¹⁷그런데 그가 그들에게 답하셨다 "내 아버지께서 지금까지 일하시니 나도 일하노라" ¹⁸이로 말미암아 유대 사람들이 예수를 더욱 죽이려고 했다 이는 그가 안식일을 범한 것만이 아니라 하나님을 자신의 친 아버지라 부르며 자신을 하나님과 동등하게 만들었기 때문이다 ¹⁹이에 예수는 그들에게 대답하며 말하셨다 "내가 진실로 진실로 너희에게 말하노라 아들이 아버지의 일하심을 보지 않는다면 스스로는 어떠한 것도 행할 수 없느니라 이는 그가 행하시는 그것들을 아들도 같은 방식으로 행하기 때문이다 ²⁰아버지는 아들을 사랑하여 자기가 행하는 모든 것을 아들에게 보이시고 이보다 더 큰 일들을 그에게 보이셔서 너희로 하여금 놀라게 하시리라 ²¹아버지가 죽은 자들을 일으켜 살리시는 것처럼 아들도 자기가 원하는 자들을 살리리라 ²²아버지는 아무도 심판하지 않으시고 그 모든 심판을 아들에게 맡기셨다 ²³이는 모두가 아버지를 공경하는 것처럼 아들도 공경하게 하려 하심이다 아들을 공경하지 아니하는 자는 그를 보내신 아버지도 공경하지 않느니라 ²⁴내가 진실로 진실로 너희에게 말하노라 내 말을 듣고 나를 보내신 분을 믿는 자는 영원한 생명을 얻고 심판에 이르지 아니하며 사망에서 생명으로 이동했다 ²⁵내가 진실로 진실로 너희에게 말하노라 죽은 자들이 하나님의 아들의 음성을 들을 때가 오는데 지금이다 듣는 자들은 살아날 것이니라 ²⁶아버지께서 자기 안에 생명을 가지신 것처럼 [아들도] 자기 안에 [생명을] 가지도록 생명을 아들에게 베푸셨다 ²⁷그리고 그는 심판을 행하는 권세를 그에게 베푸셨다 이는 그가 인자이기 때문이다 ²⁸이것을 이상하게 여기지 말라 즉 무덤에 있는 모든 자들이 그의 음성을 들을 때가 온다는 것을! ²⁹그리고 선한 일들을 행한 자들은 생명의 부활로 나아가고 악한 일들을 행한 자들은 심판의 부활로 [나아가는] 것을! ³⁰내가 스스로는 아무 것도 할 수 없느니라 나는 내가 듣는 대로 심판한다 그리고 나의 심판은 올바르다 이는 내가 나의 뜻이 아니라 나를 보내신 분의 뜻을 추구하기 때문이다

16 아빠와 아들

유대인은 사람을 고치고 자리를 들게 하여 안식일 규례를 어긴 예수를 박해하기 시작했다. 나아가 죽이려고 했다. 이에 예수는 자신의 목숨을 노리는 유대인의 살기를 알면서도 그들의 심기를 더욱 자극한다. 그는 아버지가 일하시니 자신도 일한 것이라고 해명한다. 이것은 하나님과 자신을 동일시한 것이었다. 이에 유대인은 예수를 더욱 죽이고자 했다. 이런 분위기의 악화를 알면서도 예수는 아버지 하나님과 자신이 함께 어떠한 일을 하는지에 대해 아주 세세하게 설명한다. 일에 있어서 아버지도 생명을 가지셨고 죽은 자를 살리시고 심판의 권한을 가지셨고 만물의 영광 받을 분이시듯, 아들도 생명을 가지셨고 죽은 자를 살리시고 심판의 권한을 가지셨고 아버지의 영광을 받을 분이시다. 어떠한 일이든 아들은 아버지를 전적으로 의존하며 그에게서 보고 들은 것만 행하신다. 우리는 성경에서 예수를 보고 들은 대로 행하여야 한다.

¹⁷그런데 그가 그들에게 답하셨다

"내 아버지께서 지금까지 일하시니 나도 일하노라"

예수에 대한 유대인의 심기는 점점 더 뒤틀린다. 안식일의 규례를 어긴 것보다 더 심한 예수의 대답을 들었기 때문이다. 예수는 아버지 하나님이 지금까지 일하시는 분이라고 말하면서 자신도 일한다고 답하셨다. 이 답변에서 유대인의 귀에 거슬린 것은 하나님을 "내 아버지"(πατήρ μου)라고 부른 것이었다. 그러나 구약에서 하나님은 자신을 이스라엘 백성에게 "아버지"(אב)로 알리셨다(삼하 7:14; 대상 17:13; 렘 3:4, 19, 31:9; 말 1:6). 그리고 모세와 다윗과 이사야와 말라기도 하나님을 "아버지"로 이해했다(신 32:6; 대상 22:10, 28:6; 시 68:5, 89:26; 사 63:16, 64:8; 말 2:10). 구약에서 "아버지"가 총 16회나 언급될 정도면, 하나님을 "아버지"로 부르는 것은 유대인의 전통이다. 하나님에 대한 예수의 아버지 호칭은 전통에 충실하다. 그런데도 유대인이 예수를 괘씸하게 여긴 것은 그들과 하나님의 관계성이 변하였기 때문이다. 그들은 하나님을 아버지로 부를 만큼의 영적 친밀감을 상실했다. "아버지"라는 호칭이 낯설었다. 이에 그들은 예수의 아버지 호칭에서 자신들의 변질된 신앙과 영적인 정체성의 위기를 깨닫고 돌이켜야 했다. 하나님을 누구로 아느냐가 창조자 의존적인 인간의 신앙과 정체성을 좌우한다. 우리는 하나님을 삼촌이나 아저씨나 사장이나 의원이나 은행장이 아니라 아버지로 알고 아빠로 부르는 그의 아들이다. 그런데 하나님과 우리의 그런 관계성은 건강한가? 우리 개개인은 하나님을 어떤 호칭으로 부르면 가장 편안하고 행복한가? 우리가 선호하는 호칭은 영적 건강의 진단서와 같다.

아버지 하나님은 "일하신다"(ἐργάζεται). 적잖은 사람들이 성부는 일하지 않으시고 성자와 성령만 일한다고 생각한다. 그러나 예수의 말씀에서 성부의 일하심이 분명히 확인된다. 삼위일체 하나님의 일은 대체로 창조 전과 이후로 구분된다. 창조 전에 하나님은 뜻과 계획을 세우셨다. 이것은 하나님의 마음에서 일어난 내적인 일이며 "작정"이라 한다. 창조 이후로 하나님의 일은 무에서 유로 존재를 만드시는 창조와, 그 존재를 계속 유지하는 보존과, 그분이 정하신 목적을 향해 만물과 역사를 이끄시는 통치로 구성된다. 이것을 "실행"이라 한다. 하나님의 일하심은 인간의 눈으로 보거나 귀로 듣거나 마음의 추론으로 도달할 수 있는 결론이 아니며 우리가 오직 믿음으로만 아는 사실이다. 하나님은 보이는 것만이 아니라 보이지 않는 것에 대해서도 일하시고 우리가 인지하는 현상의 세계만이 아니라 인간의 지각이 미치지 못하는 극거시 너머의 세계와 극미시 너머의 세계까지 아시고 돌보신다. 무수한 차원의 세계들을 하나도 빠뜨리지 않고 이끄시고 그 세계들의 신비로운 조화까지 만드시고 아시고 이끄신다. 이처럼 창조자 하나님은 사용자인 동시에 노동자의 모습까지 취하신다.

아버지 하나님은 "지금까지"(ἕως ἄρτι) 일하신다. 6일 동안 창조하신 이후에 하나님은 제7일을 거룩한 안식일로 삼으시고 쉬셨다고 우리는 생각한다. 물론 하나님은 제7일에 창조의 일을 끝내시고 그 일을 멈추셨다(창 2:2). 그러나 창조된 만물의 존속을 위해서는 계속해서 일하셨고 지금도 일하신다. 일하시는 방식에 대하여 히브리서 기자는 하나님이 "그 권능의 말씀으로" 모든 것을 보존해 가신다고 기록한다(히 1:3). 아버지 하나님은 단독으로 일하지 않으시고 말씀과 함께 일하신다. 아버지가 일하시면 말씀이신 아들도 일하신다. 그러나 아버지가 일하시니 "나도"(κἀγὼ) 일한다며 아버지의 일하심과 자신의 일을 인과율의 관계로 묶는 예수의 발언이 유대인의 귀에는 예수의 자기 신격화로 들렸음에 분명하다. 유대인의 반응이 이를 잘 설명한다.

18이로 말미암아 유대 사람들이 예수를 더욱 죽이려고 했다
이는 그가 안식일을 범한 것만이 아니라 하나님을 자신의 친 아버지라 부르며
자신을 하나님과 동등하게 만들었기 때문이다

예수의 답변을 듣고 유대 사람들은 예수를 "더욱"(μᾶλλον) 죽이려고 했다. 적개심은 자신을 더욱 증폭시켜 줄 계기를 기다린다. 예수의 발언은 그를 죽이고 싶은 유대인의 광기에 기름을 붓는 격이었다. 이는 유대인이 안식일을 범한 것보다 더 심각한 혐의가 예수에게 있다고 판단했기 때문이다. 이런 판단의 근거는 두 가지로 구성된다. 첫째, 예수가 하나님을 "자신의 친(ἴδιον) 아버지"로 불렀기 때문이다. 둘째, 예수가 친 아버지의 호칭으로 자신을 하나님과 등등하게 만들었기 때문이다. 하나님을 "친 아버지"라 부르는 것은 이스라엘 역사만이 아니라 인류의 역사에서 한번도 없었던 사건이다. 그런 호칭을 사용할 수 있는 유일한 존재는 하나님의 친 아들이다. 피조물은 자신을 존재하게 만든 창조자를 존재의 근원이란 의미에서 "아버지"라 부르는 것이 가능하다. 그러나 "친 아버지" 호칭은 부르는 자가 자신을 "신"(θεός)과 "동등한"(ἴσος) 존재로 규정하는 표현이다. 인간이 하나님을 친 아버지로 부르면, 1) 자신을 신의 지위로 높이는 것이거나, 2) 하나님을 인간의 지위로 낮추는 결과가 초래된다. 유대인이 보기에 전자는 교만이고 후자는 불경이다. 우리도 한 유대인 청년이 자신을 신으로 규정하는 말을 듣는다면 유대인과 같은 반응을 보이지 않았을까?

그러나 예수의 "친 아버지" 호칭은 그 자체로 우리에게 대단히 중요한 교훈이다. 예수는 하나님인 동시에 하나님의 친 아들이다. 그러나 남성이든 여성이든 우리 모두는 예수로 말미암아 입양된 상속자의 의미로서 아들이다. 그런데 눈치를 보는 양아들이 아니라 친 아들처럼 하나님을 "아바 아버지"라 부르는 권한이 주어진 아들이다(롬 8:15). 이는 아버지 하나님이 "그 아들의 영"을 우리에게 주셨기 때문이다(갈 4:6). 예수께서 이 땅에서 보

이신 아버지 하나님과 자신의 관계는 우리가 하나님 아버지와 맺어야 할 관계의 모범이다. 우리의 옛사람이 가진 모든 정체성과 의식과 가치관과 행실은 하나님의 '친 아들'에 맞도록 완전히 달라져야 한다. 예수는 우리가 달라져야 할 방향이고 목적이다. 바울은 예수의 전부를 본받되 그의 죽으심도 본받으려 했다(빌 3:10). 그러나 유대인은 예수의 '친 아버지' 발언 때문에 그를 더욱 죽이고자 했다. 반응이 이토록 극명하게 갈라진다. 지금도 예수에 대한 사람들의 반응은 극과 극으로 갈라진다.

> 19이에 예수는 그들에게 대답하며 말하셨다
> "내가 진실로 진실로 너희에게 말하노라 아들이 아버지의 일하심을
> 보지 않는다면 스스로는 어떠한 것도 행할 수 없느니라
> 이는 그가 행하시는 그것들을 아들도 같은 방식으로 행하기 때문이다

유대인의 살기를 알고서도 예수는 전혀 위축됨이 없이 오히려 아버지 하나님과 자신의 관계성을 보다 상세하게 설명한다. 죽음에 대한 위협은 예수의 인생에 영향을 주는 어떠한 변수도 아니었다. 오히려 아버지 하나님을 드러내고 증거하는 계시의 계기로 삼으셨다. 살기가 커질수록 대상에 대한 몰입도도 올라간다. 살기가 정점에 이르렀을 때 예수는 너무도 중요한 진리를 드러내기 위해 사용되는 '진실로 진실로' 즉 '아멘 아멘' 어법을 구사한다. 그리고 사역에 있어서 아버지에 대한 아들의 절대적인 의존성을 언급한다. 아버지의 일하심은 아들에게 사역의 규범이다. 아버지를 보고 들은 그대로 행하고 "스스로는"(ἀφ᾽ ἑαυτοῦ) 아무것도 하지 못한다고 예수는 선언한다. 예수께서 무엇을 하셨다면 그것은 아버지의 일과 무관하지 않다. 아버지가 행하시는 것을 아들도 "같은 방식으로"(ὁμοίως, 이 단어는 "유사하게"로도 번역됨) 행하기 때문이다. 행위에 있어서 "같은 방식"을 언급한

것은 성부와 성자의 이질성을 강조하는 것이 아니라 동질성을 강조한다.

아버지의 일하심에 의존하는 아들의 일도 우리에게 주는 삶의 중요한 교훈이다. 우리의 모든 사역도 하나님께 전적으로 의존해야 한다. 문제는 예수께서 아버지 하나님의 일하심을 직접 목격하신 것과는 달리 우리는 아버지를 직접 뵙지 못했다는 사실이다. 그래서 우리가 아버지의 일하심을 본 그대로 일하는 유일한 방법은 스스로 어떠한 일도 하지 않으시고 아버지가 보여주신 것만 완벽하게 행하신 예수를 모방하는 것이다. 예수의 일하심이 너무도 완벽해서 우리가 그를 모방하면 아버지의 일하심을 그대로 따르는 것처럼 일하는 것이 가능하다. 성도의 삶은 예수를 철저히 모방하는 인생이다. 예수께서 낮추신 것처럼 우리도 자신을 낮추어야 한다. 그분이 정직하신 것처럼 우리의 일도 정직해야 한다. 그분이 오래 참으신 것처럼 우리도 무덤에 들어갈 때까지 인내해야 한다. 그분이 원수였던 우리를 용서하신 것처럼 우리도 우리의 원수까지 용서해야 한다. 그러면 아버지의 일을 보고 들은 대로 행하는 것처럼 일한 것으로 간주된다.

20아버지는 아들을 사랑하여 자기가 행하는 모든 것을 아들에게 보이시고
이보다 더 큰 일들을 그에게 보이셔서 너희로 하여금 놀라게 하시리라

일에 있어서 아버지와 아들의 긴밀한 관계성을 설명하는 구절이다. 아버지는 아들을 사랑하여 자신의 모든 일을 아들 예수에게 보이신다. 보이시는 이유는 사랑이다. 아버지는 아들을 사랑하기 때문에 어떠한 것도 감추지 않으신다. "모든 것"을 보이시고 알리신다. 이처럼 아버지와 아들은 사랑 때문에 모든 것을 공유한다. 아들은 자신에게 보여지고 공유된 아버지의 모든 것을 사랑 때문에 행하신다. 아들의 기록된 삶을 읽어 보면 아버지가 행하시는 모든 일이 우리의 눈에도 보여진다. 아버지가 아들을 사랑하신

것처럼 아들은 우리를 사랑하기 때문이다(요 15:9). 예수를 통해 보여진 아버지 하나님의 모든 것을 우리가 행하면, 우리를 통해 온 세상도 아버지의 모든 것을 목격하게 된다. 이는 예수께서 우리를 천하보다 더 사랑하신 것처럼 우리도 한 사람을 천하보다 더 사랑해야 가능하다. 사랑 때문에 아들 예수는 아버지의 직접적인 증인이고, 우리는 사랑 때문에 예수의 직접적인 증인이다.

아들에 대한 아버지의 사랑이 지금도 진행되고 있다는 것은 "사랑하다"(φιλεῖ) 동사의 시제가 증거한다. 사랑했기 때문이 아니고, 사랑할 것이기 때문이 아니라, 현재의 진행형 사랑으로 사랑하기 때문에 아버지는 자신의 전부를 보이셨다. 우리를 향한 주님의 사랑도 그 시제가 과거나 미래가 아니라 지금이다. 예수는 지금 우리를 사랑하고 계시며 우리에게 성경과 성령으로 아버지의 일을 보이시고 보이기를 원하신다. 우리가 예수를 사랑하고 있다면 성경을 읽으면서 예수를 통해 보이신 아버지 하나님의 모든 것을 보도록 노력해야 하고 행하도록 심혈을 기울여야 한다.

아버지 하나님과 아들 예수의 관계는 부모와 자녀 관계의 정석이다. 성부와 성자의 관계가 보여주는 부모와 자녀의 "스토르게"(στοργη) 사랑은 부모가 사랑 때문에 자녀에게 자신의 전부를 보여주고 자녀도 사랑 때문에 부모의 전부를 따르는 것으로 나타난다. 부모에 대한 자녀의 도리에 대해 바울은 이렇게 가르친다. "자녀들아 모든 일에 부모에게 순종하라"(골 3:20). 이 가르침은 자녀보다 부모에게 더 큰 부담이다. 여기에서 "모든 일"이라는 말이 중요하다. 사랑 때문에 부모는 모든 것을 자녀에게 보여주고, 사랑 때문에 자녀는 모든 일에 부모에게 순종한다. 부모의 보여지는 모든 것은 자녀에게 무조건 순종해도 좋은 것이어야 한다. 즉 부모의 모든 것은 무조건적 순종의 대상인 "주의 교훈과 훈계"여야 한다(엡 6:4). 이처럼 부모는 자녀에게 주의 전부를 보여주는 주의 증인이다. 부모는 되기가 두려운 신분이다. 자녀의 자유로운 선택이 작용하는 부분도 있지만 자녀는 아무리 저항해도 부모를 어떤 식으로든 닮아간다. 이것은 의지가 개입하지 않은 자녀의 비자발적 순종이다. 이런 결과까지 의식하며 부모는 자녀에게 주의 온전한 증인이 되도록 겸비해야 한다.

그리고 예수는 아버지 하나님이 "이보다 더 큰 일들"을 아들에게 보이셔서 유대인을 놀라게 할 것이라고 한다. "이"는 군신의 아들이 치유된 것과 38년 된 환자의 치유라는 기적을 가리킨다. "이보다 더 큰 일들"은 죽은 자도 살리는 부활과 모든 사람들에 대한 심판을 가리킨다. 여기에서 우리는 장차 일어날 일들에 비해서 불치의 병이 치유되고 죽음의 문턱에서 소생하는 초자연적 기적은 본격적인 기적의 예고편에 불과한 것임을 깨닫는다. 믿음이 있든지 없든지, 모든 사람들은 기적의 치유와 소생에 더 크게 열광한다. 그러나 우리의 시선과 관심의 종착지는 이 땅에서 일시적인 유익을 주는 기적들이 아니라, 우리의 영원한 운명을 좌우하는 주님의 의로운 심판과 그 결과로서 오직 주님만이 주실 수 있는 영원한 생명이다. 이는 유대인이 보기에도 더더욱 기이한 일들이다.

²¹아버지가 죽은 자들을 일으켜 살리시는 것처럼
아들도 자기가 원하는 자들을 살리리라

보다 큰 첫 번째 일은 죽은 자를 살림이다. 인간에게 가장 큰 일로 여겨지는 것은 질병의 치유보다 죽음의 극복이다. 그런데 아버지 하나님은 죽은 자들도 살리신다. 절망을 일으켜 희망으로 바꾸시고, 멸망도 일으켜 부흥으로 바꾸시고, 사망도 일으켜 생명으로 바꾸신다. 그는 육신을 따라 죽으신 아들 예수도 살리신다(롬 8:11). 하나님의 아들도 아버지와 더불어 죽은 자들을 살리신다. 그들은 아들이 살리시기 "원하는"(θέλει) 자들이다. 살리시는 대상의 결정은 아들의 권한이다. 그가 원하시면 누구든지 살리신다.

아들의 기호를 제어하는 상위법은 없다. 아들의 원하심은 그 자체로 권위이고 권능이다. 예수는 나병에 걸린 사람이 자신을 찾아와 치유를 호소하자 "내가 원하노니 깨끗함을 받으라"(막 1:41)는 반응을 보이셨다. 예수께서 원하시기 때문에 나병을 치유하신 것은 그가 하나님의 아들임을 증거하는 기적이다. 같은 맥락에서 아버지를 따라 죽은 자들 중에 원하는 자들을 살리는 기적도 예수가 하나님의 아들임을 증거한다. 예수께서 회당장 야이로의 죽은 딸을 살리신 것(막 5:22-43)과 나인 성 과부의 아들을 살리신 것(눅 7:11-17)과 마르다와 마리아의 오빠인 나사로를 살리신 것(요 11:1-44)은 모두 그가 하나님의 아들 되심을 증거한다.

그런데 성경에는 선지자나 사도가 죽은 사람을 살린 사건들도 기록되어 있다. 엘리야가 사르밧 과부의 죽은 아들을 살린 것(왕상 17:17-24)과 엘리사가 수넴 여인의 죽은 아들을 살린 것(왕하 4:32-37)과 베드로가 욥바에서 죽은 여제자 다비다를 살린 것(행 9:36-42)과 바울이 설교 듣다가 떨어져 죽은 유두고를 살린 것(행 20:9-12)이 대표적인 사건이다. 그러나 이들의 치유는 자신이 원한 것이 아니라 믿음의 사람들이 하나님의 원하심에 순종하여 일으킨 기적이다. 이들은 하나님의 아들이 아니라 그의 종들이다. 오늘날 성령의 권능으로 말미암아 기적을 일으키는 목회자는 예수의 종이라는 자신의 정체성을 늘 의식해야 한다. 하나님의 아들인 것처럼 자신을 추앙하고 싶어하는 대중의 연약한 종교성을 이용하고 싶은 은밀한 욕구를 저지해야 한다. 기적의 수혜자도 사람에 불과한 목회자를 마치 하나님의 아들에 준하는 특별한 존재인 것처럼 여기려는 욕구를 다스려야 한다.

22아버지는 아무도 심판하지 않으시고 그 모든 심판을 아들에게 맡기셨다

보다 큰 두 번째 일은 심판이다. 아버지 하나님은 유일하게 모든 만물과 역

사에 대한 심판의 절대적인 권한을 가지고 계시지만 스스로는 그 막강한 심판권을 행사하지 않으신다. 아버지 하나님은 모든 권세의 출처인 동시에 원하시는 모든 자에게 그 모든 권세를 마음대로 배분하는 권한도 가진 분이시다. 그런 분께서 "그 모든 심판[의 권한]을 아들에게 맡기셨다." 여기에서 "심판"은 판결만이 아니라 통치의 다른 이름이다. 즉 아버지는 아들을 심판과 통치의 기준과 주체로 세우셨다. 심판의 모든 결과는 전적으로 이 아들에게 의존한다. 모든 사람은 심판의 긍정적인 결과를 위해 부모나 스승이나 사장이나 대통령의 가치관에 맞추는 것이 아니라 자신의 모든 것을 이 아들의 기준에 맞추어야 한다. 하나님의 아들 예수는 만물과 역사에 대한 심판의 기준이기 때문에 누구든지 그를 믿으면 심판을 받지 아니하고 믿지 아니하면 심판을 받는다고 밝히셨다(요 3:18). 마태의 표현을 빌리자면, 만물의 통치자인 예수는 "하늘과 땅의 모든 권세를 내게 주셨다"고 밝히셨다(마 28:18). 다른 저자들도 같은 맥락에서 예수를 언급하되, 누가는 "만유의 주인"(행 10:36)으로, 히브리서 저자는 "만유의 상속자"(히 1:2)로, 바울은 "만유"이신 동시에 "만유 안에 계신 분"(골 3:11)이며 "만물 안에서 만물을 충만하게 하시는 분"(엡 1:23)이라고 표현한다.

> 23이는 모두가 아버지를 공경하는 것처럼 아들도 공경하게 하려 하심이다
> 아들을 공경하지 아니하는 자는 그를 보내신 아버지도 공경하지 않느니라

모든 심판을 아들에게 맡기신 아버지 하나님의 목적은 무엇인가? 하나님 아버지를 공경하는 것처럼 아들도 공경하게 하기 위함이다. 여기에서 "공경하다"(τιμάω)의 의미는 5계명에 나오는 부모를 공경하는 것과 동일하다. 아버지 하나님을 공경하는 것과 예수를 공경하는 것은 동일하다. 그래서 아들을 공경하지 않으면 그 아들을 보내신 아버지를 공경하지 않는 것으

로 간주된다. 인간문맥 안에서 이런 주장을 한다면 하나님과 자신을 동급으로 여기는 미친 자로 취급되기 십상이다. 정신이 나가지 않고서야 어느 누가 하나님께 합당한 예우를 자신에게 해 달라고, 나를 공경하지 않는 자는 하나님을 공경하지 않은 자라고 주장할 수 있겠는가! 그런데 예수는 지금 그렇게 주장하고 있다. 그런 주장의 근거를 이해하는 것이 중요하다.

피조물의 공경에 있어서 아버지와 자신의 동일시는 아버지에 대한 예수의 완전한 사랑과 완전한 순종에 근거한다. 완전한 사랑과 순종을 통해 아버지는 아들 안에, 아들은 아버지 안에 거하기 때문이다. 아버지가 행하시고 보이신 것처럼 그대로 행하는 '사랑의 순종'이 동일한 공경 받음의 비결이다. 강제가 아니라 '사랑에 근거한' 순종은 순종하는 자의 권위를 명령하는 자의 권위까지 높이는 영광의 방편이다. 누구에게 순종할 것이냐가 한 사람의 권위를 좌우한다. 종이라도 육신의 주인에게 순종하되 그리스도 예수에게 하듯이 순종하면 그 예수와 함께 아버지 하나님의 권위와 영광을 상속하게 된다. 어떤 상황이든 사람들 사이에서 상대방을 이기려는 자존심 대결은 도토리 키재기에 불과하다.

아무리 낮은 신분으로 지극히 열악한 상황 속에 있더라도 범사에 아버지 하나님께 온전히 순종하는 자는 이 땅에 하나님을 보여주는 대사 혹은 증인의 권위를 획득한다. 그러나 아무리 높더라도 자신의 욕망에 순종하면 부패한 인간의 본성만 드러낸다. 그런 자에게는 타인의 공경이 결코 합당하지 않다. 그런데 사람들은 하나님의 영광을 가지고 싶고 하나님께 돌려지는 타인의 공경도 원하지만 정작 그 하나님을 사랑하지 않고, 그래서 하나님께 순종하지 않기 때문에 하나님의 영광과 무관하게 산다. 사람들의 자발적인 존대를 받지 못하니까 그런 존대를 때로는 구매하고 때로는 강요한다. 여기에 폭력과 위협이 개입한다. 이런 개입의 배후에 돈과 권력이 동원된다. 존경을 더 많이 취하려고 사회에는 돈과 권력을 향해 살벌한 경쟁이 벌어지고 결국 가식적인 존경의 거래가 문화의 주류로 굳어진다.

이상에서 예수는 하나님의 아들로서 자신을 세 가지로 소개한다. 첫째, 예수는 죽은 자를 살리시고 영원한 생명을 주는 분이시다. 이런 권한은 오직 그에게만 주어졌다. 둘째, 예수는 심판하는 분이시다. 이러한 심판의 권한도 그에게만 주어졌다. 셋째, 그는 모든 사람의 존경을 받을 분이시다. 이러한 생명과 심판과 존경은 우리와 무관하지 않다. 예수 때문에 우리는 죽음에서 살아나고 영원한 생명을 소유하며 심판을 받지 아니하며 아버지 하나님께 돌려지는 존경을 우리도 은혜로 말미암아 받게 될 것이기 때문이다. 자신을 이렇게 세 가지로 소개하는 예수의 말씀을 믿는다면, 그 세 가지에 목숨과 자신의 전부를 걸어도 되지 않겠는가! 그런데 이러한 복이 우리에게 주어지는 것이 어떻게 가능한가?

24내가 진실로 진실로 너희에게 말하노라 내 말을 듣고 나를 보내신 분을 믿는 자는 영원한 생명을 얻고 심판에 이르지 아니하며 사망에서 생명으로 이동했다

이제 예수는 죽은 자들을 살리는 것과 모든 자들을 심판하는 것의 구체적인 내용을 설명한다. 먼저 예수는 대단히 중요한 진리를 가르치기 위해 '진실로' 어법을 연거푸 사용하며, 영원한 생명을 소유하고 심판에 이르지 아니하고 최고의 존경을 누리며 사는 비결을 소개한다. 그것은 믿음이다. 세상의 모든 사람들이 어떠한 비용도 지불하며 가지려고 할 정도로 흠모하는 것인데도 그런 결과를 얻는 비결은 너무도 쉽고 간단하다. 믿음은 예수의 말씀을 듣고 그를 보내신 아버지 하나님을 믿는 믿음이다. 우리가 들어야 할 예수의 말씀은 죽은 자들을 살리는 부활의 권능과 심판의 권한과 모든 사람의 영광에 있어서 아버지 하나님과 아들 하나님의 동등성에 대한 말씀이다.

들음은 공경의 가장 중요한 방식이고 표현이다. 아무리 화려하게 예수

를 공경해도 경청이 없다면 예수를 배신한 "가룟 유다의 입맞춤"에 불과한 것이라고 칼뱅은 일갈한다. 우리는 반드시 예수의 말씀을 경청해야 하고 그 말씀에 근거하여 아버지 하나님을 신뢰해야 한다. 예수께서 말씀하신 그대로의 아버지 하나님을 믿는 것이 대단히 중요하다. 어떤 귀신이나 사람의 말을 듣고 하나님을 알고 믿지 않도록 주의해야 한다. 모든 성도는 비록 교회에서 목회자의 설교와 교육을 받겠지만 믿음의 뿌리는 사람의 가르침이 아니라 예수의 말씀으로 소급하고 거기에 내리도록 각별한 주의를 기울여야 한다. 나중에 교회를 떠나거나 신앙도 버리는 일들이 일어나는 이유는 그 신앙의 뿌리가 예수의 말씀에 내리지 않았기 때문이다. 사람들의 말을 듣고 하나님을 믿으면 그들이 변절할 때에 우리의 신앙도 덩달아 흔들리지 않겠는가!

예수의 말씀을 듣는다는 것은 희귀하고 신비로운 기적이다. 이는 아무리 방대한 분량의 지식과 아무리 심오한 수준의 학문을 섭렵한 사람도 자신의 머리로는 이해할 수 없는 말씀이기 때문이다. 지극히 정교한 추론과 논리로도 도달할 수 없는 진리이기 때문이다. 하늘의 계시에 의해서만 알려지고 성령의 가르침에 의해서만 이해되는 것이기 때문이다. 예수의 말씀에 대한 사람의 일반적인 반응은 그를 더욱 죽이려고 한 유대인이 잘 보여준다. 그런데도 그의 말씀이 들린다는 것은 하나님의 특별한 은총이다. 너무도 큰 은총인데 너무도 간단해서 사람들은 쉽게 무시한다. 너무도 큰 은총이 너무도 용이한 방식으로 주어지는 것은 그런 은총을 보다 많은 사람에게 주시려는 하나님의 자비 때문이다. 말씀이 들린 결과는 예수를 보내신 아버지에 대한 믿음이다. 예수의 말씀은 그만큼 진실하다. 믿음은 그런 말씀의 들음에서 난다. 들리기만 하면 하나님에 대한 믿음이 저절로 생성되는 말씀이다. 우리의 입에서 나가는 말은 어떠한가? 온전한 믿음을 산출하는 들음을 제공하는 증언인가? 평소에 우리는 가정과 직장과 학교와 교회에서 하는 자신의 말을 점검해야 한다.

예수의 말씀을 듣고 아버지 하나님을 믿으면 더 놀라운 기적이 일어난다. 영원한 생명을 소유하게 된다. 심판에 이르지 아니한다. 사실 모든 사람은 죄로 말미암아 공의로운 심판을 받아야 하고 합당한 형벌을 각오해야 하고 그 형벌의 끝인 사망에 이르러야 한다. 그런데 믿음의 소유자는 영원한 생명 때문에 사망에서 생명으로 "이동했다"(μεταβέβηκεν). 동사의 완료형 시제에서 확인되는 것처럼, 사망에서 생명으로 이동한 것은 완료된 사안이다. 그래서 칼뱅은 하나님의 자녀가 "소망을 따라서는" 예수와 함께 이미 "하늘의 영광 중에 앉힌 바" 되었음을 강조한다(눅 17:21; 엡 2:6; 골 3:3). 물론 우리는 여전히 사망의 몸을 짊어지고 살아간다. 그럼에도 불구하고 우리가 하늘의 영광 중에 누리는 평강은 누구도 빼앗지 못한다. 이는 좀이 갉아먹고 도둑이 훔쳐갈 수 있는 현실의 실질적인 사물이 아니라 소망으로 가불한 평강이기 때문이다.

믿음의 사람들이 사망에서 생명으로 이동한 것은 믿음으로 얻은 영원한 생명이 사망에 머물 수 없기 때문이다. 베드로를 비롯한 제자들은 영원한 생명 되시는 예수께서 결코 "사망에 매여 있을 수 없"다고 고백한다(행 2:24). 그래서 부활하여 죽음을 이기셨다. 부활의 예수는 영원한 생명이 사망에 머물 수 없다는 사실의 증인이다. 예수의 부활은 우리도 사망에 매여 있지 않을 것이라는 사실에 명확한 물증을 제공한다. 바울도 우리의 의롭다 하심을 위해 예수께서 다시 사셨다고 증언한다(롬 4:25). 예수의 부활이 없다면 우리는 우리의 의를 스스로 변증해야 한다. 그러나 우리 자신의 증언은 객관성과 공신력이 없다. 결국 하늘의 법정에서 패소한다. 그러나 부활하신 예수께서 우리의 변호사로 활동한다. 우리가 사망에 머물 수 없는 것은 사망에 머물지 않으신 예수 그리스도 때문이다.

25내가 진실로 진실로 너희에게 말하노라 죽은 자들이 하나님의 아들의
음성을 들을 때가 오는데 지금이다 듣는 자들은 살아날 것이니라

예수는 죽은 자들을 살리시는 일의 구체적인 내용을 설명한다. 죽은 자들이 성자의 음성을 들을 때가 온다고 단언한다. 여기에서 "죽은 자들"(νεκροί)은 영혼과 육체가 분리된 실질적인 죽음의 상태에 있는 사람들을 뜻하기도 하고 하나님과 자신이 분리된 영적인 죽음의 상태에 있는 사람들을 뜻하기도 하는 중의적인 표현이다. 여기서는 영적으로 죽은 사람들을 가리킨다. 그런데 성자의 음성을 들으면 살아난다. 성자의 음성을 듣고 살아나는 때가 바로 "지금"(νῦν)이다. 모든 시대의 "지금"은 예수의 음성을 들어야 할 적기라는 사실을 건성으로 듣지 않고 최고의 집중과 주의를 기울여서 의식해야 함을 강조하기 위해 "진실로" 어법이 또 다시 사용된다. 지금의 현재적인 들음이 너무도 중요하기 때문에 듣는 자가 듣기만 해도 살아나는 그 역동적인 결과를 명시한다.

우리는 아들의 음성을 듣지 못한 자들이 지금 들어야 한다는 절박한 심정으로 지체하지 말고 지금 당장 복음을 전파해야 한다. 이는 또한 죽은 자들이 다른 어떤 조건들을 갖추어야 비로소 살아나는 것이 아님도 암시한다. 예수의 음성을 들음과 살아남 사이에는 사람의 뜻이나 노력이 끼어들 수 있는 공로의 빈 공간이 없다. '들으면 살아난다!' 얼마나 명료한 진리이고 복음인가! 그럼에도 불구하고 인위적인 요소를 구원의 요건으로 삽입하여 종교적인 지배력을 행사하고 싶어하는 무리들이 있다. 자기도 천국에 들어가지 않고 들어가려 하는 자도 막아서는 서기관과 바리새인 같은 자들이다(마 23:13). 들음과 구원 사이에 인위적인 요소가 많을수록 인간에 대한 의존도는 높아지고 하나님에 대한 신뢰도는 낮아진다. 반대로 그런 요소가 적을수록 하나님에 대한 신앙의 순도는 올라간다.

26아버지께서 자기 안에 생명을 가지신 것처럼 [아들도] 자기 안에
[생명을] 가지도록 생명을 아들에게 베푸셨다 27그리고 그는 심판을 행하는
권세를 그에게 베푸셨다 이는 그가 인자이기 때문이다

아버지 하나님과 아들 예수는 인간을 사망에서 생명으로 옮기시는 근거는
무엇인가? 자신에게 생명이 있음 같이 아버지께서 아들에게 그 생명을 주
셔서 아들 안에도 생명이 있게 하셨기 때문이다. 이는 "진실로 생명의 원
천이 주께 있다"(시 36:9)는 시인의 예언과 일치한다. 아들이 심판을 행하시
는 것도 그런 심판의 권세를 아버지께서 아들에게 주셨기 때문이다. 예수
는 무엇을 행하시든 외부의 어떤 것을 가지고 일하시지 않고 자신의 것으
로써 일하신다. 우리는 나누어 줄 생명이 없으며 타인을 심판할 권세와 권
한도 없기 때문에 예수께서 우리 안에 사시면서 친히 행하셔야 우리를 통
해 영원한 생명이 타인에게 전달되며 우리의 증언을 통해 들려진 아들의
음성에 대한 순종의 여부에 따라 타인에게 보상 혹은 심판이 내려진다.

생명과 심판의 권세를 아들에게 주신 이유는 그가 "인자"(υἱὸς ἀνθρώπου)
이기 때문이다. 여기에서 인자는 성자 하나님의 인성을 가리킨다. 이것은 아
마도 다니엘의 예언에 근거한 예수의 인식일 가능성이 높다. 다니엘은 환상
중에 "인자 같은 이"에게 일어난 일을 보고 이렇게 기록한다. "그에게 권세
와 영광과 나라를 주고 모든 백성과 나라들과 다른 언어를 말하는 모든 자
들이 그를 섬기게 하였으니 그의 권세는 소멸되지 아니하는 영원한 권세요
그의 나라는 멸망하지 아니할 것이니라"(단 7:14). 이 예언에 의하면, 인자에
게 권세와 영광과 나라가 주어진다. 모든 사람이 인자를 섬기는데, 그의 권
세와 나라가 소멸되지 않고 멸망하지 않고 영원히 존속될 것이기 때문에 그
인자는 모든 사람의 영원한 섬김을 받으신다. 인자의 "심판이 시작되면" "나
라와 권세와 온 천하 나라들의 위세"는 주님의 성도에게 넘어갈 것이라고
한다(단 7:27). 인자의 심판은 자신을 믿지 않으면 이미 심판을 받은 것이라

고 하신 예수의 시대에 시작되고 있다. 당연히 다니엘의 예언을 따라 나라와 권세가 성도에게 넘어가는 일도 그의 시대에 시작된다.

"인자"에 대한 예언은 예수를 가리키는 동시에 그로 말미암아 나라와 권세 주어지는 성도도 가리킨다. 이런 의미에서 바울은 "성도가 세상을 판단할 것"이며 "우리가 천사를 판단할 것"이라고 했다(고전 6:2-3). 성도는 주님처럼 직접적인 판단의 주체가 아니라 주님의 말씀에 순종하며 삶으로써 타인의 양심에 가책을 일으켜서 심판 현상이 나타나게 하는 간접적인 심판의 수단이다. 우리의 삶으로 선포되는 하나님의 말씀을 믿는 자는 심판을 면하고 믿지 않으면 심판을 받는 결과가 초래된다. 우리의 삶은 일종의 판결문과 같다. 그러나 우리의 삶이 하나님의 뜻과 무관하게 살아서 잘못된 판결문을 작성하면 세상 사람들은 교회를 조롱하고 하나님의 이름도 멸시한다. 그래서 우리는 자신을 철저히 부인하고 증오와 분노로 인한 편견을 완전히 제거하여 예수의 의로운 판단력이 우리 안에서 순수하게 발휘될 수 있도록 하나님의 자녀답게 살아내야 한다.

> 28이것을 이상하게 여기지 말라 즉 무덤에 있는 모든 자들이 그의 음성을 들을 때가 온다는 것을! 29그리고 선한 일들을 행한 자들은 생명의 부활로 나아가고 악한 일들을 행한 자들은 심판의 부활로 [나아가는] 것을!

이제 예수는 영적으로 사망한 자가 아니라 영혼과 육체가 분리되어 실제로 죽은 자들의 부활에 대해 언급한다. 무덤에 있는 모든 자들이 예수의 음성을 들을 때가 올 것이라는 사실과 두 종류의 부활이 있을 것이라는 사실을 이상하게 여기지 말라고 가르친다. "이상하게 여긴다"(θαυμάζω)는 것은 이 세상에서 한 번도 경험한 적이 없어서 모든 사람들이 놀랄 수밖에 없는 사건을 경험할 때에 나오는 반응이다. 지금까지 무덤에서 예수의 음성을 들은 사람들도 없고, 지금까지 부활을 경험한 사람들도 없다. 그래서 이 구절은 기이하다. 예수의 이 말씀은 마지막 심판의 때를 가리킨다. 그때에는 예수의 음성을 듣고 그를 보내신 아버지 하나님을 믿고 사망에서 생명으로 옮기는 사건이 아니라 무덤에 있는 모든 사람들이 자신들의 인생을 하나님 앞에서 결산하는 일이 일어난다.

선한 일들을 행한 사람들은 생명의 부활로 나아가고, 악한 일들을 행한 사람들은 심판의 부활로 나아간다. 무덤에서 사람들이 살아나는 것은 이미 결정된 생명이나 심판으로 들어가기 위함이다. 결정의 근거는 그들의 행동이다. 그들의 행동은 선과 악으로 구분된다. 마지막 심판은 태초의 상황과 연결되어 있다. 아담과 하와는 선악을 알게 하는 나무의 열매를 따 먹었다. 그러나 이는 그들이 선의 소유자가 되거나 선악의 기준이 되거나 선악을 판단하는 올바른 주체가 되는 일이 아니었다. 그것은 악을 행하는 일이었다. 선 자체요, 선의 기준이요, 선의 원천이요, 선과 악을 정하시고 판단하실 하나님 앞에서 저질러진 범죄였다. 태초에 벌어진 범죄의 끝은 마지막 날의 심판이다. 모든 사람은 하나님의 판결을 받기 위하여 부활한다. 판결의 근거는 그들의 행동이다. 선을 행했다면 생명이 주어지고 악을 행했다면 심판이 내려진다. 문제는 구약이든 신약이든 선을 행한 사람이 단 하나도 없다는 사실이다(시 14:3; 롬3:12). 그렇다면 모든 사람이 영원한 사망에 이르는 심판의 대상인가? 그렇지가 않다. 최초의 사람 아담과 하와의 죄로 말미암아 타락한 인류에게 요구되는 유일한 선행은 믿음이다. 하나님의 일을 행하는 것이 선행인데, 예수는 자신을 믿는 것이 "하나님의 일"이라고 한다(요 6:29). 예수를 믿으면, 즉 예수의 말씀을 듣고 아버지 하나님을 믿으면 심판에 이르지 않는다고 예수는 증거한다. 믿는 자들은 선을 행한 자들로 간주되고 그들은 심판이 아니라 영원한 생명의 부활로 살아나게 된다.

우리는 행위라는 심판의 기준을 주목해야 한다. 생각이 아니라 행위가 심판의 기준으로 정해진 것 자체가 행함을 생각보다 더 소중하게 여겨야 함을 가르친다. 행함이 없는 믿음은 선행으로 간주되지 않는 죽은 믿음이다. "아버지의 뜻대로 행하는 자라야" 생명의 부활로 들어간다. 믿음이 행위로 번역되면 사랑이다. 선행에 대한 기독교의 표현은 "사랑으로 역사하는 믿음"이다. 예수를 믿는다고 하면서도 우리 안에 계신 예수로 말미암아 사랑하지 않는다면 과연 우리는 예수를 믿는 것이 맞는지를 의심해야 한다. 하나님은 인간의 깊은 것도 모두 아시기에 의심하지 않으신다. 그러나 인간은 열매로 나무를 판단한다. 선행을 통해서만 신앙의 여부와 영원한 생명의 여부를 판별한다. 기독교는 선한 행위를 다른 어떠한 종교보다 더 강조한다. 성경이 주어진 이유로서 바울은 "그리스도 예수 안에 있는 믿음으로 말미암아 구원에 이르는 지혜"만 제공하지 않고 "하나님의 사람으로 온전하게 하며 모든 선한 일을 행할 능력을 갖추게 하려 함이라"(딤후 3:17)고 했다. 선행이 구원의 근거가 되지 않는다는 이유로 종교개혁 이후로 선행의 중요성을 축소하는 경향이 있었지만, 올바른 기독교는 그렇지가 않다. 성경 전체가 선행을 강조한다. 기독교는 하나님의 일을 실천하는 선행의 종교이다.

30내가 스스로는 아무것도 할 수 없느니라 나는 내가 듣는 대로 심판한다
그리고 나의 심판은 올바르다 이는 내가 나의 뜻이 아니라
나를 보내신 분의 뜻을 추구하기 때문이다

악을 행하여 심판의 부활로 나아가는 자들에 대한 예수의 심판은 공정하고 정의롭다. 그런데 어떤 사람들은 이런 심판이 성부에 대한 성자의 신적인 열등감을 가리키는 것이라고 주장한다. 그 근거는 예수가 혼자서는 아무것도 "할 수 없다"(Οὐ δύναμαι)고 하신 무능력의 표현 때문이다. 그러나 우리는 삼위일체 하나님의 존재와 사역을 구분해야 한다. 존재에 있어서

성부와 성자와 성령은 동일하고 동등하다. 물론 성부는 낳으셨고 성자는 나셨고 성령은 나오셨다. 각 위격(persona)의 고유한 특성(proprietas)이 다르지만 동일하고 동등한 분이라고 주장하는 이유는 신적인 실체(essentia) 때문이다. 삼위일체 하나님의 실체는 동일하고 단일하다.

그러나 사역에 있어서는 삼위 사이에 질서가 있는데, 성부는 성자를 안에서 성령을 통해 일하시고, 성자는 성부로부터 성령을 통해 일하시고, 성령은 성부와 성자로부터 일하신다. 심판은 성자의 일과 관계되어 있다. 즉 성자는 성부의 말씀을 들은 대로 성령을 통해 모든 사람들을 심판하는 방식으로 성부의 뜻을 추구한다. 이것은 존재의 우열이 아니라 일의 질서와 조화를 보여준다. 하나님의 아들 예수는 전능하고 전지하고 무한히 자유로운 분이시기 때문에 원하시는 것은 마음대로 행하실 수 있으시다. 그러나 자신을 위해서는 배가 아무리 고프셔도 빵 하나도 만들지 않으신다. 이는 예수께서 우리를 위한 삼위일체 하나님의 내적인 언약, 즉 우리의 죄를 위해 죽으시기 위해 오셨고 죽기까지 순종해야 하는 책임에 자신을 스스로 묶으셨기 때문이다. 우리도 모든 것에 자유하나 자기 마음대로 살 것이 아니라 일부러 자신의 몸을 쳐서 아버지의 뜻에 복종해야 한다. 사랑의 종노릇을 하며 사랑의 끈으로 자신을 결박하는 삶이 예수의 향기를 드러낸다.

예수의 심판이 공정하고 정의로운 이유는 예수께서 심판을 하시지만 아버지의 뜻을 추구하며 그에게서 들은 대로 심판하기 때문이다. 이는 이 땅에서 나그네로 살아가는 성도의 분별력과 판단력이 무엇에 근거해야 함을 가르친다. 성도는 성경에 기록된 하나님의 말씀을 듣고 아버지의 뜻을 추구하는 삶을 통해 이 세상이 판단을 받도록 살아가야 한다. 우리의 삶을 보면서 사람들이 마음의 긍정적인 찔림을 받는다면 우리가 올바른 심판을 행사한 것으로 간주된다. 이와는 달리 하나님의 음성에는 귀를 닫고 자신의 욕망만 추구하는 삶을 살면서 세상의 이맛살을 찌푸리게 만든다면 우리는 불의한 자로 간주되고 하나님의 이름은 우리로 말미암아 능욕을 당하지 않겠는가!

우리는 과연 예수의 심판을 삶으로 대리하는 교회인가? 하나님의 말씀과 무관하게, 그분의 뜻과도 무관하게, 그저 자신의 욕망에 담긴, 안개처럼 순식간에 사라질 1인분의 인간적인 영광 추구에 집착하는 인생은 아닌가? 하나님과 우리의 관계는 예수께서 보이신 것처럼 아빠와 아들이다. 누구든지 예수를 믿으면 그런 관계의 수혜자가 된다. 온 세상의 모든 영광이 그에게 주어진다. 그렇게 된다면 땅의 조건에 근거한 비교의식 속에서 열등감과 우월감에 빠지는 일이 있겠는가! 하나님을 아빠라고 부르는 특권, 아빠와 아들의 가장 친밀한 관계로 초대를 받은 사람의 은총을 마음껏 누리며 그 은총을 세상에 공유하는 증인의 일에 우리 모두는 매진해야 한다.

요 5:31-47

³¹내가 만일 나를 위하여 증언하면 내 증언은 참되지 아니하되 ³²나를 위하여 증언하시는 이가 따로 있으니 나를 위하여 증언하시는 그 증언이 참인 줄 아노라 ³³너희가 요한에게 사람을 보내매 요한이 진리에 대하여 증언하였느니라 ³⁴그러나 나는 사람에게서 증언을 취하지 아니하노라 다만 이 말을 하는 것은 너희로 구원을 받게 하려 함이니라 ³⁵요한은 켜서 비추이는 등불이라 너희가 한때 그 빛에 즐거이 있기를 원하였거니와 ³⁶내게는 요한의 증거보다 더 큰 증거가 있으니 아버지께서 내게 주사 이루게 하시는 역사 곧 내가 하는 그 역사가 아버지께서 나를 보내신 것을 나를 위하여 증언하는 것이요 ³⁷또한 나를 보내신 아버지께서 친히 나를 위하여 증언하셨느니라 너희는 아무 때에도 그 음성을 듣지 못하였고 그 형상을 보지 못하였으며 ³⁸그 말씀이 너희 속에 거하지 아니하니 이는 그가 보내신 이를 믿지 아니함이라 ³⁹너희가 성경에서 영생을 얻는 줄 생각하고 성경을 연구하거니와 이 성경이 곧 내게 대하여 증언하는 것이니라 ⁴⁰그러나 너희가 영생을 얻기 위하여 내게 오기를 원하지 아니하는도다 ⁴¹나는 사람에게서 영광을 취하지 아니하노라 ⁴²다만 하나님을 사랑하는 것이 너희 속에 없음을 알았노라 ⁴³나는 내 아버지의 이름으로 왔으매 너희가 영접하지 아니하나 만일 다른 사람이 자기 이름으로 오면 영접하리라 ⁴⁴너희가 서로 영광을 취하고 유일하신 하나님께로부터 오는 영광은 구하지 아니하니 어찌 나를 믿을 수 있느냐 ⁴⁵내가 너희를 아버지께 고발할까 생각하지 말라 너희를 고발하는 이가 있으니 곧 너희가 바라는 자 모세니라 ⁴⁶모세를 믿었더라면 또 나를 믿었으리니 이는 그가 내게 대하여 기록하였음이라 ⁴⁷그러나 그의 글도 믿지 아니하거든 어찌 내 말을 믿겠느냐 하시니라

❖ ❖ ❖

³¹만일 내가 나에 대하여 증언하면 내 증언은 참되지가 않다 ³²[그런데] 나에 대하여 증언하는 다른 분이 있는데 그가 나에 대하여 증언하는 그 증언은 참되다는 것을 나는 안다 ³³너희는 요한에게 [사람을] 보내었고 요한은 진리에 대해 증언했다 ³⁴그러나 나는 사람의 증언을 취하지 않는데 이것들을 말하는 것은 너희로 구원을 받게 하려 함이니라 ³⁵요한은 타오르고 빛나는 등불이다 너희는 한때 그의 빛 안에서 즐기기를 원하였다 ³⁶그러나 나는 요한보다 더 큰 증거를 가졌는데 내가 이루도록 아버지께서 나에게 주신 일들, 즉 내가 행하는 그 일들 자체가 나에 대하여 아버지께서 나를 보내신 것을 증언한다 ³⁷그리고 나를 보내신 아버지께서 친히 나에 대하여 증언해 주셨다 너희는 어느 때에도 그의 음성을 듣지 못하였고 그의 형상도 보지 못하였다 ³⁸또한 그가 보내신 이를 너희가 믿지 않았기 때문에 너희는 그 말씀이 너희 안에 머물도록 하지 아니했다 ³⁹너희는 성경을 공부한다 이는 너희가 거기에서 영원한 생명을 얻을 것이라고 생각하기 때문이다 [그런데] 이것은 나에 대하여 증언하고 있다 ⁴⁰그러나 너희는 생명을 얻기 위해 나에게 오기를 원하지 않는구나 ⁴¹나는 사람에게 영광을 취하지 아니한다 ⁴²다만 하나님을 사랑하는 것이 너희 안에 없음을 알았구나 ⁴³나는 내 아버지의 이름으로 왔으나 너희는 나를 영접하지 아니했다 만일 다른 이가 자신의 이름으로 왔다면 너희가 영접했을 것이다 ⁴⁴너희가 서로 영광을 취하고 유일하신 하나님으로부터 오는 영광은 구하지 않으면서 어떻게 너희가 [나를] 믿을 수 있겠느냐? ⁴⁵내가 너희를 아버지 앞에서 고발할 것이라고 생각하지 마라 너희를 고발하는 자는 너희가 바라는 자 모세니까 ⁴⁶너희가 모세를 믿었다면 나도 믿었을 것인데 이는 그가 나에 대하여 기록했기 때문이다 ⁴⁷하지만 그의 글도 너희가 믿지 않는데 어떻게 너희가 나의 말을 믿겠느냐?"

아버지와 아들의 관계를 설명하신 예수는 이런 관계의 증거들을 제시한다. 첫째, 예수가 행하신 일들 자체가 증언이다. 이것은 아버지 하나님이 행하라고 명하신 일들이다. 둘째, 아버지 하나님의 증언이다. 보내신 분이 보내심을 받은 자의 정체성을 확증한다. 셋째, 요한도 예수의 증인이다. 그런데 사람의 증언을 구하지 않는다고 한다. 넷째, 성경도 예수에 대한 증언이다. 성경을 누구보다 열심히 공부하는 유대인이 예수께로 나아오지 아니함은 기막힌 모순이다. 다섯째, 모세도 예수의 증인이다. 유대인의 스승인 모세를 믿었다면 예수도 믿었어야 했다. 그러나 예수를 믿지 아니한 것은 유대인이 하나님의 영광이 아니라 사람의 영광을 구하기 때문이다. 하나님의 영광을 구하지 아니함은 하나님에 대한 사랑이 그들 안에 없기 때문이다. 이렇게 심각한 유대인의 상태를 지적하신 예수의 의도는 그들의 정죄가 아니라 그들의 구원이다. 영적인 현실에 대한 자각이 처음에는 아프지만 결국에는 회복의 첩경이다. 성경과 예수는 그런 첩경이다.

예수는 앞부분에서 자신이 하나님의 아들임을 자신의 입으로 증거했다. 그러나 개인의 말은 검증이 필요하다. 공신력과 객관성이 없기 때문이다. 구약에서 어떤 사건이 발생하면 그것의 사실성을 검증하기 위해 "두 증인의 입으로나 또는 세 증인의 입으로 그 사건을 확정"해야 한다고 모세는 규정하고 있다(신 19:15). 이런 규정은 신약에도 이어진다. 바울은 "두세 증인의 입으로" 객관성을 확정할 수 있다고 가르친다(고후 13:1). 예수의 성자되심에 대해서도 두세 증인이 필요하다. 자신에 대한 자신의 증언은 참되지가 않다는 사실을 그는 인지하고 있다. "참되지가 않다"(οὐκ ἀληθής)는 것은 예수가 하신 증언의 진실성 자체에 대한 것이 아니라 그 증언의 객관적인 증거력과 관계된 발언이다. 이후에 예수는 자신이 자신을 판단해도 자신의 판단이 참되다고 설명한다(요 8:16).

그런데도 "참되지가 않다"는 예수의 자평은 참 대단하다. 물론 인간문맥 안에서는 지극히 주관적인 자신의 발언이 증거력이 없다는 게 명백한 사실이다. 사람들 사이에서 성립되는 그런 사실을 가르치기 위해 예수는 자신의 신적인 객관성도 내려 놓으셨다. 말의 신뢰도는 발언자의 권위에 근거한다. 하늘의 권위를 가진 예수는 얼마든지 자신의 말이 다른 무엇보다 큰 하늘의 공신력과 객관성이 있다고 주장할 수 있으셨다. 그럼에도 불구하고 자신의 권위를 인간의 눈높이에 맞추셨다. 인간의 치명적인 죄성을 드러내고 그것을 치유하기 위해 자신의 모든 것을 비우시고 종의 형체로 내려오신 예수는 발언에 있어서도 증명되기 전까지 "내 증언은 진실하지 않다"고 말하시며 자신의 신적인 권위를 비우셨다. 우리를 위해 그렇게 말하셨다. 물론 자기 증언은 객관성이 없다는 유대인의 공격 가능성을 사전에 제거하기 위한 전략적인 말이기도 하다.

³²[그런데] 나에 대하여 증언하는 다른 분이 있는데
그가 나에 대하여 증언하는 그 증언은 참되다는 것을 나는 안다

자신의 증언은 참되지가 않지만 자신에 대하여 증언하는 다른 분의 증언은 참되다고 예수는 선언한다. 참되지 않음과 참됨을 대조한다. 자신은 낮추고 다른 분은 높이는 어법이다. 자신이 참되지 않다고 말해야만 할 정도로 지극히 참된 증언의 주인공인 "다른 분"(ἄλλος)은 누구인가? 그분은 아버지 하나님 즉 성부시다. 아버지 하나님을 대하는 예수의 태도에서 우리는 하나님을 범사에 어떻게 대해야 하는지를 깨닫는다. 예수도 아버지 앞에서는 자신이 참되지 않다고 하시는데 우리는 더더욱 참되지 않다고 생각해야 하지 않겠는가! 그런데 대부분의 사람들은 자신의 증언이 참되지 않다고 전혀 생각하지 않으며, 나아가 자신을 참되지 않다고 말하는 자들의 존재를 지우거나 입을 봉쇄하려 한다. 그렇게 자신의 증언이 참되지 않다는 사실을 덮으려고 상황을 꾸미고 여론을 조장한다. 나아가 자신의 양심도 조작하며 자신에게 최면을 걸면서 실제로 자신에 대한 아버지 하나님의 증언보다 자기 자신의 증언을 더 신뢰한다. 하지만 "만물보다 거짓되고 심히 부패한" 마음을 가졌다(렘 17:9)는 예레미야 선지자의 지적을 수용하고 인간의 마음을 지으신 하나님 앞에서는 인정해야 하지 않겠는가! 우리는 "사람 앞에서 스스로 옳다"(눅 16:15)고 여기는 부패한 기질과 싸워야 하고 우리의 마음을 하나님이 아신다는 사실을 늘 의식해야 한다.

예수는 자신에 대한 아버지 하나님의 증언이 참되다는 것을 "아신다"(οἶδα)고 한다. 범사에 하나님의 옳으심을 아는 것이 중요하다. 시인은 하나님이 옳으시기 때문에 하나님의 판단도 옳다고 고백한다(시 119:137). 존재가 올바르지 않으면 그의 모든 판단도 올바르지 않다. 그러나 하나님의 옳으심은 완전하기 때문에 그가 행하시는 모든 판단도 당연히 완전하다. 하나님은 판단만이 아니라 생각과 계획도 옳으시고 동기와 목적도 옳

으시고 말씀과 행위도 옳으시다. 그분의 완전한 옳으심을 인정하고 따르면 그 옳으심에 우리도 참여하게 된다. 근원적인 차원으로 들어가면, 우리가 옳음을 안다는 것은 하나님을 안다는 것과 동일하다. 하나님을 모르면 옳음에 무지하게 된다. 이는 인간에게 옳음의 기준이 없기 때문이다. 기준이 없을 뿐만 아니라 왜곡된 기준을 가지고 있기 때문에 심지어 우리가 보기에 "고운 것도 거짓되고 아름다운 것도 헛되다"고 지혜자는 가르친다(잠 31:30).

타인이든 자연이든 사건이든 올바른 인식을 위해 우리는 그 "다른 분"의 증언을 최고의 수준으로 신뢰해야 한다. 성경은 온 세상의 만물과 역사에 대한 하나님의 기록된 증언이다. 인간이 누구인지, 인간의 가치와 존엄성은 무엇인지, 하나님과 인간과 자연의 질서와 관계는 어떠해야 하는지, 가정과 교회와 민족과 국가는 무엇인지, 인생은 무엇인지, 죽음은 무엇인지, 왜 무엇을 위해 어떻게 살아야 하는지를 바르게 알기 위해서는 기록된 아버지 하나님의 증언에 귀를 기울어야 한다. 우리 개개인에 대해서도 우리는 우리에 대하여 증언하는 그분의 증언을 전적으로 신뢰해야 한다. 이는 아버지 하나님이 우리를 타인보다 더, 우리 자신보다 더 잘 아시기 때문이다.

33너희는 요한에게 [사람을] 보내었고 요한은 진리에 대해 증언했다
34그러나 나는 사람의 증언을 취하지 않는데 이것들을 말하는 것은
너희로 구원을 받게 하려 함이니라

모든 사람들은 참된 것, 진실한 것, 옳은 것 즉 진리(ἀλήθεια)가 궁금하다. 요한은 진리의 증인이다. 그래서 유대인은 그에게 사람을 보내었다. 이처럼 사람들이 진리를 인식하기 위해서는 그 진리를 증언하는 증인이 필요

하다. 문제는 증인의 신용이다. 증인이 자신의 이익을 위하여 거짓으로 증언하는 경우도 있고, 다른 사람의 유익을 위하여 그 증인이 매수되는 경우도 허다하다. 그런데도 예수는 요한이 진리에 대해 증언한 자라고 평하신다. 이는 그가 빛에 대하여, 진리에 대하여, 하나님의 어린 양에 대하여, 하나님의 보내심을 받았기 때문이다(요 1:6). 하지만 이러한 증인의 사명을 수행하기 위해 기적으로 태어난 요한도 연약한 인간이다.

예수는 사람의 증인을 취하지 않는다고 한다. 누군가의 정체성을 확증하고 보증하는 증인의 쓸모는 증언하는 대상보다 신뢰도가 높을 때에 발휘된다. 그런데 누가 과연 모든 이름 위에 뛰어나신 예수보다 신뢰도가 높은 증인일 수 있겠는가? 요한을 비롯한 모든 사람들은 예수의 정체성에 확고한 신뢰를 부여하는 증인의 자격에 있어서 함량 미달이다. 그래서 예수는 어떠한 사람에 의해서도 자신의 정체성이 증명되는 분이 아니시다. 그럼에도 불구하고 진리에 대한 요한의 증언을 언급하는 이유는 "너희"(ὑμεῖς)의 구원을 위함이다. 여기에서 "너희"는 예수를 죽이려는 살기가 하늘을 찌르는 유대인을 의미한다. 그런 원수들을 구원하기 위해 예수는 자신의 입을 움직이고 언어를 관리하며 죽음의 길을 뚜벅뚜벅 걸으신다. 지구촌의 많은 원수들의 구원을 위해, 그는 승천하기 직전에 제자들을 향해 땅 끝까지 이르러 자신의 증인이 될 것이라고 했다(행 1:8). 이처럼 인간 요한을 자신의 증인으로 삼으신 이유는 그의 존재에 보탬이 된다거나 그의 신용에 유익하기 때문이 아니었다.

35요한은 타오르고 빛나는 등불이다
너희는 한때 그의 빛 안에서 즐기기를 원하였다

예수는 여전히 요한을 높이 평가한다. 요한은 어두운 세상을 밝히는 등불이다. 그런데 "타오르고 빛나는"(καιόμενος καὶ φαίνων) 등불이다. 이는 존재의 기름이 태워지는 희생을 통하여 세상을 밝히는 사명의 완수로 이해해도 좋다. 증인의 전형적인 모습이다. 물론 자신을 태운다고 세상이 당연히 밝아지는 것은 아니지만, 요한은 세상을 밝히는 등불의 사명에 충실했다. 유대인은 수백 년간 경험하지 못한 요한의 강력한 빛 안에서 기뻐하길 원할(ἠθελήσατε) 정도였다. 헤롯 왕까지 두려워 떨며 존경하게 만드는 그의 위엄에서 식민지의 비굴한 삶을 청산할 회복의 소망을 기대했다. 그러나 요한의 등불 역할은 "한때"(ὥραν)였다. 요한의 역할은 잠시 있다가 사라진 것처럼, 그에게 거는 사람들의 기쁨과 기대도 잠시여야 했다. 일시적인 증인에게 오래 매달리는 것은 지혜롭지 않다. 요한만이 아니라 오늘날 교황이나 목사의 소리도, 탁월한 스승의 가르침도 다 지나간다. 지나가야 한다. 하늘의 소리, 참 스승의 가르침은 오직 예수로부터 나오는 것이기 때문이다.

요한은 정치적인 혁명가가 아니라 잠시 온 세상의 참 빛 즉 그리스도 예수를 위하여 광야에서 잠시 외치는 소리였다. 요한에게 귀를 기울인 모든 사람들은 예수께로 감이 마땅하다. 요한은 새로운 종파를 형성하기 위해 태어난 사람이 아니라 태초부터 예수의 오심까지 하나님의 언약을 이어가는 율법과 선지자의 끝이었다. 유대인은 율법에 대한 친밀감과 새로운 시대의 도래에 대한 설렘으로 요한을 기뻐하며 주목했다. 그들의 귀에 요한의 증언은 달콤한 꿀이었다. 그런데 그의 증언이 가리키는 예수께로 가기를 거부했다. 이처럼 그들은 요한의 증언을 잘못 기뻐했다. 실제로 그들은 요한의 증언을 잠시 즐기다가 자신들의 심기를 건드리자 요한조차 거부했고 그를 투옥했다. 이것이 "한때"의 문맥적인 의미라고 생각한다. 이처럼 "한때"라는 말은 모든 증언들의 실체인 예수께로 나아가야 함을 가르치는 동시에 참된 증언을 서둘러 배격하는 유대인의 야박한 변덕을 고발한다.

³⁶그러나 나는 요한보다 더 큰 증거를 가졌는데

내가 이루도록 아버지께서 나에게 주신 일들, 즉 내가 행하는

그 일들 자체가 나에 대하여 아버지께서 나를 보내신 것을 증언한다

여자가 낳은 자 중에 가장 큰 요한은 분명히 인간에게 최고의 증언을 제공한 사람이다. 그런데 예수는 구약의 모든 선지자가 쏟아낸 모든 증거의 무게보다 더 큰 요한의 증언도 취하지 않겠다고 한다. 이는 그가 요한보다 "더 큰 증거"를 가졌기 때문이다. 그것은 온 세상의 모든 증거를 다 합한 것보다도 크다. 증인은 증인이다. 요한에게 쏠렸던 시선과 머물렀던 관심도 때가 지나면 회수해야 하고 그가 가리키는 증언의 손끝을 주목해야 한다. 거기에는 보다 더 큰 증거가 기다리고 있다. 그 증거는 예수의 일들이다. 그 일들은 그에게 맡겨진 아버지 하나님의 사명이다. 그 사명을 완수하는 일들 "자체"(αὐτὰ)가 예수에 대한 증언의 메시지다. 아버지 하나님의 보내심을 받은 자라는 사실을 증명한다. 사명의 완수라는 순종은 보이는 언어로서 설득력과 증거력이 매우 강한 증언이다.

자신의 정체성을 설명하는 예수의 방법은 특이하고 기발하다. 문해력이 제로인 사람도 쉽게 이해할 수 있도록 삶이라는 입을 사용한다. 들리는 설명보다 보이는 설명이 더 강력함은 자명하다. 하나님의 보내심은 사람들의 눈에 보이지 않으며, 보내신 분과 보내심을 받은 자만 아는 사실이다. 자신이 하나님의 보내심을 받았다고 말하는 사람의 진실성을 확인하는 방법은 그의 삶에 대한 관찰이다. 삶이 아니라 말에 과도한 의미를 부여하면 사악한 정치인의 선동과 거짓된 사이비 종교의 교설에 쉽게 현혹된다. 예수께서 복음을 전파하기 위해 제자들을 보내실 때에도 "말의 지혜로 하지 아니함"은 그의 "십자가가 헛되지 않게 하려 함이라"고 바울은 설명한다(고전 1:17). 삶이 빠진 지혜는 "하나님의 지혜"인 십자가의 도를 오히려 훼방하기 때문이다. 이러한 바울의 설명은 예수의 말씀에 근거한다. "지혜는 그

행한 일로 인하여 옳다 함을 얻느니라"(마 11:19). 이처럼 행위는 지혜의 가장 유력한 증인이다. 그런데 우리는 과연 하나님의 부르심에 합당하게 행하는가? 우리의 일들은 과연 우리가 하나님의 보내심을 받았다는 명확한 증거인가? 아버지의 뜻을 성취하여 그분의 영광을 선포하고 이 땅을 향한 그분의 선하심을 나타내는 일들인가?

우리는 예수께서 행하신 모든 일들도 궁극적인 관심과 인생의 목적이 아니라 "증거"(μαρτυρία)라는 사실을 주목해야 한다. 예수는 방문하신 모든 도시와 마을에서 복음을 선포하고 진리를 가르치고 환자를 치유하고 빈자를 구제하는 일들을 행하셨다(마 9:36). 이는 아버지의 명령에 순종한 예수의 "일들"이다. 그러나 이 일들이 "증거"라는 것은 증거하는 내용이 있음을 의미한다. 예수의 정체성이 그 증거의 내용이다. 예수는 하나님의 보내심을 받은 그의 아들이다. 이 복음서의 저자가 구사하는 문장들의 배열은 예수의 이런 정체성을 증거하는 저술의 목적에 대단히 충실하고 치밀하다. 독자는 저자의 이러한 의도를 따라 예수의 일들이 아니라 그 일들이 증거하는 예수 자신을 주목하고 사모함이 마땅하다. 예수의 일들은 예수를 설명하는 수단이다. 그러므로 독자의 의식과 관심의 합당한 종착지는 예수 자신이다. 그런데도 사람들은 그가 사람을 살리고 질병을 치유하고 음식을 제공하는 기적들 자체를 흠모한다. 우리의 관심은 어디로 쏠리는가?

³⁷그리고 나를 보내신 아버지께서 친히 나에 대하여 증언해 주셨다
너희는 어느 때에도 그의 음성을 듣지 못하였고 그의 형상도 보지 못하였다

예수의 신적인 정체성은 "친히" 증거해 주시는 아버지 하나님의 직접적인 증언에 의해서도 확인된다. 이 증언은 가장 위대하고 객관적인 증언이다. 요한의 세례를 받을 때에 예수에 대한 아버지 하나님의 증언은 "내 사랑하

는 아들이요 내 기뻐하는 자'라는 것이었다(마 3:17). 이는 땅의 어떠한 이의나 반론이나 반증이 없는 하늘의 확증이다. 보내신 분이 보내심을 받은 자를 "친히" 증언해 주는 것은 예수만이 아니라 보내심을 받은 우리 모두에게 적용되는 진실이다. 자신의 존재와 가치의 확인이 심히 목마른 시대에 하늘에서 배달된 공지사항, "내 사랑하는 아들이고 내 기뻐하는 자"라는 음성이 지구의 귀에 들린다면 이것보다 더 명확한 존재의 증명이 어디에 있겠는가! 그런데 하나님은 실제로 우리에게 하늘과 땅의 모든 만물과 절기와 계절의 입을 열어서 밤낮으로 증언 메시지를 전하신다. 하늘의 육성이 없더라도 천지에 충만한 그 메시지는 심히 황홀하다.

안타까운 것은 유대인이 "어느 때에도 그의 음성을 듣지 못하였고 그의 형상도 보지 못했다"는 사실이다. 그런데 예수의 설명과는 달리 신명기는 다른 증거를 제시한다. "너희가 그 말소리만 듣고 형상은 보지 못했노라"(신 4:12). 형상을 보지 못했다는 부분은 동일하다. 그러나 하나님의 음성에 대해서는 판이하다. 하나님의 말소리를 들었다는 모세의 기록과 예수의 발언이 다른 이유는 무엇인가? 이스라엘 백성이 하나님의 말소리를 들었다고 모세가 말한 것은 모세가 전달한 것을 그들이 들었음을 의미한다. 이는 그들이 하나님의 음성을 직접 들으면 죽을까봐 하나님이 그들에게 직접 말씀하지 않게 해 달라고 모세에게 간청했기 때문이다(출 20:19). 즉 예수의 말씀처럼 그들은 하나님의 음성을 직접 듣지는 못하였다. 그러나 듣지 못했다는 말의 의미는 그것만이 아니었다.

> 38또한 그가 보내신 이를 너희가 믿지 않았기 때문에
> 너희는 그 말씀이 너희 안에 머물도록 하지 아니했다

유대인이 하나님의 음성을 듣지 못한 것은 하나님이 보내신 예수를 믿지

않았기 때문이다. 예수는 아버지 하나님의 보내심을 받은 그의 말씀이다. 말씀이 육신으로 오신 예수를 믿지 않으면 혹시 하나님의 육성을 들었어도 듣지 않은 것으로 간주된다. 이것을 뒤집어서 보면, 우리가 예수를 믿는다면 하나님의 육성을 듣지 않았어도 그의 음성을 들은 것으로 간주된다. 하나님의 음성에 대한 간접적인 들음의 여부는 믿음에 의해 좌우된다. 구체적인 양태에 대해서는, 우리가 믿으면 그 말씀이 우리 안에 머물지만 믿지 않으면 머물지 않는다고 설명한다. 말씀은 모세의 시대처럼 우리 "곁에"가 아니라 우리 "안에"(ἐν) 머물러야 한다. 돌판이 아니라 마음판에 새겨져야 한다. 말씀은 믿음에 의해서만 우리 안으로 들어오고 성령을 통해서만 심비에 새겨진다. 그래서 바울은 믿음으로 말미암아 그리스도 예수께서 "너희 마음에 계시게"(엡 3:17) 해 달라고 기도했다. 믿음은 예수를 우리의 머리가 아니라 마음에 거하시게 하고 정보나 지식의 형태가 아니라 전인격적 연합의 형태로 우리와 예수를 묶어준다.

예수는 유대인을 향해 하나님의 말씀이 그들 안에 머물지 않게 된 것이 그들의 자발적인 선택임을 강조한다(οὐκ ἔχετε). 말씀이신 예수는 우리 안에 머물기를 원하신다. 그러나 우리가 마음의 문을 열지 않으면 들어오지 못하신다. 이는 마음의 문을 부술 힘이나 자격이 없기 때문이 아니라 우리의 인격을 존중하기 때문이다. 예수는 문 밖에 서서 노크하며 우리의 자발적인 반응을 계속 기다리는 분이시다. "누구든지 내 음성을 듣고 문을 열면 내가 그에게로 들어가 그와 더불어 먹고 그는 나와 더불어 먹으리라"(계 3:20). 영혼의 양식인 말씀을 순종으로 먹고 마음으로 섭취하는 연합의 시작은 마음의 문빗장을 여는 믿음이다. 유대인은 예수의 목소리를 들었지만 그를 아버지 하나님이 보내신 자로 믿지는 않았기 때문에 하나님의 음성을 듣지 못했으며 마음으로 모시지도 않고 문 밖에 계시도록 만들었다. 그럼에도 불구하고 그들의 종교적인 겉모습은 하나님의 말씀을 사모한다.

³⁹너희는 성경을 공부한다 이는 너희가 거기에서 영원한 생명을 얻을 것이라고
생각하기 때문이다 [그런데] 이것은 나에 대하여 증언하고 있다
⁴⁰그러나 너희는 생명을 얻기 위해 나에게 오기를 원하지 않는구나

유대인은 성경을 부지런히 열렬하게 "공부한다"(ἐραυνᾶτε). 유대인은 자타
가 공인하는 성경의 민족이다. 유대인이 태어나서 말을 시작할 때에 배우
고 죽음의 마지막 순간에 암송하는 말씀이 "들으라"고 번역되는 "쉐마"인
데, 그것은 신명기 6장 4-9절을 지칭한다. 이 쉐마는 이스라엘 신앙의 요
체이고 다른 모든 성경은 이 쉐마의 주석일 뿐이라고 주장하는 학자들이
있을 정도로 중요하다. 쉐마의 핵심은 이러하다. "우리 하나님 여호와는 오
직 유일한 여호와이시니 너는 마음을 다하고 뜻을 다하고 힘을 다하여 네
하나님 여호와를 사랑하라"(신 6:4-5). 이를 위하여 이스라엘 모든 사람들
은 1) 이 말씀을 마음에 새겨야 하고, 2) 자녀에게 부지런히 가르치되 집에
앉았을 때에나 길을 걸어갈 때에나 누워 있을 때에나 일어나 때에나 이 말
씀을 설명해야 하고, 3) 그 말씀을 손목과 미간에 두고 기호와 표로 삼아야
하고, 4) 집의 문설주와 바깥 문에 기록해야 한다. 실제로 유대인은 4세부
터 13세까지 토라를 암송해야 성인식을 해주고 말씀을 읽고 가르칠 자격
을 부여한다. 손목과 미간에는 그 말씀이 적힌 양피지가 담긴 상자 "테필
린" 혹은 "경문"(תְּפִלִּין)을 붙이고 그들의 집 문설주와 바깥 문에도 동일한
양피지가 담긴 "메주자"(מְזוּזָה)를 단다. 성경에 대한 유대인의 이러한 열정
이 잘못인가? 전혀 그렇지가 않다. 예수는 그들의 이런 성경공부 열정을 책
망하지 않으신다. 우리는 성경을 유대인의 열심 이상으로 더 치열하게 연
구해야 한다.

유대인이 이렇게 치열하게 성경을 공부하는 이유는 "거기에서 영원한
생명을 얻을 것이라고 생각하기 때문이다." 이는 성경 공부에 목숨과 마음
과 힘과 뜻을 다하고 인생을 걸어야 할 이유로서 충분하다. 성경을 공부하

여 바르게 알면 영원한 생명을 얻는다는 사실을 예수는 부정하지 않으신다. 바울도 이에 대하여 동의한다. "성경은 능히 너로 하여금 그리스도 예수 안에 있는 믿음으로 말미암아 구원에 이르는 지혜가 있게 하느니라"(딤후 3:15). 그러나 성경을 통해 알아야 할 핵심적인 내용에 대한 유대인의 주장에 관하여 예수는 난색을 표하신다. 성경에 대한 그들의 해석은 그들이 예수께로 가기를 "원하지 않았다"(οὐ θέλετε)는 적극적인 거부의 태도에서 확인되는 것처럼 예수와 무관한 것이었다. 성경의 예수 중심적인 읽기와 해석이 아니었다. 그러나 예수의 해석에 의하면, 성경은 예수에 대한 증언이다. 즉 구약의 특정한 부분만이 아니라 유대인이 연구하는 구약 전체가 예수를 증언한다. 때로는 직접적인 묘사의 방식으로, 때로는 간접적인 암시의 방식으로, 때로는 예표나 모형의 방식으로, 때로는 비유나 은유의 방식으로, 때로는 인물이나 사건을 통하여, 때로는 의식이나 규례나 절기의 방식으로, 때로는 심판이나 징벌의 방식으로, 때로는 자비나 용서의 방식으로 예수를 증언한다.

예수는 영원한 생명을 위한 성경 공부의 결론이다. 그런데 바울의 이해처럼, 영원한 생명을 얻는 구원의 지혜는 그리스도 예수를 "믿음으로 말미암아" 주어진다. 성경은 예수에 대한 믿음으로 읽어야 바르게 읽어진다. 그런데 유대인은 최고의 광기를 분출하며 그런 예수를 죽이려고 했다. 성경을 암송하고 성경에 인생을 건 사람들이 그 성경의 주제요 실체이신 예수를 죽이려고 했다는 것은 설명이 불가능한 모순이다. 이 모순은 유대인이 성경을 믿음으로 읽지 않았기 때문에 발생했다. 성경은 믿음의 해석을 기다린다. 문자적 읽기와 인문학적 해석은 반드시 필요하다. 그러나 그것은 해석의 종착지가 아니라 준비이고 과정이다. 오늘날 가방끈이 길고 먹물을 오랫동안 마신 학자들이 제공하는 성경의 해석을 보면 예수가 보이지 않고 예수께로 나아가는 걸음마저 저지하며 유대인의 모순을 답습한다. 성경의 치열한 연구가 돈벌이와 밥벌이에 도움을 주고 학문적인 궁금증의 해소라는 쾌감을 주는 수단으로 치부되는 것은 아닌지, 걱정이다. 그런 기조를 따라 브레이크 없는 전차처럼 폭주하는 오늘날의 성경연구 풍토에 대대적인 혁신과 전환이 필요함을 절감하고 있다.

성경 해석학에 대한 유대인의 실패는 성경을 연구하고 성경 전문가를 배출하는 오늘날의 신학교에 주어지는 경종이다. 우리는 유대인이 실패한 원인을 주목해야 한다. 원인의 핵심은 믿음의 문제였다. 그들은 믿음으로 성경을 읽지 않고 율법의 문자적인 의미에 대한 육체의 순종으로 성경을 해석하려 했다. 바울은 이러한 사실을 로마서 10장에서 지적한다. 모세는 분명히 "율법으로 말미암는 의"와 "믿음으로 말미암는 의"를 모두 가르쳤다(롬 10:5-6). 그런데 유대인은 예수에 대한 믿음이 없어서 "율법으로 말미암는 의"만 주목하고 거기에만 집착했다. 행위로서 의로움에 이르려고 했다. 그러나 그것이 "올바른 지식을 따른 것이 아니라 하나님의 의를 모르고 자기 의를 세우려고 힘써 하나님의 의에 복종하지 않은" 것이라는 사실에는 무지했다(롬 10:2-3). 히브리서 저자도 구약의 이스라엘 백성이 구원의 안식에 들어가지 못한 이유를 밝히면서 "그 말씀이 그들에게 유익하지 못한 것은 듣는 자가 믿음과 결부시키지 아니함"을 꼬집었다(히 4:2). 성경은 믿음과 단짝이다.

성경을 읽고 예수께로 나아가지 않는다면 그것은 성경의 읽기와 해석을 믿음으로 하지 않았다는 사실의 반증이다. 창세기와 말라기를 비롯한 구약의 모든 책들을 읽을 때마다 우리는 예수께로 다가가야 한다. 예수와 우리의 간격이 좁혀져야 한다. 예수를 더 알아가고 예수의 성품을 더 닮아가고 예수의 삶을 더 따르하는 변화가 우리에게 일어나야 한다. 성경을 가르치는 사람이나 성경을 설명하는 책을 선택할 때에도 동일한 기준이 적용된다. 누군가를 만나서 강의나 설교를 듣고 어떤 책을 읽었는데 예수와 멀어지는 일이 발생하면 신속한 결별이 지혜로운 처신이다. 아무리 유명한 목사라도, 아무리 많이 팔린 책이라도, 간교한 이리와 해로운 쓰레기에 불과하다.

성경을 치열하게 연구해도 예수께로 나아오지 않는 첫 번째 이유로서 예수는 영광의 문제를 언급한다. 앞에서 예수는 사람의 증거를 취하지 않는다고 하셨는데, 이번에는 사람의 영광도 취하지 않는다는 단호한 입장을 밝히신다. 이는 그가 구하는 영광이 하나님께 있고 사람은 영광의 출처가 아님을 밝히려는 의도도 있지만 자신의 변호가 사람의 영광을 추구하는 것이 아님을 강조하기 위함이다. 예수는 지금 자신이 하나님의 아들이며, 그 증거가 자신의 일들과 아버지 하나님의 기록된 증언 즉 성경임을 변호하고 있다. 자신의 신적인 정체성 규명에 집중하는 이유는 이스라엘 백성에게 자신의 존재감을 알아 달라고 호소하는 것이 아니라 앞에서도 밝혔듯이 그들의 구원을 위함이다. 예수를 올바르게 알지 못하면 믿지 않을 것이고 그를 믿지 않으면 영원한 생명에 이르지 못하기 때문에 그는 구원의 유일한 길로서의 자신을 정확하게 소개하고 있다.

사람에게 영광을 구하지 않는다는 예수의 말씀은 유대인이 사람에게 영광을 구하고 있다는 반어적인 지적이다. 실제로 유대인은 구제할 때에도 은밀하게 하지 않고 "사람에게 영광을 받으려고 회당과 거리에서" 하고 기도할 때에도 "사람에게 보이려고 회당과 큰 거리 어귀에 서서 기도하길 좋아"한다(마 6:2, 5). 나아가 "그들의 모든 행위를 사람에게 보이고자 하나니 곧 그 경문 띠를 넓게 하며 옷술을 길게 하고 잔치의 윗자리와 회당의 높은 자리와 시장에서 문안 받는 것과 사람에게 랍비라 칭함을 받는 것"을 좋아한다(마 23:5-7). 오늘날의 말로 표현하면, 종교적인 유대인 실세들은 자신을 사람에게 드러내고 사람에게 영광을 취하려고 몸부림을 치는 관종이다.

하나님이 아니라 사람에게 영광을 취하려는 자는 성경을 읽어도 "예수"라는 온전한 의미에 도달하지 못한다는 치명적인 문제에 봉착한다. 성경은 사람의 영광이 아니라 하나님의 영광에 이르는 "길"이기 때문이다. 하나님의 영광은 성경 해석의 방향이고 종점이다. 하나님의 영광은 성경을 해석함에 있어서 의미의 객관성을 위협하는 편견으로 작용하지 않고 오히려 인간의 다양한 편견을 제거한다. 목적지가 다르면 그곳으로 안내하는 지도와 방법도 달라진다. 유대인은 인간의 영광을 추구하는 해석으로 인해 성경의 용도를 바꾸었고 결국 하나님의 책을 인간적인 욕망의 수단으로 만들었다. 그래서 성경을 열심히 연구해도 예수께로 나아오지 않는 결과가 빚어졌다. 지금도 성경을 하나님의 영광에 이르는 지도로 여기지 않고 학문적인 야망의 성취를 위하거나 세속적인 이득의 방편으로 여기거나 인간적인 의제를 설정해 놓고 그것의 해명을 강요하는 방식으로 성경을 읽으면 필히 오석하게 된다. 실제로 예수께 등을 돌리며 멀어지는 똑똑한, 그러나 불쌍한 학자들이 많다.

42다만 하나님을 사랑하는 것이 너희 안에 없음을 알았구나

성경을 공부해도 예수께로 나아오지 못하는 이유로서 두 번째는 하나님을 사랑하지 않음이다. 이것은 하나님의 영광을 구하지 않는다는 첫 번째 이유의 근원이다. 사람은 누구든지 사랑하는 대상의 영광을 추구한다. 자신을 사랑하면 자신의 영광을, 타인을 사랑하면 타인의 영광을 추구한다. 하나님을 사랑하지 않으면 하나님의 영광이 아니라 다른 영광을 추구하는 결과가 초래된다. 하나님의 보내심을 받은 자신을 거부하는 유대인을 보며 예수는 그들 안에 하나님에 대한 사랑 없음을 확인한다. 사실 유대인의 마음에 하나님을 사랑함이 없다는 예수의 말씀은 그들의 민족적인 정체성을 뒤흔드는 발언이다. 유일하신 하나님 사랑은 앞에서 언급한 쉐마의 핵심적인 내용이기 때문이고, 이스라엘 백성의 정체성은 하나님 사랑으로 확인되기 때문이다. 예수의 이 발언도 유대인을 정죄하기 위함이 아니라 그들의

영적인 심각성을 깨우치고 돌이켜 구원에 이르도록 하기 위함이다. 때로는 뼈아픈 사실에 대해 침묵하지 않고 직구를 날리는 노골적인 "면책이 숨은 사랑보다" 낫다(잠 27:5).

예수에 대한 유대인의 태도는 하나님에 대한 사랑과 결부되어 있다. 하나님을 사랑하면 예수를 영접한다. 예수를 영접하는 근거는 하나님 사랑이다. 이런 사실을 성경 해석과 연결하면 이런 설명이 가능하다. 하나님을 사랑하지 않으면 성경을 올바르게 읽을 수 없고, 성경의 주제이신 예수께로 나아가지 않고, 영원한 생명을 얻지 못하는 결과가 초래된다. 그러나 하나님을 사랑하면 성경이 읽어지고 성경의 의미인 예수께로 나아오고, 영원한 생명을 얻어서 결국 성경의 궁극적인 의미와 목적에 도달하게 된다. 하나님을 사랑하지 않는 자는 성경을 필히 왜곡한다. 사랑은 모든 것의 방향이고 생각과 관심과 말과 행위가 사랑의 대상을 향하여 휘어지게 만들기 때문이다. 걸음걸이까지 사랑하는 이에게로 휘어진다. 성경의 해석도 당연히 사랑의 대상을 향하여 휘어진다. 휘어져도 괜찮은, 아니 휘어져야 해석의 객관성이 확보되는 사랑의 유일한 대상은 하나님 자신이다. 하나님을 사랑하지 않더라도 성경의 그럴듯한 해석을 가능하게 하는 기술을 가르치고 익히는 오늘날 신학교의 문제는 심각하다.

성경을 연구하고 율법을 준행하고 그것을 사람에게 보여주더라도 유대인의 마음에는 사랑이 없었다는 사실을 아신 것처럼 예수는 우리의 마음에 대해서도 하나님 사랑이 있는지 없는지, 우리가 하나님을 얼마나 사모하고 있는지를, 그 사랑의 높이와 너비와 길이와 깊이가 어떠함을 정확히 아시고 느끼신다. 우리 안에 어떠한 사랑이 있느냐가 인생을 좌우한다. 사랑의 대상에 따라 목숨과 마음과 뜻과 힘과 성품의 질과 용도가 달라진다. 하나님을 사랑의 대상으로 삼으면 목에서 나오는 숨은 노래가 되고 마음은 찬양의 공작소가 되고 뜻은 경건한 예배의 화살표가 되고 힘은 거룩한 사랑의 에너지가 된다. 존재의 모든 부위는 창조주를 위하여 각자의 고유한 음색을 내고 인생은 하나님의 위대함을 노래하는 하나의 교향곡이 된다.

43나는 내 아버지의 이름으로 왔으나 너희는 나를 영접하지 아니했다
만일 다른 이가 자신의 이름으로 왔다면 너희가 영접했을 것이다

예수는 유대인의 심각한 문제를 설명한다. 하나님을 사랑하지 않는 유대인은 아버지 하나님의 이름으로 오는 자를 영접하지 않고 배격한다. 사랑의 결핍은 이런 식으로도 노출된다. "아버지의 이름으로" 온 자는 아버지의 영광을 추구한다. 그러므로 사람의 영광만 추구하고 아버지의 영광은 추구하지 않으면서 아버지의 이름으로 왔다고 주장하는 사람은 종교 사기꾼일 가능성이 높다. 시대마다 자신이 마치 메시아인 것처럼 자신의 이름으로 온 이단의 교주들이 부지런히 등장하여 교회와 세상을 어지럽게 했다. 지금도 그 상태는 심각하다.

그리고 예수는 만약 "다른 이"가 자신의 이름으로 왔다면 유대인이 그 "다른 이"를 영접했을 것이라는 가정법도 쓴다. 이는 하나님의 이름만 아니라면 누구든지 영접하는 유대인의 맹신적인 기질을 지적하기 위함이다. 이는 하나님의 영광이 아니라 사람의 자랑을 구하고, 하나님의 말씀보다 사람의 거짓에 더 귀를 기울이고, 하나님의 의보다 자신의 명예를 앞세우고, 하나님의 사람보다 다른 이를 더 선호하는 유대인의 실상을 제대로 꼬집은 지적이다. 예나 지금이나 이러한 현상은 동일하다. 우리나라 안에서만 이단을 추종하는 자들이 200만 명에 육박한다. 우리는 과연 누구를 더 반기는가? 우리 중에도 적잖은 사람들이 하나님의 영광과 사랑이 아니라 우리의 일그러진 가치관에 부응하는 존재를 반기며 영접하고 있다. 인간의 욕망을 간파하고 교묘하게 자극하는 목사들이 덩치가 꽤나 큰 교회들을 활보하고 있다.

⁴⁴너희가 서로 영광을 취하고 유일하신 하나님으로부터 오는 영광은
구하지 않으면서 어떻게 너희가 [나를] 믿을 수 있겠느냐?

유대인은 "서로 영광을 취하고" 거기에 만족한다. 사람의 영광을 얻기 위
하여 생각하고 말하고 행하고 움직인다. 그런데 마땅히 구해야 할 유일하
신 하나님의 영광은 구하지 않는 자들이다. 이는 그들의 허영심이 부른 결
과라고 칼뱅은 진단한다. 사람의 영광으로 영혼의 헛배가 부르면 하나님의
영광에 대한 영적 식욕은 당연히 떨어진다. 그런데도 행복한 줄로 착각한
다. 죄로 말미암아 하나님의 영광에 이르지 못하게 된 인생의 비참함에 대
한 감각도 마비되고 오직 예수로 말미암아 그 영광에 이를 수 있다는 사실
에 대해서도 무지하게 된다. 영광의 길이신 예수는 인간이 하나님의 영광
을 구하지 않으면 결단코 자신을 믿을 수 없다고 단언한다. 이것도 허영 때
문이다. 속이 허영으로 채워져 있으면 하나님께 이르는 영광의 길 찾기에
대한 기호도 사라진다. 하나님의 영광을 사모함이 우리의 마음을 차지하는
것이 이렇게도 중요하다. 그것이 마음의 기호를 좌우하고 예수에 대한 믿
음의 여부도 결정하기 때문이다. 하나님의 이름으로 오신 예수는 하나님의
영광을 구하시기 때문에 사람의 영광만 구하는 유대인이 그를 영접하지 않
는 것은 어쩌면 당연하다. 하지만 그런 예수를 믿고 영접하는 자는 예수처
럼 하나님의 영광을 추구하고 그 영광에 참여하는 사람이다.

　예수에 대한 믿음과 아버지의 영광 추구가 결부되어 있다는 사실은 성
경을 해석함에 있어서도 중요하다. 앞에서 확인한 것처럼, 성경은 예수에
대한 기록이다. 그러나 아버지의 영광을 소원하지 않으면 성경을 오독하게
된다. 성경에 기록된 예수를 만나지도 못하고 알지도 못하고 당연히 믿지
도 않게 될 것이기 때문이다. 예수를 만나지도, 알지도, 믿지도 않는 성경
해석은 아무리 화려해도, 아무리 논리적인 설득력을 갖추어도, 교묘하고
교활한 오독이다. 아버지의 영광 추구는 올바른 성경 해석학의 열쇠이고

예수를 읽어내고 온전한 믿음에 이르는 비법이다.

<blockquote>
45내가 너희를 아버지 앞에서 고발할 것이라고 생각하지 마라

너희를 고발하는 자는 너희가 바라는 자 모세니까 46너희가 모세를 믿었다면

나도 믿었을 것인데 이는 그가 나에 대하여 기록했기 때문이다

47하지만 그의 글도 너희가 믿지 않는데 어떻게 너희가 나의 말을 믿겠느냐?"
</blockquote>

모세가 증인으로 소환된다. 이는 유대인의 급소를 겨냥한 소환이다. 모세는 요한복음 1장에서 율법과 은혜를 대조할 때에 언급된 인물이다. 유대인이 하나님을 사랑하지 않고 그의 영광을 구하지도 않고 예수도 영접하지 않는다는 예수의 지적은 그들을 고발하기 위함이 아니었다. 그들의 고발 담당자는 예수가 아니라 모세였다. 율법이 유대인의 죄를 깨닫도록 주어진 것처럼 모세도 유대인의 죄를 고발하기 위해 세워진 사람이다. 그러나 유대인의 생각에 모세는 그들의 잘못을 지적하는 고발자가 아니라 그들을 옹호해 줄 변호사로 간주되는, 그들이 "바라는" 그들의 편이었다. 그런데 예수는 그런 유대인의 상식을 뒤집는다. 예수의 지적은 모세의 글을 근간으로 삼아 민족의 정체성을 확립하고 유지해 온 유대인을 멘탈 붕괴에 빠뜨리는 말이었다. 모세가 유대인을 고발하는 이유는 무엇인가? 모세의 모든 글이 예수를 가리켜 기록된 성경이기 때문이다. 그래서 예수를 믿지 않으면 모세의 가르침을 거부하는 것으로 간주된다. 칼뱅이 잘 지적한 것처럼, 예수를 믿지 않으면 모세의 모든 가르침은 물거품이 된다. 유대인은 그런 물거품의 주역이다.

　예수는 유대인이 모세를 믿었다면 자신도 믿었을 것이라고 설명한다. 자신을 가리켜 기록된 모세의 글을 믿지 않는다면 어떻게 자신의 말을 믿을 수 있느냐고 반문한다. 유대인이 모세를 믿지 않았다는 예수의 주장은

그 자체로 유대인의 뇌리를 깨뜨리는 철퇴였다. 이는 그들이 자신을 "모세의 제자"(요 9:28)라고 밝힐 정도로 모세의 가르침을 철저히 따른다고 생각했기 때문이다. 그러나 진위는 예수 앞에서 가려진다. 예수를 믿지 않으면 모세의 제자가 아니었던 거다. 우리는 과연 누구의 제자인가? 예수의 제자라고 여기면서 제자답지 않게 살아가고 있다면 그의 제자가 아닐 가능성이 높다. 예수의 제자는 하나님을 사랑하고 그의 영광을 추구하는 사람이다. 우리는 과연 그러한 제자인가? 모세의 모든 글을 읽고 예수께로 가까이 나가는가?

예수는 자신과 모세가 무관하지 않고, 자신의 말과 모세의 글이 무관하지 않다고 가르친다. 모세를 믿으면 예수를 믿게 되고 예수의 말을 믿으면 모세의 글을 제대로 해석한 것으로 간주된다. 예수 중심적인 해석이 필요한 것은 모세의 글만이 아니었다. "이에 모세와 모든 선지자의 글로 시작하여 모든 성경에 쓴 바 자기에 관한 것을 자세히 설명하시니라"(눅 24:27). 예수의 친절한 설명을 들은 제자들은 나중에 "모든 성경"을 그리스도 예수를 중심으로 이해하고 복음서와 서신서와 계시록을 저술한다. 성경과 예수는 이러한 단짝이다. 어떻게 성경이 없는 예수, 예수가 없는 성경을 상상할 수 있겠는가? 칼뱅도 밝힌 것처럼 구약에는 예수에 대한 직접적인 언급이 희박하다. 그럼에도 불구하고 그런 사실을 더 잘 아시는 예수의 그리스도 중심적인 성경 이해의 기조를 우리는 모든 성경 해석에서 존중해야 한다.

예수께서 하나님의 아들이 되신다는 사실은 그의 일들과 아버지 하나님의 직접적인 증언과 요한과 모세의 증언과 모세의 글을 비롯한 모든 성경의 증언에 근거한다. 여기에서 사람이 증인으로 동원된 것은 사람의 증거와 영광을 취하기 위함이 아니라 유대인을 비롯한 우리의 구원을 위함이다. 이를 위하여 믿음에 의한 그리스도 중심적인 성경 해석학을 고수해야한다.

요 6:1-15

1그 후에 예수께서 디베랴의 갈릴리 바다 건너편으로 가시매 **2**큰 무리가 따르니 이는 병자들에게 행하시는 표적을 보았음이러라 **3**예수께서 산에 오르사 제자들과 함께 거기 앉으시니 **4**마침 유대인의 명절인 유월절이 가까운지라 **5**예수께서 눈을 들어 큰 무리가 자기에게로 오는 것을 보시고 빌립에게 이르시되 우리가 어디서 떡을 사서 이 사람들을 먹이겠느냐 하시니 **6**이렇게 말씀하심은 친히 어떻게 하실지를 아시고 빌립을 시험하고자 하심이라 **7**빌립이 대답하되 각 사람으로 조금씩 받게 할지라도 이백 데나리온의 떡이 부족하리이다 **8**제자 중 하나 곧 시몬 베드로의 형제 안드레가 예수께 여짜오되 **9**여기 한 아이가 있어 보리떡 다섯 개와 물고기 두 마리를 가지고 있나이다 그러나 그것이 이 많은 사람에게 얼마나 되겠사옵나이까 **10**예수께서 이르시되 이 사람들로 앉게 하라 하시니 그 곳에 잔디가 많은지라 사람들이 앉으니 수가 오천 명쯤 되더라 **11**예수께서 떡을 가져 축사하신 후에 앉아 있는 자들에게 나눠 주시고 물고기도 그렇게 그들의 원대로 주시니라 **12**그들이 배부른 후에 예수께서 제자들에게 이르시되 남은 조각을 거두고 버리는 것이 없게 하라 하시므로 **13**이에 거두니 보리떡 다섯 개로 먹고 남은 조각이 열두 바구니에 찼더라 **14**그 사람들이 예수께서 행하신 이 표적을 보고 말하되 이는 참으로 세상에 오실 그 선지자라 하더라 **15**그러므로 예수께서 그들이 와서 자기를 억지로 붙들어 임금으로 삼으려는 줄 아시고 다시 혼자 산으로 떠나 가시니라

❖ ❖ ❖

1이후에 예수는 디베랴의 갈릴리 바다 건너편으로 떠나셨다 **2**큰 무리가 그를 따랐는데 이는 그가 연약한 자들에게 행하시는 표적들을 그들이 보았기 때문이다 **3**예수는 산으로 올라가 제자들과 함께 거기에 앉으셨다 **4**그런데 유대인의 명절인 유월절이 다가왔다 **5**그때 예수는 눈을 들어서 큰 무리가 자신에게 오는 것을 보시고 필립에게 말하셨다 "우리가 어디에서 빵을 사서 이들이 먹도록 하겠느냐?" **6**그가 그를 시험하며 이렇게 말하심은 그가 어떻게 행하고자 하는지를 자신이 아셨기 때문이다 **7**필립이 그에게 대답했다 "각자가 조금씩 취하게 하려면 이백 데나리온 [분량의] 빵이라도 그들에게 충분하지 않을 것입니다" **8**그의 제자들 중의 하나인 시몬 베드로의 형제 안드레가 그에게 말하였다 **9**"여기에 보리빵 다섯과 물고기 둘을 가진 아이가 있습니다 그러나 이것이 이렇게 많은 이들에게 얼마나 되겠습니까?" **10**예수께서 말하셨다 "이 사람들이 앉도록 만들어라" 그곳에는 잔디가 많은데 [거기에] 앉은 남자들이 오천 명 정도였다 **11**예수께서 빵을 취하시고 축사하며 앉은 자들에게 그들이 원하는 만큼 많이 나누셨고 물고기도 동일하게 [나누셨다] **12**그들이 충족된 때에 예수는 그의 제자들에게 말하셨다 "버려지는 것이 없도록 너희는 남은 조각들을 거두어라" **13**이에 그들은 거두었고 보리빵 다섯에서 먹은 사람들에 의해 남겨진 조각들로 열 두 바구니를 채웠더라 **14**그가 행한 표적을 본 사람들은 말하였다 "이는 진실로 세상에 오시는 그 선지자다" **15**이에 예수는 그들이 자신에게 와서 붙들며 왕으로 삼으려는 줄을 아시고 다시 혼자서 산으로 떠나셨다

18 　　　　　　　　　　　　　　　　　　오병이어 기적

본문은 일곱 표적들 중의 네 번째인 오병이어 사건을 소개한다. 예수를 구원자로, 모세는 고발자로 명시한 5장과 비슷하게 6장은 예수의 오병이어 사건과 모세의 만나 사건을 기록하고 있다. 본문에서 예수는 제자들과 함께 디베랴 바다 건너편에 있는 산에 오르셨고 큰 무리가 그를 뒤따랐다. 이에 예수는 저녁이 되자 그들을 위해 식탁을 마련해 주시려고 한다. 그러나 음식이 없고 식당이 없고 빵을 살 돈도 부족하다. 제자들은 예수의 질문에 답하면서 불가능한 상황을 인지한다. 이에 예수는 어린이의 도시락 하나로 남자만 오천 명 되는 무리를 먹이신다. 그는 기적을 행하셨다. 큰 군중에게 자비를 베푸신다. 민족의 주린 위장을 채우신다. 유대인의 마음에 예수는 이미 위대한 왕이었다. 그래서 제도적인 왕으로도 삼으려고 했다. 그러나 사람의 영광이 아니라 하나님의 영광을 구하시는 예수는 그 자리를 피하셨다. 혼자 산으로 오르셨다. 서운할 수 있겠지만 그들을 위한 조치였다. 그들이 원하는 것보다 더 좋은, 하나님이 원하시는 것을 제대로 그들에게 주시기 위한 의도적인 일보 후퇴였다.

¹이후에 예수는 디베랴의 갈릴리 바다 건너편으로 떠나셨다

²큰 무리가 그를 따랐는데 이는 그가 연약한 자들에게

행하시는 표적들을 그들이 보았기 때문이다

이야기의 무대가 예루살렘 성읍에서 갈릴리 지역으로 이동한다. 특별히 "디베랴의 갈릴리 바다 건너편"이 언급된다. 저자는 오병이어 사건이 일어난 장소로서 그 "건너편"의 정확한 위치에 대해서는 침묵한다. 다만 사건의 현장이 넓은 갈릴리 바다 중에서도 디베랴가 위치한 해안의 어떤 곳이라는 사실은 확인된다. "디베랴"는 헤롯 왕이 로마 제국의 두 번째 황제인 티베리우스(Tiberius, B.C. 42-A.D. 37)의 이름을 기념하기 위해 붙인 마을의 이름이다. 황제권과 관련된 사건 전개를 기대하게 하는 지명이다. 디베랴는 요한복음 21장에서도 등장한다. 거기에는 부활하신 예수의 명령으로 "물고기가 많아 그물을 들 수 없"을 정도로 풍성한 은혜의 기적 이야기가 기록되어 있다. 이 기적이 남자만 오천 명을 먹이고도 열두 바구니가 남을 정도로 풍성한 오병이어 기적과 연결되어 있는 것처럼 두 곳에서는 갈릴리 호수를 "디베랴 바다 혹은 호수"로 명명한다.

　"큰 무리"가 예수를 따라간다. 이는 "내게 오기를 원하지 않는다"는 예수의 말씀과 대조되는 현상이다. 이에 대하여 나는 예수를 따라간 무리의 발걸음이 그들의 자발적인 선택이 아니라 아버지 하나님의 자비로운 이끄심의 결과라고 해석한다. 장정만 오천 명인 큰 무리의 이동은 거대한 강물처럼 그곳을 휩쓸었다. 예수를 따라온 이유는 "그가 연약한 자들에게 행하시는 표적들을 그들이 보았기 때문이다." 예수를 따르는 군중의 발걸음은 하나님의 은혜로 말미암은 것이지만 그들 편에서 보면 기적에 대한 호기심과 치유에 대한 기대감이 움직였다. 즉 예수를 하나님의 아들로서 믿었기 때문이 아니었고 그를 닮고 순종하기 위함도 아니었다. 예수를 따름에도 동기가 중요하다. 표적 때문에 예수를 따르는 사람들은 때때로 또 다른

표적을 체험한다. 큰 수확이다. 그러나 표적이 기대의 종점이다. 무언가를 가리키는 이정표에 불과한 표적을 목적으로 삼는 추종은 구원과 무관하다. 그런 무리는 귀신이 동일한 표적을 행하여도 동일한 이유로 귀신을 뒤따르지 않겠는가!

³예수는 산으로 올라가 제자들과 함께 거기에 앉으셨다
⁴그런데 유대인의 명절인 유월절이 다가왔다

예수는 갈릴리 바다 건너편에 있는 해안이 아니라 산으로 오르셨다. 마가와 마태의 기록에 의하면 산 위에는 많은 사람들을 수용할 "빈 들"과 같은 평지가 있었음에 분명하다(마 14:15; 막 6:35). 이러한 장소의 선정은 앞으로 일어날 사건에 대한 준비였다. 물론 주님은 때를 얻든지 못얻든지, 장소가 좋든지 나쁘든지 가리지 않으시고 복음을 전하시고 기적을 행하신다. 그러나 특정한 장소에 최적화된 사역을 행하신다. "산"은 일상에서 벗어난 공간이다. 삶의 고단하고 무거운 짐을 짊어지고 오기가 힘든 곳이어서 마음의 짐, 생각의 짐, 세속의 짐 등 모든 무게들을 모두 내려놓고 홀가분한 몸으로 올라가야 한다. 그런 산에서 예수는 "제자들과 함께" 앉으셨다. 다른 복음서에 나오지 않은 표현이다. 다른 복음서는 어두운 저녁이나 무리의 배고픔과 같은 사건의 상황을 주목한다. 그러나 요한복음 저자는 제자들이 예수의 곁에 있음을 주목한다. 이는 그들에게 뭔가 중요한 가르침을 주시려는 주님의 의도를 반영한다. 유대인 랍비는 주로 앉아서 가르쳤기 때문에 "앉는다"는 말 자체가 독자로 하여금 교훈을 기대하게 한다. 행하실 예수의 기적보다 가르치실 그의 교훈을 더욱 주목하게 한다.

그런데 유대인의 명절인 유월절이 가깝다는 시점도 언급된다. 명절이기 때문에 잔치의 분위기와 많은 사람들의 이동과 군집이 예상된다. 동시에 모세의 시대에 이스라엘 백성이 유월절을 지내고 들어간 광야의 척박한 상황, 즉 먹을 것이 없어서 하늘에서 만나가 주어져야 하는 불가피한 상황도 예상하게 된다. 예수를 따라 무리가 도착한 산도 먹을 것이 없다는 면에서는 광야와 동일하다. 유월절에 "가깝다"고 말하지만 유월절 자체와 얼마나 가까운 때인지는 명확하지 않다. 그러나 오천 명을 먹인 예수의 오병이어 사건이 "유월절"과 관계되어 있음은 분명하다. 나아가 유월절은 최후의 만찬과 성찬에 대한 구약적인 배경으로 이해되는 명절이다. 산으로 몰려든 큰 무리는 유월절이 가까운 시점에 그들을 먹이시는 예수의 기적을 보고 유월절의 진정한 의미를 체험하게 된다. 이 사건의 타이밍이 절묘하다. 그러나 아쉽게도 그들은 자신이 직접 체험한 의미도 깨닫지 못하고 예수를 오해하고 그에 대한 인간적인 욕망을 표출한다.

> ⁵그때 예수는 눈을 들어서 큰 무리가 자신에게 오는 것을 보시고
> 필립에게 말하셨다 "우리가 어디에서 빵을 사서 이들이 먹도록 하겠느냐?"

저자는 이 구절의 이전 상황을 생략한다. 마태와 마가에 의하면, 날이 저물자 제자들이 먼저 예수께로 다가왔다. 그리고 무리를 흩어지게 해서 주위의 마을과 농가를 찾아가서 각자 숙식의 문제를 해결하게 해야 한다고 제안했다. 이는 지극히 현실적인 관찰에 근거한 합리적인 제안이다. 그러나 이 제안에는 무리의 문제를 떠안지 않으려는 제자들의 책임회피 의식도 감지된다. 그 무리가 자신의 문제를 스스로 해결해야 한다는 다소 차가운 판단이 전제되어 있다. 그러나 예수는 제자들을 향해 "너희가 그들에게 먹을 것을 주어라"는 사랑의 책임을 명하셨다(마 14:16; 막6:37). 이는 칠병이어 사건에 따르면 예수께서 무리를 불쌍히 여기셨기 때문이다(마 15:32).

급식의 문제를 해결하는 기적의 배후는 긍휼이다. 무리는 예수를 추종

함에 있어서 배고픈 줄도 모른 채 몰입해 있는 상황이다. 예수는 무리보다 그들의 필요를 더 잘 아는 분이셨다. 걱정의 기색도 보이지 않는 무리의 문제를 마치 자신의 문제인 것처럼 안타깝게 여기셨다. 이러한 예수의 긍휼 때문에 제자들은 지금 자신들의 문제만이 아니라 무리의 문제도 자신들이 해결해 주어야 하는 상황이다. 이는 무리를 긍휼히 여기신 예수께서 제자들의 빈주머니 사정을 뻔히 아시면서 정작 이들에 대해서는 긍휼히 여기지 않으시며 내리신 대단히 편파적인 명령이다. 그러나 예수께서 행하시는 기적의 수혜자가 되는 것보다 그 기적의 전달자로 있는 것이 더 큰 영광이다. 심부름만 하고 누리지는 못해도 우리는 가나의 혼인잔치 중 물을 떠서 포도주를 배달한 하인처럼 감사해야 한다. 외콜람파디우스는 예수의 이 질문에 두 가지의 의도가 있다고 설명한다. 첫째, 우리 자신에 대한 보다 견고한 확신을 가지도록 하기 위함이다. 둘째, 우리의 능력이 제로라는 사실을 깨닫게 하기 위함이다. 서로 상반된 두 가지의 의도는 연결되어 있다. 제자들은 자신들이 아무것도 아님을 깨달아야 하고, 동시에 주님께서 우리와 함께 계신다면 모든 것이 가능함을 깨달아야 한다. 예수의 질문은 주님에 대한 전적인 의존을 위한 질문이다.

이 구절의 자세한 내막으로 들어가자. 예수는 자신의 시선을 큰 무리에게 돌리셨다. 보는 행위를 묘사할 때에 "눈을 들다"는 표현은 굳이 필요하지 않다. 그런데도 사용한 것은 무리에 대한 주님의 강한 관심을 드러낸다. 대책도 없이 빈손으로 산까지 따라오는 무리에 대한 주님의 긍휼 때문에 제자들의 시선도 스승을 찾아오는 무리로 향하였다. 그들이 찾아온 곳은 산이었다. 다른 복음서에 의하면, 그들이 산으로 들어온 시각은 저녁이다 (마 14:15; 막 6:35; 눅 9:12). 가로등이 없던 시대에 어두워진 시각에 산으로 간다는 것은 지혜롭지 않다. 이동의 위험과 맹수의 위협과 배고픔의 문제를 각오해야 하기 때문이다. 그런데도 예수 때문에 그곳으로 갔다는 것은 예수에 대한 그들의 신뢰와 기대가 대단히 크다는 사실을 반증한다. 칠병이어 기적의 때에는 무리가 마치 홀린 것처럼 양식이 고갈된 것도 모르고 사흘이나 예수를 추종했다(마 15:32). 구원적인 믿음이 없어도 그들의 열정은 대단하다. 저자는 그 무리가 크다는 사실을 명시한다. 그렇게 큰 무리를 보신 예수의 생각을 차지한 첫 번째 관심사는 식사였다. 예수는 우쭐대지 않으셨다. 자신의 인기를 즐기며 더 큰 무리의 추종을 탐하지 않으셨다. 자신보다 그들을 먼저 생각하며 그들의 문제와 그 문제의 해결책에 관심을 쏟으셨다.

먹거리의 문제가 심각하게 대두된 상황에서, 예수는 제자들, 특별히 필립에게 물으셨다. 이렇게 많은 사람들을 먹이기 위해서는 "어디에서"(πόθεν) 빵을 사야 하는지를! 예수는 빵의 분량이 아니라 빵의 출처를 물으셨다. 빵의 장소적인 출처가 아니라 의미적인 출처 즉 빵의 궁극적인 본질에 대한 물음으로 이해해도 좋다. 이후에 예수는 자신을 빵이라고 설명한다. 그는 빵의 출처인 동시에 빵의 본질이다. 예수는 빵을 만들어서 먹이는 것이 아니라 "사서"(ἀγοράσωμεν) 먹인다고 말하신다. 빵을 만들 재료도 없고 도구도 없는 상황이기 때문에 외부의 공수가 필요하다. 외부에서 가져오기 위해서는 식당이나 시장이 있어야 하고 비용을 지불해야 한다. 지불해야 하는 비용의 크기는 무리의 크기에 비례한다. 그런데 산에 무슨 빵의 재료나 제빵기나 제빵소가 있겠는가? 현실은 빵을 만드는 것도, 구매하는 것도 불가능한 광야의 상황이다.

오늘날 군중을 모으고 입장료를 챙기는, 기적 꽤나 행하는 종교 기술자가 있다. 큰 헌금을 기대하며 교회를 덩치가 큰 군중으로 만들려는 대형교회 목사들도 사이비 종교의 교주와 동일하다. 돈벌이를 위해 기적을 연출하고 몽롱한 종교적인 분위기를 조성하는 자들이다. 그러나 예수는 황량한 산에 오르셨고 자기 발로 따라온 큰 무리를 먹이기 위해 식비 각출이나 회비를 거두라고 명령하지 않으셨다. 일체의 비용도 받지 않고 큰 무리를 무상으로 먹이시려 한다.

6그가 그를 시험하며 이렇게 말하심은
그가 어떻게 행하고자 하는지를 자신이 아셨기 때문이다

절망적인 상황에서 예수께서 던지신 질문의 의도는 무엇일까? 해결책이 어디에도 없는 절망의 상황은 인간의 영적인 실존을 잘 드러낸다. 때때로 우리 각자에게 방문하는 절망은 보이지 않는, 인정하고 싶지 않은 우리의 실상을 보여주는 거울이다. 살다가 경험하는 문제의 용이한 해답들은 문제가 심각하지 않음을 의미하지 않고 우리의 유능함을 증명하는 것도 아니고, 오히려 우리 스스로는 도무지 찾을 수 없지만 우리가 전혀 의식할 수 없도록 너무도 은밀하게 값없이 베푸시는 주님의 자비로운 선물이다. 절망은 문제들의 무덤이 아니라 무의식 중에 해결의 디딤돌을 밟으며 지금까지 살아온 것이 하나님의 전적인 사랑과 은총의 역사라는 사실을 가르친다. 절망의 일시적인 방문도 적절하면 유익하다. 무스쿨루스는 절망 테스트가 클수록 더욱 환영해야 한다고 주장한다. 애굽에서 종 노릇하던 이스라엘 백성에게 학대의 최고치가 해방 직전에 주어진 것처럼, 더 큰 절망은 임박한 치유와 회복의 신호이기 때문이다. 진실로 절망이 클수록 자신를 보다 철저히 내려놓게 되고 하나님에 대한 의존은 더욱 절박하게 된다. 의지하는 자에게 하나님은 방패가 되시기에 가장 끔찍한 절망 속에서도 안전하게 된다고 지혜자는 가르친다(잠 29:25, 30:5).

예수의 물음은 빌립을 (비롯한 모든 제자들을) 시험하기 위한 것이라고 한다. 이 시험은 빌립으로 하여금 절망적인 현실을 뼈저리게 느끼게 하고, 그의 속마음을 파악하고, 스스로를 성찰하게 하고, 무기력한 인간의 한계를 인정하게 만드는 수단이다. 나아가 3절에서 언급된 "제자들과 함께"라는 표현에서 암시된 것처럼 그들에게 뼈저린 하늘의 교훈을 심어 주기 위해 기획된 시험이다. 그런데 예수는 빌립이 어떻게 행하고자 하는지를 아시고서 물으셨다. 아시기 때문에 궁금할 것이 없음에도 불구하고 질문하신 목적은 무엇인가? 자신의 궁금증 해소가 아니라 빌립의 유익을 위함이다. 물음은 어떠한 사안에 관망하는 관객의 자리에서 적극적인 선수로 참여하여 해답 제공자가 되라는 초청이다. 그러므로 주님의 물음을 받는다는 것은 그 자체로 특별한 은총이다. 물론 빌립은 무능하다. 그러나 예수는 말씀이며, 하나님의 말씀은 능치 못하심이 없다. 예수의 물음에는 예수라는 위대한 말씀의 능력이 전제되어 있다. 내가 빌립의 자리에 있었다면 어떠한 대답을 하였을까? 인간문맥 안에서의 자구책을 찾았을까? 아니면 예수 의존적인 답변을 하였을까?

예수는 우리의 모든 반응을 아신다고 한다. 이런 표현으로 저자는 예수의 신적인 지성을 강조한다. 예수는 모든 사람들의 반응을 아시면서 요청하고, 아시면서 물으시고, 아시면서 이끄시고, 아시면서 고치시고, 아시면서 먹이시고, 아시면서 베푸신다. 예수는 어제나 오늘이나 내일이나 영원히 동일한 분이시다. 변하지 않으시는 분임을 강조하는 말이지만, 모든 시간의 현재를 동시에 다 아신다는 말이기도 하다. 물론 예수의 미리 아심이 어떤 사건이나 상황의 불가피한 초래를 강요하는 것은 아님을 주지해야 한다. 모든 것을 아시는 예수께서 질문을 하셨다는 것은 질문하신 예수께 답이 있음과 예수 자신이 답이라는 사실을 알리는 신호였다. 누구든지 질문을 받으면 답을 생각하게 된다. 그런데 자신이 만족하는 답이 아니고, 다른 사람이 원하는 답이 아니고, 질문자의 격에 어울리고 질문자가 원하는 답을 생각하게 된다. 결국 예수의 질문을 받으면 예수라는 답까지 고민하며 생각이 예수께로 다가가게 된다. 그래서 질문의 주어가 중요하고 예수의 질문이 중요하다. 그의 질문을 인생의 질문으로 삼으면 삶은 그 질문의 답을 찾아가는 여정이고 인생은 하나의 경건한 답안지가 된다.

7필립이 그에게 대답했다 "각자가 조금씩 취하게 하려면
이백 데나리온 [분량의] 빵이라도 그들에게 충분하지 않을 것입니다"

예수라는 답이 코앞에서 질문하고 있는 상황에서 빌립은 질문 배후의 답을 주목하지 않고 부지런히 계산기를 두드리며 현실을 해석한다. 각 사람의 필요에 머릿수를 곱한 결과는 이백 데나리온 분량의 빵이라도 충분하지 않다는 것이었다. 수학적인 계산의 결과가 빌립의 답이었다. 물론 한 사람의 필요도 배제하지 않은 그의 답변은 공평했다. 그런 답을 산출하는 과정은 정교했다. 현실에 충실한 정확하고 객관적인 답을 제시한 빌립의 마음은 뿌듯했다. 하지만 그는 객관적인 수치 뒤로 숨는 반응을 취하였다. 그러나 사람들이 보기에 정확하고 객관적인 최선의 답이 문제의 해결책은 아니었다. 모든 학문의 토대라고 하는 수학의 전문성이 이 세상의 문제를 정밀하게 분석하는 일에는 용이하나 해결책 제시에는 젬병이다. 빌립의 대답을 함께 들은 다른 제자들은 아마도 해결의 여부보다 계산의 정확성 여부에 매달리지 않았을까? 그러나 동시에 빌립의 산술적인 재능을 아는 다른 제자들은 그의 정밀한 답변을 듣고 오히려 절망에 빠졌을 가능성이 높다. 큰 무리에 대한 식탁 제공의 책임을 벗으려고 했을 가능성도 있다.

양식의 문제가 발생하면 우리는 대체로 그 문제의 원인을 사람들의 수가 많다는 사실에서 발견하고 그 문제의 해결책을 충분한 예산의 확보에서 찾으려고 한다. 땅에서 발생한 문제의 원인을 땅에서 찾고 그 해결책도 땅에서 찾는 인간의 반응은 결코 이상하지 않다. 빌립도 그렇게 반응했고 다른 제자들도 고개를 끄덕였다. 그러나 예수의 질문은 빌립을 시험하는 것이었고 땅의 논리에 사로잡힌 인간의 한계를 절감하고 예수께로 해결의 시선을 돌리라는 말이었다. 이 땅에서 경험하는 모든 문제는 하나님의 정의로운 섭리 안에서 발생하고 해결책은 그분의 주머니 안에서 출고를 기다린다. 그런데 그 해결책이 그분에게 있다는 사실을 아는 사람이 없고, 알

더라도 그 주머니에 기도의 손을 넣으려는 사람은 더더욱 희박하다. 심지어 예수의 제자들도 예수를 해결자로 알아보지 못하였다.

> 8그의 제자들 중의 하나인 시몬 베드로의 형제 안드레가 그에게 말하였다
> 9"여기에 보리빵 다섯과 물고기 둘을 가진 아이가 있습니다
> 그러나 이것이 이렇게 많은 이들에게 얼마나 되겠습니까?"

안드레가 등장한다. 그는 시몬 베드로의 형제로서 예수에 대한 요한의 말을 듣고 곧장 스승을 떠나 예수께로 갔고 자신의 형제 베드로를 예수께로 이끈 행동파 제자였다(요 1:40-42). 빌립이 계산기를 두드리는 동안에 안드레는 가용한 양식의 실태를 파악했다. 그가 파악한 양식의 분량은 보리빵 다섯 개와 물고기 두 마리였다. 이것은 귀족이나 상류층이 아니라 서민의 양식이고, 그것의 소유자는 아이였다. 아이 하나가 먹을 수 있는 한 끼의 양이었다. 나는 양식의 부족에 대한 빌립의 계산보다 아이의 도시락 하나가 양식의 전부라는 안드레의 실태조사 보고에서 더 확실하고 강력한 절망이 느껴진다. 이백 데나리온 분량의 양식도 부족한데, 아이의 도시락 하나는 얼마나 더 부족할까? 안드레도 그렇게 느껴서 아이 1인분의 양식은 큰 무리에게 아무런 의미도 없다는 취지로 그것보다 더 많은 한숨을 수북이 게워낸다. 주변에 있는 다른 제자들도 그런 현실을 물끄러미 보며 그 한숨에 가담한다. 아이의 도시락에 대한 안드레의 평가도 예수라는 변수가 배제된 반응이다.

₁₀예수께서 말하셨다 "이 사람들이 앉도록 만들어라"
그곳에는 잔디가 많은데 [거기에] 앉은 남자들이 오천 명 정도였다

제자들의 반응이 끝나자 예수는 제자들로 하여금 큰 무리가 앉도록 하라고 명하셨다. 마가와 누가의 기록에 의하면, 50명씩 혹은 100명씩 떼를 지어서 앉히셨다(막 6:40; 눅 9:14). 예수께서 오르신 산의 평지는 "잔디"가 많은 곳이었다. 이는 시편 23편에 등장하는 "푸른 풀밭"을 떠올린다. 풍요와 쉼을 기대하게 한다. 잔디는 양 무리와 비슷한 큰 무리가 앉기에 적합한 곳이었다. 예수는 최적의 조건을 갖추신 이후에 누구라도 쉽게 순종할 수 있는, 순종하면 유익이 되는 명령을 내리신다. 감당하지 못할 명령은 내리지 않으신다. 예수의 명령을 따라 그곳에 앉은 남자들의 수는 오천 명 정도였다. 개수에서 "여자와 어린이"가 제외되는 것은 당시의 관례였다(마 15:38). 게다가 안드레가 현장에서 데려온 아이를 본다면, 그곳에는 필히 여인들과 아이들도 있었음에 분명하다. 그렇다면 그곳에 모인 무리의 수는 만 명과 만오천 명 사이일 가능성이 높다. 예수께서 제자들과 함께 오르신 산은 그 정도 규모의 인구를 수용할 정도의 크기였다. 오늘날 대통령 선거나 시장과 도지사 선거에도 이렇게 많은 사람들이 어둑한 저녁에 산에까지 따라오는 경우는 거의 전무하다.

앉힌다는 것은 취식의 준비로 간주된다. 그런데 끼니의 대책도 없이 사람들을 앉히는 제자들의 마음은 어땠을까? 그들 중에 하나라도 앉히는 이유를 묻는다면 제자들은 심히 곤란하지 않았을까? 그런데도 제자들은 '앉히라'는 예수의 명령에 순종했다. 상황을 파악하고 해결책이 없다는 사실을 알았지만 그런 사실을 기준으로 대응하지 않고 예수의 명령을 기준으로 움직였다. 귀한 믿음의 행동이다. 그들이 돌아가는 상황을 알지 못했다면 잘 모르니까 그 명령에 순종하는 것이 쉬웠을 것이지만 알면 더 주저하게 되는 게 정상이다. 오늘날도 뭔가를 안다고 자부하는 똑똑한 사람들이

예수의 성육신과 부활을 더욱 완강하게 거부한다. 뭘 모르고 예수를 믿었다가 조금 안 이후에는 예수를 떠나는 사람들이 많다. 그런데 계몽주의 교육을 받고 물리적인 법칙에 능한 사람들이 성경에 기록된 기적들을 믿는다면 그것은 모르고 믿는 것보다 더 큰 믿음이다.

그리고 "앉는다"는 것은 기동성을 낮추는 동작이다. 앉으면 자신의 의지를 사용하여 활동할 수 있는 운신의 폭이 좁아지기 때문이다. 그러나 주님의 기적이 일어나는 순간에 앉는다는 것은 관심사가 왕성한 활동에 쏠리지 않고 예수의 기적을 집중하기 때문에 무리로 하여금 최고의 학습을 가능하게 한다. 움직이는 것보다 멈추는 것이, 서 있는 것보다 앉는 것이 학습에 더 유익하다. 하나님도 이를 원하신다. "너희는 가만히 있어 내가 하나님 됨을 알지어다"(시 46:10). 때때로 나의 선택과 무관하게 가만히 있을 수밖에 없는 환난과 역경이 주어지면 주님의 구원에 대한 집중력을 높이는 섭리의 수단인 줄 알고 잠잠히 여호와의 구원을 목도함이 좋다.

11예수께서 빵을 취하시고 축사하며 앉은 자들에게
그들이 원하는 만큼 많이 나누셨고 물고기도 동일하게 [나누셨다]

예수는 안드레가 데려온 아이의 보리빵을 취하시고 감사를 드리셨다. 서민이 먹는 아이의 보리빵이 예수의 손에서 기적의 매개물이 된다. 도구가 작고 초라한 것일수록 기적의 본색은 더욱 번뜩인다. 만약 최고의 요리와 풍부한 분량으로 기적을 행했다면 전혀 기적으로 여겨지지 않았을 것이다. 아이도 주님에 의해 거룩한 쓰임을 받는다는 사실에 근거하여, 우리는 어떤 아이가 작다고 해서, 어리다고 해서 무시하지 않도록 주의해야 한다. 장차 주님의 손에 붙잡혀 어떤 위인으로 성장할지 모르기 때문이다. 아이의 도시락 헌신에서 확인된 것처럼, 작은 헌신이 큰 기적의 불씨나 밑천으로 작용한다. 칭찬 한 마디가 한 사람의 인생을 바꾸기도 한다. 일상에서 소박한 기적을 늘 기부하자.

그리고 예수께서 무리의 문제를 전혀 해결하지 못하는 초라한 음식을 취하시고 미리 감사를 드린다는 것은 상식에 어긋난다. 대체로 사람들은 현재 혹은 과거에 일어난 일에 대하여, 일이 성취된 이후에 감사한다. 그러나 예수는 아직 감사의 조건이 충족되지 않은 상황에서 감사를 드리셨다. 물론 과거와 현재와 미래를 다 아시는 분이기에 기적이 일어나 무리가 풍족하게 먹을 것을 미리 아셨기 때문이다. 그러나 예지 때문에 감사를 드린 것만이 아니라 미래의 일을 알지 못하여도, 소원이 아직 성취되지 않더라도, 소위 "그리 아니하실 지라도" 감사하는 것이 마땅함도 가르친다. 이러한 감사는 하나님에 대한 전적인 신뢰를 입증한다.

마태와 마가와 누가의 기록에 의하면, 감사 드리실 때에 "하늘을 우러러 쳐다 보셨다"고 한다(마 14:19; 막 6:41; 눅 9:16). 이는 감사의 대상을 암시한다. 즉 예수는 하늘의 하나님께 감사를 드리셨다. 우리는 오병이어 사건이 예수께서 행하신 일이라고 생각한다. 어떤 경우에는 물고기와 보리빵을 분배한 제자들의 일이라고 한다. 물론 둘 다 일리가 있는 생각이다. 그러나 제자들은 배달의 역할만 했을 뿐이고 예수는 자신이 행하신 일도 그 일의 근원과 공로를 감사의 방식으로 아버지 하나님께 돌리셨다. 동일한 취지에서, 예수는 유대인의 조상들이 광야에서 만나를 먹은 것도 모세의 일이 아니라 아버지 하나님의 은혜라고 밝히셨다(요 6:32). 이러한 교훈을 따라 우리는 성경의 모든 일들에 대해 눈에 관찰되는 사람이 아니라 그 배후에 만물과 만인을 주관하고 계신 하나님께 감사해야 한다. 비록 우리의 손으로 일하고 그의 성취에 우리의 땀이 흥건히 묻었다고 할지라도 우리를 통해 하나님이 이루신 일이라는 사실을 깨달아야 하고 인정해야 하고 하나님께 감사해야 한다. 이런 차원에서, "내가 모든 사도보다 더 많은 수고를 하였으나 내가 한 것이 아니요 오직 나와 함께 하신 하나님의 은혜"라고 한 바울의 고백은 합당하다(고전 15:10).

예수는 앉은 모든 이들에게 빵과 물고기를 나누셨다. 저자는 나눔의 주체가 예수라고 기록한다. 이는 예수께서 하나님의 아들 되심을 강조하기 위해 의도된 기록이다. 그런데 어떠한 부족함도 없이 "그들이 원하는 만큼 많이"(ὅσον ἤθελον) 나누셨다. 이 표현도 예수의 신성을 특별히 강조하는 요한복음 안에서만 등장한다. 이런 풍성함은 과거에 이스라엘 백성이 광야에서 만나를 먹은 사건과 유사하다. 그때에도 그들에게 주어진 만나의 분량은 너무도 풍성했다. 비록 하루치의 분량을 거두라고 했지만 그들은 그 이상을 원하였고 원하는 만큼 거두었다. 하나님이 자신의 목자가 되셔서 부족함이 없다는 시인의 고백(시 23:1)과 그리스도 예수의 풍성한 은혜는 측량할 수도 없다는 바울의 고백(엡 3:8)을 떠올리게 한다. 이는 하나님의 은혜가 개인과 공동체 모두에게 빵만이 아니라 "모든 좋은 것에 부족함이" 전혀 없도록 충분함(시 34:10)을 보여준다. 예수의 오병이어 기적은 다른 사람과 경쟁하여 빼앗지 못하면 빼앗기는 살벌한 약육강식 문화가 고개도 내밀지 못하는 천국의 풍요로운 모습을 잘 드러낸다. 아직도 서로를 경계하며 경쟁하는 분위기가 있다면 공동체의 모든 구성원은 부족한 사람이 하나도 없도록 만든 오병이어 기적을 음미해야 한다.

12그들이 충족된 때에 예수는 그의 제자들에게 말하셨다
"버려지는 것이 없도록 너희는 남은 조각들을 거두어라"

큰 무리의 필요가 채워진 때에 예수께서 제자들을 향해 명하셨다. 남은 조각들을 다 거두라고! 거두는 이유는 버려지는 것이 없도록 하기 위함이다. 여기에서 칼뱅은 기적에 대한 제자들의 명확한 인식을 위한 강조와 근검 절약 정신을 배워야 한다는 교훈이 있다고 설명한다. 타당한 설명이다. 여

기에 나는 다른 의미를 추가하고 싶다. 당시에는 냉장보관 기술이 발달되지 않아서 남은 음식은 말리거나 버리는 것이 상식이다. 그런데도 주님은 버리지 말라고 하신 이유는 하나님의 기적은 버릴 것이 없기 때문이다. 그의 은혜로 말미암아 주어진 선물은 모두 유용하기 때문이다. 그렇다면 남은 것의 구체적인 용도는 무엇인가? 타인을 위한 나눔이나 자신을 위한 재활용을 위함이다. 성경에서 잉여의 바람직한 쓸모는 그것을 부족한 사람에게 나누어서 모든 사람들의 상황을 균등하게 만드는 사랑이다(고후 8:14). 나누지 않으면 악취와 벌레라는 부작용이 반드시 발생한다.

하나님은 지금도 공동체나 개인에게 오병이어 기적을 행하신다. 그 기적으로 충족된 이후에 아직도 그 기적의 조각들이 남았다면 그 기적에 합당한 사명을 온전히 수행하지 못했다는 물증이고 나눔의 사랑을 신속하게 실천해야 한다는 독촉의 메시지로 이해함이 좋다. 적게 남았다면 적게 나누지만, 많이 남았다면 많이 나누어야 한다. 나눔은 버려지는 것이 없도록 남은 조각들을 거두라는 예수의 명령에 순종하는 방법이다. 기적을 베푸시되 남도록 주신 이유는 보관의 사명이 아니라 나눔의 사명이 있기 때문이다. "무릇 많이 받은 자에게는 많이 요구할 것이요 많이 맡은 자에게는 많이 달라 할 것이니라"(눅 12:48). 많이 받고 많이 맡은 것은 내가 잘나서가 아니라 주님께서 많이 요구하고 찾으시기 위함이다. 주님의 요구에 부응하기 위해서는 남은 모든 조각들을 하나도 버리지 않고 다 나누어야 한다. 그 잉여가 내 주머니에 있다면 버려진 것으로 간주된다.

13이에 그들은 거두었고 보리빵 다섯에서 먹은 사람들에 의해
남겨진 조각들로 열 두 바구니를 채웠더라

제자들은 '거두라'는 예수의 명령에 순종했다. 보리빵 다섯으로 많은 사람

들을 먹이고 남은 조각들의 분량은 가득 채운 바구니 열 둘이었다. 이는 열두 제자들이 나르기에 딱 좋은 분량이다. "바구니"(κόφινος)의 크기가 달랐다면 개수도 달라졌을 것이지만 정확히 열 두 개의 바구니가 나오는 크기였다. 보리떡 일곱 개로 기적을 일으키신 이후에 남은 조각들을 담은 바구니(σπυρίς)는 크기가 다른 것이어서 그 개수가 열둘이 아니라 일곱이다(마 15:37). 주님은 12(3×4)라는 수와 7(3+4)이라는 수의 성경적인 의미 때문에 바구니의 크기를 고려한 분량의 조각들이 남도록 기적을 행하셨다. 오병이어 사건은 남은 조각들을 하나도 버리지 말아야 할 대단히 정교한 기적이다. 제자들은 지금 예수의 기적으로 말미암아 큰 무리의 모든 위장을 채우고도 남은 풍성한 하나님의 은혜를 목격하고 있다. 이 기적이 남긴 의미는 3(하나님의 수)과 4(사람의 수)로 구성된 숫자의 영적인 의미로서 완전한 하나님과 완전한 인간으로 이루어진 그리스도 예수 자신이다. 특별히 예수의 신성, 즉 메시아와 하나님의 아들 되심을 증거하는 것이 이 기적의 본질적인 기능이다. 그래서 남은 조각들은 거두어야 한다. 기적의 의미가 한 조각도 버려지지 않도록 그리스도 예수라는 의미를 기적에서 거두어야 한다. 기적의 의미가 이처럼 남겨진 조각들의 수거로 수렴된다.

[14]그가 행한 표적을 본 사람들은 말하였다
"이는 진실로 세상에 오시는 그 선지자다"

그러나 기적을 경험한 사람들은 예수를 메시아나 하나님의 아들이 아니라 "세상에 오시는 그 선지자"로 이해했다. "그 선지자"는 유대인이 모세의 대의를 이어갈 후계자로 생각하고 오기를 고대한 인물이다. 그러나 유대인은 메시아와 "그 선지자"를 동일한 존재로 보지 않고 구분했다. 이는 그들이 세례 요한을 그리스도, 엘리야, 혹은 그 선지자 중의 하나라고 여긴 것에서도 확인된다. 이번에 그들이 예수를 "그 선지자"(ὁ προφήτης)로 이해한 이유는 놀라운 기적을 행하신 것과 더불어 "나와 같은 선지자를 세우리라 하던 자"(행 7:37) 즉 모세가 시내산에 오른 것처럼 예수도 디베랴의 갈릴리 바다 건너편에 있는 산으로 오르셨기 때문일 가능성이 높다. 예수를 "그 선지자"로 여긴 배경을 암시하기 위해 저자는 이처럼 기적을 경험한 사람들이 유대인인 것과 예수께서 산으로 오르신 것과 모세의 만나 이야기를 나란히 배열했다.

> 15이에 예수는 그들이 자신에게 와서 붙들며
> 왕으로 삼으려는 줄을 아시고 다시 혼자서 산으로 떠나셨다

예수를 선지자로 여긴 유대인은 그를 왕으로 삼으려고 했다. 로마의 티베리우스 황제의 이름이 기념되는 도시 디베랴의 건너편 산에서, 모세를 계승할 왕으로서 예수를 옹립하는 것은 로마의 식민지 신분을 청산하고 유대인의 새로운 시대를 열기에 적합했다. 유대인은 민족적인 해방과 자유에 심히 목말랐다. 그래서 로마의 어떠한 도움이나 의존도 없이 고작 도시락 하나로 거대한 무리의 먹거리 문제를 단숨에 해결한 경제 지도자인 예수에게 민족의 숙원을 위탁하고 싶어했다. 그들은 예수를 자신들이 원하는 것을 줄 분이라고 생각했다. 그러나 예수는 자기 백성에게 아버지 하나님이 원하시는 것을 주시기 원하신다. 아버지의 소원이 곧 그의 소원이기 때문이다.

예수는 유대인이 원하는 것 주기를 원하지 않는다는 거절의 표시로서 왕이 되어 달라는 유대인의 열광을 등지고 "다시 혼자서 산으로 떠나셨다." 유대인의 심장을 뛰게 한 희망이 산으로 사라졌다. 참으로 매정한 거절이다. 이는 갑자기 품은 소원이 아니라 수백 년 묵은 그들의 소원을 묵살하는

일이었기 때문이다. 그러나 이런 상황에서 그들은 불평이나 원망 대신에 자신들의 소원이 얼마나 합당한 것인지에 대해 스스로를 점검해야 한다. 자신의 인간적인 소원을 접고 하나님이 주기를 원하시는 것에 소망을 두도록 그분의 뜻을 이해하기 위해 혼신을 기울여야 한다.

우리는 어떠한가? 우리의 간절한 소원은 하나님의 소원인가? 그 소원이 오래 되었어도 하나님이 거절하실 수 있음을 명심해야 한다. 거절의 길이가 길어지면 우리는 그분께 원망이나 불평이 아니라 우리의 어리석은 소원을 점검해야 한다. 하나님의 소원을 우리의 소원으로 삼는 소원의 혁신이 필요하다. 때때로 하나님의 거절은 대단히 뿌리 깊은 우리의 고질적인 문제를 드러낸다. 그 문제를 뿌리까지 뽑아내는 계기로 작용한다. 그렇게 하여 근원적인 혁신의 분기점을 제공한다. 그래서 하나님의 거절도 감사하고 새로운 소원을 기대함이 좋다.

오병이어 기적은 큰 무리의 끼니를 해결한 사회적인 사건이다. 그러나 요한복음 안에서는 빌립을 비롯한 제자들을 시험한 사건이다. 정교한 수학이 알려준 절망 속에서도 예수를 신뢰하는 시험, 지극히 무기력한 아이의 작은 헌신을 통해서도 세상의 필요를 채우시는 주님의 섭리에서 어떠한 아이도 무시하지 않는 시험, 자신들을 통해 일어난 기적의 공로를 자신에게 돌리지 않고 주님께 돌리는 시험, 기적이 일어난 이후에 사람들의 환호성과 추앙을 즐기지 않고 과감하게 외면하는 시험, 사람이 원하는 것보다 하나님이 주기 원하시는 것을 사람에게 주어야 한다는 시험, 사람의 영광이 아니라 하나님의 영광을 선택해야 하는 시험을 통과해야 하는 사건이다.

요 6:16-33

16저물매 제자들이 바다에 내려가서 17배를 타고 바다를 건너 가버나움으로 가는데 이미 어두웠고 예수는 아직 그들에게 오시지 아니하셨더니 18큰 바람이 불어 파도가 일어나더라 19제자들이 노를 저어 십여 리쯤 가다가 예수께서 바다 위로 걸어 배에 가까이 오심을 보고 두려워하거늘 20이르시되 내니 두려워하지 말라 하신대 21이에 기뻐서 배로 영접하니 배는 곧 그들이 가려던 땅에 이르렀더라 22이튿날 바다 건너편에 서 있던 무리가 배 한 척 외에 다른 배가 거기 없는 것과 또 어제 예수께서 제자들과 함께 그 배에 오르지 아니하시고 제자들만 가는 것을 보았더니 23(그러나 디베랴에서 배들이 주께서 축사하신 후 여럿이 떡 먹던 그 곳에 가까이 왔더라) 24무리가 거기에 예수도 안 계시고 제자들도 없음을 보고 곧 배들을 타고 예수를 찾으러 가버나움으로 가서 25바다 건너편에서 만나 랍비여 언제 여기 오셨나이까 하니 26예수께서 대답하여 이르시되 내가 진실로 진실로 너희에게 이르노니 너희가 나를 찾는 것은 표적을 본 까닭이 아니요 떡을 먹고 배부른 까닭이로다 27썩을 양식을 위하여 일하지 말고 영생하도록 있는 양식을 위하여 하라 이 양식은 인자가 너희에게 주리니 인자는 아버지 하나님께서 인치신 자니라 28그들이 묻되 우리가 어떻게 하여야 하나님의 일을 하오리이까 29예수께서 대답하여 이르시되 하나님께서 보내신 이를 믿는 것이 하나님의 일이니라 하시니 30그들이 묻되 그러면 우리가 보고 당신을 믿도록 행하시는 표적이 무엇이니이까, 하시는 일이 무엇이니이까 31기록된 바 하늘에서 그들에게 떡을 주어 먹게 하였다 함과 같이 우리 조상들은 광야에서 만나를 먹었나이다 32예수께서 이르시되 내가 진실로 진실로 너희에게 이르노니 모세가 너희에게 하늘로부터 떡을 준 것이 아니라 내 아버지께서 너희에게 하늘로부터 참 떡을 주시나니 33하나님의 떡은 하늘에서 내려 세상에 생명을 주는 것이니라

❖ ❖ ❖

16저녁이 되자 그의 제자들은 바다로 내려가서 17배를 타고 바다를 가로질러 가버나움으로 갔다 [날은] 이미 어두웠고 예수는 아직 그들에게 오지 않으셨다 18큰 바람이 휘몰아쳐 바다가 격동했다 19그들은 노를 저어서 십여 리쯤 가다가 바다 위로 걸으시며 배로 가까이 오시는 예수를 보았고 그들은 두려웠다 20그러나 그가 그들에게 말했다 "나다 너희는 두려워하지 말라" 21이에 그들은 그를 배로 모시기를 원하였고 그 배는 곧바로 가려던 땅에 이르렀다 22이튿날 바다 건너편에 서 있던 무리는 인지했다 거기에 하나[의 배] 외에는 다른 배가 없었다는 것과 예수께서 그의 제자들과 함께 배에 동승하지 않고 그의 제자들만 떠났다는 것을! 23그러나 디베랴로부터 배들이 주께서 축사하신 빵을 먹은 곳 가까이로 왔다 24무리가 거기에 예수도, 그의 제자들도 없음을 알고 배들을 타고 예수를 찾으려고 가버나움으로 갔다 25바다 건너편에서 그를 발견하고 그에게 말하였다 "랍비여 언제 여기로 오셨습니까?" 26예수께서 그들에게 답하시며 말하셨다 "내가 진실로 진실로 너희에게 말하노라 너희가 나를 추구하는 것은 너희가 표적을 보았기 때문이 아니라 빵을 먹고 배가 불렸기 때문이다 27소멸되는 양식이 아니라 영원한 생명에 거하는 양식을 위하여 일하라 그것은 인자가 너희에게 주시리라 이는 아버지 하나님이 그를 인치셨기 때문이다" 28이에 그들이 그에게 말하였다 "우리가 무엇을 하여야 하나님의 일들을 행할 수 있습니까?" 29예수께서 그들에게 답하시며 말하셨다 "그가 보내신 자를 믿는 이것이 하나님의 일이니라" 30이에 그들이 그에게 말하였다 "우리가 당신을 보고 믿도록 당신이 행하시는 표적은 무엇입니까? 당신은 무엇을 하십니까? 31'그가 하늘에서 먹을 빵을 그들에게 주었다'고 기록된 것처럼 우리의 조상들은 광야에서 만나를 먹었습니다 32예수께서 그들에게 말하셨다 "내가 진실로 진실로 말하노라 모세가 하늘에서 너희에게 빵을 주지 않았고 내 아버지께서 너희에게 하늘에서 참 빵을 베푸신다 33하나님의 빵은 하늘에서 내려와 세상에 생명을 주는 자다"

두려움을 이기는 법

모든 사람은 강의 위험과 바다의 위험과 양식의 위험과 질병의 위험과 동족의 위험과 이방인의 위험 속에서 살아간다. 두려움이 삶의 모든 골목마다 매복하고 있다. 태초부터 시작된 두려움의 장구한 역사는 인류의 시간이 종결될 때까지 이어질 기색이다. 다양한 두려움의 원인들 중에서도 특별히 양식의 위험에는 모든 사람들이 노출되어 있다. 어병이어 기적은 양식의 위험이 예수로 말미암아 해결됨을 가르친다. 이에 유대인과 제자들은 깨닫지 못하였다. 그러는 중에 제자들은 바다의 위험에 노출된다. 본문은 세상의 바다에서 삶의 여정을 떠나는 모든 사람들이 직면하는 두려움의 문제를 가르치고 양식에 대한 제자들과 유대인의 무지를 깨우친다. 인생의 모든 문제 위를 걸으시는 예수는 그분 자신이 인생의 모든 두려움을 극복하는 최고의 유일한 답이시다.

¹⁶저녁이 되자 그의 제자들은 바다로 내려가서
¹⁷배를 타고 바다를 가로질러 가버나움으로 갔다 [날은] 이미 어두웠고
예수는 아직 그들에게 오지 않으셨다 ¹⁸큰 바람이 휘몰아쳐 바다가 격동했다

"저녁"이 이르렀다. 오병이어 기적으로 무리의 식사가 끝난 후 더 깊어진 저녁이다. 예수의 제자들은 바다로 내려갔다. 그러나 마태와 마가의 기록에 의하면 예수께서 "즉시 제자들을 재촉하사 자기가 무리를 보내는 동안에" 제자들을 떠나게 만드셨다(마 14:22; 막 6:45). 예수를 왕으로 삼으려는 대중의 세속적인 욕망에 물들지 않도록 제자들을 신속히 격리하기 위한 그분의 조치였다. 사실 예수에 대한 제자들의 속마음도 대중의 기호와 동일했다. 그들은 예수의 사회적인 몸값이 높아지는 것을 기대하고 그의 옆자리를 차지하기 위해 암투까지 벌이는 자들이다. 이제는 스승의 때가 왔다고 좋아할 순간이고 최측근 행세의 기회가 왔다고 느꼈을 순간이다. 가만히 두면 코드가 맞는 두 욕망이 분출의 스파크를 튀길 기세였다. 이에 예수는 신속하고 단호한 조치를 취하셨다. 즉 제자들이 어깨를 으스댈 시간도 없이 곧장 바다로 내모셨다. 그래서 그들은 바다로 내려가야 했다. 배를 타고 바다를 가로질러 가버나움 지역으로 향하였다.

그런데 날이 많이 어두웠다. 음산한 기운이 느껴진다. 마태에 의하면, 이때가 밤 사경이다(마 14:25). 이는 새벽 3시에서 6시까지를 의미한다. 저녁을 먹고 8시에 배를 탔다고 가정하면 최소한 7시간에서 10시간을 바다 위에서 바람과 파도와 싸웠기 때문에 지칠 대로 지친 상황이다. 나아가 바다의 폭이 10km 정도이고 길이가 25km 정도이기 때문에 목적지로 직진하지 못하고 파도에 휩쓸리며 이리저리 헤맸을 것이라는 칼뱅의 추정은 타당하다. 그렇다면 더 맥이 빠지지 않겠는가! 그리고 밤 사경은 하루 중에서도 가장 캄캄한 시간이다. 게다가 마태복음 문맥에서 보면, 이 사건은 요한이 참수형을 당하고 장사를 지냈다는 비보를 들은 직후였다. 예수의 길

을 예비한 요한이 형장의 이슬로 사라지는 소식을 들은 제자들은 자기들의 스승도 그렇게 죽을지 모른다는 두려움과 자신들은 종교적인 난민이 될지도 모른다는 공포가 최고조에 달하지 않았을까?

이미 어두운 상황인데 예수까지 없다. 제자들의 불안은 가중된다. 저자는 예수께서 "아직" 오시지 "않은"(οὔπω) 것을 강조한다. 예수는 분명히 오시지만 "아직" 오시지 않은 사실이 그들의 불안과 두려움의 근거였다. "아직"은 아예 오시지 않는 것이 아니라 오실 때가 되지 않았다는 뜻이지만 그때를 모르는 자에게는 그냥 예수의 없음으로 해석된다. 이런 경우에는 그분의 오심을 믿어야 하고 그 믿음은 기다림을 가능하게 한다. 예수의 부재는 의도적인 일이라고 나는 생각한다. 그의 부재는 존재의 빈자리가 얼마나 크고 다른 어떤 것으로도 대체될 수 없는 그의 존재감을 그들에게 가르치기 위함이다. 그런데 큰 바람의 달갑지 않은 방문이 제자들의 불안과 공포를 부추긴다. 격동하는 바다의 광기가 그들의 생존마저 위협한다. 그들의 어지러운 마음에는 오병이어 기적으로 스승의 존재감이 최고조에 이른 상황을 누리며 그곳에 더 머물러 있었다면 이런 바다와의 사투를 벌이지 않아도 되었을 것이라는 후회와 원망이 분주하게 왕래한다. 하지만 지금은 그런 감정을 챙기는 것도 사치로 여겨질 만큼 생존이 발등에 떨어진 불이었다.

악재가 겹치는 일은 우리도 때때로 경험한다. 약속이나 한 것처럼 정확한 시각에 뭉쳐서 인생의 배를 뒤흔든다. 이때 우리는 '하늘도 참 무심하다' 생각하며 체념과 탄식을 쏟아낸다. 심하면 파선의 위기를 느끼기도 한다. 이러한 때에 우리는 아직 예수를 우리의 마음에 믿음으로 모시지 않았음을 인지해야 한다. 인생의 배에 예수께서 승선하면 누구든지 평화와 안식을 되찾는다. 예수는 만물을 다스리는 분이시기 때문이다. 만물이 그에게는 순응하기 때문이다. 그러므로 인생의 위기는 우리에게 예수를 마음의 보좌에 믿음으로 모시라고 지시하는 신호등과 같다. 환란의 때에 예수를 부르면 그는 반드시 우리를 건지신다. 우리는 수치와 공포에서 확실하게 격리된다.

> 19그들은 노를 저어서 십여 리쯤 가다가 바다 위로 걸으시며
> 배로 가까이 오시는 예수를 보았고 그들은 두려웠다

바다와 제자들이 벌인 사투의 꼬리가 십여 리쯤 더 길어졌다. 그 무렵에 예수께서 그들의 배로 가까이 오시려고 바다 위를 걸으셨다. 예수의 가까이 오심은 산에 홀로 계셨어도 신경은 온통 제자들을 향하였고 그들의 정확한 위치와 상황을 다 알고 계셨다는 그의 사랑을 증거한다. 주님과 떨어져 있으면 우리는 비록 거리감을 느끼지만 주님은 한 순간도 친밀감을 버리지 않으신다. 그리고 예수는 바다로 이동하기 위해 사람이 만든 배가 필요하지 않으시다. 예수의 발은 수륙 양용이다. 사람들의 안구는 이 장면에서 심히 흔들린다. 잔잔한 물 위도 걷기 어려운데 바람으로 격동하는 바다 위를 걷는다는 것은 상상력도 그리기를 포기하는 대단히 기이한 풍경이기 때문이다. 물의 미미한 부력마저 바람으로 부서진 바다 위에서 걷는다는 것은 누구도 흉내 낼 수 없고 조작이 불가능한 기적이다. 이 사건도 그가 하나님의 아들됨을 증명한다. 예수는 부활하신 이후 구름에 가려진 채 하늘로 오르신다(행 1:9). 마가는 그가 장차 "구름을 타고 큰 권능과 영광으로 오는 것을 사람들이 보리라"고 기록한다(막 13:26). 바다와 구름은 처지가 다르지만 재료가 같은 사촌이다. 물 위를 걸으시는 예수는 하늘과 땅을 왕래하기 위해 물방울로 이루어진 구름도 수레로 삼으신다. 그래서 상상력을 조금 발휘해 보면, 예수의 물 위 보행은 구름 위 행보로서 그의 승천과 재림을 암시한다.

제자들은 자신에게 가까이 오시는 예수를 보고 두려웠다. 마태는 그들이 예수를 유령인 줄 알고 두려워서 비명까지 질렀다고 기록한다(마 14:26).

이는 사람이 아닌 유령만이 물 위를 걸을 수 있다는 상식이 밀어낸 그들의 정상적인 비명이다. 그러나 상식의 오작동은 모든 사람에게 일어난다. 사람들은 어떤 대상의 정체가 파악되지 않을 때에, 그래서 스스로 만들어낸 상상의 존재로 인해, 두려움에 휩싸인다. 심지어 사랑과 평화의 예수도 그를 모르는 자에게는 두려움의 대상이다. 우리도 예수의 발자국 없는 방문을 경험한다. 때로는 외롭고 고단한 사람들을 통해, 때로는 환난과 역경을 통해, 때로는 가난한 사람들을 통해, 때로는 엄격한 사람들을 통해, 때로는 연약한 사람들을 통해! 그때마다 우리는 마치 유령을 대하듯이 경계하며 뒤로 물러선다. 두렵기 때문이다. 예수께서 그런 사람들의 모습과 상황으로 우리에게 오실 줄은 전혀 생각하지 못했기 때문이다. 이는 예수께서 유령의 모습으로 오실 줄은 전혀 몰랐던 제자들의 반응과 유사하다. 그러나 예수를 알면 두려움이 사라진다. 두려움은 예수를 아는 지식이 좌우한다.

20그러나 그가 그들에게 말하셨다 "나다 너희는 두려워하지 말라"

자신을 몰라서 두려움에 떠는 제자들을 향해 예수는 자신의 신분을 "나다"('Eγώ εἰμι)라고 밝히신다. 마태의 기록에 의하면 신분의 밝히심은 즉각적인 조치였다(마 14:27). 예수의 정체성을 밝히는 것은 제자들의 두려움을 제거하는 가장 신속한 방법이다. 다른 설명과 증명이 필요하지 않다. 예수는 자기 자신이 설명이고 증거이기 때문이다. 자신을 밝히신 이후에 예수는 이제 두려움을 거두라고 명하신다. 이는 두려움의 대상보다 더 강하지 않으면 누구도 내릴 수 없는 명령이다. 이 명령은 예수께서 두려움을 일으키는 모든 존재나 상황보다 더 크신 분이라는 사실, 즉 하나님의 아들 되심을 암시한다. 두려움을 제거하는 방법은 무엇인가? 두렵게 만드는 외부의 대상이 사라지면, 혹은 두려움의 대상이 있더라도 그 두려움에 우리의 마음이 호응하지 않으면, 두려움은 사라진다.

그런데 바울은 두려움이 마음의 문제라고 가르친다. "하나님이 우리에게 주신 것은 두려움의 마음"이 아니라고 한다(딤후 1:7). 그런데도 두려움을 느낀다면 무엇이 문제일까? 환경의 문제가 아니라 주님의 명령에 대한 마음의 불응 때문이다. 두려움은 주님과 우리가 맺은 관계의 불안한 상태를 측정하는 온도계와 같다. 관계가 싸늘하면 두려움이 짙어지고 관계가 뜨거우면 두려움도 사라진다. 주님과 친해지면 다른 모든 것이 전혀 두렵지가 않을 만큼 작아진다. "몸은 죽여도 영혼은 능히 죽이지 못하는 자들"(마 10:28)이 흉측한 표정으로 다가와도 두렵지가 않다. 하나님은 우리의 영혼을 지키시는 분이기 때문이다(잠 24:12). 하나님 자신만이 몸과 영혼의 운명을 모두 좌우하는 분, 즉 "죽인 후에 또한 지옥에 던져 넣는 권세 있는" 분이시기 때문에(눅 12:5) 그분만이 두려움의 유일한 대상이다. 그러므로 두려움은 마음의 질병이다. 마음에 있는 두려움의 목록에서 대상을 하나 둘씩 꺼내기 위해 담력의 수위를 조금씩 높여가는 훈련이 필요하다. 어쩌면 인생이 그런 훈련의 연속이다.

예수의 말씀을 들은 베드로는 유령이 아니라 예수라는 사실을 확인하기 위해 "나를 명하사 물 위로 오라 하라"고 요청했다(마 14:28). 이는 예수께서 명하시면 베드로 자신도 물 위로 걸어갈 수 있다는 믿음의 요청이다. 예수의 명령은 그 자체로 능력이다. 명하시면 이루신다. 베드로의 요청에 예수는 "오라"고 명하셨고 베드로는 "배에서 내려 물 위로 걸어서 예수께로 갔다"(마 14:29). 그런데 강한 바람을 보고 그는 두려움에 휩싸였고 그 순간에 물 속으로 빠지기 시작했다. 주변의 환경과 사물을 예수보다 더 높이고 더 주목한 결과였다. 두려움의 피부는 대단히 민감하다. 주님을 향한 시선의 각도가 조금만 틀어지고 우리의 눈이 그에게서 살짝만 멀어져도 두려운 감정이 예민하게 반응하기 시작한다. 그리고 그 두려움은 우리의 관찰과 분석과 분별과 판단을 지배한다. 마귀는 그 두려움의 고삐를 잡고 우리의 인생을 지배하려 한다. 이런 마귀를 대적하기 위해 우리는 범사에 주님을 인정해야 한다. 그러할 때에 우리의 두려움은 누구도 넘보지 못하는 주님의 전유물이 된다.

21이에 그들은 그를 배로 모시기를 원하였고
그 배는 곧바로 가려던 땅에 이르렀다

제자들은 예수를 베드로와 더불어 배로 모시기를 원하였다. 여기에서 "모시다"(λαμβάνω)는 요한복음 1장 12절에서 사용된 "믿는다"는 말과 동의어로 사용된 낱말이다. 예수를 배에 모시는 것은 그들이 믿음으로 그를 영접한 것이라고 이해하면 된다. 그런데 모시기를 원하여도 예수께서 승선하기 전까지는 바람이 계속해서 바다를 격동하고 배를 흔들었다. 그러나 그의 발이 배에 오르자 바람의 동작도 멈추었다. 이런 예수를 어떤 인생의 배가 영접하고 싶지 않겠는가! 제자들은 자발적인 마음으로 예수를 영접했고 예수께서 오르신 배는 바람의 방해 없이 "곧바로"(εὐθέως) 목적지에 이르렀다. 예수 없이는 쉬운 다툼도 사투로 변하고 가까운 곳도 심히 멀게 느껴지나, 예수와 함께하면 불가능한 일도 순적하게 성취된다. 이 구절에서 저자는 배의 목적지가 마치 예수인 것처럼 묘사한다. 인생의 목적지가 아직도 까마득해 보인다면 예수의 승선 여부를 파악하라. 그가 승객이 아니라 선장으로 승선해 계신지도 파악하라. 예수를 부적이나 신경 안정제로 모시는 것은 미신이다. 모든 승리하는 인생의 배에서는 예수의 신분이 언제나 선장이다.

²²이튿날 바다 건너편에 서 있던 무리는 인지했다 거기에
하나[의 배] 외에는 다른 배가 없었다는 것과 예수께서 그의 제자들과 함께
배에 동승하지 않고 그의 제자들만 떠났다는 것을!

격동의 밤이 지나갔다. 무리는 바다 건너편에 서 있으면서 두 가지를 인지했다. 첫째, 해변에 배가 한 척만 있었다는 사실이다. 여기에서 우리는 배가 한 척이었기 때문에 무리가 전날에 그 배를 타고 떠난 제자들을 결코 따라갈 수 없었다는 사실을 확인한다. 이는 무리의 세속적인 욕망이 제자들의 마음에 물들지 못하게 하시려는 하나님의 섭리임에 분명하다. 둘째, 무리는 유일한 배를 제자들이 타고 떠났기 때문에 자신만이 아니라 예수도 그 제자들과 동행하지 않았다는 사실을 인지했다. 이처럼 무리와 제자들은 모두 예수께서 제자들을 찾아와 바다에서 만나실 것이라는 사실을 꿈에서도 생각하지 못하였다. 무리가 인지한 두 가지를 밝히는 저자의 의도는 무엇일까? 예수께서 하나님의 아들 되심을 드러내기 위함이다. 이는 예수께서 다른 배를 타고 제자들의 배로 왔는데 마치 물 위를 걸은 것처럼 제자들이 착각한 것이라는 주장의 타당성도 완전히 제거한다.

²³그러나 디베랴로부터 배들이 주께서 축사하신 빵을 먹은 곳 가까이로 왔다
²⁴무리가 거기에 예수도, 그의 제자들도 없음을 알고
배들을 타고 예수를 찾으려고 가버나움으로 갔다

디베랴 건너편의 텅 빈 항구에 디베랴발 배들이 이제서야 도착한다. 그 항구는 "주께서 축사하신 빵을 먹은 곳"이라고 저자는 설명한다. 이는 무리의 가슴에 아직도 오병이어 기적의 감격이 잔존하는 상황임을 암시한다. 즉 지금도 예수를 자신의 왕으로 세우려는 무리의 의욕은 타오르고 있다.

무리는 예수를 꼭 보위해야 한다는 일념으로 그의 행방을 찾아 바다 건너편 가버나움 지역으로 갔다. 제자들은 예수를 찾아가지 않고 그가 그들을 찾으셨고, 무리는 자신들을 떠나 다른 곳으로 가신 그를 찾아갔다. 제자들의 수동성과 무리의 능동성이 대조된다. 이처럼 열정에 있어서는 무리가 제자들을 크게 압도했다. 무리를 이토록 집요한 예수 바라기로 만든 동기는 무엇인가? 잘못된 동기로도 이렇게 큰 열심을 가지는데 올바른 동기를 가진 자들의 열심은 왜 이렇게 미지근한 걸까?

게다가 제자들은 예수를 만나기 전까지 바다와 사투를 벌여야만 했다. 그러나 무리는 그런 고생 없이 순항하여 예수께로 갔다. 이러한 대조는 우리의 현실도 잘 보여준다. 예수라는 기쁨과 행복과 안정을 만나기 위해 성도는 치열하게 자기를 부인하며 죽도록 고생한다. 그런데 세상 사람들은 가만히 있어도 교회가 앞다투며 그들의 문턱까지 예수를 신속하게 배달한다. 아무런 노력도 하지 않는 그들에게 전도자의 방문으로, 설교 방송으로, 각종 이벤트로 예수를 전하기 위해 성도는 추가적인 고생을 감수한다. 이런 현상을 보면, 제자들이 아니라 무리의 대열에 서고 싶은 욕구와 좁고 협착한 길보다 넓고 편안한 길을 가려는 충동이 솟구친다.

25바다 건너편에서 그를 발견하고 그에게 말하였다
"랍비여 언제 여기로 오셨습니까?"

무리의 판단은 적중했다. 그들은 바다 건너편의 가버나움 지역에서 예수를 발견했다. 무리는 어설프게 움직이지 않고 정확한 조사를 바탕으로 움직인 결과, 예수 찾기에 성공했다. 그런데 그들은 궁금했다. 그래서 그에게 "언제"(πότε) 이곳으로 오셨냐고 질문했다. 이곳에 오신 이유나 목적보다 시점이 더 궁금했기 때문이다. 디베랴 건너편에 배가 하나도 없었는데, 그래서 무리는 최대한 빨리 오려고 했어도 지금 도착할 수밖에 없었는데, 예수는 이미 이곳으로 와 계셨기 때문에 그들에게 예수의 빠른 도착은 너무도 신기한 일이었다. 축지법을 썼거나 다른 이동의 신비로운 기술을 구사하지 않고서야 어떻게 이런 일이 가능할까! 경제적인 지도력에 신통한 비법까지 갖춘 예수의 매력은 무리를 더욱 흥분하게 했음이 분명하다.

<blockquote>
26예수께서 그들에게 답하시며 말하셨다
"내가 진실로 진실로 너희에게 말하노라 너희가 나를 추구하는 것은
너희가 표적을 보았기 때문이 아니라 빵을 먹고 배가 불렀기 때문이다
</blockquote>

그러나 예수의 대답은 그들의 질문과 무관했다. 사람은 신기한 현상에 관심이 끌리지만 예수는 기적의 신비로운 현상보다 사람의 내면을 더 중요하게 여기신다. 그래서 무리의 우문을 현답으로 대응하며 관심의 물줄기를 바꾸셨다. 예수를 따르는 무리의 동기가 무엇보다 중요했다. 그런데 그들의 동기는 표적을 보고 예수의 표적을 보았기 때문이 아니라 빵을 먹고 배가 불렀기 때문이다. 그런데 앞에서 저자는 병약한 자들에게 행하신 예수의 표적이 큰 무리가 그를 따른 이유라고 적시했다(요 6:2). 저자의 기록과 예수의 말씀이 상충된다. 그러나 이 상충은 뉘앙스와 강조점의 차이로 이해함이 좋다. 저자는 큰 무리가 예수에 대한 호기심을 가진 이유로서 표적을 말하였고, 예수는 큰 무리가 표적의 궁극적인 목적을 추구하지 않았기 때문에 표적을 제대로 보지 않았다는 평가를 내리셨기 때문이다. 표적을 배부름의 수단으로 여기는 것만이 아니라 자연의 법칙으로 설명되지 않는 초자연적 신비에 집착하는 것도 표적을 보고 따르는 것이 아니라는 것이 예수의 설명이다. 주님을 따르되 표적을 보이신 하나님의 궁극적인 의도가 아닌 다른 모든 동기는 떡 먹고 배부른 까닭으로 분류된다. 이런 틀로 보면, 표적에 대한 이해는 성도 사이에도 미묘하게 갈라진다. 우리는 과연 어

떤 표적을 구하는가? 우리가 보고 싶은 표적인가 아니면 주님께서 우리로 하여금 보기를 원하시는 표적인가?

예수의 평가에 의하면 오병이어 기적으로 인해 마련된 양식은 무리가 배부를 정도로 충분했다. 이처럼 주님은 사람들의 신체적인 필요를 조금도 부족함 없이 채우신다. 그리고 가나에서 기적으로 만든 포도주가 다른 것보다 더 좋았던 것처럼 이번에도 무리는 가장 맛있는 도시락을 먹었을 것이며 이 식사에 대한 비용으로 한 푼도 지불하지 않은 가장 저렴한 저녁을 먹었다는 매튜 헨리의 설명은 타당하다. 그런데 무리는 가장 저렴하고 가장 맛있고 가장 풍족한 기적을 경험해도 그것을 배부름의 도구로만 여겼기 때문에 표적을 본 까닭이 아니라 빵으로 배가 불러서 자신을 따른다는 예수의 진단은 정확하다.

무리의 관심은 예수가 아니라 빵이었고 그의 신적인 정체성과 하나님의 나라가 아니라 위장을 채우는 것이었다. "그들의 신은 배"(빌 3:19)라는 바울의 생각은 예수의 이 말씀에 근거한 것인지도 모르겠다. 그런데 과연 자신의 배부름을 위하지 않는 사람이 이 세상에 있겠는가? 모든 사람은 생존과 직결된 배부름을 추구한다. 배부름 추구는 인간의 성향이다. 그렇다면 예수의 지적은 잘못인가? 그렇지가 않다. 예수는 빵을 수단이 아니라 목적으로 삼은 무리의 문제를 꼬집으신 것이었다. 배부름은 목적이 아니라 수단이다. 그 수단의 준비를 위해 빵이 필요하다. 그런데 무리는 목적과 수단을 바꾸었다. 그들에게 예수는 끼니를 해결하는 발 달린 제빵소다. 이는 거대한 금괴를 냄비 받침대로 사용하는 것보다 더 어리석은 예수 오용이다. 이 얼마나 심각한 불경이고 폄하인가! 예수의 효용은 온 우주보다 크다. 예수를 따르는 우리의 동기와 목적은 무엇이며 얼마나 합당한가? 배부름을 위해서도 무리는 이렇게 생업도 접고 예수를 따르는데, 영원한 생명을 구하는 우리는 예수를 얼마나 찾고 두드리고 구하는가?

배부름의 올바른 목적은 무엇인가? 음식으로 에너지를 섭취하는 목적은 하나님의 나라와 의를 추구하기 위함이다. 하나님의 아들 되신 예수의 일을 이 땅에서 계승하고 완수하기 위함이다. 돈을 버는 이유는 잘 쓰기 위함이다. 공부하는 이유는 전문적인 분야에서 제대로 섬기기 위함이다. 다양한 곳에서 알바를 하는 이유는 가난 때문에 타인에게 민폐를 끼치지 않고 오히려 가난한 자들에게 나누어 줄 사랑의 탄알을 장전하기 위함이다. 어떠한 분야에서 일하든 수고의 땀을 흘리는 이유는 부의 축적과 위장의 채움이 아니라 하나님을 사랑하고 이웃을 사랑하기 위함이다. 당연히 오병이어 기적의 목적은 배부름이 아니었다. 그 기적은 그 배부름을 통해 하나님의 뜻을 이루라는 메시지의 수레이며, 하나님의 뜻이 예수를 추구하는 이유여야 했다. 그런데도 무리는 자신의 위장을 위해 예수 찾기의 열정을 불태웠다. 예수의 답변은 그런 인간의 근본적인 성향을 꼬집었다.

²⁷소멸되는 양식이 아니라 영원한 생명에 거하는 양식을 위하여 일하라 그것은 인자가 너희에게 주시리라 이는 아버지 하나님이 그를 인치셨기 때문이다"

예수는 문제만 지적하지 않으시고 문제의 해법 제시도 잊지 않으셨다. 그 해법은 영원한 생명에 거하도록 만드는 양식을 위하여 일하라는 명령이다. 여기에는 일과 양식과 영원한 생명이 인과의 사슬처럼 연결되어 있다. 일은 양식을 위함이고 양식은 영원한 생명을 위함이다. 결국 영원한 생명은 일의 궁극적인 목적이다. 영원한 생명이 고려되지 않은 일의 최종적인 결과는 공복을 채우는 양식에 불과하다. 이는 기껏해야 연명에만 기여하고 배설물로 급히 "소멸되는 양식"이다. 이 세상에서 소멸되지 않는 것은 믿음과 소망과 사랑밖에 없다. 하나님을 더욱 신뢰하고 하나님을 더욱 기대하고 하나님을 더욱 사랑하는 것에 기여하지 않는 모든 수고는 소멸되는 양식만 산출한다. 이웃에게 신뢰를 주고 희망을 주고 사랑을 베풀지 않는 모든 수고도 동일하다. 집을 장만하고 차를 구매하고 맛있는 음식을 먹고 부와 명예를 키우는 것을 목적으로 삼은 재능과 관심과 시간과 에너지의 낭비를 멈추고 예수의 말씀을 따라 영원한 생명을 위해 일하는 것이 참된 인생이다.

영원한 생명에 거하는 양식은 인자가 주신다고 한다. 오병이어 기적으로 최고의 양식을 풍족하게, 그러나 무상으로 베푸신 것처럼 영원한 생명의 양식도 구매하는 것이 아니라 "주신다"(δίδωμι)는 사실이 중요하다. 이러한 사실에 근거하여 "일하다"(ἐργάζομαι)는 단어 때문에 인간의 노력이나 일의 보상으로 그 양식을 얻는다는 주장은 칼뱅의 말처럼 "헛된 궤변"이다. 그래서 "일"에 정교한 해석이 요구된다. 이후에 무리는 하나님의 일에 대해 질문하고 예수는 믿음이 하나님의 일이라고 답하신다.

여기에서 "인자"는 죽기 위하여 이 땅에 오신 사람의 아들 예수를 가리킨다. 자신을 "하나님의 아들"이 아니라 "인자"라고 밝히신 이유는 하나님이 신으로서 주시는 양식이 아니라 죽을 수 있는 인자가 자신의 죽음으로 제공할 수 있는 양식이기 때문이다. 자신의 생명을 비용으로 지불한 결과로서 우리에게 주는 양식은 인자에 의해서만 주어진다. 인간이 스스로 취할 수 없는 양식이며 사람이 다른 사람에게 제공할 수도 없는 양식이다. 다른 각도로 생각하면, 우리가 인자에게 걸어야 하는 기대는 썩어 없어지는 도시락이 아니라 영원한 생명에 이르는 양식이다. 하나님은 그 "인자"를 인치셨다. 여기에서 "인치다"(σφραγίζω)는 "도장을 찍는다"는 말이지만 인자 예수에 대한 아버지 하나님의 승인과 인증을 의미한다. 이로써 예수는 하나님이 보내신 진짜 인자이며 그의 사명은 영원한 생명의 양식을 제공하는 것임을 확증한다. 만약 예수 이외에 영원한 생명의 양식을 주겠다고 주장하는 사람이 있다면 그는 마귀의 졸개임이 분명하다.

²⁸이에 그들이 그에게 말하였다

"우리가 무엇을 하여야 하나님의 일들을 행할 수 있습니까?"

무리는 영원한 생명의 양식 얻기를 소원한다. 그래서 "하나님의 일들"을 하겠다고 한다. 그런데 하나님의 일들을 "행하기 위하여"(ἐργαζώμεθα) 자신들이 무언가를 "하여야 한다"(ποιῶμεν)고 그들은 생각한다. 어쩌면 선하고 도덕적인 일들의 목록을 알려 달라는 말이기도 하며, 유대인의 규례들과 유사한 일종의 상위 버전 같은 도덕법을 의식하며 한 부탁일 가능성도 있다. 무언가를 "하여야 한다"는 그들의 말에서 나는 그들이 "일하면 받는다"는 거래의 개념에서 자유롭지 않음을 확인한다. 인자가 영원한 생명의 양식을 주시기 위해서는 그것에 상응하는 그들의 공로로서 하나님의 일들을 행하여야 한다는 의식에서 그들은 진실로 자유롭지 않다. 물론 사람의 일이 아니라 하나님의 일을 하겠다는 그들의 마음, 공짜가 아니라 정당한 대가를 지불하고 받겠다는 그들의 태도는 가상하다. "하나님의 일을 생각하지 아니하고 도리어 사람의 일을 생각"한 베드로의 처신보다 훌륭하다(마 16:23). 그러나 칼뱅의 말처럼 그들은 하나님의 은혜에 대하여 무지했다. 어쩌면 하나님을 거래의 파트너로, 즉 인간과 하나님을 동급으로 여기는 교만일 가능성도 있다. 인자가 영원한 생명의 양식을 주겠다고 하면 우리는 어떻게 받느냐를 질문하면 된다. 그런데 무리는 자신이 지불해야 하는 비용에 대해 질문한다.

²⁹예수께서 그들에게 답하시며 말하셨다

"그가 보내신 자를 믿는 이것이 하나님의 일이니라"

예수는 언제나 인간의 제한적인 물음에 제한되지 않으시고 현명한 대답으로 대화의 격을 높이신다. 이번에도 그는 "그가 보내신 자를 믿는 이것이 하나님의 일"이라고 답하신다. 이 대답에서 예수는 그들이 행하여야 하는 일과 하나님의 일을 구분하지 않으시고 아버지 하나님이 보내신 인자를 믿는 것 자체가 하나님의 일이라고 답하신다. 믿음과 하나님의 일은 동일하다. 너무도 단순하고 명쾌한 답변이다. 우리는 하나님의 여러 가지 "일들"(ἔργα)을 행해야 한다고 생각했다. 그런데 예수는 한 가지의 "일"(ἔργον)만 하면 된다고 답하신다. 그런데 답이 단순하면 사람들은 믿기를 주저한다. 그래서 우리는 의문이 해소될 때까지 다양한 질문들을 이어간다.

그런데 하나님의 일과 믿음의 동일시에 근거하여 "사랑과 소망은 하나님의 일이 아님"을 뜻한다고 주장하는 것은 부당하다. 칼뱅이 지적한 것처럼, 믿음은 사랑과 소망을 배제하지 않고 모든 것을 포괄하기 때문이다. 하나님의 일과 믿음의 동일시는 우리가 어떠한 일을 하더라도 믿음으로 행하면 하나님의 일이 되고 믿음으로 행하지 않으면 사람의 일이 됨을 의미한다. 바울에 의하면, 믿는다는 것은 "나를 사랑하사 나를 위하여 자기 자신을 버리신 하나님의 아들을 믿는 믿음"이며 이는 "내가 사는 것이 아니요 오직 내 안에 그리스도 예수께서 사시는 것"을 의미한다(갈 2:20). 그러므로 행하는 일마다 죄를 짓는 인간이 아무리 좋아 보이는 일을 하더라도 믿음으로 행하지 아니하면 그 모든 일이 죄라고 선언한다(롬 14:23). 믿음은 모든 일을 하나님의 일로 바꾸는 묘약이다. 하나님의 일은 하나님을 기쁘시게 하는 일인데 믿음이 없이는, 즉 예수로 말미암지 않고서는 어떠한 일도 하나님을 기쁘시게 할 수 없기 때문에 믿음은 하나님의 일로 간주된다.

³⁰이에 그들이 그에게 말하였다

"우리가 당신을 보고 믿도록 당신이 행하시는 표적은 무엇입니까?
당신은 무엇을 하십니까? ³¹'그가 하늘에서 먹을 빵을 그들에게 주었다'고
기록된 것처럼 우리의 조상들은 광야에서 만나를 먹었습니다"

무리는 예수의 말씀을 어떻게 들었을까? 이어지는 그들의 질문에 반영되어 있다. 하나님 아버지가 보내신 인자를 믿는 것이 하나님의 일이라는 말씀을 이해했다. 그리고 그 인자가 예수라는 주장도 인지했다. 그러나 무리는 아직 예수의 말씀에 동의하지 않고 있으며, 믿을 만한 "표적"을 보인다면 보고 예수를 인자로 믿겠다고 한다. 소위 증거 법정주의 원칙을 예수에게 내세운다. 그들이 믿을 만한 증거물의 수준은 어떠한가? 그들은 모세의 표적을 제시한다. 열매나 농작물이 없어서 식탁을 마련할 수도 없었던 광야에서 모세는 하늘에서 공수된 만나를 제공하여 유대인의 조상을 먹이는 놀라운 표적을 베풀었다. 이들이 모세를 언급한 것은 광야에서 생존을 가능하게 한 만나를 구하는 것, 즉 배부름을 추구하는 것은 결코 부당한 일이 아니라는 일종의 항변이다. 오히려 그런 표적은 믿음의 근거니까 보이라고 촉구한다. 이는 마치 예수로 하여금 영원한 생명의 양식이 아니라 소멸되는 양식을 구해도 된다는 비아냥과 같다. 게다가 200만여 명을 거의 40년간 먹인 모세와 고작 15,000여 명을 한 끼만 먹인 예수 사이에는 현저한 규모의 차이가 있다는 뉘앙스도 풍기는 발언이다. 하나님의 보내심을 받은 인자라면 모세라는 인자의 표적은 보이라는 독촉이다.

그런데 무리가 예수에게 표적을 구하는 행위는 참으로 황당하다. 그들은 하루 전에 모세의 만나 표적에 준하는 오병이어 기적을 경험했기 때문이다. 까마귀 고기를 집단으로 먹지 않고서야 어떻게 기억의 잉크가 마르지도 않은 전날의 기적을 이토록 깔끔하게 까먹을 수 있는지, 그저 놀랍기만 하다. 나는 먹거리 확보를 위해 따른다는 예수의 지적에 무리 전체가 기

분이 구겨져서 악의적인 망각을 단행한 것이라고 의심한다. "악하고 음란한 세대가 표적을 구한다"(마 12:39)는 예수의 지적이 어울리는 상황이다. 바울에 의하면, 역사 속에서 다른 어떤 민족도 경험한 적이 없는 기적들을 누려온 유대인이 표적을 구하는 것은 민족적인 버릇이다(고전 1:22). 자신들이 왕으로 삼으려고 했을 정도로 일평생 잊지 못할 기적 체험을 하고서도 전혀 모르는 것처럼 시치미를 떼며 또 다른 표적을 구하는 무리의 마음은 악하고 음란하다. 그들은 예수의 기적을 체험하고 그를 모세와 같은 "그 선지자"(요 6:14)로 여기기도 했다. 만나의 표적과 오병이어 기적을 거의 동일시한 자들이다.

32예수께서 그들에게 말하셨다 "내가 진실로 진실로 말하노라 모세가 하늘에서 너희에게 빵을 주지 않았고 내 아버지께서 너희에게 하늘에서 참 빵을 베푸신다 33하나님의 빵은 하늘에서 내려와 세상에 생명을 주는 자다"

무리의 황당한 요구에 예수는 먼저 그들의 오류를 고치신다. 대단히 중요한 내용이기 때문에 또 다시 말문을 여는 "아멘"이 반복된다. 첫째, 만나는 모세가 하늘에서 준 빵이 아니라고 한다. 만나는 하나님이 베푸신 선물이다. 모세는 만나에 대한 통보를 받아 백성에게 그 소식을 전달한 사람이다. 만나는 모세의 뜻이나 조치와 무관하게 새벽마다 하늘에서 떨어졌다. 만나는 모세와 이스라엘 백성이 구하지도 않고 원망과 불평을 쏟아낼 때에 하나님의 결정을 따라 주어졌다. 그것이 주어진 목적은 "내가 여호와 너희 하나님인 줄 알리라"(출 16:12)는 것이었다. 만나는 백성의 배부름을 위한 것도 아니었고, 그들의 원망과 불평 무마용도 아니었다. 하나님의 하나님 되심을 보이는 표적으로 주어졌다. 그러므로 모세가 만나를 주었다는 유대인의 주장과 그 의도는 부당하다.

둘째, 예수의 아버지 하나님은 지금 무리에게 모세의 때와 비슷하게 "하늘에서 참 빵을 베푸신다." 이는 앞부분과 다소 상충된다. 영원한 생명에 이르는 양식은 인자가 주는 것이라고 했다. 그런데 이번에는 아버지 하나님이 "참 빵"을 주신다고 한다. 인자가 주는 것인지, 아버지가 주시는 것인지가 분명하지 않다. 그래서 예수는 하나님의 빵에 대한 설명을 곁들인다. 즉 그 빵은 하늘에서 내려와 세상에 생명을 주는 자라고 명시한다. 이는 예수께서 아버지 하나님의 보내심을 받은 인자로서 자신이 바로 하나님의 빵이라는 설명이다. 이 세상의 양식은 우리가 주어진 육신의 생명을 유지하기 위해 섭취한다. 그러나 하나님의 빵은 주어진 생명의 유지가 아니라 그 생명을 주는 주체라고 한다. 물론 영적인 생명의 유지도 가능하게 하는 양식이다.

"하나님의 빵"은 하나님이 "하늘에서 베푸시고"(δίδωσιν) 동시에 "하늘에서 내려온다." 저자는 동사의 현재형을 사용하여 하나님의 빵을 베푸시는 일이 진행되고 있음을 강조한다. 예수는 지금도 우리에게 보내어진 동시에 스스로 오신 하나님의 빵이시다. 그 빵이 우리에게 주어지는 것은 삼위일체 하나님의 능동성과 성자 예수의 수동성이 동시에 개입된 사건이다. 하나님은 구약의 시대에는 모세를 통하여 이스라엘 백성을 먹이셨고 신약의 시대에는 예수를 통하여 그 백성을 먹이신다. 그런데 신약의 경우에는 예수 자신이 양식을 베푸시고 먹이시는 주체도 되시면서 주어지는 그 양식도 되신다는 것이 특이하다. 어느 시대에나 먹고 사는 문제는 모든 민족과 나라의 고민이다. 그런데 예수는 우리에게 영원한 양식을 영원히 베푸시는 하나님의 빵이시기 때문에 식량의 고민을 영원히 없애신다. 그래서 예수를 하나님의 빵으로 받은 자에게는 두려움이 없다. 양식의 문제이든, 인생의 바다에서 격동하는 풍파의 문제이든, 예수가 곁에 계시면 두려움과 결별하게 된다.

두려움은 언제나 '내가 어떤 문제를 스스로 극복할 수 없다'는 생각을 전제한다. 이는 스스로 대처할 수 있는 문제를 두려움의 대상으로 여기는 자가 없기 때문이다. 두려움은 일종의 메시지로 하나의 물음을 자극한다. "네 자신이 너와 네 인생의 주인이냐"를 물음과 동시에 우리로 하여금 "예수께서 우리의 인생에 주가 되신다"는 답으로 나아가게 한다. 두려움은 내가 내 인생의 주인인 것처럼 자기 뜻대로 살아가는 불신의 삶을 고발한다. 주님을 속히 인생의 선장으로 삼으라는 유익한 적신호다.

요 6:34-51

³⁴그들이 이르되 주여 이 떡을 항상 우리에게 주소서 ³⁵예수께서 이르시되 나는 생명의 떡이니 내게 오는 자는 결코 주리지 아니할 터이요 나를 믿는 자는 영원히 목마르지 아니하리라 ³⁶그러나 내가 너희에게 이르기를 너희는 나를 보고도 믿지 아니하는도다 하였느니라 ³⁷아버지께서 내게 주시는 자는 다 내게로 올 것이요 내게 오는 자는 내가 결코 내쫓지 아니하리라 ³⁸내가 하늘에서 내려온 것은 내 뜻을 행하려 함이 아니요 나를 보내신 이의 뜻을 행하려 함이니라 ³⁹나를 보내신 이의 뜻은 내게 주신 자 중에 내가 하나도 잃어버리지 아니하고 마지막 날에 다시 살리는 이것이니라 ⁴⁰내 아버지의 뜻은 아들을 보고 믿는 자마다 영생을 얻는 이것이니 마지막 날에 내가 이를 다시 살리리라 하시니라 ⁴¹자기가 하늘에서 내려온 떡이라 하시므로 유대인들이 예수에 대하여 수군거려 ⁴²이르되 이는 요셉의 아들 예수가 아니냐 그 부모를 우리가 아는데 자기가 지금 어찌하여 하늘에서 내려왔다 하느냐 ⁴³예수께서 대답하여 이르시되 너희는 서로 수군거리지 말라 ⁴⁴나를 보내신 아버지께서 이끌지 아니하시면 아무도 내게 올 수 없으니 오는 그를 내가 마지막 날에 다시 살리리라 ⁴⁵선지자의 글에 그들이 다 하나님의 가르치심을 받으리라 기록되었은즉 아버지께 듣고 배운 사람마다 내게로 오느니라 ⁴⁶이는 아버지를 본 자가 있다는 것이 아니니라 오직 하나님에게서 온 자만 아버지를 보았느니라 ⁴⁷진실로 진실로 너희에게 이르노니 믿는 자는 영생을 가졌나니 ⁴⁸내가 곧 생명의 떡이니라 ⁴⁹너희 조상들은 광야에서 만나를 먹었어도 죽었거니와 ⁵⁰이는 하늘에서 내려오는 떡이니 사람으로 하여금 먹고 죽지 아니하게 하는 것이니라 ⁵¹나는 하늘에서 내려온 살아 있는 떡이니 사람이 이 떡을 먹으면 영생하리라 내가 줄 떡은 곧 세상의 생명을 위한 내 살이니라 하시니라

❖ ❖ ❖

³⁴그들이 그에게 말하였다 "주여 이 빵을 항상 우리에게 주십시오" ³⁵예수께서 그들에게 말하셨다 "나는 생명의 빵이니 나에게로 나아오는 자는 결코 굶주리지 않을 것이고 나를 믿는 자는 영원히 목마르지 않으리라 ³⁶그러나 나는 너희에게 말하노라 너희는 나를 보고서도 믿지 않는구나 ³⁷아버지께서 나에게 주시는 모든 자는 나에게로 올 것이고 나에게로 오는 자는 내가 결코 내쫓지 않으리라 ³⁸이는 나의 뜻이 아니라 나를 보내신 이의 뜻을 행하기 위하여 내가 하늘에서 내려왔기 때문이다 ³⁹나를 보내신 이의 뜻은 나에게 주신 모든 자 중 [하나도] 내가 잃지 않고 마지막 날에 그를 다시 일으키는 이것이다 ⁴⁰내 아버지의 뜻은 아들을 보고 그를 믿는 모든 자가 영원한 생명을 얻고 나는 마지막 날에 그를 다시 살릴 것이다 ⁴¹이에 유대 사람들은 그가 "나는 하늘에서 내려온 빵이라"고 말하였기 때문에 그에 대하여 숙덕대며 ⁴²말하였다 "이는 요셉의 아들 예수가 아니냐 그의 아버지와 어머니를 우리가 알지 않느냐 [그런데] 어떻게 그는 지금 자신이 하늘에서 내려왔다 말하느냐?" ⁴³예수께서 그들에게 답하시며 말하셨다 "너희는 서로 숙덕대지 말라 ⁴⁴나를 보내신 아버지께서 그를 이끌지 않으시면 아무도 나에게로 올 수 없느니라 나도 그를 마지막 날에 다시 살리리라 ⁴⁵그리고 모든 자들이 하나님의 가르침을 받을 것이라'는 것이 선지자들[의 글]에 기록되어 있다 아버지께로부터 듣고 배운 모든 자는 나에게로 나아온다 ⁴⁶[이는] 아버지에게서 온 자(그는 아버지를 보았다) 외에 어떤 이가 아버지를 보았다는 것이 아니니라 ⁴⁷내가 진실로 진실로 너희에게 말하노라 믿는 자는 영원한 생명을 소유한다 ⁴⁸나는 생명의 빵이다 ⁴⁹너희 조상들은 광야에서 만나를 먹었어도 사망했다 ⁵⁰[그러나] 이것은 하늘에서 내려오는 빵이어서 어떤 이가 그것을 먹어도 죽지 않으리라 ⁵¹나는 하늘에서 내려온 살아있는 빵이니라 어떤 이가 이 빵을 먹으면 영원히 살리라 내가 주는 이 빵은 세상의 생명을 위한 내 살이니라"

20

신비로운 양식

요한복음 안에서 예수는 일인칭 단수('Eγώ)를 써서 자신을 7가지로 설명한다. 즉 "나"는 "생명의 빵"(요 6:35), "세상의 빛"(요 8:12), "양의 문"(요 10:7), "선한 목자"(요 10:11), "부활이요 생명"(요 11:25), "길이요 진리요 생명"(요 14:6) 그리고 "참 포도나무"(요 15:1)라고 한다. 본문은 첫 번째 자신의 정체성인 "생명의 빵"에 대해 소개한다. 이 빵은 먹어도 배고프고 먹어도 죽는 세상의 빵과는 달리 영원한 생명을 제공하는 신비로운 양식이다. 유대인은 그 빵의 본질적인 의미도 파악하지 않고 위장의 영원한 포만감을 기대하며 그 빵을 달라고 예수께 요청한다. 그러나 예수의 상세한 설명을 듣고서 그들은 숙덕대며 그 빵의 비밀을 이해하지 못하고 거절한다. 어리석은 거절이다. 겉으로 보이는 그 거절의 배후에는 하나님의 은밀한 택하심과 이끄심의 비밀이 작용하고 있다. 우리는 이러한 유대인의 실패를 반면교사 삼아 영원한 생명에 이르는 빵의 실체를 이해하고 체득하여 늘 예수라는 생명의 빵으로 나아가 섭취해야 함을 깨닫는다. 선교적인 차원에서 사람들로 하여금 그 빵의 증인인 우리에게 나아오게 해야 한다는 사명도 깨닫는다.

³⁴그들이 그에게 말하였다 "주여 이 빵을 항상 우리에게 주십시오"

세상에 영원한 생명을 주는 참된 양식 이야기를 들은 무리는 예수에게 그 양식을 항상 달라고 요청한다. 사마리아 여인이 영원히 목마르지 않게 하는 물을 달라고 요청한 것처럼, 무리도 영원한 생명을 주는 빵을 달라고 요청한다. 그런데 무리는 영원한 생명의 물을 우물의 물로 오해한 여인처럼 양식의 실체에 대해 오해하고 있다. 그 빵을 입으로 들어가는 물리적인 음식으로 간주하고, 주고받는 사물로 생각한다. 이는 빵에 대한 그들의 경험에 충실한 생각이다. 우리는 하나님께 어떤 종류의 빵을 구하는가? 우리의 요청은 경험에 기초한 무리의 요청과 거의 다르지가 않다. 그러나 하나님의 진리를 알기 위해서는 상식과 경험도 뛰어넘는 신앙적인 비약이 필요하다. 빵의 사전적인 개념에 대한 집착은 때때로 진리 인식의 장애물이 된다. 물론 무분별한 비약은 경계해야 한다. 하지만 예수의 어법이 허락하는 범위 내에서의 비약은 허용된다. 예수는 이후에 자신을 빵에 비유해서 알리신다. 만들어진 모든 것이 보이지 않는 하나님의 신성과 능력을 분명히 나타내고 있다(롬 1:20)는 바울의 교훈은 빵과 예수의 관계성 이해에도 합당한 인식의 틀을 제공한다. 그러나 빵 자체를 예수로 여기거나, 피조물을 하나님의 신성이나 능력으로 간주하는 범신론적 비약을 위험하다. 비유와 비약도 적정선을 유지해야 한다.

³⁵예수께서 그들에게 말하셨다 "나는 생명의 빵이니 나에게로 나아오는 자는 결코 굶주리지 않을 것이고 나를 믿는 자는 영원히 목마르지 않으리라

이에 예수는 영원한 생명에 이르는 빵을 받으라며 곧장 주시지 않고 자신이 "생명의 빵"이라는 특이한 정체성을 밝히신다. 이 빵은 그 실체를 먼저

이해하는 것이 더 중요하기 때문이다. "생명의 빵"은 인간의 궁극적인 필요를 채워주는 영혼의 양식이다. "생명의 빵"으로 나아오는 자는 결코 목마르지 않고 영원히 주리지도 않는다고 한다. 신비롭다. 이는 이 세상의 어떠한 빵으로도 설명할 수 없는 현상이다. 이는 캡슐 하나를 먹으면 다른 음식이 필요하지 않거나 반복적인 섭취가 필요하지 않는 음식이 이 세상에는 없기 때문이다. 학창시절, 나는 영원히 배고프지 않은 음식을 인간에게 주셨으면 경쟁과 다툼도 없었을 것이고 살인과 학살도 없었을 텐데 왜 다시 배고픔이 돌아오는 양식을 인간에게 주셨냐고 하나님께 원망했다. 진실로 이 세상의 모든 양식은 영원하지 않고 일용할 일시적인 양식이다. 모든 생명체는 날마다 적당한 분량의 양식을 섭취해야 살아간다. 그런 양식의 섭취를 죽을 때까지 반복해야 한다. 인간도 끼니마다 취사를 반복해야 하는 고단한 식생활에 사로잡혀 있다. 그런데 그러한 식생활 속에서 인간은 더 오래 지속되는 에너지 섭취를 가능하게 하는 음식, 영원한 에너지를 제공하는 다른 종류의 빵을 고대하게 된다. 이 세상의 모든 양식은 그런 빵의 비유인 것처럼 느껴진다.

세상의 빵은 생명을 제공하지 않고 주어진 생명을 유지하기 위해 일정한 양의 에너지를 제공하는 일시적인 수단이다. 그러나 "생명의 빵"은 세상에 생명을 제공하고 그 생명을 영원히 유지하는 에너지를 영원히 제공한다. 이런 빵과 유사한 것으로서 구약에는 "생명나무 열매"가 등장한다. 그 나무는 에덴동산 안에 있었는데 아담과 하와가 타락한 이후에 그들이 그 열매를 따먹고 타락한 상태로 영원히 살지 못하도록 화염검을 두어 접근하지 못하도록 지켜진 특별한 나무였다(창 3:24). 그래서 아담과 하와 이후로 생명나무 열매를 보거나 만지거나 먹은 사람이 없을 정도로 인류의 역사 속에서는 아주 오래 감추어진 나무였다. 태초에 언급된 생명나무 열매는 잠언에서 지혜와 더불어 언급된 이후(잠 3:18)에 성경의 마지막 책에 다시 등장한다. 요한은 "하나님의 낙원에 있는 생명나무 열매"(계 2:7)을 언급하되 이 열매는 성령의 음성을 듣고 이기는 자에게 주어지는 것이라고 한다. 이기는 사람은 세상을 이기는 믿음을 가진 사람을 의미한다. 요한복음 저자가 말하는 예수라는 "생명의 빵"은 이 "생명나무 열매"와 무관하지 않다. 태초부터 감추어진 그 생명나무 열매는 모든 날 마지막에 육신으로 오신 예수라는 빵으로서 그 실체를 드러낸다. 이 생명의 빵이 태초부터 종말까지 인류의 역사를 관통하고 있다.

36그러나 나는 너희에게 말하노라 너희는 나를 보고서도 믿지 않는구나

예수라는 영원한 생명의 빵을 받아서 섭취하는 방법은 무엇인가? 그것은 구약과 신약 전체가 가르치는 것으로서 믿음이다(히 4:2). 믿음은 예수라는 빵을 섭취하는 영혼의 이빨이다. 이 믿음의 섭취는 국적과 피부색과 빈부와 성별과 나이와 무관하다. 유대인과 이방인, 지혜자와 야만인 모두에게 믿을 기회는 공정하게 주어진다. 물론 유대인은 하나님의 택하심을 받은 민족의 후손이기 때문에 열방의 다른 어떤 민족보다 예수를 믿기에 더 좋은 조건을 갖춘 민족이다. 예수와 같은 혈통이고 그를 가리켜 기록된 성경도 가졌기 때문이다. 그런데 유대인은 예수 믿기를 거부했다. 지금까지 그 거부의 역사는 지속되고 있다. 이는 같은 피부색을 가졌다는 것, 같은 문화를 공유하고 있다는 것, 동시대를 살아가고 있다는 것, 같은 성경을 읽었다는 것, 같은 국적과 혈통을 가졌다는 것이 믿음과 직결된 것이 아님을 명확하게 입증한다. 오히려 그런 사실들은 유대인의 변명을 봉쇄하는 유죄의 확실한 물증으로 작용한다.

유대인은 예수를 보았으나 믿지 않는다고 한다. 예수를 "본다"(ὁράω)는 것과 "믿는다"(πιστεύω)는 것은 그들에게 별개였다. 유대인의 이런 모습을 통해 우리는 본다고 해서 믿음에 이르는 것은 아니며, 또한 보지 못한다고

해서 믿음에 이르지 못하는 것도 아님을 확인한다. 보는 것은 믿는 것의 필수적인 요인이 아니기 때문이다. 여기에서 우리는 눈의 유무가 믿음을 좌우하지 못하며 당연히 궁극적인 행복을 좌우하는 것도 아님을 확인한다. 눈이 죄를 범하게 한다면 뽑아내는 것이 더 좋다는 예수의 조언도 이런 맥락에서 이해함이 좋다. 확대해서 보면, 신체적인 문제나 경제적인 문제나 사회적인 문제나 정치적인 연약함이 있다고 해서 하늘의 행복에서 배제되지 않으며 그 반대의 상태에 있다고 해서 하늘의 행복이 보증되는 것이 아니라는 사실도 확인한다. 이 세상의 어떠한 것이라도 있음과 없음이나 많음과 적음에 의해 우리의 궁극적인 행복이 좌우되지 않는다고 한다면 우리에게 과연 어떤 불평과 원망이 있을 수 있겠는가!

유대인이 본 예수를 실제로 본다는 것의 가치는 막대하다. 예수와 그의 사역을 보고 들은 제자들을 향해 하신 주님의 말씀이다. "너희 눈은 봄으로, 너희 귀는 들음으로 복이 있도다"(마 13:16). 나아가 "많은 선지자와 의인이 너희가 보는 것들을 보고자 하여도 보지 못하였고 너희가 듣는 것들을 듣고자 하여도 듣지 못했다"(마 13:17)는 말씀을 곁들인다. 예수의 출생 이전의 사람들은 아무리 경건해도 그를 보지 못하였고 예수의 승천 이후의 경건한 사람들도 예수를 듣지도 보지도 만지지도 못하였다. 그러나 예수의 시대에 유대인과 제자들은 그를 체험했다. 그러나 그들은 모두 예수를 보는 복이 복인지도 알지 못하였다. 당연히 제대로 누리지도 못하였다. 인류의 역사에서 3년도 안 되는 그 짧은 기간 동안 예수를 보는 역사적 특권이 주어져도 그를 메시아로 알아보는 복을 누리지 못한 그들은 얼마나 미련한가! 동시에 얼마나 불쌍한가! 동시에 얼마나 억울한가! 그래서 나는 그 시대의 사람들이 부럽지가 않다.

37아버지께서 나에게 주시는 모든 자는 나에게로 올 것이고
나에게로 오는 자는 내가 결코 내쫓지 않으리라

예수를 보았어도 믿지 않은 것은 분명 무리의 잘못이다. 그러나 예수의 설명에서 우리는 그들이 믿음에 이르지 못한 보다 깊은 이유가 있음을 확인한다. 그 이유는 아버지 하나님의 의지와 관계되어 있다. 그가 아들 예수에게 주신 자들은 하나도 예외 없이 "모두"(πᾶς) 예수를 믿고 그에게로 나아온다. 이는 예수에게 주어지지 않은 사람들은 그에게로 나아오지 않고 믿음에 이르지도 못함을 의미한다. 그 이유는 그들이 예수에게 주어지지 않은 자들이기 때문이다. 그들을 예수에게 주시지 않은 아버지 하나님의 이유는 그의 마음 속에 감추어져 있고 예수도 침묵한다. 어떤 이가 예수께로 와서 영원한 생명의 수혜자가 되는 것의 궁극적인 이유는 아버지 하나님의 은밀하고 절대적인 주권이다. 그분이 이끄시지 않으면 아무도 예수께로 나아올 수 없고 이끄시면 모두가 그에게로 온다. 동시에 예수로 말미암지 않으면 아무도 아버지께 나아갈 수 없음도 변경이 불가능한 사실이다.

세계의 모든 사람들은 아버지의 택하심을 받은 자와 그의 택하심을 받지 못한 자로 구성되어 있다. 무서운 사실이다. 선택의 여부는 사람이 어떠한 변경도 가하지 못하는 신의 영역이다. 이런 사실을 접하고 유대인이 그러했던 것처럼 우리의 심기가 불편하면 그것은 우리가 자신을 하나님과 동등한 존재로 의식하고 있다는 반증이다. 인간의 견해가 반영되지 않는 하나님의 일방적인 선택은 부당하지 않다. 사람이 그랬다면 평가가 다르지만, 그분은 신이시기 때문이다. 게다가 지극히 공의롭고 지극히 선하고 지극히 거룩하고 지극히 자비로운 분이시기 때문이다. 모든 부분에서 최상급의 미덕을 소유하고 계신 분의 단독적인 선택은 당연히 최상의 결정이다. 그 결정에 부패한 인간의 일그러진 기호가 반영되면 반영된 만큼의 불순물이 들어가 개선이 아닌 개악을 초래한다.

예수는 자신에게 나아온 자를 결코 내쫓지 않으실 것이라고 한다. 너무도 강력한 의지의 표명이고 자비로운 약속이다. 육신을 입고 이 땅에 오신 예수의 사명과 책임은 자신의 사람들을 선택하는 것이 아니라 그들에게 영원한 생명의 빵을 제공함에 있다. 그래서 자신에게 나아오는 모든 자에게 그는 거부권을 행사하지 않으시고 다 받으신다. 생명의 빵이신 자신에게 나아오는 자를 거부하지 않는다는 것은 자신을 먹어도 됨을 의미한다. 그는 모든 것을 무상으로 베푸신다. 그래서 "돈 없는 자도 오라"고 초청하고 "돈 없이 값 없이" 와서 먹으라고 한다(사 55:1). 양식도 아닌 것들을 위하여 은까지 달아 주고 배부르게 하지 못할 것들을 위하여 수고의 땀 흘리는 일은 금하라고 한다. 자신에게 와서 말씀을 들으면 "확실한 은혜"를 소유하게 된다고 가르친다. 이사야의 기록에 의하면, "그리하면 너희가 좋은 것을 먹을 것이며 너희 자신들이 기름진 것으로 즐거움을 얻으리라"(사 55:2). 이를 위하여 "내게로 나아와 들으라"고 강조한다. 믿음의 들음으로 예수라는 빵을 섭취하면 "너희의 영혼이 살리라"고 한다(사 55:3). 이는 이사야를 통한 주님의 언약이다. 이런 맥락에서 예수는 자신에게 나아오는 모든 자를 결코 쫓아내지 않고 맞이하신 이후에 세상 끝날까지 버리지도 않으시고 떠나지도 않으신다.

38이는 나의 뜻이 아니라 나를 보내신 이의 뜻을 행하기 위하여
내가 하늘에서 내려왔기 때문이다

자신에게 나아오는 자를 내쫓지 않는 이유는 예수의 사명과 관련되어 있다. 예수는 아버지의 보내심을 받아 하늘에서 내려 왔고 아버지의 뜻이라는 공적인 사명을 수행하기 위하여 살아간다. 여기에서 우리는 아버지 하나님과 아들 하나님 사이에 모종의 언약이 있었음을 확인한다. 이 언약은

성자가 하늘에서 내려오기 전에 아버지와 더불어 맺은 것이기 때문에 학자들은 이것을 영원 속에서 이루어진 "구속의 언약"(pactum salutis)이라고 명명한다. 이 땅에서 행하시는 예수의 모든 일은 이 언약의 실행이다. 그의 삶은 언약적인 인생이다.

예수처럼 모든 사람은 하나님의 보내심을 받았으며 하나님의 뜻을 행하기 위해 살아가야 한다. 그런데 사람을 환영하고 섬기고 사랑하는 것은 우리의 인격이 해낼 수 있는 일이 아니라 아버지 하나님이 주신 사명을 끊임없이 되새길 때에 가능하다. 예수는 자신의 인격으로 충분히 선한 삶이 가능하신 분이지만 우리에게 본을 보이시기 위해 자신에게 주어진 아버지 하나님의 뜻을 환대의 근거로 삼으셨다. 인격이 아무리 괜찮은 사람들도 잠시 이타적인 삶을 살다가 곧장 자신의 뜻이 성취되는 방향으로 전환한다. 뜻은 삶의 청사진과 같아서, 한 사람의 실질적인 인생은 내면의 뜻이 일평생 밖으로 나온 것의 축적이다. 그러므로 자신의 뜻을 포기하는 것은 자신의 삶 전체를 뒤집어 엎어야만 가능하다. 그런데 예수는 자신의 뜻이 아니라 아버지의 뜻을 위하여 오셨다고 한다.

예수의 삶은 아버지의 뜻을 향하여 펼쳐지고 한 순간도, 한 뼘도 그 뜻에서 벗어남이 없다. 예수는 죽음 앞에서도 "내 원대로 마시옵고 아버지의 원대로 되기를" 원하셨다(눅 22:42). 이런 삶은 자신을 포기해야 가능하다. 예수는 자신이 살지 않고 아버지의 뜻이 자신 안에서 살게 하신 분이시다. 그래서 아버지 하나님이 일하시니 자신도 일한다고 밝히셨다(요 5:17). 우리도 주님께서 일하시니 나도 일한다고 고백해야 한다. 이 고백은 내가 죽고 예수께서 내 안에 사실 때에만 가능하다. 삶의 교체는 뜻의 교체에 의존하고, 뜻의 교체는 주체의 교체에 의존하기 때문이다. 그런데 주님이 전혀 일하시지 않는 분야에는 비지땀을 흘리고 주님께서 피땀을 흘리시는 분야에는 땀 한 방울의 관심도 기울이지 않는 사람들이 많다. 주님께서 일하시는 곳에서 일해야 거룩한 동역이 가능하다. 주님의 마음이 머무는 곳, 그의 시선이 깃드는 곳, 그의 걸음이 출입하는 곳에 거하는 것이 동역의 관건이다.

> ³⁹나를 보내신 이의 뜻은 나에게 주신 모든 자 중 [하나도] 내가 잃지 않고
> 마지막 날에 그를 다시 일으키는 이것이다

우리 개개인을 보내신 아버지 하나님의 뜻을 위하여 살려면 그 뜻을 정확히 이해해야 한다. 지식이 없는 소원이나 열정은 선하지 않다는 지혜자의 조언을 기억해야 한다. 아버지의 소원을 자신의 소원으로 삼으신 예수는 아버지의 뜻을 정확하게 이해하고 있다. 그 뜻은 성부와 성자 사이에 맺은 영원한 언약의 구체적인 내용이다. 즉 자신에게 주어진 모든 사람들을 하나도 놓치지 않고 마지막 날에 다 되살리는 이것이다. "잃지 않는다"는 것은 믿음에 이른다는 의미이고 "다시 일으키는 것"은 부활을 의미한다. 예수는 이 땅에서의 삶만이 아니라 죽은 이후의 부활까지 우리를 책임지는 분이시다. 이처럼 예수께서 이해한 아버지의 뜻은 살리고 다시 살리는 사람의 생명과 관계되어 있다. 예수의 오심은 세상에 생명을 주시기 위함이다. 생명의 빛이시고 생명의 빵이신 예수는 자신의 생명을 주시는 방식으로 자신에게 주어진 모든 사람들을 살리신다. 사람의 생명을 다른 그 무엇과 비교할 수 있겠는가!

세속적인 측면에서 예수는 "사람이 만일 온 천하를 얻고도 자기 목숨을 잃으면" 아무런 유익도 없음을 천명한다(막 8:36). 그래서 예수는 "천하만국과 그 영광"을 판돈으로 건 마귀의 거래도 단호히 거부했다. 종교적인 측면에서 예수는 안식일에 아무것도 행하지 않고 안식을 누리는 것과 "생명을 구하는 것"을 비교하며 생명은 유대인이 가장 중요하게 여기는 절기의 규례보다 더 고귀함을 강조했다(막 3:4). 이런 생명 중심적인 가치관의 확립은 모든 사람에게 필요하다. 이 가치관이 무너지면 개인과 가정과 사회

공동체는 심각하게 몰락한다. 사람의 생명보다 더 소중하게 여겨지는 것들이 많으면 많을수록 그 몰락은 촉진되고 증대된다. 사람의 생명을 일순위로 삼는 창조의 질서, 그런데 죄로 말미암아 무너진 그 질서를 예수는 자신의 생명을 걸고 다시 원래의 상태로 바꾸신다.

> 40내 아버지의 뜻은 아들을 보고 그를 믿는 모든 자가 영원한 생명을 얻고
> 나는 마지막 날에 그를 다시 살릴 이것이다"

이는 앞 절의 반복이다. 그런데 여기에서 예수는 자신을 보내신 분의 뜻을 "내 아버지의 뜻"이라고 하고 자신에게 주신 모든 사람을 "아들을 보고 그를 믿는 모든 자"라고 설명한다. 예수는 아버지의 보내심을 받아 아버지의 뜻을 행하는 그의 아들이고, 아들을 보고 믿는 것은 아버지 하나님이 예수에게 주신 모든 사람의 특징이다. 동사를 본다면, 아버지가 "주셨다"는 말은 아들을 "보고 믿었다"는 말의 다른 표현이다. "주셨다"는 말은 하나님의 절대적인 주권을 강조하고, "보고 믿었다"는 말은 인간의 책임을 강조하는 표현이다. 이처럼 예수는 동일한 내용을 반복하되 뉘앙스의 양면을 절묘하게 드러낸다. 이런 예수를 닮은 바울도 유사한 어법을 구사한다. 우리가 마음으로 믿고 입으로 고백하여 구원에 이르는 능동적인 행위를 언급한 이후에 동일한 내용을 반복하되 마음으로 믿어지고 입으로 고백하게 되어 구원에 이른다는 수동태로 표현한다(롬 10:9-10). 그리고 인간은 하나님이 어떤 사람을 예수에게 주셨는지 알지 못하지만 그 예수를 믿으면 하나님에 의해 예수에게 주어진 사람인 것을 인지한다. 이처럼 인간은 결과를 보고 원인을 파악한다.

예수를 직접 "보고 믿는다"는 것이 지금은 가능하지 않다. 그가 승천하신 이후로 이 땅에는 없으시기 때문이다. 그럼에도 불구하고 "보고 믿는다"

는 것은 가능하다. 이것이 가능하기 위해서는 예수를 보여주는 증인이 필요하다. 사실 예수는 그를 믿는 제자들 모두를 자신의 증인으로 부르셨고 성경은 그들의 증언이다(눅 24:48). 이 증언을 통해 예수를 믿은 우리도 그의 증인이다. 예수를 본 자는 아버지 하나님을 본 것이고 제자들을 본 자는 예수를 본 것이듯이, 오늘날 우리를 본 자도 예수를 보았다고 고백할 정도로 우리는 예수를 나타내야 한다. 물론 그런 증인을 만난 적이 없어서 예수를 전혀 보지 못했다고 하더라도 예수를 사랑하고 믿고 기뻐하는 것은 가능하다(벧전 1:8).

41이에 유대 사람들은 그가 "나는 하늘에서 내려온 빵이라"고 말하였기 때문에
그에 대하여 숙덕대며 42말하였다 "이는 요셉의 아들 예수가 아니냐
그의 아버지와 어머니를 우리가 알지 않느냐
[그런데] 어떻게 그는 지금 자신이 하늘에서 내려왔다 말하느냐?"

유대 사람들은 예수의 말로 인해 혼돈에 휩싸인다. 자신을 "하늘에서 내려온 빵"이라고 한 예수의 설명이 목에 걸려서 숙덕댄다. 그들에게 자신을 이렇게 설명한 사람은 처음이기 때문이다. 게다가 그들은 예수를 안다고 생각했다. 그들이 보기에 예수는 요셉의 아들이다. 그의 아버지는 요셉이고 그의 어머니는 마리아다. 그들이 이런 혈통적인 정보를 정확히 알고 있는 상황에서 자신을 하늘에서 내려온 빵이라고 주장하니 그들에게 납득이 되겠는가! 오늘날도 그런 주장을 하면 정신 나간 사람으로 취급된다. 그러나 안다는 것이 늘 은밀한 함정이다. 우리가 누군가를, 무언가를 안다면 얼마나 알겠는가! 우리는 자신의 얄팍한 지식에 대해 "만일 누구든지 무엇을 아는 줄로 생각하면 아직도 마땅히 알 것을 알지 못하는 것"이라는 바울의 말을 곱씹어야 한다. 안다는 인식은 자신이 아는 사물의 일부를 그 사물의

전부로 간주하는 관념적 보편화를 의미한다. 이것을 뒤집어서 보면, 안다는 착각으로 인해 사물의 다른 부분을 모른다는 것도 모르고 알려는 의지나 지적인 의욕도 없어지는 무지의 고착화를 의미한다. 그런데 유대 사람들은 사람을 외모로 취한다는 혐의에서 자유롭지 않다. 이는 "사람을 외모로 취하는 일이 없"으신 하나님의 관점과 너무나도 판이하다(엡 6:9). 유대 사람들은 예수를 이해하되 그의 혈통적인 외모만 취하였다. 그의 신적인 정체성에 대해서는 완벽하게 무지했다.

한 사람을 이해하는 우리의 관점은 어떠한가? 한 사람을 혈통적인, 경제적인, 사회적인, 지역적인, 학문적인 외모로 취하지는 않는가? 소우주와 같은 한 사람을 이해하기 위해서는 종합적인 접근이 필요하다. 그러나 대부분의 사람들은 자신과 접촉한 부위를 중심으로 한 사람에 대한 평가의 과도한 일반화를 시도한다. 한 권의 책만 읽은 사람이 제일 무섭듯이, 한 사람의 한 부분만 경험하고 그 사람의 전부를 안다고 착각하는 사람이 제일 불안하고 위험하다. 자신에게 싫은 소리를 하거나 손해를 끼쳤거나 째려 보았거나 인사를 받아주지 않았거나 무시를 당했다는 느낌 하나를 경험하면 그 경험을 바탕으로 해서 한 사람의 전 인생을 부정적인 방향으로 해석한다. 소위 확증 편향이다. 나아가 자신의 그런 오해와 편견을 객관적 평가인 것처럼 확신하고 확산한다. 예수에 대한 유대인의 평가와 입소문이 그러했다. 우리도 만나는 모든 사람에 대해 눈에 띄는 외모를 그 사람의 전부로 여기며 다 안다고 착각한다. 외모에 근거한 속단에 이르기 전에 우리는 하나님 앞에서 그 사람이 누구인가를 이해하고 존중해야 한다. 우리에게 고통과 불행과 절망을 주는 원수라도 그가 하나님 앞에서는 사랑의 대상으로 분류될 수 있다는 가능성을 우리는 인정해야 한다.

⁴³예수께서 그들에게 답하시며 말하셨다 "너희는 서로 숙덕대지 말라
⁴⁴나를 보내신 아버지께서 그를 이끌지 않으시면
아무도 나에게로 올 수 없느니라 나도 그를 마지막 날에 다시 살리리라

무리가 숙덕대는 것을 보신 예수께서 답하셨다. 숙덕댐을 멈추라고! 이것은 단순히 그들의 갑론을박 행위를 멈추라는 것이 아니라 아버지 하나님께 귀를 기울이고 잠잠히 그분의 이끄심을 따르라는 말의 우회적인 표현이다. 예수의 말을 믿지 않고 숙덕대는 것은 아버지의 이끄심을 받지 않았다는 증거일 수 있음도 드러낸다. 이 구절에서 "이끌다"(ἕλκω)는 말은 바클레이 주석이 잘 지적한 것처럼 히브리어 "마샤크"(מָשַׁךְ)의 헬라어 번역어다. 이 단어가 사용된 예레미야 31장 3절은 자기의 소견에 옳은 대로 살아가는 완고한 백성을 영원한 사랑으로 이끄시는 하나님의 자비를 설명한다. 신약에서 사용된 "이끌다"의 절반은 저항의 의미를 내포하고 있다(요 18:10, 21:6, 11; 행 16:19). 즉 인간의 저항, 세상의 저항, 나아가 죄의 어떠한 방해로도 꺾이지 않는 하나님의 사랑을 잘 드러내는 낱말이다.

사랑의 하나님은 당신이 원하시면 누구든지 택하시고 예수에게 주시고 그에게로 이끄신다. 이런 전천후 서비스를 보면서 우리는 성부의 무한한 사랑과 친절을 확인한다. 예수는 자신에 대한 혈통적인 지식을 가졌다는 이유로 숙덕대며 성부의 이끄심을 거부하는 어리석음 속에 거하지 말라고 유대 사람들을 권고한다. 이는 동시에 자신의 권고를 무시하고 자신에게 나아오지 않는 것은 아버지 하나님의 이끌림을 받지 않았기 때문에 발생한 일이라는 설명이다.

아버지의 이끄심이 없다면 누구도 예수께로 나아오지 못한다는 말은 아버지의 이끄심을 받는 자들로 하여금 겸손하게 하고 감사하게 한다. 자신의 능력과 판단으로 예수에게 나아온 것이 아니기 때문이다. 그들에 대해 예수는 자신이 반드시 마지막 날에 부활시킬 것이라는 결의를 다지신다.

예수의 결의는 견고하다. 누구도 꺾지 못하는 그의 신적인 다짐은 택하신 사람들의 구원이 얼마나 확고한 것인지를 잘 나타낸다. 택자들에 대한 예수의 건지심과 다시 살리심을 어떠한 것도 방해하지 못하고 변경하지 못한다는 사실의 근거로서, 바울은 예수께서 "하나님 우편에 계신 자요 우리를 위하여 간구"하고 계시다는 점을 지적한다(롬 8:34). 이 말은 그때만이 아니라 지금도 유효하다.

예수의 증인으로 살아가는 우리는 이 말씀을 우리의 인생과 묶어서 이해해야 한다. 즉 우리 각자에게 나아오는 모든 사람들을 하나님이 우리에게 이끄신 소중한 사람으로 이해해야 한다. 이 세상에 우연한 만남이란 없다. 섭리의 손이 이끌어서 이루어진 만남이다. 이런 의식을 가지고 산다면 세상에 폭력과 약탈과 악독이 존재할 수 있겠는가! 나에게 오는 모든 사람들을 하나님의 사람으로 여기는 세상은 말 그대로 천국이다. 이런 의식이 사라지면 세상은 지옥이다.

⁴⁵그리고 모든 자들이 하나님의 가르침을 받을 것이라'는 것이
선지자들[의 글]에 기록되어 있다
아버지께로부터 듣고 배운 모든 자는 나에게로 나아온다

이 구절은 요한복음 5장 39절의 다른 표현이다. 성경은 그리스도 예수를 설명하고 그에게로 안내하는 기록이다. 여기에서 예수는 아버지의 말씀을 듣고 배운 자가 모두 자신에게 온다고 진술한다. 이것은 한 명의 선지자가 아니라 여러 선지자의 글에 기록된 것이라고 말하면서 특별히 이사야의 글을 인용한다. "네 모든 자녀는 여호와의 교훈을 받을 것이니"(사 54:13). 예수의 말씀에서 "모든 자들"은 이사야의 기록처럼 "모든 자녀"라고 이해함이 좋다. 여기에서 우리는 하나님의 택하심을 받은 자녀만이 하나님의 교훈을 유효하게 받는다는 사실을 확인한다. 동시에 아버지의 이끄심을 받은 자들이 모두 아버지의 가르침을 받았다는 사실도 확인한다. 가르침에 의한 이끄심은 강요나 협박에 의한 연행이 아니라 인격적인 소통에 의한 설득과 자율적인 수용을 의미한다. 우리가 자녀나 후배나 제자들을 이끌 때에도 우리는 하나님의 인격적인 이끄심을 존중해야 한다.

루터는 선지자의 기록을 풀어서 설명한다. 즉 하나님의 가르침을 받는다는 말의 의미는 "분파적인 정신을 구석으로 보내고 입을 다물고 읽지도 않고 청취도 없이 하나님 자신에게 귀를 기울이는 것"이고 "우리 주 하나님이 말씀하실 때까지 기다리는 것"이라고 한다. 나아가 "하나님의 말씀을 듣고 그것이 하나님의 말씀임을 아는 것"이라고 한다. 당나귀의 입에서 나왔다고 할지라도, 그 말이 하나님의 말씀임을 깨달아야 한다고 강조한다. 말씀의 전달자도 물론 중요하다. 그러나 그 말씀의 기원이 하나님께 있다는 사실은 더 중요하다. 그래서 예수는 하나님의 말씀이 누구를 통해 전파되든 "아버지께로부터"(παρὰ τοῦ πατρὸς) 듣고 배운다고 말하신다.

"여호와의 교훈"을 받는 일반적인 방식은 그분의 직접적인 계시가 아니라 하나님의 사람에 의한 교육이다. 구약에서 이스라엘 백성은 선지자에 의해 하나님의 교훈을 받았고 신약에서 유대인과 이방인은 사도에 의해 하나님의 교훈을 받은 것처럼, 지금도 하나님의 교훈은 다양한 하나님의 사람들에 의해 제공된다. 사람을 통해 진리를 전달하는 전도의 이 미련한 방식은 당신의 백성을 건지시고 이끄시는 하나님의 유구한 도구였다. 예수께서 보시기에 "가르침을 받는" 것은 "듣고 배우는" 것(ἀκούσας καὶ μαθὼν)을 의미한다. 여기에서 "배운다"는 말은 "들은 것을 활용하고 실천하여 익숙하게 되는 것"을 의미한다. 하나님의 교훈은 실천적인 배움을 요청한다. "사람이 선을 행할 줄 알고도 행하지 아니하면 죄니라"(약 4:17)고 야고보는 가르친다. "듣기만 하여 자신을 속이는 자가 되지 말라"(약 1:22)고 권고한다. 이러한 권고를 통해 우리 모두는 하나님의 교훈을 듣는 일과 배우는 일과 지키는 일에 힘써야 함을 깨닫는다. 그것이 예수께로 나아가는 복된 길이요 비결이다(계 1:3).

46[이는] 아버지에게서 온 자(그는 아버지를 보았다) 외에
어떤 이가 아버지를 보았다는 것이 아니니라

아버지의 가르침을 듣고 배운다는 말 때문에 아버지를 본 누군가가 있다고 오해하기 쉽다. 이에 예수는 "아버지에게서 온 자" 외에 그 누구도 아버지를 본 적이 없다는 말로 그런 오해를 사전에 차단한다. 예수는 아버지 하나님의 소생이다. 이것은 시간적인 시작이 없는 신비로운 신적 출생이다. 그런 예수만이 아버지 하나님의 유일한 목격자다. 이것은 유대인의 귀에 충격적인 발언이다. "네가 내 얼굴을 보지 못하리니 나를 보고 살 자가 없다"(출 33:20)는 하나님의 말씀과 어긋나기 때문이다. 물론 야곱(창 32:30)과 모세와 아론(출 24:10)과 기드온(삿 6:22)과 마노아 및 그의 아내(삿 13:22)와 이사야(사 6:5)도 하나님을 뵈었지만 그의 민낯을 본 것은 아니었다(출 33:23). 하나님의 실체를 본 것은 더더욱 아니었다. 바울이 고백한 것처럼 하나님은 "가까이 가지 못할 빛에 거하시고 어떤 사람도 보지 못하였고 또 볼 수 없는 분"이시다(딤전 6:16). 이 고백은 예수의 말씀과 일치한다. 그런 데도 예수께서 하나님을 보았다면 그가 일반적인 사람과는 다른 분이심을 증거한다. 이 구절은 다른 복음서에 나타나지 않고 여기에만 언급되어 있다. 예수의 성자 되심을 알리려는 저자의 의도 때문이다.

⁴⁷내가 진실로 진실로 너희에게 말하노라 믿는 자는 영원한 생명을 소유한다
⁴⁸나는 생명의 빵이다

아버지의 교훈을 듣고 배우고 자신에게 나아오는 믿음의 사람은 영원한 생명을 소유한다. 이 사실은 너무도 중요하여 재차 언급된다. 모든 사람은 하루라도 더 살기를 희망하고 살려고 노력한다. 인간에게 최고의 재산은 건강이다. 건강을 잃으면 모든 것이 소멸된다. 신체적인 질병은 대체로 방탕한 삶이 납부하는 따끔한 벌금이다. 그런데 대부분의 방탕한 사람들은 탈세를 시도한다. 그 질병은 수명의 단축을 가져오기 때문에 방탕한 자만이 아니라 온 인류의 집단적인 미움과 퇴치의 일 순위 대상이다. 그래서 질병에 걸리지 않으려고 노력하고 걸리면 낫기를 희구한다. 그러나 무병과 장수를 꿈꾸던 진시황도 불로초를 찾으려고 많은 보화와 삼천 명을 보냈으나 그런 범국가적 노력도 허사였다. 그는 50세에 생을 마감했다. 장수를 위해 대단히 많이 노력한 사람도 그의 날이 "백이십 년이 되리라"는 제한에서 자유롭지 않다(창 6:3). 만인이 희구하던 불멸의 생명은 그림의 떡이었다. 그러나 예수는 인류가 그렇게도 고대하던 영생불사 인생을 살도록 영원한 에너지를 제공하는 생명의 떡이시다. 그 떡을 믿음으로 먹는 모든 사람들은 영원한 생명을 소유한다. 예수는 이 사실이 너무도 중요해서 사람들의 귀에 못이 박히도록 반복한다.

⁴⁹너희 조상들은 광야에서 만나를 먹었어도 사망했다 ⁵⁰[그러나] 이것은
하늘에서 내려오는 빵이어서 어떤 이가 그것을 먹어도 죽지 않으리라

생명의 빵이 어떤 것인지를 실감나게 설명하기 위해 예수는 다시 만나 이야기를 반복한다. 이번에는 유대인의 조상들이 광야에서 만나를 먹었지만

죽었다는 측면을 강조한다. 인류의 역사에서 최고의 음식은 무엇인가? 아담과 하와가 어떠한 수고의 땀도 흘리지 않고 값없이 먹은 에덴의 열매라고 사람들은 대답한다. 하나님이 보시기에 심히 좋았던 그 에덴에 어울리는 최고급 열매보다 더 뛰어난 양식이 없을 것이라는 생각 때문이다. 그런데 나는 최고의 음식이 광야의 만나라고 생각한다. 이유는 에덴의 모든 열매가 땅에서 산출된 것이지만 만나는 하늘에서 주어진 것이었기 때문이다. 그래서 광야의 만나는 에덴의 열매보다 더 신비로운 양식이다. 그래서 예수는 일부러 에덴의 열매가 아니라 광야의 만나를 자신과 비교하신 것이라고 나는 추정한다. 예수는 자신을 만나처럼 하늘에서 내려온 양식으로 소개한다. 그러나 만나와 예수는 비록 동일한 출처를 가졌지만 둘 사이에도 극명한 차이점이 있다. 만나를 먹은 사람은 죽었지만 예수라는 빵을 먹는 사람은 죽지 않는다는 사실이다. 그러므로 에덴의 열매보다 더 고귀하고 광야의 만나보다 더 신비로운 인류의 진정한 불로초와 불사초는 예수라는 양식이다. 먹으면 죽지 않는 영원한 생명의 양식이다.

> 51나는 하늘에서 내려온 살아있는 빵이니라 어떤 이가 이 빵을 먹으면
> 영원히 살리라 내가 주는 이 빵은 세상의 생명을 위한 내 살이니라"

이제 예수는 빵이라는 자신의 정체성에 특이한 요소 둘을 추가한다. 첫째, "살아있는"($\zeta\tilde{\omega}\nu$) 빵이라고 설명한다. 빵을 비롯한 모든 음식은 자신의 죽음으로 우리에게 삶의 에너지를 제공한다. 죽어서 없어지는 방식으로 나의 삶에 참여한다. 기막힌 역설이다. 죽음과 삶은 그렇게 등을 맞대고 공존한다. 세상의 많은 만물과 현상이 그러한 죽음과 생명의 공존을 가르친다. 밤이 되고 아침이 되는 것도, 겨울이 지나고 봄이 오는 것도, 실패가 성공의 밑천으로 작용하는 것도, 고난이 지나간 이후에 영광이 주어지는 것도 동

일한 교훈을 제공한다. 이러한 교훈을 예수는 밀의 비유로 설명한다. "한 알의 밀이 땅에 떨어져 죽지 아니하면 한 알 그대로 있고 죽으면 많은 열매를 맺느니라"(요 12:24). 이 교훈이 얼마나 중요하고 고귀한지, 예수는 죽음의 때를 하늘의 영광이 자신에게 임하는 때라고 해석하실 정도였다.

그런데도 예수는 자신을 "죽은 빵"이 아니라 "살아있는 빵"이라고 규정했다. 그 이유는 세상의 모든 양식은 먹어도 죽을 수밖에 없지만 예수라는 빵을 먹으면 아무도 죽지 않고 영원히 살고 죽어도 다시 살아나기 때문이다. 게다가 예수 자신도 비록 십자가의 죽음을 당하지만 다시 살아나기 때문에 그는 "살아있는 빵"이시다. 같은 맥락에서 바울은 예수를 "살려주는 영"(고전 15:45)이라고 규정했다. 그리고 방부제가 있어도 부패하는 세상의 빵과는 달리 예수는 영원히 소멸되지 않는 빵이기 때문에 모든 시대의 모든 사람에게 공급되고 어떠한 차별도 없이 동등하게 누릴 수 있기에 역사를 가로질러 "살아있는 빵"이시다. 세상의 일회용 빵과는 달리, 한번 먹은 사람도 계속해서 반복적인 섭취가 가능하기 때문에 "살아있는 빵"이시다. 그래서 예수라는 빵은 다른 유례를 찾아볼 수 없을 정도로 기이하고 신비롭다.

둘째, 세상의 생명을 위한 자신의 "살"(σάρξ)이라고 설명한다. 다소 섬뜩한 표현이다. 자신의 살이 마치 빵의 재료인 것처럼 느껴지기 때문이다. 바클레이 주석은 고대의 이방종교 의식을 소개한다. 신에게 짐승의 제물을 드리고 난 이후에 짐승의 고기로 축제를 벌이는데 신도 손님으로 참석한다. 신에게 고기가 바쳐지면 신이 그 고기 속으로 들어간다. 숭배하는 자들이 그 고기를 먹으면 신의 살을 먹는 것으로 간주된다. 그러면 신의 생명과 능력은 그 고기를 먹은 자에게로 이전된다. 그런 식으로 신은 예배자와 교통하고 결합한다. 물론 이것은 터무니 없는 이방종교 의식이다. 그러나 당시의 이러한 문화권에 둘러싸여 사는 자들에게 빵을 신의 살이라고 하는 말은 낯설지 않은 표현임에 분명하다. 우상은 아무것도 아니며 우상에게 바쳐진 제물도 기도와 감사의 마음으로 먹으면 평범한 양식에 불과하다. 그러나 예수는 우상이 아니라 완전한 신이시다. 그의 살을 빵처럼 믿음으로 먹는다는 것은 평범한 양식의 섭취가 아니라 진실로 그의 영원한 생명이 우리에게 출입하는 사건이다. 이로써 그가 우리 안에, 우리가 그 안에 거하는 신비로운 연합이 가능하다. 이처럼 예수의 살은 믿음의 섭취라는 방식으로 세상에 영원한 생명을 제공한다.

만약 어떤 음식을 먹기만 하면 결코 죽지 않고 영원히 산다고 하면 사람들이 얼마나 열광하며 그 음식을 찾겠는가! 진시황제 이상의 열정으로 만사를 제치고 그 음식을 찾을 때까지 매달리지 않겠는가! 그런데 예수가 그런 불사의 결과를 가져오는 빵이라는 사실을 3번이나 동일한 표현으로 밝혔어도 유대 사람들의 반응은 냉랭했다. 오병이어 기적의 궁극적인 의미를 그 기적의 주인공이 밝혔어도 그들은 깨닫지를 못하고 숙덕대며 오히려 예수를 정신 나간 사람으로 취급했다. 요셉과 마리아의 소생으로 목수라는 서민층의 직업을 가진 주제에 무슨 헛소리를 하느냐며 괄시하고 폄하했다.

예수에 대한 유대인의 냉대는 오늘날 예수라는 빵 찾기에 아무런 관심도 기울이지 않고 열정의 온도가 영하로 떨어진 우리의 싸늘한 상태를 고발한다. 실제로 예수에 대한 관심도는 교회 안에서도 위장 채우기에 대한 관심보다 낮다. 교회도 떡 먹고 배부르기 때문에 예수를 추종한다. 그러나 예수는 그 자신이 신비로운 양식이다. 위장이 아니라 영혼의 영원한 포만감을 제공한다. 우리의 인생에 의미와 가치라는 무한한 에너지와 만족의 재원을 공급한다. 이 세상의 양식은 조금만 많이 먹으면 반드시 지루하고 질리지만, 아무리 많이 먹고 마셔도 고갈되지 않는 설렘과 영광으로 일평생 만족하게 되는 빵은 예수라는 양식이다. 예수라는 빵을 독점하기 위해 타인을 배제하는 것은 어리석다. 그 빵의 분량은 무한하기 때문이다. 12개의 바구니가 아니라 무한한 여분이 있기 때문이다. 온 땅의 만인에게 나누어도 될 정도로 넉넉하다.

요 6:52-71

⁵²그러므로 유대인들이 서로 다투어 이르되 이 사람이 어찌 능히 자기 살을 우리에게 주어 먹게 하겠느냐 ⁵³예수께서 이르시되 내가 진실로 진실로 너희에게 이르노니 인자의 살을 먹지 아니하고 인자의 피를 마시지 아니하면 너희 속에 생명이 없느니라 ⁵⁴내 살을 먹고 내 피를 마시는 자는 영생을 가졌고 마지막 날에 내가 그를 다시 살리리니 ⁵⁵내 살은 참된 양식이요 내 피는 참된 음료로다 ⁵⁶내 살을 먹고 내 피를 마시는 자는 내 안에 거하고 나도 그의 안에 거하나니 ⁵⁷살아 계신 아버지께서 나를 보내시매 내가 아버지로 말미암아 사는 것 같이 나를 먹는 그 사람도 나로 말미암아 살리라 ⁵⁸이것은 하늘에서 내려온 떡이니 조상들이 먹고도 죽은 그것과 같지 아니하여 이 떡을 먹는 자는 영원히 살리라 ⁵⁹이 말씀은 예수께서 가버나움 회당에서 가르치실 때에 하셨느니라 ⁶⁰제자 중 여럿이 듣고 말하되 이 말씀은 어렵도다 누가 들을 수 있느냐 한 대 ⁶¹예수께서 스스로 제자들이 이 말씀에 대하여 수군거리는 줄 아시고 이르시되 이 말이 너희에게 걸림이 되느냐 ⁶²그러면 너희는 인자가 이전에 있던 곳으로 올라가는 것을 본다면 어떻게 하겠느냐 ⁶³살리는 것은 영이니 육은 무익하니라 내가 너희에게 이른 말은 영이요 생명이라 ⁶⁴그러나 너희 중에 믿지 아니하는 자들이 있느니라 하시니 이는 예수께서 믿지 아니하는 자들이 누구며 자기를 팔 자가 누구인지 처음부터 아심이러라 ⁶⁵또 이르시되 그러므로 전에 너희에게 말하기를 내 아버지께서 오게 하여 주지 아니하시면 누구든지 내게 올 수 없다 하였노라 하시니라 ⁶⁶그 때부터 그의 제자 중에서 많은 사람이 떠나가고 다시 그와 함께 다니지 아니하더라 ⁶⁷예수께서 열두 제자에게 이르시되 너희도 가려느냐 ⁶⁸시몬 베드로가 대답하되 주여 영생의 말씀이 주께 있사오니 우리가 누구에게로 가오리이까 ⁶⁹우리가 주는 하나님의 거룩하신 자이신 줄 믿고 알았사옵나이다 ⁷⁰예수께서 대답하시되 내가 너희 열둘을 택하지 아니하였느냐 그러나 너희 중의 한 사람은 마귀니라 하시니 ⁷¹이 말씀은 가룟 시몬의 아들 유다를 가리키심이라 그는 열둘 중의 하나로 예수를 팔 자러라

❖ ❖ ❖

⁵²그러므로 유대 사람들은 "이자가 어떻게 자신의 살을 우리에게 먹도록 줄 수 있느냐"고 말하면서 다투었다 ⁵³이에 예수께서 그들에게 말하셨다 "내가 진실로 진실로 너희에게 말하노라 너희가 인자의 살을 먹지 아니하고 그 피를 마시지 아니하면 너희 속에 생명이 없느니라 ⁵⁴내 살을 먹고 내 피를 마시는 자는 영원한 생명을 소유한다 마지막 날에 내가 그를 다시 살리리라 ⁵⁵이는 내 살이 참된 양식이고 내 피는 참된 음료이기 때문이다 ⁵⁶내 살을 먹고 내 피를 마시는 자는 내 안에 거하고 나도 그의 안에 거한다 ⁵⁷살아계신 아버지께서 나를 보내셨고 내가 아버지로 말미암아 사는 것처럼 나를 먹는 자도 나로 말미암아 살리라 ⁵⁸이것은 그 조상들이 먹고도 죽은 것과는 달리 하늘에서 내려온 떡이며 이 떡을 먹는 자는 영원히 살리라 ⁵⁹이것들은 그가 가버나움 안에 있는 회당에서 가르치실 때에 말하셨다 ⁶⁰그의 제자들 중에 많은 이들이 듣고 말하였다 "이것은 어려운 말이구나 누가 그것을 들을 수 있겠는가?" ⁶¹예수께서 그의 제자들이 이것에 대하여 수군대는 것을 자신 안에서 아시고 말하셨다 "이것이 너희에게 걸림이 되었느냐? ⁶²그러면 인자가 이전에 있던 곳으로 올라가는 것을 너희가 본다면 [어떻게 하겠느냐?] ⁶³영은 살리지만 살은 전혀 유익하지 않다 내가 너희에게 이야기한 말들은 영이요 생명이다 ⁶⁴그러나 너희 중에 믿지 아니하는 자들이 있느니라" 이는 예수께서 처음부터 믿지 아니하는 자들은 누구이고 그를 넘기는 자는 누구인지 아셨기 때문이다 ⁶⁵그가 또 말하셨다 "이로 인하여 아버지로부터 그가 주어지지 않으면 누구도 나에게로 나아오지 못한다고 내가 너희에게 말하였다" ⁶⁶그 [때]로부터 그의 제자들 중 많은 이들이 등돌리며 떠났고 더 이상 그와 함께 걷지 않았더라 ⁶⁷이에 예수께서 열 둘에게 말하셨다 "너희도 떠나기를 원하지 않느냐?" ⁶⁸시몬 베드로가 그에게 답하였다 "주여 우리가 누구에게 가겠습니까? 당신은 영원한 생명의 말씀을 가지고 계십니다 ⁶⁹그리고 우리는 당신이 하나님의 거룩하신 분이라는 것을 믿고 알고 있습니다 ⁷⁰예수께서 그들에게 답하셨다 "내가 너희 열 둘을 택하지 않았느냐? 그러나 너희 중에 하나는 마귀니라" ⁷¹그런데 그는 가룟 시몬의 아들 유다를 일컬으셨다 이는 그가 열 둘 중의 하나로서 그를 넘기고자 했기 때문이다

21 떠나느냐 머무느냐

본문은 자신의 살을 먹는 빵이라고 한 예수의 설명이 유대인과 제자들의 목구멍에 걸려 일어난 사건을 기록하고 있다. 예수는 자신의 살과 피 이야기를 그들에게 자세히 설명한다. 그의 명료한 설명은 그들에게 여전히 어려웠다. 이 어려움은 이해보다 수용의 어려움을 의미한다. 유대인 무리만이 아니라 제자들 중에서도 많은 이들이 예수를 떠나갔다. 열두 제자들만 남은 상황에서 예수는 그들에게 물으셨다. 너희도 떠날 것이냐고! 그러나 베드로를 필두로 한 그 제자들은 예수와의 동행을 선택한다. 이는 예수에게 영원한 생명의 말씀이 있고 그가 하나님의 거룩하신 아들임을 믿고 알았기 때문이다. 예수 자신에게 근거한 그들의 고백은 참 아름답다. 그러나 그들 중에는 마귀가 있다는 예수의 서늘한 지적에 분위기가 또다시 경직된다. 다른 제자들도 마귀로 지목된 유다의 야비한 배신에서 자유롭지 않다. 때때로 고백과 순종은 일치하지 않고 다른 길을 걸어간다. 이 시점에서 열두 제자들은 예수와의 동행에 성공한다. 그들에게 직접적인 피해가 없었기 때문이다. 즉 예수보다 자신을 더 사랑하는 그 제자들의 본심은 아직 드러날 때가 아니었다.

> 52그러므로 유대 사람들은 "이자가 어떻게 자신의 살을
> 우리에게 먹도록 줄 수 있느냐"고 말하면서 다투었다

자신의 살을 생명의 빵이라고 한 예수의 설명을 듣고 유대 사람들이 다시 숙덕댄다. 이전과는 달리 지금은 서로 다투기도 한다. 다투는 이유는 자신의 살을 그들이 먹도록 주겠다는 예수의 표현 때문이다. 인육을 먹는다는 것은 분명히 끔찍한 야만이다. 유대인의 놀람은 당연했다. 이는 모든 사람들의 보편적인 반응이다. 로마의 역사가 타키투스(Tacitus, 56-117) 또한 기독교를 사악하고 추잡하고 매우 위험한 미신의 하나라고 평가했다. 2세기 아우렐리우스 황제 치하에는 기독교가 사람의 살을 먹고 사람의 피를 마신다는 이유로 반사회적 집단으로 간주되어 부당한 박해를 당하기도 했다. 예수의 생생한 음성을 들은 당시의 유대인은 예수와 그의 제자들을 이상한 집단으로 더더욱 '합당하게' 오해했다. 이해가 상충되는 부류 사이에 격렬한 논쟁도 벌어졌다.

> 53이에 예수께서 그들에게 말하셨다
> "내가 진실로 진실로 너희에게 말하노라 너희가 인자의 살을 먹지 아니하고
> 그 피를 마시지 아니하면 너희 속에 생명이 없느니라

이 구절은 유대인의 오해에 해명이 아니라 오히려 정당성을 제공하는 예수의 발언이다. 그러나 자신의 살을 먹고 피를 마시지 않는 사람 안에는 생명이 없다는 구절에서 다른 차원의 생명 이야기가 감지된다. 지금 싸우는

유대인은 살아있는 자들이다. 그들에게 생명이 없지 않음에도 불구하고 예수는 자신의 살과 피를 먹고 마시지 않으면 그들에게 생명이 없다고 주장한다. 이것을 이해하기 위해서는 두 종류의 생명을 고려해야 한다. 첫째 생명은 신체적인 생명이다. 모든 생물들이 가지고 있는 보편적인 생명이다. 히브리서 기자에 의하면 온 우주의 모든 생명체는 "능력의 말씀으로 말미암아" 유지되고 있다(히 1:3). 둘째 생명은 영적인 생명이다. 생명 자체이신 그리스도 예수께서 사람 안에 거하실 때에 주어지는 생명이다. 유대인 안에 없다고 한 생명은 바로 영적인 생명이다. 두 종류의 생명은 모두 말씀이신 예수와 연관되어 있다.

예수라는 생명이 있기 위한 조건으로 그는 "먹는다"(τρώγω)와 "마신다"(πίνω)는 동사를 사용한다. 여기에서 "먹는다"는 것은 "바스락 소리가 나도록 씹는다"를 의미한다. 우리가 음식을 먹을 때에 의지적인 섭취의 활동은 입에서만 가능하다. 입으로 들어간 이후의 음식에 대해서는 우리의 의지와 무관한 근육이 관여한다. "씹는다"는 말은 섭취의 과정을 말하지만 그것만이 아니라 섭취된 음식을 분해하는 소화와 소화된 영양소를 체내로 가져오는 흡수도 포괄한다. 같은 차원에서, 믿음으로 예수의 살을 먹고 그의 피를 마신다는 것은 성경과 자연을 통하여 예수라는 최고의 인격적인 영양소를 분해하고 우리의 존재 내부로 흡수하는 것을 의미한다. 이러한 의미는 두루마리 말씀을 "네 배에 넣으며 네 창자에 채우라"(겔 3:3)는 하나님의 명령에 이미 암시되어 있다. 예수를 먹고 마시면 예수는 우리의 오장육부 전체로 그리고 존재의 가장 깊은 곳으로 들어온다. 전인격의 보좌에 앉으신다. 그리고 우리의 종교성과 의지와 지성과 감성과 도덕성과 사회성에 생기를 불어 넣으신다. 예수로 말미암은 생명은 삶의 무한한 길이를 제공하는 것만이 아니라 우리의 존재와 존속과 인생의 방향과 목적에 스며들어 이 모든 것을 주관하며 삶의 질도 마지막 단계까지 높여준다.

⁵⁴내 살을 먹고 내 피를 마시는 자는 영원한 생명을 소유한다
마지막 날에 내가 그를 다시 살리리라

예수의 유사한 말씀이 반복된다. 그러나 여기에서 구별된 것은 예수의 살을 먹고 그의 피를 마시는 자는 먼 미래가 아니라 지금 당장 영원한 생명의 소유자가 된다는 사실이다. 그래서 생명을 "가진다"(ἔχει)는 현재형 동사를 사용한다. 게다가 지금의 우리에게 주어지는 것은 단순한 생명이 아니라 "영원한 생명"이다. 영원한 생명은 죽음 이후에 주어지는 것이 아니라 예수를 믿음으로 먹고 마시는 순간 곧바로 주어지는 실시간 선물이다. 종말까지 보류되지 않고 믿는 순간에 모든 믿음의 사람이 받는 영원한 선물이다. 이 영원한 생명이 없으면 죽은 것이라는 관점에 근거할 때, 예수를 먹고 마시지 않으면 살았어도 죽은 것이고 그를 먹고 마시면 죽었어도 산 것이라는 말은 모순처럼 보이지만 영적인 사실이다.

예수는 마지막 날에 믿음의 사람을 "다시 살릴"(ἀναστήσω) 것이라고 한다. 이는 마지막 날이 되기 이전에 믿음의 사람도 죽는다는 사실을 전제한다. 일부의 신자들은 예수를 먹고 마시면 영원한 생명을 가지기 때문에 육체적인 죽음이 없을 것이라고 생각한다. 그러나 한번 죽는 것은 정하여진 필연적인 일이라고 히브리서 저자는 가르친다(히 9:27). 다만 여기에서 죽는다는 것은 영원한 죽음이 아니라 육체의 일시적인 죽음을 의미한다. 영원한 생명을 소유한 신자도 육체적인 죽음을 당하지만 마지막 날에 예수께서 그를 육체적인 죽음에서 다시 살리신다. 이때 다시 살리는 대상은 영혼이 아니라 육신이다. 그러나 영적인 생명은 한번도 끊어지지 않고 육체적인 죽음 이후와 마지막 날 사이에도 보존된다. 영적인 생명은 믿음의 시작부터 영원히 지속되고 육적인 생명은 잠시 죽었다가 예수에 의해 다시 살아난다. 육체는 죽음과 부활 사이에만 흙으로 돌아간다.

55이는 내 살이 참된 양식이고 내 피는 참된 음료이기 때문이다

세상에는 많은 양식들과 음료들이 있다. 그런데 예수는 자신의 살만이 "참된"(ἀληθής) 양식이고 자신의 피만이 "참된" 음료라고 한다. 성경에서 "참되다"는 말은 진리의 술어로 사용된다. 진리는 이랬다 저랬다 하는 변덕이 아니라 영원히 변하지 않음이다. 그러나 이 세상의 모든 양식과 음료는 인간에게 일시적인 에너지와 즐거움만 준다. 입으로 들어가는 양식도 그러하고 머리로 들어가는 지식도 그러하다. 결코 영원하지 않고 불변하지 않다. 그러나 예수의 살과 피는 불변성과 영원성을 가지고 있어서 "참되다"는 술어가 가능하다. 그의 살과 피를 먹고 마시면 앞서 언급한 것처럼 영원히 배고프지 않고 영원히 목마르지 않다(요 6:35).

56내 살을 먹고 내 피를 마시는 자는 내 안에 거하고 나도 그의 안에 거한다

예수와 그를 먹고 마시는 사람 사이의 관계적 상태를 설명한다. 즉 예수를 먹고 마시는 자는 예수 안에 거하고 예수는 그의 안에 거한다고 한다. 우리가 음식을 먹으면 몸속으로 들어오는 것처럼 예수께서 우리 안에 거하시는 것도 쉽게 이해된다. 그러나 음식이 아니라 예수를 먹으면 우리도 예수 안에 거하는 일이 발생한다. 무슨 의미일까? 서로의 안에 거한다는 것은 가장 긴밀하고 인격적인 소통과 연합을 의미한다. 그럼에도 불구하고 예수께서 우리 안에 거하시는 것은 그가 인생의 규범이 되고 기준이 되고 방향이 되고 목적이 됨을 의미하고, 우리가 예수 안에 거하는 것은 우리에 대한 하나님의 평가가 예수의 어떠함에 근거하여 이루어질 것임을 의미한다. 나아가 예수 안에 거하면 예수를 옷입고 살아가는 것이기 때문에 예수처럼 살아야 함도 의미한다. 이것은 나의 해석이다.

내 안에 누군가가 거하는 방법은 사랑이다. 예수께서 자신을 우리에게 양식과 음료로 주신다는 것은 사랑이다. 우리가 그를 믿음으로 먹는다는 것도 그의 사랑에 대응하는 우리의 사랑이다. 사랑하면 사랑의 대상이 사랑하는 주체의 내면을 다 차지한다. 존재의 아랫목을 내어주는 것이 사랑이다. 그래서 우리가 예수를 사랑하면 예수는 우리 안에 거하시고 예수께서 우리를 사랑하면 우리는 예수 안에 거하는 최고의 연합이 일어난다. 하나님이 그 안에 충만하신 사람을 세상이 어찌 감히 건드릴 수 있으며 음부의 권세가 어찌 감히 군침을 흘릴 수 있겠는가! 예수를 사랑하는 우리는 예수로 충만한 하나님의 성전이다. 이는 우리가 주님만이 거하시는 주님의 집이어야 함을 의미한다. 동시에 우리가 유일하신 하나님만 사랑해야 함을 가르친다. 이는 돈을 사랑하고 권력을 사랑하고 명예를 사랑하고 다른 무언가를 사랑하여 우상이 하나라도 우리의 내면을 파고들면 그 의미가 훼손되는 것이 하나님의 성전이기 때문이다. 이것을 사랑하면 저것을 미워하고 저것을 사랑하면 이것을 미워하듯 하나님과 우상은 겸하여 섬기지 못하는 사랑의 상극이다(마 6:24).

> 57살아계신 아버지께서 나를 보내셨고 내가 아버지로 말미암아 사는 것처럼
> 나를 먹는 자도 나로 말미암아 살리라 58이것은 그 조상들이 먹고도
> 죽은 것과는 달리 하늘에서 내려온 떡이며 이 떡을 먹는 자는 영원히 살리라"

사람의 살을 먹고 피를 마신다는 것은 구약에서 형벌과 저주의 도구였다. 사람을 먹는 식인 사건은 하나님의 말씀처럼 "너희가 내게 청종하지 아니하여 이 모든 명령을 준행하지 아니하며 내 규례를 멸시하며 마음에 내 법도를 싫어하여 내 모든 계명을 준행하지 아니하며 내 언약을 배반할" 때에 발생하는 "놀라운 재앙"의 하나였다(레 26:14-15, 29). 자신이 살기 위하여

타인을 먹는 이 가공할 혼돈은 하나님을 배반하고 떠난 자들의 삶이었다. 저주 아래에 거하는 자들은 그렇게 타인의 죽음으로, 아니 타인을 죽임으로 연명했다. 타인을 죽여야 자신이 사는 것이 삶의 원리였다. 예수는 인류에게 부과된 그런 저주의 마침표와 같으시다. 서로가 서로에게 먹고 먹히는 저주에 빠진 인류에게 자신을 먹는 양식과 마실 음료로 내어주셨기 때문이다. 사망은 자신에게 주어졌고, 생명은 타인에게 주어졌다. 그렇게 그는 자신의 자발적인 죽음으로 타인을 살리셨다. 예수의 희생적인 삶은 저주의 불똥이 다른 곳으로 튀지 못하도록 그 불씨를 완전히 꺼뜨렸다. 그의 삶은 새로운 삶의 원리였다.

자신을 양식과 음료로 내어주면 예수는 어떻게 사시는가? 살아계신 아버지로 말미암아 산다고 고백한다. 구약에서 피는 생명을 의미한다. 자신의 피를 한 방울도 남기지 않고 다 쏟으신 것은 자신의 생명을 아끼지 않고 내어주신 예수의 진실한 사랑을 증거한다. 그런 사랑을 하고 나면 생명의 피가 없기 때문에 누구든지 사망한다. 그런데도 예수는 죽지 않으신다. 살아계신 아버지 때문이다. 피가 아니라 살아계신 아버지가 그분 안에 거하시기 때문이다. 피로 상징된 생명은 아버지께 있고 아버지 자신이다. 그리고 살은 에너지와 같다. 그래서 마른 사람의 에너지는 금새 바닥난다. 예수의 살을 먹는다는 것은 예수를 에너지로 삼아 현재의 삶을 산다는 것을 의미한다. 예수 없이는 아무것도 못할 뿐만 아니라 숨쉬는 것조차도 버거운 것이 신앙인의 경험이다. 이후에 말씀하신 것처럼 "나를 떠나서는 너희가 아무것도 할 수 없다"(요 15:5)는 예수의 단언은 예수 의존적인 삶의 원리를 가르친다. 예수께서 보이신 아버지 의존적인 삶의 원리를 따라 예수를 먹는 사람의 삶도 예수로 말미암아 사는 예수 의존적인 인생이다. 유대인의 조상들이 광야에서 만나를 먹고서도 죽은 것처럼 예수 떠난 인생은 뭘 먹더라도 사망한다.

⁵⁹이것들은 그가 가버나움 안에 있는 회당에서 가르치실 때에 말하셨다

⁶⁰그의 제자들 중에 많은 이들이 듣고 말하였다

"이것은 어려운 말이구나 누가 그것을 들을 수 있겠는가?"

오병이어 기적에 근거하여 자신의 살과 피가 믿는 자들의 양식과 음료라는 비밀을 풀어 주신 예수의 가르침은 가버나움 "회당"(συναγωγή)에서 이루어진 일이었다. 회당은 예수의 가르침을 들은 사람들이 경건한 자들임을 암시한다. 그러나 가버나움 사람들은 귀가 어두웠다. 예수의 가르침이 어려웠다. 오병이어 사건까지 경험한 예수의 제자들 중 압도적인 다수도 예수의 살과 피의 비유는 이해할 수 없는 말이라며 고개를 젓고 혀를 내둘렀다. 이러한 반응 때문일까? 이후에 예수는 가버나움 마을에 대한 혹평을 쏟으셨다. 그는 이 마을이 하늘까지 높아지려 했으나 음부까지 낮아질 것이라는 혹평만이 아니라 "네게 행한 모든 권능을 소돔에서 행했다"면 그 성이 멸망하지 않았을 것이라는 격노까지 쏟으셨다(마 11:23). 이는 이 마을이 소돔과 고모라 성보다도 못한 곳이라는 평가였다.

제자들이 듣기에 "어려운 말"(σκληρός λόγος)이라는 것은 당연히 예수의 말씀 자체의 어려움도 암시한다. 그러나 여기에서 말의 어려움은 화자보다 청자의 문제 때문에 발생한다. 물론 뭔가를 제대로 알지 못하면 화자가 횡설수설 한다. 자기도 이해하지 못하는 말을 내뱉다가 논리의 스텝이 꼬이고 갈팡질팡 언술을 이어간다. 본인도 모르는 말을 청중이 이해할 리는 더더욱 만무하다. 그러나 예수는 모든 것을 완벽하게 아는 분이시다. 고수의 말은 단순하고 명료하다. 그런데도 제자들은 예수의 말씀이 어렵다고 하고서 누구도 이해할 수 없다는 뉘앙스 한 무더기를 내뱉는다. 이런 반응은 자신들만 듣지 못하는 것이 아니라 모든 사람들의 보편적인 현상이기 때문에 자신들의 잘못이 아니라는 평계의 정당화다.

예수의 말씀이 어렵다는 것은 이해만이 아니라 수용의 어려움을 강조한

다. 그런 어려움의 원인은 재차 말하지만 화자나 말씀 자체가 아니라 듣는 자에게 있음을 암시한다. 첫째, 말씀이 어려운 청자는 외인일 가능성을 암시한다. 예수께서 애매한 비유로 말씀한 것은 그 청중이 "천국의 비밀을 아는 것"이 허락되지 않은 자들이기 때문이다(마 13:11). 그들을 "외인"이라 한다(막 4:11). 그들은 예수의 말씀을 "듣기는 들어도 깨닫지 못하게 하여 돌이켜 죄 사함을 얻지 못하"게 되는 자들이다(막 4:12). 아버지의 이끄심을 받지 못한 자들로 이해해도 된다.

둘째, 외인이 아님에도 말씀이 어렵다면 청자가 말씀에서 멀어져 있음을 암시한다. 평소에 말씀을 듣고 묵상하고 연구하고 실행하면 말씀이 낯설지가 않고 친밀하다. 말씀과 친하면 어떠한 말씀도 술술 이해되고 어렵지가 않다. 이해가 어려워도 수용은 가능하다. 성령의 가르침을 구하는 기도로 읽으면 이해와 수용의 어려움도 사라진다. 그러나 말씀을 멀리하면 쉬운 구절도 이해하기 어렵고 이해해도 수용하지 않으려고 한다. 다른 측면에서 보면, 성경을 읽다가 어려운 구절을 만나면 말씀과의 더 끈끈한 관계를 도모할 기회가 온 것으로 이해해도 좋다. 그런 구절을 많이 만날수록 우리가 듣고 이해하고 수용할 수 있는 말씀의 범위는 더욱 넓어진다. 그러므로 우리는 말씀이 어렵지 않고, 해석의 대상으로 여겨지지 않고, 달콤한 꿀로 여겨져 모두 받아들일 때까지 더 난해한 구절을 찾아가며 친밀함의 수위를 높여가야 한다.

61예수께서 그의 제자들이 이것에 대하여 수군대는 것을
자신 안에서 아시고 말하셨다 "이것이 너희에게 걸림이 되었느냐? 62그러면
인자가 이전에 있던 곳으로 올라가는 것을 너희가 본다면 [어떻게 하겠느냐?]

저자는 예수의 피와 살 이야기를 들은 제자들도 유대인 무리처럼 수군대

는 것을 예수께서 "자신 안에서"(ἐν ἑαυτῷ) 아셨다"고 기록한다. 주님은 불평하는 제자들의 조용한 궁시렁도 다 들으신다. 그런데 이 문구를 기록한 저자의 의도는 제자들의 반응에 대한 예수의 지속적인 관심과 애정을 드러냄에 있다. 유대인 무리의 반응도 중요하나 12제자들을 포함한 많은 제자들의 반응은 그에게 더욱 중요했다. 그래서 예수의 귀는 제자들의 마음에 청진기와 같이 항상 달라붙어 있다. 이는 생각의 심장 소리까지 듣기 위함이다. 그런 애정을 가지고 주님은 피와 살 이야기가 그들에게 걸림이 되느냐고 물으셨다. 주님은 제자들의 걸림을 다 아시고 그 이야기를 꺼내셨다. 마음에 걸림이 생기는 것은 부정적인 현상이다. 그러나 그런 현상은 마음의 은밀한 상태를 의식의 세계로 불러내기 때문에 자신을 정확하게 성찰하고 성숙할 기회를 제공한다.

제자들은 스승의 말씀에 의한 마음의 걸림 때문에 서로 수군대며 반감의 덩치를 키워갔다. 수군댐의 내용이 스승의 귀에 들어가기 전인데도 그가 스스로 아시고 그들의 걸림에 대해 질문을 던지시는 바람에 그들은 뭔가 들킨 것처럼 움찔했을 것이라고 나는 생각한다. 그들의 수군댐이 더 심해지지 않도록, 공연한 반감에서 그들을 보호하기 위해 주님께서 일부러 저지하신 일이기도 하다. 말씀으로 인해 마음에 걸림이 생겼을 때에는 동일한 걸림을 느낀 사람들을 규합하여 걸림의 정당화를 도모하며 주로부터 멀어지는 것보다 주님께로 직접 나아가서 그의 가르침을 받는 것이 최선의 길이라고 칼뱅은 제안한다. 성경에는 구절마다 해석의 난이도가 다양하다. 피와 살에 대한 언급보다 더 난해한 구절들이 많다. 주께서 언급하신 "인자가 이전에 있던 곳으로 올라가는 것"이 그러하다. 만약에 이런 사건을 제자들이 본다면 어떤 반응을 보였을까? 더 심한 수군댐이 충분히 짐작된다. 제자들이 들은 예수의 피와 살 이야기는 그가 하늘로 올라가는 신비로운 기적에 비하면 납득하기 쉬운 발언이다.

우리는 성경을 볼 때 난이도의 어느 수위에서 마음이 걸리는가? 수위가 낮은 문제에 걸려 분노를 격발하며 성경 전체를 믿지 않기로 성급하게 결심하는 사람이 되지 않도록 주의해야 한다. 과연 우리는 성경의 어떤 내용까지 아무런 걸림도 없이 신뢰하고 있는가? 홍해가 갈라지는 것? 태양과 달이 가던 길을 멈추는 것? 요단의 흐르는 강물이 정지하는 것? 당나귀가 사람처럼 말하는 것? 남녀의 결합 없이 임신하는 것? 죽은 사람이 살아나는 것? 어디에서 걸리는가? 자신의 이성과 논리를 과신한 나머지, 성경에서 그 범주를 벗어난 초자연적 현상이 기록된 모든 페이지를 갈기갈기 찢은 사람들도 있다. 그러나 우리는 맹목적인 '묻지마 신앙'이 아니라 멀쩡한 정신으로 성경 이야기를 믿되 토시 하나도 남기지 않고 성경의 모든 페이지를 신뢰하는 최고의 수위까지 이르도록 하자.

<h3 style="text-align:center">63영은 살리지만 살은 전혀 유익하지 않다
내가 너희에게 이야기한 말들은 영이요 생명이다</h3>

이 구절은 살과 피 이야기의 걸림을 제거하는 예수의 자상한 설명이다. 앞에서 영원한 생명을 주려고 하늘에서 내려온 빵은 예수의 "살"(σάρξ)이라고 했다(요 6:51). 그런데 제자들은 그 "살"이 말 그대로 "살"이라고 생각했다. 즉 그들은 "살"을 상징적인 말이 아니라 지시적인 말로 이해했다. 그러나 예수는 "살"이 "전혀 유익하지 않다"고 가르친다. 이는 "살"이 우리가 영원한 생명에 이르도록 어떠한 유익도 제공하지 않음을 의미한다. 영원한 생명을 주는 것은 물질적인 "살"이 아니라 살리는 "영"이라고 설명한다. 이 영은 태초에 인간을 창조하실 때에 그의 코에 불어 넣으신 여호와의 "숨"(נְשָׁמָה)과 유사하다(창 2:7). 엘리후도 같은 내용을 고백한다. "하나님의 영이 나를 지으셨고 전능자의 숨이 나를 살리신다"(욥 33:4). 이런 관점에서 보면, 예수께서 하늘의 빵으로서 언급하신 자신의 "살"은 시장에서 파는 고

기나 사람의 육신이 아니라 살리는 "영"(πνεῦμα)을 가리킨다. 이것은 이 복음서의 목적을 따라 예수의 인성이 아니라 그의 신성을 강조한다. 그런데도 사람들은 예수를 "살"이라고 이해했다. 이는 예수를 하나님의 아들이 아니라 사람의 아들로 여겼기 때문에 발생한 오해였다.

예수는 자신이 제자들을 향해 이야기한 "말들"이 영원한 생명을 주어서 살리는 영이라고 한다. 대단한 선언이다. 말이 생명과 영이라는 선언이 가능한 곳은 기독교가 유일하다. 예수의 말씀은 살이 아니라 영에 관한 말이었고 그의 말씀 자체가 또한 살리는 영이면서 생명이다. 예수의 이런 가르침을 따라 바울은 말씀이 육신이 되신 예수를 "살리는 영"이라고 했다(고전 15:45). 시인은 하나님의 말씀이 "영혼을 소생하게 만드는"(시 19:7) 것이라고 증거한다. 이전에 한 예수의 말씀에서 "육으로 난 것은 육이고 영으로 난 것은 영"이라고 했다(요 3:6). 바울은 "율법 조문은 죽이는 것이요 영은 살리는 것"이라고 말하면서 시인과 예수의 말씀을 종합한다(고후 3:6). 이는 하나님의 말씀을 육적으로 읽으면 죽이는 문자에 불과하고 영적으로 읽으면 살리는 영이라는 종합이다. 그러므로 하나님의 말씀 자체는 아무런 문제가 없으나 읽는 자의 육신적인 읽기가 문제의 원흉이다. 예수라는 말씀을 육적으로 읽으면 육에 불과하다. 그러나 성령의 가르침을 따라 읽으면 예수는 살리는 영이고 생명이다. 그러므로 우리는 생명이 시들고 죽음이 다가올 때에 성령의 도우심을 받고 말씀을 붙들어야 소생한다.

많은 사람들이 "이것은 내 몸이니라 … 이것은 … 나의 피 곧 언약의 피니라"(마 26:26)는 예수의 말씀에 근거하여 성찬식의 빵과 포도주를 예수의 물리적인 살과 피로 이해한다. 로마 가톨릭은 축사 이후에는 빵과 포도주가 아니라 예수의 실질적인 살과 피라고 주장하고, 루터파는 축사 이후에 빵과 포도주가 그대로 있지만 그 안에, 그 아래에, 그 곁에 예수의 실질적인 살과 피가 공존하고 있다고 주장한다. 개혁파는 영은 살리지만 육은 전혀 유익하지 않다는 사실에 근거하여 성찬식의 빵과 포도주를 예수의 살과 피로 이해하되 실질적인 가리킴이 아니라 영적인 상징으로 이해한다. 그래서 예수의 부활하신 몸은 아버지 우편에 계시지만 성찬식에 예수의 영적인 임재가 있다고 주장한다.

⁶⁴그러나 너희 중에 믿지 아니하는 자들이 있느니라" 이는 예수께서 처음부터 믿지 아니하는 자들은 누구이고 그를 넘기는 자는 누구인지 아셨기 때문이다

예수는 살과 피 이야기의 의미를 설명해도 믿지 아니하는 자들이 있다고 지적한다. 지금 예수는 열두 제자들을 포함한 많은 제자들을 향해 말씀하고 있다. 그런데 믿지 아니하는 위선적인 제자들이 많다. 이들에 대하여 칼뱅은 예수를 따르면서 믿지 아니하는 자들의 위선과 배교가 드러나기 전까지는 성급한 판단을 유보해야 한다고 강조한다. 사실 제자들 중의 대부분은 예수에게 인생을 걸 것처럼 산을 넘고 바다를 건너서 여기까지 따라온 자들이다. 그런데도 믿음은 인간의 뜨거운 열정과 부단한 노력의 원인이나 결과가 아니었다. 따르는 자들 중에 믿지 아니하는 자들이 있다는 지적은 예수께서 믿지 아니하는 자들과 자신을 넘기는 자의 정체성을 이미 알고 계셨음을 의미한다. 그래서 저자는 그렇게 해설하되 "처음부터"(ἐξ ἀρχῆς) 아셨다는 점을 강조한다. 결국에는 떠나고 배신하는 자들의 가증한 추종을 예수는 처음부터 아셨지만 처음부터 참으셨다. 자신을 따르기 시작한 그 순간에 불호령을 내리면서 내쫓지 않으시고 그들이 자발적인 판단을 따라 스스로 떠나고 배신할 때까지 그는 아무도 배척하지 않으셨다. 이는 장차 떠나고 배신할 자가 누구인지 모르는 우리는 더더욱 본받아야 할 주님의 처신이다.

"너희 중에"라는 말은 아주 신중한 표현이다. 제자들 중에는 "믿지 아니하는 자들"에 해당되는 사람들도 있고 해당되지 않는 사람들도 있는데, 만약 "너희 모두"라고 했다면 믿는 자들은 억울했을 것이고 믿지 아니하는 자들은 전체 속에 숨어서 마음의 유의미한 가책을 느끼지 못하였을 것이기 때문이다. 그리고 당시에는 믿지 않았지만 앞으로 믿을 가능성이 있는 제자들은 예수의 말씀을 듣고 돌이켜 속히 믿음에 이르도록 재촉하는 효과도 있기 때문이다. 이러한 여러 부류들의 명단은 오직 예수의 머리에만 있다. 예수의 말씀을 들은 모든 제자들은 스승 앞에서 각자의 입장을 표명하고 거취를 결정해야 하는 상황이다. 여기에는 어떠한 강요나 협박도 작용함이 없다.

⁶⁵그가 또 말하셨다 "이로 인하여 아버지로부터 그가 주어지지 않으면 누구도 나에게로 나아오지 못한다고 내가 너희에게 말하였다"

제자들 중에 믿지 아니하는 자들의 정체성은 아버지의 주심과 연결되어 있음을 다시 한번 언급한다. 믿음과 아버지의 주심이 연결되어 있고, 믿지 않음과 주시지 않음이 또한 연결되어 있다. 여기에서 믿음은 하나님의 주심에 근거한 은혜라는 사실과 자신을 따름에도 불구하고 믿지 않는 자들이 있음은 아버지의 뜻을 알면 전혀 놀랍지가 않다는 사실이 다시금 강조되고 있다. 그가 주시지 않으면 아무도 자신에게 나아올 수 없다는 예수의 언급은 이런 현실을 두고 한 말이었다. 아버지의 뜻과 그 뜻의 성취는 이렇게 일치한다. 그 뜻은 또한 누군가는 영원한 생명을 얻고 다른 누군가는 그 생명에 이르지 못하는 역사의 현실과도 동일하다. 그러므로 우리는 아버지 하나님의 뜻이 예수의 일생과 역사의 현실을 이해하는 열쇠임을 깨닫는다. 예수께서 아버지의 뜻을 중심으로 만사를 해석하신 것처럼 우리도 그렇게 해석하자.

⁶⁶그 [때]로부터 그의 제자들 중 많은 이들이 등돌리며 떠났고
더 이상 그와 함께 걷지 않았더라

예수의 설명을 들은 그의 많은 제자들이 실제로 예수에게 배신의 등을 돌리며 떠나간다. 사람들의 열광은 섬광처럼 찰나의 빛을 발하다가 곧장 소멸된다. 밀물과 썰물처럼 밀려왔다 곧장 물러간다. 인기의 밀물은 반겨야 할 영광의 때가 아니라 썰물의 준비일 뿐임을 기억해야 한다. 썰물을 만난 그들에게 예수는 이사야의 예언처럼 따라야 할 희망이 아니라 미래의 발목을 잡는 "걸림돌과 걸려 넘어지는 반석"일 뿐이었다(사 8:14). "많은 사람들이 그로 말미암아 걸려 넘어질 것이며 부러질 것이며 덫에 걸려 잡힐 것이니라"(사 8:15). 이러한 이사야의 예언은 적중했다. 그런데 예수의 가르침은 순수하고 정확했다. 그런데도 그들은 떠나갔다. 칼뱅이 설명한 것처럼, 이는 멸망으로 정해진 자들은 "자양분이 풍부한 최고의 음식에서도 독을 빨아먹고 꿀에서도 쓰디쓴 것을 흡수하기 때문이다." 여기에서 우리는 아무리 순수한 복음을 전하여도 떠나가는 사람이 있음을 각오해야 함을 깨닫는다. 많은 제자들이 들으면 떠나갈 것을 아시고도 예수는 진리에 대해 적당히 말하거나 침묵으로 피해가지 않으셨다. 여기에서 우리는 듣고 떠나는 사람이 생긴다는 이유로 진리에 대해 타협하거나 침묵하는 일은 없어야 함을 깨닫는다.

예수를 떠난 이들은 "더 이상(οὐκέτι) 그와 함께 걷지 않았다"고 저자는 기록한다. 이들은 예수를 따르면서 하늘의 기적을 체험한 자들이다. 그런데도 떠나갔다. 영원히 떠나갔다. 주님과의 동행을 영원히 거절했다. 히브리서 기자의 말이 떠오른다. "한번 빛을 받고 하늘의 은사를 맛보고 성령에 참여한 바 되고 하나님의 선한 말씀과 내세의 능력을 맛보고도 타락한 자들은 다시 새롭게 하여 회개하게 할 수 없나니"(히 6:4-6). 놀라운 체험을 하고서도 타락하는 것은 그 체험의 심층으로 들어가 그 모든 은사와 말씀과 능력의 주체에게 나아가지 않기 때문이다. 모든 기적의 신비로운 체험은 우리에게 대단히 큰 현실적인 유익을 주지만 궁극적인 목적이 아니라 그 목적지로 안내하는 초청장에 불과하다. 예수가 일으킨 기적보다 그 기적의 주체이신 예수와의 동행이 더 중요했다. 그러나 제자들의 대부분은 이러한 사실에 대해 무지하여 그분과의 동행을 포기했다. 예수께서 제자들을 부르신 이유는 현란한 기적 관람이 아니었다. 그들로 하여금 자신과 함께 있게 하시려는 것이었다. 주님과의 동행은 제자들을 택하시고 부르시고 세우신 목적이다. 심지어 전도하고 귀신을 쫓아내는 사명보다 우선이다(막 3:14). 우리는 무엇을 위해 예수를 믿고 따르는가?

교회에는 두 종류의 사람이 공존하고 있다. 예수를 따르고 교회에 등록하고 예배에 출석하고 함께 놀라운 기적들을 체험한 교회도 믿음으로 예수와 동행하는 부류와 예수를 떠나는 부류로 갈라진다. 이런 사실은 결코 이상하지 않다. 애굽에서 최대의 기적들을 한꺼번에 열 번이나 경험한 이스라엘 백성 중에서도 하나님과 동행하지 않고 오히려 불평과 원망과 대결의 모습을 취한 사람들이 얼마나 많았는가! 같은 취지로, 하나님의 민족적인 택하심을 받은 이스라엘 백성도 모두가 이스라엘 소속인 것은 아니라고 바울은 단언한다(롬 9:6). 교회 안에 가라지와 알곡이 공존하는 것은 모든 역사의 보편적인 현상이다. 그런데 예수는 가라지를 "가만 두라 가라지를 뽑다가 곡식까지 뽑을까" 걱정이 되신다며 일정한 기간의 공존을 명하셨다(마 13:29).

67이에 예수께서 열 둘에게 말하셨다 "너희도 떠나기를 원하지 않느냐?"

자신을 떠나가는 많은 제자들의 등을 보던 예수의 시선은 이제 열두 제자들을 향하였다. 그리고는 "너희도 떠나기를 원하지 않느냐"는 반문을 던지셨다. 믿음의 여부보다 떠나기와 동행하기 중에 하나를 택하라는 물음이다. 그런데 떠남과 동행 중에 어떠한 것을 원하는지 그들의 소원 혹은 기호 (θέλετε)를 물으셨다. 예수는 제자들의 외적인 행동 자체보다 의지와 마음의 소원을 더 중요하게 여기신다. 스스로 소원하는 그들의 자발적인 따름과 동행을 원하시기 때문이다. 스승의 인기가 떨어지고 유대인 무리만이 아니라 제자로 분류되는 사람들의 다수가 떠나가는 상황에서 자칫 열두 제자들의 마음도 요동칠 수 있는 상황이다. 신앙의 뿌리가 드러날 상황이다. 흔들리는 신앙의 배후에는 그 신앙이 반석이 아니라 모래 위에 세워져 있다는 위태로운 실상이 도사리고 있다. 믿음의 참된 뿌리는 예수라는 반석이다. 그런데 신앙이 희귀한 체험이나 사람들의 거대한 규모라는 모래 위에 신앙이 세워지면 가벼운 미풍에도 쉽게 흔들린다. 재물이나 건강이나 인기나 지위나 권력의 여부에 뿌리를 둔 신앙은 모두 모래 위에 세워진 신앙이다.

68시몬 베드로가 그에게 답하였다 "주여 우리가 누구에게 가겠습니까?
당신은 영원한 생명의 말씀을 가지고 계십니다

열두 제자들 중에 베드로가 대답한다. 떠나지 않겠다고! 이는 다른 누구보다 주님과 함께 거하는 것이 제일 좋다는 기호의 표출이다. 이러한 기호를 갖게 된 이유는 예수께서 영원한 생명의 말씀을 가지고 계시기 때문이다. 그런 예수를 떠나는 것은 영원한 생명을 떠나는 것과 동일하다. 영원한 생명은 예수께만 있기 때문에 다른 누구에게 가더라도 거기에는 사망만 기다리고 있다. 그래서 베드로의 답변은 지혜롭다. 다른 의견이 언급되지 않은 것으로 보아, 다른 제자들도 베드로의 답변에 동의하고 있음에 분명하다. 예수를 영원한 생명의 말씀과 결부시켜 이해하는 것은 합당한 예수 해석이다. 그러나 제자들이 요한복음 1장 1절에서 밝힌 예수의 정체성에 이른 것은 아니었다. 거기에서 예수는 말씀을 가지고 계신(ἔχεις) 분이 아니라 말씀 자체로 소개되어 있다. 예수와 말씀의 동일시 수준에 이를 때까지 그들의 믿음은 계속해서 성장해야 한다.

⁶⁹그리고 우리는 당신이 하나님의 거룩하신 분이라는 것을 믿고 알고 있습니다"

베드로를 비롯한 열두 제자들은 예수를 "하나님의 거룩하신 분"이라고 믿고 안다고 고백한다. 여기에서 "하나님의 거룩하신 분"은 하나님의 아들을 의미한다. 이처럼 예수를 떠나지 않겠다는 열두 제자들의 다짐은 예수의 신적인 정체성에 근거한 것이었다. 수용하기 어려운 예수의 말씀을 듣고 떠나가는 무리의 집단적인 행동에 휩쓸리지 않고 예수의 곁을 지킬 수 있었던 것은 예수께서 영원한 생명의 말씀이며 하나님의 거룩한 분이라는 불변의 사실이 신앙의 뿌리였기 때문이다. 이것은 배교의 시대에도 신앙을 버리지 않는 비결이다.

　　베드로는 모든 사람들이 예수를 버린다고 할지라도 자신은 "결코 버리지 않겠다"고 했다(마 26:33). 그러나 베드로의 여러 고백은 귀하지만 그 고백들이 그의 신앙을 지키지는 못하였다. 그 고백을 한 당일에 모든 제자들과 함께 베드로도 예수를 버리고 부인하고 저주하기 때문이다. 나는 베드로가 마음으로 믿고 입으로 고백한 것인지에 대해 의심한다. 마음의 믿음과 입술의 고백은 자주 일치하지 않고 따로따로 움직인다. 마음의 소원과 몸의 순종도 그러하다. 마음으로 원하면서 몸이 약하여 순종하지 못하는 제자들의 모습이 이를 증거한다(마 26:41). 본문에서 베드로의 고백은 진심일까? 어디까지 진심일까? 우리가 우리의 고백을 진심으로 규정하면 하나님 앞에서도 진심으로 여겨질까?

우리가 베드로의 고백에서 주목할 것은 "우리가 믿었고 알았다"(πεπιστεύκαμεν καὶ ἐγνώκαμεν)는 대목이다. 즉 예수에 대한 믿음과 지식은 제자들이 예수를 떠나지 않은 판단의 근거였다. 그런데 믿음이 선행하고 지식이 뒤따른다. 신앙이 앞서고 이성이 따라간다. 이는 기독교의 인식론을 잘 보여준다. 순서가 중요하다. 신학이 세속적인 학문을 따라가지 않고 학문이 신학을 따라간다. 이성이 신앙을 이끌지 않고 신앙이 이성을 견인한다. 지식으로 믿는 것이 아니라 믿음으로 안다(히 11:3). 그리고 믿음이 생략되고 배제된 지식은 위험하다. 계시를 믿음으로 수용하지 않고 인간의 논리라는 그물망에 여과시켜 수용의 여부를 결정하는 것은 계시의 인간화를 초래하기 쉽다. 그리고 믿음을 가진 사람은 힘써서 진리의 지식에 이르러야 한다. 믿음의 경건한 선배들은 모두 맹목적인 믿음에 안주하지 않고 "이해를 추구하는 신앙"을 가지려고 했다. 바울의 설명에 의하면 하나님의 사람은 믿는 것과 아는 것에 하나가 될 때에 온전하게 된다(엡 4:13).

70예수께서 그들에게 답하셨다 "내가 너희 열 둘을 택하지 않았느냐? 그러나 너희 중에 하나는 마귀니라" 71그런데 그는 가룟 시몬의 아들 유다를 일컬으셨다 이는 그가 열 둘 중의 하나로서 그를 넘기고자 했기 때문이다

예수는 베드로의 경건한 고백에 어울리는 칭찬을 하지 않으신다. 오히려 섬뜩한 이야기, 즉 택하신 열 둘 중의 하나가 마귀라는 충격적인 이야기를 꺼내신다. 그는 "열 둘"이라고 말하시며 "제자"라는 단어는 일부러 사용하지 않으신다. 그들 중에 마귀가 있기 때문이다. 저자의 설명에 의하면, 예수께서 마귀라고 지목하신 사람은 유다였다. 유다는 외관상 예수의 기적들을 경험했고 예수께서 영원한 생명의 말씀을 가지신 하나님의 거룩하신 분이라는 사실을 베드로와 더불어 고백한 제자들 중의 하나였다. 이런 유다

가 마귀라는 사실을 다른 제자들은 꿈에도 상상하지 못했을 것이라고 나는 추정한다. 그러나 등잔 밑이 어두웠다. 제자들 중에 가장 뜨거운 열정의 소유자가 배신자가 될 수 있다는 건 그 자체로 큰 충격이다.

예수께서 그런 배신의 피해자가 되셨다면 나에게는 얼마나 더 황당한 배신이 일어날까? 하나님을 만난 아담과 하와도 배신하고, 예수를 만나 동거하고 동행한 유다도 배신하고, 심지어 예수를 그리스도 및 살아계신 하나님의 거룩하신 아들로 고백하고 영원한 생명의 말씀을 가지신 분으로 이해한 베드로도 배신을 했다면, 하나님과 예수를 그들처럼 경험하지 못한 우리는 과연 그런 배신에서 배제될까? 그 누구도 그런 배신자의 대열에서 자유롭지 않다. 우리도 제2의 아담과 하와, 제2의 유다, 제2의 베드로가 될 가능성은 충분하다. 신앙에 대해 아름답고 화려한 고백을 하였으나 마귀라는 책망을 들은 유다와 베드로의 사례에서, 고백이 신앙적인 인격과 경건한 삶을 보증하는 것은 아님을 확인한다.

예수께서 유다를 마귀라고 지목하신 이유에 대한 저자의 설명이 또한 섬뜩하다. 그 이유는 유다가 예수를 넘기고자 했기 때문이다. "넘기다"(παραδίδωμι)는 말은 한 사람이 어떠한 것을 다른 사람에게 주는 것을 의미한다. 그런데 이 말에는 "팔다"는 의미가 내포되어 있다. 실제로 유다는 예수를 대제사장 무리에게 넘기고자 했다. 그냥 넘기지 않고 대가를 요구했다. 결국 은 삼십을 받고 그들과 합의했다(마 26:15). 요한복음 저자는 예수를 화폐의 교환가치 개념으로 해석하고 거래의 대상으로 삼은 것이 예수께서 유다를 마귀라고 평가하신 근거라고 기록한다. 이는 예수를 예수로 알지 못하는 모든 인식과 대우가 우리를 마귀로 만들 수도 있음을 암시한다. "하나님과 재물을 겸하여 섬기지 못한다"(마 6:24)는 예수의 말씀에 비추어 본다면, 유다는 하나님 대신에 재물을 섬김의 대상으로 택하였다. "돈을 사랑함이 일만 악의 뿌리가 된다"(딤전 6:10)는 바울의 경고도 떠오른다. 하나님 이외의 모든 것들은 "돈" 혹은 "재물"로 분류된다. 하나님과 다른 무언가를 거래하는 것은 하나님을 대체 가능한 분으로 여기는 것, 무언가를 하나님과 비기려는 것, 즉 마귀짓에 해당한다. 그러므로 하나님과 관계된 모든 종류의 거래는 마귀가 되는 첩경이다.

　"넘긴다"는 말, "판다"는 말은 자신이 소유한 것보다 다른 것이 더 큰 가치를 가지고 있다는 판단의 실행이다. 순이익이 있어서 거래가 성사된다. 예수보다 다른 무언가를 더 좋아하고, 예수보다 그것에 더 큰 가치를 부여하고, 결국 예수를 목적이 아닌 수단으로 삼게 만든다면, 이는 예수를 넘기는 유다의 행위와 동일하다. 심지어 예수를 자신의 생명보다 덜 소중하게 여기는 것도 예수를 파는 행위와 다르지가 않다. 예수께서 대제사장 가야바의 집에서 심문을 당하실 때 베드로를 비롯하여 모든 제자들이 자신의 생명을 지키려고 예수를 떠난 것도 유다의 배신과 크게 다르지가 않다. 어머니나 아버지를 주님보다, 아들이나 딸을 주님보다 더 사랑하는 자도 합당하지 않지만 자신을 주님보다 더 사랑하는 자도 주님께 합당하지 않다 (마 10:37-39). 이런 말을 하면 주님을 다 떠나갈지 모르겠다. 그런데 주님을 가장 사랑하고 그를 우리의 전부로 여기는 것은 최고의 영광이고 최고의 행복이다.

요 7:1-18

¹그 후에 예수께서 갈릴리에서 다니시고 유대에서 다니려 아니하심은 유대인들이 죽이려 함이러라 ²유대인의 명절인 초막절이 가까운지라 ³그 형제들이 예수께 이르되 당신이 행하는 일을 제자들도 보게 여기를 떠나 유대로 가소서 ⁴스스로 나타나기를 구하면서 묻혀서 일하는 사람이 없나니 이 일을 행하려 하거든 자신을 세상에 나타내소서 하니 ⁵이는 그 형제들까지도 예수를 믿지 아니함이러라 ⁶예수께서 이르시되 내 때는 아직 이르지 아니하였거니와 너희 때는 늘 준비되어 있느니라 ⁷세상이 너희를 미워하지 아니하되 나를 미워하나니 이는 내가 세상의 일들을 악하다고 증언함이라 ⁸너희는 명절에 올라가라 내 때가 아직 차지 못하였으니 나는 이 명절에 아직 올라가지 아니하노라 ⁹이 말씀을 하시고 갈릴리에 머물러 계시니라 ¹⁰그 형제들이 명절에 올라간 후에 자기도 올라가시되 나타내지 않고 은밀히 가시니라 ¹¹명절중에 유대인들이 예수를 찾으면서 그가 어디 있느냐 하고 ¹²예수에 대하여 무리 중에서 수군거림이 많아 어떤 사람은 좋은 사람이라 하며 어떤 사람은 아니라 무리를 미혹한다 하나 ¹³그러나 유대인들을 두려워하므로 드러나게 그에 대하여 말하는 자가 없더라 ¹⁴이미 명절의 중간이 되어 예수께서 성전에 올라가사 가르치시니 ¹⁵유대인들이 놀랍게 여겨 이르되 이 사람은 배우지 아니하였거늘 어떻게 글을 아느냐 하니 ¹⁶예수께서 대답하여 이르시되 내 교훈은 내 것이 아니요 나를 보내신 이의 것이니라 ¹⁷사람이 하나님의 뜻을 행하려 하면 이 교훈이 하나님께로부터 왔는지 내가 스스로 말함인지 알리라 ¹⁸스스로 말하는 자는 자기 영광만 구하되 보내신 이의 영광을 구하는 자는 참되니 그 속에 불의가 없느니라

❖ ❖ ❖

¹이후에 예수는 갈릴리 안에서 다니셨다 이는 유대 사람들이 그를 죽이려고 해서 그가 유대에서 다니기를 원하지 않으셨기 때문이다 ²그런데 유대인의 명절인 초막절이 다가왔다 ³그러므로 그의 형제들이 그를 향하여 말하였다 "너는 네 제자들이 네가 행하는 네 일을 보도록 이곳에서 떠나 유대로 가라 ⁴스스로 나타남을 구하면서 은밀하게 행하는 자는 없다 이것들을 행한다면 자신을 세상에 나타내라" ⁵이는 그의 형제들도 그를 믿지 않았기 때문이다 ⁶이에 예수께서 그들에게 말하셨다 "나의 때는 아직 이르지 않았지만 너의 때는 언제나 준비되어 있다 ⁷세상은 너희를 미워할 수 없고 나를 미워한다 이는 내가 세상에 대하여 그것의 일들이 악하다고 증언하기 때문이다 ⁸너희는 명절에 올라가라 나는 이 명절에 올라가지 않는데 이는 나의 때가 아직 차지 않았기 때문이다" ⁹이 말씀을 하시고 그는 갈릴리에 머무셨다 ¹⁰그의 형제들이 명절에 올라가자 자기도 올라가되 나타내지 않으시고 은밀하게 [행하셨다] ¹¹유대 사람들이 명절 중에 예수를 찾으며 말하였다 "그가 어디에 있는가?" ¹²무리 중에는 그에 대한 수군댐이 많았는데 어떤 이들은 "그는 선하다"고 말하였고 다른 이들은 "아니다 그는 무리를 미혹한다"고 말하였다 ¹³그러나 유대인에 대한 두려움 때문에 누구도 그에 대하여 드러나게 말하지 못하였다 ¹⁴명절이 이미 중간에 이르자 예수는 성전으로 올라가서 가르치니 ¹⁵유대인이 놀라며 말하였다 "이는 배우지도 않았는데 어떻게 글을 아느냐?" ¹⁶예수께서 그들에게 답하시며 말하셨다 "나의 가르침은 내 것이 아니라 나를 보내신 분의 [것이니라] ¹⁷만약 어떤 이가 그(하나님)의 뜻 행하기를 원한다면 그 가르침이 하나님으로부터 온 것인지 내가 스스로 말하는 것인지를 알리라 ¹⁸스스로 말하는 자는 자신의 영광을 구하지만 보내신 이의 영광을 구하는 이는 진실하다 그 속에 불의함이 없다

22 예수의 학력

유대인 무리만이 아니라 많은 제자들이 예수를 떠나간 상황에서 그의 형제들이 등장한다. 사역의 숨통이 조이는 분위기가 고조되고 있다. 예수에 대한 유대인의 적개심은 이제 극에 달하였다. 민족의 명절이라 할지라도 유대로 올라가면 죽을 가능성이 높은 상황에서 예수의 형제들은 그에게 유대로 가라고 부추긴다. 유대라는 세상으로 가서 출세해 유명인이 되라고 자극한다. 이는 그들이 예수가 자신을 나타내려 하는 자라고 오해했고 형제 찬스도 활용하고 싶었기 때문이다. 예수는 거부했다. 그들의 교묘한 오해와 은밀한 욕망을 거부했다. 그럼에도 불구하고 예수는 다른 목적 때문에 유대로 올라갔다. 성전에서 말씀을 전하셨다. 유대인이 경탄했다. 가르침의 질이 석학의 수준을 능가했기 때문이다. 사람들은 예수께서 어느 학교 출신인지 궁금하다. 이에 예수는 그의 모든 가르침이 아버지 하나님의 것이라는 비밀을 밝히신다. 이 비밀을 인정할 것인지의 여부는 듣는 자들의 몫으로 남기셨다. 순종과 하나님의 영광이 분별의 비결임을 알리는 친절도 베푸셨다.

1이후에 예수는 갈릴리 안에서 다니셨다 이는 유대 사람들이
그를 죽이려고 해서 그가 유대에서 다니기를 원하지 않으셨기 때문이다

저자는 예수께서 갈릴리 안에서 두루 다니신 이야기를 기록한다. 한 남자가 특정한 지역에서 활동한 것이 무슨 대단한 사건인가? 그런데도 기록한 것은 그곳에서 활동한 이유 때문이다. 저자는 두 가지의 연쇄적인 이유를 제시한다. 무엇보다, 예수께서 유대에서 다니기를 원하지(ἤθελεν) 않으셨기 때문이다. 예수의 머무심과 떠나심은 어떤 외부의 요인이 아니라 그분의 자발적인 뜻에 근거한다. 물론 이 구절에서 유대 사람들이 예수를 죽이려고 했다(ἐζήτουν)는 이유가 두 번째로 언급된다. 예수의 의지와 유대 사람들의 의도가 갈릴리 행보의 원인으로 공존하고 있다. 그런데 유대인의 위협은 예수의 의지를 좌우하는 상위 요소가 아니었다. 이는 예수께서 하늘의 천사들을 군대로 파견하여 단숨에 제거할 수 있는 하늘과 땅의 권세를 가지고 계셨기 때문이다. 6절에서 밝히신 것처럼 결박되어 죽음을 당할 자신의 때가 이르지 않았기 때문에 갈릴리에 머무신 것이었다. 자신이 죽는 때를 결정하는 권한조차 자신이나 타인이 아니라 아버지께 있기 때문에 결국 갈릴리 행보는 아버지의 뜻에 근거한 일이었다. 태어남과 죽음의 때는 하나님이 정하신다. 생명이 하나님께 속하였기 때문에 인생의 시작과 끝을 정하시는 권한도 하나님께 있다.

외부의 위협은 인생의 방향을 결정하는 변수가 아님을 우리는 여기에서 확인한다. 동시에 그런 외부의 위협이 우리를 향하신 아버지 하나님의 뜻을 알리는 신호일 수 있음을 또한 확인한다. 이러한 현실에서 위협이 아니라 아버지의 때를 분별하고 아버지의 뜻에 반응하는 훈련이 우리에게 필요하다. 다양한 종류의 위협들이 인생을 둘러싸고 있다. 어느 하나에 얽매이기 시작하면 하나님의 뜻이 아니라 환경에 이끌리는, 아니 얽매이는 삶을 살아가게 된다. 대표적인 사례로서, 히브리서 기자는 "죽기"가 무서워서

"한평생 매여 종 노릇하는 모든 자들"에게 예수의 십자가로 말미암은 해방이 필요함을 역설한다(히 2:15). 예수는 십자가의 죽음을 기꺼이 당하실 각오를 다지셨다. 당연히 목숨도 아끼지 않으시는 그분은 유대인의 위협에 매이지 않으셨고 오로지 하나님의 뜻에 스스로 매이셨다. 그런데 우리도 그렇게 만드신다. 독생자의 생명도 아끼지 않으시고 우리에게 내어주신 아버지 하나님의 사랑을 확증한 십자가의 지혜와 능력이 있다면 우리 또한 죽음을 비롯한 외부의 어떠한 위협에도 얽매이지 않는 해방과 자유의 삶이 가능하다.

> ²그런데 유대인의 명절인 초막절이 다가왔다 ³그러므로 그의 형제들이
> 그를 향하여 말하였다 "너는 네 제자들이 네가 행하는 네 일을 보도록
> 이곳에서 떠나 유대로 가라 ⁴스스로 나타남을 구하면서
> 은밀하게 행하는 자는 없다 이것들을 행한다면 자신을 세상에 나타내라"

갈릴리 안에서 활동하는 동안 유대인의 명절인 초막절이 다가왔다. 초막절은 광야 속에서도 자기 백성에게 풍성한 생존의 은혜를 베푸신 하나님께 감사하기 위해 지켜졌다. 동시에 이 세상은 광야처럼 본향이 아니라 이방인의 신분으로 살아가야 하는 이질적인 곳이며 궁전이 아니라 초막임을 기념하는 명절이다. 명절이기 때문에 많은 사람들이 전국 각지에서 유대로 몰려든다. 이러한 사실에 근거하여 예수의 친 형제들이 예수를 부추긴다. 무수한 시선들이 운집하는 화려한 무대에 존재를 내밀라고! 이는 선한 사람이 전혀 나올 수 없는 갈릴리 촌구석이 아니라 다양한 지역의 사람들이 북적대는 유대라는 도시를 누벼야 인기의 국제적인 급상승을 도모할 수 있기 때문이다. 유대로 가라는 충동을 일으키기 위해 형제들은 예수에게 "너"라는 단어를 네 번이나 사용한다. 그렇게 자기 중심성을 자극한다. 그리고

큰 무대에서 희귀한 일들을 행하면서 자신이 얼마나 유명하고 대단한 존재인지 제자들의 눈에 보이도록 유대 진출을 재촉한다. 제자들은 예수의 측근이다. 즉 가장 가까운 사람들의 인정을 받으라는 재촉이다. 이는 그의 친가족인 본인들도 그의 출세에 묻어가고 싶은, 유명세의 등에 업히고 싶은 속내를 드러낸다.

그런데 유대로 가라는 형제들의 제안에는 조롱 함유량도 높다. 그 이유는 예수의 형제들이 예수를 "스스로 나타남을 구하는" 자로 이해했기 때문이다. 사실 일상에서 벗어나면, 자연의 익숙한 질서에서 벗어나면, 사회적인 합의를 벗어나면, 당연히 돋보인다. 사람들의 시선은 그런 낯선 장면들에 쏠리기 마련이다. 형제들의 눈에 예수의 말과 행보는 특이했다. 일반인의 예측을 벗어났고 종교적인 전통도 벗어났다. 자연의 질서로는 설명되지 않는 그의 많은 기적들도 목격했다. 그래서 그들은 예수를 사람들의 관심을 얻으려는 관종으로 취급했다. 그런데 그들이 보기에 예수는 특이한 관종이다. 이는 그가 은밀하게 움직였기 때문이다. 즉 스스로 나타냄과 은밀한 행동은 모순처럼 보였기 때문이다. 그래서 은밀하게 행하지 말고 자신을 세상에 나타낼 것을 촉구했다. 형제들의 판단에 유대는 거대한 "세상"이다. 그들은 그렇게 크지도 않은 유대를 세상으로 여길 정도로 갈릴리의 촌사람 의식에 사로잡혀 있다. 그들의 제안은 형의 인기에 업혀서 촌티를 벗어나기 위한 출세라는 그들의 욕구와 화끈한 출세의 길을 주저하는 형에 대한 그들의 조롱이 예수에게 투영된 결과였다.

예수의 형제들은 우리의 부끄러운 생각을 대변한다. 좁은 무대보다 넓은 무대에서, 변방보다 수도권 교회에서 섬기는 것이 더 좋다는 의식이 많은 목회자의 마음에 내재되어 있다. 그래서 설교에 유능하고 행정적인 정교함과 일의 추진력이 뛰어나면 수도권 대형교회 사역자로 발탁되고 은근히 그런 발탁을 고대한다. 그렇게 '유능한' 목회자가 시골에 있는 교회나 막 개척된 교회에서 섬기면 성도들도 그에 대해 무슨 감추어둔 결함이 있는지를 의심하고 큰 교회의 제안이 들어오면 뒤돌아보지 않고 목회의 짐을 쌀 것이라고 짐작하며 습관처럼 이별을 준비한다. 사람들을 기준으로 보면 수도권의 큰 교회 목회자는 성공했고 시골의 작은 교회 목회자는 실패한 사람으로 평가된다. 그러나 모든 목회자는 하나님의 동등한 사환이다. 사역의 종류나 위치나 규모가 중요하지 않다. 주께서 베푸신 은사를 가지고 맡기신 사명을 정해진 자리에서 충실히 수행하면 그는 착하고 충성된 종으로 평가된다. 목회자를 평가하실 때에 예배당의 크기나 성도의 머릿수를 세지 않으신다.

5이는 그의 형제들도 그를 믿지 않았기 때문이다

저자는 예수에 대한 형제들의 평가와 제안을 믿음의 부재에서 비롯된 것이라고 지적한다. 같은 어머니의 배에서 나온 형제들도 예수를 신뢰하지 않고 오히려 오해하고 왜곡한다. 믿음을 위해서는 혈통적인 관계가 무익함을 잘 보여준다. 사실 핏줄과 동향과 학연이 예수를 올바르게 믿고 보다 정확하게 이해하는 일과는 무관하다. 핏줄인 형제들이 예수를 오해했고, 동향인 갈릴리 가버나움 사람들이 그를 거부했고, 동포인 유대인이 그를 죽이려고 한다. 사실 예수에게 가까이 있는 사람의 판단은 대단히 중요하다. 그 판단이 그보다 멀리 있는 모든 사람들의 판단에 영향을 주기 때문이다. 우리는 예수를 판단할 때에 선지자와 사도의 판단 즉 구약과 신약에 의존한다. 이는 예수의 영적인 최측근이 그들이기 때문이다. 만약 교회라는 예수의 최측근이 그를 올바르게 믿지 않고 올바르게 증거하지 않으면 교회보다 멀리 있는 세상은 예수를 누구로 알겠는가? 교회의 책임은 막중하다. 무지하면 망한다(호 4:6)는 호세아의 기록에 근거할 때, 하나님에 대한 세상의 무지는 세상의 버려짐과 멸망을 초래한다. 만약 세상이 무지해서 망한다면 그 멸망의 핏값은 오롯이 교회에게 돌아간다. 그래서 교회는 다른 어떤 기능보다 하나님을 부지런히 배우고 알려서 하나님을 아는 지식의 희망을 세상에 수혈하는 역할을 충실히 감당해야 한다.

6이에 예수께서 그들에게 말하셨다 "나의 때는 아직 이르지 않았지만 너의 때는 언제나 준비되어 있다 7세상은 너희를 미워할 수 없고 나를 미워한다 이는 내가 세상에 대하여 그것의 일들이 악하다고 증언하기 때문이다

형제들의 제안에 대해 예수께서 답하신다. 자신의 때가 아직 이르지 않았다고! 예수는 타이밍을 중요하게 여기신다. 사람들도 타이밍의 포착을 시간에 얽매이지 않고 오히려 시간을 다스리는 삶의 비결로 이해한다. 정확한 때에 자고, 정확한 시간에 식사하고, 정확한 순간에 만나고, 정확한 시점에 멈추는 것은 슬기로운 삶의 기술이다. 예수는 어디로 움직이든, 무엇을 시작하든, 누구를 만나든, "때"(καιρὸς)에 맞아야 한다는 의식이 남다른 분이시다. 바로 옆에 돈벼락이 떨어져도 미동하지 않으신다. 사람들의 열광적인 환호성과 박수에도 현혹되지 않으신다. 이는 오직 아버지의 정하신 "때"만이 그에게는 떠남과 머뭄, 선택과 거부의 기준이기 때문이다. 지금은 예수께서 아버지의 뜻 수행을 위해 안전을 도모해야 하는 때이기에 유대에서 몸을 드러낼 때가 아니었다.

그러한 예수의 때와는 달리 "너의 때는 언제나 준비되어 있다"는 말씀의 의미는 무엇인가? 그것은 세상과 그들의 관계에 근거한 말씀이다. 즉 지금이 "언제나"(πάντοτε) 안전하게 다녀도 되는 그들의 때인 이유는 세상이 그 형제들을 "미워할 수 없기"(οὐ δύναται μισεῖν) 때문이다. 세상이 미워할 가능성이 없다는 말과 그것이 언제나 그렇다는 말은 세상과 형제들 사이에 전폭적인 평화가 있음을 의미하고 이는 서로가 다르지 않음을 의미한

다. 이것은 그 형제들에 대한 칭찬이 아니라 책망이다. 사람이 세상과 단짝을 이루는 것에 대해 야고보는 그를 "간음한 여인"으로 간주하며 이렇게 책망한다. "세상과 벗된 것이 하나님과 원수 됨을 알지 못하느냐 그런즉 누구든지 세상과 벗이 되고자 하는 자는 스스로 하나님과 원수 되는 것이니라"(약 4:4). 세상과의 벗됨이 왜 하나님과 원수 되는 것과 동일한가?

7절에 의하면 세상은 예수를 미워한다(요 15:18). 이것은 과거나 미래가 아니라 현재 진행형 미움이다. 수천 년이 지난 지금도 바뀌지 않은 미움이다. 미움의 이유는 예수께서 세상의 일들을 "악하다"고 평가하고 공공연히 발설했기 때문이다. 누군가가 자신의 악함을 드러내면 반성과 성장의 계기로 삼으면 되는데 그를 미워하며 그의 입을 막거나 그를 제거하는 방식으로 자신의 치부 발설을 막으려고 한다. 게다가 예수의 객관적인 평가는 정확하다. 그래서 예수의 평가로 인해 세상은 더 깊고 적나라한 치부를 드러내고 수치의 발각으로 인한 세상의 통증은 가중된다. 당연히 그에 대한 미움의 수위도 고조된다. 가장 객관적인 증거를 제시하며 권력자의 은밀하고 치명적인 비위를 드러내는 의롭고 똑똑하고 지혜로운 사람은 악한 세상의 집단적인 미움을 각오해야 한다. 이런 각오는 정치계나 경제계나 종교계나 교육계나 기술계나 언론계나 모두 동일하다. 정직한 개혁을 좋아하는 교회나 기업이나 관공서는 없다. 의로운 자가 머리 둘 곳은 이 세상 어디에도 없다.

세상이 악하다는 예수의 평가 때문일까? 요한은 자신의 편지에서 "세상에 있는 모든 것이 육신의 정욕과 안목의 정욕과 이생의 자랑"(요일 2:16)일 뿐이라고 주장한다. 선과 악은 어울릴 수 없는 가치의 상극이다. 악한 세상이 누군가를 미워하면 그는 선할 가능성이 높고 세상이 누군가를 미워할 수 없다면 그는 악할 가능성이 크다. 그러므로 세상이 미워할 수 없는 예수의 형제들은 악할 가능성이 크다. 세상이 누군가를 미워하지 못하는 이유는 그와 어떠한 대립이나 충돌도 없이 원활한 소통이 되기 때문이다. 세상과의 이런 소통에 대해 요한은 이렇게 표현한다. "그들은 세상에 속한 고로 세상에 속한 말을 하매 세상이 그들의 말을 듣느니라"(요일 4:5). 두 주체는 소속이 동일하고 언어가 동일하기 때문에 서로 경청하게 된다. 그렇게 서로를 미워할 수 없도록 섞이며 연합한다. 예수의 세속적인 형제들은 "세상에 속한 고로" 유대로 가서 "자신을 세상에 보이라"는 "세상에 속한 말"을 예수에게 건네었다. 이 형제들은 예수의 영적인 동생들인 우리의 부끄러운 모습을 투영한다.

그런데도 세상에서 유명하지 못해서, 세상에 자신을 나타내지 못해서 안달이 난 사람들이 많다. 어리석은 안달이다. 물론 우리가 세상과 벗 되면 어디를 가든지 언제 가든지 세상은 우리를 환대하고 경청한다. 자신의 타이밍을 언제나 즐기며 살아갈 수 있어서 어리석지 않고 지혜롭게 보이는 게 사실이다. 하지만 세상과 벗된 자는 하나님과 원수가 되기 때문에 어리석다. 진실로 우리가 자신을 세상에 드러내는 것보다 예수라는 빛을 전달하는 등불이 되면 하나님에 의해 "등경 위에" 놓여지고 세상의 모든 사람에게 비쳐져 그들을 눈부시게 한다(마 5:15). 세상의 빛 된 사람은 자신을 세상에 나타내지 않고 세상의 눈동자로 하여금 예수 때문에 자신을 찾아오게 만드는 사람이다.

8너희는 명절에 올라가라 나는 이 명절에 올라가지 않는데 이는 나의 때가
아직 차지 않았기 때문이다" 9이 말씀을 하시고 그는 갈릴리에 머무셨다

예수는 형제들이 그들의 소원을 따라 명절에 유대로 올라갈 것을 권하고 자신은 올라가지 않겠다는 단호한 입장을 밝히신다. 이는 형제들의 제안에 대한 거절이다. 이유는 앞에서 말한 것처럼 자신의 때가 차지 않았기 때문이다. 예수는 유대인의 위협이 있다고 해서 제한되지 않으시고 세속적인

출세에 열광하지 않으시고 혈통적인 관계의 달콤한 제안에도 흔들림이 없으시다. 실제로 예수는 자신의 답변처럼 유대로 올라가지 않고 갈릴리에 머무셨다. 그런데 아직 명절 전이었다. 형제들은 예수께서 명절에 유대로 올라가지 않는다고 이해했다. 이렇게 예수께서 그의 형제들과 의도적인 거리를 두신 것은 그의 형제들을 보호하신 조치라고 나는 생각한다. 예수가 어디에 있느냐고 유대인이 물어도 형제들은 모르기 때문에 모른다고 정직하게 대답할 가능성이 높다. 만약 알기 때문에 안다고 말한다면 유대인은 예수의 위치를 밝히라고 형제들을 추궁했을 것이고 밝히지 않으면 위협과 고문을 가하였을 것이기 때문이다. 형제들이 형의 위치를 밝혔다면 예수를 팔아넘기는 배역을 담당했을 것이기 때문이다. 때로는 아는 게 병이고 모르는 게 보약이다.

10그의 형제들이 명절에 올라가자 자기도 올라가되
나타내지 않으시고 은밀하게 [행하셨다]

형제들은 명절에 유대로 올라갔다. 그런데 형제들과 나눈 대화와는 달리 예수도 올라가되 사람들의 눈에 띄지 않도록 은밀하게 행하셨다. 당당하게 드러내며 다니지 못하고 유대인과 지인들의 눈을 피하며 자신을 숨기면서 다니는 예수의 처지는 이 세상에 대하여 낯선 이방인의 모습이고 본향이 아니라 타지를 떠도는 나그네의 모습이다. 아우구스티누스는 예수의 이런 모습이 초막절에 어울리는 모습이며 초막에 사는 삶이라고 했다. 어쩌면 예수 자신이 지구라는 광야에 스스로 오셔서 거하시는 하나님의 낯설고 고단한 초막은 아닌지 모르겠다. 양식도 없고 물 한 방울도 나오지 않는 광야에서 이스라엘 백성이 바위에서 나오는 물을 마시고 하늘에서 내리는 양식을 섭취한 것은 바로 주님이 그곳에 계셨기 때문이다. 이는 이 땅의 초막에서 살아가는, 그러나 하늘의 공급으로 살아가는 전형적인 나그네의 모습이다. 초막절은 그런 날을 기념한다. 그러나 이방인과 나그네의 삶을 기념하는 초막절은 반드시 지나간다. 그래서 지금은 주께서 때가 이르지 않아서 드러나지 않게 숨은 그림자로 사시지만 때가 이르러 그의 빛이 드러나면 땅의 모든 그림자가 사라질 것이라고 히포의 교부는 해석한다.

예수는 명절에 세상이라 일컫는 유대로 올라갔다. 형제들과 대화할 때에는 명절에 올라가지 않겠다고 했다. 예수께서 거짓말을 하셨는가? 만약 거짓말을 하셨다면, 그에게는 죄가 없다(히 4:15)는 히브리서 기자의 말과 충돌된다. 그러므로 거짓말을 하신 것은 아니었다. 그렇다면 어떻게 이해해야 할까? 나는 그가 자신을 세상에 나타내지 않고 숨기신 부분을 주목하고 싶다. 그리고 자신을 세상에 나타내며 행하신 그의 일들을 제자들이 보도록 하지 않으신 부분도 주목한다. 제자들이 목격한 스승의 모습은 세상에서 유명인이 되고 출세하여 궁전에서 살아가는 모습이 아니라 초막에서 사는 나그네의 모습이다. 유대로 간다는 겉모양이 같아도 목적이 다르기 때문에 형제들의 관점에서 보면 예수께서 올라가지 않은 것이고 예수의 관점에서 보면 올라갔다. 여기에는 관점의 차이만 있고 거짓말은 없다.

¹¹유대 사람들이 명절 중에 예수를 찾으며 말하였다 "그가 어디에 있는가?"

유대인은 명절에도 예수를 추적하고 있다. 만나는 이들에게 그의 행방에 대해 질문한다. 그들이 이토록 집요하게 예수를 찾는 목적은 영생을 얻기 위함이 아니라 그의 생명을 제거하기 위함이다. "명절 중"(ἐν τῇ ἑορτῇ)인데도 그들의 살벌한 마음은 명절이 아니었다. 예수는 어디에 있는가? 유대인의 질문은 대단히 훌륭하고 필수적인 인생의 질문이다. 그러나 아무리 좋은 물음도 그 의도가 중요하다. 방향이 어긋나면 좋은 물음도 악하게 변질된다.

최고의 물음을 최악의 물음으로 바꾼 유대인은 참으로 어리석다. 예수를 죽이고자 하는 그들에게 예수의 죽음은 죄에서 해방되는 최고의 복이 아니라 저주의 근거였다. 바울이 말한 것처럼 예수가 믿는 자에게는 하나님의 능력과 지혜가 되시지만 멸망하는 자에게는 미련한 것이었다(고전 1:18). 우리가 예수를 찾는 이유는 무엇인가? 예수의 거처가 궁금하긴 한가?

12무리 중에는 그에 대한 수군댐이 많았는데 어떤 이들은 "그는 선하다"고 말하였고 다른 이들은 "아니다 그는 무리를 미혹한다"고 말하였다 13그러나 유대인에 대한 두려움 때문에 누구도 그에 대하여 드러나게 말하지 못하였다

무리 중에는 예수에 대한 수군댐은 많았으나 유대인의 질문에 답하려는 사람들은 없다. 유대인이 무서웠기 때문이다. 그때 "예수"라는 말은 금기어에 가까웠다. 언론이 자유롭지 못한 시기였다. 이는 유대사회 집권층의 위협 때문이다. 유대 시민들은 집권층과 입장이 다른 발언을 하면 무서운 조치가 취해질 것이 두려웠다. 그래서 예수에 대한 각자의 견해가 뚜렷하게 있음에도 드러나게 말하지는 못하였다. 그들의 위축된 수군댐은 크게 두 가지로 갈라진다. 첫째, 예수는 선한 사람이다. 가는 곳마다 하늘의 신비로운 지식을 나누었고 병든 자들을 치유해 주었고 가난한 자들에게 필요를 채웠고 삶의 교훈들도 가르쳤기 때문이다. 어떤 사람을 죽이지도 않고, 성적으로 유린한 적도 없고, 거짓말을 하거나 도둑질을 한 것도 아니었기 때문이다.

둘째, 예수는 무리를 미혹하는 사람이다. 유대인은 오랫동안 국권을 상실하고 고단한 식민지의 삶에 메시아가 지독하게 고픈 상황이다. 희망의 지푸라기 하나라도 붙잡고 싶은 심정이다. 그러한 때에 결혼의 우울한 잔치를 최고의 파티로 바꾸고, 죽어가는 자를 말 한 마디로 살려내고, 무리의

허전한 위장을 도시락 하나로 빵빵하게 채우고도 양식이 남아도는 기적의 주인공이 나타났다. 그런 기적을 베푼 이후에 어떠한 치료비도, 강사료도, 음식값도 받지 않고 조용히 떠나는 모습, 왕으로 추대하고 싶어하는 군중의 집단적인 추앙도 외면한 채 홀로 산으로 가서 기도하는 모습을 본 사람들은 더더욱 열광했다. 그러나 기득권을 가진 무리의 심기는 불편했다. 그들에게 예수는 사람들의 마음을 현혹하여 기존의 질서를 허물고 해먹을 것도 많지 않은 유대인 사회의 헤게모니 접수를 획책하는 불쾌한 인물로 보였음이 분명하다.

14명절이 이미 중간에 이르자 예수는 성전으로 올라가서 가르치니

명절이 "중간에 이르자"(μεσούσης), 예수는 성전으로 오르셨다. 지상에서 성전은 영혼의 초막이다. 초막절의 중턱에서 출입하기 알맞은 곳이었다. 예수는 그곳에서 교훈을 베푸셨다. 이는 모든 사람들의 눈에 일부러 노출되는 행보였다. 성전에서 이루어진 예수의 공개적인 가르침은 예수에 대한 사람들의 여러 종교적인 평가들이 예민하게 교차하는 장소에서 논란과 결박의 위험을 무릅 쓰고 감행한 일이었다. 어쩌면 고발로 유대인의 손아귀에 넘기는 일에 자신을 불의의 도구로 내어주는 사람이 생기지 않도록, 예수께서 자진하여 공개적인 행보를 단행한 것인지도 모르겠다. 자신을 노리는 시퍼런 적의의 눈동자가 CCTV처럼 둘러싼 곳에서 교훈을 베푸시는 예수의 용기에 존경의 고개가 저절로 숙여진다. 여기에서 우리는 유대의 위협을 피한 것이 육신적인 도피가 아니라 하늘의 교훈을 안전하게 전파하기 위한 준비였을 뿐이라는 사실을 확인한다. 몸을 사리더라도 그 목적이 중요하다. 선한 목적이면, 쪼잔해 보여도 몸을 사리며 제때를 기다려야 한다.

15유대인이 놀라며 말하였다 "이는 배우지도 않았는데 어떻게 글을 아느냐?"

예수께서 성전에서 베푸신 교훈의 내용은 무엇일까? 저자는 침묵한다. 그
런데 내용을 들은 유대인이 "놀랐다"(ἐθαύμαζον)고 함으로써 더 큰 궁금증을
유발한다. 이는 예상하지 못한 일로 말미암아 발생하는 놀람이 아니라 존경
심을 불러 일으키는 경이로운 일을 경험할 때에 발생하는 경탄에 가까운 놀
람이다. 이 놀람은 예수께서 이스라엘 중에서도 경험하지 못한 믿음의 사람
을 만나셨을 때(마 8:10), 사람들이 광풍에 격동하는 바다를 잠잠하게 만드
시는 예수를 경험했을 때(마 8:27), 군중이 벙어리 귀신 들린 사람을 고치신
예수를 보았을 때(마 9:33) 옆지른 것과 동일하다. 아마도 유대인이 자연의
질서로는 설명할 수 없는, 합리와 논리로는 입증할 수 없는 초자연적 기적
에 버금가는 하늘의 교훈을 예수의 입에서 경험했기 때문이지 싶다.

유대인은 예수의 학력을 떠올린다. 그에게는 초등학교 졸업장도 없다.
그래서 그들에게 예수는 글을 배우지도 않은 사람이다. 그런데 "어떻게 글
을 아느냐"며 해명이 불가함을 고백한다. 여기에서 "글"(γράμμα)은 단순히
글자나 문해력을 의미하지 않고 당시 최고의 지성인들 사이에서 통용되는
지혜와 사상의 총화로서 높은 학문성을 의미한다. 이는 베스도가 바울을
심문할 때에 일반인이 상상할 수 없는 바울의 미친 학문성을 가리킬 때에
사용된 낱말이다(행 26:24). 오늘의 교육 시스템을 보더라도, 당시 국가가
정한 학문의 제도적인 과정이 존중을 받아야 했겠지만 그런 과정을 거쳤
다고 해서 높은 학문성이 보증되는 것은 아니었다. 예수는 제사장의 제도
적인 반차를 따르지 않았듯이 선지자의 제도적인 교육을 받으신 것도 아
니었다. 그런데도 그는 서민층과 비주류 출신으로 당시 유대사회 지도층의
입이 쩍 벌어질 정도로 심오한 가르침을 공적인 자리에서 베푸셨다. 그 심
오한 박학과 다식의 비결에 대한 궁금증이 유대인의 뇌리에 굵은 물음표
를 단다.

¹⁶예수께서 그들에게 답하시며 말하셨다
"나의 가르침은 내 것이 아니라 나를 보내신 분의 [것이니라]

이에 예수는 자신이 괜찮은 먹물 좀 먹었다고, 가방 끈이 남들보다 길었다고, 유별난 학구열을 가졌다며 너스레를 떠시거나 으스대지 않으시고 천상적인 교훈의 정확한 출처를 밝히신다. 그의 가르침은 자신의 것이 아니라 자신을 보내신 아버지 하나님의 것이라고! 예수는 하늘의 최고 학군에서 배우셨다. 아버지 하나님을 훈장으로 둔 학교였다. 예수는 탁월한 학문성과 학문의 정직성을 모두 가지셨다. 한 조각의 공로도 자신에게 돌리지 않으셨고 모든 것을 아버지께 돌리셨다. 앞으로의 위협과 박해 가능성을 방지할 밑천으로 쓸 수도 있는 유대인의 존경심과 경탄을 한 조각도 자신에게 돌리거나 독점하지 않으시는 예수의 모습에서 목회자와 신학자와 설교자의 바람직한 자질과 태도를 발견한다.

진실로 예수는 사람의 학교에서 배우지 않으시고 아버지 하나님의 것을 고스란히 전수받아 어떠한 가감도 없이 그대로 전하셨다. 이것은 이 세상에서 예수의 증인으로 살아가는 모든 하나님의 사람들이 어떻게 복음을 증거해야 하는지의 모범을 보여준다. 성경에 대한 나의 해석과 설교는 과연 하나님의 것 이외에 나의 인간적인 생각이 얼마나 많이 혼재되어 있는지를 돌아보게 된다. 모든 설교자는 자신의 설교에 주님의 것만 남도록 복음의 순도를 높여가야 한다. 완전할 수 없다고 하더라도 "나의 가르침은 나의 것이 아니라 나를 보내신 분의 것"이라고 고백할 수 있을 때까지 시도해야 한다.

¹⁷만약 어떤 이가 그(하나님)의 뜻 행하기를 원한다면
그 가르침이 하나님으로부터 온 것인지 내가 스스로 말하는 것인지를 알리라

예수께 친절의 끝은 어디인가! 예수의 가르침이 과연 스스로 말하는 것이 아니라 아버지 하나님의 것인지를 확인하는 방법까지 알려주는 친절을 베푸신다. 방법은 두 가지인데 하나는 순종이고 다른 하나는 하나님의 영광이다. 첫 번째 방법으로, 순종은 하나님의 뜻 실천에 대한 소원이다. 순종을 위해서 우리는 예수의 말씀에서 혹은 예수를 가리켜 기록된 모든 성경에서 아버지 하나님의 "뜻"을 발견해야 함을 깨닫는다. 인간 기록자의 뜻이나 의도가 아니라 그를 이끄시는 하나님의 뜻과 의도를 파악할 때에 성경은 바르게 해석된다. 그리고 실천을 강조한다. 하나님의 뜻은 하늘의 신비로운 교훈으로 귀를 달콤하게 하고 청각을 정화하는 것에 만족하지 않고 몸의 실천, 삶에의 구현을 요청한다. 그래서 실천을 고려할 때에 성경은 바르게 해석된다. 그리고 예수의 말씀은 우리가 뜻을 알기도 전에 실천해야 한다는 주장이 아니라 그 뜻의 실천을 "원한다"(ἐθελέω)는 마음의 상태를 강조한다.

실천의 소원이 성경의 올바른 해석을 좌우한다. 무언가를 원한다는 것은 마음의 방향과 기울기를 의미한다. 방향이 바르지 않으면 성경을 아무리 꼼꼼하게 읽고 원문으로 읽고 모든 인문학적 도구 사용에 능숙하고 아무리 뛰어난 해석의 기술로 텍스트를 해체하고 분석하고 종합해도 해석의 결과는 잘못 설정된 방향으로 치우친다. 결국 사람의 말을 하나님의 말씀으로, 하나님의 말씀을 사람의 말로 왜곡한다. 그러므로 사람의 말이 아니라 하나님의 말씀을 분별하기 위해서는 올바른 방향 설정이 중요한데, 예수는 우리에게 하나님의 뜻 실천의 소원을 가지라고 명하신다. 소원의 관리가 중요하다. 소원이 하나님의 뜻 순종을 추구하면 성경이 해석된다. 순종을 원하는 것은 어떻게 가능한가? 나중에 저자가 기록한 것처럼 예수께

서 주신 가르침을 실천하기 위해서는 예수를 사랑해야 한다(요 14:23). 가르침이 잘 이해되지 않을 때에는 가르침 그대로 순종하면 된다. 어떻게 살아야 할지 모를 때에는 가르침에 귀를 기울이면 된다. 이처럼 가르침과 순종은 서로를 보완하는 해석의 절친이다. 가르침도 모르고 순종도 안 된다면 예수를 사랑하는 것이 최후의 궁극적인 해법이다.

하나님의 뜻 순종을 소원하는 것은 어떠한 메시지가 하나님의 말씀인지 아닌지의 여부를 아는 비법이다. 예수의 말씀을 이해하되 표면이 아니라 그 말씀의 근원와 심층을 이해하게 하는 비결이다. 설교를 듣거나 기독교 서적을 읽을 때에 하나님의 말씀인지 사람의 말인지를 분별하는 방법도 하나님의 뜻을 행하고자 하는 소원이다. 살면서 우리에게 어떠한 상황이나 만남이나 제안이나 위기가 찾아올 때에도 분별의 방법은 동일하다. 하나님의 뜻 순종을 간절히 소원하면 애매함이 사라진다. 우리가 순종해야 하는 하나님의 뜻은 하나님 사랑과 이웃 사랑으로 요약된다.

18스스로 말하는 자는 자신의 영광을 구하지만
보내신 이의 영광을 구하는 이는 진실하다 그 속에 불의함이 없다

하나님에 의해 주어지는 가르침의 여부를 구분하는 두 번째 방법은 영광과 관계한다. 가르침이 "자신의 영광"을 구하는 것이면 자신의 교훈이고 아버지 하나님의 영광을 구하는 것이면 하나님의 교훈이다. 하나님의 영광을 구하는 자의 내면에는 신비로운 정화가 일어난다. 진실은 가득하게 되고 불의는 사라진다. 여기에서 몇 가지의 교훈을 생각한다. 첫째, 스스로 말하는 자는 자신의 영광을 추구한다. 무서운 사실이다. 자신의 영광을 추구하는 원인이 바로 스스로 말하는 것이기 때문이다. 하나님의 말씀으로 말하지 않고 성령의 말하게 하심을 따르지 않는 모든 자의적인 말하기는 자신

의 영광을 추구하는 결과를 초래한다. 나아가 거짓과 불의가 인생의 아랫목을 차지하게 된다.

둘째, 하나님의 영광을 구하는 자의 내면은 진실하고 불의함이 없다. 하나님의 영광을 구하는 것은 속사람의 진실하고 의로운 상태를 구비하고 유지하는 비결이다. 자신의 거짓과 불의를 시인하고 반성하고 울면서 돌이키는 것은 반드시 필요하다. 그러나 돌이킴 자체에 안주하지 않고 돌이킨 이후에 질주해야 할, 인생을 걸고 매진해야 할 궁극적인 목적도 필요하다. 그것은 하나님의 영광이다. 원숙하고 적극적인 인생의 비결은 하나님의 영광을 추구함에 있다. 그 영광을 추구하면 내면의 질서가, 인생의 조화와 균형이 저절로 회복된다. 이는 인간이 본래 하나님의 영광을 위하여 지어졌기 때문이다. 우리는 자신의 영광과 하나님의 영광 중에 매 순간 선택해야 한다.

요 7:19-32

¹⁹모세가 너희에게 율법을 주지 아니하였느냐 너희 중에 율법을 지키는 자가 없도다 너희가 어찌하여 나를 죽이려 하느냐 ²⁰무리가 대답하되 당신은 귀신이 들렸도다 누가 당신을 죽이려 하나이까 ²¹예수께서 대답하여 이르시되 내가 한 가지 일을 행하매 너희가 다 이로 말미암아 이상히 여기는도다 ²²모세가 너희에게 할례를 행했으니 (그러나 할례는 모세에게서 난 것이 아니요 조상들에게서 난 것이라) 그러므로 너희가 안식일에도 사람에게 할례를 행하느니라 ²³모세의 율법을 범하지 아니하려고 사람이 안식일에도 할례를 받는 일이 있거든 내가 안식일에 사람의 전신을 건전하게 한 것으로 너희가 내게 노여워하느냐 ²⁴외모로 판단하지 말고 공의롭게 판단하라 하시니라 ²⁵예루살렘 사람 중에서 어떤 사람이 말하되 이는 그들이 죽이고자 하는 그 사람이 아니냐 ²⁶보라 드러나게 말하되 그들이 아무 말도 아니하는도다 당국자들은 이 사람을 참으로 그리스도인 줄 알았는가 ²⁷그러나 우리는 이 사람이 어디서 왔는지 아노라 그리스도께서 오실 때에는 어디서 오시는지 아는 자가 없으리라 하는지라 ²⁸예수께서 성전에서 가르치시며 외쳐 이르시되 너희가 나를 알고 내가 어디서 온 것도 알거니와 내가 스스로 온 것이 아니니라 나를 보내신 이는 참되시니 너희는 그를 알지 못하나 ²⁹나는 아노니 이는 내가 그에게서 났고 그가 나를 보내셨음이라 하시니 ³⁰그들이 예수를 잡고자 하나 손을 대는 자가 없으니 이는 그의 때가 아직 이르지 아니하였음이러라 ³¹무리 중의 많은 사람이 예수를 믿고 말하되 그리스도께서 오실지라도 그 행하실 표적이 이 사람이 행한 것보다 더 많으랴 하니 ³²예수에 대하여 무리가 수군거리는 것이 바리새인들에게 들린지라 대제사장들과 바리새인들이 그를 잡으려고 아랫사람들을 보내니

❖ ❖ ❖

¹⁹모세가 너희에게 율법을 주지 않았느냐? 그런데 너희 중에 누구도 그 율법을 지키지 않는구나 어찌하여 너희는 나를 죽이려고 하느냐?" ²⁰무리가 답하였다 "당신은 귀신이 들렸도다 누가 당신을 죽이려고 한답니까?" ²¹예수께서 그들에게 대답하며 말하셨다 "내가 하나의 일을 행하면 너희가 다 이로 말미암아 이상하게 여기는구나 ²²모세는 너희에게 할례를 주었고 (그것은 모세에게서가 아니라 그 조상들에게서 났다) 너희도 안식일에 사람에게 할례를 시행한다 ²³모세의 율법을 범하지 않으려고 사람이 안식일에 할례까지 받는데도 [당연하게 여기는] 너희는 내가 안식일에 사람의 전신을 건전하게 만든다는 이유로 나에게 분노한다 ²⁴보이는 대로 판단하지 말고 공의로운 판단으로 판단하라" ²⁵그러므로 예루살렘 사람 중에 어떤 이들이 말하였다 "이는 그들이 죽이고자 하던 이가 아닙니까? ²⁶보십시오 그가 드러나게 말하는데 그들이 그에게 아무것도 말하지 않습니다 관원들이 그를 그리스도라고 안 것은 아닙니까? ²⁷하지만 우리는 이 [사람]이 어디에서 왔는지 알고 있습니다 그러나 그리스도가 올 때에는 그가 어디에서 오는지를 아는 자가 없습니다" ²⁸성전에서 가르치고 계신 예수께서 외치시며 말하셨다 "너희는 나를 알고 내가 어디에서 왔는지도 안다 나는 스스로 온 것이 아니니라 나를 보내신 이는 참되시다 너희는 그를 알지 못하지만 ²⁹나는 아는데 이는 내가 그에게서 왔고 그가 나를 보내셨기 때문이다" ³⁰이에 그들이 그를 잡으려고 했다 그러나 아무도 그에게 손을 대지 않았는데 이는 아직 그의 시간이 이르지 않았기 때문이다 ³¹무리 중에 많은 자들이 예수를 믿고 말하였다 "그리스도가 오더라도 이분이 행한 표적보다 더 많이 행하지는 않겠지요?" ³²그에 대한 무리의 이 수군댐을 바리새파 사람들이 들었고 대제사장 및 바리새파 사람들이 그를 잡으려고 수종들을 파견했다

23   예루살렘 출신

학벌이 초라한 예수의 위대한 가르침에 놀란 유대인은 위축되어 있다. 자신을 죽이려고 한다는 예수의 주장에 맞서 그들은 시치미를 떼며 그에게 귀신이 들렸다며 반격한다. 그러나 예수의 교훈을 듣고 순한 양처럼 그 앞에 무릎을 조아린다. 예수 앞에서 쩔쩔매는 유대인을 본 예루살렘 출신의 사람들은 예수의 혈연과 지연을 파악하고 유대인의 실패를 비꼬면서 예수가 메시아가 아님을 증명한다. 메시아의 출처는 아무도 몰라야 하는데 예수의 출처를 그들이 안다는 것이 증명의 핵심이다. 이에 예수는 예루살렘 사람들이 하나는 알고 둘은 모른다는 객관적인 평가로 그들의 부분적인 무지와 지적인 오만을 드러낸다. 평화의 도시, 최고의 종교적인 도시인 예루살렘 출신들의 지식은 신학의 무늬만 갖추었고 신학의 본질은 빠뜨렸다. 이는 그들이 예수의 외모만 보고 하나님의 본체(빌 2:6)라는 그의 실체를 무시했기 때문이다. 이들은 부분적인 지식의 위험성, 즉 일부를 전부로 여기는 지적인 오만의 전형적인 모습을 보여준다.

¹⁹모세가 너희에게 율법을 주지 않았느냐? 그런데 너희 중에 누구도 그 율법을 지키지 않는구나 어찌하여 너희는 나를 죽이려고 하느냐?"

모세는 유대교의 아이콘인 동시에 유대인의 정신이요 자랑이다. 유대인은 자신을 "모세의 제자"라고 자랑할 정도였다(요 9:28). 예수는 그런 모세가 그들에게 율법을 주었다는 점을 반문의 형태로 꼬집으며 그들의 말문을 먼저 막으신다. 예수의 질문은 유대인의 입에서 반론이 나올 수 없는 말이었기 때문이다. 이어서 예수는 반전 접속사를 사용하며 그 율법을 아무도 지키지 않았다는 주장으로 그들을 격분하게 만드신다. 유대인이 내세울 게 많지는 않지만 율법의 준수에 있어서는 우주 최강의 전문성과 실천력을 발휘하며 자랑하고 있다. 예수의 주장은 이러한 현실과 너무나도 동떨어진 것이어서 유대인은 결코 수긍할 수 없는 것이었다. 예수께서 이렇게 주장하는 근거는 무엇인가? 예수는 유대인이 자신을 죽이려고 한다는 범법의 이유를 밝히신다. 준법과 불법의 기준은 모세의 법조문에 대한 행위적인 준수가 아니었다. 그 기준은 예수에 대한 태도였다.

유대인이 율법의 성취와 마침과 완성 되시는 예수를 죽인다는 말은 율법을 준수하지 않는 것만이 아니라 율법의 말살을 의미했다. 그래서 예수의 발언은 하나님의 말씀을 폐하려는 유대인의 은밀한 의도까지 꾸짖는다. 이에 대하여 바울은 유대인이 "하나님의 의를 모르고 자기 의를 세우려고 힘써 하나님의 의에 복종하지 않은" 것이라고 평가한다(롬 10:3). 이 평가에 의하면, 율법에 대한 유대인의 저항은 대단히 적극적인 것이었다. 왜 유대인은 율법의 완성을 죽이려고 할까? 자신의 의를 하나님의 의인 것처럼 포장하기 위해서는 진짜 하나님의 의를 제거할 필요가 있었기 때문일까? 이에 대해 바울은 "문자는 죽이고 영은 살린다"(고후 3:6)는 사실을 지적한다. 문자는 인간의 의와 연결되고 영은 하나님의 의와 연결된다. 유대인은 모세의 율법을 영이 아니라 문자로 여겼음이 분명하다. 이는 자신의 말이 영

(요 6:63)이라고 하신 예수를 그들이 죽이려고 한다는 사실에 의해 증명된다. 예수에 대한 태도는 율법에 대한 태도와 연동되어 있다. 예수를 믿으면 하나님의 말씀도 믿고 예수를 배격하면 말씀도 배격하게 된다. 이는 행위라는 문자적인 순종의 무늬로는 덮을 수 없는 진실이다.

²⁰무리가 답하였다 "당신은 귀신이 들렸도다 누가 당신을 죽이려고 한답니까?"

예수의 주장 때문에 유대인이 발끈한다. 먼저 자신들은 예수를 죽이려고 한 적이 없다며 시치미를 뗀다. 나아가 예수를 향해 "귀신이 들렸다"고 공격한다. 자기주장의 정당화를 위해 타인의 정신이 온전하지 못하다고 몰아가는 것은 사실을 호도하는 세력의 전형적인 수법이다. 예수가 멀쩡하면 자신들이 이상하게 되고 예수가 이상하면 자신들은 멀쩡하게 될 것이라는 전제에서 나온 못된 기술이다. 그러나 유대인의 "귀신" 프레임은 우발적인 실수나 잘못이 아니라 돌이킬 수 없는, 용서 받을 수 없는 심각한 범죄였다. "귀신의 왕을 힘입어 귀신을 쫓아낸다"(막 3:22) 그리고 "더러운 귀신이 들렸다"(막 3:30)고 말한 자들에 대해 마가가 기록한 예수의 답변이다. "누구든지 성령을 모독하는 자는 영원히 사하심을 얻지 못하고 영원한 죄가 되느니라"(막 3:29). 그래서 예수는 당시의 유력한 유대인을 향해 "세리와 창녀는 믿었는데" 그들은 믿지 않았기 때문에 "세리들과 창녀들이 너희보다 먼저 하나님의 나라에 들어갈 것이라"며 그들이 세리와 창녀보다 못한 존재라는 평가를 내리셨다(마 21:31-32). 눈에 보이는 행위나 신분이 아니라 하나님을 향한 각자의 태도가 존재의 크기를 결정한다. 왕이라도 하나님을 적대하면 존재의 서열이 신실한 창녀 밑으로 내려간다.

²¹예수께서 그들에게 대답하며 말하셨다 "내가 하나의 일을 행하면
너희가 다 이로 말미암아 이상하게 여기는구나

예수의 반론이다. 사실 예수께서 어떠한 일을 행하시면 유대인은 득달같이
달려들어 이상하게 여기며 시비를 걸고 귀신을 운운했다. 집단적인 히스테
리 현상을 보이면서 양아치 포즈로 다가와 예수를 능욕했다. 단 "하나의
일"("Ἐν ἔργον)도 그냥 넘어감이 없다. 특별히 유대인의 트집은 예수께서
안식일에 사람을 고치신 것과 연관되어 있다. 그들이 옳다고 여기는 가치
관을 가장 화끈하게 건드리는 사안은 안식일 준수였다. 5장에서 언급된 것
처럼 예수에 대한 유대인의 미움과 박해와 살기의 본격화는 예수의 안식
일법 위반 때문이다. 유대인의 도덕적인, 종교적인, 문화적인 가치관을 모
두 부정하는 듯한 예수가 꼴 보기 싫어서 그때 이후로 유대인은 아주 작은
꼬투리만 보여도 예수를 잡아 죽이려고 했다. 인간은 악하고 거짓된 세력
을 제거하는 것보다 자신을 악하고 거짓된 인간으로 여겨지게 만드는 존
재를 더 독하게 제거하려 한다. 멀리 있는 악한 사람보다 가까이 있는 경쟁
자를 아주 이상한 괴물로 만들어서 '합당하게' 없애려고 한다. 교회가 망하
고, 회사가 망하고, 나라와 민족이 망해도 나의 거짓과 잘못을 드러내는 사
람의 숨통 먼저 끊으려고 한다.

²²모세는 너희에게 할례를 주었고 (그것은 모세에게서가 아니라
그 조상들에게서 났다) 너희도 안식일에 사람에게 할례를 시행한다

예수는 자신에 대한 유대인의 공격이 모순임을 드러내기 위해 안식일 카
드를 꺼내신다. 유대인은 할례를 너무도 소중하게 여기기 때문에 안식일이
되어도 할례는 포기하지 않고 시행한다. 예수는 먼저 할례가 모세에 의해

주어진 것이라고 한다. 이는 유대인이 그렇게 생각하고 있기 때문에 그들의 눈높이에 맞춘 예수의 발언이다. 유대인은 할례를 율법으로 이해하고 할례의 전통을 고수하고 있다. 그러나 할례의 기원은 모세의 시대 이전이다. 아브라함, 이삭, 야곱과 같은 유대인의 조상들이 할례의 원조였다. 모든 남자는 태어난 이후 8일 만에 할례를 행하여야 한다(창 17:12). 이러한 설명으로 예수는 할례에 대한 유대인의 율법 중심적인 이해를 고치신다. 안식일의 기원도 모세 이전이다. 심지어 아브라함 이전이다. 안식일의 기원은 태초이고 안식일은 하나님이 창조의 일을 마치시고 마지막 날에 쉬시면서 거룩하게 구별하신 날이었다. 그러나 안식일이 태어난 지 팔 일이 되는 날과 겹치면 그날에도 유대인은 할례를 선택했다. 이처럼 안식일과 할례의 그런 공존은 유대인의 조상과 모세에게 범법이 아니었다. 이런 전통은 당시의 유대인에 의해서도 계승되고 있다. 이처럼 예수는 유대인의 관행도 변증의 도구로 삼으신다.

> 23모세의 율법을 범하지 않으려고 사람이 안식일에 할례까지 받는데도
> [당연하게 여기는] 너희는 내가 안식일에 사람의 전신을 건전하게 만든다는
> 이유로 나에게 분노한다

유대인은 할례라는 모세의 율법을 깨지 않으려고 안식일에 할례 행하는 것을 당연하게 여기면서 안식일에 예수께서 "사람의 전신"을 건강하게 만든다는 이유로 그에게는 분노한다. 5장에 언급된 것처럼, 예수에 대한 유대인의 박해를 촉발한 것은 38년 동안 고생한 병자를 안식일에 치유한 사건이다(요 5:16). 사실 이 사건은 사람을 위해 존재하는 안식일 본연의 취지에 충실한 일이었다. 게다가 수십 년간 누워서 지낸 인생을 일으킨 것은 수백 년간 국권을 상실하고 식민지 신세로 지내온 유대인의 희망을 되살린 일

이기도 했다. 무한대의 감사와 존경을 표해도 부족한 선물 같은 사건이다. 그런데도 유대인은 그 안식일에 박해의 결의를 다지며 예수를 죽이고자 했다. 자신들은 할례로써 안식일을 마구 범하면서, 예수께서 안식일에 사람의 전신을 고치시면 죽어 마땅한 중죄인인 것처럼 분노하며 그를 박해하는 것은 전형적인 내로남불 행태이고 그런 선택적인 분노는 바울이 지적한 것처럼 하나님의 의보다 자신의 의를 앞세우는 유대인의 전형적인 기질이다(롬 10:3).

종교적인 의식과 사람의 치유 중 무엇이 우선이고 중요한가? 간단하지 않은 질문이다. 유대인의 종교성을 사람의 치유보다 소중하게 여기는 사람들이 지금도 교회 안에 있기 때문이다. 이들은 사람의 안전보다 종교적인 의식의 준수를 더 강조한다. 그것을 경건으로 여기며 보다 큰 신앙의 증거로 간주한다. 그러나 주일에 예배를 드리려고 교회로 가는 누군가가 심하게 다치거나 응급한 상황이 발생하면 그를 예배당이 아니라 응급실로 데려가야 한다. 종교적인 의식보다 사람이 우선이기 때문이다. 종교적인 감각이 병들면 판단력은 상식 이하로 떨어진다. 짐승이나 괴물로 돌변한다. 해괴한 논리에 사로잡혀 사람을 괴롭히고 위협한다. 사람을 소중하게 여기고 사람을 이롭게 하는 예수에게 해괴한 분노를 격발한 유대인과 같아진다. 나아가 사회를 종교적인 도탄에 빠뜨린다.

²⁴보이는 대로 판단하지 말고 공의로운 판단으로 판단하라"

이 구절은 유대인이 예수의 안식일 선행에 분노한 이유를 설명한다. 유대인의 분노는 그들이 "공의로운 판단"이 아니라 "보이는 대로"(κατ' ὄψιν) 판단했기 때문이다. 보이는 것은 내면이 아니라 외면이고 본질이 아니라 현상이다. 유대인은 예수께서 안식일에 무언가를 행했다는 현상이 아니라 그가 그날에 선을 행했다는 본질을 기준으로 판단해야 했다. 그러나 그들은 보이는 대로 판단했다. 올바른 판단을 위해서는 사태의 겉모습이 아니라 본질을 꿰뚫는 안목이 필요하다. 보이는 모든 것은 나타난 것으로 말미암지 않고 보이지 않는 것에서 비롯된 결과라는 히브리서 저자의 안목이 필요하다(히 11:3). 모든 보이는 사물과 사태의 배후에는 보이지 않는 하나님의 말씀이 있고 하나님의 투명한 섭리가 있기 때문이다. 이러한 배후를 감지하는 안목은 의로움이 제공한다.

"보이는 대로"와 상응하는 인간의 모든 기준은 공의롭지 못하나, 하나님의 기록된 말씀은 유일하게 공의롭다. 하나님의 말씀은 육체가 아니라 영혼을 제어하고 외형적인 순종이 아니라 숭고한 경외심을 일으킨다. 유대인이 영혼의 진실한 경외심이 아니라 육체의 외형적인 순종에 집착한 것은 그들의 행위가 하나님의 공의로운 말씀이 아니라 자신의 불의한 판단에서 비롯된 것임을 증명한다. 그런데 예수는 판단의 본체가 고장난 유대인을 그냥 간과하지 않으시고 근본적인 치유책을 그들에게 알리신다. 그 치유책은 공의로운 판단이다. 예수는 그 자신이 공의로운 판단인 동시에 공의의 근거라는 사실을 은연 중에 밝히신다. 마지막 날에는 모든 사람이 예수라는 공의로운 기준을 따라 판단을 받으리라. 마지막 날이 오지 않았어도 우리는 그런 판단을 이곳에서 구현해야 한다.

오늘날의 교회도 당시의 유대인을 닮아 공의로운 판단이 아니라 보이는 대로 사람을 판단한다. 비록 하나님의 말씀을 기준으로 삼기는 하지만 말씀의 보이는 문자적 외형에 집착한다. 그 모든 말씀의 보이지 아니하는 정의와 긍휼과 신뢰는 간과한다. 하나님의 말씀 자체가 우리로 하여금 영혼의 차원에서 여호와를 경외하게 한다. 그런데 유대인은 그런 말씀의 본질을 간과하고 육신의 외형적인 순종으로 자신들이 하나님의 택하심을 받은 우월한 백성임을 보이려고 했다. 하나님의 영광을 드러내지 않고 하나님의 이름을 빗대어 다른 민족과는 구별되는 특별한 존재로 자신들을 드러내려

했다. 이러한 면모 때문에 예수는 5장에서 그들의 내면에 하나님을 사랑함이 없고 눈에 보이는 인간의 영광만 추구하고 있다는 문제의 핵심을 꼬집었다. 그런데 오늘날의 교회에는 눈에 보이는 순종조차 실종되어 보이는 대로 판단하는 세상조차 측은한 표정으로 교회를 바라보며 혀를 내두르고 있다. 경건의 모양조차 없는 교회는 하나님과 세상 모두에게 수치의 대상이다.

> 25그러므로 예루살렘 사람 중에 어떤 이들이 말하였다 "이는 그들이 죽이고자 하던 이가 아닙니까? 26보십시오 그가 드러나게 말하는데 그들이 그에게 아무것도 말하지 않습니다 관원들이 그를 그리스도라고 안 것은 아닙니까?

이는 유대인과 예수의 대화가 어디로 기울어 있는지를 파악하게 하는 일부의 예루살렘 사람들이 보인 의아한 반응이다. 이들은 유대인의 주눅 든 모습에 물음표를 단다. 유대인은 예수를 죽이려고 했다. 그 예수가 지금 자신을 감추지 않고 그들 앞에서 드러나게 말하셨다. 예수가 눈앞에 있는데도, 숙원이 이루어질 기회가 왔는데도, 유대인의 살기는 잠잠했다. 그렇게도 민첩하던 그들의 손발은 무언가에 묶인 것처럼 조용했고 무덤 같은 그들의 혀조차도 꿀 씹은 벙어리가 되었기 때문이다. 그래서 예루살렘 사람들은 의심한다. 유대인이 예수를 메시아로 여기고 있지는 않은지를! 그런 의식의 전환이 없었다면, 그들이 당장 예수의 목숨을 끊었을 것이 분명하기 때문이다.

예루살렘 사람들의 눈에 지금의 유대인은 평소의 유대인이 아니었다. 광기를 분출하고 미쳐 날뛰는 장면이 보여야만 했다. 그런데 예수 앞에서 그들은 온순한 양이었다. 이게 웬일인가! 나는 이 상황을 그들이 예수의 권위에 의해 압도된 것이라고 해석한다. 유대인의 과격한 혈기와 온순한 모습의 대조가 이를 입증한다. 이는 예수께서 초자연적 현상을 보이지는 않았지만 그런 현상보다 더 놀라운 기적이다. 예루살렘 사람들은 피하고 숨기만 하는 예수를 약한 사람으로 이해했고 그를 죽이려고 하는 유대인은 과격하고 강한 사람으로 이해했다. 그런데 지금의 예수는 당당하고 유대인은 유약하다. 어찌된 영문인가! 매튜 헨리의 지적처럼, 지금 예루살렘 사람들은 산헤드린 공회의 실종된 기백을 조롱하고 있는지도 모르겠다. 예수를 메시아로 아는 것 아니냐는 그들의 반문은 죽이고자 했던 예수 앞에서 오히려 위축된 당국의 궁색한 모습에 침을 뱉는 언술이다.

> 27하지만 우리는 이 [사람]이 어디에서 왔는지 알고 있습니다
> 그러나 그리스도가 올 때에는 그가 어디에서 오는지를 아는 자가 없습니다"

예루살렘 사람들은 유대인이 예수를 메시아로 여기는 게 아니냐는 반문과 함께 그들의 분노와 살기의 회복을 은근히 촉구한다. 유대인의 자존심을 건드리고 비꼬는 말투 뒤에는 예수를 죽이라는 교사(敎唆)의 뉘앙스도 감지된다. 예수에게 홀리지 말고 정신을 차리라는 취지에서 예수의 메시아 아님을 증명하기 위해 자신의 그럴듯한 논리를 동원한다. "평화의 도시" 예루살렘 사람들은 예수 앞에서 순한 양처럼 변한 유대인의 어이없는 처신을 힐난하며 자신들의 신학적 지식을 가지고 예수를 반박한다. 메시아가 어디에서 오는지를 아는 사람이 없어야 한다는 것이 그들의 논지였다. 그런데 그들은 예수가 요셉과 마리아의 소생이고 갈릴리 출신의 목수라는 사실을 안다고 자부한다. 그러므로 출처가 알려진 예수는 결코 메시아일 수 없다고 그들은 강조한다. 그렇게 최고의 종교적인 도시에 살고 있는 자들도 자신이 판 논지의 우물에 빠져 예수를 범부로 간주하며 거부했다. 자신의 어설픈 지성으로 유대인의 판단도 어지럽게 만들었다. 그러나 우리는

메시아를 알아보지 못한 그들의 무지가 오히려 예수의 메시아 되심을 반증하고 있음을 확인한다. 즉 메시아의 출처는 아무도 모른다는 논지를 그들 자신이 예수의 본질을 몰라보는 방식으로 의도하지 않게 증명한 셈이기 때문이다. 예수께서 목수의 아들로 태어난 것은 메시아의 출처를 가리는 일종의 섭리적인 은폐였다. 예루살렘 사람들의 주장은 비록 그들 자신이 의도한 것은 아니지만 일리가 있는 주장이다.

그러나 예언의 관점에서 볼 때, 메시아의 출처를 몰라야 한다는 예루살렘 사람들의 주장은 과연 정당한가? 이 주장이 불가지론 사상의 단초와 정당화의 도구로 보이는 건 나만의 착각과 편견일까? 아니다. 창세기는 마귀의 머리를 깨뜨리는 메시아가 "여자의 후손"일 것이라고 증언했다(창 3:15). 모세는 주께서 "네 형제 중에서 너를 위하여 나와 같은 선지자 하나"를 일으키실 것이라고 증언했다(신 18:15). 이사야는 "이새의 줄기에서 한 싹이 나며 그 뿌리에서 한 가지가 나서 결실할 것"이라는 말로 메시아를 예언했다(사 11:1). 나단은 다윗에게 "네 몸에서 날 네 씨를 네 뒤에 세워 그의 나라를 견고하게 하리라"(삼하 7:12)는 하나님의 말씀을 전하였다. 미가 선지자는 베들레헴 지역에서 이스라엘 백성을 "다스릴 자"가 나올 것인데 "그의 근본은 상고에, 영원에" 있다고 예언했다(미 5:2). 메시아의 오심은 누구도 부인할 수 없을 정도로 명확한 예언의 역사적인 성취였다. 실제로 사도들도 앞에서 언급한 예언들에 근거하여 메시아가 처녀 마리아의 몸에서 나왔고 다윗의 후손이며 베들레헴 출신임을 확신했다(마1:1; 눅1:34, 2:11; 요 7:42; 롬1:3). 메시아의 혈통적인 출처는 구약의 예언으로 알려졌고 신약의 저자들도 인지했다.

²⁸성전에서 가르치고 계신 예수께서 외치시며 말하셨다
"너희는 나를 알고 내가 어디에서 왔는지도 안다 나는 스스로 온 것이 아니니라
나를 보내신 이는 참되시다 너희는 그를 알지 못하지만
²⁹나는 아는데 이는 내가 그에게서 왔고 그가 나를 보내셨기 때문이다"

이 구절은 예루살렘 사람들의 불가지론 주장과 그들의 어리석은 결론에 대한 예수의 반론이다. 예수는 "외치셨다"(ἔκραξεν). 평소보다 볼륨을 더 높이셨다. 이는 가르침을 받는 사람들의 완고함 때문이고 전하려는 교훈의 수위가 너무도 높기 때문이다. 성전에서 예수의 가르침을 받는 자들이 예수를 알고 그가 어디에서 왔는지도 안다는 것을 예수도 동의한다. 그러나 예루살렘 사람들은 예수의 출처에 대해 그들의 눈에 "보이는 대로" 이해했다. 그래서 땅의 가시적인 출처만 주목했다. 보이지 않는 하늘의 출처에 대해서는 무지했다. 그래서 그들은 예수가 메시아일 수 없다는 결론에 이르렀다. 이는 자신들이 예수의 전부를 안다는 착각이, 자신의 부분적인 지식이 예수의 전부라고 여기는 일반화의 오류가 내린 어리석은 결론이다. 모르는 것을 모른다고 하며 겸손한 태도를 취했다면 그들이 예수를 메시아로 알았을지도 모르겠다. 사람들의 평가에 대한 예수의 처신은 대단히 지혜롭다. 그는 그들의 주장을 통째로 부정하지 않고 그들의 부분적인 지식과 부분적인 무식을 구분했다. 그런 신중한 구분을 따라 예수는 그들이 아는 것은 안다고 인정하고 그들이 모르는 것은 알지 못한다고 지적했다. 한 사람에 대한, 혹은 그 사람의 말에 대한 도매급 평가는 금물이다. 사안의 세밀한 구분이 필요하다. 그 구분에 맞도록 긍정과 부정의 비율을 정확하게 조정해야 한다.

예수는 그들에게 자신이 "스스로 온 것"이 아니라는 사실을 밝히신다. 출생의 신적인 배후가 있음을 알리신다. 누군가가 예수를 보내셨다. 예수에 의하면, 그를 보내신 분은 "참되시다"(ἀληθινός). 그래서 참된 분에게 영

광을 돌리는 것도 "참되다"고 말하셨다(요 7:18). 우리는 과연 아버지 하나님의 참되심을 알고, 참되신 분에게 영광을 돌리는 것도 참되다는 사실을 알고, 그에게 진실한 영광을 돌리는가? 예수는 그가 누구인지 아셨기 때문에 이런 판단을 내리셨다. 그러나 사람들은 그가 누구인지 알지 못하고 그가 참된 분인지도 모르기 때문에 어떠한 판단도 내리지 못하였다. 하나님을 알지도 못하기 때문에 그에게 영광을 돌리지 않았으며, 합당한 영광과 감사를 돌리지 않는 것이 참되지 않다는 사실에 대해서도 무지했다. 이처럼 세상의 상태는 총체적인 난국이다.

그래서 세상을 너무도 사랑하신 예수는 "내가 그에게서 왔고 그가 나를 보내셨기 때문"에 왔다는 보이지 않는, 그래서 아무도 모르는 진실을 나누셨다. 믿는 사람만이 아니라 자신을 죽이려고 하는 유대인 앞에서도 기꺼이 나누셨다. 이로써 예수는 자신의 출처를 안다고 자부하는 자들에게 "누구든지 무엇을 아는 줄로 생각하면 아직도 마땅히 알 것을 알지 못하는 것"이 진실임을 밝히시며 그들의 교만을 꺾으셨다(고전 8:2). 같은 맥락에서 바울은 "우상의 제물을 먹는 일"에 대해 그것을 먹었다고 해서 우상을 숭배한 것이라고 주장하는 자들의 부당함을 역설했다(고전 8:4). 우상이 그림이나 형상으로 있더라도 진짜 신이 아니며, 이 세상에는 하나님 한 분밖에는 신이 없기 때문이다. 보이는 대로 판단하면 우상의 제물을 먹는 것이 우상숭배 행위로서 비난 받을 일이지만 하나님의 말씀에 근거해서 보면 그 제물은 식물일 뿐이기에 먹는 것과 먹지 않는 것이 일반이다.

예수를 보내신 분이 "참되다"는 것은 우리의 믿음을 요구한다. 관찰이나 실험이나 추론을 통해서는 확인할 수 없기 때문이다. 저자가 앞에서도 밝힌 것처럼 "본래 하나님을 본 사람이 없"기 때문이다. 태초부터 지금까지 누구도 접근할 수 없는 빛 가운데에 거하시는 하나님께 누구도 다가갈 수 없기 때문이다. 그래서 하나님은 볼 수도 없고, 만질 수도 없고, 인간의 논리에 구겨 넣을 수도 없는 분이시다. 오직 "아버지 품 속에 있는 독생하신 하나님"

(요 1:18)이 그의 아버지가 참되심을 알리신다. 아버지의 "아들과 또 아들의 소원대로 계시를 받는 자 외에는 아버지를 아는 자가 없"다고 예수는 밝히신다(마 11:27). 예수는 아버지 하나님이 참되다는 계시를 사도에게 그리고 우리에게 베푸셨다. 그러므로 우리도 아버지 하나님을 안다. 사도들을 보고 들어서 알지만, 우리는 보아서 아는 것이 아니라 기록된 계시를 믿음으로 안다. 알았다면 하나님께 감사와 영광을 돌림이 참되고 마땅하다.

30이에 그들이 그를 잡으려고 했다 그러나 아무도 그에게 손을 대지 않았는데
이는 아직 그의 시간이 이르지 않았기 때문이다

예루살렘 사람들은 자신의 주장을 반박하고 자신의 무지를 드러내는 예수를 제거하기 위해 잡으려고 했다. 세상이 악하다고 말하셨기 때문에 세상의 미움을 당하신 예수는 지극히 종교적인 예루살렘 사람들의 무지를 보이셨기 때문에 추적을 당하신다. 예수에 대한 세상과 유대교의 미움은 그렇게 분량이 누적되고 그 미움의 농도는 차근차근 올라간다. 예수에 대한 유대교의 미움이 더 집요하다. 그러나 이처럼 예수 결박의 분위기가 고조되고 있는데도 예수에게 손을 대는 사람이 하나도 없었다고 저자는 지적한다. 이는 다른 무엇보다 예수의 "시간"(ὥρα)이 아직 이르지 않았기 때문이다. 기적을 행하시는 예수의 신비와 권위가 결박의 시도를 무마시킨 것일 수도 있지만 저자는 "시간"을 강조한다. 앞에서도 예수는 죽음의 시간이 이르지 않았기 때문에 스스로 자신을 숨기셨다. 그런데 세상도 때가 이르지 않으면 예수를 함부로 만지지도 못하고 머리털 하나도 상하게 하지 못한다는 사실을 저자는 명시한다.

이처럼 예수와 세상은 하나님의 시간표를 따라 움직인다. 세상이 아무리 흉용해도, 예수와 그의 사람들을 아무리 미워해도, 하나님의 허락 없이

는 만지지도 못한다는 사실은 언제나 확고하다. 칼뱅이 잘 관찰한 것처럼, 예수의 때에 대한 언급은 아직 이르지 않았음을 설명하는 동시에 십자가의 죽음이 다가오고 있음도 설명한다. 때가 이르렀기 때문에 죽는다는 것은 예수의 죽음이 당시 관원들의 제도적인 박해나 산헤드린 공회의 집요한 횡포로 말미암은 것이 아니라 하나님의 때에 하나님의 뜻을 따라 이루어진 일임을 증거한다. 그래서 그의 죽음은 실패의 물증이 아니라 하나님의 뜻을 온전히 성취한 증거라는 사실을 저자는 이 구절에서 암시한다. 그러므로 우리도 혹시 억울함을 당하고 박해를 당하고 죽음에 이른다면 환경의 인과율도 살펴야 되겠지만 무엇보다 하나님의 뜻을 중심으로 분석해야 정확한 이해에 도달한다.

하나님의 섭리는 한 치의 어긋남도 없다. 모든 것이 하나님의 정하신 때에 정해진 대로 흘러간다. 누구도 하나님의 섭리를 변경하지 못하기에 하나님을 전심으로 신뢰해도 된다. 성경은 이러한 섭리를 틈 날 때마다 언급한다. 그러나 현실은 그런 섭리에 대한 각주를 일일이 제공하지 않기 때문에 개개인이 믿음의 눈으로 시간을 해석하고 하나님의 섭리를 읽어내야 한다. 하지만 사건마다 "하나님의 섭리"라는 언어적인 꼬리표를 달면 맹신적인 행위로 보여서 사람들의 불필요한 거부감을 일으킨다. 그래서 모든 사건을 하나님의 섭리로 이해하되 말이 아니라 그 섭리를 존중하는 삶으로 조용히 설명하면 된다. 그렇게 섭리의 실천적인 주해를 달면 사람들은 우리를 통해 사건마다 하나님을 목격하며 감동한다. 우리는 신적인 섭리의 해설자로 살아가는 인생이다.

³¹무리 중에 많은 자들이 예수를 믿고 말하였다
"그리스도가 오더라도 이분이 행한 표적보다 더 많이 행하지는 않겠지요?"

무리 중에 믿는 자들이 많이 생겨났다. 예수를 미워하고 박해하고 죽이려고 하는 분위기 속에서도 믿음의 역사는 이어진다. 살벌한 정치와 고압적인 문화의 진토 속에서도 믿음의 꽃은 피어난다. 때로는 위기와 절망도 신앙의 질식을 가져오지 않고 오히려 신앙의 옥석을 가리는 적절한 환경을 제공한다. 국권을 상실하고 식민지의 고단한 삶이 오래 지속되어 절망이 민족의 감정에 굳은살이 된 당시의 상황이 오히려 인생의 본질을 응시하게 하고 메시아에 대한 소망을 더욱 간절하게 하고 인생의 비본질적 갈등에서 자유롭게 한다. 유대인과 예수 사이에서 미묘하게 움직이는 힘의 기울기에 민감하지 않고 예수 안에서 희망을 발견한 사람들이 많다. 이들은 만약 예수가 메시아가 아니어서 다른 메시아가 온다고 하더라도 예수가 행한 표적보다 더 많이 행하지는 않을 것이라고 장담한다. 이스라엘 역사의 무대에 등장한 거인들 중에 예수는 이들에게 진실로 독보적인 존재였다.

여기에서 무리 중의 많은 이들이 "더 많은 표적"(πλείονα σημεῖα)에 근거하여 예수를 믿게 되었다고 추정하는 사람들이 있다. 일리가 있는 추정이다. 예수의 많은 표적들은 그에게 하늘의 신적인 능력이 없다면 땅에서 이루어질 수 없는 것들이기 때문이다. 그러나 다른 추정도 가능하다. 즉 많은 이들이 예수를 메시아로 믿었으나 설명과 설득의 필요 때문에 표적의 횟수를 언급한 것일 가능성도 있다. 예수의 많은 표적은 역사적인 사실이기 때문에 대중의 공감을 일으키는 유력한 수단이다. 그냥 믿는다는 말보다 객관적인 사실을 제시하는 것이 공감대 형성에 더 유용하다. 그리고 이 무리의 고백에 예수는 메시아가 맞다는 단언이 없다는 이유로 믿음의 연약함을 주장하는 사람들도 있다. 이는 메시아를 믿었다면 목에 칼이 들어와도 메시아를 고백할 수 있어야 하는데 그들은 예수가 메시아가 아닐 수는 있는데 표적의 수효에 있어서는 최고라고 고백했기 때문이다. 이것도 개연성 있는 주장이다.

³²그에 대한 무리의 이 수군댐을 바리새파 사람들이 들었고
대제사장 및 바리새파 사람들이 그를 잡으려고 수종들을 파견했다

종교적인 헤게모니 투쟁에 가장 민감한 대제사장 및 바리새파 무리의 귀가 무리의 수군댐을 접수한다. 민심이 이반하고 있음을 감지한다. 예수에 대한 무리의 호감으로 인해 불쾌함과 적개심이 차오른다. 예수를 잡으려고 수종들을 파견하는 방식으로 거북한 심기를 드러낸다. 이는 예수로 말미암아 그들의 종교적인 위신이 바닥까지 떨어졌기 때문이다. 유구한 전통을 가진 산헤드린 공회가 목수 출신의 새파란 청년에 의해 서서히 몰락하는 추세를 좌시할 수 없었기 때문이다. 그들은 예수만 제거하면 그들의 권위가 제자리로 돌아올 것이라고 기대했다. 정치적인 권력을 빼앗기는 것보다 종교적인 권력을 빼앗기는 것이 더 쓰라리다. 그래서 헤롯은 요한을 죽였으나 산헤드린 공회는 예수를 죽이고자 한다. 유대인 중에서도 예루살렘 출신들이 더 극성이다.

어설픈 지식이 생사람 잡는다는 말, 오랜 상식이다. 유구한 전통을 가진 종교의 도시 예루살렘, 그곳에 사는 지성인의 어설픈 신학이 사람들을 호도한다. 예수라는 진리의 인식을 방해한다. 진리를 제거하는 방식으로 자신들의 지적인 한계를 감추려고 한다. 자신들의 옳음을 입증하기 위해 의인에게 죄수의 옷을 입히려고 한다. 진리에 굴복하는 자들의 자존심을 건드리며 예수에 대한 그들의 적개심과 반격을 자극한다. 참 야비하다. 모르는 것을 모른다고 하는 겸손이 아니라 부분적인 지식을 전체적인 지식인 것처럼 과장하는 교만이 예루살렘 출신들의 입을 움직인다. 우리는 어떠한

가? 성경은 방대하다. 성경 전문가를 자처하는 신학자도 성경의 한 부분만 집요하게 공부한다. 그런데도 마치 성경 전체의 전문가인 것처럼 행세한다. 예수를 알아가는 과정에 있는데도 마치 예수에 대한 지식의 정복자인 것처럼 으스댄다. 자신과 의견이 다르면 상대방이 성경을 모르고 예수를 모른다고 단정한다. 이는 자신이 모르는 다른 부분의 지식일 가능성은 완전히 배제하는 독단이다. 그런 독단의 정당화를 위해 자신이 예루살렘 출신이고 가말리엘 학파에 속했다는 점을 자랑한다. 최고의 대학에서 최고의 지도교수 밑에서 배웠다며 자신의 학벌을 홍보한다. 진리 자체이신 예수 앞에서 부끄러운 줄도 모르고 떠벌린다. 그래도 안 되니까 결국 구석진 베들레헴 출신의 진리를 잡아 죽이려고 한다. 이것이 세상 출신들의 전횡이다. 이런 전횡은 슬프게도 교회 안과 밖을 가리지 않고 곳곳에서 목격된다.

요 7:33-53

³³예수께서 이르시되 내가 너희와 함께 조금 더 있다가 나를 보내신 이에게로 돌아가겠노라 ³⁴너희가 나를 찾아도 만나지 못할 터이요 나 있는 곳에 오지도 못하리라 하시니 ³⁵이에 유대인들이 서로 묻되 이 사람이 어디로 가기에 우리가 그를 만나지 못하리요 헬라인 중에 흩어져 사는 자들에게로 가서 헬라인을 가르칠 터인가 ³⁶나를 찾아도 만나지 못할 터이요 나 있는 곳에 오지도 못하리라 한 이 말이 무슨 말이냐 하니라 ³⁷명절 끝날 곧 큰 날에 예수께서 서서 외쳐 이르시되 누구든지 목마르거든 내게로 와서 마시라 ³⁸나를 믿는 자는 성경에 이름과 같이 그 배에서 생수의 강이 흘러나오리라 하시니 ³⁹이는 그를 믿는 자들이 받을 성령을 가리켜 말씀하신 것이라 (예수께서 아직 영광을 받지 않으셨으므로 성령이 아직 그들에게 계시지 아니하시더라) ⁴⁰이 말씀을 들은 무리 중에서 어떤 사람은 이 사람이 참으로 그 선지자라 하며 ⁴¹어떤 사람은 그리스도라 하며 어떤 이들은 그리스도가 어찌 갈릴리에서 나오겠느냐 ⁴²성경에 이르기를 그리스도는 다윗의 씨로 또 다윗이 살던 마을 베들레헴에서 나오리라 하지 아니하였느냐 하며 ⁴³예수로 말미암아 무리 중에서 쟁론이 되니 ⁴⁴그 중에는 그를 잡고자 하는 자들도 있으나 손을 대는 자가 없었더라 ⁴⁵아랫사람들이 대제사장들과 바리새인들에게로 오니 그들이 묻되 어찌하여 잡아오지 아니하였느냐 ⁴⁶아랫사람들이 대답하되 그 사람이 말하는 것처럼 말한 사람은 이 때까지 없었나이다 하니 ⁴⁷바리새인들이 대답하되 너희도 미혹되었느냐 ⁴⁸당국자들이나 바리새인 중에 그를 믿는 자가 있느냐 ⁴⁹율법을 알지 못하는 이 무리는 저주를 받은 자로다 ⁵⁰그 중의 한 사람 곧 전에 예수께 왔던 니고데모가 그들에게 말하되 ⁵¹우리 율법은 사람의 말을 듣고 그 행한 것을 알기 전에 심판하느냐 ⁵²그들이 대답하여 이르되 너도 갈릴리에서 왔느냐 찾아 보라 갈릴리에서는 선지자가 나지 못하느니라 하였더라 ⁵³[다 각각 집으로 돌아가고

❖ ❖ ❖

³³이에 예수께서 말하셨다 "나는 너희와 함께 조금 더 있다가 나를 보내신 분에게로 돌아간다 ³⁴너희가 나를 구하여도 나를 찾지 못할 것이며 내가 있는 곳으로 너희가 올 수도 없으리라" ³⁵이에 유대 사람들이 서로에게 말하였다 "이 [사람]이 어디로 가기에 우리가 그를 찾지 못하는가? 헬라 사람들의 흩어진 자들에게 가서 그 헬라 사람들을 가르치려 하는가? ³⁶'너희가 나를 구하여도 나를 찾지 못할 것이며 내가 있는 곳으로 너희가 오지도 못한다'고 말한 이 말은 무엇인가?" ³⁷명절의 마지막 큰 날에 예수께서 서서 외치시며 말하셨다 "누구든지 목이 마르거든 나에게로 와서 마시라 ³⁸나를 믿는 자는 성경이 말하듯이 '그의 배에서 생수의 강이 흘러 나오리라'" ³⁹이는 그를 믿는 자들이 받게 될 성령에 대한 말이었다 (이는 예수께서 아직 영광을 받지 않으셔서 성령이 아직 그들에게 계시지 않았기 때문이다) ⁴⁰이에 이 말씀을 들은 무리 중에서 [어떤 사람들이] 말하였다 "이는 참으로 선지자다" ⁴¹다른 이들은 말하였다 "이는 그리스도다" 그러나 어떤 이들은 말하였다 "아니야 그리스도가 [어떻게] 갈릴리에서 나오겠어? ⁴²그리스도는 다윗의 후손에서, 베들레헴 즉 다윗이 있던 마을에서 나온다'고 성경이 말하잖아!" ⁴³그로 말미암아 무리 가운데에 분열이 일어났다 ⁴⁴그들 중에는 그를 잡으려고 하는 자들이 있었지만 누구도 그에게 손을 대지 못하였다 ⁴⁵수종들이 대제사장 및 바리새파 무리에게 왔다 그들이 그들에게 질문했다 "어찌하여 그를 잡아오지 않았느냐?" ⁴⁶수종들이 대답했다 "어느 때에도 [이] 사람처럼 말한 이는 없습니다" ⁴⁷바리새파 사람들이 그들에게 대답했다 "너희도 미혹된 거 아니냐? ⁴⁸당국자들 및 바리새인 중에 누가 그를 믿었느냐? ⁴⁹그러나 율법을 알지 못하는 이 무리는 저주를 받은 자들이다" ⁵⁰그들 중의 하나 즉 예전에 예수에게 왔던 니고데모가 그들에게 말하였다 ⁵¹"우리의 율법은 그에게서 듣고 그가 무엇을 했는지를 알기도 전에 판단을 내리느냐?" ⁵²그들이 대답하며 그에게 말하였다 "너도 갈릴리 출신이냐? 너는 갈릴리 출신으로 선지자가 나오지 않는다는 것을 조사하고 알라" ⁵³각자는 그들 자신의 집으로 돌아갔다

24 고질적인 확증편향

당시 유대교의 리더들이 예수를 잡으려고 하솔들을 파견한 상황이다. 그런데도 예수는 명절 마지막 날까지 하늘의 교훈을 전하신다. 조만간 자신을 보내신 분에게로 돌아가나 사람들은 자신이 가는 곳이 어디인지 알지도 못하고 오지도 못한다고 한다. 이 말의 의미를 알아듣지 못한 자들에게 예수는 성경을 인용하며 자신을 믿으면 그 배에서 생수의 강이 흘러넘칠 것이라고 한다. 이는 성령에 대한 말이었다. 사람들 사이에는 예수에 대한 견해가 갈라졌다. 네 가지의 견해가 모두 부분적인 사실에 근거한 오해였다. 하솔들은 기회를 봐서 예수를 잡으려고 했으나 허사였다. 그를 만지지도 못하였기 때문이다. 이유는 기록되어 있지 않지만 예수의 신적인 위엄이 읽어지는 대목이다. 동시에 그를 만지지도 못한 것은 예수의 때가 되지 않았기 때문에 이루어진 하나님의 섭리였다. 이때 니고데모 이름이 거명된다. 그가 예수를 잡아 죽이려는 유대교의 리더들을 향해 이의를 제기했다. 그러나 그도 그들에 의해 예수처럼 매도를 당하였다. 이는 그들의 고착된 확증편향 때문이다. 자신들은 언제나 옳고 자신들을 반대하는 모든 자는 틀리다는 해괴한 편향이다. 진리도 무시하고 그것을 매장하는 유대교의 이 고약한 편향성은 기독교 안에서도 발견된다.

³³이에 예수께서 말하셨다
"나는 너희와 함께 조금 더 있다가 나를 보내신 분에게로 돌아간다

자신의 생명을 위협하는 유대인을 향해 예수는 자신의 임박한 떠남을 고지한다. 떠나기 전에 그들과 "조금 더" 있겠다고 한다. "조금 더"("Ἔτι χρόνον μικρὸν)는 십자가 위에서 죽기 전까지의 잔여 기간을 의미한다. 떠날 때가 얼마 남지 않았다는 "조금 더"의 긴박성은 누구를 위함인가? 예수 자신이 아니라 유대인을 위함이다. 자신을 아프지 않게 살살 다루라는 부탁이 아니라 속히 아버지께 돌이켜 구원을 얻으라는 자비로운 독촉이다. 같은 맥락에서 이사야는 "너희는 여호와를 만날 만한 때에 찾으라 가까이 계실 때에 그를 부르라"(사 55:6)고 기록한다. "조금 더"라는 말은 늦기 전에 오라는, 숨이 붙어 있는 동안에는 돌이킬 기회가 있다는 최후의 통첩이다.

예수는 자신을 보내신 분에게로 돌아간다. 고난의 짧은 삶을 끝마치고 아버지께 돌아가는 것은 영광의 영원한 귀환이다. 이는 지구에서 실패하고 쫓겨나는 불가피한 퇴각이나 유배가 아니라 임무를 완수하고 돌아가는 금의환향 차원의 자발적인 귀환이다. 우리도 주님처럼 이 땅에서 "조금 더 있다가" 주님께로 돌아가는 인생이다. "잠깐 보이다가 없어지는 안개"(약 4:14)라는 야고보의 표현은 인생의 덧없음을 뜻하지만 세상 속에서 사람들과 함께하는 시간이 지극히 짧다는 말이기도 하다. 인생이 그렇게 잠시여서 이 땅에서 당하는 모든 아픔도 잠깐이다. 곧 영원한 영광을 맞이하게 된다. 시인의 고백으로 말한다면, 고난과 조롱과 멸시의 시간은 잠깐이고, 은총은 영원하다(시 30:5). 바울의 표현을 빌리자면, 이 땅에서 "잠시 받는 환난의 경한

것"은 보이는 것으로서 "잠깐"이고 죽음 이후에 받는 "지극히 크고 영원한 영광의 중요한 것"은 보이지 않는 것으로서 영원하다(고후 4:17-18). 이러한 사실을 전도의 맥락에서 보면, 우리 주변에 있는 사람과의 공존은 영원하지 않기에, 지금은 구원의 때라는 사실을 의식하며 잠시 살아가는 동안에 복음이라는 최고의 선물을 이웃에게 계속해서 공급해야 한다는 교훈이다. 상대방을 공격하고 이기려는 태도보다 세상 떠나가기 전에 항상 긍휼의 마음으로 하늘의 사랑을 홍수처럼 쏟으려는 태도를 취하라는 교훈이다.

> ³⁴너희가 나를 구하여도 나를 찾지 못할 것이며
> 내가 있는 곳으로 너희가 올 수도 없으리라"

예수를 죽이려는 유대인의 살기는 집요하다. 결국 그들은 예수의 육신을 제거하는 일에 성공한다. 그러나 예수는 부활한다. 그래서 그들의 계획은 실패로 돌아간다. 부활하신 예수는 하늘로 올라가고 보내신 분에게로 돌아간다. 그곳은 유대인이 실패를 만회하기 위해 부활의 예수도 없애려고 그에게로 다가가지 못하는 영역이다. 그곳은 그들이 갈 수도 없는 영역이며, 죽음도 출입하지 못하는 영역이기 때문이다. "너희가 올 수도 없다"는 말은 심판주의 대단히 무서운 선언이다. 구원의 철저한 배제를 의미하기 때문이고 예수의 말은 최종적인 선언이기 때문이다. 뒤집어서 보면, 그곳은 예수를 믿고 하나님의 자녀가 된 자들은 누구든지 출입하는 영원한 생명의 나라를 의미한다. 그리고 우리는 그곳이 "내가 있을 곳"이 아니라 "내가 있는 곳"(ὅπου εἰμὶ ἐγώ)이라는 현재형 시제를 주목해야 한다. 저자의 이 의도적인 표현은 예수께서 장차 죽음 이후에 비로소 돌아가실 곳이 아니라 이미 그곳에 계시다는 점을 암시한다. 이는 그가 무소부재 하신 하나님의 아들이기 때문이다. 이는 동시에 우리도 죽은 이후에 비로소 가게 될 곳이 아니라 우리의 영적인 지위는 이미 그곳에 이르러서 그리스도 예수와 함께 나란히 앉혀져 있다(엡 2:6)는 바울의 판단이 옳음을 입증하는 표현이다. 비록 땅을 디디며 살더라도 우리의 영적 좌소는 이미 예수와 함께 하나님의 보좌 우편이다.

> 35이에 유대 사람들이 서로에게 말하였다 "이 [사람]이 어디로 가기에 우리가 그를 찾지 못하는가? 헬라 사람들의 흩어진 자들에게 가서 그 헬라 사람들을 가르치려 하는가? 36'너희가 나를 구하여도 나를 찾지 못할 것이며 내가 있는 곳으로 너희가 오지도 못한다'고 말한 이 말은 무엇인가?"

예수의 선언은 유대인이 이해할 수 없는 말이었다. 그래서 그들은 예수의 행선지가 궁금해서 서로에게 질문한다. 자신들이 예수를 찾지 못하는 곳은 어디인가? 그들의 추정은 예수께서 "헬라 사람들의 흩어진 자들에게 가서 그 헬라 사람들을 가르치려 하는" 듯 하다는 것이었다. 이들이 갑자기 헬라 사람들을 언급하는 이유는 무엇인가? 아마도 예수께서 유대인 본토의 호응을 얻지 못하고 오히려 적개심만 일으키자 이방인 구역으로 가서 이방인을 대상으로 해괴한 가르침을 퍼뜨리고 대중적인 인기를 얻으려고 한다고 유대인이 오해했기 때문이지 싶다. 이에 대해 칼뱅과 메튜 헨리는 유대인이 예수의 말을 농담으로 여기며 그를 조소한 말이라고 평가한다. 지극히 중요한 진리를 선포해도 멸망하는 자들의 귀에는 맹랑한 헛소리로 들릴 수 있기 때문이다.

예수의 행선지에 대한 유대인의 무지는 영적인 분별력이 그들에게 없기 때문이다. 예수는 출처와 행선지가 감추어진 바람처럼 "성령으로 난 사람"이다(요 3:8). 땅의 일을 말하여도 알아듣지 못하는 자들에게 하늘의 행선지를 말하면 그들이 더더욱 알지 못한다는 것은 너무도 당연하다. "영적인 일은 영적인 것으로 분별"할 수 있다는 바울의 말(고전 2:13)은 올바르다. 바울은 "육에 속한 사람이 하나님의 성령의 일들을 받지 아니"하는 이유를 이렇게 설명한다. "이는 그것들이 그에게는 어리석게 보임이요 또 그는 그것을 알 수도 없나니 그러한 일은 영적으로 분별되기 때문이라"(고전 2:14). 보내신 분에게로 가신다는 예수의 말씀은 유대인이 듣기에 허황되고 어리석다. 자신의 죽음을 돌아가는 것이라고 한 예수의 말씀은 영적으로 분별하면 그의 부활과 승천을 의미한다. 이것을 알지 못하거나 믿지 아니하면 누구든지 유대인이 가진 의구심에 동일하게 휩싸인다.

예수는 유대인이 이해하지 못하는 의제를 던지면서 대화를 지혜롭게 이끄신다. 그들의 방해에 굴하지 않으시고 하늘의 비밀을 드러내는 계기로 삼으신다. 특이한 어법으로 그들의 영적인 무지를 드러내고 그들의 날카로운 살기를 잠시 무디게 만들면서 예수의 부당한 십자가 처형을 저지르려 하는 그들의 들끓는 욕망에 조용히 기름을 부으신다. 그리고 자신의 행선지에 대해서는 가벼운 궁금증만 그들에게 유발하고, 그럼에도 불구하고 "천국의 비밀을 아는 것"이 허락된 귀 있는 자에게는 전혀 부족하지 않게 넉넉히 알리신다. 우리가 예수를 세속적인 관점으로 보면 유대인의 안목처럼 땅의 동선과 행선지만 주목하며 그의 세속적인 윤리와 도덕에만 열광한다. 예수를 생각할 때, 땅의 것을 배제하는 것도 조심해야 하겠지만 하늘의 것을 간과하는 것은 더더욱 조심해야 한다.

> 37명절의 마지막 큰 날에 예수께서 서서 외치시며 말하셨다
> "누구든지 목이 마르거든 나에게로 와서 마시라 38나를 믿는 자는
> 성경이 말하듯이 '그의 배에서 생수의 강이 흘러 나오리라'"

명절의 마지막 날에 이르렀다. 초막절은 7일 동안 지켜지기 때문에(신

16:13) 일곱째 날일 가능성이 크다(물론 레위기 23장 36절은 8일째도 성회로 모인다고 기록한다). 저자는 이날을 "큰 날"이라고 한다. "크다"(μέγας)는 것은 아마도 유대인의 민족적인 정서가 부여한 그날의 의미이지 싶다. 대체로 명절의 마지막 날에는 의식이 종료되고 그 명절의 의미가 참여하는 자들의 가슴에 새겨진다. 그런 날에 예수께서 외치며 선포하신 말씀은 모든 명절의 의미가 수렴되는 진리로 보아도 무방하다. 예수는 사람들이 종교적인 의식에의 참여로 만족하는 것이 아니라 그 의식의 의미 누리기를 원하신다. 그래서 크게 외치셨다. 모든 사람의 귀에 들리도록!

명절의 마지막 큰 날에 선포되는 예수의 메시지는 무엇인가? 누구든지 목이 마르거든 자신에게 와서 마시라는 내용이다. 모든 사람은 목마르다. 평범한 목마름이 아니라 해갈하지 않으면 죽을 것처럼 절박한 갈증이다. 누구도 이런 갈증을 스스로 해갈할 수 없기 때문에 예수에게 나아가야 한다. 나아가는 방법은 믿음이다. 이 메시지는 사마리아 수가의 여인에게 했던 말의 반복이다. 그런데 한 사람이나 특정한 소수에게 조용한 귓속말로 전한 내용이 아니라 수많은 사람들이 모여 있는 명절의 현장에서 의미가 수렴되는 마지막 날에 큰 소리로 "외친"(ἔκραξεν) 선언이다. 스스로 귀를 닫지 않는다면 누구든지 들을 수 있도록 선포된 만인의 복음이다. "나에게로"(πρός με) 오라는 말은 모든 사람의 목마름과 모든 종류의 목마름을 다 해갈할 능력이 없다면 결코 발설할 수 없는 단언이다. 그런데 예수는 목마름을 제거하되 사람과 목마름의 종류를 가리지 않으신다. 모든 사람의 모든 필요를 채우실 능력과 의지가 있으시기 때문이다. 이것보다 더 든든하고 짜릿한 약속이 어디에 있겠는가! 어떠한 차별도 없고 기한도 없는 이 약속으로 인해 우리는 항상 기뻐하고 항상 감사함이 마땅하지 않겠는가! "누울 자리 봐 가면서 발을 뻗으라"는 말처럼 영혼의 영원한 갈증을 해소하기 원한다면 그것을 가능하게 만드실 예수께로 인생의 발걸음을 내디뎌야 한다.

예수를 믿으면 신자의 배에서 "생수의 강"이 흐른다고 한다. "생수"는

"살아있는 물"이며 "심장이 뛰는 물"이며 "타인의 심장을 뛰게 만드는 물"을 의미한다. 생수가 흘러서 넘치는 믿음의 사람은 가난하지 않다. 빈약하지 않다. 쓰고도 남을 정도로 풍요롭다. 그래서 타인과 나누는 은총의 공급자와 전달자가 된다. 그래서 "생수의 강"은 목마름이 해소되는 은총의 최종 수혜자가 자신이 아니라 타인임을 암시한다. 고여 있지 않고 "흘러 나온다"는 것은 은총의 본래적인 속성이다. 아브라함 언약의 핵심도 자신이 복을 받는다가 아니라 그로 말미암아 모든 열방이 복을 받는다는 점이었다. 만약 생수의 강이 흐르지 않고 고인다면 썩지 않겠는가! 생수의 신선도는 흐름이 유지한다. 이로 보건대 주님의 은총을 타인에게 흘려보내는 것은 적선이나 동정이나 구제나 선행이 아니라 마땅한 의무라는 교부들의 주장은 타당하다. 늘 신선한 은총의 수혜자가 되기 위한 필수적인 행위이기 때문에 오히려 흘려보낼 대상이 있다는 사실에 대해 하나님께 감사해야 한다. 생수의 강을 흘려 내보냄은 자신도 늘 새로운 은총의 수혜자가 되고 타인도 자신이 누린 은총의 동일한 수혜자가 되게 만들어 모두가 행복하게 되는 비결이다. 하나님이 원하시는 은총의 용도는 이것이다.

생수의 강이 신자의 배에서 범람하는 것은 성경에 기록되어 있다. 신약 시대에 새롭게 등장한 내용이 아니라 구약 시대에 예언된 내용이다. 예수는 언제나 구약의 예언이 성취되는 방향으로 말하시고 행하신다. "생수의 강"도 구약에 뿌리를 둔 예언의 성취로서 내뱉으신 발언이다. 구약에서 생수에 대한 예언은 이사야와 예레미야 선지자의 글에 기록되어 있고(사 44:3, 55:1; 렘 2:13, 17:13), 신약에는 계시록에 기록되어 있다(계 21:6, 22:17). 이 기록에서 생수의 근원은 하나님 자신이다. 성령 하나님은 생수의 강이시다. 그 강이 신자의 배에서 범람한다. "배"는 존재의 중심이고 인생의 중심이다. 믿음의 사람은 생수를 외부에서 공급하는 것이 아니라 존재의 가장 깊은 곳에서 퍼올린다. 그래서 신자는 타인의 것을 받으려고 하지 않고 자신의 것을 나누려고 한다.

³⁹이는 그를 믿는 자들이 받게 될 성령에 대한 말이었다 (이는 예수께서
아직 영광을 받지 않으셔서 성령이 아직 그들에게 계시지 않았기 때문이다)

"생수의 강"이 신자의 배에서 흐른다는 것은 그가 앞으로 받게 될 "성령에
대한 말"이라고 저자는 설명한다. 칼뱅의 말처럼, 성령은 우리를 죄에서 깨
끗하게 하여 거룩하게 만드시는 분이기 때문에 물로 비유된다. 믿는 자에
게는 그런 성령이 임하신다. 성령 자신이 신자의 배에서 끊임없이 솟아나
는 생수이기 때문에 고갈의 두려움이 없다. 생수의 강이 배에서 범람하는
것은 성령의 기억나게 하심과 가르쳐 주심을 받고 성령의 말하게 하심을
따라 말하고 성령을 따라 행하며 살아가는 것을 의미한다. 강의 범람은 이
웃에게 성령의 열매를 나누는 것을 의미한다. 신자의 인생은 사랑과 희락
과 화평과 인내와 자비와 양선과 충성과 온유와 절제라는 생수를 이웃에
게 나누는 삶이어야 한다. 억지로 나누거나 쥐어 짜내는 것이 아니라 차고
넘쳐서 범람해야 하고 기쁘게 나누어야 한다.

그러나 저자는 예수께서 아직 영광을 받지 않으셨기 때문에 성령이 아
직 그들에게 계시지 않았다고 한다. 아직 영광을 받지 않았다는 말은 아직
죽임을 당하지 않았다는 것을 의미한다. 죽음과 영광 사이에서 감정의 희
비가 교차한다. 죽음은 영광의 필연적인 과정이다. 그래서 죽음도 유익이
다. 바울은 그리스도 예수와 함께 영광을 받기 위해서는 그와 함께 고난도
받아야 한다고 가르친다(롬 8:17). 그리고 성령이 아직 그들에게 계시지 않
았다는 말은 성령의 존재와 활동이 없었다는 것이 아니라 오순절에 보인
특별한 방식의 임재가 없었음을 의미한다. 그리고 이 말은 성령의 특별한
임재를 아는 사람의 어법이다. 저자는 성령의 임하심을 체험한 사람의 관
점에서 이것을 기록하고 있다. 이상을 종합하면, 예수는 죽으시고 영광을
받으시고 성령을 신자에게 보내신다. 영광의 받음과 성령의 임하심은 죽음
의 강을 지나야만 가능하다. 이는 신자가 주목하고 따라야 할 인생의 교훈

이다. 날마다 성령으로 충만한 생수의 강이 자신의 인생에 흐르기를 원한다면 바울이 그랬던 것처럼 날마다 죽어야만 한다. 그런 일상적인 죽음은 가장 나약한 것처럼 보이지만 자랑의 대상이다. 그런 죽음과 성령의 일상적인 충만이 등을 맞대고 있기 때문이다.

> 40이에 이 말씀을 들은 무리 중에서 [어떤 사람들이] 말하였다
> "이는 참으로 선지자다" 41다른 이들은 말하였다 "이는 그리스도다"
> 그러나 어떤 이들은 말하였다 "아니야 그리스도가 [어떻게]
> 갈릴리에서 나오겠어? 42'그리스도는 다윗의 후손에서,
> 베들레헴 즉 다윗이 있던 마을에서 나온다'고 성경이 말하잖아!"

예수의 말씀에 대한 무리의 반응은 엇갈린다. 동일한 분의 동일한 말을 들었는데 반응이 엇갈리는 이유는 그 말을 해석하는 청자의 기준과 관점과 목적이 다르기 때문이다. 화자에게 다가가면 갈수록 무리의 반응은 일치하게 된다. 무리의 반응은 네 가지로 갈라진다. 첫째, 예수는 선지자다. 이런 견해를 가진 부류는 하나님의 뜻에 대한 예수의 해박한 지식을 주목했다. 예수가 선지자인 것은 맞지만 단순한 선지자가 아니라 모든 선지자가 전한 예언의 실체도 되시기에 그것은 부분적인 지식이다. 둘째, 예수는 메시아다. 이런 입장을 피력하는 부류는 식민지의 열등한 존재로 살아가는 자신들을 그 비참한 처지에서 해방시켜줄 정치적인 메시아를 기대했기 때문에 로마 제국도 감히 흉내 낼 수 없는 예수의 초자연적 기적과 권능을 주목했다. 예수가 해방시켜 주실 메시아는 맞지만 해방의 내용은 정치적인 것이 아니라 영적이기 때문에 이것도 부분적인 지식이다.

셋째, 그는 갈릴리 출신이다. 이런 견해를 가진 부류는 예수의 성장과 활동의 물리적인 장소를 중요하게 여기며 예수의 지리적 연고를 주목했다.

비록 예수가 갈릴리 출신으로 불릴 정도로 그곳에서 살았지만 출생지는 아니기에 이것도 부분적인 지식이다. 게다가 갈릴리 출신은 결코 메시아일 수 없다는 맥락에서 나온 주장이다. 넷째, 메시아는 다윗의 마을 베들레헴 출신이다. 이는 성경을 잘 아는 사람들이 선호하는 입장이다. 이들은 메시아에 대한 구약의 예언을 인지하고 메시아의 혈통적인 계보를 주목했다. 예수를 갈릴리 출신으로 이해한 유대인은 그가 베들레헴 출신이 아닐 것이라고 생각하고 당연히 그가 메시아일 수 없다는 입장을 피력한다. 메시아가 베들레헴 출신인 것은 맞지만 예수가 그곳에서 태어나지 않았다는 짐작은 거짓이다. 이는 예언에 근거하여 예수를 메시아로 인정하지 않는 무리의 전형적인 왜곡이다. 예언을 알더라도 예수 중심으로 이해하지 않으면 예수를 배격하는 흉기로 쓰이는 부작용이 발생한다.

이 네 가지의 반응은 사실의 조각을 하나씩 담지하고 있다. 예수께서 선지자와 메시아인 동시에 다윗의 마을에서 태어났고 갈릴리 나사렛의 촌뜨기 목수로 성장한 것은 모두 사실이기 때문이다. 그런데 신자가 믿음을 걸고 줄서기를 하기에는 네 가지의 반응 중 어느 하나도 흡족하지 않다. 그래서 저자는 복음서의 말미에 예수께서 진실한 메시아와 살아계신 하나님의 아들임을 확증한다. 우리는 부분적인 사실의 보편화를 조심해야 한다. 그런 보편화는 사실의 한 조각으로 거짓을 덮으려는 인위적인 방법의 하나이기 때문이다. 사실이 혼합된 거짓말의 심각성은 완전히 새빨간 거짓말의 해악보다 크기 때문이다. 명백한 속임수는 쉽게 드러나기 때문에 경계와 방어가 가능하다. 그러나 사실 속에 정체를 숨긴 속임수는 진실 같아서 경계심을 쉽게 해제한다.

⁴³그로 말미암아 무리 가운데에 분열이 일어났다 ⁴⁴그들 중에는 그를 잡으려고 하는 자들이 있었지만 누구도 그에게 손을 대지 못하였다

예수에 대한 입장이 갈라져서 무리 가운데서 분열이 일어났다. 무리의 분열은 예수를 잡으려는 동력의 상실을 초래한다. 이런 현상이 발생되는 이유는 예수께서 죽으실 때가 아직 되지 않았기 때문이다. 사람들 사이에서 입장의 차이가 발생하고 다툼과 분열이 일어나는 것은 결코 이상하지 않다. 가깝게는 사람의 경험과 기준이 다르기 때문에 일어나는 듯하지만, 멀리 본다면 하나님의 섭리와 연관되어 있다. 종교적인 다툼, 정치적인 다툼, 학문적인 다툼, 지역적인 다툼도 하나님의 섭리와 연결되어 있고, 가문이 갈라지고, 교회가 갈라지고, 사회가 갈라지고, 국가가 갈라지고, 세계가 갈라지는 것도 하나님의 섭리와 결코 무관하지 않다.

무리 중에는 예수를 잡으려는 자들도 있었다고 한다. 그러나 누구도 예수에게 손을 대지는 못하였다. 잡으려는 의지가 손을 뻗어서 예수를 건드리는 행위로는 이어지지 않았다는 것에서도 섭리의 기운이 느껴진다. 의지와 행위는 단짝이다. 그런데도 무리의 의지와 행위는 별도로 움직인다. 지혜자의 말처럼, 사람이 마음으로 자기의 길을 계획해도 그의 걸음을 인도하는 것은 전적으로 하나님께 있다(잠 16:9). 우리가 어떤 사람의 악의적인 계획을 알더라도 두려워할 필요가 없는 이유는 그 계획의 실행이 하나님의 허락 없이는 진행되지 않기 때문이다. 모든 일에는 물리적인 법칙이나 심리적인 분석으로 파악할 수 없는 신비로운 힘의 작용이 있다고 우리는 생각해야 한다. 동시에 예수의 신적인 권위도 주목해야 한다. 그의 얼굴에서 나오는 거룩한 위엄이 무리의 수족을 마비되게 했음이 분명하다. 이와 유사한 현상은 요한복음 18장에도 기록되어 있다. 예수를 잡으려고 한 유다와 하솔들을 향해 "내가 그니라"고 말씀하실 때에 그들이 뒤로 물러가서 땅바닥에 자빠지는 일이 발생한다(요 18:6). 예수의 신적인 위엄 때문이다.

이 두 가지의 사건은 예수께서 하나님의 아들 되심을 보이려는 저자의 의도적인 기록임에 분명하다.

> ⁴⁵수종들이 대제사장 및 바리새파 무리에게 왔다 그들이 그들에게 질문했다 "어찌하여 그를 잡아오지 않았느냐?"
>
> ⁴⁶수종들이 대답했다 "어느 때에도 [이] 사람처럼 말한 이는 없습니다"

무리 중에는 대제사장 및 바리새파 무리가 파견한 하솔들도 있었는데 그들이 돌아왔다. 그런데 빈손으로 왔다. 이에 파견한 자들이 추궁한다. 어찌하여 예수를 잡아오지 않았는지! 여기에서 우리는 예수의 핍박 배후에 당시의 종교 실세들이 있었음을 확인한다. 민족의 종교성을 책임지는 자들이 민족의 메시아와 진리를 배척하는 대열의 선두에 서서 예수를 결박하고 죽이려고 한다는 것은 참담한 사실이다. 메시아를 제거하고 진리를 가리는 자들이 종교계의 심장부를 차지하는 현상은 그때만의 실상일까? 지금도 세계 곳곳에는 하나님을 대적하는 대열의 선두에는 다양한 종교인이 발견된다. 심지어 기독교 교계도 이러한 사실에서 자유롭지 않다. 교계의 리더들이 때로는 성경의 어설픈 지식으로 온전한 진리를 호도하고, 때로는 예수의 자리에 자신을 세워 성도의 찬양과 재물을 가로채는 일들이 목격된다. 그들은 자신이 아무것도 아니라는 사실이 빛 앞에 드러나지 않도록 진리를 어두운 거짓으로 덮고 매장한다. 강단에서 선포되는 설교도 목회자에 대한 성도의 충성을 유발하고 강요하는 수단으로 악용한다. 전부가 그런 것은 아니라 할지라도 교계의 참담한 현실이다.

자신들을 파견한 자들에게 하솔들이 대답한다. 예수의 말을 들으면서 지금까지 자신들의 인생에서 예수처럼 말한 사람은 하나도 없었다고 증언한다. 이들의 증언은 솔직했다. 하솔들은 예수를 박해하는 머리가 아니라 그 머리의 의지를 수행하는 손과 발이었다. 그런데 머리는 알지 못했으나 손과 발은 예수의 비상함을 감지했다. 하솔들이 듣기에, 그의 입에서 나오는 교훈은 사람의 것이 아니었다. 그래서 동일한 교훈을 준 사람이 지금까지 하나도 없었다고 고백했다. 예수는 언어가 다른 분이었고 그의 교훈은 차원이 다른 말이었다. 하솔들이 섬기는 대제사장 및 바리새파 사람들은 말의 내용과 기교에 있어서 당대 최고의 이빨이다. 하솔들은 그들의 설교를 오랫동안 경험했다. 그런데도 하솔들의 고백에 의하면, 예수는 그들과 비교할 수 없을 정도로 전혀 새로운 사람 혹은 그런 사람의 모습을 가진 신이었다. 누가 상전이고 누가 하솔인가? 영적인 면에서는 예수를 알아본 하솔들이 상전이고, 무지한 대제사장 및 바리새파 무리는 오히려 종이었다. 직위의 높이는 진리의 인식과 무관했다. 고위직에 있는 사람들은 직위가 높다는 이유로 진리를 제거하려 했다. 고작해야 인간문맥 안에서 높을 뿐인데도 피조물이 감히 창조자를 결박하고 죽이려고 했다. 아담과 하와가 존재의 근원과 주인이신 하나님을 거역하고 배신한 그 지독한 본성의 오래된 부패를 수천 년 이후에 종교계의 리더들이 집단으로 시전하고 있다. 그들은 종들보다 못한 천박함을 부끄러운 줄도 모르고 격하게 드러낸다.

하솔들의 고백에 대해 루터는 양심의 자유를 강조한다. 루터는 상전이 자신의 고유한 권한을 넘어서지 말아야 하는 동시에 하솔은 사회적인 질서에 따라 상전의 권위를 존중하고 순종해야 한다는 당시의 문화를 존중한다. 그러나 이 세상의 어떠한 상하 관계라도 양심을 주관하고 지배하는 주인은 없다는 사실을 강조한다. 그리스도 예수만이 모든 상전과 하솔의 영혼과 양심의 주인이다. 노예라고 할지라도 그의 양심은 땅의 주인이 함부로 지배할 수 없다는 루터의 주장은 타당하다. 하나님을 믿고 그의 진리를 알고 경외하는 것은 세속적인 주인의 권한을 벗어나기 때문에 모든 자에게 자유롭다.

47바리새파 사람들이 그들에게 대답했다 "너희도 미혹된 거 아니냐?

율법에 일가견이 있던 바리새파 사람들이 하솔들의 진솔한 보고에 먼저 발끈한다. 이는 구약의 메시아 예언에 관하여 그들이 자신들을 최고의 전문가로 확신하고 있었기 때문에 나온 발끈이다. 스스로 안다고 자부하고 자신이 옳다고 생각하는 사람들은 어리석은 행위에도 이렇게 성급하고 대범하다. 바리새파 사람들은 보고를 듣고 하솔들이 예수에게 미혹된 상태라고 규정한다. 여기에는 기독교를 대하는 유대인의 부정적인 태도가 잘 드러난다. 그들은 기독교가 세상을 어지럽게 하고 위태로운 길로 미혹하는 종교라고 오해했다. 그들은 자신들의 오해를 반성하지 않고 타인의 올바른 종교관을 함부로 판단하고 틀렸다고 주장한다. 진리에 이끌려도 미혹된 것이라고 규정한다. 소경이 다른 소경을 인도하는 것도 이해할 수 없는 행위인데, 영적인 소경이 영적인 관찰자를 평가하는 것은 얼마나 황당한 모순인가! 지금도 기독교를 미혹의 종교로 오해하는 사람들이 있다. 물론 이러한 오해의 원인은 기독교가 제공했다. 그러나 실상은 건강한 기독교가 아니라 기독교를 빙자한 사이비 종교들이 세상을 미혹하고 있다.

48당국자들 및 바리새인 중에 누가 그를 믿었느냐?

바리새파 사람들은 "당국자들 및 바리새인" 중에 예수를 믿는 자가 하나라도 있느냐며 종들을 다그친다. "당국자들 및 바리새인"은 당시 정치적인 출세와 종교적인 출세의 대명사로 여겨졌다. 바리새파 사람들의 이 다그침 속에는 예수에 대한 믿음의 여부도 자신들의 평가에 근거해야 한다는 오만이 감지된다. 자신들이 예수를 믿으면 믿어도 되고 자신들이 예수를 거부하면 거부해야 된다는 오만이다. 즉 성경을 해석하고 메시아를 이해하고 예수를 평가함에 있어서 최고의 전문가인 자신들의 반응을 기준으로 삼지 않는다면 모든 해석과 이해와 평가는 무조건 잘못된 것으로 간주하는 오만이다. 그들은 마치 자신들이 길이요 진리요 생명인 것처럼 생각하고 행동한다. 권력에 중독된 자들의 전형적인 오만이다. 어느 학자의 말처럼, 그들은 자신들의 권력을 진리로 간주하는 자들이다. 그러나 예수는 진리를 권위와 권능으로 삼으신 분이시다.

바리새파 사람들의 말은 사실일까? 그들은 사실을 왜곡하고 있다. 당국자들 및 바리새인 중에도 예수를 믿는 사람들이 있다(마 9:18; 요 4:53). 요한은 "관리 중에도 그를 믿는 자가 많"다고 기록한다(요 12:42). 다만 출교라는 징벌을 부과하는 바리새파 무리의 종교적인 횡포 때문에 "드러나게 말하지 못"할 뿐이었다. 그래서 바리새파 눈에는 마치 믿는 관리가 하나도 없는 것처럼 보였다. 세상에는 외관상 믿지 않는 사람들 중에도 보이지 않는 믿음의 사람들이 많다. 이슬람 국가에도, 공산주의 국가에도, 독재자의 국가에도 은밀하게 감추어진 하나님의 사람들이 많다. 이는 모두 하나님의 은밀하고 자비롭고 지속적인 일하심 때문이다. 바리새파 사람들은 믿는 사람들로 하여금 자신의 정체를 드러내지 못하게 만드는 횡포로 인해 수치심을 느낌이 마땅하다. 출교의 제도적인 권한을 남용하는 자신들이 얼마나 옹졸한 자인지를 깨달아야 한다.

⁴⁹그러나 율법을 알지 못하는 이 무리는 저주를 받은 자들이다"

바리새파 사람들에 의하면, 예수를 믿거나 그를 좋게 평가하는 자들은 율법에 무지하고 저주를 받은 자들이다. 이는 옹졸하고 극단적인 선언이다. 그들은 율법의 올바른 해석이 마치 자신들의 전유물인 것처럼 생각한다. 여기에는 율법의 전문가인 자기들이 예수를 메시아가 아니라고 판정하면 그대로 따라야 율법의 지성인 대열에 껴 주겠다는 기득권 의식도 감지된다. 나아가 그들은 자신들이 하사하는 율법의 의미를 존중하고 수용하지 않는 무지한 "무리"는 저주를 받는다고 단정한다. 여기에서 그들은 율법에 무지한 사람들을 특별한 신분과 구별되는, 평민(λαός)보다 못한 맹목적인 "무리"(ὄχλος)라고 표현한다. 당시에 그들은 믿는 사람들을 그렇게 하대했다. 마치 자신들이 신자들을 향한 저주의 주관자인 것처럼 으스대고, 그들 위에 군림하는 구별된 권위와 특권을 가진 것처럼 떠벌린다. 하늘에 계신 분이 웃으신다. 백성이 율법을 모른다면, 천민이 율법을 모른다면, 누구의 잘못인가? 율법 맡은 자들의 책임이다. 바리새파 사람들의 정죄는 누워서 침뱉기와 같다.

실제로, 그들의 이 선언은 마치 그들 자신에게 스스로 내린 역설적인 판결이다. 율법을 아는 것은 그 율법이 가리키고 있는 예수를 알 때에만 가능하다. 예수는 그림자인 율법이 가리키는 실체이기 때문이다. 그런데 그들은 예수를 알지도 못하고 믿지도 않고 따르지도 않음으로 율법에 대한 영적인 무지를 스스로 드러내고 있다. 율법을 바르게 알아서 그리스도 예수께로 나아가면 하늘의 은총을 받겠지만 그에게로 나아가지 않는다면 저주가 그들을 기다린다. 이처럼 그들의 말은 부메랑이 되어 그들에게 돌아간다. 이게 다 하나님의 섭리 때문이다. 광야의 시대에 불평하는 이스라엘 백성을 향해 하신 하나님의 답변이다. "너희 말이 내 귀에 들린 대로 내가 너희에게 행하리니"(민 14:28). 이러한 섭리와 유사한 지혜자의 금언이다. "죽고 사는 것이 혀의 힘에 달렸나니 혀를 쓰기 좋아하는 자는 혀의 열매를 먹으리라"(잠 18:21). 신약에서 예수도 "너희가 비판하는 그 비판으로 너희가 비판을 받을 것"이라고 했다(마 7:2). 저주와 비판의 부정적인 말을 입에 담을 때에는 세 번 이상 생각해야 한다. 그러나 전혀 판단하지 않는 것이 최선이다.

⁵⁰그들 중의 하나 즉 예전에 예수에게 왔던 니고데모가 그들에게 말하였다
⁵¹"우리의 율법은 그에게서 듣고 그가 무엇을 했는지를 알기도 전에 판단을 내리느냐?"

바리새파 중에서 니고데모, 즉 우리에게 익숙한 이름 하나가 거명된다. 그는 진리에 대한 목마름 때문에 야심한 시각에 예수를 찾아가 만난 사람이다. 그가 바리새파 사람들을 반박한다. 그는 유대인의 선생이다. 율법을 가르치는 사람이다. 반론을 펼칠 수 있는 공인이다. 게다가 그는 예수와 개별적인 면담을 했기 때문에 예수에 대한 남다른 이해를 가진 사람이다. 그래서 동료들과 맞짱을 뜰 충분한 실력을 그들보다 더 잘 갖춘 사람이다. 원고와 피고의 이야기를 듣고 사태를 파악한 이후에 판결을 내리는 것은 법조인의 기본이다. 그런데 이러한 기본이 지켜지지 않는다는 이의를 그는 신중하게 제기한다. 하속들이 듣고 예수를 범상치 않은 분으로 이해한 것처럼 바리새파 사람들도 객관성 확보를 위해 그에게서 듣고 그가 어떤 인물이고 어떠한 일을 했는지에 대해 충분히 파악한 이후에 판단하는 것이 판결의 정석이다.

니고데모 주장의 핵심은 판결의 내용이 아니라 절차의 적법성에 있다. 이것은 바리새파 사람들의 법률가적 기본기를 꼬집은 것이어서 그들의 법감정과 자존심을 건드리는 이의였다. 예수를 두둔하는 노골적인 태도를 취하지 않으면서 그들의 오만한 편견을 적법하게 견제하는 지혜로운 언사였다. 모세를 통하여 주어진 하나님의 율법은 최고의 법률이다. 그런 최고법을 다루는 사람의 자질은 당연히 최고여야 한다. 그런데 그런 최고를 자부하는 바리새파 사람들은 절차를 무시했다. 율법은 내용도 중요하나 그것을 집행하는 과정도 동일하게 중요하다. 그런데 그들은 기본기도 제대로 갖추지 못한 아마추어 법조인의 어설픈 기질을 드러냈다.

니고데모, 그는 비록 제도권에 몸담고 몸 사리고 있었지만 적시에 진리의 변론자가 되어 자신의 역할에 충성한 사람이다. 그의 역할이 아름답다.

우리는 예수를 만나면 무조건 신학교에 들어가 목회자가 되려는 문화를 근절해야 한다. 부득불 목회자의 길을 가야 할 사람들은 가라. 그러나 자신의 선 자리에서 주어진 사명에 충실하며 그 자리를 지키는 것이 더 중요하다. 모든 사람들은 하나님이 주신 은사와 재능이 있고 맡겨진 사명과 역할이 있기 때문이다. 너도 나도 목회자의 길에 뛰어드는 것은 하나님의 뜻을 망각하고 주어진 사명을 저버리는 것은 아닌지 깊이 성찰해야 한다. 하나님은 우리를 통하여 복음이 땅 끝까지 이르고 모든 영역을 정복하고 그 복음으로 그 모든 영역 다스리는 것을 원하신다. 여기에는 권위의 우열이 없고 가치의 높낮이가 없다. 모두 하나님의 영광을 위하는 일이기 때문에 하나님 앞에서는 가치와 상급이 동일하다.

52그들이 대답하며 그에게 말하였다 "너도 갈릴리 출신이냐? 너는 갈릴리 출신으로 선지자가 나오지 않는다는 것을 조사하고 알라" 53각자는 그들 자신의 집으로 돌아갔다

니고데모의 뼈 때리는 질문이 바리새파 무리의 급소를 제대로 찔렀음이 분명하다. 이는 최고의 지성을 자랑하는 그들이 이성적인 대응이 아니라 한 뭉치의 감정을 쏟아냈기 때문이다. 그들은 지역주의 망령을 소환한다. 니고데모에게 그도 갈릴리 출신이 아니냐고 쏘아붙이며 반격한다. 예수와 자신의 고향이 같으니까 그를 편 드는 게 아니냐는 의혹을 제기한다. 물론 고향이 같으면 편드는 현상은 예나 지금이나 동일하다. 그러나 그들의 의혹은 사실에서 한참 빗나갔다. 그 의혹이 사실과 무관해도 그들은 집요하게 그 의혹에 매달린다. 그들은 자신에게 반기를 드는 사람들을 모조리 따돌리고 그들에게 야비한 의혹을 제기하고 그들의 명예가 너덜너덜해지도록 언론의 이빨을 동원하여 마구 물어뜯기만 좋아한다. 진리보다 내 편이냐가 더 중요하다.

그들은 예수를 갈릴리 출신으로 규정하고 갈릴리 출신 중에서는 선지자가 결코 나오지 않는다는 점을 다시 강조한다. 조사해 보면 알 것이라고 한다. 이는 조사도 안 하고 알지도 못하면서 예수를 두둔하지 말라는 경고이며, 니고데모를 율법 해석학의 하수에 불과한 존재인 것처럼 비하하는 발언이다. 그러나 예수의 출신에 대한 파악은 오히려 바리새파 사람들이 매달려야 하는 사안이다. 무분별한 비난과 정죄를 쏟아내기 전에 자신들의 무지와 오해부터 교정하는 것이 합당한 수순이다. 자신들의 그릇된 확증편향 때문에 니고데모 같은 지성인과 자신들의 하솔들도 의심하고 무시하고 매도하는 그들의 행태는 터무니가 없음에도 불구하고 낯설지가 않다. 오늘날 교회 안에서도 벌어지는 일이고 자주 목격되는 현상이기 때문이다. "나는 옳고 너는 틀렸다"는 편향된 확증이 지금도 심각한 비방과 분열을 일으킨다. 자신의 지식을 의심하고, 그 지식의 출처를 의심하고, 인식의 기준과 관점을 의심하는 겸손한 태도가 교회 내에서도 시급하다.

명절의 마지막 날은 큰 날인데도, 사람들은 예수를 둘러싼 논쟁과 비방과 대립과 분열로 인해 마음이 쓸쓸하다. 명절에 등을 돌리고 각자 자신의 집으로 돌아가는 사람들의 걸음이 무겁게 느껴진다. 이처럼 예수에 대한 바리새파 사람들의 오해와 왜곡과 조롱과 멸시는 명절의 마지막 날까지도 지속된다. 인생의 명절은 무엇인가? 명절의 의미는 특정한 날에 종교적인 의식을 매끄럽게 진행하는 것이 아니라 그날을 제정하신 분의 의도를 분별하고 그분의 뜻을 이루는 것인데, 명절을 명절답게 만들어야 하는 종교계의 리더들은 자신의 기득권과 옳음에 집착하여 예수를 촌뜨기로 매도하고 진리를 배제하는 일에 골몰했다. 그들은 예수만이 아니라 그에게 동조하는 모든 자들도 동일한 종자로 매도하려 했다. 그런데 정작 예수는 마지막 순간까지 자신을 죽이려고 하는 자들에게 최고의 교훈을 주시면서 명절을 "큰 날"로 만드시려 했다. 이사야의 기록처럼(사 55:9), 하나님의 생각과 인간의 생각은 예수의 시대에도 천지의 격차를 드러낸다.

요 8:1-18

¹예수는 감람 산으로 가시니라 ²아침에 다시 성전으로 들어오시니 백성이 다 나아오는지라 앉으사 그들을 가르치시더니 ³서기관들과 바리새인들이 음행중에 잡힌 여자를 끌고 와서 가운데 세우고 ⁴예수께 말하되 선생이여 이 여자가 간음하다가 현장에서 잡혔나이다 ⁵모세는 율법에 이러한 여자를 돌로 치라 명하였거니와 선생은 어떻게 말하겠나이까 ⁶그들이 이렇게 말함은 고발할 조건을 얻고자 하여 예수를 시험함이러라 예수께서 몸을 굽히사 손가락으로 땅에 쓰시니 ⁷그들이 묻기를 마지 아니하는지라 이에 일어나 이르시되 너희 중에 죄 없는 자가 먼저 돌로 치라 하시고 ⁸다시 몸을 굽혀 손가락으로 땅에 쓰시니 ⁹그들이 이 말씀을 듣고 양심에 가책을 느껴 어른으로 시작하여 젊은이까지 하나씩 하나씩 나가고 오직 예수와 그 가운데 섰는 여자만 남았더라 ¹⁰예수께서 일어나사 여자 외에 아무도 없는 것을 보시고 이르시되 여자여 너를 고발하던 그들이 어디 있느냐 너를 정죄한 자가 없느냐 ¹¹대답하되 주여 없나이다 예수께서 이르시되 나도 너를 정죄하지 아니하노니 가서 다시는 죄를 범하지 말라 하시니라] ¹²예수께서 또 말씀하여 이르시되 나는 세상의 빛이니 나를 따르는 자는 어둠에 다니지 아니하고 생명의 빛을 얻으리라 ¹³바리새인들이 이르되 네가 너를 위하여 증언하니 네 증언은 참되지 아니하도다 ¹⁴예수께서 대답하여 이르시되 내가 나를 위하여 증언하여도 내 증언이 참되니 나는 내가 어디서 오며 어디로 가는 것을 알거니와 너희는 내가 어디서 오며 어디로 가는 것을 알지 못하느니라 ¹⁵너희는 육체를 따라 판단하나 나는 아무도 판단하지 아니하노라 ¹⁶만일 내가 판단하여도 내 판단이 참되니 이는 내가 혼자 있는 것이 아니요 나를 보내신 이가 나와 함께 계심이라 ¹⁷너희 율법에도 두 사람의 증언이 참되다 기록되었으니 ¹⁸내가 나를 위하여 증언하는 자가 되고 나를 보내신 아버지도 나를 위하여 증언하시느니라

❖ ❖ ❖

¹그러나 예수는 감람 산으로 떠나셨다 ²하지만 그는 다시 이른 아침에 성전으로 나오셨다 모든 백성은 그에게로 나아왔고 그는 앉으시며 그들에게 가르침을 베푸셨다 ³서기관들 및 바리새파 사람들이 음행 중에 붙잡힌 여자를 데려와서 그녀를 가운데에 세우고 ⁴그에게 말하였다 "가르치는 자여, 이 여자가 간음을 행하다가 붙잡혔다 ⁵율법에서 모세는 우리에게 그런 자를 돌로 치라고 명하였다 그렇다면 당신은 어떻게 말하는가?" ⁶그들은 그를 고발하기 위해 그를 시험하며 이렇게 말하였다 예수는 아래로 숙이시며 손으로 땅에 적으셨다 ⁷그들이 그에게 계속해서 묻자 그는 펴시면서 그들에게 말하셨다 "너희 중에 무죄한 자가 먼저 그녀에게 돌을 던져라" ⁸그는 다시 아래로 숙이시며 땅에 적으셨다 ⁹[이 말씀을] 듣고서 양심의 가책을 느낀 자들은 하나씩 하나씩 어른으로 시작하여 마지막 [사람]까지 떠나가고 오직 예수와 가운데에 선 여자만 남겨졌다 ¹⁰예수께서 펴시면서 여자 외에는 아무도 없음을 보시고 그녀에게 말하셨다 "여인이여, 너를 고발한 그들이 어디에 있느냐? 너를 정죄한 자들이 아무도 없느냐?" ¹¹그녀가 말하였다 "주여, 없나이다" 예수께서 그녀에게 말하셨다 "나도 너를 정죄하지 않는다 가거라 다시는 범죄하지 말라" ¹²예수께서 다시 얘기하며 말하셨다 "나는 세상의 빛이니 나를 따르는 자는 결코 어둠 속에서 다니지 아니하고 생명의 빛을 얻으리라 ¹³이에 바리새파 사람들이 그에게 말하였다 "네가 네 자신을 위하여 증언하니 너의 증언은 참되지가 않다 ¹⁴예수께서 대답하며 말하셨다 "내가 나 자신을 위하여 증언해도 나의 증거는 참되니라 이는 내가 어디에서 오며 어디로 가는지를 내가 알지만 너희는 내가 어디에서 오며 어디로 가는지를 알지 못하기 때문이다 ¹⁵너희는 육체를 따라 판단하나 나는 누구도 판단하지 아니한다 ¹⁶만약 내가 판단을 하더라도 내 판단이 참된 것은 내가 혼자 있는 것이 아니라 나를 보내신 분과 내가 [함께 있기] 때문이다 ¹⁷너희의 율법에도 두 사람의 증언이 참되다고 기록되어 있다 ¹⁸나는 나 자신에 대한 증인이고 나를 보내신 아버지도 나에 대하여 증언하고 계시니라"

25 증언이 참되려면

예루살렘 논쟁에서 패한 이후에도 유대교의 리더들은 예수를 고소하고 죽일 빌미를 조작하고 있다. 이번에는 행음한 여인을 현장에서 붙잡아 예수께로 데려온다. 율법은 그런 여인을 돌로 쳐 죽이라고 했다. 이에 대한 견해를 밝히라고 예수를 독촉한다. 예수는 입이 아니라 손을 사용하여 땅에 어떤 글귀를 적으신다. 계속해서 독촉하자 예수는 무죄한 자가 돌로 치라고 답하신다. 모세의 율법에 나오지 않는 처형자의 자격이 추가되는 순간이다. 심판을 먼저 집행하는 자는 증인이고 그 증인은 죄가 없어야만 한다. 놀라운 답변이다. 사람들은 심판의 돌멩이를 놓고 모두 떠나간다. 여인만 남겨진 상황에서 예수는 자신도 정죄하지 않을 테니 가서 더 이상 범죄하지 말라는 말과 함께 그녀를 보내신다. 보내면서 자신을 세상의 빛과 생명의 빛으로 소개하며 빛 가운데 거하라는 말씀도 건네신다. 이에 참패를 당한 유대교의 리더들은 예수의 자기증언이 참되지 않다는 문제를 제기한다. 예수는 자신의 처음과 나중을 알기 때문에, 자신을 보내신 아버지 하나님이 함께 계시기 때문에, 그 아버지가 자신을 위하여 증언하고 계시기 때문에 자신의 증언이 참되다고 반박한다. 여기에서 우리는 우리의 증언도 참되려면 우리의 처음과 나중 되시는 하나님을 알고 그와 함께 거하면서 그를 자신의 유일한 증인으로 삼아야 함을 깨닫는다.

¹그러나 예수는 감람 산으로 떠나셨다

논쟁이 한바탕 일어난 이후에 사람들은 각자의 집으로 돌아갔고 예수는 감람 산으로 떠나셨다. 땅의 거주자와 나그네의 행선지가 이렇게 갈라진다. 예수는 이 땅에 머리 둘 거처가 없는 분이시다. 하나님의 거룩한 이름을 기념하고 그의 은택을 기리는 명절에도 죽이려는 백성의 살기가 이미 군병의 창처럼 옆구리를 깊숙이 찌르는 현장에서 벗어나 갈 곳이 없다는 메시아의 현실이 너무도 안타깝다. 그러나 예수의 안식처는 아버지 하나님과 나누는 은밀한 대화였다. 그 대화의 장소는 산이었다. "감람 혹은 올리브"로 번역되는 "엘라이아"(ἐλαία)는 고대의 중동에서 평화와 소망과 풍요라는 복을 상징하는 나무였다. 산에서 홀로 누리는 주님과의 독대는 이 땅의 나그네가 누리는 복의 절정이다. 예수는 바쁘고 피곤한 일정 속에서도 거룩한 독대의 복 만큼은 놓치지 않으셨다.

²하지만 그는 다시 이른 아침에 성전으로 나오셨다
모든 백성은 그에게로 나아왔고 그는 앉으시며 그들에게 가르침을 베푸셨다

예수는 다음날 아침 일찍이 무시와 위협을 당했던 그 성전으로 다시 나와 자신을 드러내 보이셨다. 노출의 위험을 알면서도 그렇게 한 이유는 진리의 가르침이 자신의 생명보다 더 소중했기 때문이다. 성전에서 모습을 보

인 예수께로 주변의 모든 사람들이 운집했다. 예수는 앉으시며(καθίσας) 준비된 가르침을 베푸셨다. 유대인의 살기가 여전히 시퍼런 상황에서 공적인 장소에 자신을 드러내고 도망칠 결심이 없어서 앉기까지 했다는 것은 진리를 전하다가 죽겠다는 그의 결의를 잘 드러낸다. 성전에서 행한 예수의 가르침은 진리의 저자 직강이다. 그가 가르친 시각은 "이른 아침 혹은 새벽"(ὄρθρος)이다. 그 시각에 성전을 출입한 모든 사람들은 진리가 직접 가르치는 진리를 체험했다. 황홀한 체험이고 놀라운 특권이다. 이로 보건대, 예수의 시대에도 새벽기도 문화가 있었다는 추정이 가능하다. 사도들도 이후에 예수의 본을 따라 "새벽에 성전에 들어가서 가르"친다(행 5:21). 이는 새벽 미명에 습관을 따라 기도하며 아버지 하나님의 말씀을 경청하신 예수를 본받은 사도들의 경건한 전통이다.

성전은 백성이 하나님께 기도로 말을 걸고 하나님의 말씀이 응답으로 주어지는 거룩한 소통의 공간이다. 예수로 말미암아 이제 성전 안에서는 백성에게 때를 따라서 꼴을 먹이는 본연의 정상적인 기능이 작동되고 있다. 양과 비둘기를 팔며 화폐를 교환하던 상인들의 시끄러운 소리를 진리의 소리가 대체한다. 성전의 도떼기시장 분위기가 정화되고 있다. 강도의 소굴에서 진리의 샘으로 바뀌고 만민이 하나님께 기도하는 만남의 광장으로 개혁되고 있다. 성전은 그렇게 목숨을 건 진리가 새벽부터 선포되는 곳이어야 한다. 백성의 간절한 소원이 하늘에 상달되는 곳이어야 한다.

³서기관들 및 바리새파 사람들이 음행 중에 붙잡힌 여자를 데려와서
그녀를 가운데에 세우고 ⁴그에게 말하였다 "가르치는 자여, 이 여자가 간음을
행하다가 붙잡혔다 ⁵율법에서 모세는 우리에게 그런 자를 돌로 치라고 명하였다
그렇다면 당신은 어떻게 말하는가?" ⁶그들은 그를 고발하기 위해
그를 시험하며 이렇게 말하였다 예수는 아래로 숙이시며 손으로 땅에 적으셨다

진리의 향연을 즐기는 유쾌한 성전에 어두운 모략이 드리운다. 서기관들 및
바리새파 사람들이 기획한 모략이다. 음행 중에 붙잡힌 여인은 그 모략의
미끼였다. 이러한 실화를 바탕으로 한 난제가 예수에게 넘겨진다. 그들은 예
수를 "가르치는 자"라고 띄워준다. 선생의 높은 위엄에서 바닥으로 실컷 추
락할 것을 기대하며! 그들은 과거에 저지른 음행이 들통난 여인을 잡은 것
이 아니라 현행범을 잡았다고 한다. "음행 중에"(ἐπαυτοφώρῳ μοιχευομένη) 현
행범을 잡았다면 음행의 파트너인 남자도 그 현장에 있었으며 당연히 그도
잡았어야 했다. 그런데 남자가 보이지 않는다는 사실은 종교 리더들의 봐주
기 수사와 선택적 기소의 고질적인 관행을 의심하게 한다. 어쩌면 종교 리
더들이 예수 고발의 빌미를 만들려고 함정을 파놓고 남성을 매수하고 여인
을 유인한 것인지도 모르겠다.

아무튼 현장에서 발각된 음행의 악취가 코끝에 진동하고 있어서 정죄와
징계의 격한 욕구가 군중의 가슴에서 솟구치는 시점에, 그들은 이런 여인
을 돌로 치라고 명하는 모세의 율법을 인용하며 예수를 막다른 골목으로
유인한다. 이처럼 치밀하게 계획된 그들의 진술로 인해 강력한 유죄와 적
법한 즉결심판 분위기는 더욱 고조된다. 그러나 이것은 여인의 부끄러운
음행 앞에서 의롭다고 자부하는 종교 리더들의 더 부끄러운 잔인함이 선
명하게 드러나는 역설적인 상황이다. 한 여인의 망가진 인생을 치유하고
회복할 생각은 안 하고 그녀를 자신들의 정치적인 야욕 추구의 희생물로
삼으려는 자들의 교활한 본색을 드러내고 있다.

이런 상황에서 그들은 부끄러운 줄도 모르고 예수에게 그의 입장을 밝히라고 촉구한다. 유대교의 리더들이 본 예수는 안식일의 엄격한 준수보다 사람들을 치유하고 살리는 것을 더 중요하게 여기는 사람이다. 안식일을 범하면 죽이라는 하나님의 계명이 있음에도 불구하고 예수는 사람을 더 중요하게 여기셨다. 그들이 보기에 계명을 무시한 예수의 입장은 고소가 합당했다. 음행한 여인의 경우도 안식일의 경우와 유사하다. 음행한 여인도 성경에 기록된 율법을 따라서는 죽어야만 한다. 음행자에 대한 돌 심판은 로마의 권력도 허락한 처형이다. 이런 상황에서 심판보다 자비를 원하시는 예수의 입장은 무엇일까? 이들의 질문은 예수께서 "죽이라"고 반응하면 무자비한 사람이 되고, "죽이지 말라"고 반응하면 율법을 거스르게 만드는 함정이다. 예수는 율법을 폐하려고 오지 않으시고 일점일획도 남기지 않고 온전히 성취하기 위해 오셨다고 했다. 만약 여인을 돌로 치지 않는다면 율법의 적으로 내몰리는 상황이다. 성문법에 명시된 계명을 예수께서 어떤 식으로 거스를 것인지가 그들의 관전 포인트다. 게다가 예수는 의인을 위해 오시지 않고 죄인을 위해 오셨기 때문에 창녀와 세리에게 친밀한 행보를 평소에 보여온 그의 언행일치 문제도 시험대에 올라간다.

그런데 예수의 반응은 그들의 예상을 빗나갔다. 그는 혀를 사용하지 않으셨다. 눈도 그들을 응시하지 않으셨다. 조용히 몸을 땅으로 숙이셨다. 땅을 답안지로 삼고 손으로 무언가를 그 위에 적으셨다. 이에 대해 아우구스티누스는 땅을 사람의 상징으로 이해하고 사람 위에 진리를 쓰셨다고 해석했고, 칼뱅은 유대교의 리더들을 무시하기 위해 수그리는 행위를 하셨다고 해석했다. 칼뱅의 해석처럼, 비본질적 사안에 대한 의도적인 무시는 필요하다. 그러나 나는 예수께서 분명히 땅에 무언가를 실제로 쓰셨다고 생각한다. 기록의 내용에 대해 저자는 침묵한다. 유대교의 리더들도 모르는 기색이다. 아마도 내용은 중요하지 않고 기록하는 행위 자체가 중요하기 때문일 가능성이 높다.

예수의 행위는 마치 그가 음행한 자를 죽이라는 계명의 저자인 것처럼 느껴지게 한다. 계명의 입법자인 예수는 가장 정확하고 공정하게 심판하는 분이시다. 다른 모든 이들은 심판자가 아니라 준행자다. 예수는 하늘과 땅의 모든 권세를 가지고 심판하는 자로서 외부의 사주나 의뢰를 받아서 판결하는 수동적인 심판자가 아니시다. 심판의 주도권과 중심성과 우선성은 모두 예수에게 있다. 땅에 무언가를 쓰심은 사람들로 하여금 피조물의 금도를 넘어가지 말라는 경고의 메시지다. 창조자를 시험하는 무례를 멈추라는 적신호다. 그리고 예수께서 이 세상에 오신 이유는 세상의 심판이 아니라 세상의 구원을 위함이다(요 12:47). 심판의 대상과 시기와 방향을 정하는 것은 예수의 전적인 주권이다. 이런 메시지를 예수는 입 다문 손글씨의 행위 언어로 그들에게 전하셨다.

7그들이 그에게 계속해서 묻자 그는 펴시면서 그들에게 말하셨다
"너희 중에 무죄한 자가 먼저 그녀에게 돌을 던져라"
8그는 다시 아래로 숙이시며 땅에 적으셨다

유대교의 리더들은 예수의 무응답이 의아하고 답답했다. 하지만 예수의 침묵은 피조물이 함부로 입법자와 심판자를 시험하지 말라 하기에 충분한 무음의 언어였다. 그러나 그들은 그 언어를 읽지 못하였다. 자신들의 모략에 모든 신경이 사로잡혀 있다. 그래서 지속적인 물음으로 답변을 독촉했다. 답변 애걸이나 구걸에 가까웠다. 그들은 결국 예수의 몸을 펴는 일에 성공했다. 그러나 예수께서 접으셨던 몸을 펴신 것은 그들에게 본격적인 실패의 시작이다. 그는 음행한 여인을 잡아서 돌로 처형하려 하는 자들 중에 "무죄한 자가 먼저 그녀에게 던지라"는 묘수를 던지셨다. 역습이다. 예수의 한 줄 답변은 율법의 엄격한 적용도 아니었고 명백한 죄의 간과도 아니었다.

예수의 답변은 기록된 율법에 근거한 것이었다. 돌 처형이 합당한 죄를

저지른 "자를 죽이기 위하여는 증인이 먼저 그에게 손을 댄 후에 뭇 백성이 손을" 대라는 조항이다(신 17:7). 이러한 조항은 초대교회 시대에도 적용되어 스데반이 죽을 때에 "증인들"이 먼저 옷을 벗고 살기를 투척했다(행 7:58). 이는 율법에 정통한 유대인의 리더라면 익히 아는 내용이다. 그런데 예수는 여기에 색다른 조건을 추가한다. 즉 먼저 돌을 던지는 증인은 "무죄한 자"(ὁ ἀναμάρτητος)여야만 한다는 조건이다. 이 조건은 구약의 율법보다 더 엄밀하다. 예수는 율법의 저자인 동시에 그 율법을 가장 정확하게 해석하는 자이면서 그 율법에 의미의 명료화를 위한 요건도 추가할 수 있는 분이시다.

무죄한 증인이 죄인에게 먼저 돌을 던질 자격이 있다는 예수의 말은 해당 법조문의 본래 취지임에 분명하다. 죄를 지으면 심판의 자격이 박탈된다. 그러므로 모든 사람이 죄를 범하였기 때문에 모든 인간은 누구도 심판자가 되지 못한다는 결론에 도달한다. 앞에서 예수는 외모로 판단하지 말고 공의롭게 판단해야 한다는 가르침을 주셨는데(요 7:24) 이제는 판단하는 자에게 죄가 없어야 공의로운 판단이 가능함을 알리신다. 즉 공의로운 판단은 타인의 외모만이 아니라 자신의 외모도 따르지 말아야 하고 타인의 내면과 자신의 내면이 무흠하고 무결할 때에만 가능하다. 교계의 지도자가 되었다는 외모가 그들에게 심판의 자격을 부여한 것은 아니었다.

바깥의 문제를 주목하던 종교 리더들이 시선을 돌려 자신들의 내면을 주목하게 만든 답변을 하신 후, 예수는 다시 몸을 숙이시며 땅에 무언가를 적으셨다. 동일한 행위의 반복은 강조인데, 저자가 그 내용을 밝히지 않았다는 점은 특이하다. 아마도 저자는 기록의 내용보다 기록하는 행위 자체의 메시지를 전하려고 했다는 해석이 내가 보기에 가장 합당하다. 풍유적인 해석을 하자면, 첫 번째 쓰신 것은 이미 기록된 율법의 저자가 예수라는 사실을 나타내고, 두 번째 쓰신 것은 그 율법의 해석과 보완과 완성의 권한도 예수에게 있음을 나타낸다. 두 번의 쓰기는 예수께서 하나님의 말씀이며 그의 일대기는 그 말씀이 땅의 역사에 새겨지는 기록임을 암시한다.

⁹[이 말씀을] 듣고서 양심의 가책을 느낀 자들은 하나씩 하나씩 어른으로 시작하여 마지막 [사람]까지 떠나가고 오직 예수와 가운데에 선 여자만 남겨졌다

예수의 답변을 들은 그들의 양심이 서둘러 반응한다. 율법에 근거한 이성적인 대화는 예수와 양심들의 대화로 국면이 전환된다. 무거운 가책이 그들의 양심을 하나둘 장악한다. 양심은 블랙박스 같은 장치로서 인간의 내면에서 일어난 모든 부당한 일들에 대해 지적하고 경고하고 항변하고 기억하고 저장하는 영혼의 기관이다. 타인에게 들키거나 노출되지 않은 은밀한 일에 대해서도 양심은 당연히 반응한다. "무죄한 자"라는 예수의 말을 들은 모든 사람의 양심은 모든 사람이 "유죄한 자"라는 사실을 직감하고 처형을 집행하던 그들의 수족은 급속히 마비된다. 이러한 가책은 양심의 건강한 상태를 잘 보여준다. 가책을 느끼지 않았다면 양심의 불량한 상태를 의심해야 한다. 그런 가책에 의해 가장 먼저 장악된 양심은 어른들의 것이었다. 그들은 예수를 시험하여 고발할 명분 만들기의 상황을 기획한 핵심적인 인물들일 가능성이 높다. "무죄한 자"라는 단어가 양심의 명치를 가격한 직후, 그들은 어떠한 반론이나 저항도 없이 움켜쥔 돌을 떨구고 현장에서 조용히 물러난다. 주동자가 후퇴하자 다른 사람들도 그 뒤를 이었으며 혈기가 너무 왕성하여 양심의 감응력이 떨어지는 마지막 사람까지 떠나가고 없다. 예수와 음행한 여인을 엮어서 죽이려던 돌들과 그것들을 거머쥐던 무자비한 살기가 모두 사라지고 예수와 여인만 그 자리에 남겨졌다.

놀라운 사건이다. 여기에서 예수는 특이한 해결자로 등장한다. 대단한 능력으로 초자연적 기적을 행하는 방법을 사용하지 않으셨다. 그냥 사람들로 하여금 자신들의 내면을 보게 만드셨다. "무죄한 자"가 먼저 음행한 여인을 돌로 쳐서 죽이라는 율법의 재해석을 통해 그녀를 죽음에서 건지셨다. 율법의 뾰족한 문자에 내몰려 무덤의 문턱을 넘어가는 여인을 율법의 영적인 의미로 꺼내셨다. 지혜자는 "부드러운 혀"가 뼈도 꺾는다고 했다(잠

25:15). 최고의 종교적 지성을 자랑하는 유대교의 리더들을 예수는 문장 하나로 꺾으셨다. 양심 주변에는 경비원이 없다. 그 문장은 그들의 방치된 양심을 겨냥했고 영혼의 급소를 저격했다. 율법 전문가가 자신의 주특기를 살려 율법으로 예수를 없애려고 했는데 결국 율법의 올바른 해석에 의해 그들의 완고함과 오만함의 허리가 꺾이는 되치기를 당하였다.

10예수께서 펴시면서 여자 외에는 아무도 없음을 보시고 그녀에게 말하셨다
"여인이여, 너를 고발한 그들이 어디에 있느냐? 너를 정죄한 자들이
아무도 없느냐?" 11그녀가 말하였다 "주여, 없나이다" 예수께서 그녀에게
말하셨다 "나도 너를 정죄하지 않는다 가거라 다시는 범죄하지 말라"

이제 현장에는 무죄한 자이거나 돌로 여인을 치지 않을 사람만 남아야만 한다. 그래서 무죄하신 예수와 음행한 여인만 남겨졌다. 문제의 해결책은 여인이 돌에 맞아 죽지 않는 것만이 아니었다. 사람들은 아프지 않고 실패하지 않고 낙방하지 않고 이별하지 않고 죽지 않으면 문제가 해결된 것처럼 착각한다. 그러나 모든 문제는 형벌의 없어짐이 아니라 죄가 제거될 때에 비로소 해결된다. 죄는 모든 문제의 원흉이다. 그런데 죄의 제거는 돌을 떨구는 형벌의 제거보다 훨씬 난해하다. 형벌은 외부의 문제이고 죄는 내부의 문제이기 때문이다. 예수는 돌을 든 무리를 현장에서 제거한 것으로 승리의 쾌재를 부르지 않으셨다.

예수는 숙인 몸을 펴시면서 주위를 살피신다. 여자 외에는 아무도 없음을 먼저 확인한다. 둘만의 대화가 가능한 상황이다. 예수는 이제 여인에게 말을 건네신다. 그녀를 고발하고 정죄하던 모든 사람이 사라졌다. 이런 사실을 여인에게 일깨운다. 고소한 자들이 떠나가는 이런 현상을 바울은 "누가 능히 하나님의 택하신 자들을 송사"할 것이냐(롬 8:33)는 표현으로 해석

한다. 택하심을 받은 여인도 사람들이 모두 떠난 사실을 확인한다. 독대의 상황을 두 사람은 함께 인지하고 있다. 주변에 다른 귀들이 있을 때에는 대화의 내용이 제한된다. 그래서 예수는 여인의 영혼을 아프게 하는 말을 꺼내지 않으셨다. 이제 무리가 떠나가고 여인만 남은 상황에서 죄에 대한 이야기가 시작된다. 상황에 따라 말을 가려서 하는 것은 타인에 대한 배려와 존중이다. 현장범은 자신의 어떠한 권리도 내세울 수 없는 을의 대명사다. 한 마디의 변명도 하지 못하고 변론을 위해 사용할 카드가 하나도 없는 무방비 상태의 죄인이다. 공인된 죄인이라 할지라도 짐승이나 물건이나 괴물을 대하듯이 대화하지 않으시고 하나의 온전한 인격체로 존중하며 인간이 가진 기본적인 존엄성과 가치를 인정하며 고압적인 자세를 취하지 않으시는 예수의 인격적인 모습은 그 자체로 압도적인 감동이다. 대부분의 사람들은 자신의 이미지를 관리한다. 특별히 고상하고 유력한 자들 앞에서는 더더욱 근사한 이미지를 구현한다. 그러나 무지하고 가난하고 비천한 사람들 앞에서는 연출의 무장을 해제하고 실오라기 하나도 걸치지 않은 본색을 드러낸다. 그때 마주하게 된 진짜 나는 누구인가?

죄가 없으셔서 유일하게 여인을 돌로 칠 자격이 있으신 예수는 모든 사람들이 정죄하던 여인을 정죄하지 않으신다. 돌도 들지 않으셨다. 예수의 용서는 영원한 용서를 의미한다. 예수께서 정죄하지 않는다는 것은 죄의 사함과 형벌의 대속적인 담당을 의미한다. 죄를 사하시는 예수의 용서는 죄의 형벌을 자신이 당하시며 베푸시는 사랑이다. 그래서 용서는 희생적인 사랑이다. 그런 자신의 사랑을 여인에게 알리신다. 그는 판단도 세상과 다르시고 처신도 세상과 다르시다. 예수의 죄 사함은 서기관과 바리새과 무리가 발끈했던 사안이다. 그들은 하나님 외에 누구도 능히 죄를 사할 수 없다고 확신한다. 만약 다른 누군가가 죄 사함의 권세를 부린다면 그는 신성을 모독하는 자로 간주된다(눅 5:21). 죄를 사하기 위해서는 능력과 자격이 필요하다. 그래서 세상의 모든 기준과 질서를 세우시고 지키시는 전능하신 하나님만 죄를 사하신다. 그런데 예수도 모든 사람들이 듣도록 중풍병자에게 "네 죄 사함을 받았다"고 말하셨다. 이는 그가 하나님과 동등한 분임을 보여준다. 그때에는 "인자가 땅에서 죄를 사하는 권세가 있는 줄"을 유대교의 리더들이 알기를 원하셨다(막 2:10). 그러나 지금은 여인만 들리도록 말하신다. 이는 불필요한 논쟁이 일어나는 것을 그가 원하지 않으셨기 때문이다.

예수는 그녀에게 가서 "다시는 범죄하지 말라"고 명하신다. 죄의 용서는 죄의 간과나 두둔이 아니었다. 사람들은 예수의 용서를 죄의 광기에 감긴 고삐를 풀어주는 것이라고 오해한다. 그러나 예수께서 인류를 위해 이 땅에 오신 이유는 죄에서의 해방이다. 죄를 편들거나 옹호하실 의사가 전혀 없으시다. 율법이 죄를 정죄하며 인생의 파괴가 아니라 인생의 회복을 추구하듯, 예수도 죄라는 "마귀의 일을 멸하려고" 오셨지 인간을 멸하려고 오지는 않으셨다. 여인의 인생은 마귀의 일로 인해 무너졌다. 무너진 인생을 재건하는 해법은 돌처형이 아니라 죄가 마귀의 일이라는 사실을 깨우치고 재범하지 않도록 선도함에 있다. 이런 선의와는 달리, 사람들은 때때로 하나님의 죄 사함을 악용한다. 죄를 저질러도 얼마든지 무마될 수 있다는 도덕적 해이에 빠져 동일한 죄를 밥 먹듯이 저지른다. 예수는 이런 오해와 오용에 선을 그으신다. 죄를 "다시는 저지르지 말라"는 말씀은 죄 사함 이후에는 언제나 선을 행하라는 명령이다. 인생은 선행으로 재건된다. 선행으로 하나님의 영광을 나타내는 것이 태초부터 의도된 인생의 본분이다.

¹²예수께서 다시 얘기하며 말하셨다 "나는 세상의 빛이니 나를 따르는 자는 결코 어둠 속에서 다니지 아니하고 생명의 빛을 얻으리라"

요한복음 1장에 나오는 "세상의 빛" 이야기는 저자가 예수의 이 언급에서 따온 것임에 분명하다. 죄를 재범하지 않는 삶은 선을 이루는 삶인데, 그런 삶의 비결은 무엇인가? 그 비결까지 예수는 그녀에게 알리신다. 즉 예수 자신이다. 자상한 답변이 계속 이어진다. 그에게 친절의 끝은 어디인가! 예수는 자신을 "세상의 빛"이라고 소개한다. 빛은 밝음이며 기쁨이며 행복이며 만족이며 치유이며 회복이며 지식이다. 왜, 어떻게, 어디에서, 누구와 함께, 무엇을 하며, 무엇을 위해 살아야 하는지를 빛이 가르친다. 그런데 선행의 삶은 이러한 "세상의 빛"을 구경하는 인생이 아니라 따라가는 인생이다. 그러면 결코 어둠 가운데로 다니지 아니하고 생명의 빛을 소유하게 된다. 빛은 선으로 인도하고 어둠은 악으로 인도한다. 우리가 따라야 할 "세상의 빛"이라고 하신 예수의 말씀에서 우리는 우리 자신과 세상의 현실을 생각하게 된다. 빛 없는 우리는 소경이고 빛 없는 세상은 어둠이다. 예수라는 빛이 없으면 우리는 필히 아무것도 알지 못하는 어둠 가운데서 살아간다. 여인에게 한 두 동사, 즉 "가라"(πορεύου)는 말과 여기에서 "따른다"(ἀκολουθέω)는 말이 행위의 충돌을 일으킨다. 그러나 실제로는 상응한다. 빛을 "따른다는 것"은 예수와의 물리적인 밀착을 의미하지 않고 그의 인격을 본받고 세상 속에서 그의 길을 실제로 "걸어가는 것"을 뜻하기 때문이다.

눈앞이 캄캄한 절망의 시기에 우리는 길을 잃고 방황하며 어둠을 더듬는다. 어디에서 와서 어디로 가야 할지, 어떻게 가야 할지, 어디까지 가야 할지, 누구와 함께 가야 할지를 모르는 무지가 하나의 큰 어둠이다. 이때에는 세상의 빛이 필요하고 생명의 빛이 필요하다. 아무리 발버둥을 쳐도 스스로는 어둠 가운데서 벗어나지 못하고 같은 어둠 속에 있는 타인의 도움도 무익하기 때문이다. 세상에는 절망이 존재한다. 그러나 놀랍게도 그 절망이 하나님을 아는 지식의 출구로 작용한다. 절대자에 대한 의식은 절망에 봉착할 때에 깨어난다. 주변에서 경험하는 태양이나 문명의 빛과는 차원이 다른 절대자의 빛을 경험한다. 그 빛은 "유대인의 빛"이 아니라 "세상의 빛"으로서 어떠한 민족도 배제됨이 없이 온 인류를 밝히며 인간만이 아니라 모든 생명체도 살아나게 한다.

　"세상의 빛"은 세상에 있는 모든 것들의 의미와 가치를 드러낸다. 빛의 이러한 무한함과 위대함은 예수가 평범한 인간이 아니라 하나님의 아들임을 나타낸다. 예수는 만물에 의미와 가치를 부여하는 분이시다. 그런데도 인간으로 하여금 온 우주가 흠모하는 이 예수라는 빛을 따르지 못하게 만드는 원흉은 무엇인가? 자기 자신이다. 인간이 자신을 어둠이 아니라 괜찮은 빛이라고 착각하기 때문이다. 그런 착각에서 벗어나기 위해 자신의 비참한 어둠의 실상을 자각하는 것이 필요하다. 그런 자각은 율법의 담당이다. 영혼의 뼛속까지 비추는 율법의 정교한 거울 앞에 자신을 정직하게 세우면 인생의 명확한 절망과 비참을 깨닫는다. 동시에 예수라는 빛의 필요성을 절감한다. 자신을 바르게 아는 것이 이토록 중요하다. 피조물의 분수를 알고 죄인의 주제를 파악해야 한다.

13이에 바리새파 사람들이 그에게 말하였다
"네가 네 자신을 위하여 증언하니 너의 증언은 참되지가 않다"

예수의 말에 바리새파 사람들이 이의를 제기한다. 증언의 진위보다 형식의 문제를 꼬집는다. 그들이 보기에 예수는 예수 자신을 위하여 증언하는 증인이다. 자신이 자신에 대하여 자신을 위해 증언하는 형식, 즉 증언의 주체와 대상과 목적이 모두 예수 자신이기 때문에 증언이 참될 수 없다고 주장한다. 이는 그들이 보기에 주관적인 결론이 나올 수밖에 없는 형식이다. 증인과 증거가 많을수록 증거력이 커진다는 세상의 객관성 개념을 따라서는 그들의 주장이 타당하다. 실제로 자기애에 빠지면 어떠한 말을 해도 자신을 두둔하고 돋보이게 하는 방향으로 증언이 휘어진다. 그러나 그런 개념을 예수에게 적용하는 것은 합당하지 않다. 먼저, 세상은 예수를 이미 미워하고 싫어하고 거부한다. 평판의 운동장이 이미 잔뜩 기울어진 그런 상황에서 다수결의 원리에 근거한 세상의 객관성 개념으로 진위를 가리는 것은 부당하기 때문이다.

그리고 인간의 경우와는 달리 예수는 진리 자체이기 때문에 그에게로 증언이 휘어지는 현상은 주관성의 증거가 아니라 증언이 진리에 더욱 가깝다는 객관성을 나타낸다. 진리 쪽으로 기울수록 평가의 공정성과 객관성은 확보된다. 예수가 진리라는 사실 때문에 예수의 증언은 일반인의 경우와 달리 평가된다. 그리고 예수는 자신을 "세상의 빛"이라고 밝히셨다. 즉 예수는 세상의 기준이다. 기준이 기준으로 기울어진 증언을 한다면 편파적인 것이 아니라 오히려 기준에 충실한 객관적 증언으로 여김이 마땅하다. 화자가 누구냐에 따라 적용되는 원리가 달라지는 것은 당연하다. 만물보다 거짓되고 심히 부패한 모든 인간의 자기증언은 객관성을 완전히 상실한 지극히 주관적인 증언이다. 그러나 거짓이 하나도 없으신 예수의 증언은 자신을 향하면 할수록 더 큰 객관성을 확보한 증언이다. 예수는 모든 진리의 제1원리이기 때문에 외부의 어떤 기준에 의해 평가되지 않고 자명성과 자증성도 예수 자신에게 있다. 그러므로 예수는 자신에게 충실하면 할수록 객관성이 높아지는 독특한 사람이다.

14예수께서 대답하며 말하셨다 "내가 나 자신을 위하여 증언해도 나의 증거는
참되니라 이는 내가 어디에서 오며 어디로 가는지를 내가 알지만
너희는 내가 어디에서 오며 어디로 가는지를 알지 못하기 때문이다

예수는 바리새파 사람들의 이의를 반박한다. 자신은 자신에 대해 증언해도 자신의 증거가 참이라는 반박이다. 타인이 자기 자신을 증거하면 거짓이고 내가 나 자신을 증거하면 참이라는 논리가 사람들의 귀에는 억지 주장으

로 들리기가 쉽다. 전형적인 내로남불 어법이다. 그런데 예수는 그렇게 반박하는 이유를 제시한다. 즉 예수는 자신이 "어디에서 오며 어디로 가는지"를 알고 계시기 때문이다. 이는 자신의 처음과 나중을 아는 자만이 자신에 대한 객관적인 증거가 가능하기 때문에 일리가 있는 주장이다. 진실로 예수는 영광의 자리를 떠나와서 다시 영광으로 돌아가고, 하늘에서 와서 다시 하늘로 올라가고, 아버지의 품을 떠나와서 다시 아버지께 돌아가고, 보내신 분에게서 와서 보내신 분에게로 다시 돌아가는 인생이다. 그런데 예수의 이 주장을 다른 사람이 자신에게 적용하는 것은 곤란하다. 왜냐하면 그 누구도 예수의 처음과 나중을 알지 못하기 때문이고 몰라서 자신에게 적용할 수 없기에 결국 자신의 처음과 나중도 모르기 때문이다. 예수는 인간의 원형이다. 죄가 없으시기 때문이다. 본성과 인격과 인생이 모두 죄에서 완전히 자유로운, 유일한 분이시기 때문이다. 그런 예수를 알지 못하는 인간은 타락 전 인간의 근원도 모르고 마땅히 나아가야 할 방향과 목적지에 대해서도 무지하게 된다.

어디에서 왔고 어디로 가야 하는가에 답을 찾아가는 것이 인생이다. 인문학은 모든 분야에서 이 질문을 던지고 답변을 촉구하는 사명을 수행하고 있다. 인문학은 노동을 하고 소득을 얻고 생계를 유지하는 불가피한 생활의 기계적인 반복에 의식까지 매몰되지 말라고 강조한다. 답을 주지는 않지만 안경을 주고 힌트를 주며 답을 찾아야 한다고 깨우친다. 진정한 인문학의 종착지는 예수라고 나는 생각한다. 예수를 찾아야 진정한 자아를 찾기 때문이다. 예수를 아는 것은 자아의 시작과 끝을, 어디에서 와서 어디로 가는지를 파악하는 최고의 비법이다. 예수 안에서의 나, 그리스도 안에서 거듭난 새로운 피조물, 하나님의 자녀, 예수의 형제 된 나를 만나는 것이 진짜배기 자아를 만나는 것이기 때문이다. 혈통이나 국적이나 언어나 문화나 학연이나 지연과 같은 세상의 그 무언가에 의해 조건화된 자아는 과연 진짜인가? 인간이 어디에서 와서 어디로 가는지를 알지 못하는 세상에 의해 세상의 기준으로 확립된 나의 정체성은 진짜인가? 처음과 나중이요, 알파와 오메가 되시는 그리스도 예수에 의해 주어지는 나에 대한 증언만이 유일하게 옳다.

15너희는 육체를 따라 판단하나 나는 누구도 판단하지 아니한다

유대인의 판단이 객관성을 상실하고 편파성을 띠는 이유는 무엇인가? 그들이 판단할 때에 육체를 따르기 때문이다. "육체에 따른"(κατὰ τὴν σάρκα) 판단은 부패하고 일그러진 인간의 본성에 따른 모든 판단을 의미한다. 자신이 판단의 주체가 되고 판단의 기준이 되고 판단의 방향이 되는 지극히 주관적인 판단이다. 육체에 따른 판단의 중심에는 사람이 있다는 게 가장 큰 특징이다. 그리고 "육체에 따른" 판단은 창조자가 아니라 피조물 중심적인 판단을 의미한다. 즉 이 판단은 영적인 것을 물질적인 것으로 판단하고, 영적인 가치를 세속적인 기준으로 평가하고, 영원한 것을 시간적인 것으로 가늠하고, 보이지 않는 것을 보이는 것으로 판단하는 것을 의미한다.

　이들과는 달리 예수는 아무도 판단하지 않으신다. 이는 예수께서 아버지 하나님의 보내심을 받은 이유가 앞에서 언급하신 것처럼 "세상을 심판하려 하심이 아니요 그로 말미암아 세상이 구원을 받게 하려 하심"이기 때문이다(요 3:17). 물론 아버지는 모든 심판권을 아들에게 맡기셨다(요 5:22). 그럼에도 불구하고 지금은 심판의 때가 아니라 구원의 때이기 때문에 예수는 실제로 아무도 판단하지 않으신다. 그리고 예수는 세속적인 문제로 법정적인 판단에 가담하지 않으신다. 이는 인간의 욕심이 상충되는 사안에 개입하여 이 땅에서의 사명에 차질이 생기지 않도록 하기 위함이다. 그는 진실로 사회의 합의된 정의를 둘러싼 이해관계 충돌의 해결자로 오지 않으셨다. 이는 세상의 모든 사안에 대하여 예수께서 판단하실 자격이나 능력이 없거나 관심이 없기 때문이 아니라 지금 수행해야 할 아버지의 뜻은 아니었기 때문이다. 성자는 만세 전부터 감추어진 지혜로서 모든 시대에 모든 나라에서 재판관의 판결봉에 관여하여 정의와 공의를 이루셨다.

16만약 내가 판단을 하더라도 내 판단이 참된 것은
내가 혼자 있는 것이 아니라 나를 보내신 분과 내가 [함께 있기] 때문이다

이 구절은 예수께서 어떠한 판단을 하더라도 그 판단이 참된 두 번째 이유를 언급한다. 어디에서 왔고 어디로 가는지를 아는 것이 참된 판단의 근거라고 밝히신 예수는 자신이 혼자가 아니라 자신을 보내신 분과 함께 계신다는 이유를 꺼내신다. 예수는 아버지의 보내심을 받았으나 "혼자"(μόνος)가 아니셨다. 아버지는 보냄을 받은 자와 늘 함께 계시기 때문이다. 하나님 아버지와 함께 내리는 판단이 어떻게 참되지 않을 수 있겠는가! 아버지와 함께 하는 것은 모든 판단이 참되기 위한 필수적인 요건이다. 우리가 세상과 천사를 판단할 때에도 아버지와 함께 해야 참된 판단이 가능하다.

예수는 이 땅에 육신으로 오시기 전에도 아버지와 함께 계셨고 보내심을 받은 이후에도 아버지와 함께 계셨다는 사실은 삼위일체 하나님의 일체성과 통일적인 사역을 잘 보여준다. 성부와 성자는 존재가 분리됨이 없으시다. 그런 존재의 방식을 따라 일하심에 있어서도 분리됨이 없으시다. 십자가 위에서 아버지의 버리심을 받았다고 말하실 때에도 그는 혼자가 아니셨다. 구원의 사역은 있는 그대로 다 하시면서 삼위일체 하나님의 존재론적 분리가 없었다는 것은 신비롭다. 주님의 보내심을 받은 우리도 예수의 경우와 유사하다. 보내심을 받은 우리는 혼자가 아니라 보내신 분이 늘 우리와 함께 계시고 함께 일하신다. 동거와 동행의 은총은 무덤까지 지속된다. 모세의 사례가 이를 증거한다. 하나님의 보내심을 받은 모세에게 주

어진 말씀이다. "하나님이 이르시되 내가 반드시 너와 함께 있으리라"(출 3:12). 이는 모세만이 아니라 보내심을 받은 모든 자들에게 하신 약속이다.

> 17너희의 율법에도 두 사람의 증언이 참되다고 기록되어 있다 18나는 나 자신에 대한 증인이고 나를 보내신 아버지도 나에 대하여 증언하고 계시니라"

예수는 자신의 증언이 참되다는 사실의 세 번째 이유를 밝히신다. 증언이 참되기 위한 율법의 요건과 관련되어 있다. 즉 "두 사람의 증언이 참되다"는 율법의 규정이다. 모세는 "사람의 모든 악에 관하여" 하나의 증인이 아니라 "두 증인의 입으로나 또는 세 증인의 입으로 그 사건을 확정할 것"이라고 가르쳤다(신 19:15). 죄를 확정할 때만이 아니라 확정된 죄를 처벌할 때에도 증인은 둘이나 셋이어야 한다(신 17:6). 만약 위증한 사람이 있다면 그로 말미암아 유죄가 확정된 사람에게 부과될 모든 형벌, 즉 "그에게 행하려고 꾀한 그대로" 위증한 사람에게 돌려 주어서 이스라엘 중에 악을 제하여야 한다(신 19:19). 이는 증인이 언제나 타인의 자리에 자신을 세우고 자신을 위해 증언하듯 양심과 목숨을 걸고 증언해야 함을 가르친다.

그런데 왜 증인의 적정한 수는 하나가 아니라 둘 이상인가? 인간은 언제나 자신을 향하기 때문이다. 어떠한 말을 하더라도 마음에 움츠린 부패와 거짓이 작용하기 때문이다. 이런 지향과 작용은 무의식 중에 순식간에 일어나기 때문에 증언하는 당사자는 전혀 거짓되지 않고 솔직한 말이라고 착각한다. 이 은밀한 착각을 잘 아는 악한 자들은 자신들이 원하는 것을 사람들이 아무런 의심도 없이 믿도록 여론을 대단히 은밀하게 조작한다. 조작된 여론에 길들여진 사람들은 '진실되게' 그 거짓에 기꺼이 가담하게 된다. 법정은 이러한 조작 가능성을 감지하고 고의적인 거짓은 물론이고 순수한 마음으로 내뱉은 거짓도 교차 검증을 통하여 걸러내야 한다. 두 사람은 이러한 검증을 위한 최소한의 증인이다. 이는 인간에 대한 슬픈 불신의 반증이다.

예수는 자신의 증언이 참된 이유를 설명함에 있어서 사람들 사이에 적용되는 증언의 규범을 자신에게 그대로 적용한다. 예수는 자신이 자신에 대한 증인이고 그를 보내신 아버지 하나님도 자신에 대해 증언하고 계시다고 한다. 이는 두 증인의 요건을 충족한다. 그런데 예수의 경우에는 다른 요건도 추가로 충족해야 한다. 즉 신성을 증거하기 위해서는 두 증인이 모두 신이어야 한다. 신을 증거함에 있어서 인간의 증언은 턱없이 부실하다. 왜? 첫째, 세속의 법정에서 증언은 사실과 일치하는 것이 아니라 기억과 일치하면 참되다고 판단하기 때문이다. 위증은 사실과 다른 증언이 아니라 기억과 다른 증언이다. 둘째, 예수에 대한 제자들의 배신이 잘 보여준 것처럼, 인간의 증언은 변질될 가능성이 농후하기 때문이다. 인간적인 증언은 인간이 그 증언은 스스로 바꿀 수도 있고 외부의 요인에 의해 변경될 수도 있는 가변성 때문에 불안하다.

그래서 예수는 사람의 증언에 의지하지 않고 자신과 아버지만 두 증인으로 여기신다. 그럼 우리는 사람이기 때문에 예수의 메시아 되심과 하나님의 아들 되심에 대한 증인이 되지 못하는가? 아니다. 그의 증인 됨이 가능하다. 예수 자신이 밝히신 것처럼, 오직 성령이 우리에게 임하시면 가능하다. 우리의 증언도 성령으로 말미암아 신에 대한 신의 증언으로 간주되기 때문이다. 이처럼 우리는 성령 의존적인 예수의 증인이다. 하나님에 대한 증언이든, 사람에 대한 증언이든, 증언이 참되려면 무엇보다 우리가 진리에 가까이 다가가야 한다. 그리고 하나님과 동행해야 한다. 그리고 성령의 증언에 의존해야 한다. 이처럼 하나님과 동행하며 그를 의지하지 않는 사람의 어떠한 증언도 스스로는 결코 참되지가 않다.

요 8:19-38

¹⁹이에 그들이 묻되 네 아버지가 어디 있느냐 예수께서 대답하시되 너희는 나를 알지 못하고 내 아버지도 알지 못하는도다 나를 알았더라면 내 아버지도 알았으리라 ²⁰이 말씀은 성전에서 가르치실 때에 헌금함 앞에서 하셨으나 잡는 사람이 없으니 이는 그의 때가 아직 이르지 아니하였음이러라 ²¹다시 이르시되 내가 가리니 너희가 나를 찾다가 너희 죄 가운데서 죽겠고 내가 가는 곳에는 너희가 오지 못하리라 ²²유대인들이 이르되 그가 말하기를 내가 가는 곳에는 너희가 오지 못하리라 하니 그가 자결하려는가 ²³예수께서 이르시되 너희는 아래에서 났고 나는 위에서 났으며 너희는 이 세상에 속하였고 나는 이 세상에 속하지 아니하였느니라 ²⁴그러므로 내가 너희에게 말하기를 너희가 너희 죄 가운데서 죽으리라 하였노라 너희가 만일 내가 그인 줄 믿지 아니하면 너희 죄 가운데서 죽으리라 ²⁵그들이 말하되 네가 누구냐 예수께서 이르시되 나는 처음부터 너희에게 말하여 온 자니라 ²⁶내가 너희에 대하여 말하고 판단할 것이 많으나 나를 보내신 이가 참되시매 내가 그에게 들은 그것을 세상에 말하노라 하시되 ²⁷그들은 아버지를 가리켜 말씀하신 줄을 깨닫지 못하더라 ²⁸이에 예수께서 이르시되 너희가 인자를 든 후에 내가 그인 줄을 알고 또 내가 스스로 아무 것도 하지 아니하고 오직 아버지께서 가르치신 대로 이런 것을 말하는 줄도 알리라 ²⁹나를 보내신 이가 나와 함께 하시도다 나는 항상 그가 기뻐하시는 일을 행하므로 나를 혼자 두지 아니하셨느니라 ³⁰이 말씀을 하시매 많은 사람이 믿더라 ³¹그러므로 예수께서 자기를 믿은 유대인들에게 이르시되 너희가 내 말에 거하면 참으로 내 제자가 되고 ³²진리를 알지니 진리가 너희를 자유롭게 하리라 ³³그들이 대답하되 우리가 아브라함의 자손이라 남의 종이 된 적이 없거늘 어찌하여 우리가 자유롭게 되리라 하느냐 ³⁴예수께서 대답하시되 진실로 진실로 너희에게 이르노니 죄를 범하는 자마다 죄의 종이라 ³⁵종은 영원히 집에 거하지 못하되 아들은 영원히 거하나니 ³⁶그러므로 아들이 너희를 자유롭게 하면 너희가 참으로 자유로우리라 ³⁷나도 너희가 아브라함의 자손인 줄 아노라 그러나 내 말이 너희 안에 있을 곳이 없으므로 나를 죽이려 하는도다 ³⁸나는 내 아버지에게서 본 것을 말하고 너희는 너희 아비에게서 들은 것을 행하느니라

❖ ❖ ❖

¹⁹이에 그들이 말하였다 "네 아버지는 어디 있느냐?" 예수께서 답하셨다 "너희는 나를 알지 못하고 내 아버지도 알지 못한다 너희가 나를 알았다면 내 아버지도 알았을 것이다" ²⁰이 말씀은 그가 성전에서 가르치실 때에 헌금 저장고 안에서 말하셨다 누구도 그를 붙잡지 않았는데 이는 그의 때가 아직 이르지 않았기 때문이다 ²¹이에 다시 그가 그들에게 말하였다 "나는 떠나가고 너희는 나를 찾으리라 그러나 너희는 죄 가운데서 죽으리라 내가 가는 곳으로 너희는 오지 못하리라" ²²이에 유대 사람들이 말하였다 "내가 가는 곳으로 너희는 오지 못한다고 말하니 자결을 하겠다는 것인가?" ²³그가 그들에게 말하셨다 "너희는 아래에서 났고 나는 위에서 났으며 너희는 이 세상에 속하였고 나는 이 세상에 속하지 않았다 ²⁴그래서 내가 나라는 것을 너희가 믿지 않는다면 너희는 너희 죄 가운데서 죽을 것이기 때문에 '너희는 너희의 죄 가운데서 죽을 것이라'고 내가 너희에게 말하였다" ²⁵이에 그들이 말하였다 "너는 누구인가?" 예수께서 그들에게 말하셨다 "나는 처음부터 너희에게 말하여 온 그 [사람]이다 ²⁶너희에 관하여 말하고 판단할 것이 나에게 많지만 나를 보내신 분은 참이시며 그에게서 내가 들은 것들을 나는 세상에 말하노라 ²⁷그들은 그가 아버지를 가리켜 말씀하신 것을 알지 못하였다 ²⁸이에 예수께서 말하셨다 "너희가 인자를 들어 올리면 그때에 너희는 내가 나인 줄 알고 또 내가 스스로는 아무것도 하지 아니하고 다만 아버지가 나에게 가르치신 대로 내가 이것들만 말하는 것도 알리라 ²⁹나를 보내신 분은 나와 함께 계시는데, 내가 항상 그를 기쁘게 하는 것을 행하므로 나를 혼자 두지 않으셨다" ³⁰그가 이것들을 말하시니 많은 사람들이 그를 믿었더라 ³¹예수는 자신을 믿는 유대 사람들을 향하여 말하셨다 "만약 너희가 나의 말에 거한다면 참으로 나의 제자들이 된다 ³²그리고 너희는 진리를 알게 될 것이고 그 진리가 너희를 자유롭게 하리라" ³³그들이 그에게 답하였다 "우리는 아브라함 후손이다 어떤 이에게도 종이 된 적이 없는데 어찌하여 '너희가 자유롭게 되리라'고 말하느냐?" ³⁴예수께서 그들에게 답하셨다 "내가 진실로 진실로 너희에게 말하노라 죄를 범하는 모든 자는 죄의 종이다 ³⁵종은 집에 영원히 머무르지 못하지만 아들은 영원히 머무른다 ³⁶그러므로 아들이 너희를 자유롭게 하면 참으로 너희가 자유롭게 되리라 ³⁷나도 너희가 아브라함 자손인 것을 안다 그러나 나의 말이 너희 안에 있을 곳이 없으므로 너희가 나를 죽이려고 한다 ³⁸나는 내 아버지에게서 본 것을 말하고 너희는 너희 아비에게서 들은 것을 행한다"

26 자유를 원하는가?

세상의 모든 것들은 자신을 가지라고 하면서 우리를 결박한다. 소유의 역설이다. 소유물에 의해 소유 당하고 소유물에 얽매이게 된다는 역설이다. 지식을 소유한 자는 교만하게 되고 부를 소유한 자는 거만하게 되고 인기를 소유한 자는 공허하게 되고 술을 소유한 자는 추악하게 된다. 이런 식으로 결박된다. 무엇을 소유할 것인지에 대해 신중해야 한다. 하나님께 무언가를 달라고 기도할 때에도 목록을 점검해야 한다. 그러나 진리만은 자신을 소유한 자를 결박하지 않고 자유롭게 한다. 진리는 안심하고 소유해도 되는 기도의 일순위 항목이다. 진리의 소유는 예수라는 진리를 기쁘게 할 때에만 가능하다. 예수의 말씀에 머물 때에 그를 기쁘시게 한다. 진정한 자유를 원하는가? 예수는 자신의 말씀에 머물면 된다는 비결을 가르친다. 그의 말씀에 머물면 소극적인 자유만이 아니라 적극적인 자유도 주어진다. 진리가 주는 적극적인 자유는 가장 아름답고 고귀한 최고의 거처인 아버지의 집, 자유가 있다면 곧장 달려가고 싶은 그곳에 영원히 머무는 특권이다.

19이에 그들이 말하였다 "네 아버지는 어디 있느냐?"예수께서 답하셨다
"너희는 나를 알지 못하고 내 아버지도 알지 못한다
너희가 나를 알았다면 내 아버지도 알았을 것이다"

바리새파 사람들이 예수께 질문한다. 그의 아버지가 어디에 있느냐고. 그들이 생각하는 예수의 아버지는 요셉이다. 그러니까, 목수라는 직업을 가진 요셉, 고작 가난한 촌부에 불과한 증인의 증거력은 동류의 사람들을 증명할 뿐이고 메시아를 증명할 수준의 증인은 아니라는 비아냥이 묻은 질문이다. 동시에 하늘에 계신 하나님이 자신의 아버지라는 예수의 주장과도 관계되어 있다. 아버지의 위치에 대한 그들의 질문은 만약에 하늘의 아버지가 예수를 위해 증언하고 계시다면 증언의 방법은 무엇이고 증언의 장소는 어딘가를 따지는 질문이다. 증언을 하더라도 까마득히 높은 하늘에서 한다면 아무런 증거력이 없을 것이고, 하나님을 본 사람이 아무도 없을 정도로 눈부신 빛 가운데에 거하시는 분인데 어떻게 인간에게 증언하실 수 있느냐는 반문이다. 이 물음 자체가 자신들은 아버지 하나님의 거처를 모르기 때문에 예수에 대한 아버지의 증언을 들은 적도 없다는 자백이다.

이에 예수는 질문에 정확히 일치하는 답변을 주시지 않고 질문하는 자들이 아버지 하나님에 대해 아무것도 모르게 된 무지의 원인을 설명하고 지식의 비결을 알리신다. 겉으로 보면, 그들의 질문과 예수의 대답은 동문서답 같다. 예수의 답변을 칼뱅은 우쭐대는 무식에 대한 책망으로 보았지만 내가 보기에는 무지한 자들에게 주시는 가장 자비로운 설명이다. 첫째, 바리새파 사람들이 아버지 하나님에 대해 무지한 이유는 그들이 예수를 알지 못하기 때문이다. 예수를 알지 못한다면 아버지도 알지 못하게 되고 결국 아버지와 예수 모두에 대해 무지하게 된다. 둘째, 아버지 하나님을 아는 유일한 비결은 예수 자신이다. 그래서 예수를 알면 아버지 하나님도 알기 때문에 예수와 아버지 모두에 대해 유식하게 된다. 바리새파 사람들의 궁

금증은 예수를 알아야 해소된다. 예수를 알면 아버지도 알게 되는 이유는 예수께서 하나님의 아들이기 때문이다. 성령이 임하셔서 권능을 받아야 예수에 대한 증인의 자격이 생긴다는 말씀에서 확인되는 것처럼, 하나님은 하나님에 의해서만 증거되기 때문이다. 예수라는 하나님도 아버지 하나님에 의해서만 증거된다. 예수에 대한 아버지 하나님의 기록된 증언은 구약이다. 모두가 확인할 수 있는 객관적인 형태의 증언이다. 물론 세례 받으실 때에 하늘에서 소리가 들린 것처럼 하나님의 직접적인 증언도 가능하다.

20이 말씀은 그가 성전에서 가르치실 때에 헌금 저장고 안에서 말하셨다
누구도 그를 붙잡지 않았는데 이는 그의 때가 아직 이르지 않았기 때문이다

예수의 답변이 이루어진 장소는 성전 중에서도 "헌금 저장고"(γαζοφυλάκιον) 안이었다. 장소가 특이하다. 당시의 종교 리더들은 자신들의 이권과 관련된 종교적인 권위를 중요하게 생각했다. "헌금 저장고"는 마치 그들의 지갑과 같은 곳이었다. 그 안에서 예수는 말씀을 나누셨다. 그런데 율법의 전문가는 예수의 답변을 듣고 꿀 먹은 벙어리가 되어 동작정지 자세를 유지하고 있다. 종교의 리더들인 그들은 정작 아버지 하나님의 주소도 모르고 하나님 자신도 모르는 기막힌 무지의 밑바닥이 드러난 상황이다. 그들은 지금까지 하나님을 알지도 못하면서 종교와 정치의 기득권을 행사하며 백성 위에 군림하고 있다. 이 사건은 그들이 가장 소중하게 여기는 헌금 저장고 안에서 일어났다. 속이 제대로 털린 낭패감이 그들에게 엄습했기 때문일까? 그들 중에 예수를 건드리는 자가 하나도 없었다고 저자는 기록한다. 물론 예수의 때가 아직 이르지 않았기 때문이다. 하나님의 정하신 뜻이 역사의 기준이다. 하나님의 시간이 되기 이전에는 아무리 사악한 사람의 폭력성도 결박되어 있다. 예수에게 손도 대지 못하게 하는 결박의 방식은 그

들의 종교적인 무지를 드러내는 것이었다.

오늘날 목회자는 어떠한가? 아버지 하나님이 어디에 있느냐는 질문에 대답할 수 있겠는가? 하나님이 어떤 분인지에 대해서는 어떠한가? 얼마나 대답할 수 있겠는가? 하나님은 어디에 계시는지, 누구신지, 어떻게 소통할 수 있는지는 오직 예수를 아는 지식에 근거한다. 그래서 사도들은 그 지식에서 교회가 자라가야 한다고 역설했다. 예수를 알면 나 자신과 공동체가 구원을 받는다고 한다. 이처럼 예수를 아는 지식의 중요성은 구원과도 결부되어 있고 아버지 하나님을 아는 지식과도 결부되어 있고 결국 진리에 주린 세상을 복음으로 배부르게 하는 선교와도 결부되어 있다.

21이에 다시 그가 그들에게 말하셨다 "나는 떠나가고 너희는 나를 찾으리라 그러나 너희는 죄 가운데서 죽으리라 내가 가는 곳으로 너희는 오지 못하리라" 22이에 유대 사람들이 말하였다 "내가 가는 곳으로 너희는 오지 못한다고 말하니 자결을 하겠다는 것인가?"

예수께서 말을 이으셨다. 그가 떠나시면 바리새파 사람들이 그를 찾을 것이라고 한다. 예수는 생명의 빛이시기 때문에 죽음을 맞이하는 모든 사람들은 생명을 얻기 위해 예수를 찾으려고 한다. 그런데 찾고자 해도 그들은 실패할 것이라고 한다. 두 가지의 이유 때문이다. 첫째, 그들이 죄 가운데서 죽을 것이기 때문이다. 둘째, 그렇게 죽으면 예수께서 가시는 곳, 즉 낙원으로 가지 못하기 때문이다. 예수를 믿지 않고 죽음을 맞이하는 모든 사람들은 죄 가운데서 사망한다. 그러면 영원한 사망의 골짜기로 들어간다. 이는 생명이신 예수와의 영원한 결별이다. 그러나 예수를 믿고 죽는 모든 사람들은 믿음 가운데서 사망한다. 그러면 예수의 생명 때문에 영원한 생명의 나라로 들어간다. 이 생명은 예수와의 영원한 연합이다. 죽음 이후의 진로가 이렇게 믿음을 기준으로 갈라진다. 예수에 대한 믿음이 인간의 운명을 좌우한다.

이런 예수의 말씀을 들어도 바리새파 사람들은 마음이 완고하고 귀가 둔하여서 그 말씀의 의미에 이르지를 못하고 오해하고 왜곡한다. 이전에는 이방인 구역으로 가서 헬라 사람들을 가르치려 한다고 생각했던 유대 사람들이 이번에는 예수의 말씀을 듣고 그것이 죽음에 관한 말이라고 짐작한다. 그런데 그들이 전혀 따라가지 않을 죽음은 자결이다. 그래서 그들은 예수가 스스로 죽겠다고 말하는 것이라고 조롱한다. 예수가 마치 정신 나간 병자인 것처럼 비웃는다. '만약 네가 자결하여 우리를 떠난다면 우리는 절대로 너를 따르지 않을 것이기 때문에 내가 가는 곳으로 가지 못한다는 말이 맞다'며 놀려댄다. 간이 배 밖으로 나오지 않고서야 어찌 이런 망발을 내뱉을까! 이들이 한 말의 의도는 대단히 불량하다. 그러나 우리가 신앙적인 관점에서 보면 이들의 말은 사실이다. 예수는 이 땅에 죽으려고 오셨으며 자신의 생명을 취하고 버릴 권세를 가졌는데 스스로 버린다는 말씀(요 10:18)을 조만간 하시기 때문이다. 예수는 죽임을 당하신 동시에 스스로 죽으셨다. 그의 죽음에는 능동성과 수동성이 모두 발견된다.

23그가 그들에게 말하셨다 "너희는 아래에서 났고 나는 위에서 났으며 너희는 이 세상에 속하였고 나는 이 세상에 속하지 않았다 24그래서 내가 나라는 것을 너희가 믿지 않는다면 너희는 너희 죄 가운데서 죽을 것이기 때문에 '너희는 너희의 죄 가운데서 죽을 것이라'고 내가 너희에게 말하였다"

유대 사람들이 예수를 찾아도 그가 가는 곳으로 오지 못하는 구체적인 이유를 설명한다. 첫째, 출신이 다르기 때문이다. 예수는 위에서 나셨으나 그들은 아래에서 났다. 둘째, 소속이 다르기 때문이다. 예수는 하늘에 속하셨고 그들은 세상에 속하였다. 유대인을 비롯한 모든 사람들은 아래에서 태어난다. 여기에서 "아래"라는 말은 공간적인 낮음이 아니라 마귀가 왕 노릇하는 죄 많은 세상을 의미한다. 게다가 "아래"에 있는 모든 것들은 잠시 있다가 속히 지나가는 공허한 것들이다. 그런데도 사람들은 "아래"에 있는 것들에 묘한 애착을 느끼며 그것들과 운명을 섞으려고 한다. 극복의 대상으로 여기지 않고 안식처로 여기며 안주한다. 세상에 거하지만 속하지는 말아야 하는데 세상의 회원이 되어 본능적인 공동체 의식을 발동하며 자신이 속한 세상을 편들고 변론한다.

자신에게 오지 못하는 이유를 가르치신 이유는 자신에게 오도록 하시기 위함이다. 예수는 단정적인 말로 유대인의 구원 가능성을 차단하신 것이 아니라 가정적인 어법의 부정적인 뉘앙스로 구원에 이르도록 초청장을 내미신다. 문맥은 진노인데 긍휼을 잊지 않으신다. 예수께로 가기 위해서는 아래에서 태어난 모든 사람들이 위로부터 다시 태어나야 한다. 그래서 예수는 요한복음 3장 7절에서 "위로부터 태어나야 한다"(γεννηθῆναι ἄνωθεν)는 말씀을 전하셨다. 이것이 바로 다시 태어나는 거듭남 혹은 중생이다. 위로부터 태어나면 그는 더 이상 세상의 자식이 아니라 하나님의 자식이다. 출생의 차이가 신분의 변화를 일으킨다. 위로부터 태어나면 신분만이 아니라 소속도 달라진다. 그는 이제 세상에 속하지 않고 하늘에 속한 시민이다. 소속과 신분을 바꾸는 새로운 출생의 비결은 믿음이다. 믿으면 거듭나고 하나님의 자녀가 되고 신적인 자녀의 권세가 주어진다. 그런데 유대 사람들은 예수를 믿지 않기 때문에 인생의 마지막에 죄 가운데서 죽고 예수가 계신 곳이 아닌 다른 무서운 곳으로 이동한다. 그러나 믿으면 죽더라도 죄 가운데서 죽지 않고 그리스도 안에서 죽기 때문에 죽음 이후의 운명이 달라진다. 예수의 운명을 공유하고 그가 계신 낙원으로 이동한다.

₂₅이에 그들이 말하였다 "너는 누구인가?" 예수께서 그들에게 말하셨다 "나는 처음부터 너희에게 말하여 온 그 [사람]이다

유대 사람들의 질문은 원점으로 돌아간다. "너는 누구인가?" 예수와 대화를 나누면 나눌수록 그들은 그에 대한 무지를 더욱 절감한다. 그래서 기초적인 질문을 던진 것은 잘하였다. 물론 이 질문에는 냉소의 적잖은 함유량도 감지된다. 그러나 이 질문 자체는 지금까지 그들이 예수에 대해 안다고 생각한 모든 것들을 괄호에 집어넣는 언술이다. 그들의 질문에 예수는 "처음부터 너희에게 말하여 온 자"라고 답하신다. 예수는 했던 말을 한번도 바꾸지 않으셨고 취소하지 않으셨다. 자신에 대해 일관된 진술을 처음부터 지금까지 동일하게 전했으나 그들은 여전히 '너는 누구냐'는 질문의 문턱도 넘어가지 못하고 맴돌기만 한다. 사실 "너는 누구인가," 이 질문은 예수를 알아가는 지식의 첫단추다. 동시에 자신을 알아가는 지식의 첫단계다. '나는 누구인가' 질문은 '너는 누구인가' 질문의 이면이기 때문이다. 유일하게 죄 없는 인간의 원형이신 예수라는 "너"를 알면 누구든지 진정한 "나"를 발견할 것이기 때문이다. 이 구절에서 "처음"(ἀρχή)은 "태초"로도 번역된다. 진실로 예수는 "너희"라고 일컫는 모든 인류에게 태초부터 지금까지 그리고 지금부터 시간의 마지막 순간까지 말하시는 분이시다. 어떠한 변화도 없이 어제나 오늘이나 영원히 동일한 분이시다. 한번 밝히신 그의 정체성은 늘 동일하고 바뀌지 않기 때문에 예수는 말을 바꾸거나 반복할 필요가 없으시다.

²⁶너희에 관하여 말하고 판단할 것이 나에게 많지만
나를 보내신 분은 참되시며 그에게서 내가 들은 것들을 나는 세상에 말하노라"

예수는 유대 사람들에 대해 말하고 판단할 내용이 많으시다. 그들의 겉만이 아니라 속까지도 속속들이 아시는 분의 지적과 판단은 잘 벼린 칼날처럼 얼마나 예리할까! 게다가 지적하고 판단할 것이 많기까지 하다. 이 얼마나 무서운 선언인가! 그런데 예수는 꺼내면 어떠한 상황도 단숨에 종료시킬 카드의 귀퉁이만 슬쩍 보이셨다. "너는 누구인가" 질문으로 가진 마지막 패까지 보여주고 전략의 바닥까지 드러낸 그들에게 아직도 보여주지 않은 위력적인 카드들이 많다는 예수의 말을 들으면 어떤 기분일까? 예수는 몇 밤을 새도 다 말하지 못할 그들의 무수한 약점들과 허물들을 전부 아시지만 단 하나도 언급하지 않으신다. 본보기로 하나만 꺼내서 기선을 제압하실 법도 한데, 그는 범부와 같지 않으시다. 이는 아무리 무례하고 자신을 괴롭히는 원수라도 보복의 차원에서 그들의 치부를 드러내는 것은 아버지 하나님의 뜻이 아니었기 때문이다. 여기에서 나는 언술에 대한 예수의 위대한 자제력을 감지한다. 안다고 할지라도 하나님의 뜻이 아니라면 입도 뻥끗하지 않는 자제력은 위대한 실력이다.

예수는 그들의 질문을 존중하며 처음부터 말한 내용은 동일하고 그 말의 출처는 자신을 보내신 분이고 그분은 참되다는 사실을 재차 강조한다. 참되신 아버지 하나님이 그에게 들려주신 것 외에는 어떠한 것도 발설하지 않으신다. 무례하고 터무니 없는 낭설을 퍼뜨리며 모함하고 대드는 사람이 있으면 경건의 거인도 하나님의 보내심을 받은 이유와 목적을 망각하고 보복의 격정에 휩싸인다. 그런데 따끔하게 혼내도 될 명분이 충분하고 상대방의 취약점을 다 아심에도 불구하고 자신에게 맡겨진 진리의 내용과 분량의 경계를 넘어가지 않으시는 예수의 자제력은 진실로 대단하다. 우리는 이 대목을 본받아야 한다. 섬김의 자리에서 이탈하게 만드는 고약한 유혹들과 시험들이 주변에 즐비하다. 말려들지 않도록 때로는 무시하고 때로는 인내하며 지나가야 한다. 그것들에 조금씩 반응하다 보면 서서히 진리의 궤도 밖으로 벗어난다. 화끈한 이탈이 아니어서 인지하지 못하는 경우도 태반이다. 그래서 고도의 자제력이 더 필요하다.

²⁷그들은 그가 아버지를 가리켜 말씀하신 것을 알지 못하였다

아버지 하나님이 보내신 예수에 대한 믿음이 운명을 가른다는 명료한 이야기가 그들의 귀에는 여전히 난해했다. 이는 그들이 예수를 보내신 분과 아버지 하나님이 동일한 분이라는 사실을 인지하지 못하였기 때문이다. 하늘에 계신 아버지가 아니라 요셉이 예수의 아비라는 그들의 확신이 이러한 무지의 족쇄였다. 무지와 지식은 그렇게 공존한다.

²⁸이에 예수께서 말하셨다 "너희가 인자를 들어 올리면 그때에 너희는
내가 나인 줄 알고 또 내가 스스로는 아무것도 하지 아니하고
다만 아버지가 나에게 가르치신 대로 내가 이것들만 말하는 것도 알리라

유대 사람들의 안타까운 무지를 잘 아시는 예수는 그들에게 깨달음의 때가 올 것이라는 말씀을 건네신다. 깨달음의 내용은 두 가지인데, 먼저는 예수의 예수됨(ἐγώ εἰμι)에 대한 것이고 그 다음은 그의 가르침과 관계되어 있다. 이 두 가지는 우리가 예수에 대해 알아야 할 핵심적인 내용이다. 예수 자신은 메시아인 동시에 하나님의 아들이다. 예수의 가르침은 전부 아버지 하나님이 그에게 맡기신 말씀이다. 그는 메시아와 하나님의 아들로서 사셨으며 아버지의 말씀은 토시 하나라도 가감하지 않으셨다. 그의 몸도

맡겨진 말씀의 의미를 한 번도 벗어나지 않으셨다. 그의 존재와 삶이 모두 아버지의 말씀이다. 이러한 두 가지의 내용을 유대 사람들이 깨닫게 될 것이라고 한다. 예수를 믿지 않는 사람들도 때가 이르면 예수의 존재와 말을 알게 된다는 점에서 우리 자신을 돌아보게 된다. 우리가 누구이고 누구로서 사는지, 때가 이르면 세상 사람들이 알아본다. 우리가 하는 모든 말이 주님께서 맡기신 말씀인지 아니면 자의로 하는 인간의 말인지도 머지않아 알려진다.

예수께서 그들에게 알려지는 때는 그들이 그를 죽음의 십자가에 들어 올리는 시점이다. 죽음은 예수의 예수됨이 증거되는 특이한 방식이다. 기적을 행하여도, 하늘의 비밀한 지혜를 쏟아내도, 죽은 자를 되살려도 예수의 정체성을 이해하지 못한 자들이 비로소 예수를 알게 되는 시점이 죽음의 때라는 것은 누구도 생각하지 못한 비밀이다. 우리의 존재감도 사실 죽음으로 증명된다. 그 존재감은 죽음이 남긴 빈자리의 크기로 나타난다. 그러나 예수의 말씀에는 다른 뉘앙스가 있다. 예수는 죽으려고 오셨으며 그 죽음으로 우리의 죄를 사하시며 이러한 예수를 믿는 자들에게 생명의 빛을 주셔서 영원한 생명에 이르게 하시고 예수께서 장차 계실 곳으로 따라오게 하셨다는 의미가 내포되어 있다. 성도라는 우리의 존재감도 살고자 하면 죽고 주를 위하여 죽고자 하면 사는 원리를 따라 사망은 우리에게 역사하고 생명은 세상에 역사하는 죽음의 방식으로 증명된다. 바울은 날마다의 죽음으로 증인의 정체성을 제대로 드러냈다.

예수의 이러한 예수됨은 죽음의 때에 믿는 자에게와 믿지 아니하는 자 모두에게 확인된다. 그러나 특별히 예수의 죽음을 초래한 자들에게 확인되는 예수의 정체성은 무엇인가? 거짓이 덮으려고 한 진리이며, 불의가 자신의 정체를 숨기려고 찌른 공의이며, 십자가로 사형의 판결을 내리거나 실행하는 자들을 오히려 궁극적인 심판의 대상으로 만드는 그 심판의 주체이며, 그들에게 주어지는 영원한 죽음의 심판을 정당하게 하는 그 심판의 근거로서 확인된다.

<blockquote>
²⁹나를 보내신 분은 나와 함께 계시는데,

내가 항상 그를 기쁘시게 하는 것을 행하므로 나를 혼자 두지 않으셨다"
</blockquote>

예수는 자신을 보내신 분이 함께 하신다는 말을 반복한다. 그런데 여기에
는 하나님이 예수를 혼자 두지 않으시는 이유를 추가한다. 즉 예수는 그분
을 "항상 기쁘시게 하는 일"을 행하기 때문이다. 이는 예수의 주관적인 생
각이 아니라 객관적인 인용이다. 아버지 하나님은 예수가 세례를 받을 때
그는 "내 기뻐하는 자"라는 사실을 먼저 밝히셨다(마 3:17). 물론 예수의 말
씀에는 "항상"(πάντοτε)이라는 말이 추가되어 있다. "항상"이라는 예수의 말
에 주관성의 의혹을 제기할 수 있겠으나 하나님의 불변성 때문에 쉽게 해
소된다. "항상"이라는 말의 추가는 자신을 기쁘게 하는 아들이라 말하시는
하나님은 변함이 없으시기 때문에 그의 판단도 변함이 없고, 그런 불변적
인 판단의 근거로서 예수도 변함이 없는 분이시기 때문에 타당하다.

하나님은 예수만이 아니라 자신을 기쁘게 하는 모든 사람을 결코 혼자
두지 않으신다. 반드시 그의 곁을 지키신다. 하나님이 버리시고 떠나신 듯
한 느낌을 받는다면 불평이나 원망이 아니라 내가 예수처럼 그분을 기쁘
시게 하고 있는지를 성찰해야 한다. 그분을 기쁘시게 하지 않는다는 것은
내가 스스로 그분의 곁을 떠나는 적극적인 선택이다. 바울은 "주를 기쁘시
게 할 것이 무엇인가 시험하여 보라"(엡 5:10)고 가르치고, 자신도 "몸으로
있든지 떠나든지 주를 기쁘시게 하는 자가 되기"를 힘쓴다(고후 5:9)고 고
백한다. 바울은 복음을 증거하는 것이 하나님을 기쁘시게 하고(살전 2:4), 의
와 평강과 희락으로 주님을 섬기는 것이 또한 하나님을 기쁘시게 하는 것
이라고 한다(롬 14:17-18). 즉 복음을 증거하고 복음을 살아내는 것은 그분

을 기쁘시게 하는 첩경이다. 하나님이 그것을 기뻐하신 이유는 그분의 신적인 덕을 보기 위함이 아니라 그러한 삶이 우리에게 최고의 기쁨과 영광이기 때문이다.

30그가 이것들을 말하시니 많은 사람들이 그를 믿었더라

서기관들 및 바리새파 사람들은 예수와 육성을 섞으며 대화를 나누어도 그의 말씀을 깨닫지 못하였다. 그런데도 많은 사람들이 그의 말씀을 깨닫고 그를 믿었다고 저자는 진술한다. 진리의 저자가 진리에 대해 직강을 해도 청중이 신자와 불신자로 갈라진다. 이것을 보면, 믿음과 구원에 있어서는 설교를 듣는 것과 성경을 직접 읽는 것, 하나님의 직접적인 계시를 받는 것과 그 계시의 기록을 읽는 것, 예수와 직접 대화하는 것과 예수에 대한 기록과 대화하는 것 사이에는 차등이 없음을 확인한다. 이번에도 예수의 초자연적 능력이 일으킨 기적 때문이 아니라 진리에 대한 가르침 때문에 많은 사람들이 믿음에 이르렀다. 예수의 말과 일은 복음을 전파하는 이중적인 수단이다. 어느 하나만 인정하며 선호하고 다른 하나는 부정하며 싫어하는 것은 모두 경계해야 할 편견이다.

31예수는 자신을 믿는 유대 사람들을 향하여 말하셨다
"만약 너희가 나의 말에 거한다면 참으로 나의 제자들이 된다

예수는 믿는 유대 사람들에 대해서는 아버지 하나님과 자신의 관계만이 아니라 심화된 가르침, 즉 제자도의 비밀에 대한 설명을 더하셨다. 예수를 믿는다고 해서 그의 제자가 되는 것은 아니라고 한다. 그의 제자가 되기 위해서는 예수의 말씀에 거해야만 한다. 여기에서 말씀 안에 "거하다 혹은 머물다"(μένω)는 말은 예수께서 말씀하신 진리의 테두리를 벗어나지 않고 나의 뜻과 생각과 말과 행동이 그 안에 머문다는 것을 의미한다. 진정한 제자는 말씀 안에서, 말씀과 더불어, 말씀으로 말미암아 생각하고 계획하고 말하고 행동하는 사람이다. "머문다"는 말은 말이나 생각보다 몸의 거처를 강조한다. 몸이 말씀 안에 머무는 것은 순종이다.

예수를 믿는다고 하면서도 몸으로는 말씀의 경계를 벗어나는 자는 그의 제자가 아니며 심지어 위선적인 믿음의 소유자일 가능성도 높다. 많은 사람들이 믿어서 천국에 들어가는 것은 좋아하나 예수의 제자가 되는 것은 싫어한다. 제자 되기를 원하여도 그 방법에 무지한 사람들도 있다. 어떤 이들은 제자가 되려고 산으로, 동굴로, 사막으로 들어간다. 그러나 예수는 "참으로"(ἀληθῶς) 제자가 되기를 원한다면 말씀을 읽어야 하고, 이해해야 하고, 순종하며 그 안에 머물러야 한다고 가르친다. 그래서 예수는 "모든 족속을 제자로 삼"되 제자됨을 위해서는 "내가 너희에게 분부한 모든 것을 가르쳐 지키게 하라(διδάσκοντες τηρεῖν)"고 명하신다(마 28:19-20). 다른 방법으로 제자가 되려고 하면 필히 참된 제자도를 벗어나게 된다. 그러나 순종이 배제된 제자됨은 없다. 제자됨의 여부는 순종에 근거한다.

32그리고 너희는 진리를 알게 될 것이고 그 진리가 너희를 자유롭게 하리라"

예수의 제자가 되는 것은 강요된 것이 아니라 자발적인 일임을 설명하는 구절이다. 예수의 말씀 안에 순종의 방식으로 거하면, 누구든지 진리를 이해하게 된다. 진리에 대한 이해는 머리로 들어오지 않고 순종의 몸으로 들어온다. 몸이 동의하지 않는 진리의 깨달음은 없다. 깨달아진 진리는 깨달은 사람을 자유롭게 한다. "자유롭게 한다"(ἐλευθερόω)는 말은 어떤 속박을 전제한다. 이 속박은 유대인의 결박만이 아니라 온 인류가 무언가에 결박되어 있음을 가리킨다. 진리는 그 진리 깨닫는 모든 자들을 다양한 거짓의 속박에서 자유롭게 한다. 여기에서 거짓은 거짓의 아비인 마귀의 왕 노릇과 관계되어 있다. 마귀는 죄와 저주와 사망과 절망과 어둠의 권세로 사람들을 속이고 위협하는 방식으로 결박하고 지배하려 한다. 그러나 진리는 그 모든 속임수를 밝히 드러내고 모든 결박을 확실하게 제거한다.

자유의 규모는 측량을 불허한다. 진리는 영원하기 때문에 우리에게 영원한 자유를 선사한다. 진리는 무한하기 때문에 우리가 누리는 자유의 분량과 범위도 무한하다. 진리는 변하지 않기 때문에 자유의 반납이나 사라짐은 없다. 이 자유 때문에 우리는 모든 것이 가능하고 무엇을 행하여도 적법하다. 그러나 자신의 유익이 아니라 타인의 유익을 구하여야 하고(고전 10:24), 믿음이 연약한 자들을 실족하게 만들지 않도록 주의해야 하고(고전 8:9), 육체의 정욕을 도모하지 말고 "오직 사랑으로 서로 종 노릇" 해야 한다(갈 5:13)는 것이 진리가 제공하는 자유의 특징이다. 자유는 억지로 강요된 제자가 아니라 자발적인 제자가 기꺼이 될 가능성과 준비를 의미한다. 그 자유로 죄를 실컷, 마음껏, 진탕 저지르는 것은 스스로 자유를 버리고 결박 속으로 돌아가는 어리석은 회귀를 의미한다. 개가 그 토한 곳으로 돌아감과 일반이다.

33그들이 그에게 답하였다 "우리는 아브라함 후손이다 어떤 이에게도
종이 된 적이 없는데 어찌하여 '너희가 자유롭게 되리라'고 말하느냐?"

자유롭게 된다는 예수의 말씀은 유대인의 자존감을 건드렸다. 이에 그들은 자신들이 아브라함 후손임을 강조한다. 하나님의 택하심을 받은 거룩한 백성임을 그들은 강하게 의식하고 있다. 이토록 특별한 백성인 그들이 어떤

이에게 종이 되었다는 예수의 말씀이 그들의 심기를 불쾌하게 건드렸다. 이에 그들은 어떤 자에게도 종 된 적이 없다고 항변한다. 이는 예수의 말씀이 그들에게 필요하지 않고 적용되지 않는 것이라는 항변이다. 그들은 과연 종이 되지 않았는가? 역사적인 면에서 보더라도 그들의 조상은 300년 이상 동안 애굽에서 종이었다. 왕조시대 이후에 북 이스라엘 왕조는 기원전 722년에 망하였고 남 유다 왕조는 586년에 망하였다. 국권을 상실한 이후로 유대인은 나라를 빼앗긴 식민지의 비참한 처지에서 예수의 시대까지 결박된 인생을 살아오고 있다. 그래서 그들은 자신들을 해방시켜 줄 정치적인 메시아를 고대하고 있다. 이처럼 정치적인 면에서도 그들은 자유가 필요한 결박의 상태였다.

그럼에도 불구하고 종 된 적 없다고 그들이 주장하는 이유는 "네 형제가 가난하게 되어 네게 몸이 팔리거든 너는 그를 종으로 부리지 말고 … 그들은 내가 애굽 땅에서 인도하여 낸 내 종들이니 종으로 팔지 말 것이라"(레 25:39, 42)는 율법의 조문 때문이다. 이 조문을 따라 유대인은 자신의 몸이 타인에게 팔려도 종이 되지 않는다고 생각했다. 애굽이나 로마에 팔려도 종이 아니라는 그들의 종교적인 자존감은 대단했다. 그러나 예수께서 그들이 종 되었다고 하신 말씀의 핵심은 정치적인 문제가 아니라 죄와 관련된 영적인 문제였다.

³⁴예수께서 그들에게 답하셨다 "내가 진실로 진실로 너희에게 말하노라
죄를 범하는 모든 자는 죄의 종이다

이제 예수는 옳고도 옳은 말씀을 하시고자 "아멘"의 반복으로 유대 사람들의 경청을 촉구하며 그들의 우둔한 귀를 친히 깨우신다. 내용의 핵심은 "죄를 범하는 모든 자는 죄의 종"이라는 말씀이다. 이러한 예수의 가르침

을 따라 바울도 누구든지 어떤 이에게 순종하면 "그 순종함을 받는 자의 종"이 된다고 가르친다(롬 6:16). 여기에서 "종"이라는 말은 정치적인 식민지나 사회적인 노예의 개념과 무관하다. 죄와 관계된 영적인 신분을 가리킨다. "종"은 어떤 대상에게 순종하는 사람을 의미한다. 인간은 스스로 존재하지 않기 때문에 어떤 대상에게 순종하며 누군가의 종으로 존재한다. 이것은 피조물의 운명이다. 그런데 누구의 종이냐가 중요하다. 죄에 순종하면 죄의 종이고 진리에 순종하면 진리의 종이라고 불려진다. 진리를 알지만 순종하지 않으면 진리의 종이 아닌 것처럼, 죄도 알지만 그것에 순종하지 않으면 죄의 종이 아니라는 논리가 성립한다. 지금 예수는 유대 사람들이 죄를 안다고 말하지 않고 저지르고 있다고 말하신다. 유대인은 죄를 저지르기 때문에 죄의 종이면서 죄인이다.

누구에게 순종하며 사느냐가 소속의 관건이다. 우리는 누구의 종인가? 자신의 기호와 욕망에 순종하면 자신의 종으로 살아간다. 이는 자기가 자신의 주인으로 산다는 착각의 실상이다. 부모의 기호와 희망을 따라 행하면 부모의 종으로 살아간다. 선생의 지시를 따라 행하면 선생의 종으로 살아간다. 그러나 하나님의 말씀 즉 진리를 따라 행하면 진리의 종으로 살아간다. 진리의 종은 진정한 자유인의 다른 이름이다. 우리의 정확한 정체성은 우리의 입술이 아니라 몸에서 확인된다. 순종의 대상이 누구냐에 의해 정체성이 좌우되기 때문이다. 하나님의 종이라고 말하면서 몸으로는 자아의 종 혹은 죄의 종으로 살아가는 사람들이 많다. 물론 우리는 손 윗사람인 선생님과 부모님을 존중해야 한다. 그러나 그들의 종이 되지 않기 위해서는 그들을 존중하되 주께 하듯이 주 안에서 존중해야 한다.

35종은 집에 영원히 머무르지 못하지만 아들은 영원히 머무른다

이 구절은 진리가 우리를 자유롭게 한다는 말의 적극적인 측면을 언급한다. 죄에게 순종하여 죄의 종이 된 사람들이 죄에서 해방되는 것은 자유의 소극적인 측면이다. 적극적인 측면은 죄에서의 해방만이 아니라 하나님의 자녀로의 해방이다. 진리가 우리에게 제공하는 진정한 자유는 "~에서"의 소극적인 자유만이 아니라 "~에로"의 적극적인 자유도 포함한다. 종은 하나님의 집에 영원히 머물지 못하는 신분이다. 종에게는 상속권이 없기 때문에 집에 잠시만 머무른다. 그러나 상속권을 가진 아들은 영원히 그 집에 머무른다. 예수는 종과 아들의 권한을 비교하며 종의 비참함과 아들의 황홀함을 대조한다. 동시에 종의 비참한 신분에서 아들의 존귀한 신분으로 옮기라고 촉구한다. 죄에 대한 순종을 멈추고 진리에 대한 순종의 사람이 되라고 지도한다. 아들의 영원한 특권을 누리라고 한다. 이러한 소극적인 자유와 적극적인 자유는 오직 예수를 믿어야만 주어진다.

36그러므로 아들이 너희를 자유롭게 하면 참으로 너희가 자유롭게 되리라

해방과 자유의 열쇠는 아들에게 있다. 아들이 누구든지 자유롭게 하면 그는 어떠한 실패함도 없이 반드시 자유롭게 된다. 자유는 자유로운 자에게서 주어진다. 유일하게 자유로운 자는 하나님의 아들이다. 그는 죄가 없지만 다른 모든 피조물은 죄에 결박되어 있기 때문이다. 이렇게 저자는 예수께서 하나님의 아들 되심을 또 다시 강조한다. 어떠한 종이라도 아들을 영접하면 그에게 아들이 들어가고 종도 아들이 되고 자유롭게 된다. 이런 방식으로 자유로운 아들은 자유로운 아들로 말미암아 태어난다. "참으로"(ὄντως)는 아들로 말미암아 주어지는 자유의 확실성과 우수성과 고유성을 강조한다. 이 자유는 하나님의 아들이 죄의 결박에서 우리를 자유롭게 하면 우리는 반드시 자유롭게 되기 때문에 확실하다. 죄에서 해방되는 영혼의 자유는 다른 어떠한 자유와도 비교할 수 없도록 우수하다. 식물이나 짐승이나 인간이 아니라 하나님의 아들이 가진 자유의 크기 만큼 위대하다. 이 자유는 오직 아들에 의해서만 주어지고 다른 어떠한 자유에 의해서도 대체될 수 없기 때문에 고유하다. 그런 자유가 우리에게 주어졌다.

그 자유를 알고 느끼는가? 그것을 누리는가? 인간에게 허락된 최고의 자유가 주어져도 알거나 느끼거나 누리지 못하는 사람들이 많다. 결국 자유를 무의식 중에 상실한다. 누구에 의해서, 어떻게, 언제 빼앗기는지도 모른 채 상실한다. 어떤 이들은 스스로 그 자유를 버리고 다시 종의 신분으로 돌아간다(갈 4:9). "자유는 획득하는 것보다 간직하는 것이 더 어렵다"는 말은 사실이다. 예수를 믿는 자들에게 주어지는 신분과 특권의 위대함을 성경은 강조한다. "생명은 존귀하고 사랑은 더욱 값어치가 크지만 만일 자유를 위한 일이라면 이 둘을 던져도 괜찮다"는 어느 시인의 말도 사실이다. 그런데 성경과 온 세상이 아무리 반복해서 강조해도 성도의 대부분은 자유의 위대함과 무관하게 살아간다. 종의 멍에를 메지 않으려면 "굳건하게 서야 한다"고 바울은 가르친다(갈 5:1). 굳건하게 서는 비결은 믿음이다. 믿음은 의롭다 하심 이후에도 여전히 중요하다. 다시 태어난 이후에도 믿음으로 살아야 자유롭게 산다.

37나도 너희가 아브라함 자손인 것을 안다
그러나 나의 말이 너희 안에 있을 곳이 없으므로 너희가 나를 죽이려고 한다

예수는 문벌에 집착하는 유대인이 혈통적인 아브라함 자손임을 알고 인정한다. 그런데 예수의 말씀이 그들 안에 거할 곳이 없으므로 그들이 예수를

죽이려고 한다는 점을 지적한다. 아브라함은 분명히 그들에게 혈통적인 조상이다. 그러나 믿음의 조상은 아니었다. 예수를 죽이려는 그들의 살기는 말씀의 부재에서 비롯된다. 마음에 말씀이 머물지 않으면 그들만이 아니라 누구라도 통제되지 않는 살기가 작용한다. 그래서 시인은 죄를 범하는 방식으로 하나님의 계명을 저격하지 않도록 주의 말씀을 마음에 두었다고 한다(시 119:11). 말씀을 마음에 두는 비결은 믿음이다. 믿음으로 말미암아 예수라는 말씀은 우리의 마음에 머물기 때문이다(엡 3:17). 육체의 다양한 광기들을 제어하는 유일한 방법은 성령의 소원이 담긴 하나님의 말씀이다(갈 5:17). 좌우에 날 선 어떠한 검보다도 더 예리한 성령의 검이 마음에 들어가면 뾰족한 살기가 고개도 내밀지 못할 정도로 마음이 평정된다. 그러나 유대인은 영이요 빛이신 예수의 말씀이 그들의 마음에 없어서 예수를 죽이려는 살기에 사로잡혀 있다. 죽이려고 한다는 것은 증오의 극치를 드러낸다. 죄의 종은 자신들만 어둠 가운데서 멸망하지 않고 어둠의 승리를 위해 예수라는 빛을 없애려는 적극적인 파멸까지 도모한다.

> 38나는 내 아버지에게서 본 것을 말하고
> 너희는 너희 아비에게서 들은 것을 행한다"

예수와 유대인의 적대적인 관계는 아버지의 차이에서 비롯된다. 예수의 아버지는 성부이고, 유대인의 아버지는 마귀이다. 예수는 성부께서 보여주신 것을 말하셨고, 유대인은 마귀가 말한 것을 행하였다. "말하다"(λαλέω)와 "행하다"(ποιέω)가 또한 대비된다. 예수는 말씀으로 아버지의 뜻을 이루며 일하신다. 그러나 유대인은 그 말씀을 믿어서 마음에 두려고 하지 않고 그래서 마음으로 하나님을 경외하지 않으면서 율법의 형식적인 순종에 집착한다. 나아가 행동으로 마귀의 뜻을 성취하려 한다. 예수께는 말하는 것 자체가 구원의 사역이다. 그런 말씀의 신앙적인 수용을 율법의 행위로 거부하는 것은 구원의 사역을 거부하는 것과 동일하다. 유대인의 마음에 예수의 말씀이 없다는 것은 그들에게 구원이 없다는 말이기도 하다. 자신들만 구원을 받지 못하는 것이 아니라 구원의 사역을 이루시는 예수를 죽이려고 한다. 구원의 씨를 말리려는 마귀의 일에 그들은 너무도 충실하다. 그러나 그들은 자신들이 마귀의 일을 수행하고 있다는 사실에 대해 심각하게 무지하다. 무의식 중에 무언가를 듣고 죄를 저지른다. 그래서 예수는 자신을 죽음의 십자가로 내몬 유대인의 행실에 대해 "자기들이 하는 것을 알지 못"하기 때문에 "저들을 사하여" 달라는 용서의 간구를 아버지께 올리셨다(눅 23:34). 우리도 오늘날 교회를 핍박하는 사람들이 모르고 저지르는 죄에 대해 고통과 억울함 속에서도 용서를 구하는 자세를 취하여 예수의 발자취를 따르는 것이 마땅하다. 이것은 어떠한 고통과 억울함도 우리를 결박하지 못하는 진정한 자유인의 모습이다.

요 8:39-47

³⁹대답하여 이르되 우리 아버지는 아브라함이라 하니 예수께서 이르시되 너희가 아브라함의 자손이면 아브라함이 행한 일들을 할 것이거늘 ⁴⁰지금 하나님께 들은 진리를 너희에게 말한 사람인 나를 죽이려 하는도다 아브라함은 이렇게 하지 아니하였느니라 ⁴¹너희는 너희 아비가 행한 일들을 하는도다 대답하되 우리가 음란한 데서 나지 아니하였고 아버지는 한 분뿐이시니 곧 하나님이시로다 ⁴²예수께서 이르시되 하나님이 너희 아버지였으면 너희가 나를 사랑하였으리니 이는 내가 하나님께로부터 나와서 왔음이라 나는 스스로 온 것이 아니요 아버지께서 나를 보내신 것이니라 ⁴³어찌하여 내 말을 깨닫지 못하느냐 이는 내 말을 들을 줄 알지 못함이로다 ⁴⁴너희는 너희 아비 마귀에게서 났으니 너희 아비의 욕심대로 너희도 행하고자 하느니라 그는 처음부터 살인한 자요 진리가 그 속에 없으므로 진리에 서지 못하고 거짓을 말할 때마다 제 것으로 말하나니 이는 그가 거짓말쟁이요 거짓의 아비가 되었음이라 ⁴⁵내가 진리를 말하므로 너희가 나를 믿지 아니하는도다 ⁴⁶너희 중에 누가 나를 죄로 책잡겠느냐 내가 진리를 말하는데도 어찌하여 나를 믿지 아니하느냐 ⁴⁷하나님께 속한 자는 하나님의 말씀을 듣나니 너희가 듣지 아니함은 하나님께 속하지 아니하였음이로다

❖　❖　❖

³⁹그들이 그에게 대답하며 말하였다 "우리의 아버지는 아브라함이다" 예수께서 그들에게 말하셨다 "너희가 아브라함 자손이면 아브라함 일들을 수행해야 했다 ⁴⁰그런데 지금 너희는 하나님께 들은 진리를 너희에게 말한 사람인 나를 죽이려고 한다 아브라함은 이렇게 하지 아니했다 ⁴¹너희는 너희 아버지의 일들을 수행한다" 그들이 그에게 말하였다 "우리는 매음에서 나지 않았으며 하나님이 우리에게 하나의 아버지로 계시니라" ⁴²예수께서 그들에게 말하셨다 "만약 하나님이 너희의 아버지라 한다면 너희가 나를 사랑했다 이는 내가 하나님으로부터 나서 왔기 때문이다 이는 내가 스스로 온 것이 아니라 그가 나를 보내셨기 때문이다 ⁴³어찌하여 너희는 내 말을 이해하지 못하느냐 이는 너희가 내 말을 들을 수 없기 때문이다 ⁴⁴너희는 [너] 아버지 마귀에게 속하였고 너희 아버지의 욕망을 너희도 행하고자 한다 그는 처음부터 살인자요 진리가 그 속에 없으므로 진리 안에 서지 못하며 그가 거짓을 말할 때마다 자신의 것으로 말하는데 이는 그가 거짓말쟁이요 그[런 자]의 아비이기 때문이다 ⁴⁵그런데 내가 진리를 말하므로 너희는 나를 믿지 아니한다 ⁴⁶너희 중에 누가 나를 죄에 관하여 책잡느냐? 내가 진리를 말한다면 어찌하여 너희는 나를 믿지 않느냐? ⁴⁷하나님께 속한 자는 하나님의 말씀을 경청한다 이로 보건대 너희가 듣지 아니함은 하나님께 속하지 아니하기 때문이다"

욕망의 근원

세상에 태어나는 모든 사람에게 부모에 대한 선택권은 없다. 자유로운 의지의 선택이 없기 때문에 모든 사람에게 부모는 정해진다. 혈통적인 부모의 경우에는 그러하다. 그러나 영적인 부모의 경우에는 선택권이 주어진다. 물론 하나님 편에서는 영원 전부터 정해져 있어서 인간이 임의로 변경하는 것은 결코 가능하지 않다. 그럼에도 불구하고 인간 편에서는 선택이 가능하다. 모든 사람은 예수를 구주로 믿고 하나님을 자신의 아버지로 삼을 것인지, 아니면 마귀를 자신의 아비로 삼을 것인지를 선택해야 한다. 유대인은 자신들을 혈통적인 조상인 아브라함 자손으로 여기며 하나님을 아버지로 삼는다고 주장한다. 그러면서 예수를 배척한다. 이에 예수는 그들의 아비가 마귀라고 말하시며 마귀의 욕망을 행하고자 한다고, 그래서 자신을 죽이려고 한다는 진단을 내리신다. 아버지가 다르면 운명도 달라진다. 우리가 행하려는 욕망의 아버지는 누구인가? 우리가 행하려는 욕망이 누구의 것인지를 파악하면 확인된다.

³⁹그들이 그에게 대답하며 말하였다 "우리의 아버지는 아브라함이다" 예수께서 그들에게 말하셨다 "너희가 아브라함 자손이면 아브라함 일들을 수행해야 했다

유대인과 예수의 대화가 이어진다. 아버지 이야기가 나오자 유대 사람들은 죄나 거짓이나 마귀가 아니라 아브라함이 자신들의 아비라는 카드를 다시 사용한다. 이것은 예수도 동의한 내용이다. 그러나 아버지에 대한 그들의 개념은 여전히 혈통적인 수준이고 예수의 수긍도 혈통적인 차원의 동의였다. 이에 예수는 아버지의 올바른 개념, 즉 누군가를 아버지로 부르는 아들이 되기 위해서는 아버지의 일을 아들도 행해야 한다는 개념을 도입한다. 이런 실천의 개념으로 보면, 유대인은 아브라함 자식이 아니었다. 이는 그들이 아브라함 일들을 행하지 않았기 때문이다. 여기에서 우리는 아버지와 자식의 합당한 관계가 뜻과 일의 계승에 근거하고 있음을 확인한다. 이는 예수를 믿는 자에게도 적용된다. 신자가 하나님의 자녀라고 주장하기 위해서도 아버지의 뜻과 일을 계승해야 한다. 하나님의 아들 예수는 아버지의 뜻 이루는 일을 양식으로 여기며 밥 먹듯이 행하셨다. 그의 모든 말들과 일들은 전적으로 아버지의 것이었다. 우리는 어떠한가?

⁴⁰그런데 지금 너희는 하나님께 들은 진리를
너희에게 말한 사람인 나를 죽이려고 한다 아브라함은 이렇게 하지 아니했다

유대인이 아브라함 자녀라면 그들이 계승해야 할 아브라함의 "일들"(τὰ ἔργα)은 무엇인가? 창세기에 기록되어 있다. "너는 내 앞에서 행하여 완전하라"(창 17:1). 즉 여호와의 면전에서 온전하게 되는 것이 아브라함의 일들이다. "온전함"(תָּמִים)의 다른 말은 "흠 없음"이다. 이것은 에베소서 1장에 언급된 하나님의 섭리가 지향하는 목적과 결부되어 있다. 창세 전부터 하나님이

정하신 섭리의 방향은 택자들의 거룩함과 흠 없음이다(엡 1:4). 그런데 하나님이 보시기에 온전하게 되는 흠 없음의 비결은 "사랑 안에서"만 가능하다. 그 사랑은 그리스도 예수의 죽음으로 말미암아 확증된 하나님의 사랑이다. 그래서 택자들의 거룩함과 흠 없음은 오직 그리스도 안에서만 성취되는 완전이다. 그런데 유대인은 오히려 그 예수를 죽이고자 한다. 아브라함의 일들을 행하지는 않고 오히려 망치려고 한다. 그 일들을 계승하고 이루기 위해서는 "하나님께 들은 진리"를 선포해야 한다. 그런데 그 진리를 선포하는 예수를 죽이려고 하니 어찌 아브라함 자식이라 할 수 있겠는가!

41너희는 너희 아버지의 일들을 수행한다" 그들이 그에게 말하였다
"우리는 매음에서 나지 않았으며 하나님이 우리에게 하나의 아버지로 계시니라"

예수는 유대인을 향해 "너희는 너희 아버지의 일들을 행한다"는 그들의 현실을 지적한다. 예수를 죽이려는 일이 그들의 아버지 일이라면 그들의 아버지는 과연 누구인가? 요한은 예수가 태어나면 죽이려고 벼루던 자를 용, 즉 "온 천하를 꾀는" 마귀라고 적시한다(계 12:4, 9). 예수를 보내신 하나님 아버지일 리가 없다는 건 상식이다. 즉 예수의 지적은 그들이 다른 아버지의 자식임을 암시한다. 자녀가 아버지의 일들을 계승하는 것은 필연이다. 그래서 자녀들이 행하는 일들을 보면 그들의 아버지가 누구인지 파악된다. 우리가 행하는 모든 일들을 보면 우리의 아버지도 누구인지 알게 된다는 것은 대단히 무서운 사실이다. 이는 우리가 하나님의 자녀라는 영적인 신분을 가졌지만 그분의 일을 행하지 않아서 하나님의 자녀답지 않다는 말과는 다른 개념이기 때문이다. 우리의 모든 행실은 우리의 진짜 아버지가 누구임을 알려주는 생생한 증언이다. 과연 그 증언의 결론은 무엇인가? 우리의 행실들을 볼 때 하나님의 자녀라는 우리의 신분은 과연 안전한가?

유대인은 예수의 지적에 즉각 반응한다. 그런데 반응이 특이하다. 먼저 자신들은 매음에서 출생하지 않았음을 강조한다. 이는 자신들이 불법적인 성적 관계의 결과물이 아니라는 주장이다. 아마도 민족적인 음행으로 말미암아 이방인의 피가 섞인 사마리아 사람을 염두에 둔 발언일 가능성이 높다. 그들은 불결한 사람의 자식만이 아니라 영적인 불륜의 자식도 아니라고 주장한다. 즉 그들은 이방의 이상한 신이 아니라 하나님을 자신들의 아버지로 규정한다. 여기에서 나는 음란한 자식이 아니라는 그들의 과도한 부정을 주목한다. 때때로 과도한 부정은 은밀한 긍정이다. "매음"(πορνεία)은 유대인의 뇌리에 호세아의 글귀를 떠올린다. 그 글귀는 "음란한 여자를 맞이하여 음란한 자식들을 낳으라"는 하나님의 명령이다(호 1:2). 이 명령의 이유는 여호와를 떠난 이스라엘 백성의 심각한 음란함 때문이다. 지금의 유대인은 이런 기억에 맞서 과거의 조상들이 여호와께 저지른 배신과 음행을 반복하고 있다는 고약한 의식을 애써 흩으려고 한다. 조상과는 달리 자기들은 음란한 신이 아니라 하나님을 아버지로 여기며 그 아버지의 일들을 행하고 있다는 자기최면을 시도한다.

> 42예수께서 그들에게 말하셨다 "만약 하나님이 너희의 아버지라 한다면
> 너희가 나를 사랑했다 이는 내가 하나님으로부터 나서 왔기 때문이다
> 이는 내가 스스로 온 것이 아니라 그가 나를 보내셨기 때문이다

유대인의 어설픈 시도를 예수는 쉽게 허무신다. 그는 아버지가 같다면 유대인과 자신은 형제의 관계여야 하고 형제들은 서로를 사랑해야 한다는, 누구나 공감하는 보편적인 반론을 펼치신다. 요한은 서신에서 예수의 이 말씀에 근거하여 "낳으신 이를 사랑하는 자마다 그에게서 난 자를 사랑"하는 법이라고 주장한다(요일 5:1). 그런데 유대인은 예수를 사랑하지 않고 죽

이려고 하기 때문에 아버지가 같을 수 없다는 결론과 유대인과 예수 중에 하나는 하나님의 자녀가 아니라는 결론이 동시에 도출된다. 가인과 아벨, 에서와 야곱, 예수와 형제들을 보라. 혈통적인 부모가 같지만 서로 사랑하지 않고 대립하는 것은 영적인 부모가 다르기 때문이다.

예수는 자신이 스스로 오지 않았고 하나님의 낳으심과 보내심(ἐξῆλθον καὶ ἥκω)을 받았다는 설명을 더하신다. 이 설명은 유대인이 하나님의 자녀가 아니라는 점을 강조한다. 출생과 파견은 구별해야 한다. 출생은 존재와 관계하고 파견은 사역과 관계한다. 신학적인 용어로 표현하면, 예수의 출생은 성부로 말미암은 행위(actus)이고 예수의 파견은 성부와 성자와 성령 모두로 말미암은 하나님의 공통적인 사역(opus)이다. 여기에서 우리는 마리아의 정체성과 역할을 생각해야 한다. 마리아는 하나님의 아들을 존재하게 만든 사람이 아니라 그 아들이 파견되는 도구로 쓰임을 받은 "주의 여종"이다(눅 1:38). 물론 마리아는 예수의 생물학적 어머니가 맞다(행 1:14). 그러나 마리아에 대한 예수 자신의 평가를 더 주목해야 한다. "누구든지 하늘에 계신 내 아버지의 뜻대로 하는 자가 내 형제요 자매요 어머니라"(마 12:50). 이는 예수께서 마리아가 그의 어머니가 아니라고 부정하신 말은 아니었다. 그러나 어머니와 동생들을 언급하실 때에 예수의 손은 제자들을 가리켰다(마 12:49). 그러므로 마리아를 대하는 예수의 태도에 근거하여 우리도 마리아를 하나님의 어머니 혹은 성자를 존재하게 만든 사람인 것처럼 신과 동급으로 여기는 우를 범하지 않도록 주의해야 한다.

43어찌하여 너희는 내 말을 이해하지 못하느냐
이는 너희가 내 말을 들을 수 없기 때문이다

아버지가 같다면 아버지의 보내심을 받아서 그의 뜻을 전파하는 예수의 모

든 말씀을 이해해야 한다. 그런데 유대인은 예수의 모든 말씀이 외계어를 듣는 것처럼 생소하다. 예수의 말씀에 대한 유대인의 무지는 무엇 때문일까? 어떤 사람은 게으름이 무지의 뿌리라고 한다. 무지는 충분히 읽고 분석하며 확인하는 과정이 귀찮아서 생략하고 그냥 자신의 어설픈 정보와 타협한 결과라는 이야기다. 어떤 사람은 무관심이 무지의 아비라고 한다. 진리나 정의나 공정에 관심이 없으면 그것들에 대해 의식이나 에너지나 시간을 할애하지 않기 때문에 무지하게 된다. 자료의 부족도 무지의 원인이다. 나아가 올바른 지식에 박수를 보내지 않고 귀에만 달달한 정보에 열광하는 사회적인 분위기도 무지의 한 원인이다. 그러나 예수의 설명에 의하면, 유대인이 그의 말씀을 이해하지 못하는 이유는 그들이 들을 수 없기 때문이다.

"들을 수 없다"(οὐ δύνασθε ἀκούειν)는 것은 마치 유대인 자신에게 책임이 없다는 말로 들리기가 쉽다. 그러나 불가피한 무지라고 핑계할 수 없는 이유는 그 무지의 원인이 그들에게 있으며 당연히 무지의 책임도 그들에게 있기 때문이다. 예수께서 강조하는 무지의 원인은 그들의 의지와 능력과 본성과 소속이다. 첫째, 유대인은 예수의 말씀을 알려는 의지가 없고 오히려 그의 말씀을 때로는 침묵으로 때로는 폭력으로 매장하려 한다. 둘째, 진리는 그 진리가 다가오지 않으면, 진리의 초대를 받지 않으면, 그 누구도 그 가운데로 나아갈 수 없는 신비로운 도원이기 때문이다. 지성의 팔뚝이 아무리 굵은 사람도 진리가 열어주지 않으면 들어갈 수 없는 비밀한 정원이다. 그러므로 진리를 앎에 있어서 인간은 전적으로 무능하다. 셋째, 유대인을 포함한 모든 인간의 본성은 죄로 말미암아 심각하게 망가져서 진리가 주어져도 진리로 알아보는 안목이 없기 때문이다. 넷째, 이어지는 구절에서 확인되는 것처럼, 소속이 다르기 때문이다.

⁴⁴너희는 [너희] 아버지 마귀에게 속하였고 너희 아버지의 욕망을 너희도 행하고자 한다 그는 처음부터 살인자요 진리가 그 속에 없으므로 진리 안에 서지 못하며 그가 거짓을 말할 때마다 자신의 것으로 말하는데 이는 그가 거짓말쟁이요 그[런 자]의 아비이기 때문이다

예수의 말씀을 들을 수 없어서 이해하지 못하는 유대인의 소속은 무엇인가? 그들의 "아버지 마귀"가 그들의 소속이다. 예전에 예수는 열 둘 중에 하나가 마귀라는 섬뜩한 말씀을 뱉으셨다(요 6:70). 이번에 하신 마귀 발언도 섬뜩함의 수위가 비슷하다. 이 사실에 대한 운을 예수는 앞에서 이미 띄우셨다. 그런데 그의 직언을 들은 지금은 유대인의 심기가 어떠할까? 예수의 섬뜩한 직언은 유대인이 처음에는 아브라함 자손이라 하다가 이제는 하나님을 그들의 아비라며 주장의 수위를 높였기 때문에 쏟아졌다. 동시에 마귀라는 유대인의 은밀한 소속을 밝힌 예수의 의도는 말씀을 거부하고 들을 수도 없고 이해할 수도 없게 만드는 그들의 기호가 소속에서 비롯임을 지적하기 위함이다.

소속이 바뀌면 기호가 달라진다. 특정한 학교에 속하면 애교심이 생기고, 어느 나라의 국적을 취득하면 애국심이 발동한다. 소속감이 일으키는 묘한 최면이다. 어떤 사람이 마귀에게 속하면 마귀의 욕망이 그를 장악한다. 진리에 대한 입맛은 떨어지고 고당도의 말씀도 쓴 쑥처럼 느껴진다. 그래서 지금 유대인은 그들의 아버지 마귀의 어두운 "욕망을 행하고자 한다." 역으로 보면, 행위의 욕구는 소속의 물증이다. 우리가 마귀의 욕망을 행하고자 한다면 마귀는 우리의 아비이고 우리의 소속이다. 이러한 혐의에 대해 누가 항변할 수 있겠는가!

일부의 유대인이 속한 마귀는 누구인가? 예수의 설명에 따르면 그는 "처음부터 살인자"다. 여기에서 "처음"(ἀρχή)은 "태초"를 의미한다. 마귀를 태초의 살인자로 규정하는 이유는 그가 아담과 하와로 하여금 거역하면 반

드시 죽게 될 하나님의 명령을 교묘한 속임수로 거역하게 만들었기 때문이다. 마귀는 처음 "부터"(ἀπό) 살인한 존재라는 말은 지금도 그 살인은 진행되고 있음을 의미한다. 마귀의 속임수로 말미암은 아담과 하와의 타락으로 인해 사망은 세상에 들어왔고 온 인류에게 임하였다. 그래서 마귀는 태초부터 지금까지 이 세상에서 일어났고 일어나는 그리고 앞으로도 일어날 모든 죽음의 원흉이다. 그러므로 인류의 모든 죽음은 마귀의 소행이다. 항구적인 살인자 마귀의 욕망은 살인이다. 유대인은 그들의 아버지인 마귀의 그 "욕망을 행하고자 한다." 그래서 예수를 죽이려고 한다. 생명을 제거할 욕망에 사로잡혀 있는 사람은 마귀의 자식이다. 십계명의 "살인하지 말라"는 계명은 마귀의 자식이 되지 말라는 명령이다. 이 보편적인 계명이 모든 인간에게 주어진 것은 또한 살인의 욕구가 일부가 아니라 모든 사람에게 있다는 반증이다.

살인의 도구는 거짓이다. 사실 마귀는 거짓만 사용한다. 입만 열면 거짓이다. 왜냐하면 "진리가 그 속에 없"기 때문이다. 마귀는 존재 자체가 자기 안에 한 조각의 진리도 없는, 자국 하나도 없는 날 것 그대로의 거짓이다. 진리 안에 한 순간도 서 있지 못하는 거짓이다. 여기에서 우리는 마귀에게 속하지 않고 결별하는 비법을 발견한다. 진리 안에 거함이다. 진리는 마귀의 머리카락 하나도 들어오지 못하는 성역이기 때문이다. 반대로 마귀에게 속하고 마귀와 섞이는 원인도 확인한다. 그 원인은 거짓 안에 머묾이다. 거짓은 마귀의 구역이기 때문이다. 그 거짓은 다른 누구의 것이 아니라 마귀 "자신의 것"(τῶν ἰδίων)이라고 한다. 거짓의 소유권과 경영권은 오직 마귀에게 있다. 그래서 거짓과 결탁하기 이전에 마귀와의 결탁이 선행한다. 인간은 자신의 거짓이 아니라 마귀의 거짓을 가지고 거짓말을 한다. 이는 마치 내가 원하지 않는 악을 행하면 내가 아니요 내 안에 있는 죄가 저지른 것이라고 한 바울의 말과 흡사하다(롬 7:20). 내 거짓말은 내가 아니요 내 안에 있는 거짓이 저지른다.

인간이 사용하는 모든 거짓은 인간의 것이 아니라 마귀의 것이기 때문에 사용의 대가를 지불해야 한다. 거짓의 사용료가 자신에 대해서는 자살이고 타인에 대해서는 살인이다. 거짓의 칼끝은 언제나 사용하는 자와 그 거짓을 진실로 간주하는 자의 영혼으로 들어가기 때문이다. 거짓이 감정에 들어가면 증오라는 살인을 저지르고, 지성에 들어가면 오해라는 살인의 동기가 생기고, 의지에 들어가면 불의라는 살인의 흉기가 마련된다. 자신도 죽이고 타인도 죽이는 끔찍한 비용을 내는데도 사람들은 영혼을 베는 거짓을 아무런 거리낌도 없이 사용한다. 거짓의 소유자인 마귀는 뒷주머니 속에 무수한 죽음들을 챙기면서 거짓을 마음껏 대여한다. 예수는 마귀가 스스로 거짓을 말하는 거짓말의 원조인 동시에 거짓을 말하는 모든 자들의 "아비"라고 여기신다. 생명의 원수인 동시에 진리의 원수이고, 살인자의 아비인 동시에 사기꾼의 아비이다. 그러므로 누군가를 없애려는 살인의 욕망을 행하려는 사람만이 아니라 거짓의 욕망을 행하려는 모든 사람도 마귀의 자식으로 분류된다. 이처럼 유대인은 살인과 거짓의 아비인 마귀에게 속하였기 때문에 예수의 말씀을 이해할 수 없고 들을 수조차도 없다. 나아가 그의 생명과 진리를 죽이려고 한다. 이처럼 의지와 능력과 본성만이 아니라 소속도 진리의 듣기와 이해를 좌우한다.

⁴⁵그런데 내가 진리를 말하므로 너희는 나를 믿지 아니한다

마귀는 거짓을 말하고 예수는 진리를 말하신다. 그런데 유대인은 예수의 진리를 거부하고 마귀의 거짓을 신뢰한다. 이유는 예수께서 진리를 말하시기 "때문이다"(ὅτι). 원래 진리는 만인에게 신뢰의 근원이다. 누군가를 신뢰하는 이유는 그가 진실을 말하기 때문이다. 그런데 유대인은 청개구리 같다. 예수께서 진리를 말하기 때문에 그들은 그를 불신한다. 심지어 진리 자체이며

그 진리의 증거자인 예수를 죽이려고 한다. 이러한 청개구리 습성은 아담과 하와가 마귀의 거짓을 선택한 이후로 모든 사람에게 잠재되어 있다. 유대인은 자신들의 조상을 본받았다. 구약에서 시인은 "선보다 악을 사랑하며 의를 말함보다 거짓을 사랑하는" 포악한 자가 있음을 고발한다(시 52:3). 어떤 시인은 유대인의 조상이 하나님을 "배반하고 거짓을 행하여 속이는 활" 같다고 탄식한다(시 78:57). 어떤 시인은 거짓에 대한 일그러진 애착을 온 인류에게 확대한다. 이는 인생들이 하나님의 "영광을 바꾸어 욕되게 하며 헛된 일을 좋아하고 거짓을" 추구하기 때문이다(시 4:2). 진리를 말해도 거부를 당하는 것은 예나 지금이나 동일하다. 사람들이 나의 진실에 고개를 저으며 배척하고 제거하려 할 때에 이상한 일 당하는 것처럼 생각하지 말라.

46너희 중에 누가 나를 죄에 관하여 책잡느냐?
내가 진리를 말한다면 어찌하여 너희는 나를 믿지 않느냐?

예수는 만약 자신이 진리를 말하지 않았다면 "어디 나에게서 한번 죄의 꼬투리를 잡아 보라"고 말하신다. 어떠한 죄와 거짓도 없기 때문에 예수의 태도는 당당하다. 자신이 모든 것에 대하여 무죄라는 변론의 자신감이 돋보이는 장면이다. 이 세상의 모든 논객들이 집단으로 대들어도 능히 꺾으실 기색이다. 그런데도 유대인은 그를 거부하며 불신한다. 진리와 불신의 조합은 논리적인 설명이 불가해서 참으로 답답하다. 바울은 자신의 세대에 현자나 학자나 변론가가 없다고 단언한다(고전 1:20). 이는 주께서 지혜로운 자들의 지혜와 총명한 자들의 총명을 폐하시기 때문이다(고전 1:19). 그래서 복음을 증거할 때에 말의 지혜와 현란함은 필요하지 않다. 오히려 주님은 "전도의 미련한 것"으로 믿는 자들이 구원에 이르기를 원하신다.

이 세상에는 예수를 당해낼 변론가가 없다. 그래서 복음이 전파되고 예수를 믿고 구원에 이르는 사람들이 어떠한 상황 속에서도 이상하게 늘어난다. 우리는 과연 주님처럼 우리를 책잡아 보라고 당당하게 말할 수 있는 사람인가? 바울은 "내가 자책할 아무것도 깨닫지 못"한다고 진술한다(고전 4:4). 물론 그를 판단하신 분은 주님이기 때문에 자책할 것이 없다는 사실로 말미암아 의롭다 함을 얻지는 못한다고 한다. 하지만 바울은 자신에 대해 떳떳하다. 그러나 지금 교계를 보면 목회자가 책잡힐 일들이 여기저기 수북하다. 이미 다양한 약점들이 잡혀서 명백한 불의와 거짓 앞에서도 몸을 사리며 침묵한다. 자신을 책잡을 사람이 세상에 하나도 없을 정도로 진실하신 예수를 우리는 닮아가야 한다. 우리의 어두운 본색을 알고 매몰차게 거부하며 저항해야 한다. 지독한 옛사람이 벗겨질 때까지 치열하게 탈피해야 한다. 주께서 보이신 것처럼 "어디 한번 책잡아 보라"고 당당하게 말할 수 있을 수준까지 이르러야 한다.

47하나님께 속한 자는 하나님의 말씀을 경청한다 이로 보건대
너희가 듣지 아니함은 하나님께 속하지 아니하기 때문이다"

예수는 소속과 경청의 유기적인 관계를 다시 강조한다. 즉 "하나님께 속한 자는 하나님의 말씀을 경청한다." 예수의 입에서 나오는 것은 하나님의 말씀이다. 그러나 우리는 기회만 되면 거짓을 게워낸다. 말에서 향기가 아니라 악취가 진동한다. 그러나 예수의 입에서는 지극히 달콤하고 아름다운 생명의 언어가 늘 출고를 기다린다. 그러나 하나님께 속하지 않은 자는 그런 생명의 말씀도 거부하고 불신한다. 유대인이 예수의 말씀을 경청하지 않는 이유는 말의 진위가 아니라 그들의 소속이 달랐기 때문이다. 즉 그들이 하나님께 속하지 않았기 때문이다. 우회로가 없는 예수의 직언이다. 칼뱅의 지적처럼, 여기에서 우리는 말씀에 대한 불신이 유기자의 결정적인 증거라는 사실과 말씀에 대한 신뢰는 택자의 확고한 증거라는 사실을 확인한다.

요 8:48-59

48유대인들이 대답하여 이르되 우리가 너를 사마리아 사람이라 또는 귀신이 들렸다 하는 말이 옳지 아니하냐 **49**예수께서 대답하시되 나는 귀신 들린 것이 아니라 오직 내 아버지를 공경함이거늘 너희가 나를 무시하는도다 **50**나는 내 영광을 구하지 아니하나 구하고 판단하시는 이가 계시니라 **51**진실로 진실로 너희에게 이르노니 사람이 내 말을 지키면 영원히 죽음을 보지 아니하리라 **52**유대인들이 이르되 지금 네가 귀신 들린 줄을 아노라 아브라함과 선지자들도 죽었거늘 네 말은 사람이 내 말을 지키면 영원히 죽음을 맛보지 아니하리라 하니 **53**너는 이미 죽은 우리 조상 아브라함보다 크냐 또 선지자들도 죽었거늘 너는 너를 누구라 하느냐 **54**예수께서 대답하시되 내가 내게 영광을 돌리면 내 영광이 아무 것도 아니거니와 내게 영광을 돌리시는 이는 내 아버지시니 곧 너희가 너희 하나님이라 칭하는 그이시라 **55**너희는 그를 알지 못하되 나는 아노니 만일 내가 알지 못한다 하면 나도 너희 같이 거짓말쟁이가 되리라 나는 그를 알고 또 그의 말씀을 지키노라 **56**너희 조상 아브라함은 나의 때 볼 것을 즐거워하다가 보고 기뻐하였느니라 **57**유대인들이 이르되 네가 아직 오십 세도 못되었는데 아브라함을 보았느냐 **58**예수께서 이르시되 진실로 진실로 너희에게 이르노니 아브라함이 나기 전부터 내가 있느니라 하시니 **59**그들이 돌을 들어 치려 하거늘 예수께서 숨어 성전에서 나가시니라

❖ ❖ ❖

48유대 사람들이 그에게 대답하며 말하였다 "너는 사마리아 사람이고 귀신이 들렸다고 우리가 올바르게 말하지 않느냐?" **49**예수께서 답하셨다 "나는 귀신 들리지 않았으며 내 아버지를 공경한다 그런데 너희는 나를 무시한다 **50**나는 내 영광을 추구하지 아니한다 추구하고 판단하는 분이 계신다 **51**내가 진실로 진실로 너희에게 말하노라 만약 누군가가 내 말을 준행하면 그는 영원히 죽음을 보지 않으리라" **52**유대 사람들이 그에게 말하였다 "지금 우리는 네가 귀신 들린 줄을 확인한다 [이는] 아브라함과 선지자들도 죽었는데 너는 '만약 누군가가 내 말을 준행하면 그는 죽음을 영원히 결코 맛보지 않을 것이라'고 말하기 [때문이다] **53**너는 죽은 우리의 조상 아브라함보다 크냐? 또 선지자들도 죽었는데 너는 네 자신을 누구로 만드느냐?" **54**예수께서 답하셨다 "만약 내가 나 자신을 영화롭게 한다면 내 영광은 아무것도 아니다 [그러나] 나를 영화롭게 하시는 분은 내 아버지다 그는 너희가 너희 하나님[인 것처럼] 말하는 그분이다 **55**너희는 그분을 모르지만 나는 그분을 안다 만약에 내가 그를 알지 못한다고 말한다면 나도 너희처럼 거짓말쟁이가 되리라 나는 그를 알고 그의 말씀을 준행한다 **56**너희 조상 아브라함은 나의 때 보기를 크게 설레었고 보았으며 기뻐했다" **57**이에 유대 사람들이 그를 향하여 말하였다 "네가 아직 오십 세도 되지 않았는데 아브라함을 보았느냐?" **58**예수께서 그들에게 말하셨다 "내가 진실로 진실로 너희에게 말하노라 아브라함 태어나기 이전에도 내가 있느니라" **59**이에 그들이 돌을 들어 그에게 던지려고 했다 그러나 예수는 숨으셨고 성전에서 나가셨다

28 　　　　　　　　　　　　　　　　예수의 논증

유대인은 예수를 사마리아 사람으로, 귀신 들린 사람으로 매도한다. 그리고 귀신 들렸다는 유대인의 경멸적인 주장에 대한 예수의 반박이 이어진다. 귀신 들린 사람은 하나님의 영광이 아니라 자신의 영광을 추구한다. 그러나 예수는 하나님의 영광을 추구한다. 자신에게 주어진 모든 사람들이 자신을 믿고 죽음을 영원히 보지 않게 만드는 방식으로 추구한다. 그런데 이 말은 유대인의 논법에서 귀신 들렸다는 주장의 결정적인 단서로 새롭게 활용된다. 그러나 그들의 의도와는 달리 자신의 인간적인 무지와 한계만 드러낸다. 그들은 예수와 아브라함 사이를 비교하며 존재의 크기와 길이에 근거하여 믿음의 조상이 자신을 보았다는 예수의 주장을 반박한다. 인간의 상식에 기초한 이 반박은 더 깊은 진리를 퍼올리는 두레박이 된다. 예수의 논증은 특이하다. 예수께서 하나님의 아들 되심은 점점 드러나고 동시에 인간의 어리석은 생각과 판단도 더욱 더 드러난다. 이는 예수를 아는 지식과 인간을 아는 지식이 씨줄과 날줄을 이루며 복음을 직조하는 기발한 논증이다. 그러나 이런 예수의 거룩한 논증에 유대인은 돌을 던지려고 한다. 본문에서 나는 가시적인 세계의 불완전한 지식을 붙들려고 하나님의 영원한 진리를 포기하는 어리석은 인간의 교만을 목격한다.

⁴⁸유대 사람들이 그에게 대답하며 말하였다
"너는 사마리아 사람이고 귀신이 들렸다고 우리가 올바르게 말하지 않느냐?"

유대인은 하나님을 자신들의 아비라고 했기 때문에 그것을 증명하는 방식으로 예수의 주장을 반박해야 했다. 그러나 그들은 비열하게 예수의 인신을 공격한다. 엉뚱한 카드를 사용한다. 예수를 사마리아 사람으로 규정하며 출신을 조작한다. 그러나 예수는 베들레헴 출신의 갈릴리 나사렛 사람이다. 이처럼 유대인은 예수의 신원에 대해서도 거짓말을 내뱉는다. 사마리아 사람을 들먹이는 이유는 무엇인가? 사마리아 사람은 당시에 이방인의 피와 종교가 섞였다는 이유로 멸시를 당하였다. 멸시의 수위는 유대인이 그들과의 접촉과 대화를 금하고, 상종도 하지 않을 정도였다(요 4:9). 유대인이 예수를 그런 사람으로 내모는 이유는 예수를 상종할 가치가 없을 정도로 불온한 사마리아 사람과 같다고 매도하기 위함이다. 논증으로 당해내지 못하니까 상대방의 인격에 흠집을 내려는 꼼수가 참 가련하다. 신분증만 까도 들통나는 거짓을 부끄러운 줄도 모르고 쏟아낸다. 거짓의 아비에게 속한 자들의 미련한 특성이다.

게다가 유대인은 예수가 "귀신이 들렸다"고 조롱한다. 이 조롱은 예수께서 귀신을 쫓아낸 사건에 근거한다. 지금은 예수의 말씀과 관계된 것이지만, 그때에는 바리새파 사람들이 예수가 귀신의 왕을 힘입지 않고는 귀신을 쫓아내지 못한다는 그들의 관점으로 그 사건을 해석했다. 즉 그들이 보기에 예수는 귀신이 들렸기 때문에 귀신을 쫓아낸 것이었다. 그러나 예수는 "하나님의 성령을 힘입어 귀신을 쫓아내는 것"이라고 반박했다(마 12:28). 그리고 무서운 결과를 언급했다. "사람에 대한 모든 죄와 모독은 사하심을 얻되 성령을 모독하는 것은 사하심을 얻지 못하겠고 또 누구든지 말로 인자를 거역하면 사하심을 얻되 누구든지 말로 성령을 거역하면 이 세상과 오는 세상에도 사하심을 얻지 못하리라"(마 12:31-32). 그런데도 유대인은 지금 예수를 귀신이 들렸다고 조롱한다. 지금 유대인이 예수께서 귀신이 들렸다고 조롱하는 것은 성령을 훼방하는 죄이기 때문에 그들은 출구가 없는 저주의 막다른 골목으로 들어섰다.

유대인은 예수를 사마리아 사람으로 규정하고 귀신이 들렸다고 한 자신들의 주장이 "올바르게"(καλῶς) 말한 것이라고 주장한다. 사실 유대인이 자신들의 아비 마귀의 거짓을 기준으로 주장한 거짓을 올바르게 말한 것이라고 주장하는 것은 당연하다. "제 눈에 안경"이다. 모든 주장은 주장하는 자의 안목을 드러낸다. 지금 유대인은 자신들의 아비인 마귀의 안목을 그대로 드러낸다. 마귀의 욕망을 따라 충실하게 말하고 충실하게 행동한다. 그러나 예수는 아버지 하나님의 명령을 따라 충실하게 말하시고 충실하게 행하신다. 이러한 예수의 관점에서 보면, 그를 사마리아 사람으로 매도하고 귀신이 들렸다고 조롱하는 유대인이 이방 우상들의 피가 축축하게 섞인 사마리아 사람이고 마귀라는 귀신들의 괴수에게 제대로 사로잡힌 자들이다. 예수에 대한 그들의 평가는 자신들의 영적 정체성에 대한 자백이다. 입에서 나오는 말은 화자의 내부 고발자다. 말할 때마다 속에 웅크리고 있던 욕망이 외출한다. 입만이 아니라 때로는 눈빛으로, 때로는 행동으로 표현된다.

생각과 말과 행동도 주의해야 되겠지만 욕망의 관리가 더 중요하다. 욕망은 아버지가 누구냐에 의해 좌우된다. 사람은 누구든지 의식하든 의식하지 않든 아버지의 욕망을 행하려고 하기 때문이다. 마귀가 아비인 사람은 마귀의 욕망을, 하나님이 아버지인 사람은 하나님의 소원을 행하고자 한다. 하나님의 아들 예수를 믿는 모든 사람은 하나님의 아들이다. 우리의 유일한 아버지는 하나님 자신이다. "땅에 있는 자를 아버지라 하지 말라 너희의 아버지는 한 분이시니 곧 하늘에 계신 이시니라"(마 23:9). 모든 사람은 혈통적인 아버지의 욕망이 아니라 하늘에 계신 아버지의 욕망을 행하고자 해야 한다는 사실을 이 구절에서 확인한다.

비록 생물학적 아버지는 땅에 계시지만 존재와 욕망의 아버지가 아니라 일종의 자궁이다. 자궁은 스스로 사람을 창조하지 않고 배양의 기능을 담당하는 기관이다. 남성과 여성의 사랑을 일으키고 결합하게 하고 자궁에 존재의 씨앗을 심고 그 안에서 자라나게 만드는 일은 우리의 창조주 하나님이 행하신다. 창조주는 존재의 아버지를 가리키고, 구세주는 인격의 아버지를 가리킨다. 영원한 생명을 주시고 아들로 삼으셔서 인격적인 연합과 교제가 가능하게 하신 하나님을 우리는 구세주라 명명한다. 예수께서 유대인을 마귀의 자녀라고 규정하신 것은 창조주가 아니라 구세주의 관점에서 그러하다. 죄를 빚고 부패한 아담의 모든 후손은 비록 창조주의 손으로 빚어지나 마귀가 왕 노릇하는 세상에서 죄에게 종 노릇하며 살아가는 죄인이다. 모든 죄인은 마귀를 아비로 삼아 마귀의 욕망을 행하고자 한다. 그러나 예수를 믿으면 아버지가 달라지고 다른 아버지의 욕망을 행하고자 한다. 그러면 인생이 달라진다. 욕망과 인생의 근원은 아버지께 있다.

49예수께서 답하셨다 "나는 귀신 들리지 않았으며
내 아버지를 공경한다 그런데 너희는 나를 무시한다

예수를 사마리아 사람으로, 귀신이 들린 사람으로 매도하는 유대인의 이중적인 공격에 대해 예수는 후자에 대해서만 반응을 보이신다. 사마리아 사람과 귀신 들린 사람, 이러한 표현은 당시에 사용할 수 있는 가장 야비하고 모멸적인 조롱용 카드였다. 오늘날 '너 빨갱이지! 친일파지!' 같은 뉘앙스를 가진 표현이 "사마리아 사람"이다. 이에 예수는 먼저 사마리아 사람이 아니라는 해명으로 혹시 사마리아 사람들의 자존심에 불필요한 흠집을 낼 수도 있기 때문에 침묵하신 것이라고 나는 생각한다. "귀신 들리지 않았다" 는 것이 예수의 답변이다. "귀신 들렸다"는 말은 제정신이 아니고 앞뒤를 구분하지 못하는, 귀신의 논리에 사로잡힌 멍청이의 다른 표현이다. 그런 데도 예수의 어조는 침착하고 부드럽다. 크리소스토무스의 말처럼, 예수는 하나님에 대한 모독이나 하늘을 찌르는 오만함이 보일 때에는 무서울 정 도로 따끔한 혼쭐을 내시지만 자신의 신상과 직결된 사적 공격에 대처하 실 때에는 "더할 수 없이 너그러운" 분이시다. 타인의 공격에 대한 반응의 수위는 하나님의 영광을 기준으로 조절되는 것이 아름답다. 그 영광과의 연관성이 작을수록 너그럽게 대응하자.

예수는 자신이 귀신 들리지 않았다는 소극적인 대응만이 아니라 "내 아 버지를 공경하고 있다"는 적극적인 대응도 보이셨다. 하나님 공경은 예수 께서 귀신 들리지 않았다는 가장 강력한 반론이다. 귀신들은 하나님을 공 포의 대상으로 여기되 죽어도 공경하지 않기 때문에 귀신 들린 자에게는 하나님 공경이 결코 가능하지 않다. 우리도 주님처럼 귀신 들리지 않았다 고 입으로만 주장하지 말고 하나님을 우리의 아버지로 공경하며 실천하는 증명이 필요하다. 예수의 하나님 공경은 그 자체로 유대인의 문제에 대한 지적이다. 하나님을 자신의 아버지로 공경하는 예수를 무시한 것은 하나님 을 무시하는 유대인의 불경건을 드러내기 때문이다. 이처럼 공경(τιμάω)과 무시(ἀτιμάζω)의 절묘한 대비를 통한 예수의 반론은 빈틈이 없고 단단하다. 예수와의 대화 속에서 유대인의 은밀한 잘못은 양파처럼 조금씩 벗겨진다.

⁵⁰나는 내 영광을 추구하지 아니한다 추구하고 판단하는 분이 계신다

예수께서 자신에 대한 유대인의 무시를 지적하신 이유는 자신의 사적인 자

존심을 건드렸기 때문이 아니라는 취지에서 그는 자신의 영광을 추구하지 않는다고 밝히신다. 그가 추구하는 것은 하나님의 영광이다. 세속적인 영광이 아니라 영적인 영광이다. 예수께서 추구하신 인생의 굵은 선을 보여주는 대목이다. 이러한 예수에 대한 유대인의 무시는 단순히 인간 예수에 대한 무시가 아니라 그가 공경하는 하나님 아버지에 대한 무시와 결부되어 있다. 그리고 예수 또한 성부와 동일한 신성을 가지고 계시기 때문에 예수 무시와 하나님 무시는 동일하다. 그래서 유대인의 하나님 무시라는 사안은 침묵으로 지나가면 안 되는 공적인 사안이다. 예수의 말씀은 공사의 구분이 뚜렷하다. 귀신 들렸다는 소리는 가볍게 넘겼으나 하나님의 영광과 결부된 사안에는 촘촘한 논증을 시도한다. 자신의 영광을 구하지 않으시는 예수의 태도는 무엇을 생각하든 말하든 행하든 항상 자신을 향하는 우리에게 큰 도전이다. 자신의 영광을 외면할 용기는 이 세상에 희박하다. 물론 자잘한 영광에 대한 생색용 거부를 보이는 사람들은 있다. 그러나 굵직한 영광을 챙기는 일에는 대단히 집요하다. 많은 사람들이 이것을 은폐하기 위해 겉으로는 자신의 영광을 구하지 않는 것처럼 연출한다.

자신의 영광을 구하지 않으면 사실 대단히 자유롭고 행복하다. 어떠한 위협과 결박에도 얽매이지 않기 때문이다. 잃을 영광이 이 세상에는 없고 진정한 영광을 빼앗아갈 도적이나 갉아먹는 벌레도 없기 때문이다. 사실 예수는 믿는 구석이 있으시다. 즉 그에게 그의 영광을 구하시는(ζητῶν) 분이 계시기 때문에 스스로는 자신의 영광을 구할 필요가 없으시다. 예수는 아버지 하나님의 영광을 추구하고 아버지 하나님은 아들의 영광을 챙기신다. 그 사이에는 끼어들 방해자가 없다. 아버지와 아들의 관계에는 머리카락 간격의 틈도 없기 때문이다. 두 분의 관계는 하늘의 영광으로 결속되어 있다. 진정한 영광은 사람이 아니라 주님에 의해서만, 아래에서 주어지지 않고 위에서만 주어지는 것임을 주님처럼 우리도 믿는다면 영광에 대한 소유의 집착과 상실의 걱정에서 자유롭게 된다. 서로의 영광을 구하면 주님과 우리의 결속도 더 견고하게 된다.

내가 추구하는 영광이 나의 것인지, 아니면 아버지의 것인지를 판단하는(κρίνων) 분도 계시다고 한다. 자신에 대한 자기주장은 객관성과 공신력이 없다. 아버지 하나님의 공정한 검증이 필요하다. 많은 사람들이 하나님의 영광을 구한다고 말하지만 하나님 앞에서는 자기영광만 구하는 자로 드러난다. 그런데도 자신의 영광을 구하지 않는다고 착각하는 사람들이 태반이다. 자신이 자신에게 속는 일들이 얼마든지 발생한다. 그래서 자신을 신뢰하지 않는 연습이 필요하다. 자신도 속이는 자기신뢰의 교묘한 배신을 극복하기 위해서는 모든 판단의 권한이 아버지 하나님께 있음을 인정해야 한다. 그 권한을 슬그머니 자기주머니에 가져오는 도둑질을 우리 모두는 조심해야 한다.

51내가 진실로 진실로 너희에게 말하노라
만약 누군가가 내 말을 준행하면 그는 영원히 죽음을 보지 않으리라"

예수는 자신의 말을 들으면 영원한 생명을 얻기에 영원히 죽음을 보지 않는다는 사실을 강조하기 위해 '아멘' 강조법을 동원한다. 칼뱅의 주장처럼 예수의 이 언급은 선한 사람들을 위해 위로의 근거를 마련하기 위함이다. 참 스승은 악한 자들의 책망에만 모든 시간을 소비하지 않고 아직 돌이키지 못한 자들의 회복을 위해서도 노력해야 한다고 칼뱅은 주장한다. 이 주장에 더하여, 나는 예수의 말씀을 준행하지 않으면 영원한 죽음을 맛보게 될 것이라는 함의가 악한 자들의 심장을 겨냥하고 있다는 설명도 추가하고 싶다. 예수의 말씀은 양날을 가진 검처럼 두 가지의 기능을 동시에 수행하기 때문이다. 사람들은 죽지 않으려고 모든 수단을 동원하고 온갖 발버둥을 친다. 그러나 실패한다. 모든 시도가 허탕이고 살 소망은 거품처럼 사라진다. 이 땅에서만 사라지지 않고 죽음 이후에도 사라진다. 사람들은 이 땅에서의 죽음만 두려움의 대상으로 여기고 죽음 이후의 영원한 죽음에 대해서는 무지하고 무시한다. 예수의 말을 지키는 사람도 이 땅에서의 죽음은 맞이한다. 그러나 영원한 죽음은 빗겨간다. 죽음과의 영원한 결별을 위해 예수는 해결책을 제시한다. 말씀의 준행이다. 준행해야 할 말씀의 핵심은 예수에 대한 믿음이다(요 3:16). 바울의 표현을 빌리자면, "사랑으로 역사하는 믿음"이다. 믿음은 정적이지 않고 동적이다. 믿는다는 것은 말씀의 준행이다. 믿음의 역동성은 사랑의 순종으로 나타난다. 그래서 예수도 자신의 말을 인식하면 죽음을 영원히 보지 않는다고 말하지 않고 예수의 말씀을 지킨다는 점을 강조한다. 믿음을 가졌어도 여전히 죽음의 쓴 맛을 느낀다면 준행의 여부를 점검해야 한다.

⁵²유대 사람들이 그에게 말하였다 "지금 우리는 네가 귀신 들린 줄을 확인한다 [이는] 아브라함과 선지자들도 죽었는데 너는 '만약 누군가가 내 말을 준행하면 그는 죽음을 영원히 결코 맛보지 않을 것이라'고 말하기 [때문이다]

유대인은 영원한 죽음에 대한 예수의 언급을 그가 귀신 들린 직접적인 증거로 인식한다. 참 답답하다. 이 순간에 유대인은 죽음을 해결하실 분이 자신의 신적인 위엄을 드러내신 자리에서 그분에게 엎드리고 그 해결책을 달라고 간구해야 했다. 그러나 그들은 죽음의 문제를 영원히 종식시킬 최고의 복음도 경청하지 않고 말의 꼬리만 붙잡고 늘어진다. 예수를 고소할 틈을 노리는 유대인은 그 최고의 복음도 예수께서 귀신이 들렸다는 확실한 물증으로 여기며 어리석은 확신을 강화하는 용도로 사용한다. 이 확신은 죽음에 대한 예수의 개념을 그들이 오해했기 때문이다. 그런데 우리는 유대인의 이 오해를 주목해야 한다. 상식적인 사람들이 대부분 수긍할 정도로 상당히 '합리적인 오해'이기 때문이다. 유대인은 변론의 물꼬를 트려고 아브라함 및 선지자들 모두가 죽었다는 점을 내세운다. 언급된 이들은 유대 사회에서 명망이 대단히 높은 자들로서, 진실한 믿음을 가지고 하나님의 말씀에 순종했다. 그런데도 그들은 모두 무덤으로 들어갔기 때문에 유대인의 주장은 반박이 불가한 사실이다. 그러나 이 사실은 표면적인 사실이다. 그들이 눈에 보이는 가시적인 죽음의 사실에 대해서만 말하였기 때문이다. 이 사실은 예수의 주장과 분명히 상충된다.

표면적인 사실의 관점에서 보면 예수는 귀신이 들렸다는 주장이 타당하다. 죽음을 영원히 보지 않는다는 예수의 말은 정상적인 사람의 입에서는 나올 수 없는 신들린 발언이기 때문이다. 그럴싸한 사실은 이렇게 예수를 비난하는 근거로서 종종 활용된다. 그러나 예수의 언급은 일시적인 신체의 죽음이 아니라 죽음 이후의 죽음, 즉 영혼의 영원한 죽음에 관한 것이었다. 죽음에 대한 인식의 핀트가 태초부터 어긋나서 지금까지 평행선을 그리고 있는 형국이다. 예수의 말을 오해하지 않으려면 사람의 상식과 논리의 상대화가 필요하다. 예수의 관점에서 보면, 유대인은 시공간의 경험에서 나온 지식을 마치 최종적인 진리인 것처럼 간주하며 정작 영원한 진리는 거부하는 오류에 사로잡혀 있다. 우리도 배우고 확실한 것이라고 생각한 상식과 논리와 합리가 무너지고 소멸될까 조바심을 가지고 전전긍긍 한다. 그런데 인간의 상식과 논리와 합리는 비록 고유한 용도가 있기는 하지만 결코 전능하지 않다. 우리가 맞이해야 할 진리의 그림자와 같다. 바울은 때가 이르면 소멸되는 변동적인 것들의 목록 중에 "지식도 폐한다"고 가르친다(고전 13:8). 지성인이 듣기에는 가슴 철렁한 교훈이다. 그런데 누구든지 물음표를 달아야 하는 신비로운 진리는 상식과 논리와 합리의 밖에 있는 영역이다. 이런 진리는 이해가 되지 않더라도 계시의 권위에 근거하여 수용하는 것이 상책이다. 영원히 죽지 않는다는 개념은 이 세상에 생소하기 때문에 보편적인 배척의 대상이다. 그렇지만 성경은 그 개념이 비록 땅에서의 사실은 아니지만 예수의 진리라고 한다. 기독교는 이러한 이해불가 앞에서 성경의 계시를 존중하고 수용한다.

> 53너는 죽은 우리의 조상 아브라함보다 크냐?
> 또 선지자들도 죽었는데 너는 네 자신을 누구로 만드느냐?"

죽은 자들보다 죽지 않게 만드는 사람이 더 크다는 것은 상식이다. 이 상식에 기초하여 유대인은 존재의 크기를 비교한다. 또 다시 무의미한 혈통 타령이다. 유대인은 믿음의 조상과 선지자가 예수보다 크다고 확신한다. 이는 예수를 얕보았기 때문에 생긴 잘못된 확신이다. 그런데 유대인이 듣기에 예수는 자신이 선지자는 물론이고 믿음의 조상보다 크다고 주장했다. 유대인의 존경심을 독차지한 선조의 서열 1위인 이스라엘 백성의 원조 아브라함도 죽었고 하나님의 말씀을 대언하는 경건한 선지자들도 죽었기 때문에 영원히 죽지 않는다는 예수의 주장이 유대인의 귀에는 철없는 청년의 허언에 불과했다. 그 주장은 예수가 죽은 그들보다 크지 않다면 내세울 수 없는 주장이기 때문이다. 그래서 유대인은 뼈 있는 비웃음을 흘리며, '네가 이스라엘의 조상보다 크냐'고, '너는 도대체 자신을 어떤 존재로 착각하고 있느냐'고 힐문한다. 서열을 매기는 비교의식, 그 망국적인 의식에 사로잡힌 유대인의 눈에는 새파란 젊은이 예수가 망상에 빠진 애송이에 불과했다. 그들은 예수가 이 세상에 유례가 없는 어떤 신비로운 존재로 자신을 만들고 있는 중이라고 봤다. 예수는 자신을 죽음의 영원한 종결자로 조작하는 해괴한 존재라고 유대인은 이해했다. 그러니 귀신이 들린 자라는 평가는 그들의 생각에 당연한 것이었다.

그러나 예수의 관점에서 보면 유대인이 예수보다 크다고 생각한 믿음의 조상과 선지자가 "죽었다"(ἀπέθανεν)는 말은 올바르지 않다. 그들이 비록 육신을 따라서는 죽었지만 영을 따라서는 죽지 않았기 때문이다. 하나님은 죽은 자의 하나님이 아니라 산 자의 신이시다. 그러므로 만약 아브라함 및 선지자들 중 누군가가 죽었다면 하나님은 그의 하나님이 아니시다. 그런데 그들은 모두 신체적인 죽음 이후에 생명의 근원이신 주님과 함께 낙원에서 동거하기 때문에 죽은 것이 아니라 열조에게 돌아간 것이라고 표현해야 맞다. 믿음의 사람에게 신체적인 죽음은 생사의 변화가 아니라 처소의 이동이다. 영혼과 육신의 분리는 있지만 영혼과 하나님의 분리는 영원히 없기 때문에 죽음을 영원히 보지 못한다는 예수의 말은 영적인 사실이다. 영원한 죽음은 육체와 영혼의 분리가 아니라 생명과 영혼의 분리이기 때문이다. 생명 자체이신 예수와의 분리가 본질적인 죽음이기 때문이다.

"너는 네 자신(σεαυτὸν)을 누구로 만드느냐?" 유대인이 예수께 던진 이 질문을 주목하고 싶다. 이 질문이 사람들의 보편적인 의식을 반영하기 때문이다. 우리는 평소에 자신을 "누군가"(τίνα)로 만들려고 한다. 현재의 자신이 마음에 들지 않거나 원하는 분량까지 이르지 않았거나 지금의 자신이 진짜 자신은 아닐 것 같다고 생각하기 때문이다. 그러나 자신이 만들고자 하는 그 누군가는 과연 진정한 자기일까? 알려진 기존의 나와 알려지지 않은 미지의 나 사이의 비율은 어떠한가? 알려진 나는 얼마만큼 진짜 나이고 알려지지 않은 나는 얼마만큼 나를 보완할 것인지에 대해 인간은 무지하다. 나일 것이라고 확신하며 달려간 자아의 종착지에 서서 우리는 자신에게 감탄하지 않고 '내가 아닌가벼' 같은 탄식을 내뱉을 가능성이 높다.

우리는 우리 자신을 누군가로 만드는 주체가 아니라고 이해함이 좋다. 우리는 스스로 존재하지 않고 스스로 존속하지 않고 스스로 누군가로 되어가는 것도 아니기 때문이다. 우리가 아니라 오직 하나님만 우리의 존재와 존속과 됨됨이를 가능하게 만드시는 분이시다. 그래서 바울도 자신이 다른 모든 사도보다 더 많이 수고하고 위대한 업적을 남겼지만 그런 자기 됨은 자신으로 말미암지 않고 자기 안에 거하시는 하나님의 은혜라고 고백했다(고전 15:10). 그런데 예수는 우리와 다르시다. 그는 자신을 누군가로 만드실 수 있는 분이시다. 다른 모든 피조물이 그에게서 지음을 받았으며 그의 권능으로 존속하고 있다. 자신에 대해서도 그는 다른 누구에 의해서가 아니라 스스로 존재하고 스스로 존속하는 분이시다. 예수는 사람의 형체로 오셔서 세상에 거하셨기 때문에 사람처럼 지혜와 키가 자라셨다. 그러나 공적인 생애를 시작한 이후로 예수는 지혜와 키에 있어서도 온전한 분이시다. 자신을 다른 누군가로 만드는 변화의 필요가 없으시다. 유대인의 질문은 이러한 사실에 대한 무지의 소치이며 자신을 자신이 원하는 누군가로 스스로 바꿀 수 있다는 인간의 보편적인 착각이 빚어낸 힐문이다. 그들은 자신들도 다른 누군가로 만드실 수 있는 창조주 하나님을 감히 힐문하고 있다.

54예수께서 답하셨다 "만약 내가 나 자신을 영화롭게 한다면
내 영광은 아무것도 아니다 [그러나] 나를 영화롭게 하시는 분은 내 아버지다
그는 너희가 너희 하나님[인 것처럼] 말하는 그분이다

유대인의 질문에 예수는 직접적인 반응을 하지는 않으신다. 터무니없는 질문이기 때문에 원만한 소통을 위한 사전적인 지식의 공유가 우선이다. 유대인은 예수가 아브라함 및 선지자들 모두보다 크다든지, 자신을 그들보다 더 큰 누군가로 만들고 있다든지 같은 답변을 그에게서 기대한다. 그런데 예수는 자신의 영광과 그 영광의 공급자에 대하여 먼저 답하신다. 이번에도 그의 답변은 동문서답 같다. 유대인의 귀에는 딴소리 말잔치다. 그러나 주님 편에서는 유대인과 주변 사람들의 관심사를 가장 본질적인 방향으로 돌려서 최고의 목적지에 이르도록 도우시는 회심의 국면전환 어법이다. 하나의 반응에 예수는 모든 대상들을 향한 배려와 진실과 사명과 교훈을 담

으신다. 그래서 예수의 말과 삶은 온 우주가 귀를 기울여야 한다.

예수는 자신을 영화롭게 하면 자신의 영광은 아무것도 아니라고 한다. 앞에서 예수는 누구든지 자신의 영광을 구하지 않고 아버지 하나님의 영광을 구하는 자는 참되다고 밝히셨다(요 7:18). 사람들이 서로의 영광은 구하면서 정작 하나님의 영광은 구하지 않는다고 평하셨다(요 5:44). 그러나 예수는 그런 자들과는 달리 자신의 영광을 스스로 구하지도 않고 사람의 영광을 구하지도 않는다고 한다. 왜냐하면 자신이 자신을 영화롭게 하면 그의 영광은 아무것도 아니기 때문이다. 그런데도 사람들은 대놓고 자신을 스스로 영화롭게 한다. 잠언은 이렇게 가르친다. "타인이 너를 칭찬하게 하고 네 입으로는 하지 말며 외인이 너를 칭찬하게 하고 네 입술로는 하지 말지니라"(잠 27:2). 여기에는 영광의 세 가지 단계가 적시되어 있다. 첫째, 나의 입으로 나를 칭찬하는 것. 둘째, 타인의 입으로 자신을 칭찬하게 하는 것. 셋째, 외인이 나를 칭찬하게 하는 것.

나보다는 나를 아는 타인의 입으로, 나를 아는 타인보다 나를 모르는 외인의 입으로 나를 칭찬하게 하는 것이 더 현명하다. 그러나 만약 타인과 외인의 입을 교묘하게 조장해서 자신을 영화롭게 하는 것이라면 가증하다. 자신은 만족하고 타인과 외인은 속일 수 있겠지만 그의 영광이 하나님 앞에서는 조잡한 속임수에 불과하기 때문이다. 직접적인 방식이든 간접적인 방식이든 스스로 취한 영광이 전혀 영광이 아니라는 것은 예수의 확언이다. 누구도 변경하지 못하는 규정이다. 물론 오늘날 자기홍보 시대에 수용하기 대단히 어려운 규정임을 안다. 지금은 자신을 보다 영화롭게 하지 못해 안달이다. 자신의 업적을 과시하고, 유명 인사와의 친분을 과시하고, 재산의 액수를 과시하고, 학위와 업적을 과시하고, 미모를 과시해서 타인의 높은 평가를 받아 더욱 돋보이기 위해 전력으로 질주한다. 스스로 영화롭게 하여 결국에는 아무것도 아닌 영광의 빈자리는 반드시 수치가 차지한다.

하나님은 우리를 영화롭게 만드시는 유일한 분이시다. 그분이 베푸신 영광은 누구에 의해서도 소멸되지 않고 영원하다. 다른 더 좋은 영광이 없고 그것을 바랄 필요도 없어진다. 이러한 영광을 위해 우리는 하나님 앞에서 하나님께 합당한 삶을 살아가야 한다. 이러한 사실을 알면서도 사람에게 영광을 구하기 위해 하나님을 도움의 수단으로 삼으려는 사람들이 많다. 참 애절하다. 하나님은 영광의 도구가 아니라 그 자체로 우리에게 영광이 되시는 분이시다. 하나님이 우리를 영화롭게 하시는 방법은 무엇인가? 하나님은 예수의 십자가 죽음을 통하여 죄인인 우리를 의인으로 만들어 의의 면류관을 씌우시고, 원수인 우리를 자녀로 만드시고, 외로운 우리를 영원한 동행으로 세상 끝날까지 행복하게 만드시고, 무능한 우리에게 원수들 앞에서 상을 베푸시고, 믿음으로 말미암아 모든 것이 가능하게 만드시고, 우리에게 필요한 모든 것을 풍성하게 채우시고, 어떠한 위기 속에서도 벗어날 일체의 비결을 베푸시고, 하나님의 보좌 우편에 우리를 주님과 나란히 앉히신다. 이 얼마나 놀라운 영광인가! 이것들은 모두 사람이 땅에서는 주지 못하는 하늘의 영광이다.

⁵⁵너희는 그분을 모르지만 나는 그분을 안다 만약에 내가 그를 알지 못한다고 말한다면 나도 너희처럼 거짓말쟁이가 되리라 나는 그를 알고 그의 말씀을 준행한다

유대인은 하나님을 모르지만 예수는 하나님을 아신다고 한다. 유대인이 하나님을 알지도 못하면서 안다고 말한다면 거짓말인 것처럼, 예수도 하나님을 알면서 알지 못한다고 말한다면 그들처럼 거짓을 말하는 사람으로 간주된다. 아는 것을 안다고 말하고 모르는 것을 모른다고 말하는 것이 정직이다. 예수는 유대인이 하나님을 모른다는 것도 아시고 자신이 하나님을 아는 것도 아신다고 한다. 이 예수의 말씀에 근거하여 유대인은 자신들이 하나님을 모르고 있다는 사실을 명확하게 인지해야 했다. 하나님을 아는

예수에게 하나님을 계시해 달라고 부탁해야 했다. 그런데 그들은 정반대로 이해하고 행동한다. 그들에게 예수는 하나님을 전혀 모르고 미치광이 발언만 일삼는 광인이고 자기들은 하나님을 잘 아는 아브라함 후손으로 간주한다. 그래서 예수를 떳떳하게 무시한다. 그들은 예수에게 배우려는 자세가 아니라 가르치려 하고 그의 입에서 나오는 하나님 지식을 폭력으로 막으려고 한다. 안다는 어설픈 확신이 이렇게 자기지성의 발등을 가격한다.

예수는 거짓말을 하지 않는 분이라는 정체성을 밝히셨다. 어떻게 가능한가? 두 가지 요건이 필요하다. 첫째, 하나님을 진실로 알아야만 한다. 둘째, 하나님의 말씀을 준행해야 한다. 예수는 하나님을 알고 그의 말씀을 행하신다. 그래서 예수는 진실로 정직한 분이시다. 우리도 거짓말을 하지 않기 위해서는 앎과 삶에 모두 충실해야 한다. 알기만 하고 행하지 않는다면 자신과 타인과 하나님에 대한 기만이다. 바울에 의하면, 하나님의 정하심을 알고도 행하지 않고 오히려 그 반대를 행하는 자들은 그 상실한 마음대로 하나님에 의해 내버려진 자들이다(롬 1:28). 야고보는 "알고도 행하지 아니하면 죄"라고 규정한다(약 4:17). 예수는 "주인의 뜻을 알고도 준비하지 아니하고 그 뜻대로 행하지 아니한 종은 많이 맞을 것이라"고 했다(눅 12:47). 모르고 순종하는 것도 동일하게 위험하다. 바울은 유대인의 실패를 지적할 때 그들이 "하나님의 의를 모르"면서 "하나님께 열심"을 부렸으나 "자기 의를 세우려고" 했고 결국에는 "힘써 하나님의 의에 복종하지" 않았다고 진단한다(롬 10:3). 지혜자도 "지식 없는 소원은 선하지 못하다"고 가르친다(잠 19:2). 앎과 삶은 분리될 수 없는 정직의 단짝이다. 예수는 아는 것과 사는 것이 완벽하게 일치한 분이시다. 아버지 하나님이 명하시고 알리신 모든 것을 아시고 행하시며 다 이루셨기 때문에 완벽하게 정직한 분이시다.

⁵⁶너희 조상 아브라함은 나의 때 보기를 크게 설레었고 보았으며 기뻐했다"

이제 예수는 유대인의 물음에 대한 직접적인 답변에 이르신다. 예수는 자신과 아브라함 사이의 비교에서 자신이 더 크다는 사실을 이렇게 말하신다. 유대인이 최고의 위인으로 여기는 "너희 조상"은 자신의 "때 보기를 크게 설레었고 보았으며 기뻐했다." 예수는 바로 그들에게 최고의 조상 아브라함이 심장 터질 듯한 설렘으로 보기를 간절히 원하였고 드디어 보았으며 기뻐했을 정도로 위대한 분이시다. 이것은 최고의 논증이다. 히브리서 기자는 아브라함 부부를 비롯한 모든 믿음의 사람들이 "다 믿음을 따라 죽었으며" "약속"을 "멀리서 보고 환영하며" "자기들이 본향 찾는 자임"을 보였다고 한다(히 11:13-14). 여기에서 "약속"은 예수를 가리킨다. 그들이 설레고 보고 기뻐한 것은 과거의 일이기 때문에 지금 예수께서 오신 때에 일어난 일이 아니라 멀리서 보고 환영한 때임에 분명하다. 즉 구약에서 믿음의 사람들은 자신들의 시대에 예수의 때를 크게 설레는 마음으로 멀리서 보고 기뻐했다. 모세가 "바로의 공주의 아들이라 칭함 받기를 거절하고 도리어 하나님의 백성과 함께 고난 받기를 잠시 죄악의 낙을 누리는 것보다 더 좋아하고 그리스도를 위하여 받는 수모를 애굽의 모든 보화보다 더 큰 재물로" 여긴 이유도 그때 멀리서 예수의 때를 보고 얻은 기쁨의 상 때문이다(히 11:24-26).

예수께서 세상에 육신으로 오시기 전에 누군가가 그를 "보았다"는 말은 기이한 표현이다. 예언은 어떠한 일이 일어나기 이전에 미리 알려지는 것을 의미한다. 예시는 미래에 일어날 일을 미리 보는 것을 의미한다. 히브리서 기자와 예수 자신의 말에 의하면, 믿음의 사람들은 미래에 오실 예수를 예시했다. 예시의 구체적인 현상은 상상에 맡겨진다. 예수를 본 당사자가 아니면 알 수 없기 때문이다. 그런데 문제는 "많은 선지자와 임금이 너희가 보는 바를 보고자 하였으되 보지 못"했다는 예수의 말씀이다(눅 10:24).

베드로도 예언하던 많은 선지자가 예수를 정확히 보지 못하여서 그에 대한 예언이 "누구를 또는 어떠한 때를" 지시하고 있는지에 대해 연구하며 부지런히 살폈다고 증거한다(벧전 1:10-11). 그런데 아브라함 경우에는 "보았다"(εἶδεν)는 말이 사용된다. "보았다"는 말과 "보지 못했다"는 말은 상충된다. 이에 대해 칼뱅은 보더라도 믿음에 따라 정도가 다르다고 주장한다. 아브라함 경우에는 그가 그 무엇도 바랄 수 없는 소망의 전적인 공백 속에서도 하나님을 바라고 믿었으며 예수 외에는 어떠한 것도 더 귀하게 여기지 않고 사모하지 않을 정도로 믿음이 강하였기 때문에 많은 선지자나 임금과는 달리 예수를 보았다고 설명한다. 좋은 설명이다. 믿음은 보지 못하는 것들의 증거이기 때문에 보이지 않는 분을 온전한 믿음의 눈으로 보았다는 것은 진실이다.

이 구절은 또한 모든 구원이 예수로 말미암은 것임을 강조한다. 어떤 학자들은 아브라함 시대에는 예수께서 태어나지 않으셨기 때문에 아브라함을 예수 없이 구원 받은 사람으로 이해한다. 그러나 예수 자신의 말씀에 의하면 믿음의 조상도 그리스도 예수로 말미암아 구원을 받았다는 사실이 분명히 확인된다. 이는 예수로 말미암지 않고서는 그 누구도 아버지 하나님께 나아갈 수 없다는 예수의 말씀(요 14:6)과도 상통하는 사실이다. 이 말씀은 믿음의 조상만이 아니라 모든 사람의 구원에 대한 것으로서 예수는 구원 받은 모든 사람들의 중보자가 되신다고 선언한다. 이는 구원 받은 구약의 사람들 모두에게 적용된다. 우리가 그 경위를 다 알지는 못하지만 인류의 역사에서 모든 구원은 예수로 말미암아 주어진다. 이것을 부인하는 자는 예수께 반론을 제기하는 사람이다.

⁵⁷이에 유대 사람들이 그를 향하여 말하였다
"네가 아직 오십 세도 되지 않았는데 아브라함을 보았느냐?"

아브라함이 예수를 보았다는 예수의 답변에 대해 유대인은 예수의 나이를 주목한다. 그들의 눈에 예수는 50세도 되지 않은 청년이다. 50세를 운운하는 것이 나에게는 의아하다. 예수는 미혼의 30대 초반 청년이기 때문이다. 건강하고 활달한 청년으로 보여야 할 예수께서 지천명의 나이에 가깝게 보이신 것은 그가 수많은 사람들을 존재가 닳도록 섬기는 고생으로 인해 초췌해 보이셨기 때문일까? 아니면 타인과 비교할 수 없는 원숙한 인격과 지혜와 지식으로 인해 신적인 권위가 밖으로 고개를 내밀었기 때문일까? 아니면 유대인이 예수의 나이를 아무리 넉넉히 잡더라도 아브라함을 볼 수는 없음을 말하려고 50대의 연령을 언급하며 조롱한 것일까? 이유가 분명하지 않다. 그러나 분명한 것은 유대인이 사람의 시간을 기준으로 예수의 말을 이해하고 있다는 사실이다.

인간은 누구든지 시간과 공간의 틀을 벗어난 사유가 익숙하지 않다. 시간과 공간을 반듯한 것으로 이해하든 휘어진 것으로 이해하든 그 틀 속에서만 진리를 운운한다. 시간이 생략되고 공간이 배제된 진리에 대해서는 머리 속에 번역물 혹은 유사물이 도무지 그려지지 않아서 시공간을 벗어나는 지점에서 인식의 필름이 끊어진다. 그러나 겸손하면 된다. 하지만 인간은 겸손의 기미도 보이지 않고 자신이 기준이고 판단의 주체이길 고집한다. 그런 식으로 하나님과 비기려고 한다. 시공간의 경계에서 그런 인간의 고약한 성향이 노출된다. 유대인은 믿음의 조상을 보았다는 예수의 말을 시간의 객관적인 인식 속에서 당당하게 헛소리로 평가한다. 과학적인 객관성을 조금도 구비하지 않은 무대포 주장일 뿐이라고 예수의 말을 떳떳하게 곡해한다. 그러나 하늘에서 하나님이 웃으신다. 그 웃음이 번개와 천둥으로 배송된다. 인간은 하나님 앞에서 배움의 수용적인 태도로 늘 겸손해야 한다. 주장보다 듣기에 민첩해야 한다. "너는 하나님 앞에서 함부로 입을 열지 … 말라 하나님은 하늘에 계시고 너는 땅에 있음이라 그런즉 마땅히 말을 적게 할 것이라"(전 5:2)는 전도자의 교훈을 존중해야 한다. 하나님의 모든 말씀은 반박이나 거부가 아니라 아멘으로 수용해야 하는 이유는 그의 말씀을 판단할 기준이 유한한 이 세상에는 없기 때문이다.

58예수께서 그들에게 말하셨다 "내가 진실로 진실로 너희에게 말하노라
아브라함 태어나기 이전에도 내가 있느니라"

존재의 크기에 대한 비교 이후에 존재의 길이에 대한 비교로 반박한 유대인의 답변은 예수의 심기를 건드리는 바늘이 아니라 보다 깊은 진리의 선포를 자극하는 촉매로 작용한다. 예수는 유대인의 인간적인 주장에 노를 발하지 않으시고 존재의 시점을 친절하게 알리신다. 사람이 시간의 잣대로는 측정할 수 없기 때문에 "아브라함 태어나기 이전에도 내가 있다"는 말로 답하신다. 아브라함 출생은 대체로 기원전 2,166년 정도로 추정된다. 그의 출생 이전에도 예수께서 계신다면 그의 나이는 2,000살이 넘는다는 말이겠다. 눈에 보이는 30대 청년과 2,000살이 넘는 상상 초월의 노인을 동일한 인물로 여긴다면 그는 누가 보더라도 귀신 들린 사람이다. 그러나 예수는 자신의 말이 너무도 분명하고 중요한 사실이기 때문에 여기서도 "아멘" 강조법을 사용한다.

예수는 아브라함 출생 이전에 있다고 말할 때에 "있었다"는 과거형이 아니라 "있다"(εἰμί)는 현재형을 사용한다. 상식과 문법을 벗어난 표현이다. 논리가 마비되는 어법이다. 사실 예수께서 아브라함 이전에 계시다는 말은 존재의 길이가 특정한 시간에 제한되지 않고 영원함을 의미한다. 그러므로 저자가 항상 강조하는 것처럼 예수는 "영원한 현재"(eternal now, nunc aeterna)에 계시는 하나님의 아들이다. 그래서 예수는 어제나 오늘이나 내일이나 영원토록 동일한 분이시다. 그러나 칼뱅은 이 부분을 주님의 구속적 사역과 결부시켜 해석한다. 즉 구원을 베푸시는 주님의 "능력과 은혜가 모든 시대에 공통"된 것임을 나타내는 구절로 이해한다. 동일한 분이 영원한 신성을 따라 모든 시대에 계셨기에 동일한 구속의 능력과 은총을 베푸시는 것은 지극히 당연하다.

나아가 나는 예수께서 육신으로 오신 이후와 이전의 자신을 분리해서 생각하지 않고 연결선 상에서 보신다는 점을 주목한다. 성육신 이전의 성자와 성육신 이후의 예수는 비록 존재의 방식은 다르지만 다른 존재가 아니라 동일한 인물이다. 성육신은 존재의 시작이 아니라 죄 사함과 관련된 본격적인 사역의 시작이다. 그러나 사람은 눈에 보이는 지점에서 사유를 시작한다. 유대인은 예수의 나이를 마리아의 출산을 시점으로 계산했다. 그래서 존재의 길이가 50세보다 짧고 아브라함 이전에는 결코 존재할 수 없었고 당연히 그와 만날 수도 없었다는 결론에 이르렀다. 이는 모든 사람들이 공감하는 지극히 합리적인 결론이다. 그런데 이런 결론을 예수는 수용하지 않으신다. 이에 대한 유대인의 반응은 어떠한가?

⁵⁹이에 그들이 돌을 들어 그에게 던지려고 했다
그러나 예수는 숨으셨고 성전에서 나가셨다

유대인은 귀신 들린 사람의 미치광이 교설에는 돌덩이 찜질이 약이라고 생각하여 돌을 거머쥐고 예수에게 던지려고 했다. 칼뱅의 말처럼, "그들은 사건의 진상을 알아볼 귀는 가지고 있지 않지만 살인할 손은 준비하고 있다." 자신의 거짓된 삶을 진리로 위협하며 개입을 시도하는 예수가 개입하지 못하도록 그를 밖으로 밀어내는 것에 만족하지 않고 이제는 진리 자체를 없애려고 한다. 이는 예수가 시간을 초월하는 신적 존재라고 스스로 말하였기 때문이다. 유대인이 가장 불경하게 여기는 신성모독 발언에 상응하는 형벌은 돌 처형이다. 그들은 그러한 종교적 관행을 따라 심판의 돌을 들었으나 예수는 이미 사라지고 없는 상황이다. 이는 유대인의 인간적인 주장과 예수의 신적인 주장이 충돌할 때에 나타나는 현상이다. 인간은 자신에게 동의하지 않고 거부할 경우에는, 자신의 인생에 개입하여 익숙하고 편안한 상황과 인식과 개념을 바꾸려고 할 경우에는, 신이라고 할지라도 제거의 대상으로 간주하고 돌로 찍으려고 한다. 이처럼 가인이 아벨을 죽이는 인류 최초의 살인을 범하려고 돌을 들던 버릇은 예수의 시대까지 이어지고 있음을 우리는 확인한다. 이런 인간의 고질적인 살기는 예수로 말미암아 이렇게 들통난다. 그러나 예수는 자신의 몸을 성전에서 보이지 않는 곳으로 옮기셨다. 익숙하지 않은 하늘의 진리를 수용하지 않고 오히려 배척하는 유대인의 광기가 무섭기 때문이 아니었다. 죽음의 때가 아직 이르지 않았기 때문이다.

유대인과 예수의 대화에서 어떤 사람들은 유대인이 익숙한 사고에 안주하며 새로운 생각과 관점을 거부한 것을 주목한다. 기존의 생각과 다른 생각, 기존의 관점과 다른 관점, 기존의 접근법과 다른 접근법을 선호하는 사람들의 일반적인 모습이다. 지식이든 관점이든 기존의 상태를 무조건 고집하는 새로움의 맹목적인 배척도 경계해야 되겠지만, 다른 것이 바른 것을 보증하는 것처럼 새로움 자체를 가치로 여기며 무작정 추구하는 호기심의 과잉도 조심해야 한다. 유대인의 문제는 새로운 것을 수용하지 않고 안전하고 익숙한 것을 고집한 것이 아니라 거짓으로 진리를 배척한 것이었다. 인간의 무지와 한계를 고수하며 하나님의 무한한 진리를 거부한 것이었다. 물론 유통기한 지난 가치관의 껍질을 깨지 않고 그 안에 안주하는 것도 극복해야 할 문제임에 분명하다. 그러나 인간문맥 안에서는 아무리 더 좋은 기준과 관점을 찾더라도 여전히 도토리 키재기에 불과하다. 사람들 중에서는 주름 잡을 수 있겠지만 하나님 앞에서는 어리석은 자로 발견된다. 극복의 유일한 방법은 성경에 기록된 하나님의 신적인 계시를 정중히 수용함에 있다. 예수의 논증은 신적인 계시가 인간의 눈높이에 맞도록 절묘하게 조절된 다가옴의 기막힌 방식이다.

유대인은 진리의 예수를 논쟁에서 이기려고 한다. 자신이 기준이고 자신의 관점이 올바르고 자신이 내린 결론이 최종적인 진리라고 고집한다. 인간과 하나님 사이에 옳고 그름을 따지는 논쟁은 유구한 역사를 자랑한다. 예수를 대하는 유대인의 태도는 태초에 아담과 하와가 하나님과 비기려고 한 모습의 재연이다. 아담과 하와는 선과 악을 구별하고 판단하는 주체가 되려고 선악과를 따먹었다. 하나님의 기준을 수용하지 않고 하나님의 관점을 존중하지 않고 하나님의 결론을 거부했다. 이러한 최초 사람의 교만은 지독하다. 역사 속에서 한번도 멈추지 않고 지금도 그 역겨운 명맥을 유지하고 있다. 그럼에도 불구하고 주님은 경건한 사람들을 통해 하늘의 영원한 진리로 돌아와 진리와 함께 기뻐하며 살라는 초청장을 수시로 보내셨다. 예수의 거룩한 논증은 그런 초청장의 절정이다.

요 9:1-12

¹예수께서 길을 가실 때에 날 때부터 맹인 된 사람을 보신지라 ²제자들이 물어 이르되 랍비여 이 사람이 맹인으로 난 것이 누구의 죄로 인함이니이까 자기니이까 그의 부모 니이까 ³예수께서 대답하시되 이 사람이나 그 부모의 죄로 인한 것이 아니라 그에게 서 하나님이 하시는 일을 나타내고자 하심이라 ⁴때가 아직 낮이매 나를 보내신 이의 일을 우리가 하여야 하리라 밤이 오리니 그 때는 아무도 일할 수 없느니라 ⁵내가 세상 에 있는 동안에는 세상의 빛이로라 ⁶이 말씀을 하시고 땅에 침을 뱉어 진흙을 이겨 그 의 눈에 바르시고 ⁷이르시되 실로암 못에 가서 씻으라 하시니 (실로암은 번역하면 보 냄을 받았다는 뜻이라) 이에 가서 씻고 밝은 눈으로 왔더라 ⁸이웃 사람들과 전에 그 가 걸인인 것을 보았던 사람들이 이르되 이는 앉아서 구걸하던 자가 아니냐 ⁹어떤 사 람은 그 사람이라 하며 어떤 사람은 아니라 그와 비슷하다 하거늘 자기 말은 내가 그 라 하니 ¹⁰그들이 묻되 그러면 네 눈이 어떻게 떠졌느냐 ¹¹대답하되 예수라 하는 그 사 람이 진흙을 이겨 내 눈에 바르고 나더러 실로암에 가서 씻으라 하기에 가서 씻었더니 보게 되었노라 ¹²그들이 이르되 그가 어디 있느냐 이르되 알지 못하노라 하니라

❖ ❖ ❖

¹그(예수)가 지나가며 날 때부터 보지 못하는 사람을 보셨는데 ²그의 제자들이 물으면 서 그에게 말하였다 "선생님, 이 [사람]과 그의 부모 중에 누가 죄를 범하여서 [이] 맹 인이 태어난 것입니까?" ³예수께서 답하셨다 "이 [사람]이나 그의 부모가 죄를 지은 것 이 아니라 그 [맹인] 안에서 하나님의 일들이 나타나기 위함이다 ⁴낮인 동안에는 우리 가 나를 보내신 분의 일들을 행하여야 한다 밤이 올 때에는 누구도 일할 수 없[기 때 문이]다 ⁵내가 세상에 있는 동안에는 내가 세상의 빛이니라" ⁶이것들을 말하시고 그는 땅에 침을 뱉으시고 침으로 진흙을 만드시고 그의 두 눈에 진흙을 바르셨다 ⁷그리고 그가 말하셨다 "실로암 못으로 가서 씻으라"([실로암]은 '보냄을 받았다'로 번역된다) 이에 그는 가서 씻었고 보면서 왔다 ⁸이웃 사람들과 전에 그가 걸인인 것을 보았던 사 람들이 말하였다 "이는 앉아서 구걸하던 자가 아닌가?" ⁹어떤 사람들은 "이 [사람]이 그다"라고 말하였고 어떤 사람들은 "그가 아니라 그와 비슷하다"고 말하였다 그는 "내 가 그입니다"라고 말하였다 ¹⁰이에 그들이 그에게 말하였다 "어떻게 너의 두 눈이 떠 졌느냐?" ¹¹그가 답하였다 "예수라고 불리는 그 사람이 진흙을 만들어서 나의 두 눈에 바르고 '실로암에 가서 씻으라'고 나에게 말하기에 가서 씻었더니 내가 보게 됐습니 다" ¹²그들이 그에게 말하였다 "그가 어디에 있느냐?" 그가 말하였다 "나는 모릅니다"

29   실로암의 기적

요한복음 안에 언급되는 일곱 가지 기적들 중에서 여섯 번째 것으로서 실로암의 기적이 기록되어 있다. 예수는 길을 가시다가 맹인을 만나셨다. 제자들이 그를 보면서 누구의 죄 때문인지 스승에게 질문했다. 이에 예수는 하나님의 일들이 나타나기 위한 것이라고 답하셨다. 그리고 침으로 진흙을 빚어서 눈에 바르고 실로암 못으로 가서 씻으라고 명하셨다. 그 맹인은 순종했고 그의 눈은 고쳐졌다. 태생적인 맹인이 눈을 뜬 것은 초유의 기적이다. 그를 알던 사람들이 치유된 맹인을 알아보지 못할 정도였다. 치유의 방법을 묻는 이들에게 그 맹인은 있는 그대로 설명했다. 그러나 예수의 거처에 대한 질문에 대해서는 모른다고 대답했다. 이 사건에서 예수는 자신이 세상의 빛이라는 사실을 밝히셨다. 빛이 있으면 낮이고 낮에는 하나님의 일들을 행하여야 한다는 교훈을 전하셨다. 밤에는 아무것도 할 수 없다는 다가올 미래의 어두움도 미리 알리셨다. 어떤 사람은 존재 자체로 밤이기도 하고 어떤 사람은 낮이기도 하다. 예수라는 빛이 임하시면 태양의 동선과 무관하게 항구적인 낮의 인생이다. 태어날 때부터 밤이었던 맹인은 실로암의 기적으로 낮이 된 사람이다. 보냄을 받았다는 실로암은 보내신 곳과 보내신 사명을 암시하고 낮에 행하여야 할 하나님의 일을 의미한다.

¹그(예수)가 지나가며 날 때부터 보지 못하는 사람을 보셨는데

성전에서 나가 길을 가시던 예수의 시선이 날 때부터 맹인 된 사람에게 머물렀다. 수동적인 발견이 아니라 능동적인 응시였다. 그 사람은 예수에게 관심을 보이지 않았지만, 예수는 그에게 관심의 시선을 보내셨다. 그 사람이 예수를 찾은 것이 아니라 예수께서 먼저 그를 찾으셨다. 그 사람은 예수를 보지 못하나 예수는 그를 보신다는 상황이 절묘하다. 보지 못하는 사람과 보는 예수의 관계는 예수와 우리의 관계를 암시한다. 우리가 예수를 보지 못할 때에도, 보지 않을 때에도, 예수는 우리를 보신다는 사실이 가슴을 뭉클하게 한다. 조시거나 주무심이 없이 침 삼킬 동안에도 나에게서 눈을 돌이키지 않으시는 하나님(욥 7:19)의 세심한 관심이 느껴진다.

맹인은 "날 때부터"(ἐκ γενετῆς) 보지 못하였다. 이런 맹인 이야기는 행위보다 존재 자체를 주목하게 한다. 이 맹인은 어떤 외부적인 원인의 결과로서 보지 못하는 후천적인 맹인이 아니라 존재하기 이전에 알 수 없는 원인에 의해 이미 보지 못하는 상태로 태어난 선천적인 맹인이다. 그는 태어나서 한 번도 빛을 보지 못하였다. 보는 것으로써 살지 않고 보이지 않는 것으로써 지금까지 살아왔다. 지금도 타인의 눈을 의지하며 살아간다. 수많은 눈동자를 자신의 것으로 삼아 살아가는 삶은 객관성 확보라는 유익도 있겠지만, 속임을 당하기 쉽고 자칫 존재가 민폐라는 느낌이 골수를 파고드는 심히 고단한 인생이다. 그 고단함의 무게가 오랫동안 쌓여 인생의 어깨가 축 쳐진 상황이다. 왜 자신이 맹인으로 태어나서 사는지, 의식의 아랫목에 차지하던 그 의문도 이제는 부질없는 것이라며 뇌리에서 삭제한다.

인생에서 모든 물음표는 떼어내고 가벼운 숨만 코에 달고 꾸역꾸역 살아 간다.

시각적인 장애의 감추어진 원인에 대해 당연히 사람들은 무지하다. 모르니까, 부모가 어떤 문제를 제공하지 않았어도 그 자녀가 불구의 몸이나 연약한 정신을 가지고 태어나는 현상을 불행한 운명이나 우연으로 치부한다. 그러나 믿음의 사람은 원인이 도무지 알려지지 않은 어떤 사태를 보다 근원적인 관점에서 이해한다. 즉 땅에서의 어떤 원인이 아니라 그 사태를 주관하고 계신 하나님의 의도라는 전제를 존중한다. 태생적인 맹인은 땅의 인위적인 요소가 개입되지 않은 사람이기 때문이다. 모든 연약한 사람들 중에 이러한 맹인은 하나님의 존재와 그분의 뜻을 생각하고 깨닫게 만드는, 보다 투명하고 정직한 하나님의 종으로 쓰임을 받는 사람이다.

²그의 제자들이 물으면서 그에게 말하였다 "선생님, 이 [사람]과
그의 부모 중에 누가 죄를 범하여서 [이] 맹인이 태어난 것입니까?"

예수께서 주목하신 맹인을 그의 제자들도 주목한다. 제자들은 그가 태생적인 맹인임을 안다. 그러나 그의 창조주를 주목하지 않고 보지 못하는 장애의 현상적인 원인에 대해 질문한다. 그가 맹인으로 태어난 것은 자신의 죄 때문인가 아니면 그 부모의 죄 때문인가? 이 무자비한 질문은 죄와 장애의 인과적인 관계를 전제한다. 제자들의 이 전제는 어느 정도 타당하다. 태초의 역사를 보면, 사망이 세상에 들어오고 온갖 무질서와 혼돈이 인간의 몸과 땅의 상태를 농락하게 된 원인이 죄였기 때문이다. 그래서 한 개인이 날 때부터 보지 못하는 시력의 태생적인 장애도 죄로 말미암은 것이라는 제자들의 인식은 결코 이상하지 않다. 게다가 모세의 글에도 하나님이 죄를 갚으실 때에 "삼사 대까지 이르게" 하신다고 기록되어 있다(출 20:5). 맹인

의 죄가 아니면 그 부모의 죄일 것이라는 추정이 정당하게 보이는 게 사실이다. 그러나 하나님의 의도는 죄보다 훨씬 더 깊은 근원이다. 죄의 원인은 마귀와 사람에게 있지만, 그 죄가 온 인류의 고통과 불행의 원인이 된 것은 스스로 그러한 것이 아니라 하나님의 섭리에 따른 것이었다. 죄도 하나님의 선한 뜻을 이룸에 있어서는 하나의 과정과 도구와 준비에 불과하다. 그래서 죄가 설명하지 못하는 현상들이 세상에는 많다. 선천적인 문제에 대해서나 후천적인 문제에 대해서나 우리는 죄 중심적인 해석의 한계를 인정해야 한다. 가장 정확하고 포괄적인 해석의 근원은 하나님께 있다.

맹인의 죄와 그 부모의 죄는 동일하지 않다. 비유의 관점에서 보면, 전자는 타락한 아담의 후손이기 때문에 태어날 때부터 지니는 원죄를 암시하고, 후자는 살면서 범하는 실질적인 죄 즉 자범죄를 암시한다. 한 사람이 맹인으로 태어난 것은 자신의 태생적인 죄 때문인가? 아니면 부모의 사후적인 죄 때문인가? 현실에 영향을 주는 보다 주도적인 원인은 어떤 종류의 죄인가? 대답하기 어려운 질문이다. 원죄와 자범죄가 절묘하게 결부되어 있기 때문이다. 심은 대로 거둔다는 것은 불변의 법칙이다. 표면적인 관찰에 의하면, 자신이 실제로 저지른 자범죄에 따라 인생의 강물이 흘러가는 것처럼 보이는 게 사실이다. 시인도 그렇게 고백한다. "주의 진노로 말미암아 내 살이 성한 곳이 없사오며 나의 죄로 말미암아 내 뼈에 평안함이 없나이다"(시 38:3). 모세의 고백도 동일하다. "각 사람은 자기 죄로 말미암아 죽임을 당할 것이니라"(신 24:16). 그러나 자범죄가 인생을 휩쓰는 그 강물의 저류에는 원죄가 군림하고 있다. 죄의 왕 노릇은 겉으로 드러나는 것도 있지만 감추어진 것도 있음을 고려해야 한다. 자범죄는 주로 사람에게 관계된 것이지만 모든 자범죄의 모체인 원죄는 하나님과 관계되어 있다. 자범죄와 원죄는 그렇게 분리됨이 없이 하나님을 겨냥하고 동시에 사람을 겨냥한다. 모든 자범죄에 대해서는 사람에게 호리라도 갚지 않으면 결코 감옥에서 벗어날 수 없으며, 그 배후에는 하나님의 질서를 훼손한 것에 대해 하나님께 갚아야만 하는 무질서의 벌금도 별도로 존재한다. 회개는 하나님과 사람 모두에게 갚아야 할 것의 갚음이다.

제자들은 죄와 장애를 연결한다. 그러나 죄와 장애의 인과적인 관계가 타당한 것인지에 대한 질문부터 주님께 드렸어야 했다. 그런 근본적인 질문을 생략한 채 장애가 누구의 죄에서 비롯된 것인지를 여쭈었다. 질문은 하나의 사건을 바라보는 초점이며, 그 자체로 하나의 해석이다. 엉뚱한 질문으로 제자들은 사람들로 하여금 하나님의 섭리가 아니라 불행한 인생의 책임을 질 죄의 인간 원흉을 색출하고 그에게 혐오의 눈길을 돌리게 만들었다. 사실 제자들의 조급한 질문은 사람들의 일반적인 정서를 반영한다. 대부분의 사람들은 인생에 재앙이 찾아오면 그것을 죄와 급하게 연결한다. 이는 욥의 친구들이 잘 보여준다. 욥은 자녀들이 죽고, 종들이 죽고, 집이 무너지고, 재산을 빼앗기고, 아내까지 저주의 한 마디를 남기고 떠나가고, 자신의 몸까지 망가져 구더기가 서식하는 재앙을 당하였다. 이에 욥의 친구들은 인과응보 혹은 권선징악 개념으로 분석하기 시작했다. 엘리바스 경우에는 욥의 "죄악이 극하다"고 진단했고(욥 22:5), 소발은 "하나님의 벌하심이 너의 죄보다 경하다"고 진단했고(욥 11:6), 빌닷은 욥의 자식들이 죽은 이유가 하나님께 저지른 그들의 죄 탓이라고 단죄했다(욥 8:4-6). 그러나 하나님은 이 친구들의 말이 옳지 못하다는 판결을 내리신다(욥 42:7).

잘못된 질문 하나가 생사람을 잡고 인생을 회복 불가능한 상태로 파괴한다. 질문은 하나의 사태를 어떻게 규정하고 어떠한 관점으로 어디에 초점을 두고 관찰할 것인지를 결정하기 때문이다. 삶 속에서 수많은 질문들이 다양한 계기를 통해 우리의 머리에 출입한다. 질문의 선택이 인생을 좌우한다. 제자들의 질문은 위험하다. 맹인의 죄와 그 부모의 죄 중에서 시각적 장애의 원인을 택일해야 하는 질문이기 때문이다. 어느 것을 택하여도 틀린 답변이 되는 질문은 그 자체로 함정이다. 제자들의 잘못된 질문은 대답하는 자들의 오답만이 아니라 맹인의 인생에 혹은 그 부모의 가슴에 대못을 박는 치명적인 빌미를 제공할 수도 있어서 예수는 제자들의 전제와 관점부터 고치신다.

> 3예수께서 답하셨다 "이 [사람]이나 그의 부모가 죄를 지은 것이 아니라
> 그 [맹인] 안에서 하나님의 일들이 나타나기 위함이다

예수의 답변에 따르면, 이 사람이 맹인으로 태어나는 것은 죄와 무관한 것이었다. 맹인이나 그 부모의 죄 때문이 아니라는 말씀으로 그들을 향한 사람들의 차갑고 혹독한 눈초리를 거두셨다. 그리고 하나님의 일들을 나타내려 하신다는 목적을 밝히셨다. 연약한 사람들의 보호가 늘 우선이다. 그들에게 비판과 조롱의 돌 던져지는 상황부터 수습하는 것이 다른 무엇보다 시급하다.

"하나님의 일들"은 하나님의 뜻을 이루고 하나님의 성품을 나타내고 하나님의 나라를 세우고 확장하는 사랑과 정의의 일들을 의미한다. 이런 일들은 주로 유능한 사람들을 통해 나타난다. 그러나 예수는 맹인 "안에서"(ἐν) 나타날 것이라고 말하신다. 이는 맹인의 행위보다 그의 "안에서" 즉 존재 자체를 통해 하나님의 일들이 나타날 것임을 의미한다. 이는 상식에 균열을 일으키는 발언이다. 일반인의 보편적인 생각이 이러하다. '자기앞 가림도 못하는 맹인이 무슨 하나님의 일들을 한다고 그러는가!' 그러나 바울은 "세상의 미련한 것들"과 "세상의 약한 것들"과 "세상의 천한 것들과 멸시 받는 것들과 없는 것들"이 하나님의 우선적인 택하심과 쓰심을 받는다고 한다(고전 1:27-28). 이는 예수의 생각과 동일하다. 그러므로 연약한 자들을 죄로 엮어서 멸시하고 억압하는 자들은 그 약자들을 지으시고 택하시고 쓰시는 하나님의 안목을 멸시한 자들로 간주된다(잠 14:31).

우리는 사람을 외모로 판단하지 않도록 주의해야 한다. 다윗이 하나님

께 신령한 노래를 부르도록 성가대를 세울 때에 대원들은 "큰 자나 작은 자나 스승이나 제자를 막론하고 다같이 제비 뽑아 직임을 얻었"다고 한다(대상 25:8). 하나님께 영광을 배달하는, 이렇게도 중요한 성가대원 선발의 기준은 대단한 스펙이 아니라 제비였다. 제비 뽑기는 인간의 능력이나 인위적인 평가가 작용하지 않는 섭리의 한 방식이다. 그런데 하나님의 거대한 섭리 속에서는 누군가가 하나님에 의해 뽑힘을 받았다는 사실도 모른 채 쓰임을 받는 경우가 태반이다. 인간이 개입할 수도 없고 인지할 수조차도 없는 그분의 섭리는 제비 뽑기라는 가시적인 섭리보다 더 은밀하다. 특정한 지위나 권세가 없더라도 하나님은 모든 사람들을 각자의 쓰임에 맞도록 지으셨고 고유한 재능을 베푸시고 택하시고 부르시고 각자의 자리로 보내신다. 한 사람의 쓸모를 결정하는 것은 하나님의 전적인 권한이다.

⁴낮인 동안에는 우리가 나를 보내신 분의 일들을 행하여야 한다
밤이 올 때에는 누구도 일할 수 없[기 때문이]다

낮과 밤이 구분된다. 낮에는 일의 책임이 부과되고 밤에는 누구도 일하지 못한다고 한다. 이는 태초에 이루어진 구분이다. 하나님은 빛과 어둠을 나누신 후 빛을 낮이라 부르시고 어둠을 밤이라 부르셨다. 하나님은 아침부터 저녁까지 일하셨고, 저녁부터 아침까지 아무 일도 하지 않으셨다. 인간도 동일하다. 그런데 오늘날 낮과 밤의 기준이 달라졌다. 빛과 어둠의 경계가 바뀌었기 때문이다. 전구의 발견으로 인간은 밤의 어둠을 제거했다. 그러나 어둠의 제거는 낮과 밤의 균형을 깨뜨렸다. 사람들은 더 많은 일들을 하게 되었지만 좋은 일보다 나쁜 일의 분량이 더 늘어났다. 건강의 균형도 무너졌다. 일할 때와 일하지 못할 때의 절대적인 구분은 인간에게 유익하다. 밤과 낮의 경계를 이동하는 것은 지계표를 옮기는 것과 동일하게 위험

하다.

맹인은 태어날 때부터 존재 자체가 밤이었다. 그래서 지금까지 일하지 못하였다. 밤이었기 때문에 그가 일할 수 없었던 것은 당연하다. 하나님의 일을 행하여야 할 당위성(δέω)은 낮 동안에만 적용되기 때문이다. 그런데 맹인 안에서 하나님의 일들이 나타날 것이라고 하신 예수의 말씀은 일종의 예언이다. 즉 맹인에게 인생의 밤이 끝나고 낮이 올 것이라는 의미였다. 낮 동안에는 일하여야 한다는 말을 하나님께 적용하면 특이한 결론에 도달한다. 하나님은 빛이시다. 그래서 "흑암이 숨기지 못하며 밤이 낮과 같이 비추"이며 "주에게는 흑암과 빛이 같음"이다(시 139:12). 그래서 하나님은 항상 낮이시다. 그래서 항상 일하신다. 하나님의 일하심은 태양에 의한 밤과 낮의 구분이 좌우하지 않고 그분의 존재에 근거한다. 이런 맥락에서 예수는 아버지 하나님이 "이제까지 일하시니 나도 일한다"고 밝히셨다(요 5:17). 하나님은 시인의 말처럼 졸지도 않으시고 주무심도 없이(시 121:4), 욥의 고백처럼 분초마다 우리를 보시면서 쉬지 않고 일하신다(욥 7:19).

그런데 예수는 자신을 보내신 분의 일들을 "우리"(ἡμεῖς)가 수행해야 한다고 말하신다. 즉 예수를 보내신 아버지 하나님의 일들은 예수만이 아니라 우리도 함께 수행해야 하는 공동체적 사명이다. 물론 예수께서 그 모든 일들을 다 이루셨다. 그러나 우리가 예수의 몸으로서 그의 남은 고난을 감당하며 지금도 그가 우리 안에 계시면서 행하시는 하나님의 일들을 우리도 나타내야 한다. 그래서 우리는 바울이 말한 것처럼 하나님의 동역자다(고전 3:9).

5내가 세상에 있는 동안에는 내가 세상의 빛이니라"

예수는 자신이 "세상에 있는 동안에는 세상의 빛"이라고 소개한다. 사람들은 태양이 세상의 빛이라고 생각한다. 그렇다면 태양과 예수 중의 하나는 빛이고 다른 하나는 빛의 상징에 불과하다. 이사야 선지자는 하늘에 태양이 있음에도 불구하고 "어둠이 땅을 덮을 것이며 캄캄함이 만민"을 가릴 것이라고 예언했다(사 60:2). 그리고 이어서 예언했다. "다시는 낮에 해가 네 빛이 되지 아니하며 달도 네게 빛을 비추지 않을 것이요 오직 여호와가 네게 영원한 빛이 되며 네 하나님이 네 영광이 되리니 다시는 네 해가 지지 아니하며 네 달이 물러가지 아니할 것은 여호와가 네 영원한 빛이 되고 네 슬픔의 날이 끝날 것임이라"(사 60:19-20). 하나님을 인생의 태양으로 삼은 사람들은 낮의 태양과 밤의 달을 빛으로 삼지 않으며 시간 속에서 빚어지는 슬픔의 날도 종식된다.

빛과 그림자는 단짝이다. 그래서 태양 아래에 있는 모든 사물에는 그림자가 있다. 모든 사물에 그림자가 생기는 이유는 그것이 태양보다 어둡기 때문이다. 그런데 하나님은 회전하는 그림자가 없으시다(약 1:17). 이는 그가 태양보다 밝으시기 때문이다. 태양은 보는 방식으로 다가갈 수 있지만 하나님은 다가갈 수 없을 정도로 밝아서 보이지 않는 빛 가운데 거하신다(딤전 6:16). 비록 태양은 물리적인 그림자가 없지만 이러하신 하나님 앞에 선다면 태양에도 그림자가 회전한다. 전기불이 태양 앞에서는 비추지 못하는 것처럼 태양도 하나님 앞에서는 빛을 상실한다. 전기불이 있으나 없으나 태양에는 어떠한 존재감도 없고 어떠한 영향도 주지 못하고 일반인 것처럼 하나님도 태양이 있으나 없으나 아무런 영향을 받지 않으신다. 그래서 시인의 고백처럼 "주에게는 흑암이 숨기지 못하며 밤이 낮과 같이 비추며 주에게는 흑암과 빛이 같음이다"(시 139:12). 낮과 밤도, 소망과 절망도, 기쁨과 슬픔도, 사회적인 선과 악도, 경제적인 정의와 불의도, 정치적인 정직과 거짓도 하나님 앞에서는 같음이다. 보지 못한다는 것과 본다는 것도 그에게는 같음이다. 그래서 하나님은 원하시면 밤을 낮으로, 슬픔을 기쁨으로, 악을 선으로, 불의를 정의로, 거짓을 정직으로, 맹인도 보도록 얼마든지 능히 바꾸신다. 그런 하나님을 믿고 동행하는 자에게는 그런 기적이 일어난다.

나는 맹인 안에서 하나님의 일들이 나타나는 것이 이사야가 기록한 예언의 한 성취라고 생각한다. 예수는 육신으로 이 땅에 오신 세상의 빛이시다. 그 빛이 우리 안에 들어오면 나의 인생은 밤에서 낮으로 변하고 하나님의 일들을 행하고자 하는 의욕이 솟구친다. 예수로 말미암아 밤과의 영원한 결별이 이루어진 우리 안에서는 하나님의 일들이 나타나고 세상의 빛이 세상의 어둠과 캄캄함을 제거한다.

예수께서 이 세상에 계시는 동안에는 "세상의 빛"이시다. 위대한 선언이다. 그래서 저자는 이 문장을 뽑아서 1장의 서두에 진열했다. 그런데 빛이신 예수는 하늘로 가셨지만 여전히 세상 끝날까지 우리와 항상 함께 거하신다(마 28:20). 그래서 예수는 육신으로 땅에 계실 때에도 세상의 빛이셨고 지금도 세상의 빛이시다. 그리고 그분은 우리 안에 거하시기 때문에 우리를 세상의 빛(마 5:14), 즉 세상의 낮이라고 칭하신다. 낮이 된 우리는 하나님의 일들을 행하여야 한다. 이러한 일의 당위성은 솟구치는 자발성과 연결되어 있다. 빛이 임하면 하나님의 일들을 하고자 하는 의욕이 샘솟기 때문이다. 태양이 주도하는 밤낮의 구분과 무관하게 우리의 삶은 언제나 근무 중인 인생이다. 하늘의 공직을 수행함에 있어서 출퇴근이 없다. 그런데 불쾌하지 않고 불행하지 않다. 우리도 예수처럼 아버지 하나님이 일하시니 우리도 일한다고 즐거운 마음으로 고백하는 것이 정상이다.

⁶이것들을 말하시고 그는 땅에 침을 뱉으시고
침으로 진흙을 만드시고 그의 두 눈에 진흙을 바르셨다

예수는 자신이 빛이라는 정체성을 증거하는 소정의 목적을 달성하신 이후에 그 현장을 떠나지 않으셨다. 맹인의 인생을 고치셨다. 이 구절에는 영원한 낮 되시는 예수께서 맹인을 고치시는 방법이 설명되어 있다. 세 가지의 동작으로 이루어진 치유 사역이다. 땅에 침을 뱉으셨고, 침으로 진흙을 만드셨고, 그 진흙을 두 눈에 바르셨다. 여기에서 개인의 침을 치료제로 사용하는 것이 가장 불편한 대목이다. 침은 불쾌한 감정과 경멸적인 비난을 밖으로 뱉아낼 때 사용되는 불결한 도구이기 때문이다. 물론 짐승들의 경우에는 혀로 새끼들을 핥으며 침을 온 몸에 바르는 것이 사랑의 표현이며 보호의 방식이다. 그러나 인간의 관계에서 침은 비인격적 소통의 부정적인 수단이다. 그리고 침으로 만든 진흙을 맹인의 두 눈에 바르는 것은 안 그래도 보이지 않던 눈을 더욱 캄캄하게 만드는 행동이다. 치유에 역행하는 동작이다. 예수의 기적을 더욱 선명하게 드러내는 역설적인 장치일 가능성도 있다.

제자들은 예수의 이 모든 행위들을 두 눈으로 목격하고 있다. 그들은 어쩌면 예수께서 돌팔이 의사일지 모른다는 의구심과 싸워야만 했다. 그들은 자신들의 눈을 의심했다. 예수께서 하나님의 일을 행하고 계신지, 아니면 그 일을 망치고 계신지를 분간할 수 없는 상황이다. 이와는 달리, 맹인은 예수의 행위를 보지 못하는 상황이다. 보았다면 어떤 느낌이 들었을까? 고운 풍채도 없고 흠모할 만한 아름다운 것이 하나도 없으신 예수의 외모를 보았다면 그에게 믿음이 생겼을까? 초라해 보이시는 예수와 침으로 치유하는 그의 행동을 두 눈으로 똑똑히 보았다면 그의 멱살을 잡지는 않았을까? 맹인은 남들보다 더 발달된 귀로 어느 정도 분위기는 감지하고 있었을 것이라고 생각된다. 솔직히, 예수의 행동은 치유에 대한 기대감을 오히려 사라지게 한다. 그러나 의도적인 행동일 가능성이 높다. 마치 아브라함이 바랄 수 없는 중에 바라고 믿은 그런 신앙의 절망적인 상황이 재연되는 느낌이다. 상황이 호전되지 않고 악화되는 것처럼 보이는 순간에도 우리는 주님을 신뢰해야 한다.

침과 흙으로 구성된 진흙을 예수라고 주장하는 사람들이 있다. 흙이라는 인간과 하나님의 입에서 나오는 침이라는 신적 본질의 합이라고 생각했기 때문이다. 과도한 비유적 해석이다. 그러나 나는 침과 흙을 예수가 아니라 인간과 연결하는 것은 고려할 필요가 있다고 생각한다. 예수께서 침으로 흙을 이겨서 진흙을 만드시는 장면은 창조의 사역을 떠올리게 한다. 하나님이 태초에 사람을 만드실 때에 땅의 흙과 신적인 입의 생기를 쓰셨기 때문이다. 예수께서 흙과 침을 섞어서 진흙을 만드신 것은 창조자의 위엄과 권능을 보이신 행위로 보아도 무방하다. 그리고 그 진흙을 맹인의 눈에 바르셨다. 여기에서 "바르다"는 말을 직역하면 "위에 기름을 붓다"(ἐπι + χρίω)로 번역된다. "기름 부음을 받은 자"라는 뜻의 그리스도 예수께서 흙에 기름을 부으신다. 이는 재창조를 보여주는 구원자의 행동이다. 이처럼 진흙을 만들어서 눈에 바르시는 행위로 예수는 인간을 만드신 창조자가 되신다는 사실과 연약한 인간을 고치실 수 있는 치유자도 되신다는 사실을 동시에 보이셨다.

나는 무스쿨루스의 해석도 존중한다. 그는 예수께서 사용하신 침과 진흙의 의미를 두 가지로 설명한다. 첫째, 침은 "인간적인 지혜"를 의미하고 진흙은 "지상적인 지혜"를 뜻한다고 한다. 이 설명은 이러한 지혜가 서기관과 바리새인 같은 불신자의 눈을 덮어서 진리를 보지 못하게 되었다는 사실을 드러내기 위함이다. 둘째, 침은 또한 하나님의 말씀도 의미하고 진흙은 땅에서 취한 육신을 의미한다. 이는 "예수의 침과 섞인 진흙이 성육신 한 말씀이고," "육신을 취한 말씀의 겸허한 모습은 세속적인 마음의 눈을 가진 자들로 하여금 진리를 보지 못하도록 막는다"는 사실을 강조하기 위함이다. 나아가 누구든지 침이 섞인 진흙에 실로암의 물 즉 성령의 은총이 더해지면 육체라는 진흙이 씻겨져서 말씀의 영광을 보게 된다고 무스쿨루스는 해석한다.

7그리고 그가 말하셨다 "실로암 못으로 가서 씻으라"

([실로암]은 '보냄을 받았다'로 번역된다) 이에 그는 가서 씻었고 보면서 왔다

진흙을 맹인의 눈에 바른 이후에 예수는 그에게 명하신다. 실로암 못으로
가서 씻으라고! "실로암"은 저자가 설명한 것처럼 "보냄을 받았다"로 번역
되는 못의 이름이다. 맹인은 보냄을 받은 그곳으로 갔다. 대단한 순종이다.
침이나 진흙이나 실로암은 맹인을 고칠 수 있는 효능이 없는 것들이다. 오
히려 환자를 가지고 장난치는 것처럼 오해하기 딱 좋은 것들이다. 그런데
도 맹인은 자신의 눈에 진흙을 발라도 저항하지 않았고 가서 씻으라는 예
수의 명령에도 망설임 없이 순종했다. 하나님의 일, 즉 놀라운 믿음의 일이
맹인 안에서 나타나고 있다. 그가 예수의 행위와 명령에서 창조자와 구원
자의 기운을 느꼈기 때문일까? 맹인의 내면을 알 수는 없지만 그가 자신의
눈으로 "보면서 왔다"는 사실은 분명하다. 기적이 일어났다. 기적은 하나님
의 말씀이 귀에 들어올 때가 아니라 발을 움직일 때에 일어난다. 행복도 말
씀이 귀로 들어올 때가 아니라 손발로 나갈 때에 주어진다. 이는 하나님이
태초부터 정하신 규정이다.

이 이야기에 등장하는 먼지와 침과 진흙과 실로암과 맹인의 행위는 치
유의 원인이 아니라는 것은 누가 보더라도 인정한다. 그렇다면 맹인이 보
게 된 치유가 이 땅에서는 그 원인이 발견되지 않는 기적임에 분명하다. 그
기적의 저자는 누구인가? 그리스도 예수 우리의 주님이다. 이 기적을 통해
서도 예수는 자신을 "눈먼 자들의 눈을 밝히"는 메시아와 하나님의 아들로
서 보이셨고(사 42:7) 저자는 그 사실을 확증하는 성과를 거두었다. 맹인에
게 명령을 내리신 것은 예수께서 기적과 회복의 질서를 허물지 않기 위함
이다. 구약의 핵심적인 메시지는 하나님의 말씀에 순종하면 복을 받고 순
종하지 않으면 저주를 받는다는 규칙이다. 이처럼 명령과 순종의 틀을 존
중하며 맹인을 고치신 예수의 기적은 구약과 신약의 통일성이 돋보이는 사

건이다. 동시에 그리스도 예수를 설명하는 절묘한 사건이다. 빛이시고 낮이신 분이 빛을 보지 못하는 맹인의 밤을 낮으로 바꾸시기 위해, 흙과 생기로 인간을 지으신 분이 흙과 침으로 진흙을 만들어서, 기름 부으심을 받은 분이 맹인의 눈 위에 기름 붓듯이 진흙을 바르시고, 보내심을 받은 분이 보냄을 받았다는 명칭의 실로암 못으로 맹인을 보내시고, 세상 죄를 자신의 피로 씻으신 분이 맹인에게 보내심을 받은 곳으로 가서 씻으라고 명하시고, 아버지의 명령에 죽기까지 순종하신 분이 맹인으로 하여금 그 아들에게 순종하게 하셨기 때문이다. 예수는 이 기적을 통해 자신을 온전히 보이셨다.

예수의 치유는 오랜 시간이 걸려서 점진적인 회복을 나타내는 방식이 아니었다. 즉각적인 치유였다. 저자는 맹인이 보게 되었으니 얼마나 잘된 일이냐고 감격하는 뉘앙스를 하나도 풍기지 않고 예수의 신적인 본성을 드러내는 일에 집중한다. "침을 뱉다, 진흙을 만들다, 눈에 바르다, 가서 씻으라고 명령하다" 같은 네 개의 동사로 예수의 행동을 설명한 것처럼 저자는 맹인의 행동에 대해서도 네 개의 동사로 간략히 묘사한다. 즉 맹인은 갔고 씻었고 보았고 왔다고 저자는 기록한다. 인생은 단순하다. 주님은 명하시고 우리는 순종한다. 주님은 명하신 그것을 다 이루시고 우리는 그 성취를 향유한다. 밤이었던 맹인은 이제 예수라는 빛이 비추어서 눈을 얻었으며 낮으로 바뀌었다. 그의 인생은 어둠에서 빛으로, 밤에서 낮으로, 아무것도 하지 못하던 무기력한 삶에서 하나님의 일들을 나타내는 역동적인 삶으로 바뀌었다. 모든 사람들이 흠모하는 황홀한 기적이다. 누구든지 빛이 그의 인생에 찾아오면 무식이 유식으로 바뀌고, 우둔함이 명철로 바뀌고, 무기력이 권능으로 바뀌고, 불의가 공의로 바뀌고, 거짓이 진리로 바뀌고, 수치가 영광으로 바뀌고, 불행이 행복으로 바뀌고, 슬픔이 기쁨으로 바뀌고, 미움이 사랑으로 바뀌고, 불화가 평화로 바뀌고, 불안이 안식으로 바뀌는 기적이 일어난다.

"실로암"(Σιλωάμ)을 주목하고 싶다. 저자가 "보냄을 받았다"('Απεσταλμένος)는 번역문을 일부러 삽입했기 때문이다. 맹인은 보냄을 받았다는 의미의 못에서 치유의 기적을 경험했다. 메튜 헨리는 실로암의 물을 이사야가 기록한 "실로아의 물"(사 8:6) 즉 메시아의 가르침과 법도라고 해석한다. 헨리의 해석이 옳다면, 예수는 맹인을 보내신 분이기도 하고 보내신 곳이기도 하다. 즉 예수는 맹인을 자신에게 보내신 것이었다. 일리가 있는 해석이다. 확대해서 보면, 하나님은 자신의 모든 백성을 부르시고 보내시는 분이시다. 그 백성은 자신들을 보내신 분이 보내신 곳에 머물러야 한다. 나는 주님께서 각자를 보내신 장소와 분야와 문화와 기호와 재능과 기능과 역할과 목적이 다 다르다고 생각한다. 물론 궁극적인 종착지는 예수로서 동일하다. 나를 보내신 곳은 어디일까? 우리 개개인의 문제들은 주님께서 보내신 각자의 고유한 실로암에 이르면 대체로 해결될 것이라고 나는 생각한다. 모든 시도를 했는데도 해결되지 않는 문제가 있다면 자신이 마땅히 있어야 할 실로암에 있는지를 점검하고 그곳으로 속히 떠나면 그 문제가 깨끗하게 씻어진다. 흙과 생기로 우리를 만드시며 의도하신 인생의 목적과 의미라는 실로암 복귀가 온갖 실명의 문제를 해결한다.

실로암 기적은 맹인의 부탁이나 요청 없이 이루어진 사건이다. 이는 은혜 베푸시고 아버지 하나님의 영광을 원하시는 예수의 마음을 잘 드러낸다. 사실 구하면 주시고 찾으면 찾아내고 두드리면 열린다는 인과율이 기적의 일반적인 패턴이다. 그러나 자신의 죄나 부모의 죄로 말미암지 않고 하나님의 영광을 드러내기 위해 일어난 문제는 구하거나 찾거나 두드림 없이도 해결된다. 인간의 힘으로는 아무런 조치도 취할 수 없는 절망적인 상황이 자신의 죄나 자신이 속한 공동체의 죄와 무관하게 조성될 때 우리는 그 상황에서 나타날 하나님의 영광을 기대해도 좋다. 절망적인 문제 속에서도 기뻐하는 것이 가능하다. 이는 예수라는 빛이 찾아올 때에만 가능하다. 물론 맹인의 경우처럼 그 영광의 빛이 인생의 중턱에서, 어쩌면 인생의 끝자락에 찾아올 지도 모른다는 점을 고려해야 한다.

> [8] 이웃 사람들과 전에 그가 걸인인 것을 보았던 사람들이 말하였다
> "이는 앉아서 구걸하던 자가 아닌가?" [9] 어떤 사람들은 "이 [사람]이 그다" 라고
> 말하였고 어떤 사람들은 "그가 아니라 그와 비슷하다"고 말하였다
> 그는 "내가 그입니다" 라고 말하였다

맹인의 지인들이 기적 이후에 반응한다. 태생적인 맹인은 당시에도 드물었기 때문에 그는 아는 이웃들과 지인들이 많다. 그들이 평소에 알던 맹인은 길가에 앉아 구걸하는 사람이다. 그런데 그 맹인이 그들의 눈앞에서 눈을 뜨고 보면서 걸어가고 있다. 그래서 이 사람이 과연 자신들이 알던 맹인이 맞는지에 대해 서로 문의한다. 그들의 의견은 분분하다. 즉 그가 맞다고 말하는 사람들과 그가 아니고 비슷한 사람일 뿐이라고 말하는 사람들로 갈라진다. 전자는 변화된 현실을 수용하는 자들이고, 후자는 과거의 경험을 고수하는 자들이다. 동일한 사실에 대한 평가가 각자의 성향에 따라 달라지는 것은 일반적인 현상이다. "그가 아니라"고 생각하는 사람들의 긍정적인 측면은 그들이 알아보지 못할 정도로 맹인이 다른 사람으로 변했다는 사실을 증거함에 있다. 칼뱅의 말처럼 그들의 의심은 저자에 의해 예수의 기적을 확증하는 역설적인 도구로 활용된다.

의견의 갈라짐을 지켜본 맹인은 "내가 그입니다"라고 말하였다. 그는 기적으로 말미암은 자신의 변화를 정확하게 인지하고 있다. 과거에 구걸하던 부끄러운 인생을 지우고 싶어서 그 맹인이 아닌 것처럼 부정할 수도 있었는데 그는 그럴싸한 수식어나 미사여구 없이 길거리에 앉아 구걸하던 맹인임을 담백하게 인정한다. 과거의 어떠한 것도 이제는 부끄럽지 않다. 과거는 그에게 어떠한 영향도 주지 못하는, 말 그대로 이미 지나간 시간이기

때문이다. 바울의 표현을 빌리자면, 그리스도 안에서 새로운 피조물이 되었고 이전 것은 모조리 지나갔기 때문이다. 예수를 믿고 새롭게 되었어도 자신의 과거를 알아보는 지인들의 시선을 피하며 그 과거 앞에서 여전히 위축되고 작아지는 사람들이 있다. 그러나 바울은 자신의 부끄럽고 추한 과거, 즉 "나는 사도 중에 가장 작은 자"라고 고백했고 "사도라 칭함 받기를 감당하지 못할 자"라고도 했다(고전 15:9). 심지어 "내가 전에는 비방자요 박해자요 폭행자"(딤전 1:13)의 부끄러운 이력 때문에 "죄인 중에 내가 괴수"라는 고백까지 했다(딤전 1:15). 그는 괴수라는 과거의 연약함을 오히려 자랑했다(고후 11:30). 신앙과 인격과 삶의 올챙이 시절을 떠올리며 자랑하면, 자신은 겸손할 수 있어서 좋고, 타인은 그를 과도하게 추앙하지 않게 되어서 좋고, 과거와 현재의 현저한 변화가 증거되어 하나님께 보다 확실한 영광과 감사를 드릴 수 있어서 좋기 때문이다.

10이에 그들이 그에게 말하였다 "어떻게 너의 두 눈이 떠졌느냐?" 11그가 답하였다 "예수라고 불리는 그 사람이 진흙을 만들어서 나의 두 눈에 바르고 '실로암에 가서 씻으라'고 나에게 말하기에 가서 씻었더니 내가 보게 됐습니다" 12그들이 그에게 말하였다 "그가 어디에 있느냐?" 그가 말하였다 "나는 모릅니다"

사람들은 맹인이 치유된 비결이 궁금하다. 태생적인 맹인도 적었지만 그런 사람이 치유되어 눈을 뜬 기적은 태초부터 지금까지 한 번도 없었기 때문이다. 세상의 창조 이후로 태생적 맹인의 치유라는 초유의 기적을 일으키는 비결을 안다면 세상의 모든 것을 변화시킬 능력의 소유자가 될 것을 기대해도 좋다. 치유된 맹인의 입에서 나온 그 비결은 예수였다. 그는 예수의 행동과 자신에게 이루어진 기적을 그대로 진술했다. 사람들이 궁금해 하면 할수록 몸값은 올라간다. 그런데 이 맹인은 이 신비로운 비결로 돈벌이를 하거나 대대적인 간증 집회를 통해 유명세를 타거나 자신에게 호의를 베푼 자에게만 은밀하게 비법을 전달하여 패거리를 만들고 교주가 되려고 하지 않고 숨김없이 모든 사람에게 그 비밀을 공유했다. 그런데 오늘날 교회에는 은혜로 장사하는 사람들이 많다. 은혜에 저작권을 설정하고 참석자의 좌석에 가격을 매기고 다른 사용자에 대해서는 로열티를 받겠다는 발상 자체가 은혜와 무관한 사람임을 입증한다.

맹인을 아는 사람들은 그의 답변을 듣고 치유의 근원이신 예수가 어디에 있는지를 질문한다. 좋은 질문이다. 예수는 초유의 기적을 행하신 이후에 자리를 떠나시고 자신을 숨기셨다. 맹인은 예수의 거처를 모른다고 정직하게 대답했다. 치유된 맹인은 예수의 거처를 아는 것처럼 연출하며 지인들의 주머니를 뜯어낼 수도 있었지만 모른다고 했다. 이처럼 기적의 수혜자가 모를 정도로 예수는 신속하게 자신을 일부러 감추셨다. 왼손이 하는 것을 오른손이 모를 정도의 선행이 이런 것인지도 모르겠다. 예수는 기적을 행하실 때에 보상을 계산하지 않으신다. 조건에 근거하지 않고 대가도 바라지 않는 순수한 은총을 값없이 베푸신다. 그런데 오늘날 주님의 은혜와 권능을 받아서 섬기는 목회자들 중에 금전적인 보상과 사회적인 유명세를 꼼꼼하게 챙기는 사람들이 많다. 그런 사람들의 처신은 예수의 정신에 너무나도 어긋난다. 그런 행동이 돈벌이는 되어도 복음의 가치를 떨어지게 한다. 복음이 무너지면 기독교 전체가 몰락한다. 가장 심각한 일은 이로 말미암아 하나님의 영광이 가려지고 그의 이름은 세상에서 모독을 당한다는 사실이다.

제자들을 향해 하신 예수의 말씀이다. "병든 자를 고치며 죽은 자를 살리며 나병환자를 깨끗하게 하며 귀신을 쫓아내되 너희가 거저 받았으니 거저 주라"(마 10:8). 불치의 병을 고치면 세상이 얼마나 놀라는가! 재산을 통째로 보따리에 싸서 바치며 치유해 달라고 매달리는 사람들이 얼마나 많겠는가! 더군다나 죽은 자를 살린다면 어떻게 되겠는가! 새로운 암 치료제가 나온다면 그 발명자를 전 세계가 주목하고 열광하는 것처럼, 죽은 자를 살리는 기적을 일으킨 사람에게 온 세상이 열광하며 지구촌 규모로 떠들썩할 것이 분명하다. 이 세상의 질병만이 아니라 영적 세계의 귀신들도 바들바들 떨며 도망갈 정도로 어떤 사람에게 굴복하는 기적이 일어나면 어떻게 되겠는가? 그는 현상적인 세계만이 아니라 영적인 세계도 접수한 지배자인 것처럼 추앙을 받지 않겠는가? 이러한 부작용을 방지하기 위해서는 "거저 받았으니 거저 주라"는 예수의 명령에 순종해야 한다.

만약 기적이 발생한 이후에 그 기적에 가격을 매기고 보상을 챙기는 순간 영적인 권위와 위엄은 완전히 사라진다. 하나님이 아니라 맘몬을 섬기는 것이기 때문이다. 영적인 권세는 영이신 하나님을 섬길 때에만 주어지고 발휘된다. 재물을 섬기는 순간 재물의 세속적인 권세를 휘두르며 살아가게 된다. 그 권세를 사용하는 대가로서 재물의 노예가 되는 계약에 들어가는 비용을 지불해야 한다. 이 남루한 흥정과 거래에 기꺼이 날인하는 목회자는 참으로 미련하고 어리석다.

요 9:13-25

¹³그들이 전에 맹인이었던 사람을 데리고 바리새인들에게 갔더라 ¹⁴예수께서 진흙을 이겨 눈을 뜨게 하신 날은 안식일이라 ¹⁵그러므로 바리새인들도 그가 어떻게 보게 되었는지를 물으니 이르되 그 사람이 진흙을 내 눈에 바르매 내가 씻고 보나이다 하니 ¹⁶바리새인 중에 어떤 사람은 말하되 이 사람이 안식일을 지키지 아니하니 하나님께로부터 온 자가 아니라 하며 어떤 사람은 말하되 죄인으로서 어떻게 이러한 표적을 행하겠느냐 하여 그들 중에 분쟁이 있었더니 ¹⁷이에 맹인되었던 자에게 다시 묻되 그 사람이 네 눈을 뜨게 하였으니 너는 그를 어떠한 사람이라 하느냐 대답하되 선지자니이다 하니 ¹⁸유대인들이 그가 맹인으로 있다가 보게 된 것을 믿지 아니하고 그 부모를 불러 묻되 ¹⁹이는 너희 말에 맹인으로 났다 하는 너희 아들이냐 그러면 지금은 어떻게 해서 보느냐 ²⁰그 부모가 대답하여 이르되 이 사람이 우리 아들인 것과 맹인으로 난 것을 아나이다 ²¹그러나 지금 어떻게 해서 보는지 또는 누가 그 눈을 뜨게 하였는지 우리는 알지 못하나이다 그에게 물어 보소서 그가 장성하였으니 자기 일을 말하리이다 ²²그 부모가 이렇게 말한 것은 이미 유대인들이 누구든지 예수를 그리스도로 시인하는 자는 출교하기로 결의하였으므로 그들을 무서워함이러라 ²³이러므로 그 부모가 말하기를 그가 장성하였으니 그에게 물어 보소서 하였더라 ²⁴이에 그들이 맹인이었던 사람을 두 번째 불러 이르되 너는 하나님께 영광을 돌리라 우리는 이 사람이 죄인인 줄 아노라 ²⁵대답하되 그가 죄인인지 내가 알지 못하나 한 가지 아는 것은 내가 맹인으로 있다가 지금 보는 그것이니이다

❖ ❖ ❖

¹³그들은 이전에 보지 못하던 그를 바리새파 무리에게 데려갔다 ¹⁴그런데 안식일이 예수께서 진흙을 만들어서 그의 눈을 뜨게 하신 날이었다 ¹⁵그래서 바리새파 사람들도 그에게 그가 어떻게 보게 된 것인지를 다시 질문했다 이에 그가 그들에게 말하였다 "그가 진흙으로 내 눈에 바르셨고 나는 씻었는데 내가 보고 있습니다" ¹⁶바리새파 중에 어떤 사람들이 말하였다 "이 [사람]은 하나님으로부터 온 사람이 아니다 왜냐하면 그는 안식일을 준수하지 않았기 때문이다" 다른 이들은 말하였다 "죄악된 사람이 어떻게 이런 표적들을 행할 수 있겠느냐?" 그들 중에 분열이 일어났다 ¹⁷이에 그들이 그 맹인에게 다시 말하였다 "그가 네 눈을 뜨게 하였는데 너는 그를 어떤 이라고 말하느냐?" 그는 그(예수)가 선지자라 말하였다 ¹⁸유대 사람들은 다시 보게 된 자의 부모를 부를 때까지 그가 보지 못하다가 보게 되었다는 것을 믿지 못하였다 ¹⁹그들이 그 [부모]에게 질문하며 말하였다 "이 [사람]이 너희가 맹인으로 났다고 말하는 너희 아들이냐? 그러면 지금은 어떻게 보이느냐?" ²⁰이에 그의 부모가 대답하며 말하였다 "이 [사람]은 우리 아들이고 맹인으로 태어난 것을 알고 있습니다 ²¹그러나 지금 그가 어떻게 보는지는 알지 못합니다 또한 누가 그의 눈을 뜨게 했는지도 우리는 모릅니다 그에게 물어 보십시오 그는 성인이며 자신에 대해 말할 것입니다" ²²그의 부모는 유대 사람들이 두려워서 이렇게 말하였다 왜냐하면 유대 사람들이 이미 누구든지 그를 그리스도로 인정하면 출교를 당하도록 결의했기 때문이다 ²³이러므로 그의 부모가 "그는 성인이니 그에게 물으라"고 말하였다 ²⁴이에 그들은 맹인이던 사람을 두 번째로 불러서 그에게 말하였다 "너는 하나님께 영광을 드려라 우리는 이 사람이 죄인임을 안다" ²⁵그가 답하였다 "그가 죄인임을 나는 모르지만 한 가지는 알고 있습니다 맹인이던 내가 지금은 본다는 것입니다"

<h1>지독한 고정관념</h1>

유대 사람들은 맹인을 바리새파 무리에게 데려간다. 이는 예수에 대해 가장 적대적인 사람들, 성경에 근거하여 예수를 능히 짓누를 것 같은 자들에게 찾아가 자신들의 편향된 확증을 강화하기 위함이다. 바리새파 무리의 심기를 자극할 최고의 도구로서 안식일이 예수께서 맹인을 치유하신 날이라는 사실까지 동원된다. 그러나 바리새파 내에서도 예수에 대한 견해가 갈라졌고 분열까지 일어나는 바람에 유대 사람들은 맹인의 부모를 소환하여 압박했다. 그들은 부모의 입에서 예수가 안식일을 범한 죄인이란 답변을 도출하고 싶어했다. 진실을 있는 그대로 인정하지 않고 자신의 편협한 관점과 어설픈 결론에 온 세상을 구겨 넣으려고 한다. 그들의 고정된 관념은 지독하다. 그러나 그들은 바리새파 사람들의 입에서도, 맹인의 입에서도, 그 부모의 입에서도, 유대인이 원하는 답변을 얻어내지 못하였다. 기적을 체험한 맹인은 예수를 긍정하면 출교를 당한다는 사회적인 위협 속에서도 예수를 죄인이 아니라 선지자로 이해했다. 이러한 이해를 유대 사람들이 부정하자, 자신이 경험한 기적 자체를 증거로 제시한다. 맹인은 그 자

신이 예수께서 기적을 행하시는 선지자가 되신다는 사실의 증거였다. 맹인의 출생이 하나님의 일을 드러내기 위함임을 그는 제대로 드러낸다. 우리가 드러내는 하나님의 일은 무엇인가?

¹³그들은 이전에 보지 못하던 그를 바리새파 무리에게 데려갔다

유대 사람들은 "이전에 보지 못하던" 완전히 달라진 맹인을 바리새파 무리에게 데려갔다. 그런데 그들은 지금의 변화된 맹인이 아니라 여전히 "이전에 보지 못하던" 과거의 맹인을 상대하고 있다. 이는 그들의 관념이 과거에서 현실로 건너오지 않았음을 드러낸다. 그들에게 지금의 맹인은 너무도 신비롭기 때문이다. 신비는 실험할 수도 없고, 검증할 수도 없고, 해석할 문법도 이 세상에 없기 때문에 신비를 수용하는 것은 사회의 룰과 통념을 깨는 일이기도 하다. 유대인이 그를 바리새파 무리에게 데려간 이유는 무엇인가? 당시에 바리새파 무리는 진리와 도덕의 잣대였다. 그들이 율법의 해석권을 독점하던 시대였기 때문이다. 그래서 부정하고 싶은 현실을 계속 수용하지 않아도 되는 성경적인 명분을 얻고 싶었기 때문일까? 아니면 태생적인 맹인이 눈을 뜨는 초유의 기적이 너무도 궁금해서 설명해 달라고 요청하기 위함일까? 아니면 기적도 안식일을 피해야 하는데 그날에 일어났기 때문에 기적을 고발하기 위함일까? 내 생각에는, 자신들의 판단이 성경과 시대의 권위 있는 해석자의 입에서 공적 승인을 받은 입장인 것처럼 만들고 싶기 때문이다.

그러나 과연 바리새파 무리가 한 시대를 판독하고 한 사회에 방향을 제시할 정도의 종교적, 도덕적, 해석학적 실력을 갖추고 있는지는 의문이다. 사람들 사이에서 높임 받기를 좋아하고 정작 그들의 인생을 하나님 앞에 온전하게 세우는 일에 대해서는 무관심한 자들이기 때문이다. 예수의 평가에 의하면, 그들은 인기를 위해 근사한 말들을 많이 하지만 자신들은 그 말씀의 실천에 손가락 하나도 움직이지 않으려는 자들이다. 그래서 예수는 "그들이 말하는 바는 행하고 지키되 그들이 하는 행위는 본받지 말라"는 주의보도 내리셨다(마 23:3). 이로 보건대, 바리새파 무리는 한 시대에 경건과 윤리의 기준을 제시할 자격과 자질을 상실한 자들이다.

14그런데 안식일이 예수께서 진흙을 만들어서 그의 눈을 뜨게 하신 날이었다

저자는 태생적인 맹인의 치유가 안식일에 이루어진 일임을 지적한다. 앞으로 이루어질 일의 부정적인 방향과 불길한 흐름을 예측하게 하는 언급이다. 예수는 장로들이 정한 안식일 규례에 어긋나는 두 가지의 일을 행하셨다. 첫 번째는 진흙을 만드신 일이었고, 두 번째는 사람을 치료하신 일이었다. 이 일들이 상식을 따라서는 아무런 문제도 되지 않고 오히려 박수 받을 일이지만, 유대인의 종교적 고정관념 속에서는 범죄였다. 선행도 그들의 기준에 어긋나는 날에 일어나면 악행이다. 바리새파 사람들은 율법의 형식적인 실천에 가장 예민하고 예수를 가장 강하게 배격한 무리였다. 유대인이 그런 그들에게 맹인을 데려간 것은 예수의 위업을 홍보하기 위함이 아니라 예수와 바리새인 사이에 형성된 갈등의 도화선에 불을 붙이기 위함이다. 이러한 의혹을 저자는 안식일 언급으로 제기한다.

¹⁵그래서 바리새파 사람들도 그에게 그가 어떻게 보게 된 것인지를
다시 질문했다 이에 그가 그들에게 말하였다
"그가 진흙으로 내 눈에 바르셨고 나는 씻었는데 내가 보고 있습니다"

인과의 접속사인 "그래서"(οὖν)가 쓰인 이유는 안식일 언급과 바리새파 무리의 반응이 연결되어 있기 때문이다. 바리새파 사람들은 예수가 안식일을 어긴 사태를 직감했고 예수에 대한 그들의 적개심과 전투력은 서둘러 상승했다. 그리고 태생적인 맹인의 치유 비결보다 어떤 종류의 안식일 위반이 있었는지 파악하기 위해 "어떻게 보게 된 것인지"를 질문한다. 이에 그는 예수께서 진흙을 바르셨고 자신은 씻었다고 대답한다. 대답이 짧아졌다. 진흙을 만드시고 눈에 바르시고 실로암에 가서 씻으라고 명하시는 예수에게 순종하며 맹인이 실로암에 갔고 씻었고 보게 되었다는 내용에서 바르고 씻고 본다는 내용으로! 동일한 사건을 반복해서 기록하는 저자가 내용을 다 아는 독자를 위해 축약적 기록을 의도했다. 동시에 바리새파 사람들이 예수를 죽이고자 하되 그 명분이 대단한 것이 아니라 고작 진흙 바르는 사소한 일과 관계된 수준임을 저자는 보이고자 한다. 이는 예수를 죽이고자 함은 그를 미워하기 때문이고 그런 미움을 숨기고 예수 처형을 정당화할 그럴 듯한 명분을 물색하고 있다는 그들의 속내를 돌려서 고발하는 것이기도 하다. 그들이 보기에 바리새파 무리는 판단의 주특기를 가진 전문가다. 그들에게 그런 전문가의 쓸모는 자신들이 가진 감정적인 편견의 정당화에 있다.

₁₆바리새파 중에 어떤 사람들이 말하였다
"이 [사람]은 하나님으로부터 온 사람이 아니다 왜냐하면 그는 안식일을
준수하지 않았기 때문이다" 다른 이들은 말하였다 "죄악된 사람이 어떻게
이런 표적들을 행할 수 있겠느냐?" 그들 중에 분열이 일어났다

그런데 유대 사람들도 그랬듯이 바리새파 내에서도 예수의 기적을 대하는
입장이 갈라진다. 한 부류는 안식일 규정을 중심으로, 다른 한 부류는 기적
을 중심으로 예수의 치유를 이해하고 예수를 평가한다. 첫째 부류는 예수
께서 안식일을 준수하지 않으셨기 때문에 그는 위로부터 온 하나님의 사
람이 아니라 죄인일 뿐이라고 단정한다. 물론 하나님의 사람은 십계명의
제 4계명을 준수해야 한다. 그러나 그 계명의 의미가 중요하다. 바리새파
무리는 안식일의 본의를 모르고 회칠한 무덤처럼 겉으로만 화려한 안식일
준수를 고집한다. 안식일은 인간의 일을 멈추고 안식을 취하는 날이라는,
그래서 하나님의 일은 멈추지 않는 날이라는 사실에 무지했다.

안식일 준수는 누구의 일을 쉬느냐가 관건이다. 그런데 그저 자신들이
생각하는 규정과 방식을 따라 지켜져야 안식일 준수로 인정한다. 그들은
자신들의 옳음을 기준으로, 그 옳음을 과시하는 방식으로, 그 옳음을 더 강
화하는 방향으로 모든 것을 해석하고 판단한다. 예수는 안식일을 어기지
않으셨다. 오히려 이루셨다. 그런데도 바리새파 무리는 자신의 기준에 비
추어 예수를 안식일 어긴 죄인으로 규정했다. 말씀의 자의적인 해석에 근
거한 인간의 판단은 이처럼 메시아도 죄인으로 단정한다. 하나님의 뜻을
기준으로 삼아 인간을 판단하지 않고 인간의 그릇된 해석을 기준으로 하
나님을 판단하는 무례함과 불경함은 지금도 곳곳에서 발견된다. 마귀는 때
때로 기록된 텍스트가 아니라 그 텍스트의 해석을 은밀히 건드린다.

둘째 부류는 예수께서 놀라운 "표적들"을 행하셨기 때문에 그는 죄인일
수 없다고 판단한다. 이들은 평범한 사람이 행할 수 없는 기이한 일들을 행

하는 사람을 높이 평가한다. 그러나 예수를 하나님의 아들로 이해한 것은 아니었다. 안식일을 어겨도 기적을 행하는 비범함만 보이면 면죄부를 발부한다. 규정보다 기적을 더 강한 권세로 여기기 때문이다. 지금도 어떤 목회자가 기이한 행각으로 사회적인 물의를 일으켜 도덕적인 지탄의 대상이 되어도 그에게서 치유의 기적을 경험한 사람들은 무조건 그를 추앙하며 그를 지키려고 방탄벽을 자처한다. 나를 고친 분은 결코 죄인일 수 없다는 맹목적인 판단 때문이다. 그러나 세상에는 기이한 일 뒤에 숨어서 온갖 부패와 타락을 전매특허 낸 것처럼 무더기로 저지르는 목회자가 있다. 그에게 "표적들"은 신적인 정체성을 드러내는 것이 아니라 야비한 정체성을 은폐하는 수단이다. 우리는 아무리 유능한 사람에 대해서도 그의 은사를 보지 말고 열매를 보고 판단해야 한다.

예수에 대한 평가를 중심으로 바리새파 무리 안에 "분열"이 일어났다. 이 "찢어짐 혹은 나누어짐" 등을 의미하는 "분열"(σχίσμα)은 군중 내에서 일어난 분열과 동일하다(요 7:43). 군중이든 바리새파 무리이든, 율법에 무지하든 율법에 정통하든, "분열"은 어디든지 파고든다. 다양한 의견을 존중하는 사회의 특징은 분열이 아니라 공존이다. 바리새파 무리의 "분열"은 그 무리가 다른 견해를 수용하지 않는 폐쇄적인 집단임을 반증한다. 동시에 우리는 열린 사회라고 해서 무조건 좋다는 평가도 자제해야 한다. 하나님을 떠난 사회, 그분의 뜻이 질서로서 존중받지 못하는 사회에는 무모한 견해들만 난무하기 때문이다. 그런 사회에는 하나님의 뜻이라는 질서의 부재가 가져오는 결과의 심각성을 느끼는 도덕적 감지력이 없다. 물론 악한 사회의 분열에는 순기능도 있다. 집단의 응집된 동력을 상실하게 만들기 때문이다. 지금 바리새파 경우에도 예수를 죽이려는 동력이 그들의 분열로 어느 정도 저지되고 있다. 그래서 분열은 아주 특이하고 은밀한 은총이다. 이는 세상이 자신의 광기로 하나님을 대적하며 멸망을 자초할 때 하나님은 분열을 통해 그 멸망을 막으시기 때문이다. 교회도 땅의 안락에 도취되어 세상에 안주하며 하늘 소망을 망각하는 분위기가 조성되면 하나님은 박해의 채찍으로 교회를 흩으셔서 제정신이 들도록 만드신다.

> 17이에 그들이 그 맹인에게 다시 말하였다 "그가 네 눈을 뜨게 하였는데 너는 그를 어떤 이라고 말하느냐?" 그는 그(예수)가 선지자라 말하였다

예수의 정체성에 대한 물음이 맹인에게 주어진다. 여기에서 저자는 "이전에" 맹인이던 사람이 아니라, 치유되어서 눈이 밝아진 맹인이 아니라, 그냥 "그 맹인에게" 물었다고 기록한다. 이는 맹인에게 질문을 던지는 바리새파 사람들의 어두운 무지를 강조하기 위해 의도된 기록이다. 바리새파 무리는 물으면서 단서 하나를 추가한다. "네 눈을 뜨게 하였기 때문에." 이러한 단서가 붙은 바리새파 무리의 질문은 고약하다. 맹인이 좋은 답변을 한다면 그가 눈의 치유라는 신세를 졌기 때문에 휘어진 답변을 하였다는 여론을 조장할 것이고, 나쁜 답변을 한다면 예수와 접촉한 기적 당사자의 부정적인 증언을 예수 박해의 꼬투리로 삼으려고 할 것이기 때문이다. 그런데 맹인의 대답은 "선지자"다. 예수에 대한 긍정적인 평가를 두려움 때문에 자제하던 시대에 이것은 대단히 용감한 대답이다. 로마 황제 앞에서 예수를 "주"라고 고백하는 것(로마 황제는 주가 아니라는 고백)과 바리새인 앞에서 예수를 "선지자"라고 고백하는 것(바리새파 무리는 진리를 가르치는 선지자가 아니라는 고백)은 거의 동일한 용기를 요구하기 때문이다.

물론 맹인의 답변이 약간 아쉽지만 그래도 바리새파 무리보다 예수를 훨씬 더 잘 이해했다. 종교적인 물음에 답을 주어야 할 그들이 오히려 앞도 보지 못하던 맹인의 입에서 답을 건지려는 모습이 가관이다. 시민의 등대로 살아가야 할 사람들이 사사로운 욕망에 빠져 자신들의 종교적 아성 쌓기에 급급하니 어찌 사회에 인생의 이정표를 제시할 수 있겠는가! 종교 지

도자가 공적인 의식을 상실하고 자신을 향하는 순간 그는 민족의 등대이 길 포기하는 것이며 자기인생의 방향도 상실하게 된다. 나아가 온 백성을 도탄에 빠뜨린다. 구걸하던 맹인에게 답변을 구걸하는 바리새파 무리의 모습은 만민의 캄캄한 눈을 열어주시는 선지자 예수와 극명하게 대조된다.

18유대 사람들은 다시 보게 된 자의 부모를 부를 때까지
그가 보지 못하다가 보게 되었다는 것을 믿지 못하였다

장면은 다시 유대 사람들 이야기로 넘어간다. 자신들의 불신에 정당성을 부여할 것으로 기대하고 맹인까지 데려갔던 유대 사람들은 바리새파 무리의 분열을 보고 걸음을 돌이켰다. 예수에 대한 그들의 불신은 완고했다. 길에서 구걸하던 맹인이 맞다는 당사자의 확증도 그들은 거부했다. 사실보다 사실에 대한 평가를 더 믿으려는 그들의 성향은 당대의 판단 전문가인 바리새파 무리를 찾았지만 그들의 입에서도 원하던 답을 듣지 못하였다. 그들은 이제 맹인의 부모를 찾아간다. 부모가 자식임을 인정할 때 믿겠다는 심정으로! 여기에서 주목할 것은 유대 사람들이 예수의 기적을 지독하게 믿지 않으려는 특별한 이유에 대한 언급이 없다는 사실이다. 그래서 독자는 이 대목을 읽으면서 인간 자체의 문제, 즉 본성의 심각한 고장을 의심하게 된다. 외부의 어떠한 원인도 발견되지 않는 것은 문제의 원인이 내부에 있기 때문이다. 예수의 기적을 불신하는 이유는 바울이 지적한 것처럼 유대인이 마음에 하나님 두기를 싫어하기 때문이다(롬 1:28). 유대 사람만이 아니라 온 세상에 하나님을 찾는 자, 선과 의를 행하는 자, 죄로 치우치지 않은 정상적인 인간이 하나도 없다는 시인의 선언(시 14:1-3)은 언제나 사실이다.

¹⁹그들이 그 [부모]에게 질문하며 말하였다 "이 [사람]이 너희가 맹인으로 났다고 말하는 너희 아들이냐? 그러면 지금은 어떻게 보이느냐?"

유대 사람들이 맹인의 부모에게 질문한다. 맹인으로 태어난 아들이 맞느냐고! 눈을 시퍼렇게 뜨고 보고 있는데도 저 사람이 진짜 아들이 맞느냐고! 태어난 아들은 맹인인데 지금은 눈 뜨고 있으니까 그들의 아들일 리가 없다는 반어법적 질문이다. 부모가 아들을 아들이라 대답하면 부모와 아들 모두가 집단적인 구타나 파문을 당할 것 같은 두려움이 느껴지는 위협적인 질문이다. 이는 질문이 아니라 협박이다. 진실을 들으려고 하지 않고 원하는 대답을 강요하고 있다. 부모는 그들의 입맛에 맞추어진 대답을 할 것인지, 아니면 있는 그대로의 사실을 말할 것인지를 결정해야 한다.

²⁰이에 그의 부모가 대답하며 말하였다 "이 [사람]은 우리 아들이고 맹인으로 태어난 것을 알고 있습니다 ²¹그러나 지금 그가 어떻게 보는지는 알지 못합니다 또한 누가 그의 눈을 뜨게 했는지도 우리는 모릅니다 그에게 물어 보십시오 그는 성인이며 자신에 대해 말할 것입니다"

부모는 질문의 위협적인 뉘앙스를 감지하고 맞춤형 답변을 제시한다. 부모의 신세가 처량하다. 자식이 태어난 순간 앞을 보지 못한다는 사실을 안 부모의 심정은 어땠을까? 차라리 태어나지 않았으면 좋았을 것이라는 탄식의 무게는 수십 년간 얼마나 자랐을까? 눈에 가시처럼 아프던 아들의 무기력한 눈이 드디어 고쳐졌다. 자식의 치유는 부모의 불행을 행복으로, 슬픔을 기쁨으로, 절망을 감격으로 바꾸는 일이었다. 그런데도 심장이 터질 것처럼 감격하며 기쁨의 축제를 벌여야 할 기적의 순간에 부모는 입을 단속해야 한다. 이처럼 종교가 병들면 기쁨과 즐거움이 눈치를 보고 건강한 감

정의 표현도 검열을 받고 위축된다. 부모는 표정을 관리하며 유대 사람들의 귀에 거슬리지 않을 정도로 답변의 수위를 조절한다.

먼저 부모는 이 사람이 자신들의 아들인 것과 맹인으로 태어난 두 가지의 사실을 인정한다. 부모는 자식이 아무리 몰라보게 변해도 다 알아본다. 맹인이 본다는 것은 천지가 개벽하는 수준의 변화일 수 있지만, 그래도 부모의 눈에 자식은 늘 동일한 자식이다. 눈 뜬 맹인을 아들로 인정한 부모로 인해 기적은 기적으로 여겨졌다. 분위기가 아무리 삼엄해도 자식을 부정할 수는 없는 노릇이다. 그러나 자식에게 기적이 일어난 방식과 기적의 주체에 대해서는 모른다고 시치미를 뗀다. "어떻게"와 "누가"에 대한 답변을 거부한 것에 대해 칼뱅은 비겁한 처사라고 부모를 비판한다. 맹인이던 자식이 눈 뜨는 것은 부모의 오랜 숙원이다. 그런 숙원을 이루신 예수를 모른다고 함구하는 것은 은혜를 져버리는 망덕이다. 목에 칼이 들어와도 예수를 구원자로 시인하는 것이 은혜에 대한 최소한의 도리가 아니던가!

자녀가 맹인으로 태어난 것은 누구의 죄 때문이 아니라 하나님의 일들을 나타내기 위한 것이었다. 그런데 부모의 침묵으로 인해 하나님의 일들이 인격적 주체 없는 막연한 에너지의 작용으로 바뀌었다. 의도한 것은 아니지만 하나님의 영광이 가려지는 부작용에 부모의 침묵이 기여했다. 혹시 돌아올지 모르는 불이익이 무서워 선택한 그 침묵은 지혜로운 선택이 아니었다. 주께서 자식의 눈을 뜨게 하셨다면 후탈이 없도록 지켜주는 것도 기꺼이 하시지 않겠는가! 게다가 부모는 위기를 자식에게 떠넘긴다. 그 자식이 이미 성인이기 때문에 스스로 "자신에 대해 말할 것"이라고 한다. 법적인 행위능력, 의사표시 능력이 성인에게 있다는 건 당연하다. 그러나 곤란한 질문을 스스로 막아서지 않고 자식에게 돌리는 부모는 비겁하다. 지금까지 수십 년간 보지 못한 신체적 고통에서 막 벗어난 아들에게 사회적 고통이 주어질지 모르는 질문을 떠넘기는 부모를 보면 그들이 부모일까 싶다. 보지 못하는 아들을 키우면서 그 부모는 평소에 어떤 마음을 가졌을까?

자식에 대해서는 떼어내고 싶은 인생의 혹인 것처럼 구박하며 하늘에 대해서는 늘 원망과 불평을 퍼붓지는 않았을까? 이제 치유된 이후에도 이 자식 때문에 부모가 유대 사회에서 따돌림 당할 분위기가 조성되자 유대인의 뾰족한 시선을 자식에게 돌리려고 한다.

²² 그의 부모는 유대 사람들이 두려워서 이렇게 말하였다 왜냐하면 유대 사람들이 이미 누구든지 그를 그리스도로 인정하면 출교를 당하도록 결의했기 때문이다 ²³이러므로 그의 부모가 "그는 성인이니 그에게 물으라"고 말하였다

저자는 부모의 비겁함을 넘어 당시의 사회적인 분위기를 주목한다. 지금 유대인 사회는 살벌하다. 부모는 유대 사람들이 두려웠다. 두려움이 그 부모의 언어를 주관했다. 언어는 섬세해서 약간의 위협만 느껴도 표정이 굳어진다. 언론은 한 시대의 표정이다. 당시 유대 사회의 표정이 경직되어 있다. 예수를 메시아로 인정하면 출교를 당한다는 유대인의 결의 때문이다. 여기에서 "출교를 당한다"(ἀποσυνάγωγος)는 것은 "회당에서 배제되는 것"을 의미한다. 즉 유대인의 정체성을 좌우하는 하나님의 말씀을 듣고 배울 권리의 박탈을 의미한다. 개개인이 성경을 소유하지 못하던 시대에 출교는 진리와의 단절을 의미했다. 거짓과 어둠 속으로 쫓겨나는 것을 의미했다. 말 한 마디만 잘못하면 인생이 날아가는 두려움이 그 시대의 공기였다. 그러나 지혜자는 사람을 두려움의 대상으로 여기면 올무에 걸린다고 가르친다(잠 29:25). 두려움에 붙잡히면 한 개인이나 사회는 그 두려움을 해소하는 방향으로 살아간다. 사람을 사랑하고 하나님을 경외하는 방향이 아니라 그저 두려움의 역방향을 질주한다. 두려움은 그런 식으로 한 개인과 사회를 지배하고 길들이고 파괴한다. 맹인의 부모만이 아니라 유대사회 전체가 출교의 두려움에 사로잡혀 있다. 출교당하지 않는 언행이 선으로 간주된다.

그러므로 예수가 죄인이 아니라고 말하는 것도 악으로 여겨졌다.

그러나 "그리스도" 즉 메시아는 이스라엘 백성에게 무엇인가? 온 민족이 수백 년간 고대하며 기다려 온 이름이 아니던가! 그런데도 인간의 어리석은 결의 하나 때문에 그 아름다운 소망의 이름을 발설할 자유가 이제 사라졌다. 기득권 세력에게 도움이 되지 않고 오히려 위협이 된다는 이유로 그리스도 배척을 범민족적 입장으로 결의하는 소수의 기득권 세력은 얼마나 어리석고 간악한가! 기득권의 사사로운 유익을 위해 온 백성의 염원에 재갈을 물리는 이 부당한 위협이 사회적 합의에 이르도록 유대 사람들은 전혀 저항하지 않고 맹목적인 동의로 가담했다. 진리를 말하지 못하도록 시대의 숨통을 조이는 유대인의 이러한 결의는 최대의 실책이다. 불의를 불의가 아니라고 하고 거짓을 거짓이 아니라고 하면 평탄하게 살고, 진리를 진리라 하고 정의를 정의라 하면 사회적인 생매장을 당하는 현상의 제도적 정당화가 민족의 인식에도 편만해진 상황이다.

이처럼 당시는 진리와 진리에 대한 고백을 법으로 금지하는 시대였다. 그래서 맹인의 부모는 예수가 메시아인 것을 알면서도 발설하지 않고 유대교의 문밖으로 쫓겨나지 않을 정도로만 답변했다. 그리고 자신들의 아들이 성인이기 때문에 그에게 물으라고 했다. 출교가 두려워서 말하지 못하는 내용을 아들에게 물으라고 하면 아들은 출교를 당해도 된다는 심산인가? 자신들의 입으로 메시아를 고백하며 아들을 보호하는 것이 부모의 마땅한 도리인데, 이 부모는 그런 기본적인 도리마저 저버렸다. 자신들이 살려고 아들을 출교의 벼랑으로 내몰았다. 자신이 속한 공동체를 벗어나는 것이 그렇게도 두려운가? 어떤 공동체에 속하는 것 자체가 인생의 족쇄인 경우도 있음을 왜 모르는가! 그리스도 배척을 결의한 유대 사회에서 무슨 대단한 부귀영화 누리려고 그렇게도 비굴한 태도를 취하는가!

불의와 불법이 정당화된 사회에서 내부 고발자가 되어 공동체적 배척을 당하는 것은 불행이 아니라 오히려 행복의 첩경이다. 침묵하며 그 속에 머물며 그들과 같아지는 것이 오히려 재앙이다. 그런데도 현실의 자잘한 불이익 피하기에 몰두하다 보면 보다 거시적인 세계, 보다 의로운 사회에 대한 감지력과 분별력은 마비된다. 이는 자신의 세속적인 불이익에 대한 두려움 때문이다. 두려움의 실체를 가만히 보면 지금 내가 누리고 있는 세속적인 것의 상실 가능성과 결부되어 있다. 그런데 상실될 것들의 실상을 보면 결별이 두렵지가 않은 자잘하고 변동적인 것들이다. 유대교를 떠나 기독교로 전향하는 것, 이 땅에 속한 신분을 떠나 천국의 시민으로 살아가는 것은 오히려 영광이고 구원이다. 예수를 메시아로 고백하면 그런 영광과 행복이 주어진다. 이 고백은 두려움의 대상이 아니라 선망의 대상이다. 그러나 맹인의 부모는 출교를 결의한 유대 사람들이 두려워 그 고백을 포기했다. 부모의 모습은 곧 우리의 모습이다.

24이에 그들은 맹인이던 사람을 두 번째로 불러서 그에게 말하였다
"너는 하나님께 영광을 드려라 우리는 이 사람이 죄인임을 안다"

유대 사람들은 부모의 답변에 반응을 보이지 않고 맹인을 두 번째로 소환한다. 예수에 대한 정죄의 꼬투리를 잡기 위해 처음 불렀다가 소정의 목적을 달성하지 못하였고 이제 다시 소환하는 이유는 맹인의 입을 제어하기 위함이다. 맹인은 예수께서 자신을 치유하신 기적의 주체라는 사실을 확신한다. 만나는 사람마다 예수 자랑으로 입술이 분주할 가능성이 높은 사람이다. 이에 유대 사람들은 그의 입에 그들이 원하는 답을 물려준다. 자신들은 예수를 죄인으로 이해하고 있다는 사실을 강조하며! 드디어 그들은 본심을 드러낸다. 그들의 관점에서 예수는 확정된 죄인이다. 그래야만 했다. 그래서 예수에 대한 그들의 정죄와 박해는 무고한 자를 괴롭히는 것이 아니라 정의를 집행하는 일이어야 했다. 유대 사람들의 "죄인" 언급은 자신

들의 이해와 상충되는 말을 떠벌리고 다닌다면 재미없을 것이라는 위협의 뉘앙스가 다분한 귀띔이다. 그들은 맹인의 귀에 근사한 고백도 하나 걸어 준다. 즉 하나님께 영광을 드리라고 한다. 하나님께 영광은 돌려도 예수는 죄인으로 여겨야 한다는 생각의 조합이 참으로 교묘하다.

하나님께 영광을 돌리라고 하면 모든 믿음의 사람들은 좋아한다. 그래서 흔쾌히 동의한다. 그러나 그것은 은밀한 함정이다. 믿음의 사람들이 흠모하고 열광하는 구호 하나를 던져 주고 예수를 죄인으로 몰아가기 때문이다. 생각하여 보라. 예수로 말미암지 않고서도 하나님께 영광을 돌리는 것이 가능한가? 모든 사람은 죄를 범하였기 때문에 하나님의 영광에 이르지 못하는 한계에서 누구도 자유롭지 않다. 그런데도 유대인은 영광과 예수를 택일해야 하는 코너로, 둘 중의 하나는 버려야 하는 난관으로 맹인을 몰아넣고 있다. 영광과 예수는 취사선택 대상이 아니라 모두 택하여야 할 대상이다. 우리는 하나님께 영광을 돌리는듯하면서 예수를 죄인이나 몹쓸 사람으로 몰아가는 교묘한 종교적 기만을 주의해야 한다. 오늘날 하나님께 영광을 돌린다고 하는 교회 안에서도 예수를 죄인 취급하며 무시하는 일이 이따금씩 발생한다. 마태복음 25장에 근거할 때 헐벗고 병들고 투옥되고 목마르고 주리고 나그네 된 사람들을 경계하며 사랑으로 돌보지 않으면 예수를 무시한 것으로 간주된다. 이는 "마귀와 그 사자들을 위하여 예비된 영원한 불"에 들어가야 할 정도의 심각한 사안이다(마 25:41). 가난한 자들을 멸시하는 자는 그들을 지으신 하나님을 멸시하는 것으로 간주된다. 그런데도 가난한 자들을 부끄럽게 하면서도 하나님께 영광을 돌린다고 착각한다. 그런 착각을 데리고 화려한 예배당에 들어가 대규모 콘서트를 방불하는 예배 의식에 참여한다. 그런 식으로 유대인의 오류를 반복한다.

²⁵그가 답하였다 "그가 죄인임을 나는 모르지만 한 가지는 알고 있습니다 맹인이던 내가 지금은 본다는 것입니다"

맹인은 유대인의 유도 신문을 지혜롭게 벗어난 대답을 시도한다. 그러나 일보 후퇴한 것처럼 보이는 답변이다. 예수를 선지자로 고백하던 맹인이 이제는 "그가 죄인"인지 아닌지를 모른다고 대답했기 때문이다. 그러나 이 대답은 예수를 죄인으로 여기는 유대 사람들의 입장에 대한 그의 명확한 반론이다. 이제 맹인은 예수를 선지자로 여기는 자신의 평가가 수용되지 않자 사실로 승부한다. 그것은 예수께서 죄인인 것은 모르지만 자신이 분명히 아는 한 가지는 바로 맹인이던 자신이 "지금은 본다"는 사실이다. 자신이 맹인이던 것은 자기 부모와 자신이 이중으로 증거한 것이어서 반박할 수 없는 사실이다. 여기에 자신이 "지금은 본다"는 사실이 더해지면 기적이 입증된다. 맹인 자신이 기적의 물증이다. 그는 과학적인 증명이나 철학적인 설명이 아니라 자신에게 일어난 기적을 있는 그대로 진술했다. 이는 말꼬리를 물고 늘어지는 자들에게 가장 지혜로운 처신이다.

맹인이 눈을 뜬 기적의 출처는 무엇인가? 예수밖에 없다. 예수는 기적을 일으키는 분이시다. 사실, 모든 기적은 하나님의 기적이다. 모든 기적은 피조물이 아니라 하나님의 은총에 의해서만 일어나기 때문이다. 그런데 하나님은 마음에 죄악을 품은 자들의 기도를 듣지 않으신다(시 66:18). 오히려 재앙이 죄인을 따른다고 지혜자는 가르친다(잠 13:21). 예수가 죄인이면 재앙이 임하였을 것이지만 기적이 그에게 임했다면 그는 결코 죄인이 아니며 오히려 선지자 혹은 하나님의 아들일 가능성이 높다. 맹인은 이러한 사실을 알리면서 유대 사람들이 스스로 이 사실을 직시하고 예수에 대해 판단하게 한다. 믿지 않으려는 자에게는 사실의 제시 자체가 최고의 설득이다. 맹인이 꺼낸 그 카드는 유효했다.

요 9:26-41

²⁶그들이 이르되 그 사람이 네게 무엇을 하였느냐 어떻게 네 눈을 뜨게 하였느냐 ²⁷대답하되 내가 이미 일렀어도 듣지 아니하고 어찌하여 다시 듣고자 하나이까 당신들도 그의 제자가 되려 하나이까 ²⁸그들이 욕하여 이르되 너는 그의 제자이나 우리는 모세의 제자라 ²⁹하나님이 모세에게는 말씀하신 줄을 우리가 알거니와 이 사람은 어디서 왔는지 알지 못하노라 ³⁰그 사람이 대답하여 이르되 이상하다 이 사람이 내 눈을 뜨게 하였으되 당신들은 그가 어디서 왔는지 알지 못하는도다 ³¹하나님이 죄인의 말을 듣지 아니하시고 경건하여 그의 뜻대로 행하는 자의 말은 들으시는 줄을 우리가 아나이다 ³²창세 이후로 맹인으로 난 자의 눈을 뜨게 하였다 함을 듣지 못하였으니 ³³이 사람이 하나님께로부터 오지 아니하였으면 아무 일도 할 수 없으리이다 ³⁴그들이 대답하여 이르되 네가 온전히 죄 가운데서 나서 우리를 가르치느냐 하고 이에 쫓아내어 보내니라 ³⁵예수께서 그들이 그 사람을 쫓아냈다 하는 말을 들으셨더니 그를 만나사 이르시되 네가 인자를 믿느냐 ³⁶대답하여 이르되 주여 그가 누구시오니까 내가 믿고자 하나이다 ³⁷예수께서 이르시되 네가 그를 보았거니와 지금 너와 말하는 자가 그이니라 ³⁸이르되 주여 내가 믿나이다 하고 절하는지라 ³⁹예수께서 이르시되 내가 심판하러 이 세상에 왔으니 보지 못하는 자들은 보게 하고 보는 자들은 맹인이 되게 하려 함이라 하시니 ⁴⁰바리새인 중에 예수와 함께 있던 자들이 이 말씀을 듣고 이르되 우리도 맹인인가 ⁴¹예수께서 이르시되 너희가 맹인이 되었더라면 죄가 없으려니와 본다고 하니 너희 죄가 그대로 있느니라

❖ ❖ ❖

²⁶그러므로 그들이 그에게 말하였다 "그가 너에게 무엇을 하였느냐 그가 어떻게 너의 눈을 뜨게 하였느냐?" ²⁷그가 그들에게 답하였다 "내가 여러분께 이미 말했으나 여러분이 듣지 않았는데 어찌하여 다시 들으려고 하십니까? 여러분도 그의 제자들이 되기를 원하는 것 아닙니까?" ²⁸그들이 그에게 욕을 하며 말하였다 "너는 그의 제자이나 우리는 모세의 제자들이다 ²⁹하나님이 모세에게 말씀하신 것은 우리가 알지만 그가 어디에서 왔는지는 우리가 알지 못하노라" ³⁰그 사람이 대답하며 그들에게 말하였다 "여러분은 그가 어디에서 왔는지를 모르는데 그가 내 눈을 뜨게 하였다는 것은 참으로 기이한 일입니다 ³¹하나님은 죄인들[의 말]을 듣지 않으시고 누구든지 경건하여 그의 뜻을 행한다면 그[의 말]을 들으시는 줄 우리가 알고 있습니다 ³²누군가가 태생적인 맹인의 눈을 뜨게 하였다는 것은 영원부터 [지금까지] 누구도 들은 적이 없습니다 ³³이 [사람이] 하나님으로부터 오지 않았다면 어떠한 일도 행할 수 없습니다 ³⁴그들이 대답하며 그에게 말하였다 "네가 오롯이 죄 가운데서 태어나서 우리를 가르치는 거냐?" 그리고 그들은 그를 밖으로 내쫓았다 ³⁵'그들이 그를 내쫓았다' 하는 것을 예수께서 들으셨고 그를 찾아가서 말하셨다 "네가 인자를 믿느냐?" ³⁶그가 대답하며 말하였다 "주여 제가 믿어야 할 그는 누구입니까?" ³⁷예수께서 그에게 말하셨다 "네가 그를 보았노라 너와 더불어 말하는 자가 그이니라" ³⁸그가 말하였다 "주여 제가 믿습니다" 그리고 그는 그를 경배했다 ³⁹예수께서 말하셨다 "내가 심판을 위하여 이 세상으로 왔다 보지 못하는 자들은 보게 되고 보는 자들은 맹인이 되게 하려 함이니라" ⁴⁰바리새인 중에 그와 함께 있던 자들이 듣고 그에게 말하였다 "우리도 맹인인가?" ⁴¹예수께서 그들에게 말하셨다 "너희가 맹인이 되었다면 죄가 없겠지만 너희가 지금 '우리가 본다'고 말하니 너희 죄가 그대로 있느니라"

31 누가 맹인인가?

31

맹인을 치유하신 사건의 마지막 부분이다. 유대인은 예수 정죄할 꼬투리를 잡으려고 맹인을 집요하게 추궁한다. 반복되는 질문에 맹인은 그들이 예수의 제자가 되려는 것이냐고 되묻는다. 이에 발끈한 유대인은 자신들이 하나님의 사람 모세의 제자라고 주장한다. 예수의 소속은 모르기 때문에 제자일 수 없다는 주장이다. 이에 맹인은 체험으로 얻은 신학적 식견을 드러낸다. 하나님의 보내심을 받지 않고서는 태생적인 맹인의 치유라는 초유의 기적은 결코 일어날 수 없다는 점을 지적한다. 하나님은 죄인의 말을 듣지 않으시고 순종하는 자의 말을 들으신다. 예수는 죄인이 아니라 하나님의 뜻을 이루는 순종의 사람이기 때문에 그의 말을 들으셨고 기적이 일어난 것이라고 맹인은 논증한다. 이에 당시 신학의 최고 전문가인 그들은 무학의 맹인이 자기들을 가르치려 든다고 생각하여 욕설을 쏟아낸다. 그들에게 맹인은 죄 가운데서 태어난 태생적인 죄인이다. 죄인 주제에, 배우지도 못한 주제에 자신들의 머리 꼭대기에 오르는 것 같아 그들은 심히 불쾌했고 그 맹인은 쫓겨났다. 이에 예수는 쫓겨난 맹인을 찾아가 더 깊은 진리 가운데로 이끄셨다. 인자에 대한 신앙을 베푸셨다. 그리고 자신이 이 세상에 온 목적이 맹인은 보고 보는 자들은 맹인이 되는 심판을 위한 것이라고 밝히셨다. 이에 유대인은 그에게 힐문한다. "우리가 맹인인가?" 우리는 어떠한가?

> 26그러므로 그들이 그에게 말하였다 "그가 너에게 무엇을 하였느냐
> 그가 어떻게 너의 눈을 뜨게 하였느냐?"

맹인이 눈을 뜨게 된 방법에 대한 유대인의 의문이 세 번째로 제기된다. 왜 동일한 질문을 세 번이나 반복할까? 예수를 부정하고 정죄하고 죽이려는 그들의 시도는 집요하다. 이에 대하여 칼뱅은 진리를 대적하는 악한 자들의 일그러진 열심 앞에서 우리가 부끄러워해야 한다는 점을 지적하며, 진리의 수호자를 자처하나 진리를 사수하기 위해 목숨과 인생을 걸지 않는 우리의 태만한 자세에 대한 반성을 촉구한다. 유대인의 질문들 사이에는 약간의 변화도 감지된다. 이전의 질문들은 맹인이 치유된 비결을 주목했고, 이번 질문은 치유의 기적을 일으키신 예수의 행위를 주목한다. 예수의 행위에서 고발의 꼬투리를 찾으려는 그들의 악한 본색도 그 궁금증에 묻어서 드러난다. 그러나 맹인은 이미 예수의 행위에 대해서도 충분히 설명했다.

> 27그가 그들에게 답하였다 "내가 여러분께 이미 말했으나
> 여러분이 듣지 않았는데 어찌하여 다시 들으려고 하십니까?
> 여러분도 그의 제자들이 되기를 원하는 것 아닙니까?"

맹인은 자신이 그들에게 설명을 했지만 듣지 않았다고 지적하며 그런데도

왜 다시 들으려고 하느냐고 반문한다. 들을 의지가 없는 질문에는 답변할 필요가 없다는 뉘앙스가 다분한 반문이다. 오늘날의 의학적 상식에 의하면, 대답을 듣지 않으면서 동일한 질문을 반복하는 자는 자폐를 의심해야 한다. 지금 유대인은 자신의 논리에 갇혀 스스로 폐쇄되어 있는 사람임을 드러내고 있다. 이와는 달리, 열린 사람은 질문과 답변을 교환하며 타인과의 인격적인 교류를 도모한다. 자신의 지평을 넓히기 위해 질문에 분주하지 않고 타인의 말 경청에 신경을 기울인다. 그런데 유대인은 지금 귀를 닫고 입만 사용한다. 질문 자체는 상대방과 교류하고 싶다는 의지의 표현이다. 그러므로 귀 닫은 질문은 모순이다. 모순에 빠진 유대인을 향해 맹인은 도발적인 반문을 이어간다. 예수의 제자 되기를 원하는 것 아니냐며! 얼마나 예수의 제자가 되고 싶었으면 동일한 질문을 지칠 줄 모르고 반복해서 던지냐고! 제자가 되려면 스승의 전부를 알아야 하고 그러기 위해서는 모든 종류의 질문을 사용해야 한다. 스승에 대한 물음이 없는 제자는 가짜일 가능성이 높다. 맹인은 예수에 대한 유대인의 집요한 질문을 제자의 열정으로 이해한다. 물론 맹인의 질문에는 비아냥이 느껴진다.

> ²⁸그들이 그에게 욕을 하며 말하였다 "너는 그의 제자이나
> 우리는 모세의 제자들이다 ²⁹하나님이 모세에게 말씀하신 것은
> 우리가 알지만 그가 어디에서 왔는지는 우리가 알지 못하노라"

아니나 다를까 그들은 맹인에게 욕설을 퍼붓는다. "욕하다"(λοιδορέω)는 말은 모독하기 위해 상대방의 얼굴에 악담 퍼붓는 것을 의미한다. 베드로는 이 단어를 사용하여 예수께서 "욕을 당하시되 맞대어 욕하지는 않으신 분"이라고 설명한다(벧전 2:23). 예수는 뺨을 맞으시되 그 따귀를 돌려주지 않는 분이시다. 예수는 자신을 적대하는 사람들에 의해 많은 욕과 따귀를 당

하셨다. 따귀도 일종의 욕설이다. 피조물이 감히 창조자의 얼굴에, 죄 많은 자들이 무죄하신 분에게, 입과 손으로 욕설을 퍼붓는 것 자체가 얼마나 가당치 않은 역설인가! 유대인이 예수에게 퍼붓던 욕설을 이제 그를 따르는 맹인에게 돌리는 것은 어쩌면 당연하다. 긍정적인 관점에서 보면, 같은 입에서 쏟아진 그 욕설은 예수와 맹인이 동류라는 사실의 물증이다. 동일한 욕설이 우리의 귀를 출입하는 것도 결코 이상하지 않다. 오히려 영광이다. 세상에서 그런 욕설을 듣지 못했다면 우리의 정체성을 돌아보며 성찰함이 마땅하다. 물론 하나님의 사람들은 세상에서 욕설과 조롱이 아니라 칭찬과 존경을 받는 빛과 소금의 직무에 충실해야 한다. 그러나 세상은 예수를 미워하기 때문에 예수를 제대로 따르는 그의 제자들도 미워한다. 예수에게 쏟아진 욕설은 그 제자들의 귀에도 안방처럼 드나든다. 욕설은 그리스도 안에서 경건하게 사는 자들이 경험하는 언어적인 고난과 핍박이다.

유대인은 특히 "제자"라는 맹인의 발언에 발끈한다. 맹인은 예수의 제자일 수 있겠지만 자신들은 모세의 제자라고 표명한다. "제자"(μαθητής)는 단순히 배우는 학생을 의미하지 않고 스승의 가르침을 자신의 가치관과 인생의 질서로 삼고 따르는 사람을 가리킨다. 예수께서 밝히신 제자도의 조건이다. "자기를 부인하고 자기십자가를 지고 나를 따를 것이니라"(마 16:24). 제자가 되기 위해서는 자신을 부인해야 한다. 여기에서 "자신"(ἑαυτὸν)은 특정한 수식어가 없기 때문에 특정한 부분을 의미하지 않고 전부를 의미한다. 그러므로 자기를 부인하는 자는 자신의 뜻과 생각과 판단과 소원과 기분과 감정과 목적을 모두 부인해야 한다. 이런 방식으로 자기를 부인하는 유일한 방법은 자기십자가를 짊어짐에 있다. 여기에서 "십자가"(σταυρός)는 사형의 틀로서 죽음을 의미한다. 목숨을 걸고 매달려야 자기를 부인하는 일이 가능하다. 자기를 부인한 이후에는 공백의 상태로 가만히 있는 것이 아니라 예수를 따르며 예수로 채워져야 한다. 예수의 의지와 계획과 소원과 목적과 성품과 언행을 본받아야 한다. 그런데 유대인은 이러한 예수의 제자를 극도로 싫어한다. 이는 맹인에게 엎질러진 그들의 욕설이 증거한다.

유대인은 자신들을 모세의 제자라고 한다. 그들은 "하나님이 모세에게 말씀하신 것"을 안다고 주장한다. 이것은 사실이다. 그러나 하나님이 모세에게 하신 말씀의 진실에 대해서는 무지하다. 모세가 들은 내용의 실체가 바로 그리스도 예수라는 사실에 대해 그들은 전적으로 무식하다. 유대인의 성경 읽기와 예수의 성경 읽기는 이렇게 판이하다. 동일한 텍스트를 읽어도 도달하는 의미의 종착지는 완전히 다른 세상이다. 이는 1세기의 현상만이 아니라 지금도 지속되고 있다. 동일한 텍스트를 읽고도 동일한 의미에 도달하지 못하는 이유는 아마도 바벨탑 사건 때문이지 싶다. 그 사건은 "온 땅의 언어가 하나요 말이 하나"(창 11:1)이던 상황에서 하늘까지 높아진 인간의 교만을 허무시기 위해 주께서 "언어를 혼잡하게" 하여 사람들이 "서로 알아듣지 못하게"(창 11:7) 하신 사건이다. 그때 언어의 혼잡과 인식의 문제는 동시에 일어났다. 그때 이후로 사람과 사람 사이에는 의미의 혈관이 막혀 소통의 동맥경화 속에서 때로는 왜곡하고 때로는 오해한다. 그러나 스승과 제자는 서로를 이해한다. 하지만 유대인은 비록 자신들을 모세의 제자라고 말하지만 텍스트로 들려오는 모세의 말귀를 전혀 알아듣지 못하였기 때문이다. 모세를 제대로 알았다면 그들은 분명 예수를 믿고 따랐어야 하는데 그렇지 않았기 때문이다(요 5:46). 알지도 못하는 사이에서 어떻게 스승과 제자의 관계가 형성될 수 있겠는가! 예수의 평가처럼, 그들은 그 누구의 제자도 아닌, 마귀에게 속한 자들이다. 모세의 글을 암송하고 있어도 얼마든지 마귀의 제자일 수 있다는 것이 얼마나 놀랍고 끔찍한가! 가슴이 서늘하다.

유대인이 자신들을 예수의 제자가 아니라고 말하는 이유는 예수가 "어디에서 왔는지"를 모르기 때문이다. 즉 예수가 모세처럼 하나님의 보내심을 받고 하나님의 말씀을 받은 자인지 아닌지의 여부를 모르기 때문이다. 모르면 믿지도 못하는 것은 당연하다. 그러나 문제는 알지도 못하면서 예수를 죄인으로 규정하고 죽이려고 한다는 그들의 기괴한 성향이다. 모르면 겸손해야 하고 알려고 노력하는 게 정상이다. 제대로 안 이후에 그 앎에 근거하여 처신하는 것이 상식이다. 이런 면에서 유대인의 공격적인 처신은 정상이 아니고 상식에도 어긋난다.

예수가 "어디에서 왔는지"를 동족인 유대인이 모른다면 누가 알겠는가! 사실 예수의 신비로운 출처를 아는 사람이 이 세상에는 없다. 예수의 친동생도 그의 출처를 알지 못할 정도였다. 아버지 하나님이 이끌어 주지 않으시면 아무도 예수께로 나아올 수 없다는 말씀(요 6:44)에 따르면, 예수의 신적인 정체성은 아버지의 가르침을 받은 사람만이 안다. 아버지의 이끄심이 없다면, 누구든지 예수를 좇지 않고 쫓으려고 한다. 이러한 사실을 바울은 이렇게 고백한다. "하나님의 영으로 말하는 자는 누구든지 예수를 저주할 자라 하지 아니하고 또 성령으로 아니하고는 누구든지 예수를 주시라 할 수 없느니라"(고전 12:3). 이로 보건대, 세상 사람들이 예수를 모르고 믿지 않고 그에게로 나아오지 않고 오히려 예수와 그의 사람들을 미워하고 배척하는 것은 정상이다. 그래서 베드로는 이러한 고난을 당할 때 "이상한 일 당하는 것 같이 이상히 여기지 말라"(벧전 4:12)고 가르친다.

³⁰그 사람이 대답하며 그들에게 말하였다 "여러분은 그가 어디에서 왔는지를 모르는데 그가 내 눈을 뜨게 하였다는 것은 참으로 기이한 일입니다

맹인이 대답한다. 종교적인 지도력을 발휘하는 유대 사람들이 예수가 어디에서 왔는지를 모른다는 것은 너무도 기이한 일(τὸ θαυμαστόν)이라고 한다. 유대인은 분명히 예수가 나사렛의 목수 출신임을 아는데도 모른다고 하니 진실로 기이하다. 그런데도 그들이 모른다고 말하는 것은 예수의 혈통적인 혹은 지리적인 출처만이 아니라 미지의 신비로운 출처가 있다는 사실을 그

들도 감지했기 때문이다. 범상한 사람이 아니라는 사실을 알고는 있었지만, 그의 비상한 출처와 신분과 소속에 대해서는 깜깜했다. 태성적인 맹인을 고친 위대한 치유자가 유대 사회에서 웬만한 유명인과 중대사를 다 아는 유대인도 모르는 분이라는 사실은 얼마나 기이한가! 상식에 어긋나는 기이함의 배후에는 죄로 일그러진 인간의 욕망이 도사리고 있다. 즉 의를 싫어하고 진리를 제거하고 빛을 덮으려는 욕망 때문에 행하는 것마다 기이하다. 기이한 언행이 누적되면 사회적인 공감대는 좁아지고 소통도 마비된다. 그래서 기이한 유대인과 대화하는 맹인은 답답하다.

> 31하나님은 죄인들[의 말]을 듣지 않으시고 누구든지 경건하여
> 그의 뜻을 행한다면 그[의 말]을 들으시는 줄 우리가 알고 있습니다

답답한 맹인은 자신의 성경적인 상식을 드러낸다. 하나님은 죄인들의 말을 듣지 않으신다. 경건하여 하나님의 뜻을 행하는 자의 말을 들으신다. 죄인의 말을 들으시면 어떻게 되겠는가? 죄가 세상에 창궐하지 않겠는가! 하나님은 죄의 주관자요 공모자가 되시지 않겠는가! 그래서 하나님은 죄인의 악한 욕구에 귀를 기울이지 않으신다. 해방을 위해 기도해도 해방되지 않는다면 무엇이 문제인가? 이사야는 "여호와의 손이 짧아 구원하지 못하심도 아니요 귀가 둔하여 듣지 못하심도 아니라"고 했다(사 59:1). 오히려 "오직 너희 죄악이 너희와 너희 하나님 사이를 갈라 놓았고 너희 죄가 그의 얼굴을 가리어서 너희에게서 듣지 않으시게 함"이라고 했다(사 59:2). 아무리 많이 기도하고 아무리 오래 기도해도 기도자가 죄인이면 하나님은 듣지 않으신다(사 1:15). 죄인의 기도는 하늘의 거룩한 검열을 통과하지 못하고 반려되는 시끄러운 소음이다. 죄는 영적인 소통의 단절을 유발하고 기도의 숨통을 조여 결국 영적인 죽음에 이르게 하는 원흉이다. 기도의 응답이 없

으니까 죄인은 인위적인 수단들을 동원하여 스스로 악한 욕구를 채우려고 한다. 그렇게 하고서도 하나님의 응답인 것처럼 민첩하게 포장한다. 교회의 감동을 일으켜 자신을 추종하게 만들려고 한다. 참으로 치밀하다.

하나님은 자신의 뜻에 순종하는 자의 말을 들으신다. 순종하는 자는 하나님의 질서에 뛰어든 사람이다. 그 자체로 이미 복의 궤도에 올라섰다. 순종하는 자는 겸손한 사람이다. 이는 자신이 아니라 하나님을 기준으로 삼고, 자신의 판단이 아니라 하나님의 명령을 지침으로 삼고, 자신의 욕망이 아니라 하나님의 뜻을 이루는 사람이기 때문이다. 불순종의 방식으로 자신을 높이고 드러내고 자랑하는 사람이 아니라 순종의 방식으로 하나님을 높이고 드러내고 자랑하는 사람이기 때문에 그는 겸손하다. 지혜자는 주께서 자신의 계명을 온전히 준수하는 "의인의 기도"를 들으시는 분이라고 고백하고(잠 15:29), 시인은 주께서 스스로 낮추는 "겸손한 자의 소원"을 들으시는 분이라고 고백한다(시 10:17). 완벽한 순종과 겸손의 소유자는 예수가 유일하다. 결국 예수의 이름으로 기도해야 응답된다. 기도의 응답은 겸손한 순종이 건네는 선물이다. 그런데 이것은 기계적인 절차의 결과가 아니라 하나님이 기도를 들으신 것이라고 맹인은 이해한다. 그가 보기에, 기도의 응답은 자판기의 작용이 아니라 인격적인 사건이다. 인간에게 주어지는 모든 무형과 유형의 복은 비록 물리적인 인과율의 외양을 취하여도 모두 하나님의 인격적인 응답이다.

이러한 내용은 성경의 상식이기 때문에 맹인은 자기만이 아니라 유대인과 더불어 "우리가 알고 있다"(οἴδαμεν)고 진술한다. 쌍방이 공감하는 내용으로 대화의 꼬인 매듭을 풀고자 하는 맹인은 지혜롭다. 서로의 다양성을 존중하되 다름의 간격을 좁혀가는 것은 배려와 사랑이다. 더군다나 자신에게 한 무더기의 욕설을 퍼붓는 자들에게 대립각을 세우며 침 튀기는 공방으로 접어들지 않고 "우리가 안다"는 말로 쌍방의 인지적 이질감을 없애려는 맹인의 언행은 원숙한 인격자의 처신이다. 우리도 화목을 원한다면 공감의 지푸라기 하나라도 붙들어야 한다. 지극히 사소하게 보이는 것이라도 사랑의 눈으로 보면 화목의 단초로 보이고 대단히 요긴하다.

> ³²누군가가 태생적인 맹인의 눈을 뜨게 하였다는 것은 영원부터 [지금까지] 누구도 들은 적이 없습니다 ³³이 [사람이] 하나님으로부터 오지 않았다면 어떠한 일도 행할 수 없습니다"

맹인은 과장법을 사용하여 태생적인 맹인이 눈을 뜬 기적은 "영원부터"(ἐκ τοῦ αἰῶνος) 지금까지 누구도 들은 적이 없었다고 진술한다. 이 기적은 인류의 역사 속에서 한번도 일어나지 않은 초유의 사건이다. 구약에 많은 기적들이 기록되어 있지만 지금까지 그 누구도 행하지 못한 일이었다. 이 구문은 어떠한 예외도 허용하지 않는 강력한 부정(οὐδέν)이다. 그런데 그런 부정의 실상을 뚫고 예수께서 맹인의 치유를 행하셨고 이루셨다. 그러하기 때문에 맹인은 예수의 출처가 하나님께 있다고 확신한다. 이는 하나님으로부터 오시지 않았다면 어떠한 일도 행하지 못하는데 예수께서 인류 최초의 기적을 행했다면 하나님의 보내심을 누가 의심할 수 있느냐는 뉘앙스의 확신이다. 우리도 주님의 보내심을 받았기 때문에 우리를 통해서도 하나님의 놀라운 일들이 일어난다. 그것이 주로부터 온다는 사실을 기억하며 주를 의지하면 일어난다.

하나님의 보내심을 받지 않았다면 그 누구도 "어떠한 일도 행할 수 없다"는 고백은 맹인의 뛰어난 통찰력과 신앙을 잘 드러낸다. 이 세상에 일어난, 크고 작은 모든 위대한 일들의 배후에는 하나님이 계시다는 고백이다. 이는 단순히 학습의 결과나 이론의 열거가 아니라 체험에서 꺼낸 고백이다. 맹인은 가장 끔찍하고 뼈아픈 자신의 치부에서 하나님의 강함을 체험했고 그 하나님을 증거하고 있다. 보지 못한다는 그의 약점은 예수의 말씀처럼 과연 하나님의 일을 드러내고 하나님을 영화롭게 하는 기막힌 도구였다. 이 약점이 없었다면 맹인도 다른 유대인과 동일한 오류에 빠져 예수를 정죄하고 죽이는 일에 가담하지 않았을까? 그 약점은 맹인의 인생에 파선을 초래하는 암초가 아니라 바른 길로 안내하는 역설적인 등대였다. 우리의 치명적인 약점도 섭리적인 용도에 있어서는 맹인의 약점과 동일하다. 약점이 우리를 선한 길로 인도한다. 각자의 약점은 부끄러워하며 감추어야 할 것이 아니라 하나님의 영광이 깃드는 아름답고 향기로운 정원이다. 하나님의 강함과 위대함을 더욱 돋보이게 하는 최적의 배경이다. 그래서 이러한 섭리를 누구보다 더 잘 아는 바울은 자신의 약점을 자랑했다.

34그들이 대답하며 그에게 말하였다 "네가 오롯이 죄 가운데서 태어나서 우리를 가르치는 거냐?" 그리고 그들은 그를 밖으로 내쫓았다

맹인의 말은 유대인의 분노를 촉발했다. 이는 맹인이 하나님과 율법의 전문가인 자신들을 가르치려 든다고 그들이 이해했기 때문이다. 가르침 자체보다 더 그들을 분노하게 만든 이유는 가르치는 맹인이 학력도 없고 전문적인 교육도 받지 않았고 오히려 "오롯이 죄 가운데서 태어"난 주제에 감히 자신들을 훈계한 것 때문이다. 유대인은 맹인을 "죄 가운데서 태어"난 죄인으로 규정한다. 물론 다윗도 "내가 죄악 중에서 출생"했고 "어머니가 죄 중에서 나를 잉태"했기 때문에 죄인이며 자신의 죄가 항상 자기 앞에 있다고 고백했다(시편 51:3-5). 다윗만이 아니라 모든 사람의 출생이 그러하다. 모든 유대인과 이방인은 죄 가운데서 죄인으로 태어난다. 그러나 유대인은 불구자로 태어난 맹인만 그러하고 자신들은 죄인이 아니라는 취지에서 그렇게 말하였다. 그들이 자랑하고 흠모하는 다윗의 교훈조차 그들은 무시한다. 이는 성경의 선택적인 수용이다.

나아가 배우지도 못한 무학력 맹인의 훈계에 발끈하는 유대인의 모습은 지성인의 오만을 잘 드러낸다. 가르침과 배움은 학력에 비례하지 않고 깨달음에 비례한다. 그런데 깨달음은 학교의 전유물이 아니며 학교 밖에서도 얼마든지 주어진다. 삶의 모든 현장은 깨달음이 제공되는 교실이다. 경험은 뛰어난 선생이다. 공부의 도구로는 읽는 눈만이 아니라 듣는 귀도 동일하게 요긴하다. 책장을 넘기는 손만이 아니라 땅 책장을 걸어서 넘기는 발도 소중하다. 맹인은 비록 시력이 없지만 청력이 다른 사람보다 뛰어나다. 세상을 눈으로 보지는 못하지만 의미의 세계는 섬세한 지성으로 더듬는다. 그에게는 현상보다 의미가 더 중요하다. 맹인은 의미의 달인이다. 그런데도 맹인이 보지 못하기 때문에 무지할 것이라고 괄시하는 유대인의 오만은 오히려 그들의 좁고 얕은 식견만 드러낸다.

지혜자의 말처럼, "여호와를 경외하는 것이 지식의 근본이다"(잠 1:7). 그러나 유대인은 하나님을 진심으로 경외하지 않고 경외의 겉모양만 갖추었다. 그래서 예수는 "이 백성이 입술로는 나를 공경하되 마음은 내게서 멀도다"(마 15:8)는 이사야의 기록을 인용하며 유대인의 가식적인 경외를 찌르셨다. 이사야의 기록에는 "그들이 나를 경외함은 사람의 계명으로 가르침을 받았을 뿐이라"(사 29:13)는 것도 적시되어 있다. 이는 전통이나 문화 차원에서, 혹은 인간적인 학습의 결과로서, 하나님을 경외하는 것은 진정한 경외가 아니라는 지적이다. 지금 유대인의 여호와 경외도 그저 익숙한 종교적인 관습이다. 이처럼 지식의 근본이 대단히 부실하다. 그런 자들에게 어떻게 하나님을 아는 고결한 지식을 기대할 수 있겠는가! 유대인은 맹인을 안으로 수용하지 않고 밖으로 내쫓았다. 참된 깨달음을 배척했다. 그들의 무지에 대한 해결책을 스스로 차버렸다.

³⁵'그들이 그를 내쫓았다' 하는 것을 예수께서 들으셨고
그를 찾아가서 말하셨다 "네가 인자를 믿느냐?"

맹인을 내쫓은 유대인의 태도와는 달리, 예수는 그 소식을 듣고 쫓겨난 그를 찾으셨다. 다가가서 만나셨다. 너무도 대조적인 반응이다. 예수는 세상의 버림을 받은 사람을 찾으시고 만나신다. 세상의 선택보다 예수의 선택을 받는 것이 더 큰 복이고 영광이다. 그리고 주님은 당신을 아는 자를 결코 버리지 않고 찾으신다. "하나님이 이르시되 그가 나를 사랑한즉 내가 그를 건지리라 그가 내 이름을 안즉 내가 그를 높이리라"(시 91:14). 사랑과 앎은 동의어다. 하나님은 자신을 사랑하고 아는 사람을 반드시 건지시고 반드시 높이신다. 예수는 맹인을 반기시며 그에게 물으셨다. "네가 인자를 믿느냐?" 보다 깊은 진리의 세계로 초청하는 질문이다. 여기에서 칼뱅은 맹인이 유대인의 내쫓김을 받고 그들의 영향에서 벗어나 성전 밖에서 배회하는 것이 복이라고 해석한다. 이는 예수께서 맹인에 대한 유대인의 배척을 들은 이후에 곧장 그 맹인을 찾으셨기 때문이다. 그 복은 예수와의 인격적인 만남이다. 칼뱅은 이러한 복을 자신의 시대에 적용하며 루터에 대해 언급한다. 즉 루터와 그를 추종하는 자들이 교황의 폐단을 비난할 때에는 "순수한 기독교에 대해 조그마한 관심"도 없었는데 그들이 가톨릭 회당에서 쫓겨나자 주께서 그들에게 자신을 온전히 보여 주셨다고 설명한다. 그러므로 복음의 원수들에 의한 우리의 쫓겨남은 두려워할 것이 아니라 주님께서 우리에게 더 가까이 임하실 준비라고 해석한다.

예수를 선지자로 알던 맹인이 예수를 "인자"로 믿는 것은 신앙의 현저한 성장이다. 그러나 이 대목에 대한 저자의 기록은 특이하다. 이 복음서의 목적은 예수를 메시아와 하나님의 아들로 소개하고 그를 믿는 자마다 구원에 이르게 하기 위함이다. "인자"(τὸν υἱὸν τοῦ ἀνθρώπου)는 사람의 아들을 의미한다. 예수를 "인자"로 믿느냐는 질문은 왠지 이 복음서의 취지를 벗어나는 것처럼 느껴진다. 그러나 "인자"라는 예수의 정체성은 그가 구약에 예언된 메시아 되심을 강조한다. 물론 메시아는 다윗의 후손이다. 그러나 특정한 개인의 후손보다 "사람의 아들"은 그 의미가 보다 더 포괄적인 표현이다. 칼뱅은 "인자"를 "더 명예로운 이름"으로 올바르게 이해했다. 다니엘의 기록이다. "인자 같은 이가 하늘 구름을 타고 와서 옛적부터 항상 계신 이에게 나아가 그 앞으로 인도되매 그에게 권세와 영광과 나라를 주고 모든 백성과 나라들과 다른 언어를 말하는 모든 자들이 그를 섬기게 하였으니 그의 권세는 소멸되지 아니하는 영원한 권세요 그의 나라는 멸망하지 아니할 것이니라"(단 7:13-14). 다니엘의 기록에서 인자는 메시아를 의미하고 사람의 아들 예수를 예언한다.

36그가 대답하며 말하였다 "주여 제가 믿어야 할 그는 누구입니까?"
37예수께서 그에게 말하셨다 "네가 그를 보았노라 너와 더불어 말하는 자가 그이니라" 38그가 말하였다 "주여 제가 믿습니다" 그리고 그는 그를 경배했다

맹인은 자신이 믿어야 할 인자가 누구냐고 예수께 질문한다. 이 질문은 그가 예수를 아직은 인자로 알아보지 못했음을 증거한다. 이에 예수는 그 맹인이 보았으며 그와 더불어 말하는 자신이 바로 그 인자라고 밝히신다. 이제서야 맹인은 예수를 인자로 믿는다고 고백하고 곧장 그를 경배했다. 맹인의 경우처럼 모든 사람은 예수를 보았어도 인자로서 알아보지 못하고, 예수와 대화를 나누어도 여전히 그분의 실상에 대해서는 무지하다. 이러한 사실에 대해 바울은 구약의 예언에 근거하여 이렇게 고백한다. "기록된 바 하나님이 자기를 사랑하는 자들을 위하여 예비하신 모든 것은 눈으로 보지 못하고 귀로 듣지 못하고 사람의 마음으로 생각지도 못하였다 함과 같으니라"(고전 2:9). 그리고 바울은 "오직 하나님이 성령으로 이것을 우리에

게" 보여 주신다고 증거한다(고전 2:10). 예수께서 당신을 친히 보이시지 않으면 코 앞에 계셔도 그를 알아보지 못한다는 사실을 맹인의 사례가 잘 보여준다.

우리가 만약 예수를 알았다면 그것은 우리의 지력이 아니라 그의 자비로운 보이심에 의한 결과임을 알고 그에게 합당한 예를 표함이 마땅하다. 맹인은 예수의 자기계시를 통해 인자를 알고 "모든 백성과 나라들과 다른 언어를 말하는 모든 자들이 그를 섬기게 하였다"는 다니엘의 기록 대로 인자를 경배했다. "경배한다"(προσκυνέω)는 것은 누군가의 앞에서 무릎을 꿇고 엎드리는 방식으로 혹은 땅에 입을 맞추는 방식으로 존경심을 표현하는 행위를 의미한다. 이 경배는 강요가 아니라 자발적인 마음의 표현이고 인자를 위한 순종과 섬김의 고백이다. 예수를 아는 우리도 겸손히 고개를 숙이고 무릎을 조아리고 그에게 입 맞추며 감사와 경배를 드림이 마땅하다.

39예수께서 말하셨다 "내가 심판을 위하여 이 세상으로 왔다
보지 못하는 자들은 보게 되고 보는 자들은 맹인이 되게 하려 함이니라"

예수는 이제 맹인 한 사람을 고치시고 그를 찾아 만나셔서 신앙의 성장을 이루신 이후에 맹인을 포함한 주변의 모든 자들에게 보편적인 교훈을 전하신다. 교훈의 핵심은 예수께서 심판을 위하여 이 세상으로 오셨다는 사실이다. 심판의 내용은 맹인이 보게 되고, 보는 자들은 맹인이 된다는 내용이다. 이 내용은 예수께서 빛으로 세상에 오셨다는 사실과 결부되어 있다. 대부분의 사람들은 태양에 의존해서 사물을 인식한다. 그래서 태양이 떠있고 빛이 사물의 정보를 눈으로 배달해 주면 자신들은 보고 있다고 확신한다. 그러나 여기에서 본다는 것은 육체의 시력과 관계되어 있다. 유대인은 본다는 확신 때문에 마음의 눈으로는 보지 못한다는 사실을 모르고 보려

는 의지조차 없다. 예수의 빛으로 진리 보기를 거부한다. 그래서 예수라는 빛으로만 보이는 진리에 대해서는 전적으로 무지하다. 진리 아닌 것을 진리인 것처럼 보고 그것에 동화된다. 아담이 마귀의 어두운 거짓에 넘어간 것처럼 거짓이 시키는 죄를 선인 양 저지른다. 이런 사람은 예수라는 빛 앞에서 영적인 맹인으로 드러난다.

그러나 세상의 거짓을 보지 못하고 그 거짓을 따라 살지 않는 맹인은 예수를 만나 진리를 마음으로 보고 그 진리를 따라 살아간다. 이처럼 맹인은 무언가를 제대로 보는 진리의 관찰자와 수용자가 된다. 이는 먼저 된 자가 나중 되고 나중 된 자가 먼저 될 자들이 많다는 이치(마 19:30)와도 비슷하다. 예수로 말미암은 이러한 역전의 심판을 잘 이해한 바울의 고백에 따르면(고전 8:2), 보는 자는 마땅히 보아야 할 것을 보지 못한다는 진실을 깨달아야 하고, 아는 자는 마땅히 알아야 할 것을 알지 못한다는 진실을 깨달아야 한다. 예수라는 빛으로 보고 예수라는 진리를 알아야 영적 맹인의 운명에서 벗어난다.

그런데 예수께서 세상에 오신 목적이 심판을 위한 것이라는 본문의 내용은 요한복음 3장 17절과 충돌된다. 거기에서 예수는 자신이 세상으로 보내심을 받은 이유가 세상의 심판이 아니라 세상의 구원을 위한 것이라고 밝히셨다. 두 구절이 충돌되는 것처럼 보이는 게 사실이다. 그러나 자세히 보면 심판의 성격이 다르다는 사실을 확인한다. 3장 17절에 언급된 심판은 영원한 죽음과 관계된 종말의 심판을 가리키나, 본문에 언급된 심판은 예수의 오심으로 말미암은 질서의 회복을 의미한다. 칼뱅은 본문의 "심판"을 "조명의 은혜"로 말미암아 "혼동되고 어지러운 것을 참된 질서로 돌이키는 것"이라고 해석한다.

⁴⁰바리새인 중에 그와 함께 있던 자들이 듣고 그에게 말하였다
"우리도 맹인인가?"

바리새인 중에 예수의 교훈을 들은 사람들이 예수께 질문한다. "우리도 맹인인가?" 이는 그들이 예수의 말씀에서 자신들을 보지 못하는 자로 조롱하고 있다는 느낌을 받았기 때문에 던지는 힐문이다. 유대 지도자인 그들은 유대 사회에서 일어나는 모든 일들을 관찰하고 조사하고 심의하고 판결하며 심판하는 자들이다. 심판할 때에 그들은 자신들이 모세를 통해 주어진 하나님의 법을 따른다고 생각한다. 그래서 그들의 생각에 자신들은 심판을 위하여 아무것도 보지 못하는 맹인이 아니라 모든 것을 보는 자들이다. 그런데도 예수는 자신들을 맹인으로 평가하는 것 같아서 그들은 분노가 차올라 질문했다.

⁴¹예수께서 그들에게 말하셨다 "너희가 맹인이 되었다면 죄가 없겠지만
너희가 지금 '우리가 본다'고 말하니 너희 죄가 그대로 있느니라"

자신들이 본다고 주장하는 바리새파 무리에 대한 예수의 답변이다. 이 답변에서 예수는 맹인의 실체를 밝히신다. "우리가 본다"는 그들의 주장에 근거하여 예수는 "너희 죄가 그대로 있다"고 평하신다. 이러한 평가에 따르면, 그들은 죄인이다. 맹인을 "죄 가운데서 태어"난 죄인으로 몰아붙인 그들의 비난과 정죄가 그들 자신에게 돌아왔다. 예수의 특이한 평가에 따르면, "본다"(βλέπω)는 것 자체가 죄와 결부되어 있다. 눈과 죄의 긴밀한 관계를 이해하기 위해서는 태초의 시간으로 돌아가야 한다. 태초에 아담과 하와는 하나님의 명령을 거역하는 죄를 저질렀다. 죄를 지은 직후 그들에게 나타난 첫 번째 변화는 "눈"이 밝아진 것이었다(창 3:7). 밝아진 눈으로 들어온 최초의 정보는 "자기들이 벗었다"는 것이었다. 이는 치마를 만들어 인간의 치부를 가리는 문화의 단초였다. 죄 이후에 그들의 눈은 달라졌고 그 결과로서 문화도 달라졌다. 땅을 경작하는 문화의 사명은 저버리고 죄를 가리고 가린 치마의 화려함을 주목하게 만드는 문화에 집착했다. 그들 스스로가 눈의 주인이 되었고, 보는 관점의 주인이 되었고, 보고 싶은 것만 보는 선택적인 관찰자가 되었으며, 관찰된 내용의 의미도 스스로 부여하며, 자신들이 원하는 결론에 도달했다. 이러한 현상에 대해 사람들은 "우리가 본다"고 생각한다.

그러나 성경은 그런 아담과 하와를 맹인으로 규정한다. 그들의 모든 후손도 그렇다고 한다. 왜 그러한가? 지혜자에 따르면, "듣는 귀와 보는 눈은 다 여호와께서 지으신 것"이라고 한다(잠 20:12). 눈은 이처럼 보도록 지으셨다. 눈 자체와 본다는 눈의 기능은 모두 하나님이 만드셨다. 눈의 존재도 하나님께 의존하고 눈의 기능도 하나님께 의존한다. 맹인은 주로 눈의 존재가 아니라 기능과 관계된 개념이다. 그런데 사람들은 오해한다. 눈은 비록 주어진 것이지만 눈의 기능은 자신이 마음대로 좌우하는 것이라고 생각한다. 그래서 하나님을 의지하지 않고 마음대로 눈을 사용한다. 사람의 눈이 가장 놀란 순간은 아마도 이스라엘 백성의 출애굽 사건과 그 이전의 열 가지 기적들일 것이라고 나는 생각한다. 그들은 홍해를 건너기 전에 애굽에서 초유의 기적들을 분명히 목격했다(신 29:2). 그래서 모세는 "그 큰 시험과 이적과 큰 기사를 네 눈으로 보았다"고 언급했다(신 29:3).

그런데 역설적인 발언이 이어진다. "그러나 깨닫는 마음과 보는 눈과 듣는 귀는 오늘까지 여호와께서 너희에게 주시지 않았다"는 거다(신 29:4). 이는 그 이전에도 이후에도 없었던 역사적인 기적들을 체험한 그들이 보았어도 보지 못했다는 모순적인 진술이다. 그러나 모세는 진실을 말하였다. 즉 그는 이스라엘 백성이 눈을 의심할 수밖에 없는 그 기적들을 보되 하나님이 보시는 것처럼 보지 않고 죄인의 자리에서 죄로 물든 관점으로 보았기 때문에 그들에게 보는 눈이 주어지지 않았다고 말한 것이었다. 마땅히 보아야 할 것을 보지 못하는데 자신의 밝아진 눈으로 본다고 생각하는 동안에는 죄가 사라지지 않고 그대로 머문다는 것이 예수의 지적이다. 바울의 경우에는 예수를 만나고 눈의 비늘이 벗겨지는 것을 체험했다. 예수라는 강렬한 빛으로 말미암아 세상의 눈이 멀어졌고 그 빛으로 인해 세상을 보는 시력의 변화가 일어났다. 그는 더 이상 죄에 머물지 않고 벗어났다. 예수라는 빛을 경험한 바울은 이제 "이방의 빛"이 되어서 "땅 끝까지 구원하게 하리라"는 주님의 명령을 수행하는 사도로 거듭났다.

우리는 어떠한가? 맹인은 육체의 눈으로 볼 수 없었지만 예수의 기적으로 보게 되었으며, 그럼에도 불구하고 예수를 인자로 알아보지 못했으나 예수의 가르침을 통해 그것도 깨달았다. 이렇게 맹인은 육체적인 시력의 치유와 영적인 안목의 치유를 동시에 받는 방식으로 맹인의 인생에서 벗어났다. 우리는 무엇을 보든지 그 시선이 예수에게 닿기 전까지는 모두가 맹인이다. 바울은 지어진 모든 가시적인 것들이 지어지지 않아서 보이지도 않는 하나님의 신성과 능력을 분명히 보이도록 알리는 도구라고 했다(롬 1:20). 무엇을 보든지 하나님의 신성과 능력을 보기 전까지는 모세의 말처럼 우리에게 "보는 눈"이 주어지지 않았다고 생각해야 한다. 이를 종합하면, 우리는 모든 성경과 모든 자연에서 그 가리키는 바 예수를 목격해야 한다. 그 예수를 본 자는 마땅히 아버지 하나님을 본 자이기에 우리의 눈은 언제나 하나님을 향하여야 한다. 이로써 우리는 죄 가운데에 그대로 머물지 않고 벗어나게 된다. 그렇지 않으면 우리는 어떠한 상태에 있더라도 맹인이다. 아담의 죄 가운데에 그대로 머물러 있는 죄인이다. 아담의 눈을 닫아야 죄에서 벗어난다. 아담의 눈은 둘째 아담의 눈으로 바뀌어야 한다. 아담이 준 빛은 죄로 탁하게 되었고 둘째 아담이 준 빛은 거룩하다. 예수는 순수한 세상의 빛이며 생명의 빛이며 궁극적인 진리를 밝히는 등불이다. 그러나 유대인은 예수를 눈앞에 두고서도 여전히 캄캄한 어둠 속에서 아무엇도 보지 못하는 맹인이며 맹인 아닌 자를 맹인으로 정죄하는 방식으로 자신들은 맹인이 아니라고 주장하는 죄 가운데에 머무는 죄인이다. 과연 우리는 맹인인가?

요 10:1-10

1내가 진실로 진실로 너희에게 이르노니 문을 통하여 양의 우리에 들어가지 아니하고 다른 데로 넘어가는 자는 절도며 강도요 **2**문으로 들어가는 이는 양의 목자라 **3**문지기는 그를 위하여 문을 열고 양은 그의 음성을 듣나니 그가 자기 양의 이름을 각각 불러 인도하여 내느니라 **4**자기 양을 다 내놓은 후에 앞서 가면 양들이 그의 음성을 아는 고로 따라오되 **5**타인의 음성은 알지 못하는 고로 타인을 따르지 아니하고 도리어 도망하느니라 **6**예수께서 이 비유로 그들에게 말씀하셨으나 그들은 그가 하신 말씀이 무엇인지 알지 못하니라 **7**그러므로 예수께서 다시 이르시되 내가 진실로 진실로 너희에게 말하노니 나는 양의 문이라 **8**나보다 먼저 온 자는 다 절도요 강도니 양들이 듣지 아니하였느니라 **9**내가 문이니 누구든지 나로 말미암아 들어가면 구원을 받고 또는 들어가며 나오며 꼴을 얻으리라 **10**도둑이 오는 것은 도둑질하고 죽이고 멸망시키려는 것뿐이요 내가 온 것은 양으로 생명을 얻게 하고 더 풍성히 얻게 하려는 것이라

❖ ❖ ❖

1"내가 진실로 진실로 너희에게 말하노라 양의 우리에 문으로 들어가지 아니하고 다른 곳으로 넘어가는 자는 도둑과 강도지만 **2**문으로 들어가는 자는 양들의 목자니라 **3**문지기는 그를 위하여 문을 열고 양들은 그의 음성을 듣고 그는 이름으로 자기 양들을 부르며 그들을 인도한다 **4**그가 자신의 모든 [양들]을 밖으로 데려와서 그들을 앞서 가면 양들은 그의 음성을 알기 때문에 그를 따라간다 **5**그러나 타인의 음성은 그들이 알지 못하기 때문에 그 타인을 따르지 아니하고 오히려 도망간다" **6**예수께서 이 비유를 그들에게 말하셨다 그러나 그들은 그가 말씀하신 것이 무엇인지 이해하지 못하였다 **7**그러므로 예수는 그들에게 다시 말하셨다 "내가 진실로 진실로 너희에게 말하노라 나는 양들의 문이니라 **8**나보다 먼저 온 모든 자들은 도둑과 강도이기 때문에 양들이 그들을 듣지 않았도다 **9**내가 문이니라 누구든지 나로 말미암아 들어가면 구원을 받으리라 들어오고 나가며 목초지를 찾으리라 **10**도둑은 훔치고 죽이고 파괴하기 위해 들어온다 [그러나] 내가 온 것은 생명을 얻게 하고 매우 풍성하게 하기 위함이다

32   예수라는 문

본문에서 예수는 양과 목자 이야기를 꺼내신다. 그는 양들이 머무는 우리에 출입하는 사람들을 두 부류로 구분한다. 첫째는 문으로 들어오는 목자이고, 둘째는 문이 아니라 다른 곳으로 넘어오는 강도와 도둑이다. 예수는 자신을 양 우리의 문이라고 소개한다. 자신보다 먼저 온 모든 사람들은 강도와 도둑으로 분류된다. 그들이 양 우리에 들어오는 이유는 훔치고 죽이고 파괴하기 위함이다. 그러나 예수께서 오신 이유는 베푸시고 살리시고 더 풍성하게 만드시기 위함이다. 예수는 유대 사람들을 하나님의 양처럼 돌보는 목자로 여기는 유대 지도자들 앞에서 이 이야기를 전하셨다. 예수의 자리를 훔치고 예수를 죽여서 없애려는 그들은 양의 목자가 아니라 도둑과 강도라는 사실을 강조하기 위함이다.

¹"내가 진실로 진실로 너희에게 말하노라

양의 우리에 문으로 들어가지 아니하고 다른 곳으로 넘어가는 자는

도둑과 강도지만 ²문으로 들어가는 자는 양들의 목자니라

예수는 유대인의 지도자들 앞에서 양과 목자 이야기를 진지하게 꺼내신다. 너무도 중요한 사안이기 때문에 '아멘반복' 어법이 사용된다. 그래서 정밀한 분석과 깊은 묵상이 요구된다. 유대교 리더들은 자신들이 하나님의 양들을 돌보고 지도하는 목자라고 생각한다. 그러한 자들 앞에서 예수는 참된 목자와 참된 도둑을 구분하며 그들이 목자가 아니라 도둑과 강도라는 견해와 그 이유를 밝히신다. "도둑"(κλέπτης)은 타인의 소유물을 은밀하게 훔치는 자들이고, "강도"(λῃστής)는 폭력이나 무기를 사용하여 위협하며 타인의 소유물을 대놓고 빼앗는 자들이다. 이들이 노리는 표적은 물질이 아니라 하나님의 양들이다.

양 우리의 사방은 도둑과 강도가 흘린 탐욕의 군침으로 흥건하다. 환한 낮과 어두운 밤을 가리지 않고, 수단과 방법도 가리지 않고, 지칠 줄 모르고 양들을 취하려고 한다. 이에 대해 베드로는 우리가 깨어 있어야 할 이유로서 "너희 대적 마귀가 우는 사자 같이 두루 다니며 삼킬 자를 찾"고 있다는 사실을 지적한다(벧전 5:8). 욥기에도 마귀는 "땅을 두루 돌아 여기저기 다"니는 존재로 묘사된다(욥 1:7). 그 이유는 삼킬 양들을 찾기 위함이다. 이 무서운 현실 속에서 살아가기 위해 우리는 다른 무엇보다 참된 목자와 참된 양부터 분별해야 한다.

목자와 도둑의 차이점은 출입과 관련되어 있다. 참된 목자는 양의 우리로 들어갈 때에 "문"을 이용한다. 그러나 도둑은 문을 이용하지 않고 "다른 곳으로" 넘어간다. "문"은 양의 우리를 만드신 분이 승인한 출입구다. 벽이나 울타리와 같은 "다른 곳"은 "출입하지 말라"는 뜻의 엄숙한 문장이다. 출입할 때에 문을 이용하는 것은 주인을 존중하는 행동이고, 담을 넘어 들어

가는 것은 주인의 의지를 무시하는 무례한 도발이다. 건축물의 구조 측면에서, 문은 안과 밖을 필요에 따라 연결하고, 다른 곳은 안과 밖을 항상 분리한다. 문은 화목이고 다른 곳은 대립이다. 문은 소통이고 다른 곳은 불통이다. "양의 우리"는 울타리를 통해 세상과 구별되고, 단절되고, 대립적인 곳이면서 문을 통하여 세상과 연결되고 교류하며 화평을 이루는 곳이기도 하다. 문으로 들어가는 자는 양 우리 안에 있는 양과 교류하는 것이 가능하고 화목하고 연합된다. 양들의 목자는 그런 사람이다. 그러나 다른 곳으로 양 우리에 들어가는 자는 양과 분리되어 있고 불화하고 대립한다. 그런 사람은 도둑이다. 목자는 문이라는 규정을 준수하고 도둑은 그 규정을 위반한다.

3문지기는 그를 위하여 문을 열고 양들은 그의 음성을 듣고
그는 이름으로 자기 양들을 부르며 그들을 인도한다

양의 우리에는 문지기가 있다. 문지기를 이해하기 위해서는 구약의 문지기 연구가 필요하다. 구약에는 성읍 문지기도 있고 성전 문지기도 있다. 성전에는 8개의 문이 있었는데 그 중에서도 출입구에 해당하는 동쪽의 문 즉 동문 혹은 미문이 가장 중요하다. 구약에서 성전의 문지기는 레위 사람들 중에 살룸과 악굽과 달몬과 아히만을 포함한 212명이었다(대상 9:17, 22). 이들은 성전 사방에 배치되어 있다. 문지기의 직무에 대해 성경은 이렇게 기록한다. "하나님의 성전 모든 방과 곳간을 지켰더라 그들은 하나님의 성전을 맡은 직분이 있으므로 성전 주위에서 밤을 지내며 아침마다 문을 여는 책임이 그들에게 있었더라"(대상 9:26-27). 즉 그들은 성전 가까이에 머물러야 했고, 밤에도 성전 주변에서 지내야만 했고, 성물이나 헌금이 보관되어 있는 성전의 모든 방과 곳간을 지켜야 했고, 아침마다 성전의 문을 열어야

만 했다. 이처럼 문지기의 책임은 사소하지 않고 막중하다.

양의 우리는 성전과 유사하다. 양 우리의 문을 지키는 문지기의 사명과 책임도 성전 문지기의 그것과 비슷하다. 문지기는 목자의 출입을 위해 양 우리의 문을 열어주는 사람이다. 문지기의 거처는 양 우리에 가까워야 한다. 낮이나 밤이나 양 우리의 모든 것을 항상 지키기 위해서는 그 근처에 항상 머물러야 한다. 양 우리를 허물고자 하는 모든 세력들을 식별함에 있어서 유능해야 하고 그들의 횡포를 막기 위해서는 전략과 전술에도 뛰어나야 한다. 그러나 목자가 나타나면 그에게 문을 개방해야 한다. 이를 위해서는 목자를 정확하게 알아보는 분별력이 필요하고 언제 출입할지 모르기 때문에 언제나 깨어 목자를 기다려야 한다. 목자와 도둑을 분별하는 안목이 없어서 도둑에게 문을 열어주고, 목자를 가로막아 서면 악하고 게으른 문지기가 된다. 오늘날 교회에는 착하고 충성된 문지기가 희박하다. 문지기의 직분 자체를 거부한다. 문지기의 직무가 시시해 보이기 때문일까? 문지기가 아니라 문을 출입하는 목자가 부럽기 때문일까?

어느 시인은 주의 궁정에서 보내는 단 하루가 "다른 곳에서의 천 날보다" 낫다고 고백한다. 웅장한 "악인의 장막에서 사는 것보다" 초라해 보일지 모르는 "내 하나님의 성전 문지기로 있는 것"이 더 좋다고 고백한다(시 84:10). 왕이나 문지기의 직함 자체보다 어디의 왕이나 문지기로 있느냐가 가치와 소원을 좌우한다. 성전의 문지기가 되어 문지기로 살아가는 것이 세상의 궁정에서 왕이 되어 왕 노릇하는 것보다 낫다고 시인은 판단한다. 그런 판단의 근거는 무엇인가? 시인의 경우에는 "내 영혼이 여호와의 궁정을 사모하"기 때문이다(시 84:2). "여호와의 궁정"은 여호와가 계시는 곳을 의미한다. 즉 "누구와 함께 있느냐"가 판단의 관건이다. 하나님의 곁을 차지할 수만 있다면 왕관과 어의 벗어 던지기를 개의치 않고 문지기의 초라한 유니폼을 입고 사는 것도 민망하지 않다. 하나님을 사모하면 성전의 문지기 됨을 최고의 출세로 간주한다.

예수는 부에 대한 탐욕이 거래되는 부패한 성전을 뒤집어 엎으셨다. 이것을 본 제자들은 "주의 전을 사모하는 열심이 나를 삼키리라 한 것"을 기억했다(요 2:17). 예수는 여호와의 전을 가장 사모한 분이시다. 그래서 그는 하나님과 동등됨을 취할 것으로 여기지 않으시고 오히려 벗으셨고 누구도 좋아하지 않는 종의 형체 취하기를 마다하지 않으셨다. 이런 맥락에서 "문지기는 하나님을 두고 한 말"이라는 주장에 반대하지 않는다는 칼뱅의 입장과는 달리, 나는 문지기가 예수를 가리키는 말이라는 견해에 반대하지 않으려고 한다. 그런데 문지기의 본을 보이신 예수를 따른다고 하면서도 성전 문지기를 부끄러운 직분으로 여긴다면 이는 자신이 그의 제자가 아니라는 자백이다. 세상에서 아무리 비천한 직분을 가졌어도 그 직분으로 하나님과 동행하고 하나님의 집을 파수하는 사람은 예수의 제자로서 손색이 없는 사람이다.

문지기가 열어준 문으로 들어온 목자의 음성은 양들이 듣는다고 한다. 목자가 양을 인도하는 도구는 화려한 기적이 아니라 "음성"(φωνή)이다. 양은 시력이 나쁘지만 청력은 발달되어 있다. 양들의 귀는 반복해서 듣는 목자의 목소리에 주파수가 조율되어 그의 음성이 귀를 두드리면 자신의 목자인 줄 알고 환영한다. 목자와 양을 연결하는 끈은 옷차림도 아니고 지팡이도 아니고 언어도 아니고 음성이다. 음식은 입으로 들어가서 위장으로 들어가고 그 찌꺼기는 항문으로 퇴장한다. 그러나 음성은 귀로 들어가서 뇌로 들어가고 마음까지 출입한다. 음성은 찌꺼기가 없다. 그리고 마음은 위장보다 깊다. 그래서 음성으로 맺어진 관계는 음식으로 맺어진 밥상 관계보다 깊고 더 끈끈하다.

그런 관계 속에서 목자는 각각의 이름을 부르면서 자기 양들을 인도한다. "이름"은 "양"이라는 일반적인 호칭이 아니라 각각의 양과 결부된 고유한 호칭을 의미한다. 각각의 양이 가진 고유한 특성들의 종합이 바로 "이름"이다. 목자는 자기 양들을 "양"이라는 보편적인 존재로 여기지 않고 각각의 양을 고유한 존재로 여기며 자신과 다수의 관계가 아니라 각각의 양과 일대일의 관계를 유지한다. 양의 입장에서 보면 이중적인 관계, 즉 각각의 양은 자기목자와의 관계를 맺으면서 다른 양과의 관계도 형성한다. 그런데 둘 중에서는 목자와의 관계가 우선이다. 양은 다른 양의 음성을 따라가지 않고 목자의 음성을 따라가야 한다. 자신의 음성만 들으면 고립된다. 다른 양의 음성만 들으면 패가 갈라지고 파벌이 형성되고 분열과 다툼이 발생한다.

그러나 목자의 음성을 들으면 각각의 다양한 양들이 목자라는 울타리 안에서 연합하고 통일성 속으로 인도된다. 인도의 권한은 자신이나 다른 양이 아니라 오직 목자에게 있다. 그렇지 않으면 하나님의 말씀을 듣지 않은 "우리는 다 양 같아서 그릇 행하여 각기 제 길로" 간다고 이사야는 기록한다(사 53:6). 목자의 음성을 놓치면 "각기 제 길"이라는 그릇된 방향으로 접어든다. 그 음성에 귀를 닫으면 필히 자신의 소견에 옳은 대로 살아간다. 목자를 진실로 신뢰하면 그의 음성에 귀를 기울인다. 목자는 양을 황무지가 아니라 최고의 "푸른 초장"으로 인도한다. 그런데 인도하는 방식은 자신의 음성이다. 그러므로 양은 목자를 신뢰하고 그의 음성에 나의 인생을 의탁해야 한다. 몸 전체가 귀가 되도록 청력을 확대해야 한다.

⁴그가 자신의 모든 [양들]을 밖으로 데려와서 그들을 앞서가면
양들은 그의 음성을 알기 때문에 그를 따라간다

진짜 목자와 진짜 양은 이끎과 따름의 방식으로 서로 호응한다. 목자는 "자신의 모든"(τὰ ἴδια πάντα) 양들을 밖으로 인도한다. 자신의 양이라면 한 마리도 양 우리에 남기지 않고 모두 데려간다. 그 누구도 버려짐이 없다. 그러나 그의 양이 아니면 남겨진다. 그러므로 목자의 양인데도 목자를 따

르지 않고 끝까지 버티며 양 우리에 남는 것, 목자보다 양 우리를 선호하고 선택하는 것은 어리석다. 목자 없는 양 우리는 없다. 그것은 더 이상 양 우리가 아니기 때문이다. 그러나 양 우리 없는 목자는 가능하다. 목자 자신이 양의 최고급 우리이기 때문이다. 목자가 밖으로 나가면 양도 그를 따르면서 익숙하고 안락한 양 우리와 결별해야 한다. 양 우리는 목자 때문에 유의미한 안식처다. 그러나 목자가 밖으로 나와도 여전히 그곳에 머문다면 양 우리는 유혹이다. 그 유혹에서 벗어나야 한다. 교회에도 유사한 유혹이 작용한다. 교회에 아무리 많은 사람들이 모여 있더라도, 교회가 아무리 비싸고 아름다운 건물을 가지고 있더라도, 아무리 오랫동안 출석한 교회라고 하더라도, 하나님의 영광이 떠나고 촛대가 옮겨져 결국 "사탄의 회당"(계 2:9)으로 전락하면 그 교회에서 목자가 계신 곳으로 떠나가야 한다.

목자는 양들을 인도하되 몽둥이로 양들의 엉덩이를 찜질하며 몰아가지 않고 양들을 "앞서간다"(ἔμπροσθεν αὐτῶν πορεύεται). 앞서가는 이유는 행로의 상태를 점검하고 적들의 여부도 파악하기 위함이다. 그리고 양들이 배불리 먹을 보다 좋은 목초지를 찾기 위함이다. 양들은 목자만 따라가면 가장 안전하고 가장 맛있고 푸짐한 양식을 확보한다. 참된 목자는 뒤에서 양들을 위협하지 않고 앞에서 본을 보이는 사람이다. 앞서가는 목자를 따르는 것은 양의 자발적인 의지이고 뒤에서 몽둥이를 휘두르는 목자에 의해 떠밀리는 것은 그런 의지의 말살이다. 목자는 뒤에서 겁박하며 선택의 여지가 없는 공포의 상황을 조성하지 않고 앞에서 본을 보여주며 따를지 말지에 대한 선택의 기회를 양에게 제공한다. 교회 안에서도 성도를 존중하는 목회자는 헌금을 강요하지 않고 자신이 먼저 헌금한다. 나눔과 섬김을 강요하지 않고 먼저 자신의 이마에 땀이 마르지 않도록 부지런히 움직이고 자신의 손에 늘 줄 것을 쥐고 필요한 사람을 찾는 봉사와 구제의 삶을 살아간다.

참된 양들은 목자의 음성을 알기 때문에 앞서가는 목자를 따라간다. 팔레스틴 지역에서 목자들은 "나를 따르라"고 양떼를 부르면 양들이 그 음성을 듣고 따른다고 한다. 그런데 방문객이 그 목자들의 옷과 지팡이를 취하여 변장하고 동일한 표현으로 불러도 양들이 따르지 않는다고 한다. 양들은 지팡이나 옷차림이 아니라 음성에 반응하기 때문이다. 양들은 목자의 음성을 정확히 분별해야 하고 다른 것에 홀리지 않도록 주의해야 한다.

> ⁵그러나 타인의 음성은 그들이 알지 못하기 때문에
> 그 타인을 따르지 아니하고 오히려 도망간다"

양들의 귀에는 목자의 음성만이 아니라 타인의 음성도 출입한다. 그런 음성은 양들이 "알지 못하기 때문에 그 타인을 따르지 않고 오히려 도망간다." 하나님의 사람들도 동일하다. 성도는 목회자의 입에서 나오는 음성이 우리 모두의 영원한 목자 되시는 주님의 음성인지 아닌지를 분별해야 하고 아니라면 따르지 않도록 늘 주의해야 한다. 외모가 훤칠하고 말투가 세련되고 매너가 아무리 달콤해도 그의 입에서 주님의 음성이 들리지 않는다면 따라가지 말고 도망가야 한다. "도망간다"(φεύγω)는 말은 위협을 피하여 안전한 곳으로 이동하는 적극적인 떠남, 아니 결사적인 피함을 의미한다.

타인을 따라가는 것은 목자와의 이별을 의미하고 목자 없는 양 됨을 의미한다. 목자가 없어지는 일의 심각성을 에스겔 선지자는 이렇게 기록한다. "목자가 없으므로 그것들이 흩어지고 흩어져서 모든 들짐승의 밥이 되었도다"(겔 34:5). 목자가 없으면 모든 짐승에게 먹잇감이 된다는 사실을 잘 아는 모세는 여호와께 이렇게 기도했다. "원하건대 한 사람을 이 회중 위에 세워서 그로 그들 앞에 출입하며 그들을 인도하여 출입하게 하사 여호와의 회중이 목자 없는 양과 같이 되지 않게 하옵소서"(민 27:16-17). 참된 목자의 유무에 따라 양의 영적인 생사가 결정된다. 양들에게 목자의 중요성은 아무리 강조해도 지나침이 없다.

6예수께서 이 비유를 그들에게 말하셨다

그러나 그들은 그가 말씀하신 것이 무엇인지 이해하지 못하였다

유대 사람들은 목자와 양에 대한 예수의 열정적인 설명을 듣고 그 의미를 이해하지 못하였다. "비유"로 말하셨기 때문이다. "비유"(παροιμία)는 "어떤 현상이나 사물을 직접 설명하지 아니하고 다른 비슷한 현상이나 사물에 빗대어서 설명하는 일"이라고 한다. 그러므로 비유는 말의 표면이 아니라 이면을 읽어내야 하는 어법이다. 표면은 보이지만 이면은 보이지 않기 때문에 비유의 해석은 문법에 근거하지 않고 화자와 청자 사이의 교감이나 친밀감의 크기에 의존한다. 성경의 기록처럼 예수는 "비유가 아니면 아무것도 말씀하지" 않으셨다(마 13:34; 막 4:34). 즉 예수께서 하신 말씀의 의미는 표면에서 읽어지지 않고 이면에서 읽어진다. 해석에 있어서 문법적 분석이 주는 유익의 한계를 여기에서 확인한다. 예수의 비유는 그와 가깝고 그를 사랑하는 사람만 이해할 수 있는 어법이다. 사랑은 예수의 말씀을 해석하는 최고의 방법이다. 이를 확대하면 성경은 사랑을 따라 읽어야 읽어진다. 유대 사람들이 예수의 비유를 이해하지 못한 이유는 그들이 예수를 미워하며 죽이려고 했기 때문이다. 그들의 무지는 그들에게 사랑 없음을 증거한다. 그래서 예수는 유대 사람들을 향해 "하나님을 사랑하는 것이 너희 속에 없음"을 알았다고 말하셨다(요 5:42). 그런 자들에게 예수의 말씀은 "소귀에 경 읽기"와 비슷하다.

⁷그러므로 예수는 그들에게 다시 말하셨다
"내가 진실로 진실로 너희에게 말하노라 나는 양들의 문이니라

예수는 소리만 듣고 의미는 이해하지 못하는 자들에게 "다시 말하셨다." 말의 의미가 너무나도 중요하기 때문이다. 동시에 다시 말하기는 자비로운 반복이다. 예수는 모든 사람들이 진리 알기를 원하시기 때문이다. 예수의 발언은 그 지역의 목자와 양들 이야기가 아니라 자신에 대한 말이었다. 그는 자신을 "양들의 문"이라고 밝히신다. 이는 누구도 예수로 말미암지 않고서는 양의 우리에 들어올 수 없음을 의미한다. 또한 공간적인 양 우리 안에 있더라도 예수를 믿지 않았다면 주님의 양 우리에 속하지 않았다는 말이기도 하다. 예수는 교회의 문이시다. 교회에 모인 모든 사람들은 다양한 문이 달린 집에서 살지만 그리스도 예수라는 하나의 동일한 문 때문에 하나의 양 우리에 속하였다. 다양한 공간에 흩어져 있어도 하나님의 권속이다. 물론 교회에 속하기 위해서는 등록과 학습과 세례라는 다양한 절차들이 있지만 그것들은 부수적인 의식에 불과하다. 예수를 믿었다면 이미 그의 양이기 때문에 양의 우리에 이미 속하였고 다른 어떠한 이유로도 거기에서 배제됨이 없다.

⁸나보다 먼저 온 모든 자들은 도둑과 강도이기 때문에
양들이 그들을 듣지 않았도다

앞에서 우리는 문으로 들어오지 않은 자들이 도둑과 강도라고 이해했다. 이는 예수라는 문으로 들어오지 않은 모든 지도자는 도둑과 강도라는 이야기다. 이들의 특징을 이해해야 한다. 즉 양의 도둑과 강도는 예수보다 "먼저 온 모든 자들"이다. 문이신 예수께서 아직 오시지 않았는데 이미 왔

다면 그들은 문 없이 들어온 자들임에 분명하기 때문이다. "먼저 왔다"(ἦλθον πρὸ)는 것은 뒤따르지 않고 앞섰다는 표현이다. 즉 예수를 뒤따르지 않고 앞지른 모든 자들은 도둑과 강도로 간주된다. 제자는 인격과 생각과 말과 행동에 있어서 예수를 따르는 사람이다. 그러나 교회의 지도자들 중에 예수의 인격이 발견되지 않고, 예수의 생각과 무관하고, 선포된 예수의 말씀과 상반되고, 행실에서 예수의 십자가가 보이지 않는 사람이 있다면 그는 강도와 도둑의 혐의에서 자유롭지 않다. 모든 성도는 그런 자를 당당하게 의심해야 한다. 그에게서 속히 멀어져야 한다. 그가 이끄는 집회나 세미나에 참여하지 말고 그의 지갑에 헌금하지 말고 그의 사역에 연료를 제공하지 말라.

하나님의 진리를 깨닫고 선포하기 위해 성경을 이해함에 있어서도 예수는 해석의 문이시다. 앞에서 확인한 것처럼 그는 성경이 자신을 가리켜 기록된 책이라고 말하셨다(요 5:39). 이는 성경을 푸는 해석학의 전제로서 모든 해석자는 존중해야 한다. 예수라는 해석의 문으로 들어가지 않으면 그 누구도 아버지의 뜻에까지 이르지 못하고 고작해야 인간의 귀에 달콤한 의미에 도달한다. 예수는 또한 율법이나 선지자의 모든 기록을 폐하시기 위함이 아니라 완전하게 하기 위하여 오셨다고 한다(마 5:17). "일점일획도 결코 없어지지 아니하고 다 이루"실 것이라고 한다(마 5:18). 예수는 성경의 완성이다. 그는 해석의 시작인 동시에 해석의 완성이다. 성경은 그를 통하여 해석해야 하고 해석은 그에게까지 이르러야 한다. 그런데 어떤 고상하고 신박한 이론을 제시하며 이런 예수 중심적인, 예수 지향적인 해석학을 무식한 시도라고 매도하며 예수와 무관하게 성경을 읽고 해석하는 사람들이 많다. 예수보다 앞서고, 예수라는 문이 아니라 다른 문들을 통해 하나님의 뜻으로 들어가는 해석학을 나는 거부한다.

참된 양들은 예수보다 "먼저 온 모든 자들"의 말을 듣지 않았다고 한다. 양들은 예수를 제치고 먼저 들어온 모든 자들을 듣지 않음으로 경계하고 자신들을 보호했다. 지혜롭다. 강도와 도둑의 말은 논쟁의 대상이 아니라 귀를 닫아야 할 대상이다. 훔치고 죽이고 파괴하기 위해 쏟아내는 강도와 도둑의 말들은 아무리 화려하고 세련되고 고상한 논리의 옷을 입었어도 우리의 영혼에는 독극물과 같다. 그 말들이 우리의 내면으로 침투하는 것 자체가 문제를 유발하기 때문에 귀에서 차단해야 한다. 귀로 들어온 말들이 우리의 정신을 헤집고 다니지 못하도록 아예 듣지 않음이 지혜로운 방어요 저항이다. 귀를 관리해야 한다. 출입하는 말들의 질을 높이고 진실 함유량이 높은 말들을 엄선하며 많이 경청하기 위해 어디를 가야하고 누구를 만나야하고 무슨 이야기를 나누어야할 것인지를 신중하게 결정해야 한다. 저급한 말과 거짓된 말과 교활한 말을 쏟아내는 사람이나 시간이나 상황이나 현장은 피하는 게 상책이다. 피하는 방식은 귀를 닫음이다.

9내가 문이니라 누구든지 나로 말미암아 들어가면 구원을 받으리라
들어오고 나가며 목초지를 찾으리라

예수가 문이라는 말의 의미는 무엇인가? 먼저 누구든지 예수라는 문으로 들어가면 구원을 받는다고 한다. 예수는 구원의 문이다. 그 문으로 들어가면 누구든지 모든 종류의 속박에서 벗어난다. 이사야의 기록처럼 예수로 말미암아 "눈먼 자들의 눈을 밝히며" "마음이 상한 자를 고치며 포로된 자에게 자유를, 갇힌 자에게 놓임을 선포하며" "모든 슬픈 자를 위로하"는 구원이 주어진다(사 42:7, 61:1-2). 진실로 예수는 자신에게 들어오는 모든 자들을 영원한 죽음에서 영원한 생명으로, 거짓에서 진리로, 불의에서 정의로, 어둠에서 빛으로, 공포에서 평강으로, 근심에서 안식으로, 질병에서 건강으로, 상처에서 치유로 건지신다.

그리고 그 문으로 들어오고 나가는 사람들은 양식이 가득한 목초지를

얻는다고 한다. 적잖은 사람들이 "들어오고 나갈 것이라"(εἰσελεύσεται καὶ ἐξελεύσεται)는 대목에서 오해한다. 예수라는 문으로 한번 들어오면 영원히 나가지 못하는 게 아니라 나가기도 한다고 주장한다. 즉 들어와서 구원을 받은 사람도 나가면서 구원을 잃는다고 주장한다. 그러나 이 대목은 예수라는 문으로 들어온 사람이 구원을 받은 이후에는 어디를 가든지 예수라는 문으로 출입하는 것을 의미한다. 칼뱅의 해석처럼, 들어옴과 나감은 "인생의 모든 활동"을 암시한다. 어떠한 활동을 하든지 예수를 지나가는 것, 그 예수와 동행하는 것, 예수께서 내 안에 행하시는 것을 암시한다. 이런 의미에서 예수는 구원의 문이면서 범사에 인생의 길이시다. 그런데 예수로 말미암아 어디든지 들어가면 "목초지"를 발견하게 된다. 어디를 가더라도 풍요로운 복이 주어진다. 헛걸음이 없다. 어느 직장으로 가더라도, 어느 교회로 가더라도, 어느 나라로 가더라도 예수의 이름으로 들어가고 나가는 사람은 그곳에 생기를 제공하고 풍요를 공급한다.

예수라는 문은 너무도 신비롭다. 그 의미는 어쩌면 모세를 통해 암시된 것인지도 모르겠다. 즉 모세는 "네가 들어와도 복을 받고 나가도 복을 받을 것"이라고 기록한다(신 28:6). 그는 앞서 "네가 네 하나님 여호와의 말씀을 청종하면 이 모든 복이 네게 임하며 네게 이"를 것이라고 했다(신 28:2). 모든 복은 하나님의 말씀에 대한 순종과 결부되어 있다. 예수께는 모든 것이 "예"이시고 그는 순종의 왕이시다. 모든 율법을 일점일획 수준으로 다 이루셨다. 그런 순종의 예수로 말미암아 모든 복이 주어진다. 모세의 기록과 예수의 말씀은 이렇게 상통한다. 들어가며 나가며 복을 받는 이유는 순종의 왕이신 예수라는 문을 출입하기 때문이다. 예수에 의해, 예수로 말미암아, 예수와 더불어, 예수를 위해 살아가는 믿음의 사람은 어디를 가든지 무엇을 하든지 누구와 만나든지 들어오든 나가든 모든 복의 수혜자가 된다.

¹⁰도둑은 훔치고 죽이고 파괴하기 위해 들어온다
[그러나] 내가 온 것은 생명을 얻게 하고 매우 풍성하게 하기 위함이다

도둑은 누구인가? 양들을 훔치고 죽이고 파괴하는 자들이다. 도둑은 타인의 소유물을 자신의 것인 양 가져가려 한다. 물건만이 아니라 영혼도 취하려고 한다. 취한 이후에는 그 영혼을 소중하게 다루지 않고 파괴한다. 그러나 성경은 타인의 소유를 훔치지 말고 오히려 나누라고 한다. 훔치는 것(κλέπτω)은 타인에게 피해를 주면서 유익을 챙기는 대단히 이기적인 행동이다. 그러나 나누는 것은 내가 손해를 보면서 타인에게 유익을 주는 선한 행동이다. 살인하는 것(θύω)은 생명이 하나님께 속한 것이라는 성경의 가르침에 정면으로 위배된다. 성경은 살인하지 말고 오히려 구원하여 살리라고 가르친다. 노아의 언약에서 짐승을 인간에게 양식으로 주었지만 생명이 담긴 피와 함께 먹지는 말라고 성경은 가르친다. 이는 예루살렘 공의회를 통해서도 "피를 멀리"해야 한다는 결의로 복음의 완성 이후에도 유지되고 있는 조항이다(행 15:20). 생명은 인간의 존재와 인생과 활동의 근간이다. 그런 생명을 죽이는 것은 모든 것들의 주인을 훔치는 행동이다. 그리고 도둑은 파괴한다. 파괴하는 것(ἀπόλλυμι)은 무언가를 철저하게 제거하는 행동이다. 형태와 내용을 전혀 알아볼 수 없도록 존재를 부수고 또 부수는 행동이다. 그러나 성경은 모든 존재를 하나님 앞에 온전하게 세우라고 한다.

도둑은 도둑질과 살인과 파괴를 위하여 양의 우리로, 교회로 들어온다. 교회 안에서 횡령이 생기고 사람이 죽고 파괴가 일어나면 그 원인은 도둑의 침투 때문이다. 도둑이 든 교회는 빼앗기고 죽고 파괴된다. 이런 문제가 발생하는 보다 근원적인 이유는 도둑의 있음이 아니라 목자의 없음 때문이다. 예수께서 오신 것은 양들로 하여금 "생명을 얻게 하고 매우 풍성하게 하기 위함이다." 그는 죽음이 아니라 생명을 베푸신다. 죽은 자도 살리신다. 이런 목자가 교회에 있으면 도둑의 살인과 파괴는 결코 두렵지가 않다. 예수는 탈취가 아니라 굉장한 풍성함을 나누신다. 도둑이 하나도 남김 없이 탈취해도 예수라는 목자가 있으면 부족함이 없다.

진실로 예수는 "다윗의 무너진 장막을 다시 지으며 또 그 허물어진 것을 다시 지어 일으"키는 분이시다(행 15:16). 도둑이 지나간 탈취와 살인과 파괴의 현장을 회복과 풍요의 현장으로 바꾸신다. 혹시 나에게 남은 것이 하나도 없도록 몽땅 털렸다면, 살았으나 움직이는 시체일 뿐이라면, 절망의 어두운 무저갱에 빠져 희망의 빛이 한 줄기도 나에게 비치지 않는다면, 모든 것을 포기하지 말고 예수에게 나아가야 한다. 예수는 생명이기 때문이다. 은혜와 진리가 충만하신 분이기 때문이다. 절대적인 희망의 빛이시기 때문이다. 그가 우리에게 들어오면 비록 일상과 환경의 겉모습은 똑같아도 모든 게 달라진다.

요 10:11-21

¹¹나는 선한 목자라 선한 목자는 양들을 위하여 목숨을 버리거니와 ¹²삯꾼은 목자가 아니요 양도 제 양이 아니라 이리가 오는 것을 보면 양을 버리고 달아나나니 이리가 양을 물어 가고 또 헤치느니라 ¹³달아나는 것은 그가 삯꾼인 까닭에 양을 돌보지 아니함이나 ¹⁴나는 선한 목자라 나는 내 양을 알고 양도 나를 아는 것이 ¹⁵아버지께서 나를 아시고 내가 아버지를 아는 것 같으니 나는 양을 위하여 목숨을 버리노라 ¹⁶또 이 우리에 들지 아니한 다른 양들이 내게 있어 내가 인도하여야 할 터이니 그들도 내 음성을 듣고 한 무리가 되어 한 목자에게 있으리라 ¹⁷내가 내 목숨을 버리는 것은 그 것을 내가 다시 얻기 위함이니 이로 말미암아 아버지께서 나를 사랑하시느니라 ¹⁸이 를 내게서 빼앗는 자가 있는 것이 아니라 내가 스스로 버리노라 나는 버릴 권세도 있 고 다시 얻을 권세도 있으니 이 계명은 내 아버지에게서 받았노라 하시니라 ¹⁹이 말 씀으로 말미암아 유대인 중에 다시 분쟁이 일어나니 ²⁰그 중에 많은 사람이 말하되 그가 귀신 들려 미쳤거늘 어찌하여 그 말을 듣느냐 하며 ²¹어떤 사람은 말하되 이 말 은 귀신 들린 자의 말이 아니라 귀신이 맹인의 눈을 뜨게 할 수 있느냐 하더라

❖ ❖ ❖

¹¹나는 선한 목자라 선한 목자는 양들을 위하여 자신의 목숨을 버리지만 ¹²삯꾼은 목 자가 아니며 [양도] 자신의 양들이 아니기에 이리가 오는 것을 보면 그 양들을 버리 고 도망간다 그리고 이리는 그것들을 취하고 찢는다 ¹³[도망가는 이유는] 그가 자신 으로 양들을 돌보지 않는 삯꾼이기 때문이다 ¹⁴나는 선한 목자라 나는 나의 것들을 알고 나의 것들도 나를 안다 ¹⁵이는 마치 아버지가 나를 아시고 내가 아버지를 아는 것[과 유사하다] 나는 양들을 위하여 내 목숨을 버리노라 ¹⁶그리고 이 [양]우리에 들 지 아니한 다른 양들이 나에게는 있다 나는 그들도 인도해야 한다 그들은 내 음성을 듣고 한 무리가 되어 한 목자[에게 있으리라] ¹⁷내가 내 목숨을 다시 얻기 위하여 그 것을 버리므로 아버지께서 나를 사랑하신다 ¹⁸이 [생명]을 나에게서 빼앗는 자는 없 으며 나는 스스로 그것을 버리노라 나는 그것을 버릴 권세도 있고 그것을 다시 취할 권세도 있는데 이 계명은 내가 내 아버지에게서 받았노라 ¹⁹이 말씀으로 말미암아 유 대인들 사이에 다시 분쟁이 일어났다 ²⁰그들 중에 많은 이들이 "그가 귀신이 들려서 미쳤는데 어찌하여 그[의 말]을 듣느냐?"고 말하였고 ²¹어떤 이들은 "이 말은 귀신 들 린 자의 것이 아니다 귀신이 맹인의 눈을 뜨게 할 수 있느냐?"고 말하였다

33   양과 목자

예수는 자신이 선한 목자라고 말하신다. 그런 목자는 양들을 위해 목숨을 버릴 정도로 양들을 사랑한다. 그 사랑의 크기는 아버지 하나님과 아들 하나님 사이의 신적인 사랑과 비등하다. 그리고 예수는 이미 우리에 들어온 양들만이 아니라 들어오지 못하고 밖에서 방황하는 양들도 사랑하여 인도해야 한다는 사명을 밝히신다. 양 우리 내부와 외부에 있는 모든 양들은 분리되지 않은 하나의 무리이며 하나의 목자를 따른다는 목자 중심적인 교회의 일체성을 강조한다. 양들을 위해 자신의 목숨을 버리는 이유에 대해 그는 아버지 하나님이 주신 권세를 소개한다. 이는 목숨을 버리고 다시 취할 권세라고 한다. 이 권세는 아버지의 사랑에 근거한다. 아버지를 사랑하기 때문에, 그 사랑을 위하여, 자신의 생명을 지키지 않고 버리는 권세를 택하신다. 선한 목자다운 선택이다.

예수께서 이 땅에 오신 이유는 자기 양들에게 생명과 풍성함을 주시기 위함이다. 그런데 이러한 목자의 사명을 감당하기 위해 지불해야 하는 대가의 크기는 막대하다. 양들에게 주기 원하는 모든 것을 자신은 포기해야 한다. 양에게 생명이 나타나기 위해서는 사망을 감수해야 한다. 즉 그 모든 것들이 나에게서 상실되는 희생을 감수해야 한다. 소유물을 버리는 것은 가능하다. 그러나 소유물의 주체인 나 자신을 버리는 것은 대체로 실현 불가능한 희생이다. 생명을 버린다는 것은 자신의 전부를 버리는 일이기 때문이다. 그런데 이러한 전부의 버림 앞에서 참된 목자의 여부가 가늠된다.

예수는 "양들을 위하여 자신의 목숨을 버리"는 자신이 "선한 목자"라고 밝히신다. 대단히 특이한 자기규정이다. 예수의 다른 발언을 들어보라. "네가 어찌하여 나를 선하다 일컫느냐 하나님 한 분 외에는 선한 이가 없느니라"(막 10:18). 이처럼 예수는 자신에게 주어지는 "선한 선생"이란 호칭을 수용하지 않으셨다. 그러나 제자들에 대하여 자신이 그들의 유일한 선생임을 밝히셨기 때문에 선생됨를 거부하신 것은 아니었다(마 23:8; 요 13:14). 피조물 가운데는 어떠한 선함도 없음을 강조하신 것이었다. 그런데 그런 예수께서 요한복음 안에서는 자신을 "선한 목자"라고 스스로 칭하셨다. 물론 하나님만 선하신 분이라고 말씀하실 때에는 "아가쏘스"(ἀγαθός)라는 단어를 사용했고 "선한 목자"에는 "칼로스"(καλὸς)라는 단어를 사용했다. 그러나 비록 단어는 다르지만 그 의미는 동일하기 때문에 예수는 두 단어를 구분하지 않으셨다.

"선한"을 의미하는 헬라어 "칼로스"가 예수를 가리킬 때에는 외형적인 아름다움, 도덕적인 올바름, 인간적인 친절함을 능가하는 그 이상의 무언가가 예수 안에 있음을 뜻한다는 바클레이의 추정에 나는 동의한다. 70인 헬라어 성경에서 확인되는 것처럼 "칼로스"는 대체로 하나님의 선하신 성품과 그가 지으신 만물을 보시기에 좋음을 뜻하는 히브리어 "토브"(סוֹב)의 번역어다. 이로 보건대, "선한 목자"는 하나님의 선한 성품을 가진 사람이고 그의 피조물을 보고 좋게 여기는 사람이다. 그런 사람됨은 양들을 위해 자신의 생명을 포기하는 모습에서 확인된다. 지극히 거룩하신 예수는 자기 백성을 위해 실제로 자신의 깨끗한 목숨을 비롯한 자신의 전부를 버리셨다. 이토록 아름답고 고결한 희생으로 구원의 은총을 입은 자들이 선한 목자를 알아보지 못하고 오히려 죽이려고 한다면 칼뱅이 잘 표현한 것처럼 그들은 "수백 번 멸망"을 당해도 부족하다.

"선한 선생"과 "선한 목자"의 차이는 무엇인가? "선생"(διδάσκαλος)은 가르치는 사람이다. 지식과 교훈을 전달하는 기능을 수행한다. 학생이 올바른 것을 배우고 올바르게 살아갈 수 있도록 지도하는 사람이다. 그러나 "목자"(ποιμήν)는 양을 교육하는 자가 아니라 돌보고 지키는 사람이다. 생물학적 부모는 아니지만 부모와 같은 기능을 수행한다. 부모는 자식을 위해 자신의 생명과 인생을 모두 소비할 각오를 가진 사람이다. 바울은 자신의 시대에 비록 "그리스도 안에서 일만 스승이 있으되 아버지는 많지 아니"함을 안타까워했다(고전 4:15). "스승"의 부정적인 뉘앙스와 "아버지"의 긍정적인 뉘앙스가 대비된다. 선한 목자는 예수의 정체성을 선한 선생보다 더 잘 드러낸다. 그러나 선한 선생이란 그의 정체성이 배제되는 것은 아님을 주의해야 한다.

사도들 중에 예수를 닮은 목자는 아버지의 심정이 없음을 탄식한 바울이다. 그는 자기가 섬기는 주님의 모든 양들을 위하여 자신의 전부를 버린 사람이다. 자신에게 유익한 것들을 포함하여 실제로 모든 것들을 배설물로 여겼으며(빌 3:8) 복음을 전파하여 잃어버린 양들을 주께로 돌이키게 하는 사명의 완수를 위해서는 자신의 생명조차 조금도 귀하게 여기지 않을 정도였다(행 20:24). 주님의 양들을 위하여 자신의 모든 것들과 생명까지 버리는 괴로움을 억지로나 인색한 마음이 아니라 기쁨으로 여기며 즐거워 한 사도였다(골 1:24). 사도의 이러한 태도는 예수에 대한 사랑에 근거했다. 그런 사랑 때문에 바울은 이 세상을 떠나서 그리스도 예수와 함께 거하는 것이 "훨씬 더 좋은 일"이라고 판단한 사도였다(빌 1:23).

12삯꾼은 목자가 아니며 [양도] 자신의 양들이 아니기에 이리가 오는 것을 보면 그 양들을 버리고 도망간다 그리고 이리는 그것들을 취하고 찢는다

선한 목자와 대비되는 사람은 삯꾼이다. "삯꾼"(μισθωτός)의 사전적인 의미는 "삯을 받고 임시로 일하는 일꾼"이다. 그는 양들을 지키기 위해 목숨을 버리는 목자가 아니라 양들을 돌보며 얻은 수입으로 자신의 생계를 유지하는 사람이다. 일부의 삯꾼은 부지불식 중에 월급날만 기다린다. 물론 노동과 임금의 적당한 교환은 지극히 정상적인 사회의 현상이다. 삯꾼은 경제활동 차원에서 양떼를 돌보는 사람이다. 그가 흘리는 땀의 분량은 급여에 비례한다. 그에게 양의 가치는 항상 자신이 받는 품삯보다 작다. 가축이나 상품만이 아니라 사람에 대해서도 가격을 매기는 풍조는 자본주의 사회의 아주 심각한 병폐라고 나는 생각한다. 물론 사람의 사회적인 몸값은 그의 신뢰도에 근거한다. 신용사회 속에서 한 사람의 믿음직한 부분을 소중하게 여기는 것은 잘못이 아니라고 생각한다. 은행을 비롯한 여러 금융기관들이 그 신용에 근거하여 대출의 상한선을 결정하는 것도 가능하다. 그러나 사람 자체를, 한 사람의 존엄성을, 한 사람의 의미를 화폐 단위로 표기하는 것은 지극히 부당하다. 나아가 교회 안에서 설교자가 자신이 전파하는 진리의 복음에 가격을 매긴다면 어떻게 되겠는가! 아우구스티누스는 자신의 시대에 "교회 안에서 현세적 이익을 추구하는 많은 이"가 그리스도 예수를 설교하는 상황에 대해 개탄했다. 사도들과 교부들의 시대만이 아니라 지금도 교회에는 자신의 설교에 고가를 매기며 비싼 설교단을 엄

선하는 목회자가 있어서 심히 안타깝다.

 양들을 수익의 도구로 보는 삯꾼은 "목자"가 아니라고 한다. 목자라면 다른 양들도 잘 돌볼 수 있겠지만 목자가 아니라면 어떻게 돌볼 수 있겠는가! 자신의 양도 돌보지 않겠지만 타인의 양이라면 더더욱 돌보지 않고 방치할 게 분명하다. 방치하는 삯꾼의 행실은 위기가 닥치면 선명하게 드러난다. 이리가 양 우리로 다가오는 것은 대단히 큰 위협이다. 그럼에도 불구하고 목자라면 다가오는 이리를 잡거나 내쫓는다. 그러나 삯꾼의 반응은 도망이다. 이는 자신의 생명을 지키기 위함이다. 이를 위해서는 양들의 생명을 포기하고 버려야만 한다. 이처럼 그는 자기중심적인 가치의 순서에 충실하다. 그런데 부끄러운 줄도 모르고 줄행랑을 친다.

 반면, 이리에게 무방비로 노출된 양들의 운명은 죽음이다. 이리는 양들을 피 한 방울도 흘리지 않고 차지한다. 그리고 양들을 찢어 편안하게 포식한다. 아우구스티누스는 이리가 다가올 때 "공적인 안전에 기여할 수 있다면 이리를 회피해도 무방"한 것이라고 허용하고, 전체적인 유익이 아닌 "죽음에 대한 공포 때문에 도피하고 있다면 이것은 전혀 합당하지 않다"고 지적한다. 교부의 말처럼, 이리와의 맹목적인 맞대결이 양들의 전체적인 안전을 침해할 수 있는데도 강공으로 나간다면 그것은 선한 목자의 처신이 아니라 종교적인 의협심의 무분별한 분출이다. 양들의 생명과 손익을 중심으로 대응의 수위를 늘 조절해야 한다는 교부의 주장은 타당하다.

 이리가 양의 생명을 위협하는 상황에서 삯꾼과는 전혀 다른 선한 목자의 반응은 어떠한가? 그것은 다윗이 잘 보여준다. 그는 "주의 종이 아버지의 양을 지킬 때에 사자나 곰이 와서 양떼에서 새끼를 물어가면 내가 따라가서 그것을 치고 그 입에서 새끼를 건져냈고 그것이 일어나 나를 해하고자 하면 내가 그 수염을 잡고 … 사자와 곰도 쳤"다(삼상 17:34-35)고 진술한다. 다윗이 이렇게 행할 수 있었던 이유는 자신에게 동일한 은총을 베푸시는 하나님을 목자로서 믿었기 때문이다. 그의 고백에 의하면, 하나님은

"젊은 사자의 어금니"도 능히 꺾으시고(시 58:6) 다윗을 "사자의 발톱과 곰의 발톱에서 건져내"신 분이시다(삼상 17:37). 아모스가 기록한 하나님의 말씀에 따르면, 양들이 사자에 의해 이미 생명을 잃었다고 할지라도 참된 목자는 그 "사자 입에서 양의 두 다리나 귀 조각" 하나라도 건져낸다(암 3:12). 이는 양의 두 다리나 귀 조각에 경제적인 가치가 있기 때문이 아니라 양을 너무나도 사랑하기 때문에 그 흔적조차 보존하기 위함이다. 이것이 양을 자신의 생명보다 더 소중하게 여기는 선한 목자의 심정이다.

여기에서 우리는 삯꾼에게 어떠한 양도 "자신의 양들"(τὰ πρόβατα ἴδια)이 아닌 이유가 모든 양들이 주님만의 것이기 때문임을 주목해야 한다. 주님의 교회를 섬기는 목회자는 필히 명심해야 한다. 모든 목회자는 주님의 목장에서 섬기는 사환이다. 그런데 교회에서 일부의 목회자는 섬기는 모든 성도들이 자신의 양이 아니며, 자신의 제자가 아니며, 자신의 소유물이 아니라는 사실을 망각하고 자신이 성도들의 머리나 주인이 된 것처럼 착각한다. 그래서 자신의 양인 것처럼 독점하려 하고, 자신의 제자인 것처럼 자신을 추앙하게 하고, 자신의 소유물인 것처럼 마음대로 유린한다. 이는 사이비 교주들의 전유물이 아니라 교회 안에서도 벌어지는 일들이다. 그런 일들을 행하는 목사들을 교회는 성직자의 탈을 쓴 가장 교활한 이리들로 여김이 마땅하다. 이리들은 지칠 줄 모르고 교회에 침투한다. 그래서 바울은 에베소의 장로들을 향해 "사나운 이리"가 교회에 들어와서 "그 양떼를 아끼지 아니"할 것이라고 경고했다(행 20:29). 그러므로 성도들도 자신의 주인과 소속은 오직 예수라는 사실을 확신하고 삯꾼 같은 목회자를 추종하고 그에게 종속되고 유린당하는 일이 발생하지 않도록 매우 주의해야 한다.

¹³[도망가는 이유는] 그가 자신으로 양들을 돌보지 않는 삯꾼이기 때문이다

삯꾼이 다가오는 이리를 보고 도망가는 이유는 그가 삯꾼이기 때문이다. 그는 자신의 정체성에 충실하다. 삯꾼은 양들을 지키되 "자신을 가지고"(αὐτῷ) 돌보지는 않는 사람이다. 목양은 목자가 자신의 생명을 걸고 양들을 돌볼 때에만 가능하다. 그런데 삯꾼은 자신의 몸을 사리고, 위협이 오면 생명의 보존을 위해 가까이 있는 양들을 오히려 자신의 호신용 방패로 이용한다. 떠나간 양들에 대해서는 괜히 찾으러 갔다가 자신이 위험에 빠질까봐 양심의 가책이 오기 전에 서둘러 망각한다. 스가랴는 양들을 이리에게 찢겨지게 만든 "못된 목자"에 대해 이렇게 기록한다. "그가 없어진 자를 마음에 두지 아니하며 흩어진 자를 찾지 아니하며 상한 자를 고치지 아니하며 계속 서 있는 자를 먹이지 아니하고 오히려 살진 자의 고기를 먹으며 또 그 굽을 찢으리라"(슥 11:16). 못된 목자는 과연 목자인가 아니면 이리인가? 목자의 탈을 썼기에 이리보다 더 위험하고 교활한 이리라고 나는 생각한다. 이런 자들에 대한 하나님의 심판에 대해서는 "칼이 그의 팔과 오른쪽 눈에 내리리니 그의 팔이 아주 마르고 그의 오른쪽 눈이 아주 멀어 버릴 것이라"고 기록한다(슥 11:17). 양들을 버린 고약한 목자의 최후는 참혹하다. 양들을 버릴 거면 목자가 되지 말든지, 목자가 되었다면 양들을 버리지 말든지, 둘 중의 하나를 선택해야 하는데, 교회에는 목자의 영광을 누리면서 자신의 생명을 양들보다 더 아끼는 욕망과 이기심의 노예들이 많다. 스스로 퇴로를 차단하고 오로지 목양에만 목숨을 거는 목자가 희박하다.

¹⁴나는 선한 목자라 나는 나의 것들을 알고 나의 것들도 나를 안다
¹⁵이는 마치 아버지가 나를 아시고 내가 아버지를 아는 것[과 유사하다]
나는 양들을 위하여 내 목숨을 버리노라

예수는 자신을 "못된 목자"가 아니라 "선한 목자"라고 다시 밝히신다. 선한 목자의 또 다른 특징은 쌍방의 지식이다. 즉 목자는 양을 알고 양은 목자를 안다는 특징이다. 목자와 양이 서로를 아는 것은 독보적인 지식이다. 그래서 이 지식은 아버지가 예수를 아시고 예수가 아버지를 아는 것과 대비된다. "아버지 외에는 아들을 아는 자가 없"기 때문에(마 11:27) 아버지만 예수를 영원부터 영원까지 완벽히 아시는 유일한 분이시다. 예수도 아버지를 아는 유일한 아들이다. 이는 "본래 하나님을 본 사람이 없"기 때문이고 예수는 "아버지 품 속에 있는 독생하신" 분이기 때문이다(요 1:18). 다만 주의 임하심과 세상의 종말에 대해 마태는 "그날과 그때는 아무도 모르나니 하늘의 천사들도, 아들도 모르고 오직 아버지만 아"신다고 기록한다(마 24:36). 정확한 시점은 모르지만 "천국 복음이 모든 민족에게 증거되기 위하여 온 세상에 전파"될 때 "그제야 끝이 오리라"는 것은 예수도 아신다고 한다(마 24:14). 때와 기한에 대한 예수의 섭리적인 모르심은 신적인 지식의 비대칭이 아니며 아버지와 아들 사이의 신적인 앎의 완전성을 훼손하지 않는다고 나는 생각한다.

여기에서 중요한 것은 예수께서 그의 양들을 아시는 것의 정도가 하나님 아버지와 아들께서 서로를 아시는 신적인 앎의 수준과 다르지 않다는 사실이다. 서로에 대한 앎은 사랑이다. 그러므로 예수는 아버지와 아들의 신적인 사랑으로 그의 양들을 사랑하고 계심이 분명하다. 얼마나 놀라운가! 하나님의 신적인 사랑이 그의 양들인 우리에게 주어진다. 이 사랑은 한여름 밤의 섬광처럼 지나가는 찰나적인 사랑이 아닌 영원한 사랑이고, 특정한 가문이나 민족에게 제한되지 않고 지구촌의 모든 사람들이 골고루 나

누어도 다 소비할 수 없는 무한한 사랑이고, 무늬만 있는 얇은 사랑이 아니라 아무리 들어가도 그 심층에 도달하지 못할 정도로 깊은 사랑이고, 땅의 짐승이나 사람들 사이의 사랑이 아니라 하늘들의 하늘에 이르러도 그 끝을 모를 정도로 높은 사랑이다. 사랑의 대상은 상대방 자신이다. 급여도 아니고 선물도 아니고 출세도 아니고 쾌락도 아닌 상대방 자체를 목적으로 삼는 것이 사랑이다. 사람보다 다른 것을 더 소중하게 여기는 삯꾼이나 못된 목자와는 달리, 선한 목자는 양들 자체를 가장 소중하게 여기는 동시에 양들을 완벽하게 알고 사랑하는 사람이다.

예수는 자신의 양들을 "나의 것들"(τὰ ἐμά)이라고 부르신다. 이것은 소유권을 강조하는 동시에 소속도 강조하는 표현이다. 양들은 오로지 예수에게 속하였다. 예수는 자신의 양들을 다른 누구와도 공유하지 않으신다. 그러므로 다른 누구도 양들의 소유권을 주장하지 못하고 처분권도 함부로 행사하지 못하는 것은 너무도 당연하다. 이것이 얼마나 감사한가! 우리는 지극히 신실하신 예수의 양들이다. 오직 그만의 것이기 때문에 누구도 취하지 못하며 누구도 주관하지 못하는 양들이다. 우리는 비록 모든 사람에게 미움을 받을 수는 있겠지만 머리털 하나도 상하지 않으며(눅 21:17-18), 악한 자들이 만지지도 못하고(요일 5:18), 음부의 권세에 의해서도 꺾이지 않는 양들이다(마 16:18). "모든 통치와 권세와 능력과 주권과 이 세상뿐 아니라 오는 세상에 일컫는 모든 이름 위에 뛰어나"신(엡 1:21) 예수께서 친히 자기 양들을 지키시기 때문이다. 지키기 위해 자신의 목숨도 버리시기 때문이다. 지극히 위대하신 하나님의 아들이 목숨을 거시는데 누가 감히 대적할 수 있겠는가?

자기 양들에 대한 예수의 완전한 앎은 그의 완전한 사랑이다. 그 사랑은 양들에게 이미 주어졌다. 그런데 이 사랑을 양들이 누리는 방법은 무엇인가? 예수를 알아감에 있다. 베드로의 조언처럼, 양들은 끊임없이 그리스도 예수를 아는 지식에서 자라가야 한다(벧후 3:18). 예수를 아는 딱 그 만큼의 사랑을 누리는 수혜자가 된다. 받아도 누리지 못하는 게 가장 억울하다.

16그리고 이 [양]우리에 들지 아니한 다른 양들이 나에게는 있다 나는 그들도 인도해야 한다 그들은 내 음성을 듣고 한 무리가 되어 한 목자[에게 있으리라]

예수의 관심사는 양 우리 내부만이 아니라 울타리를 넘어 외부까지 간다. 이는 그의 양들이 우리 바깥에도 있기 때문이다. 양 우리 안에 있는 양들은 대체로 믿는 유대인을 가리키고 바깥에 있는 양들은 대체로 아직 믿지 않는 이방인일 가능성이 높다. 이렇게 추정하는 근거는 "우리에 들지 아니한" 양들을 "다른"(ἄλλος) 양이라고 표현했기 때문이다. 칼뱅의 지적처럼, 이 표현은 "종류가 다른 양"을 가리킨다. 즉 유대인과 다른 종류로서 이방인을 가리킨다. 물론 유대인 중에도 믿게 될 양들이 있고 이방인 중에도 믿은 양들이 있기 때문에 이 구분의 과도한 일반화는 금물이다. 예수의 관심은 종류를 불문하고 항상 그의 모든 양들에게 있다. 관심의 촉수는 양들이 어디에 있더라도, 어디로 가더라도, 거기까지 찾아간다. 결코 포기하지 않고 실패함이 없다.

무슨 대단한 비결이 있기 때문이 아니라 그저 사랑하기 때문이다. 이는 백 마리의 양 중에서 길을 잃어버린 한 마리에 대한 그의 태도에서 잘 나타난다. "하나가 길을 잃었으면 그 아흔아홉 마리를 산에 두고 가서 길 잃은 양을 찾지 않겠느냐"(마 18:12). 양 우리 내부보다 외부에 있는 양들에 대한 예수의 더 강력한 관심이 읽어지는 언급이다. 예수는 자기 양들을 가장 사랑하는 분이시다. 양들을 가장 사랑하면 그들을 가장 좋은 길로 인도하고 싶어지고 실제로 그렇게 인도한다. 만약 예수께서 인도하지 않으시면 다른 누군가가 그들을 인도한다. 그러면 반드시 덜 좋은 길로 인도하고, 심하게는 악한 길로 인도하는 문제가 발생한다. 우리는 예수 외에 다른 인도

자를 거부해야 한다. 예수께서 양들을 인도하실 종착지는 아버지 하나님 자신이다. 양들은 모두 그로 말미암아 아버지 하나님께 나아간다. 그런데 예수로 말미암지 않으면 누구도 우리를 아버지께 이르도록 인도하는 것이 가능하지 않다. 그러므로 절대 사람을 추종하지 말라.

목자의 음성이 귀에 들어오지 않은 양들은 양 우리 밖에서 방황하고 있다. 이 양들은 목자를 찾지 않고 찾아올 수도 없기에 목자가 그 양들을 찾아가야 한다. 언제나 목마른 사람이 우물을 파듯, 사랑이 큰 쪽이 먼저 움직인다. 발 달린 음성이 양들의 귀를 찾아가면 두 가지의 현상이 전개된다. 첫째, 양 우리 안에 있는 양들과 밖에 있는 양들이 "한 무리"(μία ποίμνη)로 연합한다. 안과 밖을 구분하던 울타리가 사라진다. 유대인과 이방인 사이의 벽은 예수의 복음으로 말미암아 무너진다. 민족적인 울타리의 구분보다 목자의 음성에 의한 영적인 연합이 더 강하기 때문이다. 둘째, 출신과 무관하게 모든 양에게는 "한 목자"(εἷς ποιμήν)가 존재한다. 울타리 안이든지 울타리 밖이든지 양들의 목자는 동일하다. 하나됨의 근거는 목자의 단일성에 있다. 우리는 울타리가 아니라 목자를 기준으로 세상을 이해해야 한다. 아직 양 우리 안에 들어오지 못한 주님의 모든 양들은 우리가 하나의 목자에게 이끌어야 할 선교의 대상이다. 이런 의식은 땅 끝까지 이르러야 한다. 이는 괜찮아 보이는 지점에 안도의 울타리를 치고 제한할 수 없는 우리의 사명이다. 심장을 뛰게 만들고 그 뜀박질이 땅 끝에 이를 때까지 멈추지 말아야 할 성도의 운명이다.

"한 무리"와 "한 목자"에 대한 예수의 보편교회 의식은 바울의 입술에서 예수는 교회의 머리요 그의 몸은 하나, 즉 교회는 하나라는 문구로 표현된다(엡 1:22, 4:4). 요한의 표현을 빌리면, 이 하나의 교회는 모든 족속과 백성과 방언과 나라로 구성되어 있다(계 7:9). "한 무리"와 "한 목자"라는 예수의 말씀에 근거하여 우리는 혈통주의, 민족주의, 국가주의, 지역주의, 학연주의 같은 땅의 모든 울타리를 제거해야 한다. 막힌 모든 종류의 담을 허물어야 한다. 심지어 원수라는 관계의 벽도 헐어야 할 대상이다. 교회의 통일성을 위하여 아우구스티누스는 수많은 인간 목자들이 "참된 목자"이신 예수의 한 목소리를 내어 "양들이 그 소리를 듣고 자신들의 목자, 즉 이 목자나 저 목자가 아니라 한 '목자'를 따르게 해야 할 것"이라고 강조했다. 교회가 분열하는 이유는 인간 목자들이 각자 자신의 목소리를 내기 때문이다.

17내가 내 목숨을 다시 얻기 위하여 그것을 버리므로 아버지께서 나를 사랑하신다

예수께서 양들을 위하여 자신의 목숨을 버리시는 두 가지의 근거 혹은 확신이 언급되어 있다. 첫째, 예수께서 버린 자신의 목숨을 다시 얻으실 것이라는 확신이다. 이 확신은 부활과 결부되어 있다. 베드로에 의하면, 예수께서 "사망에 매여 있을 수 없"는 이유는 아버지 하나님이 "그를 사망의 고통에서 풀어 살리셨"기 때문이다(행 2:24). 누구든지 하나님이 다시 살리시면 사망이 어찌 반발할 수 있겠으며, 하나님이 푸시면 사망의 고통이 어찌 저항할 수 있겠는가? 다시 얻은 목숨을 사망이 다시 회수할 수도 있느냐는 의문에 대해서는 바울이 대답한다. "사망이 다시 그를 주장하지 못할 줄을 앎이로라"(롬 6:9). 예수께서 다시 사심은 철회할 수 있는 일시적인 부활이 아니라 항구적인 부활이다.

우리도 주님의 양들을 위하여 목숨을 버려야 한다면 이 영원한 부활을 확신해야 한다. 그리고 영원한 부활을 위하여 우리도 일시적인 생명을 버리는 희생도 감수해야 한다. 나아가 그런 희생을 사모해야 한다. 자세히 보면, 희생이 아니라 유익이요 소망이기 때문이다. 바울은 "썩을 것으로 심고 썩지 아니할 것으로 다시 살아나며 욕된 것으로 심고 영광스런 것으로 다시 살아나"는 부활을 사모했다(고전 15:42-43). 휘튼 대학에서 수석으로 졸업한 짐 엘리엇(Jim Eliot, 1927-1956)은 바울의 교훈처럼 "잃을 수 없는 것

을 얻기 위하여 지킬 수 없는 것을 버리는 자는 바보가 아니라"(He is no fool who gives what he cannot keep to gain that which he cannot lose)고 확신하며 남미 에콰도르 아마존 유역에 선교사로 자원했다. 영원한 생명의 복음을 증거하기 위해 그곳으로 갔으나 창과 도끼에 찍혀 29세의 나이로 순교했다. 그는 영원한 생명을 얻기 위해 자신의 일시적인 목숨을 버리신 예수의 발자취를 따르며 그 역설적인 복음의 핏자국을 아마존에 남긴 인물이다.

둘째, 예수께서 자신의 목숨을 버려도 다시 얻는다는 확신의 근거는 아버지 하나님의 사랑에 대한 확신이다. 물론 본문에는 예수께서 자신의 생명을 버리셨기 때문에 아버지께서 그를 사랑하신 것처럼 기록되어 있다. 즉 예수의 버리심은 원인이고 아버지의 사랑은 그 결과라고 진술되어 있다. 우리도 아버지의 사랑을 원한다면 주님의 양들을 위하여 자신을 목숨을 버리는 게 마땅하다. 그러나 목숨의 버림이 아버지의 사랑을 얻는 근거는 아님을 명심해야 한다. 자신의 생명을 버리시기 이전에도 예수는 아버지의 사랑하고 기뻐하신 아들이다(마 3:17). 아버지의 사랑이 아들에게 가고 아들의 사랑이 다시 아버지께로 돌아가는 두 사랑의 순환은 사랑의 개념에 충실한 가장 사랑다운 사랑이다. 사랑의 시작을 기준으로 보면, 예수는 아버지의 사랑 때문에 그리고 그 사랑을 위하여, 자신의 생명을 스스로 기꺼이 죽음에 던지셨다.

그에게 아버지의 사랑은 자신의 생명보다 더 소중했다. 생명보다 더 소중한 것이 있다는 충격적인 사실을 예수는 몸소 보이셨다. 그래서 바울은 예수의 죽음을 아버지의 사랑이 확증된 사건으로 이해한다(롬 5:8). 그런데 아버지 하나님도 예수를 사랑하고 그의 생명을 소중하게 여기시기 때문에 반드시 예수를 살리신다. 그리고 예수는 그분이 자신을 사랑하기 때문에 반드시 살리실 것을 믿으신다. 여기에는 아버지와 아들의 깊은 사랑과 견고한 신뢰가 씨줄과 날줄처럼 결합되어 있다. 우리도 주님의 양들을 위하여 우리의 목숨을 버리면 주님의 사랑이 우리에게 주어진다. 그 사랑을 자신의 목숨보다 크고 귀하다고 여길 때에만 그런 버림이 가능하다. 하나님의 사랑에 대한 이해의 크기에 따라 버림의 종류와 희생의 크기도 널뛰기를 한다.

18이 [생명]을 나에게서 빼앗는 자는 없으며 나는 스스로 그것을 버리노라
나는 그것을 버릴 권세도 있고 그것을 다시 취할 권세도 있는데
이 계명은 내가 내 아버지에게서 받았노라

예수께서 양들을 위해 자신의 목숨을 버리는 것은 타율적인 혹은 강요된 것이 아니라 자발적인 것이라고 한다. 이는 예수의 생명을 그에게서 빼앗을 자가 아무도 없기 때문이고 그 생명을 그가 스스로 버리시기 때문이다. 그런데 사람들은 이후에 일어날 예수의 십자가 죽음을 보면서 그의 생명이 로마의 권력과 유대교 리더들의 손에 빼앗긴 것으로 이해한다. 즉 연약한 겁쟁이의 최후라고 생각한다. 어떤 사람들은 그 생명을 마귀가 로마와 유대교를 이용하여 빼앗은 것이라고 주장한다. 그러나 예수의 설명은 그 모든 주장들을 거부한다. 예수는 스스로 자신의 생명을 버리셨다. 그런데 이런 설명 때문에 많은 사람들이 예수께서 자살하신 것이라고 의심한다. 물론 자신의 생명을 스스로 버리는 것은 자살이다. 그러나 예수의 경우는 자살이 아니라 순종이다. 예수는 자신이 이 세상에 온 이유가 "자기목숨을 많은 사람의 대속물로 주려 함"이라고 밝히셨다(마 20:28). 이것은 아버지의 명령에 따른 것이고 그 명령을 성취하기 위함이다. 이러한 설명에 대해서도 사람들은 성부에게 아동 학대죄에 대한 의혹을 제기한다. 아들을 죽음의 코너로 내몬 아버지가 입양된 아들들은 더 험하게 다루지 않겠는가? 이는 일리가 있는 의혹이다.

그러나 이어지는 예수의 설명은 그런 의혹도 단숨에 제거한다. 예수는 자

신의 생명을 버릴 권세도 있고 다시 취할 권세도 있다고 말하신다. 예수 외에는 자신의 생명을 버리거나 취할 권세가 어떤 이에게도 없다는 주장이다. 본래 모든 생명의 소유권과 처분권은 모두 아버지 하나님께 있다. 욥의 고백이다. "모든 생물의 생명과 모든 사람의 육신의 목숨이 다 그의 손에 있느니라"(욥 12:10). 동일한 내용을 시인은 "생명의 원천이 주께 있"다는 말로 표현한다(시 36:9). 물론 짐승의 생명에 대해서는 버리고 취할 권세가 인간에게 주어졌다. 노아의 언약에서 하나님은 "모든 산 동물은 너희의 먹을 것이 될지라 채소 같이 내가 이것을 다 너희에게 주노라"(창 9:3)는 약속을 온 인류에게 베푸셨기 때문이다. 그러나 사람에 대해서는 "살인하지 말라"는 계명을 내리셨다. 이 금지령은 자신의 생명과 타인의 생명 모두에 적용된다. 타인의 생명을 취하면 살인이고, 자신의 생명을 버리면 자살이다.

그런데 하나님은 생명을 버리고 다시 취하는 그 권세를 예수께는 베푸셨다. 하나님의 백성을 죄에서 건지라는 명령도 주셨지만 생명을 버리고 취할 권세도 주셨기 때문에 예수의 버리심은 명령에 대한 수동적인 순종인 동시에 버리는 권세의 능동적인 선택이다. 자신의 생명을 스스로 내어주지 않고 자기자식을 죽음으로 내몬 아버지의 조치가 사랑일까? 명령 때문에 자신의 생명을 억지로 내어준 것이라면 과연 그것이 양들에 대한 사랑일까? 강요된 사랑은 사랑이 아니라 억압이다. 그래서 예수의 죽음 즉 생명의 버리심은 수동성과 능동성이 동시에 있어야만 사랑이다. 참으로 절묘한 사랑이다. "다시 취하는 권세"는 부활의 권세를 뜻하는데, 이는 아버지 하나님만 부활의 주관자가 되시는 것만이 아니라 그리스도 자신도 그 권세를 자유롭게 행사하는 부활의 주관자가 되신다는 것을 의미한다. 부활은 삼위일체 하나님의 공통적인 사역임을 여기에서 다시 확인한다.

예수는 "이 계명"(ταύτην τὴν ἐντολὴν)이 아버지가 주신 것이라며 그 거룩한 출처를 밝히신다. 예수는 개인의 목소리를 사사로이 내신 적이 없으시다. 스스로 취한 것이 아니라 주어진 것이기 때문에 다른 누구도 스스로 취할 수 있는 계명이 아님을 알리신다. 그런데 "이 계명"은 무엇을 가리키는 말인가? 자신의 생명을 스스로 버리는 계명인가 아니면 생명을 버리고 취할 권세인가? 둘 다를 의미한다. 자신의 생명을 버리고 취할 권세를 가지고 스스로 버리고 스스로 다시 취하기도 하라는 계명이다. 예수는 이 계명을 받으시며 영광으로 여기셨고 다 이루셨다.

예수는 생명의 주이시다. 인간은 생명의 주가 아니라 주어진 생명을 잠시 소유한다. 그 생명이 회수될 가능성도 있다. 회수의 결정은 주인의 권한이다. 예수는 자신의 생명만이 아니라 다른 사람의 생명을 취하거나 버릴 권세도 가지셨다. 아버지는 예수께 사람들을 주셨으며, 예수는 그들 중에 하나도 상실하지 않고 다 살리시려 한다(요 6:39). 이 얼마나 안심할 만한 일이며 얼마나 감사한 사실인가! 살리거나 살리지 않을 권한이 예수에게 주어졌다. 생명과 죽음의 길이 예수에 의해 갈라진다. 이런 권세는 오직 예수만의 것이며 이러한 계명은 예수의 순종에 의해서만 성취되기 때문에 그에게만 주어졌다.

¹⁹이 말씀으로 말미암아 유대인들 사이에 다시 분쟁이 일어났다
²⁰그들 중에 많은 이들이 "그가 귀신이 들려서 미쳤는데 어찌하여
그[의 말]을 듣느냐?"고 말하였고 ²¹어떤 이들은 "이 말은 귀신 들린 자의
것이 아니다 귀신이 맹인의 눈을 뜨게 할 수 있느냐?"고 말하였다

예수의 발언이 끝나자 유대인들 사이에는 다시 분쟁이 일어났다. 분쟁을 촉발한 결정적인 말은 예수께서 하나님을 아버지라 부르신 것과 그에게서 말씀을 받았다는 부분이다. 그들의 입장이 둘로 갈라졌다.

첫째, 그들의 대부분은 예수가 귀신이 들려서 미쳤기 때문에 그의 말을 듣는 것 자체가 옳지 못하다고 말하였다. 예수의 말씀을 오물처럼 여기며

귀만 더러워질 뿐이라고 생각했다. 하늘에서 비둘기 같은 성령께서 임하신 예수를 귀신 들린 사람으로 여겼다면 그 이유는 세 가지일 가능성이 있다. 1) 대다수의 유대인은 하나님의 영을 귀신으로 이해했을 가능성이 있다. 2) 예수가 아니라 그들이 귀신 들린 사람들일 가능성이 높다. 물론 둘 다일 가능성도 있다. 이는 자신들이 귀신 들려 그 귀신을 자신들의 신으로 여기면서 오히려 하나님을 귀신으로 여길 수도 있기 때문이다. 3) 두 가지의 가능성이 모두 아니라면 자신들의 입장에 반대되고 그 입장을 위협하는 예수의 참된 말씀을 헛소리로 만들려고 다소 무속적인 프레임을 씌우기 위함일 가능성도 있다. 하나님을 귀신으로 바꾸려는 그들은 참으로 무모하게 대범하다. 어쨌든 첫 번째 입장은 1세기에도 귀신이 들려 말하는 것은 사람들의 혐오감과 거부감을 일으키는 일임을 보여준다. 물론 지금도 영적인 촉이 좋다는 무속인의 말에 귀를 기울이며 그대로 따르는 공직자는 국민적인 반감과 저항을 일으킨다. 이는 예나 지금이나 건강한 이성의 활동이 마비된 사람의 미친 견해를 마치 진리인 것처럼 떠받드는 것은 부끄러운 일이기 때문이다.

둘째, 다른 사람들은 예수의 말씀이 귀신 들린 자의 미친 발언이 아니라고 말하였다. 예수는 맹인의 눈을 뜨게 하셨지만 귀신은 그런 능력이 없기 때문이다. 이것은 합리적인 추론에 근거한 입장이다. 타당하다. 귀신이 들렸다면 맹인을 고칠 수 없었을 것이고, 맹인을 고쳤다면 귀신이 들렸을 수 없다는 양립 불가능성 때문이다. 이런 입장을 취하는 유대인은 귀신의 능력이 무한하지 않고 제한되어 있다고 생각했다. 그리고 사람을 나쁘게 만들 수는 있어도 좋게 만들지는 못한다고 이해했다. 유대인은 귀신의 주특기가 사람들을 불에도 넘어지게 하고 물에도 넘어지게 하는 것임을 경험했다(마 17:15). 귀신이 잠시 사람에게 유익을 제공하는 듯해도 넘어가지 말고 시간을 두고 지켜보면 결국에는 인생을 괴롭히고 파괴한다. 이러한 판단 때문에 이들은 예수의 말씀에 귀를 기울였다. 그러나 예수를 하나님의 아들로 이해하는 단계까지 이르지는 못하였다.

　예수는 과연 귀신 들린 사람인가 아니면 하나님의 아들인가? 두 입장 중에서 다수결의 관점에서 볼 때 예수는 귀신이 들려 미친 사람이다. 대다수의 유대인은 예수께서 지극히 연약한 자를 고치시는 자비의 기적을 일으켜도 안식일 규정을 위반한 죄인으로 몰고, 당대의 석학들도 알지 못하는 하늘의 진리를 선포해도 귀신 들린 사람으로 본다. 그들은 예수에 대한 거부감을 지치지도 않고 참 부지런히 드러낸다.

요 10:22-39

²²예루살렘에 수전절이 이르니 때는 겨울이라 ²³예수께서 성전 안 솔로몬 행각에서 거니시니 ²⁴유대인들이 에워싸고 이르되 당신이 언제까지나 우리 마음을 의혹하게 하려 하나이까 그리스도이면 밝히 말씀하소서 하니 ²⁵예수께서 대답하시되 내가 너희에게 말하였으되 믿지 아니하는도다 내가 내 아버지의 이름으로 행하는 일들이 나를 증거하는 것이거늘 ²⁶너희가 내 양이 아니므로 믿지 아니하는도다 ²⁷내 양은 내 음성을 들으며 나는 그들을 알며 그들은 나를 따르느니라 ²⁸내가 그들에게 영생을 주노니 영원히 멸망하지 아니할 것이요 또 그들을 내 손에서 빼앗을 자가 없느니라 ²⁹그들을 주신 내 아버지는 만물보다 크시매 아무도 아버지 손에서 빼앗을 수 없느니라 ³⁰나와 아버지는 하나이니라 하신대 ³¹유대인들이 다시 돌을 들어 치려 하거늘 ³²예수께서 대답하시되 내가 아버지로 말미암아 여러 가지 선한 일로 너희에게 보였거늘 그 중에 어떤 일로 나를 돌로 치려 하느냐 ³³유대인들이 대답하되 선한 일로 말미암아 우리가 너를 돌로 치려는 것이 아니라 신성모독으로 인함이니 네가 사람이 되어 자칭 하나님이라 함이로라 ³⁴예수께서 이르시되 너희 율법에 기록된 바 내가 너희를 신이라 하였노라 하지 아니하였느냐 ³⁵성경은 폐하지 못하나니 하나님의 말씀을 받은 사람들을 신이라 하셨거든 ³⁶하물며 아버지께서 거룩하게 하사 세상에 보내신 자가 나는 하나님의 아들이라 하는 것으로 너희가 어찌 신성모독이라 하느냐 ³⁷만일 내가 내 아버지의 일을 행하지 아니하거든 나를 믿지 말려니와 ³⁸내가 행하거든 나를 믿지 아니할지라도 그 일은 믿으라 그러면 너희가 아버지께서 내 안에 계시고 내가 아버지 안에 있음을 깨달아 알리라 하시니 ³⁹그들이 다시 예수를 잡고자 하였으나 그 손에서 벗어나 나가시니라

❖ ❖ ❖

²²예루살렘 안에 수전절이 이르니 [때는] 겨울이다 ²³예수께서 성전 안 솔로몬 행각에서 걸으셨다 ²⁴이에 유대 사람들이 그를 에워싸며 그에게 말하셨다 "네가 언제까지 우리의 숨이 올라가게 하겠느냐? 네가 그리스도라면 우리에게 대놓고 말하라" ²⁵예수께서 답하셨다 "내가 너희에게 말했지만 너희는 믿지를 않는구나 내가 내 아버지의 이름으로 행하는 이 일들이 나에 대하여 증거하고 있다 ²⁶너희가 믿지 아니하는 것은 너희가 내 양들에게 속하지 않기 때문이다 ²⁷내 양들은 나의 음성을 들으며 나도 그들을 알고 그들은 나를 따르고 ²⁸나는 또한 그들에게 영원한 생명을 주므로 그들은 결코 영원히 멸망하지 않으리라 그리고 어떠한 자도 그들을 내 손에서 빼앗지 못하리라 ²⁹[그들을] 나에게 주신 내 아버지는 만물보다 크시기에 누구도 내 아버지의 손에서 빼앗을 수 없느니라 ³⁰나와 아버지는 하나이다" ³¹유대 사람들이 그에게 던지려고 돌을 취하였다 ³²예수께서 그들에게 답하셨다 "내가 아버지로 말미암아 다수의 선한 일들을 너희에게 보였는데, 그것들 중에 어떤 일 때문에 나를 치려고 하느냐?" ³³유대 사람들이 그에게 답하였다 "우리가 너를 치려는 것은 선한 일 때문이 아니라 신성모독 때문이다 그리고 사람인 네가 네 자신을 신으로 만들기 때문이다" ³⁴예수께서 그들에게 답하셨다 "너희 율법에는 '내가 말하기를 너희는 신들이라' 라고 기록되어 있지 않느냐? ³⁵경은 폐하지 못하는데 만약 하나님의 말씀이 임한 사람에게 신들이라 말했다면 ³⁶[어찌하여] 너희는 내가 '나는 하나님의 아들이다' 라고 말한다는 이유로 아버지가 거룩하게 하셔서 세상에 보내신 자에게 '너는 불경하게 말한다'고 말하느냐? ³⁷만일 내가 내 아버지의 일을 행하지 않는다면 너희는 나를 신뢰하지 말라 ³⁸그러나 만약 내가 행하거든 나를 신뢰하지 않더라도 그 일들은 믿어서 아버지가 내 안에, 내가 아버지 안에 [있다는] 것을 알고 깨달으라" ³⁹그들은 그를 잡으려고 했고 그는 그들의 손에서 빠져 나오셨다

나와 아버지

예루살렘 겨울에 성전의 재건과 봉헌을 기념하는 수전절이 이르렀다. 성전에서 산책하고 계신 예수를 유대 사람들이 에워싼다. 위협적인 분위기 속에서 그에게 자신의 정체성을 당당하게 밝히라고 추궁한다. 이에 예수는 말과 일로 다 밝혔지만 그들이 믿지 않은 것이라고 답하신다. 예수는 진리를 말하셨고 선을 행하셨다. 그러면서 예수는 아버지 안에, 아버지는 자기 안에 거하실 정도로 아버지 하나님과 자신이 하나라는 충격적인 카드를 꺼내신다. 이러한 발언 때문에 유대 사람들은 하나님을 모독한 불경죄를 예수에게 부과한다. 그러나 예수는 성경의 기록을 인용하며 자기발언의 정당성을 밝히신다. 그런데도 그들은 예수를 믿지 않고 알지도 못하고 깨닫지도 못하는 무지 속에서 돌덩이로 예수를 처형하려 했고, 더 거칠어져 예수를 잡으려고 했다. 그러나 예수는 조용히 피하셨다. 그들에게 수전절은 예수라는 최고의 성전, 궁극적인 성전의 회복도 몰라보는 의례적인 절기였다.

예루살렘 성읍에 수전절이 이르렀고 차가운 겨울도 방문했다. "수전절"은 "재건 혹 갱신"을 뜻하는 헬라어 "엔카이니아"(ἐγκαίνια)와 "봉헌"을 의미하는 히브리어 "하누카"(חֲנֻכָּה)의 번역어다. 본문을 이해하기 위해서는 수전절의 배경과 의미가 중요하다. 이스라엘 백성은 북 왕조와 남 왕조가 모두 멸망한 기원전 586년 이후로 다른 민족들의 지배를 받다가 198년부터 셀류쿠스 왕조의 손아귀에 들어갔다. 안티오쿠스 4세가 통치하던 기원전 175년부터 163년까지는 이스라엘 민족에 대한 핍박이 극에 달하였다. 그는 기원전 167년에 유대인의 성전 제사를 폐지했고, 그 성전의 제단에 제우스 신상을 세웠으며, 자신의 생일을 기념하기 위해 매월 25일에 유대인이 혐오하는 돼지를 잡아서 그 제단에 봉헌했다. 온갖 고문과 십자가 처형을 일삼았고, 심지어 "신의 현현"을 의미하는 "에피파네스"라는 칭호를 자신에게 부여하는 신격화도 도모했다.

그 해에 유대인은 맛다디아 제사장과 그 아들들을 중심으로 제단을 허물고 반란을 일으키며 독립을 위한 투쟁에 돌입했다. 3년이 지난 기원전 164년 12월 25일에 유대인은 성전을 탈환하고 제우스 신상을 허물고 새로운 제단을 만들고 봉헌했다. 이 수전절은 바로 무너진 성전의 회복을 기념하는 날이었다. 이 절기의 제정은 다니엘서 8장 13-14절의 예언에 근거한 것이었고 절기의 자세한 내용은 외경인 마카비서 상하(마카비상 4:41-61, 마카비하 10:1-8)에 기록되어 있다. 이날에 유대인은 8일 동안 집안을 주야로 환하게 불을 밝히며 성대한 축제를 열었기 때문에 유대인 역사가 요세푸스는 수전절을 "빛의 절기"라고 명명했다. 예루살렘 안에 찾아온 수전절은 겨울에 위치하고 있지만 어둡고 절망적인 유대 사람들의 마음을 환하게 비추는 빛의 절기였다. 춥고 혹독한 계절에도 꺼지지 않는 희망의 빛이 밤에도 타오르는 섬광을 발산하는 절기였다.

수전절이 빛의 절기가 되게 하실 예수는 성전으로 들어가 솔로몬 행각에서 걸으셨다. 무너진 성전의 회복을 기념하는 수전절에 성전의 원형이신 예수의 행보는 예사롭지 않다. 성전의 진정한 재건과 갱신은 무엇인가? 성전의 원형으로 다가가는 것이 아니고 무엇인가! 예루살렘 성전은 그곳으로 나아오는 모든 사람들이 예수에게 이를 때에 회복된다. 그런 회복의 주체께서 지금 성전 안에서 걸으신다. 본다는 것 자체로 죄가 그저 있는 인간과는 달리, 예수는 걷는 것 자체로 의미를 전하고 의를 이루신다.

²⁴이에 유대 사람들이 그를 에워싸며 그에게 말하셨다 "네가 언제까지 우리의 숨이 올라가게 하겠느냐? 네가 그리스도라면 우리에게 대놓고 말하라"

성전에는 예수만이 아니라 유대 사람들도 출입한다. 그리고 예수를 에워싼다. 차가운 겨울에 에워싸인 성전과 더 차가운 유대 사람들에 에워싸인 예수가 묘하게 대비된다. 에워싸는 행위는 일종의 위협이다. 한 사람을 다수의 머릿수로 겁박하는 유대인은 비겁하다. 아버지 하나님의 집이라고 할 성전에서 안식도 누리지 못하도록 포위하는 위협을 가하니 예수께서 머리 두실 곳이 어디에 있겠는가! 유대 사람들은 예수가 자신들의 "숨을 올린다"(τὴν ψυχὴν ἡμῶν αἴρεις)는 불만을 토로한다. "언제까지"(ἕως πότε) 이럴 거냐고 다그친다. "숨을 올린다"는 말은 분노하게 만들어서 혈압이 오르고 숨을 가파르게 한다는 의미로 이해해도 된다. "언제까지"라는 말은 자신들이 오랫동안 분노가 차올라 이미 임계점에 이르렀고 감정을 제어할 수 없는 상태임을 암시한다. 유대 사람들의 마음은 예수로 말미암아 범사에 분노로 인해 숨이 잘 쉬어지지 않을 정도로 격앙되어 있다. 평소에 진리라고 믿고 가치관과 인생의 토대로 삼았던 것이 예수라는 절대적인 진리로 말미암아 흔들리고 있기 때문이다.

무언가를 오래 믿으면 그것과 운명을 공유하는 경향이 사람에게 있다. 오래 믿은 것이 부정되면 함께한 내 인생도 부정되는 것 같아서 타인이 나를 부정하지 않더라도 나는 분노한다. 모세의 율법에 대한 오해를 유대인은 수백 년간 고수했기 때문에 율법의 실체이고 그 율법의 완성이신 예수의 출현은 그들의 종교적 정체성을 바람에 날리는 겨처럼 위협하는 일이었다. 그래서 그들은 예수를 에워싸며 위협했다. 예수만 없으면 자신들의 오랜 오류는 안전할 것이라고 믿기 때문이다. 그러나 그런 위협을 통해 그들은 오류를 인지하고 진리를 깨달을 최고의 기회를 스스로 박탈하고 있다.

그들은 예수가 그리스도라면 "대놓고"(παρρησία) 말하라고 한다. 이는 예수가 공적인 활동으로 세상에 드러나는 것을 방지하기 위해 그를 죽여 숨기려고 하는 자들의 입에서는 기대할 수 없는 말이기에 심히 수상하다. 그들의 의도가 무엇일까? 아마도 그들이 예수를 메시아로 알아보지 못한 것으로 밝혀져도 대놓고 말하지 않은 예수에게 그 책임을 돌릴 근거를 확보하기 위함이지 싶다. 이로써 그들은 예수가 메시아일 경우라도 정죄 당하지 않기에 불안함도 제거된다. "대놓고 말하라"는 그들의 말에서 나는 놀라운 기적을 행하고 기이한 진리를 말하는 예수가 메시아일 지도 모른다는 의식이 그들에게 있었음을 확인한다. 그러나 그들은 진리 자체보다 자신들의 오류가 진리로 간주되는 것을 더 원하였다. 이런 소원은 예수가 사라져야 성취된다. 그래서 그를 어떻게든 제거하려 든다.

²⁵예수께서 답하셨다 "내가 너희에게 말했지만 너희는 믿지를 않는구나 내가 내 아버지의 이름으로 행하는 이 일들이 나에 대하여 증거하고 있다

자신의 정체성을 분명히 밝히라는 유대인의 주문에 대해 예수는 이미 그렇게 밝혔다고 답하신다. 너무도 명확한 기적과 진리를 제시해도 그들이 믿지 않은 것이라는 진실을 밝히시며 그들의 은밀한 의도를 조용히 꺾으신다. 문제의 핵심은 예수의 말하지 않음이 아니라 그들의 듣지 않음이고 믿지 않음이다. 여기에서 우리는 예수께서 진리를 믿는 자에게만 선포하지 않고 믿지 않는 자에게도 선포하고 계심을 확인한다. 그러나 어떤 사람은 이 상황을 예수도 전도에 실패하신 사례라고 비판한다. 심지어 하나님의 아들 예수께서 전도를 하셨어도 믿지 않는다면 그 불신은 누구의 문제이고 책임인가? 그 답은 다음 구절에서 확인된다.

그 전에 두 가지를 주목해야 한다. 첫째, 예수는 많은 일들을 행하셨다. 그 일들의 의미와 기능은 무엇인가? 행위는 존재의 설명이다. 예수의 일들도 모두 예수 자신에 대한 설명이다. 그가 메시아인 동시에 하나님의 아들임을 입증하는 설명이다. 그래서 예수의 일들을 본 유대인은 기적에 놀라는 것만이 아니라 예수의 정체성을 이해해야 했다. 그러나 실패했다. 오해했다. 나아가 왜곡했다. 지금도 기적의 놀라움 자체에 사로잡혀 기적을 지나 그 기적을 일으키신 예수께 이르지 않는 사람들이 많다. 그러나 우리는 예수의 일들을 해석할 때에 예수라는 의미의 종착지에 이르러야 한다. 행위와 존재의 설명적인 관계는 나에게도 적용된다. 입의 말만이 아니라 몸이 행하는 나의 모든 일들도, 누구를 향한 것이든지, 무엇에 대한 것이든지, 결국 나의 존재에 대한 설명이다. 나 자신을 설명하는 보이는 언어이고 움직이는 문장이다. 인생은 그런 문장의 축적이다. 그런데 나의 일들은 과연 내가 하나님의 자녀이며 천국의 시민이며 예수의 제자임을 설명하는 증거인가? 우리는 우리의 말만이 아니라 일도 진리를 증거하는 도구, 어쩌면 훨

씬 더 강력한 도구라는 사실을 매사에 의식해야 한다.

둘째, 예수는 "아버지의 이름으로" 일하신다. 예수는 결코 자신의 이름으로, 자신의 능력으로, 자신을 기념하기 위해, 자신의 유익을 구하기 위해 일하지 않으셨다. 오직 아버지의 이름으로, 아버지의 능력으로, 아버지를 위하여, 아버지의 뜻을 이루기 위해 일하셨다. 이렇게 하나님의 이름으로 행하신 모든 일들은 예수가 바로 메시아요 하나님의 아들임을 증거한다. 우리도 이러한 증거를 원한다면 아버지 하나님의 이름으로 행하여야 한다. 그분의 이름으로 행한 모든 일들은 그분의 이름을 드러내야 한다. 그런데 실제로 우리의 삶 속에 그분의 이름으로 행하는 일들은 있는가, 있다면 무엇인가? 몇 가지의 일만이 아니라 우리의 인생 전체가 하나님 아버지의 이름으로 행하는 일이어야 한다. 이는 사나 죽으나 주님의 이름만 드러내는 그분의 설명으로 살기 위함이다. 그렇게 살아야 주님의 증인이다. 예수는 철저하게 아버지 하나님의 설명과 증인으로 행하시고 말하셨다.

²⁶너희가 믿지 아니하는 것은 너희가 내 양들에게 속하지 않기 때문이다

예수는 유대 사람들이 자신의 명확한 증거를 믿지 아니하는 이유를 밝히신다. 즉 그들이 예수의 양들에게 속하지 않았기 때문이다. 유대인의 불신은 대단히 중요한 교훈을 가르친다. 예수의 양들이 아니면 멀쩡한 귀에 그의 복음이 활보해도 이해하지 못하고 믿지도 않는다는 교훈이다. 이 교훈에 따르면, 소속이 믿음과 불신을 좌우한다. 예수의 말씀이 아무리 명확해도 소속의 주파수가 다르기 때문에 유대인의 귀는 먹통이다. 이 구절에서 나는 그들이 예수의 양들에게 속하지 못한 이유가 궁금하다. 유대인의 영적인 소속은 예수의 복음을 듣기 전이었고 불신 전이었다. 그렇다면 그들의 소속은 복음과 무관하고 그 복음에 대한 반응의 결과도 아님을 의미한

다. 그래서 나는 이 구절에서 하나님의 영원한 예정을 생각한다. 칼뱅은 이 대목에서 믿지 아니하는 유대인을 "유기된 양"이라고 규정한다. 이로 인하여 하나님께 잘못을 돌리지는 않도록 경계하는 말을 곁들인다. 칼뱅이 보기에 하나님을 믿지 아니하는 것은 "그들 자신의 자발적인 완악함"이 원인이기 때문이다.

27내 양들은 나의 음성을 들으며 나도 그들을 알고 그들은 나를 따르고

예수에게 속하지 않은 양들과는 달리, 그의 양들은 그의 음성을 듣고 따른다는 말이 반복된다. 예수의 음성을 듣고 따른다는 것은 예수에게 속한 양들의 특징이다. 기독교 신앙의 핵심이다. 아담과 하와는 하나님의 음성이 아니라 마귀의 음성에 귀를 기울였고 그의 거짓을 따라갔다. 아담과 하와는 태초의 불순종이 무엇이며 예수에게 속하지 않은 양들의 특성을 드러냈다. 물론 하나님은 그들에게 가죽옷을 입히시며 예수로 옷 입는 은총을 베푸셨다. 그래서 인류의 시초인 아담과 하와는 온 인류의 모델이며, 예수에게 속한 양들과 속하지 않은 양들 모두에게 표본이다. 우리의 신앙을 점검하는 일 순위 목록은 그 음성의 들음과 따름이다. 들음은 단회적인 행위가 아니라 하나님의 말씀을 주야로 읽고 묵상한 다윗의 경우처럼 항구적인 상태여야 한다. 그리고 주님의 음성을 들은 이후에는 행하여야 한다. 기독교는 올바른 앎 자체를 목적으로 여긴 그리스 철학과는 달리 실행을 강조한다. 야고보는 말씀을 듣기만 하고 행하지 않는다면 "속이는 자"가 된다고 경고한다(약 1:22). 속이는 자가 되는 이유는 아는 것과 사는 것의 불일치 때문이다. 겉과 속이 다르기 때문이다. 주님의 말씀을 듣는다는 것은 그 말씀을 인생의 질서로 삼는다는 뜻이고 바뀐 질서를 따라 행동도 바뀌어야 함을 의미한다. 행동이 바뀌지 않았다면, 이것은 자기 자신이 여전히

인생의 질서이며 말씀을 듣지 않았다는 것을 고발한다. 좀 더 소급하면, 이 것은 예수의 양들에게 속하지 않은 자들에게 나타나는 증상이다.

> [28]나는 또한 그들에게 영원한 생명을 주므로 그들은 결코 영원히 멸망하지 않으리라 그리고 어떠한 자도 그들을 내 손에서 빼앗지 못하리라

예수는 자신의 양들을 아시고 자신을 따르는 양들에게 "영원한 생명"을 주신다고 한다. 여기에는 예수의 아심과 보상이 언급되어 있다. 예수는 양들을 언제부터 아셨을까? 예수는 자신의 양을 모르신 때가 없으시다. 예수는 하나님의 아들로서 창세 전부터 양들을 아셨으며 그들을 죄에서 구원하기 위해 오셨기 때문에 성육신 이후에도 아셨으며 승천하신 이후로 지금까지 아시는 게 분명하다. 그런데 자신을 따르는 양들에게 주시는 "영원한 생명"은 듣고 따르는 행위에 대한 보상 치고는 형평성이 어긋나 보일 정도로 과대하다. 이는 "영원한 생명"이 온 세상의 모든 만물과도 바꾸지 못하는 최고의 가치이기 때문이다. 이 세상의 모든 것들은 잠시 있다가 사라지는 변동적인 것이고 당연히 그 유한한 것들을 다 합한다고 할지라도 영원한 생명에는 비길 수 없기 때문이다. 생명은 예수 자신이다. 영원한 생명은 생명자체이신 예수께서 영원히 주어지는 것을 의미한다. 내가 주님 안에 영원히 거하고 주님께서 내 안에 영원히 거하시는 방식으로 예수라는 생명은 우리에게 영원히 주어진다.

양들은 주어진 영원한 생명 때문에 영원토록 결코 멸망하지 않는다고 한다. 이 구절의 기록에서 저자는 "결코 ~ 아니다"(οὐ μὴ) 라는 강력한 부정법을 사용한다. 얼마나 견고한 말씀이고 약속인가! 성경에서 "멸망하지 않는다"는 말은 "죽지 않는다"는 의미로 사용된다. 이처럼 이 구절은 주님의 양들이 결코 죽지 않는 불사의 존재가 됨을 강조한다. 영원한 생명의 파

생적인 결과는 죽음의 없음이다. 예수라는 생명의 영원한 연합으로 말미암아 그의 양들은 죽음과 영원히 결별한다. 물론 주님의 양들도 영혼과 육체의 분리로 말미암는 물리적인 죽음을 맞이한다. 그러나 예수라는 생명과의 분리는 없기 때문에 양들의 생명은 영원하다.

양들이 영원히 멸망하지 않는 이유는 "어떠한 자"도 그들을 예수의 손에서 빼앗지 못하기 때문이다. 이는 예수께서 자기 양들을 빼앗기지 않기로 뜻하셨기 때문이고 빼앗기지 않을 정도로 그가 다른 누구보다 강하시기 때문이다. 바울은 예수께서 "모든 통치와 권세와 능력과 주권과 이 세상뿐 아니라 오는 세상에 일컫는 모든 이름 위에 뛰어"난 분이라고 가르친다(엡 1:21). 그러니 안심해도 된다. 그리고 여기에서 "어떠한 자"(τις)는 "통치자들, 권세들, 이 어둠의 세상 주관자들, 하늘에 있는 악의 영들"(엡 6:12)만이 아니라 양 자신도 포함한다. 그러므로 이 구절은 다른 이들만이 아니라 양도 주님의 손에서 자신을 빼앗지 못함을 의미한다. 우리가 주님의 것이기 때문에 우리의 소유권은 우리에게 있지 않고 주님에게 있다. 그래서 우리가 살든지 죽든지 주님의 것임은 불변의 사실이다(롬 14:8). 살아있는 동안의 불순종과 불의도 우리를 주님의 손에서 빼앗지 못하지만 우리의 육체적인 죽음도 우리가 주님의 것이라는 사실을 변경하지 못한다는 것이 얼마나 놀라운 은혜인가!

29[그들을] 나에게 주신 내 아버지는 만물보다 크시기에
누구도 내 아버지의 손에서 빼앗을 수 없느니라 30나와 아버지는 하나이다"

예수는 자신의 양들이 영원히 멸망하지 않는 보다 근원적인 이유를 제시한다. 즉 자신에게 양들을 주신 아버지 때문이다. 아버지 하나님은 만물보다 크시다고 한다. 그런 분에게서 그 누구도 주님의 양들을 빼앗지 못한다

는 것은 지극히 당연하다. 아버지 하나님도 우리를 빼앗기지 않으시고, 예수도 우리를 빼앗기지 않으시니 얼마나 든든하고 안전한가! 이 사실을 믿는다면 죽음과 절망의 그림자가 드리워도 근심과 두려움은 없다. 그리고 예수는 아버지 하나님과 자신의 하나됨을 언급한다. "하나"(ἓν)라는 말은 "단일, 동일, 일치, 동등, 다르지 않음, 분리되지 않음" 등을 의미한다. 아버지 하나님과 예수의 관계는 분명히 성부와 성자라는 위격적인 구별이 있으면서 신적인 실체가 단일하고 동일하며, 무한성과 불변성과 영원성과 편재성과 같은 속성이 동등하며, 사랑과 정의와 선함과 거룩함과 같은 성품이 일치하며, 신적인 존재가 다르지 않고, 창조와 구원과 통치와 심판에 있어서 분리됨이 없다. "하나"의 문맥적인 의미는 두 가지로 요약된다. 첫째, 아버지와 예수는 동일하게 만물보다 크신 분이시다. 이것은 두 분의 속성과 권위의 일치를 드러낸다. 둘째, 아버지와 예수는 동일하게 자신의 양들을 빼앗기지 않으신다. 이것은 두 분의 의지와 사역의 일치를 드러낸다.

31유대 사람들이 그에게 던지려고 돌을 취하였다

아버지 하나님과 예수가 하나라는 진술은 기독교 진리의 최고봉에 해당하는 내용인데, 놀랍게도 유대인의 귀에는 가장 불경한 말이었다. 그래서 유대 사람들은 예수의 말을 듣고 입이 아니라 손이 반응했다. 본능적인 감각으로 심판의 돌을 취하였다. 하나님과 자신의 하나됨을 주장하는 예수의 말을 다수의 사람들이 직접 들었기 때문에 가장 불경한 현장범을 잡았다는 판단이 그들의 손을 동시에 움직였다. 진리를 알지 못하면 다른 기준이 작동하여 그 진리를 불경으로 간주하고 돌로 찍으려고 한다. 이는 그들을 지배하는 거짓과 그들의 교만이 결탁하여 진리의 질식을 은밀하게 부추긴 결과였다. 진리에 무지한 백성은 돌덩이로 광기를 드러내며 진리를 제거하는 살인을 저지른다. 오늘날 우리의 손에도 다른 사람을 향한, 다른 교단을 향한, 다른 종교를 향한 응징의 돌덩이가 있다. 무엇 때문이고 무엇을 위함인가? 무지의 사주를 받은 돌덩이는 아닌가? 누군가를 미워하고 비난하고 정죄하고 심판하는 행위는 대체로 진리에 대한 무지의 산물이다. 자신을 향해서는 진리의 엄밀성을 고수하되 타인을 향해서는 비록 원수라고 할지라도 사랑과 축복과 기도의 대상으로 여기라는 예수의 포용성을 붙들어야 한다. 진리의 승인을 받지 않은 모든 돌덩이는 폭력이다. 지금 유대 사람들은 자신들이 승인을 받아야 할 행동의 기준인 진리를 아예 없애려고 한다. 그들 자신이 발 달린 폭력이다. 돌보다 더 심각하고 난폭한 흉기는 그들 자신이다.

³²예수께서 그들에게 답하셨다 "내가 아버지로 말미암아 다수의 선한 일들을 너희에게 보였는데, 그것들 중에 어떤 일 때문에 나를 치려고 하느냐?"

진리를 선포한 자신에게 돌로 반응한 유대인을 향해 예수는 물으신다. '도대체 나를 돌로 치려는 이유가 무엇이냐?' 이는 자신을 돌로 처형해도 될 정당한 근거를 대라는 질문이다. 유대인이 제시할 수 있는 근거는 예수의 행위들과 말들이다. 예수는 자신의 행위부터 다루신다. 예수는 자신의 모든 일들이 선하다고 말하신다. 그는 자신의 일들 중에서 돌 맞아 마땅한 일들, 즉 악한 일들을 하나도 행하지 않으셨다. 선악의 기준이 되는 아버지 하나님의 명령에 한 치의 어긋남도 없으셨다. 모든 계명을 아버지 하나님이 원하시는 수준에 맞게 전부 완벽하게 행하셨다. 모든 일들 중에서 "아버지로 말미암아 다수의 선한 일들"을 그들에게 보이셨다. 보여진 일들의 종류는 예수에 의해 결정되지 않고 아버지로 말미암은 것이라고 한다.

　보이려는 일들의 선택은 아버지 하나님의 권한이다. 그 목적은 무엇인가? "사람이 등불을 가져오는 것은 말 아래에나 평상 아래에 두려 함"이 아니라 "등경 위에" 두고 "집 안 모든 사람에게 비치"게 하기 위함이다(마 5:15; 막 4:21). 아버지는 예수의 모든 일들 중에서 등불을 친히 고르시고 그 등불을 많은 이들에게 비추셨다. 그래서 사람들이 예수의 선한 행실을 보고 아버지 하나님께 영광을 돌리게 만드셨다. 그러나 우리의 행실은 어떠한가? 악한 행실들이 가득하고 선한 행실들은 희박하다. 나에게 부끄러운 행실들은 감추고 나를 돋보이게 하는 행실들을 엄선해서 시선의 길목에 진열한다. 하나님의 영광을 위하여 행하고 그분의 영광을 위하여 가장 적합한 행실들을 고르고 보이는 일에는 무심하다. 그러나 우리와는 달리 예수는 아버지의 뜻을 이루셨고 행실들의 선택과 진열을 전적으로 아버지의 영광을 위하여 그분께 맡기셨다. 그래서 그에게는 자의적인 이미지 조작이 없으시다.

> 33유대 사람들이 그에게 답하였다 "우리가 너를 치려는 것은
> 선한 일 때문이 아니라 신성모독 때문이다
> 그리고 사람인 네가 네 자신을 신으로 만들기 때문이다"

유대 사람들은 안식일에 치유하신 예수의 일들을 정죄하고 그것 때문에 줄곧 예수를 죽이려고 했다. 그래서 예수는 자신의 일들과 관련하여 돌을 던지려는 그들의 해명을 요구했다. 그러나 그들은 이제 예수의 일이 아니라 말이 문제라고 한다. 즉 선행은 문제 삼지 않지만 하나님과 자신이 동급인 것처럼 아버지와 자신이 하나라고 한 예수의 말은 하나님의 신성을 모독한 언사이며 돌로 치기에 합당한 근거라고 그들은 설명한다. 이러한 설명으로 그들은 마치 선한 일들을 옹호하고 하나님의 신성을 수호하는 정의의 사도인 것처럼 행세한다. 신성을 모독하는 예수를 돌로 응징하는 것은

그들이 보기에 정의의 집행이다. 그러나 예수의 입장에서 보면 아버지와 자신이 하나라는 말은 자신의 선한 일들이 입증하고 있다. 말과 일은 그렇게 서로의 진실성을 증거하는 단짝이다. 일은 말의 신체이고 말은 일의 영혼이다. 그런데 유대인은 예수의 말과 일을 분리하여 평가한다. 자신들의 상식과 가치관에 어긋난 말은 불경이고, 자신들의 규정에 어긋난 일은 범법이다. 선행도 안식일에 대한 장로들의 유전을 거스르면 악행이고, 진리도 율법에 대한 그들의 이해와 충돌되면 거짓이다.

나는 예수의 말이 자신을 신이라고 주장하는 말이라는 유대인의 관찰에 동의한다. 인간은 신이 될 수 없다는 그들의 주장도 동의한다. 그러나 이 복음서의 저자가 서두에서 밝힌 것처럼 예수는 하나님과 함께 계셨으며 하나님 자신이며 육신을 입고 이 땅으로 오신 말씀이다. 예수는 인간이 자신을 신으로 만드는 우상이 아니라 신이 친히 인간으로 오신 분이시다. 그런데 유대인은 이 사실을 거부하고 왜곡했다. 비록 예수의 말을 정확하게 듣고 그의 의도를 정확하게 알았지만 예수의 말을 신뢰하지 않고 불경한 말이라고 평가했다. 만약 그의 말을 믿었다면 그가 신이라는 사실도 믿었을 것이 분명하다. 사실 그 말의 진실성은 예수의 일이 이미 입증했다. 그러나 유대인은 예수께서 행하신 기적의 일들을 보고서도 그의 입증된 말을 불경한 말로 여겼으며 그를 죄인으로 여겼으며 당연히 그가 신이라는 사실도 거부했다. "지혜는 자기의 모든 자녀로 인하여 옳다 함을 얻는다"고 한다(눅 7:35). 일과 말은 존재의 자식이다. 일과 말과 존재의 이러한 관계성에 비추어볼 때, 예수의 신적인 정체성은 그의 일과 말로 인하여 확인된다. 유대인은 예수의 일과 말을 다 보고 들었어도 예수께서 하나님의 아들 되신다는 사실은 거부했다. 알고도 거부했기 때문에 무슨 핑계를 댈 수 있겠는가!

³⁴예수께서 그들에게 답하셨다 "너희 율법에는 '내가 말하기를 너희는 신들이라' 라고 기록되어 있지 않느냐? ³⁵경은 폐하지 못하는데 만약 하나님의 말씀이 임한 사람에게 신들이라 말했다면 ³⁶[어찌하여] 너희는 내가 '나는 하나님의 아들이다' 라고 말한다는 이유로 아버지가 거룩하게 하셔서 세상에 보내신 자에게 '너는 불경하게 말한다'고 말하느냐?

자신의 말이 불경한 말이라는 유대인의 주장을 예수는 시인의 글을 인용하며 반박한다. 이는 자신이 신이라는 직접적인 논증이 아니라 우회적인 반박이다. 인용된 구절은 시편 82편 6절이며, 거기에서 시인은 세상을 다스리는 자들을 "신들이며 다 지존자의 아들들"로 규정한다. 하나님의 영예로운 일을 감당하는 왕들이나 방백들을 신들로 규정한 구약의 사례를 예수께서 인용하신 것은 유대인의 주장이 무엇보다 성경에 근거하지 않았음을 드러내기 위함이다. "성경은 폐하지 못한다"는 예수의 소신은 너무도 확고하다. "천지가 없어지기 전에는 율법의 일점일획도 결코 없어지지 아니하고 다 이루리라"(마 5:18). 성경의 모든 기록은 점이나 획 수준의 정밀도를 가지고 역사에 구현된다. 이토록 엄밀한 예수의 성경론을 하나님의 모든 사람들은 존중하고 수용하고 고수해야 한다. 성경의 토시 하나도 가감하지 않도록 주의해야 한다.

그리고 시편의 맥락에서 보면 신들과 지존자의 아들들로 불려진 자들은 악인의 낯을 봐주고 주께서 맡기신 사명에도 무지하고 가난한 자와 궁핍한 자와 고아와 곤란한 자를 외면한 자들이다(시 82:2-5). 그런 자들도 지존자의 아들과 신이라는 칭호를 받았다면, 아버지 하나님의 보내심을 받아 하늘에서 오셨으며 거룩하게 구별되신 후 그의 뜻을 온전히 이루시기 위해 선한 일들을 많이 행하시고 태생적인 맹인의 불쌍한 눈을 뜨게 하는 초유의 기적까지 행하신 그 위대한 예수께서 자신을 아버지와 하나라고, 하나님의 아들이라고 말한 것이 무슨 문제가 되겠는가! 예수의 말은 성경이지지하고 있다. 예수가 불경하게 말한다는 유대인의 주장은 타당하지 않다. 동시에 예수의 인용은 유대교 리더들을 향해 경각심을 일으킨다. 즉 하나님의 이름으로 사람들을 섬기는 자로서 그들이 신이며 하나님의 아들이라 불리는 영예를 받고서도 시편에 언급된 자들처럼 하늘의 직무를 망각하고 악인의 눈치만 보고 있음을 고발한다. 유대인의 주장은 결국 하나님의 아들과 신이라는 이름에 합당한 사명을 감당하지 않는 자신들의 종교적 태만에 대한 자백이다.

37만일 내가 내 아버지의 일을 행하지 않는다면 너희는 나를 신뢰하지 말라

예수는 말보다 일의 증거력을 더 중요하게 여기신다. 이는 입보다 몸이, 앎보다 삶이 더 정직하기 때문이다. 그래서 사람들은 성도의 아름답고 지혜로운 말이 아니라 "착한 행실을 보고 하늘에 계신 너희 아버지께 영광을 돌리게" 된다고 가르친다(마 5:16). 일과 관련하여 예수는 가정에 근거한 두 가지의 명령을 내리신다. 그의 두 명령은 치우침이 없이 공정하다. 첫째, 예수는 자신이 "아버지의 일"을 행하지 않는다면 성경 텍스트의 인용으로 자신을 아무리 근사하게 포장해도 신뢰하지 말라고 명하신다. 예수의 당당한 자세를 우리도 본받아야 한다. 교회가 아버지 하나님의 일을, 즉 하나님을 사랑하고 이웃을 사랑하는 일을 행하지 않는다면 교회에 대한 세상의 신뢰를 기대하지 말고 세상으로 하여금 절대 교회를 신뢰하지 말라고 예수처럼 당부해야 한다. 신뢰는 말이 아니라 일에 근거하기 때문이다. 누군가에 대한 신뢰의 여부를 결정하기 위해서는 그의 말이 아니라 삶이라는 이력서를 검토해야 한다. 삶이라는 실체가 없는 경건하고 아름다운 말은 화려한 거품이며 공허한 소음이고 은밀한 거짓이고 교활한 가식이다. 서기관과 바리새파 사람들이 왜 외식하는 자들인가? 입술로는 하나님을 경외하

나 마음은 세속적인 이득의 콩밭에 가 있었기 때문이다. 겉과 속이 판이했기 때문이다.

> ³⁸그러나 만약 내가 행하거든 나를 신뢰하지 않더라도 그 일들은 믿어서
> 아버지가 내 안에, 내가 아버지 안에 [있다는] 것을 알고 깨달으라"

둘째, 예수는 만약 자신이 하나님의 일을 행한다면 최소한 그 일은 신뢰해야 한다고 명하신다. 비록 예수 자신에 대해서는 신뢰하지 않더라도 그가 행하신 일 자체에 대해서는 객관적인 평가를 내리라는 명령이다. 사실 누군가를 신뢰하면 그의 일을 평가함에 있어서는 그 신뢰가 하나의 변수로 작용한다. 존재와 행위의 인과적인 연관성 때문이다. 편파적인 평가를 방지하기 위해 차별에 대한 의식의 민감도가 유난히 높은 지금은 지원자나 응시자의 사진과 이름을 가리고 평가하는 블라인드 심사가 유행이다. 이런 심사를 예수는 자신에게 적용한다. 족보나 자기 소개서가 아니라 삶만 보고 평가할 때 예수는 어떤 분이신가? 동일한 평가 앞에서 나는 과연 누구인가?

자신의 일만을 보고 평가할 때 예수는 "아버지가 내 안에, 내가 아버지 안에" 거하는 자신을 알고 깨닫게 될 것이라고 말하신다. 여기에서 우리는 믿으면(πιστεύετε) 알고(γνῶτε) 깨닫게 된다(γινώσκητε)는 도식을 주목해야 한다. "믿는다"에 대해서는 명령법이 사용되고, "알다"에 대해서는 부정과거 가정법이 사용되고, "깨닫다"에 대해서는 "알다"와 동일한 단어를 사용하되 현재 가정법을 사용한다. 즉 우리는 예수의 말씀을 믿어야만 한다. 이것은 명령이다. 이 명령에 순종하여 믿으면 두 가지의 결과가 뒤따른다. 첫째는 알기 시작하고, 둘째는 온전히 아는 깨달음에 도달한다. 믿음과 앎과 깨달음은 믿음과 지식으로 요약된다. 순서에 있어서는 믿음이 먼저이고 지

식이 나중이다. 믿음이 앞서가면 지식은 반드시 뒤따른다. 신앙이 먼저이고 이성이 나중이고, 신학이 앞서가면 온전한 철학이 뒤따른다. 이는 믿음이 앞장서면 선행이 필히 뒤따르는 것과 유사하다. 지식이 없는 믿음, 영혼이 없는 지식이 죽은 것처럼 선행이 없는 믿음도 죽은 믿음이다.

예수의 모든 일들은 진실로 아버지가 그 안에, 그가 아버지 안에 거하지 않으면 일어날 수 없는 것들이다. 아버지 하나님과 예수는 그런 방식으로 연합되어 계시고 분리되지 않은 채 함께 일하시기 때문에 예수는 빌립과의 대화에서 자신을 본 자는 아버지도 본 것이라고 말하신다(요 14:9). 아버지와 예수의 이런 관계성 이해는 예수의 일들에 대한 관찰이 도달하는 결론이다. 우리는 어떠한가? 우리는 과연 아버지가 우리 안에, 우리가 아버지 안에 거해야만 할 수 있는 일들을 행하는가? 우리의 일들은 과연 아버지가 우리 안에, 우리가 아버지 안에 거하는 연합의 관계를 보이는가? 우리를 본 자는 아버지를 본 것이라고 당당하게 말할 수 있겠는가? 우리의 삶이 우리 안에 거하시는 아버지를, 우리가 거하는 아버지를 증명하고 있는가?

예수의 말씀에서 우리는 예수를 믿을 때에 그의 존재와 사역을 모두 살펴야 함을 깨닫는다. 그리고 그의 사역은 그의 신적인 존재를 드러내는 증언 혹은 계시임을 확인한다. 예수께서 행하신 일들을 정직하게 보고 믿으면 아버지가 그 안에, 그가 아버지 안에 거하는 둘의 하나됨을 깨닫는다. 존재와 사역, 무엇이 더 중요한가? 무엇이 우리에게 관심의 끝이어야 하는가? 하나님 자신이다. 하나님의 선한 행실, 즉 그의 놀라운 창조와 섭리와 구원은 물론 놀라운 기적이다. 그러나 그 모든 일들은 하나님의 신성을 증거한다. 우리의 관심사는 그 신성까지 이르러야 한다. 바울은 눈에 보이는 모든 창조물(창조물의 작용과 그 작용의 시간적인 축적인 역사까지 포함)을 통하여 보이지 않는 하나님의 신성과 능력을 알고 감사와 찬송을 돌려야 한다고 가르친다(롬 1:20).

구원의 은혜와 기적이 너무나도 놀랍고 위대해서 그 사건에 매몰되면 그 사건의 주체를 망각하게 된다. 나의 유익을 기준으로 보면 사건에 관심이 쏠리지만 주님의 영광을 기준으로 본다면 이 땅에서 일어난 모든 기적들은 하나님께 가까이 나아가는 이정표나 디딤돌과 같다. 이는 예수께서 행하신 온갖 기적을 통하여 우리가 "알고 깨달을 것이라"(γνῶτε καὶ γινώσκητε)고 말씀하신 내용이 "아버지가 내 안에, 내가 아버지 안에" 즉 삼위일체 하나님 자신이기 때문이다. 아버지 하나님과 아들 예수는 서로에게 머리 둘 곳이면서 가장 아름답고 향기로운 최고의 성전이다. 그러나 성전의 재건과 봉헌을 기념하는 수전절에 유대 사람들은 그 성전의 참되고 궁극적인 회복 되시는 예수라는 성전의 원형을 믿지도 않고 알거나 깨닫지도 못하여서 거부했고, 나아가 허물려고 했다.

³⁹그들은 그를 잡으려고 했고 그는 그들의 손에서 빠져 나오셨다

예수의 말씀이 끝나자 유대 사람들이 반응한다. 심판의 돌덩이를 취하였던 그들의 손이 이제는 예수를 잡으려고 한다. 여기에서 "추구하다, 수색하다, 찾다" 등을 의미하는 헬라어 "제테오"(ζητέω)는 대충 잡으려는 것이 아니라 집요한 체포의 의지를 드러내는 낱말이다. 이로 보건대 그들은 어떠한 매개물도 사용하지 않고 자신의 주먹으로 예수를 직접 때려죽일 기색이다. 진리를 친절하게 가르치고 그 진리의 증거를 명확하게 보여주고 그 모든 것을 자세히 설명해도 예수의 양들에게 속하지 않은 유대 사람들은 더 격렬한 살기를 드러낸다. 고작 코에 호흡을 달고 연명하는 연약하고 초라한 인생이 창조주와 구세주 하나님의 얼굴에 주먹질을 가하며 잡아 죽이려고 달려드는 그들을 보고 계신 예수의 심기는 어떠할까? "소는 그 임자를 알고 나귀는 그 주인의 구유를 알건마는 이스라엘은 알지 못하고 나의 백성

은 깨닫지 못한다"는 이사야의 탄식이 귀에 쟁쟁하다. 그러나 예수는 그들을 한 주먹으로 응징하지 않으시고 오히려 그 자리를 피하시며 "그들의 손에서 빠져 나오셨다." 겁쟁이의 반응이 아니라 위대한 심판자의 긍휼이다.

요 10:40-11:16

40다시 요단 강 저편 요한이 처음으로 세례 베풀던 곳에 가사 거기 거하시니 **41**많은 사람이 왔다가 말하되 요한은 아무 표적도 행하지 아니하였으나 요한이 이 사람을 가리켜 말한 것은 다 참이라 하더라 **42**그리하여 거기서 많은 사람이 예수를 믿으니라 **1**어떤 병자가 있으니 이는 마리아와 그 자매 마르다의 마을 베다니에 사는 나사로라 **2**이 마리아는 향유를 주께 붓고 머리털로 주의 발을 닦던 자요 병든 나사로는 그의 오라버니더라 **3**이에 그 누이들이 예수께 사람을 보내어 이르되 주여 보시옵소서 사랑하시는 자가 병들었나이다 하니 **4**예수께서 들으시고 이르시되 이 병은 죽을 병이 아니라 하나님의 영광을 위함이요 하나님의 아들이 이로 말미암아 영광을 받게 하려 함이라 하시더라 **5**예수께서 본래 마르다와 그 동생과 나사로를 사랑하시더니 **6**나사로가 병들었다 함을 들으시고 그 계시던 곳에 이틀을 더 유하시고 **7**그 후에 제자들에게 이르시되 유대로 다시 가자 하시니 **8**제자들이 말하되 랍비여 방금도 유대인들이 돌로 치려 하였는데 또 그리로 가시려 하나이까 **9**예수께서 대답하시되 낮이 열두 시간이 아니냐 사람이 낮에 다니면 이 세상의 빛을 보므로 실족하지 아니하고 **10**밤에 다니면 빛이 그 사람 안에 없는 고로 실족하느니라 **11**이 말씀을 하신 후에 또 이르시되 우리 친구 나사로가 잠들었도다 그러나 내가 깨우러 가노라 **12**제자들이 이르되 주여 잠들었으면 낫겠나이다 하더라 **13**예수는 그의 죽음을 가리켜 말씀하신 것이나 그들은 잠들어 쉬는 것을 가리켜 말씀하심인 줄 생각하는지라 **14**이에 예수께서 밝히 이르시되 나사로가 죽었느니라 **15**내가 거기 있지 아니한 것을 너희를 위하여 기뻐하노니 이는 너희로 믿게 하려 함이라 그러나 그에게로 가자 하시니 **16**디두모라고도 하는 도마가 다른 제자들에게 말하되 우리도 주와 함께 죽으러 가자 하니라

❖ ❖ ❖

40그는 다시 요단 강을 가로질러 요한이 처음으로 세례 베풀던 장소로 가서 그곳에 머무셨다 **41**많은 이들이 그에게로 와서 말하기를 요한은 어떠한 기적도 행하지 않았으나 요한이 이 [사람]에 대하여 말한 것은 참이라고 했다 **42**그리고 거기에서 많은 이들이 예수를 믿으니라 **1**아파하는 어떤 [사람]이 있었는데 [그는] 마리아와 그녀의 자매인 마르다의 마을 베다니 출신의 나사로라 **2**이 마리아는 향유를 주님께 붓고 자신의 머리털로 닦은 [여인]이다 아픈 나사로는 그녀의 오빠였다 **3**이에 그 누이들이 예수께 [사람을] 보내어 말하였다 "주님, 보십시오 사랑하는 자가 아픕니다" **4**예수께서 들으시고 말하셨다 "이것은 죽게 될 아픔이 아니라 하나님의 영광을 위함이다 즉 하나님의 아들이 이것으로 말미암아 영광을 받으리라" **5**그런데 예수는 마르다와 그녀의 누이와 나사로를 사랑하셨다 **6**그는 나사로가 병들었다 함을 들으시고 그가 계시던 곳에 이틀을 더 머무셨다 **7**이후에 그는 제자들에게 말하셨다 "우리가 유대로 다시 가자" **8**그 제자들이 그에게 말하였다 "랍비여 지금도 유대 사람들이 당신을 돌로 죽이려고 하는데 [어찌하여] 그곳으로 다시 가려 하십니까?" **9**예수께서 답하셨다 "낮이 열두 시간이 아니냐 만약 어떤 이가 낮에 걷는다면 그가 이 세상의 빛을 보기 때문에 실족하지 아니하나 **10**만약 누군가가 밤에 걷는다면 빛이 그 안에 없으므로 실족한다 **11**이것들을 말씀하신 이후에 그가 그들에게 말하셨다 "우리의 친구 나사로가 잠들었다 그러나 나는 그를 깨우려고 간다" **12**이에 제자들이 그에게 말하였다 "주여 그가 잠이 들었다면 나을 것입니다" **13**그러나 예수는 그의 죽음에 대하여 말하신 것이었다 하지만 그들은 그가 잠의 쉼에 대하여 말한 것이라고 생각했다 **14**이에 예수께서 그들에게 밝히 말하셨다 "나사로가 사망했다 **15**내가 거기에 있지 않았기 때문에 너희가 믿게 될 것이기에 너희로 말미암아 나는 기뻐한다 그러나 그에게로 가자" **16**디두모라 불리는 도마가 동료 제자들에게 말하였다 "우리도 그와 함께 죽으러 가자"

35 아픔의 이유

본문은 죽은 나사로를 살리시는 예수의 마지막 일곱 번째 기적을 소개한다. 그런데 예수에 대한 예루살렘 성읍의 적대감과 베다니 마을의 환대를 대조하며 이야기를 시작한다. 마리아와 마르다는 오빠 나사로가 아프게 되자 예수에게 구조를 요청한다. 그러나 예수는 사랑하는 자가 아프다는 소식을 듣고서도 속히 달려오지 않으시고 그곳에 이틀이나 더 머무신다. 결국 나사로는 사망한다. 이에 예수는 제자들을 향해 유대로 가자고 청하신다. 그러나 그곳에 있는 유대 사람들의 살기와 위협을 얼마 전에 경험한 제자들은 결사반대 입장을 표명한다. 그러나 빛이 있으면 어둠이 그들을 장악하지 못한다는 비유적인 말씀으로 응수하고 나사로가 죽었다는 사실도 밝히시며 다시 유대행을 권하신다. 이에 그들은 바닥에 껌처럼 붙은 발걸음을 억지로 떼며 예수와 동행한다. 아픔과 죽음은 우리를 근심과 두려움에 빠뜨린다. 그러나 세상의 빛이신 예수와의 동행은 우리가 아무리 어둡고 절망적인 곳으로 가더라도 하나님의 영광으로 안내한다.

⁴⁰그는 다시 요단 강을 가로질러
요한이 처음으로 세례 베풀던 장소로 가서 그곳에 머무셨다

예수는 요단 강 건너편에 위치한 장소로 거처를 옮기신다. 그곳은 "요한이 처음으로 세례를 베풀던 장소"였다. 그곳은 베다니 마을이다. 이번 방문에서 예수는 아무런 기적도 행하지 않으셨다. 그래서 학자들은 예수께서 수전절에 예루살렘 성전에서 논쟁으로 심신이 지치셔서 쉼을 위해 베다니로 가셨다고 이해한다. 믿음의 시골이 불신의 도시보다 더 아늑하기 때문이다. 그러나 복음에 대한 예루살렘 성전의 배척과 베다니의 수용이 절묘하게 대립되는 장면으로 이해하는 것도 가능하다. 사실 예루살렘은 "평화의 집"을 의미하고, 베다니는 "비참의 집, 혹은 고통의 집"을 의미한다. 그런데 평화의 터전이 평화의 왕이신 예수를 배척하고, 비참의 고장이 그를 환대한다. 스스로 경건하다 하는 자들의 본거지는 복음이 필요하지 않다고 생각할 정도로 심각하게 교만하다. 이와는 달리, 가난하고 소외되고 아픈 자들의 집은 복음에 대한 반응을 보일 힘도 없어서 따지거나 저항하지 않고 복음의 그대로를 수용한다. 예수께서 오시면 오시는 대로 영접한다. 예수에게 한 마을에서 다른 마을로의 이동은 그 자체로 교훈이고 사역이다. 예수의 이동은 곧 복음의 동선이다. 공생애의 첫 시작이 이루어진 세례의 장소로 이동하신 것은 그 공생애의 수혜자가 약한 자, 갇힌 자, 가난한 자, 비천한 자라는 사실과 무관하지 않다. 그런 자들이 거주하는 마을은 예수라는 복음의 주소지다.

예수께서 베다니에 머무신 기간은 알 수 없지만 특정한 시간 동안에만 머무신 것은 분명하다. 그곳에 머무시는 동안에 다른 베다니 마을에서 중요한 사건 하나가 발생한다. 그것은 나사로의 죽음이다. 그 사건과 예수의 베다니 방문은 연결되어 있다. 추론을 하자면, 예수의 몸은 비록 베다니에 머물고 계셨지만 그의 마음과 관심은 나사로가 죽은 다른 베다니에 머무셨다. 이 복음서의 저자는 예수의 물리적인 거처와 정신적인 거처의 절묘한 배치로 나사로 이야기를 풀어가며 부활의 진리를 증거한다. 대단히 중요한 부활의 교훈이 도시가 아니라 시골에서 펼쳐지는 것도 특이한 현상이다.

[41]많은 이들이 그에게로 와서 말하기를 요한은 어떠한 기적도 행하지 않았으나 요한이 이 [사람]에 대하여 말한 것은 참이라고 했다

다수의 베다니 사람들이 예수를 찾아왔다. 박대가 아니라 환대의 걸음이다. 그들은 예수에 대한 세례 요한의 증언이 참이라는 말로 그를 환영한다. 예루살렘 성전에서 유대 사람들이 보인 공격적인 반응과는 상반된다. 그런데 베다니 사람들은 예수를 증거한 요한이 어떠한 기적도 행하지 않았다는 사실을 언급한다. 그런데도 요한의 증언이 참이라고 말한 것은 증언자의 기적 행함이 증언의 신빙성과 무관하고 증인됨의 필수적인 조건은 아니라는 사실을 암시한다. 증언의 증명은 증인의 몫이 아니라는 말이기도 하다. 증인은 말 그대로 증인이다. 진리를 선언하면 된다. 그러나 그 진리를 증명하지 못한다는 이유로 진리에 대해 침묵하는 사람들도 있다. 이 침묵은 증명에 대한 그들의 무능 때문이 아니라 친히 증명해 보이시는 하나님에 대한 그들의 불신 때문일 가능성이 높다. 여인의 태에서 난 자 중에서 가장 큰 요한도 기적으로 진리를 증명하지 못하였다. 그러므로 진리의 증명에 대한 부담감은 거두어도 된다.

⁴²그리고 거기에서 많은 이들이 예수를 믿으니라

베다니 사람들은 예수에 대한 요한의 증언이 참이라는 인지를 넘어 예수에 대한 믿음에 이르렀다. 거기에서 믿은 사람들이 많았다고 저자는 기록한다. 예루살렘 사람들은 예수께서 행하시는 초유의 기적을 보고서도 불경한 자로 여기며 돌로 쳐 죽이려고 하였는데 베다니 사람들은 그 기적을 보지도 않았는데 예수를 인정하고 신뢰했다. 두 지역의 사람들은 태도와 행위에 있어서 심히 대조된다. 동일한 예수의 동일한 기적에 대한 이해와 반응이 이렇게도 판이하다. 베다니 사람들이 예수에 대하여 믿은 내용은 요한이 증언한 것이었다. 그의 증언에 따르면, 예수는 "주"이시고 "세상 죄를 지고 가는 하나님의 어린 양"이시고 요한보다 앞선 분이시다(요 1:23, 29, 30). 베다니에 머무시는 예수는 그들에게 신성모독 죄인이 아니라 그렇게도 위대한 분이셨다.

¹아파하는 어떤 [사람]이 있었는데 [그는] 마리아와 그녀의 자매인
마르다의 마을 베다니 출신의 나사로다 ²이 마리아는 향유를 주님께 붓고
자신의 머리털로 닦은 [여인]이다 아픈 나사로는 그녀의 오빠였다

다른 베다니 이야기가 이어진다. 여기에서 저자는 예수께서 행하신 일곱 가지의 표적들 중에 마지막 표적인, 죽음도 예수의 말씀을 듣고 순응하는 최고의 기적 이야기를 기록한다. 기적들은 예수께서 이 세상의 어떠한 것에도 제한되지 않으시는 하나님의 아들 되심을 증명하는 수단이다. 예수는 지금까지 물을 포도주로 바꾸셨고(물질을 초월하심), 멀리서 말씀으로 신하의 아들을 고치셨고(공간을 초월하심), 38년 된 병자를 고치셨고(시간을 초월하심), 오병이어 기적으로 5,000명을 먹이셨고(분량을 초월하심), 물 위를 걸

으셨고(자연의 질서를 초월하심), 태생적인 맹인을 고치셨고(불치의 병을 초월하심) 이제 드디어 죽은 나사로를 살리신다(죽음을 초월하심). 이유를 알 수는 없지만, 저자는 예수께서 죽었던 회당장 야이로의 딸과 나인성 과부의 아들을 살리신 사건의 기록은 생략했다. 저자는 다른 복음서에 기록되지 않은 나사로의 살아남 이야기를 예수의 죽음과 부활 이야기와 연결한다. 저자의 신학적 글쓰기가 그려주는 것처럼, 예수는 이 땅에 육신으로 오셔서 일련의 기적들을 행하시며 자신의 정체성을 보이셨고 이제 구속적 사명의 끝으로 서서히 걸음을 옮기신다. 자신의 정체성을 증명하는 기적의 마침표를 찍으신다.

"하나님이 도우시는 자"를 의미하는 "나사로"(Λάζαρος)는 베다니 출신이다. 구약의 "엘리에셀"(אֱלִיעֶזֶר)처럼 그는 이름 자체로 인간은 하나님의 도우심이 필요한 존재라는 사실을 드러내는, 인간을 기꺼이 도우시는 하나님의 사랑을 증거하는 인물이다. 그런데 베다니는 나사로의 마을이 아니라 "마리아와 그녀의 자매인 마르다의 마을"로 소개된다. 여기에서 마리아는 세 남매 중에서 가장 먼저 거명된다. 게다가 저자는 베다니를 마리아의 마을로 소개할 뿐 아니라, 나사로를 마리아의 오빠로 소개한다. 이야기의 중심에 나사로가 아니라 마리아가 있다. 이는 대중적인 유명세가 아니라 예수의 구원과 관련된 중요성 때문이다. 즉 마리아는 저자의 기록처럼 예수의 발에 향유를 붓고 자신의 머리털로 닦으며 예수의 죽으심을 기념한 여인이기 때문이다. 이것은 요한복음 12장에서 전개될 마리아 이야기의 한 줄 요약이다. 이는 그녀의 이야기에 대해 독자의 궁금증을 유발하는 예고편과 같다.

마리아의 오빠 나사로는 죽었다가 살아났다. 부활을 체험한 사람이다. 그러나 예수의 죽음과 부활에 대해서는 어떠한 증언도 남기지 않고 침묵한다. 하지만 마리아는 오빠의 살아남을 경험하고 이후에 예수의 죽으심을 향유와 머리털로 기념했다. 이에 대해 예수는 "복음이 전파되는 곳에서는 이 여자가 행한 일도 말하여 그를 기억"하게 할 것이라고 말씀하실 정도로 마리아를 높이셨다(마 26:13). 저자의 마리아 중심적인 진술은 예수의 이러한 의중을 정확히 간파하고 반영한 결과였다. 신앙적인 체험도 중요하다. 그러나 그 체험의 의미를 깨닫고 삶 속에 담아 세상과 공유하는 것은 더 중요하다. 그 체험을 디딤돌로 삼아 그리스도 예수께로 더 가까이 나아가 그를 기념하는 것은 더더욱 중요하다. 그런데 우리는 주님과 그분의 초월적인 기적 체험자를 부러움의 대상으로 여기고 흠모한다. 그러나 그런 체험이 없어도 그 체험의 의미를 알고 예수의 거룩한 이름을 기념하는 자는 역사의 주인공이 된다.

<blockquote>
3이에 그 누이들이 예수께 [사람을] 보내어 말하였다
"주님, 보십시오 사랑하는 자가 아픕니다"
</blockquote>

마리아와 마르다가 다른 베다니에 머물고 계신 예수께 사람을 보내서 오빠가 아프다며 긴급한 구조를 요청했다. 여기에서 우리는 누이들이 예수의 거처를 알고 있었음을 확인한다. 주님의 거처를 알면 어떠한 문제가 발생해도 주님께 상의하고 도움을 요청할 수 있기 때문에 그분의 동선을 평소에 파악하는 것은 대단히 중요하다. "은혜의 보좌"도 어디인지 알아야 나아간다(히 4:16). 그리고 주님의 처소를 안다는 것은 사랑이다. 몸은 떨어져 있어도 사랑하는 자의 현주소를 알면 마음과 생각은 사랑하는 자와의 동거와 동행이 가능하다. 주님은 우리가 있는 곳을 항상 아시고, 약속하신 대로 두 세 사람 이상인 우리와 항상 함께 거하신다(마 28:20). 그분은 절대 우리의 동선을 놓치지 않으신다. 문제는 우리에게 있다. 만약 우리가 주님을 진실로 사랑하면 우리가 주님의 관심사를 따라 어디로 가고 누구를 만나고 무엇을 하고 어떤 말을 해야 하는지도 깨닫는다.

앞에서 베다니 사람들은 예수를 "주"로 알았는데 이 누이들도 그를 "주"로 이해한다. 누이들은 자신들의 주인이신 예수께 요청했다. 전달된 요청의 메시지는 한 줄이었다. "보십시오 사랑하는 자가 아픕니다." 오빠 나사로의 상황에 대한 최고의 설명이다. 다른 설명이 필요하지 않다. 예수와 그들은 많은 말이 필요하지 않은 관계였다. 한 줄만 나누어도 서로의 생각을 정확하게 감지할 정도로 친밀함이 남달랐다. 누이들은 아픈 오빠를 예수께서 "사랑하는 자"로 이해했다. 이는 나사로를 사랑하는 예수에게 그가 아프다는 소식만 전하면 다른 세세한 부탁을 드리지 않더라도 그분이 전적으로 알아서 이 문제를 해결해 주신다는 전적인 신뢰의 표현이다. 한편으로 우리는 이 구절에서 나사로의 경우처럼 주님의 사랑을 받는 사람들도 치명적인 아픔을 당한다는 사실을 확인한다. 이 사실의 이면을 보면, 고난과 아픔과 슬픔 당하는 사람을 하나님이 버리신 자라고, 미워하신 것이라고 정죄하는 것은 전혀 옳지 않다는 사실도 깨닫는다.

누이들은 심각하고 위급한 순간에 가까운 이웃에게 도움을 요청하지 않고 오빠와 자신들을 가장 사랑하는 사람, 즉 주님을 찾아갔다. 해결책은 언제나 최고의 사랑이 있는 곳에 있기 때문이다. 여기에서 우리는 혈루증에 걸린 여자가 주님의 옷자락을 만지기 전에 치유를 위해 온갖 노력을 다 하였지만 "많은 의사에게 많은 괴로움을 받았고 가진 것도 다 허비"했고 "아무 효험이 없고 도리어 더 중하여"진 것을 기억해야 한다(막 5:26). 질병으로 인해 병원이나 약국을 찾을 때에도 우리는 우리를 사랑하고 계신 주님을 찾아가고 그분에게 의지하는 방편의 하나로서 찾아가야 한다.

"사랑하는 자가 아프다"는 말은 가장 신속하고 확실한 반응을 유발한다. 가장 강력한 독촉이다. 사랑하는 대상이 아프면 사랑하는 주체가 그보다 더 아프기 때문이다. 누군가를 사랑하는 것은 그의 아픔을 갑절의 아픔으로 겪게 될 것을 각오하는 선택이다. 예수는 나사로를 사랑했고 그의 누이들도 그 사랑을 인정했다. 예수는 나사로와 같은 특정한 사람만 사랑하지 않으신다. 저자는 앞에서 독생자의 생명을 아끼지 않으실 정도로 "세상"을 극진히 사랑하신 분이라고 기록했다(요 3:16). 그 "세상"에는 우리도 포함되어 있다. 그래서 예수는 우리의 아픔도 방치하지 않으신다. 그는 우리 모두의 허물 때문에 찔리셨고 우리 모두의 치유를 위하여 채찍에 맞으셨다(사 53:5).

4예수께서 들으시고 말하셨다 "이것은 죽게 될 아픔이 아니라 하나님의 영광을 위함이다 즉 하나님의 아들이 이것으로 말미암아 영광을 받으리라"

예수는 마리아와 마르다의 메시지를 받으셨다. 그는 그들의 오빠인 나사로의 아픔을 이미 알고 계시다는 뉘앙스로 답하신다. 게다가 그 아픔의 목적도 밝히신다. 나사로의 아픔에 목적이 있다는 것은 그 아픔이 주님으로 말미암아 의도된 것이라고 오해하기 쉽다. 그러나 하나님은 아픔을 일으켜 괴롭히는 원인이 아니시다. 아픔의 원인은 다양하다. 크게는 내부와 외부로 구분된다. 자신의 무지와 태만과 욕심 때문에 아프기도 하고 부패한 타인이나 무질서한 환경의 문제 때문에 아프기도 한다. 궁극적인 원인으로 소급하면 세상의 모든 아픔은 죄 때문이다. 죄가 아담과 하와의 존재 속으로 들어왔기 때문에 세상에 무질서와 죽음이 발생했고, 사회에 소통의 단절과 오해가 발생했고, 아픔과 슬픔, 대립과 갈등, 싸움과 전쟁, 미움과 증오가 온 세상을 괴롭힌다. 그러나 저자는 나사로가 아픈 구체적인 이유에 대해 침묵한다. 아픔의 원인은 다양하나, 예수께서 밝히신 아픔의 목적은 단일하다. 아픔의 종착지는 죽음이 아니라 하나님의 영광이다.

희락만이 아니라 아픔도 신적인 영광의 수단이다. 기쁨만이 아니라 슬픔도, 행복만이 아니라 불행도, 성공만이 아니라 실패도, 치유만이 아니라 질병도, 만남만이 아니라 이별도, 생명만이 아니라 죽음도, 정의만이 아니라 불의도, 인간과 환경의 잘못으로 말미암은 어떠한 문제도, 그러한 것조차도, 하나님은 선을 이루는 도구로 삼으신다. 우리에게 무익하고 해로운 것조차도 선으로 바꾸시는 하나님이 계시니 얼마나 감사한가! 이러한 선을 행하시는 하나님의 자비로운 개입이 없었다면 지구는 오래전에 멸망하지 않았을까? 이사야는 "그에게는 열방이 통의 한 방울 물과 같고 저울의 작은 티끌 같으며 섬들은 떠오르는 먼지 같다"고 하지 않았던가(사 40:15)! 하나님 "앞에는 모든 열방이 아무것도 아니라 그는 그들을 없는 것같이, 빈 것같이 여기신다"(사 40:17). 그런데도 세상이 멀쩡하게 돌아가는 것은 하나님의 항구적인 사랑 때문이다. 그 사랑 때문에, 권능의 말씀으로 만물을 붙드시기 때문이다(히 1:3). 나사로의 아픔에 대해서도 주님은 하나님께 영광을 돌리는 선의 도구로 삼으시며 그 아픔이 헛되지 않도록 만드신다. 이것은 앞에서 한 사람이 맹인으로 태어나는 것도 하나님의 영광을 위한 일이라고 하신 주님의 말씀(요 9:3)과도 이어진다. 맹인과 나사로의 아픔만이 아니라 우리의 아픔과 슬픔도 하나님의 영광과 무관하지 않기 때문에 결코 무익하지 않다.

"영광"(δόξα)은 무엇인가? "눈이 부시도록 있는 그대로의 존재가 드러나는 것"을 의미한다. 하나님의 영광은 하나님의 하나님 되심이 드러남을 의미한다. 그런데 "하나님의 영광"에 대한 예수의 설명이 특이하다. 이는 하나님의 아들이 나사로의 아픔과 죽음으로 말미암아 영광을 받는다고 그가 말하셨기 때문이다. 죽음과 영광은 전혀 어울리지 않는 개념의 조합이다. 그런데 이후에도 예수는 자신의 죽음이 임박한 시점에 대해 "인자가 영광을 얻을 때"라는 의미를 부여하며(요 12:23) 죽음과 영광을 한 번 더 엮으신다. 예수에게 죽음은 무엇인가? 아버지 하나님의 명령에 대한 순종이다. 이 죽음의 순종으로 아버지의 뜻이 성취된다. 죽음 자체만 보면 예수에게 영광이 아니라 불행이다. 그러나 예수에게 영광은 자신이 죽고 사는 문제가 아니라 주어진 사명의 완수 혹은 아버지의 뜻 성취와 결부되어 있다. 바울은 예수의 죽음이 우리를 향하신 하나님 아버지의 사랑을 분명히 보인다고 진술한다(롬 5:8). 즉 예수의 복음으로 말미암아 아버지의 사랑이 드러나는 것이 하나님의 영광이다. 아버지는 죽기까지 순종하신 예수를 다시 살리시고 하늘로 올리시고 그의 보좌 우편에 앉히신다. 자신의 낮추심과 아버지의 높이심이 예수의 영광이다. 이 영광이 나사로 사건에서 나타난다. 어떻게 예수는 나사로의 죽음으로 말미암아 영광을 받으시나? 나사로는 죽었지만 예수는 그를 살리신다. 이로써 예수는 죽음도 능히 겪으시는 하나님의 아들됨이 증명되는 영광을 받으신다. 나사로의 죽음을 이기시는 기적도 예수께서 하나님의 아들 되심을 증명하고, 아버지의 뜻을 따라 자신의 죽음으로 모든 죽음을 이기시는 예수의 순종도 동일한 사실을 증명한다. 이런 증명이 궁극적인 면에서는 하나님 아버지께 영광이 되기 때문에 예수에게 영광이다.

⁵그런데 예수는 마르다와 그녀의 누이와 나사로를 사랑하셨다
⁶그는 나사로가 병들었다 함을 들으시고 그가 계시던 곳에 이틀을 더 머무셨다

저자도 누이들의 말에 동의한다. 진실로 예수는 마리아와 마르다와 나사로를 사랑의 대상으로 여기셨다. 이러한 진술 때문에, 독자들은 사랑하는 사람이 아프다는 비보를 들으신 예수의 신속하고 긍정적인 반응을 예상하게 된다. 나사로를 서둘러 찾아가 그를 죽음의 병에서 서둘러 건지시는 것이 사랑하는 자의 도리이기 때문이다. 그러나 그의 반응은 반대였다. 전혀 신속하지 않으셨다. 사랑하는 이에게 가려고 하지도 않으셨다. "나사로가 병들었다" 함을 들었지만 자신이 머물던 곳에 보란듯이 이틀이나 더 머무셨다. 나사로를 치유하여 살리는 일보다 더 긴급하고 중요한 일이 예수께 있었기 때문일까? 그런 중대사는 없었다. 저자의 기록에 따르면, 예수는 이틀 동안 잡무 하나도 행하지 않으셨다. 베다니에 이틀이나 더 머물 합당한

이유가 그에게는 하나도 없으셨다. 그런데도 그곳에 머무신 것은 나사로의 아픔과 관계된 것이었고 오직 하나님의 영광만을 위한 일이었다.

하나님의 영광은 예수의 행보를 좌우하는 근거였다. 하나님의 영광을 위함이 아니라면 아무것도 먹거나 마시지 않으시고 어떠한 것도 행하지 않으신다. 그 영광과 무관한 곳이라면 그는 어디에도 가지 않으신다. 오래 머무는 것이 하나님의 영광이 아니라면 그는 아무리 안전하고 행복한 곳에 있더라도 속히 떠나신다. 그의 모든 행보를 설명하는 열쇠는 아버지 하나님의 영광이다. 예수의 인생은 복잡하지 않고 참으로 단순하다. 삶의 모든 구체적인 내용들이 하나님의 영광으로 귀결되기 때문이다. 즉 예수는 "먹든지 마시든지 무엇을 하든지 다 하나님의 영광을 위하여 하라"(고전 10:31)는 말씀의 현시(顯示)였다. 삶의 여정에서 길을 잃었을 때 하나님의 영광을 구하면 모두 해결된다. 책의 숲에서 인생의 나침반을 찾으려는 시도도 참 좋고 고상하다. 그러나 찾는다는 보증은 없으며 길 찾으려고 들어간 숲에서 오히려 길을 잃고 헤매는 경우도 종종 발생한다. 하나님의 영광을 놓치면 성경 속에서도 길을 잃고 방황한다.

예수께서 곁에 계시지 않는 "이틀"은 우리도 이따금씩 경험한다. 아무리 기도해도 돌아오는 응답이 없고 해결이 코빼기도 내밀지 않는 그 "이틀"이 삶의 숨통을 조이고 희망의 마지막 끈마저도 끊으려고 한다. 그 답답하고 야속한 "이틀"과 마주할 때 나는 베다니에 머무신 주님의 "이틀"을 떠올린다. 신속한 사랑을 보이지 않으시고 찾아오실 기미도 보이지 않으셔서 이백 년처럼 느껴지는 주님의 이틀은 하나님의 영광을 위해 구별된 시간임을 되새긴다. 나의 시간표를 내려놓고 나에 대한 주님의 일정표를 존중하려 한다. 이는 주님이 때를 따라 모든 것을 아름답게 하시는 분이시기 때문이다. 나를 나보다 더 잘 아시고 더 위하시는 그분의 일정표에 나를 맞추는 것이 더 유익하기 때문이다. 누이들의 희망을 져버린 주님의 이 "이틀"은 조만간 하나님의 영광에 이를 것이라는 희망이 숙성되는 기간이다.

예수께서 비보를 듣고서도 베다니에 이틀을 더 머무신 것은 진실로 나사로에 대한 사랑의 증거였다. 그래서 저자는 "사랑한다"와 "머문다" 사이에 "그러므로"(οὖν) 라는 인과적인 접속사를 삽입했다. 그런데 사랑하는 사람이 아픈데도 곧바로 찾아가지 않고 일부러 더 머무는 것이 어떻게 사랑의 행동인가? 이런 행동은 오히려 사랑을 의심하게 하고 서운한 감정만 유발한다. 이후에 전개되는 사건을 보면 실제로 그런 일이 발생된다. 그러나 예수는 나사로의 곁을 지키면서 그에게 치유라는 기적을 선물하는 것보다 그의 아픔을 하나님의 영광에 이르는 수단으로 삼는 방식으로 차원이 다른 사랑을 베푸신 것이었다. 건강을 회복하는 것보다 하나님께 쓰임 받음이 더 큰 영광이다. 때로는 즉각적인 치유보다 더딘 치유가 우리에게 더 큰 의미와 가치를 선사한다. 어떤 경우에는 치유하지 않으심이 최고의 가치와 의미를 산출한다. 그러니 어떠한 경우이든 우리는 범사에 감사하면 된다.

> 7이후에 그는 제자들에게 말하셨다 "우리가 유대로 다시 가자"
> 8그 제자들이 그에게 말하였다 "랍비여 지금도 유대 사람들이
> 당신을 돌로 죽이려고 하는데 [어찌하여] 그곳으로 다시 가려 하십니까?"

예수는 제자들을 모으시고 말하셨다. "유대로 다시 가자"고! 나사로가 있는 베다니가 아니라 유대로 가자고 청하시는 바람에 제자들이 발끈했다. 이는 성전에서 분출된 유대 사람들의 광기를 제자들도 경험했고 그 선명한 기억의 잉크가 채 마르지도 않은 상황이기 때문이다. 유대 사람들은 예수를 돌로 쳐서 죽이려고 했다. 그런데 그것은 예수께서 성전에 계실 때에만 벌어진 일시적인 해프닝이 아니라 "지금"(νῦν)도 먹잇감 찾기에 안달이 난 위협이다. 위협은 지나간 과거가 되어야 대체로 안심한다. 그러나 시퍼렇게 살아있는 진행형 위협에 대해서는 최대한 거리를 유지하는 게 상책

이다. 그런데 예수는 그런 위협의 불구덩이 속으로 "다시"(πάλιν) 자신과 함께 가자고 제자들을 권하셨다. 예수께서 다치시면 그의 제자들도 무사할 수 없음은 불 보듯 뻔한 사실이다. 무덤이 될지도 모르는 곳으로 갈 엄두가 나지 않아서 제자들은 예수께 유대인의 돌맹이 위협이 과거가 아니라 현재라는 사실을 강조하며 질문한다. 정말로 지금 가려고 하시냐고! 가시려는 곳이 다른 곳이 아닌 유대냐고!

극도로 활성화된 유대인의 살기가 유대에 도사리고 있다는 제자들의 지적은 사실이다. 그런데도 그곳으로 가겠다는 것은 죽으러 가겠다는 결단이다. 예수의 인생은 그렇게 죽음을 향해 한 번도 멈추지 않고 뚜벅뚜벅 걸어간다. 앞에서 죽음이 입을 벌리고 있는데도 걸음에 흔들림이 없다. 자신의 죽음에 초탈하신 것처럼 결의에 찬 엄숙한 걸음이다. 죽음도 그가 정하신 방향을 꺾지 못하는 걸음이다. 그런데 무의미한 걸음이 아니라 자신이 죽더라도 죽은 친구는 살려야 되겠다는 희생적인 사랑의 걸음이다. 그러나 주님께서 거침없이 걸어가신 궁극적인 이유는 그 걸음의 끝에 하나님의 영광이 기다리고 있기 때문이다. 생사의 여부가 아니라 사명이 예수의 걸음을 움직이고 있다. 예수 따라쟁이 바울도 자신에게 맡겨진 사명을 다 이루어서 하나님께 영광을 돌릴 수만 있다면 자신의 생명을 조금도 귀한 것으로 여기지 않겠다고 했다(행 20:24). 결국 죽음도 불사한 그의 걸음은 그 시대에 땅의 끝이라고 여겨진 서바나를 향하였다. 죽음을 뚫은 걸음에는 생명의 향기가 진동한다. 밟는 곳마다 영원한 생명을 주는 복음으로 정복되기 때문이다.

9예수께서 답하셨다 "낮이 열두 시간이 아니냐 만약 어떤 이가 낮에 걷는다면
그가 이 세상의 빛을 보기 때문에 실족하지 아니하나
10만약 누군가가 밤에 걷는다면 빛이 그 안에 없으므로 실족한다"

예수의 답변은 유대에 가면 죽는다는 제자들의 요지를 외면한다. 동문서답
같아서 이 구절의 의미 파악이 난해하다. 예수는 낮의 열두 시간과 걷기와
세상의 빛과 실족을 언급한다. 여기에서 우리는 낮을 12시간(δώδεκα ὧραί)
으로 이해하고 (낮은 하루의 절반이기 때문에) 하루를 24시간으로 여기는 당
시의 시간관을 확인한다. 이는 하루의 길이에 대한 지금의 이해와 동일하
다. 낮 시간에는 "세상의 빛"(τὸ φῶς τοῦ κόσμου)이 하늘에 떠오른다. 그래서
자유롭고 올바른 걷기가 가능하다. 그러나 길이 있어도 빛이 없으면 쉽게
넘어지고 길도 벗어난다. 그런데 예수는 왜 평소에 쓰시던 단어 "태
양"(ἥλιος)을 사용하지 않고 "세상의 빛"이라는 표현을 쓰셨을까? 이것은
그가 자신을 "세상의 빛"(요 9:5)이라고 소개하신 것과 무관하지 않다. 예수
께서 이 세상에 계시는 동안에는 빛이 비추이는 밝은 낮이며 캄캄함이 만
민을 가리고 있는 어둠의 세상에서 걸어도 넘어지지 않는 시간이다. 예수
라는 빛 아래에서 살면 실족하지 않고 범죄하지 않으며 오히려 거룩하고
의로운 삶이 가능하다. 해가 아니라 예수를 자신의 태양으로 삼은 사람은
하루의 절반이 아니라 종일 실족하지 않고 경건의 삶을 종일 살아간다. 예
수는 밤에도 지지 않는 태양이기 때문이다.

　예수는 제자들을 향해 유대로 가자고 권하셨다. 그런데 그들만 보내지
않고 자신이 함께 가신다고 한다. 그들 곁에서 태양이 되시고 항구적인 낮
을 만들어 주신다고 한다. 이는 유대 사람들의 무서운 박해라는 짙은 어둠
이 위협해도 제자들은 여전히 예수께서 그들의 낮이기에 넘어지지 않고 범
죄하지 않고 거룩하고 의로운 방문이 될 것임을 의미한다. 어둠이 칼을 뽑
는다고 빛이 두려움을 느끼지 않듯이 예수는 유대 사람들의 어떠한 박해

에도 두려움이 없으시다. 그런 예수께서 제자들의 곁을 지키신다. 호랑이의 굴에 가더라도, 대적의 아지트에 맨 몸으로 가더라도, 누구와 가느냐가 중요하다. 오지나 황무지로 가더라도 사랑하는 님과 함께라면, 생명의 위협이 있는 곳이라도 주님과 함께라면, 그 어디나 천국이다.

그러나 제자들은 원수의 소굴인 유대로 가자는 예수의 제안에 놀랐고 당황했다. 그들의 눈에는 유대 사람들이 예수보다 강하게 보였고 그들이 자신들의 수보다 많았기 때문이다. 강함에 대하여, 제자들은 주님께서 곁에 계시다면 어디를 가더라도 "한 사람이 천을 쫓으며 두 사람이 만을 도망케 한다"는 모세의 기록에 무지했다(신 32:30). 기골이 장대한 사람들이 장악하고 있는 약속의 땅에 들어가야 하는, 그러나 발걸음이 떨어지지 않는 여호수아, 그에게 주님께서 하신 동행의 약속도 제자들은 망각했다. "네 평생에 너를 능히 대적할 자가 없으리니 … 네가 어디로 가든지 네 하나님 여호와가 너와 함께 하느니라"(수 1:5, 9). 이것은 주님만 곁에 계시면 그 누구도 우리를 대적하지 못한다는 보편적인 약속이다. 음부의 권세도 함부로 건드리지 못하게 하겠다는 절대적인 약속이다. 그리고 제자들은 마치 성읍을 둘러싼 아람의 군사와 말과 병거를 보고 두려움에 떠는 게하시와 같다. 엘리사는 그런 게하시를 달래며 말하였다. "우리와 함께 한 자가 그들과 함께 한 자보다 많으니라"(왕하 6:16). 우리 곁에는 "불말과 불병거"가 가득하다. 엘리사의 기도로 게하시가 그것을 보았듯이, 주님은 제자들을 향해 세상의 빛 이야기를 통해 보이셨다. 그런데도 제자들은 여전히 이해하지 못하고 주님과의 유대행을 주저한다.

11이것들을 말씀하신 이후에 그가 그들에게 말하셨다
"우리의 친구 나사로가 잠들었다 그러나 나는 그를 깨우려고 간다"
12이에 제자들이 그에게 말하였다 "주여 그가 잠이 들었다면 나을 것입니다"
13그러나 예수는 그의 죽음에 대하여 말하신 것이었다
하지만 그들은 그가 잠의 쉼에 대하여 말한 것이라고 생각했다

예수는 제자들의 두려움 제거를 위해 말씀하신 이후에 유대로 가는 이유를 밝히셨다. "우리의 친구 나사로" 때문이다. 나사로는 예수와 제자들 모두에게 "친구"(φίλος)였다. 예수께서 나사로를 친구로 여기신 것은 하나님께서 아브라함을 "나의 벗"(사 41:8)이라고 한 것과 유사하다. 지혜자는 친구를 "사랑이 끊어지지 아니하는" 관계로 규정한다(잠 17:17). 친구의 요건은 "내가 명하는 대로 행하면 곧 나의 친구"(요 15:14)라는 예수의 말씀처럼 순종이다. 이로 보건대, 나사로는 순종의 사람이지 않았을까? 예수는 자신의 친구 나사로에 대한 사랑을 끊지 않으신다. 그런데 그가 지금 위태롭다. 그래서 그에게로 가자고 제자들을 청하셨다. 사랑은 사랑하는 사람의 걸음을 사랑 받는 사람의 거처로 인도한다. 위험한 곳이라고 할지라도! 스승의 친구는 제자들의 친구이기 때문에 나사로가 예수의 친구라면, 제자들의 친구임에 분명하다. 그래서 "우리의 친구"라는 표현은 합당하다. 지금 우리에게 "우리의 친구"는 누구인가?

그런데 예수는 나사로의 상태에 대하여 "잔다"(κοιμάω)는 진단을 내리시고 "깨우려고 간다"는 목적을 밝히셨다. "잔다"는 말은 신약에서 "죽다"는 의미로도 사용된다. 그러나 제자들은 말 그대로 "잔다"는 의미로 이해했다. 제자들은 나사로가 아프다는 소식을 예수와 함께 들었지만 그것을 망각한 것처럼 해석했다. 저자에 의하면, 제자들은 상황을 호도하기 위해 거짓으로 그렇게 해석한 것이 아니라 실제로 나사로가 자면서 안식하는 중이라고 이해했다. 그러나 "잔다"는 예수의 말씀은 나사로의 죽음에 대하여 말

씀하신 것이었다. 저자가 이러한 이해의 엇갈림을 명시적인 기록으로 남긴 이유는 무엇일까? 예수와 제자들의 다른 관심사와 이로 말미암은 소통의 교란을 드러내기 위함이다.

의도가 해석을 좌우한다. 사람들은 자신에게 유익하고 유리한 방향으로 말이나 텍스트를 이해한다. 유대 사람들이 두려운 제자들은 그 두려움을 면하려고 한다. 하나의 동일한 단어를 들어도 두려움이 작용하면 그 두려움의 역방향을 따라 해석된다. 제자들은 유대 사람들이 싫고 그들의 위협은 더더욱 싫기 때문에 유대로 가지 않을 명분을 모색하고 있었으며 예수의 "잔다"는 말씀에서 그 명분을 발견했다. 자는 사람은 곧 깨어날 것이기 때문에 자는 나사로를 깨우려고 굳이 유대까지 갈 필요성은 없다. 그런데 왜 그토록 위험한 유대로 굳이 가려고 하느냐는 타당한 반대의 뉘앙스를 전달하기 위해 제자들은 "잔다"는 스승의 말씀을 "잔다"는 문자적 의미로 해석했다.

말이나 텍스트의 올바른 해석을 위해서는 자신의 의도를 철저히 제거해야 한다. 그러나 의도가 사라지면 해석의 활동 자체가 마비된다. 그러므로 누군가의 의도가 필요하다. 우리는 청자나 독자의 의도가 아니라 화자나 저자의 의도를 취하여야 한다. 화자나 저자 중심적인 접근법이 모든 해석에 요구된다. 성경의 경우에는 궁극적인 저자이신 하나님의 의도를 찾으려는 방향성에 충실해야 하고 독자의 유불리가 해석에 작용하지 않도록 늘 자기를 부인해야 한다. 이것이 올바른 해석의 관건이다. 그래서 성경은 자신을 부인한 만큼, 하나님을 경외한 만큼, 해석의 정확도와 정밀도는 올라간다.

14이에 예수께서 그들에게 밝히 말하셨다 "나사로가 사망했다

제자들의 오해를 푸시기 위해 예수는 "잔다"는 말의 의미를 이제는 밝히 말하신다. "밝히" 말씀을 하셨다는 저자의 기록은 예수께서 앞에서는 말씀을 애매하게 혹은 은유적인 어법으로 하셨음을 암시한다. 즉 예수는 앞에서 모든 사람들이 알아들을 수 있을 정도로 명료하게 말씀하지 않고 알아들을 사람만 이해할 수 있는 방식으로 말하셨다. 고대 사람들은 잠과 죽음을 쌍둥이 형제라고 했다. 이는 "잔다"는 말이 "잔다"와 "죽다"를 모두 의미하기 때문에 일리가 있으며 말하는 사람의 문맥에 따라 해석이 달라진다. 두 가지의 해석이 가능한 예수의 "잔다"는 말씀에 대해 제자들은 "잔다"로 이해했다. 그러나 예수는 그들의 오해를 교정하기 위해 "잔다"가 "죽다"(ἀποθνήσκω)는 뜻으로 하신 말임을 밝히신다. 그런데 예수 편에서는 "잔다"와 "죽다"는 실제로 다르지가 않다. 그는 잠자는 자를 깨우시듯 죽은 자를 살리는 부활의 능력을 가진 분이시기 때문이다. 그래서 "잔다"는 애매하지 않은 말이었다. 어쩌면 자신이 이러한 생명의 주인이 되신다는 사실을 제자들로 하여금 깊이 생각하게 만들려고 "잔다"는 제자들 편에서의 오해를 허용하신 것인지도 모르겠다. 정답을 맞춘 것보다 틀린 것이 더 오래, 더 선명하게 기억되는 법이니까!

15내가 거기에 있지 않았기 때문에 너희가 믿게 될 것이기에
너희로 말미암아 나는 기뻐한다 그러나 그에게로 가자"

그리고 예수는 특이한 말씀을 이으신다. 예수께서 나사로의 거처에 있지 않아서 제자들이 믿음을 가지게 될 것이며, 믿게 될 제자들로 말미암아 기쁘다고 말하신다. 예수의 부재가 믿음의 근거로 작용할 것이라는 말은 역

설이다. 그래서 설명이 필요하다. 예수는 생명이다. 그의 부재는 죽음이다. 나사로의 죽음은 예수의 부재로 말미암은 결과였다. 이제 예수는 그에게로 간다. 생명이 죽음을 찾아간다. 생명과 죽음의 만남 혹은 대결에서 승자는 죽음이 아니라 생명이다. 이 사실은 생명이신 예수께서 죽은 나사로를 찾아가면 명확하게 드러난다. 제자들은 이 사실을 확실하게 깨닫는다. 인간은 절망을 절망으로 체험해야 희망을 희망으로 이해한다.

모든 사람이 예수의 부재로 인한 나사로의 죽음을 목격하고 확인하는 것은 다시 살리시는 예수의 기적이 자연적인 현상이 아니라 초자연적 기적임을 깨닫는 이해의 준비와 신뢰의 과정으로 작용한다. 이후에 나사로의 죽음과 살아남을 실제로 목격한 제자들은 예수를 신뢰하게 된다. 예수에 대한 그들의 믿음은 예수를 기쁘시게 한다. 왜 예수는 기쁘신가? 나사로가 죽어서 모든 것이 끝났다고 생각하는 절망의 상황 속에서 믿는다는 것은 믿음의 조상이 보여준 바랄 수 없는 중에 바라고 믿는 무조건적 신앙이기 때문이다. 나아가 믿음이 없이는 하나님을 기쁘시게 하지 못한다는 히브리서 기자의 기록(히 11:6)은 예수에 대해서도 이렇게 적용된다. 그는 하나님 자신이며 하나님의 아들이기 때문이다. 이와 유사하게, 나사로가 "하나님이 도우시는 자"요 예수께서 사랑하신 자라는 대비도 예수의 신적인 정체성을 드러내는 저자의 의도적인 필법이다.

부재의 역설은 우리의 삶과도 무관하지 않다. 주님께서 어떠한 관심도 보이지 않으시는 듯한 상황 속에서 우리는 다양한 죽음을 경험한다. 실제로 죽고, 실제로 망하고, 실제로 아파하고, 실제로 슬퍼하고, 실제로 억울하다. 그런데 주님께 엎드려 기도하며 믿음으로 그분을 우리의 황폐한 마음에, 삶의 절망적인 상황에 모시면 어떠한 종류의 죽음도 결국은 떠나가고 필히 생명이 찾아온다. 우리를 잠시 방문하는 죽음은 궁극적인 것이 아니며 믿음을 자라게 하는 역설적인 도구임을 깨닫는다. 실패가 성공의 어머니인 것처럼 죽음도 생명의 진리를 깨닫는 교실이다. 때로는 무익해 보이는 것이 유익하고, 무기력해 보이는 것이 유능하고, 무식해 보이는 것이 유식하다. 더 큰 사업을 위해서는 지금의 작은 사업이 몰락해야 한다. 더 큰 꿈을 위해서는 지금의 초라한 꿈이 무너져야 한다. 더 많은 사람들을 얻기 위해서는 지금의 소소한 유익을 양보해야 한다. 더 큰 인격을 위해서는 지금 사랑하는 자들의 이름이 담긴 목록의 울타리를 허물어야 한다. 이것이 바보 같은 조치처럼 보일 수도 있겠지만 실제로 체험하면 생각이 달라진다. 느닷없이 찾아온 죽음의 다양한 그림자를 대인처럼 맞이하는 것은, 그것을 믿음이 자라는 기회로 여기는 것은, 현인의 지혜로운 처신이다. 하나님은 우리가 기적의 직접적인 수혜자가 되는 것보다 그 기적을 통해 믿는 자가 되는 것을 더 원하시기 때문이다.

16디두모라 불리는 도마가 동료 제자들에게 말하였다
"우리도 그와 함께 죽으러 가자"

저자는 "디두모"라 불리는 "도마"의 반응을 소개한다. "디두모"와 "도마"는 동일하게 "둘 혹은 쌍둥이"를 의미한다. "디두모"는 요한복음 안에서만 발견되고 도마의 이름이 언급될 때마다 수식어로 사용된다(요 11:16, 20:24, 21:2). 동일한 이름을 가진 다른 제자가 없기 때문에 수식어를 사용할 필요가 없는데 왜 이 복음서의 저자는 반복해서 말했을까? 의심 많은 도마가 두 마음을 가졌기 때문일까? 죽음과 잠이라는 쌍둥이 형제, 깨어남과 살아남 사이를 식별하지 못한 대표적인 인물로서 도마를 선택했을 가능성이 높다. 실제로 도마는 예수의 죽음만이 아니라 부활의 예수께서 제자들의 무리에게 오셨을 때 그 현장에 없어서 예수의 부활도 식별하지 못한 인물이다. 그래서 예수는 도마를 친히 찾아가 자신이 진짜 예수라는 사실을 알리셨고 도마는 그를 자신의 하나님과 주님으로 고백했다(요 20:28). 그렇게 해서, 도마는 제자들 중에 의심과 재확인의 대명사가 된다. 예수 자신이 신적인 정체성을 밝혀도, 다른 제자들이 그에 대해 증언해 주어도 도마는 믿기를 주저한다. 자신이 보아야 하고 만져야 하고 경험해야 믿는 사람이다.

도마는 동료 제자들을 향해 "우리도 그를 따라 죽으러 가자"고 제안한다. 여기에서 도마가 함께 죽기를 원하는 "그"는 누구인가? 함께 죽겠다고 한 대상은 나사로인가 아니면 예수인가? "그"가 나사로일 경우, 도마의 제안은 풍자와 해학으로 이해된다. '예수와 함께 유대로 가면 유대 사람들의 살기에 죽임당할 가능성이 높다. 그런데 예수는 그런 죽음을 잠 한숨으로 여기신다. 우리도 가볍게 생각하자. 잠자는 나사로를 깨우러 가신다는 우리의 스승, 나사로가 죽었다고 여기시며 기쁨으로 다시 가겠다고 하신 우리의 랍비, 우리도 나사로를 따라 죽으면 우리도 깨워 주실 주님을 신뢰하며 나사로와 함께 수면 보충하러 베다니로 가자.' 도마는 유대로 가면 자신들이 실제로 죽고 베다니로 가면 죽음을 면할 것이라는 기대감 속에서 베다니는 가서 죽으려고 해도 죽지 않을 것이니까 안심하고 죽으러 가자고 제안한 것인지도 모르겠다.

칼뱅의 주장처럼 "그"가 예수일 경우, 도마는 자신을 포함한 그의 제자들이 스승과 함께 죽는 것은 당연한 일이라고 여겨 죽으러 가자고 제안했다. 그러나 이 제안의 뉘앙스 파악은 간단하지 않다. 1) 긍정적인 평가를 내리자면, 도마는 예수와 함께 죽을 것을 각오했다. 이는 죽어도 주님과 함께 죽고 살아도 주님과 함께 죽겠다는 운명 공동체적 관계에 근거한 각오였다. 죽음의 문제보다 예수와의 동행이 그에게는 더 소중했다. 긍정적인 관점으로 보더라도 칼뱅은 도마의 제안을 그의 경솔한 열심으로 이해한다. 2) 부정적인 평가를 내리자면, 도마는 예수를 고집불통 스승으로 이해한다. '유대 사람들은 예수를 죽이려고 혈안이 된 자들이다. 유대로 가면 그런 자들에 의해 죽임을 당할 것이라는 경고를 했는데도 가겠다면 가서 예수도 죽으시고 우리도 따라가서 죽자. 스승과 제자들이 그냥 그렇게 다 소

멸되자.'

나는 도마의 제안이 이중적인 의미(도마 자신의 의도와 저자의 의도)를 가졌다고 생각한다. 먼저 도마가 다른 제자들을 향해 함께 죽자고 한 "그"는 예수라고 생각한다. 그런데 제안한 도마 자신의 의도를 정확히는 모르겠다. '유대로 가면 죽을지도 모르지만 자신의 목숨보다 그의 친구 나사로의 생명을 더 소중하게 여기시는 주님의 제안에 도마도 감동하여 그 아름다운 희생의 길에 동참하고 싶어서 동료에게 제안한 것이 아닐까'라고 추정한다. 나아가 나는 더 중요한 의미로서 도마의 제안을 기록한 저자의 의도를 이렇게 추정한다. 예수를 따른다는 것은 건강하고 풍요롭게 사는 삶의 형통과 출세를 추구하는 것이 아니라 그를 따라 죽으러 가는 것을 의미한다. 예수의 제자라면 그와 함께 죽으러 간다는 것은 당연하다. 그런데 그렇게 죽으러 가는 제자들을 예수는 잠에서 깨우듯이 다시 살리신다. 죽으러 가자는 말의 역설적인 의미는 이러한 부활의 인생이다. 자신의 의중을 정확하게 밝히지 않은 도마의 제안을 통해, 저자는 예수처럼 자기를 부인하고, 예수처럼 자신의 십자가를 지고, 아버지 하나님의 뜻만을 다 이루기 위하여 자신의 목숨도 아끼지 않고 날마다 죽되 다시 살리시는 주님 때문에 부활의 삶을 기대하는 제자도를 가르친 것이라고 나는 이해한다.

¹⁷예수께서 와서 보시니 나사로가 무덤에 있은 지 이미 나흘이라 ¹⁸베다니는 예루살렘에서 가깝기가 한 오 리쯤 되매 ¹⁹많은 유대인이 마르다와 마리아에게 그 오라비의 일로 위문하러 왔더니 ²⁰마르다는 예수께서 오신다는 말을 듣고 곧 나가 맞이하되 마리아는 집에 앉았더라 ²¹마르다가 예수께 여짜오되 주께서 여기 계셨더라면 내 오라버니가 죽지 아니하였겠나이다 ²²그러나 나는 이제라도 주께서 무엇이든지 하나님께 구하시는 것을 하나님이 주실 줄을 아나이다 ²³예수께서 이르시되 네 오라비가 다시 살아나리라 ²⁴마르다가 이르되 마지막 날 부활 때에는 다시 살아날 줄을 내가 아나이다 ²⁵예수께서 이르시되 나는 부활이요 생명이니 나를 믿는 자는 죽어도 살겠고 ²⁶무릇 살아서 나를 믿는 자는 영원히 죽지 아니하리니 이것을 네가 믿느냐 ²⁷이르되 주여 그러하외다 주는 그리스도시요 세상에 오시는 하나님의 아들이신 줄 내가 믿나이다 ²⁸이 말을 하고 돌아가서 가만히 그 자매 마리아를 불러 말하되 선생님이 오셔서 너를 부르신다 하니 ²⁹마리아가 이 말을 듣고 급히 일어나 예수께 나아가매 ³⁰예수는 아직 마을로 들어오지 아니하시고 마르다가 맞이했던 곳에 그대로 계시더라 ³¹마리아와 함께 집에 있어 위로하던 유대인들은 그가 급히 일어나 나가는 것을 보고 곡하러 무덤에 가는 줄로 생각하고 따라가더니 ³²마리아가 예수 계신 곳에 가서 뵈옵고 그 발 앞에 엎드리어 이르되 주께서 여기 계셨더라면 내 오라버니가 죽지 아니하였겠나이다 하더라 ³³예수께서 그가 우는 것과 또 함께 온 유대인들이 우는 것을 보시고 심령에 비통히 여기시고 불쌍히 여기사 ³⁴이르시되 그를 어디 두었느냐 이르되 주여 와서 보옵소서 하니 ³⁵예수께서 눈물을 흘리시더라

❖ ❖ ❖

¹⁷예수께서 오셨고 무덤에서 이미 나흘이나 된 그를 찾으셨다 ¹⁸베다니는 예루살렘에 가깝기가 오 리 정도여서 ¹⁹많은 유대인이 그 오빠에 대하여 마리아와 마르다를 위로하기 위해 그녀들을 찾아왔다 ²⁰마르다는 예수께서 오신다는 말을 듣고 그를 맞이하러 갔고 마리아는 집에 앉아 있었다 ²¹마르다가 예수께 말하였다 "주여 당신이 여기에 계셨더라면 나의 오빠가 죽지 않았을 것입니다 ²²이제라도 당신이 하나님께 구하시는 것을 하나님은 당신에게 주실 것임을 저는 알고 있습니다" ²³예수께서 그녀에게 말하셨다 "너의 오빠가 다시 살리라" ²⁴마르다가 그에게 말하였다 "마지막 날 부활[의 때]에 그가 다시 살아날 것은 저도 알고 있습니다" ²⁵예수께서 그녀에게 말하셨다 "나는 부활이요 생명이니 나를 믿는 자는 죽는다고 할지라도 살아날 것이며 ²⁶무릇 살아서 나를 믿는 모든 자는 영원히 죽지 않으리라 이것을 네가 믿느냐?" ²⁷그녀가 그에게 말하였다 "네 주님 당신은 그리스도, 하나님의 아들, 세상에 오시는 분이심을 믿습니다" ²⁸이것을 말하고 그녀는 그 자매 마리아를 불러 은밀하게 말하였다 "선생님이 오셨고 너를 부르신다" ²⁹그녀는 이것을 듣고 급히 일어나 그에게로 갔다 ³⁰예수는 아직 마을로 들어오지 않으시고 마르다가 그를 맞이한 그 장소에 여전히 계시더라 ³¹그녀(마리아)와 함께 집에 있던 유대 사람들과 그녀를 위로하던 사람들은 마리아가 급하게 일어나 나가는 것을 보고 곡하러 무덤으로 가는 줄로 생각하고 그녀를 따라갔다 ³²마리아는 예수께서 계신 곳으로 갔고 그를 보면서 그의 발에 엎드린 채 그에게 말하였다 "주여, 당신이 여기에 계셨더라면 나의 오빠가 죽지 않았을 것입니다" ³³예수께서 우는 그녀 및 그녀와 함께 모여서 우는 유대 사람들을 보시고 심령에 통분히 여기시고 친히 괴로워 하시면서 ³⁴말하셨다 "그를 어디에 두었느냐?" 그들이 그에게 말하였다 "주여, 와서 보십시오" ³⁵예수께서 눈물을 흘리셨다

예수의 울음

나사로가 죽은 이후에 예수와 제자들은 베다니로 간다. 예수는 나사로를 찾으셨고 유대 사람들은 그의 누이들을 찾아갔다. 조문의 동선이 엇갈린다. 예수의 발걸음은 생명이다. 죽은 자도 살아나는 특이한 걸음이다. 나사로의 무덤으로 향하신 예수는 그곳에서 가장 선명하게 확인되는 자신의 정체성을 밝히신다. 그는 부활과 생명이다. 이것은 마르다만 들은 계시의 내용이다. 이후에 제자들과 유대 사람들은 그 계시를 목격한다. 베다니 방문에서 가장 특이한 모습은 예수의 눈물이다. 하나님의 아들이 운다는 것은 신비로운 현상이다. 그의 눈에서 조용히 흐른 슬픔의 의미는 무엇인가?

> 17예수께서 오셨고 무덤에서 이미 나흘이나 된 그를 찾으셨다

저자는 예수께서 베다니에 오셔서 나사로를 "찾는다"(εὑρίσκω)는 방문의 목적을 먼저 언급한다. 나사로를 찾으신 곳은 마을에서 벗어난 그의 무덤이

지 싶다. 그런데 방문의 대상인 나사로는 "무덤에서 이미 나흘이나 된" 시체였다. 사람들이 보기에는 찾을 이유가 없는 대상이다. 이전에 예수는 자신의 제자에게 "죽은 자들이 그들의 죽은 자들을 장사하게 하고 너는 나를 따르라"(마 8:22)고 명하시지 않았는가? 이로 보건대, 예수는 나사로를 죽은 사람으로 보시지 않았음에 분명하다.

주님께는 생명과 죽음이 일반이다. 그는 죽은 나사로도 살아있는 사람인 것처럼 찾으신다. 나사로가 죽은 때는 그가 잠이 들었다고 예수께서 말씀하신 시점이다. 그렇다면 예수께서 머물던 곳에서 이곳으로 오기까지 걸린 시간은 나흘이다. 이로 보건대, 예수는 나사로의 위중함을 듣고서도 이틀이나 더 머무셨고 죽었음을 알고서도 서두르지 않으시고 도중에 하실 일 다 하시면서 여행의 기간을 나흘로 맞추셨다. 특별한 목적을 위해 의도된 나흘이다. 나사로가 "무덤에서 이미 나흘이나 된" 상태라는 저자의 언급도 동일한 목적을 의도하고 있다.

"나흘"의 의미를 파악하기 위해 우리는 서민들의 장례에 대한 유대인의 문화를 이해해야 한다. 구약에 기록된 장례의 한 규례는 "시체를 … 그날에 장사하"는 것이었다(신 21:23). 신약도 동일하게 삽비라와 아나니아 경우가 증거하는 것처럼 시신을 죽은 당일에 장사했다(행 5:6). 이는 악취를 방지하고 향유를 사용하지 않음으로 장례의 비용도 절감하기 위함이다. 탈무드에 의하면, 기원전 1세기에서 기원후 2세기까지 사람이 죽으면 당일에 시신을 동굴에 안치하고 1년이 지난 후 유골만 추려서 장례를 치루었다. 구전 토라를 문서화한 미쉬나는 시신의 상태를 사흘 동안 확인하고 장사를 지내야 한다고 규정한다. 혹시 이것이 1세기 당시의 장례 문화라고 하더라면, 나사로가 무덤에서 나흘이나 있었다는 것은 완전한 죽음이 명확해진 시점으로 보아도 무방하다. 그렇다면 예수께서 나사로를 살리시는 것은 실신한 사람 혹은 깊은 잠에 빠진 사람을 깨우는 것이 아니라 실제로 죽었던 자를 살리는 기적이며 이는 예수께서 하나님의 아들이요 메시아가 되심을 확증한다.

18베다니는 예루살렘에 가깝기가 오 리 정도여서 19많은 유대인이
그 오빠에 대하여 마리아와 마르다를 위로하기 위해 그녀들을 찾아왔다

나사로가 죽은 베다니는 예루살렘 성읍에서 가깝기가 오 리 정도였다. 멀지 않은 곳이었기 때문에 예루살렘 출신의 많은 유대인이 나사로의 누이들을 찾아와 위로했다. 물론 조문은 당시의 일반적인 문화였고 유대인의 보편적인 의무였다. 그러나 "많은" 유대인이 조문을 했다는 것은 그 뉘앙스가 특별하다. 이에 대하여 어떤 사람들은 나사로 집안이 향유를 담은 옥합도 소유할 정도로 부하기 때문에 돈을 써서 많은 호곡꾼을 부른 것이라고 해석한다. 그러나 호곡꾼의 직무는 애곡하는 것인데 저자는 "위로"를 위해 많은 유대인이 왔다고 진술한다. 내가 보기에 많은 유대인의 줄기찬 조문은 베다니 주민만이 아니라 인근의 도시에도 나사로 남매의 덕망이 소문나 있었음을 증거한다. 여기에서 부모의 존재와 이름이 언급되지 않는 것을 보면, 그 남매가 부모와 생이별 혹은 사별을 했을 가능성이 높다. 부모 없이 살아가는 인생의 고단함과 험난함은 설명이 필요하지 않다. 국가도 없고 부모도 없는 암담한 현실 속에서는 생존하는 것 자체가 기적이다. 그런데도 남매는 거짓과 불의를 저질러서 사회적 지탄의 대상이 되지 않았고 행실이나 성격이 모질지도 않았고 오히려 주변에서 무수한 조문의 걸음을 움직일 정도로 인덕(仁德)이 두둑했다.

사람의 가치와 의미는 죽음이 남긴 빈자리의 크기에 비례한다. 빈자리의 평수는 찾아온 조문객의 수로도 측정된다. 많은 유대인의 조문에서 확인된 것처럼, 나사로 남매가 받은 것은 예수의 사랑만이 아니었다. 이웃의 사랑도 막대했다. 하나님의 사랑을 받고 사람의 미움을 받는 경우나 하나

님의 미움을 받고 사람의 사랑을 받는 경우는 흔하지만 하나님과 사람의 사랑을 동시에 받는 경우는 희귀하다. 이런 경우는 지혜자의 교훈처럼 "사람의 행위가 여호와를 기쁘시게" 할 때에 가능하다. 그러면 주님께서 "그 사람의 원수라도 그와 더불어 화목하게 하시"기 때문이다(잠 16:7). 그래서 나는 마리아와 마르다와 나사로가 주님을 기쁘시게 한 남매라고 추정한다.

예수께서 방문하신 베다니 마을이 예루살렘 성읍에서 "오 리" 즉 3km 정도의 가까운 곳에 위치해 있었다는 것은 예수와 그의 제자들이 보기에는 위협적인 사실이다. 유대 사람들의 눈에 그들이 발각되면 삽시간에 찾아와 즉각적인 죽음의 위협을 가할 수도 있는 거리였기 때문이다. 제자들이 유대로 가자는 예수의 제안에 발끈하며 보인 부정적인 태도는 근거 있는 것이었다. 그럼에도 불구하고 예수는 나사로의 살리심을 택하였고 제자들은 그런 예수를 따르며 죽음을 각오했다.

²⁰마르다는 예수께서 오신다는 말을 듣고 그를 맞이하러 갔고
마리아는 집에 앉아 있었다

마르다는 예수께서 오신다는 소식을 듣고 그를 마중하러 갔다. 이와는 달리 마리아는 집에 머물렀다. 마르다의 발빠른 반응에 대해 칼뱅은 "주님에 대한 경외심"의 발로라고 해석한다. 그러나 오리게네스는 마르다를 다르게 평가한다. 마르다가 적극적인 성격을 가졌다는 점은 인정한다. 그러나 마리아는 예수의 부재로 인한 고난의 상황을 인내할 수 있어서 집에 머물러 있었지만 마르다는 마리아에 비해 소양이 부족하여 참지 못하고 예수께로 달려간 것이라고 해석한다. 그러나 나는 마르다와 마리아가 모두 예수를 다른 방식으로 사랑하고 있다는 점을 주목한다. 마치 베드로와 요한 같은 대비가 누이들의 모습에 투영되어 있다고 생각한다. 베드로와 마르다

는 예수에 대한 행동이 민첩하고 요한과 마리아는 생각이 심오하다. 사랑의 방식에 서열을 매기는 것은 합당하지 않다. 행동이든 생각이든 주님께서 주목하시는 마음의 중심이 시킨 것이냐가 중요하다. 마리아가 집에 머물러 있었던 것은 예수의 오심을 몰랐기 때문일 가능성이 높다.

²¹마르다가 예수께 말하였다 "주여 당신이 여기에 계셨다면
나의 오빠가 죽지 않았을 것입니다 ²²이제라도 당신이 하나님께 구하시는 것을
하나님은 당신에게 주실 것임을 저는 알고 있습니다"

예수와 제자들의 어려운 걸음이 그녀에겐 서운한 지각이다. 그래서 서운한 감정이 섞인 가정법을 쏟으며 토로한다. 만약 주님께서 나흘 전에만 베다니로 오셨어도 오빠가 죽지 않았을 것이라고 한다. 동시에 "이제라도" 늦지 않았다고 한다. 예수께서 아버지 하나님께 구하시는 모든 것은 분명히 주어질 것이라고 믿기 때문이다. 이는 오빠를 살려 달라는 애원이며 만약 나사로의 살아남을 위해 예수께서 아버지께 구하신다면 오빠가 살아날 것이라는 확신의 표현이다. 여기에서 우리는 마르다의 독특한 신앙을 발견한다. 그녀는 예수께서 계시다면 죽음이 공격하지 못하고 승리하지 못한다는 것을 확신한다. 그녀가 보기에 죽음이 오빠를 삼킨 것은 예수께서 곁에 계시지 않으셨기 때문이고 이제 오빠가 다시 살아나는 것은 예수께서 곁에 계시기 때문이다. 이처럼 마르다는 삶과 죽음이 예수의 공간적인 동거에 달렸다고 생각한다.

그러나 예수는 당시에 몸으로 계셨지만 그의 사랑과 능력은 시간이나 공간에 제한됨이 없으시다. 어느 백부장은 예수께서 멀리 있더라도 말씀만 하시면 자기 하인이 치유될 것이라고 고백했다(마 8:8). 실제로 예수는 "가라 네가 믿은 대로 되라"고 명하시며 멀리서도 하인을 "즉시" 고치셨다(마

8:13). 이처럼 예수는 가까운 곳만이 아니라 먼 곳의 환우도 고치실 수 있으시다. 이것은 예레미야 선지자가 기록한 것처럼 하나님의 속성이다. "나는 가까운 데에 있는 하나님이요 먼 데에 있는 하나님은 아니냐 … 나는 천지에 충만하지 아니하냐"(렘 23:23-24). 그러나 마르다는 아직 예수를 그런 하나님의 아들로는 알지 못하였다. 뒤에서 확인되는 것처럼, 마리아도 언니와 동일하게 무지했다. 저자는 누이들의 무지를 통해 은근히 예수께서 하나님의 아들 되심을 드러낸다. 사실 마르다가 "이제라도" 예수의 치유가 늦지 않았다고 고백한 것은 훌륭한 믿음이다. 그녀가 예수를 죽은 자도 살리시는 분으로 믿지 않았다면 불가능한 고백이기 때문이다. 예수는 일찍 오시든지 늦게 오시든지, 사람이 살았든지 죽었든지, 모든 생명을 주관하는 분이시다.

예수께서 하나님께 구하시는 것은 무엇이든 주어질 것이라는 마르다의 말도 중요하다. 우리의 기도는 최고의 기도자인 예수의 기도에 의존한다. 그래서 우리는 그리스도 예수의 이름으로 기도해야 한다. 예수도 이후에 자신의 이름으로 무엇이든 구하기만 하면 시행하실 것이라고 한다(요 14:14). 아버지 하나님은 우리가 예수의 이름으로 무엇을 자신에게 구하든지 주실 것이라고 한다(요 16:23). 마르다는 비록 이런 기도의 비밀을 깨닫지는 못했으나 예수를 최고의 기도자로 인정한 것은 훌륭한 믿음이다.

23예수께서 그녀에게 말하셨다 "너의 오빠가 다시 살리라"

마르다의 말을 들으시고 예수는 그녀의 오빠가 다시 살 것이라고 답하셨다. 그런데 나사로의 살아남에 대한 근거를 제시하지 않으신 것이 특이하다. 이는 조건이 붙지 않은 선언이고, 근거가 필요하지 않은 선언이기 때문이다. 그에게는 말이 곧 현실이기 때문이다. 외부의 어떤 요소가 개입되지 않더라도 모든 것을 말씀으로 이루신다. 이것을 시인은 하나님의 속성으로 이해한다. 즉 하나님이 말하시면 무엇이든 성취되고 그가 명하시면 무엇이든 견고하게 세워진다(시 33:9). 모세는 온 세상이 하나님의 말씀으로 지어진 것임을 자세히 묘사하고(창 1:1-30) 히브리서 저자도 온 세상이 하나님의 말씀으로 지어진 것이라고 기록한다(히 11:3). 요한복음 저자는 만물이 말씀으로 말미암아 지어졌고 예수는 그 말씀이 육신으로 오신 분이라고 증거한다(요 1:3, 14). 그런 예수는 어떠한 매개물도 없이 말씀 하나로만 병자를 고치시고 죽은 자도 능히 살리신다. 나사로가 다시 살리라는 선언도 예수의 그런 신적인 정체성을 드러낸다.

24마르다가 그에게 말하였다
"마지막 날 부활[의 때]에 그가 다시 살아날 것은 저도 알고 있습니다"

예수의 선언에 마르다가 반응한다. 나사로가 다시 살아나는 것은 "마지막 날 부활"의 때에 이루어질 일이라는 사실을 자신도 안다고 주장한다. 마르다의 지식은 올바르다. 그러나 제한적인 지식이다. 이는 나사로가 부활의 먼 미래에 살아날 것이지만 지금도 살아날 수 있다는 가능성을 믿음으로 붙들지는 않은 지식이기 때문이다. 절반의 부분적인 지식은 예수의 말씀을 온전히 이해하는 일에 장애물로 작용한다. 이런 작용은 절반의 지식을 지식의 전체로 간주하여 다른 반쪽의 올바른 지식을 배척하기 때문에 발생한다. 어설픈 지식은 이런 식으로 우리를 기만한다. 안다고 확신하는 순간에 우리는 마땅히 알아야 할 부분을 모르고 있다는 사실을 늘 의식해야 한다. 그렇지 않으면 마르다의 실수를 답습한다. 그런데 안타까운 것은 죽었다 깨어나도 지금 이 땅에서는 온전하고 선명한 앎이 가능하지 않다는 사실이다. 바울은 우리가 지성을 아무리 잘 갈고 다듬어도 전부가 아니라 부분적인 것만을 선명하게 알지도 못하고 희미하게 알 수밖에 없다고 가르친다(고전 13:12). 마르다는 그런 인식의 한계를 보여준다. 동시에 성령의 가르침이 없이는 누구도 그 한계를 벗어날 수 없다는 제한성과 모든 것을 선명하게 아시는 예수의 필요성을 역설한다.

25예수께서 그녀에게 말하셨다

"나는 부활이요 생명이니 나를 믿는 자는 죽는다고 할지라도 살아날 것이며 26무릇 살아서 나를 믿는 모든 자는 영원히 죽지 않으리라 이것을 네가 믿느냐?"

마르다로 하여금 부분적인 지식의 한계를 넘어서게 하는 예수의 가르침이 이어진다. 이 상황을 계기로 예수는 자신의 정체성을 밝히신다. 그는 "부활이요 생명"이다. 부활과 생명은 예수의 이름이다. 예수를 믿는 자는 죽어도 살고 살아서 그를 믿는 모든 자는 영원히 죽지 않기 때문이다. 예수는 자신이 부활이기 때문에 죽어도 살아나고, 생명이기 때문에 영원히 죽지 않으신다. 또한 예수는 죽은 자들도 살리시고 생명의 예수는 산 자들을 영원히 살아 있게 만드시기 때문에 부활과 생명이다.

먼저 예수는 "부활"(ἀνάστασις)이다. 참으로 놀랍고 특이한 선언이다. 이 선언은 예수께서 부활을 친히 이루시는 분이라는 의미도 포함하고 다른 이의 부활을 가능하게 만드시는 분이라는 의미도 포함한다. 예수를 믿으면 누구든지 살아난다. 그를 믿고도 살아있지 않고 죽는다면 그는 과연 하나님의 자녀인가? 하나님은 죽은 자의 하나님이 아니시다. 산 자의 하나님께 자녀가 된다는 것은 죽어도 죽지 않는다는 의미가 내포되어 있다. 나아가 예수와 부활의 동일시는 또 다른 의미를 생각하게 한다. "나"와 "부활"의 동일시에 근거할 때 "나를 믿는 자"는 "부활을 믿는 자"와 동일하다. 그러므로 예수를 믿는다면 부활도 믿어야만 한다. 그런 자는 죽어도 살아난다. 예수를 누구로 믿느냐가 인생을 좌우한다. 믿음은 "바라는 것들의 실상"이기 때문에 그를 부활로 믿으면 부활한다. 예수를 진리로 믿으면 그 진리가 우리를 자유롭게 한다. 예수를 사랑으로 믿으면 우리도 사랑한다. 예수를 부활로 소망하는 자에게는 부활의 인생이 주어진다. 내세만이 아니라 현세에도 주어진다. 이는 믿은 대로 된다는 말의 구체적인 사례이며 믿음의 핵심적인 내용이다. 나는 죽고 그리스도 예수께서 내 안에 사시는 삶이 부활의 인생이다. 그런데 우리 편에서는 죽어도 사는 것이 아니라 죽어야만 산다. 부활을 믿지 않고 자신이 스스로 살아가면 요한의 기록처럼 비록 "살았다 하는 이름은 가졌으나 죽은 자"요 죽은 인생이다(계 3:1).

그리고 예수는 "생명"(ζωή)이다. 예수를 생명으로 믿으면 누구든지 제대로 생존한다. 살아서 예수를 믿으면 믿는 순간부터 영원까지 죽지 않고 살아간다. 예수를 믿으면 그가 우리의 마음에 거하시고 영원히 떠나지 않으신다. 즉 생명이 우리에게 영원히 있기 때문에 우리의 삶은 영원하다. 영원히 사는 이유는 우리 자신 안에 영원한 생명력이 있기 때문이 아니라 예수께서 우리 안에 거하시기 때문이다. 물론 히브리서 저자의 말처럼 사람이 한번 죽는 것은 정해진 이치이기 때문에 모든 사람은 사망한다. 그러나 믿는 자에게는 죽어도 사망이 아니라 잠으로 간주된다. 죽음이 아니라 안식으로 해석된다. 죽음이 겉으로는 동일하나 속으로는 완전히 다른 세상의 관문이다. 믿음의 사람은 죽어서 영원한 안식의 세계로 들어간다. 믿지 않는 자에게는 죽음이 영원한 죽음의 문턱이다.

예수는 마르다를 향해 부활과 생명에 대한 이 진리를 믿느냐고 물으신다. 이 물음은 들음에 만족하지 말고 믿음에 이르라는 권면이다. 마르다가 "안다"(εἴδω)고 말하니까 "믿느냐"(πιστεύω)고 물으시는 예수의 질문에서 우리는 진리에 대한 우리의 반응이 설명을 듣는 것으로는 충분하지 않다는 사실을 확인한다. 믿음까지 이르러야 한다. 우리는 안다는 것과 믿는다는 것이 다르다는 사실을 때때로 망각한다. 지식은 있으나 믿음이 없는 것은 정보의 취득이고 믿음은 있으나 지식이 없는 것은 맹목적인 신앙이다. 둘 다 합당하지 않다. 그래서 바울은 "우리가 다 하나님의 아들을 믿는 것과 아는 일에 하나"가 되어야 "온전한 사람"을 이룬다고 한다(엡 4:13). 지식에 머물러 있는 마르다의 연약함을 예수는 믿음에 대한 질문으로 도우신다.

예수는 부활과 생명의 정체성에 대한 교훈을 마르다의 귀에만 넣으셨다. 마리아와 유대 사람들은 듣지 못한 교훈이다. 그들에게 들도록 말하시지 않은 것에 대하여 무스쿨루스는 그들이 자신의 "능력을 목격하는 자들"이 되기를 원하시는 예수의 의도에 근거한 것이라고 분석한다. 타당한 분석이다. 마르다는 예수의 말씀을 들었지만 믿음에 이르지는 못하였다. 다음 절에 나오는 그녀의 답변도 예수께서 원하시는 믿음의 본질에 이르지는 못한 것이었다. 그래서 예수는 친히 그들에게 보이기를 원하셨다.

²⁷그녀가 그에게 말하였다
"네 주님 당신은 그리스도, 하나님의 아들, 세상에 오시는 분이심을 믿습니다"

신앙에 대한 예수의 질문에 마르다가 대답한다. 예수에 대한 마르다의 신앙은 세 가지로 요약된다. 즉 예수는 "그리스도, 하나님의 아들, 세상에 오시는 분"이시다. 이는 이 복음서를 저술한 저자의 의도와 목적에 부합한 신앙이다. 예수에 대하여 그의 구속적인 사역(그리스도)과 신적인 신분(하나님의 아들)과 종말의 재림(세상에 오시는 분)을 믿는다는 마르다의 대답은 기독론적 빈틈이 좀처럼 보이지 않을 정도로 촘촘하다. 우리의 신앙과도 다르지가 않다. 그런데 부활과 생명에 대한 예수의 질문과는 뭔가 핀트가 어긋나는, 그의 의도를 파악하지 못한 대답이다. 물론 그녀가 구약의 예언을 굳게 믿고 있다는 칼뱅의 평가는 정당하다. 그러나 믿음은 굳어진 과거의 정보나 먼 미래의 예측만이 아니라 무엇보다 현실의 삶과 관계한다.

오직 의인은 믿음으로 산다. 마르다도 그리스도, 하나님의 아들, 세상에 오시는 분이 지금 자신과 함께 계시기 때문에 믿음으로 살아야 하는데 그 믿음의 문턱에서 주저한다. 마르다의 신앙에 대해 박윤선 목사는 "믿으려는 소원과 믿음의 실력이 서로 일치하지 못한" 현상으로 이해한다. 이런 현상의 이유에 대해서는 부분이 전체에, 전체가 부분에 깃들어 있는 체계 정연한 기독교 진리를 그녀가 깊이 배우지 못했다는 점을 지적한다. 진실로 기독교 진리는 이 세상의 어떠한 학문이나 지식이나 논리나 합리나 체계로도 담아낼 수 없을 정도로 오묘하기 때문에 이해하기 위해서는 고도의 종합과 조화와 균형 감각이 요구된다. 유한만이 아니라 무한도, 보이는 것만이 아니라 보이지 않는 것도, 과거와 현재와 미래라는 시간적인 것만이 아니라 영원한 것도, 땅에 있는 것만이 아니라 하늘에 있는 것까지도, 만들어진 것만이 아니라 만드신 분도 고려해야 기독교 진리가 이해된다.

[28]이것을 말하고 그녀는 그 자매 마리아를 불러 은밀하게 말하였다 "선생님이 오셨고 너를 부르신다" [29]그녀는 이것을 듣고 급히 일어나 그에게로 갔다

마르다는 예수와의 대화를 끝내고 마리아를 불러 두 가지, 즉 예수의 오심과 부르심을 "은밀하게" 귀띔한다. 이에 대해 에라스무스는 마리아의 빠른 반응을 유발하기 위한 마르다의 자의적인 귀띔으로 이해한다. 그러나 그의 이해는 텍스트 자체와 문맥에 있어서 성경적 근거가 없는 희박한 추정이다. 나는 마르다의 두 문장을 사실로 인정한다. 첫째, 선생님이 오셨다고 한다. 여기에서 나는 유대인과 마리아가 지금까지 예수의 오심을 몰랐다고 추정한다. 이는 마르다가 그녀에게 예수의 오심을 듣고 공유하지 않았으며 같이 가자고 권하지도 않고 은밀하게 혼자 예수를 만나 대화하고 왔다고 보기 때문이다. 마르다는 유대 사람들이 계속해서 알지 못하도록 마리아의

귀에 "은밀하게" 예수의 오심을 전하였다. 그런데 호칭이 특이하다. "선생님"은 마르다가 부활에 대한 그의 가르침을 받았기 때문에 누이들을 가르치고 인도하실 분이라는 의미로서 무의식 중에 나온 호칭이지 싶다.

둘째, 예수께서 마리아를 부르셨다. 부르심의 용무에 대해서 마르다는 침묵한다. 상황을 보면, 마르다는 예수께서 부르시지 않았으나 그에게로 갔고 마리아는 부르셔서 간다. 마르다는 자신이 선택한 시점에 예수를 만나고자 했고, 마리아는 예수께서 선택하신 만남의 시간에 순응한다. 사람의 기호와 예수의 기호가 미묘하게 대조된다. 나는 주님의 부르심을 기다리고 반응하는 것을 선호한다. 그런데 지금은 주님께서 휘장을 찢으셔서 특정한 시간에만 그에게로 나아가는 것이 아니라 무시로 나아가는 것이 가능하다. 언제든지 우리가 그를 찾으면 그는 우리를 만나신다. 주님의 반응이 느껴지지 않을 때에는 주님 편에서의 특별한 섭리가 있다고 이해하면 된다.

예수의 부르심에 대한 마리아의 반응에는 망설임이 없다. "급히 일어나 그에게로 갔다." 반응의 속도가 남다르다. 이것은 예수의 오심에 대한 반응인가 아니면 그의 부르심에 대한 반응인가? 둘 다에 대한 반응이지 싶다. 예수께서 마을에 오셨다는 것만으로 그녀는 그저 행복하다. 개별적인 부르심을 받으니 더더욱 행복하다. 그런데 그녀의 마음에는 기둥처럼 의지하던 오빠의 죽음에 대한 슬픔과 예수께서 제때 오시지 않음에 대한 야속함도 가득하다. 그럼에도 불구하고 이 상황에서 예수는 유일한 희망이다. "급히" 그에게로 뛰어간 마라아의 가슴에는 희망이 더 신속하게 뛴다.

30예수는 아직 마을로 들어오지 않으시고 마르다가

그를 맞이한 그 장소에 여전히 계시더라

예수는 마을로 들어오지 않으셨다. 마르다를 만난 곳 즉 나사로의 무덤에서 한 발짝도 움직이지 않으셨다. 그 이유에 대해 무스쿨루스는 예수에게 맡겨진 사명 즉 마을에 들어가기 전에 죽은 나사로를 살리는 사명의 완수라는 예수의 "놀라운 계획"에 근거한 것이라고 한다. 이러한 해석에 근거하여 그는 우리도 다른 무엇보다 하나님의 나라와 영광을 먼저 추구해야 한다고 권면한다. 타당한 해석과 권면이다. 이와 더불어 나는 마리아에 대한 예수의 사랑도 주목한다. 걸음은 때때로 의식의 과정도 거치지 않고 사랑하는 이에게로 움직인다. 예수께서 자리를 옮기시면 어떻게 되겠는가? 마르다는 자신이 예수와 만난 지점으로 가라고 동생에게 알려 주었음이 분명하다. 예수께서 그 지점을 떠나시면 마리아가 텅 빈 장소에서 어찌할 바를 모르고 엉뚱한 장소로 이동할 수 있고 둘 다 움직이면 동선이 엇갈릴 가능성은 갑절로 증대된다. 그래서 예수는 그곳에 머무셨다. 때로는 사랑하는 이에게로 달려가지 않고 머문다는 것은 사랑의 크기에 버금가는 인내를 요구한다. 예수는 움직이지 않으시고 가만히 계시는 방식으로 사랑을 말하시고 사랑을 행하셨다.

31그녀(마리아)와 함께 집에 있던 유대 사람들과

그녀를 위로하던 사람들은 마리아가 급하게 일어나 나가는 것을 보고

곡하러 무덤으로 가는 줄로 생각하고 그녀를 따라갔다

유대인의 장례 문화에 의하면 가족들은 망자를 위해 7일 동안 애도한다. 조문객의 발걸음은 길어도 사흘이면 대체로 끊어진다. 그런데 마리아와 마

르다의 경우에는 나사로가 죽은 지 나흘이 지났어도 여전히 유대 사람들과 위로한 사람들이 있었다는 것은 남매의 두터운 사회적 신망을 잘 보여준다. 그런데 언니의 말을 듣고 "급하게 일어나 나가는" 마리아의 행동이 유대 사람들과 조문객의 오해를 유발한다. 그녀는 자신의 행동이 다른 사람에게 어떤 메시지가 되는지를 전혀 의식하지 못한 채 움직인다. 이는 너무도 사랑하는 예수와의 신속한 만남이 그녀의 의식 전부를 차지하여 남은 의식이 조금도 없었기 때문이다. 마르다가 밖으로 나갈 때에는 유대 사람들이 의식하지 못하였다. 그러나 마리아의 다급한 외출은 그들의 시선을 강탈했다. 이는 그들에게 언니보다 마리아의 존재감이 더 컸기 때문은 아닌지 모르겠다. 물론 마르다는 은밀하게 움직이고, 마리아는 급한 속도로 타인의 의식에 걸리도록 요란하게 움직였기 때문일 가능성도 있다.

유대 사람들은 지금 마리아가 슬픔이 차올라 그것을 울음으로 쏟아내기 위해 무덤으로 가는 것이라고 생각했다. 물론 이것은 착각이다. 그러나 이 착각에 대해 믿음의 선배들은 예수께서 나사로를 살리시는 기적을 그들로 하여금 확실히 보게 하시려는 하나님의 섭리라고 해석한다. 비록 착각을 하였지만 유대 사람들이 마리아를 따라간 것은 그녀와 함께 울며 위로하기 위함이다. 죽은 자를 살리시는 예수의 기적을 목격하는 것은 우는 자와 함께 울려는 자들에게 주어지는 은밀한 보상이다. 선한 마음으로 선한 일을 도모하는 자에게 주님은 반드시 공의로운 보상으로 갚으신다.

32마리아는 예수께서 계신 곳으로 갔고 그를 보면서 그의 발에 엎드린 채
그에게 말하였다 "주여, 당신이 여기에 계셨다면
나의 오빠가 죽지 않았을 것입니다"

마리아는 예수께서 계신 곳에 도착한다. 그를 보자마자 그의 발에 "엎드렸

다"(ἔπεσεν). 그녀가 엎드린 것은 마르다는 취하지 않았던 행동이다. 예수에 대한 마리아의 존경과 경외심이 만든 행동이다. 그리고 언니가 했던 말과 동일하게 아픈 문장을 쏟아낸다. 예수께서 베다니에 제때 오셨다면 자신의 오빠가 죽지 않았을 것이라며! 엎드렸다 일어난 이후가 아니라 엎드린 "채"(ὡς) 말하였다. 그래서 문장은 동일해도 뉘앙스는 동일하지 않다. 마르다는 예수께 따지듯이, 심하게는 원망을 하듯이 입을 열었지만 마리아는 무릎으로 말하였다. 자신의 존재를 발의 높이로 낮추는 겸손은 동일한 말을 하더라도 완전히 다른 의미를 전달한다. 자신은 주님 앞에서 발등상의 사사로운 역할도 감당하지 못하지만 예수는 어떤 사람의 죽음도 막으실 수 있는 생명의 주관자가 되신다는 의미가 읽어진다. 이는 마치 극심한 고난을 당한 후 "일어나 겉옷을 찢고 머리털을 밀고 땅에 엎드려 예배"를 드린 욥의 처신과도 유사하다(욥 1:20). 이러한 처신에 대한 욥기 저자의 평가는 "이 모든 일에 욥이 범죄하지 아니하고 하나님을 향하여 원망하지 않았다"는 거다. 마리아도 예수의 부재가 오빠의 죽음에 일조한 것으로 이해하고 있었으나 죄를 범하지는 않았다고 평가된다.

마리아의 비탄에는 오빠 나사로의 죽음이 돌이킬 수 없는 일이라는 인식이 전제되어 있다. 이는 구약에 비추어 볼 때 전혀 이상하지 않다. 구약의 다양한 증언들이 죽음은 돌이킬 수 없는 것이라고 기록하기 때문이다. 특별히 이사야는 "스올이 주께 감사하지 못하며 사망이 주를 찬양하지 못하며 구덩이에 들어간 자가 주의 신실을 바라지 못한다"고 기록한다(사 38:18). 죽음에 대한 선지자의 글은 마리아의 의식에도 스며들어 있다. 다시 살아날 가능성이 없기 때문에 슬픔만 하염없이 쏟아낸다.

³³예수께서 우는 그녀 및 그녀와 함께 모여서

우는 유대 사람들을 보시고 심령에 통분히 여기시고 친히 괴로워 하시면서

그녀를 따라온 유대 사람들도 우는 마리아를 보고 오열로 슬퍼한다. 이것을 보신 예수는 "심령에 통분히 여기셨다." "친히 괴로워 하시"기도 했다. 여기에서 "통분히 여긴다"(ἐμβριμάομαι)는 말은 성난 말처럼 콧숨을 격하게 내쉬는 내면의 상태를 묘사한다. 신약에서 다섯 번 사용된 낱말로서 요한복음 외에서는 엄중한 경고와 경계와 책망의 뉘앙스로 사용되고(마 9:30; 막 1:43, 14:5), 요한복음 안에서는 심령의 격동과 노여움을 의미한다(요 11:33, 38). 사랑하는 사람의 죽음 앞에서 슬퍼하는 것은 인간의 보편적인 성정이다. 그러나 믿는다면 죽어도 산다고 말씀하신 예수의 선언을 듣고서도 여전히 통곡을 멈추지 않는 것은 예수에 대한 불신이기 때문에 그의 분노를 촉발했다. 분노의 이유는 그 불신이 육신적인 죽음보다 더 심각한 문제이기 때문이다. 동시에 예수의 통분히 여기심은 죽음의 인간적인 비애에 대한 인격적인 공감의 표현이다. "친히 괴로워 하셨다"(ἐτάραξεν ἑαυτόν)는 말은 예수께서 다른 사람의 슬픔과 괴로움에 공감해 주시는 기능성 괴로움이 아니라 자기 자신이 동일한 슬픔과 괴로움을 스스로 가지신 것을 의미한다.

이에 대하여 아우구스티누스는 예수께서 스스로 그런 감정의 상태를 일으키신 반면에 유대 사람들은 그런 감정의 노예가 된 것이라며 대조한다. 그러나 칼뱅은 교부의 대조를 거부하며, 육신으로 오신 예수는 죄 외에는 우리와 동일한 감정을 가지셨고 그가 보인 심령의 격동과 괴로움은 그의 신적인 영예에 어떠한 손상도 입히지 않는다고 주장한다. 그러나 나는 교부의 대조와 칼뱅의 주장을 모두 인정하고 싶다. 진실로 예수는 칼뱅의 말처럼 목석이 아니시다. 인간의 슬픔과 아픔에 공감하지 못하시는 먼 하늘의 절대적 타자도 아니시다. 그에게는 감정의 높낮이와 온도차가 있으시

다. 그는 인간의 모든 감정을 동일하게 느끼신다. 예수는 "우리의 연약함을 동정하지 못하실 이가 아니요 모든 일에 우리와 한결같이 시험"도 받으시기 때문이다(히 4:15). 시편의 모든 부분은 어쩌면 주님께서 가지신 감정의 무수한 색상과 무늬를 다윗과 다양한 시인들의 입술로 표현한 감정의 목록이지 싶다. 동시에 교부의 말처럼, 나사로의 죽음과 그의 죽음을 애도하는 많은 사람들의 울음을 보신 예수의 마음은 다른 사람들의 애도와는 달리 수동적인 슬픔의 감정에 휩싸이신 것이 아니라 그들에 대한 자신의 강한 사랑과 애정 때문에 존재의 중심이 심히 흔들렸고 심령이 아플 정도로 슬프셨다.

34말하셨다 "그를 어디에 두었느냐?" 그들이 그에게 말하였다
"주여, 와서 보십시오" 35예수께서 눈물을 흘리셨다

예수께서 두 자매에게 시신의 위치를 물으셨다. 슬픔과 아픔이 떠민 질문이다. 그러나 예수 자신을 위함이 아니라 함께한 사람들을 위함이다. 예수는 그들이 무덤의 절망적인 현실을 보고 나사로의 분명한 죽음과 놀라운 살아남도 있는 그대로 보기를 원하셨기 때문이다. 이에 그들은 와서 보라며 예수를 나사로의 무덤으로 안내했다. 무덤 앞에서 예수는 눈물을 흘리셨다. 성경에서 단 한 번 사용된 "눈물을 흘리다"(δακρύω)는 말의 의미는 누이들과 유대 사람들이 "운다"(κλαίω)는 말의 분위기와 판이하다. 전자는 눈에서 슬픔이 조용히 흘러 내리는 모습이고, 후자는 큰 소리를 통곡하며 슬퍼하는 모습이기 때문이다. 어떤 울음이 더 큰 슬픔일까? 밖으로 쏟아낸 울음은 마음에 담긴 슬픔을 대부분 퍼 올려서 내면에 고이는 게 거의 없겠지만, 흘러내리는 눈물은 슬픔의 범람이다. 슬픔이 존재 안에 최대치로 고여 포화된 상태 이후의 현상이다. 예수의 눈물은 소리 없는 슬픔이다. 이는 예

루살렘 성전 앞에서는 큰 소리로 우신 것과 대조된다(눅 19:41). 칼뱅은 예수의 조용한 슬픔을 인간의 질병과 고통을 자신이 더 아파하신 증거라고 해석한다. 진실로 예수는 우리를 자신의 뼈 중의 뼈요 살 중의 살로 여기신다. 예수께서 죄도 없으시고 후회도 없으시고 모든 것이 완전하신 분이지만 "육체에 계실 때에" "심한 통곡과 눈물로" 우셨다는 히브리서 저자의 기록도 우리를 향한 그의 구속적인 사랑을 잘 증거한다(히 5:7).

그런데 많은 사람들은 우시는 예수의 모습을 기이하게 생각한다. 더군다나 이 복음서의 목적은 그가 메시아요 하나님의 아들임을 증명하는 것인데, 어떻게 하나님의 아들이 감정을 다스리지 못하는 격정의 노예일 수 있느냐는 의문이다. 감정도 죄로 물들어 부패한 인간의 한 요소이기 때문에 죄에 굴복한 것 아니냐는 의문도 제기된다. 이에 대한 칼뱅의 변증은 타당하다. 즉 인간의 감정은 죄로 물들었다. 그러나 예수의 감정은 죄가 전혀 없으시기 때문에 지극히 순수하다. 칼뱅은 악한 감정의 두 요인을 이렇게 제시한다. 첫째, 감정이 혼란한 상태 속에서 중용의 덕으로 조절되지 못하기 때문이다. 둘째, 감정이 합법적인 동기나 목적을 지향하지 않기 때문이다. 우리가 울거나 웃거나 분노와 실망의 때에 쏟아낸 감정은 과연 건강한가? 무슨 목적을 위함인가? 감정의 중용은 무엇인가? 이러한 질문들은 우리의 감정을 점검하는 좋은 항목이다. 우리에게 감정의 가장 적정한 수위는 주님의 감정이다. 주님께서 느끼시는 그 감정에 맞추어진 기쁨이나 슬픔은 중용에 이른 감정이다. 그리고 모든 감정의 끝이 주님을 향하고 이를 때에 악하지 않고 건강하다.

36이에 유대인들이 말하되 보라 그를 얼마나 사랑하셨는가 하며 **37**그 중 어떤 이는 말하되 맹인의 눈을 뜨게 한 이 사람이 그 사람은 죽지 않게 할 수 없었더냐 하더라 **38**이에 예수께서 다시 속으로 비통히 여기시며 무덤에 가시니 무덤이 굴이라 돌로 막았거늘 **39**예수께서 이르시되 돌을 옮겨 놓으라 하시니 그 죽은 자의 누이 마르다가 이르되 주여 죽은 지가 나흘이 되었으매 벌써 냄새가 나나이다 **40**예수께서 이르시되 내 말이 네가 믿으면 하나님의 영광을 보리라 하지 아니하였느냐 하시니 **41**돌을 옮겨 놓으니 예수께서 눈을 들어 우러러 보시고 이르시되 아버지여 내 말을 들으신 것을 감사하나이다 **42**항상 내 말을 들으시는 줄을 내가 알았나이다 그러나 이 말씀 하옵는 것은 둘러선 무리를 위함이니 곧 아버지께서 나를 보내신 것을 그들로 믿게 하려 함이니이다 **43**이 말씀을 하시고 큰 소리로 나사로야 나오라 부르시니 **44**죽은 자가 수족을 베로 동인 채로 나오는데 그 얼굴은 수건에 싸였더라 예수께서 이르시되 풀어 놓아 다니게 하라 하시니라

❖ ❖ ❖

36이에 유대 사람들이 말하였다 "보라 그가 그를 얼마나 사랑했나!" **37**그러나 그들 중에 어떤 이들이 말하였다 "맹인의 눈을 뜨게 한 자가 이 [사람]을 죽지 않게 할 수는 없었는가?" **38**이에 예수께서 다시 속으로 통분히 여기시며 무덤으로 가셨는데 그것은 굴이어서 돌이 그곳에 놓였더라 **39**예수께서 말하셨다 "너희는 그 돌을 옮겨 놓으라" 그 죽은 자의 누이인 마르다가 그에게 말하였다 "주여, 지금은 나흘째라 [시신이] 냄새를 풍깁니다" **40**예수께서 그녀에게 말하셨다 "네가 믿으면 하나님의 영광을 볼 것이라고 말하지 않았느냐?" **41**이에 그들이 돌을 옮기니 예수께서 눈을 위로 들어 올리며 말하셨다 "아버지여, 당신께서 저를 들으시니 감사를 드립니다 **42**저는 당신께서 항상 저를 들으시는 줄 알고 있습니다 그러나 [이는] 둘러싼 무리를 위하여 그들이 당신께서 나를 보내신 것을 믿도록 제가 말하는 것입니다" **43**이것을 말하시고 그는 큰 소리로 외치셨다 "나사로야 나오너라" **44**죽은 자가 나오는데 수족을 베로 동였으며 그의 얼굴은 수건으로 싸였더라 예수께서 그들에게 말하셨다 "그를 풀어 주어서 그로 다니게 하라"

예수의 믿음

나사로를 향한 예수의 사랑은 너무도 커서 유대 사람들도 감탄한다. 그러나 그들 중에는 예수의 사랑에 일관성이 없다는 의심의 소유자도 있다. 이 의심의 이유는 태생적인 맹인을 치유하신 예수께서 나사로는 그냥 죽도록 내버려 두셨다고 생각했기 때문이다. 이에 예수는 말보다 행위로 답하셨다. 무덤의 돌을 옮기라고 명하셨다. 마르다의 반대가 있었지만 믿으면 하나님의 영광을 본다는 말씀을 상기시켜 주실 때 그들은 순종했다. 이에 예수는 아버지께 감사의 기도를 드리셨다. 그 감사는 사람들의 순종만이 아니라 앞으로 이루어질 나사로의 살아남에 대한 것이기도 했다. 미래의 일에 대해 이미 이루어진 과거의 일처럼 감사하는 것이 특이하다. 이 감사는 항상 예수의 전부를 들으시는 아버지의 사랑과 그 사랑에 대한 예수의 완전한 신뢰에 기초한다.

³⁶이에 유대 사람들이 말하였다 "보라 그가 그를 얼마나 사랑했나!"

유대 사람들은 우시는 예수를 목격했다. 그들은 마리아와 함께 한 유대 사람들이 모두 우는 상황에서 흐른 예수의 눈물이 나사로를 향한 사랑의 증거라고 이해했다. "그가 그를 얼마나 사랑했나!" 이런 감탄문은 사랑의 크기가 가늠되지 않을 정도로 지대할 때 무의식 중에 쏟아지는 감격이다. 유대 사람들이 보기에도 예수의 나사로 사랑은 각별했다. 한 사람의 사랑이 극진하면 주변 사람들도 인지한다. 사랑은 결코 가려지지 않기 때문이다. 극진한 사랑은 천국의 창문이다. 사람들이 천국을 들여다볼 수 있도록 우리는 모든 사람들을 사랑하고 항상 사랑하고 원수도 사랑하되 힘써 사랑해야 한다. 예수는 제자들을 향해 "너희가 서로 사랑하면 이로써 모든 사람이 너희가 내 제자인 줄 알리라"(요 13:35)고 말하셨다. 예수의 제자됨은 사랑을 통해 증명된다. 그래서 우리가 사랑하면 예수라는 천국을 보여주는 제자로 살아간다. 예수는 우리를 얼마나 사랑하는 분이신가! 무한한 사랑을 입은 자로서 서로를 사랑하여 예수를 증거하는 삶 살아가는 것은 마땅하지 아니한가!

³⁷그러나 그들 중에 어떤 이들이 말하였다
"맹인의 눈을 뜨게 한 자가 이 [사람]을 죽지 않게 할 수는 없었는가?"

예수의 놀라운 사랑을 감지한 자들 중에 어떤 사람들이 특이한 점을 발견하고 질문한다. 예수는 선천적인 맹인의 눈을 뜨게도 하셨는데 왜 나사로의 죽음은 막지 못하셨나? 타당한 질문이다. 맹인을 만난 예수는 불치의 장애를 지닌 그의 비참한 상황에 눈물 한 방울도 묻히지 않으셨다. 능히 고칠 수 있으셨기 때문이다. 그런데 죽은 나사로의 무덤 앞에서는 조용한 슬픔을 흘리셨다. 눈에서 흐르는 슬픈 알갱이는 사람들이 보기에 너무도 큰 사

랑의 증거인 동시에 무기력(Οὐκ ἐδύνατο)의 자백이다. 죽지 못하게 하실 수
있었다면, 죽어도 다시 일으키실 수 있었다면, 우실 필요가 없으셨기 때문
이다. 그러나 우리는 근거 있는 질문의 욕구도 하나님의 은밀한 섭리 앞에
서는 자제해야 한다.

예수는 유대 사람들의 다소 고까운 질문에 답하지 않고 그냥 묵묵히 들
으셨다. 이와 관련하여, 브렌츠(Johannes Brenz)는 우리의 선행을 수상하게
여기는 사람들의 비방과 힐문을 예수처럼 경청하고 인내하는 법을 배워야
한다고 권고한다. 사람들의 상식적인 욕구에 부응하지 않아서 발생하는 부
정적인 평가가 왜 없겠는가! 불편한 국면을 서둘러 벗어나기 위해 더 위대
한 일을 포기하고 싶은 순간이 얼마나 많겠는가! 그러나 자신에게 쏠리는
대중의 일시적인 서운함과 저항의 무마라는 현실적인 유혹에 넘어가면 하
나님의 영광도 가려지고 공동체의 영적인 복지도 날라간다. 당장은 힘들어
도 주님께는 다 계획이 있으시다. 망막한 홍해가 시야를 가리고, 메마른 광
야가 고단한 기근의 공포를 유발하고, 기골이 장대한 아낙 자손들과 대치해
야 하는 절망적인 현실이 펼쳐져도 우리는 그 모든 상황들을 능히 바꾸실
수 있는 주님께서 방치하신 것이라고 불평할 것이 아니라 하나님의 더 위대
한 일을 기대하며 여유 있는 기다림과 인내의 태도를 취함이 합당하다.

우리가 유대 사람들의 질문에 공감하는 이유는 우리도 그들의 상식과
논리를 가지고 있기 때문이다. 맹인은 고치는 분이 왜 사랑하는 형제의 죽
음을 막지는 못했는가! 하나님은 우리를 향한 사랑 때문에 독생자의 생명
도 아끼지 않으시고 우리에게 주신 분이시다. 그런 분께서 왜 우리에게 직
장은 구해주지 않으시고 질병은 고쳐주지 않으시고 중매는 서주지 않으시
고 전쟁은 막아주지 않으시는 걸까? 때때로 질병은 치료해 주셨지만 왜 사
랑하는 가족이나 친구의 생명을 지켜주지는 않으실까? 왜 포괄적인 은총
을 베푸시지 않고 선택적인 은총만 베푸실까? 내가 원하는 것은 방치하고
원하지 아니하는 것은 왜 이루시는 걸까? 우리의 일상적인 경험을 곰곰이

생각하면 할수록 의문의 꼬리가 길어진다. 그러나 이런 의문은 우리의 의식이 닿지 않는 곳에 어떤 비밀이 감추어져 있기 때문이다. 비록 우리는 다 알지 못하여도 역사의 큰 그림을 가지고 계신 주님께는 다 계획이 있으시다. 그래서 우리는 불가해한 상황에 처할 때마다 모든 것을 다 알려는 호기심의 발동이나 원망의 분출이 아니라 그분에 대한 신뢰를 더욱 강화해야 한다.

38이에 예수께서 다시 속으로 통분히 여기시며 무덤으로 가셨는데
그것은 굴이어서 돌이 그곳에 놓였더라

유대 사람들의 질문을 들으신 예수는 아무것도 모르면 입을 다물라는 격한 반응을 보이지 않으시고 그냥 속으로만 다시 "통분히 여기시며" 삭히셨다. 이러한 반응에서 우리는 유대 사람들의 질문이 예수께 분통한 마음을 일으킬 정도로 부정적인 뉘앙스를 가졌다고 추정하게 된다. 주변에서 의문을 제기하면 대체로 그 의문을 해소하기 위해 거기에 매달리게 된다. 의문이 짜 놓은 프레임에 말려든다. 의문이 과도할 때에는 말려들지 않도록 대응의 수위를 적당히 조절해야 한다. 예수는 유대 사람들의 의문 해소에 얽매이지 않으시고 무덤으로 걸음을 옮기셨다. 들려주는 말의 해명은 이미 충분했기 때문이다. 이제는 보여주는 실행이 필요한 시점이다. 언행과 실행의 비율은 적당해야 한다. 어느 하나가 과도하면 소통과 교감과 설득에 실패한다. 언어와 행실의 적절한 선수교대 타이밍도 중요하다.

　나사로의 무덤은 굴이었다. 한국식 무덤이면 흙이나 잔디로 덮지만 굴이었기 때문에 돌이 필요했다. 입구에는 돌이 놓여 있어서 예수는 그 앞에 멈추셔야 했다. 무스쿨루스는 무덤이 돌로 봉인되어 있는 당시의 장례 문화를 주목한다. 이동 가능한 돌의 봉인은 죽은 자들이 "영원히 회복되지 못

할 것처럼 버려진 자들이 아니라 미래를 위해 감추어진 자들"임을 암시하는 것이라고 해석한다. 죽은 자들의 사체가 난폭한 짐승이나 사악한 인간들에 의해 훼손되는 '두 번째 죽음'을 맞이하지 않도록 돌로 막아 둔 것은 "그들이 부활할 것이라는 남은 희망"의 표식이다. 예수께서 돌 막힌 무덤으로 나아가신 이유는 죽음과 부활의 진리를 행위로 보여주는 것이 논쟁보다 시급하고 중요했기 때문이다.

³⁹예수께서 말하셨다 "너희는 그 돌을 옮겨 놓으라" 그 죽은 자의 누이인
마르다가 그에게 말하였다 "주여, 지금은 나흘째라 [시신이] 냄새를 풍깁니다"

이 구절은 예수의 명령이 떨어졌고 마르다가 대답하는 장면을 묘사한다. 예수는 무덤의 "돌을 옮겨 놓으라"고 명하신다. 나사로를 살리기 이전에 무덤의 문을 열어 두는 것이 생존에 필요하기 때문이다. 예수께서 십자가 위에서 죽으실 때에도 먼저 "무덤들이 열리며 자던 성도의 몸이 많이 일어"났다(마 27:52). 이는 하나님이 사람을 지으시기 전에 6일 동안 삶의 완전한 환경을 먼저 조성하신 것과 일반이다. 환경을 먼저 만드시지 않았다면 창조된 인간의 생존에 필요한 조건이 마련되지 않아서 사망했을 것임에 분명하다. 그런데 어떤 사람들은 우리를 위한 환경이 준비되는 기간을 응답의 더딤과 지체로 오해한다.

예수는 아무리 무거운 돌이라도 스스로 옮기실 수 있었으나 사람들로 하여금 옮기도록 명하셨다. 이 구절에서 브렌츠는 1) 무거운 돌을 옮기는 것보다 죽은 자를 살리는 것이 더 위대한 일이었기 때문에 사람에게 돌의 이동을 명하신 것이라고 해석한다. 진실로 바위 옮기는 괴력을 보이는 것보다 죽음을 이기시는 부활의 능력을 보이시는 것이 더 위대하고 중요하다. 게다가 사람들의 관심사가 부활의 진리에서 벗어나고 분산되는 것을

37 예수의 믿음 759

방지하기 위해 불필요한 기적을 절제하는 것도 필요하다. 2) 동시에 우리의 기대와 상반되는 사안들을 보다 잘 신뢰할 수 있도록 의도하신 것이라고 해석한다. 무덤의 돌을 굴리면서 그들은 기적의 참여자가 된다. 그렇게 자신의 땀과 흔적이 묻은 기적은 눈으로만 본 기적보다 더 강력한 설득력을 나타내기 때문에 유익하다. 3) 그리고 예수께서 자신이 자연적인 순리 속에서 위대한 기적을 행하시는 분이심을 보이신 것이라고 해석한다. 돌을 굴리면 굴러간다. 그 평범한 순리 속에 기적이 스며든다. 이 해석에 따르면, 희귀한 초자연적 현상만이 아니라 일상의 평범한 삶 전체가 주님의 기적으로 말미암은 은총임을 깨닫게 하시려고 예수는 돌의 이동을 명하셨다. 사람들은 자신에게 익숙한 일들 속에는 신비가 없다고 생각한다. 그러나 일상을 누리는 것은 쉬워도 막상 설명하려 하면 말문이 막히는 신비들이 태반임을 확인하게 된다. 돌을 옮기라는 명령은 이처럼 구원을 베푸시는 예수의 우선적인 관심사와 예수의 거룩한 신분과 기적에 대한 의심의 제거와 일상적인 기적의 은총에 대한 각성을 위한 것이었다.

그런데 마르다가 예수의 명령을 막아선다. 이는 오빠 나사로가 죽은지 사흘이나 지나서 무덤에는 죽음의 지독한 악취가 가득하기 때문이다. 시체에서 향기가 아니라 가장 심각한 악취가 풍기는 이유는 무엇인가? 죽음은 낭만적인 떠남이 아니라 가장 끔찍한 종말임을 알리기 위함이다. 냄새는 설명이 필요하지 않은 국제 공용어다. 마르다의 말은 온 세상의 모든 사람들이 수긍하는 상식이고 정상적인 사고와 합리적인 분석의 결론이다. 그러나 마르다의 반응에는 인간적인 냄새가 자욱하다. 죽어도 살겠다는 예수의 말씀은 인간의 상식을 넘어선다. 마르다는 그런 초상식을 믿는다고 말했지만 자신의 그런 믿음과 다르게 행하였다. 행함이 수반되지 않는 동의는 참된 믿음이 아니라 교묘한 관념이다. 안다고 말하지만 마땅히 알아야 할 것을 모르는 무지의 표출이다.

죽음의 냄새가 보내는 메시지가 예수의 명령보다 강하다니! 진실로 마르다의 반응은 세상과 교회의 현실을 고스란히 드러낸다. 예수의 말씀보다 사람들의 합의가 세상도 움직이고 교회도 조정한다. 사람의 상식에서 죽음은 돌이킬 수 없는 절망이다. 그래서 무조건 죽음에서 멀어지는 방향으로 대응한다. 죽음이 냄새를 풍기기 시작하면 예수의 은총과 능력과 명령을 운운하는 것도 괜한 소란이다. 이런 이해가 바로 마르다의 반응이다. 물론 상식도 중요하고 논리도 소중하다. 하나님의 섭리에 있어서도 그 활용도가 방대하다. 그러나 부활의 기적에 대한 예수의 강한 표명이 이미 있었다면 이야기가 달라진다. 예수의 명령이 떨어지면 나흘짜리 죽음에 순응하던 묵은 생각을 바꾸어야 한다. 상식과 논리도 평상시의 권위를 접고 그의 명령에 엎드려야 한다. 무스쿨루스는 이 구절을 해석하며 대단히 부패하고 사악하고 거짓된 죄로 얼룩진 인생들의 악취가 우리의 주변에 아무리 지독하게 풍긴다고 할지라도 그들을 돌문으로 차단하지 말고 예수의 은총으로 말미암는 회복 가능성을 열어 두어야 한다고 강조한다. 나흘이 아니라 사십 년이 넘도록 고질적인 죄로 찌든 원수도 능히 고치실 수 있는 주님의 능력을 믿어야 한다고 가르친다.

다른 한편으로, 죽은 나사로의 누이이기 때문에 그의 생사에 가장 민감한 마르다의 단호한 반응은 살아남의 기적 직전에 나사로의 확실한 죽음을 모든 사람에게 다시 확인시켜 준다. 그리고 마르다는 예수와의 관계가 대단히 친밀한 사람이다. 마음만 먹으면 두 사람이 함께 나사로의 죽음과 부활을 조작하여 민심을 호도할 것이라는 오해도 가능하다. 그러나 예수의 최측근이 그의 명령을 막아선 것은 그런 공모의 의심과 오해를 일거에 제거한다. 이처럼 마르다의 부정적인 반응에는 긍정적인 역기능도 있다. 마르다의 방해는 우리가 지향할 바는 아니지만 섭리의 한 조각임은 분명하다.

40예수께서 그녀에게 말하셨다

"네가 믿으면 하나님의 영광을 볼 것이라고 말하지 않았느냐?"

자신의 명령을 가로막은 마르다의 도발적인 행동에 예수는 '저리 비키라'
는 차가운 반응을 보이지 않으시고 그녀가 놓친 부분을 기억나게 하는 따
끔한 훈계의 반문을 던지신다. 무스쿨루스가 잘 지적한 것처럼, 예수는 "네
가 하나님의 영광을 볼 것이라고 말하지 않았느냐," "나사로가 일어나 하
나님의 영광에 이르는 것이 너의 믿음에 달리지 않았느냐," 혹은 "네가 믿
으면 너의 오빠가 부활할 것이라고 말하지 않았느냐" 등과 같이 말하지 않
으시고 이렇게 말하셨다. "네가 믿으면 하나님의 영광을 볼 것이라고 말하
지 않았느냐?" 마르다가 놓친 것은 예수의 말씀에 대한 믿음이다. 믿음이
없으면 그 빈자리를 상식과 논리가 차지한다. 그것을 환영한다. 상식과 논
리를 존중하고 활용하면 비록 하나님의 인정은 받지 못해도 사람들의 인
정은 받을 수 있기 때문이다.

　　그러나 믿으면 하나님의 영광을 목격한다. 믿음은 육안으로 보지 못하
는 것의 증거이기 때문이다. 보이지 않는 것의 존재 여부는 믿음에 의해서
만 증명된다. 과학의 실험과 관찰에 호소하는 것은 무익하다. 하나님의 영
광에 대해서도 그러하다. 믿음이 없으면 자신도 하나님의 하나님다우심을
보지도 못하고 타인에게 보이는 것도 가능하지 않다. 칼뱅의 설명에 따르
면, 이는 "하나님의 능력이 인간의 뜻에 의하여 구속을 받는다는 말이 아
니라 그들의 악의가 하나님의 능력을 저항하고 반대하기 때문에 그들은 하
나님의 능력이 나타나는 것을 받을 자격이 없"어서 그러하다. 믿음이 없으
면 기적을 보더라도 그 기적의 실체인 하나님의 영광을 보지는 못하고 그
저 희귀한 초자연적 현상만 목격한다. 출애굽 이전에 이스라엘 백성이 그
러했다. 그들은 역사 속에서 유일하게 발생한 열 가지의 놀라운 기적들을
애굽에서 분명히 보았으나 믿음으로 보지 않았기 때문에 하나님의 영광을

보지는 못했으며 그렇기 때문에 아무것도 보지 못한 것으로 간주된다(신 29:3-4). 아예 보는 눈이 없다는 평가까지 내려진다. 믿음만이 기적을 기적으로 본다. 이러한 이유 때문인지, 예수는 믿음이 없는 곳에서는 많은 권능을 행하지 않으셨다(마 13:58). 그렇게 불신으로 인해 버려지는 일이 없도록 단 하나의 기적도 낭비하지 않으셨다.

인간은 하나님의 영광을 위해 존재한다. 동시에 하나님의 영광을 보아야 인간은 제대로 생존한다. 하나님의 영광은 인생의 근원적인 목적인 동시에 본래적인 생존의 기반이다. 그런데 믿음이 없으면 죽은 자가 살아나는 사건 앞에서도 하나님의 영광에 이르지도 못하고 보지도 못하기 때문에 인생의 목적과 생존에 심각한 차질이 빚어진다. 그러나 하나님을 믿으면 무너진 인생의 토대가 재건되고 무의미한 인생의 방향이 교정되고 목적이 성취된다. 이래서 하박국과 바울은 "의인이 믿음으로 살리라"고 증거했다(합 2:4; 갈 3:11). 믿음이 의인의 영광스런 삶을 견인한다.

41이에 그들이 돌을 옮기니 예수께서 눈을 위로 들어 올리며 말하셨다
"아버지여, 당신께서 저를 들으시니 감사를 드립니다

예수의 명령과 대화를 듣고 함께한 사람들은 무덤에서 돌을 옮기며 그에게 순종한다. 무덤에 고인 악취가 그들을 덮치는 게 뻔한 상황에서 그들은 죽음의 냄새를 뒤집어 쓸 각오를 하고 그들이 한 번도 경험하지 않은, 한번도 행하지 않은 조치를 취하였다. 1년을 기다린 후 뼈를 수거하기 위해 열어야 할 돌을 고작 나흘이 된 시점에 굴리는 그들의 선택은 아무도 가지 않은 길이었다. 어디에 이를지도 모르는 길이었다. 그들이 비록 의미를 알고 행한 것은 아니지만 그런 순종의 길을 새롭게 만들었다. 그러나 자세히 보면 그들이 낸 길이 아니었다. 이는 예수의 기도에서 확인된다. 예수는 눈을

위로 올리셨다. 아버지에 대한 경외심을 표현하며 기도하기 위한 자세였다. 아버지께 드려진 것은 감사의 기도였다. 이는 순종의 배후에 아버지의 은총이 있었음을 짐작하게 한다.

"당신께서 저를 들으시니 감사를 드립니다." 이 기도는 사람들의 순종에도 적용되고 예수께서 조만간 나사로를 살리시는 기적에도 적용된다. 과거이든 현재이든 미래이든 예수의 모든 말씀에 감사의 기도가 적용되는 이유는 아버지 하나님은 예수를 "항상" 들으시는 분이시기 때문이다. 여기에서 예수는 자신의 말을 듣는다고 표현하지 않고 자신(μου)을 듣는다고 말하신다. 아버지는 예수 자신을 들으신다. 말을 듣는다는 것보다 비교할 수 없을 정도의 농밀한 관계를 나타내는 표현이다. 동시에 예수께서 육신으로 오신 말씀이기 때문에 예수를 듣는다는 것과 그의 말을 듣는다는 것은 완전히 동일하다. 그리고 여기에서 "듣다"는 동사가 이미 이루어진 과거의 일을 나타내는 부정과거 시제(ἤκουσάς)로 쓰여진 점이 특이하다. 이는 과거의 시제이기 때문에 예수의 명령에 대한 사람들의 순종을 들으신 것이라고 이해해도 좋고, 앞으로 이루어질 나사로의 살아남에 대한 기도의 응답으로 보아도 무방하다. 문맥을 보면 후자일 가능성이 높은데 그렇다면 미래의 일을 과거의 시제로 표현한 특이함을 해명해야 한다. 그 해명은 42절에서 제공된다. 예수의 모든 기도가 항상 응답되기 때문에 아버지의 들으심은 얼마든지 이미 이루어진 일로 간주해도 된다. 이러한 기도의 원리를 예수는 제자들을 향해서도 적용하며 "기도하고 구하는 것은 무엇이든 받은 줄로 믿으라 그리하면 너희에게 그대로 되리라"(막 11:24)고 말하셨다. 여기서도 "받았다"(ἐλάβετε)는 부정과거 시제와 "되리라"(ἔσται)는 미래 시제의 미묘한 조화가 확인된다.

먼저, 사람들의 순종을 주목하자. 그 순종은 아버지 하나님이 예수를 들으신 결과였다. 대단히 특이한 해석이다. 우리의 눈에는 예수의 명령이 주어지고 사람들이 그 명령에 순종하는 요소들만 보이지만 그 순종의 배후에는 그들의 순종을 위한 예수의 기도가 있고 그 기도에 대한 아버지의 들으심이 있다. 여기에서 우리는 기도 응답의 종합적인 절차를 확인한다. 즉 예수의 명령과 예수의 중보와 아버지의 들으심과 사람의 순종이 순서대로 이어진다. 예수는 우리에게 명령을 주시는 동시에 그 명령이 우리의 순종으로 성취될 수 있도록 아버지께 기도를 드리신다. 그래서 히브리서 기자는 예수께서 "항상 살아 계셔서 그들을 위하여 간구"해 주시므로 "자기를 힘입어 하나님께 나아가는 자들을 온전히 구원하실 수 있"다고 가르친다(히 7:25).

사람들의 순종에 대해 자신의 기도를 아버지 하나님이 들으신 것이라는 예수의 해석에서 우리는 우리의 순종에 대해 자랑하지 말아야 함을 깨닫는다. 오히려 예수의 이름으로 아버지 하나님께 감사를 드림이 마땅하다. 그런데 우리는 감사를 형식적인 모양만 갖추고 우리의 순종을 더욱 힘써 자랑한다. 순종할 때마다 나 자신의 실력과 경건으로 간주하고 나의 공로인 것처럼 자부심을 느끼려는 경향이 나에게도 있다. 그런데 나에게 선한 마음이 있고 선을 행한다면 그 모든 것의 공로는 주님께 돌림이 마땅하다. 바울은 우리가 하나님의 기뻐하신 뜻을 위하여 무언가를 소원하고 행하는 주체는 자신이 아니라고 가르친다. 자기 안에서 하나님이 행하신 결과라고 한다(빌 2:13). 그래서 바울은 비록 다른 사도보다 더 많은 일을 하고 더 많은 고난을 당했지만 그것은 자신의 실력이나 경건이나 공로가 아니라 자기 안에 거하시는 하나님의 은혜라고 고백한다(고전 15:10). 이는 정직한 고백이며 예수의 가르침에 대단히 충실한 해석이다.

> 42저는 당신께서 항상 저를 들으시는 줄 알고 있습니다 그러나 [이는] 둘러싼
> 무리를 위하여 그들이 당신께서 나를 보내신 것을 믿도록 제가 말하는 것입니다"

아버지 하나님은 예수의 기도를 항상 들으신다. 예수는 이러한 사실을 아

신다고 한다. 여기에서 "안다"(ἐιδω)는 것은 확신의 다른 표현이다. 예수께서 믿으시는 아버지 하나님은 예수의 모든 기도를 들으시는 분이시다. 이것이 아버지 하나님에 대한 예수의 확고한 신앙이다. 일말의 의심도 없는 완전한 믿음이다. 이는 마르다와 유대 사람들의 신앙과 심히 대조된다. 예수는 자신의 기도가 "항상"(πάντοτε) 응답되는 관계를 아버지와 더불어 가지셨다. 기도가 응답되지 않는 경우들은 몇 가지로 분류된다. 즉 응답이 없는 이유는 1) 죄가 있기 때문이고 (시 66:18), 2) 구하지 아니하기 때문이고 (약 4:2), 3) 자신의 정욕으로 쓰려고 잘못 구하기 때문이고(약 4:3), 4) 믿음이 없이 의심하기 때문이다(약 1:6-7). 이와는 달리, 예수께서 항상 아버지의 응답을 받으시는 분이라면 그는 죄가 없으시고 늘 아버지께 구하시고 자신의 정욕이 아니라 아버지의 영광과 백성의 구원을 위해 구하시고 의심 없는 완전한 믿음을 가진 분이심이 확실하다.

예수께서 감사의 기도를 드리시고 항상 들으시는 아버지를 아신다고 말씀하신 이유는 자신을 둘러싼 무리의 신앙을 위함이다. 즉 그들이 예수를 아버지 하나님이 보내신 분이라고 믿게 하기 위함이다. 여기에서 나는 예수의 모든 말씀을 깊이 묵상하고 우리에게 적용해야 한다고 주장한다. 예수의 모든 말씀은 언제나 우리 모두를 위함이다. 예수께서 아버지 하나님께 말씀을 하더라도 그에게는 인간의 언어가 필요하지 않으시다. 그냥 묵상만 하시거나 골방에서 드리시는 기도로도 충분하다. 심지어 아버지와 아들의 소통에는 언어 자체도 필요하지 않으시다. 그러나 우리를 위해서는 우리에게 보이고 들리도록 우리의 언어로 말하셔야 한다. 예수는 존재 전체가 우리에게 주어진 말씀이다. 요한의 고백처럼 "우리가 들은 바요 눈으로 본 바요 자세히 보고 우리의 손으로 만진 바" 된 말씀이다(요일 1:1). 보이는 언어로서 예수의 모든 몸짓과 들리는 언어로서 그의 모든 말씀은 어느 것 하나도 우리와 무관하지 않다. 하나의 이오타도 버리지 말고 보존하고 존중해야 한다.

아버지 하나님은 그리스도 예수를 들으신다. 아버지 하나님의 들으심 때문에 예수의 모든 약속과 선언과 명령과 교훈과 행위는 반드시 성취된다. 그는 죽은 자도 살리시기 때문에 부활이고 영원히 살도록 만드시기 때문에 생명이다. 이것이 바로 예수께서 아버지 하나님의 보내심을 받은 자라는 말의 의미이고 우리는 예수의 의도를 따라 이러한 예수의 신분과 사역에 대한 믿음에 이르러야 한다. 예수는 아버지 하나님의 보내심을 받고 하늘에서 오신 하나님의 아들이다. 저자는 예수 자신의 말씀으로 이 사실을 강조한다. 그런데도 마르다를 비롯한 유대 사람들은 믿지 않았기 때문에 그의 명령을 처음에는 거부했고 이후에 순종했다.

43이것을 말하시고 그는 큰 소리로 외치셨다 "나사로야 나오너라"

예수는 아버지께 감사의 기도를 드리신 이후에 외치셨다. "큰 소리로" 외치신 이유는 소리의 크기에 따라 능력의 크기가 달라지기 때문이 아니라 나사로도 듣고 둘러싼 무리도 듣도록 하기 위함이다. 예수는 작은 소리로 속삭이실 때나 큰 소리로 외치실 때나 능력의 나타남에 있어서는 전혀 차이가 없이 항상 전능한 분이시다. "나사로야 나오너라." 명령은 본래 죽은 사람이 아니라 산 사람에게 주어진다. 사람이 죽으면 세상의 모든 법에서 자유롭게 되기 때문이다. 그래서 바울도 "만일 남편이 죽으면 [그의 아내는] 자유롭게" 된다고 가르친다(롬 7:3). 그런데 예수의 명령은 산 사람과 죽은 사람 모두에게 적용된다. 죽은 자도 살리는 분이시기 때문이다. 사체도 예수의 명령에 순응한다. 이는 마치 에스겔 선지자의 기록과 유사하다. 하나님은 에스겔을 인자라고 부르시며 그에게 물으신다. "인자야 이 뼈들이 능히 살 수 있겠느냐"(겔 37:3). 놀랍게도 "여호와의 말씀"을 들은 뼈들은 움직였고 서로 연결된 후 "그 뼈에 힘줄이 생기고 살이 오르며 그 위에 가 죽이 덮"이고 급기야 생기가 그것들 속으로 들어가 결국 살아났다(겔 37:7-10). 여호와의 말씀이 행한 일이었다. 이는 죽은 나사로의 사체에게 나오라고 명령하신 예수의 예표이지 싶다. 우리에게 주는 교훈은 무엇인가? 어떠한 말을 해도 아무런 반응도 보이지 않아서 죽은 시체처럼 보이는 사람들 앞에서도 우리는 죽은 자도 살리시는 생명의 말씀을 포기하지 말고 선포해야 함을 깨닫는다.

> ⁴⁴죽은 자가 나오는데 수족을 베로 동였으며 그의 얼굴은 수건으로 싸였더라
> 예수께서 그들에게 말하셨다 "그를 풀어 주어서 그로 다니게 하라"

예수의 명령을 따라 죽은 나사로가 살아났다. 죽은 자를 살리시는 구원은 아버지를 향한 그리스도 예수의 기도와 그 기도에 대한 아버지의 들으심과 죽은 자를 향한 예수의 명령과 아버지 하나님의 들으심에 따른 죽은 자의 살아남으로 구성된다. 여기에서 성령의 능력에 대한 언급은 생략되어 있지만 공생애를 시작할 때부터 예수에게 "하나님의 성령이 비둘기 같이 내려 자기 위에 임하"셨고(마 3:16) "하나님의 성령을 힘입어"(마 12:28) 모든 일을 하셨기 때문에 나사로의 살아남도 성령의 능력으로 이루어진 일이라고 이해해야 한다. 그러므로 구원은 삼위일체 하나님의 공통적인 사역이되 우리는 사역의 근원을 아버지 하나님께 돌리고 사역의 지혜를 성자 하나님께 돌리고 사역의 능력을 성령 하나님께 돌리는 방식으로 이해함이 좋다.

나사로의 살아남은 예수의 부활 이전에 일어난 사건이다. 그래서 어떤 사람들은 예수께서 "죽은 자 가운데서 다시 살아나사 잠자는 자들의 첫 열매가 되셨다"(고전 15:20)는 바울의 말을 거부한다. 실제로 성경에는 나사로가 살아난 것만이 아니라 엘리야가 사르밧 과부의 아들을 살린 사건(왕상

17:17-24), 엘리사가 수넴 여인의 아들을 살린 사건(왕하 4:32-37), 죽은 엘리사의 뼈에 시체가 닿자 살아난 사건(왕하 13:21), 예수께서 회당장의 딸을 살리신 사건(막 5:35-43), 예수께서 나인성 과부의 아들을 살리신 사건(눅 7:11-17) 등이 예수의 부활 이전에 일어났다. 예수의 부활 이후에도 성경에는 베드로가 다비다를 살린 사건(행 9:36-43), 바울이 유두고를 살린 사건(행 20:7-12)이 기록되어 있다. 예수의 부활 외에 모든 살아난 사건들에 대해 나는 진정한 부활에 비하면 그것들은 부활의 표징일 뿐이라고 주장한다. 그 이유들은 이러하다. 첫째, 부활이 "썩은 것으로 심고 썩지 아니할 것으로 다시 살아나는" 것이라는 바울의 개념처럼 부활을 했다면 영원히 죽지 않아야 하는데 예수 이외의 모든 살아난 사람들은 다시 죽었기 때문이다. 둘째, 부활을 했다면 부활의 형체를 입어야 하는데 그들의 육체는 땅의 육체와 동일했기 때문이다. 나사로의 살아남은 예수의 부활을 표상하기 때문에 인간적인 살아남의 의미도 결코 소소하지 않다.

죽음에서 살아난 나사로는 "수족을 베로 동였으며 그의 얼굴은 수건으로 싸"인 상태였다. 만약 나사로가 부활했고 집의 문이 닫혀 있어도 출입이 가능한 부활의 형체를 가졌다면 베와 수건이 그를 결박하지 못하였을 것이지만 그는 무덤에 들어갈 때의 모습 그대로를 살아난 이후에도 유지하고 있다. 이는 나사로의 살아남이 온전한 의미의 부활이 아님을 증거한다. 여기에서 우리는 죽음의 실체를 주목해야 한다. 베로 인하여 수족의 움직임이 마비되고 수건으로 인하여 얼굴의 모든 인격적인 활동이 마비된다. 이에 예수는 자유롭게 움직이고 인격적인 활동도 가능할 수 있도록 나사로를 풀어 주라고 명하신다. 이는 나사로의 누이들과 유대 사람들이 또다시 기적을 만지는 실질적인 경험을 제공하기 위함이다. 현장에 있었던 모든 사람들은 나사로가 다시 살아나는 기적에 지문을 남긴 증인이다.

요 11:45-57

45마리아에게 와서 예수께서 하신 일을 본 많은 유대인이 그를 믿었으나 **46**그 중에 어떤 자는 바리새인들에게 가서 예수께서 하신 일을 알리니라 **47**이에 대제사장들과 바리새인들이 공회를 모으고 이르되 이 사람이 많은 표적을 행하니 우리가 어떻게 하겠느냐 **48**만일 그를 이대로 두면 모든 사람이 그를 믿을 것이요 그리고 로마인들이 와서 우리 땅과 민족을 빼앗아 가리라 하니 **49**그 중의 한 사람 그 해의 대제사장인 가야바가 그들에게 말하되 너희가 아무것도 알지 못하는도다 **50**한 사람이 백성을 위하여 죽어서 온 민족이 망하지 않게 되는 것이 너희에게 유익한 줄을 생각하지 아니하는도다 하였으니 **51**이 말은 스스로 함이 아니요 그 해의 대제사장이므로 예수께서 그 민족을 위하시고 **52**또 그 민족만 위할 뿐 아니라 흩어진 하나님의 자녀를 모아 하나가 되게 하기 위하여 죽으실 것을 미리 말함이러라 **53**이 날부터는 그들이 예수를 죽이려고 모의하니라 **54**그러므로 예수께서 다시 유대인 가운데 드러나게 다니지 아니하시고 거기를 떠나 빈 들 가까운 곳인 에브라임이라는 동네에 가서 제자들과 함께 거기 머무르시니라 **55**유대인의 유월절이 가까우매 많은 사람이 자기를 성결하게 하기 위하여 유월절 전에 시골에서 예루살렘으로 올라갔더니 **56**그들이 예수를 찾으며 성전에 서서 서로 말하되 너희 생각에는 어떠하냐 그가 명절에 오지 아니하겠느냐 하니 **57**이는 대제사장들과 바리새인들이 누구든지 예수 있는 곳을 알거든 신고하여 잡게 하라 명령하였음이러라

❖ ❖ ❖

45마리아에게 와서 예수께서 행하신 것을 목격한 유대인들 중에 많은 이들이 그를 믿었으나 **46**그들 중에 어떤 이들은 바리새파 무리에게 가서 예수께서 행하신 것들을 그들에게 말하였다 **47**이에 대제사장들과 바리새파 사람들이 공회로 모여서 말하였다 "이 사람이 많은 표적들을 행하는데 우리가 무엇을 행할까요? **48**만일 우리가 그를 그대로 둔다면 모든 이들이 그를 믿을 것이고 로마 사람들도 우리의 거처와 민족을 취할 것입니다" **49**그들 중의 하나이며 그 해의 대제사장 된 가야바가 그들에게 말하였다 "여러분은 아무것도 모르고 있습니다 **50**한 사람이 백성을 위하여 죽고 온 백성이 멸망하지 않는 것이 여러분께 유익한 줄을 여러분은 생각하지 않고 있습니다 **51**이는 그가 스스로 말함이 아니라 그 해의 대제사장 [자격으로] 예수께서 그 민족을 위하여 죽게 될 것을 예언한 것이었다 **52**이 [죽음]은 그 민족만 위하지 않고 흩어진 하나님의 자녀가 하나로 모이도록 하기 위함이다 **53**그날부터 그들은 그를 죽이려고 모의했다 **54**그러므로 예수께서 더 이상 유대인 가운데서 드러나게 다니지 않으시고 거기를 떠나 광야에 가까운 에브라임이라 불리는 동네로 가서 제자들과 함께 거기에 머무셨다 **55**유대인의 유월절이 가까웠다 많은 사람들이 자기를 정결하게 하려고 유월절 전에 시골에서 예루살렘으로 올라갔다 **56**그들은 예수를 찾으며 성전에 서서 서로에게 말하였다 "너희는 어떻게 생각해? 그가 명절에 오지 않을까?" **57**그러나 대제사장들과 바리새파 사람들은 누구든지 그가 있는 곳을 안다면 신고하여 자신들이 그를 잡을 수 있도록 하라고 명령했다

38 　　　　　　　　　　　　　　　　　한 사람의 죽음

나사로의 살아남을 목격한 유대인들 중에 많은 사람들이 예수를 믿었으나 일부는 바리새파 무리에게 밀고했다. 그 무리는 곧장 산헤드린 공회를 소집했다. 그들이 논의한 결과, 예수의 많은 표적들이 문제였다. 그들은 그의 표적들 때문에 유대인들 중의 다수가 예수를 믿고 그 믿는 자들이 신흥 정치 결사체가 될 것이며 로마 사람들은 그것을 유대인의 반란으로 오해하고 자신들의 민족과 땅을 빼앗아갈 것이라고 추론했다. 그 추론의 배후에는 자신들이 지금까지 유대사회 속에서 누려온 기득권의 상실에 대한 걱정과 두려움이 있다. 예수의 표적들에 어떻게 맞설 것인지를 논하였다. 대제사장 가야바가 제시한 해결책은 예수를 죽이는 것이었다. 이런 결의의 정당성을 위해 가야바는 민족의 안위라는 명분을 내세웠다. 그리고 포고령을 내려 누구든지 예수의 거처를 알면 반드시 신고하게 했다. 공회의 지명수배령이 떨어지자 예수는 에브라임 지역으로 거처를 옮기셨다. 유대인의 명절인 유월절이 가까이 다가오자 예루살렘 성읍 출신만이 아니라 시골에서 성전으로 온 유대인도 서로 질문하며 예수의 유월절 출석 여부에 모든 신경을 기울였다. 공회의 의도와는 달리 예수께서 유월절의 주인공이 되시는 분위기가 그렇게 조성된다.

> ⁴⁵마리아에게 와서 예수께서 행하신 것을 목격한 유대인들 중에
> 많은 이들이 그를 믿었으나 ⁴⁶그들 중에 어떤 이들은 바리새파 무리에게 가서
> 예수께서 행하신 것들을 그들에게 말하였다

슬픔에 빠져 애곡하러 간 마리아를 보려고 왔던 사람들이 죽은 나사로를 살리신 예수의 기적을 체험했다. 기대하지 않은 횡재였다. 하지만 모두에게 횡재인 것은 아니었다. 그 기적의 체험이 재앙으로 귀결된 사람들도 있었기 때문이다. 예수의 동일한 기적을 체험한 유대 사람들의 반응은 엇갈렸다. 그들 중에 대부분은 예수에 대한 믿음에 이르렀다. 죽었다가 살아나는 기적의 황홀한 신기함과 희귀함을 지나 그 기적의 주체이신 예수께로 나아갔다. 기적에 의식의 발목이 잡혀 예수보다 기적을 선호하는 사람들이 많다. 그런데도 그들은 기적 자체가 아니라 그 기적의 근본으로 소급하는 기지를 발휘했다. 그래서 이들에게 기적의 체험은 호재였다.

  그러나 일부는 바리새파 무리에게 가서 "예수께서 행하신 것들"을 그들에게 고발했다. 이들에게 기적의 체험은 악재였다. 어떻게 이런 일이 가능한가! 사람이 죽었다가 살아났다! 이는 사람의 입이 열 개라도 설명할 수 없고, 자연의 질서도 말문이 막히는 초자연적 사건이다. 그런데 그런 사건을 통해서도 그들은 진실을 발견하지 못하였다. 이런 기막힌 현실을 설명하는 예수의 말씀이 떠오른다. 성경의 기록된 말씀을 듣지 아니하면 "비록 죽은 자 가운데서 살아나는 자가 있더라도 권함을 받지 않으리라"(눅 16:31). 진리에 대한 인식의 여부는 성경을 대하는 태도에서 결정된다.

  동일한 기적에 대한 믿음과 고발의 엇갈림을 보면서 나는 기적 자체는

본질이 아니라는 결론에 도달한다. 나병환자 열 사람이 치유되는 기적도 이와 비슷하다. 기적 자체는 어떤 가치나 의미가 아니었다. 오직 예수를 찾아와 감사를 표현한 자에게는 그 기적이 위대한 의미였다. 그러나 예수를 찾아오지 않은 나머지 아홉 명에게는 그 기적이 예수의 엄중한 꾸지람을 촉발한 변고였다. 크루시거(Caspar Cruciger the Younger, 1525-1597)의 말처럼, 기적을 통해 경건한 자의 신앙은 강화되고 불경한 자의 불신은 악화된다. 평소에 우리는 답답하고 절망적인 상황에서 벗어날 기적을 기대한다. 그러나 그 상황에서 벗어나는 것이 자유롭게 죄를 저지르는 악재로 작용하는 경우가 허다하다. 물론 모든 종의 멍에를 벗고 자유롭게 되는 것은 필요하다. 그러나 동시에 그 자유의 용도를 미리 숙고해야 한다. 자유는 하나님의 나라와 의를 위한 자유이며, 이웃에게 사랑의 종으로서 섬길 준비여야 한다. 그렇지 않으면 자유를 억제하는 적당한 수준의 고난이 오히려 유익이다.

일부의 사람들이 바리새파 무리에게 예수의 행위를 밀고한 이유는 무엇인가? 예수의 가시적인 행위만 보고 그의 진실을 보지 못하였기 때문이다. 이들은 놀라운 기적을 보고서도 예수를 믿지 않았기 때문에 그들의 고발이 바리새파 무리를 기적으로 설득하여 예수 믿음에 이르게 하려는 밀고였을 리는 만무하다. 진실을 보지 못하면 영적인 낭패를 초래한다. 그들의 눈이 진실에서 가려진 이유는 예수를 믿는 것보다 고발의 유익이 크다는 판단 때문이다. 그들은 세속적인 이득에 눈이 어두웠다. 그들은 분명히 예수에 대한 바리새파 무리의 강한 적대감을 알고 있었기에 그들의 고발이 그 무리의 광기라는 결과를 가져올지 짐작하고 있었으며 이로써 예수 제거하는 일에 공로를 세워 한몫 챙기려고 했음이 분명하다. 그들은 예수를 믿는 유대인의 수가 증가하고 있다는 이야기도 곁들여서 종교적 주도권이 예수께로 급하게 기울고 있다는 위기감을 바리새파 무리로 하여금 절감하게 했다.

모든 사람에게 만족을 주는 것은 결코 가능하지 않다. 살다 보면 나를 싫어하고 거부하고 비방하고 고발하는 무리가 나타난다. 이상한 일 당하는 것처럼 당황하지 말라. 예수도 그런 일 당하셨다. 문제는 무엇 때문에 생기는 적이냐가 중요하다. 진리 때문에 거짓된 자들이, 정의 때문에 불의한 자들이, 사랑 때문에 증오하는 자들이, 온유 때문에 격분하는 자들이 일어난 것이라면 아름답고 향기로운 고난이다. 그들을 위하여 축복하고 기도하며 사랑하면 된다. 그러나 다른 이유 때문에 고난을 당한다면 자신을 성찰하고 잘못을 돌이키고 정도를 걸어가면 된다.

⁴⁷이에 대제사장들과 바리새파 사람들이 공회로 모여서 말하였다
"이 사람이 많은 표적들을 행하는데 우리가 무엇을 행할까요?

예수의 행하신 일들에 대한 제보를 받은 바리새파 무리는 예수의 기적들과 그를 믿는 사람들의 급속한 증대를 파악한다. 그리고 민첩하게 움직인다. 대제사장 그룹에 보고하여 그들과 함께 공회를 소집했다. 하나여야 하는 대제사장 직책이 다수라는 점은 참으로 괴이하다. "공회"(συνέδριον)는 산헤드린 공회를 의미한다. 이 공회는 대제사장 한 명이 의장으로 있고 서기관과 바리새인 등 전체 71명으로 구성된 최고의 권부였다. 이 공회는 유대사회 속에서 최고의 권한을 가진 관청이며 공동체의 모든 중대사를 의결하는 막강한 권력의 실세였다. 이 공회에 대한 구체적인 내용은 주로 유대인 역사가 요세푸스의 〈유대고대사〉 14권의 기록에 의존한다. 이 공회가 가진 사법권의 범위는 "아무리 잘못을 저질렀다 하더라도 산헤드린 공회의 사형 선고가 있기 전에 사람을 살해하는 것은 명백한 율법의 위반"(유대고대사, 14.9.3)이라는 기록에서 확인된다. 이 공회에는 종교적인 문제로 어떤 죄인에게 사형을 선고하고 사면할 권한까지 주어졌다. 그리고 사형에 있어서 이 공회의 선고는 절대로 생략될 수 없는 필수적인 절차였다. "선지자가 예루살렘 밖에서는 죽는 법이 없느니라"(눅 13:33). 이 구절도 예루살렘 안에서 행해지는 공회 선고의 필수성을 강조한다. 율법과 관련된 모든 사건들에 대한 판결의 권한은 바로 산헤드린 공회에 속하였고, 반란이나 내란과 관련된 정치범은 로마 총독의 관할에 속하였다. 공회의 종교적인 사형법은 돌로 쳐서 죽이는 것이었고, 총독의 정치적인 사형법은 십자가에 처형하는 것이었다.

공회를 소집한 이유는 예수에 대한 조치 때문이다. 일반 유대인들 중에는 많은 사람들이 예수를 믿었지만, 유대 사회의 지도자들 중에서는 다시 살아남의 기적을 일으키신 예수를 믿은 사람이 희박하다. 공회는 예수를 여전히 "사람"으로 이해한다. 공회의 판결은 예수를 하나님의 아들이 아니라 사람으로 이해하는 무리의 생각을 대표한다. 공회는 예수의 많은 표적들을 주목한다. 예수는 물을 포도주로 바꾸셨고, 신하의 아들을 고치셨고, 38년 된 병자를 고치셨고, 5,000명을 먹이셨고, 물 위를 걸으셨고, 태생적인 맹인을 고치셨고, 죽은 나사로도 살리셨다. 모든 표적들이 너무도 선한 것들이다. 그런데 공회는 이러한 예수의 표적들이 문제라고 인식한다. 그래서 자신들도 예수에게 맞서서 무언가를 행해야 한다고 생각한다. 행위와 행위의 대립이다. 선행과 선행의 선한 싸움이면 얼마나 좋겠는가! 그러나 사람을 살리려는 예수의 선행에 맞서는 것은 사람을 죽이려는 공회의 악행이다. 이처럼 인간으로 이해된 예수는 그들에게 경배의 대상이 아니라 정치적인 대결의 대상이다. 자신들의 권위와 권한에 맞선 불쾌한 도전이며 어떤 식으로든 진압해야 할 대상이다.

⁴⁸만일 우리가 그를 그대로 둔다면 모든 이들이 그를 믿을 것이고
로마 사람들도 우리의 거처와 민족을 취할 것입니다"

공회는 먼저 예수의 행보를 저지하지 않았을 때 발생하는 두 가지의 폐해를 주목한다. 첫째, "모든 이들이 그를 믿을 것"이라고 생각한다. 이는 사람들이 예수를 믿지 못하도록 막아야 한다는 의지의 표현이다. 이는 만약 그런 집단적인 믿음의 사태가 발생하면, 지금까지 유대사회 안에서 자신들이 유지해 온 신뢰도가 무너질 수 있고 지금까지 독점하며 누려온 기득권도 사라질 수 있기 때문이다. 그들의 권한과 특혜는 하나님의 아들이 오더라도 순순히 양도할 수 없는 것이었다. 권력의 맛을 알면 대부분의 사람들은 권력의 무상함을 깨닫는 것이 아니라 그 권력에 중독되고 더 강한 권력을 추구한다. 권력의 소유자가 되면 발아래에서 알아서 기는 사람들이 생기기 때문이다. 자신의 부끄러운 뒤를 핥아주고 닦아주고 정리하는 사람들이 앞을 다투기 때문이다. 돈을 번다면 얼마나 번다고, 인기와 쾌락을 누린다면 얼마나 누린다고 저런 권력의 매니아가 될까? 내가 보기에는, 무한한 풍요와 영광의 하나님 나라를 몰라서, 경험하지 못해서 그렇게 땅의 권력에 매달린다.

나는 권력 추구가 이권에 대한 욕망보다 타락한 본성의 높아지고 싶은 욕구 때문에 생긴다고 생각한다. 하나님과 같아질 때까지 높아지고 싶어하는 인간의 타락한 욕망은 아담의 불순종과 시날 평지의 바벨탑 쌓기와 사사기의 무분별한 개인주의 사상과 인간 왕의 옹립과 하나님의 아들을 인간의 하나로 여기는 산헤드린 공회의 오만에서 확인된다. 지금도 예수를 믿으려는 의지와 인간을 믿게 만들려는 의지가 팽팽하게 대립하고 있다. 예수를 믿지 못하게 막으려는 산헤드린 공회의 결사반대 입장은 지금도 다양한 사람들에 의해 다양한 방식으로 계승되고 있다. 각자의 내면에서, 공동체 안에서 예수를 제대로 믿으면 묘한 긴장감이 조성된다. 적당하게 믿으라고, 아니 믿는 척만 하라고 누군가가 타이른다. 사람들 사이에 합의된 선을 넘어가지 말라는 출처 모를 경고장이 날아온다.

둘째, "로마 사람들도 우리의 거처와 민족을 취할 것"이라고 생각한다. 실제로 로마 사람들은 유대인의 거처로 쳐들어와 A. D. 70년에 성전을 파괴했고 많은 유대인이 사망했다. 그러나 이런 재앙은 예수 때문에 일어나지 않았고 그가 죽은 이후의 일이었다. 민족의 멸망을 운운하는 공회의 궁극적인 관심사는 무엇인가? 칼뱅이 잘 지적한 것처럼, "그들의 가장 큰 걱정과 두려움은 [민족의 멸망이 아니라] 자신들의 아성이 무너지는 것이었다." 한편으로, 모든 사람들이 예수를 믿는다면 예수를 중심으로 민족의 강한 결속이 일어나고 그것은 곧 로마에 대한 반역이나 역모의 증거로 간주될 가능성이 있다. 그러면 로마 사람들은 식민지의 반란을 저지하기 위해 유대 지역을 공격하여 민족의 숨통을 끊고 거처를 빼앗을 것이 분명하다. 다른 한편으로, 모든 유대인이 예수를 믿고 따른다면 로마는 유대의 원활한 통치를 위해 산헤드린 공회와 협력하지 않고 신흥 세력인 예수와 손잡을 가능성이 크다. 그러면 지금까지 주도하던 공회의 모든 이권은 한순간에 상실된다. 어떠한 경우이든, 공회는 높아지는 예수의 국민적 인기를 저지해야 한다. 이를 위하여 그 저지가 자신들의 기득권을 지키려는 진압이 아니라는 착시 유발을 위해 민족의 안위라는 명분을 내세운다. 사적인 이득의 가리개로 공적인 명분을 앞세우는 것은 정치계의 전형적인 수법이다. 칼뱅은 신중하고 현명하게 보이려는 자들이 "개혁은 공공의 평화와 안정을 해친다"는 거창한 명분을 내세우며 개혁을 맹렬히 반대하는 자기 시대의 안타까운 현실이 이 구절에서 보인다고 한다.

⁴⁹그들 중의 하나이며 그 해의 대제사장 된 가야바가 그들에게 말하였다 "여러분은 아무것도 모르고 있습니다 ⁵⁰한 사람이 백성을 위하여 죽고 온 백성이 멸망하지 않는 것이 여러분께 유익한 줄을 여러분은 생각하지 않고 있습니다"

무엇을 하여야 하는지에 대해, 공회원들 중의 하나인 대제사장 가야바가 발언한다. 그는 대제사장 안나스의 사위이기 때문에 그의 대제사장 임직에는 가업을 물려주는 듯한 세습의 고약한 냄새가 스멀스멀 난다. "그 해의 대제사장 된" 사람이기 때문에 해마다 그 직책이 바뀐다는 해괴한 문화도 감지된다. 1년 단위의 순번제 운영처럼 보이지만, 요세푸스의 기록에 의하면 가야바는 무려 18년 동안(A. D. 18-36) 대제사장 직책을 수행한 대단히 노련한 사람이다. 그가 다른 회원들이 전혀 알지 못한 해법을 제안한다. 그의 제안은 온 백성과 산헤드린 공회의 회원들을 위해 그 백성이 멸망하지 않도록 한 사람이 죽어야 한다는 것이었다. 이것은 독단적인 발언인 동시에 신비로운 예언이다. 첫째, 가야바의 말은 독단적인 발언이다. 그 이유는 그가 공회의 의장이기 때문이다. 다른 회원들이 각자의 의견을 말하기도 전에 의장의 권위를 가지고 마치 결론을 내리듯이 발언하는 것은 부당하다. 의장은 각 회원에게 발언의 공정한 기회를 부여하고 다양한 의견을 취합하고 표결에 붙여 다수결의 원리에 따라 공회의 종합적인 입장을 산출하는 사람이다. 그런데도 가야바는 다른 회원들이 아무것도 모른다는 집단적인 무지를 지적한다. 그런 과격하고 극단적인 발언으로 자신만이 해답을 안다는 명석함을 자랑한다. 모든 제사장은 사두개파 소속이다. 요세푸스의 기록에 의하면 이들은 대단히 무례하고 거칠었다. 이는 가야바의 언사에서 그대로 드러난다. 그는 공회를 섬기고 인도하는 의장이 아니라 지시하고 지배하는 사령관 놀이에 골몰한다. 아무것도 모른다는 가야바의 지적은 또한 해결책을 제시하지 않고 질문만 던지는 회원들의 답답한 처신에 대한 질책과 역정이다. 전체를 위해 하나가 죽어야 한다는 가야바의 말은 사람들이 보기에 합리적인 제안이다. 그러나 누가 이런 제안을 낼 수 있겠는가! 사람을 죽이는 방식으로 문제를 해결하는 판단은 자신이 타인의 생명을 주관할 수 있다고 여기는 폭군의 광기에 불과하다.

　게다가 가야바는 이 제안의 채택이 "여러분께 유익한 것"(συμφέρει ὑμῖν)이라는 패거리 의식을 강조한다. 온 우주보다 위대하신 분을 먼지만도 못한 유대인과 거래하는 가야바의 제안은 얼마나 몽매한가! 세속적인 유익을 위해 영적인 유익을 포기하는 자들의 대표적인 우매함을 보여준다. 무려 대제사장 입에서 나온 말이지만 하나님의 영광은 안중에도 없다. 유익의 공동 수혜자가 될 것이라는 카드를 꺼낸 가야바의 태도는 공회가 모종의 이익 집단임을 암시한다. 그의 카드를 뒤집어 보면, 예수가 죽지 않으면 그들에게 무익한 정도가 아니라 앞 구절에 언급된 것처럼 해로울 것이라는 발언이다. 자신의 이득을 위협하는 자의 마땅한 응징에 대한 다른 회원들의 적극적인 찬동을 유도하는 계산된 어법이다. 이는 또한 자신의 유익을 기준으로 생각하면 최고의 해법을 찾는다는 말이기도 하고 자신의 유익만 보장되면 기꺼이 표를 던지는 인간의 일그러진 심리를 교묘하게 자극하는 말이기도 하다. 그렇게 끼리끼리 논다. 또한 이 말에는 '너희는 아는 게 없으니까 그냥 떡고물만 챙기고 잠잠히 따르라'는 뉘앙스도 있다. 한 마디로 하나님의 나라와 의가 완전히 실종된 발언이다.

51이는 그가 스스로 말함이 아니라 그 해의 대제사장 [자격으로]
예수께서 그 민족을 위하여 죽게 될 것을 예언한 것이었다

둘째, 가야바의 말은 신비로운 예언이다. 저자는 가야바가 "스스로"(ἀφ' ἑαυτοῦ) 말한 것이 아니라고 한다. 대부분의 사람들은 자신의 입이 자신의 것이라고 생각한다. 맞다. 그러나 동시에 하나님이 뜻하시면 언제든지 섭

리의 도구로도 사용된다. 누가는 "성령이 다윗의 입을 통하여" 예언하신 것 (행 1:16)과, 오순절 사건에서 외국어를 알지도 못하는 제자들이 자신들의 입으로 "성령의 말하게 하심을 따라 다른 언어들로 말하기를 시작했다"(행 2:4)는 것을 기록한다. 의도하지 않게 스스로 말하지 않은 가야바와 달리, 우리는 범사에 우리의 입을 성령께 양도해야 한다. "마땅히 할 말을 성령이" 범사에 가르쳐 주시기를 기도해야 한다(눅 12:12). 베드로의 교훈처럼, "만일 누가 말하려면 하나님의 말씀을 하는 것"처럼 말하여야 한다(벧전 4:11). 우리의 입은 주님의 것이기 때문이다.

가야바의 말은 자연인 가야바가 아니라 그 해의 제도적인 대제사장 직책에 근거한 발언이다. 하나님께 짐승을 잡아서 제사를 드리는 것이 그의 직분이다. 그런데 그는 짐승 대신에 사람을 잡겠다고 한다. 사람을 제물로 바쳐서 문제를 해결하는 것은 하나님이 금하신 방식이다. 그런데도 그런 제안을 망설이지 않는 것은 정치적인 고려 때문이다. 그는 하나님 앞에서 그의 백성이 돌이키고 용서를 구하는 제사장의 본분을 망각하고, 자신의 기득권을 유지하고 그 권한을 행사할 대상인 유대인의 멸망을 방지할 묘책을 궁리하는 정치인의 하나로서 제사장의 직무를 수행한다. 그런데 이런 가야바의 정치적인 입술도 하나님의 뜻을 전달하는 예언의 수레로 사용된다.

가야바의 예언대로 예수는 백성을 위하여 조만간 죽으신다. 그러므로 그 예언은 여론을 호도하는 발언이 아니라 실제로 일어날 사실에 대한 것이었다. 가야바의 정치적인 말은 섭리의 관점에서 보면 영적인 사실을 예언한다. 이는 사울 가문의 시무이가 다윗에게 퍼부은 거짓과 저주와 독설 속에도 하나님의 명령이 깃들어 있었던 것과 유사하다. 부정적인 도구와 긍정적인 의미가 이렇게 결부되어 있는 상황은 대단히 난해하다. 그래도 풀어 보자면, 가야바 자신도 인지하지 못하는 중에 예언을 한다는 것은 비록 겉으로는 제도적인 의장 가야바가 공회를 주도하고 있으나 결국 공회가 궁극적인 의장이신 하나님에 의해 주도되고 있음을 보여준다.

대제사장 가야바의 입에서 백성을 위한 예수의 죽음이 예언된 것의 구속사적 의미는 무엇일까? 몇몇 교부들은 당시의 대제사장 직책을 취함에 있어서 매매의 방식을 취했다고 주장한다. 막대한 이권이 걸린 직책이라 혈통적인 계승이든 매매에 의한 계승이든 아론의 반차에 따른 제사장직 쟁탈전은 치열했다. 때로는 하나여야 하는 대제사장 호칭을 다수가 취하는 경우도 허다했다. 교부들의 이러한 주장이 맞다면 비록 레위 지파의 혈통적인 계승은 아닐지 모르지만 여전히 외관상 가야바는 아론의 반차를 따르고, 예수는 멜기세덱의 반차를 따르신다. 예수의 시대에, 은혜받을 때에, 구원의 날에, 아론의 반차가 멜기세덱의 반차를 제거하는 기묘한 상황이 전개되고 있다. 아론의 반차는 율법을 대표하고 믿음의 조상에게 나타나 복을 빌었던 멜기세덱의 반차는 복음을 대표하기 때문에, 대제사장 가야바의 모의와 예언을 따라 전개될 예수의 죽음은 마치 율법의 문제가 복음에 의해 해결되는 모양새를 보여준다. 예수의 죽음은 그가 죄를 지었거나 힘이 약하거나 미련하기 때문이 아니라 자기 백성의 구원을 위한 자발적인 희생임을 당시의 사람들과 독자는 대제사장 가야바의 공적인 예언에서 확인한다. 이 예언은 다니엘이 기록한 예언, 즉 메시아가 끊어지되 "자신을 위함이 아닌"(וְאֵין לֹו, 단 9:26) 죽음을 맞이하게 될 것이라는 예언의 반복이다. 물론 이 예언에 공존하고 있는 하나님의 뜻과 가야바의 의도는 판이하다.

52이 [죽음]은 그 민족만 위하지 않고 흩어진 하나님의 자녀가
하나로 모이도록 하기 위함이다

저자는 가야바가 전혀 의도하지 않은 부분을 언급한다. 즉 예수의 대속적인 죽음이 적용되는 대상의 범위를 확대한다. 예수의 죽음은 유대 민족 "만"(μόνον)이 아니라 이방인들 중에서도 택하심을 받은 그의 모든 백성을

위한 것이라고 설명한다. 특정한 민족이나 일반적인 이방인이 아니라 "흩어진 하나님의 자녀"를 위함이다. "흩어진"(διεσκορπισμένα)의 의미는 공간적인 차원과 시간적인 차원과 인종적인 차원을 포괄한다. 즉 예수는 과거와 현재와 미래에 흩어져 있고, 동과 서와 남과 북으로 흩어져 있고, 백인종, 황인종, 흑인종 등으로 흩어져 있는 모든 하나님의 자녀를 위해 죽으셨다. 이는 믿음의 조상에게 주어진 약속 즉 "땅의 모든 족속이 너로 말미암아 복을 얻을 것이라"는 예언과 연결된다(창 12:3). "지극히 높으신 하나님의 제사장" 멜기세덱(히 7:1)이 그를 만나서 빌었던 복의 내용도 단순히 다섯 왕들을 무찌르고 전리품을 취하는 것이 아니라 모든 민족이 예수의 죽음으로 말미암는 구원에 이르러 하나님의 자녀들이 되는 것과 연결된다.

나아가 복음서의 저자는 예수의 죽음이 "하나님의 자녀가 하나로(εἰς ἕν) 모이도록 하기 위함"이라고 설명한다. 이것도 믿음의 조상에게 주어진 복으로서 "큰 민족을 이룬다"는 약속과 연결된다. 하나님의 모든 자녀에게 믿음의 조상은 동일하기 때문에 다수가 아니라 하나의 가족이다. 이것은 하나님의 모든 자녀가 그리스도 예수의 몸이라는 바울의 교훈과도 연결된다. "모이다"(συνάγω)는 말은 공간적인 운집이 아니라 믿음과 마음과 생각과 뜻이 그리스도 안에서 일치하는 것을 의미한다. 하나님의 자녀는 모두 하나의 하나님 나라를 이루어야 한다. 그 나라는 마치 모든 종류의 물고기를 모으기 위해 바다에 던져지는 그물망과 같다(마 13:47). 깊고 넓은 바다라는 세상에 흩어진 모든 하나님의 자녀들이 모여서 하나의 의와 평강과 희락의 나라를 형성한다. 예수의 몸은 죽지만 그의 죽음으로 말미암아 생명을 얻은 하나님의 자녀들은 하나의 새로운 몸을 이루고 그 몸은 예수의 거주지가 된다. 그는 그런 방식으로 세상 끝날까지 우리를 떠나지 않으신다.

⁵³그날부터 그들은 그를 죽이려고 모의했다

공회가 결의한 날로부터 모든 공회원은 예수를 죽이려고 모의했다. 이는 공회가 예수를 사형에 처한다는 판결을 내린 것으로 보아도 무방하다. 예수의 죽음을 예언한 공회가 그 예언을 실행하려 한다. 마치 사법부와 행정부의 권한이 모두 공회의 손아귀에 있는 것처럼! 그런데 하나님의 신비로운 예언을 쏟아낸 공회가 하나님의 말씀과 진리와 생명의 예수를 없애려고 한다는 사실에서, 우리는 지극히 감미로운 복음을 증거하는 입술의 소유자라 할지라도 당시의 공회처럼 얼마든지 하나님의 나라와 의를 대적하는 마귀의 종일 수 있음을 깨닫는다. 모든 사람을 분별해야 한다. 경건하게 보이는 목회자의 모든 말과 행실도 분별해야 한다. 분별하지 않으면 우리 자신도 하나님을 대적하는 대열에 참여할 수 있기 때문이다. 공회는 자신들의 모의가 유대 민족을 위한 일이라고 생각하여 모든 유대인이 그 모의에 동참해야 한다고 여겼음이 분명하다.

⁵⁴그러므로 예수께서 더 이상 유대인 가운데서 드러나게 다니지 않으시고
거기를 떠나 광야에 가까운 에브라임이라 불리는 동네로 가서
제자들과 함께 거기에 머무셨다

공회의 괴이한 모의로 인해 대부분의 유대인이 예수의 죽음에 협력하는 분위기가 조성된 상황에서, 예수는 "더 이상 유대인 가운데서 드러나게 다니지 않으셨다." 무스쿨루스의 말처럼, "공개적인 행보는 정직하게 살고 흠없이 행하는 자들의 표식이다." 그러나 세상이든 교회이든 부당한 권력이 지배하는 사악한 시대라면 이야기가 달라진다. 예수께서 잠행하신 것은 죄를 지었기 때문도 아니고 죽음에 대한 두려움 때문이 아니라 자신의 죽음에 대한 아버지의 시간표를 존중하고 따르기 위함이다. 예수는 지극히 의로운 분이시며 공회와 유대인 전체가 덤벼도 혼자의 무한한 능력으로 얼마든지 싸워 이길 수 있으시다. 그렇지만 힘겨루기는 아버지의 뜻이 아니었기 때문에 대결의 구도를 일부러 피하셨고 자신을 감추셨다. 스틸이 잘 지적한 것처럼, 주님께서 창조와 구원을 대하시는 태도가 다른데, 창조를 위해서는 자신의 능력을 보이셨고 구원을 위해서는 그 능력을 십자가 뒤로 감추셨다. 그러므로 구원은 창조보다 더 위대하다.

예수는 유대 지역을 떠나 광야에 가까운 에브라임 지역으로 제자들과 함께 거처를 옮기셨다. 그는 변방으로 내몰렸다. 이 대목에서 나는 주님을 인생의 변방으로 내몰지는 않는지 반성하게 된다. 그런데 베들레헴 마구간 구유를 요람으로 삼으신 예수께는 지리적인 변방이 낯설지가 않다. 헨리의 분석처럼, 예수의 변방행이 겉으로는 그의 불행으로 보이지만 자세히 보면 오히려 행복의 근원이신 예수와 멀어진 예루살렘 사람들의 불행이다. 이 구절에서 "광야"와 "에브라임" 지역이 묘하게 대비된다. 광야는 척박한 "불모지"를 의미하고, 에브라임 지역은 비록 정확한 위치를 파악할 수는 없지만 이름 자체는 "갑절의 풍요"를 의미하기 때문이다. 이는 공회의 제도적인 살기에 떠밀려 비록 사람이 살기에 적합하지 않은 곳으로 가셨지만 마음은 갑절의 풍요로움 가운데에 거주하는 예수의 특이한 상황을 암시한다. 예수는 궁전에 거하시나 초막에 거하시나 도심지에 거하시나 광야에 거하시나 그의 행복에는 아무런 변화가 없으시다.

⁵⁵유대인의 유월절이 가까웠다 많은 사람들이 자기를 정결하게 하려고 유월절 전에 시골에서 예루살렘으로 올라갔다

세간에 예수의 모습이 보이지 않는 상황이 지속되는 중에 "유대인의 유월

절이 가까웠다." 5장에 나오는 유대인의 명절을 유월절로 본다면, 자신의 공생애 중에 예수께서 맞이하는 유월절은 이번이 네 번째다(요 2:13, 5:1, 6:4). 저자는 "유대인의 유월절"로 표기한다. 이는 유월절이 실제로 복음의 진리를 담아내는 거룩한 절기가 아니라 이제는 특정한 민족의 전통과 문화로 정착된 절기라는 사실을 은근히 드러낸다. 그리고 "유대인의" 명절이기 때문에 예수를 포함한 모든 유대인이 예루살렘 성읍으로 모일 수밖에 없는 날임을 강조한다. 명절이 시작도 되지 않았지만 벌써 많은 사람들이 시골에서 예루살렘 지역으로 올라왔다. 이는 자신을 미리 정결하게 하기 위함이다. 이는 유월절을 맞이하기 전에 "레위 사람들이 모든 부정한 사람을 위하여 유월절 양을 잡아 그들로 여호와 앞에서 성결하게" 해야 하고 이것을 어기면 죄가 되는 규례였다(대하 30:17). 에브라임, 므낫세, 잇사갈, 스불론의 많은 무리가 이 규례를 어겼을 때 히스기야 왕은 그들을 위해 하나님께 죄 용서를 구해야만 했다(대하 30:18). 이로 보건대, 유월절 전에 성전으로 온 많은 사람들은 경건한 자들임에 분명하다. 칼뱅은 유대인 "전부"가 아니라 "많은" 유대인이 왔다는 사실을 주목하며 정결하게 하는 일이 절대적인 의무가 아니라고 해석한다. 그러나 나는 당시 유월절을 대하는 유대인의 의식이 해이해진 증거라고 의심한다. 또한 그나마 많다는 것은 그런 시대상 속에서도 대견해 보인다는 저자의 긍정적인 평가가 감지된다. 그 "많은 사람들"의 관심사는 무엇일까?

> 56그들은 예수를 찾으며 성전에 서서 서로에게 말하였다
> "너희는 어떻게 생각해? 그가 명절에 오지 않을까?"

예루살렘 성읍으로 일찍 올라온 경건한 사람들의 관심사는 예수를 찾는 것이었다. 그들은 분명히 "시골에서" 왔다. 공회가 예수를 죽이려고 찾는다는

이야기가 도시만이 아니라 시골까지 퍼졌음이 분명하다. 지금 유대인의 모든 매스컴은 온통 예수를 주목하고 있다. 일인 미디어가 예수에 대한 기사들을 폭포처럼 쏟아내고 있다. 언론만이 아니라 유대 사회의 모든 촉수는 예수를 앞다투어 탐지하고 있다. 예수를 모르면 간첩이 될 상황이다. 비록 공회의 결의는 예수를 죽이는 것이지만 이것은 오히려 예수를 동네방네 소문내는, 의도하지 않은 결과를 초래했다. 모든 유대인은 예수에 대한 자신의 입장을 정리해야 했다. 누구를 만나도 예수에 대하여 서로 질문했기 때문이다. 그들은 지속적인 질문과 답변으로 예수에 대한 뉴스를 갱신했다. 최신 정보를 가진 자일수록 더 많은 사람들의 귀를 차지했다. 성전 곳곳에는 지금 예수에 대한 사람들의 이야기꽃이 만개하고 있다. 유월절에 예수의 출석 여부가 정국의 모든 이슈를 흡수하고 있다. 다른 이야기는 여론의 변방으로 밀려나고 있다. 유월절을 앞둔 예루살렘 성전의 분위기는 마치 예수에 대한 지식 박람회를 방불한다.

57그러나 대제사장들과 바리새파 사람들은 누구든지 그가 있는 곳을 안다면 신고하여 자신들이 그를 잡을 수 있도록 하라고 명령했다

대제사장 및 바리새파 무리로 구성된 산헤드린 공회의 분위기는 사뭇 달랐기 때문에 저자는 "그러나"(δέ) 접속사를 사용하여 예수에 대한 관심이 고조되고 있는 성전 분위기와 대조한다. 공회는 예수 자신에 대한 궁금증이 없고 그의 조속한 체포에 골몰하고 있다. 그래서 곳곳에 지명수배 공지를 띄웠으며 누구도 예외 없이 예수의 거처를 안다면 무조건 신고해야 한다는 고지 명령도 공포했다. 이 명령에는 예수를 검거할 수만 있다면 수단과 방법을 가리지 않겠다는 독한 결의와 살의가 느껴진다. 이는 명령문에 그들 자신을 예수 잡을 주체로서 명시한 것에서도 확인된다. 자신의 손으

로 잡아야 직성이 풀릴 정도의 강한 적개심이 명령문 안에서 타오른다.

　이제 예수의 공생애는 이전과 다른 국면으로 접어들고 있다. 이전에는 예수에 대한 호불호가 유대인들 사이에서 갈라졌다. 그들 중에는 믿는 사람들도 있었고 불신하는 사람들도 있었으며 지금도 그러하다. 그러나 이제는 산헤드린 공회가 열렸고 예수를 죽이자는 제도적인 판결을 내린 상황이다. 도시이든 시골이든 모든 유대인이 예수를 찾으려고 한다. 지금까지 예수는 자신이 하나님의 아들이며 메시아로 오셨다는 사실을 너무도 놀라운 초자연적 표적들로 보였으며 세상의 어떠한 석학도 알지 못하는 천상의 지혜와 지식으로 알렸지만 유대 지도층의 최종적인 판결은 그에 대한 사형이다. 이로써 인간의 타락한 본성은 정점을 찍었고 가장 어두운 본색을 드러냈다. 지극히 공의로운 예수에게 지극히 끔찍한 판결을 내린다는 것 자체가 하나님의 영광을 보존하고 온 땅에 선포해야 할 경건의 산실이 되어야 할 산헤드린 공회의 가장 치명적인 불의였다. 다른 한편으로, 이 판결은 인간의 절망적인 운명이 예수의 죽음에 의해서만 바뀐다는 사실을 드러낸다. 소위 하나님의 백성 즉 유대인을 대표하는 기관이 내린 너무도 모순적인 사형선고 앞에서 그 백성의 왕으로 오신 예수의 반응은 무엇인가? 요한복음 후반부는 예수의 반응을 기록하고 있다. 그 반응의 핵심은 죽음에 대한 자발적인 순응이다. 그런데 죽음의 절망에서 부활의 소망이 자라나서 복음서의 대미를 장식한다.

요 12:1-11

¹유월절 엿새 전에 예수께서 베다니에 이르시니 이 곳은 예수께서 죽은 자 가운데서 살리신 나사로가 있는 곳이라 ²거기서 예수를 위하여 잔치할새 마르다는 일을 하고 나사로는 예수와 함께 앉은 자 중에 있더라 ³마리아는 지극히 비싼 향유 곧 순전한 나드 한 근을 가져다가 예수의 발에 붓고 자기 머리털로 그의 발을 닦으니 향유 냄새가 집에 가득하더라 ⁴제자 중 하나로서 예수를 잡아 줄 가룟 유다가 말하되 ⁵이 향유를 어찌하여 삼백 데나리온에 팔아 가난한 자들에게 주지 아니하였느냐 하니 ⁶이렇게 말함은 가난한 자들을 생각함이 아니요 그는 도둑이라 돈궤를 맡고 거기 넣는 것을 훔쳐 감이러라 ⁷예수께서 이르시되 그를 가만 두어 나의 장례할 날을 위하여 그것을 간직하게 하라 ⁸가난한 자들은 항상 너희와 함께 있거니와 나는 항상 있지 아니하리라 하시니라 ⁹유대인의 큰 무리가 예수께서 여기 계신 줄을 알고 오니 이는 예수만 보기 위함이 아니요 죽은 자 가운데서 살리신 나사로도 보려 함이러라 ¹⁰대제사장들이 나사로까지 죽이려고 모의하니 ¹¹나사로 때문에 많은 유대인이 가서 예수를 믿음이러라

❖ ❖ ❖

¹유월절 엿새 전에 예수께서 베다니에 이르셨다 이곳은 예수께서 죽은 자들 가운데서 살리신 나사로가 있는 곳이었다 ²거기에서 [사람들은] 그에게 잔치를 마련했다 마르다는 시중을 들고 나사로는 그와 함께 앉은 자들 중의 하나였다 ³지극히 값진 향유 곧 순전한 나드 한 근을 취한 마리아는 예수의 발에 붓고 자신의 머리털로 그의 발을 닦아서 그 집은 향유 냄새로 가득했다 ⁴그러나 그의 제자들 중의 하나로서 그를 [팔아] 넘길 가룟 유다가 말하였다 ⁵"어찌하여 이 향유를 삼백 데나리온에 팔아 가난한 자들에게 주지 않았느냐?" ⁶하지만 이렇게 말함은 자신이 가난한 자들을 돌보기 위함이 아니라 그가 도둑이며 돈궤를 가진 자인데 거기에 담긴 것을 취하기 위함이다 ⁷이에 예수께서 말하셨다 "이것을 보존해 온 그녀가 나의 장례할 날을 위하도록 너희는 그녀를 내버려 두라 ⁸왜냐하면 가난한 자들은 항상 너희와 함께 있겠지만 나는 항상 있지 않기 때문이다" ⁹유대인의 큰 무리가 거기에 그가 계신 것을 알고 왔는데 이는 예수를 보기 위함만이 아니라 죽은 자에게서 살아난 나사로도 보기 위함이다 ¹⁰그런데 대제사장 무리는 나사로도 죽이려고 모의했다 ¹¹이는 그로 말미암아 많은 유대인이 이끌려서 예수를 믿었기 때문이다

마리아의 경건

예수께서 나사로를 살리신 베다니를 찾으셨다. 그곳에서 나사로는 예수와 더불어 잔치의 테이블에 앉아 대화하고, 마르다는 일하는 자리에서 분주하고, 마리아는 예수의 발아래에서 말씀을 듣다가 향유를 그에게 붓고 자신의 머리털로 그의 발을 문지른다. 이어서 저자는 마리아에 대한 제자들의 반응을 언급한다. 특별히 유다가 가난한 자들의 구제를 강조하며 다른 제자들과 더불어 마리아의 행위를 책망하며 그녀를 괴롭힌다. 저자는 유다가 빈자들의 복지에는 관심이 없고 돈궤를 자신의 지갑으로 여기는 도둑의 심보를 가졌다고 설명한다. 이러한 맥락에서 예수는 유다와 다른 제자들을 꾸짖으며 마리아 괴롭힘을 멈추라고 명하신다. 마리아의 행위는 예수의 죽음과 장례를 위한 준비였기 때문에 오히려 극찬을 받아 마땅하며 복음이 증거되는 모든 곳에서 여인을 기억하게 될 것이라고 말하신다. 이런 사건이 일어난 이후에 많은 유대인이 예수와 나사로를 보려고 베다니로 왔다. 그러나 대제사장 무리는 예수만이 아니라 나사로도 제거하는 모의에 돌입한다.

¹유월절 엿새 전에 예수께서 베다니에 이르셨다
이곳은 예수께서 죽은 자들 가운데서 살리신 나사로가 있는 곳이었다

예수의 베다니 방문은 유월절을 엿새 앞두고 반복된다. 이 방문은 예수께서 죽으시기 전에 부활의 기적이 일어난 현장으로 가서 제자들의 부활 신앙을 견고하게 다지려고 의도된 자비로운 방문이다. 저자는 베다니가 죽은 나사로를 살리시는 예수의 가장 신비로운 기적이 일어난 곳이라고 덧붙인다. 이것은 저자의 의도적인 설명이다. 살아남의 기적이 일어난 이곳에서 마리아의 거룩한 낭비로 말미암아 예수의 죽음이 기념되는 것은 참으로 절묘하다. 함께 방문한 제자들도 그렇지만 이 대목을 읽는 독자들도 나사로의 살아남처럼 예수의 부활을 기대하게 된다. 베다니는 이런 부활의 기대감을 주는, 지구에서 아주 희귀한 지역이다. 베다니는 비록 예루살렘 변방에 위치한 곳이지만 그 의미는 '수도'의 비중을 방불한다.

"유월절 엿새 전"이라는 표현은 이야기의 시점이 예수의 죽음 엿새 전임을 암시한다. 12장의 문맥을 볼 때, 저자는 유월절과 예수의 죽음을 결부시켜 이해한다. 모세의 시대에 유월절은 이스라엘 백성이 구원을 얻은 날이었다. 그날에 그들은 어린 양을 죽여서 그 피를 집의 좌우 문설주와 인방에 발랐으며 그 피 때문에 죽음의 재앙을 피하였다. 예수의 피 묻은 죽음도 이러한 구약의 유월절 사건처럼 자기 백성을 구원하기 위함이다. 예수는 죽음을 피하지 않고 죽으려는 무리의 소굴 근처로 자발적인 걸음을 옮기셨다. 이는 만약 살고자 하셨다면 예루살렘 성읍에서 먼 곳으로 숨으셨을 것이지만 그러지 않으시고 그 성읍에서 가까워 그곳 출신들이 많이 출입하는 베다니로 오신 것에서 확인된다. 등잔 밑이 어둡다는 사실을 고려하여 더 잘 숨으려는 방문이 아니었다. 또한 예수께서 베다니를 방문하신 이유는 그곳에 사랑하는 사람들(요 11:5)이 있었기 때문이다. 사랑하는 자들에게 죽음과 부활의 비밀을 가르치고 진리를 맡기시기 위함이다. 그곳에서

나사로 남매는 기독교 신앙의 핵심인 예수의 죽음과 부활을 가장 잘 이해하게 된다. 이러한 예수의 행보를 알았는지, 바울은 복음의 전파를 충성된 이들에게 부탁해야 한다고 강조한다(딤후 2:2). 예수께서 진리를 맡기셔도 될 충성된 자들은 나사로 남매였다.

> 2거기에서 [사람들은] 그에게 잔치를 마련했다 마르다는 시중을 들고
> 나사로는 그와 함께 앉은 자들 중의 하나였다

그곳에서 예수를 위한 잔치가 벌어졌다. 이 잔치는 예수에 대한 마을의 긍정적인 평가이며 존경과 감사의 표시로 보아도 무방하다. 잔치의 주체와 구체적인 장소에 대해 마태와 마가는 "베다니 나병환자 시몬의 집"이라고 한다(마 26:6; 막 14:3). 환자의 집에서 잔치를 벌인다는 것이 사람들의 눈에는 생소하다. 그러나 초막이든 궁궐이든 예수께서 계시다면 아무리 절망적인 문제와 불치의 병이 있는 집이라도 하나님 나라의 분위기로 바뀌기 때문에 잔치는 결코 어색하지 않다. 환자의 집에서 마련된 잔치의 메뉴는 화려하지 않았음이 분명하다. 그러나 식사는 관계의 매개물에 불과하다. 시인이 고백한 것처럼, 하나님이 원수들 앞에서 우리에게 밥상을 베푸시는 것은 메뉴의 질과 무관하게 그분께서 우리와 같은 편이심을 보여준다. 그런 식사는 우리의 머리에 기름을 부으시는 것이며 우리의 인생에 영광의 잔이 범람하는 사건이다(시 23:5).

　잔치의 식탁에 앉은 사람들의 마음은 기쁨과 즐거움이 가득해야 정상이다. 비록 잔치가 예수를 위해 베풀어진 것이지만 예수의 방문 자체가 그들에게 사람의 잔치와는 비교할 수 없을 정도로 위대한 하늘의 잔치였기 때문이다. 그런데 "마르다는 시중을 들었다"고 저자는 기록한다. 귀한 섬김이다. 지혜자는 "자기 주인에게 시중드는 자는 영화를 얻는다"고 했다(잠 27:18).

하지만 누가의 기록에 의하면 마르다는 즐겁지가 않아 보이며 "준비하는 일이 많아 마음이 분주"하다. 예수의 "발치에 앉아 그의 말씀을 들"던 마리아를 바라보는 그녀의 심기는 많이 불편하다(눅 10:39-40). 이에 예수는 "네가 많은 일로 염려하고 근심하나 몇 가지만 하든지 혹은 한 가지만이라도 족하다"며 그녀를 달래신다(눅 10:41-42). 그리고 "마리아는 이 좋은 편을 택"했다고 하시면서 하나의 일 선택을 좋게 보셨으며 신체적인 섬김의 영광보다 말씀을 경청하며 배우는 것이 더 좋다는 기호를 밝히신다(눅 10:42). 이는 하나님의 "목소리를 청종하는 것"이 번제와 다른 제사보다 좋고 "듣는 것이 숫양의 기름보다 낫다"고 한 사무엘의 말과 유사하다(삼상 15:22). 구약이든 신약이든 하나님의 말씀에 대한 경청은 으뜸가는 경건이다.

나사로는 예수의 테이블에 배석한 여러 사람들 중의 하나였다. 칼뱅의 지적처럼, 나사로가 손님임을 암시하는 대목이다. 동시에 나사로에 대한 저자의 거명은 테이블 담화의 주제가 그의 살아남에 대한 것임을 암시한다. 죽음에서 일으킨 자와 죽음에서 일어난 자가 동일한 테이블에 나란히 앉아 있는 놀라운 잔치의 영광을 떠올려 보라는 무스클루스의 조언은 적절하다. 그의 말처럼, 이 테이블이 장차 예수와 그가 죽음에서 일으키신 모든 믿음의 사람들이 함께 참여하는 하늘 테이블의 좋은 상징이기 때문이다. 그런데 대화가 무르익을 무렵 다시 살아남의 의미와 대치되는 뜻밖의 사건이 발생한다. 그것은 마리아가 예수의 죽음을 기념하기 위해 취한 이례적인 행동이다.

3지극히 값진 향유 곧 순전한 나드 한 근을 취한 마리아는 예수의 발에 붓고
자신의 머리털로 그의 발을 닦아서 그 집은 향유 냄새로 가득했다

마리아는 향유를 예수의 발에 붓고 자신의 긴 머리털로 그 발을 문질렀다.

잔치에 참여한 사람들이 생각지도 못한 파격적인 행위였다. 향유는 "지극히 값진"(πολύτιμος) 것이었다. 나는 그녀가 자신에게 있는 최고의 선물을 주님께 드렸다고 생각한다. "네 보물이 있는 곳에는 네 마음도 있느니라"(마 6:21). 예수의 이 말씀에 근거할 때, 마리아의 마음은 오로지 예수에게 있다. 선물의 가치와 마음의 크기는 비례한다. 마가는 마리아가 자신이 할 수 있는 것을 다하여(ὃ ἔσχεν ἐποίησεν) 향유를 부었다고 기록한다(막 14:8). 예수는 그녀의 중심이 가장 사랑한 분이었기 때문에 그녀는 그에게 자신의 가장 소중한 것 전부를 선물했다. 말라기 시대에 이스라엘 백성은 하나님께 "훔친 물건과 저는 것과 병든 것"을 봉헌했다(말 1:13). 무늬만 갖춘 그들의 봉헌은 그들의 마음이 하나님께 있지 않고 세상에 있으며 죄악과 질병으로 썩어 문드러져 있다는 자백이다. 같은 의미에서 예수는 이사야의 기록에 근거하여 "이 백성이 입술로는 나를 공경하되 마음은 내게서 멀다"는 일침을 놓으셨다(마 15:8). 그러나 마리아는 향유를 가지고 한 줌의 향기만 풍기거나 손에 묻혀서 조금씩 바르지 않고 아낌없이 "부었다"(ἀλείφω)고 저자는 기록한다. 이는 그 향유가 예수의 머리와 몸과 발 즉 그의 전신에 부어진 사실을 증거한다. 그녀의 행위에는 주저함과 인색함이 없다. 그녀의 봉헌에는 타율성과 강제성이 아니라 즐겁고 자발적인 마음의 향기가 진동한다.

지극히 값진 향유는 "예수의 발"에 부어졌다. "예수의 머리"와 "몸"에 부었다는 마태와 마가의 기록과는 달리(마 26:7, 12; 막 14:3), 요한은 "예수의 발"이라는 부위를 주목한다. 이는 복음서의 저자들 사이에 의견의 불일치가 아니라 강조점의 차이라고 나는 생각한다. 그런데 요한의 기록에서 인간의 신체 중 가장 낮은 곳에서 가장 육중한 무게를 지는데도 대체로 천대를 받으며 굳은 일을 도맡아서 하는 발과 지극히 고귀한 향유의 조합은 대단히 희귀하다. 마리아의 행동은 자신에게 지극히 소중한 것이 예수의 지극히 낮은 발보다도 못하다는 겸손과 경건의 표출이다. 이는 여자가 낮은 자들 중에서 가장 큰 세례 요한보다 천국에서 지극히 작은 자가 더 크다는 예수의 말씀과도 상통한다. 그런데 마리아의 향유처럼 우리의 가장 소중한 것이 예수의 발을 위하여 쓰인다고 해도 과연 우리는 봉헌을 하겠는가? 볼품이 없고 초라한 사역에 쓰인다면 대부분의 사람들은 봉헌을 주저한다. 보다 멋있어 보이는 사역이 발견되면 그쪽으로 봉헌의 용도를 변경한다. 그러나 사람들이 보기에는 사역에 빈부와 귀천이 있어 보여도 하나님을 위한다는 사실 자체는 동일하다. 나의 가장 소중한 것이 아무도 알아주지 않는 곳에서 선하게 쓰인다면 그것은 가장 값진 향유라고 나는 생각한다. 진실로 기독교의 역사 속에서는 이름도 없고 빛도 없이 은밀하게 섬긴 후 무익한 종이라고 고백하며 조용히 무대에서 사라진 무명의 거인들이 많다.

마리아는 자신의 머리털로 예수의 발을 문질렀다. 기이한 행동이다. "죄를 지은 한 여인"이 마리아와 대단히 유사한 행동(그녀는 눈물로 발을 적시고 자신의 입으로 그 발을 계속적인 맞춤)을 하였을 때에 예수는 그녀의 사랑함이 많다는 평가를 내리셨고 많은 사랑의 근거에 대해서는 그녀가 죄 사함을 받은 일이 많다는 사실도 밝히셨다(눅 7:47). 즉 최고의 향유를 예수에게 붓고 머리털로 그의 발을 닦는 마리아의 행동은 그에 대한 그녀의 많은 사랑이 시킨 일이었다. 같은 의미로 에라스무스는 "통제 불가능한 사랑이 그 감정에 순응한" 결과라고 진단한다. 이러한 사랑의 행위는 아마도 예수의 발 아래에서 그의 말씀 듣기를 좋아하는 그녀가 듣다가 그 말씀의 투명한 거울에 비추어진 "만물보다 거짓되고 심히 부패한" 자신의 본성을 보았으며 (렘 17:9) 본성의 심각성에 버금가는 죄 사함을 베푸신 하나님의 은총을 깨달았기 때문에 촉발된 행동이지 싶다.

긴 머리털은 여인 "자신에게 영광"이 된다고 바울은 가르친다(고전 11:15). 마리아는 예수의 발을 깨끗하게 닦는 도구로서 여인이 가질 수 있는 가장 고귀한 영광의 머리털을 사용했다. 마리아의 이런 행동보다 더 온전한 자기 부인, 더 온전한 헌신이 어디에 있겠는가! 잔치를 준비하기 위해 흘리는 땀의 가치보다 더 고귀하다. 주님께는 수고의 땀보다 영광의 전부를 드림이 더 합당하다. 마리아는 타인의 시선을 전혀 의식하지 않고 예수에 대한 자신의 사랑과 경외심을 부끄러움 없이 표현했다. 더군다나 예수에게 호의를 베풀면 출교를 당한다는 무서운 결과를 알면서도 일말의 두려움도 없이 표현했다. 이는 진정한 사랑이 어떠한 수치심과 두려움도 능히 이기기 때문에 가능했다. 나는 마리아가 오빠의 살아남을 경험하고 생명보다 귀한 것이 없다는 판단 하에 자신에게 있는 지극히 소중한 것도 기꺼이 주님께 드릴 헌신의 마음이 생겼다고 생각한다. 이와는 달리, 동일한 기적을 체험한 마르다는 노동의 수고 때문에 불평한다. 자매의 상반된 모습에서 동일한 기적을 체험해도 동일한 경건이 보증되는 것은 아님을 확인한다.

시몬의 집은 마리아가 뿌린 헌신의 향기로 "가득했다." 옥합이 아니라 예수의 몸에서 풍기는 향기였다. 마리아는 지극히 향기로운 예수를 자신이 가진 최고의 소유물로 표현했다. 예수의 향기를 그 집에 가득 채우는 그런 방식으로 그 집의 모든 이들에게 그를 기념하고 증거했다. 장례를 준비하는 마리아의 향유, 즉 죽음과 향기가 일반인의 생각에는 모순적인 조합이다. 그러나 예수의 죽음은 그 냄새가 지독하지 않고 향기롭다. 꽃들도 평소에는 향기가 연하지만 상하고 찢기면 그 향기가 짙어지는 것처럼, 예수의 향기도 죽음으로 찢겨질 때 절정에 도달한다. 그것은 땅의 지극히 값진 향유로도 다 설명할 수 없는 수준이다. 이런 죽음의 비밀을 마리아는 자신의 지극히 값진 향유로 해석했다. 장례의 슬픔을 잔치의 기쁨으로 해석했다. 물론 죽음이 악취인 사람들도 있다. 그러나 참으로 아름다운 인생은 죽음이 향기로운 사람이다.

4그러나 그의 제자들 중의 하나로서 그를 [팔아] 넘길 가룟 유다가 말하였다

마리아의 돌발적인 행위를 가룟 유다가 먼저 평가한다. 그는 "제자들 중의 하나"였다. 이러한 사실의 명시로써 저자는 마리아에 대한 유다의 평가가 제자들의 보편적인 입장임을 드러낸다. 이는 마태가 유다의 이름을 거명하지 않고 "제자들이 보고 분개"하며 평가한 것(마 26:8)이라고 기록한 것보다는 많이 순화된 표현이다. 아무튼 마리아의 행위 앞에서 제자들의 분별력이 도마 위로 올라간다. 무엇보다 제자들의 가벼운 경건과 세속화된 가치관이 노출된다. 진짜가 나타나면 거짓의 노출이 뒤따른다. 유다는 비록 예수를 판 배신자의 강한 이미지를 가졌지만 제자들 중에서도 경제적인 감각과 사회적인 의식이 가장 뛰어나기 때문에 그의 이름만 거명될 만한 인물이다. 마리아에 대한 부정적인 평가도 유다가 여론을 주도하여 제자들 전체의 입장으로 굳어졌을 것이라고 나는 생각한다. 그러나 유다의 그런 영민함은 예수를 다른 제자보다 먼저 배신하는 촉매로 작용한다. 주어진 재능의 안타까운 오용이다. 제자는 예수를 따르는 사람이지 판매하는 사람이 아님에도 불구하고 저자는 안타까운 마음으로 제자와 배신을 연결한다. 제자의 하나로서 유다는 예수를 스승이 아니라 하나의 물품으로 취급하며 팔아넘긴 사람이다. 이게 현실이다. 스승의 등에 배신의 칼을 꽂는다는 것은 모든 사람이 정죄한다. 그런데도 막상 자신과의 이해충돌 앞에서는 누구나 그 칼의 손잡이를 쥔다. 심지어 예수의 제자들도 그러했다.

5"어찌하여 이 향유를 삼백 데나리온에 팔아 가난한 자들에게 주지 않았느냐?"

유다의 반응은 공정한 평가가 아니라 트집에 가까웠다. 그는 향유의 값어치를 삼백 데나리온 정도로 추산했다. 이 정도의 액수는 당시 일반 노동자

의 기준으로 보면 십 개월치의 월급이다. 유다는 돈 계산에 두뇌의 회전이 빠른 사람이다. 향유 자체의 가치보다 그것의 화폐교환 가치를 더 주목한다. 그러나 모든 개개의 사물은 그 자체로 고유하다. 다른 것으로 대체되면 반드시 상실되는 고유한 가치를 보유하고 있다. 향유도 그러하다. 그것은 예수의 죽음과 장사를 준비하는 최고의 사물이다. 그런데 유다의 눈에서는 모든 가치가 돈으로 환산된다. 어떠한 사물에 대해서도 돈 중심의 가치와 용도를 생각한다. 나중에 예수를 배신할 때에도 예수를 은이라는 돈으로 환산한다. 이 돈은 비록 구제를 위한 밑천처럼 보이지만 그의 치명적인 불의와 불법의 가장 확실한 물증이다.

유다는 마리아가 향유를 팔아 가난한 자들에게 주지 않았다고 질책한다. 물론 가난한 자들의 구제라는 이웃 사랑은 교회가 수행해야 할 사명의 두 기둥 중의 하나임이 분명하다. 기독교의 역사에서 구제와 선교는 언제나 교회의 어깨에 걸린 사명의 짝이었다. 교회는 마땅히 가난한 자들을 구제해야 한다. 그런데 유다는 구제라는 대단히 합리적인 명분을 마리아 질책의 근거로 악용하고 있다. 어쩌면 구제를 앞세우며 사회적 약자들에 대한 자신의 투철한 정의감을 돋보이게 하고 있는지도 모르겠다. 유다는 마귀가 광명의 천사로 가장하듯, 말의 화려한 명분으로 자신의 시커먼 탐욕을 은폐하는 일에 능란하다. 그러므로 사회적 정의와 공적인 복지 주장에 핏대를 세우는 사람들에 대한 우리의 평가는 그들의 말이 아니라 삶에 근거해야 한다. 몸보다는 입이 거짓에 더 능숙하고 민첩하기 때문이다.

6하지만 이렇게 말함은 자신이 가난한 자들을 돌보기 위함이 아니라
그가 도둑이며 돈궤를 가진 자인데 거기에 담긴 것을 취하기 위함이다

저자는 가난한 자들의 구제를 강조하는 유다의 음흉한 속셈을 지적한다.

즉 가난한 자들을 돌보기 위함이 아니었다. 저자는 유다를 도둑으로 규정한다. 도둑은 타인의 소유물을 자신의 것으로 취하는 사람이다. 도둑질의 방법은 다양하다. 유다의 방법은 야비하다. 유다는 제자들 중에 "돈궤"를 맡은 사람이다. 당시에는 은행 시스템이 발달되지 않아서 선교비나 구제금을 휴대해야 했고 돈궤 맡는 사람이 필요했다. 돈궤 담당자로 지목된 유다는 자신이 맡은 돈궤를 자신의 커다란 지갑으로 간주했다. 저자는 유다가 공적인 돈궤에 "담긴 것"을 자신의 소유인 양 취하려고 한다는 불순한 의도를 적시한다. 유다는 타인의 기부금을 곧장 빼돌리지 않고 공적인 돈궤에 넣었다가 빼내는 방식으로 세탁한다. 그래서 마리아가 향유를 판 값이 돈궤에 들어오면 늘 그러듯이 그는 가난한 자들의 복지를 위해 사용하지 않고 꿀꺽 횡령하려 했다.

가난한 자들과 마리아의 경건을 이익의 방편으로 이용하는 유다는 참으로 비열하다. 그런데 그런 유다는 예수의 제자였다. 오늘날의 교회와 목회자를 고발하는 듯한 사건이다. 오늘날의 목회자는 타인의 곤경과 경건을 실리 추구의 가리개로 이용하고 헌금과 기부금을 담은 교회의 계좌를 자신의 통장으로 여기는 야비한 유다는 아니신가? 나는 오늘날의 목회자들 중에도 유다와 같은 도둑들이 있고 교회에서 많은 유다들이 활동하고 있다고 생각한다. 그런데 궁금하다. 예수는 유다가 도둑인 줄 알면서도 왜 그를 돈궤 담당자로 쓰셨을까?

바울의 말처럼 주님의 판단을 다 헤아릴 수는 없지만 추정해 보니 다음과 같은 이유들이 떠오른다. 첫째, 지상의 교회는 완전하지 않음을 가르치기 위함이다. 유다라는 가라지가 어떤 교회에든 있다. 둘째, 비록 유다와 같은 불의한 흉물이 아무리 까불어도 하나님의 섭리는 도도히 흘러가고 그의 뜻은 반드시 성취됨을 가르치기 위함이다. 셋째, 교회로 하여금 많은 재물이 아니라 하나님을 의지하게 하기 위함이다. 재물에 탐욕의 군침이 흐르면 유다처럼 된다. 넷째, 일만 악의 뿌리인 돈을 사랑하면 예수까지 배신하고 그를 거래의 대상으로 삼는 유다와 같은 괴물, 종교적 하극상이 나올 수 있음을 가르치기 위함이다. 경건을 이득의 방편으로 활용하는 사람들이 지극히 거룩하신 예수의 곁에도 있었다면 그런 자들은 어느 곳에나 어느 시대에나 있다.

7이에 예수께서 말하셨다 "이것을 보존해 온 그녀가
나의 장례할 날을 위하도록 너희는 그녀를 내버려 두라

마리아의 행위에 대한 제자들의 정죄를 보신 예수는 유다가 포함된 "너희"라는 2인칭 복수형을 쓰시면서 자신의 입장을 그들에게 밝히신다. 그런데 지금은 마리아의 행위와 최측근인 제자들의 견해 사이에서 본인의 입장을 정하셔야 하는 상황이다. 예수는 다수결을 따르지도 않으시고 사역의 효율성도 따지지 않으시고 가난한 사람들의 눈치도 보지 않으시고 오직 아버지의 뜻과 섭리에 근거하여 마리아의 손을 올리신다. 제자들의 행실에 대해서는 "너희가 어찌하여 이 여자를 괴롭게 하느냐"(마 26:10)며 부정적인 평가를 내리신다. 어떻게 예수의 제자들이 앞장서서 연약한 여인을 정죄의 코너로 내몰고 집단적인 "책망"을 가하는가(막 14:5)! 이런 책망은 일종의 폭력이다. 오늘날 목회자가 편을 짜서 한 여성도를 둘러싸고 많은 목소리로 질책하는 상황을 과연 상상할 수 있겠는가! 제자들을 향해 예수는 마리아를 괴롭히지 말고 "가만히 두라"("Αφες)고 명하신다. 예수의 말씀에서 이 명령이 가장 먼저 언급되는 이유는 마리아의 신변과 마음의 안정이 그분께는 다른 무엇보다 우선이기 때문이다.

그리고 예수는 마리아의 행위가 "나의 장례할 날을 위하는" 일이라고 평하셨다. 마리아는 예수의 장례를 준비하기 위해 향유를 지금까지 간직하여 왔다. 예수는 제자들을 향해 그런 마리아를 건드리지 말라고 당부한다. 향유의 고귀한 용도를 변경하지 않고 유지한 마리아는 다른 어떤 제자보다 훌륭하다. 향유를 보존하는 과정에서 생계나 탐심이나 쾌락을 위해 용도를 변경할 수도 있었지만 그녀는 그런 유혹들을 단호히 거부했다. 아무리 긴급한 필요가 연달아 찾아와도 예수의 장례를 준비하는 향유의 본래 용도를 끝까지 사수했다.

마태는 마리아가 "내게 좋은 일(ἔργον καλὸν)을 하였다"(마 26:10)는 예수의 칭찬도 기록하고 있다. 예수의 장례를 준비하는 것과 가난한 자들을 구제하는 것 중에 무엇이 더 좋고 중요한가? 답변이 대단히 곤란한 질문이다. 겉으로 보기에는 가난한 자들을 살아나게 하는 것이 죽어가는 예수의 장례를 준비하는 것보다 더 중요하다. 게다가 예수의 말씀도 읽어보라. "죽은 자들로 자기의 죽은 자들을 장사하게 하고 너는 가서 하나님의 나라를 전파하라"(눅 9:60). 이처럼 장례 준비보다 구제를 통한 선교가 더 중요한 것이라고 말씀하신 분은 예수 자신이다. 그런데 예수께서 마리아의 행위에 대해서는 말을 바꾸신다. 일관성이 없어 보이신다. 그러나 이것은 일관성의 없음이 아니라 사람의 상식을 초월하기 때문이다. 그래서 이 대목은 상식의 판단력이 마비되는 지점이다.

상식적인 사람은 자신의 기준에 부합한 선행이나 자신을 유익하게 하는 것을 "좋은 일"이라고 생각한다. 그러나 성경에서 "좋은 일"은 선하신 하나님의 뜻에 부합한 일을 의미한다. 마리아의 행위는 제자들과 빈자들의 경제적인 복지가 아니라 예수의 죽음과 장사라는 하나님의 뜻에 부합했다. 물론 마땅히 부모나 다른 타인에게 드려야 할 것을 "고르반 곧 하나님께 드림이 되었다고 하기만 하면 그만이라"(막 7:11) 여기는 착복은 좋은 일이 아니라 악한 행실이다. 예수는 이런 행실을 고약한 전통으로 거룩한 하나님의 말씀을 폐하는 악으로 여기신다(막 7:13). 우리는 때와 상황을 가려가며 가난한 자들을 구제하고 하나님께 봉헌해야 한다.

⁸왜냐하면 가난한 자들은 항상 너희와 함께 있겠지만
나는 항상 있지 않기 때문이다"

예수는 구제보다 장례의 가치를 앞세우신 이유를 밝히신다. 즉 가난한 자
들은 항상 그들과 함께 있을 것이지만 예수는 항상 그들과 함께 계시지는
않기 때문이다. 타이밍에 대한 지적이다. 예수는 역사의 특정한 시점에서
죽으신다. 지금 예수는 제자들과 함께 계시지만 곧 떠나신다. 땅에서의 여
정이 이제 엿새 남으셨다. 제자들은 엿새 동안 예수의 죽음과 부활의 향기
를 깨닫고 확신해야 한다. 그에게 부어진 마리아의 향유는 그 막대한 의미
의 기막힌 설명이다. 지금 당장은 깨닫지 못하여도 이후에 더 깊은 깨달음
을 얻도록 그들을 위한 흔적이나 증거물이 필요하다. 향유는 코가 기억하
는 물증이다. 게다가 예수의 죽음은 다른 사람들의 죽음과는 구별된다. 그
의 죽음은 그를 믿는 모든 자들에게 영원한 생명의 기반이기 때문이다. 예
수께서 죽지 않으시면 하나님 나라의 초석 마련이 실패로 돌아간다.

　예수께서 장례의 의미를 구제보다 높이신 것이 구제의 무시를 의미하는
것은 아니었다. 가난한 자들이 "항상" 제자들과 함께 있을 것이라고 그는
강조한다. 이는 "땅에는 언제든지 가난한 자가 그치지 않을 것"(신 15:11)이
라는 신명기의 기록에 예언한 말이었다. 가난한 자들이 항상 우리의 곁에
있는 한 구제의 기회는 언제나 준비되어 있다는 점을 강조한다. 그러나 시
기를 놓치면 기회가 완전히 사라지는 일부터 먼저 수행하는 것은 상식이
다. 예수의 죽음은 엿새 후에 일어날 임박한 사건이고 역사 속에서 반복되
지 않는 단회적인 사건이다. 하지만 구제는 교회의 지속적인 사명이고 책
임이다. 하나님은 명하셨다. "너는 반드시 네 땅 안에 네 형제 중 곤란한 자
와 궁핍한 자에게 네 손을 펼지니라"(신 15:11). 예수도 하나님의 계명들을
다 지켰다고 주장하는 부자 청년에게 온전함을 원한다면 "네 소유를 팔아
가난한 자들에게 주라"고 명하셨다(마 19:21). 게다가 지혜자는 "가난한 자

를 구제하는 자는 궁핍하지 아니"하고(잠 28:17), "가난한 자를 불쌍히 여기는 것은 여호와께 꾸어 드리는 것"이라고 가르친다(잠 19:17). 가난한 자를 조롱하는 것은 그를 지으신 창조주 하나님을 멸시하는 것과 동일하다(잠 17:5). 이처럼 구제의 중요성과 놀라운 가치에 대하여 지혜자와 예수 자신의 강조는 막대하다. 구제는 사명이다. 동시에 주는 것이 받는 것보다 복되기 때문에 구제는 숙제가 아니라 복의 다른 표현이다.

성경 전체에서 보자면, 예수의 죽음은 그 백성의 죄를 사하기 위해 하나님께 드려진 산 제물이며, 하나님과 백성 사이를 가로막은 단절의 벽을 허무는 화목의 근거이며, 하나님 나라의 기초석이 마련되는 사건이며, 이로써 그의 백성에게 영원한 용서와 생명이 역사하는 은총이며, 이 모든 일을 이루신 예수께는 아버지와 함께 하늘에서 가지셨던 영광의 회복이다. 이러한 죽음을 준비하기 위해 향유를 예수에게 붓고 자신의 머리털로 그의 발을 닦은 마리아의 행위는 시간이 종결될 때까지 그 의미의 기한이 만료되지 않을 "영단번의 제사"(μίαν θυσίαν εἰς τὸ διηνεκὲς)를 위한 것이었다. 그래서 예수는 "온 천하에 어디서든 이 복음이 전파되는 곳에서는 이 여자가 행한 일도 말하여 그녀를 기억하게 되리라"고 말하셨다(마 26:13). 놀라운 영광이다. 두 렙돈을 헌금함에 넣은 과부의 행위가 떠오른다. 예수의 평가는 수학적 계산을 초월한다. "이 가난한 과부가 다른 모든 사람보다 많이 넣었도다"(눅 21:3). 이 놀라운 평가의 이유는 그녀가 풍족한 상황이 아니라 "가난한 중에서 자기가 가지고 있는 생활비 전부를 넣었"기 때문이다(눅 21:4). 모든 헌금의 합보다도 많은 헌금의 주인공이 된 과부처럼, 마리아는 예수를 기념한 모든 사람들의 합보다도 더 좋은 일을 그에게 행하였기 때문에 영원히 기억되는 은총이 그녀에게 주어졌다.

물론 마리아 외에도 "죄를 지은 한 여인"은 눈물로 예수의 발을 적시고 입까지 맞추는 더 적극적인 행위를 하였지만(눅 7:37-38), 복음과 함께 온 천하에서 기억될 것이라는 주님의 말씀은 없으셨다. 그러나 마리아는 그녀에 비해 소극적인 행위를 하였지만 온 땅에서 기억되는 것은 그녀가 예수의 죽음을 준비했기 때문이다. 이런 점에서 나는 마리아가 예수의 죽음을 기념하고 준비할 의도를 가지고 향유를 예수께 부었다고 생각한다. 세상에서 가장 슬픈 건 잊혀지는 것이라고 한다. 그러나 자신의 가장 고귀한 향유를 쏟고 자신의 영광스런 머리털로 예수의 발을 섬기는 자발적인 손해를 선택한 마리아는 이처럼 온 천하의 지속적인 기억을 차지하게 된다. 마리아는 이제 자신을 향기롭게 하던 향유가 수중에 없지만 자신을 더 향기롭게 만드실 예수라는 최고의 향유와 영원히 기억되며 영원히 동행하게 된다. 이는 언제나 더 좋은 것, 즉 일보다 말씀 듣기를, 향유보다 예수의 죽음 기념을 택한 사람의 영광스런 보상이다.

마리아의 향유 사건 이후에 유다는 대제사장 무리에게 갔다. 그들에게 예수를 넘겨줄 테니 얼마를 줄 것이냐며 세상에서 가장 더러운 거래를 시도한다. 그 거래는 은 삼십에 성사된다. 온 우주를 지으시고 소유하신 분의 몸값이 고작 은 삼십이다. 만유의 주재를 푼돈과 맞바꾸는 유다는 참 저렴한 인간이다. 유다의 이러한 배신은 아마도 자신이 보기에 가난한 자들을 위한 사회적 정의를 외친 제자의 말을 무시하고 마리아를 편 드신 예수에 대한 실망 때문이며, 민족의 해방과 발전이 아니라 자신의 죽음에 연연하는 예수의 나약하고 이기적인 의식 때문이며, 무엇보다 거금이 손아귀에 들어올 수 있는 기회를 차단하신 예수의 야속한 방해 때문이지 싶다. 유다는 자신의 금전적인 이해를 건드리면 그가 스승이라 할지라도 눈에 뵈는 게 없는 인간이다. 그런데 그런 그에게서 오늘날 종교 지도자의 모습이 관찰된다. 참으로 부끄럽고 불쾌한 관찰이다. 하지만 현실이다.

⁹유대인의 큰 무리가 거기에 그가 계신 것을 알고 왔는데 이는 예수를
보기 위함만이 아니라 죽은 자에게서 살아난 나사로도 보기 위함이다

예수에 대한 마리아의 반응, 그 반응에 대한 가룟 유다의 반응, 유다의 반
응에 대한 예수의 반응 이후에 저자는 잔치의 현장에 없었던 사람들의 반
응을 소개한다. 먼저 유대인의 큰 무리가 예수의 방문에 대해 보인 반응을
언급한다. 그 무리는 베다니로 왔고 그곳에 온 이유는 예수께서 그곳에 계
심을 알았기 때문이다. 앎이 그들의 발을 그곳으로 움직였고 방문의 목적
은 예수 보기였다. 그들이 보기를 원하는 사람은 기적의 시혜자인 예수만
이 아니었다. 죽음에서 살아난 기적의 수혜자 나사로도 보기를 원하였다.
죽은 자가 살아나는 최고의 기적을 보유한 베다니는 이제 유대인의 큰 무
리가 출입할 정도의 소문난 명소로 변하였다.

그러나 기적 이전과 이후에 베다니가 재개발 사업이나 혁신도시 선정이
이루어진 것도 아니기에 그곳의 유명세는 장소가 아니라 사람의 문제라는
사실을 우리는 주목해야 한다. 예수의 출입과 거주가 베다니의 가치와 의미
의 근거였다. 베다니의 운명처럼, 예수께서 우리 안에 거하시면 우리의 인
생도 달라진다. 예수께서 믿음의 공동체 안에 거하시면 교회도 달라진다. 성
도 개개인과 교회 공동체가 무너지는 이유는 예수를 기적의 주님으로 인정
하지 않기 때문이다. 변방에 있더라도, 회복의 기미가 보이지 않더라도, 작
고 초라해도, 예수께서 거기에 거하시면 모든 게 달라진다. 베들레헴, 그 가
장 작은 고을도 예수의 출생으로 완전히 달라진 것처럼 변화된다(마 2:6).

¹⁰그런데 대제사장 무리는 나사로도 죽이려고 모의했다

¹¹이는 그로 말미암아 많은 유대인이 이끌려서 예수를 믿었기 때문이다

예수와의 만남을 원하는 사람들도 있지만 그를 죽이려는 사람들도 있다. 그들은 대제사장 무리였다. 그들은 나사로가 살아난 날로부터 예수를 죽이려고 모의하기 시작했다. 그런데 예수만이 아니라 나사로도 그들의 살상부에 이름이 올라갔다. 나사로를 제거하면 부활의 증거가 인멸되고 예수의 신적인 신분에도 손상이 가해질 것이라는 효과를 기대하지 않았을까! 저자는 두 사람을 보려는 유대인의 큰 무리와 그 둘을 죽이려는 대제사장 무리를 뚜렷하게 대조한다. 대제사장 무리가 나사로도 죽이려고 하는 직접적인 이유는 "그로 말미암아 많은 유대인이 이끌려서 예수를 믿었기 때문이다." 대제사장 무리가 보기에는 믿음의 대상인 예수도 문제였고 예수를 더 많은 유대인이 믿도록 만드는 믿음의 촉매인 나사로도 문제였다. 죽이려는 이유가 참으로 황당하다. 불의나 불법을 저지른 것도 아니고 타인의 생명이나 재산에 피해를 준 것도 아닌데, 죽이려고 한다. 칼뱅이 잘 지적한 것처럼, 주께서 죽음에서 살리신 사람을 다시 죽이려고 하는 대제사장 무리의 오만한 모의는 "얼마나 광란적인 행동인가!" 이들의 광기는 하늘과 땅과 바다로도 저지되지 않을 것이라는 칼뱅의 진단에 나는 전적으로 동의한다.

악한 자들은 예수를 미워한다. 그를 믿는 자들도 미워한다. 그를 믿게 만드는 자들도 미워한다. 이러한 사실에서 나는 미움의 물귀신 같은 전염성을 본다. 한 사람을 미워하면 그와 관계된 모든 것을 미워한다. 그리고 마음의 중심을 보시는 하나님의 눈에 미움은 이미 그 자체로 살인이다. 살인은 미움의 외출이다. 대제사장 무리는 자신들이 미워하는 예수와 우호적인 관계를 가진 모든 자들도 죽이려고 한다. 그들은 예수와 그를 따르고 편드는 자들의 운명이 얼마나 끔찍한 것인지를 모든 이들이 보도록 선명하게

전시하기 위해 자신들의 공권력을 최대치로 남용한다. 이는 공적인 권력의 사적인 오용이다. 자신들의 사사로운 이권과 위신을 지키려는 제도적인 발광이고 합법적인 땡깡이다. 그들은 앞으로 다른 사람들이 믿을 엄두도 내지 못하도록 믿음의 싹을 뜯어내기 위해 죽음으로 위협하며 사람들을 길들인다. 죽음의 카드를 사용하는 그들의 전략은 그들의 머리에서 나온 것이 아니라 처음부터 살인자인 마귀의 머리에서 꺼냈음이 분명하다.

　죽음을 앞두신 예수에 대한 반응들이 다양하다. 마리아는 향유를 부었고, 마르다는 일을 하였고, 나사로는 대화를 나누었고, 유대인의 큰 무리는 예수를 보았고, 대제사장 무리는 예수와 나사로를 죽이려고 모의했다. 마리아의 향유는 향기로운 기름이다. 예수는 그리스도 즉 메시아다. 그 직분은 "기름 부음을 받는 자"를 의미한다. 마리아가 부은 향유는 예수의 그리스도 되심에 대한 가장 향기로운 고백이다. 죽음도 이기시는 예수의 신적인 신분 즉 하나님의 아들에 대한 경외심의 표현이다. 그리스도 사역의 핵심은 세상 죄를 짊어지고 아버지 하나님의 진노를 막고 백성의 죄를 사하는 죽음이다. 향유는 그런 죽음의 향기로운 사역을 기념한다. 그러나 마르다는 예수의 그리스도 되심보다 자신의 일과 고단함을 주목하며 불평한다. 유다와 대제사장 무리는 한통속이 되어 예수를 죽이는 어두운 악의 도구를 자처한다. 이 사건의 다양한 등장인물 중에서 나는 과연 누구인가? 어떤 배역을 수행하는 사람인가? 나의 향유는 무엇인가? 그 향유의 향유자는 누구인가? 나는 주님을 위해 나에게 맡겨 놓으신 향유의 본래 용도를 사수하는 마리아와 같은 사람인가?

요 12:12-23

¹²그 이튿날에는 명절에 온 큰 무리가 예수께서 예루살렘으로 오신다는 것을 듣고 ¹³종려나무 가지를 가지고 맞으러 나가 외치되 호산나 찬송하리로다 주의 이름으로 오시는 이 곧 이스라엘의 왕이시여 하더라 ¹⁴예수는 한 어린 나귀를 보고 타시니 ¹⁵ 이는 기록된 바 시온 딸아 두려워하지 말라 보라 너의 왕이 나귀 새끼를 타고 오신다 함과 같더라 ¹⁶제자들은 처음에 이 일을 깨닫지 못하였다가 예수께서 영광을 얻으신 후에야 이것이 예수께 대하여 기록된 것임과 사람들이 예수께 이같이 한 것임이 생각났더라 ¹⁷나사로를 무덤에서 불러내어 죽은 자 가운데서 살리실 때에 함께 있던 무리가 증언한지라 ¹⁸이에 무리가 예수를 맞음은 이 표적 행하심을 들었음이러라 ¹⁹바리새인들이 서로 말하되 볼지어다 너희 하는 일이 쓸 데 없다 보라 온 세상이 그를 따르는도다 하니라 ²⁰명절에 예배하러 올라온 사람 중에 헬라인 몇이 있는데 ²¹그들이 갈릴리 벳새다 사람 빌립에게 가서 청하여 이르되 선생이여 우리가 예수를 뵈옵고자 하나이다 하니 ²²빌립이 안드레에게 가서 말하고 안드레와 빌립이 예수께 가서 여쭈니 ²³예수께서 대답하여 이르시되 인자가 영광을 얻을 때가 왔도다

❖ ❖ ❖

¹²그 이튿날, 명절에 온 큰 무리가 예수께서 예루살렘으로 오신다는 것을 듣고 ¹³종려나무 가지를 가지고 그와의 만남을 위하여 가서 소리쳤다 "호산나 찬송을 받으소서 주의 이름으로 오시는 분이시여 이스라엘 왕이시여" ¹⁴예수께서 어린 나귀를 찾으셨고 기록된 것처럼 그 위에 앉으셨다 ¹⁵"두려워 하지 말아라 시온의 딸이여 보라 너의 왕이 나귀 새끼를 타고 오시도다" ¹⁶그의 제자들은 처음에 이것들을 이해하지 못했다가 예수께서 영광을 얻으신 후에 이것들이 그에 대하여 기록된 것이고 이것들이 그에게 이루어진 것임을 기억했다 ¹⁷이에 나사로를 무덤에서 불러내어 죽은 자들 가운데서 그(예수)가 일으키실 때 그와 함께 있던 무리가 증언했다 ¹⁸이로 인하여 무리는 그(예수)가 이 표적 행하신 것을 들었기 때문에 그를 만나려고 갔다 ¹⁹바리새파 무리가 서로에게 말하였다 "너희가 어디에도 쓸모가 없다는 것을 너희는 이해하고 있다 봐라 세상이 그의 뒤를 [따라] 떠나가고 있다" ²⁰명절에 예배 드리려고 올라온 사람들 중에 헬라인 몇이 있었는데 ²¹그들이 갈릴리 벳새다 출신의 빌립에게 다가가서 그에게 청하며 말하였다 "선생이여 우리가 예수 만나기를 원합니다" ²²빌립이 안드레에게 가서 말하였고 안드레와 빌립이 예수께로 가서 말하였다 ²³예수께서 답하시며 말하셨다 "인자가 영화롭게 될 때가 이르렀다

영광의 죽음

유월절이 5일 앞으로 다가왔다. 예수의 예루살렘 방문 소식을 들은 사람들은 종려나무 가지를 준비했다. 그리고 그를 맞이하며 호산나 찬송을 합창했다. 예수는 성경의 예언이 응하도록 나귀 새끼를 찾으셨고 누구도 타지 않은 그것의 등에 오르셨다. 이러한 예수의 행위를 제자들은 이해하지 못하다가 그가 영광을 얻으신 이후에야 깨닫는다. 무리가 무리에게 예수의 기적을 전하였다. 예루살렘 사람들의 반응은 냉담하다. 그러나 타지에서 온 많은 무리는 예수와 나사로를 보려고 예수께로 갔다. 바리새파 무리가 이 상황을 보고 절망한다. 온 세상이 예수의 뒤를 따른다고 탄식하며 분노한다. 그들의 수고와 시도는 아무것도 아니었다. 그런데도 예수는 죽음의 때 곧 인자가 영광을 얻을 때가 왔다고 선언한다. 이는 사람에 의해 결정된 때가 아님을 강조한다. 예수는 죽음의 역설, 인생의 역설, 제자도의 핵심을 외치신다.

¹²그 이튿날, 명절에 온 큰 무리가 예수께서 예루살렘으로 오신다는 것을 듣고
¹³종려나무 가지를 가지고 그와의 만남을 위하여 가서 소리쳤다
"호산나 찬송을 받으소서 주의 이름으로 오시는 분이시여 이스라엘 왕이시여"

마리아의 향유 사건 이후 하루가 지나갔다. "그 이튿날"은 전날의 사건과 지금 일어나는 사건의 종교적인 연관성을 암시하는 표현이다. 예수의 죽음은 이제 5일 앞으로 당겨졌다. 그러나 마리아 외에 다른 모든 사람들은 그의 죽음에 대한 감지력이 없다. 그들이 보기에는 명절이 5일 앞으로 훌쩍 다가오고 있다. 동일한 시간과 상황 속에 있더라도 전혀 다른 이해가 공존한다. 다른 이해를 따라 다른 의미를 부여한다. 천국으로 가는 길처럼 바른 깨달음의 길도 좁고 협착하여 그리로 가는 사람들이 적다. 다수결은 오해로 이끄는 원흉이다. 명절에 들떠 있는 사람들도 두 종류의 반응으로 갈라진다. 예루살렘 시민들은 명절이 다가와도 설렘이나 기대감이 없다. 이는 칼뱅의 설명처럼 성전이 그들 가까이에 있고 제사가 일상이고 명절도 태어날 때부터 익숙하기 때문이다. 이와는 달리, 타지에서 온 큰 무리의 반응은 강렬하다. 그들의 열정적인 귀는 예수께서 예루살렘 성읍으로 오신다는 소식을 기쁘게 접수한다. 사모하지 않은 소식은 귀를 지나가고 공중으로 흩어지는 법인데 그들의 귀는 예수 소식에 반응한다. 그들은 종려나무 가지를 준비한다. 그리고 이동한다. 예수를 향한, 그와의 만남을 위한 이동이다. 그리고 일제히 찬양한다. 예루살렘 시민과는 달리 그들은 예배가 갈급하고 제사가 간절하고 무엇보다 예수와의 만남이 절실하다.

"종려나무 가지"는 아름다움, 존경, 승리, 번영, 기쁨 등을 나타낸다. 고대에는 "승리"를 주로 의미했다. 그래서 키케로의 말처럼 "가장 많은 종려나무 가진 사람"(plurimarum palmarum homo)은 정복의 영웅이다. 타지에서 온 큰 무리에게 예수는 그런 의미였고, 그들에게 종려나무 가지는 칼뱅의 설명처럼 "새로운 왕을 환영하는 환희와 즐거움의 표시"였다. 이는 뾰족한

살기를 앞세우며 예수 만나기를 도모하는 대제사장 무리와 심히 대조된다. 큰 무리는 종려나무 가지라는 도구의 휴대에 만족하지 않고 거대한 성가대로 변하였다. 로마의 황제가 즉위할 때와 비슷하다. 그러나 예수의 행진에 도열한 큰 무리의 종려나무 가지와 환호성은 어떤 로마 황제청의 의전비서관이 기획한 인위적인 것과는 차원이 다른 것이었다. 기쁨과 감격이 시킨 자발적인 일이었다.

큰 무리의 외침이다. "호산나 찬송을 받으소서." "호산나"(ὡσαννά)는 "내가 구하노니 구원해 주소서"를 의미하는 히브리어 "호시아 나"(הוֹשִׁיעָה נָּא)의 헬라어 음역이다. 시편 118편에 등장하는 이 말은 메시아의 오심을 고대하는 이스라엘 백성의 간절한 마음이 담긴 대표적인 표현이다. 큰 무리는 시편의 이 표현을 기억하고 있다. 마태는 아이들도 "호산나"를 외쳤다고 기록한다(마 21:15). 이 표현이 적합한 메시아를 만난다는 사실은 그들에게 가문의 영광이기 때문에 그에게 합당한 표현들을 더 동원한다. 예수를 구원에 대한 간청의 대상이며 그 구원을 이루시는 "주의 이름으로 오시는 분"이라고 한다. 시편에는 "여호와의 이름으로 오시는 이"라고 기록되어 있다(시 118:26). 이는 당시 로마의 황제에게 돌려지던 표현이다. 그 표현이 다른 사람에게 돌려지면 반역이나 내란을 방불하는 범죄였다. 그런데 큰 무리는 어떠한 두려움과 망설임 그리고 기획자도 없이 "호산나"를 연호했다.

하나님의 보내심을 받고 하나님의 이름으로 오는 분만이 온 인류의 온전한 구원을 능히 이루시는 참된 메시아다. 그런데 예수를 "이스라엘 왕"이라고 한다. 이는 혈통적인 이스라엘 백성의 왕이 아니라 영적인 이스라엘 백성의 왕으로 이해함이 좋다. 그러나 큰 무리는 이스라엘 백성의 민족적인 왕으로 이해했을 가능성이 높다. 이는 오병이어 기적을 경험한 무리가 예수를 억지로 자신들의 임금으로 삼으려고 했던 사건(요 6:15)과 다르지가 않다. 그들이 생각한 이스라엘 왕의 모습과 다르다는 것을 확인한 이 무리는 이후에 대제사장 무리에게 선동되어 "호산나"와 "이스라엘 왕"을 연호하던 그 동일한 입에서 "십자가에 못 박게 하소서"(요 19:15)라는 살벌한 정죄를 쏟아냈다.

예수에 대하여 온전한 이해에 이르지는 못했으나 큰 무리는 헤롯이 왕으로 있는 현실의 정치적인 상황보다 예수의 정체성을 앞세우며 예수를 "이스라엘 왕"이라고 고백한다. 대단한 담력이다. 하나님의 이름으로 오신 구원의 메시아가 진실로 "이스라엘 왕"이시다. 메시아와 왕의 정체성은 서로 결부되어 있다. 이런 기준으로 보면, 구원의 희망을 한 줄기도 제공하지 못한 당시의 헤롯은 왕 직에 부당한 숟가락을 올린 사람이다. 게다가 그 무리가 스가랴의 예언을 따라 예수를 "다윗의 자손"이라 불렀다는 마태의 기록(마 21:9)을 보더라도 계보가 다른 에돔 출신의 헤롯은 가짜 왕이라는 실상이 여실히 드러난다.

14예수께서 어린 나귀를 찾으셨고 기록된 것처럼 그 위에 앉으셨다
15"두려워 하지 말아라 시온의 딸이여 보라 너의 왕이 나귀 새끼를 타고 오시도다"

기록된 말씀에 근거하여 "호산나"를 외친 큰 무리처럼 예수도 기록된 말씀에 근거하여 "어린 나귀를 찾으셨고 그 위에 앉으셨다." 성경은 예수의 인생을 이해하는 설계도와 같다. 제자들과 큰 무리는 갑자기 어린 나귀를 찾으시고 타시는 예수의 모습을 보고 말문이 막히지 않았을까 싶다. 그러나 그 모습이 사람의 눈에는 이상해도 하나님이 설계하신 거대한 계획의 한 부분이다. 예수의 행위를 설명하는 인용문은 스가랴 9장 9절의 말씀이다. "나귀 새끼"라는 이동의 수단까지 예언되어 있다는 사실이 경이롭다. 복음서의 저자들이 예수의 일거수일투족에 대한 예언들을 일일이 다 밝히지는 않았지만, 예수는 머리끝에서 발끝까지 그 어느 것도 기록된 말씀과 무관하지 않다. 성경 전체가 그를 가리켜 기록된 책이라는 예수 자신의 해석(요

5:39)은 과장이 아니었다. 우리에 대하여 심지어 머리털 한 올까지도 다 세신다(눅 12:7)는 하나님의 세심한 사랑은 예수의 일생 속에서도 확증된다.

"두려워하지 말라 시온의 딸이여 보라 너의 왕이 나귀 새끼를 타고 오시도다." 여기에서 예수는 시온의 왕이시다. 성경에서 "시온"은 이스라엘 백성이 돌아가야 할 신분과 신앙의 본향이다. 그것을 기준으로 백성의 상태는 평가되고 역사의 진보와 후퇴가 가늠된다. 예수께서 시온의 왕이신 것은 하나님의 백성이 그 본향으로 돌아가게 만드시는 분이 예수이며 도달해야 하는 신분과 신앙의 종착지도 예수임을 의미한다. 아브라함, 모세, 다윗, 엘리야는 시온의 왕이 예수라는 사실을 알리는 역사적인 비유였다. 예수만이 시온의 영광을 이루신다. 그가 능히, 반드시 이루시기 때문에 어떠한 두려움도 없다. 실제로 예수는 십자가 위에서 마지막 호흡으로 만든 문장처럼 그 영광을 "다 이루었다"(요 19:30). 예수의 성취는 분명 2천 년 전의 사건이다. 그러나 그 성취는 어제나 오늘이나 영원히 동일하신 예수께서 그 이후의 성취도 아버지 하나님의 보좌 우편에서 실패함 없이 능히 이루실 것이기 때문에 역사의 종말까지 유효하다. 그래서 영광에 이르지 못할지 모른다는 두려움이 차지할 빈틈이 예수께는 없다. 두려움없는 평강은 그를 왕으로 모신 자에게만, 그를 의지하는 자에게만, 그를 인생의 목적지로 삼은 자에게만 주어진다.

그런데 "나귀 새끼를 타고 오신다"는 부분은 의구심이 드는 대목이다. 이는 예수께서 잘 빠진 준마를 타고 오셨다면 백성이 두려움 없이 안심할 텐데 "나귀 새끼"를 몰고 오시니 승리자의 당당한 행차가 아니라 패배자의 궁색한 귀환처럼 보이기 때문이다. 누가는 예수께서 타신 나귀가 "아직 아무도 타 보지 않은 나귀 새끼"라고 기록한다(눅 19:30). 안장을 얹어 본 경험도 없고 성인을 운반한 경력도 없고 검증도 되지 않은 나귀를 탄다는 게 뭔가 아마추어 같아 보이는 게 사실이다. 그러나 예수의 나귀 새끼 타심은 그의 연약함이 아니라 겸손함과 결부되어 있다. 그래서 스가랴는 시온의 왕이 "겸손한"(עָנִי) 분이심을 기록한 이후에 나귀 새끼 이야기로 넘어갔다. 마태도 그것을 그 순서대로 인용했다. 물론 다윗과 솔로몬의 사례에서 보듯이 고대 이스라엘 문화에는 노새나 나귀가 왕위 등극식에 쓰였으며, 예수의 시대에 로마의 황제도 즉위식에 나귀를 타고 행차했다. 이런 역사적 고증이 옳다면, 나귀 새끼 타심은 예수께서 자신이 왕이심을 떳떳이 드러내신 사건으로 해석해도 좋다. 사람들도 새로운 왕의 역사적 등판에 대한 감흥에 휩싸였다. 그러나 혹시 인간 왕의 즉위식 형태를 취했다고 하더라도 여전히 나귀 새끼 탑승의 의미는 겸손이다. 하나님의 아들 예수는 사람들의 확인과 동의 없이도 이미 만왕의 왕이시다. 나귀를 타거나 마차를 타거나 가마를 타는 방식 따위로 이스라엘 왕 되심을 증명할 필요가 없으시다. 예수께서 어떤 형식을 가지고 자신을 왕으로서 계시하신 것 자체가 자신을 낮추신 겸손이요 인간 편에서는 한없는 영광이다.

성경 해석과 관련하여, 성경 자체가 명확한 의도를 밝혔을 때에는 역사적 추론에 의한 문화적 해석보다 성경의 의도를 존중함이 마땅하다. 그래서 예수의 나귀 탑승은 무엇보다 그의 겸손을 의미한다. 교부 키릴루스의 말처럼 예루살렘 도성까지 거리가 멀어서도 아니었고 군중이 많아서도 아니었다. 자신의 모든 신적인 특권을 내려놓으시고 가장 낮은 곳으로 오셔서 가장 높은 천상의 예루살렘 도성으로 이끄시는 영광의 성취를 위함이다. 그 영광은 근력이 아니라 겸손으로 성취된다. 예수의 겸손은 지극히 높으신 분이 자신을 비우시고 종의 형체를 입으시고 스스로 낮추시고 죽기까지 순종하신 극도의 겸손이다. 두려움과 겸손은 상극이다. 겸손하지 않으면 두려움에 빠지고 겸손하면 두려움이 사라진다. 두려움은 대체로 낮아질 두려움, 상실할 두려움, 무너질 두려움이 아니던가! 겸손하면 더 낮아질 수 없고 더 상실할 수 없고 더 무너질 수 없기 때문에 세상에서 가장 안전하고 평화로운 곳은 겸손이다. 예수는 나귀 한 마리도 없어서 제자들을 보내 찾아오게 하실 정도로 가난한 분이셨다. 무리가 생각하는 민족적인 이스라엘 왕과는 전혀 다른 영적인 왕이셨다.

> 16그의 제자들은 처음에 이것들을 이해하지 못했다가
> 예수께서 영광을 얻으신 후에 이것들이 그에 대하여 기록된 것이고
> 이것들이 그에게 이루어진 것임을 기억했다

예수의 겸손한 모습이 의미하는 바를 제자들은 이해하지 못하였다. 당연히 스가랴의 예언과 그 예언의 성취인 예수의 나귀 새끼 타심과 큰 군중의 종려나무 가지와 "호산나" 환호성의 의미에 대해서도 무지했다. 구약의 실체가 눈앞에 있고 함께 식사도 하고 자기도 하고 걷기도 하고 말과 땀을 섞기도 하고 등산도 하고 배도 타고 울기도 하고 지치기도 하였지만 그들은 스가랴의 기록이 예수에 대한 예언이며 예수의 예루살렘 입성이 그 예언의 성취라는 사실에 진실로 무지했다. 나아가 마태는 제자들도 군중처럼 예수의 예루살렘 입성이 세속적인 나라의 왕위 즉위식인 양 여기면서 권력을 탐하였고 예수의 우편과 좌편 최측근 쟁탈전에 돌입한 사실도 기록한다(마 20:21).

예수께서 성경이 자신을 가리켜 기록된 것이라고 일찌감치 이야기해 주셨어도 경청하지 않았고 그래서 기억하지 못하였고 당연히 이해하지 못하였다. 이러한 제자들의 무지는 예수의 발아래에서 그의 말씀 듣기를 좋아하고 경청하여 진리를 깨달은 마리아와 대조된다. 그리고 알기만 하지 않고 옥합을 깨뜨려 지극히 값진 향유를 드리고 가장 고결한 머리털로 발을 씻으며 예수의 죽음을 기념한 그녀의 경건과도 심히 대조된다. 그녀는 예수의 부활이나 화려한 것을 기념하지 않고 가장 슬프고 가장 아프고 가장 두려운 죽음을 기념했다. 이 죽음은 기독교 진리의 핵심이다. 그런데 막상 제자들은 예수의 죽음을 저지할 정도로 그 진리에 무지했다. 이런 제자들과 마리아 중에 예수는 누구의 손을 들어 주어야 하시는가? 비록 제자들이

기독교의 미래를 이끌어갈 중차대한 사명을 가졌지만 예수는 그런 측근보다 진리를 편드셨다.

마리아의 성경 이해력은 대단하다. 그러나 예수의 제자들이 보기에 구약이 예수를 기록한 책이라는 주장은 수용하기 어려웠다. 진리 자체이신 예수의 직강을 3년이나 들은 제자들도 그러한데 하물며 우리는 얼마나 더 어려울까! 구약에서 예수 읽기를 시도하면 철 지난 해석학의 불쾌한 귀환으로 여기며 거부하고 비난하는 사람들이 많다. 각자 자신의 고유한 해석학을 따라 성경을 읽는 것은 자유지만, 나는 영원히 변하지 않는 예수 해석학을 따르겠다.

제자들이 비록 "처음에는" 스가랴의 기록과 예수의 예루살렘 입성 사이의 연관성을 이해하지 못했으나, "예수께서 영광을 얻으신 후에"는 예언과 성취의 연관성을 떠올렸다. 기억하고 이해했다. 이러한 일이 어떻게 가능할 수 있었을까? 이 복음서의 저자는 14장에서 성령의 기억나게 함과 가르침을 언급한다(요 14:26). 기억함과 깨달음은 성령의 사역이다. "예수께서 영광을 얻으신 후"라는 말은 23절에 언급된 것처럼 그의 죽음과 부활과 승천 이후를 의미한다. 제자들은 마가의 다락방에 모여 기도를 드리다가 성령의 강한 임재를 통해 "기억했다"(ἐμνήσθησαν). 비로소 깨달았다. 그들은 "하나님의 큰 일"을 들어서 깨닫고 "각 사람이 난 곳 방언으로"(행 2:8, 11) 많은 이들에게 선포했다. 성령의 가르침을 받으면 우리도 성경의 모든 기록이 예수를 가리키고 있음을 깨닫는다. 구약을 다 알고 암송하던 사람들도 성령의 가르침 없이는 이해하지 못하였던 것처럼, 성경을 많이 읽고 오래 연구한 사람도 동일한 무지의 늪에 빠지는 현상은 지금도 나타난다.

17이에 나사로를 무덤에서 불러내어 죽은 자들 가운데서
그(예수)가 일으키실 때 그와 함께 있던 무리가 증언했다 18이로 인하여
무리는 그(예수)가 이 표적 행하신 것을 들었기 때문에 그를 만나려고 갔다

예수께서 "나사로를 무덤에서 불러내어 죽은 자들 가운데서" 살리신 사건을 예수와 함께 있었던 무리가 "증언했다"(ἐμαρτύρει). 무리의 증언은 단회적인 것이 아니라 지속적인 것이었다. 왕위 즉위식을 방불하는 예수의 나귀 새끼 타심에 "호산나"를 외친 사람들 중에는 영문도 모르고 참여한 사람들이 있었을 것이고 그들은 도대체 예수가 무엇을 했길래 이렇게도 요란한 행차를 하느냐고 질문했지 싶다. 그러나 예수의 기적을 목격한 무리는 당당히 증언했다. 예수께서 행하신 표적을 들은 사람들은 증인들의 증언에 만족하지 않고 기적의 주체인 예수를 만나려고 했다. 예수를 찾고 따르는 사람들의 증가는 폭발적인 추세였다.

예수에 대해 들었으나 침묵하는 사람들도 있고 타인에게 증거하는 사람들도 있다. 침묵하는 사람들은 예수를 제대로 이해하지 못했거나 알았어도 진리를 자신의 전유물로 여기며 독점하는 자들일 가능성이 높다. 증거하는 사람들은 예수를 제대로 알았으며, 예수라는 진리는 독점의 대상이 아니라 타인과 나누어야 하는 공공재적 은총이며, 그 은총의 수혜자는 누구도 최종 수혜자가 아니라는 사실을 아는 자들일 가능성이 높다. 예수를 알면 알수록 증인이 될 수밖에 없으며 그 증인들은 기하급수적으로 늘어나게 된다. 나사로의 살아남 이후에 예수를 만나고 따르고 이스라엘 왕으로 추대하는 사람들의 수가 급격히 늘어났다. 상황이 묘하게 돌아간다. 대제사장무리와 바리새파 사람들은 기적의 주체인 예수도 죽이고 기적의 산 증인인 나사로도 죽이려고 하지만, 예수를 옹립하는 사람들이 늘어나 계획에 차질이 빚어질지 모르는 상황이다.

¹⁹바리새파 무리가 서로에게 말하였다 "너희가 어디에도 쓸모가 없다는 것을
너희는 이해하고 있다 보라 세상이 그의 뒤를 [따라] 떠나가고 있다"

기대의 역방향을 질주하는 상황과 마주한 바리새파 무리 안에서는 낭패감과 전투력이 동시에 상승하고 있다. 낭패감의 원인은 그들이 아무리 몸부림을 치고 공권력을 휘두르고 여론을 조성하고 출교라는 카드까지 게시판에 공지해도 아무런 효력이 없고 오히려 예수 추종자가 급속히 증대하고 있기 때문이다. 그리고 그들은 "세상"(κόσμος)이 자신들을 떠나(ἀπῆλθεν) 예수의 뒤를 따라가는 현실을 우려한다. 이러한 우려에서 그들의 속내가 드러난다. 그들은 세상이 자기들을 추종하는 것을 좋아하고 떠나가는 것을 싫어한다. 사람들이 떠나가게 만드는 자는 누구든지 그들의 원수이며 그 누구라도 그들이 보기에는 제거의 대상이다. 그래서 그들은 예수도 죽이고 나사로도 죽이려고 했다. 이생의 자랑에 목을 매는 그들의 애절한 모습에서 덧없음을 본다. 참으로 처량하다.

동시에 바리새파 무리는 "어디에도 쓸모가 없다"는 말로 서로의 책임을 추궁하며 전투력 향상을 도모한다. 지금까지 사용한 미온적인 방편이 아니라 독하고 화끈한 방책을 꺼내라고 독촉한다. 종교적인 헤게모니 경쟁에서 예수가 항복의 돌을 던지게 만들든지, 아니면 그를 추종하는 세상을 그의 적으로 만들든지, 그것도 아니면 바리새파 소속 신분증을 반납하고 떠나든지 하라는 독촉이다. 멘붕에 빠진 이 상황은 "세상의 군왕들이 나서며 관원들이 서로 꾀하여 여호와와 그의 기름 부음 받은 자를 대적하며 우리가 그들의 맨 것을 끊고 그의 결박을 벗어 버리자"는 구호를 외치며 덤볐으나 하늘에 계신 이가 웃으시며 "헛된 일"임을 깨우치자 그들이 놀라 자빠지는 시편의 기록을 떠올리게 한다(시 2:1-5). 바리새파 무리는 자책과 함께 더욱 독해지고 더욱 악해진다. 이처럼 율법이 "죄로 심히 죄 되게" 만드는 것처럼 그 율법의 완성이신 예수도 바리새파 무리의 악한 실체를 더욱 선명

하게 드러낸다.

메튜 헨리가 지적한 것처럼, 세상이 예수의 뒤를 따른다고 한 바리새파 무리의 말은 과장된 말이지만 그들의 의도와 무관한 일종의 예언이다. 복음은 예루살렘, 온 유대, 사마리아 그리고 땅 끝까지 이를 것이고, 물이 바다를 덮는 것처럼 여호와를 인정하는 것이 세상에 가득하게 될 것이고, 결국 모든 열방과 방언과 나라가 예수를 따르며 진정한 "호산나"를 외치는 찬양과 경배가 드려질 것이라는 예언이다. 하나님은 돌로도 찬양하게 만드실 수 있듯이 예수를 대적하는 사람들의 입을 통해서도 당신의 뜻과 섭리를 알리신다. 물론 바리새파 무리는 장차 예수를 중심으로 펼쳐질 영적인 결과에 대해서는 무지하다. 자기 입에서 출고된 말도 최고의 예언인 줄 모르고 짜증과 탄식의 수레로 삼는다는 것은 그들에게 얼마나 은밀한 재앙인가!

20명절에 예배 드리려고 올라온 사람들 중에 헬라인 몇이 있었는데

유월절에 예루살렘 성읍으로 올라온 예배자들 중에는 "헬라인"(Ἕλληνές)도 있다. 헬라인이 예루살렘 성전으로 와서 유대교의 절기를 지키는 것은 대단히 희귀하다. 그래서 이들에 대한 해석이 분분하다. 칼뱅은 여기에 언급된 "헬라인"을 "바다 건너까지 퍼져 먼 나라에서 살아가는" 유대인의 후손으로 이해한다. 그는 그들이 진짜 헬라인이 아니고 유대인인 두 가지의 근거를 제시한다. 첫째, 헬라인이 유대교로 개종하는 것은 로마법에 의해 엄격하게 금지되어 있었기 때문이다. 둘째, 유대인은 바다 건너가서 성전에서 예배드리는 것이 허용되어 있었기 때문이다. 이러한 근거를 따라 칼뱅은 이 시기의 유월절을 가까운 곳에 사는 유대인과 먼 곳에 사는 유대인 모두가 참석한 명절로 이해한다. 그러나 나는 성경의 표현 자체를 존중하여 이 구절의 "헬라인"이 이방 민족들 중에 경건한 사람들을 뜻한다고 생

각한다. 어쩌면 세상이 예수를 따른다고 한 바리새파 무리의 말이 일종의 예언이고 그 성취의 싹이 돋아나고 있음을 저자가 밝히고 싶어서 다른 복음서의 저자들이 언급하지 않은 "헬라인"의 방문을 기록했지 싶다. 진실로 복음은 유대인의 전유물이 아니라 이방인의 대명사인 헬라인을 위해서도 주어진 선물이다.

　"헬라인"의 방문은 유대인의 명절에 대한 문화 탐방이나 연구를 위함이 아니었다. 그들은 "예배를 드리려고"(προσκυνήσωσιν) 왔다. 예루살렘 성읍이나 그 근처에 사는 헬라인이 구경하러 온 것도 아니었다. 그들은 먼 곳에서 계획을 세우고 시간을 내서 예배자로 왔다. 이들은 예배가 하나의 반복적인 습관으로 굳어진 유대인, 부모의 종교이기 때문에 태어날 때부터 문화의 한 부분으로 물려받은 유대인, 먼 곳에 있더라도 예루살렘 성읍을 하나의 여행지로 생각하며 나들이를 온 유대인 등과는 심히 대조되는 상당히 경건한 자들이다. 여기에서 나는 예수의 치유를 받은 열 명의 나병환자 중 한 명의 이방인과 나머지 유대인 아홉의 이야기가 떠오른다. 이스라엘 외에는 보냄을 받지 않으신 예수의 이례적인 권능을 체험한 이방인은 자격 없는 자신의 치유를 보며 얼마나 큰 감격과 감사의 반응을 보였는가! 이와는 달리, 아홉의 유대인은 자신들이 받은 치유가 마땅한 것이라고 생각하며 감사의 의식조차 없었거나, 믿음이 없어서 이 치유가 예수의 은총에서 나온 것이라고 알지도 못했음이 분명하다. 이렇게 먼저 된 자가 나중 되고 나중 된 자가 먼저 되니 세상이 은밀하게 공평하다.

[21]그들이 갈릴리 벳새다 출신의 빌립에게 다가가서 그에게 청하며 말하였다
"선생이여 우리가 예수 만나기를 원합니다"

몇 명의 헬라인이 "갈릴리 벳새다 출신의 빌립에게" 다가갔다. 부탁이 있

기 때문이다. 매튜 헨리의 해석처럼, 이들은 예수를 존귀한 자로 여기며 최대한의 예를 갖추었다. 다짜고짜 예수께 곧바로 가서 자신들의 소원을 쏟아내는 저돌적인 방식이 아니라 측근으로 보이는 제자 하나에게 중개를 요청하는 정중한 방식을 취하였다. 이들은 "예수 만나기"를 소원한다. 이는 대제사장 무리와 바리새파 무리가 결탁하여 예수와의 만남이 아니라 예수의 죽음을 추구하는 것과 심히 대조된다. 예수를 만나면 살아난다. 그런데 그들은 생명을 주시는 예수를 죽이려고 한다. 즉 자신들도 죽고 예수로 말미암아 사람들이 살아날 가능성도 없애려고 한다. 이러한 상황은 예수의 출생 상황과 유사하다. 동방 박사들은 예수를 만나고자 먼 길을 와서 그를 찾았고 기뻐하며 인생의 기쁨을 누렸으나, 본토에 사는 유대의 정치적인 맹주인 헤롯은 진정한 왕으로 오셔서 백성을 구원하여 영원한 생명을 선물하실 예수를 죽이려고 두 살 아래의 모든 남아들을 살해했다. 지금도 그런 대조적인 구도는 여전한 것을 보니 역사는 언제나 반복되나 보다.

헬라인은 빌립을 "선생", 직역하면 "주"(κύριε)라는 극존칭을 사용하며 부른 것은 빌립이 위대한 인물이기 때문이 아니라 그에게 청하는 부탁이 너무도 간절하기 때문이다. 그들의 간절한 소원은 예수와의 만남이다. 예배의 본질과 백미는 예수와의 만남이다. 예배드리려고 온 헬라인은 예배의 본질에 충실하다. 이들의 소원과 예배는 그때의 제자들과 지금의 우리에게 큰 도전이다. 유대인이 아님에도 불구하고, 가까운 곳이 아니라 먼 곳에서, 짧은 시간이 아니라 많은 시간을 들여서, 아름다운 풍경 보기가 아니라 예수를 만나고자 하는 그들의 절박한 소원은 너무도 고귀하다. 이는 교회에 등록을 하고서도, 교회에서 엎어지면 코 닿을 가까운 곳에 살면서도, 몇 일이나 하루도 아닌 한 시간 정도의 시간을 들여서 예배를 드림에 있어서도 예배당에 오기까지 온갖 짜증을 다 부리고, 오만상을 찌푸리고 불평을 늘바가지로 쏟아내고, 예배의 순서만 끝내면 주님과의 만남이 없어도 예배를 드렸다고 생각하고, 심지어는 예배 중에 졸기까지 하는 오늘날의 일부 성도와도 대조된다.

²²빌립이 안드레에게 가서 말하였고 안드레와 빌립이 예수께로 가서 말하였다

헬라인의 부탁을 받은 빌립은 예수에게 알리기 전에 안드레와 먼저 상의
한다. 빌립의 신중함이 엿보인다. 빌립이 보기에 이방인의 만남 요청은 거
절될 가능성이 높은 사안이다. 이는 예수께서 "이스라엘 집의 잃어버린 양
외에는 다른 데로 보내심을 받지 않았다"고 말하셨기 때문이다(마 15:24).
그래서 안드레의 조언을 구하였다. 사역의 초점을 이스라엘 백성에게 두신
예수는 과연 이방인과 흔쾌히 만나실까? 이런 질문을 뒤로 하고 두 사람은
예수께로 가서 헬라인의 요청을 그대로 전하였다. 헨리는 이 대목에서 제
자들의 본분을 언급한다. 즉 제자들은 사람들의 민원을 받아 자신들이 해
결하고 자신들의 유명세를 챙기는 자들이 아니라 자기들을 찾는 모든 사
람들을 예수께로 인도하고 그에게서 진정한 해답을 찾게 만들어 자신의 제
자가 아니라 예수의 제자들이 배출되게 하는 사람이다. 헨리는 빌립만 예
수에게 가지 않고 안드레가 동행한 것은 두 사람이 합심하여 요청하면 응
답이 확실하기 때문이라 한다.
　　내 생각에 안드레의 동행은 그의 이력과 무관하지 않다. 그는 예수와의
만남을 주선하는 주특기의 소유자다. 형 베드로를 예수께로 인도했고(요
1:40-42) 오병이어 도시락을 가진 아이도 그에게로 인도했고 이제 헬라인
도 빌립과 함께 예수께로 인도한다. 안드레는 자기가 데려오는 사람들을
대하시는 예수의 반응을 누구보다 많이 면밀하게 관찰한 사람이다. 예수와
이방인의 만남은 안드레가 스스로 주선한 것이 아니라 이방인의 요청이기
때문에 예수의 반응이 너무도 궁금해서 만남의 세계에 대한 새로운 시도
의 현장에 꼭 참여하고 싶은 강한 욕구가 안드레의 동행을 떠밀었을 것이

라고 나는 생각한다. 예수께서 타인을 대하시는 모습에 관심을 기울이는 것은 예수를 아는 지식과 그를 닮아가는 경건의 연습에 유익하다.

23예수께서 답하시며 말하셨다 "인자가 영화롭게 될 때가 이르렀다

예수께서 답하신다. 헬라인 몇이 던진 질문의 내용은 생략되어 있다. 요한이 물음을 생략한 이유는 예수의 답변이 물음의 맥락과 무관하게 모두가 범사에 알아야 할 보편적인 진리이기 때문이지 싶다. 질문은 진리가 드러나는 계기에 불과하기 때문에 독자의 과도한 관심과 의미가 질문 자체에 돌려지지 않도록 때로는 답변만 기록한다. 예수의 답변은 유월절 엿새 전이라는 시점과 이방인이 와서 던진 질문의 답이라는 맥락과 두 명의 제자들이 관여하는 상황 속에서 주어졌다. 다른 제자들과 군중이 예수의 입만 주목하는 조용한 분위기가 그려진다.

예수의 답은 "인자가 영화롭게 될 때가 왔다"는 말로 시작된다. "때"라는 말은 "유월절 엿새"라는 시점과 관계되어 있다. 그런데 유월절을 "인자가 영화롭게 될 때"라고 설명하는 것은 대단히 의아하다. 유월절은 어린 양의 죽음과 이스라엘 백성의 구원이 동전의 양면처럼 결부된 사건을 기념하는 명절이다. 요한복음 저자와 세례 요한은 예수를 어린 양이라고 했다. 그렇다면 인자가 죽을 때가 다가온 상황인데, 영화롭게 될 때가 왔다고 말씀하신 이유는 무엇인가? 프로클루스의 해석처럼, 예수의 십자가가 우리에게 "수치를 자랑으로, 모욕을 영예로, 저주를 축복으로, 쓴맛을 단맛으로, 식초를 젖으로, 뺨 맞음을 자유로, 죽음을 생명으로 바꾸어 놓았기 때문"이다.

그렇다면 예수의 죽음은 우리에게 영광이지 예수께는 영광이 아닌 듯한데 왜 영광의 때라고 하시는가? 내 생각에는, 자신의 죽음이 주는 고통과 슬픔보다 그 죽음이 가져올 자기 백성의 구원으로 인한 감격과 기쁨이 그

에게는 더 크기 때문이다. 예수의 감정과 판단은 자기보다 자기 백성의 상황을 더 존중한다. 나사로의 죽음 앞에서 눈물을 흘리신 것도 같은 맥락에서 보인 반응이다. 예수의 죽으심은 로마의 승리가 아니었고, 유대교의 승리도, 대제사장 무리의 승리도, 바리새파 무리의 승리도 아니었다. 앞에서 저자는 예수를 따라 떠나가는 온 세상의 등에 자책의 한숨을 쏟아내는 바리새파 무리의 안쓰러운 모습을 언급했다. 예수의 죽으심은 그들의 권력에 무릎 꿇은 것이 아니라 때가 이르렀기 때문이다.

저자는 "때"(ὥρα)를 주어로 표기한다. 이는 예수께서 영화롭게 되는 때가 스스로 온 것처럼 죽음의 때가 "이른"(ἐλήλυθεν) 것은 예수 자신의 결정도 아니고 죽음을 집행하는 자들의 결정도 아닌 "때"를 주관하는 분의 결정임을 나타내기 위함이다. 전도자는 "범사에 기한이 있고 천하 만사에 다 때가 있다"고 증거한다(전 3:1). 그런데 "때와 시기"를 정하는 권한은 예수의 말씀처럼 아버지 하나님께 있다(행 1:7). 인자가 임하는 종말의 "그날과 그때는 아무도 모르나니 하늘의 천사들도, 아들도 모르고 오직 아버지만 아신다"고 마태는 기록한다(마 24:36). 그러나 인자로서 예수께서 자신이 죽으실 때를 아신 것은 아버지의 알려 주심 때문이다. 모르는 때와 기한에 대해서는 알려고 하지 말고, 알려 주신 때와 기한에 대해서는 존중하며 예비해야 한다. 죽음의 순간이 이르지 않았을 때에 예수는 그 사실을 아시고 그때에 맞게 말하시고 행하셨다(요 2:4, 7:6). 죽음의 때가 이르지 않았을 때에는 사람들이 예수를 만지지도 못하였다(요 7:30, 8:20). 이처럼 때를 정하신 분이 때에 맞게 이끄신다.

때에 관하여 우리에게 알려진 것과 알려지지 않은 것의 구분도 중요하고 그 각각의 때를 대하는 태도도 중요하다. 예수께서 다시 오시는 재림의 때에 대해 우리에게 알려진 것을 요한이 기록하고 있다. "내가 도둑 같이 이르리니 어느 때에 네게 이를는지 네가 알지 못하리라"(계 3:3). 때의 물리적인 시점을 모르지만 "도둑 같이" 오신다는 것은 확실하다. 요한만이 아니라 바울도 "주의 날이 밤에 도둑 같이 이를 줄을 너희 자신이 자세히 안 다"고 증거한다(살전 5:2). 이것은 "밤"이라는 시점에 오신다는 뜻이 아니라 오시는 시점을 모른다는 차원에서 밤의 도둑을 언급했다. "도둑"의 일반적인 이미지는 일상적인 대비의 필요성을 강조한다. 밤에만 대비하지 않고 낮에도 대비해야 한다. 즉 매 순간 주님이 오실 수 있다는 종말론적 의식으로 살아가야 한다. 오늘이 마지막 날이라는 의식이 필요하다. 바울처럼 "나는 날마다 죽노라"(고전 15:31)는 죽음의 각오가 필요하다. 이런 각오의 유익은 본질과 비본질의 구분이다. 죽음 앞에 나를 세우면 인생에서 가장 본질적인 것, 가장 핵심적인 것, 가장 긴요하고 긴급한 것이 보이고 그것을 주목하게 된다. 하루의 단 한 순간도 헛되고 무의미한 일에 낭비하지 않는 분별력을 발휘하게 된다.

인생의 본질은 사랑이다. 사랑은 희생을 요구한다. 그 희생의 끝은 죽음이다. 사랑하면 나에게는 죽음이고 너에게는 생명이다. 그래서 죽음의 때는 영광의 때와 동일하다. 우리는 때를 얻든지 못 얻든지 영원한 생명을 나누어야 한다. 이 사명의 완수를 위해서는 죽음조차 조금도 귀한 것으로 여기지 않는 종말론적 각오가 필요하다. 그러면 우리도 주님처럼 죽음의 때를 영광의 때로 해석하는 것이 가능하다. 바울은 그런 해석의 모델이다. 그는 그리스도 예수를 본받고자 했다. 그런데 화려한 측면이 아니라 그의 죽음을 어떻게든 본받으려 했다. 이는 죽음을 영광으로 이해했기 때문이다. 누구든지 주님과 더불어 영광을 얻으려면 주님과 더불어 고난에도 함께, 고난의 극치인 죽음에도 동참해야 한다(롬 8:17). 예수의 죽음은 영광의 죽음이다. 우리가 주님과 함께 당하는 고난도 영광의 죽음이다. 이러한 죽음의 역설, 인생의 본질, 신앙의 핵심을 저자는 기록하고 있다.

요 12:24-33

24내가 진실로 진실로 너희에게 이르노니 한 알의 밀이 땅에 떨어져 죽지 아니하면 한 알 그대로 있고 죽으면 많은 열매를 맺느니라 **25**자기의 생명을 사랑하는 자는 잃어버릴 것이요 이 세상에서 자기의 생명을 미워하는 자는 영생하도록 보전하리라 **26**사람이 나를 섬기려면 나를 따르라 나 있는 곳에 나를 섬기는 자도 거기 있으리니 사람이 나를 섬기면 내 아버지께서 그를 귀히 여기시리라 **27**지금 내 마음이 괴로우니 무슨 말을 하리요 아버지여 나를 구원하여 이 때를 면하게 하여 주옵소서 그러나 내가 이를 위하여 이 때에 왔나이다 **28**아버지여, 아버지의 이름을 영광스럽게 하옵소서 하시니 이에 하늘에서 소리가 나서 이르되 내가 이미 영광스럽게 하였고 또다시 영광스럽게 하리라 하시니 **29**곁에 서서 들은 무리는 천둥이 울었다고도 하며 또 어떤 이들은 천사가 그에게 말하였다고도 하니 **30**예수께서 대답하여 이르시되 이 소리가 난 것은 나를 위한 것이 아니요 너희를 위한 것이니라 **31**이제 이 세상에 대한 심판이 이르렀으니 이 세상의 임금이 쫓겨나리라 **32**내가 땅에서 들리면 모든 사람을 내게로 이끌겠노라 하시니 **33**이렇게 말씀하심은 자기가 어떠한 죽음으로 죽을 것을 보이심이러라

❖ ❖ ❖

24내가 진실로 진실로 너희에게 말하노라 만약 밀알이 땅에 떨어져서 죽지 아니하면 그 자체만 남겠지만 죽으면 많은 열매를 맺느니라 **25**자신의 생명을 사랑하는 자는 그것을 파괴하고 이 세상에서 자신의 생명을 미워하는 자는 그것을 지켜 영원한 생명에 이르리라 **26**만일 누군가가 나를 섬기려고 하면 나를 따르라 내가 있는 곳에는 나를 섬기는 자도 거기에 있으리라 만일 누군가가 나를 섬기려고 하면 아버지께서 그를 귀하게 여겨 주시리라 **27**지금 내 마음이 괴로우니 무슨 말을 하겠는가? '아버지여 나를 이 때에서 구원하여 주옵소서 그러나 내가 이로 말미암아 이 때에 왔습니다 **28**아버지여, 당신의 이름을 영화롭게 하옵소서'" 이에 하늘에서 소리가 임하였다 "내가 영화롭게 하였고 다시 영화롭게 하리라" **29**[거기에] 서 있던 무리는 천둥이 쳤다고 말하였고 다른 이들은 천사가 그에게 이야기한 것이라고 말하였다 **30**예수께서 답하시며 말하셨다 "이 소리는 나를 위함이 아니라 너희를 위함이다 **31**지금은 이 세상의 심판이다 이제 이 세상의 임금이 쫓겨날 것이다 **32**그리고 내가 땅에서 올려지면 나는 모두를 내게로 이끌리라" **33**그런데 그는 어떠한 죽음으로 죽으실 것인지를 가리키며 이렇게 말하셨다

41   죽음의 신비

죽음의 때를 인자가 영광 얻을 때라고 말씀하신 예수는 죽음의 신비에 대해 설명한다. 태초부터 땅은 풍성한 열매를 맺는 본연의 사명을 수행했다. 인간이 존재하는 이유도 많은 열매를 맺기 위함이다. 그런데 열매를 맺는 상식적인 비결은 바로 죽음이다. 죽지 않으면 단 하나의 열매도 없는 불모지가 된다. 죽는 방법은 자신에 대한 미움이다. 바꾸어 말하면 이웃에 대한 사랑이다. 그러면 영원한 생명의 열매가 맺어진다. 영원한 생명의 많은 열매를 위해 예수는 죽음의 길을 걸으신다. 예수를 섬기고자 하는 모든 사람들의 길도 죽음이다. 그런데 그 죽음에는 주님과의 동행 그리고 아버지의 존귀히 여기심이 보상으로 뒤따른다. 예수도 사람이기 때문에 죽음이 두렵지만 이 땅에 오신 이유로서 죽음의 사명을 잊지 않으신다. 그리고 아버지께 자신의 죽음으로 그의 이름이 영화롭게 되도록 기도를 올리신다. 하늘의 소리가 반응한다. 알아듣지 못하는 사람들의 귀에 친절한 설명을 넣으신다. 설명의 핵심적인 내용은 죽음이다. 예수의 죽음은 이 세상의 심판이며 이 세상의 임금이 쫓겨나는 것이며 하늘로 올라가는 죽음이며 자신의 모든 백성을 그곳으로 이끄는 죽음이다. 이러한 설명에서 우리는 죽음이 삶보다 더 중요함을 깨닫는다. 이는 발상의 전환이며 강조점의 혁신이다.

> 24내가 진실로 진실로 너희에게 말하노라 만약 밀알이 땅에 떨어져서
> 죽지 아니하면 그 자체만 남겠지만 죽으면 많은 열매를 맺느니라

죽음은 가장 어두운, 가장 불행한, 가장 두려운, 가장 불쾌한, 가장 절망적인 사건이다. 그런데 이런 해석은 죽음의 표면이다. 죽음의 이면에는 신비로운 사실이 감추어져 있다. 그러나 달리 보면 이것은 밀알이 평소에 설명하고 있는 것이어서 신비로운 것도, 감추어진 것도 아니며 우리에게 익숙한 내용이다. 누가 모른다고 핑계할 수 있겠는가! "밀알이 땅에 떨어져서 죽지 아니하면 그것만 남겠지만 죽으면 많은 열매를 맺느니라." 이것은 자연의 상식이고 만인의 경험이다. 그래서 그 중요성은 더욱 쉽게 간과된다. 그런데 "아멘"을 두 번이나 반복해야 할 정도로 중차대한 내용이다. 밀알은 예수이고 죽음은 그의 십자가 죽음이고 열매는 영원한 생명이다. 이렇게 위대한 진리는 우리에게 아주 가까운 곳에 비치되어 있다. 밀알은 하나의 평범한 미물이다. 그런데도 죽음의 비밀이 그 초라한 것에 보관되어 있다니, 하나님의 지혜는 얼마나 놀라운가! 세상에는 진리를 간직한 밀알의 종류들이 무수히 많지만, 작고 낮은 사람들만 거기에서 진리를 발견한다. 높은 곳에 오르려고 하고 큰 것을 흠모하는 사람들은 그 진리를 결코 발견하지 못하는 곳이 밀알이다.

밀알은 땅에 떨어진다. 그런데 죽지 않으면 문제가 있는 밀알이다. 썩은 밀알일 가능성이 높다. 죽음과 썩음은 동일하지 않다. 죽음은 자아의 없음을 의미하고, 썩음은 생명력의 상실을 의미한다. 밀알이 죽지 않으면 "그 자체만"(αὐτὸς μόνος) 보존된다. 땅에 떨어진 의미가 무색하게 된다. 열매를

맺는 것은 땅의 본분이다. 저주를 받아 가시와 엉겅퀴도 내지만 씨앗이 수고의 땀과 함께 뿌려지면 땅은 열매 맺는 본분을 기억한다. 그런데 죽는 것은 땅이 아니라 씨앗의 본분이다. 그 본문을 망각하고 자신의 형체를 고집하면 어리석은 밀알이다. 이 밀알은 자신의 우매함을 은폐하기 위해 자신의 형체만 유지한 것도 얼마나 선한 일이냐며 필히 합리화를 시도한다. 자신만 살고 타인에게 생명의 열매를 제공하지 않으면 이기적인 밀알이다. 결국 자신의 정체성도 상실된다. 모든 존재는 그 "열매로" 자신의 정체성이 알려지기 때문이다(마 7:16).

오늘의 나는 어제의 나와 동일한가? 작년의 나와 올해의 나는 어떠한가? 10년 전의 나는 지금까지 얼마나 변하고 자랐는가? 변화와 성장이 없다면 한 번도 죽어본 적이 없는 제자리걸음 인생이다. 죽은 만큼 성장한다. 내가 죽은 만큼의 열매를 이웃에게 제공한다. 나의 정체성을 증명하는 열매의 상황은 어떠한가?

밀알이 죽으면 많은 열매를 결실한다. 이는 "한 사람이 백성을 위하여 죽어서 온 백성이 망하지 않게 된다"는 대제사장 가야바의 예언(요 11:50)을 떠올리게 한다. 밀알의 죽음과 많은 열매의 인과율은 당연한 상식이며 놀라운 역설이다. 죽음은 밀알에게 최악의 불행이다. 그러나 열매는 타인에게 줄 수 있는 최고의 행복이다. 중심을 어디에 두느냐에 따라 죽음의 의미가 달라진다. 자신의 행복을 따라서는 죽음이 재앙이고 타인의 행복을 따라서는 죽음이 축복이다. 이러한 밀알의 비유를 따라, 예수께서 죽으면 영원한 생명의 열매가 많은 이들에게 맺어진다. 이 열매는 아버지 하나님의 뜻을 이루는 영광이기 때문에 그의 뜻을 온전히 이루는 예수의 영광은 필히 죽음의 강을 건너가야 한다. 이처럼 죽음은 영광의 입구이기 때문에 예수는 죽음의 때를 영광의 때로 여겼으며 마리아가 최고의 향유와 최고의 영광인 머리털로 죽음으로 가는 발을 닦아 기념함이 마땅하다. 마리아의 심정으로 모든 성도는 죽음을 통하지 않고서는 영광에 이르지 못한다는 진리를 존중해야 한다.

²⁵자신의 생명을 사랑하는 자는 그것을 파괴하고 이 세상에서
자신의 생명을 미워하는 자는 그것을 지켜 영원한 생명에 이르리라

이 구절은 죽음이 많은 열매를 맺는다는 진리의 배후를 설명한다. 앞 구절
과 연결해서 보면, 자신의 생명을 미워하는 것은 자아를 죽이는 것이며, 그
렇게 죽으면 영원한 생명에 이르는 것이며, 이웃에게 많은 사랑의 열매를
맺는다는 것으로 이어지는 대단히 논리적인 설명이다. 자신의 생명에 대한
태도가 설명의 핵심이다. 사랑과 미움, 어느 것을 취하느냐? 이 선택이 운
명을 좌우한다. 자신의 생명을 사랑하면 그 생명이 파괴된다. 그런데 사랑
이 어떻게 파괴의 원인인가? 진실로 사랑은 제일 좋은 것인데도 그 대상이
자신의 생명일 때에는 파괴에 이른다는 설명이다. 바울에 의하면, "자기
애"(φίλαυτος)는 말세에 고통을 유발하는 원인들 중에서 일순위로 언급되
는 항목이다(딤후 3:2). 나는 "자기애"(amor sui)가 타락 후 인간에게 주어진
가장 치명적인 비애이며 모든 문제의 원흉이라는 아우구스티누스의 주장
에 전적으로 동의한다. 뒤집어서 보면, 자신이 아니라 타인을 사랑의 대상
으로 삼는다면 모든 파괴의 문제가 해결될 것이라는 주장이다.
    이것을 창조와 관련해서 살펴보자. 존재에 무질서를 일으키는 파괴는
존재에 질서를 부여한 창조의 역행이다. 그렇다면 자신을 사랑하지 않고
타인을 사랑하는 것은 창조의 원리라고 해도 무방하다. 태초부터 지금까지
인간은 자신이 아니라 하나님과 이웃 사랑을 위해 지어졌다. 그래서 서로
에게 "내 뼈 중의 뼈요 살 중의 살"이라는 정체성을 부여하며 자신보다 타
인을 더 사랑해야 했다. 율법 전체는 바로 이것을 가르치기 위해 주어졌다.
그런 의미에서 하나님과 이웃 사랑은 가장 큰 계명이다. 그런 사랑의 열매

를 맺으면 파괴가 아니라 참된 인간의 정체성이 확립된다. 공동체의 샬롬
도 회복된다. 주어진 창조의 질서를 존중하는 것은 모두에게 행복과 기쁨
의 유일한 첩경이고 모든 문제 수습의 비결이다.

"이 세상에서 자신의 생명을 미워하는" 것은 자신의 생명을 지키고 영
원한 생명에 이르는 비결이다. 여기에서 자기 미움이 자살을 의미하지 않
는다는 것은 상식이다. 자신을 미워하라? 참으로 기이한 생명의 비결인데,
이는 미움과 생명이 상극이기 때문이다. 요한의 생각에 따르면, 미움은 살
인이다(요일 3:15). 그러나 문맥을 보면 미움이 살인이 되는 것은 자신이 아
니라 타인에게 적용된다. 타인을 미워하면 살인이다. 자신을 미워하는 것
은 생명으로 귀결된다. 왜 그러한가? 자기 미움은 자아의 극복이기 때문이
다. 바울의 표현을 빌리자면, "나는 날마다 죽는다"는 일상적인 자기 부인
이기 때문이다(고전 15:31). "자신의 생명을 미워하는" 것을 칼뱅은 하나님
의 명령이 떨어지면 떠날 준비를 하는 것 혹은 하나님께 그 생명을 제물로
드리는 것이라고 해석한다.

"이 세상에서 자신의 생명"은 영원한 생명이 아니라 이 땅에서의 한시
적인 생명을 의미한다. 그런 생명에 집착하면 크리소스토무스의 말처럼 욕
망에 빠져들고 급기야 사망한다. 세속의 삶에 애착을 가지면 가질수록 파
괴로 치닫지만, 미워하면 생명을 보존한다. 자신을 미워하면, 자기가 죽으
면, 손해일 것 같은데 오히려 영원한 생명의 유익까지 제공한다. 한 번 죽
는 것은 모든 사람에게 정해진 숙명이다. 다시 순교자 엘리엇의 말처럼, 영
원히 지킬 수 있는 하늘의 생명을 지키기 위해 지킬 수 없는 세상의 생명
을 포기하는 것은 지혜롭다. 그러나 일시적인 것을 위해 영원한 것을 포기
하는 것은 어리석다. 아우구스티누스의 말처럼, 일시적인 것은 우리가 지
키려고 아무리 애써도 결국 사라진다. 목숨을 걸어도 실패한다.

자기 미움은 타인 사랑, 즉 하나님과 이웃 사랑의 다른 표현이다. 하나
님과 이웃 사랑 언급으로 충분할 것 같은데 자기 미움의 강조는 왜 필요할

까? 이는 "여호와를 경외하는 것은 악을 미워하는 것이라"(잠 8:13)고 한 잠언의 강조와 비슷하다. 자신을 미워하는 것은 하나님을 일순위로, 이웃을 이순위로, 자신을 삼순위로 삼는 것을 의미한다. 예수께서 그러셨다. 아버지 하나님을 위하여 그리고 이웃인 우리를 위하여 자신의 생명을 미워하며 버리셨다. 우리도 그러해야 한다. 만약 자신을 미워하지 않고 사랑하면 모든 진리가 자석처럼 자신에게 기울고 휘어진다. 자기애 때문에 진리가 왜곡된다. 진리가 왜곡되면 거짓으로 둔갑한다. 그러면 거짓의 아비인 최초의 살인자 마귀의 진영으로 분류된다. 아담과 하와의 상황이 재연된다. 그들은 하나님과 같아질 것이라는 마귀의 속임수에 넘어가 마귀의 손을 잡으며 하나님을 거역하고 배신했다. 이는 자신들을 하나님 수준으로 사랑한 결과였다.

자신을 사랑하지 않고 미워하는 것은 너무도 중대한 인생의 문법이다. 사르케리우스는 자기 사랑을 십자가에 대한 미움으로 여기고, 자기 미움을 십자가에 대한 사랑으로 해석한다. 그리고 십자가를 피하는 달콤함 뒤에는 쓰라림이 따르고 십자가를 수용하는 쓰라림 뒤에는 달콤함이 따른다고 한다. 이런 십자가의 원리를 무시하면 생명을 상실한다. 예수의 말씀처럼, "사람이 만일 온 천하를 얻고도 제 목숨을 잃으면 무엇이 유익"한가(마 16:26)! 그러므로 자신을 미워하는 것, 즉 타인을 사랑하는 것은 인생을 걸고 천하를 걸어도 될 사안이다. 예수는 자신의 가르침에 충실하게 자신의 생명을 거셨기에 우리가 영원한 생명을 소유했다. 동시에 예수는 우리를 당신의 몸으로서 가지셨다. 이처럼 자신을 미워하고 타인을 사랑하는 것은 자신을 파괴하는 것이 아니라 오히려 확대하는 비결이다. 더 많은 자들에게 그럴수록 참된 자아는 더 확대된다. 신비로운 인생의 법칙이다. 사르케리우스는 이것을 "십자가 없이는 영광이 없고 죽음 없는 생명은 없고 그리스도께 순종하는 이성의 어리석음 없이는 복음의 이해도 없다"는 뜻이라고 설명한다. 이는 귀 있는 자만 듣고 귀 없는 자는 듣지 못하며, 예수를 사랑하면 알고 그를 사랑하지 않으면 알지 못하는 "비밀의 경륜"이다(엡 3:9).

> 26만일 누군가가 나를 섬기려고 하면 나를 따르라 내가 있는 곳에는
> 나를 섬기는 자도 거기에 있으리라 만일 누군가가 나를 섬기려고 하면
> 아버지께서 그를 귀하게 여겨 주시리라

예수 섬기기를 원하는가? 그는 "나를 따르라"고 명하신다. 예수를 섬기기 위한 예수 따르기의 2가지 구체적인 준비는 다른 복음서에 기록되어 있다. "누구든지 나를 따라오려거든 자기를 부인하고 자기 십자가를 지고 나를 따를 것이니라"(마 16:24; 막 8:34; 눅 9:23). 첫째, 자기를 부인해야 한다. 이것은 앞에서 저자가 이야기한 자기 미움에 해당한다. 둘째, 자기 십자가를 짊어져야 한다. 이는 저자가 말한 죽음에 상응한다. 이처럼 요한복음 저자는 다른 복음서의 저자들과 유사한 표현을 사용하여 동일한 제자도를 설명하고 있다.

자신을 미워하고 죽어서 많은 열매를 맺는 예수 따르기는 제자도의 핵심이다. 여기에서 우리는 예수를 "배우라"가 아니라 그를 "따르라"(ἀκολουθείτω)는 명령형에 주목해야 한다. "배우라"와 "따르라"는 명령은 모두 중요하다. "배우라"를 배제하지 않는다는 것은 성경 전체가 증언한다. 호세아는 "우리가 여호와를 알자 힘써 여호와를 알자"고 호소한다(호 6:3). 하나님의 "백성이 지식이 없으므로" 망하는 심각성 때문이다(호 4:6). 예수는 "영생은 곧 유일하신 참 하나님과 그가 보내신 자 예수 그리스도를 아는 것"이라는 정의를 내리신다(요 17:3). 이 정의를 직접 들은 베드로는 "그를 아는 지식에서 자라 가라"고 다그친다(벧후 3:18).

그러나 아는 것이 복음의 종착지가 아니라는 사실을 우리는 "나를 따르라"는 예수의 명령에서 확인한다. 아는 것은 사는 것에까지 이르러야 한다.

아는 것과 사는 것은 일치해야 한다. 예수를 따르라는 명령은 그의 모든 교훈과 기준과 관점과 인격과 성향과 언어와 행실을 살아내야 함을 의미한다. 특별히 배우고 따라야 할 핵심적인 내용은 예수의 자기 미움 즉 자신의 죽음이다. 예수의 지혜와 능력과 지식과 의로움과 거룩함과 선하심을 배우고 따르려는 사람들은 많지만 그의 죽음을 따르려는 사람들은 없다. 그러나 자신을 미워하며 죽고자 하면 산다는 역설적인 진리가 예수 따르는 자들을 응원하고 있다.

예수의 죽음을 따르면 두 가지의 복이 보장되어 있다. 첫째, 예수가 계신 곳에는 그를 따르며 섬기는 자들도 동거한다. 자신의 곁을 선물해 주신다는 것은 기막힌 약속이다. 권력욕에 취한 제자들은 예수의 좌편이나 우편을 차지하기 위해 눈이 시뻘겋다. 그런 의도와는 달리, 세상에서 가장 아름다운 곳은 예수의 거처이며, 가장 안전한 곳도 예수의 거처이며, 가장 행복한 곳도 예수의 거처이며, 가장 유의미한 곳도 예수의 거처라고 나는 생각한다. 이러한 생각에 동의하는 것처럼, 어느 고라 자손은 "주의 궁정에서 [보내는] 한 날이 다른 곳에서의 천 날보다 낫"고 "악인의 장막에 사는 것보다 내 하나님의 성전 문지기로 있는 것이 좋"다고 고백한다(시 84:10). 성전이 건물로 있던 시대가 지나간 지금은 성전을 출입하는 것이 아니라 예수를 따르고 섬기면 예수의 거처에 머무는 거주자가 된다. 최고의 피난처, 최고의 안식처가 주어진다. 세상의 모든 곳은 불안하고 위험하다. 그러나 우리가 "모든 통치와 권세와 능력과 주권과 이 세상뿐 아니라 오는 세상에 일컫는 모든 이름 위에 뛰어나게" 하신 예수와 동거하면 악한 자가 우리의 머리털 하나라도 상하게 하지 못하며, 우리를 만지지도 못하며, 음부의 권세인들 어찌 우리를 이길 수 있겠는가! 자신의 곁을 우리에게 주신다는 것은 위대한 선물이다.

둘째, 아버지 하나님은 예수를 섬기려고 하는 자를 "존귀하게 여겨 주신다"(τιμήσει)고 한다. 인정은 모든 사람들의 본성적인 갈망이다. 대부분의 사람들은 누군가의 인정을 받으려고 노력한다. 그런데 하나님의 인정을 받는다는 것은 최고의 기쁨이다. 이 기쁨은 예수를 섬기려고 하는 사람에게 주어진다. 아버지 하나님은 예수께서 직접 선발하신 제자들도 아니고, 예수의 유대인 골육이나 친인척도 아니고, 유대 땅을 지배하는 로마 황제와 총독도 아니고, 유대 사회를 다스리는 대제사장 및 바리새파 무리도 아닌, 예수를 섬기는 사람이면 누구든지 존귀하게 여기신다. 이것은 질문을 한 헬라인의 귀에 너무도 달콤한 답변이다.

27지금 내 마음이 괴로우니 무슨 말을 하겠는가? '아버지여 나를 이 때에서
  구원하여 주옵소서 그러나 내가 이로 말미암아 이 때에 왔습니다

예수께서 자신을 따르라고 하셨지만 본인이 걸어가는 죽음의 길은 심히 고단하다. 예수도 인간이기 때문에 죽음에 대한 괴로움을 느끼신다. 상처도 받으시고 아픔도 겪으시고 유혹도 당하신다. 예수의 이러한 인성적인 면모 때문에 히브리서 저자는 "우리의 연약함을 동정하지 못하실 이가 아니라"고 증거한다(히 4:15). 그런데 예수는 자신의 그런 인간적인 한계들을 자신의 신성으로 무마하지 않으신다. 마음이 괴로운데 괴롭지 않은 척 꾸미지 않고 제자들 앞에서 내면의 심란한 상태를 있는 그대로 보이신다. 이는 그가 걸어가는 죽음의 길이 쉽거나 편해서 가는 길이 아님을 그들에게 가르치기 위함이다. 말문이 막힐 정도의 난감함과 고통과 아픔을 감수해야 하는 걸음이다. 그러나 예수는 그 걸음을 접지 않으신다. 이는 제자들과 우리를 위함이다. 이후에 그는 제자들을 향해 "너희는 마음에 근심하지 말라"고 명하신다(요 14:1). 이 명령의 근거는 그가 그들의 모든 괴로운 근심을 자기 마음에 스스로 취하셨기 때문이다.

인생에는 힘든 환경도 찾아온다. 무엇을 말해야 할지도 모를 정도의 절

망적인 상황은 사람에게 표현할 수도, 도움을 구할 수도 없는 상황을 의미한다. 그러므로 드러낼 수 없는 마음의 괴로움은 하나님께 가져가야 한다. 이것은 근심과 괴로움을 해결하는 최고의 방법이다. "죽을 정도로 심히 슬퍼지신"(마 26:38) 예수는 아버지께 나아가 기도를 드리신다. 이 기도는 "그러나"(ἀλλά)로 연결된 두 가지의 대립적인 내용으로 구성되어 있다. 하나는 죽음을 피하게 해 달라는 내용이고, 다른 하나는 죽음의 길을 가겠다는 내용이다. 톨레도의 프란치스코에 의하면, 첫 번째 내용은 그 자체로 사려된 본성적인 의지(voluntas naturalis)의 결과이고, 두 번째 내용은 정황에 맞추어진 예수의 신중한 의지(voluntas deliverata)의 결과이다. 죽음이 그 자체로는 선이 아니라 악이기 때문에 본성이 거부한다. 그러나 죽음이 구원을 이룬다는 정황을 따라서는 피하지 않고 수용해야 할 대상이다. 이러한 의지의 구분이 이해에 도움을 주기는 하지만 기도의 심층적인 의미에 대해서는 침묵한다. 심층을 살펴보자.

먼저 예수는 "이 때에서"(ἐκ τῆς ὥρας ταύτης) 구원해 주시라고 기도한다. 예수의 기도에서 이 때로부터 구원해 주시라는 간구의 의미가 이 복음서 안에서는 분명하지 않다. 그러나 마가와 마태의 기록에 따르면 유월절에 당하시는 예수의 죽음은 아버지 하나님께 버림을 당하는 사건이다(마 27:46; 막 15:34). 몸이 당하는 고통과 신체적인 죽음에 따르는 괴로움도 있겠지만 예수의 근원적인 괴로움은 영적인 것이었다. 그래서 그는 몸이 아프다가 아니라 "내 마음이 괴롭다"(ἡ ψυχή μου τετάρακται)고 말하셨다. 만약 육체적인 괴로움이 전부라면, 예수보다 더 끔찍한 고통을 당하면서 순교한 사람들과 비교하면 엄살로 보이지 않겠는가! 예수의 간구는 아버지 하나님의 버리심을 받는 영혼의 궁극적인 괴로움을 당하시기 때문에 그것에서 구원해 달라는 기도였다. 아버지의 버리심을 받는다는 것이 얼마나 두렵고 끔찍한가! 지극히 거룩하고 순전한 분의 버려짐은 죄인의 마땅한 유기와는 차원이 다른 고통과 두려움을 일으킨다. 그리고 지극히 높으신 이의 아들 예수도 자신의 어깨에 짊어진 십자가를 내려놓고 싶을 정도라면 도대체 인간의 죄가 얼마나 육중한 것인지를 우리는 그의 기도에서 생각하게 된다.

크루시거의 말처럼, 치명적인 괴로움은 언제나 관행처럼 의지의 목덜미를 잡고 하고자 하는 바를 접으라고 위협한다. 그러나 예수는 그런 정신적 요소들 사이의 관행을 수용하지 않으셨다. 이를 위하여 "내가 이로 말미암아 이 때에 왔다"는 사명 카드를 꺼내신다. 세상 죄를 지고 가는 어린 양의 정체성을 망각하지 않으셨다. 이처럼 예수는 자신이 무엇을 위하여 오셨으며 어느 때가 적기인지 정확하게 아셨고 죽음 같은 괴로움 앞에서도 자신의 사명을 포기하지 않으셨다. 큰 무리가 호산나를 외치며 추종할 때에나, 큰 무리가 십자가에 못 박으라는 비수를 자신의 등에 꽂을 때에나 어떠한 망설임과 흔들림도 없이 사명의 길을 걸으셨다. 하나님이 정하신 인생의 목적과 일정표를 아는 사람은 어떠한 것도 하나님의 정하심을 변경하지 못한다는 사실을 아시기 때문에 어떠한 두려움과 괴로움도 능히 이기신다.

28아버지여, 당신의 이름을 영화롭게 하옵소서'" 이에 하늘에서 소리가 임하였다 "내가 영화롭게 하였고 다시 영화롭게 하리라"

예수께서 죽음의 절망적인 문턱에 서서 아버지께 드린 기도의 마지막 부분이다. 예수는 자기 앞가림도 위태로운 상황인데 아버지 하나님의 이름을 영화롭게 해 주시라는 호소로 기도를 마치신다. 어디서 본 듯한 기시감이 든다. 욥의 고백에서 보았던 역설적인 모습이다. 욥도 집과 가축과 종과 자녀들과 아내와 건강을 상실하여 살 소망까지 끊어진 상황에서 "입술로 범죄하지 아니하"고 오히려 "여호와의 이름이 찬송을 받으"시기 합당함을 고백했다(욥 1:21, 2:10). 예수의 이 호소는 주기도문 안에서 아버지의 이름이 거룩하게 해 달라는 부분과 동일하다. 예수의 기도는 곧 그의 인생이다. 기도를 가르치신 동시에 그 기도의 본을 삶으로 보이셨다. 예수의 일생은 아는 것과 기도하는 것과 사는 것이 일말의 불일치도 없는 정직한 인생의 모델이다.

예수의 목에 칼이 들어와도 변하지 않는 인생의 궁극적인 방향, 실질적인 목적은 아버지의 영광이다. 이것은 역으로 아담의 타락 이후로 지금까지 온 인류가 아버지의 영광을 제대로 구하지 않았음을 고발한다. 아버지의 이름을 영화롭게 하지 못한 것은 온 인류의 가장 치명적인 문제였다. 그래서 바울은 모든 사람들이 죄를 범한 결과가 하나님의 영광에 이르지 못하는 것(롬 3:23)이라고 증거한다. 이 문제를 해결하는 죽음의 때가 자신을 빗겨가는 것이 아니라 관통해야 한다는 최종적인 판단의 근저에는 아버지의 영광이 작용하고 있었고, 죽음의 때를 인자가 영광을 얻을 때라는 해석의 배후에도 아버지의 영광이 작용하고 있었음을 확인한다. 아버지는 아들 예수께서 죽으셔야 영광을 얻으시고 아버지의 그 영광으로 말미암아 예수도 영광을 얻으신다. 예수의 죽음으로 말미암아 "우리를 건지시며 우리 죄를 사하"시는 이유도 "주의 이름을 증거하기 위"함이다(시 79:9). 예수는 아버지의 영광 때문에, 그 영광을 위하여 이 땅에 오셨고 지금 사시고 곧 죽으신다. 사나 죽으나 무엇을 하더라도 그 모든 것이 아버지의 영광을 위함이다. 예수는 이사야의 기록처럼(사 43:21) 인간을 창조하신 하나님의 목적에 가장 충실한 분이시다. 그는 인류의 역사에서 우리 모두가 본받아야 할 가장 완전한 인생의 모델이다.

예수의 기도 이후에 "하늘에서 소리가 임하였다." 하늘의 소리는 처음이 아니었다. 세례를 받으실 때에도 임하였고(마 3:17), 변화산 위에서도 임하였다(마 17:5). 그런데 하늘에서 웬 소리인가? 하늘이 예수께 소리로 반응한 것은 그의 천상적인 신분을 암시한다. 하늘에서 소리가 임한 사람은 이 땅에서 예수가 유일하다. 지금의 소리는 예수의 기도에 대한 아버지 하나님의 즉각적인 응답이다. 하늘의 "소리"(φωνή)는 무음의 내면적인 소리가 아니라 그곳에 있던 모든 사람들이 함께 들은 물리적인 소리였다. 그 소리에 따르면, 아버지는 자신의 이름을 스스로 영화롭게 하셨고 다시 스스로 영화롭게 만드신다. 여기에서 아버지의 영광을 가능하게 했고 앞으로도 다시 가능하게 할 주어는 아버지 자신이다. 사실 예수는 아버지의 영광에 기여하는 바가 있기 때문에 주어를 공유해도 될 것 같은데 아버지만 주어로 삼으신다. 이는 인간 예수께서 아버지의 보내심을 받으셨고 성령의 이끌림을 받으셨기 때문이다. 예수는 마치 모든 것을 다 이루시고 자신은 무익한 종이라고 말하시는 듯하다.

영광의 공로가 아버지를 영화롭게 하신 예수께도 돌아가지 않는다면, 우리는 더더욱 공로와 무관해야 하지 않겠는가! 혹시 우리가 하나님께 영광을 돌린다고 하더라도 공로를 주장하며 보상을 요구하는 일이 없도록 예수를 기억해야 한다. 우리의 공로 없음과 하나님의 주도적인 사역에 대하여 시인은 이렇게 기록한다. "너희는 가만히 있어 내가 하나님 됨을 알지어다 내가 뭇 나라 중에서 높임을 받으리라 내가 세계 중에서 높임을 받으리라"(시 46:10). 우리는 하나님의 영광과 관련하여 "가만히 있다"고 봄이 합당하다. 하나님 아버지는 친히 높임을 받으시고 친히 자신의 영광을 다른 이에게 빼앗기지 않으신다(사 42:8). 그러므로 혹시 우리가 아버지께 영광을 돌리게 되었다면 오히려 우리에게 영광인 줄 알고 영광 돌릴 기회를 주신 아버지께 감사를 돌림이 마땅하다.

²⁹[거기에] 서 있던 무리는 천둥이 쳤다고 말하였고
다른 이들은 천사가 그에게 이야기한 것이라고 말하였다

하늘에서 임한 음성은 사람들의 귀에서 다양하게 해석된다. 그곳에 서 있던 무리는 그 음성을 "천둥이 쳤다"고 이해했고, 다른 무리는 "천사가 그에게 이야기한 것이라"고 이해했다. 이는 모세가 시내 산에 올라 하나님의 율법을 받을 때 산 아래에 있던 "뭇 백성이 우레와 번개와 나팔 소리와 산의 연기"를 본 사건과 유사하다. 천둥이든 천사이든 무리들의 경험은 하늘의 소리가 예수의 환청이 아니라 실재임을 확인시켜 준다. 다만, 첫 번째 무리는 자연에서 일어나는 흔한 현상으로 간주했고 두 번째 무리는 천사의 말이기 때문에 인간이 이해하기 어려운 희귀한 현상으로 간주했다. 여기에서 무스쿨루스는 천둥이든 천사의 말이든 인간이 임의로 관여하지 못하는 하늘의 일이라는 공통점을 주목한다. 나아가 하나님은 지금까지 당신의 영광을 지키셨고 앞으로도 지키실 것인데 이는 천둥과 천사의 말처럼 이 세상의 그 누구도 방해하지 못할 것이며 지옥의 문들도 저지하지 못한다는 함의도 언급한다. 무리들이 비록 하늘의 음성이 전달한 구체적인 내용은 이해하지 못했지만 천둥이 예수께 반응하고 천사도 그에게 하늘 메시지를 전달하는 것을 보았기에 예수께서 하나님과 특별한 관계가 있는 분이라는 사실은 이해했다.

어쩌면 칼뱅의 지적처럼, 저자가 특이한 반응을 한 무리들만 지적하고 하늘의 음성을 이해한 무리에 대해서는 침묵했을 가능성도 있다. 그러나 저자의 의도적인 기록을 나는 존중한다. 예수와 함께 있던 무리들은 하늘의 소리를 이해하지 못하였다. 우리는 예수께서 니고데모와 대화를 나누면서 사람들을 향해 "땅의 일을 말하여도" 믿지 않았는데 "하물며 하늘의 일을 말하면 어떻게 믿겠"냐고 말씀하신 것을 기억한다(요 3:12). 이와 유사하게, 하늘의 소리를 들을 귀가 이 땅에는 없고 판독할 지성도 없다고 생각하는 것은 당연하다. 스스로 아는 이해력의 소유자는 하나도 없지만 "아들의 소원대로 계시를 받는 자"는 "아버지를 아는 자"가 된다는 사실은 희망이다(마 11:27). 아버지를 알면 아버지의 소리도 이해하기 때문이다.

30예수께서 답하시며 말하셨다 "이 소리는 나를 위함이 아니라 너희를 위함이다

무리들의 빗나간 반응에 대한 예수의 특이한 답변이 이어진다. 하늘의 소리를 이해한 사람이 없음에도 불구하고 예수는 하늘의 소리가 자신을 위한 것이 아니라 무리들을 위한 것이라고 말하신다. 아버지의 이름이 영화롭게 되는 것은 아버지만 위하지 않고 그를 경외하는 사람들을 위해서도 놀라운 유익이다. 즉 하나님의 영광을 구하는 것은 모든 인생에게 최고의 유익이다. 예수는 그런 인생을 택하셨고 우리에게 보이셨다. 이 대목에서 칼뱅은 예수께서 이 땅에서 받으신 모든 복이 우리를 위한 것이라는 "원칙"을 도출한다. 예수는 완전히 복되시기 때문에 다른 추가적인 복이 필요하지 않으시다.

예수께서 받으신 모든 복은 자신의 생명과 더불어 우리 모두에게 기꺼이 주시기 위한 것이라는 칼뱅의 주장에 나는 동의한다. 예수에게 일어난 모든 사건도 그분 자신을 위함이 아니라 우리를 위함이다. 그가 추구하는 인생의 목적도 우리의 본받음을 위함이다. 아버지의 모든 것을 이미 다 아시는 예수께는 전혀 필요하지 않은 하늘의 기이한 소리를 들으심도 우리를 위함이다. 사실 무리는 그 소리의 내용을 이해하지 못하였다. 그럼에도 불구하고 그들을 위한 것이었다. 우리에게 유익한 것들 중에는 이해의 범주를 벗어나는 것들도 무수하다. 여기에서 우리는 다 이해하지 못한 유익들에 대해서도 주님께 감사해야 함을 깨닫는다.

31지금은 이 세상의 심판이다 이제 이 세상의 임금이 쫓겨날 것이다

무리를 위한 유익의 내용이 언급된다. 첫째, "지금은 이 세상의 심판이다." 여기에 언급된 이 "심판"(κρίσις)에 대한 해석이 분분하다. 어떤 사람은 법

정적인 판결로 이해하고 어떤 사람은 변혁으로 이해한다. 칼뱅은 이 심판을 변혁으로 보면서 무질서한 세상이 본래의 질서로 돌아가는 것이라고 설명한다. 심판에 해당하는 히브리어 "미쉬파트"(מִשְׁפָּט)가 "질서 잡힌 구조물"을 뜻한다고 이해했기 때문이다. 나도 "심판"에는 죄로 말미암아 발생한 세상의 무질서와 혼돈과 불안을 교정하여 "본래의 질서"로 되돌리는 개혁의 의미가 있다고 생각한다. 그리고 "법정의 판결"도 심판의 의미에서 배제되지 않는다고 생각한다. 심판에는 정죄하는 사법적인 판결과 형벌을 주고 멸망에 이르게 하는 행정적인 집행이 다 함축되어 있다. 이는 다윗이 사울을 하나님께 고발한 사건에서 확인된다. 다윗은 하나님께 "재판장이 되어 나와 왕 사이에 심판하사 나의 사정을 살펴 억울함을 풀어 주시고 나를 왕의 손에서 건져 주시기를 원한다"고 호소했다(삼상 24:15).

지금이 왜 세상의 심판인가? 문맥을 볼 때, 이 세상의 심판은 예수의 죽음이다. 심판의 정확한 시점은 그의 죽음이 5일 앞으로 다가왔기 때문에 "지금"(νῦν)이다. 예수의 죽음과 세상의 심판이 연동되어 있는 이유는 무엇인가? 세 가지로 나누어서 생각하자.

첫째, 심판의 대상을 이해해야 한다. 심판의 구체적인 대상은 "이 세상의 임금"이다. "임금"(ἄρχων)은 질서를 세우고 유지하며 다스리는 우두머리 즉 최고의 권세자를 의미한다. 이 단어는 바알세불(마 12:24), 대제사장(행 23:5), 산헤드린 회원(요 3:1), 회당장(눅 8:41), 관원들(행 4:8)을 비롯하여 예수(계 1:5)를 가리킬 때에도 사용된 낱말이다. "이 세상의 임금"은 이 세상 및 그 모든 영역에서 자신의 질서를 세우고 유지하는 통치자를 의미한다. 대표적인 임금은 당시 제국을 통치한 로마의 황제로 보아도 무방하다. 그러나 바울에 의하면 "이 세상의 임금"은 "이 세상 풍조"를 다스리는 "공중 권세의 두목" 즉 "불순종의 아들들 가운데서 역사하는 영"을 의미한다(엡 2:2).

둘째, 심판의 내용이다. 즉 이 세상의 임금이 쫓겨난다. 그런데 예수께서 죽는다고 로마의 황제가 쫓겨난 것이 아니기 때문에 황제는 이 세상의 임금이 아니라 그냥 로마의 임금이다. 그렇다면 쫓겨나는 이 세상의 임금은 사탄이다. 동시에 우리는 사탄의 질서에 동조하는 땅의 다양한 임금들도 사탄과 한 통속임을 인지해야 한다. 이런 맥락에서 요한은 "온 천하를 꾀는 자" 즉 세상의 질서를 장악하고 허문 사탄이 땅에서 내쫓길 때 "그의 사자들도 그와 함께 내쫓"길 것이라고 증거한다(계 12:9).

셋째, 예수의 죽음과 세상의 심판은 연동되어 있다. "질서"를 의미하는 "세상"(κόσμος)은 지금 질서가 파괴되어 있다. 파괴된 질서의 대표적인 내용은 하나님과 인간의 관계, 자신과 자신의 관계, 자신과 타인의 관계, 인간과 자연의 관계, 인간과 자연의 상태이다. 인간은 하나님의 존재를 부정하고 그를 경외하지 않고 그의 말씀을 멸시한다. 인간은 하나님의 형상이 파괴되어 자신과도 화목하지 않으며 늘 불안하다. 인간은 뼈 중의 뼈요 살 중의 살 즉 존재의 노른자로 여기던 이웃보다 자신을 늘 앞세우는 방식으로 타인을 사랑하지 않고 미워한다. 자연은 인간과의 관계가 깨어져 인간에게 열매가 아니라 가시와 엉겅퀴를 꺼내 위협한다. 인간은 죄로 말미암아 죄인이 되었으며 마음과 신체의 무질서 때문에 죽게 되었으며 수명도 점점 짧아졌다. 자연은 인간의 죄로 말미암아 저주를 받고 썩어짐에 종 노릇하며 허무한 것에 굴복하고 있다. 이러한 세상의 총체적인 무질서의 원인은 죄이며 죄의 원흉은 사탄이다. 예수의 죽음은 인간의 모든 죄를 해결한다. 죽음은 죄의 삯이기 때문이다. 변제가 끝나면 채무도 종결된다. 이로써 그 죽음은 죄에 대해서만 권세를 부리는 참소의 대명사인 사탄의 머리도 깨어진다. 사탄은 참소할 빌미를 상실하고 존재감도 소멸된다.

인간 개개인을 하나의 세상으로 본다면 "이 세상의 임금"은 본성이다. 그런데 본성도 죄로 말미암아 일그러져 인간과 인생을 무질서와 혼돈으로 지배하고 있다. 그릇된 질서를 주관하는 본성도 심판의 대상이다. 본성도 쫓겨나야 한다. 본성의 쫓겨남은 본성의 죽음이다. 죄악된 본성이 자신의 질서를 강요하지 않도록 우리는 날마다 자신을 부인해야 한다. 본성을 십자가에 못 박고 항상 어깨에 짊어지고 인간과 인생의 으뜸가는 모델 되시는 예수라는 본래의 질서를 뒤따라야 한다. 베드로의 설명처럼 아버지 하나님이 모든 이름 위에 뛰어난 이름을 주셔서 높이시고 임금으로 삼으신 (행 5:31), "땅의 임금들의 머리"가 되신 임금들 중의 임금 예수께서 세우시고 지키시는 질서 속으로 우리는 들어가야 한다. 오병이어 사건 이후에 유대인이 예수를 "임금으로 삼으려는" 것은 그분의 질서 속으로 들어가기 위함이 아니라 자신들의 민족적인 질서를 회복하고 유지할 선수를 기용하기 위한 것이었다(요 6:15).

32그리고 내가 땅에서 올려지면 나는 모두를 내게로 이끌리라"

예수는 세상을 심판하여 세상의 임금을 쫓아내는 것만이 아니라 우리 모두를 그에게로 이끄는 유익도 베푸신다. 이끄는 시점은 그가 땅에서 올려지는 십자가 위에서의 죽음이다. 쫓아냄과 이끎은 죽음의 양면이다. 죽어서 하나님께 올라가면 "모두를 내게로" 이끄실 것이라는 예수의 말은 특이하다. 사람의 일반적인 죽음은 자신만 떠나가고 종료된다. 그러나 예수는 자신만 떠나가지 않으시고 모두를 자신에게 이끄신다. 죽음은 우리를 하늘로 이끄는 생명의 끈이었다. 그래서 칼뱅은 예수의 십자가가 모두를 하늘로 이끄는 수레(vehiculum)라고 표현한다. 그의 해석처럼, 이끌려질 "모두"(πᾶς)는 인간 개개인 모두나 유대인 모두를 의미하지 않고 "이방인과 유대인 중에서" "자기 양떼에 속한 하나님의 자녀들" 모두를 의미한다.

³³그런데 그는 어떠한 죽음으로 죽으실 것인지를 가리키며 이렇게 말하셨다

저자는 예수의 말씀을 요약한다. 아버지께 드린 기도, 하늘에서 들린 아버지의 응답 그리고 예수의 설명은 모두 예수의 죽음에 관한 말이었다. 그의 죽음은 특이하다. 그래서 자세한 설명이 필요했다. 어떠한 성격의 죽음인가? 아버지 하나님의 이름을 영화롭게 하는 죽음이다. 이 세상을 심판하는 죽음이다. 이 세상의 임금을 쫓아내는 죽음이다. 땅 아래로 내려가지 않고 땅에서 하늘로 올라가는 죽음이다. 혼자만 떠나지 않고 하나님의 택하심을 받은 모든 백성을 예수께로 이끄는 죽음이다. 이는 모두 설명하지 않으면 누구도 알지 못하는 죽음의 신비로운 성격이다.

　인생에는 죽음도 삶과 비등하게 중요하다. 죽음의 의미를 모르면 인생의 절반을 실패한다. 예수께서 이 땅에 오신 성육신의 목적을 본다면 삶보다 죽음이 더 중요하다. 그래서 바울은 예수의 살으심이 아니라 그의 죽으심을 본받으려 했다. 자신은 날마다 죽고 그리스도 예수께서 자기 안에 사시는 삶을 추구했다. 그에게는 죽음이 삶이었다. 기이한 역설이다. 이는 예수께서 설명하신 죽음의 의미를 바울이 깨달았기 때문에 가능했다. 우리의 삶은 어떠한가? 죽음이 삶의 내용인가? 우리의 오늘들은 죽음으로 말미암아 예수의 생명을 체험하는 날들인가? 더 넓은 분야에서 죽고 더 빈번하게 죽는 죽음은 으뜸가는 경건의 연습이다. 나의 자아가 죽으면 이 세상의 악한 임금들과 그 임금들을 움직이는 어둠의 영이 나에게서 쫓겨난다. 주님께서 내 안의 왕으로 임하셔서 다스리고 이끄신다. 그러면 죽음의 신비는 우리에게 일상이다.

요 12:34-41

³⁴이에 무리가 대답하되 우리는 율법에서 그리스도가 영원히 계신다 함을 들었거늘 너는 어찌하여 인자가 들려야 하리라 하느냐 이 인자는 누구냐 ³⁵예수께서 이르시되 아직 잠시 동안 빛이 너희 중에 있으니 빛이 있을 동안에 다녀 어둠에 붙잡히지 않게 하라 어둠에 다니는 자는 그 가는 곳을 알지 못하느니라 ³⁶너희에게 아직 빛이 있을 동안에 빛을 믿으라 그리하면 빛의 아들이 되리라 예수께서 이 말씀을 하시고 그들을 떠나가서 숨으시니라 ³⁷이렇게 많은 표적을 그들 앞에서 행하셨으나 그를 믿지 아니하니 ³⁸이는 선지자 이사야의 말씀을 이루려 하심이라 이르되 주여 우리에게서 들은 바를 누가 믿었으며 주의 팔이 누구에게 나타났나이까 하였더라 ³⁹그들이 능히 믿지 못한 것은 이 때문이니 곧 이사야가 다시 일렀으되 ⁴⁰그들의 눈을 멀게 하시고 그들의 마음을 완고하게 하셨으니 이는 그들로 하여금 눈으로 보고 마음으로 깨닫고 돌이켜 내게 고침을 받지 못하게 하려 함이라 하였음이더라 ⁴¹이사야가 이렇게 말한 것은 주의 영광을 보고 주를 가리켜 말한 것이라

❖ ❖ ❖

³⁴이에 무리가 그에게 답하였다 "우리는 그리스도가 영원히 계신다고 함을 율법에서 듣습니다 그런데 당신은 어찌하여 '인자가 올려져야 한다'는 말씀을 하십니까? 이 인자는 누구입니까?" ³⁵예수께서 그들에게 말하셨다 "빛이 너희 중에 아직 잠시동안 있다 그 빛이 너희에게 있는 동안에는 다니거라 어둠이 너희를 정복하지 못하리라 어둠 가운데서 다니는 자는 자신이 가는 곳을 알지 못하리라 ³⁶너희에게 빛이 있는 동안에는 빛의 아들이 되도록 그 빛을 신뢰하라" 예수께서 이것들을 말하시고 그들을 떠나 숨으셨다 ³⁷그가 그들 앞에서 너무도 많은 표적들을 행했으나 그들은 그를 믿지 아니하니 ³⁸이는 선지자 이사야의 말씀을 이루려 하심이다 그가 말하였다 "주여 우리가 들은 바를 누가 믿었으며 주의 팔이 누구에게 나타난 것입니까?" ³⁹그들이 믿을 수 없었던 것은 이것 때문인데 이사야가 다시 말하기를 ⁴⁰"그가 그들의 눈을 안보이게 하셨으며 그들의 마음을 완고하게 하셨으니 이는 그들로 하여금 눈으로 보고 마음으로 깨달아 돌이켜 내가 그들을 고치게 되지 않도록 하려 함이라"고 했다 ⁴¹그가 이렇게 말한 것은 그가 그의 영광을 보았기 때문이고 또한 그에 대하여 말한 것이었다

42

누가 믿었는가

유대인 무리는 율법에 대한 단편적인 지식에 근거하여 예수의 인자론을 반박한다. 그들은 인자의 화려한 면만 알고 어두운 면에 대해서는 무지하다. 모르면 겸손해야 정상인데 오히려 자신들의 부분적인 지식이 전부인 줄 알고 전부를 다 아시는 예수의 인자론을 멸시한다. 말문이 막힐 정도로 말귀를 못 알아듣는 그들에게 예수는 빛 이야기를 통해 인자는 빛이면서 그들 가운데서 잠시만 머문다는 긴박한 사실을 밝히신다. 그리고 그 빛이 곁에 있는 동안에 믿으라고 권하신다. 그러나 무리는 그런 믿음의 기회조차 조롱한다. 무수히 많은 표적들을 보았지만 그들은 불신을 택하였다. 기적의 말귀도 알아듣지 못하는 자들이다. 이 황당한 현상의 이유를 설명하기 위해 저자는 이사야의 글을 인용한다. 그들의 불신은 주님께서 그들의 눈을 가리시고 마음을 완고하게 만드셔서 돌이켜 고침을 받지 못하게 하시려는 조치의 결과였다. 여기에서 우리는 불신의 책임을 하나님께 돌려서는 안 되며 오히려 공의를 행하시는 하나님을 경외해야 한다.

³⁴이에 무리가 그에게 답하였다 "우리는 그리스도가 영원히 계신다고 함을 율법에서 듣습니다 그런데 당신은 어찌하여 '인자가 올려져야 한다'는 말씀을 하십니까? 이 인자는 누구입니까?"

자신이 땅에서 올려질 것이라는 예수의 말씀에서 그가 죽을 것이라는 뉘앙스를 감지한 유대인 무리가 반응한다. 죽음은 돌아옴이 없는 떠남이다. 이는 유대인 무리가 율법에서 듣고 이해하는 인자 개념과 충돌된다. 그들이 율법에서 배운 인자는 다니엘의 예언에 기초한다. "그에게 권세와 영광과 나라를 주고 모든 백성과 나라들과 다른 언어를 말하는 모든 자들이 그를 섬기게 하였으니 그의 권세는 소멸되지 아니하는 영원한 권세요 그의 나라는 멸망하지 아니할 것이니라"(단 7:14). 메시아 개념에 해당하는 인자는 영원한 권세를 가지고 영원히 멸망하지 않는 나라를 영원히 다스리는 분이시다. 모든 백성과 모든 나라와 모든 언어의 사람들이 섬겨야 할 분이시다. 즉 인자는 모든 사람들의 섬김 속에서 이 땅에 "영원히 계신다"는 것이 율법의 교훈이다. 그런데 예수는 "인자가 [땅에서] 올려져야 한다"고 말하신다. 죽어서 이 땅을 떠난다면 예수는 그들의 관점에서 볼 때 메시아일 수 없는 분이시다.

율법의 가르침과 다른 듯한 예수의 인자론을 들은 유대인은 자신을 인자라고 밝히신 예수께 그런 인자가 누구냐고 질문했다. 비아냥 함유량이 높은 질문이다. 유대인 무리는 성경이 가르치는 메시아 개념의 반쪽만 좋아했다. 다른 반쪽에 대한 지식의 부재 때문에 눈앞의 메시아도 알아보지 못하고 거만한 냉소를 함부로 투척한다. 보고 싶은 것만 보고 보기 싫은 것에는 눈을 감는 버릇의 수명은 끈질기다. 결국 그러다가 멸망으로 치닫는다. 메시아 개념도 왜곡하기 때문이다.

메시아 개념에는 양면성이 있다. 시편 22편은 메시아의 밝은 개념이 아니라 어두운 그늘을 예언하는 대표적인 본문이다. 거기에서 메시아는 여호와의 버림심을 당하는데 그 괴로움과 두려움이 너무나도 커서 어찌하여 그렇게 하시냐고 여호와께 묻고 또 물으신다. 사람들은 그를 사람이 아니라 벌레처럼 취급한다. 백성의 입은 조롱과 비방을 오물처럼 그에게 내뱉는다. 지인들은 핍박의 불똥이 튈까 앞다투어 꽁무니를 빼며 시선 한 줄도 그와 마주침이 없다. 많은 황소와 바산의 힘센 소들이 부르짖는 사자처럼 아가리가 찢어질 정도로 벌리며 삼키려고 한다. 두려움과 무기력함 속에서 메시아의 존재는 물처럼 쏟아지고 모든 뼈는 부서지고 마음은 밀랍처럼 녹고 언론은 입천장에 붙어 찍소리도 못하고 자신을 죽음의 진토에 두신 하나님께 대답 없는 질문만 연거푸 엎지른다. 개들이 사방으로 에워싸고 악한 자들이 수족을 번갈아 찌르고 또 찔러서 뼈가 수효를 셀 정도로 쓰라린 백색을 드러낸다. 자신의 유일한 생명을 악한 칼과 개에게서 건져 주시라고 기도해도 응답의 우편함은 야속하게 깨끗하다. 그런데도 메시아는 입에서 찬송을 강물처럼 쏟으신다. 인자는 이런 사람이다. 그러나 유대인은 메시아의 이러한 버려짐과 고난과 죽음의 어두운 과정을 간과했다. 십자가 없는 영광이 없다는 진리를 외면했다. 메시아에 대해 좋아하는 개념의 부분들만 골라내서 편집한 지식의 위험성은 율법 자체가 민족성인 유대인의 메시아 배척에서 확인된다. 그러나 메시아의 불편한 개념에는 이처럼 불순한 신앙을 걸러내는 아주 특별한 순기능도 있다.

메시아의 개념만이 아니라 우리의 삶과 신앙에도 명암이 공존한다. 인생은 기쁨과 슬픔, 행복과 불행, 형통과 곤고, 선인과 악인, 전쟁과 평화로 이루어져 있다. 죄가 세상에 들어왔기 때문에 생긴 불가피한 조합이다. 그러나 사람들은 교회나 삶의 현장에서 상처를 받고, 손해를 입고, 억울함을 당하면 신앙을 버리고 하나님을 떠날 생각부터 한다. 사람과의 관계도 다양한 성분으로 이루어져 있다. 만날 때가 있고 이별할 때가 있으며 사랑할 때가 있지만 미워할 때도 있고 도움을 받을 때도 있지만 주어야 할 시기도 찾아온다. 관계의 성급한 정리는 인생의 다채로운 구성물에 대한 무지에서 비롯된 오판의 사촌이다. 부부이든, 직장이든, 교회이든 그늘이 있다는 점을 인정하며 항상 사람을 아끼는 마음의 유지가 중요하다.

35예수께서 그들에게 말하셨다 "빛이 너희 중에 아직 잠시동안 있다
그 빛이 너희에게 있는 동안에는 다니거라 어둠이 너희를 정복하지 못하리라
어둠 가운데서 다니는 자는 자신이 가는 곳을 알지 못하리라

예수의 답변이 이어진다. 외관상 인자에 대한 유대인의 질문과 다소 동떨어진 답변이다. 예수께서 즉답을 피하시고 탈문맥적 교훈과 지시를 내리시는 것은 상대방에 대한 무시가 아니라 인간의 무모한 끝장토론 기세의 무용성과 부작용을 은근히 고발한다. 많은 사람들이 답 없는 하찮은 사안에 골몰하며 세월을 낭비한다. 재능과 재물을 허비한다. 예수는 화제의 조용한 전환으로 대화의 주도권을 잡으시고 상대방을 본질적인 진리 가운데로 이끄신다. 이때는 '왜 묻는 말에 답하지 않느냐'고 따지거나 '비겁하게 피하지 말라'고 몰아치지 말고 예수의 지혜로운 주제 선정과 논지전개 방식에 탑승하면 된다. 진리 자체이신 예수는 우리를 본질 속으로 이끄심에 있어서 이 세상의 어떠한 화술보다 뛰어난 분이시다. 비록 무리의 인간적인 논리에 부합한 답변은 아니지만 그가 말하시는 "인자"와 "빛"은 은밀하게 결부되어 있다.

예수는 "빛"이 그들에게 "잠시동안 더" 있을 것이라는 사실을 알리신다. 인자는 빛처럼 모든 사람에게 햇살을 선물하고 잠시 후 떠나간다. "잠시"(μικρὸν χρόνον)라는 말에서 우리는 신앙의 시급성과 경각심을 느끼고 "더"(ἔτι)라는 말에서 아직은 신앙의 기회가 사라지지 않았음을 직감한다. 예수는 자신을 신뢰하지 않고 논쟁을 벌이며 예수의 메시아 되심을 부정하는 무리에게 화끈한 꾸지람과 멸망의 선언이 아니라 자비의 손을 내미신다.

빛과의 조속한 동행을 권하신다. 빛이 곁에 있으면 어디를 가더라도 어둠에 결박되지 않는다는 상식도 전하신다. 빛 가운데에 거한다는 것은 밝은 장소가 아니라 빛과의 동행을 의미한다. 아무리 캄캄한 장소에 있더라도 빛과 동행하면 어둠이 떠나간다. 예수는 빛이 곁에 있을 동안에 "다니라"(περιπατεῖτε)고 명하신다. 빛이 있어야 제대로 사는 것이고 빛이 없으면 사는 게 사는 게 아니라는 말씀이다. 빛과 동행하면 우리가 불 가운데에, 물 가운데에, 사망의 음침한 골짜기에 있더라도 그 빛이 우리를 지켜준다(시 23:4; 사 43:2). 세상은 물과 불의 위협이 가득한 사망의 음침한 골짜기와 같다. 빛이 없으면 살아갈 수 없으며 아무리 강해도 어둠의 먹거리가 된다.

빛과 어둠의 대조로 인자를 설명하는 예수의 말씀은 복잡하지 않고 난해하지 않다. 인자는 빛이기 때문에 당연히 어둠을 결박한다. 그런데 어둠을 결박하는 방법은 자신의 죽음이다. 죽기 전까지의 시간은 이제 "잠시"에 불과하다. 예수는 그 "잠시"의 기회를 무리에게 베푸신다. 예수께서 떠나시는 것은 믿음의 기회도 떠나가고 구원도 떠나가고 하나님의 나라도 떠나감을 의미한다. 여기에서 "잠시"는 예수의 죽음 전까지의 시간을 의미하며 동시에 인생의 길이도 암시한다. 사람은 살아있는 동안에만 신앙의 기회가 주어지고 죽으면 그 기회가 사라진다. 사는 동안에 예수를 믿지 않으면 어둠 가운데서 살아간다. 정확히 말하면 어둠이 "강력하게 잡는다 혹은 정복한다"(καταλαμβάνω). 어둠 혹은 "어둠의 세상 주관자들 및 하늘에 있는 악의 영들"(엡 6:12)은 가만히 있지 않고 힘써 경건한 사람들을 정복하려 든다. 어둠의 노예가 되면 자신이 걸어가는 길도 모르고 그 길의 종착지도 알지 못한다고 한다. 영원한 어둠에 영원히 결박되는 것이 어둠의 끝이라는 사실에 대해 사람들은 무지하다.

³⁶너희에게 빛이 있는 동안에는 빛의 아들이 되도록 그 빛을 신뢰하라"
예수께서 이것들을 말하시고 그들을 떠나 숨으셨다

예수는 그들에게 빛이 있는 동안에 "빛의 아들"이 되라고 권하신다. 빛의
아들을 어떤 어둠이 감히 건드릴 수 있겠는가! 지극히 위대하신 하나님의
아들은 지금 최고의 진리와 복을 무리에게 전하신다. 얼마나 놀랍고 감사
한 자비인가! "빛의 아들"은 이 세상이 주지 못하는 신분이다. 세상에는 그
런 신분을 줄 능력이 있는 사람이, 빛의 아들이 누구인지 아는 사람이 하나
도 없기 때문이다. 예수는 빛의 아들이 되는 유일한 방법이 예수라는 빛을
신뢰하는 것이라는 설명도 더하시며 그 빛을 "믿으라"(πιστεύετε)고 명하신
다. 명령은 언제나 우리에게 주어지는 하나님의 복이 인간의 분별력과 판
단력에 근거한 의지의 자유로운 선택이 전혀 필요하지 않을 정도로 너무
도 확실하고 고귀할 때 주님께서 취하시는 어법이다. 믿음은 어둠의 자식
을 빛의 아들로 바꾸는 능력이다. 그런 능력을 주시려는 주님은 무리에게
믿는 방식으로 받으라고 명하신다. 덧없는 세상에서, 잠시 있다가 지나가
는 이 세상에서, 빛의 자녀라는 영원한 신분을 아무런 값도 지불하지 않고
그저 믿음으로 말미암아 영원히 얻는다는 것이 얼마나 놀라운 주님의 은
총인가!

빛과 어둠 이야기와 빛을 믿으라는 명령을 끝마치신 예수는 무리를 떠
나 "숨으셨다." 이는 그에게 죽음의 순간이 이르지 않고 아직 닷새가 남았
기 때문이다. 대단히 소중하고 짧은 시간이다. 인생에 닷새가 남았다면 무
엇을 하겠는가? 무리와의 논쟁을 지속하는 것보다 예수는 다른 중차대한
일정을 위해 스스로 숨으셨다. "숨는다"(πρύπτω)는 것은 타인과의 불필요
한 갈등과 다툼을 차단하여 환경에 휩쓸리지 않고 스스로 계획한 일에 집
중하기 위한 의도적인 고립이다. 이는 오늘날 지인들의 마음을 애타게 하
고 자책과 반성을 촉구하는 잠수 타기와는 구별된다. 예수의 숨으심은 하

나님의 영광과 우리의 구원을 위함이다. 주님은 적당한 때에 적당하게 숨으신다.

자신의 과도한 노출과 과도한 은둔은 자제함이 좋고 숨김과 나타냄의 비율은 적정해야 한다. 이 비율 조절에 실패하면 과도하게 보이는 관종이 되기도 하고 과도하게 숨기는 자폐에 빠지기도 한다. 노출과 은둔의 적정한 비율은 주님의 뜻에 맡기는 게 상책이다. 그분께서 가리시면 은둔 속에서 조용히 신앙의 내공을 기르고 등경 위에 올리시면 왕성한 선행으로 아버지 하나님의 온전함을 드러내면 된다. 예수의 거동은 언제나 아버지의 시간표에 근거한다. 동시에 그 거동은 인간의 유익을 위함이다. 때로는 자신을 보이셔서 인간에게 빛을 체험하게 만드시고, 때로는 자신을 가리셔서 인간적인 광기의 분출을 적당히 막으신다.

³⁷그가 그들 앞에서 너무도 많은 표적들을 행했으나 그들은 그를 믿지 아니하니

예수는 "너무도 많은"(τοσοῦτος) 표적들을 행하셨다. 게다가 무리 "앞에서"(ἔμπροσθεν) 눈에 보이도록 행하셨다. 이 부분을 저자는 강조한다. 전해서 들은 간접적인 경험이 아니었다. 그런데 무리는 그 많은 표적들을 자신들의 눈으로 직접 보고서도 믿기를 거부했다. 표적의 목적은 목격한 자들의 믿음이다. 자연을 본 사람들도 하나님을 모른다고 핑계하지 못하는데 초자연을 보고서도 믿지 않는다면 어찌 변명할 수 있겠는가! 그들의 불신은 예수의 부실한 실력 때문이 아니었고 경험한 표적들의 분량이 부족했기 때문도 아니었다. 믿음에 필요한 모든 외적 요소들이 다 갖추어져 있음에도 불구하고 믿지 않았다는 것은 그들의 완고한 마음과 지독한 교만을 보다 확실하게 고발한다. 기적의 많은 체험이 큰 신앙을 보증하지 않는다는 사실은 예나 지금이나 동일하다. 지극히 사소한 것에서도 감동하여 하

나님께 돌아오는 사람들이 있는 반면에, 초유의 기적들을 무수히 많이 경험해도 하나님을 계속 거부하는 사람들도 있다. 논리와 상식이 마비되는 현상이다. 이런 의문을 이사야 선지자가 풀어준다.

38이는 선지자 이사야의 말씀을 이루려 하심이다 그가 말하였다
"주여 우리가 들은 바를 누가 믿었으며 주의 팔이 누구에게 나타난 것입니까?"

무리의 불신은 이사야의 예언(사 53:1)이 성취되는 일이라고 저자는 설명한다. 구약과 신약을 예언과 성취라는 구도로 본다면 구약은 신약의 모든 시대에도 대단히 소중하고 여전히 유효하다. 하나님의 예언은 신약이든 구약이든 그 효력이 특정한 시대에 국한되지 않고 모든 시대에 적용된다. 그래서 말씀은 영원하다. 예수를 믿는 것과 믿지 않는 것도 구약에 예언되어 있다고 저자는 강조한다. 즉 모든 믿음과 모든 불신은 그 예언의 성취이다. 예언은 믿음이나 불신의 원인이 아니며 미리 알려주는 기능을 수행한다. 동시에 역사의 모든 개별적인 사건이 우연이 아니라 하나님의 섭리 안에서 생긴다는 사실을 가르친다. 예언과 성취의 모든 세세한 사례들이 성경에 다 열거되어 있지 않더라도 그 사실의 추정은 가능하다.

그렇다면 역사의 모든 일은 하나님의 뜻과 무관하지 않다. 하나님의 뜻이 담긴 성경의 기록된 말씀은 비록 문자에 저장되어 있지만 히브리서 저자의 말처럼 살아있고 운동력도 있다(히 4:12). 말씀의 그 놀라운 신적 역동성이 만물을 유지하고 그 만물이 특정한 목적을 위해 굴러가는 역사의 바퀴를 움직인다. 그래서 히브리서 저자는 주님께서 그 "능력의 말씀"으로 만물을 붙들고 계신다고 기록한다(히 1:3). 눈으로 관찰되는 원인과 결과에 지성의 코를 박고 해석하고 처방하는 우리와는 달리, 요한을 비롯한 사도들은 수천 년을 한 눈에 보는 광범위한 시야를 가지고 역사를 해석한다. 유대

인의 불신을 7백 년 전의 선지자가 쓴 한 문장과 결부시켜 이해한다. 시간의 역사를 끊어서 이해하지 않고 하나의 거대한 서사로 이해한다.

이사야는 복된 소식을 전파한 사람이다. "좋은 소식을 전하며 평화를 공포하며 복된 좋은 소식을 가져오며 구원을 공포하며 시온을 향하여 이르기를 네 하나님이 통치하신다 하는 자의 산을 넘는 발"이 지극히 아름다운 발이라고 노래했다(사 52:7). 그런데 이사야도 궁금했다. 왜냐하면 하나님의 말씀을 들은 선지자가 들은 바를 아무리 힘써 전파해도 듣기를 거부하는 사람들이 너무도 많았기 때문이다. 세상의 잡다한 정보에 대해서는 귀를 쫑긋 세우면서 하나님의 영원한 진리에 대해서는 너무도 냉담하다. 바울은 믿음이 들음에서 난다고 가르친다(롬 10:17). 그런데 이사야는 들어도 믿지 않는 기이한 일을 경험한다. 그래서 이사야는 사람들의 들음과 믿음의 엇갈림이 무엇에 근거한 것인지를 주목한다. 수많은 기적들을 통해서도 믿게 만들지 못했다면 기적보다 더 큰 능력이 필요하다. 그래서 이사야는 "주의 팔"(βραχίων κυρίου)에 대해 언급한다. 다른 무엇보다 강한 주님의 권능이 임하지 않는다면 마음의 변화, 즉 불신에서 신뢰로의 영적 변화를 기대할 수 없기 때문이다. "주의 팔"에 대한 이사야의 언급을 인용하며 저자는 지금 한 사람의 믿음이 사람의 듣는 행위나 들을 능력이나 무수한 기적들의 경험에 의해 좌우되지 않는다는 사실을 강조한다. "주의 팔"을 보여줄 사람의 선택은 그 사람 자신이 아니라 주님의 권한이다. 진정한 메시아의 의미가 이런 "팔"이라는 단어로 부각된다. 메시아는 믿을 자를 결정하고 그 사람의 구원도 결정하고 그 구원을 자신의 팔로 친히 이루신다. 이는 그 누구의 간섭이나 그 어떤 변수의 개입도 허용되지 않는, 지극히 자비로운 절대적 주권이다.

³⁹그들이 믿을 수 없었던 것은 이것 때문인데 이사야가 다시 말하기를
⁴⁰"그가 그들의 눈을 안보이게 하셨으며 그들의 마음을 완고하게 하셨으니
이는 그들로 하여금 눈으로 보고 마음으로 깨달아 돌이켜
내가 그들을 고치게 되지 않도록 하려 함이라"고 했다

저자는 수많은 기적들을 체험한 무리가 믿을 수 없었던 구체적인 원인을 설명한다. 무엇보다 "이것 때문"(διὰ τοῦτο)이라는 말에서 우리는 원인 없는 불신은 없다는 사실을 확인한다. 그러나 신앙이나 불신의 궁극적인 원인은 사람에게 감추어져 있다. 이런 경우에는 주님께 따지며 해명을 독촉할 것이 아니라 모든 것을 주관하고 계시는 그를 경외하는 것이 우리의 최선이다. 그리고 저자는 "그들이 믿을 수 없었다"고 말하면서 믿을 수 있는 능력이 사람에게 있지 않음을 명시한다. 만약 인간이 불신의 어떠한 원인보다 더 강하다면 스스로 믿음에 이르는 것이 가능하다. 그러나 저자의 주장처럼 인간이 스스로 믿을 수 없다면 불신의 원인을 제어하는 능력이 인간에게 없음이 분명하다.

저자는 이사야의 다른 기록(사 6:9-10)을 인용한다. 거기에서 하나님은 이스라엘 백성의 눈을 안보이게 만드셨고 그들의 마음도 완고하게 만드셨다. 그 목적은 "그들로 하여금 눈으로 보고 마음으로 깨달아 돌이켜" 그에게서 "고침을 받지 못하게 하려 함"이셨다. 여기에서 백성의 불신은 그들의 잘못이 아니라 마치 고침을 저지하신 하나님의 책임인 것처럼 그려진다. 그러나 이사야 6장의 문맥을 보면 백성의 심각한 상태가 묘사되어 있다. 그들은 "거짓으로 끈을 삼아 죄악을 끌며 수레 줄로 함 같이 죄악을 끄는 자들"이다(사 5:18). "악을 선하다 하며 선을 악하다 하며 흑암으로 광명을 삼으며 광명으로 흑암을 삼으며 쓴 것으로 단 것을 삼으며 단 것으로 쓴 것을 삼는 자들"이다(사 5:20). 뇌물로 공의의 허리를 꺾고 독주를 즐기며, 무엇보다 여호와의 율법을 버리고 그의 말씀을 멸시한 자들이다(사 5:23-

24). 저자가 인용한 이사야의 기록은 그런 맥락에서 하나님이 이스라엘 백성에게 행하신 정의의 집행을 묘사한다. 하나님의 영원한 예정과 직결된 것이 아니라 하나님의 공의로운 성품을 드러내는 문장이다.

이는 로마서 1장에서 바울이 사용한 어법과 비슷하다. 거기에서 바울은 하나님께 마땅히 돌려야 할 감사와 영광을 철저히 배격하고 오히려 부패한 종교성과 타락한 지성과 무질서한 정욕과 불의의 합법화로 광기를 부리는 자들에 대해 하나님은 "마음의 정욕대로 더러움에 내버려 두사 그들의 몸을 서로 욕되게" 하셨고 "합당하지 못한 일을 하게 하셨다"고 기록한다(롬 1:21-31). 이러한 하나님의 조치를 바울은 "그들의 그릇됨에 상당한 보응"으로 이해한다(롬 1:27). 이처럼 하나님은 그들의 그릇됨에 대한 원인 제공자가 아니시다. 오히려 그들의 그릇됨에 대한 정의를 행하신다.

타락한 백성에게 하나님은 그들의 눈을 가리셨다. 이는 인간이 주님께서 보기 원하시는 그것을 보지 못하고 자신이 보고 싶은 허탄한 것만 보게 되는 현상을 의미한다. 이는 주님의 관점을 스스로 무시하고 버린 자들에게 나타나는 공의로운 현상이다. 여기에는 하나님의 어떠한 강제와 강요도 없기에 하나님의 주권을 나타내는 동시에 보지 못하는 책임을 하나님께 추궁할 수 없음도 나타낸다.

그리고 하나님은 부패한 백성의 마음을 완고하게 만드셨다. 그들이 가진 마음의 완고한 상태를 그대로 두셨음을 의미한다. 하나님은 "그들에게 한 마음을 주고 그 속에 새 영을 주며 그 몸에서 돌 같은 마음을 제거하고 살처럼 부드러운 마음을 주실" 수 있으시다(겔 11:19). 그러나 주시지 않으셨다. 그러므로 하나님은 그들의 완고한 마음에 대한 책임이 전혀 없으시다. 여기서도 그분의 공의로운 주권만 드러난다.

나아가 눈을 가리시고 마음의 완고함을 두신 이유는 하나님께 돌이키지 못하게 하기 위함이다. 그래서 하나님의 고치심을 받지 못하게 하기 위함이다. 이유가 대단히 특이하다. 즉 하나님의 백성이 그에게로 돌이키는

(στρέφω) 것은 성경에서 변함없는 그분의 뜻이었기 때문이다. 그들이 돌이키지 못하게 하셨다는 말의 의미는 그들이 스스로는 돌이킬 수 없다는 인간의 무능력과 절망을 암시한다. 이는 인간이 죄라는 돌아오지 못하는 강을 스스로 건넜기 때문이다. 돌아오기 위해서는 길을 찾아야 하는데 그 길이 그들에게 없기 때문이다. 그런데 말라기는 "아버지의 마음을 자녀에게," "자녀들의 마음을 아버지"께 돌이키게 하는 선지자 엘리야(말 4:6) 즉 세례 요한에 대해 예언하고 있다. 그렇게 돌이키게 한 요한은 돌이키는 길이 아니었고 그 길을 예비하는 소리였다(요 1:23). 예수만이 길이시다.

이사야는 주님께서 백성으로 하여금 돌이키지 못하게 하셨어도 만약 그들이 돌이키면 "내가 그들을 고칠 것이라"(ἰάσομαι αὐτούς)는 고침의 여지를 슬그머니 그 문장에 삽입한다. 그런 하나님의 은밀한 긍휼을 빠뜨리지 않고 기록한다. 이는 인간이 자신을 스스로 고칠 수 없다는 무능력을 지적함과 동시에 주님께서 돌이키는 길을 친히 만드셔서 그 길로 그들이 돌이키게 되면 그가 고치실 것이라는 약속도 암시하고 있다. 이 구절도 길 되신 예수를 가리키는 역설적인 예언이다. 저자는 성경이 예수를 가리켜 기록된 것임을 이사야의 한 문장을 통해서도 강조하고 있다.

⁴¹그가 이렇게 말한 것은 그가 그의 영광을 보았기 때문이고
또한 그에 대하여 말한 것이었다

저자는 자신이 인용한 글을 기록한 이사야의 동기와 의도를 해석한다. 동기는 이사야가 주의 "영광"(δόξα)을 보았기 때문이다. 의도는 주에 대하여 말하기 위함이다. 백성의 눈을 가리고 그들의 마음을 완고하게 만드신 것은 부정적인 사건인데 어떻게 이사야는 주의 영광을 보았을까? 이사야 6장의 문맥으로 돌아가면 그는 하나님의 옷자락이 성전에 가득한 것을 보

았으며 스랍들은 "거룩하다 거룩하다 거룩하다 만군의 여호와여 그 영광이 온 땅에 충만하"고 노래했다(사 6:3). 이사야도 여호와의 영광을 보았는데 화를 당하고 망하게 되었다며 탄식했다. 하나님의 위대한 영광 앞에서는 아무리 거룩한 선지자라 할지라도 오물에 불과하기 때문이다. 빌닷의 고백이다. "하나님 앞에서 사람이 어찌 의롭다 하며" "어찌 깨끗하다 하랴 보라 그의 눈에는 달이라도 빛을 발하지 못하고 별도 빛나지 못하거든 하물며 구더기 같은 사람, 벌레 같은 인생이랴"(욥 25:4-6). 죄 사함을 받은 이후에 이사야는 백성에게 보낼 자를 찾으시는 주님의 부르심에 응답하며 자신을 보내 주시라고 청하였다.

저자가 인용한 이사야의 기록은 백성에게 전달해야 할 말이었다. 하나님은 자신의 영광을 위하여 부패한 백성의 귀를 막으시고 눈을 감기신다. 이를 위하여 선지자의 머리를 덮으셨고 선견자의 눈을 가리셨다. 이는 올바른 것을 보여주지 말고 올바른 말을 전하지 말라고 말한 백성의 패역함에 대해 내려진 지극히 공의로운 조치였다. 이사야의 경우처럼, 하나님의 영광을 보면 인간의 심각하고 절망적인 부패성이 눈에 들어온다. 영광과 수치가 대조된다. 그런 인간은 하나님께 돌이킬 자격도 없고 고침이 아니라 고통을 받아야 마땅함을 깨닫는다. 그래서 이사야는 하나님의 무서운 정의를 말하였다.

그런데 저자에 따르면 인용된 이사야의 기록은 예수에 대하여(περὶ αὐτοῦ) 말한 것이었다. 무서운 정의의 심판 이후에 예수라는 희망의 싹이 돋아난다. 물론 인용문 안에는 예수라는 단어도 없고 그리스도 혹은 메시아에 대한 언급도 없는데 저자는 그렇게 해석한다. 이는 베드로의 말처럼 성령의 감동을 받은 사람이 하나님께 받아서 기록한 해석이다(벤후 1:21). 저자는 성경에서 예수를 읽어낸다. 예수와 무관해 보이는 이사야의 한 문장도 예수에 대하여 기록한 것이라고 해석한다. 이는 성경에 대한 그리스도 중심적인 독법이다. 그리고 저자는 이사야서 기록의 저자성 문제에 대해서 해석의 모범을 제시한다. 오늘날 많은 학자들은 이사야서 저자의 복수성을 주장하며 그 책을 동일한 이사야가 아니라 제1 이사야와 제2이사야, 심지어 제3 이사야가 쓴 글들의 편집물로 이해한다. 그러나 요한복음 저자는 이사야 6장이나 53장이나 동일한 선지자 "이사야"가 썼다는 입장을 고수한다. 바울도 동일한 입장을 고수한다. 그는 이사야 1장 9절, 10장 22절, 65장 1-3절을 인용하며 단일한 저자의 이름 "이사야"를 거명한다(롬 9:27-29, 10:20-21). 저자의 이름을 명시되지 않은 구약 성경들의 저자성 문제를 다룸에 있어서는 사도들의 관행과 해석과 표현을 따르는 것이 최선이다.

⁴²그러나 관리 중에도 그를 믿는 자가 많되 바리새인들 때문에 드러나게 말하지 못하니 이는 출교를 당할까 두려워함이라 ⁴³그들은 사람의 영광을 하나님의 영광보다 더 사랑하였더라 ⁴⁴예수께서 외쳐 이르시되 나를 믿는 자는 나를 믿는 것이 아니요 나를 보내신 이를 믿는 것이며 ⁴⁵나를 보는 자는 나를 보내신 이를 보는 것이니라 ⁴⁶ 나는 빛으로 세상에 왔나니 무릇 나를 믿는 자로 어둠에 거하지 않게 하려 함이로라 ⁴⁷사람이 내 말을 듣고 지키지 아니할지라도 내가 그를 심판하지 아니하노라 내가 온 것은 세상을 심판하려 함이 아니요 세상을 구원하려 함이로라 ⁴⁸나를 저버리고 내 말을 받지 아니하는 자를 심판할 이가 있으니 곧 내가 한 그 말이 마지막 날에 그를 심판하리라 ⁴⁹내가 내 자의로 말한 것이 아니요 나를 보내신 아버지께서 내가 말할 것과 이를 것을 친히 명령하여 주셨으니 ⁵⁰나는 그의 명령이 영생인 줄 아노라 그러므로 내가 이르는 것은 내 아버지께서 내게 말씀하신 그대로니라 하시니라

❖ ❖ ❖

⁴²그러나 그럼에도 불구하고 관원들 중에서도 많은 이들이 그를 믿었지만 바리새파 사람들 때문에 출교 당하는 자들이 되지 않도록 드러내어 말하지 아니했다 ⁴³이는 그들이 하나님의 영광보다 사람의 영광을 더 사랑했기 때문이다 ⁴⁴예수께서 외쳐 말하셨다 "나를 믿는 자는 나를 믿는 것이 아니라 나를 보내신 이를 믿는 것이며 ⁴⁵나를 보는 자는 나를 보내신 이를 보는 것이다 ⁴⁶나는 세상에 빛으로 왔으며 이는 나를 믿는 모든 자가 어둠 가운데에 거하지 않게 하기 위함이다 ⁴⁷만일 누군가가 내 말을 듣고 지키지 않더라도 나는 그를 심판하지 않는데 이는 내가 세상을 심판하는 것이 아니라 세상을 구원하기 위해 왔기 때문이다 ⁴⁸나를 거부하고 내 말을 받지 아니하는 자에게는 그를 심판하는 것이 있는데 내가 한 그 말이 마지막 날에 그를 심판할 것이다 ⁴⁹이는 내가 스스로 말하는 것이 아니라 아버지께서 내가 무엇을 말해야 하고 내가 무엇을 일러 주어야 하는지[에 대한] 명령을 주셨기 때문이다 ⁵⁰나는 그의 명령이 영원한 생명임을 안다 그러므로 내가 말하는 것들을 나는 아버지께서 나에게 말씀하신 것을 따라 말하노라"

예수의 믿음관

관원들 중에도 믿는 사람들이 많았다고 저자는 기록한다. 그러나 그들은 출교가 두려워 자신의 신앙을 드러내지 못했다고 한다. 출교보다 더 근원적인 이유는 그들이 하나님의 영광보다 사람의 영광을 더 사랑했기 때문이다. 이것이 참된 신앙인가? 예수를 믿는다는 것은 예수만이 아니라 그를 보내신 아버지 하나님을 믿는 것도 포함한다. 믿음은 하나님의 영광을 더 사랑해야 가능하다. 예수를 믿으면 어둠 속에 거하지 않고 빛으로 나아간다. 어두운 세상의 빛으로 살아간다. 이처럼 믿음은 예수의 말씀을 듣고 깨달음과 그 말씀을 살아내는 실천으로 구성되어 있다. 즉 어떠한 두려움도 없이 하나님을 더 사랑하고 그의 말씀을 듣고 순종해야 믿음이다. 이러한 참 신앙은 관원들의 비겁한 신앙과 대조된다. 예수의 초림은 심판을 위함이 아니라 구원을 위함이다. 재림의 때에는 모든 사람이 심판을 받는데, 예수의 말씀이 그 심판의 기준이다. 예수의 말씀은 곧 그를 보내신 아버지 하나님의 말씀이고 그 말씀은 곧 영원한 생명이기 때문에 그 말씀을 기준으로 영원한 생명과 영원한 죽음이 갈라진다. 예수를 믿는다는 것은 시간과 영원 모두와 결부되어 있다. 말씀이신 예수를 믿고 순종하는 것은 영원한 생명의 영원한 취함과 누림을 의미한다.

⁴²그러나 그럼에도 불구하고 관원들 중에서도 많은 이들이 그를 믿었지만
바리새파 사람들 때문에 출교 당하는 자들이 되지 않도록 드러내어 말하지 아니했다

이사야의 예언을 따라 눈이 어둡고 마음이 완고하여 주님께로 돌이키지 않고 고침을 받지 못하는 무리가 있지만, "그럼에도 불구하고"(ὅμως) 예수를 믿은 사람들이 있다. "그럼에도 불구하고"는 절대로 믿을 것 같지 않은 사람이, 혹은 절대로 믿을 수 없는 상황에서 믿었을 때 사용되는 접속사다. 믿음은 사람의 상식과 짐작을 벗어나는 현상이다. 예측을 불허하기 때문에 속단은 금물이다. 아무리 놀라운 기적들을 무수히 보았어도 믿지 않았던 무리를 생각하면 믿을 사람이 하나도 없겠다는 우려가 소망을 목 조인다. 그러나 저자는 "그럼에도 불구하고" 믿는 사람들이 있다고 증거한다. 모든 사람들이 하나님을 떠나고 불의한 자들이 하나님 따르는 경건한 사람들을 죽여서 신앙의 씨를 말리려고 한 때에도 여전히 7,000명의 신실한 사람들이 있었던 엘리야 시대의 상황(왕상 19:18)은 이처럼 신약의 시대에도 반복된다. 이런 역사의 패턴은 지금도 반복되고 있다. 대부분의 사람들이 기독교를 신뢰하지 않고 범국민적 비방과 조롱을 쏟아내고, 심지어 교회에 다니던 이들조차 떠나가는 지금의 시대에도 여전히 주님을 신실하게 따르는 많은 무리가 어딘가에 있다.

예수를 믿은 사람들의 신분은 관원이다. "관원"(ἄρχων)은 공적인 기관에서 백성을 위해 공적인 직무를 수행하는 지도자를 의미한다. 당시에는 부와 권세를 가지고 백성 위에 군림하는 지도자일 가능성이 높다. 그런데 그러한 "관원들 중에서도 많은 이들이 그를 믿었"다고 한다. 여기에서 저자

는 "도"(καί)라는 단어를 사용한다. 관원이 예수를 믿었다는 사실은 믿기 어렵다는 뉘앙스를 전하려는 의도로 사용된 낱말이다. 칼뱅의 말처럼, "명예와 재산과 계급에는 대개 교만이 따르게 마련이다." 부자나 권세자는 생존과 행복에 있어서 하나님께 아쉬울 게 없는 자들이다. 동시에 신앙으로 인해 문제가 생기면 잃을 게 많은 신분이 또한 관원이다. 내적인 교만과 물질적인 풍요와 외적인 상실이 신앙의 목덜미를 잡고 심술을 부르는 건 예나 지금이나 동일하다. 관원과는 달리, 낮고 가난한 사람들은 내세울 교만의 근거도 없고 잃어버릴 고가의 내용물도 없다. 자랑할 것도 내세울 것도 없는 자들이다. 자비롭고 정의로운 신이 없으면 살아갈 수 없고 예수를 믿어서 종교적인 박해를 당해도 잃을 게 없기 때문에 그들 중에는 믿는 사람들이 많다. 이런 방식으로 세상은 묘하게 공정하다. 그러나 관원들 중에서도 믿는 사람들이 많았다는 것은 저자가 보기에도 특이해서 "도"라는 말을 삽입했다. "많다"(πολύς)는 말에 대해 칼뱅은 "믿는 자의 수가 소수였을 뿐"이지만 믿음을 가지기 어려운 현실에서 보면 "많다"는 상대적인 의미를 주장한다. 그러나 나는 실제로 믿은 관원들이 많았다고 생각한다. 이는 "많다"를 상대적인 의미로 이해할 문맥적인 근거가 없기 때문이다.

그런데 많은 관원들이 믿었지만 그들은 자신들의 신앙에 대해 침묵한다. "출교"라는 바리새파 사람들의 강한 엄포가 두려웠기 때문이다. 유대인은 종교적인 민족이기 때문에 출교는 생매장 혹은 사형선고 같은 낙인이다. 한번 찍히면 유대 사회에서 머리 둘 곳이 없어진다. 출교된 사람은 유대인이 아니라 개 취급을 당하는 이방인의 하나로 간주되고 모든 공민권이 박탈되어 공동체 생활이나 종교 활동이나 취업이나 결혼의 권리도 사라지고 자신만이 아니라 온 가족 구성원이 출교자로 간주된다. 믿는 관원들은 믿음의 삶보다 세속의 삶을 택하였다. 자신들의 종교적 기득권을 유지하기 위해 출교라는 카드를 남발하며 유대 서민들과 관원들을 길들이는 당시의 저승사자 같은 권력자는 하나님의 율법을 관장하는 바리새파 무리였다. 많은 관원들이 예수를 믿었으나 찍소리도 내지 못하는 이유는 그들이 무서웠기 때문이다.

공동체가 부여한 최고의 제도적 권한을 사사로이 오용하는 그런 자들로 말미암아 도덕적인 인간 사회는 힘을 숭상하는 짐승들의 정글로 전락한다. 그런 실체를 은닉하기 위해 때로는 공정과 상식 같은 사회적 가치들을 앞세우고 때로는 범사회적 범죄자 소탕을 대대적인 홍보와 더불어 단행한다. 그러나 하나님이 보고 웃으신다.

43이는 그들이 하나님의 영광보다 사람의 영광을 더 사랑했기 때문이다

저자는 예수를 믿은 많은 관원들이 신앙에 대해 꿀 먹은 벙어리가 된 이유로서 출교의 두려움을 언급한 이후에 그것보다 더 실질적인 문제를 지적한다. 즉 "그들이 하나님의 영광보다 사람의 영광을 더 사랑했기 때문이다." 출교의 두려움은 나약한 침묵의 외적인 원인이다. 그러나 인간의 영광에 대한 애착은 비열한 침묵의 내적인 원인이다. 두려움이 침묵의 원인이면 그 책임이 두려움을 제공한 자들에게 돌아간다. 그러나 인간적인 영광이 침묵의 원인이면 그 책임이 그런 영광에 집착하는 자신에게 돌아간다. 저자는 두려움을 제공한 바리새파 무리의 문제도 지적하고 인간적인 영광의 욕망에 도취된 관원들의 문제도 지적한다. 이처럼 저자의 분석과 설명은 절묘한 균형과 조화를 유지한다.

모든 사람은 영광을 사랑한다. "영광"(δόξα)은 "자신의 견해와 판단과 관점이 뛰어나서 타인의 칭찬과 존경과 높임을 초래하는 것"을 의미한다. 그런데 누구의 영광을 더 사랑하고 있느냐가 중요하다. "하나님의 영광"은 한 사람의 인격과 삶이 하나님의 칭찬을 받고 그의 인정을 받고 등경 위에 높여 주심을 받는 영광이다. 이것은 하나님께 영광을 돌릴 때에 주어지는 영

광이다. 이런 영광을 사랑하는 것은 하나님의 기준과 관점과 견해에 우리 자신을 맞추고 우리의 인생으로 그분을 나타내는 것을 의미한다. "사람의 영광"을 사랑하는 것은 사람들이 보기에 괜찮은 견해와 판단과 관점과 행실을 드러내서 인간적인 칭찬과 인정과 높임을 받으려는 욕망을 의미한다. 그런 사랑은 세상에 더 집착하게 만들고 인간의 부패한 본성만 드러낸다. 이처럼 하나님의 영광을 사랑하면 하나님께 얽매이고 사람의 영광을 사랑하면 사람에게 얽매인다. 사랑의 대상을 선택하는 것은 얽매여도 좋을 대상에 대한 선택을 의미한다. 그래서 사랑은 극도로 신중해야 한다.

바울은 하나님을 사랑하고 하나님의 진리를 사랑하고 진리가 인간의 형상으로 오신 예수라는 복음을 너무도 사랑하여 그 복의 담대한 전파를 위하여 "쇠사슬에 매인 사신이 된 것"을 기쁘게 여기며 자랑까지 한다(엡 6:20). 바울의 사랑은 그를 복음의 노예로, 예수의 노예로 만들었다. 그런데도 그는 불행하지 않고 행복하다. 무언가에 얽매이는 것은 모든 피조물의 본성이다. 어떠한 것에도 얽매이지 않는 자유는 완전한 신에게만 있다. 그래서 신적인 자유라고 한다. 하나님 외에는 그런 자유가 어떠한 이에게도 없다. 무언가에 얽매일 수밖에 없다면 얽매여도 괜찮을 최고의 무엇을 선택하는 것이 우리의 최선이다. 최고의 그 무엇은 "하나님의 영광"이다. 그렇지 않으면 믿어도 믿음을 숨기는 관원들의 비겁한 타협을 답습하게 된다. 바울은 하나님의 영광을 온전히 나타내신 "그리스도 예수께 잡힌 바 된 그것"을 추구했다(빌 3:12).

44예수께서 외쳐 말하셨다 "나를 믿는 자는 나를 믿는 것이 아니라
나를 보내신 이를 믿는 것이며

인간의 영광을 더 사랑한 믿는 관원들의 문제를 지적한 저자는 그 문제를

해결할 믿음에 대한 예수의 이야기로 화제를 전환한다. 예수는 믿음을 가졌으나 출교가 두렵고 사람의 영광 상실이 두려워서 공개적인 고백을 거부하는 많은 관원들의 비겁한 모습을 보면서 "외치셨다"(ἔκραξεν). 이 외침은 시뻘건 호통이 아니라 관원들의 움츠러든 신앙을 단단하게 만들기 위함이다. 참된 믿음을 알면 그 믿음을 당당하게 밖으로 꺼내고 그 믿음에 따른 사회의 거부감과 따돌림도 감수하게 된다. 그런 사회적 피해보다 영원한 생명을 주는 믿음의 유익이 훨씬 크다는 외침이다. 믿음의 나타냄은 빛을 발하는 일이기 때문에 결국에는 사회에도 유익하다.

　믿음의 대상이신 예수께서 친히 밝히신 참된 믿음의 본질은 무엇인가? 첫째, 예수를 믿는 자는 예수를 믿는 것이 아니라 예수를 보내신 아버지 하나님을 믿는 것이라고 말하신다. 이는 믿음의 개념을 확장하는 설명이다. 우리가 예수를 믿는다고 할 때 우리는 예수만 믿는다고 생각한다. 그러나 믿음의 끝은 예수를 넘어 보다 깊은 비가시적 근원으로 소급된다. 우리가 믿는 예수는 아버지의 보내심을 받은 메시아인 동시에 하나님의 아들인 동시에 하나님 자신이다. 그런데 예수에 대한 믿음은 그의 사명과 신분에 대한 믿음을 넘어 그를 보내시고 그에게 메시아의 사명을 부여하신 그의 아버지 하나님에 대한 믿음이다. 나아가 성부께서 성자의 이름으로 보내시는 보혜사 성령에 대한 믿음이다(성령에 대한 이야기는 요한복음 14-16장에서 등장한다). 히브리서 저자의 말처럼, 보이지 않는 것들의 증거를 취하는 믿음(히 11:1)은 보이는 예수만이 아니라 보이지 않으시는 아버지 하나님과 성령 하나님도 믿는 믿음이다. 그러므로 예수를 믿는다는 것은 성부와 성자와 성령으로 존재하고 계신 삼위일체 하나님에 대한 믿음을 의미한다. 신앙은 예수의 죽음과 부활을 믿는 십자가의 신학을 넘어 삼위일체 하나님의 영원한 영광을 사모하는 영광의 신학까지 이르러야 한다. 영광의 신학 없이 십자가 신학만 있으면 믿기는 믿어도 뜨겁기만 하고 맹목적인 열기로 전락하기 쉽다. 그러나 십자가 신학이 생략된 영광의 신학은 또한 종교적인 신기루에 불과하다.

예수를 넘은 삼위일체 신앙은 예수의 시대 이후로 기독교 역사의 초기에 확립된 신앙이다. 예수의 하나님 되심이나 사람 되심을 부인하는 것은 거짓된 신앙이다. 그러나 구약의 하나님을 배제하고 성령을 하나님이 아닌 피조물로 여기는 배타적인 예수 신앙도 거짓 신앙이다. 예수라는 머리가 배제된 교회 신앙이나 교회가 배제된 절대자 신앙도 거짓 신앙이다. 믿음의 선배들은 신학을 믿음과 선행으로 구분하고, 예수를 믿음의 대상으로 규정하되 그 예수는 하나님과 사람으로 다시 구분되고 하나님은 다시 존재와 사역으로 구성되고, 사람은 교회 공동체로 확장된다. 결국 믿음의 대상은 사도신경 안에 잘 나타난 것처럼 삼위일체 하나님과 교회로 구성되어 있다. 그러나 믿음의 대상이 둘이 아닌 것은 교회가 예수의 몸으로서 그의 존재에 참여하기 때문이다. 진실로 예수를 믿는다는 것의 이면에는 예수께서 가르치신 것처럼 예수라는 한 위격에만 국한되지 않는 믿음의 대상과 관련된 포괄성이 있다.

믿음의 거대한 비중이 보내신 분에게 있다는 예수의 말씀은 우리의 삶에도 적용해야 한다. 보냄을 받은 자보다 보내신 분이 더 중요하다. 예수는 제자들을 보내시고 제자들은 그들의 제자들을 또 보내고 그런 패턴의 무수한 반복으로 우리도 누군가에 의해 보냄을 받았고 궁극적인 면에서는 우리가 주님의 보내심을 받은 증인이다. 그렇다면 우리는 먼저 사람들로 하여금 우리를 신뢰할 수 있도록 예수의 증인다운 인격과 삶을 구비해야 한다. 나아가 우리를 신뢰하는 것에 멈추거나 만족하지 말고 우리를 보내신 주님을 믿도록 우리를 가리고 그분만 드러내며 사람들을 그에게로 인도해야 한다. 그러나 사이비 교주들은 하나님의 이름으로, 혹은 예수의 이름으로 사람들의 영혼을 미혹한 이후에 자신을 믿음의 궁극적인 대상으로 세우며 영혼을 유린한다. 신앙의 경로를 차단하고 영혼을 차지하는 것은 하나님께 돌려지는 찬양을 도중에 탈취한 사탄의 범행을 방불하는 죄악이다.

그리고 예수를 보는 자는 그를 보내신 아버지 하나님을 보는 것이라고 한다. 이 사실은 이후에 빌립에게 자신을 본 자는 아버지를 보았다고 하신 예수의 말씀에서 반복된다(요14:9). 믿음의 선배들은 "본다"(θεωρέω)는 말을 "안다"로 이해했다. 들어서 아는 지식보다 봄으로써 아는 지식이 더 선명하다. 실제로 "본다"는 말은 눈이라는 기관을 통해 무언가를 아는 지성적인 활동이다. 예수의 이 말씀은 그를 "하나님의 영광의 광채시요 그 본체의 형상"으로 이해한 히브리서 저자의 기록과도 연관되어 있다(히 1:3). 형상은 본체를 드러내기 때문에 예수는 하나님을 드러내는 분이시기 때문에 예수를 보는 자는 하나님을 본다. 같은 취지에서 "나와 아버지는 하나"라고 하신 예수 자신의 말씀도 주목해야 한다. "하나"(ἕν)라는 말의 문맥적인 의미들 중의 한 부분은 보는 대상의 일치성과 관계되어 있다. 예수는 아버지와 하나이고 아버지 형상의 본체이기 때문에 예수를 본 것과 아버지를 본 것은 동일하다.

예수는 자신을 본 자들이 아버지를 보지 못하는 문제가 발생하지 않도록, 그들의 시야를 가리는 장애물이 되지 않도록 자신을 철저히 감추셨다. 자신의 전부를 아버지께 맞추셨다. 자신을 비우시고 아버지의 성품과 뜻과 생각과 말씀과 마음과 계획 전체로 자신을 채우셨다. 자신을 보는 것과 아버지를 보는 것이 다르지 않을 정도로 철저하게 자신을 가리시고 아버지만 보이셨다. 우리도 주님의 보내심을 받았다면 우리를 본 모든 사람들이 우리의 주님을 보도록 만들어야 한다. 그러나 주님이 아니라 자신을 드러내고 싶은 게 인간의 본성이다. 주님을 아는 사람도 어처구니없이 그 본성에 굴복한다.

하나님의 택하심을 받은 이스라엘 민족의 대표성을 가진 태조 사울이 그런 본성을 잘 보여준다. 그는 하나님의 말씀을 버리는 최악의 죄를 범한 이후에도 사무엘의 겉옷을 붙잡고 찢어질 정도로 매달리며 "내 백성의 장로들 앞과 이스라엘 앞에서 나를 높"여 주시라고 부탁했다(삼상 15:30). 그는 하나님께 영광을 돌리지 못한 문제보다 자신의 위신이 실추되는 문제만 걱정하고 있다. 우리는 주님보다 자신이 돋보이고 싶은 욕망을 견제해야 하고, 주님께로 가야 할 뭇 사람들의 시선을 조용히 가로채는 약탈을 저지해야 한다. 주님을 이용하여 내가 유명하게 되고 돋보이게 됨을 추구하는 사람은 주님의 증인이 아니라 자신의 증인이다.

예수의 이 말씀을 기록한 저자는 그가 하나님의 아들임을 다시 한 번 증거한다. 예수께서 아버지 하나님을 보이시는 것 자체가 그가 하나님의 아들임을 증거한다. 아들 외에는 아버지를 아는 자가 없고 아버지를 보여줄 자는 더더욱 없기 때문이다. 우리도 하나님의 입양된 아들이다. 우리는 예수를 통해서 아버지 하나님을 안다. 아버지를 보이는 것도 우리는 직접 보여주지 못하고 우리를 보내신 예수를 보여주는 방식으로 보여준다. 바울의 말처럼, 하나님의 존재와 신성과 능력을 보이는 것은 피조물의 본래적인 사명이다(롬 1:20). 사명인 동시에 피조물이 누리는 최고의 영광이다. 그런 영광이 우리에게 주어졌다. 이는 죄로 말미암아 타락하고 부패하여 하나님의 영광에 스스로 이르지 못하는 인간에게 주어지는 최고의 회복이다.

⁴⁶나는 세상에 빛으로 왔으며
이는 나를 믿는 모든 자가 어둠 가운데에 거하지 않게 하기 위함이다

예수는 자신이 세상의 빛으로 오셨다는 사실을 다시 밝히신다. 빛으로 오신 이유는 무엇인가? 그를 "믿는 모든 자들이 어둠 가운데에 거하지 않게 하기 위함이다." 예수는 그 자신이 빛이시다. 그러나 세상은 어둠이다. 빛이 없으면 세상의 모든 사람들은 어둠 가운데서 산다. 그런데 세상에 빛으

로 오신 예수를 믿으면 어둠이 아니라 빛 가운데서 살아가게 된다. 빛 가운데서 사는 것은 우리의 영원한 빛 되시는 하나님의 눈앞에서의 벌거벗은 삶을 의미한다. 그래도 부끄럽지 않은 삶을 의미한다. 그런데 세상의 빛이신 예수께서 오셨지만 여전히 어둠 가운데에 거한다는 말의 의미는 무엇인가? 멜랑히톤은 어둠을 "하나님의 심판과 자비에 대한 무지"라고 한다. 어두운 세상은 하나님이 죄악을 심판하지 않으시고 긍휼을 베풀지 않으시는 분이라고 생각한다. 심지어 하나님이 없다고 간주한다.

그러나 빛이 어둠을 찾아오면 모든 게 밝아진다. 빛이 임한 믿음의 사람들은 하나님의 존재를 인식하게 되고 그분은 죄인에게 벌을 주시고 의인에게 상을 주시는 분이심을 안다. 하나님의 신성과 능력을 깨닫고 범사에 그분을 인정하고 의지하며 살아간다. 그런 사람들을 주님은 다시 세상에 빛으로 보내신다. 그들로 말미암아 세상은 밝아지고 하나님을 인정하게 된다. 만약 우리가 거하는 곳이 밝아지지 않는다면 우리는 주님의 보내심을 받은 세상의 빛이 아닐 가능성이 높다. 정치계든, 경제계든, 문화계든, 학문계든, 주님을 믿는 모든 사람들은 각자의 영역을 밝힐 빛의 고유한 사명을 감당해야 한다. 아무리 캄캄한 곳이라도 우리가 그곳에 거하면 조직과 경영와 재정의 밝기가 달라져야 한다. 어두운 세상 속에서도 어둠에 물들지 않고 빛으로 살아가는 자가 믿음의 사람이다.

이상에서 살펴본 예수의 설명에 의하면, 믿음은 신뢰하는 것이면서 아는 것이면서 보는 것이면서 사는 것을 포괄한다. 이처럼 믿음에는 신뢰와 지식과 경험과 삶이 어우러져 있다. 나아가 눈에 보이는 대상만이 아니라 그 대상을 보내신, 보이지 않는 대상까지 믿는 믿음이다.

⁴⁷만일 누군가가 내 말을 듣고 지키지 않더라도 나는 그를 심판하지 않는데 이는 내가 세상을 심판하는 것이 아니라 세상을 구원하기 위해 왔기 때문이다

믿음의 대상을 설명하신 예수는 이제 믿음의 개념과 더불어 자신이 세상에 오신 목적을 밝히신다. 그런데 지나가듯 믿음이 무엇으로 구성되어 있는지를 밝히신다. 그에 의하면, 믿음은 들음(ἀκούω)과 지킴(φυλάσσω)으로 구성되어 있다. 듣기만 하고 지키지 않거나, 듣지도 않고 행하기만 하거나, 듣지도 않고 행하지도 않는 것은 믿음이 아니며 오직 듣고 지키는 것만이 온전한 믿음이다. 들음과 지킴은 믿음의 두 기둥이다. 어느 것 하나만 없어도 믿음의 집은 무너진다. 우리는 예수의 믿음관을 이해함에 있어서 바울과 야고보가 모두 필요하다. 바울의 말처럼 믿음은 들음에서 나오지만(롬 10:17), 야고보의 말처럼 그 믿음은 행함으로 온전하게 된다(약 2:22). 여기에서 바울과 야고보가 주장하는 진리가 같지 않다거나, 바울은 행함을 간과하고 야고보는 들음을 무시한 것인 양 오해하지 않도록 주의해야 한다. 모든 선지자들 개개인과 모든 사도들 개개인은 예수라는 거대한 진리의 고유한 조각들을 기록한 사람이다. 그러므로 성경을 기록한 사람들이 진리의 다른 부분을 말했다고 해서 어느 하나가 틀렸다고 판단하는 것은 부당하다.

그리고 예수께서 오신 목적은 심판이 아니라 구원이다. 자신의 말을 듣고도 행하지 않는 사람들이 있다. 그런 자들을 예수는 심판하지 않으신다. 이 말씀은 자신을 믿지 않으면 "벌써 심판을 받은 것"(요 3:18)이라고 하신 예수 자신의 말씀과 충돌된다. 이 충돌을 이해하기 위해서는 예수를 믿으면 죽어도 살아나고 살아서 믿으면 영원히 죽지 않는다는 그의 말씀을 고려해야 한다. 이 말씀을 심판에도 적용하면, 예수를 믿지 않는 자는 지금 살았어도 죽은 것이고 죽어서는 영원한 죽음으로 들어간다. 요한복음 3장에 언급된 심판은 모든 현재에 진행되는 것으로서 믿음이 없다면 현재 살았어도 죽은 것을 의미한다. 여기(13장)에 언급된 심판은 믿음이 없다면 영

원한 죽음에 이른다는 것을 의미한다. 이 심판은 지금이 아니라 예수께서 온 세상의 심판자로 다시 오시는 날에 집행된다.

예수께서 오신 목적은 구원이다. 예수께서 다시 오시기 전까지는 항상 구원의 계절이다. 복음의 씨앗을 심으면 언제든지 구원의 열매가 결실한다. 예수의 보내심을 받은 우리도 세상의 심판이 아니라 세상의 구원을 위해 존재한다. 지금은 심판이 아니라 생명의 복음을 증거해야 한다. 그것이 인생의 코에 매달린 숨의 사명이다. 복음에 합당한 자가 되고 합당한 삶을 사는 것이 사명의 수행이다. 발만 움직여도 복음의 발자국이 남고 숨만 쉬어도 입에는 복음이 출입해야 한다. 그런데도 우리는 때를 얻든지 못 얻든지 심판의 언사를 토하는 일로 입술이 분주하다. 심판의 기준도 없고 심판의 자격도 없고 심판의 절기도 아닌데 부당한 판결의 봉을 마구 휘두른다. 종말이 오기 전까지 교회는 심판의 차가운 법정이 아니라 구원의 아늑한 방주여야 한다.

⁴⁸나를 거부하고 내 말을 받지 아니하는 자에게는 그를 심판하는 것이 있는데 내가 한 그 말이 마지막 날에 그를 심판할 것이다

예수께서 세상의 구원을 위해 오셨다는 것은 심판에 면죄부를 주는 것이 아니라는 점을 명심해야 한다. 예수를 거부하고 그의 말씀을 받지 아니하는 자에게는 엄중한 심판이 주어진다. 예수를 "거부한다"(ἀθετέω)는 것은 예수 "없이 지내는 것," 예수를 "경멸하는 것," 예수를 "무의미한 존재로 만드는 것" 등을 의미한다. 예수의 말씀을 "받는다"(λαμβάνω)는 것은 그 말씀을 "취하다, 선택하다, 수용하다" 등을 의미한다. 예수의 이 말씀에서 우리는 들음과 지킴으로 이루어진 믿음의 다른 표현을 확보한다. 예수를 인정하고 그의 말씀을 받는 것이 곧 믿음이다. 예수를 메시아와 하나님의 아들

로 인정하고 그의 말씀을 수용하는 것은 요한복음 1장에 기록된 것처럼 예수를 영접하는 것과 그 의미가 동일하다. 그래서 예수를 영접하는 것과 그의 말씀을 받는다는 것에 사용된 동사(λαμβάνω)도 동일하다. 예수는 하늘로 떠나 아버지의 보좌 우편에 앉으셨다. 이제 보이는 예수는 세상에 없으시다. 보이지 않으시는 예수를 믿는 최고의 방법은 그의 말씀, 그를 가리켜 기록된 말씀을 영접하고 지키는 것이라고 나는 생각한다. 말씀의 영접과 순종을 가능하게 만드는 것은 우리의 능력이 아니라 성령의 능력이다.

예수를 믿지 않는 것 자체가 진리와 생명과 길을 떠난 인생이기 때문에 불신은 현재 진행형 심판이다. 그러나 그런 불신의 사람에게 주어지는 궁극적인 심판의 시점은 "마지막 날" 즉 종말이다. 예수께서 앞에서 밝히신 것처럼 "악한 일을 행한 자는 심판의 부활"(요 5:29)로 마지막 날에 일어난다. 시간의 역사가 끝나는 때의 심판을 미리 말하시는 것은 미리 알아야 할 이유가 있기 때문이다. 즉 심판을 미리 준비하기 위함이다. 준비가 필요한 이유는 심판의 주체와 기준을 알아야 하기 때문이다. 즉 예수의 "말씀"(λόγος) 즉 복음이 심판의 주체이고 심판의 기준이다. 예수의 이런 가르침은 대단히 특이하다. 그러나 이 가르침은 인류의 역사 전체를, 성경 전체를 관통한다.

이 책의 서론에서 밝힌 것처럼, 아담과 하와에 의해 말씀을 버린 인류의 실패를, 이스라엘 백성에 의해 말씀을 버린 백성의 실패를 말씀으로 회복하기 위한 조치는 말씀을 보내시는 것이었다. 그 회복의 말씀은 바로 복음이다. 복음과 예수는 일치한다. 그래서 예수 자신이 복음이고, 예수의 모든 말씀과 그를 가리켜 기록된 모든 말씀, 즉 구약과 신약 전체가 복음이다. 그 복음이 모든 사람을 심판한다. 듣지 못했다는, 기억하지 못한다는, 그렇게 중요한지 몰랐다는 변명이 통하지 않는 심판이다. 복음에의 적합도를 판별하는 기준시는 현실이다. 예수의 말씀에 지금 부합하지 않는 사람을 그의 말씀이 마지막 날에 심판한다. 현재의 불신과 종말의 심판은 이처럼 인과의 끈으로 연결되어 있다. 이는 하나님이 정하신 규정이다.

49이는 내가 스스로 말하는 것이 아니라 아버지께서 내가 무엇을 말해야 하고
내가 무엇을 일러 주어야 하는지[에 대한] 명령을 주셨기 때문이다

구원을 위한 오심과 심판을 위한 다시 오심에 대한 예수의 단호한 말씀은
예수의 창의적인 생각이 아니라 아버지의 명령에 근거한다. 예수는 "스스
로"(ἐξ ἐμαυτοῦ) 말하지 않으셨다. 성자는 스스로 존재하는 분이시기 때문에
스스로 말씀하실 수 있으시다. 그럼에도 불구하고 스스로 계신 하나님과
동등됨을 비우신 예수는 신적인 자존성이 아니라 아버지 하나님에 대한 전
적인 의존성을 붙드셨다. 예수는 "내가 무엇을 말하고 내가 무엇을 일러 주
어야 하는지"(τί εἴπω καὶ τί λαλήσω)를 본인이 결정하지 않으셨다. 구강에
출입하는 단어와 말의 내용도 자신의 자유로운 의지로 선택하지 않으시고
아버지의 명령에 맡기셨다. 명하신 것만 말하셨고 명하신 것만 행하셨다.
그런데도 예수는 강요와 억압을 당하거나 구속과 결박을 느끼지 않으셨다.
아버지의 명령을 스스로 따르셨다.
　무엇을 말해야 하고 무엇을 전달해야 하고 어떻게 살아야 하는지를 인
간의 불안한 견해가 아니라 하나님의 진실한 명령에 근거하여 알고 실행
하는 것은 안식이고 기쁨이고 영광이다. 이는 하나님의 명령을 내 입에 담
아 들려주고 내 몸에 담아 보여주며 세상에 전파하는 증인이 되는 것이기
때문이다. 시인의 말처럼 일평생 속임수만 배설하고 공기보다 가벼운 입김
보다 더 가벼운 인생을 살아가는 것(시 62:9)이 아니라 하나님의 명령을 나
타내는 최고의 묵직한 삶을 산다는 게 얼마나 행복한가! 우리의 말과 삶도
하나님의 명령에 근거해야 한다. 하나님은 우리가 "마땅히 갈 길과 할 일"
을 "율례와 법도"로 알리셨다(출 18:20). 하나님의 명령, 율법과 법도는 창조

된 인간에게 존속의 방편이고 방향이다. 성경 전체에 기록된 복음의 말씀을 따르며 전하는 것은 목적의 달성이다. 그 말씀을 우리의 입과 몸에 저장하면 최고의 복이 우리에게 주어진다. 우리의 입과 몸에서 전달된 복음의 말씀이 지금은 타인에게 구원의 수레이고 종말에는 그들을 평가하는 심판의 기준이다.

이 구절에서 나는 내 입에서 나오는 말의 출처와 내용을 점검하게 된다. 내면의 깊은 곳에 웅크리고 있는 끈적한 욕망이 말의 마디마다 묻어 있고, 말의 내용에는 땅의 변동적인 보화들을 수거할 도구들이 가득하고, 말의 표면에는 윤택한 기름을 발라 말의 시커먼 출처와 탐욕적인 내용을 알아볼 수 없도록 치장하는 세속적인 말의 사람이 되지 않도록 주의하게 된다. 인생은 짧고 말하고 알려야 할 것은 방대하다. 그래서 단어를 엄선하고 내용을 선별하고 말하기의 한 순간도 허비되지 않도록 가장 중요한 것부터 말하는 습관을 들이고 가장 잘 말하는 기술을 연마해야 한다.

50나는 그의 명령이 영원한 생명임을 안다 그러므로 내가 말하는 것들을
나는 아버지께서 나에게 말씀하신 것을 따라 말하노라"

예수께서 아시는 아버지 하나님의 명령은 "영원한 생명"(ζωὴ αἰώνιός)이다. 놀라운 개념이다. 하나님의 명령과 영원한 생명이 동일하다. 우리는 예수를 믿어야 영원한 생명을 얻는다고 생각한다. 올바른 생각이다. 그런데 예수의 이 말씀에 근거하여 우리는 영원한 생명의 보다 구체적인 내용을 깨닫는다. 예수에게 아버지 하나님의 명령은 자신의 말이었고 삶이었다. 그런 방식으로 영원한 생명은 예수에게 주어졌고 예수 안에 머물렀다. 아담과 하와는 하나님의 명령을 거역했다. 그들의 말하기와 행하기는 그냥 그들 자신의 것이었다. 하나님의 명령에 대한 그들의 거부는 영원한 생명의

거부였다. 아담의 모든 후손도 아담의 허리에서 그 생명을 거부한 셈이었다. 태초부터 지금까지, 아니 시간의 역사가 종결되는 종말까지 인간이 스스로 영원한 생명을 취할 방법과 가능성은 없다. 오직 아버지 하나님의 명령을 그대로 말하시고 그대로 행하시는 순종으로 영원한 생명을 간직하신 예수를 믿어야만 가능하다. 아버지의 명령과 우리의 믿음과 예수의 순종과 영원한 생명은 이렇게 연결되어 있다.

그런데 우리는 예수와 영원한 생명이 서로 분리되어 있는 개념인 것처럼 생각하지 않도록 주의해야 한다. 예수는 생명인 동시에 생명의 빛이시기 때문이다. 생명이신 예수는 그 생명의 빛으로서 자신을 보이신다. 그러나 우리 때문에 예수는 아버지의 명령 앞에 자신을 세우신다. 그곳은 태초의 아담이 머물러야 할 자리였다. 하나님의 명령을 거부하고 그 이후로는 그 명령을 감당하지 못하는 인간을 대신하여 예수는 아버지의 명령을 들으셨고 그 명령을 다 이루셨고 그런 순종으로 들으신 것을 어떠한 가감도 없이 그대로 인간에게 전하셨다. 그러므로 아버지의 말씀은 곧 예수의 말씀이며 예수의 말씀은 곧 아버지의 말씀이다. 이러한 사실을 저자는 요한복음 1장에서 "말씀이 육신으로 오셨다"는 표현으로 요약한다. 아버지의 말씀이 오셨으며 그 말씀이 성취되고 우리에게 알려졌다. 이처럼 예수와 말씀은 신비로운 하나이다.

예수는 아버지의 말씀을 "따라"(καθὼς) 그대로 말하셨다. 가감하지 않으시고 왜곡하지 않으셨다. 우리는 과연 예수의 말씀을 가감하지 않고 있는 그대로를 말하고 행하는 방식으로 세상에 전하는가? 아버지의 명령은 영원한 생명이고 예수의 말씀도 영원한 생명이다. 그런 복음의 말씀을 가감하는 것은 영원한 생명을 건드리는 영원한 죄악이다. 말씀의 가감을 통하여 복음을 왜곡하여 전달하면 천사나 사도를 불문하고 저주를 받는다는 바울의 굵은 경고(갈 1:8)에 귀를 기울여야 한다. 그러므로 우리도 생각이든, 말이든, 행동이든, 관계이든, 계획이든, 어떤 식으로든 복음의 말씀을 가감하지 않는 일에 생명을 건 최고 수위의 주의를 기울여야 한다. 성경은 두려움을 금하라고 가르친다. 그러나 말씀의 왜곡은 하나님 경외에 준하는 두려움의 대상이다. 말씀을 있는 그대로 전하는 자에게는 하늘의 권위가 주어진다. 그러나 주님이 아니라 나 자신을 보이고자 하면 그 권위가 사라지고 저주의 그늘이 나에게 드리운다.

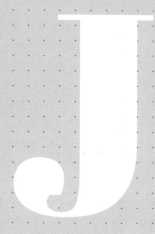

요 13:1-11

¹유월절 전에 예수께서 자기가 세상을 떠나 아버지께로 돌아가실 때가 이른 줄 아시고 세상에 있는 자기 사람들을 사랑하시되 끝까지 사랑하시니라 ²마귀가 벌써 시몬의 아들 가룟 유다의 마음에 예수를 팔려는 생각을 넣었더라 ³저녁 먹는 중 예수는 아버지께서 모든 것을 자기 손에 맡기신 것과 또 자기가 하나님께로부터 오셨다가 하나님께로 돌아가실 것을 아시고 ⁴저녁 잡수시던 자리에서 일어나 겉옷을 벗고 수건을 가져다가 허리에 두르시고 ⁵이에 대야에 물을 떠서 제자들의 발을 씻으시고 그 두르신 수건으로 닦기를 시작하여 ⁶시몬 베드로에게 이르시니 베드로가 이르되 주여 주께서 내 발을 씻으시나이까 ⁷예수께서 대답하여 이르시되 내가 하는 것을 네가 지금은 알지 못하나 이 후에는 알리라 ⁸베드로가 이르되 내 발을 절대로 씻지 못하시리이다 예수께서 대답하시되 내가 너를 씻어 주지 아니하면 네가 나와 상관이 없느니라 ⁹시몬 베드로가 이르되 주여 내 발뿐 아니라 손과 머리도 씻어 주옵소서 ¹⁰예수께서 이르시되 이미 목욕한 자는 발밖에 씻을 필요가 없느니라 온 몸이 깨끗하니라 너희가 깨끗하나 다는 아니니라 하시니 ¹¹이는 자기를 팔 자가 누구인지 아심이라 그러므로 다는 깨끗하지 아니하다 하시니라

❖ ❖ ❖

¹유월절 전에 세상에서 아버지께로 이동하실 자신의 때가 온 줄 아시고 세상에서 자신에게 속한 자들을 사랑하신 예수는 끝까지 그들을 사랑하셨다 ²저녁이 되자 마귀는 가룟 시몬의 [아들] 유다의 마음에 그(예수)를 넘기려는 [생각]을 미리 넣었더라 ³그는 아버지께서 모든 것을 자신의 손에 넘기신 것과 자신이 하나님으로부터 와서 하나님께로 갈 것을 아시고 ⁴저녁 [잡수시던] 중에 [자리에서] 일어나 겉옷을 벗으시고 수건을 취하시고 자신을 두르셨다 ⁵그 후에 대야에 물을 부으시고 제자들의 발을 씻으시고 그 두르신 수건으로 닦으시기 시작했다 ⁶그가 시몬 베드로를 향해 가시니 그(베드로)가 그에게 말하였다 "주여 당신은 나의 발을 씻으려 하십니까?" ⁷예수께서 답하시며 그에게 말하셨다 "내가 행하는 것을 네가 지금은 알지 못하지만 이후에는 알리라" ⁸베드로가 그에게 말하였다 "당신은 나의 발을 영원히 씻으실 수 없습니다" 예수께서 그에게 답하셨다 "내가 너를 씻어 주지 않는다면 네가 나와 상관이 없느니라" ⁹시몬 베드로가 그에게 말하였다 "주여 나의 발만이 아니라 손과 머리도 씻어 주십시오" ¹⁰예수께서 그에게 말하셨다 "목욕한 자는 발 외에는 씻을 필요가 없다 전부가 깨끗하다 너희가 깨끗하나 다는 아니구나" ¹¹이는 자기를 팔 자가 누구인지 아셨기 때문이다 이것 때문에 그는 모두가 깨끗한 것은 아니라고 말하셨다

44 세족식의 의미

예수의 죽음이 다가왔다. 생을 마감하기 직전에 평생을 결산하는 그의 선택은 사랑이다. 예수는 자신에게 속한 모든 사람들에 대한 자신의 사랑을 영원히 접지 않으신다. 사람들은 죽음 직전의 순간을 가장 소중한 일에 소비한다. 그런데 예수께는 타인에 대한 사랑이 가장 소중한 일이었다. 그 사랑은 제자들의 발을 씻어주는 세족의 겸손한 모습으로 나타났다. 가장 낮고 더러운 발을 세상에서 가장 고귀한 손이 씻고 닦고 감싸는 세족은 예수의 진실한 사랑을 잘 보여준다. 세족은 가장 낮은 곳에서 가장 무거운 짐을 지고 땅의 더러움을 홀로 감당하는 겸손한 발의 희생을 기념하는 동시에 지극히 높은 곳에서 지극히 낮은 곳으로 오셔서 세상의 모든 죄를 홀로 지시고 자신의 거룩한 피로 닦으시는 겸손하신 예수의 희생적인 사랑이다. 이 의미를 제자들은 알지 못하였다. 그들 중의 유다는 더더욱 무지했고 마귀와 음흉한 거래의 악수까지 나누었다. 예수는 그런 사실을 다 아셨지만 태어나지 않았으면 좋았을 그에게도 세족의 손을 내미셨다. 예수를 배신하는 유다에게 베풀어진 세족은 길이 참으시는 주님의 사랑을 더욱 선명하게 드러낸다.

1유월절 전에 세상에서 아버지께로 이동하실 자신의 때가 온 줄 아시고
세상에서 자신에게 속한 자들을 사랑하신 예수는 끝까지 그들을 사랑하셨다

저자는 장소보다 "유월절 전"이라는 시간을 주목한다. 예수는 자신의 죽음
이 코앞으로 다가온 시점을 아시고 자신에게 속한 자들을 끝까지 사랑하
신 분이라고 저자는 기록한다. 여기에서 저자가 생각하는 죽음은 생명의
멈춤이나 존재의 소멸이 아니라 이동(μεταβαίνω)이다. 그 이동은 세상을 떠
남(ἐκ)과 하나님를 향함(πρὸς)으로 구성되어 있다. 죽음의 한 측면은 세상
을 떠남이다. 세상과의 이별이고 단절이다. 죽음은 세상이 우리와 유한한
관계를 가졌다고 증거한다. 죽음은 관계의 끈을 아무리 간절하게 붙잡고
늘어져도 이 땅에서는 우리가 결국 떠나야 할 나그네의 신분을 가졌다고
가르친다. 태양이 뜨고 지는 시각보다 더 정확한 죽음의 때는 각 사람에게
찾아와 다른 세계로 연행한다. 모든 사람은 정든 모든 지인과의 이별, 온
세상과의 이별을 늘 준비해야 한다. 각자의 이별이 비록 시점은 다르지만
예외가 없기 때문이다.

그러나 죽음은 세상과의 슬픈 이별인 동시에 행복한 안녕이다. 세상의
모든 것이 덧없는 것이지만 사람들은 그것에 과도한 의미를 부여하며 스
스로 좋다고 생각한다. 그것들을 많이 가지면 좋다고 생각한다. 그런 기호
에 이끌려 뭐든 바글바글 긁어모아서 부자 되기에 골몰한다. 그런 부자에
게 세상은 천국이다. 그렇게 황홀한 세상과의 이별이 슬프고 억울한 이유
는 두고 가는 좋은 것들이 많기 때문이다. 그러나 이 세상이 가난하고 무지
하고 비천하고 외로운 이에게는 일종의 감옥이다. 지칠 줄 모르는 슬픔과
고통의 공장이다. 그렇게 수감된 세상과의 이별은 슬픔이 아니라 기쁨이

다. 결박이 아니라 해방이다. 이처럼 세상과의 이별이 감사한 이유는 가지고 갈 나쁜 것들이 하나도 없기 때문이고, 나쁜 모든 것들과의 전적인 결별이기 때문이다. 이처럼 죽음은 대체로 부한 자에게는 불행이고, 가난한 자에게는 행복이다.

그러나 신자에게 죽음은 하나님께 향함이다. 그래서 가난한 자의 죽음보다 더 행복한 것은 신자의 죽음이다. 시인은 "경건한 자들의 죽음"을 주님께서 "귀중한 것"으로 보신다고 고백한다(시 116:15). 신자의 죽음이 귀중한 이유는 하나님께 돌아가는 것이기 때문이다. 영원한 기쁨과 행복과 만족 자체에게 돌아가는 것이 죽음이다. 죽음의 이런 종교적인 의미는 예수에게 해당되고 그를 믿는 자에게도 해당된다. 믿는 자에게는 죽음이 하나님께 돌아가는 일이기 때문에 최고의 영광이다. 이런 맥락에서 예수는 죽음의 때를 인자가 영광 얻을 때라고 앞에서 밝히셨다(요 12:23). 바울은 요한복음 저자와 예수의 죽음관에 동의하며 "차라리 세상을 떠나서 그리스도와 함께 있는 것이 훨씬 더 좋은 일이라"고 고백한다(빌 1:23). 예수는 이 세상과 비교할 수 없을 정도로 존귀한 분이시기 때문에 바울에게 예수와의 반가운 만남과 영원한 동거를 선물하는 죽음은 지극히 큰 행복이다. 이런 죽음관을 마음에 장착하면 이 땅에서 무언가로 치우친 삶의 기울기가 단숨에 교정된다. 죽음에 대한 올바른 이해가 우리를 보다 풍성하고 온전한 삶으로 견인한다.

인간은 죽음을 목전에 두면 인생에서 사사로운 일들이 아니라 가장 중요한 일을 궁구하고 선택한다. 가장 안타까운 경우는 증오와 복수의 이빨을 갈면서 녹색 거품까지 게워내는 사람이다. 그러나 예수는 이 "세상에서 자신에게 속한 자들을 사랑"하는 일에 인생의 마지막 순간을 할애한다. 예수는 죽음이 임박한 것을 "아시면서"(εἰδώς) 그렇게 하셨다고 저자는 기록한다. 살아갈 날이 남아돌아서 타인 사랑에 쓰레기 시간을 처분하신 게 아니었다. 내 코가 석자인데 타인 챙기기에 급급하신 예수의 모습은 참으로 경이롭다. 한 사람의 가치관은 죽음 앞에서 드러난다. 저자의 설명처럼, 예수에게 인생의 제일은 사랑이다. 예수는 사랑 때문에 오셨고 사랑하기 위해 오신 분이시다. 이것을 정확히 간파한 바울도 예수께서 우리를 향한 하나님의 사랑을 확증하기 위해 오셨고 죽으신 것이라고 설명한다(롬 5:8).

요한복음 5장에서 예수는 자신을 죽이려고 하는 유대인 무리를 향해 "하나님을 사랑하는 것이 너희 속에 없음"을 아신다고 말하셨다(요 5:42). 예수 인생의 처음과 나중은 사랑인데 만약 사랑이 없다면 어떻게 예수를 알 수 있겠는가! 유대인의 어두운 무지는 사랑의 부재 때문이다. 요한복음 저자는 죽음 직전에 보인 그의 기호에 근거하여 예수의 인생을 사랑으로 해석한다. 사랑에 근거한 저자의 예수 해석의 결론도 사랑이다. 이 사랑은 일시적인 것이 아니라 항구적인 사랑이다. 그래서 저자는 예수께서 자신에게 속한 자들을 "끝까지"(εἰς τέλος) 사랑하실 것이라고 단언한다. 사랑은 믿음과 소망과 더불어 영원하다. 그러므로 영원하지 않은 사랑은 사랑이 아니라고 보아도 무방하다. 그렇다면 이 유한한 세상에는 진정한 사랑이 없다고 보는 게 타당하다.

영원히 지속되는 예수의 사랑은 "자신에게 속한"(ἴδιος) 사람에게 주어진다. 이 사랑은 죄의 영원한 용서를 의미한다. 예수께서 용서의 사랑을 베푸시기 위해 찾아오신 대상은 마태의 기록처럼 "자기 백성"(λαὸν αὐτοῦ)이다(마 1:21). 이 백성의 여부는 땅의 요소에 근거하지 않고 외모로 확인되지 않기에 성급한 판단은 금물이다. "주께서 자기 백성을 아신다"(딤후 2:19)는 바울의 증거처럼 각 사람의 마음과 심장과 폐부를 아시는(왕상 8:39; 렘 17:10) 주님만이 자신의 양들을 아시고(요 10:14), "자기에게 속한 자가 누구인지, 거룩한 자가 누구인지" 아시고 보이신다(민 16:5). 그러나 사람들의 눈에는 확실히 예수에게 속했다고 보이는 제자들 중에서도 한 사람은 그에게 속하지 않은 제자였다. 그는 바로 가룟 시몬의 아들 유다였다. 심지어 유다와 동행하던 다른 제자들도 그의 어두운 정체를 알아보지 못하였다.

사람의 눈이 그렇게 허술하다.

> 2저녁이 되자 마귀는 가룟 시몬의 [아들] 유다의 마음에
> 그(예수)를 넘기려는 [생각]을 미리 넣었더라

"저녁"은 상황의 어두운 시점을 가리키는 용어로 종종 활용된다. 가로등이 없던 시대에 저녁은 외적인 활동보다 내적인 활동이 왕성하게 일어나는 시점이다. 사실 몸이 저지르는 일보다 마음이 일으키는 문제가 더 심각하다. 심각한 문제는 주로 어둠 속에서 일어난다. 저자는 저녁에 예수의 제자들 중의 하나인 유다의 마음에서 일어난 일을 기록한다. 이는 타인의 마음에서 일어나는 일도 저자가 알도록 성령의 감동으로 기록된 책이라는 사실을 극명하게 드러내는 대목이다. 유다는 "가룟 시몬에게 속한"(Σίμωνος) 사람이다. 시몬의 아들로 추정된다. 그의 "마음"(καρδία)에 예수를 팔아넘기려는 생각의 독극물이 주입된다. 마귀가 그 주범이다. 이처럼 마귀가 어떤 사람의 마음에 사악한 생각을 임의로 주입하는 것은 가능하다.

마음에는 타자의 생각이 출입하지 못하게 하는 철조망도 없고 자물쇠도 없다. 그래서 보이지 않는 마음을 지키는 것은 보이는 성을 지키거나 빼앗는 것보다 난해하고 위대하다(잠 16:32). 위치도 모르고 보이지도 않고 만지지도 못하고 형체도 없어서 마음을 지키는 것은 너무도 어려운데, 성경은 "모든 지킬 만한 것 중에 더욱 네 마음을 지키라"고 가르친다(잠 4:23). 동시에 그토록 중요한 마음을 지키는 유일한 분은 하나님, 즉 그 마음을 지으신 분이라고 가르친다(시 33:15; 잠 24:12). 그래서 바울은 범사에 기도하고 감사한 마음으로 하나님께 고하면 "모든 지각에 뛰어난 하나님의 평강이 그리스도 예수 안에서 너희 마음과 생각을 지켜 주신다"고 한다(빌 4:6-7). 히브리서 저자도 "마음은 은혜로써 굳게 함이 아름다운 것"이라고 한다(히 13:9).

즉 창조주 하나님께 기도하면 그에게서 평강의 은혜가 주어지고 그 은혜로 말미암아 마음은 강하고 아름답게 된다. 같은 의미로 바울은 디모데를 향해 "그리스도 예수 안에 있는 은혜 가운데서 강하라"고 한다(딤후 2:1).

그러나 유다의 마음은 마귀가 농락한다. 이 농락은 유다의 수용적인 태도와 무관하지 않다. 예수를 팔아서 짭짤한 이윤을 남기고 그 돈으로 사회적인 의협심을 마음껏 뽐내고, 당시의 정치적 판도를 뒤집어엎을 기대감의 좌초에 대한 분풀이를 실행하고, 자신이 아니라 마리아를 편들어서 생긴 분함을 화끈하게 쏟으려는 유다의 잘 준비된 앙심에 마귀는 안방처럼 드나든다. 그래서 나는 마귀를 주범으로, 유다를 공범으로 간주한다. 이러한 범죄의 유형은 태초에 아담과 하와가 범죄할 때의 양상과 비슷하다. 그때에도 마귀는 거짓의 아버지 기량을 발휘하여 죄 없는 아담의 마음을 미혹하고 탐욕을 자극하는 기술을 구사하고 거기에 말려든 그들의 탐욕을 조정하는 방식으로 하나님을 에덴의 왕좌에서 몰아내는 죄를 저지르게 만들었다.

그러나 누구든지 하나님께 도우심을 구하면 마음 지키기가 가능하고 마귀의 무단출입 금지도 가능하다. 하나님은 왕의 마음도 자신의 휘하에 있어서 물줄기를 내듯이 원하시는 대로 이끄신다(잠 21:1). 자신의 경건한 사람 다윗의 마음도(삼하 24:1), 아바리아 이방인의 마음도(대하 21:16), 고대근동 시대의 제국인 애굽 사람들의 마음도(사 19:2) 자유롭게 움직이는 분이시다. 당연히 우리의 마음도 능히 지키시고 이끄신다. 유다는 그런 하나님을 배신하며 마귀에게 마음의 조정권을 양도했다. 그렇게 예수를 고발하고 팔려는 생각의 노예로 준비되어 갔다. 우리는 생각을 잘 관리해야 한다. "대저 그 마음의 생각이 어떠하면 그 위인도 그러하기" 때문이다(잠 23:7). 생각에서 이루어진 마귀와 유다의 이 고약한 작당은 놀랍게도 하나님의 자비로운 의를 온전히 이루는 선의 수단으로 사용된다. 이처럼 유다 위에 마귀가 있고 마귀 위에 주님의 섭리가 움직인다.

3그는 아버지께서 모든 것을 자신의 손에 넘기신 것과
자신이 하나님으로부터 와서 하나님께로 갈 것을 아시고

저자는 마귀의 미혹에 넘어간 유다의 흉계와 반대되는 예수와 제자들의 아름다운 관계, 즉 예수께서 제자들의 발을 씻으시는 세족 이야기로 넘어간다. 먼저 예수께서 인지하고 계신 두 가지의 내용을 세족의 전제처럼 소개한다. 첫째, 하나님은 예수의 손에 모든 것을 넘기셨다. 하나님은 최고의 법이시다. 그로 말미암아 이루어진 일의 법적 효력은 그 누구도 변경하지 못하기에 영원하다. 여기에서 "손"(χείρ)은 소유권 혹은 처분권을 의미하고, "넘기다"(δίδωμι)는 그런 권한의 이동을 의미한다. 하나님은 하늘과 땅의 모든 권세와 그 사이에 있는 인간을 포함한 모든 만물의 권한을 예수의 손에 넘기셨다. 이는 자신을 경배하면 "천하만국과 그 영광"을 그 보상으로 다 주겠다는 마귀의 제안을 떠올리게 한다(마 4:8-9). 차이가 있다면, 마귀는 그 모든 것에 대한 소유권도 없고 그 모든 것을 타자에게 넘길 양도의 권한도 없지만, 하나님은 모든 것에 대한 소유권과 양도권을 다 가졌다는 사실이다. 하나님이 모든 것을 넘기시면 실제로 모든 것이 넘어온다. 예수를 믿는 하나님의 자녀들도 그의 상속자가 되어 아버지의 것을 계승한다. 예수는 그들에게 "뱀과 전갈을 밟으며 원수의 모든 능력을 제어할 권능"을 베푸셨다(눅 10:19). 바울은 "만물이 다 너희의 것"이라고 한다(고전 3:21). 이 놀라운 사실을 아는 자의 삶은 어떠해야 할까? 풍요롭고 너그러운 나눔과 섬김의 삶이 마땅하다.

둘째, 예수는 주에게서 오셔서 주에게로 떠나신다. 아버지 하나님은 예수에게 존재와 사역의 시작과 끝이시다. 바울은 모든 것이 주에게서 나오고 주에게로 돌아가는 것을 하나님께 돌려지는 영원한 영광과 결부시켜 설명한다(롬 11:36). 이러한 바울의 설명과 요한의 설명은 절묘하게 일치한다. 예수는 아버지 하나님께 영원한 영광을 돌리는 실행과 방법의 본이시다.

예수만이 아니라 모든 만물도 그 근원과 목적을 하나님께 둔다. 이 예수는 우리의 모든 것에 알파와 오메가요, 처음과 나중이요, 시작과 마침이다(계 22:13). 우리는 살든지 죽든지 주의 것으로서 예수의 본을 본받아야 한다. 그런데 인간의 근본도 모르고 인생의 목적도 모르는 사람은 하나님께 영광을 돌리지 못하고 오히려 그 영광을 썩어 없어지는 사람과 새와 짐승과 버러지 모양의 우상으로 대체하며 그 영광의 역방향을 질주한다. 하나님께 영광을 돌린다는 창조의 목적에 충실하기 위해서는 예수처럼 하나님을 존재의 근원으로, 하나님을 인생의 목적으로, 하나님을 생명과 호흡과 만물의 공급자로 여기며 경외심과 감사의 마음으로 하나님의 이름만 처음부터 끝까지 기념해야 한다.

4저녁 [잡수시던] 중에 [자리에서] 일어나 겉옷을 벗으시고 수건을 취하시고 자신을 두르셨다 5그 후에 대야에 물을 부으시고 제자들의 발을 씻으시고 그 두르신 수건으로 닦으시기 시작했다

예수는 자신이 모든 것을 받았다는 사실과 주에게서 나오고 주에게로 떠난다는 사실을 아시는 분이시다. 이 두 가지의 사실에 대한 지식은 앞으로 전개되는 예수의 행실을 이해하는 기준이다. 예수는 저녁을 드시는 중에 자리에서 일어나 겉옷을 벗으셨고 수건을 취하셨고 그 수건으로 자신을 두르셨다. 그리고 물을 준비하고 제자들을 발을 씻기시고 준비하신 수건으로 닦으셨다. 지금 예수의 상황은 죽음을 앞둔 절명의 순간이다. 그런데도 자신을 돌아보지 않으시고 제자들의 발을 챙기신다. 자기를 사랑하지 않으시고 제자들을 사랑하되 인생의 마지막 순간도 아끼지 않으시고 그들을 끝까지 사랑하신 자비의 사명에 쏟으셨다. 저자는 구체적인 동사들을 열거하며 이러한 상황을 목격자의 생생한 목소리로 진술하고 있다.

시종은 식사를 준비하고 주인은 식사를 누리는 사람이다. 식사를 끝마치지 않고 도중에 일어서는(ἐγείρω) 사람은 시종이다. 그런데 천하의 모든 것을 가지신 지구의 최대 주주이신 예수께서 그런 시종의 자세를 스스로 취하셨다. 그리고 곤룡포가 왕의 정복인 것처럼 외투는 신분의 상징이다. 그런데 예수는 보다 원활한 섬김을 위해 그런 신분의 외투도 벗으셨다(τίθημι). 계급장이 보이도록 섬김을 연출하는 정치인의 낡은 모습과는 달리, 예수는 하나님과 동등하신 분이지만 그런 신적인 영광의 옷마저도 벗으시고 종의 형상을 취하셨다. 그리고 예수는 섬김을 준비하기 위해 수건을 취하셨다(λαμβάνω). 수건을 취하는 것은 어떠한 요청이 들어오는 즉시 실행할 준비된 종이라는 표식이다. 그리고 예수는 그 수건을 허리에 두르셨다(διαζώννυμι). 이는 섬김의 수혜자가 아니라 섬김의 공급자가 취하는 행동이다. 또한 섬기는 중에 다른 시종에게 수건 심부름의 민폐조차 끼치지 않으려는 행동이다.

예수는 대야에 물을 부으셨다(βάλλω). 이전에 물을 포도주로 만든 사건에서 예수는 종들에게 물을 떠서 부으라고 명하셨다. 그런데 지금은 직접 부으셨다. 자신의 섬김을 위해 타인의 노동을 이용하려 하지 않으셨고 타인에게 땀의 협찬을 강요하지 않으셨다. 대체로 지도자의 섬김은 종들의 보이지 않는 육중한 수고들 위에 간교한 숟가락을 올리는 경우가 태반이다. 섬김의 가장 돋보이는 지점에서 얼굴을 내밀고 사람들의 시선과 칭찬을 독식한다. 그러나 예수의 섬김은 종들의 강요된 땀이 섞이지 않은 주님만의 고유한 땀이었다. 그리고 그는 제자들의 발을 씻으시고(νίπτω) 허리에 두른 수건으로 닦으시기(ἐκμάσσω) 시작한다. 물을 가져오라 명하지도 않으시고, 수건을 가져오라 명하지도 않으셨다. 자신이 준비한 물로 제자들의 발을 씻기시고 자신이 준비한 수건으로 그 발을 닦으셨다.

얼마나 놀라운 모습인가! 예수는 하나님의 뜻을 따라 모든 것을 가지셨고 하나님을 인생의 처음과 나중으로 삼으시고 곧 그에게로 떠나실 분이시다. 지극히 높은 권위를 가진 분이시다. 그런데 온 우주의 지존께서 어떻게 만물보다 거짓되고 심히 부패한 인간을 섬기는 종이 되시는가! 오히려 모든 만인과 만물을 종으로 부리고 지배하고 다스리는 게 마땅한 절대자가 아니신가! 게다가 우주의 왕이신 예수께서 인생을 마감하는 절명의 시기에 제자들의 발을 씻는 종 노릇이 웬일인가! 지극히 위대하신 분의 종 되심과 종 노릇은 이 세상에서 해석할 문법이 없을 정도로 기이하다. 인간은 대체로 더 높은 지위를, 더 큰 권력을, 더 좋은 재물을 보다 많이 소유하고 보다 오래 가지려고 발버둥을 친다. 확보된 지위와 권력과 재물은 갑질의 근거와 밑천으로 활용한다. 확보된 것이 많을수록 갑질의 범위와 강도는 증대된다. 그러나 예수는 모든 것을 다 가지고 계시지만 그 모든 것들을 하나님의 영광과 우리의 사랑을 위한 섬김의 도구로 삼으신다. 그에게는 소유가 많을수록 하나님의 영광은 더 드러나고 우리를 향한 사랑도 더 증대된다.

본문을 통해 나는 섬기시는 예수의 모습과 오늘날 교계 지도자의 삶을 비교하게 된다. 교회의 일부 지도자는 다른 사람들을 섬기려는 것보다 그들의 섬김을 받으려고 한다. 특별히 설교자는 하나님의 말씀을 올바르게 깨닫고 성도에게 증거하는 사람이다. 그런데 성도에게 옷이나 차나 구두나 무슨 고가의 회원권 같은 선물을 받고 필요할 때 심부름 시키는 것을 마땅한 권리라고 생각한다. 이러한 생각의 정당화를 위해 그는 "우리가 너희에게 신령한 것을 뿌렸은즉 너희의 육적인 것을 거두기로 과하다 하겠느냐"(고전 9:11)라는 바울의 글도 인용한다. 그러나 그렇게 말한 바울이 그리스도 예수의 복음을 위하여 이런 권리를 하나도 쓰지 않았다는 문맥은 애써 외면한다(고전 9:12). "가르침을 받는 자는 말씀을 가르치는 자와 모든 좋은 것을 함께 하라"(갈 6:6)는 바울의 말도 설교자가 자신의 유익을 위해 사용할 무기가 아니라 가르침을 받는 자에게 주어지는 지침이다. 설교자가 아니라 듣는 자가 알아서 할 반응이다.

예수에 의한 제자들의 세족에서 나는 제자들을 대하는 스승의 모범적인 태도를 발견한다. 신학교의 교수나 교회의 목사는 과연 학생들과 성도들을 섬김의 대상으로 여기는가 아니면 자신의 욕망과 행복의 방편으로 여기는 가? 만약 섬김의 대상으로 여긴다면 얼마나 놀라운 변화가 일어날까? 교수가 학생을 섬기기 위한 존재라는 사실을 체험한 학생은 장차 자신의 학생들을 섬기는 것을 마땅히 여기지 않겠는가! 교회에서 지금 세대가 다음 세대의 발을 씻긴다면 섬김의 문화가 세월이 갈수록 더욱 발전하지 않겠는가! 예수는 군림하고 지배하는 방식이 아니라 사랑의 섬김으로 하나님 나라의 미래를 준비하기 위해 제자들을 세우셨다. 강한 자가 약한 자의 약점을 돌보는 문화를 교회에 세우셨다. 그래서 바울은 예수의 본을 따라 강한 자가 자신을 기쁘게 하려고 약한 자를 이용하지 말고 오히려 연약한 자의 약점을 담당해야 한다고 가르친다(롬 15:1).

그리고 종의 모습으로 제자들의 더러운 발을 씻으시는 예수의 세족은 겸손이다. 이 겸손은 최고의 선물이다. 지금 유다는 마귀의 손아귀로 넘어갔다. 유다는 영향력이 큰 제자였다. 그는 마리아가 향유 옥합을 깨뜨린 사건에서 그녀의 거룩한 낭비에 대한 모진 질책을 선동하여 많은 제자들이 그 질책에 가담하게 만들었다. 이번에도 다른 제자들이 유다를 따라 마귀의 책동에 넘어갈 가능성이 농후하다. 이처럼 마귀의 궤계를 능히 대적할 최고의 무기를 제자들에게 제공할 필요성이 대두된 엄중한 시점에 주님은 그들에게 겸손의 실체를 보이시며 전하셨다. 겸손은 예수의 마음이다. 예수는 제자들의 발높이에 자신을 맞추셨다.

교만은 자신을 높이지만 겸손은 타인을 높이고 그렇게 함으로써 자신도 아름답게 한다. 그런 겸손을 가슴에 간직하면 교만의 강을 건너게 하는 어떠한 유혹에도 넘어가지 않고 능히 승리한다. 오늘날 젊은이가 교회를 떠나는 이유는 기성세대의 교만 때문이다. 교만은 자신을 우월하게 여기고 그 가상적인 우월성에 도취되어 자신의 기준과 관점과 견해를 타인에게 강요한다. 이런 교만이 교회를 접수한 것 같아 안타깝다. 예수를 믿는다는 사람들은 많지만 예수의 겸손한 마음은 희귀하다. 교회에는 겸손한 어른이 아니라 오만한 꼰대가 늘어난다. 어떤 젊은이가 교회에 오고 싶겠는가! 실종된 겸손을 되찾지 못하면 기독교가 실종된다. 다음 세대를 섬기려는 겸손한 자세의 회복이 너무도 시급하다.

> 6그가 시몬 베드로를 향해 가시니 그(베드로)가 그에게 말하였다 "주여 당신은 나의 발을 씻으려 하십니까?" 7예수께서 답하시며 그에게 말하셨다 "내가 행하는 것을 네가 지금은 알지 못하지만 이후에는 알리라"

예수께서 베드로의 발을 씻으시기 위해 그에게로 향하셨다. 스승의 이러한 행동에 베드로는 지금 자신의 발을 씻으려고 하시냐는 물음표를 단다. 베드로를 비롯한 예수의 제자들은 예수의 죽음을 이해하지 못하였고 겸손한 세족의 의미도 이해하지 못하였다. 이에 예수는 베드로를 향해 지금은 이해하지 못하지만 나중에는 알게 되리라고 말하신다. 이 대목에 대해, 박윤선은 베드로가 예수께서 자신의 발을 씻는 것이 너무도 황송하여 사양한 것이라고 해석한다. 이와는 달리, 칼뱅은 베드로의 질문이 "어리석고 무가치한 것에 대한 [베드로의] 혐오감"을 드러낸 것이라고 이해한다. 나는 베드로의 질문에 대한 예수의 반응에서 베드로의 혐오감을 발견하지 못하였다. 훈계나 꾸지람의 뉘앙스가 없고 다정한 목소리로 달래고 계시다는 사실에 근거하여 나는 이 상황을 다음과 같이 이해한다.

첫째, 베드로는 스승과 제자 사이의 관행을 기준으로 삼아 예수의 세족을 평가한다. 그 시대에는 제자들도 스승의 발을 씻는 관행이 없는데 하물며 스승께서 제자들의 발을 씻으려는 것은 가당치도 않은 일이라고 베드로는 생각한다. 그의 질문은 자신에게 익숙한 관행에 판단의 권한을 양도

한 질문이다. 그러나 예수의 겸손한 행위는 당시만이 아니라 모든 시대에 통용되는 관행도 설명하지 못하는 계시의 역설적인 수단이다. 우리의 가치관을 뒤흔드는 예수의 행동을 경험할 때 우리는 역사와 환경 속에서 굳어진 인간의 관행을 기준으로 삼아 성급한 판단을 내리지 말고 그 행동의 의미와 목적에 대해 가르쳐 달라고 예수께 부탁해야 한다. 침묵하실 때에는 입을 여실 때까지 기다리면 된다.

둘째, 베드로는 자신이 이해할 수 없는 예수의 행동에 순응하지 않고 그 행동을 저지하고 싶어한다. 그의 질문에는 위대한 주와 스승 되신 분께서 종들의 업무인 세족을 행하시는 것은 도무지 이해할 수 없다는 황당함이 느껴진다. 그러나 이해될 때에만 예수의 행동을 인정하고 수용하면 그것은 예수 존중이 아니라 나 자신의 이해를 떠받드는 자기 존중이다. 칼뱅의 말처럼, 예수께서 언제 어떠한 상황에서 무엇을 행하시고 말하셔도, 비록 그것이 이해되지 않더라도, 기꺼이 순종하는 것이 하나님을 섬기는 가장 바람직한 처신이다. 발을 씻으려고 하시는 예수의 숭고한 뜻에 인간의 합리적인 분석과 승인의 오만한 절차를 무릎 꿇게 하는 태도가 제자에게 요구된다.

예수의 행동들 중에는 당시에 이해할 수 있는 행동들도 있고 제자들의 발 씻음과 같이 비록 지금은 모르지만 이후에는 알게 될 행동들도 있다. 그런데 후자가 전자보다 많다. 그러므로 자신의 지혜를 신뢰하는 인간은 반드시 예수와 그의 인생에 대한 무지로 귀결된다. 그런 무지로 인해 예수를 배신하고 관계의 단절을 초래할 가능성도 있다. 이해되지 않는 예수의 행동에 대해서는 거만하게 힐문하지 말고 겸손히 질문해야 한다. 질문을 드려도 예수께서 침묵을 보이시면 칼뱅의 말처럼 무지가 그 어떠한 지식보다 지혜롭다. 주께서 무언가를 가리시면, 이는 의미를 계시하실 때가 아직 이르지 않았거나 모르는 게 더 유익하기 때문이다. 몰라야 할 때에는 지식이 병이고 무지가 오히려 보약이다. 지식도 때에 맞아야 아름답고 유익하다. 그러므로 장차 제자들을 모든 진리 가운데로 인도하실 진리의 영 즉 보혜사 성령께서 가르쳐 주실 때까지는 모르는 상태로 지내는 것이 현명하다.

> 8베드로가 그에게 말하였다 "당신은 나의 발을 영원히 씻으실 수 없습니다"
> 예수께서 그에게 답하셨다
> "내가 너를 씻어 주지 않는다면 네가 나와 상관이 없느니라"

예수는 질문하는 베드로를 향해 지금은 이해하지 못하나 나중에는 이해할 것이니까 자신의 말대로 발 씻음을 받으라고 권하셨다. 그런데도 베드로는 예수께서 자신의 발을 "영원히"(εἰς τὸν αἰῶνα) 씻으실 수 없다는 단호한 입장을 표명한다. 위대하신 주님께서 종의 모습으로 발을 씻는 것이 육신의 눈에는 마치 하나님이 육신이 되신 것처럼 미련하게 보이기 때문에 베드로는 거부했다. 물론 이 거부를 스승은 높임을 받아야 하는 분이고 제자를 높이기 위해 종의 모습을 취하는 것은 합당하지 않기 때문에 저지한 베드로의 충심으로 이해하는 것도 가능하다. 그러나 칼뱅은 베드로가 처음에 예수의 세족을 사양한 것은 비록 존경심의 발로라는 변명의 여지가 없지는 않지만 예수의 설명을 듣고도 거부한 것은 말씀을 거역한 큰 과오라고 해석한다. 나아가 후니우스는 이 과오의 심각성을 태초에 하와가 자신의 판단을 기준으로 삼아 하나님의 말씀을 가볍게 여긴 것에 빗대어 이해한다. 사실 자신의 발을 영원히 씻으실 수 없다는 베드로의 입장은 예수의 판단이 아니라 자신의 판단에 근거했다. 베드로는 스승의 거룩한 겸손을 수용하고 배우려고 하지 않고 그 스승의 낮아짐을 막아주는 충성된 제자 이미지의 관리를 택하였다. 칼뱅이 잘 관찰한 것처럼, 스승을 높이고자 하는 겸양의 모양새 아래에는 판단의 재량권을 고수하고 자신의 판단을 실행의 기준으로 삼으려는 베드로의 완고한 교만이 도사리고 있다. 그러나 예수는 베드로의 가식적인 반응을 보듬어 주시면서 세족의 의미 한 조각을 나누신다. 그 의미는 세족이 예수와 베드로의 관계에 영향을 준다는 내용이다.

예수께서 베드로의 발을 씻어 주지 않으시면 예수와 베드로는 무관하게 된다. 여기에서 말하는 무관함은 베드로가 예수와 "공유하는 것"(μέρος)이 없음을 의미한다. 그러면 세족이 공유의 관계성과 결부되어 있다는 설명인데, 도무지 맥락이 잡히지 않는 난문이다. 루터와 멜랑히톤은 예수의 세족이 베드로를 성결하게 만드는 예수의 피 뿌림을 뜻한다고 해석한다. "발"(πούς)은 늘 이동하는 나그네를 뜻하기도 하면서, 세상의 더러운 먼지와 접촉하되 다른 지체들의 깨끗함을 위해 홀로 더러움을 담당하는 몸의 유일한 부분이다. 그런 발을 예수께서 깨끗하게 씻는다는 것은 세상의 온갖 죄악에 물든 나그네 인생을 예수의 거룩한 피로 정결하게 한다는 뜻이라고 해석하는 것은 타당하다. 시인의 말처럼 하나님은 죄악을 기뻐하지 않으시고 죄와 함께 머물지 않으신다(시 5:4). 그러므로 만약 우리가 죄를 씻어내지 않아서 죄인으로 있으면, 죄가 주님과 우리 사이를 갈라놓아서 (사 59:2) 주님은 우리와 동거도 못하시고 동행도 못하신다. 그러면 주님과 우리 사이에 공유하는 것도 없어진다.

인간이 가진 것들 중에 죄는 가장 더럽고 가장 저급하고 가장 부끄럽고 가장 추악하고 가장 불쾌하다. 상대방의 그러한 죄를 해결해 준다는 것은 지극히 낮아지는 겸손을 통해서만 실천할 수 있는 최고의 사랑이다. 이러한 사랑을 실행하고 가르치는 최고의 방법은 가장 더럽고 낮은 발을 씻는 세족이다. 이런 면에서도 예수의 세족을 죄 문제의 해결과 결부시켜 이해하는 것은 타당하다. 그리고 예수께서 이 세상에 오신 목적은 마태의 기록처럼 자기 백성의 죄 문제를 해결하기 위함이다(마 1:21). 예수께서 사랑하는 사람들은 이 목적과 무관하지 않다. 그런데 만약 죄 해결을 거부하면 죄 사함을 목적으로 오신 예수와 무관하게 된다. 오늘날 이단들 중에는 예수를 믿으면 죄가 완전히 사라져서 믿음 이후에는 죄를 지어도 죄가 아니고 죄인이 아니라고 주장하며 발을 씻지 않아도 된다고 주장하는 공동체가 있다. 이 구절에 근거해서 보면, 그 공동체는 죄 용서를 구하지 않음으로 말미암아 예수와 무관하게 된 자들이다.

9시몬 베드로가 그에게 말하였다
"주여 나의 발만이 아니라 손과 머리도 씻어 주십시오"

베드로는 예수의 세족을 수용하지 않으면 그와의 관계가 끊어질지 모른다는 심각성을 감지했다. 그래서 절박한 심정으로 자신의 발만이 아니라 손과 머리도 씻어 달라고 부탁한다. 이는 어딘가를 출입하는 발의 문제만이 아니라 무언가를 행하는 손의 문제와 무언가를 생각하고 의지하고 계획하는 머리의 문제도 해결해 달라는 부탁이다. 씻는 몸의 부위가 많을수록 더 좋다는 다다익선 의식이 지시한 부탁이다. 요한 와일드(Johann Wild)는 예수의 세족에 대한 베드로의 반응을 세 가지의 단계로 구분해서 이해한다. 첫째, 예수의 세족에 의문을 제기한 것은 무지에서 비롯된 반응이다. 둘째, 그 세족을 거부한 것은 고집에서 비롯된 반응이다. 셋째, 세족만이 아니라 세수와 세두까지 부탁한 것은 믿음에서 비롯된 반응이다.

그러나 나는 베드로의 부탁을 두 가지로 구분해서 평가하는 칼뱅의 입장을 더 주목한다. 첫째, 베드로는 출생부터 지금까지 지은 죄로 말미암은 온 몸의 오염을 인정한다. 둘째, 하지만 베드로는 지금까지 자신이 받은 주님의 은총을 무가치한 것으로 여기는 잘못을 저지른다. 나아가 나는 베드로의 세 번째 반응을 게네사렛 호수에서 예수께 보인 베드로의 반응과 비교하고 싶다. 거기에서 베드로는 예수의 말씀을 따라 그물을 깊은 데에 던지고 그 그물이 찢어질 정도로 많은 물고기를 잡자 죄인인 자신을 떠나 달라고 부탁했다(눅 5:4-8). 또 다른 경우에는, 바람의 광기 속에서 유령처럼 나타나신 예수의 음성을 듣고 베드로는 그 어둡고 차가운 바다에 자신을 내던졌다(마 14:28-29). 베드로의 반응은 믿음에서 비롯된 것이지만 대체로 과도하다. 믿음의 은택은 이런 과도함에 의해 희석된다. 세족과 관련된 그의 세 번째 반응도 이와 비슷하다. 예수께서 제시하신 세족의 적정선을 넘어간 반응이기 때문이다. 베드로의 전체적인 반응에서, 발만이 아니라 손과 머리까지 씻어 달라는 것은 예수의 기준을 넘어간 반응이고 의문을 제기하고 거부한 것은 예수의 기준에 미치지 못한 반응이다. 예수의 기준을 존중하는 것이 믿음이다.

10예수께서 그에게 말하셨다 "목욕한 자는 발 외에는 씻을 필요가 없다
전부가 깨끗하다 너희가 깨끗하나 다는 아니구나" 11이는 자기를 팔 자가 누구인지
아셨기 때문이다 이것 때문에 그는 모두가 깨끗한 것은 아니라고 말하셨다

온 몸을 씻겨 달라는 베드로의 반응에 예수께서 답하신다. 발 외에는 몸의 전부가 깨끗하기 때문에 발만 씻으면 된다는 답변이다. 여기에서 "깨끗한"(καθαρός)은 좁스의 설명처럼 거룩한 존재나 상황 속으로 들어가기 위한 영적 상태, 즉 죄 문제의 해결을 의미한다. 예수는 "마음이 청결한 자"는 지극히 거룩하신 하나님을 볼 것이라고 말하셨다(마 5:8). 이처럼 깨끗함은 하나님을 볼 정도의 친밀한 관계 속으로 우리를 안내한다. 그리고 바울의 말처럼 깨끗한 자에게는 모든 것이 깨끗하다(딛 1:15). 깨끗함은 만물과의 긴밀한 관계에도 유익하다.

베드로의 몸 전체가 깨끗한 이유는 그가 이미 목욕을 하였기 때문이다. 이 목욕은 칼뱅의 말처럼 베드로가 이미 받은 구원의 은총을 가리킨다. 바울의 표현을 빌리자면, 이 목욕의 은총은 "하나님의 성령 안에서" 일어난 "중생의 씻음"이다(고전 6:11; 딛 3:5). 히브리서 저자는 맑은 물에 의한 몸의

씻음을 악한 양심에서 벗어나는 마음의 해방과 연결한다(히 10:22). 칼뱅의 말처럼, 목욕으로 인한 온 몸의 깨끗함은 우리의 몸에 "죄의 지배"가 무너지고 "하나님의 의"가 장악한 것을 의미한다. 목욕으로 인한 몸 전체의 깨끗함과 같이 성령에 의한 영적인 세례로 말미암은 중생의 씻음은 반복이 필요하지 않다. 목욕의 효력이 사라지지 않듯이 중생의 씻음도 소멸되지 않기 때문이다. 그러나 거듭난 하나님의 자녀들도 여전히 발의 더러움에 해당하는 죄를 저지른다. 그러한 죄에 대하여는 회개라는 씻음을 날마다 반복해야 한다. 회개는 주님께 죄악의 발을 맡기고 세족의 은총을 구하는 겸손이다. 그러나 주기도문 안에서 우리의 죄를 용서해 달라는 부분에 따르면, 우리에게 죄 지은 자를 용서하는 방식으로 회개해야 한다. 즉 주님처럼 우리가 상대방의 죄를 해결하는 용서의 세족을 실천해야 한다.

예수는 발을 씻으시는 모든 제자들이 다 깨끗한 것은 아니라(οὐχὶ πάντες)고 말하신다. 제자들 중에 깨끗하지 않은 자는 유다를 가리킨다. 예수는 유다의 발도 씻어 주셨을까? 학자들의 의견이 분분한 질문이다. 나는 칼뱅의 주장처럼 유다도 세족식에 참여한 제자라고 생각한다. 내가 그렇게 생각하는 이유는 예수께서 "너희"(ὑμεῖς) 모두가 깨끗한 것은 아니라고 말하셨기 때문이다. 그렇다면 깨끗하지 않은 사람도 "너희" 속에 들어간다. "너희"라는 2인칭 복수 대명사는 대화의 현장에 없는 자에게가 아니라 함께 있는 자를 칭할 때 사용된다. 그러므로 "너희" 중에 속한 유다도 세족식 현장에 다른 제자들과 함께 있었음이 분명하다. 예수에 의한 유다의 세족에 대해 칼뱅은 유다에게 "회개의 문을 완전히 봉쇄하지 않기" 위한 것이라고 해석한다. 그러나 유다의 마음이 이미 절망적인 상태였기 때문에 세족의 허용은 오히려 "그의 죄책을 가중시킬 뿐"이라는 함의도 덧붙인다. 모두가 깨끗한 것은 아니라고 말씀하신 것은 다른 제자들로 하여금 자신들을 돌아보게 한다는 점도 지적한다. 나아가 유다가 스승을 배신하는 "죄악의 잔혹성"(sceleris atrocitas)을 제자들이 보고 큰 근심에 빠지는 문제를 예방하는 유익도 있음을 칼뱅은 강조한다.

칼뱅의 생각에 동의하며, 나는 배신자의 발을 씻으시는 예수의 자비로운 마음을 주목하고 싶다. 그의 긍휼은 진실로 무궁하다. 저자는 스승을 배신할 사람이 유다라는 사실을 제자들은 몰랐지만 예수는 "아셨다"(ᾔδει)고 설명한다. 자신을 죽음의 벼랑으로 떠미는 배신자를 알고서도 예수는 그의 가장 더러운 부위를 깨끗하게 씻으셨다. 그의 사랑은 무한하다. 이런 사랑은 나중에 자신의 옆구리를 창으로 쑤시고 있는 잔혹한 군병들의 죄를 용서해 달라고 아버지 하나님께 기도하는 모습에서 재연된다. 이에 대하여 바울은 하나님의 인자와 용납과 길이 참으심의 풍성함을 노래하고, 동시에 그런 풍성함도 멸시하는 인간의 방자함을 고발한다(롬 2:4).

이 땅에서 예수는 죽는 순간까지 자신을 배신하는 원수도 차별하지 않으셨고 배제하지 않으셨다. 유다가 차라리 태어나지 않았다면 좋았을 정도로 끔찍한 멸망의 길을 걸어가게 되리라는 사실을 아시고도(마 26:24) 배신과 멸망의 길로 접어들 그의 발을 정성껏 씻으셨다. 그렇다면 궁극적인 멸망의 여부를 알지 못하는 우리는 더욱 차별 없는 세족의 사랑과 섬김을 누구도 배제함이 없이 모든 사람에게 베풀어야 하지 않겠는가! 온 천하의 만민에게 복음을 증거하며 모든 사람들과 화목하고 모든 사람들이 진리를 알고 모든 사람들이 구원에 이르러 영원한 생명의 수혜자가 되고 주님의 제자가 되도록 말씀으로 씻어 거룩하게 만들어야 하지 않겠는가!

또 하나 주목할 것은 종교적인 의식이 구원을 보증하는 것은 아니라는 사실이다. 유다는 세족만이 아니라 최후의 만찬에도 참석했다. 죄 씻음을 가리키는 세족에 참여하고 예수의 살과 피를 가리키는 떡과 포도주를 먹고 마셨지만 유다는 죄 사함을 받지 못하였고 영원한 생명도 얻지 못하였다. 구원은 의식이 아니라 믿음으로 말미암아 주어진다. 세례도 그러하다. 세례를 받는다는 것과 죄가 없어지고 구원을 얻는다는 것은 별개의 사안이다. 조상과 자손의 개념도 그러하다. 히브리인 중의 히브리인 바울은 모든 이스라엘 자손이 혈통적인 계보에 속했다는 외형적인 조건의 구비로 이스라엘 사람이 되는 것은 아니라고 증거한다(롬 9:6).

　예수의 제자들 중에서도 유다라는 배신자가 있었다는 사실은 기독교의 역사 전체에 적용된다. 모든 교회에는 눈으로 식별할 수는 없지만 영적인 면에서는 이질적인 사람들이 있다. 예수께서 선택하신 제자들 중에도 태어나지 않았으면 좋았을 유다라는 구성원이 있었던 것처럼, 교회에도 그런 구성원이 있다는 건 전혀 이상하지 않다. 예수의 제자들 중에서도 그러한데, 교회에는 예수를 돈벌이의 수단으로 삼고 예수보다 재물을 선택하는 구성원이 얼마나 더 많겠는가! 교회에 출석하지 않았으면, 세례나 성찬을 받지 않았으면, 신학을 공부하지 않았으면, 목사가 되지 않았으면, 더 좋았을 사람들은 예수의 시대만이 아니라 지금도 존재한다.

　예수는 제자들의 발을 씻으셨다. 발은 인생의 밑바닥에 눌려 땅과 맞대고 평생을 살아가는 신체의 한 부분이다. 다른 모든 부위에 땅의 더러움이 묻지 않도록 홀로 그 더러움을 감수하는 발을 그가 씻으셨다. 예수를 만나 영원한 생명을 얻은 이후에도 이 땅에 사는 동안에는 여전히 가장 더럽고 가장 소외되고 가장 천대 받는 발을 은총의 손으로 비비시고 감싸시며 지극히 소중한 존재로 만드신다. 예수의 거룩한 손을 만난 인간의 발은 놀라운 변화를 경험한다. 그 변화의 격차는 하늘과 땅의 차이를 방불한다. 세족의 은총을 베푸시는 예수는 자신을 원수들의 손아귀에 팔아넘길 유다 같은 배신자의 발도 배제하지 않으신다. 이로써 예수의 무한한 사랑은 드러나고 그런 사랑조차 배신한 유다의 무한한 죄성도 명확히 드러난다. 세족의 은총을 받은 우리를 세상에 보내신 주님의 뜻은 당연히 겸손한 세족의 섬김이다. 이 세상에 가장 낮고 천하고 연약하고 더러운 사람들의 영혼을 진리의 말씀으로 씻어 깨끗하게 하는 사랑의 실천이다.

요 13:12-22

¹²그들의 발을 씻으신 후에 옷을 입으시고 다시 앉아 그들에게 이르시되 내가 너희에게 행한 것을 너희가 아느냐 ¹³너희가 나를 선생이라 또는 주라 하니 너희 말이 옳도다 내가 그러하다 ¹⁴내가 주와 또는 선생이 되어 너희 발을 씻었으니 너희도 서로 발을 씻어 주는 것이 옳으니라 ¹⁵내가 너희에게 행한 것 같이 너희도 행하게 하려 하여 본을 보였노라 ¹⁶내가 진실로 진실로 너희에게 이르노니 종이 주인보다 크지 못하고 보냄을 받은 자가 보낸 자보다 크지 못하나니 ¹⁷너희가 이것을 알고 행하면 복이 있으리라 ¹⁸내가 너희 모두를 가리켜 말하는 것이 아니니라 나는 내가 택한 자들이 누구인지 앎이라 그러나 내 떡을 먹는 자가 내게 발꿈치를 들었다 한 성경을 응하게 하려는 것이니라 ¹⁹지금부터 일이 일어나기 전에 미리 너희에게 일러 둠은 일이 일어날 때에 내가 그인 줄 너희가 믿게 하려 함이로라 ²⁰내가 진실로 진실로 너희에게 이르노니 내가 보낸 자를 영접하는 자는 나를 영접하는 것이요 나를 영접하는 자는 나를 보내신 이를 영접하는 것이니라 ²¹예수께서 이 말씀을 하시고 심령이 괴로워 증언하여 이르시되 내가 진실로 진실로 너희에게 이르노니 너희 중 하나가 나를 팔리라 하시니 ²²제자들이 서로 보며 누구에게 대하여 말씀하시는지 의심하더라

❖ ❖ ❖

¹²그가 그들의 발을 씻으신 직후에 자신의 옷을 입으시고 기대어 앉으시며 다시 그들에게 말씀하셨다 "내가 너희에게 행한 것이 무엇인지 너희는 아느냐? ¹³너희는 나를 선생이라 또는 주라고 부르는데 너희가 옳게 말하였다 내가 그러하기 때문이다 ¹⁴내가 주와 선생이 되어 너희의 발을 씻었다면 너희도 서로의 발을 씻음이 마땅하다 ¹⁵이는 내가 너희에게 행한 것처럼 너희도 행하도록 본을 보였기 때문이다 ¹⁶내가 진실로 진실로 말하노라 종이 그의 주인보다 더 크지 못하고 보냄을 받은 자가 그를 보낸 자보다 더 크지 못하니라 ¹⁷너희가 이것을 알았다면 너희가 실행하는 한 복되리라 ¹⁸내가 너희 모두에 대하여 말하는 게 아니다 나는 내가 어떤 이들을 택했는지 안다 다만 '내 떡을 먹는 자가 나에게 자신의 발꿈치를 들었다'는 성경이 성취되게 [하기 위함이다] ¹⁹너희에게 이것이 일어나기 전[인데도] 지금부터 내가 말하는 것은 그것이 일어날 때 내가 그인 줄 너희로 믿게 하기 위함이다 ²⁰내가 진실로 진실로 너희에게 말하노라 내가 보낸 어떤 이를 영접하는 자는 나를 영접하는 것이요 나를 영접하는 자는 나를 보내신 분을 영접하는 것이니라" ²¹이것들을 말씀하신 예수는 심령에 괴로움을 느끼셨고 증언하며 말씀하셨다 "내가 진실로 진실로 말하노라 너희 중에 하나가 나를 넘기리라" ²²제자들은 누구에 대하여 그가 말씀하신 것인지에 대해 서로를 바라보며 당황했다

위대한 스승

세족은 단순한 발 씻기가 아니라 제자들이 배우고 실천해야 할 위대한 의미였다. 예수는 선생이나 주의 자격으로 제자들이 마땅히 따라야 할 인생의 본을 세족으로 보이셨다. 제자들은 서로의 발을 씻어주는 용서의 사랑을 실천해야 한다. 주인이 행하면 종은 당연히 따라해야 하고 보내신 분이 행하면 보냄 받은 자는 당연히 그를 따라해야 한다. 종과 보냄 받은 자에게는 주인과 보내신 분의 뜻과 삶을 자신의 뜻과 삶에 담아서 그대로 전달해야 할 사명이 주어진다. 죄를 씻으시는 세족의 은총을 전하는 제자들을 영접하는 것은 그들을 보내신 예수를 영접하는 것이고 그 예수를 영접하는 것은 그를 보내신 아버지 하나님을 영접하는 것이라고 한다. 맡겨진 자들에게 너무도 영광스런 사명이다. 그런데 이 사명은 제자들 모두에게 주어지지 않았다는 사실, 사명을 오히려 방해할 배신자의 존재가 제자들 가운데에 있다는 사실을 예수는 다시 밝히신다. 제자들은 심히 당황한다. 의심의 눈초리가 옆 사람을 분주하게 염탐한다. 그러나 제자들이 당황하지 않도록 예수는 이 사실이 성경에 예언된 것이고 그 예언의 성취를 위한 섭리의 하나라고 말하신다. 이 본문에서 나에게는 제자들을 가르치는 위대한 스승의 모습이 심히 아름답다.

> ¹²그가 그들의 발을 씻으신 직후에 자신의 옷을 입으시고 기대어 앉으시며 다시 그들에게 말하셨다 "내가 너희에게 행한 것이 무엇인지 너희는 아느냐?

예수는 제자들의 발을 씻으신 이후에 "옷을 입으셨다." 세제도 없이 열두 장정의 지저분한 발을 씻으신 "직후"이기 때문에 굵은 땀과 열기로 인해 시원함을 추구해도 마땅한 상황인데 예수는 다시 겉옷을 입으셨다. 가르침을 주시려는 예수의 복장은 단정하고 정숙했다. 제자들 앞이었기 때문에 얼마든지 헐거운 옷을 입으며 더위를 식히셔도 되는 상황 속에서도 예수는 그들에게 예를 갖추셨다. 그리고 식탁으로 돌아와 앉으셨다. 그리고 이제 세족의 의도를 밝히신다. 중요한 진리의 가르침을 위해서는 정답을 떠먹여 주는 주입식이 아니라 질문을 던지고 스스로 생각하여 답을 찾아가게 만드는 문답식이 좋다. 스스로 생각해도 정답에 이르지 못하는 경우들이 많다. 그러나 준비 없는 들음과는 달리 고민 끝에 듣는 의미는 머리만이 아니라 의식과 몸으로도 파고든다. 예수는 제자들의 그런 유익을 위해 질문을 던지신다. 자신의 행위가 의미하는 바를 아느냐는 질문이다. 제자들은 답을 모르지만 질문 때문에 그 답을 궁리하며 기대하게 된다. 스스로 찾을 수 없기에 스승의 가르침을 더 사모하게 된다.

예수의 세족 행위는 보이지 않는 의미의 보이는 설명이다. 그에게는 무의미한 몸의 움직임이 없다. 앞으로 이어지는 예수의 설명은 세족이 사랑의 경험을 넘어 제자들의 실천적인 섬김과 관계되어 있음을 드러낸다. 예수의 무한한 사랑을 깨닫는 인지적 상태에 만족하지 않고 세족의 수혜자인 제자들도 예수처럼 사랑으로 섬겨야 한다는 행위적 메시지가 바로 세족이다. 쉽게 배신하는 머리가 아니라 성실한 발의 기억에 새겨진 이러한 사랑의 섬김은 예수께서 죽음으로 떠나시기 전에 그들에게 남기는 일종의 보이는 유언이다. 칼뱅은 사랑이 그들에게 없음을 드러내는 파생적인 의미의 전달도 예수의 세족에서 감지한다. 그가 잘 분석한 것처럼, 사랑의 결핍은 자신에 대한 과대평가, 타인에 대한 평가절하, 그 둘의 합작으로 발생한다. 자신의 오만과 타인 무시가 사랑의 숨통을 조이며 관계를 메마르게 한다. 예수의 죽음으로 인한 영적인 버팀목의 부재 상황을 제자들이 극복하는 최고의 비결은 사랑이다. 그 비결을 주시려고 예수는 세족의 겸손한 사랑을 그들에게 베푸셨다.

13너희는 나를 선생이라 또는 주라고 부르는데 너희가 옳게 말하였다
내가 그러하기 때문이다

예수는 자신에 대한 제자들의 호칭, 즉 "선생"과 "주"라는 호칭이 옳다(καλῶς)고 말하신다. 여기에서 수식어가 없는 "선생"(διδάσκαλος)은 교실을 출입하는 직업이 아니라 모든 진리를 알고 가르치는 사람을 의미한다. 예수만이 만물의 근원과 본질과 가치와 기능과 목적을 유일하게 아시는, 인생의 의미와 방향과 종착지를 유일하게 아시는 그런 선생이다. 이는 "만물이 다 그로 말미암고 그를 위하여 창조"된 것이기 때문이다(골 1:16). 칼뱅은 세계의 모든 지혜가 하나님과 인간을 아는 지식으로 수렴되는 것이라고 한다. 이런 관점에서 보더라도, 완전한 하나님과 완전한 인간이신 예수는 실제로 하나님과 사람에 대한 모든 것을 아시는 선생이다. "아버지 품 속에 있는 독생하신 하나님"인 예수는 아버지의 품 속까지 완전하게 아신다(마 11:27; 요 1:18). 그리고 인간의 내면과 외면 모두에 대한 예수의 지식도 완전하다(마 9:4; 계 3:1). 모든 사람을 "모든 진리 가운데로 인도"하는 진리의 성령은 그리스도

예수의 영이시다(요 16:13). 이는 "지혜와 지식의 모든 보화"가 예수 안에 감추어져 있다는 바울의 고백과도 무관하지 않다(골 2:3).

그리고 예수는 자신을 "선생"인 동시에 "주"(κύριος)라고도 밝히신다. 제한어가 없는 "주"라는 호칭은 모든 것에 대한 무제한적 소유권과 통치권을 가진 신분을 가리킨다. 예수는 "만유시요 만유 안에"(골 3:11) 계신 "만유의 주"(행 10:36)와 "만유의 상속자"(히 1:2)가 되신다고 사도들은 가르친다. 그리고 예수는 "하늘과 땅의 모든 권세"를 가지시고(마 28:18), 만물의 존속을 붙드시는 전능하신 하나님의 말씀이다(히 1:3). 지금도 예수는 하나님의 보좌 우편에 계시며 "모든 통치와 권세와 능력과 주권과 이 세상뿐 아니라 오는 세상에 일컫는 모든 이름 위에 뛰어"난 분이시다(엡 1:20-21). 하늘과 땅의 모든 것은 바로 최고의 권위를 가지신 그리스도 예수 안에서 통일된다(엡 1:10). 하늘과 땅의 통일이 가능한 이유는 만유의 주 예수께서 여럿이 아니라 유일한 분이시기 때문이다.

여기에서 나는 제자들이 과연 예수께서 선생과 주가 되신다는 것의 충분한 의미를 제대로 알았을 지가 궁금하다. 나는 알지 못했다고 생각한다. 예수는 선생과 주에 대한 제자들의 인식을 옳다고 칭찬하지 않으시고 자신을 선생과 주로 "부른다"(φωνέω)는 그들의 호칭이 바른 것이라고 말하셨다. 우리는 사람들이 동일한 언어를 사용하면 동일한 지식을 가졌다고 당연히 생각한다. 그러나 언어는 개념의 그릇이다. 동일한 그릇 속에 다른 내용물을 담는 것은 얼마든지 가능하다. 선생과 주라는 제자들의 호칭 안에는 다양한 개념의 이물질이 다량 함유되어 있다. 나중에 성령의 기억나게 함과 가르침을 받은 이후에 그들은 그 단어들을 비로소 바르게 이해한다.

¹⁴내가 주와 선생이 되어 너희의 발을 씻었다면 너희도 서로의 발을 씻음이 마땅하다

¹⁵이는 내가 너희에게 행한 것처럼 너희도 행하도록 본을 보였기 때문이다

이토록 위대한 주와 선생의 신분을 가지신 예수께서 제자들의 발을 씻으셨다. 동일한 세족도 누가 하느냐에 따라 의미가 달라진다. 지극히 높으신 분이 지극히 낮은 자의 지극히 낮은 부위를 씻고 닦고 품는 것은 지극히 높으신 하나님이 만물보다 심히 거짓되고 부패한 종의 초라한 형체를 입으시고 오셔서 죄의 종을 품으신 것에 대응된다. 동시에 최고의 환대가 합당하신 최고의 존재에게 끈적한 조롱과 멸시의 침을 뱉고 가소로운 주먹을 지르고 무례한 채찍을 휘두르고 십자가에 매달고 손발에 못질을 하고 숨까지 차단하는 최악의 박대를 저지르는 피조물의 막장을 고려할 때, 최고 수위의 형벌이 합당한 사람들의 죄질에도 불구하고 그들의 더러운 발을 씻으신 것은 예수의 지극히 크고 무한하고 영원한 사랑을 더욱 극명하게 드러낸다.

예수는 자신의 위대한 사랑을 계시하는 것에 만족하지 않으신다. 자신의 인격과 삶을 따라 제자들이 순종하는 것까지 원하신다. 예수의 세족은 의도적인 행위였다. 그에게 속한 사람들을 향한 실질적인 사랑의 실천인 동시에 그들의 인생에 방향과 목표를 제시하는 "본"(ὑπόδειγμα)이었다. "본"을 설명하는 것만이 아니라 보여주는 것은 스승의 최고 덕목이다. 제자의 덕목은 당연히 실천적인 본받음에 있다. 이는 "나를 따르라"는 예수의 명령에 잘 반영되어 있다. 아무리 좋은 길이라도 자신이 가지 않은 길을 타인에게 가라고 말하는 사람은 거짓 스승이다. "가라"는 말이 아니라 "따르라"는 말을 사용할 수 있으려면 먼저 실천해야 한다. 예수께서 이 땅에서 말하시고 행하신 모든 것은 그의 고유한 말과 삶이면서 그를 믿는 자들로 하여금 마땅히 말하고 마땅히 행해야 할 본이기도 하다. 물론 칼뱅이 경계한 것처럼 무분별한 모방은 조심해야 한다. 유일한 중보자의 고유한 사역과 의

식법의 완성과 관련된 사역에 대해서는 액면가 그대로의 재연이 아니라 하나님과 이웃 사랑의 실천에 대응되는 적용적인 의미의 모방이 필요하다. 세족으로 나타난 예수의 무한한 사랑이 그러하다. 이 사랑을 경험한 자는 그 사랑을 실천하는 "서로의 발을 씻음이 마땅하다"(ὀφείλέω). 당위성은 판단이나 선택의 대상이 아니라 무조건 수용해야 함을 의미한다.

그러나 상대방의 발을 씻어주는 행위를 의례적인 행사로 규정하고 절기마다 종교적인 감정샘 자극하는 것을 마치 예수의 명령에 순종한 것처럼 여긴다면 아주 심각한 착각이다. 물론 세족의 제도화 이전에 아우구스티누스는 자발적인 환대의 정신에 입각하여 발 씻음을 "손으로 행할 때 더욱 훌륭하며 … 형제의 발 앞에 몸을 숙일 때 겸손한 마음"도 생긴다고 긍정했다. 그러나 로마 가톨릭 안에서 행해지는 그러한 의식의 제도적 반복에 대해 칼뱅은 일종의 종교적 "희극"이며 그리스도 예수의 "모든 지체를 잔인하게 고문하고 그리스도 자신의 얼굴에 침을 뱉는 처사"라고 비판한다. 세족의 마땅한 실천은 자신을 타인의 종으로 여기며 자신의 허리를 숙이고 타인의 발에 자신을 맞추는 방식으로 타인을 자신보다 높이고 그의 가장 연약하고 낮은 부분을 감싸주고 치유하고 보듬고 아름답게 만드는 사랑의 종 노릇을 의미한다.

이 종 노릇의 핵심은 타인의 가장 더러운 발을 씻어주는 행위의 직접적인 의미로서 (주기도문 안에 나온 것처럼) 그가 나에게 지은 죄를 용서해 주는 사랑이다. 나아가 세족의 진정한 의미가 "자신을 낮추며 자신이 소유한 모든 재능과 은총을 자신의 유익이 아니라 이웃의 복을 위하여 사용하는 것"이라는 루터의 견해에도 나는 동의한다. 타인의 발을 씻는 겸손한 섬김의 사랑을 실천하기 위해서는 홀로 살지 말고 더불어 살아야 하고 더럽고 불결할 곳에 사람들 가운데에 거하는 것도 마다하지 말아야 한다는 루터의 조언도 경청해야 한다.

예수의 삶은 우리에게 인생의 본으로서 그가 행하신 것처럼 우리도 행하여야 마땅한데, 여기에서 "것처럼"(καθώς)를 이해하기 위해서는 크리소스토무스의 견해가 유익하다. 우리는 예수와 동일하지 않다. 예수는 우리의 주이시고 우리는 그의 종이며, 우리는 그의 제자이고 그는 우리의 스승이다. 그러므로 "것처럼"은 행위의 질적인 동일성과 동등성을 의미하지 않고 그런 행위를 산출하는 우리의 자세로서 그와 "동일한 열정으로" 행하라는 의미라고 교부는 설명한다. 동일한 열정에 의한 실행은 예수의 심장이 우리의 심장에서 박동할 때에만 가능하다. 달리 말한다면, 그리스도 예수를 우리의 마음에 모시는 믿음으로 살 때에 가능하다.

> 16내가 진실로 진실로 말하노라 종이 그의 주인보다 더 크지 못하고
> 보냄을 받은 자가 그를 보낸 자보다 더 크지 못하니라

제자들이 서로 발을 씻어주는 겸손한 섬김은 마땅한 것이라고 가르치신 예수는 그런 당위성의 근거를 밝히신다. 즉 "종이 주인보다 크지 못하고 보냄을 받은 자가 그를 보낸 자보다 더 크지 못하"기 때문이다. 예수는 주인이고 제자들은 그의 종들이다. 예수께서 제자들의 발을 씻어 주신다고 해서 그가 주인의 신분을 상실하고 제자들의 종으로 바뀌는 것이 아니며 제자들이 발 씻김을 받는다고 해서 그들이 종의 신분에서 벗어나 예수의 주인이 되는 것도 아님을 명시하는 말씀이다. 여기에서 "종"(δοῦλος)은 주인을 공부하는 사람이 아니라 따르는 사람이다. 바울은 누구든지 어떤 자에게 순종하면 그 순종함을 받는 자의 종이라는 설명으로 순종에 근거한 종의 정체성을 강조한다(롬 6:16). 제자들은 비록 예수의 섬김을 받지만 그 섬김은 그들이 예수에게 명령을 하고 예수께서 순종하신 결과가 아님을 이해해야 한다. "더 크다"(μείζων)는 말은 순종의 방향을 제시한다. 주인은 명령하고 종은 순종한다. 그래서 주인은 종들보다 크다. 예수처럼 좋은 주인은

말로 명령하지 않고 본을 보이는 방식으로 명령한다.

예수는 보내는 분이시고 제자들은 보냄을 받은 자들이다. 보낸 자가 보냄을 받은 자보다 크다는 말은 보내는 분이 사명을 부여하고 보냄을 받은 자는 그 사명을 실행해야 하는 둘의 관계를 의미한다. 사명의 결정권은 보내는 분의 권한이다. 사명의 내용은 타인을 자신보다 낮게 여기고 허리를 굽혀 사랑의 종 노릇하는 세족의 실천이다. 세족의 사랑을 져버리면 이 땅에 보냄을 받은 목적도 사라진다. 존재할 목적이 없는 사람은 이 땅에서 공기만 축내는 사람이다. 나아가 악의 병기가 되고 모든 이웃과 그 시대의 민폐로 전락한다. 목적이 인생의 질을 좌우한다. 보낸 자의 뜻이라는 목적을 상실하면 태어나지 않았으면 좋았을 유다와 같아진다.

17너희가 이것을 알았다면 너희가 실행하는 한 복되리라

예수는 종이 주인보다 작고, 보냄 받는 자가 보낸 자보다 작다는 사실을 알리셨다. 그의 가르침은 제자들의 앎(εἴδω)에 만족하지 않고 실행(ποιέω)을 요구한다. 가르침의 끝은 됨됨이와 실행이다. 실행 없는 인식은 그냥 지적인 만족이다. 삶 없는 앎의 문제는 생각보다 더 심각하다. 야고보의 표현을 빌리자면, 알고도 행하지 않는다면 그것은 하나님 앞에서의 죄이고(약 4:17), 자신을 속이는 기만이다(약 1:22). 바울의 표현을 빌리자면, 실행에 이르지 못한 인식의 필연적인 결과는 교만이다. 이 문제를 해결하는 유일한 방법은 간단하다. 아는 것의 실천이다. 그 실천의 절정은 사랑이다. "지식은 교만하게 하며 사랑은 덕을 세운다"(고전 8:1)는 바울의 글은 아는 것과 사는 것의 조화와 균형을 가르치는 최고의 명문이다.

예수의 말씀에서 더 중요한 것은 그의 교훈을 실행하면 "복되다"(μακάριος)는 부분이다. 두 가지로 구분해서 보자. 첫째, 복은 앎이 아니라 삶과 결부되어 있다. 복은 인식에서 오지 않고 행함에서 온다. 예수의 가르침을 충실히 따르는 야고보도 사람은 "자신의 행위 안에서(ἐν τῇ ποιήσει) 복되다"고 한다(약 1:25). 하나님이 모든 율법을 통하여 베푸시는 복도 순종 안에서만 우리에게 주어진다. 모세를 통해 하나님의 말씀을 들은 이스라엘 백성에게 말씀의 들음은 복이 아니었다. 복과 화, 생과 사는 말씀의 들음 자체가 아니라 들은 말씀을 지키느냐 마느냐에 따라 결정된다. 지키면 복이 주어지고 어기면 저주가 주어진다. 성경을 읽고 강의를 시청하고 설교를 듣고 책을 읽어도 내 삶에 복이 희귀한 이유는 실천의 부재 때문이다. 마음에 행복과 기쁨의 증진이 없다면 몸으로 드려지는 실천적인 예배의 불량한 상태를 점검해야 한다. 둘째, 타인의 발을 씻어주는 겸손한 사랑의 실천은 그 자체로 복이라는 사실이다. "복되다"는 형용사는 소유물의 물량적인 증대보다 존재의 좋은 상태를 설명한다. 세족이 의미하는 바 타인을 용서하는 것, 타인을 섬기는 것, 타인보다 자신을 낮추는 것, 타인을 윤택하게 하는 것 등은 자신의 내적인 상태를 하나님의 마음에 합하도록 개선한다. 이러한 복에 비하면, 후속적인 물질의 보상은 없어도 그만이다. 땅에서의 그런 보상은 오히려 없을수록 좋다.

인식에서 실천으로 넘어가는 가교는 신뢰 혹은 믿음이다. 믿음은 보이지 않는 것들의 증거이기 때문에 가시적인 세계보다 더 광범위한 차원의 인식을 가능하게 하고 바라는 것들의 뚜렷한 실상이기 때문에 주저하지 않고 추구하게 한다. 믿음의 양 손은 그렇게 인식과 실천을 쥐고 그 둘을 하나로 연결한다. "의인이 믿음으로 산다"는 말은 올바른 것을 아는 것과 그것을 행하는 것이 믿음을 매개로 통합됨을 가르친다. 믿음은 인식과 실행으로 구성된 삶을 가능하게 한다. 믿음이 없으면 인식의 지적인 포만감에 안주하기 쉬우나 믿음이 있으면 거룩한 불만이 갈증을 일으키고 보다 실질적인 만족을 추구하게 한다. 정의를 신뢰하면 정의의 구경꾼이 되는 게 아니라 정의롭게 산다. 자비의 객석에서 사유하는 게 아니라 자비롭게 산다. 거룩함의 몽롱한 흠모자가 되는 게 아니라 거룩하게 산다. 그러므로 믿었는데 실천이 뒤따르지 않는다면 야고보의 말처럼 그 믿음은 단순한 인식이며 실제로는 불신이며 죽은 혹은 거짓된 믿음이다(약 2:26).

¹⁸내가 너희 모두에 대하여 말하는 게 아니다
나는 내가 어떤 이들을 택했는지 안다 다만 '내 떡을 먹는 자가 나에게
자신의 발꿈치를 들었다'는 성경이 성취되게 [하기 위함이다]

모두가 깨끗한 것은 아니라는 뉘앙스의 표현이 이 구절에서 반복된다. 즉 예수의 종 혹은 그의 보내심을 받은 자의 직분은 모두에게 주어진 것이 아니며 예수의 말씀도 모두에 대한 것이 아니라는 언급이 등장한다. 예수는 타인의 발을 씻기는 겸손한 사랑을 자기에게 속한 자들, 즉 자신이 택하신 자들에게 말하셨다. 여기에서 "택했다"(ἐξελεξάμην)는 말은 칼뱅의 분석처럼 구원에 이르는 선택 즉 영원한 선택을 의미한다. 그리고 개인적인 선택도 의미한다. 이 구절에서 두 가지의 중요한 요점을 언급하고 싶다. 첫째, 여기에서 예수는 하나님의 아들로서 영원한 선택의 주체라는 사실이다. 영원한 선택은 성부만의 단독적인 사역이 아니라 삼위일체 하나님의 공통적인 사역이다. 물론 선택의 대표성은 성부에게 돌아간다(엡 1:3-4). 둘째, 요한복음 안에서 선택은 영원한 선택과 시간적인 선택으로 구분된다. 영원한 선택만이 구원에 이르는 선택이다. 유다는 시간적인 선택을 받아서 예수의 제자들 중의 하나가 되었지만(요 6:70), 영원한 선택의 대상은 아니었다. 로마서의 경우, 선택은 다시 집단적인 선택과 개인적인 선택으로 구별된다. 섭리 차원에서 영원한 선택을 받았어도 개인적인 선택이 구원에 이르는 선택이다. 집단적인 선택을 받은 이스라엘 내에서도 구원에 이르는 개인적인 선택을 받은 사람들이 있고 그 선택을 받지 못한 사람들도 있다. "표면적

유대인이 유대인이 아니요"(롬 2:28) 이스라엘 사람이 모두 이스라엘 사람인 것은 아니라(롬 9:6)는 바울의 말은 민족적인 선택과 개인적인 선택의 구분을 잘 보여준다.

앞에서 하신 예수의 말씀은 유다에게 하신 말씀이 아니었다. 유다는 예수의 궁극적인 택하심을 받지 않았으며 그래서 예수에게 속하지도 않았으며 그러므로 그의 종도 아니었고 그의 보내심을 받은 자도 아니었기 때문이다. 여기에서 우리는 예수의 입에서 나온 소리가 유다의 귀에 출입도 하지 않은 것처럼 생각하지 않도록 주의해야 한다. 예수의 동일한 말, 동일한 문장, 동일한 내용을 유다도 분명히 청취했다. 그러나 유다에게 말하지 않았다는 것은 귀의 생물학적 기능에 문제가 있었다는 것이 아니라 예수라는 진리의 말씀을 깨닫지 못했다고 보는 게 합당하다. '귀가 있어도 듣지 못한다'는 말의 의미도 동일하다. 유다는 예수의 말씀을 언어로만 듣고 진리로는 듣지 못하였다. 그 이유는 유다 편에서는 믿음이 없었기 때문이고 예수 편에서는 그를 위해 말씀하신 진리가 아니었기 때문이다.

여기에서 우리는 우리 자신도 점검해야 한다. 성경에 기록된 예수의 말씀에서 진리를 깨닫지 못한다면 그의 택하심을 받지 않았을 가능성이 높다. 이 가능성은 일시적인 현상이 아니라 무덤에 들어갈 때까지 믿지 못하고 이해하지 못한 사람에게 유효하다. 진리에 부요한 사람도 잠시 무지의 늪에 빠지는 것은 얼마든지 가능하다. 그 무지의 순간에 근거하여 택하심의 여부를 평가하는 것은 부당하다. 나아가 진리를 알기는 하였으나 그 진리를 따라 살지는 않는다면 예수의 택하심을 받지 않았을 가능성이 농후하다. 이것도 일시적인 불순종이 아니라 지속적인 불순종의 경우에 해당한다. 예수의 말씀이 진리로 들렸다면, 그 진리가 나의 삶이 되었다면, 그것은 주님의 지극히 놀라운 은총이다. 이는 듣고 살았다는 것 때문이 아니라 예수의 영원한 택하심을 받았다는 사실 때문이다.

유다에 대한 예수의 비선택은 성경의 예언과 무관하지 않다. 그는 유다의 존재를 예언과 성취라는 틀로 이해한다. 성경에 근거한 예수의 해석은 우리가 인생과 세상을 이해함에 있어서 해석의 모델이다. 성경은 영원히 변하지 않는 말씀의 기록이다. 말씀이 영원히 변하지 않는다는 말은 말씀의 영원하고 불변적인 적용성을 의미한다. 하나님의 말씀은 예나 지금이나 온 세상의 만물과 역사를 유지하고 이끄는 권능이다(히 1:3). 그렇기 때문에 모든 해석의 기준이다. 개인의 짧은 일대기나 인류의 긴 역사는 모두 성경의 빛 속에서만 올바르게 해석된다.

예수께서 인용하신 예언은 "내 떡을 먹는 자가 나에게 자신의 발꿈치를 들었다"는 어느 시인의 고백이다. 이 인용문이 원문에는 "내가 신뢰하여 내 떡을 나눠 먹던 나의 가까운 친구도 나를 대적하여 그의 발꿈치를 들었다"로 기록되어 있다(시 41:9). 이 예언의 저자로서 "나"는 다윗일 가능성이 높다. 같은 밥상에서 떡을 나누던 그의 "가까운 친구"는 가족 중에서 아버지를 배신한 압살롬일 가능성도 있고 측근 중에서 주군을 배신하고 압살롬을 편든 아히도벨일 가능성도 있고 병상과 치유라는 문맥을 보면 제3의 배신자일 가능성도 있다. 그런데 여기에는 그렇게 친밀한 사람이 자신을 대적하며 배신의 발꿈치를 들었다는 부분과 이스라엘 최고의 왕 다윗도 배신을 당한 이력이 있다는 사실이 중요하다.

예수의 말씀에 의하면, 다윗이 자신의 현실을 이야기한 이 구절은 또한 예수의 시대에 이루어질 일의 예언이다. 그리고 유다는 예수를 십자가의 죽음에 이르게 만든 결정적인 역할을 수행한 사람인데, 수백 년 전의 예언과 연결되어 있다는 사실이 신비롭다. 이 예언은 유다를 가리켜 "내가 신뢰하여 내 떡을 나눠 먹던 나의 친구"라고 기록한다. 그러나 예수는 유다를 신뢰하지 않으셨기 때문에 인용문 안에서는 "신뢰하여" 부분을 제하셨다. 그리고 예수는 친구를 위해 죽으시는 최고의 사랑을 베푸실 것이지만 유다는 그의 그런 친구가 아니었기 때문에 "친구"라는 단어도 제하셨다. 나는 이렇게 축약된 인용을 예수의 의도적인 삭제라고 생각한다.

유다가 "발꿈치를 들었다"는 말은 예수에 대한 배신을 의미한다. 대부분의 사람들은 가까이에 있는 친구, 특별히 같은 식탁에서 떡을 나누는 친밀한 관계를 가진 사람 앞에서는 대체로 무장을 해제한다. 그런 방심의 순간에 그는 눈에 보이지 않는 뒤꿈치를 둔기처럼 들어서 상대방을 공격한다. 친밀감 속에 숨겨둔 흉기로 무장해제 된 주군의 뒤통수를 치는 배신은 전쟁에 있어서도 대단히 기만적인 반칙이다. 유다는 스승과 제자라는 친밀한 관계를 이용하여 예수를 죽이려고 은밀한 발꿈치를 든 인물이다. 다윗과 예수께도 절친이나 측근이나 가족의 배신이 있었다면, 우리도 가까이에 있는 사람의 배신을 늘 주의해야 한다. 사탄의 이 치졸한 전략은 한번도 바뀌지 않았기 때문이다.

신뢰가 쌓이고 친밀도가 높아지면 서로에 대한 기대치도 올라간다. 그런데도 원하는 만큼의 만족을 얻지 못하면 배신의 기운이 스멀스멀 올라오고 조용히 발꿈치를 든다. 가까이에 있었기 때문에 얻은 우리의 모든 약점들과 은밀한 정보들을 동원하여 자신의 만족이 채워질 때까지 우리를 교묘하게 때리며 괴롭힌다. 그런데 이런 유다가 모든 사람에게 하나쯤은 있다. 유다의 존재를 예수는 예언의 성취라고 말하신다. 그래서 제자가 배신자가 되어도 그에게는 놀라거나 당황함이 없다. 우리에게 유다가 있다면 우리보다 먼저 유다를 경험하신 예수를 알아가는 지식에서 자라가고 성경의 정교한 예언과 성취의 비밀을 한 꺼풀 벗긴다는 기쁘고 감사한 심정으로 지혜롭게 대응하면 된다. 그리고 지근에 있는 '유다'는 우리로 하여금 꾸며지지 않은 자신이 노출된 지인들 앞에서도 부끄러울 것이 없도록 깨끗하고 떳떳한 삶을 살아야 할 필요성도 깨우친다.

19너희에게 이것이 일어나기 전[인데도] 지금부터 내가 말하는 것은
그것이 일어날 때 내가 그인 줄 너희로 믿게 하기 위함이다

시편의 예언을 인용하신 예수의 핵심 메시지는 다윗처럼 측근의 배신을 당하는 메시아가 바로 다윗의 자손 예수라는 사실이다. 지금은 유다가 본격적인 배신을 실행하기 이전이고 예수께서 죽음에 내몰리기 이전이다. 그런데도 예수께서 시편의 예언을 미리 인용하며 앞으로 진행되는 배신 사건이 그 예언의 성취라고 말씀하신 이유는 제자들로 하여금 자신을 믿도록 하기 위함이다. 믿음은 사후의 설명이 아니라 사전의 예언으로 인해 잉태하고 성장한다. 예언은 조작이 가능하지 않고 설명은 조작이 가능하기 때문이다. 실제로 유다가 배신의 발꿈치를 들고 예수께서 배신의 희생물이 되어 십자가에 달려 죽으시는 일이 발생하면 제자들은 유다의 배신과 예수의 죽음이 돌발적인 우연의 장난이 아니라 하나님의 영원한 섭리 속에서 예정된 일임을 깨닫는다. 동시에 자신의 제자도 제대로 단속하지 못하고 배신을 당하는 무능한 존재로 예수를 몰아세울 근거와 오해 가능성도 사라진다. 그리고 예수는 유다의 배신을 알기도 하셨지만 제어하실 수도 있으셨다. 그러나 예수는 배신의 내적인 아픔과 외적인 고통을 피하지 않으시고 자신에게 이루어질 배신의 예언을 그대로 받으셨다. 일신의 안위보다 성경이 응하는 것, 자신의 생명보다 하나님의 뜻이 성취되는 것을 더 중요하게 여기며 선택하신 스승의 모습을 본 제자들은 그에 대해 더욱 신뢰하게 된다.

나아가 이후에 성령의 생각나게 하시는 은총으로 말미암아 예수께서 하신 말씀이 모두 사실임을 제자들은 더욱 신뢰하게 된다. 예수께서 자신의 삶을 성경의 예언에 근거하여 해석해 주셨기 때문에 그들의 신뢰는 더 소급된다. 즉 예수와 그의 말씀에 대한 신뢰가 커질수록 그가 자신의 인생 전체를 갈아 넣으셔서 전부 "예"가 되도록 성취하신 성경의 모든 예언에 대

한 제자들의 신뢰도 더욱 증대된다. 예수께서 자신을 성경의 모든 예언에 순응시킨 사실을 여러 차례 경험한 베드로는 성경의 모든 예언이 심지어 예수께서 부활의 빛나는 형체로 변화되신 기적의 목적보다 "더 확실한"(βεβαιότερον) 것이라는 고백까지 한다(벧후 1:19). 이는 죽었다가 살아나는 부활의 기적보다 구약의 확실성을 더 높이신 예수의 가르침에 충실한 고백이다(눅 16:31). 이런 맥락에서 성경은 최고의 신뢰도를 가진, 신학의 유일한 객관적 원리라고 한다. 신학은 성경에 대한 신뢰에 기초한다. 그 신뢰의 크기가 신학의 질을 좌우한다.

> [20]내가 진실로 진실로 너희에게 말하노라 내가 보낸 어떤 이를 영접하는 자는 나를 영접하는 것이요 나를 영접하는 자는 나를 보내신 분을 영접하는 것이니라"

예수는 아버지 하나님이 보내신 분이시고 그를 가리켜 기록된 성경의 모든 예언을 성취하는 메시아가 되심을 드러내신 이후에 영접의 비밀을 밝히신다. 예수께서 보내신 사람을 영접하는 자는 예수를 영접하는 것이고 예수를 영접하는 것은 그를 보내신 아버지 하나님을 영접하는 것과 동일하다. 이 비밀은 다양한 각도로 이해하는 것이 필요하다. 첫째, 제자들을 보내시는 예수의 입장이다. 예수는 비록 제자들을 세상에 보내지만 자신을 보내는 것과 동일하게 여기신다. 제자들을 자신의 연장으로 여기신다. 그래서 제자들을 영접하는 것과 예수를 영접하는 것은 동일하다. 이것은 그들에게 대단한 영광이다. 이는 예수께서 자신의 이름과 영광과 존귀를 그들에게 맡겼다는 의미이기 때문이다. 예수의 제자들 파송은 만약 사람들이 제자들을 영접하지 않으면 예수 자신도 영접을 받지 못한다는 운명 공동체 같은 관계를 스스로 맺으신 사건이다. 둘째, 보내심을 받는 제자들의 입장이다. 이들은 자신들을 영접하는 것이 예수를 영접하는 것과 같다는 스승의 말씀으로 인해 목에 부당한 힘이 들어가고 어깨가 부당하게 으쓱할 가능성이 높다. 만나는 자들에게 예수의 이름으로 갑질을 하고 예수의 권위에 준하는 대우를 요구할 가능성도 있다. 제자들은 이런 방자한 가능성을 단호히 배격하고 차단해야 한다. 오히려 자신들의 영접과 스승의 영접이 연동되어 있다는 이 두려운 사실 앞에서 스승의 이름이 모독을 당하지 않도록 처신을 극도로 조심해야 한다. 스승처럼 말하고 행동해야 한다.

제자들 영접과 예수 영접이 연동된 것은 예수 영접과 아버지 영접이 연동된 것에 근거한다. 그러므로 영접에 있어서도 제자들은 예수의 처신을 본받아야 한다. 예수는 자신을 영접하는 자가 아버지를 영접하는 것이라는 사실을 아셨고 아버지의 인격, 아버지의 뜻, 아버지의 말씀, 아버지의 명령을 하나도 가감하지 않고 있는 그대로 따르시며 있는 그대로 보이셨다. 예수는 절대로 자신이 사람들의 영접이나 영광을 받으려는 의도를 갖지 않으셨다. 사람들이 자신을 통하여 아버지를 영접할 수 있도록 모든 언행과 심사의 내용을 정하셨다. 그러므로 제자들은 자신들을 영접하는 자는 예수를 영접하는 자이고 결국 아버지를 영접하는 자라는 사실을 인식해야 한다. 당연히 그들은 성경에서 예수에게 주어진 아버지의 모든 말씀을 가감하지 않고 스승처럼 자신들의 인격과 삶에 고스란히 담아 세상에 드러내야 한다.

²¹이것들을 말씀하신 예수는 심령에 괴로움을 느끼셨고 증언하며 말하셨다
"내가 진실로 진실로 말하노라 너희 중에 하나가 나를 넘기리라"

이 말씀을 하신 예수의 심령에 괴로움이 파고든다. 예수는 제자들을 향해 그 괴로움의 실체를 꺼내 보이신다. 너무도 심각하고 중요한 내용이기 때문에 아멘 강조법이 여기에 등장한다. 예수는 "너희 중에 하나가 나를 넘

길 것이라"(παραδώσει)고 말하신다. 저자는 미래에 일어난 일에 대한 예수의 이 말씀을 예언한 것이 아니라 증언한 것(μαρτυρέω)이라고 기록한다. 증언은 주로 과거나 현재의 일과 관계한다. 그런데 유다는 아직 배신을 실행하지 않은 상황이다. 그런데도 예수께서 증언하신 이유는 유다가 마음으로 마귀의 생각을 받아들여 이미 마음의 현실이 되었기 때문이다. 때때로 주님은 외모가 아니라 중심을 보시고 말하신다. 그리고 여기에 사용된 "증언"은 법정적인 용어로서 배신에 대한 예수의 말이 공적인 발언임을 드러낸다. 이러한 배신의 공식화가 이루어진 시점은 사탄이 유다에게 들어간 순간이다.

제자들 중의 하나가 자신을 팔아넘기는 배신이 예수에게 괴로움이 된 이유는 무엇일까? 이어지는 예수의 말씀을 보면 인자가 영광을 얻었다는 이야기가 반복된다. 그렇다면 괴로움은 예수 자신의 문제가 아니라 타인 즉 유다의 문제에 대한 고통임에 분명하다. 괴로움의 이유는 비록 요한복음 안에는 없지만 다른 복음서가 모두 기록하고 있듯이 "인자는 자기에 대하여 기록된 대로 가거니와 인자를 파는 그 사람에게는 화가 있"을 것이기 때문이다(마 26:24; 막 14:21; 눅 22:22). 제자들 모두가 깨끗한 것은 아니라고 말씀하실 때에는 그렇게 괴롭지 않으셨다. 그러나 인자를 파는 것은 태어나지 않았으면 좋았을 정도로 끔찍하고 파렴치한 죄악이다. 그런 죄악에 상응하는 화의 크기는 얼마나 심각할까!

사람들은 원수들이 당하는 화가 클수록 더 크게 기뻐한다. 그러나 예수는 "네 원수가 넘어질 때에 즐거워하지 말며 그가 엎드러질 때에 마음에 기뻐하지 말라"(잠 24:17)는 지혜자의 말처럼 자신을 배신하는 원수의 멸망을 기뻐하지 않으셨다. 오히려 괴로움을 느끼셨다. 물론 하나님은 신이시기 때문에 후회함이 없으시고 괴로움도 없으시다. 하지만 우리의 성정과 동일한 육신으로 오신 예수는 괴로움도 느끼신다. 유다가 택하심을 받지 않았고 구원에 이르지 못할 것이라는 사실을 알고서도 예수는 그 원수를 차갑고 매몰차게 대하지 않으셨다. 그렇다면 한 개인의 선택과 구원의 여부를 모르는 우리는 더더욱 원수를 모질게 대하지 말아야 하고 그의 자빠짐을 기뻐하지 말아야 하지 않겠는가!

예수의 증언은 무엇을 위함인가? 인간적인 시각으로 보면 "너희 중에 하나"라는 말은 대단히 정치적인 발언이다. 예수는 실언하신 일이 없으시기 때문에 그의 발언으로 인해 제자들은 당연히 서로를 의심하지 않겠는가? 제자들로 하여금 알아서 배신자를 색출하고 처단할 것을 주문하신 발언인가? 당연히 제자들의 선동과 반목을 의도한 발언은 아니었다. 배신자의 색출과 처단은 하늘과 땅의 모든 권세를 가지신 권능의 예수께서 마음만 먹으시면 얼마든지 쉽게 스스로 이루신다. 제자들의 도움이 전혀 필요하지 않다. 그런데도 제자들이 듣도록 그가 말씀하신 이유는 그가 인용하신 시편에서 살핀 것처럼 자신의 메시아 되심에 대한 제자들의 믿음과 연약한 그들의 신앙적인 성찰과 유다의 배신에 따른 혼돈의 방지를 위함이다.

<blockquote>
²²제자들은 누구에 대하여 그가 말씀하신 것인지에 대해
서로를 바라보며 당황했다
</blockquote>

폭탄선언 같은 예수의 증언을 들은 제자들의 반응은 배신자 색출이다. 이는 스승의 괴로움을 정확하게 파악하고 그 괴로움의 원인을 규명하고 그 괴로움은 나누고 그 원인은 함께 짊어지는 따뜻한 마음의 반응이 아니었다. 자신에게 배신자의 이미지가 씌워질까 우려하며 서로가 경직된 눈빛을 교환한다. 그가 말씀하신 배신의 주범이 누구냐는 궁금증을 "서로"에게 보내는 제자들의 마음과 표정은 곤혹감에 휩싸인다. 이런 분위기 속에서 "서로를 바라본다." 시선이 밖으로 나가지 않고 서로를 향하는 이유는 배신자가 "너희" 중에 있다는 스승의 발언 때문이다. 그리고 그들은 "당황했다."

당황한 이유는 배신자가 자기들 중에 있다는 사실이 생각지도 못한 일이었고, 있을 수도 없는 일이라고 생각했기 때문이다.

이는 나중에 유다의 배신으로 말미암아 제자들이 경험할 충격과 흔들림의 완화를 위해 꼭 필요한 예비적 당황이다. 이 시점에 이루어진 예수의 증언은 제자들이 장차 과도한 당황에 빠지지 않도록 미리 준비하는 예방접종 같은 그의 자상한 배려라고 나는 생각한다. 현실의 문제도 모르고 다가올 미래의 위기는 더더욱 모르는 이들에게 성경의 예언에 근거하여 미리 알려주는 것이 비록 당장은 황당한 반응을 일으킬 수 있지만 긴 호흡으로 보면 그들을 위한 사랑이다. 그러므로 지혜롭게, 정중하게 그리고 적절하게 영원히 변하지 않는 성경의 예언을 우리는 장기적인 안목에서 좌고우면 없이 선언해야 한다.

요 13:23-35

²³예수의 제자 중 하나 곧 그가 사랑하시는 자가 예수의 품에 의지하여 누웠는지라 ²⁴시몬 베드로가 머릿짓을 하여 말하되 말씀하신 자가 누구인지 말하라 하니 ²⁵그가 예수의 가슴에 그대로 의지하여 말하되 주여 누구니이까 ²⁶예수께서 대답하시되 내가 떡 한 조각을 적셔다 주는 자가 그니라 하시고 곧 한 조각을 적셔서 가룟 시몬의 아들 유다에게 주시니 ²⁷조각을 받은 후 곧 사탄이 그 속에 들어간지라 이에 예수께서 유다에게 이르시되 네가 하는 일을 속히 하라 하시니 ²⁸이 말씀을 무슨 뜻으로 하셨는지 그 앉은 자 중에 아는 자가 없고 ²⁹어떤 이들은 유다가 돈궤를 맡았으므로 명절에 우리가 쓸 물건을 사라 하시는지 혹은 가난한 자들에게 무엇을 주라 하시는 줄로 생각하더라 ³⁰유다가 그 조각을 받고 곧 나가니 밤이러라 ³¹그가 나간 후에 예수께서 이르시되 지금 인자가 영광을 받았고 하나님도 인자로 말미암아 영광을 받으셨도다 ³²만일 하나님이 그로 말미암아 영광을 받으셨으면 하나님도 자기로 말미암아 그에게 영광을 주시리니 곧 주시리라 ³³작은 자들아 내가 아직 잠시 너희와 함께 있겠노라 너희가 나를 찾을 것이나 일찍이 내가 유대인들에게 너희는 내가 가는 곳에 올 수 없다고 말한 것과 같이 지금 너희에게도 이르노라 ³⁴새 계명을 너희에게 주노니 서로 사랑하라 내가 너희를 사랑한 것 같이 너희도 서로 사랑하라 ³⁵너희가 서로 사랑하면 이로써 모든 사람이 너희가 내 제자인 줄 알리라

❖ ❖ ❖

²³예수의 제자들 중의 하나 즉 예수께서 사랑하시는 자가 예수의 품 안에 누워 있었는데 ²⁴시몬 베드로가 [그에게 예수께서] 말씀하신 자가 누구인지 [물어 보라고] 고갯짓을 했다 ²⁵이에 그가 예수의 가슴에 그렇게 기댄 채로 그에게 말하였다 "주여, 그가 누구입니까?" ²⁶예수께서 답하셨다 "내가 빵 조각을 적셔서 주는 자가 그이니라" 이에 그는 적신 빵 조각을 가룟 시몬의 유다에게 건네셨다 ²⁷조각[을 받은] 후 곧 사탄이 그에게로 들어갔다 이에 예수께서 그에게 말하셨다 "네가 행하려는 것을 더욱 신속하게 하라" ²⁸그가 무엇을 위해서 이 말씀을 하시는지 식사하는 자들 중에는 아는 자가 없었는데 ²⁹어떤 이들은 유다가 돈궤를 맡았기 때문에 예수께서 그에게 "명절을 위해 너는 우리에게 필요한 것을 사라" 혹은 [유다가] 가난한 자들에게 무언가를 주어야 한다고 말하시는 줄로 생각했다 ³⁰유다가 그 조각을 취하고 곧장 나갔는데 그때가 밤이었다 ³¹그가 나가자 예수께서 말하셨다 "이제 인자가 영광을 받았으며 하나님도 인자 안에서 영광을 받으셨다 ³²만약 하나님이 그 안에서 영화롭게 되셨다면 하나님도 자기 안에서 그를 영화롭게 하시리라 곧장 그를 영화롭게 하시리라 ³³작은 자들아 내가 너희 곁에 잠시 있겠고 너희는 나를 찾으리라 [그러나] 내가 유대인들에게 '내가 가는 곳에 너희는 올 수 없다'고 말한 것처럼 지금도 너희에게 [동일하게] 말하노라 ³⁴너희는 서로 사랑해야 한다 그리고 내가 너희를 사랑한 것처럼 너희도 서로 사랑해야 한다는 새로운 계명을 나는 너희에게 준다 ³⁵너희가 서로에게 사랑을 고수하면 이로써 모든 사람이 너희가 내 제자라는 것을 알리라"

서로 사랑하라

서로 발을 씻으라고 명하신 예수는 이제 서로 사랑해야 한다고 명하신다. 이 명령 이전에 예수는 제자들 중에 자신을 파는 배신자가 있다고 말하셨다. 의심의 눈으로 서로를 경계하는 상황이다. 예수의 품 안에서 각별한 사랑을 받던 요한이 대표로 제자들의 궁금증을 그에게 전달한다. 이에 예수는 배신자의 이름을 밝히지는 않으시고 떡을 건네시는 자라는 정도만 밝히신다. 그러나 제자들은 그의 말씀을 이해하지 못하였다. 그런 상황에서 예수는 자신이 영광을 받았고 그것이 아버지께 영광이 되었으며 그 아버지는 자신을 영화롭게 하실 것이라고 말하신다. 이해하지 못하는 제자들은 미궁의 더 깊은 곳으로 들어가는 느낌이다. 그런데 예수는 배신자를 색출하고 제거해야 할 경색된 상황에서 서로를 사랑해야 한다고 명하신다. 자신이 제자들을 사랑하신 것처럼 사랑해야 한다는 방법도 알리신다. 그렇게 사랑하면 세상의 모든 사람들이 그들을 예수의 제자로 알게 되리라는 사랑의 놀라운 위력도 미리 밝히신다. 배신자에 관한 질문을 요한에게 넘긴 베드로는 사랑보다 예수의 떠나심이 궁금하여 이번에는 직접 어디로 가시

냐고 묻고 목숨을 걸고 따라갈 것이라고 단언한다. 이에 닭 울기 전에 자신
을 부인할 것이라는 차가운 예수의 응답이 돌아온다. 베드로의 말은 순수
함과 진정성이 있었으나 쉽게 변절하는 인간의 한계가 고려되지 않은 말
이었다.

23예수의 제자들 중의 하나 즉 예수께서 사랑하시는 자가
예수의 품 안에 누워 있었는데 24시몬 베드로가 [그에게 예수께서]
말씀하신 자가 누구인지 [물어 보라고] 고갯짓을 했다

예수의 배신자가 제자들 중의 하나라는 그의 말씀에 제자들이 술렁댄다.
스승에게 물어볼 수도 없는 냉각된 분위기가 잠시 이어진 후 베드로가 사
태를 파악하기 위해 고갯짓을 한다. 베드로는 매사에 성급한 사람이다. 배
신자를 서둘러 색출하고 싶어한다. 그러나 예수께서 배신자의 이름을 밝히
시기 전까지는 기다리는 것이 독촉보다 낫다. 베드로의 고갯짓은 예수의
사랑을 받으며 그의 품에 기댄 제자에게 전해진다. 아우구스티누스와 칼뱅
도 지적한 것처럼, 요한복음 21장 21-24절에 근거할 때 그 제자는 이 복음
서의 저자인 사도 요한이다. 요한은 자신의 사적인 이야기가 아니라 자신
도 그 속에 하나의 인물로서 포함된 예수의 공적인 이야기를 기록하고 있
기 때문에 자신을 다른 사람인 것처럼 3인칭 단수로 기술한다. 예수의 무
거운 배신자 언급에도 여전히 그의 품에 있었다면 요한은 다른 어떤 제자
보다 예수에게 더 친밀한 사람임에 분명하다. 베드로가 직접 질문하지 않
고 요한에게 눈짓으로 부탁한 것을 보면, 요한이 예수의 최측근 제자라는
것은 제자들 내에서도 인정된 사실임에 분명하다.
　이 구절에서 크리소스토무스는 베드로의 고갯짓을 해석하되 요한이 자
신을 예수의 각별한 애제자로 기록한 것이 주관적인 평가라는 혐의를 해

소하는 근거가 된다고 설명한다. 동일한 구절에서 칼뱅은 우리가 누군가를 더 사랑하는 것이 "기독교의 사랑에 위배되는 것은 아니라는 점"을 강조한다. 물론 우리의 사랑이 하나님을 향하고 있어야 하고 주님께서 베푸신 은사에 상응하는 정도로 모든 사람을 사랑해야 한다는 단서도 덧붙인다.

우리는 베드로가 아니라 요한처럼 주님께 직접 질문해도 되는 관계성을 유지해야 한다. 주님과 우리 사이에는 통역자나 매개물, 혹은 주님을 더 사랑하는 다른 누군가의 중개가 필요하지 않다. 주님의 더 큰 사랑을 받고자 한다면 그의 계명을 준수하면 된다. 누구든지 그의 계명을 지켜 행하면 그의 사랑 안에 거하기 때문이다(요 15:10). 예수의 "품"(στῆθος)은 요한의 전유물이 아니라 자기를 부인하고 자기 십자가를 지고 예수를 따르는 모든 사람에게 주어지는 공통의 선물이다. 요한은 예수께서 "아버지의 품 속에" 계신 분이심을 주목하고 그 사실을 제자들 중에 유일하게 기록했다(요 1:18). 나아가 그런 예수를 본받아 자신도 예수의 품에 늘 머물렀다. 우리도 요한처럼 주님의 품에 머물도록 힘써 그에게로 다가가야 한다. 그의 품을 차지하는 유일한 비결도 역시 그의 계명에 대한 순종이다.

25이에 그가 예수의 가슴에 그렇게 기댄 채로 그에게 말하였다
"주여, 그가 누구입니까?"

베드로의 부탁을 받은 요한은 예수께 질문한다. 그 배신자가 누구냐고! 요한이 질문자로 지목되고 그가 질문하게 된 것은 베드로의 배려나 양보가 아니었다. 오히려 그에게 모든 제자들이 떠넘긴 짐이었다. 예수께 가장 가까이 있는 사람에게 그런 짐이 주어진다. 혹시 자신의 어깨에 무거운 짐이 놓였다면 타인에게 떠넘기지 말고 짊어지라. 요한의 경우, 요청된 질문이 그에게는 짐이 아니었다. 이는 질문하는 요한의 태도에서 잘 확인된다. 요

한은 자신이 "예수의 가슴에 기댄 채로" 말했다는 사실을 꾹 눌러서 기록한다. 그러니까 이 대목은 예수와 요한 사이에 가장 친밀한 관계성 속에서 이루어진 질문과 답이었다.

예수와 우리 사이에 있는 관계의 현주소는 어디인가? 우리는 늘 예수의 어디에 머무는가? "예수의 가슴"(τὸ στῆθος τοῦ Ἰησοῦ)인가? 요한에게 예수의 가슴은 그가 일상의 식탁에서 상주하는 곳이었다. 나도 예수의 품에서 저술된 책의 저자이고 싶다. 요한과 예수의 가슴 맞대는 관계는 이 복음서의 질이 어떠함을 잘 설명한다. 물론 모든 복음서가 다 중요하고 필요하다. 그러나 역할에 있어서는 다른 복음서가 예수의 몸과 동선을 따라 이루어진 메시아의 시공간적 행적들과 교훈들에 초점을 두었다면, 이 복음서는 작심한 것처럼 예수의 심장에 해당하는 하나님의 아들과 그리스도 되심의 증명에 기록의 초점을 맞추었다. 대체로 전반부는 다양한 기적들을 통하여 예수의 신분, 즉 하나님의 아들 되심을 증거하고, 후반부는 그의 십자가 죽음을 통한 그리스도 되심을 증거한다. 이는 예수를 그리스도 및 하나님의 아들이라 한 베드로의 고백(마 16:16)을 풀어서 설명하고 증명한 책이라는 인상을 주기에 충분하다. 요한은 이 고백이 비록 베드로의 입에서 나왔지만 아버지의 가르침에 따른 것이라는 예수의 설명을 경청했다. 그는 이 설명을 흘려듣지 않고 베드로의 고백을 "너희는 나를 누구라 하느냐" 라는 예수의 질문에 대한 답안지의 틀로 삼아 복음서를 작성한 것이라고 나는 추정한다.

다른 제자들이 질문할 수 없었던 민감한 사안을 요한은 그들을 대신하여 스승에게 질문한다. 지극히 곤란한 질문도 충분히 친밀하면 얼마든지 가능하다. 우리가 주님께 드리는 질문의 수위는 어떠한가? 어떤 질문까지 가능한가? 친밀감과 신뢰도 이상의 질문을 드리는 것은 무례하다. 질문의 무게보다 관계의 밀도가 우선이기 때문이다. 최고급 질문 구상과 구사에 조급하지 말고 주님과의 인격적인 관계를 더욱 단단하게 다지는 게 우선적인 이유는 질문이 관계성을 좌우하지 않고 관계성이 질문의 수위를 조절하기 때문이다. 그렇게 하면 어떠한 질문을 해도 어색하지 않다.

26예수께서 답하셨다 "내가 빵 조각을 적셔서 주는 자가 그이니라"
이에 그는 적신 빵 조각을 가룟 시몬의 유다에게 건네셨다

예수께서 요한에게 답하신다. 그런데 배신자의 이름은 거명하지 않으신다. 다만 자신이 "빵 조각을 적셔서 주는 자"가 그라고 조용히 말하신다. 예수는 자신의 품에 있는 요한에게 답하시기 위해 큰 목소리가 필요하지 않으셨다. 예수께서 요한의 질문에 명시적인 답변을 피하신 이유가 나는 궁금하다. 아마도 배신자의 가면을 벗길 시점이 아니라고 보셨기 때문이지 싶다. 누구든지 질문을 하면 예수는 대답을 하시지만 대답의 경중은 시기에 따라 달라진다. 그리고 예수는 실제로 적신 빵 조각을 유다에게 건네셨다. "적신 빵 조각"에 대한 해석이 분분하다. 특별히 아우구스티누스는 이 빵 조각이 유다의 거짓됨을 암시하는 듯하다고 해석한다. 어떤 교부는 "적신 빵 조각"이 예수의 몸을 상징하는 복이 씻겨 나간 빵이라고 해석한다. 빵을 적신다는 것의 역사적인 의미는 명확하지 않다. 마귀가 유다에게 들어가는 문맥을 볼 때, 적신 빵은 부정적인 의미를 나타내는 것이라고 나는 생각한다.

　예수는 배신자가 자신의 빵 조각을 받을 제자라는 사실을 요한 외에는 알리지 않으셨다. 이 사실을 요한은 다른 제자들과 공유하지 않고 이 복음서에 비로소 적시한다. 배신자의 이름도 밝히지 않으시고 요한 외에는 힌트도 주지 않으신 예수의 반응을 칼뱅은 배신자를 궁지로 내몰지 않으시고 참으시는 인내라고 해석한다. 진실로 진행형 원수에 대해서도 정중하게 예를 갖추시는 예수의 고품격 인내가 돋보이는 상황이다. 외콜람파디우스

는 유다가 이러한 예수의 선의를 배신의 포기와 회개의 기회로 삼지 않고 오히려 더욱 강퍅해진 것은 사탄이 그에게 더 강한 영향력을 행사하게 되는 사태의 악화를 낳았다고 진단한다. 우리는 심각한 문제가 없는 상태가 길이 참으시는 주님의 인내라는 사실을 알고 사태가 악화되기 이전에 자신을 돌아보고 주님께 속히 돌이켜야 한다. 그리고 예수의 인내를 본받아 우리도 불의한 배신자가 곁에 있고 그의 정체를 알더라도 떠벌리지 않고 그의 가면이 벗겨질 적절한 때까지는 침묵으로 인내해야 한다. 배신자의 이름에 대한 예수의 침묵에 대해 조베스는 유다의 임박한 배신을 예수께서 아셨지만 그에 대한 사랑을 거두지 않으신 것이라고 해석한다. 당시 빵조각을 건네는 것은 사랑과 존경의 표시였기 때문이다. 나는 예수의 행위가 이중적인 신호라고 생각한다. 애정의 표시인 동시에 배신자의 지목이라 생각한다. 요한은 예수의 이중적인 신호를 잘 아는 유일한 제자였다.

예수에게 요한은 애틋한 사랑의 대상이다. 그에게만 배신자의 정체를 그것도 실루엣만 비추셨다. 다른 제자들은 전혀 알지 못하였다. 공유할 수 있는 정보의 질과 양은 사랑의 크기에 근거한다. 사랑이 클수록 공유하는 지식도 깊어지고 증대된다. 예수를 더 사랑하면 예수를 아는 지식이 다른 누구보다 더 많이 자라난다. 이 사실은 바울이 잘 보여준다. 그는 예수만 알기로 작정한 사람이다. 다른 어떤 사도도 가보지 못한 삼층천을 체험한 것을 비롯하여 "여러 계시를 받은 것이 지극히" 큰 사도가 되었다고 고백한다(고후 12:7). 그는 지혜와 지식의 풍성함과 깊이를 알고 경탄한 사람이다(롬 11:33). 요한도 그러하다. 예수를 아는 그의 지식은 유별나다. 요한은 태초에 말씀이 계셨다는 사실, 그 말씀이 하나님과 함께 계셨다는 사실, 말씀이 곧 하나님이라는 사실, 그 말씀이 육신이 되어 우리 가운데에 거하신 분이 예수라는 사실, 예수가 길이요 진리요 생명이요 빛이라는 사실, 예수가 아버지의 품 속에 독생하신 분이라는 사실도 알고 기록한 사람이다. 얼마나 놀라운 진리의 기록인가! 요한은 예수께서 자신을 사랑하신 것을 알

왔고 그의 품에 거하였고 예수의 품이라는 특별한 교실에서 특별한 교육을 받은 사람이다. 사랑과 지식은 그렇게 연동되어 있다. 진리의 진정한 전문가가 되기를 원한다면 진리이신 예수를 미치도록 사랑하면 된다.

27조각[을 받은] 후 곧 사탄이 그에게로 들어갔다
이에 예수께서 그에게 말하셨다 "네가 행하려는 것을 더욱 신속하게 하라"

예수께서 베푸신 "적신 빵 조각"을 받아먹은 유다 속으로 빵만이 아니라 사탄도 들어갔다. 사탄은 이전에 유다의 마음에 악한 생각을 넣었는데 이번에는 직접 그에게 출입한다. 그런데 이곳에서 사탄의 출입을 명시한 것은 칼뱅의 해석처럼 유다의 생각에 대한 것만이 아니라 그에 대한 사탄의 전인적 지배력이 커졌음을 의미한다. 사탄은 인간의 약점을 정확하게 알고 그 지점을 공략한다. 유다는 사회적인 의식이 강하고 사상에 민감하다. 동시에 그의 약점은 생각이다. 그는 생각을 신뢰하고 있기 때문이다. 사탄은 유다가 의지하는 그의 생각을 먼저 점령하고 조정했다. 그리고 유다를 통째로 접수했다. 유다가 하나님의 은총을 버렸기 때문에 사탄에게 완전히 사로잡힌 것이라는 멜랑히톤 해석의 타당성도 나는 인정한다. 나아가 이 신학자는 은혜를 거부하면 죄를 향한 맹목적인 질주도 멈추지 못한다고 덧붙인다. 크리소스토무스는 유다가 사탄에게 사로잡힌 것을 "거룩한 신비"로서 성찬에 유다가 자격도 없이 참여한 결과라는 사실을 감지한다. 실제로 바울은 "주의 몸을 분별하지 못하고 먹고 마시는 자는 자기의 죄를 먹고 마시는 것"이라고 가르친다(고전 11:29). 바울의 가르침에 근거한 교부의 해석은 유다가 예수의 빵 조각을 받았지만 자신의 무분별로 인해 죄를 먹은 것이었고 사탄이 그에게로 들어간 것이라는 해석이다.

그러나 여기에서 적신 빵과 사탄의 관계에 인과율을 부과하는 것은 과도

하다. 칼뱅도 빵 조각을 건네는 것은 사탄 침투의 원인이 아니라 계기였을 뿐이라고 이해한다. 적신 빵에 마귀의 개입을 부르는 신비로운 효능이나 저주의 의미를 부여하지 않도록 주의하자. 때때로 물리적인 현상과 영적인 현상은 묘하게 중첩된다. 저녁이 되자 마귀가 유다의 마음에 배신의 생각을 삽입한 것도 그러하다(요 13:2). 두 현상의 중첩을 법칙으로 여긴다면 모든 사람이 저녁을 공포의 대상으로 여기고 쩜이나 시렴에 적신 빵을 먹을 때에도 사탄의 초대인 것처럼 꺼리지 않겠는가! 신앙을 물질과 연결하면 종교심을 자극하는 용도에는 유효하나 신앙에는 퇴보를 가져온다. 마리아 형상이나 십자가나 요단강 물이나 예배당 건물을 신앙이나 경건과 결부시켜 기독교의 물질화 혹은 세속화를 초래한 사례들이 지난 2,000년의 기독교 역사로도 충분하다. 예루살렘 성전의 재건이나 이스라엘 나라의 민족적인 회복이나 거대한 예수상 건축과 같은 운동으로 성도를 현혹하고 세상의 눈을 가리려는 시도는 하나님 나라에 조롱과 모독의 증대만 가져온다.

사탄이 유다에게 들어간 이후에 예수는 유다에게 그가 하고자 하는 일을 "더욱 신속하게"(τάχιον) 행하라고 말하신다. 예수는 유다의 보고나 자백 없이도 그의 심장과 폐부를 다 아는 분이시다. 예수는 유다가 행하고자 하는 바를 말리지 않으신다. 유다의 자유로운 의지를 꺾지 않으신다. 유다로 말미암아 죽음에 넘겨지는 하나님의 섭리도 있지만 한 개인의 자유를 주님은 침해하지 않으시기 위함이다. 오히려 그 의지의 적극적인 구현을 권하신다. 키릴루스는 "더욱 신속하게 하라"는 예수의 명령이 사탄에게 주어진 것처럼 보인다고 한다. 이 교부의 해석은 예수께서 사람의 일을 도모하는 베드로와 대화하실 때 "사탄아 내 뒤로 물러가라"(마 16:23)고 명령하신 것이 베드로와 사탄 모두에게 주어진 것이라는 해석과 유사하다.

헨리는 이 상황을 해석하되 악한 영이 유다의 환대를 받아서 선한 영이 물러선 것이라고 이해한다. 누구를 환대할 것이냐가 인생을 좌우한다. 동시에 그는 유다의 배신을 받아들일 만반의 준비를 끝내신 예수의 자신감

있는 대응으로 해석한다. 일리가 있는 해석이다. 그러나 예수는 유다를 경쟁이나 싸움의 대상으로 보지 않으신다. 그는 자신의 생명이 제거되는 것보다 아버지 하나님의 뜻이 속히 성취되는 것을 더 중요한 일로 여기신다. 유다는 인류의 역사에서 가장 치명적인 악을 저지르고 예수는 그 악조차도 아버지의 뜻을 이루는 도구로 여기시며 기꺼이 속히 당하신다. 그런데 예수의 권유를 들은 유다의 심경은 어떠할까? '예수께서 나의 배신을 알고 계셨구나'라는 직감이 유다의 간담을 서늘하게 했을 수도 있고 예수의 말귀를 알아듣지 못하였을 가능성도 있다.

> ²⁸그가 무엇을 위해서 이 말씀을 하시는지
> 식사하는 자들 중에는 아는 자가 없었는데

예수와 유다의 대화에 대한 제자들의 반응이 이어진다. 예수와 함께 "식사하는" 제자들은 "더욱 신속하게 하라"는 예수의 말씀을 이해하지 못하였다. 그 말씀의 이유를 몰랐기 때문이다. 예수의 입에서 나오는 모든 말은 무의미한 음향이 아니라 의미와 가치 전달의 수단이다. 언제나 "무엇을 위해서"(πρὸς τί) 말하신다. 예수의 말씀을 이해하기 위해서는 말씀 자체의 의미와 그 말씀이 의도하는 목적을 동시에 파악해야 한다. 식사한 제자들 중에는 요한과 유다도 포함되어 있다. 그렇다면 요한과 유다도 그 말씀의 의미를 이해하지 못하였다. 요한은 예수의 귀띔을 들었고 유다는 예수의 명령을 받은 자였지만 둘 다 이해하지 못한 것은 주님께서 이해의 문을 열지 않으셨기 때문이다. 이것은 진리의 속성이다. 진리는 오직 진리의 영에 의해서만 주어지고 그 영의 이끌림을 받은 자만이 진리 가운데로 나아온다.

배신자의 정체를 진리의 영은 제자들 가운데서 밝히지 않으신다. 모든 제자가 모르는 게 유익하기 때문이다. 제자들 중 누구라도 배신자가 유다라는 사실을 알았다면, 그 배신을 "더욱 신속하게 하라"는 예수의 말씀을 알았다면, 어찌 되었을까? 제자들 사이에는 의견이 갈라지고 마음이 갈라지고, 크리소스토무스의 짐작처럼 베드로의 급한 성격을 고려할 때 어쩌면 유다는 그들 중 누군가에 의해 살해를 당했을 가능성도 있다. 그런 끔찍한 사건이 벌어지면 제자들은 사회적인 지탄을 받고 이로써 예수의 이름에 오물을 끼얹었을 것이고 복음도 유대인과 이방인 사회에서 퇴출되는 불상사로 이어졌을 것임에 분명하다.

> ²⁹어떤 이들은 유다가 돈궤를 맡았기 때문에 예수께서
> 그에게 "명절을 위해 너는 우리에게 필요한 것을 사라"
> 혹은 [유다개] 가난한 자들에게 무언가를 주어야 한다고 말하시는 줄로 생각했다

예수의 말씀을 이해하지 못한 제자들은 가르쳐 달라고 배움의 문을 두드리지 않고 자신들의 상식을 동원하여 추측한다. 그들의 추측은 둘로 갈라진다. 첫째, 유월절이 코앞이기 때문에 예수와 자신들의 필요한 물품을 사라는 말이라고 추측했다. 유월절에 자신의 죄를 해결할 제물을 준비해야 한다는 것은 유대인의 상식이다. 이 유월절 이전에는 회계를 맡은 유다가 예수와 제자들을 위한 제물이 필요해서 구매해 왔기 때문에 합리적인 추측이다. 그러나 지금은 양상이 달라졌다. 예수는 이번 유월절에 자신을 제물로 드리신다. 그러므로 짐승의 제물은 자신과 제자들을 위해 더 이상 필요하지 않으시다. 첫 번째 추측은 이런 예수에 대한 그들의 무지를 드러낸다.

둘째, 가난한 자들에게 구제금을 나누어야 한다는 말이라고 추측했다. 예수는 비록 자신과 제자들을 위해서는 "지팡이 외에는 양식이나 배낭이나 전대의 돈이나 아무것도 가지지 말며 신만 신고 두 벌 옷도 입지 말라" (막 6:8-9)고 하셨지만 "가난한 자들"을 위해서는 줄 것을 준비했고 실제로

그들에게 나누셨다. 그래서 두 번째 추측도 합당하다. 그러나 지금은 예수께서 자신의 죽음을 통하여 자신의 살과 피를 심령이 가난한 자들에게 나누시는 시점이다. 제자들의 추측과는 달리, 유다에게 지시한 것은 그러한 회계의 직무가 아니었다. 그것은, 창조주 하나님을 배신한 아담이 자신과 인류의 죽음을 자초한 것과는 대비되는 직무, 구세주 하나님을 배신하는 유다가 예수의 죽음을 초래하여 본인은 태어나지 않았으면 좋았을 저주의 길로 접어들고 예수는 십자가의 길로 가시도록 하는 직무, 유다 자신은 전혀 의도하지 않은 그런 직무였다.

³⁰유다가 그 조각을 취하고 곧장 나갔는데 그때가 밤이었다

유다는 예수의 빵 조각을 받고 "곧장"(εὐθύς) 식탁에서 퇴장했다. 나간 시점은 밤이었다. 그의 인생에서 가장 캄캄한 영혼의 밤이었다. 그가 걷는 길도 캄캄했다. 밤에는 활동하기 어려운데, 배신은 밤낮을 가리지 않지만 어두운 밤일수록 배신의 혈기는 더욱 왕성하다. 유다가 나갔지만 그와 합한 사탄의 민첩한 퇴장처럼 느껴진다. 그의 빠른 동작으로 출렁대는 공기는 싸늘하다. 마지막 빛의 만찬을 떠난 유다는 사탄과 함께 그렇게 돌아오지 못하는 어두운 밤 속으로 들어갔다. 이것은 사탄과 결탁한 사람들의 전형적인 운명이다.

³¹그가 나가자 예수께서 말하셨다
"이제 인자가 영광을 받았으며 하나님도 인자 안에서 영광을 받으셨다

유다가 돌이킬 수 없는 배신의 길로 떠나자 예수께서 "이제 인자가 영광을

받았다"고 말하셨다. 예수의 십자가 죽음을 앞두고 인자의 영광이 다시 강조된다. 강조의 이유는 죽음과 영광이 결합되어 있다는 사실이 인간의 상식과 논리로는 도무지 받아들일 수 없기 때문이다. 그리고 죽음과 영광의 결합이 너무나도 중요하기 때문이다. 그래서 강조를 무수히 반복해도 지나침이 없다. 칼뱅의 해석처럼, 하나님은 모든 피조물을 통해 영화롭게 되시지만, 그 영광의 섬광이 예수의 십자가 죽음에서 가장 강하게 번뜩인다. 그 십자가 안에서 부패한 온 인류가 공의로운 심판을 받고, 이로써 인류를 결박하고 유세를 부리던 죄와 사망의 허리가 꺾이고, 하나님의 공의로운 진노는 해소되고, 사탄의 참소는 효력이 종식되고, 음부의 문도 열리고 성전의 휘장도 찢어져 하늘과 땅의 통일이 성취되고, 믿는 모든 자들에게 구원의 선물이 주어지기 때문이다. 하나님의 뜻이 이보다 더 온전하게 성취됨이 없기 때문에 하나님은 예수의 죽음으로 말미암아 가장 큰 영광을 받으신다. 아우구스티누스는 이 구절을 다른 각도로 관찰한다. 유다가 떠나가고 다른 제자들만 남은 상황을 가라지와 알곡이 가려진 것이라고 해석하고 이는 예수께서 영화롭게 되실 때에 나타나게 될 일의 암시라고 설명한다.

그리고 오리게네스가 잘 지적한 것처럼, 구약에서 하나님의 영광은 그분의 임재와 현현이다. 누가 신적인 임재와 현현을 견딜 수 있겠는가! 모세는 시내 산에서 하나님의 임재를 경험했고 그의 얼굴에는 그런 영광의 눈부신 증세가 나타났다. 그러나 그는 하나님의 무한하고 영원하고 경이로운 영광을 다 담지도 못하였고 다 보이지도 못하였다. 천사라도 사정은 동일하다. 그러나 육신으로 오신 예수는 하나님의 완전한 임재 자체시다. 그는 하나님의 아들이기 때문에 하나님의 모든 영광을 자신 안에 하나도 빠짐없이 능히 다 담으신다. 동시에 그는 사람의 아들이기 때문에 사람의 눈에도 하나님의 영광을 온전히 보이신다. 물론 사람에게 보여지는 영광은 피조물의 한계 속에서의 영광이다. 나는 "물이 바다를 덮음 같이 여호와의 영광을 인정하는 것이 세상에 가득"(합 2:14)하게 된다는 하박국 선지자의 기록이 예수를 가리키는 말이라고 생각한다. 하나님의 모든 뜻이 예수의 인생에서 성취되는 방식으로 하나님은 임하셨다. 그의 죽음은 그런 임재의 절정이다.

그런데 앞에서는 인자가 영광을 얻을 "때"가 왔다(요 12:23)고 기록되어 있다. 이는 예수께서 십자가에 달려 죽으시는 유월절이 영광을 얻을 때임을 암시한다. 그런데 이제는 예수께서 "영광을 받았다"(ἐδοξάσθη)고 한다. 지금은 배신자가 사탄과 결탁하여 밤 속으로 떠난 시점이며 여전히 유월절이 아니라 그 절기의 하루 전날이다. 힐라리우스가 잘 관찰한 것처럼, 예수는 자신의 영광에 대하여 이루어질 미래의 일을 이루어진 현재의 일처럼 말하신다. 어떻게 "영광을 받았다"는 과거 시제의 표현이 가능할까? 하루는 대수롭지 않으니까 시점의 정확성을 따지는 건 과도한가? 하루의 시차가 가진 의미도 중요하다. 여기에서 나는 예수께서 하나님의 아들 되심을 주목한다.

예수는 아버지 하나님과 더불어 시간과 공간을 창조한 분이시다. 시간도 그에게는 다스림의 대상이다. 그가 오늘의 상태가 변하지 않도록 지키시면 오늘과 내일은 동일하다. 유다의 배신과 십자가의 죽음 사이에 낀 하루에는 변화를 일으키는 무수히 많은 변수들이 도사리고 있다. 그러나 그 모든 변수들을 주께서 붙드시면 두 날은 동일하다. 영광의 받으심이 유월절 전날에 이루어진 것은 어제나 오늘이나 영원토록 동일하신 예수께서 시간을 주관하고 계시기 때문이다. 시간의 주관은 곧 시간 속에 있는 사탄도, 유다도, 제자들도, 다른 모든 사람들도 그에게는 전혀 변수가 될 수 없음을 의미한다. 그러므로 영화롭게 되셨다는 예수의 선언은 정당하다. 이 확정적인 선언은 이제 유다의 배신 행보가 돌이킬 수 없는 강을 건넜음을 의미한다.

예수의 말씀에 따르면, 그가 영화롭게 되신 것은 하나님도 인자 "안에서"(ἐν) 영화롭게 되셨다는 것을 의미한다. (칼뱅도 "엔"(ἐν)이라는 전치사를

"통하여"가 아니라 "안에서"로 번역한다. 그리고 칼뱅처럼 "카이"(καί)를 원인 접속사로 이해하는 게 합당하다.) 예수의 영광과 하나님의 영광은 분리됨이 없이 연결되어 있다. 즉 하나님은 영화롭게 되신 인자 안에서만 영광을 받으신다. 다른 누구 안에서도 영광을 받지 않으신다. 이에 대하여 바울은 모든 사람이 죄를 범하였기 때문에 아무도 하나님의 영광에 이르지 못한다고 표현한다(롬 3:23). 이러한 이해 속에서 바울은 "그리스도 예수로 말미암아" 혹은 "그리스도 안에서" 영광이 하나님께 영원히 있기를 기원한다. 예수로 말미암지 않고서는 아버지께 영광을 돌리는 것은 고사하고 아버지께 나아갈 수조차도 없다. 그래서 바울은 먹든지 마시든지 무엇을 하든지 하나님께 영광을 돌려야 한다(고전 10:31)는 일생의 소명을 위하여 그리스도 예수와 그의 십자가 외에는 알지도 않기로 정하였다(고전 2:2). 이것이 십자가 신학(theologia crucis)과 영광의 신학(theologia gloriae)을 동시에 포섭한 바울의 조화로운 신학이다. 이런 신학은 예수의 가르침에 근거한 것이며 요한도 공유하고 있다.

32만약 하나님이 그 안에서 영화롭게 되셨다면
하나님도 자기 안에서 그를 영화롭게 하시리라 곧장 그를 영화롭게 하시리라

앞 구절에서 하나님은 예수로 말미암아 그 안에서 영광을 받으신다. 이 구절에서 예수는 하나님도 그 안에서 자신을 영화롭게 하신다고 말하신다. 예수의 영광은 아버지 하나님의 영광으로 이어지고 그 영광은 다시 예수의 영광으로 돌아온다. 예수는 아버지의 뜻을 완성하는 죽음의 순종 그 자체를 영광으로 여기신다. 유다의 배신으로 말미암은 죽음의 확정은 그에게 영광의 성취였다. 그런데 하나님의 뜻을 유일하게 그리고 완전하게 성취한 예수의 죽음은 하나님을 유일하게 영화롭게 한다. 이에 하나님은 자신을

영화롭게 한 아들에게 영광을 다시 베푸신다. 그 영광은 지체함 없이 "곧장"(εὐθὺς) 주어진다. 유다가 "곧장" 사탄과 함께 어둠으로 들어간 것과 대비된다. 예수께서 "곧장" 받으실 영광은 부활이다.

> 33작은 자들아 내가 너희 곁에 잠시 있겠고 너희는 나를 찾으리라
> [그러나] 내가 유대인들에게 '내가 가는 곳에 너희는 올 수 없다'고
> 말한 것처럼 지금도 너희에게 [동일하게] 말하노라

예수는 자신과 하나님의 영광을 언급하신 이후에 "작은 자들"에게 말하신다. "작은 자들"은 하찮다는 말이 아니라 귀엽고 친근한 호칭이다. 앞으로 당황하게 되고 혼돈에 빠져 갈 바를 알지 못하며 우왕좌왕 끝에 배신과 저주의 길을 걸어갈 제자들의 작고 연약한 마음을 다 아시고 사랑으로 감싸시는 호칭이다. 예수는 제자들의 곁을 "잠시"(μικρόν) 지키신다. 잠시 후에는 예수께서 그들을 떠나시고 그들이 예수를 찾을 것이라고 한다. 예수께서 가시는 곳에 그들은 오지 못한다는 서운한 말씀도 전하신다. 제자들이 들은 예수의 이 말씀은 유대인도 이전에 들은 말이었다. 이에 대하여 크리소스토무스는 예수의 이 말씀을 들은 유대인은 겁에 질렸고 제자들은 스승을 향한 애타는 마음이 더 타오르게 되었다고 해석한다. 실제로 예수를 죽이려는 유대인은 그가 가신 곳으로 영원히 오지 못하지만 제자들은 "다시 잠시" 있으면 그에게로 간다(요 16:16). 그렇다면 제자들이 지금 따라가지 못하는 곳은 십자가의 죽음이다. 실제로 그들은 그 죽음의 현장에서 다 배신하고 흩어진다. 그리고 제자들이 당장은 따라가지 못하는 곳은 낙원이다. 그러나 "다시 잠시" 후에는 제자들도 주님의 십자가를 따라 순교의 길을 가고 주님께서 계신 낙원으로 간다. 아무튼 예수는 유대인과 제자들 모두에게 동일한 말씀을 하셨으나 동일한 말 속에 담긴 의도는 청자에 따라

이렇게 달라진다.

예수는 무심하게 조용히 사라지지 않으시고 지금 임박한 이별의 자상한 인기척을 남기셨다. "잠시"라는 동거의 짧은 시간을 강조하신 것은 제자들에 대한 예수의 깊은 사랑과 헤어짐의 아픔을 알리시기 위함이다. 천하의 만사에는 때와 기한이 있어서 만남이 있으면 헤어짐도 있다. 만남의 절정은 헤어지기 직전이다. 사람들의 만남에는 기쁨과 슬픔, 사랑과 미움, 협력과 배신, 이해와 오해, 연합과 분열 등 다양한 요소들이 공존한다. 그러나 이별의 때가 이르면 그 모든 요소들 자체보다 그것들을 통해 유지되어 온 관계의 의미를 주목하게 된다. 애증의 무수한 교차 속에서 얽히고설킨 공존의 시간이 아련한 추억으로, 서로가 서로를 다듬는 주님의 도구로 쓰임을 받은 연단의 과정으로, 헤어지면 존재의 절반이 나를 떠나는 것 같은 허전함을 오랫동안 감수해야 하는 그런 관계로 느껴진다. 예수와 제자들은 곧 헤어진다. 이제 남은 시간이 너무나도 짧다. 이 사실을 언급하신 이유는 예수께서 남기시는 유언적인 당부가 너무도 중요하기 때문이다.

> 34너희는 서로 사랑해야 한다 그리고 내가 너희를 사랑한 것처럼
> 너희도 서로 사랑해야 한다는 새로운 계명을 나는 너희에게 준다

예수께서 남기신 당부는 바로 사랑이다. 서로 발을 씻으라는 명령 이후에 서로 사랑해야 한다는 명령이 떨어진다. 사랑은 바로 세족의 참된 의미였다. 서로의 발을 씻어주는 것이 마땅한 일이라고 한 설명의 설명이다. 발이라는 부위와 세족의 행위라는 제한성을 제거하고 이제는 궁극적인 의미만 드러낸다. 사랑의 명령은 제자들 가운데에 예수의 배신자가 있다는 살얼음판 같은 상황 속에서 주어졌다. 원수를 색출하고 제명해야 할 시점에 내려진 예수의 명령은 또 하나의 충격적인 역설이다. 사랑이 도대체 뭐라고 정

의의 칼을 뽑아 배신자를 처단해야 하는 엄중한 순간에 명령형을 취하는가? 이에 제자들의 상식과 논리는 곧장 마비된다.

그러나 제자들은 예수의 당부를 따라 "서로 사랑해야 한다." 자기 사랑에 빠진 사람들도 많다. 타인에 대한 일방적인 사랑 즉 스토킹에 빠진 사람들도 많다. 그러나 예수께서 당부하신 사랑의 대상은 자신이 아니라 타인이며 "서로"(ἀλλήλων)를 주목한다. 사랑은 인간이 산출할 수 있는 최고의 가치이며 가장 아름다운 덕망이다. 그런데 사랑은 독백이 아니고 대화이며, 독존이 아니라 공존이며, 독거가 아니라 동거이며, 독행이 아니라 동행이며, 일방성이 아니라 쌍방성을 가졌기 때문에 반드시 타인이 필요하다. 믿음의 선배들이 아담의 타락 이후 인간에게 최악의 저주와 비애라고 지목한 자기애, 그 지독한 자기중심성을 벗어나는 최고의 비결도 서로를 향한 사랑이다.

반면에 무리에서 스스로 분리되는 사람은 온갖 참 지혜를 배척하는 어리석은 사람이다(잠 18:1). 사람은 사랑 안에서만 거룩하게 되고 예수를 닮아가며 성장한다(엡 1:4, 4:15). 즉 사랑은 사람이 사람답게 되는 최고의 비결이다. 태초에 하나님은 인간을 하나의 독립된 개체가 아니라 공동체로 만드셨다. 아담의 독처는 하나님이 보시기에 좋지 않으셨던 태초의 유일한 것이었다. 그래서 하와를 만드셨다. 둘이 서로 사랑하게 만드셨다. 그래서 인간답게 되도록 만드셨다. 그런데 아담과 하와는 각자 죄로 말미암아 타인이 아니라 자신을 향하였다. 본래 사랑은 타인을 향한 가장 아름다운 방향이다. 자신을 향하면 당연히 사랑이 소멸된다. 사랑이 사라지면 모든 관계가 깨어진다. 실제로 하나님과 사람, 사람과 사람, 사람과 자연의 관계가 무너졌다. 결혼이든 사업이든 우정이든 어떠한 관계이든 방향이 사랑을 좌우한다. 올바른 사랑의 목적어는 자신이 아니라 하나님과 이웃이다.

서로를 사랑하는 구체적인 방법은 "내가 너희를 사랑한 것처럼"(καθὼς ἠγάπησα ὑμᾶς)이다. 예수는 사랑을 명하시기 이전에 그 사랑의 합당한 방법을 보이셨다. 사랑의 본을 보이지도 않으면서 사랑하지 않는 사람을 사랑하지 않는다고 질책하는 것은 폭력이다. 예수는 사랑을 경험하지 못하였고 그래서 사랑을 알지도 못하고 당연히 사랑할 줄도 모르는 제자들을 다그치지 않으셨다. 그들에게 자신의 생명을 수단으로 삼아 하늘의 신분과 영원한 생명을 베푸시는 사랑을 친히 보이시며 그들에게 사랑의 미래를 맡기셨다. 제자들은 자신에게 익숙한 사랑의 방식이 아니라, 자신에게 유리한 방식이 아니라, 자신을 향한 방식이 아니라, 자신의 생명을 아끼지 않고 타인을 위하여 내어주신 예수의 희생적인 사랑으로 사랑해야 한다. 이 사랑은 요한복음 마지막에 예수와 베드로의 대화 속에서 다시 언급되며 목양의 자격과 비결로서 소개된다. 이 복음서의 결론은 기독교의 역사가 사랑으로 시작되고 사랑으로 유지되고 사랑으로 끝난다는 교훈이다.

사랑은 언제나 다른 수혜자를 물색한다. 내가 사랑을 받았다면 그 사랑이 내 안에 고여 부패하지 않도록 유통기한 전에 나누어야 한다. 나누면 그 사랑의 웅덩이는 다시 채워진다. 빨리 퍼내면 빨리 채워지고, 많이 퍼내면 많이 채워진다. 이는 예수의 사랑이 신속하기 때문이고 무한하기 때문에 가능하다. 예수께서 제자들과 우리에게 사랑을 주신 목적은 저장이 아니라 유통이다. 독점이 아니라 나눔이다. 공부가 아니라 실천이다. 그래서 주님께서 우리를 사랑하신 것처럼 우리도 사랑해야 한다. 그가 주신 사랑의 범주는 "새로운 계명"이다. 사랑은 그 자체로 "계명"(ἐντολή)이다. 받은 사랑에는 주는 사랑의 책임이 수반되기 때문이다. 주님께서 우리에게 사랑을 베푸시는 것은 말이 아니라 삶으로 말하는 사랑의 계명이다. 사랑 받은 자가 사랑 주는 것은 사랑 자체의 속성 때문에 마땅하다. 사랑을 제대로 받고 사랑을 제대로 알면 사랑이 저절로 실행되고 사랑하지 않는 게 오히려 가능하지 않다. 사랑을 받았어도 사랑하지 않는다면 그 자체가 자신은 사랑을 모른다는 자백이다.

그런데 무엇이 새로운가? "새롭다"(καινός)는 말은 "사용되지 않은, 최근에 이루어진, 평범하지 않은, 전례가 없는" 등을 의미한다. 그런데 하나님을 사랑하고 네 이웃을 네 몸처럼 사랑하는 것은 이미 구약에서 주어진 계명이다. 이웃 중에는 잠시 이웃이 된 거류민도 사랑해야 하고 스쳐 지나가는 나그네도 사랑해야 한다(레 19:34; 신 10:19). 신약의 시대에도 이러한 사랑은 예수께서 계명 중에서 가장 큰 것으로서 승인하신 계명이다(마 22:36-40).

그런데 왜 새로운 계명인가? 칼뱅은 사랑의 계명을 "바로 얼마 전에 제정된 법인 것처럼 여기라"는 뜻이라고 해석한다. 베자는 이 새로움이 "실체와 관계된 것이 아니라 그의 계율이 전달되고 준수되는 다른 형식과 관계된 것"이라고 설명한다. 박윤선은 예수의 사랑 계명이 예언의 성취라는 종말론적 동기와 영원히 함께 살 영원한 형제라는 동기를 생성하기 때문에 새롭다고 설명한다. 나아가 예수의 새로운 계명은 십계명을 비롯한 구약의 오랜 계명들을 폐지하지 않는다고 강조한다. 진실로 예수의 사랑 계명은 모든 율법의 폐지가 아니라 완성이며 성취이며 마침이다. 바울에 의하면, 구약 전체는 구원에 이르는 지혜와 하나님의 사람을 온전하게 하고 모든 선한 일을 수행하게 만드는 권능의 말씀이다(딤후 3:15-17). 목적을 보더라도 결코 폐하여 질 수 없고 지금도 유효하다.

이에 대하여 나는 "새로운 계명"에 세 가지 측면의 새로움이 있다고 생각한다. 첫째, 예수께서 주신 사랑의 계명은 읽는 법조문이 아니라 보이는 자신의 삶이었다. 우리에게 주어진 "새로운 계명"은 법조문을 읽고 순종하는 것이 아니라 우리가 받은 예수의 사랑을 보고 서로 사랑하는 계명이다. 둘째, 계명이 새롭다는 말이 아니라 계명의 종류가 아예 새롭다는 것을 의미한다. 기존의 계명은 내가 주체가 되어 순종해야 하는 계명이다. 법조문 앞에서 내가 반응해야 했다. 그러나 새로운 종류의 계명은 그 명령을 주신 예수께서 우리 안에서 사랑을 이루시는 방식으로 순종하는 계명이다. 내가 사랑하는 것이 아니라 내 안에 계신 예수라는 사랑이 사랑하는 방식이다. 즉 사랑이 사랑한다. 나는 이것이 "내 영을 너희 속에 두어 너희로 내 율례를 행하게 하리"라는 예언(겔 36:27)의 성취라고 생각한다. 계명에 대한 순종의 주체는 지금도 여전히 우리 가운데에 거하시며 세상 끝날까지 함께하실 그리스도 예수의 영이시다. 그러므로 "내가 너희를 사랑한 것처럼" 우리가 사랑해야 하지만 그 사랑의 궁극적인 주체는 바로 우리 안에 계신 주님이다. 셋째, 사랑의 질이 이전과는 달라져서 새로운 계명이다. 구약에서 사랑은 이웃을 자기처럼 사랑하는 것이었다. 이는 나와 너 사이에서 펼쳐지는 동등성의 사랑이다. 그러나 예수처럼 사랑하는 것은 이웃을 자기처럼 사랑하는 것을 넘어 자기보다 더 사랑해야 함을 의미한다. 나보다 남을 낮게 여기는 사랑이다. 사랑의 수준이 훨씬 높아졌다. 이처럼 예수의 사랑 계명은 이전에 없었던 참으로 놀랍고 새로운 계명이다.

예수께서 제자들과 우리에게 주신 새로운 계명은 유일하다. 그것은 사랑이다. 새로운 계명의 유일성 때문에 우리는 사랑을 예수께서 말하시고 행하신 공생애 전체의 요약이며 중심이며 종합이며 결론으로 보아도 무방하다. 하나님이 사랑이신 것처럼, 예수도 사랑이다. 사랑은 그렇게 하나님의 요약이고 예수의 요약이고 복음의 요약이다. 성경이 가르치는 생명의 복음은 사랑이고 그 사랑으로 복음이 전파되고 전파된 복음의 선물이 또한 사랑이다. 사랑의 이러한 위대함은 이 복음서의 결론부로 가면 갈수록 고조된다. 이는 예수의 품에서 사랑을 받던 이 복음서의 저자 요한을 사랑의 사도라고 말하는 이유이다.

> ³⁵너희가 서로에게 사랑을 고수하면
> 이로써 모든 사람이 너희가 내 제자라는 것을 알리라"

예수의 사랑으로 서로 사랑하면 어떤 일이 발생할까? 예수의 제자들이 진실로 그의 제자라는 것이 온 세상의 모든 사람에게 알려지는 유일한 비결은 사랑이다. 그들의 제자됨을 알리는 사랑은 "모든 사람"이 알아듣는 굉장한 설명이다. 유대인과 이방인, 지혜자와 야만인, 남자와 여자, 어른과 아이가 모두 이해하는 최고의 언어는 사랑이다. 예수의 제자는 누구인가? 사랑하는 사람이다. 그 사랑을 유지하는 사람이다. 그 사랑으로 하나님의 나라를 보여주는 사람이다. 이로써 온 천하의 만민에게 제자됨을 보여주는 사람이다. 진실하게 사랑하면 입으로 떠들지 않아도 사랑이 스스로 자신을 드러낸다. 사람들을 찾아가지 않아도 소문이 가서 그들을 데려온다.

사랑은 천국이다. 사랑은 천국의 향기이고 천국의 문화이고 천국의 일상이다. 모든 사람들이 천국을 사모한다. 사랑을 보면 천국을 목격한 것이기에 사랑이 있는 곳으로 나아오게 된다. 이러한 결과가 예수의 제자들이 추구해야 하는 사명이다. 예수께서 생을 걸고 보이시며 전하신 사랑을 제자들이 실천하면 온 천하가 변하는 기적이 일어난다. 사랑의 위력이다. 사랑은 부부를 넘어, 가족을 넘어, 친척을 넘어, 동포를 넘어, 국경을 넘어 온 세계에 이르러 가장 아름다운 위력을 행사한다. 교회가 서로를 사랑하는 사랑의 공동체가 된다는 것은 그 결과를 볼 때 너무도 위대한 사건이다.

요 13:36-14:11

³⁶시몬 베드로가 이르되 주여 어디로 가시나이까 예수께서 대답하시되 내가 가는 곳에 네가 지금은 따라올 수 없으나 후에는 따라오리라 ³⁷베드로가 이르되 주여 내가 지금은 어찌하여 따라갈 수 없나 이까 주를 위하여 내 목숨을 버리겠나이다 ³⁸예수께서 대답하시되 네가 나를 위하여 네 목숨을 버리겠느냐 내가 진실로 진실로 네게 이르노니 닭 울기 전에 네가 세 번 나를 부인하리라 ¹너희는 마음에 근심하지 말라 하나님을 믿으니 또 나를 믿으라 ²내 아버지 집에 거할 곳이 많도다 그렇지 않으면 너희에게 일렀으리라 내가 너희를 위하여 거처를 예비하러 가노니 ³가서 너희를 위하여 거처를 예비하면 내가 다시 와서 너희를 내게로 영접하여 나 있는 곳에 너희도 있게 하리라 ⁴내가 어디로 가는지 그 길을 너희가 아느니라 ⁵도마가 이르되 주여 주께서 어디로 가시는지 우리가 알지 못하거늘 그 길을 어찌 알겠사옵나이까 ⁶예수께서 이르시되 내가 곧 길이요 진리요 생명이니 나로 말미암지 않고는 아버지께로 올 자가 없느니라 ⁷너희가 나를 알았더라면 내 아버지도 알았으리로다 이제부터는 너희가 그를 알았고 또 보았느니라 ⁸빌립이 이르되 주여 아버지를 우리에게 보여 주옵소서 그리하면 족하겠나이다 ⁹예수께서 이르시되 빌립아 내가 이렇게 오래 너희와 함께 있으되 네가 나를 알지 못하느냐 나를 본 자는 아버지를 보았거늘 어찌하여 아버지를 보이라 하느냐 ¹⁰내가 아버지 안에 거하고 아버지는 내 안에 계신 것을 네가 믿지 아니하느냐 내가 너희에게 이르는 말은 스스로 하는 것이 아니라 아버지께서 내 안에 계셔서 그의 일을 하시는 것이라 ¹¹내가 아버지 안에 거하고 아버지께서 내 안에 계심을 믿으라 그렇지 못하겠거든 행하는 그 일로 말미암아 나를 믿으라

❖ ❖ ❖

³⁶시몬 베드로가 그에게 말하였다 "주여, 당신은 어디로 가십니까?" 예수께서 답하셨다 "내가 가려는 곳으로 너희가 지금은 나를 따라올 수 없지만 나중에는 따라올 것이다" ³⁷베드로가 그에게 말하였다 "주여, 어찌하여 제가 지금은 당신을 따라갈 수 없습니까? 제가 당신을 위하여 제 목숨을 걸 것입니다" ³⁸예수께서 답하셨다 "네가 나를 위하여 네 목숨을 걸겠느냐? 내가 진실로 진실로 너에게 말하노라 네가 나를 세 번 부인하기 전까지는 닭이 절대로 울지 않으리라 ¹너희는 마음에 근심하지 말라 너희는 하나님을 믿고 또한 나를 믿는다 ²내 아버지의 집에는 거할 곳이 많다 만약 그렇지 않다면 내가 너희에게 말하였을 것이다 나는 너희를 위하여 거처를 예비하러 간다 ³내가 가서 너희를 위하여 거처를 예비하면 내가 다시 와서 너희를 내게로 영접하여 내가 있는 곳에 너희도 있게 하리라 ⁴내가 가는 곳[에 이르는] 그 길을 너희가 안다 ⁵도마가 그에게 말하였다 "주여, 당신이 가시는 곳을 우리가 알지 못하는데 어떻게 그 길을 알 수 있습니까?" ⁶예수께서 그에게 말하셨다 "나는 길이고 진리이고 생명이다 나로 말미암지 않고서는 누구도 아버지께 올 수 없느니라 ⁷만약 너희가 나를 알았다면 내 아버지도 알았을 것이다 바로 지금부터는 너희가 그를 알고 그를 보았도다" ⁸빌립이 그에게 말하였다 "주여 아버지를 우리에게 보여 주십시오 그리하면 우리가 만족할 것입니다" ⁹예수께서 그에게 말하셨다 "내가 너희와 이렇게 오랜 시간을 함께 있는데도, 필립아, 네가 나를 알지 못하느냐? 나를 본 자는 아버지를 본 것인데 어찌하여 너는 '당신은 아버지를 우리에게 보이라'고 말하느냐? ¹⁰너는 내가 아버지 안에 있고 아버지가 내 안에 있다는 것을 믿지 않느냐? 내가 너희에게 말하는 그 말은 내가 스스로 말하는 것이 아니다 아버지가 내 안에 거하시며 그의 일을 행하신다 ¹¹너희는 내가 아버지 안에 거하고 아버지가 내 안에 계신다는 것을 나로 인하여 믿으라 그러지 못한다면 그 일들 자체로 말미암아 믿으라

47 어디로 가십니까?

스승이 떠나지만 제자들이 그곳으로 따라올 수 없다는 예수의 말씀이 목에 걸린 베드로가 질문을 게워낸다. 어디로 가시냐고! 목숨을 걸면 그곳으로 갈 수 있지 않겠냐고! 이에 예수는 베드로의 인간적인 열정에 찬물을 뿌리신다. 스승을 부인할 것이라고! 그것도 세 번씩이나! 동시에 근심하지 말라는 말씀도 건네신다. 제자들이 하나님도 믿고 예수도 믿기 때문이다. 근심을 제거하는 유일한 방법은 믿음이다. 믿어야 할 내용도 그들에게 말하신다. 예수는 아버지의 집으로 가서 제자들을 위한 거처를 준비하실 것이라고 한다. 많은 거처가 있다고도 말하신다. 그곳으로 가는 길도 제자들이 안다고 말하신다. 이에 도마가 거처도 모르는데 그곳에 이르는 길을 어떻게 아느냐고 반문한다. 예수는 자신이 길이라는 사실을 밝히신다. 자신을 보았으면 아버지도 본 것이라는 말씀에 빌립이 아버지를 보여 달라고 예수께 요청한다. 이에 예수는 그 말씀을 다시 언급하며 아버지가 자기 안에 자기가 아버지 안에 있음을 믿으라고 명하신다. 믿음은 보이지 않는 진실을 보는 눈이기 때문이다. 예수 자신으로 인하여 믿지 못한다면 그가 행하신 일들 자체로 말미암아 믿으라는 대안도 건네신다. 예수를 안다는 것은 하나님을 아는 것과 동일하다. 그래서 바울은 하나님을 아는 지식을 위해 예수의 그의 십자가만 알기로 작정했다.

³⁶시몬 베드로가 그에게 말하였다
"주여, 당신은 어디로 가십니까?" 예수께서 답하셨다
"내가 가려는 곳으로 너희가 지금은 나를 따라올 수 없지만 나중에는 따라올 것이다"

베드로는 예수께서 가시는 장소가 궁금하여 선뜻 질문한다. 배신자의 정체에 대한 물음을 요한에게 떠밀던 이전의 태도와 상반된다. 지금까지 인자가 영광을 얻을 때가 왔으며 제자들 중에 배신자가 있으며 그런 혼돈과 당혹 속에서 사랑이 최고의 대응이며 그 사랑을 세족의 섬김으로 보이시고 그 사랑을 제자들도 실천해야 하고 그러면 온 세상이 예수의 제자됨을 알게 된다는 예수의 자상한 설명에서 베드로를 비롯한 제자들의 관심사는 설명의 맥을 잡지 못하고 다소 지엽적인 사안에 치우친다. 물론 예수는 제자들의 우매한 질문도 선으로 바꾸셔서 진리를 가르치는 계기로 삼으신다. 이는 예수의 진실한 답변도 엉뚱한 질문의 발판으로 삼는 제자들의 모습과 대조된다. 그러나 예수께서 중요하게 여기시는 주제를 우리도 중요하게 여기는 것이 지혜로운 신앙이다. 관심사 즉 궁금증의 기울기도 관리의 대상이다.

장소에 대한 베드로의 궁금증을 예수는 적당한 선에서 달래신다. 가는 곳을 알더라도 따라올 능력이 없고 따라올 의지도 없으니까 질문의 입을 닫으라고 말하지 않으셨다. 만약 누구도 자신이 가는 곳으로 따라오지 않고 모두가 배신하고 떠날 것이라는 직언을 하셨다면 제자들이 상처를 받고 의욕을 상실하고 민망함과 미안함과 정죄감에 미리 사로잡혀 스승과 제자의 관계는 경색될 수도 있기 때문이다. 예수는 지금과 나중을 구분하고 현재의 한계와 미래의 희망을 동시에 알리신다. 지금은 제자들이 예수께서 가시는 곳으로 오지 못하지만 나중에는 자신을 따라오게 될 것이라고 말하신다. 예수를 따르는 것이 불가능한 때도 있고 가능한 때도 있는 게, 홀로 있는 듯할 때도 있고 예수의 동행을 체험하는 때도 있는 게 성도의 인생이다. 성령께서 임하셔서 권능을 받기 전까지는 예수를 따르지 못하다가 성령께서 임하시면 예수 따름이 가능하게 된다. 그러므로 예수를 따르지 못하는 연약한 지체들을 비난하지 말고 오히려 성령의 임재가 그들에게 있도록 기도하라. 예수를 따르는 견고한 지체들은 자신의 강함을 자랑하지 말고 성령의 도우심을 인정하며 주님께 감사하라.

> 37베드로가 그에게 말하였다 "주여, 어찌하여 제가 지금은 당신을 따라갈 수 없습니까? 제가 당신을 위하여 제 목숨을 걸 것입니다"

예수의 답변에서 베드로는 "지금"과 관련된 언급을 주목하며, 왜 지금은 예수를 따라갈 수 없냐고 항변한다. 스승을 위해 자신의 "목숨"도 걸 것이라는 마지막 카드로 응수한다. 마태의 기록에 의하면, 베드로는 모든 제자들이 주를 버려도 자신은 결코 버리지 않겠다고 말하였다(마 26:33). 이는 예수께서 그들을 위하여 자신을 버리시는 사랑에 상응하는 결단이다. 그런데 예수는 목숨 버리는 사랑을 이루시고 베드로는 실패한다. 물론 베드로의 말은 성경의 가르침에 충실하다. 하나님을 사랑하기 위하여 목숨을 다하는 것은 구약의 가장 큰 계명이다. 실제로 예수께서 가시는 십자가의 길도 그를 따르는 모든 자들에게 목숨을 요구한다. 베드로는 자신이 그 길에 적합한 자라고 주장한다. 베드로의 진정성을 나는 인정한다. 그러나 베드로는 신의보다 자신의 생명을 더 소중하게 여기는 인간의 고질적인 자기애가 자신에게 있음을 이해하지 못하였다. 자신의 뜻으로, 자신의 힘으로, 뭐든지 할 것 같아도 막상 현실에 부닥치면 부패한 본성이 존재감을 과시한다. 그래서 당시에는 아무리 확실한 진정성도 때때로 우리를 배신한다. 마음의 순수함도 쉽게 사라지는 한 순간의 거품이다.

베드로는 아직 십자가의 길 위에 서 있지 않아서 칼뱅의 말처럼 "자신의 힘을 과신하는 우리의 타고난 천성"이 입에 넣어준 언사를 당당하게 내뱉는다. 그러나 그에게는 욥과 전도자의 깨달음이 필요하다. "나는 깨닫지도 못한 일을 말하였고 스스로 알 수도 없고 헤아리기도 어려운 일을 말하였나이다"(욥 42:3). 우리의 입에서 나온 말이라고 해서 다 이해된 것은 아니며 다 감당할 수 있는 것도 아니라는 욥의 고백이다. 베드로의 상태가 꼭 이러하다. 하나님 앞에서 인간은 하나님의 "천 마디에 한 마디도 대답하지 못한다"는 욥의 목소리를 베드로는 경청해야 한다(욥 9:3). 같은 맥락에서 전도자도 "하나님 앞에서 함부로 입을 열지 말며 급한 마음으로 말을 내지 말라"고 가르친다(전 5:2). 지금은 따르지 못하나 나중에는 따를 것이라는 예수의 말씀에 베드로는 반론을 제기하듯 지금도 자신은 능히 따를 수 있다고 반응하는 것보다 나중만이 아니라 예수의 말씀을 먼저 경청하고 지금도 따르고 싶다는 소원을 아뢰고 그 방법을 가르쳐 달라고 요청하는 것이 더 좋았을 것이라고 생각한다.

바울도 베드로와 유사한 헌신을 고백했다. 즉 "내가 달려갈 길과 주 예수께 받은 사명 곧 하나님의 은혜의 복음을 증언하는 일을 마치려 함에는 나의 생명조차 조금도 귀한 것으로 여기지 않는다"(행 20:24)고 말하였다. 그러나 베드로의 경우과는 달리 바울은 실제로 자신의 목숨을 자신의 고백대로 다하였다. 이러한 차이점의 결정적인 원인은 성령의 도우심에 있다. 성경적인 헌신의 고백은 비록 자신의 입에서 나왔어도 그 고백의 실현은 자신의 힘이 아니라 성령의 권능으로 가능하게 된다. 이는 성령이 임하셔야 복음의 전파를 위해 목숨도 아끼지 않는 예수의 증인으로 살아갈 수 있기 때문이다. 이 복음서의 맥락에서 보면, 아우구스티누스가 잘 지적한 것처럼 베드로가 헌신의 고백을 이행할 수 있게 만드는 성령의 권능은 굵은 팔뚝이 아니라 사랑이다.

38예수께서 답하셨다 "네가 나를 위하여 네 목숨을 걸겠느냐?
내가 진실로 진실로 너에게 말하노라
네가 나를 세 번 부인하기 전까지는 닭이 절대로 울지 않으리라

베드로의 당돌한 선언에 대한 예수의 부정적인 답변이 이어진다. 닭이 울기 이전에 베드로는 예수를 세 번 부인할 것이라는 답변이다. 아우구스티누스는 네 개의 복음서를 비교하며 베드로가 예수를 세 번 부인한 것은 그가 예수와 함께 죽겠다는 장담을 세 번 한 것에 대응하는 것이라고 추정한다. 예수의 답변에 근거할 때, 예수를 위해 자신의 목숨을 걸겠다는 베드로의 결의는 자신의 실제적인 분수를 파악하지 못한 자만심의 몽니였다. 성령의 도우심을 의지하는 믿음에서 나온 결의가 아니었다. 칼뱅의 비유처럼, 베드로는 전쟁터에 있지도 않으면서 용맹한 군인 행세를 한 것이었다. 실제로 베드로는 전쟁터와 같은 대제사장 가야바의 집 뜰에서 목숨을 건 전사의 모습이 아니라 걸려고 했던 목숨이 아까워서 하인들 앞에서도 기죽어 예수를 모른다고 거짓말을 하고 그를 저주하고 면피용 맹세까지 한다. 우리의 고백은 어떠한가? 우리가 바로 그런 베드로다.

　예수의 이 말씀을 들은 베드로는 목소리의 데시벨을 더 높여 주님과 함께 죽더라도 주를 부인하는 일은 결단코 없을 것이라고 "힘 있게" 단언한다(마 26:35; 막 14:31). 다른 제자들도 베드로의 입장에 올라탔다. 베드로는 자신을 누구라고 확신한 것일까? 예수의 말씀과 실제로 이루어진 일에 근거해서 보면, 베드로의 자기 이해는 실재와 완전히 다른 것이었다. 예수의

제자들 중에서도 지도력을 발휘하던 베드로의 자기 인식이 고작 이러하다. 다른 제자들도 그런 인식에 함께 사로잡혀 있다. 자신의 인간적인 힘에 대한 과신은 금물이다. 가장 확고한 자신의 신념이 자신을 가장 은밀하게 속이고 가장 확실하게 배신하는 이 상황이 참으로 기이하다. 우리는 어떠한가? 내가 알고 있는 나는 누구인가? 나의 자기 인식은 베드로의 자기 인식보다 나은가? 그렇지 않다면, 나는 나 자신도 모른 채 실재의 나와 완전히 다른 나로서 살아가고 있는 것이다. 바르게 인식하지 못한 자기 이해는 나의 인생 전체를 허상으로 만들기에 충분하다.

1너희는 마음에 근심하지 말라 너희는 하나님을 믿고 또한 나를 믿는다

베드로와 제자들의 마음은 지금 많이 위축되어 있다. 그들 가운데에 배신자가 있고 심지어 베드로도 배신자를 방불하는 제자로 낙인이 찍혔고 다른 제자들도 이 낙인에서 자유롭지 않았기 때문이다. 하늘을 찌르던 자신감이 근심으로 바뀌었다. 그런데 근심은 자만보다 낫다. 근심의 먹구름이 짙게 드리운 그들의 마음에 주님은 징계의 흑암이 아니라 회복의 햇살을 뿌리신다. 마음의 근심을 극복하는 비결, 근심하지 않아도 되는 이유를 알리시며 그들의 마음을 밝히신다. 즉 그들이 하나님을 믿고 예수를 믿기 때문이다. 근심은 근심의 원인을 제거하는 것보다 하나님과 예수를 믿을 때 제거된다. 하나님 믿음과 예수 믿음은 동일하다. 예수를 영접하는 것이 곧 그를 보내신 하나님을 믿는 것이라고 예수께서 밝히셨기 때문이다. 아버지와 아들에 대한 믿음의 동등성과 더불어, 보내심을 받은 자가 보내신 자보다 크지 않다는 예수의 말씀을 적용하면, 보내심을 받은 예수에 대한 믿음보다 보내신 아버지 하나님에 대한 믿음이 보다 근원적인 믿음이다. 그래서 나는 예수 믿음을 넘어 삼위일체 하나님에 대한 믿음에 이르러야, 즉 시

간 속에 계신 예수만이 아니라 영원 속에 계신 하나님에 대한 신앙까지 이르러야 근심의 온전한 해결이 가능할 것이라고 생각한다.

근심은 독극물과 같아서 "심령을 상하게" 하고(잠 15:13) 뼈를 마르게 만든다(잠 17:22)고 지혜자는 가르친다. 근심의 다른 이름은 불안이다. 불안의 끝에는 죽음이 늘 도사리고 있다. 예수의 명령은 앞으로 자신의 죽음에 대해서도 근심하지 말라는 명령이다. 목숨을 걸고 따르던 스승이 죽임을 당하면 존재의 지반이 흔들리고 인생의 골조가 무너지는 절망적인 근심에 빠질 것이 분명하다. 실제로 그들은 실망과 절망과 혼돈과 근심 속에서 모두 뿔뿔이 흩어진다. 영원한 나라를 영원히 보존하며 통치하실 분처럼 보이시던 예수의 어처구니없는 죽음은 그들에게 패배처럼 보이고 실패처럼 보이고 기만처럼 보이기 때문이다. 그러나 브렌츠가 잘 설명한 것처럼 "십자가[의 죽음]을 통한 예수의 떠나심과 하나님의 십자가 아래 숨으심은 경건한 자들의 영원한 버림이 아니라 보다 위대한 복들의 원천이다." 하나님을 믿고 예수를 믿는다는 것은 바로 십자가 밑에 보이지 않는 이 놀라운 은총의 비밀에 대한 믿음을 의미한다. 이런 믿음으로 말미암아 모든 근심은 사라진다. 근심의 독소를 몸에서, 영혼에서, 생각에서 제거하는 유일한 해독제는 바로 믿음이다.

여기에서 우리는 이 구절에 대한 힐라리우스의 해석도 주목해야 한다. 그는 예수께서 하나님 신앙과 예수 신앙을 나란히 언급하신 것이 하나님의 본성과 예수의 본성은 하나라는 사실을 믿게 만든다고 한다. 동시에 예수의 하나님 되심을 증거하는 말이라고 한다. 하나님 신앙과 예수 신앙 사이에 "카이"(καί)라는 대등접속사가 있다는 것은 우리에게 믿음의 대상이신 예수와 하나님은 분리될 수 없으심을 가르친다. 이 구절에서 칼뱅은 하나님 신앙이 예수 신앙보다 앞에 언급된 것은 놀랍다고 한다. 신앙의 종착지가 하나님 신앙임은 이론(異論)의 여지가 없는 사실이다. 그러나 "하나님의 순수한 위엄"과 "하늘의 영광"은 접근이 불가능한 빛 가운데에 있기에 하나님 신앙은 모두가 실패하고 믿음의 사람들도 포기한다. 그러나 예수 신앙은 그런 실패와 포기의 무릎을 일으키는 희망이다. 즉 하나님 신앙의 안식처는 바로 예수 신앙이다. 힐라리우스와 칼뱅의 해석에 나는 동의한다.

나아가 하나님과 예수를 믿는다는 것의 이면에는 제자들이 자기 자신을 믿지 않는다는 점이 강조되고 있다. 이로 보건대, 근심의 이유는 자신을 믿기 때문이다. 믿는 자신이 믿음직해 보이지 않으니까 불안하게 되고 근심하게 된다. 이는 스스로의 힘으로는 인생의 목적지도 모르고 거기에 이르는 길도 모르기 때문이다. 그러나 자신이 아니라 하나님을 신뢰하고 예수를 신뢰하면 하늘의 도움을 받아 예수께서 가신 곳으로 따라가는 것이 가능하다. 지혜자는 "너는 마음을 다하여 여호와를 신뢰하고 네 명철을 의지하지 말라 너는 범사에 그를 인정하라 그리하면 네 길을 지도"해 주신다고 한다(잠 3:5-6). 그렇다면 근심할 이유가 무엇인가? 전적으로 안심해도 된다. 하나님을 신뢰하고 그를 의지하고 그를 인정하는 것이 예수께서 가시는 곳으로 따라가는 길이라고 봐도 무방하다.

²내 아버지의 집에는 거할 곳이 많다 만약 그렇지 않다면
내가 너희에게 말하였을 것이다 나는 너희를 위하여 거처를 예비하러 간다

베드로와 제자들이 믿어야 할 현실적인 내용이 소개된다. 예수께서 떠나시고 제자들은 스승이 가시는 곳을 모르고 그곳에 이르는 길도 모르는 근심의 상황에서 예수는 대단히 현실적인 위로를 그들에게 베푸신다. 아버지의 집에 거할 곳이 많다는 이야기를 먼저 꺼내신다. "아버지의 집"에 대하여 박윤선은 단순히 "신화적인 표현"이 아니라 실질적인 거처라고 강조한다. 그 거처는 예수께서 죽으시고 가실 낙원이다. 그리고 박윤선은 아버지의 집에 있는 "거처"와 그곳으로 "간다"는 표현에서 낙원의 장소성을 스킬더

와 함께 강조한다. 테르툴리아누스는 거처가 "많다"는 말을 "별들의 광채가 서로 다르다"는 사실과 결부시켜 마치 처소의 등급이 있는 것처럼 이해한다. 이것을 아우구스티누스는 보다 분명하게 해석한다. 그는 "모두가 자기 공덕에 비례하여 다양한 보상을 받을 것"이며 "거처가 많다는 것은 그곳에 살 이들의 등급이 다 같지는 않다"는 의미라고 한다. 이러한 교부들의 해석과는 달리, 칼뱅은 "많은 거처"가 규모나 등급이 다른 거처들을 뜻하거나 하늘에서 사람들이 받는 명예의 차등을 의미하는 것이 아니라 그곳으로 따라올 모든 사람들이 거하고도 남을 거처의 넘치는 충분성을 뜻한다고 해석한다. 실제로 예수의 말씀에는 차등의 뉘앙스가 없다. 나도 "많다"는 말을 있는 그대로 이해하는 것이 좋다고 생각한다.

만약에 예수를 믿는 자들이 거할 거처가 많지 않았거나 없었다면 그들에게 이야기해 주셨을 것이라고 한다. 즉 그곳이 예수만 거하실 수 있는 곳이라면 제자들이 미리 알도록 예수께서 혼자만 가신다고 귀띔해 주셨을 것임을 의미한다. 예수는 제자들을 제치고 자신만 좋은 곳으로 가시는 이기적인 분이 아니시다. 그래서 "나는 너희를 위하여 거처를 예비하러 간다"는 목적을 밝히신다. 그런데 예수의 이 발언은 기만이 난무하는 세상에서 교묘한 속임수로 오해되기 쉽다. 좋은 곳은 혼자 거하고 좋은 것은 혼자 취하려는 인간의 이기심이 어찌 이기심과 전적으로 무관하신 예수의 말씀을 이해할 수 있겠는가! 예수께서 땅에서는 타인에게 영원한 생명을 주시려고 자신의 영원한 생명을 버리셨고 하늘에 가서서도 그 타인의 영원한 거처 마련을 위하여 땀을 흘리신다. 인간을 위하여 하나님의 아들이 인간의 몸으로 땅에 오셨고 그 인간을 데리고 하나님의 아들만큼 높이기 위해 하늘로 오르신다. 이것은 영원한 생명도 주시고 영원한 거처도 베푸시는 위대한 사랑이다. 태초에 생기를 주셔서 사람을 만드시고 그들이 거할 거처로서 에덴도 주신 창조의 사랑은 재창조의 위대한 사랑에 비하면 소박한 예고편에 불과하다.

3내가 가서 너희를 위하여 거처를 예비하면 내가 다시 와서
너희를 내게로 영접하여 내가 있는 곳에 너희도 있게 하리라

예수는 가셨다가 제자들을 위한 거처의 예비가 끝나면 다시 오신다고 한
다. 여기에서 우리는 그가 십자가의 죽음으로 지옥이 아니라 아버지의 집
으로 가신다는 사실을 확인한다. 그리고 "다시 오신다"는 말씀에서 부활에
대한 예수의 확신과 제자들을 버려두지 않으시는 그의 사랑을 확인한다.
아버지의 집으로 가서 "거처를 예비하는 것"의 직접적인 의미는 실질적인
거처의 마련이다. 이와 연관된 의미로서 키릴루스는 이전에는 알지도 못했
고 알아도 지나갈 수 없었던 길을 안전하고 평탄하게 만드는 것이라고 해
석한다. 그리고 그는 하늘의 거처가 이미 있고 그곳에는 천사들도 있다는
사실을 주목한다. 그런데 그곳의 거룩한 무리와 땅의 더러운 죄인들은 섞
일 수 없기 때문에 죄인인 인간은 아무도 그 거처의 출입이 가능하지 않다.
그러나 하늘에 있는 것과 땅에 있는 것의 통일을 이루시는 예수는 그런 인
간의 죄를 없애는 방식으로 그 거처로 가는 길을 친히 만드신다. 이로 보건
대, 거처의 마련을 그 거처로 가는 길의 마련, 즉 죄 문제의 완전한 해결을
뜻한다는 교부의 주장은 타당하다.

아우구스티누스도 키릴루스의 해석처럼 그 많은 "거처는 예정 속에 이
미 있다"고 주장한다. 이는 "거할 곳이 많이 있을 것이다"가 아니라 "거할
곳이 많이 있다"(εἰσιν)는 현재형에 근거한 주장이다. 그렇다면 예수의 준
비는 거처 자체의 마련이 아니라 그 거처에 이르는 길과 관련되어 있다고
교부는 추론한다. 그런데 이 교부는 예수의 준비가 우리가 준비되게 만드
시는 것을 포함하고 있다고 해석한다. 그 준비의 방식은 믿음이다. 예수께
서 떠나시면 사람의 눈에 보이지 않으신다. 그러면 보이지 않는 것들의 증
거인 믿음이 우리 안에서 작동한다. 제자들의 눈에 보이지 않도록 주님께
서 떠나시는 것을 믿음의 자각과 결부시켜 이해한 교부의 통찰은 기발하

다. 우리가 그런 믿음으로 살면 보이지 않는 하늘의 거처도 소망의 실상으로 마련되고, 믿음으로 그것을 희망하는 것만이 아니라 사랑으로 그것을 고대하면 하늘의 거처가 우리에게 마련된다. 이런 방식으로 예수는 "우리 안에 당신을 위한 자리와 당신 안에 우리를 위한 자리"를 준비하고 "당신을 위해서는 우리를, 우리를 위해서는 당신을 준비하고" 계시다고 이 교부는 주장한다.

멜랑히톤은 그 거처가 이미 있기는 하지만 완성된 것은 아니라고 주장한다. 그는 그 거처를 아버지 하나님의 영광과 결부시켜 해석한다. 즉 "아버지가 영화롭게 될 곳"이 그 거처라고 한다. 이 거처는 "사망의 왕국이 아직 비워지지 않았기 때문에" 미완성 상태에 있는 것이라고 설명한다. 그리스도 예수의 죽음으로 말미암은 죄와 사망의 제거 없이는 사망의 왕국이 완전히 정복되지 않고, 당연히 예수로 말미암지 않고서는 그 누구도 아버지의 영광에 이르지 못하기 때문에 그 영광의 거처를 위한 예수의 준비가 반드시 필요하다.

예수께서 "다시 오신다"는 것에 대해 칼뱅은 성령의 오심이 아니라 최후의 심판을 말하는 것이라고 이해한다. 그러나 아레티우스는 예수의 귀환을 세 가지로 구분해서 설명한다. 첫째, 예수의 부활을 통한 귀환이다. 그는 부활하신 후 제자들을 만나 40일간 지내며 대화를 나누셨다. 둘째, 성령의 임재를 통한 오심이다. 그리스도 예수의 영이 제자들의 머리에 임하셨다. 셋째, 시간의 역사 끝에 마지막 심판을 위한 오심이다. 다시 오신 예수는 제자들을 맞이하여 자신이 계신 곳으로 이끄신다. 예수를 향한 우리의 귀환에 대해서도 아레티우스는 세 가지로 구분하여 설명한다. 첫째, 중생을 통한 귀환이다. 중생은 그리스도 예수와의 연합이다. 둘째, 중생 이후부터 죽기까지 우리와 함께 계시면서 우리를 당신의 곁으로 이끄심의 귀환이다. 셋째, 우리의 몸이 죽음에서 일어날 때에 이루어질 주님과 우리의 만남이다. 진실로 예수는 자신을 영접한 자들에게 족히 비교할 수 없는 영광스런 영접의 은총을 베푸신다. 이 땅에서 예수를 영접하는 것이 초라해 보이지만 놀라운 결과로 이어진다. 여기에서 우리는 예수의 거처로 우리가 애쓰며 스스로 가는 것이 아니라 예수께서 우리를 그곳으로 데리고 가신다는 사실을 확인한다. 바울의 고백처럼, 우리에게 선한 일을 시작하신 주께서 이처럼 마지막 순간까지 그 일을 이루신다(빌 1:6).

⁴내가 가는 곳[에 이르는] 그 길을 너희가 안다 ⁵도마가 그에게 말하였다
"주여, 당신이 가시는 곳을 우리가 알지 못하는데 어떻게 그 길을 알 수 있습니까?"

예수의 거처로 가는 길은 그의 설명으로 인해 충분히 알려졌다. 그래서 예수는 제자들이 그 길을 안다고 말하신다. 그런데 도마가 어떻게 아느냐고 이의를 제기한다. 예수께서 가시는 곳도 모르는데 그곳에 도달하는 길을 어떻게 아느냐는 아주 상식적인 반문이다. 의견의 충돌이 발생할 때에는 언제나 제자들이 아니라 예수께서 옳으시다. 우리의 상식과 논리에 반대되는 성경 텍스트를 만날 때에도 우리는 그렇게 생각해야 한다. 성경 원어와 표현의 고대성을 빌미로 해석의 역사적인 도피를 시도하는 것은 최대한 자제해야 한다. 그러나 대부분의 사람들은 본문에서 예수의 말씀보다 도마의 말에 고개를 끄덕인다. 목적지를 모르면 그곳에 도달하는 동선도 모른다는 말은 지당하기 때문이다. 그러나 말 자체의 논리는 맞지만 문맥적인 면에서는 합당하지 않다.

예수께서 아버지의 집을 가시고 그곳에서 제자들의 처소를 예비하면 다시 오셔서 그들을 데리고 다시 그 처소로 가신다는 문맥을 보면, 목적지에 도달하는 길은 바로 예수라는 결론에 도달한다. 그런데 제자들은 아버지가 거하시는 예수라는 아버지의 "집"과 그곳에 이르는 예수라는 "길"보다 자신들의 인간적인 개념에 친숙한 공간적인 처소와 길을 추구한다. 그런 처소와

길을 알지 못하면 목적지도 모르는 것이고 그곳에 이르는 방법도 모른다고 단정한다. 땅의 개념들이 암시하는 실체는 이해하지 못하고 그 실체의 은유들에 갇혀 있는 그들의 의식이 안타깝다. 바울의 말처럼, 땅에 있는 모든 것들은 보이지 않는 하나님의 신성과 능력을 가리키는 은유들과 같다(롬 1:20). 장소와 길 개념도 그런 은유의 하나이며 우리가 거할 본질적인 장소는 예수 그리스도 안이라는 사실과 그곳에 도달하는 본질적인 길도 예수라는 사실을 설명하는 수단이다. 예수를 믿고 따르는 제자들도 성령의 가르침을 받을 때까지는 이렇게 무지하다. 이러한 제자들의 상태를, 존 트랩은 "그들이 알지만 안다는 것을 몰랐다"고 설명한다. 이는 보아도 보지 못하고, 들어도 듣지 못하고, 알아도 그 앎을 인지하지 못하는 상황이다.

> 6예수께서 그에게 말하셨다 "나는 길이고 진리이고 생명이다
> 나로 말미암지 않고서는 누구도 아버지께 올 수 없느니라

예수는 도마의 무지를 책망하지 않으시고 자신이 바로 길이라고 답하신다. 이는 예수께서 길을 알려주는 분이거나 그 길로 걸어가는 분이 아니라 길 자체('Εγώ εἰμι, 나는 ~이다)라는 설명이다. 바실리우스의 말처럼 예수는 휘어진 길이나 갈라진 길이 아니라 올바른 길이며 곧은길이시다. 성경에서 올바른 길에 대한 모든 표현은 다 예수를 가리킨다. 예수는 길만이 아니라 진리와 생명도 되신다고 말하신다. 성경에서 진리와 생명에 대한 모든 표현도 예수를 가리킨다. 키릴루스는 이 말씀의 "실질적인 권능"이 "심오하고 쉽게 파악될 수 없다"고 솔직하게 고백한다. 그러나 탐구의 시도를 접어야 한다는 말은 아니라고 한다. 그는 예수를 "추동인, 인도자, 복의 황태자"로 이해하며 길을 "믿음의 참된 경계"로, 진리를 "하나님에 대한 오류 없는 개념의 규범과 기준"으로, 생명을 "썩지 아니함과 복락과 거룩함에 속

한" 태초의 인간 상태로 이해한다.

아퀴나스는 길과 진리와 생명이 세 가지, 즉 "길"과 "목적지" 그리고 그 둘의 "의미"에 대해 답한다고 이해한다. 그에 의하면, 예수는 길과 목적지가 되시고 진리와 생명은 목적지의 설명이다. 칼뱅은 이 구절을 처음과 중간과 끝이라는 틀로 이해한다. 즉 "우리는 그분과 함께 시작하고 그분과 더불어 계속하며 그분 안에서 끝맺어야 한다." 이 말씀에 근거하여 쯔빙글리는 예수를 믿으면 길을 잃을 수 없고 속임을 당할 수 없고 죽음에 이르지 않겠지만, 예수를 믿지 않는다면 길도 잃고 진리를 잃고 생명도 잃는다고 해석한다. 왜냐하면 에라스무스가 말한 것처럼 예수는 그냥 어떤 길이 아니라 고유한 길이고, 어떤 진리가 아니라 고유한 진리이고, 어떤 생명이 아니라 고유한 생명이기 때문이다.

예수는 자신으로 말미암지 않고서는 아무도 아버지 하나님께 나아갈 수 없다고 말하신다. 이는 앞에서 아버지의 이끄심이 없이는 아무도 자신에게 나아올 수 없다는 말씀(요 6:44)과 대비된다. 이는 크리소스토무스의 말처럼 아버지 하나님과 아들 하나님인 예수의 동등성을 나타낸다. 예수께서 "길"이라는 말은 그로 말미암지 않으면 아무도 근원이신 아버지 하나님께 도달할 수 없음을 의미한다. 그가 "진리"라는 말은 그로 말미암지 않으면 아무도 참되신 하나님께 나아갈 수 없음을 의미한다. 그가 "생명"이라는 말은 그로 말미암지 않으면 아무도 영원하신 하나님께 나아갈 수 없음을 의미한다.

그리고 "아무도"(οὐδείς) 나아갈 수 없다는 말은 예외가 없음을 의미한다. 많은 사람들이 부모에게 효도하고 다양한 선을 행하며 착하게만 살면 하나님께 나아갈 수 있다고 생각한다. 잘못이나 실수를 저질러도 뉘우치면 하나님께 나아갈 수 있다고 기대한다. 하늘의 절대자를 신뢰하면 그분께 나아갈 수 있다고 확신한다. 하지만 자기 반성이나 자기 선행이나 자기 신뢰로는 아버지께 나아갈 수 없다는 것이 예수의 말씀이다. 예수로 말미암지 않으면 하나님께 나아가는 어떠한 시도도 실패한다. 예수만이 참된 회개이고, 참된 선행이고, 참된 믿음의 사도이기 때문이다. 키릴루스의 말처럼, "우리가 하늘의 거룩한 법정에 도달하여 '장자들의 모임'에 들어가는 방법"으로 온갖 덕의 모든 실천과 올바른 교의의 믿음과 장차 올 삶의 소망도 예수를 통하지 않고서는 이루어질 수 없기 때문이다. 그러나 예수를 통하여 아버지 하나님께 가면 마귀가 최대의 화력을 동원하여 방해해도 반드시 성공한다. 크리솔로구스의 진단처럼, "마귀들의 권능은 길을 통하여 길로 오는 [자들이나], 하나님을 통하여 하나님께 나아가는 이들을 방해하려 해도 힘을 쓰지 못하"기 때문이다. 이처럼 예수라는 길은 마귀의 권능에 대해 치외법권 같은 영역이다.

하나 더 주목할 것은 예수께서 아무도 아버지께 올 수 없다고 말하실 때 "오다"(ἔρχομαι)는 동사를 쓴다는 사실이다. "가다"는 동사를 쓰면 예수와 아버지는 서로 떨어져 있음을 의미하고 "오다"는 동사를 쓰면 예수와 아버지는 함께 계심을 의미한다. 그러므로 우리는 아버지가 예수 안에 거하시고 예수도 아버지 안에 거하시기 때문에 누구든지 아버지를 찾고자 하는 자는 당연히 예수께로 와야 함을 깨닫는다.

> 7만약 너희가 나를 알았다면 내 아버지도 알았을 것이다
> 바로 지금부터는 너희가 그를 알고 그를 보았도다"

이는 예수와 아버지 하나님의 하나됨을 명확하게 증거하는 말씀이다. 예수는 자신에 대한 지식이 아버지 하나님에 대한 지식과 같다고 말하신다. 그래서 예수를 알면 아버지 하나님도 안다. "우리가 여호와를 알자 힘써 여호와를 알자"(호 6:3)는 구약의 외침은 예수를 앎으로써 충족된다. 그래서 히브리서 기자는 예수를 하나님의 계시이며 그 영광의 광채이며 그 형상

의 본체라고 표현한다(히 1:3). 인간의 지성에 전적으로 불가해한 하나님의 신성은 예수를 통하여 우리에게 알려진다. 크리소스토무스의 제안처럼, "우리는 모상에서 원형으로, 바로 그 형상에서 그 형상이 표상하는 분의 완전한 실현으로 나아가야 한다." "만약 당신이 그 안에서 아버지와 아버지의 본성과 정의와 능력과 지혜와 자비를 보지 못한다면 당신은 성자 자신에 대한 충분한 지식을 가졌다고 말할 수 없다"는 롤록의 경고에 귀를 기울여야 한다. 예수를 아는 지식은 하나님을 아는 지식의 유일한 첩경이고 유일한 비결이다. 이런 차원에서 보면, 바울이 예수와 그의 십자가만 알기로 작정한 것은 너무도 합당하고 지혜로운 결단이다.

예수는 "바로 지금부터"(ἀπ᾿ ἄρτι) 제자들이 아버지를 알고 아버지를 본다고 말하신다. 이는 아버지 하나님을 본 자가 이전에는 없었음을 의미한다. 그러나 하나님은 구약에서 자신을 인간에게 다양한 방식으로 알리셨다. 때로는 사람의 모습으로(창 32:24; 삿 13:6), 때로는 천사의 모습으로(삼하 24:17), 때로는 떨기나무 가운데의 불꽃으로(출 3:4) 만나셨다. 그러나 예수의 말씀에 의하면 이러한 방식의 만남이나 알림에는 아버지를 보았다는 말이 적용되지 않는다. 그렇다면 아버지 하나님을 보았다는 것의 기준은 무엇인가? 예수를 보았느냐 아니냐에 있다. 예수를 본 자에게만 아버지를 보았다는 말이 진실이다.

예수의 제자들은 예수를 보았기 때문에 아버지를 알고 보았다는 말이 타당하다. 제자들의 시력과 능력 때문이 아니라 예수께서 친히 자신을 그들에게 알리셨고 그들의 곁에 그리고 그들의 눈앞에 계시기 때문이다. 크리소스토무스는 "안다"(γινώσκετε)는 것은 미래에 속한 것이고, "본다"(ἑωράκατε)는 것은 현재에 속한 것이라고 한다. 여기에서 "안다"는 것은 "지성적 인식을 통한 앎"을 의미한다. 보았다고 해서 다 아는 것은 아니라는 말은 상식이다. 제자들은 지금 예수를 보고는 있지만 그들이 알게 되는 것은 지금이 아니라 미래의 일이라고 이 교부는 주장한다. 힐라리우스도 지적한 것처럼, 보는 것과 아는 것에 시차가 있다는 사실을 나는 인정한다. 나아가 나는 헬라어의 문법을 존중하며 "안다"는 것은 진행되는 현재이고 "본다"는 것은 완료된 현재라고 생각한다. 현재를 주목하는 이유는 "지금부터"라는 표현이 문장 안에 들어 있기 때문이다. 제자들이 예수를 보기 시작한 때는 3년 전이지만 예수를 알기 시작한 때는 예수께서 아버지와 결부시켜 자신의 정체성을 설명하신 지금이다. 예수께서 자신을 드러내신 순간이 제자들이 하나님을 본 시점이다.

지금까지 예수는 자신과 아버지 하나님이 믿음의 동일한 대상이며, 영광의 동일한 대상이며, 지식의 동일한 대상이며, 바라봄의 동일한 대상임을 밝히신다. 이러한 예수의 말씀을 통해 이 복음서의 저자는 예수께서 하나님의 아들 되심을 증명한다.

[8]빌립이 그에게 말하였다 "주여 아버지를 우리에게 보여 주십시오
그리하면 우리가 만족할 것입니다"

아버지 하나님에 대한 예수의 말씀을 들었으나 깨닫지 못한 빌립이 그에게 요청한다. 그 아버지를 보여 주시라고! 빌립은 아버지를 보았다는 예수의 말씀을 듣고 자신도 하나님 아버지를 볼 수 있다고 확신한다. 아버지 보기를 원하는 빌립의 기호는 아름답다. 아버지를 보면 죽는다는 구약의 틀을 깨고 이제는 그를 볼 수 있다는 사실을 수용한 것도 믿음의 큰 진전이다. 아버지를 보여 주신다면 제자들이 만족할 것이라는 말도 덧붙인다. 아우구스티누스의 말처럼, 아버지 하나님을 본다는 것은 최고의 만족과 기쁨이다. 그런데 아버지를 보여 달라는 빌립의 요청은 제자들이 아버지를 이미 보았다는 예수의 말씀과 상충된다. 이는 빌립이 예수의 말씀과는 달리 자신이 아버지를 아직 보지 못했다고 생각하기 때문이다.

조베스의 말처럼, 빌립은 하나님이 육신으로 오시는 방식이 아니라 구약의 다양한 방식들 중의 하나로써 아버지를 보여 달라고 했는지도 모르겠다. 그러나 빌립의 요청은 그가 아직도 예수 자신을 제대로 알지 못했음을 뜻한다고 아우구스티누스는 진단한다. 물론 빌립은 예수의 외모를 보았고 음성을 들었고 손도 잡았고 몸도 부딪혔고 땀도 섞었고 여행도 함께 떠나고 밥상도 함께 나누었다. 그러나 그럼에도 불구하고 빌립은 아직 예수의 온전한 정체성에 대해 무지하다. 빌립은 어쩌면 아버지가 아들보다 위대하고 아들은 아버지에 비해 열등한 분이라고 여겼을 지도 모르겠다. 이는 빌립이 아버지와 예수의 하나됨과 속성적 동등성과 실체적 동일성을 이해하지 못하였기 때문이다.

여기에서 주목할 또 하나는 예수께서 빌립의 필요를 채우는 답을 미리 주셨다는 사실이다. 빌립의 질문 이전에 예수는 자신을 보면 아버지를 본 것이고 자신을 알면 아버지를 안 것이라고 분명히 말하셨다. 그러므로 빌립의 질문은 불필요한 뒷북이다. 이로 보건대, 빌립은, 아니 모든 제자들은 예수를 모른 것만이 아니라 그의 말씀도 이해하지 못하였다. 하지만 예수는 제자들이 알아야 할 것을 미리 알리셨고 보아야 할 것을 미리 보이셨다. 주님은 우리의 모든 필요를 미리 아시고 미리 채우신다. 생활의 필요들 즉 먹는 것과 마시는 것과 거하는 곳과 입는 것만이 아니라 신앙의 필요까지 미리 아시고 미리 채우신다. 이는 진정한 "여호와 이레"의 모습이다.

9예수께서 그에게 말하셨다 "내가 너희와 이렇게 오랜 시간을 함께 있는데도, 필립아, 네가 나를 알지 못하느냐? 나를 본 자는 아버지를 본 것인데 어찌하여 너는 '당신은 아버지를 우리에게 보이라'고 말하느냐?

빌립의 질문에 대한 예수의 답변이다. 빌립은 예수와 "이렇게 오랜 시간을 함께" 있었어도 예수를 알지 못하였다. 아버지를 보여 달라는 제자의 부탁에 예수 자신을 모른다는 스승의 반응은 핀트가 어긋난 것처럼 비춰진다. 빌립은 비록 예수를 보았지만 그를 알지는 못하였다. 그를 모르기 때문에 아버지도 모르고 아버지를 보지 못했다고 한다. 예수의 곁에 있어도 모를 수 있고 그렇게 오랜 시간을 함께 보내도 모를 수 있다는 게 신기하다. 그러나 주변을 돌아보면 그런 현상은 편만하다. 곁에 있었고 오랫동안 함께 살았어도 사람의 속은 아무도 모르기 때문이다. "사람의 일"도 그 사람의 영 외에는 아무도 모르는데, "사람의 속"은 타인이 더더욱 모르지 않겠는가(고전 2:11)! 그러나 예수의 말씀에 의하면 오래도록 함께 있었다면 알아야 정상이다. 함께 오래 있어도 서로에 대해 무지하면 이는 비록 둘 사이에 시간적인 동거는 있었어도 인격적인 동거는 없었다는 자백이다.

예수는 빌립에게 "나를 본 자는 아버지를 본 것"이라고 말하신다. 여기에서 그는 "아버지를 본 것"의 명확한 기준을 밝히신다. 예수 자신을 보았다는 것이 기준이다. 구약에서 하나님을 보았다는 모든 사건들에 대해서는 예수의 기준에 따른 재평가가 필요하다. 구약의 모든 경건한 사람들이 하나님을 보았다는 것은 모두 매개물을 통한 사건이다. 인간의 눈에 보이도록 하나님이 자신을 나타내신 모든 사건들은 인간적인 기준을 따라 하나님을 본 것이었다. 그러나 예수의 기준에 따르면 예수를 본 자만이 하나님을 본 것으로 간주된다. 예수는 완전한 하나님과 완전한 인간이기 때문이다. 예수는 말씀이 육신이 되신 분이시고, 말씀은 태초부터 하나님과 함께 있었으며 하나님 자신이기 때문이다. 예수는 하나님과 무관한 현현의 매개물이 아니라 하나님 자신이다. 그러나 구약에서 하나님의 임재를 매개한 모든 천사와 모든 사람과 모든 사물은 자신을 하나님과 하나라고 말할 수 없는 피조물에 불과했다.

그러므로 예수에게 아버지를 보여 달라는 빌립의 요청은 올바르지 않다. 이 올바르지 않음을 바로 잡는 해결책은 하나님의 보이심이 아니라 예수를 아는 지식이다. 최고의 기쁨과 만족을 주는 하나님 보기는 예수를 바르게 알면 해결된다. 다른 해결책은 없다. 예수 외에 다른 누구를 통해서도 하나님을 볼 수 없고 하나님을 그렇게 보려는 욕구나 시도 자체도 합당하지 않다. 시대마다 예수가 아니면서 자칭 예수라고 주장하는 사이비 교주들이 하나님을 보려는 욕구의 길목에서 사람들의 영혼을 갈취하고 그들의 신체를 희롱하고 그들의 재물을 탈취했다. 이는 하나님을 보고자 한 사람들이 시대마다 있었으며 예수를 대체하고 싶어하는 종교 사기꾼도 많이 있었음을 의미한다. 지금도 이런 사기꾼은 색다른 방식으로 하나님을 보려는 어리석은 욕망의 소유자를 사냥하고 있다. 이 문제는 오직 "나를 본 자는 아버지를 본 것"이라는 예수의 말씀을 존중할 때 해결된다.

10너는 내가 아버지 안에 있고 아버지가 내 안에 있다는 것을 믿지 않느냐?
내가 너희에게 말하는 그 말은 내가 스스로 말하는 것이 아니다
아버지가 내 안에 거하시며 그의 일을 행하신다

이 말씀에서 예수를 본 자는 아버지를 보았다는 말의 근거가 제시된다. 즉 예수는 아버지 안에 계시고 아버지는 예수 안에 계시기 때문이다. 놀라운 표현이다. 아버지와 아들 예수는 서로의 안에 거하기 때문에 분리되지 않으면서 구별된다. 아버지의 본성과 아들의 본성 사이에는 높낮이가 없다. 각자의 안에 거하는 아버지와 아들은 동등하다. 아버지가 일하시면 아들도 일하고, 아들이 일하면 아버지도 일하신다. 아버지가 말하시면 아들도 말하고 아들이 말하면 아버지도 말하신다. 아버지가 가지신 모든 것은 아들도 가지고, 아들이 가진 모든 것은 아버지도 가지신다. 그러므로 아들을 알면 아버지를 알고 아들을 보면 아버지를 본다. 아버지가 자기 안에 있는 아들에게 이끄시지 않으면 누구도 아들에게 나아올 수 없고, 아들로 말미암

지 않고서는 그 안에 계신 아버지께 누구도 나아갈 수 없다는 논리가 성립한다. 그리고 아버지도 하나님, 아들도 하나님, 그러나 아버지와 아들은 "하나"(ἕν, 요 10:30)이기 때문에 두 하나님이 아니라 한 하나님이 되신다는 기독교 신앙은 유대교의 여호와 개념이나 이슬람의 알라 개념처럼 하나의 인격만 가진 단일 군주론(monarchianism)을 거부하고 여러 신들이 있다는 이방 민족들의 다신론(polytheism)도 거부한다.

예수가 아버지 안에 있고 아버지가 예수 안에 계시다는 사실은 믿음의 대상이다. 앞 절에서는 알지 못하는 것에 대해 지적하신 예수께서 이제는 빌립에게 그가 "믿지 않는다"(οὐ πιστεύεις)는 것을 꾸짖어 말하신다. 믿음과 앎은 사실 연동되어 있다. "나를 본 자는 아버지를 본 것"이라는 말씀을 이해하기 위해서는 그 말씀의 근거인 "내가 아버지 안에 있고 아버지가 내 안에 있다"는 말씀을 믿어야만 한다. 이로 보건대, 참 신앙이 선행하고 올바른 앎이 뒤따른다. 그래서 믿음의 선배들은 "알기 위해서 믿는다"고 하거나 "믿어서 아는 데에까지 이른다"고 했다. 그들은 신앙을 추구하는 이해가 아니라 이해를 추구하는 신앙을 강조했다.

예수께서 하시는 모든 말은 "스스로(ἀπ' ἐμαυτοῦ) 말하는 것"이 아니라 아버지가 예수 안에 거하시며 그의 일을 행하시는 것이라고 한다. 이 말씀에 근거하여 아우구스티누스는 아들이 마리아를 통해 육신으로 태어나신 일도 아버지와 아들의 공통적인 일이었고, 십자가의 수난과 죽음도 아버지와 아들이 함께 이루신 일이었고, 무덤에서 다시 살아나신 부활도 아버지와 아들이 함께하신 일이라고 주장한다.

예수의 생각은 아버지의 생각이고, 예수의 말씀은 아버지의 말씀이고, 예수의 머리와 입은 아버지의 것이었다. 나아가 예수의 전부가 아버지의 것이며 아버지의 전부가 또한 예수의 것이었다. 이런 사실은 나중에 "내 것은 다 아버지의 것이요 아버지의 것은 내 것"(요 17:10)이라는 고백으로 확대된다. 머리에는 아버지의 생각이, 입에는 아버지의 말씀이 출입하는 것은 최고의 영광이다. 예수께서 말하신 모든 것은 아버지가 우리에게 하시고 싶은 말씀이다. 아버지가 우리에게 하시고 싶은 모든 말씀은 예수께서 다 말하셨다. 그러므로 우리를 향한 아버지의 말씀이 궁금하면 예수의 말씀을 확인하면 된다. 아버지의 말씀을 들으려고 예수께로 나아가지 않으면 말씀 듣기에 필히 실패한다.

하나님이 예수 안에 거하시며 자신의 일을 행하시는 것은 경건한 인생의 모델이다. 예수의 형제들인 우리의 경건한 삶도 그런 방식으로 운영된다. 이것을 잘 아는 바울은 하나님을 "너희 안에서 행하시는 분"이라고 고백하고 "자기의 기쁘신 뜻을 위하여 너희에게 소원을 두고 행하게 하신다"고 가르친다(빌 2:13). 하나님의 경건한 사람들은 자기가 사는 것이 아니라 그들 안에 계신 하나님이 뜻하시고 행하시는 방식으로 산다. 이것이 성도의 특권이고 영광이다.

11너희는 내가 아버지 안에 거하고 아버지가 내 안에 계신다는 것을
나로 인하여 믿으라 그러지 못한다면 그 일들 자체로 말미암아 믿으라

예수는 빌립을 비롯한 제자들 모두에게 "내가 아버지 안에 거하고 아버지가 내 안에 계신다는 것"을 믿으라고 재차 명하신다. 이성도 초월하고 상상도 초월하기 때문에 "알아라"가 아니라 "믿으라"(πιστεύετε)고 명하신다. 믿는다는 것은 판단과 선택의 주도권을 믿음의 주체가 아니라 믿음의 대상에게 넘김을 의미한다. 앎의 인간적인 기재를 만족시킬 때에 비로소 수용하는 것은 믿음이 아니라 인식이다. 인지적인 만족과 무관하게, 말씀하신 분의 신실하심 때문에 수용하는 것이 진정한 믿음이다. 예수는 자신의 모든 말씀을 제자들의 인식이 아니라 예수 자신에 근거하여 믿으라고 그들에게 명하신다. 그래서 "나로 인하여"(μοι) 믿으라고 명하신다. 그러나 만약 "나로 인하

여" 믿지 못한다면 자신이 행하시는 "그 일들 자체로 말미암아"(διὰ τὰ ἔργα αὐτὰ) 믿으라는 한 발짝 물러선 대안을 제시하는 친절도 베푸신다. "내가 아버지 안에 거하고 아버지가 내 안에 계신다"는 것은 인간의 상식과 논리로는 판독이 불가능한 문장이기 때문에 믿음의 대상인데, 예수 때문에 믿든지 아니면 예수의 일들 때문에 믿으라고 한다. 여기에서 우리는 믿음에도 근거에 따른 등급의 차이가 있음을 확인한다. 대부분의 사람들은 예수를 그가 행하신 기적들 때문에 믿지만 이후에는 예수 자신 때문에 그를 믿는 믿음으로 성장한다. 그런 믿음의 경지까지 성장해야 한다.

요 14:12-20

12내가 진실로 진실로 너희에게 이르노니 나를 믿는 자는 내가 하는 일을 그도 할 것이요 또한 그보다 큰 일도 하리니 이는 내가 아버지께로 감이라 **13**너희가 내 이름으로 무엇을 구하든지 내가 행하리니 이는 아버지로 하여금 아들로 말미암아 영광을 받으시게 하려 함이라 **14**내 이름으로 무엇이든지 내게 구하면 내가 행하리라 **15**너희가 나를 사랑하면 나의 계명을 지키리라 **16**내가 아버지께 구하겠으니 그가 또 다른 보혜사를 너희에게 주사 영원토록 너희와 함께 있게 하리니 **17**그는 진리의 영이라 세상은 능히 그를 받지 못하나니 이는 그를 보지도 못하고 알지도 못함이라 그러나 너희는 그를 아나니 그는 너희와 함께 거하심이요 또 너희 속에 계시겠음이라 **18**내가 너희를 고아와 같이 버려두지 아니하고 너희에게로 오리라 **19**조금 있으면 세상은 다시 나를 보지 못할 것이로되 너희는 나를 보리니 이는 내가 살아 있고 너희도 살아 있겠음이라 **20**그 날에는 내가 아버지 안에, 너희가 내 안에, 내가 너희 안에 있는 것을 너희가 알리라

❖ ❖ ❖

12내가 진실로 진실로 너희에게 말하노라 나를 믿는 자는 내가 행하는 일들을 그도 행하고 이보다 더 큰 [일들]도 행하리라 이는 내가 아버지께로 가기 때문이다 **13**너희가 내 이름으로 무엇을 구하면 아버지가 아들 안에서 영화롭게 되시도록 내가 그것을 행하리라 **14**너희가 내 이름으로 나에게 무엇을 구하면 내가 행하리라 **15**너희가 나를 사랑하면 나의 계명들을 지키리라 **16**[아버지가] 다른 보혜사를 너희에게 주셔서 그가 영원히 너희와 함께 있도록 내가 아버지께 구하리라 **17**[그 보혜사는] 진리의 영인데 세상이 그를 받을 수 없음은 그를 보지도 못하고 알지도 못하기 때문이다 그러나 너희는 그를 아는데 이는 그가 너희와 함께 거하고 너희 속에 있을 것이기 때문이다 **18**나는 너희를 고아로 버려 두지 않고 너희에게 온다 **19**조금 있으면 세상이 나를 더 이상 보지 못하지만 너희는 나를 보고 내가 살기 때문에 너희도 살리라 **20**그 날에는 내가 내 아버지 안에, 너희가 내 안에 그리고 내가 너희 안에 있음을 너희가 알리라

다른 보혜사

아버지와 아들 예수의 하나됨을 자신이나 자신의 일들로 말미암아 믿으라고 제자들을 타이르신 예수는 자신을 믿는 자가 자신의 일들만이 아니라 "더 큰" 일들도 할 것이라고 말하신다. "더 큰" 일들은 제자들 스스로가 행하는 것이 아니라 성령의 임재를 통해 주어지는 부활하신 예수의 무한한 권능으로 행하는 일들을 의미한다. 더 넓은 영역에서 더 많은 사람에게 더 많은 일들이 무수히 많은 믿음의 사람들을 통해 이루어질 것이라는 약속이다. 예수는 제자들이 더 큰 일들을 행하기 위해 기도할 것을 명하신다. 그들이 예수의 이름으로 기도하되 그 안에서 아버지가 영화롭게 되는 목적을 지향하면 예수께서 무엇이든 행하신다. 이 모든 것을 위해 다른 보혜사를 보내신다. 그는 진리의 영이며 제자들을 한 순간도 고아처럼 두지 않으시는 주님의 사랑이다. 그리고 예수는 조속한 만남을 약속하며 자신의 부활과 제자들의 부활을 알리신다. 제자들은 이러한 약속을 믿으며 서로 사랑해야 한다는 예수의 계명을 지키는 방식으로 예수를 사랑해야 한다. 그러면 아버지와 예수의 사랑을 받고 예수를 보는 은총의 수혜자가 된다.

¹²내가 진실로 진실로 너희에게 말하노라 나를 믿는 자는
내가 행하는 일들을 그도 행하고 이보다 더 큰 [일들]도 행하리라
이는 내가 아버지께로 가기 때문이다

해석이 간단하지 않은 구절이다. 예수를 믿는 자들이 예수의 일들보다 "더 큰" 일들을 행할 것이라는 그의 말씀 때문이다. 예수께서 행하신 "일들"은 아버지가 자신 안에, 자신이 아버지 안에 있다는 사실을 증명하는 기적들을 의미한다. 그럼 "더 큰"(μείζονα)이라는 말의 의미는 무엇인가? 기적의 횟수가 더 많다는 주장, 기적이 일어난 영역이 더 넓다는 주장, 기적의 수혜자가 더 많다는 주장, 기적을 일으키는 주체들이 더 많다는 주장 등 해석이 분분하다. 다 타당한 해석이다.

루터는 "더 큰" 일을 "모든 것을 이루시는 하나님의 능력으로 행하여진" 일이라고 해석한다. "더 큰" 일이라고 하면 더 화려하고 화끈하고 웅장한 초자연적 현상으로 이해하기 쉽다. 그러나 루터는 그것보다 더 위대한 일을 강조한다. 그는 하나님의 사람들이 복음과 세례와 성찬을 가졌다는 사실을 주목한다. "이것들을 통하여 그들은 사람들을 바꾸고 마귀의 움켜쥔 손에서 영혼들을 빼내고 지옥과 사망에서 그들을 끌어내어 천국으로 인도한다. 이것들을 가지고 그들은 마귀와 다른 이들로 말미암아 슬퍼지고 괴롭게 된 불쌍한 양심들을 위로하고 강화하고 보호한다." 사람의 아들들을 하나님의 자녀들로 만들고 영원한 생명을 소유하고 하나님 앞에서 그리스도 예수를 따라 살아가게 만든다고 한다. 이는 이 세상의 어떠한 왕이나 부자나 학자도 수행하지 못하는 "더 큰 일"이라고 루터는 설명한다. 이와 비슷하게 박윤선도 "육신을 고치는 것보다 영혼을 고치는 것이 더욱 큰 일"이라고 한다. 예수의 죽음과 부활 이전의 사역과 이후의 사역을 비교하면 이후의 사역이 이전보다 훨씬 크다는 것은 명확하다.

알레시우스는 "더 큰" 일들을 행하는 주체를 주목한다. 물론 예수의 말

씀에는 그를 믿는 제자들이 더 큰 일들의 주체로 명시되어 있다. 하지만 더 큰 일들은 제자들이 스스로 행하는 것이 아니라 예수의 영이신 성령의 임재로 말미암은 권능에 의존한다. 그러하기 때문에 예수께서 제자들을 통해 지금까지 행하신 기적보다 더 큰 일들을 행하시는 것이라고 그는 옳게 해석한다. 예수의 일들과 그보다 더 큰 일들을 행하는 주체는 "믿는 사람"(ὁ πιστεύων)이다. 믿음은 제자들의 전유물이 아니기에 더 큰 일들을 행하는 주체는 제자들의 무리에 국한되지 않고 믿는 모든 사람들을 포함하고 있다는 아우구스티누스의 지적은 타당하다. 예수를 믿는 자는 자신의 판단과 자신의 능력을 가지고 스스로 행하는 자가 아니라 자신은 죽고 예수만 자기 안에 사시는 사람을 의미한다. 그런 믿음의 사람이 예수보다 더 큰 일들을 행한다는 말은 예수께서 믿음의 사람을 통해 더 큰 일들을 행하실 것이라는 말과 동일하다.

제자들이 더 큰 일들을 행하게 되는 이유는 예수께서 "아버지께로 가기" 때문이다. 이에 대하여 칼뱅은 예수께서 하늘로 가시면 그곳에서 자신의 능력을 "더욱 더 완전하게 드러내실 것"이기에 더 큰 일들이 일어날 것이라고 해석한다. 그러나 롤록의 조언처럼, 예수께서 "스스로" 행하신 일보다 "제자들을 통해서" 행하신 일이 더 크다는 오해는 금물이다. 나아가 예수께서 "땅에" 계셨을 때에는 "하늘에" 계실 때보다 능력이 작았다는 오해도 금물이다. 롤록의 설명에 따르면, 이 땅에서 능력의 최대치를 드러내지 않으신 이유는 능력의 부족이 아니라 그의 겸손하심 때문이다. 나아가 땅에서의 큰 일과 하늘에서의 더 큰 일은 신적인 섭리의 과정에 따른 것이라고 나는 생각한다. 우리는 예수를 알되 그가 행하신 땅의 사역과 하늘의 사역 모두를 통하여 이해해야 한다. 한 사람의 인생을 해석할 때에도 시간의 특정한 한 토막이 아니라 전체를 고려해야 한다. 아무것도 안하는 것처럼 보이다가 예수처럼 죽는 순간에 죽음을 통하여 가장 큰 일들을 행할 수도 있기 때문이다. 자신의 인생에 대해서도 성급한 평가는 금물이다.

¹³너희가 내 이름으로 무엇을 구하면 아버지가 아들 안에서
영화롭게 되시도록 내가 그것을 행하리라
¹⁴너희가 내 이름으로 나에게 무엇을 구하면 내가 행하리라

예수의 떠나심은 그가 행하시던 일들의 중단과 단절이 아니라 사역의 촛대를 믿는 제자들의 손에 넘기는 것이라고 진단한 조베스의 관찰이 참신하다. 예수는 곧 떠나신다. 그러나 그의 사역은 떠나지 않고 제자들의 어깨에 놓여진다. 하지만 제자들은 능히 감당하지 못하기에 주님의 도움이 필요하다. 그래서 예수는 기도를 명하신다. 기도로 이어지지 않은 믿음은 거짓이다. 믿음과 기도는 신앙과 삶의 단짝이다. 기도는 예수의 더 큰 일들을 제자들이 수행하는 방식이다. 이 기도는 예수의 "이름으로" 드려져야 한다. 이름은 인격과 인생의 명함이다. 예수의 이름으로 기도를 드린다는 것은 모든 기도의 내용이 예수의 인격과 인생에 부합해야 함을 의미한다. 와일드는 예수의 이름으로 구한다는 말이 예수의 영광을 구한다는 것, 우리의 구원을 구한다는 것, 예수의 공로로 말미암아 구한다는 말이라고 해석한다. "예수의 영광"은 이름을 높인다는 것이 영광을 뜻하기 때문이고, "우리의 구원"은 예수의 헬라어 의미가 구원이기 때문이고, "예수의 공로"는 하나님의 배신자요 죄인인 인간이 기도의 자격을 가지고 있지 않기 때문이라 한다. 무스쿨루스는 죄 많은 인간이 아버지께 기도하기 위해서는 거룩한 "중재자"가 필요하고, 구하는 모든 것을 실행하기 위해서는 "모든 것의 주님"이 필요하기 때문에 유일한 중재자와 만유의 주 되시는 예수의 이름으로 기도해야 한다고 설명한다.

기도의 내용은 특정되지 않은 "무엇"(τις)이다. 이는 사물이든 사건이든 상태이든 상황이든 보이는 것이든 보이지 않는 것이든, 땅에 있는 것이든 하늘에 있는 것이든, 예수를 믿는 자는 무엇이든 구할 수 있음을 의미한다. 이토록 놀라운 기도의 특권이 기도하는 주체에게 주어진다. 그런데 마땅히

구할 바를 모른다는 우리 모두의 심각한 문제를 해결해야 한다. 이 해결을 위해 성령의 도우심이 필요하다. 여기에서 기도의 주체는 2인칭 복수 "너희"이기 때문에 제자들을 가리킨다. 그러나 앞 절에 더 큰 일을 행하는 주체로서 "믿는 자"를 기도의 주체로 보아도 무방하다. 그렇다면 기도는 믿는 우리 모두에게 주어진 특권이다.

제자들이 예수의 이름으로 기도하면 예수께서 기도의 내용을 친히 "행하신다"(ποιήσω). 여기에는 행위의 주체가 제자들이 아니라 예수라고 명시되어 있다. "더 큰 일들"의 궁극적인 주체가 누구냐에 대한 논란은 이 구절에서 종식된다. 그러므로 믿음의 사람들을 통하여 위대한 일들이 일어나면 그 영광을 그들이 아니라 예수께 돌림이 마땅하다. 설교나 신유나 축사나 능력이나 지혜를 발휘하여 수많은 사람들이 하나님의 영광을 보았다면 그 공로도 예수께 돌림이 마땅하다. 그 영광과 공로를 가로채는 자는 이단이다. 그가 교회 안에 있느냐 바깥에 있느냐는 중요하지 않다. 주님의 영광을 밖에서 가로채면 쉽게 드러나는 이단이고, 안에서 가로채면 은밀하게 숨은 이단이다. 광명과 흑암이 일반인 주님의 눈에는 모두 숨겨지지 않는 이단이다.

그런데 예수의 말씀에는 기도의 목적도 명시되어 있다. 그 목적은 "아버지가 아들 안에서 영광을 받으심"에 있다. 앞에서도 언급한 것처럼 아버지 하나님은 영화롭게 되어야 할 분이시고 이는 오직 그리스도 안에서만 가능하다. 기도의 목적은 예수의 "이름으로" 구한다는 것과 무관하지 않다. 그렇다면 예수의 이름으로 구하는 모든 것은 아버지의 영광을 위하여야 한다. 예수의 명의로 기도를 드린다는 것은 예수께서 추구하실 만한 것을 구한다는 뜻인데, 예수는 이 땅에서 아버지의 영광만 구하셨고 지금 하늘에서 여전히 아버지의 영광만 구하시기 때문이다. 그는 일평생 하나님의 나라를 세우고 공의로 다스리며 그 영광을 구하셨다. 그러므로 우리는 무엇이든 구할 수 있지만 마땅히 구할 바인 그 "무엇"은 예수의 이름에 부합해야 하고 아버지의 영광을 위하여야 한다. 인간의 부패한 욕망이 시키는 대로 예수의 이름을 들먹이고 자신의 영광을 추구하는 기도는 합당하지 않다. 그런 기도에 대해 주께서는 어떠한 일도 행하지 않으신다.

"나에게(με) 무엇을 구하면" 문구에서 우리는 예수께서 기도의 대상도 되신다는 사실을 확인한다. 주기도문 안에서 기도의 대상은 "하늘에 계신 우리 아버지"로 명시되어 있다. 두 언급이 엇갈려서 누구에게 기도해야 하는지가 애매하다. 이 모호함은 삼위일체 교리로 해소된다. 우리는 예수의 이름으로 기도할 때 유일하신 하나님 한 분에게 기도한다. 그 하나님은 성부 하나님, 성자 하나님, 성령 하나님, 즉 삼위일체 하나님을 가리킨다. 우리는 성부와 성자와 성령 각각에게 기도할 수 있으며, 성자의 경우에는 "내 이름으로 나에게" 구하라는 예수의 말씀을 따라 기도하면 된다. 우리가 예수께 무엇이든 구해도 되는 이유는 아버지께서 하늘과 땅의 모든 권세를 비롯한 모든 것을 그에게 주셨기 때문이다. 그리고 "나에게" 구하라는 예수의 말은 자신이 우리의 기도를 들으시는 아버지 하나님과 동등하신 하나님의 아들임을 스스로 밝히는 말씀이다. 이는 요한이 이 복음서를 쓴 목적을 다시 떠올리게 한다.

15너희가 나를 사랑하면 나의 계명들을 지키리라

이 말씀에서 예수 사랑과 계명의 순종은 원인과 결과로 연결된다. 약속하는 것은 쉬우나 행하는 것은 어렵다고 이해한 크리소스토무스는 예수에게 순종하는 것이 예수 사랑의 구체적인 의미라고 해석한다. 그래서 예수를 사랑하면 그의 계명들을 지킨다고 한다. 칼뱅은 순종이 예수에 대한 참 사랑을 보존하는 비결이며 순종이 없으면 우리의 감정적인 흠과 죄의 광기가 우리를 압도할 것이라고 경고한다. 예수의 모든 계명들은 그가 제자들을 사랑하신 그 사랑으로 그들이 서로를 사랑하는 것과 관계되어 있다. 제자들이 지켜야 할 예수의 계명은 한 마디로 사랑이다. 예수의 계명인 이 사랑은 구약과 대립되지 않고 율법과 대립되지 않고 오히려 구약과 율법을 완성한다.

그런데 서로를 사랑하는 그 계명의 준행은 예수를 사랑하는 자가 예수를 사랑할 때에 가능하다. 즉 이웃 사랑의 근거는 사랑할 만한 상대방의 어떠함이 아니라 예수에 대한 우리의 사랑이다. 상대방 안에 사랑 받을 만한 아름답고 향기롭고 존귀한 구석이 없더라도 예수를 사랑하면 그를 사랑하게 된다. 그런 원리대로 사랑하면 원수 사랑도 가능하다. 우리가 서로를 제대로 사랑하고 있다면 이로써 예수에 대한 우리의 사랑이 증명된다. 그러나 서로를 사랑하지 않는다면 이는 우리가 예수를 사랑하지 않고 있음을 고발한다. 예수 사랑은 반드시 이웃 사랑으로 나타나기 때문이다. 이것을 조금 풀어서, 에스텔은 우리가 예수를 믿으면 그의 사랑을 받고 우리 안에 사랑이 쌓이고 그 사랑이 타인에게 범람하여 나누는 실천에 이르게 된다고 설명한다. 사랑에서 순종까지 이르는 이 자동적인 인과율은 우리의 삶을 이해하고 평가하는 인식의 틀이면서 보이지 않는 우리의 신앙적인 실상을 비추는 거울이다.

'예수를 사랑하면 그의 계명들을 지킨다'는 말씀은 구약의 모든 진리를 요약한다. 구약의 총화는 하나님 사랑과 이웃 사랑이다. 예수를 사랑하는 것은 하나님 사랑이고 그의 계명들을 지키는 것은 이웃 사랑이다. 이 두 가지는 서로 독립되어 있거나 분리되어 있거나 대립되는 사랑이 아니라 동전의 양면처럼 불가분의 단짝이다. 보이는 이웃 사랑은 보이지 않으시는 하나님 사랑의 표현이고 하나님 사랑은 보이는 이웃 사랑의 보이지 않는 본질이다. 하나님을 사랑하는 것은 마음과 뜻만이 아니라 목숨과 힘까지도 동원해야 하기 때문에 목숨이 다하도록 사랑하는 몸의 순종은 필연이다. 그래서 우리의 영혼이 예수를 사랑하면 우리의 몸은 그의 계명들을 준행하게 된다.

구약에서 최고의 인생론인 전도서의 결론도 이 구절 안에 포함되어 있다. 즉 하나님을 경외하고 그의 계명을 지켜 행하는 것이 인간 전부라는 결론(전 12:13)은 예수를 사랑하고 그의 계명들을 지켜 행하는 것으로 나타났다. 그리고 "하나님은 모든 행위와 모든 은밀한 일을 선악 간에 심판"하실 것이라는 결론도 하늘과 땅의 모든 권세를 가지신 인자 예수에게 "심판하는 권한"을 주셨다(요 5:27)는 사실에 반영되어 있다. 이는 구약이 예수를 가리켜 기록된 것이라는 말씀의 작지만 명확한 물증이다.

16[아버지가] 다른 보혜사를 너희에게 주셔서
그가 영원히 너희와 함께 있도록 내가 아버지께 구하리라

예수는 사랑과 순종의 원리를 설명하신 이후에 "다른 보혜사" 이야기를 꺼내신다. 이는 예수를 사랑하고 그의 계명들을 지키는 것이 인간 스스로의 힘으로는 가능하지 않음을 가르치기 위함이다. 오직 "다른 보혜사"에 의해서만 예수 사랑과 순종이 가능하다. 여기에서 "다르다"는 말은 기존의 보혜사와 다르다는 말이기에 예수를 기존의 보혜사로 이해할 근거를 제공한다. 실제로 요한은 자신의 편지에서 "예수 그리스도 의로운 자"를 "보혜사"로 이해한다(요일 2:1). 다른 보혜사가 오셨어도 예수는 아버지의 보좌 우편에서 "우리 죄를 위한 화목 제물"로서 우리의 죄에 대하여 대언하는 보혜사의 직무를 지금도 행하신다(요일 2:1-2).

"보혜사"를 가리키는 헬라어 "파라클레토스"($\pi\alpha\rho\acute{\alpha}\kappa\lambda\eta\tau o\varsigma$)는 성경에서 요한(요 14:16, 26, 15:26, 16:7; 요일 2:1)만 사용한다. 그런데 그 의미를 특정하는 것이 쉽지 않은 낱말이다. 영어에도 정확한 대역어가 없어서 1382년에 완역된 위클리프 성경은 이 단어를 "조언자"(Counselor)로 번역했다. 다른 영

역본은 그것을 "위로자"(Comforter: KJV, YLT), 혹은 "조력자"(Helper: NASB) 등으로 번역했다(이는 조베스가 지적한 것처럼 70인경에서 "위로"에 해당하는 히브리어 단어의 헬라어 대응어가 "파라클레토스"로 나오기 때문이다).

한국어 성경에도 그 단어는 "안위하는 자"(1885), "구원하실 이"(1893), "위로하실 이"(1919), "보혜사"(1906), "협조자"(1977), "보호자"(2005) 등 다양한 의미로 번역되어 있다. 칼뱅은 보혜사가 보호하고 권면하는 분이라고 설명한다. 그런데 "보혜사"의 어원적인 의미는 "가까운 곁에서 부르는 자"(παρά + κλητος)로서 무스쿨루스의 말처럼 "피고인 혹은 극심한 곤경에 빠진 사람들 편에 서서 도움을 주고 그들을 위하여 말하는 자"를 가리킨다. 이는 "아버지의 성령"을 "너희 속에서 말하시는 분"(마 10:20)이라고 한 예수의 설명에도 일치하는 개념이다. "너희 속"이라는 곳보다 더 가까운 곁이 어디에 있겠는가! 성령은 우리의 가장 깊은 곳에 계시면서 우리의 가장 깊은 사정을 말하신다. 예수는 자신이 떠난 이후에 이 보혜사가 제자들과 함께 있을 것이기 때문에 사람들이 "너희를 [총독들과 임금들 앞에] 넘겨줄 때에 어떻게 또는 무엇을 말할까 염려하지 말라"고 그들에게 말하셨다(마 10:18-19). 지금도 그 "다른 보혜사"는 우리 같은 죄인을 위하여 우리 안에서 말하신다.

칼뱅은 그 보혜사가 "다른"(ἄλλον) 이유를 설명한다. 즉 다른 보혜사의 역할이 기존의 보혜사인 예수의 역할과 다르기 때문이다. 즉 기존의 보혜사인 예수께서 세상 죄를 속하시고 하나님의 진노를 달래시고 인간을 사망에서 건지시고 의와 생명을 제공하신 보편적인 은총과는 달리, 다른 보혜사 성령의 은총은 "우리로 하여금 그리스도 자신에게 동참하게 할 뿐 아니라 그의 모든 축복을 누리게 하는" 개별적인 것인데 이는 "우리 각자가 받는 축복이 다르기 때문"이다. 칼뱅에 의하면, 예수께서 이루신 구원의 은총은 우리 모두에게 동일하나, 성령께서 베푸시는 복을 누리는 은총은 우리 각자에게 고유하다. 실제로 바울은 성령께서 다양한 은사들을 "각 사람에게" 주시는 분이라고 가르친다(고전 12:8-11).

첫 번째 보혜사인 예수께서 떠나시면 다른 보혜사를 보내 주신다고 한다. 이처럼 주님은 한 순간도 우리의 곁을 떠나지 않으신다. 여기에서 우리는 주무심도 없고 졸지도 않으시며 심지어 침 삼킬 동안에도 우리를 방치하지 않으시고 우리의 곁을 지키시는 하나님의 집요하고 세밀한 사랑을 확인한다. "다른 보혜사"는 스스로 오거나 아들이 보내지 않으시고 아버지가 예수의 간구로 말미암아 보내신다. 아버지는 보혜사 파견을 주관하는 분이시다. 보혜사가 주어지는 목적은 그 보혜사가 "영원히" 제자들과 함께 있도록 하기 위함이다. 제자들은 사람이고 죽을 것이기 때문에 영원하지 않다. 그래서 "영원히" 그들과 함께 있을 것이라는 말은 어폐가 있어 보이는 게 사실이다. 그러나 제자들은 예수를 믿기에 죽어도 살고 영원히 죽지 않으므로 다른 보혜사와 "영원히" 함께하는 것이 가능하다. 제자들과 영원히 함께할 다른 보혜사는 그들의 곁에서 그들을 영원히 안위하고 위로하고 조언하고 보호하고 구원한다. 칼뱅의 지적처럼, 예수는 땅에서 일시적인 보혜사의 역할을 행하시고 성령은 영원한 보혜사의 역할을 행하신다. 이러한 성령에 대해 바울은 "하나님의 성령을 근심하게 하지 말라 그 안에서 너희가 구원의 날까지 인치심을 받았다"고 권면한다(엡 4:30).

17[그 보혜사는] 진리의 영인데 세상이 그를 받을 수 없음은
그를 보지도 못하고 알지도 못하기 때문이다 그러나 너희는 그를 아는데
이는 그가 너희와 함께 거하고 너희 속에 있을 것이기 때문이다

보혜사에 대한 설명이 이어진다. 예수를 사랑하게 하고 그의 계명들을 준수하게 만드는 "다른 보혜사"를 예수는 "진리의 영"이라고 말하신다. 칼뱅은 "진리의 영"을 "진리의 주인"으로 이해한다. 무스쿨루스에 따르면, "다

른 보혜사"가 "진리의 영"이라고 불리는 것은 "그가 진실하기 때문만이 아니라 그가 진리의 주인과 스승이기 때문이다." 성령은 진리의 주인이기 때문에 천사나 인간 중에는 진리의 소유자가 없음에 분명하다. 그러므로 그 누구라도 성령 외에 진리가 자신에게 있다고 말하는 것은 모두 거짓이다. 진리는 영원한 성령의 소유로 남고 인간의 손아귀에 넘어가지 않는 것이 인류에게 유익하다. 그리고 성령은 진리의 스승이기 때문에 자신이 원하는 자에게 진리를 알리신다. 그러므로 인간이 스스로 진리를 알았다는 말은 거짓이다. 성령만이 진리의 유일한 스승이기 때문에 누군가가 자신을 진리의 선생으로 간주하는 것도 거짓이다. 예수는 제자들을 향해 "너희는 랍비라 칭함을 받지 말라"고 말하신다. 이는 "너희 선생은 하나요 너희는 다 형제"이기 때문이다(마 23:8). 이것은 신학교 안에서도, 교회 안에서도, 어떠한 곳에서도 고려해야 하는 사실이다. 어떠한 진리를 알아도 스스로 안 것이 아니기 때문에 깨닫게 하신 진리의 영에게 감사해야 하고, 자신을 스승의 자리로 높이는 것이 아니라 형제의 동등한 자리에서 늘 겸손해야 한다. 지식은 무조건 교만하게 한다. 그러나 그 지식의 출처가 진리의 영이라는 사실을 인정하면 교만의 굴레에서 벗어난다.

예수는 앞에서 자신을 "진리"라고 말하셨고(요 14:6) 여기서는 성령을 "진리의 영"이라고 말하신다(요 14:17). 이 말에서 우리는 예수와 성령이 "다른"이란 말로 구별될 수는 있지만 분리될 수는 없는 존재임을 확인한다. 나아가 예수와 성령은 늘 함께 사역한다. 즉 예수의 모든 말씀은 진리에서 나온 진리이며, 그 진리를 생각나게 하고 가르치는 분은 다른 보혜사 즉 성령이다. 진리의 형성과 선포는 예수께서 행하시고 진리의 인식은 성령께서 행하신다.

진리의 영은 모든 사람에게 주어지지 않고 예수를 믿는 자에게만 주어진다. 그래서 예수는 그 영을 세상은 받지 못한다고 말하신다. 그 이유는 세상이 "그를 보지도 못하고 알지도 못하기 때문이다." 진리의 영은 보이지 않기 때문에 세상에서 그 영을 본 자가 없으며, 보이지 않는 것의 증거는 믿음밖에 없기 때문에 믿음이 없는 세상은 그 영을 결코 알지 못한다는 것은 당연하다. 이 말에 대하여 칼뱅은 "진리의 영"이라는 은혜의 탁월성을 돋보이게 하는 말이며, "성령에 관계된 것들 중에 어떠한 것도 인간의 이성을 통해서는 배울 수 없으며, 오직 신앙의 체험을 통해서만 알려지고 있다"는 것을 입증하는 말이라고 한다. 브렌쯔는 "세상이 가장 거룩하고 부하고 유력한 모든 인간들로 구성된" 말이라는 전제 하에 그들은 "거짓을 사랑하고 가면과 외모를 사랑하고 자신들의 재능들을 추앙하고 양성함에 따라 눈이 멀어지고 있다"고 진단한다. 세상은 이미 자기 의로움과 자기 지혜와 자기 만족으로 가득해서 진리의 영이 비집고 들어갈 여백이 없기 때문에 세상이 그 영을 받을 수 없다고 분석한다. 게다가 인간의 이성과 지혜와 의지와 힘으로는 성령을 받아들일 수 없다고 진단한다. 오히려 자신의 모든 것들을 부인해야 성령을 받을 수 있다고 처방한다.

온 세상이 진리의 영을 받지 못한다면 그 누가 성령을 받아들일 수 있겠는가! 이런 상황에서 예수는 절망적인 제자들의 귀에 희망을 넣으신다. 세상이 보지도 못하고 알지도 못하는 진리의 영을 제자들은 안다는 희망이다. 예수는 세상이 진리의 영을 보고 아는 주체일 수 없다는 선언을 이미 내리셨다. 그런데도 제자들은 안다. 그렇다면 그 앎의 주체가 제자들일 수 없고 그 앎이 그들의 의지나 지혜나 의로움에 기반하지 않는다는 결론에 도달한다. 제자들이 진리의 영을 알게 된 원인은 그 영이 그들과 "함께 거하고" 그들 "속에 있을 것이기 때문이다." 즉 진리의 영이 제자들 안에 거하면서 자신을 알리기 때문에 그들에게 알려진다. 이처럼 성령은 아들의 요청과 아버지의 보내심을 통해 친히 제자들과 우리 안에 거하시고 자신을 알리시는 진리의 영이시다.

18나는 너희를 고아로 버려 두지 않고 너희에게 온다

예수께서 제자들을 떠나도 그들이 고아가 되지 않는 이유는 그가 다시 오시기 때문이다. 고아는 부모가 없고 어떠한 도움도 받지 못하는 연약한 사람을 의미한다. 제자들이 고아가 아니라는 말은 예수께서 그들과 함께 계신다는 것을 의미한다. 나아가 부모의 궁극적인 도움은 그에게서 온다. 반면, 예수께서 오셔서 함께하지 않으시면 누구든지 부모가 있더라도 고아와 같아진다. 어둠의 권세에 노출되고 마귀의 속임수에 미혹되고 사망의 음침한 골짜기로 내몰린다. 아무리 똑똑하고 아무리 건강하고 아무리 유명해도 고아의 정체성은 변하지 않고 오히려 그럴수록 그 정체성은 더 은밀하게 가려져 더 심각한 상태로 악화되고 회복의 기회조차 사라진다. 주께서 지키지 않으시면 누구든지 영적인 혼돈과 불량한 영들의 유혹에 휘말린다. 사회적인 기관들 곳곳에서 지금도 돼지머리 고사가 성행하고 있다는 사실이 물증 하나를 제공한다.

이 구절은 제자들이 예수의 떠나심 이후에 고아로 버려질 가능성이 있는 이 땅에서의 상황을 상정하고 있다. 그들이 고아가 되지 않도록 예수께서 그들에게 "오신다"(ἔρχομαι)는 현재형 동사를 사용하신 것은 그의 오심이 아주 가까운 미래의 사건임을 암시한다. 물론 예수는 시간의 역사가 끝나는 종말에 영광의 모습으로 다시 오시지만, 나는 성령의 임재를 통해 오신다는 뜻으로 이 구절을 이해한다. 이런 관점에서 보면, 성령의 임재와 예수의 오심은 그 의미가 동일하다. 여기에서 우리는 성령과 예수의 분리되지 않는 실체적 동일성을 다시 확인한다. 같은 맥락에서 바울은 진리의 영 즉 성령을 "그리스도의 영"이라고 표현한다(롬 8:9). 성령과 예수의 이러한 동일성을 고려할 때, 성령을 예수의 대체 보혜사로 여기는 것은 합당하지 않다. 아우구스티누스의 설명처럼, 예수는 "당신 대신 영을 주시는 것이라고 생각하는 사람이 없도록" 자신이 오겠다(ἔρχομαι)는 말을 남기셨기 때문이다.

그리스도 예수의 영은 동시에 양자의 영이시며 제자들이 그 영을 받으면 부모 없는 고아가 아니라 하나님을 "아빠 아버지"(롬 8:15)라 부를 수 있고 천지에 충만하신 아버지와 언제나 어디서나 항상 함께하는 그의 아들들이 된다. 성령의 임재라는 방식으로 오시는 예수는 지금도 동일한 방식으로 우리 안에 거하신다. 부모가 없고 돌보는 사람이 없어도 우리는 고아가 아니라 아버지 하나님이 늘 돌보시는 그의 아들이다. 그런데도 우리는 곤경에 빠졌을 때 하늘의 도움이 없다고 느껴지면 우리를 고아처럼 버리신 것이라고 잔뜩 불평한다. 무지가 뱉아낸 불평이다.

¹⁹조금 있으면 세상이 나를 더 이상 보지 못하지만
너희는 나를 보고 내가 살기 때문에 너희도 살리라

성령의 임재로 말미암은 예수와의 영원한 동거와 동행에 대한 설명이 이어진다. 제자들을 고아로 두지 않으시고 "조금 있으면" 다시 오신다고 한다. 다시 오시는 예수에 대한 인식을 기준으로 세상과 제자들은 뚜렷하게 구별된다. 세상은 오시는 예수를 보지 못하지만 제자들은 그를 본다고 말하신다. 그래서 박윤선은 세상이 오시는 예수를 보지 못한다는 말씀에 근거하여 "조금 있으면"(ἔτι μικρὸν)이 "재림을 가리키지 않"고 "성령의 임재"를 가리키는 말이라고 해석한다. 왜냐하면 "재림 때에는 '저를 찌른 자도 볼 것'"(계 1:7)이기 때문이다. 세상이 예수를 보지 못하는 이유에 대해 바실리우스는 이렇게 설명한다. "마음으로 관상하는 훈련을 한 번도 해본 적 없이 진흙에 파묻듯 마음을 육욕 안에 깊이 파묻은 육적인 사람은 진리의 영적 빛을 바라볼 힘이 없습니다." 박윤선의 해석에 더하여 나는 "조금 있으면"이 예수께서 부활하신 시점도 포함하는 말이라고 이해한다. 부활의 예수는 자신을 세상에 보이지 않으시고 제자들의 눈에만 보이셨기 때문이다. 그러나 지금 전개되고 있는 "다른 보혜사" 이야기의 문맥을 볼 때 암시의 초점이 예수의 부활보다 성령의 임재에 있다고 나는 생각한다.

제자들이 예수를 "본다"(θεωρέω)는 말은 "안다"는 말보다 더 생생한 현장감과 사실성을 전달한다. 예수를 세상은 보지 못하고 제자들만 본다는 사실은 신체의 눈이 아니라 영혼의 눈과 관계되어 있다. 사람들이 동일한 시공간에 살더라도 믿음의 여부에 따라 예수에 대한 인식은 개인마다 달라진다. 믿으면 예수를 보는 세상에서 살고, 믿지 않으면 예수를 보지 못하는 세상에서 산다. 영이신 하나님은 믿는 영혼의 눈에만 보이기 때문에 세상이 하나님의 존재를 부정하는 것은 세상의 기준에 따르면 전혀 이상하지 않다. 세상은 보이지 않는 예수의 보이는 몸인 교회를 주목한다. 그래서 교회는 세상을 향한 예수의 증인이다. 세상이 예수를 보지 못한다는 말씀은 미래적 사실의 단순한 알림이 아니라 누군가가 보여 주어야 할 증인의 사명이 교회에 있음을 강변한다.

그리고 예수는 자신이 살기 때문에 제자들도 살 것이라고 한다. 아우구스티누스가 잘 관찰한 것처럼, 예수는 자신에 대해서는 "산다"는 현재형을 사용하고 제자들에 대해서는 "살 것이라"는 미래형을 사용한다. 이는 교부의 설명처럼 예수의 부활이 먼저이고 제자들의 부활이 나중이기 때문이다. 이 부분에 대해 무스쿨루스는 "그들의 생명은 그의 생명에 의존하고 이는 그를 본다는 것과 연결된 것"이라고 옳게 말하였다. 예수는 죽으신 후 다시 사시기 때문에 제자들이 볼 수 있으며, 제자들이 사시는 예수를 보기 때문에 그들은 살아난다. 이는 마치 요한복음 3장에서 언급하신 예수의 말씀처럼 모세가 든 놋뱀을 본 자들이 살아나는 것과 유사하다. 나아가 나무에 달려 돌아가신 예수만이 아니라 무덤에서 다시 살아나신 예수를 본 자들도 더 이상 그를 부인하고 저주하고 거짓말로 도피하는 죽은 자처럼 살아가지 않고 죽음의 검을 가진 권세들 앞에서도 복음과 함께 고난을 받으며 당당하게 살아간다. 동시에 나는 예수께서 사시고 우리가 살기 때문에 예수를 볼 수 있다는 칼뱅의 해석에도 동의한다. 이는 사는 것이 보는 것에 선행하기 때문이고 누구 하나라도 죽으면 인격적인 만남이나 서로를 바라봄이 가능하지 않기 때문이다. 이에 대하여 테오도루스는 이렇게 설명한다. "'너희는 내가 살아 있다는 사실을 증언할 것이고, 내가 살아 있는 것을 봄으로써 너희는 내가 죽은 자들 가운데서 부활하여 살아난 사실과, 많은 이들이 생각하는 것과는 달리 내가 죽음의 지배를 받는 채로 남아 있지 않다는 사실을 알게 될 것'이라는 뜻입니다."

무스쿨루스가 인용한 것처럼, 우리가 죽었으나 우리의 "생명은 그리스도와 함께 하나님 안에 감추어져" 있다(골 3:3)는 바울의 가르침은 예수의 가르침에 충실하다. 바울의 말처럼, 그리스도 예수는 "우리의 생명"이다. 그가 우리에게 보여질 그때 우리도 "그와 함께 영광 중에 나타날 것"이다(골 3:4). 예수와 우리는 이렇게 생명의 차원에서 연합되어 있다. 불링거는 아버지와 예수께서 "본성에 의한" 연합을 이루시는 것과는 달리 예수와 우리는 "참여, 은총, 혹은 성령의 교통으로 말미암은" 연합을 이룬다고 지적한다. 바울의 말처럼, 예수와 우리 사이에 생명의 연합 때문에 우리는 "환난이나 곤고나 박해나 기근이나 적신이나 위험이나 칼"이나 "사망이나 생명이나 천사나 권세자들이나 현재 일이나 장래 일이나 능력이나 높음이나 깊음이나 다른 어떤 피조물"에 의해서도 그리스도 예수의 사랑에서 결단코 끊어짐이 없다(롬 8:35-39). 예수는 사망을 이기신 분이시기 때문에 우리는 죽음을 두려워할 필요가 없으며, 그는 십자가 위에서 벌거벗은 몸으로 모든 수치를 다 당하셨기 때문에 우리는 수치도 두려워할 필요가 없어졌다.

그 날에는 내가 내 아버지 안에, 너희가 내 안에
그리고 내가 너희 안에 있음을 너희가 알리라

성령의 임재라는 방식으로 예수께서 오시면 진리를 깨닫는다. 그 진리는 예수가 아버지 안에, 제자들이 예수 안에, 예수가 제자들 안에 있다는 내용이다. 이것은 "그 날에" 알게 되는 진리이기 때문에 "그 날" 이전에는 제자들이 알지 못하는 내용이다. 이 구절에는 새로운 내용이 추가되어 있다. 예수께서 아버지 안에 계시다는 말은 동일하다. 그러나 "너희가 내 안에 그리고 내가 너희 안에 있다"는 말씀은 추가된 부분이다. 아버지와 예수 사이의 관계는 예수와 우리 사이에 맺어진 관계의 모델이다. 그러나 아버지와 예수의 실체적 동일성과 본성적 동등성과 사역적 동시성을 예수와 우리의 관계에 그대로 적용하면 곤란하다. 예수는 그 은혜로 인하여 우리 안에 거하시고 우리는 그 안에 거하기 때문이다. 우리는 그 은혜에 참여한다. 그 은혜의 크기는 아버지와 예수의 긴밀한 관계성이 잘 보여준다. 우리가 예수 안에 거하고 예수께서 우리 안에 거하시면 우리는 가장 큰 행복과 영광의 수혜자가 된다.

우리가 예수 안에서 산다는 것의 구체적인 의미는 무엇인가? 예수의 이 말씀을 기록한 요한은 자기 서신에서 "그의 안에 산다고 하는 자는 그가 행하시는 대로 자기도 행해야 한다"(요일 2:6)고 설명한다. 예수께서 생각하신 것을 생각하고, 그가 말하신 것을 말하고, 그가 뜻하신 것을 의도하고, 그가 가신 곳으로 가고, 그가 만나신 사람을 만나고자 하면 예수 안에 머무는 인생이다. 그런 인생 안에는 하나님의 사랑이 가득하다. 그런 신적인 사랑의 가득함을 통하여 "우리가 그의 안에 있는 줄을 안다"고 요한은 기록한다(요일 2:5). 우리가 예수 안에 머무는 비결에 대하여 요한은 "육신의 정욕과 안목의 정욕과 이생의 자랑" 즉 "세상에 있는 모든 것"을 사랑하지 말라고 조언한다(요일 2:16). 세상을 사랑하면 아버지의 사랑이 그 안에 거하지 못하기 때문이다.

대신 처음부터 "우리에게 약속하신 것" 즉 태초부터 우리의 조상에게 알
리셔서 "처음부터 들은 것"으로서 "영원한 생명"을 우리 안에 거하게 하면
우리가 "아들과 아버지 안에 거할 것이라"고 가르친다(요일 2:24-25). 에덴
동산 "중앙에" 있었던 "생명 나무와 선악을 알게 하는 나무"는 태초의 약속
과 관련되어 있다(창 2:9). "동산 각종 나무의 열매는 네가 임의로 먹되 선
악을 알게 하는 나무의 열매는 먹지 말라"는 약속이다(창 2:16-17). 생명 나
무는 임의로 먹어도 되는 "각종 나무" 중의 하나였다. 그러나 첫 조상은 먹
어도 되는 그 생명의 나무는 먹지 아니하고 먹지 말라는 선악과를 따먹어
서 약속을 파기했다. 이 약속은 첫 사람에게 적용되는 동시에 그의 허리에
있었던 모든 인류에게 적용된다. 요한의 시대만이 아니라 지금도 유효한
약속이다. 아들과 아버지 안에 거하기 위해서는 그 약속을 우리 안에 거하
게 하면 되는데 우리가 우리 안에 거하도록 먹어도 되는 그 생명 나무는 자
신의 살과 피를 먹고 마시라고 하신 그리스도 예수 자신이다. 그러므로 우
리는 예수께서 우리 안에 계시도록 믿음으로 영접해야 하고 예수처럼 행
하여야 한다. 그러면 우리가 예수 안에, 예수가 우리 안에 거하신다.

요 14:21-31

21나의 계명을 지키는 자라야 나를 사랑하는 자니 나를 사랑하는 자는 내 아버지께 사랑을 받을 것이요 나도 그를 사랑하여 그에게 나를 나타내리라 **22**가룟인 아닌 유다가 이르되 주여 어찌하여 자기를 우리에게는 나타내시고 세상에는 아니하려 하시나이까 **23**예수께서 대답하여 이르시되 사람이 나를 사랑하면 내 말을 지키리니 내 아버지께서 그를 사랑하실 것이요 우리가 그에게 가서 거처를 그와 함께 하리라 **24**나를 사랑하지 아니하는 자는 내 말을 지키지 아니하나니 너희가 듣는 말은 내 말이 아니요 나를 보내신 아버지의 말씀이니라 **25**내가 아직 너희와 함께 있어서 이 말을 너희에게 하였거니와 **26**보혜사 곧 아버지께서 내 이름으로 보내실 성령 그가 너희에게 모든 것을 가르치고 내가 너희에게 말한 모든 것을 생각나게 하리라 **27**평안을 너희에게 끼치노니 곧 나의 평안을 너희에게 주노라 내가 너희에게 주는 것은 세상이 주는 것과 같지 아니하니라 너희는 마음에 근심하지도 말고 두려워하지도 말라 **28**내가 갔다가 너희에게로 온다 하는 말을 너희가 들었나니 나를 사랑하였더라면 내가 아버지께로 감을 기뻐하였으리라 아버지는 나보다 크심이라 **29**이제 일이 일어나기 전에 너희에게 말한 것은 일이 일어날 때에 너희로 믿게 하려 함이라 **30**이 후에는 내가 너희와 말을 많이 하지 아니하리니 이 세상의 임금이 오겠음이라 그러나 그는 내게 관계할 것이 없으니 **31**오직 내가 아버지를 사랑하는 것과 아버지께서 명하신 대로 행하는 것을 세상이 알게 하려 함이로라 일어나라 여기를 떠나자 하시니라

❖ ❖ ❖

21나의 계명들을 가지고 그것들을 지키는 자가 나를 사랑하는 자다 나를 사랑하는 자는 내 아버지께 사랑을 받으리라 나도 그를 사랑하여 그에게 나를 보이리라" **22**가룟인 아닌 유다가 그에게 말하였다 "주여 어찌하여 당신은 자신을 우리에게 보이고자 하시지만 세상에는 아니하려 하십니까?" **23**예수께서 그에게 답하시며 말하셨다 "어떤 이가 나를 사랑하면 내 말을 지키리라 내 아버지는 그를 사랑하실 것이고 우리가 그에게로 와서 그와 함께 거하리라 **24**나를 사랑하지 아니하는 자는 내 말들을 지키지 아니한다 너희가 듣는 말은 내 것이 아니라 나를 보내신 아버지의 [말씀]이다 **25**나는 너희와 머물면서 이것들을 너희에게 말하였다 **26**그러나 보혜사 성령, 즉 아버지가 내 이름으로 보내실 그가 이 모든 것들을 너희에게 가르치고 내가 너희에게 말한 모든 것들을 너희에게 생각나게 하리라 **27**나는 평안을 너희에게 보내며 나의 평안을 너희에게 준다 내가 너희에게 주는 것은 세상이 주는 것과 같지 아니하다 너희의 마음은 요동하지 말고 겁내지도 말라 **28**너희는 내가 너희에게 말한 것, 즉 '나는 갔다가 너희에게 온다'는 것을 들었노라 너희가 나를 사랑했다면 내가 아버지께로 가는 것을 기뻐했을 것인데 이는 아버지가 나보다 크시기 때문이다 **29**일이 일어나기 이전에 내가 지금 너희에게 말하는 것은 그것이 일어날 때 너희가 믿도록 하기 위함이다 **30**내가 너희와 함께 더 이상 많은 것을 말하지 않으리라 이는 이 세상의 임금이 오기 때문이고 그는 나와 아무런 상관이 없기 때문이다 **31**다만 내가 아버지를 사랑하고 아버지께서 나에게 명령하신 그대로 내가 행한다는 것을 세상으로 알게 하기 위함이다 너희는 일어나라 우리가 여기에서 떠나자"

사랑과 순종

예수의 말씀이 길게 이어진다. 먼저 순종과 사랑의 긴밀한 관계가 강조된다. 예수의 계명에 순종하는 자가 예수를 사랑하고 그에게는 아버지의 사랑과 예수의 사랑이 주어지고 예수께서 그에게 자신을 보이신다. 막연한 관념이나 구호가 아니라 진짜 사랑이 주어진다. 순종하면 하늘의 사랑에 휩싸인다. 이 결과는 모두 아버지와 함께 예수께서 보내실 다른 보혜사 성령의 가르침과 생각나게 하심으로 말미암아 가능하다. 그가 오시면 세상이 주지 못하는 하늘의 평강도 주어진다. 당연히 제자들의 모든 불안과 두려움은 사라진다. 하늘의 평강보다 강한 불안이나 두려움이 이 세상에는 없기 때문이다. 제자들이 예수를 진실로 사랑하고 있다면 예수께서 아버지께 가신다는 사실을 기뻐함이 마땅하다. 그들도 땅에 계신 육신의 예수보다 더 크신 아버지께 예수처럼 올라갈 것이기 때문이다. 이런 기쁨의 소식과 함께 예수는 세상 임금의 본격적인 왕 노릇의 임박도 알리신다. 이와 더불어 자신의 섭리적인 침묵에 대해서도 알리신다. 세상 임금의 완전한 제거는 아버지가 명하신 예수의 현재적인 사명이 아니기 때문이다. 때와 사명에 맞게 순종하는 것이 사랑이다.

> 21나의 계명들을 가지고 그것들을 지키는 자가 나를 사랑하는 자다
> 나를 사랑하는 자는 내 아버지께 사랑을 받으리라
> 나도 그를 사랑하여 그에게 나를 보이리라"

예수의 이 말씀은 "나를 사랑하면 나의 계명을 지킬 것이라"는 말의 반복
이다. 그러나 이번에는 그 말을 뒤집어서 표현한다. 즉 예수의 계명을 지키
는 자가 그를 사랑하는 자라는 표현이다. 앞에서는 진정한 사랑이 계명의
준수라는 결과를 낳는다는 점을 강조하고, 이번에는 계명의 준수가 진정한
사랑의 여부를 확인하는 것임을 강조한다. 실제로 예수를 사랑하지 않는
자가 그의 계명을 지키는 것이 불가능한 것처럼, 예수의 계명을 지키지 않
는 자가 그를 사랑하는 것도 가능하지 않다. 이 구절에는 이전과는 달리 하
나의 동사 "가지다"(σχέω)가 추가되어 있다. 이 동사는 "무언가를 자신의 것
으로 취하다"를 의미한다. 예수를 사랑하는 자라면, 그의 계명들을 먼저 자
신의 것으로 취하여야 한다. "가지다"는 말은 그 계명들을 자신의 질서로
삼고 자율적인 혹은 동질적인 규범으로 여김을 의미하고, 가지지 않는다는
것은 그의 계명들을 타율적인 혹은 이질적인 규범으로 여김을 의미한다.
순종을 하더라도 취함의 여부에 따라 질이 달라진다. 계명들을 취한 자들
은 그것들을 자신의 것으로 삼았기 때문에 기쁘고 즐거운 마음으로 준행
하고, 취하지 않은 자들은 억지로 숙제 하듯이 준행한다. 예수에 대한 사랑
없이도 외관상 율법의 준수는 가능하다. 그러나 그런 율법의 준수는 온전
하지 않다. 예수의 계명들을 기쁘고 자발적인 마음으로 온전히 지키는 자
가 예수를 사랑하는 자다.

예수를 사랑하는 자는 아버지의 사랑을 받는다고 한다. 당시에 눈에 보

이는 예수를 사랑하는 자에게는 보이지 않으시는 하나님의 사랑이 주어진다. 그런데 지금 하늘로 떠나신 예수를 어떻게 사랑할 수 있는가? 예수의 계명을 지키되 우리의 주변에 보이는 '예수들'을 사랑하면 된다. 예수의 말씀에 의하면, 그들은 주린 자들, 목마른 자들, 나그네 된 자들, 헐벗은 자들, 병든 자들, 옥에 갇힌 자들이다(마 25:35-36). 그런 자들에게 행한 사랑은 예수에게 행한 사랑과 동일하다. 이에 대한 예수의 말씀이다. "너희가 여기 내 형제 중에 지극히 작은 자 하나에게 한 것이 곧 내게 한 것이니라"(마 25:40). 이러한 사회의 약자들이 "보이는 예수"라는 사실은 예수께서 살아계시던 그때나 지금이나 동일하다.

이로 보건대, 장악하고 지배하고 군림하고 위협하고 파괴하고 유린하고 추앙을 강요하는 사이비 종교의 교주들은 자신들을 자칭 재림 예수라고 하지만 그들의 말은 성경의 가르침과 완전히 다른 사악한 잠꼬대에 불과하다. 그 교주들은 종교적 약자들을 예수처럼 존대하지 않고 오히려 이용하고 괴롭힌다. 이처럼 약자들을 대하는 태도에서 아버지의 사랑을 받는 자인지 아닌지의 여부가 가늠된다. 약자들을 진심으로 사랑하는 자에게는 예수를 사랑하는 자에게 주어지는 아버지의 사랑이 동일하게 주어진다. 우리가 아버지 하나님의 사랑을 받지 못하거나 그 사랑을 느끼지 못한다면 심각성을 느끼고 눈에 보이는 그 연약한 '예수들'을 존대하고 사랑하면 된다. 어떤 사람들은 그들을 사랑하지 않더라도 주님께서 사랑해 주시면 좋겠다고 생각한다. 그러나 만약 주님께서 그렇게 하신다면 행한 대로 갚으시는 하나님의 섭리가 무너진다. 세상의 모든 정의가 무너진다. 사랑에 정의가 빠지면 모든 질서가 무너진다. 인간의 건강한 감정과 의식도 다 파괴된다. 그러면 방종과 무질서가 개인과 사회를 농락하게 된다.

예수를 사랑하는 자는 아버지의 사랑만이 아니라 예수의 사랑도 받는다고 한다. 아버지를 믿고 예수를 믿으면 근심과 두려움이 사라지고, 예수를 사랑하면 이처럼 아버지의 사랑과 예수의 사랑을 동시에 향유하게 된다.

예수의 계명을 순종하면 아버지와 예수의 사랑을 얻는다는 말의 이면에는 순종하지 않으면 절대로 그 사랑이 주어지지 않는다는 말도 성립한다. 주의 말씀은 이렇게 좌우에 날 선 어떤 검보다도 예리하다. 순종은 사랑을 가져오고 순종의 없음은 그 사랑의 없음을 초래한다. 하늘의 사랑이 있는 인생과 없는 인생은 무한히 판이하다.

예수는 자신을 사랑하는 자에게 자신을 보이실 것이라고 한다. 사랑하는 자에게만 보이시는, 스스로 보이시지 않으면 누구도 볼 수 없는 예수의 본색은 모든 사람들의 눈에 보이는 인간 예수가 아니라 사랑의 눈에만 보이는 메시아와 하나님의 아들이다. 예수 사랑의 핵심은 예수 보기이다. 예수를 본다는 것은 예수를 안다는 것과 동일하다. 앞에서도 본 것처럼 "본다"와 "안다"는 동사는 예수의 말씀에서 단짝처럼 함께 등장한다. 예수는 자신을 사랑하는 자에게만 자신을 보이시고 알리신다. 사랑하면 보고 사랑하면 안다. 누군가를 사랑하면 어디를 보아도 그가 보이고, 모든 곳에서, 모든 것에서, 그를 보니까 그에 대한 지식은 계속해서 자라간다. 알면 알수록 더 행복하다. 사랑이 주는 행복이고 지식이 주는 행복이다.

예수께서 말씀하신 것처럼(요 5:39), 예수를 사랑하는 자가 예수의 사랑을 받으면 자연을 보아도 예수가 보이고 성경을 읽어도 예수가 읽어진다. 이는 예수께서 모든 것들을 모조리 동원하여 자신을 알리시기 때문이다. 또한 자연이든 성경이든 모든 것이 그리스도 예수를 가리키는 은유들로 사용된다. 그런데 그 모든 것보다 예수는 더 크시기에 그 모든 것으로도 다 설명되지 않으신다. 성경과 자연만이 아니라 특별히 사회에서 어디를 가도 연약한 '예수들'이 눈에 들어온다. 그들을 사랑하는 것은 예수 사랑의 최고치를 향유하는 방식이다. 예수를 보지도 못하고 알지도 못하는 이유는 예수의 은유들이 부족하고 부실하기 때문이 아니라 사랑하지 않아서 예수의 사랑을 받지 못하기 때문이다. 그들을 사랑하지 않는 자에게는 예수께서 자신을 감추신다.

²²가룟인 아닌 유다가 그에게 말하였다 "주여 어찌하여 당신은 자신을 우리에게 보이고자 하시지만 세상에는 아니하려 하십니까?"

가룟인 유다가 아닌 유다가 예수에게 질문한다. 여기에서 유다는 야고보의 아들 유다(눅 6:16)인지, 아니면 예수의 동생 유다(마 13:55)인지 특정하기 어렵지만, 나는 전자라고 생각한다. 왜냐하면 그가 제자들을 일컫는 "우리"라는 단어를 예수의 제자인 빌립처럼 사용하고 있기 때문이다. 물론 친 형제들이 이전에 예수에게 "자신을 세상에 나타"낼 것을 제안한 일(요 7:4)이 있어서 예수의 동생 유다가 이번에도 질문했을 일말의 가능성은 있다. 유다의 질문은 예수의 의도를 주목한다. 유다는 예수께서 자신을 어떤 이들에게 보이거나 보이지 않으시는 것이 예수의 의도(μέλλω)라고 생각했다. 그래서 왜 자신을 제자들의 눈에는 보이시고 세상에는 보이려고 하시지 않느냐고 질문한다. 31절에서 확인되는 것처럼, 이것은 제자들의 사명과 관련하여 대단히 중요한 질문이다.

²³예수께서 그에게 답하시며 말하셨다 "어떤 이가 나를 사랑하면 내 말을 지키리라 내 아버지는 그를 사랑하실 것이고 우리가 그에게로 와서 그와 함께 거하리라 ²⁴나를 사랑하지 아니하는 자는 내 말들을 지키지 아니한다 너희가 듣는 말은 내 것이 아니라 나를 보내신 아버지의 [말씀]이다

유다의 질문에 예수는 31절에서 자신의 사랑과 순종을 세상이 알게 하실 것이라는 의도를 밝히신다. 그러나 이 구절에는 앞에서 언급하신 말씀으로 다시 답하신다. 즉 자신을 보이시는 대상과 보이려고 하지 않으시는 대상은 사랑을 기준으로 갈라진다. 예수를 사랑하는 제자들은 예수를 볼 수 있고 그를 사랑하지 않는 세상은 그를 보지 못하기 때문이다. 그런데 예수를

사랑하는 제자들의 눈에 보이는 것은 주님의 은총 때문이고 예수를 사랑하지 않는 세상이 예수를 보지 못하는 것은 세상의 잘못 때문이다. 이는 제자들과 세상이 모두 하나님을 스스로 사랑하지 않고 예수 보기에 합당할 정도로 거룩하지 않기 때문이다. 칼뱅의 말처럼 예수는 "온 세상을 비추는 의의 태양"이다. 그런데도 자신의 빛을 소수에게 한정하는 것은 당연히 질문을 유발한다. 유다의 질문은 모든 사람들의 궁금증을 대변한다. 칼뱅은 유다가 던진 질문의 타당성을 인정한다. 칼뱅의 분석에 따르면, 모든 인간이 동일한 죄의 상태에 있었기에 예수는 "그의 원수들 가운데서 사람을 선택해서 마음을 움직여 그를 사랑하게 하는 수밖에 없으셨다." 그러나 이런 선택의 문제를 예수께서 이 구절에서 고려하신 것은 아니라고 칼뱅은 덧붙인다. 그러나 예수의 계획은 지금은 소수를 택하셔서 자신을 알리시고 장차 그들을 통해 땅 끝까지 온 세상의 만민에게 자신을 보이시는 것이라고 나는 해석한다.

유다의 질문에 대한 예수의 답변은 앞에서 언급하신 말씀의 반복이다. 즉 예수를 사랑하는 자는 예수의 말씀을 지킬 것이고, 아버지 하나님이 그를 사랑하실 것이고, 아버지와 예수는 그에게로 와서 그와 함께 거하지만, 예수를 사랑하지 않는 자는 그의 말씀을 지키지 않는다는 답변이다. 사랑하지 않으면 예수의 말씀을 불순종한 것이 아니라 예수를 보내신 아버지의 말씀을 불순종한 것으로 간주된다. 이로써 사랑과 순종은 결코 분리되지 않는다는 사실을 다시 한 번 강조한다. 예수의 이 답변을 기록한 요한은 자신의 서신에서 지식과 순종도 연동되어 있다고 가르친다. 즉 "우리가 그의 계명을 지키면 이로써 우리가 그를 아는 줄로 알 것이요 그를 아노라 하고 그의 계명을 지키지 아니하는 자는 거짓말하는 자"(요일 2:3-4)라고 설명한다. 예수의 계명에 대한 순종은 그를 아는 지식의 여부를 가늠하는 기준이다. 순종하면 예수를 아는 것이고 순종하지 않으면 그를 모른다는 논리가 성립한다.

이러한 논리를 야고보는 믿음과 순종의 관계에 적용한다. 예수를 믿는 다고 하면서 그의 계명을 지키지 않는 자는 거짓된 신앙의 소유자다. 계명의 준수가 비록 믿음의 원인은 아니지만 믿음의 여부는 입증한다. 야고보는 이러한 믿음의 증명을 요구한다. "너는 믿음이 있고 나는 행함이 있으니 행함이 없는 네 믿음을 내게 보이라 나는 행함으로 내 믿음을 네게 보이리라"(약 2:18). 야고보가 보기에 "행함이 없는 믿음" 즉 순종이 없는 신앙은 "헛것"이다(약 2:20). 참된 믿음을 설명하기 위해 그는 믿음의 조상도 "행함으로 의롭다 하심을 받"았다는 증거를 제시한다. "믿음이 그의 행함과 함께 일하고 행함으로 믿음이 온전하게" 된다(약 2:22). 이런 야고보의 설명과 유사하게 요한은 "누구든지 그의 말씀을 지키는 자는 하나님의 사랑이 참으로 그 속에서 온전하게 된다"고 강조한다(요일 2:5). 이는 아버지 하나님이 순종하는 자를 사랑하실 것이라는 말씀의 다른 표현이다. 이처럼 사랑도 순종을 낳고, 지식도 순종을 낳고, 믿음도 순종을 낳는다는 것은 우연이 아니라 필연이다. 순종해야 사랑도, 지식도, 믿음도 온전하게 된다. 사도들은 순종이 없으면 사랑도 죽고 지식도 죽고 믿음도 죽는다고 한다. 순종이 따르지 않는 사랑과 지식과 믿음은 다 거짓이다. 이로 보건대, 기독교는 순종의 종교임에 분명하다.

25나는 너희와 머물면서 이것들을 너희에게 말하였다 26그러나 보혜사 성령,
즉 아버지가 내 이름으로 보내실 그가 이 모든 것들을 너희에게 가르치고
내가 너희에게 말한 모든 것들을 너희에게 생각나게 하시리라

지금까지 예수께서 말하신 것은 제자들과 함께 머물면서 전한 말들이다. 그러나 그는 조만간 떠나신다. 이는 그가 떠나신 뒤에 오시는 다른 보혜사와 구속의 공적인 임무를 교대하기 위함이다. 그 보혜사는 성령이다. 아버

지가 예수의 이름으로 보내실 분이시다. 그의 핵심적인 직무는 깨우침과 기억이다. 칼뱅의 표현처럼, 예수는 지금까지 제자들의 마음에 "가르침의 씨앗"을 심으셨다. 그 씨앗은 성령을 기다린다. 제자들의 눈에는 "불필요한 것으로 보이는 이 가르침"을 그들의 마음에 뿌리신 이유는 즉시 깨달을 것이라고 믿으시기 때문이 아니었다. 성령이 그들에게 임하여 그 가르침을 떠올리게 하고 깨우치실 때를 위함이다. 그러므로 우리는 하나님의 말씀 중에 아직 깨닫지 못해서 불필요해 보이는 내용들이 있더라도 마음에 담아 두는 게 지혜롭다. 이는 성령이 문자의 그릇에 담긴 말씀에 생기를 불어넣으셔서 우리 안에 놀라운 운동력을 일으키실 때가 오기 때문이다.

성경에서 말씀을 마음에 둔 사례는 다양하다. "큰 자가 어린 자를 섬길 것이라"(창 25:23)는 하나님의 말씀은 이삭과 리브가 당시에는 전혀 이해하지 못하였다. 그러나 리브가는 그 말씀이 하나님의 말씀이기 때문에 자신의 마음에 두었으며, 실제로 동생 야곱을 형 에서보다 사랑했고 축복의 물줄기를 야곱에게 돌리기 위해 저주도 감수할 정도였다(창 25:28, 27:13). 말씀을 마음에 두면 이렇게 사람을 움직인다. 야곱은 자신의 아들 요셉이 꾼 꿈의 의미를 다 이해하지 못했지만 요셉의 "말을 간직해 두었다"고 한다(창 37:11). 예수에 대해 천사들이 한 말에 모든 목자들은 "놀랍게 여겼으나 마리아는 이 모든 말을 마음에 새기어 생각"했다(눅 2:19). 또한 꼬마 예수가 성전에서 "내가 내 아버지 집에 있어야 될 것"에 대하여 말하실 때에도 마리아는 비록 "그가 하신 말씀을 깨닫지 못"했으나 "이 모든 말을 마음에 두었다"고 한다(눅 2:49-51). 이해할 수 없다는 이유로 하나님의 말씀을 버리는 것은 어리석다. 하나님의 입에서 나오는 모든 말씀은 어느 것 하나도 헛되지 않고 하나님의 기뻐하신 뜻을 반드시 이룰 것이기 때문이다(사 55:11). 그 뜻이 성취되는 때와 기한의 결정은 하나님의 권한이다. 그래서 우리는 말씀을 가슴에 품고 그 때까지 인내하며 기다려야 한다.

성령은 예수께서 말하신 "모든 것들"(πάντα)의 깨달음과 기억을 위해 일하신다. 그래서 칼뱅은 성령이 "새로운 계시의 건설자"가 아님을 강조한다. 성령은 자신의 고유한 가르침을 설파하지 않고 예수의 가르침이 참되다고 인증하는 "서명"이다. 나아가 베자는 성령도 예수의 가르침에 무언가를 보태지 않은 것처럼 사도들도 "예수의 떠나심 이후에 기독교 구원론의 새로운 핵심 포인트를 배우거나 가르치지 않았다"고 주장한다. 두 보혜사 사이에는 계시와 사역의 어떠한 충돌과 이질성도 없다. 예수의 객관적인 말씀과 성령의 주관적인 가르침은 일치하며 어떠한 경우에도 조화를 이루어야 한다. "사람의 일을 사람의 속에 있는 영"은 아는 것처럼 성령은 예수의 영으로서 예수의 모든 말씀을 완전히 아시고 완전히 알리시는 교사의 자격을 갖추셨다. 예수의 모든 말씀은 그를 보내신 아버지 하나님의 말씀이다. 이런 면에서도 성령은 "모든 것 곧 하나님의 깊은 것까지도 통달"하고 계시기에 교사의 자질이 완벽하다(고전 2:10). 그래서 멜랑히톤은 성경 "해석의 은총은 복음에 동의하는 자들의 심령에 점화하는 성령의 빛이라"고 했다. 그런 성령은 예수의 모든 말씀을 하나도 빠뜨리지 않고 제자들로 하여금 깨닫고 기억나게 만드신다. 그래서 제자들은 깨달은 예수의 모든 말씀을 성령의 기억나게 하심에 따라 정확히 기록했다.

네 개의 복음서는 성령의 저작이다. 나아가 베드로와 바울의 말에 따르면(벧후 1:20-21, 3:16; 딤후 3:16) 구약과 신약의 모든 책들이 성령의 감동을 받은 사람들이 성령의 감동으로 기록한 성령의 저작이다. 성령의 가르침 없이도 성경을 읽으려는 사람들이 있다. 그들의 모든 시도는 문자의 표면만 헤집다가 결국에는 오석으로 귀결된다. 오석의 정당화를 위해 온갖 인문학적 기교들을 구사하며 성령의 가르침을 부정하고 공격하고 비방하는 일도 힘껏 저지른다. 기독교의 역사에서 믿음의 경건한 선배들은 하나님을 아는 인식의 원리를 객관적인 원리인 성경과 주관적인 원리인 성령의 내적인 증언으로 구분하고 두 원리를 믿음의 양 손으로 굳건히 붙들었다. 이런 좋은 전통을 무시하면 불량한 신학이 출현한다. 성령의 가르침을 배제한 해석은 자유주의 신학으로 흘렀고 성경의 기록을 배제한 해석은 신비주의 광신으로 기울었다. 전자는 다른 문헌들을 성경과 동등한 텍스트로 여기면서 성경을 파괴하고, 후자는 직통계시 같은 예언을 성경과 동일한 권위로 여기면서 성경을 파괴한다. 나름 성실한 노력과 꼼꼼한 논증과 토론의 정교한 과정을 거친 결과이기 때문에 어느 한쪽으로 기울어도 그것이 왜 문제인지 지금도 잘 모르는 사람들이 태반이다. 이처럼 예수의 말씀처럼 어린 아이의 눈에는 너무도 명료한 진리가 "지혜롭고 슬기 있는 자"에게는 오히려 숨겨진다(마 11:25). 이는 바울의 말처럼 진리가 지혜를 찾는 헬라인의 눈에는 미련하고 표적을 구하는 유대인의 눈에는 거리끼기 때문이다(고전 1:22-23). 자연을 대하는 학자들의 태도와 해석도 그러하다. 극미시 세계와 극거시 세계의 해체와 융합의 반복을 통해 어떤 패턴이나 질서를 찾아내면 마치 자연의 본질을 이해한 것처럼 생각하고 자연에 대한 성경의 해석을 쉽게 비판하고 폄하한다. 자연의 본질보다 자연의 이용가치 차원의 유용성과 지적 호기심의 충족을 추구하는 학문의 모든 시도는 사물의 표면만 건드린다. 지성의 역사에 등장한 모든 개념들과 이론들과 실험들과 관찰의 결과들을 다 동원해도 그 자연의 궁극적인 가치로서 하나님의 보이지 않는 신성과 능력 발견에는 필히 실패한다. 우리는 예수와 사도들이 성경과 자연을 대하시는 태도와 읽으시는 방식을 존중해야 한다. 그들은 모두 성경을 하나님의 거룩한 말씀으로 존중하고 성령의 가르침과 기억나게 하심을 존중했다. 우리도 그들처럼 성경과 성령을 존중해야 한다. 소위 학자들의 눈에는 미련하게 보일지 모르지만!

²⁷나는 평안을 너희에게 보내며 나의 평안을 너희에게 준다
내가 너희에게 주는 것은 세상이 주는 것과 같지 아니하다
너희의 마음은 요동하지 말고 겁내지도 말라

그리고 예수는 평안을 보내 주신다고 한다. 성령의 보내심은 제자들 모두에게 최고의 평안이다. 칼뱅은 유대인의 일반적인 습관을 따라 "잘 있으라"는 안부에 지나지 않는다고 해석한다. 물론 격식만 갖추는 것이 아니라 평안의 실질적인 효력이 있다는 언급도 곁들인다. 그러나 내가 보기에 예수의 평안은 안부 그 이상이다. 이는 세상이 주는 평안과 다르다는 예수의 설명 때문이다. 제자들은 지금 불안하고 평화롭지 않다. 스승이 떠난 이후의 미래가 불투명한 것도 있지만 돈이나 직장이나 생계에 관한 것이 아니라 믿음의 미래에 대한 불안감 때문이다. 인생을 걸고 따르던 스승의 부재가 남길 신뢰의 붕괴, 공허한 마음의 빈자리가 무엇으로 채워질 수 있겠는가! 예수를 대체할 만한 신실한 스승이 이 세상 어디에 있겠는가! 그런데 예수는 대안을 그들에게 베푸신다. 마음의 빈자리가 한 구석도 비어 있지 않도록 가득 채울 예수의 대안은 바로 성령의 충만이다. 예수의 영이시고 예수의 모든 말씀을 알고 가르치고 생각나게 하실 다른 스승은 바로 성령이다. 그 성령은 예수의 빈자리를 정확하게 채우신다. 그래서 믿음의 선배들은 성령을 성경의 교실에서 가르치는 유일한 랍비라고 했다.

성령께서 말하게 하심을 따라 말하고 명하시는 길로 걸어가며 감동을 주시는 대로 행하는 그의 전적인 이끄심이 성령의 충만이다. 이렇게 성령으로 충만하면 영혼의 속이 꽉 차서 빈틈이 없어지고, 그래서 마음의 멀미가 없어지고 어떠한 흔들림도 없어진다. 그래서 평화롭게 된다. 성령의 임재와 충만은 예수께서 평안을 주신다는 약속의 구체적인 내용이다. 아우구스티누스는 "평안"(εἰρήνη)이 적대감과 분노와 증오가 없는 "생각의 안정, 마음의 평온, 영혼의 순일함, 사랑의 연대, 너그러운 유대감"을 뜻한다고 한

다. 이런 평안은 예수의 친구가 되어 평화의 언약을 지키는 자에게만 주어지는 것이라고 한다. 기독교의 독특한 평안은 끼니 걱정의 없음이 아니라 그리스도 예수로 말미암아 성령을 통하여 구원의 확신을 얻은 영혼의 안정적인 상태를 의미한다. 받은 구원이 그 무엇에 의해서도 상실될 가능성이 없기 때문에 주어지는 마음의 불변적인 안식을 의미한다. 이 평안은 외관상 공짜처럼 보이지만 보이지 않는 무한대의 비용을 지불해야 유지된다. 그 막대한 비용은 하나님과 자신과 타인과 자연 만물 사이에 막힌 불화의 담을 친히 허무신 예수의 생명이다. 그리고 그 예수라는 비용의 효력은 영원하다.

무엇보다 예수께서 주시는 평안은 모든 이스라엘 백성이 구약의 시대에 받은 아론의 축복을 떠올리게 한다. "여호와는 네게 복을 주시고 너를 지키시기 원하며 여호와는 그의 얼굴을 네게 비추사 은혜 베푸시기 원하며 여호와는 그 얼굴을 네게로 향하여 드사 평강 주시기 원하노라"(민 6:24-26). 이 기원문은 예수께서 약속하신 평강의 주어짐을 통해 온전히 성취된다. 하나님의 아들이 친히 주시는 평강을 누가 거부할 수 있으며 누가 빼앗을 수 있겠는가! 사실 원수가 있으면 적대감과 복수심이 생기고 마음의 평안이 깨어지고 평안을 빼앗긴다. 그러나 기독교는 원수도 사랑의 대상으로 분류되기 때문에 깨어지고 빼앗길 가능성이 없다.

이런 평안이 어찌 세상이 주는 평안과 동일할 수 있겠는가! 세상의 평안은 일시적인 것이고 육신적인 것이고 부작용과 후유증이 뒤따르고 각자의 상황에 따라 편차가 있고 피조물이 주는 제한적인 평안이다. 그래서 평안을 누리는 중에도 불안함과 두려움이 있다. 그러나 예수의 평안이 있으면 어떠한 요동함도 없고 어떠한 두려움도 없다. 그 평안은 하나님이 우리를 위하시는 우리 편이 되시기에 외부의 모든 위협과 두려움과 근심이 사라지는 평안이다. 몸은 죽여도 영혼은 그 누구도 어찌하지 못하기에 주어지는 영적인 평안이다. 아우구스티누스는 제자들의 근심과 불안의 원인이 예수의 떠나심에 있다고 보고 예수의 떠나심은 인간 예수의 떠나심을 의미하고 하나님 예수는 여전히 제자들과 함께 계실 것이기 때문에 평안이 사라지지 않는다고 해석한다.

예수는 평화의 비용이신 동시에 평화 자체시고(엡 2:14) 평강의 왕이시다(사 9:6). 모든 평강의 주관자 예수께서 세상 끝날까지 우리와 함께 계시기에 평안의 왕 노릇은 우리에게 영원히 지속된다. 이러한 평안을 세상이 어떻게 알겠으며 어떻게 줄 수 있겠는가! 이 평안을 세상은 비록 우리에게 주지 못하지만 우리는 세상에 제공해야 한다. 이는 우리가 어떠한 공로나 자격도 없이 거저 받았기 때문이다. 이를 위하여 바울의 말처럼 "평안의 복음이 준비한 것으로 신을 신고"(엡 6:15) 어디든지 그 평안을 배송해야 한다. 예수께서 친히 "오셔서 먼 데 있는 너희에게 평안을 전하시고 가까운 데 있는 자들에게 평안을 전하"신 것처럼(엡 6:23), 우리도 원근을 가리지 않고 예루살렘, 온 유대, 사마리아 그리고 땅 끝까지 그 평안을 전달해야 한다. 이런 내용은 예수께서 제자들을 떠나신 이후에 이루어질 일이지만 이 세상에 오실 때부터 천사들의 노래로 이미 예고된 것이었다. "지극히 높은 곳에서는 하나님께 영광이요 땅에서는 하나님이 기뻐하신 사람들 중에 평화로다"(눅 2:14).

28너희는 내가 너희에게 말한 것, 즉 '나는 갔다가 너희에게 온다'는 것을 들었노라 너희가 나를 사랑했다면 내가 아버지께로 가는 것을 기뻐했을 것인데 이는 아버지가 나보다 크시기 때문이다

예수는 자신이 떠났다가 다시 온다는 말을 제자들이 들었다는 사실을 주목하고 이에 대한 제자들의 반응을 주목한다. 제자들은 "다시 온다"는 말보다 "떠난다"는 말을 주목했다. 스승의 떠나심에 대한 그들의 반응은 슬

품과 두려움과 근심이다. 예수는 제자들의 이러한 반응에 변화의 필요성을 제기한다. 예수의 떠나심에 대해 제자들은 슬퍼하지 말고 기뻐해야 하고, 겁내거나 근심하지 말고 평안해야 한다. 그는 제자들이 그렇게 할 수 있는 조건과 그렇게 해도 되는 이유를 제시한다. 조건은 사랑이다. 제자들이 예수를 사랑하면 그의 떠나심을 기뻐하게 된다. 지금 그들이 기뻐하지 않고 슬퍼한 것은 칼뱅의 지적처럼 마땅히 했어야 할 사랑의 충분한 수준과 분량에 이르지 못하였기 때문이다. 칼뱅은 "그들의 사랑에는 어딘가 육적인 것이 섞여 있었기 때문에 그분과 헤어지는 것을 견딜 수 없어 했다"고 진단한다. 그러면서 영적인 사랑을 강조한다. 칼뱅의 의견에 동의한다. 동시에 나는 그들에게 인간 예수에 대한 사랑이 하나님의 아들 예수에 대한 사랑보다 강하였기 때문에 슬퍼하고 근심한 것이라고 이해한다. 이 부분에 대한 기록으로 저자는 예수의 성자되심에 대한 제자들의 무지를 지적하는 동시에 다시 한 번 그가 하나님의 아들 되심의 중요성을 은근히 강조한다.

예수께서 아버지께로 가시는 것을 기뻐해야 할 이유는 아버지가 아들보다 크시기 때문이다. 이는 대단히 많은 신학적 논란을 일으킨 대목이다. 특별히 이것은 성자가 성부보다 열등한 분이라고 본 아리우스 주장의 근거였다. 이 주장을 반대하는 교부들은 예수께서 자신의 신성이 아니라 인성을 따라 말한 것이라고 반박했다. 두 입장을 다 거부하는 칼뱅은 우리의 연약함 때문에 예수께서 설명의 눈높이를 맞추신 결과라고 주장한다. 칼뱅에 의하면, 예수는 지금 자신이 처한 현실의 상태와 앞으로 주어질 하늘의 영광을 비교하고 있다. 그러한 예수의 의도는 자기처럼 제자들도 아버지께 나아가는 것이 "추구해야 할 최종적인 목표"임을 가르치기 위함이다. 예수를 믿고 따른다고 할지라도 아버지 하나님께 "도달하기 전까지는 우리가 길가는 도중에 서 있는 사람"일 뿐이라고 한다.

나는 칼뱅의 주장에 동의하되 교부들의 입장도 일리가 있다고 생각한다. 디디무스는 "더 크다"는 표현은 "지각하고 측정할 수 있는" 대상에 관한 말이라고 한다. 그런데 무한하고 영원하고 불변적인 성부와 성자는 "양으로 표시할 수 없는 분"이시기 때문에 "측량할 수도 없는 분"이시다. 그러므로 "더 크다" 혹은 "더 작다"는 말은 성부와 성자의 신적인 속성 사이의 비교가 아니라고 한다. 그런데 측정이 가능한 자와 측정되지 않는 자 사이에는 비교가 가능하다. 그래서 "더 크다"는 말은 종의 형체를 입으신 예수와 무한하신 성부 사이의 비교라고 한다. 이는 보내신 분이 보내심을 받은 분보다 크다는 비교나, 명하시는 분이 그 명령을 지키시는 분보다 크다는 비교나, 기도를 들으시는 분이 기도하는 분보다 크다는 비교와 비슷하다. 그러나 아우구스티누스는 보내심과 명하심과 기도와 응답의 관계가 성부와 성자 사이에 신족인 본질의 차이를 말하는 것은 아니라고 옳게 말하였다.

예수는 자신을 비우시고 종의 형체를 입으시고 신성의 위엄을 감추셨기 때문에 아버지에 비해 더 작으시다. 비록 신성을 따라서는 아버지와 하나이고 동등한 분이지만, 인성을 따라서는 아버지가 자기보다 크시다는 예수의 말씀은 타당하다. 아우구스티누스는 자신을 비우신 예수가 아버지와 성령보다 작고 심지어 자기 자신보다 작다고 주장한다. 자기 자신보다 작은 이유는 종의 형상이 아들의 형상보다 작기 때문이다. 교부는 우리가 예수의 말씀을 이해할 때 그가 하나님인 동시에, 이성적인 영혼인 동시에, 사람의 몸이라는 사실을 고려해야 한다고 조언한다. 그런데 예수의 낮추심은 자신이 낮추신 자리에 머물거나 우리로 그 낮아짐에 머물도록 하시기 위함이 아니라 우리를 아버지 하나님께 올리시기 위한 과정이다. 예수께서 올라가신 것은 예수보다 더 크신 아버지께 우리도 올라가게 된다는 교훈과 모범이다. 예수의 곁에 있는 것도 기쁘지만 그보다 크신 아버지의 곁에 있는 것은 더 큰 영광이기 때문에 더 기뻐하는 것은 당연하다.

²⁹일이 일어나기 이전에 내가 지금 너희에게 말하는 것은
그것이 일어날 때 너희가 믿도록 하기 위함이다

이 구절은 요한복음 13장 19절의 반복이다. 제자들의 믿음을 위하여 동일한 표현을 반복하는 이유는 예수의 말씀이 인간의 이해를 초월하는 것이어서 믿기 어렵기 때문이다. 믿지 않으려는 인간의 완고함은 제자라고 할지라도 지독하기 때문이다. 이 구절에 대해, 칼뱅은 다르게 해석될 수도 있음을 언급한다. 즉 "너희가 지금은 이 심오한 신비를 감당할 수 없기 때문에 사건이 일어날 때까지는 그대로 참아준다. 그러나 그때 가서 발생하는 사건은 그 자체로 이 가르침을 설명하는 해설가의 역할을 할 것이라"는 의미로 이해한다. 나아가 제자들은 스승의 말씀이 "바람에 날리는 것이 아니라 흙 속에 뿌려진 씨앗과 같았다"는 것을 알게 될 것이라고 칼뱅은 설명한다.

아우구스티누스는 이 구절이 예수께서 하나님의 아들 되심을 믿게 만드는 장치라고 주장한다. 즉 일이 일어나기 이전에도 다 아시고 실제로 다 이루시는 분이라면 하나님의 아들이 분명함을 제자들이 깨닫게 된다는 주장이다. 그때의 믿음은 "새로운 믿음이 아니라 더욱 증강된 믿음"이다. 진실로 예수는 죽음 이후에 아버지의 집으로 가시고 제자들의 거처를 만드시고 아버지와 함께 성령을 보내시고 평강을 베푸신다. 이는 키릴루스의 말처럼 죽은 자가 할 수 없고 다시 살아나서 아버지의 보좌 우편에서 그와 함께 신적인 권세로 통치하실 때에만 가능하다. 이러한 믿음의 강화를 위해 예수는 일어날 모든 일을 미리 말하셨다. 크리소스토무스는 제자들의 연약함을 지적하고 그들을 위로하는 말이라고 한다. 이 교부에 의하면, 예수는 열 두 군단의 천사들을 동원하여 얼마든지 죽음을 모면하실 수 있지만 스스로 그렇게 하지 않으시며 죽음의 때가 이르렀을 때에는 자신이 허약해서 그런 것이 아님을, 죽음 앞에서도 두려움이 없음을 제자들도 알고 두려움과 실의에 빠지지 말고 슬픔도 거두라는 의미로 미리 말하셨다.

³⁰내가 너희와 함께 더 이상 많은 것을 말하지 않으리라 이는 이 세상의

임금이 오기 때문이고 그는 나와 아무런 상관이 없기 때문이다

예수는 제자들과 "더 이상 많은 것을 말하지 않는다"는 기이한 말을 남기
신다. 이 말의 의미를 이해하기 위해서는 예수께서 밝히신 이유를 파악해
야 한다. 예수의 의도적인 침묵의 이유는 "이 세상의 임금이 오기 때문이
다." "이 세상의 임금"은 마귀와 그의 모든 수족들을 의미한다. 아우구스티
누스는 "세상의 임금"을 해석할 때에 마귀는 "피조물[의 임금]이 아니라 죄
인들의 임금"일 뿐이라고 지적한다. 무스쿨루스도 그냥 세상이 아니라 "이"
세상의 임금이 의미하는 바는 온 우주가 아니라 부패하고 상실된 세상을
뜻한다고 한다. 바울의 표현을 볼 때, 교부의 설명은 타당하다. 즉 "이 세상
의 임금"은 "공중의 권세 잡은 자 … 지금 불순종의 아들들 가운데서 역사
하는 영"(엡 2:2), "통치자들, 권세들, 이 어둠의 세상 주관자들 그리고 하늘
에 있는 악의 영들"이다(엡 6:12). 나아가 바울은 마귀를 "이 세상의 신"이라
고 표현한다(고후 4:4). 무스쿨루스는 마귀의 이런 호칭이 "이 세상이 창조
자 하나님을 떠나 마귀에게 떨어졌고 … 하나님 대신에 마귀를 이 세상의
통치자로 삼아 모든 것으로 섬기기" 때문에 붙여진 것이라고 설명한다.

　"이 세상의 임금이 온다(ἔρχεται)"는 말은 칼뱅의 설명처럼 없었던 마귀
가 새롭게 온다는 말이 아니라 하나님의 허락 하에 세상에 대한 마귀의 본
격적인 장악이 시작되는 것을 의미한다. 예수께서 다시 오시지 않은 지금
도 마귀는 공중의 권세를 장악하며 불순종의 아들들 가운데서 역사한다.
여기에서 "공중"과 "불순종"은 교회 바깥만이 아니라 교회 내부도 해당된
다. 마귀는 영이기 때문에 이 세상 어디에도 자유롭게 출입하기 때문이다.
교회의 안과 밖에 폭력과 차별과 거짓과 살인과 불의와 파괴와 분열과 비
방과 정죄가 가득한 이유는 마귀가 세상 곳곳에서 죄와 사망을 앞세워서
왕 노릇을 하고 있기 때문이다.

세상의 임금이 온다는 말은 제자들의 마음에 경종을 울리기에 충분하다. 제자들이 세상의 임금과 대치해야 한다는 마음의 각오를 단단히 하고 바울의 조언처럼 하나님의 전신갑주, 즉 진리의 허리띠, 의의 호심경, 평안의 복음이 준비한 신, 믿음의 방패, 구원의 투구, 성령의 검으로 무장해야 할 필요성은 절박하다. 그러나 세상 임금이 출현하는 것과 많은 말을 하지 않겠다는 예수의 말씀은 아무리 인과율의 끈으로 묶으려고 해도 여전히 핀트가 어긋난 느낌이다. 그런데 칼뱅의 해석이 좋은 힌트를 제공한다. 그는 예수의 적절한 침묵을 제자들의 숙고에 대한 독려로 해석한다.

사실 "많은 것"(πολλὰ)이라는 단어는 말의 분량을 의미한다. 예수는 이제 말의 많은 분량보다 말의 질적인 깊이를 추구할 때라는 사실을 발언의 절제라는 방식으로 알리신다. 말의 질적인 깊이는 귀만 기울이지 않고 마음도 기울이고 몸도 기울일 때에 확보된다. 이는 새로운 말씀의 출입이 중단되지 않으면 이미 들은 말씀에 심취하기 어렵기 때문이다. 예수께서 "더 이상"(οὐκέτι) 말하지 않으시면 제자들은 이미 들은 그의 말씀을 깊이 묵상하게 되고 말의 표피를 뚫고 들어가 심층의 의미까지 도달하게 된다. 이런 의미에서 우리는 주어진 성경의 분량에 만족해야 한다. 새로운 계시가 계속해서 주어지면 이미 기록으로 주어진 말씀의 진수를 외면할 가능성이 높기 때문이다.

같은 맥락에서 예수는 죽은 자가 살아나는 지극히 놀라운 기적의 추가보다 모세와 여러 선지자를 통해 이미 기록된 말씀의 권위가 더 크다는 평가를 내리셨다. 기록된 말씀을 외면하면 사람들이 흠모하는 지극히 현란한 기적의 향연이 펼쳐져도 "권함을 받지 않는다"고 말하신다(눅 16:31). "이 세상의 임금이" 오면 말씀의 피상적인 의미가 아니라 본질적인 의미를 가지고 승부해야 한다. 성령의 검, 곧 하나님의 말씀은 살아있고 운동력이 있고 양날이 예리해서 영과 혼을 찔러 쪼갤 정도의 위력을 발휘한다. 이것은 말씀의 표면이 아니라 심연에서 나오는 위력이다.

그리고 예수는 마귀와 자신이 "아무런 상관이 없다"고 말하신다. 이것을 직역하면 "그는 내 안에서 어떠한 것도 가지지 못한다"로 번역된다. 이에 대하여 많은 학자들은 예수께서 어떠한 죄도 없으시기 때문에 마귀가 어떠한 죄의 삯도 그에게 추궁할 수 없음을 뜻한다고 해석한다. 이는 유대 땅의 인간 임금으로 활동한 빌라도가 "나는 그에게서 죄를 찾지 못한다"(요 19:6)는 말에 근거한다. 일리가 있는 해석이다. 그러나 칼뱅은 이러한 해석을 반대하며 예수의 순결성도 나타내고 죽음도 꺾지 못하는 그의 신성한 능력도 나타내는 말이라고 주장한다. "임금"은 권세를 나타내는 말이기에 세상에서 으뜸가는 권세를 가진 마귀도 예수에 대해서는 어떠한 영향력과 지배력도 행사하지 못한다는 칼뱅의 이해는 타당하다. 즉 예수의 말씀은 앞으로 일어날 그의 죽음은 자신이 연약해서 혹은 죄가 있어서 세상의 임금에게 굴복한 것이 아니라 아버지 하나님의 뜻에 순종하는 순수하고 자발적인 사랑의 선택임을 미리 나타내는 선언이다. 그럼에도 불구하고 세상의 임금에게 굴복하는 것처럼 보이는 그의 죽음은 그 원인이 자신에게 있지 않고 인간의 죄에 있음을 또한 암시한다.

나는 "아무런 상관이 없다"는 예수의 말씀을 다음 구절과 결부시켜 이해해야 한다고 생각한다. 예수는 아버지께서 자신에게 "명령하신 그대로" 행하시기 위해 보냄을 받으셨다. 세상의 임금으로 온갖 불의와 불법을 저지르는 마귀의 완전한 제거는 예수께서 지금 수행해야 할 아버지의 명령이 아니라 마지막 날 심판의 때에 이루셔야 할 명령이다. 마귀의 존재를 당장 지우면 우리의 속은 후련하다. 그러나 우리가 다 알지 못하는 아버지 하나님의 은밀한 계획 속에서는 마귀에 대한 최종적인 심판과 형벌의 때가 지금은 아니기에 우리는 그분의 시간표를 존중하며 인내해야 한다. 마귀의 심판을 연기하는 이유는 마치 아모리 족속의 "죄악이 아직 가득 차지 아니"하여(창 15:16) 그 족속의 심판을 연기하신 것과 비슷하다.

31다만 내가 아버지를 사랑하고 아버지께서 나에게 명령하신 그대로
내가 행한다는 것을 세상으로 알게 하기 위함이다
너희는 일어나라 우리가 여기에서 떠나자"

예수는 지금 제자들의 여론에 휘둘리는 것도 아니고 세상의 왕 노릇을 하
는 마귀의 권세에 굴복하는 것도 아니며 오직 두 가지를 행한다고 말하신
다. 하나는 아버지에 대한 사랑이고 다른 하나는 그의 명령에 대한 순종이
다. 예수는 지금 아버지에 대한 사랑을 행하시고 있다. 그 사랑의 구체적인
내용은 아버지의 명령에 대한 순종이다. 순종의 내용은 하나님의 나라와
의를 위하여 자기 백성을 그들의 죄에서 건지시고 하나님의 자녀라는 신
분과 영원한 생명을 선물하기 위해 자신의 목숨을 십자가에 버리시는 그
의 죽음이다. 예수의 일생은 하나님 사랑과 순종으로 구성되어 있다. 사랑
과 순종은 동전의 양면이다. 사랑하기 때문에 순종하고 순종하기 때문에
사랑한다. 순종 없는 사랑과 사랑 없는 순종은 다 거짓이다.

사랑과 순종의 구약적인 표현은 경외와 순종이다. 경외와 순종도 동전
의 양면이다. 하나님을 경외하지 않는 순종과 순종하지 않는 하나님 경외
는 모두 거짓이다. 순종해야 경외하는 것이고 경외해야 순종이다. 경외와
순종의 도식은 전도서 마지막에 언급된 인간의 정체성에 대한 설명에서 등
장한다(전 12:13). 아버지에 대한 경외와 순종이 바로 참된 인간이다. 여호
와 경외가 없거나 순종이 없다면 그는 더 이상 인간이 아니면 인간이길 포
기하는 어리석은 몰락의 첨경이다. 아버지에 대한 사랑과 순종이 온 세상
에 알려지는 것을 예수는 원하신다. 제자들만 알거나 교회만 아는 것이 아
니라 온 세상이 알기를 원한다는 말은 아버지에 대한 예수의 사랑과 순종
이 모든 사람이 알아야 하는 것임을 의미한다. 이것은 유다의 질문에 대한
예수의 최종적인 답이기도 하다. 예수는 지금 온 세상의 모든 사람에게 하
나님 사랑과 순종으로 이루어진 참된 인간의 모델을 제공하고 있으시다.

온 세상은 죄 때문에 그 누구도 목격한 적 없는 타락 이전 창조 시의 죄 없는 원형적인 인간을 예수로 말미암아 목격하게 된다. 이를 위하여 제자들은 땅 끝까지 이르러 하나님 사랑과 순종에 목숨과 인생을 거신 예수를 증거해야 한다. 이 구절은 이러한 제자들의 사명에 쐐기를 박는 말씀이다. 예수는 자신을 위하여 이 세상에 오시지 않고 세상을 위하여 오신 분이시다. 그런데 세상이 예수를 모른다면 그의 목적은 수포로 돌아가지 않겠는가! 이러한 목적의 완수를 위하여 예수는 제자들을 부르셨고 보내셨다. 대답을 들은 유다와 제자들은 이 사명 완수에 목숨을 조금도 아끼지 않고 전념해야 한다. 지금도 그 사명을 위한 예수의 부르심과 보내심은 지속되고 있다.

자신의 인생과 세상에 대한 바람을 언급하신 예수는 제자들을 향해 일어나 여기를 떠나자고 말하신다. 이러한 말씀에 대해 키릴루스는 자신의 죽음을 기꺼이 맞이하는 적극적인 준비의 자세라고 해석한다. 예수와 제자들은 실제로 배신과 체포의 장소로 이동한다. 지금 그들의 마음에는 두려움이 없다. 동시에 이 말씀은 "영적이고 감추어진 의미"로서 "일어남"은 상태의 변화를 나타내고, "떠남"은 상황의 변화를 뜻한다고 한다. 즉 일어나서 떠나자는 예수의 말씀은 나쁜 상태와 상황에서 좋은 상태와 상황으로 이동하는 것인데, 죽음에서 생명으로, 부패에서 거룩으로, 세속적인 것들에 대한 생각에서 천상적인 것들에 대한 생각으로, 노예의 상태에서 자녀의 상태로, 인간의 도성에서 하나님의 도성으로, 죄에서 의로, 수치에서 명예로, 무지에서 지식으로, 심약함과 비겁에서 용기와 인내로, 예수로 말미암아 그리고 예수와 더불어 변화되는 것을 뜻한다고 한다. 교부의 이런 적용적인 해석도 성도의 삶에는 유용하다. 그러나 "일어나 떠나자"는 말씀을, 나는 아버지 사랑과 순종을 보이신 예수를 따라 우리도 사랑과 순종의 삶을 추구하기 위해, 이로써 예수의 사랑과 순종을 온 세상에 알리기 위해, 일어나 우리가 마땅히 있어야 할 곳으로 떠나야 한다는 뜻이라고 해석한다.

요 15:1-8

¹나는 참포도나무요 내 아버지는 농부라 ²무릇 내게 붙어 있어 열매를 맺지 아니하는 가지는 아버지께서 그것을 제거해 버리시고 무릇 열매를 맺는 가지는 더 열매를 맺게 하려 하여 그것을 깨끗하게 하시느니라 ³너희는 내가 일러준 말로 이미 깨끗하여졌으니 ⁴내 안에 거하라 나도 너희 안에 거하리라 가지가 포도나무에 붙어 있지 아니하면 스스로 열매를 맺을 수 없음 같이 너희도 내 안에 있지 아니하면 그러하리라 ⁵나는 포도나무요 너희는 가지라 그가 내 안에, 내가 그 안에 거하면 사람이 열매를 많이 맺나니 나를 떠나서는 너희가 아무 것도 할 수 없음이라 ⁶사람이 내 안에 거하지 아니하면 가지처럼 밖에 버려져 마르나니 사람들이 그것을 모아다가 불에 던져 사르느니라 ⁷너희가 내 안에 거하고 내 말이 너희 안에 거하면 무엇이든지 원하는 대로 구하라 그리하면 이루리라 ⁸너희가 열매를 많이 맺으면 내 아버지께서 영광을 받으실 것이요 너희는 내 제자가 되리라

❖ ❖ ❖

¹나는 참 포도나무이고 내 아버지는 농부시다 ²그는 내 안에서 열매를 맺지 않는 모든 가지 그것을 없애신다 그리고 열매를 맺는 모든 [가지]는 더 많은 열매를 맺도록 그가 그것을 깨끗하게 만드신다 ³너희는 내가 너희에게 일러준 말로 이미 깨끗해진 자들이다 ⁴너희는 내 안에 거하라 나도 너희 안에 [거하리라] 가지가 포도나무 안에 거하지 아니하면 스스로 열매를 맺을 수 없는 것처럼 너희도 내 안에 거하지 아니하면 [열매를 맺지] 못하리라 ⁵나는 포도나무이고 너희는 가지들이다 그가 내 안에 거하고 내가 그 안에 거하는 자, 그는 많은 열매를 결실한다 이는 너희가 나 없이는 아무것도 할 수 없기 때문이다 ⁶어떤 이가 내 안에 거하지 아니하면 밖으로 던져진다 마치 가지가 마르면 [사람들이] 그것들을 모아서 불에 던지고 그 [가지]가 소각되는 것처럼! ⁷너희가 내 안에 거하고 내 말들이 너희 안에 거하는 경우, 너희가 원한다면 무엇이든 구하라 그리하면 그것이 너희에게 이루어질 것이다 ⁸내 아버지는 너희가 많은 열매를 맺는 그것에서 영광을 받으시고 너희는 내 제자들이 된다

포도나무 비유

예수는 포도나무 비유로 아버지 하나님과 자신과 제자들의 관계를 설명한다. 모든 관계는 열매를 중심으로 결정된다. 농부 되시는 아버지 하나님은 많은 참 열매를 원하시고 참 포도나무 되신 예수는 좋은 열매를 맺으시기 위해 가지들을 뻗으셨고 가지들은 좋은 열매를 많이 결실해야 정상이다. 농부는 좋은 열매의 많은 결실을 위해 열매가 없는 가지들은 없애시고 열매가 있는 가지들은 깨끗하게 하여 더 많은 열매를 맺게 만드신다. 열매를 맺는 비결은 가지가 포도나무 줄기에 붙어 있는 것이며, 당연히 나무를 떠난 가지는 아무런 열매도 맺지 못한다고 한다. 열매를 맺지 못하는 가지는 밖에 버려지고 아궁이로 들어가 소각된다. 그러나 열매를 많이 맺는 가지는 아버지 하나님께 영광을 돌리고 예수의 제자들이 된다. 이 비유의 너무도 단순한 진리는 태초부터 지금까지 그리고 앞으로도 유효하다.

농부, 포도나무 그리고 가지에 대한 비유가 소개된다. 예수는 진실한 포도나무, 아버지 하나님은 농부시다. 먼저 예수는 자신을 "포도나무"(ἄμπελος)라고 말하신다. 이는 아우구스티누스가 열거한 것처럼 예수께서 자신을 떡, 문, 목자, 길, 양, 사자, 반석, 머릿돌 등으로 비유하신 것처럼 하나의 비유로 이해하면 된다. 포도나무 이야기를 들으면 유대인의 머리에는 무엇이 떠오를까? 구약에서 포도나무는 대체로 이스라엘 백성을 가리킨다. 인류의 두 번째 시조인 노아는 홍수 이후에 포도원 농사를 시작했다(창 9:20). 포도원 농사에는 자식 혹은 민족 농사 이미지가 투영되어 있다. 이사야에 의하면, 하나님은 포도원을 만드셨고 거기에 극상품 포도나무를 심으셨다. 그 포도원은 "이스라엘 족속"이고, 그 나무는 "유다 사람"이다(사 5:1-7). 예수는 이스라엘 백성의 혈통에서 났고 유다 지파에 속하였기 때문에 예수의 포도나무 비유는 성경에 충실한 예수 설명이다.

예수와 이스라엘 백성은 포도나무 상태가 동일한가? 예수는 동일하지 않다고 말하신다. 포도나무 중에서도 자신은 "참된"(ἀληθινή) 나무라고 한다. 이는 다른 모든 포도나무가 진실하지 않은 나무임을 암시한다. 노아는 자신이 경작한 포도원의 포도주에 취하여 작은 아들에게 저주 받을 농락을 당하였다(창 9:24-25). 이사야의 시대에는 주께서 좋은 포도를 기대하며 포도나무 밭에서 극상품을 심었으나 들포도가 결실했다. 즉 기대하신 정의와 공의라는 참포도가 아니라 포학과 절규라는 들포도가 맺어졌다(사 5:7). 예레미야 선지자는 "순전한 참 종자"를 심었지만 이방의 나쁜 포도를 맺는 악한 가지가 자랐다고 기록한다(렘 2:21). 이러한 포도나무는 "불에 던질 땔감이 될 뿐이라"고 에스겔 선지자는 대언한다(겔 15:4). 이렇게 된 원인에 대해 호세아 선지자는 "그들이 두 마음을 품었다"고 지적한다(호 10:2). 달리 말하면, 그들은 여호와를 경외하지 않았으며 "헛된 말을 내며 거짓 맹세로 언약을 세웠다"고 한다(호 10:4). 예수는 진정한 극상품 포도나무로서 이스라엘 백성이 맺은 들포도 열매의 역사를 끝내시고 정의와 공의라는 참 포도의 첫 열매를 맺으셨다. 아담은 금지된 열매를 먹어 타락한 인류의 들 포도 역사의 시작이고, 예수는 참 포도나무 역사의 시작이다. 이처럼 포도 나무의 참됨과 참되지 않음의 여부는 열매로 확인된다.

아버지 하나님은 "농부"(γεωργός)시다. 다른 복음서들 안에서는 "농부"가 포도원 주인을 배신하고 대적하는 나쁜 인물로 묘사되어 있다. 그런데 요 한은 농부의 긍정적인 이미지를 아버지 하나님께 돌리는 예수의 말씀을 기 록한다. "농부"는 일하는 사람이다. 이는 예수께서 앞서 아버지를 "이제까 지 일하시는" 분이라고 밝히신 이미지와 일치한다(요 5:17). 아버지 하나님 은 하늘의 최고급 쿠션에 누워 태만을 툭툭 튕기며 한가한 시간을 보내시 는 분이 아니라 쉬지 않고 일하시는 분이시다. 일의 종류에는 눈에 보이는 것만이 아니라 보이지 않는 것도, 인식할 수 있는 것만이 아니라 인식이 불 가능한 것도 포함된다. 우리가 침 삼킬 동안에도 일하시고 머리털 한 올까 지도 세실 정도로 사랑의 섬세한 수고를 아끼지 않으신다. 사랑과 전능하 심 때문에 지치지도 않으신다.

²그는 내 안에서 열매를 맺지 않는 모든 가지 그것을 없애신다 그리고 열매를 맺는 모든 [가지]는 더 많은 열매를 맺도록 그가 그것을 깨끗하게 만드신다

아퀴나스는 아버지 하나님과 예수와 제자들의 관계가 농부, 포도나무, 가 지의 관계로 설명되며, 이러한 관계성은 예수의 신성이 아니라 인성에 따 른 것이라고 설명한다. 인성을 따라서 예수는 농부보다 못한 나무처럼 성 부보다 작으시고, 죄가 없으신 것 외에는 나무와 가지의 관계처럼 모든 것 이 사람과 같으시기 때문이다. 신성을 따라서는 예수 자신도 농부(Agricola)

라고 한다. 아우구스티누스와 아퀴나스에 의하면, 농부로서 예수는 "말씀의 기경으로 우리의 마음을 여시고 명령들의 씨앗을 심으시고 경건의 열매를 맺으신다." 그리고 농부가 돌보는 대상은 가지이고 나무는 아니라고 한다. 나무는 이미 완전하여 돌봄이 필요하지 않기 때문이다.

농부는 열매의 여부에 따라 두 가지의 조치를 취하신다. 열매를 맺지 않는 가지는 없애시고 열매를 맺는 가지는 더 많은 열매를 맺도록 깨끗하게 만드신다. 먼저 농부는 열매를 맺지 아니하는 모든 가지를 없애신다. 제거해야 할 가지들의 종류는 다양하다. 줄기와의 교류를 단절하여 죽은 고사지, 엉겨서 다른 가지를 괴롭히는 교차지, 하나의 가지에서 교류 없이 평행선을 유지하는 평행지, 필요 이상으로 길게만 자란 도장지, 잘못된 방향으로 자라는 역지, 수직으로 곧게 뻗은 직간지, 나무 밑동에서 나온 분얼지, 안쪽으로 자라 햇빛과 통풍을 막으며 다른 가지에 피해를 주는 내측지 등이 제거의 대상이다. 나는 어떤 가지인가? 나는 하나의 공동체 안에만이 아니라 각 사람 안에도 다양한 가지들이 있다고 생각한다. 그 중에 열매를 맺지 못하는 가지들은 농부의 심정으로 신속하게 제거함이 좋다.

가지가 아무리 크고, 아무리 강하고, 아무리 아름답고, 아무리 무성하고, 주변에 동조하는 가지들이 아무리 많아도 열매를 맺지 않으면 무조건 제거의 대상이다. 여기에서 우리는 농부가 가지에게 기대하는 바가 "열매"라는 사실을 확인한다. 마태의 기록에 의하면, 나무는 열매로 말미암아 그 정체성이 인식된다(마 7:16). 모든 좋은 나무는 좋은 열매를 맺고 모든 나쁜 나무는 나쁜 열매를 맺기 때문이다. 좋은 나무가 나쁜 열매를, 나쁜 나무가 좋은 열매를 맺지 못하기 때문에 열매는 나무의 벌거벗은 등본이다. 그리고 모든 포도나무 가지의 존재 이유와 목적은 열매 맺음이다. 만약 열매를 맺지 않는다면 가지가 존재해야 할 목적이 사라진다. 예수라는 진실한 나무의 가지라면 반드시 좋은 열매를 맺어야 하는데 나쁜 열매를 맺는다면 그는 예수의 가지가 아닐 가능성이 높다.

존재의 본질과 목적을 좌우하는 "열매"(καρπός)는 무엇인가? 무엇보다 예수라는 참 포도나무 상태에 부합한 것이어야 한다. 구약에서 이사야는 앞에서 언급된 것처럼 정의와 공의가 농부가 기대하는 참 포도나무 가지의 유일한 열매라고 한다. 이것은 개인적인 미덕이 아니라 사회적인 미덕이며, 교회만이 아니라 온 세상이 공유하고 공감할 수 있는 열매이다. 신약에서 참 포도나무 가지의 열매는 성령의 열매(사랑과 희락과 화평과 오래 참음과 자비와 양선과 충성과 온유와 절제)이다. 성령으로 말미암지 않고서는 본성이 죄로 얼룩진 인간이 맺는 어떠한 열매도 참 포도일 수 없기 때문이다. 성령의 열매에 반대되는 미움과 불쾌와 갈등과 조급함과 포악함과 선취와 배신과 과격과 방종은 모두 들포도 열매에 해당한다. 바울은 인간이 맺는 열매가 "음행과 더러운 것과 호색과 우상 숭배와 주술과 원수 맺는 것과 분쟁과 시기와 분냄과 당 짓는 것과 분열함과 이단과 투기와 술 취함과 방탕함" 등이라고 열거한다(갈 5:19-21).

성령의 열매를 맺지 않거나 육신의 현저한 열매를 맺는 가지는 제거의 대상이다. 그런데 농부 되시는 아버지 하나님이 그런 가지를 없애신다. 하늘과 땅의 모든 인사권은 이처럼 아버지 하나님께 있다. 아버지와 하나이신 예수께서 그런 인사권 행사의 사례를 보이셨다. 예수께서 무화과를 기대하고 나무를 보셨는데 "잎사귀 밖에 아무것도 찾지 못하시"자 "이제부터 영원토록 네가 열매를 맺지 못하리라" 라고 말하셨다(마 21:19). 이 말씀과 함께 그 나무는 곧장 수명이 끊어진다. 그런데 마가의 기록에 따르면 예수께서 그 나무를 보신 시점은 "무화과의 때"가 아니었다(막 11:13). 그런데도 나무의 생명을 말리시는 것은 자연의 순리도 무시하는 가혹한 조치로 보이는 게 사실이다. 그러나 자연을 만드신 분이시고 그 자연보다 높은 권위를 가지시고 자신의 때에 합당한 열매를 찾으시는 하나님은 자연의 순리보다 높은 분이시다. 그분이 찾으시는 때에 그분이 원하시는 열매를 맺지 못하면 그분의 절대적인 인사권이 발동된다. 그러므로 우리는 각자의 신상에 문제가 생기면 사람 책임자나 환경에서 원인을 찾기보다 하나님을 일순위로 주목해야 한다.

열매를 맺는 모든 가지에 대해서는 특별한 조치가 취해진다. 즉 "깨끗하게 만드신다." 인간은 스스로 깨끗하게 되지 못하고 하나님에 의해서만 깨끗하게 된다. 이는 모든 피조물의 속성이다. 그리고 어떠한 피조물도 한번 하나님에 의해 깨끗하게 되면 결코 속되거나 부정하지 않다. 그래서 주님은 베드로를 향해 "하나님이 깨끗하게 하신 것을 네가 속되다 하지 말라"고 명하셨다(행 10:15). 하나님은 믿음의 사람들을 깨끗하게 하시는 원리를 정하셨다. 즉 열매를 맺어야 깨끗함을 선물로 베푸신다. 깨끗하게 된다는 것은 거룩하게 됨을 의미한다. 거룩함은 하나님이 우리를 선택하신 목적이다(엡 1:4). 이는 또한 하나님의 택하심을 받은 사람의 운명이며 영광이다. 에베소서 문맥에서 보면 "사랑 안에서" 거룩하고 흠이 없게 된다고 말하지만 "열매"와도 무관하지 않다. 성령의 열매 안에는 사랑도 포함되어 있기 때문이다. 열매를 맺어서 깨끗하게 되는 것과 사랑 안에서 거룩하게 되는 것은 동일한 의미의 다른 표현으로 봐도 무방하다. 열매가 없으면 어떠한 거룩함도 없다.

열매 맺는 모든 가지를 깨끗하게 만드는 목적은 "더 많은 열매"를 맺게 하기 위함이다. 내부와 외부의 이물질과 장애물이 제거되어 깨끗해진 가지가 더 많은 열매를 결실하게 되는 것은 당연하다. 예수의 이 말씀은 바울의 가르침과 유사하다. 바울은 하나님의 집에 금그릇, 은그릇, 나무그릇, 질그릇 등 다양한 도구들이 있지만 어떤 자재로 만들어진 것이라도 "자기를 깨끗하게 하면 귀히 쓰는 그릇이 되어 거룩하고 주인의 쓰심에 합당하며 모든 선한 일에 준비함이 되리라"(딤후 2:21)고 했다. 깨끗함은 모든 선한 일의 준비라고 한다. 바울은 자신을 깨끗하게 하는 방법으로 "청년의 정욕을 피하고 … 의와 믿음과 사랑과 화평을 따르라"고 제안한다(딤후 2:22). 이는 성령의 열매를 맺으면 하나님에 의해 깨끗하게 된다는 예수의 약속에 충실한 제안이다.

3너희는 내가 너희에게 일러준 말로 이미 깨끗해진 자들이다

예수는 제자들이 자신의 말씀으로 말미암아 이미 깨끗하게 되었다고 말하신다. 여기에는 열매 맺는 가지를 깨끗하게 하시는 하나님의 방법이 소개되어 있다. 즉 예수의 말씀이다. 말씀은 우리를 깨끗하게 한다. 세정제는 몸을 깨끗하게 하지만 말씀은 영혼을 깨끗하게 한다. 말씀은 진리이기 때문에 우리를 모든 거짓에서 깨끗하게 하고, 빛과 등이기 때문에 어둠에서 깨끗하게 하고, 순결하기 때문에 불결한 모든 것에서 깨끗하게 하고, 기쁨이기 때문에 모든 슬픔에서 깨끗하게 한다.

예수의 가르침을 따라, 바울도 하나님은 우리를 "말씀으로 깨끗하게 하사 거룩하게 하신다"고 가르친다(엡 5:26). 신약의 바울만이 아니라 구약의 시인도 "청년이 무엇으로 그의 행실을 깨끗하게 하리이까 주의 말씀만 지킬" 뿐이라고 고백했다(시 119:9). 시인에 따르면 말씀에 대한 순종은 가지의 열매이고 하나님의 깨끗하게 하심은 선물처럼 가지에게 주어진다. 말씀이신 예수의 말씀은 구약에 기록된 예언의 어떠한 말씀과도 비교할 수 없는 완전한 깨끗함을 제공한다. 요한복음 13장 10절의 표현을 빌리자면, 예수의 말씀을 받아들인 제자들은 "목욕한 자"들로서 "온 몸이 깨끗하다." 제자들의 깨끗함에 대한 예수의 선언은 그들에게 최고의 위안을 제공하는 동시에 더 많은 열매를 맺어야 한다는 따뜻한 압박이다.

4너희는 내 안에 거하라 나도 너희 안에 [거하리라]
가지가 포도나무 안에 거하지 아니하면 스스로 열매를 맺을 수 없는 것처럼
너희도 내 안에 거하지 아니하면 [열매를 맺지] 못하리라

예수는 제자들을 향해 "내 안에 거하라"고 다시 명하신다. 대단히 놀라운 초청이다. 예수 안에 거한다는 것은 하나님의 가장 위대한 선물이다. 모세는 하나님의 영광, 즉 그의 얼굴을 보여 달라고 기도했다. 그러나 그의 얼굴을 보고 살 자가 없기 때문에(출 33:20) "내 등을 볼 것이요 얼굴은 보지 못"한다(출 33:23)는 응답이 돌아왔다. 모세는 실제로 하나님의 등만 보고서도 감격하며 영원히 행복했다. 이사야는 성전에서 하나님의 옷자락이 가득한 것을 보고서도, 천사들의 노래를 듣고서도 감격과 경외심이 발동하여 바닥에 엎드려야 했다(사 6:1-5). 그런데 우리는 거리를 유지하며 옷자락과 등과 얼굴을 보는 것만이 아니라 그분 안으로 초대되어 들어가 그와 연합한다. 다른 어떤 것과도 비교할 수 없는 선물이다. 게다가 우리가 그분 안에 거하는 것이기 때문에 하나님이 우리에게 존재의 테두리가 되어 주시는 사건이다. 누가 감히 하나님을 뚫고 우리를 공격할 수 있으며 위협할 수 있겠는가! 우리에게 주어진 하늘의 선물을 누가 예수라는 울타리를 타넘고 들어와 가져갈 수 있겠는가! 이 사건은 일평생 행복하고 기뻐하고 감사해야 할 이유로서 충분하다.

앞에서 언급한 것처럼 우리가 예수 안에 거한다는 말은 그가 행하시는 대로 우리도 행하는 것을 의미한다(요일 2:6). 여기서는 가지가 포도나무 안에 거한다는 말로 묘사된다. 나무 안에 거하지 않는 가지는 스스로 열매를 맺지 못한다고 한다. 여기에서 우리는 가지가 "스스로"(ἀφ' ἑαυτοῦ)는 열매를 맺지 못한다는 사실과 "포도나무 안에 거하지 아니하면" 열매를 맺지 못한다는 사실을 확인한다. 스스로 열매를 맺지 못하는 가지가 열매를 맺는 유일한 방법은 포도나무 안에 거함이다.

이처럼 예수 안에 거하지 아니하면 그 누구도 농부가 원하시는 열매를 맺지 못한다고 한다. 예수는 인생의 모델이다. 예수의 인생을 나의 인생에 그대로 담으면 열매가 맺어진다. 복잡하지 않고 어렵지도 않다. 우리의 인생에 열매가 없는 이유도 간단하다. 기회가 없어서, 실력이 부족해서, 지갑이 얇아서, 인맥이 부실해서, 피부색이 어두워서, 외모가 초라해서, 부모를 잘못 만나서가 아니라 예수 안에 머물지 않고 그에게서 떠나 있기 때문이다. 내가 어디에 있느냐, 즉 그리스도 안에 있느냐 밖에 있느냐가 열매 맺음의 관건이다. 열매를 맺기 위해서는 노력도 중요하나 깨끗한 상태가 우선이다.

5나는 포도나무이고 너희는 가지들이다 그가 내 안에 거하고
내가 그 안에 거하는 자, 그는 많은 열매를 결실한다
이는 너희가 나 없이는 아무것도 할 수 없기 때문이다

예수는 자신과 제자들의 관계를 나무와 가지의 유기적인 관계로 이해한다. 믿음의 선배들이 잘 지적한 것처럼 나무와 가지의 성질은 동일하다. 진실로 예수는 우리와 동일한 사람의 형체로 자신을 낮추셨다. 이것은 우리 편에서의 동일한 성질, 즉 예수께서 우리에게 맞추신 성질이다. 예수 편에서의 동일한 성질, 즉 우리를 자신에게 맞추신 성질은 그와 우리가 하나님의 동일한 자녀라는 사실이다. 그는 우리를 하나님의 아들로 높이셨다. 그래서 예수는 믿는 사람들을 형제라고 부르신다. 이처럼 예수는 자신을 우리에게 낮추시고 우리를 자신에게 높이시는 나무와 가지의 관계를 맺으셨다. 예수와 우리의 동질적 관계에 대해 박윤선은 "범신론적 일체"의 개념이 아니라 "인격과 인격의 관계"라고 설명한다. 나아가 "나는 아버지요 말씀이요 성령"이라 한 몬타누스 이단자의 잘못도 지적하며 나무와 가지 즉 예수

와 우리의 관계는 종속과 의존성의 관계라고 올바르게 해석한다. 진실로 나무가 가지에 의존하지 않고 가지가 나무에 의존한다. 가지는 의존하지 않는 것이 하나도 없고, 스스로 존재하고 활동하는 것이 하나도 없이 전적으로 나무에게 의존한다.

그리고 예수는 "많은 열매"를 결실하는 비결이 우리가 그 안에 거하고 그가 우리 안에 거하심에 있다고 밝히신다. 가지는 줄기에 박혀 있어야 하고 줄기에서 나오는 모든 것으로 가지 안을 채워야 성장하고 결실한다. "안에"(ἐν)라는 말이 계속해서 반복된다. 하나님의 사람들이 가지는 정체성과 맺는 열매는 어디에 있느냐에 의해 좌우된다. 이는 태초부터 시작된 규정이다. 하나님은 죄로 말미암아 자신을 떠난 아담에게 물으셨다. "네가 어디에 있느냐?"(אַיֶּכָּה) 이는 아담의 정체성과 인생의 열매 전부에 대한 물음이다. 벗음과 두려움과 숨음이 아담의 답이었다. 이는 또한 온 인류의 답이었다. 그런데 예수는 자신의 벌거벗음 속에 우리의 수치를 모두 가지셨고 자신의 죽음 속에 우리의 두려움을 모두 취하셨고 자신의 신적인 자녀 되심을 가지고 우리의 감추어진 정체성을 완전히 바꾸셨다. 이것이 바로 예수 그리스도 안에 거한다는 것이 의미하는 바다.

이런 취지에서 예수께서 제자들이 믿기를 원하시는 내용은 그가 아버지 안에 있고 아버지가 그 안에 계신다는 것이었다. 예수께서 제자들이 되기를 원하시는 상태도 그가 그들 안에 거하시고 그들이 그 안에 거하는 것이었다. 이러한 상태는 필히 열매로 이어진다. 아버지가 예수 안에, 예수가 아버지 안에 계시므로 예수는 많은 열매를 맺으셨고 모든 믿음의 사람에게 열매의 모델을 보이셨다. 아버지의 뜻이 예수의 뜻이 되는 방식으로 아버지는 예수 안에 거하셨다. 그리고 예수께서 아버지의 뜻을 따라 사시는 방식으로 예수는 아버지 안에 거하셨다. 이러한 본을 따라서 예수가 믿는 자들 안에, 믿는 자들이 예수 안에 거하면 많은 열매가 맺어진다. 예수의 뜻을 나의 뜻으로 삼았으나 그 뜻대로 살아가지 않는다면, 혹은 예수의 뜻대로 살지만 그 뜻을 나의 뜻으로 여기지 않으면, 나쁜 열매만 결실한다. 바리새인 및 서기관은 전자의 사례에 해당되고, 아버지의 집에서 열심히 살았던 탕자의 형은 후자의 사례에 해당한다. 그러나 엄밀하게 말하면, 이들이 전자에도 해당되지 않고 후자에도 해당되지 않는다는 것은 열매가 증거한다. 진실로 주님의 뜻이 아니라 자신의 뜻에 성실한 자와 주님의 뜻을 알고도 이루지 않는 게으른 자에게서 무슨 좋은 열매를 기대할 수 있겠는가!

열매의 근거와 관련하여 쐐기를 박는 말씀이 이어진다. 즉 "너희가 나 없이는 아무것도 할 수 없기 때문이다." 이는 저자가 서두에서 밝힌 것처럼 만물 중에 어떠한 것도 예수로 말미암지 않고서는 창조되지 않았기 때문에 당연하다(요 1:3). "나 없이는"(χωρὶς ἐμοῦ), 즉 예수의 있고 없음은 열매의 많고 적음만이 아니라 열매의 여부 자체를 좌우한다. 예수 없이는 작은 일만 하거나 조금의 열매를 맺는 것이 아니라 아예 "아무것도"(οὐδέν) 못하기 때문이다. 이러한 사실이 바울의 글에서는 이렇게 나타난다. 즉 바울은 씨앗을 심고 아볼로는 물을 주었지만 오직 하나님만 자라나게 만드신다(고전 3:6). 피땀을 흘리며 씨앗을 심고 물을 주더라도 주님께서 자라나게 하시지 않는다면 열매를 맺지 못하는 정도가 아니라 아예 싹도 나오지 못한다는 교훈이다. "나 없이는"에 대해 칼뱅은 보다 근원적인 문제로 소급하여 예수와 붙어 있지 않은 가지는 아예 포도나무 가지 자체가 아니며 "우리가 그에게 연합될 때 비로소 우리는 가지가 되기 시작"하는 것을 뜻한다고 해석한다. 이런 해석도 이미 바울의 글에 반영되어 있다. "우리가 그를 힘입어(ἐν αὐτῷ) 살며 기동하며 있느니라"(행 17:28). 바울의 이 말은 인간의 존재와 생존과 활동이 오직 주님 안에서만 가능함을 역설한다.

그러나 16세기에는 많은 사람들이 가지가 나무를 떠나면 아무것도 하지 못한다는 사실을 인정하나 하나님의 은혜를 받으면 결실에 협조할 기능을 가지고 있다고 생각했다. 나아가 가지 자체에는 "타고난 무언가"가 있다고 생각했다. 에라스무스는 이 구절에서 하나님의 은혜 없이도 작용하는 인간의 자유로운 의지를 강조한다. 그러나 베자는 그가 예수를 "동시적인 원인"으로 오해한 것이라고 지적한다. 예수는 동시적인 원인이 아니라 "진실로 유효적인 원인"이기 때문에 그가 없이는 사람이 감각도 못하고 의지도 못하고 어떠한 능력도 가지지 못한다고 베자는 반박한다.

트랩은 맹목적인 자유의지 옹호의 광기를 저지하며 "은총의 적들이 본성의 찬미 아래에 도사리고 있다"는 아우구스티누스의 말을 인용한다. 16세기에 알미니안 사상은 은총과 무관하게 "내가 나 자신을 다르게 만든다"(ego meipsum discern)고 떠들었다. 그러나 트랩은 이 사상이 이방에서 수입된 오류라고 꼬집는다. 그 근거로서 세네카와 키케로의 글을 인용한다. 세네카는 "우리가 사는 것은 신에게 속한 일이지만, 우리가 잘 사는 것은 우리 자신에게 속한 일"이라고 했다. 그리고 키케로는 "번영은 신에게 구해야 하지만 지혜는 우리 자신에게서 취한다는 이것은 만인의 평가"라고 말하였다. 이에 대해 트랩은 "사람을 자유롭게 만들려고 한 키케로는 사람을 신성 모독적인 존재로 만들고 말았다"는 아우구스티누스의 말로 이방 사상에 대한 자신의 평가를 가름한다. 존재만이 아니라 진정한 변화와 성장의 여부도 오로지 하나님의 권한이다. 내가 아무리 열심히 일했어도 땀의 육중한 무게나 수고의 장구한 길로 그 권한에 소유권을 주장하는 것은 불가하다.

6어떤 이가 내 안에 거하지 아니하면 밖으로 던져진다 마치 가지가 마르면 [사람들이] 그것들을 모아서 불에 던지고 그 [가지]가 소각되는 것처럼!

예수 밖에서는 그 누구도 많은 열매를 맺지 못하고, 열매 자체를 맺지 못하고, 포도나무 가지도 아니며, 그저 "밖으로 던져진다." 이는 나무에서 떨어져 나온 가지가 마르면 사람들이 그것을 불에 던져 넣어서 태우는 것과 동일하다. 예수 안에 거하지 않는 사람의 인생을 잘 보여준다. 칼뱅은 예수 안에 거하지 않는 가지들이 잠시 잎사귀가 무성하게 보였다가 열매의 시기에 이르면 "시들어서 썩은 장작처럼 되는," 나아가 다른 가지들이 가진 "주님의 소망도 꺾는" 위선적인 인간들을 가리키는 말이라고 주장한다. 이는 창세 전에 택하심을 받은 모든 사람들이 그 무엇에 의해서도 그리스도 예수와 끊어지지 않기 때문에 타당한 주장이다. 그리고 그런 위선적인 가지들은 나무의 명예를 더럽히고 다른 가지에도 피해를 주기 때문에 제거되는 것이 마땅하다.

이 구절에서 나는 성도가 성도다울 때, 교회가 교회다울 때, 하나님의 자녀가 자녀다울 때 하나님을 기쁘시게 하고 세상의 칭찬과 존경도 받는다는 사실을 뼈저리게 감지한다. 오늘날 세상은 교회가 교회답지 못하다고 꾸짖는다. 예수는 그렇게 살지 않았고 그의 제자들은 그렇게 살지 않았는데 지금의 교회는 재물을 밝히고 권력과 결탁하고 가짜뉴스 생산과 유통에 적극 가담할 뿐 아니라 어처구니없게 그런 가짜들에 홀러덩 넘어가고 사랑과 정의는 그림자도 보여주지 않고 피 묻은 폭력을 손에 쥐고 더러운 욕설을 입에 달고 다녀서 예수의 이름이 세상에서 모독을 당하게 만든다고 지적한다. 이처럼 성령의 열매를 맺지 않으면 농부의 손에서도 제거되고 세상의 발에도 짓밟힌다.

7너희가 내 안에 거하고 내 말들이 너희 안에 거하는 경우, 너희가 원한다면 무엇이든 구하라 그리하면 그것이 너희에게 이루어질 것이다

이는 많은 사람들이 기도의 정석으로 여기는 구절이다. 그러나 칼뱅은 이 구절이 "우리의 무절제한 요청을 다 들어 주신다는 뜻"은 아니라고 못 박

는다. 모든 욕망을 응답해 주신다면 주님께서 "우리의 구원을 잘못 관리하는 셈"이라고 지적한다. 오히려 육신의 욕망에 눈독을 들이지 말고 "열매를 맺는 성령의 진액을 원한다는 것"이 이 구절의 의도라고 설명한다. 내가 보기에는 이 구절이 성령의 많은 열매를 맺는 추구의 구체적인 방법에 대한 설명이다. 요한복음 14장 14절에서는 예수께서 "내 이름으로 무엇이든" 구하라고 말하셨다. 이 구절은 "내 이름으로" 구하는 기도의 대상인 그 "무엇"에 대한 구체적인 설명이다.

무엇이든 원하고 구한다면 이루어질 것이라는 기도의 필수적인 조건은 두 가지로 제시되어 있다. 첫째, 예수께서 우리 안에 거하여야 한다. 이는 앞에서 언급한 것처럼 예수처럼 행하며 사는 것을 의미한다. 둘째, 예수의 말씀들(ῥήματά)이 우리 안에 거하여야 한다. 첫째 조건이 말하고 행하는 외적인 요소와 관계된 것이라면, 둘째 조건은 소원하고 의지하는 내적인 요소와 관계되어 있다. 예수의 말씀이 우리 안에 거한다는 것은 그 말씀이 우리의 소원이 되어야 함을 의미한다. 소원은 마음에서 "욕구하는 것, 의도하는 것, 혹은 원하는 것"(ἐθελέω) 즉 마음의 기호를 의미한다. 즉 예수의 말씀이 의지의 방향과 마음의 소원이 된 사람은 무엇을 구하여도 응답된다. 물론 하나님은 그의 백성이 말씀과 무관하게 기도해도 때로는 응하신다. 광야에서 그들이 하늘의 만나에 만족하지 않고 고기와 떡이라는 애굽의 탐욕을 원망과 불평으로 싸서 모세에게 내밀자 하나님은 그들의 기도를 들으셨다. 그러나 "고기가 아직 이 사이에 있어 씹히기 전에" 하나님의 진노가 담긴 "심히 큰 재앙"을 그들에게 내리셨다(민 11:33). 이에 대하여 시인은 백성이 욕심을 내고 하나님을 시험한 사건이며 "그들이 요구한 것을 그들에게 주셨"지만 "그들의 영혼은 쇠약하게" 하신 사건으로 평가한다(시 106:14-15).

예수의 말씀이 우리 안에 거한다는 조건의 실상을 이해하기 위해서는 그 말씀과 인간의 이질성을 고려해야 한다. 인간은 본성의 차원에서 죄인이다. 그런데 말씀은 지극히 거룩하다. 과연 본성적인 죄인과 거룩한 말씀의 공존이 가능할까? 말씀을 몸에 걸치는 공존의 흉내는 가능하다. 그러나 죄인의 내면에 말씀이 거하는 것은 불가하다. 게다가 말씀은 "좌우에 날 선 어떤 검보다도 예리"하다. 그래서 "혼과 영과 및 관절과 골수를 찔러 쪼개"며 "마음의 생각과 뜻"도 감별하며 판단한다(히 4:12). 게다가 예레미야 선지자의 기록에 의하면, 말씀이 죄인에 대해서는 태우는 불 같으며 바위를 쳐서 부수는 방망이와 같다(렘 23:29). 예리하고 강력한 말씀이 내면에 있어도 멀쩡하게 살아 있을 사람이 누구인가? 내가 죽든지 말씀을 버리든지 둘 중의 하나만 가능하다.

그런데도 예수의 말씀이 내면에 있다면 그것은 육신적인 자아의 죽음을 의미한다. 내가 사는 게 아니라 주의 말씀이 내 영혼의 양식이 되고 나의 생명이 되고 내 인생의 질서가 됨을 의미한다. 말씀이 우리 안에 거하는 구체적인 방법으로 아퀴나스는 네 가지, 즉 말씀을 사랑하는 것, 말씀을 신뢰하는 것, 말씀을 묵상하는 것 그리고 말씀을 실행하는 것을 제안한다. 진실로 말씀을 사랑하면 내 마음을 차지한다. 말씀을 신뢰하면 내 안에 기준으로 작용한다. 말씀을 묵상하면 그 말씀이 머리에서 가슴으로 스며든다. 말씀을 실행하면 그 말씀이 내 몸으로 이동한다. 바울에 의하면, 하나님은 "자기의 기쁘신 뜻을 위하여" 우리 안에 "소원을 두고 [우리로 하여금] 행하게" 만드신다(빌 2:13). 소원을 두는 방식은 바로 우리 안에 말씀의 거함이다. 기도의 사람이 되려면 불방망이 같은 말씀이 내 안으로 들어와 자아가 부서지는 부단한 훈련이 필요하다. 막연한 관념이 아니라 구체적인 진리의 말씀이 내 안으로 쑥 들어와야 진짜 신앙이다.

⁸내 아버지는 너희가 많은 열매를 맺는 그것에서 영광을 받으시고
너희는 내 제자들이 된다

우리가 예수 안에, 그의 말씀이 우리 안에 거하여서 많은 열매가 맺어지면 두 가지의 목적이 달성된다. 첫째, 아버지 하나님의 영광이다. 아버지는 우리가 맺는 열매 속에서 영광을 받으신다. 둘째, 예수의 제자들이 된다. 교회에서 새신자 과정이나 제자훈련 과정을 마쳤다고, 신학교의 목회학 과정을 마쳤다고 예수의 제자가 된 것으로 착각하는 사람들이 있다. 그러나 열매 외에 아버지께 영광을 돌리는 다른 시도, 예수의 제자가 되는 다른 시도는 필히 실패한다. 마음의 열매는 경외이고, 지성의 열매는 진리이고, 감성의 열매는 사랑이고, 의지의 열매는 공의와 정의이고, 믿음의 열매는 생명이고, 입술의 열매는 찬양이다. 이러한 열매가 많을수록 하나님은 더 큰 영광을 받으신다. 우리의 제자됨도 더욱 명확하게 된다.

예수를 자신들의 스승으로 여긴 12명의 제자들은 스승의 이 말씀을 듣고 어떠한 생각에 잠겼을까? 열매의 제자도에 자신의 정체성을 비추며 올바른 제자관을 확립하고 열매 맺는 제자의 생을 다짐해야 했다. 그러나 제자들은 예수의 공간적인 곁을 차지하고 말과 숟가락을 섞으며 그와 함께 생활하는 것에 제자도의 상당한 지분을 할애하는 이 땅에서의 인간적인 제자 개념을 벗어나지 못했음이 분명하다. 우리의 제자관은 올바른가? 열매 맺음은 하나님의 영광과 제자도의 핵심이다. 열매 중에서도 사랑이 가장 중요하다. 사랑은 제자도의 종합이다. 앞에서 언급된 말씀처럼, 우리가 서로 사랑하면 모든 사람이 우리를 예수의 제자로 알기 때문이다(요 13:35).

우리는 과연 열매를 통해 아버지께 영광을 돌리는 예수의 제자인가? 우리가 포도나무 가지라는 신분증을 아무리 자주 제시해도 아버지는 어떠한 영광도 받지 못하신다. 그것은 예수의 제자라는 신분과도 무관하다. 과거에 이스라엘 백성은 폭력과 불의라는 들포도를 맺으면서 자신들은 하나님의 택하심을 받은 우월한 민족이고 이방인은 불결한 개라고 생각하는 신분증 맹신의 광기를 드러냈다. 그런데 오늘날의 교회도 동일한 과오를 저지른다. 자신들은 예수를 믿어 하나님의 자녀라고 떠들고 예수의 제자라고 떠들면서 세상 사람들은 지옥의 땔감인 것처럼 조롱하고 멸시하는 괴물들이 교회 안에서 교회의 정체성을 오히려 어지럽게 한다. 하나님을 영화롭게 하지 못하고 오히려 그를 곤란하게 한다. 날마다 아버지 하나님의 이름에 모독을 한 바가지씩 퍼붓는다. 이 얼마나 슬프고 참담한 현실인가!

요 15:9-17

⁹아버지께서 나를 사랑하신 것 같이 나도 너희를 사랑하였으니 나의 사랑 안에 거하라 ¹⁰내가 아버지의 계명을 지켜 그의 사랑 안에 거하는 것 같이 너희도 내 계명을 지키면 내 사랑 안에 거하리라 ¹¹내가 이것을 너희에게 이름은 내 기쁨이 너희 안에 있어 너희 기쁨을 충만하게 하려 함이라 ¹²내 계명은 곧 내가 너희를 사랑한 것 같이 너희도 서로 사랑하라 하는 이것이니라 ¹³사람이 친구를 위하여 자기 목숨을 버리면 이보다 더 큰 사랑이 없나니 ¹⁴너희는 내가 명하는 대로 행하면 곧 나의 친구라 ¹⁵이제부터는 너희를 종이라 하지 아니하리니 종은 주인이 하는 것을 알지 못함이라 너희를 친구라 하였노니 내가 내 아버지께 들은 것을 다 너희에게 알게 하였음이라 ¹⁶너희가 나를 택한 것이 아니요 내가 너희를 택하여 세웠나니 이는 너희로 가서 열매를 맺게 하고 또 너희 열매가 항상 있게 하여 내 이름으로 아버지께 무엇을 구하든지 다 받게 하려 함이라 ¹⁷내가 이것을 너희에게 명함은 너희로 서로 사랑하게 하려 함이라

❖ ❖ ❖

⁹아버지가 나를 사랑하신 것처럼 나도 너희를 사랑한다 너희는 내 사랑 안에 거하라 ¹⁰내가 내 아버지의 계명들을 지켜 그의 사랑 안에 거하듯이 너희가 내 계명을 지키면 내 사랑 안에 거하리라 ¹¹내가 이것들을 너희에게 말하는 것은 내 기쁨이 너희 안에 있고 너희 기쁨이 충만하게 하기 위함이다 ¹²내 계명은 내가 너희를 사랑한 것처럼 너희도 서로 사랑해야 한다는 이것이다 ¹³누군가가 자신의 친구들을 위하여 자기 목숨을 버리는 이것보다 더 큰 사랑은 누구도 가지지 못하였다 ¹⁴너희는 내가 너희에게 명령한 것을 행하면 나의 친구들이 된다 ¹⁵나는 너희를 더 이상 종이라고 부르지 않으려고 한다 왜냐하면 종은 그의 주인이 행하는 것을 모르기 때문이다 오히려 나는 너희를 친구라고 부르고자 한다 이는 내가 내 아버지로부터 들은 모든 것들을 너희에게 알게 하였기 때문이다 ¹⁶너희는 나를 택하지 않았으나 나는 너희를 택하였다 이는 내가 너희를 세우고 너희가 가서 열매를 맺고 그 열매가 머물게 하기 위함이다 또한 너희가 내 이름으로 아버지께 어떤 것을 구하든지 그가 너희에게 주시도록 하기 위함이다 ¹⁷내가 이것들을 너희에게 명하는 것은 너희로 서로를 사랑하게 하기 위함이다

친구의 사랑

예수는 자신의 계명을 지켜 자신의 사랑 안에 거하라고 명하시는 목적을 밝히신다. 즉 자신의 기쁨이 계명 지키는 자 안에 충만하게 하기 위함이다. 이 기쁨의 충만을 위해 주시는 예수의 계명은 서로에 대한 사랑이다. 13장에서 밝힌 것이지만, 이번에는 친구를 위해 자신의 목숨을 버리는 최고의 사랑을 주목한다. 예수는 누구든지 자신의 명령에 순종하면 그를 친구로 삼으시고 그에게 아버지의 뜻을 알리시기 때문에 친구라고 부르신다. 이것은 예수께서 시작하신 일이며 우리는 그 일의 수혜자가 된다. 예수는 사랑이 행복과 기쁨과 영광의 수혜자가 되는 비결이며 또한 모든 명령의 목적임을 다시 한 번 밝히신다.

9아버지가 나를 사랑하신 것처럼 나도 너희를 사랑한다
너희는 내 사랑 안에 거하라

예수는 자신에 대한 아버지의 사랑을 언급하며 동일한 사랑으로 제자들을 사랑하고 계시다고 말하신다. 여기에서 우리는 사랑의 불변적인 원리를 확인한다. 즉 모든 사람은 자신이 사랑을 받은 대로 사랑한다. 아버지가 아들을 사랑하신 "것처럼"(καθώς) 아들은 제자들을 사랑했고, 아들이 제자들을 사랑한 것처럼 제자들은 서로를 사랑해야 한다. 아들이 제자들을 사랑하는 밑천은 아버지의 사랑이고, 제자들이 서로를 사랑하는 밑천은 아들의 사랑이다. 아버지의 사랑과 아들의 사랑은 동일하다. 아버지의 사랑은 무한하고 영원하기 때문에 아들의 사랑도 무한하고 영원하다. 아버지의 사랑과 아들의 사랑은 모두 불변적인 사랑이다. 아들의 사랑도 제자들과 우리 모두에게 그러하다.

아버지의 사랑은 아들에게 사랑의 모범인 동시에 사랑의 내용이다. 사랑을 하더라도 어떤 사랑을 어떤 방식으로 하느냐가 중요하다. 주는 사랑의 질은 받은 사랑에 의해 좌우된다. 그리고 사랑의 외적인 공급 없이 스스로 사랑할 수 있는 유일한 존재는 하나님 한 분이시다. 그가 사랑을 시작하지 않으시면 그 누구도 사랑하지 못하므로 언제나 그의 사랑이 모든 사랑에 우선한다. 모든 사랑이 시작되는 원천이고 모든 사랑이 저장되어 있는 저수지다. 우리는 먼저 그의 사랑을 받아 그 사랑을 경험하지 않으면 사랑을 알지도 못하고 사랑할 능력과 가능성도 없다. 혹시 우리가 누군가를 사랑하면 그것은 아들을 통하여 아버지 하나님의 사랑에서 퍼 올린 사랑이다. 그러므로 예수처럼 그 사랑의 출처를 솔직히 밝히는 게 마땅하다.

아버지 하나님의 사랑은 아들에게 그리고 제자에게 그리고 다른 제자에게 흘러간다. 누군가가 사랑하지 않으면 사랑의 순환적인 고리가 끊어진다. 역으로 우리에게 주어진 사랑을 소급하고 또 소급하면 사랑의 샘에 도달한다. 그 샘은 아버지의 사랑이다. 이런 맥락에서 칼뱅은 예수에 대한 아버지의 사랑이 예수께서 "따로 사랑을 받거나 자신의 유익만을 위한 사랑"이 아니라 아버지와 우리를 사랑의 띠로 묶으려는 의도로 주어진 것이라고 해석한다. 제자들이 받는 사랑의 의도도 동일하다. 그들은 아들이 베푸시는 사랑의 종착지가 아니라 아들과 다른 사람을 연결하는 경유지다. 아버지의 사랑을 받기 위해서는 그리고 아들의 사랑을 나누기 위해서는, 제자들이 예수의 사랑 안에 거하여야 한다. "내 사랑 안에 거하라"는 명령은 예수의 이기적인 만족이 아니라 제자들의 유익을 위함이고 온 인류를 위함이다. 이 명령은 숙제가 아니고 기쁨이고 손해가 아니라 영광이다. 예수의 사랑 안에 거하는 것보다 더 위대하고, 더 행복하고, 더 기쁘고, 더 만족하고, 더 아름다운 일이 어디에 있겠는가! 그 사랑을 땅 끝까지 배달하는 것보다 더 뿌듯하고 자랑스런 사명이 어디에 있겠는가! 사랑을 퍼주고 또 퍼주어도 여전히 예수의 사랑 안에 거한다는 것은 놀라운 역설이다. 사랑의 근본적인 속성이 받는 것보다 주는 것이라는 역설이다. 사랑은 주면 줄수록 깊어지고 높아지고 넓어지고 길어진다.

예수는 제자들을 끝까지 사랑하는 분이시다. 도중에 삐치거나 접지 않으신다. 제자들과 우리에 대한 그의 사랑은 영원하다. 그런데 예수에 대한 우리의 사랑은 얼마나 빈약한가! 어쩌면 우리에 대한 예수의 사랑은 영원한 짝사랑일 가능성이 높다. 사랑의 지속성에 있어서도 그러하고, 사랑의 진실성에 있어서도 그러하고, 사랑의 깊이와 높이와 넓이와 길이라는 정도에 있어서도 그러하다. 비록 우리가 예수 사랑을 고백하고 그럴듯한 흉내도 내지만 우리에 대한 예수의 지극히 위대한 사랑에 비하면 사랑 자체가 아니라고 말해도 될 수준이다. 그래서 "내 사랑 안에 거하라"는 예수의 명령에 비추어진 나 자신의 초라한 사랑 때문에 나는 심히 부끄럽고 민망하다.

¹⁰내가 내 아버지의 계명들을 지켜 그의 사랑 안에 거하듯이
너희가 내 계명을 지키면 내 사랑 안에 거하리라

예수는 제자들이 자신의 사랑 안에 거해야 한다는 목표를 제시하신 이후에 그 목표를 이루는 구체적인 방법을 밝히신다. 그 방법은 예수의 계명에 대한 순종이다. 이러한 순종으로 예수의 사랑 안에 거하기 위해서도 우리는 아버지의 계명들에 대한 순종으로 아버지의 사랑 안에 거하신 예수를 본받아야 한다. 예수께서 아버지의 사랑을 받으신 것만이 아니라 아버지의 계명에 순종하여 그의 사랑 안에 거하시는 방법도 자신을 위함이 아니라 우리를 위함이다. 예수는 범사에 우리의 모델이다. 무엇을 하셔도 그것은 우리를 향한 사랑이다. 사랑으로 귀결되지 않는 언어와 행실이 하나도 없으시다. 이 구절이 놀라운 이유는 아버지와 예수의 사랑이 예수와 우리의 사랑에 표준이 된다는 사실 때문이다. 아버지와 예수의 사랑은 무한하고 영원하고 시작과 끝도 없고 지극히 고매하고 지극히 아름답고 지극히 위대하고 불변적인 사랑이다. 이런 사랑이 예수와 우리의 사랑을 설명하는 모델이다.

아버지와 예수의 사랑은 무엇보다 두 분이 "하나"라는 말 속에 가장 잘 표현된다. 그런데 그런 "것처럼"(καθὼς) 예수와 우리도 하나라는 것이 얼마나 놀라운 은총인가! 예수와 우리가 하나 되면 누가 손해인가? 하나됨은 예수께서 위대하신 만큼 우리에게 위대한 은총이다. 다른 무엇에 의해서도 축소되지 않고 소멸되지 않는 은총이다. 예수와 우리는 그 무엇에 의해서도 끊어지지 않는 "사랑"(ἀγάπη)의 끈으로 연결되어 있다. 이 사랑이 결단코 끊어지지 않고 변경될 수 없는 이유는 아버지와 예수 사이의 사랑처럼 어떠한 조건이나 자격이나 상황이나 상태도 요구하지 않는 무조건적 아가페 사랑이기 때문이다. 이런 사랑으로 말미암아 지극히 위대하신 예수와의 영원한 하나됨은 그 무엇과도 능히 비교할 수 없는 영광이다. 이런 하나됨에 근거하여 바울은 우리가 하나님의 자녀이기 때문에 예수와 함께 한 상속자도 되어 예수와 함께 동일한 영광을 받는다고 가르친다(롬 8:17). 이처럼 예수의 사랑 안에 거한다는 것은 최고의 영광이며 최고의 선물이다.

11내가 이것들을 너희에게 말하는 것은
내 기쁨이 너희 안에 있고 너희 기쁨이 충만하게 하기 위함이다

예수께서 앞에서 하신 말씀의 목적을 밝히는 구절이다. 그 목적은 열매를 맺지 못한 가지가 잘려 나갈 것이라는 두려움이 아니라 자신의 기쁨을 제자들 안에 두고 제자들의 기쁨을 충만하게 하기 위함이다. 예수의 기쁨은 그의 계명을 지켜 그의 사랑 안에 거할 때에 우리 안에 주어진다. 세상에는 그 기쁨을 대체하고 변질시킬 유사 기쁨들이 많다. 그러나 우리에게 참된 기쁨의 원천은 예수의 기쁨이다. 칼뱅의 말처럼, 예수의 기쁨은 세상의 기쁨과는 달리 우리 안에서 잠정적인 것도 아니고 일시적인 것도 아니어서 사라지지 않고 계속 "있으며"(ῇ), 나아가 그 기쁨으로 말미암아 우리의 기쁨은 더욱 증대되고 결국 "충만하게 된다"(πληρωθῇ). 다른 기쁨이 필요하지 않을 정도로 충만한 기쁨은 다른 어떠한 것에 의하지 않고 오직 예수의 기쁨에 의해서만 우리에게 주어진다.

그런데 사람들은 타인의 기쁨이 자신에게 기쁨이 되는 것을 원하지 않고 자신의 고유한 기쁨을 추구한다. 그래서 예수의 말씀은 세상의 문법에 어긋나는 주장이다. 세상의 기쁨은 체질이 일그러져 있다. 세상은 자신에게 유익이 생겨야만 기뻐한다. 돈이 많아지고 건강이 좋아지고 집의 평수가 넓어지고 욕망이 성취되면 기쁨의 입꼬리가 올라간다. 물론 세속적인 이득이 주어지면 기뻐하게 된다. 그런데 문제는 우리의 기질이 세속적인 기쁨에 길들여져 그것에 매인다는 비용을 지불해야 한다는 사실이다. 기쁨

의 개념이 그런 식으로, 그런 모양으로 굳어진다. 세속적인 유익과 짝지어진 기쁨은 그 자체로 더 자극적인 것을 추구하고 그런 추구가 반복되어 거기에 종속되게 만드는 일종의 중독이다. 이 문제를 극복하기 위해서는 기쁨의 신앙적인 해석이 필요하다. 즉 비록 때로는 노력의 결과로 주어지고, 때로는 사람들의 손이라는 경로를 거쳐도, 그 모든 유익의 궁극적인 출처는 하나님께 있다는 해석이다. 그러므로 기쁨의 닻을 사람이 아니라 하나님께 두어야 기쁨의 건강한 체질이 유지된다. 세속적인 유익이라 할지라도 그 배후에는 예수의 사랑이 있고 우리가 누리는 모든 세속적인 유익은 그 사랑의 표현이다. 이렇게 해석할 때 우리는 세속적인 유익 속에서도 예수의 사랑 안에 거하는 진정한 기쁨을 유지한다.

크리소스토무스는 우리의 기쁨을 위한다는 예수의 말씀을 어떠한 슬픔도 우리를 장악하지 못하게 하신다는 의미로 해석한다. 기쁨이 커질수록 슬픔이 차지할 빈자리는 작아진다. 우리에게 주어지는 예수의 기쁨이 어떤 것이길래 어떠한 슬픔도 우리를 장악하지 못하는가? 그의 사랑처럼 그의 기쁨도 무한하고 영원하고 불변적인 기쁨이기 때문이다. 우리의 기쁨은 바로 이런 예수의 기쁨에 근거하며 의존하고 있다. 그런 기쁨이 내면에 있다면 기쁨으로 충만하게 되지 않을 피조물이 어디에 있겠는가! 아우구스티누스는 우리에 대한 예지와 예정이 완벽한 기쁨의 근거라고 설명한다. 물론 이 기쁨은 시간 속에서 믿음으로 시작되고 부활의 때에 가득 채워진다. 이처럼 예수의 기쁨은 우리가 믿을 때에 급조되는 것이 아니라 그 기원이 영원까지 소급될 정도로 장구하다. 예정은 세상의 창조 이전에 이루어진 일이기에 그 어떠한 것도 변경하지 못하는 기쁨이다.

어떠한 변수도 작용할 수 없는 영원 속에서 마련된 이 불변적인 예수의 기쁨 때문에 그 기쁨이 우리 안에 있다면 우리를 슬픔의 쇠창살에 가둘 어떠한 불행이나 절망감도 없다. 칼뱅의 주장처럼, "어떠한 공포와 불안과 슬픔도 그들을 결코 삼킬 수 없"는 이유는 예수의 기쁨을 넘어 예수라는 너무도 뛰어난 "기쁨의 바탕"이 계시기 때문이다. 키릴루스는 예수의 기쁨이 그가 아버지의 뜻을 자신의 고난과 죽음의 비용으로 취한 결과라고 해석한다. 이 해석은 "나를 보내신 이의 뜻을 행하며 그의 일을 온전히 이루는 이것"을 기쁨의 식량이라 하신 예수의 말씀이 지지한다(요 4:34). 제자들도 예수의 뜻, 즉 서로를 사랑하며 땅 끝까지 이르러 만민에게 복음을 증거하는 그의 증인이 되라는 뜻을 성취하면 동일한 기쁨에 참여하게 된다는 논리가 이어진다.

아퀴나스의 말처럼, "모든 사람은 자신이 사랑하는 것에서 기쁨을 취하기 때문에 사랑은 기쁨의 원인이다." 그래서 기쁨의 대상을 살펴보면 사랑의 대상이 확인된다. 돈을 사랑하면 부자인 것을 기뻐하고 권력을 사랑하면 권력자인 것을 기뻐하고 인기를 사랑하면 관종을 기뻐한다. 그런데 아버지 하나님은 이 세상을 너무도 사랑하여 독생자를 보내셨다. 그러므로 그의 기쁨은 자신과 모든 피조물에 있다. 특별히 그가 사랑하신 자들에게 있다. 시인의 고백처럼, 하나님의 "모든 즐거움"은 "땅에 있는 성도"에게 있다(시 16:3). 그의 사랑을 받은 자들로 말미암아 하나님은 "기쁨을 이기지 못하신다"(습 3:17). 아버지의 기쁨으로 말미암은 예수의 기쁨도 동일하다. 아퀴나스는 예수의 기쁨이 너희 안에 있다는 말이 우리 안에 있는 "영원한 생명" 혹은 "진리 안에서의 기쁨"을 뜻한다고 해석한다. 그런데 이 땅에서는 그 기쁨이 온전하지 않다. 그러나 "작은 일에 충성"하는 "착하고 충성된 종"의 인생을 살아갈 때 온전한 "주인의 즐거움에 참여"하게 된다(마 25:21)고 그는 설명한다.

12내 계명은 내가 너희를 사랑한 것처럼 너희도 서로 사랑해야 한다는 이것이다

예수는 자신의 사랑 안에 거하며 충만한 기쁨을 누리게 만드는 순종의 내용

을 다시 말하신다. 그것은 예수께서 제자들을 사랑하신 것처럼 그들도 서로를 사랑해야 한다는 계명이다. 그러므로 하나님의 명령이 기쁨의 근거라는 논리가 성립한다. 명령은 우리에게 순종으로 말미암아 최고의 기쁨이 되는 하나님의 은총이다. 그러므로 이 명령을 대하는 우리의 태도는 숙제가 아니라 축제이며, 압박이 아니라 설렘이며, 슬픔이 아니라 기쁨이다. 태초에 아담과 하와에게 주신 생육하고 번성하고 충만하고 정복하고 다스리라 하신 하나님의 명령이 "복을 주시며"(창1:28) 라고 언급된 이유를 우리는 예수의 말씀에서 다시 확인한다. 하나님의 모든 명령은 진실로 복이었다.

　태초의 명령만이 아니라 모세를 통하여 주신 하나님의 "모든 명령"도 우리와 우리 자손이 "영원히 복 받기" 위함이고(신 5:29), "우리 하나님 여호와를 경외하여 항상 복을 누리게 하기 위함"이다(신 6:24). 하나님의 "명령과 증거와 규례"는 우리로 하여금 삶의 모든 영역에서 복을 받고 생육하고 번성하게 하고 거짓과 불의와 폭력과 차별과 미움과 분노와 조롱 같은 우리의 "모든 대적을" "크게 혼란하게 하여 마침내 진멸"하고 "그들의 이름을 천하에서 제하여 버리"는 비결이다(신 6:18, 7:13-14). 서로를 사랑하는 것이 아직도 불쾌한 숙제처럼 느껴지는 것은 명령의 이러한 의미에 무지하기 때문이다. 서로에 대한 사랑의 명령은 예수의 사랑 안에 풍덩 빠지게 만드는 비결이고, 예수의 기쁨이 우리 안에 머무는 비결이고, 그래서 우리 안에 슬픔의 그림자도 출입하지 못할 정도로 기쁨이 충만하게 되는 비결이다. 예수 계명, 사람 사랑, 계명 순종, 예수 사랑, 예수 기쁨, 우리 기쁨은 이렇게 꼬리에 꼬리를 물고 기독교 진리의 얼개를 구성하고 있다.

¹³누군가가 자신의 친구들을 위하여
자기 목숨을 버리는 이것보다 더 큰 사랑은 누구도 가지지 못하였다

이 구절은 우리에게 서로 사랑하되 가장 큰 사랑으로 사랑할 것을 가르친다. 사랑의 크기는 그 사랑을 위해 지불한 비용의 크기에 비례한다. 그렇다면 가장 큰 비용은 무엇인가? 생명의 희생이다. 생명은 천하보다 귀하기 때문이다. 즉 천하의 만물을 모두 준다고 할지라도 거래할 수 없는 마지막 품목이 생명이다. 그러므로 타인을 위하여 자신의 생명을 버린다면 그것은 가장 큰 사랑이다. 예수는 하나님의 택하심을 받은 자기 백성의 죄를 사하시고 영원한 생명을 주시기 위해 자신의 목숨을 버리셨다. 예수의 목숨은 온전한 의인의 생명이기 때문에 죄인인 모든 인간의 생명보다 더 고귀하다. 그러므로 예수의 사랑은 최고의 사랑이다. 다른 모든 인간의 사랑은 아무리 위대해도 예수의 사랑 다음이다.

자신의 "친구를 위하여"(ὑπὲρ τῶν φίλων) 자신의 목숨을 버리는 것은 최고의 사랑이다. 친구는 제 1의 자아라고 한다. 친구의 목숨은 곧 나의 목숨이다. 서로의 목숨을 교환할 정도의 관계가 바로 최고의 사랑이다. "친구"(φίλος)는 우열이나 종속이 없는 대등한 관계를 가리키는 호칭이다. 그래서 어떤 학자들은 예수의 사랑이 여기에 해당되지 않는다고 주장한다. 왜냐하면 예수의 사랑은 우리가 친구였을 때가 아니라 원수였을 때에 이루어진 것이라고 바울이 증언하기 때문이다(롬 5:10). 이에 대하여 칼뱅은 생명을 주시는 예수의 사랑이 원수나 이방인도 품어내는 "하나님의 영원한 사랑"에 근거한 것이라고 해명한다. 일리가 있는 해명이다. 그러나 나는 비록 그의 백성이 원수의 상태로 있었지만 예수는 그런 그들도 친구로 여기시며 죽으셨기 때문에 친구를 위해 목숨을 버리는 최고의 사랑을 행하신 것이라고 해명하고 싶다. 비록 그들 편에서는 예수를 원수로 여기고 그에게 원수짓을 했음에도 불구하고 예수 편에서는 그들을 친구로 여기는 상

황 속에서 이루어진 사랑이기 때문이다. 우리의 관점이 아니라 예수의 관점이 관계의 기준이다.

게다가 친구다운 친구를 사랑하는 것보다 원수 같은 친구를 사랑하는 것은 더 위대한 사랑이다. "친구"는 친밀함을 가지고 사랑하는 사람을 가리킨다. 그런데 예수는 "너희가 만일 너희를 사랑하는 자만을 사랑하면 칭찬 받을 것이" 하나도 없으며 죄인의 행실과도 다르지 않다고 말하신다(눅 6:32). 그러면서 "오직 너희는 원수를 사랑하고 선대하며 아무것도 바라지 말고 꾸어 주라"고 명하신다(눅 6:35). 예수는 아무것도 바라지 않고 자신의 생명을 건네셨다. 예수의 이런 가르침과 일치하게 바울도 "의인을 위하여 죽는 자가 쉽지 않고 선인을 위하여 용감히 죽는 자가 혹 있지만" 예수는 죄인을 위하여, 원수를 위하여, 무명의 민초를 위하여 그를 친구처럼 여기며 죽으셨기 때문에 예수의 사랑은 가장 위대한 것이라고 강조한다(롬 5:7-10).

[14]너희는 내가 너희에게 명령한 것을 행하면 나의 친구들이 된다
[15]나는 너희를 더 이상 종이라고 부르지 않으려고 한다
왜냐하면 종은 그의 주인이 행하는 것을 모르기 때문이다
오히려 나는 너희를 친구라고 부르고자 한다
이는 내가 내 아버지로부터 들은 모든 것들을 너희에게 알게 하였기 때문이다

예수는 제자들을 향해 자신의 친구가 되는 비결을 말하신다. 즉 서로 사랑해야 한다는 명령에 순종하면 된다. 스펄전의 말처럼, 주께서 금하신 악을 피하는 것이 의의 중요한 부분이긴 해도 예수의 친구가 되기에는 주께서 명하신 선을 행하는 "능동적인 순종"이 필요하다. 지금까지 하신 예수의 말씀을 종합해 보면, 예수의 명령에 순종하면 주어지는 선물로서 우리는 1) 이웃을 사랑하고 서로 연합하게 되고, 2) 예수의 사랑 안에 거하게 되고,

3) 아버지 하나님의 사랑을 받게 되고, 4) 예수께서 자신을 우리에게 나타내 보이시고, 5) 예수의 기쁨이 우리 안에 주어지고, 6) 우리의 기쁨이 충만하게 되고, 7) 예수의 친구까지 된다. 예수의 친구가 된다는 것은 예수의 형제가 된다는 것과 비슷하다. 이 관계는 창조자와 피조물, 구원자와 죄인, 주인과 종, 하늘과 땅 사이의 무한한 격차를 넘어 우리의 자리로 내려오신 예수의 기막힌 겸손이고 우리를 당신의 자리로 올리신 우리의 무한한 영광이다.

예수는 자신을 "주"라고 부르는 제자들을 향해 더 이상 "종"이라고 부르시지 않고 "친구"라고 부르신다. 그들에게 과분한 호칭이다. 그는 먼저 우정의 손을 그들에게 내미셨다. 여기에서 종의 특징은 주인이 행하는 것을 모른다는 것이고, 친구의 특징은 예수께서 들으신 아버지의 모든 것들을 안다는 것이라고 한다. 예수는 아버지의 모든 것에 대한 지식을 제자들과 나누신다. 이에 대하여 칼뱅은 예수께서 제자들과 나누신 아버지 하나님의 지식은 그들에게 "필요한 만큼의 것"이라고 주장한다. 칼뱅의 설명에 따르면, "필요한 만큼"이란 예수께서 "중보자의 인격과 임무"를 수행하는 것과 관계된 지식의 적정한 분량이다. 아버지 하나님에 대한 예수의 지식을 어떻게 제자들이 고스란히 알 수 있겠는가! 예수는 우리의 구원을 위해, 구원 받은 자의 삶과 사명 수행을 위해 필요한 모든 것을 우리에게 하나도 빠뜨리지 않고 다 알리신다. "교회의 유일한 지도자와 스승"의 직무를 예수는 충실하게 행하셨다. 이는 제자들이 예수의 친구가 되는 영광의 기반이다.

예수의 우정은 제자들의 전유물이 아니었다. 구약에서 하나님의 친구로 소개된 사람은 아브라함, 즉 믿음의 조상이다. 주님께서 그를 "나의 벗"(사 41:8)이라고 부르신 이유는 무엇인가? 야고보의 기록에 의하면, 그가 "그 아들 이삭을 제단에 바칠 때에 행함으로 의롭다 하심을 받은 것"이고 "하나님의 벗이라 칭함을 받았"다고 한다(약 2:21-23). 제자들이 예수의 계명을 지키면 그의 친구들이 되는 것과 동일하게 믿음의 조상도 하나님의 친구가 된 것은 그의 계명에 대한 순종에 근거한다. 순종하는 믿음의 조상에게 하나님은 "내가 하려는 것"을 하나도 숨기지 않는다고 말하셨다(창 18:17). 하나님이 하시려는 것은 메시아를 이 땅에 보내서서 자기 백성을 구원하여 하나님의 나라를 건설하고 완성하는 것이었다. 히브리서 저자에 의하면, 아버지 하나님의 비밀을 안 믿음의 조상은 메시아를 "멀리서 보고 환영"했다(히 11:13). 나아가 예수의 증언에 따르면, 아브라함은 "예수의 때 볼 것"을 즐거움 속에서 기대했고 실제로 "보고" 기뻐했다(요 8:56). 예수의 계명을 지키면 그의 친구가 된다는 원리는 지금도 유효하고 지키는 모든 사람에게 실제로 적용된다. 이 얼마나 놀라운 영광인가?

주인의 모든 뜻을 공유하는 영광의 수혜자가 된 모든 사람들 사이에는 서로 동등한 동료와 친구 의식을 가지는 것이 정상이다. 지극히 위대하신 예수도 우리를 친구로 삼아 주셨는데 어찌 우리가 서로를 친구로 삼을 수 없겠는가! 예수의 이러한 가르침에 충실한 바울은 아볼로를 자신과 "하나"라고 말하며 동일한 등급의 사역자로 여기고 둘 다 하나님의 동등한 동료라고 규정한다(고전 3:8-9). 사실 아볼로는 바울의 제자인 브리스길라와 아굴라 부부의 가르침을 받은 바울의 신앙적인 손자에 해당한다(행 18:26). 하늘같은 스승 바울이 까마득한 제자의 제자인 아볼로를 하대하지 않고 자신의 대등한 친구로 삼은 것은 예수를 고스란히 닮은 처신이다.

그런데 오늘날 교회 안에서의 모습은 어떠한가? 우리 모두는 예수와 친구의 관계를 맺은 신적인 우정의 수혜자다. 그런데 목회자와 성도 사이에 종교적인 높낮이가, 목회자들 사이에도 서열이 얼마나 뚜렷한가! 교회 안에서 모두가 하나님의 동등한 자녀이고 모든 목회자가 하나님의 동등한 친구라는 의식이 모두의 상식이 된다면 얼마나 좋겠는가! 지극히 위대하신 예수께서 우리를 친구로 삼으셨고 바울도 후배나 제자를 동등한 친구로 여겼는데, 우리는 뭐 그리 대단한 존재라고 그리하지 못하는가? 예수의 친구가 먼저 되었다는 것이, 한 교회의 담임이 되었다는 게 무슨 계급인가! 우리가 주님의 친구가 되는 것은 우리의 공로가 아니라 아버지의 비밀을 우리에게 공유하신 예수의 자비로운 사랑 때문이다.

내세울 게 하나도 없는 우리 모두가 동일한 주님의 동일한 은총을 입어 주님의 친구가 되었는데 어찌하여 우리 안에서 서열을 매기고 아래위를 따지는가! 교묘한 방식으로, 교회의 목회자나 성도 중에 성골이 있고 진골이 있고 양반이 있고 평민이 있으니까, 사이비 이단들이 안심하고 인간을 추앙하게 만들고 사람들 위에 군림하는 게 아닌지 모르겠다. 나이나 직위를 앞세워서 권위를 행사하는 자들을 가만히 보면 인격과 신앙과 실력이 대체로 바닥이다. 믿는 구석이 있다고 여기니까 성장과 발전의 필요성도 느끼지 못하고 노력도 하지 않기 때문이다. 친구라는 관계를 오해하고 오용하며 어른들과 맞먹으려 하는 청년들 또한 나이나 직위가 깡패인 늙은 꼰대들과 동일하게 부당하다. 예수 안에서 서로에게 친구가 된다는 것은 권위주의 태도만이 아니라 무례도 동일하게 경계한다.

16너희는 나를 택하지 않았으나 나는 너희를 택하였다
이는 내가 너희를 세우고 너희가 가서 열매를 맺고
그 열매가 머물게 하기 위함이다 또한 너희가 내 이름으로
아버지께 어떤 것을 구하든지 그가 너희에게 주시도록 하기 위함이다

예수의 제자들이 받은 아버지의 사랑과 예수의 우정은 모두 예수의 선택에 근거함을 설명한다. 그런데 여기에서 제자들의 비선택과 예수의 선택이 묘하게 대비된다. 지극히 위대하신 하나님의 아들과 지극히 자비로운 메시아 되시는 예수를 제자들이 택하지 않은 것은 심각하게 경이롭다. 상상을 초월할 정도로 지극히 어리석은 처사이기 때문이다. 예수께서 무지하고 연약하고 신의도 쉽게 저버리는 제자들을 택하신 것은 더 경이롭다. 이 선택

이 이 땅의 문법으로 이해할 수 없고 이 땅의 어떠한 논리로도 설명할 수 없기 때문이다. 마땅히 선택해야 할 예수를 선택하지 않는 제자들과 절대로 선택하지 말아야 할 제자들을 택하시는 예수 사이에서 일어나는 선택의 절묘한 엇갈림은 우리에게 인간의 어리석고 오만하고 절망적인 죄성을 고발함과 동시에 그럼에도 불구하고 택하시는 예수의 선하고 자비로운 사랑을 극명하게 대조한다.

예수는 제자들을 택하셨다. 아우구스티누스의 말처럼, 예수는 "선한 자들을 택하지 않으시고 선택하신 자들을 선하게 만드신다." 여기에서 "택하다"(ἐκλέγομαι)는 말은 예수께서 누군가를 고르시는 주체임을 나타낸다. 멜랑히톤은 예수의 선택을 제자들의 무리에 국한하지 않고 모든 성도들에 대한 것이라고 확대한다. 대상이 누구이든 예수의 모든 선택은 다른 어떠한 변수의 개입도 없는 그의 고유한 권한이다. 이는 그가 나귀를 택하실 때와 비슷하다. 예루살렘 입성을 위해 그는 "멍에 메는 짐승의 새끼"를 타시기로 했고 제자들을 보내어 끌어오게 명하셨다. 그런데 "만일 누가 무슨 말을 하거든 주가 쓰시겠다 하라"는 대답을 하라고 명하셨다(마 21:3). 이러한 명령에서 우리는 어떠한 인간의 어떠한 입김도 개입할 수 없는 절대자의 주권과 위엄을 감지한다. 성령으로 말미암은 예수의 잉태와 출생을 위해 처녀를 선택하실 때 "주의 여종"일 뿐이니까 말씀대로 하시라고 한 마리아처럼 우리도 우리에 대한 예수의 신적인 선택에 대해 동일하게 반응해야 한다.

예수께서 자신을 선택하지 않은 제자들을 먼저 선택하신 목적은 네 가지로 언급되어 있다. 첫째, 제자들을 세우기 위함이다. 예수께서 세우시기 전에는 아무리 스스로를 높이는 사람도 결코 세워지지 않고 예수께서 세우시면 아무리 연약한 자라도 반드시 세워진다. "세우다"(τίθημι)는 말은 "임명하다, 두다, 놓다" 등을 의미한다. 선택은 제자들이 어떤 지위에 임명되고 특정한 사명을 수행하게 하기 위함이다.

둘째, 가서 열매를 맺기 위함이다. "가다"(ὑπάγω)는 말은 열매 맺을 장소로의 이동을 의미한다. 선택을 받은 제자들은 자신이 원하는 곳에 머물지 않고 보내신 현장, 열매의 현장으로 이동해야 한다. 그리고 그곳에서 선택하신 분이 원하시는 열매를 맺도록 자신의 모든 재능과 시간과 환경을 사용해야 한다. 진실로 인생의 목적은 이웃을 사랑하여 나 자신을 기쁘게 하지 않고 나를 선택하신 분을 기쁘시게 하는 사랑의 열매 맺음이다.

셋째, 그 열매가 "머물게 하기"(μένη) 위함이다. 자연의 모든 열매는 맺어진 후 소비되고 소멸된다. 다시 열매를 맺기 위해서는 계절이 한 바퀴 돌 때까지 기다려야 한다. 그러나 예수께서 원하시는 열매는 소비해도 사라지지 않고 시간이 지난다고 소멸되지 않으며 그 존재와 효력이 지속된다. 성령의 열매는 단발성 결실이 아니라 결실한 후 늘 우리 안에 계속해서 머물러야 한다. 그런데 예수께서 그것을 이루신다. 칼뱅은 이것이 열매의 영원함을 의미하고 확장하면 최고의 열매인 "교회가 세상 끝까지 지속될 것이라는 뜻"이라고 한다.

넷째, 기도와 응답을 위함이다. 예수의 이름으로 아버지께 구하면 아버지는 택하심을 받은 자에게 응답을 베푸신다. 제자들이 예수를 따르며 그의 명령을 수행하기 위해서는 스스로의 능력이 아니라 아버지 하나님의 도움이 절실하다. 그의 도움 없이는 아무것도 할 수 없기에 "어떤 것"(τι)이든 기도해야 한다. 기도는 인생과 신앙의 상수이며 예수의 "이름으로" 드리는 기도이기 때문에 예수로 말미암아 아버지께 영광을 돌리는 비결이다. 칼뱅은 예수의 이 말씀을 제자들이 아버지께 드리는 기도의 응답은 "보장되어 있다"는 취지로 해석한다. 나아가 스스로 일을 성취할 수 있다는 교만과 그렇기 때문에 하나님의 힘이 필요하지 않고 그를 의지할 필요도 없다는 불신의 잘못을 경계해야 한다고 강조한다.

기도의 핵심적인 내용은 문맥상 예수의 제자로서 온전히 세워짐과 열매 맺음과 그 열매의 지속적인 결실이다. 우리는 다른 세속적인 욕망을 기도의 바구니에 담아 아버지께 전하는 게 아니라 열매와 관련해서 기도해야 한다. 오직 아버지 한 분만이 자라게 하시고 결실하게 하시는 분이니까! 모든 게 예수의 은총이다. 선택을 받는 것도 예수의 은총이고, 열매를 맺는 복 받음도 그의 은총이다. 누가 스스로 자랑할 수 있겠는가! 이런 맥락에서 칼뱅은 "우리의 구원의 시작과 거기에 따른 모든 축복이 그의 값없이 베푸시는 자비에서 흘러넘치고 있다는 점"을 강조한다.

17내가 이것들을 너희에게 명하는 것은 너희로 서로를 사랑하게 하기 위함이다

예수께서 명령하신 "이것들"은 무엇인가? 나는 '내 안에 거하라, 내 사랑 안에 거하라, 내 계명을 지키라' 등이라고 생각한다. 이러한 명령의 목적은 사랑이다. 아버지 하나님의 모든 명령들과 예수의 모든 명령들은 모두 사랑을 지향한다. 사랑 안으로 수렴되고 사랑으로 성취되고 사랑 안에서 완성된다. 그래서 예수를 본받은 바울도 믿음의 아들에게 내린 "명령의 목적이 청결한 마음과 선한 양심과 거짓이 없는 믿음에서 나오는 사랑"이라 했다 (딤전 1:5). 서로를 사랑하는 이유에 대해 칼뱅은 "그들로 하여금 진정한 마음으로 하나님의 교회를 건설하게 하려는 뜻"이라고 설명한다. 이 뜻의 성취에 가장 큰 장애물은 "각자가 자신의 일만 하고 각 개인이 자신의 일을 공동체에 가져오지 않는 것"이라는 설명도 덧붙인다. 사랑은 나의 일도 너의 일이고 너의 일도 나의 일인 관계를 의미한다. 상대방을 행복하게 하고 기쁘고 즐겁게 하면 나도 그러하다. 같은 맥락에서 루터는 만나는 공동체의 모든 사람들이 나로 말미암아 손해를 보고 슬픔과 아픔을 겪고 절망에 빠지는 것이 아니라 나의 말과 고백과 섬김과 도움으로 말미암아 유익을 얻게 하라고 독려한다. 하나님과 우리 사이에 있는 보이지 않는 믿음은 이웃을 사랑하면 비로소 보인다는 루터의 말처럼 사랑은 과연 보이는 믿음

이다.

　루터는 우리 모두가 마귀와 세상과 나 자신의 육신 때문에 다양한 시험과 장애물과 반대에 부딪히며 쉽게 쓰러지고 포기하는 연약한 존재라고 강조한다. 그런데 우리의 모든 게 불완전한 것은 하나님의 사랑이 필요하고 이웃 사랑이 필요한 근거라고 설명한다. 하나님은 그렇게 사랑 없이는 살아갈 수 없도록 개인과 공동체를 만드셨다. 하나님의 나라는 하나님 사랑에서 시작하여 이웃 사랑으로 완성된다. 하나님 사랑도 친구 사랑이고 이웃 사랑도 친구 사랑이다. 이러한 친구 사랑으로 만들어진 공동체가 바로 하나님의 나라이다. 그래서 예수께서 제자들과 우리 모두에게 주신 유일한 새 계명은 사랑이다. 사랑 안에 모든 것이 함축되어 있다. 그래서 만병통치약, 만능열쇠, 사막의 오아시스 등은 사랑의 별명이다. 예수께 참 잘 어울리는 별명이다.

요 15:18-27

¹⁸세상이 너희를 미워하면 너희보다 먼저 나를 미워한 줄을 알라 ¹⁹너희가 세상에 속하였으면 세상이 자기의 것을 사랑할 것이나 너희는 세상에 속한 자가 아니요 도리어 내가 너희를 세상에서 택하였기 때문에 세상이 너희를 미워하느니라 ²⁰내가 너희에게 종이 주인보다 더 크지 못하다 한 말을 기억하라 사람들이 나를 박해하였은즉 너희도 박해할 것이요 내 말을 지켰은즉 너희 말도 지킬 것이라 ²¹그러나 사람들이 내 이름으로 말미암아 이 모든 일을 너희에게 하리니 이는 나를 보내신 이를 알지 못함이라 ²²내가 와서 그들에게 말하지 아니하였더라면 죄가 없었으려니와 지금은 그 죄를 핑계할 수 없느니라 ²³나를 미워하는 자는 또 내 아버지를 미워하느니라 ²⁴내가 아무도 못한 일을 그들 중에서 하지 아니하였더라면 그들에게 죄가 없었으려니와 지금은 그들이 나와 내 아버지를 보았고 또 미워하였도다 ²⁵그러나 이는 그들의 율법에 기록된 바 그들이 이유 없이 나를 미워하였다 한 말을 응하게 하려 함이라 ²⁶내가 아버지께로부터 너희에게 보낼 보혜사 곧 아버지께로부터 나오시는 진리의 성령이 오실 때에 그가 나를 증언하실 것이요 ²⁷너희도 처음부터 나와 함께 있었으므로 증언하느니라

❖ ❖ ❖

¹⁸너희는 세상이 너희를 미워하면 너희보다 먼저 나를 미워한 줄을 알라 ¹⁹만약 너희가 세상에 속했다면 세상이 자기의 것[인 너희]를 사랑했을 것이지만 너희는 세상에 속하지 않고 도리어 내가 세상에서 너희를 택하였기 때문에 이로 인하여 세상이 너희를 미워한다 ²⁰너희는 내가 너희에게 '종은 그의 주인보다 더 크지 않다'고 한 말을 기억하라 [사람들이] 나를 박해했다면 너희도 박해할 것이고 내 말을 지켰다면 너희의 [말]도 지키리라 ²¹그러나 [사람들이] 나의 이름으로 말미암아 이 모든 일을 너희에게 행할 것인데 이는 그들이 나 보내신 분을 알지 못하기 때문이다 ²²내가 그들에게 와서 말하지 않았다면 그들에게 죄가 없었을 것이지만 지금은 그들의 죄에 대한 핑계가 그들에게 없다 ²³나를 미워하는 자는 내 아버지도 미워한다 ²⁴내가 다른 누구도 행하지 못한 일들을 그들 가운데서 행하지 않았다면 그들에게 죄가 없었을 것이지만 지금은 그들이 나와 내 아버지 모두를 보았고 또 미워했다 ²⁵그러나 이것은 그들의 율법에 기록된 바 '그들이 까닭 없이 나를 미워했다' 하는 말을 성취하기 위함이다 ²⁶내가 아버지로부터 너희에게 보낼 보혜사 곧 아버지로부터 나오시는 진리의 영이 오실 때 그가 나에 대하여 증언하실 것이고 ²⁷너희도 처음부터 나와 함께 있었기 때문에 증언한다

사랑과 미움

예수는 제자들을 향해 서로 사랑할 것을 명하셨다. 이러한 사랑의 건너편에 그들을 향한 세상의 미움이 있다는 사실도 알리신다. 그 미움의 실체는 하나님을 대적하는 인간의 본성과 결부되어 있다. 인간의 깊은 본성은 하나님을 라이벌로 의식한다. 본성상 하나님을 미워한다. 그런 하나님을 사랑하는 모든 사람들도 미워한다. 아버지 하나님의 보내심을 받은 예수는 오셔서 진리를 말하셨고 기적을 행하셨다. 세상은 그런 예수를 온 몸으로 미워한다. 그런 예수의 몸인 교회도 동일하게 미워한다. 이러한 미움의 배후에는 아버지 하나님에 대한 세상의 지독한 무지가 도사리고 있다. 아담과 하와도 아버지 하나님에 대한 무지 때문에 마귀의 속임수에 넘어갔다. 그런 속임수의 희생물이 된 인류는 하나님에 대하여, 하나님의 아들에 대하여, 그 아들의 제자들에 대하여 까닭 없이 맹목적인 미움을 시도 때도 없이 시전한다. 이런 세상의 본색은 구약에 기록되어 있고 예수는 그 기록된 예언이 지금 자신에게 성취되고 있음을 알리신다. 진리의 영이신 성령이 오시면 예수가 하나의 구절만이 아니라 성경 전체의 성취임을 증언하실 것이고 제자들도 그런 예수를 증언하게 될 것이라고 한다. 사랑과 미움의 첨예한 대립 속에서 그들은 사랑으로 예수를 증언해야 한다.

18너희는 세상이 너희를 미워하면 너희보다 먼저 나를 미워한 줄을 알라
19만약 너희가 세상에 속했다면 세상이 자기의 것[인 너희]를 사랑했을 것이지만
너희는 세상에 속하지 않고 도리어 내가 세상에서 너희를 택하였기 때문에
이로 인하여 세상이 너희를 미워한다

서로 사랑해야 한다는 예수의 뜻과는 달리, 세상은 예수와 그의 제자들을 미워한다. 여기에서 "세상"(κόσμος)은 아우구스티누스의 주장처럼 유대인 중에 예수와 그의 제자들을 미워하는 자들만이 아니라 이방인 중에서도 그렇게 미워하는 자들을 포괄한다. 나 자신을 본다면 내 안에도 예수를 사랑하는 마음과 예수를 미워하는 세상이 공존하고 있다. 예수의 말씀은 제자들의 사랑과 세상의 미움이 서로 대결하는 듯한 양상이다. 아퀴나스의 말처럼, "모든 유익의 시초는 사랑이고 모든 해로움의 시초는 미움이다." 사랑과 미움의 대립적인 공존은 종말까지 지속되는 지구의 운명이다. 역사는 사랑과 미움의 투쟁이다. 사랑과 미움의 대결에서 승자는 누구일까? 지구촌에 있는 사랑의 총량과 미움의 총량을 저울에 달면 어디로 기울까? 오늘 이 순간 내가 보탬이 되는 진영은 사랑인가 미움인가? 사랑의 총량에 보탬이 되고 있다면, 나의 사랑은 어떠한 수준인가? 사랑도 사랑 나름이다. 우리의 사랑은 과연 예수께서 나를 사랑하신 것과 같은 사랑인가? 예수의 사랑처럼 되돌아올 보상을 고려하지 않고 상대방의 자격이나 조건을 따지지 않고 손익을 계산하지 않은 사랑인가?

예수는 세상이 제자들을 미워하면 그들보다 자신을 먼저 미워한 것이라고 말하신다. 이 말씀은 우리에게 구약에서 사무엘이 들은 하나님의 말씀

을 떠올린다. 즉 "모든 나라와 같이 우리에게 왕을 세워 우리를 다스리게
하소서"라 한 이스라엘 백성의 요청에 대한 하나님의 말씀이다. "이는 그들
이 너를 버림이 아니요 나를 버려 자기들의 왕이 되지 못하게 함이니라"
(삼상 8:7). 제자들을 대하는 세상이든, 사무엘을 대하는 이스라엘 백성이든,
하나님의 사람을 미워할 때에는 모두 하나님에 대한 그들의 미움을 드러
낸다. 그러나 교회에는 출석해도 하나님과 무관하게 살아가는 사람들의 경
우에는 세상이 하나님에 대한 미움이 아니라 그들에 대한 미움을 그대로
드러낸다. 그런데도 미움과 박해를 받으면 하나님 때문에 받는다고 엄살을
피우는 불경건한 사람들이 있다.

이 구절에서 "먼저"(πρῶτος)의 의미는 다양하다. 예수를 향한 세상의 미
움이 시간적인 우선성을 가진다는 해석, 예수에 대한 미움이 제자들에 대
한 미움의 모델 혹은 근거라는 해석, 예수에 대한 미움의 등급이 제자들에
대한 미움보다 크다는 해석이 모두 가능하다. 이 구절에 대해 칼뱅은 제자
들도 예수처럼 세상의 증오를 피할 수 없다는 동일한 운명의 선언으로 이
해한다. 나는 다양한 의미들이 복합되어 있는 "먼저"라고 생각한다. 즉 미
움 받음의 모델이요 원인이신 예수께서 세상의 미움을 먼저 받았다면 제
자들도 스승을 따라 세상의 미움을 반드시 받을 것이라는 의미로 해석한
다. 이 해석의 정당성은 20절에서 잘 확인된다.

언뜻 보면, 제자들이 마치 고래 싸움에 낀 새우의 신세처럼 애꿎은 등만
터지는 미움의 희생자가 된 느낌이다. 진실로 세상이 그들을 미워하는 이
유는 예수에 대한 미움 때문이다. 이러한 사실 앞에서 제자들은 갈등하게
된다. 제자의 길을 멈추면 세상의 미움도 멈추지만 그 길을 고집하면 세상
의 미움을 변수가 아니라 상수처럼 감수해야 한다. 예수의 이런 가르침에
대한 바울의 다른 표현이다. "무릇 그리스도 예수 안에서 경건하게 살고자
하는 자는 박해를 받으리라"(딤후 3:12). 그래서 칼뱅은 "경건한 교사들이 세
상의 증오를 피한다는 것"은 불가능한 일이라고 한다. 제자도와 미움, 경건

과 박해의 불가피한 양자택일 앞에서 제자들의 계산은 복잡하다. 그러나 사태의 본질을 이해하면 문제가 쉽게 풀어진다.

예수께서 제자들이 세상의 미움을 받게 만드시는 원인은 두 가지로 구분된다. 첫째는 제자들이 세상에 속하지 않고 예수에게 속하였기 때문이고, 둘째는 예수께서 제자들을 자신에게 속하도록 택하셨기 때문이다. 첫째와 관련하여 세상은 "자신의 것"(τὸ ἴδιον) 즉 자신에게 속한 것을 사랑하고 속하지 않은 것을 미워한다. 사랑은 소속을 좌우하고 소속(ἐκ)이 세상의 감정을 좌우한다. 아퀴나스의 말처럼, "모든 유사한 것들은 자신에게 유사한 것들을 사랑한다. 세상을 사랑하는 자들은 세상을 사랑하는 자들을 사랑한다." 이러한 사실을 요한은 자신의 서신에서 이렇게 표현한다. "그들은 세상에 속한 고로 세상에 속한 말을 하매 세상이 그들의 말을 듣느니라"(요일 4:5).

세상의 미움이 보내는 시그널은, 그 미움의 대상이 세상을 사랑하지 않아서 그 세상에 속하지 않았다는 것이고 세상을 사랑하여 세상으로 넘어오지 않으면 미움이 지속될 것이라는 위협이다. 이것은 세상의 본질적인 속성이다. 모든 영역에서 항상 작용하는 속성이다. 세상은 자신에게 속하라고 예수의 모든 제자에게 끊임없이 손짓한다. 줄을 잘 서라고 유혹한다. 그러나 이 복음서의 저자는 자신의 서신에서 "이 세상이나 세상에 있는 것들을 사랑하지 말라"고 강하게 권고한다(요일 2:15). "이는 세상에 있는 모든 것이 육신의 정욕과 안목의 정욕과 이생의 자랑"이기 때문이다(요일 2:16). 이는 태초부터 있었던 것들이다. 세상에 보암직도 하고 먹음직도 하고 지혜롭게 할 것처럼 탐스럽게 보이는 모든 것들은 제자들의 소속을 세상으로 옮기려는 마귀의 교묘한 손짓이다.

둘째와 관련하여 예수는 제자들이 세상에 속하지 않아서 그 세상의 미움을 받는 것이 그들에 대한 자신의 선택에 근거한 것임을 밝히신다. 예수는 "세상에서"(ἐκ τοῦ κόσμου) 제자들을 택하셨다. 이 말씀에 따르면, 제자들은 원래 세상에 속한 세상의 일부였다. 이런 맥락에서 예수는 세상이 제자들을 "미워할 수 없다"(οὐ δύναται)고 이미 말하셨다(요 7:7). 미움의 칼끝은 언제나 제자들이 아니라 예수를 향하였다. 세상은 예수께서 자신에게 속한 자들을 빼돌렸기 때문에 더더욱 그를 미워한다. 게다가 소속을 배신하고 떠나면 원래부터 소속이 아닌 사람보다 더 미워진다. 그래서 세상은 세상에 속했다가 예수께로 당적을 옮긴 제자들을 갑절의 강도로 미워한다.

그렇다면 세상의 강력한 미움을 촉발한 예수의 선택은 저주인가 아니면 은총인가? 미움을 기준으로 보면 저주로 보이지만 소속을 기준으로 보면 은총이다. 예수는 세상이 자신을 미워하고 누군가를 제자로 선택하면 선택된 그들도 세상의 미움을 받을 것이라는 사실을 알고서도 제자들을 택하셨다. 그렇다면 택하신 그분이 선택된 자들을 지키시지 않겠는가! 앞에서도 밝히신 것처럼, 예수는 제자들을 택하시고 끝까지 지키신다. 그들을 사랑하신 예수는 그 사랑을 영원히 지키신다(요 13:1).

미움의 원인에 대해 아퀴나스는 다양한 성경의 증언에 근거하여 세 가지를 추가한다. 첫째, 경건한 자들은 생명의 상태에 있지만 세상은 죽음의 상태에 있기 때문이다(요일 3:14). 둘째, 세상은 바르게 수정되기 싫은데 경건한 자들은 그 자체로 세상에 대한 책망과 고침의 독촉이기 때문이다(암 5:10). 셋째, 경건한 자들에게 선함과 거룩함이 자라나는 것을 세상이 질투하기 때문이다(출 1:9).

제자들이 예수에게 택하심을 받고 그에게 속했다는 이유로 세상의 미움을 받는다는 것은 그들이 세상에 속하지 않고 예수께 속했다는 것을 증명하는 일이기에 칼뱅은 그 미움이 그들에게 "진정한 행복과 영광"이며 "색다른 위로"라고 해석한다. 그러나 예수와 무관하게 세상의 미움을 받는다면 불명예와 수치로 해석해야 한다. 이런 의미에서 베드로는 "오직 선을 행함으로" "부당하게 고난을 받"는 것은 아름다운 일이지만 "죄가 있어 매를 맞고" 고난을 당하면 "무슨 칭찬"이 있느냐고 충고한다(벧전 2:19-20). 이스라엘 백성이 하나님을 배신하고 우상을 숭배하여 하나님의 이름을 더럽혔던 것처럼, 예수에게 속한 자가 어떤 죄를 저질러도 예수의 이름이 이방인 중에서 모독을 당하는 일이 발생한다. 예수께서 제자들을 택하신 것은 이런 모독도 감수한 선택이다. 얼마나 큰 사랑인가! 우리는 예수의 이름이 모독을 당하지 않도록 얼마나 더 조심해야 되겠는가!

20너희는 내가 너희에게 '종은 그의 주인보다 더 크지 않다'고 한 말을 기억하라
[사람들이] 나를 박해했다면 너희도 박해할 것이고
내 말을 지켰다면 너희의 [말]도 지키리라

세상의 미움에 대한 예수의 말씀은 종과 주인의 관계성에 근거한다. 즉 종은 주인보다 작다. 예수의 이 말씀을 제자들은 "기억해야 한다"(μνημονεύετε). 이 말씀을 기억하고 고려해야 그들은 자신에게 닥치는 모든 일들을 이해하게 된다. 종에게 일어날 일은 주인에게 일어난 일과 무관하지 않기 때문이다. 이 구절에서 우리는 주님과 동행하는 사람들이 세상에서 직면하게 될 두 가지의 보편적인 반응을 확인한다. 예수에게 일어난 사람들의 반응처럼, 부정적인 반응은 박해이고 긍정적인 반응은 경청이다. 예수를 박해한 세상은 그의 제자들도 박해한다. 예수보다 작은 제자들이 세상의 눈에는 그보다 덜 두렵기 때문이다. 예수의 말씀을 받아들인 세상의 사람들은 제자들의 말도 수용한다. 바울의 말처럼(고후 13:3) 종의 말은 그의 마음에서 꺼낸 것이 아니라 그보다 큰 주인의 입에서 나온 것이기 때문이다. 이처럼 모든 경우를 대비하여 제자들을 균형 있게 세우시는 예수의 배려는 참으로 섬세하다.

박해하는 자들이든, 경청하는 자들이든, 그들은 궁극적인 면에서 제자들에게 반응하는 것이 아니라 그의 스승에게 반응하는 것이다. 박해를 당

하면 이상한 일 당하는 것처럼 당황하지 말고 담대해야 하고, 환대를 받으면 마땅한 일이라며 우쭐대지 말고 겸손해야 한다. 모두 스승에게 근거한 세상의 반응이기 때문이다. 예수의 말씀을 따라, 주인에게 일어난 일이 종에게도 일어나니 종은 세상에서 주인과 동일한 여김을 받는 것 자체에 감사하며 기뻐해야 한다.

예수를 주님으로 믿고 종으로서 따르기 위해서는 두 가지를 명심해야 한다. 첫째, 예수께서 고난을 당하셨기 때문에 따르는 자들도 고난을 당한다는 사실이다. 그런데 우리는 예수를 따르기 때문에 박해를 당하는데, 누가의 기록처럼 예수도 자신과 우리를 하나로 여기셔서 우리와 함께 박해를 당하신다(행 9:4). 이스라엘 백성이 광야를 지나갈 때에도 주께서 그들을 엎고 함께 지나가신 것처럼 우리가 당하는 고난도 그분이 친히 우리를 엎고 당하시기 때문에 반드시 이겨낸다. 예수는 진실로 우리가 시험 당할 때에 피할 유일한 길이시다. 둘째, 예수의 말씀을 듣고 순종한 자들이 있었던 것처럼 그 말씀이 우리를 통해 선포될 때 듣고 순종하는 하나님의 자녀들이 나온다는 사실이다. 이처럼 예수를 따르는 모든 사람들은 예수의 고난과 영광을 동일하게 경험한다. 고난만 주어지는 경우도 없고 영광만 주어지는 경우도 없다는 사실을 정확히 이해한 바울은 이렇게 고백한다. "우리가 그와 함께 영광을 받기 위하여 고난도 함께 받아야 할 것이니라"(롬 8:17). 예수를 따르는 모든 이들에게 고난과 영광은 불가분의 짝꿍이다.

그런데 아우구스티누스는 예수께서 조금 전에는 제자들을 종이라고 부르지 않겠다(요 15:15)고 하시고서 이 구절에서 다시 주인과 종의 관계를 언급하신 그의 '모순'을 주목한다. 그리고 여기에서 말하는 "종"은 "영원히 지속되는 정결한 경외에 의해 구별되는 종"을 뜻한다고 해명한다. 왜냐하면 이 종은 착하고 충성된 종이라는 주님의 평가를 받아 주인의 기쁨에 참여하기 이전의 상태이기 때문이다(마 25:21). 아퀴나스는 교부의 생각을 풀어서 이렇게 설명한다. 앞에서의 종은 굴종적인 두려움 즉 형벌의 두려움에

처한 종을 의미하고, 여기에서 말하는 종은 순수한 경외심을 가진 종이라
고 한다. 내가 보기에 앞에서의 종은 인격적인 교류가 없어서 주인이 하는
일을 알지 못하는 종을 의미하고, 뒤에서의 종은 세상이 보기에도 예수를
주로 모시고 순종하며 따르는 사람을 의미한다.

> ²¹그러나 [사람들이] 나의 이름으로 말미암아 이 모든 일을
> 너희에게 행할 것인데 이는 그들이 나 보내신 분을 알지 못하기 때문이다

세상은 제자들을 미워하고 박해할 것인데 이는 그들이 예수 보내시는 분
을 알지 못하기 때문이다. 그래서 바울은 예수께서 바로 그를 보내신 하나
님의 지혜라는 사실을 알았다면 "영광의 주를 십자가에 못 박지 아니"했을
것이라고 한다(고전 2:8). 아우구스티누스는 예수의 말씀에서 "이 모든 일"
을 주목한다. 그리고 미움은 있는데 박해가 없거나 박해는 있는데 미움이
없는 상황은 발생하지 않고 미움과 박해 모두가 그들에게 일어날 일이라
는 점을 강조한다. 이 구절에서 원인을 살펴보면, 미움과 박해의 직접적인
이유는 예수의 이름 때문이고 근원적인 이유는 그를 보내신 분에 대한 무
지 때문이다.

아퀴나스는 세상의 무지가 예수에 대한 "참된 신앙과 헌신된 사랑"의 부
재에서 비롯된 것이라고 해석한다. 이는 "나를 알았다면 내 아버지도 알았
을 것이라"(요 8:19)는 예수의 말씀에 근거한다. 칼뱅은 세상의 무지가 그들
이 "이해하지 못하거나 모르기 때문이 아니라 그들에게 있는 지식이 혼잡
하고 속히 사라지고 말 것이기 때문"에 초래된 것이라고 진단한다. 무지의
원인이 세상에게 있음은 분명하다. 이 구절에 근거하여 키릴루스는 예수와
제자들을 미워하고 박해하는 세상이 심각한 정죄를 당하는 두 가지의 근
거로서 이중적인 죄악을 제시한다. 첫째는 예수의 근원이신 아버지 하나님

에 대한 세상의 무지 즉 무신론 때문이다. 둘째는 그런 무지 속에서 세상이 아버지 하나님의 참된 지혜를 힐책하기 때문이다.

만약에 우리가 당하는 미움과 박해가 예수의 이름이나 아버지 하나님에 대한 무지와 무관한 것이라면 이는 다른 원인에 근거한 것이며 영예롭지 않고 부끄러운 고난이다. 예수의 이름과 아버지에 대한 무지 때문에 고난을 받는다면 그것은 큰 복이고 영광이다. 예수라는 "의를 위하여 박해를 받은 자"에게는 천국을 소유하는 복이 주어지기 때문이다(마 5:10). 고난당할 때마다 우리는 고난 자체보다 그 고난의 원인을 주목하며 고난의 실체를 파악해야 한다.

²²내가 그들에게 와서 말하지 않았다면 그들에게 죄가 없었을 것이지만
지금은 그들의 죄에 대한 핑계가 그들에게 없다

아버지 하나님을 몰라서 예수를 미워하고 예수로 말미암아 그의 제자들을 미워하는 사람들은 어떠한 핑계도 대지 못하고 정죄를 당한다고 예수는 말하신다. 예수는 효과적인 설명을 위해 가정법을 꺼내신다. 만약 예수께서 "그들에게 와서 말하지 않았다면 그들에게 죄가 없었을 것"이라는 가정이다. 이 가정을 풀어서 보면, 예수께서 그들에게 와서 말하셨기 때문에 그들에게 죄가 있음을 의미한다. 여기에서 그들의 "죄"는 무엇인가? 아우구스티누스는 그들의 "죄"가 "모든 죄들이 포함되어 있는 죄"로서 불신의 죄라고 해석한다. 예수는 자신이 오신 이유를 자신으로 말미암아 "세상이 구원을 받게 하려 하심"이라 하셨고 "그를 믿는 자는 심판을 받지 아니하는 것이요 믿지 아니하는 자는 하나님의 독생자의 이름을 믿지 않음으로 벌써 심판을 받은 것"이라고 말하셨다(요 3:17-18). 아퀴나스는 믿음이 들음에서 나오는데 예수의 가르침을 듣고서도 믿지 않았기 때문에 듣지 않아서 믿

지 않는 불신보다 더욱 심각한 죄라고 지적한다.

그러나 칼뱅은 교부의 해석이 말 자체는 맞지만 본문과는 무관한 것이라고 평가한다. 죄의 문맥적인 의미는 예수를 보고 그의 말을 듣고서도 "하나님을 악하게 배척"한 것이라고 주장한다. 24절의 표현을 빌리자면, 그들의 죄는 예수와 아버지에 대한 미움이다. 이렇게 죄 문제를 지적한 예수의 의도는 "용서를 약속하고 있는 것이 아니라 하나님의 은혜를 완고하게 배척한 그의 원수들을 정죄하는 가운데 그들에게 사면이나 자비의 여지가 추호도 없다는 점을 뚜렷하게 만들고 있을 뿐"이라고 칼뱅은 해석한다. 나아가 예수의 육체적 임재를 무시한 것이 아니라 그의 가르침을 멸시한 것이 죄의 가장 치명적인 요소라고 설명한다. 말을 멸시한 것은 영혼을 멸시한 것이기 때문에 몸의 멸시보다 더 심각하다. 진실로 예수께서 그들에게 와서 복음을 전하시지 않았다면 그들이 '몰랐다'는 핑계를 대며 자신들의 불신앙과 예수 멸시를 변명할 수 있겠지만 그가 오셔서 복음을 분명한 목소리로 들려 주셨는데 무슨 핑계를 댈 수 있겠는가!

아우구스티누스는 예수께서 오시기 이전 사람들이 그의 가르침을 받지 못했다는 핑계를 댈 수는 있겠지만 멸망을 피할 수는 없다는 점을 지적한다. 그 이유는 비록 "율법이 없었을 때에는 죄를 죄로 여기지" 않았지만(롬 5:13) "무릇 율법 없이 범죄한 자는 또한 율법 없이 망한다"고(롬 2:12) 바울이 가르치기 때문이다. "율법으로 말미암지 않고는 내가 죄를 알지 못"하지만(롬 7:7) 율법을 접하지 못하여 죄를 모른다고 해서 멸망의 핑계가 되지는 못한다는 사실에 근거할 때, 예수와 그의 가르침을 모른다고 해서 멸망을 피하는 것은 아니라는 논리가 충분히 성립한다. 아퀴나스는 요한의 논리와 바울의 논리가 유사함을 지적한다. 실제로 바울도 하나님은 만물을 통해 당신의 신성과 능력을 만민에게 분명히 보이셨기 때문에 누구도 핑계할 수 없다고 증거한다(롬 1:20). 요한은 예수를 보고 그의 가르침을 실제로 들은 사람들을 주목하고 있지만, 바울은 핑계의 없음을 특정한 민족이나 지역이나 시대가 아니라 온 천하의 만민에게 적용하고 있다.

23나를 미워하는 자는 내 아버지도 미워한다

예수를 보내신 아버지 하나님을 모르면 세상은 예수를 미워하고 박해한다. 그런데 예수를 미워하는 자는 그를 보내신 아버지도 미워한다. 예수에 대한 세상의 태도와 아버지에 대한 세상의 태도가 서로 결부되어 있다. 여기에서 우리는 예수와 아버지 하나님이 하나라는 사실을 세상의 반응이 증명하고 있음을 확인한다. 과연 예수는 하나님의 아들이다. 아우구스티누스는 유대인이 하나님을 절대로 미워하지 않는다고 대답할 것이라는 점을 주목한다. 그러나 그들의 대답은 착각이다. 교부의 지적처럼, 아들을 사랑하지 않는 자가 어떻게 그의 아버지를 사랑할 수 있겠는가! 진리를 사랑하지 않는 자가 어찌 진리의 아버지를 사랑하며, 정의를 사랑하지 않는 자가 어떻게 정의의 아버지를 사랑할 수 있겠는가!

사실 예수는 유대인이 아버지 하나님을 알지 못한다고 앞에서 말하셨다. 이에 아우구스티누스는 알지 못하는 하나님을 유대인이 어떻게 미워할 수 있느냐고 질문한다. 사람에 대해서도, 모르는 사람을 사랑하고, 모르는 사람을 미워하는 것은 가능하지 않다. 그런데도 예수는 그들이 자신을 미워하고 아버지도 미워하고 있다고 말하신다. 예수의 말씀이 옳다면, 유대인은 자신이 알지도 못하는 아버지 하나님을 미워하고 있다. 그들이 미워하지 않는다고 생각하는 하나님은 진짜 하나님이 아니라 교부의 말처럼 "근거 없는 맹신"의 산물이다.

예수로 말미암지 않은 모든 하나님 지식은 허상이다. 예수로 말미암지 않고는 누구도 아버지 하나님께 나아가지 못하기 때문이다(요 14:6). 하나님을 아는 지식만이 아니라 사람과 사물과 사건에 대해서도 그러하다. 예수로 말미암지 않으면 그 모든 것들에 대한 지식은 허상이다. 예수는 진리이고 정의이고 공의이고 자비이고 공평이고 화평이고 하나님의 형상이고 권능의 말씀이고 빛이고 용서이기 때문이다. 성경에 대해서도 그러하다. 모든 성경이 예수를 가리켜 기록된 것이기 때문에 예수로 말미암지 않으면 성경의 진의에서 멀어진다.

유대인은 예수의 말씀으로 말미암아 심히 억울하다. 만민 중에서 하나님을 유일하게 사랑하고 가장 사랑하는 민족으로 스스로를 평가하고 있기 때문이다. 예수 때문에 유대인은 졸지에 하나님을 알지도 못하고 그를 미워하고 그의 아들도 미워하는 심히 불경한 민족으로 전락했다. 그런데 예수의 이 지적은 모두 사실이다. 하나님 사랑을 확신하고 있는 유대인이 틀렸다는 것은 얼마나 두려운 사실인가! 너무도 은밀한 속임수의 희생물이 된 유대인의 모습은 오늘날 우리와 무관하지 않다. 우리의 하나님 사랑은 과연 진실한가? 정말 예수로 말미암은 아버지 사랑인가? 예수로 말미암아 아는 하나님을 사랑하는 것은 어떠한 사랑인가? 예수께서 우리를 사랑하신 것처럼 우리가 서로를 사랑하면 우리의 아버지 사랑은 진실하다. 그런 사랑이 우리에게 없다면 우리는 과연 유대인의 착각처럼 허상을 사랑하고 있음에 분명하다.

24내가 다른 누구도 행하지 못한 일들을 그들 가운데서 행하지 않았다면
그들에게 죄가 없었을 것이지만
지금은 그들이 나와 내 아버지 모두를 보았고 또 미워했다

예수께서 오셔서 말하지 않았다면 그것을 들은 사람들이 무죄했을 것이지만 들어서 핑계할 수 없었던 것처럼 이번에는 예수께서 그들 앞에서 누구도 행하지 못하는 기적들을 행하시지 않았다면 그들에게 "죄"(ἁμαρτία)가

없었을 것이라고 말하신다. 하지만 그들이 예수와 그의 아버지 모두를 보았고 미워했기 때문에 죄가 있으며 핑계할 수 없다는 결론을 내리신다. 이들의 "죄"는 대단히 심각하다. 보지 않고 믿는 믿음이 가장 아름답고, 그 다음이 보고 믿는 믿음이다. 나쁜 것은 보이지 않아서 믿지 못하는 것이고, 가장 나쁜 것은 보고서도 믿지 않는 것인데, 예수와 아버지 "모두"를 보고서도 믿지 않는 자들의 죄는 더더욱 막대하다. 나아가 믿지 않았다는 소극적인 태도만이 아니라 미워하고 박해하는 적극적인 공격까지 저질렀기 때문에 그들의 죄는 더 심각하고, 게다가 그들이 미워하고 박해하는 대상인 예수는 그들에게 어떠한 해도 끼치지 않으셨고 어떠한 죄도 없으시며 오히려 진리의 가르침과 기적의 은총을 베푸시며 그들에게 예수와 아버지를 보이셨기 때문에 그들의 죄는 실로 최악이다. 과연 어떠한 죄가 그들의 죄보다 더 악질일 수 있겠는가!

이 구절에서 아우구스티누스는 "다른 누구도 행하지 못한 일들"을 주목한다. 칼뱅은 이 "일들"을 예수께서 "하나님의 자녀"라는 자신의 "거룩한 영광에 대해서 제공하신 모든 증거들"로 이해한다. 요한복음 내에서 본다면, 이 "일들"은 물을 포도주로 바꾸신 기적, 멀리서 말씀으로 신하의 아들을 고치신 기적, 38년 된 병자를 고치신 기적, 5천명을 먹이신 기적, 물 위를 걸으신 기적, 태생적인 맹인을 고치신 기적, 죽은 나사로를 살리신 기적이다. 그런데 교부가 보기에 이러한 기적들은 예수를 미워할 이유가 아니라 사랑해야 할 원인이다. 기적 자체로도 사랑해야 하겠지만 그 기적이 의미하는 바 예수의 신성을 보여주기 때문에 예수와 그를 보내신 아버지를 더더욱 사랑해야 한다. 그런데도 예수의 말씀을 듣고 그의 기적까지 목격한 자들이 예수와 아버지 하나님을 미워한다. 너무도 부당하고 상식과 논리에도 맞지 않는 미움이다.

²⁵그러나 이것은 그들의 율법에 기록된 바

'그들이 까닭 없이 나를 미워했다' 하는 말을 성취하기 위함이다

이 구절은 예수의 말씀과 기적을 경험한 자들의 터무니없는 미움을 해명
한다. 즉 아버지 하나님과 예수와 그의 제자들에 대한 그들의 미움은 "그
들이 까닭 없이 나를 미워했다" 라는 말씀의 성취를 위한 것이었다. 이해
가 마비된 지점에서, 기록된 말씀이 진실을 풀어준다. 이처럼 하나님의 입
에서 나온 모든 말씀은 단 한 마디도 헛되이 돌아가지 않고 하나님의 기뻐
하는 뜻을 이룬다는 이사야의 예언(사 55:11)은 무서울 정도로 정확하게 실
현된다. 예수께서 인용하신 구절은 "그들의 율법"에 기록된 것이라고 한다.
하지만 모세오경 안에서는 그런 구절이 없기 때문에 칼뱅을 비롯한 여러
학자들은 인용된 글의 출처가 시편(35:19, 38:19, 69:4, "까닭 없이 나를 미워하는
자")일 것이라고 주장한다. 이는 다윗을 포함한 "모든 선지자의 전체 가르
침은 율법에 대한 일종의 보충"이기 때문이다. 아레티우스는 비록 누가복
음 24장에서는 모세오경 전체를 가리키는 말로 율법이 쓰였으나 여기에서
쓰인 "율법"은 구약 전체로 가리키는 것이라고 주장한다. 실제로 이 복음
서의 저자는 10장 34절에서도 동일한 어법을 사용한다. 거기에서 "율법에
기록된 것"이라고 한 인용문도 율법서가 아니라 시편(시 82:6)에서 가져왔
다. 아레티우스의 이러한 주장에 나는 동의한다.

베자는 예수께서 율법을 "그들의" 것이라고 한 부분을 주목한다. 처음에
율법을 받은 수령자가 자기 율법에 의해서 정죄를 당하는 모양새가 이 부
분에서 묘사되고 있기 때문이다. 이는 "너희를 고발하는 이가 있으니 곧 너
희가 바라는 자 모세"(요 5:45)라는 예수의 말씀과도 연관되어 있다. 칼뱅은
이치에 가장 어긋나는 유대인의 미움을 "그들에게 상속을 통해 전수되어
온 율법에 그들의 행동이 명백하게 기록되어 있는 것"이라고 이해한다.
"그들의 율법"은 특별한 이유도 없이 예수를 미워한 그들과 다윗을 미워한

그들의 조상은 다르지 않다는 점을 명료하게 고발한다.

진실로 다윗 주변에는 그와 "부당하게 원수 되고" "까닭 없이 미워하는" 자들이 많았는데, 다윗이 그렇게 말한 이유는 "악으로 선을 대신하는 자들이 내가 선을 따른다는 것 때문에 나를 대적"하되(시 38:20) "까닭 없이 나를 잡으려고 그들의 그물을 웅덩이에 숨기며 까닭 없이 내 생명을 해하려고 함정을 팠"고(시 35:7), "내게 선을 악으로 갚아 그의 영혼을 외롭게" 하였다(시 35:12)는 다윗의 말에서 확인된다. 미움은 참으로 요물이다. 아무런 까닭도 없이 작용한다. 여기에서 "까닭"은 미움에 합당한 잘못이나 허물과 같은 정당한 사유를 의미한다.

그런데 그러한 까닭이 없어도 미워하는 것은 미움의 까닭이 외부에 있지 않고 내부에 있음을 암시한다. 즉 부당한 미움은 아담의 타락으로 말미암아 부패한 본성의 작용이다. 역사의 시작을 보면, 인간은 태초부터 하나님을 동등한 라이벌로 의식했다. 이런 의식은 교만이다. 그 교만은 하나님과 인간의 관계를 명령과 순종으로 규정하는 것을 싫어했다. 그래서 하나님의 명령을 거부했다. 온 인류가 그런 의식을 유산으로 물려받아 지금도 하나님을 무조건 미워하고 거부한다. 인간의 보이지 않는 본성에서 비롯된 미움을 설명할 문법이 이 세상에는 없다. 그런 미움은 하나님의 계시, 즉 예수의 말씀을 통해서만 알려진다. 인간의 부패한 본성은 아버지 하나님도, 그가 보내신 예수도 무작정 싫어한다. 그러나 하나님을 사랑하는 사람은 "거짓을 미워하며 싫어하고 주의 율법을 사랑"한다(시 119:163). 유대교의 리더들은 사도들이 "예수 안에 죽은 자의 부활이 있다고 백성을 가르치고 전함"을 극도로 싫어했다(행 4:2). 유대인이 예수에게 저지른 죄의 심각성에 대해 언급한 것처럼, 성경에 언급된 까닭 없는 미움 중에서도 예수에 대한 유대인의 지극히 부당한 미움은 단연 으뜸이다.

오늘날 우리도 예수와 제자들이 당한 까닭 없는 싫어함과 미움을 경험한다. 우리에게 잘못이 있다면 반성하고 사과해야 한다. 어떠한 까닭이 없더라도 우리는 조베스의 조언처럼 "하나님의 구속적인 계획에서 벗어난 것이 아니라"는 점을 기억해야 한다. 예수의 시대에 성취된 예언은 지금도 반복되고 있다. 예수께서 부당한 미움을 당하고 그의 제자들이 부당한 미움을 당했다면 예수를 따르는 우리가 부당한 미움을 당하는 것은 당연하다. 부당한 미움을 구속사의 한 부분으로 이해하며 인내하는 것은 지혜로운 처신이다.

그러나 보다 지혜로운 처신은 까닭 없는 사랑이다. 까닭 없는 미움에는 까닭 없는 사랑으로 응수하는 것이 가장 성경적인 대응이다. 물론 까닭 없는 사랑을 주는데 까닭 없는 미움을 받는다면 핀트가 어긋난다. 심히 부당하고 억울하다. 그러나 주님께서 우리에게 까닭 없이 베푸신 사랑의 무한한 분량을 생각하면 미움의 벽 앞에서도 그 벽이 뚫릴 때까지 까닭 없는 사랑의 지속은 얼마든지 가능하다. 까닭 없는 미움을 까닭 있는 미움으로 갚아주고 싶은 마음을 합리화한 생각도 자제해야 한다. 이유야 어떠하든 일단 미워하면 그만큼 미움의 진영이 박수 칠 일이고 사랑의 진영은 그만큼 위축될 일이기 때문이다. 거시적인 안목으로 사랑의 총량을 키우는 방향으로 처신하는 것이 까닭 없는 사랑을 베푸신 예수께 속한 자들에게 가장 합당하다.

26내가 아버지로부터 너희에게 보낼 보혜사 곧 아버지로부터 나오시는
진리의 영이 오실 때 그가 나에 대하여 증언하실 것이고

예수를 보고 그의 가르침을 듣고 그의 기적을 본 자들은 예수와 아버지 하나님을 보았어도 둘 다 미워했다. 이러한 자들과 대척점에 있는 분은 성령이다. 예수는 보혜사 성령 즉 진리의 영이 아버지의 보내심을 받아 임하시면 "나에 대하여(περὶ ἐμοῦ) 증거하실 것"이라고 말하신다. 제자들은 앞으로

사람들의 부당한 미움과 박해라는 소용돌이 속에서 큰 고난을 당할 것이지만 진리의 입이 봉쇄되지 않는 이유는 곧 오실 성령께서 그들에게 예수에 대하여 증언하실 것이기 때문이다. 진리의 영이 그들 편이시다. 이러한 맥락에서 칼뱅은 "성령을 통해서 우리 마음에 새겨진 하나님의 진리가 세상의 모든 것을 물리칠 것"이라고 단언한다. 그에 의하면, 제자들의 신앙이 꺾이지 않고 소멸되지 않는 이유는 "하늘에서 그들에게 주어진 성령의 내적이고 은밀한 증거와 언제나 결부되어" 있기 때문이다. 실제로 제자들은 온갖 능욕 당함을 기쁘고 당연하게 여기면서 유대의 최고 지도자들 앞에서도 믿음을 지켰으며 그리스도 예수의 부활을 증거함에 있어서 심히 당당했다(행 5:41-42). 이 모든 게 성령 덕분이다. 진리의 영 때문에 진리는 세상 끝날까지 존속되고 전파된다.

보혜사 성령은 진리의 영이시며 예수에 대해 증언하실 분이시다. 예수 증거는 성령의 중심적인 사역이고 성령은 오직 예수를 증거한다. 그러므로 우리는 성령께서 우리에게 예수 이외에 다른 미래의 어떤 일들에 대해 예언해 줄 것에 집착하지 않도록 주의해야 한다. 예수와 무관한 지적 호기심에 물음표를 붙여 성령에게 민원을 넣으면서 신비로운 이야기 듣기를 기대하는 욕심이 우리의 마음에 잉태되면 우리는 죄에 빠지고 그 죄가 우리를 사망으로 안내하기 때문이다. 성령을 도깨비 방망이로 여기며 개인의 사사로운 소원을 들어 달라고 생떼를 부리는 것은 일반인이 보기에도 참으로 경박하고 민망하다. 성령으로 충만한 바울은 그리스도 예수와 그의 십자가 외에는 어떠한 호기심도 가지지 않기로 작정했다(고전 2:2). 그의 이러한 작정은 성령의 고유한 사역이 예수에 대한 증거라는 사실을 정확하게 인식했기 때문에 가능했다. 예수를 향한 성령의 사역에서 우리는 예수가 우리의 신앙과 삶에 전부라는 사실을 확인한다. 이 복음서의 저자를 비롯한 모든 사도들은 성령의 감동을 받아 그런 예수의 메시아와 하나님의 아들 되심을 증거했다.

예수는 자신에 대한 성령의 증거를 받은 제자들도 증언하게 될 것이라고 말하신다. 아우구스티누스는 성령과 제자들의 동시적인 증거에 대해 성령이 "증거할 것이기 때문에 너희도 증거할 것이고 그는 너희의 마음에서, 너희는 너희의 목소리로, 그는 영감으로, 너희는 발언으로" 증거할 것이라고 묘사한다. 아무리 무지한 사람도, 아무리 어눌한 사람도, 아무리 연약한 사람도, 아무리 가난한 사람도, 아무리 비천한 사람도 성령의 임재로 가르침과 권능을 받으면 예수의 놀라운 증거자가 된다. 모세는 "입이 둔한 자"였으나 입을 만드신 하나님이 아론을 그의 대언자로 붙이셨고(출 6:30-7:1), 예레미야 선지자는 "나는 아이라 말할 줄을 알지 못"한다고 하였으나 하나님은 "그의 손을 내밀어" 선지자의 입에 대시며 "내가 내 말을 네 입에 두었"고 말하시며 그를 자신의 입술로서 백성에게 보내셨고(렘 1:6-7), 솔로몬은 "작은 아이라 출입할 줄을 알지 못"했으나 지혜의 주인이신 하나님은 모든 사건에 출입할 줄을 알도록 "지혜롭고 총명한 마음"을 그에게 베푸셨다(왕상 3:7, 12).

특별히 제자들은 "처음부터 나와 함께 있었기 때문에" 증언한다. 원인은 예수와의 동거이고 결과는 증언이다. 예수와 동거하는 목적은 그를 증거하기 위함이다. 마가는 예수께서 제자들 열둘을 세우신 이유를 세 가지로 구분한다. 첫째는 예수와 함께 하기 위함이고, 둘째는 그들을 보내어 전도하게 하기 위함이고, 셋째는 귀신을 내쫓는 권능을 가지게 하기 위함이다. 이 유들의 순서가 중요하다. 예수와의 동거와 동행이 다른 무엇보다 우선이다. 이것이 구비되지 않으면 다른 두 가지의 목적도 사라진다. 우리는 실제로 주님과 함께 거하고 행하는가? 두 번째로 중요한 것은 예수에 대한 제자들의 증언이다. 우리는 그들이 승인한 구약과 그들이 저술한 신약이 예수를 가리켜 기록된 것임을 믿는가? 세 번째로 중요한 것은 귀신을 내쫓으며 마귀의 일들을 저지하는 권능이다. 우리는 성령의 권능으로 성령의 열매를 맺는가? 우리의 삶은 우리를 부르시고 세우신 주님의 목적에 부합한가?

예수는 공생애의 첫 순간부터 제자들을 부르셨고 3년 동안 동거하고 동행했다. 그러나 때때로 제자들은 그들을 택하신 예수의 의도와는 무관하게 예수 곁에서도 정치적인 자리를 탐하였고 뱀과 전갈을 밟고 귀신을 쫓아내는 영적인 권능 행사에 희열과 흥분을 감추지 못하였다. 예수와의 동행 없이 놀라운 전도로 종교적인 명성을 떨치거나 희귀한 기적 행함으로 세상의 시선을 다 차지하는 것은 무엇보다 제자들 자신에게 재앙이다. 그러나 성령의 임재로 말미암아 본래의 목적으로 돌아왔다. 그런데 예수와의 동거와 동행은 제자들의 전유물이 아니었다. 예수는 하늘로 올라가실 때에 우리 모두를 위한 약속을 남기셨다. "내가 세상 끝날까지 너희와 항상 함께 있으리라"(마 28:20). 이는 예수와 우리의 영원한 동거에 대한 약속이다. 무엇을 위함인가? 예수와의 동거는 그 자체에 머물지 않고 반드시 전도와 열매 맺는 역동적인 삶을 유발한다. 처음부터 그와 함께 있었던 제자들이 증거했던 것처럼 우리가 그와 함께함도 복음을 증거하기 위함이고 진리를 살아내기 위함이다. 예수와 동거하고 동행하는 사람은 예수를 전하지 않으면 견딜 수 없고 삶의 열매를 맺지 않는다는 것이 그에게는 도무지 이해할 수 없는 모순이다. 우리가 죽어서 그분에게 갈 때까지 우리의 존재 이유는 말과 삶에서 성령의 권능으로 말미암은 예수 증언이다. 이러한 예수 증언의 이면에서 마귀의 일을 제어하는 목적은 저절로 성취된다.

요 16:1-11

¹내가 이것을 너희에게 이름은 너희로 실족하지 않게 하려 함이니 ²사람들이 너희를 출교할 뿐 아니라 때가 이르면 무릇 너희를 죽이는 자가 생각하기를 이것이 하나님을 섬기는 일이라 하리라 ³그들이 이런 일을 할 것은 아버지와 나를 알지 못함이라 ⁴오직 너희에게 이 말을 한 것은 너희로 그 때를 당하면 내가 너희에게 말한 이것을 기억나게 하려 함이요 처음부터 이 말을 하지 아니한 것은 내가 너희와 함께 있었음이라 ⁵지금 내가 나를 보내신 이에게로 가는데 너희 중에서 나더러 어디로 가는지 묻는 자가 없고 ⁶도리어 내가 이 말을 하므로 너희 마음에 근심이 가득하였도다 ⁷그러나 내가 너희에게 실상을 말하노니 내가 떠나가는 것이 너희에게 유익이라 내가 떠나가지 아니하면 보혜사가 너희에게로 오시지 아니할 것이요 가면 내가 그를 너희에게로 보내리니 ⁸그가 와서 죄에 대하여, 의에 대하여, 심판에 대하여 세상을 책망하시리라 ⁹죄에 대하여라 함은 그들이 나를 믿지 아니함이요 ¹⁰의에 대하여라 함은 내가 아버지께로 가니 너희가 다시 나를 보지 못함이요 ¹¹심판에 대하여라 함은 이 세상 임금이 심판을 받았음이라

❖ ❖ ❖

¹내가 이것들을 너희에게 말하는 것은 너희가 실족하게 되지 않기 위함이다 ²사람들은 너희를 출교된 자로 만들리라 그러나 때가 이르면 너희를 죽이는 모든 자가 [그것을] 하나님께 경배를 드리는 것이라고 여기리라 ³그들이 이런 일들을 행하는 것은 그들이 아버지와 나를 알지 못하기 때문이다 ⁴내가 너희에게 이것들을 말하는 것은 그들의 때가 이르렀을 때 너희가 그것들에 대해 내가 너희에게 말한 것을 기억나게 하기 위함이다 하지만 처음부터 내가 이것들을 너희에게 말하지 않은 것은 내가 너희와 함께 있었기 때문이다 ⁵그런데 지금 내가 나를 보내신 이에게로 떠나는데 너희 중에 누구도 나에게 '당신은 어디로 가시냐'고 묻지 않고 ⁶도리어 내가 이것들을 말하므로 근심이 너희 마음에 가득하게 되었구나 ⁷그러나 나는 너희에게 진실을 말하겠다 내가 떠나가는 것이 너희에게 유익하다 이는 만약 내가 떠나지 않는다면 보혜사가 너희에게 오시지 않을 것이고 내가 떠난다면 내가 그를 너희에게 보낼 것이기 때문이다 ⁸그가 오면 죄에 대하여, 의에 대하여, 심판에 대하여 세상을 책망할 것이다 ⁹죄에 대하여라 함은 그들이 나를 믿지 않기 때문이고 ¹⁰의에 대하여라 함은 내가 아버지께 가서 너희가 더 이상 나를 보지 못하기 때문이고 ¹¹심판에 대하여라 함은 이 세상의 임금이 심판을 받았기 때문이다

실족하지 않으려면

세상이 제자들을 미워하고 박해하고 죽인다는 예수의 예견은 제자들을 근심에 빠뜨린다. 동시에 성령의 오심에 대한 예수의 예견은 그 근심에서 꺼내 기쁨에 빠뜨려야 한다. 두 가지를 미리 말씀하신 이유는 제자들로 하여금 실족하지 않게 하기 위함이다. 그러나 지금 제자들은 예수의 긍정적인 예견보다 부정적인 예견이 마음에 걸려 수심이 가득하다. 이에 예수는 자신보다 성령이 그들과 함께 있는 것이 더 유익함을 밝히신다. 성령께서 오시면 그가 세상을 책망하실 것이라는 예수의 말씀이 제자들을 위로한다. 성령께서 제자들을 괴롭히는 세상에 하늘의 꾸지람을 내리시니 얼마나 큰 위로인가! 성령은 죄와 의와 심판에 대해 세상의 실상을 드러내는 방식으로 세상을 책망하며 제자들로 하여금 그런 세상에 속하여 책망의 대상이 되지 말고 예수께 속하라고 가르친다. 이처럼 성령의 책망은 세상에 대한 것인 동시에 제자들의 실족을 방지하는 사랑의 훈육이다.

¹내가 이것들을 너희에게 말하는 것은 너희가 실족하게 되지 않기 위함이다

예수는 지금까지 말씀하신 내용의 목적을 밝히신다. 목적이 명료하다. 즉 제자들이 "실족하게 되지"(σκανδαλισθῆτε) 않기 위함이다. 실족은 넘어지는 것, 즉 하나님의 질서와 기준을 이탈하여 죄를 저지르는 것을 의미한다. 이 구절에서 나는 세 가지의 의미를 추론한다. 첫째, 예수의 모든 말씀에는 목적이 있다는 사실이다. 이사야를 통해 하나님은 "내 입에서 나가는 말"이 "헛되이 내게로" 돌아오지 않고 "나의 기뻐하는 뜻을 이루며 내가 보낸 일에 형통"할 것이라고 말하셨다(사 55:11). 예수의 입에서 나오는 말씀에도 헛되이 나오는 것이 한 마디도 없고 분명한 뜻을 가지고 있으며 그 목적은 반드시 성취된다. 둘째, 목적의 하나는 제자들의 실족하지 않음인데, 그들은 예수의 말씀을 듣지 않으면 실족하게 된다는 사실이다. 예수의 말씀이 방향을 제시하고 은혜와 능력을 주지 않으면 일그러진 세상의 기울어진 가치관에 휩쓸리며 가만히 있어도 이미 기울어진 죄를 저지르게 된다. 셋째, 실족하지 않는 비결은 예수의 말씀을 들어야 한다는 사실이다. 이런 면에서 "주께 범죄하지 아니하려 하여 주의 말씀을 내 마음에 두었다"는 시인은 지혜롭다(시 119:11). 말씀을 듣는 기관은 귀가 아니라 마음이다. 마음에 말씀을 저장하는 방법은 믿음이다.

칼뱅은 이 구절에서 예수께서 자신을 "따르는 자들을 비무장 상태로 전쟁터에 내보내지 않으시는" 그의 자상함과 배려를 읽어낸다. 전쟁의 패배는 물리적인 대적에게 항복하는 것이 아니라 하나님을 떠나 죄를 범하는 것인데, 예수의 말씀이 있으면 우리를 올바른 길에서 벗어나게 할 모든 위험을 정확히 간파하고 극복할 것이기 때문에 영적 전쟁에서 반드시 승리한다. 그런데 칼뱅은 예수의 가르침을 "제대로 습득하는 사람이 없다는 사실"에 탄식한다. 그러므로 우리는 세상이 예수로 말미암아 세상에 속하지 않은 우리를 까닭 없이 미워하고 박해할 것이지만 보혜사가 오셔서 도우

실 것이라는 예수의 자상한 말씀을 마음에 새기고 성령께 전적으로 의지해야 한다. 키릴루스는 제자들이 너무 몰라서 충격에 빠지거나 너무 많이 알아서 근심과 두려움에 빠지는 일이 없도록 예수께서 앞으로 일어날 일들에 대해 최적의 분량을 말씀해 주셨다는 예수의 자상함을 읽어낸다. 진실로 예수는 제자들이 실족하지 않도록 남지도 않고 모자람도 없이 가장 긴요한 내용의 정확한 분량만 말하셨다. 말의 내용을 선별하고 분량을 정하는 것은 상대방에 대한 사랑이다.

　　　　2사람들은 너희를 출교된 자로 만들리라 그러나 때가 이르면
너희를 죽이는 모든 자가 [그것을] 하나님께 경배를 드리는 것이라고 여기리라

예수는 유대인에 의한 박해의 대표적인 사례로서 출교와 순교의 문제를 다루신다. 출교의 문제는 새로운 것이 아니라 9장에서 이미 다루었던 사안이다. 그곳에서 저자는 누구든지 예수를 메시아로 여기고 고백하면 출교라는 중징계를 받는다는 유대교의 결의를 언급했다(요 9:22). 이러한 결의를 고려할 때, 예수를 따르고 그를 타인에게 증거할 제자들이 출교를 당할 것이라는 것은 쉽게 예측된다. 그런데 예수를 따르는 자들과 유대교를 고수하는 자들 사이에 출교로 인한 분리는 어쩌면 당연하다. 양 진영이 모두 "하나님께 열심"인 것은 사실이다. 하지만 종교적인 구호는 같으나 방향과 목적이 다른 두 열심의 동행은 결코 가능하지 않다. 유대교는 "하나님의 의를 모르고 자기 의를 세우려고 힘써 하나님의 의에 복종하지 아니하"는 무리이고(롬 10:3), 제자들은 하나님의 나라와 의를 추구하는 무리이기 때문에 두 진영의 분리는 필연이다.
　　출교는 교제와 교류의 단절을 의미한다. 이것은 세상의 소극적인 핍박이다. 그러나 세상은 거기에 만족하지 않고 적극적인 핍박을 결의한다. 그

핍박은 죽임이다. 예수는 때가 이르면 유대교가 출교하는 것을 넘어 다양한 사람들이 제자들을 죽일 것이라고 한다. 이처럼 박해는 제자들을 유대 사회에서 배제하는 단계를 지나 이 지구에서 제거하는 단계로 넘어간다. 실제로 예수의 제자들은 이후에 다양한 지역에서 순교의 벼랑으로 내몰린다. 박해도 생물이다. 시간이 갈수록 박해의 강도는 높아진다. 진리를 미워하고 진리를 격리하고 급기야 진리의 숨통을 끊어야 직성이 풀리는 세상의 속성 때문이다. 이는 마치 저자가 서신에서 말한 것처럼 "미워하는 자마다 살인하는 자"(요일 3:15)라는 진리가 시간차를 두고 나타나는 양상이다. 예수라는 진리 따르는 자들을 죽인다는 것은 마귀라는 거짓의 아비를 따르는 자들이 보기에는 불의가 아닌 정의이고 불법이 아닌 합법이다. 그들은 진리의 입을 틀어막고 그 입 자체를 제거하여 진리의 흔적마저 깨끗이 지우는 것을 최고의 공무 집행으로 간주한다.

심지어 유대인은 예수 따르는 무리를 제거하는 것을 "하나님께 경배를 드리는 것"이라고 이해한다. 바울이 증인이다. 이는 지극히 경건한 스데반을 돌로 처형하는 사건에서 극명하게 드러난다. 사도행전 저자인 누가는 주치의의 신분으로 자신이 섬긴 바울의 이름을 그 사건에서 거명한다(행 7:58). 최초의 순교를 일으킨 사건의 배후자로 지목된 바울은 당시 "유대교를 지나치게 믿어 내 조상의 전통에 대하여 더욱 열심이 있었"다고 고백한다(갈 1:14). 유대교는 유일하신 하나님을 경외하고 그의 계명에 순종하는 일에 목숨을 거는 종교였다. 바울은 그런 유대교에 자신의 또래보다 훨씬 큰 열심으로 "하나님의 교회를 심히 박해하여 멸하"고자 했다(갈 1:13). 그에게는 기독교 박해가 하나님을 특심으로 섬기는 가장 경건한 삶이었기 때문이다.

물론 예수를 만난 이후에는 자신이 "전에는 비방자요 박해자요 폭행자"로 살았음을 술회하며 죄인 중에서도 괴수라고 고백한다(딤전 1:13, 15). 나아가 그때의 자신을 비롯한 유대교의 열심은 "올바른 지식을 따른 것이 아니'라고 바울은 진단한다(롬 10:2). 그 열심은 하나님의 법을 거스르는 것이었다. 그런데 하나님의 법에 역주행을 일삼는 것이 최고의 경건으로 오도되는 것은 초대교회 시대의 전유물이 아니라 지금도 사이비 이단들 안에서 명맥이 유지되는 현상이다. 이단들은 거짓과 속임수를 써서라도 기존의 교회를 파괴하고 탈취하는 것이 선교라고 주장한다. 심지어 교회 안에서도 육체의 현저한 일들이 부끄러운 줄도 모르고 교회의 은밀한 문화로 조용히 굳어지고 있다. 이곳저곳에서 돈을 횡령하고 권력과 타협하고 육체를 탐하고 접신을 도모하는 자들의 광기가 무슨 경건의 대단한 경지인 양 충성을 경쟁하고 있다.

³그들이 이런 일들을 행하는 것은 그들이 아버지와 나를 알지 못하기 때문이다

출교하고 죽이는 자들의 배후에는 늘 아버지 하나님과 예수에 대한 무지가 도사리고 있다. 예수와 제자들을 미워하고 박해하고 출교하고 죽이는 유대인의 치명적인 문제가 무지라는 지적이 반복된다. 이에 대하여 칼뱅은 사도들로 하여금 "그들의 맹목적인 광포를 무시하게 하려는 뜻"이라고 해석한다. 진실로 이 구절은 제자들을 향해 유대인의 광포를 겁내지 않고 큰 담력으로 복음을 증거할 것을 가르치는 동시에 그 광포로 인한 순교까지 각오해야 함을 가르친다.

그런데 나는 두 가지를 추가하고 싶다. 첫째, 이는 아버지 하나님과 예수를 올바르게 알지 못하는 이방인도 유대인의 광기를 동일하게 드러낼 것이라는 교훈이다. 실제로 하나님의 사람들은 사도시대 이후로 무려 250년에 가까운 기간 동안 유대인이 아닌 로마인의 제도적인 박해를 감수해야 했다. 둘째, 하나님과 예수에 대해 무지하면 제자들 중에서도 얼마든지 하나님의 사람들을 미워하고 박해하고 살해하는 자들이 나올 수 있다는 교

훈이다. 이런 맥락에서 박윤선은 중세 교회의 부패가 성직자의 무지에서 비롯된 것이며 "평안히 거하여 가르침을 받지 못하면 금수에 가깝다"는 옛 글까지 인용하며 지식의 중요성을 강조한다. 시인도 자신이 하나님 앞에서 짐승과 같은 존재라고 고백한 것은 자신의 어리석은 무지 때문이다(시 73:22). 짐승으로 살지 않기 위해서는 최고의 지식이 필요하다. 구약에서 선지자가 "힘써 여호와를 알자"고 독려하고 신약에서 사도가 "그리스도 예수를 아는 지식"에서 무럭무럭 자라나야 한다고 촉구하는 것은 그 지식이 인생에서 차지하는 비중이 너무도 크고 인생을 지극히 고상하게 만들기 때문이다.

오늘날 이단들은 짐승처럼 교회에 성실하게 다니는 순수한 성도들을 미혹하며 영혼의 숨통을 끊고 재산을 탈취하고 몸을 더럽히려 한다. 하나님과 예수에 대한 무지 때문이다. 그들은 무지를 넘어 왜곡까지 저지른다. 이단들의 불쾌한 존재는 우리에게 하나님과 예수에 대한 무지의 심각성을 보여주는 동시에 지식의 중요성과 필요성도 깨우친다.

4내가 너희에게 이것들을 말하는 것은 그들의 때가 이르렀을 때
너희가 그것들에 대해 내가 너희에게 말한 것을 기억나게 하기 위함이다
하지만 처음부터 내가 이것들을 너희에게 말하지 않은 것은
내가 너희와 함께 있었기 때문이다

예수의 말씀은 제자들로 하여금 출교와 미움과 박해와 순교의 상황 속에서도 실족하지 않게 하기 위함이고 동시에 그 상황에 대한 예수의 예언적인 말씀을 기억나게 하기 위함이다. 제자들은 실족하지 않는 소극적인 목적만이 아니라 예수의 말씀을 기억하고 실천하는 적극적인 목적까지 기억해야 한다. 칼뱅에 따르면, 예수께서 이렇게 말씀하신 이유는 그들에게 세

가지를 당부하기 위함이다. 첫째는 들은 예수의 말씀을 마음에 저장하라. 둘째는 위태로운 상황이 벌어지면 그 말씀을 기억하라. 셋째는 미래의 일들에 대해 예수께서 예견하신 것이 중요함을 인지하라.

평소에는 차분하고 신중한 사람도 실제로 위협을 당하면 당황한다. 그리고 두려움에 떨고 손해와 죽음을 피하기 위해 죄와 은밀하게 결탁한다. 제자들도 예수께서 곁에 계신 지금은 그가 죽는다면 자신들도 같이 죽겠다는 허접한 의리라도 보이지만 나중에 본격적인 박해가 시작되면 예수를 모른다는 거짓말과 그에 대한 저주와 배신 쪽으로 급속히 돌아선다. 이를 반면교사 삼아, 우리는 예수께서 예견하신 박해가 지금 일어나면 그것에 대해 하신 그의 말씀을 기억해야 한다. 즉 세상이 우리를 미워하고 박해하고 죽이려는 이유는 우리가 세상이 아니라 예수에게 속하였기 때문이고 세상이 예수를 미워하기 때문임을 기억해야 하고, 동시에 보혜사 성령이 우리에게 오시면 권능이 임하기 때문에 두려워할 필요가 없고 오히려 예수의 당당한 증인이 된다는 말씀을 꼭 기억해야 한다. 기억하지 못하면 대응의 동력과 방향과 목적을 상실하게 된다.

예수께서 처음부터 말씀하지 않으신 이유는 무엇인가? 그때에는 예수께서 제자들과 함께 계셨기 때문이다. 그때에는 세상이 제자들을 공격하지 않고 그들의 우두머리 되신 예수를 공격했다. 예수의 말씀처럼 "먼저 강한 자를 결박"하는 것은 공격의 기본이다(마 12:29). 왕정 시대에 이스라엘 백성을 공격한 이방인의 왕이 "너희는 작은 자나 큰 자와 더불어 싸우지 말고 오직 이스라엘 왕과 싸우라"고 명령한 것도 같은 맥락이다(왕상 22:31). 이처럼 세상의 칼끝은 언제나 가장 강하신 예수를 겨냥한다. 다르게 보면, 예수께서 제자들에 대한 세상의 모든 공격을 자신의 몸으로 막으셨다. 그래서 제자들의 가장 안전한 피난처는 예수의 그늘 아래였다. 다른 곳은 위험했다. 그래서 예수께서 곁에 계실 때에는 한 순간도 그에게서 떨어지지 않고 동행하는 훈련이 필요했다.

그러나 이제 곧 예수께서 떠나시면 그는 보이지 않는 것을 보지 못하는 세상의 시야에서 사라진다. 세상은 남은 제자들만 주시한다. 당연히 예수가 아니라 제자들을 미워하고 박해하고 죽이려고 한다. 세상의 표적이 된 제자들은 예수께서 다시 오시고 그들의 곁에 계셨을 때처럼 그들을 지키실 것이라는 확신이 필요하다. 그런 확신 속에서의 홀로서기 훈련이 필요하다. 실족하지 않고 증인의 자리에 당당히 서기 위해서는 보이지 않으시는 그리스도 예수의 영 즉 성령의 보호 아래에 머무는 훈련이 필요하다. 제자들은 예수와의 친밀감 속에서 상황에 맞게 훈련하고 처신해야 했다. 이를 위하여 예수는 그들과 함께 계실 때와 떠나실 때에 다른 내용의 말씀으로 그리고 각 상황에 최적화된 방식으로 그들을 다루신다. 하나의 방식만 고집하는 인생은 실패한다. 방식의 다변화가 필요하다. 그런데 성경의 모든 구절들은 우리가 어떠한 위기 속에서도 능히 극복할 수 있는 다양한 비결들로 구성되어 있다. 그 다양한 비결들로 성령은 우리를 지키시고 이끄신다.

5그런데 지금 내가 나를 보내신 이에게로 떠나는데
너희 중에 누구도 나에게 '당신은 어디로 가시냐'고 묻지 않고
6도리어 내가 이것들을 말하므로 근심이 너희 마음에 가득하게 되었구나

예수는 자신을 보내신 분에게로 떠나신다. 그런데 제자들 중에 예수께서 어디로 가시냐고 묻는 자가 없다고 말하신다. 칼뱅은 예수께서 떠나시되 자신을 "보내신 이"에게로 가신다는 점을 주목한다. 그리고 예수의 이 말씀은 "구원의 수호자"가 "최상의 권위를 소유"하고 "하늘에서 지켜보고 계시다"는 사실을 그들에게 알리시는 것이라고 해석한다. 이것은 제자들이 앞으로 처하게 될 어떠한 박해도 이겨낼 최고의 위로라고 설명한다. 사람

은 죽어서 하나님께 가도 지상에 있는 사람들을 돕지 못하기에 조상을 숭배하는 것은 잘못이다. 그러나 예수는 지상과 천상 모두에서 우리의 유일한 중보자가 되시기에 보내신 분에게로 돌아가신 이후에도 능히 우리를 도우신다. 물론 여기에는 제자들에 대한 견책의 의미도 있음을 지적한다. 즉 그들이 "육신의 보이는 임재에 너무 집착하고 있었다"는 점과 "이것이 제거되고 나면 슬픔에 압도되어 눈을 높이 들지 못했다는 점이 그것이다." 그리고 칼뱅은 그리스도 예수를 "우리의 오관에 매어 두려" 하지 말라고 당부한다. 이는 오관이 신앙의 안식처가 아니기에 합당한 권면이다.

그런데 베드로는 예수께 어디로 가시냐고 이전에 물었으며(요 13:36), 도마는 예수께서 어디로 가시는지 우리는 모른다는 안타까운 심정을 이미 토로했다(요 14:5). 그런데도 예수는 제자들이 묻지 않았다고 말하신다. 왜? 크리소스토무스는 제자들이 출교와 미움과 박해와 순교에 대한 예수의 말씀을 듣기 이전에는 어디로 가시냐고 질문을 드렸지만 들은 이후에는 과도한 슬픔과 근심이 그들의 말문을 막아서 아무것도 묻지 않았던 것이라고 설명한다. 이와 유사하게 칼뱅은 제자들이 예수의 대답을 믿음으로 수용하지 않았기 때문에 혹시 물었다고 할지라도 질문하지 않은 셈이라고 설명한다. 진실로 예수의 답변을 듣고서도 근심이 가득한 제자들의 마음은 밝아지지 않고 계속 어두웠다. 예수의 말씀을 믿는다면 예수께서 떠나시는 것을 근심과 걱정의 근거가 아니라 기쁨과 감사의 근거로 간주한다.

제자들의 가득한 근심에서 나는 두 가지를 주목하고 싶다. 첫째, 제자들의 근심은 예수의 말씀에 대한 신뢰에 근거한다. 만약 그들이 앞으로 일어날 출교와 미움과 박해와 죽음에 대한 예수의 말씀을 신뢰하지 않았으면 아무런 근심도 하지 않았을 것이기 때문이다. 둘째, 그들의 근심은 선택적인 신뢰에 근거한다. 그들은 예수의 긍정적인 말씀을 신뢰하지 않고 부정적인 말씀만 신뢰했다. 만약 예수께서 자신보다 크신 아버지께 가는 것이 그들에게 기뻐할 일이라는 말씀과 보혜사 성령께서 오셔서 그들과 함께하실 것이라는 말씀도 그들이 믿었다면 근심에 빠지지 않았을 것이 분명하다. 하나님의 말씀이나 예수의 말씀에 빨강색을 칠하고 나머지는 검정색 잉크로 남겨두는 형태의 성경은 신뢰의 편파성을 유발할 가능성이 높다. 말씀에 인위적인 기준으로 등급을 매기고 차등적인 신뢰를 부여하면, 성경에 기록된 하나님의 말씀을 첨삭하고 편집하는 심각한 잘못을 저지르게 된다. 이는 성경에서 책들이나 문장들의 물리적인 가감만이 아니라 해석에 있어서의 강조점과 뉘앙스의 가감도 저지르지 않도록 주의해야 한다. 가감의 부작용들 중에 아주 가벼운 것으로서 근심이나 두려움과 같은 반응이 유발되기 때문이다. 예수의 말씀에 대하여 우리가 믿어야 하는 것은 그 말씀의 일부가 아니라 전부여야 한다. 성경도 일부가 아니라 전부가 하나님의 말씀이고 믿음의 대상이다. 특별히 죽음과 같은 절망적 미래에 대한 예수의 예견도 감사의 마음으로 수용해야 한다. 왜냐하면 절망적인 상황이 우리로 하여금 하나님을 전적으로 의지하게 만들기 때문이다. 절망에도 순기능이 있다. 즉 우리에게 하나님 외에는 어떠한 희망도 없다는 진리를 따끔하게 가르친다. 이는 선량한 절망이다. 하나님이 고려되지 않은 절망은 말 그대로 절망이다.

7그러나 나는 너희에게 진실을 말하겠다 내가 떠나가는 것이 너희에게 유익하다
이는 만약 내가 떠나지 않는다면 보혜사가 너희에게 오시지 않을 것이고
내가 떠난다면 내가 그를 너희에게 보낼 것이기 때문이다

제자들의 미래에 대한 부정적인 예견 이후에 예수는 이제 더 중요한 긍정적인 "진실"을 말하신다. 그 진실의 내용은 예수께서 떠나심의 유익이다. 그 유익의 내용은 성령의 오심이다. 예수께서 떠나지 않으시면 보혜사 성령께서 오시지 않고 그가 떠나시면 성령을 보내신다. 무엇이 더 유익한가?

예수의 떠나심과 성령의 오심이 예수의 머무심과 성령의 오시지 않음보다 낫다. 예수는 이 진실을 통해 근심이 가득한 제자들의 절망을 희망으로, 낙심을 설렘으로, 슬픔을 기쁨으로 바꾸신다.

예수께서 떠나시고 성령을 보내시는 것이 왜 유익한가? 보고 믿는 것보다 보지 않고 믿는 믿음이 복되는데, 예수는 보이시고 성령은 보이지 않으시기 때문이다. 예수와의 육적인 동행보다 성령과의 영적인 동행이 더 복되기 때문이다. 예수를 왕으로 모시되 보이는 나라가 아니라 보이지 않는 나라를 추구할 것이기 때문이다. 육신으로 계신 예수는 공간에 제한되어 계시지만 성령은 그러한 제한이 없으시기 때문이다. 즉 예수는 팔레스틴 지역에 계시지만 성령은 땅 끝까지 이르시기 때문이다. 눈에 보이는 예수께서 곁에 계시면 외부에 근거한 신뢰를 가지지만 성령께서 안에 계시면 내부에 근거한 신뢰를 가지기 때문이다. 예수는 제자들 곁에서 행하시나 성령은 제자들 안에서 행하시기 때문이다. 은혜는 예수 안에 충만하고, 은사는 성령 안에 충만하기 때문이다. 그래서 성령이 임하시고 그의 권능을 받은 자들은 예수께서 행하신 일보다 더 큰 일을 할 것이라고 예수께서 말하셨다.

믿음의 선배들은 다양한 견해를 제시한다. 떠나심의 유익에 대해 아우구스티누스는 "육체 안에 계신 그분이 떠나지 않으시면, 우리는 육체 안에 계신 그분의 육체를 항상 볼 수 있지만 영적으로 믿지는 못할 것"이고 그분이 떠나시면 성령께서 "보지 않고도 믿는 축복"을 우리에게 주실 것이라고 설명한다. 나아가 보이지 않는 것에 대한 "이런 믿음을 통해서만 의로움을 인증 받고 복을 받아" 하나님과 인간이신 "이 말씀을 바라보는 권한"을 얻는다고 덧붙인다. 이로 보건대, 증거가 하나도 보이지 않을 때가 가장 큰 복이 주어지는 때다.

어떤 사람은 예수께서 지상에 계시는 동안에 성령이 오시면 더 좋지 않느냐고 질문한다. 이에 대해 테오도루스는 영광을 받는 순서를 주목하며,

예수께서 하늘로 올라가 먼저 영광을 누리시고 제자들이 성령으로 말미암아 그의 영광을 받지 못하면 그들은 결코 영광을 누리지 못할 것이라는 점을 강조한다. 진실로 예수는 구원을 이루신다. 그러나 그 구원의 영광이 믿는 자들에게 주어지는 것은 성령을 통해서만 가능하다. 성령께서 기업의 보증이 되실 때에만 그 영광을 찬송하게 된다(엡 1:14). 크리소스토무스는 예수께서 죽음으로 죄를 사하시고 부활로 의롭다 하시지 않으면 인간의 죄문제는 해결되지 않기 때문에 성령께서 임하여 내주하실 수 없다고 설명한다. 진실로 거룩한 영이 거하시는 하나님의 성전인 우리는 거룩해야 하고 예수께서 죄를 완전하게 해결하신 이후에만 우리가 거룩하게 되므로 교부의 설명은 타당하다.

아우구스티누스는 예수께서 세례 받으실 때 성령께서 그에게 임하신 사건에 근거하여 예수와 성령의 공존은 불가능한 것이 아니고 오히려 성자와 성령은 누구도 나누지 못한다고 강조한다. 그리고 승천 이전에 예수께서 성령을 주시면 그의 인성을 따라 주시는 것처럼 오해할 것이기 때문에 승천 이후에 성령을 보내신다. 이 교부에 따르면, 예수께서 떠나지 않으시면 성령이 오시지 않는다고 말하신 이유는 제자들이 예수를 "육에 따라서만 아는 한 성령을 받을 수 없"기 때문이다. 같은 맥락에서 그레고리우스도 예수의 육체가 제자들의 시야에서 사라지지 않으면 보이지 않는 것들에 대한 깨달음에 이르지 못한다는 점을 지적한다. 사랑하는 사람이 시야에서 사라지면 비로소 그의 빈자리가 그의 진정한 가치와 의미를 드러낸다.

아퀴나스는 예수께서 떠나신 이후에 성령을 보내시는 네 가지의 이유를 제안한다. 첫째, 제자들의 육적인 사랑이 영적인 사랑이신 성령과 대립되기 때문에 예수께서 떠나야 한다고 설명한다. 둘째, 예수께서 제자들과 함께 하시는 동안에는 그들의 필요를 친히 채우셨고 떠나시면 신적인 도움이 그들에게 여전히 필요하기 때문에 성령을 보내신다. 셋째, 예수께서 신성을 따라 성령 보내심을 알리기 위함이다. 이는 인간이 성령을 받으라고 함부로 명령하지 말아야 함을 가르친다. 넷째, 교회의 하나됨을 보존하기 위함이다. 예수와 성령께서 함께 계셨다면 그리스도 혹은 보혜사에 대한 혼돈이 교회에 일어났고 파벌 만들기에 민첩한 인간들은 틀림없이 예수파와 성령파를 결성하고 둘로 갈라졌을 것임에 분명하다. 이와 유사하게, 신학의 역사 속에서는 영광의 신학과 십자가 신학이 맹렬한 언쟁을 벌이기도 했다. 그리스도 신학과 삼위일체 신학 사이에도 유사한 다툼이 발생했다. 학문과 경건이 서로 얼굴을 붉히는 것은 지금도 심심치 않게 목격된다.

키릴루스는 예수께서 지상에 계시는 동안에는 제자들이 "그분께서 주시는 축복을 모두 받았다고 믿을 것"이기 때문에 예수는 떠나셔야 하고, 전능하신 성령의 임재로 말미암아 "이 세상의 것들에 온통 빠졌던 사람들의 시각이 완전히 다른 세상 중심으로 바뀌고 겁쟁이가 엄청난 용기를 지닌 사람으로 바뀌"도록 성령은 오셔야 한다고 주장한다. 그리고 교부는 때를 따라 만물과 만사를 아름답게 하시는 하나님의 섭리를 따라 예수도 육신으로 계시던 아름다운 때가 지나고 이제는 떠남이 아름다운 때가 왔다고 설명한다. 예수께서 떠나신 이후에는 성령께서 오시고 행하셔야 가장 아름답다. 주님도 적정한 때에 떠나심이 아름다운 것을 보면서도, 떠날 때가 훌쩍 지나도 그 자리에 죽을 때까지 눌러 앉아 권력과 권한을 놓지 않으려는 인간 지도자의 추한 노욕을 교회와 세상에서 보니 기가 찰 노릇이다.

8그가 오면 죄에 대하여, 의에 대하여, 심판에 대하여 세상을 책망할 것이다

성령께서 오시면 세상을 책망한다. "오다"(ἔρχομαι)는 동사에서 우리는 성령께서 보내심을 받는 동시에 스스로도 오신다는 능동성을 확인한다. 이 구절에서 칼뱅은 "세상"(κόσμος)이 "개종한 자들, 위선적인 자들, 및 버림받은 자들" 등 모든 사람들을 포함하는 말이라고 한다. 그리고 "책망하

다"(ἐλέγχω)는 세상으로 하여금 "확신하게 만든다"는 뜻이라고 한다. 같은 맥락에서 헨리는 이 동사가 "법적인 용어로서 증거를 수집하고 명확하고 참된 증거에 의거하여 사건을 오래 조사하여 사건을 귀결 짓는 판사의 직능을 말하는 것"이라고 설명한다. 그러므로 책망은 진리의 영이신 성령이 세상의 어두운 실상을 있는 그대로 드러내는 방식으로 정죄하고 이에 대하여 세상으로 하여금 긍정적인 방향이든 부정적인 방향이든 확신을 갖고 반응하게 만드는 일을 의미한다.

박윤선은 성령에 의한 세상의 책망이 제자들을 위한 위로라고 해석한다. 진실로 세상은 제자들을 미워하고 박해하고 죽이려고 하나 성령은 그런 세상을 하늘의 위엄과 권능으로 책망한다. 성령께서 자신들을 괴롭히는 세상을 대신 꾸짖어 주시니 억울한 그들에게 얼마나 큰 위로인가! 성령께서 제자들에 대해서는 위로의 보혜사가 되시고 세상에 대해서는 책망의 회초리가 되시는 것이 절묘하게 대조된다. 성령도 치유와 심판의 양날로 이루어진 말씀의 검처럼 위로와 책망의 이중적인 사역을 수행한다.

그런데 칼뱅은 이 구절이 성령의 "은밀한 계시"가 아니라 "복음의 외형적인 전파와 사람들의 음성에 나타나는 성령의 능력"을 가리키는 말이라고 한다. 즉 "하나님의 영이 어떻게 사람의 음성을 통해 지금까지 그의 멍에에 생소했던 자들을 이끌어 그의 지배를 인정하고 거기에 순응하게 하는가 하는 점을 명확하게 보여준다." 나아가 그 성령의 능력은 제자들 안에 머물지 않고 예루살렘, 온 유다, 사마리아 그리고 "온 세상으로 확대될 것"이라고 주장한다. 복음이 성령의 권능으로 세상에 전파되면 세상은 책망을 받고 복음을 받아들일 것인지 아니면 거부할 것인지에 대해 각 사람은 선택하며 확신하게 된다고 설명한다. 책망으로 인해 회개하고 주께로 돌아오는 사람들도 있고, 책망하는 말씀을 무시하고 그 말씀의 전파자를 이 세상에서 없애려는 사람들도 있다. 이처럼 성령의 책망 앞에서 세상은 모세의 홍해처럼 두 가지의 운명으로 갈라진다.

오실 성령의 책망이 합당한 세상의 실상은 무엇인가? 그 실상은 죄와 의와 심판과 관계되어 있다. 박윤선은 예수를 믿지 않는 것이 죄이고, 예수의 승천이 의이고, 예수께서 사탄을 심판하는 것이 심판이기 때문에 성령의 사역은 예수 중심적인 것이라고 주장한다. 아퀴나스는 예수의 어투를 주목한다. 즉 예수께서 세상을 책망하지 않으신 것처럼 말하셨다. 그렇지만 아퀴나스는 예수도 성령처럼 사도들을 통해 세상에 대한 책망을 하셨다고 주장한다. 그러나 역사적 사실을 보면 예수는 유대인을 책망했고 성령은 유대인을 포함한 온 세상을 책망한다. 둘 사이에 책망의 내용은 동일하나 책망의 범위는 달라진다.

9죄에 대하여라 함은 그들이 나를 믿지 않기 때문이고

첫째, 성령은 죄에 대하여 세상을 책망한다. 세상에 보내심을 받은 성령이 가장 먼저 관여하는 사안은 죄 문제이다. 칼뱅의 말처럼, 죄는 "영적인 가르침의 시작"이다. 온 인류가 죄 가운데에 있고 태어나는 모든 사람들이 죄인으로 출생하기 때문이다. 그런데 성령께서 세상을 책망하실 "죄"는 불신앙과 관계되어 있다. 이에 대하여 칼뱅은 성령이 "예수 밖에서는 죄가 주인"임을 확신시켜 준다는 사실과 "인간 본성의 타락과 부패상을 정죄"하여 예수를 떠나서는 "우리에게 한 점의 정직도 없다"는 사실을 깨우치는 것이라고 해석한다.

그러나 나는 조금 다르게 이해한다. 여기에서 "죄"(ἁμαρτία)는 율법에 대한 순종이 아니라 복음에 대한 믿음과 관계되어 있다. 성령이 세상을 책망하는 이유는 세상이 율법에 순종하지 않기 때문이 아니라 예수라는 복음을 믿지 않기 때문이다. 세상에 속한 자들에게 예수는 자신을 믿지 않으면 죄 가운데서 죽을 것(요 8:23-24)이라고 말하셨기 때문에 세상의 죄에 대한 성령의 책망은 예수의 사역에 대한 계승이다. 율법과 복음은 조화롭게 동역한다. 바울에 의하면 율법은 선하고 의롭고 거룩하다. 선한 율법은 세상의 악함을 정죄하고, 의로운 율법은 세상의 불의를 정죄하고, 거룩한 율법은 세상의 부패를 정죄한다. 이처럼 율법은 죄를 깨닫게 하지만 복음은 깨달은 죄를 치유한다. 율법은 무능한 세상에 절망을 제공하고 복음은 희망을 제공한다. 율법은 사망을 선언하고 복음은 생명을 선언한다. 성령의 책망은 우리에게 율법을 지키라는 것이 아니라 이런 복음을 믿고 견고히 붙들라는 사랑의 회초리다. 타이르며 교육하는 책망은 "생명의 길"이라는 지혜자의 말이 암시하듯, 죄의 삯인 사망을 벗어나는 비결은 율법의 준행이 아니라 복음의 온전한 수용이다.

이 구절에 대해 아우구스티누스도 요한의 기록처럼 예수를 믿지 않은 것이 세상의 죄이며 이는 예수께서 오셔서 그들에게 말하시지 않았다면 죄가 없었을 것이라는 말(요 15:22)과 같은 뜻이라고 주장한다. 나아가 예수를 메시아로 믿는 것과 예수 자신을 믿는 것은 다르다고 구분한다. 귀신들은 예수를 메시아로 믿고 떨었지만 예수를 사랑하고 그에게만 소망을 두는 예수 자신에 대한 신뢰는 없었다는 사실을 지적하며 후자의 믿음이 있어야만 세상이 죄에 대한 성령의 책망을 받는다고 설명한다. 율법도 사람의 죄를 책망하나 그가 법조문을 보지 않으면 책망에 실패한다. 그러나 성령의 책망은 실패함이 없다. 사람이 율법을 기억하지 않고 혹시 모른다고 해도 성령은 심장과 폐부를 파고들어 양심의 가책을 일으키기 때문이다. 이때 사람들은 세상의 죄에 대한 성령의 드러내심 앞에서 반응해야 한다. 죄를 인정하고 회개할 것인지, 아니면 자신의 죄를 의로 둔갑시켜 합리화를 도모할 것인지를!

10의에 대하여라 함은
내가 아버지께 가서 너희가 더 이상 나를 보지 못하기 때문이고

둘째, 성령은 의에 대하여 세상을 책망한다. 책망의 이유는 예수께서 아버지께 가심으로 제자들이 더 이상 그를 보지 못하기 때문이다. 예수께서 아버지께 가신다는 말에 대해 크리소스토무스는 그것이 예수께서 "흠잡을 데 없는 삶을 살았음을 입증해 줄 것"이라고 해석한다. 이는 그가 잘못 살았다면 아버지께 가실 수 없었기 때문이다. 예수의 승천 즉 예수에 대한 하늘의 영접은 과연 그를 죄인으로 규정한 유대인의 악평을 확실하게 반박하는 의로움의 입증이다. 그런데 아우구스티누스는 이 구절이 "너희가 보지 못하게 될 나를 믿을 것이므로 … 너희의 그 의로움이 세상의 그릇됨을 밝혀 줄 것"이라는 예수의 말이라고 해석한다. 그러므로 제자들은 예수처럼 의로워야 한다. 제자들의 의로움이 없다면 세상의 그릇됨이 그 의로움의 빈자리를 차지하고 의로움인 것처럼 행세한다. 나아가 교부는 "보지 못하고 믿는 자들이 복되다"(요 20:29)는 예수의 말씀에 근거하여 하늘로 가신 예수를 "보지 않고도 믿은 사실 때문에 칭찬"을 받는 의로움을 뜻한다고 한다. 교부의 분석에 의하면, "의인은 믿음으로 살리라"는 하박국 선지자의 말이 성취된 것이기도 하다.

그러나 칼뱅은 여기에서 말하는 "의"(δικαιοσύνη)가 예수의 은혜로 말미암아 우리에게 전달되는 의라고 설명한다. 칼뱅에 의하면, 예수는 "아버지의 우편에 앉아서 그에게 주어진 모든 권세를 행사하는 가운데 모든 일을 성취하며 … 이 세상에 그의 향기로운 의"를 부으신다. 유사한 맥락에서 박윤선에 따르면, 성부께로 돌아가신 예수의 승천은 "우리를 위하여 의를 이루시는 최후 계단"이다. 예수께서 하늘 "법정에서 승리를 얻었다는 의미의 의"라는 비켄하우젤의 설명도 가능하다. 이 설명이 옳다면, 하늘 법정에서 의로운 예수의 승소는 불의한 세상의 패소를 의미한다. 하늘의 상고심 판결을 따라 예수를 사형수로 몰아서 죽인 세상의 지상적인 승소는 그렇게 뒤집힌다.

의에 대한 성령의 책망도 예수께서 이미 행하신 책망의 반복이다. "너희가 나를 찾다가 너희 죄 가운데서 죽겠고 내가 가는 곳에는 너희가 오지 못하리라"(요 8:21). 예수는 아버지께로 가시지만 세상은 그의 거처로 가지 못함으로 예수를 다시는 보지 못하고 의롭다 하심을 얻을 기회도 상실하게 된다. 이러한 사실을 성령은 모든 세상에 드러낸다.

[11]심판에 대하여라 함은 이 세상의 임금이 심판을 받았기 때문이다

셋째, 성령은 심판에 대하여 세상을 책망한다. 이 책망은 "이 세상의 임금이 심판을 받았기 때문이다." 예수는 "이 세상의 임금이 오겠다"고 말하셨고(요 14:30), 이 세상에 대한 심판이 이르러 이 세상의 임금이 쫓겨날 것"이라고 말하셨고(요 12:31), 이번에는 "이 세상 임금이 심판을 받았다"고 말하신다(요 16:11). 같은 맥락에서 예수는 "사탄이 번개처럼 하늘에서 떨어지는 것을 내가 보았다"고 말하셨다(눅 10:18). 심판은 하늘의 법정에서 결정된다. 예수께서 아버지께 가신다는 것은 그 자체로 예수를 출교하고 미워하고 박해하고 죽인 세상을 배후에서 조종한 그 임금의 유죄를 의미한다. 그래서 심판에 대한 성령의 책망이 언급된다.

아퀴나스는 심판에 대한 성령의 책망이 죄에 대한 사람들의 변명을 없앤다고 설명한다. 즉 이 세상의 임금은 이미 심판을 받았기 때문에 그의 유혹과 속임수로 인해 죄를 지었다는 변명이 하늘의 법정에서 더 이상 통하지 않게 되었다는 설명이다. 동시에 믿는 사람들에 대해서는 세상의 임금이 하늘의 심판을 받았기 때문에 이제는 담대하게 저항할 수 있음을 뜻한다고 설명한다. 아퀴나스는 이 임금의 심판이 "가장 강한 남자들을 정복한 마귀가 허약한 여인들에 의해서도 정복될 수 있는 이유"라고 설명한다. 세상이 성령의 책망을 받는 것은 마귀에게 저항하지 않기 때문이고 자신들의 죄로 말미암아 추방된 마귀를 모셔 오기 때문이다. 죄를 짓는다는 것은 심판을 받아 파면되고 추방된 마귀를 다시 세상의 임금으로 추대하는 일이기 때문이다. 그러므로 죄는 하나님의 심판에 대한 최악의 모독이다.

칼뱅은 이 구절이 예수께서 "사탄을 정복하신 이후에 그 나라를 홀로 다스리는 것만이 모든 것이 새롭게 되는 진정한 회복"임을 선언한 것이라고 해석한다. 성령은 이 세상의 임금이 심판을 받았다는 사실을 온 세상에 드러내어 세상으로 하여금 결단하게 한다. 여전히 그 임금에게 충성하며 함께 심판대에 설 것인지, 아니면 하늘과 땅의 모든 권세를 가지신 온 세상의 진정한 왕이신 예수께로 돌이킬 것인지를! 심판을 받아서 하늘에서 떨어져 이 세상에서 거짓과 속임수로 세상의 지배력을 행사하는 임금에게 여전히 줄을 대고 순응하는 것은 참으로 어리석다. 예수께 순응해야 한다. 사탄 따르기를 멈추는 것에 만족하지 말고 예수 따르기에 이르러야 진정한 회복이 일어난다.

제자들은 성령께서 죄와 의와 심판에 대해 세상을 책망할 것이라는 예수의 말씀을 듣고 자신들을 괴롭히는 세상이 하늘의 꾸지람을 듣는다는 위로도 얻지만 동시에 세상의 미움과 박해와 살해 위협을 피하기 위해 세상과 타협하고 거기에 속하는 것이 아니라 계속해서 예수 안에 거하여야 함도 깨닫는다. 그래서 세상을 향한 성령의 책망은 제자들을 위한 사랑의 훈육이다. 신약의 말씀만이 아니라 구약에 언급되어 있는 여러 민족들에 대한 하나님의 경고성 예언도 모두 하나님의 백성을 위한 가르침과 무관하지 않다.

요 16:12-22

12내가 아직도 너희에게 이를 것이 많으나 지금은 너희가 감당하지 못하리라 **13**그러나 진리의 성령이 오시면 그가 너희를 모든 진리 가운데로 인도하시리니 그가 스스로 말하지 않고 오직 들은 것을 말하며 장래 일을 너희에게 알리시리라 **14**그가 내 영광을 나타내리니 내 것을 가지고 너희에게 알리시겠음이라 **15**무릇 아버지께 있는 것은 다 내 것이라 그러므로 내가 말하기를 그가 내 것을 가지고 너희에게 알리시리라 하였노라 **16**조금 있으면 너희가 나를 보지 못하겠고 또 조금 있으면 나를 보리라 하시니 **17**제자 중에서 서로 말하되 우리에게 말씀하신 바 조금 있으면 나를 보지 못하겠고 또 조금 있으면 나를 보리라 하시며 또 내가 아버지께로 감이라 하신 것이 무슨 말씀이냐 하고 **18**또 말하되 조금 있으면이라 하신 말씀이 무슨 말씀이냐 무엇을 말씀하시는지 알지 못하노라 하거늘 **19**예수께서 그 묻고자 함을 아시고 이르시되 내 말이 조금 있으면 나를 보지 못하겠고 또 조금 있으면 나를 보리라 하므로 서로 문의하느냐 **20**내가 진실로 진실로 너희에게 이르노니 너희는 곡하고 애통하겠으나 세상은 기뻐하리라 너희는 근심하겠으나 너희 근심이 도리어 기쁨이 되리라 **21**여자가 해산하게 되면 그 때가 이르렀으므로 근심하나 아기를 낳으면 세상에 사람 난 기쁨으로 말미암아 그 고통을 다시 기억하지 아니하느니라 **22**지금은 너희가 근심하나 내가 다시 너희를 보리니 너희 마음이 기쁠 것이요 너희 기쁨을 빼앗을 자가 없으리라

❖ ❖ ❖

12아직도 나에게는 너희에게 말할 것들이 많으나 지금은 너희가 감당하지 못하리라 **13**그러나 진리의 영인 그가 오면 너희를 모든 진리 가운데로 이끌리라 그는 스스로 말하지 않고 들은 만큼 말하고 장래 일들을 너희에게 알리리라 **14**그는 나의 것에서 취하여 너희에게 알리므로 나를 영화롭게 하리라 **15**아버지가 소유하신 모든 것은 다 내 것이다 이로 인하여 '그가 나의 것에서 취하여 너희에게 알린다'고 내가 말하였다 **16**조금 있으면 너희가 나를 보지 못하겠고 다시 조금 있으면 너희가 나를 보리라" **17**이리하여 제자들 중에서 [어떤 이들이] 서로에게 말하였다 "조금 있으면 나를 보지 못하겠고 또 조금 있으면 나를 보리라' 그리고 '내가 아버지께 가리라'고 그가 우리에게 말하신 이것은 무엇인가?" **18**또 그들이 말하였다 "그가 말한 이것 '조금 있으면'은 무엇인가? 그가 무엇을 말하는지 우리는 알지 못하겠다" **19**예수께서 그들이 그것을 물으려고 함을 아시고 그들에게 말하셨다 "조금 있으면 나를 보지 못하고 다시 조금 있으면 나를 보리라'고 내가 말한 이것에 대하여 너희가 서로 묻느냐? **20**내가 진실로 진실로 너희에게 말하노라 너희는 울며 애통해 하겠으나 세상은 기뻐하게 되리라 너희는 근심을 하겠으나 너희의 근심은 기쁨으로 바뀌리라 **21**여인이 해산하게 되면 그녀의 때가 이르렀기 때문에 근심하나 아기를 낳으면 세상에 사람이 태어난 기쁨으로 말미암아 그녀는 그 고통을 더 이상 기억하지 않으리라 **22**이처럼 너희가 지금은 근심하나 내가 너희를 다시 볼 것[이므로] 너희의 마음은 기뻐하게 되고 너희 기쁨을 빼앗을 자가 없으리라

기뻐하는 이유

예수는 제자들이 감당할 만큼의 말씀만 전하신다. 나머지는 진리의 영을 통해 전하신다. 진리의 영이신 성령은 예수의 것을 가지고 말하신다. 예수는 아버지의 모든 것이 자신의 것이라고 말하신다. 그러므로 성령이 전하시는 것은 모두 예수의 것이면서 아버지의 말씀이다. 성령의 가르침은 제자들이 전적으로 신뢰해도 된다. 예수는 조금 있으면 떠나신다. 그러나 다시 조금 있으면 오셔서 제자들을 만나신다. 제자들은 이 말씀을 이해하지 못하였다. 이에 예수는 그들의 무지보다 그 무지의 배후에 있는 그들의 슬픔과 근심을 만지신다. 예수의 떠남으로 인해 제자들은 슬퍼하고 세상은 기뻐한다. 그러나 제자들의 슬픔은 속히 기쁨으로 바뀔 것이라고 한다. 그 기쁨은 얼굴에 머무는 표면적인 기쁨이 아니라 마음의 기쁨이다. 그 기쁨은 가장 위대하신 예수와의 만남 때문이고, 그가 친히 주시고 지키시는 것이기에 어떠한 자도 빼앗지 못하는 불변의 기쁨이다. 이러한 사실 때문에 우리는 어떠한 절망 속에서도 기뻐한다.

12아직도 나에게는 너희에게 말할 것들이 많으나
지금은 너희가 감당하지 못하리라

근심이 가득한 제자들을 위로하는 중에 예수는 그들에게 하실 말씀이 "아직도"(ἔτι) 많이 있음을 밝히신다. 이는 예수께서 지금까지 하신 말씀이 하시고자 한 말씀의 전부가 아님을 의미한다. 언제나 좋은 것을 더 많이 주시려는 예수의 풍성한 사랑이 느껴진다. 그런데 예수는 앞에서 아버지께 들으신 것을 "너희에게 모두"(πάντα) 알려 주셨다고 말하셨다(요 15:15). 이에 아우구스티누스는 예수께서 반드시 이루실 것이기 때문에 미리 가불해서 "이미 이루어진 일처럼 말씀하신 것"이라고 해명한다. 그러나 나는 예수께서 자신의 입으로 말하셔야 할 모든 것은 다 말하셨고 그가 성령을 통해서 말하셔야 할 것은 아직도 많이 있다는 뜻으로 이해한다. 아버지께 들은 모든 것은 예수께서 자신의 입으로 다 말하신 것과 동일하다. 박윤선은 제자들이 예수의 말씀을 감당하지 못하는 이유가 그들의 마음이 둔하기 때문이 아니라 "계시의 역사적 단계로 보아서 아직 주님의 죽으심과 부활하신 사실"이 성취되지 않았기 때문이라 한다. 나는 계시의 단계적인 점진성을 인정한다. 그러나 제자들을 감당하지 못하는 주체로 명시하신 예수의 어법을 존중하여 제자들의 신앙적인 미성숙도 하실 말씀을 다 말하지 않으신 중요한 이유의 하나로서 배제할 수 없다고 생각한다.

여기에서 나는 예수께서 말씀하고 싶으신 모든 말씀의 범위를 그의 직접적인 언급에 제한하지 말아야 함을 확인한다. 예수께서 하신 직접적인 발언만 순수한 복음으로 여기고 신약의 다른 모든 내용을 모조리 배제하는 신학적인 태도의 부당함도 이 구절에서 확인한다. 그런 태도는 복음의 일부를 전부인 것처럼 호도하고 복음의 다른 "많은"(πολύς) 부분을 조용히 제거하여 복음 자체를 축소하고 왜곡한다. 내가 보기에 복음은 구약과 신약 전체로 구성되어 있다. 구약도 복음인 이유는 성경이 그리스도 예수의 고난과 영광을 미리 증언한 것이라고 한 베드로의 기록과(벧전 1:11), 복음을 하나님의 "아들에 관하여 성경에 미리 약속하신 것이라"고 정의한 바울의 기록(롬 1:2) 때문이다. 그래서 신약만 복음으로 여기고 구약을 배제하면 필히 복음이 왜곡된다. 성경에 기록된 모든 말씀은 복음이다. 요한은 예수께서 행하신 일들을 "낱낱이 기록"하면 이 세상조차 "기록된 책을 두기에 부족할" 것이라고 했다(요 21:25). 그렇다면 신구약은 세상에 두도록 엄선된 내용의 기록이다. 기록되지 않은 예수의 무수한 일들을 다 알 수 없다는 것도 뼈아픈데, 온전한 복음을 알라고 읽도록 기록된 것조차도 배제하는 것이 가당키나 한가? 구약을 복음에서 배제하지 말라!

예수는 제자들이 감당하지 못할 것이라는 이유로 가르침의 진도를 적정한 지점에서 멈추신다. 예수는 자신이 하셔야 할 발언의 적정량이 아니라 제자들이 감당할 수 있는 청취의 적정량을 기준으로 말의 분량을 정하신다. 제자들을 향한 스승의 자상한 배려가 아름답다. 예수는 모든 날 마지막에 아버지 하나님의 최종적인 계시로 오셨기 때문에 모든 계시의 성취와 마침과 완성을 이 세상에 전하셔야 한다. 그럼에도 불구하고 그 막중한 사명을 일 중심이 아니라 사람 중심으로 이루신다. 신속하고 깔끔한 일처리가 아니라 일을 수행하는 제자들의 실질적인 상태 돌봄을 더 중요하게 여기신다.

제자들이 "지금은"(ἄρτι) 예수의 모든 말씀을 다 감당하지 못한다는 것은 그들이 나중에는 감당할 수 있음을 암시한다. 신앙도 생물 같아서 시간이 흐를수록 자라난다. 예수는 자신의 말을 아직은 감당하지 못하는 제자들의 미숙한 신앙을 나무라지 않으신다. 그런 제자들의 급속한 성장을 재촉하지 않으신다. 예수의 제자들도 그의 말씀을 다 감당하지 못했다면 우리는 더더욱 예수의 모든 말씀을 다 감당하지 못할 것이라고 이해해야 한다. 동시에 언젠가는 전부를 감당할 때가 있음을 기대해야 한다. 각자가 감당할 수 있는 말씀의 수위와 분량은 저마다 다양하다. 우리 중에 누군가가 말씀의 일부만 깨닫고 행한다면, 그가 아직은 전부를 감당할 때가 아님을 인식하며 그의 더딘 성장을 기다리며 존중해야 한다. 나아가 믿음이 연약한 그를 보호해야 한다. 이런 의미에서 바울은 "믿음이 강한 우리는 마땅히 믿음이 약한 자의 약점을 담당해야 한다"고 강조한다(롬 15:1).

<blockquote>
13그러나 진리의 영인 그가 오면 너희를 모든 진리 가운데로 이끌리라
그는 스스로 말하지 않고 들은 만큼 말하고 장래 일들을 너희에게 알리리라
</blockquote>

예수는 제자들이 감당할 수 없는 지금 못다한 말들의 미래에 대해 말하신다. 이는 진리의 영과 관계되어 있다. 예수는 장차 진리의 영으로 제자들을 "모든 진리 가운데로" 이끄신다. 여기에서 "모든 진리"는 예수께서 이미 하신 말씀과 앞으로 하실 말씀을 모두 포함한다. 그리고 "너희"는 제자들을 가리킨다. "이끈다"는 말은 모든 것을 가르치고 모든 것을 생각나게 하신다(요 14:26)는 의미의 다른 표현이다. 박윤선은 성령께서 이끄신 모든 진리가 "사도들이 기록한 신약 성경"의 옷을 입었다고 설명한다. 진실로 신약은 성령께서 제자들을 이끌고 들어가신, 다른 모든 믿음의 사람들도 그 가운데로 들어가야 할 진리의 기록이다. 그것은 예수께서 하신 말씀과 하실 말씀의 종합이다. 기록된 성경의 모든 진리는 또한 예수 자신이 하신 말씀과 성령께서 직접 하신 말씀과 성령께서 사도들을 감동시켜 하신 말씀으로 구성되어 있다. 베드로와 바울의 증언에 의하면, 신약만이 아니라 구약도 성령의 작품이다(벧후 1:20-21; 딤후 3:16). 즉 성령의 감동을 받은 사람들에 의해 성령의 감동으로 쓰여진 기록이 바로 성경이다. 이 구절은 신약에서 예수의 직접적인 말씀 외에 모든 내용을 제자들의 해석으로 규정하고 신약을 순수한 복음의 헬라화로 규정하는 모든 주장들이 성령을 무시하는 주장임을 확실하게 드러낸다.

진리의 영은 "스스로 말하지" 않으신다. 아버지 하나님과 무관하게, 그리스도 예수와 무관하게 말하지 않으신다. "들은 만큼" 말하신다. "들은" 것은 자신의 것이 아니라 예수의 말씀을 의미한다. 그러므로 성령은 예수의 하신 말씀을 기억나게 하시고 예수의 하실 말씀을 가르쳐 주시면서 제자들을 진리 가운데로 이끄신다. 성령이 말하시는 진리의 어느 한 조각도 예수의 말씀과 무관하지 않다. 성령은 그로부터 들으신 딱 그 "만큼"(ὅσα)의 말씀을 알리신다. 성령께서 들으신 "만큼"은 제자들이 감당하지 못한 예수의 말씀, 즉 예수께서 그들에게 하시고 싶으셨던 그 "많은" 분량을 의미한다. 이처럼 성령이 일하시는 원리는 예수께서 일하시는 원리와 동일하다. 예수는 아버지가 보여주신 것을 그대로 말하셨고, 명하신 것을 듣고 그대로 행하셨다(요 8:38). 성령도 예수께서 보이시고 말하신 것을 그대로 알리신다. 결국 아버지 하나님과 예수와 성령의 말씀은 다르지 않고 대립하지 않고 모순되지 않고 동일하다. 성령의 말씀에는 아버지와 아들의 가르침과 무관한 어떠한 "독창적인 진리"도 없다는 박윤선의 단호한 일성은 올바르다.

칼뱅은 이 구절이 성령의 신성을 부정하고 성부와 성자보다 열등한 존재라고 말하는 것이 아니라 성령의 모든 사역이 "하늘 보좌의 은밀한 곳에서 나오는 것"이라는 점을 알리는 것이라고 설명한다. 그리고 크리소스토무스가 지적한 것처럼, 예수께서 떠나시고 성령께서 오시는 게 유익이고, 예수께서 행하신 일보다 성령께서 더 큰 일을 행하게 만드시고, 예수께서 말씀하지 않으신 더 많은 말씀을 성령께서 하신다고 해서 성령을 예수보다 큰 분이라고 오해하지 않도록 우리는 주의해야 한다. 성부와 성자와 동일한 신성을 가진 성령은 성부와 성자보다 우등하지 않고 열등하지 않고 동등하다.

성령은 제자들의 "장래 일들"(τὰ ἐρχόμενα)을 알리신다. 출교와 미움과 박해와 살해라는 고난의 장래만이 아니라 장차 예수께서 계신 곳으로 가서 그를 만나 영원히 동거하게 된다는 영광의 장래도 알리신다. 어떤 사람들은 "장래 일들을 알린다"는 말을 마치 점괘를 보듯이 개인의 사사로운 미래를 예측하는 행위로 오해한다. 갈등의 기로에서, 사업의 방향설정 앞에서, 행복한 결혼이 될 것인지의 여부에 대하여, 혹은 집이나 땅을 구입하면 부동산의 값이 올라갈 것인지의 여부를 알려 달라는 식으로 성령의 예측을 독촉하는 사람들도 많다. 물론 우리는 성령께 귀를 기울여야 한다. 그러나 성령의 순수한 음성을 듣기 위해 하나님의 나라와 의를 구하는 순수한 마음으로 경건의 귀를 기울이지 않고 세속적인 욕망의 성취를 위해 탐욕의 귀를 기울이기 때문에 문제가 발생한다. 사람의 마음에는 성령의 음성이 아니라 듣고 싶은 것을 성령의 이름으로 들었다고 말하고 싶은 종교적인 욕망이 도사리고 있다.

성령께서 모든 진리 가운데로 인도해 주신다는 것은 너무도 놀라운 선물이다. 우리에게 성령을 보내시는 것은 모든 진리를 우리에게 보내시는 것과 동일하기 때문이다. 진리는 영혼의 양식이다. 모든 사람들은 진리의 양식을 취하려고 책장을 넘기고 여행을 떠나고 사색에 잠기고 지혜자를 찾고 강의실을 출입한다. 그러나 진리의 유사품만 발견하고 영혼은 거짓된 포만감에 빠지고 처량한 몸부림과 여전히 답 없는 굶주림 속에서 허덕인다. 이것이 세상의 현실이다. 그런데 성령은 진리의 영이시고 모든 진리 가운데로 이끄시고 그 진리 안에서 우리에게 진정한 자유를 베푸신다. 그러므로 세상은 알지도 못하고 받지도 못하나 우리는 알고 받을 수 있는 성령께 감사하고 성령을 더 사모하고 성령을 기대하고 성령을 고대하고 성령께 기도함이 마땅하다.

14그는 나의 것에서 취하여 너희에게 알리므로 나를 영화롭게 하리라

성령께서 알리시는 모든 진리는 예수의 것이라고 한다. 이에 대하여 크리

소스토무스는 성령의 가르침과 예수의 가르침이 같으므로 의심하지 말고 다 받아도 된다는 뜻이라고 해석한다. 제자들은 스승이 그리스도 "한" 분이라는 예수의 말씀을 기억하고 있다(마 23:10). 그런데 성령께서 오셔서 가르침과 깨우침을 주시면 선생이 둘이거나 예수께서 선생의 자리에서 밀려나는 것은 아닌지를 제자들은 우려하게 된다. 이러한 우려를 예수의 이 말씀이 해소한다. 동시에 예수를 신뢰한 것처럼 성령을 신뢰해도 된다는 의미로써 성령을 잘 모르는 제자들의 의구심도 해소한다.

그리고 "취하다"(λαμβάνω)는 말은 예수에게 있는 것이 성령에게 없다는 뜻이 아니며 예수와 성령의 가르침이 "하나이며 같은 것"임을 뜻한다고 크리소스토무스는 해석한다. 그에게서 취한 것의 내용에 대해 칼뱅은 "그리스도 보혈에 의한 청결, 그의 죽음에 의한 죄의 도말, 우리의 옛 사람의 십자가 처형, 그의 부활의 효력을 통한 새 생명에로의 개조"라고 요약한다.

성령은 예수의 것을 취하고 알려서 예수를 영화롭게 한다. 이처럼 예수는 아버지를 영화롭게 하기 위해 보내심을 받은 것처럼, 성령은 예수를 영화롭게 하기 위해 보내심을 받으셨다. 예수는 아버지의 것을 가지고 살아내는 방식으로 그를 영화롭게 하셨고, 성령은 예수의 것을 가지고 가르치고 깨우치는 방식으로 그를 영화롭게 한다. 아들은 아버지를 드러내고 성령은 아들을 드러낸다. 이후에 성령이 임하시고 그의 권능을 받는 제자들도 성령의 말하게 하심을 따라 말하고 행하고 살면서 성부와 성자와 성령을 영화롭게 한다. 보내심의 목적은 그렇게 성취된다.

아들과 성령도 아버지의 영광을 위해 이 세상으로 보내심을 받았다면, 이 세상에 태어나는 모든 사람들은 더더욱 당연히 보내심을 받았음이 분명하다. 보내심의 목적은 당연히 그들을 지으시고 보내신 창조주 하나님의 영광이다. 그런데도 사람들은 하나님을 영화롭게 하지 않고 어리석은 인생을 살아간다. 오히려 썩지 아니하는 하나님의 영광을 썩어질 사람과 새와 짐승과 버러지 형상으로 대범하게 교체한다. 진리의 영이 아니라 거짓의 영에 더욱 기꺼이 이끌림을 받으려고 한다. 스스로 보혜사라 하면서 예수의 것과 무관한 자의적인 생각을 가르치는 사이비 교주들을 우리는 경계해야 한다. 그들은 한결같이 예수가 아니라 자신을 영화롭게 한다.

예수를 영화롭게 하는 방법은 예수를 드러냄에 있다. 성령은 예수의 것을 가지고 예수를 알리는 방식으로 예수를 영화롭게 한다. 이 영광의 방식은 모든 사람에게 적용된다. 우리도 하나님을 영화롭게 하기 위해서는 하나님의 것을 가지고 하나님을 드러내는 방식을 취하여야 한다. 하나님의 것은 무엇인가? 모세는 "지혜와 총명과 지식과 여러 가지 재능"이 모두 하나님의 영을 우리에게 충만케 하심을 통해 주어지는 하나님의 것이라고 기록한다(출 31:3). 이와 유사하게 이사야는 지혜와 총명과 모략과 재능과 지식과 경외하는 마음이 모두 하나님의 영에 의해서 주어지는 하나님의 것이라고 기록한다(사 11:2).

나아가 바울은 "사나 죽으나 우리가 주의 것"이라고 말하고(롬 14:8), 우리에게 "있는 것 중에 받지 아니한 것"이 하나도 없다고 고백한다(고전 4:7). 우리의 전부가 하나님이 주신 선물이다. 게다가 성령으로 말미암아 주시는 신령한 은사들도 있다. 그래서 바울은 우리가 무엇을 하더라도 "하나님의 성령으로 봉사"하는 것이고(빌 3:3) 베드로도 내 것을 가지고 봉사하는 것이 아니라 "하나님이 공급해 주시는 힘으로 하는 것 같이 하라"고 가르친다(벧전 4:11). 이러한 영광의 방식은 모든 것이 주로부터 와서 주로 말미암아 주에게로 돌아가는 방식으로 하나님께 영광이 세세토록 있으라(롬 11:36)는 바울의 기원이 잘 요약한다. 바울의 기원처럼, 우리의 생명과 소유와 인생 전부는 하나님의 은총에서 왔으며 하나님의 영광을 지향해야 한다.

¹⁵아버지가 소유하신 모든 것은 다 내 것이다

이로 인하여 '그가 나의 것에서 취하여 너희에게 알린다'고 내가 말하였다

예수는 아버지의 모든 소유가 다 자신의 것이라고 말하신다. 바울의 어법으로 표현하면, 예수에게 있는 것 중에 아버지에게서 받지 않은 것이 하나도 없다는 말씀이다. 아버지와 아들은 진실로 하나이다. 성령이 "나의 것에서 취하여 너희에게 알린다"고 말하신 예수의 의도는 자신에게 있는 모든 것의 근원이 아버지께 있음을 명시하기 위함이다. 그렇다면 성령이 예수의 것으로 세상에 알리는 궁극적인 내용은 모두 아버지와 관계되어 있다는 이야기다. 이처럼 성령의 사역을 설명하실 때에도 예수는 아버지의 영광을 챙기신다. 그 영광의 한 조각도 가로채지 않으신다. 이 구절에 대해 칼뱅은 예수께서 "성령으로 말미암아 우리에게 나누시는 모든 것들이 그가 아버지로부터 받은 것임"을 중보자의 자격으로 밝히신 것이라고 해석한다.

제자들은 아직도 성령이 생소하다. 그래서 예수는 아버지의 모든 것을 가지셨고 성령은 예수의 모든 진리를 취하여 세상에 알린다는 말씀으로 아버지와 예수와 성령의 신뢰도가 그들에게 동등해야 함을 알리신다. 물론 요한은 "본래 하나님을 본 사람이 없으되 아버지 품 속에 있는 독생하신 하나님"만 보고 아신다고 했다(요 1:18). 그런데 여기에서 그는 성령도 아버지를 예수께서 아신 것처럼 아신다는 사실을 기록한다. 같은 맥락에서 바울도 예수의 가르침을 따라 요한과 같은 견지에서 "성령은 모든 것 곧 하나님의 깊은 것까지도 통달"하는 분이라고 고백한다(고전 2:10). 이처럼 사도들은 예수의 가르침을 따라 성령을 진심으로 신뢰한다.

¹⁶조금 있으면 너희가 나를 보지 못하겠고
다시 조금 있으면 너희가 나를 보리라"

성령의 사역에 대한 이야기를 끝내고 예수는 자신의 거취에 대해 다시 밝히신다. 즉 자신을 "조금 있으면"(μικρὸν) 제자들이 보지 못할 것이라고 "다시 조금 있으면"(πάλιν μικρὸν) 그들이 그를 볼 것이라고 한다. 이는 예수께서 조금 있으면 십자가에 달려 죽으시기 때문에 제자들이 보지 못하겠고, 다시 3일이라는 조금 이후에 살아나실 것이기 때문에 그들이 예수를 볼 것이기 때문이다. 즉 죽음 때문에 이별하고 부활 때문에 상봉한다. 죽음과 부활의 간격이 촘촘하다. 죽음의 기간이 길어지면 낙심과 절망의 구름이 제자들의 신앙과 삶을 뒤덮을 것이기에 배려심 많은 예수의 영혼은 낙원에 "조금"만, 그의 몸은 무덤 안에 "조금"만 머무신다.

여기에서 박윤선은 "조금 있으면 보지 못한다"는 것은 육안과 관계되어 있고 "다시 조금 있으면 본다"는 것은 믿음의 눈과 관계되어 있다고 설명한다. 그러나 "조금 있으면"의 관점에서 보면, 본다는 것도 육안과 관계되어 있다. 부활하신 이후 40일간 육안으로 보이도록 제자들과 함께 거하셨기 때문이다. 하지만 40일이 지난 이후의 상황에 대해서는 박윤선의 설명이 타당하다. 모든 성도는 육안이 아니라 믿음의 눈으로 보이지 않으시는 예수의 증거를 확인하고 그와 동행한다. 이런 의미에서 바울은 이 땅에서의 성도가 "믿음으로 행하고 보는 것으로 행하지 않는다"고 고백한다(고후 5:7).

크리소스토무스는 이 구절에서 예수의 배려를 읽어낸다. 보지 못한다는 말씀만 하지 않으시고 다시 볼 것이라는 말씀도 하셨기 때문이고 보지 못하는 기간은 "조금"이고 다시 보는 기간은 영원하기 때문이다. 토마스는 이 구절을 이사야의 예언과 결부시켜 이해한다. "내가 잠시 너를 버렸으나 큰 긍휼로 너를 모을 것이요 내가 넘치는 진노로 내 얼굴을 네게서 잠시 가렸으나 영원한 자비로 너를 긍휼히 여기리라"(사 54:7-8). "그의 노염은 잠깐

이요 그의 은총은 평생"이란 시인의 고백도 원리가 비슷하다(시 30:5). 우리
의 죄는 오래 지어지나 그의 형벌은 빨리 지나간다. 동시에 아퀴나스는
"잠시"를 영원에 빗대어 이해해야 한다고 강조한다. 모세의 고백처럼, 하나
님의 목전에는 천년이 "지나간 어제처럼"(시 90:4) 짧게 느껴지기 때문에 땅
에서의 모든 시간이 "잠시"에 불과하다. 일생이 고통인 분들도 그 기간을
"잠시"로 이해함이 좋다.

이 구절을 우리에게 적용하고 싶다. 때때로 우리가 예수의 임재를 느끼
지 못한다면 당황하지 말고 잠시 후에는 느껴질 것임을 기대함이 좋다. 우
리의 감정 고장으로 말미암은 주님의 부재 느낌에 대해서도 예수는 우리
를 오랫동안 떠나지 않으시고 오랫동안 자신을 감추지 않으시기 때문이다.
물론 주님 편에서는 우리를 떠나지도 않으시고 버리지도 않으신다(신 31:8;
히 13:5). 세상 끝날까지 우리와 항상 함께 계시기로 정하셨기 때문이다(마
28:20). 우리의 불안전한 느낌보다 그의 약속을 더 신뢰해야 한다.

17이리하여 제자들 중에서 [어떤 이들이] 서로에게 말하였다
"조금 있으면 나를 보지 못하겠고 또 조금 있으면 나를 보리라'
그리고 '내가 아버지께 가리라'고 그가 우리에게 말하신 이것은 무엇인가?"
18또 그들이 말하였다 "그가 말한 이것 '조금 있으면'은 무엇인가?
그가 무엇을 말하는지 우리는 알지 못하겠다"

그런데 제자들은 예수의 말씀에 물음표를 단다. 조금 있으면 보지 못한다
는 말과 다시 조금 있으면 본다는 말이 서로 충돌하는 듯하기 때문이다. 그
리고 예수께서 아버지께 가신다는 말도 그들의 머리에는 기이한 암호처럼
난해하다. 그들은 다른 무엇보다 "조금 있으면"의 의미가 가장 궁금하다.
그러나 그들의 진지한 물음은 다양한 귀를 출입해도 뾰족한 해답을 얻지

못하고 더 큰 물음이 되어 질문자의 귀로 귀환한다. 여기에서 우리는 제자들의 애처로운 궁금증과 가난한 이해력을 본다. 예수의 모든 말씀은 모든 진리 가운데로 이끄시는 성령의 가르침이 필요함을 제자들의 무지가 역설한다. 이는 성령의 가르침이 없다면 아무도 예수의 말씀을 이해하지 못한다는 반증이다. 제자들만 그러하지 않고 우리도 그러하다.

예수는 그들에게 자신이 "죽임을 당하고 사흘 만에 살아나야 할 것"을 이미 밝히셨다(막 8:31). 그 말씀과 "조금 있으면"을 연결하면 쉽게 풀어진다. 제자들이 그렇게 연결하지 못하는 이유는 무엇일까? 인식의 틀이 다르기 때문이다. 제자들은 예수와 자신들의 관계성에 근거하여 예수의 말씀을 이해한다. 그런데 예수는 아버지의 말씀이다. 예수는 아버지의 말씀 외에 다른 어떠한 말도 발설하지 않으신다. 인식의 초점을 거기에 맞추고 예수의 말씀을 해석하면 동문서답 같은 그의 발언들도 하나의 일관된 의미로 수렴된다. 즉 택하신 백성의 구원이 성취되고 만물이 회복되는 하나님 나라의 일로 수렴된다. 나아가 아버지 하나님의 영광으로 수렴된다. 예수의 말씀만이 아니라 만물도 아버지의 영광을 위하여 존속하고 역사도 그 영광을 위하여 흘러간다.

그런데 예수의 이러한 말씀은 자신에게 유익하고 자신이 좋아하는 스승과의 오랜 공존으로 오래 유익하고 싶은 제자들의 욕구와 핀트가 많이 어긋난다. 예수의 말씀에 대한 제자들의 안타까운 독해력은 또한 우리의 현실이다. 성경을 펼치면, 상당한 부분이 낯선 외국어로 느껴지고 풀리지 않는 암호처럼 다가온다. 모든 말씀이 온 존재에 스며든, 편안하고 친숙한 모국어로 들릴 때는 언제일까? 하나님의 영광에 초점을 두고 읽을 때 예수의 말씀은 우리에게 모국어가 되고 막막한 삶의 등대가 되고 인생의 질서로 읽어진다.

¹⁹예수께서 그들이 그것을 물으려고 함을 아시고 그들에게 말하셨다
"'조금 있으면 나를 보지 못하고 다시 조금 있으면 나를 보리라'고
내가 말한 이것에 대하여 너희가 서로 묻느냐?

난감한 질문을 서로에게 떠넘기는 제자들의 처량한 모습을 보시고 예수는 "너희가 서로(μετ' ἀλλήλων) 묻느냐"고 물으신다. 예수의 귀는 언제나 제자들의 궁금증 쪽으로 기울어져 있다. 먼 별 나라처럼 느껴지는 스승의 말씀에 아주 초보적인 물음표 하나를 걸 용기가 나지 않는 제자들의 소심한 마음을 읽으시고 먼저 그 물음을 꺼내시는 예수의 배려가 참 따뜻하다. 예수는 사람의 머리에 고인 구체적인 물음을 정확하게 아시고 그 물음의 답도 아시고 그분의 방식으로 그분의 때에 답하신다. 그러므로 마음의 질문에 예수의 답변이 없다면 그의 침묵이 일종의 답변이다. 그 침묵이 때로는 물음 자체가 성립되지 않는다는 대답이고 때로는 답변의 때가 아니라는 답이기도 하다. 이 구절에서 예수는 제자들의 조용한 궁금증에 대해 그들이 밝히 묻지도 않았는데 답하신다. 그런데 예수의 대답이 겨냥한 것은 제자들이 품은 궁금증의 표면이 아니라 그 궁금증의 심층이다.

²⁰내가 진실로 진실로 너희에게 말하노라 너희는 울며 애통해 하겠으나 세상은 기뻐하게 되리라 너희는 근심을 하겠으나 너희의 근심은 기쁨으로 바뀌리라

예수는 제자들의 슬픔과 세상의 기쁨을 대조하고 그들의 근심이 기쁨으로 바뀔 것이라고 답하신다. 이 답변에서 우리는 제자들의 마음이 예수의 말씀을 듣고 슬픔과 근심에 빠졌으며 그런 감정이 그들의 이성을 압도하여 "조금 있으면"과 같은 지극히 일상적인 표현도 낯설게 느끼는 내면의 불안정한 실태를 감지한다. 예수는 제자들의 궁금증에 대한 직접적인 답변을

제공하지 않으시고 그 궁금증의 배후에 그의 말씀을 있는 그대로 수용하기 힘들어서 생긴 그들의 슬픔과 근심의 문제를 다루신다. 상대방의 말을 수용하기 싫으면 무지라는 그럴듯한 이유 속으로 숨는 경우가 종종 발생한다. 수용의 거부와 무지의 협업은 우리의 삶에서도 종종 관찰된다. 부모의 잔소리가 듣기 싫어서, 혹은 압도적인 권위 앞에서 자유롭게 반대할 수 없을 때, 자녀들은 티 나지 않게 거부하는 방편으로 못들은 척 혹은 모름을 연출한다. 맥락은 다르지만 의지하던 스승과의 임박한 이별 통보가 만든 제자들의 슬픔과 근심은 아마도 그들의 지성에 고의적인 파업을 일으켰지 싶다.

예수는 자신의 떠남과 돌아옴이 아니라 이에 대한 제자들과 세상의 반응에 초점을 두고 답하신다. 제자들은 예수의 떠남을 슬퍼하고 세상은 기뻐한다. 두 주체의 반응이 극명하게 대조된다. 예수라는 진리가 떠나시면 진리를 사랑하는 제자는 슬퍼하고 거짓을 사랑하는 세상은 기뻐한다. 예수라는 정의가 떠나시면 정의를 추구하는 제자는 슬퍼하고 불의를 조장하는 세상은 기뻐한다. 예수라는 빛이 떠나시면 투명하게 사는 제자는 슬퍼하고 어둠의 세상은 기뻐한다. 예수라는 사랑과 용서가 떠나시면 자비로운 제자는 슬퍼하고 폭력적인 세상은 기뻐한다. 이러한 희비의 교차는 지금도 유지되고 있다. 의로운 일이 고통을 당하고 부당하게 기소되고 유죄라는 조작된 판결을 받으면 선한 자들은 슬퍼하고 악한 자들이 기뻐한다. 테르툴리아누스의 경고처럼, 우리가 세상과 함께 덩달아 기뻐하면 세상과 함께 슬퍼하게 될 것이기에 세상이 기뻐하면 우리는 슬퍼해야 한다. 지혜롭게 가려서 슬퍼하고 지혜롭게 가려서 기뻐해야 한다.

예수의 떠남은 신뢰의 떠남이고 소망의 떠남이고 사랑의 떠남이기 때문에 제자들은 슬퍼하며 근심한다. 그러나 그 슬픔과 근심은 잠깐이다. 속히 기쁨으로 바뀌기 때문이다. 마태는 애통하는 자가 하나님의 위로라는 복을 누리게 될 것이라는 예수의 말씀을 기록한다. 이런 반전에 대하여 칼뱅은 상황의 외적인 슬픔이 영혼의 내적인 기쁨에 의해 압도되는 것이라고 해석한다. 제자들의 변화된 기쁨은 환경의 변화 때문이 아니라 보혜사 성령의 내적인 임재 때문이다. 칼뱅의 진단처럼, 성령의 강한 권능이 제자들의 약한 감정을 압도하기 때문이다. 나아가 칼뱅은 "그들의 슬픔이 기쁨으로 바뀔 뿐만 아니라 [슬픔] 그 자체가 기쁨의 본질과 바탕"이 된다고 주장한다. 예수께서 그들을 떠나시는 슬픔이 성령께서 그들에게 오시는 기쁨의 밑거름이 된다는 의미에서 나는 칼뱅의 주장에 동의한다. 그렇다면 슬픈 일들이 생길 때마다 우리는 기쁨이 준비되고 있다는 사실 때문에 그 기쁨이 도착하기 전에도 앞당겨 기뻐하는 것이 가능하다. 그러면 슬픔 중에도 슬픔이 우리 안에서 머리 둘 곳은 사라진다.

　슬픔과 기쁨의 반전은 예레미야 선지자의 예언과 무관하지 않다. "내가 그들의 슬픔을 돌려서 즐겁게 하며 그들을 위로하여 그들의 근심에서 기쁨을 얻게 할 것임이라"(렘 31:13). 시인도 동일한 것을 고백한다. "주께서 나의 슬픔이 변하여 내게 춤이 되게 하시며 나의 베옷을 벗기고 기쁨으로 띠 띠우셨다"(시 30:11). 여기에는 주님께서 문장의 주어라는 사실이 중요하다. 즉 슬픔과 근심이 기쁨으로 바뀌는 변화는 주님의 선물이다. 그래서 슬픔과 불안과 분노라는 감정의 광기가 우리의 신앙과 삶의 목덜미를 쥐고 흔들어도 성령께서 주시는 우리의 기쁨은 어떠한 흔들림도 없다. 이는 세상의 어떠한 변화도 우리의 기쁨에는 유의미한 변수가 되지 못함을 의미한다. 신의 기쁨을 어찌 감히 피조물이 변경할 수 있겠는가! 그래서 제자들의 슬픔과 근심은 기쁨으로 변할 것이라고 말하신 예수는 세상의 기쁨이 장차 어떻게 되는지에 대해서는 입을 다무신다.

²¹여인이 해산하게 되면 그녀의 때가 이르렀기 때문에 근심하나
아기를 낳으면 세상에 사람이 태어난 기쁨으로 말미암아
그녀는 그 고통을 더 이상 기억하지 않으리라

슬픔과 기쁨의 교체에 대한 비유가 언급된다. 여인은 해산의 때가 이르면 근심한다. 그러나 아기를 낳으면 기뻐한다. 그것은 "세상에" 사람이 태어난 기쁨이다. 내 자식이 하나 생겼기 때문이 아니라 천하보다 귀한 사람 하나의 가치가 세상에 추가되는 기쁨이다. 해산하는 여인의 기쁨이 독특하다. 소량의 개인적인 기쁨이 아니라 무한대의 세계적인 기쁨이다. 이 기쁨이 너무나도 커서 해산의 그 엄청난 고통에 대한 기억도 지워진다. 이처럼 제자들의 슬픔과 근심이 기쁨으로 변한다는 예수의 말씀에도 그들이 변한 이후에 그 슬픔과 근심에 대한 기억의 소멸이 포함되어 있다. 슬픔과 근심 자체의 소멸만이 아니라 그것들에 대한 기억마저 소멸된다. 기억의 지우개가 얼마나 강력한 것이길래 그러한가? 아무튼 변화의 결과는 슬픔과 기쁨의 공존이 아니라 기쁨의 압도적인 독존이다. 교회도 동일하다. 죄인 하나를 주님께로 이끌어 영적인 출생을 가능하게 하기 위해서는 막대한 고통을 지불해야 한다. 그러나 "죄인 하나가 회개하면 하늘에서 회개할 것 없는 의인 아흔 아홉으로 말미암아 기뻐하는 것보다 더"한 기쁨(눅 15:7) 때문에, 그 "기쁨을 이기지 못하시"는 하나님 때문에 죄인의 거듭남 이후에는 교회의 모든 고통만이 아니라 그 고통에 대한 기억조차 사라진다.

이 비유의 적절함에 대해 칼뱅은 두 가지의 근거를 제시한다. 첫째, 해산의 고통이 없으면 출산의 기쁨이 없다는 사실이다. 이는 예수께서 떠나시는 슬픔이 없으면 성령께서 오시는 기쁨도 없음을 가리킨다. 둘째, 해산의 고통은 비록 견딜 수 없을 정도로 심하지만 곧 지나가고 만다는 사실이다. 이는 예수께서 떠나시는 슬픔도 "조금 있으면" 끝난다는 점을 가리킨다. 모든 사람이 쉽게 이해하는 해산의 명료한 비유는 그 자체로 제자들의

슬픈 마음을 달래는 큰 위로였다. 비유는 화자의 지적인 잘난 척이 아니라 청자의 실질적인 유익을 위해 사용해야 한다. 그래서 아무도 모르는 희귀한 비유가 아니라 널리 알려진 비유가 적격이다.

창세기 3장의 문맥에서 해산의 고통은 인간의 죄에 대한 형벌의 하나였다. 그러나 예수는 그 형벌조차 진리를 설명하는 유용한 도구로 삼으셨다. 해산의 고통은 이제 수치의 대명사가 아니라 예수로 말미암아 슬픔과 기쁨, 고난과 영광, 고통과 치유라는 하나님의 보편적인 섭리를 설명하는 최고의 도구로 바뀌었다. 칼뱅에 의하면, 믿음의 사람들이 처한 이 땅에서의 상태는 해산하는 여인이다. 이는 우리가 육신의 몸을 가지고 있는 동안에는 비록 그리스도 안에서 다시 태어나긴 하였으나 아직 "하나님의 거룩한 왕국과 복된 삶으로는 들어가지 않았기 때문이다." 여인에게 해산의 고통이 주님 다시 오실 때까지 지속되는 것처럼, 믿음의 사람에게 주어지는 이 땅에서의 고통도 지속적인 일상임을 우리는 이해해야 한다.

> 22이처럼 너희가 지금은 근심하나 내가 너희를 다시 볼 것[이므로]
> 너희의 마음은 기뻐하게 되고 너희 기쁨을 빼앗을 자가 없으리라

예수는 제자들의 근심이 기쁨으로 바뀌는 이유를 다시 밝히신다. 즉 예수께서 제자들을 다시 보실 것이기 때문이다. "다시 본다"는 말은 예수의 부활로 말미암은 보이는 만남과 그의 승천 후 성령의 오심으로 말미암은 보이지 않는 만남 모두를 의미한다. 키프리아누스는 예수를 보는 것이 진정한 기쁨이며 그분을 보지 않으면 기쁨을 누릴 수 없다고 주장한다. 진정한 신앙의 여부를 가늠하는 시금석과 같은 주장이다. 바울은 예수와의 만남을 너무도 사모해서 세상을 떠나서 주님과 함께 있는 것이 이 세상에서 천년 만년 사는 것보다 "훨씬 더 좋은 일이라"고 고백한다(빌 1:23). 우리에게 기

뻠의 근원은 무엇인가? 우리가 항상 기뻐하는 이유는 예수인가? 과연 그와의 만남인가? 자신의 모든 즐거움을 우리에게 두신 예수에게 우리는 진정 모든 기쁨을 두었는가?

예수는 이 구절의 주어가 "나"라고 말하신다. 예수와 제자들의 상봉이 예수의 주도적인 의지에 달려 있음을 강조하는 어법이다. 다시 보는 것과 이로 말미암은 기쁨은 모두 예수의 은총이다. 예수의 부활과 승천과 성령의 오심을 모두 경험한 우리는 바울의 명령처럼 항상 기뻐하는 것이 마땅하다(살전 5:16). 우리가 예수와의 만남에서 누리는 기쁨의 수위에 있어서는 여인이 해산의 막대한 고통을 잊을 정도라야 한다. 예수께서 세상 끝날까지 우리 안에 항상 거하시기 때문에 그 만남은 우리에게 일상이다. 그러므로 우리는 매 순간 최고의 기쁨으로 항상 기뻐해야 한다.

예수께서 제자들을 다시 보시기 때문에 그들이 기뻐하게 되는 것은 '마음'(καρδία)이다. 마음이 기뻐야 진짜 기쁨이다. 몸이 아니라 "마음이 기뻐하게 된다"는 것은 하나님 나라의 특징과 관계되어 있다. 예수께서 임하시는 곳은 하나님의 나라이며, 그 나라는 여기나 저기에 있지 않고 우리의 마음에 세워진다. 왜냐하면 예수께서 다시 오셔서 우리를 만나시기 위해 왕으로서 거하시는 곳이 마음이기 때문이다. 그런데 바울의 말처럼 "하나님의 나라는 먹는 것과 마시는 것이 아니요 오직 성령 안에 있는 의와 평강과 희락"이다(롬 14:17). 이는 제자들의 슬픔이 변하여 누리게 될 몸의 즐거움이 아니라 마음의 기쁨에 대한 바울의 표현이다. 겉사람은 슬픔과 근심으로 잠시 후패하나 속사람은 기쁨으로 날마다 계속해서 좋아진다.

예수는 슬픔과 근심이 기쁨으로 변한다는 사실과 기쁨 때문에 슬픔과 근심을 기억하지 못한다는 사실을 언급하신 이후에 그 기쁨을 빼앗기지 않는다는 사실까지 말하신다. 예수께서 주시는 기쁨은 그가 친히 회수하지 않으시는 한 빼앗김의 염려가 없는 불변의 기쁨이다. 이는 예수께서 그 기쁨을 지키시기 때문이고 그 기쁨을 그의 손에서 빼앗을 자가 하나도 없기 때문이다. 기쁨을 빼앗을 자가 있다면 그는 예수보다 큰 자임에 분명하다. 그러나 예수는 하늘과 땅의 모든 권세를 가진 분이시고 아버지 하나님의 보좌 우편에 앉으시고 "모든 통치와 권세와 능력과 주권과 이 세상 뿐 아니라 오는 세상에 일컫는 모든 이름 위에 뛰어나"신 분이시다(엡 1:20-21). 그러므로 그는 우리에게 주신 기쁨을 그 누구에 의해서도 빼앗기지 않으신다.

칼뱅은 이러한 사실에서 세상의 기쁨은 필히 빼앗기는 것이라고 추론한다. 실제로 세상의 기쁨이 영원하지 않은 이유는 그 기쁨의 원인이 영원하지 않기 때문이다. 그런 기쁨은 다양한 변수가 빼앗고 그런 변수가 없더라도 세월이 그 기쁨을 회수한다. 혹시 기쁨을 오랫동안 빼앗기지 않더라도 무덤 앞에서는 반드시 반납해야 한다. 그러므로 우리는 가장 위대하신 예수와의 만남 때문에, 그 만남이 주는 기쁨 때문에, 어떠한 근심과 슬픔도 속히 기쁨으로 바뀔 것이기 때문에, 그가 그 기쁨을 주시고 친히 지키시기 때문에, 그런 기쁨을 빼앗을 예수보다 큰 자가 어디에도 없기 때문에, 그래서 그 기쁨은 영원할 것이기 때문에, 어떠한 근심과 슬픔 속에서도 항상 기뻐한다.

요 16:23-33

²³그 날에는 너희가 아무 것도 내게 묻지 아니하리라 내가 진실로 진실로 너희에게 이르노니 너희가 무엇이든지 아버지께 구하는 것을 내 이름으로 주시리라 ²⁴지금까지는 너희가 내 이름으로 아무 것도 구하지 아니하였으나 구하라 그리하면 받으리니 너희 기쁨이 충만하리라 ²⁵이것을 비유로 너희에게 일렀거니와 때가 이르면 다시는 비유로 너희에게 이르지 않고 아버지에 대한 것을 밝히 이르리라 ²⁶그 날에 너희가 내 이름으로 구할 것이요 내가 너희를 위하여 아버지께 구하겠다 하는 말이 아니니 ²⁷이는 너희가 나를 사랑하고 또 내가 하나님께로부터 온 줄 믿었으므로 아버지께서 친히 너희를 사랑하심이라 ²⁸내가 아버지에게서 나와 세상에 왔고 다시 세상을 떠나 아버지께로 가노라 하시니 ²⁹제자들이 말하되 지금은 밝히 말씀하시고 아무 비유로도 하지 아니하시니 ³⁰우리가 지금에야 주께서 모든 것을 아시고 또 사람의 물음을 기다리시지 않는 줄 아나이다 이로써 하나님께로부터 나오심을 우리가 믿사옵나이다 ³¹예수께서 대답하시되 이제는 너희가 믿느냐 ³²보라 너희가 다 각각 제 곳으로 흩어지고 나를 혼자 둘 때가 오나니 벌써 왔도다 그러나 내가 혼자 있는 것이 아니라 아버지께서 나와 함께 계시느니라 ³³이것을 너희에게 이르는 것은 너희로 내 안에서 평안을 누리게 하려 함이라 세상에서는 너희가 환난을 당하나 담대하라 내가 세상을 이기었노라

❖ ❖ ❖

²³그날에는 너희가 나에게 아무것도 묻지 않으리라 내가 진실로 진실로 너희에게 말하노라 너희가 내 아버지께 무엇이든 구하면 그가 내 이름으로 너희에게 주시리라 ²⁴지금까지 너희가 내 이름으로 아무것도 구하지 않았으나 구하라 그리하면 너희 기쁨이 충만하게 되도록 받으리라 ²⁵나는 이것들을 너희에게 비유로 말하였다 때가 이르면 내가 너희에게 더 이상 비유로 말하지 않고 아버지에 대하여 너희에게 밝히 알리리라 ²⁶그날에 너희는 내 이름으로 구하리라 내가 너희를 위하여 아버지께 구한다고 말하는 게 아니다 ²⁷이는 너희가 나를 사랑하고 또 내가 하나님으로부터 온 것을 너희가 믿으므로 아버지께서 친히 너희를 사랑하시기 때문이다 ²⁸나는 아버지로부터 나왔고 세상으로 왔다 다시 나는 세상을 떠나고 아버지께로 이동한다" ²⁹그의 제자들이 말하였다 "보십시오 지금은 당신께서 밝히 말하시고 어떠한 것도 애매하게 말하시지 않습니다 ³⁰이제는 우리가 당신은 모든 것을 아시고 누군가가 당신에게 물을 필요가 없음을 알고 있습니다 이로써 우리는 당신께서 하나님으로부터 오셨음을 믿습니다" ³¹예수께서 그들에게 답하셨다 "이제는 너희가 믿느냐? ³²보라 너희 각자가 자신의 곳으로 흩어지고 나를 홀로 둘 때가 이르리니 벌써 이르렀다 그러나 아버지가 나의 곁에 계시기에 나는 혼자가 아니다 ³³내가 너희에게 이것들을 말하는 것은 너희가 내 안에서 평화를 얻게 하기 위함이다 세상에서 너희는 환난을 당하지만 담대해라 내가 세상을 이기었다"

세상을 이겼노라

지금 제자들은 예수께 질문해서 그의 답으로 진리를 학습한다. 그러나 성령께서 오시면 그들은 예수에게 질문하지 않고 성령에게 모든 것을 질문하고 깨닫는다. 그리고 제자들은 눈에 보이는 예수에게 기도하지 않고 아버지께 예수의 이름으로 기도한다. 그들에게 기도의 결과는 기쁨의 충만이다. 지금 예수는 비유로 말하지만 성령은 밝히 말하신다. 제자들은 예수께서 대신 기도해 주지 않으시고 직접 아버지께 기도한다. 이러한 기도의 권한은 예수에 대한 제자들의 사랑, 아버지가 예수의 존재와 사역의 근원임에 대한 제자들의 믿음 그리고 그들에 대한 아버지의 사랑에 근거한다. 제자들은 이제서야 알았고 믿는다고 고백한다. 그러나 예수는 그들의 뜨거운 확신에 찬물을 부으신다. 그 찬물은 모두가 예수를 떠난다는 배신에 대한 예언이다. 배신의 때는 임박했다. 그러나 예수는 아버지의 항구적인 동행을 확신한다. 그래서 그는 혼자가 아니시다. 이 사실에 대한 언급은 배신에 대한 원망이나 불평이 아니라 그들의 연약한 신앙을 미리 알리셔서 그들의 급속하고 치명적인 실족이 가져올 그들의 비탄과 절망을 완충하기 위함이다. 예수는 제자들의 평강을 원하신다. 담대함이 그 비결이고 그 담대함은 세상에 대한 예수의 승리에 근거한다. 이처럼 본문은 제자들이 살아갈 세상의 실상과 그 속에서도 승리하는 비결을 가르친다.

23그날에는 너희가 나에게 아무것도 묻지 않으리라
내가 진실로 진실로 너희에게 말하노라
너희가 내 아버지께 무엇이든 구하면 그가 내 이름으로 너희에게 주시리라

예수는 제자들과 다시 만나는 날에 대해 말하신다. 그날에는 제자들이 그에게 아무것도 묻지 않을 것이라고 한다. 여기에서 "묻는다"(ἐρωτάω)는 말은 아우구스티누스가 잘 구분한 것처럼 "청하다"(petere)는 의미와 "질문하다"(interrogare)는 의미를 함축하고 있다. 교부는 예수께서 지상에 계실 때에도 청원과 질문을 드렸는데, 천상에 계실 때에는 왜 청원과 질문을 드리지 못하냐고 반문한다. 그렇다면 기도하든 질문하든 어떠한 것도 묻지 않는 "그날"은 언제인가? 교부는 예수께서 다시 제자들을 보실 때라고 이해한다. 이는 예수께서 부활하신 이후 40일을 의미하는 것도 아니고 성령께서 제자들을 그의 전으로 삼으시는 때도 아니라고 한다. 교부에게 "잠시 있으면"의 의미는 예수께서 마지막 날에 다시 오시는 종말의 시점이다. 이때가 바로 "더 이상 바랄 것"이 없어서 청구하지 않고 "감추어진 것이 아무것도 없어 물어볼 것"도 없을 때이기 때문이다. 우리가 보기에는 "잠시"의 기간이 "길어" 보이지만 그때가 이르면 "그 기간이 정말 짧았구나 하고 느낄 것"이라고 교부는 설명한다.

크리소스토무스는 "그날"은 "모든 것을 아는 때"라고 설명하며 "묻지 않는다"는 말은 예수의 "이름만 불러도 모든 것을 취하고 충분하기 때문에 너희가 중재자를 필요로 하지 않을 것"이라는 뜻이라고 설명한다. 이 교부의

입장에 수긍하는 토마스는 예수의 두 본성에 근거하여 다소 색다르게 설명한다. 즉 인성을 따라서는 예수께서 하나님과 인간 사이의 중보자로 계시기 때문에 우리를 하나님과 연합하게 만드신다. 이제는 "아버지 하나님과 연합하는 것과 신성을 따라 그리스도와 연합하는 것은 동일하다." 그래서 예수의 이 말씀은 제자들이 예수께 인성에 따른 "중재를 요청할 필요가 없다"는 뜻이라고 한다. 이제 제자들은 하나님께 스스로 다가가고 다른 생필품과 부수적인 욕망들이 아니라 하나님 되신 예수 자신을 구한다고 설명한다. 크리소스토무스의 입장과 유사하게, 박윤선은 "그날"이 "신약 시대"이며 "주님의 재림은 이 시대의 끝"이라고 설명한다. 성령께서 오시면 제자들이 모든 진리 가운데로 인도함을 받기 때문에 예수께 "물어볼 일이 없으리라"는 뜻이라고 설명한다. 헨리도 제자들이 "무지에서 비롯된 질문"(요 9:2), "야망에서 비롯된 질문"(마 18:1), 불신에서 비롯된 질문(마 19:27), 무례함이 던진 질문(요 21:21), 호기심이 꺼낸 질문(행 1:6) 등이 성령의 오심 때문에 필요하지 않게 되었다고 설명한다. 그러나 예수의 이 예언이 질문 없는 인생을 권한다고 오해하는 것은 금물이다.

예수는 진지한 목소리로 기도에 대해 가르친다. 앞에서 예수는 두 종류의 기도에 대해 말하셨다. 첫째, 예수의 이름으로 무엇이든 예수께 구하면 예수가 행하신다(요 14:13-14). 둘째, 예수의 이름으로 무엇이든 아버지께 구하면 아버지가 베푸신다(요 15:16). 지금 말하시는 기도는 둘째 기도를 의미한다. 예수의 이 말씀에 근거하여 토마스는 기도의 7가지 요소로 추론한다. 첫째, 영적인 것을 무엇이든(ἄν τι) 추구해야 한다. 둘째, 인내를 가지고 기도해야(αἰτήσητε) 한다. 셋째, 내가 아니라 우리(ὑμῖν) 각자가 타인과의 조화 속에서 기도해야 한다. 넷째, 어린아이 같은 정서를 가지고 아버지께(πατέρα) 기도해야 한다. 다섯째, 예수의 이름으로(ὀνόματί) 경건하고 겸손하게 기도해야 한다. 여섯째, 응답이 주어질(δώσει) 적절한 때에 기도해야 한다. 일곱째, 응답이 너희에게 주어질 수 있도록 너희 자신(ὑμῖν)을 위해 기도해야 한다. 외콜람파디우스는 예수께서 앞에서는 자신이 주시는 분이라고 소개하고 여기서는 아버지가 주시는 분이라고 말함으로 "아버지와 아들의 권능이 하나요 동일한 것"임을 말한다고 해석한다. 그리고 예수의 이름으로 구하고 얻는다는 것은 예수의 영광과 그 이름의 전파에 유익한 것을 구하고 그런 결과를 낳는다는 뜻이라고 해석한다.

24지금까지 너희가 내 이름으로 아무것도 구하지 않았으나
구하라 그리하면 너희 기쁨이 충만하게 되도록 받으리라

"지금까지" 제자들은 예수의 이름으로 아무것도 구하지 않았다고 한다. 칼뱅은 예수도 자신을 하나님과 백성의 중보자로 밝히셨고 제자들도 이스라엘 백성의 이름으로 지성소에 들어가는 대제사장 기도와 백성의 기도가 그들 대신 짐승의 제사로 상달되는 전통을 알고 있었으나 그들의 빈약한 지식 때문에 예수의 이름으로 기도하지 않았다고 설명한다. 내가 보기에는 예수께서 친히 제자들을 위해 아버지께 구하셨기 때문이다. 이는 마치 모세가 이스라엘 백성을 위해 하나님께 대신 기도한 것과 유사하다(신 9:26-29). 제자들은 기도하는 문화에 익숙하지 않고 기도의 근육도 부실해서 올바른 기도를 잘 드린다는 것은 난해한 과제였다. 그러나 예수는 그들에게 최고의 기도법을 친절하게 알리셨다. 기도를 명하지만 않으시고 기도의 길도 보이셨다. 실제로 예수는 17장에서 기도의 구체적인 모범을 보이신다.

요한은 기록하고 있지 않지만 마태와 누가는 기록하고 있는 예수의 기도문은 예수께서 일평생 하늘에 계신 우리 아버지께 구한 기도의 명문화다. 예수는 아버지의 이름이 거룩하게 여김 받기를 원하셨고, 아버지의 나라가 임하기를 원하셨고, 아버지의 뜻이 성취되는 것을 원하셨고, 우리 모두가 비대한 재산을 축적하지 않고 날마다 충분하고 필요한 양식으로 살기를 원하

셨고, 우리가 서로를 용서하며 아버지의 용서를 누리며 살기를 원하셨고, 지극히 사소한 일에도 쉽게 넘어지는 연약한 우리가 시험에 빠지지 않기를 원하셨고, 스스로 벗어나지 못하는 악에서 우리가 건짐 받기를 원하셨다.

예수는 자신이 일평생 추구한 것을 제자들의 입에 넣으시고 그들의 사명 주머니에 넣으셨다. 예수와 제자들의 관계는 부모와 자녀의 관계와 비슷하다. 자녀가 어릴 때에는 부모가 모든 것을 챙겨 주시지만 때가 이르면 자녀가 자신의 필요를 스스로 채우는 독립이 필요하다. 예수는 이제 곧 떠나신다. 제자들은 이 땅에서 독립해야 한다. 물론 성령께서 그들을 도우신다. 예수와의 물리적인 이별은 불가피한 일이어서 그런 차원의 독립을 위해 예수는 제자들이 이제는 스스로 기도의 주체가 되어서 아버지께 나아가 엎드려야 한다고 말하신다.

제자들이 아버지께 기도할 때에는 예수의 이름으로 기도해야 한다. 명의가 중요하다. 이 대목에서 멜란히톤은 예수의 이름이 아닌 천사나 성인의 이름으로 기도하는 것의 잘못을 꼬집는다. 다른 신들의 이름이나 유력한 인간의 이름으로 기도하지 않고 예수의 이름으로 기도하는 이유는 예수의 영광을 드러내기 위함이다. 추구하고 성취되는 모든 일에 그 이름의 흔적이 남도록 살면 우리는 범사에 모든 분야에서 예수의 증인으로 발견된다. 예수의 제자라면 예수 때문에 숨쉬고, 예수 때문에 생각하고, 예수 때문에 말하고, 예수 때문에 움직이고, 예수 때문에 만나고, 예수 때문에 춤추며 노래한다. 예수의 이름으로 구하면 "너희 기쁨이 충만하게 되도록 받는다"고 한다. 제자들의 충만한 기쁨의 근거는 위장의 풍만함이 아니고 세계적인 유명세도 아니고 생존의 막대한 길이도 아니고 세계의 신기록 갱신도 아닌 예수의 이름이다. 그래서 교부들은 그들의 기쁨이 세속적인 것이 아니라 영적인 것이라고 했다. 그들이 기도하는 모든 내용도 당연히 세속적인 기쁨이 아니라 영적인 기쁨을 추구하는 것이어야 했다. 진정한 기쁨은 잠시 있다가 사라지는 변동적인 것이 아니라 영원한 것이 제공한다.

²⁵나는 이것들을 너희에게 비유로 말하였다 때가 이르면 내가 너희에게
더 이상 비유로 말하지 않고 아버지에 대하여 너희에게 밝히 알리리라

예수는 지금까지 제자들을 향해 진리의 다양한 내용들을 "비유로" 말하셨
고 "때가 이르면" 아버지에 대해 "밝히" 알리실 것이라고 한다. 여기에서 우
리는 토마스의 지적처럼 제자들이 지금까지 아버지에 대해 모호하게 안다
는 그들의 불완전한 지식과 밝히 알도록 온전한 지식을 주신다는 예수의
자비로운 약속을 확인한다. 이 약속에 근거하여 제자들은 다른 무엇보다
아버지에 대한 온전한 지식을 기대하며 갈망하며 간구해야 한다. 이는 가
장 심오한 진리인 아버지 하나님을 아는 지식이 그들에게 최고의 복이기
때문이다. 세상의 미움과 출교와 박해와 살기에서 벗어나는 것보다 더 긴
급하고 더 고귀한 복이기 때문이다. 아버지를 밝히 안다는 기도의 응답은
제자들로 하여금 영혼의 가장 깊은 곳까지 기쁨으로 충만하게 한다.

    "애매한 말하기 혹은 비유"(παροιμία)에 대해 칼뱅은 이 단어가 히브리어
"마샬"(苦루흄)에 해당되는 헬라어로 "애매함과 모호함"을 가진 말이라고
한다. 이 구절에서 예수의 의도는 제자들이 깨달음의 부족으로 인해 실망
하며 위축되지 않고 오히려 진보에 대한 기대감 속에서 용기를 가지도록
만드는 것이라고 해석한다. 깨닫지 못하면 예수께서 자신을 알리지 않으려
고 한다고 오해하기 쉽고 이해할 수 없다면 차라리 예수의 가르침을 거부
하는 것이 낫다고 생각하기 쉽다. 그래서 앞으로는 비유로 말하시지 않고
"밝히, 거침없이 혹은 자유롭게"(παρρησία) 말하실 때가 온다는 예수의 말
은 제자들을 격려한다. 칼뱅의 말처럼, 좋아질 것이라는 기대감은 그들에
게 "학습의 의욕"을 강하게 자극하기 때문이다. 동시에 지금은 감당하지 못
하는 제자들의 듣는 귀를 배려하며 지금은 거침없이 자유롭게 말하지 않
으시는 예수의 자상함도 돋보인다.

    트랩과 칼뱅은 이 구절에서 예수의 비유적인 말하심이 주님 편에서는 애

매한 용어의 의도적인 도입이 아니라 평이하고 친숙한 어법으로 말하신 것이라고 주장한다. 제자들의 귀에 비유처럼 애매하게 들린 이유는 그들의 우둔함과 무지함 때문이다. 칼뱅은 시인의 고백처럼 하나님의 말씀이 우리의 빛이기 때문에 결코 모호하지 않지만 우리의 어둠으로 말미암아 애매하게 된 것이라는 설명도 곁들인다. 즉 예수의 말씀이 우리의 귀에 "생짜배기 풍유들"로 들리는 이유는 예수의 어법이 문제가 아니라 우리의 어두운 무지 때문이다. 이에 대하여 나는 헨리처럼 예수는 제자들의 우둔함과 무지함의 눈높이에 맞도록 말씀하신 것이라는 표현을 선호한다. 칼뱅은 우리에게 예수의 말씀을 전혀 이해하지 못할 정도로 완전히 어둡고 완전히 무지한 것은 아니라고 한다. 우리의 적당한 우매함은 하나님의 일시적인 허용이다. 이 허용은 우리로 하여금 우리의 가난한 지성으로 말미암아 겸손하게 하기 위함이다. 그 겸손의 과정을 지나 때가 이르면 예수의 말씀을 "밝히" 알아듣게 된다. 학구열의 최대치를 불태워도 여전히 모를 때에는 겸손을 연단하는 때라고 이해함이 좋다. 그리고 우리는 애매하게 아는 때를 지나가는 타인의 미성숙을 다그치지 않도록 주의해야 한다. 밝히 아는 때를 앞당기기 위한 인위적인 조장이나 강요는 오히려 타인의 온전한 성숙을 그르친다.

칼뱅은 아버지에 대해 밝히 아는 "때"(ὥρα)가 예수의 부활 이후에 성령께서 오신 때라고 주장한다. 칼뱅의 이 주장에 동의하는 나는 아버지에 대해 예수의 입에서 나오는 말이나 기록된 문자를 통한 지식과 성령의 가르침을 통한 아버지 지식이 애매함과 명백함의 차이로 설명되고 있다는 사실을 주목하고 싶다. 성령의 명료한 가르침이 얼마나 놀라운가! 성령이 없다면 제자들은 예수의 말씀도 스스로 생각해야 하고 기록된 말씀도 스스로 판독해야 한다. 판독의 수준은 각자의 인간적인 지력에 의해 좌우된다. 그러나 아무리 뛰어나도 신적인 것에 대해서는 모두가 무지하다. 하지만 지혜와 총명의 신이신 성령께서 친히 가르침을 준다는 것은 눈의 관찰력과 귀의 청취력이 아니라 마음의 깨달음과 직결되어 있다. 성령의 가르침과 마음의 깨달음 사이에는 눈과 귀라는 매개물이 필요하지 않다. 보고 들은 내용을 분별하는 각자의 지력에도 매이지 않는 깨달음이 가능하다. 제자들은 이런 성령의 가르침을 지독하게 사모해야 한다.

아우구스티누스는 그 "때"가 성령께서 오시는 때일 수도 있지만 세상의 종말 이후라고 더 강력하게 주장한다. 이는 종말에 얼굴과 얼굴을 대면하여 하나님의 영광을 보는 것이 "아버지에 대하여 밝히" 아는 것이기 때문이다. 이 교부는 예수의 말씀과 바울의 말을 비교한다. 즉 예수께서 비유로 말하시는 것은 "우리가 지금은 거울로 보는 것 같이 희미하"게 본다는 바울의 말에 대응되고, 예수께서 제자들이 밝히 안다고 말하시는 것은 "그때에는 얼굴과 얼굴을 대하여 볼 것"이라는 바울의 말에 대응되는 것이라고 주장한다(고전 13:12). 바울의 모든 글은 성령의 오심 이후에 쓰여졌다. 성령이 오셨어도 여전히 거울로 보듯이 희미하게 본다는 사실에서 "밝히" 아는 때가 종말일 가능성이 높다고 추론하게 된다. 그러나 문맥을 볼 때 나는 이 교부의 주장보다 칼뱅의 주장에 동의한다. 이는 다음 구절의 내용 때문이다.

²⁶그날에 너희는 내 이름으로 구하리라
내가 너희를 위하여 아버지께 구한다고 말하는 게 아니다

예수는 제자들이 "그날에" 자신의 이름으로 기도할 것이라고 말하신다. 이는 예수께서 제자들을 위해 아버지께 구한다는 말이 아니라고 말하신다. 아버지께 무언가를 구할 자격과 능력과 조건은 오직 예수만 가지셨다. 그런데도 제자들 개개인이 예수의 이름으로 기도하는 주체가 된다는 것은 예수처럼 그들도 하나님 아버지의 자녀가 됨을 의미한다. 이 얼마나 놀라운 은총인가! 구약에서 모세는 백성들을 대신하여 하나님께 기도했다. 그러나 백성들은 대제사장 혹은 모세의 이름으로 하나님께 직접 기도하지 못하였다. 그

러나 예수는 자신의 이름으로 기도하는 주체의 자격을 베푸신다. 기도의 권한이 주어지는 것은 하나님의 자녀가 되는 권세의 놀라운 특징이다.

여기에서 제자들이 기도할 "그날"은 예수께서 떠나신 이후를 의미한다. 그러나 역사의 종말을 의미하지 않고 성령의 오심으로 말미암아 제자들이 마땅히 구할 것을 기도하는 때를 의미한다. 아버지를 밝히 아는 지식이 주어지는 것도 성령께서 우리를 모든 진리 가운데로 인도하는 것을 뜻한다고 이해하는 것이 합당하다.

"내가 너희를 위하여 아버지께 구한다고 말하는 게 아니"라는 예수의 말씀을 아우구스티누스는 예수께서 떠나신 이후로는 인성을 따라 기도하는 분이 아니라 신성을 따라 기도를 들으시고 응하시는 하나님 자격으로 하신 말이라고 이해한다. 즉 이 말씀은 아버지와 예수의 신적 본성이 같다는 사실을 가르치고 있다. 본성이 같으시기 때문에 예수를 알면 아버지를 안다. 예수를 보면 아버지를 본다. 아버지에 대해 밝히 알리시는 것은 예수 자신의 신성 즉 하나님의 아들 되심을 알리시는 것과 동일하다. 이것은 그가 죽음에서 부활하고 승천하신 이후 성령의 오심을 통해서만 밝히 깨닫는다. 예수의 이 말씀을 통해 저자는 이 복음서 저술의 목적을 충실히 구현하고 있다.

이 구절에 대해 칼뱅은 예수께서 아버지와 제자들의 "중보자가 되지 않겠다"는 말이 아니라 제자들에 대한 아버지의 지극한 사랑 때문에 중보자가 나서기도 전에 그들의 "모든 요구를 기꺼이 들어 주실 것"이라는 뜻이라고 한다. 동시에 아버지는 제자들의 "기도를 직접 들어 주실 것인데" 이는 그들의 유일한 중보자인 예수에 대한 그의 고려 때문이다. 그래서 제자들은 예수의 이름으로 기도해야 한다. 기도의 주체가 된다는 것이 예수를 배제한 독립적인 기도자가 되는 것을 뜻하지는 않기 때문이다. 제자들은 언제나 예수 의존적인 기도자다. 땅에서도 예수는 제자들의 믿음이 떨어지지 않도록 기도를 드리셨고, 하늘 위에서도 그는 "자기를 힘입어 하나님께 나아가는 자들"을 위하여 여전히 기도를 드리신다(히 7:25). 그럼에도 불구

하고 예수께서 떠나신 이후에는 스스로 기도해야 한다. 마땅히 구해야 할
바를 고민하게 된다. 기도의 가치관과 분별력이 길러진다. 예수께서 제자
들의 모든 필요를 알아서 채우시는 배려의 중단은 그들의 성장을 위한 것
이었다. 교수도 지도하는 학생이 필요한 자료들을 알려 주고 찾아 주는 배
려를 중단할 때, 그 학생은 학자의 자발적인 첫걸음을 내딛는다. 부모도 자
녀들의 성장과 자립을 위해 그들의 필요 채우기를 중단한다.

> 27이는 너희가 나를 사랑하고 또 내가 하나님으로부터 온 것을
> 너희가 믿으므로 아버지께서 친히 너희를 사랑하시기 때문이다

기도자의 권한이 주어진 이유들에 대한 언급이다. 첫째, 제자들이 예수를
사랑하기 때문이다. 사랑하면 사랑하는 대상이 사랑하는 주체의 마음을 차
지한다. 사랑하는 주체는 사랑하는 대상을 이용하지 않고 수용한다. 자신
을 드러내지 않고 상대방을 드러낸다. 자신의 기호를 고집하지 않고 상대
방의 기호를 존중한다. 자신의 뜻을 추구하지 않고 상대방의 뜻을 추구한
다. 그러므로 제자들이 예수를 사랑하면 아버지께 무엇을 구하여도 자신들
이 아니라 예수께서 영광을 받으신다. 그들에게 기도의 권한이 주어져도
사사로운 욕망의 분출이 아니라 하늘과 땅의 공익을 추구하게 된다.

　둘째, 제자들은 예수께서 하나님 아버지로 말미암아 위로부터 오신 것
을 믿기 때문이다. 사랑 다음은 믿음이다. 칼뱅의 말처럼, "믿음의 능력과
본질"은 사랑이기 때문이다. 예수를 진실로 사랑하면 그를 육체로 알지 않
고 하나님의 아들로서 신뢰하게 된다. 그런 믿음의 사람에게 무엇이든 구
할 자녀의 권세가 주어지는 것은 합당하다. 예수를 육체로 알아서 땅에서
의 유능한 선생이나 탁월한 의사나 높은 권력자로 이해하면 기도의 내용
과 목적이 세속화될 가능성이 농후하다. 예수를 어떤 분으로 믿느냐가 인

생을 좌우한다. 예수는 제자들이 올바른 믿음 위에 세워진 기도자가 되기를 원하신다. 위로부터 오신 예수를 믿는다면 그의 이름으로 드려지는 기도의 모든 내용은 땅의 것이 아니라 위의 것이어야 한다. 혹시 땅의 것이라고 할지라도 위의 목적을 성취하기 위한 도구여야 한다.

셋째, 아버지 하나님이 제자들을 사랑하기 때문이다. 이 사랑은 피조물에 대한 사랑이 아니라 하나님의 아들에 대한 사랑을 방불한다. 왜냐하면 아버지는 바울의 말처럼 "자기 아들을 아끼지 않으시고 우리 모든 사람을 위하여 내주신 분"이시기 때문이다(롬 8:32). 그래서 아버지는 제자들을 예수처럼 사랑한다. 제자들과 예수는 그런 사랑의 띠로 연결되어 있다. 바울은 이 사랑이 어떠한 것에 의해서도 끊어지지 않는다고 고백한다(롬 8:35). 이런 사랑에 근거하여 제자들은 아버지께 무엇이든 기도해도 된다. 어떠한 것을 기도해도 가장 좋은 것을 베푸신다. "악한 자라도 좋은 것으로 자식에게 줄 줄 알거든 하물며 하늘에 계신 너희 아버지께서 구하는 자에게 좋은 것으로 주시지 않겠느냐"(마 7:11). 우리의 모든 기도는 하나님의 사랑에 대한 확신에 근거해야 한다.

이처럼 아버지의 사랑은 두 가지에 근거한다. 예수에 대한 제자들의 사랑과 예수를 하나님의 아들로 믿는 그들의 믿음이다. 그런데 여기에서 우리는 제자들의 사랑과 믿음이 아버지의 사랑을 촉발한 근거라고 오해하기 쉽다. 그러나 칼뱅이 잘 경계한 것처럼 믿음은 우리의 실력이 아니라 하나님의 선물이며 우리가 예수를 먼저 사랑한 것이 아니라 그가 먼저 우리를 사랑하신 것을 기억해야 한다. 그리고 구원의 시작이나 사랑의 시작을 자신의 공로로 돌리지 않도록 주의해야 한다. 주님은 "없는 것을 있는 것처럼 부르시고(롬 4:17), 죽은 자를 살리시는(눅 7:22) 분"이어서 미움이 가득한 우리 안에서도 사랑과 믿음을 부르시고 죽은 사랑과 믿음도 능히 살리신다. 이런 맥락에서 아우구스티누스는 하나님을 종교적인 사랑의 창시자로 규정한다. 하나님은 제자들이 사랑을 알지도 못하고 행하지도 않고 오히려 하나님을 미워하고 멸시하는 죄인일 때에도 사랑을 베푸셨다. 교부의 말처럼, 제자들이 "하나님을 사랑하는 것은 하나님의 선물이다." 만약 기도가 응답되지 않는다면 우리가 겸손한 마음으로 하나님을 사랑하고 있는지에 대해 그리고 예수를 그의 아들로 믿는지에 대해 성찰해야 한다. 만약 응답을 받는다면 우리의 믿음과 사랑이 아니라 아버지의 사랑에 근거한 것이기에 감사와 찬송을 아버지께 드림이 마땅하다. 기도의 응답도 하나님의 사랑이고 응답의 없음도 그의 사랑이다.

> ²⁸나는 아버지로부터 나왔고 세상으로 왔다
> 다시 나는 세상을 떠나고 아버지께로 이동한다"

예수는 아버지를 존재와 사역의 처음과 나중으로 여기신다. 예수가 하늘에서 오시고 하늘로 떠나시는 것은 모두 아버지가 그리신 인생의 동선이다. 예수의 일생은 아버지로부터 우리에게 오심과 우리로부터 아버지께로 가심으로 구성되어 있다. 전자는 하늘에서 죽음과 지옥으로 낮아지신 것을 의미하고, 후자는 다시 하늘로 오르셔서 하늘과 땅의 모든 것을 취하시고 가득 채우시는 것을 뜻한다고 루터는 해석한다. 이는 구원의 사역 중심적인 해석이다. 칼뱅은 예수께서 위로부터 오심은 신적인 능력을 나타내고 예수께서 그곳으로 가심은 신적인 능력의 영원성을 나타내는 것이라고 해석한다. 이는 예수의 속성 중심적인 해석이다. 그러나 나는 이 복음서의 의도를 따라 예수의 오심과 가심 모두가 예수의 그리스도 되심과 하나님의 아들 되심을 증거하는 것이라고 해석한다. 이는 신분 중심적인 해석이다. 이것이 저자의 의도라고 나는 생각한다.

예수의 오심에 대해서는 "나오다"(ἐξέρχομαι)는 단어와 "오다"(ἔρχομαι)는 단어가 사용된다. 힐라리우스는 출처를 강조하는 "나오다"가 아버지와 아들의 동일한 본성을 암시하는 말이라고 한다. 예수께서 아버지로부터 나오다는 말은 예수께서 아버지의 "부분이나, 결여된 존재나, 축소된 존재나, 파생물이나, 겉으로만 하나님인 자"를 의미하는 것이 아니라고 한다. 그리고 교부는 "하나님으로부터 나오다"는 말과 "아버지로부터 나오다"는 말을 구분한다. 전자는 영원한 출생을 의미하고 후자는 시간적인 현존을 뜻한다고 한다. 그러나 나는 후자가 성부에 의한 성자의 영원한 출생을 의미하고 전자는 성부에 의한 성자의 시간적인 보내심을 뜻한다고 생각한다. "아버지"는 성부와 성자의 관계를 설명하는 표현이고 하나님은 유일하신 삼위일체 하나님을 묘사하는 말이기 때문이다. "세상으로 왔다"는 표현은 예수의 능동적인 오심을 나타낸다. 아버지의 보내심을 받았지만 동시에 강요된 오심이 아니라 자발적인 오심이다.

예수의 가심에 대해서는 "떠나다"(ἀφίημι)는 단어와 "이동하다"(πορεύομαι)는 단어가 사용된다. 예수는 이제 세상에서 떠나신다. 그리고 아버지가 계신 곳, 자신이 떠나신 그곳으로 다시 자신을 옮기신다. 아우구스티누스와 힐라리우스는 예수께서 아버지를 떠나 세상으로 오고 세상을 떠나 아버지께 돌아가는 것은 아버지를 버리신 것도 아니고 세상을 버리신 것도 아니라고 동일하게 설명한다. 이렇게 설명하는 이유로서 아우구스티누스는 예수의 다스림이 지속되기 때문이라 했고, 힐라리우스는 "당신의 형언할 수 없는 권능으로 만물을 채우시고, 존재하는 어떤 것에서도 멀리 계시지 않기 때문"이라 했다. 타당한 설명이다. 예수의 인성을 따라서는 아버지와 세상 사이를 오가지만 그의 신성을 따라서는 만물 가운데서 만물을 충만하게 하시는 분이시고 하늘과 땅의 모든 권세를 가지신 통치자가 되시기 때문이다. "세상을 떠나다"는 말은 세상 끝날까지 제자들과 함께 하신다는 약속의 파기도 아니고 통치의 중단을 뜻하지 않는다고 한다. 오히려 예수는 자신에게 맡겨지고 자신이 원하시는 땅에서의 뜻 성취로서 세상을 떠나신다. 예수의 떠나심은 패자의 쫓겨남도 아니라 승리자의 능동적

인 가심을 나타낸다. 이는 자신의 생명을 취할 권세도 있으시고 버릴 권세
도 있으시기 때문이다.

> ²⁹그의 제자들이 말하였다 "보십시오 지금은 당신께서 밝히 말하시고
> 어떠한 것도 애매하게 말하시지 않습니다 ³⁰이제는 우리가
> 당신은 모든 것을 아시고 누군가가 당신에게 물을 필요가 없음을 알고 있습니다
> 이로써 우리는 당신께서 하나님으로부터 오셨음을 믿습니다"

예수의 말씀에 대해 제자들이 반응한다. 토마스는 이 반응을 세 가지, 즉
"예수의 명료한 가르침, 그의 지식에 대한 확실성, 그의 신적인 기원"에 관
한 제자들의 긍정으로 해석한다. 첫째, 성경 전체에서 예수의 기원에 대한
설명은 이곳이 가장 명료하기 때문이다. 제자들은 예수께서 지금 하시는
말씀을 통해 그의 가르침을 명료하게 이해하고 있으며 이후에는 더 명료
하게 이해할 것이라고 토마스는 교부의 가르침을 보충한다. 둘째, 제자들
은 예수께서 모든 것을 알고 계시다는 것을 인정한다. 예수의 명확한 설명
은 확실하고 온전한 지식의 증거이기 때문이다. 셋째, 모든 것을 안다는 것
은 하나님 아버지로부터 오셨다는 예수의 신적인 기원을 나타낸다.

　예수의 어법에 대한 제자들의 반응은 어떠한가? 이전에는 예수께서 말
씀을 애매하게 하셨지만 지금은 밝히 하신다고 반응한다. 이러한 제자들의
호탕한 반응에 대해 아우구스티누스는 아직도 그들은 "자신들이 그분의
말씀을 이해하지 못한다는 사실조차 몰랐다"고 꼬집는다. 그러나 칼뱅은
그들의 반응이 과장된 것이지만 그들 편에서는 "사실을 말하는 것"이라고
감싸준다. 동시에 "겨우 금조각 하나를 손에 넣었다고 부자가 된 것처럼 생
각"하는 제자들의 성급한 기쁨도 지적한다. 이에 대하여 나는 예수께서
"모든 것을 아시고 누군가가 당신에게 물을 필요가 없음을 안다"는 제자들

의 고백이 예수의 말씀에 대한 진실성의 증거로 쓰이고 있음을 주목하고 싶다. 제자들의 이해력과 무관하게 하나님은 그들의 입에서 나온 정확한 고백을 사실의 법적인 증명 차원에서 쓰신다고 나는 생각한다. 나귀라는 짐승의 입도 쓰셨고, 패족 사울가의 사람 시므이의 입도 쓰셨는데 제자들의 입은 더더욱 기꺼이 쓰시지 않겠는가?

성령의 가르침이 아직 없어서 여전히 애매한데 애매하지 않다고 말하는 제자들의 모습을 보면서 바울의 글귀가 떠오른다. "누구든지 무엇을 아는 줄로 생각하면 아직도 마땅히 알 것을 알지 못하는 것이요"(고전 8:2). 밝히 알지도 못하면서 밝히 안다고 생각하면 최소한 세 가지의 문제가 발생한다. 첫째, 교만하게 된다. 밝히 안다고 생각하여 가는 곳마다 만나는 사람마다 이성의 어설픈 배설물을 부끄러운 줄도 모르고 게워낸다. 그렇게 자신의 무식을 떠벌린다. 둘째, 더욱 무지하게 된다. 안다는 착각으로 인해 지속적인 배움의 필요성을 느끼지 못하기 때문이다. 셋째, 인생이 위태롭게 된다. 올바른 삶을 위하여 마땅히 알아야 할 것도 배우려고 하지 않기 때문이다. 제자들의 고백은 훌륭하고 진실하다. 그러나 쉽게 소멸된다. 베드로는 하늘에 계신 아버지의 은총으로 최초의 신앙고백 즉 예수를 메시아와 하나님의 아들로 인정하며 또렷하게 고백했다. 그러나 그 고백의 온기가 식기도 전에 베드로는 마귀를 쫓으시는 예수의 준엄한 꾸지람을 받아야만 했다. 제자들의 화려한 고백이 피상적인 이유는 아직 자신들의 지독한 악함과 연약함을 체험하지 않았고 고난의 따끔한 연단과 검증을 거치지 않았기 때문이다.

제자들은 사람들이 예수께 물을 필요가 없음을 안다고 고백한다. 물을 필요가 없는 이유는 모든 것을 아시는 예수께서 사람의 입으로 출고되지 않은 마음의 물음도 이미 아시기 때문이다. 아우구스티누스는 예수께서 묻기도 하시고 사람들의 물음을 듣기도 하셨다는 말을 제자들의 고백에 곁들인다. 두 경우는 모두 예수 자신을 위함이 아니라 그가 물으시는 이들과 그에게 묻는 이들의 유익을 위함이다. 즉 예수는 자신이 "모르는 것을 알기 위해서가 아니라 그들을 가르치기 위해" 물으셨고 사람들의 물음도 들으셨다. 그럼에도 불구하고 우리는 제자들의 고백을 유념해야 한다. 제자들은 예수께서 모든 것을 아신다는 전지와 마음의 비밀도 아신다는 통찰에 근거하여 그의 신성을 인정했다. 제자들의 판단은 합당하다. 토마스가 잘 규명한 것처럼, "만물보다 거짓되고 심히 부패한 것은 마음이라 누가 능히 이를 알겠는가 그러나 나 여호와는 심장을 살피며 폐부를 시험하"는 분이라는 예레미야 선지자의 기록(렘 17:9-10)에 비추어볼 때, 예수는 하나님과 동일한 분이시다.

지금은 예수께서 몸으로써 우리의 곁에 계시지 않으신다. 그러나 우리는 제자들의 말을 곱씹으며 예수께서 우리의 모든 물음을 다 알고 계시다는 사실을 늘 의식해야 한다. 주님은 우리의 캄캄한 심장과 폐부도 살피신다(렘 20:12). 혀의 말만 듣지 않으시고 마음의 생각을 아주 멀리서도 뚜렷하게 읽으신다(시 139:2). 지혜자는 주님께서 마음의 몸무게도 다신다고 고백한다(잠 24:12). 다윗은 발설되지 않은 마음의 묵상도 다 알려지기 때문에 그 묵상으로도 주님을 기쁘시게 하기를 원하였다(시 19:14). 우리는 질의서를 하늘에 보내지 않은 사안에 대해서도 종종 깨닫는다. 이는 우리가 삶 속에서 깨닫는 모든 것들이 마음의 깊은 곳에 고여 있는 물음들에 대한 주님의 자비로운 답변임을 가르친다. 그래서 우리는 어떠한 깨달음에 대해서도 자신의 지력을 자랑하지 말고 주님께 감사해야 한다.

31예수께서 그들에게 답하셨다 "이제는 너희가 믿느냐?
32보라 너희 각자가 자신의 곳으로 흩어지고 나를 홀로 둘 때가 이르리니 벌써 이르렀다 그러나 아버지가 나의 곁에 계시기에 나는 혼자가 아니다

예수를 하나님으로부터 오신 분으로 믿는다는 제자들의 고백에 대해 예수는 "이제는 너희가 믿느냐"고 물으신다. 이 반어적인 질문은 제자들로 하여

금 자신들의 솔직한 믿음을 돌아보게 한다. 물론 예수께서 하나님으로부터 오셨고 제자들도 그 사실을 인정했다. 그러나 아버지 하나님과 동일한 본질을 가지신 분으로는 아직 알지 못하였다. 즉 제자들의 믿음은 아직 예수께서 원하시는 수준까지 이르지 못하였다. 고백도 중요하나 그 고백에 담긴 의미는 더 중요하다. 동일한 고백을 해도 의미는 다른 경우가 허다하다. 이제 예수는 이러한 고백과 의미의 차이를 제자들의 미래에 대한 예언으로 알리신다. 즉 제자들은 조만간 "각자가 자신의 곳으로 흩어진다." 이는 각자가 자신의 가정으로 돌아가는 일반적인 상황이 아니라 예수를 버리고 도피하는 비겁하고 저열한 배신의 상황을 가리킨다. 제자들이 모두 떠나고 예수만 홀로 남겨진다. 곁에 아무도 없는, 누구도 대신할 수 없는, 홀로 대속의 자리에 서야만 하는 예수의 외로운 비애가 느껴지는 말씀이다.

예수께서 홀로 계실 때가 "벌써 이르렀다." 이전에도 제자들은 주님의 면전에서 당당하게 "주와 함께 옥에도, 죽는 데에도 가기를 각오"했다(눅 22:33). "주와 함께 죽더라도 주를 부인하지 않겠다"는 대단한 의리도 과시했다(마 26:35). 신앙에 있어서는 예수를 메시아와 하나님의 아들로 믿는다고 힘 있게 고백했다(마 16:16). 그러나 무덤까지 갈 것처럼 질긴 의리도, 아무리 확실한 고백도, 아무리 단단한 신앙과 결의도, 비록 당시에는 진정성이 있었다고 하더라도 인간은 나약하다. 위태로운 상황 앞에서는 비록 제자라고 할지라도 쉽게 무너진다. 칼뱅의 말처럼, "박해는 신앙을 시험하는 시금석"과 같고 "신앙의 왜소성"도 명백하게 드러낸다. 지금 예수는 제자들의 뜨거운 고백에 찬물을 뿌리신다. 제자들이 세속의 위협 앞에서 겁에 질린 채 자신의 목숨 챙기기에 급급하여 신앙도 내던지고 의리도 내던지고 결의도 내던지는 나약한 자들임을 알리신다. 동시에 제자들로 하여금 자만하지 말고 성령의 오심과 권능을 구하라고 권하신다.

예수의 이 우울한 예언은 지금 제자들이 자신을 배신하고 떠나는 것이 서운하고 괘씸해서 삐지거나 분노를 쏟으시는 것이 아니라 제자들의 회복을 위함이다. 큰소리 떵떵 지르면서 스승에게 약속한 것을 어기는 자신들의 추악한 모습에 과도한 수치심을 느끼고 스스로 목숨을 끊을 수도 있는 상황에서 예수는 그들의 실패할 모습을 미리 보이셨다. 실패할 때 예수의 말씀을 떠올리면 주님도 이럴 줄 아시고서 말씀하신 것을 제자들이 알고 오히려 주님의 자상한 배려에 감격하여 더 빠른 회복이 가능하게 된다. 예수의 이 말씀은 제자들이 그에 대한 배신으로 말미암아 더 심각한 죄, 돌이킬 수 없는 극단적인 판단을 내리지 않도록 예방하는 자비로운 예언이다.

예수는 모든 사람들의 버림을 받으셔도, 심지어 3년이나 동고동락 하며 사랑으로 가르치신 제자들의 고약한 배신을 당하셔도 결코 혼자가 아니시다. 아버지 하나님이 그의 곁에 계시기 때문이다. 아버지가 곁을 지키시면 어떠한 두려움도 없고, 어떠한 외로움도 못느끼고, 어떠한 억울함도 극복한다. 모두가 각자의 거처로 흩어지고 떠나가도 혼자가 아니라는 예수의 말씀은 제자들이 영혼의 서재에 보관해야 할 승리의 비책이다. 대단히 서글픈 상황 속에서도 예수는 제자들을 위한 교훈을 멈추지 않으신다. 신앙의 홀로서기 훈련을 통해 어떠한 상황 속에서도 대처하는 내공이 우리 모두에게 필요하다. 세속에 물들지 않고 십자가의 도로 세상을 이기는 길을 가려면 예수처럼 고독한 홀로서기 인생을 각오해야 한다. 고난을 당할 때마다 그것을 훈련의 과정으로 이해하고 신앙의 현주소를 파악하는 계기로 삼는 지혜도 필요하다. 모든 것이 제거된다 하더라도 하나님이 곁에 계시기에 어떠한 요동함도 없는 신앙을 꾸준히 연단해야 한다. 칼뱅은 "우리가 그리스도 한 분만으로 만족하지 않는다면 우리는 제대로 하나님을 공경하고 있다고 볼 수 없다"고 주장한다. 나의 실력이나 세상의 유력한 것들이 씨알도 먹히지 않는 극도의 고난을 당할 때에 비로소 우리는 학습한다. 하나님은 인생의 마지막 순간까지, 삶의 극단적인 상황까지 동행하실 유일한 분이라는 사실을!

33내가 너희에게 이것들을 말하는 것은 너희가 내 안에서 평화를 얻게 하기 위함이다 세상에서 너희는 환난을 당하지만 담대해라 내가 세상을 이기었다"

예수는 이것들을 말씀하신 목적을 밝히신다. 즉 제자들로 하여금 예수 안에서 "평화를 얻게 하기 위함이다." 키릴루스는 "우리를 향한 모든 선물들 중에 최고는 그리스도 안에서의 평화"라고 한다. 여기에서 "평화"는 전쟁의 없음이 아니라 내면의 평강을 의미한다. 세속적인 평화는 외부의 위협과 내부의 두려움이 없어질 때에 확보된다. 그러나 영적인 평화는 죄가 없어질 때, 즉 예수 안에 거할 때, 즉 예수라는 하나님의 말씀 안에 거할 때에 확보된다. 말씀이 가치관의 토대가 되고 인생의 질서가 되고 언행의 기준이 될 때에 누구도 빼앗지 못하는 평화의 소유자가 된다. 정보력을 키우고 전투력을 높이고 경제력을 보강하는 세속적인 방식이 아니라 모든 세상의 모든 세력을 꺾으신 예수라는 최고의 승리자 안에 머무는 종교적인 방식으로 된다. 키릴루스는 세상에 대한 예수의 승리와 제자들의 담대함에 대해 그 의미를 두 가지로 구분한다. 첫째, 예수는 이 세상보다 높으시고 모든 죄와 세속의 공격보다 강하시다. 그런 분 안에 거하면 담대하게 된다. 둘째, 예수는 세상을 이기시되 죄의 권세도 이기시고 어둠의 권세도 이기시고 사망의 권세도 이기시고 마귀의 권세도 이기신 것처럼 우리도 세상을 이기되 승리의 범위가 예수께서 넓히신 경계까지 도달한다.

이처럼 놀라운 승리에도 불구하고 예수는 제자들이 세상에서 환난을 당한다는 사실을 말하신다. 그의 말씀처럼 삶의 현장에는 외부의 위협이 늘 존재한다. 그럼에도 불구하고 내면의 평화는 가능하다. 담대하면 된다. 담대함의 근거는 예수라는 말씀이 세상을 이기셨기 때문이다. 누가가 기록한 것처럼 "하나님의 모든 말씀은 능하지 못하심이 없다"(눅 1:37). 시인도 "주의 법을 사랑하는 자에게는 큰 평안이 있다"고 고백한다(시 119:165). 예수께서 앞에서 밝히신 것처럼, 세상의 임금이 심판을 받았기 때문에 세상에 대한 예수의 이김은 변경됨이 없다. 예수의 승리는 세상에 대한 승리인데, 그 구체적인 내용을 보면 불의를 정의로 이기셨고, 어둠을 빛으로 이기셨고, 거짓을 진리로 이기셨고, 죄를 용서로 이기셨고, 미움을 사랑으로 이기셨고, 죽음을 부활로 이기셨고, 세상의 모든 악한 주관자들 배후에 있는 마귀의 머리를 깨뜨리는 방식으로 이기셨다. 눈에 보이는 인간 원수를 제거하는 방식이 아니었다. 사람들에 대해서 예수는 긍휼과 용서를 아버지께 구하셨다. 예수의 십자가 죽음은 이러한 승리의 면류관이 씌워지는 것의 위대한 의식이다.

우리도 이러한 승리자 예수 안에 거하면 덩달아 승리자가 되기 때문에 패배의 두려움이 없다. 항상 평화가 유지된다. 이처럼 예수는 제자들이 박해와 고난의 바다에 빠지더라도 실족하지 않도록, 절망하지 않도록, 자신이 세상을 이기신 사실에 근거한 담대함을 명하신다. 예수 안에 거할 때에만 담대하게 된다. 예수 안에 거하는 방법은 사랑으로 순종하는 믿음이다. 그래서 저자가 자신의 편지에서 밝힌 것처럼 믿음은 그 자체로 우리가 세상을 이긴 이김이다(요일 5:4).

향후 제자들은 성령의 오심과 권능을 체험하고 달라진다. 산헤드린 공회에 소환되어 권력의 시퍼런 칼날 앞에서도 그들은 천하에서 구원을 줄 다른 이름이 예수 외에는 없다는 진리를 "담대하게" 선포했다. 공회의 회원들도 "그들을 본래 학문 없는 범인으로 알았다가 이상히 여기며" 당황했다. 그 담대함의 근거를 알지 못하였기 때문이다. 그렇게도 비겁하던 제자들이 이렇게 담대할 수 있었던 이유는 "성령이 충만"했기 때문이다(행 4:8). 어떠한 위축도 없이 그들은 오히려 "하나님 앞에서 너희의 말을 듣는 것이 하나님의 말씀을 듣는 것보다 옳은 가 판단하라 우리는 보고 들은 것을 말하지 아니할 수 없다"는 단호한 입장을 표명했다(행 4:19-20).

우리도 예수의 약속에 근거하여 담대해야 한다. 돈의 그림자도 출입하지 않는 가난 속에 주소지가 있더라도 위축되지 말라. 우리의 아버지 하나님은 하늘과 땅과 그 사이에 있는 모든 것들을 소유하신 분이시다. 명문대에 못 가고 학벌의 길이가 짧다고 해서 위축되지 말라. 진리의 영이신 성령께서 남김없이 모든 진리 가운데로 우리를 인도해 주시는 지상 최대의 학벌이 값없는 선물이기 때문이다. 신체에 불편이 서식하고 몸의 크기가 평균보다 작다고 위축되지 말라. 성령께서 임하시면 우주 최강의 덩치보다 더 큰 권능의 소유자가 되기 때문이다. 우리는 담대해도 된다. 주님께서 세상을 이기셨기 때문이다.

물론 우리의 삶에는 환란이 안방처럼 드나든다. 그리스도 안에서 경건하게 살고자 하면 환란의 출입은 더더욱 왕성하다. 환란 프리존(free-zone)은 없다. 그래서 환란을 피하는 지혜가 아니라 데리고 사는 지혜가 필요하다. 즉 예수의 말씀을 따라 담대해야 한다(θαρσέω). 담대함은 내면의 단단함을 의미한다. 세상에 대한 예수의 승리를 확신할 때에 그 단단함은 내면에 차오른다. 토마스는 승리의 구체적인 내용을 열거한다. 즉 "세상에 있는 모든 것이 육신의 정욕과 안목의 정욕과 이생의 자랑"이기 때문에 예수의 승리는 세상의 유혹들에 대한 것이라고 한다(요일 2:16). 특별히 풍요의 유혹에 대해서는 "인자가 머리 둘 곳이 없"을 정도의 가난으로 이기시고(눅 9:58), 명예의 유혹에 대해서는 "마음이 온유하고 겸손"한 낮아짐을 통해 이기시고(마 11:29), 세상의 욕정들에 대해서는 죽기까지 순종하실 정도의 고난과 노동으로 이기셨다(빌 2:8). 세상을 이기시는 가장 근사한 방법은 예수께서 "이 세상의 사람들을 자신에게 돌이키게 하신 것"이라고 한다. 바울은 이러한 "우리 주 예수 그리스도로 말미암아 우리에게 승리를 주시는 하나님께 감사를 드린다"고 고백한다(고전 15:57). 패배자는 절망에 빠지지만, 승리자는 평화를 향유한다.

요 17:1-5

1예수께서 이 말씀을 하시고 눈을 들어 하늘을 우러러 이르시되 아버지여 때가 이르렀사오니 아들을 영화롭게 하사 아들로 아버지를 영화롭게 하게 하옵소서 **2**아버지께서 아들에게 주신 모든 사람에게 영생을 주게 하시려고 만민을 다스리는 권세를 아들에게 주셨음이로소이다 **3**영생은 곧 유일하신 참 하나님과 그가 보내신 자 예수 그리스도를 아는 것이니이다 **4**아버지께서 내게 하라고 주신 일을 내가 이루어 아버지를 이 세상에서 영화롭게 하였사오니 **5**아버지여 창세 전에 내가 아버지와 함께 가졌던 영화로써 지금도 아버지와 함께 나를 영화롭게 하옵소서

❖ ❖ ❖

1예수께서 이것들을 말하시고 하늘을 향하여 자신의 눈을 들어 말하셨다 "아버지여, 때가 왔습니다 당신의 아들을 영화롭게 하셔서 아들이 당신을 영화롭게 하게 하옵소서 **2**당신이 그에게 주신 모든 이들에게 영원한 생명을 주시려고 아들에게 모든 육신에 대한 권세를 주셨습니다 **3**그런데 영원한 생명은 이것 즉 홀로 참되신 하나님인 당신과 당신이 보내신 예수 그리스도를 아는 것입니다 **4**저는 당신이 저에게 행하라고 주신 일을 다 이루었고 이 땅에서 당신을 영화롭게 했습니다 **5**아버지여 세상이 있기 이전에 제가 당신과 함께 가졌던 그 영광으로 지금 당신과 함께 저를 영화롭게 하옵소서

대제사장 기도1: 자신을 위한 기도

제자들을 가르치신 이후에 예수는 아버지께 기도를 드리신다. 17장에 나오는 예수의 대제사장 기도는 세 가지 즉 자신을 위한 기도와 제자들을 위한 기도와 온 세상을 위한 기도로 구성되어 있다. 본문에서 예수는 자신을 위한 기도를 드리신다. 그 기도의 핵심은 아버지의 영광과 자신의 영광이다. 두 영광은 원인과 결과처럼 연결되어 있다. 아버지 하나님이 아들을 영화롭게 하시면 아들은 아버지를 영화롭게 하시기 때문이다. 아들은 자신에게 주어진 모든 자들에게 영원한 생명을 주기 위하여 자신에게 주어진 모든 육신에 대한 권세를 쓰시려고 한다. 아버지가 택하시고 주신 사람들이 받을 영원한 생명은 홀로 참되신 하나님과 그가 보내신 그리스도 예수를 아는 지식이다. 예수는 홀로 참되신 아버지 하나님을 알리셨고 자신의 그리스도 되심도 그들에게 알리셨다. 자신에게 주어진 사명을 다 이루셨다. 이로써 예수는 아버지께 영광을 돌리셨다. 이제는 아버지가 아들에게 영광을 베푸시게 된다. 그 영광은 아버지와 아들이 세상의 창조 이전에 함께 가졌던 영광이다. 아들 예수는 세상의 다른 어떠한 것도 구하지 않으시고 오직 아버지의 영광만 구하신다. 우리는 자신을 위해 기도할 때 무엇을 구하는가?

> ¹예수께서 이것들을 말하시고 하늘을 향하여 자신의 눈을 들어 말하셨다
> "아버지여, 때가 왔습니다 당신의 아들을 영화롭게 하셔서
> 아들이 당신을 영화롭게 하게 하옵소서

17장은 예수의 대제사장 기도를 기록하고 있다. 제자들을 위한 말씀 선포 이후에 기도를 드리시는 예수의 모습은 말씀과 기도가 사역의 단짝이며 오늘날 예배에서 설교 이후에 기도하는 문화의 뿌리가 말씀 선포 후 드린 예수의 대제사장 기도에 있음을 확인한다. 예수의 포괄적인 사역은 하나님의 뜻을 행하시며 이루시는 왕의 직분과, 하나님의 말씀을 전하시는 선지자의 직분과, 자신과 제자들과 그에게 속할 세상의 모든 사람들을 위해 아버지 하나님께 기도를 드리시는 제사장의 직분으로 구성되어 있다. 요한복음 안에서도 저자는 예수의 삼중직을 의식한듯 예수의 주권자적 기적들과 선지자적 말씀들과 제사장적 기도를 순서대로 진술한다. 알레시우스는 세 가지의 직분 중에서 제사장의 세 가지 의무인 가르침과 기도와 제물 드림을 언급하고 아버지의 뜻을 가르치신 예수는 이제 기도를 드리시고 곧 온 세상의 죄를 위해 자신을 제물로 드리실 것이라고 설명한다.

　제자들이 마땅히 드려야 할 기도를 가르치신 예수는 이제 제자들 앞에서 구체적인 기도의 본을 보이신다. 물론 이것은 유일한 중보자의 기도이기 때문에 우리에게 직접 적용할 수는 없지만 기도의 내용을 제자들이 듣도록 하신 예수의 의도를 따라 배워야 할 교훈들은 많다. 칼뱅은 이 기도가 "교의에 신령한 효력이 따르지 않으면 그것 자체로는 싸늘한 [사상일] 뿐이라는 점"을 가르치고, "말씀을 전파하는 일에만 전념할 뿐 아니라 거기에 기도를 섞어서 그의 축복으로 그들의 일이 열매를 맺도록 … 하나님의 도우심을 간청

해야 한다는 본"을 주신다고 설명한다. 칼뱅이 보기에 예수의 이 기도는 그가 지금까지 가르치신 진리의 "서명"(obsignatio)이다. 이에 더하여 문맥적인 관점에서 나는 예수께서 세상을 이겼다고 말하시고 제자들을 향해 담대함을 명하신 이후에 이 기도를 드리셨기 때문에 이 기도가 세상을 이기신 승리의 본질과 구체적인 내용이 무엇임을 가르치고 이 승리를 제자들도 알고 누리며 실제로 담대하게 하시려는 스승의 배려라고 생각한다.

예수는 말씀을 전하신 이후에 "하늘을 향하여 자신의 눈을 들어 말하셨다." 이는 소망이 하늘에 있다는 표식이다. 동시에 경계선이 없는 하늘을 보면 어떠한 제한도 없이 기도해도 될 무한한 풍성함이 느껴진다. 그리고 박윤선의 말처럼 하늘을 향하여 눈을 드는 예수의 기도 자세는 "감히 눈을 들어 하늘을 쳐다보지 못하고 다만 가슴을 치며" 기도하던 세리(눅 18:13)가 보여준 "하나님 앞에서 솔직한 죄인의 겸손"과는 달리 죄가 전혀 없으신 우리의 대제사장 예수께서 아버지와 더불어 가지신 사랑과 신뢰의 관계를 잘 보여준다. 이 문구에 대해 칼뱅은 예수의 "비상한 열정에 대한 표시"이며 "그의 마음은 지상에 있는 것이 아니라 이미 하늘에 있으며 사람들을 뒤로하고 하나님과 직접 대화를 나누시고 있다"는 선언으로 해석한다.

제자에게 가르치신 기도의 모범처럼 예수는 기도의 대상을 "아버지"로 호명한다. 이는 기도가 주인과 죄인의 굴종적인 관계가 아니라 아버지와 아들의 친밀한 관계 속에서의 대화이기 때문이다. 이 호칭에서 우리는 기도가 대출이나 구걸이나 거래의 개념과 무관하며 무조건적 사랑이 관류하는 통로임을 깨닫는다. "때가 왔다"는 것은 박윤선의 이해처럼 "별세하실 중대한 시기가 왔"음을 의미한다. 나아가 아우구스티누스의 말처럼 "시간의 지배를 받지 않으시는" 예수께서 "어떤 일을 하거나 자신에게 어떤 일이 행해지는 모든 때를 정했다"는 것도 의미한다. 그러므로 죽음의 때는 "인간의 뜻에 따라 결정된 것이 아니라 하나님이 오래 전부터 정해 놓으신 때"라는 칼뱅의 해석은 타당하다. 이때는 "절박한 운명"의 장난이 아니라 아버지와 아들에 의해 정해진 섭리의 절정이다.

임박한 죽음의 "때"는 예수께서 아버지와 함께 정하심을 따라 아버지의 뜻이 성취되는 때이기에 억울하고 치욕적인 때가 아니라 아들 예수를 영화롭게 하는 시간이다. 이는 죽음의 때를 "인자가 영광을 얻을 때"(요 12:23)라고 한 말과 같은 맥락이다. 죽음의 굴욕이 위대한 영광이다? 세상의 모든 문법이 해석을 포기하는 기막힌 역설이다. 그런데 사실이다. 영광의 여부와 크기를 결정하는 기준은 나에게 일어나는 손익이 아니라 하나님의 나라와 의를 위하느냐 아니냐에 있기 때문이다. 예수의 죽음은 아들을 이 땅에 보내신 아버지의 뜻을 이루는 성취의 절정이기 때문에 아들에게 최고의 영광이다. 아우구스티누스의 상상처럼, 예수께서 자신의 죽음으로 영화롭게 되신다면 자신의 부활을 통해서는 얼마나 더 영화롭게 되실지가 궁금하다.

예수께서 자신을 영화롭게 해 달라고 아버지께 구하시는 목적은 무엇인가? 자신이 아버지를 영화롭게 하기 위함이다. 이는 아버지의 영광 없이는 누구도 아버지를 영화롭게 하지 못함을 의미한다. 예수는 자신의 영광을 취하지 않으셨다. 자신의 영광을 구하는 기도는 아버지의 영광을 위한 수단을 구하는 기도였다. 이것은 기도의 본질이며 정석이다. 즉 우리가 마땅히 구하여야 할 기도의 처음과 나중은 하나님의 영광이다. 이는 주기도문 안에 명시되어 있다. 즉 우리는 하나님의 이름과 나라와 뜻을 먼저 구하고 일용할 양식과 죄 용서와 시험과 악에서의 건짐을 나중에 구하지만 뒷부분의 기도들도 나라와 권세와 영광을 아버지께 돌리는 목적의 도구로서 추구한다. 그러므로 우리는 모든 양식과 용서와 시험 및 악에서의 건짐을 구하되 하나님의 영광을 지향해야 한다. 그럴 때 기도의 응답은 단순한 소원의 성취가 아니라 비로소 의미가 되기 때문이다.

아들의 영광이 아버지의 영광을 위한 도구라는 사실 때문에 예수의 열등성을 주장하는 사람들에 대해서는 힐라리우스가 잘 해명한 것처럼 예수께서 영광을 아버지께 돌리는 것은 그가 "나약한 존재"임을 나타냄도 아니고 "아버지의 강탈도 아니고 아들의 지위 저하도 아니며 두 분 안에 동일한 신성의 권능이 있음을 보여준다." 신에게 영광을 돌리는 자격과 조건은 신성이기 때문이다. 나아가 아버지의 신성과 동등한 신성의 소유자가 그에게 영광을 돌릴 수 있기에 하나님께 영광을 돌리는 것은 그리스도 안에서만 가능하다.

같은 의미에서, 아우구스티누스는 이 구절에서 "아버지의 영광은 그 자체로는 줄어들 수도 커질 수도 없다"는 사실을 지적한다. 교부의 지적은 타당하다. 유한한 피조물이 무한한 창조주 하나님의 영광을 가감할 수 있다는 생각 자체가 얼마나 발칙한가! 그런데 우리와는 달리 하나님의 아들은 아버지 하나님을 영화롭게 하는 것이 가능하다. 그에 의해서만 가능하다. 그래서 피조물인 우리가 아버지 하나님께 영광을 돌리기 위해서는 반드시 그리스도 예수의 이름으로 살며 말하고 행하여야 한다. 욥의 기록처럼, 예수의 이름과 무관한 인간의 지혜와 의로움과 온전한 행위가 "어찌 하나님을 유익하게 하겠는가"(욥 22:2-3)! 그저 "자기에게 유익할 따름"이다. 테오도루스는 이 구절이 "아버지가 아들에게 온 우주를 다스리는 주권을 부여하는 명예를 주셨다"는 뜻이라고 해석한다. 이는 저주 아래로 떨어진 인류와 땅의 회복을 위해 예수께서 세상 죄를 짊어지고 십자가의 죽음을 맞으시는 우주적인 주권의 실행 때문이다. 이러한 해석도 타당하다.

²당신이 그에게 주신 모든 이들에게 영원한 생명을 주시려고
아들에게 모든 육신에 대한 권세를 주셨습니다

예수께서 아버지와 자신의 영광을 구하는 것은 돌발적인 기호가 아니었다. 영광을 위한 그의 기도는 창세 전에 정해진 아버지의 뜻과 자신의 사명과 관계되어 있다. 아버지는 자신의 사람들을 아들에게 주셨으며 그들 모두에

게 영원한 생명을 주시려고 한다. 이를 위하여 그는 "모든 육신에 대한 권세"를 아들에게 맡기셨다. 이 짧은 구절에 담긴 의미들이 많다.

첫째, 예수는 아버지의 뜻을 명확하게 아신다. 그 뜻은 아버지가 자신에게 주신 "모든 이들에게 영원한 생명"을 주시는 것이었다. 앞에서 예수는 "내게 주신 자 중에 내가 하나도 잃지 아니하고 마지막 날에 다시 살리는 이것"이 "나를 보내신 이의 뜻"이라고 밝히셨다(요 6:39). 하나님의 뜻은 잘못 끼워지면 모든 것을 어긋나게 하는 인생의 첫 단추와 같다.

둘째, 예수는 아버지의 뜻과 무관한 것을 구하지 않으신다. 칼뱅의 말처럼, 아버지가 "기꺼이 주시기를 원하시는 것 이상의 것을 구하지 않는 것이 기도의 일반적인 원칙"인데, 예수는 그런 기도의 본을 보이셨다. 그런데 많은 것을 빈번하게 구하는 것이 좋다는 물량적인 착각이 기도의 삶을 농락한다. 마땅히 구해야 할 것을 필요한 분량만 구하는 기도가 지혜롭고 아름답다.

셋째, 예수는 자신에게 주어진 모든 권세가 자신의 유익을 위함이 아니라 아버지의 뜻을 이루는 사명의 성취를 위한 것이라고 말하신다. 40일간 주리셔서 배가 등가죽에 붙었어도 하늘과 땅의 권세를 하나도 사사로이 사용하지 않으시고 그냥 주리셨다. 주님께서 우리 각자에게 베푸신 은사도 본래의 용도를 변경하지 않도록 주의해야 한다. 하늘의 승인 없는 용도의 변경은 불법이다. 불법을 행하는 것보다 배고픔이 낫다.

넷째, 예수께는 사명만 주어지지 않고 그 사명을 완수할 권세도 주어졌다. 하나님은 어떤 이에게도 사명만 툭 던져 주시고 알아서 이루라고 명하지 않으신다. 사명을 주시면서 그것을 성취할 권세와 능력도 주시기 때문에 아우구스티누스의 고백처럼 하나님은 명하시고 명하신 것을 또한 이루신다. 하나님은 우리의 존재와 사명의 시작과 끝이시다. 그런 하나님께 우리는 처음부터 끝까지 감사하고 경배함이 마땅하다.

다섯째, 예수의 권세는 그 권세 아래에 있는 자들을 지배하기 위함이 아니라 그들에게 최고의 복을 주기 위해 주어졌다. 실제로 예수의 권세는 인간을 지배하기 위함이 아니라 구원하기 위하여 쓰여졌다. 세상의 모든 권세도 고아와 과부를 비롯한 연약하고 외롭고 불쌍한 자들을 신원하고 구원하는 일에 사용해야 한다. 하나님은 인간의 타락 이후에 아담에게 하와를 다스리는 권세를 주셨지만, 그 권세는 그녀를 지배하기 위함이 아니라 그녀에게 최고의 복을 주기 위해 베푸셨다. 동일한 원리를 따라, 부모는 자녀에게, 왕은 백성에게, 선생은 학생에게, 의사는 환자에게 그런 복을 제공하기 위해 자신의 권세를 사용해야 한다.

영원한 생명은 모든 사람이 아니라 예수에게 주어진 자들에게 주어진다. 이들은 토마스의 말처럼 "영원한 예정을 통하여" 예수에게 주어진 자들이다. 예수는 자신에게 주어진 백성을 저희 죄에서 구원하기 위해 육신을 입으셨고(마 1:21) 그들을 위해 죽으셨다. 그리고 자신에게 주어진 자들을 하나도 잃지 않으시기 때문에 그들 모두가 영원한 생명의 수혜자가 된다. 이를 위하여 "모든 육신에 대한 권세"가 예수에게 주어졌다. 여기에서 "모든 육신"(πάσης σαρκός)은 주어진 모든 자들의 육신일 수도 있고 주어지지 않은 자들도 포함된 육신일 가능성도 있다. 내가 보기에 이 구절에서 "육신"은 스스로 자신을 구원할 수 없는 연약한 택자들을 가리킨다.

3그런데 영원한 생명은 이것 즉 홀로 참되신 하나님인 당신과
당신이 보내신 예수 그리스도를 아는 것입니다

이 구절은 자신에게 주신 자들에게 주시려는 영원한 생명에 대한 예수의 유명한 설명이다. 영원한 생명은 지식과 직결되어 있다. 무엇에 대한 지식인가? "홀로 참되신 하나님"과 그가 보내신 "예수 그리스도"에 대한 지식이다. 요한이 듣고 기록한 예수의 이 가르침은 바울도 그대로 계승한다. 모든 사람이 구원을 얻고 이르러야 할 "진리의 지식"에 대하여 바울은 "하나

님은 한 분이시요 또 하나님과 사람 사이에 중보도 한 분이시니 곧 사람이신 그리스도 예수"라고 요약한다(딤전 2:5). 앞부분은 "홀로 참되신 하나님"과 상응하고 뒷부분은 아버지가 "보내신 그리스도 예수"와 상응한다.

이 구절에서 "안다"(γινώσκω)는 말의 의미는 무엇인가? 키릴루스는 "아무짝도 쓸모없는 무익한 사색으로 이루어진 지식을 말하는 것이 아니라"고 한다. 칼뱅도 이 지식은 "어떤 일반적인 지식이 아니라 우리를 하나님의 형상으로 바꾸어 믿음에서 믿음으로 나아가게 하는 그러한 것"이라고 한다. 시인에 의하면, "주의 이름을 아는 자는 주를 의지한다"(시 9:10). 이는 시인이 보기에 아는 것과 믿는 것은 동일하기 때문이다. 물론 "너희가 믿지 않으면 이해하지 못한다"(사 7:9)는 이사야의 기록처럼, 순서에 있어서는 믿음이 먼저이고 지식은 나중이다. 다른 시인은 이렇게 기록한다. "하나님이 이르시되 그가 나를 사랑한즉 내가 그를 건지리라 그가 내 이름을 안즉 내가 그를 높이리라"(시 91:14). 여기에 사랑과 지식은 나란히 언급되는 동급이다. 종합하면, 유일하신 참 하나님과 그리스도 예수를 아는 것은 그를 믿고 사랑하는 것이라고 이해해도 무방하다.

예수께서 이 구절에서 증거하신 것처럼, 기독교는 지식이 곧 생명이다. 이는 "내 백성이 지식이 없으므로 망한다"(호 4:6)고 기록한 호세아의 시대에 이미 선포된 진실의 속뜻이다. 알면 살고 모르면 죽는다는 지식의 중요성은 아무리 강조해도 지나침이 없다. 그래서 베드로는 "우리가 여호와를 알자 힘써 여호와를 알자"(호 6:3)는 호세아의 기록처럼 우리의 구주 그리스도 예수를 "아는 지식에서 자라 가라"고 권면한다(벧후 3:18). 이처럼 구약과 신약은 홀로 참되신 하나님과 그가 보내신 예수를 아는 지식의 중요성을 동시에 강조한다. 이 구절이, 루터는 영원한 생명이 "금식이나 기도나 육신의 멸시나 고행이나 몸으로 행해질 수 있는 어떠한 것"과도 무관하고 오직 지식과 연결되어 있음을 주목한다. 그의 설명처럼, 이 "지식은 행위가 아니며 모든 행위에 선행한다. 행위는 지식을 따르고 지식에서 비롯된다."

"안다는 이 한 마디는 강력한 천둥처럼 인간의 일과 종교적인 성사들과 숭배에 기초한 모든 가르침을 격파한다."

하나님은 "홀로" 참되시다. "홀로"(μόνος)가 가리키는 하나님의 유일성은 무엇을 뜻하는가? 구약과 신약이 공인하는 예수의 설명은 이것이다. "우리 하나님은 유일한 주시라 네 마음을 다하고 목숨을 다하고 뜻을 다하고 힘을 다하여 주 너의 하나님을 사랑하라"(막 12:29-30; 신 6:4-5). 이 말씀은 하나님을 사랑해야 한다는 인간의 도리와 함께 인간이 사랑할 수밖에 없는 하나님의 독보적인 위대함을 동시에 가르친다. 그 위대함은 우리의 마음과 목숨과 뜻과 힘을 수단으로 삼아 사랑하고 높이고 기념해도 다 드러낼 수 없는 무한한 수준이다. 심지어 야고보는 위대하신 하나님의 유일성에 대한 사람들의 엉터리 신앙을 꾸짖으며 "네가 하나님은 한 분이신 줄을 믿느냐 … 귀신들도 믿고 떤다"고 증거한다(약 2:19). 유일하신 하나님은 사랑의 일순위 대상인 동시에 최고의 수위로 경외해야 할 두려움의 대상이다.

하나님은 홀로 "참되시다"(ἀληθινός). 이는 다른 신들이 모두 가짜임을 의미한다. 이사야의 기록에 의하면, 신이라고 불리는 우상들은 모두 "신이 아니라 사람의 손으로 만든 것일 뿐이요 나무와 돌"에 불과한 "땔감"이다 (사 37:19, 44:15). 이에 대하여 바울은 사람들이 "썩어지지 아니하는 하나님의 영광을 썩어질 사람과 새와 짐승과 기어다니는 동물 모양의 우상으로 바꾼" 것이라고 해석한다(롬 1:23). 어리석은 백성을 향해 하나님은 신의 처음과 마지막인 자신 이외에는 다른 신이 없다는 사실을 수시로 밝히셨다 (신 4:35; 사 44:6, 45:21). 같은 맥락에서 바울은 "비록 하늘에나 땅에나 신이라 불리는 자가 있어 많은 신과 많은 주가 있으나" 그것들은 모두 거짓이고 진정한 신은 "한 하나님 곧 아버지가 계시니 만물이 그에게서 났고 우리도 그를 위하여 있다"고 고백한다(고전 8:6). 이사야에 의하면, 하나님은 나무나 돌이라는 형태로 보이는 존재가 아니라 "스스로 숨어 계시는 신"이시다(사 45:15). 그리고 하늘을 창조하고 땅을 짓고 하늘과 땅을 견고하게 하며 혼돈하게 창조하지 않고 사람이 거주할 수 있도록 땅을 정성껏 지으신 분이시다(사 45:18). 그리고 "공의를 행하며 구원을 베푸는 신"이시며(사 45:21), "영원한 구원"을 주시는 분이시다(사 45:17). 온 세상이 앞다투어 증언하는 창조와 섭리와 사랑과 정의는 하나님의 신분증과 같다.

그러나 하나님의 궁극적인 신분증은 예수 즉 하나님의 아들이다. 그로 말미암아 만물이 지어졌고 그를 위하여 지어졌다. 그는 하늘과 땅의 모든 권세를 가지고 우주를 다스리는 분이시다. 그의 십자가는 온 우주를 향한 하나님의 사랑과 정의의 완성이다. 예수는 아버지께 나아가고 도달하는 유일한 길이고, 참된 하나님을 올바르게 알리는 유일한 진리이고, 죽음이 결코 다가갈 수 없는 영원한 생명의 하나님과 우리를 연합하는 유일한 생명이다. 유일하신 참 하나님은 자신을 알리시기 위해 예수라는 신분증을 우리에게 내미셨다. 그래서 예수의 중보 없이는 누구도 아버지를 알 수 없고 그에게로 나아갈 수도 없음을 명심해야 한다. 물론 문장의 배열은 비록 아는 순서가 하나님이 먼저이고 예수는 나중인 것처럼 나타난다. 그러나 이 순서는 칼뱅의 말처럼 믿음과 지식의 순서를 의미하지 않고 오히려 그것의 역순이다. 즉 예수를 통해서 아버지 하나님을 믿고 예수를 통해 아버지 하나님을 안다. 예수께서 아버지의 이름을 먼저 언급하신 것은 권위의 순서를 존중하기 위함이다.

유일하신 하나님만 아는 것이 아니라 그가 보내신 예수를 메시아로 아는 것도 영원한 생명의 한 축이라는 사실에서 테오도루스는 기독교 신앙이 하나님의 유일성만 믿는 유대교에 비해 월등한 종교라고 평가한다. 유대교는 하나님의 유일성 때문에 예수를 신으로 여기지 않고 믿음의 대상에서 배제한다. 오히려 죽음으로 내몰았다. 크리소스토무스는 이 복음서에 언급된 하나님의 유일성이 예수의 하나님 되심을 부정하는 것이 아니라고 주장한다. 같은 맥락에서 아타나시우스는 참되신 아버지를 수식하는 "홀로"가 아들 예수의 신성을 부인하기 위함이 아니라 "참되지 못한 존재들을 부인하기 위한 말'이라고 해석한다. 이는 앞에서 언급한 이사야의 기록과도 일치하는 해석이다.

어떤 학자들은 예수께서 자신을 영원한 신으로 밝히신 적이 없다고 주장한다. 예수의 말씀은 이런 주장을 직접 반박한다. 즉 예수는 자신을 아는 것도 영원한 생명과 무관하지 않다는 사실을 스스로 밝히신다. 예수에 대한 지식을 배제하는 유대교도 영원한 생명과 무관하고, 홀로 참되신 구약의 하나님을 배제하고 예수를 보내신 신약의 하나님만 아는 말시온과 같은 이단들의 사상도 영원한 생명과 무관하다. 우리는 어느 하나도 배제하지 말고 "홀로 참되신 하나님"과 그가 보내신 "예수 그리스도" 모두를 아는 것이 영원한 생명임을 명심해야 한다. 이런 취지로 이 복음서의 저자는 자신의 서신에서 "하나님이 우리에게 영원한 생명을 주신 것과 이 생명이 그의 아들 안에 있다"는 것이 "하나님의 증거"라고 증언한다(요 5:9-11). 그리고 그리스도 예수를 "우리에게 지각을 주사 우리로 참된 자를 알게 하신 … 참되신 하나님"과 "영원한 생명"으로 규정한다(요일 5:20).

우리는 하나님과 예수를 어떻게 영원한 생명이 될 정도로 알 수 있느냐의 문제도 생각해야 한다. 인간이 어느 정도의 지식까지 가져야 영원한 생명에 이르는가? 인간의 모든 지식은 완전하지 않고 순수하지 않기 때문에 정직한 자라면 이 질문에 대해 부정적인 입장을 표명한다. 아무리 방대한 지식과 아무리 세밀한 지식과 아무리 정확한 지식을 가지고 있더라도 그것이 인간의 지식인 한 영원한 생명에 대응되는 수준까지 이르지는 못하기 때문이다. 그러나 인간 스스로의 지식과는 달리 성령께서 주시는 진리의 지식에는 생명력이 있다. 영원한 생명이 되는 유일한 지식은 오직 진리의 영이신 성령으로 말미암아 우리가 모든 진리 가운데로 인도함을 받아서 얻게 되는 지식이다.

이처럼 영원한 생명은 홀로 참되신 아버지 하나님, 그가 보내신 길과 진리와 생명의 예수 그리스도 그리고 아버지와 예수를 능히 알게 하시는 진리의 영이신 성령과 결부되어 있다. 영원한 생명은 이처럼 삼위일체 하나님의 선물이다. 이처럼 성부나 성자나 성령 중 그 누구도 배제하지 않고 예수께서 친히 밝히신 영원한 생명의 정확한 정의를 있는 그대로 존중하는 것이 기독교 신앙이다. 영원한 생명의 이러한 정의는 그냥 예수 잘 믿으면 된다고 생각하는 많은 사람들을 당황하게 한다. 교회에는 다니는데, 예수는 믿는데, 하나님을 믿는다고 말하는데, 정작 예수는 어떤 분이시며 하나님이 홀로 참되신 신이라는 사실의 의미는 모르는 사람들이 많다.

　나는 어떠한가? 하나님과 예수에 대한 지식은 영원한 생명이 걸린 중차대한 문제인데, 나의 지식은 얼마나 빈약한가? 하나님과 예수를 아는 지식이 영원한 생명이기 때문에 그 지식에서 자라가는 일에 목숨을 걸어도 부족하다. 그런데도 관심조차 없다는 건 더욱 심각하다. 예수를 바르게 알고 그로 말미암아 아버지 하나님께 나아가게 만드는 성경을 공부하지 않는 시대의 반지성적 문화에 시급한 변화가 필요하다. 지금 당장 성경공부 계획표를 짜고 오늘 예수와 하나님 아는 지식을 하나라도 깨닫지 못한다면 자지도 말고 먹지도 않겠다고 다짐해야 한다. 바울처럼 예수만 알기로 작정해야 한다. 많은 학문이 사람을 미치게 할 정도여서 바울을 "미쳤다"고 말한 유대총독 베스도의 악평이 우리의 귀에도 들리도록 예수와 하나님 지식에 전념해야 한다. 우리는 왜 하나님과 예수 공부에 이렇게도 인색한가! 영생을 소홀히 여기지 않고서야 어찌 그 지식을 이토록 소홀히 여길 수 있겠는가! 예수쟁이 소리가 귀에 따갑도록 예수 공부에 매진해야 한다.

> 4저는 당신이 저에게 행하라고 주신 일을 다 이루었고
> 이 땅에서 당신을 영화롭게 했습니다

예수는 아버지 하나님이 자신을 보내신 목적과 자신이 이룬 성취를 아버

지께 고하신다. 보내심의 목적은 예수로 하여금 행하도록 명하시며 주신 일의 완성이다. 예수는 하늘에서 연차를 내시고 바캉스를 즐기려고 이 땅에 오지 않으셨다. 예수의 성육신은 아버지의 명하신 일을 수행하기 위함이다. 이러한 보내심에 맞게 예수는 자신의 일생을 통해 아버지의 일을 다 이루셨다. 예수의 그런 순종은 하나님을 영화롭게 했다. 무스쿨루스의 지적처럼, 하나님은 "우리의 뜻대로 선택된 일들 안에서가 아니라 하나님에 의해 부과된 것들이 각 사람에 의해 이루어질 경우에" 영광을 받으신다. 그러므로 우리는 자신이 좋아하는 일보다 하나님이 명하신 일을 수행할 때 하나님을 영화롭게 한다. 우리도 영화롭게 되고 행복하게 된다. 그러나 좋아하는 일과 명하신 일이 일치할 때에는 더더욱 행복하다.

예수의 말씀에 따르면 그는 아버지의 모든 일을 다 이루셨다. 그런데 예수는 아직 죽지 않으셨다. 죽음은 순종의 종결이다. 그렇다면 예수께서 죽으시기 전인데도, 그래서 "다" 이루어진 것이 아님에도, 다 이루신 것처럼 말하시는 이유는 무엇인가? 칼뱅이 말한 것처럼 죽음의 때가 임박했기 때문일 수도 있고 박윤선의 말처럼 하나님의 전능성과 불변성을 가지신 예수께서 반드시 다 이루실 것이기 때문일 가능성도 있다. 크리소스톰의 해석은 조금 특이하다. 즉 이 구절은 예수께서 비록 미래에도 구원을 계속해서 이루실 것이지만 이 땅에서 주어진 "나의 역할을 다 끝냈다"는 말이기도 하고, "축복의 뿌리가 놓여져서 그 열매들이 확실하게 필히 뒤따를 것이기 때문에 모든 것이 이미 이루어진 셈"이라는 말이기도 하다.

명하신 아버지의 일을 예수께서 다 이루시는 완성의 궁극적인 목적은 아버지 하나님의 영광이다. 이 영광은 예수에게 일생의 목적이다. 크리소스토무스가 지적한 것처럼, 이 영광은 천사들의 섬김을 통해 아버지가 하늘에서 받으시는 "당신 본연의 영광"이 아니라 지상에서 "인류가 그분을 섬기는 데서 오는 영광"이다. 바울의 표현을 빌리자면, 예수는 하늘이 아니라 이 땅에서 "먹든지 마시든지 무엇을 하든지 다 하나님의 영광을 위하여"

행하셨다(고전 10:31). 이는 우리에게 교훈의 본을 보이시기 위함이다. 우리도 무엇을 하든 그 끝이 하나님의 영광을 위하여 하되 그것이 아니라면 무슨 일이든 중단하는 게 유익하다. 우리의 하루 일과와 일생의 과제를 그런 관점에서 조정하는 게 지혜롭다. 하나님의 영광을 위하지 않는 어떠한 일도 결국에는 우리의 삶을 무익한 곳으로 이끌기 때문이다. 이처럼 예수를 따르는 사람들은 인생의 목적이 헛갈리지 않고 복잡하지 않고 명료하다.

> 5아버지여 세상이 있기 이전에 제가 당신과 함께 가졌던 그 영광으로
> 지금 당신과 함께 저를 영화롭게 하옵소서

아버지를 영화롭게 한 아들 예수는 자신을 영화롭게 해 달라는 기도를 아버지께 드리신다. 아버지가 예수를 영화롭게 하시는 방법은 아버지와 함께 가졌던 "영광"(δόξα)의 회복이다. 그 영광은 "세상이 있기 이전에" 아버지와 아들이 함께 가졌던 것이라고 한다. 여기에서 우리는 예수의 존재가 "세상이 있기 이전"임을 확인한다. 이 기도문을 보면, "아브라함 나기 이전부터 내가 있다"(요 8:58)는 예수의 자기 주장은 급조된 실언이 아니었다. 뿐만 아니라 "만물이 그로 말미암아 지은 바 되었으니 지은 것이 하나도 그가 없이는 된 것이 없다"(요 1:3)고 말한 요한의 진정성도 예수의 이 기도에서 다시 확인된다. 예수의 존재가 창세 이전이면 그는 존재의 시작이 없고 영원부터 계신 분이심에 분명하다. 이는 이 땅에서 "아버지도 없고 어머니도 없고 족보도 없고 시작한 날도 없고 생명의 끝도 없어 하나님의 아들과 닮아서 항상 제사장"인 멜기세덱 반차를 따라 예수께서 제사장이 되신다는 히브리서 기자의 기록과 상통한다(히 7:3, 11). 그리고 아버지 하나님과 예수는 동일하게 영원한 분이시다. 그 영원 속에서 아버지와 예수는 동일한 영광을 가지셨다. 저자의 집필 의도에 맞게 예수의 영원성과 영광은 그가 하

나님의 아들 되심을 명확하게 증거한다.

예수께서 영화롭게 되는 유일한 근거는 아버지와 함께 가지셨던 영광이다. 그래서 예수는 사람의 영광을 구하지 않으셨고 구할 필요도 없으셨고 오직 아버지의 영광만 구하셨다. 예수는 이 세상에 오실 때에 "근본 하나님의 본체시나 하나님과 동등됨을 취할 것으로 여기지" 않으셨고 아버지와 함께 가지셨던 영광을 비우셨다(빌 2:6-7). 그 영광의 회복이 필요하다. 우리는 예수의 기도를 들으신 아버지 하나님의 흔쾌한 응답을 바울의 증언에서 확인한다. 즉 "하나님이 그를 지극히 높여 모든 이름 위에 뛰어난 이름을 주사 하늘에 있는 자들과 땅에 있는 자들과 땅 아래에 있는 자들로 모든 무릎을 예수의 이름에 꿇게 하시고 모든 입으로 예수 그리스도를 주라 시인"하게 만드셨다(빌 2:9-11). 우리도 사람의 영광에 허덕이지 말고 위로부터 주어지는 아버지의 영광을 갈망하며 간구해야 한다. 우리가 진실로 영화롭게 되는 유일한 비결이 아버지의 영광이기 때문이다. 그리고 예수께서 지금 아버지께 구하시는, 우리도 구해야 하는 그 영광은 우리가 그와 함께 고난을 받은 이후 하늘에서 공유하게 될 부활의 영광이다(롬 8:17).

크리소스토무스는 성자와 더불어 누리는 이 영광을 위한 것이라면 자신의 존재가 천개로 쪼개지고 천 번의 죽음을 당하는 것도 기꺼이 감수할 것이라고 다짐한다. 구더기가 영원한 이웃이 되어 우리를 향해 이빨을 영원히 부득부득 갈고 꺼지지 않는 불이 활활 타오르는 지옥을 견디는 것보다 낫다는 명분도 제시한다. 우리의 불행은 주로 세상의 영광 추구에 허덕이다 실패할 때에 찾아온다. 교부가 꼬집은 것처럼, 사람들은 이를 해결하기 위해 날마다 투쟁하고 불평하고 무익한 수다의 늪에 뛰어들고 땅의 위장을 부지런히 채우지만 정작 영혼의 궁핍함은 아무런 채워짐도 없이 그대로다. 이 문제는 세상의 영광 확보를 위한 발버둥이 아니라 예수의 영광 추구라는 인생의 방향 전환으로 해결된다.

요 17:6-16

⁶세상 중에서 내게 주신 사람들에게 내가 아버지의 이름을 나타내었나이다 그들은 아버지의 것이었는데 내게 주셨으며 그들은 아버지의 말씀을 지키었나이다 ⁷지금 그들은 아버지께서 내게 주신 것이 다 아버지로부터 온 것인 줄 알았나이다 ⁸나는 아버지께서 내게 주신 말씀들을 그들에게 주었사오며 그들은 이것을 받고 내가 아버지께로부터 나온 줄을 참으로 아오며 아버지께서 나를 보내신 줄도 믿었사옵나이다 ⁹내가 그들을 위하여 비옵나니 내가 비옵는 것은 세상을 위함이 아니요 내게 주신 자들을 위함이니이다 그들은 아버지의 것이로소이다 ¹⁰내 것은 다 아버지의 것이요 아버지의 것은 내 것이온데 내가 그들로 말미암아 영광을 받았나이다 ¹¹나는 세상에 더 있지 아니하오나 그들은 세상에 있사옵고 나는 아버지께로 가옵나니 거룩하신 아버지여 내게 주신 아버지의 이름으로 그들을 보전하사 우리와 같이 그들도 하나가 되게 하옵소서 ¹²내가 그들과 함께 있을 때에 내게 주신 아버지의 이름으로 그들을 보전하고 지키었나이다 그 중의 하나도 멸망하지 않고 다만 멸망의 자식뿐이오니 이는 성경을 응하게 함이니이다 ¹³지금 내가 아버지께로 가오니 내가 세상에서 이 말을 하옵는 것은 그들로 내 기쁨을 그들 안에 충만히 가지게 하려 함이니이다 ¹⁴내가 아버지의 말씀을 그들에게 주었사오매 세상이 그들을 미워하였사오니 이는 내가 세상에 속하지 아니함 같이 그들도 세상에 속하지 아니함으로 인함이니이다 ¹⁵내가 비옵는 것은 그들을 세상에서 데려가시기를 위함이 아니요 다만 악에 빠지지 않게 보전하시기를 위함이니이다 ¹⁶내가 세상에 속하지 아니함 같이 그들도 세상에 속하지 아니하였사옵나이다

❖ ❖ ❖

⁶당신이 세상에서 저에게 주신 사람들에게 저는 당신의 이름을 나타냈고, 그들은 당신에게 속했으나 당신은 그들을 저에게 주셨으며, 그들은 당신의 말씀을 지킵니다 ⁷이제 그들은 당신이 저에게 주신 모든 것들이 당신으로부터 온 것인 줄 알고 있습니다 ⁸저는 당신이 저에게 주신 말씀들을 그들에게 주었으며 그들은 [그 말씀들을] 받고 제가 당신으로부터 왔다는 것을 진실로 알고 당신이 나를 보내신 것도 믿습니다 ⁹저는 그들을 위하여 구합니다 저는 세상을 위함이 아니라 당신이 나에게 주신 자들을 위해 구합니다 그들은 당신의 것입니다 ¹⁰저의 모든 것은 당신의 것이고 당신의 것은 저의 것입니다 저는 그들 중에서 영화롭게 되었습니다 ¹¹저는 더 이상 세상에 있지 않고 그들은 세상에 있습니다 저는 당신을 향하여 떠납니다 거룩하신 아버지여 그들이 우리처럼 하나가 되도록 저에게 주신 당신의 이름으로 그들을 지켜 주옵소서 ¹²제가 그들과 함께 있을 때에는 저에게 주신 당신의 이름으로 그들을 지키고 보호하여 그들 중에 멸망의 자식이 아니라면 하나도 멸망하지 않게 해서 성경이 성취되게 했습니다 ¹³지금 저는 당신께로 떠납니다 그들이 저의 기쁨을 자신들 안에 충만하게 가지도록 저는 이것들을 세상에서 말하고 있습니다 ¹⁴저는 아버지의 말씀을 그들에게 주었고 세상은 그들을 미워하고 있습니다 이는 제가 세상에 속하지 아니한 것처럼 그들도 세상에 속하지 않기 때문입니다 ¹⁵제가 구하는 것은 당신께서 그들을 세상에서 [하늘로] 올리시는 것이 아니라 악한 것에서 그들을 지켜 주시라는 것입니다 ¹⁶제가 세상에 속하지 않은 것처럼 그들도 세상에 속하지 않습니다

57 대제사장 기도2: 제자들을 위한 기도

예수는 제자들을 위한 기도를 아버지께 드리신다. 기도의 핵심은 그들의 하나됨과 악한 것에서의 지킴이다. 본문의 나머지는 예수께서 아버지의 보내심을 받고 맡겨진 사명을 성취한 이야기와 아버지께 제자들을 지켜 달라고 기도할 수밖에 없는 상황에 대한 이야기로 채워진다. 예수는 아버지께 속하였고 자신에게 주어진 자들에게 아버지의 이름을 전하셨고 그들이 아버지의 말씀에 순종하는 성과를 거두셨다. 아버지가 예수의 모든 것들이 나온 출처라는 사실과 예수께서 아버지의 보내심을 받았다는 사실을 제자들은 믿게 되었으며, 예수는 그들 안에서 영화롭게 되셨다고 한다. 그런데 예수는 이제 떠나시고 제자들은 세상에 남기 때문에 물리적인 이별의 상황에서 그들을 지켜줄 도움이 필요하다. 이는 그들이 세상에 속하지 않아서 세상이 그들을 박해할 것이기 때문이다. 그런데 이렇게 말하는 것은 제자들이 아버지의 도우심 때문에 어떠한 것도 걱정할 필요가 없어서 기쁨의 충만을 얻게 하기 위함이다. 미워하고 박해하고 죽이려는 세상 속에서도 예수의 기도를 들은 제자들은 기쁨으로 충만하게 된다. 예수께서 그들을 위해 지금도 기도하고 계시기 때문이다.

> ⁶당신이 세상에서 저에게 주신 사람들에게 저는 당신의 이름을 나타냈고,
> 그들은 당신에게 속했으나 당신은 그들을 저에게 주셨으며,
> 그들은 당신의 말씀을 지킵니다

자신에 대한 기도를 끝내신 예수는 제자들을 위한 간구를 아버지께 올리신다. 이 기도에는 먼저 예수의 사역과 제자들의 상태에 대한 설명이 등장한다. 예수께서 자신에게 주어진 자들에게 행하신 것은 아버지의 "이름"을 나타내는 것이었다. 내가 보기에 예수께서 기도로 자신의 삶을 설명하는 듯한 본문이다. 예수는 자신에 대하여 아버지와 하나라는 말씀도 하셨고 아버지의 보내심을 받았다는 말씀도 하셨고 아버지의 모든 것이 자신의 것이고 자신의 모든 말과 모든 일이 아버지의 뜻을 이루는 것이라고 말하셨다. 기도문에 따르면, 말씀하신 이 모든 내용들의 목적은 아버지의 이름을 드러내는 것이었다. 이 목적은 주기도문 중에서도 맨 앞자리를 차지하고 있다.

아버지의 이름이 거룩히 여김을 받으시는 것은 예수의 인생에서 가장 중요한 일이었다. 동시에 제자들이 예수를 통해 경험해야 할 가장 중요한 일이었다. 이는 제자들이 이 세상에서 추구해야 할 인생의 목적 중에서 가장 중요한 일이어야 한다. 그래서 예수는 어떻게 기도할 것인지에 대해 제자들을 가르치실 때에 기도의 첫 번째 항목으로 "아버지의 이름"을 택하셨다. 아버지 하나님의 이름을 거룩하게 나타내는 일은 우리 모두가 이루어야 할 사명의 요약이다. 누구의 이름을 어떻게 나타내고 있느냐가 한 사람의 인생을 평가하는 기준이다. 살다가 떠난 빈자리에 아버지의 거룩한 이름 하나만 남긴다면 그것은 최고의 인생이다. 무서운 절대자의 이름이 아

니라 친밀한 "아버지의 이름"을 남기는 자는 그의 자녀로 살 때에만 가능하다.

예수의 이 기도에 대해 칼뱅은 3단계로 구성된 제자들의 구원에 대한 것이라고 이해한다. 첫째는 그들에 대한 아버지 하나님의 택하심, 둘째는 그들을 지키시는 아들의 보호하심, 셋째는 아버지의 말씀에 대한 그들의 순종이다. 첫째에 대하여, 예수는 제자들이 아버지께 속했다고 말하신다. 제자들은 예수에게 고유한 소유가 아니었다. 그들의 소속은 아버지께 소급된다. 이는 하나님의 나라를 섬기는 모든 자에게 필요한 의식이다. 칼뱅은 "주다"와 "속하다"는 말에 근거하여 제자들이 하나님의 영원한 선택을 받았으며 그들은 아버지 하나님께 영원히 속한 자들임을 밝히신 말이라고 해석한다. 이 선택은 택자들의 믿음이나 공로에 근거하지 않고 전적으로 하나님의 은혜에 근거한 일이기에 하나님은 그들이 자신을 떠나 "아주 멀리 떨어져 있는 동안에도 자신의 비밀한 경륜 속에서는 그들을 자신의 백성으로 여기"신다.

둘째에 대하여, 예수는 제자들을 아버지가 자신에게 주셨다고 밝히신다. 영원 속에서 하나님의 택하심을 받은 자들은 시간 속에서 그의 아들에게 맡겨진다. 그 아들의 보호하심 속에서 영원히 멸망하지 않도록 보존된다. 칼뱅은 이 대목을 주목해야 한다고 강조한다. "이는 하나님의 예정이 그 자체로는 감추어져 있지만 오직 그리스도 안에서는 우리에게 계시되기 때문이다."

셋째에 대하여, 예수는 제자들이 아버지의 말씀을 지킨다고 말하신다. 이런 순종이 아버지의 택하심을 받거나 예수의 사랑을 받는 근거는 아니지만 그가 택하심을 받고 사랑을 누리는 자라는 사실의 증거로는 충분하다. 예수는 자신의 성공적인 사명 완수를 보이시며 제자들을 향해 "모든 민족을 제자로 삼아 … 내가 너희에게 분부한 모든 것을 가르쳐 지키게 하라"고 명하신다(마 28:19-20). 이 명령에 대해서도 예수는 친히 본을 보이셨다.

말씀을 전달하는 것만이 아니라 그 말씀을 지키도록 본을 보이는 목회의 필요성을 이 구절에서 깨닫는다.

⁷이제 그들은 당신이 저에게 주신 모든 것들이
당신으로부터 온 것인 줄 알고 있습니다 ⁸저는 당신이 저에게 주신 말씀들을
그들에게 주었으며 그들은 [그 말씀들을] 받고
제가 당신으로부터 왔다는 것을 진실로 알고 당신이 나를 보내신 것도 믿습니다

예수는 자신에게 주어진 모든 것들의 근원이 아버지께 있음을 제자들이 "이제"(νῦν) 안다고 말하신다. 예수에게 있는 모든 것들의 표면이 아니라 근원을 안다는 것은 놀라운 지식이고 기막힌 은총이다. 제자들이 이전에는 그 근원을 몰랐다가 "이제"는 어떻게 알았을까? 이에 대해 나는 앞절에 언급된 것처럼 그들이 말씀을 지킨 것과 무관하지 않다고 생각한다. 말씀을 지키면 그 말씀의 근원을 이해한다. 이러한 생각은 "사람이 하나님의 뜻을 행하려 하면 이 교훈이 하나님께로부터 오는지 내가 스스로 말함인지 알리라"(요 7:17)는 예수의 말씀에 근거한다. 순종과 지식은 이렇게 연동되어 있다. 하나님의 모든 말씀은 겸손한 자세로 받고 순종할 때에 비로소 이해된다. 이와는 달리 진위를 따지고 인간의 이성을 기준으로 분석하고 해석하고 평가하는 등 머리로만 대응하고 몸으로는 맞이하지 않는다면 성경 텍스트는 하나님의 말씀이 아니라 오래된 역사의 배설물로 간주된다. 그러나 몸으로 성경을 읽으면 달라진다. 사람은 떡으로만 사는 게 아니라 하나님의 입에서 나오는 모든 것으로도 산다. "산다"는 말은 몸의 순종을 요구한다. 진실로 성경은 인식에만 머무는 것이 아니라 머리로 섭취하고 몸으로 살아내야 하는 하나님의 말씀이다. 물론 머리와 몸 사이에서 말씀의 감동이 마음에 차오르고 맥박을 움직이는 절차를 거처야 하겠지만!

예수에 대한 제자들의 지식과 믿음은 아버지의 말씀에 근거한다. 아버지는 예수에게 말씀들을 주셨고, 예수는 그 말씀을 그들에게 주셨고, 그 말씀에 근거하여 그들은 예수가 아버지의 보내심을 받았고 아버지는 예수를 보내신 분이라는 인식과 믿음에 이르렀다. 예수는 자신에 대하여 제자들이 "진실로"(ἀληθῶς) 알았고 또 믿었다고 평하신다. 물론 제자들의 지식과 신앙은 조만간 예수를 부인하고 저주할 정도로 연약하고 불완전한 것이었다. 그러나 진실하지 않은 것은 아니었다. 진실해도 어린아이 신앙과 장성한 신앙을 구분하고 두 신앙을 존중해야 한다. 예수는 비록 제자들의 임박한 배신을 아셨지만 그들의 신앙이 진실한 것이라고 평하셨다.

말씀을 주셔서 제자들로 하여금 자신에 대한 지식과 신앙에 이르게 하신 예수의 사역을 경험한 제자들은 예수처럼 그에게서 받은 말씀을 다른 이들에게 나누어야 한다. 그리할 때 제자들의 제자들도, 이후의 모든 제자들도 예수에 대한 올바른 지식과 신앙을 소유하게 된다. 신앙은 말씀에서 비롯된다. 들음에서 난다. 물론 기도하고 금식하고 연습하는 것도 중요하다. 그러나 신앙 형성과 성장의 핵심은 말씀이다. 예수께서 이 사실을 친히 보이셨다.

"당신이 저에게 주신 말씀들을 그들에게 주었"다는 예수의 말씀을 주목하고 싶다. 예수는 아버지의 말씀을 하나도 가감하지 않으시고 있는 그대로 다른 이들에게 전하셨다. 전하시되 자신의 생각을 하나도 섞지 않으셨고, 자신의 것인 양 출처에 대해 침묵하는 방식이 아니라, 자신의 지성을 돋보이게 하려고 아버지의 말씀을 들러리로 이용하는 방식이 아니라, 아버지의 것임을 당당히 밝히셨고, 그 모든 말씀을 자신의 인격과 삶이라는 최고의 도구에 담고 실천하는 태도를 취하셨다. 아버지 하나님만 드러나는 방식으로 자신을 철저히 감추시는 예수의 복음전파 방법은 자신에게 손해가 아니라 오히려 자신의 모든 근원이 아버지께 있음을 증명하기 때문에 유익이다. 예수의 모든 것은 출처 모를 이물질이 아니라 모두 아버지의 것이었다. 우리의 전부는 누구의 것인가? 그 전부로 증명하는 대상은 나인가 아니면 주님인가?

> 9저는 그들을 위하여 구합니다 저는 세상을 위함이 아니라
> 당신이 나에게 주신 자들을 위해 구합니다 그들은 당신의 것입니다

예수는 아버지께 기도를 드리신다. 세상을 위함이 아니라 아버지 하나님이 자신에게 주신 자들을 위함이다. 이는 우리로 하여금 누구를 위해 기도해야 하는지를 생각하게 한다. 기도의 대상은 하나님이 정하신다. 하나님은 예레미야 선지자를 향해 "너는 이 백성을 위하여 기도하지 말라"고 명하셨다(렘 7:16). 이는 그들이 우상을 숭배했기 때문이고 그래서 응답하지 않으실 것이기 때문에 내려진 명령이다. 우리도 주님의 명령을 따라 기도의 대상을 결정해야 한다. "너희 원수를 사랑하며 너희를 박해하는 자를 위하여 기도하라"(마 5:44). 주님께서 우리에게 맡기신 많은 사람들이 있지만 그들을 위함만이 아니라 원수를 위해서도 우리는 기도해야 한다.

그리고 무엇을 기도해야 하는지에 대해서도 하나님의 승인이 필요하다. 기도에는 마땅히 구할 바가 있으며 그것은 성령께서 아시고 연약한 우리를 위해 친히 간구해 주신다고 바울은 고백한다(롬 8:26). 이로 보건대, 기도의 대상과 내용에 대한 결정은 아버지의 주권이다. 그러므로 우리는 그 주권을 존중하며 하나님이 우리에게 맡기신 자들을 위해, 성령을 의지하며 마땅히 구해야 할 내용을 기도해야 한다. 기도의 전제는 하나님과 이웃에 대한 우리의 뜨거운 사랑이다.

그리고 예수는 자신에게 주어진 자들을 하나님께 "당신의 것"이라고 말하신다. 이 땅에서 예수는 중보자의 자격으로 하나님 아버지와 그의 백성을 화목하게 하시며 아버지의 뜻을 이루신다. 예수는 자신의 직분을 정확

히 아셨기에 제자들이 자신에게 주어진 자들임을 알면서도 소유권을 내세우지 않으셨다. 제자들이 자신에게 주어진 자라도 여전히 아버지의 것이라는 사실을 망각하지 않으셨다. 이 땅에서 섬기라고 주신 모든 사람들은 목회자나 지도자의 것이 아니라 여전히 하나님께 속한 자들이다. 이것을 망각하면 "내 성도," "내 제자," "내 자식," "내 양"이라는 배타적인 소유권을 주장하며 자랑하고 독점하고 착취하기 쉽다. 이런 차원에서 나를 점검하기 위해서는 제자나 자식이 나보다 훌륭한 사람에게 가면 내 마음에 서운함이 드는지의 여부를 확인하면 된다. 예수는 "너희는 랍비라 칭함을 받지 말라" "땅에 있는 자를 아버지라 하지 말라" "또한 지도자라 칭함을 받지 말라"고 명하셨다. 이런 맥락에서 베드로를 향해서도 "네 양"이 아니라 "내 양을 먹이라"고 명하셨다(요 21:17). 우리 모두의 랍비와 아버지와 지도자는 하늘에 계신 아버지 하나님 한 분이시다(마 23:8-10).

10저의 모든 것은 당신의 것이고 당신의 것은 저의 것입니다
저는 그들 중에서 영화롭게 되었습니다

이 구절은 아버지가 예수에게 제자들을 주셨지만 여전히 그들이 아버지의 것인 이유를 설명한다. 즉 아버지의 모든 것은 예수의 것이고 예수의 모든 것은 아버지의 것이기 때문이다. 아버지가 예수에게 무언가를 주셔도 그것은 여전히 아버지의 것이기 때문에 아버지와 분리됨이 없다. 그 역도 성립한다. 예수와 아버지 사이에는 주거나 받아도 줄어듦과 늘어남이 없다. 이는 아버지와 예수가 동등하고 하나일 때에만 가능하다. 크리소스토무스의 논증에 따르면, 작은 자에게 속한 모든 것이 큰 자에게도 속한다는 것은 모두의 상식이다. 동시에 그 역이 성립하기 위한 유일한 조건이 작은 자와 큰 자가 같아야 한다는 것도 모두의 상식이다. 그래서 교부는 이 구절에 아버

지와 예수 사이에 영광의 동등성이 보인다고 한다. 예수의 모든 것이 아버지의 것이고 아버지의 모든 것이 예수의 것이기 위해서는 수학적인 동치처럼 예수와 아버지 사이에 차이가 없어야 하기 때문이다. 그러므로 이 말씀도 예수의 성자 되심에 대한 증언이다.

예수의 모든 것이 하나님의 것이라는 말을 바울의 표현으로 바꾸면 이러하다. 예수는 죽으시고 아버지가 그 안에 온전히 사시기 때문에(갈 2:20) 예수는 아버지의 충만이다. 이러한 원리는 예수와 교회 사이에도 적용된다. 그래서 바울은 교회를 예수의 충만, 즉 "만물 안에서 만물을 충만하게 하시는 이의 충만"으로 규정한다(엡 1:23). 이런 면에서도 예수는 교회의 머리로서 충만의 본을 보이셨다. 예수와 교회의 이러한 관계를, 이 구절에 빗대어, 교회의 모든 것은 예수의 것이고 예수의 모든 것은 교회의 것이라고 묘사해도 무방하다. 하나님의 성전 된 우리 개개인이 자신의 모든 것을 예수의 것이라고 인정하며 목숨과 마음과 뜻과 힘을 그분의 것으로 드리는 것은 마땅하다. 그렇다면, 나의 어떠한 것도 내 마음대로 사용하지 않고 예수의 뜻대로만 사용해야 한다. 그러면 우리에게 손해인가? 내가 나를 나 자신의 것이라고 생각하며 사용하는 것과 예수의 것으로 여기며 사용하는 것 중 무엇이 유익인가? 나 자신을 나의 것으로서 사용하는 것보다 예수의 것으로서 사용할 때에 최고의 가치와 효용이 발휘된다. 예수의 것으로서 나를 사용하는 것은 내가 예수에게 쓰임을 받는 방식이다. 이러할 때 나 자신에게 최고의 영광이 돌아온다.

예수는 제자들 중에서 자신이 영화롭게 되었다고 말하신다. 이 말은 자신의 모든 것이 아버지의 것이고 아버지의 것이 자신의 것이라고 한 고백과 무관하지 않다. 우리의 모든 것을 예수의 것으로 여기고 예수의 모든 것이 우리의 것이라고 믿으면 우리도 세상에서 영화롭게 된다. 영광의 비결은 소유에 있지 않고 소유됨에 있다. 세상의 원리에 비추어 보면 모순이다. 그러나 예수를 따라서는 사실이다. 그래서 바울은 그리스도 예수의 모든 것을 얻기 위해 자신에게 유익하던 것조차도 해로운 배설물로 여겼으며 "내가 그리스도 예수께 잡힌 바 된 그것을 잡으려고" 전력으로 질주했다 (빌 3:12). 예수를 소유하고 예수에게 소유되는 것은 그가 일평생 추구한 삶의 목적이다. 이를 위하여 예수만 알기로 작정했다. 우리에게 주어지는 영광의 크기는 우리 안에 예수로 채워진 충만의 크기와 우리가 예수에게 사로잡힌 소유됨의 분량에 비례한다.

> ¹¹저는 더 이상 세상에 있지 않고 그들은 세상에 있습니다
> 저는 당신을 향하여 떠납니다 거룩하신 아버지여 그들이 우리처럼
> 하나가 되도록 저에게 주신 당신의 이름으로 그들을 지켜 주옵소서
> ¹²제가 그들과 함께 있을 때에는 저에게 주신 당신의 이름으로
> 그들을 지키고 보호하여 그들 중에 멸망의 자식이 아니라면
> 하나도 멸망하지 않게 해서 성경이 성취되게 했습니다

예수는 지금이 제자들을 보호함에 있어서 아버지와 임무교대 할 때임을 밝히신다. 예수께서 세상에 계시는 동안에는 칼뱅의 말처럼 "파멸 받아 없어질, 혹은 그렇게 하기로 작정된 사람"을 가리키는 "멸망의 자식" (박윤선은 "지옥 자식"(마 23:15)과 유사한 말이라고 함) 외에 자신에게 주어진 모든 제자들을 친히 지키셨다. 그런데 이제는 그가 아버지를 향해 떠나시고 세상에 더 이상 없으시다. 그런데 제자들은 세상에 계속 거주한다. 영적인 헤어짐이 아니라 물리적인 이별의 상황이다. 그렇다면 세상에 머무는 제자들을 누가 지키는가? 예수는 아버지께 그들을 지켜 달라는 기도를 드리신다. 이 기도는 예수의 부활과 승천 이후에도 지속된다. 바울은 예수께서 "하나님 우편에 계신 자요 우리를 위하여 간구하시는 자"라고 고백한다(롬 8:34). 성부와 성자는 온 세상의 통치나 구원을 베푸시는 과정에 있어서 의견의 충돌이

없으시고 절묘한 연합과 협력을 이루신다. 이 대목에서 칼뱅은 제자들에 대한 보호의 양도가 보호의 중단을 의미하지 않고 방법의 변화라고 옳게 해석한다. 즉 예수께서 "종의 형태로 나타났던 중보자의 신분"으로 계실 때에 주시던 외형적인 도움을 끝내시고 이제는 "신령한 위엄"을 가지고 하늘에서 보내시는 성령으로 말미암아 도우시는 방식을 취하시기 때문이다.

칼뱅은 제자들에 대한 아버지의 보호를 구하시는 예수의 의도가 "스승의 육체적 부재로 말미암아 그들의 상태가 더 악화되는 것이 아니기 때문에 그들이 낙심하지 않도록 하는 것"이라고 해석한다. 제자들은 예수의 기도를 들으면서 "목자 없는 양"처럼 버려져서 흩어지고 방황하게 되지는 않겠다는 안도감을 느꼈음이 분명하다. 예수의 인수인계 절차는 허술하지 않고 빈틈없이 꼼꼼하고 정교하다. 그래서 제자들이 침 삼킬 동안에도 하나님의 보호는 유지된다. "무리를 보시고 그 목자 없는 양 같음으로 인하여 불쌍히 여기"시는 주님(막 6:34)은 자기 백성을 더더욱 버리지도 않으시고 떠나지도 않으신다(히 13:5). 항상 그들의 곁을 지키신다.

예수가 세상에서 제자들을 지키는 보호의 방식은 아버지의 이름이다. 이는 구약의 전술과 동일하다. 지혜자는 이렇게 증거했다. "여호와의 이름은 견고한 망대라 의인은 그리로 달려가서 안전함을 얻느니라"(잠 18:10). 예수를 상징하는 다윗이 마귀를 상징하는 골리앗을 물리칠 때에 "나는 만군의 여호와의 이름 곧 네가 모욕하는 이스라엘 군대의 하나님의 이름으로 네게" 나간다고 선언했다(삼상 17:45). 사도의 시대에 "너희가 무슨 권세와 누구의 이름으로 이 일을" 했느냐는 당시의 종교 리더들이 묻는 물음에 사도들도 귀신을 쫓아내고 질병을 치료하고 사람들을 회복시킬 때 "예수의 이름으로" 했다고 고백했다(행 4:10). 우리에게 맡겨진 사람들을 지키는 방법도 동일하다. 하나님의 이름이다. 우리가 하나님의 이름으로 생각하고 말하고 행하며 그의 이름으로 가르치고 지도하면, 그 이름을 경외하는 자들은 당연히 우리를 공격하지 않고 그 이름을 모욕하는 자들은 골리앗의 전철을 밟을 것이기 때문이다. 아버지의 이름으로 제자들을 지켰다는 것은 칼뱅의 말처럼 예수께서 "하나님의 능력과 권위에 의하지 않고서는 아무것도 행하지 않는 유일한 종"으로서 자신을 이해하고 계심을 나타낸다.

보호의 내용은 예수에게 주어진 모든 사람들 중에 "멸망의 자식이 아니라면 하나도 멸망하지 않게" 하는 것이었다. 예수의 보호는 구원의 다른 표현이다. 예수는 제자들의 신체적인 건강이나 경제적인 풍요나 사회적인 지위나 정치적인 권세를 보호해 주신 것이 아니라 그들의 영혼이 멸망하지 않도록 지키셨다. "겉사람은 낡아지나 우리의 속사람은 날로 새롭게 되는"(고후 4:16) 이유도 주님께서 우리의 겉사람이 아니라 속사람을 지키시기 때문이다. 지키시는 내용이 영혼의 구원이기 때문이다. 그런데 주님께서 지켜 주시기를 우리가 원하는 내용과 주님께서 지키기 원하시는 내용은 때때로 엇갈린다. 우리의 관심사는 외모이고 주님의 관심사는 중심이기 때문이다. 자신의 관심을 주님의 관심사에 포개는 것이 지혜로운 인생이다.

예수께서 멸망의 자식 외에 당신의 사람들을 구원에 이르게 하시는 것은 성경의 성취라고 한다. 그런데 아우구스티누스와 칼뱅과 부쩌를 비롯한 여러 학자들이 여기에서 성경의 이러한 성취를 유다의 멸망과만 연결하여 해석한다. 그러나 나는 성경의 성취가 유다의 멸망만이 아니라 성도들의 구원과도 관계된 말이라고 생각한다. 이야기의 흐름은 오히려 제자들의 보호에 있기 때문에 성경의 성취가 더 강조하는 바는 멸망의 자식보다 택하심을 입은 자들의 구원이다. 여기에서 우리는 성경의 기록과 예수의 삶과 그에게 속한 사람들의 구원이 모두 연결되어 있음을 확인한다. 예수의 삶은 성경에 생기를 불어넣어 죽은 문자가 운동력을 얻고 살아나는 인생이다. 그에게는 인생의 모든 페이지가 기록된 말씀의 구현이며, 그는 발 달린 성경이다. 그의 인생에는 성경을 무시하고 성경에서 벗어나는 페이지가 없다. 그에게는 별도의 자서전이 필요하지 않다. 성경 자체가 자서전이 되신 분이기 때문이다.

예수께서 제자들의 보호를 아버지께 의탁하며 드린 기도의 내용이 특이하다. "그들이 우리처럼 하나가 되도록 저에게 주신 당신의 이름으로 그들을 지켜" 달라는 내용이다. 하나됨과 보호가 연결되어 있다. 성부와 성자와 성령은 하나이고 분리됨이 없으시다. 제자들도 분리됨이 없는 하나됨을 이루어야 한다. 이는 아버지 하나님이 이제 이루신다. 제자들의 보호가 그들의 구원을 뜻한다면 아버지께 부탁한 보호로서 그들의 하나됨은 구원에 버금가는 중요성을 가진다고 간주해야 한다. 제자들의 하나됨은 그들 각자가 하나의 지체로서 모두가 하나의 몸에 참여함을 의미한다. 이 하나됨은 교회의 본질이다. 교회는 그리스도 예수의 몸으로서 하나됨을 이룬 각 지체들의 연합이다. 모든 성도 각각의 보호는 교회의 하나됨에 의존하고 있다.

"하나님을 아버지로 섬기는 자에게는 교회가 어머니가 되어야 한다"는 칼뱅의 말은 타당하다. "어머니가 나를 잉태하고 낳고 기르시는 것처럼 교회는 신자들의 영적 생명을 양육하는 어머니의 품과 같다"는 그의 말에 나는 전적으로 동의한다. 그런데 안타까운 것은 교회가 갈갈이 찢어져 분리되어 있다는 사실이다. 모든 분열에는 다양한 명분들이 있다. 경건한 거룩성과 교리적 사도성과 역사적 보편성도 교회의 본질적인 속성이다. 그러나 기독교의 역사에서 그 모든 것들이 교회의 통일성과 충돌할 경우에는 통일성을 택하였다. 예수께서 둘 사이에 막힌 담을 자신의 몸으로 허무시고 우리를 하나되게 하신 사랑의 통일성을 훼손하는 것은 예수를 다시 죽이는 일이라고 생각했기 때문이다. 게다가 예수의 유일한 새 계명도 사랑이기 때문이다. 그런 가르침을 따르는 바울의 입장도 동일하다. 즉 믿음의 결이 조금 다르고 지향하는 소망이 조금 달라도 사랑이 제일(고전 13:13)이기 때문에 이 세상에 사는 동안에는 사랑의 하나됨을 다른 어떤 기준보다 우선으로 생각해야 한다.

예수 자신도 다양한 가라지가 좋은 씨앗을 뿌린 밭에 섞여 있다는 사실을 아셨지만 "가만 두라"고 명하셨다. 이는 "가라지를 뽑다가 곡식까지 뽑을까 염려"를 하셨기 때문이다(마 13:29). 그는 가라지를 뽑아 좋은 밭을 깨끗하게 하는 것보다 알곡이 다치거나 뽑히는 문제를 더 우선으로 삼으셨다(마 13:29). 그물에 가득한 물고기들 중에 "좋은 것은 그릇에 담고 못된 것은 내버리"듯 "천사들이 와서 의인 중에서 악인을 갈라 내"는 것은 "세상 끝"에 이루어질 심판을 의미한다(마 13:47-49). 그 심판 이전에는 거룩성과 정의를 유지하는 것보다 알곡이 다치지 않도록 돌보는 사랑이 우선이다. 그 사랑이 작용하는 교회의 가장 큰 테두리는 무엇인가? 우리는 예수께서 말씀하신 아버지의 이름을 주목해야 한다. 예수로 말미암아 양자의 영을 통하여 하나님을 아버지라 부르는 모든 사람들이 보호의 대상이다. 이는 교단과 교파의 경계를 넘어선다. 그런데도 많은 사람들이 교단의 경계를 벗어난 사람이 무슨 괴물인 줄 알고 당당하게 냉대한다. 이는 교회의 우주적 하나됨에 대한 무지에서 비롯된 망동이다. 아버지의 이름으로 제자들을 지켜 주시라는 말을 나는 그렇게 이해한다. 교회의 범위는 아버지의 이름이고 그 이름 아래에 있는 모든 성도는 하나됨에 참여하는 교회라고 생각한다.

13지금 저는 당신께로 떠납니다 그들이 저의 기쁨을 자신들 안에
충만하게 가지도록 저는 이것들을 세상에서 말하고 있습니다

예수께서 떠나신다. 그는 남겨지는 제자들이 자신의 기쁨으로 충만하길 원하신다. 이 기쁨의 충만이 아버지께 말하시는 모든 내용들의 이유라고 말하신다. 예수는 자신의 충만한 기쁨을 말씀에 담아 전하신다. 칼뱅의 말처럼, 예수는 "기쁨의 원천이요 보증이기 때문"에 입만 열면 기쁨이 쏟아진다. 그래서 예수의 말씀을 믿음으로 자신의 귀에 담으면 누구든지 그의 기쁨으로 충만하게 된다. 예수를 가리켜 기록된 성경을 읽을 때에도 동일한

일이 일어난다. 그래서 시인은 하나님의 말씀이 "마음을 기쁘게" 한다고 고백했다(시 19:8). 말씀이신 예수 없이는 기쁨의 충만함도 없다. "우리 안에는 공포와 불안 이외에 아무것도 없으며 그리스도 안에만 평화와 기쁨이 있다"는 칼뱅의 말에 나는 전적으로 동의한다.

키릴루스에 따르면, 기쁨의 실체는 그리스도 예수가 "우리와 같은 단순한 사람이 아니라 우리와 같으시나 죄는 없으시고 참된 하나님도 되신다는 지식과 믿음"이다. "우리를 모든 악에서 구원하실 정도로 충분히 강하신 분을 우리의 곁에 동맹자로 모신다"는 "이 지식"은 "우리 자신의 기쁨의 완벽한 실현을 수반한다." 크리소스토무스는 이 기쁨이 예수보다 크신 아버지의 보호를 제자들이 받을 것이라는 사실에 근거한 것이라고 주장한다. 그러나 아우구스티누스는 하나님이 하나이신 것처럼 제자들도 하나가 됨에 기쁨이 있다고 해석하고 이 기쁨을 얻기 위하여 "우리가 현 상황에서 온후하게, 의롭게, 경건하게 살아야 한다"고 강조한다. 박윤선은 예수의 기도가 응답되는 것에, 즉 "그 기도대로 하나님의 보호를 받는 은혜의 체험"에 제자들의 기쁨이 있다고 해석한다. 모두 다양한 각도와 강조점을 가진 타당한 해석이다.

14저는 아버지의 말씀을 그들에게 주었고 세상은 그들을 미워하고 있습니다
이는 제가 세상에 속하지 아니한 것처럼 그들도 세상에 속하지 않기 때문입니다

예수는 제자들을 향해 가르치신 내용을 요약하여 아버지께 설명한다. 즉 예수는 "아버지의 말씀을 그들에게" 주셨으며 "세상은 그들을 미워하고 있다." 그 이유는 제자들이 세상에 속하지 않았기 때문이다. 여기에서 우리는 몇 가지의 사실을 확인한다. 첫째, 예수께서 제자들이 귀에 들려주신 모든 말씀은 "아버지의 말씀"이다. 예수 자신이 하나님인 동시에 말씀인 동시에

"아버지의 말씀"이다. 예수의 말씀도 "아버지의 말씀"이다. 이 호칭에서 보듯이, 종으로서 여호와의 말씀을 전한 모세와는 달리 예수는 아들로서 아버지의 말씀을 전하셨다. 절대자의 무섭고 엄중한 명령이 아니라 아버지의 자비로운 진리를 전하셨다. 아버지와 예수의 이런 관계성은 다시 예수의 신성을 잘 보여준다.

둘째, 아버지 하나님의 말씀을 받으면 세상에서 아버지께 속한 사람으로 소속이 변경된다. 그 말씀이 육신이 되셔서 우리 가운데로 오신 예수를 영접하면 동일한 변화가 일어난다. 아버지의 말씀을 받는 것과 예수를 영접하는 것의 의미는 동일하다. 이러한 내용을 저자는 1장에서 요약하고 있다. 영적인 소속의 변경은 교회의 등록이나 성례식의 참여나 신학교의 졸업이나 항존직 안수 등에 의존하지 않고 "아버지의 말씀" 받음에 의존한다. 그 말씀을 거부하는 자는 아무리 잘 검증된 교회나 노회나 교단에 소속되어 있더라도 세상에 속한 사람으로 간주된다. 어떠한 절대자의 말씀이 아니라 "아버지의 말씀"을 받는 것은 그의 자녀가 될 때에만 가능하다. 자녀가 아버지께 속한다는 것은 지극히 당연하다.

셋째, 세상은 아버지의 말씀을 받아 소속이 변경되는 사람을 미워한다. 제자들은 아버지의 말씀을 받고 아버지의 것이 되었기 때문에 세상이 그들을 미워한다. 그래서 보호가 필요하다. 그래서 예수는 아버지께 기도하며 지켜 주시라고 청하신다. 제자들에 대한 세상의 미움은 스스로 방어하지 못하고 아버지의 보호가 필요할 정도로 집요하고 막대하다. 누군가가 미워하는 것은 자신이 제공하던 유익을 중단하고 자신의 권력으로 해로움을 끼칠 것이라는 일종의 위협이다. 세상이 제자들을 미워하는 것은 세상이 줄 수 있는 모든 유익을 제거하고 세상의 모든 권력을 동원하여 해로움을 끼칠 것이라는 극강의 위협이다. 이러한 위협에 떨지 않을 사람이 과연 누구인가? 그러나 아버지가 지키시면 온 천하의 집단적인 위협도 깜찍한 재롱에 불과하다. 예수는 그런 세상의 위협을 겪으셨다. 세상에게 엎드려 경배하면 "천한 만국과 그 영광"을 주겠지만 자기 밑으로 들어오지 않으면 국물도 없을 것이라는 위협 앞에서도 예수는 하나님을 경배하고 섬기는 판단을 접지 않으셨다(마 4:8-10). 아버지가 우리의 곁을 지키시면 그런 믿음의 담력이 발휘된다.

15제가 구하는 것은 당신께서 그들을 세상에서 [하늘로] 올리시는 것이 아니라
악한 것에서 그들을 지켜 주시라는 것입니다
16제가 세상에 속하지 않은 것처럼 그들도 세상에 속하지 않습니다

예수께서 아버지께 제자들을 지켜 달라는 것은 그들을 세상에서 하늘로 데려가는 것이 아니라 "악한 것에서 그들을 지켜 주시라"는 것이었다. 이는 칼뱅의 설명처럼 "경건한 자들의 안전이 어디에 있는가를 가르쳐 주는 구절"이다. 세상을 떠나는 자신과는 달리 제자들은 세상에 남지만 세상에서 지켜 주시라는 기도를 아버지께 드리셨다. 제자들도 자신처럼 세상을 떠나는 방식으로 보호해 달라는 기도가 아니었다. 이 세상을 떠나기 위해 자신의 건강을 돌보지 않거나 자살하는 것은 예수의 기도에 어긋난다. 물론 세상은 안전하지 않고 하늘은 안전하다. 그러나 제자들의 안전은 "세상에서 하늘로의 이동"이 아니라 "세상에 속하지 않음"에서 확보된다.

이러한 안전을 위해서는 제자들이 "악한 것에서" 벗어나야 한다. 악에서의 벗어남은 아버지의 도우심에 의해서만 가능하다. 그래서 예수는 악에서 건져 달라는 내용을 제자들이 배우고 행하여야 할 주기도문 안에서도 아버지께 구하라고 명하셨다. 야고보의 표현을 빌리자면, 악에서의 벗어남은 "자기를 지켜 세속에 물들지 아니하는 그것"이다(약 1:27). 세상에 있으면서 세상에 속하지 않았다는 예수의 말씀은 신체적인 차원이나 공간적인 차원이 아니라 토마스의 주장처럼 "애정"(affectus)과 관련된 언급이다. 세속에

물들지 않고 악에서 벗어나기 위해서는 애정의 관리가 중요하다. 예수의 제자들은 아버지의 도우심을 받아 세상을 사랑하지 않고 이생의 자랑과 육신의 정욕과 안목의 정욕에 빠지지 않도록 늘 경계해야 한다.

악에서의 벗어남은 제자들의 하나됨과 또한 연결되어 있다. 이에 대한 요한의 확신이다. "우리도 빛 가운데 행하면 우리가 서로 사귐이 있고 그 아들 예수의 피가 우리를 모든 죄에서 깨끗하게 하실 것이요"(요일 1:7). 예수의 피로 말미암아 우리의 죄가 깨끗하게 되고 악에서 벗어나게 되려면 우리가 서로 사귐의 하나됨을 이루어야 한다. 이를 위해서는 우리 각자가 빛 가운데서 행하여야 한다. 빛 가운데 행한다는 것은 그리스도 안에서 행하는 형제에 대한 사랑을 의미한다(요일 2:10). 이와는 달리 어둠 가운데 행한다는 것은 형제에 대한 미움을 의미한다(요일 2:9). 이것은 예수의 새 계명으로 이어진다. 이 모든 것을 연결해서 요약하면, 예수께서 제자들을 사랑하신 것처럼 제자들이 서로 사랑하면 빛 가운데에 거하고, 그러면 서로 사귐의 하나됨을 이루고, 그러면 죄에서 깨끗하게 되고 악에서 벗어나게 되고, 이로써 세상의 모든 사람들은 그들을 예수의 제자로 알게 된다는 결론에 도달한다. 이로써 제자들은 세상에서 떠나는 것이 아니라 오히려 온 세상에 다니며 만민에게 복음을 전파하게 된다. 제자들을 위한 예수의 기도는 결국 세계로 확대된다.

요 17:17-26

17그들을 진리로 거룩하게 하옵소서 아버지의 말씀은 진리니이다 **18**아버지께서 나를 세상에 보내신 것 같이 나도 그들을 세상에 보내었고 **19**또 그들을 위하여 내가 나를 거룩하게 하오니 이는 그들도 진리로 거룩함을 얻게 하려 함이니이다 **20**내가 비옵는 것은 이 사람들만 위함이 아니요 또 그들의 말로 말미암아 나를 믿는 사람들도 위함이니 **21**아버지여, 아버지께서 내 안에, 내가 아버지 안에 있는 것 같이 그들도 다 하나가 되어 우리 안에 있게 하사 세상으로 아버지께서 나를 보내신 것을 믿게 하옵소서 **22**내게 주신 영광을 내가 그들에게 주었사오니 이는 우리가 하나가 된 것 같이 그들도 하나가 되게 하려 함이니이다 **23**곧 내가 그들 안에 있고 아버지께서 내 안에 계시어 그들로 온전함을 이루어 하나가 되게 하려 함은 아버지께서 나를 보내신 것과 또 나를 사랑하심 같이 그들도 사랑하신 것을 세상으로 알게 하려 함이로소이다 **24**아버지여 내게 주신 자도 나 있는 곳에 나와 함께 있어 아버지께서 창세 전부터 나를 사랑하시므로 내게 주신 나의 영광을 그들로 보게 하시기를 원하옵나이다 **25**의로우신 아버지여 세상이 아버지를 알지 못하여도 나는 아버지를 알았사옵고 그들도 아버지께서 나를 보내신 줄 알았사옵나이다 **26**내가 아버지의 이름을 그들에게 알게 하였고 또 알게 하리니 이는 나를 사랑하신 사랑이 그들 안에 있고 나도 그들 안에 있게 하려 함이니이다

❖ ❖ ❖

17진리 안에서 그들을 거룩하게 하옵소서 당신의 말씀은 진리입니다 **18**당신이 나를 세상에 보내신 것처럼 저도 그들을 세상에 보냅니다 **19**그리고 제가 그들을 위하여 제 자신을 거룩하게 하는데 이는 그들도 진리로 거룩함을 얻게 하려 합니다 **20**제가 기도하는 것은 이들만 위함이 아니라 그들의 말로 말미암아 저를 믿는 자들도 위한 것입니다 **21**아버지여, 이로써 당신이 제 안에, 제가 당신 안에 [있는] 것처럼 모두가 하나되게 하시고 이들도 우리 안에 있게 하시고 당신이 저를 보내신 것을 세상으로 믿게 하옵소서 **22**당신이 저에게 주신 영광을 저도 그들에게 주었는데 이는 우리가 하나인 것처럼 저들도 하나가 되게 하려 함입니다 **23**즉 제가 그들 안에 그리고 당신이 제 안에 [계셔서] 그들로 온전히 하나되게 하고, 당신이 저를 보내심과 당신이 저를 사랑하신 것처럼 그들도 사랑하고 계심을 세상으로 하여금 알게 하려 함입니다 **24**아버지여 저는 저에게 주신 자들도 제가 있는 곳에서 저와 함께 있기를 원하고, 세상의 창조 이전에 당신이 저를 사랑하기 때문에 저에게 주신 저의 영광을 저들도 보게 되기를 원합니다 **25**의로우신 아버지여, 세상은 당신을 알지 못하지만 저는 알았으며 이들도 당신이 저를 보내셨다는 것을 알고 있습니다 **26**저는 그들에게 당신의 이름을 알렸으며 당신이 저를 사랑하신 그 사랑이 그들 안에 있고 저도 그들 안에 있도록 [당신의 이름을] 알릴 것입니다"

대제사장 기도3: 세상을 위한 기도

세상을 위한 예수의 기도는 웅장하다. 앞으로 펼쳐질 장엄한 역사의 청사진과 같다. 하나님의 말씀으로 거룩하게 된 제자들의 사역지는 세상이다. 사역지가 예루살렘, 유다, 사마리아 그리고 땅 끝까지 이르러야 한다. 그래서 예수의 기도는 제자들을 위함만이 아니라 그들을 통해 예수를 믿게 될 모든 자들도 위함이다. 그 모든 자들의 하나됨을 구하신다. 아버지와 함께 나누시는 영광을 그들에게 주시라고 구하신다. 자신에게 주어진 동일하신 아버지의 동일한 사랑으로 그들도 사랑해 주시라고 구하신다. 하나됨과 영광과 사랑 때문에 온 세상에 아버지의 이름이 알려지게 해 달라고 구하신다. 그들을 통해 아버지의 이름이 알려질 때, 그들 가운데에 사랑과 영광은 더욱 고조된다.

17진리 안에서 그들을 거룩하게 하옵소서 당신의 말씀은 진리입니다

이 구절에서 예수는 아버지께 제자들을 거룩하게 해 달라고 기도하고 거

룩함의 도구로서 진리 즉 아버지의 말씀에 대해 언급한다. 이 세상의 악한 것에서 제자들을 지키는 방법은 무엇인가? 예수의 말씀에 따르면, 거룩함을 추구하는 것 외에는 다른 해결책이 없다. 인생은 거룩함을 추구하는 여정이다. 바울의 기록에 의하면, 거룩함은 세상의 창조 이전부터 계획된 인생의 방향이다(엡 1:4). 행복을 추구하고 기쁨을 추구하고 만족을 추구하는 것은 모든 사람들의 보편적인 모습이다. 그러나 행복과 기쁨과 만족의 대상은 다양하다. 믿음의 사람들은 거룩함을 그 대상으로 간주한다. 하루가 거룩함이 진전하는 날이면 행복하고 퇴보하는 날이면 불행하다. 어떤 사물과 일이 거룩함에 유익하면 기뻐하고 무익하면 슬퍼한다. 어떤 사람과의 만남이 거룩함을 촉진하면 만족하고 방해하면 불평한다. 예수의 제자라면, 이러한 기호를 가진 사람이다.

"거룩함"은 하나님께 구별됨, 즉 가장 고귀하게 됨을 의미한다. 하나님을 향한 거룩함은 하나의 사물이나 사건의 가장 고귀한 상태를 가리킨다. 금은 그 자체로 깨끗하고 고귀한 것이지만 금을 거룩하게 만드는 것은 성전이기 때문에 성전은 금보다 더 거룩하다(마 23:17). 하나님께 구별되지 않은 금은 구별된 금보다 덜 고귀하고, 하나님께 구별된 마른 막대기가 구별되지 않은 금보다 더 고귀하다. 실제로 모세의 지팡이는 애굽의 금보다 위대했다. 하나님께 구별됨 즉 거룩함은 가치의 기준이다. 동시에 악하고 더러운 세상에서 자신을 지키는 유일한 비결이다. 그런데 죄인의 모태에서 죄악 중에 나온 죄인, 존재의 골수까지 죄로 얼룩진 인간이 스스로 거룩하게 되는 것은 불가능한 일이기에 외부의 도움이 필요하다. 예수에 의하면, 우리는 "진리 안에서 혹은 진리로 말미암아"(ἐν τῇ ἀληθείᾳ) 거룩하게 된다. 이것은 아버지께 드려진 기도의 내용인 동시에 우리의 처신도 가르친다. 즉 거룩하게 되려면 진리를 이탈하지 않고 "진리 안에" 머물러야 한다. 생각과 말과 행동이, 우리의 뇌와 입과 몸이, 진리 속에 잠겨야만 거짓으로 물들지 않고 거룩하게 된다. 진리 안에서의 거룩함 혹은 구별됨은 하나님의 은혜이며 동시에 우리의 본분이다.

　사실 예수는 자신이 한 말로 제자들이 이미 깨끗하게 되었고 진리의 영이 그들을 모든 진리 가운데로 인도해 주신다고 앞에서 밝히셨다. 제자들을 진리로 거룩하게 해 달라고 아버지께 기도하실 필요가 없는 듯한데, 그런데도 기도하신 예수의 의도에 대해 크리소스토무스는 성부와 성자와 성령이 모두 "동일한 영광"의 신성을 가졌다는 사실을 가르치기 위함이라 한다. 실제로 성경의 표현을 종합하면, 우리는 아버지 하나님에 의해서(요 10:36), 예수 그리스도 안에서(고전 1:2), 성령으로 인하여(롬 15:16), 우리의 믿음으로 말미암아(행 26:18) 거룩하게 된다. 그래서 닛사의 그레고리우스는 거룩함과 더불어 "모든 은총과 권능, 인도, 생명, 위로, 불사로의 변화, 자유로 옮아감을 비롯하여 우리에게 내려오는 모든 은혜"가 삼위일체 하나님의 선물이라고 고백한다. 이 구절과 관련하여 아레티우스는 사람이 거룩함에 이르는 세 가지의 단계를 소개한다. 첫째는 하나님께 드려지는 것이고, 둘째는 거룩한 목적을 위해 구별되는 것만이 아니라 그 직무에 합당하게 변하는 것이고, 셋째는 실제로 깨끗하게 되는 것이라고 한다. 거룩함의 대표적인 사례로서, 사도들은 자신들이 하나님께 드려졌고 거듭남을 통해 완전히 새롭게 되었으며 성령을 통해 사도의 직분 수행에 합당한 권능의 소유자가 되었다고 한다.

　진리는 어떻게 우리를 거룩하게 하는가? 여기에서 진리는 아버지의 말씀이다. 예수는 자신을 진리라고 밝히셨다. 여기에서 아버지의 말씀은 예수라는 사실이 다시 확인된다. 세례는 우리의 몸을 깨끗하게 하나 진리는 우리의 영혼을 깨끗하게 한다. 영혼의 상태만이 아니라 방향과 목적에 있어서도 진리는 하나님을 목적으로 삼고 향하도록 만들기 때문에 우리의 영혼을 깨끗하게 한다. 말씀의 다양한 효능에 대해 시인은 영혼을 소생하게 만드는 완전함과, 우둔한 자를 지혜롭게 하는 확실함과, 마음을 기쁘게 하는 정직함과, 눈을 밝게 하는 순결함과, 영원까지 이르는 정결함과, 꿀보다도 더 달콤하게 하는 진실함과 의로움을 노래한다(시 19:7-10). 이 노래는 예수에게 그대로 적용된다.

18당신이 나를 세상에 보내신 것처럼 저도 그들을 세상에 보냅니다

세상으로 아버지의 보내심을 받으신 예수는 제자들을 세상으로 보내신다. 하나님은 그의 나라를 세우시기 위해 미리 아심과 택하심과 부르심과 의롭다 하심과 거룩하게 하심과 보내심과 영화롭게 하심 등의 일들을 그의 백성에게 행하신다. 예수께서 오신 이후로 그의 모든 제자들은 그의 보내심을 받고 땅 끝까지 이르러 그의 증인으로 살아가게 된다. 그러나 거룩함 없이 세상으로 가면 세상의 변혁자가 아니라 세상의 먹거리가 된다. 이는 제자들을 세상에 보내시는 예수의 심정에서 잘 느껴진다. "내가 너희를 보냄이 어린 양을 이리 가운데로 보냄과 같도다"(눅 10:3). 아무리 강력한 양도 무방비로 이리의 소굴에 들어가면 이리의 먹거리가 된다.

　　제자들이 철갑으로 무장해도 부족한데, 예수는 "전대나 주머니나 신을 가지지 말라"(눅 10:4)는 야박한 지침과 함께 양 같은 제자들을 이리 같은 세상으로 보내신다. 이 모순적인 조치에 오랫동안 물음표를 달았는데 요한복음 17장에서 그 의문이 해소된다. 즉 제자들의 가장 강력한 무장은 돈이나 갑옷이나 유명세나 권력이 아니라 거룩함에 있기 때문이다. 거룩함이 없으면 누구도 세상으로 나갈 수도 없고 예수께서 거룩하지 않은 제자를 세상으로 보내지도 않으신다. 이런 의미에서 바울은 "누구든지 이런 것에서 자기를 깨끗하게 하면 귀히 쓰는 그릇이 되어 거룩하고 주인의 쓰심에 합당하며 모든 선한 일에 준비함이 되리라"(딤후 2:21)고 가르친다. 보내심과 쓰임을 받고 싶은데 그러지 못하다면 점검해야 할 일순위 목록은 "거룩"이다.

제자들의 무장을 위해서는 진리 즉 아버지의 말씀이 필요하고 진리의
영 즉 성령의 권능이 필요하다. 성부와 성령과 더불어 제자들의 거룩함을
위한 예수의 구체적인 방법은 무엇인가?

19그리고 제가 그들을 위하여 제 자신을 거룩하게 하는데
이는 그들도 진리로 거룩함을 얻게 하려 함입니다

제자들의 무장을 위한 예수의 방법은 간단하다. "자신을 거룩하게 하심"이
다. 예수는 믿음의 사도와 진리의 사도와 의로움의 사도만이 아니라 거룩
함의 사도도 되심을 여기에서 확인한다. 칼뱅의 말처럼 예수는 "전가에 의
해" 의로움의 원천인 동시에 "성화의 원천"이다. 예수로 말미암아 우리는
지혜롭게 되고 의롭게 되고 거룩하게 되고 선하게 되고 영원한 생명을 누
리게 되기 때문이다. 그래서 바울은 예수께서 "우리에게 지혜와 의로움과
거룩함과 구원함이 되셨다"고 고백한다(고전 1:30). 자신이 지혜로운 자가
타인을 지혜롭게 하고, 자신이 의로운 자가 타인을 의롭게 하고, 자신이 거
룩한 자가 타인을 거룩하게 한다. 이 세상에서 온전히 거룩한 사람은 죄가
하나도 없으신 예수밖에 없다. 그러므로 예수만이 타인을 거룩하게 만드신
다. 우리도 자녀와 제자와 후배를 비롯한 이웃을 거룩하게 하기 위해서는
자신부터 거룩해야 한다. 교회를 찾더라도 교회의 위치나 규모나 시설이나
건축의 년도보다 거룩함의 여부를 기준으로 결정해야 한다.

그런데 예수는 "자신을 거룩하게" 하신다고 한다. 앞에서 그는 진리 즉
아버지의 말씀으로 거룩하게 된다고 말하셨다. 여기에서 우리는 예수도 아
버지의 말씀 안에서 자신을 거룩하게 하신다고 이해해야 한다. 사실 예수
는 아버지의 말씀이기 때문에 그 말씀에서 벗어나실 수도 없으시고 이미
거룩하신 상태인데, 그런데도 자신을 그 진리 안에서 거룩하게 하시는 이

유는 제자들을 위함이다. 제자들의 거룩함을 위해 예수는 아버지의 말씀에서 한 번도 벗어나지 않으시고 온전히 그 안에 머무셨다. 거룩함에 이르는 여정의 구체적인 과정을 건너뛰지 않으시고 하나하나 자상한 발자국을 남기셨다. 제자들은 이러한 거룩함의 행보를 보이신 예수를 따라 아버지의 말씀 안에서의 거룩함을 배우고 예수처럼 아버지의 말씀 안에서 성령의 도우심을 받아 자신들의 믿음으로 거룩함을 추구하게 된다.

"자신을 거룩하게 하신다"는 예수의 말씀에 대하여 암브로시우스는 "성화가 필요했던 것은 신성이 아니라 육"이라고 말하면서 예수는 "우리를 위해 육 안에서 하나님에 의해 거룩하게 되시는 분인 동시에 당신의 신성으로 거룩하게 하시는 분"이라고 설명한다. 아우구스티누스는 제자들이 예수의 몸이기 때문에 제자들을 거룩하게 한다는 말과 자신을 거룩하게 한다는 말의 의미가 같다고 해석한다. 몸의 거룩함은 머리가 책임지는 것이기에 타당한 해석이다. 그런데 크리소스토무스는 거룩함이 "자신을 아버지께 제물로 바친다"는 뜻이라고 해석한다. "거룩함"이 "자신을 하나님께 구별하여 바친다"는 의미이기 때문에 이것도 타당한 해석이다.

트랩은 예수가 요람에서 무덤까지 언제나 제사장과 제단과 제물로 사셨다고 확대한다. 진실로 예수는 제자들을 위해 자신을 하나님께 바치셨다. 복음을 증거하고 진리를 가르치고 병자를 치유하고 빈자를 구하라는 아버지의 명령에 바치셨다. 하나님의 백성에게 영원한 생명을 주시기 위해 자신의 생명을 바치셨다. 십자가에 달리시고 죽으셨다. 칼뱅의 말처럼 성화의 빛이 가장 화려하게 번뜩이는 지점은 그의 죽음이다. 이렇게 하나님께 자신을 온전히 구별하신 예수의 거룩함은 제자들의 더러운 죄를 깨끗하게 씻고 거룩함에 이르도록 만드셨다. 예수의 이러한 헌신은 거룩해진 제자들도 따라야 할 거룩함의 모델이다.

예수의 말씀으로 말미암아 깨끗해진 그들은 여전히 아버지의 명령에 자신을 온전히 바치는 거룩함에 이르러야 한다. "그들도 진리로 거룩함을 얻게 한다"는 말은 크리소스토무스의 말처럼 예수께서 "그들을 아버지께 제물로 바친다"는 것을 의미한다. 제자들 편에서는 아버지의 말씀에 자신들을 던져 바치는 그들의 자발적인 헌신을 의미한다. 같은 맥락에서 바울은 우리의 몸을 하나님께 거룩한 산 제물로 드리라고 가르친다(롬 12:1). 제자들의 거룩함, 구별됨, 바침은 아버지의 명령에 자신을 던지신 예수 안에 그리고 서로 사랑해야 한다는 예수의 명령 안에 머묾이다. 자신을 그리스도 밖에 다른 곳으로 구별하면 거룩함이 훼손된다. 거룩함의 방벽이 훼손되면 악에서의 보호벽도 무너진다. 마귀가 성도의 인생을 파괴하는 전략의 핵심은 거룩함의 훼손이다. 도구로서 때로는 음란을, 때로는 재물을, 때로는 명예를 동원한다. 쾌락과 부와 지위를 다 주고 그 보상으로 성도의 거룩함을 조용히 꺼내간다.

²⁰제가 기도하는 것은 이들만 위함이 아니라
그들의 말로 말미암아 저를 믿는 자들도 위한 것입니다

예수의 기도는 당시의 제자들을 위한 것만이 아니라 제자들의 전도로 말미암아 예수를 믿게 될 모든 시대의 모든 민족의 모든 사람들을 위함이다. 예수는 제자들을 비롯한 모든 믿음의 사람들이 하나님의 말씀으로 거룩하게 되기를 원하신다. 그래서 칼뱅은 예수의 이 기도를 "누구든지 거기에 정박하는 자는 모든 파선의 위험에서 벗어나 안전하게 되는 잔잔한 항구"라고 묘사한다. 이는 예수께서 이 기도를 통해 제자들의 확실한 구원만이 아니라 그들의 다음 세대를 거쳐 지금의 우리와, 나아가 역사의 마지막 순간까지 주께로 돌아올 모든 사람들의 구원을 약속하고 계시기 때문이다. 이처럼 모든 믿음의 사람에게 중보자가 되시는 예수의 의식에는 인간의 역사 전체에 흩어져 있는 자신의 백성 전체가 고려되고 있다. 여기에서 우리는 기막힌 기도의 모범을 발견한다. 우리도 예수의 보편교회 의식을 가지고 기도해야 한다. 나아가 우리가 특정한 사람을 위해 기도할 때에도 그를 통하여 이루어질 다른 사람들의 구원과 하나님 나라의 확장을 고려해야 한다. 누구를 위해 기도하든 그것은 한 사람을 위한 기도가 아니라 그가 섬기는 사역의 영역 전체를 위한 기도이기 때문이다.

칼뱅은 이 구절에서 "그들의 말로 말미암아"(διὰ τοῦ λόγου αὐτῶν) 부분을 주목한다. 이 부분은 "믿음의 능력과 성격을 잘 표현할 뿐만 아니라 우리의 믿음이 사도들이 가르쳐 준 복음에 기초하고 있다"는 사실을 확증하고 있기 때문이다. 그리고 칼뱅이 강조한 것처럼, 우리가 사도들의 가르침에 견고한 뿌리를 내리고 있다면 신앙의 어떠한 흔들림도 없고, "세상이 우리를 수천 번 정죄한다 해도 그리스도 예수께서 우리를 자신의 백성으로 아시고 아버지께 추천하고 있다는 이 사실 하나면 충분하다." 이런 맥락에서 칼뱅은 사도들의 가르침이 아니라 "교회의 전통만을 그들의 신앙에 대한 유일한 권위"로 삼는 로마 가톨릭을 비판한다. 예수는 교회의 불특정한 전통이 아니라 "사도들의 교의에서 태동한 신앙만을 인정"하고 계신다는 사실을 칼뱅은 강조한다. 나아가 이 구절은 아버지 하나님이 "신앙의 저자이며 사람들은 그의 일꾼이며 그들을 통해 우리가 믿게 된다"는 사실도 가르친다.

21아버지여, 이로써 당신이 제 안에, 제가 당신 안에 [있는] 것처럼
모두가 하나되게 하시고 이들도 우리 안에 있게 하시고
당신이 저를 보내신 것을 세상으로 믿게 하옵소서

예수는 믿는 모든 사람들의 하나됨을 아버지께 구하신다. 칼뱅의 말처럼, "모두가 하나"(πάντες ἓν)되는 것은 "하나님과 격리된 나머지 스스로 깨어

지고 흩어지는 인류의 파멸"을 저지하는 "행복의 절정"이다. 심판은 인류를 흩어지게 하고 은총은 인류를 하나되게 한다. 하나님을 대적하여 스스로 높아진 사람들이 축조한 바벨탑의 붕괴 이후에 사람들은 생각이 흩어지고 언어가 흩어지고 몸이 흩어졌다. 그러나 하나님의 은총은 역방향을 질주한다. 그는 자신의 백성을 택하시고 부르시고 모으신다. 온 천지에서, 모든 열방에서, 모든 시대에서, 모든 계층에서 믿음의 사람들을 모으시고 하나로 뭉치신다. 그렇게 함으로써 하나님은 아담의 불순종에 의해 파괴된 세계의 관계성과 무너진 우주의 질서를 새롭게 고치시고 세우신다.

아버지가 예수 안에, 예수가 아버지 안에 거하는 것처럼 "모두가 하나" 되게 해 달라는 기도에서 우리는 주님께서 원하시는 공동체가 서로가 서로에게 자기 자신처럼 가장 소중한 존재가 되는 사회임을 확인한다. 하나님은 태초에 서로에게 뼈 중의 뼈요 살 중의 살이라고 고백하는 가장 아름다운 공동체를 지으셨다. 예수께서 구하신 공동체는 마치 그런 태초의 공동체와 유사하다. 내 안에 내가 아니라 네가 있고, 네 안에 네가 아니라 내가 있는 이 놀라운 연합과 존대의 공동체는 그 자체로 천국을 방불한다. 그런데 모두가 그런 방식으로 하나가 될 가능성에 대해서는 의문이다.

네가 내 안에 거하고 내가 네 안에 거하는 하나됨이 모두에게 적용되는 것이 과연 가능한가? 불가능해 보이는 모두의 하나됨을 기도하신 예수의 방법은 무엇인가? 그 방법은 그가 유일하게 남기신 새 계명 즉 예수께서 사랑하신 것처럼 서로를 사랑함에 있다. 사랑하면 상대방을 나 자신보다 더 소중한 뼈 중의 뼈, 살 중의 살로 간주하게 된다. 내가 사는 게 아니라 내 안에서 상대방이 산다. 사랑의 대상에는 원수까지 포함되어 있다. 이런 맥락에서 바울은 "모든 사람과 더불어 화평함과 거룩함을 따르라"고 가르친다(롬 12:18; 히 12:14). 이처럼 사랑의 신비와 예수의 공동체는 연결되어 있다. 이러한 연결에 근거하여 아우구스티누스는 "하나님과 이웃을 향한 사랑 중심적인 하나님의 나라" 개념을 확립했다. 요한은 다른 곳에서 서로를 사랑하기 위해서는 하나님을 사랑해야 한다고 가르친다(요일 5:2). 하나님을 사랑하면 그의 자녀를 사랑하기 때문이다. 뒤집어서 보면, 보이는 그의 자녀를 사랑하지 않는다는 것은 보이지 않으시는 하나님을 사랑하지 않음을 증거한다.

예수의 기도에는 "이들도 우리 안에 있게" 해 달라는 문구가 추가되어 있다. 이 문구에 담긴 의미가 다양하다. 첫째, 하나된 모두가 삼위일체 하나님 안에 거한다는 이 내용은 태초의 공동체를 능가하는 부분이다. 예수께서 꿈꾸시는 나라는 에덴보다 위대하다. 둘째, 하나님을 배제한 채로, 혹은 하나님 밖에서 우리가 서로를 뼈 중의 뼈와 살 중의 살로 여기는 하나됨을 이루는 것은 가능하지 않다. 오직 하나님 안에서만 모두의 하나됨이 가능하다. 셋째, 모두가 하나님 안에 거한다는 것은 하나된 모두가 예수의 한 몸으로서 베드로의 고백처럼 "하나님의 본성에 참여하는 자"가 됨을 의미한다(벧후 1:4). 이렇게 모두가 하나님 안에서 하나가 되면 예수께서 아버지의 보내심 받았음을 세상이 믿는다고 한다. 이처럼 이 기도는 세계 선교로 이어진다. 종합하면, 예수를 믿는 모든 사람들이 예수의 사랑으로 하나 되어 하나님 안에 거하면 태초의 공동체를 능가하는 천국의 실상을 보여주고 이로써 땅 끝까지 뻗은 온 세상이 예수를 하나님의 아들로 믿는 세계 복음화가 일어난다.

²²당신이 저에게 주신 영광을 저도 그들에게 주었는데
이는 우리가 하나인 것처럼 저들도 하나가 되게 하려 함입니다

예수는 아버지가 주신 영광을 믿음의 사람들과 나누기를 원하신다. 예수는 믿는 자라면 성별이나 빈부나 계층이나 지위를 가리지 않으시고 예외 없이, 차별 없이 모든 자에게 자신의 영광을 나누신다. 믿음의 사람들과 나누

는 예수의 그 영광은 아버지와 더불어 세상의 창조 이전에 가지신 영광이다. 이는 심장이 멎을 것 같은 은총이다. 성부와 성자와 성령께서 영원 속에서 함께 나누시던 영광을 피조물이 공유하게 된다는 것이 얼마나 놀라운 영광인가! 그 무엇과 비교할 수 있으며 그 무엇으로 대체할 수 있겠는가! 이것도 하나님의 나라를 에덴보다 위대하게 만드는 대목이다.

누구든지 예수를 믿으면 요한복음 1장에 이미 요약된 것처럼 하나님을 "아바 아버지"라 부르는 자녀의 권세와 영광을 소유한다. 예수라는 신적인 형상의 본체가 우리에게 주어지고 우리 안에 하나님의 형상이 온전하게 회복되는 영광이다. "아버지"는 창조자와 피조물 사이의 돈독한 관계성을 넘어 부모와 자녀의 유기적인 관계를 의미하는 호칭이다. 이 호칭이 어린 나이에 부모님과 사별한 나에게는 평생 소멸되지 않는 감사요 수백만 개의 우주와도 바꾸지 못할 감동이다. 하나님은 내 아버지가 되시고 나는 그의 아들이 되다니, 이 얼마나 가슴 벅찬 영광인가! 이 영광이 주어진지 45년이 넘었지만 여전히 제대로 된 실감을 아직도 오고 있는 중일 정도로 측량이 불가한 감격이다.

예수의 영광이 주어지는 것은 삼위일체 하나님의 하나됨을 따라 모든 믿음의 사람들도 하나가 되게 하기 위함이다. 여기에서 하나됨은 하나님의 하나됨에 근거한 신자와 신자 사이의 하나됨을 의미한다. 이 대목에서 우리는 하나됨의 비밀 하나를 확인한다. 성부와 성자와 성령은 동일한 영광을 함께 가지셨기 때문에 하나이며 동등하다. 예수를 믿는 모든 사람들도 예수의 영광을 동일하게 가지면 하나가 되고 동등하게 된다. 이 세상에서 사람들 사이에 발생할 수 있는 모든 차이와 차별은 예수의 무한한 영광에 의해 모조리 희석되고 소멸되기 때문이다. 이 세상에는 예수의 영광보다 더 크고 위대하고 풍요롭고 정의롭고 선하고 고귀하고 아름답고 향기로운 것이 없기 때문이다. 누구도 부러워 할 것이 없고 비교할 것도 없고 열등감과 우월감도 가질 수 없고 그 누구도 하대할 수 없는 모두의 동등성은 예수의 무한하고 영원한 영광에 의해 마련된다. 그런데도 우리에게 감동이 없다는 게 안타깝다. 감동의 없음은 다른 세속적인 유익으로 말미암은 감동에 우리의 감정이 길들여져 있기 때문이다. 부흥과 목회적 성공에 허덕이는 목회자가 교회를 그렇게 길들였기 때문이다. 그래서 교회 안에는 감동의 오작동이 대단히 심각한 수준이다.

예수를 믿는다고 하면서도 타인을 무시하고 배제하고 무리를 떠나고 우월감 혹은 열등감을 느낀다면, 아직 예수의 영광을 이해하지 못했거나 누리지 못하고 있음에 분명하다. 예수의 영광이 이 땅의 어떤 것보다 못하다는 자신의 가치관도 드러낸다. 하늘의 영광이 없으면 사람은 경박하게 된다. 쉽게 위축되고 쉽게 우쭐댄다. 마귀는 예수의 영광이 우리에게 최고라는 이 사실을 숨기려고 "천하만국과 그 영광"을 보이며 우리를 현혹하고 헷갈리게 한다. 예수의 영광을 소중하게 여기지 못하도록 사람들이 열광하는, 먹음직도 하고 보암직도 하고 지혜롭게 할 만큼 탐스러운 세상의 눈부신 보화들을 탁 트인 곳에 진열하고 거래를 시도한다. 예수의 영광에서 눈길만 돌린다면 다 주겠다는 헛소리를 굉장한 매체들의 요란한 스피커로 퍼뜨린다. 세속의 보화들을 기준으로 서로를 비교하게 하고 시기하게 하는 방식으로 경쟁을 부추긴다. 경쟁이 생기면 객관적인 판단력을 상실하고 교묘한 승부욕에 휩싸이기 때문에 헛된 것을 헛된 줄도 모르고 매달리게 된다. 유대인이 하나님의 영광보다 사람의 영광을 더 사랑하며 구한다(요 5:44, 12:43)는 예수의 탄식은 특정한 민족만이 아니라 예수를 믿는 우리 모두의 실상이다. 그러므로 이러한 유혹과 속임수를 뿌리치고 아버지의 영광을 추구하는 결단이 필요하다.

²³즉 제가 그들 안에 그리고 당신이 제 안에 [계셔서]

그들로 온전히 하나되게 하고, 당신이 저를 보내심과 당신이 저를

사랑하신 것처럼 그들도 사랑하고 계심을 세상으로 하여금 알게 하려 함입니다

아버지가 예수 안에 거하시고 예수가 믿음의 사람들 안에 거하시면 그들은 하나된다. 힐라리우스는 예수께서 인성으로 말미암아 믿음의 사람들과 하나가 되시고 당신의 몸을 그들에게 줌으로써 하나가 되신다고 해석한다. 이 구절은 아버지와 예수와 제자들의 하나됨을 강조한다. 동시에 토마스는 제자들 사이의 하나됨이 절정에 이른 것이라고 해석한다. 분명한 것은 하나됨의 근거와 거대한 테두리는 특정한 교단이 아니라 예수라는 사실이다. 여기에서 칼뱅은 아버지가 거하시는 예수라는 "하나의 샘에서 흐르는 물이 여러 개울을 통해서 온 사방의 논밭으로 퍼져 나가는 것과 같은 원리"를 발견한다. 나는 두 가지를 더 주목하고 싶다. 첫째, 예수는 하나됨의 중보자다. 사람이 하나님과 스스로 하나되는 것은 가능하지 않다. 아버지가 그 안에 거하시는 예수께서 우리 안에 거하셔야 가능하다. 둘째, 하나됨의 원리는 이질적인 두 존재의 외적인 결합이 아니라 서로가 서로 안에 거하는 불가분의 연합이다. 이는 그 무엇에 의해서도 매개되지 않고 분리될 수 없는 연합이다. 그래서 바울은 우리와 그리스도 사이에 어떠한 사물도, 어떠한 사건도, 어떠한 시간도, 어떠한 상황도 끊어낼 수 없는 견고한 사랑의 하나됨을 노래했다(롬 8:35-39).

앞에서 예수는 믿음의 사람들이 "우리 안에" 있어서 아버지의 예수 보내심을 세상으로 "믿게"(πιστεύῃ) 해 주시라는 기도를 드리셨고 이제는 자신이 "그들 안에" 있어서 아버지의 예수 보내심과 더불어 예수에 대한 아버지의 사랑을 그들도 받고 있음을 세상으로 "알게"(γινώσκῃ) 해 주시라는 기도를 드리신다. 토마스는 믿는 것은 시작이고 아는 것은 믿음의 끝이라고 한다. 그리고 21절에서 "세상"은 그냥 세상이고, 23절에서 "세상"은 "믿

는 세상"을 뜻한다고 한다. 일리가 있는 해석이다. 우리는 알기 위해서 믿어야 하고 믿어서 아는 데까지 이르러야 한다. 그리하여 여호와를 인정하는 것이 온 세상에 가득해야 한다.

예수의 기도에 따르면, 예수로 말미암아 아버지 하나님과 믿음의 사람들은 "하나"로 연합되고, 아버지와 아들 예수께서 영원 속에서 가지신 "영광"을 그들도 공유하게 되고, 아버지와 아들 사이의 "사랑"도 그들에게 주어진다. 뭐가 더 필요한가! 아버지의 사랑은 우리에게 주어지는 사랑이 피조물에 대한 사랑이나 인간에 대한 사랑이나 친구에 대한 사랑이 아니라 자신의 아들에 대한 사랑이니 얼마나 놀랍고 감사한가! 이처럼 최고의 영광에 최고의 사랑을 더하신다. 하나님과 우리의 상호 내재성과 창세 전의 신적인 영광과 신적인 사랑이 더해지는 예수 공동체는 과연 태초의 에덴 공동체와 비교할 수 없을 정도로 뛰어나다.

게다가 예수 공동체가 최고의 영광과 사랑을 받았다는 사실은 믿음의 사람들만 알지 않고 세상에도 알려진다. 세계 복음화에 대한 언급이 반복된다. 우리에게 주어지는 최고의 사랑과 영광은 하나됨에 근거한다. 베자는 이 하나됨을 세 단계로 구분하여 아버지와 중보자 그리스도 사이의 하나됨, 그것에 근거한 교회와 그리스도 사이의 하나됨, 그것에 근거한 교회의 각 지체들 사이의 하나됨을 강조한다. 이러한 하나됨이 가능하기 위해서는 아버지의 진리로 말미암은 거룩함이 요구된다. 그러니 아버지의 말씀이 얼마나 중요한가!

예수는 아버지가 자신을 사랑하신 것처럼 제자들을 사랑해 주시라고 기도한다. 여기에서 토마스는 "처럼"(καθώς)이 사랑의 "동등성이 아니라 근거와 유사성"을 뜻한다고 해석하고 칼뱅은 "때문에"로 해석한다. 여기에서 나는 기도의 이 부분이 앞으로 믿게 될 자들의 사랑을 위한 기도라는 점을 주목하고 싶다. 아버지의 사랑은 예수를 이미 믿는 자들만이 아니라 앞으로 믿게 될 자들도 위한 사랑이다. 이는 그리스도 밖에서도 아버지의 사랑이 작용하고 있음을 의미한다. 이에 대한 토마스의 설명에 따르면 하나님은 존재를 주시는 방식으로 모든 피조물을 사랑하고 은총을 주시는 방식으로 믿음의 사람들을 사랑한다. 칼뱅은 그 사랑이 자격 없는 자들에게 베푸시는 하나님의 "자비를 뜻한다"고 해석한다. 하나님의 예정이 이루어진 영원부터, 그러니까 "우리가 태어나기 전부터 그리고 우리가 아직 아담 안에서 파멸되어 있는 동안"에도 그리스도 안에서의 영원한 선택에 근거한 "사랑은 아버지의 품에 감추어져 있었으며 인간의 이해 범위를 훨씬 능가하는 것"이라고 설명한다. 그러니 어떻게 우리가 교회 밖에 있는 사람들에 대한 신적인 사랑의 여부를 함부로 판단할 수 있겠는가! 또한 우리가 영원과 그리스도 안에 뿌리를 둔 아버지의 사랑에서 어떻게 끊어질 수 있겠는가! 이에 우리는 아버지의 영원한 무조건적 자비에 감사해야 하고 선택에 있어서도 그리스도 예수의 중재에 대해 감사해야 하고 세상의 그 누구에 대해서도 함부로 판단하지 않도록 주의해야 한다.

24아버지여 저는 저에게 주신 자들도 제가 있는 곳에서 저와 함께 있기를 원하고, 세상의 창조 이전에 당신이 저를 사랑하기 때문에 저에게 주신 저의 영광을 저들도 보게 되기를 원합니다

예수는 아버지께 두 가지의 소원을 말하신다. 첫째는 자신에게 주어진 사람들과 자신이 계신 처소에서 동거하는 소원이고, 둘째는 그들이 자신의 영광을 보는 소원이다. 첫째, 예수는 하늘에서 자신에게 주어진 모든 사람들과 "함께 있기"(ὦσιν μετ')를 원하신다. 이는 그가 땅에서 제자들을 세우실 때에도 밝힌 소원이다(막 3:14). 하늘이든 땅이든 그 어디에 거하시든 자기 백성을 향한 예수의 소원은 그들과 함께 있음이다. 주님은 우리에게 무슨 대단한 것을 바라지 않으신다. 그냥 같이 있음을 원하신다. 그런데 "주

는 죄악을 기뻐하는 신이 아니시니 악이 주와 함께 머물지 못한다"는 시인의 고백(시 5:4)처럼 주님은 죄인과 함께 있지 못하신다. 그러므로 주님의 소원이 성취되기 위해서는 우리가 흠 없이 거룩해야 한다. 우리의 이 거룩함은 창세 전부터 정해진 삶의 방향이다(엡 1:4). 이로 보건대, 우리와 함께 계시기를 원하시는 주님의 의지는 영원까지 소급된다. 시간 속에서 우리는 죄를 자백하면 모든 죄에게 우리를 깨끗하게 하시는 주님의 은총 앞에 늘 엎드려야 한다. 회개를 통한 우리의 거룩함은 그 자체로 목적이 아닌, 주님과의 함께함을 위한 과정이고 준비라는 사실을 나는 예수의 기도에서 깨닫는다.

예수께서 간절히 바라셔서 아버지께 소원을 올리신 것처럼, 우리도 주님과 우리의 같이 있음을 다른 무엇보다 더 소원해야 한다. 그런데 이 소원의 사례를 우리는 구약의 시편에서 발견한다. "하늘에는 주 외에 누가 내게 있으리요 땅에서는 주 밖에 내가 사모할 이 없나이다"(시 73:25). 즉 우리의 소원은 목숨의 영원한 길이도 아니고, 슬픔과 고통이 없는 기쁨과 쾌락도 아니고, 온갖 보석으로 지어진 으리으리한 저택도 아니고, 아름답고 값비싼 옷이나 면류관도 아닌 주님 자신이다. 믿음의 조상에게 제시된 최고의 상급도 하나님 자신이다(창 15:1). 모세도 예수라는 최고의 상급을 위하여 애굽의 모든 보화조차 기꺼이 포기했다(히 11:24-26). 바울도 자신에게 유익한 것들조차 악한 배설물로 여기며 그리스도 예수만 얻기를 소원했다(빌 3:7-8). 성경 전체는 우리에게 하나님 자신을 소원의 일순위 항목으로 제시하고 있다.

둘째, 예수는 모든 믿음의 사람들이 자신의 영광 보기를 원하신다. 그 영광은 아버지에 의해 그에게 주어졌다. 그런데 그 영광이 주어진 이유는 예수를 향한 아버지의 사랑 때문이다. 하나님은 사랑하는 자에게 영광을 베푸신다. 사랑 때문에 아들에게 영광을 베푸신 아버지는 동일한 사랑 때문에 아들을 믿는 모든 자들에게 동일한 영광을 보이신다. 요한은 자신이 은혜와 진리가 충만한 독생자의 영광을 보았다고 고백했다(요 1:14). 이는 성령으로 말미암아 주어진 땅에서의 체험이다. 이에 대하여 바울도 "우리가 다 수건을 벗은 얼굴로 거울을 보는 것처럼 주의 영광을 보매 그와 같은 형상으로 변화하여 영광에서 영광에 이르니 곧 주의 영으로 말미암은 것"이라고 묘사한다(고후 3:18). 그런데 하늘에서 경험하게 될 예수의 영광은 땅에서의 경험과 질적으로 구별된다. 칼뱅은 이 땅에서 그의 제자들이 경험한 예수의 영광은 "어두운 지하실에 감금된 사람이 조그만 구멍을 통해서 들어오는 빛을 보는 것"이라면 하늘에서 보게 될 영광은 "완전한 광채"라고 대조한다. 우리가 지금까지 목격한 예수의 영광은 무엇인가? 우리는 예수의 기도를 따라 그의 온전한 영광을 보게 해 달라고 간절히 사모하는 마음으로 기도해야 한다.

하나님의 사랑으로 말미암아 우리에게 하늘의 완전한 영광이 보인다면, 그 영광의 누림도 우리의 사랑에 의해서만 가능하다. 우리가 하나님을 사랑하지 않는다면 그의 영광도 구하지 않을 것이라는 것은 예수의 설명이다(요 5:42-44). 하나님을 향한 우리의 사랑은 순종이다. 그래서 우리가 순종하면 아버지와 아들의 사랑을 받고 하나님은 우리에게 자신을 나타내 보이신다(요 14:21). 예수의 영광을 누리고 싶다면 순종하라. 순종은 숙제가 아니라 설렘이다.

나는 예수의 기도에서 "내가 원한다"(θέλω)는 부분을 주목하고 싶다. 우리가 아버지의 사랑을 받고 하늘에서 주님과 동거하고 주님의 영광을 보는 것은 예수의 원하심에 있다. 지혜자의 말처럼, "여호와는 악인을 멀리 하시고 의인의 기도는 들으신다"(잠 15:29). 예수는 절대적인 주권자 하나님인 동시에 하늘과 땅의 모든 권세를 가지신 아버지의 지극히 의로우신 아들이기 때문에 그가 원하시면 반드시 성취된다. 이사야의 기록이다. "내가 생각한 것은 반드시 되며 내가 경영한 것을 반드시 이루리라"(사 14:24). 그러므로 우리는 예수의 이 기도에 근거하여 아버지와 아들의 사랑을 받고 하늘에서 주님과 영원히 동거하며 아버지와 아들의 영광을 보게 될 것을 확신한다.

그리고 "제가 있는 곳"(ὅπου εἰμὶ ἐγώ)이라는 문구도 주목하고 싶다. 이 기도를 드리시는 예수는 지금 땅에 거하신다. 그렇다면 하늘은 그가 미래에 계실 곳이기 때문에 현재의 시제가 아닌 미래의 시제를 사용해야 한다. 그런데도 현재형을 사용한다. 이와 관련된 토마스의 글에 따르면 그레고리 대공은 예수께서 비록 "인성을 따라서는 아직 하늘에 계시지 않지만 신성을 따라서는 거기에 계시다"고 해석한다. 예수는 지금 땅에 계시지만 시간의 제약을 받지 않으시는 하나님의 아들이기 때문에 미래도 현재처럼 거하신다. 그래서 이 구절도 예수께서 하나님의 아들 되심을 증거한다.

25의로우신 아버지여, 세상은 당신을 알지 못하지만 저는 알았으며
이들도 당신이 저를 보내셨다는 것을 알고 있습니다

세상과 교회 사이에 있는 지식의 차이에 대한 언급이 이어진다. 예수는 세상이 "의로우신 아버지"를 알지 못한다고 말하신다. 예수의 기도에서 사용된 하나님에 대한 호칭들은 "아버지"와 "거룩하신 아버지"와 "의로우신 아버지"다. 이 호칭에서 아버지를 대하시는 예수의 태도가 확인된다. 첫째, 친밀하다. 아버지와 예수 사이에는 무조건적 사랑이 가득하다. 둘째, 경건하다. 아버지와 아들 사이에는 어떠한 갈등이나 대립이나 분열이나 어긋남도 없이 완전한 거룩함에 근거한 하나됨이 있다. 셋째, 정의롭다. 아버지와 아들 사이에는 공사의 구분이 뚜렷하다. 아들은 아버지의 뜻에 근거한 온 세상의 정의를 존중하고 구현해야 한다.

이 구절은 셋째와 관계되어 있다. 예수는 세상이 아버지를 모른다고 한다. 그러나 자신은 아버지를 알고 제자들도 자신이 아버지의 보내심을 받

았다는 것을 안다고 말하신다. 예수를 보내신 아버지를 아는 지식이 두 단계로 이루어져 있다. 먼저 예수께서 아시고 그 다음에 제자들이 안다. 아버지 하나님에 대한 예수 의존적인 지식의 이러한 원리 때문에 교회는 예수를 떠나서는 아무것도 알지 못한다는 사실을 인정하고 진리의 지식에 있어서도 늘 예수를 의지해야 한다. 예수의 오심은 아버지의 의로운 뜻에 근거하고 그를 아는 제자들의 지식과 그를 모르는 세상의 무지도 차별이 아니라 의로우신 아버지의 뜻에 근거한다. 아버지와 그가 보내신 예수를 아는 지식, 즉 영원한 생명이 어떤 이에게는 주어지고 다른 이에게는 주어지지 않음도 의로우신 아버지의 뜻에 근거한다.

하나님에 대한 지식의 유무 때문에 교회와 세상은 다른 길을 걸어간다. 때로는 큰 충돌과 대립도 발생한다. 그러나 칼뱅은 이 구절에 근거하여 "세상이 제아무리 교만하게 하나님을 무시하고 배척하려 해도 그에게 전혀 누를 끼칠 수 없으며 그의 존귀한 의가 건전하게 보존되는 것을 훼방할 수 없다"고 단언한다. 동시에 교회는 아버지에 대한 무지로 인한 세상의 부당한 박해를 각오해야 한다. 그러나 의로우신 아버지는 언제나 일하신다. 그러므로 온 세상의 어떠한 곳에도 아버지의 의로움이 나타난다. 의로우신 아버지를 아는 교회는 믿음의 눈으로 그 의로움을 읽어내야 한다. 박해 속에서도 교회의 입에는 하나님의 의로우심 때문에 감사가 가득해야 한다.

26저는 그들에게 당신의 이름을 알렸으며 당신이 저를 사랑하신 그 사랑이
그들 안에 있고 저도 그들 안에 있도록 [당신의 이름을] 알릴 것입니다"

기도의 마지막 부분이다. 예수는 믿는 자들에게 아버지의 이름을 알리셨고 자신에게 주어진 아버지의 사랑을 그들에게 나누셨다. 여기에서 우리는 우리가 받는 사랑이 예수께서 받으시는 "그 사랑"(ἡ ἀγάπη)과 동일함을 다시

확인한다. 동일한 아버지의 동일한 사랑을 받는다는 것이 얼마나 놀라운 은총인가! 그리고 예수는 자신이 그들 안에 있도록 아버지의 이름을 계속해서 알리실 것이라고 한다. "아버지의 이름"을 알면 알수록 예수는 더욱 우리 안에 거하신다. 여기에서 "아버지의 이름"은 무엇인가? 박윤선은 "아버지의 이름"이 "하나님의 계시"라고 설명한다. 그 계시는 "구속에 대한 말씀"이다. 그런데 나는 "아버지의 이름"이 그의 존재와 사역을 포괄하는 말이라고 생각한다. 존재에 있어서 그는 그리스도 예수의 아버지다. 사역에 있어서 그는 아들을 보내셔서 아들로 말미암아 유일하신 참 하나님 되신 자신을 알게 하시는 영원한 생명의 은혜를 베푸신다. 그러므로 우리가 예수를 알면 알수록 아버지의 이름을 아는 지식에서 자라간다.

예수는 자신에게 주신 아버지의 사랑을 믿는 모든 자들에게 나누신다. 그들 안에 거하시는 방식으로 나누신다. 여기에서 예수는 "알렸다"는 말과 "알릴 것이다"는 말을 동시에 사용한다. 즉 이 땅에 계시는 동안에 아버지의 이름을 필요한 모든 자들에게 다 알리셨다. 이제 죽음과 부활과 승천 이후 하늘에 계시는 동안에도 그 이름을 알리실 것이라고 한다. 사실 아버지의 이름은 사도들을 통해 알려지고 그들의 제자들을 통해 알려져서 지금까지 우리에게 알려지고 있다. 앞으로도 그 이름은 믿음의 사람들을 통해 알려질 것이 분명하다. 그러나 과거에도, 현재에도, 미래에도, 아버지의 이름을 알리는 궁극적인 주체는 사람들이 아니라 하나님의 아들이다. 그러므로 부득불 행하여야 할 복음의 전파로 아버지의 이름을 세상에 알렸다고 할지라도 "우리는 무익한 종이라 우리가 하여야 할 일을 한 것뿐이라 하라"(눅 17:10)고 하신 예수의 말씀대로 처신해야 한다.

이처럼 예수의 대제사장 기도는 자신을 위한 것과 제자들을 위한 것과 그들로 말미암아 예수를 믿게 될 온 세상의 모든 사람들을 위한 것이었다. 자신을 위해서는 아버지의 이름을 세상에 나타내어 그를 영화롭게 한 자신에게 아버지의 영광이 회복되는 것을 구하셨고, 제자들을 위해서는 아버지의 이름으로 하나됨과 진리로 인한 기쁨의 충만함과 악에서의 건지심과 거룩함을 위해 구하셨고, 세상을 위해서는 그들로 말미암아 예수를 믿고 아버지와 예수께서 함께 가지신 영광과 사랑이 그들 모두에게 가득하여 아버지의 이름이 온 땅에 알려지고 영화롭게 되는 것을 구하셨다. 여기에서 우리는 이 땅에서의 기독교를 설명하는 핵심 키워드가 무엇인지 깨닫는다. 그리고 무엇을 추구하며 살아야 하는지에 대해서도 이해한다. 나는 아버지의 이름으로 아버지의 이름을 영화롭게 하는 것, 즉 그분이 처음과 나중 되시며, 알파와 오메가가 되시며, 근거와 목적이 되시는 인생을 추구하고 싶다.

요 18:1-11

¹예수께서 이 말씀을 하시고 제자들과 함께 기드론 시내 건너편으로 나가시니 그 곳에 동산이 있는데 제자들과 함께 들어가시니라 ²그 곳은 가끔 예수께서 제자들과 모이시는 곳이므로 예수를 파는 유다도 그 곳을 알더라 ³유다가 군대와 대제사장들과 바리새인들에게서 얻은 아랫사람들을 데리고 등과 횃불과 무기를 가지고 그리로 오는지라 ⁴예수께서 그 당할 일을 다 아시고 나아가 이르시되 너희가 누구를 찾느냐 ⁵대답하되 나사렛 예수라 하거늘 이르시되 내가 그니라 하시니라 그를 파는 유다도 그들과 함께 섰더라 ⁶예수께서 그들에게 내가 그니라 하실 때에 그들이 물러가서 땅에 엎드러지는지라 ⁷이에 다시 누구를 찾느냐고 물으신대 그들이 말하되 나사렛 예수라 하거늘 ⁸예수께서 대답하시되 너희에게 내가 그니라 하였으니 나를 찾거든 이 사람들이 가는 것은 용납하라 하시니 ⁹이는 아버지께서 내게 주신 자 중에서 하나도 잃지 아니하였사옵나이다 하신 말씀을 응하게 하려 함이러라 ¹⁰이에 시몬 베드로가 칼을 가졌는데 그것을 빼어 대제사장의 종을 쳐서 오른편 귀를 베어버리니 그 종의 이름은 말고라 ¹¹예수께서 베드로더러 이르시되 칼을 칼집에 꽂으라 아버지께서 주신 잔을 내가 마시지 아니하겠느냐 하시니라

❖ ❖ ❖

¹예수는 이것들을 말하시고 그의 제자들과 함께 기드론 시내 건너편으로 가셨고 그와 그의 제자들은 그곳에 있는 동산으로 들어갔다 ²그런데 그를 넘기는 유다도 그곳을 알았다 이는 예수께서 그의 제자들과 함께 그곳에서 자주 모이셨기 때문이다 ³유다는 군대와 대제사장 및 바리새파 무리들의 하솔을 데리고 등과 횃불과 무기를 가지고 그곳으로 간다 ⁴이에 예수는 자신에게 일어날 모든 일들을 아시고 그들에게 나아가 말하셨다 "너희는 누구를 찾느냐?" ⁵그들이 그에게 답하였다 "나사렛 예수다" 그가 그들에게 말하셨다 "내가 그다" 그런데 거기에는 그를 넘기는 유다도 그들과 함께 서 있었다 ⁶그가 그들에게 "내가 그다"고 말할 때 그들은 물러나서 바닥으로 자빠졌다 ⁷이에 그는 그들에게 다시 물으셨다 "너희는 누구를 찾느냐?" 그들이 말하였다 "나사렛 예수다" ⁸그가 그들에게 답하셨다 "내가 너희에게 '내가 그다'고 말했으니 만약 너희가 나를 찾는다면 이들로 하여금 떠나가게 하라 ⁹이는 '내게 주신 자들을 내가 그들 중에 하나도 잃지 않았다'고 하는 말씀이 성취되게 하기 위함이다" ¹⁰이에 칼을 가진 시몬 베드로가 그것을 빼서 대제사장의 종을 치고 그의 오른편 귀를 베어냈다 그 종의 이름은 말고였다 ¹¹이에 예수께서 베드로에게 말하셨다 "그 칼을 칼집에 넣으라 아버지가 나에게 주신 잔을 마셔야 하지 않겠느냐?"

칼과 잔

예수는 은신처가 아니라 기도의 공간을 찾아 제자들과 함께 겟세마네 동산에 오르셨다. 여기는 유다도 아는 장소였다. 예수는 배신자가 배신을 실행할 곳임을 알면서도 죽음의 언덕을 오르셨다. 군인들과 대제사장 및 다양한 사람들이 예수를 잡으려고, 그가 잡히는 것을 구경하는 즐거움을 누리려고 그곳으로 와서 이 상황을 둘러싸고 있다. 예수는 그들에게 누구를 찾느냐고 물으셨다. "나사렛 예수"라는 그들의 답변에 "나다"라는 대답을 돌려주자 접근한 군인들이 꺾인 가지처럼 뒤로 자빠졌다. 예수는 제자들을 보호하며 자신의 생명을 그들의 포승줄에 내미셨다. 그러는 와중에 베드로가 칼을 뽑아 대제사장 하솔 중 말고의 귀를 절단했다. 예수는 칼의 방식을 접으라고 그에게 명하셨다. 하나님의 나라는 죽임의 칼이 아니라 죽음의 잔으로 세워지는 나라였기 때문이다. 그런데 예수는 세상의 칼도 몸으로 받으셨고 아버지 하나님의 잔도 받으셨다.

¹예수는 이것들을 말하시고 그의 제자들과 함께 기드론 시내 건너편으로 가셨고 그와 그의 제자들은 그곳에 있는 동산으로 들어갔다

저자는 예수께서 하신 대제사장 기도를 "이것들을 말했다"고 설명한다. 이는 예수의 기도가 아버지께 드리는 호소인 동시에 제자들을 향한 교훈임을 암시한다. 예수는 말씀을 다 전하시고 제자들과 함께 거처를 옮기셨다. 그곳은 "기드론 시내 건너편"에 위치한 "동산"이다. "기드론"(Κεδρών)은 "탁함 혹은 어둠"을 의미하고 건너편의 "동산"은 겟세마네 동산을 가리킨다. 무스쿨루스는 히브리어 "기드론"(קִדְרוֹן)의 의미가 "향나무가 아닌 어둠과 우울"임을 강조하며 기드론을 "깊고 어두운 골짜기"로 해석한다. 예수께서 그런 골짜기의 건너편 동산으로 가신 이유에 대해서는 사무엘의 기록처럼 다윗이 아들 압살롬을 피해 큰 울음 속에서 기드론 골짜기로 건너간 것처럼(삼하 15:23) 예수께서 참 다윗 되심을 보여주는 것이라고 해석한다. 그리고 압살롬의 반역은 제자들의 배신과 유사한 것이라고 설명한다. 이는 어둠의 권세가 부리는 광기 즉 세상의 박해와 거짓과 불의와 악독을 통과해야 하시는 예수의 상황에 어울리는 설명이다.

칼뱅은 장소를 밝힌 저자의 다른 의도를 제시한다. 즉 예수의 자발적인 죽음 행보를 보이려고 한 것이라고 해석한다. 그 장소를 찾으신 예수의 이유는 "피난처를 찾기 위함이 아니라 기도할 자유와 시간을 얻기 위함이다." 실제로 예수는 "기드론 시내 즉 어둠의 흐름"(נַחַל קִדְרוֹן) 건너편에 위치한, "올리브 압착기"를 의미하는 "겟세마네"(Γεθσημανῆ) 동산에서 기름을 짜듯이 아버지께 처절한 기도를 드리셨다. 자신의 어깨에 놓인 온 세상의 죄를 다 쏟으시는 듯한 모습이다. 사실 구약에서 "기드론 시내"는 제사장이 "여호와의 전에 있는 모든 더러운 것"을 처리하는 곳이었다(대하 29:16). 요한복음 저자는 예수께서 드리신 기도의 내용에 대해 생략한다. 다른 복음서 저자들의 기록을 보면, 예수께서 모든 것이 가능하신 아버지께 드린 기도

의 핵심은 죽음의 잔을 그에게서 옮겨 달라는 것과 자신의 뜻대로가 아니라 아버지의 뜻대로 되기를 원한다는 것이었다. 여기에서 우리는 예수께서 생명을 버리신 십자가의 잔이 죽음의 흉내나 가상적인 죽음이 아니라 그가 아버지께 절박한 거부감을 내비칠 정도로 두렵고 떨리는 실질적인 죽음임을 확인한다. 또한 그럼에도 불구하고 죽음의 잔을 피하고 싶은 자신의 소원이 아니라 아버지의 뜻 성취를 더 원하시고 죽음의 길을 스스로 택하시는 예수의 자발적인 순종과 비장한 결의도 확인한다.

²그런데 그를 넘기는 유다도 그곳을 알았다
이는 예수께서 그의 제자들과 함께 그곳에서 자주 모이셨기 때문이다

겟세마네 동산은 유다도 아는 장소였다. 예수께서 제자들과 함께 "자주" 출입한 곳이었기 때문이다. 여기에서 저자는 유다가 이 장소를 안다는 사실과 그 유다는 예수를 팔아넘길 자라는 사실을 지적한다. 유다가 자신을 배신할 사람이며, 지금의 거처가 유다에게 알려진 동산이며, 그곳에서 유다의 배신이 실행될 것이라는 사실을 예수는 아셨음에 분명하다. 그럼에도 불구하고 예수께서 그 동산으로 가신 이유에 대해 칼뱅은 예수의 잡히심과 죽으심이 강압적인 것이 아니라 자발적인 것임을 보여주는 것이라고 해석한다. 진실로 예수는 목숨을 부지할 은둔의 장소를 찾지 않으시고 아버지 하나님의 뜻이 성취될 장소를 찾으셨다. 우리의 발자국이 많이 찍힌 장소는 어디인가? 왜 그곳인가? 바울은 어디를 가든지 평화의 복음으로 마련된 신만 신겠다는 표현으로 하나님의 뜻이 성취되지 않는 곳에는 출입하지 않겠다고 각오했다(엡6:15).
　예수께서 이전에는 유대인의 시선을 피하셨다. 그러나 지금은 아버지의 뜻이 성취되는 때라는 사실을 아셨기 때문에 피하지 않으셨다. 이에 대하

여 누가는 "이제는 너희 때요 어둠의 권세"라는 예수의 인식을 기록하고 있다(눅 22:53). 언제나 때를 분별해야 어디든지 지혜로운 출입이 가능하다. 마가는 이 상황에 대해 "성경을 이루려 함"이라는 예수의 해석을 기록한다 (막 14:49). 피하실 때에나, 피하지 않으실 때에나, 예수는 언제나 자신을 위하지 않으셨고 아버지의 뜻을 위하셨고 기록된 예언의 성취를 위하셨다. 예수는 진실로 성경의 사람이다. 성경의 모든 예언을 인생의 동선으로 삼은 사람이다.

유다가 동산의 위치를 "안다"는 것은 예수와 제자들의 신변을 위협하는 요소인 동시에 유다 자신에 대해서는 그의 본색이 드러나는 계기로 작용한다. 무엇을 안다는 것이 자신에게 유익할 때도 있지만 불리할 때도 있다는 사실을 이 사건이 잘 보여준다. 유다가 몰랐다면 그의 배신이 밖으로 표출되지 않았을 텐데, 아는 바람에 들통났다. 이 경우는 모르는 게 약이고 아는 게 화근이다. 아는 것 자체보다 누가 아느냐가 더 중요하다. 선한 사람은 많이 알수록 자신과 타인에게 유익하고 악한 사람은 많이 알수록 자신과 타인에게 유해하다. 악한 사람이 아니라 하나님이 우리의 모든 것을 우리보다 더 잘 아신다는 게 얼마나 감사한가! 유다는 무엇이든 모르는 게 자신에게 유익했고, 차라리 태어나지 않았다면 무지의 유익보다 더 좋았을 사람이다(마 26:24).

³유다는 군대와 대제사장 및 바리새파 무리들의 하솔을 데리고
등과 횃불과 무기를 가지고 그곳으로 간다

유다는 특정한 시간에 예수께서 어디에 계신 것을 정확하게 알고 자신의 지식을 활용하여 화끈하게 배신한다. 그는 "군대와 대제사장 및 바리새파 무리들의 하솔"을 대동하고 예수께서 계신 겟세마네 동산으로 갔다. 여기

에서 "군대"(σπεῖρα)는 600여명 규모의 군대를 의미한다. 누가는 유다와 동행한 사람들 중에는 군대와 하솔만이 아니라 대제사장, 성전의 경비대장, 장로 등 다양한 무리들도 있었다고 언급한다(눅 22:52). 당시 유대의 모든 권력들이 유다의 배신에 가담했다. 이에 대하여 박윤선은 "예수님을 해한 자는 온 인류라고 할 수 있으리만큼, 이렇게 여러 방면의 사람들이 대표로 왔다"고 지적한다. 즉 유다는 제자와 친구의 대표, 대제사장 및 장로는 유대 종교의 대표, 군관과 하솔은 무력과 폭력의 대표, 로마 군인과 천부장은 이방 세력의 대표라고 한다.

이처럼 예수는 비록 인류의 구원을 위해 오셨지만 머리 둘 곳이 없으셨다. 기막힌 역설이다. 가장 좋은 것을 주려고 해도 온 인류가 이렇게 집단으로 거부하며 저항하니 얼마나 놀라운 모순인가! 여기에는 세력이 많고 클수록 예수를 현장에서 보다 확실하게 생포할 수 있다는 그 모든 무리들의 오만한 판단과 우스운 자신감이 작용했다. 이는 또한 예수에 대한 그들의 무지함을 고스란히 드러낸다. 예수는 전능한 분이시다. 하늘과 땅의 모든 권세를 가지셨기 때문에 뜻하시면 언제든지 하늘과 땅의 모든 세력을 단숨에 동원하실 수 있는 분이시다. 이러한 권세에 비하면 장난감 수준에 불과한 군대로 예수를 잡겠다는 유다와 무리들의 발상은 얼마나 맹랑한가! 그들은 종교의 권력을 장악하고 있으면서도 세속적 힘 개념에 사로잡혀 있음이 분명하다.

유다는 "등과 횃불과 무기"도 동원했다. 동산으로 가는 어두운 길을 밝히기 위한 "등과 횃불"은 출동의 시점이 밤이었기 때문에 필요했다. 이는 또한 유다가 예수라는 빛이 아니라 다른 인위적인 빛에 의존하고 있음도 암시한다. 예수의 빛에서 돌아서면 필히 다른 빛의 추종자가 된다. 다른 복음서 저자들은 "검과 몽치"(막 14:43; 눅 22:52)라고 명시한 "무기"는 예수와 제자들의 저항을 대비하기 위해 필요했다. 요한은 기록하지 않은 마가의 기록에 의하면, 유다는 그 일당과 "군호를 짜 이르되 내가 입맞추는 자가 그이니 그를 잡아 단단히 끌어가라"(막 14:44)는 전략도 사전에 수립했다. 이로 보건대, 예수를 배신하고 생포하여 넘기기 위해 세운 유다의 시커먼 계획은 치밀했고 반드시 잡겠다는 결의는 확고했다. 대규모의 인력을 동원하고 막대한 도구들을 사용하여 내디딘 배신의 걸음이 실패하면 유다의 입장은 대단히 난감하게 된다. 그래서 유다 편에서는 이 작전이 반드시 성공해야 한다. 그런데 예수 편에서도 유다의 작전은 반드시 성공해야 한다. 이는 납득하기 힘든 역설이다. 하나님의 섭리와 인간의 도모는 이렇게 평행선을 그리며 하나의 사건에 공존한다.

4이에 예수는 자신에게 일어날 모든 일들을 아시고 그들에게 나아가 말하셨다 "너희는 누구를 찾느냐?"

예수는 "자신에게 일어날 모든 일들"(μάντα)을 아셨으며 어느 것 하나도 모르지 않으셨다. 이러한 지식 속에서 예수는 모든 것을 말하셨고 모든 일을 행하셨다. 예수의 말과 일에는 어떠한 오해도, 어떠한 무지도, 어떠한 착각도, 어떠한 망각도 없으시다. 겟세마네 동산으로 가신 것도 그곳에서 "자신에게 일어날 모든 일들"을 정확히 알면서 그러셨다. 예수의 지식과 유다의 지식이 대비되고, 그 지식의 용도들이 또한 둘 사이에 대비된다. 유다는 자신의 지식을 배신의 도구로 악용했다. 그러나 예수는 자신의 지식을 사사로이 쓰지 않으셨다. 오히려 아버지의 뜻을 이루고 예언을 성취하기 위한 도구로만 삼으셨다. 만약 당신이 예수처럼 자신에게 일어날 미래의 모든 일들을 안다면 무엇을 어떻게 하겠는가? 예수처럼 하나님의 뜻을 이루어 그를 영화롭게 하고 하늘의 은총을 모든 민족에게 전달하기 위해 그 지식을 쓰겠는가? 대부분의 사람들은 정적들을 제거하고 돈벌이나 출세와 같은 세속적인 욕망을 충족하기 위해 그 예지력을 혼자서만 사용한다. 그러나 모든 올바른 지식은 진리의 영으로 말미암아 주어진 하나님의 은총이고 그분의 뜻을 이루기 위한 사명의 수단이다. 예수는 이 사실을 삶으로 보이셨다. 예수의 이러한 지식 활용법은 지식을 추구하는 모든 자들이 따라야 할 규범이다.

예수는 자신을 잡으러 온 자들을 향해 "나가셨다"(ἐξῆλθεν). 잡히시는 예수께서 자신을 잡으려고 온 자들에게 나아가신 것이 특이하다. 그에게는 위기를 모면하기 위해 서둘러 자리를 피하려는 의도가 전혀 없으시다. 그리고 예수는 그들에게 "너희는 누구를 찾느냐"고 물으신다. 이미 답을 아시면서 질문을 하시는 예수의 의도는 무엇인가? 물음의 일차적인 용도는 대체로 정답의 취득이다. 그러나 온전한 답을 가진 예수에게 물음의 용도는 그곳에 있는 모든 사람들을 가르침에 있다. 질문은 타인의 의식을 일깨우고 질문의 방향으로 그 의식을 안내하여 질문자가 의도한 것에 도달하게 하는 소통의 수단이다. 예수는 제자들과 유다와 모든 무리들의 귀에 아주 단순한 물음 하나를 넣으시고 이 사태의 본질을 그들에게 알리신다. 제자들을 제외한 모든 사람들이 그 동산에 모인 이유는 누군가를 찾기 위함이다. 온 세상의 대표들이 예수를 몰아내기 위함이다. 지금의 상황은 그 물음을 둘러싸고 있다.

⁵그들이 그에게 답하였다 "나사렛 예수다" 그가 그들에게 말하셨다
"내가 그다" 그런데 거기에는 그를 넘기는 유다도 그들과 함께 서 있었다

동산에 모인 무리의 입에서 나온 대답은 "나사렛 예수"였다. 그들은 예수를 "하나님의 아들"이나 "메시아"가 아니라 "나사렛" 사람으로 인식했고 규정했다. 예수에 대한 그들의 호칭에 묻어 나온 의식에는 예수에 대한 지식도 없고 경외심과 존경심도 없다. 이는 "나사렛에서 무슨 선한 것이 날 수

있느냐"(요 1:46)는 유대인의 부정적인 정서와 무관하지 않다. 즉 그들에게 예수는 괜찮은 사람이 하나도 배출되지 않은 초라한 동네 출신의 한 범부였다. 예수를 어떻게 아느냐가 인생을 좌우한다. 예수를 나사렛 촌뜨기로 이해한 그 무리는 하나님을 거부하고 멸시한 인생이다. 온 우주로도 다 설명할 수 없는 하나님의 아들을 "나사렛"과 같은 지리적인 외모로 평가하고 무례하게 적대시한 어리석은 인생이다. 자신들이 알기에 아무것도 아닌 젊은 촌뜨기가 하나님의 아들 행세를 실감나게 하니까, 진짜 같으니까, 한편으로 괘씸하고 다른 한편으로 두려워서, 그를 제거하려 한다.

예수는 자신이 바로 그들이 찾는 대상임을 밝히셨다. 유다가 군호를 따라 예수에게 입을 맞추었기 때문에 무리도 누가 예수인지 알고 있었지만 예수는 스스로 자신의 정체를 밝히셨다. 예수는 자신을 나타내실 수도 있고 숨기실 수도 있는 분이시다. 아무리 예수의 측근인 유다가 밀고를 하고 입을 맞추어 명확한 표식을 남겨도 마음 먹으시면 얼마든지 숨으실 수 있지만 그렇게 하지 않으셨다. 이것은 그가 잡히시는 궁지 속에서도 부득불 당하시는 것이 아니라 그의 자발적인 의지가 주도하는 상황임을 암시한다. 무리 중에는 예수를 배신하는 유다가 그들과 함께 "서 있었다"(εἱστήκει)고 저자는 기록한다. 유다의 선 장면은 인류 최초의 배신자 아담이 나무 아래에 서 있었던 장면을 떠올리게 한다. 생명나무 되신 그리스도 예수에 대해 선과 악을 완력으로 구분하는 현장은 유다에게 스승과 제자라는 농밀한 신뢰의 관계를 교모하게 이용하여 스승을 불의한 푼돈과 거래한 배신자의 자리였다. 이렇게 유다는 아담 이후로 유일하게 거명된 배신의 아이콘이 된다. 누구와 "함께"(μετ᾿) 서 있느냐는 강요가 아니라 선택이다. 유다는 예수의 곁이 아니라 범인류적 반역과 배신의 대열 앞자리에 선 비참한 인생을 선택했다.

6그가 그들에게 "내가 그다"고 말할 때 그들은 물러나서 바닥으로 자빠졌다

저자는 예수와 무리 사이의 대화 중에 일어난 특이한 사건 하나를 기록한다. 예수께서 "내가 그다" 라고 대답하실 때에 그를 잡으려고 온 자들이 뒤로 물러나 바닥에 자빠진 사건이다. 이에 대하여 칼뱅은 "단 한 마디의 말씀으로 나타내신 그 한 마디의 위력이 어느 정도"인지 보여준 사건이고, 예수께서 "허용하기 전에는 불경건한 자들이 그에 대해서 아무런 권력도 행사할 수 없었다는 점"을 드러낸 사건으로 해석한다. 아무리 강한 군대가 아무리 강력한 무기로 무장해도 그들은 예수의 단 한 마디에도 가볍게 무너진다. 나아가 마지막 날에 "하늘에 오르셔서 세상을 심판하실 때는 그의 음성이 불경건한 자들에게 얼마나 무섭고 처참하게 들릴 것인지"를 암시한 사건이다. 아우구스티누스와 칼뱅의 말처럼, 낮고 천한 육신의 모습 속에서도 한 마디의 위력이 이러한데 "하늘의 영광을 입으시고 천사들과 함께 오실 때"의 위엄은 얼마나 크겠는가!

주님께서 심판자로 오실 때의 위엄에 대하여는 선지자가 잘 말하였다. 이사야는 주님께서 "그의 입의 막대기로 세상을 치며 그의 입술의 기운으로 악인을 죽일 것"(사 11:4)이라고 기록한다. 이 예언은 바울의 말처럼 예수께서 강림하실 마지막 때에 성취된다(살후 2:8). 그러나 칼뱅의 해석처럼, 예수의 한 마디에 군대가 자빠지는 것은 그 성취의 한 조각이다. 욥기의 기록처럼, 지금도 한 개인이나 인류의 흥망은 "다 하나님의 입 기운"으로 좌우된다(욥 4:9). 주님의 입에서 나오는 말씀으로 온 세상이 창조되고 온 세상이 보존되고 그의 백성도 그 말씀을 양식으로 삼아 살아간다. 하나님의 말씀 한 마디의 위엄은 종말 이전에도 얼마든지 나타남을 군대가 자빠진 사건이 잘 보여준다. 종말의 실상을 우리가 일상에서 짐작할 수 있도록 곳곳에 힌트를 남기시는 하나님의 배려가 참으로 놀랍고 감사하다.

7이에 그는 그들에게 다시 물으셨다 "너희는 누구를 찾느냐?"
그들이 말하였다 "나사렛 예수다"

예수는 그 무리에게 동일한 질문으로 다시 물으신다. "너희가 누구를 찾느냐"고! 그들의 대답도 동일하다. "나사렛 예수다." 예수의 입에서 나온 한 마디의 강력한 기운을 체험한 그들의 대답은 달랐어야 했다. "나사렛 예수"가 아니라 하나님의 아들과 메시아로 고백해야 했다. 그러나 그들은 여전히 인간적인 빛을 기준으로 예수라는 하늘의 빛을 평가하고 폄하했다. 대단한 고집이다. 이에 대해 칼뱅은 하나님이 "불경건한 자들을 치시는 눈 먼 상태가 얼마나 강력하며 하나님의 공정한 심판을 통해 그들이 사탄에게 홀리는 경우 그들의 무감각이 얼마나 처참할 정도인가 하는 점"을 깨닫는다. 칼뱅의 분석처럼, "불경건한 자들이 일단 버림받은 마음에 넘겨지고 나면 그들은 마치 파리를 상대하는 식으로 하나님께 덤벼든다." 혹시 그들은 주님의 능력을 알더라도 그분께 굴복하는 것보다 "차라리 백 번이라도 파멸하는 편"을 선택한다. 이처럼 주님의 심판은 두렵고 그들의 마음은 미련하다.

8그가 그들에게 답하셨다 "내가 너희에게 '내가 그다'고 말했으니
만약 너희가 나를 찾는다면 이들로 하여금 떠나가게 하라

예수는 그들의 대답이 동일할 것을 아셨지만 일부러 반복하게 만드셨다. 이는 그들의 관심사를 그에게만 쏠리게 하여 제자들을 보호하기 위함이다. 사람들은 타인에게 영향을 주기 위해 말하지만 타인만이 아니라 자기 자신도 자신의 입에서 나온 말에 의해 제한된다. 두 번이나 예수를 찾으려고 왔다고 말한 그들이 만약 예수만이 아니라 제자들도 체포하고 괴롭히면 얼마나 모순적인 행실인가! 그러면 앞으로 그들의 말에 권위가 서겠는가! 그

래서 동일한 답변을 두 번이나 고백하게 만드는 방식으로 예수는 제자들을 건드리지 못하도록 제자들에 대한 그들의 체포영장 발부를 막으셨다. 그리고 예수는 제자들로 하여금 떠나가게 하라고 무리에게 명하셨다. 이를 위하여 자신을 결박의 손에 건네셨다. 자신의 생명을 스스로 넘기는 방식으로 예수는 제자들의 신변을 지키셨다.

이는 구약에서 다양하게 암시된 사건이다. 첫째, 창세기 44장에 기록된 요셉과 그의 형제들 이야기 속에는 감동적인 사건 하나가 등장한다. 베냐민이 가옥에 들어가야 하는 상황에서 유다는 "주의 종으로 그 아이를 대신하여 머물러 있어 내 주의 종이 되게 하시고 그 아이는 그의 형제들과 함께 올려 보내" 달라고 당시의 애굽 총리인 요셉에게 부탁한다(창 44:33). 이로써 유다는 베냐민과 더불어 이 "아이의 생명이 서로 하나로 묶여 있"는 아버지 야곱의 생명도 지키고자 했다(창 44:30). 둘째, 사무엘상 17장에 나오는 다윗 이야기다. 이스라엘 백성과 블레셋이 대치한 상황에서 다윗은 골리앗과 싸우는 용사로 자원하기 위해 "주의 종이 아버지의 양을 지킬 때에 사자나 곰이 와서 양 떼에서 새끼를 물어가면 내가 따라가서 그것을 치고 그 입에서 새끼를 건져"낸 일화를 소개한다. 여기에서 다윗은 포식자의 입에서 양 새끼를 건져내면 그 입의 빈 공간에 자신이 들어갈 수 있는데도 그것을 기꺼이 감수하며 양 새끼를 건져냈다. 이는 양과 자신의 생명을 맞바꾸는 것을 개의치 않는 처신이다. 유다나 다윗처럼, 예수도 자신의 제자들을 삼키려는 어두운 세력의 입에 자신의 생명을 물리는 방식으로 그들이 희생자가 되지 않게 만드셨다. 유다와 다윗은 예수의 그런 예표였다.

칼뱅은 제자들을 지키시는 예수의 모습에 근거하여 "양 무리를 보호하는 좋은 목자의 임무"를 강조한다. 직전에 예수는 자신을 잡으려는 자들에게 말 한 마디로 신적인 권능을 보이셨다. 그런데 이번에는 제자들을 놔주고 자기만 잡으라고 스스로 잡히신다. 여기에서 우리는 좋은 목자가 자신을 보호할 능력이 있어서 얼마든지 위험을 피할 수 있지만 양들의 신변이 걸려 있다면 일부러 그들을 대신하여 그 위험에 뛰어드는 사람임을 확인한다. 참된 목자는 양들을 이용하여 생계를 유지하고 부귀를 누리는 자가 아니라 양떼를 먹이며 그들의 안위를 지키는 사람이다. 나의 필요를 채우기 위해 양의 쓸모를 찾는 자가 아니라 양의 필요를 위한 자신의 쓸모를 궁리하는 사람이다. 그런데 오늘날 교회를 수익모델 개념으로 이해하며 덩치를 키워 규모의 경제를 달성하고 이윤의 극대화를 도모하는 사이비 목회자가 설치고 있다는 사실이 씁쓸하다.

9이는 '내게 주신 자들을 내가 그들 중에 하나도 잃지 않았다'고 하는 말씀이
성취되게 하기 위함이다"

어떤 학자들은 이 구절을 이전에 예수께서 하신 말씀(요 17:12)의 다른 표현으로 본다. 구약의 어떤 구절을 인용하신 것이라고 주장하는 학자들도 있다. 두 주장과 무관하게, 이 말씀이 아버지의 뜻이라는 사실은 분명하다. 자신에게 주신 자들을 하나도 잃지 않고 다 지키고 구원하는 것이 아버지의 뜻이었기 때문에, 예수는 그 뜻의 성취를 위해 자신의 생명을 넘겨서 자신의 백성을 노리는 어둠의 세력을 막으셨다.

　여기에서 "잃지 않는다"는 말은 제자들의 현세적인 죽음을 막아 주신다는 것이 아니라 영원한 죽음으로 말미암은 영원한 상실이 없게 하심을 의미한다. 이러한 상실이 없도록, 예수는 제자들의 믿음이 지금은 연약하여 시련을 당하면 쉽게 무너질 수 있기 때문에 그 시련의 원인을 친히 막으셨다. 이후에 제자들은 믿음이 강해져서 스승을 따라 최고 권력들의 위협 앞에서도 막대한 시련을 감수하며 타인의 영원한 생명을 위해 복음을 전파한다.

　그런데 앞에서도(요 17:12) 그렇지만, 이 구절에도 예수께서 잃지 않으시

는 대상이 명시되지 않아 의견이 분분하다. 칼뱅은 이 구절이 제자들의 "몸이 아니라 영혼과 관계된 것"이라고 생각한다. 그러나 크리소스토무스와 토마스는 영혼만이 아니라 몸과도 관련되어 있다고 주장했다. 두 주장은 부활 이전과 이후로 구분할 때에 모두 타당하다. 부활 이전에는 죽어도 영혼은 낙원에 보존될 것이지만 몸은 무덤 속으로 상실된다. 그러나 부활 이후에는 몸도 보존된다. 물론 부활의 형체이기 때문에 죽기 이전의 몸과는 구별된다. 주님의 경우도 죽음 이후와 부활 이전에 그의 영혼은 낙원에 계셨으나 몸은 무덤에 묻히셨다. 부활 이후에는 몸의 부활도 보이셨다. 예수는 장차 우리의 영혼만이 아니라 몸의 부활도 이루실 것이기 때문에, 종합적인 시각에서 볼 때 예수께서 잃지 않으시는 대상은 영혼과 몸이 포함된 우리의 전부임에 분명하다.

10이에 칼을 가진 시몬 베드로가 그것을 빼서 대제사장의 종을 치고
그의 오른편 귀를 베어냈다 그 종의 이름은 말고였다

예수께서 잡히시던 밤에 제자들은 모든 상황을 지켜보고 있다. 그들 중에서 베드로는 열정이 남다르다. 예수를 체포하던 사람들 중에 대제사장 수하의 종 하나를 칼로 치되 "그의 오른편 귀를 베어냈다." 여기에서 "베어내다"(ἀποκόπτω)는 말은 부분적인 베어냄을 의미하지 않고 완전히 베어져서 끊어내는 것을 의미한다. 그래서 같은 내용을 마태와 마가는 베드로가 말고의 귀를 "제거했다"(ἀφεῖλεν)고 묘사한다. 베드로는 이전에 모두가 주님을 버려도 자신만은 주를 버리지 않겠다고 했다(마 26:33). 주님과 함께 죽는 일이 있더라도 주를 부인하지 않겠다고 단언했다(마 26:35). 그런데 예수를 잡으려고 온 자들 중에서도 책임자가 아니라 지극히 작은 종(δοῦλος)의 귀를 베면서 죽지 않으려고 칼을 휘두른다. 이는 예수께서 명하시지 않은

일이었다. "주여 우리가 칼로 치리이까 하고" 여쭙기만 하고 예수의 대답도 없이 칼을 휘둘렀다(눅 22:49). 그들은 예수의 말씀에 반응하지 않고 환경에 반응했다. 칼뱅의 지적처럼, 베드로는 예수를 시인해야 할 때에는 부인하고 명하지도 않은 일은 무모하게 저지른다.

과거에 베드로는 "하나님의 일을 생각하지 아니하고 도리어 사람의 일을 생각하"다가 "사탄아 내 뒤로 물러가라 너는 나를 넘어지게 하는 자"라는 예수의 책망(마 16:23)을 받았는데 이후로 그의 신앙과 인격은 한 뼘도 성장하지 못하였다. 여전히 그는 칼부림을 통해 하나님의 일이 아니라 사람의 일을 도모한다. 하나님의 일을 도모하는 것도 중요하고 그 일을 하나님의 방법대로 행하는 것도 동일하게 중요하다. 만약 베드로가 칼로 말고뿐만 아니라 예수 잡으려는 모든 무리를 제거하고 예수의 생명을 지켰다면 그것이 진정 예수를 위한 하나님의 일이었을까? 칼뱅의 말처럼, 예수께 "영원한 치욕"이 되지 않겠는가! 예수는 칼의 보호가 필요한 분이 아니시다. 그는 사람의 도움을 구하지 않으신다. 예수의 도움은 시편의 기록처럼 "천지를 지으신 여호와"께 있기 때문이다(시 121:2). 그래서 예수는 베드로를 향해 "너는 내가 내 아버지께 구하여 지금 열두 군단 더 되는 천사를 보내시게 할 수 없는 줄로 아느냐"는 꾸지람을 내리셨다(마 26:53). 칼뱅의 지적처럼, 저자는 지금 베드로의 인간적인 처신을 통해 인간들의 모든 임의적인 시도를 정죄하고 있다. 정죄의 핵심은 무엇인가?

베드로의 칼에 귀가 베인 사람의 이름은 말고였다. "말고"라는 이름은 다른 복음서들 안에는 없고 여기에만 등장한다. 이에 대한 저자의 의도는 무엇일까? "말고"(Μάλχος)는 "왕 혹은 왕국"을 의미한다. "왕"(βασιλεύς)이라는 헬라어 단어는 별도로 존재하고 왕을 가리킬 때 빈번하게 사용되기 때문에 나는 "말고"의 의미가 "왕국"에 가깝다고 생각한다. 베드로의 칼에 말고의 귀가 잘린 이 사건은 어떤 왕국과 연관되어 있다. 이는 베드로의 행동에 대한 예수의 반응에 잘 나타난다.

11이에 예수께서 베드로에게 말하셨다 "그 칼을 칼집에 넣으라
아버지가 나에게 주신 잔을 마셔야 하지 않겠느냐?"

예수는 베드로를 향해 말고의 귀를 자른 "그 칼을 칼집에 넣으라"고 명하
셨다. 베드로는 예수의 이 명령을 따랐을 것이라고 나는 생각한다. 그러나
칼집에서 나온 칼이 저지른 일은 그가 회복하지 못하였다. 그래서 예수는
말고의 "귀를 만져 낫게 하시"면서 베드로의 잘못을 덮으셨다. 그러나 이
사건을 통한 교훈은 포기하지 않으셨다. 먼저 예수는 "이것까지 참으라"고
명하셨다(눅 22:51). 즉 인내를 권하신다. 주님을 위협하고 죽이려는 상황
속에서 당연히 그를 지키는 제자의 도리라는 단단한 명분이 있더라도 때
를 기다리고 칼이라는 세상적인 방법의 손잡이를 잡지 않는 인내가 필요
하다. 칼을 칼집에 넣는 거부와 포기가 필요하다.

　칼은 칼집에 들어가야 하고 "아버지가 자신에게 주신 잔"은 마셔야 한
다고 예수는 말하신다. 칼과 잔이 대비된다. 예수는 겟세마네 동산에서 이
잔을 지나가게 해 달라는 기도를 아버지께 드리셨다. 그러나 자신의 소원
이 아니라 아버지의 소원대로 되기를 원하셨다. 기도가 도달한 결론은 잔
을 피하지 않고 마심이다. 마시는 이유는 아버지가 자신에게 "주셨
기"(δέδωκέν) 때문이다. 죽음의 잔은 아버지가 주신 잔이었다. 이는 예수께
서 그 잔을 받으시려 한 최고의 이유였다. 아버지가 주신 것이라면 죽음도
마다하지 않으셨다. 나에게 주어지는 잔은 무엇인가? 자신의 소원을 따라
서는 피하고 싶은데 주님은 우리에게 주기를 원하시는 잔이 각자에게 있
다. 아버지의 소원대로 되라는 기도를 드리고 여전히 주신다고 판단되면
취하여야 한다.

　예수는 많은 사람들이 자신을 잡아 죽이려는 이 모든 사건을 아버지의
잔으로 해석한다. 이 해석은 중요하다. 왜냐하면 그 잔을 마신다는 것은 사
람들의 인간적인 의도를 수용하신 것이 아니라 인류를 심판하고 살리시는

아버지의 준엄한 뜻 수용을 의미하기 때문이다. 예수는 둘러싼 위태로운 환경에 반응하지 않으시고 범사에 아버지께 반응한 분이시다. 아버지의 뜻을 위하여 예수는 죄인들의 무례한 광기도 참으시고 아버지의 끔찍한 버리심도 참으시고 죽음의 처절한 고통도 참으신다. 예수의 이러한 인내를 본받아 제자들도 당연히 인내해야 하지 않겠는가!

요한은 기록하지 않았지만 마태의 기록에 의하면, 예수께서 칼을 칼집에 넣으라고 명하신 이유는 "칼을 가지는 자는 다 칼로 망하"기 때문이다 (마 26:52). 예수께서 칼을 저지하신 것은 제자들의 멸망을 말리신 것이었다. 칼은 폭력과 비인격의 상징이다. 칼로 세워지는 왕국은 사람의 왕국이다. 칼로 일어선 개인과 왕국은 그 칼 때문에 멸망한다. 이것이 역사가 굴러가는 바퀴이고 행한 대로 갚으시는 하나님의 섭리이며 누구도 변경하지 못하는 모든 인생의 실상이다. 그러나 멸망하지 않는 왕국이 있는데 그것은 바로 하나님의 왕국이다. 다니엘이 기록한 것처럼, 하나님의 왕국은 "멸망하지 아니할 것이요 그의 권세는 무궁"하다(단 6:26). 그런 왕국이 세워지고 유지되는 비결은 칼부림이 아니라 잔을 마심이다. 죽임의 칼은 멸망할 사람의 왕국을 세우지만, 죽음의 잔은 영원한 하나님의 왕국을 건설한다. 이는 자신의 생명을 사랑하는 자는 잃어버릴 것이고 자기의 생명을 미워하는 자는 영원히 보존될 것이라는 예수의 말씀(요 12:25)과 상통한다. 말고는 베드로의 칼을 통한 사람의 왕국이 예수의 치유를 통한 하나님의 왕국으로 바뀌어야 함을 가르치는 대단히 중요한 인물이기 때문에 저자는 유일하게 이곳에 거명했다.

루터는 말고 이야기를 요한의 알레고리 해석으로 이해한다. 그래서 루터는 말고라는 종을 구약 하에서 법의 강요와 압박 때문에 하나님을 섬기는 모든 자들의 표상으로 본다. 그들은 오른쪽 귀를 상실했고 예수의 치유가 없다면 "그들이 할 수 있는 모든 것은 복음을 박해하는 것"이라고 루터는 설명한다. 루터의 풍유적 해석이 흥미롭다. 이는 아우구스티누스의 해석과 무관하지 않다. 교부는 말고의 잘라진 귀가 "문자의 묵은 것이 아니라 영의 새것 속에서의 새로워진 들음"을 뜻한다고 해석한다. 교부의 해석을 수용한 토마스는 말고가 대제사장 무리에 의해 압제를 당하는 유대인을 대표하는 종이라고 해석한다. 그런 종의 굴종적인 들음을 베드로가 베어내고 예수께서 들음의 감각을 붙여 주셨기에 이제는 말고가 "종"이 아니라 "왕"이라는 자신의 이름에 합당하게 되었다고 설명한다. 종과 왕을 대비한 재미있는 해석이다.

마가의 기록에 의하면, 예수는 겟세마네 동산에서 이루어진 자신의 체포와 골고다 처형이 성경을 이루는 것이라고 말하셨다(마 14:49). 즉 예수께서 베드로의 칼을 책망하신 것은 성경의 성취를 위함이다. 그의 칼은 욕망의 성취를 이루지만 성경의 성취를 방해한다. 예수는 성경의 성취를 위하여 원수들의 칼을 수용하고 아버지의 잔도 받으셨다. 이런 면에서도 성경은 예수의 존재와 인생의 설명임이 확인된다. 성경을 읽을 때마다 우리는 예수를 만나고 그의 인생을 탐독하게 된다. 성경에 기록된 예수의 인생은 죽임의 칼이 아니라 죽음의 잔이었다. 타인을 괴롭히고 약탈하고 유린하고 죽이는 칼이 아니라 자신이 인내하고 용서하고 포용하고 치유하고 살리려고 죽음까지 당하는 잔이었다. 베드로는 그 잔을 치우려고 했고 예수는 베드로의 칼을 치우셨다.

요 18:12-24

¹²이에 군대와 천부장과 유대인의 아랫사람들이 예수를 잡아 결박하여 ¹³먼저 안나스에게로 끌고 가니 안나스는 그 해의 대제사장인 가야바의 장인이라 ¹⁴가야바는 유대인들에게 한 사람이 백성을 위하여 죽는 것이 유익하다고 권고하던 자라라 ¹⁵시몬 베드로와 또 다른 제자 한 사람이 예수를 따르니 이 제자는 대제사장과 아는 사람이라 예수와 함께 대제사장의 집 뜰에 들어가고 ¹⁶베드로는 문밖에 서 있는지라 대제사장을 아는 그 다른 제자가 나가서 문 지키는 여자에게 말하여 베드로를 데리고 들어오니 ¹⁷문 지키는 여종이 베드로에게 말하되 너도 이 사람의 제자 중 하나가 아니냐 하니 그가 말하되 나는 아니라 하고 ¹⁸그 때가 추운 고로 종과 아랫사람들이 불을 피우고 서서 쬐니 베드로도 함께 서서 쬐더라 ¹⁹대제사장이 예수에게 그의 제자들과 그의 교훈에 대하여 물으니 ²⁰예수께서 대답하시되 내가 드러내 놓고 세상에 말하였노라 모든 유대인들이 모이는 회당과 성전에서 항상 가르쳤고 은밀하게는 아무 것도 말하지 아니하였거늘 ²¹어찌하여 내게 묻느냐 내가 무슨 말을 하였는지 들은 자들에게 물어 보라 그들이 내가 하던 말을 아느니라 ²²이 말씀을 하시매 곁에 섰던 아랫사람 하나가 손으로 예수를 쳐 이르되 네가 대제사장에게 이같이 대답하느냐 하니 ²³예수께서 대답하시되 내가 말을 잘못하였으면 그 잘못한 것을 증언하라 바른 말을 하였으면 네가 어찌하여 나를 치느냐 하시더라 ²⁴안나스가 예수를 결박한 그대로 대제사장 가야바에게 보내니라 ²⁵시몬 베드로가 서서 불을 쬐더니 사람들이 묻되 너도 그 제자 중 하나가 아니냐 베드로가 부인하여 이르되 나는 아니라 하니 ²⁶대제사장의 종 하나는 베드로에게 귀를 잘린 사람의 친척이라 이르되 네가 그 사람과 함께 동산에 있는 것을 내가 보지 아니하였느냐 ²⁷이에 베드로가 또 부인하니 곧 닭이 울더라

❖ ❖ ❖

¹²이에 군대와 천부장과 유대인의 하솔이 예수를 체포하고 그를 결박하여 ¹³먼저 안나스에게로 데려갔다 이는 그가 그 해의 대제사장 가야바의 장인이기 때문이다 ¹⁴그런데 한 사람이 백성을 위하여 죽는 것이 유익한 일이라고 유대인에게 권고하던 자는 가야바다 ¹⁵시몬 베드로와 다른 제자는 예수를 뒤따랐다 그러나 그 제자는 대제사장과 아는 사이였고 예수와 함께 대제사장 [집]의 뜰로 들어갔다 ¹⁶베드로는 문 밖에 서 있었는데 대제사장 아는 그 다른 제자가 나가서 문 지키는 여인에게 말하고 베드로를 데리고 들어왔다 ¹⁷이에 문 지키는 여종이 베드로에게 말하였다 "너도 이 사람의 제자들 중의 하나가 아니냐?" 그가 말하였다 "나는 아니다" ¹⁸추운 때였기에 종들과 하솔이 불을 피우고 쬐며 서 있었는데 베드로도 그들과 함께 서서 쬐고 있었더라 ¹⁹대제사장이 예수에게 그의 제자들과 그의 가르침에 대하여 질문했다 ²⁰예수께서 그에게 답하셨다 "나는 드러내 놓고 세상에 말하였다 언제나 모든 유대인이 모이는 회당과 성전에서 가르쳤다 어떠한 것도 은밀하게 말하지 않았는데 ²¹어찌하여 내게 묻느냐? 내가 무엇을 말했는지, 들은 자들에게 질문하라 보라 그들이 내가 말한 것을 안다" ²²그가 이것들을 말하시자 곁에 섰던 하솔 중의 하나가 예수의 얼굴을 치며 말하였다 "대제사장에게 [감히] 이런 식으로 대답해?" ²³예수께서 그에게 답하셨다 "만약 내가 잘못 말했다면 너는 그 잘못에 대해 입증하라 만약 옳게 [말했다면] 어찌하여 네가 나를 때리느냐?" ²⁴안나스가 예수를 결박한 채로 대제사장 가야바에게 보냈다

대제사장 무리는 진정한 대제사장 예수를 합법적인 기소도 없이 피고인 신분으로 규정하고 불법적인 체포와 결박과 구속을 단행한다. 끌려 가시는 예수를 베드로와 다른 제자가 뒤따른다. 다른 제자는 대제사장 지인이라 그 집의 뜰 안으로 들어갔고 베드로는 문 밖에 있었는데 그 제자의 도움으로 함께 들어갔다. 그런데 문 지키는 여종 앞에서 베드로는 자신이 예수의 제자가 아니라고 부인한다. 결박된 채로 심문을 당하시는 예수는 삼손처럼 그 결박의 포승줄을 끊지 않으셨다. 대제사장 안나스는 예수의 제자들과 가르침에 대해 질문했다. 이에 예수는 모든 유대인이 모이는 공적인 장소인 회당과 성전에서 가르쳤기 때문에 그들이 들어서 다 아니까 그들에게 물으라고 답하셨다. 그때 하솔 중 하나가 예수의 얼굴을 때리며 답변의 무례함을 지적했다. 그러나 예수는 자신의 잘못된 말을 입증해 보라는 인격적인 말로 하솔의 주먹에 답하셨다. 안나스는 어떠한 자백도 받아내지 못하여 현직에 있는 대제사장 가야바 즉 자신의 사위에게 예수를 이송했다. 참 대제사장 예수를 피고인 신분으로 마구 변경하는 거짓 대제사장 안나스의 무례가 하나님에 대한 인류의 무례함을 고스란히 드러낸다.

12이에 군대와 천부장과 유대인의 하솔이 예수를 체포하고 그를 결박하여

칼로 일어선 자는 칼로 망한다는 예수의 말씀이 끝나기가 무섭게 칼을 찬
군대와 천부장과 유대인의 하솔은 민첩하게 움직인다. 예수를 체포해서 결
박한다. 체포만 하지 않고 결박까지 했다. 결박은 예수에게 지독한 죄수라
는 이미지를 덧씌워서 모멸감을 주기 위함이다. 결박에 관여한 자들은 "나
다" 라는 예수의 말씀 한 마디에 뒤로 자빠져야 했던 그 군대였다. 자빠진
이 사건은 최강의 군대라고 자부하던 그들에게 모욕감을 주었음이 분명하
다. 그래서 상급자의 지시를 따라 결박으로 보복하지 않았을까? 동시에 그
들은 마음만 먹으면 말 두 마디로 존재를 사라지게 할 수도 있는 권능의 소
유자가 도살장에 끌려 가는 소처럼 자신들의 체포에 순응하고 단숨에 끊
어질 수 있는 포승줄의 결박에도 아무런 저항을 하지 않으시는 예수의 모
습을 신기하게 여겼을 것이라고 나는 생각한다. 자기보다 약한 자가 누구
이고 강한 자는 누구인지, 전투의 잔뼈가 굵은 고참들은 직감한다. 예수의
위엄과 권능을 목격하고 체험한 그들의 논리로는 설명할 수 없는 상황이
지금 전개되고 있다. 가나의 혼인잔치 속에서 포도주로 변할 물 떠준 하인
들이 예수의 기이함을 현장에서 경험한 것처럼 전능한 분 앞에서도 인간
의 명령을 따라야 하는 하솔들 또한 유사한 기이함을 체험하고 있다.

　이 대목에서 내 머리에는 삼손이 떠오른다. 블레셋 사람들은 민족의 눈
에 가시와 같은 삼손을 결박하고 싶어했다. 그러나 삼손은 단단한 결박을
세 번이나 실 끊듯이 제거했다. 물론 1대 1,000으로 싸워도 능히 이기는 천
하장사 삼손이기 때문에 결박 풀기가 가볍게 가능했다. 하지만 하늘과 땅
의 모든 권세를 가지신 예수의 권능에 비하면 삼손의 힘은 어린아이 같은

수준에 불과하다. 강한 삼손은 자신을 위해 결박을 속히 풀었으나 더 강하신 예수는 하나님의 뜻 성취를 위하여 결박을 기꺼이 당하셨다. 삼손은 그렇게 예수의 역설적인 예표였다.

¹³먼저 안나스에게로 데려갔다
이는 그가 그 해의 대제사장 가야바의 장인이기 때문이다

그들은 예수를 "먼저"(πρῶτον) 안나스 집으로 데려갔다. 이 부분은 다른 복음서 기자들이 생략한 언급이다. 칼뱅은 "이야기의 본질에 별 의미가 없기 때문"에 생략한 것이라고 추정한다. 그러나 나는 안나스가 "그 해의 대제사장 가야바의 장인이기 때문"에 그에게로 갔다는 이유로 인해 무의미한 언급이 아니라고 생각한다. 이 시점은 장인과 사위가 당시의 종교적인 권력을 함께 독점하고 있는 상황이다. 이 구절에서 박윤선은 저자가 유대 지도층의 불법성을 고발하고 있다고 주장한다. 안나스는 당시 공인이 아닌 사인이기 때문이다. 헨리는 다르게 해석한다. "안나스는 늙고 약하여 한밤 중에 다른 사람들과 재판에 참석할 수는 없었지만 그들의 먹이가 된 예수 보기를 간절히 바랐기 때문에 그들이 그곳에 들른 것"이라고 주장한다. 나아가 예수 제거를 도모하는 자신의 사위 가야바의 조치를 격려하려 한다는 목적도 추가한다. 현직 대제사장 가야바의 장인이고 전직 혹은 공동 대제사장 된 안나스는 건강한 조언을 해주지 않고 사위의 광포한 공권력 사용을 응원하고 거기에 숟가락을 얹은 것은 어리석고 사악하다.

안나스의 직위 규명은 난해하다. 누가에 따르면, 세례 요한이 출생할 무렵에는 자신의 사위 가야바와 함께 공동으로 대제사장 직분을 수행했다(눅 3:2). 그러나 요한에 따르면 예수께서 체포되신 년도의 대제사장 직위는 그 사위의 것이었다(요 18:13, 24). 무스쿨루스는 안나스가 "대제사장 직

무를 그만둔 이후에도 그리스도에 대하여 대제사장 격의 증오를 유지한" 인물로 묘사한다. 그런데 다시 누가의 기록에는 예수의 부활 이후에 사도들이 복음을 전파하던 시기에 그들을 심문하던 무리 중에 "대제사장 안나스와 가야바"가 언급되어 있다(행 4:6). 누가는 실질적인 두 대제사장 체제를 강조하고, 요한은 제도적인 단일 대제사장 체제를 강조하고 있다는 것이 가장 유력한 추론이다. 물론 토마스와 무스쿨루스가 잘 요약한 요세푸스 문헌의 증거에 근거해서 보면, 누가와 요한의 차이점에 대한 다른 해석 가능성도 도출된다. 이 유대인 역사가에 의하면, 당시 유대인의 지도자들 사이의 시기는 심각했다. 그래서 아버지가 대제사장 직분을 아들에게 물려주지 못하였고, 대제사장 임직 이후에는 1년을 넘어가지 못하였고, 대제사장 직분이 돈으로도 매매되는 직이었다. 그렇다면 요한은 "그 해"라는 표현처럼 년 단위로 대제사장 신분을 언급했고 누가는 직분의 신속한 승계를 고려하지 않고 몇 년을 하나의 단위로 묶어서 대제사장 신분을 언급했을 가능성이 있다.

요한복음 안에서는 안나스가 아니라 가야바가 대제사장 직무를 수행한다. 그러므로 이 복음서의 저자는 이 구절에서 제도권 밖에 있는 안나스가 예수를 심문한 것의 불법성을 지적했을 가능성이 높다. 그리고 예수를 가야바의 집이 아니라 안나스의 집에 먼저 데려간 것은 제도적인 대제사장 자리를 떠난 안나스가 상왕정치 혹은 종교적 섭정에 준하는 권력을 행사하고 있음을 짐작하게 한다. 게다가 원래의 종신직 대제사장 제도(민 35:25)와는 달리, 전임 대제사장 안나스가 생존해 있는데도 가야바가 그 직분을 계승한 것도 불법성의 한 측면이다. 당시의 종교계는 한 마디로 엉망이다.

그리고 예수께서 끌려가신 시점은 야밤이다. 헨리의 지적처럼, 그런 시각에 체포되신 예수의 경우에는 "재판정을 열 규정 시간이 되기까지 감옥에 가두는 것이 상식적인 조치였다." 그러나 대제사장 무리는 정죄와 기소와 재판을 서두르며 예수를 저격했다. 자신들이 정한 사법적 규정도 자신들의 입맛대로 변경하는 엉터리 고무줄 법 집행이다. 무스쿨루스는 이 사건에 나타난 그들의 속셈을 간파하며 이렇게 설명한다. 즉 그들은 예수를 그냥 제거하지 않고 그의 가르침과 그의 이름에 "거짓의 딱지"를 붙이고자 했다. 예수 박해에 대한 자신들의 정당성을 예수의 가시적인 결박과 신속한 유죄 판결로 확보하려 했다. 그러나 섭리적인 관점에서 보면, 대제사장 무리가 밀실에서 음모를 꾸민 예수 체포와 결박과 심문은 밤이라는 어둠 속에서 투명하지 않은 어둠의 법을 따라 어두운 판결을 내리는 그들의 불법성을 오히려 고발하고 있다.

14그런데 한 사람이 백성을 위하여 죽는 것이
유익한 일이라고 유대인에게 권고하던 자는 가야바다

저자는 11장 50절에 언급한 내용을 반복한다. 이로써 지금 예수를 심문할 가야바가 어떤 인물임을 독자에게 상기시켜 준다. 즉 저자는 가야바가 당시 유대교의 실권자로 예수를 사악한 유죄로 몰고갈 가장 중요한 인물임을 암시한다. 너무도 절묘한 역사의 한 순간이다. 가야바는 자신의 직위와 이권을 지키려는 고약한 맥락에서 예수의 죽음을 예언했다. 동시에 그 예언의 성취에 깊이 관여하고 있다. 예수를 정죄하고 죽음에 넘기려고 한다. 가야바가 뱉은 예언에는 앞에서도 밝힌 것처럼 상반된 의미가 공존한다. 이는 "한 사람이 백성을 위하여 죽는 것이 유익한(συμφέρω) 일"이라는 가야바의 말이 예수에 대해서는 그의 죽으심을 통해 그의 백성이 죄에서 의로 해방될 것임을 무의식과 무의도 중에 예언한 말이면서, 가야바의 속뜻에는 유대인의 유익을 위해 예수라는 무고한 사람을 제물로 삼겠다는 끔찍한 음모를 내포하고 있기 때문이다. 가야바가 예수의 죽음을 옳고 그름의 문제로 접근하지 않고 유익과 손해의 맥락에서 이해한 것은 그의 계산적인 꿍

꿍이속을 훤히 드러낸다. 당시 금전적인 거래로 대제사장 직위의 구매가 가능한 상황을 고려할 때 가야바는 계산이 빠른 사람임에 분명하다. 그런 자의 머리에서 예수와 온 유대인 사이의 거래가 성사되는 것은 전혀 이상하지 않다.

가야바의 인생은 참으로 기구하다. 마치 소를 도살장에 끌고 가듯 예수를 십자가로 끌고 가는 배역을 담당하는 종교계의 대표이기 때문이다. 실제로 가야바는 유대인 진영에서 예수의 죽음을 예언하고 부추기고 그를 십자가의 벼랑으로 떠민 종교적인 원흉이다. 예수를 향한 유대인의 광기는 가야바의 최종적인 승인과 함께 작동한다. 대제사장 선에서 악행이 도모되고 주도되는 시기에 가야바 같은 인물의 임직이 하나님의 절묘한 섭리라는 헨리의 해석은 절묘하게 타당하다. 제자들의 무리 속에서는 유다가 그런 배역을 담당하고, 로마제국 안에서는 빌라도가 유사한 배역을 담당한다. 하나님의 구속사 안에서는 그런 배역이 반드시 필요하다. 그러나 "실족하게 하는 것이 없을 수는 없겠지만 그렇게 하게 하는 자에게는 화"가 있다(눅 17:1)는 예수의 말씀처럼, 예수를 죽음에 넘기는 배역을 자청하는 자는 태어나지 않았으면 좋았을 정도의 무서운 운명을 맞이하게 된다. 유다와 가야바와 빌라도의 조합은 하나님의 말씀에 대한 조직적인 증오와 대적을 위하여 지금도 모든 분야에서 조용히 결성되고 있다.

15시몬 베드로와 다른 제자는 예수를 뒤따랐다 그러나 그 제자는
대제사장과 아는 사이였고 예수와 함께 대제사장 [집]의 뜰로 들어갔다

예수께서 체포되실 때에 모든 제자들은 스승을 버리고 도망갔다(마 26:56). 그러나 되돌아온 제자들도 있다. "시몬 베드로와 다른 제자," 이렇게 둘이었다. 베드로는 예수를 사랑했다. 그 사랑이 도망가던 그의 발걸음을 돌이

켰다. 스승의 마지막 모습, 즉 임종을 지키지 않으면 무한히 후회할 베드로의 사랑은 아름답다. 비록 곧장 예수를 부인하고 다시 떠날 것이지만 지금의 돌이킴은 진실하다. 그런데 저자는 이 구절에서 "다른 제자"를 더 주목한다. 그는 대제사장 지인이다. 서로 얼마나 잘 아는지는 모르지만 "예수와 함께" 대제사장 집의 뜰로 들어갈 정도로는 충분히 친밀한 관계였다. "다른 제자"는 누구인가? 유다라고 불리는 다대오나 아리마대 요셉으로 이해하는 사람들도 있지만 대다수의 의견에 따르면 사도 요한이다. 이는 요한이 이 복음서에 베드로와 자신을 나란히 언급할 때에 "다른 제자"라는 표현을 사용하기 때문이다(요 20:2, 3, 4, 8).

그러나 아우구스티누스는 "다른 제자"의 정체성이 알려지지 않았으며 저자도 침묵한 이름을 안다고 선언하는 것은 주제넘은 일이라고 지적한다. 칼뱅은 요한이 "다른 제자"라는 입장을 거부한다. 이는 요한이 어부인 세배대의 아들이기 때문이고, 그래서 지체 높은 대제사장과 친분을 맺을 수 없었을 것이기 때문이고, 예수를 따르면서 대제사장 집의 종을 움직일 정도로 그 집을 자주 드나들 수 없었을 것이라는 추론 때문이다. 그러나 나는 박윤선, 크리소스토무스, 제롬, 킬릴루스의 입장을 따라 요한복음 저자의 필법을 존중하며 요한을 "다른 제자"라고 이해한다. 이 "다른 제자"는 예수와 함께 마지막 만찬에 참여했고 그 자리에서 그가 사랑하는 주님의 품에서 주님을 배신할 자가 누구인지 질문한 제자이며 이 복음서를 기록한 사람을 가리키는 고유한 표현이기 때문이다(요 21:23-24). 게다가 요한의 아버지 세배대는 비록 어부지만 "품꾼들"(막 1:20)을 거느릴 정도의 재력을 가졌으며 당시 상권을 장악한 대제사장 가문과의 접촉은 불가피한 일이었다. 그러한 관계성 속에서 두 가문이 친분을 쌓는다는 것은 어려운 일이 아니었을 것이라고 나는 생각한다.

베드로와 요한이 예수를 따라 들어간 곳은 "대제사장 집의 뜰"이었다. 그렇다면 이곳은 안나스의 뜰인가 아니면 가야바의 뜰인가? 칼뱅은 가야바의 뜰이라고 주장한다. 이는 대제사장 가야바가 현직에 있고 그의 하녀가 베드로와 대화를 했다고 보았기 때문이다. 그러나 박윤선은 안나스의 뜰이라고 주장한다. 예수께서 심문을 당하시는 이야기와 베드로가 예수를 부인하는 이야기가 섞여 있다고 보았기 때문이다. 박윤선의 분석에 의하면, 저자는 두 이야기를 순서대로 기록하지 않고 둘을 섞어 유대교의 대표와 제자들의 대표가 예수에게 가한 고통이 특별히 컸음을 기록하고 있다. 나는 박윤선의 입장에 동의한다. 다른 복음서 저자들은 예수의 심문이 가야바의 뜰에서만 이루어진 것처럼 안나스의 신문을 생략했고, 역사적인 디테일이 남다른 요한은 두 종류의 심문이 있었음을 명확하게 언급한 것이라고 나는 이해한다.

베자는 키릴루스의 독법을 존중한다. 즉 18장 13절과 14절 사이에 24절이 들어가야 한다는 독법이다. 이 독법은 에라스무스, 무스쿨루스, 부겐하겐, 루터의 독역본 등도 수용하고 있다. 24절에 대해 칼뱅은 문장의 잘못된 위치 문제를 지적하지 않고 괄호를 묶는 편을 택하면서 불링거와 함께 24절에 나오는 "보냈다"(ἀπέστειλεν)는 동사의 부정과거 시제를 대과거로 해석해야 한다고 주장한다. 이런 식으로 읽어야 이야기의 맥락은 조화를 이루며 본문이 다른 복음서 저자들의 진술과도 일치하기 때문이다. 다른 모든 복음서는 예수의 심문과 베드로의 세 번 부인이 모두 같은 장소 즉 가야바의 집에서 일어난 것이라고 기록한다.

제자들 중에 "다른 제자"는 예수와 함께 대제사장 집의 뜰로 들어간 유일한 사람이다. 10명의 제자들은 예수를 버리고 도망갔다. 베드로는 예수께로 돌아와 안나스의 집에도 들어가려 하였으나 실패했다. 그래서 "다른 제자"만이 그곳에서 일어난 일을 상세하게 알고 기록한다. 이런 지식과 기록의 특권은 그 제자가 대제사장 지인이기 때문만이 아니라 예수를 사랑하고 그와 한 통속으로 몰려 인맥도 끊어지고 목숨도 끊어질지 모르는 위험을 감수한 것에 대한 일종의 보상이다. 예수의 행적을 유일하게 알고 기록하는 특권의 배후에는 목숨을 건 그의 사랑과 용기가 작용하고 있다. 그는 마치 목숨을 전쟁터에 파견하여 취재하는 종군기자 같은 사람이다. 그럼에도 불구하고 토마스의 설명처럼 저자는 자신이 베드로에 비해 예수에 대한 사랑이 더 컸거나 더 큰 용기를 가졌거나 더 경건하기 때문이 아니라 그저 대제사장 지인이기 때문에 들어가게 되었다고 기록한다. 자신의 이름을 감춘 것도 "베드로의 것보다 어떤 더 위대한 지조를 자신에게 돌리지 않으려는 듯하다"는 무스클루스의 추정에 나는 동의한다.

> 16베드로는 문 밖에 서 있었는데 대제사장 아는 그 다른 제자가
> 나가서 문 지키는 여인에게 말하고 베드로를 데리고 들어왔다

"다른 제자"와는 달리, 베드로는 대제사장 지인이 아니었기 때문에 그의 집 뜰로 들어가지 못하였다. 문 밖에 서 있는 베드로를 "다른 제자"가 "문 지키는 여인에게 말하고 베드로를 데리고 들어왔다." "다른 제자"는 베드로를 잘 챙기는 사람이다. 그는 자신의 인맥을 자신만이 아니라 타인을 돕는 일에도 활용한다. 인맥도 나누고 섬기는 사랑을 베풀도록 주어진 하나의 선물이다. 다른 타인에게 피해를 주지 않고, 자신이 손해를 보는 범위 내에서의 선한 활용은 인맥만이 아니라 우리 각자에게 주어진 모든 것들에도 적용된다. 이 구절에 대한 토마스의 신비적인 해석에 따르면, 요한은 "관조적인 삶"을 의미하고 베드로는 "활동적인 삶"을 의미한다. 요한이 베드로를 데리고 들어온 것은 "활동적인 삶은 관조적인 삶에 의해 예수께로 이끌림을 받는다"는 것을 의미한다. 이는 "낮은 이성이 높은 이성에 이끌리는 것"과 일반이다. 나는 이런 토마스의 해석이 흥미롭다.

¹⁷이에 문 지키는 여종이 베드로에게 말하였다
"너도 이 사람의 제자들 중의 하나가 아니냐?" 그가 말하였다 "나는 아니다"

요한의 호의를 따라 집 뜰로 들어간 베드로는 곤란한 상황을 맞이한다. 문 지기 여종이 베드로를 알아보고 예수의 제자들 중의 하나라고 지목했기 때 문이다. 베드로는 황급히 "아니라"는 거짓으로 답하였다. 박윤선은 예수를 부인하는 베드로의 거짓말이 도망친 다른 제자들의 잘못보다 크다고 평가 한다. 비겁함이 거짓보다 덜 악하기 때문이다. 육신이 약하여 자신을 부인하는 베드로의 모습을 예수는 어떻게 보셨을까? 늘 중심을 보시는 주님의 눈에 중심은 무엇이고 외모는 무엇일까? 다른 누구보다 더 열정적인 베드로의 사랑은 진실했다. 그러나 그 진실은 자신의 신변이 걸린 위협적인 상황이 펼쳐지자 쉽게 무너졌다. 나는 베드로의 거짓말이 나쁜 것이지만 외모에 해당하고 예수를 따라간 그의 진실한 사랑이 중심일 것이라고 생각한다.

예수께서 죽어야 하신다면 자신도 따라 죽겠다던 베드로의 장담이 허풍에 불과한 것임을 드러낸 것은 대단한 박해나 총칼이 아니었다. 연약한 여종의 한 마디 말이었다. 베드로는 칼뱅의 말처럼 "아무런 위협도 없는 음성을 듣고 겁을 삼키고 패기를 내던졌다." 이런 베드로의 모습은 진실로 "인간의 힘에 대한 진정한 표본이다. 인간의 마음에 들어 있는 것처럼 보이는 모든 힘이란 고작해야 단 한번에 훅 하는 숨소리에 당장 사라지고 마는 연기에 불과하다." "사정권 밖에 있으면서 위험의 허깨비만 보고서도 풀이 죽은" 베드로의 모습은 우리와 무관하지 않다. 칼뱅의 말처럼 우리도 "쓸데 없이 공포의 원인을 마구 고안해 내는 가운데 미리" 괴로움에 빠지는 겁쟁이와 같다. 그러나 무스쿨루스의 말처럼, 이러한 베드로의 신앙적인 몰락을 기록하는 저자가 그 몰락을 디딤돌로 삼아 "자신에게 어떤 영광 돌리는 것을 피하려는" 겸손함은 심히 아름답다.

¹⁸추운 때였기에 종들과 하솔이 불을 피우고 쬐며 서 있었는데
베드로도 그들과 함께 서서 쬐고 있었더라

예수께서 잡히신 시점은 "추운 때"였고 어두운 밤이었다. 추위를 피하기 위해 종들과 하솔은 불을 피웠으며 쬐고 있었는데 베드로도 그들 틈에 끼어서 추위로 굳어진 몸을 녹이는 중이었다. 이는 자신이 예수의 제자들 중의 하나가 아니라는 발언의 신빙성을 더하기 위해 그곳에 당당하게 머물렀을 가능성이 높다. 그가 곧바로 자리를 떴다면 켕기는 것이 있어서 피했다는 의혹이 불보다 더 뜨겁게 타올랐을 것이기 때문이다. 사람의 감각과 판단은 자신을 보호하는 방향으로 휘어진다. 바다에 몸을 던지고, 죽지 말라며 스승도 꾸짖고, 스승을 지키려고 칼도 휘두르던 저돌적인 베드로가 온순한 양처럼 위축되어 있는 모습은 두려움이 일으킨 변화라고 나는 생각한다. 하나님을 경외하면 지혜롭게 된다. 그러나 사람을 두려움의 대상으로 여기면 비굴하게 된다. 박윤선의 분석처럼, 최소한 자기들이 예수를 안다는 사실을 도망의 방식으로 보존하기 위해 도망간 다른 제자들은 베드로의 배신보다 덜 비굴했다.

바울은 주님과 함께 영광을 받기 위하여 주님과 함께 고난도 받아야 한다고 가르친다. 헨리의 말처럼 베드로는 "주님이 보이신 본을 따라서 그가 고난을 당해야 할 차례가 되면 그도 어떻게 처신해야 할지 배웠어야 했다." 그러나 영광을 위해 고난을 기꺼이 받으셨던 예수와는 달리, 베드로는 그의 제자됨에 관한 부인과 함께 종들과 하솔 틈새로 숨어들어 고난의 표적이 되지 않으려고 그들과 같은 편인 것처럼 가장하는 꼼수를 택하였다. 베드로는 비록 "죄인들의 길"에 서고 "오만한 자들의 자리"(시 1:1)에 앉는 방식으로 당장의 고난은 피했으나 배신의 불명예와 마주해야 했다. 물론 예수의 제자됨이 들키는 위험보다 예수를 바라보는 것이 그에게 더 중요했기 때문일 가능성도 있다.

19대제사장이 예수에게 그의 제자들과 그의 가르침에 대하여 질문했다

예수를 향한 대제사장 안나스의 심문이 시작된다. 앞에서 언급한 것처럼 이 심문은 절차에 있어서나 시간대에 있어서나 명백한 불법이다. 물증도 없이 기소하고 강제적인 체포와 구속까지 단행한 것은 반역자 유다와 더불어 불의한 뒷거래를 하고 공작을 한 종교 공직자의 지저분한 직권 남용이 분명하다. 안나스가 예수를 심문한 것은, 박윤선의 표현처럼 "천부당만부당"한 일이었고, 마치 어둠이 빛을 심판하고, 질그릇이 철장에게 전쟁을 일으키고, 발꿈치로 송곳을 차려는 어리석고 무모한 일이었다.

안나스가 질문한 것은 두 가지, 즉 "그의 제자들과 그의 가르침"에 대한 것이었다. 첫째, "그의 제자들"에 대해 심문한 것은, 헨리의 분석처럼 예수가 그들로 하여금 자신을 추종하게 만들고 로마와 유대교에 대한 집단적인 반역을 선동한 아주 위험한 인물 아니냐는 혐의를 씌우기 위한 함정 파기였지 싶다. 그리고 예수가 건드리지 말라고 부탁한 그의 측근들을 괴롭혀서 예수를 궁지로 내몰려는 속셈도 감지된다. 제자들을 지키려는 예수의 모습에서 대제사장 무리는 예수의 약점을 포착했다. 그 약점을 건드리며 예수로 하여금 사형에 합당한 거짓 자백을 받아내고 거짓 조서를 꾸미려는 것이 분명하다. 어떤 학자들은 예수께서 도망가지 않으시고 스스로 자신을 드리신 것은 그가 잡히지 않으면 잡혀서 십자가에 달려 죽으실 때까지 그의 측근들을 하나씩 처형하는 고대 로마의 관행 때문에 자신의 제자들이 처형되지 않도록, 그들의 처형으로 복음 전파가 마비되지 않도록 하기 위한 것이라고 해석한다. 예나 지금이나 법 기술에 능한 자들은 피고인의 멀쩡한 문장 하나만 있어도 얼마든지 사형 판결을 끌어낼 수 있는 자들이다.

둘째, "그의 가르침"에 대해 심문한 것은, 율법의 잣대로 예수의 복음을 평가하고 이단적인 교설로 규정하고 무법자와 이단으로 정죄하고 죽이려는 속셈을 드러낸다. 모세는 "사람이 만일 무법하게 행하고 네 하나님 여호와 앞에 서서 섬기는 제사장이나 재판장에게 듣지 않는다면 그 사람을 죽여 이스라엘 중에 악을 제하여 버리라"고 했다(신 17:12). 그러나 지금까지 대제사장 무리는 예수의 말씀에서 어떠한 거짓이나 이단적인 가르침도 발견하지 못하였다. 예수와 논쟁을 벌여도 번번이 패하였다. 이는 단순히 그들의 어설픈 논리나 답답한 눌변 때문만이 아니라 예수의 존재와 십자가의 도에 대해 전혀 이해하지 못하였기 때문이다. 바울의 말처럼 예수의 지혜와 지식에 대해서는 그 세대의 어떠한 통치자도 온전히 깨닫지 못하였다(고전 2:8).

20예수께서 그에게 답하셨다 "나는 드러내 놓고 세상에 말하였다
언제나 모든 유대인이 모이는 회당과 성전에서 가르쳤다 어떠한 것도
은밀하게 말하지 않았는데 21어찌하여 내게 묻느냐? 내가 무엇을 말했는지,
들은 자들에게 질문하라 보라 그들이 내가 말한 것을 안다"

안나스의 질문을 받은 예수께서 답하신다. 그의 답은 지혜롭다. 안나스는 아무도 출입하지 않는 밀실에서 사악한 음모를 꾸몄으나, 예수는 모든 유대인이 출입하는 회당과 성전에서 들어내 놓고 위대한 진리를 가르쳤다. 하나님의 말씀을 들어야 하는 자들에게 하나님의 말씀을 선포해야 하는 장소에서 하나님의 말씀을 공공연히 전하셨다. 가르침의 구체적인 내용에 대해 예수는 자신의 입으로 밝히지 않으시고 그 가르침을 들은 자들의 입에서 들으라고 권하셨다. 예수의 처신이 지혜로운 이유는 "타인으로 너를 칭찬하게 하고 네 입으로는 하지 말라"는 지혜에 부응하기 때문이다(잠 27:2). 고의성은 없지만 우리 자신의 입으로 자랑하게 만드는 권유 혹은 유혹이 우리 주변에는 잔뜩 도사리고 있다. 자신의 입으로 자랑하는 순간 아무리

위대한 칭찬의 근거도 기력이 쇠하고 거품처럼 사라진다. 자기 자랑의 충동은 우리의 존영을 빼앗는 마귀의 야비한 전략이다. 이를 간파하신 예수는 그런 충동을 매번 이기셨다.

예수는 가르침의 장소인 "회당과 성전"도 당당하게 알리시고 가르침의 대상인 "모든 유대인"도 당당하게 알리시고 가르침의 방식인 공공연한 선포도 당당하게 알리셨다. 이는 그의 가르침이 숨길 필요가 없기 때문이다. 그 가르침은 모든 사람에게 떳떳하기 때문이다. 누가 들어도 괜찮은, 놀라운, 유익한, 필요한 진리이기 때문이다. 들으면 살아나고 명철하게 되고 지혜롭게 되고 정의롭게 되고 진실하게 되는 영혼의 양식이기 때문이다. 우리의 입에서는 얼마나 떳떳하고 생산적인 언어가 나오는가? 대제사장 무리처럼 밀실에서 어두운 밀담을 나누며 들키지 않아야 하는 부끄럽고 사악하고 거짓되고 무익한 말의 공작소가 되지 않도록, 은밀하게 말하지 않아도 되는 깨끗한 진리, 올곧은 정의, 당당한 질서, 따뜻한 사랑, 은혜로운 말만 나오도록 입에 유능한 파수꾼을 세우는 게 지혜롭다.

예수는 안나스의 질문에 "어찌하여 내게 묻느냐"는 반문으로 응하신다. 이러한 반응에는 헨리가 분석한 것처럼 다양한 의미가 농축되어 있다. 첫째, 대제사장 무리는 예수에 대하여 이미 심각한 유죄로 결론을 내린 이후에 사형으로 몰아가는 짜맞추기 수사에 매달리고 있기 때문이다. 그래서 그런 결론으로 유도하는 심문의 부당성을 지적한다. 둘째, 대제사장 무리는 예수를 기소하고 체포하고 구속하고 심문하고 있지만 정작 명확한 물증은 하나도 없기 때문이다. 그래서 헨리가 간파한 것처럼 이 문구는 그들이 예수의 입으로 자백하게 하려고, 꼬투리가 될 만한 증언 하나라도 건지려고 마구 던지는 질문의 부당성을 지적한다.

대체로 화자는 자기가 하고 싶은 말만 하고 그것이 청중의 귀에도 들렸을 것이라고 생각한다. 그러나 청중은 화자가 전하고자 하는 것이 아니라 듣고 싶은 것에만 귀를 기울인다. 그래서 언제나 소통의 엇갈림이 발생한다. 예수는 자신의 말을 들은 "모든 유대인"을 증인으로 신청한다. 그들 중에는 "그 사람이 말하는 것처럼 말한 사람은 이때까지 없었다"(요 7:46)며 예수를 좋게 평가하는 사람들도 있지만 "모든 유대인"을 언급한 것은 불리한 증언을 할 사람들도 얼마든지 증인으로 채택해도 괜찮다는 진실성 때문이다. 모든 유대인이 예수의 입에서 나오는 말씀들 중에서 듣고 싶은 것만 듣고 그 들은 것을 말하여도 유죄의 물증이 될 만한 것이 하나도 없을 것이라는 그의 자신감은 오만이 아니라 정직에서 나오는 능력이다. 대제사장 편에서는 예수께서 직접 말하시면 그의 주관적인 견해여서 법적 효력을 가진 증언으로 채택하지 않을 가능성도 있겠지만 모든 유대인의 견해라면 최고의 객관성이 확보된다. 예수의 태도는 당당하고 자신의 무죄함에 대한 자신감도 넘치신다.

나의 모든 말을 들은 사람들이 증언을 한다면 나는 과연 무사할까? 나는 나보다 연약한 사람에게 언어로 갑질을 일삼지는 않았는가? 예수는 작고 연약한 자들을 무시하지 말라고 명하신다. 이는 "그들의 천사들이 하늘에서 하늘에 계신 내 아버지의 얼굴을 항상 뵈옵"기 때문이다(마 18:10). 나의 입에서 나가는 모든 말은 천사들의 귀띔을 통해 하나님의 귀에 직보된다. 그러나 예수는 지극히 높으신 자의 아들로서 하늘과 땅의 모든 권세를 가졌지만 모든 유대인의 귀에 들어간 어떠한 말에도 무시나 불법성이 없으셨다. 그런 분을 심문하는 안나스에게 "어찌하여 내게 묻느냐"는 예수의 반응은 얼마나 가슴 철렁한 반문인가!

²²그가 이것들을 말하시자 곁에 섰던 하솔 중의 하나가
예수의 얼굴을 치며 말하였다 "대제사장에게 [감히] 이런 식으로 대답해?"

예수를 심문하는 상황에서 돌발적인 변수 하나가 등장한다. 하솔 중의 하

나가 예수의 얼굴을 가격했다. 토마스가 분석한 것처럼, 이 사건은 "나를 때리는 자들에게 내 등을 맡기며 나의 수염을 뽑는 자들에게 나의 뺨을 맡기며 모욕과 침 뱉음을 당하여도 내 얼굴을 가리지 않았다"는 예언의 성취일 가능성이 높다(사 50:6). 하솔의 버릇없는 주먹질은 답하시는 예수의 말버릇이 나쁘다고 생각했기 때문이다. 그러나 악하고 천한 자의 더러운 손이 지극히 높으신 하나님의 아들을, 그의 고결한 뺨을 찜질하는 일은 어찌 상상이나 할 수 있겠는가! 이는 패족 사울가의 사람 시므이가 이스라엘 최고의 왕 다윗을 더럽고 거짓된 입술로 저주하며 능욕한 것보다 더 패륜적인 사건이다.

사실 하솔의 못된 손버릇은 대제사장 앞에서 자신의 충성심을 보이려는 지극히 인간적인 악습 정도로 이해하고 넘어가면 된다. 그러나 하솔의 행실은 상전의 심기와 성향을 대변하기 때문에 안나스의 문제는 짚고 넘어가야 한다. 로마의 속담에서 "그 왕에 그 신하"라는 말이 있고 성경에는 "관원이 거짓말을 들으면 그의 하인들은 다 악하게 된다"고 가르친다(잠 29:12). 폭력이 안나스의 눈에 아름답고, 폭언이 안나스의 귀에 달콤하지 않고서야 어찌 하솔이 하나님의 아들과 메시아 되시는 예수의 뺨을 때리고 독설을 함부로 쏟아낼 수 있겠는가! 윗물이 맑아야 아랫물도 맑다. 탁한 윗물이 아랫물에 민폐를 끼치지 않으려면 최대한 빨리 내려와야 한다.

"이런 식으로"(οὕτως) 대답하지 말라며 올린 하솔의 무례한 손찌검은 예수에게 대제사장 앞에서 예를 갖추라는 일종의 거친 언어였다. 물론 대제사장 앞에서의 예는 필요하다. 그러나 그가 하나님의 부르심에 합당한 공무수행, 딱 그 만큼의 예가 필요하다. 즉 하늘의 대제사장 되신 하나님의 아들도 알아보지 못하고 그분 앞에서도 예를 갖추지 않는 오만한 안나스 앞에서는 껍데기 대제사장 지위의 크기만큼의 꾸지람이 필요하다. 이에 비하면, 들은 자들에게 물으라는 예수의 말씀은 아주 살살 대하신, 많이 봐주신 대응이다. 그런 예수의 배려를 전혀 감지하지 못하는 하솔의 서툰 충성심은 나 자신과 교회를 돌아보게 한다. 내가 인간 목회자의 제도적인 지위에 근거한 예우를 요구하고 있지는 않은지를! 교회가 그런 목회자 예우와 하늘의 복을 성도와 거래하고 있지는 않은지를! 그런 식으로 목회자와 교회가 함께 하솔처럼 불경한 주먹을 하나님께 날리고 있지는 않은지를!

²³예수께서 그에게 답하셨다 "만약 내가 잘못 말했다면 너는 그 잘못에 대해 입증하라 만약 옳게 [말했다면] 어찌하여 네가 나를 때리느냐?"

예수는 자신을 때리는 하솔의 주먹을 피하지 않으셨다. 하나님의 아들도 분간하지 못하는 무식하고 무도한 주먹을 막거나 팔을 꺾지도 않으셨다. 맞으신 이후에 그의 멱살을 잡지도 않으셨다. 칼로 일어선 자는 칼로 망한다는 말씀을 하신 예수는 "이에는 이로, 눈에는 눈으로" 보응하신 것도 아니었다. 하솔은 주먹을 뻗었으나 예수는 인격적인 말을 건네셨다. 뭔가 핀트가 어긋난 반응인데 그것이 원수를 대함에 있어서는 경건의 정석이다. 예수는 하솔의 귀로 들어간 자신의 잘못된 말이 있다면 입증해 보라고 말하셨다. 입증의 책임은 정죄하는 자의 몫이기 때문이다. 입증의 방법은 모세의 기록처럼 "두 증인의 입으로나 또는 세 증인의 입으로" 확증해야 한다(신 19:15).

그러나 하나님의 아들이 대제사장 하솔의 주먹질을 당해야 할 정도로 심각한 문제의 발언은 예수의 답변 어디에도 없다. 예수는 옳게 말하지 않으신 적이 없기 때문이다. 이처럼 하솔의 행실에 대해 예수는 감정을 앞세우지 않으셨고, 신적인 지위와 권위라는 존엄한 카드를 꺼내지도 않으셨고, 법정의 질서를 따라 더하지도 않고 덜하지도 않은 적정한 반응을 보이셨다. 무서울 정도로 침착하고 알맞은 예수의 대응 앞에서 하솔은 신적인 기운을 느끼고 그 앞에 엎드려야 했다. 그러나 그는 불의한 무례를 회수하지 않았고 오히려 피고인 대하듯이 매가 부족하다 판단하여 예수를 더 때리려고 했을 가능성이 높다. 멜란히톤의 지적처럼, 예수의 말씀을 제대로 알지도 못하면서 비방하고 그의 가르침을 들은 자들에게 귀를 기울이는 객관적인 청취도 거부하는 것은 불경건한 자들의 고약한 특징이다. 나아가 그들은 재판에 불리한 증거들이 법정에 제시되지 못하도록 오히려 비열한 방법으로 파기하려 든다.

예수에 대한 우리의 평가는 어떠한가? 마지막 날에는 모든 사람이 하늘 법정의 피고석에 서서 그를 대하는 각자의 태도에 대해 심판자 예수 앞에 직고하게 된다. 예수께서 하나님의 아들과 메시아 되심을 교만으로 때렸다면, 그의 완전한 진리를 거짓으로 때렸다면, 그가 행하신 기적들을 조작으로 때렸다면, 그의 놀라운 부활을 의심으로 때렸다면, 사회적인 정의와 공정을 불의로 때렸다면, 예수가 아끼시는 가난하고 연약하고 무지하고 외롭고 비천한 사람들을 갑질로 때렸다면 그 모든 손찌검에 대해 각자가 해명해야 한다. 그러한 무례를 범해도 되는 합당한 근거들을 하늘 법정에서 제시해야 한다. 해명하지 못한다면, 주님의 판결봉이 역으로 그들의 운명을 때리며 그들의 무례에 합당한 정의로운 형벌과 심판을 내리신다.

어떤 사람들은 예수의 반론을 비난한다. "악한 자를 대적하지 말라 누구든지 네 오른편 뺨을 치거든 왼편도 돌려 대라"(마 5:39)는 자신의 가르침과 모순되기 때문이다. 이에 대하여 칼뱅은 이 가르침이 "악의에 차 있는 자들에게 손해를 [계속] 입히도록 명령하는 것"이 아니라고 해석한다. 이는 "첫 번째 상처를 보복하는 것이 아니라 두 번째 상처도 견뎌낼 각오를 하고 있으라"는 말씀이기 때문에 "부당한 대우를 받을 경우"에는 "복수심과 분노의 지배"를 받지 않으면서 원수의 "부당함을 지적하고 충고해도" 된다고 주장한다. 나아가 정의와 공의를 세우기 위해서는 또다른 위협이 있더라도 당당하게 발언해야 한다. 바울은 예수처럼 벨릭스 법정에서 자신을 고소한 자들의 모순을 조목조목 밝히며 항변했다(행 24:10-21). 만약 부당함을 지적하지 않아서 원수가 계속해서 부당한 짓을 저지하지 않고 저지르게 둔다면 그에게 임할 하나님의 진노도 커지기 때문에 지적과 충고는 보복이 아니라 일종의 원수 사랑이다. 예수는 법정의 부당함을 돌이킬 기회를 베푸셨다. 그러나 대제사장 무리는 그 자상한 배려도 이해하지 못하였다.

24안나스가 예수를 결박한 채로 대제사장 가야바에게 보냈다

안나스는 예수를 심문한 후 어떠한 판결도 내리지 못하고 유죄 입증의 책임을 현직 대제사장 가야바 즉 자신의 사위에게 떠넘겼다. "결박한 채로"라는 저자의 표현에서 우리는 예수를 증인이나 증거도 없이 죄인으로 몰고 죄인 다루듯이 그를 결박한 안나스의 불법과 그 불법의 부당한 지속을 확인한다. 유죄를 입증하지 못했다면 결박을 풀어주며 사죄하고 보상해야 마땅하다. 그러나 안나스의 교만과 체면이 이를 무시하고 거부했다. 돈으로 거래하여 취득한 대제사장 직분을 가진 안나스와 가야바가 마치 조리돌림 하듯이 참되신 대제사장 예수를 이리저리 끌고 다니며 심문하는 모습에는 온 세상이 하나님을 대하는 무례함이 투영되어 있다. 태초에 아담과 하와는 만물의 창조자요 소유자요 주인이신 하나님과 같아지기 위해 그의 말씀을 거부했다. 예수의 시대에는 안나스와 가야바가 무지 속에서 진정한 대제사장 예수와 같아지기 위해 말씀 자체이신 그를 감히 희롱하며 거부한다. 역사는 그렇게 긴 세월이 흘렀으나 한 뼘도 자라지 못한 인류의 패역한 본성을 가감 없이 드러낸다.

요 18:25-40

²⁵시몬 베드로가 서서 불을 쬐더니 사람들이 묻되 너도 그 제자 중 하나가 아니냐 베드로가 부인하여 이르되 나는 아니라 ²⁶대제사장의 종 하나는 베드로에게 귀를 잘린 사람의 친척이라 이르되 네가 그 사람과 함께 동산에 있는 것을 내가 보지 아니하였느냐 ²⁷이에 베드로가 또 부인하니 곧 닭이 울더라 ²⁸그들이 예수를 가야바에게서 관정으로 끌고 가니 새벽이라 그들은 더럽힘을 받지 아니하고 유월절 잔치를 먹고자 하여 관정에 들어가지 아니하더라 ²⁹그러므로 빌라도가 밖으로 나가서 그들에게 말하되 너희가 무슨 일로 이 사람을 고발하느냐 ³⁰대답하여 이르되 이 사람이 행악자가 아니었더라면 우리가 당신에게 넘기지 아니하였겠나이다 ³¹빌라도가 이르되 너희가 그를 데려다가 너희 법대로 재판하라 유대인들이 이르되 우리에게는 사람을 죽이는 권한이 없나이다 하니 ³²이는 예수께서 자기가 어떠한 죽음으로 죽을 것을 가리켜 하신 말씀을 응하게 하려 함이러라 ³³이에 빌라도가 다시 관정에 들어가 예수를 불러 이르되 네가 유대인의 왕이냐 ³⁴예수께서 대답하시되 이는 네가 스스로 하는 말이냐 다른 사람들이 나에 대하여 네게 한 말이냐 ³⁵빌라도가 대답하되 내가 유대인이냐 네 나라 사람과 대제사장들이 너를 내게 넘겼으니 네가 무엇을 하였느냐 ³⁶예수께서 대답하시되 내 나라는 이 세상에 속한 것이 아니니라 만일 내 나라가 이 세상에 속한 것이었더라면 내 종들이 싸워 나로 유대인들에게 넘겨지지 않게 하였으리라 이제 내 나라는 여기에 속한 것이 아니니라 ³⁷빌라도가 이르되 그러면 네가 왕이 아니냐 예수께서 대답하시되 네 말과 같이 내가 왕이니라 내가 이를 위하여 태어났으며 이를 위하여 세상에 왔나니 곧 진리에 대하여 증언하려 함이로라 무릇 진리에 속한 자는 내 음성을 듣느니라 하신대 ³⁸빌라도가 이르되 진리가 무엇이냐 하더라 이 말을 하고 다시 유대인들에게 나가서 이르되 나는 그에게서 아무 죄도 찾지 못하였노라 ³⁹유월절이면 내가 너희에게 한 사람을 놓아 주는 전례가 있으니 그러면 너희는 내가 유대인의 왕을 너희에게 놓아 주기를 원하느냐 하니 ⁴⁰그들이 또 소리 질러 이르되 이 사람이 아니라 바라바라 하니 바라바는 강도였더라

❖ ❖ ❖

²⁵시몬 베드로가 서서 [불을] 쬐는데 사람들이 그에게 말하였다 "너도 그의 제자들 중의 하나가 아니냐?" 그가 부인하며 말하였다 "나는 아니다" ²⁶대제사장의 종들 중의 하나로 베드로가 귀를 자른 자의 친족인데 그가 말하였다 "내가 동산에서 그와 함께 너를 보지 않았느냐?" ²⁷이에 베드로가 다시 부인하자 즉시 닭이 울었다 ²⁸그들이 예수를 가야바에게서 관정으로 끌고 갔는데 [때가] 새벽이었다 그들이 더럽혀짐 없이 유월절 잔치를 먹으려고 자신들은 관정으로 들어가지 아니했다 ²⁹그래서 빌라도가 밖으로 나와서 그들에게 말하였다 "너희는 이 [사람]을 대적하는 어떠한 혐의를 가지고 왔느냐?" ³⁰그들이 그에게 대답하며 말하였다 "이 사람이 행악자가 아니었다면 우리가 당신에게 넘기지 않았을 것입니다" ³¹이에 빌라도가 그들에게 답하였다 "너희가 그를 데려가라 그리고 너희 법을 따라 그를 재판하라" 유대인이 그에게 말하였다 "우리가 누군가를 죽이는 것은 적법하지 않습니다" ³²이는 어떠한 죽음으로 죽을 것인지에 대해 하신 예수의 말씀이 성취되게 하기 위함이다 ³³이에 빌라도가 다시 관정으로 들어갔고 예수를 불러서 그에게 말하였다 "너는 유대인의 왕이냐?" ³⁴예수께서 답하셨다 "너는 스스로 이것을 말하느냐, 아니면 다른 이들이 나에 대하여 너에게 말했느냐?" ³⁵빌라도가 답하였다 "내가 유대 사람이냐? 너의 민족과 대제사장들이 너를 나에게 넘겼는데, 너는 무엇을 하였느냐?" ³⁶예수께서 답하셨다 "내 나라는 이 세상에 속한 것이 아니다 만약 내 나라가 이 세상에 속한 것이라면 내가 유대 사람에게 넘겨지지 않도록 내 종들이 싸웠을 것이다 지금 내 나라는 여기에 속한 것이 아니다" ³⁷빌라도가 그에게 말하였다 "그러면 너는 왕이구나" 예수께서 답하셨다 "내가 왕이라는 것을 네가 말하였다 이를 위하여 나는 태어났고 이를 위하여 세상으로 왔고 진리에 대하여 증언하려 한다 진리에 속한 모든 자는 내 음성을 듣는다" ³⁸빌라도가 그에게 말하였다 "진리가 무엇이냐?" 이것을 말하고 다시 유대 사람에게 나아가 그들에게 말하였다 "나는 그에게서 어떠한 죄도 찾지 못하였다 ³⁹유월절에 내가 너희에게 한 사람을 놓아 주는 관례가 있는데, 너희는 내가 유대인의 왕을 너희에게 놓아 주기를 원하느냐?" ⁴⁰이에 그들이 소리 질러 말하였다 "이 [사람]이 아니라 바라바요" 그런데 바라바는 강도였다

베드로는 예수를 세 번이나 부인한다. 유대인을 대표하는 대제사장 무리는 예수를 안나스와 가야바의 집에서 빌라도의 법정으로 인도한다. 불법적인 처형의 합법적인 승인을 위함이다. 사악하고 비열하다. 나아가 그들은 유월절 잔치에 참여하기 위해 누룩 있는 빵이 있을지도 모르는 이방인의 법정 출입을 자제한다. 그래서 예수만 그 법정으로 들어가게 한다. 구원자는 버리고 빵은 사수한다. 어리석고 유치하다. 빌라도가 예수를 심문한다. 그에게 유대인의 왕이냐고 질문한다. 이에 예수는 자신의 나라가 세상에 속하지 않았다는 특이한 말로 답하신다. 그 나라는 빵과 칼이 아니라 진리로 세워진다. 진리가 질서인 하나님 나라는 빵과 힘의 지배가 질서인 세상과 구별된다. 예수는 그 나라의 왕이시다. 그 나라에서 왕의 자격은 빵도 아니고 칼도 아닌 진리이기 때문이다. 그는 그 진리를 증거하기 위해 오셨다고 한다. 이에 빌라도는 질문한다. "진리가 무엇이냐?" 자의이든 타의이든 빌라도는 예수의 답변을 듣지 못하였다. 그런데도 빌라도는 예수의 무죄를 선언한다.

²⁵시몬 베드로가 서서 [불을] 쬐는데 사람들이 그에게 말하였다 "너도 그의 제자들 중의 하나가 아니냐?" 그가 부인하며 말하였다 "나는 아니다"

베드로가 다시 예수를 부인한다. 조금 전에는 예수의 "제자들 중의 하나가 아니냐"고 질문하는 여종 앞에서 "나는 아니다"고 부인했고 지금은 불 쬐는 사람들의 동일한 질문을 듣고 동일하게 부인한다. 그 사람들의 의문은 베드로가 3년 동안 예수와 동행했기 때문에 사실 당연했다. 비록 어두운 새벽이라 할지라도 베드로의 정체를 알아볼 수 있기에는 충분히 밝은 정황이다. 그가 들킨 것은 추위를 녹여줄 것이라고 기대한 불의 밝은 배신 때문이다. 지금 베드로는 사람들의 눈에 예수의 제자라는 사실이 알려졌다. 그러나 예수의 말씀처럼 그가 예수의 사랑을 따라 서로를 사랑했기 때문에 모든 사람에게 알려진 것은 아니었다. 예수의 제자로 알려지되 알려지는 방법이 중요하다. 예수의 측근으로 오래 지냈다는 것에 근거한 알려짐은 증인의 본분과 무관하다. 예수의 성품과 삶에 근거한 제자됨의 알려짐이 참된 증인의 모습이다. 우리도 교회에 오래 다녔다는 사실과 끼니마다 드리는 식기도에 근거하여 주님의 제자됨이 알려지는 것은 제자의 사명과 무관하다. 예수처럼 생각하고 말하고 행하며 살아가는 방식으로 그의 제자됨이 알려져야 한다.

베드로의 두 번째 부인에서 우리는 그의 첫 번째 부인이 우발적인 실수가 아님을 확인한다. 그의 부인은 의도적인 것이었다. 헨리의 말처럼 "악마의 불 곁에 있기를 좋아하는 사람들은 지옥에 던져질 위험이 있기"에 베드로는 불 곁이 아니라 "법정에 서신 주님 곁에 서 있었어야 했다." 배신은 주님의 은총을 만나지 못하면 무덤에 들어갈 때까지 돌이키지 않는다고 한다. 참으로 지독하다. 예수는 그렇게 자신을 기억하여 따라온 베드로에 의해서도 버림을 받으셨다. 다른 제자도 베드로가 받은 동일한 질문을 받았다면 부인했을 가능성이 높다. 세상 죄를 짊어지고 인류를 구원하기 위한 십자가의 발걸음은 이처럼 아무도 동행하지 않는 고독하고 외로운 길이었다. 주님은 세상의 창조도 홀로 행하셨던 것처럼, 세상의 재창조도 홀로 행하신다. 물론 예수는 혼자가 아니시다. 성부와 성령과 함께 행하시기 때문이다. 스킬더의 설명처럼, 죽음의 길을 걷는 예수의 처절한 고독은 우리의 치명적인 고독을 깨뜨리고 하나님과 우리의 영적인 교제를 가능하게 만들었다. 하나님과 타인의 화목을 위해 일하는 우리도 그런 배신과 그런 고독의 비용 지불을 각오해야 한다. 내 곁에는 아무도 없지만 주께서는 내 곁에 계시다는 사실 하나에 만족하며 십자가의 외로운 길을 기쁘게 걸어가야 한다.

26대제사장의 종들 중의 하나는 베드로가 귀를 자른 자의 친족인데
그가 말하였다 "내가 동산에서 그와 함께 너를 보지 않았느냐?"
27이에 베드로가 다시 부인하자 즉시 닭이 울었다

이번에는 대제사장 수하에서 일하는 종들 중의 하나가 의혹을 제기한다. 그는 "베드로가 귀를 자른 자의 친족"이다. 게다가 겟세마네 동산에서 베드로가 예수와 함께 있는 것을 목격한 사람이다. 즉 앙심이 가득한 목격자가 제기한 의혹이다. 베드로가 자른 말고의 귀는 강력한 물증이다. 다스리지 못한 어제의 분노가 오늘의 발목을 붙잡는다. 말고의 친족이 제기한 의혹은 베드로를 보다 고약한 배신으로 떠밀었다. 이번에도 베드로는 예수를 모른다고 시치미를 뗀다. 세 번째 부인이다. 헨리의 묘사처럼, 베드로는 자신에게 명예가 되는 것을 수치로 여겼고 그 명예를 위해 당할지 모르는 고통을 판단의 기준으로 삼아 예수를 부인했다. 이처럼 칼로 일어난 자는 칼보다 더 무서운 것으로 망한다는 진실이 베드로의 간담을 서늘하게 했다. 말고의 귀를 잘랐던 자신의 칼이 더 무서운 배신으로 변하여 자신에게 돌아왔다. 마태의 기록에 의하면, 베드로는 예수를 부인한 것만이 아니라 "저

주하고 맹세하기"(καταθεματίζειν καὶ ὀμνύειν) 시작했다(마 26:74). 생명의 위협이 한 발짝만 더 다가와도 사람은 괴물로 돌변한다. 자신을 지킬 수만 있다면 자신에게 있는 모든 극단적인 카드를 모조리 동원한다. 헨리가 간파한 마귀의 전략처럼, 베드로도 "발각되지 않으려고 악행을 악행으로 은폐한다"(male facta male factis tegere, ne perpluant).

사실 베드로는 예수를 하나님의 아들과 메시아로 고백한 사람이다. 이토록 거룩한 입술의 사람이 저주와 거짓말을 동일한 예수에게 동시에 쏟아냈다. 베드로는 저주와 거짓말이 부족해서 거기에 맹세까지 장착했다. 히브리서 저자의 말처럼, 맹세는 "다투는 모든 일의 최후 확정"이다(히 6:16). 즉 베드로는 예수에 대한 저주와 거짓말을 맹세로 확정하며 논쟁하던 자들과의 다툼을 종료했다. "한 입에서 찬송과 저주가 나온다"는 야고보의 책망에서 베드로는 자유롭지 않다. 그는 이러한 모순적인 처신으로 예수를 버리고 자신의 생명을 보존했다. 베드로가 과연 인간인가! 지금의 문맥에서 보면, 그는 짐승이다. 모든 인간의 내면에는 자신도 알지 못하는, 맹목적인 자기애에 빠진 짐승의 본능, 즉 끔찍한 야수성이 있다. 이것을 자신 안에서 체험한 베드로는 소돔과 고모라의 무법한 자들을 "본래 잡혀 죽기 위하여 난 이성 없는 짐승" 같다고 평가한다(벧후 2:12). 베드로 자신은 유황으로 멸망을 당해도 싸다는 뉘앙스가 이 평가에서 느껴진다.

베드로가 예수를 세 번째 부인한 후에 "즉시" 닭이 새벽을 찢으며 베드로의 수치를 드러냈다. 타이밍이 절묘하다. 새벽에 우는 것은 닭의 습성이다. 그러나 이번에는 베드로를 위한 섭리의 특별한 도구였다. 닭의 울음으로 인해 베드로의 머리에는 "닭 울기 전에 네가 세 번 나를 부인할 것이라"는 예수의 말씀이 떠올랐다(마 26:75). 그 말씀 때문에 그는 "밖에 나가서 심히 통곡"했다(마 26:75). 닭의 울음과 베드로의 극심한 통곡, 절묘한 조합이다. 닭은 울었지만 베드로의 영혼은 더 크게 울었음이 분명하다. 미물의 울음 하나가 한 사람으로 하여금 말씀 앞에 통곡의 무릎을 꿇게 만들었다. 물론 누가는 닭이 운 직후에 "주께서 돌이켜 베드로를 보셨다"(눅 22:61)는 사실을 기록하며 베드로의 기억과 통곡이 주님과의 눈 마주침 덕이라고 설명한다. 종합하면 닭 울음은 베드로의 눈동자를 예수께서 돌이켜 보시는 눈동자로 이끌어서 주님의 말씀도 떠올리고 심한 통곡도 터뜨렸다.

베드로 사건에서 우리는 지극히 사소한 미물도 하나님의 말씀과 연결되면 역사를 움직이는 도구로 쓰인다는 점을 확인한다. 모세의 지팡이도 마른 막대기에 불과한 것이지만 말씀과 섞이니까 바다를 가르는 위대한 도구로 쓰여졌다. 선악과도 하나의 열매에 불과한 것이지만 하나님의 금지령과 섞이니까 인류 역사의 분수령을 이루었다. 사물도 그러한데 하물며 인간은 얼마나 귀한 도구인가? 지극히 작은 자보다 더 작은 자조차도 하나님이 택하시고 말씀을 맡기시면 한 민족이나 시대의 어둠도 너끈히 제거하는 하나님의 의로운 병기로 얼마든지 사용된다. 자신을 함부로 평가하지 말라. 타인은 더더욱 함부로 평가하지 말라.

베드로의 부인에 대한 루터의 설명을 우리는 주목해야 한다. 이 사건의 핵심은 죄 용서의 위로라고 루터는 설명한다. 그에 의하면, "가장 위대한 최고의 사도인 베드로가 다른 사도들에 비해 더 수치스런 죄를 범했으나 그럼에도 불구하고 회복이 되었다"는 것은 이 세상에 주님의 용서를 받지 못할 죄가 하나도 없음을 증명한다. 부인하고 저주하고 맹세하는 배신에도 불구하고 베드로가 주님의 용서를 받았다면 어떠한 지위에 있고 어떠한 중죄를 지은 사람도 주님의 용서를 기대하며 그에게로 돌이킬 용기가 나지 않겠는가! 루터는 만약 그가 "베드로의 초상화를 그릴 수 있다면 그의 머리에 붙은 머리카락 한 올마다 '죄 용서'라는 말을 새길 것"이라고 다짐한다.

²⁸그들이 예수를 가야바에게서 관정으로 끌고 갔는데 [때가] 새벽이었다

그들이 더럽혀짐 없이 유월절 잔치를 먹으려고

자신들은 관정으로 들어가지 아니했다

역사의 무대는 안나스의 집에서 가야바의 집으로 갔다가 이제는 빌라도의 관정으로 이동한다. 저자는 예수를 관정으로 끌고 간 시점이 새벽임을 적시한다. 예수는 한 조각의 수면도 없이 밤새도록 대제사장 무리에 의해 조롱을 당하셨다. 누가의 기록에 의하면, 예수를 "지키는 사람들이 예수를 희롱하고 때리며 그의 눈을 가리고 물어 이르되 선지자 노릇 하라 너를 친 자가 누구냐 하고 이 외에도 많은 말로 욕하였다"(눅 22:63-65). 관정으로 가기 전에 그들은 예수 사건을 공회에 회부했다. 그 공회에서 예수에게 던져진 질문은 그가 그리스도 되심과 하나님의 아들 되심의 여부를 밝히라는 것이었다. 이 질문은 당시의 종교 실세들이 가진 관심사를 잘 드러낸다. 요한은 이 관심사에 최고의 답을 제시하고 증명하는 이 복음서를 저술했다. 그들의 질문에 예수는 "내가 그라"고 답하셨다(눅 22:67-70). 이에 그들은 노발대발 했다. "어찌 더 증거를 요구할꼬, 우리가 친히 그 입에서 들었노라"(눅 22:71). 이 복음서는 그들의 이러한 종교적 광기를 잠재우는 영혼의 수면제다.

이제 진리가 거짓의 심문을 받는 이 조롱은 선수를 교대한다. 유대인의 조롱이 끝나고 이방인 빌라도의 조롱으로 넘어간다. 마태와 마가의 기록에 의하면, 예수를 넘기는 대제사장 무리는 "온 공회와 더불어"(마 15:1) "예수를 죽이려고 함께 의논하고 결박하여 끌고 가서" 빌라도 총독에게 그를 인계했다(마 27:1-2). 여기에서 우리는 로마의 사법적 판결에 맡긴 그들의 목적이 재판의 공정성을 확보하기 위함이 아니라 보다 효과적인 예수 제거라는 사실을 확인한다. 예수를 없애려는 자신들의 불법적인 모략의 적법화를 위함이다. 게다가 예수의 사형 로드맵을 다 짜 놓고 자신들의 손에는 피

를 묻히지 않으려는 저 뻔뻔한 비열함을 보라. 참 가관이다. 이것을 간파한 빌라도는 이후에 유대인 앞에서 손 씻는 행위로 자신이 예수 사건과 무관함을 드러낸다.

마태의 기록에 따르면, 예수께서 빌라도의 관정으로 이송된 직후에 유다가 사망한다. 유다는 자신이 팔아넘긴 예수의 "정죄됨을 보고 스스로 뉘우쳐" 그와 거래한 대금을 대제사장 무리에게 돌려주며 자신이 "무죄한 피를 팔고 죄를 범했다"고 시인했다(마 27:3-4). 그러나 그 무리는 자신들과 상관없는 일이라며 뿌리친다. 유다는 "은을 성소에 던져 넣고 물러가서 스스로 목매어 죽었더라"(마 27:4-5). 누가에 의하면, 유다는 "배가 터져 창자가 다 흘러 나왔다"고 한다(행 1:18). 태어나지 않았으면 좋았을 유다의 종말이 참으로 비참하다. 대제사장 무리는 유다보다 더 악독하다. 유다는 예수를 "무죄한 피"라고 인정했고 그런 예수를 배신한 양심의 가책으로 자살까지 했기 때문이다. 게다가 그들은 자신들의 책임까지 유다에게 전가했기 때문이다. 나중에 예수는 그들의 악독이 빌라도의 악보다도 더 심하다고 평하신다(요 19:11).

대제사장 무리의 비열함은 단순히 유다의 배신과 빌라도의 칼을 이용하는 것에서 끝나지 않고 빌라도의 관저로 들어가는 것을 회피한 행위에서 강화된다. 그들의 회피는 그 관저가 할례 받지 않은 이방인의 공간이고 누룩이 있을 것이라고 생각했기 때문이다. 유대인은 유월절 규례를 따라 "첫날부터 일곱째 날까지 유교병(즉 누룩 있는 떡)을 먹는 자는 이스라엘에서 끊어진다"(출 15:12). 그래서 유월절에 그들은 누룩 있는 빵이 있는 이방인의 집에 출입하는 것을 금하였다. 그런데 이러한 생각은 입으로 들어가는 것이 아니라 입에서 나오는 그것이 사람을 더럽게 하는 것이라(마 15:11)는 예수의 말씀과 정면으로 대치되는 착각이다. 대제사장 무리가 관저 출입을 회피한 목적은 유월절 잔치를 먹기 위함이다. 바울의 말처럼, 십자가의 원수로 행하는 자들의 신은 과연 위장이다(빌 3:19). 잔칫상에 참여하기 위해서는 그렇게도 지극한 정성과 예를 갖추면서 영혼의 양식과 음료로서 자신을 주신 예수라는 하늘의 유월절 잔치는 홀대하니, 얼마나 우매한 자들인가! 사람이 떡으로만 사는 게 아니라 하나님의 말씀이 영원한 생명의 양식임을 대제사장 무리가 모른다면 누가 알겠는가! 그들이 무지하면 유대인 전체의 무지는 얼마나 심각할까!

칼뱅은 이들이 유월절 규례를 따라 모든 불결을 멀리한 것에 대해서는 그들의 신앙으로 기꺼이 인정한다. 그러나 두 가지의 치명적인 문제를 지적한다. 첫째, 특정한 장소를 피하는 방식으로 불결을 멀리하려 하였지만 가장 심각한 불결함이 지극히 가까운 그들의 내면에 있다는 사실에 대해 그들은 무지했다. 둘째, 외적인 정결함 유지는 내적인 정결함에 대한 사랑과 갈망을 위한 것이라는 성경의 보다 중한 의도에 대해 그들은 무지했다. 이 두 가지는 위선자의 대표적인 특징이다. 예수의 말처럼, 맹인 된 인도자인 그들은 안식을 지키려고 하루살이 미물은 걸러내도 낙타는 꿀꺽 삼키는 자들이다(마 23:24). 칼뱅의 말처럼, 이런 자들은 "사람 죽이는 것보다 파리 죽이는 것을 더 중한 죄로 여기기 마련이다." 그림자에 불과한 유월절의 겉치레 준수에는 혼신을 쏟으면서 그 그림자의 실체이신 예수, 그들을 구원하실 유월절의 진정한 주인공은 불결한 것으로 여기며 없애려는 그들의 어리석은 비열함이 부끄러운 밑을 드러내는 상황이다.

²⁹그래서 빌라도가 밖으로 나와서 그들에게 말하였다
"너희는 이 [사람]을 대적하는 어떠한 혐의를 가지고 왔느냐?"
³⁰그들이 그에게 대답하며 말하였다
"이 사람이 행악자가 아니었다면 우리가 당신에게 넘기지 않았을 것입니다"

빌라도가 관저로 들어오지 않은 자들을 만나려고 밖으로 나온 것은 그들에 대한 존중과 배려였다. 빌라도는 사태를 어느 정도 감지하고 있었지만 어떠한 혐의로 예수를 대적하고 고소하는 것인지, 그 구체적인 진상을 파악하기 위해 질문한다. 원고의 말을 먼저 듣고 피고의 말을 들으려는 이런 태도는 법을 다루는 공직자의 기본이다. 대제사장 무리가 바울에 대하여 고소하고 정죄할 때에도 총독 베스도는 "무릇 피고가 원고들 앞에서 고소 사건에 대하여 변명할 기회가 있기 전에 내주는 것은 로마 사람의 법이 아니라"고 했다(행 25:16). 그러나 빌라도의 질문에 대해 대제사장 무리는 명확한 증거도 제시하지 못하면서 예수를 "행악자"로 규정한다. 행악의 구체적인 내용에 대해 누가의 기록에 의하면, 그들은 1) 예수가 유대인을 미혹하고 2) 로마 황제에게 세금 바치는 것을 금지하고 3) 자칭 왕이요 메시아라 우겼다고 주장했다(눅 23:2). 그들은 가난하고 연약하고 천한 사람들을 살리시고 먹이시고 세우시고 도우시고 일으키신 예수를 있는 그대로 인정하는 것은 고사하고, 무죄 추정의 기본적인 원칙도 무시한다. 그들은 '우리가 예수가 행악자도 아닌데 고발을 남발하는 무분별한 자들 같으냐'는 어투로 불편한 심기까지 드러낸다.

하지만 자신들이 무엇을 하더라도 무조건 옳은 것이라고 신뢰해 주기를 바라는 대제사장 무리의 태도는 칼뱅의 말처럼 "술 취한 교만"이다. 자신들이 뭐 그리 대단한 지성과 권위를 지녔길래 한 사람의 생사가 걸린 고발에 묻지도 말고 정당한 토도 달지 말라는 고압적인 자세를 취하는가! 종교의 권력이 고발하면 세속의 권리는 아무리 순결한 사람도 무조건 죄인으로 여기고 유죄의 물증도 없이 정죄해야 한다는 말인가? 터무니가 없어도 유분수지, 자신들이 고발하면 무조건 행악자가 된다는 억지를 부리는 그들이 믿는 구석은 도대체 무엇인가? 이런 자의적인 정당성을 자신에게 돌리는 유대교 지도층의 오만한 습성은 당시의 유대사회 전반에 스며들어 있지 않았을까? 지도층의 위선과 교만은 모든 시대와 지역에서 사회를 병들게 하는 원흉이다.

³¹이에 빌라도가 그들에게 답하였다 "너희가 그를 데려가라

그리고 너희 법을 따라 그를 재판하라" 유대인이 그에게 말하였다

"우리가 누군가를 죽이는 것은 적법하지 않습니다"

빌라도는 예수를 이미 행악자로 규정한 대제사장 무리에게 예수를 데려 가
서 그들의 법을 따라 재판할 것을 명하였다. 이는 자기들이 이미 유죄로 판
결해 놓은 사안에 대해 '총독은 사법적 들러리나 서라'는 뉘앙스로 들려 불
쾌한 마음을 드러낸 빌라도의 명령이다. 또한 칼뱅의 지적처럼 "그들의 야
만성과 횡포를 괘씸하게 생각한 나머지 그들이 강요하는 식의 사형은 모
든 민족과 인간 감정의 일반적인 법칙에 위배됨을 언급하며 책망하고 있
다." 헨리는 빌라도의 이 발언을 "아마 너희 법으로는 이러한 재판이 허용
되는 모양이다. 우리 법으로는 허용될 수 없어"라는 뜻이라고 설명한다. 하
나님의 고결한 법을 맡은 대제사장 무리는 지금 세속의 법을 주관하는 총
독보다 못한 법 정신을 가지고 유치한 판결권을 행사하고 있다. 열방에 복
이 되어야 할 유대인의 대표들이 이 무슨 행패이고 주책인가! 너무도 부끄
럽다. 오늘날 교회의 법적인 판단력도 이들의 그것과 비슷하다. 세속적인
법 정신의 평균치에 미치지도 못하는 몰상식한 판단력을 교회가 하나님의
이름으로 행사한다. 성 범죄와 공금 횡령과 건축법 위반이 대표적인 사례
이다. 상식에 근거한 대법원의 판결이 내려져도 하나님의 뜻과 영권을 운
운하며 무시한다. 법에 대해서도 세상의 빛과 소금이 되어야 할 하나님의
법이 교회로 말미암아 세상의 모독을 당하는 안타까운 시국이다.

　　빌라도의 재판 거부에 대하여 대제사장 무리는 "누군가를 죽이는" 법적
인 권한이 자신에게 없다며 항변한다. 이 항변은 유대인이 자국민에 대해
서도 법적 통치권을 잃었다는 사실을 증거한다. "규가 유다를 떠나지 아니
하며 통치자의 지팡이가 그 발 사이에서 떠나지 않기를 실로가 오기까지
이르리니 누가 그를 범할 수 있으랴"(창 49:10)는 야곱의 예언이 무색해진

상황이다. 나아가 죽이는 법을 운운한 그들의 언술에서 그들이 예수의 형량에 대해 사형 언도까지 내렸다는 사실도 확인된다. 이는 예수를 행악자로 규정하고 유죄를 판결한 것만이 아니라 사형까지 이미 확정한 유대인의 엉터리 법 의식과 불법적인 법 집행에 대한 자백이다. 예수를 죽일 수만 있다면 어떠한 수치도 뒤집어쓸 무모한 각오가 되어 있지 않고서야 어찌 이런 말을 망설임도 없이 내뱉는가!

32이는 어떠한 죽음으로 죽을 것인지에 대해 하신
예수의 말씀이 성취되게 하기 위함이다

저자의 설명에 의하면, 지금의 상황은 예수께서 자신의 죽음에 대하여 말씀하신 것의 성취를 위한 과정이다. 어떠한 말씀인가? 마태의 기록에 의하면, 예수는 "인자"가 대제사장 무리가 "죽이기로 결의하고" 이방인의 손에 넘겨지고 조롱과 채찍질을 당하시고 십자가에 못 박혀 죽을 것이라고 말하셨다(마 20:18-19). 예수는 자신의 죽음을 아셨고 어떠한 과정을 거쳐서 언제 그리고 어떻게 죽으실 것도 아셨으며 그래서 그 모든 것들에 대해 미리 말하셨다. 대제사장 무리의 불법적인 기소와 체포와 결박과 구속과 판결 그리고 빌라도의 법정에 서서 심문을 당하시는 모든 부당함은 그 자체로 하늘의 형벌이 마땅한 악이지만 섭리의 관점에서 보면 말씀이 성취되는 과정이다. 여기에서 나는 역사의 올바른 이해를 위해서는 두 측면을 함께 보아야 함을 깨닫는다. 동시에 하나님을 범사에 인정하면 아무리 부당하고 억울한 상황도 하나님의 선을 이루는 도구로 쓰여질 수 있고 그런 상황 속에서도 평강을 유지하며 기뻐하고 감사할 수 있음을 깨닫는다.

본래 예수는 아버지의 뜻을 이루시고 구약에 기록된 예언을 이루신다. 그런데 예수께서 자신이 하신 말씀도 이루실 것이라고 저자는 설명한다.

이 설명에는 그가 하나님의 아들 되심이 암시되어 있다. 에스겔의 기록이다. "내가 생전에 말하고 이루리라 나 주 여호와의 말이니라"(겔 12:25). 하나님은 말하시고 이루시는 주체시다. 요한에 의하면, 예수도 그런 분이시다. 하나님의 아들 예수의 모든 말씀은 하나도 성취되지 않음이 없고 전부가 반드시 성취된다.

대제사장 무리가 빌라도의 판결을 요청하고 그 판결에 근거하여 예수께서 십자가 처형으로 죽임을 당하시는 것은 새로운 것이 아니라 예정된 하나님의 섭리였다. 가야바는 한 사람 예수의 죽음이 민족을 위한 것이라고 축소해서 말했지만 그 죽음이 실제로는 한 민족만이 아니라 온 세상의 만민을 위한 죽음이다. 유대인의 판결을 따라 돌에 맞아 죽었다면 한 민족에 국한된 의미만 가질 수 있겠으나 당시 세계의 패권을 장악하고 있는 로마의 법을 따라 죽으시기 때문에 그 의미는 온 세계에 적용된다. 그래서 박윤선의 말처럼, 예수는 "유대의 성전 그늘 속에서 죽으시지 않고, 혹은 랍비의 학교에서 죽으시지 않고 온 세계의 밝은 해 아래서 죽으"신다. 크루시거의 말처럼, 유대인과 이방인 즉 인류 전체가 예수의 죽음에 대해 유죄이며, 예수는 "인류 전체에서 모든 사람들의 죄를 위하여 고통을 당하신다." 예수의 말씀은 그렇게 성취된다.

33이에 빌라도가 다시 관정으로 들어갔고 예수를 불러서 그에게 말하였다 "너는 유대인의 왕이냐?" 34예수께서 답하셨다 "너는 스스로 이것을 말하느냐, 아니면 다른 이들이 나에 대하여 너에게 말했느냐?"

대제사장 무리와 이야기를 끝낸 빌라도는 다시 관정으로 들어가 예수를 심문한다. 예수가 왕이라고 말했다는 무리의 주장을 확인하기 위해 피고에게 질문한다. "너는 유대인의 왕이냐?" 그런데 빌라도의 이 질문이 무리의 말과 다르다는 사실이 확인된다. "자칭 왕"(λέγοντα αὐτὸν βασιλέα)이라는 무리의 말과 "유대인의 왕"이라는 빌라도의 말 사이에는 미묘한 차이가 감지된다. 유대인은 예수의 왕 되심 자체를 거부하고, 빌라도는 혹시 예수가 왕이라고 할지라도 유대인과 같은 하나의 작은 민족에게 왕일 뿐이라는 점을 강조한다. 유대인의 경우에는 "자칭 왕"이라는 표현으로 예수가 왕이라는 것은 예수 자신의 주관적인 허풍일 뿐이라는 것을 강조한다. 빌라도의 경우, 가이사 외에는 어떠한 왕도 없다는 입장을 고수해야 하는 주관성이 질문을 주관하고 있다.

예수는 빌라도의 질문 자체에 물음표를 단다. "유대인의 왕"이라는 표현을 빌라도가 스스로 말하는 것인지 아니면 다른 사람들의 입에서 나온 것인지를 확인하는 의문이다. 토마스의 분석처럼, 스스로 말한 것이라면 몰라서 한 질문이고, 들은 것을 말한 것이라면 아는 것을 확인하는 질문이다. 그러나 이 두 가지가 섞여 있을 가능성도 있다. 빌라도는 유대인이 예수의 "자칭 왕"이라는 주장을 알려 주었기 때문에 예수가 "유대인의 왕이냐"는 질문을 던져 당사자의 입장을 확인하고 싶어했다. 동시에 빌라도는 예수가 "유대인의 왕"이라는 것의 진위를 정확히는 모르기 때문에 알기를 원하였다. 인생에는 자신의 고유한 질문을 가지는 게 중요하다. 그 질문에 답하는 여정이 인생이기 때문에 어떤 것을 묻느냐가 인생을 좌우한다.

정치적인 상황을 본다면, 당시에는 헤롯이 이미 유대인의 왕이었다. 예수가 유대인의 왕이라면 헤롯의 경쟁자가 생기는 일이어서 정치권의 파장이 예상된다. 어쩌면 다수의 대제사장 제도가 이미 유대인의 현실인 비정상적 상황에서 다수의 왕 체제는 그리 놀라운 일이 아니었다. 어쨌든 빌라도는 예수에 대한 심문이 끝난 이후에 예수가 갈릴리 사람이고 "헤롯의 관할에 속한 줄을 알고 헤롯에게" 그를 이송한다(눅 23:7). 이전에는 정치적 앙숙이던 헤롯과 빌라도가 예수를 다룸에 있어서는 "서로 친구"로 변하였다(눅 23:12). 악인들이 악을 도모함에 있어서는 찰떡 궁합처럼 절친이 되는 현상은 신비롭다. 그러나 지혜자는 악인이 어두운 공모의 손을 잡더라도 벌을 면하지 못한다고 가르친다(잠11:21).

35빌라도가 답하였다 "내가 유대 사람이냐?
너의 민족과 대제사장들이 너를 나에게 넘겼는데, 너는 무엇을 하였느냐?"

예수의 반문은 빌라도를 당황하게 만들었다. 빌라도는 중심이 들킨 것처럼 뜨끔했다. 의중을 파고드는 예수의 반문이 예리했기 때문이다. 그리고 심문하는 자가 오히려 심문을 당하는 불쾌한 상황 때문이다. 그래서 숨다가 들킨 사람처럼 신경질을 부리듯이 자신은 유대인이 아니어서 그 따위 사안에는 관심이 없다는 뉘앙스로 다시 질문한다. 실제로 유대인의 왕 문제는 로마인이 힘써 궁금해 할 사안은 아니었다. 빌라도는 그 문제에 신경이 곤두선 유대인과 대제사장 무리가 그 문제 때문에 예수를 자신에게 넘겼다고 설명한다. 유대인의 왕이라는 죄목으로 고발한 자는 자신이 아니라 예수의 동포라고 명시한다. 그리고 그는 예수가 무슨 짓을 저질러서 이렇게 넘겨진 것인지에 대해 질문한다. 이는 유대인의 왕이라면 그들의 추앙을 받아야 하는데 오히려 고소를 당했다면 분명히 어떤 심각한 잘못을 저질렀을 것이라는 짐작이 던진 질문이다. 이처럼 "유대인의 왕이냐"는 질문에서 예수의 잘못에 대한 추궁으로 심문의 초점이 바뀌었다.

36예수께서 답하셨다 "내 나라는 이 세상에 속한 것이 아니다 만약 내 나라가 이 세상에 속한 것이라면 내가 유대 사람에게 넘겨지지 않도록 내 종들이 싸웠을 것이다 지금 내 나라는 여기에 속한 것이 아니다"

빌라도의 질문은 반응하는 것 자체가 함정일 수 있는 질문이다. 유대인의 민족적인 왕인지 아닌지의 여부는 중요하지 않기 때문이다. 그래서 예수는 빌라도의 머리에서 일어날 오해를 방지하기 위해 보다 근원적인 내용부터 밝히신다. 왕과 나라는 연동되어 있다. 예수는 왕에 관한 빌라도의 질문을 발판으로 삼아 하나님 나라의 비밀을 밝히신다. 이는 사람의 우매한 질문도 승화시켜 하늘의 진리를 가르치는 계기로 삼으시는 예수의 지혜와 실력이다. 예수는 하나님 나라를 "내 나라"라고 말하신다. "그 나라 내 것"(ἡ βασιλεία ἡ ἐμή)이라는 번역도 가능하다. 1인칭 단수 소유형용사가 붙은 "내 나라"는 자신이 그 나라의 유일한 왕이라는 사실을 암시하는 표현이다. 왕으로서 예수는 자신의 나라가 "이 세상에 속한 것"이 아니라고 답하신다. 이는 그 나라의 출처 혹은 기원(ἐκ)이 세상이 아님을 의미한다. 루터의 말처럼 예수의 나라는 이 세상에 속하지 않았기 때문에 이 세상과 더불어 멸망하지 않고 이 세상과 무관하게 영원히 존속된다. 그런데 모든 나라가 이 세상에 속한다는 것은 상식이기 때문에 예수의 이 설명이 빌라도의 귀에는 너무도 생소했다. 이 세상의 영토와 국민과 주권으로 구성되지 않은 나라가 있다는 것 자체가 모든 사람의 귀에 신비로운 주장이다.

만약 예수의 "나라가 이 세상에 속한 것이라면" 자신이 유대 사람에게 넘겨지지 않았을 것이라고 한다. 왜냐하면 예수의 종들이 이 세상에 있었을 것이고 그들이 자신들의 왕 예수를 죽이려는 유대인을 가만두지 않았을 것이기 때문이다. "종"이라는 말도 예수께서 그 나라의 왕이라는 사실을 암시하는 표현이다. 이 "종들"은 "섬기는 영" 즉 모든 천사들을 의미한다(히 1:14). 이 천사들은 하늘만이 아니라 이 땅에서도 예수를 위해 활동한다. 이는 예수께서 세상으로 들어오실 때에 "하나님의 모든 천사들이 그에게 경배"했고(히 1:6) 광야에서 시험을 끝내신 예수를 "천사들이 나아와서 수종"든 사실에서 확인된다(마 4:11). 그럼에도 불구하고 예수의 그 종들이 붙잡히신 그를 구하기 위해 싸우지 않는 것은 구약에 예언된 아버지의 뜻을 이루기 위함이다(마 26:54).

빌라도 앞에서는 예언의 성취에 대해 말씀하지 않으셨고 다만 "지금 내 나라는 여기에 속한 것이 아니다"는 사실만 밝히셨다. 이 사실은 예수가 로마의 황제를 대체하는 동급의 어떤 왕이 아니며 특정한 민족에 국한된 왕도 아니라는 점을 강조한다. 이로써 예수는 이 세상에 속한 국가를 세울 마음이 전혀 없고, 칼뱅의 설명처럼 반란을 선동하여 로마를 전복시킬 반정부의 괴수도 아니기 때문에 빌라도가 자신의 관할구역 내에서의 정치적 소요를 걱정할 필요가 없음을 알리신다. 이 땅에서 벌어지는 싸움은 대체로 지상적인 나라와 관계되어 있다. 하늘에 속한 나라의 가치와 의미 때문에 싸우는 경우는 희박하다. 이 땅에서는 한 자리를 차지하고, 두둑한 이권을 탐하고, 자신의 감정을 하나라도 건드리면 분노하고 보복하는 자들 사이에 다툼이 발생한다. 그런 다툼으로 세워진 세상의 나라는 살얼음판 수명을 잇다가 그런 다툼으로 또 자멸한다.

그러나 우리가 하나님의 나라와 의미를 추구하면 반드시 평화로운 샬롬의 상태에 도달한다. 왜냐하면 예수의 나라에는 세상의 그 어떠한 나라도 공격할 수 없고 정복할 수 없어서 결코 무너지지 않는 영속성이 있기 때문이다. 외부의 어떠한 것에 의해서도 흔들림이 없는 이유는 그 나라가 이 세상의 이곳이나 저곳이 아니라 "너희 안에" 있기 때문이다(눅 17:21). 그 나라는 육적이지 않고 영적이기 때문이다. 그 나라에는 영적인 권세를 행사하고 영적인 다스림이 있고 영적인 부를 향유하고 성령의 가르침을 따라 영적인 방향과 목적을 추구하기 때문이다. 칼뱅의 말처럼, 그런 나라는 칼로 세워지지 않고 순교자의 피로 건설되고 확장된다. 피 흘림의 영적인 사하심을 따라 유지되는 나라이기 때문이다. 그래서 예수는 베드로의 칼을 거두라고 명하셨다.

> 37빌라도가 그에게 말하였다 "그러면 너는 왕이구나" 예수께서 답하셨다
> "내가 왕이라는 것을 네가 말하였다 이를 위하여 나는 태어났고
> 이를 위하여 세상으로 왔고 진리에 대하여 증언하려 한다
> 진리에 속한 모든 자는 내 음성을 듣는다"

빌라도는 예수의 나라가 세상에 속하지 않았다는 사실과 예수가 어떤 신비로운 나라의 왕이라는 사실을 인지했다. 그러나 아우구스티누스는 빌라도의 인식이 "세상에 속한 사람"의 "세속적인 생각"일 뿐이라고 해석한다. 빌라도는 자신의 경험세계 속에서 예수의 말씀을 이해했을 것임은 분명하다. 그런데 문제는 빌라도가 예수의 나라를 자신과 무관한 것으로 여겼다는 사실이다. 세상에 속하지 않아서 세상의 그 무엇에 의해서도 좌우되지 않는 그런 평화의 나라를 그가 알았다면 열렬히 사모해야 했다. 그 나라에 속하려는 뜨거운 갈망이 내면에서 격동해야 했다. 하지만 빌라도의 답변은 예수의 왕 되심만 막연히 인지한다.

이에 예수는 "내가 왕이라는 것을 네가 말하였다"고 답하신다. 공관복음 저자들에 의하면, 예수는 "네 말이 옳도다"고 답하셨다(막 27:11, 15:2; 눅 23:3). 그래서 예수께서 자신이 유대인의 왕이라는 질문에 수긍하신 것이라고 생각하기 쉽다. 그러나 우리는 요한의 기록을 통해 예수는 자신이 특정한 민족 즉 유대인의 제한적인 왕이 아니라 이 세상에 속하지 않은 자기 나라의 우주적인 왕이라는 개념에 "옳다"고 수긍하신 것임을 확인한다. 예수는 유대인의 헤롯이나 로마의 가이사와 구별되는 하나님 나라의 왕이시다. 빌라도의 우문과 예수의 현답이 만나면 이렇게 문답의 엇갈림이 발생한다.

예수는 하나님 나라의 왕이 되시려고 태어났고 이를 위하여 세상으로 왔고 "진리에 대하여" 증언하기 위해 오셨다고 한다. 예수는 왕궁이 아니라 마구간을 출생지로 삼은 왕이시다. 곤룡포가 아니라 종의 형체를 입으신 왕이시다. 용맹한 군주가 아니라 연약한 아기의 모습으로 오신 왕이시다. 부귀와 영화가 아니라 고난을 당하시고 죽음을 당하시기 위해 오신 왕이시다. 이러한 출생과 오심의 목적은 진리를 증거하기 위함이다. 경제력과 군사력을 키워서 부국과 강병을 이루고 타국을 무찌르고 파괴하고 정복하고 약탈하는 세속적인 나라의 왕이 아니시다. 진리를 세우고 진리를 증거하고 진리가 다스리는 나라의 왕이시다. 칼로 세워지지 않기 때문에 칼로 망하지도 않으신다. 그러한 진리가 세우고 주관하고 다스리고 이끄는 나라, 생각만 해도 짜릿하다. 거짓이 인두겁을 쓰고 왕 노릇하는 세상 나라와는 완전히 다른 나라가 있다는 사실이 우리의 희망이다.

진리의 나라를 세우시고 이끄시는 왕으로서 예수는 "진리에 속한 모든 자"를 모으신다. "진리에 속한 모든 자"는 세상의 창조 이전에 영원 속에서 이루어진 삼위일체 하나님의 작정을 따라 택하심을 받은 자들을 의미한다. 진리에 속한 자의 여부를 식별하는 것은 예수의 권한이다. 모으시는 방식은 그의 음성이다. 진리에 속한 모든 자는 진리의 음성을 듣고 자신의 거짓을 인정하고 회개하며 그 진리 가운데로 나아온다. 진리는 죄악을 제거하고(잠 16:6), 거룩함을 제공한다(요 17:17). 믿음은 진리의 성령으로 말미암아 이 진리의 들음에서 나오며 그 믿음으로 말미암아 하나님의 자녀가 되는 권세, 즉 천국의 시민권을 취득한다.

³⁸빌라도가 그에게 말하였다 "진리가 무엇이냐?" 이것을 말하고
다시 유대 사람에게 나아가 그들에게 말하였다
"나는 그에게서 어떠한 죄도 찾지 못하였다

빌라도는 진리에 속한 자들로 구성되는 진리의 나라에 관한 예수의 설명을 듣고 질문한다. "진리가 무엇이냐?" 이 복음서에만 기록된 질문이다. 칼뱅은 이 질문을 '진리 따위가 뭐냐'는 비아냥 화법의 일환으로 이해하고 이 "빌라도의 질문은 경멸적인 것"이라고 해석한다. 이는 빌라도가 "진리에 대한 지식이 자신에게 없음을 드러낸 것을 적잖은 모욕으로 여겼기" 때문에 나온 말이라고 한다. 이런 해석의 근거로서 칼뱅은 빌라도가 이 질문을 던지고 밖으로 나갔다는 점을 지적한다. 빌라도는 실제로 관정을 벗어나 유대 사람에게 나아갔다. 그리고 칼뱅은 진리에 대한 빌라도의 무지와 경멸이 인류의 보편적인 것이라고 주장한다. 그 이유는 기독교 진리의 요체가 "인류에게 선언된 저주, 본성의 타락, 육신의 억제, 거듭남, 유일한 희생 제사를 통한 값없는 화해, 의의 전가, 성령의 조명" 등인데, 이것들은 모두 사람의 이성을 불편하게 만드는 역설이기 때문이다.

칼뱅의 주장과 다른 가능성의 하나로서, 나는 빌라도의 질문이 진지한 호기심의 발로라고 생각한다. 빌라도는 예수와 대화를 나누면서 그의 범상치 않음을 감지했고 그의 발언에 진지한 귀를 기울였다. 물론 빌라도는 진리에 관한 질문을 던지고 예수의 답을 듣지는 못하였다. 아우구스티누스는 빌라도가 예수의 답을 기다리지 않은 것이라고 해석한다. 그러나 예수의 의도적인 침묵일 가능성도 있다. 즉 예수는 빌라도가 진리를 알도록 대답하지 않으시고 침묵으로 그 진리를 가리셨다. 어쩌면 빌라도가 진리에 속한 자가 아니었기 때문에 진리의 음성을 들려주지 않으신 것인지도 모르겠다. 빌라도는 만약에 진리를 알았다면 "영광의 주를 십자가에" 내어주는 일은 없었을 것이기 때문이다(고전 2:8). 결국 예수의 죽음이 무산되어 우리의 죄도 해결되지 못하였을 가능성이 농후하다. 빌라도는 십자가 처형을 언도한 제도적인 권세자다. 그는 진리를 몰라야만 했다. 동시에 빌라도는 "그에게서 어떠한 죄도 찾지 못하였다." 진리는 몰랐어도 예수에게 죄가 없다는 사실은 알고 회중에게 선언했다. 이는 예수의 무죄에 대한 선언이다. 이처럼 빌라도는 사형과 무죄를 동시에 결정한, 일관성 없는 모순적인 사람이다.

예수는 아버지 하나님 앞에서도 죄가 하나도 없으셨고 로마법 앞에서도 걸리는 죄가 하나도 없으셨다. 예수의 결백에 대한 빌라도의 제도적인 확증은 성도의 삶에 있어서 중요한 모범이다. 우리는 세속의 권세를 그리스도 안에서 존중해야 한다. 바울의 말처럼, 위로부터 아버지로 말미암지 않은 권세가 하나도 없기 때문이다(롬 13:1). 동시에 우리는 사람의 말보다 하나님의 말씀을 들어야 한다는 상위법 개념은 고수해야 한다. 하지만 하나님의 법을 따른다는 명분을 내세우며 합당한 사회법을 위반하는 것은 주의해야 한다. 이런 위반을 두둔하고 옹호하는 것은 하나님의 이름이 세상 속에서 교회로 말미암아 모독을 당하는 원인으로 작용한다.

예수를 따르는 제자라면 세상보다 더 엄격한 기준을 범사에 적용해야 한다. 유능한 법조팀을 앞세워 불법을 밥 먹듯이 자행하는 거대한 교회가 있다면 예수 시대의 서기관과 바리새인 같이 자신들도 하나님의 나라에 들어가지 않고 들어가려 하는 자들도 막는 파렴치한 마귀의 졸개임이 분명하다. 교회는 지극히 고결한 하나님의 법을 준수하고 집행하는 기관이다. 행위의 가치와 의미를 관리하는 사회법 정도가 아니라 영혼도 벌거벗은 것처럼 드러내고 판단하며 제어하는 하늘의 법을 관리한다. 그러므로 바울은 교회가 세상을 판단할 정도로 높은 수준의 법 의식과 분별력을 갖추어야 한다고 강조한다. 나아가 땅의 존재만이 아니라 하늘의 천사들도 판단할 정도의 수준에 이르러야 한다고 가르친다(고전 6:2-3). 그런 교회가 세상의 법망을 피하기 위해 야비한 꼼수나 피우고 세속적인 불법의 세탁소 노릇이나 하면 되겠는가! 그럴 바에야 차라리 교회 문 닫는 게 낫지 않겠는가!

> ³⁹유월절에 내가 너희에게 한 사람을 놓아 주는 관례가 있는데,
> 너희는 내가 유대인의 왕을 너희에게 놓아 주기를 원하느냐?”
> ⁴⁰이에 그들이 소리 질러 말하였다 “이 [사람]이 아니라 바라바요”
> 그런데 바라바는 강도였다

예수의 무죄를 선언한 이후에 그를 석방하고 싶은 묘안이 빌라도의 머리에 떠올랐다. 구속된 혹은 투옥된 죄수들 중에 한 사람을 유월절에 석방하는 관례였다. 칼뱅의 평가처럼, 이런 관례는 “유월절에 대한 형편없이 천박한 오용이다.” 유월절은 피의 희생으로 말미암아 하나님의 사면이 이루어진 최고의 명절이다. 그런데 마태의 기록에 의하면, 이 관례에서 석방할 죄수의 선택은 “무리의 청원”에 근거한다(마 27:15). 사람이 무슨 권한으로 죄 있는 자를 죄 없는 자라고 석방하는 가증한 불법을 범하는가! 요한의 기록에 의하면, 빌라도는 석방의 대상으로 “유대인의 왕” 하나만 제안한다. 그러나 마태의 기록에 의하면, 바라바와 예수를 석방의 후보로서 나란히 언급한다(마 27:17). 이렇게 말한 이유에 대해서는 “그가 그들의 시기로 예수를 넘겨 준 줄 알았기” 때문이다(마 27:18). 처음에 빌라도는 예수를 사형에 처하도록 무리에게 넘기려는 의도를 가졌음이 분명하다. 그러나 그때 그의 아내가 흉한 꿈을 꾸고 “저 옳은 사람에게 아무 상관도 하지” 말라며 그를 저지했다(마 27:19). 동시에 대제사장 측에서는 “무리를 권하여 바라바를 달라 하게 하고 예수를 죽이자”는 방향으로 무리를 충동했다(마 27:20). 양 진영의 팽팽한 대립 속에서 빌라도는 놓아 주기를 원하는 대상이 둘 중에 누구냐고 다시 무리에게 질문한다. 대제사장 측의 사주를 받은 무리는 주저하지 않고 바라바를 택하였다.

바라바는 "민란과 살인으로 말미암아 옥에 갇힌" 사람이다(눅 23:19). 죄질이 나쁘고 십자가 처형을 당해도 마땅한 사람이다. 그런데 당시의 종교계를 대표하는 사람들, 유대 사회를 이끄는 사람들은 법적으로 완전히 무죄한 사람 예수를 선택하지 않고 바라바를 선택했다. 사람의 선택은 언제나 내적인 기호의 표출이다. 진리가 선택하지 않고 정의가 선택하지 않고 자비가 선택하지 않고 정직이 선택하지 않고 자신의 기호가 선택의 주체이기 때문이다. 석방의 대상에 대해서도 사람들은 의로운 자의 석방이 아니라 자신에게 유리한 자의 석방을 선택한다. 대제사장 무리의 기호는 무죄하고 의롭고 자비로운 예수가 아니라 자신들의 말을 고분고분 들을, 흠 많고 불의하고 잔인한 바라바를 선택했다. 그런 부끄러운 기호의 노출이 부끄러운 줄도 모를 정도로 그들은 예수에 대한 살기에 도취되어 있다.

예수의 운명이 결정되는 순간에 음모가 개입한다. 예수는 이 음모를 아셨지만 밝히 드러내어 완수되지 못하도록 만들지 않으셨다. 왜냐하면 사람의 조잡한 음모를 드러내고 저지하는 것이 인류의 문제를 푸는 열쇠가 아니었기 때문이다. 참된 열쇠는 아버지 하나님의 뜻을 다 이루는 것이었다. 하나님의 뜻 성취를 위하여 예수는 대제사장 진영의 악한 음모도 악한 날에 적당히 쓰이도록 제거하지 않으셨다. 우리도 때때로 명백한 불의가 나에게 막대한 손상을 초래하는 경우에도 무조건 없애거나 회피하지 말고 하나님의 뜻이 어디에 있는지에 대해 숙고해야 한다. 그런데 무리를 매수하여 여론을 조작하고 진리의 숨통을 끊으려는 심히 비열한 음모가 지극히 거룩해야 할 대제사장 진영의 잔머리가 짜냈다는 사실은 얼마나 끔찍한 치욕인가! 게다가 그들의 바라바 선택은 예수만 죽일 수 있다면 천인이 공노할 죄악으로 인해 "모두에게 혐오의 대상"이 된 사람과도 결탁하는 그들의 무모한 판단을 고발한다. 이처럼 빌라도의 법정에서 대제사장 진영의 사악한 본색은 바닥을 드러냈다. 동시에 그것을 자신의 죽음으로 다 받으시는 예수의 의로운 용서는 온 세상에 더욱 눈부시다. 하나의 사건에 나타난 역사의 본질은 무엇인가? 진정한 의미와 가치는 무엇인가? 시시비비 가리는 유익을 초월하는 하늘의 가치는 때때로 억울하고 터무니없는 맥락 속에서도 산출된다.

요 19:1-13

¹이에 빌라도가 예수를 데려다가 채찍질하더라 ²군인들이 가시나무로 관을 엮어 그의 머리에 씌우고 자색 옷을 입히고 ³앞에 가서 이르되 유대인의 왕이여 평안할지어다 하며 손으로 때리더라 ⁴빌라도가 다시 밖에 나가 말하되 보라 이 사람을 데리고 너희에게 나오나니 이는 내가 그에게서 아무 죄도 찾지 못한 것을 너희로 알게 하려 함이로라 하더라 ⁵이에 예수께서 가시관을 쓰고 자색 옷을 입고 나오시니 빌라도가 그들에게 말하되 보라 이 사람이로다 하매 ⁶대제사장들과 아랫사람들이 예수를 보고 소리 질러 이르되 십자가에 못 박으소서 십자가에 못 박으소서 하는지라 빌라도가 이르되 너희가 친히 데려다가 십자가에 못 박으라 나는 그에게서 죄를 찾지 못하였노라 ⁷유대인들이 대답하되 우리에게 법이 있으니 그 법대로 하면 그가 당연히 죽을 것은 그가 자기를 하나님의 아들이라 함이니이다 ⁸빌라도가 이 말을 듣고 더욱 두려워하여 ⁹다시 관정에 들어가서 예수께 말하되 너는 어디로부터냐 하되 예수께서 대답하여 주지 아니하시는지라 ¹⁰빌라도가 이르되 내게 말하지 아니하느냐 내가 너를 놓을 권한도 있고 십자가에 못 박을 권한도 있는 줄 알지 못하느냐 ¹¹예수께서 대답하시되 위에서 주지 아니하셨더라면 나를 해할 권한이 없었으리니 그러므로 나를 네게 넘겨 준 자의 죄는 더 크다 하시니라 ¹²이러하므로 빌라도가 예수를 놓으려고 힘썼으나 유대인들이 소리 질러 이르되 이 사람을 놓으면 가이사의 충신이 아니니이다 무릇 자기를 왕이라 하는 자는 가이사를 반역하는 것이니이다 ¹³빌라도가 이 말을 듣고 예수를 끌고 나가서 돌을 깐 뜰(히브리 말로 가바다)에 있는 재판석에 앉아 있더라

❖ ❖ ❖

¹그때 빌라도가 예수를 취하고 채찍질을 했다 ²군인들이 가시나무 관을 엮어서 그의 머리에 씌우고 자색 옷을 그에게 입히고 ³그에게로 가서 말하였다 "평안하라 유대인의 왕이여" 그리고 그들은 그를 주먹으로 가격했다 ⁴빌라도가 다시 밖으로 나아가서 그들에게 말하였다 "보라 내가 그를 밖으로 너희에게 데려온다 이는 내가 그에게서 어떠한 혐의도 발견하지 못했음을 너희로 알게 하기 위함이다 ⁵이에 예수께서 가시관을 쓰시고 자색 옷을 입고 나오신다 그(빌라도)가 그들에게 말하였다 "너희는 보라 이 사람!" ⁶그때 대제사장들과 하솔이 그를 보고 외쳐 말하였다 "십자가에 못 박으소서 십자가에 못 박으소서" 빌라도가 그들에게 말하였다 "너희가 그를 취하여 십자가에 못 박으라 이는 내가 그에게서 혐의를 찾지 못하였기 때문이다" ⁷유대인이 그에게 대답하게 된다 "우리는 법을 가지고 있습니다 그 법에 따르면 그는 죽어야만 하는데 이는 그가 자신을 하나님의 아들로 만들기 때문입니다" ⁸빌라도는 이 말을 듣고 더욱 두려워져 ⁹다시 관정으로 들어가서 예수에게 말하였다 "너는 어디에서 [왔느냐]?" 그러나 예수는 그에게 답을 주지 않으셨다 ¹⁰이에 빌라도가 그에게 말하였다 "너는 나에게 말하지 않는구나 나에게는 너를 놓을 권세도 있고 십자가에 못 박을 권세도 있는 줄 알지 못하느냐?" ¹¹예수께서 그에게 답하셨다 "위로부터 너에게 주어지지 않았다면 나를 대적할 어떠한 권세도 가지지 못했을 것이다 이로 인하여 나를 너에게 넘겨준 자에게는 더 큰 죄가 있느니라" ¹²이로 말미암아 빌라도는 그를 놓으려고 했다 그러나 유대인이 외쳐 말하였다 "만약 당신이 이 [사람]을 석방하면 가이사의 충신이 아닙니다 자신을 왕으로 만드는 자는 모두 가이사를 대적하는 자입니다" ¹³빌라도가 이 말들을 듣고 예수를 밖으로 데려 가서 히브리 말로 가바다 즉 돌 깔린 장소에 있는 재판석에 착석했다

예수가 아니라 바라바 석방을 요구하는 유대인의 의중을 파악한 빌라도는
예수를 데리고 가서 채찍질을 했다. 군사들로 하여금 가시관을 머리에 씌
우고 자색 옷을 몸에 입히고 갈대를 홀처럼 손에 쥐어 주며 왕의 구색을 갖
추었다. 그리고 채찍질로 피범벅이 된 예수의 처참한 모습을 대제사장 무
리에게 보여주며 이 정도의 처분으로 만족할 것을 요구하는 동시에 예수
의 무죄를 선언한다. 이에 그 무리는 두 번이나 사법적인 무죄가 선고된 예
수를 십자가에 못 박으라고 두 번이나 요구했다. 그러나 빌라도는 죄 없는
사람의 처형을 거부했다. 그러면서 유대인의 법 대로 하라고 예수를 건네
려고 했다. 이에 유대인은 자신들의 법에 따르면 예수가 자신을 하나님의
아들로 만들고자 했기 때문에 당연히 죽어야 한다는 입장을 전달했다. "하
나님의 아들," 이 말을 듣고 빌라도는 움찔했다. 그리고 예수에게 어디에서
왔느냐고 질문했다. 예수는 그의 질문에 입을 다무셨다. 빌라도는 예수의
생사가 자신의 손에 있다고 과시했다. 이때 예수는 그의 권세가 일시적인
것이며 하늘에서 주어진 것임을 밝히셨다. 이에 빌라도는 예수를 석방하려

하였으나 유대인은 더 거세게 반대하며 자신을 왕이라고 말한 자를 석방하면 가이사의 충신이 아니라는 정치적인 발언으로 그를 압박했다. 빌라도의 마음은 그 압박에 움직였다. 그의 몸은 높은 재판석에 앉아 예수를 십자가 처형으로 넘길 결심을 공포하려 한다. 당시에 우리가 총독의 자리에 있었다면 어떤 판결을 내렸을까?

[1]그때 빌라도가 예수를 취하고 채찍질을 했다

빌라도는 예수 사건에 관여하지 말라는 아내의 조언을 묵살하고 대제사장 무리의 모략을 수용했다. 예수를 취하고 채찍질을 했다. 예수의 무죄를 판결한 사람이 형벌을 부과하는 것은 모순적인 조치였다. 왜 그랬을까? 칼뱅은 "올바른 것을 불굴의 용기로 변호하지 못하는" 빌라도의 비겁을 그 원인으로 지적한다. 판결을 내린다는 것은 그 판결에 자신의 인격과 삶과 직이 걸리는 책임을 수반한다. 책임지지 못할 판결을 내리는 것은 옳음과 그름을 식별하는 재판관의 자격이 없는 자의 권한 남용이다. 자리가 높을수록 책임의 크기도 증대된다. 칼뱅은 복음의 피부를 찢는 채찍질이 자신의 시대에도 자행되고 있다고 증거한다. 그 채찍질은 "자기들이 좋아하는 복음의 일부분만 취사선택하고 나머지 전체 복음은 갈기갈기 찢어 놓는" 자들에 의한 만행이다.

　빌라도에 의한 부당한 채찍질의 역설적인 목적은 "그가 채찍에 맞으므로 우리는 나음을 받았다"는 이사야의 고백(사 53:5), 그 고백을 인용한 베드로의 기록(벧전 2:24)이 증거하고 있다. 즉 신약과 구약이 동일한 목소리로 밝히는 채찍질의 섭리적인 목적은 우리의 나음이다. 이 책찍질은 무죄의 판결을 받은 예수에게 가해진 형벌이기 때문에 자신의 죄가 아니라 타인의 죄를 위한 대속의 섭리적인 의도는 명확하다. 예수의 공적인 생애 전체를 보면, 예수의 모든 부정적인 것들은 우리의 죄 때문이고 그의 모든 긍정적인 것들은 우리의 의를 위함이다.

> 2군인들이 가시나무 관을 엮어서 그의 머리에 씌우고 자색 옷을 그에게 입히고
> 3그에게로 가서 말하였다 "평안하라 유대인의 왕이여"
> 그리고 그들은 그를 주먹으로 가격했다

이 구절은 빌라도가 가한 채찍질의 구체적인 내용을 설명한다. 군인들이 "가시나무 관"을 엮어서 예수의 머리에 씌웠고, 자색 옷을 입혔고, 주먹으로 그의 얼굴을 가격했다. "가시나무 관"을 씌운 이유에 대하여 박윤선은 세 가지를 제시한다. 첫째, 인류의 범죄로 인하여 땅이 가시와 엉겅퀴를 내었기 때문에 가시나무 관은 인류의 죄를 사하시는 예수의 은총을 설명한다. 둘째, 예수라는 "참된 왕을 부인하는 행악의 극단"을 보여준다. 셋째, 빌라도가 정의를 구현하지 않고 유대인의 심기를 달래는 그의 "불의한 수단이요, 나약하고 비루한 타협"을 보여준다.

왕들이 입는 "자주색 옷"을 예수에게 입힌 것도 "예수님의 왕 되심을 조롱하는 악행이다." 그러나 이 구절에서 테르툴리아누스는 예수의 조롱으로 인해 우리는 예수의 피라는 자주색 옷을 입고 왕 같은 존재가 되었다고 해설한다. 그리고 마태의 기록에 의하면, 예수의 오른손에 갈대까지 쥐어 주었는데(마 27:29), 이 갈대도 왕의 홀을 상징하는 것으로서 자신이 왕이라는 예수의 주장을 비웃는 군인들의 비아냥을 나타낸다. 예수 앞에서 일부러 무릎을 꿇은 그들의 입은 "평안하라 유대인의 왕"이라는 희롱의 말을 침과 함께 그의 얼굴에 내뱉는다. 우리는 과연 예수를 우리의 왕이라고 고백을 하면서도 그 이름에 합당하지 않은 인격과 행위라는 침으로 예수를 조롱하고 있지는 않은가?

군인들은 예수의 얼굴을 가격했다. 마태는 그들이 예수의 손에 쥐어 준 갈대를 빼앗아 그것으로 그의 머리를 때렸다고 기록한다(마 27:30). 홀을 상징하는 갈대로 머리를 때리는 것은 왕의 통치권 행사를 연출하며 예수를 조롱하기 위함이다. 그런데 군인들의 이런 행위는 마치 예수께서 자신의 통치권에 의해 스스로 자신에게 형벌을 가하시는 듯한 이미지를 연출한다. 실제로 군인들의 조롱은 우리의 왕이신 예수께서 그의 백성인 우리를 위해 스스로 당하신 일이었다. 이처럼 군인들은 예수 조롱의 극대화를 위해 가용한 모든 수단들을 모조리 동원했다. 마치 그들에게 이 세상의 만물은 예수 조롱을 위해 존재하는 것처럼 이용했다. 군인들의 이 모든 조롱은 빌라도가 명령한 것이라고 칼뱅은 해석한다. 동시에 형벌을 과도하고 잔혹하게 집행하는 그들의 자발적인 의지도 있었다고 덧붙인다.

4빌라도가 다시 밖으로 나아가서 그들에게 말하였다
"보라 내가 그를 밖으로 너희에게 데려온다 이는 내가 그에게서
어떠한 혐의도 발견하지 못했음을 너희로 알게 하기 위함이다"
5이에 예수께서 가시관을 쓰시고 자색 옷을 입고 나오신다
그(빌라도)가 그들에게 말하였다 "너희는 보라 이 사람!"

빌라도는 예수에게 형벌을 내린 이후에 "다시" 밖으로 이동했다. 한 지역의 총독이 불평도 없이 관정의 안팎을 오가면서 재판을 진행하는 성실한 처신은 칭찬해도 된다. 원고와만 만나거나 혹은 피고와만 만나서 대화하는 것은 양 측의 어떠한 입김이 작용함도 없이 객관적인 진술을 할 기회를 각자에게 제공하고 감정적인 충돌을 방지하는 지혜로운 심문의 방식이기 때문이다. 그렇지만 합리적인 방식을 준수해도 편파적인 판결 사태가 발생한다. 공정한 형식의 준수가 올바른 판결을 보증하는 건 아니기 때문이다. 빌

라도는 예수를 밖으로 데리고 나오면서 대제사장 무리에게 그 이유를 설명한다. 즉 "내가 그에게서 어떠한 혐의도 발견하지 못했음을 너희로 알게 하기 위함이다." 예수의 무죄에 대한 선언의 반복이다. 무죄이기 때문에 석방의 의지를 보이는 차원에서 예수를 밖으로 데려왔다.

빌라도의 말이 끝나자 "예수께서 가시관을 쓰시고 자색 옷을 입고 나오신다." 빌라도는 무리에게 "이 사람"을 보라고 지시한다. 죄가 없음에도 불구하고 대제사장 무리의 속이 후련할 정도로 조롱도 충분히 하고 채찍질도 넉넉히 해서 피범벅이 되신 예수의 몰골을 보라고 한 이유는 '이만하면 당신들의 분노와 살기가 해소될 것 같으니까 이제 예수를 석방하고 없던 일로 하자'고 무마하기 위함이다. 사람들의 눈에 비친 예수의 모습은 "징벌을 받아 하나님께 맞으며 고난을 당한다"는 이사야의 예언(사 53:4)과 동일하다. 빌라도의 속마음은 이러하다. '예수가 자신을 유대인의 왕이라고 하지만 그가 쓴 왕관은 하찮은 가시관에 불과하고 그가 쥔 홀은 연약한 갈대에 불과하고 그가 입은 왕복은 색상만 자색일 뿐인데 뭘 그렇게 분노하고 없애려고 하느냐. 오히려 불쌍히 여기며 돌봐 주어야 할 너희의 동포잖아! 그러니 여기까지 하자.' 빌라도의 이런 생각은 아마도 아내의 조언이 마음한 켠에서 찜찜하게 꿈틀대고 있었기 때문이지 싶다.

빌라도가 예수를 무죄에 합당하게 그리고 과감하게 석방해 주었다면 얼마나 좋았을까! 그러나 그는 무죄한 자를 죄인처럼 매로 다스렸다. 지도자의 모든 행위는 백성에게 기준이고 모범이다. 유대를 다스리는 로마의 총독인 빌라도의 모순적인 처신은 유대인이 무죄한 예수를 괴롭혀도 된다는 합법적인 빌미와 제도적인 안도감을 제공한다. 빌라도가 판단의 적정선을 그어주지 않아서 대제사장 무리는 탄력을 받아 예수를 십자가에 못 박는 극형까지 요구한다. 유대의 총독은 자신이 관할하는 그 지역의 모든 사람들이 본받아도 되는 인격을 구비하고 가장 모범적인 언어와 행실을 본보여야 했다. 만약 그렇게 하지 못한다면 지도자의 자리에서 내려와야 한다.

그곳에 오래 머물수록 자신에게 불명예만 축적하고 사회에도 지저분한 민폐만 끼치기 때문이다.

> 6그때 대제사장들과 하솔이 그를 보고 외쳐 말하였다 "십자가에 못 박으소서 십자가에 못 박으소서" 빌라도가 그들에게 말하였다 "너희가 그를 취하여 십자가에 못 박으라 이는 내가 그에게서 혐의를 찾지 못하였기 때문이다"

대제사장 무리는 자신들의 심기를 살피며 격분을 억제하는 빌라도의 태도를 감지하고 자신들의 본색을 더 강하게 드러낸다. "십자가에 못 박으소서 십자가에 못 박으소서." 동일한 격문을 두 번이나 쏟아내며 그에게 예수의 십자가 처형을 요구한다. 그러나 예수는 공직자의 제도적인 판결에서 두 번에나 무죄를 선고 받은 사람이다. 그들의 요구는 공적인 판결의 명백한 불복이다. 이는 그들이 사회의 합리적인 법보다 민족적인 감정에 사로잡혀 있음을 고발한다. 미움으로 똘똘 뭉쳐서 집단적인 행동을 강행하는 그들의 격분한 모습에는 종교인의 신중함과 자비심이 없다. 빌라도 같은 세상보다 대제사장 같은 종교가 예수라는 진리를 더 미워한다. 미워하는 것은 살인하는 것과 같다는 요한의 말(요일 3:15)은 지금 그들에게 정확히 적용된다.

이들의 모습이 오늘날 교회의 실상을 고발하는 것 같아 심히 부끄럽고 안타깝다. 교회에도 뾰족한 미움이 가득하다. 미워해도 무려 하나님의 이름으로 미워한다. 사랑이 마땅한데 미움의 화신으로 전락한 교회의 이런 현실을 회복할 비결은 무엇일까? 당연히 자신을 죽이려는 원수들을 대하시는 예수의 사랑이다. "교회를 십자가에 못 박으라"는 말이 세상의 입에서 꽐꽐 쏟아지고 못이 교회의 심장을 쿡쿡 찌른다고 할지라도 여전히 그 세상의 회복을 위해 기도하신 예수의 사랑을 고수하면 기독교는 회복된다. 그렇지 않으면 기독교는 세상보다 더 무서운 광기에 휩싸인다. 예수 시대의 유대교와 같이 예수를 죽이려 하고 십자가의 도를 짓밟으려 한다. 사랑을 버리고 정의를 배척한다.

빌라도는 매정한 유대인의 요청에 대해 자신은 예수의 잘못을 전혀 발견하지 못했으니 "너희가 그를 취하여 십자가에 못 박으라"고 응수한다. 유죄의 근거를 발견하지 못한 공직자가 취할 수 있는 적절한 대응인가? 죄 없는 사람을 살기 가득한 사람들의 손에 넘기는 게 정당한가? 물론 유대인이 고집을 꺾지 않으니까 홧김에 나온 말이기도 하다. 그러나 자고로 공직자는 담당하는 사람들의 생명을 보존하고 정의를 수호하고 평화를 유지해야 하는 사람이다. 두 번이나 무죄를 선고한 자신의 입에서는 나오지 말아야 할 생각을 빌라도는 내뱉었다. 선량한 사람에게 채찍질을 한 것도 심각한 오류지만 십자가 처형을 허용한 것은 더 심각한 잘못이다.

7유대인이 그에게 대답하게 된다 "우리는 법을 가지고 있습니다 그 법에 따르면 그는 죽어야만 하는데 이는 그가 자신을 하나님의 아들로 만들기 때문입니다"

유대인은 자신들도 법을 가지고 있다고 대답한다. 박윤선에 의하면, 그들의 법은 "하나님을 훼방한 자나 거짓 선지자를 죽일 수 있는 종교적 법이었다(레 24:16; 신18:20)." 그 법에 따르면 예수는 죽어야만 한다고 유대인은 주장한다. 이는 그가 자신을 하나님의 아들로 만들었기 때문이다. 이런 주장은 로마에 대한 예수의 반란 음모 이야기가 먹히지 않자 제시된 그들의 민첩한 대안이다. 사실은 그들이 감추어둔 분노의 발톱이다. 그런데 이런 주장으로 유대인은 예수 고발이 감정적인 미움에서 나온 것이 아니라 법에 근거한 것이라고 포장한다. 또한 예수의 주장은 신성을 모독하는 불경건의 극치이기 때문에 자신들의 고발이 불경건을 저격하는 경건의 발로인 것처럼 보이게 하는 반사 이미지도 구축하기 위함이다. 이는 하나님을 경외하는 유대인을 자기 진영으로 끌어들일 묘책이다. 나아가 모든 유대인이 동조하는 자신들의 주장을 거부하면 빌라도가 걱정하는 큰 소요가 예상되지 않느냐는 일종의 협박이다.

여기에서 나는 유대인이 "대답하게 된다"(ἀπεκρίθησαν)는 동사의 수동태를 주목하고 싶다. 국역본에 능동태로 잘못 번역된 이 동사의 수동태는 "유대인"이 스스로 대답한 것이 아니라 외부의 사주가 있었다는 사실을 암시한다. 그런 사주는 대제사장 진영의 소행이 분명하다. 이 구절은 여론을 조작하여 사람들로 흥분하게 만들고, 이러한 소동의 조짐으로 공직자를 위협하고, 권력의 칼을 조정하며, 그 칼끝이 예수의 숨통을 향하도록 만드는 대제사장 진영의 파렴치한 음모가 악취를 풍기는 대목이다. 자신들은 뒤에 숨기고 다른 유대인을 움직이고 빌라도를 움직여서 그들을 통하여 예수를 죽이려는 비열한 대제사장 무리의 죄는 유다의 배신보다 크고 유대인과 빌라도의 죄보다도 더 심각하다. 북 이스라엘 왕국의 태조 여로보암 왕이 백성을 움직여서 우상숭배 저지르게 만든 것과 유사하다. 그 왕의 이름은 이스라엘 역사에서 아주 심각한 중죄가 저질러질 때마다 그런 죄의 설명으로 언급된다(왕상 15:34, 16:26; 왕하 9:9).

섭리적인 관점에서 우리는 유대인의 이 대답에 귀를 기울여야 한다. 루터의 설명처럼, 그 말은 "우리에게 좋은 가르침과 예언이다." 왜냐하면 유대인의 "법은 우리에게 죽음"인데 이는 그 법을 따라 "우리를 신의 자녀로 만든 죄책이 우리 모두의 머리에 놓이기 때문이다." 진실로 "자신을 신의 아들로 만드는 자는 누구든지 죽음이 합당하다." 이 조항은 태초로 소급된다. 아담과 하와는 인간으로 있는 것에 만족하지 않고 하나님과 같아지려 했다. 그래서 정녕 죽을 것이라는 하나님의 말씀이 그들에게 응하였고 그들의 허리에 있던 온 인류에 응하였다.

우리도 하나님과 같아지려 한다. 스스로 선과 악을 판단하며 스스로 선을 행하여 스스로 구원에 이르려고 한다. 루터는 이러한 인간의 태도가 하나님이 되려는 시도라고 해석한다. 이런 우리에게 유대인의 말은 사형을 선고한다. 그러나 이러한 인간의 시도와는 달리 예수는 이미 하나님의 아들이고 자신을 하나님의 아들로 만들 필요도 없고 만들지도 않으셨기 때문에 유대인의 말이 적용되지 않는 유일한 분이시다. 그는 자신을 하나님의 아들로 "만드신"(ἐποίησεν) 것이 아니라 언제나 하나님의 아들이다. 결국 유대인의 대답은, 비록 그들이 의도한 것은 아니지만, 예수만이 하나님의 아들을 역으로 드러내고 스스로 신의 아들이 되려는 모든 인간에게 사형을 선고한다.

⁸빌라도는 이 말을 듣고 더욱 두려워져

유대인의 말을 들은 빌라도는 사형의 단호한 선포라는 유대인의 유도와는 달리 예수에 대한 충격과 두려움에 휩싸인다. 안 그래도 예수의 범상치 않음에 떨고 있었는데 이제는 더 큰 두려움이 엄습한다. 이 두려움의 이유는, 크리소스토무스의 해석처럼 만약 예수가 하나님의 아들이면 빌라도는 정의를 잘못 집행하는 것이기 때문이고, 키릴루스의 해석처럼 예수가 하나님의 아들일지 모른다고 빌라도가 믿었기 때문이고, 칼뱅의 해석처럼 "신성한 것에 대한 공포에 압도"를 당하였기 때문이다. 빌라도의 두려움을 칼뱅은 "인간에게 타고난 신앙심이 있어서 그것 때문에 신적인 것에 관한 문제에 있어서는 인간들이 두려움 없이는 무자비한 일을 행하지 못한다는 사실에 대한 좋은 본"이라고 해석한다. 빌라도와 대제사장 무리는 예수가 하나님의 아들이란 동일한 말을 들었으나, 빌라도의 신성 감지력(sensus divinitatis)은 그 무리보다 훨씬 뛰어나다.

지금도 이런 현상이 목격된다. 하나님을 모르는 자들은 하나님을 안다고 자부하는 거짓된 종교인들보다 더 순수한 종교의 씨앗을 소유하고 있다. 하나님을 대하는 우리의 태도는 어떠한가? 이 세상에서 가장 신성한 것은 하나님의 말씀인 성경이다. 지극히 신성한 이 기록을 대하는 우리의 태도는 어떠해야 하겠는가! 칼뱅은 성경에서 "하나님의 위엄을 느끼지 못하고 사소한 문제를 다루는 듯한 자세를 취하는 사람들은 타락한 마음에 내버려진 자들"일 뿐이라고 일갈한다. 전통을 성경과 나란히 놓으며 고유하게 신적인 성경의 권위를 허물려는 시도는 신성을 모독하는 것과 일반이다. 이성으로 성경을 검증하고 그것의 권위를 판단하고 승인하는 것도 동일한 모독이다.

9다시 관정으로 들어가서 예수에게 말하였다
"너는 어디에서 [왔느냐]?" 그러나 예수는 그에게 답을 주지 않으셨다

두려움에 빠진 빌라도는 서둘러 관정으로 들어가 예수에게 질문한다. 도대체 "너는 어디에서" 왔느냐고! 이는 "당신은 땅에서 태어난 인간인가 아니면 하늘에서 내려온 신의 아들인가" 라는 질문이다. 이렇게 질문하는 이유는 예수의 근원이 단순히 요셉과 마리아가 아님을 직감했기 때문이다. 그러나 예수는 빌라도의 질문에 아무런 답변도 하지 않으셨다. 변론의 기회를 거부하는 예수의 침묵이 일반인이 보기에는 이상하다. 불링거는 빌라도가 "하나님에 대한 참된 경외심에 압도된 것이 아니라 이방적인 미신에 사로잡혀 있었기 때문에" 질문한 것이어서 예수의 답변을 듣기에 합당하지 않다는 이유를 제시한다. 그 시대에는 신과 인간 사이에 태어난 중간적인 존재에 대한 우화들이 편만했기 때문에 빌라도의 의식도 거기에 물들었을 가능성이 높다. 불링거는 빌라도가 "로마가 신들을 멸시했기 때문에 재앙이 존귀한 로마 자체에 임했고, 트로이는 헤라클레스를 거부했기 때문에 형벌을 받았다"고 이해했고 예수의 "고매한 신학에 대해서는 어떠한 이해

도 없는 불경하고 불신적인 자"일 뿐이라고 해석한다.

침묵의 다른 이유도 가능하다. 사실 예수는 뭇 사람의 마음을 다 읽는 분이시다. 빌라도의 심기가 요동하고 있음을 다 아시기 때문에 결정적인 답변 한 마디면 얼마든지 무죄로 석방될 수 있는 상황이다. 빌라도의 질문 자체는 예수에게 석방을 누리라는 일종의 제안이다. 그런데도 예수께서 침묵으로 거부하신 것은 칼뱅의 말처럼 "무죄로 석방을 받으려는 사람들과 같은 자세로 빌라도 앞에 서 계신 것이 아니었기" 때문이다. 예수는 석방을 바라지도 않으시고 애걸할 의사는 더더욱 없으시다. 대부분의 사람들은 자신의 법적인 유익을 위해 묵비권을 행사한다. 그러나 예수는 오히려 죽으려고 재판을 받으셨고 석방되지 않으려고 묵비권을 행하셨다. 어떤 사람들은 예수의 침묵이 "본디오 빌라도를 향하여 선한 증언을 하셨다"(딤전 6:13)는 바울의 기록과 다르다는 의문을 제기한다. 이에 칼뱅은 예수께서 필요한 것을 올바르게 다 전하셨기 때문에 선한 증언을 하셨으며 그의 침묵과 죽음은 그 증언을 확증하는 서명으로 보아야 한다고 해명한다.

자신의 생사를 좌우하는 제도적인 권한의 소유자 앞에서도 자신을 변호하지 않으신 예수의 침묵은 우리의 삶에도 적용해야 한다. 후니우스는 그 침묵을 "모든 것들이 덕을 세우는 목적에 기여할 수 있도록 발언해야 할 적합한 때와 침묵해야 할 적합한 때"를 구분하게 돕는 "신중함의 본"이라고 해석한다. 때때로 우리에게 불이익을 초래하는 일이라도 해야 할 말은 발언하고 하지 말아야 할 말은 침묵해야 한다. 발언과 침묵의 선택은 대화의 상대방에 따라 다르고 동일한 대상이라 할지라도 상황과 시기에 따라 달라진다. 잠언에 따르면, "미련한 자의 어리석은 것"에 대해서도 그와 같아지게 되는 경우에는 대답하지 말고(잠 26:4), "그가 스스로 지혜롭게 여길" 경우에는 대답해야 한다(잠 26:5). 침묵이든 발언이든 타인에 대한 사랑이 선택하게 하라. 나의 유익이 아니라 타인 사랑을 위한 것이라면 모두가 말할 때라도 침묵해야 하고, 모두가 침묵하는 때라도 발언해야 한다.

¹⁰이에 빌라도가 그에게 말하였다 "너는 나에게 말하지 않는구나 나에게는
너를 놓을 권세도 있고 십자가에 못 박을 권세도 있는 줄 알지 못하느냐?"

예수의 침묵에 대해 빌라도는 이상하게 생각한다. 당연하다. 마태의 기록
에 의하면, "한 마디도" 말하지 않으신 예수와는 달리 대제사장 무리는 그
를 공격하며 너무도 많은 증언을 쏟아냈기 때문이다(마 27:13-14). 그런데
침묵은 언어의 없음이다. 그 언어의 빈자리를 빌라도의 해석이 차지한다.
빌라도의 본색이 자유롭게 노출되는 여백이 바로 예수의 침묵이다. 우리의
본색은 기대하는 만큼의 충분한 설명을 제공하지 않는 성경 텍스트의 침
묵에서 드러난다. 성경은 하나님의 계시인 동시에 인간의 본성을 그렇게
꺼내는 거울이다. 빌라도는 강요되지 않은 자율성을 따라 자신의 깊은 본
성이 귀띔해 주는 해석을 수용하고 내뱉는다. 빌라도는 예수의 침묵을 하
나님의 아들 아님으로 해석한다. 빌라도의 눈에 예수는 하늘에서 온 하나
님의 아들이 아니라 유대 지역에서 태어나고 그곳에서 살아가는 범부에 불
과했다. 빌라도는 그런 범부에 대한 자신의 지배적인 권세를 과시한다. "나
에게는 너를 놓을 권세도 있고 십자가에 못 박을 권세도 있는 줄 알지 못
하느냐?" 이는 자신의 구역에 있는 땅의 사람에게 적용되는 말이기는 하지
만 하나님의 아들 예수의 생사도 자신의 손아귀에 있다는 허풍이다. 하나
님을 아는 지식이 없으면 이런 허풍도 사실로 간주한다.

  칼뱅의 눈에 이런 빌라도는 "자신의 야망에 쫓겨 광기에 빠지는 교만한
사람에 대한 적나라한 본보기"다. 거듭나지 못한 사람의 전형적인 모습이
다. 그는 비록 "잠시 동안 하나님의 위엄을 경외하는 체 하였으나 속히 반
대적인 행실로 그의 경외심이 위선적인 것임"을 드러낸다. 하나님의 도구
로 쓰임을 받았으나 교만 때문에 멸망을 당하는 사례는 구약에서 빈번하
다. 앗수르와 바벨론과 바사와 메대는 우상에 빠진 이스라엘 백성의 엉덩
이를 찜질하는 몽둥이로 쓰임을 받았으나 그 몽둥이에 포악이 일어나고 교

만의 싹이 돋아나 "죄악의 몽둥이"(겔 7:11)가 되었고 하늘의 재앙이 그 위에 쏟아졌다. 주님께서 그어 놓으신 섭리의 경계를 넘어가는 악한 몽둥이의 광기는 이사야의 기록처럼 "막대기가 자기를 드는 자를 움직이려 하며 몽둥이가 나무 아닌 사람을 들려 함과 같음"이다(사 10:15). 하나님은 자기 백성들을 향해 "내 백성들아 앗수르가 애굽이 한 것처럼 막대기로 너를 때리며 몽둥이를 들어 너를 칠지라도 그를 두려워하지 말라"고 명하셨다(사 10:24). 빌라도가 죽이고 살리는 권세를 휘둘러도 예수는 이사야의 기록처럼 어떠한 두려움도 보이지 않으셨다. 우리 주변에도 정치와 경제와 과학과 학문 등에 서식하는 하나님의 난폭한 도구들이 있다. 우리로 하여금 자신을 성찰하게 하고 하나님께 돌이키게 하는 섭리의 수단이다. 그들이 선을 넘어가 죄악의 몽둥이가 되어도 우리는 두려움에 떨지 말고 원수를 친히 갚으시는 하나님을 신뢰하면 된다.

빌라도는 제한적인 권세의 일시적인 관리를 맡았으나 그 권세를 맡기신 하나님의 아들도 몰라보고 그 앞에서 권세를 운운한다. 이 세상에서 위임받은 권력의 차이는 미미하다. 그런 차이를 가지려고 사람들은 목숨을 걸고 발버둥을 친다. 그리고 타인의 권력보다 아주 미세한 차이로 커도 무슨 대단한 권력자가 된 것처럼 세상 무서운 줄 모르고 날뛰며 하늘도 가뿐히 무시한다. 권력자가 자신의 분수를 모르면 그렇게 방자한 권력의 칼춤을 추는 망나니가 된다. 그러나 그런 빌라도를 대하시는 예수의 모습은 놀랍도록 차분하다.

11예수께서 그에게 답하셨다 "위로부터 너에게 주어지지 않았다면

나를 대적할 어떠한 권세도 가지지 못했을 것이다

이로 인하여 나를 너에게 넘겨준 자에게는 더 큰 죄가 있느니라"

빌라도의 질문에 침묵하신 예수께서 그의 과시에 대해서는 침묵하지 않으신다. 예수의 발언은 빌라도가 받은 권세의 출처에 대한 것이었다. 즉 빌라도의 죽이고 살리는 권세는 "위로부터" 주어진 것이었다. 위로부터 하나님이 주시지 않았다면 빌라도의 손에 한 조각의 권세도 주어지지 않았을 것이라고 한다. 그는 살기 위해 그렇게 발언하신 것이 아니었다. 빌라도의 권세가 위로부터 주어졌고 그 권세를 통해 이루어질 모든 일들은 사람의 뜻이 아니라 하나님의 뜻을 이룬다는 사실을 가르치기 위한 말이었다. 이 세상에 존재하는 모든 권세는 하나님의 뜻을 이루기 위해 잠시 허락된 파생적인 권력이다. 그런 권세의 기원과 처분권을 자신에게 돌리면 반드시 교만하게 된다. 하나님의 근원적인 권세를 자기의 것으로 돌리는 것은 아담과 하와가 하나님과 같아지려 한 교만과 동일하기 때문이다. 권세를 가진 모든 사람은 그 권세 아래에 있는 사람들의 생사를 좌우하는 용도로 권세를 사용하지 말고 그 권세를 맡기신 하나님의 뜻인 정의와 공의를 이루기 위해 사용해야 한다.

아우구스티누스의 말처럼, 다윗은 비록 자신을 죽이려는 원수 사울을 죽일 수 있는 상황 속에서도 자신의 힘을 사용하지 않고 그를 왕으로 세우신 하나님을 경외하는 마음으로 칼을 거두었다. 왕도 제거할 수 있는 힘이 주어져도 사사로운 복수를 위해 사용하지 않고 절제하고 조절할 수 있는 다윗은 주님께서 왕의 홀을 맡기셔도 되는 사람이다. 실제로 그에게는 그의 왕위가 영원히 견고하게 되고 그의 나라가 영원히 보존될 것이라는 언약도 주어진다(삼하 7:16). 그러나 빌라도와 같이 하나님의 권세를 부정하고 그것을 자신의 권세로 여기는 지도자는 자신의 뜻을 따라 권세를 마구

휘두르는 하나님 행세를 즐기며 공동체의 흉기로 살아가게 된다. 이는 세상의 조직만이 아니라 교회에도 적용된다. 가르침의 권세를 받은 목사나 다스림의 권세를 받은 장로나 긍휼의 권세를 받은 집사가 그것을 자신의 권세로 여기면 하나님 나라의 병기가 아니라 교회와 세상 모두를 위협하는 흉기로 전락한다. 칼뱅의 말처럼, "자녀에 대한 아버지의 권세, 아내에 대한 남편의 권세, 종에 대한 상전의 권세, 백성에 대한 통치자의 권세도 그들의 권세를 적정한 규정으로 제한하신 하나님을 바라보지 않으면" 남용된다. 이것이 빌라도의 광기가 가르치는 교훈이다.

예수는 자신을 그에게 넘겨준 자들의 죄가 "더 크다"(μείζονα)고 말하신다. 무스쿨루스의 말처럼 "악행을 실현하는 자보다 악행의 저자로서 그것을 도모한 자가 더 큰 죄를 범한다는 것"은 상식이다. 슐라터는 빌라도의 죄가 "받은 권세도 없이, 또는 예수를 잡도록 요구된 일도 없이 행동한 자들의 죄보다는 가벼운 것"이라고 해석한다. 이 말은 빌라도의 무죄를 의미하는 것이 아니라 오히려 그도 죄인임을 증거한다. "다른 사람들의 죄가 크다고 우리의 죄가 무죄가 되는 것은 아니라"는 헨리의 지적은 타당하다. "이는 우리가 다른 사람의 죄에 비교하여 재판 받는 것이 아니라 자기의 죄는 각각 담당해야 하기 때문이다." 예수에게 십자가 처형의 제도적인 판결이 없을 수는 없지만 판결하는 자에게는 분명히 화가 있기 때문이다.

예수의 말씀은 빌라도의 죄가 분명히 있을 뿐만 아니라 작지 않다는 의미도 암시한다. 빌라도의 죄가 가볍다는 슐라터의 평가와는 달리, 그의 이름은 기독교 역사에서 줄곧 예수를 괴롭힌 원흉으로 모든 성도의 입에서 회자된다. 유다나 가야바나 안나스의 이름은 없고 빌라도의 이름만 언급되어 있다. 왜 빌라도만 언급될까? 빌라도의 죄에 대하여 우리가 반드시 고려해야 하는 이유는 그가 하나님의 아들을 판결하는 합법적인 권세를 "위로부터"(ἄνωθεν) 받았다는 사실 때문이다. 이 사실은 예수께서 친히 밝히셨다. 인류의 역사에서 유일하게 그런 판결권을 가진 자에게 뒤따르는 책임은 지극히 막대하다. 그런데 빌라도는 예수께서 무죄인 것을 두 번이나 확인하고 공포까지 했으면서 예수를 죽이려는 자들의 손아귀에 넘기는 오판을 저지른다. 권한이 크면 지극히 작은 잘못도 대단히 심각한 결과를 초래한다. 그런데 빌라도는 심각하게 치명적인 잘못까지 저질렀다. 빌라도는 합법적인 권한을 가졌기 때문에 예수를 십자가의 죽음으로 내몬 원인의 대표성을 띤다.

그런데 예수의 평가처럼, 그런 빌라도의 이토록 큰 죄보다 훨씬 더 큰 죄는 예수를 그에게 넘긴 대제사장 무리에게 있다. 무죄한 자를 때리고 죽이는 빌라도의 권력 남용과 예수의 죽음은 그들의 시기와 거짓과 탐욕과 선동이 저지른 일이었기 때문이다. 타인의 권력을 조정하여 큰 죄를 저지르고 뒤로 숨는 자들은 더욱 크게 비겁하고 비열하다. 유대인을 대표하는 그 무리의 더 큰 죄로 말미암아 어쩌면 유대인은 나라를 잃고 전 세계에 흩어져 유랑하며 난민의 고단한 삶을 오래 살아야만 했는지도 모르겠다. 오늘날도 대제사장 무리처럼 "부패한 시대에 옳지 않은 교역자들이 정권에 붙어서 하나님의 진실한 종들을 핍박함이, 무엇보다 큰 죄"라는 박윤선의 경고는 타당하다.

모든 시대에 거짓과 어둠이 드리워져 있다면 그것에 대한 가장 큰 책임은 권력의 칼자루를 쥔 정치인이 아니라 그 정치인을 어두운 배후에서 은밀하게 조종하는 종교 지도자, 기독교의 입장에서 보면 목사에게 있다. 정치와 경제와 사회와 문화를 불의하고 살벌하게 만드는 일의 배후에 왜 목회자가 있나? 기도와 말씀에 전념하며 땅 끝까지 복음을 증거하는 일에 분초가 아까운 직분을 가진 사람들이 왜 그러는가? 혹시 문제의 원인에 대한 실질적인 관여를 하지 않았다고 할지라도 종교 지도자가 자기 시대의 문제와 아픔에 대한 마지막 책임을 짊어지는 게 마땅하다. 나아가 유다와 유대인과 빌라도의 죄보다 더 큰 죄를 저지른 종교 지도자 즉 대제사장 무리를 배후에서 움직인 마귀의 죄는 얼마나 크며, 그가 받을 심판과 형벌은 얼마나 무서울까?

12이로 말미암아 빌라도는 그를 놓으려고 했다 그러나 유대인이 외쳐 말하였다
"만약 당신이 이 [사람]을 석방하면 가이사의 충신이 아닙니다
자신을 왕으로 만드는 자는 모두 가이사를 대적하는 자입니다"

빌라도는 예수의 말씀을 듣고 그를 석방하려 했다. 죽일 수도 있고 살릴 수도 있는 권세를 가졌다고 자랑한 빌라도가 예수를 놓으려고 한 이유는 보이는 대로, 들리는 대로 판단하지 않고 공의와 정의의 엄정한 기준을 따라 객관적인 판단을 내리시는 예수의 위엄 때문이다. 예수는 하늘과 땅의 모든 권세를 가지셨다. 그런데도 자신의 무한한 권세를 사사로이 사용하지 않으신다. 예수는 부당한 고발로 인해 피고인이 되어서도, 권력을 위임 받은 자가 위임한 자에게 칼끝을 겨누는 상황 속에서도, 자기를 위해서는 한 마디의 권세로도 대응하지 않으신다. 자신에 비하여 지극히 작은 권력도 존중하며 그 권력의 부당함도 기꺼이 당하신다. 이것이 진정한 권력자의 위엄이다. 빌라도는 예수의 그런 위엄도 느끼지 않았을까? 자신의 권세는 내세우지 않으면서, 빌라도의 권세에 대한 설명과 죄의 경중에 대한 평가가 너무도 공정하고 의로워서 공직자인 빌라도의 마음은 자신의 불의하고 불공정한 판결로 인해 두려움을 느꼈을 것이라고 나는 생각한다. 자신보다 높은 기준, 자신보다 뛰어난 경건과 판단의 소유자를 만나면 저절로 고개가 숙여진다. 초라한 자신이 부끄러워 쥐구멍 탐색에 들어간다. 빌라도는 예수의 짧은 문장에서 압도적인 권위를 느꼈으며 누구도 정죄할 수 없는 분이라는 진실에 휩싸였다.

그러나 예수에 대한 빌라도의 호의적인 태도를 감지한 유대인은 반론의 데시벨을 한층 높이며 말하였다. 이 반론에 사활을 건 어투로 "가이사"의 이름까지 거명하며, 예수를 석방하는 것은 곧 빌라도의 주군인 가이사와 의절하는 것이라고 위협한다. "가이사"는 빌라도의 귀에 가장 예민한 이름이다. 유대인은 다시 예수가 자신을 왕으로 만든다는 의혹을 재론한다. 가

이사가 유대의 유일한 황제이기 때문에 "자칭 왕"이라는 예수는 가이사를 대적하는 자라는 논리를 시전한다. 가이사를 대적하는 예수를 석방하는 것은 곧 예수의 반역에 가담하는 것이라는 정치적인 프레임을 짠다. 이런 전략이 그때나 지금이나 먹힌다는 게 안타깝다. 그리고 예수를 십자가에 못 박는 일에 협조할 것인지, 아니면 가이사의 대적이 될 것인지를 택하라고 압박한다. 이는 헨리의 말처럼 만약 가이사가 아니라 예수를 택한다면 황제에게 밀고하여 총독의 자리에서 해고시킬 것이라는 위협이다. 이는 전가의 보도처럼 등장하는 치졸한 줄세우기 혹은 편가르기 전략이다. 더 악한 자는 언제나 덜 악한 자의 약점을 정확히 간파하고 교묘하게 이용한다. 가이사는 빌라도의 약점이다. 그래서 제자들을 위협하여 예수 체포에 짭짤한 재미를 본 유대인이 이번에는 빌라도를 손아귀에 넣으려고 가이사를 거론했다. 빌라도가 예수와 가이사를 동시에 택할 수 없는 노릇이다. 그는 진실을 선택할까 아니면 현실을 선택할까? 택일의 벼랑으로 내몰린 빌라도의 고심은 깊어진다. 판단은 오락가락 한다.

¹³빌라도가 이 말들을 듣고 예수를 밖으로 데려 가서
히브리 말로 가바다 즉 돌 깔린 장소에 있는 재판석에 착석했다

빌라도는 유대인의 말을 듣고 예수를 데리고 밖으로 이동한다. 결심은 굳어졌다. 그래서 재판석에 착석한다. 이곳은 총독이 판결문을 대중에게 공포하는 좌석이다. 예수에 관한 대제사장 무리의 고발을 심의한 빌라도의 결론은 무엇일까? 빌라도의 선택은 권세의 근거에 의해 좌우된다. 예수는 빌라도의 권세가 위로부터 주어진 것이고 그 권세의 근거는 하나님께 있다고 말하셨다. 그러나 유대인은 빌라도의 권세가 가이사의 것이라고 주장하며 가이사의 충신이 되지 않는다면 그 권세를 상실할 수 있다는 점을 강

조했다. 하나님의 권세와 가이사의 권세 사이에서 빌라도는 생을 건 운명의 주사위를 던져야만 한다. 세기적인 갈등의 기로에 선 빌라도의 선택은 무엇인가? 이어지는 내용을 보면, 빌라도의 판단은 가이사의 권세로 치우친다. 진실이 아니라 현실을 선택한다. 그러나 그러한 갈등 속에서도 인간의 야비함도 드러낸다. 칼뱅이 예리하게 관찰한 것처럼, 빌라도는 죄 없는 사람의 십자가 처형을 판결하되 고의적인 불의가 아니라 "마지못해 그렇게 하는 것이며 자신의 양심에 거스르는 일"이라는 이미지를 연출한다.

하나님의 권세와 가이사의 권세 사이에서 빌라도가 직면한 갈등의 기로는 우리도 매 순간 경험한다. 가정이든, 학교든, 직장이든, 교회든, 법원이든, 우리가 사용하는 권세는 비록 다양한 단위의 각 사회에서 합의된 권한과 책임의 균형 속에서 마련된 것이지만 보다 근원적인 출처는 하나님 자신이다. 그런데도 우리는 권세의 근원보다 파생적인 근원을 더 중요하게 여기며 하나님의 공의와 정의가 직업과 생계의 목줄을 쥐고 있는 직속상관 쪽으로 휘어져도 개의치 않고 그 상급자의 눈치를 보며 판단하고 살아간다. 이처럼 빌라도는 우리 안에 서식하는 빌라도를 잘 보여준다.

예수를 공적으로 제판하는 자리는 히브리 말로 "가바다"에 위치한다. 헬라어 "가바다"(γαββαθά)는 "돌 깔린 장소"를 의미한다. 그런데 칼뱅은 "가바다"(גַּבְּתָא)가 "등"을 뜻하는 히브리어 "가브"(גַּב)가 아니라 "높음"을 의미하는 히브리어 "가바흐"(גָּבַהּ)의 파생어로 이해한다. 예수는 높은 곳에서 재판을 받으신다. 칼뱅의 말처럼, "그리스도가 최고의 판사로서 하늘에서 오시는 마지막 날에 우리를 무죄라고 선고하기 위하여 높은 곳에서 정죄를 당하시는 것은 합당하다." 이는 비록 빌라도가 높은 재판석에 앉아서 판결을 내리지만 예수의 어깨에 짊어진 세상의 모든 죄에 대한 유죄가 더 높은 하늘에서 선고되고 있기 때문이다. 우리의 죄를 자신의 유죄로 종결하신 예수는 마지막 날에 가장 높은 곳에서 모두에게 들리도록 우리의 무죄를 공포하실 것이다.

¹⁴이 날은 유월절의 준비일이요 때는 제육시라 빌라도가 유대인들에게 이르되 보라 너희 왕이로다 ¹⁵그들이 소리 지르되 없이 하소서 없이 하소서 그를 십자가에 못 박게 하소서 빌라도가 이르되 내가 너희 왕을 십자가에 못 박으랴 대제사장들이 대답하되 가이사 외에는 우리에게 왕이 없나이다 하니 ¹⁶이에 예수를 십자가에 못 박도록 그들에게 넘겨 주니라 ¹⁷그들이 예수를 맡으매 예수께서 자기의 십자가를 지시고 해골(히브리 말로 골고다)이라 하는 곳에 나가시니 ¹⁸그들이 거기서 예수를 십자가에 못 박을새 다른 두 사람도 그와 함께 좌우편에 못 박으니 예수는 가운데 있더라 ¹⁹빌라도가 패를 써서 십자가 위에 붙이니 나사렛 예수 유대인의 왕이라 기록되었더라 ²⁰예수께서 못 박히신 곳이 성에서 가까운 고로 많은 유대인이 이 패를 읽는데 히브리와 로마와 헬라 말로 기록되었더라 ²¹유대인의 대제사장들이 빌라도에게 이르되 유대인의 왕이라 쓰지 말고 자칭 유대인의 왕이라 쓰라 하니 ²²빌라도가 대답하되 내가 쓸 것을 썼다 하니라 ²³군인들이 예수를 십자가에 못 박고 그의 옷을 취하여 네 깃에 나눠 각각 한 깃씩 얻고 속옷도 취하니 이 속옷은 호지 아니하고 위에서부터 통으로 짠 것이라 ²⁴군인들이 서로 말하되 이것을 찢지 말고 누가 얻나 제비 뽑자 하니 이는 성경에 그들이 내 옷을 나누고 내 옷을 제비 뽑나이다 한 것을 응하게 하려 함이러라 군인들은 이런 일을 하고 ²⁵예수의 십자가 곁에는 그 어머니와 이모와 글로바의 아내 마리아와 막달라 마리아가 섰는지라 ²⁶예수께서 자기의 어머니와 사랑하시는 제자가 곁에 서 있는 것을 보시고 자기 어머니께 말씀하시되 여자여 보소서 아들이니이다 하시고 ²⁷또 그 제자에게 이르시되 보라 네 어머니라 하신대 그 때부터 그 제자가 자기 집에 모시니라

❖ ❖ ❖

¹⁴[이날은] 유월절 준비일, 시간은 육시였다 그리고 그(빌라도)가 유대인에게 말하였다 "보라 너희 왕이다" ¹⁵그들이 소리를 질렀다 "없애소서 없애소서 그를 십자가에 못 박으소서" 빌라도가 그들에게 말하였다 "내가 너희 왕을 십자가에 못 박겠느냐?" 대제사장 무리가 답하였다 "가이사 외에는 우리에게 왕이 없습니다" ¹⁶그러므로 그때 그(빌라도)는 그를 십자가에 못 박히도록 그들에게 인계했다 그들은 예수를 취하였다 ¹⁷그는 스스로 십자가를 지고 해골의 장소라고 불리는 곳, 히브리 말로 골고다로 나가셨다 ¹⁸그들은 거기에서 예수를 십자가에 못 박았는데 다른 둘을 그와 함께 좌우에 못 박았으며 예수는 그 가운데에 [계셨다] ¹⁹이에 빌라도가 명패를 써서 십자가 위에 붙였는데 [거기에는] "나사렛 예수 유대인의 왕"이라고 기록되어 있다 ²⁰많은 유대인이 이 명패를 읽었는데 이는 예수께서 못 박히신 곳이 성에서 가까웠고 그 [명패]가 히브리어, 로마어, 헬라어로 기록되어 있었기 때문이다 ²¹이에 유대인의 대제사장 무리가 빌라도에게 말하였다 "'유대인의 왕'이라고 쓰지 말고 그가 '나는 유대인의 왕'이라고 말했다고 써 주십시오" ²²빌라도는 "내가 쓸 것을 썼다"고 답하였다 ²³군사들은 예수를 십자가에 못 박을 때 그의 옷을 취하였고 각 군인에게 하나의 몫이 가도록 네 몫으로 나누었다 속옷도 [취하였다] 이 속옷은 이음새 없이 위로부터 통으로 짠 것이었다 ²⁴이에 그들이 "우리가 그것을 찢지 말고 누구에게 속할 것인지에 대해 제비를 뽑자"고 서로에게 말하였다 이는 "그들이 나의 옷들을 그들 가운데서 나누고 그들이 나의 옷에 대하여 제비를 뽑았다"고 말한 성경이 성취되게 하기 위함이다 진실로 군인들은 이러한 일을 행하였다 ²⁵그러나 예수의 십자가 곁에는 그의 어머니, 그 어머니의 자매, 글로바의 마리아, 막달라 마리아가 섰다 ²⁶예수께서 그 어머니와 그가 사랑하는 제자가 곁에 선 것을 보시고 어머니께 말하셨다 "여자여 보십시오 당신의 아들입니다" ²⁷그 다음에 그 제자에게 말하셨다 "보라 너의 어머니다" 그때부터 그 제자는 그녀를 자기 집에 모셨더라

63 십자가의 도

본문에는 예수께서 십자가에 처형 당하시는 이야기가 묘사되어 있다. 그런데 다른 복음서에 비해 기록이 간략하다. 이미 다른 복음서가 충분히 자세하게 다루었기 때문이다. 물론 요한만이 목격한 부분에 있어서는 가장 상세하다. 죽음의 기록보다 하나님의 아들 되심을 확증하는 예수의 부활 이후의 일들에 대한 요한의 기록은 아주 상세하다. 예수께서 하나님의 아들과 그리스도 되심을 설명하기 위해 부활로 말미암은 확증에 더 큰 비중을 두려는 요한의 글쓰기 의도가 잘 드러난다.

유월절 준비일 6시에 빌라도는 유대인을 향해 너희 왕을 보라고 말하였다. 이에 유대인은 예수를 십자가에 못 박아서 제거해 달라고 총독에게 요청한다. 가이사 외에는 자신들의 왕이 없다는 고백도 곁들인다. 가이사의 이름이 빌라도의 귀에 다시 들어가자 예수는 즉시 십자가에 못 박히도록 유대인의 손에 넘겨졌다. 빌라도는 명패를 만들고 거기에 "나사렛 예수 유대인의 왕"이라는 문구를 히브리어, 라틴어, 헬라어로 기록했다. 곧장 유대인의 불평이 쏟아졌다. "자칭 유대인의 왕"이라는 문구로 바꾸어 줄 것을 요청했다. 그러나 이 요청은 빌라도가 거절했다. 십자가 밑에서는 예수의 옷 나누기가 한창이다. 마리아는 슬픔에 젖은 눈으로 십자가에 달린 예수를 바라본다. 예수는 그런 마리아를 향해 요한을 그녀의 아들로 소개하고 요한에게 마리아를 그의 어머니로 소개한다. 그렇게 예수는 모친을 챙기셨다. 구세주가 십자가에 달려 세상 죄를 대속하는 역사의 정점에서 다양한 인물들이 다양하게 관여한다. 당시는 십자가의 의미와 가치에 대한 관심이 실종된 시대였다. 이처럼 외로운 십자가의 도는 홀로 역사의 변혁을 일으킨다.

14[이날은] 유월절 준비일, 시간은 육시였다
그리고 그(빌라도)가 유대인에게 말하였다 "보라 너희 왕이다"
15그들이 소리를 질렀다 "없애소서 없애소서 그를 십자가에 못 박으소서"
빌라도가 그들에게 말하였다 "내가 너희 왕을 십자가에 못 박겠느냐?"
대제사장 무리가 답하였다 "가이사 외에는 우리에게 왕이 없습니다"

저자는 "유월절 준비일"로 날을 특정한다. 여기에서 "준비일"은 예수께서 죽으시는 유월절의 준비일이 아니라 누가의 기록(눅 23:54)이 암시한 것처럼 유월절 주간의 안식일을 준비하는 날을 의미한다. 이날의 핵심적인 준비는 "새 덩어리가 되기 위하여 묵은 누룩"을 제거하고 "순전함과 진실함의 떡"을 준비하는 것이었다(고전 5:7-8). 그러나 유대인은 마땅히 제거해야 할 자신의 누룩을 방치하고 지극히 거룩하신 예수를 제거하는 방식으로 가장 강력한 죄의 누룩을 산출하고 있다. 이로써 그들은 자신들이 유월절의 의미에 완전히 역행하며 하나님의 구원을 화끈하게 조롱하는 어리석은 민족임을 드러낸다. 한편, 하나님의 입장에서 보면 세상의 모든 죄를 어깨에 짊어지신 예수의 죽음으로 말미암아 최악의 누룩을 온전히 제거하신 날이기에 최대의 유월절 준비일이 맞다.

빌라도와 유대인의 대화 시점을 6시라고 저자는 명시한다. 마가는 예수께서 십자가에 못 박히신 시점을 3시라고 한다(막 15:25). 이런 차이에 대해 아우구스티누스는 3시에는 "유대인의 혀에 의해", 6시에는 "군사들의 손에 의해 십자가에 못 박히신 것"이라고 해석한다. 그러나 다른 복음서 저자들은 오늘날의 시간에서 6시간을 뺀 유대인의 시간 표기법을 따라 사건의 흐름을 설명하나 이 복음서의 저자는 오늘날의 시간과 동일한 로마의 시간 계산법을 따라 설명한다. 로마식 시간에 따르면, 예수는 새벽 6시에 빌라도의 심문을 받으셨고 아침 9시에 십자가에 달리셨고(막 15:25, 유대식 3시), 가장 밝은 12시(유대식 6시)부터 오후 3시(유대식 9시)까지 "온 땅에 어둠"이 임하였고, 오후 3시쯤에 "크게 소리 지르시고 영혼이 떠나"셨다(마 27:45-50). 네 명의 모든 복음서 저자들이 유대식 시간 계산법을 따른다고 보더라도 기록의 오류가 아니라 테오도루스의 설명처럼 요한은 사건의 구체적인 과정을 자세히 기술한 반면, 마가는 십자가 사건 전체가 3시에 일어난 것처럼 개괄적인 글쓰기로 표현했을 뿐이라고 보는 게 타당하다.

예수에 대해 빌라도는 유대인을 향해 "보라 너희 왕"이라고 말하였다. 예수의 정체성을 유대인과 묶으려고 했다. 그러나 유대인의 반대는 격렬했다. 그들은 예수를 없애라는 요청을 반복한다. 없애는 방법에 대해서는 십자가에 못 박으라고 꼼꼼하게 주문한다. 뾰족한 가시 면류관을 쓰신 고난의 왕 예수, 고운 것도 없고 흠모할 만한 어떤 매력도 보이지 않으시는 은밀한 구원자를 제거해 달라는 무지한 유대인의 부탁은 인간의 어리석은 모순을 고스란히 드러낸다. 권력과 돈과 명예를 걸치고 위협적인 태도를 취하면 두려움에 빠져 그를 왕처럼 떠받드는 그들의 노예근성이 약하게 보이는 사람을 만나면 무슨 보복이나 하려는 듯 움츠러든 광기를 꺼내 마음껏 휘두르는 폭군의 기질을 드러낸다. 예수 앞에서 유대인은 그렇게 인간의 부끄러운 본색을 여과 없이 드러냈다.

빌라도는 예수를 다시 유대인의 왕이라고 칭하면서 그를 자신이 못 박아야 하느냐고 되묻는다. 이 질문의 의도에 대해 헨리는 두 가지를 제시한다. 첫째, 당시 유대인은 노예이고 그들에게 왕이 있다면 백성의 신분으로 상승되는 것임에도 그 왕을 거부한 그들의 미련함을 지적한다. 둘째, 이는 무죄한 자를 사형에 처할 수는 없다는 양심의 증언을 거부하는 빌라도의 도피성 발언이다. 빌라도는 예수가 유대인의 왕이기에 그의 처형은 그들의 문제라고 규정하고 싶어한다. 이는 제도권의 공직자가 불의와 슬며시 타협하며 책임의 소재는 떠넘기는 어정쩡한 처신이다.

빌라도의 질문을 듣고 이번에는 대제사장 무리가 발끈하며 큰 소리로 가이사 외에는 그들의 왕이 없다고 항변한다. 이는 일반 유대인이 아니라 대제사장 무리가 말하였기 때문에 종교적인 발언이다. 이 발언의 실체는 자신의 이권을 지키고 체면을 유지하기 위해 강력한 종교적 라이벌인 예수만 제거할 수 있다면 누구든지 자신들의 왕으로 모시기를 주저하지 않는 그들의 세속적인 본색을 드러내는 고백이다. 하나님의 이름으로 백성을 섬기고 그들의 죄를 대신해야 할 대제사장 직분을 수행하는 자들의 입에서 어떻게 이런 간사한 고백이 나오는가! 이 고백은 자신에게 손해를 끼친다면 누구라도, 심지어 하나님도 자신의 왕으로 삼지 않겠다는 말이기에 심각하다. 그들에겐 예수만이 아니라 하나님도 왕이 아니었다. 자신들의 이권을 챙겨주는 자만이 그들에게 왕이었다. 나의 왕이 누구냐에 따라서 운명이 좌우된다. 대제사장 무리는 지금 자신들을 하나님의 백성이 아니라 로마 황제의 백성으로 규정하고 자신들의 영원한 운명을 하나님의 손에서 취하여 가이사의 손에 양도했다. 크리스소토무스가 지적한 것처럼 썩어 없어지는 자잘한 이권 좀 챙기려다 "스스로를 하나님의 섭리와 다스림 밖으로 내던졌다." 하늘의 영원한 왕을 세속의 일시적인 왕으로 바꿔치기 하는 그들은 심히 어리석다. 유대인의 실패는 오늘날 교회의 미련한 실패를 고발한다. 우리에게 왕은 누구인가? 하루 24시간 중에 단 1분이라도 과연 그

16그러므로 그때 그(빌라도)는 그를 십자가에 못 박히도록 그들에게 인계했다
그들은 예수를 취하였다

가이사의 이름이 다시 언급되자 빌라도는 예수를 "십자가에 못 박히도록 그들에게 인계했다." 저자는 "그때"(τότε)라는 인계의 정확한 시점을 밝히면서 빌라도가 대제사장 무리의 고백에 휘둘리고 있음을 암시한다. 유대인은 벼르고 기다린 것처럼 인계된 예수를 마치 소유물 가지듯이 "취하였다"(Παρέλαβον). 예수를 극형에 처해도 되는 법적인 권한까지 취득했다. 이로써 고소인이 정죄 된 피고인을 먼저 치는 집행자가 되어야 한다는 신명기의 기록이 성취되고 있다(신 17:7). 그러나 이 성취는 그들에게 복이 아니었다. 그들의 광기를 제어할 장치가 사라지는 일이었고 그 광기의 자유로운 분출로 인해 돌이킬 수 없는 저주와 재앙의 막다른 골목으로 스스로를 내모는 일이었다. 악한 자에게는 권한의 획득이나 자유의 확대가 복이 아니라 자신의 악이 더 이상 제어되지 않고 무방비로 노출되는 환경이 마련되는 일이었다. "어떤 길은 사람이 보기에 바르나 필경은 사망의 길"로 이어진다(잠 14:12). 하나님을 사랑하는 자에게는 어떠한 길도 모든 것이 합력하여 선을 이루지만 악한 자에게는 모든 것이 합력하여 그의 악을 드러낸다.

17그는 스스로 십자가를 지고 해골의 장소라고 불리는 곳,
히브리 말로 골고다로 나가셨다

예수는 십자가를 지고 골고다 언덕을 오르셨다. 저자는 예수께서 십자가를

"스스로"(αὐτῷ) 지셨다는 점을 강조한다. 이는 아버지의 명령에 대한 아들의 자발적인 순종을 강조하며 예수의 신성을 드러내는 요한 특유의 표현이다. 예수의 어깨에 놓인 십자가는 분명히 부당하게 강요된 벌이었다. 흉악범의 십자가가 순결한 자의 어깨에 놓였다는 것 자체가 인간의 부당함을 고발한다. 그러나 예수는 동시에 인간의 그런 부당함을 극명하게 드러내는 십자가를 자신의 죄로 삼아 자신의 어깨에 스스로 올리셨다. 자발적인 순종 차원에서 사형수의 길을 기꺼이 걸으셨다. 그 길로 나아가는 그의 발걸음에 비장한 위엄이 느껴진다. 이는 삶과 죽음을 스스로 택하시는 하나님의 아들임을 보여준다. 그는 십자가 위에서 모든 옷을 벗어 우리의 추악한 치욕을 덮으셨고 벌거벗은 몸에 온 세상의 능욕을 다 걸치셨다. 십자가는 인간의 가장 벌거벗은 수치이고, 인간의 가장 모순적인 불의인 동시에 하나님의 지극한 사랑이고, 하나님의 가장 오묘한 지혜이고, 하나님의 가장 위대한 능력이고, 하나님의 가장 공정한 정의이고, 인생의 가장 경건한 모범이다. 이것을 바울은 "십자가의 도"(λόγος)라고 규정한다(고전 1:18). 진실로 십자가는 사람의 죄와 하나님의 선, 사람의 폭력성과 하나님의 용서, 사람의 불의와 하나님의 정의, 사람의 부당함과 하나님의 공정하심, 사람의 미련함과 하나님의 지혜, 사람의 절망과 하나님의 소망, 사람의 수치와 하나님의 영광이 극명하게 대조되는 역사의 가장 중요한 현장이다.

예수의 처형장은 "히브리 말로 골고다" 즉 "해골(κρανίον)의 장소"였다. 이곳은 "해골"의 라틴어 음역을 따라 "갈보리"(calvaria)라 불려진다. 해골은 죽음을 상징한다. 골고다는 우리가 십자가를 지고 죽음에 이르러야 하는 운명의 장소였다. 그런데 예수께서 대신 십자가를 지고 죽으시며 그 사형의 언덕을 새롭게 바꾸셨다. 이제 골고다는 치유와 회복의 장소이고 용서와 사랑의 장소이고 승리와 영광의 장소로 변하였다. 우리의 운명도 달라졌다. 해골도 이렇게 변했다면 아무리 큰 절망이라 할지라도 어찌 희망으로 변하지 않겠는가! 해골은 또한 머리를 의미한다. 예루살렘 키릴루스의 말처럼 예수는 "권세와 권력들의 머리"이고 "당신의 몸인 교회의 머리"이기 때문에 "해골의 장소"는 대단히 "예언적인 이름"이다. 예수께서 거하시면 그곳이 아무리 끔찍하고 절망적인 "해골의 장소"라도 희망과 영광의 이름으로 변한다. 우리는 어떠한가? 우리가 출입한 장소마다 절망을 배설하고 다니지는 않는가? 아니면 출입의 흔적이 희망인가? 어디를 가든지 불의를 정의로, 슬픔도 기쁨으로, 아픔을 회복으로, 거짓을 진리로 바꾸는 사람인가?

그리고 예수는 십자가를 지고 해골의 장소로 "나가셨다"(ἐξῆλθεν). 이 동사의 능동태가 말하듯이 예수는 스스로 성문 밖으로 나가셨다. 히브리서 저자의 설명처럼, 예수는 "죄를 위한 짐승"의 육체가 "영문 밖에서 불사름"을 당한 것처럼 "자기 피로써 백성을 거룩하게 하려고 성문 밖에서 고난을 받으셨"다(히 13:11-12). 이처럼 예수께서 성문 밖에서 고난을 당하신 것은 성경의 예언을 이루기 위함이다(레 16:27). 그가 자신의 고난과 죽음으로 죄 사함을 이루신 곳은 성문 안이 아니라 밖이었다. 이것의 의의에 대해 히브리서 저자는 이렇게 기록한다. "그런즉 우리도 그의 치욕을 짊어지고 영문 밖으로 그에게 나아가자"(히 13:13).

예수께서 영문 밖에서 당하신 치욕은 성도의 삶에 본이었다. 우리도 안락한 영문 안의 삶이 아니라 영문 밖의 불편한 삶을 지향해야 한다. 우리도 예수처럼 그의 치욕을 스스로 짊어지는 이유는 히브리서 기자의 말처럼 "여기에는 영구한 도성이 없으므로 장차 올 것을 찾"기 위함이다(히 12:14). 성도는 이 세상의 도성에 머물기를 추구하지 않고 하늘의 도성을 사모하는 사람이다. 그리고 지금도 일하시는 예수를 성문 밖에서 만나고 그리스도 밖에 있는 타인에게 그 예수를 주선하기 위해 성문 밖에 머물기를 추구한다. 성문 밖에는 세속적인 치욕이 있지만 영적인 영광이 가득하다. 예수처럼 우리도 성문 밖으로 나아가 어둡고 외롭고 더럽고 고달픈 치욕을 짊어져야 한다. 그 치욕의 끝에는 인자가 얻은 영광이 빛나고 있기 때문이다.

¹⁸그들은 거기에서 예수를 십자가에 못 박았는데
다른 둘을 그와 함께 좌우에 못 박았으며 예수는 그 가운데에 [계셨다]

성문 밖으로 나가신 예수의 십자가를 "시몬이란 그레네 사람"에게 "억지로
지워 가게 하였다"는 다른 복음서 저자들의 기록(마 27:32; 막 15:21; 눅 23:26)
을 요한복음 저자는 생략한다. 예수께서 직접 십자가를 짊어지신 것을 강
조하기 위함이다. 이것은 이삭을 번제로 바친 구약의 사건을 생각나게 한
다. 이삭은 번제에 필요한 나무를 직접 짊어지고 죽임을 당하러 모리아 산
으로 갔으나 죽지 않고 살아났다. 예수도 나무를 직접 짊어지고 죽임을 당
하러 골고다 언덕을 오르셨다. 이삭과는 달리 그 나무에서 실제로 죽임을
당하셨다. 그러나 부활하여 죽음에 머물지 않으셨다. 바울의 표현처럼 예
수는 성경대로 우리의 죄를 위하여 실제로 죽으셨다(고전 15:3). 그리고 요
한복음 저자는 예수의 좌우에 "다른 둘"이 못 박혀서 예수는 그 가운데에
계셨다고 기록한다. 그 둘의 정체에 대해 마태는 "강도"라고 명시한다(마
27:38). 강도가 예수와 함께 처형된 이유는 무엇일까? 키릴루스는 두 강도
가 유대인과 이방인을 뜻한다고 해석한다. 그와는 달리, 아우구스티누스는
십자가 자체를 하나의 법정으로 해석한다. 이 교부에 의하면, 가운데에 계
신 예수는 재판관을 의미하고, 두 강도는 구원 받을 양들이 서게 될 무죄의
오른쪽과 심판 받을 염소들이 서게 될 유죄의 왼쪽을 의미한다. 십자가를
법정으로 본 교부의 해석은 적용의 차원에서 보면 충분히 가능하다.

　그런데 강도 둘이 예수와 함께 사형을 당하게 된 상황의 배후에 대하여
헨리는 대제사장 무리의 모략을 의심한다. 이는 십자가에 처형될 정도로
흉악한 강도들과 함께 예수를 처형하되 그를 그들 가운데에 위치시킨 것
은 그가 흉악한 강도들과 동일하게 끔찍한 죄인이며 죄인들 중에서도 한
가운데에 있는 괴수라는 부정적인 이미지를 만들려는 대제사장 무리의 의
도라는 타당한 의심이다. 마태의 기록에 의하면, 대제사장, 서기관, 장로 등

모든 계층의 유대인이 예수를 실제로 조롱했고 심지어 "함께 십자가에 못박힌 강도들도 이와 같이 욕하였다"(마 27:41-44).

인간적인 음모의 더 깊은 배후에는 하나님의 섭리가 작용하고 있다. 왜냐하면 "범죄자 중 하나로 헤아림을 받았다"(사 53:12)는 이사야의 예언이 이루어진 사건이기 때문이다. 예수의 이 십자가 사건을 믿음의 눈으로 바라보면, "영광으로 옷 입으시던 분이 그 모든 옷은 벗김을 당하시고 치욕의 옷으로 입혀졌고 … 천사들의 찬양을 받으시던 그가 인간들의 비난을 당하셨고 … 아버지의 품 안에서 영원한 희락과 기쁨을 누리며 지내시던 그가 이제는 극도의 고통과 괴로움에 처하게 되셨다"는 헨리의 뼈아픈 표현은 사실이다. 예수께서 당하신 이 모든 고통과 아픔은 우리가 저지른 죄에 합당한 것이었고 동시에 우리를 위한 것이었다. 나아가 죄가 하나님 앞에서 얼마나 심각한 것인지가 예수의 지독한 고난에서 여실히 확인된다.

19이에 빌라도가 명패를 써서 십자가 위에 붙였는데 [거기에는]
"나사렛 예수 유대인의 왕"이라고 기록되어 있다

빌라도는 예수의 십자가 위에 특이한 명패를 부착한다. 마태와 마가는 이 명패를 "죄패"(αἰτία)라고 표기한다(마 27:37; 막 15:26). 그러나 그 명패에는 십자가 처형이 마땅한 죄목이 아니라 "나사렛 예수 유대인의 왕"이라는 문구가 기록되어 있다. 이렇게 기록한 빌라도의 의도는 모호하다. 그러나 칼뱅은 이 기록을 "빌라도의 펜을 움직인 하나님의 섭리"라고 해석한다. 명패의 문구가 의미하는 바를 온전히 알지는 못했을 것이지만, 빌라도는 선한 것이 나오지 않는 촌구석인 나사렛 출신의 목수 예수가 모든 유대인이 제거해야 할 죄인이 아니라 추앙해야 할 왕이라고 규정한다. 이는 "나사렛"이 하나님께 성별된 사람을 의미하고 "예수"는 구원자를 의미하고 "유대인의 왕"은 통치자를 의미하기 때문이다. 이렇게 보면, 유대인은 지금 하나님께 구별되신 분, 자신들을 구원하고 통치하는 왕을 죽이려고 한다. 이로써 그들은 하나님께 반역하고 자신들의 구원도 포기한다.

이는 아담과 하와가 태초에 보여준 어리석고 치명적인 반역의 반복이다. 태초부터 인간은 천하보다 귀한 가치와 존엄성을 부여하신 하나님의 말씀을 거역하는 방식으로 그의 존재를 지우려고 했다. 온 인류가 그렇게 모든 존재의 왕을 없애려고 했다. "소는 그 임자를 알고 나귀는 그 주인의 구유를 알건마는" 이후에 하나님의 택하심을 받은 이스라엘 백성은 자신들의 왕을 알지도 못하였다(사 1:3). 나아가 그들은 "범죄한 나라요 허물 진 백성이요 행악의 종자요 행위가 부패한 자식"이 되어 여호와를 버리고 그를 가소롭게 여기며 멀리 떠나갔다(사 1:4). 때가 이르러 그 왕이 육신으로 "자기 땅에 오매 자기 백성이 영접하지 않았다"고 요한은 탄식한다(요 1:11). 인류나 택한 백성만이 아니라 예수의 혈족조차 왕을 알아보지 못하는 이 유구하고 고질적인 무례 속에서 빌라도의 붓으로 쓰여진 이 명패는 대단히 이례적인 현상이다. 칼뱅의 말처럼 "성령의 은밀한 감화에 의한 것"임에 분명하다.

20많은 유대인이 이 명패를 읽었는데 이는 예수께서 못 박히신 곳이 성에서
가까웠고 그 [명패]가 히브리어, 로마어, 헬라어로 기록되어 있었기 때문이다

"많은 유대인"이 빌라도가 기록한 명패를 읽었다고 한다. 두 가지의 이유 때문이다. 첫째, 예수께서 십자가에 못 박히신 골고다가 성읍에서 가까웠기 때문이다. 이는 우연이 아니었다. 사형장의 위치도 정교한 섭리의 일부였다. 의미로 보자면, 골고다 즉 죽음의 해골터는 모든 인생에게 너무도 가까워서 모든 사람이 그곳을 반드시 지나간다. 인생의 마지막 길목에 "나사

렛 예수 유대인의 왕"이라는 문구가 전시되어 있다. 모든 인생에게 베푸시는 하나님의 마지막 배려와 은총이다. 모든 인생은 죽음 앞에서 예수라는 왕을 기준으로 갈림길에 선다. 왕을 알아본 그의 참된 백성은 영원한 구원으로, 알아보지 못한 거짓된 백성은 죄의 삯을 스스로 지불하는 영원한 죽음으로 들어간다.

둘째, 명패의 문구가 세 가지의 언어로 기록되어 있기 때문이다. 즉 그 명패는 하나님의 계시를 기록한 히브리어, 모든 학문과 지식을 기록한 헬라어, 세계의 법적인 질서와 통치를 기록한 로마어로 쓰여졌다. 이 세 가지는 당시에 거의 모든 사람들이 사용하는 종교와 문화와 법의 일상적인 언어였다. 이는 하나님의 아들 예수가 한 민족의 구원자와 통치자가 아니라 온 인류의 모든 사람들을 구원하고 다스리는 왕이심을 잘 나타낸다. "그에게 권세와 영광과 나라를 주고 모든 백성과 나라들과 다른 언어를 말하는 모든 자들이 그를 섬기게 하였다"(단 7:14)는 다니엘의 예언처럼 예수는 온 세상의 왕이시다. 나아가 바울은 "하늘에 있는 자들과 땅에 있는 자들과 땅 아래에 있는 자들로 모든 무릎을 예수의 이름에 꿇게 하셨다"(빌 2:10)고 증언한다. 온 세상 죄를 짊어지고 십자가 죽음을 당하신 예수의 이름은 과연 온 천하의 모든 족속에게 이르도록 땅 끝까지 전해져야 할 복음이다.

21이에 유대인의 대제사장 무리가 빌라도에게 말하였다
"'유대인의 왕'이라고 쓰지 말고 그가 '나는 유대인의 왕'이라고
말했다고 써 주십시오" 22빌라도는 "내가 쓸 것을 썼다"고 답하였다

빌라도가 쓴 명패의 문구를 본 유대인의 대제사장 무리가 발끈한다. "유대인의 왕"이 아니라 "그가 '나는 유대인의 왕'이라고 말했다"로 적시해 달라고 요청한다. 만약 제도권의 공직자인 빌라도 총독이 예수를 "유대인의 왕"

이라고 표기하면 공신력 있는 사실을 적시한 것이지만 예수가 자신의 입으로 한 말이라면 신뢰성 없는 허풍에 불과한 것으로 보여진다. 자신들이 고발하고 죽이려는 예수의 이미지를 무조건 나쁘게 꾸미려는 대제사장 무리의 발칙한 요청은 지칠 줄 모르는 인간의 거짓된 본성을 잘 드러낸다. 고발한 자는 고발된 자의 틀림에서 자신의 옳음을 확보한다. 고발된 자의 옳음은 고발한 자의 고발이 틀렸다는 반증이기 때문에 고발한 자는 고발된 자가 무조건 틀렸다고 주장하게 된다. 피고인의 옳음을 없애야 고발인의 틀림이 무마되기 때문에 예수라는 진리를 힘껏 제거하려 한다. 죽이는 시도만 하지 않고 실제로 죽을 때까지 그 시도를 반복한다.

문구를 변경해 달라는 대제사장 무리의 요청은 묵살된다. 빌라도는 자신이 쓸 것을 썼다며 원래의 문구를 고수한다. 자신의 왕을 지켜야 할 유대인은 왕을 죽이려고 혈안이 되어 있고 유대인의 왕과 무관한 빌라도는 그 왕을 옹호하고 있으니, 이 무슨 해괴한 상황인가! 유대인도 알아보지 못한 유대인의 왕을 알아본 빌라도의 이런 행위에 대해 아우구스티누스는 예수의 탄생을 기념하기 위해 찾아온 동방의 박사들과 비교한다. 박사들은 동방에서 왔고 빌라도는 서방에서 왔기 때문에 "많은 사람이 동쪽과 서쪽에서 모여와"(마 8:11) 천국의 잔칫상에 앉을 것이라는 예수의 말씀이 응한 것이라고 해석한다. 그러나 빌라도가 낙원으로 갔다고 보기는 어렵기 때문에 이 해석은 과도하다. 박윤선의 말처럼, 빌라도가 진리에 대한 무지 때문에 예수를 십자가의 죽음에 내어준 것도 하나님의 섭리이고, 그가 예수를 유대인의 왕이라고 명시한 문구의 원안을 고수한 것도 하나님의 섭리라고 해석함이 좋다.

대제사장 무리의 집요한 요청에도 불구하고 자신의 소신을 지킨 빌라도의 우직한 모습에 근거하여 칼뱅은 이 세상의 어떠한 거짓과도 타협하지 말고 진리를 죽을 때까지 고수해야 하는 우리의 도리를 강조한다. "일개 이방인이 뜻도 모르고 생각 없이 그리스도에 대하여 쓴 것을 취소하지 않았는데" 하물며 "그의 영을 통하여 우리의 마음에 날인된 그의 가르침을 증거하는 일에서 우리가 위협이나 위험 때문에 놀라서 움츠려 든다면 우리의 수치가 얼마나 크겠는가!" "은밀한 감화력에 이끌려 복음의 선포자로 내정 받아 복음의 요약을 세 나라의 말로 선포"한 빌라도 앞에서 부끄럽지 않도록 하자고 칼뱅은 권면한다. 진실로 부끄럽지 않으려면 히브리어, 라틴어, 헬라어를 배우든지, 아니면 어떤 식으로든 세 가지 이상의 언어권과 문화권에 복음을 증거할 수 있도록 준비함이 좋다.

23군사들은 예수를 십자가에 못 박을 때 그의 옷을 취하였고
각 군인에게 하나의 몫이 가도록 네 몫으로 나누었다 속옷도 [취하였다]
이 속옷은 이음새 없이 위로부터 통으로 짠 것이었다
24이에 그들이 "우리가 그것을 찢지 말고 누구에게 속할 것인지에 대해
제비를 뽑자"고 서로에게 말하였다 이는 "그들이 나의 옷들을
그들 가운데서 나누고 그들이 나의 옷에 대하여 제비를 뽑았다"고 말한
성경이 성취되게 하기 위함이다 진실로 군인들은 이러한 일을 행하였다

예수를 십자가에 못 박은 군사들은 넷이었다. 그들은 예수의 옷을 취하였고 각자에게 돌아갈 몫을 나누었다. 이에 대하여 에프렘은 "예수의 옷이 네 몫으로 나누어진 것은 세상의 네 지역 모두로 퍼져 나갈 그분의 복음"을 상징하는 것이라고 해석한다. 그들은 예수의 속옷도 취하였다. "이 속옷은 이음새 없이 위로부터 통으로 짠 것이었다." 이에 대하여 에프렘은 예수의 속옷이 신성을 상징하기 때문에 나누어질 수 없다고 해석한다. 이는 흥미로운 알레고리 해석이다. 속옷은 당연히 찢어서 등분하기 어려웠고 찢으면 완전히 망가지는 옷이어서 제비를 뽑아 하나가 통째로 취하는 방식을 서로에게 제안했다. 예수의 속옷이 찢어지지 않았다는 것은 "그의 옷을 찢지

말라"는 대제사장 예복의 규례와 무관하지 않다(레 21:10). 즉 예수의 참 대제사장 되심을 나타낸다. 이와는 달리, 가야바는 예수를 심문하는 중에 "자기 옷을 찢으며" 자신의 참 대제사장 아님을 나타냈다(막 14:63). 복장을 중심으로 예수와 가야바는 대제사장 직분과 관련하여 심히 대조된다.

저자는 군사들의 옷 나누기가 성경의 예언이 성취되기 위한 것이라고 설명한다. 군사들이 예수의 옷을 나누는 것과 관계된 예언이다. "내 겉옷을 나누며 속옷을 제비 뽑나이다"(시 22:18). 이 예언의 성취에 대하여 멜란히톤은 특이한 해석을 시도한다. 즉 예수의 "옷들은 그의 가르침을, 군사들은 이단들을 암시한다." 그에 의하면, 군인들이 예수의 "옷을 나누는 것은 성경 찢기"를 의미한다. "속옷을 취하려고 제비를 던지는 것은 성경을 가지고 게임을 즐기며 자신의 충동을 따라 엉뚱한 방향으로 성경을 왜곡하는 자들의 등장을 암시한다." 독일의 이 경건한 종교개혁자는 성경을 너무도 사랑한 나머지 옷 나누기가 성경의 성취라는 점에 착안하여 이 사건과 성경을 결부시킨 알레고리 해석까지 시도했다. 나는 그의 시도를 나쁘지 않은 적용적 해석으로 이해한다.

요한복음 저자는 시편의 말씀을 따라 "진실로 군인들이 이러한 일을 행했다"고 기술한다. 하나님의 기록된 말씀은 하나의 예외도 없이 모두 반드시 성취된다. 예수를 십자가에 못 박는 업무를 끝마친 군사들이 예수의 옷들을 나누는 구체적인 방식조차 기록된 말씀과 결부되어 있다는 사실이 경이롭다. 이러한 사실을 확인할 때마다 성경을 대하는 나의 태도를 점검하게 된다. 성경은 세상사의 지극히 사소하게 보이는 것까지도 관여한다. 빗방울 하나가 땅에 떨어지는 것도 하나님의 말씀과 무관하지 않다. 번개가 지나가는 길의 위치와 곡선도, 머리털 하나가 두피와 사이좋게 지내다가 결별하는 것도 하나님의 의지와 무관하지 않다. 온 세상의 모든 만물 중에 지극히 작은 미물이라 할지라도 하나님의 영광에 감히 침묵할 존재는 하나도 없다는 어느 신학자의 말은 타당하다. 그 영광을 위해 세상의 모든 만물이 말씀으로 말미암아 존재하고 말씀으로 말미암아 보존된다. 하나님의 섭리를 밝힌 이사야의 기록이다. "내가 생각한 것이 반드시 되며 내가 경영한 것을 반드시 이루리라"(사 14:24). 이는 큰 일만이 아니라 점과 획 단위의 사소한 일도 하나님의 생각과 경영이 이루어진 결과라는 이야기다.

군사들이 예수의 겉옷과 속옷을 취했으니 그는 지금 벌거벗은 상황이다. 아담과 하와는 자신이 벌거벗은 것을 인지하고 그 수치를 가리려고 무화과 나뭇잎 치마를 만들었다. 그러나 예수는 아무것도 걸치지 않으셨다. 그 벌거벗은 수치를 그대로 취하셨고 천 조각 하나로도 가리지 않으셨다. 그가 그렇게 온전한 수치를 당하셨기 때문에 우리의 치명적인 수치는 사라졌다. 아담과 하와의 수치를 가리기 위해 하나님은 가죽 옷을 만들어 입히셨다. 사람의 수치를 가리기 위해 가죽을 남긴 짐승은 자신의 피부 속까지 드러내야 했다. 이제 그 가죽 옷의 실체인 예수는 살과 피의 벌거벗은 수치를 다 드러내며 내부에 있는 피와 물까지 쏟으시는 수치까지 당하시며 우리의 수치 전부를 덮으셨다. 그래서 우리는 하나님 앞에서 그가 만드신 의의 가죽 옷으로 가려져 영화롭게 된다. 얼마나 감사한가!

군사들이 예수의 옷을 나누는 장면은 비본질적 사안에 집착하여 본질을 전혀 의식하지 못하는 인간의 우둔함을 고발한다. 예수는 지금 인류의 죄를 짊어지고 인류의 역사 전체에서 준비된 하나님의 나라를 세우기 위해 자신의 생명을 하나님께 거룩한 산 제물로 바치는 중이시다. 이는 인류의 구원을 위하여 하나님이 행하시는 모든 일들의 절정이다. 인류의 역사에서 어쩌면 가장 중요한 순간이다. 그런데도 군사들은 딴 짓에 정신이 팔렸으며, 그 역사의 현장에 참여하고 가장 가까운 거리에서 목격할 수 있는 특권을 가졌지만 그것을 특권으로 알지도 못하였고 고작 옷 한 벌 챙기려고 제비에 코를 박고 유치한 행운을 기대한다. 이런 방식으로 역사의 최고 순간을 허비한다. 이런 어리석은 낭비는 모든 이에게서 발견된다. 인생이 이리도 쉽게 사소하다. 너무도 위대한 역사가 눈앞에서 펼쳐지고 있었지만 그들에게 그 구원의 놀라운 역사는 사형 집행관의 지극히 사소한 일상에 불과했다.

사실 예수의 모든 제자들도 그를 배신하며 내팽개친 이 역사적 사건을 다른 누구인들 소중하게 여기며 그 의미를 깨달을 수 있었을까? 늘 사형장에 거하며 사람의 생명을 파리 목숨처럼 다루는 자들에게 무엇을 기대할 수 있겠는가! 그럼에도 불구하고 십자가의 도는 해골이 나뒹구는 절망의 언덕에서 아주 조용히 희망의 변혁을 일으키고 있다. 십자가의 도가 유대인이 보기에는 "거리끼는 것"이고 이방인이 보기에는 "미련한 것"이어서(고전 1:23) 인류의 철저한 외면은 어쩌면 당연하다. 그러나 그럼에도 불구하고 주님은 그 인류의 구원을 위해 십자가의 고독한 행보를 접지 않으셨다.

지금의 우리는 어떠한가? 그때의 골고다가 아니어도 오늘날 하나님을 인정하는 곳이라면 어디든지 십자가의 위대한 역사가 일어나는 현장이다. 그런데 지금도 그런 역사에는 아무런 관심도 없이 비본질적 사안에 얽매여 살아가는 하나님의 사람들이 태반이라서 심히 안타깝다. 사회가 의미를 부여하면 그때서야 비로소 관심을 기울이는 것은 하나님의 섭리에 무지하기 때문이다. 그 무지는 사회적 관심을 받으려는 욕망 때문에 발생한다. 복음의 종들은 예수의 시대처럼 혹시 우리 시대의 집단적인 무관심과 외면을 받더라도 구원의 복음을 땅 끝까지 전파하는 일을 중단하지 않는 십자가의 길, 끝까지 정진해야 한다.

25그러나 예수의 십자가 곁에는
그의 어머니, 그 어머니의 자매, 글로바의 마리아, 막달라 마리아가 섰다

저자는 예수를 처형하고 조롱하며 그의 옷까지 취한 불한당 같은 군사들의 추한 이야기를 끝내고 "예수의 십자가 곁"을 지킨 (남자들도 있었지만 특

별히) 아름다운 믿음의 여인들을 언급한다. 저자는 "그러나"를 통해 네 명의 군사들과 네 명의 여자들이 완전히 상반된 반응을 보인다는 점을 강조한다. 네 명의 여자들이 지킨 "십자가 곁"이라는 말이 아름답다. 예수의 화려한 기적 곁을 서성대지 않고 어두운 죽음의 십자가 곁을 지켰기 때문에 그녀들은 더욱 아름답다. 우리가 추구하는 곁은 어디인가? 동일한 십자가의 곁에 있더라도 군사들과 여인들의 관심은 극명하게 대조된다. 외모가 아니라 중심이 고난의 예수 곁을 사모해야 한다.

저자는 그런 여인들 중 예수의 어머니 마리아, 그 마리아의 자매인 살로메, 글로바의 마리아 그리고 막달라 마리아를 거명한다. 예수의 모든 제자들이 그를 버리고 떠났으며, 최강의 남자라고 할 로마의 군사들도 옷 조각하나에 골몰하고 있었지만, 여인들은 슬프고 경건한 마음으로 예수의 임종을 가까이서 지켰다는 점이 대조된다. 남성들도 예수의 지인으로 발각되는 것이 두려워서 배신한 자리인데 그 배신의 빈자리를 더 연약한 여성들의 경건이 채우고 있다는 것은 당시의 여성들이 가진 신앙의 수위를 가늠하게 한다. 여인들은 예수께서 생을 접으시는 죽음의 마지막 목격자일 뿐만 아니라 그의 부활 즉 빈 무덤의 최초 목격자다(막 16:1-8). 그때나 지금이나 위기 앞에서는 남성보다 여성의 신앙이 더 강하고 아름답다.

요한은 이 복음서 안에서 자신의 이름을 감추었다. 동시에 자기 어머니의 이름도 감추었다. 이름이 살로메인 그의 어머니는 여기에서 예수의 어머니 마리아의 자매로 표기된다. 요한은 이렇게 예수를 중심으로 자신의 정체성을 인식하여 자신을 예수의 사랑하는 "제자"로, 자신의 어머니를 예수 어머니의 "자매"로 소개한다. 요한은 예수가 없으면 존재할 수 없고 존재할 필요도 없고 오직 예수 때문에 존재하는 사람이다. 요한처럼 예수에 의해 재해석된, 예수 안에서 재발견된 자신을 아는 것이 참된 경건이다. 나에게서 예수와 무관한 것이 하나도 없도록 예수로 온전히 채색된 자아를 찾아가는 여정이 바로 경건한 인생이다. 예수와 요한은 혈통적인 면에서도 무관하지 않다. 살로메는 요한의 어머니인 동시에 예수의 이모이기 때문이다. 이로 보건대 예수와 요한은 이종사촌 관계임에 분명하다. 그러나 혈통적인 관계가 전면에 부각되지 않도록 주의하는 저자는 경건하고 지혜롭다.

26예수께서 그 어머니와 그가 사랑하는 제자가 곁에 선 것을 보시고
어머니께 말하셨다 "여자여 보십시오 당신의 아들입니다"
27그 다음에 그 제자에게 말하셨다 "보라 너의 어머니다"
그때부터 그 제자는 그녀를 자기 집에 모셨더라

예수는 자신의 어머니 마리아와 자신이 사랑하는 제자 요한이 나란히 선 것을 보시고 말하신다. 마리아를 향해서는 요한을 그녀의 아들로 규정하고, 그 제자를 향해서는 마리아를 그의 어머니로 규정한다. 그렇게 예수는 자신의 혈통적인 어머니를 챙기신다. 아버지 하나님을 경외하며 그의 모든 명령에 순종하며 그의 뜻을 이루시되 육신의 어머니에 대한 공경도 간과하지 않으셨다. 십계명은 하나님 사랑과 이웃 사랑으로 이루어져 있다. 순서가 중요하다. 그래서 예수는 가족처럼 아무리 가까운 이웃이라 할지라도 "아버지나 어머니를 나보다 더 사랑하는 자는 내게 합당하지 아니하고 아들이나 딸을 나보다 더 사랑하는 자도 내게 합당하지" 않다고 말하셨다(마 10:37). 그러나 이 말은 부모나 자녀를 사랑하지 말라는 말씀이 아니었다. 가족과 이웃을 사랑하는 것이 하나님을 사랑하는 것에 버금가기 때문에 그 둘은 "닮은"(ὅμοιος) 사랑이다(마 22:39). 바울은 "자기 가족을 돌보지 아니하면 믿음을 배반한 자요 믿음이 없는 자보다 더 악한 자"라고 꾸짖는다(딤전 5:8).
　예수는 마리아를 향해 "여자"(γυμή), "당신"(σύ), "너의 어머니"(μήτηρ σου)라고 부르신다. 이에 대한 그레고리 대제의 해석에 따르면, 기적들과 부활에 대해서는 예수께서 신성을 따라 행하신 일이기에 "여자"라는 호칭으로

마리아와 거리를 두시지만 고난이나 죽음과 같은 인간의 일들에 대해서는 마리아를 어머니로 부르며 그녀에게 받은 인간의 본성에 근거한 일임을 밝히신다. 이와는 달리, 칼뱅은 "여자"라는 호칭이 예수께서 사람으로 오신 사명을 끝마치고 이제 육신의 장막을 벗고 하늘로 가시기 때문에 마리아와 예수 사이에 혈육의 관계가 종료된 것을 표시하신 것이라고 해석한다. 그에 의하면, 예수는 "언제나 신자들이 [자신의] 육신을 바라보는 것을 금하셨다."

이 땅에서의 관계성은 유통기한 없이 무한하지 않다. 모든 관계는 하늘의 의미와 가치를 산출한 이후 각자가 무덤으로 들어갈 때 내려놓아야 할 유한한 선물이다. 남편과 아내의 관계도 그리스도 예수와 교회의 큰 신비를 드러낸 이후에는 무덤으로 들어간다. 마리아의 입장에서 보면, "여자"라는 호칭은 결혼도 하지 않은 아들이 꽃다운 나이에 최악의 사형을 당하면서 자신을 떠나가는 비애로 찢어지는 부모의 마음을 위로하는 엄선된 호칭이다. "여자"라는 호칭으로 인해 마리아는 생명을 공유한 어머니와 아들의 관계에서 한 발짝 물러날 수 있어서 아파도 덜 아플 수 있기 때문이다. 실제로 예수는 그녀에게 아들로서 죽지 않고 구원자의 신분으로 죽으신다.

예수와 마리아의 관계는 이제부터 "여자"라는 호칭에 의해 규정되고 요한과 마리아의 관계는 "어머니"와 "아들"이라는 호칭에 의해 규정된다. 마리아는 요한을 아들로 여기며 예수의 혈통적인 빈자리를 채우고, 요한은 마리아를 어머니로 여기며 부모 공경의 도리를 완수해야 한다. 이모와 조카의 관계가 어머니와 아들의 관계로 바뀌는 것은 결코 과도하지 않고 얼마든지 가능하다. 요한은 그때부터 마리아를 어머니로 여기고 자신의 집으로 모시고 섬겼다고 기록한다. 이는 요한이 마리아를 모시고 살 충분한 집과 살림이 있었다는 사실과 하나님의 일을 한답시고 육신의 어머니 마리아 돌보기를 소홀히 하지 않았다는 사실을 보여준다. 오리게네스는 요한을 "당신의 아들"로 표현하신 예수의 마음에는 바울의 고백(갈 2:20)처럼 예수께서 요한 안에서 영원히 사실 것이라는 의미가 내포되어 있다고 주장한다. 이러한 그의 주장에 대해 나는 반대하지 않는다.

사실 마리아를 돌볼 그녀의 다른 자녀들도 있다. 그러나 예수께서 보시기에 자신의 십자가 곁을 끝까지 지킨 요한만이 어머니를 맡겨도 안심이되는 제자였다. 십자가의 고난을 마다하지 않는 믿음의 형제는 가까운 혈육의 형제보다 더 믿음직한 사람이다. 예수는 한 영혼을 아무에게나 맡기지 않으신다. 고난을 경험한 믿음의 사람에게 맡기신다. 십자가의 고난에서 도망치지 않고 곁을 사수하는 요한은 마리아 돌보기가 아무리 어려워도 충성된 마음으로 능히 기꺼이 감당할 사람이다. 다른 문헌에서 요한은 자신에 대하여 "예수의 환난과 나라와 참음에 동참하는 자"라고 소개한다(계 1:9). 사실 히에로니무스의 말처럼 주님의 어머니를 주님의 유산으로 물려받는다는 것은 요한에게 얼마나 큰 영광인가! 마리아를 맡기신 예수에게 요한은 오히려 감사해야 한다. 혹시 우리가 친 가족이 아닌 누군가를 섬기고 있다면 주님께서 우리를 충성되게 여기셔서 맡기신 사람으로 간주하며 영광으로 알고 감사한 마음으로 기쁘게 섬기는 것이 마땅하다.

요 19:28-42

²⁸그 후에 예수께서 모든 일이 이미 이루어진 줄 아시고 성경을 응하게 하려 하사 이르시되 내가 목마르다 하시니 ²⁹거기 신 포도주가 가득히 담긴 그릇이 있는지라 사람들이 신 포도주를 적신 해면을 우슬초에 매어 예수의 입에 대니 ³⁰예수께서 신 포도주를 받으신 후에 이르시되 다 이루었다 하시고 머리를 숙이니 영혼이 떠나가시니라 ³¹이 날은 준비일이라 유대인들은 그 안식일이 큰 날이므로 그 안식일에 시체들을 십자가에 두지 아니하려 하여 빌라도에게 그들의 다리를 꺾어 시체를 치워 달라 하니 ³²군인들이 가서 예수와 함께 못 박힌 첫째 사람과 또 그 다른 사람의 다리를 꺾고 ³³예수께 이르러서는 이미 죽으신 것을 보고 다리를 꺾지 아니하고 ³⁴그 중 한 군인이 창으로 옆구리를 찌르니 곧 피와 물이 나오더라 ³⁵이를 본 자가 증언하였으니 그 증언이 참이라 그가 자기의 말하는 것이 참인 줄 알고 너희로 믿게 하려 함이니라 ³⁶이 일이 일어난 것은 그 뼈가 하나도 꺾이지 아니하리라 한 성경을 응하게 하려 함이라 ³⁷또 다른 성경에 그들이 그 찌른 자를 보리라 하였느니라 ³⁸아리마대 사람 요셉은 예수의 제자이나 유대인이 두려워 그것을 숨기더니 이 일 후에 빌라도에게 예수의 시체를 가져가기를 구하매 빌라도가 허락하는지라 이에 가서 예수의 시체를 가져가니라 ³⁹일찍이 예수께 밤에 찾아왔던 니고데모도 몰약과 침향 섞은 것을 백 리트라쯤 가지고 온지라 ⁴⁰이에 예수의 시체를 가져다가 유대인의 장례 법대로 그 향품과 함께 세마포로 쌌더라 ⁴¹예수께서 십자가에 못 박히신 곳에 동산이 있고 동산 안에 아직 사람을 장사한 일이 없는 새 무덤이 있는지라 ⁴²이 날은 유대인의 준비일이요 또 무덤이 가까운 고로 예수를 거기 두니라

❖ ❖ ❖

²⁸이후에 예수는 이제 모든 것이 이루어진 것을 아시고 성경이 응하도록 말하셨다 "내가 목마르다" ²⁹[거기에] 신 포도주가 가득한 그릇이 있었는데 사람들이 신 포도주로 듬뿍 적셔진 해면을 우슬초에 그의 입에 가져가니 ³⁰예수께서 신 포도주를 받으신 후 말하셨다 "다 이루었다" 그는 머리를 숙이시고 영혼을 건네셨다 ³¹[이날은] 준비일인 고로 유대인은 그 안식일이 큰 날이었기 때문에 그 안식일에 그 사체들이 십자가 위에 머물러 있지 않도록 빌라도에게 그들의 다리를 부러뜨려 치워 달라고 부탁했다 ³²이에 군인들은 그와 함께 십자가에 못 박힌 첫째 사람과 다른 사람의 다리를 꺾고 ³³예수에게 왔다 그런데 그가 이미 죽었음을 알고 그의 다리를 꺾지 않았으나 ³⁴그 군인들 중의 하나가 창으로 그의 옆구리를 찌르니 즉시 피와 물이 나오더라 ³⁵[이를] 목격한 자가 증언했고 그의 증언은 진실하다 그는 자신이 진실한 것들을 말한다는 것을 알고 너희도 믿게 하려고 [증언했다] ³⁶왜냐하면 이것들이 "그의 뼈가 꺾이지 않을 것이라"는 기록이 성취되게 하기 위해 일어났기 때문이다 ³⁷게다가 다른 기록도 "그들이 찌른 자를 그들이 보리라"고 말하였다 ³⁸이후에 아리마대 출신의 요셉은 유대인에 대한 두려움 때문에 자신을 숨긴 예수의 제자로서 빌라도에게 부탁하여 예수의 몸을 취하려고 했고 빌라도는 허락했다 이에 그는 가서 그의 몸을 취하였다 ³⁹밤에 그에게로 먼저 왔던 니고데모 또한 몰약과 침향 섞은 것을 백 리트라쯤 가지고 찾아왔다 ⁴⁰이에 그들은 예수의 몸을 취하였고 유대인의 장례 예법대로 그 [몸]을 그 향품들과 함께 세마포로 쌌다 ⁴¹그가 십자가에 못 박히신 곳에는 동산이 있었고 아직 아무도 정해지지 않은 새 무덤이 그 동산에는 있었더라 ⁴²유대인의 준비일인 고로 그리고 그 무덤이 가까웠기 때문에, 그들은 예수를 거기에 두었더라

64　아름다운 무덤

성경은 구속사의 로드맵과 같다. 구약에는 예수의 구속적인 사역에 대하여
지극히 세세한 것까지도 예언되어 있다. 예수는 예언의 단 한 마디도 그냥
지나침이 없으시고 반드시 이루신다. 죽기 전에도 이루시고 죽은 이후에도
이루신다. 본문에서 예수는 살아서 이루어야 할 마지막 예언을 성취하신
이후에 모든 것을 다 이루셨다. 유대인은 모든 것을 이루시고 이미 영혼을
아버지의 손에 넘기신 예수를 더 빨리 죽여서 정리하기 위해 다리를 꺾는
긴급한 조치를 제도권에 요청했다. 군인들은 그 요청을 수락했다. 하지만
두 죄수의 다리는 꺾었으나 이미 죽으신 예수의 다리는 꺾지 못하였다. 이
것도 기록된 예언을 이루는 일이었다. 아리마대 출신의 요셉과 니고데모,
이 두 사람이 예수의 장례를 도맡아서 했다. 그들은 아무도 장사되지 않은
새로운 무덤에 예수의 시신을 안치했다. 예수는 완전히 죽으셨다. 그러나
이 죽음은 사람들의 눈에 보이지 않는 새로운 역사의 위대한 시작이다. 그
죽음은 교회에서 산다. 바울처럼, 나는 죽고 그리스도 예수만 사는 방식으
로! 교회는 예수의 죽음이 안치된 아름다운 무덤이다.

²⁸이후에 예수는 이제 모든 것이 이루어진 것을 아시고 성경이 응하도록 말하셨다 "내가 목마르다" ²⁹[거기에] 신 포도주가 가득한 그릇이 있었는데 사람들이 신 포도주로 듬뿍 적셔진 해면을 우슬초로 그의 입에 가져가니

저자는 예수께서 모든 것이 이루어진 것을 아셨다고 기록한다. 자신이 이루어야 할 모든 사명의 시작과 끝을 정확히 아시는 예수는 한 걸음도 서두르지 않으시고 한 걸음도 지체하지 않으셨다. 끝내야 할 정확한 시점을 아시고 조급함과 게으름 없이 정확히 그때에 모든 사명을 다 이루신다. 그런데 "끝났다"(τετέλεσται)는 말에서 오해가 발생한다. 예수는 아직 죽지도 않으셨고 다시 살지도 않으셨기 때문이다. 이에 대하여 칼뱅은 요한이 이후에 나오는 진술을 포함하여 쓴 단어라고 해명한다. 그리고 "끝났다"는 말의 의미에 대해서는 죽음과 부활의 행보에 어떠한 장애물도 없다는 것을 예수께서 미리 아셨다는 점을 언급한다. 예수와는 달리, 우리는 우리 각자에게 부여된 사명의 끝에 대해 무지하다. 그래서 바울은 솔직하게 "이미 얻었다 함도 아니요 온전히 이루었다 함도 아니라"고 고백한다(빌 3:12). 우리는 바울의 고백처럼 "푯대를 향하여 그리스도 예수 안에서 하나님이 위에서 부르신 부름의 상을 위하여 달려가는"(빌 3:14) 여생을 언제나 살아간다.

예수의 공적인 인생은 구속의 사역을 성취하는 동시에 성경의 모든 예언도 성취하는 것이었다. 그래서 예수는 죽으시기 직전에 성경이 완전히 응하도록 성취의 마침표를 찍으신다. "내가 목마르다." 바위에서 물이 솟게 하고 사람들의 배에서 생수의 강이 흘러넘치게 하시는 분께서 목이 마르시다. 그런데 이 목마름 하나도 성경의 예언과 무관하지 않다. 그에게는 목마름도 순종이다. 이 얼마나 정교하고 기막힌 순종인가! 이것은 "그들이 쓸개를 나의 음식물로 주며 목마를 때에는 초를 마시게 하였다"(시 69:21)는 시인의 예언을 성취하기 위한 말이었다. 시편의 문맥에서 이 고백은 다윗을 향한 대적들의 박해와 관련되어 있다. 즉 다윗의 고통을 더하게 하려는

대적들의 의도를 드러낸다.

그런데 이 구절이 예수에 대해서는 목마름을 해소하는 것과 관계한다. 이에 대하여 칼뱅은 다윗에게 희미한 비유로 적용된 것이 예수께는 공공연한 실체로서 적용된 것이라고 설명한다. 목마름의 실체는 무엇인가? 예수는 목이 오래도록 마르셨고 지금은 목이 극도로 마르시다. 그러나 일이 다 이루기 전까지는 그것조차 발설하지 않으셨다. 예수의 집요한 목마름은 인류의 구원을 위한 것이었다. 그 우주적인 목마름의 온전한 해소 이후에 비로소 자신의 신체적인 목마름을 밝히신 것은 이타적인 사랑이다. 이사야의 어법을 써서 그가 목마름을 당하셨기 때문에 우리에게 생명수가 영원히 공급된 것이라고 한 박윤선의 해석은 이 사랑에 대한 설명이다. 다윗의 목마름과 예수의 목마름과 온 인류의 목마름은 절묘하게 연결되어 있다. 나에게 타는 목마름의 일순위는 무엇인가? 자신이 목말라서 타인의 갈증을 해소하신 예수의 목마름과 과연 유사한가?

저자는 "신 포도주가 가득한 그릇"이 골고다에 있었다고 설명한다. 사람들이 해면과 우슬초를 가지고 그 신 포도주를 예수의 입으로 가져갔다. 나지안주스의 그레고리우스는 물을 포도주로 만들어 잔치의 감미로운 희망을 제공하신 분에게 인간은 고작 신 포도주의 절망을 죽어가는 그의 입에 가져가는 대조적인 상황을 주목한다. 이와는 달리 디오니시우스는 "신 포도주"가 "고난에서 해방됨, 사멸에서 불사로, 썩음에서 썩지 않음으로, 심판받는 위치에서 심판하는 위치로, 학대당하는 입장에서 왕으로서 다스리는 위치로" 변화된 것을 뜻한다고 해석한다. 토마스는 아우구스티누스를 따라 이 구절의 신비적인 의미를 도출한다. 즉 생각만 해도 기분이 나빠지는 신 포도주는 유대인의 악한 의지를, 거짓이 교묘하게 감추어진 해면은 교활함을, 아픈 곳을 더욱 쓰라리게 만드는 우슬초는 그들의 악독을 대표하는 것이라고 해석한다. 세 가지의 도구는 모두 예수를 조롱하고 괴롭히는 인간의 죄를 드러낸다. 특별히 우슬초는 "우슬초로 나를 정결하게 하소서 … 나의 죄를 씻어 주소서"(시 51:7)에 근거하여 예수의 겸손으로 말미암는 정결함을 가리키는 나무로도 본다.

다른 복음서에 보면, 사람들이 "쓸개 탄 포도주"(마 27:34)와 "몰약을 넣은 포도주"(막 15:23)를 주었으나 "예수께서 맛보시고 마시고자 하지" 않으셨다. 사실 "독주는 죽게 된 자에게, 포도주는 마음에 근심하는 자에게 주는" 것은 유대인의 오랜 관례였다(잠 31:6). 그러나 예수는 당연히 누려도 되는 달콤한 관례를 활용하지 않으셨다. 우리가 마땅히 당해야 하는 고난, 우리를 대신하여 당하시는 그 고난의 경감이나 일말의 진통도 원하지 않으셨다. 이사야의 예언처럼, "그는 실로 우리의 질고를 지고 우리의 슬픔 … 징벌 … 고난"을 있는 그대로 당하셨다(사 53:4).

> 30예수께서 신 포도주를 받으신 후 말하셨다 "다 이루었다"
> 그는 머리를 숙이시고 영혼을 건네셨다

예수는 신 포도주를 받으셨다. 그리고 말하셨다. "다 이루었다." 예수는 힘이 아니라 죽으시는 극도의 연약함을 통해 모든 것을 이루셨다. 이는 이 땅의 정복자가 아니라 하늘의 정복자가 모든 것을 성취하는 역설적인 방식이다. 예수는 성경을 모두 이루셨다. 일점일획도 미완의 상태로 남기지 않으셨다. 태초부터 수천 년에 걸쳐 자기 백성에게 주신 모든 약속을 다 이루셨다. 아버지 하나님의 뜻을 모두 이루셨다. 어둠을 이기시고 혼돈을 꺾으시고 무질서를 고치시고 마귀의 모든 일을 막으시고 그의 머리를 깨뜨리는 일을 다 이루셨다. 하늘과 땅의 모든 신적인 정의와 사랑을 다 이루셨다. 우리를 향하신 아버지 하나님의 사랑 확증을 다 이루셨다. 우리를 향한 하나님의 긍휼과 자비를 다 이루셨다. 우리의 구원을 온전히 이루셨다.

칼뱅은 예수의 죽음으로 말미암는 구원의 완성에 근거하여 로마 가톨릭의 "가증스런 미사를 정죄한다." 히브리서 저자의 말처럼, 예수께서 자신의 죽음으로 말미암아 "거룩하게 된 자들을 한 번의 제사로 영원히 온전하게 하셨"기 때문이다(히 10:14). 모든 것을 다 이루신 예수의 죽음 이후에 하나님께 드려지는 모든 제사와 제물은 무효이고 종교적 불법이고 예수의 완전한 성취에 대한 부정이다. 자신을 구원자로 규정하는 모든 사람은 이단이고 사이비 교주로 간주된다. 예수께서 모든 것을 다 이루셨기 때문에 "다른 이로써는 구원을 받을 수 없나니 천하 사람 중에 구원을 받을 만한 다른 이름을 우리에게 주신 일이 없다"고 제자들은 단호히 증거한다(행 4:12). 그러나 당시의 관리들은 예수가 남을 구한다고 말하면서 정작 자신을 구원하지 못한다며 그를 조롱했다(눅 23:35).

완전한 성취를 밝히신 예수는 "아버지 내 영혼을 아버지의 손에 부탁"한다(눅 23:46) 하시면서 "머리를 숙이시고 영혼을 건네셨다." 예수의 영혼(πνεῦμα)은 죽음 직후에 지옥으로 가지 않으셨다. "아버지의 손"에 맡겨졌다. "손"은 통치와 권세와 권능을 나타낸다. 그러므로 예수는 아버지에 대한 전적인 신뢰 속에서 아버지의 뜻에 자신의 영혼을 맡기셨다. 첫째, 이것은 모든 영혼의 기원이 아버지께 있음을 나타낸다. 태초에 하나님은 흙으로 사람을 만드시고 생기를 불어 넣으셔서 살아있는 영으로 만드셨다. 둘째, 영혼을 통치하고 다스리는 권능과 권세는 아버지께 있음을 나타낸다. 그분만이 몸과 영혼 모두를 천국이든 지옥이든 보내실 수 있는 분이시다(마 10:28). 마귀나 귀신은 우리의 영혼을 주관하지 못하며 사람은 더더욱 우리의 영혼을 주관하지 못한다는 것은 만인의 경험이다. 보이지 않는 영혼을 통제하고 조절하고 관리하고 다스리는 것은 하나님의 전적인 주권이다. 셋째, 예수는 아버지를 영혼의 주인으로 삼으셨다. 예수는 자신의 영혼을 아버지의 손에 넘기시는 자유를 가지셨다. 우리의 주인은 누구인가? 몸의 주인만이 아니라 삶의 주인만이 아니라 그 모든 것을 주관하고 있는 우리의 영혼도 소유하신 주인은 누구인가? 몸이든 영혼이든 "사나 죽으나 우리는 주의 것"이라고 바울은 고백한다(롬 14:8). 자신을 자신의 것이라고 주장하는 자는 도둑이다. 넷째, 칼뱅의 말처럼 예수를 믿는 모든 자들은 죽을 때에 "하나님의 보호에 자신들의 영혼을 안전하게 위임하는 것"임을 가르친다. 그래서 살아도 감사하고 죽음도 유익이다.

31[이날은] 준비일인 고로 유대인은 그 안식일이 큰 날이었기 때문에
그 안식일에 그 사체들이 십자가 위에 머물러 있지 않도록
빌라도에게 그들의 다리를 부러뜨려 치워 달라고 부탁했다

지금은 "준비일"(παρασκευή) 즉 안식일 전날이다. 여기에서 잠시 안식일과 다른 날들의 관계를 생각한다. 하나님은 6일 동안 일하시고 일곱째 날에 안식일을 취하셨다. 안식일은 다른 모든 날들의 목적이고 그 모든 날들은 안식일의 준비라는 이해가 가능하다. 지금도 그러하다. 우리가 각자의 현장에서 일하는 모든 나날들은 안식일을 위한 준비이고 안식일은 모든 날들의 목적이다. 어떠한 날에도 먹든지 마시든지 무슨 일을 하든지 하나님의 이름을 거룩하게 기념하는 안식일을 위하여야 한다. 우리의 모든 삶은 준비이고 하나님의 영광은 목적이다. 모세는 안식일을 준비하기 위해 6일 동안 정직하고 진실하고 성실하고 신실하게 일해야 한다고 가르친다.

특별히 유월절의 안식일은 모든 날 중에서도 유대인이 최고의 정성을 기울여 준비해야 한다. 우리는 부활의 승리가 일어난 주일을 그들보다 더 큰 정성과 진실함을 가지고 준비해야 한다. 그들에게 유월절 안식일은 "큰 날"(μεγάλη ἡ ἡμέρα)이었다. 다른 안식일도 행복하고 거룩한 날이지만 유월절의 안식일은 그들에게 각별했다. 얼마나 큰 날이었나? 이스라엘 민족의 집단적인 구원이 성취되는 날이었다. 당연히 심판의 증거물인 불결한 시체들이 십자가 위에 달려 공공연히 보이면 안 되는 날이었다. 신성한 날에 죽

음이 전시되는 것은 그들이 용납할 수 없는 일이었다. 이는 약속의 땅을 더럽히지 않기 위하여 "시체를 나무 위에 밤새도록 두지 말라"는 하나님의 명령(신 21:23)과 그 명령을 따라 "아이 왕을 저녁때까지 나무에 달았다가 해질 때에 명령하여 그의 시체를 나무에서" 내린 여호수아 시대의 사례(수 8:29) 때문이다.

그래서 그들은 십자가에 처형된 죄수들의 다리를 다 부러뜨려 빨리 죽게 하고 그 시체들도 안식일이 되기 전에 보이지 않도록 치워 달라고 총독에게 부탁했다. 헨리의 말처럼, 이것은 고통의 경감이나 빠른 종식을 위한 "자비의 일격"(coup de grace)이 아니었다. "가장 격렬한 고통 속에서 저희들이 죽도록 저희의 다리를 꺾어서 치워 달라"는 요구였다. 부탁을 했다는 것 자체가 다리를 꺾는 일은 처형장의 관례가 아님을 반증한다. 이 부탁은 유월절 안식일의 격식을 차리려는 유대인의 허영만이 아니라 십자가에 못 박은 것도 부족해서 더 큰 고통을 가하려는 대제사장 무리의 사악함과 잔혹성을 잘 드러낸다. 게다가 하루살이 미물은 걸러 내면서도 낙타는 한 입에 삼키는(마 23:24) 대제사장 무리의 뒤집어진 식욕도 여과 없이 드러낸다. 이런 상황에서 예수는 온 인류의 죄를 사하시고 모든 열방과 민족과 나라를 구하시고 영원한 생명을 선물하는 본질적인 유월절 안식일을 준비하고 이제 곧 안식에 들어갈 준비를 끝내신다. 이처럼 본문에는 유대인의 형식적인 유월절 안식일 준비와 예수의 본질적인 유월절 안식일 준비라는 두 겹의 역사가 나란히 흘러가고 있다.

자신을 하나님의 백성으로 여기는 자들이 죄인들을 긍휼히 여기지는 않고 더 빠르게 더 가혹하게 죽여 달라고 부탁한다. 특정한 절기의 의식 준수를 사람의 생명보다 더 중요하고 큰 일이라고 생각한다. 그러나 하나님의 백성이라 한다면 예수의 가르침을 따라 "안식일이 사람을 위하여 있는 것이요 사람이 안식일을 위하여 있는 것이 아니다"(막 2:27)고 판단해야 하지 않겠는가! 한 영혼을 천하보다 소중하게 여기고 그 영혼을 가장 소중한 산 제물로 준비해서 주님께 드리는 게 안식일의 목적이다. 어쩌다가 저들은 천하보다 귀한 사람의 생명을 가볍게 여기며 빨리 죽여 달라고 부탁까지 하는 괴물이 되었을까! 정의로운 자비, 자비로운 정의에는 관심이 없고 종교적인 의식에 흠집만 생기지 않으면 최고라는 이런 광기가 하나님을 자신의 신으로 삼은 백성의 제대로 된 모습인가? 이것은 교회에서 모이는 예배의 격식만 제대로 갖출 수 있다면 많은 사람들이 전염병에 걸려 죽게 만드는 심각한 민폐를 사회 공동체에 끼쳐도 여전히 무슨 대단한 신앙과 경건으로 해석하는 괴물의 원조라고 나는 생각한다.

32이에 군인들은 그와 함께 십자가에 못 박힌 첫째 사람과
다른 사람의 다리를 꺾고 33예수에게 왔다
그런데 그가 이미 죽었음을 알고 그의 다리를 꺾지 않았으나

접수된 유대인의 잔혹한 민원은 신속하게 실행된다. 군인들은 예수와 함께 십자가에 달린 두 강도의 다리를 분질렀다. 예수의 영혼이 떠나시기 전에, 한 강도는 예수를 비방하며 메시아의 실력을 발휘해서 구원해 보라며 조롱했고 다른 강도는 예수께서 그의 나라에 임하실 때에 자신을 기억해 달라고 부탁했다(눅 23:39-42). 군인들은 비방한 강도만이 아니라 "오늘 네가 나와 함께 낙원에 있을 것이라"는 예수의 은총을 입은 강도의 다리도 분질렀다. 교만한 강도와 회개한 강도가 당한 고통은 동일했다. 그러나 고통 이후의 종착지는 완전히 다른 곳이었다. 비가 악한 자와 선한 자 모두에게 내리고 빛이 불의한 자와 의로운 자 모두에게 비취듯이 고난과 고통도 모두에게 주어진다. 슬프지만 현실이다. 그러나 의롭고 선한 자에게는 무덤 너머에 영원한 위로가 기다리고 있다. 그런데도 실제로는 현실의 일시적인 위로를 원하는 사람들이 많다. 시간적인 것보다 영원한 것, 지상적인 것보

다 천상적인 것을 더 사모하는 것이 얼마나 어려운 일인지를 우리 자신만 봐도 확인된다. 땅에 박힌 우리의 세속적인 기호를 파내서 기필코 하늘을 향하게 만드시는 하나님의 그 기막힌 섭리는 좀처럼 바뀌지 않는 인간의 기호보다 더 지독하다. 그래서 안심이다.

두 강도의 다리를 꺾은 군인들은 예수께로 갔다. 그런데 예수는 이미 죽으셔서 죽음을 재촉할 이유가 없어졌다. 예수의 이른 죽음은 이례적인 일이었다. 십자가 처형을 많이 경험한 빌라도가 보기에도 "벌써 죽었을까 하고 이상히 여겨 백부장을 불러 죽은 지가 오래냐고 물을" 정도였다(막 15:44). 이미 죽으신 예수는 다리를 꺾이지 않으셨다. 빠른 죽음이 다리의 꺾임을 방지했다. 이처럼 늦게 죽는 것보다 일찍 죽는 것이 때로는 유익이다. 예수께서 두 강도보다 일찍 죽으신 이유는 십자가에 달리시기 전에 밤새운 심문과 혹독한 채찍질로 몸 상태가 극도로 나빠진 것도 있겠지만, 보다 본질적인 이유는 예수께서 자신의 영혼을 스스로 아버지께 산 제물로 넘기셨기 때문이다. 사람들은 자신의 의지와 무관하게 다양한 이유로 죽어간다. 그러나 예수는 자신의 생명을 취할 권세도 있으시고 버릴 권세도 있으시기 때문에 채찍질을 당하거나 다리가 꺾이거나 창에 찔리거나 목이 마르거나 숨쉬기가 곤란해서 생명을 잃으신 것이 아니라 그런 종류의 죽음 이전에 스스로 죽으셨다. 억지로, 강제로, 인색하게 죽지 않으셨다. 자신에게 주어진 죽음의 잔을 기꺼이 순종하며 받으셨다.

예수의 다리가 꺾이지 않으신 것은 신비로운 사건이다. 예수도 두 강도와 동일한 재질의 다리를 가지셨다. 당연히 그의 다리도 동일한 방식으로 꺾일 수 있으셨다. 그런데도 꺾이지 않은 이유는 기록된 말씀과 연관되어 있다. 즉 36절에서 저자가 밝힌 것처럼 의인은 아무리 많은 고난을 받아도 그의 모든 뼈가 하나님의 보호를 받기 때문에 "그 중에서 하나도 꺾이지 아니할 것"이라는 시인의 예언(시 34:20)을 성취하기 위함이다. 이는 죽음 이후의 성취였다. 이처럼 예수는 살아 계실 때에도 기록된 말씀을 다 이루셨고 죽으신 이후에도 그때에 해당되는 예언을 이루신다. 이를 위해서도 예수는 두 강도보다 일찍 죽으셨다. 이처럼 예수는 삶만이 아니라 죽음을 통해서도 기록된 예언을 온전히 이루신다. 사나 죽으나 그는 온전한 순종으로 말씀을 모두 이루셨고 처음부터 끝까지 아버지의 것이셨다.

³⁴그 군인들 중의 하나가 창으로 그의 옆구리를 찌르니 즉시 피와 물이 나오더라

이미 죽었지만 죽음을 확인하는 차원에서 군인 하나가 창으로 예수의 옆구리를 찔렀고 즉시 피와 물이 쏟아졌다. 창으로 옆구리에 구멍이 생기는 일, 최악의 고통이다. 위장에 미세한 구멍이 난 나의 생생한 경험이 증언한다. 그때 나는 지구의 모든 고통을 그 작은 구멍에 다 넣은 아픔으로 뒹굴어야 했다. 그런데 굵은 창으로 옆구리가 찔린 예수는 꼼짝도 하지 않으셨다. 예수의 죽음은 가짜가 아니었다. 피와 물이 흘렸다는 것을 보면, 예수는 인간이 아니신 것도 아니었다. 완전한 사람 예수는 우리를 위해 자신의 생명을 그렇게 쏟으셨다. 정치적인 관점에서 보면, 창으로 예수의 옆구리를 찌른 사건은 예수의 다리를 꺾지 못하니까 그 대용으로 유대인의 격앙된 요구를 달래기 위해 급조된 일이었다.

　"피와 물"은 무엇인가? 저자는 자신의 서신에서 예수가 "물과 피로 임하신 이"시라고 설명한다(요일 5:6). 즉 피와 물은 이 땅에서 예수의 전부를 의미한다. 이것은 생명을 의미하는 동시에 생명의 존속과 연관되어 있다. 피는 생명을 주는 생명이고(레 17:11) 물은 생수로서 생명의 존속을 가능하게 하는 생명이다(요 7:38). 예수는 자신의 그 모든 전부를 쏟으셨다. 이러한 예수를 믿으면 생명이 있고 생수의 강이 범람한다(요일 5:12). 아우구스티누스는 예수의 피가 "죄의 용서"를, 예수의 물은 "구원의 잔"을 뜻한다고 해석한다. 나아가 아담이 잠들었을 때에 옆구리에 구멍이 뚫리고 거기에서

꺼낸 갈비뼈로 하와가 창조된 것처럼, 둘째 아담이 십자가 위에서 잠들었을 때에 옆구리에 동일한 구멍이 뚫리고 거기에서 쏟아진 피와 물로 교회라는 하와가 창조된 것이라고 해석한다.

크리소스토무스는 창으로 찔러서 흘린 예수의 피와 물을 성찬의 시작으로 본다. 그리고 성찬에 참여할 때마다 예수의 옆구리로 쏟아진 희생적인 사랑의 피와 물을 생각해야 한다고 권면한다. 칼뱅은 여기에서 흘린 예수의 피가 "진정한 속죄"를 의미하고 예수의 물이 "진정한 정결"을 뜻한다고 해석한다. 칼뱅의 해석에 따르면, 물이 가리키는 "세례는 우리에게 영혼의 정화와 순결 및 새로운 생활을 제시하고" 피가 가리키는 "성만찬은 완전한 속죄에 대한 보증이다." 이와는 달리, 멜란히톤은 쏟아진 예수의 피와 물이 죽으신 이후에도 "그분 안에는 여전히 생명이 있었음"을 확증해 준다고 해석한다. 나아가 "그의 생명이 시작되고 하나님 안에 숨겨지고 진실로 타인에게 생명을 나누신 것이 바로 그때"라고 설명한다. 이때가 우리의 생명이 예수와 함께 하나님 안에 감추어진 시점이다(골 3:3). 이 사건은 우리도 죽을 때에 주님처럼 생명이 사라지지 않고 보존됨을 보여준다.

35[이를] 목격한 자가 증언했고 그의 증언은 진실하다
그는 자신이 진실한 것들을 말한다는 것을 알고 너희도 믿게 하려고 [증언했다]
36왜냐하면 이것들이 "그의 뼈가 꺾이지 않을 것이라"는
기록이 성취되게 하기 위해 일어났기 때문이다
37게다가 다른 기록도 "그들이 찌른 자를 그들이 보리라"고 말하였다

이 사건은 "목격자"(ὁ ἑωρακὼς)인 요한이 증언했다. 십자가 사건을 가장 가까이서 유일하게 목격한 사도의 직접적인 진술이다. 다른 사도들은 보지 못해서 다른 복음서가 기록하지 못한 이 이야기를 요한만이 보충하고 있

다. 그래서 이 증언의 진실성은 다른 사도들의 증언과 비교해서 확인할 수 없고 저자 자신의 정직성에 의존한다. 요한은 자신의 증언이 진실한 것이라고 평가한다. 그의 평가는 정당한가? 그는 자기 증언의 진실성을 어떻게 알았는가? 요한은 자신의 진정성을 믿어 달라고 요구하지 않고 성경의 증거를 제시한다. 자신이 목격한 것은 "그의 뼈가 꺾이지 않을 것이라"는 기록(출 12:46; 민 9:12)과 일치했다. 이 기록은 구약의 유월절 양이 예수를 가리키고 예수는 본질적인 유월절의 궁극적인 양이라는 사실을 증거한다.

이처럼 자신이 진실을 말한다는 것을 아는 요한의 방법은 기록된 말씀과의 비교였다. 증언의 진위에 대한 탐구와 논쟁의 종결을 가능하게 하는 최종적인 권위는 성경이다. 요한은 자신이 목격한 사건과 성경에 기록된 예언이 일치하기 때문에 자신의 말이 참이라는 것을 알고 확신했다. 요한은 진리의 규명에 있어서 성경 의존적인 사람이다. 그는 자신이 목격한 사건을 정확하게 기억한다. 그 사건을 그냥 관객처럼 구경하지 않고, 진리의 기둥과 터를 확립하는 사도로서 기록된 예언에 비추어서 관찰하고 풀어내는 사람이다. 말씀의 기준으로, 말씀의 관점에서, 말씀의 이끌림을 받아 모든 사물과 사건을, 특별히 예수의 일생을, 목격한 사람이다. 십자가 사건이 성경에 기록된 예언의 성취라는 사실을 정확히 아는 경건한 지성의 사람이다. 성경에 근거하여 진실의 여부를 판별하는 것은 모든 분별의 기본이다.

요한이 이 사건을 기록한 이유는 무엇인가? 첫째, 진실은 침묵을 허락하지 않고 목격자의 입과 붓을 움직이기 때문이다. 진실은 사유재가 아니라 공공재다. 진실에는 인격을 바꾸고 삶을 움직이고 세계를 혁신하는 생명력과 역동성이 있다. 조용한 정보나 고독한 문자가 아니기에 진실을 알면 잠잠할 수 없고 반드시 말하고 기록하게 된다. 둘째, 자신만 아는 십자가 사건의 이 구체적인 내용을 독자들도 믿게 하기 위함(πιστεύητε)이다. 진리의 증언은 단순한 알림이 아니라 듣는 자로 하여금 믿는 단계까지 이르도록 하기 위함이다. 요한만이 아니라 모든 사도들의 기록도 우리의 믿음을 촉구한다. 성경을 읽고도 믿지는 않는다면 성경 저자들의 의도를 벗어난다. 성경은 이해의 대상이기 이전에 믿음의 대상이다. 믿음에 머물지 않고 믿음으로 아는 데까지 나아간다.

믿음은 기록된 진리를 인정하고 수용하는 방식이다. 뒤집어서 보면, 우리가 보이지도 않고 들리지도 않고 경험한 적도 없는 십자가 사건을 인정하고 수용할 수 있는 이유는 믿음이 그러한 진리의 증거(ἔλεγχος)이기 때문이다(히 11:1). 믿음이 있으면 선지자와 사도에 의해 기록된 모든 성경의 진실성을 확신하게 된다. 성경의 진실성을 앎에 있어서는 성령의 내적인 가르침이 믿음의 수용에 선행한다. 즉 성령이 가르치고 믿음이 수용한다. 선지자와 사도의 증언을 읽는다고 해서 저절로 믿어지는 것이 아니라 성령의 가르침과 믿음에 의해서만 믿어진다. 진리의 가르침과 수용은 모두 성령에 의해 주어진다. 그래서 믿음의 선배들은 진리를 깨닫고 난 후에 반드시 하나님께 감사했다.

"그들이 찌른 자를 그들이 보리라"는 기록(슥 12:10)의 성취도 확신하는 요한은 계시록에 예수께서 구름을 타고 오실 것인데 "각 사람의 눈이 그를 보겠고 그를 찌른 자들도 볼 것이라"고 예언한다(계 1:7). 이 예언은 창으로 찌른 군사만이 아니라 모든 사람의 가슴을 서늘하게 한다. 찌른 자가 찔린 자를 본다는 사실의 배후에는 몇 가지의 전제들이 있다. 첫째, 찔린 예수께서 죽음에서 살아나실 것이라는 사실이다. 둘째, 부활하신 예수와 찌른 자들이 반드시 만나게 된다는 사실이다. 셋째, 찌른 자들이 예수를 자신들이 찌른 자로서 알아볼 것이라는 사실이다. 자신들이 처형한 분이 온 세상을 창조하고 통치하고 심판하실 분이라는 사실을 안다면 얼마나 두려울까? 이 예언의 목적은 무엇인가? 칼뱅은 당근과 채찍이라는 두 목적, 즉 유대인이 회개하여 구원에 이를 것이라는 약속과 죽임을 당하신 당사자가 증인으로 나타나 보응할 것이라는 위협을 언급한다. 예수의 표현으로 말한다면, "선한 일을 행한 자는 생명의 부활로, 악한 일을 행한 자는 심판의 부활로" 나온다는 말씀이 반드시 성취될 것임을 확증하기 위한 예언이다.

그런데 과연 누가 예수를 십자가에 못 박았는가? 누가 그의 옆구리를 찔렀는가? 누가 죄인인가? 군인인가 아니면 총독인가? 베드로는 당시의 "이스라엘 온 집"이라고 규정한다(행 2:36). 대제사장 무리를 비롯한 모든 유대인이 죄인이다. 그렇다면 그 시대에 존재하지 않은 우리는 과연 예외인가? 아담과 하와 안에 온 인류가 포함된 것처럼 예수의 시대를 산 이방인 안에 우리가 포함되어 있다. 그리고 우리의 죄 때문에 십자가에 못 박히셨고 창에 찔리셨기 때문에 우리도 예수를 죽인 죄인이다. 우리는 지금 눈에 보이지 않으시는 예수를 장차 보리라는 예언에 어떻게 반응해야 할까? 마치 우리의 눈앞에 지금 계시는 것처럼 보이지 않으시는 그분을 믿음으로 보고 그분과 동행해야 한다.

> 38이후에 아리마대 출신의 요셉은 유대인에 대한 두려움 때문에 자신을
> 숨긴 예수의 제자로서 빌라도에게 부탁하여 예수의 몸을 취하려고 했고
> 빌라도는 허락했다 이에 그는 가서 그의 몸을 취하였다

예수의 죽음이 확인된 이후에 그의 장사에 대한 이야기가 이어진다. 장사와 관련하여 저자는 "아리마대 출신의 요셉"과 "니고데모," 이 두 사람을 언급한다. 크리소스토무스는 예수의 장례를 위해 용기를 낸 사람이 12 제자들 중에는 하나도 없다는 사실을 꼬집는다. 괜히 얽혔다가 낭패를 당할까봐 모두가 꽁무니를 뺐기 때문이다. 그래서 장례를 맡은 두 사람은 더욱 훌륭하다. 아우구스티누스는 두 사람의 이름이 의미하는 바에 근거하여 이 대목을 해석한다. 즉 "증대됨"을 의미하는 요셉과 "승리와 백성"을 의미하는 니고데모(nikos + demos)의 이름에 근거할 때, 예수는 자신의 죽음으로 많은 열매를 맺으셔서 증대되신 분이시고, 자신의 죽음으로 박해하는 자들

에게 승리를 거두신 분이시고, 자신의 부활로 심판자가 되어 그 모든 백성을 심판대에 앉히시고 자신은 재판석에 앉으시는 분이시다. 이러한 의미를 요셉과 니고데모에 의한 예수의 장례에 부여하는 것은 부당하지 않다.

요셉은 "아리마대 출신"이다. 마가는 요셉을 "존경 받는 공회원"인 동시에 "하나님의 나라를 기다리는 자"로(막 15:43), 마태는 "부자"인 동시에 "예수의 제자"로(마 27:57), 누가는 "공회 의원으로 선하고 의로운" 사람이며 산헤드린 공의회의 "결의와 행사에 찬성하지 아니한 자"요 "하나님의 나라를 기다리는 자"로(눅 23:50-51) 설명한다. 다른 모든 복음서의 저자들은 요셉을 칭찬한다. 테르툴리아누스는 이처럼 훌륭한 요셉에 관한 예언이 성경에 있는 것은 당연한 것이라고 말하면서 시편 1편에 근거하여 요셉은 "유대인의 범죄에 가담하지 않았고, 불경한 자들의 뜻을 따라 걷지도 않았고, 죄인의 길에 서지도 않았고, 조롱하는 자의 자리에 앉지도 않았다"고 평가한다. 이러한 긍정적인 평가와는 달리, 사도 요한은 요셉을 "유대인에 대한 두려움 때문에 자신을 숨긴 예수의 제자"로 소개한다. 사도들의 평가를 종합하면, 요셉은 대단히 경건한 겁쟁이다.

나는 요셉이 가진 게 많은 부자였기 때문에 지킬 것도 많아서 그 모든 것을 기꺼이 빼앗길 용기가 없어서 자신을 숨겼다고 생각한다. 가진 게 많을수록 상실의 두려움은 더욱 막대하다. 그러므로 복음서 저자들의 기록처럼, 사회적 지위가 높고 시민적인 덕망이 높고 경제적인 부도 막대한 요셉이 예수에 대한 신앙의 공공연한 고백을 못하는 것은 이상하지 않다. 왜냐하면 당시에는 예수에 대한 믿음이 출교를 각오해야 하는 일이었기 때문이다(요 9:22, 12:42). 종교의 민족인 유대인의 출교는 사회에서 완전히 배제되고 매장되는 일이었다. 본토 친척 아비 집에서 쫓겨나는 신세와 유사했다. 하늘의 도성을 향해 자신에게 익숙한 공동체를 기꺼이 떠난 아브라함 신앙의 부재는 각 시대의 빈번한 현상이다. 그러나 경건의 숨통이 완전히 끊어진 암흑기는 없다. 엘리야의 시대에는 선지자의 이름만 걸어도 단순한 출교가 아니라 신속한 죽임을 당하였다. "여호와께 열심이 유별난" 엘리야는 이세벨의 공포가 지배하던 곳에서 하늘이 탄식으로 뒤덮힌 때에 선지자는 자기밖에 없다고 생각했다. 그러나 하나님은 "내가 이스라엘 가운데에 칠천 명을 남기리니 다 바알에게 무릎을 꿇지 아니하고 다 바알에게 입맞추지 아니한 자"라고 말하셨다(왕상 19:18). 선지자의 눈에도 감지되지 않은 경건한 사람들이 곳곳에 감추어져 있다.

요셉은 비록 두려움 속에서 자신의 신앙을 가리고 있었으나 예수의 십자가 처형에 대한 공의회의 결의와 행사에 찬성하지 않았으며 이 땅에서의 부귀와 복락이 아니라 "하나님의 나라를 기다리는" "예수의 제자"였다. 대중의 눈에 띄지는 않았으나 신앙을 버리지는 않았고 은밀한 제자의 길을 걸어간 사람이다. 신앙과 용기도 생물이다. 작아지는 경우도 있지만 커지기도 한다. 요셉은 자신의 공직에 대하여 많은 사람들이 존경할 정도로 성실하고 진실했다. 바울은 자신의 직분을 잘 수행한 사람은 "믿음에 큰 담력"을 얻는다고 한다(딤전 3:13). 요셉은 주님께서 권세를 부여하신 공회원의 직무에 오랫동안 충실했기 때문에 주어진 하나님의 선물로서 믿음의 용기가 차곡차곡 자랐을 것이라고 나는 생각한다. 보다 근본적인 이유는 예수라는 "한 알의 밀이 땅에 떨어져" 죽어서 맺어진 많은 열매를 맺었기 때문이다. 그 열매들 중의 대표적인 하나가 바로 요셉이다.

예수의 죽음을 본 요셉은 이제 자신의 신앙을 숨기지 않고 드러낸다. 박윤선의 말처럼, "예수님의 장례는 가장 쓸쓸하고 적막한 것이었다." 교회의 머리가 처형되는 살벌한 공포의 시대에, 눈에 뵈는 게 없는 유대인의 광기가 극에 달한 시점에, 흉악한 죄인으로 처형된 예수의 장례를 맡겠다는 것은 참으로 위대한 신앙이다. 장례를 맡는다고 사회적인 지위와 명망이 올라가는 것도 아니고 경제적인 수익이 창출되는 것도 아니고 유력한 자들과 보다 끈끈한 관계가 형성되는 것도 아니기 때문이다. 오히려 그에게는 지금까지 쌓아 올린 공직자의 인생이 한 순간에 무너질 수도 있는 장례였기 때문이다. 요셉은 비록 예수의 고난과 죽음을 막지는 못했지만 그의 장례를 위해서는 준비된 제자였다. 그는 빌라도를 찾아가 예수의 시신을 달라고 부탁했고 빌라도는 허락했다. 마가는 요셉이 "대범하게"(τολμήσας) 찾아가서 말했다고 기록한다(막 15:43). 당돌하게 보일 수도 있겠지만 빌라도는 요셉의 담력과 권위에 압도되어 그의 부탁을 즉각 수락했다.

> 39밤에 그에게로 먼저 왔던 니고데모 또한 몰약과 침향 섞은 것을
> 백 리트라쯤 가지고 찾아왔다 40이에 그들은 예수의 몸을 취하였고
> 유대인의 장례 예법대로 그 [몸]을 그 향품들과 함께 세마포로 쌌다

뒤이어서 니고데모가 빌라도를 찾아갔다. 그는 유대인의 관원이고 선생이다(요 3:1, 10). 밤에 예수에게 먼저 찾아간 사람이다. 이제 예수께서 죽으신후 어두운 시대의 밤에 그가 다시 등장한다. 그가 예수를 믿는 모든 관원들이 숨죽이고 있는 중에 예수의 장례를 위해 요셉과 함께 당당하게 자신의모습을 드러낸 것도 죽은 밀알의 열매임에 분명하다. 이처럼 예수의 죽음은 감추어진 믿음의 새로운 인물들을 역사의 무대로 소환한다. 연약하고소심하고 비겁하고 두려움에 사로잡힌 사람도 예수는 당신의 죽음으로 이렇게 능히 바꾸신다. 니고데모는 요셉과 함께 예수의 장례를 맡으려고 한다. 총독에게 부탁하고 세마포를 준비하고 무덤을 마련하는 일은 요셉의몫이었고 니고데모는 예수의 시신 자체를 위해 백 니트라의 "몰약과 침향섞은 것"을 준비했다.

성령은 믿음의 모든 사람들 각자에게 하나님의 나라를 위해 고유하고아름다운 배역을 맡기셨다. 지금 내가 뜨겁게 느끼는 사명에 믿음의 지체들이 동참하지 않는다고 해서 서운해 한다거나 미워하는 것은 합당하지 않다. 각자의 때에 각자의 재능을 가지고 각자의 사명을 수행하는 방식으로

하나님의 거대한 나라는 운영된다. 그 나라의 모든 운영과 지휘는 하나님의 권한이다. 하나님은 적절한 때를 따라 만물과 모든 일을 아름답게 만드신다. 믿음의 사람과 불신의 사람도, 의로운 자와 불의한 자도, 선한 자와 악한 자도, 진실한 자와 거짓된 자도 각각의 때를 따라 아름답게 지으시고 이끄신다.

예나 지금이나 격식을 차린 장례의 비용은 막대하다. 요셉과 니고데모는 예수의 시신을 취하고 "유대인의 장례 예법대로 그 몸을 그 향품들과 함께 세마포로 쌌다." "유대인의 장례 예법"은 당연히 율법에 명시된 예법을 가리킨다. 예수는 이렇게 죽음 이후에도 장례의 방식에 대한 하나님의 말씀까지 온전히 이루신다. "몰약과 침향"은 주로 왕들의 장사에 사용된다(대하 16:14). 유세푸스 문헌에는 향품들이 헤롯왕의 장례에도 사용된 사실이 기록되어 있다(*Bellum Judaicum*, I.xxxiii). 예수의 장례에 향품들이 쓰인 것은 예수가 유대인의 왕이시고 온 세상의 왕이심을 나타내는 완곡한 표현이다.

물론 지금 시대의 관점에서 보면, 예수의 장례가 다소 호화롭다. 칼뱅도 자신의 시대에는 고가의 호화로운 장례가 "비난의 대상"이 되었을 것이라고 평가한다. 동시에 고대의 화려한 장례는 부활의 진리에 대한 인식이 둔하고 "복음의 광채"가 충분히 밝게 비추지 못한 구약의 시대에 이루어진 것이라고 칼뱅은 해명한다. 그러나 이제는 부활의 진리가 고대의 장례 예법도 폐한다고 그는 주장한다. 그리고 화려한 장례의 고집은 "부활의 향기를 말살하고 만다"는 칼뱅의 의견에 나는 동의한다. 그러나 예수의 화려한 장례는 오히려 어떤 말로도 설명할 수 없을 정도로 화려한 그의 부활 때문에 필요하다. 예수의 죽음은 하나님께 지극히 향기로운 속죄와 화목과 기쁨의 제물이며 썩은 악취가 진동하지 않고 영원히 썩지 아니하고 늘 향기로운 영광의 부활을 위한 준비이기 때문이다.

41그가 십자가에 못 박히신 곳에는 동산이 있었고
아직 아무도 정해지지 않은 새 무덤이 그 동산에는 있었더라

저자는 골고다에 동산이 있었는데 그 동산에 요셉 소유의 무덤이 있었다고
한다. 요셉은 공회의 의원이다. 그래서 예수의 십자가 처형과 처형의 일자
와 장소에 대한 정보를 남들보다 빨리 취하였을 가능성이 높다. 예수의 장
례를 맡으려는 결심을 미리 한 요셉이 골고다와 가까운 무덤의 부지를 파악
하여 매입하고 그곳에 무덤을 만들었을 것이라고 나는 생각한다. 물론 아무
도 장사되지 않은 요셉의 가족 무덤일 가능성도 있다. 마태와 마가에 의하
면, 예루살렘 지역의 일반적인 무덤처럼 "바위 속에 판 무덤"(마 27:60; 막
15:46)이다. 무덤을 만드는데 시간이 꽤 걸렸음이 분명하다. 요한에 의하면,
그 평범한 무덤은 아무도 사용하지 않은 "새로운"(καινόν) 것이었다. 즉 다
른 어떤 죽음도 출입하지 않았으며 오직 예수의 시신만을 위한 무덤이다.

　여기에서 우리는 예수의 죽음이 모든 인간의 동일한 죽음인 동시에 기
존의 모든 죽음과는 다른 새로운 종류임을 감지한다. 둘째 아담 예수의 죽
음은 첫째 아담의 죄로 말미암아 세상으로 들어온 죽음의 연장이 아니라
오히려 그런 죽음의 종식을 의미한다. 기존의 죽음을 끝내는 새로운 죽음,
사망이 삼키운 바 되는 죽음이다. 예수에게 육체의 죽음은 영원하지 않다.
사흘 만에 육신도 다시 살아나기 때문에 예수의 육체적인 죽음은 기존의
죽음들과 확연히 구별된다. 아우구스티누스는 예수 이전이나 이후에 다른
아무도 묻히지 않은 무덤에 들어가신 것을 예수 이전이나 이후에 다른 누
구도 태어나지 않은 동정녀의 자궁에서 출생하신 것과 연결한다. 인류의
역사에서 새로운 종류의 출생으로 시작된 예수의 생애는 새로운 종류의 죽
음으로 마감된다. 칼뱅은 새로운 무덤의 의미를 예수께서 "죽은 자들 가운
데서 맏아들이 되고 부활하는 자들 가운데서 첫 열매가 되시도록 예정"되
신 것과 연결한다.

⁴²유대인의 준비일인 고로 그리고 그 무덤이 가까웠기 때문에,

그들은 예수를 거기에 두었더라

예수를 요셉의 새로운 무덤에 장사한 두 가지의 이유를 제시한다. 첫째, 예수의 죽음이 "유대인의 준비일"에 일어났고 안식일 직전이기 때문이다. 지금 장지를 매입하고 무덤을 만들려면 대단히 많은 시간이 소요된다. 그래서 "준비일"은 예수의 장례를 끝내기에 시간이 대단히 촉박함을 암시한다. 둘째, 그 무덤이 예수께서 죽으신 골고다에 가까웠기 때문이다. 무덤의 위치가 멀면 이동에 많은 시간이 소요되기 때문에 가까운 무덤이 장례의 빠른 종료에 용이하다. 이처럼 상식의 관점에서 보더라도 예수의 시신은 시간과 장소의 용이성에 근거하여 요셉의 무덤에 안치된다. 마태는 요셉이 예수를 안치한 후 "큰 돌을 굴려 무덤 문에 놓고" 갔다고 기록한다(마 27:60).

하나님의 섭리는 신비롭고 조화롭다. 예수께서 부자인 요셉의 무덤에 장사되신 것은 "그가 죽은 후에 부자와 함께 있었다"는 이사야의 예언(사 53:9)과 무관하지 않다. 다리가 꺾이지 않은 것처럼 무덤의 장소도 예언의 성취이기 때문에 예수의 죽음 이후에도 섭리의 바퀴는 멈추지 않고 굴러간다. 그런데 장례의 시간과 장소에 대한 사람의 상식도 그 성취의 곁에서 맞물려 굴러간다. 사람의 상식도 섭리의 한 부분이다. 물론 우리는 외모를 보고 판단하지 말고 중심을 늘 주목해야 한다. 그러나 외모를 배제하지 않고 그것을 중심의 한 현상으로 포용하는 섭리의 이해도 필요하다. 모든 것이 합력하여 선을 이룬다는 바울의 고백이 떠오른다. 하나님의 뜻이 성취됨에 있어서 배제되는 시간과 공간과 사물과 사건과 사람이 없고 모두가 한 요소로서 조화로운 섭리에 참여한다.

예수는 지금까지 체포를 당하셨고 구속을 당하셨고 심문을 당하셨고 두 번의 사법적인 무죄 선언에도 불구하고 부당한 유죄의 판결을 당하셨고 모든 유대인의 조롱을 당하셨고 십자가에 못 박히셨고 군사들의 희롱을 당하셨고 벌거벗는 수치를 당하셨고 죽음을 당하셨고 창으로 찔림을 당하셨고 요셉의 무덤에 시신으로 놓이셨다. 예수의 수난과 죽음과 장례는 무수히 많은 증인들이 지켜본 명백한 사실이다. 예수의 완전한 죽음은 그의 완전한 부활이 사실임을 밝히는 최고의 물증이다.

　죽음의 냄새가 진동하는 무덤은 모든 사람들이 꺼리는 대상이다. 그런데 경건한 요셉은 예수께 무덤을 제공했다. 어쩌면 요셉은 자신이 예수의 영원한 무덤이고 싶지 않았을까? 대부분의 사람들은 예수의 화려한 측면을 몸에 저장하고 싶어한다. 그러나 바울은 어떻게 해서라도 예수의 죽으심을 본받으며 그를 위하여 날마다 죽는 무덤의 인생을 살았듯이, 요셉도 예수의 죽음을 자신의 몸에 영원히 안치하고 싶어한다. 예수를 믿어서 이전 것은 지나가고 완전히 새로운 피조물이 된 모든 사람들, 옛것의 죽음과 새것의 생명이 공존하는 모든 성도는 발 달린 예수의 무덤이다. 예수의 죽음에 동참하여 나는 죽고 부활의 예수를 모시고 살아가는 무덤, 다른 누구를 위해서도 죽지 않았으나 오직 그리스도 예수를 위하고 그분만 모시기 위한 무덤, 악취가 아니라 향기를 날리는 예수의 새로운 무덤이다. 예수의 무덤에 합당한 삶은 예수를 주인으로 모시고 자신을 부인할 때에만 가능하다. 교회는 그런 무덤이다. 나도 누군가가 예수와의 만남을 원한다면 묘지가 아니라 나를 찾아오면 되는 거룩하고 향기롭고 아름다운 무덤이고 싶다.

요 20:1-18

¹안식 후 첫날 일찍이 아직 어두울 때에 막달라 마리아가 무덤에 와서 돌이 무덤에서 옮겨진 것을 보고 ²시몬 베드로와 예수께서 사랑하시던 그 다른 제자에게 달려가서 말하되 사람들이 주님을 무덤에서 가져다가 어디 두었는지 우리가 알지 못하겠다 하니 ³베드로와 그 다른 제자가 나가서 무덤으로 갈새 ⁴둘이 같이 달음질하더니 그 다른 제자가 베드로보다 더 빨리 달려가서 먼저 무덤에 이르러 ⁵구부려 세마포 놓인 것을 보았으나 들어가지는 아니하였더니 ⁶시몬 베드로는 따라와서 무덤에 들어가 보니 세마포가 놓였고 ⁷또 머리를 쌌던 수건은 세마포와 함께 놓이지 않고 딴 곳에 쌌던 대로 놓여 있더라 ⁸그 때에야 무덤에 먼저 갔던 그 다른 제자도 들어가 보고 믿더라 ⁹(그들은 성경에 그가 죽은 자 가운데서 다시 살아나야 하리라 하신 말씀을 아직 알지 못하더라) ¹⁰이에 두 제자가 자기들의 집으로 돌아가니라 ¹¹마리아는 무덤 밖에 서서 울고 있더니 울면서 구부려 무덤 안을 들여다보니 ¹²흰 옷 입은 두 천사가 예수의 시체 뉘었던 곳에 하나는 머리 편에, 하나는 발 편에 앉았더라 ¹³천사들이 이르되 여자여 어찌하여 우느냐 이르되 사람들이 내 주님을 옮겨다가 어디 두었는지 내가 알지 못함이니이다 ¹⁴이 말을 하고 뒤로 돌이켜 예수께서 서 계신 것을 보았으나 예수이신 줄은 알지 못하더라 ¹⁵예수께서 이르시되 여자여 어찌하여 울며 누구를 찾느냐 하시니 마리아는 그가 동산지기인 줄 알고 이르되 주여 당신이 옮겼거든 어디 두었는지 내게 이르소서 그리하면 내가 가져가리이다 ¹⁶예수께서 마리아야 하시거늘 마리아가 돌이켜 히브리 말로 랍오니 하니 (이는 선생님이라는 말이라) ¹⁷예수께서 이르시되 나를 붙지 말라 내가 아직 아버지께로 올라가지 아니하였노라 너는 내 형제들에게 가서 이르되 내가 내 아버지 곧 너희 아버지, 내 하나님 곧 너희 하나님께로 올라간다 하라 하시니 ¹⁸막달라 마리아가 가서 제자들에게 내가 주를 보았다 하고 또 주께서 자기에게 이렇게 말씀하셨다 이르니라

❖ ❖ ❖

¹안식일 후 첫날 일찍이 아직도 어두운 때에 막달라 마리아가 무덤으로 왔다 그녀는 돌이 무덤에서 옮겨진 것을 보고 ²시몬 베드로와 예수께서 사랑하신 그 다른 제자에게 달려가서 그들에게 말하였다 "사람들이 주님을 무덤에서 옮겼는데 그들이 그를 어디에 두었는지 우리가 알지 못하겠다" ³이에 베드로와 그 다른 제자가 나가서 무덤으로 갔다 ⁴둘이 함께 달렸는데 그 다른 제자가 베드로보다 더 빨리 달려가서 먼저 무덤에 이르렀다 ⁵그가 구부려 세마포가 놓인 것을 보았지만 들어가지 않았는데 ⁶그를 뒤따라온 시몬 베드로는 무덤으로 들어갔다 그가 세마포가 놓인 것을 보고 ⁷또 그의 머리 위에 있던 수건도 보았는데 [그것은] 세마포 곁에 놓이지 않고 한 곳에 별도로 놓였더라 ⁸그때에야 무덤에 먼저 이르렀던 그 다른 제자도 들어가서 보았으며 믿었더라 ⁹이는 그가 죽은 자들 가운데서 다시 살아나야 한다는 기록을 그들이 아직 알지 못하였기 때문이다 ¹⁰이에 그 제자들은 자신들을 향하여 돌아갔다 ¹¹그러나 마리아는 울면서 무덤 밖에 섰고 울면서 무덤을 향해 숙여서 ¹²보니 흰 [옷] 입은 두 천사가 예수의 몸이 놓인 곳에 앉았는데 하나는 머리를 향하였고 [다른] 하나는 발을 향하였다 ¹³천사들이 그녀에게 말하였다 "여자여 당신은 어찌하여 우십니까?" 그녀가 그들에게 말하였다 "사람들이 내 주를 옮겼는데 그를 어디에 두었는지 내가 알지 못하기 때문입니다" ¹⁴그녀는 이 말을 하고 뒤로 돌아섰다 그리고 예수께서 서 계신 것을 보았으나 그가 예수이신 것을 알지 못하였다 ¹⁵예수께서 그녀에게 말하셨다 "여자여, 너는 어찌하여 울며 누구를 찾느냐?" 이에 그녀는 그가 정원사인 줄 생각하고 그에게 말하였다 "주여 당신이 그를 옮겼다면 그를 어디에 두었는지 나에게 말해 주십시오 저도 그를 모시고 가렵니다" ¹⁶예수께서 그녀에게 말하였다 "마리아야" 그녀가 돌이키며 그에게 히브리 말로 "랍오니"라 말하였다 (이는 선생으로 불려진다) ¹⁷예수께서 그녀에게 말하셨다 "나에게 붙잡지 말라 내가 아직 아버지께 올라가지 않았기 때문이다 너는 내 형제들에게 가서 그들에게 말하되 '내가 내 아버지와 너희 아버지, 내 하나님과 너희 하나님께 올라간다' 하라" ¹⁸막달라 마리아가 제자들에게 가서 "내가 주를 보았다" 하고 그가 자신에게 말씀하신 이것을 전하였다

예수의 부활

어두운 새벽에 막달라 마리아가 무덤으로 왔다. 돌문이 움직여져 있고 예수의 시신이 사라진 것을 보고 놀라 제자들을 찾아갔다. 이에 베드로와 요한이 무덤으로 달려갔다. 세마포와 수건이 마치 부활의 물증처럼 예수의 부활을 설명한다. 그러나 제자들은 그것을 보고 부활을 간신히 믿기는 하였으나 예수의 부활에 대한 성경의 기록을 제대로 이해하지 못하였다. 그래서 그들은 보고서도 주님을 향하지 않고 자신을 향하였다. 그러나 마리아는 그 자리에 남아 여전히 무덤을 향하였다. 그녀는 천사들과 만나고 부활하신 예수까지 만나는 은총의 최초 수혜자가 된다. 마리아는 예수께로 다가갔다. 그러자 예수는 자신에게 손대지 말라고 말하시며 그녀를 막으셨다. 이는 아직 아버지 하나님께 올라가지 않았기 때문에, 마리아가 아직은 부활의 온전한 의미를 모르고 인간적인 정서에 사로잡힌 사랑과 소망을 가졌기 때문에 더 온전한 부활의 영광과 기쁨을 주시려고 그러셨다. 예수는 부활의 소식을 제자들에게 알리라고 명하셨다. 마리아는 예수의 말씀과 본인의 경험을 가감하지 않고 그대로 전하였다. 부활의 소식은 일곱 귀신에게 희롱과 괴롭힘을 당한 한 여인을 통해 땅 끝까지 퍼지기 시작했다. 예수께서 육신으로 오신 탄생의 가장 가까운 곳에는 마리아가 있었고, 이제 부활의 소식 확산의 가장 가까운 곳에는 막달라 마리아가 있다.

¹안식일 후 첫날 일찍이 아직도 어두운 때에 막달라 마리아가 무덤으로 왔다
그녀는 돌이 무덤에서 옮겨진 것을 보고

요한은 예수의 부활에 대해 기록한다. 누구도 태어날 수 없는 동정녀의 자궁에서 유일하게 태어나신 예수는 이제 누구도 살아날 수 없는 새로운 무덤에서 유일하게 살아나신 분이시다. 육신으로 이 세상에 오셨다가 다시 나가시는 성자의 출입과 그 출입의 방식이 너무도 신비롭고 장엄하다. 사람이 흉내 낼 수 없고 조작할 수 없고 이해할 수 없고 설명할 수 없는 출생과 부활이다. 헤시키우스는 특별히 부활의 날을 예수께서 "죽음을 발로 짓밟고 폭군을 죄수로 만들고 저승을 당신의 것으로 만드신 날"이라고 묘사한다. 바울의 설명에 의하면, 부활은 특별히 예수께서 하나님의 아들 되심을 확증한 사건이다(롬 1:4). 예수의 정체성을 드러내는 증거의 절정이다. 그런데 요한은 그렇게도 중요한 부활의 첫 목격자로 막달라 마리아를 거명한다.

　누가는 막달라 마리아를 "일곱 귀신이 나간" 여인으로 묘사한다(눅 8:2). 여기에서 우리는 그녀가 일곱 귀신의 농락을 당하며 비참한 삶을 살아온 여인임을 확인한다. 그러나 치유의 은총을 받은 이후에 그녀는 자신의 소유로 예수와 제자들을 섬겼으며(눅 8:3), 십자가에 못 박히신 예수의 마지막 곁을 지켰으며(요 19:25), 이제 그녀는 부활의 첫 목격자가 된다. 예수는 부활하신 자신의 영광스런 모습을 제자들과 부자들과 권세들과 주권들과 학자들과 대제사장 무리에게 먼저 보이지 않으셨다. 귀신들의 집단적인 시

달림을 받았고 사회적인 지위와 명망은 바닥으로 떨어졌고 귀신들이 나간 이후에는 다른 어느 누구도 아닌 예수만 따르며 그를 위해서만 살아간 한 여인에게 먼저 보이셨다. 위대한 사건의 발견은 성적순도 아니고 계급순도 아니고 재산순도 아님을 확인한다. "세상의 천한 것들과 멸시 받는 것들과 없는 것들을 택하사 있는 것들을 폐하려 하시"는 하나님의 섭리는 여기에도 작용한다(고전 1:28). 동시에 부활을 목격하는 은총의 수혜는 사랑순일 가능성이 높다. 그리고 마리아는 제자들을 찾아가 자신이 부활의 주님을 보았다고 전하였다. 예수의 부활 소식은 더 확산되고 유대 지역을 발칵 뒤집는다. 그런데 이러한 공헌을 인정하여 교황청이 마리아를 "사도들의 사도"(apostolorum apostola)라고 부르는 것은 과도하다.

막달라 마리아는 "안식일 후 첫날 일찍이" 무덤으로 왔다. 잔칫집이 아니라 초상집을 찾는 것이 지혜라는 말씀처럼 예수의 죽음 이후에 마리아의 인생이 향한 곳은 그의 무덤이다. 그녀의 행선지를 보며 깨닫는다. 예수를 사랑하는 이에게는 그가 계신 곳이라면 지옥도 천국이고 그가 없다면 천국도 지옥임을! 여기에서 "첫날"(εἷς)의 문자적인 의미가 "첫째"라는 서수가 아니라 "하나 혹은 하루"라는 기수라는 것이 특이하다. "첫날" 대신에 "하루"라는 말을 사용하는 것은 "저녁이 되고 아침이 되니 하루"(אֶחָד יוֹם)라고 말한 태초의 표기법(창 1:5)을 따르는 히브리식 관례였다. 거기에도 "첫째"로 번역된 히브리어 "에하드"(אֶחָד)는 "하나 혹은 하루"를 나타내는 기수이다. 어쩌면 창조주 하나님의 창조와 구원자 하나님의 재창조를 연결하여 예수의 하나님 되심을 은근히 드러내고 싶어하는 저자의 의도가 반영된 의도적인 말인지도 모르겠다. 안식일은 창조가 끝난 시점이고 안식일 후 첫 날은 재창조가 본격적인 시작을 알리는 시점이다.

무덤 방문의 시점에 대해 마태와 누가는 "안식 후 첫날이 되려는 새벽"이라 말하였고(마 28:1; 눅 24:1), 마가는 "안식 후 첫날 매우 일찍이 해 돋을 때"라고 말하였다(막 16:2). 적막이 가장 깊어진 새벽이기 때문에 당연히 날은 어두웠다. 무덤 자체도 무서운데 어두운 때의 무덤은 갑절 이상으로 무섭기 때문에 출입을 두 배 이상으로 주저해야 정상이다. 그래서 제자들 중에서는 그 누구도 생각하지 못한, 그 누구도 시도하지 않은 무덤 출입이다. 그런데 마리아는 무덤으로 갔다. 예수를 사랑하는 마리아의 마음 때문이다. 갑절의 어두운 무서움도 사랑의 발걸음을 막지는 못하였다. 저자는 자신의 서신에서 이렇게 진술한다. "사랑 안에 두려움이 없고 온전한 사랑이 두려움을 내어 쫓나니"(요일 4:18). 어쩌면 마리아의 사랑을 빗대어 한 말인지도 모르겠다. 막달라 마리아의 발걸음은 두려움이 아니라 사랑이 움직였다. 사랑이 출입과 동선을 좌우하는 인생에는 두려움이 없다.

마가와 누가의 기록에 의하면, 막달라 마리아가 야고보의 어머니 마리아와 살로메와 요안나와 함께 무덤으로 온 이유는 향품을 예수에게 바르기 위함이다(막 16:1; 눅 24:10). 그녀들은 무덤으로 들어가야 했고 이를 위해서는 무덤의 입구를 막은 돌을 굴려야만 했다. 그런데 걱정이다. 여자들의 힘으로는 도저히 굴릴 수 없을 정도로 "그 돌이 심히" 컸기 때문이다(막 16:4). 자신들을 위해 "무덤 문에서 돌을 굴려" 줄 건장한 사람이 필요한데 아무도 보이지 않았기 때문이다. 돌문의 개폐가 불가능한 여인들이 캄캄한 새벽에 무슨 생각으로 무덤까지 왔을까? 그런데 놀랍게도 돌이 이미 무덤에서 옮겨졌다. 그것을 본 여인들은 열린 무덤으로 들어갔다. 그런데 "주 예수의 몸이 보이지 않았다"고 누가는 기록한다(눅 24:3). 시신이 사라졌다. 앞이 캄캄했다. 너무도 사랑해서 님은 비록 가셨지만 차마 보내지 못한 여인들은 시신이 되신 예수라도 만나려고 어둠과 두려움을 뚫고 왔는데 그 기대가 무너졌다. 막달라 마리아는 놀라서 베드로와 요한에게 달려갔다.

₂시몬 베드로와 예수께서 사랑하신 그 다른 제자에게 달려가서

그들에게 말하였다 "사람들이 주님을 무덤에서 옮겼는데

그들이 그를 어디에 두었는지 우리가 알지 못하겠다"

두 제자에게 달려간 마리아는 다급한 목소리로 말하였다. 예수의 시신을 누군가가 무덤에서 옮겼는데 옮긴 장소를 알지 못한다고! 여기에서 마리아는 "우리"라는 복수를 사용한다. 즉 무덤으로 간 여인들은 다른 복음서 저자들의 기록처럼 넷 이상(막달라 마리아, 야고보의 어머니 마리아, 살로메, 요안나 등)이다. 요한도 "우리가 알지 못한다"는 마리아의 말로 다른 복음서의 입장과 다르지 않음을 암시한다. 그러나 막달라 마리아만 주목한다. 그녀가 옮겨진 시신의 위치를 모른다고 말한 것은 단순한 궁금증 해소를 위함이 아니었다. 무덤에서 시신을 다른 곳으로 옮기는 것은 대단히 이례적인 사건이다. 예수의 곁에서 유대인의 지독한 살기를 익히 알고 있었던 마리아는 그들이 예수의 죽음으로 만족하지 못하고 부관참시, 즉 이미 죽은 예수를 다시 참수형에 처할지도 모른다는 불안감에 떤다. 총독의 권력을 움직여 예수의 십자가 처형까지 유도한 자들이다. 마음만 먹으면 무슨 악이라도 저지르는 자들이다. 그들이 범할 죄의 끝이 보이지 않는 상황이다.

대제사장 무리도 예수께서 장사되신 후 다른 이유로 불안했다. 사흘 후에 살아나실 것이라는 예수의 말씀 때문이다. 그 불안이 빌라도를 찾아갔고 경비대에 "명령하여 그 무덤을 사흘까지 굳게 지키게" 해 달라고 그에게 부탁했다(마 27:64). 이는 예수의 부활을 연출하기 위해 제자들이 그의 시체를 도둑질할 것을 그들이 우려했기 때문이다. 그들은 빌라도의 허락을 받고 "경비병과 함께 가서 돌을 인봉하고 무덤을 굳게" 경호했다(마 27:66). 그렇기 때문에 제자들이 무덤을 건드리는 일은 결코 가능하지 않다. 그렇다면 예수의 시신을 옮긴 것은 막달라 마리아가 보기에 빌라도와 대제사장 무리의 소행일 가능성이 높다. 빌라도는 예수의 죽음과 엮이지 않으려

는 입장을 고수했기 때문에 시신을 옮겨 훼손할 동기가 없는 사람이다. 그렇다면 사악한 대제사장 무리의 공작이 유력하다. 이렇게 추론하는 것이 정상이다.

그러나 마태에 의하면 무덤의 돌문이 옮겨지고 시신이 사라진 원인은 사람이 아니었다. "주의 천사"가 하늘에서 내려와 큰 지진과 함께 무덤의 돌을 굴렸다고 설명한다(마 28:2). 이것은 추리력이 아무리 뛰어나 논리가 아무리 촘촘해도 사람의 이성이 도달하지 못하는 설명이다. 누가에 따르면, 천사들은 "찬란한 옷을 입은 두 사람"인데(눅 24:4), 마가에 의하면 청년의 모습이다(막 16:5). 그들을 본 여인들은 두려워서 땅에 엎드렸다. 이에 주의 천사가 "놀라지 말라"고 달래며 말하였다. "어찌하여 살아 있는 자를 죽은 자 가운데서 찾느냐"(눅 24:5). 그리고 "인자가 죄인의 손에 넘겨져 십자가에 못 박히고 제삼 일에 다시 살아나야 하리라"(눅 24:7)는 예언을 따라 그가 다시 살아나서 "여기 계시지" 않다고 말하였다. 대부분의 종교는 창시자의 죽음이 저장된 무덤을 찾아간다. 그곳을 성역으로 규정하고 순례를 요구하고 죽음을 기념한다.

그러나 기독교는 다른 종교와는 달리 무덤이 아니라 약속을 찾아간다. 죽음이 아니라 부활을 기념한다. 죽음의 안식일이 아니라 부활의 주일을 준수한다. 천사들의 말이 여인들의 귀에는 낯설었다. 그래서 천사들은 예수의 시신이 눕혔던 곳의 빈자리를 그들에게 보여주며 예수의 부활을 눈으로 확인할 것을 권하였다. 예수를 죽은 자 가운데서 찾으려고 번지수를 잘못 찾은 여인들의 무덤 방문이 헛되지 않은 이유는 천사들이 전한 부활의 소식을 들었기 때문이다. 그러나 시신의 부재로 실의와 낭패감에 빠져 있던 여인들은 천사의 기이한 이야기를 듣고 두려웠다. 부활의 소식이 그들의 의식에 닿지 못한 이유는 그 부활이 분명한 실재인데 전혀 현실 같지 않았기 때문이다.

천사들은 여인들로 하여금 제자들을 찾아가서 다음의 말을 전하라고 지시했다. "예수께서 너희보다 먼저 갈릴리로 가시나니 전에 너희에게 말씀하신 대로 너희가 거기서 뵈오리라 하라"(막 16:7). 그러나 여인들은 "몹시 놀라 떨며 나와 무덤에서 도망"쳤고 여전히 무서워서 "아무에게 아무 말도 하지 못하였다"(막 16:8). 그러던 그때, 여인들은 "예수의 말씀을 기억"했다(눅 24:8). 천사들의 말은 그들이 지어낸 말이 아니라 예수께서 친히 예언하신 말이었다. 말씀에 대한 기억이 두려움에 떠는 여인들의 마음을 보듬었고 움직였다. 모든 말에는 주어가 중요하다. 천사들이 전한 예언의 주어가 예수라는 사실을 기억한 여인들의 마음과 행보는 이제 달라졌다. 여전히 "두려움"도 있었지만 "큰 기쁨으로 빨리"(마 28:8) "무덤에서 돌아가 이 모든 것을 열한 사도와 다른 모든 이에게" 전하였다(눅 24:9). 요한은 여인들이 천사들과 나눈 대화의 이러한 내용을 생략하고 시신의 실종과 이장의 위치를 모른다는 막달라 마리아의 사정만 기록하고 있다.

3이에 베드로와 그 다른 제자가 나가서 무덤으로 갔다 4둘이 함께 달렸는데
그 다른 제자가 베드로보다 더 빨리 달려가서 먼저 무덤에 이르렀다

마가와 누가의 기록에 의하면, 여인들이 전한 부활의 소식을 들은 "사도들은 그들의 말이 허탄한 듯이 들려 믿지" 않았다고 한다(눅 24:11; 막 16:11). 그러나 요한의 기록에 의하면 제자들 중에 베드로와 요한은 무덤으로 갔다. 확인하고 싶었기 때문이다. 걸어가지 않고 달려갔다. 스승이 떠난 사흘 후였기에 아직 배신의 수치심이 가시지 않았고 슬픔의 물기가 마르지 않은 안식 후 첫째 날이었다. 스승의 생명이 사라질 때에는 줄행랑을 친 제자들이 이제 시신의 실종 앞에서는 현장으로 달음질을 친다. 두려움 때문에 무의식 속으로 숨었던 애정이 걸음을 더욱 재촉했다. 동시에 출발한 두 사람 중 요한이 먼저 도착했다. 이러한 사실을 유일하게 기록한 요한의 의도

는 예수께서 사랑하신 제자의 스승 사랑이 베드로의 스승 사랑보다 컸음을 나타내기 위함이다.

> 5그가 구부려 세마포가 놓인 것을 보았지만 들어가지 않았는데
> 6그를 뒤따라온 시몬 베드로는 무덤으로 들어갔다
> 그가 세마포가 놓인 것을 보고 7또 그의 머리 위에 있던 수건도 보았는데
> [그것은] 세마포 곁에 놓이지 않고 한 곳에 별도로 놓였더라

먼저 도착한 요한은 몸을 숙여서 무덤 안에 예수의 시신은 없고 세마포만 놓인 것을 확인했다. 세마포는 부활의 간접적인 물증이다. 시신을 감싸던 천만 남기고 시신의 알몸만 옮기는 경우는 없기 때문이다. 말씀을 보고 듣고 만지는 것을 소중하게 여기는(요일 1:1) 특별한 탐구심을 생각할 때, 요한은 죽음 이후에도 예수의 몸을 마지막 순간까지 떠나지 않은 세마포를 만져보고 경험하고 분석하고 이해하고 싶었지만 정작 무덤에는 그의 시선만 들어가고 몸은 출입을 거부했다. 예수에 대한 자신의 더 뜨거운 사랑을 앞 절에서 드러낸 요한은 자신의 소극적인 겁쟁이 모습도 숨기지 않고 드러낸다. 요한의 뒤를 따라온 베드로는 비록 도착이 늦었지만 요한보다 앞서 무덤으로 들어갔다.

이후에 요한은 베드로를 따라 무덤에 들어간다. 먼저 된 자가 나중 되고 나중 된 자가 먼저 되는 진리를 두 사람이 잘 보여준다. 앞서거니 뒤서거니 하는 두 사람의 관계가 아름답고 조화롭다. 예수의 죽음 앞에서는 요한이 법정으로 먼저 들어가고 베드로를 이끌었다. 그러나 예수의 부활 앞에서는 순서와 역할이 바뀌었다. 예수에 대한 뜨거운 사랑과 빠른 열정은 요한이 뛰어났다. 그러나 내면의 사랑을 실행으로 꺼내는 순발력에 있어서는 베드로가 요한보다 뛰어났다. 두 사람 사이에 경건의 우열을 가리는 것은 기준

에 따라 달라지기 때문에 곤란하다. 다만 각 사도의 신앙적인 주특기를 배우고 조화로운 재구성을 시도하는 것은 사도의 신앙을 따르는 우리의 본분이다.

무덤으로 들어간 베드로는 요한이 본 것처럼 세마포가 놓인 것을 보았을 뿐 아니라 예수의 머리 위에 두었던 수건도 발견한다. 세마포 곁이 아니라 별도의 장소에 놓인 수건은 무덤 밖에서는 볼 수 없는 것이었다. 실행할 때에 비로소 알게 되는 것이 있기 때문에 실행하면 지식도 증대된다. 이는 "사람이 하나님의 뜻을 행하려 하면" 교훈의 근원을 알게 된다는 예수의 말씀(요 7:17)에서도 확인된다. 베드로는 캄캄한 밤에 광풍으로 물결이 날뛰는 성난 바다라는 액체 무덤에도 자신의 몸을 던져 물 위 걷기를 유일하게 체험한 사도였다(마 14:29). 실행은 배신하지 않는다는 사실을 아는 베드로는 어두운 새벽에 모두가 출입을 꺼리는 무덤에도 먼저 들어갔다. 우리도 믿는 것에 만족하지 않고 아는 것에까지 이르고 아는 것에 만족하지 말고 사는 것에까지 이르러야 한다. 무덤 안에 세마포와 수건이 같은 곳에 있지 않고 시신을 감싸던 위치에 그대로 있었다는 것은 사람의 손이 닿지 않았음을 보여준다. 사건의 현장이 잘 보존되어 있다는 것은 부활이 인위적인 조작이 아니라 기적임을 입증한다.

8그때서야 무덤에 먼저 이르렀던 그 다른 제자도 들어가서 보았으며 믿었더라
9이는 그가 죽은 자들 가운데서 다시 살아나야 한다는
기록을 그들이 아직 알지 못하였기 때문이다

베드로의 무덤 출입은 요한에게 용기를 주었고 뒤따라 들어가게 만들었다. 이 대목에서 베드로는 발자국이 없는 곳을 걸어가 길이 된 사람이고, 요한은 발자국이 있어야만 안심하고 따라가는 사람이다. 아무도 가지지 않은

길을 만들기 위해서는 믿음의 담력이 필요하다. 그 담력은 전염성이 크다. 연약하고 비겁한 사람들의 걸음도 움직인다. 담력이 있다면 공공재로 여기며 공동체를 위해 지혜롭게 활용해야 한다. 요한은 무덤으로 들어가 베드로가 본 동일한 것을 보았는데 그것을 보고 "기이하게 여긴"(θαυμάζων, 눅 24:12) 베드로와 달리 믿기까지 했다. 칼뱅은 "믿는다"는 이 동사가 믿음의 점진적인 발전 단계를 표현하는 말이라고 한다. 무엇에 대한 믿음인가? 칼뱅의 해석에 의하면, 예수의 부활에 대하여 증거를 "보고 믿은"(εἶδεν καὶ ἐπίστευσεν) 믿음이다. 보지 않고 믿지도 않은 대다수 사도들의 불신을 책망함과 동시에, 보지 않고 믿는 더 복된 믿음이 아니라 보아야만 믿는 자신의 낮은 믿음에 대해서도 요한은 책망하고 있다.

보고 믿은 이유에 대해 저자는 성경에 대한 그들의 무지를 지적한다. 즉 "그가 죽은 자들 가운데서 다시 살아나야 한다는 기록"을 그들은 읽었고 들었지만 "아직 알지 못하였기 때문"이다. 읽기와 듣기와 알기는 구분해야 한다. 읽고 들었다는 것이 앎을 보장하지 않는데도 읽기와 듣기에서 앎의 갈증이 다 해소되는 사람들이 있다. 성경을 읽고 설교를 듣는다고 해서 저절로 진리에 이르는 것은 아님에도 불구하고 진리를 알았다고 확신하며 구도자의 걸음을 멈추고 안주한다. 모든 사람은 진리의 영께서 모든 진리 가운데로 인도해 주실 때에만 진리에 도달한다. 성경의 텍스트를 관찰하고 설교자의 말에 귀를 기울이되 성령의 가르침을 위해 항상 기도해야 한다. 스스로 생각해서 깨닫지 않고 성령의 도움으로 깨달으면 자존심이 상하는 사람들도 있다. 그러나 만물보다 훨씬 더 부패하고 거짓된 인간의 마음을 안다면 성령 의존적인 깨달음에 대해 진심으로 감사하게 된다.

여기에서 우리는 성경을 올바르게 이해하지 못하면 온전한 믿음에 이르지 못한다는 사실을 확인한다. 믿음의 뿌리와 토대는 성경이다. 오직 성경을 바르게 이해할 때에만 그러하다. 성경은 예수의 부활을 기록하고 있다. 바울은 예수의 출생과 부활이(롬 1:2-4), 베드로는 예수의 고난과 영광이 성경에 미리 예언되어 있다고 증거한다(벧전 1:10-11). 트랩은 구약의 구체적인 인물들을 예로 들면서 아담이 깊은 잠에서 깨어나고 이삭이 번제단 위에서 살아나고 요셉이 감옥에서 나와 애굽의 총리가 되고 삼손이 다시 힘을 얻어서 가사의 블레셋 사람들을 응징하고 다윗이 죽음의 강을 건너 왕위에 오르고 요나가 고래의 배에서 살아난 것들이 모두 예수의 부활을 예언한 일이라고 해석한다.

성경은 부활과 관련된 사건만이 아니라 다양한 예언들 즉 사도들이 인용한 말들로서 "내 육체도 안전히 살리라"는 말(시 16:9), "내 영혼을 음부에 버리지 않으시며 주의 거룩한 자로 썩음을 당하지 않게 하실 것"이라는 말(행 2:27; 시 16:10), "내가 네 원수들로 네 발판이 되게 하기까지 너는 내 오른쪽에 앉아 있으라"는 말(시 110:1) 등도 제공한다. 예수의 부활은 성경에 사건과 예언의 방식으로 기록되어 있으며 성경을 바르게 이해하면 그의 부활을 믿을 수밖에 없다는 결론에 도달한다. 요한은 사도들의 불신과 연약한 믿음의 원인이 성령을 체험하지 못했거나 부활하신 예수를 만나지 못했기 때문이 아니라 성경에 대한 무지에 있다고 증거한다.

10이에 그 제자들은 자신들을 향하여 돌아갔다

베드로와 요한은 자신들의 집으로 돌아갔다. 예수의 부활에 대한 증거로서 빈 무덤과 세마포와 수건을 보고 유력한 증거물로 확보한 그들이 그 부활을 믿기는 하였으나 부활의 예수를 찾으려고 하지도 않고 그를 만나려고 그가 먼저 가신다고 하신 갈릴리로 가지도 않고 집으로 돌아가는 조치를 취한 것은 특이하다. 나는 저자의 기록처럼 그들이 성경에 기록된 부활의 예언을 아직 제대로 알지 못하였기 때문에 귀가한 것이라고 이해한다. 이로 보건대, 성경의 증거력은 다른 어떠한 증거보다 위대하다. 루터는 성경이 "우리의 양심에 가장 확실한 보증"이며 "가장 강력한 최고의 증거"라고 강조한다. 이것을 체험한 베드로는 자신의 편지에서 "거룩한 산"으로 올라가신 예수께서 초라한 육신이 아니라 영광의 형체로 바뀌신 것을 체험한 기적을 말하면서 성경의 예언은 그 기적의 체험보다 "더 확실한"(βεβαιότερον) 것이라고 고백한다(벧후 1:19).

예수께서 부활하신 것을 믿었다면 집으로 가지 않고 다시 살아나신 예수를 만나려고 찾는 것이 마땅하다. 그러나 베드로와 요한은 예수가 아니라 "자신들을 향하여"(πρὸς αὐτοὺς) 돌아갔다. 이 말은 "자신들의 집으로 갔다" 혹은 "자신들의 동료에게 갔다"는 뜻으로 의역해도 된다. 그러나 나는 "자신들을 향하여 갔다"는 표현 자체를 주목하고 싶다. 그들은 부활의 예수께로 가지 않고 자신들을 향하였다. 아무리 놀라운 기적을 체험해도 기적의 주관자 되시는 하나님이 아니라 여전히 자신을 향하는 고약한 기질은 끝까지 생존한다. 날마다 죽었던 바울처럼 죽어야 산다는 원리를 알면서도 나로부터 나를 건져내지 못하는 그 고질적인 자기애(amor sui)의 명줄은 참으로 끈질기다.

칼뱅의 말처럼, 요한은 비록 예수의 부활을 믿게 되었지만 그의 믿음도 아직은 "기적에 대한 어떤 혼잡한 의식과 몽환에 근접한 신앙"이다. 나 자신이 결정적인 변수로 작용하는 감각적인 경험을 통해, 이성의 논리적인 결론을 통해, 공동체의 사회적 합의를 통해 도달할 수 있는 신앙의 수위는 아직 성전의 뜰을 출입하는 정도라고 나는 평가한다. 주님께로 가다가도 여차 하면 자아라는 세상으로 곧장 돌아간다. 그러나 영원히 변하지 않도록 기록된 약속의 말씀은 우리를 신앙의 성소로 초청한다. 나아가 성령의 내적인 가르침을 통한 기록된 약속의 올바른 이해는 우리를 신앙의 지성소로 안내한다. 종교개혁 신학의 유산처럼 성령으로 말미암아 성경으로(ad scripturam) 돌아가는 것은 사도의 시대이든 우리의 시대이든 온전한 신앙에 이르는 유일한 관문이다.

11그러나 마리아는 울면서 무덤 밖에 섰고 울면서 무덤을 향해 숙여서

저자는 두 제자와 막달라 마리아의 처신을 "그러나"(δέ) 라는 접속사로 대조한다. 물론 제자들과 마리아가 신앙의 내용에 있어서는 큰 차이가 없다고 생각한다. 마리아도 예수의 부활이 의미하는 바가 무엇인지 온전히 깨닫지는 못하였다. 그러나 두 제자와는 달리 마리아는 자신에게 돌아가지 않고 계속해서 부활의 예수를 향하였다. "울면서"(κλαίουσα) 무덤 밖에 머물렀고 울더라도 무덤을 향하였다(εἰς τὸ μνημεῖον). 이에 대해 칼뱅은 "쓸데없이 울고만 있었다"고 평가하고 그녀를 "무덤에 잡아둔 것은 미신과 육적인 감정의 혼합"일 뿐이라고 해석한다. 그러나 나는 모세와 함께 회막으로 들어가고 모세가 하나님과 대화를 마치고 "진으로 돌아오나 눈의 아들 젊은 수종자 여호수아는 회막을 떠나지 않았다"는 기록(출 33:11)을 생각하며 무덤을 떠나지 않은 마리아를 좋게 평가한다. 접속사 "그러나"를 써서 사도들과 여인을 대조한 저자의 의도를 존중하기 때문이다.

무덤에 머물면서 우는 마리아를 보면, 부활하신 예수를 만나기 전까지는 울음을 멈추지 않고 울음이 울고 갈 정도로 지독하게 울겠다는 결의가 느껴진다. 예수를 만나기 전까지는 어떠한 곳도 안식처가 아니기에 무덤에서 떠나지 않겠다는 결의도 느껴진다. 마리아가 무덤을 떠나지 않는 이유는 사랑 때문이다. 사랑하는 예수께서 마지막 순간까지 머무셨던 무덤이 예수의 체취가 가장 생생하게 남아 있는 마지막 장소였기 때문이다. 루피누스는 이 대목에서 아가서를 떠올린다. 그 책에서 술람미 여인은 밤새도록 사랑하는 님을 찾았으나 만나지 못하였고 순찰하는 경비들과 예루살렘 딸들에게 부탁해도 찾지 못하였다. 찾을 때까지 찾겠다는 술람미 여인의 그 절박한 심정으로 마리아는 눈으로 슬픔만 게워내고 있다.

키릴루스의 말처럼 주님을 위한 모든 울음에는 필연적인 보상이 뒤따른다. 그레고리 대제는 마리아가 보았던 빈 무덤을 떠나지 않고 다시 쳐다본

것을 예수에 대한 사랑으로 해석한다. "사랑하는 사람이면 한 번 보는 것으로는" 만족하지 못하며 "사랑의 힘은 더욱 열심히 찾으려는 노력을 부추기기" 때문이다. 예수와의 만남을 고대하는 거룩한 갈망은 사태가 호전되면 될수록 더욱 증대된다. 이후 그녀와 예수의 만남은 "사랑의 힘으로 배가된 그 갈망의 결과"라고 그레고리 대제는 설명한다.

¹²보니 흰 [옷] 입은 두 천사가 예수의 몸이 놓인 곳에 앉았는데
하나는 머리를 향하였고 [다른] 하나는 발을 향하였다

마리아가 허리를 숙이고 무덤을 다시 들여다보니 그 안에 백색을 입은 두 명의 천사들이 있다. 마태는 "그 형상이 번개 같고 그 옷은 눈 같이 희"다고 설명한다(마 28:3). 조명이 필요하지 않을 정도로 새벽의 무덤은 환해졌다. 죽음이 출입하는 무덤에 백색의 천사들이 들어온 것에 대해 칼뱅은 "십자가의 치욕을 제거할 뿐만 아니라 그리스도의 천상적인 위엄도 빛내는 일"이라고 설명한다. 무덤은 세상에서 절망이 깃드는 가장 어두운 공간이다. 캄캄한 새벽의 어두운 무덤은 더더욱 어두워야 정상이다. 그런데 눈이 부시도록 하얀 두 천사가 하늘의 조명처럼 예수의 무덤을 대낮보다 밝게 비춘다. 이는 마치 아무리 지독한 어둠도 빛으로 바꾸고, 아무리 무거운 좌절도 밝은 희망으로 바꾸고, 불굴의 불가능도 가능으로 바꾸는 반전이 바로 부활의 의미라는 사실을 잘 암시한다.

집으로 돌아간 두 제자와는 달리 무덤에 머문 마리아는 이러한 천사들을 만나고 대화도 나누었다. 마리아가 천사들을 만나 대화한 것 자체는 대단한 일이 아니지만 그 대화가 자신을 더욱 돌아보게 만들고 예수를 만나는 계기가 되었다면 큰 유익이다. 천사들은 예수의 몸이 있던 자리에 앉았는데 하나는 예수의 머리를 향하였고 다른 하나는 그의 발을 향하였다. 이

에 대하여 아우구스티누스는 "천사"(ἄγγελος)의 뜻이 "소식을 전하는 자"라는 점에 착안하여 예수의 복음이 "머리에서 발까지, 처음부터 끝까지 퍼져 나갈 것임을 나타내는 것"이라고 해석한다. 그레고리 대제는 두 천사를 구약과 신약으로 이해한다. 여기에서 구약은 "태초에 말씀이 계셨다"는 구절로 대표되고 신약은 "그 말씀이 사람이 되어 우리 가운데 사셨다"는 구절로 대표된다. 두 언약은 모두 예수의 오심과 죽으심과 다시 사심과 다시 오심을 선포하기 때문에 두 천사가 동일한 예수의 자리에 앉았다고 설명한다. 그러나 칼뱅은 하나님 나라의 영광을 무덤에서 보여주기 시작한 것에 더 큰 의미를 부여한다.

13천사들이 그녀에게 말하였다 "여자여 당신은 어찌하여 우십니까?"
그녀가 그들에게 말하였다 "사람들이 내 주를 옮겼는데
그를 어디에 두었는지 내가 알지 못하기 때문입니다"

마리아의 시선은 천사들을 향하였고 천사들의 시선도 그녀를 향하였다. 말보다 시선이 먼저 마주치는 것은 모든 만남의 일반적인 현상이다. 시선의 순서는 모르지만 말의 방문은 천사들이 먼저였다. 천사들과 시선이 마주친 순간에도 마리아의 눈은 젖어 있었기에 그들은 왜 우느냐고 그녀에게 질문한다. 이 질문은 마리아의 눈에서 터진 슬픔의 이유가 궁금했기 때문이 아니었다. 키릴루스의 해석처럼, 지금은 마리아가 울어야 할 상황이 아니라 기뻐하고 감격하고 감사하고 설레야 하는 상황임을 알리기 위한 일종의 반문이다. 여기에는 칼뱅의 말처럼 우려와 위로가 동시에 버무려져 있다.

그러나 마리아는 질문의 뉘앙스를 감지하지 못하고 울음의 이유를 설명한다. 즉 사랑하는 주님의 시신을 사람들이 옮겼는데 그곳이 어디인지 모르기 때문이다. 마리아는 제자들과 천사들을 향해 동일한 이유로 서글픈 하소연을 했다. 이로 보건대 마리아는 아직도 예수의 육신적인 부활을 이해하지 못하였고 부활의 의미도 이해하지 못하였다. 위대한 사실도 의미가 있으려면 이해를 지나가야 한다. 하지만 제자들과 대제사장 무리를 비롯한 모든 사람들은 눈앞에서 일어난 예수의 죽음도 구원의 결정적인 사건으로 이해하지 못하였고 예수의 부활도 온 인류의 역대급 사건으로 이해하지 못하였다. 온 세상이 예수의 죽음과 부활의 의미를 그렇게 허비하고 있다. 우리도 본질을 주목하지 않고 비본질에 매달리면 우리 시대의 가장 중요한 의미를 눈앞에서 분실한다.

¹⁴그녀는 이 말을 하고 뒤로 돌아섰다
그리고 예수께서 서 계신 것을 보았으나 그가 예수이신 것을 알지 못하였다

마리아는 천사들 앞에 자신의 축축한 슬픔을 던져 놓고 뒤로 돌아섰다. 그런데 예수께서 마리아 앞을 막으셨다. 마리아는 그를 보았지만 그를 예수로는 알아보지 못하였다. 이는 엠마오로 가던 두 제자가 예수를 보고도 알아보지 못한 것과 유사하다. 그때에는 "예수께서 다른 모양으로 그들에게" 자신을 보이셨기 때문이다(막 16:12). 그리고 "그들의 눈이 가려져" 있었기 때문이다(눅 24:16). 그러나 마리아의 경우는 예수께서 자신의 있는 모습 그대로를 보이셨다. 눈이 있어도 예수를 알아보지 못하였고 귀가 있어도 그의 음성을 인식하지 못하였다. 아직 어두운 새벽이기 때문에 어두워서 인식하지 못했을 가능성도 있다. 그러나 근본적인 이유는 예수께서 육신의 부활로 살아 움직이실 것이라고 마리아가 전혀 의식하지 못하였고 기대하지 않았기 때문이다. 인식은 내부의 의식과 외부의 현상이 만날 때 일어난다. 부활의 의식이 전혀 없는 마리아는 예수의 죽은 시신 찾기에 급급하다. 그녀에게 예수는 서 계셔야 할 분이 아니라 여전히 누워 계셔야 할 시신이다.

여기에서 나는 믿음의 문제를 생각한다. 보이지 않으시는 하나님이 계신 것과 지금도 항상 일하시는 분이라는 사실을 믿지 않으면 하나님이 분명히 우리의 곁에 항상 계시며 일하셔도 인지하지 못하는 문제가 발생한다. 이처럼 마리아도 예수의 부활에 대한 예언과 그 예언의 실현을 믿지 못했기에 눈앞에 계신 예수도 알아보지 못하였다. 이에 대하여 그레고리 대제는 "그녀의 사랑이 그분의 모습을 보이게 해 주었지만 그녀의 의심이 그녀가 그분을 알아보지 못하게 했다"고 설명한다. 여기에서 우리는 칼뱅이 말한 "인간적인 마음의 공통적인 오류"(commune errorum humanae mentis)로서 다양한 형상들을 고안하는 우상 공작소와 같은 이성 때문에 무언가를 본다고, 혹은 무언가가 보인다고 진실이 파악되는 것은 아님을 확인한다. 심지어 예수께서 눈앞에 있어도 그러한데, 성경이나 다른 사물들에 대한 해석의 오류는 오죽할까! 진실은 성령의 조명을 받아서 믿음으로 읽을 때 읽어진다. 믿음은 우리의 내면에 보이지 않는 것에 대한 의식을 형성하는 능력이기 때문이다.

15예수께서 그녀에게 말하셨다 "여자여, 너는 어찌하여 울며 누구를 찾느냐?"
이에 그녀는 그가 정원사인 줄 생각하고 그에게 말하였다
"주여 당신이 그를 옮겼다면 그를 어디에 두었는지 나에게 말해 주십시오
저도 그를 모시고 가렵니다"

천사들의 경우처럼 이번에도 마리아가 아니라 예수께서 그녀에게 먼저 질문을 건네셨다. "어찌하여 울며 누구를 찾느냐"고! 그레고리 대제는 이 질문이 마리아의 갈망을 고조하기 위해 건네진 것이라고 해석한다. 이 질문은 마리아로 하여금 우는 이유를 떠올리게 하고 자신이 찾는 예수를 더욱 사모하게 만들기 때문이다. 질문을 건네신 예수는 용모의 변화나 음성의

변조가 없으셨다. 그럼에도 불구하고 마리아는 그를 "정원사"로 착각한다. 이에 대해 그레고리 대제는 예수께서 "마리아의 영적 정원사"가 맞으시기 때문에 잘못 이해한 것만은 아니라며 마리아를 두둔한다. 마리아는 그가 동산을 관리하는 사람이기 때문에 무덤에서 시신이 사라진 사건의 구체적인 내막을 이야기해 줄 것이라고 기대하며 그에게 부탁한다. 만약 그가 시신을 옮겼다면 그 시신의 위치를 알려 주시라고! 이 부탁의 간절함은 마리아가 그를 "주"라고 부른 호칭에서 잘 나타난다. 마리아가 비록 예수는 인지하지 못했지만 그를 향한 사랑이 없는 것은 아니었다. 그녀는 비록 시신이라 할지라도 그런 예수 보기와 모시기를 간절히 원하였다.

이 대화에서 마리아는 자신이 예수를 생각하는 것처럼 정원사도 동일한 예수를 생각할 것이라고 간주하고 대명사를 사용하며 "그"(αὐτόν)를 어디에 두었냐고 질문한다. 대명사를 사용하기 위한 전제는 화자와 청자가 동일한 대상을 인지하고 있을 경우이다. 마리아는 오매불망 예수만 생각하는 자신처럼 정원사도 그럴 것이라고 착각했다. 이는 마치 경비에게 "내 영혼으로 사랑하는 자를 당신들이 보았나요?" 라고 묻는 술람미 여인의 심정과 유사하다. 상대방이 알아들을 수 있도록 객관적인 인상착의 혹은 이름을 언급하지 않아도 알 것이라는 이 깜찍한 비약은 사랑이 저질렀다. 이런 사랑 때문에 예수의 육성도 감지하지 못한 마리아에 대해 루터는 "그리스도로 꽉 차서 아무것도 듣지 못하고 보지도 못하는 선하고 아름다운 마음의 표상"으로 묘사한다. "그녀의 시야에는 다른 모든 것이 죽고 소멸된다. 이는 죽으시고 장사되신 그리스도만이 그녀의 가슴에서 사시기 때문이다. 그녀는 그를 갖지 못하면 모든 것을 상실하고 그를 가지면 모든 것을 가지는 사람이다." 그리고 루터는 "마리아의 이런 모범이 우리 모두를 부끄럽게 만든다"며 그녀를 칭송한다. 복음에 목숨을 다 걸어서 다른 것에 기울일 관심과 소비할 에너지와 배분할 시간이 없었던 바울처럼 복음에 사로잡힌 사람이 나오기를 루터는 종교개혁 시기의 한가운데 서서 기도했다.

16예수께서 그녀에게 말하였다 "마리아야" 그녀가 돌이키며
그에게 히브리 말로 "랍오니"라 말하였다 (이는 선생으로 불려진다)

앞에서 예수는 마리아를 "여자"(γυνή)라고 부르셨다. 그런데 이번에는 이름으로 부르신다. "마리아야." 이스라엘 백성을 향하여 "내가 너를 이름으로 불렀나니 너는 내 것이라"(사 43:1)는 말씀처럼, 주님께서 이름을 부르시는 것은 친밀감을 표현하고 자신에게 속한 자임을 나타낸다. 예수도 친히 목자가 "자기 양의 이름을 각각 불러 인도"하고 자기 양도 목자의 음성을 알고 따른다고 말하셨다(요 10:3-4). 지신의 이름에 아주 친숙한 음성이 닿자 마리아는 전율했고 그녀의 의식은 깨어났다. 그레고리 대제는 예수의 마리아 호명이 "너를 알아보는 이를 알아보지 않겠니?"를 뜻한다고 해석한다. 실제로 자신의 이름이 반가운 음성으로 귀에 들어오자 만남은 의미가 되었고 관계도 다른 세상으로 진입했다. 바로 직전에는 예수와 등지고 말했으나 이제는 몸을 돌려 그와 마주한다. 몸도 돌아섰고 마음도 돌아섰다. 그녀의 입에서는 정원사가 아니라 "선생"을 의미하는 "랍오니"(ῥαββουνί)가 히브리 말로 빚어진다. 이 호칭에 담긴 그녀의 사랑과 그리움은 펄펄 끓는 고온이다. 동시에 순종의 의미가 내포된 "랍오니"는 마리아가 깨우침을 주신 예수를 스승으로 모시는 그의 제자라는 일종의 관계성 고백이다.

서로를 인지한 이 만남에 대해 베자는 예수를 제거하고 예루살렘 안에서 승리의 축배를 든 자들이 아니라 "애통하며 우는 여인에게 자신을 보이신" 예수의 의도를 주목한다. 이전에 예수는 제자들을 향해 "너희는 울며 애통해 하겠으나 세상은 기뻐하게 되리라 너희는 근심을 하겠으나 너희의 근심은 기쁨으로 바뀔 것이라"고 말하셨다(요 16:20). 이는 구약에서 "울며 씨를 뿌리러 나가는 자는 반드시 기쁨으로 그 곡식 단을 가지고 돌아올 것이라"는 시인의 고백과 유사하다(시 126:6). 예수의 예언은 마리아를 통해 가장 먼저 성취된다. 이는 마리아가 제자들에 비해 잘났기 때문이 아니라

연약하고 비천한 자들을 쓰시는 하나님의 섭리와 은총 때문이다. 무스쿨루스는 예수와 마리아가 서로를 인지한 순서를 주목하며 주님의 은총을 강조한다. 즉 예수께서 "먼저 우리를 자신의 것이라고 우리의 의식에 알리시고 성령으로 우리에게 말을 거시면 그 다음에 우리가 그를 우리의 주와 선생으로 인지하고 고백하게 된다"고 설명한다. 칼뱅도 예수께서 "먼저 우리를 아신 다음에 우리를 자신에게 초청할 때에만" 참 지식이 우리에게 주어짐을 가르친다.

17예수께서 그녀에게 말하셨다
"나에게 붙잡지 말라 내가 아직 아버지께 올라가지 않았기 때문이다
너는 내 형제들에게 가서 그들에게 말하되
'내가 내 아버지와 너희 아버지, 내 하나님과 너희 하나님께 올라간다' 하라"

재회의 감격이 마리아를 예수께로 떠밀었다. 예수의 죽은 시신 곁에만 있었어도 충분히 감격했을 텐데 심지어 예수께서 살아서 먼저 다가와 말까지 거셨으니 얼마나 큰 감격인가! 찾고 찾았던 분, 고대하고 고대했던 예수께서 눈앞에 나타나자, 그녀의 발은 의식의 허락도 없이 그에게로 성큼 다가갔다. 손을 뻗는 본능이 이성을 앞질렀다. 그러나 예수는 "나를 붙잡지 말라"(Μή μου ἅπτου)며 마리아의 접촉과 집착을 막으신다. 이유는 예수께서 "아직 아버지께 올라가지 않았기 때문이다." 그러나 마태는 예수를 만난 "여자들이 나아가 그 발을 붙잡고 경배"를 드렸다고 기록한다(마 28:9). 게다가 육체로 부활하신 예수를 "영으로 생각"하여 "마음에 의심"이 일어난 제자들을 향해 "나를 만져 보라"고 말하셨다(눅 24:37-39).

제자들에 대해서는 만지라고 하고 여자들에 대해서는 붙잡지 말라고 저지하신 예수의 이중적인 처신은 우리를 혼란에 빠뜨린다. 이에 대해 아우

구스티누스는 예수께서 아버지께 가신다는 말을 주목한다. 이 말은 예수와 아버지의 하나됨과 동등됨을 뜻한다고 해석한다. 그래서 아버지와 다르다고 생각하는 예수를 붙들지 말고 아버지와 예수가 하나라는 사실을 안 이후에 예수를 붙들라는 뜻이라고 한다. 이와는 달리 베자는 마리아가 이전의 인간적인 정서를 따라 예수께로 다가갔기 때문임을 지적한다. 또한 예수는 지상의 삶이 아니라 하늘의 새로운 삶을 사시기 위해 부활하신 것임을 알리시기 위해 마리아의 격정을 저지하신 것이라고 해석한다. 뱅겔은 부활 신앙이 예수의 몸을 만질 필요는 없다는 뜻이라고 해석한다. 박윤선은 뱅겔의 이 해석을 존중하며 예수의 이 명령이 다시는 예수를 잃지 않으려는 마리아의 불안한 마음을 위해 40일간 땅에 머무니까 안심해도 된다는 뜻과 40일 이후에 하늘로 가더라도 성령으로 다시 오실 것이기 때문에 예수를 잃어버릴 염려가 없다는 뜻이라고 해석한다.

예수께서 마리아의 접근을 저지하신 것은 자신을 위함이 아니었고 마리아가 예수에게 다가가면 승천에 차질이 빚어지기 때문도 아니었다. 마리아를 위한 것이었다. 칼뱅은 두 가지의 보다 구체적인 이유를 제시한다. 마리아를 저지하신 첫째 원인은 그녀를 비롯한 여인들이 예수의 "발을 매만지는 일에만 너무 집착하며" "육체적인 임재에만 열성을 기울였기" 때문이다. 이 열성을 칼뱅은 "어리석고 무분별한 욕심"으로 이해한다. 예수의 죽음과 부활 사건에서 여인들이 보여준 그에 대한 사랑이 제자들에 비해 훨씬 컸다는 것은 사실이다. 그러나 그 사랑이 인간적인 정서에 근거한 것이거나 예수를 "세상에 묶어 두려 하는 것"이면 합당하지 않다. 둘째 원인은 "부활의 목적"과 관계되어 있다. 예수께서 아버지께 올라가지 않으시면 부활의 목적이 완성되지 않는다고 칼뱅은 이해한다. 이는 부활의 목적이 "세상에서 승리하는 것이 아니라 하늘에 오르셔서 그에게 약속된 나라를 취하시고 아버지의 우편에 앉아 그의 영을 통해 교회를 다스리는 것"이기 때문이다. "내가 떠나가는 것이 너희에게 유익이라"(요 16:7) 하신 말씀은 부활의 이런 목적을 가리킨다. 아버지의 보좌 우편에 앉으시기 전까지는 부활의 의미가 반쪽일 뿐이며 여인들이 그 반쪽에만 만족하는 것을 저지하신 것은 예수의 "유익한 교훈"이다. 이는 여인들의 마음을 높은 데 두도록 "육신의 지상적인 감정을 제거하기" 때문이다.

주님께서 때때로 우리의 기호를 막으시는 것도 은총을 주시는 하나의 방식이다. 심지어 하나님께 다가가는 것을 막으실 때조차도 우리는 불평과 원망으로 반응하지 말고 더 좋은 것, 더 온전한 것을 주시려는 주님의 사랑으로 해석하고 감사해야 한다. 진실로 예수는 하늘로 올라가 아버지의 보좌 우편에 앉으셔서 하나님의 나라를 다스리는 부활의 완성을 이루시기 전의 자신에게 집착하는 것을 금하신다. 이 땅에서 예수 때문에 권세가 회복되고 재물이 회복되고 건강과 장수와 명예가 회복되는 것 자체에 과도히 집착하는 기호도 금하신다. 이는 부활이 지상의 삶을 위한 것이라는 오해, 예수께서 이 땅에 하나님 나라의 살림을 따로 차린다는 오해, 유토피아 세계가 지상에서 완성될 것이라는 오해를 방지하고, 지상의 가치가 아니라 천상의 가치 구현이 목적임을 알리기 위함이다.

예수는 "내 형제들"을 찾아가 자신의 말을 전하라고 명하신다. 마리아가 곧장 제자들을 찾아가 이 말씀을 전달한 것(요 20:18)을 보면, "형제들"은 예수의 혈통적인 동생들을 의미하지 않고 제자들을 의미한다. 제자와 형제는 예수에게 동의어다. 부활의 몸을 가지신 예수의 신체적인 형질은 분명히 달라졌다. 그러나 제자들과 자신의 관계는 변함없이 여전히 "형제"라고 밝히신다. 사람들은 부활과 같은 역대급 기적이 자신에게 일어나면 자신이 대단한 사람이나 된 것처럼 신앙의 어깨에도 힘이 들어간다. 목소리도 어설프게 굵어지고 목도 뻣뻣하게 굳어진다. 그리고 형제들을 얕보면서 무시한다. 그러나 예수는 부활 이후에도 달라지지 않으셨다. 부활 이전에도 제자들을 형제라고 부르시는 것을 부끄러워하지 않으셨던 예수는 부활하신 이후에도 "형제"라는 관계를 먼저 밝히셨다.

형제이기 때문에 "내가 내 아버지와 너희 아버지, 내 하나님과 너희 하나님께 올라간다"는 말을 전하신다. 예수께서 자신의 아버지와 하나님께 가시면 우리도 같은 아버지와 같은 하나님께 가게 된다는 사실을 마리아의 입으로 알리신다. 이 순서를 바꾸지 않도록 조심해야 한다. 즉 예수의 아버지와 하나님 되심이 먼저이고 우리의 아버지와 하나님 되심은 나중이다. 이에 대하여 아우구스티누스는 "한편으로 그는 나의 것이며 다른 한편으로 그는 너희의 것 즉 그는 본질상 나의 것이고 은혜로 너희의 것"이라고 해석한다. 이는 칼뱅의 말처럼 예수는 "본질상 하나님의 아들이고 우리는 오직 입양에 의해서만 하나님의 자녀이기 때문이다." 예수께서 배제되면 하나님과 우리의 어떠한 관계도 가능하지 않다. 예수의 아버지가 우리의 아버지가 되시고, 예수의 하나님이 우리의 하나님이 되신다는 것은 언제나 예수 의존적인 개념이다.

나오미와 룻 이야기가 떠오른다. 룻은 떠나서 새로운 삶을 살라는 나오미의 권고를 듣고서도 "어머니의 하나님이 나의 하나님이 되신다"(룻 1:16)는 고백으로 어머니의 처소에 머물렀다. 육적인 면에서는 어머니를 선택한 것이지만 영적인 면에서는 하나님을 선택한 것이었다. 이와 유사하게 우리가 예수를 영접하면 예수의 형제가 되면서 아버지 하나님의 자녀가 되는 권세도 소유한다. 예수를 선택하면 그와 더불어 하나님의 자녀가 되고 하나님의 상속자도 된다. 예수라는 하나님의 나라와 의를 먼저 구하는 자에게는 모든 것이 주어진다. 그래서 바울은 그리스도 예수를 얻기 위하여 자신에게 유익하던 것조차 배설물과 해로운 것으로 간주했다(빌 3:8). 이 얼마나 위대한 지혜인가!

"올라간다." 이 동사는 부활의 방향과 목적을 제시한다. 그 방향과 목적은 내려오는 땅이 아니라 올라가는 하늘이다. 이에 대하여 칼뱅은 "사도들이 부활 자체에서 멈추지 말고 그들이 영적인 나라, 하늘의 영광, 더 나아가 하나님 자신에게 이르는 단계까지 나갈 것을 당부"하는 말이라고 해석한다. 예수께서 올라가신 것은 땅을 버리시는 것이 아니라 "하늘과 땅을 모두 다스리기 위함"이다. 부활의 이런 용도를 변경하여 땅에만 제한하지 않도록 주의해야 한다.

18막달라 마리아가 제자들에게 가서 "내가 주를 보았다" 하고
그가 자신에게 말씀하신 이것을 전하였다

마리아는 예수의 명령을 따라 제자들을 찾아가서 "내가 주를 보았다"고 증언하고 맡기신 메시지도 그들에게 정확히 전달했다. 그래서 불링거는 마리아를 "순종과 신앙의 본"이라고 평가한다. 마리아는 "부활의 활용과 열매에 대하여" 전했다고 그는 해석한다. 나는 부활의 완성과 궁극적인 유익이 예수께서 땅에 머무시는 것이 아니라 아버지께 올라가 그 우편에 좌정하실 때에 가능한 것이라는 뉘앙스로 마리아가 예수의 말씀을 전했다고 생각한다. 제자들은 부활의 소식만이 아니라 부활하신 예수를 만나서 그와 말까지 섞고서도 여전히 땅의 일을 생각했다. 하나님의 나라보다 이스라엘 나라의 민족적인 회복 시점에 대한 관심을 질문으로 말아서 표출할 정도였다(행 1:6).

복음의 핵심 내용인 부활의 소식을 마리아가 전했다고 해서 그녀를 사도들의 사도로 인식하는 사람들이 있다. 그러나 예수의 어머니 마리아를 과도하게 높이지 말아야 하듯이, 막달라 마리아도 마치 사도들 위의 사도인 것처럼 과도하게 높이지 않도록 주의해야 한다. 이런 맥락에서 칼뱅은 여인들이 예수의 택하심을 받고 제자들을 찾아가 부활 메시지를 전달하게 된 것, 즉 사도들이 여인들의 학교에서 배움을 얻는 이런 모양새는 일반적인 것도 아니고 필수적인 것도 아닌 "특별하고 우발적인 것처럼"(extraordinarium et quasi accidentale) 여겨야 한다고 주장한다. 사실 예수께서 마리아를 사용하

신 하나의 사례에서 어떤 "법칙을 도출하는 것"은 과도하기 때문이다.

요한은 기록하지 않았으나 마태의 기록(마 28:11-15)에 의하면 여인들이 제자들을 찾아갈 때 이 모든 상황을 파악한 몇 명의 경비병이 대제사장 무리를 찾아가 상세하게 제보했다. 이에 그 무리는 장로들과 더불어 모여 의논했다. 종교계의 지도층이 모두 모여서 예수의 부활이 앞으로 미칠 파장을 조기에 진압하기 위해 머리를 맞대고 궁리한 결과는 군인들을 매수하고 사주하는 것이었다. 사주의 핵심적인 내용은 모든 사람들이 잠든 야밤에 예수의 제자들이 와서 예수의 시신을 도둑질한 것이라는 조작된 소문을 유포하여 거짓으로 진실을 왜곡하는 것이었다. 만약 자신들의 공모가 들통나서 빌라도가 알게 되는 경우에는 "우리가 권하여 너희로 근심하지 않게 하리라"(마 28:14)는 뒷일 책임까지 약속했다. 이처럼 부패한 자들은 타인의 부패를 덮어 자신들의 부패도 은닉하려 한다.

이처럼 공직자를 매수한 유대교의 지도층은 지극히 부패한 자들이다. 자신들의 부패에서 멈추지 않고 공직자도 부패하게 만들었기 때문이다. 지도층의 계획은 치밀했다. 조작된 소문의 진상이 드러날 경우의 대책까지 세웠기 때문이다. 그들은 종교인이 아니라 정치 모리배와 동일했다. 실제로 군인들은 "돈을 받고 가르친 대로" 실행했다(마 28:15). 그래서 예수의 부활 직후로 마태가 복음서를 저술할 때까지만 해도 조작된 소문이 진실인 것처럼 "유대 가운데 두루 퍼졌다"고 마태는 증거한다. 사도들이 복음서를 작성할 무렵에는 유대교 지도층의 음모가 알 만한 사람들은 다 알았으며 동시에 그 소문을 진실로 여긴 사람들도 적지 않았음에 분명하다.

유대 사회의 질서와 기강을 잡아야 하는 종교계의 지도층이 최고의 화력을 동원하여 예수께서 살아나신 사실을 숨기려는 집단적인 움직임과 예수의 부활 소식을 듣고 부활의 예수를 목격한 여인들의 연약한 증언이 절묘하게 대비된다. 그런데 최고의 법 기술을 동원하여 자신들의 입맛대로 사회를 움직이던 최강의 세력들이 법정에서 증인의 증거력도 없는 여인들의 정직한 증언에 패한 그 역사는 지금도 유효하다. 참으로 놀라운 역설이다. 이는 부활에 대한 증언의 진정성을 사회적 약자인 여인들이 아니라 그녀들을 통해 성령께서 붙드시고 계시기 때문이다. 기독교 진리의 정점에 있는 예수의 부활 소식은 연약한 여인을 통해 제자들의 귀에 들어가고 예루살렘, 온 유대, 사마리아, 땅 끝까지 도달한다. 마리아는 연약하나 위대한 부활의 최초 증인이다. 연약한 사람은 있지만 무가치한 사람은 없다고 생각한다. 오히려 연약한 자에게 가장 고귀한 진리가 전달되고 그를 통하여 공동체가 진리의 수혜자가 된다.

연약한 자들은 자신의 존재로, 자신의 생각으로, 자신의 말로, 자신의 행동으로 어쩌면 가장 중요한 진리를 전달하고 있는지도 모르겠다. 가정이든, 대학이든, 교회이든, 직장이든 방향을 잃었을 때, 앞이 보이지 않을 때, 길이 많아서 어디로 갈지 모를 때에는 연약한 자를 주목하면 된다. 연약한 자들을 향하고, 그들을 위하면 길이 보이고 목적지도 나타난다. 공동체 안에서 연약한 자는 너무도 소중하다. 바울은 자신의 연약함을 자랑했다. 공동체는 자신의 연약한 자를 자랑해야 한다. 이는 약함에서 주님의 강함이 나타나기 때문이다. 그러므로 연약한 자는 주님의 강함을 붙잡고 있는 사람이다. 하나님은 그런 방식으로 연약하고 가난한 자들을 높이신다.

요 20:19-31

¹⁹이 날 곧 안식 후 첫날 저녁 때에 제자들이 유대인들을 두려워하여 모인 곳의 문들을 닫았더니 예수께서 오사 가운데 서서 이르시되 너희에게 평강이 있을지어다 ²⁰이 말씀을 하시고 손과 옆구리를 보이시니 제자들이 주를 보고 기뻐하더라 ²¹예수께서 또 이르시되 너희에게 평강이 있을지어다 아버지께서 나를 보내신 것 같이 나도 너희를 보내노라 ²²이 말씀을 하시고 그들을 향하사 숨을 내쉬며 이르시되 성령을 받으라 ²³너희가 누구의 죄든지 사하면 사하여질 것이요 누구의 죄든지 그대로 두면 그대로 있으리라 하시니라 ²⁴열두 제자 중의 하나로서 디두모라 불리는 도마는 예수께서 오셨을 때에 함께 있지 아니한지라 ²⁵다른 제자들이 그에게 이르되 우리가 주를 보았노라 하니 도마가 이르되 내가 그의 손의 못 자국을 보며 내 손가락을 그 못 자국에 넣으며 내 손을 그 옆구리에 넣어 보지 않고는 믿지 아니하겠노라 하니라 ²⁶여드레를 지나서 제자들이 다시 집 안에 있을 때에 도마도 함께 있고 문들이 닫혔는데 예수께서 오사 가운데 서서 이르시되 너희에게 평강이 있을지어다 하시고 ²⁷도마에게 이르시되 네 손가락을 이리 내밀어 내 손을 보고 네 손을 내밀어 내 옆구리에 넣어 보라 그리하여 믿음 없는 자가 되지 말고 믿는 자가 되라 ²⁸도마가 대답하여 이르되 나의 주님이시요 나의 하나님이시니이다 ²⁹예수께서 이르시되 너는 나를 본 고로 믿느냐 보지 못하고 믿는 자들은 복되도다 하시니라 ³⁰예수께서 제자들 앞에서 이 책에 기록되지 아니한 다른 표적도 많이 행하셨으나 ³¹오직 이것을 기록함은 너희로 예수께서 하나님의 아들 그리스도이심을 믿게 하려 함이요 또 너희로 믿고 그 이름을 힘입어 생명을 얻게 하려 함이니라

❖ ❖ ❖

¹⁹그날 곧 안식 후 첫날 저녁이 되고 유대인에 대한 두려움 때문에 제자들이 모인 곳의 문들이 닫혀 있었는데 예수께서 오시고 그 가운데에 서서 그들에게 말하셨다 "너희에게 평강 있으라" ²⁰이것을 말하시며 그는 손과 옆구리를 보이셨다 이에 제자들은 주님을 보고 기뻐했다 ²¹이에 그는 그들에게 다시 말하셨다 "너희에게 평강 있으라 아버지께서 나를 보내신 것처럼 나도 너희를 보내노라" ²²이것을 말하시고 숨을 내쉬면서 그들에게 말하셨다 "성령을 받으라 ²³너희가 누군가의 죄를 용서하면 그들에게 사하여질 것이고 누군가의 [죄를] 그대로 두면 그대로 있으리라" ²⁴그러나 열둘 중의 하나로서 디두모라 불리는 도마는 예수께서 오셨을 때에 그들과 함께 있지 않았더라 ²⁵그래서 다른 제자들이 그에게 말하였다 "우리가 주님을 봤어" 그가 그들에게 말하였다 "내가 그의 손에 있는 못 자국을 보고 내 손가락을 그 못 자국에 넣고 내 손을 그의 옆구리에 넣어보지 않는다면 나는 믿지 않을 거야" ²⁶여드레를 지나 제자들이 다시 그 [집] 안에 있었는데 도마도 그들과 함께 [있었더라] 그 문들이 닫혔는데 예수께서 오셨고 그 가운데 서서 말하셨다 "너희에게 평강 있으라" ²⁷그리고 나서 도마에게 말하셨다 "네 손가락을 이곳으로 내밀고 내 손을 보고 네 손으로 내밀어 내 옆구리에 넣어 보라 그리고 믿음 없는 자가 되지 말고 믿는 자가 되어라" ²⁸도마가 대답하며 그에게 말하였다 "나의 주, 나의 하나님!" ²⁹예수께서 그에게 말하셨다 "너는 나를 보았기 때문에 믿는구나 복된 자들은 보지 않으면서 믿는 자들이다" ³⁰예수는 제자들 앞에서 이 책에 기록되지 않은 다른 많은 표적들도 행하셨다 ³¹그러나 이것들이 기록된 것은 너희로 하여금 예수께서 그리스도, 하나님의 아들임을 믿게 하고 너희가 믿고 그의 이름 안에서 생명을 가지게 하기 위함이다

66 사도의 임명

안식 후 첫날 저녁에 예수께서 제자들이 모인 집에 오셔서 그들에게 자신을 보이셨다. 그는 먼저 그들의 평강을 구하셨다. 자신이 육신으로 부활하신 것을 알리시기 위해 자신의 손에 있는 못 자국과 옆구리에 있는 창 자국을 보이셨다. 제자들은 보고 기뻐했다. 부활을 알고 기뻐한 제자들을 향해 예수는 자신이 아버지의 보내심을 받은 것처럼 자신도 그들을 보낸다고 말하신다. 이로써 제자들은 보내심을 받은 자 즉 사도라는 공적인 직분으로 전환된다. 사도의 공직을 수행하기 위해서는 사람의 힘이 아니라 성령의 권능이 필요하기 때문에 성령을 받으라고 그들에게 숨을 불어 넣으신다. 죄를 용서하면 사해지고 그대로 두면 그대로 있는 천국의 열쇠를 그들에게 맡기신다. 그 열쇠의 활용은 사적인 유익이 아니라 성령의 이끄심에 근거해야 한다. 마태복음 문맥에서 보면 그들에게 주어진 그 열쇠는 바로 그리스도 예수의 복음이다. 그런데 그 중요한 역사의 현장에 도마가 결석했다. 제자들은 그에게 예수를 보았다고 증언했다. 그러나 도마는 보고 만지지 않으면 믿지 않겠다고 했다. 예수는 그런 그에게로 오셔서 믿음 없는 자가 아니라 보고 믿는 자가 되라고 말하셨다. 그러면서 복된 자들은 보지 않고도 믿는 자라는 교훈을 남기신다. 요한은 이 책의 기록 목적을 여기에서 명시한다. 즉 이 복음서의 기록은 읽는 모든 독자들로 하여금 보지 않고서도 그리스도 예수를 메시아와 하나님의 아들로 믿고 영원한 생명을 얻게 하기 위함이다. 정보를 취득하고 똑똑함을 자랑하기 위함이 아니라 진리의 지식이 주는 실질적인 유익 즉 영원한 생명을 위함이다. 이는 모든 사도에게 맡겨진 권세로서 죄를 매고 푸는 열쇠의 요약이다.

[19]그날 곧 안식 후 첫날 저녁이 되고 유대인에 대한 두려움 때문에
제자들이 모인 곳의 문들이 닫혀 있었는데
예수께서 오시고 그 가운데에 서서 그들에게 말하셨다 "너희에게 평강 있으라"

부활하신 예수는 여인들을 만난 이후에 제자들을 만나신다. 이 땅에 친히 오셔서 제자들을 먼저 찾으셨고 먼저 부르셨고 먼저 택하신 예수는 부활하신 이후에도 그들을 먼저 찾아가서 만나신다. 이에 대하여 박윤선은 "예수님의 부활을 증거하는 운동의 최초 출발"이 다른 누구도 아닌 그리스도 자신에 의한 것이라고 지적한다. 예수께서 자신을 보이신 때는 "안식 후 첫날 저녁"이다. 아직도 부활의 당일이다. 날이 바뀌기 전에 보이신 것은 제자들에 대한 각별한 사랑을 의미한다. 그런데 제자들은 비록 예수의 부활 소식을 들었으나 아직 그를 만나지는 못하였고 스승을 십자가에 처형한 유대인이 여전히 두려웠다. 그래서 그들은 저녁에 모였으며 모인 집의 문들을 닫아 잠가야만 안심이 되는 상태였다. 이는 증언보다 체험을 중시하는 이들에게 나타나는 증상이다. 칼뱅은 은신처에 숨은 제자들의 두려움이 "믿음의 부족을 드러내는 것"이지만 뿔뿔이 흩어져서 홀로 있지 않고 용기를 내어 모였다는 사실 자체는 "신앙의 표시 혹은 최소한 경건한 태도의 표

시"라고 해석한다.

저자는 은신처의 문이 닫히고 잠겨 있었다는 사실과 예수께서 그곳으로 들어가서 가운데에 서셨다는 사실을 동시에 언급한다. 문이 닫혀 있어도 집으로 들어가신 것은 세 가지의 방법으로 가능하다. 첫째, 닫히고 잠긴 문을 예수께서 직접 여시고 들어가신 것이었다. 둘째, 예수는 문을 열지 않으시고 통과해서 들어가신 것이었다. 셋째, 예수는 문을 통과함이 없이 원하시는 곳에 그냥 나타나신 것이었다. 이에 대해 그레고리 대제는 예수께서 닫힌 문을 통과하신 것이라고 해석하고 칼뱅은 예수께서 자신의 신성에 대한 제자들의 관심을 일으키기 위해 기적을 행하신 것으로 이해한다. 그리고 예수께서 닫힌 문으로 관통하신 것이 아니라 "갑자기 그의 제자들 가운데 서 계셨던 것"이라고 칼뱅은 해석한다.

나는 세 가지의 가능성을 모두 존중한다. 특별히 문을 통과하는 입장에 수긍하는 이유는 물 위를 걸으실 때 몸의 무게도 자유롭게 조절하신 예수께서 부활의 몸으로는 더더욱 쉽게 문을 통과하실 수 있기 때문이다. 아우구스티누스는 예수께서 마리아의 처녀성을 훼손하지 않으시고 그녀의 태로 들어가신 것처럼 문을 부수지 않으시고 집으로 들어가신 것은 결코 이상하지 않다고 설명한다. 루터는 이 구절에 근거하여 특정한 공간에 제한되지 않는 예수의 임재를 주장한다. 즉 문이 하나의 공간을 차지하고 있어도 예수는 바로 그 공간에 몸으로 머무실 수 있다는 주장이다.

루터의 설명에 의하면, 동일한 공간에 문은 문으로 있고 예수는 예수로 있는 동시적 공존이 가능하다. 이런 논리에 근거하여 빵은 빵으로 있고 거기에 예수의 살은 살로 있는 공존과, 포도주는 포도주로 있고 거기에 예수의 피는 피로 있는 공존이 가능함을 루터는 주장한다. 그러나 개혁파 진영의 외콜람파디우스는 이러한 주장을 거부하며 예수께서 닫힌 문을 통과해서 들어오신 것이 아니라 문이 닫혔다는 저자의 표현을 있는 그대로 존중한다. 그리고 "사랑의 현존에 하나님의 현존이 있다"는 점을 강조하며 제자들이 사랑 안에 모였기 때문에 예수께서 그 가운데에 자신을 나타내신 것이라고 설명한다.

그런데 예수께서 집으로 들어가신 방식은 본질적인 사안이 아니기에 성경은 이에 대한 구체적인 묘사를 생략했다. 예수께서 그곳에 가신 목적이 중요하다. 그것은 "너희에게 평강 있으라"는 인사말과 무관하지 않다. 부활 이후에 예수께서 제자들을 향해 선포한 메시지는 바로 평강이다. 평강은 두려움의 상극 같은 단어였고 두려움에 떠는 제자들의 귀에 이물질과 같은 단어였다. 그리고 공동체의 평강 즉 평화는 막힌 담이나 문이 없어야 가능하다. 그런데 부활의 예수는 닫힌 문이 없는 것처럼 다니신다. 사실 제자들이 문을 잠그고 거하는 처소에는 유대인의 위협적인 두려움이 잠긴 문으로 출입하고 있다. 예수도 두려움이 자욱한 제자들의 동일한 처소에 문을 개폐하지 않으시고 들어와 자신의 평강을 베푸신다. 두려움의 문, 의심의 문, 물질의 문도 예수와 제자들의 만남과 평화를 가로막지 못하였다. 이는 예수께서 원하셨기 때문이다. 평강 이후에는 성장이 필요하다. 그러나 훈육보다 평강이 우선이다. 두려운 마음에는 배움의 빈자리가 없으나 평화로운 마음은 교훈을 환대하는 스펀지와 같기 때문이다. 그래서 예수는 평강을 베푸신 이후에 책망의 회초리를 잡으셨다.

마가의 기록에 의하면 예수의 책망은 제자들의 믿지 않음에 대한 것이었다. 제자들은 부활하신 예수를 본 마리아의 증언을 믿지 않았으며, 엠마오로 가다가 부활하신 예수를 만나 그에 관하여 기록된 모든 예언의 의미를 배운 두 제자들의 증언도 믿지 않았기에 "그들의 믿음 없는 것과 마음이 완악한 것"(막 16:14)에 대한 스승의 꾸지람을 들어야만 했다. 믿음의 없음과 마음의 완악함을 동시에 언급한다. 믿음 없는 마음을 만져보면 딱딱하다. 마음이 완고하면 믿지 못하고 믿지 않으면 마음이 완고하게 된다. 이는 "거역하는 것은 점치는 죄와 같고 완고한 것은 사신 우상에게 절하는 죄와 같다"는 사무엘의 말과 같은 맥락이다(삼상 15:23). 믿음과 순종과 부드러운 마음이 서로 연대하고 불신과 거역과 완고한 마음이 서로 연대한다.

예수의 부활을 목격한 자들의 증언을 믿지 않으면 제자들도 주님의 꾸지람을 들어야만 했다. 이 꾸지람을 통해 제자들은 성장했다. 이는 그들이 사도시대 이후로는 믿음이 목격에 근거하지 않고 증언에 근거함을 깨달았기 때문이다. 그런데 증언도 객관적인 효력을 발휘하기 위해서는 증인의 정족수를 충족해야 한다. 성경의 증거법에 의하면 "두 증인의 입으로나 또는 세 증인의 입으로 그 사건을 확정할 것"이라고 했다(신 19:15). 예수의 부활을 직접 본 증인들의 수는 4명의 여인들과 10명의 제자들만 해도 최소한 14명이고, 부활의 예수를 직접 목격한 바울의 증언에 따르면 "그 후에 오백여 형제에게 일시에 보이셨다"(고전 15:6). 이로써 증언의 법적인 객관성은 충분히 확보된다.

사실 당시의 유대사회 전체를 본다면 직접적인 목격자는 극소수에 불과하다. 부활의 예수를 본 자들보다 보지 못한 자들이 많은 상황에서 제자들이 예수의 꾸지람을 통해 배운 것은 대단히 중요했다. 즉 부활의 예수는 증언을 통해 믿어야만 한다. 실제로 사도들은 이것을 가르쳤다. 베드로의 기록에 따르면 "본도, 갈라디아, 갑바도기아, 아시아와 비두니아에 흩어진 나그네"는 예수를 보지 못했으나 사랑했고 보지 못했으나 믿고 형언할 수 없는 영광과 즐거움을 누렸다고 한다(벧전 1:1, 8). 증언에 근거한 믿음이 보편화된 당시의 상황을 잘 보여준다. 동시에 이는 귀로 증언을 들은 자들도 눈으로 목격한 자들 못지않게 하늘의 놀라운 은총을 누렸다는 사도의 증언이다.

예수의 꾸지람과 사도들의 증언은 우리의 시대에도 대단히 중요하고 유효한 교훈이다. 우리도 비록 부활의 예수를 직접 보지는 못했지만 직접적인 목격자의 증언, 즉 성경에 기록된 그 증언에 근거하여 믿어야만 한다. 그런데 많은 사람들이 예수의 부활, 특히 육체적인 부활을 부정한다. 역사적인 증거, 과학적인 증거, 논리적인 증거, 가시적인 증거를 제시하면 믿겠다고 한다. 그러나 예수는 그런 것들에 근거한 믿음을 권하지 않고 증언에 근거한 믿음을 권하셨다. 그 증언의 변질 가능성을 차단하는 성경, 즉 기록된 불변의 증언을 신뢰하는 한 우리의 믿음은 변질도 없고 흔들림도 없다. 성경에 따르면, 예수의 시신은 분명히 사라졌다. 그리고 살아났다. 예수의 몸에는 못 자국과 창 자국이 그대로 있었으며 제자들이 보기도 하고 만지기도 했다. 심지어 제자들 앞에서 "구운 생선 한 토막"도 잡수셨다(눅 24:42-43). 이토록 생생한 증언을 어찌 부인할 수 있겠는가!

20이것을 말하시며 그는 손과 옆구리를 보이셨다
이에 제자들은 주님을 보고 기뻐했다

예수는 자신의 손과 옆구리를 제자들의 눈앞에 내밀어 보이셨다. "제자들은 주님을 보고 기뻐했다." 이로써 "너희 근심이 도리어 기쁨이 되리라"는 예수의 예언이 성취된다(요 16:20). 두 문장으로 이루어진 이 구절의 구체적인 내용은 누가의 기록에서 확인된다. 지금 제자들은 예수를 분명히 보았지만 두려움과 의심에 사로잡혀 있다. 너무도 놀랍고 무서워서 "그 보는 것을 영으로 생각"한다(눅 24:37). 육체가 아니라고 생각한다. 그래서 육체의 부활을 제자들도 의심한다. 제자들도 의심할 정도라면 그 이후의 모든 인류가 예수의 육체적인 부활을 얼마나 믿기 어려울지, 쉽게 짐작된다. 그러나 예수는 제자들을 향해 "내 손과 발을 보고 나인 줄 알라"고 말하셨다. 보는 것으로도 믿지 못한다면 만져 보고 믿으라고 말하신다. 즉 "나를 만져보라 영은 살과 뼈가 없으되 너희 보는 바와 같이 나는 있느니라"(눅 24:39). 부활의 예수는 이전과 동일한 분이심을 다양한 방식으로 보이신다. 이에 제자들은 예수를 예수로 인지하고 기뻐한다.

그런데 손과 옆구리에 있는 남의 아픈 상처를 보고 제자들이 기뻐한 것은 합당하지 않다고 주장하는 사람들이 있다. 부활 이후에도 이 땅에서 생긴 상처가 사라지지 않고 남는다면 부활에 이른 자들이 결코 영광과 즐거움을 누리지 못한다고 우려하는 사람들도 있다. 이에 대해 칼뱅은 예수의 부활이 예수 자신을 위함이 아니라 우리를 위한 것이라는 점을 지적한다. 그리고 예수의 영광은 부활한 육신에 상처가 있다고 해서 훼손되는 것이 아니라고 주장한다. 예수의 영광은 우리의 구원과 유익에 대한 것이기 때문에 하나님의 자녀라는 영원한 신분과 생명을 주신 그의 모든 상처는 수치가 아니라 영광의 근거라고 설명한다. 무스쿨루스는 부활 이전에 "수치와 죽음을 유발하기 위해 가해진 모든 종류의 고난과 역경이 영원한 영광을 낳는다면 그것들을 거부할 자가 아무도 없을 것"이라고 덧붙인다. 예수의 못 자국과 창 자국이 수치에서 영광으로 변했다는 것은 복음 때문에 당하는 모든 어려움 속에서도 희망을 끝까지 붙들어도 될 용기를 제공한다.

예수의 상처는 제자들의 신앙에도 유익하다. 만약 상처가 없었다면 제자들이 예수께서 진실로 부활하신 것을 믿을 수 있었을까? 어쩌면 자신들이 알던 예수가 아닌 다른 존재로 인식하면 자신들의 부활에 대한 확신도 흔들렸을 가능성이 높다. 예수는 제자들의 신앙과 확신을 위해 제자들이 알던 자신의 모습을 부활하신 이후에도 그대로 지니셨다. 상처의 흔적을 성형하지 않으시고 그대로 두신 것도 키릴루스의 해석에 의하면 몸을 교체하면 제자들이 알아보지 못할까봐 스승의 육체적인 부활을 확신하게 하시려는 예수의 사랑과 배려 때문이다. 키릴루스는 부활의 몸이 못 자국과 창 자국을 가졌다는 것은 예수께서 일평생 거하셨던 그 육신의 부활을 확증하는 것이라고 강조한다.

아우구스티누스는 우리도 장차 예수의 못 자국과 창 자국을 보게 될 것이라고 말하면서 이렇게 증거한다. "그것은 신체의 결함이 아니라 위엄이며, 육체의 미가 아니라 덕성의 미가 번뜩일 것입니다 … 불구였던 육체도 부활하면 육체의 결함을 찾아볼 수 없다지만, 덕의 증거들은 [흉터라고 할지라도] 결코 육체의 결합이라 할 수 없습니다." 로마누스 찬가는 "주님의 뜨거운 옆구리에 제자가 손을 넣었을 때 그 손이 불에 녹지 않도록" 보호하신 것은 "불타는 떨불은 참으로 불에 탔지만 불타 없어지지 않"도록 보호하신 시내 산의 가시덤불 사건과 유사한 것이라고 한다. 예수는 육체 자체에 과거의 상처를 가지고 계셨지만 전혀 상함이 없으시다.

제자들이 지금 보는 예수의 몸은 과거에 산에서 본 것처럼 "그 얼굴이 해 같이 빛나며 옷이 빛과 같이 희어"진 영광의 형체가 아니었다(마 17:2). 그때 예수는 영광의 형체에 대해 "인자가 죽은 자 가운데서 살아나기 전에는 본 것을 아무에게도 이르지 말라"(마 17:9)며 제자들의 입단속을 명하셨다. 그 영광의 형체는 예수께서 살아나신 이후에도 보여주지 않으셨다. 영광의 형체와 다른 부활의 몸은 이전의 몸과 같으면서 뭔가 달라졌다. 그레고리 대제는 예수께서 자신의 육체를 만져보게 하신 사건이 부활 이후에 예수의 몸은 썩지 아니하는 육체가 되었으나 손으로 만지는 것은 가능함을 드러내신 일이라고 이해한다. 아우구스티누스는 예수께서 구운 생선을 드신 것에 대하여 부활의 몸이 썩지 아니하기 때문에 썩어 없어질 음식으로 보존되는 것은 아니지만 음식을 소화할 수는 있는 몸이라고 설명한다. 우리가 부활한 이후에 가지게 될 부활의 몸이 어떤 것인지는 명확하지 않다. 저자가 자신의 편지에서 말한 것처럼 우리가 "장래에 어떻게 될지는 아직 나타나지" 않았기 때문이다. 그리고 예수가 나타나실 때에 "우리가 그와 같을 줄을 아는 것은 그의 참모습 그대로 볼 것이기 때문"이다(요일 3:2).

²¹이에 그는 그들에게 다시 말하셨다
"너희에게 평강 있으라 아버지께서 나를 보내신 것처럼 나도 너희를 보내노라"

손과 옆구리를 보이신 후 예수는 다시 제자들을 향해 평강이 있으라고 말하셨다. 평강에 대한 두 번째 언급이다. 평강의 반복은 단순한 인사말이 아니라 너무도 중요하기 때문이다. "평강 있으라"는 말씀은 단순히 "안심해라, 놀라지 말라"는 의미가 아니라 예수의 정체성과 관계성을 잘 보여준다. 즉 그들에게 평강이 있으라는 말은 예수께서 그들에게 평강이 되심을 의미한다. 바울에 의하면, 그리스도 예수는 그 자신이 "우리의 화평"이다(엡 2:14). 우리 개개인의 평강과 우리의 공동체적 화평은 예수께서 우리 가운데에 계실 때만 가능하다. 예수께서 오시면 "원수 된 것 곧 중간에 막힌 담"이 사라지기 때문이다(엡 2:14). "십자가로 이 둘을 한 몸으로 하나님과 화목하게 하"는 사람만이 평강을 기원할 적격자다. 아쉽게도 우리 중에는 그럴 자격과 능력의 소유자가 없다. 그러나 우리는 예수의 이름으로 서로에게 평강으로 문안하고 주의 평강을 서로에게 빈다.

예수의 오심으로 말미암아 평강이 주어진 것처럼 그는 평강의 수혜자가 된 제자들을 보내셔서 온 세상에 평강을 전하시려 한다. 아버지의 보내심을 받은 예수께서 이제 제자들을 세상에 보내신다. 이에 대하여 바울은 예수께서 "우리를 자기와 화목하게 하시고 또 우리에게 화목하게 하는 말씀을 우리에게 부탁"을 하셨다고 가르친다(고후 5:18). 예수는 제자들을 세상에 보내시기 전에 자신의 평강을 먼저 나누신다. 예수의 평강 없이 세상으로 가면 평강의 사도가 아니라 불화의 원흉으로 전락하기 때문이다. 교회가 교회 밖 사람들과 대립각을 세우며 싸우려고 하고 적대감을 키우며 그들을 물리적인 정복의 대상으로 여기던 때가 있었는데 지금도 그런 현상이 교회의 어느 구석에 잔존하고 있다. 이는 교회가 평강의 말씀을 상실할 때 발생되는 현상이다. 교회가 방향과 사명을 상실할 때에는 믿음의 이정표 되시는 예수를 바라봐야 한다. 예수께서 이 세상에 오신 두 가지의 목적은 천사들의 노래에 정확히 명시되어 있다. 하나는 하늘에 계신 아버지 하나님께 영광이고 다른 하나는 "땅에서는 하나님이 기뻐하신 사람들 중에 평화"였다(눅 2:14). "평화" 즉 "샬롬"은 교회의 항구적인 사명과 방향이기 때문에 사도들은 공동체나 개인에게 편지를 보낼 때마다 은혜와 더불어 "평강"을 기원했다.

칼뱅은 이 구절에서 제자들이 "이미 전 유대 지역으로 파송을 받은" 경험이 있었지만 "여기에서 처음으로 복음의 일반 사역자로 임명 받고 있다"고 강조한다. 제자들은 부르심을 받은 자였지만 본격적인 보내심을 받은 사도는 아직 아니었다. 그러나 이제 "영원히 가르침의 직무를 수행하는 사도"의 신분을 취하였다. 칼뱅의 설명처럼 예수는 지금 "아버지로부터 받은 동일한 사명 수행을 그들에게 물려주고 동일한 배역을 그들에게 부과하고 동일한 권위를 그들에게 부여하고 있다." 그리고 예수의 이 말씀은 공적인 선언이다. 예수의 보내심을 받은 사도의 직분은 사사로이 취하거나 사회적인 합의에 의해서나 몰래 위탁된 것이 아니라 예수의 공적인 선언에 근거하여 주어졌다.

그러나 칼뱅의 말처럼 "최상의 가르치는 직무"(summo magisterio)가 그들에게 넘겨진 것은 아니었다. 사도로 세워진 이후에도 제자들의 "선생은 하나"이며 그들이 "다 형제"라는 관계성은 여전히 유효하다(마 23:8). "교회의 영원하고 유일한 스승"(aeternusque unicus ecclesiae doctor)은 예수밖에 없다. 그래서 아버지 하나님은 "너희는 그의 말을 들으라"고 명하셨다(눅 9:35). 칼뱅의 분석처럼, 예수를 보내심과 제자들을 보내심은 목적에 있어서 구별해야 한다. 예수를 보내심은 예수 자신이 세상의 죄를 해결하고 완전한 의를 이루셔서 그의 백성을 구원하기 위한 것이었다. 그러나 제자들을 보내심은 예수께서 완성하신 복음의 세계적인 전파를 위한 것이었다. 그래서 예수는 사도들을 향해 명하셨다. "너희는 온 천하에 다니며 만민에게 복음을 전파하라"(막 16:15). 예수의 이런 명령을 따라 바울은 디모데를 향해 "너는 말씀을 전파하라 때를 얻든지 못 얻든지 항상 힘쓰라"(딤후 4:2)며 자신의 사명을 그에게 공유했다.

²²이것을 말하시고 숨을 내쉬면서 그들에게 말하셨다 "성령을 받으라

예수는 제자들을 보내시는 선언만 하신 게 아니라 "숨을 내쉬면서" "성령을 받으라"고 명하셨다. 이는 칼뱅의 말처럼 "하나님의 교회를 다스리며 영원한 구원의 사신 역할을 담당하고 지상에 하나님의 나라를 세우며 인간들을 하늘로 들어 올리는 일은 인간적인 능력 이상의 소관"이기 때문이다. 주님의 보내심을 받은 사도들의 어깨에 놓인 사명은 이처럼 사람에게 너무도 막대해서 오직 성령으로 말미암아 권능을 받아야만 수행된다. 그래서 예수는 성령을 받으라고 명하셨다. 사실 제자들은 70명이 파견될 때에 병자들을 고치고 귀신들을 쫓아내며 성령의 권능을 체험했고 예수도 성령으로 말미암아 기쁨을 느끼셨다(눅 10:1-21). 이번에는 예수께서 성령을 받으라고 명하셨고, 이후 오순절에 성령은 제자들 각자에게 임하셨다.

"숨을 내쉰다"(ἐμφυσάω)는 말은 인간의 창조 방식과 무관하지 않다. 태초에 하나님은 인간을 흙으로 만드시고 그 코에 생기를 불어 넣으셨다. 이로써 흙으로 만들어진 사람은 살아있는 영으로 바뀌었다. 그러나 인간은 타락했다. 창조주 하나님의 정한 질서를 따라 그들의 영은 죽어야만 했다. 그러나 구원자 하나님은 다시 살리기를 원하셨고 죄에서 그들의 영을 실제로 건지셨다. 건지신 이후에 살아난 자들이 살아가는 방식에 대해서는 육체가 떡으로 유지되는 것처럼 영혼은 "하나님의 입에서 나오는 모든 것" (신 8:3)으로 산다는 질서를 광야에서 보이셨다. 영혼의 존재와 존속은 "하나님의 입에서 나오는 모든 것"(כָּל־מוֹצָא) 즉 말씀과 성령에 의해서만 가능하다. 예수께서 "숨을 내쉰다"는 것은 예수의 하나님 되심을 보여주는 것이며 예수께서 성령을 받으라고 명하신 것은 성령이 성자의 입에서도 나오시는 분이라는 사실을 가르친다.

"성령을 받으라"는 명령권의 발동은 삼위일체 하나님의 고유한 영예와 권한이다. 성령께서 자신을 선물처럼 주시는 것이 가능하고 아버지 하나님

과 아들 예수도 성령을 받으라고 명하실 수 있는 이유는 성령이 아버지의 영이시고 예수의 영이시기 때문이다. 이러한 자격을 갖춘 사람이 없는데도, 세상에는 예수의 거룩한 숨을 흉내 내는 가짜들이 많다. 칼뱅은 로마 가톨릭의 주교들이 "제사직을 맡는 사제들을 향해 트림을 하면서 그들에게 성령을 불어 넣어 주고 있노라고 떠든다"며 "그들의 구역질나는 숨"을 꾸짖는다. "자신들이 숨을 쉼으로써 성령을 준다고 떠드는 사람들은 모두 신성의 영광을 스스로 착복하는 자들"이다. 종교개혁 시대만이 아니라 지금도 교회 안에서나 밖에서 숨을 내쉬면서 성령을 받으라고 떠드는 인간들이 많다. 예수께서 성령의 '처분권'을 다른 누구에게 주신 일도 없는데, 성령이 인간의 영도 아닌데 받으라 말라를 인간이 감히 결정하고 지시하고 명령하는 짓은 도대체 어디에서 배운 버릇인가!

지금 예수께서 "성령을 받으라"고 명하신 사건은 오순절에 제자들이 성령을 받은 사건을 무색하게 만든다며 의문을 제기하는 사람들이 있다. 두 사건에 대해 아우구스티누스는 성령께서 두 번 주어지신 것이라고 해석한다. 그 이유에 대한 그의 주장에 의하면, 예수께서 부활 후 지상에서 성령을 주신 것은 "이웃에 대한 사랑" 때문이고 승천 후 하늘에서 성령을 보내신 것은 "하나님에 대한 사랑" 때문이다. 그러나 예루살렘의 키릴루스는 두 사건의 차이가 성령의 부분적인 보내심과 온전한 보내심에 있다고 해석한다. 크리소스토무스도 지금 받은 성령은 "죽은 사람을 살리거나 기적을 행하는 정도가 아니라 죄를 용서하는 권능을 받았다"고 이해한다.

이와 비슷하게 칼뱅도 지금 성령을 받으라는 사건은 "그의 은혜가 가볍게 뿌려진 정도일 뿐이고 충만한 능력으로 흠뻑 젖을 정도는 아니라"고 해석한다. 나는 누가의 기록을 주목한다. 그 기록에 따르면, "성령을 받으라"는 예수의 명령은 아버지의 약속이며 예수께서 그 약속을 실행하실 것이라는 선포였다. 그래서 제자들을 향해 "너희는 위로부터 능력으로 입혀질 때까지 이 성에 머물라"고 말하셨다(눅 24:49). 사도행전 기록도 이것을 확인시켜 준다(행 1:4). "성령을 받으라"는 예수의 말씀은 비록 시간차를 두고 있지만 성령의 오순절 강림과 연결되어 있으며 성령의 임재가 아버지의 약속과 예수의 약속에 근거한 것임을 가르치기 위함이다.

> ²³너희가 누군가의 죄를 용서하면 그들에게 사하여질 것이고
> 누군가의 [죄를] 그대로 두면 그대로 있으리라"

"성령을 받으라"고 말씀하신 후 예수는 죄 사함의 권세를 말하신다. 이 권세는 죄를 용서하는 것과 죄를 그대로 두는 것으로 구성되어 있다. 그래서 암브로시우스는 푸는 권세만 있다거나 매는 권세만 있다는 것은 모순이기 때문에 매는 권세와 푸는 권세가 동시에 동일한 조건 속에서 주어진 것이라고 주장한다. 그런데 초대교회 시대에도 어떤 사람들은 교회가 베드로 위에 세워졌고 죄 용서의 열쇠도 그에게만 주어진 것이라고 주장했다. 이 주장은 "너는 베드로라 내가 이 반석 위에 내 교회를 세우리니 음부의 권세가 이기지 못하리라 내가 천국 열쇠를 네게 주리라"는 예수의 말씀에 근거한다(마 16:18-19). 그러나 이것은 예수께서 베드로 개인에게 권세를 주셨거나 더 큰 권세를 주셨다는 권세의 우월성이 아니라 먼저 주셨다는 수여의 우선성을 의미한다.

죄를 매고 푸는 권세는 사도들 모두에게 주어졌다. 히에로니무스는 예수의 다른 말씀(마 18:18)에 근거하여 "사도들 모두가 하늘나라의 열쇠를 받았으며 교회의 힘은 그들 모두에게서 나오는 것이라"고 반박했다. 요한도 이 구절에서 죄를 매고 푸는 권세가 특정한 사도 베드로가 아니라 모든 사도에게 주어진 것이라고 기록한다. 예수께서 베드로를 지목하신 것은 사도들의 분열 방지를 위한 것이라고 히에로니무스는 해명한다. 그러나 칼뱅의 해명이 더 타당하다. 즉 베드로는 온전한 복음 즉 그리스도 예수의 메시아

와 하나님의 아들 되심을 유일하게 고백한 사람이기 때문이다. 인간 베드로의 됨됨이나 실력 때문이 아니라 온전한 복음의 고백에 근거하여 주어진 권세였다.

죄를 풀고 매는 영적인 권세는 몸의 구속과 석방을 좌우하는 관원들의 사회적인 권세보다 훨씬 크며 크리소스토무스의 말처럼 가장 큰 권세이다. 그러나 예수께서 죄를 풀고 매는 권세를 사제에게 주셨다는 이 교부의 주장을 나는 반대한다. 왜냐하면 예수는 그 권세를 사제에게 주신 것이 아니라 사도에게 주셨기 때문이다. 사도에게 주신 권세가 사제에게 계승된다 혹은 되어야 한다는 주님의 의도는 성경 어디에도 없다. 사제나 목사나 성도가 성령을 받으면 죄를 풀고 매는 권세를 사도처럼 받는다는 주장도 합당하지 않다. 왜냐하면 예수는 오직 "인자가 땅에서 죄를 사하는 권세가 있는 줄을 너희로 알게 하려 하노라"고 밝히셨기 때문이다(막 2:10).

예수께서 사도에게 주신 죄를 풀고 매는 열쇠는 무엇인가? "복음은 모든 믿는 자에게 구원을 주시는 하나님의 능력이 됨이라"(롬 1:16)고 한 바울의 선언을 따라 칼뱅도 "복음의 교리"(evangelii doctrinam)가 죄를 풀고 매는 그 열쇠라고 바르게 해석했다. 사도들이 죄를 사하거나 그대로 두는 기준은 복음이다. 복음은 "성령을 받으라"는 예수의 말씀을 따라 성령의 감동을 입은 사도들이 기록한 성경의 내용이다. 즉 죄를 풀고 매는 권세는 주어진 성령으로 말미암아 사도들이 기록한 성경에 근거한다. 그래서 칼뱅은 죄 사함의 권세에 대한 예수의 가르침이 성경에 담긴 "모든 복음을 간략하게 요약하고 있다"고 해석한다. 왜냐하면 "모든 경건의 교리와 교회의 영적인 건축이 모든 죄에서 우리를 값없이 사면하신 것에 기초하고 있기" 때문이다. 이와 더불어 나는 이 구절에서 "가르치는 직분과 사죄의 능력"을 구별하지 말아야 한다는 칼뱅의 주장에도 동의한다. 성령을 따라 사도들이 가르친 복음을 전파하는 자는 죄를 사하는 능력을 선포한다. 죄 사함의 자격과 권능과 조건은 모두 예수에게 있고 그의 영이신 성령에게 있다. 인간

사도는 그 권세의 출처가 아니며 사도들과 복음을 전파하는 자들은 그 권세를 수종드는 사람이다.

사도들은 죄를 사하는 복음의 진리를 확립했고 복음 증거하는 자들은 그 진리를 땅 끝까지 선포하는 역할을 수행한다. 칼뱅은 이러한 직분을 높이 평가하며, 교회는 진리의 복음을 가르치는 "목사들이 신적인 정하심을 따라 영원한 생명의 보증인들"(aeternas salutis sponsores)이라는 사실을 알아야 한다고 강조한다. 이는 목회자가 교만해도 될 사실이 아니라 알고 두려움에 떨어야 할 사실이다. 동시에 기억해야 할 것은 이 직분이 죄의 용서가 아니라 그 용서의 선포와 관련되어 있다는 사실이다. 칼뱅의 말처럼 "사도들을 통해 죄를 용서하는 쪽은 그리스도 뿐이시다." 이와 관련하여 나는 다음과 같은 크리소스토무스의 말에도 동의한다. "천사도, 대천사도 자기 스스로는 아무것도 할 수 없습니다. 아버지와 아들과 성령께서 모든 일을 하시며 목자는 혀와 손을 제공할 뿐입니다." 그렇기 때문에 비록 목사들의 삶에 문제가 있더라도 "하나님의 위임을 받아 행하는 일의 효력이 그것 때문에 사라지는 일은 결코 없기" 때문에 목사의 권위를 최소한 세속의 권세보다 더 존중해야 한다고 교부는 강조한다.

²⁴그러나 열둘 중의 하나로서 디두모라 불리는 도마는 예수께서 오셨을 때에
그들과 함께 있지 않았더라 ²⁵그래서 다른 제자들이 그에게 말하였다
"우리가 주님을 봤어" 그가 그들에게 말하였다
"내가 그의 손에 있는 못 자국을 보고 내 손가락을 그 못 자국에 넣고
내 손을 그의 옆구리에 넣어보지 않는다면 나는 믿지 않을 거야"

저자는 도마가 "예수께서 오셨을 때에 그들과 함께 있지 않았다"고 기록한다. 부활의 예수와 동료 제자들이 만나는 역사적인 현장에 도마가 없었다

는 것은 도마에게 너무도 아쉬운 인생의 실수였다. 그러나 그레고리 대제는 그 실수가 우연이 아니라고 한다. 이는 다른 제자들의 믿음보다 도마의 의심이 우리에게 있는 불신의 상처를 치유하는 더 긴요한 도구가 되도록 "하나님의 자비가 알맞게 배열한 일"이기 때문이다. 그런데 이 구절에서 저자는 도마를 "쌍둥이 혹은 둘"(Δίδυμος)이라는 의미의 이름을 가진 자라고 명시한다. 여기에서 "둘"이라는 것이 두 마음을 가리키는 말이라면 의심과 연결하는 것도 가능하다. 이는 야고보가 "두 마음을 품어 모든 일에 정함이 없는 자"를 "의심하는 자"로 규정하기 때문이다(약 1:6-8). 토마스는 "도마"가 깊음과 어둠을 동시에 가진 심연을 뜻한다고 말하면서 이 이야기는 지독하게 불신하는 도마의 심연과 그럼에도 불구하고 그에게 무한한 자비를 베푸시는 주님의 심연을 대비하며 드러내고 있다는 것을 "깊음이 깊음을 부른다"(시 42:7)는 시인의 고백을 인용하며 설명한다. 이 설명은 죄가 더한 곳에 은혜가 더한다는 말고도 상통한다.

제자들은 "우리가 주님을 봤어"라며 부활하신 주님과의 이 놀라운 경험을 도마에게 나누었다. 도마는 부활하신 예수를 만난 여인들의 증언을 새벽에 들었고, 엠마오로 가던 두 사람의 동일한 증언도 들었고, 이번에는 동료 제자들의 동일한 증언까지 들었는데 여전히 믿을 수 없다는 반응을 반복한다. 도마의 불신이 "더디 믿는 정도가 아니라 아예 완고한(contumax)" 것이라는 칼뱅의 평가는 타당하다. 도마는 세 가지의 조건이 충족되면 믿겠다고 한다. 즉 예수의 손에 있는 못 자국을 보아야 하고, 그곳에 자신의 손가락을 넣고, 그의 옆구리에 자신의 손을 넣어봐야 한다는 조건이다. 이는 도마도 다른 제자들이 예수를 보고 놀라서 "그 보는 것을 영으로 생각"한 것과 동일하게 생각했기 때문이다. 이처럼 그는 믿음을 자신의 감각 즉 눈의 시각과 손가락의 촉각에 위탁하고 있다. 그는 증언보다 체험을 선호한다.

이러한 도마에게 크리솔로구스는 질문한다. "불경한 손이 입힌 상처를 왜 충실한 제자의 손이 이런 식으로 다시 헤집는 것일까요? … 박해자의 분노가 가한 고통을 왜 종의 잔인한 호기심이 다시 가하려는 것일까요? 왜 제자라는 자가 그분께서 하나님 되심을 그분의 고통으로, 그분께서 천상의 의사되심을 그분의 상처로 입증하려 위해 이다지도 열심을 부릴까요?" 동시에 이 교부는 그레고리 대제처럼 도마가 "의심하는 자기 마음과 더불어 믿지 못하는 모든 인간의 마음을 치유하고 있다"고 해석한다. 즉, 심지어 예수의 제자도 무려 세 겹의 증언에도 불구하고 믿지 않는다면 다른 사람들이 믿지 못하는 것은 너무도 당연한 현상으로 받아들일 것이기 때문에 받는 치유라고 한다. 나아가 도마의 의구심과 실존적인 검증 덕분에 우리는 예수께서 부활 이전의 몸을 부활 이후에도 유지하고 계심을 확인하고 육체의 부활을 더욱 확신하게 된다. 믿음만이 아니라 의심도 이런 쓰임새가 있다.

26여드레를 지나 제자들이 다시 그 [집] 안에 있었는데
도마도 그들과 함께 [있었더라] 그 문들이 닫혔는데 예수께서 오셨고
그 가운데 서서 말하셨다 "너희에게 평강 있으라" 27그리고 나서 도마에게
말하셨다 "네 손가락을 이곳으로 내밀고 내 손을 보고 네 손으로 내밀어
내 옆구리에 넣어 보라 그리고 믿음 없는 자가 되지 말고 믿는 자가 되어라"

예수의 부활 후 여드레가 지나갔다. 혼자서만 부활의 예수를 만나지 못한 도마는 그 기간 동안 어떻게 지냈을까? 팔 일이 팔 년처럼 길게 느껴지지 않았을까? 그런데 드디어 만남의 때가 이르렀다. 도마가 다른 제자들과 함께 집 안에 있었고 지난번처럼 문은 닫힌 상태였다. 예수께서 그 집으로 이전에 들어오신 방식대로 오셨고 그 가운데에 서서 평강을 구하셨다. 이미 경험한 다른 제자들은 그리 놀라지 않았을 것이지만 도마는 지금의 상황이 너무도 기이했다. 여드레의 그리움과 기다림과 설렘이 해소되는 상황이

펼쳐졌기 때문이다. 게다가 예수는 다른 제자들이 아니라 도마에게 다가가서 말하셨다. 그는 다른 제자들의 곁으로 가서 "쟤는 왜 저러냐"며 아직도 믿지 못하는 도마를 은근히 따돌리지 않으셨다. 오히려 그에게로 직행하여 못 자국 난 자신의 손을 보고 손가락을 내밀어 자신의 옆구리에 넣어 보라고 말하셨다. 감각적 경험에 근거한 신앙을 고집하던 도마에게 예수는 회초리를 들지 않으셨다. 의심하는 도마의 약점을 아프도록 쿡쿡 찌르면서 그의 잘못이 무엇인지 조목조목 지적하는 일에 매달리지 않으시고 채소를 먹어야만 하는 그의 연약한 신앙을 감싸셨다. 부활의 감각적 체험을 위해 자신의 손과 옆구리를 내미셨다.

그리고 말하셨다. "믿음 없는 자가 되지 말고 믿는 자가 되어라." 예수는 도마의 믿음을 원하신다. 그 믿음의 더딘 성장을 나무라지 않으신다. 물론 보지도 않고 믿지도 않는 것이 보면서도 믿지 않는 것보다는 낫고, 보고 믿는 믿음이 보지도 않고 믿지도 않는 것보다는 낫고, 보지 않고 믿는 것이 보고 믿는 믿음보다 낫다. 그러나 각 사람의 믿음은 출발의 시점이 다르고 성장의 속도도 다르기 때문에 예수는 믿음의 획일화된 성장과 수준을 모두에게 강요하지 않으셨다. 신앙의 눈높이를 도마에게 맞추셨다. 도마의 요구와 예수의 반응은 놀랍도록 포개진다. 손의 못 자국을 보겠다는 요구에 손을 보라고 하셨으며, 손가락을 그 못 자국에 넣겠다는 요구에 손을 내밀라고 하셨으며, 손을 옆구리에 넣겠다는 요구에 옆구리에 넣어 보라고 하셨으며, 그렇지 않으면 믿지 않겠다는 요구에 보고 믿는 자가 되라고 말하셨다. 예수의 놀라운 친절과 배려는 그 자체로 감동이다. 주님은 모든 시대의 모든 사람에게 공통적인 진리를 전하신다. 동시에 각자의 물음과 필요에 맞는 맞춤형 진리도 각자에게 전하신다. 각 사람을 하나의 우주처럼 정성껏 대하신다. 제자들 중에 의심 많은 도마처럼 지극히 작은 믿음의 소자에 대해서도 소홀함이 전혀 없으시다.

그러나 도마는 자기중심적인 신앙 때문에 비난 받아 마땅하다. 예수께서 눈앞에 나타나신 것으로는 충분히 만족하지 않고 자신이 원하는 체감의 욕구까지 채우려고 했기 때문이다. 우리가 알고자 하는 방식대로 주님을 아는 것이 아니라 주님께서 알리기 원하시는 방식대로 알고자 하는 것이 성숙한 신앙이다. 예를 들어, 하나님을 보고 싶으면 생떼를 부리는 게 아니라 마음의 청결함을 준비하면 된다. 이는 주님께서 마음이 청결한 자가 하나님을 볼 것이라고 말하셨기 때문이다(마 5:8). 마음의 청결함은 우리가 준비해야 하고 하나님의 보이심은 주님께서 행하신다. 우리의 영혼이 청결하게 되는 방법은 진리에 대한 순종이다(벧전 1:22). 그러나 사람들은 성경의 가르침을 따르지 않고 인위적인 방법들을 많이 고안했다. 세월이 흐르면서 전통으로 굳어졌다. 그러나 그 방법들이 신앙의 변질을 초래했다. 도마는 비록 자신의 원하는 바를 이루기는 하였으나 의심의 대명사가 되는 부작용도 감수해야 했다.

28도마가 대답하며 그에게 말하였다 "나의 주, 나의 하나님!"

예수의 못 자국과 창 자국을 보고 만진 도마는 예수를 "나의 주, 나의 하나님"으로 고백하는 신앙에 이르렀다. 이에 대해 칼뱅은 도마가 자신의 우매함을 정죄하는 고백으로 이해한다. 동시에 도마에게 신앙은 부재했던 것이 아니라 잠재되어 있었다고 지적한다. 이러한 지적의 근거는 옆구리와 손의 상처가 "제시하는 것 이상의 것"을 도마가 깨닫고 고백했기 때문이다. 도마의 경우처럼 신앙의 길목에 있는 장애물이 제거되는 순간 신앙이 본모습을 드러내는 현상은 많은 성도에게 흔한 일이라고 칼뱅은 설명한다. 우리는 연약한 신앙을 보더라도 그런 성장을 인내하며 기다리고 존중해야 한다. 때가 이르면 잠재된 신앙이 표면화될 것이기 때문이다. 도마의 고백은 두 가지의 신적인 요소로 구성되어 있다. 예수의 주 되심과 하나님 되심이다. 아우구스티누스의 말처럼, 도마는 예수의 인성을 만지고 예수의 신성을 고백했다. 이는 우리 가운데에 육신으로 거하신 "태초부터 있는 생명의 말씀"을 "우리가 들은 바요 눈으로 본 바요 자세히 보고 우리의 손으로 만진 바"(요일 1:1)라고 표현한 요한의 고백과 유사하다.

도마의 고백인 "나의 주, 나의 하나님"은 대단히 놀라운 진술이다. 물론 "주"(κύριος)라는 호칭은 이전에도 사도들이 예수를 부를 때에 사용했다(요 13:13). 그러나 "하나님"(θεός)은 예수를 가리켜 사용된 적이 한 번도 없었던 호칭이다. 즉 도마의 고백은 예수를 하나님과 동일시한 최초의 고백이다. 어쩌면 저자가 서두에서 예수를 "아버지의 품 속에 있는 독생하신 하나님"(요 1:18)으로 규정한 것은 도마의 고백을 가지고 온 것인지도 모르겠다. 물론 소급하면 구약에서 한 시인이 비록 예수를 특정하지 않았지만 도마의 고백과 유사한 "주 나의 하나님"(시 86:12)을 고백했다. 기록된 성경의 증거와 동료 사도의 고백은 예수를 아버지와 구별되는 하나님과 동일시한 저자의 진술에 객관성을 부여한다. 제자들 중에 요한이 도마 이야기를 유일하게 기록한 이유는 그의 고백이 이 책의 목적인 예수의 구원(주님)과 신성(하나님)을 드러내기 때문이다.

"나의 주, 나의 하나님"은 도마의 고백만이 아니라 예수를 믿는 모든 자들의 고백이다. 예수는 도마의 고유한 주님과 하나님이 아니라 우리 모두가 "나의 주, 나의 하나님"으로 고백해야 할 분이시다. 여기에 사용된 "나의"(μου)라는 1인칭 단수 소유격이 중요하다. 즉 "나의 주, 나의 하나님"은 다른 누군가의 고백이 아니라 나 자신이 밖으로 나온 고백이다. 이는 분위기에 편승한 관행적인 고백이 아니라 내 영혼의 진솔한 고백이다. 경건한 고백이 내 입에서 나왔어도 내 것이 아니라 남의 것이라면 외모에 불과하다. 신앙의 진정성에 있어서 주님은 외모를 보지 않으신다. "나의 주, 나의 하나님"을 뒤집어서 보면, 나 자신을 "예수의 종, 예수의 백성"으로 간주하는 것과 동일하다. 이 고백의 양면성을 고려할 때, 도마의 고백은 "하나님은 우리의 하나님이 되시고 우리는 하나님의 백성이 된다"는 언약의 총화를 압축한 고백이다.

> 29예수께서 그에게 말하셨다 "너는 나를 보았기 때문에 믿는구나
> 복된 자들은 보지 않으면서 믿는 자들이다"

너무도 아름다운 고백을 한 도마에게 예수는 더 온전한 신앙의 진보를 이루라고 말하신다. 지금 도마의 신앙은 보이는 것에 근거했다. 즉 그가 예수를 "보았기 때문"이다. 그러나 예수께서 도마에게 권하는 신앙은 보지 않고 믿는 "복된"(μακάριος) 자들의 믿음이다. 이것은 가시적인 것에 근거하지 않고 보이지 않는 무형의 말씀에 근거한 신앙이다. 그래서 히브리서 저자는 신앙을 "보이지 않는 것들의 증거"라고 했다(히 11:1). 신앙의 질은 근거에 의존한다. 신앙의 유무도 근거에 의해 좌우된다. 근거가 사라지면 신앙도 사라진다. 신앙은 가시적인 근거가 적을수록 좋다. 가시적인 것은 영원하지 않고 언젠가는 소멸되기 때문이다. 믿음은 방언이나 지식이나 예언처럼 폐하는 것이 아니라 소망과 사랑처럼 "항상 있을 것"(고전 13:13)이라고 한다. 믿음이 영원하기 위해서는 영원한 근거가 필요하다. 시드는 꽃과 마르는 풀과는 달리 하나님의 말씀은 영원하다. 그래서 영원한 믿음의 영원한 근거는 말씀이 유일하다.

칼뱅은 육신의 감각이나 이성이 아니라 순수한 말씀에 의존하는 것을 "신앙의 본질과 능력"으로 이해한다. 신앙에 다른 요소가 필요하지 않는 이유는 칼뱅의 말처럼 "하나님의 진리는 그 자체로 우리에게 믿음을 준다"는 성경의 자증성(αὐτόπιστος) 때문이다. 그는 우리가 이러한 말씀을 신뢰하며 눈에 보이는 세상을 넘어 온 우주로 거슬러 올라가 하늘까지 이르러 거기에 신앙의 닻을 내려야 한다고 강조한다. 그런데 사람들은 믿음 없이도 공

유할 수 있는 진실을 요구한다. 그래서 보이지도 않고 들리지도 않고 만질 수도 없어서 이해할 수 없고 설명할 수도 없는 신비로운 것들에 대해서는 거부감을 드러낸다. 사람들의 관심과 호응이 없으면 때로는 교회도 그 신비로운 것들에 대한 신앙과 인식이 불필요한 것이라고 생각한다. 사람들이 싫어하고 무시해도 교회는 신앙의 본질을 붙들어야 한다.

우리의 신앙은 어디에 근거하고 있는가? 신앙이 온전하기 위해서는 가시적인 근거들을 하나씩 제거하는 것이 필요하다. 능동적인 제거가 필요한데 때로는 수동적인 제거도 경험한다. 그것은 재앙이 아니라 은총이다. 욥은 신앙의 가시적인 근거들을 빼앗긴 대표적인 인물이다. 열 명의 자녀들이 죽고, 종들도 죽고, 집은 무너지고, 가축들은 빼앗기고, 건강도 잃고, 아내마저 떠나갔다. 하나님에 대한 욥의 경외심에 든든한 근거처럼 보이던 모든 소유물이 사라졌다. 그런데도 욥의 신앙은 보이는 것에 근거하지 않고 하나님과 자신을 아는 진리의 지식에 근거했기 때문에 여전히 "여호와의 이름이 찬송을 받"으셔야 한다고 고백한다(욥 1:21). 모든 소유물의 상실은 욥이 한 번도 경험하지 못한 일이었다. 이 고백도 욥의 입에서 한 번도 나오지 않는 말이었다. 이전의 욥과 지금의 욥을 비교할 때 더 복된 쪽은 누구인가? "복된 자들은 보지 않고 믿는다"는 예수의 말씀에 비추어볼 때 형통한 욥보다 곤고한 욥이 복되다고 생각된다. 욥은 그 말씀의 실증이다.

우리가 하나님을 믿는 근거는 무엇인가? 믿음의 근거가 눈에 보이는 육신의 치유, 소유물의 증대, 명예와 인기의 상승, 초자연적 기적의 체험 등이라면 우리는 복되지 않은 자로 분류된다. 신앙의 성장은 우리 안에서 신앙을 지탱하던 가시적인 까닭들이 하나씩 제거되는 과정에서 주어지는 역설적인 보상이다. 성장을 위해서는 반드시 대가를 지불해야 한다. 가시적인 복들의 포기는 성장의 유쾌한 비용이다. 물론 주님의 나라와 의를 먼저 구하면 다른 모든 것들을 더하여 주신다는 것은 주님의 약속이다. 욥의 경우, 연단의 끝에서 그에게 "이전 모든 소유보다 갑절이나 주신" 것은 이러한 약속이 구약에도 통용되는 것임을 확인한다(욥 42:10).

　"복되다"는 말의 의미는 무엇인가? 복은 우리가 가지고 싶은 것의 취득이 아니라 주님께서 우리에게 주시기를 원하시는 것의 받음과 누림이다. 주님께서 우리에게 주시기를 원하시는 궁극적인 복은 주님 자신이다. 그는 영이시고 보이지 않는 분이시다. 보이지 않는 분을 보이는 것에 근거하여 믿는다면 그것은 영원한 것을 시간적인 것으로, 무한한 것을 유한한 것으로, 썩어지지 않는 영광을 썩어 없어지는 영광으로 대체하는 일과 동일하다. 우리가 믿는 하나님은 대체물이 없는 분이시다. 그래서 하늘에 있는 것이나 땅에 있는 것이나 바다에 있는 것이나 그 무엇에 의해서도 그의 대체물을 만들지 말라고 금하셨다. 그런데도 만약 믿음의 닻을 어떤 피조물의 가시적인 형상에 내린다면 얼마나 큰 모순인가! 복된 자들이 믿는 믿음의 뿌리와 토대는 믿음의 대상이신 하나님 자신이다. 세월이 흐르면서 그 복을 암시하며 가르치던 복의 모든 가시적인 상징들은 서서히 제거된다. 그럴수록 우리에게 주어지는 복의 실체는 더욱 선명하게 드러난다. 모든 가시적인 복들을 단숨에 제거하는 죽음은 그 선명성의 정점이다.

> 30예수는 제자들 앞에서 이 책에 기록되지 않은 다른 많은 표적들도 행하셨다
> 31그러나 이것들이 기록된 것은 너희로 하여금 예수께서 그리스도, 하나님의
> 아들임을 믿게 하고 너희가 믿고 그의 이름 안에서 생명을 가지게 하기 위함이다

예수께서 제자들 앞에서 행하신 "표적들" 중에는 이 복음서에 기록되지 않은 것들도 많다고 저자는 고백한다. 토마스와 무스쿨루스는 "표적들"이 제자들 중에 부활에 대한 신앙을 확증할 목적으로 부활 이후에 주어진 표적들을 가리키는 말이라고 해석한다. 이런 해석의 근거는 "제자들 앞에서"란 표현 때문이다. 두 학자는 십자가 죽음 이전의 표적들을 세상 앞에서도 이

루어진 것이라고 생각하여 제외했다. 그러나 나는 키릴루스처럼 부활 이전과 이후의 모든 표적들을 뜻한다고 이해한다. 이 복음서에 수록되지 않은 표적들은 다른 복음서에 기록되어 있거나 거기에도 기록되지 않은 표적들을 가리킨다. 모든 복음서에 기록되지 않은 표적들도 무의미한 것이 아니라고 칼뱅은 주장한다. 이는 기적의 현장에 있던 제자들과 다른 사람들이 그 표적들을 통해 신앙의 유익을 누렸을 것이기 때문이다. 그 유익은 다시 목격한 자들의 의식에 스며들고 그들의 글과 말과 삶에 반영되어 추적할 수 없는 가치들을 산출하고 지금까지 추적할 수 없는 방식으로 계승되어 왔을 것이기 때문이다.

저자는 특정한 목적을 위해 예수의 특정한 표적들을 엄선하여 이 복음서에 수록했다. 예수는 불필요한 표적을 행하신 적이 없으시다. 그런데도 이 복음서에 그의 모든 표적들이 다 기록된 것은 아니었다. 여기에 기록되지 않은 표적들은 행위의 필연성은 있어도 기록의 필연성은 없는 것들이다. 기록의 필연성은 이 복음서 전체의 목적과 관계되어 있다. 즉 "너희로 하여금 예수께서 그리스도, 하나님의 아들임을 믿게 하고 너희가 믿고 그의 이름 안에서 생명을 가지게 하기 위함"이다. 이 복음서는 우리의 믿음을 위한 기록이다. 믿음의 내용은 예수께서 메시아와 하나님의 아들이 되신다는 것이고 믿음의 목적은 예수의 이름으로 얻는 우리의 영원한 생명이다.

예수께서 메시아와 하나님의 아들이 되심을 믿고 영원한 생명을 얻기 위해서는 요한의 이 복음서에 기록된 내용으로 충분하다. 저자는 요한복음 5장 39절에서 성경이 예수를 가리켜 기록된 책이라고 적시했다. 이 복음서는 성경이 어떤 예수를 가리키는 것이냐에 대한 최고의 설명이다. 이 복음서의 목적인 예수의 그리스도 및 하나님의 아들 되심은 그를 가리켜 기록된 구약의 핵심이고 종합이고 요약이다. 이것은 또한 "너희는 나를 누구라 하느냐"는 예수의 질문(마 16:15)에 대한 요한의 개인적인 답이기도 하다. 우리는 예수를 믿는가? 우리가 믿는 그는 어떤 예수인가? 나는 요한의 답안지가 좋다. 사도들의 터 위에 세워진 우리는 이 질문에 대해 요한의 결론까지 이르러야 한다. 영원한 생명에 이르는 구원적인 믿음과 관련하여 우리는 과도한 호기심에 홀려서 요한의 결론을 넘어가지 않도록 주의해야 한다.

이 구절에서 요한은 예수를 믿는다고 하면서도 그를 메시아로 믿지 않거나 하나님의 아들로 믿지 않는다면 영원한 생명을 얻는 온전한 믿음이 아니라고 단언한다. 1) 물을 포도주로 바꾸신 표적, 2) 신하의 아들을 살리신 표적, 3) 38년 된 병자를 치유하신 표적, 4) 오천 명을 먹이신 오병이어 표적, 5) 물 위를 걸으신 표적, 6) 태생적인 소경을 고치신 표적, 7) 죽은 나사로를 살리신 표적, 8) 죽음을 이기시고 무덤에서 부활하신 표적을 두 눈으로 목격하고 역사적 사실로서 믿더라도 그 모든 표적들의 주체이신 예수를 메시아와 하나님의 아들로 알지 않는다면 온전한 믿음이 아니며 영원한 생명과도 무관하다. 모든 표적들은 그것들을 행하신 주체를 가리키는 이정표다. 모든 행위는 행위자의 표출이다. 그러므로 인식과 신앙의 종착지는 행위가 아니라 그 행위의 주체여야 한다. 복음서에 기록된 예수의 모든 말과 일은 예수 자신을 나타내는 설명이고, 성경 전체에 기록된 모든 말과 일도 궁극적인 면에서는 예수 자신에 대한 설명이다. 그러므로 우리는 성경의 손가락을 따라 우리의 시선을 예수에게 고정해야 한다. 이 땅에서 우리에게 주어진 복들이나 영원한 생명조차 예수를 아는 지식 앞에서는 모두 부수적인 것으로 상대화될 것이 요구된다.

요 21:1-14

¹그 후에 예수께서 디베랴 호수에서 또 제자들에게 자기를 나타내셨으니 나타내신 일은 이러하니라 ²시몬 베드로와 디두모라 하는 도마와 갈릴리 가나 사람 나다나엘과 세베대의 아들들과 또 다른 제자 둘이 함께 있더니 ³시몬 베드로가 나는 물고기 잡으러 가노라 하니 그들이 우리도 함께 가겠다 하고 나가서 배에 올랐으나 그 날 밤에 아무 것도 잡지 못하였더니 ⁴날이 새어갈 때에 예수께서 바닷가에 서셨으나 제자들이 예수이신 줄 알지 못하는지라 ⁵예수께서 이르시되 얘들아 너희에게 고기가 있느냐 대답하되 없나이다 ⁶이르시되 그물을 배 오른편에 던지라 그리하면 잡으리라 하시니 이에 던졌더니 물고기가 많아 그물을 들 수 없더라 ⁷예수께서 사랑하시는 그 제자가 베드로에게 이르되 주님이시라 하니 시몬 베드로가 벗고 있다가 주님이라 하는 말을 듣고 겉옷을 두른 후에 바다로 뛰어 내리더라 ⁸다른 제자들은 육지에서 거리가 불과 한 오십 칸쯤 되므로 작은 배를 타고 물고기 든 그물을 끌고 와서 ⁹육지에 올라보니 숯불이 있는데 그 위에 생선이 놓였고 떡도 있더라 ¹⁰예수께서 이르시되 지금 잡은 생선을 좀 가져오라 하시니 ¹¹시몬 베드로가 올라가서 그물을 육지에 끌어 올리니 가득히 찬 큰 물고기가 백쉰세 마리라 이같이 많으나 그물이 찢어지지 아니하였더라 ¹²예수께서 이르시되 와서 조반을 먹으라 하시니 제자들이 주님이신 줄 아는 고로 당신이 누구냐 감히 묻는 자가 없더라 ¹³예수께서 가셔서 떡을 가져다가 그들에게 주시고 생선도 그와 같이 하시니라 ¹⁴이것은 예수께서 죽은 자 가운데서 살아나신 후에 세 번째로 제자들에게 나타나신 것이라

❖ ❖ ❖

¹이후에 예수는 디베랴 호수에서 다시 제자들에게 자신을 보이셨다 그런데 나타내신 것은 이런 식이었다 ²시몬 베드로, 디두모라 하는 도마, 갈릴리 가나 출신의 나다나엘, 세베대의 [아들들] 그리고 그의 제자들 중에 다른 두 명이 함께 있었는데 ³시몬 베드로가 그들에게 말하였다 "나는 물고기 잡으려고 간다" 그들이 그에게 말하였다 "우리도 너와 함께 가겠다" 그들은 나가서 배에 탑승했다 그러나 그 밤에 그들은 아무것도 잡지 못하였다 ⁴이제 날이 밝아올 무렵 예수께서 바닷가에 서셨으나 제자들이 그가 예수이신 줄을 알지 못하였다 ⁵예수께서 그들에게 말하셨다 "얘들아 너희가 어떤 먹을 것을 가지지 않았느냐?" 그들이 그에게 말하였다 "없습니다" ⁶그러나 그가 그들에게 말하셨다 "그물을 배의 오른편에 던지면 얻으리라" 이에 그들이 던졌더니 물고기가 많아서 그들이 스스로 그물을 끌어당길 수 없더라 ⁷이에 예수께서 사랑하신 그 제자가 베드로에게 말하였다 "그는 주님이야" 이에 시몬 베드로는 그가 주시라는 것을 듣고 벗고 있었기 때문에 겉옷을 두르고 자신을 바다에 내던졌다 ⁸그러나 다른 제자들은 육지에서 백여 미터 정도의 거리였기 때문에 물고기 든 그물을 끌고 왔고 ⁹육지로 올라왔다 숯불이 있었는데 그 위에 생선도 놓여있고 떡도 놓여있는 것을 그들이 보았더라 ¹⁰예수께서 그들에게 말하셨다 "지금 잡은 생선을 좀 가져오라" ¹¹시몬 베드로가 올라가서 그 그물을 육지로 끌어오니 가득한 큰 물고기가 백쉰세 마리였다 이렇게도 많았는데 그물은 찢어지지 않았다 ¹²예수께서 그들에게 말하셨다 "이곳으로 와서 아침을 먹으라" 그가 주님이신 줄 알았기 때문에 제자들 중에 "당신이 누구냐"며 감히 묻는 자가 아무도 없었다 ¹³예수께서 가셔서 떡을 취하시고 그들에게 나누셨고 생선도 동일하게 [나누셨다] ¹⁴이것은 죽은 자들 가운데서 살아나신 예수께서 이제 세 번째로 제자들에게 나타나신 것이었다

변하지 않는 사랑

요한복음 21장의 성격에 대한 논의가 분분하다. 21장에 대해 아우구스티누스는 요한의 저자성 여부에 대해서는 침묵하고 이 복음서에 삽입된 것이라고 주장한다. 이 외에도 복음서를 완성하고 요한이 저작 후기로 붙였다는 주장, 이 복음서의 완성 이후에 다른 사람에 의해 삽입된 것이라는 주장, 요한의 승인 하에 에베소에 있던 요한의 제자가 썼다는 주장 등 다양하다. 이 주장들의 명확한 규명은 가능하지 않기에 나는 논쟁할 마음이 없어 그냥 지나간다. 다만 나는 21장을 요한의 저작으로 이해한다. 혹시 다른 사람에 의해 추가된 것이라 할지라도 요한의 저작으로 읽도록 한 편집자의 의도를 존중하는 것이 내가 보기에는 최선이다. 독자의 기준과 관점에 따라 미심쩍어 보인다고 요한의 자작성을 의심하는 것은 텍스트 자체와 그 역사성을 존중하지 않는 태도라고 나는 생각한다. 내용과 문체와 문법의 일관성을 반드시 보아야만 동일인의 저작으로 간주해 주겠다는 것도 과도한 도그마다. 일관성 평가의 기준도 다양하기 때문이다. 한 사람 안에서도, 동일한 저작 안에서도, 다양한 문체와 다양한 내용과 다양한 문법 구사가 얼마든지 가능하다. 그리고 1-20장과 21장 사이에 내용과 문체와 어법의 일관성이 없는 것도 아니라고 나는 생각한다.

본문은 예수와 제자들의 세 번째 만남을 기록한다. 제자들은 베드로의 집에 모였고 베드로는 그들을 먹이기 위해 물고기를 잡으려고 갔다. 제자들도 따라갔다. 그런데 밤새도록 물고기를 한 마리도 잡지 못하였다. 그런데 해변에서 정체를 알 수 없는, 그러나 익숙한 목소리가 들렸는데 그물을 배의 오른편에 던지라는 말이었다. 바다에서 인생의 뼈가 굵은 고기잡이 베테랑 제자들은 놀랍게도 그 제안에 순응했다. 더 놀랍게도 그물에 잡힌 물고기가 가득했다. 큰 물고기가 153마리였다. 너무도 신기했다. 요한은 그 목소리의 주인공이 예수라는 사실을 알고 베드로의 마음에 귀띔했다. 이에 베드로는 주님을 알아보고 바다에 자신의 몸을 내던졌다. 이는 동료들을 먹이기 위해 물고기를 잡으려고 나간 사랑보다 주님에 대한 사랑이 훨씬 크다는 증거였다. 그런데 예수는 숯불 위에 생선을 준비하고 떡도 준비하며 제자들을 위한 조찬을 친히 마련해 놓으셨다. 예수를 모두 배신한 제자들은 자신들의 스승임을 알고 입을 열지 못하였다. 죄책감과 더불어 그들의 배신에도 여전히 변하지 않으신 주님의 사랑에 대한 감격이 말문을 막았기 때문이다.

¹이후에 예수는 디베랴 호수에서 다시 제자들에게 자신을 보이셨다
그런데 나타내신 것은 이런 식이었다

예수는 제자들 앞에서 자신을 다시 보이셨다. 이번이 세 번째다. "자신"을 스스로 보였다는 것은 크리소스토무스의 말처럼 부활하신 이후로 "그분께서 자신의 모습이 보이도록 하지 않으시는 한 아무도 그분의 모습을 볼 수 없었음"을 드러낸다. 특별히 예수께서 일부러 자신을 디베랴 호수에서 보

이신 이유는 복음 전파의 사명을 등지고 생업으로 돌아간 제자들의 위축된 마음을 격려하고 돌이키기 위함이다. 예수는 이전에 "손에 쟁기를 들고 뒤를 돌아보는 자는 하나님의 나라에 합당하지 않다"(눅 9:62)고 말하셨다. 제자들은 지금 뒤를 돌아보고 있다. 아우구스티누스의 지적처럼 그들이 예수의 부활을 보기 이전에 뒤돌아보았다면 납득을 하겠지만 부활의 예수를 만난 이후에도 사람을 낚는 어부가 아니라 고기를 낚으려고 해변으로 돌아갔기 때문에 문제가 심각하다. 제자들을 세상으로 파송하신 이후에도 해변으로 돌아갔기 때문에 더더욱 심각하다. 그러나 예수는 하나님의 나라에 합당하지 않은 그들의 운명을 바꾸시기 위해 자신을 보이시되 그들의 일터까지 찾으셨다.

2시몬 베드로, 디두모라 하는 도마, 갈릴리 가나 출신의 나다나엘,
세베대의 [아들들] 그리고 그의 제자들 중에 다른 두 명이 함께 있었는데
3시몬 베드로가 그들에게 말하였다 "나는 물고기 잡으려고 간다"
그들이 그에게 말하였다 "우리도 너와 함께 가겠다"
그들은 나가서 배에 탑승했다 그러나 그 밤에 그들은 아무것도 잡지 못하였다

저자는 예수께서 자신을 나타내신 제자들의 이름, 즉 베드로, 도마 나다나엘, 세베대의 아들들(야고보와 요한) 그리고 두 명의 다른 제자들을 언급한다. 전체 일곱이다. 요한은 복음서를 기록함에 있어서 다른 복음서 저자들에 비해 사건의 역사성과 구체성 묘사가 남다르다. 지금 제자들은 예루살렘 성읍을 떠나 갈릴리로 와서 베드로의 집에 함께 머물고 있는 상황이다. 여기에서 베드로는 제자들을 규합하고 위로하고 격려하고 연합하는 중심적인 인물로 묘사되고 있다. 이는 베드로가 물고기를 잡으러 가겠다고 하니까 다른 제자들이 "우리도 너와 함께 가겠다"고 한 답변이 분명히 증거

한다. 생의 목적을 상실하고 실의에 빠진 동료 제자들을 돌보려는 베드로의 마음은 아름답다. 그와 함께 밤에 바다로 들어가는 다른 제자들의 동행도 아름답다. 그런데 그들이 물고기를 잡으려고 나간 시점은 "밤"이었다. 물론 밤에도 물고기를 잡을 수 있겠지만 어쩌면 크리소스토무스의 진단처럼 그들이 아직도 유대인에 대한 두려움 때문에 밝은 대낮에는 활동하지 않았음을 저자가 나타내려 함인지도 모르겠다. 부활의 예수를 만난 이후에도 그들은 여전히 위축되어 있다.

게다가 제자들은 물고기를 잡으려고 하였지만 밤새도록 한 마리도 잡지 못하였다. 칼뱅은 제자들의 헛수고가 예수의 기적을 돋보이게 하시려는 하나님의 뜻이라고 해석한다. 아우구스티누스는 제자들이 물고기를 잡을 수밖에 없을 정도로 곤궁하게 된 것도 하나님의 뜻이라고 해석한다. 이는 우리의 기대에 역방향을 질주하는 상황 속에서도 절망이 아니라 소망을 붙들어도 된다는 해석이다. 이런 해석에 나는 동의한다. 동시에 한 마리도 잡지 못한 제자들의 허탕은 물고기를 잡는 어부의 신분과 활동으로 돌아가는 것은 마치 바람을 잡으려는 것처럼 헛되고 무익한 것임을 깨닫게 하시려는 하나님의 의도도 있다고 나는 생각한다. 그들이 잡아야 할 대상은 물고기가 아니라 사람이다. 우리의 경우도 동일하다. 어떠한 곳에서 무슨 일을 하더라도 우리가 낚아야 할 대상은 돈이 아니고 명예나 권력도 아닌 사람이다. 한 사람의 신뢰를 얻는다는 것은 하나의 우주를 얻는 것처럼 위대하다.

사람을 잡는 그물은 복음이다. 복음으로 사람을 낚는 마땅히 해야 할 일을 외면하고 생계에 매달리는 제자들의 어업은 비록 그 자체로는 고귀한 직업일 수 있겠지만 그들의 어깨에 놓인 교회사적 사명은 아니었다. 밤을 새운 그들의 노고를 비웃는 확실한 허탕은 그런 사명을 일깨우기 위해 필요했고 충분했다. 같은 맥락에서 박윤선은 "성직을 버리고 다른 사업을 하면 성공하지 못하는 법"이라고 했다. 이런 허탕의 역설적인 필요성은 지금도 유효하다. 건드리는 사업마다 성공의 대박을 터뜨리면 일시적인 기쁨은 있겠지만 사람의 운명이 조용히 사업에 결박되기 쉽다. 사업이 적당한 때에 적당한 규모로 무너져야 그 결박에서 벗어난다. 사람이 떡으로만 사는게 아니라는 영적 생계의 본질을 이해하고 하나님의 말씀이 필요함도 깨닫는다. 무엇이 목적이고 무엇이 수단인지 이해하게 된다.

아우구스티누스는 다르게 해석한다. 베드로를 비롯한 제자들이 복음을 증거하는 사도직의 수행 속에서도 생계의 필요 때문에 물고기를 잡는 것은 바울이 천막을 치며 다른 이에게 민폐를 끼치지 않으려고 한 것처럼 얼마든지 가능한 일이라고 주장한다. 그레고리 대제는 두 종류의 일로 세분하여 설명한다. 첫째, "마음을 사로잡아 영적인 사안을 방해하는 세리직과 같은 일이 있는데 누구도 이러한 일로는 복귀하지 말아야 하고 심지어 양식을 얻기 위한" 도구로도 삼아서는 안 된다고 설명한다. 둘째, 범죄도 아니고 마음을 빼앗는 것도 아닌 고기잡이 같은 일이 있는데 이런 일에는 복귀해도 된다고 설명한다. 한편, 어부의 현장으로 복귀한 제자들의 선택을 긍정하며 그것을 마땅한 선택으로 보는 사람들도 있다. 그들에게 주어진 주님의 직접적인 지시가 없고 성령으로 말미암은 권능도 아직 그들에게 주어지지 않은 상황에서 평범한 사람의 일상으로 돌아가 스스로 생계를 유지하기 위해 정직한 노동의 땀을 흘리는 것은 당연하기 때문이다.

4이제 날이 밝아올 무렵 예수께서 바닷가에 서셨으나
제자들이 그가 예수이신 줄을 알지 못하였다

제자들은 밤을 지나 날이 밝아오는 무렵까지 물고기를 한 마리도 잡지 못하였다. 동료 제자들을 먹이려고 한 베드로의 마음은 다른 누구보다 무거웠다. 그때 예수께서 바닷가에 나타나 자신을 그들에게 보이셨다. 제자들은 예수를 보았지만 예수로서 알지는 못하였다. 눈이 있었으나 지각은 못하였다. 과거에 광풍이 불던 바다에서 예수를 유령으로 오해하고, 문이 닫힌 집으로 들어오신 예수를 영으로 오해한 것은 당연했다. 그러나 지금은 그때와는 달리 물 위에 계시지도 않고 문을 투과하신 것도 아니고 폭풍우가 시야를 가린 것도 아닌 상황이다. 예수는 가면으로 자신을 가리지 않으셨고 있는 그대로의 모습을 보이셨다. 그런데도 제자들이 알지 못했다는 것은 서로의 거리가 멀어서 그럴 수도 있겠지만 그들의 의식에 예수가 없었기 때문이다.

사실 제자들과 함께 거하셨고 함께 행하셨던 죽음 이전과는 달리 부활의 예수는 제자들과 계속해서 동거하지 않으셨고 동행하지 않으셨다. 원하시는 때에 간헐적인 만남을 통해 이따금씩 자신을 그들에게 보이셨다. 제자들은 어쩌면 그런 예수를 늘 함께하는 가족이 아니라 자신들과 다른 남이나 손님처럼 여겼을 지도 모르겠다. 그리고 그들의 마음에는 예수가 아니라 물고기에 대한 생각으로 가득했을 가능성이 높다. 만약 그들이 오매불망 예수만 생각하고 있었다면 어찌 눈앞에 있는 그를 인지하지 못할 수 있겠는가! 태양은 주님의 눈빛이고, 하늘은 그의 거처이고, 땅은 그의 마당이고, 바람은 그의 숨결이고, 비는 그의 자비이고, 번개는 그의 걸음으로 보이지 않겠는가!

⁵예수께서 그들에게 말하셨다 "얘들아 너희가 어떤 먹을 것을 가지지 않았느냐?" 그들이 그에게 말하였다 "없습니다" ⁶그러나 그가 그들에게 말하셨다 "그물을 배의 오른편에 던지면 얻으리라" 이에 그들이 던졌더니 물고기가 많아서 그들이 스스로 그물을 끌어당길 수 없었더라

자신을 알아보지 못하는 제자들을 향해 예수는 관계의 손을 뻗으신다. 그들을 부르시는 호칭이 특이하다. "제자들" 혹은 "너희" 혹은 "무리"라고 부

르시지 않고 "얘들아"(Παιδία) 라고 부르셨다. 이는 부모가 자녀를, 선생이 어린 학생을 부르는 호칭이다. 성인이 된 제자들을 부르기에 적합하지 않은 호칭이다. 그러나 부활하신 예수는 육신으로 계신 때의 신분이 아니라 부모가 자녀를 지키고 먹이시는 것처럼 제자들의 모든 필요를 채우시는 하나님의 신분으로 그들을 부르셨다. 영원한 창조주 하나님 앞에서 제자들의 나이는 찰나에 불과하기 때문에 "얘들"이란 호칭은 전혀 과도하지 않다.

창조주 하나님은 우리의 모든 필요만이 아니라 자신이 창조하신 까마귀도 친히 먹이신다. 그런 창조주의 마음으로 예수는 제자들을 향해 먹을 것이 있느냐고 물으셨다. 생명과 호흡과 만물을 친히 주시는 분이 먹거리를 요청하는 장면은 참으로 특이하다. 제자들은 "없다"고 답하였다. 먹을 것이 없어서 물고기를 잡으려고 나왔는데 밤새도록 한 마리도 잡지 못한 제자들의 서글픈 답변이다. 그들은 지금 사도의 사명도 상실하고 인생의 목적도 상실하고 목구멍에 풀을 칠하면서 겨우 연명하고 있는데 그런 생계조차 순적하지 않고 위태롭다. 이런 상황에서 "없다"는 그들의 대답은 천 근보다 무거웠다.

예수는 그들의 딱한 처지를 간과하지 않으시고 해결책을 베푸신다. "그물을 배의 오른편에 던지면 얻으리라." 예수는 사도로 파송한 제자들의 문제를 따지지도 않으셨고 그들의 무책임과 무기력에 차가운 회초리를 들지도 않으셨다. 입에 풀을 칠하는 그들의 궁핍한 처지를 도우셨다. 제자들은 그에게 순종했다. 예수의 말씀을 듣고 제자들이 순종한 것은 몇 가지의 이유 때문에 특이하다. 첫째, 제자들은 물고기를 잡으려고 밤새도록 시도했기 때문에 에너지가 고갈된 상황이다. 둘째, 밤새도록 시도해도 물고기를 잡지 못하여 이제는 의욕도 고갈된 상황이다. 셋째, 제자들은 아직 주님을 주님으로 알지 못하고 있는 상황이다. 넷째, 고기잡이 경력이 전무한 사람의 조언은 그 자체로 고기잡이 전문가가 듣기에는 거북한 말이었다. 그런데도 제자들은 지친 몸인데도, 실패에 대한 무거운 절망감이 어깨를 누르고 있는 상황 속에서도, 자신의 모든 것을 내려놓고, 낯선 사내의 말 한 마디에 노련한 어부들이 순순히 움직였다. 이에 대하여 칼뱅은 밤새도록 수고한 제자들의 즉각적인 순종을 대단한 인내라고 해석한다. 그리고 하나님의 복이 주어지는 상황 속에서는 끝까지 그것을 기대하는 인내의 필요성을 강조한다. 기억에 쌓인 과거의 수북한 실패가 오늘의 희박한 성공 가능성을 꺾지 못하도록 마지막 순간까지 주님 때문에 포기하지 않는 태도는 경건하고 지혜롭다.

제자들이 순종하자 너무도 많은 물고기가 잡혔는데 그들의 힘으로는 그물을 끌어당길 수 없을 정도였다. 제자들은 어부의 오랜 경험과 능숙한 기술과 뛰어난 감각과 전문적인 지식을 동원하여 밤새도록 그물을 던지고 또 던졌지만 물고기를 한 마리도 잡지 못했는데 예수의 말씀을 따르니까 그물이 빈약해 보일 정도로 많은 물고기를 포획하는 기적을 체험했다. 예수인 줄도 모르고 그의 말씀에 대한 순종인 줄도 모르지만 순종하면 기적이 일어난다. 우리의 삶 속에서도 주님의 말씀에 순종했기 때문에 기적의 복을 누렸는데 그것을 알지도 못하고 감사치도 않는 경우가 얼마나 빈번한가! 사실 이번의 고기잡이 기적은 베드로가 예수의 부르심을 받을 때에 체험한 일이었다(눅 5:5-6). 이 기적으로 인하여 최소한 베드로는 묘한 기시감에 사로잡혀 자신의 운명을 바꾼 예수의 부르심을 떠올려야 했다. 그때 자신을 부르신 예수께서 "나를 따라오라 내가 너희를 사람을 낚는 어부가 되게 하리라"(마 4:19)고 하신 말씀을 기억해야 했다. 자신의 바뀐 운명에 상응하는 삶을 살아가고 있는지를 성찰해야 했다.

두 번의 유사한 고기잡이 기적은 제자들을 부르실 때와 부활 이후에 발생했다. 이번에는 물고기가 많아도 그물이 찢어지지 않았는데 예전에는 그물이 찢어졌다. 예전에는 잡은 물고기의 수를 몰랐는데 이번에는 물고기의 수를 언급한다. 이번에는 배의 오른쪽에 그물을 내리라고 하셨는데 예전에는 특정한 방향지시 없이 그물을 내리라고 말하셨다. 특별히 아우구스티누스는 부활 이후에 고기잡이 기적에서 찢어지지 않은 그물을 하나님의 나라라고 해석한다. 어떠한 이단이 아무리 사나운 광기를 부려도 찢어지지 않는 나라라고 한다. 물고기의 수가 적시된 것은 그 나라에 들어가는 의인들이 "죄인이 하나도 섞이지 않은 확실하고 구체적인 수로 실현될 것"이라고 해석한다. 첫 번째 고기잡이 기적의 상황처럼 부르심을 받은 자들은 무수히 많되 두 번째의 기적처럼 택하심을 받은 자의 수는 정해져 있다는 이해도 가능하다.

그러나 나는 이 기적이 아무리 유능한 고기잡이 전문가도 예수를 떠나서는 아무것도 할 수 없다는 사실, 그의 말씀을 따르지 않으면 한 마리의 물고기도 낚지 못한다는 사실을 여실히 보여주는 사건으로 이해한다. 그리고 제자들을 부르실 때에 동일한 고기잡이 기적을 부활 이후에도 행하신 것은 제자들을 마치 다시 부르시는 듯한 의도도 감지한다. 즉 이 기적이 그때 살아계신 예수와 함께 지냈던 것처럼 이제 살아나신 예수와도 함께 지내자는 부르심의 한 방식처럼 느껴진다. 제자들은 그분의 부르심에 응답하며 이제 실패와 좌절의 자리를 털고 일어나 다시 시작해야 한다.

7이에 예수께서 사랑하신 그 제자가 베드로에게 말하였다
"그는 주님이야" 이에 시몬 베드로는 그가 주시라는 것을
듣고 벗고 있었기 때문에 겉옷을 두르고 자신을 바다에 내던졌다

베드로가 눈치 채지 못하는 사이에 "예수께서 사랑하신 그 제자"는 이번의 고기잡이 사건이 우연의 장난이 아니라 주님의 기적임을 직감했다. 얼른 베드로의 귀를 찾아갔다. "그는 주님이야." 요한은 통찰력이 있고 촉이 빠른 사도였다. 그런데 요한의 귀띔을 들은 베드로는 요한보다 먼저 움직였다. 그는 열정이 있고 발이 빠른 사도였다. 이것도 부활의 무덤으로 달려간

두 제자의 엇갈린 도착과 출입 현상의 반복이다. 크리소스토무스의 말처럼, 요한과 베드로는 각자의 성향을 따라 행동한다. 요한은 관조적인 사람이고 베드로는 열정적인 사람이다. 요한은 통찰력이 강하고 베드로는 행동파다. 요한은 주님을 먼저 알아보고 베드로는 그에게로 먼저 달려간다.

두 사람의 경건에 점수나 서열을 매기는 것은 합당하지 않다. 오히려 두 사람의 장점을 취합하는 것이 지혜롭다. 나아가 12명의 사도들이 가진 모든 장점들(베드로의 열정, 요한의 사랑, 안드레의 관찰력, 야고보의 실행력, 빌립의 긍정성, 바돌로매의 순수함, 도마의 분석력, 마태의 사명감, 알패오의 아들 야고보의 조력, 다대오의 공감력, 시몬의 모험심, 바울의 분별력)을 취합하여 각자가 자신의 인격 안에서 재구성해 예수를 닮아가는 것이 합당하다. 이는 모든 사도들이 저마다 예수의 다양한 장점들을 최소한 하나씩은 고유하게 가지고 있기 때문이다.

베드로는 요한의 귀띔을 들을 때 옷을 벗은 상태였다. 이에 대해 칼뱅은 베드로가 열심히 일하고 있었다고 해석한다. 일에 집중했기 때문에 예수를 인지하지 못하였을 가능성이 크다. 동료 제자들을 섬기고자 하는 베드로의 사랑은 각별하다. 요한은 주님께 집중했고 베드로는 이웃에게 집중했다. 두 사람의 차이는 사랑의 다름이 아니라 사랑하는 양태의 다름이다.

베드로는 요한의 도움으로 예수를 알아보고 겉옷을 입으며 예를 갖추었다. 이는 최고의 모습으로 주님을 맞이하고 싶어하는 베드로의 극진한 존경심 때문이다. 그런데 바다에 뛰어들어 육지까지 백여 미터의 거리를 수영해야 하는 상황이다. 수영은 옷이 없을수록 용이하다. 그럼에도 불구하고 베드로는 예수께로 다가가기 위해 겉옷까지 걸친 "자신을 바다에 내던졌다." 주님에 대한 존경심이 겉옷의 불편함을 압도했기 때문이다. 여기에서 "겉옷"(ἐπενδύτης)은 신약에서 유일하게 사용된 낱말이다. 1세기에 이불로도 사용되는 겉옷은 아니지만 걸치지 않은 것보다는 불편한 게 사실이다. 겉옷으로 인해 베드로는 바다 속으로 가라앉을 가능성이 농후했다. 그러나 그는 예전에 물속으로 빠져 들어가는 자신을 건지신 주님의 자비로운 보호를 체험했다. 이번에도 능히 건지실 그 주님을 신뢰했기 때문에 갑절의 무거운 몸도 바다로 내던졌다.

여기에서 "던지다"(βάλλω)는 동사는 그물을 "던지다"는 동사와 동일하다. 이 장면에서 나는 베드로가 자신을 그물처럼 던지는 모습을 연상한다. 이것은 두 번째 던짐이다. 예전에는 자신을 던져서 물 위를 걸었으나 이번에는 자신을 던지기만 했다. 물고기를 잡기 위해서는 그물을 던지지만 사람을 낚기 위해서는 자신을 던져야 한다는 교훈이 감지된다. 나 자신이 사람 낚는 그물이 되기 위해서는 사랑과 진리라는 씨줄과 날줄로 직조된 그물망이 촘촘해야 한다. 성령의 이끌림을 받아 하나님의 그물을 던지면 예비된 사람들이 그물에 빼곡하게 채워진다. 이는 자신을 희생하는 사랑, 자기를 부인하는 진리 없이는 불가능한 기적이다. 이런 사건을 통해 베드로는 서서히 사람 낚는 어부로 준비되어 간다. 주님의 보내심을 받은 사도의 면모도 조금씩 그의 의식과 몸에 차오른다.

8그러나 다른 제자들은 육지에서 백여 미터 정도의 거리였기 때문에
물고기 든 그물을 끌고 왔고 9육지로 올라왔다 숯불이 있었는데
그 위에 생선도 놓여있고 떡도 놓여있는 것을 그들이 보았더라

베드로는 바다에 자신을 던졌지만 다른 제자들은 배에 머물렀다. 배의 위치와 육지 사이는 백여 미터의 거리였다. 다른 제자들은 물고기가 가득한 그물을 끌고 해변까지 왔고 그들은 육지로 올라왔다. 베드로의 신앙과 다른 제자들의 신앙 사이에 우열을 매기는 것은 곤란하다. 예전에 예수께서 바다 가운데에 나타나신 때에는 다른 제자들이 그에게로 나아가지 않았으나 이번에는 그가 해변에 계시기에 배의 동선이 그에게로 가는 길이고 수

영이 아니라 항해라는 방식의 차이가 있을 뿐이기 때문이다. 그러나 베드로와 그들 사이에 주님을 향한 사랑의 차이는 분명하다. 베드로는 동료 제자들을 사랑해서 그들의 필요를 채우기 위해 물고기를 잡으려고 앞장섰다. 그런데 주님을 발견하자 그는 물고기와 그들을 배에 두고 주님께로 갔다. 주님에 대한 베드로의 사랑은 물고기에 사랑보다 크고 동료들에 대한 사랑보다 컸다. 다른 제자들은 물고기를 잡으려는 베드로는 따랐으나 주님께로 가려고 바다에 몸을 던진 베드로를 따르지는 않았다. 베드로의 열정적인 사랑은 과연 남다르다.

제자들이 육지로 왔을 때에 숯불이 준비되어 있었으며 숯불 위에는 생선도 있고 떡도 준비되어 있었다고 저자는 기록한다. 이 모든 것들은 예수께서 준비하신 것이었다. 밤새도록 싸늘하게 식고 피곤한 그들의 몸을 녹이고 따뜻한 음식으로 그들의 위장을 든든히 채우기 위한 것이었다. 물고기를 잡도록 도우시고 지친 몸의 회복도 이루시고 밝아오는 내일의 활동을 위한 에너지도 미리 준비하신 주님의 사랑으로 인해 제자들의 눈시울은 뜨겁고 촉촉했다. 예수께서 준비하신 숯불의 의미가 베드로에게는 특별하다. 예수께서 심문 당하시던 밤, 숯불 앞에서 몸을 녹이다가 예수를 세 번이나 부인했기 때문이다. 그런데 예수께서 친히 준비하신 숯불은 어쩌면 베드로의 그 부끄러운 배신을 만회하기 위해 마련하신 것인지도 모르겠다. 이제는 베드로가 숯불 앞에서 예수를 가장 열정적인 사랑으로 대하는 제자로 자리매김 한다.

¹⁰예수께서 그들에게 말하셨다 "지금 잡은 생선을 좀 가져오라"
¹¹시몬 베드로가 올라가서 그 그물을 육지로 끌어오니 가득한 큰 물고기가
백쉰세 마리였다 이렇게도 많았는데 그물은 찢어지지 않았다

예수는 제자들이 "지금 잡은 생선"을 몇 마리 가져오게 명하셨다. 먹으라고 명하시지 않고 가져오게 하셨다는 사실에서 무스쿨루스는 제자들이 예수께서 준비하신 생선만 먹었으며 자신들이 잡은 물고기는 예수께로 가져오기 위한 것이라고 해석한다. 사도들의 사역과 관련하여 복음의 그물에 걸린 사람들은 제자들의 생계를 위함이 아니라 예수께 드려야 할 거룩한 산 제물이기 때문이다. 일리가 있는 해석이다. 예수의 명령을 베드로의 귀가 가장 먼저 접수했다. 말보다 몸이 빨리 움직이는 베드로는 그물로 이미 달려갔다. 그가 그물을 땅으로 "끌고 왔다"(εἵλκυσεν)고 저자는 기록한다. 물고기가 많아서 그물을 들 수 없었다는 6절의 기록과 상충된다. 그러나 베드로 개인의 천하장사 같은 괴력 때문이 아니라 주님께서 권능을 베푸셨기 때문에 그물의 이동은 가능했다. 사람들을 사랑과 진리의 그물로 낚은 이후라도 하나님의 은총이 없으면 그들을 선한 길로 이끌어갈 수 없다는 헨리의 분석은 타당하다.

고기잡이 사건에서 많은 물고기를 잡은 기적과 무거운 그물을 들어 올린 기적은 모두 예수의 신성을 보여주는 것이라고 교부들은 해석한다. 두 기적을 체험한 베드로가 그물에 잡힌 큰 물고기를 세어보니 153마리였다. 예수께서 숯불 위에 준비하신 생선은 한 마리(ὀψάριον)였다. 떡(ἄρτον)도 하나였다. 일곱의 제자들이 먹기에는 턱 없이 부족하다. 더 많은 생선과 떡을 준비하실 수 있음에도 불구하고 한 마리와 한 덩이만 준비하신 이유는 무엇일까? 이 대목은 오병이어 사건을 떠올린다. 다섯 개의 빵과 두 마리의 생선은 꼬마가 준비했다. 이것을 무리에게 전달한 것은 꼬마도 아니고 예수도 아니고 제자들이 했다. 이번에도 예수는 한 마리의 생선만 준비하고

더 필요한 생선은 제자들로 하여금 가져오게 명하셨다. 이런 상황에서 제자들의 머리에 오병이어 기적의 교훈이 떠오르는 것은 당연했다.

　예수는 모든 필요를 채우시는 분이시다. 그런데도 사람들이 원하는 정치적인 왕은 아니시다. 사람이 떡으로만 사는 게 아니라 하나님의 입에서 나오는 모든 말씀으로 산다. 예수는 사람에게 생선과 떡도 주시지만 말씀이신 자신이 모든 사람에게 궁극적인 양식임을 알리신다. 그는 자신을 양식으로 희생하며 백성을 먹이시는 영적인 나라의 왕이시다. 예수는 백성들을 먹이시되 직접 하시지 않고 제자들을 통하여 먹이신다. 주님의 보내심을 받은 제자들은 이제 세상에 필요한 양식을 나누어야 한다. "충성되고 지혜 있는 종이 되어 주인에게 그 집 사람들을 맡아 때를 따라 양식을 나눠줄"(마 24:45) 진리의 사도로서 살아가야 한다. 이로써 예수께서 하나님 나라의 임금 되심을 나타내야 한다. 이후의 본문에서 예수는 제자들의 대표격인 베드로와 대화를 나누시며 자신에 대한 사랑에 근거하여 자신에게 하듯 자신의 양들을 먹이라고 명하신다. 예수의 부활 이전이나 이후나 사도들의 사명은 동일하다. 부활 이전에는 훈련이고 부활 이후에는 실전이다. 성령의 특별한 임재를 통하여 그들은 하늘의 권능을 받아 지구에 사는 하나님의 모든 백성을 양육해야 한다.

　잡힌 물고기가 너무도 많았는데 "그물이 찢어지지 않았다"는 특이한 사실을 저자는 주목한다. 그물이 찢어지지 않으면 잡힌 물고기가 한 마리도 빠짐없이 보존된다. 이는 자신에게 주신 자들은 하나도 잃지 않고 마지막 날에 다시 살리는 것이 자신을 보내신 아버지의 뜻이라고 하신 예수의 말씀을 떠올리게 한다(요 6:39). 그들 모두를 주님은 제자들의 그물에 맡기셨다. 주께서 제자들을 부르실 때에는 잡은 물고기가 너무 많아서 그물이 찢어졌다. 이에 대하여 아우구스티누스는 찢어진 그물이 "교회의 현세적인 특성" 즉 "선한 이와 악한 이가 섞여 있는 현세의 교회"이기 때문에 찢어져서 악한 이를 제거해야 했고 부활 이후의 그물에는 선한 이만 있기 때문에 찢어지지 않았다고 설명한다. 이제는 달라졌다.

그물의 찢어지지 않음은 그물의 강도와 물고기의 수가 균형을 이루었기 때문에 가능하다. 제자들은 물고기의 수를 조절하지 않고 그물만 준비했다. 물고기의 수는 주님께서 정하셨다. 앞으로 사람을 낚기 위한 그물의 준비는 성령께서 맡으신다. 제자들은 성령으로 충만해야 한다. 성령의 충만은 그것에 상응하는 수의 사람을 낚는 제자들의 준비이기 때문이다. 사람을 낚기 위해 예루살렘, 온 유대, 사마리아 그리고 땅 끝까지 던져지는 그물은 성령으로 충만한 제자들 자신이다. 우리도 그물이다. 사람을 낚으려면 우리가 성령으로 말미암아 주님의 사랑과 진리와 정의로 촘촘해야 한다.

이 구절에서 물고기의 수가 153이라는 사실에 근거한 교부들의 신비적인 해석이 흥미롭다. 암모니우스는 100이 열방을 의미하고 50은 택하심을 받은 이스라엘 백성을 의미하고 3은 삼위일체 하나님을 뜻한다고 해석한다. 그리고 그물에 걸린 모든 유대인과 이방인의 삶은 삼위일체 하나님의 영광을 위하여야 한다고 주장한다. 아우구스티누스는 10이라는 율법의 수와 7이라는 성령의 수를 더하면 17이 되고 1에서 17까지 모든 수를 합하면 153이 된다는 사실을 언급한다. 그리고 50과 3이라는 수를 주목하며 오순절에 성령을 보내시는 아버지 하나님과 예수의 약속을 따라 제자들이 성령을 기다려야 한다는 메시지가 암시되어 있다고 해석한다.

12예수께서 그들에게 말하셨다 "이곳으로 와서 아침을 먹으라" 그가 주님이신 줄
알았기 때문에 제자들 중에 "당신이 누구냐"며 감히 묻는 자가 아무도 없었다

예수는 아침을 먹으라고 제자들을 부르신다. 스승이 왔으니 시중을 들라고 부르지 않으셨다. 예수는 이 땅에 육신으로 오실 때에도 대접 받기 위함이 아니라 대접하기 위해 오신 것처럼 부활하신 이후에도 그런 섬김의 모습

은 여전했다. 부활의 예수는 육신만 부활 전과 동일하지 않으시고 섬김의 자세도 여전하신 분이셨다. 이로 보건대, 동일한 몸의 형체가 바뀌는 부활 이후에도 우리의 인격은 부활 이전의 상태로 보존될 가능성이 높다. 예수는 제자들을 위해 만찬을 준비했고 수고한 제자들을 불러 아침을 먹으라고 권하신다. 예전에 "하늘을 우러러 축사"하신 오병이어 기적(눅 9:16)과는 달리 이번에는 그런 기도를 드리지 않으셨다. 이에 대해 키리소스토무스는 예수께서 행하신 과거의 그런 기도가 "우리의 수준에 맞추신 것"임을 알리는 것이라고 해석한다. 하나님 되신 예수는 기도가 필요하지 않으시다.

조반의 처음과 나중을 주님께서 다 마련하신 것이어서 제자들은 너무도 황송했고 어떻게 반응해야 할지 난감했다. 예수를 배신한 제자들은 아마도 야비한 그들의 처신에 스승의 불호령을 떨어질 것을 각오하지 않았을까? 그런데 웬일인가? 그 못난 제자들을 위해 꾸지람과 조건 없는 만찬을 베푸셨다. 지각이 마비되고 상식이 놀랄 기막힌 일이었다. 제자들은 그가 주님이신 줄 깨달았다. 예수는 자신을 확실하게 보이셨고 제자들은 그를 분명하게 인지했다. 주님은 그들이 배신한 이후에도, 부활하신 이후에도, 전혀 변하지 않으셨다. 변하는 것은 불변하는 것 앞에서 그 변화상이 더욱 선명하게 드러난다. 제자들은 주님과 더불어 하나님의 나라를 꿈꾸던 3년의 기간을 떠올린다. 그런데 그 나라의 초석이 확립되는 절정의 순간에 배신했고 지금은 어부라는 본업으로 돌아온 자신들의 바뀐 모습을 직시한다. 제자들 중에 스승에게 "당신이 누구냐"고 "감히" 묻는 자가 없었던 것은 당연하다. 사실 변하지 않으신 예수께서 변절한 제자들을 향해 "너희들은 누구냐"고 물으시는 것이 당연했다. 그러나 그들의 움츠러든 어깨를 보시며 예수는 언성을 높이지 않으시고 한결 같은 모습으로 그들의 곁에 계시는 방식으로 조용하고 따뜻한 감화를 그들에게 건네셨다.

예수는 떡과 생선을 취하시고 그들에게 나누셨다. 제자들의 의식은 다시 오병이어 사건으로 돌아갔다. 그때도 떡과 생선을 그들에게 나누셨다. 제자들이 떡과 생선의 수혜자가 아니라 무리에게 나누어야 했던 그때와는 달리 이번에는 제자들이 떡과 생선의 수혜자다. 예수는 지금 제자들을 자신의 양떼처럼 먹이신다. 제자들이 세상을 먹이도록 주님은 제자들을 먹이신다. 어떤 무거운 교훈을 숙제처럼 끼워 넣지 않으시고 그냥 먹이신다. 이 대목에서 제자들은 그들의 신앙과 인격과 인생의 양식이 예수라는 사실을 깨닫는다. 그로부터 먹고, 그와 더불어 먹어야 복음의 양식을 온 천하에 다니며 만민에게 전파할 수 있음을 깨닫는다. 특별한 말이 없더라도 예수는 그 자체로 메시지다. 소리 없는 예수의 모든 행위는 말보다 더 강하고 분명한 언어였다.

아우구스티누스는 예수께서 제자들과 함께 떡과 생선을 드신 사건에서 "부활한 의인들의 육체"가 가진 특성을 도출한다. 즉 부활의 육체는 "병에 의한 죽음이나 늙음으로 인한 죽음에서 지켜 줄 열매도, 갈증이나 배고픔을 없애 줄 육체적 양식"도 필요하지 않다. 혹시 음식을 먹는다면 필요 때문이 아니라 원하기 때문이다. 영양의 섭취를 위함이 아니라 먹고 마시는 몸의 능력을 보이시기 위함이다.

14이것은 죽은 자들 가운데서 살아나신 예수께서
이제 세 번째로 제자들에게 나타나신 것이었다

부활하신 예수께서 자신을 드러내신 이야기를 저자는 여러 겹으로 소개한다. 제자들 중에 자신을 나타내신 것은 이번이 세 번째다. 첫 번째는 도마가 함께 없었을 때에, 둘째는 도마가 함께 있었을 때에 보이셨다. 아우구스티누스는 네 개의 복음서를 종합하여 예수께서 자신을 나타내신 것이 열 번이라고 분석한다. 1) 무덤에 온 여인(요 20:14), 2) 무덤에서 돌아가던 여인들(마 28:9-10), 3) 베드로(눅 24:34), 4) 엠마오로 가던 두 제자(눅 24:15), 5) 도마 빠진 제자들(요 20:19-24), 6) 도마 포함한 제자들(요 20:26-29), 7) 디베랴 호수(요 21:1), 8) 갈릴리의 제자들(마 28:16-17), 9) 만찬석의 제자들(막 16:14), 10) 예수께서 구름 타고 승천하실 때의 사람들(막 16:19; 눅 24:50-51) 등에게 보이셨다. 신약 전체에서 본다면 우리는 500여 성도(고전 15:6)와 주님의 동생 야고보(고전 15:7)와 다메섹 도상의 바울(행 9:3-7)에게 보이신 것까지 추가해야 한다.

예수께서 이렇게 반복해서 자신을 나타내신 이유는 부활의 역사적 실재성을 명확히 알리시기 위함이다. 동시에 제자들이 부활 신앙을 따라 살아가길 원하시기 때문이다. 그리고 제자들이 부활의 예수를 여러 번 만나서 생긴 확신을 가지고 목격한 그대로 그 부활의 진리를 땅 끝까지 전하라고 보이셨다. 죽음의 권세를 이긴다는 것이 얼마나 놀라운 사건인가! 부활은 그런 사건이다. 죽음에 일평생 얽매여 살아가는 온 인류에게 최고의 복음은 바로 부활이다. 이런 복음에 대해 침묵하면 온 인류에 어두운 죽음의 절망이 드리운다. 부활의 진리는 가장 눈부신 빛이기에 온 세상에 전파하면 반드시 온 세상이 구석구석 밝아진다. 그렇기 때문에 어둠의 세력은 최대의 화력을 동원하여 부활의 진리 전파를 막으려고 몰두한다. 다른 모든 것들은 포기해도 부활을 저지하는 일만큼은 마귀가 어둠의 명운을 걸고 매달린다.

요 21:15-23

¹⁵그들이 조반 먹은 후에 예수께서 시몬 베드로에게 이르시되 요한의 아들 시몬아 네가 이 사람들보다 나를 더 사랑하느냐 하시니 이르되 주님 그러하나이다 내가 주님을 사랑하는 줄 주님께서 아시나이다 이르시되 내 어린 양을 먹이라 하시고 ¹⁶또 두 번째 이르시되 요한의 아들 시몬아 네가 나를 사랑하느냐 하시니 이르되 주님 그러하나이다 내가 주님을 사랑하는 줄 주님께서 아시나이다 이르시되 내 양을 치라 하시고 ¹⁷세 번째 이르시되 요한의 아들 시몬아 네가 나를 사랑하느냐 하시니 주께서 세 번째 네가 나를 사랑하느냐 하시므로 베드로가 근심하여 이르되 주님 모든 것을 아시오매 내가 주님을 사랑하는 줄을 주님께서 아시나이다 예수께서 이르시되 내 양을 먹이라 ¹⁸내가 진실로 진실로 네게 이르노니 네가 젊어서는 스스로 띠 띠고 원하는 곳으로 다녔거니와 늙어서는 네 팔을 벌리리니 남이 네게 띠 띠우고 원하지 아니하는 곳으로 데려가리라 ¹⁹이 말씀을 하심은 베드로가 어떠한 죽음으로 하나님께 영광을 돌릴 것을 가리키심이러라 이 말씀을 하시고 베드로에게 이르시되 나를 따르라 하시니 ²⁰베드로가 돌이켜 예수께서 사랑하시는 그 제자가 따르는 것을 보니 그는 만찬석에서 예수의 품에 의지하여 주님 주님을 파는 자가 누구오니이까 묻던 자더라 ²¹이에 베드로가 그를 보고 예수께 여짜오되 주님 이 사람은 어떻게 되겠사옵나이까 ²²예수께서 이르시되 내가 올 때까지 그를 머물게 하고자 할지라도 네게 무슨 상관이냐 너는 나를 따르라 하시더라 ²³이 말씀이 형제들에게 나가서 그 제자는 죽지 아니하겠다 하였으나 예수의 말씀은 그가 죽지 않겠다 하신 것이 아니라 내가 올 때까지 그를 머물게 하고자 할지라도 네게 무슨 상관이냐 하신 것이러라

❖ ❖ ❖

¹⁵그들이 아침을 먹은 후 예수께서 시몬 베드로에게 말하셨다 "요한의 [아들] 시몬아 네가 이들보다 나를 더 사랑하느냐?" 그가 그에게 말하였다 "그렇습니다 주님 제가 당신을 사랑하고 있음을 당신께서 아십니다" 그가 그에게 말하셨다 "너는 나의 어린 양을 먹이라" ¹⁶그가 두 번째로 다시 그에게 말하셨다 "요한의 [아들] 시몬아 네가 나를 사랑하느냐?" 그가 그에게 말하였다 "그렇습니다 주님 제가 당신을 사랑하고 있음을 당신께서 아십니다" 그가 그에게 말하셨다 "너는 나의 어린 양을 돌보아라" ¹⁷그가 세 번째로 그에게 말하셨다 "요한의 [아들] 시몬아 네가 나를 사랑하느냐?" 베드로는 주께서 세 번째로 자신에게 "네가 나를 사랑하느냐"고 말하셔서 근심하며 그에게 말하였다 "주님 당신은 모든 것을 아십니다 제가 당신을 사랑하고 있음을 당신께서 아십니다" 예수께서 그에게 말하셨다 "너는 나의 어린 양을 먹이라 ¹⁸내가 진실로 진실로 너에게 말하노라 네가 젊어서는 네 스스로 띠 띠고 네가 원하는 곳으로 다녔지만 늙어서는 네가 손을 뻗고 다른 이들이 너를 묶고 네가 원하지 않는 곳으로 데려갈 것이다" ¹⁹그런데 그가 이것을 말하심은 베드로가 어떠한 죽음으로 하나님께 영광을 돌릴 것인지를 지시하기 위함이다 그가 이것을 말하신 후 그에게 말하셨다 "나를 따르라" ²⁰베드로가 돌이켜 예수께서 사랑하신 그 제자가 따르고 있는 것을 보았는데 그는 만찬에서 그의 가슴에 기대어 "주님, 당신을 판 자가 누구입니까?"라고 묻던 사람이다 ²¹이에 베드로가 그를 보면서 예수께 말하였다 "주님, 이 사람은 어떻게 되는지요?" ²²예수께서 그에게 말하셨다 "내가 올 때까지 그를 머물게 하고자 할지라도 너에게 무슨 상관이냐 너는 나를 따르라" ²³이것은 그 제자가 죽지 않는다는 말로 형제들에게 나갔으나 예수는 그에게 그가 죽지 않을 것이라고 말하지 않으셨고 오히려 "내가 올 때까지 그를 머물게 하고자 할지라도 너에게 무슨 상관이냐"고 말하셨다

사랑의 사명

우리는 예수에 대한 베드로의 특별한 사랑과 열정을 앞에서 확인했다. 이제 저자는 본문에서 예수께서 자신을 향한 베드로의 사랑을 고백하게 만드시는 내용을 소개한다. 베드로는 예수를 팔아넘긴 유다보다 더 야비한 배신을 저질렀다. 이는 그가 배신을 위해 저주와 거짓과 맹세까지 동원했기 때문이다. 이런 사람이 장차 교회를 세우고 이끌어갈 수석 제자로 쓰임을 받는다는 것이 어떻게 가능할까? 예수께서 가능하게 만드셨다. "사함을 받은 일이 적은 자는 적게 사랑"(눅 7:47)하고 많이 받은 자는 많이 사랑할 것이라는 예수의 말씀이 실제로 구현된 이야기를 요한은 본문에서 소개한다.

본문 앞에서는 남다른 동료애로 돋보였던 베드로가 이번에는 사도직 수행과 관련하여 자신이 배신한 주님과 나눈 중요한 대화로 인해 돋보인다. 대화의 핵심은 사랑과 사명이다. 자신의 부끄러운 배신으로 인해 가장 무거운 절망을 경험한 베드로는 예수 사랑이 다른 누구보다 절박하다. 기막힌 역설이다. 예수는 자신에 대한 그의 사랑에 근거하여 자신의 어린 양들을 그에게 맡기신다. 사랑과 사명의 비례적인 관계는 지금도 유효하다. 주님을 향한 사랑이 클수록 더 큰 사명이 부여된다. 주님께서 맡기시는 사명 자체가 사랑이기 때문이다. 즉 하나님과 이웃 사랑이다. 이 사랑은 예수께서 일평생 말하시고 행하시고 성취하신 율법의 마침과 성취와 완성이다.

15그들이 아침을 먹은 후 예수께서 시몬 베드로에게 말하셨다
"요한의 [아들] 시몬아 네가 이들보다 나를 더 사랑하느냐?"
그가 그에게 말하였다 "그렇습니다 주님 제가 당신을 사랑하고 있음을
당신께서 아십니다" 그가 그에게 말하셨다 "너는 나의 어린 양을 먹이라"
16그가 두 번째로 다시 그에게 말하셨다 "요한의 [아들] 시몬아
네가 나를 사랑하느냐?" 그가 그에게 말하였다 "그렇습니다 주님
제가 당신을 사랑하고 있음을 당신께서 아십니다" 그가 그에게 말하셨다
"너는 나의 어린 양을 돌보아라" 17그가 세 번째로 그에게 말하셨다
"요한의 [아들] 시몬아 네가 나를 사랑하느냐?" 베드로는 주께서
세 번째로 자신에게 "네가 나를 사랑하느냐"고 말하셔서 근심하며
그에게 말하였다 "주님 당신은 모든 것을 아십니다
제가 당신을 사랑하고 있음을 당신께서 아십니다" 예수께서 그에게 말하셨다
"너는 나의 어린 양을 먹이라

예수는 친히 마련하신 만찬을 제자들과 함께 가지신 후 여러 제자들 중에서도 베드로를 향해 말하셨다. 크리소스토무스의 설명에 의하면, 베드로는 사도들 중에서도 "선택된 자이며 대변인과 지도자"로 세움을 받았기 때문이다. 내가 보기에 또 다른 이유는 베드로가 예수를 배신한 모든 제자들 중에서도 거짓과 저주와 맹세까지 모조리 동원한 가장 지독한 배신을 저질렀기 때문이고 죄가 더한 곳에 은혜도 더하기 때문이다. 예수는 지금 여러 제자들이 지켜보는 자리에서 베드로를 택하시고 대화를 나누신다. 이는 칼

뱅의 분석처럼 공적인 자리에서 베드로 자신의 사명감 회복을 위함이고 그의 이러한 회복을 다른 제자들도 보고 그를 존중하게 하기 위함이다.

예수께서 사용하신 호칭은 "요한의 시몬"(Σίμων Ἰωάννου)이다. 이 호칭은 세 번의 동일한 질문에서 매번 사용된다. 반석을 의미하는 "베드로" 혹은 "게바"라고 부르지 않고 본래의 이름인 "시몬"으로 부른 이유는 무엇일까? 요한은 예수께서 시몬을 "장차 게바라고 불려질 것이라"고 하신 말씀은 1장에서 기록했다. 예수는 자신을 세 번 부인할 것이라고 말하신 문맥에서 시몬을 딱 한번 "베드로"로 부르셨다(눅 22:34). 그 외에는 언제나 그를 "시몬"으로 부르셨다. 베드로와 예수의 오랜 관계가 보존된 그 이름으로 예수는 자신을 향한 베드로의 사랑을 물으신다. 요한복음 끝부분의 지면은 바로 이 사랑의 재확인을 위해 할애된다.

자신을 향한 사랑의 여부에 대해 예수는 베드로에게 세 번이나 물으신다. 사랑은 숙제인가? 그렇지가 않다. 예수의 사랑 질문은 자신을 위함이 아니라 베드로를 위함이다. 크리소스토무스의 말처럼 예수께서 우리를 사랑하신 것은 자신을 위함이 아니라 우리를 위함이고 우리가 예수를 사랑하는 것도 그를 위함이 아니라 우리를 위함이다. 이는 사랑을 주든 받든 예수와 우리가 사랑의 관계를 맺는다는 것 자체가 우리에게 무한한 은총이기 때문이다. 세상의 모든 사람에게 가장 중요한 질문의 내용과, 공적인 자리에서 사도라는 공적인 신분으로 공적인 직무를 수행하기 위한 가장 중요한 요건은 바로 사랑이다. 사랑에 대한 세 번의 질문은 그에게 완전한 사랑을 준비시켜 준다.

예수는 다른 제자들에 대한 베드로의 사랑과 자신에 대한 그의 사랑을 비교하며 물으신다. 그들보다 예수를 더 사랑하고 있느냐는 질문이다. 이것은 다른 제자들을 사랑하지 말라는 사랑 금지령이 아니라 사랑의 우선순위 문제에 대한 질문이다. 성경은 우리에게 하나님을 사랑하고 이웃을 사랑하고 원수까지 사랑해야 한다고 가르친다. 그러므로 주님에 대한 사랑을 핑계로 타인을 사랑하지 않으면 성경의 가르침에 위배된다. 베드로는 예수의 이 질문에 "네"(ναί)라고 대답한다. 이런 대답은 만약 그가 예수나 다른 제자들 중 어느 하나라도 사랑하지 않았다면 거짓이고, 예수를 다른 제자들보다 더 사랑하지 않았거나 혹시 둘에 대해 동등한 사랑을 했었어도 거짓이다.

그런데 베드로는 동료를 자기 집으로 불렀고 먹을 것을 주기 위해 물고기 잡으려고 밤새도록 노력할 정도로 사랑했다. 그럼에도 불구하고 예수께서 오시자 다른 제자들과 배와 물고기를 다 등지고 바다에 자신을 던져 그에게로 갔다. 이처럼 베드로의 "네"라는 단호한 긍정은 거짓이 아니었다. 사랑의 우선순위 문제에 있어서 베드로는 좋은 모델이다. 양을 먹이기 위해서는 양들에 대한 사랑 이전에 그 양들의 주인에 대한 사랑의 검증이 우선이다. 목회자의 그리스도 사랑은 참된 목자의 가장 중요한 표식이다. 나를 사랑해 주는 목사보다 주님을 나보다 더 사랑하는 목사를 찾고 따르는 게 지혜롭고 안전하다. 주님보다 나를 더 사랑하는 목회자가 있다면 주님 밖에서의 대단히 위험한 관계로 발전할 수 있기 때문이다. 그리고 양을 주님보다 더 사랑하면 양의 상태에 따라 사랑도 수시로 변하기 때문에 늘 불안하다. 그러나 주님에 대한 사랑은 주님이 바뀌시지 않기에 한결같고 영원하다. 그 변하지 않고 영원한 사랑에 근거하여 양을 먹이면 대단히 고약한 양도 먹일 수 있고 목양의 항구적인 지속성도 보증된다. 남편이나 아내, 부모나 자녀, 상전이나 종 사이의 관계도 주님을 먼저 경외하고 그 경외에 근거하지 않으면 위태롭게 된다(엡 5:21). 주님을 사랑할 때 모든 관계는 정상으로 돌아온다. 주님 사랑이 없거나 양들보다 그를 더 사랑하지 않는 목자들은 주님을 위하지 않고 자기를 위할 가능성이 높다.

그리고 주님을 사랑하는 것은 사명의 까다로운 조건이 아니라 우리 자신에게 최고의 유익이다. 아우구스티누스는 "하나님이 아니라 자기 자신을 사랑하는 사람은 결코 자신을 사랑하는 것이 아니라"고 주장한다. 오히려 "자기 자신이 아니라 하나님을 사랑하는 이가 자기를 사랑하는 사람이다." 그 이유는 "스스로 살 수 없는 이는 누구를 막론하고 자신을 사랑하면 반드시 죽게 되기 때문이다." 그러나 생명의 근원이고 생명 자체이고 생명을 주시는 주님을 사랑하면 영원히 죽음을 맛보지 않고 영원히 살 것이기 때문에 예수 사랑보다 더 큰 유익이 어디에 있겠는가! 사랑은 사랑하는 자와 사랑받는 자의 운명을 연결한다. 누구를, 무엇을 사랑할 것이냐가 운명의 선택이다. 영원한 생명의 근원 되시는 주님을 사랑하면 그의 운명을 공유하게 된다. 주님처럼 우리도 하나님의 자녀가 되고 주님처럼 우리도 하나님의 상속자가 된다. 주님을 사랑하지 않으면 주님과 무관한 자신의 죽을 운명을 따라 필히 사망하는 것은 당연하다.

베드로는 예수를 "주님"으로 호칭한다. 이는 자신을 부르시고 보내신 예수의 종으로 자신을 규정하는 호칭이다. 이런 관계성을 따라 질문을 다시 표현하면, 주님을 다른 종들보다 더 사랑하고 있느냐다. 주인의 다른 종들을 직접 사랑하는 것보다 그들의 주인을 그들보다 더 사랑할 때 그들을 온전히 사랑하게 된다. 동시에 만약 종들을 사랑하지 않는다는 것은 종들만이 아니라 그들의 주인도 사랑하지 않고 결국 자기 자신도 사랑하지 않는다는 반증이다. 베드로가 예수를 사랑하고 있다는 말은 어떤 기준에 근거한 긍정일까? 베드로 자신의 기준이 아니라 주님의 기준이다. 베드로는 자신의 사랑을 주님께서 알고 계시다고 고백한다. 베드로 자신이 사랑하고 있다고 긍정할 때가 아니라 주님께서 긍정해 주실 때에 사랑의 진정성은 확증된다. 베드로는 그런 고백으로 생의 기준을 주님께 의탁했다. 기준의 주인이 진정한 주인이다. 그리고 기준의 양도가 진정한 신앙이다. 예수의 기준을 따라 예수의 방식으로 사랑해야 진정한 사랑이다. 이는 수시로 드러난 과거의 종교적 혈기와는 뭔가 달라진 베드로의 모습, 절망의 강을 지나온 인생의 숙성된 모습이다.

"네"라고 답하는 베드로를 향해 "너는 나의 어린 양을 먹이라"고 예수는 명하신다. 이 명령은 사랑에 근거한다. 사랑이 전제되지 않으면 주어지지 않는 명령이다. 사랑과 명령은 상극이 아니라 상통한다. 주님께서 모세와 그 백성에게 주신 모든 율법과 명령도 그들에 대한 사랑에 근거하고 사랑을 위함이다. 이스라엘 백성을 선택하신 것도 그의 "사랑하심" 때문이고 (신 7:7-8) 사랑하는 그들에게 "여러 민족 앞에서" "이 큰 나라 사람은 과연 지혜와 지식이 있는 백성"이라는 칭찬과 존경을 받게 하는 규례와 법도를 명령하신 것(신 4:6)도 사랑 때문이다. 이러한 하나님의 사랑과 명령의 관계성은 하나님의 나라와 의를 구하는 모든 자들에게 주시는 사명의 모범이다. 사랑하지 않으면 사랑이신 하나님의 어떠한 명령도 수행할 수 없고 오히려 하나님의 나라를 방해하고 왜곡한다.

예수께서 첫 번째와 두 번째로 물으신 사랑은 "아가페 사랑"(ἀγαπάω)이다. 이는 대체로 어떠한 조건이나 자격에 근거하지 않고 어떠한 대가도 바라지 않고 자신의 생명도 아끼지 않고 내어주는 신의 영원한 무조건적 사랑을 가리킨다. 사랑을 하더라도 종류가 중요하다. 베드로는 아가페 사랑에 대한 예수의 질문에 "필리아 사랑"(φιλέω)으로 답하였다. "필리아 사랑"은 대체로 대등한 관계 속에서의 우정 혹은 인간의 일시적인 애착이나 사랑을 의미한다. 그러나 신약에서 "아가페"과 "필리아"는 대체로 혼용된다. 구약의 헬라어 역본인 70인경 안에서도 아가페와 필리아는 혼용된다. 그럼에도 불구하고 지금의 대화에는 두 단어의 유의미한, 혹은 의도적인 차이가 감지된다. 예수께서 사용하신 단어에 맞추어서 대답하지 않은 베드로의 속내는 여전히 궁금하다. 두 번째 문답에서 이 패턴은 반복된다. 그런데 세 번째 문답에서 예수는 자신의 용어를 바꾸셔서 "아가페 사랑"이 아니라 "필리아 사랑"으로 물으시고 베드로는 자신의 용어를 바꾸지 않고 "필리아 사랑"으로 화답한다. 이처럼 첫 번째 문답은 아가페 사랑과 필리아 사랑, 두 번째 문답도 아가페 사랑과 필리아 사랑, 그러나 세 번째 문답은 필리아 사랑과 필리아 사랑이다. 예수의 마지막 질문에서 발생한 용어의 변화가 의미하는 바는 무엇일까?

나는 예수께서 신의 무조건적 사랑을 제자들의 대표격인 베드로 안에서도 찾아볼 수 없음을 모든 자들에게 확인시켜 주셨다고 이해한다. 즉 아가페 사랑은 사람이 흉내내지 못할 예수의 고유한 사랑이고 신적인 사랑이고 영원한 사랑임을 가르친다. 그리고 예수의 질문은 자신이 먼저 아가페 사랑을 실천하지 않고서는 던질 수 없는 질문이다. 그래서 예수는 베드로를 향한, 모든 제자들을 향한, 모든 믿음의 사람들을 향한 자신의 사랑이 아가페 사랑임을 알리신다. 특별히 질문을 받은 당사자 베드로는 환경이 악화되자 스승에게 차가운 등을 돌린 세 번의 치욕적인 배신을 떠올리며 자신의 변절에도 불구하고 예수의 아가페 사랑은 지금도 변하지 않고 여전히 무조건적 사랑으로 유지되고 있음에 심히 놀라고 있음이 분명하다. 이런 사랑을 알아버린 베드로의 심장은 무사할까? 눈에 고인 투명한 감격은 왈칵 범람하지 않았을까? 우리는 예수의 아가페 사랑에 준하는 사랑을 죽었다 깨어나도 실행하지 못하기에 예수는 질문의 수위를 낮추신다. 우리의 사랑은 온전하지 않음에도 불구하고, 최대치가 필리아 사랑일 뿐이어도, 그것을 진실한 사랑으로 존중해 주신다는 메시지가 질문의 눈높이 수정의 핵심이다. 주님은 우리에게 아가페 사랑을 베푸시고 우리의 필리아 사랑을 기꺼이 받으신다. 이런 식으로 주님과 우리 사이에 사랑의 운동장은 항상 기울어져 있다.

베드로가 주님을 향한 사랑으로 먹여야 할 대상은 누구인가? 예수는 "나의 어린 양"이라고 말하신다. 여기에서 "나의"(μου)라는 1인칭 소유격은 베드로가 먹여야할 양이 베드로의 소유가 아님을 가르친다. 베드로는 아우구스티누스의 지적처럼 양들을 위해 십자가에 못 박힌 적도 없고 그의 이름으로 세례를 받지도 않았기 때문에 주님의 양을 자신의 양이라고 주장하면 도둑질로 간주된다. 자신의 소유물로 여기며 먹이는 것과 예수의 소유물로 여기며 먹이는 것 사이의 차이는 무엇인가? 이 차이는 자녀의 양육을 생각하면 이해하기 쉽다. 자녀는 분명히 혈통적인 아버지와 어머니 사이에서 태어난다. 그러나 예수를 믿으면 하나님의 자녀가 되는 신분과 권세를 취득한다. 그렇다면 자녀는 우리의 자녀인가 아니면 하나님의 자녀인가? 이에 대하여 주님은 "땅에 있는 자를 아버지라 하지 말라 너희의 아버지는 한 분이시니 곧 하늘에 계신 이"시라(마 23:9)고 말하셨다. 이는 하나님과 우리의 관계는 혈통적인 부모와 자녀의 관계가 흉내도 내지 못하는 지극히 아름다운 관계이기 때문에, 이 세상의 다른 어떤 관계와도 비교할 수 없기 때문에 주어진 주님의 명령이다.

내 자식이면 함부로 대하고 인권을 유린하고 노동을 착취하고 폭언과 폭력으로 양육하는 것을 마치 자신의 마땅한 권리인 것처럼 생각하기 쉽다. 그러나 하나님의 자녀로 여긴다면 그 자녀에게 가해진 모든 폭언과 폭력은 하나님께 가한 것으로 간주되기 때문에 그런 비인격적 횡포가 저지된다. 베드로는 자신의 양이 아니라 주님의 양을 먹이라는 사명을 받았기에 주께 하듯이 양들을 존대하고 사랑해야 한다. 모든 목회자도 그런 자세를 갖추어야 한다. 자신의 교회, 자신의 성도, 자신의 제자, 자신의 양이라고 자랑하지 않도록, 유린하지 않도록, 사사로이 대하지 않도록 주의해야 한다. 아우구스티누스의 말처럼 우리는 주님의 양을 섬기면서 우리의 영광이 아니라 주님의 영광을, 우리의 주권이 아니라 주님의 주권을, 우리의 이익이 아니라 주님의 이익을 추구해야 한다.

양을 자신의 양이 아니라 주님의 양으로 섬긴다는 것은 목자에게 너무도 큰 영광이다. 주님의 양을 돌보는 목자가 된다는 것은 주님의 자리와 사명과 배역을 감당하는 사람이 됨을 의미하기 때문이다. 이런 맥락에서 칼뱅은 "모든 경건한 자들이 성자께서 당신의 자리에 목사들을 앉히고 계신다는 말씀에서 적잖은 위로를 받는다"고 이해한다. 양을 주님의 양이 아니라 자신의 양으로 여기는 자는 이 놀라운 목자의 영광을 스스로 배척하는 자다. 그리고 칼뱅에 의하면, 주님을 사랑하지 않고 그의 양 무리인 "교회의 통치를 전복하는 거짓 교사들"의 경우에는 "큰 경종"이다. 그들은 아우구스티누스의 말처럼 "하나님께 순종하고 그분을 섬기며 기쁘게 해 드리는 일이 좋아서가 아니라 자랑이나 권력 행사나 이익을 얻으려는 욕망"의 충족을 위해 목양하는 목자의 탈을 쓴 자들이다. 바울의 말처럼 "자기 일을 구하고 그리스도 예수의 일을 구하지" 않는 자들이다(빌 2:21).

주님은 양들 중에서도 "어린 양"(ἀρνίον, 아르니온)을 먹이라고 명하신다. "어린 양"은 보통 생후 1년 미만의 양을 의미한다. 이 단어가 요한복음 안에서는 주님의 양을 가리키고 요한의 묵시록 안에서는 27번 모두 주님 자신을 가리킨다. 요한복음 안에서는 주님을 가리키는 "어린 양"의 헬라어 단어가 신약 전체에서 4번 사용된 "암노스"(ἀμνός)다. 베드로가 양육해야 할 대상은 어린 양이신 주님이 아니라 주님의 어린 양들이다. 아직 미숙하고 연약하고 순수해서 체험과 사색과 훈련이 필요한 양들이다. 이들 가운데에 다른 사도들이 포함되어 있다고 이해하는 것은 어색하다. 그런데도 다른 사도들이 베드로의 목양을 받았다고 주장하며 베드로의 지위를 다른 사도들 위에 두려는 자들의 억견에 나는 반대한다. 성경적인 근거가 없기 때문이다. 오히려 그들은 모두 동료였다. 바울도 까마득한 후배인 아볼로와 자신을 동등하게 여겼기 때문이다(고전 3:8).

예수 사랑에 대한 베드로의 긍정에 예수는 자신의 어린 양을 "먹이라" "목양하라" "먹이라"는 반응을 순서대로 보이셨다. "먹이다"(βόσκω)는 말은 예수의 어린 양에게 필요한 양식을 공급하는 것을 의미한다. 예수는 예전에 "내 살은 참된 양식이요 내 피는 참된 음료"(요 6:55)라고 밝히셨다. 베드로가 예수의 어린 양을 먹이기 위해 필요한 양식은 바로 예수 자신이다. 때를 따라 양들에게 양식을 공급하기 위해 모든 목자는 필히 예수와 동거하고 동행해야 한다. 사실 동거하고 동행하는 게 실질적인 사랑이다. 그래서 예수는 자신에 대한 베드로의 사랑을 세 번이나 물으셨다. 예수를 사랑하지 않고 그의 양들을 먹이는 것은 목자와 양 모두에게 고문이다. 그런 사람은 목자의 길을 가지 않는 게 상책이다. 예수로 충만하게 되고 예수 안에서 발견되는 것을 생의 목적과 행복으로 여기지 않는 사람은 일찌감치 성직자의 옷을 벗는 게 빠를수록 자신과 공동체 모두에게 더 유익이다. 그리스도 아닌 다른 것으로 충만한 목회자는 예수의 양들에게 독극물과 같다. 예수 그리스도 외의 모든 양식은 불량식품 같아서 어린 양들에게 치명적인 문제를 일으킨다.

그런데도 오늘날 많은 목회자가 예수 이외의 불량한 음식을 어설프게 제조해서 강단에서 경솔하게 유통한다. 그래서 양들의 사상은 병들고 말은 무례하고 행실은 불량하게 된다. 복음보다 이념을 편들고 예수를 따르지 않고 정파를 추종하며 정치적인 견해가 다르면 증오와 분노의 거품을 물고 서로를 죽이려고 달려든다. 예수의 양에게는 예수라는 양식이 필요하다. 그 양을 먹이는 자들은 예수를 지극히 사랑하며 그를 가리켜 기록된 성경을 부지런히 연구하고 묵상하고 정리해서 때를 따라 보급해야 한다. 이 대목에서 칼뱅은 예수께서 "교회의 통치 형태가 어떤 것인가를 간략하게 밝혀 주시고 있다"고 해석한다. 즉 모든 목회자는 예수를 사랑해야 하고 성경에 담긴 예수라는 양식을 바르게 조리해서 정확하게 전달해야 한다. 이로써 예수께서 모든 성도에게 생명과 생존의 근원과 목적이 되게 하는 것이 건강한 목양이다. 여기에서 목회자가 먹인 양이라고 할지라도 목회자의 양이 아니라 예수의 양이라는 사실을 명심해야 한다. 이처럼 예수에 근거한 사랑의 권위와 진리의 교류가 교회 정치의 핵심이다.

그리고 베드로는 주님의 어린 양을 목양해야 한다. "목양하다 혹은 돌보다"(ποιμαίνω)는 말은 영혼의 양식을 공급하는 것만이 아니라 양의 종합적인 상태를 살피면서 그가 최고의 상태를 유지하고 그에게 최적의 환경이 조성될 수 있도록 제반 사항들을 관리하는 것까지 포함한다. 오늘날 교회에서 양을 먹이는 역할은 주로 가르치는 장로로서 목사가 담당하고, 돌보는 역할은 주로 다스리는 장로가 담당한다. 어린 양들은 지성의 위장만 채워지면 교만하게 된다. 삶의 전 영역에 필요한 영양분을 골고루 섭취해야 신앙적인 안정감을 확보한다. 목회적 돌봄은 하나님의 장성한 사람이 되도록 삶의 전 영역의 필요를 성경적 가치관에 근거하여 채워주는 섬김을 의미한다. 이러한 섬김을 위하여 교회에는 목사와 장로와 집사와 교사 같은 항존직이 있고 그들은 자신의 직위와 공권력을 자랑하지 말고 주님의 양들을 돌보는 일에 연합하고 협력해야 한다. 부모가 자식을 키우듯이 목양해야 한다. 목자와 양의 관계는 이처럼 가족이다. 혈통적인 가족이 아니라 신앙적인 가족이다. 이 관계는 죽음으로 종식되지 않고 영원히 존속된다. 목양은 그 가치가 영원히 보존되는 섬김이다.

예수와 베드로 사이에 유사한 질문과 답변을 세 번이나 주고받은 이유는 무엇일까? 키릴루스는 세 가지를 언급한다. 첫째, 예수를 세 번이나 부인하며 배신한 베드로의 죄를 제거하기 위함이다. 둘째, 베드로의 사도직을 회복하기 위함이다. 셋째, 베드로의 불명예를 씻어내고 인간적인 나약함에 뿌리 둔 두려움을 제거하기 위함이다. 칼뱅은 세 번의 문답이 주님에 의한 간접적인 베드로 꾸중인 동시에 그 꾸중을 넘어 무수한 "역경을 극복해야 할 사람들의 마음에 주님의 사랑이 깊게 뿌리를 내리도록" 섬기기 위한 훈련이라고 이해한다. 물론 베드로는 세 번의 질문에 의한 연단의 목적을 제대로 이해하지 못하였다. 그래서 두 번째 문답에서 베드로는 답변하기 전에 "근심했다"(ἐλυπήθη). 두 가지의 이유가 가능하다. 근심의 첫 번째 이유는 예수의 질문이 바뀌었기 때문이다. 즉 두 번째 질문에는 비교급이 사라졌다. 그래서 상대평가 아닌 절대평가 사랑에 대한 질문이다. 베드로가 다른 사람보다 예수를 더 사랑하는 것에 관한 첫 번째 질문에 대해서는 당당하게 대답했다. 그러나 예수 자신을 향해 목숨과 마음과 뜻과 힘을 다하여야 하는 아가페 사랑의 절대적인 온전함에 대한 질문 앞에서는 근심했다. 그런데 다른 어떠한 것도 고려함과 비교함 없이 오로지 주님 자신을 우리가 사랑하고 있느냐에 대한 질문에 망설이지 않을 사람은 누구인가?

근심의 두 번째 이유는 베드로 자신의 오해 때문이다. 아마도 예수께서 자신을 신뢰하지 않는다고 오해했을 가능성이 높다. 사실 동일한 질문의 반복은 대체로 답변의 부실함 때문이다. 베드로의 답변에 진정성이 없거나 주님의 기준에 미치지 못하거나 어떠한 답도 얼마든지 배신으로 뒤집어질 수 있다는 뉘앙스를 주님의 반복적인 질문에서 읽었을 가능성이 높다. 만약 그렇다면 베드로의 명백한 오독이다. 예수는 자신의 양떼를 맡기시기 위해 베드로를 연단하는 중이시다. 베드로의 답변에 대해 불만 혹은 의심을 하셨다면 자신의 양을 어떻게 맡기실 수 있겠는가! 주님의 반응에 대해 사람들은 때때로 오독하며 근심한다. 주님의 선하신 의도를 신뢰하지 않고 자신의 부정적인 판단을 따라 근심한다. 배신을 했던 베드로의 의식에는 주님도 자신의 배신에 상응하는 보복성 조치를 취하실 것이라는 막연한 우려가 군림하고 있다.

그러나 주님은 이해와 포용이 무한한 분이시다. 긍휼이 많으시고 노하기를 더디 하시고 인자가 심히 크신 분이시다. 그러므로 우리가 그분을 의심하지 말고 사랑하면 된다. 혹시 그분의 책망과 징계가 있다면 파괴적인 목적이 아니라 더 큰 열심과 회개를 통한 회복을 위한 것임(계 3:19)을 기억하면 된다. 당시에는 당황하며 다 이해하지 못하지만 시간이 지나면 이해하게 된다. 우리도 "오랜 체험이 있은 뒤에"는 깨달을 것이기 때문에 지금 이유를 다 알지는 못하여도 주님께는 반드시 "충분한 이유"가 있음을 믿고 주님의 강도 높은 훈련을 "참을성 있게 묵묵히 순종해야" 한다고 칼뱅은 강조한다. 세 번의 반복적인 훈련이 필요한 이유는 좀처럼 꺾이지 않는 사람의 본성적인 고집 때문이다. 아프고 또 아프면 그 고약한 본성과의 결별도 그나마 조금씩 진전된다.

예수와 베드로가 나눈 대화 자체는 너무도 함축적인 것이어서 구체적인 의미 파악이 곤란하다. 우리는 앞에서 자세히 설명한 의미의 근거를 베드로의 서신에서 확인한다. 양들을 목양해야 하는 장로들을 가르치는 문맥에서 나오는 내용이다. 즉 장로들은 "하나님의 양 무리를 치되 억지로 하지 말고 하나님의 뜻을 따라 자원하여 하며 더러운 이득을 위하여 하지 말고 기꺼이 하며 맡은 자들에게 주장하는 자세를 하지 말고 양 무리의 본이 되라"고 베드로는 가르친다(벧전 5:2-3). 여기에서 우리는 예수로 말미암아 목양의 가르침을 받은 베드로가 이해한 그 가르침의 의미를 확인한다. 목양에 대한 예수의 교훈에서 베드로는 억지로가 아니라 하나님의 뜻 때문에 자원하는 마음으로 기꺼이 목양해야 하고, 더러운 이득이 아니라 목양 자체를 가치와 영광으로 여겨야 하고, 양들에게 강압이나 강요를 사용하지 않고 앞서서 본을 보이고 감동을 주는 방식으로 양들을 이끌어야 함을 깨달았다.

> 18내가 진실로 진실로 너에게 말하노라 네가 젊어서는
> 네 스스로 띠 띠고 네가 원하는 곳으로 다녔지만 늙어서는 네가 손을 뻗고
> 다른 이들이 너를 묶고 네가 원하지 않는 곳으로 데려갈 것이다"

세 번의 문답을 끝내신 예수는 베드로의 미래를 알리신다. 젊음의 때와 늙음의 때를 구분하며 젊어서는 자신의 뜻대로 허리도 동이고 다니지만 늙어서는 타인의 뜻에 묶여서 자신이 원하지 않는 곳으로 끌려갈 것이라는 다소 어두운 미래를 알리신다. 칼뱅은 이것이 모든 목사에게 적용되는 말이라고 주장한다. 모든 목회자는 두 가지의 사역을 수행해야 한다. 첫째는 주님의 양들을 먹이며 목양해야 하고, 둘째는 주님의 양들을 위협하는 이리들의 공격도 상대해야 한다. 사랑의 따뜻한 직무도 수행해야 하고 목숨을 건 진리의 냉정한 직무도 수행해야 한다. 특별히 이리들을 상대하기 위해서는 손이 결박되고 원하지 않는 곳으로 끌려가는 박해와 죽음도 각오해야 한다. 예수께서 제자들을 지키시기 위해 자신만 생포하고 제자들은 건드리지 말라고

한 것처럼, 목회자도 주님의 양들을 보호하기 위해 자기 시대의 박해를 자신의 몸으로 오롯이 받아내야 한다. 섬김이 쌓이고 인격이 자라서 원숙한 주님의 종들은 그런 박해라는 원치 않는 곳으로 끌려간다.

여기에서 "띠를 띠운다"(ζώννυμι)는 말의 의미에 대해서는 칼뱅의 해석에 동의한다. 즉 "인간이 자신과 자신의 전 생애를 규제하는 모든 외적 행동"을 의미한다. "스스로"(σεαυτὸν) 띠를 띠운다는 것은 자신이 원하는 신분의 옷을 입고 원하는 활동의 띠를 두르고 살아가는 것을 의미한다. 젊을 때에는 스스로 띠 띠우는 삶이 가능하다. 그러나 그 권리와 자유가 늙어서는 박탈된다. 외부의 제어를 받으며 자신이 "원하지 않는 곳"으로 끌려간다. 이는 칼뱅의 말처럼 "자연사할 것이 아니라 폭력과 칼에 의해 죽임을 당한다"는 것을 의미한다. 죽음에 대한 공포는 태생적인 것이어서 모든 사람의 소원과 대치된다. 죄는 죽음의 원흉이다. 그래서 바울은 그 근원을 소급하여 "내가 원하는 바 선은 행하지 아니하고 도리어 원하지 아니하는 바 악을 행한다"고 말하면서 자신의 곤고함을 토로하며 "이 사망의 몸에서 누가 나를 건져"낼 수 있느냐고 탄식했다(롬 7:19, 24). 이 탄식은 외부의 도움 없이는 누구도 벗어나지 못하는 죄와 죽음의 결박 때문이다.

사람이 젊을 때에는 각자의 소견에 옳은 대로 자신이 가고 싶은 곳으로 가고 하고 싶은 것을 행하며 살아간다. 그러나 늙어서는 타인의 결정을 따라 가야 하는 곳으로 가고 해야 하는 것을 행하며 살아간다. 모든 사람은 젊은 때의 자율적인 삶을 지나 늙은 때의 타율적인 삶에 도달한다. 목회자도 그러하다. 젊어서는 가고 싶은 곳에서 먹이고 돌보고 싶은 양들을 원하는 목양의 방식으로 섬기지만, 늙어서는 자신의 여생이 공공재가 되어 타인의 필요를 따라 가야 하는 곳에서 맡아야 하는 양들을 그들에게 적합한 방식대로 목양해야 한다. 그러다가 박해를 당하고 죽음에 이르기도 한다. 그것은 주님의 삶이었다. 그리고 베드로를 비롯한 제자들의 삶이었고 모든 목회자의 삶이어야 한다. 목회를 하면서 무수히 많은 악한 본성들과 부딪

처야 한다. 진리의 말씀으로 깎아내고 다듬고 빚어내야 한다. 이를 위해서는 목숨이 열이라도 부족하다. 하나의 인생은 순식간에 소진된다. 그러나 목숨이 하나밖에 없더라도 걸어가야 한다. 그것이 주님의 양들을 돌보는 목회자의 기본이기 때문이다.

타인의 의지를 따라 피동적인 삶을 살아가야 하는 베드로는 예수의 이 예언에서 대단히 중요한 교훈을 깨달아야 한다. 그것은 칼뱅의 말처럼 "우리가 하나님의 특별한 도우심을 떠나서는 사망의 공포를 결코 이겨낼 수 없으므로 기도할 것을 우리에게 권면하는 교훈이다." 원하지 않는 곳으로 기꺼이 가기 위해서는 나를 철저히 부인하는 기도가 필요하다. 나의 소원이 아니라 주님의 소원이 나의 궁극적인 소원이 되게 해 달라는, 사활을 건 기도의 영적 싸움이 필요하다.

베드로가 원하지 않는 곳으로 끌려가는 것은 그의 대적들이 가하는 폭력과 박해인 동시에 하나님의 섭리라는 사실도 고려해야 한다. 섭리를 따라 베드로가 원하지 않는 곳으로 가서 원하지 않은 일을 당하는 이유는 루터의 말처럼 하나님의 말씀이 인간의 생각과 충돌하는 모습으로 다가오기 때문이다. 사람은 자신의 의견이 진리라고 생각한다. 그러나 진짜 진리가 나타나면 인간의 의견이 진리가 아님을 인식하고 그런 사실을 부정하기 위해 진짜 진리를 거짓인 것처럼 매도한다. 인간의 소원과 말씀의 기호가 이런 식으로 충돌하기 때문에 루터는 예수께서 "진리"라는 고소자와 급히 화해해야 한다고 말씀하신 것이라고 해석한다(마 5:25). 주님께서 에브라임 지파에게 사자 같고 유다 족속에게 젊은 사자와 같다고 말한 것(호 5:14)도 "내가 맞설 것이라"는 뜻이라고 해석한다. 그래서 원하지 않는 곳으로 가고 원하지 않는 것을 행하여야 하는 베드로를 위해 지금 예수는 "베드로의 하고자 하지 않음을 가장 열정적인 하고자 함으로 온전하게 바꾸신다." "하나님은 모든 성도들 안에서 이런 방식으로 일하셔서 그는 그들이 가장 강력하게 거부하는 것을 지극히 기꺼이 하도록 만드신다." 하나님은 억지로 인색한 마음으로 순종하는 것을 원하지 않으시고 자원하는 마음의 순종을 원하신다. 그런 순종이 되도록 하나님은 친히 우리의 딱딱한 마음을 부드럽게 바꾸신다.

> ¹⁹그런데 그가 이것을 말하심은 베드로가 어떠한 죽음으로
> 하나님께 영광을 돌릴 것인지를 지시하기 위함이다
> 그가 이것을 말하신 후 그에게 말하셨다 "나를 따르라"

예수의 이 말씀은 베드로가 "어떠한 죽음으로 하나님께 영광을 돌릴 것인지"를 가르친다. "어떠한 죽음"의 내용에 대해 테오도루스는 베드로가 "다른 사람에 의해 십자가에 매달려" 죽었다고 설명한다. 즉 "네로가 베드로를 십자가에 처형하라 지시하자, 베드로는 집행하는 자들에게 머리가 아래로 가고 발이 위로 오게 자신을 거꾸로 매달아 달라고 청했다"고 한다. 그 이유에 대해서는 베드로의 십자가와 주님의 십자가 사이에 아무런 차이도 없다고 주장하는 자들에게 오해나 왜곡의 빌미를 주지 않기 위해 주님과는 다른 포즈를 취했다고 설명한다. 그러나 성경은 베드로가 원하지 않은 죽음의 구체적인 방식에 대해 침묵한다. 베드로의 거꾸로 달린 십자가 처형은 성경적인 사실이 아니라 유세비우스의 [교회사](Ἐκκλησιαστικὴ ἱστορία)에 기록된 전설이다.

분명한 것은 그의 죽음이 하나님께 영광이 되었다는 사실이다. 그런데 하나님께 영광을 돌리는 것은 능동태(δοξάσει)로 묘사되어 있다. 즉 베드로는 이후에 자신이 원하지 않은 어떠한 방식의 죽음을 기꺼이 당했으며 그런 죽음의 자발적인 수용은 하나님께 영광을 돌리기 위한 것이었다. 그는 사나 죽으나 항상 하나님께 영광을 돌린 주님의 것이었다. 배신자의 죽음조차 영광의 도구로 쓰였다는 것은 놀라운 기적이다. 이런 기적은 주님께

서 베드로를 향해 계획하신 일이었다. 이에 대해 아우구스티누스는 예수께서 베드로의 구원을 위해 먼저 죽으시고 그런 다음에 그의 복음을 증거하기 위해 베드로가 죽는 것은 "올바른 순서"라고 설명한다.

베드로의 죽음을 예언하신 이후에 예수는 그에게 "나를 따르라"고 명하신다. 이 명령은 예수께서 제자들을 부르실 때에 자주 사용한 표현이기 때문에 베드로를 비롯하여 제자들의 귀에 익숙하다. "따르다"는 말은 예수를 학습하고 그에 관한 정보를 취득하는 것이 아니라 그가 지나간 삶의 발자취를 따라 걸어가는 삶을 의미한다. 그런데 이번에는 베드로의 죽음을 언급한 직후에 주어진 것이어서 예수의 삶을 따르는 것만이 아니라 특별히 그의 죽음을 따르라는 명령이다. 인자의 죽음을 영광의 때로 간주하신 예수를 따라 죽음을 하나님께 영광을 돌리는 수단으로 삼으라는 명령이다. 예수만이 아니라 하나님의 사람들도 영광을 얻을 때는 살아있을 때가 아니라 죽음의 순간이다.

그래서 바울도 이 명령을 존중하여 어떻게 해서든지 주의 죽으심을 본받으려 했다(빌 3:11). 죽음의 "십자가 외에 결코 자랑할 것이 없"다고 고백했다(갈 6:14). 죽음은 기피의 대상이 아니라 추구의 대상이기 때문에 바울은 날마다 죽으려고 했고 "나는 날마다 죽노라"고 자랑까지 했다(고전 15:31). 사실 예수는 살아 계실 때에도 자신을 따르는 것이 자기를 부인하고 죽음의 십자가를 짊어지는 것이라고 말하셨다(마 16:24; 막 8:34; 눅 9:23). 예수를 따르지 않는 자들은 죽음의 십자가가 아니라 환희의 삶을 추구하고 자신을 부인하지 않고 주님을 부인한다. 베드로도 "나를 따르라"는 예수의 명령을 들었을 때에 충분히 이해하지 못하였고 기꺼이 수용하지 못하였다.

²⁰베드로가 돌이켜 예수께서 사랑하신 그 제자가 따르고 있는 것을 보았는데 그는 만찬에서 그의 가슴에 기대어 "주님, 당신을 판 자가 누구입니까?"라고 묻던 사람이다 ²¹이에 베드로가 그를 보면서 예수께 말하였다 "주님, 이 사람은 어떻게 되는지요?"

베드로는 예수의 명령에 당장 순종하지 않고 망설인다. 신경이 쓰이는 사람, 즉 "예수께서 사랑하신 그 제자" 때문이다. 요한은 마지막 만찬에서 예수의 가슴에 기대어 그를 판 자가 누구냐고 묻던 제자였다. 그 제자가 예수를 이미 "따르고 있는"(ἀκολουθοῦντα) 것을 목격한다. 예수를 따름에 있어서도 요한은 베드로를 앞지른다. 앞서거니 뒷서거니 하던 두 사람 사이에 묘한 라이벌 기류가 다시 감지된다. 라이벌 의식 때문인지 베드로의 시선은 예수를 향하지 않고 요한을 향하였다. 그래서 베드로는 요한의 미래에 대해 주님께 질문한다. "주님, 이 사람은 어떻게 되는지요?"

이에 대하여 크리소스토무스는 베드로의 대담함을 칭찬하고 요한에 대한 사랑을 드러낸 것이라고 이해한다. 과거에 베드로는 예수의 품에 안긴 요한에게 민감한 질문을 위탁했다. 그러나 이제는 그 요한을 위해 베드로가 질문하고 있다. 교부는 베드로가 지금은 "형제들을 감독하는 최고의 권한을 위임" 받았기 때문에 질문한 것이라고 해석한다. 그리고 이로써 요한에게 진 질문의 신세를 갚은 것이라고 주장한다. 이러한 교부의 해석도 가능하다.

그러나 이어지는 예수의 답변을 볼 때 베드로의 질문을 요한에 대한 호의로 해석하면 문맥과 상충된다. 칼뱅은 요한에 관한 베드로의 질문을 "불필요할 뿐만 아니라 해롭기도 한 호기심의 범례"라고 지적한다. 죽음과 관계된 자신의 미래를 주님의 예언으로 확인한 베드로는 요한의 미래도 진실로 궁금했다. 그와 자신을 비교하고 싶어졌다. 예수의 명령을 기준으로 삼지 않고 타인과의 비교를 통해서 자신의 삶과 선택에 정당성을 얻으려는 심리가 작용한다. 비교의 결과에 따라 열등감 혹은 우월감에 빠지려는 심산이다. 동시에 그의 질문은 자신의 미래를 예언하신 분이기에 다른 제자에 대해서도 능히 예언하실 수 있다는 생각도 한몫 거들었다. 그리고 칼뱅의 말처럼 예수께서 베드로를 별도로 부르시고 대화도 나누신 것과는 달리 요한에 대해서는 그냥 넘어가신 경우가 많았기 때문에 더 궁금했다. 요한은 예수께서 특별히 사랑하신 제자였다. 그런데도 베드로 자신과는 개별적인 독대와 대화를 가지셨고 자신에게 사명도 주셨지만 요한과는 그런 모습을 보이지 않으셨기 때문에 베드로의 의문은 당연하다.

22예수께서 그에게 말하셨다 "내가 올 때까지 그를 머물게 하고자 할지라도 너에게 무슨 상관이냐 너는 나를 따르라"

베드로의 질문에 대해 예수는 관심을 접으라는 뉘앙스로 답하신다. 요한을 지금 데려가든 자신이 다시 오실 때까지 그를 머물게 하든 베드로와 상관없는 일이라고 못을 박으신다. 이는 루터의 말처럼 베드로로 하여금 요한이 아니라 주님을 따르게 하기 위함이다. 주님은 때때로 그의 제자들 사이에 서로의 미래와 사명과 역할에 대해 알지 못하도록 설명의 입을 닫으신다. 사람은 연약하기 때문에 타인에 대한 주님의 뜻을 알면 긴밀하게 협력하는 것보다 신속한 비교의식 속에서 서로를 견제하기 쉽다. 자신의 잘남과 형통을 자랑하고 타인의 약점과 실패를 기뻐하는 부작용, 자신의 못남과 역경을 불평하고 타인의 성공과 강점을 질투하는 문제가 발생한다. 그런 식으로 주님을 따르는 길이 휘어진다. 이는 베드로와 요한의 관계만이 아니라 오늘날의 목회자들 사이에도 빈번하게 목격되는 현상이다. 그러므로 서로의 미래에 대해 적당히 모르는 것도 유익하다. 물론 특별한 섭리를 따라 공적으로 드러나는 사람들도 있고 은밀하게 가려지는 사람들도 있다.

바울이 "각 사람은 부르심을 받은 그 부르심 그대로 지내라"(고전 7:20)고 조언한 것처럼 베드로는 자신의 부르심에 맞게 주님을 따르며 살아가면 된다. 타인의 부르심에 지나친 관심을 기울이면 자신의 부르심에 소홀하기 쉽다. 그러지 않도록 바울은 "각각 부르심을 받은 그대로 하나님과 함께 거하라"(고전 7:24)고 조언한다. 그러나 칼뱅이 지적한 것처럼 예수의 답변은 형제들에 대한 관심과 연합과 협력을 금하라는 것이 아니라 과도한 호기심에 빠지지 말라는 교훈이다. 우리를 자기 몸의 지체로서 각자의 분량을 따라 은혜를 베푸시고 고유한 사명들과 역할들을 각자에게 분배하신 주님을 우리 각자가 따르면 우리 모두를 다 아시는 그분이 알아서 가장 조화롭게 이끄신다. 우리가 그분을 신뢰하며 그분을 중심으로 연합하여 성령께서 각자에게 부탁하신 아름다운 것을 지키면 하나님의 나라와 의는 조화롭게 성취된다. 특정한 사람을 중심으로 뭉치면 편이 갈라지고 분파가 생기고 대립하게 된다. 우리를 부르신 분이 중심에 계실 때 우리는 연합하고 협력한다. 지식이 부추기는 불필요한 경쟁과 갈등과 대립을 방지하기 위해 서로의 부르심에 대해서는 적당한 무지가 상책이다.

베드로의 질문에 대해 예수께서 침묵하신 내용에 대해 루터는 요한의 미래를 신비로 남겨 두셨다고 해석한다. 그러나 아우구스티누스는 그 내용을 두 종류의 삶으로 풀어서 설명한다. 즉 요한은 "믿음 안에서의 삶"을 가리키고 베드로는 "눈에 보이는 삶"을 가리킨다. 베드로는 "낯선 땅에서 시간 속에 남아있는 삶"을, 요한은 "영원한 하늘 거처에서 사는 삶"을 대변한다. 베드로는 "속세의 악을 견디는 일"을 위하여 예수를 따르라는 명령을 받고 요한은 "영원한 행복을 되찾아 주시기 위해 당신이 오실 때까지 그가 살아 있기를 내가 바란다"는 말씀을 받는다. 여기에서 요한에 관한 이 말씀은 "요한이 지상에 남아 있다거나 지상에서 영원히 산다는 것이 아니라 그는 [때를] 기다려야 한다는 뜻"이라고 교부는 해석한다. 또한 이 말씀은 요한이 쓴 복음서에 관한 것이며 "요한이 나타내는 것은 지금이 아니라 그리스도께서 오시는 때에 완성되는 것"이라고 주장한다. 이 복음서의 핵심적인 주제가 예수의 인성이 아니라 그의 신성이기 때문이다.

> 23이것은 그 제자가 죽지 않는다는 말로 형제들에게 나갔으나
> 예수는 그에게 그가 죽지 않을 것이라고 말하지 않으셨고 오히려
> "내가 올 때까지 그를 머물게 하고자 할지라도 너에게 무슨 상관이냐"고 말하셨다

요한에 관한 예수의 답변은 제자들 사이에서 왜곡된다. "그 제자가 죽지 않는다는 말로" 아우구스티누스는 "요한이 잠들자 사람들이 그가 죽었다고 여겨 실제로 땅에 묻었지만 그리스도께서 오실 때까지 그 상태로 남아 있으면서 물씬물씬 먼지를 피워 올려 자신이 살아 있다는 사실을 드러낼 것이라"는 소문, 즉 잠자는 요한의 "숨결이 땅 속 깊은 곳에서 올라와 무덤 표면의 흙을 들썩이게 한다"는 말을 "제법 믿음직한 증인들"의 입에서 자신도 들었다고 증언한다. 그런데 예수는 요한이 죽지 않는다고 말하지 않으셨다. 자신이 다시 오실 때까지 요한을 머물게 하든 말든 베드로와 아무런 상관이 없다고 말하셨다. 잘못된 소문의 확산에 대한 저자의 기록은 그 시대만의 고유한 현상이 아니라 모든 시대의 보편적인 현상이기 때문에 우리도 주목해야 한다. 이에 대해 칼뱅은 주님의 명확한 가르침을 인간의 "의식이 만들어낸 악한 생각"으로 바꾼다는 당시의 편만한 문제를 지적한다.

진실로 대부분의 사람은 자신의 관심사를 기준으로 삼아 듣고 싶은 것만 듣고 싶은 대로 듣고 해석한다. 심지어 예수의 직접적인 언급에 대해서도 그러하다. 그리고 오해한 사람들은 요한을 전혀 모르지 않고 잘 아는 형제였다. 형제의 친밀한 관계 속에서도 오해가 빚어졌다. 그래서 진실을 있는 그대로 듣고 알고자 한다면 생각의 초점을 좌우하는 자신의 관심사를 검토해야 한다. 관심 자체를 제거하는 것은 가능하지 않다. 그러나 관심의

종류를 선택하는 것은 가능하다. 우리는 주님의 관심사를 선택해야 한다. 그분의 관심사에 우리의 관심사를 맞추는 지속적인 조율이 필요하다.

요한이 자신에 대한 오해를 기록하는 이유는 인간의 편협한 인식을 지적함과 동시에 자신도 인간이기 때문에 죽는다는 사실과 자신이 죽는다고 해서 예수께서 재림하실 때가 된 것도 아니라는 사실을 알리기 위함이다. 암브로시우스는 요한이 헛소문을 "사실로 믿고 헛된 희망을 품는 이가 아무도 없게 하려는 뜻"이며 "순리를 따라 일어난 일을 놓고 과도하게 슬퍼하는 일"을 방지하기 위한 것이라고 해석한다. 요한의 기록과 유사하게, 신명기도 하나님과 독대하며 율법을 받은 모세는 결코 죽지 않았다는 오해를 방지하게 위해 모세는 죽었지만 무덤의 위치는 아무도 모른다고 분명히 기록한다(신 34:6). 요한은 분명히 예수께서 사랑하신 제자였다. 예수의 사랑을 받는다고 해서 병들지 않는 것도 아니고 아프지 않는 것도 아니고 죽지 않는 것은 더더욱 아니었다.

이 복음서가 기록될 당시에는 많은 사도들이 순교한 이후였고 요한은 죽음이 임박한 노년의 시기였을 가능성이 높다. 요한은 죽지 않는다는 소문에 길들여진 사람들은 요한의 운명이 너무도 궁금했다. 그의 운명과 함께 세계의 운명도 어떻게 될지가 궁금했다. 이 구절은 그런 궁금증에 대한 요한의 답이었다. 자신이 죽더라도 전혀 이상하게 여기지 말고 세계의 종말에 대한 두려움에 빠지지도 말라는 교훈이다. 그리고 이 구절은 무엇보다 재림의 때까지 누군가를 머물게 할 권한은 오직 주님께 있다는 사실도 가르친다. 이는 생명이 주님께 있기 때문이다.

사랑은 사명의 준비인 동시에 사명이다. 그런데 순서가 중요하다. 하나님을 먼저 사랑하고 그의 백성을 사랑해야 한다. 두 사랑의 순서만이 아니라 인과적인 관계도 중요하다. 하나님에 대한 사랑이 백성에 대한 사랑의 근거여야 한다. 사랑하면, 내가 원하는 것이 아니라 사랑하는 대상이 원하는 것이 하고 싶어진다. 그래서 하나님을 사랑하면 하나님의 소원을 나의 소원으로 삼아 그의 소원대로 살아가게 된다. 베드로는 유다보다 심한 배신자의 극치였다. 그래서 도저히 용서할 수 없는 사람인데 예수는 그런 배신자도 고치시고 교회의 리더로 세우셨다. 그를 통해 사랑의 사명을 이루시고 그를 그 사명의 모델로 삼으셨다. 주님은 베드로를 사랑했고 베드로는 주님을 사랑했다. 주님의 소원은 베드로의 마음으로 이동했다. 사랑으로 인해 가장 지독한 원수가 가장 선량한 제자로 변화되고 가장 절망적인 사람이 모두가 되기를 소원하는 가장 희망적인 모델로 거듭나는 게 기독교의 비밀이다.

²⁴이 일들을 증언하고 이 일들을 기록한 제자가 이 사람
이라 우리는 그의 증언이 참된 줄 아노라 ²⁵예수께서 행
하신 일이 이 외에도 많으니 만일 낱낱이 기록된다면 이
세상이라도 이 기록된 책을 두기에 부족할 줄 아노라

❖ ❖ ❖

²⁴이 제자는 이것들에 대하여 증거한 자이고 이것들을 기
록한 자이며 우리는 그의 증언이 참이라고 이해한다 ²⁵예
수께서 행하신 다른 많은 것들이 있는데 만약 모든 것이
낱낱이 기록되면 이 세상 자체도 그 기록된 책을 담지 못
한다고 나는 생각한다

본문은 요한복음 전체의 결론이다. 방식이 특이하다. 일반적인 결론은 지금까지 서술한 내용을 요약하고 종합하고 그 기록의 의도를 밝히는 부분이다. 그런데 요한은 이것을 20장 마지막에 언급했다. 그리고 본문은 기록자의 진정성에 대한 언급과 지금까지 기록한 모든 내용과 다른, 전혀 기록되지 않은 내용이 있다는 언급으로 복음서를 끝맺는다. 이로써 저자는 요한복음 전체를 그리스도 예수를 아는 지식에 있어서 하나의 예고편 혹은 맛보기로 규정한다. 그리스도 예수의 전부를 낱낱이 기록하면 이 세상도 담아내지 못할 책이 출간될 것이라는 그의 말은 사실적인 과장법인 동시에 지극히 위대하신 예수를 아는 온전한 지식에 대한 우리의 경건한 갈망을 부추긴다. 특정한 목적을 위해 쓰여진 이 복음서가 다 표현하지 못한, 아니 그를 가리켜 기록된 성경 전체가 다 드러내지 못한 예수의 참모습 그대로를 기대하고 또 기대하게 만드는 소망 유발용 결론이다. 동시에 요한복음 전체를 다 이해했고 성경 전체를 다 알았다고 할지라도 여전히 예수를 아는 지식에서 자라가야 한다는 한없이 겸손한 배움의 자세를 가르치는 결론이다.

24이 제자는 이것들에 대하여 증거한 자이고 이것들을 기록한 자이며
우리는 그의 증언이 참이라고 이해한다

예수께서 사랑하신 제자는 이 복음서의 모든 내용에 대하여 "증언한"
(μαρτυρῶν) 사람이고 그 모든 내용을 "기록한"(γράψας) 사람이다. 요한은 동
시대의 사람들을 위해 증언했고 동시대와 오는 세대의 사람들을 위해 기록
했다. 요한의 사명은 모든 사람들을 위한 증언과 기록이다. 이는 예수께서
사랑하신 제자, 예수를 사랑한 제자, 그래서 예수께서 자신의 어머니 마리
아를 그에게 "네 어머니"라고 말하시며 맡기실 정도로 신실한 제자의 아름
다운 사명이다. 증언과 기록은 구분되나 증언과 기록의 주체는 동일한 요한
이다. 성경 66권 중에서 증언자와 기록자가 다른 책들도 있지만 이 복음서
의 경우에는 동일하다. 규범적 계시의 완성을 위한 사도들의 역할은 끝났지
만 지금도 말씀의 종(minister verbi)은 지금 세대를 위하여 깨달음을 증언하
고 다음 세대를 위하여 기록해야 한다.

베드로는 성경의 예언이 "성령에 의해 이끌림을 받은(ὑπὸ πνεύματος ἁγίου
φερόμενοι) 사람들이 하나님께 받아 말한 것"이라고 증언한다(벧후 1:21). 성
경의 증언자에 대한 설명이다. 베드로의 이 설명을 이 복음서에 적용하는
것은 가능하다. 요한은 예수께서 택하시고 사랑하신 제자이며 예수께서 자
신의 약속을 따라 보내신 보혜사 성령의 감동을 받아 예수의 모든 말씀을
기억하고 깨달은 사람이기 때문이다. 이처럼 요한은 베드로가 밝힌 성경
증언자의 요건을 갖춘 사람이다.

요한은 또한 계시록의 내용도 증언하고 기록한 사람이다. 계시록의 서
문에서 "요한은 하나님의 말씀과 예수 그리스도의 증거 곧 자기가 본 것을

다 증언"한 자라고 밝히고 있기 때문이다(계 1:2). 여기에서 저자는 복음서의 경우와는 달리 자신의 이름을 "요한"으로 밝히는데 주저함이 없다. 그가 기록한 계시록의 내용은 "예언의 말씀"이다(계 1:3). 요한이 성령의 감동을 받은 제자였기 때문이다. 그래서 요한은 "성령에 감동되어(성령 안에 거하게 되어, ἐγενόμην ἐν πνεύματι) 내 뒤에서 나는 나팔소리 같은 큰 음성을 들었다"(계 1:10)고 진술한다. 그리고 성령의 감동으로 계시를 받는 구체적인 방식은 그리스도 예수의 "천사를 그 종 요한에게 보내어 알게 하신 것"(계 1:1)이라고 기록한다. 이처럼 우리는 계시록의 증언자인 요한이 성령의 감동을 받아 증언하는 제자라는 사실에 근거하여 이 복음서의 증언도 성령의 감동으로 이루어진 것이라고 확신한다.

이 복음서의 내용을 증언한 요한은 또한 이 복음서를 기록한 사람이다. 성경의 기록과 관련하여 바울은 성경의 모든 기록이 "하나님의 감동으로 된 것"(딤후 3:16)이라고 증언한다. 성경 기록자의 감동과 함께 성경 기록의 감동도 동일하게 중요하다. 성경을 기록한 사람의 모든 말이 성령의 감동을 받은 것이라는 말은 과도한 주장이다. 성경을 기록한 사람들이 평소에 다른 사람들과 대화를 나누거나 일기와 편지를 쓴다고 해서 그것이 모두 성경에 포함되는 것은 아닌데 이는 그들의 모든 말과 모든 기록이 모두 성령으로 감동된 것은 아니기 때문이다. 사도들도 실수할 수 있고 기록에 합당하지 않은 말을 하고 성경에 포함시킬 수 없는 글들을 작성하는 것은 얼마든지 가능하다. 그러나 성경은 성령으로 말미암아 엄선된 기록이다. 성경은 이처럼 성령으로 말미암은 기록자의 영감만이 아니라 그 기록자가 쓴 기록에 대한 성령의 영감도 요구한다.

저자는 예수께서 사랑하신 제자의 증언과 이 복음서에 담긴 기록이 "참"(ἀληθής)이라고 한다. 저자가 자신의 증언과 기록이 참되다고 주장하는 근거는 무엇인가? 진리의 영이 저자에게 주님의 말씀에 대한 기억과 가르침을 주었다는 사실에 근거한다. 요한의 증언이 "참"이라는 말은 사실의 정보적인 정확성만 가리키지 않고 이 복음서가 하나님의 뜻과 의도와 계획과 목적에도 부합한 기록임을 의미한다. 요한복음 안에서 저자는 예수가 "하나님이 보내신 분"이시며 그런 분은 "하나님의 말씀"을 하신다고 기록한다 (요 3:34). 그래서 예수의 "증언을 받는 자는 하나님이 참되"심을 인증한다 (요 3:33). 그러나 "그의 증언을 받는 자가 없다"고 요한은 탄식한다(요 3:32). 하나님은 참되시다. 그의 말씀도 참되시다. 그의 말씀을 전하는 증인 예수도 참되시다. 하나님의 말씀만 하시는 예수의 모든 말씀도 진실하다. 요한의 증언도 참되다고 한다. 만약 요한의 증언이 예수의 말씀과 다르다면 참되다는 주장은 거짓이다. 요한의 증언이 참되기 위해서는 하나님의 말씀에 부합해야 하고 그의 증인이신 예수의 말씀과도 부합해야 한다. 성경이 참되다고 우리가 믿는 이유도 이 성경이 하나님의 말씀이기 때문이고 진리 되시는 예수를 가리켜 기록된 것이기 때문이다. 이는 이러한 이유를 이 복음서의 저자요 성령의 감동을 입은 요한이 보증하고 있기 때문이다.

성경을 기록한 사람도 성령의 감동을 받았고 그 사람의 기록도 성령의 감동을 받았고 그렇게 기록된 성경만이 참되다는 사실에서 우리는 성경을 해석할 때에 성경에 대한 다음과 같은 정의를 언제나 인정하고 고려해야 한다. 즉 성경은 성령의 감동을 받은 사람들이 성령의 감동으로 기록한 "하나님의 말씀"이다(히 4:12). 이러한 성경의 정의를 존중하는 베드로는 성경의 어떤 내용도 "사람의 뜻으로"(θελήματι ἀνθρώπου) 나온 것이 아니기 때문에 "사사로운 해명"(ἰδίας ἐπιλύσεως)으로 성경을 해석하면 안 된다고 단언한다(벧후 1:20-21). 하나님의 뜻에서 나왔기 때문에 신령한 해명이 필요하다. 성경 기록자는 자연인이 아니라 성령에게 이끌리고 하나님을 증언과 기록의 출처로 삼은 사람이다. 그러므로 성경 기록자의 인간적인 의도나 그의 혈통적인, 사회적인, 교육적인, 문화적인 배경에 근거하여 성경을 해석하는 것도 그것을 쓰신 하나님의 섭리 차원에서 존중해야 하지만 거기에 멈추면 일종의 사사로운 해명에 불과하게 된다. 성령의 가르침을 받아 해석해야 하고 성경 텍스트에 담긴 의미의 근원은 하나님께 있기에 하나님의 뜻을 읽어내는 해석이 필요하다. 성경 기록자는 사사로운 이야기나 하려고 성령의 감동을 받은 것이 아니었다. 성령의 감동은 하나님의 뜻을 기록하기 위해 필요했다. 증인의 입에서 나오고 기록자의 붓으로 문자화된 모든 내용은 의미의 뿌리가 증인이나 기록자가 아니라 하나님께 내리고 있기 때문에 그런 의미의 근원까지 이르러야 온전한 해석이다.

> 25예수께서 행하신 다른 많은 것들이 있는데 만약 모든 것이 낱낱이 기록되면 이 세상 자체도 그 기록된 책을 담지 못한다고 나는 생각한다

요한은 예수께서 행하신 모든 일들을 이 복음서에 다 기록한 것은 아니라고 고백한다. 이곳에 기록되지 않은 "다른 많은 것들"(ἄλλα πολλά)을 예수는 행하셨다. 베자는 이 복음서에 기록되지 않은 것은 예수에 관한 "믿음의 교리들이 아니라 기적들과 관계된 것"이라는 점을 주목한다. 주님의 기적들은 단 하나로도 "성경 전체를 확증하기 위해 충분한" 것이라고 강조하며 기적들의 누락은 전혀 문제가 되지 않는다고 해명한다. 부쩌는 요한이 예수의 그리스도 되심과 하나님의 아들 되심을 증거하는 일 외에는 어떠한 것에도 관심이 없으며 우리가 그 이상의 어떠한 것에 관심을 두는 것도 합당하지 않음을 강조한다.

 학문적인 호기심이 어떤 비본질적 사안에 닿으면 다른 지성들을 자극하고 성경의 본질을 흐리게 하는 비본질적 담론이 형성되기 쉽다. 신앙의 관심사도 비본질적 사안에서 괜한 과소비가 일어난다. 일례로서, 루터는 이 사안과 관련된 로마 가톨릭의 오류를 지적한다. 루터 시대에 로마 가톨릭은 예수의 모든 일하심을 다 기록한 것은 아니라는 "요한의 말을 성경 전체에 적용한다." 나아가 요한이 말한 기록은 "성경 전체를 뜻한다"고 주장

한다. 이런 주장은 가능하다. 그런데 루터가 보기에 가장 치명적인 로마 가톨릭의 호기심은 "성경이 우리가 알아야 하고 행해야 하는 것을 우리에게 충분히 말해주지 않기" 때문에 "교황이 우리에게 더 많은 법령들과 교리들을 제시하고 가르칠 수 있도록 성령께서 그에게 말씀해야 한다"는 그들의 주장이다. 이에 루터는 그들이 하나님의 말씀을 어리석게 취급할 뿐만 아니라 농담하듯 조롱하고 있다고 분개한다. 요한의 이 구절에서 교황 이야기가 왜 나오는가! 어처구니없는 호기심의 광기이며 터무니없는 비약과 적용이다.

요한은 "모든 것이 낱낱이 기록되면 이 세상 자체도 그 기록된 책을 담지 못 한다"고 평가한다. 이 표현에 대해 부쩌와 칼뱅은 요한이 "일반 문학에도 얼마든지 나오는" "명확한 과장법"을 사용하고 있다고 설명한다. 그러나 나는 요한의 이 말이 "문자적인 참"이라고 말하는 헨드릭슨의 입장처럼 이 과장법이 사실을 부풀린 것은 아닐 수 있다고 생각한다. 진실로 예수는 세상보다 크시기 때문이다. 이 세상에는 세상보다 큰 예수를 제대로 설명할 수 있는 어떠한 과장법도 없다. 과장법은 우리에게 과장법일 뿐이고 예수께는 과장법이 아니라 무한한 사실을 유한한 우리에게 설명하는 유용한 수단이다. 성경은 예수를 가리켜 기록된 책이고 예수 안에서 모든 성경이 응하였다. 예수는 성경의 모든 예언과 율법의 성취이고 마침이고 완성이다. 예수의 모든 것을 기록하기 위해서는 성경 전체의 내용과 그 내용의 성취와 마침과 완성을 다 기록해야 한다. 그런데 이 복음서는 예수의 모든 것을 "낱낱이"(καθ' ἕν) 기록하지 않고 특정한 목적을 위해 선별해서 기록했다. 나아가 예수를 가리켜 기록된 성경 전체도 예수의 전부를 낱낱이 기록하지 않고 부분을 선별해서 기록했다.

성경은 예수보다 작고 예수는 성경보다 크신 분이시다. 만약 예수를 가리켜 기록하되 그의 전부를 낱낱이 기록하면 그 기록이 얼마나 크겠는가! 요한은 만물이 예수로 말미암아 지은 바 되었기 때문에 "지은 것이 하나도 그가 없이는 된 것이 없다"고 고백했다(요 1:3). 진실로 하늘과 땅과 그 가운데에 있는 모든 것들은 예수로 말미암아 지어졌다. 그리고 그를 위해서 지어졌다. 성경이 그를 가리켜 기록된 것처럼 만물도 그를 가리켜 지어졌다. 그렇다면 예수는 성경만이 아니라 온 우주와 그 안에 있는 모든 것보다도 큰 분이시다. 그런 예수의 전부를 낱낱이 기록하면 그 책이 온 우주보다 더 크고, 모든 만물을 합한 것보다 더 두껍지 않겠는가! 게다가 예수는 태초부터 계신 말씀이고 하나님 자신이기 때문에 영원한 분이시다. 그렇다면 그의 전부를 기록한 책은 인류의 모든 역사보다 길지 않겠는가!

나는 프레데릭 레만(F. M. Lehman, 1869-1953)이 지은 찬송 "그 크신 하나님의 사랑"에서 3절 가사로 수록된, 독일계 유대인 메이어 벤 아이작 네호라이(Meir Ben Isaac Nehorai, d.1096)가 11세기에 쓴 것으로 추정되는 글귀를 좋아한다.

바다를 먹물로 채우고
하늘을 두루마리 삼을 수 있더라도,

지상의 모든 줄기가 붓이어도,
모든 사람이 기록을 업으로 삼더라도,

하나님의 지극한 사랑을 쓰려면

바다가 마르도록 먹물로 소비해도,
하늘에서 하늘까지 펼쳐도,
그 전부를 담기에는
그 두루마리, 감당하지 못 합니다

이 세상에 있는 모든 것들은 성경이든 자연이든 미덕이든 사회이든 개인이든 예수의 전부가 아니라 부분을 가르친다. 이 세상의 모든 사랑은 예수라는 사랑을 조금 가리키고, 세상의 정의는 예수라는 정의를, 세상의 진리는 예수라는 진리를, 세상의 도덕은 예수라는 도덕을, 세상의 신비는 예수라는 신비를, 세상의 깨끗함은 예수라는 거룩을, 세상의 선함은 예수라는 선함을, 세상의 신뢰는 예수라는 신실을, 세상의 모든 관계는 예수라는 관계를, 세상의 모든 영예는 예수라는 영광을, 세상의 모든 눈부심은 예수라는 광채를, 세상의 모든 생명체는 예수라는 생명을, 세상의 모든 괜찮은 것은 예수라는 가치를, 세상의 모든 낮아짐은 예수라는 겸손을, 세상의 모든 길들은 예수라는 방식을, 세상의 모든 풍요는 예수라는 풍부함을, 세상의 모든 뿌듯함은 예수라는 자랑을, 세상의 모든 구별된 장소는 예수라는 성전을, 세상의 모든 갱신되는 현상은 예수라는 부활을, 세상의 모든 삶들은 예수라는 인생을 일부분만 가리킨다.

이 세상의 그 무엇도 예수에 대해 침묵하지 못하며 반드시 예수의 전부가 아니라 그의 특정한 일부를 가리킨다. 그래서 세상의 어떠한 사물도, 어떠한 사건도, 어떠한 상황도, 어떠한 사태도, 어떠한 상태도, 어떠한 분위기도, 어떠한 느낌도, 어떠한 언행도 예수에 관해서는 무의미한 것이 없고 무가치한 것도 없고 무관한 것이 없어서 버릴 것이 없는 동시에 예수를 대체하는 것도 전혀 없다고 나는 주장한다. 부정적인 면에서든 긍정적인 면에서든 직접적인 면에서든 간접적인 면에서든 모든 것이 예수를 가리킨다. 아무리 괜찮은 것도 예수를 가리킬 때 비로소 의미가 된다. 예수는 진실로 무한히 위대하고 지극히 진실하고 영원히 거룩하고 한없이 자비롭고 온전히 공의롭고 완전히 지혜로운 분이시다. 이 세상에는 예수의 이러한 성품과 속성을 측량할 도구가 없고 설명할 문법이 없고 비유할 대체물이 없다.

그런데도 사람들은 예수가 작다고 생각한다. 모든 성경과 만물과 역사의 의미를 예수에게 돌리는 것을 불쾌하게 여기고 거부감을 드러낸다. 특별히 성경에 대해 그리스도 예수 중심적인 읽기를 주장하면 무지하고 맹목적인 반지성 앞잡이로 매도한다. 그런 읽기에 대해 가장 대표적인 혐의는 단순하지 않고 단일하지 않은 성경 66권의 기독론적 읽기가 복잡성의 과도한 단순화와 다양성의 과도한 획일화 횡포에 기름을 붓는다는 부분이다. 모든 성경을 예수에게 맞추어 읽으면 원어의 문법적인 요소, 문장의 문맥적인 요소, 문헌의 장르적인 요소, 상황의 역사적인 요소, 시대의 문화적인 요소 등이 파괴되고 생략되고 무시될지 모른다고 우려한다. 이러한 혐의와 우려는 타당하다. 기독론적 읽기를 대수롭지 않게 보는 사람들은 대체로 해석의 인문학적 과정을 생략한다. 설명할 때에도 기본적인 논리를 무시한 채 과도한 기독론적 억지를 부리는 경우가 허다하다. 이는 의미를 날로 먹으려는 심보와 공부하지 않는 게으름의 소치일 가능성이 높다.

물론 성경의 기독론적 읽기는 애매하지 않고 명료하다. 그러나 그런 읽기는 예수라는 마지막 의미에 자신의 지성과 감성과 의지와 에너지와 시간과 무릎을 갈아 넣지 않으면 도달할 수 없는 읽기의 방식이다. 예수는 완전한 하나님인 동시에 천하의 만물보다 귀한 사람이신 분이시다. 앞에서 말한 것처럼 모든 의미, 모든 가치, 모든 아름다움, 모든 선함, 모든 윤리, 모든 지식, 모든 거룩, 모든 정의, 모든 긍휼, 이 모든 것들의 합보다도 더 크신 분이시다. 이 세상에 존재하는 모든 가치와 의미의 최대치는 모두 예수 안에서 발견된다. 그래서 바울은 지혜와 지식의 모든 보화가 그리스도 안에 감추어져 있다고 증거했다(골 2:3). 감추어져 있어서 사람들이 알지 못하지만 우리는 믿음으로 안다.

솔로몬은 지혜의 대명사다. 그의 지혜에 대한 소문은 땅 끝까지 이르렀다. 발 없는 소문은 땅 끝에서 다스리던 시바 여왕의 귀에까지 도착했다. 그 소문이 그녀와 그녀의 무수한 보화를 움직였다. 그런데 솔로몬의 지혜를 직접 체험한 여왕은 "당신의 지혜와 복이 내가 들은 소문보다 더하다"고 탄복했다(왕상 10:7). 그녀를 찾아간 소문은 솔로몬이 가진 지혜의 맛보기에 불과했다. 솔로몬의 지혜는 "세상의 그 어느 왕보다도 컸다"(왕상 9:23). 온 세상의 모든 왕보다도 큰 지혜를 소유한 솔로몬의 40년치 지혜와는 비교할 수조차도 없는 예수의 지혜는 어떠한가! 그는 만세 전부터 감추어진 지혜로서 지혜의 근원이며 솔로몬의 지혜는 그 근원적인 지혜의 미세한 조각에 불과하다. 40년짜리 조각 지혜와 영원한 근원적 지혜를 어찌 비교할 수 있겠는가! 이는 다른 모든 가치들에 대해서도 동일하게 적용된다. 그분 안에 지혜와 지식의 보화만 있겠는가! 정의의 보화, 정직의 보화, 선함의 보화, 자비의 보화, 아름다움의 보화, 행복의 보화, 신뢰의 보화, 기쁨의 보화, 온유함의 보화, 위대함의 보화도 모두 그분 안에 감추어져 있다.

온유함의 경우, 성경은 이렇게 기록한다. "이 사람 모세는 온유함이 지면의 모든 사람보다 더하더라"(민 12:3). 지혜에 있어서 솔로몬이 지면의 어느 왕보다 더하였던 것처럼, 온유함에 있어서는 모세가 지면의 어느 사람보다 더하였다. 그런데 예수의 온유함은 어떠한가? 모세는 200만여 명의 이스라엘 백성을 그들의 40년치 불평 속에서도 단 한 번의 인간적인 분노만 쏟아내고 약속의 땅 문턱까지 인도했다. 그러나 예수는 수천 년간 약속의 땅이 가리키는 실체로서 하늘의 낙원으로 지구촌의 무수한 사람들을 그들의 무수한 불평 속에서도 영원한 인내로써 참으시고 이끄셨고 지금도 이끄신다. 그럼에도 불구하고 단 한 번의 사사로운 화도 내지 않으셨다. 모세는 예수께서 보이신 온유의 사소한 비유이고 그 온유의 한 조각에 불과하다.

위대함의 경우, 예수는 이렇게 평하신다. "여자가 낳은 자 중에 요한보다 큰 자가 없도다"(눅 7:28). 그런데 세상에 태어난 모든 사람보다 더 위대한 요한은 이렇게 고백한다. "나는 굽혀 그의 신들메를 풀기도 감당하지 못하겠다"(막 1:7). 예수는 이 세상의 어느 사람보다 위대한 세례 요한보다 더 위대한 분이시다. 예수는 하늘에 속한 것과 땅에 속한 것이 그 안에서 통일될 정도로 거대한 분이시다. 그 모든 것들이 풍덩 빠질 정도로 위대한 분이시다. 예수는 이런 분이신데, 만물과 역사가 머리를 맞대고 날밤을 새운 들 예수의 신발끈을 풀 수나 있겠는가! 당연히 성경 전체로도 예수 이야기를 다 풀어내지 못하는 건 당연하지 않겠는가! 그런데도 성령의 가르침을 따라 성경을 겸손한 마음으로 바르게 읽으면 예수를 경험한다. 찾고자 하는 자에게는 하나님의 뜻이 찾아진다. 그 뜻인 예수를 배우고 예수에게 반하고 예수를 닮고 예수를 높이고 예수를 따르고 예수를 전파하게 된다.

예수를 기록한 성경은 목숨과 마음과 뜻과 힘을 다해야 읽어진다. 예수 중심적인 읽기는 반지성적, 반의지적, 반실천적, 반정서적 접근이 얼씬도 하지 못하는 독법이다. 바울은 일반적인 사도들과 다른 사도였다. 그는 제도권의 성경 전문가요 베드로의 말처럼 어려운 글쓰기로 유명한 작가였다. 게다가 그는 다른 제자들이 경험한 적 없는 셋째 하늘을 출입하며 격이 다른 주의 환상과 계시를 받은 사람이다. 여러 계시를 받은 것이 지극히 크므로 사탄의 가시가 그의 옆구리를 콕콕 찔러야만 자만을 면할 수 있었다고 한다. 이런 바울도 예수와 그의 십자가 외에는 알지 않기로, 자랑하지 않기로 작정했다. 바울이 받은 그 놀라운 크기의 계시도 예수를 가리키는 손가락에 불과했다. 그러므로 우리는 바울이 아는 지극히 큰 계시보다 예수께서 더 크신 분이라는 결론에 도달한다.

성경의 계시보다, 셋째 하늘의 계시보다, 그 계시들의 총합보다 예수는 더 크신 분이시다. 그러므로 이러한 예수를 중심으로 성경을 읽으면 계시가 축소되는 것이 아니라 최대치에 도달하게 된다. 성경에서 예수를 알아가는 것보다 더 설레고 기쁘고 뿌듯하고 행복한 일은 이 세상에 어디에도, 무엇에도 없다. 성경 해석은 예수라는 의미까지 이르러야 한다. 그 이전 단계의 의미들을 찾으려면 성경이 아닌 유력한 고전들의 고풍스런 페이지만 넘겨도 충분하다. 그런데 성경을 읽어도 예수를 읽지 못하면 개인은 공허하게 되고 교회는 텅텅 비워진다. 성경에서 예수 읽으려고 작심하지 않더라도 정직한 읽기의 끝에는 늘 예수께서 있으시다.

요한복음 결론에 해당하는 이 구절은 요한과 바울의 사유가 비슷함을 보여준다. 지금까지 요한은 그리스도 예수에 대해 설명했다. 그런데 그의 모든 것을 낱낱이 기록하면 이 세상 자체도 감당하지 못하는 분량의 책이 되리라고 증거한다. 요한의 글쓰기와 비슷하게 바울도 로마서 안에서 그리스도 예수라는 복음을 논증한 이후에 남긴 고백이 이러하다. "오 하나님의 풍성함과 지혜와 지식의 깊음이여, 그의 판단들은 헤아리지 못하며 그의 길들은 찾을 수 없습니다"(롬 11:33). 이는 바울이 로마서를 통해 지금까지 논증한 복음은 하나님의 전부가 아니라 부분일 뿐이라는 고백이다. 하나님의 지혜와 지식은 너무도 풍요롭고 위대해서 인간이 추구할 수 있는 지성의 최대치를 넘어선다. 그래서 지극히 큰 계시를 받은 바울도 헤아릴 수 없고 찾을 수도 없다는 솔직한 불가능을 선언한다. 고린도 교회의 성도들을 향해서는 "우리가 지금은 거울을 보는 것 같이 희미하나(ἐν αἰνίγματι) 그때에는 얼굴과 얼굴을 대하여 볼 것이요 지금은 내가 부분에서(ἐκ μέρους) 아나 그때에는 주께서 나를 아신 것 같이 내가 온전히 알리라"고 증언한다 (고전 13:12). 하나님을 아는 지식에 있어서 지구에서 도달할 수 있는 최대치는 전부가 아니라 부분이다. 그 부분도 선명한 인식이 아니라 희미한 인식이다. 이 부분에 있어서 바울은 대단히 솔직하다. 지극히 큰 계시를 받았기 때문에 그것을 앞세우며 다른 사도들과 성도들에 비해 월등한 지적 우월성을 입증하고 싶어하는 기호가 그에게는 없다. 오히려 적은 계시를 받은 자들보다 더 겸손하다.

주님의 지극히 크심에 대한 요한과 바울의 탄성은 시편에 쓰여진 시어들의 공명이다. 시편은 하나님의 존재와 행위를 노래한다. 노래의 전반적인 뉘앙스는 하나님의 지극히 크심에 대한 언어의 빈곤이다. 그래서 시인은 이렇게 고백한다. "누가 능히 여호와의 권능을 다 말하며 주께서 받으실 찬양을 다 선포하랴"(시 106:2). 인간의 언어로는 다 말할 수 없다는 차원에서 마치 백기투항 같은 어법이 있다면 하나님은 지극히 위대하고 영원하고 무한하고 불변적인 분이라는 표현이다. 진실로 하나님은 우리가 세상의 모든 사전을 다 동원해도, 역사에 등장한 모든 표현들을 다 합하여도 다 말할 수 없는 분이시다. 하나님의 사랑만이 아니라 그의 정의에 있어서도 그러하여 모세는 이렇게 고백한다. "누가 주의 노여움의 능력을 알며 누가 주의 진노의 두려움을 알리이까"(시 90:11). 이 고백에는 지금까지 인류의 역사에서 인간이 경험한 어떠한 재앙도, 아니 모든 재앙의 총합도, 주님의 노여움과 진노의 있는 그대로를 드러낸 것은 아니라는 뉘앙스가 감지된다. 하나님은 진실로 오래 품으시고 길이 참으신다. 예레미야 선지자는 민족의 처참한 멸망 앞에서도 "우리가 진멸되지 아니함"은 우리가 다 알지도 못하고 측량할 수도 없는 "여호와의 인자와 긍휼이 무궁"하기 때문임을 고백한다(애 3:22). 우리는 과연 모든 계시보다 크신 하나님의 이름에 합당한 찬양을 그분께 돌릴 수 있겠는가(시 29:2)? 기록된 그분의 모든 일하심 이상을 행하신 하나님의 은총에 합당한 감사를 그분께 드릴 수 있겠는가? 그분께 합당하기 위해서는 우리의 감사와 찬양도 무한하고 영원해야 한다. 우리에게 영원한 생명을 주시는 것은 우리가 그에게 영원한 음악이 되도록 하시기 위함이다.

아버지 외에는 아들을 아는 자가 없고 아들 외에는 아버지를 아는 자가 없다는 예수의 말씀은 과연 사실이다. "본래 하나님을 본 사람이 없으되 아버지 품 속에 있는 독생하신 하나님"(요 1:18) 즉 그리스도 예수만이 하나님을 보셨기에 아버지 하나님을 완전하게 아시고 유일하게 그를 보이신다. 시편을 비롯하여 요한의 복음서와 바울의 로마서는 주님께서 보이신 만큼의 진리를 기록했다. 성경 전체도 진리의 전부가 아니라 부분을 기록했다. 칼뱅의 말처럼 있는 그대로의 진리를 기록하지 않고 "우리의 무지 때문에 우리의 일상적인 수준으로 내려 오셔서" 전달하신 눈높이 진리의 기록이다. 성경이 진리의 부분을 담았다고 내가 말하는 것은 로마 가톨릭이 그런 사실에 근거하여 교황이 성령의 감동을 받아 추가적인 계시를 받았거나 받아야 한다는 주장과는 전혀 무관하다. 믿음의 선배들은 하나님에 대하여 인간이 알 수 있는 진리는 하나님의 자기지식, 그리스도 예수의 하나님 지식, 천상에 있는 천사들과 의인들의 하나님 지식에 결코 이르지 못하며 지상에서 계시로 주어진 성경과 자연을 인간의 이성으로 해석하여 얻은 진리의 부분일 뿐이라고 고백했다.

예수는 인간이 다 기록할 수 없는 분이셔서 나는 감사하다. 인간의 지성이 정복할 수 없는 분이셔서 감사하다. 종이에 제한되지 않으시고 우주에 제한되지 않는 분이셔서 감사하다. 동시에 때가 이르면 예수는 자신을 온전히 우리에게 알리실 것이기에 감사하다. 이는 이 복음서의 저자가 자신의 편지에서 밝힌 내용에 근거한다. "우리가 지금은 하나님의 자녀라 장래에 어떻게 될지는 아직 나타나지 않았으나 그가 나타나면 우리가 그와 같을 줄을 아는 것은 그의 참모습 그대로 볼 것이기 때문이니"(요일 3:2). "그의 참모습 그대로"(καθώς ἐστιν)를 볼 수 있는 이유는 우리가 "그와 비슷해질"(ὅμοιοι αὐτῷ) 것이기 때문이다. 요한과 바울만이 아니라 기독교의 역사에서 모든 경건한 믿음의 선배들은 주님의 참모습 그대로 보기를 일평생 사모했다.

복음서가 묘사하는 주님, 성경 전체가 보여주는 주님은 그 신적인 본질의 예고편에 불과하다. 그분을 향한 만남의 갈증을 유발한다. 성경을 읽었는데 그러한 갈증이 생기지 않는다면 오독한 것이 분명하다. 성경을 제대로 읽었다면 주님과의 만남에 대한 사모함에 사무쳐 심장이 몇 번이고 터지거나 이 세상의 헛되고 무익한 실체에 수십 번은 절망해야 정상이다. 송이꿀의 당도와도 비교할 수 없는 말씀의 달콤함도, 순도가 가장 높은 정금과도 비교할 수 없는 말씀의 고귀함도, 예수의 본질에 비하면 맛보기에 불과하다. 그러니 하나님의 지혜와 진리 되시는 예수의 부요함과 심오함에 탄성을 언거푸 쏟아내는 바울의 감격이나, 예수의 전부를 낱낱이 기록하면 지구가 감당하지 못할 책이 된다는 요한의 과장기 없는 직설법은 예수에 대한 지극히 사실적인 설명이다. 그런 설명의 최선이다.

끝으로, 이 복음서나 성경 전체가 불충분한 계시인 것처럼 얕보거나 무시하지 않도록 주의해야 한다. 칼뱅의 말처럼 이 복음서에 예수의 일들과 말들의 일부가 기록되어 있더라도 "그것의 중요성과 위대성을 생각하지 않으면 안 되기" 때문이다. 나아가 우리는 "하나님의 임명을 받아 우리에게 증인의 노릇을 하며 자신의 임무를 충실하게 수행한" 사도들이 "전하여 준 것 이상의 것을 바라지 말고 그들의 증거에 전적으로 의존해야 한다." 이는 그들의 모든 증언이 "하나님의 확실한 섭리에 의해 사도들의 붓이 제어되어 우리에게 과도한 분량으로 짐 지우지 않고 홀로 지혜롭고 지혜의 유일한 원천이신 하나님이 우리에게 유익한 것만 선별해서 전하신 것"이기 때문이다. 이 땅에서 우리는 기록된 하나님의 말씀을 더하거나 감하지 않도록 늘 주의해야 한다. 성경은 하나님이 정하신 계시의 적정한 분량이기 때문이다. 성경은 우리를 위한 하나님의 가장 적정한 계시로서 하나님께 영광을 돌리고 우리가 구원을 얻고 하나님의 자녀로서 살아가고 그의 종으로서 땅 끝까지 복음을 증거함에 있어서 필요한 모든 것을 포함하고 있다. 성경은 계시의 필요성과 충분성에 있어서 모세의 시대에 하나님의 말씀을 상징한 하늘의 만나처럼 남음도 없고 모자람도 없다.

부록 : 요한복음 사역 | 한병수

1장

1 태초에 그 말씀이 있었고 그 말씀이 하나님과 함께 있었으며 하나님이 그 말씀
  이셨다

2 그가 태초에 하나님과 함께 있었다

3 모든 것이 그를 통하여 존재하게 되었고 존재하게 된 것은 하나도 그가 없이는
  존재하게 되지 않았다

4 그 안에 생명이 있었으며 그 생명은 사람들의 빛이었다

5 그 빛은 어둠 가운데서 비추었고 그 어둠은 그것을 알지 못하였다

6 하나님에 의해 보내심을 받은 사람이 있었는데 그의 이름은 요한이다

7 그는 증거를 위하여 왔고 이는 그 빛에 대해 증거하여 모두가 믿게 하기 위함이다

8 그는 그 빛이 아니며 그 빛에 대하여 증언하러 왔다

9 그 빛은 세상으로 들어온 모든 사람에게 비추는 참된 것이었다

10 그가 세상에 있었고 그 세상은 그로 말미암아 존재하게 되었으나 세상은 그를
  알지 못하였다

11 그가 자신의 것들에게 왔으나 그 자신의 것들은 그를 영접하지 않았지만

12 누구든지 그를 영접하는 자들, 즉 자신의 이름을 믿는 자들에게 그는 하나님의
  자녀가 되는 특권을 주셨는데

13 이들은 혈통이나 육정이나 사람의 뜻에서가 아니라 하나님에게서 난 자들이다

14 말씀이 육신이 되었고 우리 안에 거하였다 우리가 그의 영광을 보니 아버지로
  부터 유일하게 나신 자의 영광이며, [그 말씀은] 은혜와 진리가 가득하다

15 요한이 그에 대한 증인이 되어 외쳐 말하였다 "내 뒤에 오시는 분은 나의 처음
  으로 계셨기 때문에 나보다 앞선다'고 말한 분이 이 분입니다"

16 우리 모두가 그의 충만한 것에서 은혜 위에 은혜를 받았노라

17 율법은 모세를 통하여 주어졌고 은혜와 진리는 예수 그리스도를 통하여 존재하
  게 된다

18 어느 때이든지 하나님을 본 사람이 없었으며 아버지의 품 속에 유일하게 나신
  하나님, 그분이 [하나님을] 알리신다

19 이것은 요한의 증언이다 그때 유대 사람들이 그에게 "너는 누구냐"고 묻게 하려

고 예루살렘에서 제사장들과 레위인들을 보내었다

20 그는 고백하고 거부하지 않으면서 "나는 그 그리스도가 아니라"고 고백했다

21 그들이 그에게 질문했다 "그럼 누구냐? 너는 엘리야냐?" 그가 말하였다 "나는 아니다" [그들이 또 질문했다] "너는 그 선지자냐?" 그가 대답했다 "아니다"

22 그러므로 그들이 그에게 말하였다 "너는 누구냐? 우리를 보낸 이들에게 대답하게 하라 너는 너 자신에 대해 무엇이라 말하느냐?"

23 그가 말하였다 "이사야 선지자가 말한 것처럼 나는 '주의 길을 곧게 하라'고 광야에서 외치는 소리이다"

24 보내어진 자들은 바리새파 출신이다

25 그들이 그에게 물으며 그에게 말하였다 "네가 그리스도도 아니고 엘리야도 아니고 그 선지자도 아니라면 어찌하여 네가 세례를 베푸느냐?"

26 그가 그들에게 답하였다 "나는 물로 세례를 베풀지만 너희가 알지 못하는 분이 너희 가운데에 서셨는데

27 곧 내 뒤에 오는 분이시다 나는 그의 신발끈을 풀기에도 합당하지 않다"

28 이것들은 요한이 세례를 베풀던 곳 요단 강 건너편 베다니 안에서 일어난 일이었다

29 이튿날 그는 자신을 향하여 다가오는 예수를 보고 말하였다 "보라 세상의 죄를 짊어진 하나님의 어린 양이로다

30 '내 뒤에 오는 사람인데 나의 처음으로 계셨기 때문에 나보다 앞선다'고 내가 말한 분이 이분이다

31 나도 그를 알지 못했었다 그러나 그가 이스라엘에게 나타나게 되도록 내가 그에게로 와서 물로 세례를 베풀었다"

32 요한이 또 말하며 증거했다 "내가 보니 하늘에서 영이 비둘기 같이 내려와서 그의 위에 머물렀다

33 나도 그를 알지 못했었다 그러나 물로 세례를 주라고 나를 보내신 분이 나에게 말하셨다 '누구 위에든지 성령이 내려와서 그 위에 머무는 것을 네가 본다면 그가 성령으로 세례를 베푸는 자니라'

34 그리고 나는 그가 하나님의 아들임을 목격하고 증거했다"

35 그리고 이튿날 요한과 자기 제자들 중의 둘이 서 있었는데

36 걸어가는 예수를 응시하며 그가 말하였다 "보라 하나님의 어린 양이구나"

37 그 두 제자가 그의 말하는 것을 듣고 예수를 따라갔다

38 예수께서 돌이켜 따라오는 그들을 보시며 말하셨다 "너희가 무엇을 구하느냐?" 그들이 그에게 말하였다 "랍비여 (이는 번역하여 말하면 선생이다) 당신은 어디에 머물러 계십니까?"

39 그가 그들에게 말하셨다 "너희는 와서 보라" 그래서 그들이 가서 그가 머무는 곳을 보았으며 그들도 그날 그의 곁에 머물렀다 때가 열 시 경이었다

40 요한에게 듣고 그(예수)를 따라간 두 사람 중의 하나는 시몬 베드로의 형제 안드레다

41 그가 먼저 자신의 형제 시몬을 찾아가 그에게 말하였다 "우리가 메시아를 만났어" (메시아는 번역하면 그리스도다)

42 그가 그(시몬)를 예수께로 데려오니 예수께서 그를 보시고 말하셨다 "너는 요한의 아들 시몬이다 너는 게바라 불리리라"(게바는 번역하면 베드로다)

43 이튿날 예수께서 갈릴리로 가시기를 정하였다 그런데 예수께서 빌립을 찾았고 그에게 말하신다 "너는 나를 따르라"

44 빌립은 안드레와 베드로의 마을에서 온 벳세다 출신이다

45 빌립은 나다나엘을 찾아가 그에게 말하였다 "모세가 율법에 기록하고 여러 선지자가 [기록한] 그분을 우리가 만났는데, 요셉의 아들 나사렛 예수[였다]"

46 나다나엘이 그에게 말하였다 "[어찌] 나사렛에서 무슨 괜찮은 것이 나올 수 있겠어?" 필립이 그에게 말하였다 "와서 봐"

47 예수께서 자신에게 오는 나다나엘을 보시고 그에 대하여 말하셨다 "보라 그 속에 간사한 것이 없는 참 이스라엘 [사람]이다"

48 나다나엘이 그에게 말하였다 "나를 어떻게 아십니까?" 예수께서 대답하며 말하셨다 "빌립이 너를 부르기 전에 무화과나무 아래에 있던 너를 보았노라"

49 나다나엘이 그에게 대답했다 "랍비여, 당신은 하나님의 아들이며 이스라엘 왕입니다"

50 예수께서 답하시며 그에게 말하셨다 "너는 내가 무화과나무 아래에 [있는] 너를 보았다고 말한 것을 믿는구나 이보다 더 큰 것들을 볼 것이다"

51 또 그에게 말하셨다 "진실로 진실로 내가 너희에게 말하노라 너희는 열린 하늘과 사람의 아들 위에 오르락 내리락 하는 하나님의 사자들을 볼 것이다"

2장

1 사흘째에 갈릴리 가나에 혼례가 있었고 예수의 어머니가 거기에 계셨으며

2 예수와 그 제자들도 혼례에 청함을 받았는데

3 포도주가 떨어졌다 예수의 어머니가 그를 향하여 말하였다 "저들에게 포도주가 없다"

4 예수께서 그녀에게 말하였다 "여인이여, [이것이] 나와 당신에게 무슨 [상관이 있습니까?] 나의 때는 아직 이르지 않았습니다"

5 그의 어머니가 하인들에게 말하였다 "그가 너희에게 말하는 것은 무엇이든 실행하라"

6 거기에는 유대인의 정결 예식을 따라 돌항아리 여섯이 놓였는데 [물이] 두세 통 [들어가는] 크기였다

7 예수께서 그들에게 말하였다 "너희는 항아리에 물을 채우라" 그들이 그것을 아구까지 채우더라

8 그가 그들에게 말하였다 "이제는 떠서 연회장에게 갖다 주어라" 그들이 갖다 주었다

9 그 연회장은 포도주가 된 물을 마셨으나 그것이 어디에서 왔는지를 알지 못하였다 그러나 그 물을 떠 온 하인들은 알고 있었다 연회장이 신랑을 불러

10 말하였다 "모든 사람은 좋은 포도주를 먼저 주고 취한 이후에는 보다 저급한 것을 내오는데 그대는 지금까지 좋은 포도주를 두었군요"

11 이것은 예수께서 갈릴리 가나에서 행한 표적들의 처음이고 이것이 그의 영광을 나타냈고 그의 제자들은 그를 신뢰했다

12 이후에 그는 가버나움으로 내려갔다 자신[만이 아니라] 그의 어머니와 형제들과 그의 제자들도! 그들이 거기에 여러 날 머물지는 않았다

13 유대인의 유월절이 다가왔고 예수는 예루살렘으로 올라갔다

14 그는 그 성전에서 소와 양과 비둘기 파는 사람들과 돈 바꾸는 사람들이 앉아 있는 것을 발견했다

15 노끈으로 채찍을 만들어 양이나 소를 모두 성전에서 쫓으시고 돈 바꾸는 사람들의 동전들을 쏟으시고 상을 엎으셨다

16 그리고 비둘기를 파는 자들에게 말하셨다 "이것들을 여기에서 가져가라 내 아버지의 집을 장사하는 집으로 만들지 말라"

17 제자들은 '당신의 집[에 대한] 열심이 나를 삼킬 것이라'는 기록이 있다는 것을 기억했다

18 이에 유대인들이 대답하며 그에게 말하였다 "네가 이런 일들을 행하는데 무슨 표적을 우리에게 보여 주겠느냐?"

19 예수께서 대답하며 그들에게 말하셨다 "너희는 이 성전을 헐라 내가 사흘 동안에 그것을 세우리라"

20 이에 유대인들이 말하였다 "이 성전은 사십육 년 동안 지어졌다 그런데 네가 이것을 사흘만에 일으킨다?"

21 그러나 그것은 그가 자기 몸이라는 성전에 대하여 말한 것이었다

22 그가 죽은 자들 가운데서 살아나신 후에 그의 제자들은 이 말씀하신 것을 기억하고 성경과 예수께서 하신 말씀을 신뢰했다

23 그가 유월절에 예루살렘 안에 계시므로 많은 사람들이 그의 행하시는 표적들을 보고 그의 이름을 믿었더라

24 그러나 예수는 자신을 그들에게 의탁하지 않으셨다 이는 그가 스스로 모든 [사람들]을 아시기 때문이다

25 그리고 그는 사람의 속에 있는 것을 스스로 아시기 때문에 사람에 대하여 누군가가 증언할 필요가 없[는 분이시]다

3장

1 그런데 바리새파 출신의 사람이 있었는데 그의 이름은 니고데모, 유대인의 지도자다

2 그가 밤에 예수께로 와서 그에게 말하였다 "랍비여 우리는 당신이 하나님으로부터 오신 선생인 줄 알고 있습니다 이는 하나님이 함께하지 않으시면 당신이 행하시는 이 표적을 아무도 행할 수 없기 때문입니다"

3 예수께서 대답하며 그에게 말하셨다 "진실로 진실로 내가 너에게 말하노라 어떤 이가 거듭나지 않는다면 하나님의 나라를 보는 것이 가능하지 않다"

4   니고데모가 그에게 말하였다 "늙은 사람이 어떻게 태어날 수 있습니까? 그가 두 번째로 어머니의 태에 들어가서 [다시] 태어나는 것은 가능하지 않습니다"

5   예수께서 답하셨다 "진실로 진실로 너에게 말하노라 누군가가 물과 성령으로 태어나지 않는다면 하나님의 나라에 들어갈 수 없다

6   육으로 태어난 것은 육이고 영으로 태어난 것은 영이다

7   내가 너에게 '너희가 거듭나야 한다'고 말하는 것에 놀라지 말라

8   바람은 그것이 원하는 어디로든 불고 네가 그것의 소리를 듣지만 그것이 어디에서 와서 어디로 가는지는 네가 알지 못하는 것처럼 영으로 태어난 자도 모두 그러하다"

9   니고데모가 대답하며 그에게 말하였다 "어찌 이것이 일어날 수 있습니까?"

10   예수께서 대답하며 그에게 말하셨다 "너는 이스라엘 선생인데 이것들을 알지 못하느냐

11   진실로 진실로 너에게 말하노라 우리는 아는 것을 말하고 본 것을 증언한다 그러나 너희는 우리의 증언을 받지 않는구나

12   내가 너희에게 지상적인 것들을 말하여도 믿지 않는데 천상적인 것들을 너희에게 말하면 어떻게 믿겠느냐

13   하늘에서 내려온 자 곧 인자 외에는 누구도 하늘로 올라감이 없다

14   모세가 광야에서 뱀을 들어올린 것처럼 인자도 그렇게 올려져야 한다

15   이는 그를 믿는 모든 자가 영원한 생명을 얻게 하기 위함이다

16   하나님이 세상을 이처럼 사랑하여 유일하게 나신 아들을 주셨는데 이는 그를 믿는 모든 자가 영원한 생명을 얻게 하려 하심이다

17   하나님이 그 아들을 세상에 보내신 것은 세상을 심판하기 위함이 아니라 세상으로 하여금 그로 말미암아 구원을 받게 하려 하심이다

18   그를 믿는 자는 심판을 받지 아니하나 그를 믿지 아니하는 자는 하나님의 유일하게 나신 아들의 이름을 믿지 않으므로 이미 심판을 받은 것이다

19   그 심판은 이러하다 즉 빛이 세상으로 왔으나 사람들은 자신들의 행실들이 악하여서 빛보다 어둠을 더

20   악을 실행하는 모든 자는 빛을 미워하고 자신들의 행실들이 발각되지 않도록 빛으로 나오지 아니한다

21 그러나 진리를 행하는 자는 빛으로 나아온다 이는 그들의 행실들이 하나님 안에서 행해진 것임을 나타내기 위함이다"

22 이후에 예수는 그의 제자들과 유대 땅으로 왔고 거기에서 그들과 함께 머물면서 세례를 베풀었다

23 그런데 요한도 살렘에 가까운 애논에서 세례를 베풀었다 이는 거기에 물이 많이 있었기 때문이다 [사람들이] 와서 세례를 받았는데

24 이는 요한이 아직 감옥에 갇히지 않았기 때문이다

25 정결례에 대하여 요한의 제자들에 의한 유대인과의 변론이 일어났다

26 그들이 요한에게 와서 그에게 말하였다 "랍비여, 당신과 함께 요단 강 저편에 있던 분, 당신이 증언하던 분을 보십시오 그는 세례를 베풀고 모두가 그에게로 가고 있습니다"

27 요한이 대답하며 말하였다 "만약 하늘에서 그에게 주어진 것이 아니라면 사람은 받을 수 없는데 심지어 하나도 [받을 수] 없느니라

28 나는 그리스도가 아니요 그의 앞에 보내심을 받은 자라는 것을 나와 더불어 증언할 자는 너희 자신이다

29 신부를 취하는 자는 신랑이다 서서 신랑[의 음성]을 듣는 그의 친구는 신랑의 목소리로 말미암아 크게 기뻐한다 이러한 기쁨으로 나는 충만하다

30 그는 흥하여야 하고 나는 쇠하여야 한다

31 위로부터 오시는 이는 만물 위에 계시고 땅에서 난 이는 땅에 속하여 땅에 속한 것에서 말하지만 하늘에서 와서 만물 위에 계시는 분

32 그는 보고 들은 이것을 증언한다 그런데 그의 증언을 받으려는 자가 한 사람도 없구나

33 그의 증언을 받는 자는 하나님이 참된 분이라는 사실에 날인한다

34 하나님이 보내신 자는 하나님의 말씀을 말하는데 이는 그가 성령을 측량할 수 없도록 주시기 때문이다

35 아버지는 아들을 사랑하여 만물을 다 그의 손에 베푸셨다

36 아들을 믿는 자는 영원한 생명을 가지지만 그 아들을 믿지 아니하는 자는 생명을 보지 못하고 오히려 하나님의 진노가 그에게 머무른다"

4장

1 예수께서 요한보다 더 많은 제자들을 삼고 세례 베푸시는 것을 바리새파 사람들이 들은 줄을 그가 아셨을 때

2 (그러나 예수 자신이 아니라 그의 제자들이 세례를 베푼 것이었다)

3 그는 유대를 떠나 다시 갈릴리로 떠나셨다

4 그런데 그 자신은 사마리아를 통과해야 했다

5 그래서 그는 수가라고 불리는 사마리아 동네로 들어갔다 [그곳은] 야곱이 그의 아들 요셉에게 준 땅에 가까웠다

6 거기에는 또 야곱의 우물이 있었으며, 여행으로 피곤해진 예수는 그 우물 곁에 그대로 앉으셨다 그때가 여섯 시 정도였다

7 사마리아 출신의 여인이 물을 길으려고 왔다 예수께서 그녀에게 말하였다 "나에게 마실 것을 달라"

8 이는 그의 제자들이 양식을 구하려고 그 동네에 들어갔기 때문이다

9 이에 사마리아 여인이 그에게 말하였다 "유대인인 당신은 어찌하여 사마리아 여자인 나에게 마실 것을 달라고 요청을 하십니까?" 이는 유대인이 사마리아 사람과는 교류하지 않았기 때문이다

10 예수께서 대답하며 말하셨다 "만일 하나님의 선물과 '나에게 마실 것을 달라'고 너에게 말하는 자가 누구인지 네가 알았다면 너는 그에게 부탁했을 것이고 그는 너에게 살아있는 물을 주었을 것이다"

11 그 여인이 그에게 말하였다 "주여, 두레박도 당신에게 없고 이 우물은 깊은데 그 생명수를 당신은 어디에서 얻는다는 것입니까?

12 우리에게 이 우물을 주었고 자기와 자신의 아들들과 짐승들도 여기에서 마시게 한 우리의 조상 야곱보다 당신이 더 크십니까?"

13 예수께서 대답하며 말하셨다 "이 물을 마시는 모든 자는 다시 목마른다

14 그러나 내가 주는 물을 마시는 자는 영원히 목마르지 않으리라 내가 그에게 주는 물은 그 안에서 솟아나는 샘물이 되어 영생에 이르리라"

15 여인이 그를 향하여 말하였다 "주여 그런 물을 나에게 주셔서 목마르지 않고 여기에 물을 길으려고 오지도 않게 해 주십시오"

16 그가 그녀에게 말하셨다 "너는 가서 너의 남편을 불러 이곳으로 오라"

17 여인이 대답하며 그에게 말하였다 "저에게는 남편이 없습니다" 예수께서 그녀에게 말하셨다 "너는 '저에게는 남편이 없다'고 옳게 말하였다

18 너에게는 남편 다섯이 있었고 지금 너에게 있는 이도 너의 남편이 아니기에 너는 이것을 참되게 말하였다"

19 여인이 그에게 말하였다 "주여, 당신은 선지자인 것을 제가 보나이다

20 우리 조상들은 이 산에서 예배를 드렸는데 당신들은 예배 드려야 할 곳이 예루살렘 안에 있다고 말합니다"

21 예수께서 그녀에게 말하셨다 "나를 신뢰하라 여인이여 때가 이르면 이 산에서도 말고 예루살렘 안에서도 말고 너희가 아버지께 예배를 드리리라

22 너희는 너희가 알지 못하는 것을 예배하고 우리는 우리가 아는 것을 예배한다 이는 구원이 유대인에게서 나기 때문이다

23 참된 예배자는 아버지께 영과 진리로 예배를 드리는 때가 오는데 바로 지금이다 아버지는 자신에게 이렇게 예배하는 자들을 찾으신다

24 하나님은 영이시니 그를 예배하는 자들은 영과 진리로 예배해야 한다"

25 여인이 그에게 말하였다 "메시아 곧 그리스도라 하는 이가 오신다는 것을 저는 알고 있습니다 그가 오시면 모든 것을 우리에게 알려줄 것입니다"

26 예수께서 그녀에게 말하셨다 "너에게 말하는 내가 그이니라"

27 이때에 그의 제자들이 돌아왔고 그가 여인과 말하시는 것을 이상하게 여겼으나 그럼에도 불구하고 '당신이 무엇을 구하는지 혹은 그녀와 무슨 말씀을 하는지'를 누구도 말하지 않았더라

28 여인은 자신의 물동이를 내버리고 동네로 들어가서 사람들에게 말하였다

29 "이곳으로 와서 내가 행한 모든 것을 나에게 말한 사람을 보십시오 이는 그리스도이지 않습니까?"

30 그들이 동네에서 나와 그에게로 향하였다

31 그러는 동안에 제자들이 말하며 그에게 청하였다 "랍비여 드십시오"

32 그러나 그는 그들에게 말하였다 "나에게는 너희가 알지 못하는 먹을 양식이 있느니라"

33 이에 제자들은 서로에게 말하였다 "누가 그에게 먹을 [것을] 가져다 드렸는가?"

34 예수께서 그들에게 말하셨다 "나의 양식은 나를 보내신 분의 뜻을 행하고 그의 일을 완성하는 것이니라

35 너희는 네 달이 더 있어야 추수[의 때]가 온다고 말하지 않느냐? 보라 나는 너희에게 말하노라 너희는 눈을 들어 밭을 보아라 추수를 위해 이미 하얗게 되었구나

36 거두는 자가 보상을 취하고 영원한 생명에 이르는 열매를 모아서 뿌리는 자와 거두는 자가 함께 기뻐하게 한다

37 이로 보건대, '어떤 이는 심고 어떤 이는 거둔다'는 말은 진실하다

38 나는 너희가 노력하지 아니한 것을 거두라고 보내었다 다른 이들은 수고했고 너희는 그들이 수고한 것에 참여했다"

39 "내가 행한 모든 것을 그가 나에게 말했다"고 증언한 여인의 말로 말미암아 그녀의 동네에서 많은 사마리아 사람들이 그를 믿었더라

40 결국 사마리아 사람들은 그에게로 와서 자기들과 함께 머물자고 청하였고 그는 거기에서 이틀을 머무셨다

41 그의 말씀으로 말미암아 그들은 더욱 많이 믿었더라

42 그들이 그 여인에게 말하였다 "이제 우리가 믿는 것은 너의 말로 말미암은 것이 아니니 이는 우리 자신이 듣고 그가 진실로 세상의 구주라는 것을 알기 때문이다"

43 이틀이 지나자 그는 거기에서 갈릴리로 가셨는데

44 이는 선지자가 자신의 고향에서 존경을 받지 못한다는 증언을 예수 자신이 하셨기 때문이다

45 그가 갈릴리로 가셨을 때 갈릴리 사람들은 그를 영접했다 이는 자기들도 명절에 갔다가 그가 명절에 예루살렘 안에서 행하신 모든 것을 보았기 때문이다

46 결국 그는 자신이 물로 포도주를 만드셨던 갈릴리 가나로 돌아왔다 가버나움 안에는 왕의 어떤 신하가 있었는데 그의 아들은 병들었다

47 그는 예수가 유대에서 갈릴리로 오셨다는 것을 듣고 그에게로 갔다 그리고 그는 [예수께서] 내려가서 죽음이 임박한 그의 아들을 고쳐 주시라고 청하였다

48 그래서 예수께서 그에게 말하셨다 "너희는 표적과 이적을 보지 못하면 도무지 믿지 않겠구나"

49 왕의 신하가 그에게 말하였다 "주여 내 아이가 죽기 전에 내려가 주십시오"

50 예수께서 그에게 말하셨다 "가라 네 아들이 살아 있다" 그 사람은 예수께서 그에게 하신 말씀을 믿고 돌아갔다

51 그런데 그가 내려가는 중에 그의 종들이 그를 만나서 그의 아들이 살아 있다고 말하였다

52 이에 그는 그 [아이의 병세]가 호전된 때를 물었으며, 그들은 어제 일곱 시에 열기가 그 [아이]를 떠났다고 그에게 말하였다

53 이에 그 아버지는 "네 아들이 살아 있다"고 예수께서 그에게 말하신 그때임을 알게 되었고 그와 그의 온 집이 믿으니라

54 이것은 예수께서 유대에서 갈릴리로 다시 오셔서 행하신 두 번째 표적이다

5장

1 이후에 유대인의 명절이 있었고 예수는 예루살렘으로 오르셨다

2 예루살렘 안에는 양의 문 곁에 히브리 말로 베데스다라 불리고 행각 다섯을 가진 못이 있었는데

3 그것들 안에는 많은 병자, 맹인, 다리 저는 사람, 혈기 마른 사람들이 누워 (물의 움직임을 기다리고 있다

4 이는 천사들이 때를 따라 못으로 내려와 물을 움직이게 하는데 물의 움직임 이후에 처음으로 들어가는 자는 어떠한 병에 사로잡혀 있는 때에라도 건강하게 된다)

5 거기에 자신의 병약함 중에 삼십팔 년을 지낸 어떤 사람이 있었는데

6 예수께서 그가 누운 것을 보시고 이미 오랜 기간을 보냈음도 아시고 그에게 말하셨다 "네가 낫게 되기를 원하느냐?"

7 그 연약한 자가 그에게 대답했다 "주여, 물이 움직일 때 나를 못에 넣어주는 사람이 없습니다 내가 거기로 가면 다른 이가 나보다 먼저 내려갑니다"

8 예수께서 그에게 말하셨다 "너는 일어나 네 자리를 들고 걸어가라"

9 그 사람은 즉시 건강하게 되어 자신의 자리를 들고 걸어갔다 그런데 그날은 안식일이었다

10 유대인들이 치유된 자에게 말하였다 "안식일인데 네가 자리를 드는 것은 올바르지 않다"

11 그러나 그는 그들에게 대답했다 "나를 건강하게 만드신 분이 나에게 '너의 자리를 들고 걸어가라' 했습니다"

12 이에 그들이 그에게 질문했다 "너에게 [자리를] 들고 걸어가라 한 그 사람이 누구냐?"

13 치유된 사람은 그가 누구인지 알지 못하였다 이는 예수가 그곳에 있는 군중 속으로 피하였기 때문이다

14 이후에 예수는 성전에서 그를 찾았고 그에게 말하였다 "보라 네가 건강하게 되었으니 더 나쁜 일이 너에게 일어나지 않도록 더 이상 범죄하지 말라"

15 그 사람은 유대인들에게 가서 자신을 건강하게 만든 분이 예수라고 알렸으며

16 이로 인하여 유대인들은 예수가 안식일에 이런 것을 행한다고 그를 박해했다

17 그런데 그가 그들에게 답하셨다 "내 아버지께서 지금까지 일하시니 나도 일하노라"

18 이로 말미암아 유대 사람들이 예수를 더욱 죽이려고 했다 이는 그가 안식일을 범한 것만이 아니라 하나님을 자신의 친 아버지라 부르며 자신을 하나님과 동등하게 만들었기 때문이다

19 이에 예수는 그들에게 대답하며 말하셨다 "내가 진실로 진실로 너희에게 말하노라 아들이 아버지의 일하심을 보지 않는다면 스스로는 어떠한 것도 행할 수 없느니라 이는 그가 행하시는 그것들을 아들도 같은 방식으로 행하기 때문이다

20 아버지는 아들을 사랑하여 자기가 행하는 모든 것을 아들에게 보이시고 이보다 더 큰 일들을 그에게 보이셔서 너희로 하여금 놀라게 하시리라

21 아버지가 죽은 자들을 일으켜 살리시는 것처럼 아들도 자기가 원하는 자들을 살리리라

22 아버지는 아무도 심판하지 않으시고 그 모든 심판을 아들에게 맡기셨다

23 이는 모두가 아버지를 공경하는 것처럼 아들도 공경하게 하려 하심이다 아들을 공경하지 아니하는 자는 그를 보내신 아버지도 공경하지 않느니라

24 내가 진실로 진실로 너희에게 말하노라 내 말을 듣고 나를 보내신 분을 믿는 자는 영원한 생명을 얻고 심판에 이르지 아니하며 사망에서 생명으로 이동했다

25 내가 진실로 진실로 너희에게 말하노라 죽은 자들이 하나님의 아들의 음성을 들을 때가 오는데 지금이다 듣는 자들은 살아날 것이니라

26 아버지께서 자기 안에 생명을 가지신 것처럼 [아들도] 자기 안에 [생명을] 가지도록 생명을 아들에게 베푸셨다

27 그리고 그는 심판을 행하는 권세를 그에게 베푸셨다 이는 그가 인자이기 때문이다

28 이것을 이상하게 여기지 말라 즉 무덤에 있는 모든 자들이 그의 음성을 들을 때가 온다는 것을!

29 그리고 선한 일들을 행한 자들은 생명의 부활로 나아가고 악한 일들을 행한 자들은 심판의 부활로 [나아가는] 것을!

30 내가 스스로는 아무것도 할 수 없느니라 나는 내가 듣는 대로 심판한다 그리고 나의 심판은 올바르다 이는 내가 나의 뜻이 아니라 나를 보내신 분의 뜻을 추구하기 때문이다

31 만일 내가 나에 대하여 증언하면 내 증언은 참되지가 않다

32 [그런데] 나에 대하여 증언하는 다른 분이 있는데 그가 나에 대하여 증언하는 그 증언은 참되다는 것을 나는 안다

33 너희는 요한에게 [사람을] 보내었고 요한은 진리에 대해 증언했다

34 그러나 나는 사람의 증언을 취하지 않는데 이것들을 말하는 것은 너희로 구원을 받게 하려 함이니라

35 요한은 타오르고 빛나는 등불이다 너희는 한때 그의 빛 안에서 즐기기를 원하였다

36 그러나 나는 요한보다 더 큰 증거를 가졌는데 내가 이루도록 아버지께서 나에게 주신 일들, 즉 내가 행하는 그 일들 자체가 나에 대하여 아버지께서 나를 보내신 것을 증언한다

37 그리고 나를 보내신 아버지께서 친히 나에 대하여 증언해 주셨다 너희는 어느 때에도 그의 음성을 듣지 못하였고 그의 형상도 보지 못하였다

38 또한 그가 보내신 이를 너희가 믿지 않았기 때문에 너희는 그 말씀이 너희 안에 머물도록 하지 아니했다

39 너희는 성경을 공부한다 이는 너희가 거기에서 영원한 생명을 얻을 것이라고

생각하기 때문이다 [그런데] 이것은 나에 대하여 증언하고 있다

40 그러나 너희는 생명을 얻기 위해 나에게 오기를 원하지 않는구나

41 나는 사람에게 영광을 취하지 아니한다

42 다만 하나님을 사랑하는 것이 너희 안에 없음을 알았구나

43 나는 내 아버지의 이름으로 왔으나 너희는 나를 영접하지 아니했다 만일 다른 이가 자신의 이름으로 왔다면 너희가 영접했을 것이다

44 너희가 서로 영광을 취하고 유일하신 하나님으로부터 오는 영광은 구하지 않으면서 어떻게 너희가 [나를] 믿을 수 있겠느냐?

45 내가 너희를 아버지 앞에서 고발할 것이라고 생각하지 마라 너희를 고발하는 자는 너희가 바라는 자 모세니까

46 너희가 모세를 믿었다면 나도 믿었을 것인데 이는 그가 나에 대하여 기록했기 때문이다

47 하지만 그의 글도 너희가 믿지 않는데 어떻게 너희가 나의 말을 믿겠느냐?"

6장

1 이후에 예수는 디베랴의 갈릴리 바다 건너편으로 떠나셨다

2 큰 무리가 그를 따랐는데 이는 그가 연약한 자들에게 행하시는 표적들을 그들이 보았기 때문이다

3 예수는 산으로 올라가 제자들과 함께 거기에 앉으셨다

4 그런데 유대인의 명절인 유월절이 다가왔다

5 그때 예수는 눈을 들어서 큰 무리가 자신에게 오는 것을 보시고 필립에게 말하셨다 "우리가 어디에서 빵을 사서 이들이 먹도록 하겠느냐?"

6 그가 그를 시험하며 이렇게 말하심은 그가 어떻게 행하고자 하는지를 자신이 아셨기 때문이다

7 필립이 그에게 대답했다 "각자가 조금씩 취하게 하려면 이백 데나리온 [분량의] 빵이라도 그들에게 충분하지 않을 것입니다"

8 그의 제자들 중의 하나인 시몬 베드로의 형제 안드레가 그에게 말하였다

9 "여기에 보리빵 다섯과 물고기 둘을 가진 아이가 있습니다 그러나 이것이 이렇게 많은 이들에게 얼마나 되겠습니까?"

10 예수께서 말하셨다 "이 사람들이 앉도록 만들어라" 그곳에는 잔디가 많은데 [거기에] 앉은 남자들이 오천 명 정도였다

11 예수께서 빵을 취하시고 축사하며 앉은 자들에게 그들이 원하는 만큼 많이 나누셨고 물고기도 동일하게 [나누셨다]

12 그들이 충족된 때에 예수는 그의 제자들에게 말하셨다 "버려지는 것이 없도록 너희는 남은 조각들을 거두어라"

13 이에 그들은 거두었고 보리빵 다섯에서 먹은 사람들에 의해 남겨진 조각들로 열 두 바구니를 채웠더라

14 그가 행한 표적을 본 사람들은 말하였다 "이는 진실로 세상에 오시는 그 선지자다"

15 이에 예수는 그들이 자신에게 와서 붙들며 왕으로 삼으려는 줄을 아시고 다시 혼자서 산으로 떠나셨다

16 저녁이 되자 그의 제자들은 바다로 내려가서

17 배를 타고 바다를 가로질러 가버나움으로 갔다 [날은] 이미 어두웠고 예수는 아직 그들에게 오지 않으셨다

18 큰 바람이 휘몰아쳐 바다가 격동했다

19 그들은 노를 저어서 십여 리쯤 가다가 바다 위로 걸으시며 배로 가까이 오시는 예수를 보았고 그들은 두려웠다

20 그러나 그가 그들에게 말하셨다 "나다 너희는 두려워하지 말라"

21 이에 그들은 그를 배로 모시기를 원하였고 그 배는 곧바로 가려던 땅에 이르렀다

22 이튿날 바다 건너편에 서 있던 무리는 인지했다 거기에 하나[의 배] 외에는 다른 배가 없었다는 것과 예수께서 그의 제자들과 함께 배에 동승하지 않고 그의 제자들만 떠났다는 것을!

23 그러나 디베랴로부터 배들이 주께서 축사하신 빵을 먹은 곳 가까이로 왔다

24 무리가 거기에 예수도, 그의 제자들도 없음을 알고 배들을 타고 예수를 찾으려고 가버나움으로 갔다

25 바다 건너편에서 그를 발견하고 그에게 말하였다 "랍비여 언제 여기로 오셨습니까?"

26 예수께서 그들에게 답하시며 말하셨다 "내가 진실로 진실로 너희에게 말하노라 너희가 나를 추구하는 것은 너희가 표적을 보았기 때문이 아니라 빵을 먹고 배가 불렀기 때문이다

27 소멸되는 양식이 아니라 영원한 생명에 거하는 양식을 위하여 일하라 그것은 인자가 너희에게 주시리라 이는 아버지 하나님이 그를 인치셨기 때문이다"

28 이에 그들이 그에게 말하였다 "우리가 무엇을 하여야 하나님의 일들을 행할 수 있습니까?"

29 예수께서 그들에게 답하시며 말하셨다 "그가 보내신 자를 믿는 이것이 하나님의 일이니라"

30 이에 그들이 그에게 말하였다 "우리가 당신을 보고 믿도록 당신이 행하시는 표적은 무엇입니까? 당신은 무엇을 하십니까?

31 '그가 하늘에서 먹을 빵을 그들에게 주었다'고 기록된 것처럼 우리의 조상들은 광야에서 만나를 먹었습니다"

32 예수께서 그들에게 말하셨다 "내가 진실로 진실로 말하노라 모세가 하늘에서 너희에게 빵을 주지 않았고 내 아버지께서 너희에게 하늘에서 참 빵을 베푸신다

33 하나님의 빵은 하늘에서 내려와 세상에 생명을 주는 자다"

34 그들이 그에게 말하였다 "주여 이 빵을 항상 우리에게 주십시오"

35 예수께서 그들에게 말하셨다 "나는 생명의 빵이니 나에게로 나아오는 자는 결코 굶주리지 않을 것이고 나를 믿는 자는 영원히 목마르지 않으리라

36 그러나 나는 너희에게 말하노라 너희는 나를 보고서도 믿지 않는구나

37 아버지께서 나에게 주시는 모든 자는 나에게로 올 것이고 나에게로 오는 자는 내가 결코 내쫓지 않으리라

38 이는 나의 뜻이 아니라 나를 보내신 이의 뜻을 행하기 위하여 내가 하늘에서 내려왔기 때문이다

39 나를 보내신 이의 뜻은 나에게 주신 모든 자 중 [하나도] 내가 잃지 않고 마지막 날에 그를 다시 일으키는 이것이다

40 내 아버지의 뜻은 아들을 보고 그를 믿는 모든 자가 영원한 생명을 얻고 나는 마지막 날에 그를 다시 살릴 이것이다"

41 이에 유대 사람들은 그가 "나는 하늘에서 내려온 빵이라"고 말하였기 때문에 그

에 대하여 숙덕대며

42 말하였다 "이는 요셉의 아들 예수가 아니냐 그의 아버지와 어머니를 우리가 알지 않느냐 [그런데] 어떻게 그는 지금 자신이 하늘에서 내려왔다 말하느냐?"

43 예수께서 그들에게 답하시며 말하셨다 "너희는 서로 숙덕대지 말라

44 나를 보내신 아버지께서 그를 이끌지 않으시면 아무도 나에게로 올 수 없느니라 나도 그를 마지막 날에 다시 살리리라

45 '그리고 모든 자들이 하나님의 가르침을 받을 것이라'는 것이 선지자들[의 글]에 기록되어 있다 아버지께로부터 듣고 배운 모든 자는 나에게로 나아온다

46 [이는] 아버지에게서 온 자(그는 아버지를 보았다) 외에 어떤 이가 아버지를 보았다는 것이 아니니라

47 내가 진실로 진실로 너희에게 말하노라 믿는 자는 영원한 생명을 소유한다

48 나는 생명의 빵이다

49 너희 조상들은 광야에서 만나를 먹었어도 사망했다

50 [그러나] 이것은 하늘에서 내려오는 빵이어서 어떤 이가 그것을 먹어도 죽지 않으리라

51 나는 하늘에서 내려온 살아있는 빵이니라 어떤 이가 이 빵을 먹으면 영원히 살리라 내가 주는 이 빵은 세상의 생명을 위한 내 살이니라"

52 그러므로 유대 사람들은 "이자가 어떻게 자신의 살을 우리에게 먹도록 줄 수 있느냐"고 말하면서 다투었다

53 이에 예수께서 그들에게 말하셨다 "내가 진실로 진실로 너희에게 말하노라 너희가 인자의 살을 먹지 아니하고 그 피를 마시지 아니하면 너희 속에 생명이 없느니라

54 내 살을 먹고 내 피를 마시는 자는 영원한 생명을 소유한다 마지막 날에 내가 그를 다시 살리리라

55 이는 내 살이 참된 양식이고 내 피는 참된 음료이기 때문이다

56 내 살을 먹고 내 피를 마시는 자는 내 안에 거하고 나도 그의 안에 거한다

57 살아계신 아버지께서 나를 보내셨고 내가 아버지로 말미암아 사는 것처럼 나를 먹는 자도 나로 말미암아 살리라

58 이것은 그 조상들이 먹고도 죽은 것과는 달리 하늘에서 내려온 떡이며 이 떡을

먹는 자는 영원히 살리라"

59 이것들은 그가 가버나움 안에 있는 회당에서 가르치실 때에 말하셨다

60 그의 제자들 중에 많은 이들이 듣고 말하였다 "이것은 어려운 말이구나 누가 그것을 들을 수 있겠는가?"

61 이에 예수께서 그의 제자들이 이것에 대하여 수군대는 것을 자신 안에서 아시고 말하셨다 "이것이 너희에게 걸림이 되었느냐?

62 그러면 인자가 이전에 있던 곳으로 올라가는 것을 너희가 본다면 [어떻게 하겠느냐?]

63 영은 살리지만 살은 전혀 유익하지 않다 내가 너희에게 이야기한 말들은 영이요 생명이다

64 그러나 너희 중에 믿지 아니하는 자들이 있느니라" 이는 예수께서 처음부터 믿지 아니하는 자들은 누구이고 그를 넘기는 자는 누구인지 아셨기 때문이다

65 그가 또 말하셨다 "이로 인하여 아버지로부터 그가 주어지지 않으면 누구도 나에게로 나아오지 못한다고 내가 너희에게 말하였다"

66 그 [때]로부터 그의 제자들 중 많은 이들이 등돌리며 떠났고 더 이상 그와 함께 걷지 않았더라

67 이에 예수께서 열 둘에게 말하셨다 "너희도 떠나기를 원하지 않느냐?"

68 시몬 베드로가 그에게 답하였다 "주여 우리가 누구에게 가겠습니까? 당신은 영원한 생명의 말씀을 가지고 계십니다

69 그리고 우리는 당신이 하나님의 거룩하신 분이라는 것을 믿고 알고 있습니다"

70 예수께서 그들에게 답하셨다 "내가 너희 열 둘을 택하지 않았느냐? 그러나 너희 중에 하나는 마귀니라"

71 그런데 그는 가룟 시몬의 아들 유다를 일컬으셨다 이는 그가 열 둘 중의 하나로서 그를 넘기고자 했기 때문이다

7장

1 이후에 예수는 갈릴리 안에서 다니셨다 이는 유대 사람들이 그를 죽이려고 해

서 그가 유대에서 다니기를 원하지 않으셨기 때문이다

2 그런데 유대인의 명절인 초막절이 다가왔다

3 그러므로 그의 형제들이 그를 향하여 말하였다 "너는 네 제자들이 네가 행하는 네 일을 보도록 이곳에서 떠나 유대로 가라

4 스스로 나타남을 구하면서 은밀하게 행하는 자는 없다 이것들을 행한다면 자신을 세상에 나타내라"

5 이는 그의 형제들도 그를 믿지 않았기 때문이다

6 이에 예수께서 그들에게 말하셨다 "나의 때는 아직 이르지 않았지만 너의 때는 언제나 준비되어 있다

7 세상은 너희를 미워할 수 없고 나를 미워한다 이는 내가 세상에 대하여 그것의 일들이 악하다고 증언하기 때문이다

8 너희는 명절에 올라가라 나는 이 명절에 올라가지 않는데 이는 나의 때가 아직 차지 않았기 때문이다"

9 이 말씀을 하시고 그는 갈릴리에 머무셨다

10 그의 형제들이 명절에 올라가자 자기도 올라가되 나타내지 않으시고 은밀하게 [행하셨다]

11 유대 사람들이 명절 중에 예수를 찾으며 말하였다 "그가 어디에 있는가?"

12 무리 중에는 그에 대한 수군댐이 많았는데 어떤 이들은 "그는 선하다"고 말하였고 다른 이들은 "아니다 그는 무리를 미혹한다"고 말하였다

13 그러나 유대인에 대한 두려움 때문에 누구도 그에 대하여 드러나게 말하지 못하였다

14 명절이 이미 중간에 이르자 예수는 성전으로 올라가서 가르치니

15 유대인이 놀라며 말하였다 "이는 배우지도 않았는데 어떻게 글을 아느냐?"

16 예수께서 그들에게 답하시며 말하셨다 "나의 가르침은 내 것이 아니라 나를 보내신 분의 [것이니라]

17 만약 어떤 이가 그(하나님)의 뜻 행하기를 원한다면 그 가르침이 하나님으로부터 온 것인지 내가 스스로 말하는 것인지를 알리라

18 스스로 말하는 자는 자신의 영광을 구하지만 보내신 이의 영광을 구하는 이는 진실하다 그 속에 불의함이 없다

19 모세가 너희에게 율법을 주지 않았느냐? 그런데 너희 중에 누구도 그 율법을 지키지 않는구나 어찌하여 너희는 나를 죽이려고 하느냐?"

20 무리가 답하였다 "당신은 귀신이 들렸도다 누가 당신을 죽이려고 한답니까?"

21 예수께서 그들에게 대답하며 말하셨다 "내가 하나의 일을 행하면 너희가 다 이로 말미암아 이상하게 여기는구나

22 모세는 너희에게 할례를 주었고 (그것은 모세에게서가 아니라 그 조상들에게서 났다) 너희도 안식일에 사람에게 할례를 시행한다

23 모세의 율법을 범하지 않으려고 사람이 안식일에 할례까지 받는데도 [당연하게 여기는] 너희는 내가 안식일에 사람의 전신을 건전하게 만든다는 이유로 나에게 분노한다

24 보이는 대로 판단하지 말고 공의로운 판단으로 판단하라"

25 그러므로 예루살렘 사람 중에 어떤 이들이 말하였다 "이는 그들이 죽이고자 하던 이가 아닙니까?

26 보십시오 그가 드러나게 말하는데 그들이 그에게 아무것도 말하지 않습니다 관원들이 그를 그리스도라고 안 것은 아닙니까?

27 하지만 우리는 이 [사람]이 어디에서 왔는지 알고 있습니다 그러나 그리스도가 올 때에는 그가 어디에서 오는지를 아는 자가 없습니다"

28 성전에서 가르치고 계신 예수께서 외치시며 말하셨다 "너희는 나를 알고 내가 어디에서 왔는지도 안다 나는 스스로 온 것이 아니니라 나를 보내신 이는 참되시다 너희는 그를 알지 못하지만

29 나는 아는데 이는 내가 그에게서 왔고 그가 나를 보내셨기 때문이다"

30 이에 그들이 그를 잡으려고 했다 그러나 아무도 그에게 손을 대지 않았는데 이는 아직 그의 시간이 이르지 않았기 때문이다

31 무리 중에 많은 자들이 예수를 믿고 말하였다 "그리스도가 오더라도 이분이 행한 표적보다 더 많이 행하지는 않겠지요?"

32 그에 대한 무리의 이 수군댐을 바리새파 사람들이 들었고 대제사장 및 바리새파 사람들이 그를 잡으려고 수종들을 파견했다

33 이에 예수께서 말하셨다 "나는 너희와 함께 조금 더 있다가 나를 보내신 분에게로 돌아간다

34 너희가 나를 구하여도 나를 찾지 못할 것이며 내가 있는 곳으로 너희가 올 수도 없으리라"

35 이에 유대 사람들이 서로에게 말하였다 "이 [사람]이 어디로 가기에 우리가 그를 찾지 못하는가? 헬라 사람들의 흩어진 자들에게 가서 그 헬라 사람들을 가르치려 하는가?

36 '너희가 나를 구하여도 나를 찾지 못할 것이며 내가 있는 곳으로 너희가 오지도 못한다'고 말한 이 말은 무엇인가?"

37 명절의 마지막 큰 날에 예수께서 서서 외치시며 말하셨다 "누구든지 목이 마르거든 나에게로 와서 마시라

38 나를 믿는 자는 성경이 말하듯이 '그의 배에서 생수의 강이 흘러 나오리라'"

39 이는 그를 믿는 자들이 받게 될 성령에 대한 말이었다 (이는 예수께서 아직 영광을 받지 않으셔서 성령이 아직 그들에게 계시지 않았기 때문이다)

40 이에 이 말씀을 들은 무리 중에서 [어떤 사람들이] 말하였다 "이는 참으로 선지자다"

41 다른 이들은 말하였다 "이는 그리스도다" 그러나 어떤 이들은 말하였다 "아니야 그리스도가 [어떻게] 갈릴리에서 나오겠어?

42 '그리스도는 다윗의 후손에서, 베들레헴 즉 다윗이 있던 마을에서 나온다'고 성경이 말하잖아!"

43 그로 말미암아 무리 가운데에 분열이 일어났다

44 그들 중에는 그를 잡으려고 하는 자들이 있었지만 누구도 그에게 손을 대지 못하였다

45 수종들이 대제사장 및 바리새파 무리에게 왔다 그들이 그들에게 질문했다 "어찌하여 그를 잡아오지 않았느냐?"

46 수종들이 대답했다 "어느 때에도 [이] 사람처럼 말한 이는 없습니다"

47 바리새파 사람들이 그들에게 대답했다 "너희도 미혹된 거 아니냐?

48 당국자들 및 바리새인 중에 누가 그를 믿었느냐?

49 그러나 율법을 알지 못하는 이 무리는 저주를 받은 자들이다"

50 그들 중의 하나 즉 예전에 예수에게 왔던 니고데모가 그들에게 말하였다

51 "우리의 율법은 그에게서 듣고 그가 무엇을 했는지를 알기도 전에 판단을 내리

느냐?"

52 그들이 대답하며 그에게 말하였다 "너도 갈릴리 출신이냐? 너는 갈릴리 출신으로 선지자가 나오지 않는다는 것을 조사하고 알라"

53 각자는 그들 자신의 집으로 돌아갔다

8장

1 그러나 예수는 감람 산으로 떠나셨다

2 하지만 그는 다시 이른 아침에 성전으로 나오셨다 모든 백성은 그에게로 나아왔고 그는 앉으시며 그들에게 가르침을 베푸셨다

3 서기관들 및 바리새파 사람들이 음행 중에 붙잡힌 여자를 데려와서 그녀를 가운데에 세우고

4 그에게 말하였다 "가르치는 자여, 이 여자가 간음을 행하다가 붙잡혔다

5 율법에서 모세는 우리에게 그런 자를 돌로 치라고 명하였다 그렇다면 당신은 어떻게 말하는가?"

6 그들은 그를 고발하기 위해 그를 시험하며 이렇게 말하였다 예수는 아래로 숙이시며 손으로 땅에 적으셨다

7 그들이 그에게 계속해서 묻자 그는 펴시면서 그들에게 말하셨다 "너희 중에 무죄한 자가 먼저 그녀에게 돌을 던져라"

8 그는 다시 아래로 숙이시며 땅에 적으셨다

9 [이 말씀을] 듣고서 양심의 가책을 느낀 자들은 하나씩 하나씩 어른으로 시작하여 마지막 [사람]까지 떠나가고 오직 예수와 가운데에 선 여자만 남겨졌다

10 예수께서 펴시면서 여자 외에는 아무도 없음을 보시고 그녀에게 말하셨다 "여인이여, 너를 고발한 그들이 어디에 있느냐? 너를 정죄한 자들이 아무도 없느냐?"

11 그녀가 말하였다 "주여, 없나이다" 예수께서 그녀에게 말하셨다 "나도 너를 정죄하지 않는다 가거라 다시는 범죄하지 말라"

12 예수께서 다시 얘기하며 말하셨다 "나는 세상의 빛이니 나를 따르는 자는 결코 어둠 속에서 다니지 아니하고 생명의 빛을 얻으리라"

13 이에 바리새파 사람들이 그에게 말하였다 "네가 네 자신을 위하여 증언하니 너의 증언은 참되지가 않다"

14 예수께서 대답하며 말하셨다 "내가 나 자신을 위하여 증언해도 나의 증거는 참되니라 이는 내가 어디에서 오며 어디로 가는지를 내가 알지만 너희는 내가 어디에서 오며 어디로 가는지를 알지 못하기 때문이다

15 너희는 육체를 따라 판단하나 나는 누구도 판단하지 아니한다

16 만약 내가 판단을 하더라도 내 판단이 참된 것은 내가 혼자 있는 것이 아니라 나를 보내신 분과 내가 [함께 있기] 때문이다

17 너희의 율법에도 두 사람의 증언이 참되다고 기록되어 있다

18 나는 나 자신에 대한 증인이고 나를 보내신 아버지도 나에 대하여 증언하고 계시니라"

19 이에 그들이 말하였다 "네 아버지는 어디 있느냐?" 예수께서 답하셨다 "너희는 나를 알지 못하고 내 아버지도 알지 못한다 너희가 나를 알았다면 내 아버지도 알았을 것이다"

20 이 말씀은 그가 성전에서 가르치실 때에 헌금 저장고 안에서 말하셨다 누구도 그를 붙잡지 않았는데 이는 그의 때가 아직 이르지 않았기 때문이다

21 이에 다시 그가 그들에게 말하셨다 "나는 떠나가고 너희는 나를 찾으리라 그러나 너희는 죄 가운데서 죽으리라 내가 가는 곳으로 너희는 오지 못하리라"

22 이에 유대 사람들이 말하였다 "내가 가는 곳으로 너희는 오지 못한다고 말하니 자결을 하겠다는 것인가?"

23 그가 그들에게 말하셨다 "너희는 아래에서 났고 나는 위에서 났으며 너희는 이 세상에 속하였고 나는 이 세상에 속하지 않았다

24 그래서 내가 나라는 것을 너희가 믿지 않는다면 너희는 너희 죄 가운데서 죽을 것이기 때문에 '너희는 너희의 죄 가운데서 죽을 것이라'고 내가 너희에게 말하였다"

25 이에 그들이 말하였다 "너는 누구인가?" 예수께서 그들에게 말하셨다 "나는 처음부터 너희에게 말하여 온 그 [사람]이다

26 너희에 관하여 말하고 판단할 것이 나에게 많지만 나를 보내신 분은 참되시며 그에게서 내가 들은 것들을 나는 세상에 말하노라"

27 그들은 그가 아버지를 가리켜 말씀하신 것을 알지 못하였다

28 이에 예수께서 말씀하셨다 "너희가 인자를 들어 올리면 그때에 너희는 내가 나인 줄 알고 또 내가 스스로는 아무것도 하지 아니하고 다만 아버지가 나에게 가르치신 대로 내가 이것들만 말하는 것도 알리라

29 나를 보내신 분은 나와 함께 계시는데, 내가 항상 그를 기쁘시게 하는 것을 행하므로 나를 혼자 두지 않으셨다"

30 그가 이것들을 말하시니 많은 사람들이 그를 믿었더라

31 예수는 자신을 믿는 유대 사람들을 향하여 말하셨다 "만약 너희가 나의 말에 거한다면 참으로 나의 제자들이 된다

32 그리고 너희는 진리를 알게 될 것이고 그 진리가 너희를 자유롭게 하리라"

33 그들이 그에게 답하였다 "우리는 아브라함 후손이다 어떤 이에게도 종이 된 적이 없는데 어찌하여 '너희가 자유롭게 되리라'고 말하느냐?"

34 예수께서 그들에게 답하셨다 "내가 진실로 진실로 너희에게 말하노라 죄를 범하는 모든 자는 죄의 종이다

35 종은 집에 영원히 머무르지 못하지만 아들은 영원히 머무른다

36 그러므로 아들이 너희를 자유롭게 하면 참으로 너희가 자유롭게 되리라

37 나도 너희가 아브라함 자손인 것을 안다 그러나 나의 말이 너희 안에 있을 곳이 없으므로 너희가 나를 죽이려고 한다

38 나는 내 아버지에게서 본 것을 말하고 너희는 너희 아비에게서 들은 것을 행한다"

39 그들이 그에게 대답하며 말하였다 "우리의 아버지는 아브라함이다" 예수께서 그들에게 말하셨다 "너희가 아브라함 자손이면 아브라함 일들을 수행해야 했다

40 그런데 지금 너희는 하나님께 들은 진리를 너희에게 말한 사람인 나를 죽이려고 한다 아브라함은 이렇게 하지 아니했다

41 너희는 너희 아버지의 일들을 수행한다" 그들이 그에게 말하였다 "우리는 매음에서 나지 않았으며 하나님이 우리에게 하나의 아버지로 계시니라"

42 예수께서 그들에게 말하셨다 "만약 하나님이 너희의 아버지라 한다면 너희가 나를 사랑했다 이는 내가 하나님으로부터 나서 왔기 때문이다 이는 내가 스스로 온 것이 아니라 그가 나를 보내셨기 때문이다

43 어찌하여 너희는 내 말을 이해하지 못하느냐 이는 너희가 내 말을 들을 수 없기

때문이다

44 너희는 [너희] 아버지 마귀에게 속하였고 너희 아버지의 욕망을 너희도 행하고 자 한다 그는 처음부터 살인자요 진리가 그 속에 없으므로 진리 안에 서지 못하며 그가 거짓을 말할 때마다 자신의 것으로 말하는데 이는 그가 거짓말쟁이요 그[런 자]의 아비이기 때문이다

45 그런데 내가 진리를 말하므로 너희는 나를 믿지 아니한다

46 너희 중에 누가 나를 죄에 관하여 책잡느냐? 내가 진리를 말한다면 어찌하여 너희는 나를 믿지 않느냐?

47 하나님께 속한 자는 하나님의 말씀을 경청한다 이로 보건대 너희가 듣지 아니함은 하나님께 속하지 아니하기 때문이다"

48 유대 사람들이 그에게 대답하며 말하였다 "너는 사마리아 사람이고 귀신이 들렸다고 우리가 올바르게 말하지 않느냐?"

49 예수께서 답하셨다 "나는 귀신 들리지 않았으며 내 아버지를 공경한다 그런데 너희는 나를 무시한다

50 나는 내 영광을 추구하지 아니한다 추구하고 판단하는 분이 계신다

51 내가 진실로 진실로 너희에게 말하노라 만약 누군가가 내 말을 준행하면 그는 영원히 죽음을 보지 않으리라"

52 유대 사람들이 그에게 말하였다 "지금 우리는 네가 귀신 들린 줄을 확인한다 [이는] 아브라함과 선지자들도 죽었는데 너는 '만약 누군가가 내 말을 준행하면 그는 죽음을 영원히 결코 맛보지 않을 것이라'고 말하기 [때문이다]

53 너는 죽은 우리의 조상 아브라함보다 크냐? 또 선지자들도 죽었는데 너는 네 자신을 누구로 만드느냐?"

54 예수께서 답하셨다 "만약 내가 나 자신을 영화롭게 한다면 내 영광은 아무것도 아니다 [그러나] 나를 영화롭게 하시는 분은 내 아버지다 그는 너희가 너희 하나님[인 것처럼] 말하는 그분이다

55 너희는 그분을 모르지만 나는 그분을 안다 만약에 내가 그를 알지 못한다고 말한다면 나도 너희처럼 거짓말쟁이가 되리라 나는 그를 알고 그의 말씀을 준행한다

56 너희 조상 아브라함은 나의 때 보기를 크게 설레었고 보았으며 기뻐했다"

57	이에 유대 사람들이 그를 향하여 말하였다 "네가 아직 오십 세도 되지 않았는데 아브라함을 보았느냐?"

58	예수께서 그들에게 말하셨다 "내가 진실로 진실로 너희에게 말하노라 아브라함 태어나기 이전에도 내가 있느니라"

59	이에 그들이 돌을 들어 그에게 던지려고 했다 그러나 예수는 숨으셨고 성전에서 나가셨다

9장

1	그(예수)가 지나가며 날 때부터 보지 못하는 사람을 보셨는데

2	그의 제자들이 물으면서 그에게 말하였다 "선생님, 이 [사람]과 그의 부모 중에 누가 죄를 범하여서 [이] 맹인이 태어난 것입니까?"

3	예수께서 답하셨다 "이 [사람]이나 그의 부모가 죄를 지은 것이 아니라 그 [맹인] 안에서 하나님의 일들이 나타나기 위함이다

4	낮인 동안에는 우리가 나를 보내신 분의 일들을 행하여야 한다 밤이 올 때에는 누구도 일할 수 없[기 때문이]다

5	내가 세상에 있는 동안에는 내가 세상의 빛이니라"

6	이것들을 말하시고 그는 땅에 침을 뱉으시고 침으로 진흙을 만드시고 그의 두 눈에 진흙을 바르셨다

7	그리고 그가 말하셨다 "실로암 못으로 가서 씻으라"([실로암]은 '보냄을 받았다'로 번역된다) 이에 그는 가서 씻었고 보면서 왔다

8	이웃 사람들과 전에 그가 걸인인 것을 보았던 사람들이 말하였다 "이는 앉아서 구걸하던 자가 아닌가?"

9	어떤 사람들은 "이 [사람]이 그다" 라고 말하였고 어떤 사람들은 "그가 아니라 그와 비슷하"고 말하였다 그는 "내가 그입니다" 라고 말하였다

10	이에 그들이 그에게 말하였다 "어떻게 너의 두 눈이 떠졌느냐?"

11	그가 답하였다 "예수라고 불리는 그 사람이 진흙을 만들어서 나의 두 눈에 바르고 '실로암에 가서 씻으라'고 나에게 말하기에 가서 씻었더니 내가 보게 됐습니다"

12 그들이 그에게 말하였다 "그가 어디에 있느냐?" 그가 말하였다 "나는 모릅니다"

13 그들은 이전에 보지 못하던 그를 바리새파 무리에게 데려갔다

14 그런데 안식일이 예수께서 진흙을 만들어서 그의 눈을 뜨게 하신 날이었다

15 그래서 바리새파 사람들도 그에게 그가 어떻게 보게 된 것인지를 다시 질문했다 이에 그가 그들에게 말하였다 "그가 진흙으로 내 눈에 바르셨고 나는 씻었는데 내가 보고 있습니다"

16 바리새파 중에 어떤 사람들이 말하였다 "이 [사람]은 하나님으로부터 온 사람이 아니다 왜냐하면 그는 안식일을 준수하지 않았기 때문이다" 다른 이들은 말하였다 "죄악된 사람이 어떻게 이런 표적들을 행할 수 있겠느냐?" 그들 중에 분열이 일어났다

17 이에 그들이 그 맹인에게 다시 말하였다 "그가 네 눈을 뜨게 하였는데 너는 그를 어떤 이라고 말하느냐?" 그는 그(예수)가 선지자라 말하였다

18 유대 사람들은 다시 보게 된 자의 부모를 부를 때까지 그가 보지 못하다가 보게 되었다는 것을 믿지 못하였다

19 그들이 그 [부모]에게 질문하며 말하였다 "이 [사람]이 너희가 맹인으로 났다고 말하는 너희 아들이냐? 그러면 지금은 어떻게 보이느냐?"

20 이에 그의 부모가 대답하며 말하였다 "이 [사람]은 우리 아들이고 맹인으로 태어난 것을 알고 있습니다

21 그러나 지금 그가 어떻게 보는지는 알지 못합니다 또한 누가 그의 눈을 뜨게 했는지도 우리는 모릅니다 그에게 물어 보십시오 그는 성인이며 자신에 대해 말할 것입니다"

22 그의 부모는 유대 사람들이 두려워서 이렇게 말하였다 왜냐하면 유대 사람들이 이미 누구든지 그를 그리스도로 인정하면 출교를 당하도록 결의했기 때문이다

23 이러므로 그의 부모가 "그는 성인이니 그에게 물으라"고 말하였다

24 이에 그들은 맹인이던 사람을 두 번째로 불러서 그에게 말하였다 "너는 하나님께 영광을 드려라 우리는 이 사람이 죄인임을 안다"

25 그가 답하였다 "그가 죄인임을 나는 모르지만 한 가지는 알고 있습니다 맹인이던 내가 지금은 본다는 것입니다"

26 그러므로 그들이 그에게 말하였다 "그가 너에게 무엇을 하였느냐 그가 어떻게

너의 눈을 뜨게 하였느냐?"

27 그가 그들에게 답하였다 "내가 여러분께 이미 말했으나 여러분이 듣지 않았는데 어찌하여 다시 들으려고 하십니까? 여러분도 그의 제자들이 되기를 원하는 것 아닙니까?"

28 그들이 그에게 욕을 하며 말하였다 "너는 그의 제자이나 우리는 모세의 제자들이다

29 하나님이 모세에게 말씀하신 것은 우리가 알지만 그가 어디에서 왔는지는 우리가 알지 못하노라"

30 그 사람이 대답하며 그들에게 말하였다 "여러분은 그가 어디에서 왔는지를 모르는데 그가 내 눈을 뜨게 하였다는 것은 참으로 기이한 일입니다

31 하나님은 죄인들[의 말]을 듣지 않으시고 누구든지 경건하여 그의 뜻을 행한다면 그[의 말]을 들으시는 줄 우리가 알고 있습니다

32 누군가가 태생적인 맹인의 눈을 뜨게 하였다는 것은 영원부터 [지금까지] 누구도 들은 적이 없습니다

33 이 [사람이] 하나님으로부터 오지 않았다면 어떠한 일도 행할 수 없습니다"

34 그들이 대답하며 그에게 말하였다 "네가 오롯이 죄 가운데서 태어나서 우리를 가르치는 거냐?" 그리고 그들은 그를 밖으로 내쫓았다

35 '그들이 그를 내쫓았다' 하는 것을 예수께서 들으셨고 그를 찾아가서 말하셨다 "네가 인자를 믿느냐?"

36 그가 대답하며 말하였다 "주여 제가 믿어야 할 그는 누구입니까?"

37 예수께서 그에게 말하셨다 "네가 그를 보았노라 너와 더불어 말하는 자가 그이니라"

38 그가 말하였다 "주여 제가 믿습니다" 그리고 그는 그를 경배했다

39 예수께서 말하셨다 "내가 심판을 위하여 이 세상으로 왔다 보지 못하는 자들은 보게 되고 보는 자들은 맹인이 되게 하려 함이니라"

40 바리새인 중에 그와 함께 있던 자들이 듣고 그에게 말하였다 "우리도 맹인인가?"

41 예수께서 그들에게 말하셨다 "너희가 맹인이 되었다면 죄가 없겠지만 너희가 지금 '우리가 본다'고 말하니 너희 죄가 그대로 있느니라"

10장

1 "내가 진실로 진실로 너희에게 말하노라 양의 우리에 문으로 들어가지 아니하고 다른 곳으로 넘어가는 자는 도둑과 강도지만

2 문으로 들어가는 자는 양들의 목자니라

3 문지기는 그를 위하여 문을 열고 양들은 그의 음성을 듣고 그는 이름으로 자기 양들을 부르며 그들을 인도한다

4 그가 자신의 모든 [양들]을 밖으로 데려와서 그들을 앞서가면 양들은 그의 음성을 알기 때문에 그를 따라간다

5 그러나 타인의 음성은 그들이 알지 못하기 때문에 그 타인을 따르지 아니하고 오히려 도망간다"

6 예수께서 이 비유를 그들에게 말하셨다 그러나 그들은 그가 말씀하신 것이 무엇인지 이해하지 못하였다

7 그러므로 예수는 그들에게 다시 말하셨다 "내가 진실로 진실로 너희에게 말하노라 나는 양들의 문이니라

8 나보다 먼저 온 모든 자들은 도둑과 강도이기 때문에 양들이 그들을 듣지 않았도다

9 내가 문이니라 누구든지 나로 말미암아 들어가면 구원을 받으리라 들어오고 나가며 목초지를 찾으리라

10 도둑은 훔치고 죽이고 파괴하기 위해 들어온다 [그러나] 내가 온 것은 생명을 얻게 하고 매우 풍성하게 하기 위함이다

11 나는 선한 목자라 선한 목자는 양들을 위하여 자신의 목숨을 버리지만

12 삯꾼은 목자가 아니며 [양도] 자신의 양들이 아니기에 이리가 오는 것을 보면 그 양들을 버리고 도망간다 그리고 이리는 그것들을 취하고 찢는다

13 [도망가는 이유는] 그가 자신으로 양들을 돌보지 않는 삯꾼이기 때문이다

14 나는 선한 목자라 나는 나의 것들을 알고 나의 것들도 나를 안다

15 이는 마치 아버지가 나를 아시고 내가 아버지를 아는 것[과 유사하다] 나는 양들을 위하여 내 목숨을 버리노라

16 그리고 이 [양]우리에 들지 아니한 다른 양들이 나에게는 있다 나는 그들도 인

도해야 한다 그들은 내 음성을 듣고 한 무리가 되어 한 목자[에게 있으리라]

17 내가 내 목숨을 다시 얻기 위하여 그것을 버리므로 아버지께서 나를 사랑하신다

18 이 [생명]을 나에게서 빼앗는 자는 없으며 나는 스스로 그것을 버리노라 나는 그것을 버릴 권세도 있고 그것을 다시 취할 권세도 있는데 이 계명은 내가 내 아버지에게서 받았노라

19 이 말씀으로 말미암아 유대인들 사이에 다시 분쟁이 일어났다

20 그들 중에 많은 이들이 "그가 귀신이 들려서 미쳤는데 어찌하여 그[의 말]을 듣느냐?"고 말하였고

21 어떤 이들은 "이 말은 귀신 들린 자의 것이 아니다 귀신이 맹인의 눈을 뜨게 할 수 있느냐?"고 말하였다

22 예루살렘 안에 수전절이 이르니 [때는] 겨울이다

23 예수께서 성전 안 솔로몬 행각에서 걸으셨다

24 이에 유대 사람들이 그를 에워싸며 그에게 말하셨다 "네가 언제까지 우리의 숨이 올라가게 하겠느냐? 네가 그리스도라면 우리에게 대놓고 말하라"

25 예수께서 답하셨다 "내가 너희에게 말했지만 너희는 믿지를 않는구나 내가 내 아버지의 이름으로 행하는 이 일들이 나에 대하여 증거하고 있다

26 너희가 믿지 아니하는 것은 너희가 내 양들에게 속하지 않기 때문이다

27 내 양들은 나의 음성을 들으며 나도 그들을 알고 그들은 나를 따르고

28 나는 또한 그들에게 영원한 생명을 주므로 그들은 결코 영원히 멸망하지 않으리라 그리고 어떠한 자도 그들을 내 손에서 빼앗지 못하리라

29 [그들을] 나에게 주신 내 아버지는 만물보다 크시기에 누구도 내 아버지의 손에서 빼앗을 수 없느니라

30 나와 아버지는 하나이다"

31 유대 사람들이 그에게 던지려고 돌을 취하였다

32 예수께서 그들에게 답하셨다 "내가 아버지로 말미암아 다수의 선한 일들을 너희에게 보였는데, 그것들 중에 어떤 일 때문에 나를 치려고 하느냐?"

33 유대 사람들이 그에게 답하였다 "우리가 너를 치려는 것은 선한 일 때문이 아니라 신성모독 때문이다 그리고 사람인 네가 네 자신을 신으로 만들기 때문이다"

34 예수께서 그들에게 답하셨다 "너희 율법에는 '내가 말하기를 너희는 신들이라'

라고 기록되어 있지 않느냐?

35 성경은 폐하지 못하는데 만약 하나님의 말씀이 임한 사람에게 신들이라 말했다면

36 [어찌하여] 너희는 내가 '나는 하나님의 아들이다' 라고 말한다는 이유로 아버지가 거룩하게 하셔서 세상에 보내신 자에게 '너는 불경하게 말한다'고 말하느냐?

37 만일 내가 내 아버지의 일을 행하지 않는다면 너희는 나를 신뢰하지 말라

38 그러나 만약 내가 행하거든 나를 신뢰하지 않더라도 그 일들은 믿어서 아버지가 내 안에, 내가 아버지 안에 [있다는] 것을 알고 깨달으라"

39 그들은 그를 잡으려고 했고 그는 그들의 손에서 빠져 나오셨다

40 그는 다시 요단 강을 가로질러 요한이 처음으로 세례 베풀던 장소로 가서 그곳에 머무셨다

41 많은 이들이 그에게로 와서 말하기를 요한은 어떠한 기적도 행하지 않았으나 요한이 이 [사람]에 대하여 말한 것은 참이라고 했다

42 그리고 거기에서 많은 이들이 예수를 믿으니라

11장

1 아파하는 어떤 [사람]이 있었는데 [그는] 마리아와 그녀의 자매인 마르다의 마을 베다니 출신의 나사로다

2 이 마리아는 향유를 주님께 붓고 자신의 머리털로 닦은 [여인]이다 아픈 나사로는 그녀의 오빠였다

3 이에 그 누이들이 예수께 [사람을] 보내어 말하였다 "주님, 보십시오 사랑하는 자가 아픕니다"

4 예수께서 들으시고 말하셨다 "이것은 죽게 될 아픔이 아니라 하나님의 영광을 위함이다 즉 하나님의 아들이 이것으로 말미암아 영광을 받으리라"

5 그런데 예수는 마르다와 그녀의 누이와 나사로를 사랑하셨다

6 그는 나사로가 병들었다 함을 들으시고 그가 계시던 곳에 이틀을 더 머무셨다

7 이후에 그는 제자들에게 말하셨다 "우리가 유대로 다시 가자"

8 그 제자들이 그에게 말하였다 "랍비여 지금도 유대 사람들이 당신을 돌로 죽이려고 하는데 [어찌하여] 그곳으로 다시 가려 하십니까?"

9 예수께서 답하셨다 "낮이 열두 시간이 아니냐 만약 어떤 이가 낮에 걷는다면 그가 이 세상의 빛을 보기 때문에 실족하지 아니하나

10 만약 누군가가 밤에 걷는다면 빛이 그 안에 없으므로 실족한다"

11 이것들을 말씀하신 이후에 그가 그들에게 말하셨다 "우리의 친구 나사로가 잠들었다 그러나 나는 그를 깨우려고 간다"

12 이에 제자들이 그에게 말하였다 "주여 그가 잠이 들었다면 나을 것입니다"

13 그러나 예수는 그의 죽음에 대하여 말하신 것이었다 하지만 그들은 그가 잠의 쉼에 대하여 말한 것이라고 생각했다

14 이에 예수께서 그들에게 밝히 말하셨다 "나사로가 사망했다

15 내가 거기에 있지 않았기 때문에 너희가 믿게 될 것이기에 너희로 말미암아 나는 기뻐한다 그러나 그에게로 가자"

16 디두모라 불리는 도마가 동료 제자들에게 말하였다 "우리도 그와 함께 죽으러 가자"

17 예수께서 오셨고 무덤에서 이미 나흘이나 된 그를 찾으셨다

18 베다니는 예루살렘에 가깝기가 오 리 정도여서

19 많은 유대인이 그 오빠에 대하여 마리아와 마르다를 위로하기 위해 그녀들을 찾아왔다

20 마르다는 예수께서 오신다는 말을 듣고 그를 맞이하러 갔고 마리아는 집에 앉아 있었다

21 마르다가 예수께 말하였다 "주여 당신이 여기에 계셨다면 나의 오빠가 죽지 않았을 것입니다

22 이제라도 당신이 하나님께 구하시는 것을 하나님은 당신에게 주실 것임을 저는 알고 있습니다"

23 예수께서 그녀에게 말하셨다 "너의 오빠가 다시 살리라"

24 마르다가 그에게 말하였다 "마지막 날 부활[의 때]에 그가 다시 살아날 것은 저도 알고 있습니다"

25 예수께서 그녀에게 말하셨다 "나는 부활이요 생명이니 나를 믿는 자는 죽는다고 할지라도 살아날 것이며

26 무릇 살아서 나를 믿는 모든 자는 영원히 죽지 않으리라 이것을 네가 믿느냐?"

27 그녀가 그에게 말하였다 "네 주님 당신은 그리스도, 하나님의 아들, 세상에 오시는 분이심을 믿습니다"

28 이것을 말하고 그녀는 그 자매 마리아를 불러 은밀하게 말하였다 "선생님이 오셨고 너를 부르신다"

29 그녀는 이것을 듣고 급히 일어나 그에게로 갔다

30 예수는 아직 마을로 들어오지 않으시고 마르다가 그를 맞이한 그 장소에 여전히 계시더라

31 그녀(마리아)와 함께 집에 있던 유대 사람들과 그녀를 위로하던 사람들은 마리아가 급하게 일어나 나가는 것을 보고 곡하러 무덤으로 가는 줄로 생각하고 그녀를 따라갔다

32 마리아는 예수께서 계신 곳으로 갔고 그를 보면서 그의 발에 엎드린 채 그에게 말하였다 "주여, 당신이 여기에 계셨다면 나의 오빠가 죽지 않았을 것입니다"

33 예수께서 우는 그녀 및 그녀와 함께 모여서 우는 유대 사람들을 보시고 심령에 통분히 여기시고 친히 괴로워 하시면서

34 말하셨다 "그를 어디에 두었느냐?" 그들이 그에게 말하였다 "주여, 와서 보십시오"

35 예수께서 눈물을 흘리셨다

36 이에 유대 사람들이 말하였다 "보라 그가 그를 얼마나 사랑했나!"

37 그러나 그들 중에 어떤 이들이 말하였다 "맹인의 눈을 뜨게 한 자가 이 [사람]을 죽지 않게 할 수는 없었는가?

38 이에 예수께서 다시 속으로 통분히 여기시며 무덤으로 가셨는데 그것은 굴이어서 돌이 그곳에 놓였더라

39 예수께서 말하셨다 "너희는 그 돌을 옮겨 놓으라" 그 죽은 자의 누이인 마르다가 그에게 말하였다 "주여, 지금은 나흘째라 [시신이] 냄새를 풍깁니다"

40 예수께서 그녀에게 말하셨다 "네가 믿으면 하나님의 영광을 볼 것이라고 말하지 않았느냐?"

41 이에 그들이 돌을 옮기니 예수께서 눈을 위로 들어 올리며 말하셨다 "아버지여, 당신께서 저를 들으시니 감사를 드립니다

42 저는 당신께서 항상 저를 들으시는 줄 알고 있습니다 그러나 [이는] 둘러싼 무리를 위하여 그들이 당신께서 나를 보내신 것을 믿도록 제가 말하는 것입니다"

43 이것을 말하시고 그는 큰 소리로 외치셨다 "나사로야 나오너라"

44 죽은 자가 나오는데 수족을 베로 동였으며 그의 얼굴은 수건으로 싸였더라 예수께서 그들에게 말하셨다 "그를 풀어 주어서 그로 다니게 하라"

45 마리아에게 와서 예수께서 행하신 것을 목격한 유대인들 중에 많은 이들이 그를 믿었으나

46 그들 중에 어떤 이들은 바리새파 무리에게 가서 예수께서 행하신 것들을 그들에게 말하였다

47 이에 대제사장들과 바리새파 사람들이 공회로 모여서 말하였다 "이 사람이 많은 표적들을 행하는데 우리가 무엇을 행할까요?

48 만일 우리가 그를 그대로 둔다면 모든 이들이 그를 믿을 것이고 로마 사람들도 우리의 거처와 민족을 취할 것입니다"

49 그들 중의 하나이며 그 해의 대제사장 된 가야바가 그들에게 말하였다 "여러분은 아무것도 모르고 있습니다

50 한 사람이 백성을 위하여 죽고 온 백성이 멸망하지 않는 것이 여러분께 유익한 줄을 여러분은 생각하지 않고 있습니다"

51 이는 그가 스스로 말함이 아니라 그 해의 대제사장 [자격으로] 예수께서 그 민족을 위하여 죽게 될 것을 예언한 것이었다

52 이 [죽음]은 그 민족만 위하지 않고 흩어진 하나님의 자녀가 하나로 모이도록 하기 위함이다

53 그날부터 그들은 그를 죽이려고 모의했다

54 그러므로 예수께서 더 이상 유대인 가운데서 드러나게 다니지 않으시고 거기를 떠나 광야에 가까운 에브라임이라 불리는 동네로 가서 제자들과 함께 거기에 머무셨다

55 유대인의 유월절이 가까웠다 많은 사람들이 자기를 정결하게 하려고 유월절 전에 시골에서 예루살렘으로 올라갔다

56 그들은 예수를 찾으며 성전에 서서 서로에게 말하였다 "너희는 어떻게 생각해? 그가 명절에 오지 않을까?"

57 그러나 대제사장들과 바리새파 사람들은 누구든지 그가 있는 곳을 안다면 신고하여 자신들이 그를 잡을 수 있도록 하라고 명령했다

12장

1 유월절 엿새 전에 예수께서 베다니에 이르셨다 이곳은 예수께서 죽은 자들 가운데서 살리신 나사로가 있는 곳이었다

2 거기에서 [사람들은] 그에게 잔치를 마련했다 마르다는 시중을 들고 나사로는 그와 함께 앉은 자들 중의 하나였다

3 지극히 값진 향유 곧 순전한 나드 한 근을 취한 마리아는 예수의 발에 붓고 자신의 머리털로 그의 발을 닦아서 그 집은 향유 냄새로 가득했다

4 그러나 그의 제자들 중의 하나로서 그를 [팔아] 넘길 가룟 유다가 말하였다

5 "어찌하여 이 향유를 삼백 데나리온에 팔아 가난한 자들에게 주지 않았느냐?"

6 하지만 이렇게 말함은 자신이 가난한 자들을 돌보기 위함이 아니라 그가 도둑이며 돈궤를 가진 자인데 거기에 담긴 것을 취하기 위함이다

7 이에 예수께서 말하셨다 "이것을 보존해 온 그녀가 나의 장례할 날을 위하도록 너희는 그녀를 내버려 두라

8 왜냐하면 가난한 자들은 항상 너희와 함께 있겠지만 나는 항상 있지 않기 때문이다"

9 유대인의 큰 무리가 거기에 그가 계신 것을 알고 왔는데 이는 예수를 보기 위함만이 아니라 죽은 자에게서 살아난 나사로도 보기 위함이다

10 그런데 대제사장 무리는 나사로도 죽이려고 모의했다

11 이는 그로 말미암아 많은 유대인이 이끌려서 예수를 믿었기 때문이다

12 그 이튿날, 명절에 온 큰 무리가 예수께서 예루살렘으로 오신다는 것을 듣고

13 종려나무 가지를 가지고 그와의 만남을 위하여 가서 소리쳤다 "호산나 찬송을 받으소서 주의 이름으로 오시는 분이시여 이스라엘 왕이시여"

14 예수께서 어린 나귀를 찾으셨고 기록된 것처럼 그 위에 앉으셨다

15 "두려워 하지 말아라 시온의 딸이여 보라 너의 왕이 나귀 새끼를 타고 오시도다"

16 그의 제자들은 처음에 이것들을 이해하지 못했다가 예수께서 영광을 얻으신 후에 이것들이 그에 대하여 기록된 것이고 이것들이 그에게 이루어진 것임을 기억했다

17 이에 나사로를 무덤에서 불러내어 죽은 자들 가운데서 그(예수)가 일으키실 때

그와 함께 있던 무리가 증언했다

18 이로 인하여 무리는 그(예수)가 이 표적 행하신 것을 들었기 때문에 그를 만나려고 갔다

19 바리새파 무리가 서로에게 말하였다 "너희가 어디에도 쓸모가 없다는 것을 너희는 이해하고 있다 봐라 세상이 그의 뒤를 [따라] 떠나가고 있다"

20 명절에 예배 드리려고 올라온 사람들 중에 헬라인 몇이 있었는데

21 그들이 갈릴리 벳새다 출신의 빌립에게 다가가서 그에게 청하며 말하였다 "선생이여 우리가 예수 만나기를 원합니다"

22 빌립이 안드레에게 가서 말하였고 안드레와 빌립이 예수께로 가서 말하였다

23 예수께서 답하시며 말하셨다 "인자가 영화롭게 될 때가 이르렀다

24 내가 진실로 진실로 너희에게 말하노라 만약 밀알이 땅에 떨어져서 죽지 아니하면 그 자체만 남겠지만 죽으면 많은 열매를 맺느니라

25 자신의 생명을 사랑하는 자는 그것을 파괴하고 이 세상에서 자신의 생명을 미워하는 자는 그것을 지켜 영원한 생명에 이르리라

26 만일 누군가가 나를 섬기려고 하면 나를 따르라 내가 있는 곳에는 나를 섬기는 자도 거기에 있으리라 만일 누군가가 나를 섬기려고 하면 아버지께서 그를 귀하게 여겨 주시리라

27 지금 내 마음이 괴로우니 무슨 말을 하겠는가? '아버지여 나를 이 때에서 구원하여 주옵소서 그러나 내가 이로 말미암아 이 때에 왔습니다

28 아버지여, 당신의 이름을 영화롭게 하옵소서'" 이에 하늘에서 소리가 임하였다 "내가 영화롭게 하였고 다시 영화롭게 하리라"

29 [거기에] 서 있던 무리는 천둥이 쳤다고 말하였고 다른 이들은 천사가 그에게 이야기한 것이라고 말하였다

30 예수께서 답하시며 말하셨다 "이 소리는 나를 위함이 아니라 너희를 위함이다

31 지금은 이 세상의 심판이다 이제 이 세상의 임금이 쫓겨날 것이다

32 그리고 내가 땅에서 올려지면 나는 모두를 내게로 이끌리라"

33 그런데 그는 어떠한 죽음으로 죽으실 것인지를 가리키며 이렇게 말하셨다

34 이에 무리가 그에게 답하였다 "우리는 그리스도가 영원히 계신다고 함을 율법에서 듣습니다 그런데 당신은 어찌하여 '인자가 올려져야 한다'는 말씀을 하십

니까? 이 인자는 누구입니까?"

35 예수께서 그들에게 말하셨다 "빛이 너희 중에 아직 잠시동안 있다 그 빛이 너희에게 있는 동안에는 다니거라 어둠이 너희를 정복하지 못하리라 어둠 가운데서 다니는 자는 자신이 가는 곳을 알지 못하리라

36 너희에게 빛이 있는 동안에는 빛의 아들이 되도록 그 빛을 신뢰하라" 예수께서 이것들을 말하시고 그들을 떠나 숨으셨다

37 그가 그들 앞에서 너무도 많은 표적들을 행했으나 그들은 그를 믿지 아니하니

38 이는 선지자 이사야의 말씀을 이루려 하심이다 그가 말하였다 "주여 우리가 들은 바를 누가 믿었으며 주의 팔이 누구에게 나타난 것입니까?"

39 그들이 믿을 수 없었던 것은 이것 때문인데 이사야가 다시 말하기를

40 "그가 그들의 눈을 안보이게 하셨으며 그들의 마음을 완고하게 하셨으니 이는 그들로 하여금 눈으로 보고 마음으로 깨달아 돌이켜 내가 그들을 고치게 되지 않도록 하려 함이라"고 했다

41 그가 이렇게 말한 것은 그가 그의 영광을 보았기 때문이고 또한 그에 대하여 말한 것이었다

13장

1 유월절 전에 세상에서 아버지께로 이동하실 자신의 때가 온 줄 아시고 세상에서 자신에게 속한 자들을 사랑하신 예수는 끝까지 그들을 사랑하셨다

2 저녁이 되자 마귀는 가룟 시몬의 [아들] 유다의 마음에 그(예수)를 넘기려는 [생각]을 미리 넣었더라

3 그는 아버지께서 모든 것을 자신의 손에 넘기신 것과 자신이 하나님으로부터 와서 하나님께로 갈 것을 아시고

4 저녁 [잡수시던] 중에 [자리에서] 일어나 겉옷을 벗으시고 수건을 취하시고 자신을 두르셨다

5 그 후에 대야에 물을 부으시고 제자들의 발을 씻으시고 그 두르신 수건으로 닦으시기 시작했다

6 그가 시몬 베드로를 향해 가시니 그(베드로)가 그에게 말하였다 "주여 당신은 나의 발을 씻으려 하십니까?"

7 예수께서 답하시며 그에게 말하셨다 "내가 행하는 것을 네가 지금은 알지 못하지만 이후에는 알리라"

8 베드로가 그에게 말하였다 "당신은 나의 발을 영원히 씻으실 수 없습니다" 예수께서 그에게 답하셨다 "내가 너를 씻어 주지 않는다면 네가 나와 상관이 없느니라"

9 시몬 베드로가 그에게 말하였다 "주여 나의 발만이 아니라 손과 머리도 씻어 주십시오"

10 예수께서 그에게 말하셨다 "목욕한 자는 발 외에는 씻을 필요가 없다 전부가 깨끗하다 너희가 깨끗하나 다는 아니구나"

11 이는 자기를 팔 자가 누구인지 아셨기 때문이다 이것 때문에 그는 모두가 깨끗한 것은 아니라고 말하셨다

12 그가 그들의 발을 씻으신 직후에 자신의 옷을 입으시고 기대어 앉으시며 다시 그들에게 말하셨다 "내가 너희에게 행한 것이 무엇인지 너희는 아느냐?

13 너희는 나를 선생이라 또는 주라고 부르는데 너희가 옳게 말하였다 내가 그러하기 때문이다

14 내가 주와 선생이 되어 너희의 발을 씻었다면 너희도 서로의 발을 씻음이 마땅하다

15 이는 내가 너희에게 행한 것처럼 너희도 행하도록 본을 보였기 때문이다

16 내가 진실로 진실로 말하노라 종이 그의 주인보다 더 크지 못하고 보냄을 받은 자가 그를 보낸 자보다 더 크지 못하니라

17 너희가 이것을 알았다면 너희가 실행하는 한 복되리라

18 내가 너희 모두에 대하여 말하는 게 아니다 나는 내가 어떤 이들을 택했는지 안다 다만 '내 떡을 먹는 자가 나에게 자신의 발꿈치를 들었다'는 성경이 성취되게 [하기 위함이다]

19 너희에게 이것이 일어나기 전[인데도] 지금부터 내가 말하는 것은 그것이 일어날 때 내가 그인 줄 너희로 믿게 하기 위함이다

20 내가 진실로 진실로 너희에게 말하노라 내가 보낸 어떤 이를 영접하는 자는 나를 영접하는 것이요 나를 영접하는 자는 나를 보내신 분을 영접하는 것이니라"

21 이것들을 말씀하신 예수는 심령에 괴로움을 느끼셨고 증언하며 말하셨다 "내가 진실로 진실로 말하노라 너희 중에 하나가 나를 넘기리라"

22 제자들은 누구에 대하여 그가 말씀하신 것인지에 대해 서로를 바라보며 당황했다

23 예수의 제자들 중의 하나 즉 예수께서 사랑하시는 자가 예수의 품 안에 누워 있었는데

24 시몬 베드로가 [그에게 예수께서] 말씀하신 자가 누구인지 [물어 보라고] 고갯짓을 했다

25 이에 그가 예수의 가슴에 그렇게 기댄 채로 그에게 말하였다 "주여, 그가 누구입니까?"

26 예수께서 답하셨다 "내가 빵 조각을 적셔서 주는 자가 그이니라" 이에 그는 적신 빵 조각을 가룟 시몬의 유다에게 건네셨다

27 조각[을 받은] 후 곧 사탄이 그에게로 들어갔다 이에 예수께서 그에게 말하셨다 "네가 행하려는 것을 더욱 신속하게 하라"

28 그가 무엇을 위해서 이 말씀을 하시는지 식사하는 자들 중에는 아는 자가 없었는데

29 어떤 이들은 유다가 돈궤를 맡았기 때문에 예수께서 그에게 "명절을 위해 너는 우리에게 필요한 것을 사라" 혹은 [유다가] 가난한 자들에게 무언가를 주어야 한다고 말하시는 줄로 생각했다

30 유다가 그 조각을 취하고 곧장 나갔는데 그때가 밤이었다

31 그가 나가자 예수께서 말하셨다 "이제 인자가 영광을 받았으며 하나님도 인자 안에서 영광을 받으셨다

32 만약 하나님이 그 안에서 영화롭게 되셨다면 하나님도 자기 안에서 그를 영화롭게 하시리라 곧장 그를 영화롭게 하시리라

33 작은 자들아 내가 너희 곁에 잠시 있겠고 너희는 나를 찾으리라 [그러나] 내가 유대인들에게 '내가 가는 곳에 너희는 올 수 없다'고 말한 것처럼 지금도 너희에게 [동일하게] 말하노라

34 너희는 서로 사랑해야 한다 그리고 내가 너희를 사랑한 것처럼 너희도 서로 사랑해야 한다는 새로운 계명을 나는 너희에게 준다

35 너희가 서로에게 사랑을 고수하면 이로써 모든 사람이 너희가 내 제자라는 것

을 알리라"

36 시몬 베드로가 그에게 말하였다 "주여, 당신은 어디로 가십니까?" 예수께서 답하셨다 "내가 가려는 곳으로 너희가 지금은 나를 따라올 수 없지만 나중에는 따라올 것이다"

37 베드로가 그에게 말하였다 "주여, 어찌하여 제가 지금은 당신을 따라갈 수 없습니까? 제가 당신을 위하여 제 목숨을 걸 것입니다"

38 예수께서 답하셨다 "네가 나를 위하여 네 목숨을 걸겠느냐? 내가 진실로 진실로 너에게 말하노라 네가 나를 세 번 부인하기 전까지는 닭이 절대로 울지 않으리라

14장

1 너희는 마음에 근심하지 말라 너희는 하나님을 믿고 또한 나를 믿는다

2 내 아버지의 집에는 거할 곳이 많다 만약 그렇지 않다면 내가 너희에게 말하였을 것이다 나는 너희를 위하여 거처를 예비하러 간다

3 내가 가서 너희를 위하여 거처를 예비하면 내가 다시 와서 너희를 내게로 영접하여 내가 있는 곳에 너희도 있게 하리라

4 내가 가는 곳[에 이르는] 그 길을 너희가 안다

5 도마가 그에게 말하였다 "주여, 당신이 가시는 곳을 우리가 알지 못하는데 어떻게 그 길을 알 수 있습니까?"

6 예수께서 그에게 말하셨다 "나는 길이고 진리이고 생명이다 나로 말미암지 않고서는 누구도 아버지께 올 수 없느니라

7 만약 너희가 나를 알았다면 내 아버지도 알았을 것이다 바로 지금부터는 너희가 그를 알고 그를 보았도다"

8 빌립이 그에게 말하였다 "주여 아버지를 우리에게 보여 주십시오 그리하면 우리가 만족할 것입니다"

9 예수께서 그에게 말하셨다 "내가 너희와 이렇게 오랜 시간을 함께 있는데도, 빌립아, 네가 나를 알지 못하느냐? 나를 본 자는 아버지를 본 것인데 어찌하여 너는 '당신은 아버지를 우리에게 보이라'고 말하느냐?

10 너는 내가 아버지 안에 있고 아버지가 내 안에 있다는 것을 믿지 않느냐? 내가 너희에게 말하는 그 말은 내가 스스로 말하는 것이 아니다 아버지가 내 안에 거하시며 그의 일을 행하신다

11 너희는 내가 아버지 안에 거하고 아버지가 내 안에 계신다는 것을 나로 인하여 믿으라 그러지 못한다면 그 일들 자체로 말미암아 믿으라

12 내가 진실로 진실로 너희에게 말하노라 나를 믿는 자는 내가 행하는 일들을 그도 행하고 이보다 더 큰 [일들]도 행하리라 이는 내가 아버지께로 가기 때문이다

13 너희가 내 이름으로 무엇을 구하면 아버지가 아들 안에서 영화롭게 되시도록 내가 그것을 행하리라

14 너희가 내 이름으로 나에게 무엇을 구하면 내가 행하리라

15 너희가 나를 사랑하면 나의 계명들을 지키리라

16 [아버지가] 다른 보혜사를 너희에게 주셔서 그가 영원히 너희와 함께 있도록 내가 아버지께 구하리라

17 [그 보혜사는] 진리의 영인데 세상이 그를 받을 수 없음은 그를 보지도 못하고 알지도 못하기 때문이다 그러나 너희는 그를 아는데 이는 그가 너희와 함께 거하고 너희 속에 있을 것이기 때문이다

18 나는 너희를 고아로 버려 두지 않고 너희에게 온다

19 조금 있으면 세상이 나를 더 이상 보지 못하지만 너희는 나를 보고 내가 살기 때문에 너희도 살리라

20 그 날에는 내가 내 아버지 안에, 너희가 내 안에 그리고 내가 너희 안에 있음을 너희가 알리라

21 나의 계명들을 가지고 그것들을 지키는 자가 나를 사랑하는 자다 나를 사랑하는 자는 내 아버지께 사랑을 받으리라 나도 그를 사랑하여 그에게 나를 보이리라"

22 가룟인 아닌 유다가 그에게 말하였다 "주여 어찌하여 당신은 자신을 우리에게 보이고자 하시지만 세상에는 아니하려 하십니까?"

23 예수께서 그에게 답하시며 말하셨다 "어떤 이가 나를 사랑하면 내 말을 지키리라 내 아버지는 그를 사랑하실 것이고 우리가 그에게로 와서 그와 함께 거하리라

24 나를 사랑하지 아니하는 자는 내 말들을 지키지 아니한다 너희가 듣는 말은 내 것이 아니라 나를 보내신 아버지의 [말씀]이다

25 나는 너희와 머물면서 이것들을 너희에게 말하였다

26 그러나 보혜사 성령, 즉 아버지가 내 이름으로 보내실 그가 이 모든 것들을 너희에게 가르치고 내가 너희에게 말한 모든 것들을 너희에게 생각나게 하시리라

27 나는 평안을 너희에게 보내며 나의 평안을 너희에게 준다 내가 너희에게 주는 것은 세상이 주는 것과 같지 아니하다 너희의 마음은 요동하지 말고 겁내지도 말라

28 너희는 내가 너희에게 말한 것, 즉 '나는 갔다가 너희에게 온다'는 것을 들었노라 너희가 나를 사랑했다면 내가 아버지께로 가는 것을 기뻐했을 것인데 이는 아버지가 나보다 크시기 때문이다

29 일이 일어나기 이전에 내가 지금 너희에게 말하는 것은 그것이 일어날 때 너희가 믿도록 하기 위함이다

30 내가 너희와 함께 더 이상 많은 것을 말하지 않으리라 이는 이 세상의 임금이 오기 때문이고 그는 나와 아무런 상관이 없기 때문이다

31 다만 내가 아버지를 사랑하고 아버지께서 나에게 명령하신 그대로 내가 행한다는 것을 세상으로 알게 하기 위함이다 너희는 일어나라 우리가 여기에서 떠나자"

15장

1 나는 참 포도나무이고 내 아버지는 농부시다

2 그는 내 안에서 열매를 맺지 않는 모든 가지 그것을 없애신다 그리고 열매를 맺는 모든 [가지]는 더 많은 열매를 맺도록 그가 그것을 깨끗하게 만드신다

3 너희는 내가 너희에게 일러준 말로 이미 깨끗해진 자들이다

4 너희는 내 안에 거하라 나도 너희 안에 [거하리라] 가지가 포도나무 안에 거하지 아니하면 스스로 열매를 맺을 수 없는 것처럼 너희도 내 안에 거하지 아니하면 [열매를 맺지] 못하리라

5 나는 포도나무이고 너희는 가지들이다 그가 내 안에 거하고 내가 그 안에 거하는 자, 그는 많은 열매를 결실한다 이는 너희가 나 없이는 아무것도 할 수 없기 때문이다

6   어떤 이가 내 안에 거하지 아니하면 밖으로 던져진다 마치 가지가 마르면 [사람들이] 그것들을 모아서 불에 던지고 그 [가지]가 소각되는 것처럼!

7   너희가 내 안에 거하고 내 말들이 너희 안에 거하는 경우, 너희가 원한다면 무엇이든 구하라 그리하면 그것이 너희에게 이루어질 것이다

8   내 아버지는 너희가 많은 열매를 맺는 그것에서 영광을 받으시고 너희는 내 제자들이 된다

9   아버지가 나를 사랑하신 것처럼 나도 너희를 사랑한다 너희는 내 사랑 안에 거하라

10   내가 내 아버지의 계명들을 지켜 그의 사랑 안에 거하듯이 너희가 내 계명을 지키면 내 사랑 안에 거하리라

11   내가 이것들을 너희에게 말하는 것은 내 기쁨이 너희 안에 있고 너희 기쁨이 충만하게 하기 위함이다

12   내 계명은 내가 너희를 사랑한 것처럼 너희도 서로 사랑해야 한다는 이것이다

13   누군가가 자신의 친구들을 위하여 자기 목숨을 버리는 이것보다 더 큰 사랑은 누구도 가지지 못하였다

14   너희는 내가 너희에게 명령한 것을 행하면 나의 친구들이 된다

15   나는 너희를 더 이상 종이라고 부르지 않으려고 한다 왜냐하면 종은 그의 주인이 행하는 것을 모르기 때문이다 오히려 나는 너희를 친구라고 부르고자 한다 이는 내가 내 아버지로부터 들은 모든 것들을 너희에게 알게 하였기 때문이다

16   너희는 나를 택하지 않았으나 나는 너희를 택하였다 이는 내가 너희를 세우고 너희가 가서 열매를 맺고 그 열매가 머물게 하기 위함이다 또한 너희가 내 이름으로 아버지께 어떤 것을 구하든지 그가 너희에게 주시도록 하기 위함이다

17   내가 이것들을 너희에게 명하는 것은 너희로 서로를 사랑하게 하기 위함이다

18   너희는 세상이 너희를 미워하면 너희보다 먼저 나를 미워한 줄을 알라

19   만약 너희가 세상에 속했다면 세상이 자기의 것[인 너희]를 사랑했을 것이지만 너희는 세상에 속하지 않고 도리어 내가 세상에서 너희를 택하였기 때문에 이로 인하여 세상이 너희를 미워한다

20   너희는 내가 너희에게 '종은 그의 주인보다 더 크지 않다'고 한 말을 기억하라 [사람들이] 나를 박해했다면 너희도 박해할 것이고 내 말을 지켰다면 너희의

[말]도 지키리라

21 그러나 [사람들이] 나의 이름으로 말미암아 이 모든 일을 너희에게 행할 것인데 이는 그들이 나 보내신 분을 알지 못하기 때문이다

22 내가 그들에게 와서 말하지 않았다면 그들에게 죄가 없었을 것이지만 지금은 그들의 죄에 대한 핑계가 그들에게 없다

23 나를 미워하는 자는 내 아버지도 미워한다

24 내가 다른 누구도 행하지 못한 일들을 그들 가운데서 행하지 않았다면 그들에게 죄가 없었을 것이지만 지금은 그들이 나와 내 아버지 모두를 보았고 또 미워했다

25 그러나 이것은 그들의 율법에 기록된 바 '그들이 까닭 없이 나를 미워했다' 하는 말을 성취하기 위함이다

26 내가 아버지로부터 너희에게 보낼 보혜사 곧 아버지로부터 나오시는 진리의 영이 오실 때 그가 나에 대하여 증언하실 것이고

27 너희도 처음부터 나와 함께 있었기 때문에 증언한다

16장

1 내가 이것들을 너희에게 말하는 것은 너희가 실족하게 되지 않기 위함이

2 사람들은 너희를 출교된 자로 만들리라 그러나 때가 이르면 너희를 죽이는 모든 자가 [그것을] 하나님께 경배를 드리는 것이라고 여기리라

3 그들이 이런 일들을 행하는 것은 그들이 아버지와 나를 알지 못하기 때문이다

4 내가 너희에게 이것들을 말하는 것은 그들의 때가 이르렀을 때 너희가 그것들에 대해 내가 너희에게 말한 것을 기억나게 하기 위함이다 하지만 처음부터 내가 이것들을 너희에게 말하지 않은 것은 내가 너희와 함께 있었기 때문이다

5 그런데 지금 내가 나를 보내신 이에게로 떠나는데 너희 중에 누구도 나에게 '당신은 어디로 가시냐'고 묻지 않고

6 도리어 내가 이것들을 말하므로 근심이 너희 마음에 가득하게 되었구나

7 그러나 나는 너희에게 진실을 말하겠다 내가 떠나가는 것이 너희에게 유익하다

이는 만약 내가 떠나지 않는다면 보혜사가 너희에게 오시지 않을 것이고 내가 떠난다면 내가 그를 너희에게 보낼 것이기 때문이다

8 그가 오면 죄에 대하여, 의에 대하여, 심판에 대하여 세상을 책망할 것이다

9 죄에 대하여라 함은 그들이 나를 믿지 않기 때문이고

10 의에 대하여라 함은 내가 아버지께 가서 너희가 더 이상 나를 보지 못하기 때문이고

11 심판에 대하여라 함은 이 세상의 임금이 심판을 받았기 때문이다

12 아직도 나에게는 너희에게 말할 것들이 많으나 지금은 너희가 감당하지 못하리라

13 그러나 진리의 영인 그가 오면 너희를 모든 진리 가운데로 이끌리라 그는 스스로 말하지 않고 들은 만큼 말하고 장래 일들을 너희에게 알리리라

14 그는 나의 것에서 취하여 너희에게 알리므로 나를 영화롭게 하리라

15 아버지가 소유하신 모든 것은 다 내 것이다 이로 인하여 '그가 나의 것에서 취하여 너희에게 알린다'고 내가 말하였다

16 조금 있으면 너희가 나를 보지 못하겠고 다시 조금 있으면 너희가 나를 보리라"

17 이리하여 제자들 중에서 [어떤 이들이] 서로에게 말하였다 "조금 있으면 나를 보지 못하겠고 또 조금 있으면 나를 보리라' 그리고 '내가 아버지께 가리라'고 그가 우리에게 말하신 이것은 무엇인가?"

18 또 그들이 말하였다 "그가 말한 이것 '조금 있으면'은 무엇인가? 그가 무엇을 말하는지 우리는 알지 못하겠다"

19 예수께서 그들이 그것을 물으려고 함을 아시고 그들에게 말하셨다 "조금 있으면 나를 보지 못하고 다시 조금 있으면 나를 보리라'고 내가 말한 이것에 대하여 너희가 서로 묻느냐?

20 내가 진실로 진실로 너희에게 말하노라 너희는 울며 애통해 하겠으나 세상은 기뻐하게 되리라 너희는 근심을 하겠으나 너희의 근심은 기쁨으로 바뀌리라

21 여인이 해산하게 되면 그녀의 때가 이르렀기 때문에 근심하나 아기를 낳으면 세상에 사람이 태어난 기쁨으로 말미암아 그녀는 그 고통을 더 이상 기억하지 않으리라

22 이처럼 너희가 지금은 근심하나 내가 너희를 다시 볼 것[이므로] 너희의 마음은 기뻐하게 되고 너희 기쁨을 빼앗을 자가 없으리라

23 그날에는 너희가 나에게 아무것도 묻지 않으리라 내가 진실로 진실로 너희에게 말하노라 너희가 내 아버지께 무엇이든 구하면 그가 내 이름으로 너희에게 주시리라

24 지금까지 너희가 내 이름으로 아무것도 구하지 않았으나 구하라 그리하면 너희 기쁨이 충만하게 되도록 받으리라

25 나는 이것들을 너희에게 비유로 말하였다 때가 이르면 내가 너희에게 더 이상 비유로 말하지 않고 아버지에 대하여 너희에게 밝히 알리리라

26 그날에 너희는 내 이름으로 구하리라 내가 너희를 위하여 아버지께 구한다고 말하는 게 아니다

27 이는 너희가 나를 사랑하고 또 내가 하나님으로부터 온 것을 너희가 믿으므로 아버지께서 친히 너희를 사랑하시기 때문이다

28 나는 아버지로부터 나왔고 세상으로 왔다 다시 나는 세상을 떠나고 아버지께로 이동한다"

29 그의 제자들이 말하였다 "보십시오 지금은 당신께서 밝히 말하시고 어떠한 것도 애매하게 말하시지 않습니다

30 이제는 우리가 당신은 모든 것을 아시고 누군가가 당신에게 물을 필요가 없음을 알고 있습니다 이로써 우리는 당신께서 하나님으로부터 오셨음을 믿습니다"

31 예수께서 그들에게 답하셨다 "이제는 너희가 믿느냐?

32 보라 너희 각자가 자신의 곳으로 흩어지고 나를 홀로 둘 때가 이르리니 벌써 이르렀다 그러나 아버지가 나의 곁에 계시기에 나는 혼자가 아니다

33 내가 너희에게 이것들을 말하는 것은 너희가 내 안에서 평화를 얻게 하기 위함이다 세상에서 너희는 환난을 당하지만 담대해라 내가 세상을 이기었다"

17장

1 예수께서 이것들을 말하시고 하늘을 향하여 자신의 눈을 들어 말하셨다 "아버지여, 때가 왔습니다 당신의 아들을 영화롭게 하셔서 아들이 당신을 영화롭게 하게 하옵소서

2   당신이 그에게 주신 모든 이들에게 영원한 생명을 주시려고 아들에게 모든 육신에 대한 권세를 주셨습니다

3   그런데 영원한 생명은 이것 즉 홀로 참되신 하나님인 당신과 당신이 보내신 예수 그리스도를 아는 것입니다

4   저는 당신이 저에게 행하라고 주신 일을 다 이루었고 이 땅에서 당신을 영화롭게 했습니다

5   아버지여 세상이 있기 이전에 제가 당신과 함께 가졌던 그 영광으로 지금 당신과 함께 저를 영화롭게 하옵소서

6   당신이 세상에서 저에게 주신 사람들에게 저는 당신의 이름을 나타냈고, 그들은 당신에게 속했으나 당신은 그들을 저에게 주셨으며, 그들은 당신의 말씀을 지킵니다

7   이제 그들은 당신이 저에게 주신 모든 것들이 당신으로부터 온 것인 줄 알고 있습니다

8   저는 당신이 저에게 주신 말씀들을 그들에게 주었으며 그들은 [그 말씀들을] 받고 제가 당신으로부터 왔다는 것을 진실로 알고 당신이 나를 보내신 것도 믿습니다

9   저는 그들을 위하여 구합니다 저는 세상을 위함이 아니라 당신이 나에게 주신 자들을 위해 구합니다 그들은 당신의 것입니다

10   저의 모든 것은 당신의 것이고 당신의 것은 저의 것입니다 저는 그들 중에서 영화롭게 되었습니다

11   저는 더 이상 세상에 있지 않고 그들은 세상에 있습니다 저는 당신을 향하여 떠납니다 거룩하신 아버지여 그들이 우리처럼 하나가 되도록 저에게 주신 당신의 이름으로 그들을 지켜 주옵소서

12   제가 그들과 함께 있을 때에는 저에게 주신 당신의 이름으로 그들을 지키고 보호하여 그들 중에 멸망의 자식이 아니라면 하나도 멸망하지 않게 해서 성경이 성취되게 했습니다

13   지금 저는 당신께로 떠납니다 그들이 저의 기쁨을 자신들 안에 충만하게 가지도록 저는 이것들을 세상에서 말하고 있습니다

14   저는 아버지의 말씀을 그들에게 주었고 세상은 그들을 미워하고 있습니다 이는

제가 세상에 속하지 아니한 것처럼 그들도 세상에 속하지 않기 때문입니다

15 제가 구하는 것은 당신께서 그들을 세상에서 [하늘로] 올리시는 것이 아니라 악한 것에서 그들을 지켜 주시라는 것입니다

16 제가 세상에 속하지 않은 것처럼 그들도 세상에 속하지 않습니다

17 진리 안에서 그들을 거룩하게 하옵소서 당신의 말씀은 진리입니다

18 당신이 나를 세상에 보내신 것처럼 저도 그들을 세상에 보냅니다

19 그리고 제가 그들을 위하여 제 자신을 거룩하게 하는데 이는 그들도 진리로 거룩함을 얻게 하려 함입니다

20 제가 기도하는 것은 이들만 위함이 아니라 그들의 말로 말미암아 저를 믿는 자들도 위한 것입니다

21 아버지여, 이로써 당신이 제 안에, 제가 당신 안에 [있는] 것처럼 모두가 하나되게 하시고 이들도 우리 안에 있게 하시고 당신이 저를 보내신 것을 세상으로 믿게 하옵소서

22 당신이 저에게 주신 영광을 저도 그들에게 주었는데 이는 우리가 하나인 것처럼 저들도 하나가 되게 하려 함입니다

23 즉 제가 그들 안에 그리고 당신이 제 안에 [계셔서] 그들로 온전히 하나되게 하고, 당신이 저를 보내심과 당신이 저를 사랑하신 것처럼 그들도 사랑하고 계심을 세상으로 하여금 알게 하려 함입니다

24 아버지여 저는 저에게 주신 자들도 제가 있는 곳에서 저와 함께 있기를 원하고, 세상의 창조 이전에 당신이 저를 사랑하기 때문에 저에게 주신 저의 영광을 저들도 보게 되기를 원합니다

25 의로우신 아버지여, 세상은 당신을 알지 못하지만 저는 알았으며 이들도 당신이 저를 보내셨다는 것을 알고 있습니다

26 저는 그들에게 당신의 이름을 알렸으며 당신이 저를 사랑하신 그 사랑이 그들 안에 있고 저도 그들 안에 있도록 [당신의 이름을] 알릴 것입니다"

18장

1   예수는 이것들을 말하시고 그의 제자들과 함께 기드론 시내 건너편으로 가셨고 그와 그의 제자들은 그곳에 있는 동산으로 들어갔다

2   그런데 그를 넘기는 유다도 그곳을 알았다 이는 예수께서 그의 제자들과 함께 그곳에서 자주 모이셨기 때문이다

3   유다는 군대와 대제사장 및 바리새파 무리들의 하솔을 데리고 등과 횃불과 무기를 가지고 그곳으로 간다

4   이에 예수는 자신에게 일어날 모든 일들을 아시고 그들에게 나아가 말하셨다 "너희는 누구를 찾느냐?"

5   그들이 그에게 답하였다 "나사렛 예수다" 그가 그들에게 말하셨다 "내가 그다" 그런데 거기에는 그를 넘기는 유다도 그들과 함께 서 있었다

6   그가 그들에게 "내가 그다"고 말할 때 그들은 물러나서 바닥으로 자빠졌다

7   이에 그는 그들에게 다시 물으셨다 "너희는 누구를 찾느냐?" 그들이 말하였다 "나사렛 예수다"

8   그가 그들에게 답하셨다 "내가 너희에게 '내가 그다'고 말했으니 만약 너희가 나를 찾는다면 이들로 하여금 떠나가게 하라

9   이는 '내게 주신 자들을 내가 그들 중에 하나도 잃지 않았다'고 하는 말씀이 성취되게 하기 위함이다"

10   이에 칼을 가진 시몬 베드로가 그것을 빼서 대제사장의 종을 치고 그의 오른편 귀를 베어냈다 그 종의 이름은 말고였다

11   이에 예수께서 베드로에게 말하셨다 "그 칼을 칼집에 넣으라 아버지가 나에게 주신 잔을 마셔야 하지 않겠느냐?"

12   이에 군대와 천부장과 유대인의 하솔이 예수를 체포하고 그를 결박하여

13   먼저 안나스에게로 데려갔다 이는 그가 그 해의 대제사장 가야바의 장인이기 때문이다

14   그런데 한 사람이 백성을 위하여 죽는 것이 유익한 일이라고 유대인에게 권고하던 자는 가야바다

15   시몬 베드로와 다른 제자는 예수를 뒤따랐다 그러나 그 제자는 대제사장과 아

는 사이였고 예수와 함께 대제사장 [집]의 뜰로 들어갔다

16   베드로는 문 밖에 서 있었는데 대제사장 아는 그 다른 제자가 나가서 문 지키는 여인에게 말하고 베드로를 데리고 들어왔다

17   이에 문 지키는 여종이 베드로에게 말하였다 "너도 이 사람의 제자들 중의 하나가 아니냐?" 그가 말하였다 "나는 아니다"

18   추운 때였기에 종들과 하솔이 불을 피우고 쬐며 서 있었는데 베드로도 그들과 함께 서서 쬐고 있었더라

19   대제사장이 예수에게 그의 제자들과 그의 가르침에 대하여 질문했다

20   예수께서 그에게 답하셨다 "나는 드러내 놓고 세상에 말하였다 언제나 모든 유대인이 모이는 회당과 성전에서 가르쳤다 어떠한 것도 은밀하게 말하지 않았는데

21   어찌하여 내게 묻느냐? 내가 무엇을 말했는지, 들은 자들에게 질문하라 보라 그들이 내가 말한 것을 안다"

22   그가 이것들을 말하시자 곁에 섰던 하솔 중의 하나가 예수의 얼굴을 치며 말하였다 "대제사장에게 [감히] 이런 식으로 대답해?"

23   예수께서 그에게 답하셨다 "만약 내가 잘못 말했다면 너는 그 잘못에 대해 입증하라 만약 옳게 [말했다면] 어찌하여 네가 나를 때리느냐?"

24   안나스가 예수를 결박한 채로 대제사장 가야바에게 보냈다

25   시몬 베드로가 서서 [불을] 쬐는데 사람들이 그에게 말하였다 "너도 그의 제자들 중의 하나가 아니냐?" 그가 부인하며 말하였다 "나는 아니다"

26   대제사장의 종들 중의 하나는 베드로가 귀를 자른 자의 친족인데 그가 말하였다 "내가 동산에서 그와 함께 너를 보지 않았느냐?"

27   이에 베드로가 다시 부인하자 즉시 닭이 울었다

28   그들이 예수를 가야바에게서 관정으로 끌고 갔는데 [때가] 새벽이었다 그들이 더럽혀짐 없이 유월절 잔치를 먹으려고 자신들은 관정으로 들어가지 아니했다

29   그래서 빌라도가 밖으로 나와서 그들에게 말하였다 "너희는 이 [사람]을 대적하는 어떠한 혐의를 가지고 왔느냐?"

30   그들이 그에게 대답하며 말하였다 "이 사람이 행악자가 아니었다면 우리가 당신에게 넘기지 않았을 것입니다"

31   이에 빌라도가 그들에게 답하였다 "너희가 그를 데려가라 그리고 너희 법을 따

라 그를 재판하라" 유대인이 그에게 말하였다 "우리가 누군가를 죽이는 것은 적법하지 않습니다"

32 이는 어떠한 죽음으로 죽을 것인지에 대해 하신 예수의 말씀이 성취되게 하기 위함이다

33 이에 빌라도가 다시 관정으로 들어갔고 예수를 불러서 그에게 말하였다 "너는 유대인의 왕이냐?"

34 예수께서 답하셨다 "너는 스스로 이것을 말하느냐, 아니면 다른 이들이 나에 대하여 너에게 말했느냐?"

35 빌라도가 답하였다 "내가 유대 사람이냐? 너의 민족과 대제사장들이 너를 나에게 넘겼는데, 너는 무엇을 하였느냐?"

36 예수께서 답하셨다 "내 나라는 이 세상에 속한 것이 아니다 만약 내 나라가 이 세상에 속한 것이라면 내가 유대 사람에게 넘겨지지 않도록 내 종들이 싸웠을 것이다 지금 내 나라는 여기에 속한 것이 아니다"

37 빌라도가 그에게 말하였다 "그러면 너는 왕이구나" 예수께서 답하셨다 "내가 왕이라는 것을 네가 말하였다 이를 위하여 나는 태어났고 이를 위하여 세상으로 왔고 진리에 대하여 증언하려 한다 진리에 속한 모든 자는 내 음성을 듣는다"

38 빌라도가 그에게 말하였다 "진리가 무엇이냐?" 이것을 말하고 다시 유대 사람에게 나아가 그들에게 말하였다 "나는 그에게서 어떠한 죄도 찾지 못하였다

39 유월절에 내가 너희에게 한 사람을 놓아 주는 관례가 있는데, 너희는 내가 유대인의 왕을 너희에게 놓아 주기를 원하느냐?"

40 이에 그들이 소리 질러 말하였다 "이 [사람]이 아니라 바라바요" 그런데 바라바는 강도였다

19장

1 그때 빌라도가 예수를 취하고 채찍질을 했다

2 군인들이 가시나무 관을 엮어서 그의 머리에 씌우고 자색 옷을 그에게 입히고

3 그에게로 가서 말하였다 "평안하라 유대인의 왕이여" 그리고 그들은 그를 주먹

으로 가격했다

4   빌라도가 다시 밖으로 나아가서 그들에게 말하였다 "보라 내가 그를 밖으로 너
    희에게 데려온다 이는 내가 그에게서 어떠한 혐의도 발견하지 못했음을 너희로
    알게 하기 위함이다"

5   이에 예수께서 가시관을 쓰시고 자색 옷을 입고 나오신다 그(빌라도)가 그들에
    게 말하였다 "너희는 보라 이 사람!"

6   그때 대제사장들과 하솔이 그를 보고 외쳐 말하였다 "십자가에 못 박으소서 십
    자가에 못 박으소서" 빌라도가 그들에게 말하였다 "너희가 그를 취하여 십자가
    에 못 박으라 이는 내가 그에게서 혐의를 찾지 못하였기 때문이다"

7   유대인이 그에게 대답하게 된다 "우리는 법을 가지고 있습니다 그 법에 따르면
    그는 죽어야만 하는데 이는 그가 자신을 하나님의 아들로 만들기 때문입니다"

8   빌라도는 이 말을 듣고 더욱 두려워져

9   다시 관정으로 들어가서 예수에게 말하였다 "너는 어디에서 [왔느냐]?" 그러나
    예수는 그에게 답을 주지 않으셨다

10 이에 빌라도가 그에게 말하였다 "너는 나에게 말하지 않는구나 나에게는 너를
    놓을 권세도 있고 십자가에 못 박을 권세도 있는 줄 알지 못하느냐?"

11 예수께서 그에게 답하셨다 "위로부터 너에게 주어지지 않았다면 나를 대적할
    어떠한 권세도 가지지 못했을 것이다 이로 인하여 나를 너에게 넘겨준 자에게
    는 더 큰 죄가 있느니라"

12 이로 말미암아 빌라도는 그를 놓으려고 했다 그러나 유대인이 외쳐 말하였다
    "만약 당신이 이 [사람]을 석방하면 가이사의 충신이 아닙니다 자신을 왕으로
    만드는 자는 모두 가이사를 대적하는 자입니다"

13 빌라도가 이 말들을 듣고 예수를 밖으로 데려 가서 히브리 말로 가바다 즉 돌
    깔린 장소에 있는 재판석에 착석했다

14 [이날은] 유월절 준비일, 시간은 육시였다 그리고 그(빌라도)가 유대인에게 말
    하였다 "보라 너희 왕이다"

15 그들이 소리를 질렀다 "없애소서 없애소서 그를 십자가에 못 박으소서" 빌라도
    가 그들에게 말하였다 "내가 너희 왕을 십자가에 못 박겠느냐?" 대제사장 무리
    가 답하였다 "가이사 외에는 우리에게 왕이 없습니다"

16 그러므로 그때 그(빌라도)는 그를 십자가에 못 박히도록 그들에게 인계했다 그들은 예수를 취하였다

17 그는 스스로 십자가를 지고 해골의 장소라고 불리는 곳, 히브리 말로 골고다로 나가셨다

18 그들은 거기에서 예수를 십자가에 못 박았는데 다른 둘을 그와 함께 좌우에 못 박았으며 예수는 그 가운데에 [계셨다]

19 이에 빌라도가 명패를 써서 십자가 위에 붙였는데 [거기에는] "나사렛 예수 유대인의 왕"이라고 기록되어 있다

20 많은 유대인이 이 명패를 읽었는데 이는 예수께서 못 박히신 곳이 성에서 가까웠고 그 [명패]가 히브리어, 로마어, 헬라어로 기록되어 있었기 때문이다

21 이에 유대인의 대제사장 무리가 빌라도에게 말하였다 "'유대인의 왕'이라고 쓰지 말고 그가 '나는 유대인의 왕'이라고 말했다고 써 주십시오"

22 빌라도는 "내가 쓸 것을 썼다"고 답하였다

23 군사들은 예수를 십자가에 못 박을 때 그의 옷을 취하였고 각 군인에게 하나의 몫이 가도록 네 몫으로 나누었다 속옷도 [취하였다] 이 속옷은 이음새 없이 위로부터 통으로 짠 것이었다

24 이에 그들이 "우리가 그것을 찢지 말고 누구에게 속할 것인지에 대해 제비를 뽑자"고 서로에게 말하였다 이는 "그들이 나의 옷들을 그들 가운데서 나누고 그들이 나의 옷에 대하여 제비를 뽑았다"고 말한 성경이 성취되게 하기 위함이다 진실로 군인들은 이러한 일을 행하였다

25 그러나 예수의 십자가 곁에는 그의 어머니, 그 어머니의 자매, 글로바의 마리아, 막달라 마리아가 섰다

26 예수께서 그 어머니와 그가 사랑하는 제자가 곁에 선 것을 보시고 어머니께 말하셨다 "여자여 보십시오 당신의 아들입니다"

27 그 다음에 그 제자에게 말하셨다 "보라 너의 어머니다" 그때부터 그 제자는 그녀를 자기 집에 모셨더라

28 이후에 예수는 이제 모든 것이 이루어진 것을 아시고 성경이 응하도록 말하셨다 "내가 목마르다"

29 [거기에] 신 포도주가 가득한 그릇이 있었는데 사람들이 신 포도주로 듬뿍 적

셔진 해면을 우슬초로 그의 입에 가져가니

30 예수께서 신 포도주를 받으신 후 말하셨다 "다 이루었다" 그는 머리를 숙이시고 영혼을 건네셨다

31 [이날은] 준비일인 고로 유대인은 그 안식일이 큰 날이었기 때문에 그 안식일에 그 사체들이 십자가 위에 머물러 있지 않도록 빌라도에게 그들의 다리를 부러뜨려 치워 달라고 부탁했다

32 이에 군인들은 그와 함께 십자가에 못 박힌 첫째 사람과 다른 사람의 다리를 꺾고

33 예수에게 왔다 그런데 그가 이미 죽었음을 알고 그의 다리를 꺾지 않았으나

34 그 군인들 중의 하나가 창으로 그의 옆구리를 찌르니 즉시 피와 물이 나오더라

35 [이를] 목격한 자가 증언했고 그의 증언은 진실하다 그는 자신이 진실한 것들을 말한다는 것을 알고 너희도 믿게 하려고 [증언했다]

36 왜냐하면 이것들이 "그의 뼈가 꺾이지 않을 것이라"는 기록이 성취되게 하기 위해 일어났기 때문이다

37 게다가 다른 기록도 "그들이 찌른 자를 그들이 보리라"고 말하였다

38 이후에 아리마대 출신의 요셉은 유대인에 대한 두려움 때문에 자신을 숨긴 예수의 제자로서 빌라도에게 부탁하여 예수의 몸을 취하려고 했고 빌라도는 허락했다 이에 그는 가서 그의 몸을 취하였다

39 밤에 그에게로 먼저 왔던 니고데모 또한 몰약과 침향 섞은 것을 백 리트라쯤 가지고 찾아왔다

40 이에 그들은 예수의 몸을 취하였고 유대인의 장례 예법대로 그 [몸]을 그 향품들과 함께 세마포로 쌌다

41 그가 십자가에 못 박히신 곳에는 동산이 있었고 아직 아무도 정해지지 않은 새 무덤이 그 동산에는 있었더라

42 유대인의 준비일인 고로 그리고 그 무덤이 가까웠기 때문에, 그들은 예수를 거기에 두었더라

20장

1 안식일 후 첫날 일찍이 아직도 어두운 때에 막달라 마리아가 무덤으로 왔다 그녀는 돌이 무덤에서 옮겨진 것을 보고

2 시몬 베드로와 예수께서 사랑하신 그 다른 제자에게 달려가서 그들에게 말하였다 "사람들이 주님을 무덤에서 옮겼는데 그들이 그를 어디에 두었는지 우리가 알지 못하겠다"

3 이에 베드로와 그 다른 제자가 나가서 무덤으로 갔다

4 둘이 함께 달렸는데 그 다른 제자가 베드로보다 더 빨리 달려가서 먼저 무덤에 이르렀다

5 그가 구부려 세마포가 놓인 것을 보았지만 들어가지 않았는데

6 그를 뒤따라온 시몬 베드로는 무덤으로 들어갔다 그가 세마포가 놓인 것을 보고

7 또 그의 머리 위에 있던 수건도 보았는데 [그것은] 세마포 곁에 놓이지 않고 한 곳에 별도로 놓였더라

8 그때서야 무덤에 먼저 이르렀던 그 다른 제자도 들어가서 보았으며 믿었더라

9 이는 그가 죽은 자들 가운데서 다시 살아나야 한다는 기록을 그들이 아직 알지 못하였기 때문이다

10 이에 그 제자들은 자신들을 향하여 돌아갔다

11 그러나 마리아는 울면서 무덤 밖에 섰고 울면서 무덤을 향해 숙여서

12 보니 흰 [옷] 입은 두 천사가 예수의 몸이 놓인 곳에 앉았는데 하나는 머리를 향하였고 [다른] 하나는 발을 향하였다

13 천사들이 그녀에게 말하였다 "여자여 당신은 어찌하여 우십니까?" 그녀가 그들에게 말하였다 "사람들이 내 주를 옮겼는데 그를 어디에 두었는지 내가 알지 못하기 때문입니다"

14 그녀는 이 말을 하고 뒤로 돌아섰다 그리고 예수께서 서 계신 것을 보았으나 그가 예수이신 것을 알지 못하였다

15 예수께서 그녀에게 말하셨다 "여자여, 너는 어찌하여 울며 누구를 찾느냐?" 이에 그녀는 그가 정원사인 줄 생각하고 그에게 말하였다 "주여 당신이 그를 옮겼다면 그를 어디에 두었는지 나에게 말해 주십시오 저도 그를 모시고 가렵니다"

16   예수께서 그녀에게 말하였다 "마리아야" 그녀가 돌이키며 그에게 히브리 말로 "랍오니"라 말하였다 (이는 선생으로 불려진다)

17   예수께서 그녀에게 말하셨다 "나에게 붙잡지 말라 내가 아직 아버지께 올라가 지 않았기 때문이다 너는 내 형제들에게 가서 그들에게 말하되 '내가 내 아버지 와 너희 아버지, 내 하나님과 너희 하나님께 올라간다' 하라"

18   막달라 마리아가 제자들에게 가서 "내가 주를 보았다" 하고 그가 자신에게 말씀 하신 이것을 전하였다

19   그날 곧 안식 후 첫날 저녁이 되고 유대인에 대한 두려움 때문에 제자들이 모인 곳의 문들이 닫혀 있었는데 예수께서 오시고 그 가운데에 서서 그들에게 말하 셨다 "너희에게 평강 있으라"

20   이것을 말하시며 그는 손과 옆구리를 보이셨다 이에 제자들은 주님을 보고 기 뻐했다

21   이에 그는 그들에게 다시 말하셨다 "너희에게 평강 있으라 아버지께서 나를 보 내신 것처럼 나도 너희를 보내노라"

22   이것을 말하시고 숨을 내쉬면서 그들에게 말하셨다 "성령을 받으라

23   너희가 누군가의 죄를 용서하면 그들에게 사하여질 것이고 누군가의 [죄를] 그 대로 두면 그대로 있으리라"

24   그러나 열둘 중의 하나로서 디두모라 불리는 도마는 예수께서 오셨을 때에 그 들과 함께 있지 않았더라

25   그래서 다른 제자들이 그에게 말하였다 "우리가 주님을 봤어" 그가 그들에게 말 하였다 "내가 그의 손에 있는 못 자국을 보고 내 손가락을 그 못 자국에 넣고 내 손을 그의 옆구리에 넣어보지 않는다면 나는 믿지 않을 거야"

26   여드레를 지나 제자들이 다시 그 [집] 안에 있었는데 도마도 그들과 함께 [있었 더라] 그 문들이 닫혔는데 예수께서 오셨고 그 가운데 서서 말하셨다 "너희에게 평강 있으라"

27   그리고 나서 도마에게 말하셨다 "네 손가락을 이곳으로 내밀고 내 손을 보고 네 손으로 내밀어 내 옆구리에 넣어 보라 그리고 믿음 없는 자가 되지 말고 믿는 자가 되어라"

28   도마가 대답하며 그에게 말하였다 "나의 주, 나의 하나님!"

29 예수께서 그에게 말하셨다 "너는 나를 보았기 때문에 믿는구나 복된 자들은 보지 않으면서 믿는 자들이다"

30 예수는 제자들 앞에서 이 책에 기록되지 않은 다른 많은 표적들도 행하셨다

31 그러나 이것들이 기록된 것은 너희로 하여금 예수께서 그리스도, 하나님의 아들임을 믿게 하고 너희가 믿고 그의 이름 안에서 생명을 가지게 하기 위함이다

21장

1 이후에 예수는 디베랴 호수에서 다시 제자들에게 자신을 보이셨다 그런데 나타내신 것은 이런 식이었다

2 시몬 베드로, 디두모라 하는 도마, 갈릴리 가나 출신의 나다나엘, 세베대의 [아들들] 그리고 그의 제자들 중에 다른 두 명이 함께 있었는데

3 시몬 베드로가 그들에게 말하였다 "나는 물고기 잡으려고 간다" 그들이 그에게 말하였다 "우리도 너와 함께 가겠다" 그들은 나가서 배에 탑승했다 그러나 그 밤에 그들은 아무것도 잡지 못하였다

4 이제 날이 밝아올 무렵 예수께서 바닷가에 서셨으나 제자들이 그가 예수이신 줄을 알지 못하였다

5 예수께서 그들에게 말하셨다 "얘들아 너희가 어떤 먹을 것을 가지지 않았느냐?" 그들이 그에게 말하였다 "없습니다"

6 그러나 그가 그들에게 말하셨다 "그물을 배의 오른편에 던지면 얻으리라" 이에 그들이 던졌더니 물고기가 많아서 그들이 스스로 그물을 끌어당길 수 없었더라

7 이에 예수께서 사랑하신 그 제자가 베드로에게 말하였다 "그는 주님이야" 이에 시몬 베드로는 그가 주시라는 것을 듣고 벗고 있었기 때문에 겉옷을 두르고 자신을 바다에 내던졌다

8 그러나 다른 제자들은 육지에서 백여 미터 정도의 거리였기 때문에 물고기 든 그물을 끌고 왔고

9 육지로 올라왔다 숯불이 있었는데 그 위에 생선도 놓여있고 떡도 놓여있는 것을 그들이 보았더라

10   예수께서 그들에게 말하셨다 "지금 잡은 생선을 좀 가져오라"

11   시몬 베드로가 올라가서 그 그물을 육지로 끌어오니 가득한 큰 물고기가 백쉰 세 마리였다 이렇게도 많았는데 그물은 찢어지지 않았다

12   예수께서 그들에게 말하셨다 "이곳으로 와서 아침을 먹으라" 그가 주님이신 줄 알았기 때문에 제자들 중에 "당신이 누구냐"며 감히 묻는 자가 아무도 없었다

13   예수께서 가서서 떡을 취하시고 그들에게 나누셨고 생선도 동일하게 [나누셨다]

14   이것은 죽은 자들 가운데서 살아나신 예수께서 이제 세 번째로 제자들에게 나타나신 것이었다

15   그들이 아침을 먹은 후 예수께서 시몬 베드로에게 말하셨다 "요한의 [아들] 시 몬아 네가 이들보다 나를 더 사랑하느냐?" 그가 그에게 말하였다 "그렇습니다 주님 제가 당신을 사랑하고 있음을 당신께서 아십니다" 그가 그에게 말하셨다 "너는 나의 어린 양을 먹이라"

16   그가 두 번째로 다시 그에게 말하셨다 "요한의 [아들] 시몬아 네가 나를 사랑하 느냐?" 그가 그에게 말하였다 "그렇습니다 주님 제가 당신을 사랑하고 있음을 당신께서 아십니다" 그가 그에게 말하셨다 "너는 나의 어린 양을 돌보아라"

17   그가 세 번째로 그에게 말하셨다 "요한의 [아들] 시몬아 네가 나를 사랑하느 냐?" 베드로는 주께서 세 번째로 자신에게 "네가 나를 사랑하느냐"고 말하셔서 근심하며 그에게 말하였다 "주님 당신은 모든 것을 아십니다 제가 당신을 사랑 하고 있음을 당신께서 아십니다" 예수께서 그에게 말하셨다 "너는 나의 어린 양 을 먹이라

18   내가 진실로 진실로 너에게 말하노라 네가 젊어서는 네 스스로 띠 띠고 네가 원 하는 곳으로 다녔지만 늙어서는 네가 손을 뻗고 다른 이들이 너를 묶고 네가 원 하지 않는 곳으로 데려갈 것이다"

19   그런데 그가 이것을 말하심은 베드로가 어떠한 죽음으로 하나님께 영광을 돌릴 것인지를 지시하기 위함이다 그가 이것을 말하신 후 그에게 말하셨다 "나를 따 르라"

20   베드로가 돌이켜 예수께서 사랑하신 그 제자가 따르고 있는 것을 보았는데 그 는 만찬에서 그의 가슴에 기대어 "주님, 당신을 판 자가 누구입니까?" 라고 묻던 사람이다

21 이에 베드로가 그를 보면서 예수께 말하였다 "주님, 이 사람은 어떻게 되는지요?"

22 예수께서 그에게 말하셨다 "내가 올 때까지 그를 머물게 하고자 할지라도 너에게 무슨 상관이냐 너는 나를 따르라"

23 이것은 그 제자가 죽지 않는다는 말로 형제들에게 나갔으나 예수는 그에게 그가 죽지 않을 것이라고 말하지 않으셨고 오히려 "내가 올 때까지 그를 머물게 하고자 할지라도 너에게 무슨 상관이냐"고 말하셨다

24 이 제자는 이것들에 대하여 증거한 자이고 이것들을 기록한 자이며 우리는 그의 증언이 참이라고 이해한다

25 예수께서 행하신 다른 많은 것들이 있는데 만약 모든 것이 낱낱이 기록되면 이 세상 자체도 그 기록된 책을 담지 못한다고 나는 생각한다